HISTORISCHES WÖRTERBUCH DER PHILOSOPHIE

HISTORISCHES WÖRTERBUCH DER PHILOSOPHIE

UNTER MITWIRKUNG VON MEHR ALS 1500 FACHGELEHRTEN

IN VERBINDUNG MIT
GÜNTHER BIEN, TILMAN BORSCHE, ULRICH DIERSE, WILHELM GOERDT
OSKAR GRAEFE†, WOLFGANG HÜBENER, ANTON HÜGLI, HELMUT HÜHN
FRIEDRICH KAMBARTEL, FRIEDRICH KAULBACH†, THEO KOBUSCH
RALF KONERSMANN, MARGARITA KRANZ, HERMANN LÜBBE
ODO MARQUARD, REINHART MAURER, STEPHAN MEIER-OESER
FRIEDRICH NIEWÖHNER, LUDGER OEING-HANHOFF†, WILLI OELMÜLLER†
THOMAS RENTSCH, KURT RÖTTGERS, ECKART SCHEERER†
HEINRICH SCHEPERS, GUNTER SCHOLTZ
WINFRIED SCHRÖDER, MARTIN SEILS, ROBERT SPAEMANN

HERAUSGEGEBEN VON

JOACHIM RITTER†, KARLFRIED GRÜNDER
UND
GOTTFRIED GABRIEL

VÖLLIG NEUBEARBEITETE AUSGABE
DES ‹WÖRTERBUCHS DER PHILOSOPHISCHEN BEGRIFFE›
VON RUDOLF EISLER

BAND 12: W–Z

SCHWABE AG · VERLAG · BASEL

HIST. WB. PHILOS. 12

GESAMTHERSTELLUNG: SCHWABE AG · BASEL/MUTTENZ
ISBN 3-7965-0115-X (für das Gesamtwerk)

VORBEMERKUNG

«Für die Abfassung der Manuskripte soll den Autoren längstens ein Jahr eingeräumt werden, so daß bis Ende 1962 mit dem Eingang der letzten Manuskripte zu rechnen ist. ... Spätestens am 1. Juli 1963 sollen die bereinigten Manuskripte des Gesamtwerkes zum Satz bereit liegen.» So steht es im Verlags-Protokoll der Sitzung vom 29. April 1960, als die Neubearbeitung von Eislers ‹Wörterbuch der philosophischen Begriffe› geplant wurde. Genau 44 Jahre später ist es dann so weit: Im Herbst 2004 liegt das letzte Manuskript im Verlag zum Satz bereit.

Aus den drei Bänden, die nach der ursprünglichen Planung innerhalb von drei Jahren hätten erscheinen sollen, sind zwölf geworden. In den ‹Vorbemerkungen› zu den einzelnen Bänden ist diese Entwicklung kommentiert. Als Joachim Ritter im Kreise seiner Schüler die Konzeption eines ‹Historischen Wörterbuchs der Philosophie› entwickelte, befand sich die begriffsgeschichtliche Forschung in ihren Anfängen. Die methodologischen Vorgaben waren ausgesprochen offen gehalten und blieben es auch im Vollzug der Arbeiten (vgl. ‹Vorbemerkung› zu Band 4). Ritter verzichtete im Rahmen der ursprünglichen Umfangsbeschränkung darauf, ein umfassendes begriffsgeschichtliches Nachschlagewerk zu bieten. Inzwischen ist ein Werk entstanden, das einen solchen Anspruch zunehmend erfüllt hat.

Während sich der vorausgegangene Band mit seinen 'Un'-, 'Ur'-, 'Ver'- und 'Vor'-Begriffen als vertrackter Vorsilben-Band präsentierte, zeichnet sich der vorliegende dadurch aus, daß in ihm besonders 'kapitale' philosophische Begriffe wie ‹Wahrheit› und ‹Wahrscheinlichkeit›, ‹Wahrnehmung›, ‹Wissen› und ‹Wissenschaft›, ‹Welt›, ‹Wert› und ‹Wille› und natürlich ‹Zeit› sowie deren Komposita die Hälfte des Bandes füllen. Gerade die Behandlung dieser großen Komplexe – Karlfried Gründer nennt sie in der ‹Vorbemerkung› zu Band 5 «Stein des Anstoßes ... nicht nur für Benutzer, sondern auch für die Herausgeber» – zeigt Veränderungen, die sich von den Anfängen bis heute vollzogen haben. Wäre nach der früheren Konzeption ‹Wahrheit› in drei – klassisch nach Antike, Mittelalter und Neuzeit gegliederten – Teilen auf 20 Spalten dargestellt worden, so wird jetzt angesichts einer hochspezialisierten Forschung versucht, diesem Stichwort in weitaus engmaschigeren Artikelteilen gerecht zu werden. Auf der anderen Seite waren seinerzeit im Nachklang der neukantianischen Diskussion für ‹Wert› und seine Kompositabildungen über 40 Einzelartikel vorgesehen. Nunmehr sind die meisten dieser Stichwörter in den sechsteiligen chronologischen Gesamtartikel ‹Wert› eingebunden und machen auf diese Weise begriffsgeschichtliche Filiationen sehr viel besser sichtbar. Auch Nomenklaturen haben einen Zeitindex.

Die Entwicklung der Artikel von kurzen terminologischen Einträgen zu gebündelten umfassenderen Darstellungen bietet dem Leser mehr, fordert aber auch den Herausgebern und Autoren mehr ab. Diesen Komplexen eine nicht nur sachgemäße Darstellung, sondern auch überschaubare Struktur zu geben, war ein schwieriges Stück Arbeit, zumal es galt, das in den vorausgegangenen Bänden bereits akkumulierte Wissen zu berücksichtigen und zu vertiefen, aber nicht zu wiederholen.

Die alphabetische Ordnung bringt es mit sich, daß unser Wörterbuch – wie andere auch – mit dem Stichwort ‹Zynismus› abschließt. Hier kommt dem Lektor des Verlages, der das Unternehmen über 20 Jahre lang mit einzigartigem Engagement betreut hat, das letzte Wort zu. Der Herausgeber verabschiedet sich ganz 'unzynisch' mit größter Gelassenheit und herzlichem Dank an alle, die an diesem Unternehmen mitgewirkt und dazu beigetragen haben, daß es gelingt. Zu nennen sind an erster Stelle die Autoren und die Mitherausgeber, sodann die Mitarbeiter des Schwabe Verlages und der Druckerei sowie die beteiligten Institutionen und ihre Vertreter, besonders die Akademie der Wissenschaften und der Literatur in Mainz. Ich danke auch der Freien Universität Berlin, die die Zentralredaktion des ‹Wörterbuchs› seit bald einem Vierteljahrhundert beherbergt; die stets hilfsbereiten Mitarbeiter der Universitätsbibliothek erleichterten die bibliographischen Arbeiten und Buchbeschaffungen für die Redaktionsarbeiten bei mehr als der Hälfte des Gesamtwerkes.

Für den 'Endspurt' hat sich noch einmal eine Veränderung im 'Stab' ergeben. Als redaktionell verantwortlicher Bandherausgeber konnte Helmut Pulte (Bochum) hinzugewonnen werden. Vielleicht könnte ein Außenstehender zu der Auffassung neigen, daß mit zunehmender Bandzahl die Routine von Autoren und Herausgebern sich in Erleichterung und Beschleunigung der Arbeiten niederschlägt. Verständliche 'Ermüdungserscheinungen' bewirken eher das Gegenteil. Die Anstrengungen, diesen letzten Band fertigzustellen, hatten vor allem zwei Mitherausgeber zu schultern, die in Berlin für die Koordination zuständig waren: Margarita Kranz und Helmut Hühn. Beide mußten in letzter Minute und in kürzester Zeit Artikel zu zentralen Stichwörtern verfassen oder umfänglich ergänzen, wenn Autoren nicht liefern konnten oder wollten. Gemeinsam mit Walter Tinner im Verlag haben sie in der Planung und Umsetzung alles getan, damit die Arbeiten zum vorgesehenen Zeitpunkt abgeschlossen werden konnten.

Dank gilt auch den wissenschaftlichen Helfern der letzten drei Jahre in Berlin, Bochum und Jena: Katrin Grünepütt, Petra Schmidt-Wiborg und Jörg Wissing haben die Fahnen oder den Umbruch des gesamten Bandes Korrektur gelesen. Frank Böhling, Christian Hindemith, Patricia Kaul, Ralf Müller, Alexandra Niessen, Norbert Richter, Sven Schlotter, Carsten Seck und Thomas Welt haben mit ihren Arbeiten über einen kürzeren oder längeren Zeitraum hinweg die Redaktion unterstützt. Astrid von der Lühe stand mit ihrer bewährten Kompetenz der Redaktion in Kiel zur Seite. Den Sekretärinnen Jutta Bethke (Berlin), Brigitta Börner (Jena) und Adrienne Stehlin (Basel) danke ich ganz herzlich für ihre engagierte und zuverlässige Mitarbeit.

Die Abschlußfinanzierung für die Erstellung des Registerbandes hat die Akademie der Wissenschaften und der Literatur in Mainz über die langjährige Förderung hinaus gesichert. Dem Präsidenten Clemens Zintzen, dem Vorsitzenden der Kommission für Philosophie und Begriffsgeschichte Klaus-Michael Kodalle und dem Leitenden Akademischen Direktor Carlo Servatius wissen sich Herausgeber und Verlag für ihren entschiedenen Einsatz ganz besonders verpflichtet.

'Ende gut, alles gut' wäre gewiß zu viel behauptet – jedenfalls, wenn man die Betonung auf 'alles' legen wollte. Zutreffender wäre wohl ein anderes Sprichwort: 'Am Ende kennt man das Gewebe'. Und wenn man es kennt, bleibt einem auch bewußt, daß die Möglichkeiten und der Bedarf an begriffsgeschichtlicher Forschung keineswegs erschöpft sind.

Häufig wurde der Herausgeber – halb scherzhaft, halb ernsthaft – gefragt, ob man nach dem Durchgang durch das Alphabet wieder von vorne beginnen werde. Vom Ende her gesehen würde man sich zumindest wünschen, Artikel der ersten Bände auf den fortgeschrittenen Stand der nachfolgenden bringen zu können. Es bleibt zu hoffen, daß ein solches Unternehmen – in welcher Dokumentationsform auch immer – realisiert werden kann. Wichtige Anregungen hierzu dürfte der abschließende Registerband liefern, der in zwei Jahren erscheint. Er soll das 'Gewebe' der zwölf Textbände in seinem begriffsgeschichtlichen Reichtum über die alphabetische Anordnung hinaus erschließen. So wird man für viele Stichwörter der älteren Bände auf ergänzende Behandlungen unter anderen Stichwörtern in den jüngeren Bänden verwiesen, die einen aktuellen Forschungsstand wiedergeben. Das Register wird zeigen, unter welchem Eintrag vermißte Stichwörter, bestimmte Begriffsprägungen und fremdsprachliche Termini zu finden sind. Es wird neue und unvermutete begriffsgeschichtliche Erkenntnisse ermöglichen, aber vielleicht auch Lücken aufzeigen, die zu füllen künftiger Forschung aufgegeben bleibt.

Jena, im Dezember 2004 G. Gabriel

Jedem Band des Wörterbuches werden am Schluß Verzeichnisse der Artikel und der Artikelautoren sowie häufig verwendeter Abkürzungen und Zeichen beigegeben. Nach dem Autorenverzeichnis sind Bemerkungen zur formalen Gestaltung des Werkes abgedruckt.

Wachen, das (griech. [ἐ]γρηγόρ[η]σις, ὕπαρ, προσοχή; lat. vigilia, vigilantia)

1. Die elementare Erfahrung des Wiedereinsetzens unseres Bewußtseins beim Erwachen aus dem Schlaf (s.d.) oder aus einem Traum (s.d.) ist die eindrucksvollste Zustandsänderung unserer Existenz, die wir täglich erleben. Die Alltäglichkeit verdeckt zumeist, daß das W. für den Menschen kein beliebiger Zustand ist, sondern eine spezifische Leistung und Parteinahme impliziert, deren Wesen nicht leicht zu erkennen ist. Nicht nur die Geschichte der Philosophie und der Religion wird deshalb immer wieder von der Frage bewegt, «was dieses rätselhafte Da, für das wir etwa Wachsein oder Bewußtsein sagen, eigentlich bedeutet» [1]. Dabei ist bemerkenswert, daß auch die rein physiologischen «Mechanismen von W. und Schlafen» bis heute noch nicht wissenschaftlich aufgeklärt werden konnten [2].

In sprachgeschichtlicher Hinsicht meint das deutsche Wort ‹W.› ursprünglich ‘lebendig sein’, ‘in Blüte stehen’ (lat. ‹vigere›) – eine Bedeutung, die heute noch den verwandten Ausdruck ‹wachsen› prägt [3]. Daraus geht dann vermittels einer schon im Urgermanischen eingetretenen Spezialisierung die heutige Grundbedeutung hervor, der zufolge ‹W.› den «zustand des nichtschlafens bezeichnet, im eigentlichen und übertragenen sinn» [4].

2. Die erste pointiert philosophische Bezugnahme auf das W. findet sich bei Heraklit: «Die Wachen haben eine allen gemeinsame Welt (τοῖς ἐγρηγορόσιν ἕνα καὶ κοινὸν κόσμον εἶναι); im Schlaf wendet sich jeder der eigenen zu» [5]. Diese Engführung der elementaren Differenz von W. und Schlafen mit der systematischen Unterscheidung von Allgemeinheit und Eigenheit begründet Heraklits Grundsatz, «dem Allgemeinen (τῶι ξυνῶι) zu folgen» [6]. Das Allgemeine ist das allen Gemeinsame, d.h. das Denken [7]. Doch obwohl dieses «allgemein ist, leben die Vielen, als hätten sie ein Denken für sich» [8]. Hieraus resultiert für Heraklit die Verwirrung der «Vielen»: Sie ergreifen nicht die Allgemeinheit des Denkens und verharren in ihrer Eigensinnigkeit, so daß ihnen das, «was sie im W. (ἐγερθέντες) tun, ebenso verborgen bleibt wie das, was sie im Schlaf (εὕδοντες) bewußtlos tun» [9].

Sokrates warnt seine Richter in Platons ‹Apologie›, sie mögen nicht «wie die Schlummernden, wenn man sie aufweckt», um sich stoßen, d.h., ihn «leichtsinnig hinrichten», denn dann würden sie auch «das übrige Leben weiter fort schlafen», falls ihnen «nicht der Gott wieder einen andern zuschickt aus Erbarmen» [10]. Von hier aus durchzieht die Unterscheidung zwischen W. und Schlafen (bzw. Träumen) die gesamte Philosophie Platons, indem sie mit der systematischen Grunddifferenz zwischen der «Sache selbst» und dem ihr ähnlichen, an ihr teilhabenden «Abbild» verknüpft wird [11]. Das wachende Träumen der bloßen «Meinung» (δόξα), das Platons Philosophie darstellen und zugleich kritisieren will, besteht darin, daß «jemand, es sei nun im Schlaf oder auch wachend (ἐγρηγορώς), etwas einem Ähnlichen nicht nur für ähnlich, sondern für jenes selbst hält» [12]. Nur derjenige sei wahrhaft «wachend» (ὕπαρ) zu nennen, der die Sache selbst und das an ihr Teilhabende genau zu unterscheiden weiß [13]. Diesen zentralen Gedanken gestaltet Platon zum überaus vielschichtigen und wirkungsmächtigen Höhlengleichnis aus [14].

Aristoteles behandelt das W. nicht primär im übertragenen, sondern im «physiologischen» Sinne. Das Wachsein (τὸ ἐγρηγορέναι) besteht für ihn «in nichts anderem als der Ausübung der Wahrnehmung» [15]. Schlafen und W. gehören als alternierender Gegensatz zur lebendigen Einheit von Leib und Seele, so daß weder ein beständiges W. noch ein beständiges Schlafen möglich ist [16].

3. Die Mahnung zur Glaubenshaltung einer eschatologisch geprägten Wachsamkeit (γρηγορεῖν, ἀγρυπνεῖν) ist ein wichtiger Topos im NT. Hier findet sich nicht nur das ausdrückliche Gebot «Seid wachsam!» (γρηγορεῖτε) [17], sondern auch die vorwurfsvolle Frage, die Christus an die schlafenden Jünger richtet: «Könnt ihr nicht eine Stunde mit mir wachen?» [18]. Daran orientiert sich die christliche Auffassung vom inneren Wesen des Wachseins, die in Augustins Auslegung von Ps. 62, 2 eine klassische Form gewinnt: «Christus nämlich erleuchtet (illuminat) die Seelen und macht, daß sie erwachen (et facit eas vigilare): sollte er aber sein Licht abziehen, werden sie einschlafen» [19]. Von hier aus entwickelt sich im lateinischen Mittelalter ein weiter Bedeutungshorizont für den Terminus ‹W.›, der von den Begriffen ‹Aufmerksamkeit›, ‹Intention› (s.d.), ‹Nüchternheit› [20], ‹Selbstsorge› (s.d.) im Sinne von ‘Achtsamkeit auf sich’ und ‹Umsicht› (s.d.) näher bestimmt wird [21].

4. R. Descartes kennt nicht nur die Forderung des Wachseins, sondern ist darüber hinaus mit der eigentümlichen Angst des Menschen vor dem Erwachen vertraut. Denn «ein Gefangener, der im Schlaf (in somnis) eine eingebildete Freiheit genoß, fürchtet, sobald er zu merken beginnt, daß seine Freiheit nichts als ein Traum ist, das Erwachen (excitari) und verbündet sich mit seinen angenehmen Illusionen» [22].

Den konkreten Ansatz seines methodischen Zweifels (s.d.) gewinnt Descartes durch die Einsicht, «daß W. und Träumen niemals durch sichere Kennzeichen unterschieden werden können» [23]. Daher entschließt er sich «zu der Fiktion, daß nichts, was mir jemals in den Kopf gekommen, wahrer wäre als die Trugbilder meiner Träume» [24]. Das «Trügerische» wird hier also erneut mit dem Traum (Schlaf) assoziiert, ohne daß allerdings die Wahrheit ohne weiteres dem «Wachsein» zugeordnet werden könnte (da Träumen und W. nie sicher zu unterscheiden sind). Für Descartes ist daher die vermittels des methodischen Zweifelns zu entdeckende Wahrheit zunächst nur als dasjenige bestimmbar, was (wie die Arithmetik oder Geometrie) gegenüber der Differenz von Traum und W. indifferent ist. «Denn ich mag wachen oder schlafen, so sind doch stets zwei und drei gleich fünf, das Quadrat hat nie mehr als vier Seiten» [25]. Wird allerdings in einem weiteren Schritt auch noch die Verläßlichkeit des reinen Denkens durch die Annahme eines allmächtigen «bösen Geistes» in Zweifel gesetzt, dann bleibt am Ende nur die Existenzgewißheit des zweifelnden Ichs, die von Descartes auch unter der Bedingung eines beständigen Träumens bzw. Irrens als wahr erkannt wird [26].

Der menschliche «Irrtum», gegen den die Philosophie anzugehen hat, ist für B. SPINOZA «das wachende Träumen» («vigilando somniare») [27]. Deshalb besteht für ihn die wahre «Methode» der Philosophie darin, «die wahre Vorstellung von den übrigen Wahrnehmungen zu unterscheiden und zu trennen», um nicht in die Verwirrung jener Menschen zu geraten, «die während ihres W. (cum vigilarent) nicht zweifelten, daß sie wachten, nachdem sie aber einmal in Träumen, wie es oft geschieht, glaubten, daß sie gewiß wachten, und es nachher als falsch befanden, auch an ihrem W. (de suis vigiliis) zweifelten: Was daher kommt, daß sie nie zwischen Schlaf und W. unterschieden» [28]. G. W. LEIBNIZ versteht hingegen die Differenz zwischen Schlafen und W. im Zusammenhang seiner Monadologie als qualitativen Sprung innerhalb einer kontinuierlichen Steigerung, die von der absolut bewußtlosen Verworrenheit der untersten Monade bis zur absolut bewußten Klarheit der höchsten Monade (Gott) reicht. Deshalb können die höheren Monaden (Seelen) «es nicht verfehlen, aus dem Zustand der Bewußtlosigkeit zu erwachen» («ne peuvent manquer de se reveiller de l'Etat d'assoupissement») [29]. Diesen Gedanken nimmt J. G. HERDER auf, wenn er das tierische Bewußtsein – im Unterschied zum menschlichen – als «Traum» bezeichnet, «ohne ein Hauptgesetz des hellen W., das diesen Traum» ordnet [30].

5. An der zentralen Stelle seiner Schrift ‹Träume eines Geistersehers, erläutert durch Träume der Metaphysik› schreibt I. KANT: «Aristoteles sagt irgendwo: Wenn wir wachen, so haben wir eine gemeinschaftliche Welt, träumen wir aber, so hat ein jeder seine eigne. Mich dünkt, man sollte wohl den letzteren Satz umkehren und sagen können: wenn von verschiedenen Menschen ein jeglicher seine eigene Welt hat, so ist zu vermuthen, daß sie träumen» [31]. In diesem Sinne, so Kant weiter, sind die Philosophen bislang nur «Luftbaumeister» ihrer privaten «Gedankenwelten» gewesen, die sie «mit Ausschließung anderer» bewohnt haben. Daher werden sie erst dann «eine gemeinschaftliche Welt bewohnen», wenn sie «ausgeträumt» haben und «völlig wachen, d.i. zu einem Blicke, der die Einstimmung mit anderem Menschenverstande nicht ausschließt, die Augen aufthun werden» – eine «wichtige Begebenheit», die (wie Kant fünfzehn Jahre vor der Veröffentlichung der ‹Kritik der reinen Vernunft› hinzufügt) «nicht lange mehr anstehen kann» [32].

Für den späten Kant sind Schlaf und Traum «außerhalb dem Felde einer pragmatischen Anthropologie gelegen; denn man kann aus diesem Phänomen keine Regeln des Verhaltens im Zustande des Träumens ziehen; indem diese nur für den Wachenden gelten, der nicht träumen oder gedankenlos schlafen will» [33]. Daraus wird deutlich, daß die Transzendentalphilosophie Kants das Allgemeine einer «gemeinschaftlichen Welt» als Vernunft, und zwar des näheren als «reine praktische Vernunft» begreift [34], deren Prinzip – «als dunkel gedachte Metaphysik» – «jedem Menschen in seiner Vernunftanlage beiwohnt; wie der Lehrer es leicht gewahr wird, der seinen Lehrling über den Pflichtimperativ und dessen Anwendung auf moralische Beurtheilung seiner Handlungen sokratisch zu katechisiren versucht» [35].

Für F. H. JACOBI «steht oder fällt die Vernunft» mit der «unmittelbaren, apodiktischen Unterscheidung zwischen W. und Träumen: zwischen Einbildung und wahrem Wesen» [36]. Der «Wachende» vermag, so J. G. FICHTE, «im W. den Traum» zu denken, «der Träumende aber im Traume keinesweges das W.»; der erstere «umfasset beide Welten», der letztere «nur die Eine, die ihn gefangen hält» [37]. Bei F. W. J. SCHELLING bedeutet hingegen das «Wunder des Daseyns, oder das göttliche Leben» als «ein aktuelles und im vollsten Sinn wirkliches erkennen» allein «W.; alles andere ist Traum» [38].

G. W. F. HEGEL, der jeden Satz Heraklits in seine ‹Logik› aufgenommen haben will [39], behandelt das Wachsein im Rahmen der Lehre vom «subjectiven Geist». Denn in «das Wachseyn fällt überhaupt alle selbstbewußte und vernünftige Thätigkeit des für sich seyenden Unterscheidens des Geistes» [40]. Das Erwachen ist daher «nicht nur für uns oder äußerlich vom Schlafe unterschieden; es selbst ist das Urtheil der individuellen Seele», d.h. «das Unterscheiden ihrer selbst von ihrer noch ununterschiedenen Allgemeinheit» [41]. Das Wesen des Wachseins besteht also nicht in der bloßen Differenz zum Schlafen, sondern in der vom Wachenden bewußt vollzogenen Differenz, die das W. erst zu dem macht, was es ist. «Im W.», so Hegel, «verhält sich wesentlich der Mensch als concretes Ich, als Verstand» [42].

Durch das W. ist S. KIERKEGAARD zufolge «der Unterschied zwischen mir selbst und meinem Anderen gesetzt, schlafend ist er suspendiert, träumend ist er ein angedeutetes Nichts» – ein Nichts, das den noch nicht zu seiner eigenen Wirklichkeit erwachten Geist ängstigt: «Angst ist» deshalb für Kierkegaard «eine Bestimmung des träumenden Geistes» [43]. Für F. NIETZSCHE gibt «es zwischen W. und Träumen» hingegen «keinen wesentlichen Unterschied» [44], weil der «Trieb zur Metapherbildung» [45] das «wache Leben» ebenso beherrscht «wie das träumende», nur daß jenes «weniger dichterisch und zügellos» ist [46]. Gleichwohl umschreibt Nietzsche seinen eigenen philosophischen Standpunkt als den der «guten Europäer und freien, sehr freien Geister», «deren Aufgabe das Wachsein selbst ist» [47].

6. Der «hermeneutische Einsatz», um den es M. HEIDEGGER in seiner «Hermeneutik der Faktizität» geht, «kann nicht erfunden sein; er ist aber auch kein fertiger Besitz, sondern entspringt und entwächst einer Grunderfahrung, d.h. hier einem philosophischen Wachsein, in dem das Dasein ihm selbst begegnet» [48]. Dieser frühe Ansatz wird dann in ‹Sein und Zeit› mit der Konzeption der «Sorge als Sein des Daseins» weiter ausgearbeitet [49], wobei offenkundig Bedeutungsmomente der christlichen Tradition berücksichtigt werden.

«Erwachen ist» für W. BENJAMIN «der exemplarische Fall des Erinnerns», den er «in der Ebene des Geschichtlichen» für eine «neue dialektische Methode der Historik» fruchtbar machen will [50]. Diese besteht in der «Kunst, die Gegenwart als Wachwelt zu erfahren, auf die sich jener Traum, den wir Gewesenes nennen, in Wahrheit bezieht» [51]. Jede «echte Ablösung von einer Epoche hat» deshalb – Benjamin zufolge – «die Struktur des Erwachens» [52].

In L. WITTGENSTEINS späten Meditationen ‹Über Gewißheit› wird das W. als Bedingung der Möglichkeit von «Rechthaben» begriffen. «Wer träumend sagt 'Ich träume', auch wenn er dabei hörbar redete, hat sowenig recht, wie wenn er im Traum sagt 'Es regnet', während es tatsächlich regnet» [53]. Nur im W. ist ein wahres Urteil als wahres Urteil möglich.

Für H. BLUMENBERG umschreibt der Umstand, daß wir nur im W. bewußt denken können, das Wachsein aber immer wieder aus- und einsetzt, die zentrale Paradoxie der philosophischen Selbstvergewisserung des Menschen: «Kein Bewußtsein kann sich als anfangend erleben. Nicht einmal beim alltäglichen Erwachen aus dem Schlaf ist jemals ein Augenblick der erste». Wir wissen zwar, daß unser Bewußtsein einen Anfang (und ein Ende) hat, doch glauben wir es nicht, weil wir es nicht denken können. Aus diesem «Dilemma», so Blumenberg, entspringt «das Reich der absoluten Metaphorik», mit der die Philosophie die Unvereinbarkeit «von bekannter Endlichkeit und bewußter Unendlichkeit» thematisiert und «wo sich entscheidet, ob es überhaupt eine Chance für ein wenig mehr als das Wißbare gibt» [54].

Anmerkungen. [1] H.-G. GADAMER: Über die Verborgenheit der Gesundheit (1993) 191f. – [2] R. F. SCHMIDT/G. THEWS (Hg.): Physiologie des Menschen ([22]1985) 167-174; zur modernen Aufmerksamkeitsforschung vgl. auch: Art. ‹Vigilanz›. Hist. Wb. Philos. 11 (2001) 1056f. – [3] Art. ‹Wachen›. GRIMM 13 (1922) 36. – [4] a.O. – [5] HERAKLIT: VS 22, B 89. – [6] B 2; vgl. B 114. – [7] B 113. – [8] B 2. – [9] B 1. – [10] PLATON: Apol. 31 a; vgl. Resp. VII, 534 cf. – [11] Vgl. Soph. 266 d. – [12] Resp. V, 476 c. – [13] 476 d. – [14] VII, 514 aff. – [15] ARISTOTELES: De somno et vigilia 1, 454 a 5; vgl. D. GALLOP (Hg.): Aristotle: On sleep and dreams (Warminster 1996). – [16] 454 b 10. – [17] Mtth. 24, 24; 25, 13; Mk. 13, 33; vgl. 1. Kor. 16, 13; 1. Thess. 5, 6; 1. Petr. 5, 8. – [18] Mtth. 26, 41; vgl. Mk. 14, 37; Lk. 22, 46; vgl. E. LÖVESTAM: Spiritual wakefulness in the NT (Lund 1963); A. METZ: Wachsamkeit als Thema neutestamentl. Theologie. Diss. Heidelberg (1995). – [19] AUGUSTINUS: Enarr. in Ps. MPL 36/37, 750. – [20] Vgl. Art. ‹Trunkenheit/Nüchternheit›. Hist. Wb. Philos. 10 (1998) 1529-1532. – [21] Vgl. Art. ‹Wachsamkeit, W.›. LThK[2] 10 (1965) 905f.; für die Wachsamkeit als geistige Übung vgl. P. RABBOW: Seelenführung (1954) 249-259. – [22] R. DESCARTES: Medit. de prima philos. I, 16 (1641). Oeuvr., hg. CH. ADAM/P. TANNERY (Paris 1897-1913) 7, 23. – [23] I, 10, a.O. 19. – [24] Disc. de la méthode 4 (1637), a.O. 6, 32. – [25] Medit. I, 13, a.O. [22] 21. – [26] 15, a.O. 22; II, 21ff., a.O. 27ff. – [27] B. SPINOZA: Tract. de intellectus emend. (1677). Opera, hg. C. GEBHARDT (1924-87) 1, 24 (Anm.); vgl. Art. ‹Wachtraum; Tagtraum›. – [28] a.O. 19. – [29] G. W. LEIBNIZ: Princ. de la nature et de la grâce fondés en raison 12 [1714]. Die philos. Schr., hg. C. I. GERHARDT (1875-90) 6, 604. – [30] J. G. HERDER: Abh. über den Ursprung der Sprache (1772). Sämmtl. Werke, hg. B. SUPHAN (1877-1913) 5, 97. – [31] I. KANT: Träume eines Geistersehers I, 3 (1766). Akad.-A. 2, 342; vgl. Anthropol. in pragmat. Hinsicht I, 1, § 37 (1798). Akad.-A. 7, 190. – [32] a.O. – [33] Anthrop., a.O. [31] 189. – [34] Vgl. KpV A 3ff. (Vorrede); A 29ff. (Einl.). – [35] Met. der Sitten II, Vorrede (1797). Akad.-A. 6, 376. – [36] F. H. JACOBI: Jacobi an Fichte (1799). Werke, hg. F. ROTH/F. KÖPPEN (1812-25) 3, 33. – [37] J. G. FICHTE: Die Grundzüge des gegenwärt. Zeitalters (1806). Akad.-A. I/8, 220f. – [38] F. W. J. SCHELLING: Darleg. des wahren Verhältnisses der Naturphilos. ... (1806). Sämmtl. Werke, hg. K. F. A. SCHELLING (1856-61) I/7, 59. – [39] G. W. F. HEGEL: Vorles. über die Gesch. der Philos. 1 (1833-36). Jub.ausg., hg. H. GLOCKNER (1927-40, [4]1961-68) 17, 344. – [40] Encycl. der philos. Wiss. § 398 (1830). Akad.-A. 20, 394. – [41] a.O. – [42] a.O. (Anm.). – [43] S. KIERKEGAARD: Der Begriff Angst (1844). Ges. Werke, hg. E. HIRSCH u.a. (1950-69) 11/12, 40. – [44] F. NIETZSCHE: Morgenröthe II, 119 ([2]1887). Krit. Ges.ausg., hg. G. COLLI/M. MONTINARI (1967ff.) 5/1, 111. – [45] Ueber Wahrheit und Lüge im aussermor. Sinn 2 [1873], a.O. 3/2, 381. – [46] a.O. [44]. – [47] Jenseits von Gut und Böse, Vorrede (1886), a.O. 6/2, 4f. – [48] M. HEIDEGGER: Ontologie (Hermeneutik der Faktizität) § 3 [SS 1923]. Ges.ausg. II/63 (1988) 18. – [49] Sein und Zeit § 39 (1927) 180ff.; §§ 61ff., a.O. 301ff.; zur Bedeutung der Wachheit bei E. LEVINAS vgl.: De Dieu qui vient à l'idée, ch. 2 (Paris 1982); dtsch.: Wenn Gott ins Denken einfällt ([2]1988) 44-78. – [50] W. BENJAMIN: Das Passagen-Werk [1927-40]. Frühe Entwürfe: Pariser Passagen II, h°, 2. Ges. Schr., hg. R. TIEDEMANN/H. SCHWEPPENHÄUSER 5/2 (1982) 1057f.; K 1, 3, a.O. 5/1 (1982) 491. – [51] K 1, 3, a.O. – [52] h°, 2, a.O. [50] 1058. – [53] L. WITTGENSTEIN: Über Gewißheit § 676 [1949-51]. Werkausg. 8 ([5]1992) 257. – [54] H. BLUMENBERG: Höhlenausgänge (1996) 11f.

A. HUTTER

Wachstum (griech. αὔξησις; lat. augmentum, incrementum)

I. – Im vorphilosophischen griechischen Sprachgebrauch, bei den ionischen Naturphilosophen und den *Eleaten* zählt das mit Entstehen und Werden (s.d.) konnotierte und als Selbstentfaltung eines Einzeldings begriffene W. zu den Bedeutungsnuancen des etymologisch auf φύω/φύομαι zurückführbaren Begriffs φύσις, dessen Doppelaspekt von Werden und Sein sich auch als Wachsen und Gewachsensein beschreiben läßt [1].

Zum eigenständigen Thema naturphilosophischer Reflexion avanciert das W. des Lebewesens bei HIPPOKRATES: W. wird als Folge eines Nährprozesses begriffen, der durch eine quantitative Symmetrie zwischen Zunahme des Lebewesens und Abnahme der Nahrung sowie eine qualitative Symmetrie zwischen den jeweiligen Bestandteilen ausgezeichnet ist. Da sich Zu- und Abnahme innerhalb vorgegebener Grenzen bewegen, werden Entstehen und Vergehen – vor dem Hintergrund eines auf dem ontologischen Erhaltungssatz basierenden Kreislaufmodells, das weder ein Entstehen aus dem Nichts noch ein Vergehen in das Nichts zuläßt – als größtmögliche Zu- bzw. Abnahme gedeutet [2].

PLATON erklärt die αὔξησις in seiner Bewegungstheorie als Aufeinandertreffen zweier Körper, die sich zu einem Mittleren zusammensetzen und dabei ihre Beschaffenheit bewahren [3].

Bei ARISTOTELES ist ein engerer naturphilosophischer Begriff des W. von einem weiteren ontologischen zu unterscheiden: Das Lehrstück von den vier Arten des Wandels (s.d.), der Veränderung (μεταβολή), bestimmt die αὔξησις – zusammen mit ihrem Gegenteil, der φθίσις, – als Veränderung hinsichtlich des Quantums [4]. Der *ontologische* W.-Begriff wird also dadurch definiert, daß man die αὔξησις der Gattung der μεταβολή subsumiert und anhand ihres kategorialen Bezugs auf die Quantität (ποσότης) spezifiziert. Der *naturphilosophische* Begriff eines organischen W. läßt sich als Unterart der quantitativen Zunahme fassen: Während diese auch von Unbeseeltem ausgesagt werden kann, kommt das natürliche W. nur den zur Nahrungsaufnahme befähigten Lebewesen zu [5]. Als Vermögen der vegetativen Seele zählt es zu den Eigenschaften, die ein Lebewesen als Lebewesen auszeichnen [6]. Eine Zunahme (αὔξησις) ist nur dann als Wachsen (φύεσθαι) zu bezeichnen, wenn das, was zunimmt, von dem, wodurch es zunimmt, verschieden ist. Für das φύεσθαι, bei dem wiederum zwei Unterarten – basierend auf einem Zusammengewachsen- (συμφύειν) oder Angewachsensein (προσφύειν) – auseinanderzuhalten sind, stellt das bloße Ergreifen (ἅπτεσθαι) keine hinreichende Bedingung dar [7]. ‹De generatione et corruptione› benennt drei Begriffsmerkmale des W., von denen die beiden ersten auf Platon zurückgehen: 1) Identität: W. führt nicht zur Entstehung eines Einzeldings, sondern setzt eine Substanz voraus, die beim W. ihre spezifische Form bewahrt [8]. 2) Alterität: Etwas wächst, indem etwas anderes zu ihm hinzukommt. 3) Proportionalität: Hinsichtlich der Form gilt das Prinzip der Verhältnisgleichheit [9]. Gegenüber Empedokles' Lehre eines für das W. der Lebewesen verantwortlichen W. der Elemente [10] betont Aristoteles, die eigentliche Ursache für das sich in alle Richtungen ausdehnende W. eines Lebewesens sei in seiner Seele und nicht in den Elementen zu finden, deren Zunahme nur als Mitursache gelten könne [11]. Weil das W. aber auch von Nahrung als einer äußeren Ursache abhängt, darf es nicht als reine Selbstbewegung begriffen werden [12]. Das W. eines Lebewesens ist auf seine spezifische Form teleologisch ausgerichtet [13] und kennt daher – anders als etwa die quantitative Zunahme des Feuers – eine vorgegebene Grenze, was eine funktionale Differenzierung zweier Arten der Nahrung motiviert: Von der W. und (eine bestimmte) Größe bewirkenden Nahrung, dem αὐξητικόν, ist die eine Substanz bewahrende Nahrung, die τροφή i.e.S., zu unterscheiden [14]. Mit dem W. einher geht eine spezifische Art der Ortsveränderung: Die Teile eines Körpers breiten sich aus, ohne daß dabei der ganze Körper in Bewegung gerät [15]. Entscheidend ist das W. für Aristoteles' Verständnis der φύσις, womit 1) der Entstehungsprozeß des Wachsenden, 2) sein erstes 'Woraus' bzw. seine Materie und 3) das im Naturding selbst liegende Veränderungsprinzip gemeint sein kann [16].

Von der Bestimmung des W. als Vermögen der Seele distanziert sich die *Stoa*, indem sie Pflanzen und Metallen zwar W., aber keine Beseeltheit zuschreibt. Begründet wird diese Position mittels einer Differenzierung zwischen Eigen- und Selbstbewegung [17]: Auch Pflanzen und Metalle tragen beim W. die Ursache ihrer Veränderung «in sich selbst», doch kommt der Veränderungsanstoß nur «aus ihnen selbst» (ἐξ ἑαυτῶν) und nicht – wie beim Beseelten – durch eine antreibende Vorstellung «von ihnen selbst» (ἀφ' ἑαυτῶν) [18].

Philoponos wendet sich gegen die These, W. setze ein Vakuum voraus, und gegen die Erklärung des W. als Durchdringung zweier Körper, um es statt dessen als Anlagerung von Materie an bereits vorhandener Materie zu deuten. Naturphilosophisch faßt er das – gemäß der Form proportional und in jede Richtung erfolgende – W. eines Lebewesens als qualitative Anverwandlung der Nahrung in den Organen, ontologisch als quantitative Veränderung einer Substanz, bei der mehr Materieteilchen zu- als abfließen. Wegen des Materieaustauschs kann beim W. nur die Form als Individualitätsprinzip fungieren [19].

Die *mittelalterliche* Diskussion des ontologischen W.-Begriffs steht ebenfalls vor dem – in der These von der Unmöglichkeit des W. gipfelnden – Problem, wie die Identität eines Wachsenden zu bewahren ist: Wird eine Substanz durch ihre Teile individuiert, so führt die Zunahme um ein weiteres Teil dazu, daß die Substanz nicht wächst, sondern vergeht und eine andere neu entsteht [20].

Auch der W.-Begriff der aristotelischen Naturphilosophie wird im Mittelalter weiter debattiert [21]. So erläutert Averroes die Unterscheidung zwischen αὐξητικόν und τροφή, indem er zwischen «augmentativum» (die quantitative Vervollständigung des Lebewesens), «nutrimentum» (die Erhaltung der Substanz des Individuums) und «generatio» (die Erhaltung der Substanz als Species) differenziert [22].

In Anlehnung an die weite Verwendung in den Paulus-Briefen [23] wird der Begriff des W. auch handlungstheoretisch und theologisch fruchtbar gemacht [24].

Die metaphorische Beschreibung quantitativer Zunahme mittels Übertragung naturphilosophischer W.-Vorstellungen findet ihren Höhepunkt bei Paracelsus, dem das – einen zyklischen mit einem linear-teleologischen Lebensrhythmus verbindende – W. der Pflanzen als Deutungsmodell für die gesamte (auch anorganische) Natur dient [25].

Anmerkungen. [1] Vgl. Homer: Il. VI, 144-149; Od. X, 302-306; Aischylos: Agam. 633; Empedokles: VS 31, B 6; B 110, 1-5; Parmenides: VS 28, B 8-10. 19; Aristoteles: Met. V, 4, 1014 b 16-18; vgl. Art. ‹Natur I.›. Hist. Wb. Philos. 6 (1984) 421-441. – [2] Hippokrates: Περὶ διαίτης, hg. R. Joly (1984) I, 3, 472-I, 9, 484; I, 33, 510-512; III, 68, 600; vgl. Empedokles: VS 31, B 12. – [3] Vgl. Platon: Leg. X, 893 e 1-894 a 5; Parm. 155 e 4-157 b 5; Tim. 32 c 5-34 a 7. – [4] Aristoteles: Met. VIII, 1, 1042 a 32-1042 b 6; XII, 2, 1069 b 7-15; XIV, 1, 1088 a 29-35; Phys. V, 1, 225 b 5-9; 2, 226 a 29-32. – [5] Vgl. De an. II, 4, 415 b 26-28. – [6] Vgl. III, 12, 434 a 23-26; II, 2, 413 a 22-32. – [7] Met. V, 4, 1014 b 20-26. – [8] De gen. et corr. I, 5, 320 b 26-35; 322 a 28-34; De an. II, 4, 416 b 14-17. – [9] 321 a 2-b 35. – [10] Empedokles: VS 31, A 70. 86; B 17. 37. 71. – [11] Vgl. Aristoteles: De an. II, 4, 415 b 28-416 a 18; De iuvent. et sen. 5, 469 b 27-470 a 7; De respirat. 474 b 10-13. – [12] Vgl. Phys. VIII, 6, 259 b 6-20; 2, 253 a 7-20. – [13] Vgl. Met. V, 4, 1014 b 35-1015 a 19; Phys. II, 1. – [14] Vgl. De an. II, 4, 416 b 11-17; De gen. et corr. I, 5, 322 a 20-28; De gen. anim. II, 6, 744 b 26-36. – [15] De gen. et corr. I, 5, 320 a 11-27. – [16] Met. V, 4, 1014 b 16-20. – [17] Vgl. Phys. VIII, 2, 253 a 7-20; 6, 259 b 8-14. – [18] Vgl. Origenes: De princ. III, 1, 2, hg. H. Görgemanns/H. Karpp (1976) 464f. – [19] Vgl. Joh. Philoponos: In Phys. IV, 7, hg. H. Vitelli. CAG 17 (1888) 622, 1-639, 5; In Arist. De gen. et corr. I, 5, hg. H. Vitelli. CAG 14/2 (1897) 69, 26-122, 24, bes. 106, 3-107, 27. – [20] Petrus Abael.: Dialectica, hg. L. M. de Rijk (Assen ^{2}1970) 418-435; Logica ‹Ingredientibus›, hg. B. Geyer (1919-1933) 296-305; Aegidius Aurel.: Quaest. super De gen. et corr., hg. Z. Kuksewicz (Amsterdam/Philadelphia 1993) 33, 131-134; vgl. Ch. Martin: The logic of growth. Med. Philos. Theol. 7 (1998) 1-15. – [21] Alexander Aphr.: Comm. in De an., hg. I. Bruns. CAG Suppl. 2/1 (1887) 213-238; Averroes: Comm. med. in Arist. De gen. et corr. lib., hg. F. H. Fobes (Cambridge, Mass. 1956) 25-42; Albertus Magn.: De gen. et corr., hg. P. Hossfeld (1980) 109-213, bes. 139-150; Thomas Aqu.: Sent. super lib. De gen. et corr., hg. R. Busa (Rom 1980) 49-59; Siger von Brabant: Comp. super De gen. et corr., hg. B. Bazán (Paris 1974) 127-140; Boethius von Dakien: Quaest. De gen. et corr., hg. G. Sajó (Kopenhagen 1972) 47-68. – [22] Averroes: Comm. Magn. in Arist. De an. lib., hg. F. S. Crawford (Cambridge, Mass. 1953) 47. – [23] Paulus: Eph. 2, 19-22; 4, 15f.; Kol. 1, 10; 2, 19; 1. Kor. 3, 6f.; 2. Thess. 1, 3; 2. Petr. 3, 18. – [24] Vgl. Anselm von Canterbury: Cur Deus homo I, 24. Op. omn., hg. F. S. Schmitt 1-2 (1968) 2, 92. – [25] Vgl. K. Goldammer: Pflanze und pflanzl. W. als Symbolkomplex bei Paracelsus, in: S. Domandl (Hg.): Die ganze Welt ein Apotheken. Festschr. O. Zekert (1969) 115-131.

Literaturhinweise. J. Cadden: The medieval philos. and biol. of growth: Albertus Magnus, Thomas Aquinas, Albert of Saxony and Marsilius of Inghen on Book I chap. V of Arist.'s ‹De gen. et corr.›. Ph. Diss. Indiana Univ. (Ann Arbor, Mich. 1971). – D. Bremer: Von der Physis zur Natur. Eine frühgriech. Konzeption und ihr Schicksal. Z. philos. Forsch. 43 (1989) 241-264. – J. Althoff: Arist.' Vorstellung von der Ernährung der Lebewesen, in: W. Kullmann/S. Föllinger (Hg.) Aristotel. Biol. (1997) 351-364. – Th. Buchheim: Vergängliches Werden und sich bildende Form. Überlegungen zum frühgriech. Naturbegriff. Arch. Begriffsgesch. 41 (1999) 7-34; The functions of the concept of physis in Arist.'s metaphysics. Oxford Studies anc. Philos. 20 (2001) 201-234.

H. Westermann

II. – Auch in der *Neuzeit* bleibt die Grundbedeutung des Begriffs ‹W.› 'W. von Pflanzen und Tieren'. I. Kant und G. W. F. Hegel grenzen W. als einen Prozeß der

Selbsterzeugung eines Organismus, als ein «Sich Produzieren», von «nur mechanischen» Prozessen der Größenzunahme in der anorganischen Natur, etwa dem W. von Kristallen, ab [1]. Das organische W. folgt dabei zwei unterschiedlichen Modellen: Das W. der Pflanzen ist *äußerliches W.* («per appositionem»), bei dem ein Körper seine Form ändert, indem er äußerlich neue Teile anschließt. Das W. von Tieren hingegen ist *inneres W.* («per intussusceptionem»), bei dem ein Körper in seiner Gestalt unverändert bleibt und sich nur innerlich weiter differenziert [2]. Diese beiden Modelle organischen W. bleiben für die philosophische Anthropologie bestimmend [3].

Der am organischen W. entwickelte Begriff konnte auf andere Gebiete der Wirklichkeit übertragen werden. I. KANT erläutert die Organisation von Wissen in einem philosophischen System mit dem Modell tierischen W.: Ein philosophisches System kann, wie das Tier, nur durch innerliche Differenzierung weiter wachsen, da seine Gesamtstruktur durch eine leitende Idee vorgegeben ist, die a priori allem empirisch neu hinzukommenden Wissen seinen Ort zuweist [4].

Seit dem Ende des 18. Jh. erscheint ‹W.› als Begriff geschichtlicher Bewegung. Menschliche Geschichte, so die Argumentation vor allem im Historismus, gehorcht ähnlichen Gesetzen wie die W.-Prozesse in der Natur und kann daher durch gleiche Begriffe beschrieben werden. J. G. HERDER betont, «dass Jedes, wie jede Kunst und Wissenschaft und was in der Welt nicht? Seine Periode des Wachsthums, der Blüthe und der Abnahme gehabt»; auch W. VON HUMBOLDT verwendet W.-Metaphern in vielfältiger Weise [5]. Damit wird eine Position gegen die Aufklärungsgeschichtsschreibung formuliert, die in der Geschichte prinzipiell andere Gesetzmäßigkeiten als in der Natur erkannt und die Natur auch begrifflich deutlich von der Menschheitsgeschichte abgegrenzt hat [6].

Der begriffliche Gegensatz zwischen ‹W.› und ‹Entwicklung› (J. W. GOETHE [7]), vor allem zwischen ‹W.› und ‹Fortschritt›, als Begriffen geschichtlicher Bewegung erhält sich über das gesamte 19. Jh. J. G. DROYSEN weist die «falsche Doktrin der Naturwüchsigkeit, und der sog. organischen Entwicklung» in der Geschichte entschieden zurück, weil sie «den Fortschritt, die ἐπίδοσις εἰς αὐτό», ausschließe, und versucht daher, auch den Begriff ‹W.› samt seinen griechischen Vorläufern auf eine zielgerichtete Entwicklung im Hegelschen Sinne festzulegen [8]. Doch der Begriff naturhaften W. bleibt ein Gegenbegriff zum Modell eines philosophisch erkennbaren Fortschritts: So folgt für J. BURCKHARDT das «Wachsen und Vergehen» in der Geschichte «höheren, unergründlichen Lebensgesetzen» [9]. Noch M. SCHELERS Wissenssoziologie stellt W. und Fortschritt einander gegenüber: Während im «Kulturwachstum» grundlegende «Wesenseinsichten», die Kategorien unserer Weltauslegung, gewonnen oder von vorangegangenen Kulturen übernommen werden, finden durch den «Fortschritt» diese Einsichten technische Anwendung und werden nutzbar gemacht. In der technischen Entwicklung des Europas seiner Zeit sieht Scheler demgemäß viel Fortschritt, aber wenig W. am Werk [10].

Während zur Beschreibung historischer Entwicklungen der Begriff organischen W. übernommen und nur in seinen Anwendungsmöglichkeiten erweitert wurde, gehen andere Ansätze weiter über die ursprüngliche Bedeutung hinaus. H. SPENCER formuliert W. («growth») als ein umfassendes Entwicklungsgesetz, das die Prinzipien der Darwinschen Evolutionstheorie auch auf die Entwicklung von Gesellschaften zu übertragen sucht. W. ist der fortlaufende Zusammenschluß von kleineren Einheiten zu größeren Strukturen, der mit der Ausbildung einer immer komplexeren inneren Struktur einhergeht. Triebkraft dieses Entwicklungsprozesses, den Einzeller wie ganze Gesellschaften durchlaufen, ist der Anpassungsdruck im Kampf ums Dasein [11]. F. NIETZSCHE verurteilt dies als «unbegreiflich einseitige Lehre» und formt den Begriff des W. zu einem metaphysischen Prinzip um, dem er umfassende Bedeutung für die Konstitution der Wirklichkeit zuschreibt. W. ist ein entscheidendes Merkmal des «Willens zur Macht» (s.d.): «der grosse und kleine Kampf dreht sich allenthalben um's Uebergewicht, um Wachsthum und Ausbreitung, um Macht, gemäss dem Willen zur Macht, der eben der Wille des Lebens ist» [12].

CH. S. PEIRCE schließlich versteht unter W., in Anlehnung an Aristoteles' Gegensatzpaar von δύναμις und ἐνέργεια, den Übergang potentieller Strukturen in ihre Wirklichkeit, dessen Spontaneität und je nach Situation offenen Ausgang er gegen eine mechanistische Deutung der Welt anführt [13]. J. DEWEY leitet aus diesem Konzept sein Erziehungsideal ab: Ziel jeder Erziehung sei nicht die Vermittlung fixierter Normen, sondern das W. der Persönlichkeit zu gewährleisten, d.h. die Verwirklichung der in einer Person angelegten Fähigkeiten [14]. W. R. BION reflektiert die Praxis der Psychoanalyse wesentlich unter dem Gesichtspunkt der Ermöglichung psychischen W. durch Prozesse des Verstehens [15].

W. als Selbstverwirklichung (s.d.) wird zu einem Grundkonzept der humanistischen Psychologie von C. R. ROGERS und A. H. MASLOW, die den Begriff mit Elementen des Nietzscheanischen W.-Begriffs verbinden: «[The inner nature] has a dynamic force of its own, pressing always for open uninhibited expression. ... This force is one main aspect of the 'will to health', the urge to grow, the pressure to self-actualization, the aspect for one's identity» [16]. Der Begriff ‹W.› als positive, identitätsbildende Lebenskraft steht einerseits gegen das Konzept ichfremder Triebe in der Psychoanalyse und andererseits gegen die Reduktion des Ich auf ein Produkt umweltlicher Konditionierung im Behaviorismus. Die humanistische Psychotherapie findet in dieser Lebenskraft ihren wesentlichen Verbündeten und kann sich darauf beschränken, W.-Hemmnisse aus dem Weg zu räumen, ohne dem W.-Prozeß selbst eine bestimmte Richtung vorzugeben [17].

Dieses Prinzip der «Non-Direktivität» wird von den pädagogischen Reformbewegungen der 1970er Jahre übernommen: Pädagogik hat nun «die Sperren zu analysieren und wegzuräumen, die das Individuum an seiner Entfaltung und an seinem psychischen W. hindern» [18]. In der einseitigen Propagierung von «W.» und «Selbstverwirklichung» gegen die Werte- und Wissensvermittlung traditioneller Erziehung bleiben non-direktive Pädagogik und Antipädagogik freilich an begrifflicher Schärfe hinter TH. LITT zurück, der schon 1927 in der Alternative «Führen oder Wachsenlassen» das Grundproblem der Pädagogik klassisch gefaßt und beide Begriffe als Momente im Tun des Pädagogen dialektisch aufeinander bezogen hatte [19].

Anmerkungen. [1] G. S. A. MELLIN: Enzyklopäd. Wb. der Krit. Philos. 6 (1804) 85; I. KANT: KU B 287 (§ 64); G. W. F. HEGEL: System der Philos. 2, § 343, Zusatz. Jub.ausg., hg. H. GLOCKNER (1927-40) 9, 496ff. – [2] HEGEL, a.O. 498f.; I. KANT: KrV A 833/B 861. – [3] M. SCHELER: Altern und Tod (1923/24). Ges. Werke 12, hg. M. S. FRINGS (1987) 259; H. PLESSNER: Die Stufen des Organischen und der Mensch (1928). Ges. Schr., hg. G. DUX u.a. 4 (1981) 202. – [4] KANT, a.O. [2]. – [5] J. G. HERDER: Auch eine Philos. der Gesch. zur Bildung der Menschheit (1774).

Sämtl. Werke, hg. B. SUPHAN 5 (1891, ND 1967) 504; W. VON HUMBOLDT: Betracht. über die Weltgeschichte. Akad.-A., hg. A. LEITZMANN (1903-36) 3, 352; Über die Aufgabe des Geschichtschreibers (1821), a.O. 4, 48f. – [6] Vgl. Art. ‹Entwicklung I. 2.›. Hist. Wb. Philos. 2 (1972) 553-555; I. KANT: Muthmaßl. Anfang der Menschengeschichte (1786). Akad.-A. 8, 109-115; G. W. F. HEGEL: Vorles. zur Philos. der Gesch., Einl. [1830/31]. Akad.-A. 18 (1995) 182. – [7] J. W. GOETHE: Dichtung und Wahrheit I, 2 (1811-14). Hamb. Ausg. 9 (1955, [5]1964) 72. – [8] J. G. DROYSEN: Historik 1, 3, § 1 [1857-82]. Hist.-krit. Ausg., hg. P. LEYH (1977) 163; Grundriß der Historik § 80 (1868, [3]1882), a.O. 443; vgl. Art. ‹Fortschritt 6.›. Hist. Wb. Philos. 2 (1972) 1052-1059, 1054. – [9] J. BURCKHARDT: Weltgeschichtl. Betrachtungen [1868], hg. J. OERI (1905). Ges. Werke 4 (1978) 42; vgl. O. SPENGLER: Der Untergang des Abendlandes 1 (1918, 1923) 27. – [10] M. SCHELER: Die Wissensformen und die Ges. (1925). Ges. Werke, hg. M. SCHELER 8 ([2]1960) 36ff. – [11] H. SPENCER: The principles of sociology. Works 6 (London 1904, ND 1964) 457. 459; vgl. Art. ‹Entwicklung I. 3.›, a.O. [6] 555-557. – [12] F. NIETZSCHE: Die fröhl. Wiss. 5, 349 (1882, [2]1887). Krit. Ges.ausg., hg. G. COLLI/M. MONTINARI (1967ff.) 5/2, 267f. – [13] CH. S. PEIRCE: Reply to the necessitarians (1893). Coll. papers, hg. CH. HARTSHORNE/P. WEISS 6 (Cambridge, Mass. 1960) 426f.; The basis of pragmaticism in the normative sciences (1906), in: The essential Peirce 2: 1893-1913, hg. N. HOUSER u.a. (Bloomington 1998) 373f. – [14] J. DEWEY: Democracy and education (1916), in: The middle works 1899-1924, hg. J. A. BOYDSTON 9 (Carbondale 1985) 46ff. – [15] W. R. BION: Learning from experience (London 1962); dtsch: Lernen durch Erfahrung (1992). – [16] A. H. MASLOW: Toward a psychology of being (Princeton 1962) 180; vgl. C. R. ROGERS: Client-centered therapy (Boston 1965) 488. – [17] ROGERS, a.O. 195f. 486-491. – [18] W. HINTE: Non-direktive Pädagogik (1980) 91f. – [19] TH. LITT: Führen oder Wachsenlassen (1927, [5]1952) 81f.

M. DEHLI

Wachstumstheorie (engl. theory of growth). Die Ursprünge der *wirtschaftswissenschaftlichen* W. sind ungewiß; manche verlegen sie zu den Merkantilisten ins 17. und 18. Jh. [1], andere lassen sie mit R. F. HARROD (1939) [2] und E. D. DOMAR (1946) [3], viele andere Wirtschaftstheoretiker irgendwo dazwischen beginnen. Wer den Begriff ‹theory of growth› geprägt hat, ist unbekannt. Sieht man von den historischen Voraussetzungen etwa bei D. RICARDO und K. MARX ab und der wichtigen ‹Theorie der wirtschaftlichen Entwicklung› (1912) von J. A. SCHUMPETER, beginnt die W. der Sache nach, ohne daß der Begriff bereits begegnete, mit J. M. KEYNES' im Rahmen einer Theorie der Vollbeschäftigung gewonnenen Einsicht, daß neue Investitionen einen multiplizierenden Effekt auf die Gewinne haben und daß diese zu Ersparnissen führen, die ihrerseits wieder investiert werden können [4]. Die Theorie beruht auf drei wesentlichen Voraussetzungen, nämlich erstens, daß die Ersparnisse tatsächlich reinvestiert werden, zweitens, daß die Investionen zu Mehrproduktion führen und drittens, daß die mehrproduzierten Produkte auf dem Markt auch abgesetzt werden können.

In seinem ‹Essay in Dynamic Theory› (1939) überschreitet daher HARROD diese nachfragebestimmte Gleichgewichtstheorie in Richtung auf eine dynamische Theorie, die berücksichtigt, daß Investitionen eine der Determinanten der Nachfrage sind. Von DOMAR 1946 weiterentwickelt, wird die Theorie heute als ‹Harrod-Domar-Modell› der postkeynesianischen W. angesprochen. Der darin enthaltenen Annahme, daß das Gleichgewicht im Prozeß des Wirtschaftswachstums immer auf Messers Schneide stünde und jederzeit in ein Ungleichgewicht (Inflation, Massenarbeitslosigkeit) umkippen könne, widerspricht das sogenannte neoklassische Wachstumsmodell, das R. M. SOLOW [5] entwickelt und das als ‹Solow-Swan-Modell› angesprochen wird. Der entscheidende Unterschied ist hier, daß die Annahme einer fixen Kapitalproduktivität nicht mehr geteilt wird. Dadurch entwirft die Theorie das Bild eines vollkommen stabilen Wachstumsprozesses: Jede Volkswirtschaft wird quasi naturwüchsig, sieht man von Übergangsperioden ab, das dieser Volkswirtschaft eigene dynamische Gleichgewicht erreichen. Die gleichwohl in der Realität bestehenden Unterschiede von Volkswirtschaften werden mit dem Parameter der «totalen Faktorproduktivität» erklärt, weswegen die Theorie auch als ‹exogene W.› bezeichnet wird. Daß hier von einer konstanten Sparquote ausgegangen wird, hat die Kritik der sogenannten «optimalen W.» herausgefordert, die in Anknüpfung an Überlegungen von F. RAMSEY [6] zur optimalen Spar-Rate und ihrer Abhängigkeit von der Zeit, zu einem weitaus flexibleren, aber mathematisch auch sehr viel anspruchsvolleren Modell kommt. Denn was die exogene W. nicht erklären kann, ist, wie es in einigen Volkswirtschaften zu einem «unbegrenzten Wachstum» kommt, während andere überhaupt kein Wachstum hervorbringen.

Aus diesem theoretischen Desiderat erweitert sich die W. zur «Theorie wirtschaftlicher Entwicklung». Hierauf versucht auch die sog. endogene W. eine Antwort zu geben; sie berücksichtigt insbesondere die Wachstumsfaktoren der technischen Innovationen, des Lernens (von Menschen, des auch sog. «Humankapitals», und von Maschinen) und die Netzwerkeffekte. P. ROMER [7] leitet mit seiner Arbeit zu ‹Endogenous Technological Change› diese Entwicklung zur endogenen W. ein. Für sie ist vor allem die technische Innovation der Schlüssel zum unbegrenzten Wachstum, weil diese nicht vom Problem der sinkenden Grenzerträge der anderen Produktionsfaktoren abhängig sei. Trotzdem bleiben aus Perspektive einer «Theorie der wirtschaftlichen Entwicklung» Zweifel, ob die Theorie des endogenen Wachstums wirklich erklärt, warum das Wirtschaftswachstum in manchen Ländern der Dritten Welt nicht beginnen will.

Kritiker des Wirtschaftswachstums sind ebenso bekannt. K. MARX vermutet, daß das «Wachstum des Reichtums ... identisch mit dem Wachstum des Elends und der Sklaverei» [8] ist. J. S. MILL sieht [9] – auf der Grundlage des Malthusianismus (s.d.) – voraus, daß das Wirtschaftswachstum (und das Bevölkerungswachstum) nicht unbegrenzt voranschreiten kann, und favorisiert daher für beide ein stationäres Gleichgewicht, während nach ihm Wissenschaft und Künste gefahrlos unbegrenzt wachsen dürfen. Damit ist Mill einer der Bezugsautoren für heutige Überlegungen zu einem «qualitativen Wachstum» [10] oder «sustainable growth» [11] geworden, nachdem zuvor schon Warnungen über die «Grenzen des Wachstums» [12] ausgesprochen worden waren. Selbst eine keineswegs Kapitalismus-kritische Theorie der Wirtschaft könnte darüber nachzudenken gezwungen sein, das Wirtschaftssystem ohne das fundamentale Dogma des Wachstums zu denken [13].

Anmerkungen. [1] W. W. ROSTOW: Theorists of economic growth from D. Hume to the present (New York 1990). – [2] R. F. HARROD: An essay in dynamic theory. Economic J. 49 (1939) 14-33. – [3] E. D. DOMAR: Capital expansion, rate of growth, and employment. Econometrica 14 (1946) 137-147. – [4] J. M. KEYNES: The general theory of employment, interest and money (London 1935); dtsch.: Allg. Theorie der Beschäftigung, des Zinses und des Geldes (1936) 207f. – [5] R. SOLOW: A contrib. to the theory of economic growth. Quart. J. Economics 70 (1956) 65-94; vgl. W. – Darstellung und Anwendung (1971). – [6] F. RAMSEY: A mathemat. theory of saving. Economic J. 38 (1928)

543-559. – [7] P. ROMER: Endogenous technolog. change. J. polit. Economy 98 (1990) 71-102. – [8] K. MARX: Ökon.-philos. Ms. (1844). MEGA I, 3, 72. – [9] J. S. MILL: Princ. of polit. economy IV, 6 (1848). Coll. works (Toronto 1963ff.) 3, 752-757. – [10] H. MAJER (Hg.): Qualitatives Wachstum: Einf. in Konzeptionen der Lebensqualität (1984). – [11] T. UNDELAND (Hg.): EPE '97, 7th European Conf. on Power Electronics and Applic.: 8.-10. Sept. 1997, Trondheim, Norway (Brüssel 1997); H. CLEVELAND (Hg.): The management of sustainable growth (New York 1981); L. BRETSCHGER: Growth theory and sustainable development (Cheltenham 1999). – [12] D. L. MEADOWS: The limits to growth (London 1972); dtsch.: Die Grenzen des Wachstums (1974). – [13] So z.B. N. LUHMANN: Die Wirtschaft der Gesellschaft (1988) 100.

Literaturhinweise. J. E. STIGLITZ/H. UZAWA (Hg.): Readings on the modern theory of economic growth (Cambridge 1969). – W. W. ROSTOW s. Anm. [1]. Red.

Wachtraum; Tagtraum (engl. daydream; frz. rêverie). Die Rede vom W. läßt sich wortgeschichtlich auf das antike Oxymoron «vigilans somniat» [1] zurückführen. Das altfranzösische ‹rêverie› bezeichnet das herumirrende Vagabundieren und, in Anlehnung an diese Grundbedeutung, das ausschweifende Delirieren und Phantasieren [2].

In virtuoser Anwendung dieses Bedeutungshorizontes definiert M. DE MONTAIGNE, dessen ‹Essais› der Stilebene des sermo pedester verpflichtet sind, das eigene Denken als schweifende «resveries» [3], über deren abwegigen und rätselhaften Verlauf er Tagebuch führt [4]. Den Topos vom Leben als Traum (s.d.) aufgreifend [5], verweist er auf die Macht idiosynkratischer [6] und alltäglicher «resveries, qui sont les songes des veillans, et pires que songes» [7], die sich einem Erwachen ebenso hartnäckig verweigern wie die kollektiven Tagträume («resverie publique») [8]. Unter diese zählt er als Skeptiker auch die Philosophie, in deren Geschichte «tous nos songes et resveries s'y trouvent» [9]. Mit Montaigne erfährt die «rêverie» eine Aufwertung hin zur stimmungsvollen Meditation und einsamen Reflexion. Den Charakter ihrer Unwillkürlichkeit erörtert R. DESCARTES [10], der in seiner privaten Korrespondenz den von Montaigne eingeführten neuen Sinn festhält [11]. Bei J.-J. ROUSSEAU verbindet sich die meditative «rêverie» mit Erinnerung und Ekstase, Rausch und Vision [12]. In seinen ‹Rêveries du promeneur solitaire› beschreibt er die Bedingungen, die den Wachträumenden das Glücksgefühl einer Alleinheit mit der Natur und einer immerwährenden Gegenwart empfinden läßt [13]. Seit Rousseau gehört die «rêverie» als meditative Träumerei mit ihren melancholischen Glücksmomenten einer dichterischen Phantasie zum Grundwortschatz des Schriftstellers [14], den sich auf seinem Weg in die Moderne [15] auch der Flaneur als drogenerfahrener «träumender Müßiggänger» [16] aneignet.

J. LOCKE bedauert, daß die englische Sprache über kein Äquivalent zum französischen ‹rêverie› verfügt, das den unreflektierten, freischwebenden Vorstellungsverlauf bezeichnet [17]. I. KANT hingegen orientiert sich weiterhin an dem traditionellen Sprachgebrauch, wenn er die Erdichtungen eines «wachenden Träumers» [18] als Chimären und Grillen bezeichnet. Liefert schon die didaktische Literatur klassische Beispiele für Tagträume [19], so weist E. B. DE CONDILLAC auf deren Ubiquität hin: Jeder habe sich einmal als Held eines Romans phantasiert und Luftschlösser («Châteaux en Espagne») erbaut [20].

Um 1800 setzt sich der Terminus in der medizinischen Literatur durch und gewinnt an Kontur. Für E. DARWIN ist die reverie «an effort of the mind to relieve some painful sensation» [21]. Eingedenk dieser entlastenden Funktion des Tagtraums betont TH. BEDDOES dessen Wunschcharakter («reverie of wishes») [22]. Das Delirium ist für DARWIN von «reverie» bzw. «day-dream» [23] abzugrenzen, «because the trains of ideas are kept consistent by the power of volition, as the person reasons and deliberates in it» [24]. Gegenüber dieser Tendenz, Differenzen zwischen den psychischen Zuständen herauszuarbeiten, gibt es französische Stimmen, die in der eigentümlichen Assoziation der Vorstellungen das gemeinsame Element zwischen ‹rêverie› und ‹rêve› auffinden [25] oder bloß graduelle Unterschiede zwischen Schlaftraum, W. und Wahnsinn (s.d.) annehmen [26], so daß schließlich die Lenkbarkeit der Träume zur Diskussion steht [27].

Gelten die Tagträume im psychiatrischen Diskurs des 19. Jh. als Vorstufen der Geisteszerrüttung [28], so haben die Dichter demgegenüber immer wieder ihre Bedeutung als Inspirationsquelle geltend gemacht. E. T. A. HOFFMANN zufolge gerät man unwillkürlich in «sanfte Reverien, in das träumerische Hinbrüten, in das somnambule Delirieren, kurz, in jenen seltsamen Zustand zwischen Schlafen und Wachen, der poetischen Gemütern für die Zeit des eigentlichen Empfanges genialer Gedanken gilt» [29]. Der Psychiater A. KRAUSS, der Grundzüge einer Poetik und Rhetorik des Wahns (s.d.) und des Traums entwickelt, bedauert, daß «die Tagträume, das lose Spiel der Phantasie», in der Regel unbeachtet bleiben, «wofern sich nicht die Grundlage des dichterischen Talentes in ihren reicheren Gestaltungen offenbart» [30]. Er bemerkt, daß die Träume der Kindheit in den Tag- und Nachtträumen der Erwachsenen unbewußt fortwirken, indem sie ihnen «Farbe, Ton und Umrisse leihen» [31]. I. H. FICHTE verlegt die Veranlassung eines W. in das vorbewußte Wesen des Geistes [32]. W. und Mythos [33] entsprängen derselben Quelle: Beide seien die Wirkung einer im Vorbewußten ablaufenden, unwillkürlich symbolisierenden Phantasietätigkeit [34], die durch äußere Einflüsse, innere Stimmungen und geistige Eingebungen angeregt wurde [35]. Vor diesem Hintergrund erscheinen gesteigerte Zustände wie Ahnung, Vision und Hellsehen als verschiedene Stadien des W. [36].

J. BREUER und S. FREUD sehen in den habituellen Tag- und Wachträumen (dem «Privattheater» der Patientin Anna O.) die Vorstufe der hypnoiden Zustände [37]. In der Folge benutzt Freud ausschließlich den Begriff ‹Tagtraum›, dem er die «Tagesphantasie» als Synonym an die Seite stellt. Gemeinsamkeiten zwischen den Nacht- und den Tagträumen diskutiert er in der ‹Traumdeutung› [38]. In Kenntnis der deutschen und französischen Tradition [39] führt er die von der Traumforschung erarbeiteten Einzelaspekte, das Wunschmotiv, die Entlastungsfunktion, die Beziehung zur poetischen Schöpfung und zu den Kindheitsphantasien, systematisch zusammen. Tagträume sind keine Halluzinationen (s.d.), sondern Phantasien. Der Inhalt dieser in der späteren Kindheit und Vorpubertät auftretenden Phantasien sind Szenen, «in denen die egoistischen, Ehrgeiz- und Machtbedürfnisse, oder die erotischen Wünsche der Person Befriedigung finden» [40]. In ihnen wirken Eindrücke infantiler Erlebnisse fort [41]. Ihre Bildungsmechanismen entsprechen denen der «sekundären Bearbeitung», so daß sie gegenüber den Träumen mehr Kohärenz aufweisen. Für den Dichter sind sie «das Rohmaterial der poetischen Produktion» [42]. Neben den bewußten Tagträumen gibt es auch unbewußte, die «ebensowohl die Quelle der nächtlichen Träume wie – der neurotischen Symptome» bilden [43].

Im Zuge der Rezeption der Psychoanalyse geraten die Tagträume systematisch ins Blickfeld. Sie werden klinisch beschrieben, statistisch ausgewertet und monographisch dargestellt [44]. Sie werden als der Zukunft zugewandte «Anpassungsversuche» [45], als Vorentwürfe und prospektive Probehandlungen aufgefaßt. Sie dienen der Konfliktbewältigung oder, in ihrer exzessiven Form, der Realitätsflucht [46]. Im Anschluß an H. SACHS untersucht E. KRIS ihre Beziehung zur Dichtung und zu den vorbewußten Denkprozessen [47]. W. R. BION korreliert die Entwicklung des Denkapparates des Säuglings mit den «maternal reveries», d.h. dem träumerischen Ahnungsvermögen der Mutter: «The mother's capacity for reveries is the receptor organ for the infant's harvest of self-sensation gained by its conscious» [48]. Reverie erweist sich so als Fortsetzung des Stillens mit anderen Mitteln [49].

Außerhalb der klassischen Psychoanalyse etabliert sich früh das psychotherapeutische Verfahren des «gelenkten W.» [50]. In dem projektiven Verfahren des «katathymen Bilderlebens» rückt der «gelenkte Tagtraum» ins Zentrum einer von H. LEUNER entwickelten Form von Kurztherapie, die auch als Symboldrama beschrieben wurde [51].

Philosophische Auslegung erfährt der Tagtraum im Rahmen von E. BLOCHS ‹Prinzip Hoffnung›. Herkommend «von einem Mangeln», sind Tagträume «allesamt Träume von einem besseren Leben» [52], mithin voller utopischer Hoffnung und Potentiale: Sie sind «Vor-Schein von möglich Wirklichem» [53]; «der Inhalt der Tagphantasie ist offen, ausfabelnd, antizipierend, und sein Latentes liegt vorn» [54].

Anmerkungen. [1] Vgl. PLAUTUS: Amph. 697; Capt. 848; K. STIELER: Der Teutschen Sprache Stammbaum ... (Nürnberg 1691) 2302: Art. ‹Traum/Treumen›. – [2] Vgl. Art. ‹*reexvagus herumirrend›, in: W. VON WARTBURG: Frz. etymol. Wb. 10 (Basel 1962) 184-187; J. NICOT: Thresor de la langue françoise (Paris 1621) 565: «Resverie, Deliratio, Ineptia». – [3] M. DE MONTAIGNE: Essais I, 26: De l'institution des enfans (1580-88). Oeuvr. compl. 1-6, hg. A. ARMAINGAUD (Paris 1924-27) 2, 93; II, 10: Des livres, a.O. 3, 178f.; III, 5: Sur des vers de Virgile, a.O. 5, 202; III, 11: Des boyteux, a.O. 6, 219f. – [4] Ess. I, 8: De l'oisiveté, a.O. 1, 64; II, 18: Du démentir, a.O. 4, 268; III, 3: De trois commerces, a.O. 5, 95. – [5] Ess. II, 12: Apologie de Raimond Sebond, a.O. 4, 101. – [6] Ess. I, 21: De la force de l'imagination, a.O. 1, 216; III, 4: De la diversion, a.O. 5, 119. – [7] a.O. [5] 102. – [8] Ess. II, 13: De juger de la mort d'autruy, a.O. 4, 126; I, 41: De ne communiquer sa gloire, a.O. 2, 353. – [9] a.O. [5] 516. 460. – [10] R. DESCARTES: Les passions de l'âme I, 21 (1649). Oeuvr., hg. CH. ADAM/P. TANNERY 11 (Paris 1967) 345. – [11] Vgl. Br. an J.-L. Guez de Balzac (15. April 1631), a.O. 1 (1969) 198f.; Br. an Ch. Huygens (12. Nov. 1640), a.O. 3 (1971) 241. – [12] J.-J. ROUSSEAU: Les confessions II, 7 (1782-89). Oeuvr. compl., hg. B. GAGNEBIN/M. RAYMOND (1959-95) 1, 307. – [13] Les rêveries du promeneur solitaire, 5[e] prom. (1782), a.O. 1044-1049; 7[e] prom., a.O. 1062f. – [14] J. W. GOETHE: Br. an C. Goethe (30. März 1766). Weim. Ausg. IV/1 (1987) 27; vgl. bes. M. RAYMOND: Romantisme et rêverie (Paris 1978). – [15] CH. BAUDELAIRE: Le Spleen de Paris (1869). Sämtl. Werke/Briefe, hg. F. KEMP/C. PICHOIS 8 (1985) 114. – [16] W. BENJAMIN: Das Passagen-Werk [1927-40]. Ges. Schr., hg. R. TIEDEMANN/H. SCHWEPPENHÄUSER 5/1 (1982) 525. – [17] J. LOCKE: An essay conc. human underst. II, 19, § 1 (1690), hg. P. H. NIDDITCH (Oxford 1985) 227. – [18] I. KANT: Träume eines Geistersehers, erläutert durch die Träume der Met. I, 3 (1766). Akad.-A. 2, 343; Anthropol. in pragmat. Hinsicht I, 1, § 45 (1798), a.O. 7, 202. – [19] Vgl. CLAUDIUS AELIANUS: Varia historia IV, 25; ATHENAEUS NAUCRAT.: Dipnosoph. XII, 554 e-f; J. DE LA FONTAINE: La laitière et le pot au lait (1678); dtsch., in: Sämtl. Fabeln, hg. H. LINDNER (1978) 500-502. – [20] E. B. DE CONDILLAC: Essai sur l'orig. des connoissances humaines § 83 (1746). Oeuvr. compl. (Paris 1798) 1, 127f. – [21] E. DARWIN: Zoonomia; or, the laws of organic life (London [3]1801) 1, 326; 4, 72f. – [22] TH. BEDDOES: Essays on the means of avoiding habitual sickliness, and premature mortality. Essay tenth, in: Hygëia: or Essays moral and medical 3 (Bristol 1803) 74. – [23] DARWIN, a.O. [21] 1, 282. – [24] a.O. 4, 73; 1, 318; vgl. auch: Art. ‹Vorstellungsreihe›. Hist. Wb. Philos. 11 (2001) 1247f. – [25] TH. JOUFFROY: Du sommeil (1827), in: Mélanges philos. (Paris [3]1860) 225-242, hier: 237-242. – [26] A. GARNIER: Traité des facultés de l'âme (Paris [2]1865) 455-460. – [27] [L. D'HERVEY DE SAINT-DENYS:] Les rêves et les moyens de les diriger (Paris 1867); A. MAURY: Le sommeil et les rêves (Paris [4]1878). – [28] F. WINSLOW: On obscure diseases of the brain, and disorders of the mind (London 1860) 337-339. – [29] E. T. A. HOFFMANN: Lebens-Ansichten des Katers Murr (1820). Sämtl. Werke, hg. C. G. VON MAASSEN 9/10 (1928) 29. – [30] A. KRAUSS: Der Sinn im Wahnsinn. Eine psychiatr. Unters. Allg. Z. für Psychiatrie und psychisch-gerichtl. Medizin 15 (1858) 617-671; 16 (1859) 10-34. 222-280, hier: 18; vgl. auch: W. RAABE: Der Hungerpastor (1861). Werke 1-4, hg. K. HOPPE (1961) 1, 866. – [31] a.O. 625f. – [32] I. H. FICHTE: Psychologie (1864) 1, 582. – [33] a.O. 589f. 594. – [34] 610. – [35] 600. – [36] Über Traum, Ahnung, Vision und die damit zusammenhangenden Seelenerscheinungen (1854), in: Zur Seelenfrage. Eine philos. Confession (1859) 258-286, hier: 266. – [37] J. BREUER/S. FREUD: Studien über Hysterie (1895), in: S. FREUD: Ges. Werke, hg. A. FREUD [GW] (1940-87), Nachtragsbd., hg. A. RICHARDS (1987) 239. 222. 277-279; Über den psych. Mechanismus hysterischer Phänomene (1893), in: Studien über Hysterie (1895). GW 1, 92. – [38] Die Traumdeutung (1900). GW 2/3, 495-497. – [39] Vgl. neben Krauss und Fichte bes. M. BENEDIKT: Die Seelenkunde des Menschen als reine Erfahrungswiss. (1895) 260-265; J. DELBŒUF: Le sommeil et les rêves (Paris 1885) 61-75. – [40] S. FREUD: Vorles. zur Einf. in die Psychoanalyse II, 5. Vorles. (1916f.). GW 11, 95; vgl. Art. ‹Wunsch II.›. – [41] a.O. [38] 496. – [42] a.O. [40] 96; vgl. auch: Der Dichter und das Phantasieren (1908). GW 7, 213-223; Art. ‹Verschiebung; Verdichtung›. Hist. Wb. Philos. 11 (2001) 875-879. – [43] Vorles. III, 23. Vorles., a.O. [40] 388; vgl. Hysterische Phantasien und ihre Beziehung zur Bisexualität (1908). GW 7, 191-199, hier: 192. – [44] A. PICK: Über patholog. Träumerei und ihre Beziehungen zur Hysterie. Jb. Psychiatrie Neurologie 14 (1896) 280-301; TH. SMITH: The psychology of day dreams. Amer. J. Psychology 15 (1904) 465-488; G. GREEN: The daydream. A study of development (London 1923); F. KEHRER: Wach- und Wahrträumen bei Gesunden und Kranken (1935). – [45] J. VARENDONCK: The psychology of daydreams (New York 1921); dtsch.: Über das vorbewußte phantasierende Denken (1922) 164. – [46] Vgl. zusammenfassend: H. KATZENBERGER: Der Tagtraum. Eine phänomenolog. und experiment. Studie (1969) 7-35. – [47] H. SACHS: Gemeinsame Tagträume (1924); E. KRIS: Psychoanal. explorations in art (New York 1952, [4]1974); H. SEGAL: Dream, phantasy and art (London 1991); dtsch.: Traum, Phantasie und Kunst (1996) 136-146. – [48] W. R. BION: A theory of thinking. Int. J. Psycho-Analysis 43 (1962) 306-310; vgl. R. D. HINSHELWOOD: Art. ‹Reverie›, in: A dict. of Kleinian thought (London 1989); dtsch.: Wb. der kleinian. Psychoanalyse (1993) 593f. – [49] C. NEUBAUR: Schweigen, Stille, Reverie. Merkur 53 (1999) 1153-1171. – [50] Vgl. schon: C. HAPPICH: Das Bildbewußtsein als Ansatzstelle psych. Behandlung. Zentralbl. Psychotherapie 5 (1932) 663-677; R. DESOILLE: Le rêve éveillé en psychothérapie (Paris 1945). – [51] H. LEUNER (Hg.): Katathymes Bilderleben. Ergebnisse in Theorie und Praxis (Bern 1980); vgl. auch: J. L. SINGER: Imagery and daydream methods in psychotherapy and behaviour modification (New York u.a. 1974); dtsch.: Phantasie und Tagtraum. Imaginative Methoden in der Psychotherapie (1978). – [52] E. BLOCH: Das Prinzip Hoffnung 1-3 (1954-59, 1977) 1, 85. – [53] a.O. 109. – [54] 111.

Literaturhinweise. G. BACHELARD: La poétique de la rêverie (Paris 1961). – F. SCHALK: Somnium und verwandte Wörter in den roman. Sprachen, in: Exempla roman. Wortgeschichte (1966) 295-337. – H. KATZENBERGER s. Anm. [46]. – J. L. SINGER s. Anm. [51]. – M. RAYMOND s. Anm. [14]. – R. J. MORRISSEY: La rêverie jusqu'à Rousseau. Rech. sur un topos litt. French Forum Monographs 55 (Lexington, Ky. 1984). – H. LEUNER: Lb. des Katathymen Bilderlebens (Bern 1985).

S. GOLDMANN

Wagen; Wagnis (lat. audacia, audere; engl. venture, risk; frz. risque). ‹Wagnis›, von sinnverwandten und z.T. synonym verwendeten Begriffen wie ‹Risiko› (s.d.) oder ‹Verwegenheit› (s.d.) bzw. ‹Kühnheit› nur schwer abgrenzbar, bezeichnet ein Verhalten oder Handeln, das mit Gefahren verbunden und dessen Ausgang ungewiß ist. Während das Substantiv, wahrscheinlich im 16. Jh. in der oberdeutschen Kanzleisprache aufgekommen [1], erst zu Beginn des 19. Jh. allgemein gebräuchlich wird, besitzt das Verbum ‹wagen›, bes. aber das lateinische Äquivalent ‹audere›, bereits in der deutschen Aufklärung eine eigene, jenen sinnverwandten Begriffen gegenüber selbständige philosophische Relevanz.

Unter Verwendung des HORAZ-Diktums «Sapere aude» läßt die frühaufklärerische *Gesellschaft der Alethophilen* (gegr. 1736), deren Ziel die Verbreitung der Philosophie Ch. Wolffs ist, eine Medaille prägen, die von J. G. WACHTER entworfen wird [2]. Während Horaz die Wendung in einem lebenspraktischen Kontext gebraucht [3], ist das «Sapere aude» bei den Alethophilen programmatischer Ausdruck des aufklärerischen Selbstverständnisses, repressiven Autoritäten und herrschenden Traditionen den Anspruch einer vorurteilsfreien, undogmatischen Denkungsart gegenüberzustellen. In der Folge wird es vielfach als Motiv in Frontispizen aufklärerischer Werke gewählt [4]. Eine der frühesten Verwendungen dieser Art findet sich bereits im 17. Jh. bei F. SCHOONHOVEN, der seinem Buch ‹Emblemata› (1618) ein mit «Sapere aude» überschriebenes Selbstporträt voranstellt [5]. Zum Gegenstand philosophischer Reflexion wird die Formel bei J. P. MURRAY, der sie mit Bezug auf die Alethophilen 1754 ausführlich kommentiert [6].

‹Wagnis› transportiert bei den französischen Enzyklopädisten ebenfalls das Selbstverständnis von Aufklärung, wenn auch ohne Bezug auf Horaz. So stellt etwa D. DIDEROT nicht ohne Pathos das Projekt einer Enzyklopädie als grundsätzlich wagemutiges, weil ebenso radikales wie schwieriges und in seiner Zeit einzigartiges Unternehmen heraus: «J'ai dit qu'il n'appartenoit qu'à un siecle philosophe, de tenter une Encyclopédie; & je l'ai dit, parce que cet ouvrage demande par-tout plus de hardiesse dans l'esprit, qu'on n'en a communément dans les siecles pusillanimes du goût. Il faut tout examiner, tout remuer sans exception & sans ménagement» [7].

I. KANT kann schließlich auf einen Begriff zurückgreifen, dessen bei Horaz angelegter Bedeutungszusammenhang maßgeblich verändert ist. Sofern man das «Sapere aude» des 18. Jh. generell als Gegenmotiv zum PAULUS-Wort «Noli altum sapere, sed time» (Röm. 11, 20) verstehen kann, ist es auch bei KANT eine direkte Aufforderung an den Einzelnen, den Ausgang aus der «selbst verschuldeten Unmündigkeit» zu suchen und trotz aller Beschwerlichkeit das Selbstdenken (s.d.) einzuüben: «Sapere aude! Habe Muth dich deines eigenen Verstandes zu bedienen! ist also der Wahlspruch der Aufklärung» [8].

Während Kant sich mit seinem Appell dezidiert auf den Vernunftgebrauch bezieht, greift F. SCHILLER das Horaz-Wort auf, um das in seinen Augen einseitige Selbstverständnis der Aufklärung in Zweifel zu ziehen und deren Vollendung einer noch ausstehenden praktischen Kultur zu überantworten. Das Wagen besteht nicht mehr im Gebrauch des Verstandes, der rationales Wissen und Erkenntnis befördert, sondern im (kompensatorischen) Mut zur Weisheit: «sapere aude. Erkühne dich, weise zu seyn. Energie des Muts gehört dazu, die Hindernisse zu bekämpfen, welche sowohl die Trägheit der Natur als die Feigheit des Herzens der Belehrung entgegen setzen» [9]. Weniger aufklärungskritisch, aber mit demselben Impetus zur Vernunftkritik und einem programmatischen Bekenntnis zur Weisheit als dem Ziel des Philosophierens, greift noch A. SCHOPENHAUER das «Sapere aude» auf: Er preist die Willenlosigkeit als einen Zustand, «zu dem wir ... nicht ohne die größte Sehnsucht blicken können ..., zu welchem unser besserer Geist uns das große sapere aude zuruft» [10].

Mit F. NIETZSCHE wird das Wagnis zum Kennzeichen des «neuen Philosophen», insofern er «grosse Wagnisse» vorzubereiten hat [11]. Damit löst der Wagnis-Begriff das Motto der Aufklärung gewissermaßen ab, das im Zusammenfall von Philosophie und Lebensform, wie er sich im Denken Nietzsches ereignet, und seiner grundsätzlichen Vernunftkritik keinen Bestand mehr haben kann. ‹Wagnis› ist nunmehr ein Universalbegriff, der sich auf die unterschiedlichen Lebensbereiche beziehen läßt. Der Lebensphilosoph Nietzsche sieht im «höchsten Wagniß» den Garanten eines erfolgreichen Daseins, da das Leben keinesfalls die «Abspielung eines Schauspiels» sei, «bei dem wir nur das Zusehn hätten» [12]. An die «wissenschaftlichen Menschen» richtet sich der Vorwurf, daß sie «kein Wagniß» eingehen und so die Wissenschaft unversehens verfehlen [13]. Überhaupt ist die Korrelation von Wagnis und Erkenntnis bei Nietzsche allgegenwärtig. Die «freien Geister», erlöst vom Glauben an den alten Gott, fühlen sich «wie von einer neuen Morgenröthe angestrahlt», und das «Wagniss des Erkennenden» soll endlich wieder erlaubt sein [14].

Im 20. Jh. gewinnt der Terminus in der Existenzphilosophie und in der Theologie an Bedeutung [15]. In der christlichen Philosophie P. WUSTS erfährt der Wagnis-Begriff systematische Prägung, indem Wagnis und Ungewißheit in Beziehung gesetzt werden. Durch seine innere Natur ist der Mensch vor die Alternative zwischen Chaos oder Kosmos gestellt. Einerseits kann er ein fatalistisches Weltbild annehmen, andererseits ein Weltbild, in dem das Prinzip der «universalen Intelligibilität des Seins» anerkannt ist [16]. Im ersten Fall sieht Wust das «blinde Wagnis der absoluten Ungewißheit», im letzteren das «Wagnis der Weisheit» [17].

Anmerkungen. [1] Art. ‹Wagnis›. GRIMM 13 (1922) 495-497, 495. – [2] Vgl. D. DÖHRING: Beitr. zur Geschichte der Gesellschaft der Alethophilen in Leipzig, in: D. DÖRING/K. NOWAK (Hg.): Gelehrte Gesellschaften im mitteldtsch. Raum 1650-1820 1 (2000) 95-150; S. LORENZ: Wolffianismus und Residenz. Beitr. zur Geschichte der Gesellschaft der Alethophilen in Weißenfels, in: DÖRING/NOWAK (Hg.), a.O. 3 (2002) 113-144. – [3] Vgl. HORAZ: Ep. I, 2, 40ff. – [4] F. VENTURI: Was ist Aufklärung? Sapere aude! Rivista storica ital. 71 (1959) 119-128. – [5] F. SCHOONHOVEN: Emblemata (Gouda 1618). – [6] J. P. MURRAY: Horatianum illud sapere aude succincta commentatione illustratum (1754). – [7] D. DIDEROT: Art. ‹Encyclopédie›, in: J. LE R. D'ALEMBERT/D. DIDEROT: Encyclopédie, ou Dict. raisonné des sciences, des arts et des métiers 5 (Paris 1755) 635-648, hier: 644v. – [8] I. KANT: Beantwortung der Frage: Was ist Aufklärung? (1784). Akad.-A. 8 (1912) 35. – [9] F. SCHILLER: Ueber die ästhet. Erziehung des Menschen in einer Reihe von Br. 8 (1795). Nat.ausg. 20 (1962) 331. – [10] A. SCHOPENHAUER: Die Welt als Wille und Vorst. I, 4, § 68 (1819, 21844). Sämtl. Werke, hg. A. HÜBSCHER 2 (1938, 31972) 461. – [11] F. NIETZSCHE: Jenseits von Gut und Böse 5, 203 (1886). Krit. Ges.ausg., hg. G. COLLI/M. MONTINARI (1967ff.) 6/2, 128. – [12] Nachgel. Fragm., Sommer 1875 9[1], a.O. 4/1 (1967) 240. – [13] Nachgel. Fragm., Herbst 1881 14[3], a.O. 5/2 (1973) 521. – [14] Die fröhl. Wissenschaft 5, 343 (1882, 21887), a.O. 5/2, 256. – [15] Vgl. Art. ‹Risiko›. Hist. Wb. Philos. 8 (1992) 1045-1050, 1047f.; zur modernen Explikation des Glaubens als Wagnis vgl. P. TILLICH: Dynamics of faith (New York 1957); dtsch.: Wesen und Wandel des Glaubens

(1975) 115ff. – [16] P. WUST: Ungewißheit und Wagnis (1937) 60. – [17] a.O. 61. C. LANGBEHN

Wahl (griech. αἵρεσις, προαίρεσις; lat. electio, prohairesis; engl. choice; frz. choix; dän. valg). Die *ethische W.* setzt sich in der kontinentaleuropäischen Moderne gegen zwei W.-Typen durch, eine Vorzugswahl (προαίρεσις) [1] und eine – mehrere Formen umfassende – Willkürwahl. Aus der Tradition der klassischen, philosophisch orientierten Nationalökonomie erwächst die Theorie der rationalen W. («rational choice theory») [2].

1. Den vollen Begriff der *Vorzugswahl* entfaltet ARISTOTELES [3]. In einem damit gewinnt das für das Vorziehen nötige Abwägen, unter dem Titel «Überlegung» (βούλευσις), die Eigenständigkeit eines den W.-Akt ermöglichenden Aktes. Mit der Explikation geht eine Spezifikation einher: Die Vorzugswahl ist eine W. von Mitteln zu einem selbst nicht zur W. stehenden Zweck; sie ist nur sinnvoll in bezug auf solches, worüber wir verfügen können; und sie erstreckt sich weder auf stets sich Gleichbleibendes noch auf stets sich Veränderndes, sondern allein auf das 'Mittlere', das bei aller Konstanz auch variiert. Beide Operationen – Explikation und Spezifikation – bleiben für das aristotelisch geprägte Hochmittelalter verbindlich [4]. – Zur *Willkürwahl* gehört Indifferenz (s.d.), sei es als Verfassung von Objekten, sei es als Haltung des Subjekts, das sich einer W. enthält, was im Spätmittelalter als Zeichen echter Freiheit (s.d.) erschien. WILHELM VON OCKHAM definiert Freiheit als das Vermögen, das es mir erlaubt, «unvoreingenommen (indifferenter) und auf zufällige Weise (contingenter) eine Wirkung hervorzubringen, so daß ich dieselbe Wirkung verursachen und auch nicht verursachen kann» [5].

2. Hatte schon PLATON in mythischer Gestalt das ethische Konzept einer 'Lebenswahl' veranschaulicht [6], so leitet in der Neuzeit B. PASCAL mit seinem Argument der Wette (s.d.) eine grundsätzliche Wende ein, die vom Verständnis der W. als einer vorziehenden und für Indifferenz offenen hin zum Konzept ethischer W. führt. Pascal gibt dieser ihre spezifisch moderne Bedeutung: die einer mit dem Einsatz der ganzen Person getroffenen und das ganze Leben prägenden. Unter der Voraussetzung eines christlich gedeuteten Gegensatzes von Endlichem und Unendlichem möchte er den Agnostiker, an nichts als dessen Selbstinteresse appellierend, zu einem auf das Unendliche ausgerichteten Leben bewegen, indem er ihm klarmacht, daß der Verlust von Endlichem in Anbetracht der Möglichkeit eines unendlich großen Gewinns nicht zählt. Dieses Spiel um alles oder nichts übersteigt die Sphäre, in der eine Vorzugswahl sinnvoll wäre, weil an die Stelle des Abwägens zweckrationaler Gründe rückhaltloses Engagement treten muß: «il n'y a point à balancer, il faut tout donner» [7]. Ebensowenig gestattet das Spiel den Indifferentismus des Nichtwählens. Denn auch die Weigerung zu wählen wäre hier eine W. Wer dahingestellt sein läßt, ob das Unendliche ist oder nicht ist, wird sein Leben so führen, als wäre es nicht.

3. Eine derartige Option für einen im Leben wirksam werdenden Glauben ist die ethische W. ebensowohl bei S. KIERKEGAARD [8], dessen Erstlingswerk von 1843 sie ausführlich darstellt. Der Ethiker von ‹Entweder/Oder› verkürzt sie allerdings noch auf das 'Ethische' im engeren Sinne, in weitgehender Abstraktion vom 'Christlichen'.

a) Wie entschieden er gleichwohl die im Argument der Wette sich abzeichnenden Tendenzen fortsetzt, beweist er nicht zuletzt dadurch, daß er sich von Vorzugswahl und Willkürwahl noch weiter entfernt als Pascal. Die Meinung, eine Person könne sich gegenüber dem zu Wählenden «in Indifferenz halten», setzt er zum Schein herab, und die Überlegung, der es zu einer Vorzugswahl bedarf, zu einem verschwindenden Moment – der Augenblick, in dem sie stattfindet, ist «eigentlich gar nicht» [9].

An die Stelle von Vorzugswahl und Willkürwahl tritt eine «absolute W.» [10]. Absolut soll sie in dreifacher Hinsicht sein: 1. als eine Selbstwahl oder «Selbstbestimmung» [11], die das je eigene Leben in seiner Ganzheit bestimmt, 2. als eine, neben der Nichtwählen unglaubwürdig wird, 3. als eine, die genaugenommen gar keine W. ist. Das erste Absolutheitsmerkmal, die Reflexivität, erhebt sie über jede W. von «etwas» [12], das heißt: von allem, was der Wählende nicht selbst ist. Mit den beiden weiteren Bestimmungen treibt der Ethiker die Destruktion der Vorzugs- und der Willkürwahl auf die Spitze. Dem *Indifferentismus* begegnet er mit einer kritischen Analyse des Nichtwählens. In ihr entlarvt er die W.-Enthaltung als eine, bei der zu dem von Pascal Notierten, daß sie darauf hinausläuft, das eigene Leben zu verspielen, hinzukommt, daß sie das Wählen an andere delegiert. Dem *Präferentismus* antwortet er mit der Auflösung der Aporie einer W., die als absolute keine ist. Zu wählen hat man zwar zwischen dem 'Ethischen', dem selbstbestimmten Leben, und dem 'Ästhetischen' als einer von außen bestimmten Lebensform. Da aber die ästhetische Lebensform die des vorgegebenen, noch nicht von Freiheit durchdrungenen Daseins ist, kann sie gar nicht wirklich gewählt werden, um so weniger, als erst die W. des Ethischen Maßstäbe für eine W. bereitstellt. Als Entscheidung, nach sittlichen Maßstäben zu leben, ist die ethische W. – in ‹Entweder/Oder› eine des 'Ethischen' – die von 'gut' und 'böse', die vor jeder W. zwischen etwas Gutem und etwas Bösem vollzogen sein muß, eine, in der das Wählen selbst gewählt wird. Für das 'Ästhetische' bleibt nur die W. der von einem heteronomen Leben notwendigerweise heraufbeschworenen Verzweiflung (s.d.). Sie kann aber nur so heißen, weil sie im Grunde eine Selbstwahl ist.

b) Außer derjenigen Dialektik, die darin liegt, daß die absolute W. zugleich keine ist, hängt ihr noch eine andere an. Stellt die erste die W. selber in Frage, so die zweite die Absolutheit des Gewählten. Als eine W. des Absoluten beansprucht der Ethiker die Selbstwahl in dem starken Sinne, daß er außer dem je eigenen Selbst nichts Absolutes gelten läßt – «ich bin selbst das Absolute». Aber das endliche, geschichtliche und in seiner Geschichte schuldig gewordene Selbst wehrt sich gegen eine schlichte Absolutsetzung. Absolutheit fällt ihm in ‹Entweder/Oder› denn auch nur dadurch zu, daß es im «Augenblick» seiner W. der «ewigen Macht» begegnet, «welche das gesamte Dasein allgegenwärtig durchdringt» [13]. Von einer solchen Begegnung scheint der Ethiker auszugehen, weil niemand von seiner eigenen Existenz ein hinreichendes Bewußtsein erlangen kann, ohne mit ihr selbst auch ihres Grundes ansichtig zu werden. Jedenfalls wird aus der Selbstwahl vermöge der Begegnung mit einer ewigen Macht eine Selbstempfängnis oder das Setzen eines Absoluten, das mich setzt. Dies ist die Dialektik, welche die Absolutheit an Endlichkeit binden soll – «ich erschaffe nicht mich selbst».

c) Aus der zweifachen Dialektik, welche die absolute W. als W. und als eine des Absoluten problematisiert, wird verständlich, wieso Kierkegaard den Begriff in seiner über ‹Entweder/Oder› hinausführenden, das 'Christliche' thematisierenden Entwicklung weitgehend durch den der Entscheidung (s.d.) ersetzt hat. Wenn er 1850 auf ihn zurückgreift und zur Forderung des Christentums erhebt: «Du sollst das Eine wählen, das not tut, aber so, daß keine Rede von irgendeiner W. sein darf» [14], dann schließt er zwar ausdrücklich nur die W. aus, die neben dem Einen anderes in Betracht zieht. Aber seine Distanzierung von dem Begriff dürfte auch in der Einsicht begründet sein, daß die W. eines absoluten Selbst durch die Dialektisierung dieser Absolutheit nicht hinreichend zu rechtfertigen ist.

4. Im Existenzdenken des 20. Jh. schwankt die Wirkungsgeschichte des umrissenen Konzepts zwischen mäßigender Bewahrung und radikalisierender Fortbildung.

a) K. JASPERS spricht die ethische W. als die an, die sie schon bei Kierkegaard war: eine «existentielle» [15]. Dabei geht er in einigen Punkten über Kierkegaard hinaus. Daß ich in einer (weiterhin als Selbstwahl verstandenen) W. «die Bestimmtheit meines Daseins als meine eigene annehme oder verwerfe», läßt er als Selbstschöpfung gelten, sofern ich dadurch «mein eigenes Wesen in geschichtlicher Kontinuität schaffe». Zugleich setzt er sie mit Freiheit gleich: Freiheit *ist* «als die W. meines Selbst» [16].

b) Auch M. HEIDEGGER betont, daß Freiheit «je nur 'ist' im Gewählthaben der W.» [17]. Gleichwohl gewinnt der Begriff in ‹Sein und Zeit› nicht die fundamentale und universale Bedeutung zurück, die er auf dem Denkweg Kierkegaards verloren hat. Sein Geltungsbereich bleibt dadurch eingeengt, daß er terminologische Verwendung ausschließlich im Zusammenhang mit der Geschichtlichkeit menschlichen Daseins findet. Er meint jetzt nur noch, daß der Mensch in der Aneignung der ihn prägenden Traditionen «sich seinen Helden wählt». Dementsprechend ist er auch weniger grundlegend. Als die eines je bestimmten Helden kann die W. selber nur eine je bestimmte sein.

c) Radikalisieren möchte den frühen Ansatz Kierkegaards J.-P. SARTRE [18]. Darauf verweist bereits die Art seines Abschieds von der Vorzugswahl, die er im Gefolge Pascals ebenso hinter sich läßt wie das «undeterminierte Können» der libertas indifferentiae – «Ne pas choisir, en effet, c'est choisir de ne pas choisir» [19]. Die Abfolge von Überlegung und W. kehrt er um: erst W., dann Überlegung. Die Umkehrung begründet er damit, daß alles zu Überlegende seinen «Wert» einer W. verdankt [20]. Das Argument läßt ahnen, worauf er hinauswill. Im Gegenzug zu Heidegger möchte er der W. wieder Tiefe und Weite verleihen. Die *Ausweitungsbewegung* erreicht ihr Ziel bereits mit der Inversion der überlegten W. zu einer gewählten Überlegung: Wird das «An-sich» – und so verhält es sich ja nach ‹L'être et le néant› – durch «Wert» oder Bedeutsamkeit in Welt verwandelt, dann macht sich eine wertverleihende W. die ganze Welt untertan. Die *Bewegung in die Tiefe* ist der ganze in ‹L'être et le néant› zurückgelegte Weg, dessen Stadien auch Etappen der Ausarbeitung einer Alternative zur Vorzugswahl und Willkürwahl sind. Er führt zu einer W., die im «Für-sich» kein Prius hat. Eine solche W. ist letztlich identisch mit dem Sein, das allein dem Seienden von dieser Seinsart zukommt, und ebensowohl mit dessen Bewußtsein von sich. Dahin gelangt Sartre, indem jede noch nicht hinreichend vertiefte W. immer wieder sich selbst voraussetzt.

Die Hypertrophie der W. schlägt jedoch in deren Verfehlung um. Die «existentielle Psychoanalyse», welche die Theorie der W. beschließt, dementiert die anfangs beschriebene Konzeption. Am Anfang hieß es, daß, wer «sich wählt», sich «seine Individualität» erschafft [21]. Dabei wurde die W. selber als eine ihrerseits individuelle, je bestimmte, empirische gefaßt. Ihre individualisierende Wirkung galt zwar von vornherein als Aspekt einer Selbstschöpfung. Aber am Ende löst sie sich in diese auf. Der «ursprüngliche Entwurf», zu dem die existentielle Psychoanalyse vordringen möchte, ist «Seinsentwurf» («projet d'être») [22] im Sinne der notwendigerweise entindividualisierenden Konzeption eines An-sich-Seins, das seine eigene Grundlage wäre. Die Alterierung der W. spiegelt sich in der Unerreichbarkeit dieses Ziels. Kierkegaards absolute W. geht über in die «absurde» einer nicht zu realisierenden W. [23].

Anmerkungen. [1] Vgl. Art. ‹Prohairesis›. Hist. Wb. Philos. 7 (1989) 1451-1458. – [2] Vgl. Art. ‹Wahl, rationale›; ‹Entscheidungstheorie›. Hist. Wb. Philos. 2 (1972) 544-547. – [3] ARISTOTELES: Eth. Nic. III, 4f., 1111 b 4-1113 a 14; zur platonischen Vorform der Vorzugswahl vgl. PLATON: Prot. 356 a 8-357 b 3. – [4] Vgl. ALBERTUS MAGNUS: Summa theol. II, 25, 2; THOMAS VON AQUIN: 2 sent. 24, 1. – [5] WILHELM VON OCKHAM: Quodlib. I, q. 16 (Straßburg 1491, ND Löwen 1962). – [6] Vgl. PLATON: Resp. X, 617 eff. – [7] B. PASCAL: Pensées, Nr. 233. Oeuvres, hg. L. BRUNSCHVICG u.a. (Paris 1904-14, ND 1965) 13, 151. – [8] Vgl. S. KIERKEGAARD: Enten-Eller (1843). Saml. Værker, hg. A. B. DRACHMANN u.a. [SV] (Kopenhagen [2]1920-36) 2, 169-241; dtsch.: Entweder/Oder 2 (1885). Ges. Werke, hg. E. HIRSCH u.a. [GW] (1950-69) 2/3, 167-239. – [9] a.O. SV 177f./GW 174. – [10] SV 192/GW 189 u.ö. – [11] SV 181/GW 177. – [12] SV 192/GW 189 u.ö. – [13] SV 242/GW 238; SV 181f./GW 177f. – [14] Papirer, hg. P. A. HEIBERG (Kopenhagen 1909-48) X, 2, A 428; dtsch.: Die Tagebücher, hg. H. GERDES (1962-74) 4, 101-103, 101. – [15] K. JASPERS: Philos. 2 (1931, 1956) 180. – [16] a.O. 181f. 215. – [17] M. HEIDEGGER: Sein und Zeit §§ 72ff. (1927) 372-404, bes. 384f. – [18] Vgl. J.-P. SARTRE: L'être et le néant (Paris 1943) 508-663; dtsch.: Das Sein und das Nichts (1991) 753-986. – [19] a.O. 561/ dtsch. 832. – [20] 527/781f. – [21] 524/777. – [22] 652/970. – [23] 559/829.

Literaturhinweise. J. STEINMANN: Pascal (Paris 1954) 317-325. – A. R. MELE: Choice and virtue in the ‹Nic. Ethics›. J. Hist. Philosophy 9 (1981) 405-423. – N. RESCHER: Pascal's wager (1985). – J. DAVENPORT: The meaning of Kierkegaard's choice. Southwest philos. Review 11 (1995) 73-108. M. THEUNISSEN

Wahl, rationale (engl. rational choice). Der Terminus ‹rationale Wahl› [r.W.] ist eine Bezeichnung für das Wahlverhalten eines idealrationalen Akteurs im Sinne der rationalen Entscheidungstheorie (s.d.) und der mathematischen Spieltheorie (s.d.). Theorien, die von diesem Wahlmodell Gebrauch machen, werden im angelsächsischen Raum spätestens seit den 50er Jahren zumeist als «rational-choice theories» bezeichnet. Zu ihnen gehören neben Entscheidungstheorie und Spieltheorie auch die sog. «public-choice» bzw. «social-choice» und «welfare theories» (Wohlfahrtstheorien). Im deutschen Sprachraum laufen sie auch unter Bezeichnungen wie ‹Neue Politische Ökonomie›, ‹Ökonomische Theorie der Politik› oder kurz ‹Ökonomik› [1].

Der rationale Akteur, um dessen W. es hier geht, ist der Inbegriff des Homo oeconomicus. Er verkörpert jenes Prinzip, das F. Y. EDGEWORTH 1881 zum ersten Prinzip der Ökonomie erklärt hat: «... that every agent is actuated only by self-interest» [2]. Das Prinzip Eigennutz («self-interest») wird in der heutigen Standardinterpretation der r.W. allerdings nur noch rein definitorisch verstanden: nicht als egoistisch im engeren Sinn im Gegensatz zu altruistisch, sondern als Maximierung der von dem Akteur vertretenen Interessen, welcher Art sie auch sein mögen, ob bloß auf sich selbst oder auch auf andere bezogen. Was den Akteur jedoch zu einem rationalen macht, ist die Art seiner W. Ihm werden drei Komponenten zugesprochen: vollständige Information, vollständig geordnete Präferenzen und ein vollkommener innerer Rechner. Konkret heißt dies: 1) Er muß die wahrscheinlichen Konsequenzen der ihm jeweils offenstehenden Handlungsalternativen kennen, das heißt, er muß wissen – oder doch wissen, wie gut er dies weiß –, was geschieht, wenn er nicht handelt, und was geschehen wird, wenn er handelt (wobei eine Alternative jeweils nicht bloß den Handlungszweck, sondern die gewählte Mittel-Zweck-Verbindung und die mit ihr verknüpften Nebenfolgen umfaßt). 2) Er muß eine Präferenzordnung für die ihm offenstehenden Alternativen erstellen können, das heißt, er muß von jeder Alternative sagen können, ob er sie – im Vergleich mit einer beliebigen anderen – als besser, schlechter oder gleich gut einstuft. Die Präferenzordnung muß transitiv sein (wenn die Alternative x mindestens so gut ist wie y und y mindestens so gut wie z, muß x mindestens so gut sein wie z), sie muß reflexiv sein (jede Alternative muß mindestens so gut sein wie sie selbst), und sie muß vollständig sein (das heißt alle Alternativen umfassen). Die Präferenzen können dabei sowohl ordinal wie kardinal ausgedrückt werden, das heißt, man kann die Alternativen entweder mit Hilfe eines gewöhnlichen Vergleichs ordnen (x ist besser als / gleich gut wie y), oder man kann jeder Alternative eine bestimmte Zahl auf einer Präferenzskala zuordnen und dadurch auch die Intensität der Präferenzen ausdrücken. 3) Wenn eine Alternative höher in der Präferenzordnung steht als eine andere, wird von ihr gesagt, daß sie einen höheren Wert oder, in der üblichen Terminologie ausgedrückt, einen höheren Nutzen (s.d.) habe. Die Hauptmaxime eines rational Wählenden lautet daher kurz: 'Wähle jene Handlung, die den größten Nutzen bringt!', oder noch kürzer: 'Maximiere den zu erwartenden Nutzen!'. Aufgabe seines inneren Rechners ist es, dieser Maxime nachzukommen. Diese Berechnung ist trivial in jenen seltenen Fällen, in denen die Konsequenzen einer Alternative mit Sicherheit voraussagbar sind, sie wird sofort schwieriger, wenn dies nicht der Fall ist, d.h., wenn es um Entscheidungen unter Risiko (mit der Möglichkeit, den Konsequenzen noch gewisse Wahrscheinlichkeiten beizumessen) oder Entscheidungen unter Unsicherheit (deren Konsequenzen man nicht einmal probabilistisch beurteilen kann) geht. Für jede dieser Entscheidungssituationen hält die Entscheidungstheorie inzwischen jedoch gewisse Standardlösungen bereit: bei Entscheidungen unter Risiko das auf D. BERNOULLI zurückgehende Prinzip der Maximierung der Nutzenerwartung ('Man ordne jeder möglichen Alternative einen Wahrscheinlichkeitswert zu und wähle jene Handlung, bei der das mathematische Produkt von Nutzwert und Wahrscheinlichkeitswert am größten ist') [3]. Für Entscheidungen unter Unsicherheit hat sich vor allem das Kriterium von TH. BAYES ('Wähle jene Alternative, welche den höchsten subjektiven Erwartungswert hat') allgemein durchgesetzt [4].

Zu den interessantesten Anwendungsfeldern für Entscheidungen unter Unsicherheit gehören Wahlsituationen, in denen die Handlungsalternativen eines Akteurs abhängig sind von dem, was ein anderer Akteur, als «Gegenspieler» gleichsam, tun wird. Für solche Situationen rationale Wahlentscheidungen zu finden, ist die Domäne der mathematischen Spieltheorie, die mit dem Gemeinschaftswerk des Mathematikers J. VON NEUMANN und des Wirtschaftstheoretikers O. MORGENSTERN zur Theorie der Gesellschaftsspiele ihren Durchbruch gefunden hat [5].

Das Modell der r.W. hat sich seit den 1950er Jahren als überaus fruchtbarer methodischer Ansatz in den verschiedensten Wissenschaften erwiesen und zu einer rasch wachsenden Zahl von Publikationen geführt, von der Rechts- und Politikwissenschaft bis hin zur Physik und Evolutionstheorie. Die inhärenten Grenzen des r.W.-Paradigmas lassen jedoch vermuten, daß dieses Modell, innerhalb der Sozialwissenschaften zumindest, kaum je konkurrenzlos bleiben wird. Die Grenzen zeigen sich vor allem in folgenden Punkten:

1. Da r.W.-Ansätze von einem idealrationalen Akteur ausgehen, sind sie nicht deskriptiv, sondern präskriptiv und deskriptiv nur für Akteure dieser Art. In welchem Verhältnis aber stehen diese Akteure zu den realen Akteuren in der realen Welt, deren faktisches Wahlverhalten – von gewissen restringierten Situationen wie Marktsituationen abgesehen – dem Paradigma 'r.W.' kaum zu entsprechen scheint? Bedarf es einer Abschwächung der Rationalitätsstandards, der Einführung einer «Verfahrensrationalität» anstelle der «Ergebnisrationalität» [6]?

2. Theorien der r.W. setzen die Präferenzen der Akteure als gegeben voraus; über die Frage, wie sie entstehen oder entstanden sind, schweigen sich die r.W.-Theorien aus. Diese Frage ruft nach zusätzlichen Erklärungen, z.B. psychologischen oder holistischen, welche – den methodologischen Individualismus der r.W.-Theorien unterlaufend – die Präferenzbildung auf tieferliegende gesellschaftliche Strukturen zurückführen, wie paradigmatisch etwa in marxistischen und strukturalistischen Theorien.

3. Die Pointe der r.W.-Ansätze besteht darin, die Entscheidung von der Nutzenmatrix in der jeweiligen Entscheidungssituation, den sog. «Auszahlungen» im Sinne der mathematischen Spieltheorie, abhängig zu machen. Alle nach rückwärts gerichteten «commitments», Festlegungen und Verpflichtungen, haben, sofern sie nicht schon in die individuellen Präferenzen eingegangen sind, diesem Rationalitätskalkül zu weichen. Wie die in der spieltheoretischen Analyse zutage geförderten Dilemmata von der Art des Gefangenendilemmas zeigen, hat dies zur Folge, daß in gewissen Spielsituationen die für den einzelnen Akteur rationalste W. die für alle beste Alternative verhindert. Der rational Wählende wird zu einem «rational fool», einem Rationalclown, wie A. K. SEN ihn nennt [7]. Die Frage, wie Normen entstehen können, die solche verhängnisvollen Lösungen verhindern könnten, dürfte im Rahmen des r.W.-Ansatzes – allen gegenläufigen Versuchen [8] zum Trotz – ebenso schwer lösbar sein wie die weitergehende Frage, warum ein Akteur, selbst wenn es solche Normen gäbe, sich auch dann an sie halten sollte, wenn – wie z.B. beim «Trittbrettfahrer» – normabweichendes Verhalten sich für ihn durchaus bezahlt machen würde [9]. Alternative Konzeptionen von Rationalität drängen sich hier geradezu auf, etwa M. WEBERS Konzept des dem zweckrationalen Handeln gegenübergestellten «wertrationalen» Handelns [10], bei dem die Wertbindung des Akteurs alles Abwägen von Kosten und Konsequenzen verbietet, ebenso aber auch die dem Homo sociologicus verpflichteten Theorieansätze, die den Menschen nicht als Nutzen-maximierendes Wesen sehen, sondern als einen regelbefolgenden Akteur in einer durch Normen bestimmten sozialen Welt [11].

Ein entscheidender Schritt in das Feld der Normen ist jedoch auch innerhalb des r.W.-Ansatzes erfolgt: durch K. J. ARROWS [12] bahnbrechende Analyse der Entscheidungsprobleme auf kollektiver, nicht auf individueller

Ebene, also wenn es beispielsweise in einer Gruppe oder Korporation darum geht, darüber zu befinden, was durch die Körperschaft oder im Namen der Körperschaft getan werden soll, wenn durch die offenstehenden Alternativen die Interessen ihrer Mitglieder auf unterschiedliche Weise tangiert sind bzw. wenn deren Urteile über das, was getan werden soll, differieren. Die r.W. wird zu einer *sozialen* W.: Gesucht ist eine Entscheidungsregel – klassisches Beispiel: die Mehrheitsregel bei Abstimmungen –, die es erlaubt, die verschiedenen individuellen Präferenzen in eine soziale Präferenz zu überführen [13]. Die Elemente einer solchen sozialen W. sind: eine endliche Menge von alternativen sozialen Zuständen und eine endliche Menge von Individuen. Von jedem Individuum wird verlangt, daß es diese Alternativen kennt und für sie eine Präferenzordnung angeben kann. Die gesuchte kollektive Entscheidungsregel müßte es erlauben, für jedes beliebige Profil der individuellen Präferenzordnungen eine und nur eine soziale Präferenz festzulegen. Arrow nennt eine solche Regel, in Anlehnung an den in der Wohlfahrtstheorie bereits gängigen Sprachgebrauch [14], eine «Soziale Wohlfahrtsfunktion», wenn sie dazu führt, daß die von ihr festgelegte Präferenzordnung selber wiederum die minimalen Konsistenzbedingungen (Reflexivität, Transitivität und Vollständigkeit) erfüllt. Konsistenz ist jedoch nicht der einzige Anspruch, den eine soziale Wohlfahrtsfunktion zu erfüllen hat. Für Arrow sind es die folgenden vier: 1) Die Bedingung des unbeschränkten Definitionsbereichs: Alle logisch möglichen Kombinationen von individuellen Präferenzen sollen zulässig sein. 2) Das schwache Pareto-Prinzip (s.d.): Falls alle Individuen die Alternative x der Alternative y vorziehen, soll auch sozial x der Alternative y vorgezogen werden. 3) Die Bedingung der Unabhängigkeit von irrelevanten Alternativen: Wenn jedes Individuum in zwei verschiedenen Präferenzprofilen gegenüber ein und demselben Alternativenpaar dieselbe Präferenz hat, dann soll auch die soziale Präferenz gegenüber diesem Alternativenpaar in diesen beiden Fällen gleich sein. 4) Die Bedingung der Nicht-Diktatur: Es gibt kein Individuum, dessen strikte Präferenzen sich in bezug auf alle Alternativen aus A sozial stets durchsetzen.

Jede dieser vier Bedingungen ist zwar für sich genommen überaus schwach – Arrow betrachtet sie deshalb nur als notwendige, nicht als hinreichende Forderungen an eine kollektive Entscheidungsregel [15]. Zusammengenommen haben sie jedoch eine verheerende Wirkung, denn das von Arrow bewiesene «allgemeine Möglichkeitstheorem» besagt kurz: Es gibt keine soziale Wohlfahrtsfunktion, welche, bei einer endlichen Zahl von Individuen und mindestens drei Alternativen, diese Bedingungen erfüllt. Dieser aufregende Befund, der die schon von M.-J.-A. C. de Condorcet 1785 entdeckten Paradoxien der Mehrheitsregel verallgemeinert [16], hat eine intensive Suche nach rationalen Lösungen des kollektiven Entscheidungsproblems ausgelöst und damit ein ganzes Forschungsfeld eröffnet. Solche Lösungen konnten letztlich nur darin bestehen, mindestens eine der Arrowschen Bedingungen zu lockern. Aber welche? Wie Sen gezeigt hat, genügt an sich schon eine kleine Abschwächung der Konsistenzforderungen, nämlich die der Transitivität, um eine soziale Entscheidungsfunktion zu finden, die alle sonstigen Arrow-Bedingungen erfüllt [17]. Diese Einschränkung hätte allerdings erhebliche Konsistenzeinbußen zur Folge, vor allem bei einer Verkleinerung oder Vergrößerung der Zahl der zur Auswahl stehenden Alternativen [18]. Wenig befriedigend ist auch die bereits von Arrow untersuchte Lösungsstrategie, den Wahlbereich einzuschränken und die Arten von individuellen Präferenzprofilen zu bestimmen, die konsistente Entscheidungen erlauben [19]. Als wesentlich interessanter wird von verschiedenen Autoren der Versuch angesehen, Lösungen zu finden, die – in Anknüpfung an den Ansatz von R. H. Coase [20] – zwei oder mehr zur Entscheidung stehende Angelegenheiten («issues») miteinander zu verknüpfen versuchen und die Möglichkeit vorsehen, bindende Verträge abzuschließen.

Als vielversprechendster Weg hat sich die Lockerung der Bedingung der Unabhängigkeit von irrelevanten Alternativen [21] erwiesen. Eine erste Möglichkeit eröffnen Entscheidungsregeln, die, wie die bereits auf J. Ch. de Borda [22] (1781) zurückgehende Regel, eine Gewichtung der verschiedenen Alternativen (durch Bezugnahme auf dazwischen liegende Alternativen) zulassen. Am fruchtbarsten aber ist der noch weiterführende Schritt: Daß die kollektive Entscheidung zwischen zwei Alternativen x und y nur von den individuellen Präferenzen zwischen x und y und von nichts anderem sonst abhängig sein soll, heißt nämlich u.a. auch, daß sie auch nicht abhängig davon sein soll, was eine Alternative für das Individuum 1 im Vergleich mit dem Individuum 2 bedeutet, ob es z.B. besser sei, Person 1 im Zustand x zu sein als Person 2 im Zustand y, ob es besser sei, daß der Hungernde A in Afrika fünf Dollar erhält oder der Millionär B in New York. Sobald man solche, in der Ökonomie über lange Zeit völlig verpönten [23], interpersonellen Vergleiche zuläßt, also das, was Arrow als «extended sympathy» bezeichnet [24], lassen sich in der Tat soziale Entscheidungsregeln (nunmehr definiert als «Social Welfare Functionals») finden, die alle übrigen (entsprechend modifizierten) Arrow-Bedingungen erfüllen. Die bekanntesten Entscheidungsregeln dieser Art sind das Prinzip des Utilitarismus (s.d.) und das Rawlssche Maximin-Prinzip. Der Umstand allerdings, daß man auf diesem Weg statt zu einer Entscheidungsregel gleich zu mehreren, teilweise höchst gegensätzlichen Regeln kommt, führte zwangsläufig zur Frage, welche zusätzlichen Bedingungen an eine soziale Entscheidungsfunktion gestellt werden müssen, damit nur noch ein mögliches Prinzip übrig bleibt. Wie verschiedene Autoren z.T. unabhängig voneinander bewiesen haben, genügt es, den Arrow-Bedingungen ein recht schwaches Gleichheitsaxiom hinzuzufügen ('Wenn in bezug auf die Alternativen x und y die Person i in jedem Fall schlechter fährt als die Person j und i die Alternative x, j dagegen y vorzieht, während alle anderen Personen zwischen x und y indifferent sind, soll in der sozialen W. y nicht der Alternative x vorgezogen werden'), um zu erwirken, daß die daraus resultierende verallgemeinerte soziale Wohlfahrtsfunktion identisch ist mit dem Leximin-Prinzip (einer Version des Maximin-Prinzips) [25]. Weitere aufschlußreiche Axiomatisierungen folgten auf dem Fuß [26]. Sie haben vor allem eines gezeigt: Geringfügige Änderungen in der Art der zugelassenen interpersonellen Vergleiche genügen, um zu ganz unterschiedlichen sozialen Entscheidungen zu kommen. Ein schlagendes Beispiel dafür ist J. Ch. Harsanyis Axiomatisierung des Utilitarismus [27]. Diese erstaunlichen Ergebnisse erfolgreicher Axiomatisierungen ersetzen jedoch keine ethische Reflexion; sie rufen vielmehr nach einer zusätzlichen ethischen Rechtfertigung der durch die Axiomatisierungen gewonnenen Entscheidungsprinzipien, wie dies etwa Sen polemisch gegenüber Harsanyi betont: «... whether we use utilitarianism or not is an important moral issue, and is not disposable by carefully defining individual utilities in such a way that the only operation they are good for is addition. An axiomatic justification of utilitarianism would have more content to it if it started off at a place somewhat more distant from the ultimate destination» [28].

Die entscheidenden Debatten in den 1980er und 1990er Jahren – insbesondere in der Auseinandersetzung zwischen Utilitarismus und den Anhängern des Rawlsschen Differenzprinzips – gelten denn auch in der Tat der Frage nach den für ethische Entscheidungen relevanten Informationsgrundlagen. Entscheidende Schritte auf diesem Weg sind:

a) A. K. Sens folgenreiche Entdeckung des sog. liberalen Paradoxes, das sich darin zeigt, daß bei Einführung selbst eines minimalen Rechts auf persönliche Entscheidungsfreiheit sog. «noisy» Präferenzen der Akteure zu sozialen Entscheidungen führen können, die das Pareto-Prinzip verletzen [29];

b) J. Rawls' Kritik am utilitaristischen Nutzen-Prinzip und sein Vorschlag, nicht Nutzen, sondern sog. primäre Güter zur Grundlage der Verteilungsgerechtigkeit zu erheben [30];

c) R. Nozicks radikale Kritik an allen Verteilungen, die sich an Endstand-Prinzipien orientieren und nicht an historischen Rechten [31];

d) A. K. Sens generelle Kritik am «welfarism», d.h. der einseitigen Anbindung sozialer Entscheide an individuelle Nutzenprofile, und sein weiterführender Vorschlag, nicht Nutzen und nicht Güter und nicht «welfare opportunities», sondern sog. «capabilities» [32] ins Zentrum von Gerechtigkeitsfragen zu rücken. Soziale Wohlfahrtstheorien werden mit dieser Frage unmittelbar wieder anschlußfähig an die vor allem von M. C. Nussbaum neu belebte Diskussion der Aristotelischen Bestimmung eines guten Lebens [33].

Anmerkungen. [1] Vgl. D. P. Green/I. Shapiro: Pathologies of rational choice theory. A crit. of applications in polit. science (Yale 1994); dtsch.: Rational choice. Eine Kritik am Beispiel von Anwendungen in der polit. Wiss. (1999) 8f.; G. Kirchgässner: Homo oeconomicus (1991) 1ff. – [2] F. Y. Edgeworth: Mathemat. psychics: An essay on the application of mathematics to the moral sciences (London 1881) 16. – [3] Vgl. H. Schneeweiss: Entscheidungskriterien bei Risiko (1967). – [4] Vgl. R. D. Luce/H. Raiffa: Games and decisions, ch. 13 (New York/London/Sidney 1957) 275-326. – [5] J. von Neumann/O. Morgenstern: Theory of games and economic behavior (Princeton 1944); dtsch.: Spieltheorie und wirtschaftliches Verhalten (1973). – [6] Vgl. H. Simon: Models of bounded rationality (Cambridge 1983). – [7] A. K. Sen: Rational fools: A crit. of the behavioral foundations of economic theory. Philos. public Affairs 6 (1976/77) 317-344; dtsch.: Rationalclowns: Eine Kritik der behaviorist. Grundlagen der Wirtschaftstheorie, in: K.-P. Markel (Hg.): Analyt. Politikphilos. und ökonom. Rationalität 2: Verfassung, Gerechtigkeit und Utopien (1984) 382-393. – [8] So etwa: D. K. Lewis: Convention: A philos. study (London 1969); D. Gauthier: Morals by agreement (Oxford 1986); Morality, rational choice, and semantic representation, in: E. F. Paul/F. D. Miller/J. Paul (Hg.): The new social contract (Oxford 1988) 173-189; Moral dealing. Contract, ethics, and reason (Ithaca/London 1990); vgl. auch: D. Gauthier/R. Sukten (Hg.): Rationality, justice and the social contract (New York 1993). – [9] Vgl. Art. ‹Lohn; Verdienst I. 2.›. Hist. Wb. Philos. 5 (1980) 507-509. – [10] M. Weber: Wirtschaft und Gesellschaft. Grundriß der verstehenden Soziologie, hg. J. Winckelmann 1 (1956) 17; vgl. Art. ‹Zweckrationalität›. – [11] Vgl. dazu etwa: M. Hollis: The philos. of social science. An introd. (Cambridge 1994); dtsch.: Soziales Handeln. Eine Einf. in die Philos. der Sozialwiss. (1995). – [12] K. J. Arrow: Social choice and individual values (New Haven 1951, New York ^{2}1963). – [13] Zur Vorgesch. der Sozialwahl-Theorie vgl. I. McLean/A. B. Urken (Hg.): Classics of social choice (Ann Arbor 1995). – [14] Vgl. P. A. Samuelson: Foundations of economic analysis (Cambridge 1947); eine erste entscheidende Def. stammt von A. Bergson: A reformulation of certain aspects of welfare economics. Quart. J. Economics 52 (1938) 310-314. – [15] Vgl. A. K. Sen: Collective choice and social welfare (San Francisco u.a. 1970) 49. – [16] M.-J.-A. C. de Condorcet: Essais sur l'application de l'analyse à la probabilité des décisions rendue à la pluralité des vois (Paris 1785); zur Geschichte des Wahlparadoxons vgl. etwa: D. Black: The theory of committees and elections 2 (London 1958). – [17] Sen, a.O. [15] 52: Theorem 4* 1. – [18] a.O. 117: Dilemma L*.q.; vgl. den guten Überblick zu diesem Problem in: W. Gaertner: Über K. Arrows Allg. Unmöglichkeitstheorem und einige Auswege aus dem Dilemma, in: Diskussionsarbeiten der Fakultät für Wirtschaftswissenschaften der Univ. Bielefeld (1977) 26-33. – [19] Vgl. Sens Überblick über diesen Lösungsansatz in: A. K. Sen: Social choice, in: J. Eatwell (Hg.): The new Palgrave. A dict. of economics (London/New York/Tokio 1987) 382-393. – [20] R. H. Coase: The problem of social cost. J. Law Economics 3 (1960) 1-44. – [21] Vgl. die krit. Diskussion dieses Wegs in: P. Gärdenfors: Positional voting functions. Theory Decision 4 (1973) 1-24. – [22] J. Ch. de Borda: Mémoires sur les élections au scrutins. Mém. de l'Acad. Royale des Sciences (Paris 1781); für eine interessante Diskussion dieser Sorte von Regeln vgl. Gärdenfors, a.O.; B. J. Fine/K. Fine: Social choice and individual ranking. Review econ. Studies 41 (1974) 303-322. 459-475. – [23] Vgl. etwa: L. Robbins: An essay on the nature and significance of econ. science (London 1932). – [24] Arrow, a.O. [12] 114f.; Values and collective decision-making, in: P. Laslett/W. G. Runciman (Hg.): Philosophy, politics and society, 3rd ser. (Oxford 1969) 215-232, zit. 231. – [25] A. K. Sen: On weights and measures: Informational constraints in social welfare analysis. Econometrica 45 (1977) 1539-1572; erste Axiomatisierungsschritte erfolgten durch P. J. Hammond: Equity, Arrow's conditions, and Rawls's difference principle. Econometrica 44 (1976) 793-804; S. Strasnick: Social choice and the derivation of Rawls's difference principle. J. Philosophy 73 (1976) 85-99; in eleganterer Form: C. d'Aspremont/L. Gevers: Equity and the informational basis of collective choice. Review econ. Studies 44 (1977) 199-210; vgl. zum Ganzen: K. J. Arrow: Extended sympathy and the possibility of social choice. Amer. econ. Review 67 (1977) 219-225. – [26] K. W. S. Roberts: Social choice theory: The single and multiple-profile approaches. Review econ. Studies 47 (1980) 441-450; C. Blackorby/D. Donaldson/J. A. Waymark: Social choice with interpersonal utility comparisons. Int. econ. Review 25 (1984) 327-356. – [27] Vgl. J. Ch. Harsanyi: Rationality, reasons, hypothetical imperatives, and morality, in: H. Berghel/A. Hübner/E. Köhler (Hg.): L. Wittgenstein, der Wiener Kreis und der krit. Rationalismus (1979) 464-475; Rule-utilitarianism and decision theory. Erkenntnis 11 (1977) 25-53; Morality and the theory of rational behavior. Social Res. 44 (1977) 623-656. – [28] A. K. Sen: Welfare inequalities and Rawlsian axiomatics. Theory Decision 7 (1976) 243-262, zit. 250f. – [29] The impossibility of a Paretian liberal. J. polit. Economy 78 (1970) 152-157; krit. Überblick über die umfangreiche Lit. zum Liberalen Paradox geben u.a.: K. Suzumura: Rational choice, collective decisions and social welfare, ch. 7 (Cambridge 1983) 180-238; J. Wrigglesworth: Libertarian conflicts in social choice (Cambridge 1985). – [30] J. Rawls: A theory of justice (London/Oxford/New York 1972) 396f. 433f. – [31] R. Nozick: Anarchy, state and utopia (Oxford 1974) 149ff. – [32] Vgl. A. K. Sen: Equality of what? in: S. M. McMurrin (Hg.): The Tanner lect. on human values I (Cambridge/Salt Lake City 1980) 195-220; Commodities and capabilities (Amsterdam 1985); vgl. G. A. Cohen: Equality of what? On welfare, goods and capabilities, in: M. C. Nussbaum/A. K. Sen (Hg.): The quality of life (Oxford 1993) 9-29; A. K. Sen: Capability and well-being, a.O. 30-53. – [33] Vgl. Sen, a.O. 46ff.

Literaturhinweise. K. Suzumura s. Anm. [29]. – J. Elster/A. Hylland (Hg.): Foundations of social choice theory (Cambridge/New York u.a. 1986). – A. K. Sen s. Anm. [19]. – J. Nida-Rümelin/T. Schmidt: Rationalität in der prakt. Philos. Eine Einf. (2000).

A. Hügli

Wahlfolge (engl. choice sequence). W.n dienen in der auf L. E. J. BROUWER zurückgehenden intuitionistischen Mathematik [1] der Begründung des arithmetischen Kontinuums [2]. In der klassischen Theorie des arithmetischen Kontinuums werden reelle Zahlen durch Dezimalbruchentwicklungen charakterisiert, die als abgeschlossen gedachte, aktual unendliche Folgen natürlicher Zahlen aufgefaßt werden können. W.n beruhen dagegen auf einer nie abgeschlossenen, mehr oder weniger freien Wahl geschachtelter rationaler Intervalle durch einen idealen Mathematiker. Solcherart repräsentierte reelle Zahlen besitzen nicht notwendig eine Dezimalbruchentwicklung [3]. W.n können auf diese Weise als Folgen im Werden dem potentiell Unendlichen [4] Ausdruck verleihen.

Der Sache nach werden W.n schon 1905 von dem Halbintuitionisten E. BOREL in Argumentationen gegen das Auswahlaxiom E. ZERMELOS diskutiert [5] und 1912 von BROUWER übernommen [6], wobei er jedoch die freie Wahl der Folgenglieder den Formalisten (hier: den Vertretern der klassischen Mathematik) zuschreibt, der er die intuitionistische Wahl nach Konstruktionsgesetzen gegenüberstellt, wobei der Intuitionist gleichwohl auf freien Wahlen beruhende Folgen verwenden darf [7]. Nachdem Brouwer bereits 1914 diese Haltung revidiert hat [8], verfolgt er ab 1917 die Nutzung von W.n für die intuitionistische Theorie des Kontinuums intensiv; den Terminus ‹W.› gebraucht er erstmals 1918 [9]. Dabei versteht er im Rahmen intuitionistischer Mengenlehre jede in unbegrenzter Fortsetzung begriffene W. als Element einer Menge [10]. In der englischen Terminologie wird ‹spread› für Brouwers Ausdruck ‹Menge› verwendet.

Brouwer legt sich nicht fest, was als Wahl im Zuge des Aufbaus von W.n gelten kann. Betrachtet man jedoch gesetzesartige («lawlike») Folgen als solche, bei denen ein vollständig mathematisch beschreibbares, im vorhinein gegebenes Gesetz den jeweiligen Wert des Arguments (also das Folgeglied) bestimmt, so können W.n als Verallgemeinerung gesetzesartiger Folgen angesehen werden, denn die Forderung, daß das Gesetz im vorhinein gegeben sein muß, wird aufgegeben, die Vorstellung, daß zu jedem Argument ein Wert existieren muß, aber beibehalten [11].

Die Breite des Konzepts der W.n wird durch die mathematische Forschung nach Brouwer offengelegt. Axiomatisierungen der Theorie der W. werden u.a. von S. C. KLEENE und R. E. VESLEY 1965 [12], G. KREISEL 1965 [13] (für gesetzlose Folgen schon 1958 [14]) und A. S. TROELSTRA [15] vorgelegt.

Anmerkungen. [1] Vgl. Art. ‹Intuitionismus III.›. Hist. Wb. Philos. 4 (1976) 543f. – [2] Vgl. Art. ‹Kontinuum; Kontinuität IV.›, a.O. 1057-1062. – [3] L. E. J. BROUWER: Besitzt jede reelle Zahl eine Dezimalbruchentwicklung? (1921). Coll. works 1 (Amsterdam 1975) 236-245. – [4] Vgl. Art. ‹Mengenlehre›. Hist. Wb. Philos. 5 (1980) 1044-1059, 1049. – [5] E. BOREL: Quelques remarques sur les princ. de la théorie des ensembles (1904). Oeuvr. 3 (Paris 1972) 1251f.; vgl. Sur les princ. de la théorie des ensembles (1908), a.O. 1267-1269, 1268. – [6] L. E. J. BROUWER: Intuitionism and formalism (1912), a.O. [3] 123-135. – [7] a.O. 135. – [8] Rez. zu: H. Hahn/A. Schoenflies, Die Entwicklung der Mengenlehre und ihrer Anwendungen I (1914), a.O. 139-144, hier: 140; vgl. a.O. [3]. – [9] Begründ. der Mengenlehre unabhängig vom log. Satz vom ausgeschloss. Dritten (1918), a.O. 150-221, hier: 150. – [10] Intuitionist. Mengenlehre (1919), a.O. 230-235, hier: 231f.; vgl. A. HEYTING: Intuitionism. An introd., ch. 3 (Amsterdam/New York/Oxford 1956, [2]1966, [3]1971) 32-50. – [11] A. S. TROELSTRA: Choice sequences. A chapter of intuitionist. mathematics (Oxford 1977) 2-4. 7. – [12] S. C. KLEENE/R. E. VESLEY: The foundations of intuitionist. mathematics, especially in relation to recursive functions (Amsterdam 1965). – [13] G. KREISEL: Mathemat. logic, in: T. L. SAATY (Hg.): Lect. on modern mathematics III (New York 1965) 95-195. – [14] A remark on free choice sequences and the topological completeness proof. J. symb. Logic 23 (1958) 369-388. – [15] TROELSTRA, a.O. [11] 75-86.

Literaturhinweise. M. DUMMETT: Elements of intuitionism, ch. 3 (Oxford 1977, ND 1985) 55-120. – A. S. TROELSTRA s. Anm. [11]; On the orig. and development of Brouwer's concept of choice sequence, in: D. VAN DALEN/A. S. TROELSTRA (Hg.): The L. E. J. Brouwer centenary symposium (Amsterdam u.a. 1982) 465-486; Analyzing choice sequences. J. philos. Logic 12 (1983) 197-260. – A. S. TROELSTRA/D. VAN DALEN: Constructivism in mathematics. An introd. (Amsterdam u.a. 1988) 1, 206-217; 2, 639-675. – B. BULDT: Art. ‹W.›, in: Enzykl. Philos. und Wiss.theorie 4 (1996) 579f. – H. R. JERVELL: From the axiom of choice to choice sequences. Nordic J. philos. Logic 1 (1996) 95-98. – M. S. P. R. VAN ATTEN: Phenomenology of choice sequences (Utrecht 1999).

V. PECKHAUS

Wahn (engl. delusion; frz. délire)

1. Bereits das vorphilosophische Denken macht die wahnhafte Verkennung von Realität und die Befangenheit im W. zu einem Thema. Das homerische Epos reflektiert unter dem Begriff der Ate das komplexe Phänomen der Verblendung (s.d.). Auch in ihrer radikalen Kritik illusionärer Formen menschlicher Erwartung (ἐλπίς) schließt die frühgriechische Lyrik an dieses Thema an. Der menschliche Wirklichkeitsbezug zwischen Schein (s.d.) und Sein, Wähnen und Wissen, den die Tragödie in Szene setzt, bildet von Anfang an auch eine Herausforderung des philosophischen Denkens [1]. Die Erkenntnis der Wirklichkeit (s.d.) und die Unterscheidung zwischen W. und Wirklichkeit bezeichnet ein Grundproblem der Philosophie, das in ihrer Geschichte in vielfältigen Gestalten bis in die moderne Diskussion der 'Realität der Außenwelt' (s.d.) und des Solipsismus (s.d.) erörtert wird. Seine Relevanz zeigt sich gegenwärtig auch in der philosophischen Analyse des Status von Überzeugungen (Philosophy of Belief).

2. Das Phänomen 'W'. steht seit jeher auch im Zentrum des *psychopathologischen* Interesses und gehört zu seinen komplexesten Gegenständen. Seine klinische und soziale Relevanz kann kaum überschätzt werden. Gleichwohl betonen zeitgenössische Forscher: «Delusions may also be among the most poorly understood phenomena in psychopathology» [2]. Die in immer neuen Ansätzen versuchte Interpretation und Definition der vielfältigen Erscheinungsformen des W. hat zweifellos einen «wesentlichen Anteil an der Begründung und Entwicklung einer mit wissenschaftlichem Anspruch auftretenden Psychopathologie» [3] gehabt.

Der W., wie die Halluzination (s.d.) ein Schlüsselmerkmal der Psychosen (s.d.), gehört zu den wichtigen Erscheinungen der Schizophrenie (s.d.); er kann jedoch bei fast allen psychopathologischen Zustandsbildern vorkommen. Eine Vielzahl von Hypothesen zu seiner Entstehung wird bis heute diskutiert. Leitende Fragen sind dabei, ob die Genese des W. durch eine 'Störung' auf der Ebene der Affekte, auf der Ebene der Wahrnehmung oder durch eine kognitive 'Störung' verursacht wird und welche Rolle die imaginativen Prozesse in der W.-Entstehung spielen. Da der psychotische W. eine Erkrankung der gesamten Person anzeigt, kommt es darauf an, das Zusammenspiel aller bedingenden Faktoren aufzuklären. Vielschichtige psychodynamische Untersuchungen zur sog. W.-Entwicklung liegen seit den 1920er Jahren vor [4].

3. Die Herausbildung der psychopathologischen Begrifflichkeit ist komplex und zeigt Divergenzen zwischen den Sprachen und Unschärfen in der terminologischen Abgrenzung. Als Oberbegriff ist ‹W.› zudem ein Ausdruck für inhaltlich ganz heterogene Erscheinungen. Die romanischen Sprachen greifen, wenn sie das Phänomen benennen, auf das Lateinische zurück und sprechen von ‹délire› (lat. ‹delirare› meint ursprünglich 'von der geraden Linie abweichen'). Im anglo-amerikanischen Sprachraum wird – ebenfalls im Rückgriff auf das Lateinische – ‹delusion› terminologisch, «from the start, an intellectualistic concept» [5]. Die Termini sind nicht einfach substituierbar.

Der deutsche Ausdruck ‹W.›, ursprünglich in der Bedeutung 'Verlangen' oder 'Erwartung', gehört seit dem Ende des 18. Jh. auch zum psychopathologischen Wortschatz [6]. In der zeitgenössischen Philosophie meint ‹W.› nun «eine leere Einbildung; oder ein Urtheil, daß keinen Grund hat», eine «leere Meinung (vana opinio)» [7]. Wirksam entfaltet F. SCHILLER die negative Bedeutung, die der Ausdruck bekommen hat: «Jedoch das Schrecklichste der Schrecken / Das ist der Mensch in seinem W.» [8]. Im Prozeß der Negativierung, den der deutsche Ausdruck durchmacht, rückt er nahe an den Begriff ‹Wahnsinn› (s.d.) heran. Der W. wird zur markanten Erscheinungsform des Wahnsinns. K. W. IDELER, ein Vertreter der romantischen Psychiatrie, erklärt 1838, ‹W.› sei im gewöhnlichen Sprachgebrauch «die Bezeichnung jeder Verstandesschwäche, Sinnenbethörung und Gemüthszerrüttung, wodurch der Mensch als Vernunftwesen seiner heiligsten Rechte verlustig geht» [9]. Im Gegensatz zum gesunden W. (etwa der Künstler und Dichter) [10] sei für den «krankhaften» W. charakteristisch, daß er «sich ... des Bewußtseins dergestalt bemächtigt, sich so sehr in der Axe des geistigen Auges» feststellt, «daß er den Sehkreis desselben beherrscht, dem Verstande der Mittelpunkt alles Denkens, der Maaßstab aller Urtheile wird, und dadurch den Bethörten zu unbesonnenen Handlungen fortreißt» [11]. Erst in der Folgezeit – so bei W. GRIESINGER [12] – wird der W.-Begriff endgültig auf den psychopathologischen Sachverhalt beschränkt.

Das W.-Problem wird im 19. Jh. zunächst unter den ‹Monomanien›, dann bis weit ins 20. Jh. hinein unter dem Begriff ‹Paranoia› abgehandelt [13]. ‹Monomanie› meint einen umschriebenen W. (délire), vergleichbar der «fixen Idee» [14], bei weitgehend erhaltenem Verstand [15], ‹Paranoia›, in der verengten Bedeutung, die E. KRAEPELIN dem Terminus ab 1893 gibt, ein «unerschütterliches Wahnsystem», das mit «vollkommener Erhaltung der Klarheit und Ordnung im Denken, Wollen und Handeln einhergeht» [16]. Als «Cardinalsymptom der Paranoia» macht bereits C. NEISSER eine «gesteigerte» bzw. «krankhafte Eigenbeziehung» verantwortlich [17]. Klinisch wird seit dem 19. Jh. zwischen der Erscheinungsform des W. und seinem Inhalt differenziert.

4. Wichtig für die W.-Forschung im 20. Jh. werden besonders S. FREUD und K. JASPERS. FREUD entdeckt früh den relevanten Abwehrmechanismus der Projektion (s.d.) und das Phänomen der Bewußtseinsspaltung. Die «Wahnvorstellung» stehe «in der Psychiatrie neben der Zwangsvorstellung als rein intellektuelle Störung», sei aber die Folge von Affektstörungen und verdanke «ihre Stärke einem psychologischen Vorgang». Die Paranoia habe «die Absicht, eine dem Ich unerträgliche Vorstellung dadurch abzuwehren, daß deren Tatbestand in die Außenwelt projiziert wird» [18]. Was das Phänomen der W.-Gewißheit betrifft, so urteilt Freud 1895: «In allen Fällen wird die Wahnidee gehalten mit derselben Energie, mit welcher eine andere unerträglich peinliche Idee vom Ich abgewehrt wird. Sie lieben also den W. wie sich selbst. Das ist das Geheimnis» [19]. In der Weiterführung der Überlegungen wird die «Wahnbildung» über ihre Schutzfunktion hinaus zugleich als ein «Heilungsversuch», als «Rekonstruktion» [20] des psychotischen Ich gedeutet. Indem Freud die Psychose als Folge einer inneren Katastrophe verstehen lernt, kann er das rekonstruktive Element der W.-Bildung präzisieren: Es «haben uns einige Analysen gelehrt, daß der W. wie ein aufgesetzter Fleck dort gefunden wird, wo ursprünglich ein Einriß in der Beziehung des Ichs zur Außenwelt entstanden war» [21].

Philosophiekritisch gibt Freud zu bedenken, daß «die Wahnbildungen der Paranoiker ... eine unerwünschte äußere Ähnlichkeit und innere Verwandtschaft mit den Systemen unserer Philosophen» zeigten [22]. Religionskritisch entwickelt er den Begriff des «Massenwahns»: «Eine besondere Bedeutung beansprucht der Fall, daß eine größere Anzahl von Menschen gemeinsam den Versuch unternimmt, sich Glücksversicherung und Leidensschutz durch wahnhafte Umbildung der Wirklichkeit zu schaffen. Als solchen Massenwahn müssen wir auch die Religionen der Menschheit kennzeichnen. Den W. erkennt natürlich niemals, wer ihn selbst noch teilt» [23].

5. An die Forschung des 19. Jh. eng anschließend, prägt JASPERS weithin mit seiner ‹Psychopathologie› [24] die *psychiatrische* Konzeptualisierung des Phänomens. «Der W. galt durch alle Zeiten als das Grundphänomen der Verrücktheit»; er sei «ein Urphänomen» [25]. ‹W.› heißt für Jaspers «eine Verwandlung in dem umfassenden (sich sekundär in Realitätsurteilen kundgebenden) Realitätsbewußtsein». Die kognitive Dimension heraushebend, stellt er fest: «Nur wo gedacht und geurteilt wird, kann ein W. entstehen. Insofern nennt man Wahnideen die pathologisch verfälschten Urteile» [26]. Diese weisen «folgende äußere Merkmale in einem gewissen hohen – nicht scharf begrenzten Maße» auf: «1. Die außergewöhnliche Überzeugung, mit der an ihnen festgehalten wird, die unvergleichliche subjektive Gewißheit. 2. Die Unbeeinflußbarkeit durch Erfahrung und durch zwingende Schlüsse. 3. Die Unmöglichkeit des Inhalts» [27].

Bis in die gegenwärtige psychiatrische Diagnostik bleiben die Jasperschen Kriterien maßgeblich und brauchbar (für die Diagnose ist besonders die *Art*, wie die Urteile vorgebracht und aufrechterhalten werden, relevant), wenn sie auch in theoretischer Hinsicht vielfach problematisiert, überarbeitet und erweitert werden [28]. Beim Versuch der Präzisierung des dritten Kriteriums etwa stellt sich die Frage, ob der Inhalt des W. unrichtig ist, ob er nicht mit der Realität in Einklang steht oder ob er, was nicht zuletzt die transkulturelle Psychiatrie zu einem Thema der kritischen Reflexion macht [29], von der geltenden Norm abweicht. Die terminologische Abgrenzung des pathologischen W. von 'hartnäckigen' Formen des Irrtums (s.d.) und der Illusion (s.d.) wie von basalen Überzeugungen (engl. belief), an denen auch 'Gesunde' hängen und die sie nur sehr schwer aufgeben können, selbst wenn sie sich als irrig erweisen [30], bereitet aber Schwierigkeiten. Bereits E. BLEULER wendet ein: «W. ist eine irrtümliche, unkorrigierbare Überzeugung – aber lange nicht jede irrtümliche, unkorrigierbare Überzeugung ist ein W. ... Wie man sieht, ist der Unterschied von Wahnideen zu unbeweisbaren Überzeugungen des Gesunden kein absoluter» [31]. Überzeugungen können demnach mehr oder weniger wahnhaft sein [32]. Wo sie axiomatisch wie Wissen behandelt werden, auch wenn sie der von anderen wahrgenommenen Realität widersprechen, spricht man von ‹W.›.

Wie stark die Konzeptualisierung des W. als einer Störung des Urteilens bzw. Denkens [33] die Forschung bestimmt, zeigt sich noch in gegenwärtigen, eher pragmatisch umschreibenden Explikationsversuchen. Die ‹American Psychiatric Association› faßt, eine Dichotomie zwischen falschen und richtigen Überzeugungen aufmachend, «delusion» als «false belief based on incorrect inferences about external reality» [34]. Die ‹Arbeitsgemeinschaft für Methodik und Dokumentation in der Psychiatrie› bestimmt ‹W.› als «Fehlbeurteilung der Realität, die mit apriorischer Evidenz (erfahrungsunabhängiger Gewißheit) auftritt und an der mit subjektiver Gewißheit festgehalten wird, auch wenn sie in Widerspruch zur Wirklichkeit und zur Erfahrung der gesunden Mitmenschen sowie zu ihrem kollektiven Meinen und Glauben steht» [35].

6. Die W.-Forschung entwickelt sich seit den 1950er Jahren besonders an der Syndromatik des schizophrenen W. [36]. Weiterführende Anregungen erhält sie durch die «Wahnwelten» untersuchende phänomenologische und anthropologische Psychiatrie [37]. Schon Jaspers hatte betont, daß der W. «sich im ganzen erst als der Tatbestand» zeige, «der dem Träger eine Welt gestaltet» [38]. Auch die Jasperschen Kriterien rücken dabei neu in den Blick: Der Schizophrene sei nicht deswegen «unfähig, seinen W. zu korrigieren, weil es ihm an reflektiver Urteilskraft, einen Irrtum zu beseitigen, gebricht, sondern weil sein gelebtes Leben selbst, die Struktur seiner Welt verwandelt ist» [39]. Der späte L. Binswanger untersucht die Konstitutionsweisen psychotischer Subjektivität und Welterfahrung im Anschluß an M. Heidegger, E. Husserl und W. Szilasi. Der Ursprung wahnhafter Daseinsveränderung wird in tieferen Schichten der Konstituierung des Erfahrungsvollzugs gesucht [40]. Welche Bedeutung der Einschränkung der «Perspektivenbeweglichkeit» und der Fähigkeit zum «Perspektivenaustausch» für ein Verständnis wahnhaften Erlebens zukommt, stellt W. Blankenburg im Anschluß an E. Minkowski heraus [41]. Die mit dem W. einhergehende Störung der zwischenmenschlichen Begegnung faßt die interaktionale Psychiatrie als «Verlust an Gegenseitigkeit» [42].

7. Zu einem erweiterten Verständnis *psychotischer Denkweisen* trägt auch die nachfreudsche Psychoanalyse bei. Das Mißlingen des psychischen «Containments» wird in der Kleinianischen Psychoanalyse als Grundlage wahnhafter Realitätsstörungen herausgearbeitet. Die projektiven Identifikationen und Spaltungen, die als Abwehrmechanismen unerträglicher Erfahrungen eingesetzt werden, führen zu Identitätskonfusionen und Fragmentierungen des psychischen Apparates. Daß der Psychotiker die Wahrnehmungsfähigkeit des Ich und damit die Matrix des Denkens destruktiv angreift, zeigt W. R. Bion [43].

Auf der exzessiven Fragmentierung der Psyche beruhen auch tiefgreifende Symbolisierungsstörungen wie die psychotische symbolische Gleichsetzung, die den Unterschied zwischen Symbol und symbolisierter Sache aufhebt [44]. Diese Symbolisierungsstörung demonstriert die mangelnde Fähigkeit, zwischen innerer und äußerer Realität zu unterscheiden. Auf die Prozesse der Unterbrechung und Entstellung der psychischen Bedeutungsorganisation hatte auch der französische Psychoanalytiker J. Lacan die Aufmerksamkeit gerichtet. Das «psychotische Phänomen» sei nie in das «System der Symbolisierung» eingetreten. Beim Einbruch des W. erscheine, so Lacan, im Realen wieder, was nicht symbolisiert sei [45]. Die jüngere empirische W.-Forschung untersucht besonders die Denk- und Symbolisierungsstörungen anzeigenden Phänomene der «overinclusion» und des «Konkretismus» [46].

8. Neurologische und psychopathologische Erkenntnisse will die neuropsychologische und neuropsychiatrische W.-Forschung miteinander vermitteln [47]. Thematisiert wird auch hier besonders die Entstehung und die mangelnde Revisionsfähigkeit von W.-Bildungen. Untersucht wird, inwiefern der W.-Genese veränderte Wahrnehmungen zugrunde liegen [48], die auf Schädigungen oder funktionelle Störungen des Gehirns zurückzuführen sind. Am Beispiel der nach dem französischen Psychologen J. M. J. Capgras unter dem Titel ‹L'illusion des ‘sosies’› geführten W.-Vorstellung, eine nahestehende Person sei durch einen betrügerischen Doppelgänger ersetzt worden, erläutert A. Young die Konzeption, wonach pathologische Überzeugungen das Ergebnis rationalisierender Versuche der Betroffenen darstellen, sich eine veränderte Wahrnehmung ihrer selbst, anderer Personen oder der Umwelt zu erklären [49]. In der Perspektive der neueren Hirnforschung stellt sich der chronische W. als «Deformation in kortikalen kartenähnlichen Repräsentationssystemen» [50] dar.

Die kontrovers geführte psychopathologische Diskussion des W. ist keineswegs abgeschlossen. Gerade die offenen Fragen sind heute für die Humanwissenschaften insgesamt von unbestreitbarer Relevanz.

Anmerkungen. [1] Vgl. etwa: Heraklit: VS 22, B 34. 46; zur Verwechslung von Schattenbildern mit der Wirklichkeit und zum Gefangensein im Schein vgl. das sog. Höhlengleichnis: Platon: Resp. VII, 514 aff. – [2] Vgl. Th. F. Oltmanns/B. A. Maher: Pref., in: Th. F. Oltmanns/B. A. Maher (Hg.): Delusional beliefs (New York u.a. 1988) IX. – [3] W. Janzarik: Wie ist W. nach psychopatholog. Verständnis möglich? Nervenarzt 70 (1999) 981-986, 981. – [4] Vgl. E. Kretschmer: Der sensitive Beziehungswahn (1927, ^{3}1950). – [5] G. E. Berrios: Delusions as ‘wrong beliefs’: a conceptual history, in: A. Sims (Hg.): Delusions and awareness of reality. Proc. 4th Leeds Psychopathol. Symposion. Brit. J. Psychiatry, Suppl. 14/159 (1991) 6-13; zum Bedeutungsspektrum von ‹délire› vgl. auch: J. Rigoli: Lire le délire: aliénisme, rhétorique et litt. en France au XIXe s. (Paris 2001). – [6] Vgl. auch: Art. ‹Wahn II. 8.›. Grimm 13 (1922) 638; H. Götz: Leitwörter des Minnesangs. Abh. Sächs. Akad. Wiss. Leipzig 49/1 (1957) 133-146; zum Begriffswandel auch: G. Hofer: Zum Terminus ‹W.›. Fortschritte der Neurologie, Psychiatrie und ihrer Grenzgebiete 21 (1953) 93-100. – [7] Vgl. J. G. Walch: Philos. Lexicon 2 (^{4}1775) 1441 (‹Wahn›); W. T. Krug: Allg. Handwb. der philos. Wiss. (^{2}1832-38) 4, 452f. (‹Wahn›). – [8] F. Schiller: Das Lied von der Glocke (1800). Nat.ausg. 2/I, hg. N. Oellers (1983) 237. – [9] K. W. Ideler: Grundriß der Seelenheilkunde § 133 (1835-38) 2, 426. – [10] Vgl. auch: J. C. Hoffbauer: Unters. über die Krankheiten der Seele 3 (1807) 54. – [11] Ideler, a.O. [9] 2, 428. – [12] W. Griesinger: Die Pathologie und Therapie der psych. Krankheiten §§ 44ff. (1845, ^{2}1861) 71ff.; Vortrag zur Eröffnung der psychiatr. Klinik zu Berlin (1867), in: Ges. Abh. 1 (1968) 127-151; zu den «Primordial-Delirien»: a.O. 132ff. – [13] Vgl. Aischylos: Septem c. Thebas 756; M. Schmidt-Degenhard: Zur Problemgeschichte und Psychopathologie der Paranoia. Fortschr. Neurol. Psychiatrie 66 (1998) 313-325; U. H. Peters: Zur Entwicklung des Paranoia-Begriffs, in: H. Faller/H. Weiss (Hg.): Angst, Zwang, Wahn. Festschr. H. Lang (2000) 113-122. – [14] Vgl. etwa: F. W. Hagen: Fixe Ideen, in: Studien auf dem Gebiete der ärztl. Seelenkunde (1870) 39-85. – [15] Vgl. J.-E.-D. Esquirol: Des maladies mentales (Brüssel 1838); Allg. und specielle Pathologie und Therapie der Seelenstörungen, bearb. K. Ch. Hille (1827); L. Snell: Ueber Monomanie als primäre Form der Geistesstörung. Allg. Z. für Psychiatrie und psychiatr.-gerichtl. Medizin 22 (1865) 368-381; W. Leibbrand/A. Wettley: Der Wahnsinn. Gesch. der abendl. Psychopathologie (1961) 431-438. 571-586. – [16] E. KRAEPELIN: Psychiatrie IV/III (⁸1915) 1713. – [17] Vgl. C. NEISSER: Erört. über die Paranoia vom klin. Standpunkte (1891). Centralblatt für Nervenheilkunde und Psychiatrie 15 (1892) 1-20, 3f. – [18] S. FREUD: Manuskript H: Paranoia, Beilage zum Br. vom 24. Jan. 1895 an W. Fließ, in: M. BONAPARTE u.a. (Hg.): Aus den Anfängen der Psychoanalyse 1887-1902. Briefe an W. Fließ (1950) 97-103, 97. 99; eine affektive Genese des W. hatte bereits F. W. HAGEN angedeutet: Studien auf dem Gebiete der ärztl. Seelenheilkunde (1870) 59ff.; vgl. G. SPECHT: Über den patholog. Affect in der chronischen Paranoia. Ein Beitrag zur Lehre von der W.-Entwicklung (1901). – [19] a.O. 101. – [20] Über einen autobiogr. beschriebenen Fall von Paranoia (Dementia paranoides) (1911). Ges. Werke [GW], hg. A. FREUD u.a. (London 1940-1987) 8, 308; vgl. H. FELDMANN/M. SCHMIDT-DEGENHARD: Strukturale Affinitäten des Unverständlichen im schizophrenen Wahn. Nervenarzt 68 (1997) 226-230. – [21] Neurose und Psychose (1924). GW 13, 389; vgl. J. STEINER: Psychic retreats (London 1993) 64-73; dtsch.: Orte des seelischen Rückzugs (²1999) 101-112. – [22] Vorrede, zu Th. Reik, Probleme der Religionspsychologie 1: Das Ritual (1919). GW 12, 327. – [23] Das Unbehagen in der Kultur (1930). GW 14, 440. – [24] K. JASPERS: Allg. Psychopathologie (1913, ⁵1948). – [25] a.O. 79. – [26] 80. – [27] a.O.; vgl. noch: P. MULLEN: Phenomenology of disordered mental function, in: P. HILL/R. MURRAY/G. THORLEY (Hg.): Essentials of post-graduate psychiatry (London 1979) 25-54, 36. – [28] Vgl. TH. F. OLTMANNS: Approaches to the definition and study of delusions, in: OLTMANNS/MAHER (Hg.), a.O. [2] 3-12; P. A. GARETY/D. R. HEMSLEY: Delusions. Investigations into the psychology of delusional reasoning (Oxford 1994) 1-17; A. MUNRO: Delusional disorder (Cambridge u.a. 1999) 32f. – [29] Vgl. H. B. M. MURPHY: Kulturelle Aspekte des W., in: W. M. PFEIFFER/W. SCHOENE (Hg.): Psychopathologie im Kulturvergleich (1980) 85-101. – [30] Vgl. R. BRITTON: Belief and imagination (London 1998) bes. 8-18. – [31] E. BLEULER: Lb. der Psychiatrie (1916, ¹⁵1983) 51f. – [32] Zur Explikation dieses Kontinuums vgl. auch: J. S. STRAUSS: Hallucinations and delusions as points on continua function. Arch. general Psychiatry 20 (1969) 581-586. – [33] Vgl. auch: K. SCHNEIDER: Klin. Psychopathologie (⁶1962) 99. 105ff. – [34] Diagnostic and statistical manual of mental disorders. Amer. Psychiatric Ass. (DSM-IV) (Washington 1994) 765; zur Kritik vgl. bereits: A. MUNRO: Paranoid (delusional) disorders: DSM-III-R and beyond. Comprehensive Psychiatry 28 (1987) 35-39. – [35] Das AMDP-System: Manual zur Dokumentation psychiatr. Befunde, hg. Arbeitsgemeinschaft für Methodik und Dokumentation in der Psychiatrie (AMDP) (⁶1997) 86. – [36] Vgl. zum gestaltanalytischen Ansatz: K. CONRAD: Die beginnende Schizophrenie (1958); P. MATUSSEK: Wahrnehmung, Halluzination und W. Psychiatrie der Gegenwart 1 (1963) 63ff.; zum topologischen Ansatz: K. P. KISKER: Der Erlebniswandel des Schizophrenen (1960); zum strukturdynamischen Ansatz: W. JANZARIK: Der W. in strukturdynam. Sicht. Studium Generale 20 (1967) 628-638; zum Problem der fixierten W.-Bildungen vgl. auch: P. BERNER: Das paranoische Syndrom (1965). – [37] Vgl. J. C. ZUTT/C. KULENKAMPFF (Hg.): Das paranoide Syndrom in anthropolog. Sicht (1958); E. STRAUS/J. ZUTT (Hg.): Die W.-Welten (1963); W. BLANKENBURG: Phänomenolog.-anthropolog. Aspekte von W. und Halluzination, in: H. M. OLBRICH (Hg.): Halluzination und W. (1987) 77-101; Art. ‹Medizin IV. 5.›. Hist. Wb. Philos. 5 (1980) 999-1002. – [38] JASPERS, a.O. [24] 165. – [39] C. KULENKAMPFF: Antwort auf die krit. Bem. K. Conrads zur Arbeit über das «Problem der abnormen Krise», in: STRAUS/ZUTT (Hg.), a.O. [37] 302-311, 304. – [40] L. BINSWANGER: Wahn. Beitr. zu seiner phänomenolog. und daseinsanalyt. Erforschung (1965). – [41] Vgl. W. BLANKENBURG (Hg.): W. und Perspektivität (1991); in der Tradition, die in der Störung der *Intentionalität* die Grundstörung schizophrener Psychosen sieht, steht auch: TH. FUCHS: Psychopathologie von Leib und Raum (2000) 123ff. – [42] Vgl. J. GLATZEL: Das psychisch Abnorme (1977) 132-146; Die paranoide Eigenbeziehung aus der Perspektive der interaktionalen Psychopathologie. Nervenarzt 52 (1981) 147-152. – [43] Vgl. W. R. BION: Differentiation of the psychotic from the non-psychotic personalities. Int. J. Psycho-Analysis 38 (1957) 266-275; Attacks on linking, a.O. 40 (1959) 308-315. – [44] Vgl. H. SEGAL: Notes on symbol formation: Int. J. Psycho-Analysis 38 (1957) 391-397; The work of Hanna Segal. A Kleinian approach to clinical practice (New York 1981); dtsch.: H. SEGAL: W.-Vorstellung und künstl. Kreativität (1992). – [45] Vgl. J. LACAN: Le séminaire 3 (1955-56) (Paris 1981) 25ff. 99ff.; dtsch.: Die Psychosen (1997) 24ff. 103ff.; vgl. De la psychose paranoïaque dans ses rapports avec la personnalité (Paris 1932); dtsch.: Über die paranoische Psychose ..., hg. P. ENGELMANN (Wien 2002). – [46] Vgl. etwa: R. M. HOLM-HADULLA/F. HAUG: Die Interpretation von Sprichwörtern als klin. Methode zur Erfassung schizophrener Denk-, Sprach- und Symbolisierungsstörungen. Nervenarzt 55 (1984) 496-503. – [47] Vgl. M. DAVIES/M. COLTHEART: Introduction: Pathologies of belief. Mind Language 15 (2000) 1-46. – [48] Zur modernen Explikation der älteren Hypothese vgl. B. A. MAHER: Delusional thinking and perceptual disorder. J. Individual Psychology 30 (1974) 98-113; Delusions. Contemporary etiolog. hypotheses. Psychiatric Annals 22 (1992) 260-268. – [49] A. YOUNG: Wondrous strange: The neuropsychology of abnormal beliefs. Mind Language 15 (2000) 47-73; vgl. T. STONE/A. YOUNG: Delusions and brain injury: The philosophy and psychology of belief, a.O. 12 (1997) 327-364. – [50] M. SPITZER: Geist im Netz (2000) 311-316, 313.

Literaturhinweise. G. HOFER s. Anm. [6]. – J. C. ZUTT/C. KULENKAMPFF s. Anm. [37]. – W. W. MEISSNER: The paranoid process (New York/London 1978). – T. F. OLTMANNS/B. A. MAHER (Hg.) s. Anm. [2]. – M. SPITZER: Was ist Wahn (1989); On defining delusions. Comprehensive Psychiatry 31 (1990) 377-397. – G. E. BERRIOS s. Anm. [5]. – W. BLANKENBURG s. Anm. [41]; Art. ‹Wahn›, in: R. BATTEGAY u.a. (Hg.): Handwb. der Psychiatrie (²1992) 648-661. – P. A. GARETY/D. R. HEMSLEY s. Anm. [28]. – H. LANG/H. WEISS: Zur Struktur und Psychodynamik des Wahns. Z. Klin. Psychologie Psychopathol. Psychotherapie 42 (1994) 118-127. – M. DAVIES/M. COLTHEART s. Anm. [47]. – TH. FUCHS: Wahnkrankheiten, in: H. HELMCHEN u.a. (Hg.): Psychiatrie der Gegenwart 5 (2000) 597-617. – M. KAUFMANN (Hg.): Wahn und Wirklichkeit – Multiple Realitäten (Bern 2003).

H. HÜHN

Wahnsinn (griech. μανία; lat. amentia, dementia, insania, furor; engl. insanity, lunacy, madness; frz. folie). So vielgestaltig die Erfahrungen und Thematisierungen des W. im Abendland sind, so unscharf ist der Allgemeinbegriff ‹W.›. Wie ‹madness› und ‹folie› zunächst ein Begriff der Gemeinsprache, zieht er in den Anfängen der Psychopathologie auch in die Fachsprache [1] ein [2], ohne sich hier, ähnlich wie der Terminus ‹Geisteskrankheit› (s.d.), auf Dauer etablieren zu können. Im medizinisch-juristischen Sinn wird er allerdings bis heute zur Bestimmung der Schuldfähigkeit gebraucht.

Wortgeschichtlich ist ‹W.› eine erst neuhochdeutsche Nachbildung des älteren ‹wahnwitz› (ahd. ‹wan(a)wizzi› 'dessen Witz leer ist'), das im Mittelhochdeutschen 'unverständig', 'leer an Verstand', 'ohne Sinn' bedeutet. Das Adjektivabstraktum wird erst gegen Ende des 18. Jh. häufiger und tritt mit dem Substantiv ‹Wahn›, mit dem es etymologisch nicht verwandt ist, in semantische Wechselwirkung. Die psychopathologische Diskussion konzentriert sich seit dem Ende des 19. Jh. auf die Untersuchung des Wahns (s.d.) als eines ihrer zentralen Problemfelder.

1. Μαίνεσθαι, erst ab dem 5. Jh. für den krankhaften W. belegt, bedeutet im homerischen Epos allgemein 'rasen', 'unkontrolliert toben', 'von Sinnen sein' [3]. Es bezeichnet ein Verhalten außerhalb der Normen, das Affektkontrolle vermissen läßt. Hier liegt auch ein Einsatzpunkt der *philosophischen* Diskussion. Es ist PLATON, der den ersten komplexen Begriff des W. entwirft. Im ‹Phaidros› läßt er Sokrates zwei Formen von W. unterscheiden: den durch menschliche Krankheit (ὑπὸ νοσημάτων ἀνθρωπίνων) und den durch göttliche Gabe verursachten W., durch den uns, so die sokratische These, die be-

deutendsten Güter zuteil würden (νῦν δὲ τὰ μέγιστα τῶν ἀγαθῶν ἡμῖν γίγνεται διὰ μανίας θείᾳ μέντοι δόσει διδομένης) [4]. Der positiv bewertete göttliche W. (θεία μανία) wird phänomenal als «ein göttlich bewirktes Herausgehobenwerden (ἐξαλλαγή) aus dem gewöhnlich Üblichen» [5] charakterisiert und in die vier Formen der mantischen (μαντική) [6], der mystischen (τελεστική), der poetischen (ποιητική) [7] und der erotischen (ἐρωτική), zu wahrem Wissen führenden Inspiration (s.d.) unterschieden [8]. Führt Platon, seiner Theologie entsprechend, allein diese Erscheinungen des W. auf göttliche Einwirkung zurück, so die attische Tragödie umgekehrt auch jene zum offenkundigen Selbstverlust des Handelnden führenden katastrophalen und ruinösen Formen von W. [9]. Überlegungen des ‹Phaidros› enttheologisierend, spricht ARISTOTELES in den ‹Problemata› von der Melancholie (s.d.) der Gottbegeisterten [10] und wirft damit bereits das im weiteren vieldiskutierte Thema des Zusammenhangs von Genie (s.d.) und W. auf.

Für die philosophische Diskussion des W. macht PLATON zudem im ‹Timaios› wichtige Vorgaben, wo er den W. als eine somatisch verursachte Krankheit der Seele interpretiert, die der Unbelehrbarkeit (ἀμαθία) polar entgegensteht und mit ihr zusammen die beiden Formen der Unvernunft (ἄνοια) ausmacht [11].

Das Spannungsverhältnis von Vernunft und Unvernunft zeigt sich auch in der *lateinischen* Begrifflichkeit. ‹Amentia› meint jede Form von Unvernunft, besonders diejenige, die durch Mangel an Einsicht beziehungsweise durch Leidenschaft verursacht ist. Die Römer nennen, so CICERO, ein Leiden der Seele, das des Lichtes des Geistes ermangelt, Verrücktheit («Nec minus illud acute, quod animi adfectionem lumine mentis carentem nominaverunt amentiam eandemque dementiam») [12]. ‹Insania› bezeichne sowohl ein Leiden wie eine Krankheit des Geistes («mentis aegrotationem et morbum») [13].

Den griechischen Terminus der μανία ausdifferenzierend, der als Gegenbegriff zu ‹Besonnenheit› (s.d.) gebraucht wird, unterscheidet Cicero den – nach stoischer Auffassung [14] – weitverbreiteten W. («insania»), der mit der Torheit (s.d.) verbunden ist («quae iuncta stultitiae»), vom Irrsinn («furor»). Seit dem ‹Zwölftafelgesetz› fungiert ‹furor› als der juristische Fachterminus für die Geisteskrankheit («furiosi nulla voluntas est») [15]. «Den Irrsinn nannten sie», so Cicero, «eine vollständige Blindheit des Geistes» («mentis ad omnia caecitas»). Dieser könne auch den am Ideal der Apathie (s.d.) und damit an der Gesundheit der Seele orientierten Weisen befallen, nicht aber der W. («insania») [16]. Alle Krankheiten und Verwirrungen der Seele gehen, so die moralische Perspektive der Stoiker, aus dem «Zurückstoßen der Vernunft» («ex aspernatione rationis») hervor [17].

2. Bis in die philosophische Diskussion von *Neuzeit* und *Moderne* wird der W. in Abhebung von der Vernunft, in Entgegensetzung zur Normativität der Verstandes- und Vernunftvollzüge diskutiert. Noch L. WITTGENSTEIN notiert: «Wenn wir im Leben vom Tod umgeben sind, so auch in der Gesundheit des Verstands vom W.» [18]. Der leitende Gedanke, den W. und die Verrücktheit als eine, wenn auch unterschiedlich begründete Fehlfunktion der Vernunft zu bestimmen, bleibt bis zum Ende der Aufklärung weitgehend unhinterfragt [19].

«A principal defect of the mind, is that which men call madness, which appeareth to be nothing else but some imagination of such predominance above all the rest, that we have no passion but from it», so TH. HOBBES [20]. Orientiert an der nacharistotelischen Gliederung der Logik in die Lehre vom Begriff, Urteil und Schluß, unterscheidet J. LOCKE zwischen Blödsinnigen («idiots») und Wahnsinnigen («madmen»): «madmen put wrong ideas together, and so make wrong propositions, but argue and reason right from them; but idiots make very few or no propositions, and reason scarce at all». Die Kurzformel für «madness» lautet: «opposition to reason» [21]. Die ‹Encyclopédie› sieht die Verrücktheit («être fou»), das Element des Wahns heraushebend, durch den Bewußtseinsvollzug charakterisiert, «s'en écarter [sc. de la raison] avec confiance, & dans la ferme persuasion qu'on la suit» [22].

Schon der vorkritische I. KANT ordnet die eine Verkehrtheit der Vernunft indizierenden «Gebrechen des gestörten Kopfes» zunächst in drei Hauptgattungen: «die Verkehrtheit der Erfahrungsbegriffe in der Verrückung», die «in Unordnung gebrachte Urtheilskraft ... in dem W.» und die «in Ansehung allgemeinerer Urtheile verkehrt gewordene Vernunft in dem Wahnwitze» [23]. In der ‹Anthropologie› werden die Seelen- oder Gemütskrankheiten in Hypochondrie und Manie eingeteilt; letztere, auch «Verrückung» genannt, wird in die Gemütsstörung bezüglich der Vorstellungen («Unsinnigkeit» oder «W.»), bezüglich der Urteilskraft («Wahnwitz») und schließlich bezüglich der Vernunft («Aberwitz») ausdifferenziert.

Die «tumultuarische» Verrückung der «Unsinnigkeit (amentia)» faßt Kant als Unvermögen, «seine Vorstellungen auch nur in den zur Möglichkeit der Erfahrung nöthigen Zusammenhang zu bringen». Die «methodische» Verrückung des «W. (dementia)» ist dadurch gekennzeichnet – eine klassische Definition des W. im 18. und 19. Jh. [24] –, daß aufgrund «falsch dichtender Einbildungskraft selbstgemachte Vorstellungen für Wahrnehmungen gehalten werden». Den methodischen, aber nur «fragmentarischen» «Wahnwitz (insania)» kennzeichnet Kant als «gestörte Urtheilskraft», den «Aberwitz (vesania)» schließlich, der kein Korrektiv in der Erfahrung mehr findet, ja ihr überhoben zu sein wähnt, als «Krankheit einer gestörten Vernunft» [25]. Dieser sei «systematisch» zu nennen, insofern der solchermaßen Seelenkranke nicht nur eine «Abweichung von der Regel des Gebrauchs der Vernunft» demonstriert, sondern darüber hinaus auch eine «positive Unvernunft, d.i. eine andere Regel» [26]. Prinzip der Kantischen Systematik ist die fortschreitende Zerstörung menschlicher Erkenntnisfähigkeit. Ein Symptom, an dem er sich wesentlich orientiert, ist die gestörte Rede. «Das einzige allgemeine Merkmal der Verrücktheit» ist für Kant «der Verlust des Gemeinsinnes (sensus communis) und der dagegen eintretende logische Eigensinn (sensus privatus)» [27].

G. W. F. HEGEL knüpft an Kant an, wenn er in der ‹Phänomenologie›, den «W. des Eigendünkels» explizierend, die Kantische Verkehrung der Vernunft in die Bewußtseinsfigur einer «inneren Verkehrung seiner selbst», d.h. in die «Verrücktheit des Bewußtseyns» transformiert [28]. «Verrücktheit» wird noch in der ‹Enzyklopädie› von 1830 als «Zerrüttung und Unglück des Geistes in ihm selbst» begriffen. Gegen den therapeutischen Skeptizismus eines Kant vertritt Hegel – mit Blick auch auf PH. PINELS Irrenbefreiung während der Französischen Revolution: «Die wahrhafte psychische Behandlung hält darum auch den Gesichtspunkt fest, daß die Verrücktheit nicht abstracter Verlust der Vernunft weder nach der Seite der Intelligenz noch des Willens und seiner Zurechnungsfähigkeit, sondern nur Verrücktheit, nur Widerspruch in der noch vorhandenen Vernunft ... ist. Diese menschliche, d.i. ebenso wohlwollende als vernünftige Behandlung ... setzt den Kranken als Vernünftiges voraus und hat hieran den festen Halt» [29]. M. FOUCAULT wird etwa 130 Jahre später in Pinels Befreiung auch das Moment der Inhumanität entdecken, das seiner Meinung nach darin besteht, die Irren nur als Schauobjekte in die Gesellschaft zu reintegrieren [30].

Auch bei A. SCHOPENHAUER bleibt der W. an «das Daseyn der Vernunft geknüpft» («Thiere werden nicht wahnsinnig») [31]. Neben den somatischen Ursachen rückt bei ihm – mit Wirkung noch auf die Psychoanalyse [32] – der psychische Ursprung des W. in Folge geistigen Schmerzes, d.h. der Überwältigung durch ein Unerträgliches, in den Blick: «In jenem Widerstreben des Willens, das ihm Widrige in die Beleuchtung des Intellekts kommen zu lassen, liegt die Stelle, an welcher der W. auf den Geist einbrechen kann»; der W. fungiert als «der Lethe unerträglicher Leiden: er war das letzte Hülfsmittel der geängstigten Natur, d.i. des Willens» [33]. Vergleichbar erfaßt WITTGENSTEIN als «eine Art von W.» «ein In Ohnmacht Fallen des Verstandes, weil er einen Schmerz nicht länger aushält» [34].

3. Eine signifikante Verschiebung der Verhältnisbestimmung von Vernunft und Unvernunft in der Thematisierung des W. zeigt sich in der Bewegung von der spätidealistischen zur nachidealistischen Vernunftkritik [35]: W. und Vernunft werden Komplementärphänomene.

F. W. J. SCHELLINGS Überlegungen bedeuten eine Zäsur. Für Schelling ist der W. die «Basis des Verstandes selbst ... Was wir Verstand nennen, ... ist eigentlich nichts als geregelter W.»: «Ist aber die Leitung zwischen dem Verstand und der Seele unterbrochen, so entsteht das Schrecklichste, nämlich der W. Ich hätte eigentlich nicht sagen sollen: er entsteht, sondern: er tritt hervor». Die antike Lehre vom Ingenium (s.d.) unter dem Einfluß zeitgenössischer romantischer Nobilitierungsversuche des W. aneignend, gilt für Schelling umgekehrt: «Die Menschen, die keinen W. in sich haben, sind die Menschen von leerem, unfruchtbarem Verstand. ... nullum magnum ingenium sine quadam dementia» [36].

Daß die Vernunft ihren W. *in* sich trägt, läßt F. NIETZSCHE durch seinen Zarathustra ausrufen: «Nicht nur die Vernunft von Jahrtausenden – auch ihr W. bricht an uns aus» [37]. In der Aufnahme dieses Typs von Vernunftkritik erklären die Autoren der ‹Dialektik der Aufklärung›, die «Inthronisierung des Mittels als Zweck» nehme «im späten Kapitalismus den Charakter des offenen W.» [38] an. An Nietzsches Kritik der modernen, notwendig beirrenden Vernunft [39] knüpft auch – vermittelt über G. BATAILLE – der FOUCAULT der ‹Histoire de la folie› an. Durch dieses Werk, dem nicht nur die Historiographie und Kritik der Psychiatrie («Le langage de psychiatrie ... est monologue de la raison *sur* la folie») [40] wichtige Impulse verdanken, wird die transzendentale Reflexion der Humanwissenschaften weiterentwickelt [41]. «En tout cas», so Foucault, «le rapport Raison-Déraison constitue pour la culture occidentale une des dimensions de son originalité» [42]. Erfahrungen auch der modernen Ethnologie ausschöpfend, expliziert Foucault die Vernunftkritik gesellschaftlich und spitzt sie zur These zu, «qu'il ne peut y avoir dans notre culture de raison sans folie» [43]. Historisch versucht er zu zeigen [44], wie im «klassischen Zeitalter» (von der Mitte des 17. bis zum Ende des 18. Jh.) der W. aus der Vernunft ausgegrenzt und ausgeschlossen wird – ein Prozeß, der im 19. Jh. mit der Definition des W. als Geisteskrankheit («maladie mentale») seinen vorläufigen Abschluß finde. Diese Ausgrenzungsbewegung führe aber in einer Gegenbewegung dazu, daß die Vernunft in der Moderne auf den W. in ihrem Inneren stoße, und zwar in der Gestalt der Unvernunft («déraison»). Gerade durch seinen Ausschluß konstituiere sich der W. als Unvernunft im Prozeß der Konstitution der Vernunft.

Romantizismen des Foucaultschen Projektes, etwa derjenige, hinter den verschiedenen Masken des W. ein Authentisches bergen zu wollen [45], und die auch damit verknüpften methodischen Aporien haben schon bei Foucaults Schüler J. DERRIDA eine deutliche Kritik erfahren [46]. Foucaults Anklage gegen die bisherige Praxis der Psychiatrie findet in der Bewegung der Antipsychiatrie ein Echo, die zu Beginn der 1960er Jahre aufkommt und nicht zuletzt vor dem Hintergrund einer auch gesellschaftlichen «Fabrikation des W.» das Problem von Normalität und Abnormität [47] neu ausleuchtet [48].

Anmerkungen. [1] Vgl. auch: Art. ‹Bewußtseinsstörung›. Hist. Wb. Philos. 1 (1971) 903f.; ‹Manie I.›, a.O. 5 (1980) 717; ‹Psychose›, a.O. 7 (1989) 1691-1698; ‹Schizophrenie›, a.O. 8 (1992) 1289-1295; ‹Wahn›. – [2] Vgl. etwa: J. CH. HOFFBAUER: Psycholog. Unters. über den W., die übrigen Arten der Verrückung und die Behandlung derselben (Halle 1807); J. C. HEINROTH: Lb. der Störungen des Seelenlebens ... (1818) 1, 81; K. W. IDELER: Grundriß der Seelenheilkunde §§ 129ff. (1835-38) 2, 386ff. – [3] Vgl. auch: Art. ‹Mania›. Hist. Wb. Philos. 5 (1980) 714; zur medizin. Diskussion: HIPPOKRATES: De victu I, 35; De morbo sacro 14, 4-15, 8. – [4] Vgl. PLATON: Phaedr. 265 a. 244 a; PLUTARCH: Amat. 16; zum Begriff der ὀρθὴ μανία vgl. THEOKRIT XI, 11; AELIAN: De nat. an. XI, 32. – [5] Phaedr. 244 a-245 a. 265 a. – [6] Vgl. auch: Art. ‹Mantik›. Hist. Wb. Philos. 5 (1980) 749-751; ‹Prophetie›, a.O. 7 (1989) 1473-1481. – [7] Zum «furor poeticus» vgl. Art. ‹Manie II.›, a.O. 5 (1980) 717-724. – [8] PLATON: Phaedr. 265 b; vgl. auch: Art. ‹Enthusiasmus›, a.O. 2 (1972) 525-528. – [9] Zur pathologischen Seite der μανία im Drama vgl. bes. EURIPIDES: Herc. fur. 867-871. 922-1015; Or. 34-45. 211-282; Art. ‹Verblendung; Verblendungszusammenhang›. Hist. Wb. Philos. 11 (2001) 579-582. – [10] ARISTOTELES: Probl. XXX, 1, 954 a 36. – [11] PLATON: Tim. 86 b. – [12] CICERO: Tusc. disp. IV, 10; vgl. VARRO: De ling. lat. VI, 44. – [13] Tusc. disp. III, 8. – [14] Vgl. III, 11; SVF 3, 662ff. – [15] Vgl. Dig. L 17, 40; R. LEONHARD: Art. ‹Furor›. RE VII/1, 380-382. – [16] CICERO: Tusc. disp. IV, 11; vgl. Art. ‹Weisheit›. – [17] Tusc. disp. IV, 31. – [18] L. WITTGENSTEIN: Bem. über die Grundlagen der Mathematik (1956). Schr. 6, hg. G. E. M. ANSCOMBE u.a. (1974) 302. – [19] Vgl. aber etwa in theolog. Perspektive: B. PASCAL: Pensées, Frg. 414. Oeuvr. compl., hg. L. BRUNSCHVICG u.a. (Paris 1904-14) 13, 313. – [20] Vgl. TH. HOBBES: The elem. of law natural and politic 10, 9 [1640] (1650), hg. J. C. A. GASKIN (Oxford/New York 1994) 63; Leviathan I, 8 (1651). Engl. works, hg. W. MOLESWORTH (London 1839-45, ND 1962-66) 3, 63. – [21] J. LOCKE: An essay conc. human underst. II, 11, §§ 12f. (1690). Works (1823, ND 1963) 1, 150f.; 33, § 4, a.O. 2, 149. – [22] Vgl. Art. ‹Folie›, in: J. LE R. D'ALEMBERT/D. DIDEROT (Hg.): Encyclopédie ... (1751-80) 7, 42f.; zur somatischen Interpretation des W. auch: Art. ‹Folie›, in: VOLTAIRE: Dict. philosophique (1764) (Paris 1935) 1, 285. – [23] I. KANT: Versuch über die Krankheiten des Kopfes (1764). Akad.-A. 2, 263ff., hier: 264. – [24] Vgl. auch: W. BATTIE: Treatise on madness (London 1758, ND New York 1991); F. H. JACOBI: David Hume über den Glauben ... (1787). Werke 2 (1815, ND 1968) 227ff. – [25] I. KANT: Anthropologie in pragmat. Hinsicht (1798). Akad.-A. 7, 204. 214-216. – [26] a.O. 216; vgl. Refl. 1505ff. Akad.-A. 15, 809, 11ff. – [27] a.O. 219; vgl. 128f.; Refl. 505 [1792-94], a.O. 15, 219. – [28] G. W. F. HEGEL: Phänom. des Geistes (1807). Akad.-A. 9, 205. – [29] Encycl. der philos. Wiss. § 408 (1830). Akad.-A. 20, 413f.; zu S. KIERKEGAARDS Abhebung eines W., der in der «Verirrung der Innerlichkeit» besteht, von einem W., der durch das «Ausbleiben der Innerlichkeit» gekennzeichnet ist, vgl.: Abschließende unwiss. Nachschrift ... I (1846). Ges. Werke, hg. E. HIRSCH u.a. (1950-69) 16/1, 184ff. – [30] M. FOUCAULT: Folie et déraison. Hist. de la folie à l'âge classique (Paris 1961) 507ff.; dtsch.: W. und Gesellschaft. Eine Gesch. des Wahns im Zeitalter der Vernunft (1985) 435ff. – [31]

A. SCHOPENHAUER: Die Welt als Wille und Vorst. [WWV] II, 1, Kap. 6 (1844, [3]1859). Sämtl. Werke, hg. A. HÜBSCHER (1937-41) 3, 75. – [32] Vgl. S. FREUD: Formulierungen über die zwei Prinzipien des psych. Geschehens (1912). Ges. Werke, hg. A. FREUD u.a. (1940-87) 8, 230. – [33] SCHOPENHAUER: WWV II, 3, Kap. 32, a.O. [31] 457f.; vgl. WWV I, 3, § 36 (1819, [3]1859), a.O. 2, 226ff. – [34] L. WITTGENSTEIN: Bem. zur Philos. (1931). Wiener Ausg., hg. M. NEDO 4 (Wien/New York 1995) 40. – [35] Vgl. auch: Art. ‹Vernunft; Verstand E. 5. c)›. Hist. Wb. Philos. 11 (2001) 854-857. – [36] F. W. J. SCHELLING: Stuttg. Privatvorles. [1810]. Sämmtl. Werke, hg. K. F. A. SCHELLING (1859-61) I/7, 469f.; vgl. Die Weltalter (1813), a.O. I/8, 338f.; Philos. der Offenbarung 2, 14. Vorles. (1841ff.), a.O. II/3, 299f. – [37] F. NIETZSCHE: Also sprach Zarathustra I: Von der schenkenden Tugend (1883-85). Werke. Krit. Ges.ausg., hg. G. COLLI/M. MONTINARI (1967ff.) 6/1, 96. – [38] M. HORKHEIMER/TH. W. ADORNO: Dialektik der Aufkl. [1944], in: TH. W. ADORNO: Ges. Schr., hg. R. TIEDEMANN (1981) 3, 73. – [39] F. NIETZSCHE: Götzen-Dämmerung (1889), a.O. [37] 6/3, 77. – [40] FOUCAULT: Folie, a.O. [30] II/dtsch. 8. – [41] Vgl. schon: Maladie mentale et psychologie (Paris 1954, [3]1966) 88f.; dtsch.: Psychologie und Geisteskrankheit (1968) 114f. – [42] Folie, a.O. [30] III/dtsch. 9. – [43] a.O. VI/dtsch. 12. – [44] Zum methodischen Verfahren der Strukturuntersuchung vgl. VII/dtsch. 13. – [45] Vgl. a.O. – [46] Vgl. J. DERRIDA: Cogito et hist. de la folie [1963], in: L'écriture et la différence (Paris 1967) 51-97; dtsch.: Cogito und Gesch. des W., in: Die Schrift und die Differenz (1972) 53-101; 'être juste avec Freud'. L'hist. de la folie à l'âge de la psychanalyse, in: Penser la folie. Essais sur M. Foucault (Paris 1992) 141-195; J. HABERMAS: Der philos. Diskurs der Moderne (1985, [4]1993) 279-312. – [47] Vgl. Art. ‹Normal; Normalität›. Hist. Wb. Philos. 6 (1984) 920-928. – [48] Vgl. R. D. LAING: The divided self. A study in sanity and madness (London 1960); dtsch.: Das geteilte Selbst. Eine existentielle Studie über Gesundheit und W. (1972); TH. S. SZASZ: The manufacture of madness (New York 1970); dtsch: Die Fabrikation des W. (1974); F. BASAGLIA: L'istituzione negata (Turin 1968); dtsch.: Die negierte Institution (1971).

Literaturhinweise. A. O'BRIEN-MOORE: Madness in anc. lit. (1924). – J. L. HEIBERG: Geisteskrankheiten im klass. Altertum (1927). – J. KÖHM: Zur Auffassung und Darstellung des W. im klass. Altertum (1928). – E. R. DODDS: The Greeks and the irrational (Berkeley/Los Angeles 1951) 64-101. – A. SCHÖNE: Interpret. zur dichterischen Gestaltung des W. in der dtsch. Lit. Diss. Münster (1951). – W. LEIBBRAND/A. WETTLEY: Der W. Gesch. der abendländ. Psychopathologie (1961). – H. WALDMANN: Der W. im griech. Mythos. Medizin. Diss. München (1962). – H. FLASHAR: Melancholie und Melancholiker in den med. Theorien der Antike (1966). – P. BÖSE: 'W.' in Shakespeares Dramen (1966). – H. H. BEEK: Waanzin in de middeleeuwen (Harlem 1969). – J. MATTES: Der W. im griech. Mythos und in der Dichtung bis zum Drama des 5. Jh. (1970). – R. JACCARD: La folie (Paris 1971). – S. W. JACKSON: Unusual mental states in Medieval Europe 1. Medical syndromes of mental disorder: 400-1100 A.D. J. Hist. Medicine allied Sci. 27 (1972) 262-297. – B. BIRD: The concept of madness in the dramatic lit. of 17th-cent. France (Ann Arbor, Mich. 1974). – L. FEDER: Madness in lit. (Princeton 1980). – B. SIMON: Mind and madness in anc. Greece. The class. roots of modern psychiatry (Ithaca 1980). – G. GAMM: Der W. in der Vernunft. Hist. und erkenntniskrit. Studien zur Dimension des Anders-Seins in der Philos. Hegels (1981). – J. PIGEAUD: La maladie de l'âme (Paris 1981). – J. OSINSKI: Über Vernunft und W. Studien zur lit. Aufklärung in der Gegenwart und im 18. Jh. (1983). – W. F. BYNUM (Hg.): The anatomy of madness. Essays in the hist. of psychiatry 1-3 (Cambridge/London 1985-1988). – G. REUCHLIN: Bürgerl. Gesellschaft, Psychiatrie und Literatur. Zur Entwicklung der W.-Thematik in der dtsch. Lit. des späten 18. und frühen 19. Jh. (1986). – J. PIGEAUD: Folie et cures de la folie chez les médecins de l'antiquité gréco-romaine: la manie (Paris 1987). – M. LAHARIE: La folie au MA XIe-XIIIe s. (Paris 1991). – D. SALKELD: Madness and drama in the age of Shakespeare (Manchester 1993). – G. GUTTING: Foucault and the hist. of madness, in: The Cambridge companion to Foucault (1994) 47-70. – R. PADEL: Whom gods destroy. Elements of Greek and tragic madness (Princeton, N.J. 1995). – D. MATEJOVSKI: Das Motiv des W. in der mittelalterl. Dichtung (1996). – F. GROS: Création et folie: une hist. du jugement psychiatr. (Paris 1997). – D. HERSHKOWITZ: The madness of epic. Reading insanity from Homer to Statius (Oxford 1998). – M. KUTZER: Anatomie des W. Geisteskrankheit im medizin. Denken der frühen Neuzeit und die Anfänge der patholog. Anatomie (1998). – H. C. E. MIDELFORT: A hist. of madness in 16th-cent. Germany (Stanford, Calif. 1999). – B. EFFE/R. F. GLEI (Hg.): Genie und W. Konzepte psychischer 'Normalität' und 'Abnormität' im Altertum (2000). – R. PORTER: Madness (Oxford 2002).

H. HÜHN

Wahrhaftigkeit (lat. veracitas; engl. truthfulness, veracity, verity; frz. véracité, véridicité, bonne foi)

I. *Antike und Mittelalter.* – Im Griechischen und Lateinischen kann die W., d.h. jene Charakterdisposition, die bewirkt, daß man Lügen und täuschenden Verhaltensweisen abgeneigt ist, mit den Wörtern ἀληθής/ἀλήθεια und ‹verus›/‹veritas› bezeichnet werden, die primär die Bedeutung ‹wahr›/‹Wahrheit› haben [1]. Wenn ἀληθής (auch ἀληθινός) bzw. ‹verus› (auch ‹verax›, ‹veridicus›) prädikativ auf eine Person bezogen werden, ist generell W. gemeint. ISIDOR VON SEVILLAS etymologische Definition von ‹veridicus› (wahrhaftig ist derjenige, «der das Wahre sagt»: «verum dicit et veritatis adsertor est» [2]) ist freilich problematisch, weil oft auch derjenige, der im guten Glauben etwas Falsches sagt, als wahrhaftig bezeichnet wird. Die Frage der W. ist dabei klar zu unterscheiden von der Frage, ob ethische Sätze wahrheitsfähig seien, d.h., ob ihnen das Prädikat ‹wahr› zukommen könne [3].

Die erste philosophisch signifikante Auseinandersetzung mit dem Begriff der W. findet sich bei PLATON [4]. Im ‹Hippias II› wird vor dem Hintergrund der sokratischen Gleichsetzung von Tugend mit Kompetenz/Wissen eine Argumentation entfaltet, die scheinbar zeigt, daß der Wahrhaftige derjenige ist, der am geschicktesten zu lügen vermag [5]. Diese Argumentation wird dann so verallgemeinert, daß die Differenz zwischen dem Tugendhaften und dem Schlechten überhaupt aufgehoben zu werden droht. Ziel dieser paradoxal-aporetischen Erörterung ist vermutlich, darauf hinzudeuten, daß W., oder Tugend überhaupt, wenn sie denn Wissen ist, als Wissen vom Guten zugleich die Motivation zum Tun des Guten einschließen muß. In der ‹Politeia› betrachtet Platon die W. als einen Aspekt jener grundlegenden Wahrheitsliebe, die bewirkt, daß man sowohl die im Irrtum liegende, unfreiwillige (Selbst-)Täuschung als auch die absichtliche Täuschung anderer zu vermeiden sucht [6]. Er bezeichnet diesen Charakterzug als die «Chorführerin» der Tugenden [7], genauer jener Tugenden, die zu einer noch ungeformten Charakterveranlagung (seelischen φύσις) gehören und die in der altakademischen und aristotelischen Tradition als «natürliche Tugenden» in Abhebung von den voll entwickelten, 'eigentlichen' Tugenden bezeichnet werden. Der W./Wahrheitsliebe kommt nach Platon die fundierende Rolle im Komplex jener Charakterveranlagungen zu, durch die ein Mensch zu einem auf Erkenntnis und vollendete Arete ausgerichteten Bildungsgang prädisponiert wird (φιλόσοφος φύσις) [8].

In den klassischen Systematisierungen der antiken und mittelalterlichen Tugendlehre spielt die W. nur eine untergeordnete Rolle. In ARISTOTELES' ‹Nikomachischer Ethik› wird sie zu den homiletischen Tugenden gezählt [9]. Sie sei im geselligen Umgang jene Tugend, die der Grund dafür ist, daß man sich in seinem Verhalten und Reden so gibt, wie man ist (αὐθέκαστος) [10], und nicht bedeutender oder geringer scheinen will, als man ist. Sie ist die durch Wahrheitsliebe (φιλαλήθης) [11] und Abneigung gegen falsches Scheinen motivierte Mitte zwischen den Lastern der Prahlerei und der εἰρωνεία (Ironie, s.d.). Sie ist eine Tugend, weil Lüge etwas «an sich Schlechtes» ist [12]. Sie grenzt sich primär gegen die Prahlerei ab, da diese das Schlimmere ist im Vergleich zur Ironie [13]. Die spätere Rezeption tendiert dahin, die Tugendlehre der ‹Nikomachischen Ethik› mit der zuerst durch Platon elaborierten Lehre von den vier Kardinaltugenden zu verbinden und die W. als eine der Kardinaltugend der Gerechtigkeit nachgeordnete Tugend zu betrachten [14].

Die bedeutendste Anknüpfung an den platonischen Gedanken, W. als Ausdruck des Grundstrebens der Seele nach Wahrheit zu verstehen, findet sich bei Augustinus, der zugleich eine rigoristische Deutung des normativen Gehalts der W. vertritt. Nach Platon rechtfertigt das Wahrheitsethos sehr wohl, daß man sich gegenüber Menschen, die nicht zur Einsicht befähigt sind, der wohlmeinenden Lüge (s.d.) bedient (nämlich um sie gleichsam durch das Falsche einem der Wahrheit gemäßen Leben näherzubringen) [15], und die peripatetischen Kommentatoren deuten die von Aristoteles konstatierte Schlechtigkeit «an sich» der Lüge so, daß die Haltung der W. gleichwohl unter bestimmten Umständen (z.B. aus Staatsräson) mit Lüge vereinbar sei [16]. Augustinus jedoch lehnt jede Rechtfertigung der Lüge aus den Umständen und intendierten Folgen ab [17]. Er beruft sich dafür u.a. auf die Funktion der Sprache, die das zum Ausdruck bringen solle, was jemand «in seinem Inneren» denkt, weshalb die Lüge ein verwerflicher Mißbrauch der Sprache sei [18]. Vor allem aber gründet der Augustinische W.-Rigorismus, der den moralischen Vorzug auch einer «mörderischen Wahrheit» («homicida veritas») [19] bejaht, in seiner Güterlehre, gemäß der die Wahrheit das höchste Gut für die Seele ist. Die wohlmeinende Lüge, mit der etwa das Leben eines Unschuldigen gerettet werden soll, sei eine Handlung, mit der ein temporales Gut (das irdische Leben eines Menschen) höher gestellt werde als ein ewiges Gut, nämlich das ewige Leben der Gemeinschaft mit der Wahrheit (die, anknüpfend u.a. an Joh. 14, 6, mit Gott identifiziert wird) [20]. Kategorische W. ist demnach Ausdruck einer Willensdisposition, die der Rangordnung der Güter adäquat ist und ihren Zielpunkt in Gott, der Wahrheit, als dem höchsten Gut hat [21].

In der Rezeption der aristotelischen Lehre durch Autoren der Hochscholastik macht sich die systematische Spannung zwischen der enggefaßten aristotelischen Deutung der W. als Gegensatz besonders zur Prahlerei und der umfassenden augustinischen Antithese von W. und Lüge bemerkbar, deren doktrinale Implikationen bei Petrus Lombardus lehrbuchhaft zusammengefaßt werden [22]. Hinsichtlich der Frage des normativen Gehalts der W. unterscheidet Albert der Grosse die «theologische» Perspektive auf die W. als einer «virtus perfecta» von W. als Form «bürgerlicher Tugend» («civilis virtus») und läßt das rigorose Lügenverbot nur für W. in theologischer Perspektive gelten [23]. Daß die W. eine der Kardinaltugend 'Gerechtigkeit' zugeordnete sekundäre Tugend ist («virtus secundaria»), begründet Thomas von Aquin damit, daß sie nur ein Teilmoment des Begriffs der Gerechtigkeit erfüllt: Sie sei nicht auf ein Geschuldetes dem Gesetz nach («debitum legale»), sondern auf ein nur sittlich Geschuldetes («debitum morale», «honestatis causa») bezogen [24].

Anmerkungen. [1] Vgl. ‹Wahrheit I.›. – [2] Isidor von Sevilla: Etymol. X, 276. – [3] Vgl. dazu: Art. ‹Wahrheit, praktische bzw. moralische›. – [4] Demokrit: VS 68, B 302, n. 198, ist inauthentisch (abhängig von Platon: Resp. 490 c u.a.). – [5] Platon: Hipp. min. 376 c. – [6] Resp. 485 bf. 535 df.; Leg. 730 c; Resp. 382 bf. – [7] Resp. 490 c 2f. 8; vgl. 490 a 1; Leg. 730 c 1f. – [8] Resp. 485 a-487 a. 490 a-c. – [9] Aristoteles: Eth. Nic. II, 7, 1108 a 9-23; IV, 13, 1127 a 13ff.; vgl. Eth. Eud. II, 3, 1221 a 6. 24f.; III, 7, 1233 b 38-1234 a 3; Magna mor. I, 7, 1186 a 24-27; 33, 1193 a 28ff. – [10] 1127 a 34f. – [11] b 4. – [12] a 28f. – [13] b 7-9. b 31f. – [14] z.B. Ps.-Aristoteles: De virtutibus 1250 b 24; anders: 1250 b 42 anknüpfend an Eth. Nic. 1124 b 30; Cicero: De invent. II, 161; De off. I, 23; Wilhelm von Auxerre: Summa aurea III, c. 1, hg. J. Ribaillier (Grottaferrata 1986) 555, 118ff.; Thomas Aqu.: S. theol. II-II, 109, 3. – [15] Platon: Resp. 331 cf. 382 c-e. 389 bf. 414 b 8f. – [16] Aspasios: In IV Eth. Nic. CAG 19/1, hg. G. Heylbut (1889) 123, 2-5; vgl. Anon.: In IV Eth. Nic. CAG 20, hg. G. Heylbut (1892) 198, 22ff. – [17] Vgl. P. Kieseling: Einf., in: Augustinus: Die Lüge und die Gegenlüge [1953]; vgl. Art. ‹Lüge›. Hist. Wb. Philos. 5 (1980) 533-545, 534f. – [18] Augustinus: Enchirid. 22. – [19] C. mendacium 36. – [20] Vgl. Art. ‹Wahrheit II. A.›. – [21] De mendacio X, 19, 38-41; C. mendacium 38; vgl. z.B. De lib. arb. II, 144. – [22] Petrus Lombardus: Sent. III, d. 38 (Grottaferrata 1981) 213-218. – [23] Albert der Gr.: Super ethica IV, 14. Op. omn. 14/1, hg. W. Kübel (1972) 1, 288, 37ff. – [24] Thomas von Aquin: S. theol. II-II, 109, 3; vgl. 80, 1 c; vgl. Art. ‹Lüge›, a.O. [17] 536f.

Literaturhinweise. P. Wilpert: Die W. in der aristot. Ethik. Philos. Jb. 53 (1940) 324-338. – J. Szaif: Die Aletheia in Platons Tugendlehre, in: M. van Ackeren (Hg.): Platon verstehen (2004) 183-209.

J. Szaif

II. *Neuzeit.* – In der deutschen Sprache findet sich das Wort ‹W.› eigentlich erst im Neuhochdeutschen [1]. Die Wortbildung stützt sich auf die zwei älteren Wörter ‹wahrhaft› und ‹wahrhaftig›, die beide den Inhalt «die wahrheit redend, aufrichtig» [2] haben können. ‹W.› bildet zusammen mit ‹Aufrichtigkeit›, ‹Ehrlichkeit› [3], ‹Redlichkeit› [4], ‹Wahrheitsliebe› und ‹Authentizität› ein nicht ohne Schwierigkeiten zu differenzierendes Wortfeld. Sowohl das englische ‹veracity› [5] als auch das französische ‹véracité› [6] stammen ursprünglich aus dem 17. Jh. Ein wesentlicher thematischer Schwerpunkt der neuzeitlichen Diskussion der W. bleibt die Bestimmung des Gültigkeitsbereichs der W.-Pflicht. Auffällig ist insgesamt der Wechsel zwischen den unterschiedlichen begrifflichen Akzentuierungen, die sich ergeben, wenn die W. gegenüber anderen oder die W. gegenüber sich selbst gemeint ist.

Nach R. Descartes besteht ein spezifisches Wesensmerkmal Gottes darin, daß dieser wahrhaftig ist («véritable» [7] oder «verax» [8]). Die göttliche W., die sich aus der Vollkommenheit Gottes herleiten läßt [9], impliziert, daß Gott niemals betrügt und daß er aus diesem Grund auch in keiner Weise als Ursache menschlicher Irrtümer («causa errorum» [10]) anzusehen ist. Im Zusammenhang der Diskussion verschiedener Wahrheitsbegriffe spricht J. Locke von der moralischen Wahrheit, «which is speaking Things according to the persuasion of our own Minds ...» [11]. Bezogen auf Lockes Definition der moralischen Wahrheit [12], bringt G. W. Leibniz den Ausdruck «Veracité» [13] ins Spiel. Unmittelbar vorher hat jedoch S. Pufendorf bereits einen Unterschied zwischen den Begriffen ‹moralische Wahrheit› und ‹W.› herausgestrichen [14]. Gegen eine entsprechende Gleichsetzung von moralischer Wahrheit und W. wendet sich auch Ch. Wolff [15]. Zwar orientiert sich der Begriff der W. an dem der moralischen Wahrheit, aber für ihn besteht die W. in der Grundeinstellung, das moralisch Wahre treffen zu wollen [16] («veracitas ... est animus, aut, si mavis constans & perpetua voluntas moraliter verum loquendi, quando alteri animi tui sensa significare teneris ...») [17]. Im Horizont seiner Begriffsunterscheidung leistet Wolff jene Vorarbeit, aufgrund deren «später andere Autoren eine unbedingte Pflicht, die Wahrheit zu sagen, begründen» [18].

Nach I. Kant kann W. weitgehend mit Aufrichtigkeit gleichgesetzt werden [19], wobei Kant die W. vor allem ex negativo als «Widerspiel» der Lüge definiert [20]. Im Bereich der Rechtslehre stellt die W. eine unbedingte Pflicht gegenüber jedem anderen Menschen dar [21]. Da die W.-Pflicht «als die Basis aller auf Vertrag zu gründenden Pflichten angesehen werden muß, deren Gesetz, wenn man ihr auch nur die geringste Ausnahme einräumt, schwankend und unnütz gemacht wird» [22], mithin «die oberste rechtliche Bedingung» [23] auf dem Feld der Aussagen beschreibt und mit ihrer Verletzung «die Rechtsquelle unbrauchbar» würde, bezieht sie sich als Pflicht auf die «Menschheit überhaupt» [24]. Im Rahmen der Tugendlehre bzw. unter moralphilosophischem Aspekt hingegen gehört die W. gemäß Kant zu den «Pflichten gegen sich selbst» [25]. Vor dem Hintergrund jener Definition der Lüge, wie sie Augustinus in Anlehnung an Sallust vorlegt [26], deutet Kant die Verletzung der W.-Pflicht wie schon Augustinus als einen «Mißbrauch der Sprache» [27], d.h. des «Vermögens der Mittheilung seiner Gedanken» [28]. Weil einem solchen Mißbrauch etwas zutiefst Widervernünftiges eignet und weil bei Kant die Vernünftigkeit den inneren Wert eines Menschen begründet, läßt sich die Verletzung der W.-Pflicht auch als «Wegwerfung und gleichsam Vernichtung seiner Menschenwürde» [29] beschreiben.

G. W. F. Hegel ordnet die W. «den besondern Pflichten gegen die Anderen» [30] zu; seine Auffassung bewegt sich dabei in der Nähe der aristotelischen Definition der W. als einer homiletischen Tugend. So begreift Hegel die W. als «Gleichheit dessen, was ist und dessen man sich bewußt ist, mit demjenigen ..., wie man für Andere da ist ...» [31].

Negativ konnotiert ist die W. bei F. Nietzsche: «... wahrhaft zu sein, d.h. die usuellen Metaphern zu brauchen, also moralisch ausgedrückt: von der Verpflichtung, nach einer festen Convention zu lügen, schaarenweise in einem für alle verbindlichen Stile zu lügen» [32]. Zum einen scheint die W. für das Funktionieren des Zusammenlebens der Menschen notwendig zu sein: «Die Noth erzeugt, unter Fällen, die W., als Existenzmittel einer Societät» [33]. Zum anderen darf der Wahrhaftige aber nicht für sich in Anspruch nehmen, er spreche die Wahrheit: «So lernt doch, ... dass die Wahrheit anders bewiesen wird, als die W., und dass letztere durchaus kein Argument für die erstere ist!» [34]. Denn genau darin liegt das Negativum herkömmlicher W. «Auf dieser Stufe der W. stehen noch viele brave Menschen: wenn sie sich selbstlos fühlen, scheint es ihnen erlaubt, es mit der Wahrheit leichter zu nehmen» [35]. Nietzsche versucht das Positivum des Wahrhaftigseins, das er mit spezifischer intellektueller Aufrichtigkeit verknüpft, darum mit einem neuen Begriff zu fassen: der «Redlichkeit» [36].

Eine ganz andere Unterscheidung hat F. Paulsen im Blick, wenn er an der W. einen negativen und einen positiven Aspekt auseinanderhält. Ex negativo definiert, beschreibt ‹W.› das Verbot zu lügen; in der positiven Bestimmung meint ‹W.› das Gebot: «diene dem Nächsten mit der Wahrheit» [37]. Das Lügenverbot als «negative W.» verweist auf das Prinzip der Gerechtigkeit; das Gebot der Förderung der Wahrheit als «positive W.» orientiert sich an dem der Nächstenliebe. Die negative W. gründet auf der positiven, die ihrerseits wiederum zwei Aspekte einschließt: «erstens im persönlichen Verkehr mit dem Einzelnen, wo sie die Form des Belehrens und Beratens, des Ermahnens und Zurechtweisens hat; zweitens im öffentlichen Dienst der Wahrheit, wo sie die Form des Forschens, des Lehrens und Predigens annimmt» [38].

Nach der Auffassung von P. Natorp ist eine Abgrenzung zwischen «innerer» und «äußerer W.» vorzunehmen [39]. Bei der «äußeren W.» geht es darum, anderen gegenüber aufrichtig zu sein; bei der «inneren W.» besteht die Verfehlung in der «Lüge gegen sich selbst» bzw. in einer Art Selbsttäuschung (s.d.) [40]. Die innere W. bildet laut Natorp die Basis der äußeren W. und im Unterschied zu dieser eine «unbedingte, ausnahmslose Pflicht» [41]. Darüber hinaus repräsentiert die innere W. den besonderen Fall einer Tugend, die nicht aus dem Zusammenleben der Menschen begründet werden kann: So «liegt ... der schließliche Grund dieser Tugend im Selbstbewußtsein des Individuums, nicht an sich in äußeren, gesellschaftlichen Beziehungen» [42].

Um ein besonderes Moment ergänzt W. Koppelmann die bisherigen Definitionen der W. als einer Pflicht. Er wendet sich gegen jede Form sogenannter «Geistesknechtschaft ..., deren Wesen in der Unterdrückung des freien Gedankenaustausches und der freien Meinungsäusserung besteht» [43]. Zur W. im weiteren Sinne [44] gehört nach ihm die Pflicht, sich sowohl auf dem Feld des Denkens und Redens als auch im Bereich des Handelns aktiv und «nach Kräften» für «das Recht der freien Meinungsäusserung» und «das Recht der Selbstbestimmung» der Vernünftigen insgesamt einzusetzen: «gegen allen von aussen kommenden Druck» sowie «gegen alle blosse Gewalt» [45].

H. Cohen sieht in der W. jene grundlegende Tugend, die den «Weg der Selbsterkenntnis» beschreibt [46] und die im Sinne der sokratisch-platonischen Tradition auf die Formel gebracht werden kann: «Rechenschaft geben» [47]. «Die W. fordert für die Selbsterkenntnis beständige Selbstprüfung und Selbstkontrolle» [48]. Für N. Hartmann realisiert die W. einen «Intentionswert», wobei der «intendierte Wert» und Bezugspunkt der W. die «objektive Wahrheit» bildet [49]. Im Anschluß an diese Unterscheidung führt er einen Begriff «öffentlicher W.» ein, ohne diesen genauer zu bestimmen [50].

J.-P. Sartres Auseinandersetzung mit der W.-Thematik konzentriert sich auf die innere W. bzw. die innere Unwahrhaftigkeit («mauvaise foi») [51]. Für Sartre bildet die Unwahrhaftigkeit als eine Form der Selbsttäuschung [52] Signum und Grenze der menschlichen Seinsweise [53]. Eigentliche W., die in der Koinzidenz von Bewußtsein und Sein bestünde, scheint für Menschen grundsätzlich unmöglich zu sein. «Et cette impossibilité ... est notre incapacité même à nous reconnaître, à nous constituer comme étant ce que nous sommes, elle est cette nécessité qui veut que, dès que nous nous posons comme un certain être ..., nous dépassons cet être – et cela non pas vers un autre être: vers le vide, vers le rien» [54]. O. F. Bollnow unternimmt den Versuch, die Tugend der W. in Abgrenzung zu den verwandten Tugenden wie der Ehrlichkeit, der Aufrichtigkeit, der Offenheit und der Echtheit zu bestimmen [55]. Dabei setzt er W. mit innerer W. in eins [56]. W. erschöpft sich für ihn daher nicht einfach darin, daß man nur das sagt, was man tatsächlich denkt, sondern sie besteht wesentlich in einem Selbstverhältnis des Menschen [57]. Dieses Selbstverhältnis bezieht sich mit auf das Spannungsverhältnis zwischen dem eigenen Bedürfnis, sich anzupassen, und dem Vermögen der Selbstbehauptung. «W. ist die einem Widerstand abgenötigte Durchsichtigkeit eines Menschen für sich selbst» [58].

Nach J. HABERMAS ist W. neben Verständlichkeit, Wahrheit und Richtigkeit eines der vier Momente der Vernünftigkeit [59]. Alle vier zusammen bezeichnen das Minimalinventar jener «Geltungsansprüche», die bei jeder «auf Verständigung angelegten Kommunikation» erhoben werden [60]. Im Gegensatz zu den Ansprüchen auf Wahrheit und auf Richtigkeit kann der Anspruch auf W. allerdings laut Habermas im Bereich echter Kommunikation keineswegs «diskursiv», sondern lediglich «in Handlungszusammenhängen» überprüft werden [61]. Dem Anspruch auf W. steht auf seiten der Kommunikationspartner gegebenenfalls die «Glaubensgewißheit» gegenüber [62]. Schließlich ist mit ‹W.› eine Voraussetzung der «idealen Sprechsituationen» genannt. «Das ... W.-Postulat beschreibt die formale Eigenschaft reinen kommunikativen Handelns, die für die Teilnehmer praktischer Diskurse, soweit diese die Kraft rationaler Motivation sollen entfalten können, gefordert werden muß» [63].

In jüngster Zeit versucht B. WILLIAMS, die Frage nach dem Stellenwert der W. in ihrem Verhältnis zur Wahrheit, zur Freiheit und zur Gerechtigkeit zu klären [64]. Das Ideal der W. und die Vorbehalte gegenüber «objektiver Wahrheit» eröffnen ein Spannungsfeld [65], innerhalb dessen sich nach Williams die Grundfrage aufdrängt: «Einen wie anspruchsvollen Wahrheitsbegriff brauchen wir, um uns die W. verständlich zu machen?» [66].

Anmerkungen. [1] Vgl. Art. ‹Wahrhaftigkeit›. GRIMM 13 (1922) 836-838, 836. – [2] Art. ‹Wahrhaft›, a.O. 813-822, 813; Art. ‹Wahrhaftig›, a.O. 825-835, 826. – [3] Vgl. Art. ‹Ehrlichkeit›. Hist. Wb. Philos. 2 (1972) 325f., hier: 326. – [4] Vgl. Art. ‹Redlichkeit›. Hist. Wb. Philos. 8 (1992) 363-369, hier: 363. – [5] Vgl. The Oxford English dict. 18 (²1989) 526. – [6] Vgl. Frz. etymol. Wb. 14 (1961) 274. – [7] R. DESCARTES: Disc. de la méth. IV, 8 (1637). Oeuvr., hg. CH. ADAM/P. TANNERY [A/T] (Paris 1897-1913, ²1964-74) 6, 40. – [8] Principia philos. I, 29 (1644). A/T 8/1, 16. – [9] Vgl. Medit. de prima philos. IV, 17 (1641). A/T 7, 62. – [10] a.O. [8]. – [11] J. LOCKE: An ess. conc. human underst. IV, 5, § 11 (1690), hg. P. H. NIDDITCH (Oxford 1975) 578. – [12] Vgl. Art. ‹Wahrheit, praktische bzw. moralische›. – [13] G. W. LEIBNIZ: Nouv. ess. sur l'entend. humain IV, 5, § 11 [1703-05] (1765). Akad.-A. VI/4 (1962) 397. – [14] S. PUFENDORF: De officio VII, 248 (1673); vgl. M. ANNEN: Das Problem der W. in der Philos. der dtsch. Aufklärung (1997) 27 (Anm. 42). – [15] Vgl. hierzu und im Folgenden: ANNEN, a.O. bes. 23-28. – [16] Vgl. CH. WOLFF: Jus naturae § 181 (1743). Ges. Werke II/19, 120f.; Philos. moralis sive Ethica § 522 (1753), a.O. II/16, 709f. – [17] Eth., a.O. 710. – [18] ANNEN, a.O. [14] 28. – [19] I. KANT: Met. der Sitten (1797). Akad.-A. 6, 429. – [20] a.O. – [21] Vgl. Über ein vermeintes Recht aus Menschenliebe zu lügen (1797). Akad.-A. 8, 426. 428f. – [22] a.O. 427. – [23] 429. – [24] 426. – [25] Vgl. a.O. [19]. – [26] Vgl. Art. ‹Lüge›. Hist. Wb. Philos. 5 (1980) 533-545, hier: 534. – [27] Vgl. S. DIETZ: Der Wert der Lüge (2002) 128-198. – [28] KANT, a.O. [19]. – [29] a.O. – [30] G. W. F. HEGEL: Philos. Propädeutik (1809/11, 1840) 92. – [31] a.O.; vgl. Art. ‹Lüge›, a.O. [26] 542. – [32] F. NIETZSCHE: Über Wahrheit und Lüge im aussermoral. Sinne § 1 [1870-73]. Krit. Ges.ausg., hg. G. COLLI/M. MONTINARI [KGA] (1967ff.) 3/2, 375; vgl. hier und im Folgenden: A. DANECKE: W. (1971) 23-39. – [33] Nachgel. Frg. Sommer 1872-Anfang 1873 19[177]. KGA 3/4, 61. – [34] Morgenröthe I, § 73 (1881/87). KGA 5/1, 68. – [35] V, § 456, a.O. 279. – [36] a.O.; vgl. Art. ‹Redlichkeit›, a.O. [4] 366. – [37] F. PAULSEN: System der Ethik (1889) 535. – [38] a.O. 554. – [39] Vgl. P. NATORP: Sozialpädagogik (1899, ²1904) 112f. 116f. 124f. – [40] a.O. 112. – [41] 113. – [42] a.O. – [43] W. KOPPELMANN: Kritik des sittl. Bewusstseins (1904) 78. – [44] a.O. 128. – [45] 126f. – [46] H. COHEN: Ethik des reinen Willens (1904, ⁴1923) 504f. – [47] a.O. 516f. – [48] 505. – [49] N. HARTMANN: Ethik (1926) 462. – [50] a.O. – [51] Vgl. J.-P. SARTRE: L'être et le néant (Paris 1943) 85-111, bes. 87f. – [52] Vgl. Art. ‹Selbsttäuschung III.›. Hist. Wb. Philos. 9 (1995) 544. – [53] SARTRE, a.O. [51] 94ff.; vgl. ferner: DANECKE, a.O. [32] 121-125. – [54] a.O. 102. – [55] Vgl. O. F. BOLLNOW: Wesen und Wandel der Tugenden (1958) 135-154. – [56] a.O. 139. – [57] 135. 139. 148. – [58] 149. – [59] Vgl. J. HABERMAS: Wahrheitstheorien (1972, 1995) 137; vgl. dazu: DIETZ, a.O. [27] 94-105. – [60] a.O. 137f. – [61] 139. 182f. – [62] 140ff. – [63] 178. – [64] B. WILLIAMS: Der Wert der Wahrheit (1998), dtsch. Übers. der unveröff. Vorlesungen: Truthfulness as a political ideal [1996]; vgl. Truth and truthfulness (Princeton 2002). – [65] a.O. 11f. – [66] 13.

Literaturhinweise. S. BOK: Lying (New York 1978). – D. NYBERG: The varnished truth (Chicago 1993). – M. ANNEN s. Anm. [14]. – S. DIETZ s. Anm. [27].

U. THURNHERR

Wahrheit (griech. ἀλήθεια; hebr. ʾᵆmæt; lat. veritas; engl. truth; frz. vérité; ital. verità)

I. *Antike.* – A. *Anfänge bis Hellenismus.* – 1. In der Forschungsdebatte um das vorphilosophische altgriechische Verständnis von ‹W.› hat die Frage der Etymologie von ἀλήθεια (ionisch ἀληθείη) eine zentrale Rolle gespielt. Bei HOMER findet sich ἀληθείη (seltener das substantivierte Adjektiv ἀληθέα [1]) ausschließlich als Objekt zu Verben des Sagens [2]. Die naheliegende, wenn auch nicht unumstrittene etymologische These, die ἀληθείη auf die Wurzel ληθ/λαθ und α-privativum zurückführt [3], läßt verschiedene Deutungsmöglichkeiten offen, wobei die Homerischen Verwendungsbeispiele am ehesten für die Bedeutung intersubjektiven Nichtverhehlens sprechen: daß jemand über etwas, was er weiß, so Auskunft gibt, daß über die berichtete Sache für den anderen nichts verborgen bleibt [4]. Das frühgriechische W.-Verständnis ist aber nicht allein durch diese intersubjektive Bedeutung von ἀληθείη bestimmt. Die häufig vorkommenden Synonyme ἐτεός, ἔτυμος, ἐτήτυμος haben ungefähr dieselben semantischen Funktionen wie später im klassischen attischen Griechisch ἀληθής, das wohl die semantischen Funktionen von ἐτεός usw. übernommen hat [5]. Für die Bedeutung von ἀληθής in klassischer Zeit ist die Etymologie deshalb nicht mehr maßgeblich, auch wenn klassische Autoren auf die etymologischen Assoziationen dieses Wortes gelegentlich noch anspielen [6]. Am Wortgebrauch der klassischen Sprache ist die Zentralität einer Verwendungsweise bemerkenswert, in der es um die W. der Aussagen geht, jedoch so, daß dabei ἀληθής als grammatisches Objekt zu einem Verbum dicendi fungiert (ἀληθῆ λέγειν). In diesen Wendungen (ebenso nach Verben des Erkennens) kann ἀληθῆ durch ὄντα (Seiendes) ersetzt werden (veritativer Gebrauch von εἶναι) [7]. Der adjektivische Gebrauch von ἀληθής bei Substantiven wie λόγος oder δόξα ist zunächst recht selten. Diese sprachlichen Eigentümlichkeiten fördern ein Vorverständnis, gemäß dem W. nicht primär als Eigenschaft von Aussagesätzen betrachtet, sondern jeweils mit dem ausgesagten (oder erkannten, gewußten) Aspekt der vorgegebenen Wirklichkeit identifiziert wird. Bei der logisch attributiven Verwendung von ἀληθής/ἀληθινός (wahres/echtes/wirkliches *P*) geht es hingegen darum, ob etwas in W. *P* ist (und nicht nur *P* zu sein scheint) oder in ausgezeichneter, mustergültiger Weise *P* ist.

2. Bereits HERAKLIT hebt gegen die gewöhnlichen Meinungen der Menschen den einheitlichen, allgemeinen und ewigen Logos (s.d.) ab, der der rationale Grund des Weltgeschehens ist, und verbindet mit der exzeptionellen Einsicht in dieses Weltprinzip die Fähigkeit, die W. zu ar-

tikulieren oder aufzuweisen (ἀληθέα λέγειν; φράζω ὅκως ἔχει [8]). Bei PARMENIDES rücken ἀληθείη und ἀληθής, sowie deren Antithese Meinen und Scheinen, ins Zentrum der philosophischen Reflexion. Der erste Teil des Lehrgedichtes beansprucht, daß die Worte der Göttin das «wohlgerundete Herz der unerschütterlichen W.» [9] erschließen sowie «wahre Gewißheit» (πίστις ἀληθής [10]) und ein «verläßliches Reden und Erfassen hinsichtlich der W.» [11] enthalten, während durch den «trügerischen Schmuck der Worte» [12] im zweiten Teil des Lehrgedichtes die Plausibilitäten eines nicht verläßlichen Meinens/Scheinens (τὰ δοκοῦντα [13]) entfaltet werden. So wie bei Parmenides generell das geistige Erfassen (νοεῖν) gleichsam in dem erfaßten Sein aufgeht, da nichts außerhalb dieses Seienden wirklich sein kann, gilt wohl auch für die «unerschütterliche W.», daß sie dieses Seiende selbst ist. Hier handelt es sich bereits um eine Form des ontologisch-gnoseologischen W.-Begriffes: W. wird mit dem Seienden, insofern es erkennbar ist, identifiziert und damit eine Theorie von den notwendigen Seinsmerkmalen der erkennbaren W. verknüpft (z.B. Unmöglichkeit von Werden und Veränderung [14]).

Der Gegensatz zwischen der wahren Beschaffenheit des Seienden und unseren trügerischen phänomenalen Evidenzen und Bezeichnungsweisen bleibt ein Thema auch der Vorsokratiker nach Parmenides [15]. PROTAGORAS hingegen, der erste uns bekannte Autor einer Schrift mit dem Titel Ἀλήθεια [16], negiert das Bestehen einer W. schlechthin und betrachtet W. als auf den Wahrnehmenden und Meinenden hin relativiert. Dies soll wohl auch im Homo-mensura-Satz (s.d.) zum Ausdruck kommen, gemäß dem der Mensch selbst der Maßstab dafür ist, daß etwas (der Fall) ist oder nicht (der Fall) ist [17].

DEMOKRIT billigt der sinnlichen Erscheinungsweise der Wirklichkeit allenfalls einen eingeschränkten W.-Gehalt zu. Im Anschluß an Leukipp vertritt er die These, daß phänomenale Qualitäten wie Farben, Töne und dergleichen kein Teil der Wirklichkeit sind, und prägt das von ἐτεός abgeleitete Kunstwort ἐτεή [18] zur Bezeichnung der wahren Beschaffenheit des Seienden. Vermutlich gegen Protagoras und seine Nachfolger hält er fest, daß im Unterschied zum Lustvollen das Wahre und das Gute für alle Menschen ein Gemeinsames sind [19]. Zugleich betont er die Verborgenheit der W./Wirklichkeit (ἀλήθεια, ἐτεή) für das menschliche Meinen [20].

3. Während bei PLATON im frühen Werk der W.-Begriff noch keine besondere theoretische Funktion erfüllt, entfaltet sich in den mittleren Dialogen eine philosophisch voraussetzungsreiche W.-Konzeption, der eine wichtige Rolle in seiner metaphysischen Erkenntnis- und Ideenlehre zukommt. Dabei wird ‹W.› (ἡ ἀλήθεια, τὰ ἀληθῆ), wie schon bei den Eleaten, primär als Korrelativbegriff zu ‹Wissen› betrachtet [21] – als Inbegriff der erkennbaren, geistig faßbaren Wirklichkeit. In diesem Zusammenhang meint Wissen (s.d.) bei Platon nicht einfach das hinreichend begründete Für-wahr-Halten eines Sachverhaltes, sondern die das Wesentliche erschließende, bleibend gültige und von (argumentativ ausweisbarer) Einsicht getragene kognitive Vergegenwärtigung eines Gegenstandes oder eidetischen Gehaltes. Da solche Erkenntnis nicht schon mit Bezug auf Gegenstände des sinnlichen Erfahrungsbereiches möglich sei, sondern erst dann, wenn die Ideen als Gegenstände einer rein intellektuell-argumentativen Erkenntnismethode erschlossen und so, wie sie als sie selbst sind, untersucht werden [22], bilden die Ideen exklusiv den Bereich der W. oder des Wahren, auf den Wissen ausgerichtet ist [23].

Die Erkennbarkeit der Ideen gründet für Platon in ontologischen Auszeichnungen, die er zugleich als Aspekte von Sach- oder Seins-W. versteht (gemäß der attributiven Bedeutung von ἀληθής). Seins-W. schreibt er den Ideen mit Blick auf die Reinheit oder Unvermischtheit (Ausgrenzung des Konträren) [24] und aufgrund ihrer Urbildhaftigkeit zu [25]. Des weiteren sind sie das Wahre und Wahrste im Sinne eines Maßstabs, an dem der Wissende sich in der Beurteilung und Formung der Einzelfälle des sinnlichen Bereichs orientiert [26]. Die Verknüpfung der Rede vom Wahren als erkennbarem Wirklichen mit der Rede vom Wahren als ausgezeichnet (So-)Seienden (Seinswahren), die diesen ontologisch-gnoseologischen W.-Begriff kennzeichnet, liegt auch der Analogiebehauptung des Sonnengleichnisses zugrunde [27]: Wie Sonnenlicht den Dingen Sichtbarkeit verleihe, so werde Erkennbarkeit durch ἀλήθεια und (ausgezeichnetes) Sein verliehen [28]. Dabei ist im Rahmen dieses Gleichnisses wohl auch die etymologische Assoziation von ἀ-λήθεια mit ‹Unverborgenheit› (s.d.) intendiert.

Ἀλήθεια kann im gnoseologischen Kontext auch die kognitive Verfassung desjenigen bezeichnen, der in einem umfassenden Sinne Erkenntnis erlangt hat [29]. Als kognitiver Zustand ist ἀλήθεια nicht einfach wahres Urteil, sondern Einsicht, im Gegensatz zu ‹Doxa› (s.d.) in der subjektiven Bedeutung von ‹Meinung›. Wenn Platon hingegen von der «W. einer Sache» spricht, so steht das im Gegensatz zu δόξα in der objektiven Bedeutung von Schein (s.d.): Die «W. einer Sache» ist das, was diese Sache in W. ist, ihr wirkliches oder wesentliches (So-)Sein [30], oder auch diese Sache selbst in Abhebung zu bloßen Nachahmungen [31]. Verallgemeinernd spricht Platon von der W. der seienden (Dinge) (ἀλήθεια τῶν ὄντων), die zu erkennen Aufgabe der Philosophie sei [32].

Während der ontologisch-gnoseologische W.-Begriff beim Gegensatz unterschiedlicher epistemischer Stufen und damit korrelierender ontologischer Differenzen ansetzt, ist für die W. des Urteils der Gegensatz von ‹wahr› und ‹falsch› bestimmend. Aus den Aporien, die mit dem Begriff des Falschen und (veritativ) Nichtseienden verbunden sind, entfaltet sich eine eigene W.-Thematik, die vor allem im ‹Kratylos›, ‹Theaitetos› und ‹Sophistes› zur Sprache kommt. Da das ausgesagte Wahre jeweils mit einem Aspekt der vorgegebenen Wirklichkeit identifiziert wird, entsteht das Problem, wie jenes Nichtseiende ontologisch zu fassen ist, das mit einer falschen Aussage ausgesagt wird: Wenn das Ausgesagte nicht wirklich (= wahr) ist, dann ist es überhaupt nicht und kann auch nicht ausgesagt werden [33]. Die Lösung des ‹Sophistes› besteht darin, eine Aussage als Sagen von etwas über etwas zu analysieren und das veritative Nichtsein als ein relationales Nichtsein zu deuten, dessen Relata je für sich genommen Seiendes sind [34]. Bereits im Rahmen der Problemexposition des Dialogs formuliert Platon eine Definition der Falschheit: Ein Aussagesatz (λόγος) ist falsch, «sowohl wenn er von dem, was ist, aussagt, daß es nicht ist, als auch, wenn er von dem, was nicht ist, aussagt, daß es ist» (τά τε ὄντα λέγων μὴ εἶναι καὶ τὰ μὴ ὄντα εἶναι) [35]. Daraus läßt sich unmittelbar eine Definition der Aussagen-W. extrapolieren: Ein Aussagesatz ist wahr, wenn er von dem, was ist, aussagt, daß es ist, oder von dem, was nicht ist, aussagt, daß es nicht ist.

4. Mit ARISTOTELES tritt die W. von Aussagen ins Zentrum des philosophischen Verständnisses von W. Nicht schon durch den Gebrauch eines einzelnen Terminus, sondern erst durch die Verbindung von Termini zu einem Satz kommt etwas zustande, das wahr oder falsch sein

kann [36]. Die klassische aristotelische Definition von W. lautet: «Von etwas, was ist, zu sagen, daß es nicht ist, oder von etwas, was nicht ist, zu sagen, daß es ist, ist falsch (λέγειν τὸ ὂν μὴ εἶναι ἢ τὸ μὴ ὂν εἶναι ψεῦδος); hingegen von etwas, was ist, zu sagen, daß es ist, oder von etwas, was nicht ist, zu sagen, daß es nicht ist, ist wahr (τὸ δὲ τὸ ὂν εἶναι καὶ τὸ μὴ ὂν μὴ εἶναι ἀληθές)» [37]. Diese Definition, die wie Platons oben zitierte Definition der Falschheit zwischen bejahenden und verneinenden Stellungnahmen differenziert, läßt sich unterschiedslos auf alle Aussagesätze anwenden. Die nähere Erläuterung seines W.-Begriffes entwickelt Aristoteles jedoch anhand elementarer Sätze, die aus nur zwei denotierenden Termini zusammengesetzt sind. Laut Aristoteles wird mit einer affirmativen Aussage verbunden (σύνθεσις), mit einer verneinenden getrennt (διαίρεσις), wobei sich Verbinden und Trennen nicht auf die Termini des Aussagesatzes beziehen, sondern auf die denotierten Sachen (singuläre Gegenstände oder Universalien). Abhängig davon, ob die im Urteil verbundenen bzw. voneinander getrennten Denotate tatsächlich miteinander verbunden (συγκείμενα) bzw. voneinander getrennt sind (διῃρημένα), ist die Aussage wahr oder falsch [38]. Der falsch Urteilende stellt sich zu den denotierten 'Sachen' in einen Gegensatz [39], indem er das Nichtverbundene als verbunden oder das Verbundene als nicht verbunden aussagt. Insofern kann man interpretierend sagen, daß Aristoteles W. als eine Form der Übereinstimmung der Aussage bzw. des Aussagenden mit den Sachen versteht.

Aristoteles unterscheidet Fälle, in denen die affirmierbare Verbindung zwischen den Denotaten der Termini immer und notwendig besteht, von solchen, in denen sie nur akzidentell und vorübergehend Bestand hat, und verbindet damit die Konzeption wechselnder W.-Werte von Aussagen über nicht-notwendige Sachverhalte [40]. Dabei setzt er die Zweiwertigkeit von assertorischen Sätzen voraus und bejaht dementsprechend die Geltung des 'Satzes vom ausgeschlossenen Dritten' (s.d.), schränkt dies aber für den Fall von Aussagen über zukünftige, kontingente Sachverhalte wohl in dem Sinne ein, daß hier jeweils noch nicht bestimmt ist, welche von zwei kontradiktorisch entgegengesetzten Aussagen wahr und welche falsch ist [41].

Die zitierte Definitionsformel für ‹W.› und ‹Falschheit› verwendet den Ausdruck ‹sein› im veritativen Sinne ('der Fall sein'). Aristoteles berücksichtigt die veritative Bedeutung in seiner Unterscheidung verschiedener Aussageweisen von ‹seiend› als das ὂν ὡς ἀληθές (bzw. μὴ ὂν ὡς ψεῦδος) [42], gibt aber gegensätzliche Auskünfte, wie dieses Sein ontologisch einzustufen ist: einmal als Eigenschaft des Denkens, dann als sachliche Entsprechung der Aussagesätze [43]. Wie schon Platon vermeidet er die Annahme eines absoluten veritativen Nichtseins, indem er das veritative Nichtsein auf eine Relation von Seiendem zurückführt, nämlich die Getrenntheit der Denotate der Termini des Urteils [44]. Neben diesen Facetten eines propositionalen Verständnisses von W. finden sich bei Aristoteles sekundäre Erweiterungen der Rede von ‹wahr› und ‹falsch› auf Fälle 'unzusammengesetzter' (vorpropositionaler) Akte der Wahrnehmung (s.d.) und des Denkens (νοεῖν). Hierbei ist die Möglichkeit von Falschheit jeweils ausgeschlossen, da erst mit der Synthese von Begriffen der Spielraum für Falschheit gegeben ist [45]. W. kann hier nur ein «Berühren» sein, dem ein Nicht-Erfassen entgegengesetzt ist [46].

Aristoteles betrachtet W. auch als die spezifische Leistung der Verstandestugenden («dianoetische Tugenden»). Er unterscheidet dabei zwei grundlegende kognitive Bezüge: die wissenschaftliche Erkenntnis (Theoria), die notwendige Sachverhalte zum Gegenstand hat, und die praktische Kompetenz, die im Bereich des Veränderlichen und Kontingenten agiert. Durch die diesen Grundbezügen zugeordneten höchsten kognitiven Tugenden der Weisheit (s.d.) und Phronesis (s.d.) ist der Mensch jeweils am meisten der W. teilhaftig (μάλιστα ἀληθεύει) [47]. Im Bereich praktischer Erkenntnis spricht Aristoteles von praktischer W. (ἀλήθεια πρακτική), die eine «Homologie mit dem rechten Streben» einschließt [48].

Der Bereich der W. und Falschheit von Dingen bleibt bei Aristoteles begrifflich marginal [49]. Der ontologisch-gnoseologische W.-Begriff spielt keine systematische Rolle mehr. Dies schließt nicht aus, daß sich an einzelnen Stellen Rückgriffe auf eine platonische Begrifflichkeit finden. Zu erwähnen ist insbesondere die erstarrte Wendung, daß Philosophie die Untersuchung «über die W.» sei [50], wobei ἀλήθεια als Inbegriff der grundlegenden Verfaßtheit des Wirklichen (Seienden) fungiert, die durch die philosophische Theoria erschlossen werden soll.

5. Die Frage nach dem Wahrheitskriterium (s.d.) steht im Mittelpunkt der *hellenistischen* Debatten zur Erkenntnistheorie. Die Epikureer meinen, daß u.a. Sinneseindrücke und gewisse Begriffsgehalte als Beurteilungsmittel fungieren können, weil sie einen sicheren Realitätsgehalt haben [51]. In der stoischen Tradition fungiert eine ausgezeichnete Klasse von Sinneseindrücken (καταληπτικὴ φαντασία) als W.-Kriterium, indem sie das Vorliegen der wahrgenommenen Sachverhalte selbst verbürgen und auf diese Weise der Erkenntnis ein Fundament geben [52]. Die Skeptiker versuchen vorzuführen, daß keines der vorgeschlagenen Mittel sich für eine sichere Unterscheidung wahrer und falscher Vorstellungen oder Urteile als tauglich erweist. In dieser erkenntnistheoretischen Debatte, die den W.-Begriff selbst nicht fortentwickelt, wirkt das realistische Vorverständnis von ἀλήθεια als gemeinsame Grundlage. Vor allem setzt der Skeptiker voraus, daß W./Wirklichkeit, wenn es sie denn gibt, keine Widersprüche enthalten könne [53], um dann die Fragwürdigkeit der angeblichen Entscheidungskriterien zwischen alternativen kontradiktorischen Aussagen aufzuweisen, die den kognitiven Zugang zur Wirklichkeit gewährleisten könnten.

Bedeutsame neue Perspektiven auf den W.-Begriff eröffnet die stoische Theorie des W.-Trägers. Auch wenn Vorstellungen sowie Argumente derivativ als wahr oder falsch bezeichnet werden, sind für die Stoiker im primären Sinne nur die ἀξιώματα (Propositionen) W.-Träger, weil nur sie einen kontradiktorischen Gegensatz bilden können [54]. Da eine Proposition (s.d.) zur Klasse des «Sagbaren» (λεκτά) bzw. der Signifikationen (σημαινόμενα) gehört, ist sie immateriell [55]. Ihr unterscheidendes Kennzeichen gegenüber anderen satzartigen Lekta ist ihr W.-Anspruch, und je nachdem, ob dieser durch die Gegebenheiten in der Wirklichkeit eingelöst wird oder nicht, ist das Axioma wahr oder falsch [56]. Die Stoiker vertreten strikt das Zweiwertigkeitsprinzip und lehnen auch die Vorstellung ab, daß Aussagen mehr oder weniger wahr sein können [57].

Bemerkenswert ist die stoische Unterscheidung zwischen dem Wahren (ἀληθές) und der W. (ἀλήθεια) [58]: Das Wahre sei jeweils ein der Fall seiendes Axioma, die W. hingegen «das Wissen, das alles Wahre auszusagen vermag» (ἐπιστήμη πάντων ἀληθῶν ἀποφαντική). Aus dieser Unterscheidung folgen weitere Konsequenzen, u.a. daß das Wahre je etwas Einfaches sei (ein einzelnes, der Fall seiendes Axioma), die W. hingegen ein komplexes (συστηματική) Gebilde, nämlich das umfassende Wissen des Weisen [59]. Während das Wahre unkörperlich sei, da ein Lekton, sei W. körperlich. Im Hintergrund dieses letzteren Paradoxons stehen die Prämissen, daß das rationale Prinzip im Menschen, das Hegemonikon (s.d.), etwas Körperliches sei (Pneuma) und daß Qualitäten generell nichts anderes als Körper in einer bestimmten Verfaßtheit seien. W. ist menschliches Pneuma in seiner besten Verfaßtheit. Auch das materialistisch konzipierte rationale Prinzip des Kosmos im ganzen (= Natur, Welt-Ratio, Heimarmene usw.) wird im Sinne dieser Definition als ‹W.› bezeichnet [60].

Anmerkungen. [1] HOMER: Il. XXIII, 361; XXIV, 407; Od. VII, 297; XVI, 226; XVII, 108. 122. – [2] Il. VI, 382; Od. III, 254; XIV, 125; XVI, 61; XVIII, 342. – [3] Vgl. H. FRISK: Griech. Etymol. Wb. (1960) 71; P. CHANTRAINE: Dict. étymol. de la langue grecque (Paris 1968) 618. – [4] W. LUTHER: 'W.' und 'Lüge' im ältesten Griechentum (1935) 7ff.; H. BOEDER: Der frühgriech. Wortgebrauch von Logos und Aletheia. Arch. Begr.gesch. 4 (1959) 82-112; vgl. Art. ‹Unverborgenheit›. Hist. Wb. Philos. 11 (2001) 331-334. – [5] Vgl. T. KRISCHER: ETYMOΣ und AΛHΘHΣ. Philologus 109 (1965) 161-174. – [6] z.B. MENANDER: Frg. 502, hg. A. KÖRTE/A. THIERFELDER 2 (²1959); vgl. E. HEITSCH: Die nicht-philos. ἀλήθεια. Hermes 90 (1962) 24-33. – [7] Vgl. CH. H. KAHN: The verb 'Be' in ancient Greek (Dordrecht 1973); J. SZAIF: Platons Begriff der W. (²1998) 42-48; Art. ‹Sein; Seiendes I.›. Hist. Wb. Philos. 9 (1995) 170ff. – [8] HERAKLIT: VS 22, B 112. B 1. – [9] PARMENIDES: VS 28, B 1, 29. – [10] B 1, 30; B 8, 28. – [11] B 8, 50f.; vgl. B 8, 17f. – [12] B 8, 52. – [13] B 1, 31. – [14] B 8; vgl. MELISSOS: VS 30, B 8. – [15] z.B. EMPEDOKLES: VS 31, B 2. B 8f. B 11f.; ANAXAGORAS: VS 59, B 21. – [16] Der Buchtitel ist auch für ANTIPHON den Sophisten überliefert. – [17] PROTAGORAS: VS 74, B 1. – [18] DEMOKRIT: VS 68, B 6-10. – [19] B 69. – [20] B 117; vgl. B 6f.; A 112. – [21] PLATON: Parm. 134 a. – [22] Phaedo 65 a-67 b; Resp. 476 e-480 a. 509 d-511 e; Tim. 51 b-52 c. – [23] Phaedo 84 a 8; Symp. 212 a 5; Resp. 510 a 9. 511 e. 515 cf. 519 b 4; Phaedr. 247 d 4. 248 c 3f. 249 d 5. – [24] Phaedo 67 af.; vgl. Phil. 52 dff. 58 cf. 59 c; zur Vermischung von Gegensätzen vgl. Phaedo 74 a-d; Resp. 478 eff. 523 a-524 d. – [25] Resp. 510 a. 520 c; Symp. 212 a; vgl. Resp. 533 a 3; Crat. 439 af.; Soph. 240 a 7f. – [26] u.a. Resp. 484 cf. 520 c. – [27] 506 dff. – [28] 508 d. – [29] Phaedo 66 a; Resp. 490 af.; Soph. 233 c; Tim. 29 c; Phil. 65 d. – [30] u.a. Phaedr. 262 a; Symp. 198 d; Soph. 134 c. – [31] u.a. Crat. 439 af.; Polit. 300 c. – [32] Phaedo 99 e. – [33] Theaet. 188 c-189 b; Soph. 237 cff.; Euthyd. 283 e 7-284 a 8; Crat. 429 d 4ff.; vgl. Art. ‹Nichts; Nichtseiendes›. Hist. Wb. Philos. 6 (1984) 806f.; SZAIF, a.O. [7] 332ff. 394ff. – [34] Soph. 261 d-263 d, bes. 263 af.; vgl. Art. ‹Satz I.›. Hist. Wb. Philos. 8 (1992) 1175-1182. – [35] Soph. 240 e 10f. – [36] ARISTOTELES: Cat. 4, 2 a 4ff.; De int. 1, 16 a 9ff.; De an. III, 6, 430 a 26ff.; 8, 432 a 10ff. – [37] Met. IV, 7, 1011 b 25-28. – [38] VI, 4, 1027 b 20-23; IX, 10, 1051 b 3-9. – [39] X, 10, 1051 b 4f.; vgl. b 6-9. – [40] X, 10, 1051 b 13-17; V, 29, 1024 b 18-21; Eth. Nic. VI, 3, 1139 b 21f. – [41] De int. 9; vgl. D. FREDE: The sea-battle reconsidered. Oxford Stud. anc. Philos. 3 (1985) 31-87; zur weiteren Tradition der contingentia futura vgl. Art. ‹Vorherwissen›. Hist. Wb. Philos. 11 (2001) 1190-1193; Art. ‹Zeitlogik›. – [42] Met. V, 7, 1017 a 31-35; vgl. VI, 4, 1027 b 18f.; X, 10, 1051 b 1f. – [43] VI, 4, 1027 b 29-1028 a 3; vgl. XI, 8, 1065 a 21-24; IX, 10. – [44] Vgl. V, 29, 1024 b 17-21. 24-27. – [45] De an. III, 3, 428 b 18ff.; 6, 430 b 29f.; vgl. 427 b 12; Met. IV, 5, 1010 b 2f.; Met. IX, 10, 1051 b 17ff.; De an. III, 6. – [46] Vgl. u.a. E. TUGENDHAT: Der W.-Begriff bei Aristoteles, in: Aufsätze (1992) 251-260, 253ff. – [47] ARISTOTELES: Eth. Nic. VI, 2, 1139 b 12f. – [48] 1139 a 26-31; vgl. Art. ‹Wahrheit, praktische bzw. moralische›. – [49] Met. V, 29, 1024 b 21-26. – [50] u.a. Phys. I, 8, 191 a 24f.; De gen. et corr. I, 8, 325 a 17; Met. I, 3, 983 b 1-3. – [51] A. A. LONG/D. N. SEDLEY: The Hellenistic philosophers 16 A-18 G (Cambridge ²1992); dtsch. (2000) 91-112. – [52] FDS Frg. 329-341; vgl. Art. ‹Katalepsis›. Hist. Wb. Philos. 4 (1976) 708-710. – [53] SEXTUS EMP.: Adv. math. VIII, 13. – [54] FDS Frg. 325. – [55] Frg. 67. 892; vgl. Art. ‹Lekton›. Hist. Wb. Philos. 5 (1980) 229-231. – [56] FDS Frg. 874, § 55. – [57] Frg. 884-886. 889-991. – [58] Frg. 322-324. – [59] a.O. – [60] Frg. 327. 327 A. 328.

Literaturhinweise. W. LUTHER s. Anm. [4]. – P. WILPERT: Zum aristot. W.-Begriff. Philos. Jb. 53 (1940) 3-16. – W. BEIERWALTES: Lux intelligibilis (1957). – H. BOEDER s. Anm. [4]. – E. HEITSCH s. Anm. [6]. – G. STRIKER: Κριτήριον τῆς ἀληθείας (1974). – A. A. LONG: The Stoic distinction between truth (ἀλήθεια) and the true (τὸ ἀληθές), in: J. BRUNSCHWIG (Hg.): Les stoïciens et leur logique (Paris 1978) 297-315. – B. SNELL: Der Weg zum Denken und zur W. (1978). – M. HEIDEGGER: Vom Wesen der W. [1930] (1943). Ges.ausg. II/34 (1988). – M. FREDE: The Sophist on false statements, in: R. KRAUT (Hg.): The Cambridge companion to Plato (Cambridge 1992) 397-424. – E. TUGENDHAT s. Anm. [46]. – K. PRITZL: Being true in Aristotle's thinking. Proc. Boston Area Coll. anc. Philos. 14 (1998) 177-201. – J. SZAIF s. Anm. [7]. – P. CRIVELLI: Aristotle on the truth of utterances. Oxford Stud. anc. Philos. 17 (1999) 37-56. – J. SZAIF: Platon über W. und Kohärenz. Arch. Gesch. Philos. 82 (2000) 119-148; Sprache, Bedeutung, Wahrheit. Allg. Z. Philos. 26 (2000) 45-60.

J. SZAIF

B. *Neuplatonismus; Aristoteleskommentatoren.* – Vor der Klärung des Bedeutungsfeldes von ‹W.› in der Zeit von Plotin bis zum Ende des Neuplatonismus im 6. Jh. ist auf die Differenz zwischen dem vorphilosophischen Ausdruck ἀλήθεια als einer lexikalischen Kategorie und dem technischen Begriff hinzuweisen, der als Element eines Diskurses über Ontologie, Logik und Psychologie erscheint [1]. In unterminologischer Verwendung begegnet am häufigsten der artikellose Ausdruck κατὰ ἀλήθειαν in adverbialem Sinn als Bekräftigung im Zusammenhang mit der sachlichen Richtigkeit einer Feststellung [2]. Damit verwandt sind Belege des Typs πρὸς τὴν τῶν πραγμάτων ἀλήθειαν mit der Konnotation der rezeptionsunabhängigen W. [3], wo es um Vergegenständlichung von W. als Aspekt einer Sache geht (Sach-W. oder Seins-W.).

PLOTINS W.-Begriff ist eingebettet in seine Psychologie und Ontologie [4]. Was wahrhaft ist, ist Eines, reine Aktualität, zeitlos, selbstursprünglich [5]. Das überseiende und hypernoetische Eine (s.d.) generiert den Nus (νοῦς), dieser die Seele [6]. Der Nus repräsentiert auf der Stufe unter dem Einen Sein und W. in höchster Valenz [7]. W. ist so untrennbar an den Nus gekoppelt [8]. Gemäß dem Grundsatz, wonach der Nus als Bestimmtes und Eines in höchstem Maß Wirklichkeit (ἐνέργεια) ist, die sich in ewiger Aktivität ausdrückt, denkt der Nus zeitlos ewig. Ohne sich in einen Subjekt- und einen Objektbereich aufzuspalten, was ein partielles Nichtdenken des Nus zur Folge hätte und im Widerspruch zu dessen Vollkommenheit stünde [9], sieht der Nus von Anbeginn an das Intelligible (νοητόν). Die Einheit von Subjekt und Objekt beim noetischen Erkenntnisvorgang impliziert das volle Wissen des ontologisch Primären und damit W. [10]. Keineswegs beruht die W. des Nus auf einer Übereinstimmung von Urteil und Denkobjekt im Sinne einer Korrespondenztheorie der W.: «W. ist nicht Übereinstimmung hinsichtlich eines anderen, sondern jeweils W. dessen, wovon sie W. ist» (Καὶ ἡ ἀλήθεια δὲ οὐ συμφωνία πρὸς ἄλλο ἐκεῖ, ἀλλ' αὐτοῦ ἑκάστου οὗπερ ἀλήθεια) [11]. W. ist nicht W. von etwas, sie ist im Nus als sein Gedachtes, daher der Nus selbst, der über sich weiß [12]. «W. ist, was sie sagt, und dies, was sie sagt, ist sie auch» (ἀλλ' ὃ λέγει, καὶ ἔστι, καὶ ὃ ἔστι, τοῦτο καὶ λέγει) [13]. Die Triade W.–Seiendes–Nus umspannt die drei nur gedanklich abstrahierbaren Aspekte der höchsten noetischen Natur [14]. Insofern W. die Wirklichkeit selbst ist, kann ihre Aktivität als Leben und Denken beschrieben werden [15]. Noetische W. ist nun aber trotz des Zusammenfalls von Nus und Idee tendenziell bezüglich, keimhaft Erscheinungsform der Zweiheit, da Erkennen Erkanntes, Schau Geschautes zur

Voraussetzung hat [16]. Das absolute Eine entzieht sich dagegen wegen seiner Prädikationslosigkeit jeder Gleichsetzung mit W. Mit dem Bild vom Einen als dem «König der W.» (τῆς ἀληθείας βασιλεῦς), der über der aus Nus, Seiendem und W. bestehenden göttlichen Natur thront, wird einerseits die ontologische Differenz, aber auch die Interdependenz von Einem und W. betont: W. als «Sprößling (γέννημα) des Königs» geht ihm voran, ist Vorbedingung für die Schau des Einen, dem sie seine Existenz verdankt [17]. Weil das Intelligible dem Nus immanent ist, kann er niemals Unwahres glauben. Urteile über externe Objekte entbehren vollständiger W., weil sie auf ontologisch minderen, dem Nus inkongruenten und nur «Meinen» (δόξα) beinhaltenden Sinneswahrnehmungen beruhen [18]. Plotins Reflexionen zur W. stellen den Versuch dar, auch den minimalen Abstand von Denken und Objekt im Sinne einer Übereinstimmung auszuschließen: Die volle W. des Intellekts gibt nur über sich selbst Auskunft. Wahres Wissen ist identisch mit seinem Objekt und wahr aufgrund seiner eigenen intelligiblen Natur [19]. Plotin hat die eleatisch-platonische Opposition von W. und Wahrnehmung (s.d.) dem späteren Platonismus irreversibel weitervermittelt [20].

Porphyrios ist in seiner Noologie, die auch den W.-Begriff prägt, weitgehend Plotin verpflichtet. Im Rahmen einer philosophisch-asketischen Ethik, die als Ziel den Aufstieg der Seele zum göttlichen Nus forciert, vollzieht sich die Annäherung an Gott, die höchste W. [21], durch Gebet und Dianoia, dem Denkvermögen der Seele [22]. Letztere steht in einem derivativen Verhältnis zum Nus, der die W. des göttlichen Gesetzes in das diskursive Denken der Seele einprägt [23]. Für die Einigung (s.d.) mit Gott postuliert Porphyrios vier Grundhaltungen des Menschen: Glaube (πίστις), W., Liebe (ἔρως) und Hoffnung (ἐλπίς) [24]. Glaube als Erlösungsgewißheit muß vertieft werden durch das Streben, die W. Gottes zu wissen. Das Wissen der W. mündet in die Liebe zum Gewußten, welche die Seele mit Hoffnung erfüllt. Dieser innerhalb einer Tugendlehre entwickelte W.-Begriff geht vermutlich nicht auf eine kritische Auseinandersetzung mit 1. Kor. 13, 13 (Trias: Glaube–Liebe–Hoffnung), sondern auf die eigenständige Integration der ‹Chaldäischen Orakel› zurück [25]. Im Gegensatz zum späteren Platonismus bezieht sich Porphyrios' Aretalogie auf die subjektive Haltung des erlösungswilligen Gläubigen; hinter dem W.-Begriff steht noch keine metaphysische Entität, die den Betenden zu den Göttern hinaufzieht [26].

Der bis zum Ende der Akademie intensiv rezipierte Jamblich übernimmt die Theurgie (s.d.) als Methode zur Vereinigung mit Gott in das System des Neuplatonismus [27]. Nicht mehr philosophische Meditation, sondern die materielle Verbindung mit den als beseelt gedachten Bildern der wahren Götter gewährleistet den Aufstieg auf dem Seelenwagen (s.d.) zur Autopsie des Göttlichen [28], das im Gefolge Platons als ‹W.› definiert wird [29]. Wenn Jamblich die Offenbarung der W. als Schau des Feuers realisiert, steht er ebenso in chaldäischer wie in platonischer Tradition: Bereits in Platons ‹7. Brief› ist der Vergleich plötzlicher Erkenntnis mit dem überspringenden Lichtfunken belegt. Die Metapher vom Licht der W. lebt dann bis zum Ende des Platonismus [30]. In Proklos kulminieren die dem Platonismus durch Jamblich gewiesenen Tendenzen. Um die irritierende Welt der Phänomene nach einem zuverlässigen Kriterium zu beurteilen, erfaßt der Nus in Rückwendung zu sich selbst das Sein, das er selbst ist, und vollzieht so den Akt der W., die als Übereinstimmung des Erkennenden mit dem Erkannten definiert wird [31]. Die Vollendung philosophischen Handelns liegt im Gebet, das zur vollen Einheit mit dem wahren Einen führt [32]. Konsequent integriert Proklos im Gefolge Jamblichs seinen W.-Begriff in das System der theurgischen Tugenden Glaube, W., Liebe und Hoffnung [33], die als mit dem Ursprung verbundene und aus ihm hervorgegangene Elemente dessen Wesen in sich tragen. Der Begriff ‹W.› ist somit – wie auch ‹Glaube› – nicht nur moralphilosophisch konnotiert, sondern ein Strukturmerkmal des Seienden. W. als Licht des Ursprungs durchzieht in hierarchischer Stufung die Welt bis zur Materie [34].

In den Kommentaren zum Aristotelischen ‹Organon› wird einheitlich das Oppositionspaar ‹wahr/falsch› erst der Ebene der Proposition (λόγος ἀποφαντικός) zugewiesen [35], das einfache artikulierte Wort, der isolierte Gedanke, der einzelne Sachverhalt (πρᾶγμα) unterliegen diesem Gegensatzpaar nicht, da im Sinne des Aristoteles W. durch die Übereinstimmung von zwei Entitäten, von Denken und Sache bedingt ist [36]. Die *Alexandriner* interpretieren dieses Lehrgut als Aussage zu der von ihnen selbst vertretenen immanenten Logik, der gemäß es eine vom Stagiriten in den logischen Traktaten nicht thematisierte, über dem Syllogismus stehende W. gibt, die nicht als Kongruenz, sondern als Aktivität des intelligiblen Nus definiert wird. In der Selbsthinwendung zur Schau des Höheren zielt der Intellekt als νοῦς θεωρητικός auf die W. des Seins (theoretische W., ἀλήθεια θεωρητική), während sich der νοῦς πρακτικός in der Erfassung des sittlich Guten vollendet (praktische W., ἀλήθεια πρακτική) [37]. Die Kenntnis der W. ist für den Menschen schwierig, da er durch den Fall der Seele ins Leben die intelligible Seelenfunktion zwar in sich trägt, aber in der Verkettung mit den sterblichen Seelenteilen nicht zu nutzen versteht [38]. Aufgrund der unausweichlichen Wirklichkeit des Intelligiblen in der Seele darf aber ein partieller Zugang zur W. postuliert werden [39]. Das Objekt der auf philosophischem Wege zu erreichenden Kenntnis ist die W. der intelligiblen Formen im Nus, der ontologisch zweithöchsten Welt nach dem Einen. Im Gegensatz zu Jamblich und Proklos kann eine ausgearbeitete Integration der Theurgie in eine Erkenntnis- und W.-Philosophie nicht festgestellt werden.

Der W.-Begriff des Neuplatonismus stellt insofern eine Sonderform der Korrespondenztheorie dar, als zwar auf empirischer Ebene die Harmonie von Denken und Sachverhalt als significans von W. gilt, aber durch die Bestimmung von reiner W. als Identität von Denken und Gedachtem im Nus der Aspekt der Übereinstimmung praktisch bedeutungslos wird.

Anmerkungen. [1] L. B. Puntel: Der W.-Begriff in Philos. und Theol. Z. Theol. Kirche, Beih. 9 (1995) 16-45, 33; Art. ‹Wahrheit›. LThK^3 10 (2001) 926-939, 927. – [2] Plotin: Enn. VI, 6 (34), 18, 23; VI, 9 (9) 5, 31; Simplikios: In De an. CAG 11, hg. M. Hayduck (1882) 11, 8; In De caelo CAG 7, hg. I. L. Heiberg (1894) 295, 13; ähnlich ἀληθείᾳ als 'wirklich': Plotin: Enn. VI, 8 (39), 21, 31. – [3] Simplikios: In De caelo, a.O. [2] 597, 27; 589, 17; In Phys. CAG 10, hg. H. Diels (1895) 468, 13. – [4] E. K. Emilsson: Cognition and its object, in: L. P. Gerson (Hg.): The Cambridge companion to Plotinus (Cambridge 1966) 217-249, 235; vgl. dazu: Art. ‹Seele I. 5.›. Hist. Wb. Philos. 9 (1995) 7f.; Art. ‹Sein; Seiendes I. 2.›, a.O. 174-180. – [5] Plotin: Enn. IV, 7 (2), 8, 47-9, 2; vgl. Art. ‹Causa sui›. Hist. Wb. Philos. 1 (1971) 976f. – [6] H. Ziebritzki: Heiliger Geist und Weltseele (1994) 184. – [7] Plotin: Enn. V, 5 (32), 3, 1f. – [8] Enn. V, 3 (49), 5, 20ff. – [9] 5, 8-14. – [10] Emilsson, a.O. [4] 236. – [11] Plotin: Enn. III, 7 (45), 4, 12f. – [12] Vgl. Art. ‹Vernunft; Verstand II. C. 3.›. Hist. Wb. Philos. 11 (2001) 759ff.; H. Blumenthal: Plotinus and Proclos on the criterion of truth, in: P. Huby/G. Neal (Hg.): The criterion of truth (Liverpool 1989) 257-276. – [13] Plotin: Enn. V, 5 (32), 2, 18-21; 3 (49), 5, 25-26. – [14] 3, 1f. – [15] 1, 10f.; vgl. Art. ‹Leben I. 3.›. Hist. Wb. Philos. 5 (1980) 54f. – [16] V, 3 (49), 10, 23-26; VI, 9 (9), 2, 13-15; J. Halfwassen: Der Aufstieg zum Einen (1992) 174f. – [17] V, 5 (32), 3, 15-25. – [18] 1, 62-66. – [19] 2, 14-16; Emilsson, a.O. [4] 241f. – [20] III, 6 (26), 6, 65-73; vgl. Simplikios: In De an., a.O. [2] 204, 13; In Phys., a.O. [3] 1204, 12. – [21] Porphyrios: Marc. 20, 330, in: Porphyry, the philosopher. To Marcella, hg. K. O'Brien Wicker (Atlanta 1987). – [22] Marc. 23, 370-372. – [23] 26, 412-415. – [24] 24, 376-384. – [25] O'Brien Wicker, a.O. [21] 110. – [26] Zum 'Hinaufziehen' der Seele vgl. Jamblich: Myst. V, 26, hg. E. des Places (Paris [2]1989) 238, 8-239, 13; Proklos: In Alc. 52, 12-15; 53, 1. – [27] Zur Rezeption vgl. L. Fladerer: Johannes Philoponos De Opificio Mundi (1999) 53-66; B. Nasemann: Theurgie und Philos. in Jamblichs De Mysteriis (1991) 277ff.; G. O'Daly: Art. ‹Jamblich›. RAC 16 (1994) 1243-1259, 1252f. – [28] Jamblich: Myst. V, 23 a.O. [26] 234, 4-7; Nasemann, a.O. 281. – [29] Platon: Resp. 508 e 3; Jamblich: Myst. II, 10, a.O. 90, 17-19. – [30] Jamblich: Myst. II, 10, a.O. 92, 14-93, 2; Platon: Ep. 7, 341 c 7-d 1; Simplikios: In Epict. 87, 3f.; 138, 30; zur Verbindung Licht–W.–Gutes vgl. Plotin: Enn. IV, 7 (2), 10, 36; H. Blumenberg: Licht als Metapher der W. Studium Gen. 10 (1957) 432-447. – [31] Proklos: In Tim. II, 287, 1-11; W. Beierwaltes: Proklos (1965) 129. – [32] In Tim. I, 212, 1-6. – [33] 212, 19-25. – [34] In Parm. 1064, 10ff.; Theol. Plat. 91, 10ff. – [35] Ammonios: In Cat. CAG 4/4, hg. A. Busse (1895) 52, 21f.; In De int. CAG 4/5, hg. A. Busse (1897) 2, 24; Philoponos: In De an. CAG 15, hg. M. Hayduck (1897) 544, 18-29. – [36] Ammonios: In De int., a.O. 21, 8-10; 82, 16-20. – [37] Asklepios: In Met. CAG 6/2, hg. M. Hayduck (1888) 115, 16-24; Philoponos: In De an., a.O. [35] 194, 18-26; 241, 9-14. – [38] Simplikios: In De an., a.O. [2] 27, 19-24. – [39] Asklepios: In Met., a.O. [37] 114, 29-115, 9.

L. Fladerer

C. *Altes und Neues Testament; Patristik.* – ‹W.› setzt bei den Theologen der Alten Kirche den biblischen Sprachgebrauch voraus, dessen Verhältnis zur griechischen Verwendung im 20. Jh. zu einer reichen Diskussion Anlaß gegeben hat [1]. Der hebräische Begriff ‹'ᵆmæt› ist wohl in seiner Grundbedeutung von dem Stamm ‹'mn› (fest, zuverlässig) abhängig [2] und erfaßt etwas, das erkannt werden kann und sich dem Menschen als zuverlässig erweist. Das methodische Problem besteht jedoch darin, daß die Frage nach der Bedeutung eines Ausdrucks mit der Frage nach der Bestimmung des Begriffs verwechselt wird [3] und der Bedeutungsaspekt der Aussagen-W. ausgeblendet wird [4]. Anders als ‹'ᵆmuna›, das in der ‹Septuaginta› vorrangig mit 'Treue' übersetzt wird (mit Ausnahme der Psalmen), verweist ‹'ᵆmæt› auf die Richtigkeit von Aussagen bzw. Wörtern (z.B. Dtn. 13, 13-15; 1. Kön. 22, 16). Davon abgeleitet dürfte das Verständnis von ‹'ᵆmæt› sein, sei es im Sinne einer Echtheit (z.B. ein echtes Gewächs, Jer. 2, 21), sei es bezogen auf zukünftige Ereignisse als Verheißungen (z.B. 2. Sam. 7, 28; Ps. 132, 11). Bei göttlichen Geboten bedeutet ‹'ᵆmæt›, daß die mit den Geboten gesetzten Verheißungen oder Strafen in Erfüllung gehen (Ps. 19, 10-12 usw.), zugleich aber auch das menschliche Halten oder Erfüllen der Gebote (Hos. 4, 1). ‹'ᵆmæt› bezeichnet in keinem dieser Fälle eine göttliche und wohl auch keine menschliche Eigenschaft. Vor allem das Begriffspaar ‹Huld› ('ᵆsæd) und ‹'ᵆmæt› wurde jedoch meist dahingehend interpretiert, daß hier von Gottes Treue die Rede ist. ‹'ᵆsæd› meint eine konkrete Gunst, zu deren Erweis ein Zeichen geschehen soll; nach diesem Zeichen ist die Gunst 'ᵆmæt geworden, d.h. eine Zeichenerfüllung oder Bewahrheitung (Gen. 24, 12-14. 26f.; Gen. 32, 10f.). ‹'ᵆmæt› ist hier nicht parataktisch zu verstehen, sondern als qualifizierende Apposition. Daraus ergibt sich, daß ‹'ᵆmæt› – anders als ‹'ᵆmuna›! – keine göttliche Eigenschaft ausdrückt und auch nicht vom griechischen W.-Begriff völlig abgehoben werden kann [5], obwohl ‹'ᵆmæt› keine Aussage über ein metaphysisch gedachtes Sein Gottes ist [6].

Im NT werden zahlreiche Aspekte des Begriffs ‹'ᵆmæt› aufgenommen [7]. Während der Begriff ‹W.› bei den Synoptikern kaum eine Rolle spielt, zeigt sich bei Paulus selbst eine Entwicklung vom wahren Inhalt der göttlichen Botschaft (Gal. 2, 5. 14) bis hin zur Bundestreue (Röm. 3, 7; 15, 8) [8], in der Paulusschule als Wort der W. des Evangeliums (Kol. 1, 5f.) oder als Ziel menschlichen Handelns (Eph. 4, 24). In den Pastoralbriefen wird die Erkenntnis der W. vom Trug der Irrlehrer abgegrenzt (z.B. 1. Tim. 2, 4). Obwohl es in mancher Hinsicht den Texten aus Qumran nahesteht (z.B. in der Redeweise vom Tun der W.) [9], wird im ‹Johannesevangelium› die Bundestreue Gottes auf den inkarnierten Logos übertragen. Während Johannes W. als Qualität der Rede Jesu (Joh. 8, 40. 45f.), als Selbsterweis Gottes, als Wissen der W. (Joh. 8, 32; 1. Joh. 2, 21) im Sinne einer Umgestaltung des Lebens, aber auch formal (Joh. 8, 45) begreift [10], ist der Bezugspunkt für die W. beim Prologautor vor allem die alttestamentliche 'ᵆmæt (Ex. 34, 6), die im Kontext von Joh. 1, 14 als Epiphanie verstanden wird [11]. Im 2. und 3. Brief des Johannes geht zwar der offenbarungstheologische Ansatz nicht verloren, der Begriff ‹W.› wird jedoch stärker mit der christlichen Lehre verbunden [12].

Die Begriffsbestimmung von ‹W.› im AT und NT macht deutlich, daß von einem einheitlichen und vom sonstigen (griechischen) Sprachgebrauch völlig losgelösten W.-Begriff nicht gesprochen werden kann, selbst wenn im AT mit dem Begriff ‹'ᵆmæt› keine Aussagen über das Sein Gottes getroffen werden und im NT (Joh.) das Offenbarungshandeln Gottes personal auf Christus bezogen ist. Es bleibt problematisch, für die patristische W.-Konzeption folgende Alternative zu wählen: Ist der biblische W.-Begriff beibehalten worden oder hat durch die griechische Philosophie eine Entfremdung dieses W.-Begriffs stattgefunden [13]?

Bei einigen *gnostischen Schriften* zeigt sich trotz der Nähe zum Johanneischen Vokabular eine eigenständige Konzeption: Im ‹Evangelium Veritatis› wird die Erkenntnis der W. als Gnosis bestimmt, wobei zwischen dem Reich des wahrhaft Seienden und dem Reich des Trugs und der Lüge unterschieden wird. Jesus selbst ist nicht die W., sondern lehrt den Weg der W. als einen erlösenden Aufstieg in das Reich der W. [14]; nach dem ‹Testamentum Veritatis› muss der Gnostiker zur W. aufblicken und sich von den Verführungen der Welt zurückziehen [15].

Vor allem gegen die Gnostiker entwickelt Irenäus von Lyon die Vorstellung, daß die W. die Lehre des Sohnes Gottes und der Kirche sei [16]. Die Norm des wahren Glaubens bestehe in der Verkündigung der W. und der Tradition [17]. Ähnlich begreift auch Tertullian die «veritas» als Lehre, die an die Offenbarung gebunden, historisch in Christus greifbar und über die Apostel der Kirche übermittelt ist [18]. Deutlicher wird bei Arnobius, Laktanz und Ambrosius das inkarnatorische Element der W.-Vermittlung bzw. darüber hinaus bei Gregor dem Grossen die Verinnerlichung der W. in der «contemplatio» hervorgehoben [19].

Während hier ‹W.› an ein Traditionsargument gebunden ist, um so die Einheit des Glaubens zu sichern, wird seit Clemens von Alexandrien versucht, den W.-Begriff in einer einzigen transzendenten W. zu verankern. Clemens zufolge ist das, was interpretiert werden kann, nicht das erste Prinzip, das nur durch den Glauben erfaßbar ist [20]. Während sich alles Seiende ändert, ist die W. selbst

(Gott) ewig, unwandelbar und das wahre Sein, so daß Gott das Kriterium jeder davon abgeleiteten W. ist, insofern die *eine* W. durch Christus (den Logos) offenbart wurde [21]. Clemens betont zwar, daß der menschliche Geist einen direkten Zugang zur W. über den präexistenten Logos als Inbegriff der Ideenwelt habe [22], doch scheint hier lediglich eine Akkomodation an den platonischen Bezugsrahmen vorzuliegen, weil für Clemens die natürliche Gotteserkenntnis nur den Grad einer Ahnung erreichen kann. Clemens will hier nichts anderes herausstellen als die Transzendenz der W. [23].

W. ist für Gregor von Nyssa als Prädikation Gottes aufgefaßt. W. ist das Sein Gottes in sich und der Bezug zum sehenden Denken des Menschen. Wie Sein ist W. eine Wesensaussage Gottes; dies zu denken, ist die Erkenntnis der W., wobei Gregor das wahre Sein analog zur platonischen Idee als seiendes Sein begreift: Dieses Sein ist in sich unendlich [24]. Unter Rückgriff auf Proklos [25] ist für Ps.-Dionysius Areopagita Gott die W. über jeder W., die jedem Erkennen und Aussagen verborgen bleibt; zugänglich ist sie, insofern sich Gott mitteilt durch Offenbarung, Schöpfung und Illumination [26]. W. enthüllt sich, so daß in der menschlichen Erkenntnis das erkennbar gemachte göttliche Sein analog gedacht und ausgesagt wird [27]. Zwar ist für Ps.-Dionysius zuzugestehen, daß seine Redeweise von 'der W. über jeder W.' in Verbindung mit der Unerkennbarkeit der W. ansonsten im christlichen Kontext so nicht zu finden ist. Sachlich entspricht dies jedoch dem Ansatz des Gregor von Nyssa, für den ‹Gott›, ‹Sein› und ‹W.› koextensive Begriffe sind und Gott aufgrund seiner Unerzeugtheit jeder Erkennbarkeit entzogen bleibt. Unter gewandelten Voraussetzungen entwickelt schließlich Augustinus in den Spätschriften eine für das Mittelalter maßgebliche Konzeption der Bestimmung Gottes als W.

Anmerkungen. [1] Vgl. Art. ‹Wahrheit (christlich-theologisch)›. – [2] A. Jepsen: Art. ‹'mn›. Theolog. Wb. des AT, hg. G. J. Botterweck u.a. 1 (1973) 313-348, hier: 333. – [3] J. Barr: Bibelexegese und moderne Semantik (1965) 105; vgl. Puntel, a.O. [1 zu I. B.]. – [4] A. Kreiner: Ende der W.? (1992) 329-332. – [5] Vgl. die eingehende Analyse von D. Michel: 'Ämät. Unters. über ‹W.› im Hebräischen. Arch. Begr.gesch. 12 (1968) 30-57; ferner: H. von Siebenthal: ‹W.› bei den Althebräern, in: H. H. Klement (Hg.): Theolog. W. und die Postmoderne (2000) 208-232, bes. 221-225. – [6] W. Beierwaltes: Deus est veritas, in: Pietas. Festschr. B. Kötting. Jb. Antike Christentum, Erg.bd. 8 (1980) 15-29, hier: 22f. – [7] G. Kittel: Art. ‹'mæt im rabbinischen Judentum›. Theolog. Wb. NT, hg. G. Kittel 1 (1966) 237f. – [8] H. Hübner: Art. ‹aletheia›. Exeg. Wb. zum NT, hg. H. Balz/G. Schneider 1 (1980) 138-145, hier: 142f. – [9] 1 QS 1, 5; 5, 3; 1 QH 4, 40 und weitere Belege; Joh. 3, 21; 1. Joh. 1, 6; R. Schnackenburg: Das Joh.evang. 2 (1971) 275-278. – [10] J. Blank: Der johann. W.-Begriff. Bibl. Z. 7 (1963) 163-173. – [11] C. Hergenröder: Wir schauten seine Herrlichkeit (1996) 334. 352-354; R. Gebauer: ‹Aletheia› im Joh.evang., in: Klement (Hg.), a.O. [5] 233-254. – [12] H.-J. Klauck: Die Joh.briefe (²1995) 115f. – [13] I. de la Potterie: La vérité dans Saint Jean II (Rom 1977) 1019-1060. – [14] Evangelium veritatis. Nag-Hammadi-Codex [NHC] I, 3, 16, 31-34; 18, 16-21. Nag Hammadi Studies [NHS] 22, hg. H. W. Attridge (Leiden 1985) 82-85; vgl. Oden Salomos 25, 4. 10, syr., hg. M. Lattke (Fribourg 1980) 40. 42; dtsch.: Fontes Christiani 19, hg. M. Lattke (1995) 172. 174; Schnackenburg, a.O. [9] 273-278; W. G. Röhl: Die Rezeption des Joh.evang. in christl.-gnost. Schriften aus Nag Hammadi (1991) 90-92. 110-112. – [15] Testamentum veritatis. NHC IX, 3, 29, 22-24; 42, 23-45, 6. NHS 15, hg. B. A. Pearson (Leiden 1981) 122f. 150-157; Röhl, a.O. 194-197; sakramentale Vermittlung: Evangelium Philippi 110 a. NHC II, 3, 77, 15-18. NHS 20, hg. B. Layton (Leiden 1989) 196f.; H.-M. Schenke: Das Philippus-Evang. (1997) 64; Röhl, a.O. 158-161. – [16] Irenäus von Lyon: Adv. haer. III. Sources Chrét. [SC] 211, hg. A. Rousseau (Paris 1974) 20. – [17] Adv. haer. I, 10, 2. SC 264 (Paris 1979) 158ff.; Epideixis 3. SC 406 (Paris 1995) 86; W. als Lehre vgl. Diogn. 11, 1f., in: Schr. des Urchristentums 2: Didache (Apostellehre), Barnabasbrief, Zweiter Klemensbr., Schr. an Diognet, hg. K. Wengst (1984) 336; Christus als Übermittler der W.: 2. Clem. 3, 1; 20, 5, a.O. 242. 268; de la Potterie, a.O. [13] 1026-1028. – [18] Tertullian: Adv. Marc. I, 3, 1. CCSL 1 (Turnhout 1954) 443; Adv. Prax. 11, 4. CCSL 2 (1954) 1171; de la Potterie, a.O. 1029-1031; T. G. Ring: Auctoritas bei Tertullian, Cyprian und Ambrosius (1975) 81-91. – [19] Arnobius: Adv. nationes I, 3. CSEL 4 (1875) 5; Laktanz: Div. inst. I, 1, 5. CSEL 19 (1890) 2; De ira Dei 1, 6. CSEL 27 (1893) 68; de la Potterie, a.O. 1031-1033; zu Ambrosius vgl. Ring, a.O. 125-143; Gregor der Gr.: Moralia in Iob 5, 66. CCSL 143 (1974) 265f.; Mor. 24, 34. CCSL 143 B (1985) 1213; In I Reg. 3, 20. SC 391, hg. C. Vuillaume (Paris 1993) 296ff.; de la Potterie, a.O. 1033-1038. – [20] Clemens Alex.: Strom. VII, c. 16, 95, 5f. GCS 17, hg. O. Stählin (1909) 67. – [21] Protr. VI, 69, 1. GCS 12 (1905) 52; Strom. I, c. 17, 87, 1f. GCS 15 (1906) 55f. und zahlreiche weitere Belege; P. Karavites: Evil, freedom, and the road to perfection in Clement (Leiden 1999) 150-154. – [22] Strom. V, c. 3, 16, 1-3, a.O. 336. – [23] D. Wyrwa: Die christl. Platonaneignung in den Strom. des Clemens von Alex. (1983) 128. 131. 260-263; ähnlich Origenes: H. Crouzel: Origène et la 'connaissance mystique' (Brügge 1961) 31-35. – [24] Gregor von Nyssa: De vita Moysis II. Op. VII/1, hg. H. Musurillo (Leiden 1964) 39f.; dazu: Beierwaltes, a.O. [6] 25f.; Th. Böhm: Theoria – Unendlichkeit – Aufstieg (Leiden 1996) 242-248; zu den plotin. Voraussetzungen vgl. W. Beierwaltes: Das wahre Selbst (2001) 30-44. – [25] W. Beierwaltes: Proklos (²1979) 129. 254. 283. 303. 322. 337. – [26] Ps.-Dionysius Areop.: De div. nom. I, 5, hg. B. R. Suchla [Patrist. Texte und Stud. 33] (1990) 117, 7f.; VII, 1, a.O. 194, 5f. 18; VIII, 1, a.O. 200, 3. – [27] B. R. Suchla: W. über jeder W. Theolog. Quart.schr. 176 (1996) 205-217.

Th. Böhm

II. *Mittelalter.* – A. *Frühmittelalter.* – Gegen die Annahmen der sog. mittleren akademischen Skepsis, daß für den Menschen die W. unerkennbar und nur die Wahrheitsähnlichkeit (s.d., verisimile) erkennbar und daß das Erreichen des Glücks auch ohne den Besitz der W. möglich sei, zeigt der frühe Augustinus im Anschluß an die antike platonische Tradition, daß erstens das Wissen des sinnlich Wahrnehmbaren «verisimile» ein Wissen um dessen jeweiliges Urbild, das rein intelligible Wahre, voraussetzt, daß zweitens erst der W.-Besitz glücklich macht und dieser drittens möglich ist, weil es erfahrungsunabhängig gültige W.en wie etwa mathematische Sachverhalte gibt, die von der Dialektik als dem vollendeten Wissen der W. gelehrt werden [1]. In den ‹Soliloquia› unternimmt Augustinus zwei Versuche zum Beweis der Unvergänglichkeit der W., den zweiten unter Anwendung des partizipationsmetaphysischen Begründungsverhältnisses zwischen allem Wahr-Seienden und einer zu diesem transzendenten, göttlichen W. [2], die als Form- und Exemplarursache aller wahren Entitäten wirkt («Deus veritas, in quo et a quo et per quem vera sunt, quae vera sunt omnia») [3]. Darüber hinaus diskutiert und verwirft Augustinus mehrere Definitionsversuche des W.-Prädikats, und zwar dessen erkenntnistheoretische Bestimmungen im korrespondenztheoretischen Sinne der Übereinstimmung eines objektiven Sachverhalts mit einer subjektiven Ansicht von diesem Sachverhalt [4], ferner dessen epistemologisches Verständnis als das wissenschaftlich exakt Wißbare [5], des weiteren dessen propositionales Verständnis als jenen propositionalen Gehalt eines Aussagesatzes, der im Unterschied zum falschen propositionalen Gehalt etwas real Existierendes bezeichnet [6], schließlich auch dessen erste, abgeleitete ontologische Bestimmung als das formbestimmte Seiende, das sich nur auf körperliche Entitäten bezieht [7]. Trotz des äußerlich aporetischen Ausgangs dieser Diskussion zeigt die von ihm aufrechterhaltene Unterscheidung zwischen der ambivalenzlos-authentischen W. der idealen Gegenstände der geometrischen Wissenschaft sowie des wissenschaftlichen Charakters jeder Wissenschaft und der ambivalent-imitativen W. der körperlich verfaßten Entitäten [8], daß Augustinus ein ontologisch-essentialistisches Verständnis des Wahren bzw. Wahr-Seienden im Sinne einer (wahren) Form favorisiert, die alleine wissenschaftlich exakt wißbar und daher mit der von ihm wiederaufgenommenen [9] epistemologischen Bestimmung des W.-Prädikats kompatibel ist. Diese Konvertibilität von (ideenhaft) Seiendem und Wahrem sowie von höchstem Sein und der W. (selbst) ist häufiger zu finden [10], ebenfalls das Verständnis des W.-Begriffs als eines Gottesprädikats [11]. In bewußter Anknüpfung an das platonische Verständnis der W. als eines Gegenstandes nicht der sinnlichen, sondern der rein geistigen Erkenntnis [12] bezeichnet Augustinus die unwandelbare W. als das Gesetz aller Künste und als die Kunst des allmächtigen Schöpfers [13], weil er sie als Inbegriff des göttlichen Wissens versteht, das als der letzte Maßstab aller Werturteile des menschlichen Geistes über diesen unendlich erhaben ist und von ihm nicht mehr beurteilt werden kann [14]. Vielmehr urteilt Gott durch seine W. über den Menschen, weil seine W. als die zweite göttliche Person [15] eine vollkommene Gleichheit des Seins mit dem göttlichen Vater besitzt, so daß sie Regel, Form und Urbild alles dessen ist, was von Gott geschaffen ist und nach ihm strebt [16]. Die W. bzw. das göttliche Wort als die höchste, gleichwesentliche Gleichheit, Ur-Ähnlichkeit und Übereinstimmung mit dem göttlichen Ursprung, d.h. als die reine Selbstübereinkunft Gottes («summa convenientia») [17], ist also die hervorbringende Formursache aller Entitäten [18], deren Existenz unbezweifelbar ist, weil sie von allem Wahren vorausgesetzt wird [19]. In Gestalt des inneren Lehrers ist die W. Gottes im Innersten der menschlichen Geistseele als deren Erkenntnisprinzip («Licht») anwesend [20]. In dieser christologischen W.-Konzeption liegt Augustins Auffassung vom Christentum als der Religion der W. begründet, in der sich der demütige Mensch in freiwilliger, selbstloser Liebe an die göttliche W. bindet [21]. Schließlich ist Christus zwar gleichsam Inbegriff der W. Gottes [22], dennoch gibt es innertrinitarisch keine Hierarchie des Wahren, da im göttlichen Wesen der W. das Wahr-Sein mit dem Sein selbst koinzidiert [23].

Boethius rezipiert und kommentiert ausführlich das korrespondenztheoretische W.-Verständnis aristotelischer Provenienz: Aufgrund seiner Einsicht, daß bejahende und verneinende Urteile nicht aus einer Verbindung von real existierenden Entitäten («res»), sondern von sprachlichen Ausdrücken («sermones») bestehen, vertritt er durchgängig die Auffassung, daß W. und Falschheit nicht in extramental existierenden Entitäten, sondern nur in gedachten sowie in sprachlich geäußerten Urteilen enthalten seien [24]. Gleichwohl verwendet Boethius ‹W.› auch als Gottesprädikat [25], und zwar als Bezeichnung für die göttliche Substanz [26], so daß die drei göttlichen Personen nicht drei W.en, sondern ein und dieselbe W. sind [27].

Johannes Scotus Eriugena definiert die Logik («dialectica») als «die Untersuchung der W. einer jeden Aussage über die Welt» («inquisitio est veritatis mundanae locutionis») [28]; daher ist für ihn die Logik die für die Feststellung von W. zuständige wissenschaftliche Disziplin («disputandi disciplinam, quae est veritas») [29]. In seinem sich auf Martian Capellas Kompendium der sieben freien Künste stützenden Logik-Unterricht hat Eriugena vier W.-Werte unterschieden: wahr, falsch, wahrscheinlich («verisimile») und trügerisch («sophisma») [30]. Den W.-Wert «verisimile», unter dem Eriugena gemäß dem ursprünglichen Sinne des Wortes das dem Wahren Ähnliche versteht, schreibt er grundsätzlich allen von Gen. 1-3 getroffenen und in ‹Periphyseon› systematisierten Aussagen über das Verhältnis zwischen Gott, Welt und Mensch zu, die wissenschaftlich zwar nicht als zweifelsfrei gültig erwiesen, wohl aber als glaubwürdig gesichert werden können [31]. Nach Eriugena ist ‹W.› kein Name, der Gott im eigentlichen, sondern nur im uneigentlichen, metaphorischen Sinne zukommt. Denn die Übergegensätzlichkeit (s.d.) Gottes läßt es nicht zu, daß ihm W., der die Falschheit entgegengesetzt ist [32], unmittelbar zugesprochen werden könnte; daher ist Gott gleichsam überwahr («hyperalethes») und Über-W. («hyperaletheia»), d.h. erhaben über W. und alles Wahre, insofern seine vollkommene Einheit alles Erkenn- und Aussagbare überragt [33]. Den erscheinenden Widerspruch zwischen ‹W.› als einer durch Joh. 14, 6 geforderten Gottesprädikation der affirmativen Theologie und der erläuterten Verneinung dieser Gottesprädikation von seiten der negativen Theologie ps.-dionysischer Herkunft sucht Eriugena dadurch aufzulösen, daß er die affirmative Aussage des W.-Begriffs von Gott mit der primordialen Ursächlichkeit des göttlichen Wortes als der zweiten göttlichen Person für alles innerweltliche Wahre begründet und damit als eine Übertragung des W.-Prädikats vom Geschöpf auf den Schöpfer als der Ursache alles Wahren versteht [34].

Die erste zu einer feststellenden, allgemeingültigen Definition des W.-Begriffs führende Theorie der W. in der abendländischen Philosophiegeschichte hat Anselm von Canterbury in ‹De veritate› entwickelt: Der in dieser Schrift vorgenommene rein rationale Beweis der objektiven W. des christlichen Glaubenssatzes nach Joh. 14, 6, daß Gott selbst die W. ist, wird mittels eines der boethianischen Topik entnommenen topischen Argumentationsverfahrens insofern geführt, als gezeigt wird, daß jede von der natürlichen Vernunft erkennbare W. substantiell mit dem Wesen Gottes identisch ist. Die sich in einer feststellenden Definition des W.-Begriffs zeigende begriffliche Identität aller Bedeutungen von ‹W.› als ‹Rechtheit› aber kann nur gefunden werden in einem vollständigen Durchgang durch alle Entitäten, von denen ‹W.› überhaupt prädiziert wird [35]. Die W. aller endlichen W.-Träger wie die des (gedachten und des sprachlich geäußerten) Urteils sowie des Willens, der Handlungen, der Sinneswahrnehmungen und des Wesens aller geschaffenen Entitäten bestimmt Anselm als deren Rechtheit («rectitudo»), die in ihrer Erfüllung ihrer jeweils gesollten, d.h. von Gott gewollten und ihnen eingeschaffenen Ziel- und Zweckbestimmung liegt. Dabei führt er u.a. das korrespondenztheoretische Verständnis der Urteils-W. begründend auf ein eidetisch-teleologisches Verständnis auch dieser Erscheinungsform von W. zurück, indem er zeigt, daß die wirklichkeitsgerechte Abbildung eines vorliegenden Sachverhalts im wahren Urteil nur dessen gleichsam ursächliches Mittel zur Erfüllung dieser ihm von Gott anerschaffenen Zweckbestimmung als seiner Rechtheit darstellt [36]. Während die von den genannten endlich-kontingenten W.-Trägern prädizierte Rechtheit ein Verhältnis der Gemäßheit bzw. Angeglichenheit des Wesens sowie der Handlungen einer geschaffenen Entität an ihr jeweiliges Sollen als eine göttliche Willensbestimmung und damit ‹rectitudo› als einen

Adäquationsbegriff zum Ausdruck bringt [37], besteht die alle anderen W.en form- bzw. exemplarursächlich hervorbringende [38] W. Gottes nicht in der geschuldeten Erfüllung der Willensbestimmung eines anderen, sondern in der unwandelbaren Selbstübereinstimmung und Selbstaffirmation des göttlichen Willens [39]. Diese gleichsam identitätsbegriffliche Bestimmung der W. Gottes sucht Anselm mit seiner erläuterten adäquationsbegrifflichen Bestimmung aller anderen Vorkommen von W. durch eine einheitliche, allgemeingültige Definition des W.-Begriffs als «mit dem Geist allein erfaßbarer Rechtheit» («rectitudo sola mente perceptibilis») zu vermitteln [40]. Seine Annahme der objektiven Einheit und Einzigkeit der W. setzt daher ein attributionsanaloges Verständnis des W.-Begriffs voraus, nach dem der Seinsgehalt von ‹W.› allein in Gott selbst vollkommen verwirklicht ist, während die geschaffenen Entitäten nur aufgrund der Immanenz der «summa veritas» in ihnen W.-Träger sind und sein können [41].

Bernhard von Clairvaux unterscheidet drei Stufen einer existentiellen W.-Erkenntnis: Die Selbsterkenntnis als die Erkenntnis der W. im Menschen stellt die erste und unterste Stufe, die Liebe zum Mitleid als die Erkenntnis der W. im Mitmenschen die mittlere und schließlich die unmittelbare Schau der göttlichen W. in ihr selbst die letzte und höchste Stufe der W.-Erkenntnis dar [42]. Auch bei Peter Abaelard überwiegt das theologische Verständnis der W. als einer Gottesprädikation, die bei ihm zumeist die zweite göttliche Person bezeichnet [43], während Hugo von St. Viktor die W.-Fähigkeit der wissenschaftlichen Vernunfterkenntnis betont [44].

Avicenna vertritt ein zweistufiges ontologisches Verständnis von W. als das den Einzeldingen eigentümliche, einfache, sowie als das ewige, notwendige Sein [45].

Anmerkungen. [1] Augustinus: C. Acad. II, 7, 19. CCSL 29, hg. W. M. Green (Turnhout 1970) 28, 90f.; vgl. III, 6, 13, a.O. 42, 1-4; 11, 25, a.O. 49, 37-39; 13, 29, a.O. 51f., 1-40; 17, 37, a.O. 57, 15-21; 18, 40, a.O. 59, 5-12. – [2] Sol. I, 27, 6. CSEL 89, hg. W. Hörmann (Wien 1986) 41, 1-43, 16; II, 2, 2, a.O. 48, 1-24. – [3] I, 3, 1, a.O. 5, 6f. – [4] Sol. II, 5, 5f., a.O. 53, 1-6; II, 6, 2, a.O. 54, 9; II, 7, 3, a.O. 55, 6; II, 8, 1, a.O. 55, 18f. – [5] II, 19, 1-20, 1, a.O. 70, 4-71, 10. – [6] 29, 2-7, a.O. 84, 1-85, 17. – [7] 8, 5, a.O. 56, 14ff. – [8] 32, 9f., a.O. 91, 15-24; 33, 2f., a.O. 92, 8-13. – [9] 33, 1, a.O. 92, 5-8. – [10] De immort. animae XII, 19. CSEL 89, a.O. 121, 4-13; vgl. auch: Hilarius von Poitiers: De trin. 5, 6. MPL 10, 133 C. – [11] De ord. I, 8, 23. CCSL 29, a.O. [1] 100, 43-45; De lib. arb. II, 36, 141. CCSL 29, a.O. 261, 32-262, 37; De div. quaest. octog. tribus I. CCSL 44 A, hg. A. Mutzenbecher (1956) 11, 8; De vera relig. 11, 21, 60. CCSL 32, hg. I. Martin (1962) 201, 18f.; hierzu: R. Campbell: Truth and historicity (Oxford 1992) 85-91. – [12] De vera relig. 1, 3, 3, a.O. 188, 5-8. – [13] 31, 57, 158, a.O. 224, 4f. – [14] 31, 57, 158, a.O. 224, 6-10; Enarr. in Ps. 42, 6. CCSL 38, hg. D. E. Dekkers/J. Fraipont (1956) 479, 21-24; Tr. in Ioh. 18, 10. CCSL 36, hg. D. R. Willems (1954) 186, 27-36; hierzu: A. Schöpf: W. und Wissen (1965) 175-181. – [15] De lib. arb. II, 37, 143, a.O. [11] 262, 50-52. – [16] De vera relig. 31, 58, 161, a.O. [11] 225, 24-27. – [17] 36, 66, 185, a.O. 230, 3-231, 25; 39, 72, 202, a.O. 234, 10-24, bes. 11; hierzu: R. Berlinger: Augustins dialogische Met. (1962) 101-107. – [18] 43, 81, 233, a.O. 241, 43-45; 55, 113, 310, a.O. 259, 125-260, 129. – [19] 39, 73, 206, a.O. 235, 38-44; Conf. VII, 10, 16. CCSL 27, hg. L. Verheijen (1981) 103, 11ff. – [20] 39, 72, 202f., a.O. 234, 12-17; Conf. VII, 10, 16, a.O. 103, 4f.; De mag. 12, 40. CCSL 29, a.O. [1] 197, 30-33; 14, 45, a.O. 202, 5-12. – [21] 5, 8, 25f., a.O. 193, 1-16. – [22] Tr. in Ioh. 69, 3, a.O. [14] 501, 30-36. – [23] De trin. VIII, 1, 2. CCSL 50, hg. W. J. Mountain/F. Glorie (1968) 270, 26-29. – [24] Boethius: In Cat. Arist. I. MPL 64, 181 B; De syllog. categ. I. MPL 64, 797 C; In lib. De int. ed. sec. MPL 64, 397 B. 398 Bf. 401 B. 431 Df. 443 D; In Top. Cic. comm. V. MPL 64, 1130 D; De top. diff. I, 4, 1, hg. D. Z. Nikitas (Athen 1990) 3f.; Prior Anal. Arist. interpret. II. MPL 64, 767 C; In lib. De int. ed. prima. MPL 64, 299 D; hierzu: M. Sullivan: What was true or false in the old logic? J. Philosophy 67 (1970) 788-800. – [25] In lib. De int. ed. sec., a.O. 46, 20; Cons. philos. V, 2, 10. CCSL 94, hg. L. Bieler (1957) 90, 19; V, 6, 38, a.O. 104, 127. – [26] Utrum Pater et Filius et Spiritus sanctus de diuinitate substantialiter praedicentur, hg. M. Elsässer (1988) 30, 26ff.; 32, 65-68. – [27] a.O. 28, 24-30, 26. – [28] Joh. Scotus Eriug.: Annot. in Marc., hg. C. E. Lutz (Cambridge, Mass. 1939, ND New York 1970) 90, 10f. – [29] De div. praed. I, 2. CC Cont. Med. 50, hg. G. Madec (Turnhout 1978) 6, 32f. – [30] Annot. in Marc., a.O. [28] 106, 2f. – [31] Periphys. I, 13, hg. I. P. Sheldon-Williams (Dublin ²1978) 72, 33; II, 23, hg. I. P. Sheldon-Williams (Dublin ²1983) 92, 26; II, 3, a.O. 184, 23; II, 35, a.O. 200, 32; III, 33, hg. I. P. Sheldon-Williams (Dublin 1981) 244, 35; hierzu: G. Schrimpf: Joh. Scottus Eriugena und die Rezeption des Martianus Capella, in: W. Beierwaltes (Hg.): Eriugena (1980) 135-148, hier: 145ff. – [32] Periphys. I, 14, a.O. 78, 10f.; V, 36. MPL 122, 961 D. – [33] a.O. 78, 10-80, 4; hierzu: W. Beierwaltes: Eriugena (1994) 187ff. – [34] a.O. 80, 31-82, 9; Periphys. IV, 5, hg. E. A. Jeauneau (Dublin 1995) 36, 31-38, 20; V, 36, a.O. [32]. – [35] Anselm von Canterbury: De veritate [DV] 11. Op. omn., hg. F. S. Schmitt (Seckau/Rom/Edinburgh 1938-61, ND 1968) 1, 191, 4-9. – [36] DV 2, a.O. 1, 177, 6-180. – [37] Am Beispiel der Aussage vgl. DV 2, a.O. 1, 178, 10-12. 14. 30-34. – [38] DV 10, a.O. 1, 190, 6-12. – [39] DV 10, a.O. 1, 190, 2f.; DV 12, a.O. 1, 192, 3f. – [40] DV 11, a.O. 1, 191, 19f. – [41] DV 13, a.O. 1, 190, 17-21. – [42] Bernhard von Clairvaux: De grad. hum. et superbiae VI, 19. Op., hg. J. Leclercq/H. M. Rochais (Rom 1963) 3, 31, 3-5. – [43] Peter Abaelard: Sic et non, q. 79, sent. 7, hg. B. B. Boyer/R. McKeon (Chicago/London 1976) 282, 29f.; q. 117, sent. 84, a.O. 399, 605-608; Theol. christ. 1, 16. CC Cont. Med. 12, hg. E. M. Buytaert (Turnhout 1969) 78, 193ff. – [44] Hugo von St. Viktor: Didascal. II, 17, hg. C. H. Buttimer (Washington 1939) 36, 24; III, 4, a.O. 55, 9ff. – [45] Avicenna: Philos. prima I, 8, hg. S. van Riet (Löwen 1977ff.) 1, 55, 58ff.; VIII, 6, a.O. 413, 83f.; hierzu: A.-M. Goichon: La philos. d'Avicenne (Paris 1951) 2.

Literaturhinweise. Ch. Boyer: L'idée de vérité dans la philos. de St. Augustin (Paris ²1940). – K. Schön: Skepsis, W. und Gewißheit bei Augustinus (1954). – A. Schöpf s. Anm. [14]. – J. Möller: W. als Problem (1971). – W. Beierwaltes s. Anm. [6 zu I. C.]. – J. Villalobos: Ser y verdad en Agustín de Hipona (Sevilla 1982). – D. J. O'Meara: The problem of speaking about God in John Scottus Eriugena, in: U.-R. Blumenthal (Hg.): Carolingian essays (Washington 1983) 151-167. – Th. Kobusch: Das Christentum als die Relig. der W. Rev. Et. august. 30 (1984) 97-128. – H. Stirnimann: Grund und Gründer des Alls. Augustinus' Gebet in den Selbstgesprächen Sol. I, 1, 2-6 (Fribourg 1992). – D. Ansorge: Joh. Scottus Eriugena: W. als Prozeß (Innsbruck 1996). – M. Enders: W. und Notwendigkeit. Die Theorie der W. bei Anselm von Canterbury im Gesamtzusammenhang seines Denkens und unter bes. Berücksichtigung seiner ant. Quellen (1999). – B. Goebel: W. und Freiheit bei Anselm von Canterbury (2001).

M. Enders

B. *Hochmittelalter.* – Die W.-Diskussionen im 13. Jh. haben einen anderen Charakter als diejenigen im Frühmittelalter. Die Erschließung neuer philosophischer Horizonte, insbesondere die Aristotelesrezeption, führte zu grundlegenden Auseinandersetzungen über das Wesen, den Ort und die Erkenntnis der W. Ein Hauptproblem war die Frage, ob eine ontologische W.-Betrachtung, für die Augustins Definition: «Das Wahre ist das, was ist» («nam verum mihi videtur esse id quod est»), maßgeblich ist [1], vereint werden kann mit der These des Aristoteles, das Wahre liege außerhalb der Untersuchung der Metaphysik, weil «Falsches und Wahres nicht in den Dingen, sondern im Geist sind» (οὐ γάρ ἐστι τὸ ψεῦδος καὶ τὸ ἀληθὲς ἐν τοῖς πράγμασιν ... ἀλλ' ἐν διανοίᾳ) [2]. Aufschlußreich für die geänderte Lage im 13. Jh. ist die Tatsache, daß, während Anselm von Canterbury bemerkt: «Ich erinnere mich nicht, eine Definition der W. gefunden zu haben» («Non memini me invenisse definitionem veritatis») [3], ALEXANDER VON HALES, ALBERT DER GROSSE und THOMAS VON AQUIN eine Vielzahl von überlieferten W.-Definitionen erörtern [4]. In diesen Darstellungen spielt die Bestimmung von W. als «die Angleichung des Dinges und des Verstandes» («adaequatio rei et intellectus») eine Schlüsselrolle. Sie wird von Thomas von Aquin dem jüdischen Philosophen ISAAC ISRAELI zugeschrieben [5]; in dessen ‹Buch der Definitionen› läßt sie sich jedoch nicht finden [6]. Wahrscheinlich ist sie der arabischen Philosophie entnommen [7].

Zur Beantwortung von ANSELMS zentraler Frage «Gibt es eine von der höchsten W. verschiedene W.?» («an sit aliqua alia veritatis, an nulla sit alia ab ipsa summa veritate?») [8] bestimmt ROBERT GROSSETESTE zunächst, was W. ist. Seine Schrift ist die erste Abhandlung, in der das Wesen der W. durch die adaequatio-Formel definiert wird: «Manche sagen, die W. sei 'die Übereinstimmung von Wort und Sache' und 'die Angleichung des Dinges an den Verstand'» («aliqui dicunt veritatem esse 'adaequationem sermonis et rei' et 'adaequationem rei ad intellectum'»). Gemäß dieser Definition ist das ewige «Wort des Vaters» («Sermo Patris») am meisten die W., weil jenes Wort nicht nur der Sache angeglichen, sondern die Angleichung selbst ist. Die W. des Geschaffenen ist die «Gleichförmigkeit» («conformitas») mit seiner Idee im ewigen Wort, welche auch gemäß Anselms W.-Definition als «Rechtheit» («rectitudo») verstanden werden kann [9]. Anders als Anselm ist Grosseteste der Meinung, daß die W. vielfach ist. Aber jede geschaffene W. wird nur im Lichte der höchsten W. gesehen, weil die Konformität nicht gesehen werden könnte, wenn nicht dasjenige, mit dem das Ding gleichförmig ist, erkannt wird [10]. Der Gedanke der Notwendigkeit einer göttlichen Erleuchtung hatte einen großen Einfluß auf franziskanische Denker wie BONAVENTURA.

PHILIPP DER KANZLER formuliert zum ersten Mal den Gedanken der Transzendentalität der W.: Das Wahre gehört, wie das Seiende, Eine und Gute, zu den Bestimmungen, die jedem Ding zukommen («communissima») [11]. Zur Erklärung des Unterschiedes zwischen den «communissima», die ja miteinander «vertauschbar» («convertibilis») sind, fragt er sich, wie das Wahre zu definieren sei. Er verwirft Bestimmungen, die, wie die adaequatio-Formel, einen Intellektbezug enthalten: Das Wahre muß «ohne Beziehung zu einem Verstand» definiert werden [12]. AUGUSTINS Definition («das Wahre ist das, was ist») bringt nach PHILIPP nicht hinreichend dasjenige zum Ausdruck, wodurch das Wahre sich vom Seienden unterscheidet. Er betrachtet als die passendste die wahrscheinlich von ihm selbst geprägte Definition: Das Wahre ist «die Ungeteiltheit des Seins und desjenigen, was ist» («indivisio esse et quod est») [13]. Der Hintergrund dieser Präferenz ist Philipps Auffassung, daß die transzendentalen Begriffe auf die Weise bestimmt werden müssen, wie Aristoteles in seiner ‹Metaphysik› das Eine definiert hatte, d.h. durch die Verneinung der Geteiltheit. Philipp überträgt dieses Modell auf das 'Wahre'.

Die Nachwirkung Philipps zeigt sich in der ALEXANDER VON HALES zugeschriebenen ‹Summa theologica›, in der ‹W.› als die Ungeteiltheit des Seienden und des Seins definiert wird [14]. Sein Schüler BONAVENTURA verbindet mit der Einteilung des philosophischen Wissens in eine «scientia naturalis», «scientia rationalis» und «scientia moralis» eine «dreifache W.» («triplex veritas»): die W. der Dinge («veritas rerum»), der Sprache («veritas sermonum») und der Sitten («veritas morum») [15]. Die W. der Dinge besteht in der Ungeteiltheit des Seienden und des Seins, die W. der Sprache in der adaequatio von Wort und Verstand, die W. der Sitten in der Rechtheit des Lebens [16]. Mit der Denkfigur der «dreifachen W.» intendiert Bonaventura ein integrales W.-Verständnis, in das auch die verschiedenen Definitionen aufgenommen sind.

ALBERT DER GROSSE betont die Vielgestaltigkeit dessen, was als ‹W.› verstanden wird. W. «wird auf viele Weisen aufgefaßt» («accipitur multis modis»): Es gibt die W. des Dinges und die W. des Zeichens, und beide W.en lassen sich noch weiter differenzieren. Deshalb können mehrere Bestimmungen angegeben werden; es gibt keine Definition, die Albert deutlich bevorzugt [17]. In seiner Deutung des Verhältnisses des transzendentalen Wahren zum Seienden hebt er die Relationalität des Wahren hervor. Das Wahre fügt dem Seienden die Beziehung zur exemplarischen Ursache hinzu, wodurch das Seiende den Charakter der «Manifestation» besitzt und auf den Verstand hingeordnet ist [18].

THOMAS VON AQUIN beginnt seine Suche nach einer Definition der W. mit einer systematischen Ableitung der transzendentalen Begriffe. Das Wahre zählt zu den Bestimmungen, die jedem Seienden in dessen Hinordnung auf die Seele zukommen; es bezeichnet die «Übereinstimmung» mit dem Verstand. Thomas bezieht die Transzendentalität des Wahren auf die menschliche Seele, die «gewissermaßen alles» ist [19]. Die überlieferten W.-Definitionen besitzen für ihn alle eine gewisse Gültigkeit, weil ‹W.› sich dreifach definieren läßt: Erstens wird sie definiert «gemäß dem, was dem Sinngehalt von W. voraufgeht» («secundum illud quod praecedit rationem veritatis») und die Grundlage des Wahren ist, nämlich die Seiendheit der Dinge. Hierzu gehören rein ontologische Definitionen wie die des Augustin. Zweitens wird ‹W.› definiert «gemäß dem, worin der Sinngehalt des Wahren seine vollendete Form erreicht» («secundum id in quo formaliter ratio veri perficitur»). In diese zweite Gruppe ordnet Thomas die Bestimmung «adaequatio rei et intellectus» ein. Drittens wird ‹W.› definiert gemäß der ihr folgenden Wirkung, der Erkenntnis. W. besagt dann Manifestation («verum est ... manifestativum esse») [20]. Trotz dieser Mehrdeutigkeit betrachtet Thomas die Bestimmung von ‹W.› als «Angleichung» als die maßgebliche Definition, da sie am meisten dem relationalen Charakter der W. gerecht wird.

Nach dem Wesen der W. untersucht Thomas ihren Ort: Der primäre Sinn des Prädikats ‹wahr› kommt demjenigen zu, in dem der Sinngehalt der W. vollendet ist. W. ist eine Angleichung, die durch den Verstand und im Verstand verwirklicht wird. W. findet sich deshalb ursprünglicher im Verstand als in den Dingen («unde per posterius invenitur verum in rebus, per prius autem in intellectu») [21]. Dieser Ort ist noch genauer zu bestimmen: W. findet sich in erster Linie «im Akt des zusammensetzenden und trennenden Verstandes» («in actu intellectus componentis et dividentis»), d.h. im Urteil, in dem der Verstand Stellung nimmt und Geltung beansprucht [22]. Thomas unterscheidet zwischen «der dem Urteilsakt nachfolgenden W.» («consequens actum intellectus») und «der W. als erkannter» («cognita per intellectum»). Die zuerst genannte W., die Folge eines angemessenen Urteilsaktes ist, ist auch dem Sinnesvermögen möglich, nicht dagegen die letztere. Die W. als solche wird erkannt, insofern der Verstand sich über seinen Akt zurückbeugt. Die Bedingung dieser Reflexivität beschreibt Thomas in einer dem Neuplatonismus entlehnten Terminologie. Nur eine geistige Substanz kehrt zu sich selbst in einer vollständigen Rückkehr («reditio completa») zurück [23].

Für Heinrich von Gent sind ‹Wahres› und ‹Seiendes› Erstbegriffe des menschlichen Verstandes, aber auf unterschiedliche Weise. Der Sinngehalt des Seienden ist «obiective» das erste Konzept des Verstandes, obwohl jedes Seiende nur «unter dem Sinngehalt des Wahren» (sub ratione veri) erfaßt wird. Die Intelligibilität des Seienden setzt ja voraus, daß es im Seienden einen Sinngehalt gibt, durch den es eine Beziehung zum Verstand hat und geeignet ist, den Intellekt an sich zu assimilieren. Der Name ‹W.› bezeichnet diese Assimilation, die eine gewisse «Angleichung» ist. Das Wahre ist deshalb «dispositive» (in der Weise einer Vorbereitung) das Erste, d.h. die erste 'ratio' des Erfassens, gemäß welcher das erfaßt wird, was «objective» erfaßt wird [24]. Heinrich unterscheidet zwischen der Erkenntnis, durch welche etwas Wahres («verum») erfaßt wird, und einer Erkenntnis, durch welche die W. («veritas») einer Sache erkannt wird [25]. Weil das Wahre eine Beziehung zum Urbild beinhaltet, kann die W. einer Sache nur erkannt werden, wenn die Gleichförmigkeit mit ihrem Urbild erfaßt wird. Dieses ist zweifach: entweder – im aristotelischen Sinne – das von der Sache verursachte allgemeine Erkenntnisbild («species universalis») im menschlichen Geist oder das ungeschaffene Urbild im göttlichen Geist. Deshalb gibt es nach Heinrich eine «zweifache W.» («duplex veritas»). Aus der Gleichförmigkeit mit dem ersteren Urbild ergibt sich keine sichere W.-Erkenntnis; nur die Gleichförmigkeit mit dem göttlichen Urbild ermöglicht die «reine» («sincera») W. [26]. Um diese erkennen zu können, bedarf der Mensch «einer besonderen göttlichen Erleuchtung» [27].

Johannes Duns Scotus kritisiert Heinrichs Auffassung scharf: Die «sichere und reine» W., z.B. die der ersten Prinzipien, kann vom Menschen natürlicherweise erkannt werden [28]. Auf die Frage, ob das wahre Seiende von der metaphysischen Betrachtung ausgeschlossen werden muß [29], unterscheidet er sechs Bedeutungen von ‹Ding-W.›: Ding-W. kann im Verhältnis zu einem Hervorbringenden oder zu einem Erkennenden betrachtet werden. In der ersten Perspektive ist sie a) im absoluten Sinne die «Gleichförmigkeit», die zweifach spezifiziert werden kann: b) «gemäß der Angleichung», die der zweiten Person der Trinität zukommt, oder c) «gemäß der Nachahmung», die den Geschöpfen zukommt. Von der Perspektive des Erkennenden her ist ein Ding wahr, d) insofern es sich selbst einem Verstand manifestiert («manifestativa sui»), e) insofern es von einem Verstand assimiliert werden kann («assimilativa») oder f) insofern es im Verstand ist, wie das Erkannte im Erkennenden [30]. Die metaphysische W. umfaßt die ersten drei Bedeutungen von ‹Ding-W.› und die vierte, weil in diesem Sinne das Wahre mit dem Seienden konvertibel ist [31].

Eigentümlich für Meister Eckhart ist die Art und Weise, wie er in seiner Transzendentalienlehre den Intellektbezug der W. darlegt. Er sieht zwischen den Transzendentalien ein kausales Verhältnis, das er im Sinne der neuplatonischen Hypostasenlehre (das Eine, die Intelligenz und die Natur) deutet. Das Sein ist unter der Rücksicht des Einen Ursprung eines Hervorbringens. «Vom Einen, dem Ersten von allem, geht das Wahre hervor, vom Wahren aber steigt in der Kraft des Einen das Gute herab» («ab uno, primo omnium, procedit verum, a vero autem virtute ipsius unius descendit ipsum bonum») [32]. Das Wahre bezieht sich auf das Seiende in der Seele oder das geistige Seiende («ens cognitivum»), das Gute auf das reale Seiende außerhalb der Seele [33]. Ein weiterer auffallender Zug in Eckharts Lehre ist seine Betonung der Innerlichkeit der W.: Wie alles Wahre 'durch' die W. ist, also durch Gott, so ist alles Wahre 'in' der W. Niemand kann wahrhaft erkennen, wenn er nicht die W. in sich hat [34].

Anmerkungen. [1] Augustinus: Sol. II, 5, 8, a.O. [2 zu II. A.] 56. – [2] Aristoteles: Met. VI, 4, 1027 b 17-27. – [3] Anselm von Canterbury: De veritate 1, a.O. [35 zu II. A.] 1, 176. – [4] Alexander von Hales: Summa theol. I, inq. I, tr. 3, q. 2, n. 89, hg. Coll. S. Bonaventurae (Quaracchi 1924-48) 1, 141-146; Albertus Magn.: De bono I, q. 1, a. 8. Op. omn. [ed. Colon.] 28 (1951) 15-18; Thomas von Aquin: De veritate 1, 1. Op. omn. [ed. Leon.] 22/1 (Rom 1970) 6. – [5] Thomas von Aquin: De ver. 1, 1, a.O. 6. – [6] J. T. Muckle: Isaak Israeli's def. of truth. Arch. Hist. doctr. litt. MA 8 (1933) 5-8. – [7] Vgl. Avicenna: Philos. prima I, 8, a.O. [45 zu II. A.] 1, 55. – [8] Robert Grosseteste: De veritate. Beitr. Gesch. Philos. MA 9, hg. L. Bauer (1912) 130. – [9] a.O. 134f. – [10] 137ff. – [11] Philipp der Kanzler: Summa de bono, Prol., hg. N. Wicki (Bern 1985) 4. – [12] q. 2, a.O. 13. – [13] a.O. 10f. – [14] Alexander von Hales: Summa theol. I, inq. I, tract. 3, q. 2, n. 88, a.O. [4] 140. – [15] Bonaventura: De septem donis Spiritus Sancti IV, 7. Op. omn. (Quaracchi 1882-1902) 5, 474f. – [16] Coll. in Hexaemeron IV, 2, a.O. 349. – [17] Albertus Magn., a.O. [4]; In Sent. I, 46, 11. Op. omn., hg. A. Borgnet 25 (Paris 1893) 442ff.; Summa theol. I, tr. 6, q. 25, a. 2, a.O. [4] 34/1 (1978) 152-154. – [18] In Sent. I, 46, 14, a.O. 450. – [19] Thomas von Aquin, a.O. [4] 4f.; vgl. Aristoteles: De an. III, 8, 431 b 21f. – [20] De ver. I, 1, a.O. 6; vgl. In Sent. I, 19, 5; S. theol. I, 16, 1. – [21] De ver. I, 2, a.O. 9. – [22] I, 3, a.O. 10f.; vgl. S. theol. I, 16, 2; In Periherm. I, lect. 3. – [23] I, 9, a.O. 29. – [24] Heinrich von Gent: Summa quaest. ordin. XXXIV, 3. Op. omn. 27, hg. R. Macken (Löwen 1991) 189-192. – [25] I, 2 (Paris 1520, ND 1953) 4 C. – [26] Vgl. zu dieser Terminologie: P. Porro: Sinceritas veritatis. Augustinus 39 (1994) 413-440; vgl. Art. ‹Doppelte Wahrheit›. Hist. Wb. Philos. 2 (1972) 285-287. – [27] Heinrich von Gent: Summa quaest. ordin. I, 2, a.O. [25] 5 D-7 L. – [28] Joh. Duns Scotus: Ord. I, d. 3, p. 1, q. 4. Op. omn., hg. C. Balić [Vat.] (Rom 1950ff.) 3, 132-172. – [29] Quaest. sup. libr. Met. Aristotelis VI, q. 3. Op. philos., hg. G. J. Etzkorn (St. Bonaventure 1997) 4, 57-84. – [30] n. 23-29, a.O. 65-67. – [31] n. 70f., a.O. 82f. – [32] Meister Eckhart: In Ioh., n. 515, hg. J. Koch u.a. Die lat. Werke (1936ff.) 3, 446. – [33] n. 514, a.O. 445. – [34] n. 619f., a.O. 540-542.

Literaturhinweise. A. Hufnagel: Die W. als philos.-theolog. Problem bei Albert dem Deutschen (1940). – F. Ruello: La notion de vérité chez Albert le Grand et St. Thomas d'Aquin de 1243 à 1254 (Löwen/Paris 1969). – K. Albert: Meister Eckharts These vom Sein (1976) 152-158. – S. P. Marrone: William of Auvergne and Robert Grosseteste (Princeton 1983); Truth and scient. knowledge in the thought of Henry of Ghent (Cambridge, Mass. 1985). – A. Zimmermann (Hg.): Thomas von Aquin. Von der W. (1986). – A. Speer: Triplex veritas (1987). – J. F. Wippel: Truth in Thomas Aquinas. Review Met. 43 (1989) 295-326. 543-567. – L. Hödl: Die göttl. W. im Verständnis des Thomas von Aquin, des Heinrich von Gent und des Aegidius Romanus. Medioevo 18 (1992) 203-229. – G. Schulz: Veritas est adaequatio intellectus et rei (Leiden/New York 1993). – W. Senner: Zur Def. der W. bei Albertus Magnus, in: Th. Eggensperger/U. Engel (Hg.): W. – Recherchen zwischen Hochscholastik und Postmoderne (1995) 11-48. – J. A. Aertsen: Mediev. philos. and the transcendentals (Leiden/New York 1996) 243-289. – C. Kann: Skepsis, W., Illumination, in: J. A. Aertsen/K. Emery/A. Speer (Hg.): Nach der Verurteilung von 1277 (2001) 38-58. – J. Decorte: Henri de Gand et la définition classique de la vérité. Rech. Théol. Philos. médiév. 68 (2001) 34-74.

J. A. Aertsen

C. Spätmittelalter. – Die nachthomanische Philosophie widmet sich – am deutlichsten formuliert bei Durandus a Sancto Porciano [1] – dem Problem, wie die allgemein akzeptierte Rede von der W. als der «conformatio» oder «adaequatio rei et intellectus» zu verstehen sei, wo doch die zu erkennende äußere Sache körperlich und damit Raum und Zeit unterworfen, der Intellekt aber geistig ist.

Heinrich von Gent unterscheidet klassisch zwischen einer «wesentlichen» W. in den Dingen, die wir meinen, wenn wir von einem «wahren Menschen» oder «wahren Esel» sprechen, und einer W. im Intellekt, der diese im reflexiven Urteil erfaßt, freilich nicht als ein Objekt, sondern als jene allgemeine Bestimmtheit, unter der alles Erkannte erkannt wird [2]. Diese Unterscheidung war sehr einflußreich und hat Denker unterschiedlicher Richtungen angeregt, vor allem auch seinen kritischen Kollegen Gottfried von Fontaines. Nach Gottfried ist die W. eine transzendentale Bestimmung, die dem Seienden als Seienden zukommt, ihm aber nichts Sachhaltiges hinzufügt, sondern lediglich einen Modus oder eine Beziehung desselben zum Intellekt ausdrückt [3]. Wenn die W. aber definiert wird als die Angleichung der Sache und des Verstandes, dann ist das so zu verstehen, daß die Sache, freilich nicht die partikulär, d.h. raumzeitlich bestimmte einzelne, sondern das Wesen der Sache als der aktive Teil die Bestimmtheit des «Erklärenden und Offenbaren» im Intellekt erlangt durch die Erzeugung des Begriffs der Sache. Deswegen ist die W. eigentlich und wirklich, wie Aristoteles im VI. Buch der ‹Metaphysik› gesagt hat, im Intellekt, der Ursache aber und der Benennung nach in der äußeren Sache. Das gilt, wie Gottfried hervorhebt, von der W. des spekulativen Verstandes, d.h. von den theoretischen W.en; bei den praktischen W.en, d.h. zunächst einmal: bei der W. der artifiziellen Dinge, verhält es sich umgekehrt [4].

Aber auch die Franziskaner fühlten sich durch die Thesen Heinrichs herausgefordert: Nach Roger Marston sind zwar alle veränderlichen W.en unserer Erkenntnis nur durch die Vermittlung der einen unveränderlichen W. möglich, aber diese ungeschaffene, unveränderliche W. kann in diesem Leben nicht als Objekt, sondern nur als «Grund des Erkennens eines anderen» berührt werden [5]. In ähnlicher Weise fragt Richard von Mediavilla, der die Unterscheidung von der W. in der Sache und im Intellekt ebenfalls aufnimmt, nach dem Unveränderlichen, d.h. nach der Ewigkeit jener W.en, die in der Form von Aussagesätzen wie z.B. 'Die Erwählten werden gerettet werden' von einem geschaffenen Intellekt zu bestimmter Zeit erkannt werden. Obwohl diese Sätze als solche von dem ewigen göttlichen Intellekt nicht von Ewigkeit her formuliert wurden, sind die darin enthaltenen W.en ewig zu nennen, weil sie vom göttlichen Intellekt in seinem «einfachsten» Wort schon immer erkannt sind [6].

Johannes Duns Scotus macht bei der Kommentierung des VI. Buches der aristotelischen ‹Metaphysik› deutlich, daß die W. in den Dingen, das transzendentale Wahre eingeschlossen, zum Gegenstand der Metaphysik gehört, während die W. im Intellekt jenes bloß logische, verringerte Seiende ist, das nach Aristoteles aus dem Gegenstandsbereich der Metaphysik ausgeschlossen ist. Die W. der zweiten Tätigkeit des Intellekts, d.h. die Satz-W. ist im Sinne der Adäquation bzw. der Konformität zu verstehen. Ähnlich wie bei Heinrich von Gent verdankt sich auch nach Duns Scotus die W. eines Satzes einem reflektierenden Akt, der im Falle der Prinzipien zeitgleich und unbewußt («imperceptus») mit dem Akt der Zusammensetzung des Satzes die Konformität dieses Aktes mit dem Sein des Zusammengesetzten erfaßt, andernfalls zeitlich später. Dieses Sein des Zusammengesetzten ist das reale Verhältnis der Dinge zueinander, das virtuell in den Gliedern des Zusammengesetzten, sei es von ihrer Natur her, sei es, daß sie Früheres in sich beherbergen, enthalten ist oder, wie im Falle der «kontingenten Sätze» durch eine äußere Ursache hergestellt wird. Die W. eines Satzes beruht so immer auf dem in der Reflexion durchgeführten Vergleich des zusammengesetzten Aktes mit dem Verhältnis der Dinge zueinander oder mit dem im einfachen Erfassen wahrgenommenen Glied des Zusammengesetzten [7]. Sie hat jedoch nicht immer den Modus des objektiven Seins, da die Konformität nicht immer thematisch erfaßt wird [8]. Eine eigene Wirkungsgeschichte – bis zur Begriffsdistinktion ‹Vernunftwahrheiten/Tatsachenwahrheiten› (s.d.) von G. W. Leibniz – hat die seit Duns Scotus übliche Unterscheidung zwischen den notwendigen und den kontingenten W.en entfaltet, d.h. zwischen der W. jener Sätze, die virtuell in einem Subjekt enthalten sind, wie z.B. – theologisch – die Allmacht in Gottes Wesen, und jener, die zwar auch «unmittelbar» sind, aber nicht virtuell im Subjekt enthalten, z.B. «Gott erschafft» oder «Gottes Sohn ist Fleisch geworden» [9].

Der thematische Anstoß des Heinrich von Gent ist auch in der nachskotischen Philosophie wirksam geblieben: Hervaeus Natalis versteht ‹W.› nicht als ein Prädikat einer Entität, auch nicht des Erkenntnisaktes oder des bedeutsamen Lautes, sondern als die Konformität der Sache im Hinblick darauf, daß sie ist, mit dem, was von ihr in einem Satz ausgesagt wird. Da aber der mentale Begriff oder Satz die Sache im Intellekt repräsentiert und insofern «repräsentativ wahr» genannt wird, das durch den Begriff repräsentierte Objekt des Intellekts aber im eigentlichen Sinne Träger der W. ist, «kommt die W. formell dem Objekt des Intellekts zu, nicht in seinem realen Sein, ... also in seinem objektiven Sein» («veritas formaliter convenit obiecto intellectus; non in esse reali, ... ergo in esse obiectivo») [10]. ‹W.› ist also eine Bestimmung, die der Sache zukommt, insofern sie erkannt ist und als erkannte im Intellekt den Seinsmodus des objektiven Seins hat. Wie das Allgemeine o.ä. hat die W. somit den Seinsrang einer Zweiten Intention [11]. Mit ähnlicher Zielrichtung hat auch Durandus a Sancto Porciano die W. bestimmt als die Angleichung des Intellekts an die erkannte Sache, insofern das, was in einer Aussage von der Sache erfaßt wird, konform oder eher noch identisch ist mit der Seiendheit der Sache («conforme vel potius idem cum entitate rei»). So stellt die W. eine Beziehung desselben zu sich selbst gemäß dem Erkanntsein und dem realen Sein («relatio eiusdem ad seipsum secundum esse appraehensum & secundum esse reale») dar, die selbst auch nur ein objektives Sein im Intellekt hat – dies freilich nicht im Sinne eines eigentlich erkannten Objektes, sondern als ein gewisser Modus, der der Sache, nur insofern sie erkannt ist, zukommt («quidam modus conveniens rei solum ut est cognita») [12], der Sache als erkannter zu sich selbst, insofern sie ein äußeres Sein hat. Diese Beziehung aber hat nur ein gedankliches Sein, und zwar nur ein objektives und kein subjektives, im Intellekt, so wie z.B. auch die Zweiten Intentionen [13]. Petrus Aureoli hat alle diese Positionen kritisiert, soweit sie davon ausgehen, daß die eigentliche Bestimmtheit der W. in der Konformität oder Adäquation des Intellekts mit der Sache besteht. Sie kann auch keine Zweite Intention sein, wie Durandus behauptet, vielmehr ist sie eine «Vollkommenheit schlechthin» («perfectio simpliciter»), deren allgemeinste Bestimmung in einer «gewissen Reinheit, Absonderung und Unvermischtheit mit jeglichem Äußeren» («quadam puritate, & segregatione, & impermixtione cuiuslibet extranei») besteht [14]. Gemäß dieser allgemeinsten Bestimmung gibt es nach Aureoli «Stufen der W.» («gradus veritatis»): Das göttliche Sein ist die höchste W., weil sie den Charakter einer in sich subsistierenden Reinheit hat – die einzige «reine W.», die ein «esse existentiae» hat –, während die endlichen Dinge immer nur eine partikularisierte Form der Wesenheit, d.h. der W., darstellen. Da die endlichen, d.h. geschaffenen Wesenheiten der Dinge zwar wahr genannt werden können, weil sie die reine und lautere Natur der Dinge «in sich einschließen», aber nicht wahr sind, kann die W. und Lauterkeit des einzelnen Wahren nur in ihrer abstrahierten Form im menschlichen Intellekt sein, weswegen in diesem Punkt Aureoli der These des Durandus von dem objektiven Sein im Intellekt ausdrücklich beipflichtet: «Weil sie [scil. die W. der einzelnen Dinge] auf keine Weise subsistierend ist, deswegen sagen wir, daß die W. auf objektive Weise im Intellekt ist, und dies ist die lautere W., die der Intellekt anschaut» («sed quia nullo modo subsistens est, ideo dicimus, quod veritas est apud intellectum obiective, & haec est sincera veritas, quam aspicit intellectus») [15].

Im nachskotischen Denken wird auch schon der Unterschied zwischen einer geschaffenen W. und einer ungeschaffenen ewigen W. bewußt. WILHELM VON ALNWICK hat in diesem Sinne die von einem Satz bezeichnete Sache von seiner W. unterschieden. Während im Beispiel 'Die Chimäre ist eine Chimäre' für die bezeichnete, nichtexistierende Sache keine Ursache gesucht zu werden braucht, stellt die W. eine 'logische Qualität' sozusagen eines jeden Verstandes dar, deren Ursache nichts anderes als der göttliche Intellekt selbst ist. Genauer gesagt, hat die W. den Charakter eines intelligiblen, dem durch den Reflexionsakt gebildeten Satz zukommenden Seins, einer gedachten Beziehung zum göttlichen Intellekt, die von diesem selbst verursacht wird [16].

Von WILHELM VON OCKHAM an wird ‹W.› ein zentraler Begriff in der Logik, ohne daß er eigentlich thematisch behandelt wird. Im Vordergrund stehen vielmehr die Bedingungen der W. und der Träger der W. Nach Ockham ist die W. gar nichts vom Satz selbst Verschiedenes. «Deswegen sind W. und Falschheit nur die wahren und falschen Sätze» («Ideo veritas et falsitas non sunt nisi verae et falsae propositiones») [17]. Ein Satz ist dann wahr – so erklärt Ockham gegen die (skotistischen) Versuche, die Prädikation als Zuschreibung von abstrakten Wesenheiten zu verstehen –, wenn Subjekt und Prädikat für dasselbe supponieren [18]. Zugleich bezeichnen ‹wahr› und ‹falsch› auch etwas auf der Seite der Sache ganz im Sinne der traditionellen, später sog. Korrespondenztheorie der W. [19]. Das Neue bei Ockham ist die Anbindung der W. ausschließlich an den Satz bzw. die Satzerkenntnis. Wenn es keinen in Sätzen erkennenden Intellekt gibt, dann mag es wohl immer noch so sein, daß z.B. «der Mensch kein Stein» ist, aber «dennoch wäre dieser Satz 'der Mensch ist kein Stein' dann nicht wahr, weil es dann keinen Satz gäbe» («tamen haec non esset vera tunc 'homo non est lapis', quia nulla propositio esset tunc»). Die W. des Satzes hängt von dem äußeren Sachverhalt ab, aber nicht umgekehrt. Zum Sachverhalt, daß z.B. der Mensch ein Stein ist oder es nicht ist, trägt der Intellekt und damit auch ein Satz «Der Mensch ist kein Stein» nichts bei [20]. Es gibt W. nur noch im Satz, keine W. in der Sache mehr.

Die Autoren des 14. und 15. Jh., z.B. WILHELM HEYTESBURY, ALBERT VON SACHSEN, PETRUS VON MANTUA, RICHARD FERIBRIGGE und nicht zuletzt PAULUS VENETUS haben sich mit dieser neuen Botschaft Ockhams, z.T. sehr kritisch, in eigenen Traktaten ‹De Veritate (et Falsitate) Propositionis› auseinandergesetzt [21].

Anmerkungen. [1] DURANDUS A SANCTO PORCIANO: In I Sent., d. 19, q. 5f. (Venedig 1571, ND Ridgewood, N.J. 1964) I, fol. 66ʳa-66ᵛb. – [2] HEINRICH VON GENT: Summa quaest. ordin. XXXIV, 2, a.O. [24 zu II. B.] 171ff. – [3] GOTTFRIED VON FONTAINES: Quodlib. VI, 6. Les Philosophes Belges 3, hg. M. DE WULF/J. HOFFMANS (Löwen 1914) 137f. – [4] a.O. 140-148, bes. 142-144. – [5] ROGER MARSTON: De anima. Quaest. disp., hg. Coll. S. Bonav. [Bibl. Francisc. Scholast. 7] (Florenz 1932) 375. – [6] RICHARDUS DE MEDIAVILLA: In I Sent., d. 19, a. 3, q. 3 (Brescia 1591, ND 1963) 1, 190 b. – [7] JOH. DUNS SCOTUS: Quaest. in Met. VI, 3, n. 23-73. Op. philos., hg. R. ANDREWS/G. I. ETZKORN/G. GÁL u.a. 4 (St. Bonaventure 1997) 65-84. – [8] n. 37, a.O. 69. – [9] Ord. prol., p. 3, q. 1-3, n. 150. 172. Op. omn. [ed. Vat.] 1 (1950) 101. 115f.; vgl. Art. ‹Virtualität I. 1.›. Hist. Wb. Philos. 11 (2001) 1062f. – [10] HERVAEUS NAT.: Quodlib. III, 1 (Venedig 1486), in: J. PINBORG: Logik und Semantik im MA (1972) 203f.; vgl. Art. ‹Sein, objektives›. Hist. Wb. Philos. 9 (1995) 247-256. – [11] In I Sent., d. 19, q. 3 (Paris 1647, ND Farnborough, Hants. 1966) fol. 106ᵛB; vgl. Art. ‹Intentio 6.›. Hist. Wb. Philos. 4 (1976) 472-474. – [12] DURANDUS A SANCTO PORCIANO, a.O. [1]. – [13] In I Sent., d. 19, q. 6, a.O. 66ᵛ. – [14] PETRUS AUREOLI: In I Sent., d. 19, a. 2 (Rom 1596/1606) 1, 492 b D. – [15] a.O. 493 b B/C. – [16] WILHELM VON ALNWICK: Quaest. disp. de esse intelligibili et de Quodlibet, hg. A. LEDOUX [Bibl. Francisc. Scholast. 10] (Florenz 1937) 87ff. – [17] WILHELM VON OCKHAM: Tract. De praedicamentis, c. 1, 143. Op. philos. [OP] 7, hg. G. I. ETZKORN (St. Bonaventure 1988) 312. – [18] Summa logica II, 2. OP 1, hg. PH. BOEHNER/G. GÁL/ST. BROWN (1974) 250. – [19] In praedicamentis 9. OP 2, hg. G. GÁL (1978) 201; vgl. In Periherm., Prooem., hg. A. GAMBATESE/ST. BROWN, a.O. 376. – [20] Scriptum in I Sent. ordin., d. 24, q. 1. Op. theol. 4, hg. G. I. ETZKORN/F. E. KELLEY (St. Bonaventure 1979) 88. – [21] Vgl. A. MAIERÙ: Il problema della verità nelle opere di Guglielmo Heytesbury. Studi Medievali (3. Ser.) 7 (1966) 40-74, bes. 52-56; die beste Textsammlung in: PAULUS VENETUS: Logica Magna, Sec. pars, hg. F. DEL PUNTA/M. MCCORD ADAMS (Oxford 1978) 4-77. 201-209.

Literaturhinweise. S. P. MARRONE: Truth and scient. knowledge in the thought of Henry of Ghent (Cambridge, Mass. 1985); The light of thy countenance. Science and knowledge of God in the 13th cent. 1-2 (Leiden/Boston/Köln 2001). – L. HÖDL: Die göttl. W. im Verständnis des Thomas von Aquin, des Heinrich von Gent und des Aegidius Romanus. Medioevo 18 (1992) 203-229. – D. PERLER: Der propositionale W.-Begriff im 14. Jh. (1992).

TH. KOBUSCH

III. *Renaissance.* – In der Philosophie der Renaissance erfährt der Glaube an die Erkennbarkeit der W. eine Erschütterung, die als Reaktion auf die Widersprüchlichkeiten der spätscholastischen philosophischen und theologischen Systeme verstanden werden kann, auf die innere Kritik an der die W. sichernden Institution der katholischen Kirche und schließlich auf die Wiederentdeckung der antiken pyrrhonischen Skepsis.

Grundlegend neue Ansichten über den Begriff der W. finden sich außerhalb der Schulphilosophie bei den *Humanisten* (1.). Während *platonisch-mystische Positionen* (2.) erneut aufgegriffen und in der *Schulphilosophie* (3.) die aristotelischen Ansätze weitergeführt werden, formulieren *Reformation* (4.) und *Skepsis* (5.) Kritik an den überlieferten Konzepten. *Neue Ansätze in der Naturbetrachtung* (6.) weisen schließlich den Weg zu einem neuzeitlichen, an der Empirie orientierten W.-Begriff.

1. *Humanismus.* – Die Humanisten reagieren auf die Verunsicherung hinsichtlich der W.-Erkenntnis mit einer Abkehr von dem Begriff der W. und werten dagegen die Begriffe des Guten, Praktischen, Nützlichen, Wahrscheinlichen und Glaubwürdigen auf.

Im Kontext der Moralphilosophie stellt F. PETRARCA den Nutzen der Erkenntnis der W. für das glückliche Leben in Frage [1]. Der Begriff des Guten wird von Petrarca (ähnlich wie im Anschluß an ihn von C. SALUTATI [2]) über den des Wahren gestellt: «Besser aber ist es, Gutes zu wollen als das Wahre zu erkennen» («Satius est autem bonum velle quam verum nosse») [3], da die Erkenntnis der W. uns bisweilen ins Unglück stürzen könne. Bereits bei PETRARCA äußert sich eine Skepsis hinsichtlich der W.-Fähigkeit der philosophischen Systeme [4], insbesondere des aristotelischen [5]. Die «höchsten W.en» seien jedoch nur einem Christen zugänglich [6].

Die Kritik der Humanisten an der überlieferten Wertschätzung der W. zeigt sich auch in der *Logik*. L. VALLA wendet sich gegen ein Verständnis von ‹wahr› als Transzendentale. Von den bekannten sechs Transzendentalien läßt er nur «res» (Sache) zu. ‹W.› bezieht sich für Valla immer auf die Kenntnis einer Sache und bezeichnet ein Vermögen der Seele – das Licht der Seele –, welches seinen Sitz im Menschen hat. ‹W.› ist hingegen kein Begriff, der sich auf die Dinge anwenden läßt, denn diese können nicht wahr oder falsch sein; wir beziehen uns mit ‹wahr› und ‹falsch› nur auf die Seele des Sprechenden [7].

Explizit gegen das aristotelische Programm und mit Bezug auf die humanistische rhetorische Tradition stellt M. NIZOLIO fünf allgemeine Prinzipien der W.-Suche auf: Die ersten drei beziehen sich auf die Kenntnis a) der griechischen und lateinischen Sprache, b) der Grammatik und Rhetorik und c) der griechischen und lateinischen Autoren und der Volkssprache. Mit diesen drei Prinzipien wendet er sich gegen die Vernachlässigung der Sprache und gegen ihre Technisierung in der Schulkommentierung der Aristotelischen Logik und Metaphysik; als viertes Prinzip setzt Nizolio – in Abhebung von der Autoritätsgläubigkeit seiner Zeitgenossen – d) auf den Gebrauch der eigenen Verstandeskräfte [8]. Das letzte Prinzip besteht schließlich e) in der Forderung, beim Philosophieren die allgemein anerkannte und bekannte Redeweise der Gelehrten nicht zu verlassen [9]. Hier deutet sich bereits die Geltung des Sprachgebrauchs als W.-Prinzip an. Nizolio argumentiert gleichzeitig wiederholt gegen die Dialektiker und Metaphysiker, die sich einseitig auf die theoretischen Aspekte der W. ausrichteten und den Nutzen, die Notwendigkeit und Angemessenheit der Dinge zu wenig beachteten [10].

Trotz dieser generellen Abwertung läßt sich auch im Humanismus eine mit einer Neuinterpretation verbundene positive Bezugnahme auf den W.-Begriff konstatieren, dies vor allem in der *Geschichtsschreibung*. Angesichts der allgemeinen Erkenntnisskepsis erhält die geschichtliche W., die sich auf das Einzelne, Faktische und Kontingente bezieht, eine Aufwertung; so bereits bei VALLA [11] und PETRARCA [12], ausführlich begründet bei F. PATRIZI DA CHERSO, der die Ansicht vertritt, daß es vor allem dem Historiker obliege, die W. zu sagen [13], und zwar die W., die sich in der Übereinstimmung von Sache und Wort manifestiert [14].

2. *Platonisch-mystische Ansätze.* – Das Denken von NIKOLAUS VON KUES kreist um die Einsicht in die Unerkennbarkeit der W. Diese teilt sich zwar dem Sein mit und ist auch dem Denken ein Stück weit zugänglich, bleibt aber letztlich verborgen. Mit Bezug auf die platonische Ideenlehre und Abbildtheorie [15] stellt Cusanus eine dreifache Stufung des Wahren, das durch den Geist erkannt wird, vor: a) die immer bleibende W., die alles das ist, was sein kann («veritas est omne id, quod esse potest»), b) das Wahre als das bleibende Abbild der ewigen W., das intellektuell erfaßt wird («verum est aeternae veritatis perpetua similitudo intellectualiter participata»), und schließlich c) das Wahrscheinliche als das zeitliche Abbild des erkennbaren Wahren («verisimile vero est ipsius intelligibilis veri temporalis similitudo») [16]. Wie schon Platon, versteht auch Cusanus das Verhältnis vom Urbild der W. («exemplar») und von ihrem weltlichen Abbild («imago») als Teilhabe («participatio») [17]. Die genaue W. bleibt für den menschlichen Geist, der nur durch Ähnlichkeit erkennt, unerkennbar («Non potest igitur finitus intellectus rerum veritatem per similitudinem praecise attingere»); das Verhältnis des Geistes zur W. beschreibt Cusanus durch das Bild eines einem Kreis eingeschriebenen Vielecks [18]. Für den Verstand ist selbst die W. der Vernunft nicht erreichbar («veritas intellectualis per rationem in sua praecisione est inattingibilis») [19], daher auch nicht diskursiv explizierbar, sondern nur in intuitiver Schau zu erfassen [20].

Mit Bezug auf Platon ist M. FICINO der Auffassung, daß wir über eine gewisse Anschauung der W. («intuitus veritatis») verfügen, die es uns ermöglicht, gleichsam vor jeder Erfahrung und von Natur aus Urteile zu fällen [21]. Auch bei der Frage nach dem Ort der W. steht er in der platonischen Tradition: Die W. der körperlichen Dinge bestehe weder in deren Materie noch in deren Form, sie sei vielmehr etwas Unkörperliches und finde sich hauptsächlich dort, wo sich Kenntnis findet («ibi maxime consistit veritas, ubi scientia»), und könne auch nicht durch die Sinne, sondern nur mit dem Verstand erfaßt werden [22]. Mit dem Gedanken, daß sich hinter den verschiedenen Erscheinungsformen der W. die eine W. findet, von der alle anderen abhängen, wertet Ficino prononciert die ästhetische Dimension auf. Denn nach Ficino teilt sich uns die W. als Schönheit mit; W. und Schönheit können demnach nahezu identifiziert werden: «Die Schönheit der Seele ist Licht. Das Licht der Seele ist die W.» («lux est et animi pulchritudo. Lux animi veritas»), so daß man folgern kann, daß «Schönheit in W. und Weisheit besteht» («pulchritudinem animi in veritate sapientiaque consistere») [23]. In Abgrenzung von humanistischen Positionen besteht für Ficino – entsprechend der platonischen Tradition – die Glückseligkeit in der Kontemplation der W. [24]. Die Suche nach W. ist ein Wert in sich, der keiner weiteren Legitimation bedarf und vor allem auch keines Nachweises seiner Nützlichkeit («Immo vero animus, etiam si nihil inde sequatur utilitatis, veritatem studiose perquirit») [25].

Auch G. PICO DELLA MIRANDOLA hält die W., alter Tradition folgend, für eine einzige; er verteidigt jedoch die Vielfalt der philosophischen und theologischen Lehrmeinungen, die die eine «W. festigt, nicht schwächt» («veritatem firmat, non infirmat»), und bewirkt, daß «der Glanz der Wahrheit» («veritatis fulgor») um so stärker leuchtet [26].

Wie bereits Ficino greift auch G. BRUNO die Trias «unitas», «veritas», «bonitas» auf als letzte Begriffe, die nicht wieder von anderen Begriffen abhängen und auch nicht aufeinander reduziert werden können, sondern sich gegenseitig implizieren [27]. Bruno kennt zwei Arten von W.: eine himmlische absolute und eine irdische [28]. Wer die W. sucht, muß über die Erforschung der körperlichen Dinge hinausgehen, denn die absolute und überirdische W. ist das eigentliche Ziel des Philosophen; sie wird gesucht und gejagt, jedoch in dem Bewußtsein, daß sie dem Menschen unerkennbar bleibt: «Questa verità è cercata come cosa inaccessibile, come oggetto inobiettabile, non sol che incomprensibile» [29].

Die platonische W.-Spekulation endet nicht mit der Renaissance: R. GREVILLE übermittelt sie durch seine Abhandlung ‹The Nature of Truth› [30] dem 17. Jh. und den Cambridge Platonists.

3. *Schulphilosophie.* – An den Universitäten wird ‹W.› vor allem im Kontext der Kommentierung der Aristotelischen Logik und Metaphysik behandelt. Die dem PAULUS VENETUS zugeschriebene Abhandlung ‹De veritate

et falsitate propositionis› enthält eine Exposition der aristotelischen Überzeugung, daß die W. eine Eigenschaft von Sätzen sei [31]. Dabei kann sich Paulus Venetus auf spätscholastische Traditionen der «proprietates terminorum» und der Oxford Calculators beziehen, so auf den ‹Tractatus de veritate propositionum› von RICHARD FERIBRIGGE [32].

Die Vertreter der Paduaner Schule, u.a. G. ZABARELLA, wenden sich gegen die humanistische Vermischung von ‹verum›/‹falsum› und ‹bonum›/‹malum› in der Logik [33]; dabei kann sich Zabarella auf Averroes stützen [34]. Zabarella unterteilt die W. dreifach: die W. a) in der Seele als in ihrem Subjekt, b) in der Sache als in der Ursache und c) in der Rede als Zeichen [35].

Sowohl in der deutschen als auch in der spanischen Scholastik finden sich in den Untersuchungen über Metaphysik zahlreiche Abhandlungen über die W. [36]. F. SUÁREZ etwa bezeichnet W. neben «unitas» und «bonitas» als «passio entis» [37]; in der Rangordnung der drei Allgemeinbegriffe nimmt ‹W.› die Mittelstellung zwischen ‹unum› und ‹bonum› ein [38]. Auch Suárez unterscheidet die W. dreifach: W. a) in den Worten, der Schrift und den Konzepten, b) im Intellekt des Erkennenden und c) in den Dingen selbst. Die erste W.-Art ist Gegenstand der Dialektik, die zweite der Physik und nur die dritte gehört der Metaphysik an [39].

Problematisch wird in der Schulphilosophie die Frage nach der W. bei der Bestimmung des Verhältnisses von Glaube und Vernunft, die zur Problematik der ‹Doppelten W.› (s.d.) führt. Der Paduaner Naturphilosoph P. POMPONAZZI meint zum einen, daß nur der Glaube W. besitze [40], reklamiert jedoch an anderer Stelle die W. für die Philosophen, denn «sie wollen die W. sagen» («Phylosophi volunt dicere veritatem: honor in se ipso est») [41]. Die Frage konkretisiert sich an einem für die Zeit brisanten Thema: der Frage nach der Unsterblichkeit der Seele [42]. In der Diskussion der W.-Frage in Theologie und Philosophie schließt sich Pomponazzi der averroistischen Position an: Apodiktische W. erreicht nur die Philosophie, während in der Theologie nur wahrscheinliche W. zu finden ist [43]. Die geradezu emphatische Betonung der Kompetenz der Philosophen in bezug auf die W. zwingt Pomponazzi (um einer formalen Anklage wegen Häresie zu entgehen) immer wieder dazu, zu Beginn oder am Ende eines Werkes auf die Überlegenheit des Glaubens hinzuweisen [44].

4. *Reformation*. – M. LUTHER spricht sich gegen die Anwendung philosophischer Methoden auf Glaubenssätze zum Erweis der W. aus [45]. Die traditionellen Formeln «Christus ist die W.» bzw. «Gott ist die W.» finden sich häufig in seinen Werken [46]. Dem Grundsatz der Pariser Theologen, daß das Wahre in Theologie und Philosophie dasselbe sei («idem esse verum in theologia et philosophia»), stellt Luther die These entgegen, daß theologische Glaubensinhalte von dem Urteil der Vernunft abhängig wären, wenn Theologie und Philosophie nicht getrennt voneinander behandelt würden; da es in der Philosophie möglich sei, daß etwas in einer Disziplin wahr ist, was in einer anderen falsch ist («Denique aliquid est verum in una parte philosophiae, quod tamen falsum est in alia parte philosophiae»), dürfe die W. der Theologie nicht als vom W.-Begriff der Philosophie abhängig gedacht werden [47].

Trotz aller Verbundenheit mit Luther ist PH. MELANCHTHON der Auffassung, daß die Theologie der Philosophie bedürfe, da letztere die W. methodisch auf einem geordneten Weg suche und offenbare [48]. In Ablehnung der scholastischen Tradition der Disputation erhofft sich Melanchthon jedoch Hilfe nur von einer Philosophie, die sich bemühe, «nicht zu streiten, sondern die W. zu suchen» («quae studium habeat non rixandi, sed inquirendae veritatis») [49].

5. *Skepsis*. – Befördert durch die Erschütterungen der Reformation und zugleich ausgelöst durch die Rezeption der antiken Skepsis im 16. Jh. entwickelt sich in der Renaissance eine grundlegende Skepsis gegenüber der Frage der Erkennbarkeit von W. überhaupt. G. F. PICO DELLA MIRANDOLA setzt sich als einer der ersten Philosophen seit der Antike mit Sextus Empiricus auseinander, nimmt dessen Argumentation auf und stellt die Frage nach einem Kriterium der W. («veritatis kritéerion») [50]. Keine der überlieferten philosophischen Schulen könne der skeptischen Kritik standhalten, einzig «die Kraft der göttlichen Wahrheit» («divinae veritatis vis») vermöge, dies zu leisten [51]. Denn während alle menschliche Philosophie von Sinneseindrücken und Vorstellungen abhängig bleibe und dadurch unsicher sei, sei göttliches Wissen durch Offenbarung auf uns gekommen und unanfechtbar.

Die skeptische Haltung von F. SÁNCHEZ formuliert sich als umfassende Kritik an der scholastisch-aristotelischen Logik. Für Sánchez können wir keine größere Gewißheit der W. erreichen als die Übereinstimmung («concordantia») der Gelehrten [52]. Damit scheine die Erkenntnis der W. geradezu unmöglich zu sein; dieser Eindruck verschärfe sich noch angesichts der Machtlosigkeit der W. gegenüber Strategien, Fallen und Lügen. Gerade die aristotelische Logik, in der es bisweilen möglich sei, aus falschen Prämissen wahre Schlüsse zu ziehen, zeige, daß es kein zuverlässiges Kriterium zum Unterscheiden von wahr und falsch gibt [53]. Zwar sei die W. für den Menschen nicht zu erkennen, es blieben ihm aber unter dieser Prämisse immerhin «zwei Mittel, die Wahrheit zu suchen» («duo sunt inueniendae veritatis media»), nämlich «die Erfahrung und das Urteil» («experimentum, iudiciumque») [54].

M. DE MONTAIGNE steht mit seiner skeptischen Haltung zur Erkenntnis der W. in sokratischer Tradition: Bei der W.-Suche kommen wir nicht weiter als bis zur Einsicht in die eigene Unwissenheit [55]. Seine Schriften verfaßt er deshalb «non pour establir la verité, mais pour la chercher» [56]. Trotz des tiefen Zweifels an der Erkennbarkeit der W. erhält die ethische Dimension des Begriffs bei Montaigne eine außerordentliche und emphatische Bedeutung: «Le premier traict de la corruption des mœurs, c'est le bannissement de la verité» [57]. Die W. der Dinge tritt bei Montaigne in den Hintergrund, zentral wird die intellektuelle Redlichkeit des einzelnen: «J'advoüe la verité lorsqu' elle me nuit de mesme que si elle me sert» [58]. Auch wenn Montaigne sich wegen der Vielfalt und des Wechsels in den Wahrnehmungs- und Erscheinungsweisen der Dinge gelegentlich widerspricht, so ist die W. für ihn doch eine: «Tant y a que je me contredits bien à l'aventure, mais la vérité ... je ne la contredy point» [59].

Auch B. PASCAL kennt die Erfahrung der Ungewißheit der W. und hält sie für ein Signum seiner Zeit [60]; er tritt dafür ein, daß die W. dennoch gesucht und vor allem geliebt werden sollte [61]. Zentral wird für Pascal die W.-Suche nicht mit der Vernunft, sondern mit dem Herzen, das die Möglichkeit habe, die W. dort zu erkennen, wohin die Vernunft nicht ausgreifen könne, nämlich auf die W. der ersten Prinzipien [62].

6. *Neue Ansätze in der Naturbetrachtung*. – Die Frage nach der W. in der frühneuzeitlichen Naturbetrachtung

findet ihren Brennpunkt in der Frage nach dem W.-Status des kopernikanischen Weltbildes. Das von OSIANDER verfaßte Vorwort zu ‹De Revolutionibus› von N. KOPERNIKUS enthält die Behauptung, die Hypothesen müßten nicht wahr sein, sondern nur eine mit der Beobachtung übereinstimmende Berechnung ermöglichen; hier wird ein W.-Begriff zugrunde gelegt, der von der Kenntnis der Ursachen ausgeht [63]. In England wird das Vorwort von TH. DIGGES kritisch rezipiert, der meint, die Thesen seien nicht bloße Berechnungen, sondern «philosophisch wahr» [64].

Von G. GALILEI wird der neuzeitliche Begriff der W. in die Naturbetrachtung nachhaltig eingeführt. Vom Standpunkt aus, daß die Mathematik mehr als bloße Berechnungen, nämlich zugleich die Sprache zum Verständnis der Natur [65], liefere, vertritt er die Auffassung, daß die kopernikanischen Thesen nicht bloße Hypothesen sind, sondern als physikalisch wahr zu gelten haben [66]. Die Methode der aristotelischen Schulphilosophie kritisierend, fordert Galilei, die W. nicht durch Textvergleiche, sondern durch die Untersuchung der Naturphänomene zu ergründen [67]. Nicht im Aufstellen von Kausalketten komme man der Erkenntnis von der Natur näher, vielmehr bestehe die höchste W. darin, daß sie allen einzelnen Phänomenen entspricht: «nè altra maggior verità si può e si deve ricercar in una posizione che il risponder a tutte le particolare apparenzi» [68].

Auch F. BACON setzt sich kritisch mit der traditionellen W.-Suche auseinander, die zwar von den Sinneserkenntnissen ausgeht, dann aber von allgemeinen Sätzen auf mittlere Sätze schließt, und propagiert einen zweiten, «wahren, aber unversuchten Weg», den schrittweisen Aufstieg der Erkenntnis von den Sinnesdaten bis hin zu allgemeinen Sätzen («via vera est, sed intentata») [69].

Im Gegensatz zur Autoritätsgläubigkeit seiner Zeit anerkennt Bacon nur die Natur und die Erfahrung als notwendig für die Erkenntnis der W. («veritas autem non a felicitate temporis alicujus, quae res varia est, sed a lumine naturae et experientia, quod aeternum est, petenda est») [70]. Ziel der Wissenschaften sei nicht die Betrachtung der W. («contemplatio veritatis»), sondern der Nutzen («utilitas»). Denn Nutzen und W. kommen unter den Bedingungen der Endlichkeit überein und unterscheiden sich nicht: «Daher sind hier W. und Nutzen dieselben Dinge» («Itaque ipsissimae res sunt [in hoc genere] veritas et utilitas») [71]. Dieses neue Wissenschaftsverständnis hat bei Bacon auch Auswirkungen auf die Form: Bacon schließt sich hier «den ältesten Erforschern der W.» an, die ihre Ergebnisse in Form von Aphorismen präsentiert und auf unnötigen Putz und Vorspiegelung universellen Wissens verzichtet hätten [72].

Anmerkungen. [1] F. PETRARCA: Über seine und vieler anderer Unwissenheit (lat./dtsch.), hg. A. BUCK (1993) 22. – [2] C. SALUTATI: Vom Vorrang der Jurisprudenz oder der Medizin (lat./dtsch.), hg. E. KESSLER (1990) 34f. 164f. 180. 246. 258. – [3] PETRARCA, a.O. [1] 108f. – [4] a.O. 100. – [5] 110f. – [6] 125. – [7] L. VALLA: Repastinatio dialectice et philos. I, 2, 28-30, hg. G. ZIPPEL (Padua 1982) 1, 19f. – [8] M. NIZOLIO: De veris principiis et vera ratione philosophandi, hg. Q. BREEN (Rom 1956) 1, 26f. – [9] a.O. 28. – [10] 24. – [11] L. VALLA: Gesta Ferdinandi Regis Aragonum, Prooem., hg. O. BESOMI (Padua 1973) 5. – [12] F. PETRARCA: Rerum memorandarum IV, 31, 3, hg. G. BILLANOVICH (Florenz 1945) 214; Ep. seniles I, 4. Opera (Basel 1554, ND Ridgewood, N.J. 1965) 2, 820f.; vgl. dazu: E. KESSLER: Petrarca und die Geschichte (1978) pass. – [13] F. PATRIZI DA CHERSO: Della historia diece dialoghi 5 (Venedig 1560) 27^{r}, auch in: Theoretiker humanist. Geschichtsschreibung, hg. E. KESSLER (1971). – [14] Della hist. 56^{v}-57^{r}. – [15] Vgl. PLATON: Tim. 29 b-d; Parm. 132 c-d. – [16] NICOLAUS CUS.: De venat. sapientiae 36. Akad.-A. (1932ff.) 12, 99f. – [17] Idiota de sapientia II. Akad.-A. 5, 32. – [18] De docta ignorantia I, 3. Akad.-A. 1, 8f. – [19] De coniecturis II, 16. Akad.-A. 3, 170. – [20] De coni. II, 16, a.O. 168. – [21] M. FICINO: Comm. sur le banquet de Platon VI, 12, hg. R. MARCEL (Paris 1956) 227. – [22] Theologia Platonica VIII, 2, hg. R. MARCEL (Paris 1964-70) 1, 293f. – [23] Comm. VI, 18, a.O. [21] 237f. – [24] Ep. familiarium I, hg. S. GENTILE (Florenz 1990) 203. – [25] Theol. Plat. VIII, 2, a.O. [22] 292. – [26] G. PICO DELLA MIRANDOLA: De hominis dignitate (1486), hg. E. GARIN (Florenz 1942) 142. – [27] G. BRUNO: De monade, numero et figura II (1591). Op. lat., hg. F. FIORENTINO/F. TOCCO u.a. (Neapel/Florenz 1879-1891, ND 1962) I/2, 346f. – [28] Spaccio de la bestia trionfante II, 1 (1584). Dial. ital., hg. G. GENTILE/G. AQUILECCHIA (Florenz ^{3}1958) 649; Cabala del cavallo pegaseo 1 (1585), a.O. 872. – [29] De gli eroici furori II, 2 (1585), a.O. 1121ff. – [30] R. GREVILLE: The nature of truth (London 1640, ND Farnborough 1969). – [31] PAULUS VENETUS: De veritate et falsitate propositionis, in: Log. magn., a.O. [21 zu II. C.] 1-77. – [32] R. FERIBRIGGE: Logica seu Tr. de veritate propositionum, in: Log. magn., a.O. 215-236; vgl. a.O. X-XII; vgl. Art. ‹Terminus›. Hist. Wb. Philos. 10 (1998) 1013-1020. – [33] G. ZABARELLA: De natura logicae I, 13. Op. log. (1597, ND 1966) 30 B. – [34] a.O. 32 D. – [35] Comm. in Post. Anal. I, 26, a.O. 1018 Ff. – [36] Vgl. CH. LOHR: Metaphysics, in: CH. B. SCHMITT u.a. (Hg.): Cambridge hist. of renaiss. philos. (Cambridge 1988) 535-638, 612. 628; DIDACUS RUIZ DE MONTOYA: Comm. ac disp. de scientia, de ideis, de veritate ac de vita dei, q. XVI (Paris 1624) 871-925; P. SIMONIS: De veritate libri sex (Antwerpen 1609); A. GRAWER: Libellus de unica veritate (1619); L. DE MERCADO: De veritate et recta ratione principiorum ac theorematum (1608); H. GROTIUS: De veritate religionis christ. (Paris 1640). – [37] F. SUÁREZ: Disp. metaphys. VIII (1597). Op. omn., hg. C. BERTON (Paris 1856ff., ND 1965) 25, 274-312. – [38] a.O. 274. – [39] 275. – [40] P. POMPONAZZI: De naturalium effectuum admirandorum causis seu de incantationibus 13. Op. (Basel 1556) 340ff. – [41] Filosofia e religione, in: B. NARDI: Studi su Pietro Pomponazzi (Florenz 1965) 122-148, 135. – [42] Tr. de immortalitate animae XIV. Tr. acutissimi, utillimi et mere peripatetici ... (Venedig 1525) 49^{v}B; Apologiae libri tres I, 3. Tr. acut., a.O. 61^{v}B; vgl. Art. ‹Unsterblichkeit III.›. Hist. Wb. Philos. 11 (2001) 281-285. – [43] Filos. e relig., a.O. [41] 134f. – [44] Tr. de immort. an. XV, a.O. [42] 51^{v}A. – [45] M. LUTHER: Disp. contra scholasticam theol. (1517). Krit. Ges.ausg., hg. H. BÖHLAU (1883ff.) 1, 226. – [46] z.B. Dicta super Psaltarium (1513-16), a.O. 3, 364; Text zur Genesisvorlesung, a.O. 43, 243. – [47] Disp. über Joh. 1, 14 (1539), a.O. 39/2, 1-33, 2. 5; vgl. zu dieser Problematik insgesamt auch: Art. ‹Wahrheit (christlich-theologisch)›. – [48] PH. MELANCHTHON: Declamatio de philos. Op., hg. C. G. BRETSCHNEIDER (1834-60) 11, 280-282. – [49] a.O. 283. – [50] G. F. PICO DELLA MIRANDOLA: Examen vanitatis doctrinae gentium et veritatis Christ. discipl. II, 1 (1520). Op. omn. (Basel 1557) 2, 818; vgl. CH. B. SCHMITT: Gianfr. Pico della Mirandola (1469-1533) and his critique of Arist. (Den Haag 1967). – [51] Ex. van. II, 20. 37, a.O. 853. 913ff. – [52] F. SÁNCHEZ: Quod nihil scitur. Op. philos., hg. J. DE CARVALHO (Coimbra 1955) 44. – [53] a.O. 46. – [54] 48. – [55] M. DE MONTAIGNE: Essais 2, 12 (1580, ^{5}1588). Oeuvr. compl., hg. A. THIBAUDET/M. RAT (Paris 1962) 527; vgl. Art. ‹Unwissenheit›. Hist. Wb. Philos. 11 (2001) 341-348. – [56] Ess. 1, 56, a.O. 302. – [57] 2, 18, a.O. 649. – [58] 3, 5, a.O. 863. – [59] 3, 2, a.O. 782. – [60] B. PASCAL: Pensées 270 (1670). Oeuvr. compl., hg. J. CHEVALIER (Paris 1954) 1158; vgl. auch: 793, a.O. 1331. – [61] 248. 453. 793, a.O. 1154. 1217. 1331. – [62] 479, a.O. 1221. – [63] N. KOPERNIKUS: De revolutionibus (1543). Ges.ausg., hg. H. M. NOBIS (1984) 2, 537. – [64] TH. DIGGES: A perfit description of the caelestiall orbes (London 1576, ND 1934). – [65] G. GALILEI: Il saggiatore § 6 (1623). Op., hg. A. FAVARO (Florenz 1968) 6, 232. – [66] Consid. circa l'opinione copernicane, a.O. 5, 351-363. – [67] Br. an Kepler (19. Aug. 1610), in: J. KEPLER: Ges. Werke 16, hg. M. CASPAR (1954) 327-329. – [68] Br. an Bellarmin (1615), zit. nach: E. CASSIRER: Das Erkenntnisproblem in der Philos. und Wiss. der neueren Zeit 1 (1974) 410f. – [69] F. BACON: Novum organum 1, 19 (1605-27). Works, hg. J. SPEDDING/R. L. ELLIS/D. D. HEATH (London 1857-74, ND 1963) 1, 159; vgl. 1, 22, a.O. 160. – [70] 1, 56, a.O. 170. – [71] 124, a.O. 217f. – [72] 86, a.O. 193f.

Literaturhinweise. W. Betzendörfer: Die Lehre von der zweifachen W. bei Petrus Pomponatius (1919). – B. Hägglund: Theol. und Philos. bei Luther und in der occamist. Trad. (Lund 1955). – B. Nardi s. Anm. [41]. – M. Pine: Pomponazzi and the problem of 'Double Truth'. J. Hist. Ideas 29 (1968) 163-176. – E. Kessler: Das Problem des frühen Humanismus (1968); s. Anm. [12]; Die Ausbildung der Theorie der Gesch.schreib. im Humanismus und in der Renaissance unter dem Einfluß der wiederentdeckten Antike, in: A. Buck (Hg.): Die Antike-Rezeption in den Wiss. während der Renaissance (1983) 29-49. – P. Rossi: Truth and utility in the sci. of F. Bacon, in: Philos., technology and the arts in the early modern era (New York 1970). – Ch. B. Schmitt: Cicero Scepticus (Den Haag 1972). – L. Janik: The concept of truth in the hist. theory of the Ital. renaissance (Brandeis Univ. 1973). – R. D. Bedford: The defence of truth (Manchester 1979). – R. H. Popkin: The hist. of skepticism from Erasmus to Spinoza (Berkeley 1979). – R. H. Popkin/Ch. B. Schmitt (Hg.): Scepticism from the renaissance to the enlightenment (1987). S. Ebbersmeyer

IV. *Frühe Neuzeit und Aufklärung*. – 1. R. Descartes' Interesse richtet sich nicht auf den Begriff der W. – denn dieser ist einerseits nicht definierbar, andererseits «transcendentalement claire» [1] –, sondern auf die Bewahrheitung. Die «Regel der W.» lautet: «illud omne esse verum, quod valde clare et distincte percipio» («wahr ist alles, was ich sehr klar und deutlich erkenne») [2]. Dies gilt zwar prinzipiell auch für alles, was sich an einer Chimäre klar und deutlich erfassen läßt [3], aber die Meßlatte der Evidenz liegt hoch: Nur das kann man für wahr halten, dessen man sich genauso zweifelsfrei gewiß ist wie des Sachverhalts, daß man ist und denkt [4]. – Daß mit der evidenten Erkenntnis die Übereinstimmung des Gedankens mit dem Objekt gemeint ist [5], versteht sich von selbst. Allerdings kann der Bezug der wahren Idee auf eine reale Sache [6], also die menschliche Gewißheit in ihrem W.-Gehalt, nur durch die Wahrhaftigkeit Gottes, des Quells aller W., garantiert werden [7]. Denn alles Sein stammt von Gott, und Sein und W. sind identisch, so daß die Idee Gottes in höchstem Maße wahr ist und Falschheit bloßes Nichtsein ist [8]. Daß der Mensch aufgrund seiner Unvollkommenheit zu unklaren und undeutlichen Ideen kommen kann, die nur mangelhaft die W. erreichen, ist damit weniger problematisch als der Traum, der sich bei (und seit) Descartes wegen der Verlagerung der W.-Frage in das erkennende Subjekt zum eigentlichen Gegenpol der W. erhebt [9].

Die von E. Herbert von Cherbury 1624 vorgelegte Theorie der W. findet bei Descartes, dem Verfechter des Lumen naturale (s.d.), nicht das geringste Verständnis [10]. Herbert hatte nämlich den «consensus universalis» zur obersten Norm der W. erklärt [11]. Im einzelnen unterscheidet Herbert vier Erfassungsweisen («acceptiones») [12] der W. Sie stellen gleichzeitig Stufen der W. dar und bauen aufeinander auf: a) «veritas rei» (Übereinstimmung [«conformitas»] eines Dinges mit sich selbst), b) «veritas apparentiae» (Übereinstimmung der Erscheinung mit dem Ding bzw. dessen Urbild), c) «veritas conceptus» (Übereinstimmung der Vorstellung mit der Erscheinung), wobei jede dieser drei Formen wiederum von vier verschiedenen Bedingungen abhängig ist, d) «veritas intellectus» (Übereinstimmung der Vernunft mit dem Ding, seiner Erscheinung und seiner Vorstellung kraft der eigenen W.en der Vernunft: der Allgemeinbegriffe). Die wahre und adäquate Erkenntnis der Sachen ist erst dann erreicht, wenn sich unsere Erkenntnisvermögen vollständig mit den Sachen decken: W. ist die «Harmonia» zwischen den Objekten und den (zahllosen) Erkenntnisvermögen, die jenen analog sind [13].

In seiner gründlichen Auseinandersetzung mit Herbert hält P. Gassendi (1634) insbesondere an der von Herbert abgelehnten Definition der W. als Kongruenz zwischen dem erkennenden Verstand und der erkannten Sache fest [14] – auch wenn er sich der Schwierigkeit bewußt ist, die «natura» bzw. W. einer Sache aufspüren zu können [15]. – Diese W. des Urteils (veritas «Judicij, & Enunciationis») hängt von der W. der Existenz (veritas «exsistentiae, seu exstantiae») ab, die – im Unterschied zur Urteils-W. – keinen Gegensatz hat [16]. Ein Urteil kann falsch sein, eine existierende Sache nicht. Die Definition der W. lautet: Sie ist das, was als Sache existiert («Id, quod res exsistit») [17]. Gassendis eigentliches Thema sind aber die W.-Kriterien.

R. Burthogge hingegen knüpft 1678 an Herbert an [18], verbessert ihn aber: Der Geist beurteilt ein Ding nur dann als wahr, wenn er in ihm «the Form, Notion, and Mark of Truth» sieht [19]. ‹W.› wird definiert als «objective Harmony» der Dinge untereinander «in the Frame and Scheme of them in our Mindes» [20]. Dies ist, wohlgemerkt, die *logische* W., denn die *metaphysische* W. – die Übereinstimmung der Dinge mit ihren «original Ideas in the Divine Intellect» – ist für den Menschen unerreichbar [21].

Der Cartesianer J. Clauberg sorgt mit kurzen, aber einflußreichen Äußerungen dafür, daß traditionelle Begriffe weiterleben – wenn auch manchmal mit neuem oder eingeengtem Inhalt. Die transzendentale bzw. metaphysische W. besteht jetzt darin, daß ein Ding mit seiner «idea» bzw. seiner Definition übereinstimmt. Da dies für jedes Ding zutrifft, sind alle Dinge, so wie sie sind, wahr [22]. Zweitens gibt es eine W. des Zeichens («veritas signi»), die in die W. der (internen) Erkenntnis und die W. der Rede zerfällt. Letztere zeigt sich als ethische W. (Wahrhaftigkeit [23]) oder als logische W., wenn nämlich die Rede mit dem Ding übereinstimmt [24]. Im Kern sei dies identisch mit der transzendentalen Bedeutung der W. [25]. – Das eigentlich relativierend gemeinte Sprichwort «veritas filia temporis» («W. ist die Tochter der Zeit») [26] wird auf verblüffende Weise gedeutet: Nur durch zeitraubende Arbeit und Übung gelangt man zu klaren und deutlichen Begriffen [27].

2. Th. Hobbes lehnt dagegen 1655 eine auf die Dinge bezogene (ontologische) Bedeutung der W. grundsätzlich ab. Nicht in den Dingen, bloß in der Rede bzw. den Propositionen (Sätzen/Aussagen) liegt die W. [28]. Diese sind dann wahr, wenn sie, genauer: die verwendeten Namen bzw. Definitionen der Konvention entsprechen [29]. Denn nur kraft willkürlicher Setzung gelten Definitionen als wahr [30]. Daraus folgt für Hobbes allerdings, daß man sich um die richtigen Definitionen besondere Mühe geben muß, damit die Philosophie – nach dem Vorbild der aus Definitionen hervorgehenden Geometrie – zur wissenschaftlichen W. gelangen kann [31].

B. Spinoza knüpft 1663 an Hobbes an: ‹Wahr› ist kein transzendentaler Ausdruck, also keine Bestimmung von Dingen. Die umgangssprachliche Wurzel des Begriffs der W. ist die Erzählung («narratio»). Sie ist dann wahr, wenn sie eine Tatsache betrifft, die sich wirklich ereignet hat. Von daher wurde der Begriff auch auf die Dinge übertragen – ein uneigentlicher bzw. rhetorischer Begriffsgebrauch, denn die Dinge erzählen uns nichts über sich. Der eigentliche Ort der W. ist die wahre Idee. Sie ist klar und deutlich sowie von zweifelsfreier Gewißheit [32]. Um 1660 hatte Spinoza dagegen die augustinische (vor-Claubergische) Fassung der metaphysischen bzw. transzendentalen W. [33] wiederholt: Gott und die W. sind ein und dasselbe [34]. (Dies findet sich auch bei N. MALEBRANCHE, wörtlich allerdings nur im Augustinus-Referat [35], denn es geht Malebranche nicht um den Begriff der W., sondern um die ewigen W.en [36]). Daneben (darunter) gibt es bei SPINOZA die logische Bedeutung: W. ist eine Behauptung, die mit dem gemeinten Ding übereinstimmt [37]. In der vermutlich 1661/62 entstandenen Schrift ‹De intellectus emendatione› heißt es dagegen, der wahre Gedanke unterscheide sich vom falschen nicht nur durch seine äußere Benennung, sondern hauptsächlich durch seine innere: Die Form des wahren Gedankens liegt in ihm selbst und ist nicht vom Objekt verursacht, sondern hängt allein von der Macht und Natur des Verstandes ab [38]. Das einzige Merkmal für die Gewißheit der W. ist, eine wahre Idee zu haben [39].

In der ‹Ethica› scheinen diese Gegensätze unvermittelt aufeinanderzuprallen: Einerseits heißt es, eine wahre Idee müsse mit ihrem Gegenstand übereinstimmen [40]. Andererseits ist jede «adäquate» Idee zugleich eine wahre Idee [41], genauer: Eine adäquate Idee hat alle inneren Merkmale einer wahren Idee, sofern die adäquate Idee *ohne* Bezug auf ein Objekt betrachtet wird [42]. Könnte das bedeuten, daß die wahre Idee nicht zugleich adäquat ist? Nein: Zwischen der wahren und der adäquaten Idee besteht kein anderer Unterschied als die äußere Beziehung der wahren Idee auf ihren Gegenstand [43]. Die wahre Idee ist also zugleich adäquat, mehr noch: Die W. ist der Prüfstein ihrer selbst («index sui») bzw. die Richtschnur ihrer selbst («norma sui»), weil jeder, der eine wahre Idee hat, zugleich weiß, daß er eine wahre Idee hat [44]. – Die Spinoza-Forschung ist sich nicht einig: M. GUÉROULT stuft den Gegenstandsbezug herab [45]; TH. C. MARK versucht den Gegensatz irgendwie ontologisch aufzulösen [46]; E. CURLEY meint, hier liege ein sachlicher Konflikt vor, den Spinoza selbst gar nicht bemerkt habe [47].

3. J. LOCKE unterscheidet 1690 drei Bedeutungen: Die metaphysische W. besteht in der «real Existence of Things»; sie kommt allen Dingen zu. Die moralische W. liegt dann vor, wenn die Worte der eigenen Überzeugung entsprechen, auch wenn sie nicht mit der «reality of Things» übereinstimmen [48]. Die W. von Propositionen – und diese sind der eigentliche Ort der W. [49] – zerfällt in die verbalen Propositionen, die dann wahr sind, wenn die Worte den Ideen korrespondieren, und in die mentalen Propositionen, die dann wahr sind, wenn die Ideen entweder den real existierenden Dingen korrespondieren [50] oder wenn sie untereinander übereinstimmen [51]. Diese doppelte Bestimmung der W. kollidiert allerdings [52] mit der einleitenden Definition der W.; Worte und Ideen werden hier unter dem Oberbegriff «Signs» (Zeichen) zusammengefaßt, so daß für beide gilt: W. ist das Vereinen oder Trennen von Zeichen, so wie die durch sie bezeichneten Dinge untereinander übereinstimmen oder nicht [53].

4. G. W. LEIBNIZ lehnt sowohl Descartes' Engführung des W.-Problems [54] als auch – und besonders – Hobbes' angeblichen Ultranominalismus (d.h. Relativismus) ab: Zwischen den Gegenständen und ihren Zeichen (mögen diese als solche auch willkürlich sein) besteht ein Verhältnis der Repräsentation, das die feste Grundlage der W. darstellt [55]. Vorauszusetzen ist dabei allerdings, daß die verwendeten Begriffe «möglich» sind, d.h. keinen Widerspruch einschließen [56]. – Die W. des Urteils besteht in seiner «Identität» [57], d.h., daß das Prädikat im Subjekt eingeschlossen ist («praedicatum inest subjecto») [58]. Gemeint ist, daß ein Teil des Subjekts mit dem Prädikat identisch ist; die Identität ist also von diesem her gesehen [59]. Über diese logisch-formalen Bestimmungen hinaus stellt sich die Natur der W. selbst als identische dar [60]. Andererseits ist klar, daß zwischen den wahren Urteilen und den Dingen «correspondence» besteht [61].

Daß seine Urteilstheorie ganz traditionell sei, wie Leibniz beteuert, hat die Forschung widerlegt: Die 'analytische' Urteilstheorie ist stark cartesianisch beeinflußt [62]. Dagegen macht sich die augustinische Tradition unverfälscht geltend, wenn Leibniz die ewigen W.en in und durch Gottes Verstand verwirklicht sieht. Damit ist Gott der Ursprung der W.en, sowohl der Vernunft- als auch der Tatsachen-W.en [63].

5. G. VICOS Satz «verum et factum ... convertuntur» («Wahres und Gemachtes fallen ineinander») [64] ist nicht so zu verstehen, als ob die W. in der Machtvollkommenheit des schaffenden Menschen liege. Daß die W. das Gemachte selbst ist («verum esse ipsum factum»), wird vielmehr im ersten und eigentlichen Sinn in bezug auf Gott ausgesagt. Da Gott der «primus Factor» ist, liegt in ihm das «primum verum» [65], denn indem er das Wahre erkennt, erzeugt er es zugleich [66]. Zwar hat der menschliche Geist teil am göttlichen Geist [67]; dieser aber erschafft «absolute», der Mensch nur «ex hypothesi» das Wahre [68], und das bedeutet: Je materiell-konkreter eine Wissenschaft ist, um so weniger kann der Mensch sie erschaffen – und damit wahre Erkenntnis gewinnen. Dies gelingt ihm am besten in der Geometrie und Arithmetik als den abstraktesten Disziplinen. Schon die Mechanik ist weniger sicher, die Physik wiederum weniger sicher als die Mechanik usw. [69].

6. Um der W.-Theorie eine feste Grundlage in der Logik zu geben, definiert E. W. VON TSCHIRNHAUS 1687 – vermutlich unter Descartes' Einfluß – die W. (nicht bloß das W.-Kriterium) als das (widerspruchsfrei) Denkbare («quod potest concipi»), denn damit haben wir – auch wenn wir uns faktisch irren sollten – in uns selbst eine «normam seu regulam», durch die wir Wahr und Falsch insofern unterscheiden können, als wir aus den richtigen oder falschen Folgen die W. oder Unwahrheit der Voraussetzungen erkennen können – was ein Rekurs auf die Fakten nicht leisten kann [70].

Dem widerspricht 1688 CH. THOMASIUS [71], der an der Übereinstimmung von Gedanke und Sache (logische W.) [72] ebenso festhält wie an der metaphysischen W. (in der Fassung Claubergs, d.h. ohne Bezug auf eine göttliche W.) [73]. Neuartig ist die Unterscheidung zweier Arten der W.: der unstreitigen W. und der Wahrscheinlichkeit (s.d.) [74], was auf ältere Unterscheidungen zwischen notwendigen und kontingenten W.en zurückgeht [75]. Zwar scheint das «primum principium» (der «Begriff aller W.en») eine Bekehrung zu Tschirnhaus zu bedeuten: «Was mit des Menschen Vernunfft übereinstimmet, das ist wahr, und was des Menschen Vernunfft zu wieder ist, das ist falsch» [76]. Da die Vernunft jedoch nicht nur aus den Ideen, sondern auch aus den «Sinnen» besteht, die «mir lauter individua» vorstellen [77], gilt: «Was der Menschliche Verstand durch die Sinne erkennet, das ist wahr, und was denen Sinnen zu wieder ist, das ist falsch» [78].

Auch wenn A. RÜDIGER 1709 die traditionelle logische W.-Definition ablehnt, da die Übereinstimmung von Verstand bzw. Begriff und Sache die (unerfüllbare) Erkennbarkeit der Substanz voraussetze [79], so läßt seine Theorie doch in manchen Punkten an Thomasius denken: Die metaphysische W. besteht in der Übereinstimmung einer Empfindung («sensio») mit dem empfundenen Akzidens

[80], beruht also auf der Irrtumsfreiheit der Sinne [81]. In der metaphysischen gründet die logische W., die in der Übereinstimmung des Gedankens («cogitatio») mit der Empfindung besteht [82]; sie zerfällt in die demonstrative W. und in die Wahrscheinlichkeit [83].

7. CH. WOLFF füllt die traditionelle Begrifflichkeit mit neuem Inhalt, und dies äußerst gründlich und ausführlich. Er unterscheidet zwischen der metaphysischen bzw. transzendentalen W., der logischen und der moralischen W. (= Wahrhaftigkeit) [84]. Erstere besteht in der inneren Ordnung der Dinge, zeigt also deren ontologische Beschaffenheit auf. Weil in jedem Ding (mehr oder minder) Ordnung herrscht, ist jedes Ding (mehr oder minder) wahr. Das Prinzip des zureichenden Grundes ist der Ursprung der transzendentalen W. der Dinge; sie wird dadurch erkannt, daß man aufgrund der Ordnung im Ding den Grund für dessen «Möglichkeit» erkennt [85]. Dazu tritt zweitens das Prinzip des ausgeschlossenen Widerspruchs, das dafür sorgt, daß die Wesensbestimmungen eines Dinges («essentialia») einander nicht widersprechen [86]. Die transzendentale W. ist ferner die Grundlage der von ihr abhängigen logischen W., d.h. der W. von Urteilen. Wolff unterscheidet hier zwischen einer Nominaldefinition und einer Realdefinition der W.; jene ist die Übereinstimmung eines Urteils mit einem Objekt bzw. einem vorgestellten Ding; diese enthält dank der Bestimmbarkeit des Prädikats durch den Subjektbegriff darüber hinaus die «Möglichkeit» des Dinges [87].

Der *Wolffianismus* zeigt sich nur selten so sklavisch wie z.B. in der ‹Encyclopédie› (1765), deren anonymer Artikel «Vérité metaphysique ou transcendentale» [88] zu 80% bloße Wolff-Übersetzung ist [89]. Dagegen hatte G. B. BILFINGER schon 1725 die Aufgliederung der transzendentalen W. in eine Wesens-W. («veritas essendi») und eine Seins-W. («veritas existendi») vorgeschlagen [90]. Im Anschluß daran wird F. CH. BAUMEISTER 1738 Wolffs transzendentale bzw. metaphysische W. mit der «veritas existendi» gleichsetzen, der die (mit ihr zu vereinbarende) «veritas essendi» der Scholastik gegenüberstehe [91]. Dieser Unterschied wird 1739 von A. G. BAUMGARTEN an den Begriffen selbst festgemacht: Es gibt einerseits die metaphysische W. (Wolffs Ordnungsbegriff), andererseits die transzendentale W. Die beiden W.-Begriffe unterscheiden sich dadurch, daß nur die transzendentale W. absolut notwendig ist, keinen Gegensatz hat und weder vermehrt noch vermindert werden kann, besteht sie doch in den Wesensbestimmungen und Attributen des Seins [92]. Baumgartens Schüler G. F. MEIER (1755) übernimmt diese Unterscheidung nicht. Er schließt sich wieder enger an Wolff an und vertritt nur die metaphysische W., zu der auch das «Wesen» (auf das sich Baumgartens transzendentale W. stützte) gehöre [93]. (Denselben Schritt wird 1756 auch H. S. REIMARUS vollziehen [94].) – MEIER macht auf die (uralte) Gefahr der Äquivokation aufmerksam: Das Wort ‹W.› bedeutet in erster Linie «eine Beschaffenheit der Erkentniß. Man pflegt aber auch die richtige Erkentniß selbst eine W. zu nennen» [95]. Dennoch zögert Meier, ‹W.› in der ersten Bedeutung generell durch «Richtigkeit» zu ersetzen [96]. Wenn Meier von der «W.» bestimmter «W.en» spricht, so weiß er (und der Leser), was er tut [97]. – J. H. LAMBERT gliedert (1771) seine W.-Theorie – zunächst gut wolffianisch – in zwei Schritte: Die logische W. vollzieht den Schritt vom bloß «Symbolischen» zum «Gedenkbaren», d.h. zum (bloß) «Möglichen». Der Schritt zur metaphysischen W. ist der Übergang zum Wirklichen, denn die metaphysische W. benennt «die W., die in den Dingen selbst ist» [98]. «Das Reich der logischen W. wäre ohne die metaphysische W. ... ein leerer Traum» [99]. Die «Grundlage der metaphysischen W.» ist aber nicht (wie bei Wolff) die Ordnung, sondern «das Solide und besonders die Kräfte» [100].

Gegner Wolffs: J. G. WALCH spaltet (1726) die traditionelle moralische W. auf, indem er die «ethische W.» als «Frucht der Tugend», d.h. als «die Aufrichtigkeit, die Ehrlichkeit, Redlichkeit» versteht, während die «Wahrhaftigkeit» keineswegs «an sich selbst» eine Tugend sei [101]. Sie ist darum keine Form der W. mehr. – CH. A. CRUSIUS bezeichnet (1743) die W. zwar als Übereinstimmung der Gedanken mit den Dingen, beschränkt aber das W.-Kriterium auf die Denkbarkeit («cogitabilitas»): Was nicht als falsch denkbar ist, das ist wahr [102] (womit Crusius an Tschirnhaus erinnert). – Einen neuen Weg schlägt J. B. BASEDOW (1764) ein, indem er definiert: «W. oder Zuverläßigkeit ist derjenige Werth der Sätze und Urtheile, um dessentwillen wir sie ... für feststehend und unveränderlich zu halten verbunden sind» [103]. Dieser Wert verdankt sich nicht der «Uebereinstimmung unsers Denkens und Redens mit den Sachen selbst», sondern der «Uebereinstimmung oder ... Aehnlichkeit der Gedanken» untereinander, wobei die in Gedanken gefaßten «Erfahrungen und die Grundsätze» maßgeblich sind [104]. Basedow vertritt also eine Kohärenztheorie der W.

8. Als ein genauer Leser Lockes erweist sich D. HUME, wenn er 1739 zwei Arten der W. unterscheidet: Sie besteht entweder in den «proportions of ideas, consider'd as such», *oder* in der «conformity of our ideas of objects to their real existence» [105].

Ausgerechnet J. BEATTIE, der den Skeptizismus im allgemeinen und Hume im besonderen erbittert bekämpft, definiert 1770 W. als das, «which the constitution of my nature determines me to believe» [106]. Zwar sei die klassische Definition richtig: Propositionen sind dann wahr, wenn sie mit der Natur der Dinge übereinstimmen. Diese hängt jedoch von den Naturgesetzen ab, und diese sind mir nur «by my own feelings, and by the suggestions of my own understanding» verständlich. Daraus ergibt sich: «We often believe what we afterwards find to be false; but while belief continues, we think it true» [107]. – Hier zeigt sich der Einfluß G. BERKELEYS, der die Gegenstände aller objektiven Eigenschaften – auch noch der primären Qualitäten (s.d.) – beraubt hatte (ohne sich zum Thema W. zu äußern). Die natürliche Konsequenz der Einsicht Berkeleys schien die Relativierung und Psychologisierung der W. zu sein, und dies gilt auch für Deutschland. So sieht J. CH. LOSSIUS (1775), der Beattie direkt und Berkeley indirekt zitiert [108], «die W. nicht als eine Eigenschaft der Sachen, sondern als eine Würkung unseres Verstandes» an [109]. Wie die Schönheit, so ist auch die W. «nur etwas subjektivisches» [110]. Ob wir bestimmte «Gegenstände» wahr nennen, hängt bloß von uns selbst ab. Wann halte ich eine «Vorstellung von dem Verhältnisse der Dinge auf uns» [111] für W.? Wenn sich «das angenehme Gefühl aus der Befriedigung des Hangs der Seele sich in Absicht des Verstandes zu erweitern» einstellt – das ist die Definition der W. [112].

9. Für I. KANTS ‹Kritik der reinen Vernunft› ist die metaphysische bzw. transzendentale W., die im Gegenstand selbst liegt, kein ernsthaftes Thema mehr [113]. W. und Irrtum sind «nur im Urtheile, d.i. nur in dem Verhältnisse des Gegenstandes zu unserm Verstande anzutreffen» [114]. Wenn man nun auf die Frage «Was ist W.?» mit der «Namenerklärung der W., daß sie nämlich die Übereinstimmung der Erkenntniß mit ihrem Gegenstande sei»

[115], also mit der traditionellen Korrespondenztheorie antworten möchte, so stößt man auf einen Einwand, den Kant in seinen vorkritischen Logik-Vorlesungen als Argument der Skeptiker hochhält: Die Übereinstimmung einer Erkenntnis mit einem Gegenstand setzt voraus, daß dieser erkannt wird; die W. bestünde also darin, «daß die Erkenntniß vom Gegenstand übereinstimmet mit der Erkenntniß vom Gegenstand» [116] – also eine zirkuläre Definition.

Der vorkritische Kant erwog eine Lösung des Problems, die heute als Kohärenz bezeichnet wird: «Die W. ist die Zusammenstimmung der Erkenntnisse vom Gegenstande mit sich selbst» [117]. Auf dem Weg zur ‹Kritik der reinen Vernunft› wird diese Lösung aber verworfen. 1782 wird Kant sagen: «Aber auf die Art können alle Lügen wahr seyn, wenn es keiner andern Bestätigung, als der Übereinstimmung der Erkenntniß mit sich selbst bedarf» [118]. Denn ihm war in den siebziger Jahren eine entscheidende Verbesserung des Korrespondenzgedankens gelungen, so daß der skeptische Einwand der Zirkularität nicht mehr greift: W. besteht in der «Übereinstimung der Erkentnis mit den Vorstellungen, die sich unmittelbar aufs obiect beziehen, also in der Übereinstimung mit den anschauungen und warnehmungen» [119]. Darum kann die ‹Kritik der reinen Vernunft› im Rahmen der kritischen Erkenntnislehre eine grundlegend erneuerte Korrespondenztheorie der W. vorlegen.

Die erwähnte «Namenerklärung ... wird hier geschenkt und vorausgesetzt» [120] – aber sie ist höchst unvollständig. Auch die Gesetze der «allgemeinen Logik» sind unzureichend. Sie können nur «die negative Bedingung aller W.» liefern, da sie «nur die Form der W.» betreffen [121]. Dagegen zeigt die «transzendentale Analytik» – insofern eine «Logik der W.» [122] –, warum die Kategorien der «Quell aller W., d.i. der Übereinstimmung unserer Erkenntniß mit Objecten», sind [123]: Die Kategorien machen gegenstandsbezogene Erfahrung überhaupt möglich. Diese «objective Realität» der Kategorien [124] nennt Kant deren «transscendentale W., die vor aller empirischen vorhergeht und sie möglich macht» [125].

Dies bedeutet zugleich eine Grenzziehung für die «Logik der W.»: Ein Vernunftgebrauch, der die Grenzen möglicher Erfahrung überschreitet, wird dialektisch und damit zum Thema der «Dialektik», die auch als «Logik des Scheins» bezeichnet wird [126]. Allerdings ist es auch der transzendentalen Analytik nicht möglich, «ein hinreichendes und doch zugleich allgemeines Kennzeichen der W.» anzugeben, denn dieses wäre nur dann «hinreichend», wenn es den inhaltlichen Bezug der Erkenntnis auf ihr Objekt ausdrücken könnte, wovon es – als allgemeines – aber absehen müßte. Daher läßt sich «von der W. der Erkenntniß der Materie nach ... kein allgemeines Kennzeichen verlangen, weil es in sich selbst widersprechend ist» [127].

Anmerkungen. [1] R. DESCARTES: Br. an M. Mersenne (16. 10. 1639). Oeuvr., hg. CH. ADAM/P. TANNERY [AT] (Paris 1897-1913) 2, 597. – [2] Medit. de prima philos. 3 (1641). AT 7, 35; vgl. Medit. 4f., a.O. 58. 65. 69f.; Sec. resp., a.O. 144; Disc. de la méth. 2. 4 (1637). AT 6, 18. 33; vgl. Art. ‹Klar und deutlich›. Hist. Wb. Philos. 4 (1976) 846-848. – [3] Disc. 4. AT 6, 40; Br. an Burman (16. 4. 1648). AT 5, 160. – [4] La recherche de la vérité [1649-50]. AT 10, 526. – [5] a.O. [1]. – [6] Medit. 3. AT 7, 44; Médit. métaphys. 3 (1647). AT 9/1, 34. – [7] Disc. 4. AT 6, 38; Medit. 1. 5. AT 7, 22. 71; Principes, Préf. (1647). AT 9/2, 10. – [8] Br. an Clerselier (23. 4. 1649). AT 5, 356; zur Einheit von W. und Sein vgl. den Kommentar von E. GILSON in seiner Ausgabe von R. DESCARTES: Disc. de la méth. (Paris 1925, 4 1967) 317. – [9] S. CARBONCINI: Transzendentale W. und Traum (1991). – [10] DESCARTES, a.O. [1] 596-599. – [11] E. HERBERT VON CHERBURY: De veritate (1624, 3 1645), hg. G. GAWLICK (1966) 39f.; vgl. 2f. – [12] Vgl. C. STROPPEL: E. Herbert von Cherbury. W. – Religion – Freiheit (2000) 76ff. – [13] HERBERT VON CHERBURY, a.O. [11] 12f. 68. – [14] P. GASSENDI: Ad librum Eduardi Herberti De veritate ep. (1634). Op. omn. (Lyon 1658, ND 1964) 3, 412 a; vgl. Syntagma philos. I, II, 1 (1649-55), a.O. 1, 68 a. – [15] Ad libr., a.O. 412 bf. – [16] Syntagma, a.O. [14] 67 a. – [17] a.O. 68 a. – [18] R. BURTHOGGE: Organum vetus & novum § 70 (1678). The philos. writ., hg. M. W. LANDES (Chicago 1921) 35f. – [19] § 72, a.O. 37; vgl. § 69, a.O. 35. – [20] § 75, a.O. 41. – [21] §§ 65f., a.O. 33. – [22] J. CLAUBERG: Metaphysica de ente IX, §§ 151-155 (1647, 3 1664). Op. omn. philos., hg. J. TH. SCHALBRUCH (Amsterdam 1691, ND 1968) 1, 307f.; vgl. De cognit. Dei et nostri XXXI, 9 (1656), a.O. 2, 648. – [23] De cogn. XXXIV, 7, a.O. 2, 651. – [24] Met. XXI, 330, a.O. [22] 1, 337. – [25] De cogn. XXXI, 11f., a.O. [22] 2, 648f. – [26] AULUS GELLIUS: Noctes Atticae XII, 11, 7, hg. C. HOSIUS (1959) 2, 46. – [27] J. CLAUBERG: De dubitatione Cartesiana IX, 41 (1655), a.O. [22] 2, 1197; anders: F. BACON: Novum organum, Aph. I, 84 (1620). Works, hg. J. SPEDDING u.a. (London 1857-74, ND 1963) 1, 191. – [28] TH. HOBBES: De corpore I, 3, 7f. (1655). Op. lat., hg. W. MOLESWORTH (London 1839-45, ND 1966) 1, 31f. – [29] IV, 25, 1, a.O. 316; im sog. ‹Anti-White› (1643) wird noch zwischen der bloß auf Gewohnheit beruhenden Bedeutung der Namen und der W. der Sätze unterschieden – diese hänge von der Vernunft ab; siehe TH. HOBBES: Critique du De mundo de Thomas White, hg. J. JACQUOT/H. W. JONES (Paris 1973) 395; vgl. W. HÜBENER: Ist Th. Hobbes Ultranominalist gewesen? Studia leibn. 9 (1977) 81; vgl. aber auch: W. R. DE JONG: Did Hobbes have a semantic theory of truth? J. Hist. Philos. 28 (1990) 63-88. – [30] De corp. I, 3, 9, a.O. 33. – [31] Leviathan I, 4 (1651). The Engl. works, hg. W. MOLESWORTH (London 1839-45, ND 1966) 3, 23. – [32] B. SPINOZA: Cogitata metaphys. I, 6 (1663). Op., hg. C. GEBHARDT (1925-87) 1, 246f. – [33] Vgl. E. CHAUVIN: Lexicon philos. (1692, Leeuwarden 2 1713, ND 1967) 687 b. – [34] B. SPINOZA: Korte Verhandeling II, 15, a.O. [32] 1, 79. – [35] N. MALEBRANCHE: De la rech. de la vérité III, 2, 6 (1674). Oeuvr., hg. G. RODIS-LEWIS (Paris 1972-84) 1, 444. – [36] Vgl. Art. ‹Wahrheit, ewige›. – [37] SPINOZA, a.O. [34] 78; vgl. Cogit., a.O. [32] 246. – [38] De intell. emendat., a.O. [32] 2, 26f. – [39] a.O. 15. – [40] Eth. I, Axioma VI, a.O. 2, 47; vgl. I, Prop. XXX, Dem., a.O. 71. – [41] Eth. II, Prop. XXXIV, a.O. 116. – [42] II, Def. IV, a.O. 85. – [43] Br. an E. W. von Tschirnhaus [1675], a.O. 4, 270. – [44] Br. an A. Burgh [1675], a.O. 4, 320; Eth. II, Prop. XLIII mit Dem. und Schol., a.O. 2, 123f. – [45] M. GUÉROULT: La déf. de la vérité (Descartes et Spinoza), in: Congr. des soc. de philos. de langue franç. Actes du XII e congr. 1964 (Paris 1965) 2, 43-51. – [46] TH. C. MARK: Spinoza's theory of truth (New York 1972). – [47] E. CURLEY: Spinoza on truth. Australasian J. Philos. 72 (1994) 1-16; vgl. G. GUEST: Art. ‹Adéquation›, in: Encycl. philos. universelle, hg. A. JACOB (Paris 1989-98) 2/1, 44 b-45 a. – [48] J. LOCKE: An essay conc. human underst. IV, 5, § 11 (1690), hg. P. H. NIDDITCH (Oxford 1975) 578f. – [49] Ess. II, 32, §§ 1f., a.O. 384. – [50] IV, 5, § 8, a.O. 577. – [51] § 6, a.O. 576. – [52] L. KRÜGER: Der Begriff des Empirismus (1973) 139-146. – [53] LOCKE: Ess. IV, 5, § 2, a.O. [48] 574. – [54] G. W. LEIBNIZ: Medit. de cognitione, veritate et ideis (1684). Philos. Schr., hg. C. I. GERHARDT [PhS] (1875-90, ND 1960f.) 4, 422. – [55] Dialogus (1677). Akad.-A. VI/4 A, 24; vgl. die Nizolius-Vorrede (1670). Akad.-A. VI/2, 428f. – [56] a.O. [54] 425. – [57] De synthesi et analysi universali [1680-84]. PhS 7, 296. – [58] Br. an Arnauld (14. 7. 1686). PhS 2, 56; vgl. die Parallelstellen bei I. PAPE: Leibniz (1943, 1949) 152. – [59] PAPE, a.O. 54. – [60] G. W. LEIBNIZ: Primae veritates [ca. 1686]. Opusc. et fragm. inéd., hg. L. COUTURAT (Paris 1903, ND 1961) 518f. – [61] Nouv. ess. IV, 5 [1703-1705]. Akad.-A. VI/6, 397f. – [62] CH. E. JARRETT: Leibniz on truth and contingency, in: CH. E. JARRETT/J. KING-FARLOW/F. J. PELLETIER (Hg.): New essays on rationalism and empiricism (Guelph, Ont. 1978) 83-100; E. CURLEY: Der Ursprung der Leibn. W.-Theorie. Studia leibn. 20 (1988) 160-174. – [63] G. W. LEIBNIZ: Ess. de théod. II, 184 (1710). PhS 6, 226; zu dieser Unterscheidung vgl. Art. ‹Vernunftwahrheiten/Tatsachenwahrheiten›. Hist. Wb. Philos. 11 (2001) 869-872. – [64] G. VICO: De antiquissima Italorum sapientia I, 1 (1710). Opere, hg. G. GENTILE/F. NICOLINI (Bari 1914-41) 1, 131; zum ideengeschichtl. Hintergrund: A. PÉREZ-RAMOS: F. Bacon's idea of science (Oxford 1988); zur Bedeutung des log. Terminus ‹conversio›: F. UEBERWEG: System der Logik (²1865) 211ff.; vgl. Art. ‹Konversion›. Hist. Wb. Philos. 4 (1976) 1082. – [65] a.O. 131f. – [66] I, 2, a.O. 137. – [67] a.O. [64]. – [68] Conclusio, a.O. 191. – [69] I, 2, a.O. 136. – [70] E. W. VON TSCHIRNHAUS: Medicina mentis et corporis II, 1 (1687, ²1695, ND 1964) 34-36; ähnlich denkt J. G. DARJES: Via ad veritatem I, § 1 (1755) 3. – [71] CH. THOMASIUS: Introd. ad philos. aulicam VI, § 28 (1688). Ausgew. Werke, hg. W. SCHNEIDERS (1993ff.) 1, 127f. – [72] V, § 4, a.O. 106; vgl. Einl. zur Vernunftlehre V, § 13 (1691), a.O. 8, 139. – [73] §§ 3. 5, a.O. 105f. – [74] §§ 11f., a.O. 108; vgl. Einl. zur Vern.lehre V, § 20, a.O. [72] 8, 41. – [75] L. CATALDI MADONNA: Wissenschafts- und Wahrscheinlichkeitsauffassung bei Thomasius, in: W. SCHNEIDERS (Hg.): Ch. Thomasius: 1655-1728 (1989) 115-136. – [76] THOMASIUS: Einl. zur Vern.lehre VI, § 20, a.O. [72] 8, 155. – [77] § 72, a.O. 168. – [78] § 26, a.O. 157. – [79] A. RÜDIGER: De sensu veri et falsi I, 1, § 8 (1709), zit. nach: H. SCHEPERS: A. Rüdigers Methodologie und ihre Voraussetzungen (1959) 76, Anm. 1; vgl. Art. ‹Wahrheitsgefühl; Wahrheitssinn›. – [80] § 11, a.O. 78, Anm. 1. – [81] SCHEPERS, a.O. [79] 78. – [82] RÜDIGER: De sensu I, 1, § 12, a.O. [79] 78, Anm. 3. – [83] SCHEPERS, a.O. [79] 79. – [84] CH. WOLFF: Jus naturae III, § 150 (1743, ND 1968) 101; Philos. mor. sive Ethica V, §§ 522ff. (1753, ND 1973) 709ff.; Grundsätze des Natur- und Völkerrechts § 347 (1754, ND 1980) 212f.; vgl. Art. ‹Wahrheit, transzendentale›. – [85] Vern. Ged. von Gott, der Welt und der Seele des Menschen [Dtsch. Met.] §§ 140. 142. 144-146. 558-560 (1719, ¹¹1751, ND 1983) 73-76. 337; Philos. prima sive Ontologia §§ 493-502 (1729, ²1736, ND 1962) 379-390; Cosmologia gen. § 78 (1731, ²1737, ND 1964) 71f. – [86] Ontol. § 497, a.O. 384f. – [87] Philos. rat. sive Logica §§ 505. 513. 516 (1728, ³1740, ND 1983) 387f. 392-394. – [88] D. DIDEROT/J. LE R. D'ALEMBERT (Hg.): Encycl. ou Dict. raisonné des sci., des arts et des métiers 17 (Paris/Neuchâtel/Amsterdam 1765, ND 1967) 70 b-71 a. – [89] CARBONCINI, a.O. [9] 189. – [90] G. B. BILFINGER: Dilucidationes philos. § 152 (1725, ND 1982) 162. – [91] F. CH. BAUMEISTER: Instit. metaphysicae § 197 (1738, ND 1988) 146f. – [92] A. G. BAUMGARTEN: Metaphysica §§ 89. 118. 163. 184 (1739, ⁷1779, ND 1963) 24f. 34. 48. 54f. – [93] G. F. MEIER: Met. I, §§ 89-91 (1755-59, ²1765) 1, 155-60. – [94] H. S. REIMARUS: Vernunftlehre § 35 (1756), hg. F. LÖTZSCH (1979) 38f. – [95] G. F. MEIER: Vernunftlehre § 133 (1752) 147. – [96] § 120, a.O. 130; vgl. Auszug aus der Vernunftlehre §§ 93f. (1752) 23f.; vgl. K. ASO u.a. (Hg.): Onomasticon philos. latinoteut. et teutonicolat. (Tokio 1989) 651, s.v. ‹Richtigkeit›. – [97] Auszug § 190, a.O. 53. – [98] J. H. LAMBERT: Anlage zur Architectonic I, 10, § 297 (1771). Philos. Schr., hg. H.-W. ARNDT 3 (1965) 285f. – [99] § 299, a.O. 289. – [100] § 298, a.O. 287; vgl. H.-W. ARNDT: Der Möglichkeitsbegriff bei Ch. Wolff und J. H. Lambert (1959). – [101] J. G. WALCH: Philos. Lex. (1720, ⁴1775, ND 1968) 2, 1445f. 1443. – [102] CH. A. CRUSIUS: De usu principii rationis determinantis § 27 (1743). Die philos. Hauptwerke, hg. G. TONELLI (1969ff.) 4/1, 203. – [103] J. B. BASEDOW: Philalethie (1764) 2, 91. – [104] a.O. 92f. – [105] D. HUME: A treat. of human nature II, 3, 10 (1739/40), hg. P. H. NIDDITCH (Oxford ²1978) 448; vgl. III, 1, 1, a.O. 458. – [106] J. BEATTIE: An ess. on the nature and immutability of truth I, 1 (Edinburgh 1770, ND 1973) 30. – [107] a.O. 28-30. – [108] J. CH. LOSSIUS: Phys. Ursachen des Wahren (1775) 59f. – [109] a.O. 60. – [110] 69. – [111] 65. – [112] 58. – [113] I. KANT: KrV B 113; vgl. Met. K_1. Akad.-A. 28/2. 2, 1521. – [114] KrV A 293/B 350. – [115] A 58/B 82. – [116] Logik BLOMBERG. Akad.-A. 24/1, 81; vgl. Refl. 2143. Akad.-A. 16, 251; übernommen in: I. KANT: Logik JÄSCHE, Einl. VII (1800). Akad.-A. 9, 50. – [117] Logik PHILIPPI. Akad.-A. 24/1, 387; vgl. Refl. 2124. 2127. 2128. Akad.-A. 16, 244-246; Refl. 3977. Akad.-A. 17, 373; zu Kants Entwicklung: M. BAUM: W. bei Kant und Hegel, in: D. HENRICH (Hg.): Kant oder Hegel? (1983) 230-249; TH. NENON: Objektivität und endl. Erkenntnis (1986) 39ff.; G. SCHULZ: Veritas est adaequatio intellectus et rei (1993) 114ff. – [118] Wiener Logik. Akad.-A. 24/2, 822f. – [119] Refl. 2161. Akad.-A. 16, 255. – [120] KrV A 58/B 82; das «hier» zielt nicht – wie PRAUSS meint – auf die Skeptiker: G. PRAUSS: Zum W.-Problem bei Kant. Kantstud. 60 (1969) 166-182. – [121] KrV A 59f./B 84; vgl. A 294/B 350; vgl. Logik JÄSCHE, a.O. [116] 51. – [122] KrV A 62/B 87; vgl. A 131/B 170. – [123] A 237/B 296; vgl. A 191/B 236; A 642/B 670; A 820/B 848. – [124] A 221f./B 269. – [125] A 146/B 185; vgl. Art. ‹Wahrheit, transzendentale›. – [126] A 61/B 86; vgl. A 131/B 170; A 293/B 349. – [127] A 59/B 83; vgl. Logik JÄSCHE, a.O. [116] 50f.

Literaturhinweise. F. MEIER: Die Lehre vom Wahren und Falschen bei Descartes und bei Spinoza (1897). – H. HEIMSOETH: Die Methode der Erkenntnis bei Descartes und Leibniz (1912). – R. STREHLOW: Der W.-Begriff (1914). – H. LEISEGANG: Über die Behandlung des scholast. Satzes 'Quodlibet ens est unum, verum ...'. Kantstud. 20 (1915) 403-421. – R. LÉVÊQUE: Le probl. de la vérité dans la philos. de Spinoza (Straßburg 1923). – I. PAPE s. Anm. [58]. – H.-W. ARNDT s. Anm. [100]. – H. TÖRNEBOHM: A study in Hobbes' theory of denotation and truth. Theoria 26 (1960) 53-70. – G. GAWLICK: Art. ‹Wahrheit II›. RGG³ 6, 1518-1525. – W. RÖD: Gewißheit und W. bei Descartes. Z. philos. Forsch. 16 (1962) 342-362. – W. RISSE: Die Logik der Neuzeit (1964-70). – M. GUÉROULT s. Anm. [45]. – K. LÖWITH: Vicos Grundsatz: verum et factum convertuntur (1968). Sämtl. Schr. 9 (1986) 195-228. – G. PRAUSS s. Anm. [120]. – V. DE RUVO: Il problema della verità da Spinoza a Hume (Padua 1970). – W. L. VAN REIJEN: Die W.-Frage in der transz. Deduktion. Kantstud. 61 (1970) 339-356. – J. MÖLLER: W. als Problem (1971). – TH. C. MARK s. Anm. [46]. – W. H. WALSH: Hume's concept of truth, in: Reason and reality (London 1972) 99-116. – W. HÜBENER s. Anm. [29]. – S. OTTO: Die transzendentalphilos. Relevanz des Axioms «verum et factum convertuntur». Philos. Jb. 84 (1977) 32-54. – CH. E. JARRETT s. Anm. [62]. – CH. LINK: Subjektivität und W. (1978). – J. SIMON: W. als Freiheit (1978). – M. BAUM s. Anm. [117]. – R. SPECHT: Über W. und Wissen bei Locke, in: U. NEEMANN u.a. (Hg.): Log. Philosophieren (1983) 135-152. – M. FLEISCHER: W. und W.-Grund (1984). – R. KÜHN: W. Wiss. und Weisheit 47 (1984) 210-224. – TH. NENON s. Anm. [117]. – E. CURLEY s. Anm. [62]. – Z. SZABÓ: Cogito and the Cartesian truth-criterion, in: I. M. BODNÁR u.a. (Hg.): Intensional logic, history of philosophy, and methodology (Budapest 1988) 185-201. – W. R. DE JONG s. Anm. [29]. – S. CARBONCINI s. Anm. [9]. – R. W. PUSTER: Brit. Gassendi-Rezeption am Beispiel J. Lockes (1991). – B. WINIGER: Das rationale Pflichtenrecht Ch. Wolffs (1992). – G. SCHULZ s. Anm. [117]. – E. CURLEY s. Anm. [47]. – H. RÖTTGES: Zweifel, Methode und W. bei Descartes, in: TH. S. HOFFMANN (Hg.): Denken der Individualität (1995) 105-120. – D. PERLER: Repräsentation bei Descartes (1996). – C. STROPPEL s. Anm. [12]. – J.-B. RAUZY: La doctr. Leibnizienne de la vérité. Aspects log. et ontolog. (Paris 2001).

M. ALBRECHT

V. *19. Jahrhundert.* – A. *Deutscher Idealismus.* – 1. I. KANTS transzendentalphilosophische Neubegründung der Korrespondenztheorie der W. als «Übereinstimmung unserer Erkenntniß mit Objecten», die jedoch selber als durch Verstandesregeln als «Quell aller W.» konstituiert gelten [1], erscheint seinen frühidealistischen Nachfolgern als ein halbherziges Zurückschrecken vor der unter den Bedingungen der Transzendentalphilosophie eigentlich geforderten Auflösung des traditionellen Objekt- und W.-Begriffs: Wenn die Objekte selbst als durch Erkenntnis konstituiert gelten, scheint die Korrespondenz von Erkenntnis und Objekt zur Übereinstimmung der Erkenntnis mit sich selbst werden zu müssen. Gleichwohl bleibt der korrespondenztheoretische W.-Begriff für die anschließende Epoche grundlegend.

In Kants unmittelbarer Nachfolge versteht K. L. REINHOLD den «Satz des Bewußtseyns», den Grundsatz seiner «Elementarphilosophie», zwar noch als einen Satz, der «den Realgrund seiner W.» oder seine «reelle W.» nicht aus dem Satz des Widerspruchs ableitet, sondern aus sich selbst, aus dem, «*was* in ihm gedacht wird» [2]. Nach AENESIDEMUS-SCHULZES Kritik an Reinhold wie auch an Kant [3] tritt der W.-Begriff in J. G. FICHTES früher Wissenschaftslehre jedoch gegenüber denen des Wissens und der Gewißheit systematisch wie quantitativ zurück [4] – auch wenn Fichte den Philosophen als denjenigen bestimmt, der «nur W. suche, wie sie auch ausfalle», und ein «System der W.» aufstellt [5].

Von W. ist deshalb zunächst überwiegend im nicht-transzendentalphilosophischen Kontext die Rede. Aufgrund des Begriffs der W. als «Uebereinstimmung eines Begriffs oder Satzes mit seinem Gegenstand» unterscheidet W. von Humboldt vier Gattungen der W.: a) historische, b) poetische (W. der Phantasie, idealische [Lyrik und Tragik] und pragmatische [Epik]), c) spekulative (mathematische und metaphysische) und d) empirisch-philosophische (physische oder moralische) W. [6]. Von moralischer und praktischer W. spricht auch Fichte [7], und von W. als «Versinnlichung einer Idee» F. W. J. Schelling in seiner Abhebung des philosophischen Mythos vom historischen: Der philosophische Mythos hat nichts zum Zweck «als Versinnlichung irgend einer W.» «im Geiste der alten Welt» [8].

Schelling formuliert aber auch die durch Fichte bewirkte Verschiebung der systematischen Bedingungen des W.-Begriffs durch dessen Verlagerung in das Ich provokativ: Er stellt der «hergebrachten Unterwürfigkeit unter die Herrschaft objectiver W.» den Primat der Freiheit entgegen und sucht «den Sclaven objectiver W. durch Ahnung der Freiheit zu erschüttern». Die Begründung objectiver W. führt zudem in einen Regreß: Zu ihr gelangt man nur durch Suchen nach einer schon vorhandenen W., «aber zum Ich nur durch das Ich». «Wenn du aber alle W. durch dich selbst hervorbringst, wenn der lezte Punkt, an dem alle Realität hängt, dein Ich ist, und dein Ich nur durch sich selbst und für sich selbst ist, so ist alle W. und alle Realität dir unmittelbar gegenwärtig. Du beschreibst, indem du dich selbst sezst, zugleich die ganze Sphäre der W., der W., die nur durch dich und für dich W. ist. Alles ist nur im Ich und für das Ich» [9]. Die im W.-Begriff gedachte «absolute Uebereinstimmung des Gegenstandes und des Erkennens» ist allein wirklich in der absoluten Identität von Subjekt und Objekt im Selbstbewußtsein [10]. Diese beiden Gedanken faßt Schelling nochmals in ein Argument: Die W. synthetischer Sätze erfordert «etwas Absolutwahres. – Gibt es ein solches, so muß unser ganzes Wissen und jede einzelne W. in unserem Wissen verflochten seyn mit jener absoluten Gewißheit». Der gesuchte Punkt der «vollkommensten Identität des Seyns und des Vorstellens» liege im Selbstbewußtsein [11]. Diesem Gedanken gibt Fichte 1798/99 noch eine persönliche Wendung: «W. ist Uibereinstimmung mit uns selbst, Harmonie» [12].

2. Neben und nach dieser frühidealistischen Verortung von W. im Selbstbewußtsein werden die Begriffe ‹W.› und ‹Schönheit› im Interesse eines neuen, über das Selbstbewußtsein hinausgreifenden Objektivitätsbezugs platonisierend verbunden. F. Schiller formuliert diesen Zusammenhang unter dem Primat des W.-Begriffs: «Was wir als Schönheit hier empfunden, / Wird einst als W. uns entgegen gehn» [13]. Das sog. ‹Älteste Systemprogramm des deutschen Idealismus› ordnet die W. der Schönheit unter: W. und Güte seien «nur in der Schönheit verschwistert» [14]. In seiner Identitätsphilosophie sieht Schelling in W. und Schönheit «die beiden höchsten Ausdrücke der Indifferenz» [15]. Da alle Dinge so, wie sie in ihrer ewigen Gestalt sind, in ihrer W. und Vollkommenheit sind, und Schönheit «die unbedingteste Vollkommenheit» ist, ist «die höchste Einheit der W. und der Schönheit aufgezeigt»: «Wie die W., die nicht Schönheit ist, auch nicht W., so kann hinwiederum die Schönheit, welche nicht W. ist, auch nicht Schönheit seyn». «Die höchste Schönheit und W. aller Dinge also wird angeschaut in einer und derselben Idee.» W. ist hier neuplatonisch gedacht als die Seinsweise der Dinge in einem göttlichen «urbildlichen Verstande», die jedoch der höchsten Erkenntnisart des Philosophen zugänglich ist [16]. Von dieser eigentlichen W. unterscheidet Schelling die «bloß relative», die nur gilt auf dem «Grund und Boden des Irrthums», d.h. einer durch das Kausalgesetz gedeuteten Welt [17].

Auch für G. W. F. Hegel sind «Schönheit und W. einer Seits dasselbe», jedoch nicht, weil sie in ein und derselben Idee angeschaut werden, sondern weil sie beide die Struktur von «Idee» – d.i. die Identität von Begriff und Realität – ausdrücken. Andererseits unterscheidet Hegel beide, sofern ihm die Schönheit wegen des Moments der Sinnlichkeit nicht mehr als höchste Form der W. gilt [18].

3. Entscheidend für die weitere Umbildung des W.-Begriffs in der klassischen deutschen Philosophie ist F. H. Jacobis Kritik am formalen W.-Begriff der transzendentalphilosophisch modifizierten Korrespondenztheorie. Jacobi teilt deren Begriff des Wissens und des Ich als Prinzip der Wissenschaft, doch stellt er eben deshalb den der philosophischen Wissenschaft erreichbaren W.en das von der Vernunft vorausgesetzte «Wahre» entgegen: «Ich verstehe unter dem Wahren etwas, was vor und außer dem Wißen ist; was dem Wißen, und dem Vermögen des Wißens, der Vernunft, erst einen Werth giebt». Die vom Wissen gewußten W.en seien An-sich-Nichts; ein reines Wissen somit «Nihilismus» [19].

4. Aufgrund dieser Kritik Jacobis sucht Fichte ab 1800 die W. – statt frühidealistisch im Selbstbewußtsein – im Glauben und Gewissen zu verankern: «Ich weiß, daß jede vorgebliche W., die durch das bloße Denken herausgebracht, nicht aber auf Glauben gegründet seyn soll, sicherlich falsch und erschlichen ist, indem das durchaus durchgeführte, bloße und reine Wissen lediglich zu der Erkenntniß führt, daß wir nichts wissen können. ... Durch diese Gebote des Gewissens allein kommt W. und Realität in meine Vorstellungen». Das «erste Wahre, und der Grund aller andern W. und Gewißheit» besteht darin, daß ich der Stimme des Gewissens gehorchen soll [20]. – Eine ebenfalls in Jacobis Tradition stehende Reduktion von W. auf Innerlichkeit findet sich außerhalb des transzendentalen Idealismus bei F. D. E. Schleiermacher: «Das Überzeugungsgefühl ist das Maaß der W.»; bei schwachem Überzeugungsgefühl kann keine hohe W., bei starkem kein großer Irrtum sein [21].

Den systematischen Ort, den das an sich Wahre bei Jacobi hat, besetzt bei Fichte von der ‹Wissenschaftslehre› von 1801/02 ab das «absolute Seyn» [22]. In der ‹Wissenschaftslehre› von 1804 entfaltet Fichte den neuen W.-Begriff: Sie ist als Wissenschaftslehre zugleich W.-Lehre, Aufstieg zur W. des Absoluten, das sich aber als solches dem – nicht an der W., sondern an Erscheinung orientierten – Wissen entzieht. Philosophie ist eine «wahre und auf W. gegründete Erscheinungs- und Scheinlehre» [23]. W. wird hierdurch zum höchsten Begriff einer negativen philosophischen Theologie, zum Äquivalent des Begriffs des Absoluten oder des «reinen Lichtes», jedoch nur in dem Sinne, daß zur W. allein durch «Vernichtung des Begriffs», d.h. durch Aufgeben des Erkenntnisanspruchs des begreifenden Denkens wie auch durch Vernichtung des Freiheitsanspruchs des Ichs, zu gelangen ist.

5. Hegel hingegen versteht Philosophie nicht als Erscheinungslehre, sondern als «objective Wissenschaft der W.», die nur Eine ist [24]. Der Begriff der W. als «Uebereinstimmung der Erkenntniß mit ihrem Gegenstande» ist «von grossem, ja von dem höchsten Werthe» [25]. Diese Übereinstimmung versteht Hegel jedoch nicht traditionell-korrespondenztheoretisch. Im Blick auf propositio-

nale W. ist er nicht an der Übereinstimmung von Urteil und Sachverhalt («Richtigkeit») orientiert, sondern an der internen Übereinstimmung von Subjekt und Prädikat. In den meisten Urteilsformen (etwa im positiven Urteil der Form: «das Einzelne ist ein Allgemeines») ist solche Übereinstimmung nicht gegeben; sie sind deshalb als solche nicht wahrheitsfähig; einzig in der konkreten Allgemeinheit des «Urteils des Begriffs» entsprechen sich Subjekt und Prädikat, da es «die Beziehung seiner Wirklichkeit, Bestimmtheit oder Beschaffenheit, auf seinen Begriff» ausdrückt («die Handlung so und so beschaffen ist recht») [26].

In transzendental-ontologischer Hinsicht knüpft Hegel an Kant an: Wie dieser schreibt er den Denkbestimmungen selbst W. zu, doch wirft er Kant vor, hinter seine Einsicht zurückgefallen zu sein. Da nach der «transzendentalen Deduktion» das Objekt, in dem «das Mannichfaltige der Anschauung vereinigt ist, nur diese Einheit ist durch die Einheit des Selbstbewußtseyns», so ist darin – entgegen Kant – die «Objectivität des Denkens ... bestimmt ausgesprochen, eine Identität des Begriffs und des Dinges, welche die W. ist» [27]. W. bezieht sich nicht auf «eine unbekannte Dingheit-an-sich hinter dem Erkennen». – Als «Einheit des Begriffs und der Realität» [28] kommt (ontologische) W. allen Gegenständen zu, denn in basaler Form ist «Übereinstimmung mit sich selbst» die Bedingung der Existenz jedes Gegenstandes. Andererseits liegt die Signatur alles Endlichen in der Nicht-Übereinstimmung von Begriff und Gegenstand, und insofern hat es keine W. Der Grad der Übereinstimmung eines Gegenstandes mit seinem Begriff wie auch die Angemessenheit des jeweiligen Begriffs zum «absoluten Begriff» fügen sich zu einer doppelten hierarchischen Abstufung von W. Ihre Spitze bildet der Gedanke des Absoluten als des Wahren und zugleich des Ganzen, da nichts außerhalb des Absoluten sein könne [29].

Anmerkungen. [1] I. Kant: KrV A 237/B 296. – [2] K. L. Reinhold: Über das Fundament des philos. Wissens (1791) 86. – [3] G. E. Schulze: Aenesidemus oder über die Fundamente der von dem Herrn Prof. Reinhold in Jena gelieferten Elementar-Philos. (1792). – [4] J. G. Fichte: Grundlage der ges. Wiss.lehre (1794/95). Akad.-A. I/2 (1965) 362. – [5] Über den Begriff der Wiss.lehre (1794), a.O. 146; vgl. Versuch einer neuen Darst. der Wiss.lehre (1797/98). Akad-A. I/4 (1970) 210. – [6] W. von Humboldt: Ueber Göthes Herrmann und Dorothea (1798). Werke, hg. A. Flitner/K. Giel 2 (1961) 318-321. – [7] J. G. Fichte: Zurückforderung der Denkfreiheit von den Fürsten Europens (1793). Akad.-A. I/1 (1964) 175. 178f.; Beitrag zur Berichtigung der Urtheile des Publikums über die franz. Revol. (1793/94), a.O. 205. 214. 233. 289. 371. 387 u.ö. – [8] F. W. J. Schelling: Ueber Mythen, hist. Sagen und Philosopheme der ältesten Welt (1793). Akad.-A. I/1 (1976) 212. 244. 231. – [9] Vom Ich als Princip der Philos. (1795). Akad.-A. I/2 (1980) 78f. 119. – [10] Allg. Übersicht der neuesten philos. Lit. (1797/98). Akad.-A. I/4 (1988) 84f. – [11] System des transsc. Idealismus (1800). Sämmtl. Werke [SW], hg. K. F. A. Schelling (1856-61) I/3, 363ff. – [12] J. G. Fichte: Wiss.lehre nova methodo. Kollegnachschr. Krause [1798/99], hg. E. Fuchs (1982) 106; vgl. 118. – [13] F. Schiller: Die Künstler (1789). Nat.ausg. 1 (1943) 202. – [14] Das älteste Systemprogramm des dtsch. Idealismus, in: W. Jaeschke (Hg.): Früher Idealismus und Frühromantik (1995) 97. – [15] F. W. J. Schelling: Darst. meines Systems der Philos. (1801). SW I/4, 212. – [16] Bruno oder über das göttl. und natürl. Prinzip der Dinge (1802), a.O. 226f. 220. – [17] Fernere Darst. aus dem System der Philos. (1802), a.O. 344; vgl. 363. 366. – [18] G. W. F. Hegel: Vorles. über die Ästhetik, hg. H. G. Hotho. Werke 10/1 (1835) 144. – [19] F. H. Jacobi: Jacobi an Fichte (1799). Werke, hg. K. Hammacher/W. Jaeschke 2 (2003) 207f. 214f.; vgl. 192. – [20] J. G. Fichte: Die Bestimmung des Menschen (1800). Akad.-A. I/6 (1981) 258-261. – [21] F. D. E. Schleiermacher: Vorles. über die Dialektik (1811). Krit. Ges.ausg. II/10.2, hg. A. Arndt (2002) 133. – [22] J. G. Fichte: Darst. der Wiss.lehre [1801/02]. Akad.-A. II/6 (1983) 224. – [23] Wiss.lehre (1804). Akad.-A. II/8 (1985) 228. – [24] G. W. F. Hegel: Gesch. der Philos. [1820]. Akad.-A. 18 (1995) 43ff. – [25] Wiss. der Logik II (1816). Akad.-A. 12 (1981) 26. – [26] a.O. 85-87. – [27] 23. – [28] 201. – [29] Phän. des Geistes (1807). Akad.-A. 9 (1980) 19.

W. Jaeschke

B. *Idealismuskritik*. – 1. Die herkömmliche Vorstellung einer W., die sich ohne Rekurs auf das die W. erkennende Subjekt explizieren läßt, ist durch I. Kants Kopernikanische Wende vom «objektiven» Erkenntnisgegenstand zu den «subjektiven» Bedingungen der Erkenntnis bleibend verändert worden. Kant zufolge muß nämlich das Wesen der W. im Ausgang vom Subjekt als «transzendentale W.» begriffen werden, «die vor aller empirischen vorhergeht und sie möglich macht» [1]. Diese transzendentale Neubestimmung der W. führt bei Kant zu der systematisch wegweisenden Konsequenz, daß der praktischen Vernunft ein «Primat» vor der theoretischen zugesprochen wird [2] und der Begriff der Freiheit zum «Schlußstein» des philosophischen Systems avanciert [3].

Die philosophischen Ansätze des 19. Jh., die sich als Idealismuskritik begreifen lassen, teilen mit dem Idealismus die von Kant geprägte Grundüberzeugung, daß eine angemessene Neubestimmung des W.-Begriffs nur im Ausgang vom Subjekt und in Verbindung mit dem Begriff der Freiheit zu entwickeln ist. Die systematische Vermittlung von W. und subjektiv-praktischer Freiheit hat sich jedoch stets mit der eigentümlichen Schwierigkeit auseinanderzusetzen, daß unter ‹W.› üblicherweise etwas verstanden wird, was Gültigkeit im Sinne einer überindividuellen Allgemeinheit beanspruchen kann, während nur Subjekte im Sinne individueller Personen 'frei' genannt werden können. Die idealismuskritischen Ansätze sind nun insgesamt als prinzipielle Korrektur der idealistischen Versuche zu verstehen, das Spannungsverhältnis von W. und Freiheit objektivistisch zugunsten des Allgemeinen aufzulösen. Denn der Idealismus verwandelt die freie Subjektivität als «Ich», «Selbstbewußtsein» oder «Geist» zu einem objektiven Prinzip, in dem der individuelle Charakter menschlicher Subjektivität unberücksichtigt bleiben muß. In kritischer Opposition hierzu nimmt die Idealismuskritik daher gerade den subjektiv-praktischen Charakter der Freiheit zum Ausgangspunkt, um das Wesen der W. in verschiedenen Anläufen von Grund auf neu zu verstehen.

2. Für F. W. J. Schelling besteht «ein besonderer Unterschied zwischen der unmittelbaren und insofern nicht auf die Probe gesetzten und zwischen der durch Ueberwindung des Irrthums gesteigerten W., welche also die Gefahr ihres Gegentheils schon bestanden hat» [4]. Denn die «W. kann nicht das Unmittelbare seyn» [5]. Vielmehr ist in «jeder Bewegung, die ein gewisses, sich vorgesetztes Ziel erreichen will, ... dieses Ziel das eigentlich Gewollte, demnach der eigentliche Sinn, d.h. die W. dieser Bewegung» [6]. Nur «aus der zerstörten Täuschung geht» daher «die W. hervor, nämlich die scheinfreie, als solche erkannte, befestigte und nun auch unwiderruflich gesetzte W.» [7]. Deshalb vermag Schelling pointiert zu formulieren: Wenn es «keinen Irrthum gibt, so gibt es auch keine W.» [8]. Die W. kann dergestalt nichts Primäres oder unmittelbar Gegebenes sein, weil sie als intendiertes 'Ziel' einen von ihr selbst unterschiedenen 'Anfang' voraussetzt [9].

Der spezifische Sinn des angeführten W.-Begriffs wird aber erst dann vollends deutlich, wenn man berücksichtigt, wie sehr sich Schelling bei seinen Ausführungen am subjektiv-praktischen Grundphänomen der «Persönlichkeit» orientiert. Denn auch «das sittliche Wesen» muß, «um sich als solches zu unterscheiden (worin eben der Actus der Persönlichkeit besteht), einen Anfang seiner selbst in sich selbst haben, der nicht sittlich ist» [10]. Die «Superiorität» steht deshalb für Schelling stets «im umgekehrten Verhältniß» zur «Priorität» [11] – eine Einsicht, die nicht zufällig in den Umkreis der Freiheitsschrift (1809) gehört, in der Schelling am Leitfaden der Begriffe ‹Freiheit› und ‹Persönlichkeit› einen philosophischen Neuansatz unternimmt, der seine früheren idealistischen Ansätze kritisch revidiert. Für den W.-Begriff des späteren Schelling ist dabei vor allem eine Bestimmung wegweisend, in der «Persönlichkeit» und «Erkenntnis» zueinander in Beziehung gesetzt werden: «alle Persönlichkeit ruht auf einem dunkeln Grunde, der also allerdings auch Grund der Erkenntniß seyn muß. Aber nur der Verstand ist es, der das in diesem Grunde verborgene und bloß potentialiter enthaltene herausbildet und zum Actus erhebt» [12].

Es gehört demnach wesentlich zu Schellings Begriff der W., daß sie aus «dunklen» Voraussetzungen überhaupt erst «herausgebildet» wird. «Muster und Meisterstücke» einer solchen «Herausbildung» der W. sind «die platonischen Gespräche, wo immer gewisse Annahmen (Setzungen, Thesen) vorausgehen, die im Verlauf aufgehoben werden», so daß sie sich am Ende «in stetig zusammenhangende Voraussetzungen des allein wahrhaft und bleibend zu Setzenden» verwandeln, «in das sie zuletzt eingehen». Die «dialogische Methode» Platons ist deshalb «nicht beweisend sondern erzeugend; sie ist die, in welcher die W. erzeugt wird» [13]. Der Begriff einer «erzeugten» W. macht aber den Rekurs auf die subjektiv-praktische Freiheit erforderlich, von der her allein eine solche «Herausbildung» der W. philosophisch gedacht werden kann. Daher liegt es Schelling zufolge «tief in der Eigenthümlichkeit der Philosophie, daß die W. selbst nicht eher mit Hoffnung auf Erfolg hervortreten kann, als alle ihr vorausgehenden Möglichkeiten erschöpft, zur Sprache gebracht und beseitigt sind» [14].

3. In einer *ersten* Bedeutung ist «W.» bei A. SCHOPENHAUER «die Beziehung eines Urteils auf etwas von ihm Verschiedenes, das sein Grund genannt wird». Die Gründe aber, «worauf ein Urtheil beruhen kann, lassen sich in vier Arten abtheilen, nach jeder von welchen dann auch die W., die es erhält, eine verschiedene ist» [15]. Von «logischer W.» spricht Schopenhauer dort, wo ein Urteil «ein anderes Urtheil zum Grunde» hat [16]. Ist hingegen «eine durch die Sinne vermittelte Anschauung, mithin Erfahrung» der Grund eines Urteils, «dann hat das Urtheil materiale W., und zwar ist diese, sofern das Urtheil sich unmittelbar auf die Erfahrung gründet, empirische W.» [17]. Die «transscendentale» W. eines Urteils wird durch die «im Verstande und der reinen Sinnlichkeit liegenden Formen der anschauenden, empirischen Erkenntniß» begründet [18], während die «metalogische» W. durch die «in der Vernunft gelegenen formalen Bedingungen alles Denkens» begründet wird [19]. Als jeweils unterschiedlich begründete W.en gehören diese vier «Arten» von W. für Schopenhauer insgesamt zur «Welt als Vorstellung», die als solche dem «Satz vom Grunde» unterworfen ist. Innerhalb der «Welt als Vorstellung» nimmt die sinnliche Anschauung eine Vorrangstellung ein, weil sie «die erste Quelle aller Evidenz, und die unmittelbare oder vermittelte Beziehung auf sie allein absolute W. ist» [20].

Die *zweite* und für seine Philosophie entscheidende Bedeutung von ‹W.› wird erst an der Stelle sichtbar, an der Schopenhauer die Einsicht, daß der Wille nichts anderes als die Vorstellungswelt «von innen gesehen» ist, als den «Grundstein» seiner «ganzen Metaphysik» kenntlich macht [21]. Die Einsicht in die Welt als Wille ist nämlich «eine Erkenntniß ganz eigener Art, deren W. eben deshalb nicht ein Mal eigentlich unter eine der vier Rubriken gebracht werden kann», in welche die «begründeten» W.en der Vorstellungswelt zu unterteilen sind. Schopenhauer «möchte darum diese W. vor allen andern auszeichnen und sie κατ' εξοχην philosophische W. nennen» [22]. Die «ganz eigene Art» der philosophischen W. begründet dergestalt das eigentümliche Wesen des philosophischen Wissens, weil die auf den subjektiv-praktischen Willen bezogene W. gleichsam die W. der W. ist, sofern diese (nur) als Vorstellung betrachtet wird. Denn erst mit dem Willensbezug kommt für Schopenhauer zur Sprache, was der eigentliche Sinn einer vorgestellten W. ist, d.h. jener eigentümlich subjektiv-praktische Aspekt, durch den die Vorstellungen «nicht, wie es außerdem seyn müßte, völlig fremd und nichtssagend an uns vorüberziehn, sondern unmittelbar uns ansprechen, verstanden werden und ein Interesse erhalten, welches unser ganzes Wesen in Anspruch nimmt» [23].

Der Rückgang von den vier W.en der Vorstellungswelt zur philosophischen W. der Willenswelt ist jedoch nur der Ansatz der Schopenhauerschen Philosophie, nicht ihre eigentliche systematische Pointe. Die bewußte Reflexion auf die Abhängigkeit des Erkennens vom Wollen bildet nämlich den Ansatzpunkt, um die «sekundäre» Erkenntnis vom eigentlich «primären» Willen zu emanzipieren. Vorbereitet durch die 'willenlose Erkenntnis' der ästhetischen Kontemplation, die für Schopenhauer die W. der Kunst definiert, mündet seine Philosophie in die Verneinung des Willens [24]. Erst von hier aus wird die Emphase verständlich, mit der die W. der dem Willen unterworfenen Welt entgegengesetzt wird: «Das eben ist ja der Fluch dieser Welt der Noth und des Bedürfnisses, daß Diesen Alles dienen und fröhnen muß: daher eben ist sie nicht so beschaffen, daß in ihr irgendein edles und erhabenes Streben, wie das nach Licht und W. ist, ungehindert gedeihen und seiner selbst wegen daseyn dürfte» [25].

4. Im «Begriffe der W.» fallen CH. H. WEISSE zufolge «die Momente der erkennenden Einzelheit und der erkannten Allgemeinheit» auseinander und bilden einen «absoluten Widerspruch», der auf einen «höheren Begriff» als den der W. führt, welcher individuelle Einzelheit und allgemeine W. «zusammenbringt» [26]. Diesen höheren Begriff bestimmt Weisse als Idee der Schönheit, die nur in individueller Gestalt möglich ist und daher pointiert als «aufgehobene W.» definiert wird [27]. Die systematische Spannung zwischen W. und aufgehobener W. (Schönheit) führt dann zur Idee Gottes. In kritischer «Abweichung» von Hegel [28] löst Weisse die «Idee der W.» aus ihrer fixen Identifikation «mit der rein logischen Idee», um am Ende «eine Erkenntniß Gottes in der Form der Selbstheit und Persönlichkeit» möglich zu machen, «die vor jener Ansicht unvermeidlich verschwindet» [29]. Ähnlich bestimmt auch I. H. FICHTE die Gottesidee im Sinne einer «Idee der absoluten Persönlichkeit» als den absoluten «Inhalt des Bewußtseins, als dessen W. und Realität» [30].

5. «Die W. ist» für L. FEUERBACH «nur die Totalität des menschlichen Lebens und Wesens» [31]. Diesen W.-Begriff nimmt K. MARX auf und setzt sich zugleich von ihm ab, da er den «Hauptmangel alles bisherigen Materialis-

mus (den Feuerbachschen mit eingerechnet)» darin sieht, «daß der Gegenstand, die Wirklichkeit, Sinnlichkeit nur unter der Form des Objekts oder der Anschauung gefaßt wird; nicht aber als sinnlich menschliche Tätigkeit, Praxis; nicht subjektiv» [32]. Der spezifisch subjektiv-praktische Charakter der vom Menschen tätig erzeugten Wirklichkeit wird für Marx demgegenüber «von dem Idealismus» berücksichtigt – freilich nur «abstrakt im Gegensatz zu dem Materialismus». Deshalb unternimmt er den Versuch, den materialistisch-anthropologischen Ansatz von Feuerbach mit der «idealistischen» Einsicht in den subjektiv-praktischen Charakter der Wirklichkeit zu vermitteln, um dergestalt die idealismuskritische Intention Feuerbachs vor einem falschen Objektivismus zu bewahren. «Die Frage, ob dem menschlichen Denken gegenständliche W. zukomme», ist somit für Marx «keine Frage der Theorie, sondern eine praktische Frage. In der Praxis muß der Mensch die W., i.e. Wirklichkeit und Macht, Diesseitigkeit seines Denkens beweisen» [33].

6. S. KIERKEGAARD bringt das systematische Leitmotiv der idealismuskritischen Ansätze auf den Punkt: «Was das Verhältnis des Subjekts zur erkannten W. betrifft, so nimmt man an, daß es mit der Aneignung der W., wenn nur erst das objektiv Wahre zuwege gebracht ist, eine Kleinigkeit ist, die man von selbst als Zugabe zum Kauf mitbekommt» [34]. Kierkegaards Kritik an solch einem «objektiven» W.-Verständnis betont daher gerade die «Kleinigkeit» der subjektiven Aneignung der W., von der aus ein neuer W.-Begriff zu entwickeln ist. Der pointierte Satz, die «Subjektivität ist die W.» [35], darf dabei allerdings nicht so verstanden werden, als wolle Kierkegaard die «objektive» W. einfach abstrakt negieren [36]. Vielmehr macht der Satz auf den grundlegenden Sachverhalt aufmerksam, daß W. nur als *erkannte* W. überhaupt thematisch werden kann: «Das Wie der W. ist gerade die W.» [37]. Die stets von einem Subjekt zu leistende W.-Erkenntnis hat somit nicht nur die W. des Erkannten zur Bedingung, sondern mehr noch die Freiheit des Erkennenden. Denn nur einem freien Wesen kann W. als W. aufgehen.

Deshalb stellt Kierkegaard kritisch fest: «Das Wahre hat bis jetzt wunderlicherweise den Vortritt gehabt, sofern man die Dreiheit des Schönen, des Guten und des Wahren – im Wahren (in der Erkenntnis) erfaßt und dargestellt hat. Das Gute läßt sich schlechterdings nicht definieren. Das Gute ist die Freiheit ... Aber die Freiheit ist nie im Abstrakten» [38]. Daß das Gute als Freiheit niemals abstrakt ist und sich daher «überhaupt nicht definieren» läßt, führt bei Kierkegaard – wie schon bei Schelling und Schopenhauer – zu einem «negativistischen» Ansatz [39], der das Positive nur indirekt über die Negation «negativer» Phänomene thematisiert, die das konkrete, nur individuell zu erzeugende Positive verfehlen und dadurch, so könnte man sagen, «allgemein» und einer Definition zugänglich werden. Der genaue Sinn des Diktums «Die Subjektivität ist die W.» läßt sich daher nur durch die Kritik der eigentümlichen Unwahrheit einer vermeintlich rein «objektiven» (abstrakten) W. explizieren.

Kierkegaard verweist zu diesem Zweck auf das «negative» Phänomen der «Geistlosigkeit». Denn die Geistlosigkeit «kann die W. zu eigen haben, jedoch wohl zu merken nicht als W.». Sie kann nämlich «ganz und gar das Gleiche sagen, was der reichste Geist gesagt hat, nur sagt sie es nicht inkraft des Geistes». Die W. muß hier zur bloßen Phrase werden, weil der als «geistlos» bestimmte Mensch «eine Sprechmaschine geworden» ist [40], welche die W. nur noch mechanisch wiederholen kann, ohne ihren Sinn, den Sinn der W. als W. verstehen zu können, der nur aus Freiheit verstanden und dadurch zugleich «erzeugt» werden kann. Zu dieser fundamentalen Vermittlung von Freiheit und W. heißt es bei Kierkegaard: «Der Freiheit Inhalt, intellektuell gesehen, ist W., und die W. macht den Menschen frei. Eben darum aber ist die W. ein Werk der Freiheit dergestalt, daß sie fort und fort die W. erzeugt» [41].

7. «Der Wille zur W.», heißt es bei F. NIETZSCHE, «bedarf einer Kritik – bestimmen wir hiermit unsre eigene Aufgabe» [42]. Auch hier wird also nicht unmittelbar die (objektiv verstandene) W. zum Problem, sondern der (subjektive) Wille zur W., weil Nietzsche davon ausgeht, daß W. allein im reflexiven Rekurs auf die subjektiven Bedingungen ihrer Erkenntnis angemessen zu thematisieren ist. Allerdings verschärft sich dieser Rekurs bei ihm zur Frage nach der Rechtfertigung des menschlichen Grundinteresses an W.: «Man sehe sich auf diese Frage die ältesten und die jüngsten Philosophien an: in ihnen allen fehlt ein Bewusstsein darüber, inwiefern der Wille zur W. selbst erst einer Rechtfertigung bedarf, hier ist eine Lücke in jeder Philosophie» [43].

Nachdem Nietzsche schon früh die traditionelle Vorstellung einer gegenständlich fixierbaren W. mit sprachkritischen Argumenten verworfen hat [44], richtet sich seine Kritik des Willens zur W. in einem ersten Schritt gegen die für jede Vorstellung einer «objektiven» W. konstitutive Selbsttäuschung, daß eine vermeintlich «objektive» Erkenntnis allein auf die W. gerichtet sei. Tatsächlich ist der Wille zur W. jedoch weit eher ein «Sinn für Sicherheit» [45] oder sogar «ein versteckter Wille zum Tode» [46]. Dem «wissenschaftlichen» Willen zur W. liegt «versteckt» eine fundamentale Verneinung der faktischen Realität, d.h. eine Aversion gegenüber Leben, Natur und Geschichte, zu Grunde [47]. Daher ist es für Nietzsche «von kardinaler Wichtigkeit, daß man die wahre Welt abschafft. Sie ist die große Anzweiflerin und Werthverminderung der Welt, die wir sind: Sie war bisher unser gefährlichstes Attentat auf das Leben» [48].

So kann Nietzsche am Ende den paradoxen Satz formulieren: «Die 'scheinbare' Welt ist die einzige: die 'wahre Welt' ist nur hinzugelogen» [49]. Paradox ist der Satz deshalb, weil die «wahre Welt» und die mit ihr assoziierte Vorstellung einer «objektiven» W. offenkundig nur von einem Standpunkt aus als «Lüge» bezeichnet werden können, der selbst über einen (anderen) Begriff von W. verfügt. Nietzsches eigener Standpunkt käme aber nur ganz verkürzt in den Blick, wollte man ihn auf eine teils enthusiastische, teils eher trotzige Bejahung von «Leben, Natur und Geschichte» beschränken. Vielmehr liegt dem kritischen Rückgang vom Willen zur W. auf den «Willen zur Macht» [50] ein positiver Begriff der Person zu Grunde [51]. Es macht daher für Nietzsche «den erheblichsten Unterschied, ob ein Denker zu seinen Problemen persönlich steht, so dass er in ihnen sein Schicksal, seine Noth und auch sein bestes Glück hat, oder aber 'unpersönlich': nämlich sie nur mit den Fühlhörnern des kalten neugierigen Gedankens anzutasten und zu fassen versteht. Im letzteren Falle kommt Nichts dabei heraus, so viel lässt sich versprechen» [52]. Aufs neue wird hier also die Vorstellung einer «objektiven» (unpersönlichen) W. im Namen der geistigen Freiheit der Person kritisiert, die sich selbst am Ende auf eine neu verstandene, nämlich nicht länger rein «objektiv» zu begreifende W. bezieht: «'Wie viel W. erträgt, wie viel W. wagt ein Geist?' – dies wurde für mich der eigentliche Werthmesser» [53].

Anmerkungen. [1] I. KANT: KrV A 146/B 185. – [2] KpV A 215. – [3] KpV A 4. – [4] F. W. J. SCHELLING: Philos. der Offenbarung, 9. Vorles. [1841ff.]. Sämmtl. Werke, hg. K. F. A. SCHELLING [SW] (1856-61) II/3, 183. – [5] Philos. der Mythologie 2, 20. Vorles. [1842]. SW II/2, 452. – [6] a.O. [4] 182. – [7] a.O. [5]. – [8] Darst. des philos. Empirismus [1830]. SW I/10, 235. – [9] a.O. [5]; vgl. Philos. der Mythol.: Hist.-krit. Einl. in die Philos. der Mythologie, 9. Vorles. [1842]. SW II/1, 211; A. HUTTER: Geschichtl. Vernunft (1996) 312ff. – [10] Denkmal der Schrift von den göttl. Dingen (1812). SW I/8, 66. – [11] Die Weltalter. Bruchstück [1813]. SW I/8, 311. – [12] Philos. Unters. über das Wesen der menschl. Freiheit (1809). SW I/7, 413f. – [13] Philos. der Mythol.: Philos. Einl. in die Philos. der Mythol., 14. Vorles. [1847/52]. SW II/1, 330. – [14] Vorrede zu einer philos. Schrift des Herrn Victor Cousin (1834). SW I/10, 205. – [15] A. SCHOPENHAUER: Ueber die vierfache Wurzel des Satzes vom zureich. Grunde § 29 (²1847). Sämtl. Werke, hg. A. HÜBSCHER (1937-41) 1, 105. – [16] § 30, a.O. 106. – [17] § 31, a.O. 107. – [18] § 32, a.O. 108; vgl. Art. ‹Wahrheit, transzendentale›. – [19] § 33, a.O. 108. – [20] Die Welt als Wille und Vorstellung [WWV] I, § 15 (1819/44, ³1859), a.O. 2, 82. – [21] Ueber die vierf. Wurzel ... § 43, a.O. 1, 145. – [22] WWV II, § 18, a.O. 2, 122. – [23] II, § 17, a.O. 113. – [24] IV, § 71, a.O. 486; vgl. auch: Der handschriftl. Nachlaß, hg. A. HÜBSCHER (1966ff.) 3, 236. 246. – [25] WWV, Vorrede zur 2. Aufl. (1844), a.O. XVII. – [26] CH. H. WEISSE: System der Ästhetik als Wiss. von der Idee der Schönheit I, 1, § 8 (1830, ND 1966) 51ff. – [27] § 9, a.O. 54; vgl. Philos. Dogm. I, § 354 (1855) 363f. – [28] System, Einl. § 3, a.O. 15f. – [29] a.O. 19. – [30] I. H. FICHTE: Grundzüge zum System der Philos. III, §§ 83ff. (1833, ND 1969) 3, 235ff.; vgl. I, § 208, a.O. 1, 286f. – [31] L. FEUERBACH: Grundsätze der Philos. der Zukunft (1843). Ges. Werke, hg. W. SCHUFFENHAUER 9 (1970) 338. – [32] K. MARX: Thesen über Feuerbach (1845). MEW 3, 5. – [33] a.O.; vgl. Art. ‹Wahrheit, objektive 5.›. – [34] S. KIERKEGAARD: Abschließende unwiss. Nachschr. zu den Philos. Brocken (1846). Ges. Werke (1951ff.) 16/1, 18. – [35] a.O. 16/2, 47. – [36] Vgl. TH. HAECKER: Der Begriff der W. bei S. Kierkegaard, in: Essays (1958) 381-431. – [37] KIERKEGAARD, a.O. [35] 24. – [38] Der Begriff Angst, a.O. 11/12, 114f. – [39] Vgl. M. THEUNISSEN: Das Selbst auf dem Grund der Verzweiflung (1991). – [40] KIERKEGAARD, a.O. [38] 96f. – [41] a.O. 143. – [42] F. NIETZSCHE: Zur Genealogie der Moral III, 24. Krit. Ges.ausg., hg. G. COLLI/M. MONTINARI (1967ff.) 6/2, 419. – [43] a.O. – [44] Über W. und Lüge im aussermoral. Sinne (1872), a.O. 3/2, 372f. – [45] Morgenröthe I, 26 (1881, ²1887), a.O. 5/1, 33. – [46] Die fröhl. Wiss. 5, 344 (1882, ²1887), a.O. 5/2, 258. – [47] a.O. 258f. – [48] Nachgel. Frg., Frühjahr 1888 14[103], a.O. 8/3, 73. – [49] Götzen-Dämmerung (1889), a.O. 6/3, 69. – [50] Also sprach Zarathustra II (1883), a.O. 6/1, 144; vgl. Art. ‹Wille zur Macht›. – [51] Die fröhl. Wiss. 5, 345, a.O. 5/2, 259f. – [52] a.O. 259. – [53] Nachgel. Frg., Frühj.-Sommer 1888 16[32], a.O. 8/3, 288.

Literaturhinweis. J. SIMON: W. als Freiheit (1978).

A. HUTTER

C. *Ausgehendes 19. Jahrhundert.* – 1. *Psychologische, positivistische und biologische Ansätze.* – In seiner anthropologischen Kantkritik thematisiert J. F. FRIES das Problem der W. unserer Erkenntnis auf der Grundlage einer empirisch-psychologischen Untersuchung der menschlichen Natur [1]. Die Schwierigkeiten, in die sich die Explikation der W. als Übereinstimmung zwischen Vorstellung und Gegenstand verwickelt, lassen sich überwinden, wenn ein Urteil wahr genannt wird, insofern es mit der sog. 'unmittelbaren Erkenntnis' übereinstimmt, die sich auf die innere Erfahrung bezieht. Diese W. nennt Fries auch innere oder «empirische W.» bzw. «W. des Verstandes». Demgegenüber bezeichnet er die W., die auf der Übereinstimmung zwischen unmittelbarer Erkenntnis und Gegenstand beruht, als «transcendentale oder Vernunft-W.» [2].

Die in der kritischen Nachfolge Kants von Fries noch beibehaltene – wenngleich anthropologisch-psychologisch begründete – Möglichkeit wahrer synthetischer Sätze a priori wird im Positivismus aufgegeben. Im Ausgang von A. Comte und D. Hume unterscheidet J. S. MILL lediglich zwischen verbalen oder wesentlichen Sätzen («verbal» oder «essential propositions») einerseits und realen oder akzidentellen Sätzen («real» oder «non-essential» bzw. «accidental propositions») andererseits. Die W. der ersteren beruht allein auf der Bedeutung der im Satz vorkommenden Namen, verschafft jedoch keine Erkenntnis der Wirklichkeit. Wahre reale Sätze sind demgegenüber Tatsachenaussagen und vermehren unser Wissen von der Wirklichkeit [3]. Mills Interesse gilt den realen Sätzen. Mit ihnen befaßt er sich im Zusammenhang seiner Theorie des induktiven Schließens. Die auf Schlüssen beruhende W. hängt letztlich von der intuitiv erkannten W. ab [4]. Der Logik weist Mill die Aufgabe zu, sich mit den Erkenntnissen zu befassen, die aus bekannten W.en erschlossen werden [5]. Für E. LAAS ist das Urteil das «psychische Gebilde, an welches sich die Frage wegen der W. ausschliesslich heftet» [6]. Dabei ist W. «'Uebereinstimmung' mit einem 'objectiven' Sachverhalt», wobei dieser als «'Norm'» fungiert, «nach der sich das Urtheil zu richten hat» [7]. Der höhere Wert wahrer Urteile zeigt sich in ihrem auf die Zukunft gerichteten Nutzen [8]. Gemäß dem Programm seines Empiriokritizismus versteht R. AVENARIUS ‹W.› im Kontext seiner Ausführungen zum Begriff der reinen Erfahrung, mit dem er den Dualismus zwischen Bewußtsein und Außenwelt zu vermeiden versucht. Entsprechend schillernd ist der Gebrauch des Begriffs ‹W.›. So «kann ... bald das 'Seiende überhaupt' als 'W.' charakterisiert sein, bald auch jede 'Dasselbigkeit' bez. 'Übereinstimmung'» [9]. Die kritisch gegen den Idealismus gewendete Restitution des «natürlichen Weltbegriffs» sowie die Philosophie von E. MACH unterlaufen sachlich und methodisch die klassische, mit dem Problem der W. verknüpfte Dualität von Subjekt und Objekt [10]. W. SCHUPPES sog. «Immanenzphilosophie», die dem Positivismus (Empiriokritizismus) nahesteht, aber ausdrücklich an einer positiven Bestimmung des Ich festhält [11], versteht unter ‹W.› «wahre Urteile oder Erkenntnisse, d.h. solche, welche zu ihrem Inhalte wirklich Seiendes haben» [12]. Da auch noch in jeder Meinungsverschiedenheit die Identität des Wirklichen vorausgesetzt ist, besteht die W. der Erkenntnis in ihrer Zusammenstimmung mit den bereits gesicherten Urteilen [13].

In seiner als «Kunstlehre des Denkens» konzipierten (psychologischen) Logik gibt CH. SIGWART eine umfassende Bestimmung der W.: «Wenn wir von mathematischen, tatsächlichen, sittlichen W.en sprechen: so ist der gemeinsame Charakter dessen was wir wahr nennen, dass es ein notwendig und allgemeingültig Gedachtes sei» [14]. Dieser Begriff der W. gilt auch für die «tatsächliche W.». Denn hier ist die Behauptung des Gegenteils «auf Grund einer individuellen Erfahrung» unmöglich. Umgekehrt setzt die W. identischer Sätze, die sog. «notwendige W.», «etwas Factisches» voraus, «was da sein muss, ehe das Princip der Identität darauf angewandt werden kann, um ein notwendiges Urtheil zu erzeugen» [15]. Auch W. WUNDT konzipiert eine in der Psychologie begründete Logik als normative Wissenschaft. Er unterscheidet zwischen einer «realen» W., die «ganz und gar von dem Inhalt des Gedankens abhängt», und einer «formalen» W., die «nur unter der Voraussetzung der W. anderer vermittelnder Denkakte» zustande kommt. Die je andere W. gründet dabei in einer unterschiedlichen «Evidenz der Ergebnisse des Denkens», insofern die reale W. unmittelbar (in der Anschauung), die formale W. hingegen mittelbar gewiß ist [16]. Im Zusammenhang seiner

Erörterung der logischen Gefühle, «die den Denk- und Erkenntnissprocess begleiten», führt Wundt die Differenz zwischen W. und Unwahrheit auf die Gefühle der Übereinstimmung und des Widerspruchs zurück, die die Verknüpfung von Vorstellungen begleiten [17]. Nach B. ERDMANN betrifft die Idee der W. keine Tatsachenfragen, sondern die Frage der Geltung unserer Urteile [18]. Es gibt «im Grunde nur eine W. im eigentlichen Sinne ... Alle W.en sind ... zuletzt nur spezielle Modifikationen einer und derselben W.» [19]. Dennoch bedarf die Logik der Psychologie, um ihre normative Aufgabe erfüllen zu können [20]. TH. LIPPS bestreitet einen solchen Gegensatz zwischen Norm- und Tatsachenwissenschaft. Die Logik ist für Lipps eine psychologische Disziplin [21]. W. und wirkliche Erkenntnis sind für ihn daher auch gleichbedeutend [22]. Erkenntnis wiederum «entsteht im Kampf und der Wechselwirkung der zunächst subjektiv gültigen Urteile» [23].

In kritischer Abgrenzung von Kant und den Idealisten, aber auch von Mills Positivismus und den psychologistischen Ansätzen entfaltet F. BRENTANO seine Idee einer (deskriptiven) Psychologie, die die Aufgabe einer philosophischen Grundlagendisziplin übernehmen soll. In diesem Zusammenhang müssen auch seine Ausführungen zur W. verstanden werden. Die W. des Urteils ist nach Brentano auf (letztlich unmittelbare) Evidenz, d.h. eine ihrerseits nicht weiter reduzierbare Erlebnisqualität des Urteils, zurückzuführen [24]. Brentano unterscheidet apriorische oder Vernunft-W.en und aposteriorische oder Tatsachen-W.en. Während bei ersteren «überhaupt nicht darüber geurteilt [wird], ob irgend etwas ist oder nicht ist», haben bei den letzteren nur die auf innerer Wahrnehmung beruhenden den Charakter unmittelbarer Evidenz [25]. Die Phänomene der inneren Wahrnehmung sind Thema der Psychologie. Sie «sind wahr in sich selbst. Wie sie erscheinen ..., so sind sie auch in Wirklichkeit». Demgegenüber ist nach Brentano die «W. der physischen Phänomene ... eine bloß relative W.» [26]. An die Stelle der traditionellen Auffassung der W. als Übereinstimmung von Gegenstand und Erkenntnis, an die Brentano zunächst anknüpft, tritt die Übereinstimmung von Urteilendem und evident Urteilendem [27]. Wie Brentano lehnt A. MEINONG in seiner sog. Gegenstandstheorie den Psychologismus ab [28]. Von besonderer Bedeutung ist hier die Bestimmung des Objektivs. Während nach Meinong weder physische noch psychische Objekte wahr oder falsch sein können, sind Objektive durch eben diese Eigenschaft charakterisiert und ihrerseits der Grund für die W. bzw. Falschheit von Urteilen [29]. Ein Objektiv bezieht sich auf Tatsächliches, das Gegenstand von Annahmen und Urteilen ist [30]. Da W. zunächst dem Objektiv, Evidenz hingegen primär dem Urteilserlebnis zuzurechnen ist, stehen W. und Evidenz «in einem gewissen Gegensatze» zueinander [31]. Obwohl an Meinong anschließend, ordnet A. HÖFLER W. primär dem Urteil (als Urteilsakt) zu und führt die W. des Urteils auf Evidenz zurück [32].

Sowohl in der Nachfolge CH. DARWINS als auch im Kontext der sog. Lebensphilosophie werden Versuche unternommen, den Begriff ‹W.› im Rekurs auf biologische Aspekte zu klären. Impulse des entwicklungsgeschichtlichen Denkens aufnehmend, gibt etwa E. HAECKEL eine physiologisch-genetische Erklärung der W., in der er diese auf die Funktionen der menschlichen Sinnes- und Denkorgane zurückführt [33]. Theorien verschaffen uns nach Haeckel zwar nur eine «Annäherung an die W.» und können stets revidiert werden. Gleichwohl sind sie für die wissenschaftliche Arbeit «unentbehrlich» [34]. Zum Teil berühren sich diese Überlegungen mit denen von G. SIMMEL, wenn dieser ‹W.› als einen «Verhältnisbegriff» versteht, demgemäß «jede Vorstellung nur im Verhältnis zu einer anderen wahr ist» [35]. Dabei geht auch Simmel auf die physische und psychische Organisation der erkennenden Wesen sowie ihre Lebensbedingungen zurück [36]. ‹W.› wird in diesem Zusammenhang letztlich über das Kriterium von Erfolg und Nutzen bestimmt [37].

2. *Neukantianische Ansätze.* – Die neukantianischen Ansätze zur Bestimmung der W. verbinden die Ablehnung des Psychologismus ihrerseits mit einer Anknüpfung an Kant. Entsprechend kritisch fällt das Urteil über die anthropologisch-psychologische Kantdeutung von Fries aus. Auch wenn Fries nicht in letzter Konsequenz den Schritt zum Psychologismus vollzieht, so beachtet er nach E. CASSIRER nicht die grundlegende Differenz «zwischen der objektiven Gültigkeit einer W. und ihrem einfachen 'Dasein', zwischen dem Rationalen und dem Faktischen». Vielmehr ist «die Prämisse zum Psychologismus ... überall bei ihm gegeben, sofern er in dem Dasein des Gemüts und in seiner faktischen Beschaffenheit den letzten Grund für die Geltung der notwendigen W.en sucht. ... Wie aber eine solche einfache Beschaffenheit des Gemüts die Funktion der Begründung für das gesamte logische System der W.en übernehmen kann, bleibt unerfindlich» [38]. Die kritische Haltung zur psychologistischen Auslegung der W. ist bei R. H. LOTZE in der Unterscheidung von Geltung und Genese bereits vorbereitet [39]. Schon früh verweist Lotze auf die Bedeutung des Unterschieds zwischen der Frage nach «der W. und Giltigkeit unsers Erkennens» einerseits und deren subjektiver Erklärung andererseits sowie auf die darin begründete Zweideutigkeit der Ausdrücke «Objectivität der Kategorien, Giltigkeit, W. derselben» [40]. Dabei ändert sich Lotzes Auffassung in der Entwicklung seines philosophischen Denkens. In der ‹Metaphysik› von 1841 bestimmt er W. in der Nachfolge Fichtes und in kritischer Auseinandersetzung mit Hegel teleologisch aus ihrem Sinnbezug. Die Formen des Erkennens «werden wahr sein, sobald sie dem dienen, was sein soll». In diesem ethisch-teleologischen Zusammenhang ist die W. «nicht das Prius, sondern sie hängt daran, daß das Reich des Guten sie als ihre nothwendige Voraussetzung, sowohl ihrem Dasein als ihrer Bestimmtheit nach hervorbringt» [41]. Die Vermittlung zwischen subjektiver und objektiver Seite der W. stellt Lotze heraus, wenn er später die wechselseitige Einschränkung von Erzeugung und Anerkennung der W. thematisiert [42]. Schließlich entkoppelt er sogar die Geltung der W. von ihrem (notwendigen) Bezug auf den Erkennenden. Denn «auch die niemals vorgestellte [W.] gilt nicht minder, als der kleine Theil von ihr, der in unsere Gedanken eingeht» [43]. Auf der anderen Seite betont F. A. LANGE die unaufhebbar subjektive Seite der W. Zugleich sind wir nach Lange jedoch der Überzeugung, daß unseren «Vorstellungen von Dingen ... und der aus ihnen erwachsenden Welt etwas zugrunde liegt, das nicht aus uns selbst stammt» [44]. In diesem Zusammenhang sind Theorien als «Stufen» einer «unendlichen Annäherung an die W.» zu verstehen [45].

Die bei Lotze angelegte Tendenz zu einer realistischen Bestimmung der W. findet sich im Neukantianismus bei A. RIEHL. Nach ihm «stellt [die Erkenntnistheorie] die Prinzipien zu aller Wahrheits- und Wirklichkeitsforschung fest und gibt ... aller Forschung den Maßstab» [46]. In kritischer Ablehnung psychologisch-genetischer und entwicklungsgeschichtlicher Untersuchungen der apriorischen Begriffe sowie des Idealismus und des naiven Realismus entwickelt Riehl sein Programm eines kritischen Realismus [47].

Mit seiner Ablehnung des Objektivismus hat Lange auf den Marburger Neukantianismus und den Neukantianismus insgesamt gewirkt [48]. So vertritt H. Cohen einen wissenschaftstheoretischen Idealismus, dessen Rekurs auf die «reinen Erkenntnisse» von jeder psychologischen bzw. psychologistischen Interpretation abzusetzen ist [49]. Der Begriff der W. wird dabei ganz im Rahmen der systematischen Entfaltung des reinen Denkens thematisch. Dem «Satz der Identität» als «Denkgesetz der W.» stellt Cohen den «Satz des Widerspruchs», das «Denkgesetz der Unwahrheit» gegenüber [50]. Vom «Denkgesetz der W.» bzw. von der «W. der Identität» ist wiederum das auf das System der reinen Erkenntnisse bezogene «Denkgesetz des Systems» zu unterscheiden, welches Cohen auch als «System der W.» bezeichnet [51]. Cohens Systemdenken zielt in der «Vereinigung der einzelnen Gebiete» auf eine «W. zwischen Logik und Ethik» [52]. «W. bedeutet den Zusammenhang und den Einklang des theoretischen und des ethischen Problems.» Cohen sieht sie in der – Logik und Ethik verbindenden – transzendentalen Methode [53]. Eine dynamische Auffassung der W. findet sich bei P. Natorp. Da die wissenschaftliche Erkenntnis in ihren Begründungen zu immer fundamentaleren Voraussetzungen fortschreitet, kann sie nicht von einem gegebenen Gegenstande ausgehen, der bloß zu analysieren wäre. Wissenschaft besteht daher auch nicht «in einer geschlossenen Summe fertiger W.en ..., die eines Tages bis zu Ende erkannt sein könnten» [54]. Zwar kann aufgrund des unendlichen Erkenntnisprozesses «der Gegenstand nie als erschöpfend erkannt, als endgültig bestimmt gedacht werden» [55]. Doch in der Überschreitung der einzelnen Erkenntnisse zeigt sich die Möglichkeit einer «unbedingten W.» bzw. einer «letzten W.» der Erfahrung als einer «Idee» [56]. Der (rekonstruktiven) Psychologie weist Natorp innerhalb seiner philosophischen Systematik die Aufgabe einer «subjektiven Erklärung nicht sowohl der W. als des W.-Bewußtseins» der wissenschaftlichen (logischen) und nicht-wissenschaftlichen (ethischen, ästhetischen und religiösen) Objektivierungen zu [57]. Entsprechend erweitert sich der Begriff der W. In E. Cassirers ‹Philosophie der symbolischen Formen› ist die Vielgestaltigkeit des W.-Begriffs zentrales Thema. Nicht nur die Wissenschaft, sondern auch Religion, Kunst und Mythos verfügen über eine je eigene W. [58]. Dabei geht es Cassirer darum, die gemäß den Kontexten unserer Welterschließung zu differenzierenden W.en in ihrem je eigentümlichen Recht auszuweisen [59]. Mag auch jede W. sich gemäß dem jeweiligen Weltzugang relativieren, so zielt doch alles Erkennen letztlich auf die Idee *einer* kohärenten W. Die Möglichkeit der Einordnung in den systematischen Gesamtzusammenhang fungiert dabei geradezu als Kriterium der W. der Einzelerkenntnis [60]. R. Hönigswald bezieht den W.-Begriff auf die gesamte Sphäre des Psychischen und Sinnhaften. Zwar ist nicht «jeder ‘Sinn’ ... ‘wahr’. Wohl aber kann Sinn nur heißen, wem der Bezug auf die Bedingungen der W. innewohnt; was mit ‘anderem’ so muß verknüpft werden können, daß von ihm ‘W.’ in irgendeiner Hinsicht auszusagen oder zu leugnen möglich ist» [61]. Insofern Urteile mit Geltungsanspruch über die Gegenstände von Recht, Sittlichkeit, Kunst und religiösem Glauben erhoben werden können, bezeichnet Hönigswald diese auch als «Wahrheitsformen» [62]. In der Tradition des Neukantianismus bietet der W.-Begriff Hönigswalds einen Ausgleich zwischen dem Realismus Riehls und den mehrheitlich antirealistischen Ansätzen, insofern er den Subjektbezug der W. mit dem Gedanken der Unabhängigkeit des Gegenstandes verbindet [63].

In der Südwestdeutschen Schule des Neukantianismus führen W. Windelband und H. Rickert gemäß der Auffassung vom Primat des Praktischen innerhalb der Erkenntnistheorie W. auf das Urteilen als eine wertende Handlung zurück und stellen im Begriff des Wahrheitswerts (s.d.) eine Verbindung zwischen W. und Wert her. Die Bestimmung der sog. ‘transzendenten W.’ als Übereinstimmung von Vorstellung und Gegenstand ist nach Windelband unhaltbar, da die Vorstellung nie mit dem Gegenstand selbst verglichen werden kann. Weil jedoch selbst Vorstellungen, die untereinander übereinstimmen, auf denselben Gegenstand bezogen sein müssen, verweist auch der sog. ‘immanente W.-Begriff’ auf die transzendente W. [64]. Windelband entwickelt mit Hilfe des Kriteriums der Notwendigkeit und Allgemeinheit schließlich einen «formalen W.-Begriff», gemäß dem «wahr in allen Fällen das ist, was behauptet werden soll» [65]. Dem Konflikt zwischen der Abhängigkeit der Werte vom jeweiligen Fühlen und Wollen und dem im Werten geforderten letzten Wertmaßstab versucht Windelband durch die Einführung des Normalbewußtseins zu begegnen, das – als Postulat – die Zugänglichkeit eines «Wertes-an-sich» verbürgen soll [66]. Das von Rickert gesuchte «Kriterium für die W.» ist die Gewißheit als ein realer psychischer Zustand (ursprünglich spricht Rickert von einem Gefühl), der vom erkennenden Subjekt die Anerkennung des zeitlos geltenden Wertes, dem es zustimmen soll, fordert [67]. Auch Rickert gibt den Begriff der W. als Übereinstimmung von Vorstellung und Wirklichkeit auf. Bei ihm übernimmt das Sollen die Funktion, die nach traditioneller W.-Auffassung der Wirklichkeit zugesprochen wird: Anstelle der Ausrichtung auf die Realität tritt die Ausrichtung auf den Wert [68]. Die bloß subjektive Bedeutung des W.-Kriteriums versucht Rickert zu vermeiden, indem er das Sollen als ein transzendentes Sollen interpretiert, das besagt, «daß das Sollen gilt, gleichviel ob irgendein Akt des Subjekts es bejahend anerkennt oder nicht» [69].

Kritik an der von Windelband und Rickert entwickelten W.-Auffassung äußert innerhalb der Südwestdeutschen Schule des Neukantianismus E. Lask. Gegenüber der Zurückführung des Urteils auf ein Werten und Sollen betont er die Objektivität und Reinheit der W. und des Geltens [70]. Lask versucht, am traditionellen Gedanken der Übereinstimmung festzuhalten, wobei deren Wert nicht aus dem Übereinstimmen selbst stammt, sondern bereits «in dem, womit übereingestimmt und nicht übereingestimmt wird, ... liegt» [71]. Auch für J. Cohn ist W. «geltender Wert, der zur Hauptklasse ‘Urteil’ gehört» [72]. Da der Wille den Wert nicht erschafft, ist dieser von unserem Willen unabhängig [73]. Dabei ist nicht das isolierte Urteil, sondern «ein Ganzes aus Urteilen» wahr, wobei die W. des einzelnen Urteils und die Einordnung in das Ganze in einer eigenen Dialektik vermittelt werden [74]. Eine eingehende Erörterung findet der W.-Begriff bei B. Bauch. Einflüsse von Hegel, Lotze, Windelband und Rickert aufgreifend, versucht er in seinem Hauptwerk, die Problemeinheit der Titelbegriffe «W., Wert und Wirklichkeit» herauszustellen [75].

Anmerkungen. [1] Vgl. z.B. J. F. Fries: Neue oder anthr. Kritik der Vernunft 1, Einl. (1807, [2]1828) 40f. – [2] § 71, a.O. 346ff.; Wissen, Glaube und Ahndung (1805), neu hg. L. Nelson ([2]1931) 28ff.; vgl. System der Logik § 94 (1811, [3]1837, ND 1914)

307f. – [3] J. S. Mill: A system of logic, ratiocinative and inductive. Being a connected view of the principles of evidence and the methods of scient. investigation I, 6, § 4 (London 1843). Coll. works 7 (Toronto/Buffalo 1974) 115f.; dtsch.: System der dedukt. und indukt. Logik I (1849). Ges. Werke 2 (1884, ND 1968) 129f. – [4] Vgl. Introd., § 4, a.O. 6f./4f. – [5] a.O. 8f./7f. – [6] E. Laas: Idealismus und Positivismus. Eine krit. Auseinandersetzung I, § 25 (1879) 231; vgl. 233. – [7] § 27, a.O. 251. – [8] §§ 28ff., a.O. 263ff. – [9] R. Avenarius: Kritik der reinen Erfahrung II, § 655 (1890, ^{2}1909) 139. – [10] Vgl. Der menschl. Weltbegriff (1891, ^{3}1912); E. Mach: Die Analyse der Empfindungen und das Verhältnis des Physischen zum Psychischen (^{7}1918) [1. Aufl. u.d.T.: Beiträge zur Analyse der Empfindungen (1886)]; Erkenntnis und Irrtum. Skizzen zur Psychol. der Forschung (1905, ^{5}1926): zur Aufnahme der adaequatio-Formel innerhalb des positivist. Ansatzes; vgl. demgegenüber: Th. Ziehen: Lehrb. der Logik auf positivist. Grundlage mit Berücksichtigung der Gesch. der Logik § 60 (1920) 284 (mit Anm.). – [11] W. Schuppe: Die Bestätigung des naiven Realismus. Offener Br. an Herrn Prof. Dr. R. Avenarius (1893), in: Avenarius, a.O. [10] (^{3}1912) 135-174, 168. – [12] Grundriss der Erkenntnistheorie und Logik § 154 (1894) 169. – [13] §§ 154ff., a.O. 169ff. – [14] Ch. Sigwart: Logik I, § 1 (1873, ^{4}1911) 1, 1. 8. – [15] § 31, a.O. 249f. – [16] W. Wundt: Logik. Eine Unters. der Prinzipien der Erk. und der Methoden wiss. Forschung I, 1, 2. Kap., 1 b (1880, ^{3}1906) 78. – [17] Grundzüge der physiolog. Psychologie III, 19, § 5 (1874, ^{5}1903) 625; vgl. Logik, a.O. 82f.; vgl. Art. ‹Wahrheitsgefühl; Wahrheitssinn›. – [18] B. Erdmann: Logik I: Log. Elementarlehre §§ 19ff., bes. 20 (1892, ^{2}1907) 27ff., bes. 30; vgl. § 315, a.O. 383. – [19] § 315, a.O. 385. – [20] § 20, a.O. 30. – [21] Th. Lipps: Grundzüge der Logik §§ 1. 3 (1893) 1f. – [22] § 32, a.O. 17. – [23] § 37, a.O. 19. – [24] Vgl. F. Brentano: Die Lehre vom richtigen Urteil § 42, hg. F. Mayer-Hillebrand (Bern 1956) 195. 192f.; Psychol. vom empir. Standpunkt III, 1, 1. Kap., § 2, hg. O. Kraus (1928, ^{2}1968, ND 1974) 2f.; W. und Evidenz, hg. O. Kraus (1930, ND 1974) 137. – [25] Urteil §§ 35ff., bes. § 42, a.O. 141ff., bes. 192. – [26] Psychol. vom empir. Standpunkt I, 1, 1. Kap., § 3 (1874), hg. O. Kraus (^{2}1924, ND 1973) 28. – [27] Vgl. O. Kraus: Einl. des Hg., in: Brentano: W. und Evidenz, a.O. [24] VIIff.; W. und Evidenz, a.O. 139; Urteil § 42, a.O. [24] 194f. – [28] z.B. A. Meinong: Über Gegenstandstheorie § 8 (1904). Ges. Abh. 2: Abh. zur Erkenntnistheorie und Gegenstandstheorie (1913) 481-535, 506. – [29] Über Möglichkeit und Wahrscheinlichkeit. Beitr. zur Gegenstandstheorie und Erkenntnistheorie § 7 (1915) 38f.; vgl. Über Annahmen § 13 (1902, ^{3}1928) 81; vgl. Art. ‹Objekt 9.›. Hist. Wb. Philos. 6 (1984) 1047-1049. – [30] a.O. 39f. – [31] § 52, a.O. 440. – [32] A. Höfler: Logik §§ 10f. 41 (Wien 1890), 2. Aufl. u.d.T.: Logik und Erkenntnistheorie I (1922) 58ff. 403 (Anm.). – [33] E. Haeckel: Die Welträtsel. Gemeinverständl. Studien über Monist. Philos., 16. Kap. (1899, TA 1909) 180ff., bes. 181. – [34] a.O. 185. – [35] G. Simmel: Philosophie des Geldes, Analyt. Teil, 1, III (1900). Ges.ausg. 6, hg. D. P. Frisby/K. Ch. Köhnke (1989) 100. 97. – [36] a.O. 102f. – [37] Vgl. insges. a.O. 100ff. – [38] E. Cassirer: Das Erkenntnisproblem in der Philos. und Wiss. der neueren Zeit III, 7 (1920). Ges. Werke 4 (2000) 459f.; vgl. insges. a.O. 431ff., bes. 445ff. – [39] Vgl. G. Gabriel: Einl. des Hg., in: R. H. Lotze: Logik III, hg. G. Gabriel (1989) bes. IX. XIIIf.; vgl. auch: Art. ‹Gelten; Geltung›. Hist. Wb. Philos. 3 (1974) 232-235. – [40] R. H. Lotze: Metaphysik III, 1, §§ 59f. (1841) 289f. – [41] 3, §§ 65. 67, a.O. 319. 328; vgl. insges. bes. a.O. 316ff.; vgl. C. Hanser: Das W.-Problem bei Lotze im problemgeschichtl. Zus. (1928) 22ff. – [42] Mikrokosmus. Ideen zur Naturgeschichte und Gesch. der Menschheit. Versuch einer Anthropologie III, 9, 5. Kap. (1864, ^{5}1909) 590. – [43] Logik § 318 (1874, 1912), hg. G. Gabriel (1989) 515; vgl. hierzu auch: § 341, a.O. 560f. – [44] Vgl. z.B. F. A. Lange: Gesch. des Materialismus und Kritik seiner Bedeutung in der Gegenwart II, 4, 4. Kap. (1866), hg. A. Schmidt (1974) 984. – [45] 2, 1. Kap., a.O. 619. – [46] A. Riehl: Der philos. Kritizismus. Geschichte und System 1-3 (1876-87, ^{2}1908-26) 8 (2, Einl. § 1). – [47] Vgl. § 2, a.O. 8ff.; §§ 1. 5, a.O. 3. 19ff. – [48] H.-L. Ollig: Der Neukantianismus (1979) 20. – [49] H. Cohen: Logik der reinen Erkenntnis (System der Philos. 1) (1902, ^{2}1914). Werke 6 (1997) 597f.; vgl. Kants Theorie der Erfahrung (1871, ^{3}1918). Werke 1/1 (1987) 97ff. – [50] a.O. 115. – [51] 395. – [52] 610. – [53] Ethik des reinen Willens (1904, ^{2}1907) 89ff.; vgl. H. Holzhey: Ursprung und Einheit. Die Gesch. der ‘Marburger Schule’ als Auseinandersetzung um die Logik des Denkens 1 (1986) 327ff. – [54] P. Natorp: Die log. Grundlagen der exakten Wiss.en (1910, ^{3}1923) 19; insges. 12ff. – [55] a.O. 33f., bes. 34. – [56] Vgl. Metakrit. Anhang (1920): Logos–Psyche–Eros, in: Platos Ideenlehre. Eine Einf. in den Idealismus (1903, ^{2}1922, ND 1961) 469; Philosophie. Ihr Problem und ihre Probleme. Einf. in den krit. Idealismus (1911) 66f. – [57] Allg. Psychologie nach krit. Methode (1912) 195ff., bes. 202. – [58] E. Cassirer: Philos. der symbol. Formen 1-3 (1923-29, ^{2}1953, ND 1988) 1, 24; vgl. 18. – [59] Vgl. (auch zum folgenden) A. Graeser: E. Cassirer (1994) 159ff. – [60] Vgl. Cassirer, a.O. [58] 2, 42f. – [61] R. Hönigswald: Die Grundlagen der Denkpsychologie. Studien und Analysen (1921, ^{2}1925, ND 1965) 266; vgl. 177. – [62] Grundfragen der Erkenntnistheorie (1931), hg. W. Schmied-Kowarzik (1997) 165; vgl. Denkpsychologie, a.O. 212. – [63] Denkpsychologie, a.O. 264. – [64] W. Windelband: I. Kant. Zur Säkularfeier seiner Philos. (1881), in: Präludien 1 (1884, ^{9}1924) 112-146, 128ff.; Einl. in die Philos. § 9 (1914, ^{3}1923) 197ff. – [65] Einl., a.O. 200, insges. 199ff. – [66] § 13, a.O. 254ff., bes. 255. – [67] H. Rickert: Der Gegenstand der Erkenntnis. Einf. in die Transz.philos. (1892, ^{6}1928) 197ff.; vgl. Art. ‹Wahrheitskriterium II.›. – [68] a.O. 202ff. – [69] 232; insges. 233ff. – [70] E. Lask: Gibt es einen ‘Primat der prakt. Vernunft’ in der Logik? (1908). Ges. Schr., hg. E. Herrigel 1-3 (1923/24) 1, 353f. 350. – [71] Die Lehre vom Urteil, a.O. 2, 386ff., bes. 386f. – [72] J. Cohn: Wertwissenschaft § 102 (1932) 400. – [73] Wirklichkeit als Aufgabe (1955) 46. – [74] a.O. [72] 400f. – [75] B. Bauch: W., Wert und Wirklichkeit, Vorwort (1923) V; vgl. Ollig, a.O. [48] 77.

Literaturhinweise. P. Goedeke: W. und Wert. Eine log.-erk.theor. Unters. ueber die Beziehungen zwischen W. und Wert in der Wertphilos. des badischen Neukantianismus (1928). – C. Hanser s. Anm. [41]. – O. Kraus s. Anm. [27]. – H. Holzhey s. Anm. [53]. – H.-D. Häusser: Transz. Reflexion und Erkenntnisgegenstand (1989). – A. Graeser s. Anm. [59] 159ff.

K. Mertens

VI. *20. Jahrhundert. – A. Kontinentale Philosophie. –* 1. In der Kritik der Beschränkung von W.en auf Naturtatsachen [1] insbesondere im Psychologismus berührt sich der Neukantianismus mit E. Husserls Versuch einer Neubegründung der reinen Logik als einer Wissenschaftslehre. Daß die «Geltung» bzw. «W.» ihrer Sätze a priori begründet ist [2], legitimiert für das Gebiet der «rein begrifflichen» (d.h. vor allem der logischen) Erkenntnis die emphatische Rede von der «einen und alleinigen W., die jede andersartige Möglichkeit ausschließt» [3]. Darin liegt bereits ihr *An-sich-sein* beschlossen: W. hat keine ihr wesentliche «Beziehung zu denkenden Intelligenzen». Positiv formuliert: Das «Sein oder Gelten» der W. besitzt «den Wert von idealen Möglichkeiten», ist ein «ideales Sein», «eine Geltungseinheit im unzeitlichen Reiche der Ideen». Das ist die «echte Objektivität» der W. [4], der sich jedoch kein sinnvoller Gebrauch von «subjektiver W.» entgegensetzen läßt [5]. Diese strenge Sonderung des Idealen und Realen vorausgesetzt [6], reflektiert Husserl im Rahmen einer *deskriptiven Phänomenologie* der Erkenntniserlebnisse auf den «Ursprung» des W.-Begriffs [7], um nun W. als «Evidenz» (s.d.) [8] zu fassen. Das geschieht ganz aus der Unterscheidung zwischen Intention und Erfüllung heraus, wird jedoch zugleich eingeschränkt auf den Bereich seinssetzender Akte. Endgültige und letzte Erfüllung aller Partialintentionen definiert den phänomenologisch haltbaren Sinn einer «adaequatio rei et intellectus»: «das Gegenständliche ist genau als das, als welches es intendiert ist, wirklich ‘gegenwärtig’ oder ‘gegeben’» [9]. Genau das meint auch der «erkenntniskritisch prägnante Sinn von Evidenz»: das letzte «Vollkommenheitsideal ... der adäquaten Wahrnehmung, der vollen Selbsterscheinung des Gegenstandes». Dabei handelt es sich um den komplexen Akt einer Erfüllungssynthesis, insofern auf der Aktseite Intention und Erfüllung («Deckung»), auf der Gegenstandsseite aber das Gemeinte mit der «Sache selbst» zur Einheit gebracht wird («Identifizierung»). Je nachdem, welcher Aspekt an diesem noetisch-noematisch beschreibbaren Erfüllungsgeschehen in den Vordergrund gerückt wird, ergeben sich vier unterscheidbare W.-Begriffe [10]. Der als Selbstgegebenheit (s.d.) des Gegenstandes verstandenen Evidenz entsprechend und daher zentral, ist W. das objektive Korrelat der Evidenz: «die volle Übereinstimmung zwischen Gemeintem und Gegebenem». Dieser Begriff von «Sein im Sinne der W. oder auch W.» [11] bleibt auch für die *transzendentale Phänomenologie* bestimmend [12]. Zweierlei wird nun jedoch deutlicher: Zum einen läßt sich W. mit der im Rahmen der Konstitutionsproblematik [13] analysierten Korrelation von «wahrhaftig-sein» und «vernünftig ausweisbar-sein» [14] gemäß den unterschiedlichen Typen von Vernunft in doxologische (theoretische), axiologische und praktische W. unterscheiden [15]. Zum anderen wird W. vor dem Hintergrund eines teleologischen Begriffs von Vernunft auch ihrerseits zu einer im Unendlichen liegenden Idee [16], so daß schließlich der logische Absolutismus der Frühphilosophie zugunsten einer Betrachtung von W. in ihren «Horizonten» überwunden wird: Nicht mehr einseitig orientiert am wissenschaftlichen Ideal eines Seins bzw. einer W. «an-sich», wenngleich ohne Verzicht auf diese [17], wendet sich die Philosophie den «Unendlichkeiten des Lebens» und d.h. den «Unendlichkeiten relativen ... Seins mit dessen relativen W.en» zu [18].

Mit der scharfen Trennung des «Guten und Wahren» [19] bereitet der frühe M. Scheler seine Kritik an Windelbands werttheoretischer Bestimmung des W.-Begriffs vor: Weil W. nur «Sätzen» zukommt, weil also «wahr» kein (wie «gut» oder «schön») «mögliches Merkmal eines Gegenstandes oder einer Person» ist, deswegen läßt sich «wahr» auch nicht dem Begriff des Wertes unterordnen [20]. Ist zwar W. rein als solche «kein Wert», so können doch umgekehrt Sätze über Werte gleichwohl «'wahr' sein» [21]. Denn W. selbst meint stets und überall die «'Übereinstimmung mit Tatsachen'», ist also diesen gemäß zu differenzieren: Sätze etwa sind «a priori 'wahr', weil die Tatsachen, in denen sie Erfüllung finden, 'a priori' gegeben sind» [22]. Daß dabei die «Einsicht in die W. stets ein plötzliches Aufblitzen [ist], das keine Grade hat und stets den Charakter des Empfangens, nicht des Leistens, Machens, Gestaltens besitzt» [23], ist der Hintergrund für Schelers späte Kritik an der pragmatischen «Verfälschung der formalen Ideen des 'Wissens', der 'Erkenntnis', der 'W.'» [24]: W. ist kein «Erzeugnis unseres Geistes» [25], sondern auch jetzt wieder nur Ausdruck einer Übereinstimmung – nicht zwischen Intellekt und Sache, wohl aber eines Satzes mit dem «evidenten und maximal adäquaten anschaulichen Sosein» des Gegenstandes, das «in unseren Geist hereinleuchtet» [26].

Die schon in der Frühphilosophie sich abzeichnende [27] Verbindung von Phänomenologie, Transzendentalphilosophie und Ontologie ermöglicht es M. Heidegger (durchaus mit Husserl [28]), hinter die Aussage-W. auf deren ermöglichenden Grund zurückzufragen: Nicht der Satz ist der «Ort der W.», W. ist vielmehr gerade umgekehrt «Ort des Satzes» [29]. Das gilt in einem mehrfach «fundierten» Sinne: Gegenüber der Satz-W. ursprünglicher ist bereits die vorprädikative «Offenbarkeit von Seiendem», die sog. «ontische W.». Sie ist «den verschiedenen Arten und Bezirken des Seienden gemäß» zu differenzieren in: «Entdecktheit» als «W. von Vorhandenem» und «Erschlossenheit» als W. «des existierenden Daseins» [30]. Dieses 'In-sich-gelichtet-Sein' des Daseins [31] ist dabei selbst noch einmal die ontologische Möglichkeitsbedingung der «Entdecktheit» von innerweltlich Seiendem, die daher auch nur «W. im zweiten Sinne» genannt werden darf. «Primär wahr ... ist das Dasein». Insofern ihm sein Sein immer schon erschlossen ist, ist das Dasein «'in der W.'», wenngleich es als wesenhaft «verfallendes» auch «in der 'Unwahrheit'» ist, sich selbst also «verschlossen». Beides wurzelt in der Seinsverfassung des Daseins als geworfener Entwurf [32]. Systematisch für Heidegger wichtig ist dabei ein Doppeltes: Die das Dasein auszeichnende innere Spannung von W. und Unwahrheit bestimmt erstens die in der W. gründende «Gewißheit», und zwar gerade mit Blick auf das verdeckende Sein zum Tode als bloßes «Fürwahrhalten» [33]. Und sie liegt zweitens dem griechischen Begriff der ἀλήθεια zugrunde: «W. (Entdecktheit) muß dem Seienden immer erst abgerungen werden. Das Seiende wird der Verborgenheit entrissen. Die jeweilige faktische Entdecktheit ist gleichsam ein Raub» [34], ἀλήθεια daher besser mit «Unverborgenheit» (s.d.) zu übersetzen [35]. Dabei bleibt sowohl mit Blick auf Erschlossenheit wie Entdecktheit entscheidend: Ontisches Offenbarmachen hat nicht den Charakter «bloßen Vorstellens (Anschauens)», sondern «geschieht im stimmungsmäßigen und triebhaften Sichbefinden». Doch ist auch solche ontische W. selbst noch einmal ermöglicht, und zwar durch eine vorgängige «Enthülltheit des Seins»: «ontologische W.» [36], «veritas transcendentalis» [37], die wie «alle W.» relativ ist auf «das Sein des Daseins»: «W. 'gibt es' nur, sofern und solange Dasein ist» [38].

Vor allem dieser existenziale Begriff von W. hat zu kontroversen Diskussionen Anlaß gegeben [39], u.a. dort, wo neben dem geschichtlichen Dasein auch das unter- sowie über-geschichtliche «Dawesen» (Natur und absoluter Geist), neben den Existenzialen auch die «Para-Existenziale» wieder in den Blick kommen: «Das Dasein ist fragwürdig, das Dawesen fraglos». «Zwei Weisen der W.» sind daher zu unterscheiden: «erstens das eigentliche Wahrsein, das Entdeckt- oder Erschlossensein (ἀληθὲς εἶναι), was eine ursprüngliche Verborgenheit (λήθη) und damit Fragwürdigkeit voraussetzt ... Zweitens das Wahrwesen, in dem sich die ursprüngliche lichte Offenheit und kristallene Durchsichtigkeit des Dawesenden als Fraglosigkeit ausdrückt» (O. Becker) [40]. Die weitere Rezeption des Heideggerschen Konzepts [41] wird vielfach bestimmt durch die Tatsache, daß sein existenzialer W.-Begriff zu jener «Un-Verborgenheit», die doch ein «Grundzug am Seienden selbst» sein soll, in einer gewissen Spannung steht (E. Fink) [42]. – Aber auch unabhängig von Heidegger und orientiert an Husserls Frühwerk bleibt die ontologische Problematik bestimmend (R. Ingarden) [43]. Unter dem Eindruck Husserls, aber auch Schelers, vollzieht N. Hartmann die Wende zur Ontologie. Daß die «Sache» gegenüber ihrer Erkenntnis «gleichgültig», ihr «'Gegenstehen'» (als Objekt einer auf sie bezüglichen Erkenntnis) für ihr Sein «sekundär», dieses mithin «übergegenständlich» ist [44], läßt W. zu einem primär «gnoseologischen» Thema in mehrfachem Sinne werden: «Wahr oder unwahr kann im strengen Sinne immer nur das Bild des Objekts, das Erkenntnisgebilde sein» [45]. Das von aller sittlichen («Wahrhaftigkeit») wie axiologischen Fragestellung unabhängige Problem der W. ist daher das ihrer «transzendenten» «Objektivität»: W. meint die «Übereinstimmung» eines Erkenntnisinhaltes «mit dem realen Gegenstande, also eine die Immanenz transzendierende Relation» [46], im Unterschied zur «immanenten W.» oder «Richtigkeit», die sich lediglich «auf die innere Übereinstimmung der Erkenntnisgebilde unter sich» [47] bezieht. Gnoseologisch ist das Problem der W. auch insofern, als transzendente W. «zur Erkenntnis als solcher» gehört, «unwahre» Erkenntnis daher eigentlich das gänzliche «Fehlen der Erkenntnis» meint [48]. In der Unabhängigkeit des Gegenstandes von jeder Erkenntnis ist de facto die der «W.» bereits eingeschlossen, Bolzanos «W. an sich» daher in ihr ontologisches Recht eingesetzt [49] und so jeder skeptische Relativismus überwunden [50]. Ist die W. absolut, so doch keineswegs das «W.-Bewußtsein», so daß gerade hier die Frage nach dem Wahrheitskriterium (s.d.) akut wird [51].

2. Die in ‹Sein und Zeit› nur erst angedeutete Differenzierung von W. und ἀλήθεια verschärft sich in HEIDEGGERS *Spätphilosophie* [52], wird jedoch nicht mehr aus der «Geschichtlichkeit» des Daseins, sondern aus der Geschichte des Seins heraus verstanden. Für den W.-Begriff ist dabei entscheidend: Er wird zusehends identifiziert mit dem in der abendländischen Metaphysikgeschichte spätestens seit Platon dominierenden, auf die Subjektivität des Menschen hin ausgerichteten Verständnis von W. als Richtigkeit (s.d.) [53], das den gemeinsamen Nenner für alle anderen Begriffe von W. etwa als «adaequatio», «certitudo», aber auch als «Wert(-schätzung)» [54] darstellt. Das erklärt einerseits Heideggers starkes Interesse am Vorgang der Übersetzung von ἀλήθεια [55], der sich andererseits jedoch nur bedingt als «Wesenswandel der W.» [56] interpretieren läßt, insofern ἀλήθεια lediglich als Richtigkeit in den Blick kam [57], eben dabei aber selbst «ungedacht» [58] blieb, und zwar von «Anfang» an. Deswegen blickt Heidegger bei seinem Versuch, W. nicht mehr metaphysisch aus der Subjektivität des Subjekts heraus zu denken, zunächst auf die *Kunst*. Hier zeigt sich, daß W. nicht «an sich vorhanden», nichts «Zeitloses und Überzeitliches» ist, daß sie vielmehr «geschehen» kann. In diesem nicht mehr am Sich-verstehen des endlichen Daseins abgelesenen Sinne ist also W. «geschichtlich» [59]: ein «W.-Geschehen» [60], über das der Mensch nicht verfügt, in das er vielmehr – wie Heidegger am Beispiel der Technik erläutert – geschickhaft-epochal hineingestellt ist [61]. Kunst (nicht Wissenschaft) ist dabei nicht nur eine von ganz wenigen Weisen [62], wie W. sich «ereignet» [63]. Darüber hinaus wird vielmehr zweierlei bedeutsam: Indem im Werk der «Streit» von «Welt» und «Erde», Sich-Öffnen und In-sich-Stehen ausgetragen wird, ist die Kunst insofern ausgezeichnet [64], als sich bei ihr erstens ablesen läßt, auf welche Weise dieses «Geschehnis» der «Unverborgenheit (W.)» sich vollzieht: W. ist «Lichtung», die dem Menschen den «Durchgang zum Seienden» «schenkt und verbürgt»; sie ist in sich jedoch auch (zweifache) «Verbergung», ohne die alles Sich-Zeigen nicht möglich wäre [65]. In solcher «Zweideutigkeit» [66] also ist W. ihrem Wesen nach erneut «Un-wahrheit» [67]. Das wird im Rückgang zu den «anfänglichen Denkern» [68], vor allem zu Parmenides, weiter präzisiert im Begriff der «Ent-bergung», der über das Aufheben der erneut zweifachen Verbergung hinaus auch das Moment des «Bergens» [69] hervorhebt: Erst aus solchem «Bergen und Verwahren» heraus kann «Unverborgenheit gewährt werden» [70], also jene «Lichtung», in der es «Sein sowohl wie Denken und ihre Zusammengehörigkeit erst gibt» [71]. – Dazu kommt zweitens: Gerade bei der Kunst und hier noch einmal besonders bei der Poesie wird deutlich, daß die sich in der «Dichtung» vollziehende «Stiftung der W.» im Werk der «Sprache» immer schon geschehen ist [72], daß also deren Wesen in gar nichts anderem besteht als «in der Ent-bergung, im Walten der 'Αλήθεια» [73].

3. Die Spannung zwischen Husserls Rückgang auf die vorprädikativen Gegebenheiten der Lebenswelt und einem transzendental-idealistischen Konzept von Phänomenologie ist der Hintergrund für M. MERLEAU-PONTYS Philosophie der Ambivalenz. Sie bestimmt auch seinen Begriff der W., deren 'Ursprungserklärung' allerdings erst das Spätwerk liefern sollte [74]. Zweierlei wird jedoch von Anfang an fragwürdig: Einerseits die «attitude de vérification» mit ihrem Begriff einer W. an sich («vérité en soi») [75], andererseits aber auch der Versuch, W. mit Augustinus und Husserl [76] in einer weltkonstruierenden, reinen sinngebenden Subjektivität aufzusuchen: «Die W. 'bewohnt' (habite) nicht bloß den 'inneren Menschen' (homme intérieur), vielmehr gibt es keinen inneren Menschen: der Mensch ist zur Welt (au monde)» [77]. Zwar ist damit ausgeschlossen, die welt-erschließende Wahrnehmung noch einmal idealistisch tiefer zu begründen [78], jedoch ist es gerade unser «Sein zur Welt» («être au monde»), das «die W. der Wahrnehmung (vérité perceptive), die Verwirklichung einer Wahr-Nehmung (la réalisation effective d'un Wahr-Nehmung) erst möglich» macht, das also auch dem «Schein» noch «das Gewicht der W.» («le poids de la vérité») verleiht [79]. In diesem Sinne trennt uns nicht nur nichts von aller W. [80], wir sind geradewegs «durch und durch wahr» («nous sommes de part en part vrais») [81], «in der W.» («dans la vérité») [82]: Unser «'Sein-zur-W.' (être-à-la-vérité) unterscheidet sich nicht vom Zur-Welt-Sein» [83].

4. Im Ausgang von den historischen Geisteswissenschaften, vor allem aber von Dilthey her stellt sich für H.-G. GADAMER schon früh das Problem von «W.» und «Geschichte» [84]. Hier zeigt sich, daß «W. in den Geisteswissenschaften» nicht jenseits, sondern nur in der «Überlieferung» (s.d.) durch deren «Aneignung» gefunden werden kann [85], Geschichtlichkeit hier also keine Grenze, sondern geradewegs Bedingung von W.-Erkenntnis ist [86]. Das widerspricht der (Selbst-)Verabsolutierung der (aufklärerischen) Vernunft, steht daher im Zeichen endlicher Freiheit [87]. Der Charakter solcher W. – beispielhaft erfahren in der Kunst [88] – ist daher näher zu fassen in Abgrenzung vom herrschenden «Ideal der Verifikation», der «Nachprüfbarkeit», das die «Methode» der modernen, mathematischen (Natur-)Wissenschaft und damit deren Begriff von «W. (veritas)» als «Gewißheit» bestimmt [89]. Faktisch wird ein solcher Schritt über die in der «Aussage» objektivierte W. hinaus nicht nur lebensweltlich, sondern auch in den Wissenschaften selbst immer schon getan, und zwar durch die «Sprache, die wir sprechen und in der wir leben». Nur wer «die über das Logische hinausgehenden Wahrheitsbedingungen der Aussage», wer ihre unausgesagten «Motivationen», ihre latenten «Voraussetzungen», ihren «Situationshorizont» und ihre «Anredefunktion» mitbedenkt, der kann auch «die W. einer Aussage wirklich ermessen». Aus diesem (schon vom Pragmatismus bedachten) «Zusammenhang von Situation und W.» folgt: «Es kann keine Aussage geben, die schlechthin wahr ist». Auch jetzt gilt also: «die W. ist das Ganze», nur daß dieses Ganze nicht mehr (wie bei Hegel) auf das «Ideal der totalen Ausgesagtheit» bezogen ist [90], sondern (mit HEIDEGGER [91]) auf die mannigfaltigen «Sinnbezüge von Sprache und Gespräch», «die über uns hinwegspielen» [92]. Sie zu entfalten ist – nach GADAMER – Aufgabe einer Hermeneutik, die (er-

neut mit Heidegger) W. nicht mehr aus dem «Problembereich der Subjektivität» [93] heraus, sondern mit dem «Begriff des Spieles» als ein (sprachliches) «W.-Geschehen» denken will, an dem wir teilhaben und in das wir einbezogen sind, das jedoch sein eigenes «subiectum» ist [94]. Insofern bei einem solchen Geschehen immer schon eine «grundsätzliche Metaphorik» am Werke ist, steht zugleich die der Metapher eigentümliche «Referenz» zur Debatte. Da jedoch die dichterische Sprache «nicht sagt, 'was ist', doch 'wie' die betrachteten Dinge sind», da sie also «eine andere Dimension der Wirklichkeit aufdeckt und damit eine neue Deutung der Welt unserer selbst freisetzt», entsteht mit dieser Form der Referenz zugleich auch eine neue Weise von W.: «metaphorische W.» [95].

5. Das Problem des Relativismus bzw. «Relationalismus» beherrscht auch M. HORKHEIMERS Stellungnahme im Streit [96] um die Wissenssoziologie (s.d.) K. MANNHEIMS [97], der HORKHEIMER einen Rückfall in Metaphysik vorwirft [98]. Hingegen ist der W.-Begriff einer materialistischen, im Gegensatz zu Hegel unabgeschlossenen Dialektik nicht mehr am Gottesgedanken orientiert, also «menschliche», wenngleich keineswegs subjektiv-beliebige W. [99]. Denn «Übereinstimmung der Erkenntnis mit ihrem Gegenstand» ist kein «Faktum», sondern muß stets (vor allem «in geschichtlichen Kämpfen») «hergestellt» werden [100]. So wird ‹W.› mit ‹Gerechtigkeit› «identisch» [101], mithin zu einem «Moment der richtigen Praxis». Schon das war nicht im Sinne des Pragmatismus zu verstehen [102], gegen dessen Auflösung von W. in bloße Nützlichkeit [103] oder Berechenbarkeit Horkheimer immer mehr das Moment der Objektivität von W., ihren Selbstzweckcharakter, ihren Gehalt an Vergangenheit [104], später dann ihre Entzogenheit [105] herausarbeitet. Das läßt W. entweder nur indirekt zugänglich – als Kritik von Unrecht bzw. Unwahrheit [106] – oder zu einem Gegenstand bloß von «Sehnsucht» werden [107]. – «Daß eine Formulierung des Begriffs der W. ohne bestimmten Begriff von Negativer Theologie unmöglich ist», daß W. nichts anderes ist als der «Inbegriff der Negation dessen, was falsch ist», verleiht dem W.-«Begriff» TH. W. ADORNOS von Anfang an seine besondere Gestalt [108]. Falsch, weil «beschränkt», ist zunächst die «szientifische» W., als deren Kritik Philosophie auftritt [109]; falsch aber ist vor allem der universale «Verblendungszusammenhang» (s.d.), das «Ganze» daher nicht mehr das Wahre, sondern «das Unwahre» [110]. Ist W. nun ihrerseits nur etwas, «darin» man ist (statt es zu besitzen) [111], dann wird die Möglichkeit von W. «im» Horizont universaler Unwahrheit zum Problem: Wo «Lüge wie W. klingt, W. wie Lüge» [112], kann «wahr» letztlich nur sein, «was nicht in diese Welt paßt» [113], während derjenige, der «das Wahre unvermittelt im allgemeinen Unwahren aufrichtet, ... jenes in dieses» [114] verkehrt. Wenn sie daher nicht sogar als «absolute Lüge» auftritt, dann kann W. eigentlich nur den «Charakter des Unwahrscheinlichen» [115], insbesondere aber der «Narretei» [116] haben. Verbindlichkeit [117] und W. dialektischer Erkenntnis wird daher gewährleistet nicht durch adaequatio [118], sondern (mit W. BENJAMIN [119]) durch die «Konstellation von Subjekt und Objekt» [120]. Ihr entspricht – für ADORNO – das «Verweilen» [121], der «lange, kontemplative Blick» [122], so daß W. vor allem als das Intentionslose erscheint [123]. Auch das bedingt die Affinität der Philosophie zur Kunst [124] in ihrem «Anspruch der einen W.» [125]. Insofern W. allerdings nicht nur in, sondern auch jenseits der Kunst ist [126], bestätigt sich, was man die ins Utopische gewendete, von BENJAMIN [127] übernommene These vom «Zeitkern der W.» [128] nennen könnte: «Am Ende ist Hoffnung, wie sie der Wirklichkeit sich entringt, indem sie diese negiert, die einzige Gestalt, mit der W. erscheint. Ohne Hoffnung wäre die Idee der W. kaum nur zu denken» [129]. Dieser Hoffnungsgehalt von W. wird von J. HABERMAS aufgenommen, erfährt aber mit der Freilegung einer über die bloß instrumentelle, strategische Rationalität hinausgehenden «kommunikativen Vernunft» eine neue Bestimmung, durch die die Flucht in eine «negative Metaphysik» mit ihrem Theorem von der Unwahrheit des Ganzen überflüssig wird [130]. Denn der «versöhnte Zustand» (ADORNO) [131] beschreibt nach HABERMAS die «Struktur des Zusammenlebens in zwangloser Kommunikation. Und ein solches antizipieren wir notwendig, seiner Form nach, jedesmal dann, wenn wir Wahres sagen wollen» [132]. Erst dieser «Vorgriff» auf eine «ideale Sprechsituation» garantiert, daß es sich um einen «wahrheitsverbürgenden Konsensus» handelt [133]. – Diese «Diskurstheorie der W.» [134] hat K.-O. APEL durch evidenz- und kohärenztheoretische Momente präzisiert und zu einer «Letztbegründung» (s.d.) auch «der W.-Theorie» selbst ausgebaut [135] – allerdings mit der Folge, daß nun der Konsens zu einem formalen und kriterial leeren W.-Prinzip zu werden scheint [136].

6. Die kommunikativen Dimensionen der W. bilden das Problem auch der Dialogphilosophie, die in diesem Punkt an L. FEUERBACH anknüpft: «W.» ist nur in der «Verbindung», «Einheit von zwei sich wesensgleichen Wesen» zu finden [137], die «Gemeinschaft des Menschen mit dem Menschen» daher «das erste Princip und Kriterium der W.» [138]. Die Dialogphilosophie M. BUBERS präzisiert diesen Gedanken vor allem um den Aspekt der «Authentizität» [139] sowie in ihrer Kritik an K. MANNHEIM [140] wie an M. STIRNER [141] durch den Hinweis auf die notwendige existentielle Verwirklichung von W. («Wahrnahme und Bewährung») [142]. Auch K. JASPERS denkt «W. als Mitteilbarkeit» [143], arbeitet jedoch gegenüber der Dialogphilosophie die Pluralität von W.-Weisen [144] stärker heraus. Bei E. LEVINAS schließlich wird der Bezug von W. und Sprache, Kommunikation im Sinne einer symmetrischen Ich-Du-Beziehung [145], unter dem Eindruck von F. ROSENZWEIG [146] bewußt aufgelöst zugunsten einer «Achtung» («respect») [147] gebietenden «Unterweisung» («enseignement») [148] durch den «Anderen», mit dessen «Vorrang» («privilège d'autrui») und «Herrschaft» («maîtrise») [149] «Gerechtigkeit» («justice») erneut zur eigentlichen Voraussetzung der W. [150] avanciert. Solche 'Relativierung' von W. verschärft sich unter dem Einfluß Nietzsches bei M. FOUCAULT, so daß hier die «W.-Abhängigkeit der Macht» sich geradewegs in eine «Machtabhängigkeit der W.» umzukehren scheint [151]: Der Blick auf die «Politik der W.» [152], auf die «politische Geschichte der W.» [153] läßt die historisch wechselnden Formen hervortreten, in denen W. «produziert» [154] bzw. die Fähigkeit zur W. – etwa durch «Askese» – konstituiert wird («W.-Regime») [155]. Wie eine Antwort auf Foucault wirkt H. ARENDTS Ablösung der Politik von jeder (Vernunft-, vor allem aber Tatsachen-)W. angesichts ihrer schon von Jaspers reflektierten Bedrohung durch Falschheit, insbesondere durch bewußte Lüge (s.d.) sowie durch ideologische wie demagogische Mächte [156]: «W. könnte man begrifflich definieren als das, was der Mensch nicht ändern kann; metaphorisch gesprochen ist sie der Grund, auf dem wir stehen, und der Himmel, der sich über uns erstreckt» [157].

Anmerkungen. [1] E. HUSSERL: Log. Unters. I, Proleg. zur reinen Logik § 24 (1900, [2]1913) 77. Husserliana [Hua.] (Den Haag 1954ff.) 18, 87; vgl. § 36, a.O. 119/126; bes. §§ 37f., a.O. 122-125/129-131. – [2] § 21, a.O. 63/74f. – [3] § 23, a.O. 73/84. – [4] § 39, a.O. 128-131/134-137; vgl. Einl. in die Logik und Erk.theorie (1906/07). Hua. 24, 36f. 141f. 325; zur «W. an sich»: Log. Unters. I, Proleg. § 62, a.O. [1] 228/231; Log. Unters. II/1 (1900, [2]1913) 90. Hua. 19/1, 95; Formale und transz. Logik §§ 79ff. 92f. (1929) 174ff. 199ff. Hua. 17, 203ff. 232ff.; Die Krisis der europ. Wiss.en und die transz. Phän. §§ 17. 34. 36. 73 (1936). Hua. 6, 78. 129. 142. 269. – [5] Log. Unters. I, § 34, a.O. [1] 114f./122f.; zur Problematik der «objektiven W.» vgl. auch: § 40, a.O. 153f./157f.; allerdings: § 42, a.O. 162/166. – [6] § 39. 49f., a.O. 128. 180-187/134f. 183-190. – [7] Vgl. Selbstanzeige (1901). Hua. 19/2, 782; auch: Log. Unters. II/1, § 1, a.O. [4] 3/7. – [8] Log. Unters. I, § 51, a.O. [1] 190/193; vgl. P. NATORP: Zur Frage der log. Methode (1901), in: H. NOACK (Hg.): Husserl (1973) 7f.; G. PATZIG: Krit. Bem. zu Husserls Thesen über das Verhältnis von Evidenz und W. Neue Hefte Philos. 1 (1971) 12-32. – [9] Log. Unters. II/2 (1901, [2]1921) 118. Hua. 19/2, 647. – [10] Vgl. a.O. 122-127/651-656; sowie die Modifikation in: Form. und tr. Log. § 46, a.O. [4] 114/133f.; dazu: E. TUGENDHAT: Der W.-Begriff bei Husserl und Heidegger (1966) 88-106. – [11] Log. Unters. II/2, a.O. [9] 122ff./651ff. – [12] Einl. in die Log., a.O. [4] 315. – [13] Vgl. Cartes. Medit. III (1929). Hua. 1, 91-99. – [14] Ideen zu einer reinen Phän. und phänomenol. Philos. 1, § 136 (1913) 282. Hua. 3/1, 315. – [15] §§ 139. 147, a.O. 290f. 305f./323f. 340. – [16] Vgl. Realitätswiss. und Idealisierung [vor 1928]. Hua. 6, 282. – [17] Krisis § 73, a.O. [4] 270. – [18] Form. und tr. Log. § 105, a.O. [4] 245f./284f. – [19] M. SCHELER: Beitr. zur Feststellung der Bezieh. zwischen den log. und eth. Prinzipien (1899). Ges. Werke (Bern 1953ff.) 1, 11. 158. – [20] Ethik (1914), a.O. 382. – [21] Der Formalismus in der Ethik und die mat. Wertethik (1913/16), a.O. 2, 198; vgl. 195-198; vgl. Ms. zur Wesenslehre und Typologie der metaphys. Systeme und Weltanschauungen, a.O. 11, 66. – [22] Der Formalismus ..., a.O. 70 (Fußn. 1). – [23] 198. – [24] Erkenntnis und Arbeit (1926), a.O. 8, 226. – [25] Darin stimmen Neukantianismus und Pragmatismus überein: a.O. 221. – [26] 227f. – [27] Speziell zum «verum (transcendens)» vgl. M. HEIDEGGER: Die Kateg.- und Bedeut.lehre des Duns Scotus (1916). Ges.ausg. (1975ff.) I/1, bes. 207-231. – [28] Vgl. Logik [WS 1925/26]. Ges.ausg. II/21, 109 (vgl. jedoch: a.O. 159), sowie E. HUSSERL: Log. Unters. II/2, a.O. [9] 19/2, 654. – [29] a.O. 135. – [30] Vom Wesen des Grundes (1929), in: Wegmarken ([2]1978) 129. – [31] Sein und Zeit §§ 28. 69 (1927, [17]1993) 133 (als existenziales Verständnis des «lumen naturale»). 350. – [32] § 44 b, a.O. 220-223. – [33] § 52, a.O. 256f. – [34] § 44 b, a.O. 222. – [35] a.O. 219; § 7 B, a.O. 33. – [36] a.O. [30] 129; vgl. auch: Kant und das Problem der Met. (1929). Ges.ausg. I/3, 13. 17. – [37] Sein und Zeit § 7c, a.O. [31] 38. – [38] § 44 c, a.O. 226f.; vgl. a.O. 230; § 63, a.O. 316. – [39] Vor dem Horizont seiner Lehre vom «übersingulären Geist» vgl. M. SCHELER: Zusätze aus den nachgel. Ms. [zu: Idealismus-Realismus], a.O. [19] 9, 286-289. – [40] O. BECKER: Para-Existenz (1943), in: O. PÖGGELER (Hg.): Heidegger ([2]1984) 261-285, hier: 270. – [41] Vgl. die Diskussion zwischen CASSIRER und HEIDEGGER in Davos, in: HEIDEGGER: Ges.ausg. I/3, 277-282; H. CONRAD-MARTIUS: Die W. der Dinge (1961), in: Schr. zur Philos. (1963-1965) 3, 421-444 mit Bezug u.a. auch auf: J. PIEPER: Die W. der Dinge (1947); E. FINK: Sein, W., Welt [WS 1955/56] (Den Haag 1958); E. STEIN: Erkenntnis, W., Sein (1932/33). Werke 15 (1993); Endliches und ewiges Sein, a.O. 2 (1950, [3]1986) 257-301, bes. 271ff.; zur Rezeption durch R. BULTMANN vgl. Art. ‹Wahrheit (christlich-theologisch)›. – [42] E. FINK: Philos. als Überwindung der 'Naivität' (1948), in: Nähe und Distanz (1976) 98-126, hier: 125f. – [43] R. INGARDEN: Des diff. conceptions de la vérité dans l'œuvre d'art. Rev. Esthét. 2 (1949) 162-180; Das lit. Kunstwerk (1931, [3]1965) 321-325. – [44] N. HARTMANN: Die Erkenntnis im Lichte der Ontol. (1949). Kl. Schr. (1955) 1, 133. – [45] Grundzüge einer Met. der Erkenntnis (1921, [5]1965) 56. – [46] a.O. 420f. – [47] 97. – [48] 422. – [49] a.O. [44] 133f. 177. – [50] Mit Bolzano und Hegel: a.O. [45] 423f. – [51] a.O. 424. – [52] Vgl. etwa die Hinweise bei M. HEIDEGGER/E. FINK: Heraklit [1966/67] (1970) 259f.; Das Ende der Philos. und die Aufgabe des Denkens (1964/66), in: Zur Sache des Denkens ([3]1988) 77 (Anm.). – [53] Platons Lehre von der W. (1931/1940), in: Wegmarken, a.O. [30] bes. 221-236. – [54] Der Wille zur Macht als Erkenntnis (1939), in: Nietzsche 1 (1961) bes. 508-516; vgl. Art. ‹Wahrheitswert›. – [55] Vgl. Parmenides [WS 1942/43]. Ges.ausg. II/54, 9ff. 196ff. – [56] Die Met. als Gesch. des Seins (1941), in: Nietzsche 2 (1962) 421-429; Parmenides, a.O. 25-86. – [57] Das Ende der Philos., a.O. [52] 78; zu der vor allem aus transzendentalpragmatischer Sicht interessanten [K.-O. APEL: Regulative Ideen oder W.-Geschehen (1996/97), in: Auseinandersetzungen (1998) 569-607, bes. 578ff.] Frage nach einer Selbstkorrektur Heideggers vgl. C. LAFONT-HURTADO: Sprache und Welterschließung (1994). – [58] Hegel und die Griechen (1958/60), in: Wegmarken ([2]1978) 438; vgl. schon: Der Ursprung des Kunstwerks (1935/36), in: Holzwege ([6]1980) 37. – [59] Der Ursprung ..., a.O. 22. – [60] 48. – [61] Die Frage nach der Technik (1953/54), in: Vorträge und Aufsätze (1954), bes. 19ff. – [62] Der Ursprung ..., a.O. [58] 41. – [63] a.O. 24. 43. – [64] 48. 64; vgl. Art. ‹Streit I.›. Hist. Wb. Philos. 10 (1998) 297-301. – [65] 39f.; Logos (Heraklit, Frg. 50) (1951), in: Vorträge ..., a.O. [61] 220f. – [66] Hölderlins Hymnen ‹Germanien› und ‹Der Rhein› (1934/35). Ges.ausg. II/39, 116-119; Der Ursprung ..., a.O. [58] 57. 63. 71. – [67] Der Ursprung ..., a.O. 40; vgl. 47; schon: Vom Wesen der W. (1930/1942), in: Wegmarken ([2]1978) 188-198. – [68] Vgl. etwa: Aletheia (Heraklit, Frg. 16) (1943), in: Vorträge ..., a.O. [61] 257-282. – [69] Parmenides, a.O. [55] 195-200, bes. 197f.; vgl. auch: Beitr. zur Philos. (1936-1938). Ges.ausg. III/65, 389-392. – [70] Das Ende der Philos., a.O. [52] 78. – [71] a.O. 75f. – [72] Der Ursprung ..., a.O. [58] 59-61. – [73] Hegel ..., a.O. [58] 437. – [74] M. MERLEAU-PONTY: Le visible et l'invisible (Paris 1964) 219ff.; vgl. dazu: B. WALDENFELS: Vérité à faire. Merleau-Pontys Frage nach der W., in: B. NIEMEYER/D. SCHÜTZE (Hg.): Philos. der Endlichkeit (1992) 148-167. – [75] Phénoménol. de la perception (Paris 1949) 309f. – [76] E. HUSSERL: Cartes. Medit. V, § 64, a.O. [13] 183. – [77] MERLEAU-PONTY, a.O. [75] V. – [78] a.O. XIf. 49-51. 452f. – [79] 344. – [80] 344. 456. – [81] 520. – [82] XI. – [83] 452. – [84] H.-G. GADAMER: Das Problem der Gesch. in der neueren dtsch. Philos. (1943). Ges. Werke [GW] (1985ff.) 2, 27. – [85] W. in den Geisteswiss.en (1953), a.O. 39f. – [86] Vgl. Klass. und philos. Hermeneutik (1968), a.O. 103; Hermeneutik und Historismus (1965), a.O. 411f. – [87] W. in den Geisteswiss.en, a.O. 42. – [88] Vgl. W. und Methode (1960, [5]1986). GW 1, bes. 1-5. 47. 103-106. 174; Selbstdarstellung (1975/77). GW 2, 482. – [89] Was ist W.? (1957). GW 2, 48. – [90] a.O. 50-54. – [91] Vgl. etwa die Heidegger-Interpretation in: W. des Kunstwerks (1960). GW 3, 249-261; auch: Selbstdarst., a.O. [88] 504. – [92] a.O. [89] 56. – [93] a.O. 54. – [94] W. und Meth., a.O. [88] 493f. – [95] a.O. 434f. 71; P. RICŒUR: La métaphore vive (Paris 1975); dtsch.: Die lebendige Metapher ([2]1991) VII; vgl. 238-304. – [96] Vgl. etwa: H. MARCUSE: Zur W.-Problematik der soziolog. Methode, in: Die Gesellschaft 2 (1929) 356-369; vgl. auch: Art. ‹Seinsverbundenheit; Seinsgebundenheit›. Hist. Wb. Philos. 9 (1995) 261-263. – [97] Vgl. K. MANNHEIM: Ideologie und Utopie (1929). – [98] M. HORKHEIMER: Ein neuer Ideologiebegriff? (1930). Ges. Schr. [GS] (1985ff.) 2, 283f. – [99] Zum Problem der W. (1935). GS 3, 295f.; vgl. HUSSERL, a.O. [5]. – [100] a.O. 292f.; vgl. auch: Diskussion zwischen Adorno und Horkheimer (1939). GS 12, 490f. – [101] Notizen (1956/58). GS 6, 264. – [102] a.O. [99] 305; vgl. 306-309 mit Bezug auf SCHELERS Kritik: a.O. [24]-[26]. – [103] Zur Kritik der instrument. Vernunft (1947). GS 6, 148. – [104] a.O. 60-74. – [105] Vgl. Notizen (1959/60). GS 6, 351; W. im Denken (1968). GS 14, 487. – [106] Erbsünde und Kopula (1942). GS 12, 278; Kampf um Gewaltlosigkeit (1942). GS 12, 284f. – [107] Wissenschaft, W. und Bildung (1967). GS 13, 180; Das Ende der Religion und seine Folgen (1968). GS 14, 498. – [108] Disk., a.O. [100] 492. 490. – [109] TH. W. ADORNO: Neg. Dialektik (1966). Ges. Schr. [GS] (1970-86) 6, 115. – [110] Minima Moralia, n. 29 (1951). GS 4, 55. – [111] n. 72, a.O. 124. – [112] n. 71, a.O. 120. – [113] Ästhet. Theorie (1970) 93. – [114] Min. Mor., n. 110. GS 4, 193. – [115] n. 71, a.O. 120f. – [116] Neg. Dial. GS 6, 396; Min. Mor., n. 45. GS 4, 80. – [117] Vgl. Min. Mor., n. 44, a.O. 77; Neg. Dial., a.O. 51f. 115. – [118] Neg. Dial., a.O. 357. – [119] W. BENJAMIN: Ursprung des dtsch. Trauerspiels (1925). Ges. Schr. I/1 (1991) 207-237; vgl. ADORNO: Neg. Dial. GS 6, 166. – [120] ADORNO: Neg. Dial., a.O. 133. – [121] Min. Mor., n. 48. GS 4, 84. – [122] n. 54, a.O. 98. – [123] n. 37, a.O. 66; vgl. BENJAMIN, a.O. [119] 216. – [124] Min. Mor., n. 43, a.O. 76. – [125] n. 47, a.O. 83. – [126] Ästhet. Theorie, a.O. [113] 137; vgl. Art. ‹Wahrheit, ästhetische; Wahrheit der Kunst›. – [127] Vgl. W. BENJAMIN: Das Passagenwerk (1927-1940). Ges. Schr. V/1 (1982) 578. – [128] TH. W. ADORNO: Met. (1965). Nachgel. Schr. IV/14 (1998) 72f. – [129] Min. Mor., n. 61. GS 4, 108. – [130] J. HABERMAS: Die Einheit der Vernunft in der Vielfalt ihrer Stimmen (1987), in: Nachmetaph. Denken (1988) 184f. – [131] Vgl. ADORNO: Neg. Dial. GS 6, 192. – [132] J. HABERMAS: Philos.-polit. Profile (1971, [3]1981) 176. – [133] Vgl. W.-Theorien (1973), in: Vorstudien und Erg. zur Theorie des kommunikat. Handelns (1984) bes. 174-183. – [134] Vgl. a.O. 160. – [135] Vgl. K.-O. APEL: Fallibilismus, Konsenstheorie der W. und Letztbegründung (1987, 1998), in: Auseinandersetzungen, a.O. [57] 81-194; C. S. Peirce and Post-Tarskian truth, in: E. FREEMAN (Hg.): The relevance of Ch. Peirce (LaSalle 1983) 189-223. – [136] Vgl. die Kritik bei V. HÖSLE: Die Krise der Gegenwart und die Verantwortung der Philos. ([2]1994) 192-204. – [137] L. FEUERBACH: Grundsätze der Philos. der Zukunft § 65 (1843). Ges. Werke, hg. W. SCHUFFENHAUER 9 (1970) 340. – [138] § 42, a.O. 324. – [139] M. BUBER: Elemente des Zwischenmenschlichen (1953), in: Das dialog. Prinzip ([5]1984) 279f. – [140] Die Frage an den Einzelnen (1936), a.O. 265; vgl. MANNHEIM, a.O. [97]. – [141] M. STIRNER: Der Einzige und sein Eigentum (1845, 1924) 345-347. – [142] BUBER, a.O. [140] 208-210. – [143] K. JASPERS: Vernunft und Existenz (1935, 1973) 58-83; vgl. H. FAHRENBACH: Kommunikat. Vernunft, in: K. SALAMUN (Hg.): K. Jaspers (1991) 189-216. – [144] Von der W. (1947, [4]1991) 639-709. – [145] E. LEVINAS: Totalité et infini (1961, [4]1971) 75. – [146] Vgl. F. ROSENZWEIG: Der Stern der Erlösung (1921, Den Haag [4]1976) 465-472; E. LEVINAS: Préf., in: ST. MOSÈS: Système et révélation (Paris 1982) 11. – [147] a.O. [145] 279. – [148] a.O. 271. – [149] 44. – [150] 62-75. – [151] J. HABERMAS: Der philos. Diskurs der Moderne (1985) 323. – [152] Vgl. M. FOUCAULT: W. und Macht (1977), in: Dispositive der Macht (1978) 51-54. – [153] La vérité et les formes juridiques [1974], in: Dits et écrits 2: 1970-75 (Paris 1994) 538-646, hier: 539ff. – [154] Vgl. etwa: Hist. de la sexualité 1: La volonté de savoir (Paris 1976) 71-98; dtsch.: Sexualität und W. 1: Der Wille zum Wissen (1977) 69-93. – [155] A propos de la généalogie de l'éthique (1983), in: Dits et écrits 4: 1980-88 (Paris 1994) 383-411, hier: 410f.; dtsch.: Zur Genealogie der Ethik, in: H. L. DREYFUS/P. RABINOW: M. Foucault [1982] (1994) 265-292, hier: 290f. (zu W. und Askese); der Ausdruck «régime de vérité» in: Entretien avec M. Foucault [1976] (1977), in: Dits et écrits 3: 1976-79 (Paris 1994) 140-160, hier: 158; dtsch.: W. und Macht, in: Dispositive der Macht (1978) 21-54, hier: 51 («Ordnung der W.»); Diskurs und W. [Vorles. 1983] (1996) bes. 47. – [156] Vgl. JASPERS, a.O. [144] bes. 475-600; Vernunft und Widervernunft in unserer Zeit (1950, [3]1990) 55-71. – [157] H. ARENDT: W. und Politik (1969), in: Zwischen Vergangenheit und Zukunft ([2]2000) 370.

Literaturhinweise. W. FRANZEN: Die Bedeutung von 'wahr' und 'W.' (1982). – J. GRONDIN: Hermeneut. W.? Zum W.-Begriff H.-G. Gadamers (1982). – A. WELLMER: Ethik und Dialog (1986). – W. BECKER: W. und sprachl. Handlung (1988). – A. HOVEN: Wege zur W. (1989). – W. PAULY: W. und Konsens (1989). – D. TEICHERT: Erfahrung, Erinnerung, Erkenntnis. Unters. zum W.-Begriff der Hermeneutik Gadamers (1991). – D. LOHMAR: Truth, in: L. EMBREE u.a. (Hg.): Encycl. of phenomenology (Dordrecht 1997) 708-712. – E. ANGEHRN/B. BAERTSCHI (Hg.): Interpret. und W. (1998). – R. FORNET-PONSE: W. und ästhet. W. Unters. zu H.-G. Gadamer und Th. W. Adorno (2000). – U. J. SCHNEIDER: Foucaults Analyse der W.-Produktion. Int. Z. Philos. 1 (2000) 5-17. – D. O. DAHLSTROM: Heidegger's concept of truth (Cambridge 2001). – W. SEITTER: Politik der W., in: M. S. KLEINER (Hg.): M. Foucault (2001) 153-169.

T. TRAPPE

B. *Psychoanalyse.* – Die psychoanalytische Diskussion des W.-Begriffes fußt, philosophiehistorisch betrachtet, auf der im 19. Jh. vollzogenen 'Wende zur Subjektivität' [1]. Im Zentrum der Aufmerksamkeit steht die W. der Subjektivität, insbesondere diejenige ihrer psychischen Realität. Exponiert wird der *Konflikt* zwischen der menschlichen W.-Suche auf der einen und den vielfältigen Formen der Realitäts- und W.-Verleugnung auf der anderen Seite [2]. In neuer Weise wird sichtbar, daß die Fähigkeit des Menschen, W.en über sich selbst zu ertragen, fragil ist, daß diese W.en als Quelle von Schmerz gerade vermieden werden. Gleichwohl vertreten Psychoanalytiker einen pragmatischen W.-Begriff, der wie derjenige des späten J. W. GOETHE gerade auf die Fruchtbarkeit des Wahren abhebt: «Durchaus aber bleibt ein Hauptkennzeichen, woran das Wahre vom Blendwerk am sichersten zu unterscheiden ist: jenes wirkt immer fruchtbar und begünstigt den, der es besitzt und hegt; dahingegen das Falsche an und für sich tot und fruchtlos daliegt, ja sogar wie eine Nekrose anzusehen ist, wo der absterbende Teil den lebendigen hindert die Heilung zu vollbringen» [3].

S. FREUD stellt – zuweilen durchaus emphatisch – den «Wahrheitsgehalt» und das W.-Streben der Psychoanalyse heraus [4]. Die analytische Beziehung sei auf «Wahrheitsliebe, d.h. auf der Anerkennung der Realität» [5], gegründet. Freud zeigt sich zugleich skeptisch darüber, inwiefern die «unerwünschten W.en», die der Analytiker dem Individuum wie der Gesellschaft zu sagen habe, Gehör finden [6]. Im Anschluß an den späten Freud versucht W. LOCH zu demonstrieren, daß psychoanalytische Interpretationen, die aus der analytischen Beziehung hervorgehen, nicht primär auf historische W. abzielen, sondern «W. konstruieren, und zwar im Dienste der Kohärenz des Selbst» [7]. In neue Horizonte rückt A. LORENZER die als emanzipatorisch begriffene «W. der psychoanalytischen Erkenntnis», indem er sie unter Rekurs auf K. MARX' ‹6. Feuerbach-These› mit einer historisch-materialistischen Gesellschaftstheorie verbindet. Die W. liege «nirgendwo 'offen zu Tage'». Sie sei «immer nur über eine Kritik des Faktisch-Zwingenden, als Kritik an dessen Falschheit zugänglich. Der Zugang der Psychoanalyse geht über 'Leiden als beschädigter Praxis'» [8].

In der nachfreudschen Diskussion wirft die sogenannte strukturale Psychoanalyse das Problem auf, daß «keine Sprache je das Wahre über das Wahre sagen» könne, und exponiert damit ein Motiv, das auch für den Dekonstruktivismus [9] wichtig wird. J. LACAN antwortet mit der Analogie, wonach das Unbewußte wie eine Sprache strukturiert sei: «C'est même pourquoi l'inconscient qui le dit, le vrai sur le vrai, est structuré comme un langage» [10]. In den Produktionen des Unbewußten, in den Symptomen, Entstellungen und Fehlleistungen taucht W. auf und 'spricht' sie.

In der Tradition der kleinianischen Psychoanalyse verpflichtet W. R. BION die psychoanalytische Bewegung auf W. («truth») «as the central aim». Der W.-Erfahrung kommt nach Bion die entscheidende Funktion im Prozeß der Entstehung und Entwicklung des Denkens zu. W. sei «conducive to mental health» [11]. Sie sei für psychisches Wachstum («healthy mental growth») so notwendig wie Nahrung und Luft für den Körper. «If it [sc. truth] is lacking or deficient the personality deteriorates» [12]. W. heilt, so eine der zentralen Einsichten Bions, «weil sie aus Verstehen besteht» [13].

Anmerkungen. [1] Vgl. Art. ‹Wahrheit V. B.›. – [2] Vgl. etwa SCHOPENHAUER: WWV II, 19 (1844, [3]1859), a.O. [20 zu V. B.] 3, 253f.; WWV I, Vorrede zur zweiten Aufl. ([2]1844), a.O. 2, XVII; F. NIETZSCHE: Ecce homo, Vorw. 3 [1888], a.O. [42 zu V. B.] 6/3, 257; Art. ‹Illusion II.›. Hist. Wb. Philos. 4 (1976) 211-215; ‹Lebenslüge›, a.O. 5 (1980) 132-135; ‹Selbsterkenntnis III.›, a.O. 9 (1995) 420-440; ‹Selbstflucht›, a.O. 440-443; ‹Selbsttäuschung›, a.O. 539-545. – [3] J. W. GOETHE: Naturphilos. (1827). Hamb. Ausg. 13, 45; vgl. Vermächtnis (1829), a.O. 1, 396f., bes. 370, Vers 33. – [4] Vgl. S. FREUD: Neue Folge der Vorles. zur Einf. in die Psychoanalyse (1933). Ges. Werke, hg. A. FREUD u.a. (London 1940-87) [GW] 15, 169; Br. an J. J. PUTNAM (30. 3. 1914), zit. nach: N. G. HALE: J. J. Putnam and psychoanalysis (Cambridge 1971) 171. – [5] Die endl. und die unendl. Analyse (1937). GW

16, 94. – [6] Vgl. Die zukünftigen Chancen der psychoanalyt. Therapie (1910). GW 8, 111. – [7] W. Loch: Psychoanalyse und W. Psyche 30 (1976) 865-898, 885; vgl. S. Freud: Konstruktionen in der Analyse (1937). GW 16, 52f. – [8] A. Lorenzer: Die W. der psychoanalyt. Erkenntnis (1974) 273; K. Marx: Thesen über Feuerbach [1845]. MEW 3, 6. – [9] Vgl. etwa im Anschluß an J. Lacan und M. Foucault: J. Forrester: Truth games. Lies, money and psychoanalysis (Cambridge, Mass./London 1997). – [10] J. Lacan: La science et la vérité. Ecrits (Paris 1966) 855-877, 867f.; dtsch.: Die Wissenschaft und die W. (1965). Schr. 2 (1975) 231-257, 246; vgl. M. Bowie: Lacan (London 1991); dtsch.: Lacan (1994) 108-116; W. W. Müller: Nur die halbe W.? Syst. Anfragen an die W.-Konzeption J. Lacans, in: Th. Eggensperger/ U. Engel (Hg.): W. – Recherchen zwischen Hochscholastik und Postmoderne (1995) 291-300. – [11] W. R. Bion: Attention and interpretation (London 1970) 99. 103; vgl. 7; zur W.-Entschlossenheit des Analysanden schon: M. Klein: Neid und Dankbarkeit (1957). Ges. Schr. 3, hg. R. Cycon (2000) 279-367, 363; zu den psychischen Mechanismen der Flucht vor der W. vgl. auch: J. Steiner: Psychic retreats (London/New York 1993) XIII u.ö. – [12] Transformations (London 1965, 1984) 38; dtsch.: Transformationen (1997) 62f.; vgl. 151. – [13] H. Beland: W.-Funktion, Anschauungsformen, Existenzbegriff, Theorie des Denkens – Bion für das philos. Interesse. Psychoanalyse – Texte zur Sozialforsch. 4 (2000) 79-90, 85; zu Bions Theorie des Verstehens vgl. bes.: Bion: Attention, a.O. [11] 106-124. H. Hühn

C. *Analytische Philosophie; Oxforder Neu-Hegelianismus; Pragmatismus.* – 1. Für B. Bolzano, den 'Urgroßvater' der Analytischen Philosophie, sind die primären Träger der Eigenschaften W. und Falschheit 'Sätze an sich' oder Propositionen (s.d.) – etwas, was mit einem sprachlichen Satz ausgedrückt werden und den Gehalt eines Urteilsaktes oder einer Meinung bilden kann. Jede Proposition ist entweder wahr oder falsch, und jede Proposition kann durch einen Satz der Bauart '*A* hat *b*' ausgedrückt werden, in dem *A* Platzhalter für einen singulären Term oder für einen quantifizierenden Ausdruck des Typs 'Jeder So-und-so' ist und in dem 'hat' die Beziehung bezeichnet, in der z.B. Sokrates genau dann zur Weisheit steht, wenn er weise ist. Bolzanos Definition von ‹wahr› ist in der aristotelischen Tradition verwurzelt: Wahr ist ein 'Satz an sich' immer dann und nur dann, wenn er «von seinem Gegenstande aussagt, was demselben zukommt» [1]. Genauer: «Ein Satz [an sich] ist wahr, wenn jeder Gegenstand, der dem Subjecte des Satzes untersteht, eine Beschaffenheit hat, die dem Prädicate untersteht» [2]. Dabei bezeichnen ‹Subjekt› und ‹Prädikat› Komponenten der Proposition. Fällt kein Gegenstand unter die durch '*A*' ausgedrückte Komponente oder hat nicht jeder dieser Gegenstände eine Beschaffenheit, die unter die durch '*b*' ausgedrückte Komponente fällt, so ist die Proposition falsch. Bolzano unterscheidet sorgfältig verschiedene Gebrauchsweisen von ‹wahr› und ‹W.›. In 'Eine W. ist eine Proposition, der W. zukommt' fungiert ‹W.› erst als genereller und dann als singulärer Term. Der ontische Gebrauch von ‹wahr› verweist auf den propositionalen zurück: Ein Gegenstand *x* ist genau dann ein wahres *F*, wenn es auch nach den strengsten Maßstäben wahr ist, daß *x* ein *F* ist [3].

2. Auch für G. Frege sind Propositionen, die bei ihm «Gedanken» [4] heißen, die primären Wahrheitswert-Träger. Aber er unterstellt nicht, daß alle Propositionen durch Sätze der Subjekt-Prädikat-Form ausgedrückt werden können, und für ihn sind manche Propositionen weder wahr noch falsch, und zwar diejenigen, die durch einen Satz ausgedrückt werden, der einen leeren singulären Term (wie 'Pegasus' oder 'der König der Schweiz') enthält oder in dem ein vages Prädikat auf einen Gegenstand angewendet wird, auf den es weder definitiv zutrifft noch definitiv nicht zutrifft [5]. Der Begriff ‹W.› ist «nicht erklärbar»: Freges Argument gegen den Versuch, ‹W.› durch Übereinstimmung zu erklären, bringt, wenn es zwingend ist, jeden Definitionsversuch zu Fall [6]. Frege zufolge drückt 'Es ist wahr, daß *p*' dieselbe Proposition aus wie '*p*'. ‹W.› ist demnach kognitiv omnipräsent und redundant: Wer glaubt, daß *p*, hält eo ipso die Proposition, daß *p*, für wahr, und sie für wahr zu halten ist nichts anderes als zu glauben, daß *p* [7]. Die beiden Wahrheitswerte (s.d.) sind, so lautet Freges wohl umstrittenste These, Gegenstände, die durch Äußerungen von Behauptungssätzen bezeichnet werden [8]. Ob in der Äußerung eines Behauptungssatzes eine Behauptung aufgestellt wird, ist unabhängig davon, ob der Satz mit dem Prolog 'Es ist wahr, daß' beginnt [9]. «Wahrsein ist etwas anderes als Fürwahrgehaltenwerden, sei es von Einem, sei es von Vielen, sei es von Allen, und ist in keiner Weise darauf zurückzuführen.» Das Wahrsein ist unabhängig davon, «dass es von irgendeinem anerkannt wird» [10]. Freges Konzeption der W. schließt nicht aus, daß die These des 'Alethischen Realismus' [11] korrekt ist: Etwas kann auch dann wahr sein, wenn wir es nicht gerechtfertigterweise für wahr halten können.

3. Alle *pragmatistischen W.-Auffassungen* sind Versionen des alethischen Anti-Realismus: «If your terms 'truth' and 'falsity' are taken in such senses as to be definable in terms of doubt and belief and the course of experience ..., well and good: in that case you are only talking about doubt and belief», schreibt der Begründer des amerikanischen Pragmatismus, Ch. S. Peirce [12]. Nach seiner Konzeption fallen die Grenzen der W. mit den Grenzen dessen zusammen, worüber in der Forschergemeinschaft irgendwann ein *Konsens*, ein «general agreement», ein «catholic consent» erzielt werden wird [13]: «The opinion which is fated to be ultimately agreed to by all who investigate, is what we mean by the truth» [14]. Meist formuliert er diese Idee aber nicht als Prognose eines unvermeidlichen Ereignisses, sondern mit Hilfe eines kontrafaktischen Konditionalsatzes: Wahr ist genau das, was von allen Forschern geglaubt würde, wenn die Forschung nur lange genug und sorgfältig genug vorangetrieben würde [15]. Der Frage nach den «facts of history, forgotten never to be recovered» [16], nimmt Peirce ihre Brisanz, indem er von einer These über die Bedingungen, unter denen es wahr ist, daß *p*, übergeht zu einer These über die Bedingungen, unter denen allein es vernünftig ist zu *untersuchen, ob* es wahr ist, daß *p*. Ohne die «Hoffnung», daß es in dieser Frage zu einer Konvergenz der Meinungen kommen wird, so lautet seine These, «we should not trouble ourselves to make the inquiry» [17].

W. James führt seine W.-Auffassung als eine Auslegung der Korrespondenz-Formel ein: «Truth ... is a property of certain of our ideas. It means their 'agreement', as falsity means their disagreement, with 'reality'»; die Kontroverse mit den Gegnern des Pragmatismus beginne erst mit der Frage, wie diese Formel zu verstehen ist [18]. J. Dewey betont ebenfalls, «es gehe nicht darum, [die Korrespondenz-Formel] zu verwerfen, sondern sie zu verstehen», und er versichert, es sei den Pragmatisten «zum ersten Mal gelungen», sie zu erklären [19]. Er billigt den anti-realistischen Charakter der Erklärung, die James gibt: «What does agreement with reality mean? It means verifiability. Verifiability means ability to guide us prosperously through experience» [20]. Die frühen englischen Kritiker haben James die These zugeschrieben, wahr sei, was zu glauben langfristig emotional befriedigend ist [21]. Viele schillernde Formulierungen und insbesondere

James' Argumentation für die W. des Theismus legen diese Auslegung nahe. James scheint aber eher zu meinen, daß eine Meinung genau dann wahr ist, wenn sie langfristig den Test der Erfahrung besteht und insofern kognitive Befriedigung («satisfaction») gewährt [22].

4. Die *Kohärenz-Auffassung* der W. ist ebenfalls eine Version des alethischen Anti-Realismus: Ihr zufolge ist etwas genau dann wahr, wenn es zu einer maximal kohärenten Menge von Meinungen oder akzeptierten Aussagesätzen gehört. Diese Konzeption wurde von den *Oxforder Neu-Hegelianern* und von einigen Mitgliedern des *Wiener Kreises* vertreten. Nach O. NEURATH besteht die W. einer Aussage darin, daß man sie in die «Gesamtheit der vorhandenen, bereits miteinander in Einklang gebrachten Aussagen ... eingliedern kann» [23], und sie kann eingegliedert werden, wenn jene Gesamtheit nach der Hinzufügung der neuen Aussage «widerspruchslos» bleibt [24]. «Was man nicht eingliedern kann, wird als unrichtig abgelehnt. Statt die neue Aussage abzulehnen, kann man auch ... das ganze bisherige Aussagensystem abändern, bis sich die neue Aussage eingliedern läßt» [25]. Der Einwand liegt nahe, daß es jeweils verschiedene und miteinander unverträgliche Optionen für eine solche Abänderung gibt: Mindestens eines der resultierenden Systeme enthält also eine falsche Aussage.

Für die britischen Idealisten ist *Konsistenz* keine hinreichende Bedingung der Kohärenz. H. H. JOACHIM betont: «The 'systematic coherence', ... in which we are looking for the nature of truth, must not be confused with the 'consistency' of formal logic. A piece of thinking might be free from self-contradiction, might be 'consistent' ..., and yet it might fail to exhibit that systematic coherence which is truth» [26]. Für F. H. BRADLEY ist Kohärenz die «Vereinigung» von Konsistenz und «comprehensiveness» [27]. Ein System *A* ist 'umfassender' (und insofern kohärenter) als ein anderes System *B*, wenn *A* nicht nur alle Fragen beantwortet, die in *B* beantwortet werden, sondern mindestens eine weitere Frage, die in *B* unbeantwortet bleibt. Außerdem ist *A* inferentiell besser integriert (und insofern kohärenter) als *B*, wenn zwischen den Elementen von *A* mehr deduktive, wahrscheinlichkeitsverleihende und explanatorische Beziehungen bestehen als zwischen den Elementen von *B*. Schließlich ist *A* besser durch Erfahrung kontrolliert (und insofern kohärenter) als *B*, wenn *A* mehr Wahrnehmungsurteile akzeptiert als *B*. (Zwar sind diese Urteile unerläßlich als Kontrollinstanz, aber «all sense-judgements are fallible» [28]. «Wir verzichten nicht auf den Richter, aber er ist absetzbar» [29].) – Ein prominenter Bestandteil des Kohärentismus der Neu-Hegelianer ist die These, daß strenggenommen nur das kohärente System vollkommen wahr ist: Keine einzelne Aussage oder Meinung ist vollkommen wahr (und keine ist vollkommen falsch) [30]. Sie berufen sich dabei u.a. auf die unbestreitbar richtige Feststellung, daß keine einzelne Aussage die ganze W. (über ihren Gegenstand, geschweige denn über alles) enthält. – Zu den permanenten Problemen des Kohärentismus gehören die präzise Charakterisierung der verschiedenen Aspekte der Kohärenz und der Ausschluß der Möglichkeit, daß es mehrere, unter jedem dieser Aspekte maximal kohärente Systeme geben könnte, die miteinander unverträglich sind, also nicht nur wahre Elemente enthalten [31]. Der Kohärentismus, den N. RESCHER als eine (nicht mehr «definitorische», sondern nur noch) «kriteriale» Theorie der W. präsentiert, ist von einer «definitorischen» Theorie der Rechtfertigung nicht mehr zu unterscheiden [32].

5. G. E. MOORE und B. RUSSELL vertreten zunächst (zwischen 1890 und 1906) eine Identitätstheorie der W., derzufolge die W., daß *p*, jeweils identisch ist mit der Tatsache, daß *p* [33]. Danach verabschieden beide diese Theorie zugunsten von sehr verschiedenen *Korrespondenz-Theorien*, denen eines gemeinsam ist: Anders als in der aristotelischen Tradition ist das Womit der Übereinstimmung eine Tatsache («fact»). Die W. (des propositionalen Gehalts) einer Meinung besteht für MOORE nunmehr darin, daß es eine Tatsache gibt, mit der sie übereinstimmt («there is in the Universe a fact to which it corresponds»), und zwar gibt es zu jeder wahren Proposition, wie komplex auch immer sie sein mag, genau eine Tatsache, mit der sie übereinstimmt, und zu jeder Tatsache gibt es genau eine Proposition, die mit ihr übereinstimmt [34]. Der Begriff ‹Übereinstimmung› (s.d.) ist ein undefinierbarer Grundbegriff. Eine Tatsache und die mit ihr übereinstimmende wahre Proposition werden zwar jeweils durch denselben 'daß'-Satz bezeichnet, aber es handelt sich um verschiedene Entitäten.

«Whatever corresponds in reality to compound propositions must not be more than what corresponds to their several atomic propositions» [35]: Mit diesem Gedanken legt L. WITTGENSTEIN den Grundstein für die ontologisch sparsamere Korrespondenztheorie, die RUSSELL in der ‹Philosophie des Logischen Atomismus› entwickelt [36]. Die Tatsache, kraft deren ein Elementarsatz wahr ist, macht eo ipso sowohl jede Disjunktion wahr, die ihn enthält, als auch jede Existenzgeneralisierung, die aus ihm folgt, und die beiden Tatsachen, mit denen zwei wahre Elementarsätze übereinstimmen, machen zusammen die Konjunktion dieser Sätze wahr: Es gibt wahre Disjunktionen und wahre Konjunktionen, aber keine disjunktiven und konjunktiven Tatsachen, denen sie ihre W. verdanken [37]. Russell glaubt aber nicht ohne die Annahme von negativen und generellen Tatsachen auskommen zu können [38], während sein ehemaliger Schüler radikaler ist: «Die Angabe aller wahren Elementarsätze beschreibt die Welt vollständig» [39]. Für Russell ist die Übereinstimmung zwischen wahrem Satz und wahrmachender Tatsache eine strukturelle Isomorphie [40], für den frühen WITTGENSTEIN besteht eine solche Beziehung zwischen dem Satz, gleichgültig, ob er wahr oder falsch ist, und seinem Sinn [41].

6. Der Warschauer Logiker und Mathematiker A. TARSKI widmet sich dem Problem, «im Hinblick auf diese oder jene Sprache ... eine sachlich zutreffende und formal korrekte Definition des Terminus 'wahre Aussage' zu konstruieren» [42]. Wahrheitswert-Träger in Tarskis Projekt sind orthographisch individuierte Aussage*sätze*, die manchmal in verschiedenen Sprachen Verschiedenes und normalerweise in den meisten Sprachen gar nichts bedeuten. Was Tarski definieren will, sind deshalb Prädikate des Typs 'wahr in der Sprache *L*'. Die Definition eines solchen Prädikats ist «sachlich zutreffend» genau dann, wenn sie alle Sätze impliziert, die man aus dem Schema '*s* ist wahr (in *L*) genau dann, wenn *p*' erhält, wenn man für '*s*' einen Ausdruck einsetzt, der einen Aussagesatz in *L* bezeichnet, und für '*p*' die Übersetzung dieses Satzes in die Sprache, in der das W.-Prädikat definiert wird. Dieses Angemessenheitskriterium ist Tarskis «Konvention W» [43]. Die Sprache *L*, für die ‹wahr› definiert wird, ist die Objekt-Sprache, und diejenige, in der die Definition formuliert wird, ist die Metasprache. Wenn die Metasprache die Objekt-Sprache als echten Teil enthält, gilt ein Satz als Übersetzung seiner selbst. Ist Deutsch unsere Meta- und Englisch unsere Objekt-Sprache, so ist

die «allophone» W-Äquivalenz «'Snow is white' ist genau dann wahr, wenn Schnee weiß ist» eine Einsetzungsinstanz des obigen Schemas, und ist ein gewisser Teil des Deutschen unsere Objekt-Sprache, so ist die «homophone» W-Äquivalenz «'Schnee ist weiß' ist wahr genau dann, wenn Schnee weiß ist» eine Einsetzungsinstanz. Tarski zeigt, daß die Berufung auf homophone W-Äquivalenzen sowie auf anscheinend unantastbare Schlußregeln und semantische Prinzipien der klassischen Logik die Ableitung von Widersprüchen erlaubt [44]. Um diese Bedrohung durch semantische Antinomien abzuwehren, führt er eine (über die Standard-Anforderungen an «formale Korrektheit» einer Definition hinausgehende) Restriktion ein: Für jede Sprache *L* wird das Prädikat 'wahr in *L*' aus *L* selber verbannt. So kommt es zu einer Hierarchisierung der Sprachen, für die W.-Prädikate widerspruchsfrei definiert werden können. Tarski führt vor, daß die Definition bei Sprachen eines gewissen Komplexitätsgrades, der dem einer natürlichen Sprache zumindest nahekommt, rekursiv sein muß und nur auf dem Umweg über die (rekursive) Definition eines anderen semantischen Prädikats, 'erfüllt den-und-den offenen Satz', erfolgen kann. Dabei befolgt er die methodologische Maxime, sich bei seinen Definitionen «keines semantischen Begriffes zu bedienen, wenn es ... nicht vorher gelingt, ihn auf andere Begriffe zurückzuführen» [45]. Diese Zurückführung hat beim Erfüllungsbegriff den Charakter einer Liste, die für jeden der endlich vielen elementaren offenen Sätze der gegebenen Objekt-Sprache eine Eintragung des folgenden Typs enthält: Ein Gegenstand erfüllt den offenen Satz «*x* is thus-and-so» genau dann, wenn er so-und-so beschaffen ist. – Eine Gruppe von philosophischen Fragen, die Tarskis Ansatz herausgefordert hat, betrifft seine Reichweite: Konvention W ist in der vorliegenden Form nicht anwendbar auf Sätze, die lexikalisch oder syntaktisch mehrdeutig sind oder indexikalische und andere kontextabhängige Komponenten enthalten, und Tarskis rekursive Definitionen setzen voraus, daß alle Operatoren der Objekt-Sprache wahrheitswertfunktional sind. (D. DAVIDSON versucht zu zeigen, wie prima facie Tarski-resistente Züge der natürlichen Sprachen zu 'zähmen' sind [46].) Das W.-Prädikat in einer natürlichen Sprache ist anwendbar auf die Sätze dieser Sprache, und meistens treten dabei keine Antinomien auf. Manche Alternativen zu Tarskis Umgang mit den Antinomien versuchen, «Sippenhaft» zu vermeiden [47]. Eine zweite Gruppe von Fragen betrifft den definitorischen Anspruch der Theorie: Reklamiert Tarski zu Recht, daß der 'Geist' seiner Definitionen korrespondenztheoretisch ist? Werfen Definitionen von sprachrelativen W.-Prädikaten Licht auf den sprachenübergreifenden Begriff der W.? [48].

7. Anknüpfend an die von G. FREGE, L. WITTGENSTEIN und F. RAMSEY [49] vertretene These, daß der propositionale Gehalt von 'Es ist wahr, daß *p*' mit dem von '*p*' zusammenfällt, hat P. STRAWSON die pragmatische Rolle von ‹wahr› herausgearbeitet: Wir gebrauchen dieses Wort, um etwas einzuräumen ('Es ist zwar wahr, daß *p*, aber ...'), oder um Zustimmung zu signalisieren ('Das ist wahr') usw. [50]. Freilich wird dieses performative Potential von ‹wahr› nicht aktiviert, wenn das Wort in eingebetteten Sätzen verwendet wird [51], und seine Aktivierung schließt nach J. L. AUSTIN nicht aus, daß wir im selben Atemzug auch die Eigenschaft W. zuschreiben. Bei dieser Gelegenheit präsentiert Austin ein Fragment einer Korrespondenz-Theorie, das auf Äußerungen elementarer Aussagesätze mit indexikalischen Elementen zugeschnitten ist [52]. In seiner einflußreichen Kritik wirft STRAWSON ihm u.a. vor, daß er den ontologischen Status von Tatsachen zu Unrecht an den von Ereignissen assimiliert [53].

8. Seit dem Ende der 1950er Jahre wurde die Frage, worin unser Verständnis eines Aussagesatzes besteht, durch M. DUMMETT ins Zentrum der sprachphilosophischen Diskussion gerückt [54]. Im Blick auf den Streit zwischen alethischem Realismus und Anti-Realismus lautet Dummetts (vom späten Wittgenstein inspirierte) kritische Frage: In welchem Zug unserer sprachlichen Praxis manifestiert sich unsere Kenntnis der Wahrheitsbedingungen eines Aussagesatzes *S*? Sie kann sich jedenfalls nicht immer darin manifestieren, daß der Sprecher die W.-Bedingungen (ohne *S* zu wiederholen) explizit angibt. Der Anti-Realist hat hier kein Problem: Man kann seine Kenntnis der W.-Bedingungen von *S* dadurch manifestieren, daß man eine assertorische Äußerung von *S* mit guten Gründen als wahr anerkennt oder als falsch verwirft. Dummett bezweifelt, daß der Realist eine plausible Antwort auf seine kritische Frage geben kann. Da wir oft kein Verfahren kennen, mit dessen Hilfe wir uns in eine Position bringen könnten, in der *S* oder die Negation von *S* gerechtfertigt behauptbar wäre, haben wir in den Augen des Anti-Realisten auch keinen Grund, das Zweiwertigkeitsprinzip (s.d.) zu akzeptieren, demzufolge jede Aussage entweder wahr oder falsch ist. Deshalb verwendet Dummett die (der konstruktivistischen Mathematik zugrundeliegende) «intuitionistische» Logik und ihre Semantik [55] auch bei der Ausarbeitung anti-realistischer Positionen außerhalb der Mathematik, z.B. für Aussagen über Fremdseelisches, die Zukunft oder die Vergangenheit [56].

9. Auch P. LORENZEN und andere Mitglieder der Erlanger Schule haben an der Implementierung der Ideen des mathematischen Konstruktivismus (sowie des Dinglerschen Operationalismus) in weiteren philosophischen Kontexten gearbeitet. Eine elementare empirische Aussage, in der ein Sprecher *X* einem Gegenstand ein Prädikat zuspricht, gilt hier genau dann als wahr, wenn jeder sprach- und sachkundige Beurteiler bei geeigneter Nachprüfung *X* zustimmen würde. Junktoren und Quantoren werden durch Dialogverläufe definiert, die in endgültigen Rechtfertigungen oder endgültigen Widerlegungen der mit ihrer Hilfe gebildeten komplexen Aussagen kulminieren [57]. Die Konsensustheorie der W., für die J. HABERMAS plädiert, ist eine nicht-szientistische Variante des Peirceschen Anti-Realismus: Eine Aussage *A* ist wahr genau dann, wenn jeder Teilnehmer an einer in einer «idealen Sprechsituation» stattfindenden Diskussion der Frage, auf die *A* eine Antwort ist, schließlich *A* akzeptieren würde [58]. Anknüpfend an Überlegungen des mittleren Wittgenstein und an Dummetts Theorie des Behauptens (und in kritischem Bezug auf Husserl und Heidegger) argumentiert E. TUGENDHAT, daß man eine Behauptung nur dann versteht, wenn man weiß, wie sie auszuweisen ist, und daß man dementsprechend ein Prädikat nur dann versteht, wenn man über ein Kriterium dafür verfügt, wann es auf einen Gegenstand zutrifft. «Wenn das allgemein für alle Prädikate gilt, muß es auch für das Prädikat 'wahr' gelten» [59].

10. Im Zuge der Renaissance pragmatistischer Motive innerhalb der Analytischen Philosophie in den USA vertritt N. GOODMAN die Auffassung, W. sei nichts anderes als «permanent credibility» [60]. In Auseinandersetzung mit Goodman und Dummett entwirft H. PUTNAM bald danach eine Version des alethischen Anti-Realismus, die er

«Internen Realismus» nennt und gegen den «Metaphysischen Realismus» ausspielt. Seine zentrale These lautet: «Truth is an idealization of rational acceptability» [61]. Eine Aussage *A* ist demnach genau dann wahr, wenn es, wären die Bedingungen für die Überprüfung von *A* optimal, vernünftig wäre, *A* zu akzeptieren. Seit Anfang der 1990er Jahre ist Putnam aber einer der schärfsten Kritiker aller Spielarten des alethischen Anti-Realismus [62]. Zu diesen Kritikern gehört auch D. DAVIDSON. Er erteilt freilich dem alethischen Realismus ebenfalls eine Absage: Dieser sei an eine tatsachenbasierte Korrespondenz-Theorie gebunden, die durch das (auf Church und Gödel zurückgehende) sog. Steinschleuder-Argument [63] endgültig diskreditiert sei. ‹W.› ist in Davidsons Augen ein undefinierbarer Grundbegriff, der für eine Theorie des Verstehens von sprachlichen und anderen Handlungen unentbehrlich ist [64]. R. RORTY hat (vergebens) versucht, Davidson als Kronzeugen für seine von James inspirierte Version des Pragmatismus zu gewinnen [65].

11. Schon früher (1940) hat B. RUSSELL die allen Korrespondenz-Theorien zugrundeliegende Intuition, daß (zumindest empirische) W.en durch etwas in der Welt wahr gemacht werden, so expliziert, daß die «Wahrmacher» Ereignisse sind: «When an empirical belief is true, it is true in virtue of a certain occurrence which I call its 'verifier'» [66]. So wird z.B. die Aussage, daß Cäsar Opfer eines Attentats wurde, durch ein Ereignis wahr gemacht, das im Jahre 44 v.Chr. in Rom stattfand (und nicht durch die Tatsache, daß er damals dort Opfer eines Attentats wurde). Im Anschluß an Russells Überlegungen haben K. MULLIGAN, P. SIMONS und B. SMITH eine Theorie entwickelt, derzufolge wahre empirische Meinungen durch eines oder mehrere Einzeldinge, einzeln oder gemeinsam, wahr gemacht werden, wobei die wahrmachenden Einzeldinge Substanzen oder «individuelle Momente» (Ereignisse oder Zustände) sind [67]. Die einflußreichste Wahrmacher-Theorie hat D. M. ARMSTRONG Ende der 1990er Jahre vorgelegt [68].

12. Daß der Begriff der W. explanatorisch relevant ist (was Philosophen wie Dummett und Davidson annehmen) und daß er metaphysisches Gewicht hat (wie alle Wahrmacher-Theorien unterstellen), wird von den Anhängern 'deflationärer' W.-Auffassungen emphatisch bestritten. Ihnen zufolge ist W. entweder überhaupt keine Eigenschaft (so D. GROVER und andere [69]), oder es ist eine Eigenschaft, über deren Begriff man bereits dann vollständig verfügt, wenn man die Bereitschaft erworben hat, Einsetzungsinstanzen des Frege-Schemas 'Es ist wahr, daß *p*, genau dann, wenn *p*' (so P. HORWICH [70]) oder homophone Einsetzungsinstanzen des Schemas in Tarskis Konvention W (so H. FIELD [71]) als korrekt zu akzeptieren. Die Debatte über das Für und Wider des 'Deflationismus' stand im letzten Jahrzehnt des 20. Jh. im Mittelpunkt der wahrheitstheoretischen Diskussion in der Analytischen Philosophie.

Anmerkungen. [1] B. BOLZANO: Wiss.lehre § 28 (1837). Ges. ausg., hg. J. BERG u.a. (1969ff.) I/11, 1, 148. – [2] Verbesserungen und Zusätze zur Logik, a.O. II/A, 12/2, 105. – [3] Wiss.lehre § 24, a.O. [1] 133-136. – [4] Vgl. Art. ‹Gedanke II.›. Hist. Wb. Philos. 3 (1974) 54f. – [5] Vgl. W. KÜNNE: Megarische Aporien für Freges Semantik. Z. Semiotik 4 (1982) 267-290. – [6] G. FREGE: Nachgel. Schr. (1969) 139f.; Der Gedanke (1918), in: Log. Unters., hg. G. PATZIG (1965) 30-53, 32. – [7] Nachgel. Schr., a.O. 140. 211. 251f. 271f.; Der Gedanke, a.O. 34. – [8] Sinn und Bedeutung (1892), in: Funktion, Begriff, Bedeutung, hg. G. PATZIG (1962) 38-63, 48f.; vgl. M. DUMMETT: Frege (London 1973) 401-429; T. BURGE: Frege on truth, in: L. HAAPARANTA/J. HINTIKKA (Hg.): Frege synthesized (Dordrecht 1986) 97-154. – [9] Nachgel. Schr., a.O. 140; Der Gedanke, a.O. 35f. – [10] Grundgesetze der Arithmetik I (1893) XVf. – [11] W. KÜNNE: Conceptions of truth (Oxford 2003) Kap. 1 und 7. – [12] CH. S. PEIRCE: What pragmatism is (1905). Coll. papers [CP], hg. C. HARTSHORNE/P. WEISS (Cambridge, Mass. 1931ff.) 5.416. – [13] Rez.: Fraser's The works of G. Berkeley (1871). CP 8.12. – [14] How to make our ideas clear (1878). CP 5.407; J. DEWEY preist dies als «the best definition of truth from the logical standpoint which is known to me», in: Logic (1938), in: The later works 12 (Carbondale 1986) 343. – [15] a.O. 5.408; vgl. A survey of pragmaticism § 4 (1907). CP 5.494; A neglected argument for the reality of God (1908). CP 6.485. – [16] 5.409. – [17] The regenerated logic (1896). CP 3.432; vgl. Science and philos. II, c. 6, § 8 [ca. 1901]. CP 7.219; C. MISAK: Truth and the end of inquiry (Oxford 1991); C. HOOKWAY: Truth, rationality and pragmatism (Oxford 2000). – [18] W. JAMES: Pragmatism (1907). The works, hg. F. H. BURKHARDT 1 (Harvard 1975) 96. – [19] J. DEWEY: Essays in experimental logic (Chicago 1916) 231. 24. – [20] JAMES, a.O. [18] 8; vgl. DEWEY, a.O. Kap. XII. – [21] 1908 erschienen drei Besprechungen von ‹Pragmatism›, die aus Cambridge stammten: J. MCTAGGART, in: Mind 17 (1908) 104-109; G. E. MOORE, ND in: Philos. studies (London 1922) 97-146; B. RUSSELL, ND in: Philos. essays (London 1966) 112-130; vgl. JAMES' Antwort auf Russell in: The meaning of truth (1909), a.O. [18] 2, 146-153. – [22] Vgl. die Darst. und Kritik bei H. PUTNAM: James' theory of truth, in: R. A. PUTNAM (Hg.): The Cambridge companion to W. James (Cambridge 1997) 166-185. – [23] O. NEURATH: Soziologie im Physikalismus (1931). Ges. philos. und methodolog. Schr. (Wien 1981) 541; vgl. C. G. HEMPEL: On the log. positivists' theory of truth. Analysis 2 (1935) 49-59. – [24] Protokollsätze (1932), a.O. 581. – [25] Soziol., a.O. [23]. – [26] H. H. JOACHIM: The nature of truth (Oxford 1906) 76; vgl. a.O. 170. – [27] F. H. BRADLEY: On truth and coherence (1907), in: Essays on truth and reality (Oxford 1914) 202-218, 202f.; vgl. B. BLANSHARD: The nature of thought 2, ch. 25-27 (London 1939) 212-303. – [28] a.O. 217. – [29] O. NEURATH: Radikaler Physikalismus und 'Wirkliche Welt' (1934), a.O. [23] 618. – [30] JOACHIM, a.O. [26] 16. 107f.; BLANSHARD, a.O. [27] 304-331. – [31] Auf das zweite dieser Probleme haben (nicht ohne gewisse Vereinfachungen) bereits die ersten Kritiker aufmerksam gemacht: B. RUSSELL: The monistic theory of truth (1907), a.O. [21] 131-146; M. SCHLICK: Über das Fundament der Erkenntnis (1934). Ges. Aufs. (Wien 1938) 289-310, 295; vgl. R. WALKER: The coherence theory of truth (London 1989). – [32] N. RESCHER: The coherence theory of truth (Oxford 1973); vgl. Art. ‹Rechtfertigung III.›. Hist. Wb. Philos. 8 (1992) 256-259. – [33] G. E. MOORE: Truth and falsity (1902). Sel. writ., hg. TH. BALDWIN (London 1993) 20-22; vgl. B. RUSSELL: Meinong's theory of complexes and assumptions III (1904), in: Essays in analysis (London 1973) 21-76, 59ff.; R. CARTWRIGHT: A neglected theory of truth, in: Philos. essays (Cambridge, Mass. 1987) 71-93; ein spätes Echo der Identitätstheorie findet sich in: J. MCDOWELL: Mind and world (Cambridge, Mass. 1994) 27. 179. – [34] Some main problems of philosophy (1911, London 1953) 256. 276f.; vgl. J. SEARLE: The construction of social reality (New York 1995) 211. 214. 219. – [35] L. WITTGENSTEIN: Notes on logic (Sept. 1913), in: Notebooks 1914-16 (Oxford ²1979) 100. – [36] Vgl. Art. ‹Atomismus III.›. Hist. Wb. Philos. 1 (1971) 605f. – [37] B. RUSSELL: The philos. of log. atomism (1918), in: Logic and knowledge (London 1956) 211. 216. – [38] a.O. 211-216. 236. – [39] L. WITTGENSTEIN: Tractatus log.-philos. (1921) 4.26. – [40] RUSSELL, a.O. [37] 197ff. – [41] WITTGENSTEIN, a.O. [39] 2.161; 2.17. – [42] A. TARSKI: Der Wahrheitsbegriff in den formalisierten Sprachen [poln. 1933] (1935), in: Coll. papers (Basel 1986) 2, 51-198, hier: 57; vgl. The semantic conception of truth (1944), a.O. 661-699; Truth and proof (1969), a.O. 4, 399-423. – [43] a.O. 98f. – [44] 62f. 71f.; vgl. zum Folgenden auch: The semant. concept., a.O. [42] 669-672; Truth and proof, a.O. [42] 407-411. – [45] 58. – [46] Vgl. D. DAVIDSON: Inqu. into truth and interpretation (New York 1984). – [47] Bes. einflußreich: S. KRIPKE: Outline of a theory of truth. J. Philos. 72 (1975) 690-716. – [48] Vgl. J. ETCHEMENDY: Tarski on truth and log. consequence. J. symbol. Logic 53 (1988) 51-79; D. DAVIDSON: The structure and content of truth. J. Philos. 87 (1990) 279-328. – [49] FREGE, a.O. [6]; L. WITTGENSTEIN: Notebooks [6. 10. 1914], a.O. [35] 9; Bem. über die Grundlagen der Mathematik [1937-44]. Schr. (1960ff.) 6, 117; F. RAMSEY:

Facts and propositions (1927). Philos. papers (Cambridge 1990) 34-51. – [50] P. STRAWSON: Truth. Analysis 9 (1949) 83-97. – [51] P. GEACH: Ascriptivism (1960), in: Logic matters (Oxford 1992) 250-254. – [52] J. L. AUSTIN: Truth (1950). Philos. papers (Oxford ²1970) 117-133. – [53] P. STRAWSON: Truth (1950), in: Logico-linguistic papers (London 1971) 190-213. – [54] M. DUMMETT: Truth and other enigmas (London 1978) 215-247; The seas of language (London 1993) 34-93. – [55] Elements of intuitionism (Oxford 1977). – [56] a.O. IX-LVIII. 1-24. 145-165. 358-374; The seas of langu., a.O. 230-276. 462-478; vgl. auch: C. WRIGHT: Realism, meaning and truth (Oxford ²1993). – [57] P. LORENZEN/W. KAMLAH: Log. Propädeutik (1967, ²1973) 117-129; P. LORENZEN/K. LORENZ: Dialog. Logik (1978); vgl. Art. ‹Logik, dialogische›. Hist. Wb. Philos. 5 (1980) 402-411. – [58] J. HABERMAS: Wahrheitstheorien (1973), in: Vorstud. und Erg. zur Theorie des kommunikat. Handelns (1984) 127-183; vgl. die Revokation in: W. und Rechtfertigung (1999) 256f. – [59] E. TUGENDHAT/U. WOLF: Log.-semant. Propädeutik (1983) 217-242, 222; E. TUGENDHAT: Vorles. zur Einf. in die sprachanalyt. Philos. (1976) bes. 246-264. 484-496. – [60] N. GOODMAN: Ways of worldmaking (Indianapolis 1978) 123f.; On starmaking. Synthese 45 (1980) 211-215. – [61] H. PUTNAM: Reason, truth, and history, ch. 3 (Cambridge 1981) 49-74; vgl. Art. ‹Realismus III.›. Hist. Wb. Philos. 8 (1992) 166-169. – [62] Sense, nonsense and the senses, in: The threefold cord (New York 1999) 1-70. – [63] Vgl. dazu: S. NEALE: Facing facts (Oxford 2001). – [64] D. DAVIDSON: The folly of trying to define truth. J. Philos. 93 (1996) 263-278; The centrality of truth, in: J. PEREGRIN (Hg.): The nature of truth (if any) (Dordrecht 1999) 105-115. – [65] R. RORTY: Pragmatism, Davidson, and truth, in: E. LEPORE (Hg.): Truth and interpret. (Oxford 1986) 333-355; Is truth the goal of inquiry? Philos. Quart. 45 (1995) 281-300; vgl. D. DAVIDSON: Afterthoughts, in: A. MALACHOWSKI (Hg.): Reading Rorty (Oxford 1990) 134-138; Is truth a goal of inquiry? in: U. ZEGLEN (Hg.): D. Davidson (London 1999) 17-19. – [66] B. RUSSELL: An inqu. into meaning and truth (London 1940) 227; vgl. a.O. [37] 182. – [67] K. MULLIGAN/P. SIMONS/B. SMITH: Truth-makers. Philos. phenomenolog. Res. 44 (1984) 287-321; vgl. Art. ‹Verifikation II. (Wahrmacher; Verifikator)›. Hist. Wb. Philos. 11 (2001) 702f. – [68] D. M. ARMSTRONG: A world of states of affairs (Cambridge 1997); vgl. dazu: D. K. LEWIS: A world of truthmakers? in: Papers in metaphysics and epistemology (Cambridge 1999) 215-220. – [69] D. GROVER: A prosentential theory of truth (Princeton 1992); Varianten dazu bei C. J. F. WILLIAMS: Being, identity and truth (Oxford 1992); R. BRANDOM: Making it explicit (Cambridge, Mass. 1994); dtsch.: Expressive Vernunft (2000). – [70] P. HORWICH: Truth (Oxford ²1998). – [71] H. FIELD: Truth and the absence of facts, ch. 4 (Oxford 2001) 104-156; vgl. W. V. O. QUINE: Philos. of logic (Englewood Cliffs 1970) 10-13; zu den einflußreichsten Kritikern des Deflationismus gehört C. WRIGHT: Truth and objectivity (Cambridge, Mass. 1992).

Literaturhinweise. G. SKIRBEKK (Hg.): W.-Theorien. Eine Auswahl aus den Theorien über W. im 20. Jh. (1977). – L. B. PUNTEL (Hg.): Der W.-Begriff (1987). – R. KIRKHAM: Theories of truth (Cambridge, Mass. 1992). – Realismus und Anti-Realismus, hg. Forum Philosophie (1992). – R. WALKER: Theories of truth, in: B. HALE/C. WRIGHT (Hg.): Companion to the philos. of language (Oxford 1997) 309-330. – S. BLACKBURN/K. SIMMONS (Hg.): Truth (Oxford 1999). – S. SOAMES: Understanding truth (Oxford 1999). – M. WILLASCHEK (Hg.): Realismus (2000). – M. P. LYNCH (Hg.): The nature of truth (Cambridge, Mass. 2001). – R. SCHANTZ (Hg.): What is truth? (2002). – W. KÜNNE s. Anm. [11].

W. KÜNNE

Wahrheit (christlich-theologisch)

1. Die Diskussion um ein spezifisch christlich-theologisches [1] Verständnis von W., erst recht dessen mitunter bis zum offenen Gegensatz [2] getriebene Abgrenzung zu anderen («philosophischen», «wissenschaftlichen» usw.) W.-Begriffen ist ein verhältnismäßig junges Phänomen des beginnenden 20. Jh. [3]. Die wesentlich ältere und weit verbreitete Rede von «göttlichen», «übernatürlichen», «geoffenbarten», «christlichen», «theologischen W.en» oder «Glaubenswahrheiten», «W.en der Religion» usw. betrifft, abgesehen von der existentiellen (Heils-) Bedeutsamkeit ihrer Anerkennung durch den Menschen, in erster Linie das Materialobjekt religiös-theologischer Aussagen sowie deren Begründungsproblematik, ist also im Wesentlichen erkenntnistheoretischer und ontologischer, nicht eigentlich wahrheitstheoretischer Natur [4]. Sie bewegt sich insofern weithin im Horizont der schon von PLATON aufgeworfenen Frage nach der W. und Falschheit der Rede von Gott und den Göttern [5], verbindet sich jedoch seit der Herausbildung des jüdischen Monotheismus, christlich dann seit den Apostolischen Vätern und Apologeten des 2. Jh. schon früh mit dem Bekenntnis zum «wahren» und «ein(zig)en Gott» (εἷς θεός) [6].

Angesichts der gnostischen Herausforderung verlagert sich das Problem der W. jedoch zunächst auf das ihrer *Kirchlichkeit* [7]: Hier betrifft es die Spannung zwischen der Universalität der W. einerseits und ihrer geschichtlich-gesellschaftlichen Partikularität andererseits. Die für diese Problematik bis heute klassische Argumentation findet sich bereits sehr früh: Das zur «regula veritatis» (κανὼν τῆς ἀληθείας) [8] fixierte Bekenntnis – die «wahre Gnosis» [9] – kann nach IRENÄUS VON LYON genau dann als Ausdruck der einheitlich-einen W. [10] gelten, wenn hierfür auf die (johanneische [11]) Geisttheologie zurückgegriffen wird: «Wo die Kirche ist, da ist auch der Geist Gottes», «der Geist aber ist die W.» [12]. Diese – vielfach gegen die verwirrende Anzahl philosophischer Positionen geltend gemachte [13] – Verschränkung der *einen* W. mit der *einen* Kirche («unitas ecclesiae») [14] vor allem durch CYPRIAN wird jedoch mit dem Auftreten häretischer Lehren von innen her bedroht [15]. Es entsteht die 'fundamentaltheologische' Frage nach dem rechten «Weg zur W.» («via veritatis») [16]. AUGUSTIN nimmt zu diesem Zweck das Begriffspaar «ratio» – «auctoritas» auf [17], gibt ihm jedoch eine für die weitere Theologiegeschichte wegweisende Interpretation: Die bleibende «auctoritas» der Kirche – sie ist letztlich begründet in der Autorität der inkarnierten göttlichen Vernunft [18] bzw. Christi [19] – ist demzufolge nicht mehr bloß einer von zwei Wegen zur W. [20], sondern die «zeitliche Arznei» («temporalis medicina») [21], deren «die Vielen» bedürfen, um zur Erkenntnis der W. zu gelangen bzw. ihrer überhaupt erst «würdig» («dignus») zu werden [22].

Wirkungsgeschichtlich bedeutsam ist hier zweierlei: Zum einen ist die theoretische Grundlage geschaffen, um der *Tradition* die Rolle eines theologischen Erkenntnisprinzips zuzuweisen: Ihre Allgemeinheit («universitas»), Einstimmigkeit («consensio») sowie ihr Alter («antiquitas») [23] bilden nach VINZENZ VON LÉRINS den sicheren, geraden und allen zugänglichen Weg, um die W. des katholischen Glaubens von der Falschheit der Häresie zu unterscheiden («via catholicae fidei veritatem ab haereticae pravatis falsitate discernere») [24]. Mit Blick auf die Diskussion um einen theologischen W.-Begriff ist freilich entscheidender, daß AUGUSTIN der Frage nach der wahren Verehrung des wahren Gottes («verum cultum veri dei») [25] durch die Verknüpfung des Begriffs der W. mit dem der Religion eine neue und vor allem brisante Richtung gibt. Denn von nun ab beginnt – zumindest was das Verständnis von W. angeht – die *apologetische* Frage nach dem Christentum als «vera religio» zu dominieren: Die durch die Verklammerung mit dem Gottesbegriff [26] noch einmal unterstrichene Einzigkeit, Transzendenz und Absolutheit der W. kennzeichnet jetzt den herausragenden, aber eben auch legitimationsbedürftigen Anspruch einer bestimmten Religionsgemeinschaft. Das indessen wird ansatzweise erst dort zum Problem, wo mit der (seit der 2. Hälfte des 13. Jh. einsetzenden) Konstitution der Theologie als einer gegenüber der Philosophie eigenständigen, methodisch vorgehenden Wissenschaft [27] auch die Gefahr einer «doppelten W.» (s.d.) [28] vor Augen tritt.

Ebenfalls bedeutsam ist das Auseinanderbrechen der bis zum Hochmittelalter als unproblematisch empfundenen Einheit von Schrift und kirchlicher Lehrüberlieferung – ansatzweise schon bei JOHANNES DUNS SCOTUS, WILHELM VON OCKHAM und MARSILIUS VON PADUA [29], dann aber vor allem in der Reformation. Mit der interkonfessionell strittigen Frage, *wo* die «heilsame W.» («salutaris veritas») [30] zu finden ist (in der Schrift und/oder Tradition bzw. im Lehramt), löst sich allerdings die Frage nach der W. theologischer Aussagen immer mehr von der nach ihrem Inhalt ab. Zur gleichen Konsequenz führt jener fundamentaltheologische Argumentationstypus, der sich durch die (erneute) Konfrontation mit nicht-christlichen Religionen, später dann durch die Auseinandersetzung mit der deistischen Religions- und Offenbarungskritik ausbildet [31]. Denn wie schon bei der Frage nach der Schrift als dem (allein?) maßgeblichen theologischen Erkenntnisprinzip, verleiht auch die äußere («extrinsische») Begründung des christlichen Offenbarungsanspruchs [32] als absoluter W. [33] der «Einleitung» bzw. den «Prolegomena» in der Darstellung der christlichen Lehre und ihrer W. stetig wachsende Bedeutung. Es ist diese Trennung von Apologetik und Dogmatik, die faktisch den allgemeinen Hintergrund für die Suche nach einem spezifisch religiösen W.-Begriff bildet.

2. Zur unmittelbaren historischen Voraussetzung dieser Trennung aber gehört die (durch den Verlust einer metaphysischen Basis der Theologie noch einmal beschleunigte) Entkopplung von W. einerseits, Religion, Glaube bzw. Theologie andererseits am Ende des 19. Jh. [34]. Neben einer von H. LOTZE her inspirierten werttheoretischen Interpretation religiöser Erkenntnis bei A. RITSCHL [35] und begleitet durch die neukantianische Religionsphilosophie [36] spielt dabei (und zwar für beide Konfessionen gleichermaßen) die Konzentration der religiösen Thematik auf das Gefühl, das Erleben und die Erfahrung eine ausschlaggebende Rolle [37].

a) Im *Katholizismus* spitzt sich dieses Problem in der Krise um den sog. Modernismus (s.d.) zu: Vorbereitet in der Kritik an einer «fideistischen» oder «agnostizistischen» Aufgabe des W.-Anspruches theologischer Aussagen [38] – der Dogmen nicht weniger als der katholischen W.en («veritates catholicae») [39] – sowie begleitet von der Verabschiedung des päpstlichen Infallibilitätsdogmas [40] im ‹I. Vaticanum› gipfelt dieser Streit in der Formulierung des sog. Antimodernisteneides: «Ich halte ganz sicher fest und bekenne aufrichtig, daß der Glaube kein blindes Gefühl der Religion ist, das unter dem Drang des Herzens und der Neigung eines sittlich geformten Willens aus den Winkeln des Unterbewußtseins hervorbricht, sondern die wahre Zustimmung des Verstandes zu der von außen aufgrund des Hörens empfangenen W., durch die wir nämlich wegen der Autorität des höchst wahrhaftigen Gottes glauben, daß wahr ist, was vom persönlichen Gott, unserem Schöpfer und Herrn, gesagt, bezeugt und geoffenbart wurde» («sed verum assensum intellectus veritati extrinsecus acceptae ex auditu, quo nempe, quae a Deo personali, creatore ac Domino nostro dicta, testata et revelata sunt, vera esse credimus, propter Dei auctoritatem summe veracis») [41].

b) Auch auf seiten der *protestantischen* Theologie führt die spätestens seit F. D. E. SCHLEIERMACHER [42] einsetzende, besonders im Erlanger Luthertum [43] greifbare, schrittweise Subjektivierung der Glaubenswirklichkeit zu einer massiven Gegenreaktion, die ihren Ausdruck zunächst in der Theozentrik E. SCHAEDERS [44], dann jedoch in der Dialektischen Theologie [45] findet. Erst sie bringt für die Theologie voll zur Geltung, was bei S. KIERKEGAARD «subjektive W.» [46] des «Einzelnen» im Kern sein wollte. Denn im Gegensatz zum «griechischen Pathos» der «Erinnerung», d.h. einer «W.», «in» der man immer schon («von Anbeginn») ist [47], steht der Mensch christlich nach Kierkegaard gerade «außerhalb der W.». Insofern er durch den göttlichen «Lehrer» entlarvt («erinnert») wird «als Unwahrheit», ist der Mensch daher im Geschehen von «Erlösung» bzw. «Wiedergeburt» auf jenen «Augenblick» verwiesen, in welchem ihm nicht nur «W.», sondern auch deren existentielle Verstehensbedingungen geschenkt werden [48]. Erst damit ist die von Kierkegaard geforderte Vertiefung der W. in die Subjektivität endgültig vollzogen: «Die Subjektivität, die Innerlichkeit ist die W.; gibt es nun dafür einen innerlicheren Ausdruck? Ja, wenn die Rede: Die Subjektivität ist die W., so beginnt: Die Subjektivität ist die Unwahrheit» [49].

Dies [50] ebenso wie das «Paradox» einer «in der Zeit» (mensch-gewordenen) «ewigen W.» [51] gibt K. BARTH die Möglichkeit, die gänzliche Andersartigkeit der W., ihre absolute Überlegenheit gegenüber dem («frommen») Gefühl abzusichern [52]. Aber es sind nicht die daraus resultierenden Konsequenzen für die Wissenschaftlichkeit und «Wahrheitsfähigkeit» der Theologie [53], die für die Rede vom theologischen W.-Begriff zentral werden. Folgenreicher ist, daß mit dem ausdrücklichen «Nein!» (K. Barth) gegenüber jeder fundamentaltheologischen Fragestellung ebenso wie mit der Herauslösung des Christentums aus dem Kontext der Religion(en) [54] der W.-Begriff von seiner apologetischen Umklammerung befreit wird. Erst damit konnte der Blick frei werden für das, was bereits von Barth mit Blick auf das Dogma herausgearbeitet worden war: die *eschatologische* Dimension der W. [55].

3. Vor allem die eschatologische Dimension wird 1927 durch den Marburger Neutestamentler H. VON SODEN als Spezifikum des «hebräischen», «geschichtlichen» W.-Begriffs identifiziert: «W. ist nicht etwas, was irgendwie unter oder hinter den Dingen liegt und durch Eindringen in ihre Tiefe, ihr Inneres gefunden würde; sondern W. ist das, was sich in der Zukunft herausstellen wird» [56]. Schon bei von Soden finden sich die wesentlichen Merkmale, mit denen in der weiteren Diskussion das biblische (vor allem johanneische [57]) bzw. christliche vom griechischen Verständnis der W. abgegrenzt, bisweilen auch streng entgegengesetzt wird [58]: neben ihrer *Geschichtlichkeit* [59] und kontingenten (gnadenhaften) *Ereignishaftigkeit* vor allem ihr Bezug nicht nur zu Erkenntnis und Wissen, sondern mehr noch zum *Tun* sowie zum Akt des existentiellen (An-)*Vertrauens* (Glaube) [60].

Während der (kirchliche) Lehr- und Aussagecharakter der in dogmatischen Sätzen formulierten W. vor allem von K. BARTH noch in einer Weise betont worden war [61], die schließlich zur Selbstauflösung der dialektischen Theologie mit beitragen sollte, öffnet sich der reformatorischen Theologie mit der Herausarbeitung eines *nichtpropositionalen* Begriffs von W. mit einem Male eine ganz neue Perspektive: Denn nachdem gegen Ende des 19. Jh. mit der Entstehung einer Vielzahl von W.-Theorien der Begriff der W. zunächst seine eindeutige Bestimmtheit [62], im Psychologismus dann seine Objektivität, in Pragmatismus wie Positivismus schließlich seine normative Idealität [63] verloren hatte (oder zumindest verloren zu haben schien), war es der reformatorischen Theologie jetzt möglich, ihrerseits am W.-Begriff festzuhalten und dabei gleichzeitig der durch A. von Harnack diagnostizierten «Hellenisierung» von W. im Sinne einer begrifflich-satzhaften Lehre [64] zu entgehen [65].

4. In zweierlei Hinsicht zieht diese Entwicklung Konsequenzen nach sich: *Einerseits* macht sie allgemein sensibel für die (in eine vergleichbare Richtung zielende) frühe W.-Theorie M. Heideggers. Vor allem R. Bultmann spitzt sie ganz auf die Eigentlichkeit menschlicher Existenz hin zu [66], die nur im Anspruch und in der Anrede durch die göttliche Wirklichkeit gewonnen werden kann – genau das ist der Sinn von Joh. 8, 32 b: ἡ ἀλήθεια ἐλευθερώσει ὑμᾶς («die W. wird euch frei machen») [67]. Gegen Barth wie Bultmann gleichermaßen [68] integriert E. Brunner *andererseits* die Geschichtlichkeit der biblisch-christlichen W. in sein von F. Ebner [69] her inspiriertes Verständnis von «W. als Begegnung»: W. muß demnach «personal» gefaßt werden, hat «nur in der Ich-Du-Gestalt ihren angemessenen Ausdruck», ist daher mit «Selbstkommunikation», «Liebe» (Agape) identisch. Als solche liegt sie nicht nur der Verantwortung («ethische W.») zugrunde [70], sondern auch (im «sakramentalen» Verhältnis von «Zeichen und Sache») der «W. als Lehre» [71].

Die Folge dieser Entwicklung ist freilich eine philosophisch wohl nur schwer, lexikalisch sicher überhaupt nicht mehr einholbare 'semantische Explosion' in Sachen «W. (theologisch)» [72], bei der begriffliche Eindeutigkeit nur bedingt aufweisbar sein dürfte [73] oder erst gar nicht angestrebt wird [74]. Dieses Phänomen dürfte jedoch Ausdruck für die faktisch erst seit den Arbeiten von Bultmann [75] voll hervorgetretene Schwierigkeit sein, die theologisch unaufgebbare, dogmatisch-lehrhaft eingefaßte Objektivität der W., ihre existentielle Relevanz [76] und schließlich die Selbstbezeichnung des menschgewordenen Gottes als ἀλήθεια (Joh. 14, 6 [77]) (nicht zuletzt auch in ihren trinitarischen Dimensionen [78]) zu einem einheitlichen Begriff von W. zu verklammern. Die von H. Thielicke vorgelegte dreigliedrige «Typologie des Wahrheitsbegriffs» ist daher in gewisser Weise auch die ihres *Problems*, denn hier tritt neben eine «W., die wir wissen können» («Wissenswahrheit»), und eine «W., die uns angeht», schließlich und zuletzt auch jene «W.», «die uns eher versteht, als wir sie verstehen können» [79].

5. Für die katholische Theologie wurde dieses Problem erst dann wirklich akut, als sie sich von einem «instruktionstheoretischen» und gerade auch mit Blick auf das zugrundeliegende «sachhaft-apersonale» W.-Verständnis interkonfessionell strittigen [80] Offenbarungsbegriff lösen konnte. Daß dies gelang, verdankt sie u.a. der durch J. Maréchal angebahnten «Transposition» Kants [81] in den Horizont der thomistischen Erkenntnismetaphysik [82], die vor allem durch K. Rahner weitergeführt wurde. Denn jetzt wurde deutlich, daß die «kopernikanische Wende» nicht zwangsläufig in jenen Subjektivismus und Agnostizismus führen muß, der im «Modernismus» [83] kirchlich verurteilt worden war: Transzendentale Reflexion auf die Möglichkeitsbedingungen der Urteilswahrheit führt in Rahners, durch Heideggers Kantinterpretation vorbereitete Argumentation auf jene innere «Gelichtetheit» und «Intelligibilität» («ontologische W.»), die jedem Seienden nach dem Grad seiner «Seinsmächtigkeit» zukommt und die letztlich im «absoluten Geist», in «Gott», der «W. der W.», begründet ist [84]. Insofern der Mensch auf sie «immer schon» «vorgreift» und verwiesen ist, war der (für die Rede vom «biblischen» W.-Begriff konstitutive) Bezug zur Geschichte, erst recht zu einer offenen Zukunft, allerdings nur in kritischer Abgrenzung gegenüber der Transzendentaltheologie [85] zur Geltung zu bringen.

6. Dieses Interesse an Geschichte bestimmt die Interpretation der «kopernikanischen Wende» durch die *politischen Theologien* als «Wende zum Primat der Praxis»: W. ist demzufolge nicht mehr «Korrelat rein theoretischer Vernunft», erst recht nicht «Produkt absoluter Reflexion», keine «subjektlose W.», sondern «relevant» für wirklich «alle Subjekte», «auch für die Toten und Besiegten» (J. B. Metz) [86]. Avanciert so die Praxis zum «Wahrheitskriterium» [87], dann tritt bei der Frage nach der lebensgeschichtlichen Bedeutung der W. das «Tun der W.» [88], die «Orthopraxie» [89], in den Vordergrund. Wissen von Gott ist daher für eine politische Theologie immer auch und zentral «geschichtliches Veränderungswissen», seine W. daher nicht nur Sache der Gegenwart, sondern auch der Zukunft. So formuliert eine «Theologie der Hoffnung» weniger «Lehrsätze», deren «W.» sich ausweist in einer «kontrollierbaren Entsprechung zur vorliegenden erfahrbaren Wirklichkeit», als vielmehr «Hoffnungssätze der Verheißung», deren Kennzeichen daher die «*in*adaequatio intellectus et rei» darstellt (J. Moltmann) [90]. So stellt sich die bereits bei von Soden hervorgehobene eschatologische Dimension der W. dar als «Unterbrechung», «Krisis» des menschlichen Lebenszusammenhangs (E. Jüngel) [91]. Deren Ort ist daher weniger das «Argument» als vielmehr die (biblischen) Kategorien von «Erinnerung» und – vor allem – von «Erzählung» [92]. Eine solche «narrative Theologie» wird (mit P. Ricœur) aufmerksam auf die durchgängig metaphorische Struktur nicht nur der Rede von Gott, sondern der Sprache überhaupt, die sich ihrerseits jedoch dem «Ereignis der W. als μεταφορά», d.h. einer vorgängigen Wendung und «Übertragung des Seienden in die Sprache verdankt» [93].

7. Mit der *sprachanalytischen Religionskritik* (vor allem A. J. Ayer [94] und A. Flew [95]) stehen «Argument», «Erzählung», aber auch «Gebet», «Hymnus» usw. unter dem ganz neuen Verdacht der Sinnlosigkeit, gegenüber welchem sich die «klassische» apologetische Fragestellung geradezu harmlos ausnimmt. Gegen den von R. M. Hare [96], P. M. van Buren [97], vor allem aber von R. B. Braithwaite [98] unternommenen Versuch, durch Preisgabe ihres «kognitiven», «propositionalen Gehaltes» und damit ihres «Wahrheitsanspruchs» wenigstens die Sinnhaftigkeit religiöser Aussagen zu retten, hat u.a. [99] I. U. Dalferth [100] auf der Unverzichtbarkeit von Aussagesätzen in der christlichen Verkündigung bestanden. Daß dies mit Bezug auf M. Luther geschieht, – «tolle assertiones, et totum Christianismum tulisti» («nimm die Aussagen weg, und Du hast das ganze Christentum weggenommen») [101] –, deutet an, daß die «theologische Wahrheitsfrage» auch für die protestantische Theologie nicht zwangsläufig dazu führen muß, die Form der Aussage zugunsten etwa der «Zusage» [102] aufzugeben. W. Pannenberg hat im Anschluß an Poppers Kritik der positivistischen Verifikationsforderung [103] einen anderen Ausweg aus der durch die analytische Religionstheorie geschaffenen Problemsituation gesucht: Die Einsicht in die Eigentümlichkeit des auf die Zukunft hin ausgerichteten [104] biblischen W.-Begriffs führt bei Pannenberg zunächst zu einer kritischen Aus-

einandersetzung vor allem mit der Philosophie Hegels [105]. Mit ihr, aber gegen Brunner [106] hält Pannenberg daran fest, daß die «W. Gottes» sich an der Einheit und Ganzheit der Wirklichkeit ausweisen und bewähren muß. Weil Wirklichkeit aber wesentlich die noch unabgeschlossene, daher strittige Geschichte meint, ist dieser Erweis auch seinerseits noch offen, kann also von der «Dogmatik» nicht mehr vorausgesetzt werden, sondern steht *in* ihr selbst noch «auf dem Spiel». Indem so das alte Axiom «verum vero consonat» zu einer eschatologischen Größe, Aussagen der Dogmatik zu «Hypothesen» [107] werden, steht ein solches Konzept der vor allem durch J. Hick vorgelegten pluralistischen Religionstheorie nahe [108]: Der von ihm und I. M. Crombie [109] entwickelte Gedanke einer «eschatologischen Verifikation» [110] basiert jedoch auf einer Unterscheidung «wörtlicher» und «mythologischer W.», durch die sich die religiöse Konzeptualisierung des als noumenale, geheimnishafte Realität verstandenen Transzendenten in deren soteriologische Effizienz aufzulösen droht [111].

Innerhalb der katholischen Theologie hat die sprachanalytische Religionskritik zu einem verstärkten Interesse an der Transzendentalpragmatik [112] sowie – nicht zuletzt unter dem Eindruck der politischen Theologie [113] – an der Theorie des kommunikativen Handelns [114] geführt. Mit ihr erweitert sich die Typologie des W.-Begriffs und seines Problems innerhalb der Theologie um die Dimension des ekklesialen Konsenses [115]. Das zwingt zu einer «integrativen fundamentaltheologischen Wahrheitstheorie», innerhalb deren die «propositionale, revelatorische, systematische und praktische Struktur theologischer W.» miteinander verknüpft werden (E. Arens) [116].

Anmerkungen. [1] Für den hier nicht berücksichtigten 'außerchristlichen' Raum vgl. H. M. Vroom: Religions and the truth (Grand Rapids 1989). – [2] Vgl. bes. G. Hasenhüttl: Krit. Dogmatik (Graz u.a. 1979) bes. 17ff. – [3] P. Sherry: Religion, truth and language-games (London 1977) 166-184, bes. 177. – [4] Vgl. A. Kreiner: Ende der W.? (1992) 299. – [5] Platon: Resp. II, 376 d-377 d. – [6] Vgl. Jer. 2, 5. 11; 5, 7; 10, 1-16; Augustinus: De vera relig. III, 5 [19]. – [7] Bis heute in bezug auf 1. Tim. 3, 15; vgl. etwa: W. Beinert: Das Finden und Verkünden der W. in der Gemeinschaft der Kirche (1989), in: Vom Finden und Verkünden der W. in der Kirche (1993) 27-55. – [8] Vgl. Art. ‹Glaubensartikel›. Hist. Wb. Philos. 3 (1974) 656-658; sehr differenziert dazu: H. Ohme: Kanon ekklesiastikos (1998). – [9] Vgl. Irenaeus: Adv. haer. III, 16, 6; IV, 33, 7f.; Epid. 6f. – [10] Adv. haer. I, 10, 1-2. – [11] Vgl. 1. Joh. 5, 6. – [12] Irenaeus: Adv. haer. III, 24, 1. – [13] Vgl. Augustinus: De vera relig. V, 8f. [25-29]. – [14] In Auslegung von Matth. 18, 20 bei Cyprianus: De eccl. cath. un. XII. CCSL 3, hg. R. Weber (Turnhout 1972) 257-259 («unianimitas»). – [15] Cyprianus: De eccl. cath. un. III, a.O. 250; zu dieser umstrittenen Stelle vgl. U. Wickert: Sacramentum unitatis (1971) bes. 42-48. – [16] Augustinus: De util. cred. 14. – [17] Cicero: Acad. II, 18, 60. – [18] Augustinus: C. Acad. III, 19, 42. – [19] De util. cred. 33. – [20] Ord. 2, 16; vgl. K.-H. Lütcke: Art. ‹Auctoritas›. Augustinus-Lex. 1 (1986-94) 498-510 (Lit.). – [21] De vera relig. XXIV, 45 [123]. – [22] De util. cred. 20f. – [23] Vinzenz von Lérins: Comm. II, 3. – [24] Comm. II, 1. – [25] Augustinus: De vera relig. II, 2 [6]; vgl. V, 9 [29]. – [26] De vera relig. XXXI, 58 [160-161]; vgl. auch: De lib. arb. II, 10. 12. 15; Bonaventura: De sci. Christi, q. 4, ad 13. – [27] Dazu: U. Köpf: Die Anfänge der theolog. Wiss.theorie im 13. Jh. (1974). – [28] Mit Blick auf die Frage nach einem theolog. W.-Begriff vgl. W. Sparn: Doppelte W.? in: F. Mildenberger/J. Track (Hg.): Zugang zur Theol. (1979) 53-78, hier: 77; zur 'doppelten W.' bei Luther vgl. S. Streiff: «Novis linguis loqui» (1993). – [29] J. Finkenzeller: Offenbarung und Theol. nach der Lehre des Joh. Duns Skotus (1961) 51ff. 94ff.; H. Schüssler: Der Primat der Hl. Schrift als theolog. und kanonist. Problem im Spätmittelalter (1977) 61-158. – [30] Konzil von Trient (sess. IV) (1546), in: H. Denzinger/P. Hünermann (Hg.): Enchir. symbol. ([37]1991) [DH] 1501. – [31] Ansatzweise schon bei Ph. du Plessis-Mornay: De veritate relig. christ. (1581); dann: P. Charron: Les trois veritez contre les Athées, Idolatres, Juifs, Mahumetans, Hérétiques et Schismatiques (1593); klassisch: H. Grotius: De veritate relig. christ. (1627, 1640). Op. omn. theol. (1679, ND 1972) 3, 3-96; mit Blick auf die Entstehung des *apologetischen* Programms ist wichtig auch: J. L. Vives: De veritate relig. christ. (1543); vgl. G. J. Planck: Grundriß der theolog. Encykl. § 43 (1813) 56. – [32] Vgl. F. V. Reinhard: Vorles. über die Dogmatik ([5]1824) 3-15; H. Klee: Kath. Dogmatik ([4]1861) 33-36; Th. Haering: Der christl. Glaube (1906) 64-144; R. Seeberg: Christl. Dogmatik 1 (1924) 195-222; zu dieser Entwicklung: G. Heinz: Divinam christ. religionis originem probare (1984). – [33] Vgl. J. E. von Kuhn: Kath. Dogmatik 1, § 7 ([2]1859, ND 1968) 117-130; Ch. E. Luthardt: Die christl. Glaubenslehre (1898) 47f. – [34] Noch skeptischer: E. Jüngel: Wertlose W. (1978/79), in: S. Schelz (Hg.): Die Tyrannei der Werte (1979) 45-75, hier: 50. – [35] Vgl. A. Ritschl: Die christl. Lehre von der Rechtfertigung und Versöhnung 3, bes. §§ 28-29 (1874, [3]1888) 193-215; Beweis der W. des Christentums ist daher der (praktische) «Wertnachweis»: M. Reischle: Christl. Glaubenslehre ([2]1902) 16-25; dazu auch: K. H. Wendt: System der christl. Lehre 1 (1906) 58-72. – [36] Vgl. etwa: P. Natorp: Philos. (1911, [3]1921) 106-127; kritisch: J. Hessen: Die Religionsphilos. des Neukantianismus ([2]1924) 141ff. – [37] Vgl. etwa: E. Brunner: Die Grenzen der Humanität (1922), in: J. Moltmann (Hg.): Anfänge der dialekt. Theol. (1966) 1, 259-279, hier: 277. – [38] Vat. I: Dei Filius, c. IV. DH, a.O. [30] 3017; vgl. auch das entsprechende Anathema: DH 3042; typisch: F. Diekamp: Kath. Dogmatik 1, hg. K. Jüssen ([12/13]1958) 118-120; analog die Kritik des «Skeptizismus» etwa bei F. Hettinger: Apologie des Christenthums 1 (1895) 1-102. – [39] Vgl. etwa: B. Bartmann: Lehrb. der Dogmatik 1 ([6]1923) 4-9. – [40] Vgl. Art. ‹Unfehlbarkeit II.›. Hist. Wb. Philos. 11 (2001) 156-162. – [41] Pius X.: Motu Proprio «Sacrorum antistitum» (1910). DH, a.O. [30] 3542. – [42] Vgl. F. D. E. Schleiermacher: Der christl. Glaube § 11, 5 (1821/22, [2]1830). Werke, hg. O. Braun/J. Bauer (1927f.) 3, 706. – [43] Vgl. bes. F. H. R. Frank: System der christl. Gewissheit 1-2 (1870/73); dazu (kritisch): L. Ihmels: Die christl. Wahrheitsgewißheit, ihr letzter Grund und ihre Entstehung (1901, [3]1914). – [44] Vgl. Art. ‹Theozentrisch›. Hist. Wb. Philos. 10 (1998) 1162f. – [45] Vgl. Art. ‹Theologie, dialektische›, a.O. 1099-1101. – [46] S. Kierkegaard: Afsluttende uvidenskabelig Efterskrift ... (1846). Saml.Værker, hg. A. B. Drachmann u.a. [SV] (Kopenhagen 1901ff.) 7, 11; dtsch.: Abschließ. unwiss. Nachschrift 1 (1846). Ges. Werke, hg. E. Hirsch u.a. [GW] (1950-69) 16, 17; vgl. Art. ‹Wahrheit V. B.›. – [47] Philos. Smuller (1844). SV 4, 179-183; dtsch.: Philos. Brocken. GW 10, 7-12. – [48] SV 4, 183-191; dtsch. GW 10, 11-20. – [49] a.O. [46] 174/dtsch. 198. – [50] K. Barth: Die christl. Dogmatik im Entwurf (1927). Ges.ausg. II/14 (1982) 382; Fünfzehn Antworten an Herrn Prof. von Harnack (1923), in: Moltmann (Hg.), a.O. [37] 1, 325-329, hier: 327. – [51] Kierkegaard, a.O. [46] 171-178/dtsch. 195-204. – [52] Barth, a.O. [50] 407. – [53] H. Scholz: Wie ist eine evangel. Theol. als Wiss. möglich? Zwischen den Zeiten 9 (1931) 8-53; K. Barth: Die Kirchl. Dogmatik I/1, § 1 (1932, 1986) 1-23; dazu: W. Pannenberg: Wiss.theorie und Theol. (1973) 270-277; W. Härle: Dogmatik (1995) 14-28. – [54] Barth, a.O. [50] 396-417. – [55] a.O. 161f. – [56] H. von Soden: Was ist W.? (1927), in: Urchristentum und Geschichte 1 (1951) 1-24, hier: 10; wirkungsvoll war auch: A. Schlatter: Der Glaube im Neuen Test. ([4]1927), hg. P. Stuhlmacher (1982) bes. 551-561. – [57] Y. Ibuki: Die W. im Joh.evang. (1972); vor allem: I. de la Potterie: La vérité dans Saint Jean 1-2 (Rom 1977); vgl. auch: Geschichte und W., in: R. Latourelle/G. O. Collins (Hg.): Probleme und Aspekte der Fundamentaltheol. (Innsbruck/Wien 1985) 112-135. – [58] Als Gegensatz: R. Bultmann: Unters. zum Joh.evang. (1928/30), in: Exegetica, hg. E. Dinkler (1967) 124-197, hier: 131f.; vgl. auch: Art. ‹ἀλήθεια C. und D.› [Der griech. und hellenist. Sprachgebrauch/Der urchristl. Sprachgebrauch], in: G. Kittel (Hg.): Theol. Wb. zum NT 1 (1933) 239-248; J. B. Bauer: Art. ‹Wahrheit›, in: Bibeltheolog. Wb. (Graz u.a. [4]1994) 775-785; L. Goppelt: W. als Befreiung, in: H.-R. Müller-Schwefe (Hg.): Was ist W.? (1965) 80-93, hier: 83f.; K. Koch: Der hebräische W.-Begriff im griech. Sprachraum, a.O. 47-65, hier: 58; etwas zurückhaltender: W. PANNENBERG: Was ist W.? (1962), in: Grundfragen systemat. Theol. 1 (1967) 202-222; W. KASPER: Das W.-Verständnis der Theol., in: E. CORETH (Hg.): W. in Einheit und Vielheit (1987) 170-193, hier: 177; kritisch: J. BARR: Bibelexegese und mod. Semantik [1961] (1965) 190-201; die Diskussion wird (mit weit. Lit.) gut dargestellt bei KREINER, a.O. [4] 306-336. – [59] In diese Richtung zielt auch der Gegensatz von statischem und dynamischem W.-Begriff bei K. HENNIG: Zur relig. Deutung der W. (1933). – [60] VON SODEN, a.O. [56] 7-15; die Entdeckung speziell der «Geschichtlichkeit der W.» wird regelmäßig zurückdatiert; vgl. J. MÖLLER: Geschichtlichkeit und Ungeschichtlichkeit der W., in: Theol. im Wandel (1968) 15-40. – [61] Vgl. K. BARTH: Die dogmat. Prinzipienlehre bei W. Herrmann. Zwischen den Zeiten 3 (1925) 246-280, hier: 280; a.O. [50] 539-549; mit Betonung der «fides quae creditur» vgl. auch: R. BULTMANN: Zur Frage der Christologie (1927), in: Glaube und Verstehen 1 (1933) 85-113, hier: 85-91; eine veränderte, bereits unter dem Einfluß der existenzial-ontologischen W.-Bestimmung formulierte Beurteilung wird deutlich in: Die Bedeutung der 'dialekt. Theol.' für die neutestamentliche Wissenschaft (1928), a.O. 114-133, hier: 116. – [62] H. COHEN: Relig. der Vernunft aus den Quellen des Judentums (1917/18), hg. B. STRAUSS ([2]1929, ND 1966) 476f. – [63] Vgl. VON SODEN, a.O. [56] 1-5; noch: H. DEMBOWSKI: Schwierigkeiten mit der W., in: J. AUDRETSCH (Hg.): Die andere Hälfte der W. (1992) 152-172, hier: 158. – [64] Vgl. A. VON HARNACK: Lehrb. der Dogmengesch. (1886, [4]1909) 3-25; auch: Dogmengesch. (1889/91, [6]1922) 1-7. – [65] Vgl. VON SODEN, a.O. [56] 18; C.-F. GEYER: Überlegungen zum W.-Anspruch der Religion im Anschluß an die These von der 'Hellenisierung des Christentums', in: W. OELMÜLLER (Hg.): W.-Ansprüche der Religion heute (1986) 43-61. – [66] Vgl. vor allem: R. BULTMANN: W. und Gewißheit (1929), in: Theolog. Enzykl., hg. E. JÜNGEL/K. W. MÜLLER (1984) 183-205; dazu: E. M. PAUSCH: W. zwischen Erschlossenheit und Verantwortung (1995); CH. LANDMESSER: W. als Grundbegriff neutestamentl. Wiss. (1999) 169-323. – [67] R. BULTMANN: Das Evangelium des Johannes ([20]1985) 335; vgl. auch: R. SCHNACKENBURG: Von der W., die frei macht (1964); R. EGENTER: Joh. 8, 31f. im christl. Lebensbewußtsein, in: L. SCHEFFCZYK u.a. (Hg.): W. und Verkündigung 2 (1967) 1583-1605. – [68] E. BRUNNER: W. als Begegnung (1938, [2]1963) 45-53. – [69] Vgl. F. EBNER: Das Wort und die geistigen Realitäten (Innsbruck 1921). – [70] BRUNNER, a.O. [68] 28-35. – [71] a.O. 134. – [72] Vgl. W. M. PICKARD: Truth in relig. discourse, in: The Ecumen. Review 37 (1985) 437-444; auch: L. B. PUNTEL: Der W.-Begriff in Philos. und Theol., in: Theol. der gegenwärtigen Schriftauslegung. Z. Theol. Kirche, Beih. 9 (1995) 16-45, hier: 24f.; der von Puntel in: Grundlagen einer Theorie der W. (1990) entwickelte semantisch-ontolog. W.-Begriff wurde theologisch fruchtbar gemacht durch: LANDMESSER, a.O. [66]. – [73] Vgl. etwa die Aussagen bei G. EBELING: Gott und Wort (1966), in: Wort Glaube 2 (1969) 396-432, hier: 429; auch: Profanität und Geheimnis (1968), a.O. 184-208, 186-191; Einf. in die theolog. Sprachlehre (1971) 213-218. – [74] Vgl. E. BISER: Theolog. Sprachtheorie und Hermeneutik (1970) 518. – [75] Auch das erklärt das rege Interesse an der W. theologischer Sätze seit Ende der 50er Jahre; vgl. neben der Arbeit von H. VOGEL: Wann ist ein theolog. Satz wahr? Kerygma Dogma 3 (1958) 176-190, auch: W. JOEST: In welchem Sinn wollen theolog. Aussagen wahr sein? in: SCHEFFCZYK u.a. (Hg.), a.O. [67] 1339-1353; G. STAMMLER: Die Bedeutung des Wortes ‹W.›. Kerygma Dogma 11 (1965) 234-243. – [76] Vgl. etwa mit Blick auf die von W. C. Smith vorgelegte personale Theorie religiöser W.: KREINER, a.O. [4] 376-394. – [77] Vgl. J. BLANK: Der johanneische W.-Begriff. Biblische Z. 7 (1963) 163-173; H. SCHLIER: Meditationen zum johann. Begriff der W., in: Besinnung auf das Neue Test. (1964) 272-278; I. DE LA POTTERIE: «Je suis la Voie, la Vérité et la Vie» (Jn. 14, 6). Nouv. Rev. Théol. 88 (1966) 907-942. – [78] Vgl. bes. die beiden letzten Bände der ‹Theologik› (s.d.) von H. U. VON BALTHASAR: W. Gottes (Einsiedeln 1985); Der Geist der W. (Einsiedeln 1987). – [79] H. THIELICKE: W. und Verstehen, in: MÜLLER-SCHWEFE (Hg.), a.O. [58] 9-34, bes. 15ff.; vgl. auch: Der evangel. Glaube 1 (1968) 278-283. – [80] Vgl. P. ALTHAUS: Die christl. W. ([3]1952) 239; vgl. auch: a.O. 27; Art. ‹Selbstoffenbarung II.›. Hist. Wb. Philos. 9 (1995) 503-509. – [81] Vgl. dazu: Art. ‹Transzendental; Transzendentalphilosophie XII.›. Hist. Wb. Philos. 10 (1998) 1426-1436. – [82] Vgl. auch: G. SÖHNGEN: Sein und Gegenstand (1930); P. WILPERT: Das Problem der W.-Sicherung bei Thomas von Aquin (1931); Das Urteil als Träger der W. nach Thomas von Aquin. Philos. Jb. 46 (1933) 56-73; J. B. LOTZ: Sein und Wert 1 (1938); Aletheia und Orthotes. Philos. Jb. 68 (1961) 258-268; E. CORETH: Met. (Innsbruck 1961) 399-422; O. MUCK: W. und Verifikation, in: H. KOHLENBERGER (Hg.): Die W. des Ganzen (1976) 35-51. – [83] K. RAHNER: Was ist eine dogmat. Aussage? (1961), in: Schr. zur Theol. 5 (Einsiedeln 1962) 54-81, bes. 60. – [84] Vgl. Die W. bei Thomas von Aquin (1938). Sämtl. Werke 2 (1995) 301-316, bes. 314-316; zu Rahners W.-Begriff vgl. K. FÜSSEL: Der W.-Anspruch dogmat. Aussagen, in: H. VORGRIMLER (Hg.): Wagnis Theologie (1979) 199-212. – [85] Vgl. R. SCHAEFFLER: W. und Geschichte, in: K. OEHLER/R. SCHAEFFLER (Hg.): Einsichten (1962) 297-314; dazu: T. TRAPPE: W. und Geschichte, in: T. TRAPPE/M. LAARMANN (Hg.): Erfahrung – Geschichte – Identität (1997) 261-280. – [86] J. B. METZ: Glaube in Geschichte und Gesellschaft (1977) 56f. – [87] D. BERDESINSKI: Die Praxis – Kriterium für die W. des Glaubens? (1973); dazu: C. BOFF: Theol. und Praxis (1983) 307-323. – [88] Zentrale Stelle ist Joh. 3, 21; vgl. auch: 1. Joh. 1, 6. – [89] Vgl. METZ, a.O. [86] 122-128; vgl. auch: C. GEFFRÉ: Le christianisme au risque de l'interprétation (Paris 1983) etwa 88ff. 276ff.; Postface. La question de la vérité dans la théol. contemp., in: M. MICHEL (Hg.): La théologie à l'épreuve de la vérité (Paris 1984) 281-291; I. DE LA POTTERIE: Faire la vérité. Devise de l'orthopraxie ou invitation à la foi? Le supplément 118 ([Sept.] 1976) 283-293. – [90] J. MOLTMANN: Theol. der Hoffnung (1966) 13. 106f.; Was ist heute Theol.? (1988) 100-102; bes. Gottesoffenbarung und W.-Frage, in: E. BUSCH u.a. (Hg.): ΠΑΡΡΗΣΙΑ. Festschr. K. Barth (Zürich 1966) 162-169. – [91] JÜNGEL, a.O. [34] bes. 60-73; vgl. auch die vor dem Hintergrund der Erbsündenlehre vorgenommene Adorno-Rezeption bei M. KNAPP: «Wahr ist nur, was nicht in diese Welt paßt» (1983). – [92] Vgl. schon: METZ, a.O. [86] 193; vgl. E. JÜNGEL: Gott als das Geheimnis der Welt (1977, [5]1986) 409-430. – [93] E. JÜNGEL: Metaphorische W. (1974), in: Entsprechungen (1980) 103-157, hier: 142f. 155; vgl. P. RICŒUR: Poetische Fiktion und relig. Rede, in: F. BÖCKLE u.a. (Hg.): Christl. Glaube in mod. Gesellschaft 2 (1981) 96-105; der Ansatz beim Begriff der «metaphorischen W.» ist weitergeführt worden durch: H. WEDER: Neutestamentl. Hermeneutik (Zürich [2]1989). – [94] A. J. AYER: Sprache, W. und Logik [[2]1946] (1970) 151-159. – [95] A. FLEW: Theol. and falsification, in: A. FLEW/A. MACINTYRE (Hg.): New essays in philos. theol. (London 1955) 96-99. 106-108; die Diskussion wird sehr gut dargestellt bei F. RICKEN: Sind Sätze über Gott sinnlos? Stimmen der Zeit 193 (1975) 435-452. – [96] R. M. HARE: Theol. and falsification, in: FLEW/MACINTYRE (Hg.), a.O. 99-103. – [97] P. M. VAN BUREN: The secular meaning of gospel (New York 1953); rev. in: The edges of language (New York 1972); zu diesem Ansatz eines «Glaubens ohne W.» vgl. H. HOFMEISTER: W. und Glaube (1978) 112-149. – [98] R. B. BRAITHWAITE: An empiricist's view of the nature of relig. belief (Cambridge 1955); diese und andere Texte der Debatte um die sprachanalytische Religionskritik sind gesammelt bei I. U. DALFERTH (Hg.): Sprachlogik des Glaubens (1974). – [99] Vgl. ansonsten auch: H. SCHRÖDTER: Analyt. Religionsphilos. (1979) pass.; vgl. KREINER, a.O. [4] 481-576. – [100] I. U. DALFERTH: Relig. Rede von Gott (1981). – [101] M. LUTHER: De servo arbitrio (1525). Weim. Ausg. 18 (1908) 603, 28f.; vgl. DALFERTH, a.O. 525. – [102] So CH. LINK: In welchen Sinne sind theolog. Aussagen wahr? Evangel. Theol. 42 (1982) 518-540, hier: 523f. – [103] Vgl. PANNENBERG, a.O. [53] 34-73. – [104] Daher der betont *zeitliche* Sinn der von Pannenberg aufgegriffenen Frage VOGELS, a.O. [75]. – [105] Speziell mit Blick auf den W.-Begriff vgl. PANNENBERG, a.O. [58] 218-222. – [106] Im Anschluß an: W. KAMLAH: Wiss., W., Existenz (1960) 66ff. – [107] Vgl. W. PANNENBERG: Systemat. Theologie 1-3 (1988-93) 1, 11-72, bes. 58ff.; 3, 657. – [108] Vgl. a.O. [53] 346f.; vgl. jedoch: Religion und Religionen, in: A. BSTEH (Hg.): Dialog aus der Mitte christl. Theol. (1987) 179-196, hier: 188. – [109] Vgl. I. M. CROMBIE: Theol. and falsification, in: FLEW/MACINTYRE (Hg.), a.O. [95] 109-130. – [110] J. HICK: Theol. and verification. Theol. today 17 (1960) 21-31; Eschatological verification reconsidered. Relig. Studies 13 (1977) 189-202. – [111] Vgl. die Darstellung und Kritik bei A. KREINER: Die Relevanz der W.-Frage für die Theol. der Religionen. Münchener theolog. Z. 41 (1990) 21-42. – [112] Vgl. R. SCHAEFFLER: W. und Institution, in: W. KERN

(Hg.): Die Theol. und das Lehramt (1982) 152-200; Das Gebet und das Argument (1989). – [113] H. PEUCKERT: Wiss.theorie – Handlungstheorie – Fundamentale Theol. (²1988). – [114] Vgl. W. PAULY: W. und Konsens (1989). – [115] Vgl. K. RAHNER: Kleines Fragment 'über die kollektive Findung der W.' (1964), in: Schr. zur Theol. 6 (Einsiedeln 1965) 104-110; G. SAUTER: Die W. der Theol. im Konsensus der Kirche, in: G. SAUTER/J. COURTINE (Hg.): Wiss.theoret. Kritik der Theol. (1973) 316-332; J. WOHLMUTH: Konsens als W.? Z. kath. Theol. 103 (1981) 309-323; unter ökumenischen Gesichtspunkten vgl. P. HØJEN: W. und Konsensus. Kerygma Dogma 23 (1977) 131-156. – [116] E. ARENS: Zur Struktur theolog. Wahrheit. Z. kath. Theol. 112 (1990) 1-17, hier: 14.

Literaturhinweise. O. F. BOLLNOW: Das Doppelgesicht der W. (1975). – H. PFEIFFER: Offenbarung und Offenbarungswahrheit (1982). – W. OELMÜLLER (Hg.) s. Anm. [65]. – A. KREINER s. Anm. [4]. – CH. LANDMESSER s. Anm. [66]. T. TRAPPE

Wahrheit (Pravda/Istina). Seit den altrussischen Texten des 11. Jh. werden im Russischen bis in den heutigen Sprachgebrauch hinein zwei Ausdrücke für W. gebraucht: ‹Pravda› steht vorwiegend für praktische W., Recht und Gerechtigkeit, ‹Istina› zumeist für theoretische W., aber auch für Wirklichkeit bzw. für den in einer Aussage angezielten Sachverhalt [1].

Diese gerade für philosophische W.-Theorien des 19. und 20. Jh. fundamentale Dualität des vorphilosophischen Sprachgebrauchs geht letztlich auf altkirchenslavische und altrussische Übertragungen griechischer Texte der jüdisch-christlichen Überlieferung, insbesondere der Evangelien, zurück, wurde doch hier δικαιοσύνη fast durchgehend mit ‹Pravda›, ἀλήθεια hingegen fast immer mit ‹Istina› übersetzt [2]. Die in den christlichen Texten, insbesondere im ‹Johannesevangelium›, evozierte lebensverwandelnde Bedeutung der Aletheia (Gottes) ist in der Folge – auch in säkularen Zusammenhängen – auf ihr russisches Pendant übergegangen, so daß aus dem jeweiligen Kontext zu erschließen ist, ob mit ‹Istina› die theoretische Richtigkeit einer Aussage bzw. das Bestehen eines Sachverhaltes oder aber eine existentiell bedeutsame W. gemeint ist. So wie ‹Istina› – insbesondere in ihrem singularischen Gebrauch – eine praktische bzw. existentielle Bedeutung aufweisen kann, steht umgekehrt das prädikativ gebrauchte ‹Pravda› des öfteren für das Zutreffen einer Aussage. Die Situation verkompliziert sich noch dadurch, daß auch der Ausdruck für ‹Gerechtigkeit› – ‹spravedlivost'› – bzw. für ‹gerecht› – ‹spravedlivyj› –, der in manchen Zusammenhängen mit ‹Pravda› als praktischer W. austauschbar ist, in anderen Kontexten durch ‹Richtigkeit› bzw. ‹richtig› übersetzt werden kann und hier die Bedeutung theoretischer W. erhält.

Wenn die erst seit dem 18. Jh. in Rußland begründeten Strömungen autonomer Philosophie [3] die vorphilosophische und religiös bestimmte Rede von ‹Pravda› und ‹Istina› reflektieren und – jeweils unterschiedlich – terminieren, spielen einerseits die jeweiligen westeuropäischen Ansprechpartner eine wesentliche Rolle (so wird unter dem Einfluß des deutschen Rationalismus ‹Istina› als «adaequatio rei et intellectus» definiert [4]), andererseits die christlich-platonischen Denkfiguren und Begriffe der griechischen Patristik. Über sie und den sie bestimmenden antiken Neuplatonismus vermittelt ist etwa das W.-Verständnis des Slavophilen I. KIREEVSKIJ und ebenso dasjenige V. SOLOV'EVS. ‹Istina› ist hier – gut platonisch – als Inbegriff der in ausgezeichneter Weise erkennbaren und im eigentlichen Sinne seienden und zugleich maßstabgebenden Wirklichkeit der Ideen gedacht, die dabei aus dem Horizont einer neuplatonischen All-Einheitslehre als Denkinhalt des göttlichen Verstandes, des all-einen Urgrundes begriffen werden [5]. Bildet die «all-eine W.» («vseedinaja Istina») den Schlüsselbegriff in Solov'evs Metaphysik, so spielt in dessen metaphysisch begründeter Ethik die Pravda in all ihren Bedeutungsnuancen eine zentrale Rolle. Hier soll «das Gute» – die Pravda nämlich als soziale und politische Gerechtigkeit – in dem Sinne eine Rechtfertigung («opravdanie») erfahren, daß sie als ein historisch realisierbares, keineswegs weltfremdes Ideal aufgewiesen wird [6].

Durch eine philosophisch orientierte Reflexion über die Dualität des W.-Begriffs gelangen russische Denker des 19. und 20. Jh. zu Versuchen einer Vermittlung theoretischer und lebenspraktisch-moralischer W. Am bekanntesten und einflußreichsten ist hier die programmatische Formulierung des Sozialisten N. K. MICHAJLOVSKIJ: «Furchtlos der Wirklichkeit und ihrer Widerspiegelung – der Pravda–Istina, der objektiven W. in die Augen zu schauen und zugleich die Pravda–spravedlivost', die subjektive W. zu bewahren, – das ist die Aufgabe meines ganzen Lebens» [7]. Der hier ausgeblendete Umstand, daß auch die praktische W. in einem subjektiven Sinn als die Stimme des Gewissens oder objektiv als intersubjektiv begründbares Gerechtigkeitskonzept (oder auch als vorgegebene Rechtsordnung [8]) verstanden werden kann, ist schon zuvor von I. KIREEVSKIJ apostrophiert und durch die Dualität innerer und äußerer Pravda ausgedrückt worden [9]. Ebenso kann ‹W.› als ‹Istina› einen subjektiv-existentiellen wie einen intersubjektiven Sinn erhalten [10].

Im prominentesten Text zur Dualität theoretischer und praktischer W. im 20. Jh. wirft N. BERDJAEV der russischen, revolutionär orientierten Intelligencija von V. Belinskij bis G. Plechanov vor, die Eigenbedeutung philosophischer Theoriebildung und der in ihr angezielten Istina zu negieren und sie zugunsten der Realisierung der Pravda im Sinne sozialer und politischer Gerechtigkeit zu instrumentalisieren [11]. Die mitangesprochene marxistische Relativierung des W.-Begriffs auf den Standpunkt von Klasseninteressen und die Apostrophierung gesellschaftlicher Praxis als Kriterium der W. wird nach der Oktoberrevolution im Rahmen der marxistisch-leninistischen Erkenntnislehre so gefaßt, daß in solchen Zusammenhängen fast immer von ‹Istina›, kaum jemals von ‹Pravda› die Rede ist [12].

Anmerkungen. [1] I. SREZNEVSKIJ: Art. ‹Istina›, in: Materialy dlja Slovaria drevnerusskogo jazyka ... [Materialien für ein Wb. der altruss. Sprache] (St. Petersburg 1893ff.) 1, 1144f.; Art. ‹Pravda›, a.O. 2, 1355-1360; J. PAWLOWSKI: Art. ‹Istina›, in: Russ.-dtsch. Wb. (Riga/Leipzig ²1879) 339; Art. ‹Pravda›, a.O. 867; G. ERIKSSON: Le nid PRAV – dans son champ sémantique (Stockholm 1967). – [2] Vgl. D. KEGLER: Unters. zur Bedeutungsgesch. von Istina und Pravda im Russischen (1975). – [3] Vgl. W. GOERDT: Russ. Philosophie (1984) 191-261. – [4] Art. ‹Istina›, in: Slovar' Akademii Rossijskoj III [Wb. der Russ. Akad. III] (St. Petersburg 1792) 319. – [5] Zum Guten, Wahren und Schönen als «Wesenheit» («suščnost'») bzw. inneren Gehalt des «absolut Seienden» («absoljutno suščee») vgl. V. SOLOV'EV: Filosofskie načala cel'nogo znanija [Philos. Prinzipien ganzheitlichen Wissens]. Sobr. Soč. [Sämtl. Werke], hg. S. M. SOLOV'EV/E. L. RADLOV (²1911) 1, 373. – [6] Opravdanie dobra [Rechtfertigung des Guten], a.O. 8, 3-516; dtsch., in: Dtsch. Ges.ausg., hg. W. SZYLKARSKI/W. LETTENBAUER/L. MÜLLER 5 (1976). – [7] N. K. MICHAJLOVSKIJ: Sočinenija [Werke] 1 (St. Petersburg 1896) VI; dazu: W. GOERDT: Pravda. Arch. Begr.gesch. 12 (1968) 58-85. – [8] So lautete der Titel des Russ. Rechtskodexes aus dem 11. Jh.: ‹Russkaja Pravda›. – [9] Vgl. JU. S. STE-

PANOV: Konstanty (Moskau 1997) 329. – [10] V. IVANOV: Nicše i Dionis [Nietzsche und Dionysos]. Sobr. Soč. 1 (Brüssel 1971) 721. – [11] N. BERDJAEV: Die philos. Istina und die Pravda der Intelligencija, in: Vechi [Wegmarken] (Moskau 1991) 11-30. – [12] Vgl. Art. ‹Istina›, in: Filosofskaja Ënciklopedija 2 (Moskau 1962) 345-351.

Literaturhinweise. W. GOERDT s. Anm. [7]. – D. KEGLER s. Anm. [2]. – D. KOMEL: ‹Resnica› als slawisches Wort für die W. Arch. Begriffsgesch. 45 (2003) 45-60. A. HAARDT

Wahrheit, absolute. Im allgemeinen *philosophischen* Sprachgebrauch wird unter a.W. eine von anderen W.en unabhängige W. verstanden, deren prinzipieller Status in der Regel auch mit ihrer Ewigkeit, Einheit und Göttlichkeit konnotiert ist [1]. Gegenwärtig wird die Absolutheit der W. fast nur noch im Kontext der Diskussionen um ‹Infallibilismus› [2] bzw. ‹Letztbegründung› (s.d.) thematisch. Für die Theologie stellt sich das Problem der a.W. (spätestens seit G. E. Lessing) im Rahmen der Diskussionen um die ‹Perfektibilität› (s.d.) des Christentums [3] und – seit Ende des 19. Jh. – um die «Absolutheit des Christentums» (s.d.) [4].

Daß jedoch W. unbeschadet ihrer Absolutheit und Einheit nicht zwangsläufig mit dem Absoluten schlechthin identifiziert zu werden braucht, zeigt PLOTIN: Zwar ist sie als die *eine* W., die einzig und allein mit sich selbst übereinstimmt, «wesentliche W.» (ὄντως ἀλήθεια), jedoch ordnet Plotin ihr noch einmal den «König der W.» (ἀληθείας βασιλεύς) über [5].

Mit ANSELM VON CANTERBURY entsteht die mittelalterliche Vorstellung einer W.-Hierarchie. An ihrer Spitze steht die höchste W. («summa veritas»), die, selbst nicht mehr weiter begründet, Ursache («causa») aller anderen W.en ist [6]. THOMAS VON AQUIN präzisiert: Erste wie höchste W. («prima et summa veritas») ist die von jeder Falschheit freie, reinste («purissima veritas»), d.h. die göttliche W. («divina veritas»), letztlich Gott selbst [7]. Sie ist absolut, insofern an ihr alle andere W. teilhat, sie selbst aber durch ihr eigenes Wesen W. ist [8]. Absolutheit der W. kennzeichnet also ihre Begründung durch sich selbst («per se vera»), ihre (auch ontologische) Selbständigkeit («perseitas») und Einfachheit («simplicitas») (RAIMUNDUS LULLUS) [9], zugänglich nur auf einer höchsten Abstraktionsstufe, auf der sich dementsprechend eine «intuitio veritatis absolutae» ereignet (NIKOLAUS VON KUES) [10].

Besondere Bedeutung erlangt der Begriff der a.W. in der klassischen deutschen Philosophie. Vielleicht angeregt durch die hierarchische Struktur des Illuminatenordens meint der einflußreiche A. WEISHAUPT, daß die a.W. das «Objective, Absolute der Wesen, der Kräfte außer uns» anzeige [11]. Sie ist für Gott allein [12]. In Anlehnung an F. H. JACOBIS Begriff von einem «Wahren selbst» oder «an sich Wahren» [13] entwickelt K. L. REINHOLD sein «Urwahres», «das an sich und durch sich selbst Wahr ist, und wodurch alles, was Wahr ist, seine W. hat». Es ist «vor Allem Andern Wahr» und insofern «Prius κατ' εξοχην» [14].

Während «a.W.» nach F. SCHLEGEL im Namen der «Freyheit der Gedanken und des Geistes» «nicht zugegeben werden» kann [15], überschreiten Denker des Deutschen Idealismus die Grenze der romantischen Transzendentalphilosophie. Seit seinem Berliner Werk spricht J. G. FICHTE von ‹a.W.› zur Bezeichnung der hervorragenden W. seiner Wissenschaftslehre: Die «a.W. ... ist der unmittelbare Ausdruk des Aussen des Absoluten; wie es im Wissen ist, u. dies ist W.» [16]. Sie wird nicht durch den Verstand gemacht, sondern sie macht «sich selber durch sich selbst» [17]. Der Mensch muß sich aus dem höchsten Standpunkt der a.W. bilden, der, «innerlich im Wesen des Menschen», sein «Wesen, Seyn und Leben» ausmacht [18]. Nach F. W. J. SCHELLING setzt die a.W. ein höheres bzw. zeitloses und nicht auf Zeit bezogenes Erkennen voraus, das schlechthin ewig ist: «Die Dinge mit a.W. erkennen» heißt, sie «in ihren ewigen Begriffen erkennen» [19]. Die Vernunft erkennt die a.W., während die Einbildungskraft sie in absoluter Schönheit darstellt. W. und Schönheit bilden «den absoluten Indifferenzpunkt, in dessen Erkenntniß zugleich der Anfang und das Ziel der Wissenschaft» liegt [20]. Nur die «a.W. und absolute Schönheit ... sind Widerschein derselben Göttlichkeit (der ewigen Freiheit, die zugleich absolute Nothwendigkeit ist, und umgekehrt)» [21], eine W., «die nicht Schönheit ist, ist auch nicht a.W., und umgekehrt» [22]. Die Kunst soll den «Gegenstand nicht in seiner empirischen, sondern in seiner a.W., befreit von den Bedingungen der Zeit, in seinem An-sich» darstellen [23]. Diese herausragende Funktion der Kunst bestreitet G. W. F. HEGEL: Die «a.W.» ist «als Philosophie», ist daher als Kunst wie als Religion nur «in einer ihrer Formen» [24]. Doch ist dies erst das Resultat des Gesamtsystems. «Absolute W.» ist zunächst die «absolute», «unendliche Idee», «in welcher Erkennen und Thun sich ausgeglichen hat, und die das absolute Wissen ihrer selbst ist» [25]. Ihre Vollendung jedoch erreicht die Idee erst im «absoluten Geist» der Realphilosophie, der daher a.W. [26] im strengen Sinne genannt zu werden verdient: Der «Inhalt, den das Wissen des absoluten Geistes hat von sich selbst», ist «a.W.», insofern «die Idee hier allen Reichtum des Gedankens» und «der bewußten W. in sich faßt», alles andere also «nur W. hat in ihr als Moment ihres Lebens, ihrer Tätigkeit» [27].

Die unmittelbare nachhegelsche Philosophie vollzieht eine für sie charakteristische Umkehrung. Entweder wird die durch die «Vernunft» vollzogene Anerkennung einer «a.W.» als ihre «verkehrte Selbstanerkennung» durchschaut, so daß Vernunft nun zum Bewußtsein ihrer selbst geführt werden kann: Diese selbst ist «a.W.» (L. FEUERBACH) [28]; oder die dialektische Methode wird ausdrücklich gegen Hegel in Anspruch genommen, um mit dem Gedanken einer stufenweisen Entwicklung des Wissens «alle Vorstellungen von endgültiger a.W. und ihr entsprechenden absoluten Menschheitszuständen» aufzulösen (F. ENGELS) [29]. Den Entwicklungsgedanken macht auch F. NIETZSCHE geltend: Es gibt keine «a.W.», weil alles geworden ist [30].

Vor allem in der Phänomenologie bzw. in Auseinandersetzung mit ihr [31] kommt es noch einmal zu einer Renaissance der a.W.: Das gilt nicht nur für E. HUSSERLS Rezeption von Bolzanos «W. an sich» [32], sondern auch für M. SCHELER, der a.W. jedoch aus dem Wesenszusammenhang von Welt und Person heraus begreift: «a.W.» kann demnach «nur persönlich», d.h. «personalgültige W.» sein [33]. Eine Vermittlung von Relativität und Absolutheit der W. versucht K. JASPERS: Als philosophische W. ist sie «absolut, sofern sie ein Leben erfüllt, sie ist aber relativ, sofern sie als gegenständlich gedacht und begründet ausgesprochen wird» [34].

Anmerkungen. [1] Vgl. Art. ‹Wahrheit, ewige›. – [2] Vgl. H. ALBERT: Transz. Träumereien (1975) 123: «absolute Richtigkeit»; vgl. Art. ‹Voraussetzungslosigkeit›. Hist. Wb. Philos. 11 (2001) 1166-1180. – [3] Vgl. J. E. VON KUHN: Einl. in die kath. Dogmatik ([2]1859) 117-125; vgl. A. SCHILSON: Lessing und die kath. Tübinger Schule. Theolog. Quart.schr. 160 (1980) 256-277. – [4] Vgl. Art. ‹Wahrheit (christlich-theologisch)›. – [5] PLOTIN: Enn. V, 5 (32), 2f., bes. 3, 18; vgl. Art. ‹Wahrheit I. B.›. – [6] ANSELM VON CANTERBURY: De veritate 10. Op. omn., hg. F. S. SCHMITT (1968) 1, 189f.; vgl. schon AUGUSTINUS: De vera relig. XX, 38 [101]. – [7] THOMAS VON AQUIN: S. c. gent. I, 60-62. Op. omn. 13 (Paris 1918) 173-176. – [8] Comm. sup. Ioannem 1. Op. omn. 19 (Paris 1876) 679. – [9] RAIMUNDUS LULLUS: Liber de ente simpliciter absoluto 8 (1312). CC Cont. Med. 78, hg. A. OLIVER/M. SENELLART/F. DOMÍNGUEZ REBOIRAS (Turnhout 1988) 201. – [10] NICOLAUS CUS.: Idiota de mente 7, n. 106. Akad.-A. 5 (1983) 158. – [11] A. WEISHAUPT: Ueber Materialismus und Idealismus 2 (^{2}1788) 158f. – [12] Vgl. a.O. 190. – [13] F. H. JACOBI: Br. an Fichte (1799). Werke, hg. F. KÖPPEN 3 (1817, ND 1968) 17. 37. – [14] K. L. REINHOLD: Was heißt philosophiren? was war es, und was soll es seyn, in: Beyträge zur leichtern Uebersicht des Zustandes der Philos. beym Anfange des 19. Jh. 1 (1801) 66-89, 71ff.; vgl. die scharfe Kritik von G. W. F. HEGEL: Diff. des Fichte'schen und Schelling'schen Systems der Philos. (1801). Akad.-A. 4 (1968) 85. – [15] F. SCHLEGEL: Transcendentalphilos. (1800-01). Krit. Ausg., hg. E. BEHLER u.a. (1958ff.) 12, 93. – [16] J. G. FICHTE: Die Principien der Gottes- Sitten- und Rechtslehre (1805). Akad.-A. II/7, 400. – [17] Vierter Vortrag der Wiss.lehre (1805). Akad.-A. II/9, 305. – [18] Ueber das Wesen des Gelehrten (1805). Akad.-A. I/8, 63. – [19] F. W. J. SCHELLING: Bruno (1802). Sämmtl. Werke, hg. K. F. A. SCHELLING [SW] (1856-61) I/4, 221. 226. – [20] Fernere Darst. aus dem System der Philos. § 4 (1802). SW I/4, 423. – [21] System der ges. Philos. und der Naturphilos. insbes. § 322 (1804). SW I/6, 574. – [22] Philos. der Kunst § 22 (1802). SW I/5, 385. – [23] § 87, a.O. 527. – [24] G. W. F. HEGEL: Encycl. der philos. Wiss. im Grundrisse § 552 (Anm.) (1830). Akad.-A. 20 (1992) 540; vgl. Art. ‹Wahrheit, ästhetische; Wahrheit der Kunst›. – [25] Wiss. der Logik II: Die Lehre vom Begriff (1816). Akad.-A. 12 (1981) 178; Encycl. § 162, a.O. 177. – [26] Vgl. Encycl. § 385, a.O. 383. – [27] Vorles. über die Philos. der Relig. (1824). Vorles., hg. W. JAESCHKE 3/1 (1983) 222f. – [28] L. FEUERBACH: Grundsätze der Philos. der Zukunft § 17 (1845). Ges. Werke, hg. W. SCHUFFENHAUER 9 (1970) 290. – [29] F. ENGELS: L. Feuerbach und der Ausgang der klass. dtsch. Philos. (1886). MEW 21 (1962) 267; vgl. 267-270. – [30] F. NIETZSCHE: Menschliches, Allzumenschliches I (1878). Krit. Ges.ausg., hg. G. COLLI/M. MONTINARI 4/2 (1967ff.) 20. – [31] E. LASK: Die Logik der Philos. und die Kategorienlehre (1910). Ges. Schr., hg. E. HERRIGEL 2 (1923) 147. – [32] E. HUSSERL: Log. Unters. I: Prol. zur reinen Logik § 62 (1900, ^{2}1913) 228. Husserliana 18 (Den Haag 1975) 231; vgl. Formale und transz. Logik § 92 b (1929) 200, a.O. 17 (1974) 233. – [33] M. SCHELER: Der Formalismus in der Ethik und die mat. Wertethik (Bern 1916). Ges. Werke 2 (^{5}1966) 394. – [34] K. JASPERS: Von der W. (1949, ^{3}1983) 733.

Literaturhinweis. L. DE VOS: Absolute W.? Zu Hegels spekulat. W.-Verständnis, in: H. F. FULDA/R.-P. HORSTMANN (Hg.): Skeptizismus und spekulat. Denken in der Philos. Hegels (1996) 179-205.

E.-O. ONNASCH

Wahrheit, ästhetische; Wahrheit der Kunst

1. Schon die frühgriechische Dichtung reflektiert explizit auf den W.-Anspruch des von ihr Vorgetragenen. Im ‹Proömium› zu HESIODS ‹Theogonie› stellen sich die Musen in komplexer Weise vor: «Wir wissen trügenden Schein (ψεύδεα) in Fülle zu sagen, das dem Wirklichen nur ähnlich ist (ἐτύμοισιν ὁμοῖα); wir wissen aber auch, wenn wir wollen, Wahres zu verkünden (ἀληθέα γηρύσασθαι)» [1]. Dichtung kann Trugbild, aber auch W.-Aussage sein. Hesiods Verse, die das neue W.-Programm seiner Dichtung, die Wirklichkeit «von Anfang an» [2] gedanklich zu erschließen, auf der Folie einer wirkmächtigen Dichterkritik formulieren [3], sind traditionsbildend. Nicht zuletzt in der Kritik am W.-Verhältnis der Dichtung (von XENOPHANES bis PLATON) entfaltet sich der philosophische W.-Begriff.

Eine Weichenstellung für die weitere Reflexion des Verhältnisses von Wissenschaft, Philosophie und Kunst vollzieht sich in der Auseinandersetzung zwischen PLATON und ARISTOTELES um den W.-Anspruch der Dichtung. Im Rahmen seiner Lehre von der Mimesis (s.d.) vertritt PLATON die Auffassung, daß die Dichter nicht die Wirklichkeit, sondern nur das Abbild eines Abbildes zeigen. Als «nachbildender Gestalter» steht der Dichter «an dritter Stelle von der W. entfernt» (τρίτος ἀπὸ τῆς ἀληθείας), ist aber grundsätzlich auf die W. der dargestellten Sachen selbst bezogen [4]. ARISTOTELES spricht der Dichtung – neben den Formen der W.-Erforschung in den theoretischen und praktischen Wissenschaften oder Künsten (τέχναι) – eine spezifische Form der «Richtigkeit» (ὀρθότης) zu [5]. Hält der Historiker nur die Einzelwirklichkeit fest (τὸ καθ'ἕκαστον), so bringt der Dichter nach Aristoteles dagegen das Allgemeine einer Sache zum Ausdruck (τὸ καθόλου) und ist insofern «philosophischer». Kommt es dem Historiker darauf an, zu sagen, was wirklich geschehen ist, so sucht der gestaltende Dichter das darzustellen, «was nach den Möglichkeiten der inneren Wahrscheinlichkeit oder Notwendigkeit so geschehen könnte» (οἷα ἂν γένοιτο, καὶ τὰ δυνατὰ κατὰ τὸ εἰκὸς ἢ τὸ ἀναγκαῖον) [6].

Aristoteles' Kontrastierung von Dichtung und Geschichtsschreibung bildet den entscheidenden Bezugspunkt für die europäischen Konzepte der «ästhetischen» bzw. «poetischen Wahrscheinlichkeit» [7] und der poetischen W. [8], wie sie in Anknüpfung an die Rhetorik von der Renaissance bis ins 20. Jh. hinein vertreten werden. In wirkmächtiger Weise wertet G. VICO in seiner ‹Scienza nuova› die «sapienza poetica», die poetische Weisheit, auf [9].

2. Mit der Begründung der Ästhetik als einer eigenen Disziplin durch A. G. BAUMGARTEN kommt es zur Begriffsprägung «veritas aesthetica» [10]. Baumgartens Definition als «veritas, quatenus sensitive cognoscenda est» («W., soweit sie sinnlich erkennbar ist») [11] hebt vor allem ab auf den Unterschied zwischen «cognitio sensitiva» und diskursiver Erkenntnis [12]. Der wirklichkeitserschließende Gehalt der oft «verworrenen» [13], nicht bis zur Deutlichkeit des Begriffs artikulierten sinnlichen Eindrücke und Vorstellungen soll als Komplement zur «logischen W.» eingebracht werden in eine möglichst umfassende «veritas aestheticologica» [14]. Darunter versteht Baumgarten die Summe der «deutlich» («distincte») oder auch nur «verworren» («confuse») vorgestellten W.en – im Unterschied zur unendlich bestimmten, «metaphysischen W.» der Sachen selbst, die für endliche Erkenntnissubjekte unerreichbar bleibt [15]. Mit Rekurs auf seinen Lehrer hält auch G. F. MEIER fest: «Die W., in so ferne sie undeutlich und zugleich schön erkant wird, ist also eine Schönheit der Erkentnis, welche die aesthetische W. genennet wird, (veritas aesthetica)» [16]. In der Frage, wie die von ihm postulierte ä.W. dargestellt und kommuniziert werden kann, greift BAUMGARTEN auf das Konzept der poetischen Wahrscheinlichkeit («verisimilitudo poetica») zurück [17]. Diente die Forderung nach poetischer Wahrscheinlichkeit primär dazu, die künstlerische Freiheit der Inventio zu begrenzen, so ist mit dem Begriff der ä.W. ein Erkenntnisanspruch eigenen Rechts erhoben und das Kunstwerk als Darstellung dieser W. verstanden. An Baumgartens Begriff der «veritas heterocosmica» kann noch die Mögliche-Welten-Semantik anschließen, wenn sie mit Bezug auf fiktionale Texte erwägt, poetische W. als W. in möglichen Welten zu explizieren [18].

3. Weitgehend unabhängig von Baumgarten reklamieren W.-Ästhetiken seit dem Ende des 18. Jh. das Kunstwerk als eigentümlichen Ort der W. Die im 19. Jh. einflußreiche Unterscheidung von «Kunstwahrheit», auch «innere W.» genannt, und «Naturwahrheit» trifft J. W. GOETHE [19]. Begreift F. W. J. SCHELLING die Kunst als das «einzige wahre und ewige Organon zugleich und Document der Philosophie», als «die einzige und ewige Offenbarung, die es gibt» [20], so gilt G. W. F. HEGEL umgekehrt «die Kunst nicht mehr als die höchste Weise, in welcher die W. sich Existenz verschafft» [21]. Hegel nimmt die Tradition spekulativ metaphysischer Identifikation der Kategorien ‹Schönheit› und ‹W.› [22] durch die These auf, «die Schönheit sei Idee», um diese als Moment in den Selbstverwirklichungsprozeß des «absoluten Geistes» einzuordnen. «Die Schönheit aber ist nur eine bestimmte Weise der Aeußerung und Darstellung des Wahren und steht deshalb dem begreifenden Denken ... durchaus nach allen Seiten hin offen» [23]. Der Erkenntnisvollzug der Kunst wird durch den der Philosophie des Begriffs überboten. Die Kunst als «große Ermöglicherin des Lebens» bezeugt dagegen nach F. NIETZSCHE den «Willen zum Schein, zur Illusion, zur Täuschung»: «wir haben die Kunst, damit wir nicht an der W. zu Grunde gehn» [24].

4. Die Fundamentalontologie M. HEIDEGGERS [25], die philosophische Hermeneutik H.-G. GADAMERS [26], W. BENJAMINS Theorie der Kritik [27] und die Ästhetik TH. W. ADORNOS knüpfen in unterschiedlicher Weise an die Schellingsche Emphase einer allein vermittels eminenter Kunstwerke einzuholenden W. an. Auch das anti-hermeneutische Projekt des Dekonstruktivismus geht davon aus, daß an der Kunst eine privilegierte W. zu gewinnen sei: die Einsicht in das jeweilige Scheitern der rationalistischen, empiristischen und hermeneutischen Versuche, das Wahre zu positivieren [28].

Für ADORNO, der den Begriff der ä.W. im Bewußtsein seiner Problematik und mit der Insistenz auf der irreduziblen Komplexität seiner Vermittlungen mitführt [29], «terminieren» alle ästhetischen Fragen «in solchen des W.-Gehalts der Kunstwerke: ist das, was ein Werk in seiner spezifischen Gestalt als Geist in sich trägt, wahr? Eben das ist dem Empirismus als Aberglaube anathema» [30]. Der von Benjamin angeeignete Begriff des W.-Gehalts impliziert: «Kunst geht auf W., ist sie nicht unmittelbar; ... Erkenntnis ist sie [sc. die Kunst] durch ihr Verhältnis zur W.; Kunst selbst erkennt sie, indem sie an ihr hervortritt» [31].

Die Kritik an der Konzeption einer ä.W. («Der Bereich der Kunst und der Bereich der W. sind voneinander getrennte Bereiche», K. HAMBURGER [32]) wie auch die Versuche, diesen Begriff mit philosophischen Mitteln zu explizieren [33], setzen sich in der gegenwärtigen Diskussion der philosophischen Ästhetik fort. Auch in der *Analytischen Philosophie* ist durch die Beschränkung des W.-Begriffs auf verifizierbare Aussagen das letzte Wort über die Möglichkeit, Kunstwerken (wie etwa auch der Musik) eine W. sui generis zuzuschreiben, nicht gesprochen [34]. Untersucht werden einerseits die Konstitution von Bedeutung in den Künsten [35], andererseits die Bedingungen der W.-Fähigkeit von ästhetischen Urteilen [36]. Ansätze reichen von der Verteidigung der Anwendung eines propositionalen W.-Begriffs, insbesondere für die Dichtung, bis hin zu Vorschlägen, den propositionalen W.-Anspruch der Kunst zugunsten eines ('nicht-propositionalen') Erkenntnisanspruchs im Sinne einer kognitiven Welterschließung aufzugeben. Genuine Erkenntnisansprüche der Kunst können auch dort verteidigt werden, wo auf den W.-Begriff als solchen verzichtet wird: «To say that beauty or aesthetic rightness is truth or that it is incompatible with truth», diese Behauptungen sind für N. GOODMAN «equally misleading slogans» [37].

Anmerkungen. [1] HESIOD: Theog. 27f. – [2] Theog. 115. – [3] Vgl. auch: SOLON: Frg. 25, in: B. GENTILI/C. PRATO (Hg.): Poetae elegiaci 1 (1979) 118. – [4] PLATON: Resp. X, 597 aff. 599 a; vgl. Soph. 234 b-236 c. – [5] ARISTOTELES: Poet. 25, 1460 b 13ff. – [6] Poet. 9, 1451 a 37ff. – [7] Vgl. Art. ‹Wahrscheinlichkeit (ästhetisch)›. – [8] Vgl. etwa: C. SALUTATI: Ep. a fra G. da Samminiato (25. Jan. 1405/1406), in: Epistolario di C. Salutati 4, Nr. 23, hg. F. NOVATI (1905) 170-205; A. A. C. Earl OF SHAFTESBURY: Soliloquy: or, advice to an author (1710). Stand. ed. I/1 (1981) 92; A notion of the hist. draught of Hercules [vermutl. nach 1710], in: Second characters or the language of forms, hg. B. RAND (Cambridge 1914) 33; F. SCHILLER: Ueber die trag. Kunst (1792). Nat.ausg. 20 (1962) 167; Ueber das Pathetische (1793), a.O. 218; W. VON HUMBOLDT: Ueber Göthes Herrmann und Dorothea (1799). Werke, hg. A. LEITZMANN 2 (1904) 285; W. KAYSER: Die W. der Dichter. Wandlung eines Begriffs in der Lit. (1959); für minimal wahrheitshaltig («poetica, quae minimum continet veritatis») hielt die Poesie im Gegensatz zur Theologie THOMAS VON AQUIN: Comm. in lib. I sent., prol., q. I, a. V, 3. Op. omn. 7 (Paris 1873) 10. – [9] G. VICO: Principj di una scienza nuova ... (1725). – [10] A. G. BAUMGARTEN: Aesthetica §§ 423ff. (1750, ND 1961) 269ff. – [11] § 423, a.O. 269. – [12] Vgl. C. PERES: Ästhet. W. und sinnl. Erkenntnis. Zu A. G. Baumgartens Begründung der Ästhetiktheorie, in: M. ANDREAS-GRISEBACH/B. WEISSHAUPT (Hg.): Was Philosophinnen denken 2 (Zürich 1986) 257-267. – [13] Vgl. Art. ‹Verworrenheit II.›. Hist. Wb. Philos. 11 (2001) 1017-1020. – [14] BAUMGARTEN: Aesth. §§ 427. 440ff., a.O. [10] 271. 280ff. – [15] § 424, a.O. 270. – [16] G. F. MEIER: Anfangsgründe aller schönen Wiss. 1, § 32 (1748-50, ²1754) 54; zu den «veritates mere aestheticae» vgl. Auszug aus der Vernunftlehre § 106, in: I. KANT: Logik. Akad.-A. 16, 281; KANT: Refl. 2239, a.O. 282. – [17] BAUMGARTEN: Aesth. §§ 483. 485. 566ff. 585-612, a.O. [10] 309-311. 367ff. 379-400; vgl. G. F. MEIER: Anf.gründe 1, § 95, a.O. 202. – [18] Aesth. § 441, a.O. 281; vgl. zur Frage nach der W.-Bedingung fiktionaler Texte etwa: L. DOLEZEL: Heterocosmica. Fiction and possible worlds (Baltimore/London 1998). – [19] J. W. GOETHE: W. und Wahrscheinlichkeit der Kunstwerke (1797). Hamb. Ausg. (1948-64) 12, 67-73. – [20] F. W. J. SCHELLING: System des transsc. Idealismus (1800). Sämmtl. Werke, hg. K. F. A. SCHELLING (1856-61) I/3, 627. 618; vgl. a.O. 620; D. JÄHNIG: Schelling. Die Kunst in der Philos. 2: Die W.-Funktion der Kunst (1969). – [21] G. W. F. HEGEL: Vorles. über die Aesthetik 1 (1835-38). Jub.ausg. 12, hg. H. GLOCKNER (1927) 150. – [22] Zur mittelalterl. Transzendentalienlehre mit ihrer These von der Konvertibilität von ‹verum› und ‹pulchrum› vgl. J. A. AERTSEN: Beauty in the MA: A forgotten transcendental? Mediaev. Philos. Theology 1 (1991) 68-97. – [23] HEGEL, a.O. [21] 136; vgl. F. SCHILLER: Die Künstler (1789). Sämtl. Werke 1, hg. G. FRICKE/H. G. GÖPFERT (⁶1980) 173-187, 175; zur spätidealist. Kritik an Hegel vgl. CH. H. WEISSE: System der Aesthetik 1 (1830) 3-48. – [24] F. NIETZSCHE: Nachgel. Frg., Anfang 1888 bis Anfang 1889 17[3]. Krit. Ges.ausg., hg. G. COLLI/M. MONTINARI (1967ff.) 8/3, 318-320, 319f.; 16[40], a.O. 296. – [25] Vgl. M. HEIDEGGER: Der Ursprung des Kunstwerks (1935/36), in: Holzwege (1950) 25ff.; vgl. Art. ‹Unverborgenheit›. Hist. Wb. Philos. 11 (2001) 331-334; zur Bestimmung der W. in der Kunst bzw. der W. des ästhet. Objektes in der *phänomenolog.* Bewegung: R. INGARDEN: Des différentes conceptions de la vérité dans l'œuvre d'art. Rev. Esthét. 2 (1949) 162-180; M. DUFRENNE: Phénoménol. de l'expérience esthét. 2 (Paris 1953) 613ff. – [26] Vgl. H.-G. GADAMER: W. und Methode (1960, ⁴1975) XXVIII. 77ff. 109. – [27] Vgl. W. BENJAMIN: Goethes Wahlverwandtschaften (1924/25). Ges. Schr., hg. R. TIEDEMANN/H. SCHWEPPENHÄUSER (1972-89) I/1, 125f. 128. 173. – [28] Vgl. J. DERRIDA: La vérité en peinture (Paris 1978); dtsch.: Die W. in der Malerei (1992). – [29] TH. W. ADORNO: Ästhet. Theorie (1970) 419. – [30] a.O. 498. – [31] 419; Adorno setzt sich deutlich von einem W.-Verständnis von Kunst ab, wie es G. LUKÁCS: Kunst und objektive W. (1954), in: D. HENRICH/W. ISER (Hg.): Theorien der Kunst (²1993) 260-312 mit dem marxist. Theorem von der künstlerischen Widerspiegelung der Realität vertritt. – [32] Vgl. K. HAMBURGER: W. und Ästhet. W.

(1979) 135ff. 143. – [33] Vgl. A. Wellmer: W., Schein, Versöhnung. Adornos ästhet. Rettung der Modernität, in: J. Habermas/L. von Friedeburg (Hg.): Adorno-Konferenz 1983 (1983) 138-176; zurückhaltender: M. Seel: Kunst, W., Welterschließung, in: F. Koppe (Hg.): Perspektiven der Kunstphilos. (1991) 36-80. – [34] Vgl. J. Levinson: Truth in music. J. Aesthetics Art Criticism 40 (1981) 131-144; P. Lamarque/S. H. Olsen: Truth, fiction, and lit. (Oxford 1994). – [35] Vgl. G. P. Stein: The ways of meaning in the arts (New York 1970); R. Stecker: Artworks (University Park, Pa. 1997). – [36] Vgl. K. L. Walton: Categories of art. Philos. Review 79 (1970) 334-367; vgl. Art. ‹Urteil, ästhetisches›. Hist. Wb. Philos. 11 (2001) 462-465. – [37] N. Goodman: Ways of worldmaking (Indianapolis 1978) 133; dtsch.: Weisen der Welterzeugung (1990) 162; vgl. Languages of art (London 1969, Brighton 1981) 262ff.; G. Gabriel: Zwischen Logik und Lit. (1991) 207-220.

Literaturhinweise. J. Hospers: Meaning and truth in the arts (Chapel Hill, N.C. 1946). – M. C. Beardsley: Aesthetics (New York u.a. 1958). – W. Kayser s. Anm. [8]. – R. Bubner: Über einige Bedingungen gegenwärt. Ästhetik (1973), in: Ästhet. Erfahrung (1989) 9-51. – G. Gabriel: Fiktion und W. Eine semant. Theorie der Lit. (1975). – K. Hamburger s. Anm. [32]. – J. Levinson s. Anm. [34]. – F. Koppe: Grundbegriffe der Ästhetik (1983) 147-155. – A. Wellmer s. Anm. [33]. – M. Franz: Wahrheit der Kunst. Neue Überlegungen zu einem alten Thema (1984). – R. Rochlitz: Expérience esthét. et vérité de l'art. Tendance de l'esthét. allemande. Critique 450 (1984) 864-877. – M. Puelma: Der Dichter und die W. in der griech. Poetik von Homer bis Aristoteles. Mus. Helv. 46 (1989) 65-100; ND, in: Labor et lima (Basel 1995) 111-151. – M. Seel s. Anm. [33]. – J. S. Hans: Contextual authority and aesthetic truth (Albany 1992). – L. H. Pratt: Lying and poetry from Homer to Pindar (Ann Arbour, Mich. 1993). – P. Lamarque/S. H. Olsen s. Anm. [34]. – P. Taylor: Art. ‹Art and Truth›, in: E. Craig (Hg.): The Routledge encycl. of philos. 1 (London u.a. 1998) 456-460. – R. Fornet-Ponse: W. und ä.W.: Unters. zu H.-G. Gadamer und Th. W. Adorno (2000).

H. Hühn/E. Ortland

Wahrheit, ewige (lat. veritas aeterna bzw. sempiterna; engl. eternal bzw. sempiternal truth; frz. vérité éternelle). Der Anspruch des Wahren schließt zeitliche Bedingungen aus. Auch wo das Adjektiv ‹ewig› fehlt, ist besonders bei mathematischen (z.B. Winkelsumme des Dreiecks) und logischen Wahrheiten (z.B. Satz vom Widerspruch) die außerzeitliche, übergeschichtliche oder übernatürliche Geltung unterstellt. Dies gilt auch, wenn ‹W.› im Singular das Sein [1] oder Gott [2] bezeichnet. Die Begriffsgeschichte setzt daher als Problematisierung dieser Selbstverständlichkeiten ein.

‹Ewige W.› scheint im Griechischen kein Äquivalent zu haben. Cicero weiß, daß die Griechen dasjenige ‹Schicksal› (εἱμαρμένη) nannten, woraus seit aller Ewigkeit die e.W. fließt [3]. ‹Ewigkeit› meint den zeitlichen Aspekt der ontologischen Vollkommenheit der Unveränderlichkeit. Daß die Teilhabe daran die Identität der Dinge stiftet, wird deshalb das Modell für die spätere Verwendung des Terminus. Platon kann das Jenseits des Veränderlichen als das ewige Sein (ἀίδιον οὐσίαν) ausmachen [4]; für Plotin bedeutet ‹Seiendes› und ‹immer Seiendes› dasselbe. Dieses «immer» (ἀεί) müsse deshalb «wahrhaft seiend» (ἀληθῶς ὤν) genannt werden [5]. Die Betonung der Notwendigkeit begründet die Verwendung des Plurals ‹e.W.en› [6], der später ermöglicht, daß die den stoischen Logoi spermatikoi (s.d.) bzw. den κοιναὶ ἔννοιαι entlehnten Begriffe (‹rationes aeternae›, ‹rationes seminales›, ‹rationes primordiales›, ‹semina aeternitatis› und ‹formae substantiales› bzw. ‹notiones communes›, ‹notitia naturalis› [7]) die antike Metaphysik in der Schöpfungstheologie konservieren.

Daß ‹aeternitas› Gottesprädikat ist und daß die *eine* e.W. den Dingen ihr Wahrsein verleiht, wird allgemein angenommen [8]. Die Vielheit der W. wird dabei als der menschliche Aspekt der einen e.W. angesehen, wie das eine Gesicht in vielen Spiegeln erscheint [9]. Deshalb kann die W. endlicher Dinge Zeichen und Abbild («signum et imago») der e.W. sein [10].

Weil Prinzip und W. einzig sind, bestreitet Alexander von Hales, daß von Ewigkeit viele W.en sind [11]. Er hat dabei nicht allein dieses der Trinitätslehre natürliche Problem im Blick. Denn die These einer Vielzahl e.W.en ist im 13. Jh. verurteilt worden [12]. Das richtete sich etwa gegen Avicenna, der die W. ein «esse aeternum» nennt [13] und dessen Eigenständigkeit betont [14]. Dieses Partikulare bezieht sich weniger auf die *eine* Vollkommenheit des Seins, es betont vielmehr den im W.-Begriff konnotierten Aspekt der Notwendigkeit derart, daß ihre ewige Gültigkeit in sich selbst besteht [15]. Auch Boethius von Dacien kann die Unbegreifbarkeit des Werdens notwendiger W.en als Argument gegen die Schöpfung in der Zeit verwenden [16].

Bonaventura bietet eine Theorie der e.W.: Weil wahre Erkenntnis der erkannten Sache gleicht und weil der Akt, durch den Gott sich selbst Ideen («rationes aeternae») darstellt, intrinsisch ist, ist er ewig und wahr [17]. Für die W.-Erkenntnis auch des endlichen Geistes wird angenommen, daß dieser durch Regeln geleitet ist, die nicht ihm gehörig, sondern über ihn hinaus in der e.W. sind [18].

Die Betonung des göttlichen Willens lockert nach Johannes Duns Scotus die Verbindung von göttlichem Wesen und e.W., insofern den Ideen eine nur sekundäre («secundario») Notwendigkeit zugebilligt wird [19].

Gegen diese Verunsicherung wird die W. gegen den göttlichen Willen isoliert. F. Toledo meint pointiert, daß W. zwar aus der Gotteserkenntnis hervorgehe, aber nicht in Gott sei («veritas non est in Deo»), sondern ewig wie die Beziehungen der ideellen Gründe bestehe [20]. Nach F. Suárez bestehen die e.W.en (die logischen Grundsätze) nicht im göttlichen Intellekt, sondern in sich selbst [21]. Damit widerspricht er Thomas von Aquin, der W. an den Urteilsakt bindet und sie deshalb im ewigen Verstand gründen läßt [22]. Wenn die e.W. in Gott begründet wäre, dann könnte der Satz 'daß Gott ist' nur tautologisch sein [23]. Deshalb begründet Gott die e.W. nicht, sein Verstand setzt sie vielmehr voraus [24].

R. Descartes gibt dieser Diskussion eine epochale Wendung. Er erklärt die e.W.en für geschaffen und hinsichtlich ihres ontologischen Ranges den empirischen Dingen gleich. Damit bestreitet er die von Augustinus vollzogene Integration der platonischen Tradition in die christliche Schöpfungslehre [25]. Descartes hält die e.W.en zwar für denknotwendig, metaphysisch jedoch sind sie disponibel, weil nicht zum göttlichen Wesen gehörig [26].

B. Spinozas Ablehnung dieser Lehre wird systematisch so stark, daß die Notwendigkeit des göttlichen Wesens und diejenige der Natur mathematischer W.en im Begriff der e.W. zusammenkommen [27]. Die Existenzform Gottes muß als e.W. begriffen werden [28]. Auch der Cambridger Neuplatonismus, z.B. R. Cudworth, vertritt die Gegenposition. Die e.W.en sind ungeschaffene Echos der «original voice of the eternal wisdom» [29]. Schließlich beruft sich N. Malebranche auf Augustinus, wenn er die e.W.en als Verhältnisse der göttlichen Ideen bezeichnet, die ihnen «coéternelles» und wie sie «éternelles et immuables» sind [30]. J. Locke läßt die theologische

Begründung fallen. Vom menschlichen Geist auf abstrakte Ideen gegründete Aussagen müssen, falls sie wahr sind, ewig wahr sein [31].

G. W. LEIBNIZ unterscheidet in der Auseinandersetzung mit Locke Tatsachen- («propositions de fait») und Vernunftaussagen («propositions de raison») [32], die er «veritez eternelles» nennt [33]. Daß der göttliche Verstand «la region des verités éternelles» sei, bedeute jedoch nicht, daß außerhalb desselben der Widerspruch einer veränderlichen W. herrsche. Vielmehr bezeichne die einfache W. die Gesetzesbeständigkeit der realen Welt, die ewige aber gelte «in allen Weltkugeln». Sie liege dem Realen voraus, weil schon in reiner Möglichkeit («in statu purae possibilitatis») die wahrheitsordnende Logik Gottes am Werk ist [34].

F. H. JACOBIS Antispinozismus erklärt den Begegnungscharakter des Wirklichen zur Voraussetzung des Rationalen; dem respondiert der Glaube, dessen Offenbarungsbezug e.W.en enthält [35]. Diese Herleitung der W. bestreitet M. MENDELSSOHN: «meine Religion ... befiehlt keinen Glauben an e.W.en» [36]. Er unterscheidet notwendig-ewige und zufällig-ewige W.en. Die ersten sind Vernunftgesetze, die zweiten Naturgesetze [37]. Der Satz «Alle notwendigen W.en sind e.W.en» ist nach I. KANT analytisch: «nicht auf irgendeine Stelle in der Zeit» (sog. «Zeitwahrheiten») beschränkt. Die synthetische Auffassung: «die nothwendige W. existiert wirklich zu aller Zeit» wird widerlegt [38].

J. G. FICHTE und G. W. F. HEGEL beziehen sich nochmals im Singular auf die ‹e.W.›. FICHTE nennt den Urquell, der die Menschen zur Einigkeit der Gesinnung verbindet, «e.W.» [39]. Sie ist das in intellektueller Anschauung zugängliche «Sein der Identität» [40] und als reales Ereignis der Gott-Mensch. Dieser ist die Erscheinung des Begriffes eines göttlichen Reiches und also eine «ewig gültige historische W.» [41]. Das wahre Ewige ist nach HEGEL nicht die Negation des Endlichen, sondern umfaßt dieses und seinen Gegensatz, das Unendliche. «Der Gegenstand der Religion wie der Philosophie ist die e.W. in ihrer Objectivität selbst, Gott ...» [42].

F. W. J. SCHELLING bezieht sich auf Leibniz, wenn er die e.W. mit der von Gott unterschiedenen Natur in Gott verbindet, um den Ursprung des Bösen anzugeben [43]. Später nimmt er, da Hegels «bloße Idee» die individuelle Existenz nicht erfasse, den kantischen Ideebegriff auf und ordnet ihm die e.W. zu [44]. Diesem Verbund wird dann der Gedanke abgewonnen, der «hinter das Seyn» führt. In reiner Unmittelbarkeit wäre Gott sich selbst unfaßlich, eine «rotatorische, d.h. Anfang und Ende nicht finden könnende Bewegung» [45]. Daher müssen seine eigenen Voraussetzungen erhoben werden. Diese sind Attribute, die dem, wovon sie es sind, voraus liegen: als das Reich der e.W.en [46].

Der Nachidealismus schlägt zwei verschiedene Wege ein: a) A. SCHOPENHAUER bringt Descartes' Position in Anschlag: «wie über die Götter der Alten noch das ewige Schicksal herrschte, so herrschten über den Gott der Scholastiker noch jene aeternae veritates», die der Idealismus als «Satz vom Grunde» übernommen hat [47]. Kant habe ihm den Boden entzogen, indem er ihn als Form unseres Verstandes erkannte [48].

Nach S. KIERKEGAARD ist die «ewige wesentliche W. selbst das Paradox» (s.d.), das von der idealistischen Dialektik aufgelöst wurde [49] – paradox deshalb, weil sie «in der Zeit» geworden sei und deshalb das «Absurde» (s.d.) darstelle. Christus ist dieses «absolute Paradox» und das einzige, «was sich glauben läßt» [50].

Schließlich stößt F. NIETZSCHE über das 19. Jh. hinaus. Die Ablehnung der W. als Hoheitsprädikat des Wirklichen trifft vor allem den Menschen. Er ist Teil des Veränderlichen, keine «aeterna veritas». Seine Erkenntnis ist kulturrelativ und kontingent. Daher ist der «Mangel an historischem Sinn ... der Erbfehler aller Philosophen». Das dem entgegengesetzte «historische Philosophieren» [51] ist in seiner Radikalität allerdings gerade von der Hermeneutik verdeckt und erst in der Gegenwart – etwa von G. VATTIMO und R. RORTY – aufgegriffen worden [52].

b) H. LOTZE ordnet die e.W.en der Logik über und bezeichnet diese als eine Art «Binnenverkehr, welcher die ungewissen und veränderlichen Wahrnehmungen mit ... einer in ihrem Zusammenhang verborgen bleibenden Gesammtwahrheit zu verknüpfen sucht» [53]. Indem er Werden und Bestand bestreitet und ihnen ein «Gelten» zuspricht [54], kann ihr Anliegen nun vom Wertbegriff [55] vertreten werden. Die e.W.en, Ausdruck der Allmacht, werden wie diese selbst als formaler Aspekt göttlicher Güte und Heiligkeit aufgefaßt [56].

Einen neben dem psychischen und physischen angenommenen Bezirk, der «Reich der Inhalte» [57] oder «drittes Reich» [58] genannt werden kann, hat auch B. BOLZANOS Objektivismus im Blick. Er erklärt die e.W.en zum Gegenstand des göttlichen Erkenntnisaktes («Sätze vor Gott») und findet in ihnen ein «(ewig) fortwährendes Verhältnis» ausgedrückt [59]. Für den durch Bolzano beeinflußten E. HUSSERL ist W. eine «Geltungseinheit im unzeitlichen Reiche der Ideen» [60]. Sie ist «'ewig', oder besser: sie ist eine Idee, und als solche überzeitlich», und korrespondiert einem «reinen Bewußtsein» [61]. M. HEIDEGGERS Kritik zielt auf diesen W.-Begriff: «Daß es 'e.W.en' gibt, wird erst dann zureichend bewiesen sein, wenn der Nachweis gelungen ist, daß in aller Ewigkeit Dasein war und sein wird» [62].

Aus anderen Gründen haben F. BRENTANO und seine Schüler A. KASTIL und O. KRAUS die Wendung der Phänomenologie zur Wesensschau abgelehnt. Sie sahen darin einen «Hyperpsychologismus» und hielten daran fest, daß W. kein intrinsisches Merkmal des Urteilsinhaltes ist. Zwar kann man sagen, 2 + 2 = 4 sei eine e.W., aber nicht im «reinen Bewußtsein», sondern weil «ein qualitativ anders Urteilender nicht einsichtig (nicht so, wie ein Urteilender urteilen soll) urteilen könne» [63]. Sätze dieser Art bleiben nach G. FREGE wahr, «auch wenn infolge darwinscher Entwicklung alle Menschen dahin kämen zu behaupten, 2 mal 2 sei 5. Jede W. ist ewig und unabhängig davon, ob sie gedacht werde, und von der psychologischen Beschaffenheit dessen, der sie denkt» [64]. Daß solche Gewißheit nicht allein Bedingung unseres Geistes ist, sondern Erkenntnis sein könnte, deutet nach H. SCHOLZ darauf, daß der menschliche Geist über die Welt, zu der er gehört, hinausreicht [65].

Anmerkungen. [1] ARISTOTELES: Met. II, 1, 993 b 27-32; AUGUSTINUS: Soliloqu. II, 5. MPL 32, 888. – [2] PLOTIN: Enn. III, 7 (45), 5, 12ff.; ALEXANDER VON HALES: Summa theol. I, 1, 3, q. II, c. III, resp. (Quaracchi 1924ff.) 1, 150; RAIMUNDUS LULLUS: Contempl. in Deum I, 1, d. 8, c. 23. Op. 9 (1740) 47; AUGUSTINUS: De lib. arb. II, 39. MPL 32, 1262. – [3] CICERO: De divin. I, 125. – [4] PLATON: Tim. 37 e. – [5] PLOTIN, a.O. [2] 6, 32-34. – [6] ARISTOTELES: Eth. Nic. VI, 3, 1139 b 23f. – [7] Vgl. Art. ‹Notiones communes›. Hist. Wb. Philos. 6 (1984) 938ff.; vgl. ‹Form und Materie (Stoff) II.›, a.O. 2 (1972) 986ff. – [8] AUGUSTINUS: De trin. IX, 7, 12. CCSL 50, 303f.; NICOLAUS CUS.: De princ. Op. omn. 2 (Paris 1514) 11r; THOMAS VON AQUIN: Quaest. disp. de veritate 1, a. 2. 4. Op. omn. [ed. Leon.] 22/1 (Rom 1970) 8ff. – [9] PETRUS LOMBARDUS: Comm. in Ps. XI. MPL 191, 155 a. – [10] NICOLAUS CUS.: De docta ignor. III, 7. Akad.-A. (1932ff.) 1, 141, 25f. – [11] ALEXANDER VON HALES, a.O. [2] 148. – [12] H. DENIFLE/A. CHÂTELAIN: Chartularium universitatis Paris. 1 (Paris 1899) 170ff. – [13] AVICENNA lat.: Philos. prima I, 8, hg. S. VAN RIET (Leiden 1977ff.) 55. – [14] IV, 2, a.O. 211. – [15] VIII, 6, a.O. 413. – [16] BOETHIUS VON DACIEN: De aeternitate mundi, sol. a, in: Über die Ewigkeit der Welt (2000) 142. – [17] BONAVENTURA: Quaest. disp. de scientia Christi II. Op. omn. (Quaracchi 1882ff.) 5, 9 a. – [18] IV, a.O. 22 b. 23 a. – [19] JOH. DUNS SCOTUS: Comm. Oxon. I, d. 30, q. 2, n. 14, hg. M. F. GARCÍA 1-2 (Florenz 1912) 1, 1097. – [20] F. TOLEDO: In S. theol. S. Thomae Aqu. XVII, a. 1, concl. 1 (Rom 1869) 247. – [21] F. SUÁREZ: Disp. metaphys. XXXI, 12, n. 40 (1597). Op. omn., hg. C. BERTON (Paris 1856ff.) 26, 294f. – [22] THOMAS AQU., a.O. [8]; 5, ad 11; 6, ad 2/3. – [23] SUÁREZ: Disp. VIII, 7, n. 30, a.O. [21] 25, 305. – [24] a.O. [21]. – [25] AUGUSTINUS: De div. quaest. 83. MPL 40, 30. – [26] R. DESCARTES: Medit. de prima philos., Resp. ad VI. object. (1642). Oeuvr., hg. CH. ADAM/P. TANNERY (Paris 1897-1913) 7, 436; Br. an M. Mersenne (15. 4. 1630), a.O. 1, 145; (27. 5. 1630?), a.O. 151ff. – [27] B. SPINOZA: Tract. theolog.-politicus IV (1670). Op. 1, hg. G. GAWLICK/F. NIEWÖHNER 1 (1979) 144. – [28] Ethica I, Def. VIII und expl. (1677). Op. 2, hg. K. BLUMENSTOCK (1967) 88; zur Ambivalenz dieser Konzeption vgl. Art. ‹Wahrheit IV.›. – [29] R. CUDWORTH: A treat. conc. eternal and immutable morality (1731), hg. S. HUTTON (Cambridge 1996) 132; vgl. 26. 123-125. – [30] N. MALEBRANCHE: Rech. de la vérité I, 3 (1674/75). Oeuvr., hg. G. RODIS-LEWIS (Paris 1962ff.) 1, 63; VI, 1, 5, a.O. 2, 286f.; Eclairciss. 8, obj. 1 (1678), a.O. 3, 86; zu Augustinus: Recueil de toutes les réponses ... à M. Arnauld (1684ff.). Oeuvr. 6/7, hg. A. ROBINET (Paris 1966) 146ff. 199ff. 227f. – [31] J. LOCKE: Ess. conc. human underst. IV, 11, § 14 (1690), hg. P. H. NIDDITCH (Oxford 1975) 638f.; vgl. schon: TH. HOBBES: Computation or Logic of proposition (1656). Engl. works, hg. W. MOLESWORTH (London 1839-45) 1, 38. – [32] Vgl. Art. ‹Vernunftwahrheiten/Tatsachenwahrheiten›. Hist. Wb. Philos. 11 (2001) 869-872. – [33] G. W. LEIBNIZ: Nouv. ess. IV, 11, § 13 [1703-05] (1765). Akad.-A. VI/6 (1962) 446. – [34] Monadol. § 46 [1714]. Philos. Schr., hg. C. I. GERHARDT [PhS] 6 (1885, ND 1965) 613; Von dem höchsten Gute. Dtsch. Schr., hg. G. E. GUHRAUER (1838-40, ND 1966) 2, 40; Causa Dei § 69 (1710). PhS 6, 449. – [35] F. H. JACOBI: Über die Lehre des Spinoza ... (1785). Ges.ausg., hg. K. HAMMACHER/W. JAESCHKE I/1 (1998) 116. – [36] M. MENDELSSOHN: An die Freunde Lessings (1786). Ges. Schr. [Jub.ausg.] III/2, bearb. L. STRAUSS (1974) 205. – [37] Morgenstunden (1785), a.O. 74f. – [38] I. KANT: Über eine Entdeckung, nach der alle neue Kritik der reinen Vernunft durch eine ältere entbehrlich gemacht werden soll (1790). Akad.-A. 8, 235; Br. an K. L. Reinhold (12. 5. 1789), a.O. 11, 37. – [39] J. G. FICHTE: Der Patriotismus und sein Gegentheil [1807]. Akad.-A. II/9, 433. – [40] Zur Darst. von Schelling's Identitätssysteme, a.O. II/5, 490. – [41] Die Staatslehre (1813). Sämmtl. Werke, hg. I. H. FICHTE (1845/46) 4, 543f. – [42] G. W. F. HEGEL: Vorles. über die Philos. der Relig. [1821ff.]. Werke, hg. E. MOLDENHAUER/K. M. MICHEL 16 (1969) 28. – [43] F. W. J. SCHELLING: Philos. Unters. über das Wesen der menschl. Freiheit (1809). Sämmtl. Werke, hg. K. F. A. SCHELLING [SW] (1856-61) I/7, 367; mit Bezug auf: LEIBNIZ: Monadol., a.O. [34]; Théod. II, § 184 (1710). PhS 6, 226f.; vgl. Art. ‹Natur in Gott›. Hist. Wb. Philos. 6 (1984) 482-484. – [44] Abh. über die Quelle der e.W.en (1850). SW II/1, 585f. – [45] Philos. der Offenb. 2, 13. Vorles. (1841ff.). SW I/3, 273. – [46] Einl. in die Philos. der Mythologie, 14. Vorles. (1847/52). SW I/1, 331. – [47] A. SCHOPENHAUER: Die Welt als Wille und Vorst. I, 1, § 7 (1819, ²1844). Sämtl. Werke, hg. A. HÜBSCHER (²1946-50) 2, 39. – [48] II, 4, Kap. 50, a.O. 3, 737. – [49] S. KIERKEGAARD: Abschließ. unwiss. Nachschr. zu den Philos. Brocken (1846). GW 16/1, hg. E. HIRSCH u.a. (1959) 202. – [50] a.O. 209. 200. – [51] F. NIETZSCHE: Menschliches, Allzumenschliches I, 2 (1878, ²1886). Krit. Ges.ausg., hg. G. COLLI/M. MONTINARI (1967ff.) 4/2, 20f. – [52] G. VATTIMO: Jenseits der Interpretation (1997); R. RORTY: Der Spiegel der Natur 3 (1981) 343-427. – [53] H. LOTZE: Logik 3: Vom Erkennen § 300 (1879, ²1880), hg. G. MISCH (1912) 482. – [54] Mikrokosmos 3 (1864, ³1880) 583. – [55] Vgl. Art. ‹Wert II.›. – [56] H. LOTZE: Grundzüge der Relig.philos. § 49 (1875ff., ³1894). – [57] Log. 3, § 347, a.O. [53] 574. – [58] Vgl. Art. ‹Reich, Drittes 2.›. Hist. Wb. Philos. 8 (1992) 499-502. – [59] B. BOLZANO: Wiss.lehre § 25 (1837). Ges.ausg., hg. J. BERG (1985) I/11, 1, 137f. – [60] Vgl. Art. ‹Allzeitlichkeit›. Hist. Wb. Philos. 1 (1971) 198. – [61] E. HUSSERL: Log. Unters. I: Proleg. zur reinen Logik § 39 (1900, ²1913) 128. 130. Husserliana 18 (Den Haag 1975) 134. 136. – [62] M. HEIDEGGER: Sein und Zeit § 44c (1927). Ges.ausg. I/2 (1977) 300; vgl. Vom Wesen der W. [1930] (1943), in: Wegmarken (1967) 73-97, 82f. Ges.ausg. I/9 (1976) 187. – [63] O. KRAUS: Einl., in: F. BRENTANO: W. und Evidenz, hg. O. KRAUS (1930) XXXf. – [64] G. FREGE: 17 Kernsätze zur Logik [vor 1892], in: Schr. zur Logik und Sprachphilos., hg. G. GABRIEL (³1990) 23f.; vgl. Logik [1897], a.O. 35-73, 68f. – [65] H. SCHOLZ: Der Gottesgedanke in der Math. (1934), in: Mathesis Universalis, hg. H. HERMES u.a. (1961) 293-311, 310f.

Literaturhinweise. R. LAUTH: Die absolute Ungeschichtlichkeit der W. (1966). – A. MAURER: St. Thomas and eternal truths. Mediaev. Studies XXXII (1970) 91-107. – J.-L. MARION: Sur la théol. blanche de Descartes (Paris 1981). – K. LAUDIEN: Die Schöpfung der e.W.en (2001).

K. LAUDIEN

Wahrheit, historische. Unabhängig von der antiken Diskussion um den Wirklichkeitsbezug der Geschichtsschreibung [1], aber unter Rückgriff auf die Aristotelische Wissenschaftskonzeption und auf die scholastische Unterscheidung von notwendigen und kontingenten W.en, unterscheidet die rationalistische Philosophie der Aufklärung zwischen Vernunftwahrheiten (vérités de raison) und Tatsachenwahrheiten (vérités de fait). Während die Vernunftwahrheiten (s.d.) notwendig, a priori sowie zeitlos gültig sind und ihr Gegenteil widerspruchsfrei nicht gedacht werden kann, sind die Tatsachenwahrheiten zufällig, sie besitzen einmalige Geltung, ihr Gegenteil ist möglich und kann widerspruchsfrei gedacht werden. Zu den empirischen oder Tatsachenwahrheiten zählen auch wahre Aussagen über historische Vorgänge oder Ereignisse, so daß etwa der Wolff-Schüler F. CH. BAUMEISTER ganz im Sinne von Leibniz definieren kann: «Einzelne Sätze sind h.W.en, wenn sie wahr gewesen sind» («Veritates historicae sunt propositiones singulares, si fuerunt verae») [2]. Dieser Gegensatz von h.W.en, d.h. «zufälligen Geschichtswahrheiten» und «notwendigen Vernunftwahrheiten» findet sich u.a. auch bei G. E. LESSING [3] und J. M. CHLADENIUS, der den Unterschied zwischen den allgemeinen und den h.W.en festhält: «Bey allgemeinen W.en folget eine aus der andern, oder eine ist schon in der andern enthalten: Bey h.W.en aber ist keinesweges zu behaupten, daß das nachfolgende in dem vorhergehenden enthalten sey» [4]. Auch bei G. W. F. HEGEL wirkt die rationalistische Abwertung des Historischen noch nach, wenn er die historische von der philosophischen W. unterscheidet: «In Ansehung der h.W.en, ... insofern nemlich das rein historische derselben betrachtet wird, wird leicht zugegeben, daß sie das einzelne Daseyn, einen Inhalt nach der Seite seiner Zufälligkeit und Willkühr, Bestimmungen desselben, die nicht nothwendig sind, betreffen.» Zugleich relativiert Hegel aber diese Zurücksetzung der h.W.en, denn auch sie «sind nicht ohne die Bewegung des Selbstbewußtseyns» [5].

Im Historismus wird die Differenzierung zwischen den Vernunftwahrheiten und den Tatsachenwahrheiten aufgegeben. Wie W. VON HUMBOLDT programmatisch festhält, sind die historischen Tatsachen die «nackte ... Absonderung des wirklich Geschehenen», die «noch kaum das Gerippe der Begebenheit» erzielt. Durch sie erhält man allein die «nothwendige Grundlage der Geschichte, den Stoff zu derselben, aber nicht die Geschichte selbst». Die «eigentliche, innere, in dem ursachlichen Zusammenhang gegründete W.» der Geschichte beruht vielmehr auf der produktiven Arbeit des Historikers, der die historischen Fakten mit Hilfe von «Ideen» zu einem Ganzen verarbeitet, wodurch die Tätigkeit des Geschichtsschreibers eine Verwandtschaft zum Schaffen des Dichters aufweist [6]. Um sich der h.W. zu nähern, müssen nach Humboldt zwei Wege zugleich eingeschlagen werden: «die genaue, partheilose, kritische Ergründung des Geschehenen, und das Verbinden des Erforschten, das Ahnden des durch jene Mittel nicht Erreichbaren». Beide Wege sind für die Erringung der h.W., die seit dem Beginn der abendländischen Geschichtsschreibung zu den zentralen Gegenständen methodologischer Reflexion gehört, gleich wichtig: «Wer nur dem ersten dieser Wege folgt, verfehlt das Wesen der W. selbst, wer dagegen gerade diesen über dem zweiten vernachlässigt, läuft Gefahr sie im Einzelnen zu verfälschen» [7]. Geschichtserkenntnis erweist sich somit als eine Verbindung von Tatsachenerkenntnis und Ideenerkenntnis, und erst die Kooperation beider Erkenntnisarten erzeugt h.W.

Auch J. G. Droysen hält an dieser Unterscheidung von historischen Tatsachen und h.W. fest und differenziert ganz im Sinne dieses Gegensatzes entschieden zwischen «historischen Richtigkeiten» und der h.W.: «Eine Sammlung von Kenntnissen ist nicht Wissenschaft; und die tote Masse historischer Gelehrsamkeit empfängt erst Leben durch die h.W., d.h. durch die Zurückführung auf den höheren Zusammenhang, in dem das Besondere wurde, für den und durch den es wurde» [8]. Die vom Geschichtsforscher ermittelte h.W. ist allerdings keine absolute W., sondern abhängig von seiner Perspektive und seiner Stellung in der Zeit: «Diese erkannte h.W. ist freilich nur relativ die W.; es ist die W., wie sie der Erzähler sieht, es ist die W. von seinem Standpunkt, seiner Einsicht, seiner Bildungsstufe aus; in einer verwandelten Zeit wird sie, kann sie anders erscheinen» [9].

Seit dem Ende des 19. Jh. gehört die Unterscheidung von Richtigkeit und W. nur in Ausnahmefällen zum begrifflichen Instrumentarium der Historik. Zu diesen Ausnahmen gehört etwa R. Wittram [10], für den die h.W. aus der «Richtigkeit des Sachverhalts» besteht, also der zutreffenden Feststellung von Tatbeständen, und der «Richtigkeit des Wertens», also der Beurteilung der korrekt festgestellten Tatbestände unter dem Maßstab der Gerechtigkeit [11]. Feststellen und Urteilen verbinden sich damit untrennbar im W.-Anspruch der Geschichtsforschung. In der gegenwärtigen Historik wird das Problem der h.W. oder das der W. historischer Erkenntnis zumeist unter dem Problemtitel «Objektivität und Parteilichkeit» diskutiert [12].

Anmerkungen. [1] Vgl. etwa Aristoteles: Poet. I, 9, 1451 a 37-1451 b 12; vgl. Art. ‹Geschichte; Historie›. Hist. Wb. Philos. 3 (1974) 344-398. – [2] F. Ch. Baumeister: Philos. definitiva (1735, [7]1746, ND 1978) 55, zit. nach: G. Scholtz: Zwischen Wissenschaftsanspruch und Orientierungsbedürfnis (1991) 159. – [3] G. E. Lessing: Über den Beweis des Geistes und der Kraft (1777). Werke, hg. H. G. Göpfert 8 (1979) 11f. – [4] J. M. Chladenius: Allg. Geschichtswiss. (1752, ND 1985) 262. – [5] G. W. F. Hegel: Phänomenol. des Geistes (1807). Akad.-A. 9 (1980) 31. – [6] W. von Humboldt: Ueber die Aufgabe des Geschichtschreibers (1821). Akad.-A. (1903-20) I/4, 36. – [7] a.O. 37f.; vgl. ferner die Einteilung der W.en in: Ueber Göthes Herrmann und Dorothea (1799), a.O. I/2, 285ff.; vgl. Art. ‹Wahrheit, ästhetische; Wahrheit der Kunst›. – [8] J. G. Droysen: Historik 1. Hist.-krit. Ausg., hg. P. Leyh (1977) 60; vgl. 61. – [9] a.O. 230f.; vgl. 283. – [10] Vgl. R. Wittram: Das Interesse an der Gesch. (1958) 20. 25. – [11] a.O. 32; vgl. 26f. – [12] Vgl. u.a. R. Koselleck/W. J. Mommsen/J. Rüsen (Hg.): Objektivität und Parteilichkeit in der Geschichtswiss. (1977); auch: Ch. Landfried: Ausgew. Bibliogr., a.O. 477-490.

Literaturhinweise. W. Erxleben: Erlebnis, Verstehen und geschichtl. W. (1937). – H. Liebrich: Die h.W. bei Ernst Troeltsch (1937). – C. Bobinska: Historiker und h.W. (1967). – K.-E. Jeismann: «Lux veritatis» oder «filia temporis»? in: V. Leute (Hg.): Subjektivität und Objektivität in den Wissenschaften (1990) 51-82.

H.-U. Lessing

Wahrheit, nackte (lat. nuda veritas; engl. naked truth; frz. vérité nue). Der Topos ‹n.W.› gehört in das thematisch weite Feld des 'Zugangs zu' und des 'Umgangs mit' dem Ziel der Erkenntnis. Während die Konkurrenzvorstellung der 'mächtigen W.' mit dem Versprechen verbunden ist, die W. könne aus eigenen Mitteln über Irrtum und Unverstand triumphieren, verlangt die n.W. nach dem Beistand derer, die entschlossen sind, etwa angefallene Verbergungen beiseite zu räumen und den Blick freizugeben. Unter der Bedingung der Unverhülltheit wird jedwede Bedeckung als Blendwerk verdächtig. Das Vorstellungsideal einer W. ohne Schleier motiviert den Verfahrensaufwand, der zu treiben ist, wenn es über die Hindernisse der Wahrnehmung hinweg zum Schauplatz des wahren Wissens vorzudringen gilt.

Der figurative Reichtum der n.W., deren Spuren bis in die griechische (Euripides [1]) und lateinische Literatur zurückreichen (Horaz [2]), entspringt der rezeptiven Vieldeutigkeit und Wandelbarkeit des Attributs. In der Bibel (Offenb. 16, 15) [3] hatte die Bestrafung des ersten Menschenpaares darin bestanden, die im Zeichen der Schuld entdeckte Kleiderlosigkeit als schamlos und armselig empfinden zu müssen (Gen. 3, 7) [4]. Nacktheit konnte als anstößig gelten. Schon früh lassen sich aber auch Übertragungen finden, die das Nackte als Ausdrucksgestalt einer anthropologischen Bedürftigkeit [5] oder auch als Einfachheit begreifen, die über den falschen Glanz äußerlicher Prachtentfaltung erhaben ist. Niemandem sei die sittliche Vollkommenheit verschlossen, erklärt Seneca, mit dem nackten Menschen sei sie zufrieden («nudo homine contenta est») [6]. Geradezu idealisiert wird die Nacktheit durch den Glauben an das göttliche Vorrecht auf den Anblick der unverhüllten Welt. Alles, heißt es dazu bei Paulus, «liegt nackt und bloß vor den Augen dessen, dem wir Rechenschaft schulden» (Hebr. 4, 13), der auch der einzige ist, der in das Herz des Menschen sehen kann [7]. Es ist offenkundig dieses Motiv der totalen Transparenz alles Irdischen vor Gott, dem die älteste der bekannten, von E. Panofsky auf die Mitte des 14. Jh. datierten Bilddarstellungen [8] der n.W. verpflichtet ist.

Die metaphorischen Lesarten begünstigen neuzeitlich eine weit ausladende Rhetorik der Antirhetorik, die alsbald für die Selbstabgrenzung der Moderni gegenüber den Antiqui in Anspruch genommen wird. Dem kommt die schon den Vorsokratikern geläufige Auffassung entgegen, daß die Natur es liebe, sich versteckt zu halten [9]. Heidnische wie christlich-neuplatonische Ausprägungen der 'Theologie des Schleiers' [10] werben für die Achtung vor dem «Unsichtbaren» (s.d.), das – so Platon – von verständnislosen Materialisten herabgezogen und angefaßt werde [11]. In der «Verborgenheit der unaussprechlichen Geheimnisse» sieht Ps.-Dionysius Areopagita eine symbolvermittelte Weltwahrnehmung versinnbildlicht, die der kreatürlichen Disposition des Menschen ebenso entspricht wie dem Willen der göttlichen Vernunft [12]. Wenn M. Luther seinen Gott «nackt» nennt («Deus nudus» [13]), so bezeichnet er damit dessen willentlichen Selbstentzug gegenüber der menschlichen Erkenntnis, die der äußeren Anhaltspunkte oder, wie F. NIETZSCHE in Fortführung der Metaphorik sagen wird, der Verhüllungen bedarf. Geradezu im Gegensatz zu dieser Nacktheit, die das Vorrecht eines «Deus in majestate sua» umschreibt, erscheint die Forderung nach gegenständlicher Nacktheit einstweilen als Vorgabe eines Erkenntniswillens, der sich sein Ziel durch die Gewaltsamkeit der Vorgehensweise selbst verstellt. Beiläufig zeigt sich hier, wie tief die Figur der n.W. durch die Implikation des Sichtbarkeitspostulats in die philosophisch einschlägige Metaphorik des Sehens (s.d.) verstrickt ist. 'Verhüllungen', 'Vorhänge' und 'Schleier' stiften den imaginären Raum des Unsichtbaren als des eigentlich Sehenswerten, jedoch den leiblichen Augen wohlweislich Vorenthaltenen [14].

In der Rhetorikschelte M. DE MONTAIGNES sind diese Gedankenzusammenhänge verblaßt. Der Gewohnheit der prunkenden Rede und Übertreibung («hyperbole») stellt er die Orientierung des Sprechers an der «nackten und dürren W.» («la vérité nue et crue» [15]) als vorbildlich gegenüber – ungeachtet der Entgegnung, mit der B. PASCAL die ältere Auffassung bestätigt [16]. Damit leitet MONTAIGNE die wenigstens bis ins 19. Jh. reichende Faszinationsgeschichte der n.W. ein. Gefördert wird deren Durchsetzungserfolg durch eine wachsende Zahl allegorischer Darstellungen der effeminierten W., deren Erscheinungsbild mit der in Schwarz gehüllten Lüge lebhaft kontrastiert [17], sowie durch das noch von Winckelmann gepflegte Kunstideal der «heroischen Nacktheit» [18]. Entschieden stärkt F. BACON diese Tendenz, wenn er – deutlich auf der Linie Montaignes – die «nuditas ... animi» als Gefährtin von Unschuld und Einfalt preist [19]: «truth is a naked and open day-light, that doth not shew the masks and mummeries and triumphs of the world» [20]. Mit sicherem Blick für das erotische Potential der Szene macht Bacon die philosophische W.-Suche als Liebesbeziehung verstehbar – seit Platon ein gängiger Topos. Man müsse, versichert er, sich das Forschen als ein Freien und Werben denken («the inquiry of truth, which is the love-making or wooing of it» [21]). Angesichts der Vorgeschichte überrascht es nicht, daß dieses Zugeständnis an die Ansprüche sinnlich-sensualistischer Evidenz sogleich auf Widerstände stieß. In seiner indirekten Replik von 1632 weist H. REYNOLDS die erklärte Illiteralität und Vordergründigkeit des modernen Erkenntniswillens zurück und erinnert an die Dezenz der antiken Autoren und namentlich Platons, demzufolge die W. in der Diesseitswelt nur indirekt und unter der Maske der Dichtung («vnder a poeticke maske») [22], niemals aber nackt und entblößt zu haben sei.

Derlei Bedenken haben den Erfolg der von Bacon heraufbeschworenen Enthüllungsszene, deren erotische Anspielungen auch weiterhin erhalten bleiben, nicht ernsthaft gefährden können. In der Heuristik seines Methodenideals rät R. DESCARTES dem Erkennenden, wie er selbst dem Gegenstand gleichsam die Kleider auszuziehen und ihn nackt zu betrachten («tanquam vestibus detractis nudam considero» [23]), um nicht vom Eindruck der äußeren Erscheinung in die Irre geführt zu werden. Diesem Angebot der metaphorischen Konkretisierung ihres Erkenntnisziels konnte eine Epoche schwerlich widerstehen, die mit ihrer Namenwahl schon von sich aus den Anspruch geltend machte, die Gegenstände des Wissens aus der 'Finsternis' abwegiger Vorstellungen herauszuholen und ins 'Licht der W.' zu stellen. Aufklärung, heißt es in einer zeitgenössischen Programmschrift, will «wegräumen die mancherlei Hüllen und Decken vor den Augen» und «eintreten in die Gebiete der W. und der Ordnung», wo «die wahre Glückseligkeit thront» [24]. Die Einfachheit des philosophischen Stils zeigt sich für CH. WOLFF darin, daß die Philosophie nicht mehr Worte mache als genügen, um die «W. in ihrer Blöße» («veritatem nude») [25] vorzutragen. Zahlreiche propagandistische Zeugnisse und Bildtafeln der Zeit übernehmen die stille Emphase dieses Selbstverständnisses. Hatte C. RIPA in seiner ‹Iconologia› von 1593 die n.W. noch von einer göttlichen Sonne bescheinen lassen [26], so verfügt sie in Nachschlagewerken und auf Frontispizen des 18. Jh. häufig ganz selbstverständlich über ihr eigenes Licht. Sogar als 'mächtige' W. kann sie nun in Erscheinung treten: «la Vérité est toujours triomphante» [27].

Die Umstellung signalisiert eine allmähliche Veränderung im Begriff der W., die ihre Relevanz nicht länger von den Gegenständen empfängt, über die sie etwas aussagt. Sie bezieht sie aus sich selbst und aus der formalen Qualität, mit der sie die Leistung des Erkennenden herausfordert und ihr methodisch entspricht. G. E. LESSINGS Warnung vor dem Andrang der «geschminkten Unwahrheit» steht bereits unter dem Eindruck dieses Auffassungswandels. Sie folgt aus der Einsicht, daß die dekontextualisierte W. über ein Kriterium ihrer «Wichtigkeit» von sich aus nicht verfügt: Nackt ist «eine W. so wichtig als die andere» [28].

Rund einhundert Jahre lang, von J. CH. GOTTSCHED [29] über J. J. BODMER [30] bis zu L. VON RANKE [31], hat diese Konvention Bestand. Wie ein Kommentar zum Frontispiz der ‹Encyclopédie›, das die «arts et métiers» bei der Enthüllung der W. zeigt, wirkt die in den ‹Discours préliminaire› von 1751 aufgenommene Galerie der großen Männer, von denen jeder einzelne das «Gesicht» («face») der Wissenschaft mitgeprägt und «gleichsam den Zipfel des Schleiers gelüftet» habe, «der uns die W. verhüllte» («qui ... ont ... levé un coin du voile qui nous cachoit la vérité» [32]). Selbst der aufklärungskritisch gesonnene J.-J. ROUSSEAU fühlt sich diesem Pathos der Nacktheit verpflichtet, wenn er, ganz im Einklang mit jenem Tugendlob Senecas und scharf gegen den «einförmigen, tückischen Schleier der Artigkeit» («ce voile uniforme et perfide de politesse») polemisierend, die verkörperte Rechtschaffenheit des W.-Suchers im Bild des Athleten einfängt, der nackt zu kämpfen weiß: «L'homme de bien est un Athléte qui se plaît à combattre nud» [33]. Die Aussichten dieses Heroismus, dem wohl auch die von Anhängern des Philosophen in Auftrag gegebene Statue des nackten Voltaire aus dem Atelier von J.-B. PIGALLE (1776) verpflichtet ist [34], werden jedoch zusehends zweifelhaft. Zwar hält noch der späte ROUSSEAU am Ideal der n.W. fest; er rückt es jedoch unerreichbar fern, um aus hypothetischer Warte die Mängel menschlicher Daseinsbewältigung nur um so beschämender hervortreten zu lassen. Wenn einst seine Seele, befreit von diesem Leibe, der sie verberge und blende, «die W. ohne Schleier» («la vérité sans voile») sehe, werde sie die Armseligkeit des Wissens erkennen, auf das unsere falschen Gelehrten («nos faux savans» [35]) so stolz sind.

Offenkundig hat I. KANT die zeitgenössischen Verformungen in der Semantik der n.W. wahrgenommen und seine Aktualisierung sogleich als Vorschlag zur Güte präsentiert. Die Sprachnorm des philosophischen Denkens, so gibt er mit Blick auf Herder zu bedenken, dulde keine Ausschweifungen des «poetischen Geistes»; der Aufwand des Sprachkleides drohe «den Körper der Gedanken wie unter einer Vertugade zu verstecken», wo doch alles darauf ankomme, «ihn wie unter einem durchscheinenden Gewande angenehm hervorschimmern zu lassen» [36]. Kant führt die neuzeitliche *Heuristik* der Enthüllung auf die nie ganz aufgegebene *Metaphorik* der Enthüllung zurück. Die damit gestellte Grundsatzfrage nach den Anforderungen philosophischer Darstellung und nach den Kriterien ihres Sachbezuges geht allerdings über das Interesse der zeitgenössischen Kritik hinaus, die einstweilen darauf beschränkt bleibt, die Krudität des Nacktheitsideals zu verurteilen. Kulturkritisch wertet F. Schiller die Dominanz der n.W. als Indiz eines irreversiblen Verlustes und klagt über den Entschwund der Zeiten, «da der Dichtkunst malerische Hülle / sich noch lieblich um die W. wand» [37]. Dem folgt H. von Kleist, wenn er jene «traurige Klarheit» als «armselig» verwirft, die «zu jeder Miene den Gedanken, zu jedem Worte den Sinn, zu jeder Handlung den Grund» enthülle; was bleibt, ist Ekel «vor dieser Nacktheit» [38].

Wiederum auf der Ebene der Metapher greift G. W. F. Hegel den melancholischen Kommentar Schillers auf, um ihn unmittelbar auf den Verfasser und seine Zeitkritik zurückfallen zu lassen. In Übereinstimmung mit der überkommenen Rhetorikschelte hält er Schillers Prosa vor, an die Vorstellung zu appellieren, «ohne zu dem eigentlich philosophischen Ausdruck des Gedankens hindurchzudringen» [39]. Konsequent widerstehen Hegel und einige seiner Schüler, ja noch A. Schopenhauer [40] der nun bereits offenkundigen Abwertungstendenz. Wissenschaft und W. finden für Hegel im gewußten Begriff eines Inhalts zusammen, der das «Reich der W.» entfaltet, «wie sie ohne Hülle an [und] für sich selbst ist» [41]. Noch in seiner Kritik an Hegel knüpft L. Feuerbach hier an. Man müsse, schreibt er 1843, «die spekulative Philosophie nur umkehren», um «die unverhüllte, die pure, blanke W.» zu gewinnen [42]. Mit seiner Verknüpfung von «Verkehrung» (s.d.) und «Enthüllung» arbeitet Feuerbach dem linkshegelianischen, über den Tag hinausweisenden Projekt der Entlarvung herrschender Ideologien zu [43]. Er selbst wirbt für eine Art der Erkenntnis, die in der neueren Philosophie «in der Form der n.W. und Allgemeinheit eingewickelt» [44] sei. Feuerbachs vertrackte Bildlichkeit, die noch das Nackte als enthüllungsbedürftig begreifbar machen möchte, strapaziert die Grenze der Anschaulichkeit. Eben darin ist sie, wie noch die Rede E. Lasks von der «n.W.» als einem «vom logischen Gelten umfangenen Material» [45] auf ihre Weise bestätigt, symptomatisch. Die Zweifel, die den Gemeinplatz begleiten, machen sich gleichzeitig in architekturtheoretischen Diskussionen bemerkbar, die im Anschluß an K. Böttichers Begriff des «tektonischen Körpers» [46] und G. Sempers «Princip der Bekleidung» [47] aufkommen und nun nicht mehr verstummen. Ein anderer Hegel-Kritiker spricht diese Zweifel unmißverständlich aus: Das 'existentielle' Verlangen nach einer W., die den göttlichen Willen als «W. für mich» erkennbar macht und so zur Idee hinführt, «für die ich leben und sterben will», desavouiert in den Augen S. Kierkegaards das Aggregat einer W., die, selbst wenn man sie besäße, «kalt und nackt vor mir stünde, ob ich sie anerkennte oder nicht» [48]. Eher gelte schon das Umgekehrte: Daß wir uns ausziehen müssen, um für die W. nackt genug zu werden [49].

Widerrufe wie dieser haben die Kritik beflügelt und seither nicht mehr verstummen lassen. F. Nietzsche trägt seine Metaphysikkritik geradezu als Dekonstruktion der n.W. vor. Die Zeit einer Philosophie, die sich im Sinne einer buchstäblich verstandenen wortgeschichtlichen Reminiszenz als *philo-sophía*, als «Liebe zur W.» begreife, hält Nietzsche für abgelaufen. Aus seiner Sicht hat die ethische und ästhetische Erneuerung des Scheins die Zuversicht zerstört, «dass W. noch W. bleibt, wenn man ihr den Schleier abzieht». Unter Anspielung auf die erotischen Züge der aufklärerischen W.-Enthüllung wirbt Nietzsche für eine neue Anerkennung von «Scham» (s.d.) und Zurückhaltung auch in der Erkenntnis, die er durch eine rhetorische Frage motiviert: «Vielleicht ist die W. ein Weib, das Gründe hat, ihre Gründe nicht sehn zu lassen?» [50] Der damit erfolgte Einspruch ist zuletzt anthropologisch begründet. Der Schein, dessen Ausdrucksgestalten Nietzsche bewahrt wissen will, versteht sich als Inbegriff kultureller Symbolbildung und «Inventarium der menschlichen Erfahrungen» [51]. Damit erweitert Nietzsche das Arsenal der Kritik. Das Erkenntnisziel der n.W. verfehlt die Bedürfnisstruktur eines Wesens, dessen charakteristischer Zug es ist, daß es «uns» die Dinge «verhüllt» [52].

Als Replik auf diese Wendung Nietzsches legt M. Heidegger seinen Versuch an, die konventionelle Entgegensetzung von n.W. und Verhüllung überhaupt hinter sich zu lassen. Seit Platon sei die W. nicht mehr als «Unverborgenheit aus eigener Wesensfülle» verstanden worden. Statt dessen sei sie durch den Bezug auf die Ideen systematisch in die Relation «des menschlichen Verhaltens zum Seienden» [53] hineingezogen und damit die – von Heidegger als problematisch empfundene – Tradition des «Humanismus» [54] begründet worden.

Aphoristisch spitzt P. Valéry zu, um dem Abschied von der n.W. eine Moral des geistigen Ausdrucks abzuringen: Nackte Gedanken und Gefühle seien hilflos wie nackte Menschen; es komme deshalb darauf an, sie zu bekleiden («il faut donc les vêtir» [55]). Dem entspricht noch, wenn M. Foucault die neuzeitliche «W.-Produktion» («production de vérité») glossiert: «Wir haben zumindest eine neue Lust erfunden: die Lust an der W. der Lust, die Lust sie zu wissen, sie auszukleiden, sie zu entkleiden, sie zu enthüllen» [56].

Anmerkungen. [1] Euripides: Phoen. 469f.; vgl. Agrippa von Nettesheim: De scientiis in generalia 1. Op. 2 (1600, ND 1970) 2. – [2] Horaz: Carmina I, 24, 7. – [3] Vgl. Art. ‹γυμνός›. Theol. Wb. zum NT, hg. G. Kittel 1 (1933) 774f. mit weiteren Belegen; zur Rezeption vgl. R. Grégoire: Art. ‹nudité›. Dict. de spirit. 11 (Paris 1982) 508-517. – [4] Vgl. Art. ‹ârôm›. Theol. Wb. AT, hg. H.-J. Fabry u.a. (1989) 6, 375-380 (mit Lit.). – [5] Vgl. Platon: Prot. 321 c; vgl. in der modernen Anthropologie: H. Plessner: Die Stufen des Organischen und der Mensch (1928). Ges. Schr., hg. G. Dux u.a. (1981) 4, 385; E. Cassirer: An essay on man (New Haven/London 1944) 195. – [6] Seneca: De benef. III, 18, 2; zur Nacktheit auch in der bildnerischen Kunst der Antike und deren Rezeption vgl. B. Hinz: Art. ‹Nacktheit›, in: Der Neue Pauly 15/1 (2001) 674-678. – [7] Vgl. Apg. 1, 24; 15, 8; vgl. Art. ‹Kardiognosie›. LThK^2 5, 1349f. – [8] Abb. und Kommentar bei E. Panofsky: Herkules am Scheidewege und andere ant. Bildstoffe in der neueren Kunst (1930) 175f. 243. – [9] Heraklit: VS 22, B 123. – [10] H. Brinkmann: Verhüllung ('integumentum') als lit. Darst.form im MA, in: A. Zimmermann (Hg.): Der Begriff der repraesentatio im MA (1971) 314-399; S. E. Balentine: The hidden God (Oxford 1983); A. Assmann: Der Dichtung Schleier aus der Hand der W., in: A./J. Assmann (Hg.): Schleier und Schwelle. Archäologie der lit. Kommunikation 5 (1997) 263-280, 265ff. – [11] Platon: Soph. 246 a/b; Theaet. 155 e. – [12] Ps.-Dionysius Areop.: De coelest. hierarchia. MPG 3, 141; dtsch.: Über die himml. Hierarchie, hg. G. Heil (1986) 32 (II); dazu: M. Barasch: Icon (London 1992) 175. pass. – [13] Vgl. ‹Gott VII. 2.›. Hist. Wb. Philos. 3 (1975) 751-753. – [14] Vgl. R. Konersmann: Der Schleier des Timanthes (1994) 10ff. – [15] M. de Montaigne: Essais III, 11 (1580/87), hg. R. Villey (Paris 1924/1988) 3, 1028. – [16] B. Pascal: Pensées IV, 843 (1670). Oeuvr. compl., hg. L. Brunschvicg (Paris 1904-14, ND 1965) 14, 275f. – [17] Vgl. G. Vasari: Die Lebensbeschreib. der berühmtesten Architekten, Bildhauer und Maler, hg. A. GOTTSCHEWSKI/G. GRONAU 1/2 (1916) 90. – [18] Vgl. E. PANOFSKY: Studies in iconology (1939); dtsch.: Studien zur Ikonologie (1980) 220ff.; M. WARNER: Monuments and maidens (London 1985); dtsch.: In weibl. Gestalt: die Verknüpfung des Wahren, Guten und Schönen (1989) Kap. 13: ‹Nuda Veritas›; N. HIMMELMANN: Ideale Nacktheit (1985); Ideale Nacktheit in der griech. Kunst (1990); A. C. DANTO: The naked truth, in: J. LEVINSON (Hg.): Aesthetics and ethics (Cambridge 1998) 257-282. – [19] F. BACON: Novum org., Distrib. operis (1620). Works, hg. J. SPEDDING/R. L. ELLIS/D. D. HEATH (London 1857-74, ND 1963) 1, 134; vgl. Aph. 129 mit Berufung auf Spr. Salomonis 25, 2, a.O. 221ff. – [20] Essays or councels, civil and morall (1625), a.O. 6, 378. – [21] a.O. 378. – [22] H. REYNOLDS: Mythomystes, in: Critical essays of the 17th century, hg. J. E. SPINGARN (London 1957) 1, 141-179, hier: 156; zur Vorgeschichte der Kritik vgl. G. TOFFANIN: Gesch. des Humanismus (1941) 73. – [23] R. DESCARTES: Medit. de prima philos. 2 (1641). Oeuvr., hg. CH. ADAM/P. TANNERY 7 (Paris 1904) 32. – [24] L. V. WESTENRIEDER: Aufklärung in Bayern (1780). Sämtl. Werke, hg. E. GROSSE 10 (1832) 1f.; zur Metaphorik: H. BLUMENBERG: Licht als Metapher der W. Studium gen. 10 (1957) 432-447; G. TONELLI: 'Lumières', 'Aufklärung': A note on semantics. Studi int. Filosofia 6 (1974) 166-169; J. STAROBINSKI: 1789. Embleme der Vernunft, hg. F. A. KITTLER (1981) 40ff.; B. LATOUR: Clothing the naked truth, in: H. LAWSON/L. APPIGNANESI (Hg.): Dismantling truth (London 1989) 101-126; C. ZELLE: Was war und was ist Aufklärung? in: H. BECK u.a. (Hg.): Mehr Licht. Europa um 1770 (1999) 449-459. – [25] CH. WOLFF: Disc. praelim. de philosophia in genere § 149 (1728), hg. G. GAWLICK/L. KREIMENDAHL (1996) 178. – [26] Diese und weit. Abb. bei L. BRAUN: Iconographie et philosophie 1-2 (Straßburg 21996) 2, 98. – [27] H. LACOMBE DE BRÉZEL: Dict. iconologique (1756, ND Paris 1779) 284; weitere Nachweise bei R. REICHARDT: Lumières versus Ténèbres, in: R. REICHARDT (Hg.): Aufklärung und Hist. Semantik (1998) 83-170; W. SCHMALE: Das Naturrecht in Frankreich zwischen Prärevolution und Terreur, in: O. DANN/D. KLIPPEL (Hg.): Naturrecht – Spätaufklärung – Revolution (1995) 5-22, 20f. – [28] G. E. LESSING: Wie die Alten den Tod gebildet (1769). Sämtl. Schr., hg. K. LACHMANN 11 (31895) 3. – [29] J. CH. GOTTSCHED: Versuch einer krit. Dichtkunst (1742) 354. – [30] J. J. BODMER: Historien (1769). Schr., hg. F. ERNST (1938) 73. – [31] L. VON RANKE: Zur Kritik neuerer Geschichtsschreiber (21874) 24. – [32] J. LE R. D'ALEMBERT: Disc. prélim. de l'Encycl. (1751) 1, XX; XXXVIII; vgl. E. H. GOMBRICH: The dream of reason: Symbolism of the French revolution. Brit. J. 18th-cent. Studies 2/3 (1979) 187-205, bes. 194f. – [33] J.-J. ROUSSEAU: Disc. ... sur cette question ...: Si le rétablissement des sciences et des arts a contribué à épurer les mœurs 1 (1750). Oeuvr. compl., hg. B. GAGNEBIN/M. RAYMOND 1-5 (Paris 1959-95) 3, 8. – [34] G. SCHERF: Der Historismus: Fragen der Ästhetik, in: H. BECK u.a. (Hg.), a.O. [24] 379-388, 383 (Abb. 5). – [35] J.-J. ROUSSEAU: Les rêveries du promeneur solit. 3 (1782), a.O. [33] 1, 1023. – [36] I. KANT: Rec. von Herders Ideen zur Philos. (1785). Akad.-A. 8 (1912) 60. – [37] F. SCHILLER: Die Götter Griechenlands [1. Fassung 1788]. Nat.ausg. 1 (1943) 190-195. – [38] H. VON KLEIST: Br. an U. von Kleist (5. 2. 1801). Werke und Br., hg. S. STRELLER (1978) 4, 194. – [39] G. W. F. HEGEL: Vorles. über die Ästhetik 2, 1, 3 (1835/38). Jub.ausg., hg. H. GLOCKNER 12 (1927) 540. – [40] Vgl. die Entgegensetzung von n.W. und Allegorie bzw. Religion bei A. SCHOPENHAUER: Die Welt als Wille und Vorst. II, 2, Kap. 17 (1844). Sämtl. Werke, hg. A. HÜBSCHER (1937-41) 3, 183; Parerga und Paralip. II, 15 (1851), a.O. 6, 343-419. – [41] G. W. F. HEGEL: Wiss. der Logik I (1812/13). Akad.-A. 11 (1978) 21. – [42] L. FEUERBACH: Vorläufige Thesen zur Reformation der Philos. (1834). Ges. Werke, hg. W. SCHUFFENHAUER (1967ff.) 9, 244. – [43] Vgl. P. SZENDE: Verhüllung und Enthüllung. Arch. Gesch. Sozialismus Arbeiterbewegung 10 (1922) 185-270; speziell zum Sowjet-Marxismus vgl. K. D. SEEMANN: Zur Begriffsgesch. von ‹Beschönigung› und ‹Lackierung der Wirklichkeit›, in: H. MÜLLER-DIETZ (Hg.): Aus dreißig Jahren Osteuropa-Forschung: Ged.schr. G. Kennert (1984) 217-232. – [44] L. FEUERBACH: Br. an G. W. F. Hegel (22. 11. 1828), a.O. [42] 17, 107. – [45] E. LASK: Zum System der Logik [1912ff.]. Ges. Schr., hg. E. HERRIGEL (1923-24) 3, 140; zur «logischen Nacktheit» vgl. Die Logik der Philos. und die Kateg.lehre (1910), a.O. 2, 73ff. – [46] K. BÖTTICHER: Die Tektonik der Hellenen (1844) 4ff.; vgl. W. OECHSLIN: Stilhülse und Kern (1994) 56f. 182f. – [47] G. SEMPER: Der Stil in den techn. und tekton. Künsten oder Praktische Ästhetik (1860) 1, 217ff.; vgl. OECHSLIN, a.O. 61f. 189f. – [48] S. KIERKEGAARD: Tagebuch (1. 8. 1835). Ges. Werke. Die Tagebücher 1 (1962) 16. – [49] Tagebuch (3. 12.-12. 12. 1854), a.O. 5 (1974) 351. – [50] F. NIETZSCHE: Die fröhl. Wiss., Vorrede zur 2. Ausg. 4 (1887). Krit. Ges.ausg., hg. G. COLLI/M. MONTINARI [KGA] (1967ff.) 5/2, 20. – [51] Nachgel. Frg., Winter 1883-84 24[17]. KGA 7/2, 698. – [52] Nachgel. Frg., Herbst 1880 6[432]. KGA 5/1, 639. – [53] M. HEIDEGGER: Platons Lehre von der W. [1930/31] (1942), in: Wegmarken (1967) 109-144, 136f. Ges.ausg. I/9 (1976) 230f. – [54] a.O. 142/236; vgl. Sein und Zeit § 44 (1927, 101963) 212-230; Vom Wesen der W. §§ 9ff. [WS 1931/32]. Ges.ausg. II/34 (1988) 64ff.; vgl. Art. ‹Unverborgenheit›. Hist. Wb. Philos. 11 (2001) 331-334. – [55] P. VALÉRY: Littérature (1929). Oeuvr., hg. J. HYTIER (Paris 1960) 2, 546. – [56] M. FOUCAULT: Hist. de la sexualité 1: La volonté de savoir (Paris 1976) 95; dtsch.: Sexualität und W. 1: Der Wille zum Wissen (1977) 91.

Literaturhinweis. H. BLUMENBERG: Paradigmen zu einer Metaphorologie (1960, ND 1998) 61-76. R. KONERSMANN

Wahrheit, objektive (lat. veritas obiectiva, engl. objective truth). Die Geschichte des Begriffs ‹o.W.› zerfällt in drei Zeitabschnitte: 1600-1700 mit dem Gegenbegriff ‹formale W.›; 1730-1900 mit dem Gegenbegriff ‹subjektive W.›; ab 1900 unter Eliminierung des Gegenbegriffs. Der Wechsel vom Begriff der formalen zum Begriff der subjektiven W. bildet nur bedingt eine Zäsur; doch das Fehlen des Terminus ‹o.W.› in der Nomenklatur der philosophischen Wörterbücher der frühen Neuzeit hat zumindest im historischen Gedächtnis einen Traditionsbruch zur Folge gehabt.

1. *Scholastik.* – In der Scholastik des 17. Jh. wird normalerweise zwischen der korrespondenztheoretisch aufgefaßten 'formalen' W. von Satz, Aussage oder Urteil einerseits und der 'transzendentalen' W. der Dinge, d.i. ihrer Erkennbarkeit, andererseits unterschieden («veritas communiter dividitur in formalem et transcendentalem») [1]. Die Hypothesenbildung zum göttlichen Vorherwissen (s.d.), besonders zur Scientia Media (s.d.), führt in der Jesuitenscholastik jedoch zu einer Renaissance der zuerst um 1400 im Prager Wyclifismus aufgekommenen [2] Einteilung in formale und o.W.: Die o.W. im Sinne der Tatsache (s.d.), des Sachverhalts (s.d.), der besteht, bewahrheitet das Urteil als den Träger der formalen W.; z.B. besteht die o.W. des Urteils 'Peter läuft' darin, daß es so ist, daß Peter läuft («quod existat Petrum currere») [3]. Die o.W. ist verifikationsindifferent: Ein Dogma wie die Unsterblichkeit der Seele ist eine o.W., ganz egal, wieso es vom Einzelnen für wahr gehalten wird [4]. Die Klärung dieses Begriffs der o.W. erfolgt im Ausscheiden anderer Konzepte, welchen er leicht assimilierbar ist. Auf der einen Seite darf die o.W. nicht mit der transzendentalen W. verwechselt werden, auf die auch Jesuiten sie gern zurückführen [5]. Damit das Irreale ein mögliches Satzsubjekt bleibt, will H. FABRI die o.W. als Supertranszendentale [6] gefaßt wissen [7]. Auf der anderen Seite darf sie auch nicht mit dem skotistischen Begriff der o.W. verwechselt werden, der sich semantisch an den Begriff des objektiven Seins [8] anlehnt und für den es deswegen kennzeichnend ist, daß er die o.W. der Verifikation vorbehält [9]. F. SUÁREZ identifiziert 1599 die o.W. mit der W.-Definitheit auf der Basis der Zweiwertigkeit und legt auch den kontingenten kontrafaktischen Konditionalien in diesem Sinn o.W. bei [10]. Obwohl er selber zur Erklärung der formalen W. des göttlichen Vorherwissens «ex parte

obiecti» nicht mehr als die W.-Definitheit fordert, verbindet sein Kommentator G. FASULO diese vielmehr mit der formalen W. des Satzes und bezieht dafür den Begriff ‹o.W.› auf einen dem Satz korrespondierenden Sachverhalt («veritas obiectiva determinata rei significatae per propositionem») [11]. Diese Interpretation übernehmen namentlich F. OVIEDO und S. IZQUIERDO, beide am Jesuitenkolleg von Alcalá. Während OVIEDO es aber ablehnt, der o.W. deswegen einen von Gottes Wissen unabhängigen ontologischen Status zuzugestehen [12], ist genau dies 1659 die Hauptthese im System Izquierdos.

Für IZQUIERDO ist die o.W. keine 'extrinsische Denomination' vom wahren Urteil, sondern unabhängig von der Urteilswahrheit ein Sein oder eine Seinsweise, vermöge deren etwas überhaupt nur fähig ist, den Gegenstand eines wahren Urteils abzugeben [13]. Izquierdo typologisiert die o.W.en nach einem aussagen- und modallogischen Schema: a) affirmativ/negativ, b) quidditativ/existential, c) notwendig/kontingent, d) kategorisch/hypothetisch/disjunktiv. Sehr weitgehend wird Isomorphie zwischen den Aussagen und den Tatsachen angenommen. Insbesondere wird zwischen den atomaren und den molekularen Aussagen nicht so unterschieden, daß die letzteren prinzipiell wahrheitsfunktional wären. Zwar werden keine disjunktiven Tatsachen zugelassen («nullam veritatem obiectivam dari, quae sit re ipsa vaga seu disiunctiva») [14], hypothetische dagegen wohl [15]. Der Monismus der o.W. («unica et indivisibilis ... earum omnium veritas obiectiva») wird bekämpft: Alle o.W.en, auch die notwendigen, sind voneinander logisch unabhängig [16]. Neben seinem Essentialismus ist dies das Hauptmotiv für Izquierdos Kontroverse mit anderen Jesuiten, die die o.W.en funktional von Gottes Wissen abhängig machen. Theozentrische Theorien der o.W. sind im 17. Jh. auch sonst verbreitet, sei es im Sinne des W.-Exemplarismus [17], sei es – bezogen auf die kontingenten W.en – in voluntaristischer Deutung [18]. G. W. LEIBNIZ verankert diejenige o.W., auf welche die Analyse der kontingenten W.en führt, in der ewigen Substanz Gottes [19]. Allen theozentrischen Theorien der o.W. erteilt IZQUIERDO eine prinzipielle Absage: «Es ist völlig undenkbar, daß ein Objekt, das in sich kein Sein und daher in sich selbst keine o.W. hat, durch eine ihm äußerliche Instanz extrinsisch objektiv wahr gesetzt würde» («... prorsus esse impossibile, quod obiectum nullum *esse* intrinsecum nullamque subinde intrinsecam obiectivam veritatem habens in se, per aliquid extrinsecum a se distinctum tanquam per extrinsecam formam reddatur obiective verum») [20]. Izquierdos Gegner unterscheiden hingegen explizit zwischen 'intrinsischer' und 'extrinsischer' o.W. [21].

2. *18. Jahrhundert.* – In der deutschen Philosophie hat der Suarezismus (s.d.) durch die Thomasiusschule Fuß gefaßt. Für N. H. GUNDLING hat eine o.W. «eine wahre Existenz außer unsern Gedanken» [22]. Dabei möchte er die «logische W.» in der «o.W.» («veritas metaphysica») fundieren und wendet sich daher gegen diejenigen, die «die veritates obiectivas aus der Logique ausmerzen, und nur veritates consequentiarum darum leiden wollen» [23]. Nach A. F. HOFFMANN, CH. A. CRUSIUS u.a. bezeichnet ‹o.W.› die Übereinstimmung eines Objekts mit dem «bloß möglichen Gedanken» eines «möglichen Verstandes» und deswegen «die Existenz oder Wirklichkeit» dieses Objekts; z.B. «veritate obiectiva wäre es wahr, daß die Sonne rund wäre, wenn es gleich von niemandem erkannt oder gedacht würde» [24]. J. N. TETENS teilt «die objektivischen W.en in notwendige und zufällige» ein [25].

Ansonsten divergiert der Sprachgebrauch. G. PLOUCQUET spricht von «o.W.» eines Satzes im Sinne seiner eigentlichen, sachlichen Bedeutung [26]. Der Lockeanismus in Wien («veritas externa, sive obiectiva») [27], Jena und Göttingen bezieht ‹o.W.› in erster Linie auf Beobachtungssätze [28]. Auch I. KANT siedelt die o.W. «außer der Logik» an [29], ohne daß sein terminologischer Vorschlag, die Identifizierung von ‹o.W.› und ‹materieller W.›, übrigens viel Anklang gefunden hätte [30]. Ferner sucht man im 18. Jh. bei der o.W. häufig ein «allgemeines Criterium derselben» [31]. GUNDLING kommt ausdrücklich «wegen der Gewißheit» auf die o.W. und definiert: «ich veritatem obiectivam diejenige nenne, quando in re ipsa, seu subiecto, praedicatum invenio appositum» [32]. Dagegen schließen KANT und seine Schule jedes positive Kriterium der o.W. aus [33]. Kant unterscheidet die o.W. einerseits (als materiale oder inhaltliche W.) von der «formalen W.» im Sinne der Widerspruchsfreiheit – darin folgt ihm J. S. MILL –, andererseits geltungstheoretisch von der «subjektiven W.» [34].

3. *Relativismus.* – Der Ausdruck ‹subjektive W.› wird darüber zweideutig [35]. Während er sonst, gleichbedeutend mit ‹veritas formalis›, das Gegenteil des Irrtums bezeichnet [36], geht die deutsche Rezeption der Schottischen Schule ab etwa 1770 davon aus, daß «der subjectiven W. ... die o.W. widersprechen» kann [37]. ‹Subjektive W.› besagt dann entweder einen «Grad der Überzeugung», so daß sie auch Halluzinationen zugestanden werden muß [38], oder aber, daß eine Meinung gewissen Rationalitätsstandards genügt [39]. Als Pionier dieses Sprachgebrauchs gilt [40] J. A. H. ULRICH in Jena: «Subjectivisch, für mich wahr, ist dasjenige, was ich mir so dencken, mehr dencken muß, als das Gegentheil ..., objectivisch wahr, wenn die Sache sich würcklich so verhält, wie ich sie dencken muß. Was bey aller genauern Untersuchung und in aller Betrachtung subjectivisch wahr bleibt, ist für objectivisch wahr zu halten» [41]. Eine nur subjektive W. besitzen z.B. die aus der Philosophiegeschichte bekannten Systeme [42]. Dadurch wird die o.W. zum Inbegriff dessen, was skeptischen Einwürfen ausgesetzt ist: «Jeder philosophische Skeptiker muß ... die subjektive von der o.W. unterscheiden, und jene anerkennen, damit er diese läugnen könne» [43]. «Die W., die er bekämpft und allein bekämpfen kann, ist die objektive, d.h. die Übereinstimmung der Vorstellungen, das ist der Gedanken und der Gefühle, mit dem realen, von aller bloßen Vorstellung verschiedenen und von derselben unabhängigen, Objekte ...» [44]. «Jeder mögliche Beweis der o.W. würde eine Vergleichung der Vorstellung mit dem von ihr verschiedenen Objekte voraussetzen, die gleichwohl nur durch Vorstellungen geschehen müßte» [45]. Skeptisch bestritten werde «die Erweislichkeit der objektiven Wahrheit», nicht die o.W. selbst, «wenn nicht etwa dieser Ausdruck für Erkenntnis der objectiven Wahrheit genommen wird ... Die Unerweislichkeit der objectiven Wahrheit ist das Dogma dieser Sekte ...» [46]. Während K. L. REINHOLD mit dem Begriffspaar ‹subjektive/o.W.› zuversichtlich operiert, sowohl systematisch als auch philosophiegeschichtlich [47], stellt ein Beobachter 1788 fest, der Gebrauch dieser Unterscheidung nehme «seit kurzem überhand». Dabei finde sie sich, wenn «man nur ein wenig in das vorige Zeitalter der Philosophie zurückgeht, entweder gar nicht, oder doch nicht in dem Sinn, in welchem sie gegenwärtig von vielen gebraucht wird» [48]. An dieser Hinterlassenschaft der Aufklärung trägt dann das ganze 19. Jh.

4. *Idealismus.* – Am Vorabend der KrV projiziert J. N. TETENS die «subjektivische Nothwendigkeit, nach den allgemeinen Gesetzen des Verstandes zu denken», noch unbefangen auf die «Sachen selbst»; dies sei «eine Wirkung des gemeinen Menschenverstandes, und die alte Metaphysik hat in diesem Verfahren etwas richtiges erkannt, und zum Axiom angenommen, daß die *W. etwas objektivisches* sey» [49]. Dieser Schluß wird nicht nur von den Skeptikern, sondern auch von den Kantianern angefochten: «Ab hac, quam experimur, necessitate ita iudicandi (veritate subiectiva) ad veritatem obiectivam non valeret consequentia» [50]. Während für Kants Gegner durch den transzendentalen Idealismus alle o.W. «durchaus geläugnet» ist [51], kritisieren die Kantianer in Anknüpfung an die Terminologie einer Stelle in KANTS ‹Prolegomena› [52] die diesem Vorwurf zugrundeliegende Annahme [53], daß die o.W. «in der Übereinstimmung zwischen der Vorstellung und dem Dinge an sich bestehen müsse». Kant habe vielmehr entdeckt, daß o.W. «durchaus ohne die Erkenntnis der Dinge an sich ... möglich» sei [54]. Die transzendentale Analytik habe erstmals den «Beweis» der o.W. erbracht, indem sie ihn «aus der im Gemüthe bestimmten Möglichkeit der Erfahrung führte, aber auch eben darum nur auf Gegenstände möglicher Erfahrung einschränkte» [55]. Die W. eines Urteils beruhe «entweder auf dem Satze des Widerspruchs allein, und alsdann ist es logische W.; oder es entspricht den Ideen noch Etwas in der Empfindung nach den Erfahrungsgesetzen, und alsdann ist es o.W., doch nicht der Dinge an sich, sondern der Erscheinungen» [56]. Die o.W. werde also durch die «transcendentale (sc. W.), d.i. durch die Übereinstimmung mit den Erfahrungsgrundsätzen, möglich gemacht» [57]. Insofern sei «alles, was einer richtigen Wahrnehmung gemäß durch die nothwendigen Gesetze unseres Erkenntnisvermögens zustandegebracht wird, o.W.» [58]. Seit dem Kantianismus ist es nicht mehr notwendig ein Widerspruch zu sagen, eine «subjektive Konstruktion» besitze o.W. [59], denn die o.W. selber ist hier Konstrukt.

5. *Realismus im 19. Jahrhundert.* – Der erkenntnistheoretische Realismus des 19. Jh. verteidigt die «o.W. der Wahrnehmung, alsdann der Sätze, welche die Eigenschaften des Räumlichen ausdrücken, sowie der Begriffe von Substanz und Ursache» [60], indem er sie durch die Beziehung auf extramentale Korrelate bedingt sein läßt, welche nicht den Status von Tatsachen, sondern von Dingen haben. Das ist nicht notwendig materialistisch gemeint. So setzen auch theistische Autoren voraus, daß «unser Denken, auch abgesehen von der Wirklichkeit des Sinnlichen, ... o.W. behält» [61]. Genau das sei in der Cartesischen Ideenlehre intendiert gewesen [62]. Die Anerkennung o.W. verschränkt sich mit dem Realismusproblem, sei es, daß in die Realität der Außenwelt die notwendige Bedingung der «Vorstellung von einer o.W.» gesetzt wird [63], sei es, daß die Realität der Außenwelt für uns von der Existenz der o.W. oder von einer «Ableitung», einem «Prinzip» derselben, etwa dem Kausalprinzip, abhängig gemacht wird [64]. Dagegen findet der junge K. MARX die Frage, «ob dem menschlichen Denken gegenständliche W. zukomme», müßig: Es sei «keine Frage der Theorie, sondern eine *praktische* Frage» [65]. Die o.W. resultiert im Hegelianismus daraus, daß das Subjekt sich an etwas «außer der Subjectivität Befindlichem», d.h. der Natur, abgearbeitet hat [66].

So übertrieben es wäre, dem idealistischen Erkenntnissubjekt eine «Schöpfung der o.W. aus sich selber heraus» [67] zuzuschreiben, ist es auf der anderen Seite doch symptomatisch, wie in der Abkehr vom subjektiven Idealismus der Begriff der o.W. an die Stelle des Dings an sich gerückt ist. Während die zweite Hälfte des 18. Jh. die o.W. als ein «Prädicat der Vorstellung» auffaßte [68], lehrt Bolzanos Förderer J. CH. A. HEINROTH: «Was auch immer die o.W. seyn mag – wenn es eine solche giebt –: so ist gewiß, daß sie nicht in der Vorstellung bestehen kann: denn das Wesen dieser ist die Subjectivität ... Alle Vorstellung ist und hat keine o.W.» [69]. Zur Anerkennung der o.W. gelangen wir vielmehr in dem Bewußtsein, sie «nicht selbst erzeugt zu haben». Die o.W. ist etwas, das «uns nicht angehört, nicht unseres Wesens ist», kurz: das «Gegebene» [70]. Speziell die Natur sei «gegenständliche W., ohne daß wir sie begreifen, bloß darum, weil sie als ein Gegebenes vor uns steht. Der Verstand, indem er dieses Gegebene auffaßt, bringt nicht die geringste W. mehr hinein ...» [71]. «Genau genommen, ist alle W. objectiv: denn alle W. ist ein Gegebenes; aber sie wird subjectiv, sobald sie zur Vorstellung wird» [72]. Die o.W. ist also nicht ohne weiteres eine solche auch «für uns» [73].

6. *Monismus.* – Der realistische Sprachgebrauch verbindet sich im 19. Jh. häufig mit einem Monismus der o.W.: «Die o.W. ist, in ihrer Ganzheit genommen, nicht ein bloßes Nebeneinander von mehreren W.en; sondern alle o.W.en bilden miteinander eine in sich gegliederte und geschlossene Einheit ..., die wir wissenschaftliche Einheit nennen» [74]. Dem entspricht z.B. auch die Terminologie E. HUSSERLS in den ‹Logischen Untersuchungen› [75]. Für W. SCHUPPE ist die o.W. zwar nicht das System selbst, aber die «absolut unentbehrliche Grundvoraussetzung alles Denkens ..., daß alles Denk- und Wahrnehmbare im Einklange stehe» [76]. Der Systemgedanke wurde von Leibnizens Zeitgenossen G. TOLOMEI antizipiert. Er bezeichnete die evident erfaßte Identität mindestens zweier o.W.en als «objektive Harmonie», um die Harmonie ihrerseits als die «absolute o.W.» zu definieren: «Pulcritudo est completa et absoluta veritas obiectiva» [77].

7. *Konsensustheorie.* – Die Konsensustheorie der o.W., derzufolge die o.W. eine kollektive Kultstätte ist («Tempel der objectivischen W.») [78] und man statt von o.W.en überhaupt besser von «intersubjektiven» W.en spräche [79], wird seit dem 18. Jh. entweder nur in dem Umfang vertreten, in dem sich skeptische Einwände rational erledigen («Allgemeingültigkeit») [80], oder anthropologisch [81] oder genetisch. In dieser letzteren Beziehung setzt der Perspektivismus die o.W. in «das Ähnliche» verschiedener Abbildungen [82], der Personalismus in die «Beziehung zum rechten Du» [83], der Pragmatismus in den Stand der Wissenschaft: «... the practical work of science ... enlarges the limits of practical agreement and constitutes objective truth ...» [84]. Nach diesem Muster wissenssoziologisch auch die o.W. der Kirchenlehre zu deuten [85], dreht einen schon älteren protestantischen Topos um: «Werden die subjectiven Erkenntnisse von 100 oder 1000 oder 10000 Individuen, selbst wenn sie alle übereinstimmen, o.W.? Nein! – Werden subjective Erkenntnisse durch Stimmenmehrheit o.W.? Noch viel weniger! – Und wo hat Gott o.W. durch Stimmenmehrheit versprochen? Nirgends!» [86]. Der Wunsch, die o.W. «hoch erhaben ... über den subjectiven Wechsel der Meinung» zu denken [87], motiviert nicht nur die ihr in der Romantik beigelegte Ursprungswürde [88]. Die Kritik an dem Gedanken, daß «zur o.W. allgemeine Anerkennung gehöre», ist vom 18. bis zum 20. Jh. vielmehr ein Dauerthema [89]. Gegen Habermas besteht H. ALBERT darauf: «Auch ein Konsens einer idealen Gemeinschaft unter idealen Bedingungen ist kein Ersatz für o.W.» [90].

8. *Existentialismus.* – J. G. FICHTE perhorresziert den (vorkritischen) Begriff der o.W. aus politischen Gründen: Er legitimiere Zensur [91]. Ähnlich entlarvt F. H. JACOBI die o.W. als «hypostasierten Eigendünkel», d.h. die Berufung darauf als Ausdruck der Intoleranz [92]. Der junge F. W. J. SCHELLING beklagt die «hergebrachte Unterwürfigkeit unter die Herrschaft o.W.» und will den «Sklaven o.W.» der Erschütterung durch den idealistischen Primat der Praxis aussetzen [93]. Anders als im Linkshegelianismus, dem fortschrittsgläubig die o.W. mit der evangelischen «W., die euch frei machen wird» (Joh. 8, 32), verschmilzt [94], sehen protestantische Denker des 19. Jh. hier einen Gegensatz. HEINROTH tadelt, daß «man uneingedenk der Eigenthümlichkeit und Nothwendigkeit subjectiver W., den Charakter der W. bloß in objectiven Merkmalen aufsucht, und W. und Objectivität für Eines und Dasselbe hält» [95]. Die subjektive W., d.i. der Glaube im Gegensatz zum Wissen, habe «mit der objectiven nichts gemein», sondern sei «die Trägerin unserer eigenen inneren Lebendigkeit». «Will man noch den Glauben zu einem Knecht des Vorstellungsvermögens, zu einem unkräftigen Supplement o.W. machen? Nein!» [96]. Vollends für S. KIERKEGAARD trägt die o.W. das Stigma der Selbstentfremdung und des 'vergegenständlichenden' Denkens: Subjektivität und W. fallen zusammen [97]. Die F. NIETZSCHE zugeschriebene «metaphysische Verneinung» der o.W. soll die These «Es gibt nur subjektive W.» noch überbieten [98]. Im 20. Jh. gehören das Bekenntnis zum Relativismus und die Verachtung der o.W. zur faschistischen Attitüde [99]. Als das Idol der Naturwissenschaften denunzieren die o.W. J.-P. SARTRE, R. RORTY u.a. [100].

9. *Geltungsabsolutismus.* – Das objektivistische Verständnis der W. wird dem 19. Jh. durch B. BOLZANO vermittelt, der die ihm aus «einigen älteren Lehrbüchern» geläufigen [101] o.W.en (oder 'W.en an sich') dadurch definiert, daß es W.en sind, «abgesehen davon, ob sie von jemandem erkannt oder nicht erkannt werden, und insbesondere von dem Zusammenhange, der zwischen ihnen herrscht» [102]. Die Korrespondenztheorie passe nur auf die subjektive W.; entscheidend sei «die zweite Bedeutung des Wortes, nämlich die *objective*, nach der wir unter der W. nicht etwas Gedachtes, sondern einen *Satz an sich* verstehen, der seinem Gegenstande eine Beschaffenheit beilegt, welche ihm zukommt» [103]. Von der o.W. gilt: «Es ist nicht etwas wahr, weil es Gott so erkennet; sondern im Gegenteile Gott erkennet es so, weil es so ist» [104]. Für G. FREGE kommt dann überhaupt nur noch die Auffassung «des Wahren» als «etwas Objektives» in Frage [105]. In dieses Verständnis von o.W. gehen zwei miteinander verbundene Momente ein: a) die Bestimmung des Ortes der o.W., daß sie auf der Ebene der nichtpsychologischen «Gedanken» (s.d.), also der Propositionen oder Sachverhalte, und nicht auf derjenigen der Urteile angesiedelt ist («Kann man ärger den Sinn des Wortes 'wahr' fälschen, als wenn man eine Beziehung auf den Urtheilenden einschliessen will!») [106], und b) die Bestimmung der Geltungsart der o.W., daß es sich nicht um eine subjektabhängige (epistemische) Gewißheit des «Fürwahrhaltens», sondern um ein subjektunabhängiges «Wahrsein» handelt [107]. Auch E. HUSSERL akzeptiert ‹o.W.› nicht mehr als Unterscheidungsbegriff, sondern versteht unter «W. *eo ipso* o.W.» [108]. Den Begriff ‹subjektive W.› findet er «widersinnig», Kants und Mills Begriff ‹formale W.› «verwerflich» [109]. Nach dieser Auffassung ist die «Objektivität» der W. deren «Idealität» [110], die «objektive Geltungsbeziehung» und Unabhängigkeit von aller «Subjektsbezogenheit» [111]. Auch so jedoch ist für den späten G. SIMMEL jede o.W. durch den Kulturprozeß dazu bestimmt, irgendwann «wieder als subjektiv erkannt» zu werden [112]. Weil ihr Gegenbegriff abgeschafft ist, verfällt die o.W. selber dem Relativismus. Das wird durch HUSSERL bestätigt, der von dem Geltungsabsolutismus, in dem die Neukantianer einen Rückfall in den Platonismus sehen [113], seinerseits später abrückt [114] und ‹o.W.› zu einer mundanen Kategorie degradiert: «Die o.W. gehört ausschließlich in die Einstellung des natürlich-menschlichen Weltlebens» [115]. Trotz gewisser Vorbehalte gegen den Geltungsabsolutismus bestimmt dieser weiterhin die «Idee o.W.», zu der sich namentlich TH. W. ADORNO bekennt [116]. Allerdings spricht aus diesem Bekenntnis der Gründergeneration der ‹Frankfurter Schule› eher der «Wunschtraum nach o.W.» [117]. Im 20. Jh. ist die o.W. eben «zugleich Wert» [118]. Das hat zur Folge, daß die Objektivität der o.W. nicht immer auch in die Wertfreiheit gesetzt wird. Während im Werturteilsstreit die eine Seite strikt darauf hält, daß «ein Werturteil ... nie o.W. werden» kann [119], haben Stalinismus und Antifaschismus den Begriff ‹o.W.› ungehemmt politisiert [120].

10. *Realismus im 20. Jahrhundert.* – Aus der Anerkennung der o.W. folgt nicht, daß wir sie auch besitzen. Dieser Gedanke des Realismus des 19. Jh. bleibt auch im 20. Jh. wirksam und verbindet dabei sehr unterschiedliche Positionen. So unterscheidet W. I. LENIN ausdrücklich die beiden Fragen: «1. Gibt es eine o.W., d.h., kann es in den menschlichen Vorstellungen einen Inhalt geben, der vom Subjekt unabhängig ist, der weder vom Menschen noch von der Menschheit abhängig ist? 2. Wenn ja, können dann die menschlichen Vorstellungen, die die o.W. ausdrücken, sie auf einmal, vollständig, unbedingt, absolut oder nur annähernd, relativ ausdrücken?» [121]. Wissenschaftlicher Fortschritt besteht so gesehen in der Annäherung an eine präexistente o.W. Auf dieser Linie greift der Marxismus-Leninismus die Wissenschaftstheorie von E. MACH bis R. CARNAP an [122]. K. POPPERS Auffassung zielt in die gleiche Richtung. Der Begriff der o.W. wird bei ihm unter Berufung auf A. TARSKIS semantische Reformulierung der Korrespondenztheorie der W. gerechtfertigt: «Die W. ist objektiv und absolut: Das ist die Idee, die Alfred Tarski gegen den Relativismus verteidigt hat. Aber wir können niemals ganz sicher sein, daß wir die W., die wir suchen, gefunden haben. Wir dürfen die W. nicht mit der Sicherheit, mit ihrem Besitz verwechseln» [123]. Unter den Leninisten, mit denen POPPER auch die anhaltende Frontstellung gegen den 'subjektiven Idealismus' bzw. Positivismus des ‹Wiener Kreises› teilt, findet sich dieselbe Anknüpfung an Tarski bei A. SCHAFF [124]. Zur These, «that there is such a thing as objective truth», bekennt sich die in der englischsprachigen Gegenwartsphilosophie als 'Realismus' bekannte Richtung speziell im Hinblick auf die Annahme der zweiwertigen Logik und des Satzes vom ausgeschlossenen Dritten [125]. Das ist die Rückkehr zum Suarezismus.

Anmerkungen. [1] GERVASIUS VON BREISACH: Cursus philos. (1687, Köln 1711) 3, 448; vgl. EMMANUEL A CONCEPTIONE: Cursus philos. § 1127 (1681-83, Wien 1735) 1, 224 b. – [2] STANISLAUS VON ZNAIM: De vero et falso, hg. V. HEROLD (Prag 1971) 134. 155f. 159; vgl. G. NUCHELMANS: Stan. of Znaim (d. 1414) On truth and falsity (1985), ND, in: Studies on the hist. of logic and semantics, 12th-17th cent., hg. E. P. Bos (Aldershot 1996) 5, 313-337, hier: 315ff. – [3] A. DE HERRERA: Tract. de scientia Dei (Alcalá 1672) 131-132. – [4] Coll. Salmanticense OCD: Cursus theol. 11 (1676, Paris/Brüssel 1879) 180 b; S. IZQUIERDO: Pharus scientiarum (Lyon 1659) 1, 361 b; vgl. auch: J. SCHMUTZ: Sebastián Izquierdo, in: J. C. BARDOUT/O. BOULNOIS (Hg.): Sur la science divine. Textes présentés et traduits (Paris 2002) 412-435. – [5] JOH. A S. THOMA: Cursus philos. (1632-35, Turin 1948) 2, 247 a; IZQUIERDO, a.O. 110 a. 129 a. 222 b; M. DE ESPARZA SJ: Cursus theol. (Lyon 1666) 1, 4; N. H. GUNDLING: Academ. Vorles. über seine Viam ad veritatem logicam, in: Philos. Discourse (1739) 1, 247; vgl. Art. ‹Wahrheit, transzendentale›. – [6] Vgl. Art. ‹Supertranszendent; Supertranszendenz›. Hist. Wb. Philos. 10 (1998) 644-649. – [7] H. FABRI: Metaphysica demonstrativa (Lyon 1648) 98. – [8] Vgl. Art. ‹Sein, objektives›. Hist. Wb. Philos. 9 (1995) 247-256. – [9] H. MCCAUGHWELL [CAVELLUS]: Suppl. ad Quaest. J. Duns Scoti in libros de anima, in: JOH. DUNS SCOTUS: Op. omn. (Lyon 1639, ND 1968) 2, 637 b; P. HURTADO DE MENDOZA: Disp. in universam philos. (Lyon 1624) 950 b; B. MASTRI/B. BELLUTO: Cursus philos. t. 3: De anima 6, 319 (Venedig [4]1727) 197 b/198 a. – [10] F. SUÁREZ: De scientia Dei futurorum contingentium I, 9, 22, in: Varia opuscula theol. (1599). Op. omn. (Paris 1856-78) 11, 341 b; De gratia Dei pars I, Prol. 2, 7, 22, a.O. 7, 95 a. – [11] H. FASOLUS: In primam partem Summae D. Thomae comm. t. 2 (Lyon 1629) 270 b; vgl. a.O. 171 a. 269 b. – [12] F. DE OVIEDO: Cursus philos. (Lyon [2]1651) 2, 114 a-115 a. – [13] IZQUIERDO, a.O. [4] 127 b. 222 a/b; Opus theolog. atque philos. (Rom 1664-70) 2, 142 a/b. – [14] a.O. 244 b. – [15] 260 a. – [16] 225 b. 130 a. – [17] L. LESSIUS: De perfectionibus moribusque divinis 6, 4. Opusc. varia (Paris 1637) 33 b/34 a. – [18] Coll. Salmanticense OCD: Cursus theol. 1 (1631, Paris 1870) 502 b. 504 b; JOH. A S. THOMA: Cursus theol. 2 (1637, Paris/Tournai/Rom 1934) 408 b. 410 a. 411 a/b. – [19] G. W. LEIBNIZ: De libertate, fato, gratia Dei [ca. 1686/87]. Akad.-A. VI/4 (1999) 1599. – [20] IZQUIERDO, a.O. [13] 165 b/166 a. – [21] D. VIVA: Cursus theol. I, 3, 6, 4 (1712, Padua [5]1719) 85 b. – [22] N. H. GUNDLING: Erinnerung an Hr. Syrbius von dem Grund-Satz und Probir-Stein aller W.en, in: Gundlingiana 27 (1721) 132-154, hier: 138. – [23] a.O. 136 (gegen C. Buffier), wiederholt in: Academ. Vorles., a.O. [5] 276. – [24] A. F. HOFFMANN: Vernunft-Lehre (1737) 557; CH. A. CRUSIUS: Weg zur Gewißheit und Zuverlässigkeit der menschl. Erkenntnis (1747, ND 1965) 95; vgl. J. P. A. MÜLLER: Von dem menschl. Verstande und den nothwend. Vernunftwahrheiten, Log. § 11 (1769), zit. bei: W. RISSE: Logik der Neuzeit (1964-70) 2, 702; J. A. H. ULRICH: Instit. logicae et metaphysicae (1785) 37 und noch klarer in der von EISLER[4] 3 (1930) 455 zit. 2. Aufl. (1792): «quod revera ita se habet, nec me, nec alio cogitante». – [25] J. N. TETENS: Philos. Versuche über die menschl. Natur und ihre Entwicklung (1777), neu hg. W. UEBELE (1913) 552. – [26] G. PLOUCQUET: Samml. der Schr., welche den log. Calcul betreffen, hg. A. F. BÖK (1766, ND 1970) 175. – [27] S. STORCHENAU: Instit. logicae (1769, Wien 1770) 151f., zit. bei: RISSE, a.O. [24] 2, 372f.; vgl. C. SCHERFFER: Instit. logicae et metaphysicae (1753, Wien 1763) 131; B. STATTLER: Anti-Kant (1788, ND 1968) 1, 203. – [28] J. A. H. ULRICH: Erster Umriß einer Anleit. zu den philos. Wissenschaften (1772-76) 1, 157; J. G. H. FEDER: Über subject. und o.W., in: Philos. Bibliothek 1 (1788, ND 1968) 1-42, hier: 19f. 23f.; A. WEISHAUPT: Über W. und sittl. Vollkommenheit (1793, ND 1969) 1, 206-211. – [29] I. KANT: KrV A 60. – [30] FEDER, a.O. [28] 33; J. CH. LOSSIUS: Neues philos. allg. Real-Lexikon (1803) 4, 549. – [31] A. WEISHAUPT: Über die Gründe und Gewißheit der menschl. Erkenntnis (1788, ND 1969) 184-185. – [32] GUNDLING, a.O. [5] 252; vgl. M. MENDELSSOHN: Morgenstunden (1785). Ges. Schr. Jub.ausg. 3/2 (1974) 99. – [33] I. KANT: Logik JÄSCHE, Einl. VII (1800). Akad.-A. 9, 51; L. H. JAKOB: Prüfung der Mendelssohnschen Morgenstunden (1786) 165f.; S. MAIMON: Versuch über die Transc.philos. (1790, ND 1965) 152; Über W. ... an Herrn Tieftrunk (1790). Ges. Werke 2 (1965) 484; G. I. WENZEL: Elementa philos. (Linz 1806f.) 1, 160-165; vgl. ‹Wahrheitskriterium II.›. – [34] Logik JÄSCHE, Einl. V, a.O. 38f.; Einl. VII, a.O. 51; vgl. J. S. MILL: An examination of Sir W. Hamilton's philos. (1865). Coll. works 9 (Toronto 1979) 378. – [35] Vgl. B. BOLZANO: Wiss.lehre (1837). Ges. Ausg. I/11, 1 (1985) 136. 161. – [36] HOFFMANN, a.O. [24] 556f.; CRUSIUS, a.O. [24]; A. G. BAUMGARTEN: Aesthetica §§ 424. 427 (1750, ND 1961) 269. 271; G. W. F. HEGEL: System der Philos. II: Naturphilos. Jub.ausg., hg. H. GLOCKNER (1927-40) 9, 48; B. BOLZANO: Rez. Drobisch (1836). Ges. Ausg. II/12 (1977) 198; A. MEINONG: Über Möglichkeit und Wahrscheinlichkeit (1915) 43. – [37] FEDER, a.O. [28] 37. 29 (gegen Crusius). – [38] F. W. D. SNELL: Erste Grundlinien der Logik (1818) 93; vgl. ULRICH, a.O. [24] 37f.; KANT: Logik, Einl. V, a.O. [33] 38. – [39] MÜLLER, a.O. [24] § 12; FEDER, a.O. [28] 5. 11ff. – [40] W. L. G. Frh. VON EBERSTEIN: Versuch einer Gesch. der Logik und Met. bey den Deutschen von Leibniz bis auf gegenwärt. Zeit (1794, ND 1985) 1, 484f.; B. BOLZANO: Kleine Wiss.lehre, hg. J. LOUZIL (Wien 1975) 38. – [41] ULRICH, a.O. [28] 31. 148. – [42] W. T. KRUG: Über die verschied. Methoden des Philosophirens (1802, ND 1968) 47f. 50f.; J. CH. A. HEINROTH: Über die W. (1824) 81. – [43] K. L. REINHOLD: Ausführl. Darst. des negat. Dogmatismus oder des metaphys. Skepticismus, in: Beyträge zur Berichtigung bisheriger Mißverständnisse der Philosophen 2 (1794) 170; vgl. L. WITTGENSTEIN: Über Gewißheit § 179 [1949ff.]. Werkausg. 8 (1984) 156. – [44] a.O. 176. – [45] Über das Fundament des philos. Wissens (1791, ND 1978) 45f. – [46] Versuch einer neuen Theorie des menschl. Vorstellungsvermögens (1789, ND 1963) 130. – [47] a.O. [43] 187ff.; vgl. J. G. BUHLE: Gesch. der neuern Philos. (1800-04) 1, 86. – [48] FEDER, a.O. [28] 3. 26f. – [49] TETENS, a.O. [25] 519. – [50] ULRICH, a.O. [24] 56. – [51] WEISHAUPT, a.O. [31] 121f. 197. – [52] I. KANT: Proleg. § 49 (1783). Akad.-A. 4, 336. – [53] G. G. FÜLLEBORN: Beyträge zur Gesch. der Philos. 11-12 (1799, ND 1968) 83. – [54] REINHOLD, a.O. [43] 202f. – [55] a.O. [45] 134f. – [56] JAKOB, a.O. [33] 175. – [57] LOSSIUS, a.O. [30] 4, 550f. – [58] J. G. FICHTE: Zurückforderung der Denkfreiheit (1793). Akad.-A. (1964ff.) I/1, 179. – [59] R. G. COLLINGWOOD: The idea of history (1946, Oxford 1980) 170f.; vgl. z.B. H. REICHENBACH: Experience and prediction (1938, Chicago [3]1949) 280. 286f. – [60] W. DILTHEY: Einl. in die Geisteswissenschaften (1883). Ges. Schr. (1923ff.) 1, 116f. – [61] J. KLEUTGEN: Die Philos. der Vorzeit (1860, Innsbruck [2]1878) 1, 480f. 21. 512. – [62] A. STÖCKL: Lehrb. der Philos. (1868, [5]1881) 1, 460; Lehrb. der Gesch. der Philos. (1870) 594f. – [63] WEISHAUPT, a.O. [28] 210f. – [64] a.O. [31] 121; J. G. FICHTE: Zweite Einl. in die Wiss.lehre (1797). Akad.-A. I/4, 210; CH. SIGWART: Logik § 48 (1873) 1, 366f. – [65] K. MARX: Thesen über Feuerbach 2 [1845] (1888). MEGA (1927-35, ND 1970) 5, 534; MEW 3, 5; vgl. Art. ‹Wahrheit V. B. 5.›. – [66] K. E. SCHUBARTH/K. A. CARGANICO: Über Philos. überhaupt und Hegels Encycl. der philos. Wissenschaften insbes. (1829) 22f. – [67] O. K. FLECHTHEIM: Zur Kritik der Marxschen Geschichtskonzeption (1939). Cah. V. Pareto 5 (1965) 141-158, hier: 148. – [68] FEDER, a.O. [28] 2. 4f. 19f.; vgl. KANT, a.O. [52]; MENDELSSOHN, a.O. [32] 58; REINHOLD, a.O. [43] 189. 192; F. W. J. SCHELLING: System des transz. Idealismus (1800). Sämtl. Werke, hg. K. F. A. SCHELLING I/3 (1858) 544. – [69] HEINROTH, a.O. [42] 112. – [70] a.O. 116f. 118ff.; vgl. Art. ‹Gegeben(es)›. Hist. Wb. Philos. 3 (1974) 101-103. – [71] 142. – [72] 225. – [73] 103; vgl. J. FROHSCHAMMER: Über Subjectivismus und Objectivität in der Philosophie. Athenäum 1 (1862) 640-653, hier: 645. – [74] A. STÖCKL: Lehrb. der Philos., a.O. [62] 313. – [75] E. HUSSERL: Log. Unters. I: Proleg. zur reinen Logik § 42 (1900, [2]1913) 163. Husserliana [Hua.] 18 (Den Haag 1975) 166. – [76] W. SCHUPPE: Erk.theoret. Logik (1878) 670f. – [77] J. B. PTOLEMAEUS: Philos. mentis et sensuum (1696, Rom [3]1702) 150 b. 188 b/189 a. – [78] L. M. TRÄGER: Metaphysik (1770) Vorrede. – [79] W. JERUSALEM: Der krit. Idealismus und die reine Logik (1905) 108; vgl. F. C. S. SCHILLER: Truth, in: Humanism (London 1903, ND 1969) 44-61, hier: 55. 58f.; E. HUSSERL: Formale und transz. Logik § 77 (1929) 173. Hua. 17 (1974) 202; Ant. und neuzeitl. Objektivismus, Vorb. zu ‹Krisis, 3. Teil› [Jan. 1936]. Hua. 29 (1993) 165. – [80] TETENS, a.O. [25] 523ff.; MAIMON: Versuch, a.O. [33] 151-153; KRUG, a.O. [42]; B. ERDMANN: Log. Elementarlehre (1892) 275; ([2]1907) 383-385. – [81] MENDELSSOHN, a.O. [32] 58; SCHELLING, a.O. [68] 544; H. C. W. SIGWART: Logik ([3]1835) 283; H. MARCUSE: Zur Kritik des Hedonismus. Z. Sozialforsch. 7 (1938, ND [2]1980) 55-89, hier: 80. – [82] MENDELSSOHN, a.O. [32] 54; vgl. kritisch: CH. FRANKEL: On the nature of proof in philos. Rev. int. Philos. 8 (1954) 109-123, hier: 116f. – [83] F. EBNER: Das Wort und die geistigen Realitäten (1921). Schr. (1963) 1, 122. – [84] SCHILLER, a.O. [79] 60; JERUSALEM, a.O. [79] 109. – [85] W. JERUSALEM: Die soziolog. Bedingtheit des Denkens und der Denkformen (1924), in: V. MEJA/N. STEHR (Hg.): Der Streit um die Wissenssoziologie (1982) 27-56, hier: 37f. – [86] H. E. G. PAULUS: Der große Unterschied: ob das Licht *dennoch* kommt, oder ob es *auch durch* die Kirche kommt. Sophronizon 13 (1831) 6. H., 103-126, hier: 109f. – [87] F. BOUTERWEK: Lehrb. der philos. Wissenschaften (1813) 1, 42. – [88] J. M. RÄDLINGER: Gehen wir einer neuen Barbarei entgegen, oder Was restaurirt Europa? (1827) 49f.; Sigwart, a.O. [81] 285. – [89] Feder, a.O. [28] 25f.; E. Husserl: Log. Unt. I, § 40, a.O. [75] 152/157 (gegen Erdmann); Th. W. Adorno: Minima Moralia (1951). Ges. Schr. (1970ff.) 4, 76f.; H. Putnam: Representation and reality (Cambridge, Mass./London 1988) 109. – [90] H. Albert: Kritik der reinen Hermeneutik (1994) 238. – [91] Fichte, a.O. [58]; vgl. W. Hoffmann-Riem: Kommunikations- und Medienfreiheit, in: E. Benda/W. Maihofer/H. J. Vogel (Hg.): Hb. des Verfassungsrechts (^{2}1994) 195. – [92] F. H. Jacobi: Wider Mendelssohns Beschuldigungen (1786). Ges.ausg. 1 (1998) 327. 581; vgl. W. von Kügelgen: Erinnerungen, hg. J. Werner (1923-25) 2, 341; Bürgerleben. Die Br. an den Bruder Gerhard 1840-67, hg. W. Killy (1990) 323. – [93] F. W. J. Schelling: Vom Ich als Princip der Philos. (1795). Akad.-A. I/2 (1980) 78f. – [94] A. L. Mazzini: De l'Italie dans ses rapports avec la liberté et la civilisation mod. (Leipzig 1847) 2, 250 (und Motto). – [95] Heinroth, a.O. [42] 241; vgl. Adorno, a.O. [89] 279. – [96] Heinroth, a.O. 242f.; vgl. von Kügelgen: Bürgerleben, a.O. [92] 760. – [97] S. Kierkegaard: Abschließ. unwissenschaftl. Nachschr. (1846), übers. H. M. Junghans. Ges. Werke 16/1 (1957) 182ff. – [98] H. Broch: Genesis des W.-Problems innerhalb des Denkens [ca. 1926]. Werkausg. 10/2 (1977) 224. 228f. – [99] B. Mussolini: Relativismo e Fascismo, in: Diuturna, hg. V. Morello (Mailand 1924) 374-377, zit. bei: F. Neumann: Behemoth (Oxford ^{2}1944, 1963) 462f. – [100] Ebner, a.O. [83]; J.-P. Sartre: Crit. de la raison dialect. (1960, Paris 1985) 1, 38; dtsch.: Marxismus und Existentialismus (1964) 29; R. Rorty: Consequences of Pragmatism (Minneapolis 1982) XVIf. – [101] Bolzano, a.O. [36]. – [102] a.O. [35] 108. – [103] Prüfung der Philos. des seligen G. Hermes (1840). Ges.ausg. I/16, 2 (1989) 223. – [104] a.O. [35] 139. – [105] G. Frege: Grundgesetze der Arithmetik 1 (1893, ND 1962) XVII. – [106] a.O. XVI. – [107] XVf. – [108] Husserl: Form. und tr. Log. § 81, a.O. [79] 178/208; Erg. Text VII, a.O. 427. – [109] Log. Unt. I, §§ 35. 40, a.O. [75] 116. 141/123. 146; A. Schaff: Zu einigen Fragen der marxist. Theorie der W., dtsch. Übers. G. Klaus (Berlin-Ost 1954) 43. – [110] § 38, a.O. 128/134; N. Hartmann: Grundzüge einer Met. der Erkenntnis (1921, ^{5}1965) 420. 424. – [111] B. Bauch: W., Wert und Wirklichkeit (1923) 80. 472; Husserl: Log. Unt. I, § 42, a.O. 162/166; A. Riehl: Zur Einf. in die Philos. der Gegenwart (^{5}1919) 215; Instructio S. Officii, 2. Febr. 1956: De ethica situationis, in: H. Denzinger/P. Hünermann (Hg.): Enchir. symbol., n. 3918 (^{37}1991) 1109. – [112] G. Simmel: Lebensanschauung (1918, ^{2}1922) 94. – [113] M. Scheler: Logik 1 (1905/06), hg. J. Willer (Amsterdam 1975) 140-160. – [114] Husserl: Form. und tr. Log. § 104, a.O. [79] 241/280; vgl. Erg. Text V [1920/21], a.O. 383. – [115] Die Krisis der europ. Wiss. § 52 (1936). Hua. 6 (1954) 179. – [116] Th. W. Adorno: Negat. Dial. (1966, ^{2}1967). Ges. Schr. (1970ff.) 6, 198. 132; Jargon der Eigentlichkeit (1964, 1969), a.O. 423; Ästhet. Theorie, a.O. 7, 199; Vorbehalte: Zur Metakritik der Erk.theorie (1957), a.O. 5, 78; Kierkegaard (1933), a.O. 2, 103. – [117] M. Horkheimer: Zum Problem der Wahrheit. Z. Sozialforsch. 4 (1935, ND ^{2}1980) 321-364, hier: 341. – [118] Bauch, a.O. [111] 478; vgl. K. R. Popper: Ausgangspunkte: meine intellekt. Entwicklung (1984) 284; J. Seifert: Erkenntnis o.W. (^{2}1976) 16. 23. 52. – [119] P. Barth: Die Philos. der Geschichte als Soziologie (^{3}1922, ND 1971) 1, 47; J. Monod: Le hasard et la nécessité (Paris 1970) 217ff. – [120] J. W. Stalin: Über dialekt. und histor. Materialismus (russ. 1938) (1945) 13; W. Harich: Br. an G. Lukács (5. 9. 1952), hg. R. Pitsch. Dtsch. Z. Philos. 45 (1997) 284; G. Lukács: Die Zerstörung der Vernunft (1954). Werke 9 (1962) 631-633; H. H. Holz: Zeichen der Gegenaufklärung, in: M. Buhr (Hg.): Enzykl. zur bürgerl. Philos. im 19. und 20. Jh. (1988) 44-48, hier: 45 a. – [121] W. I. Lenin: Materialismus und Empiriokritizismus (russ. 1909) (1927). Werke 14 (1949) 116-138 (Gibt es eine o.W.?). – [122] a.O. 130. 138; M. Cornforth: Science vs. Idealism. An examination of 'Pure Empiricism' and modern logic; dtsch.: Wissenschaft contra Idealismus (Berlin-Ost 1953) 241. – [123] K. Popper: Objective knowledge (Oxford ^{4}1979) Pref.; dtsch.: Objektive Erkenntnis (1984) VII (Vorwort zu ^{4}1979); vgl. J. Geyser: Grundlagen der Logik und Erk.lehre (1909) 92. – [124] Schaff, a.O. [109] 41ff. 100; vgl. K. Wagner: Der objekt. Charakter der W., in: D. Wittich u.a. (Hg.): Marxistisch-leninist. Erk.theorie (Berlin-Ost 1978) 273-280. – [125] P. van Inwagen: Metaphysics (Oxford 1993) 56ff.; vgl. Art. ‹Wahrheit VI. C.›.

S. K. Knebel

Wahrheit, praktische bzw. **moralische** (griech. ἀλήθεια πρακτική; lat. veritas practica bzw. moralis; engl. practical bzw. moral truth; frz. vérité de pratique). Der Begriff ‹p.W.› bzw. ‹m.W.› ist ursprünglich in der bis heute kontroversen Diskussion um die W.-Fähigkeit ethischer Sätze beheimatet. Daneben gibt es eine Tradition, die ‹m.W.› mit ‹Wahrhaftigkeit› (s.d.) gleichsetzt. Umgekehrt wird im letzteren Sinn nicht von ‹p.W.› gesprochen.

1. *Antike und Mittelalter.* – Geprägt worden ist der Ausdruck ‹p.W.› von Aristoteles, der ihn allerdings nur an einer Stelle gebraucht. In der ‹Nikomachischen Ethik› bestimmt er die p.W. als Übereinstimmung von praktischer Vernunft und rechtem Begehren: «Die Leistung des praktischen und erkennenden Denkvermögens aber ist jene W., die mit dem rechten Begehren übereinstimmt» (τοῦ δὲ πρακτικοῦ καὶ διανοητικοῦ [sc. ἔργον] ἀλήθεια ὁμολόγως ἔχουσα τῇ ὀρέξει τῇ ὀρθῇ) [1]. Dahinter steht die Einsicht, daß die für rechtes menschliches Handeln maßgebliche Klugheit (Phronesis, s.d.) sich nur im Zusammenspiel mit der natürlichen Teleologie des Begehrens (ὄρεξις) angemessen entfaltet.

Wohl wegen der Isoliertheit der Bezugnahme und wegen des Widerspruchs zu ‹De interpretatione› [2], wo nur die Aussage als wahrheitsfähig gilt, findet die Rede von der p.W. bis zum Hochmittelalter außerhalb der Kommentarliteratur [3] keine Beachtung.

Thomas von Aquin definiert: «Die W. der praktischen Vernunft wird erlangt durch Übereinstimmung mit dem rechten Begehren» («verum autem intellectus practici accipitur per conformitatem ad appetitum rectum») [4]. Thomas sucht in der aristotelischen Definition Kriterien für die p.W. und kritisiert daher, was er als einen Zirkelschluß ansehen muß: daß einerseits die praktische Vernunft Maßstab rechten Strebens, andererseits dieses Maßstab für jene sein soll [5]. Für Thomas geht das Streben der Vernunft insofern voran, als es dieser die ihm von Natur vorgegebenen Ziele vorschreibt. Die Vernunft ihrerseits ist bestimmend bei der Wahl der Mittel [6].

Von deutlich größerer Bedeutung ist der Begriff ‹p.W.› für die franziskanischen Theologen Bonaventura und Johannes Duns Scotus. Für Bonaventura ist die am «ordo vivendi» ausgerichtete «veritas morum» fundamentales Strukturmoment der Ethik als philosophischer Disziplin [7]. Duns Scotus, der die Theologie als praktische Wissenschaft versteht [8], ist bemüht, eine «scientia practica» analog zur theoretischen Wissenschaft zu konzipieren: mit einem höchsten praktischen Prinzip, aus dem sich nach syllogistischen Regeln Konklusionen deduzieren lassen [9]. Für dieses Konzept ist die W.-Fähigkeit einer solchen Wissenschaft zentral. Scotus bezeichnet sowohl das oberste Prinzip als auch die daraus abgeleiteten Sätze als «p.W.» [10]. Auch theologische Aussagen wie «Deus est trinus» sind für ihn p.W.en [11]. Der Bezug auf das naturhafte Streben des Menschen fällt weg; statt dessen geht es der praktischen Vernunft, die Scotus mit dem Gewissen («conscientia») identifiziert, um die Bestimmung des Willens, die dann recht ist, wenn sie mit den höchsten Prinzipien jener Vernunft in Übereinstimmung steht [12]. Diese stark kognitive Ausrichtung wird in der sich anschließenden, intensiven Diskussion zwar von Thomisten wie Thomas Cajetan de Vio kritisiert [13], sie stellt jedoch die entscheidenden Weichen für die weitere Entwicklung.

2. *Neuzeit.* – Letzteres gilt im Prinzip auch schon für den Spätscholastiker F. Suárez, obgleich dieser sich um eine Vermittlung der gegensätzlichen Positionen bemüht [14]. Suárez bejaht die W.-Fähigkeit der Gehalte der

praktischen Vernunft, sofern diese «reine Erkenntnis» und «repraesentatio intentionalis objecti» ist [15]. Dabei vergleicht die Vernunft ihr Objekt mit dem, was es von Natur sein soll, im Fall der Moral mit dem göttlichen Willen [16]. Letztlich handelt es sich wie bei Scotus um eine kognitive Theorie, bei der die rechte Vernunft («recta ratio» = «conscientia») über die W. der moralischen Akte entscheidet. Daneben wird bei Suárez zum ersten Mal von ‹m.W.› (hier offenbar implizit unterschieden von ‹p.W.›) in einem ganz anderen Sinn gesprochen. Suárez definiert sie als eine Tugend, «durch die wir geneigt sind, immer die W. zu sagen» («qua inclinamur ad loquendum semper verum») [17]. Dieses Verständnis von m.W. als Wahrhaftigkeit («veracitas») ist in den folgenden Jahrhunderten häufig belegt. Aus Suárez übernimmt es die Schulphilosophie (vgl. CH. WOLFFS Definition: «veritas moralis est convenientia verborum cum cogitationibus nostris» [18]); derselbe Gebrauch findet sich aber auch bei J. LOCKE [19], F. HUTCHESON [20], bei Theologen der protestantischen Orthodoxie (J. A. QUENSTEDT) [21] sowie in der Neuscholastik [22].

Daneben besteht auch der von Aristoteles herkommende Sprachgebrauch fort. Für LOCKE ist es selbstverständlich, ‹p.W.› im Sinne von ‹praktisches Prinzip› zu gebrauchen: «Where is that practical Truth that is universally received, without doubt or question as it must be if innate?» [23] In seiner Auseinandersetzung mit Locke entwickelt G. W. LEIBNIZ eine Antwort, die dem aristotelischen Modell sehr nahe kommt. Danach entsteht p.W. durch den Verstand aus den instinktiv im Menschen vorhandenen Neigungen: «Le penchant exprimé par l'entendement passe en precepte ou verité de pratique» [24]. Während LOCKE die angeborenen Neigungen, deren Existenz er bejaht, von W.en streng unterscheiden will [25], argumentiert LEIBNIZ für deren Verbindung: «Si le penchant est inné, la verité l'est aussi» [26].

In der Aufklärung wird die Existenz m.W.en weitgehend vorausgesetzt und oft erwähnt. Dabei sind meist anerkannte ethische Grundsätze gemeint, so wenn die Literaturtheorie fordert, einem literarischen Werk eine m.W. zugrunde zu legen (J. CH. GOTTSCHED [27], eher kritisch: G. E. LESSING [28]). Wenn allerdings Theologen wie A. F. W. SACK [29] von Religionen als «p.W.en» sprechen, dann scheint eher daran gedacht zu sein, daß sich die W. einer Religion in ihrer Praxis bewährt. In diesem Sinn findet sich der Begriff unter anderen Vorzeichen später auch bei L. FEUERBACH [30], eine Auffassung, die sich bei den Pragmatisten fortsetzt, von denen aber nur CH. S. PEIRCE den Begriff ‹p.W.› gebraucht [31].

Bei I. KANT ist der Begriff ‹p.W.› nicht belegt, obgleich seine Ausführung zur «praktischen Erkenntnis» [32] im Anschluß an G. F. MEIER [33] auf die Relevanz des zugrundeliegenden Konzeptes für sein Denken verweist. J. G. FICHTE hingegen gebraucht den Terminus in seinem 'skotischen' Sinn, d.h. sowohl für das oberste praktische Prinzip («Recht oder praktisch wahr ist auch nur Eins ...» [34]) als auch für die daraus abgeleiteten Sätze [35].

3. *Englische Moralphilosophie.* – Die Kontroverse um die Existenz m.W.en setzt sich nach Locke fort. Dabei gerät der spezifische Charakter, den die Tradition der p.W. zugeschrieben hatte, weitgehend aus dem Blick, so daß einem rationalistischen Konzept, in dem die m.W.en aus spekulativen Prinzipien abgeleitet werden (R. CUMBERLAND [36], G. BURNET), eine Philosophie des «moral sense», die die W.-Frage aus der Ethik ausschließt (F. HUTCHESON), radikal entgegensteht [37]. Diese Diastase bleibt bestimmend für die weitere Diskussion. So ist für H. SIDGWICK die Existenz m.W.en gleichbedeutend mit der Überzeugung, «that the Reason apprehends moral distinctions» [38].

4. *20. Jahrhundert.* – Durch die Wende zur Metaethik (s.d.) erhält die Problematik eine neue Dimension und die Debatte einen neuen Impuls. Oft wird die Auseinandersetzung um die Existenz von m.W.en auf die logische Frage nach der W.-Fähigkeit («truth aptness») ethischer Sätze zugespitzt, die freilich wiederum kontrovers beantwortet wird [39]. Der Orientierung an m.W. in kognitivistisch orientierten Konzeptionen (G. E. MOORE: «ethical truths» [40]) steht deren radikale Bestreitung durch den Emotivismus (A. J. AYER [41]) sowie den Präskriptivismus R. M. HARES [42] gegenüber. Einen eigentümlichen Weg geht J. L. MACKIE, der ethischen Sätzen einen W.-Anspruch zuschreibt, diesen jedoch für irrtümlich hält [43]. Neuere Versuche, demgegenüber die Berechtigung der Rede von ‹p.W.› zu vindizieren, sind daher auch an die Realismusproblematik verwiesen: Während einige das Argument für die Konzeption von m.W. mit einer Verteidigung eines moralischen Realismus verbinden [44], will C. WRIGHT die Existenz m.W. ohne realistische Implikation bejahen [45]. Dieselbe Problematik führt J. HABERMAS dazu, statt von ‹m.W.› von einer «wahrheitsanalogen Auffassung richtiger moralischer Urteile» zu sprechen [46].

Anmerkungen. [1] ARISTOTELES: Eth. Nic. VI, 2, 1139 a 29-31. – [2] De int. IV, 17 a 3-7. – [3] EUSTRATIUS: In Arist. Eth. Nic. comm. VI, 2. CAG 20, hg. G. HEYLBUT (1892) 280, 12-281, 8. – [4] THOMAS VON AQUIN: S. theol. I-II, 57, 5, ad 3. – [5] Sent. libri Eth. VI, 2. Op. omn. [ed. Leon.] (Rom 1882ff.) 47/2, 337. – [6] a.O. – [7] Vgl. A. SPEER: Triplex veritas. W.-Verständnis und philos. Denkform Bonaventuras (1987) 135-188; vgl. auch: Art. ‹Wahrheit II. B.›. – [8] JOH. DUNS SCOTUS: Ordin., prol. 5, q. 1-2. Op. omn., hg. C. BALIĆ [Vat.] (1950ff.) 1, 207f. – [9] a.O. 187, 13-20. – [10] Ordin. IV, dist. 46, in: A. B. WOLTER: Duns Scotus on the will and morality (Washington 1986) 240. – [11] Ordin., prol. 5, q. 1-2, a.O. [8] 210, 7-9. – [12] Ordin. II, dist. 39, a.O. [10] 200-202. – [13] THOMAS CAJETAN DE VIO: In S. theol. comm. I-II, 57, 5, in: THOMAS VON AQUIN: Op. omn., a.O. [5] 6, 369f.; vgl. JOH. A SANCTO THOMA: Cursus theol., De virtutibus IV, hg. A. MATHIEU/H. GAGNÉ (Québec 1952) 249-254. – [14] F. SUÁREZ: De bonitate et malitia humanorum actuum XII (1628). Op. omn., hg. M. ANDRÉ (Paris 1856ff.) 4, 440. – [15] Disp. metaphys. VIII (1597), a.O. 25, 293. – [16] De bonitate XI, a.O. 4, 432. – [17] De divina substantia ejusque attr., a.O. 1, 20. – [18] CH. WOLFF: Jus naturae III, 2, § 150 (1743). Ges. Werke, hg. J. ECOLE u.a. (1962ff.) II/19, 101; zur Unterscheidung von m.W. und Wahrhaftigkeit vgl. Art. ‹Wahrhaftigkeit II.›. – [19] J. LOCKE: An ess. conc. human underst. IV, 5, § 11 (1690), hg. P. H. NIDDITCH (Oxford 1975) 578. – [20] F. HUTCHESON: Synopsis metaphysicae (London 1744) 16. – [21] J. A. QUENSTEDT: Theologia didactico-polemica I, c. 7, s. 1, th. 37 (1685) (1715) 1, 422. – [22] A. LEHMEN: Lehrb. der Philos. auf aristot.-scholast. Grundlage (1898-1906, 31909) 1, 135. – [23] LOCKE: Ess. I, 3, § 2, a.O. [19] 66. – [24] G. W. LEIBNIZ: Nouv. ess. sur l'entend. humain I, 2, § 3 [1703-05] (1765). Akad.-A. VI/6 (1962) 90. – [25] LOCKE, a.O. [23]. – [26] LEIBNIZ, a.O. [24]. – [27] J. CH. GOTTSCHED: Versuch einer Crit. Dichtkunst IV, § 9 (1731, 31742) 148. – [28] G. E. LESSING: Hamburg. Dramaturgie 12 (1767-69). Werke, hg. H. G. GÖPFERT (1970ff.) 4, 285. – [29] F. S. G. SACK (Hg.): A. F. W. Sack's Lebensbeschreibung (1789) 1, 84f. – [30] L. FEUERBACH: Das Wesen des Christentums (1841). Ges. Werke, hg. W. SCHUFFENHAUER 5 (1973) 238. – [31] CH. S. PEIRCE: Scientific metaphysics II, 7. Coll. papers, hg. CH. HARTSHORNE/P. WEISS 6 (Cambridge, Mass. 1935) 574. – [32] I. KANT: Logik Jäsche, Einl. Anhang (1800). Akad.-A. 9, 86f. – [33] G. F. MEIER: Vernunftlehre (1752) 362-408. – [34] J. G. FICHTE: Beiträge zur Berichtigung der Urtheile des Publicums über die franz. Revolution (1793). Akad.-A. I/1, 371. – [35] Zurückforderung der Denkfreiheit (1793), a.O. 179f. – [36] R. CUMBERLAND: De legibus naturae I,

§§ 6f. (London 1672) 108-110. – [37] Letters between the late Mr. G. Burnet and Mr. Hutcheson (1735), in: B. PEACH (Hg.): Illustrations on the moral sense (Cambridge, Mass. 1971) 217-230. – [38] H. SIDGWICK: The methods of ethics (London 1874) 23. – [39] Affirmativ z.B.: M. PRZELECKI: Truth-value of ethical statements: Some philos. implications of the model-theoretic definitions of truth, in: P. GEACH (Hg.): Logic and ethic (Dordrecht u.a. 1991) 241-253; kritisch dagegen: F. JACKSON/G. OPPY/M. SMITH: Minimalism and truth aptness. Mind 103 (1994) 287-302; vgl. Art. ‹Urteil, moralisches II.›. Hist. Wb. Philos. 11 (2001) 470-473. – [40] G. E. MOORE: Principia Ethica, Pref. to 1st ed. (1903), hg. TH. BALDWIN (Cambridge 1993) 34f.; vgl. auch: E. HUSSERL: Ideen zu einer reinen Phänomenol. 1, §§ 139. 147 (1913). Husserliana 3 (Den Haag 1950) 290. 305f.; 3/1 (1976) 323. 340. – [41] A. J. AYER: Language, truth and logic (London 1936, 12 1956) 107f. – [42] R. M. HARE: The language of morals (Oxford 1961) 1-31, bes. 18-20. – [43] J. L. MACKIE: Ethics. Inventing right and wrong (Harmondsworth 1977) 15-49. – [44] P. RAILTON: Subjective and objective, in: B. HOOKER (Hg.): Truth in ethics (Oxford 1996) 51-68. – [45] C. WRIGHT: Truth in ethics, in: HOOKER (Hg.), a.O. 1-18. – [46] J. HABERMAS: Richtigkeit vs. W. Zum Sinn der Sollgeltung moral. Urteile und Normen. Dtsch. Z. Philos. 46 (1998) 179-208, hier: 184.

Literaturhinweise. L. HONNEFELDER: W. und Sittlichkeit. Zur Bedeut. der W. in der Ethik, in: E. CORETH (Hg.): W. in Einheit und Vielfalt (1987) 147-167. – A. H. GOLDMAN: Moral knowledge (London 1988). – B. HOOKER (Hg.) s. Anm. [44]. – F. INCIARTE: Scotus' Gebrauch des Begriffs der p.W. im philos.geschichtl. Kontext, in: L. HONNEFELDER u.a. (Hg.): John Duns Scotus. Metaphysics and ethics (Leiden 1996) 523-534. – A. G. VIGO: Die aristot. Auffassung der p.W. Int. Z. Philos. 6 (1998) 285-308.

J. ZACHHUBER

Wahrheit, transzendentale (lat. veritas transcendentalis). Der Ausdruck ‹t.W.› bezeichnet zunächst eine allgemeine Eigenschaft des Seienden. Als solche steht die t.W. in deutlicher Beziehung zum «verum transcendens» der mittelalterlichen Transzendentalphilosophie [1] und setzt die vor allem in der Scholastik geführte Diskussion um die «veritas rei» fort [2]. Erstmals jedoch findet sich der Ausdruck beim Spätscholastiker F. SUÁREZ, der die W. der einfachen Erkenntnis eine «t.W.» nennt, insofern der einfache Begriff seinen Gegenstand repräsentiert [3]. Die primäre Bedeutung der t.W. aber findet sich in der W. des Seienden: Hier schließt sich Suárez weitestgehend einer thomistischen Auffassung der Dingwahrheit an, indem er die t.W. als die allen realen Dingen von sich aus innewohnende Intelligibilität und damit als objektive Zugänglichkeit des Seienden für die – göttliche wie menschliche [4] – Erkenntnis auslegt: «Die t.W. bezeichnet das Sein des Dinges, wobei sie die Bedeutung oder den Begriff des Intellekts mitmeint, dem ein solches Sein gleichförmig ist, oder in dem ein solches Ding dargestellt wird oder dargestellt werden kann, wie es ist» [5].

In den Lehrbüchern der protestantischen Schulmetaphysik, aber auch außerhalb dieser Tradition, wird die t.W. – meist synonym zur metaphysischen W. – als eine einfache W., der keine Falschheit zukommen kann, von der logischen, komplexen W. abgegrenzt [6]. Daneben tritt eine zweite Definition, die die t.W. als Übereinstimmung des Dinges mit dem göttlichen Geist und seinem eigenen Wesen bestimmt [7].

CH. WOLFF, der «veritas transcendentalis» in seinen deutschen Schriften schlicht mit «W.» übersetzt [8], beruft sich für seine Lehre von der t.W. auf Suárez und R. GOCLENIUS [9], deren noch verworrenen Begriff er in der Begründung der W. durch den Satz des zureichenden Grundes zur Deutlichkeit gebracht habe [10]. Bei WOLFF wird ‹t.W.› zu einem Grundbegriff der Ontologie; durch das Kriterium der Ordnung ermöglicht sie die Unterscheidung von dem der W. entgegengesetzten Traum (seit A. BAUMGARTEN: «somnium obiective sumptum»): «In der W. ist Ordnung (ordo), im Traum Verwirrung ... Die transzendental genannte und den Dingen selbst innewohnende W. ist die Ordnung in der Mannigfaltigkeit der Dinge, die zugleich sind bzw. wechselweise aufeinander folgen, oder die Ordnung desjenigen, das dem Seienden zukommt» [11]. Die t.W. bildet somit «eine Grundlage zur Theorie der Erkennbarkeit der Gegenstände» [12] und damit das Fundament für die logische W. [13]. Sie macht für WOLFF Wissenschaft überhaupt erst möglich [14]: In der Welt sind alle gleichzeitigen und aufeinanderfolgenden Dinge durch eine Ordnung verknüpft («In Mundo datur veritas transcendentalis» – «In der Welt ist t.W. gegeben» [15]), durch die schließlich auch eine Bestimmung der Norminhalte des Naturrechts ermöglicht wird [16]. Die Wolff-Schule wiederholt – wenn auch teils mit einigen Änderungen [17] – diese Entgegensetzung von t.W. und Traum [18].

Nach I. KANT ist die traditionelle ontologische Deutung der t.W. tautologisch: «Ein jedes Ding im transscendentalen Verstande ist wahr» [19]. Die t.W. kommt nicht den Dingen zu, sondern den Kategorien und den durch sie begründeten Urteilen als deren objektive Realität [20], d.h. Anwendung auf Gegenstände einer möglichen Erfahrung [21]. Als Thema der transzendentalen Logik [22] ist die t.W. eine gegensatzlose W., «die vor aller empirischen vorhergeht, und sie möglich macht» [23], indem sie einer Erkenntnis durch die Beziehung auf ein Objekt erst die Möglichkeit zu Wahr- bzw. Falschheit verleiht; ‹t.W.› kann somit als ein Gegenbegriff zum «transzendentalen Schein» aufgefaßt werden [24]. Im Anschluß an Kant [25] postuliert die neu entstehende Religionswissenschaft «die ganze Moral» als t.W., die wir als «ursprüngliche Gesetze des menschlichen Geistes erkennen» [26].

Der dogmatischen Metaphysik und auch der Kantischen Kritik wirft J. F. FRIES vor, «eine Begründung der t.W. ... zu suchen», die aber «für den Menschen ganz unmöglich» ist – dieser Irrtum resultiert aus der Verwechslung der empirischen mit der t.W., die in der objektiven Gültigkeit unserer Erkenntnisse besteht [27], also in «der Uebereinstimmung zwischen Vorstellung und Gegenstand» [28]. Da aber die empirische W. als W. der Urteile bloß eine richtige Wiederholung der unmittelbaren Erkenntnisse ist, denen t.W. zukommt, ist ein spekulativer Glaube an die t.W. «das erste Vorausgesetzte jeder vernünftigen Erkenntnis, welches ihr mit dem Bewußtseyn der Nothwendigkeit unmittelbar zukommt» [29].

Nach A. SCHOPENHAUER ist die materiale W. eines synthetischen Urteils a priori bzw. einer Erkenntnis aus reiner Vernunft eine t.W. a priori, da sie auf den «Formen der anschauenden, empirischen Erkenntnis», also «nicht bloß auf der Erfahrung, sondern auf den in uns gelegenen Bedingungen der ganzen Möglichkeit derselben» beruhen [30]. Da Urteile dieser Art das Prinzip aller Erklärung sind, hat die Frage nach ihrem Grund keinen Sinn, weil sie «nämlich nicht weiß, was für einen Grund sie fordert» [31].

Zwar ist t.W. nicht in der Phänomenologie selbst bedeutsam [32], wohl aber in H. PLESSNERS Kritik an ihr; Phänomenologie ist für ihn «apriorischer Positivismus» [33], da sie den Rechtsgrund für das Prinzip der Bildung von t.W. nicht anzugeben weiß, die den Beginn eines transzendentalphilosophischen Systems ausmacht. Diese

«Krisis der t.W. im Anfang» muß durch die transzendentale Methode [34] im Sinne der Kantischen Kritik überwunden werden – freilich ohne ein festes Fundament zu erlangen, da Plessner in einer Petitio Principii den unerläßlichen Grundakt «zur Bildung kritischer Methode und t.W.» erkennt [35].

Bei M. HEIDEGGER nimmt die t.W. eine zentrale Stellung ein, da sie als «W. über Sein» der Philosophie eigen ist, deren Thema das jedem Seienden innewohnende, «zunächst unbekannte, verschlossene, unzugängliche» Sein ist [36], weshalb die t.W. auch als «Erschlossenheit von Sein» bezeichnet wird [37]. Die solcherart mit der «ontologischen W.» identische t.W. [38] sieht Heidegger als die «ontologische Bedingung der Möglichkeit dafür, daß Aussagen wahr oder falsch ... sein können» [39].

Anmerkungen. [1] Vgl. Art. ‹Wahrheit II. B.›; Art. ‹Transzendental; Transzendentalphilosophie II. III.›. Hist. Wb. Philos. 10 (1998) 1360-1371. – [2] Art. ‹Wahrheit›. EISLER[4] 3, 1702-1723, 1705; vgl. z.B.: J. H. ALSTED: Metaphysica (1612) 88. – [3] F. SUÁREZ: Disp. metaphys. VIII, s. 3, 7 (1597). Op. omn., hg. C. BERTON 25 (1861) 285. – [4] a.O. s. 7, 26-30, a.O. 304f. – [5] s. 7, 25, a.O. 303; vgl. dazu: THOMAS VON AQUIN: Quaest. disp. de veritate I, a. 3; vgl. H. SEIGFRIED: W. und Met. bei Suárez (1967) 44-54; J. PIEPER: Die W. der Dinge (1947). Werke, hg. B. WALD 5 (1997) 152ff. – [6] Vgl. ALSTED, a.O. [2]; J. CLAUBERG: Metaphysica de ente IX, § 151 (1664). Op. omn., hg. J. TH. SCHALBRUCH 1 (Amsterdam 1691, ND 1968) 307; J. COMBACH: Metaphysicorum libri duo (1630) 91; A. GEULINCX: Metaphysica ad mentem peripateticam (1691). Sämtl. Schr., hg. H. J. DE VLEESCHAUWER 2 (1965) 229; vgl. auch: J. H. ZEDLER: Grosses vollst. Univ.-Lex. 52 (1747) 896. – [7] Art. ‹Veritas›, in: R. GOCLENIUS: Lex. philos. (1613, ND 1964) 311-313, 312; vgl. auch: Art. ‹Veritas›, in: J. MICRAELIUS: Lex. philos. (1653, ND 1966) 1369f.; J. G. HEINECCIUS: Elementa logicae 3, § 94 (1728) 111. – [8] CH. WOLFF: Anm. über die vern. Ged. von Gott, der Welt und der Seele des Menschen § 43 (1740). Ges. Werke [GW], hg. J. ECOLE u.a. (1962ff.) I/3, 90; vgl. Art. ‹Wahrheit IV. 7.›. – [9] Philos. prima sive Ontologia § 502 (1730, [2]1736). GW II/3, 387ff. – [10] Anm., a.O. [8]; vgl. Ausführl. Nachricht von seinen eig. Schr. § 71 ([2]1733). GW I/9, 219. – [11] Ontol. § 495, a.O. [9] 383; vgl. Vern. Ged. von Gott, der Welt und der Seele des Menschen [Dtsch. Met.] (1720, [11]1751). GW I/2, 74; Anm. §§ 43f., a.O. [8] 90-92; S. CARBONCINI: Transz. W. und Traum (1991) 113-153. – [12] H. PICHLER: Über Ch. Wolffs Ontologie (1910) 83f. – [13] WOLFF: Ontol. § 499, a.O. [9] 385. – [14] § 500, a.O. 387; vgl. Cosmologia gen. § 79 (1737). GW II/4, 72. – [15] Cosmol. § 78, a.O. 71; vgl. § 76, a.O. 69. – [16] Jus Naturae I, § 2 (1740). GW II/17, 2f.; vgl. B. WINIGER: Das rationale Pflichtenrecht Ch. Wolffs (1992) 86-153, bes. 142f. – [17] Vgl. Art. ‹Wahrheit IV. 7.›. – [18] Vgl. CARBONCINI, a.O. [11] 154-194. – [19] I. KANT: Met. L2 Pölitz. Akad.-A. 28/2.1, 555f.; vgl. Met. Schön. Akad.-A. 28/1, 495ff. – [20] KrV A 221/B 269. – [21] Vgl. KrV B 150; vgl. Art. ‹Realität, formale/objektive I. 4.›. Hist. Wb. Philos. 8 (1992) 196-198. – [22] Vgl. Art. ‹Logik, transzendentale I.›. Hist. Wb. Philos. 5 (1980) 462-471. – [23] KANT: KrV A 146/B 185; in Fortführung der transzendentalen Logik Kants vgl. H. KRINGS: Transz. Logik (1964) 330-336. – [24] Vgl. A 293-298/B 349-355; G. PRAUSS: Zum W.-Problem bei Kant. Kantstud. 60 (1969) 166-182. – [25] Refl. zur Met. 6111. Akad.-A. 18, 458. – [26] F. I. NIETHAMMER: Ueber Relig. als Wissenschaft II, 1 (1795) 107. – [27] J. F. FRIES: Reinhold, Fichte und Schelling (1803). Sämtl. Schr., hg. G. KÖNIG/L. GELDSETZER (1967ff.) 24, 496ff.; Neue oder anthropolog. Kritik der Vernunft II, §§ 126ff. (1807, [2]1828), a.O. 5, 202ff. – [28] Neue Kritik I, a.O. 4, 56. – [29] II, § 130, a.O. 5, 222; vgl. Art. ‹Vernunft/Verstand VII. A.›. Hist. Wb. Philos. 11 (2001) 830-833; vgl. auch: E. F. APELT: Met. § 104 (1857) 537ff.; L. NELSON: Über das sog. Erkenntnisproblem (1908). Ges. Schr., hg. P. BERNAYS u.a. 2 (1973) 213-216. – [30] A. SCHOPENHAUER: Ueber die vierfache Wurzel des Satzes vom zureich. Grunde § 32 (1813, [2]1847). Sämtl. Werke, hg. A. HÜBSCHER 1 (1937) 108; vgl. § 34, a.O. 117. – [31] § 50, a.O. 156; vgl. § 37, a.O. 133. – [32] E. HUSSERL: Die Krisis der europ. Wiss. und die transz. Phänomenol. § 51 (1936). Husserliana 6 (Den Haag 1954) 176. – [33] H. PLESSNER: Krisis der t.W. im Anfang (1918). Ges. Schr., hg. G. DUX/O. MARQUARD/E. STRÖKER 1 (1980) 261; vgl. S. PIETROWICZ: H. Plessner (1992) 118-139. – [34] Vgl. Art. ‹Methode, transzendentale›. Hist. Wb. Philos. 5 (1980) 1375-1378. – [35] PLESSNER, a.O. [33] 244. – [36] M. HEIDEGGER: Die Grundbegriffe der ant. Philos. § 4 [SS 1926]. Ges.ausg. II/22 (1993) 7-10; vgl. Art. ‹Sein; Seiendes V. 6.›. Hist. Wb. Philos. 9 (1995) 218ff.; Art. ‹Ontologie 3. d)›, a.O. 6 (1984) 1196-1198. – [37] Sein und Zeit § 7 (1927). Ges.ausg. I/2 (1977) 51; vgl. Art. ‹Erschlossenheit; Erschließen›. Hist. Wb. Philos. 2 (1972) 726. – [38] Vom Wesen des Grundes (1929) 13, in: Wegmarken (1967) 21-71, 28. Ges.ausg. I/9 (1976) 131; vgl. J. GREDT: Elementa philosophiae aristot.-thomist. II, p. 1, c. 2, § 3, n. 634 (1899, [13]1961) 23f.; E. STEIN: Endl. und ewiges Sein (1936). Werke, hg. L. GELBER/R. LEUVEN 2 (1950) 273ff. – [39] Sein und Zeit § 44, a.O. [37] 282-305, 299; vgl. Art. ‹Wahrheit VI. A.›.

Literaturhinweise. H. SEIGFRIED s. Anm. [5]. – L. HONNEFELDER: Scientia transcendens (1990). – S. CARBONCINI s. Anm. [11].

J. WISSING

Wahrheitsähnlichkeit (lat. verisimilitudo; engl. verisimilitude, truthlikeness; frz. vraisemblance, vérisimilitude). Der Begriff ‹W.› wurde und wird verwendet, um Aussagen, wissenschaftliche Theorien oder auch Kunstwerke [1] hinsichtlich ihrer Ähnlichkeit mit der Wahrheit bzw. Realität oder einer Nähe zu ihr zu charakterisieren. Die ältere Begriffsgeschichte verwendet ‹W.› (‹verisimilitudo›) gewöhnlich mit Bezug auf (graduelle) epistemische Zustände des Glaubens, Meinens oder Überzeugtseins in Verbindung mit Häufigkeiten und Gewichtigkeiten positiver oder negativer Instanzen (wie der gängig anerkannten Meinung, den Auffassungen von Autoritäten oder der Anzahl einschlägiger Beobachtungen oder Experimente), wofür sich seit der Antike der Terminus ‹probabilitas› (‹Wahrscheinlichkeit›) eingebürgert hat. In Antike und Mittelalter sind ‹verisimilitudo› und ‹probabilitas› eng miteinander verbunden und werden oft synonym gebraucht. Auch in der Neuzeit, wo ‹W.› in Anknüpfung an die Antike häufig im Kontext der Rhetorik auftritt, herrscht eine ‘doxastisch-probabilistische’ Verwendung vor. Die Begriffsgeschichte von ‹W.› deckt sich deshalb in einem wichtigen Aspekt mit derjenigen von ‹Wahrscheinlichkeit› (s.d.). Eine ‘logisch-nichtprobabilistische’ Begriffsexplikation und -tradition ist dagegen erst im Kontext der neueren Wissenschaftsphilosophie nachweisbar.

A. OSIANDER gebraucht in der Vorrede zu ‹De revolutionibus› von N. Kopernikus ‹W.› ohne probabilistische Konnotationen, wenn er den Gegnern des Kopernikus mit Blick auf dessen Voraussetzungen des heliozentrischen Systems entgegenhält: «Es ist denn auch gar nicht notwendig, daß diese Hypothesen wahr sein müssen, noch nicht einmal, daß sie wahrheitsähnlich sind, sondern es genügt bereits, wenn sie Berechnungen beibringen, die mit den Beobachtungen übereinstimmen» («Neque enim necesse est, eas hypotheses esse veras, immo ne verisimiles quidem, sed sufficit hoc unum, si calculum observationibus congruentem exhibeant») [2] – eine Perpetuierung des antiken Programms der ‘Rettung der Phänomene’ (s.d.), die aufgrund ihres zunehmend ‘unzeitgemäßer’ werdenden Instrumentalismus im Anschluß sowohl von empiristischer Seite, wie etwa von F. BACON [3], als auch von rationalistischer Seite, wie etwa von G. W. LEIBNIZ [4], kritisiert wurde. Nach OSIANDER wird zwar der Philosoph – anders als der Astronom – vielleicht noch W. im Sinne einer Strukturverwandtschaft von Theorie und Wirklichkeit anstreben, aber – genau wie der Astronom –

nicht zu Gewißheit gelangen können, es sei denn, daß diese von Gott selber offenbart würde [5]. Die alten astronomischen Erklärungshypothesen sind für ihn «um nichts der Wahrheit ähnlicher» («nihilo verisimiliores») als die des Kopernikus, zumal sich letztere als «bewundernswürdig und zugleich leicht» («admirabiles simul et faciles») darstellen [6].

In Auseinandersetzung mit J. LOCKE, der «probability» und «likeliness to be true» gleichsetzt [7], verwendet G. W. LEIBNIZ die Begriffe ‹Wahrscheinlichkeit› oder ‹Probabilität› («le probable», «la probabilité») und ‹W.› («la vraisemblance», «la verisimilitude») [8], wobei Wendungen wie «le probable ou le vraisemblable» [9] zeigen, daß er zwischen den beiden keine scharfe Bedeutungstrennung vornimmt. Gegen Aristoteles macht er geltend, daß sich die Wahrscheinlichkeit nicht allein auf die größte Zahl oder die autorisiertesten Meinungen stützen dürfe, sondern einen größeren Umfang habe und aus der «Natur der Dinge» («la nature des choses») abzuleiten sei [10]. Insbesondere werde durch Zahl oder Gewicht von Autoritäten nicht die «ganze W.» («toute la verisimilitude») [11] erfaßt, die Leibniz offenbar als ein Merkmal 'eigentlicher' Wahrscheinlichkeit ansieht, d.h., deren Gründe er näher an der «Natur der Sache» verortet. So kann er gegen Osianders Geringschätzung von W. als Theoriekriterium für das Kopernikanische System ins Feld führen: «Und wenn Kopernikus mit seiner Meinung fast allein stand, so war diese doch immer unvergleichlich wahrheitsähnlicher (incomparablement plus vraisemblable) als jene des ganzen übrigen Menschengeschlechts. Ich weiß nun nicht, ob die Ausarbeitung der Kunst, die Wahrheitsähnlichkeiten abzuschätzen (l'etablissement de l'art d'estimer les verisimilitudes), nicht nützlicher wäre als ein großer Teil unserer demonstrativen Wissenschaften» [12]. Daneben verwendet Leibniz ‹W.› («vraisemblance») auch im Sinne einer Wahrscheinlichkeit als empirischer Häufigkeit [13].

Bei I. KANT erfährt dann die W. als bloße «Scheinbarkeit (verisimilitudo)» eine eindeutige Abwertung gegenüber der «Wahrscheinlichkeit (probabilitas)» [14], indem sie innerhalb der sich zunehmend 'antonymisch' entwickelnden Gegenüberstellung von Schein und Wahrheit auf der Seite des Scheins (s.d.) angesiedelt wird. In seiner ‹Preisschrift› über die Fortschritte der Metaphysik führt er folgende gleichsam 'mathematische' Unterscheidung an: «wahrscheinlich (probabile) ist das, was einen Grund des Fürwahrhaltens für sich hat, der größer ist als die Hälfte des zureichenden Grundes, also eine mathematische Bestimmung der Modalität des Fürwahrhaltens, wo Momente derselben als gleichartig angenommen werden müssen, und so eine Annäherung zur Gewißheit möglich ist, dagegen der Grund des mehr oder weniger Scheinbaren (verosimile) auch aus ungleichartigen Gründen bestehen, eben darum aber sein Verhältnis zum zureichenden Grunde gar nicht erkannt werden kann» [15]. Kant rekurriert hier, wie auch in seiner späteren ‹Logik›, auf eine Differenzierung zwischen unzureichenden subjektiven Gründen (für die W.) und unzureichenden objektiven Gründen (für die Wahrscheinlichkeit) des Fürwahrhaltens, die ihrerseits auf der Möglichkeit der Kenntnis zureichender Gründe im ersten Fall beruht: «Bei der Wahrscheinlichkeit muß immer ein Maßstab da sein, wonach ich sie schätzen kann. Dieser Maßstab ist die Gewißheit. Denn indem ich die unzureichenden Gründe mit den zureichenden vergleichen soll, muß ich wissen, wie viel zur Gewißheit gehört. Ein solcher Maßstab fällt aber bei der bloßen Scheinbarkeit weg» [16].

In der ‹Logik› kennt Kant allerdings auch unter den Gründen bzw. «Momenten der Wahrscheinlichkeit» nicht nur «gleichartige», sondern auch «ungleichartige»: «Letztere geben kein Verhältniß zur Gewißheit, sondern nur einer Scheinbarkeit zur andern. Hieraus folgt: daß nur der Mathematiker das Verhältniß unzureichender Gründe zum zureichenden Grunde bestimmen kann, der Philosoph muß sich mit der Scheinbarkeit, einem bloß subjectiv und praktisch hinreichenden Fürwahrhalten begnügen. ... die Gewichte sind hier, so zu sagen, nicht alle gestempelt» [17]. Gegenüber der älteren ‹Preisschrift› wird also die Extension von ‹Wahrscheinlichkeit› auf Kosten von ‹W.› (‹verisimilitudo›, ‹Scheinbarkeit›) ausgedehnt. J. G. C. CH. KIESEWETTER greift dann auch die Kantische Unterscheidung von «verisimilitudo» und «probabilitas» nur noch unter den Begriffen «logische und reale Wahrscheinlichkeit» auf [18] und bemerkt lediglich: «bei der logischen Wahrscheinlichkeit (Scheinbarkeit) werden die Gründe und Gegengründe abgewogen, und ihr Verhältniß gegen einander im Fürwahrhalten, nicht in Beziehung auf Gewißheit, bestimmt» [19]. Ist bereits hier nicht mehr explizit von ‹W.› (‹verisimilitudo›) die Rede, so verschwindet im Anschluß bei J. F. FRIES auch noch der Bezug auf ‹Scheinbarkeit›: Kants Differenzierung wird hier ausschließlich als eine der Wahrscheinlichkeit, nämlich als Unterscheidung zwischen «philosophischer» bzw. «subjektiver» einerseits und «mathematischer» bzw. «objektiver» Wahrscheinlichkeit andererseits, weitergeführt [20]; W. WUNDT trennt wesentlich später, aber sehr ähnlich, «zwei Hauptformen ..., die wir die qualitative und die quantitative Wahrscheinlichkeit nennen wollen» [21].

Die hier sichtbar werdende 'Absorption' von ‹W.› durch ‹Wahrscheinlichkeit› ist in der deutschsprachigen Philosophie des 19. Jh. und im deutschen Sprachgebrauch generell nachzuweisen und dürfte mit der bereits von F. MAUTHNER kritisierten, wenig glücklichen Übersetzung von ‹verisimilis› (und zugleich ‹probabilis›) durch ‹wahrscheinlich› einerseits [22] und mit der 'probabilistischen Besetzung' des Wahrscheinlichkeitsbegriffes in Mathematik, Wissenschaften und Philosophie ab dem späten 18. Jh. im Zuge der «probabilistischen Revolution» [23] andererseits zu erklären sein. So wird in Wörterbüchern des frühen 19. Jh. ‹Wahrscheinlichkeit› noch als Übersetzung von ‹probabilitas› und ‹verisimilitudo› ausgewiesen [24] und «dem wahren ähnlich» als eine Konnotation von «wahrscheinlich» angeführt [25], während später der Übersetzungsbezug zu ‹W.› (‹verisimilitudo›) zunächst in allgemeinen Nachschlagewerken [26], dann aber auch in philosophischen [27] und selbst in philosophisch-begriffsgeschichtlichen Wörterbüchern [28] verschwindet. Im Englischen und Französischen dagegen bleiben ‹vraisemblance› bzw. ‹verisimilitude› oder ‹truthlikeness› neben ‹probable› oder ‹probabilité› bzw. ‹probability› präsent. Nur im 18. Jh. scheint dabei ‹W.› noch als ein quasi-quantifizierbarer (oder zumindest 'gradierbarer') Begriff möglich zu sein, der mit ‹Wahrscheinlichkeit› direkt vergleichbar ist und jenen in bezug auf Gewißheit übersteigt («Dans l'usage ordinaire, on appelle probable ce qui a plus d'une demi-certitude [,] vraisemblable, ce qui la surpasse considérablement») [29]. Später wird ‹W.› im Englischen und Französischen eher in einem pejorativen Sinne gebraucht, d.h., der Begriff verweist häufig auf das Vorhandensein eines bloßen Scheins der Wahrheit oder gar eines trügerischen Bildes von der Wahrheit [30].

Innerhalb der Philosophie des 19. Jh. wird die Vorstellung, daß unser Erkennen sich in einer kontinuierlichen «Annäherung» an die Wahrheit vollziehen könnte, von idealistischen Philosophen wie G. W. F. HEGEL – durchaus auch in wahrscheinlichkeitskritischer Absicht – als «moderne Halbheit» [31] zurückgewiesen, zugleich aber in der empiristisch orientierten Wissenschaftstheorie – und gerade unter Einbeziehung wahrscheinlichkeitstheoretischer Überlegungen – immer einflußreicher [32] und findet viele Anhänger in Philosophie [33] und Wissenschaften [34] bis hin zu CH. S. PEIRCE, ihrem wichtigsten wissenschaftsphilosophischen Vertreter am Ausgang des 19. Jh. Aber auch Peirces Charakterisierung wissenschaftlicher Theorien als «likely or verisimilar» («I call that theory likely which is not yet proved but is supported by such evidence that if the rest of the conceivably possible evidence should turn out upon examination to be of a similar character, the theory would be conclusively proved») [35] bleibt 'doxastisch' geprägt und gründet – trotz seines Fallibilismus – letztlich in seinen Wahrscheinlichkeitsüberlegungen zur Induktion [36] und in seiner Voraussetzung kognitiver Evolution [37].

Zur Ausbildung und terminologischen Verwendung eines weder doxastisch noch probabilistischen Begriffes von W. kommt es erst unter dem Eindruck von Problemen des wahrscheinlichkeitstheoretisch gestützten Verifikationsprogramms in der neueren, logisch-empiristisch orientierten Wissenschaftstheorie: Im gleichen Jahr 1960, in dem W. V. O. QUINE die Peircesche Theorie von Wahrheit und 'verisimilitude' aus logischen Gründen zurückweist [38], führt K. R. POPPER in einem (nie gehaltenen) Vortrag [39] eben jenen Begriff als ein logisches und nicht-probabilistisches, ja sogar anti-probabilistisches Konzept zur Charakterisierung wissenschaftlicher Theorien in die wissenschaftstheoretische Diskussion ein. Gegen das «probabilistische Vorurteil» der logisch-empiristischen Tradition und besonders R. CARNAPS, wonach bei wissenschaftlichen Sätzen und Theorien «eine hohe Wahrscheinlichkeit ... etwas Wünschenswertes» [40] sei, macht POPPER geltend, daß gerade «die Wahrscheinlichkeit mit wachsendem Gehalt sinkt und umgekehrt» [41], woraus er den für die weitere Diskussion weichenstellenden Schluß zieht: «Wir müssen uns nur klar machen, daß wir an Theorien das schätzen, was wir vielleicht 'W.' oder 'verisimilitude' nennen können ..., und daß das etwas ganz anderes ist als eine Wahrscheinlichkeit im Sinne der Wahrscheinlichkeitsrechnung» [42]. Popper versteht somit W. gerade gegen die Wahrscheinlichkeitsauffassung als eine Größe, die es erlauben soll, den empirischen Gehalt von Aussagen oder auch von ganzen Theorien (die falsch sein können und im allgemeinen auch falsch sind) miteinander zu vergleichen, wobei größerer Gehalt als größere Annäherung an «Wahrheit als einem regulativen Prinzip» [43] verstanden wird. Popper definiert dazu, ausgehend vom Konzept des logischen Gehalts einer Aussage (im Sinne A. TARSKIS) [44], den «Wahrheitsgehalt» einer Theorie als Klasse aller wahren Folgerungsaussagen und den «Falschheitsgehalt» als Klasse aller falschen Folgerungsaussagen [45]. ‹W.› entwickelt POPPER damit als Begriff relativ auf solche Theorien T_i, deren Gehalte miteinander verglichen werden können, wobei die W. einer Theorie T_1 gegenüber der W. einer Theorie T_2 geringer ist, wenn der «Wahrheits- aber nicht der Falschheitsgehalt von T_1 kleiner ist als von T_2» oder aber «der Falschheits-, aber nicht der Wahrheitsgehalt von T_1 größer ist als der von T_2» [46]. Popper hält dafür, daß 1) die «Idee der Annäherung an die Wahrheit oder die W.» objektiven Charakter habe und «keine erkenntnistheoretische oder epistemische Idee» sei [47], daß 2) die Vorstellung einer graduellen Wahrheitsannäherung «besser anwendbar und deshalb für die Analyse wissenschaftlicher Methoden vielleicht wichtiger [ist] als die Idee der absoluten Wahrheit» [48] und daß 3) aufgrund der Anwendbarkeit auch auf falsche Sätze und Theorien «die Idee der W. in solchen Fällen am wichtigsten [ist], wo wir wissen, daß wir mit Theorien arbeiten müssen, die bestenfalls Annäherungen sind» [49]. Neben diesen systematischen Aspekten liegt eine weniger beachtete begriffsgeschichtliche Pointe von Poppers Theorie der W. darin, daß sie sich mit seiner Wendung «Back to the Pre-Socratics» [50] in eine Tradition einreiht, die durch «die frühe Geschichte der Verwirrung von W. und Wahrscheinlichkeit» [51] verschüttet wurde: «Die frühesten uns zur Verfügung stehenden Aussagen verwenden unzweideutig die Idee der W. (truthlikeness or verisimilitude). Mit der Zeit wird 'wie die Wahrheit' mehrdeutig: Es nimmt zusätzliche Bedeutungen an, wie 'wahrscheinlich' ...» [52]. Diese Tradition reicht nach Popper von der ‹Odyssee› bis hin zu Platon [53], der W. allerdings bereits in die Nähe von Wahrscheinlichkeit rückt, diese Auffassung an Aristoteles wie die nachfolgende Philosophie weitergibt und so die 'Verwirrung' initiiert [54].

Poppers Theorie der W. wird u.a. von TH. S. KUHN als Variante eines zirkulären Konvergenzrealismus zurückgewiesen [55]. P. K. FEYERABEND macht geltend, daß sie gerade bei der Anwendung auf den wichtigen Fall zueinander inkommensurabler Theorien versagen müsse [56]. I. LAKATOS sieht ihren Mangel darin, daß sie – entgegen ihrem Anspruch, eine Theorie des Erkenntnisfortschritts zu sein – insofern im Skeptizismus verharre, als sie keine verläßlichen Kriterien für W. angeben könne [57]. Weist Lakatos auch bereits darauf hin, daß nach dieser Theorie eine Kennzeichnung der «Entwicklung der Wissenschaft durch zunehmende Bewährung und abnehmende Wahrheitsnähe» gleichermaßen möglich sei [58], können D. MILLER und P. TICHÝ zeigen, daß sie auf falsche Theorien tatsächlich gar nicht widerspruchsfrei anwendbar ist und somit einer zentralen Zielsetzung Poppers nicht gerecht werden kann [59]. Anknüpfend an diese und andere Kritiken sind ab den frühen 1970er Jahren eine Reihe weiterer Zurückweisungen wie auch Ansätze, die Poppers ursprüngliche Definition von W. zu verbessern oder brauchbare Alternativen zu ihr zu entwickeln suchen, aufweisbar [60]. Diese Ansätze lassen sich im Anschluß an R. HILPINEN, G. ODDIE und S. D. ZWART [61] nach zwei Richtungen unterscheiden: Die eine Richtung («Content Proposals») sucht im Anschluß an Poppers ursprüngliche Definition eine Präzisierung von ‹W.› über den logischen Gehalt einer Theorie zu geben [62]; die zweite Richtung («Likeness Proposals») knüpft stärker an den der 'verisimilitudo-Tradition' inhärenten, von Popper nicht ausgeschöpften Ähnlichkeitsgedanken an und sucht u.a. unter Einbeziehung der Konzeptionen möglicher Welten [63] ‹W.› über die 'Abstände' solcher Welten zu bestimmen [64]. Neuerdings läßt sich dabei eine gewisse Annäherung beider Richtungen konstatieren [65].

I. NIINILUOTO teilt die moderne Geschichte der W. in drei Perioden ein; nach Poppers Begriffseinführung und deren grundsätzlicher Infragestellung durch frühe Kritiker sieht er dabei die dritte, etwa Mitte der 1980er Jahre einsetzende Periode gleichsam durch 'Irreversibilität' ihrer begrifflichen Grundlegung innerhalb der Wissenschaftstheorie gekennzeichnet: «it is now obsolete to claim that truthlikeness with reasonable properties cannot be defined at all» [66]. – «Diese Vermutung ist wohl, [wie] ich denke, der Wahrheit recht ähnlich» [67].

Anmerkungen. [1] Vgl. Art. ‹Wahrscheinlichkeit (ästhetisch)›; Art. ‹Wahrheit, ästhetische; Wahrheit der Kunst›. – [2] A. Osiander: Ad lectorem. De hypothesibus huius operis (1543), in: N. Kopernikus: De revolutionibus orbium caelestium libri sex (1543). Ges.ausg., hg. F./C. Zeller 2 (1949) 403f. – [3] F. Bacon: Novum organum II, 36 (1620). – [4] G. W. Leibniz: Nouv. essais sur l'entend. humain IV, 2, § 14 [1703-05] (1765). Akad.-A. VI/6 (1962) 372f.; dtsch.: Neue Abh. über den menschl. Verstand. Philos. Schr., hg. H. H. Holz (1959-61) 3/2, 266. – [5] Osiander, a.O. [2] 403f. – [6] a.O. 404. – [7] J. Locke: An essay conc. human underst. IV, 15, § 3 (1690), hg. P. H. Nidditch (Oxford 1975) 655; vgl. 16, § 1, a.O. 657f.; vgl. J. W. Yolton: A Locke dict. (London 1993) 175-177 (Art. ‹probability›). – [8] Leibniz: Nouv. ess. II, 21, § 66, a.O. [4] 206/dtsch. 3/1, 334; IV, 2, § 14, a.O. 372/dtsch. 3/2, 266. – [9] IV, 2, § 14, a.O. 372/dtsch. 3/2, 266. – [10] a.O.; vgl. II, 21, § 66, a.O. 206/dtsch. 3/1, 334. – [11] IV, 2, § 14, a.O. 373/dtsch. 3/2, 266. – [12] a.O.; vgl. Nova methodus dicendae docendaeque jurisprudentiae (1667). Akad.-A. VI/1 (1930) 280; Specimen demonstrationum de natura rerum corporearum ex phaenomenis (1671). Akad.-A. VI/2 (1966) 300; Modus examinandi consequentias per numeros (1679). Akad.-A. VI/4 (1999) 230. – [13] Br. an L. Bourguet (22. März 1714). Die philos. Schr., hg. C. I. Gerhardt 3 (1887, ND 1961) 570; vgl. L. Krüger: Probability in Leibniz. On the internal coherence of a dual concept. Arch. Gesch. Philos. 63 (1981) 47-60, 59. – [14] I. Kant: Logik Jäsche, Einl. X (1800). Akad.-A. 9, 81f.; Welches sind die wirklichen Fortschritte, die die Met. seit Leibnitzens und Wolf's Zeiten in Deutschland gemacht hat? [1791] (1804). Akad.-A. 20, 299; Verkündigung des nahen Abschlusses eines Tractats zum ewigen Frieden in der Philos. (1796). Akad.-A. 8, 420. – [15] Fortschritte, a.O. 299. – [16] Logik Jäsche, a.O. [14] 82. – [17] a.O. – [18] J. G. C. Ch. Kiesewetter: Grundriß einer allg. Logik nach Kantischen Grundsätzen (1802) 468. – [19] a.O. 469. – [20] J. F. Fries: Versuch einer Kritik der Principien der Wahrscheinlichkeitsrechnung (1842). Sämtl. Schr., hg. G. König/L. Geldsetzer 14 (1974) 16-18. – [21] W. Wundt: Logik 1: Allg. Logik und Erk.theorie ([4]1919) 419; vgl. Art. ‹Wahrscheinlichkeit IV. 2.›. – [22] Art. ‹Wahrscheinlichkeit›, in: F. Mauthner: Wb. der Philos. Neue Beiträge zu einer Kritik der Sprache (1910/11) 2, 568-578, 569f. – [23] Vgl. L. Krüger u.a. (Hg.): The probabilistic revolution 1-2 (Cambridge, Mass. u.a. 1989). – [24] Art. ‹Wahrscheinlich›, in: J. Ch. Adelung: Grammat.-krit. Wb. der hochdtsch. Mundart ([2]1793-1801, rev. 1808-11) 4, 1349; Art. ‹Wahrscheinlichkeit›, in: W. T. Krug (Hg.): Allg. Handwb. der philos. Wiss.en (1827-29) 4, 411-413, 411; vgl. a.O. 4 ([2]1834) 465-467, 465. – [25] a.O. 1349. – [26] Vgl. etwa: Art. ‹Wahrscheinlichkeit›, in: Allg. dtsch. Real-Encyclopädie 15 ([10]1855) 30f. – [27] Art. ‹Wahrscheinlichkeit›, in: F. Kirchner: Wb. der philos. Grundbegriffe (1886) 449-451, 449; neubearb. C. Michaelis ([5]1907) 689-690, 690; ([6]1911) 1085-1088, 1085. – [28] Vgl. Art. ‹Wahrscheinlichkeit›. Eisler[2] (1904) 2, 708-711, 708; Eisler[3] (1910) 3, 1743-1747, 1743 (mit Nennung von ‹verisimile› im Titel); Eisler[4] (1927-30) 3, 492-495, 492 (ohne Nennung von ‹verisimile›). – [29] Art. ‹Probabilité›, in: D. Diderot/J. le R. d'Alembert (Hg.): Encycl., ou Dict. raisonné des sciences, des arts et des métiers (Paris 1751-80) 13, 393-400, hier: 393; vgl. Art. ‹Vraisemblance›, a.O. 17, 482-484, 483. – [30] Vgl. etwa: Art. ‹verisimilitude›, in: Webster's compl. dict. of the Engl. language (London 1864) 1569; Webster's revised unabr. dict. of the Engl. language (London 1913) 1688; Webster's 3rd new int. dict. of the Engl. language 2 (London 1961) 2543; Art. ‹truthlike› und ‹truthlikeness›, in: The Oxford Engl. dict. 18 (Oxford [2]1989) 629; Art. ‹verisimilitude›, ‹verisimilitudinary› und ‹verisimility›, a.O. 19, 541 (Belege); Art. ‹vraisemblance›, in: Dict. de l'Acad. Franç. 2 (Paris [7]1878, ND Genf 1994) 962; Grand Dict. univ. du 19e s. 15 (Paris 1876) 1225f.; La grande encycl. 31 (Paris 1902) 1155; Trésor de la langue franç. 16 (Paris 1994) 1369f. (Belege); vgl. Art. ‹Wahrscheinlichkeit›. Grimm 13 (1922) 998-1002, 998. – [31] G. W. F. Hegel: Grundlinien der Philos. des Rechts § 31 (1820). Jub.ausg., hg. H. Glockner (1927-40) 7, 81; vgl. Vorrede, a.O. 31; vgl. Phän. des Geistes (1807). Akad.-A. 9 (1980) 143; F. W. J. Schelling: System des transz. Idealismus (1800). Sämmtl. Werke, hg. K. F. A. Schelling I/3 (1858) 354. – [32] Vgl. L. Laudan: Progress and its problems (London 1977). – [33] Vgl. etwa: J. S. Mill: A system of logic, ratiocinative and inductive II, 6, § 4; III, 2, § 4 (1843); dtsch.: System der deductiven und inductiven Logik (nach der 5. engl. Aufl.) 1 ([2]1862/63) 311. 353; F. A. Lange: Gesch. des Materialismus 1-2 (1866, [2]1873/1875, ND 1974) 2, 618f. 911. – [34] Vgl. etwa: E. Haeckel: Die Welträtsel, Kap. 16 ([11]1919, ND 1961) 362. – [35] Ch. S. Peirce: Elements of logic, ch. 6: The doctrine of chances (1878). Coll. papers, hg. Ch. Hartshorne/P. Weiss 2 (Cambridge, Mass. 1932, ND 1960) 2.663; vgl. 2.662. – [36] Vgl. hierzu: L. Laudan: Peirce and the trivialization of the self-correcting thesis, in: R. N. Giere/R. S. Westfall (Hg.): Found. of scient. method: The 19th cent. (London 1973) 275-306, 292f. – [37] Vgl. N. Rescher: Peirce's philos. of science (London 1978) 61-63. – [38] W. V. O. Quine: Word and object I, § 16 (Cambridge, Mass. 1960) 23. – [39] K. R. Popper: Truth, rationality and the growth of knowledge (1960); dtsch.: Wahrheit, Rationalität und das Wachstum der wissenschaftl. Erkenntnis, in: Vermutungen und Widerlegungen 1-2 (1994/97) 1, 312-365, 312 (Anm.). – [40] a.O. 317. – [41] 316. – [42] 318; vgl. Ch. S. Peirces ähnliche Verwendung von ‹likely› bzw. ‹likelihood›, in: Principles of philos., ch. 2 (1896). Coll. papers 1 (1931, ND 1960) 1.120; Pragmatism and pragmaticism III, ch. 6, § 2: On selecting hypotheses (1903), a.O. 5 (1934, ND 1960) 5.599; vgl. Rescher, a.O. [37] 51-61. 106-108 (Anm.). – [43] Popper, a.O. [39] 329. – [44] Two faces of common sense: An argument for commonsense realism and against the commonsense theory of knowledge (1970); dtsch.: Zwei Seiten des Alltagsverstandes ..., in: Objekt. Erkenntnis ([4]1993) 32-108, 48. – [45] a.O. 48f. – [46] 52; vgl. a.O. [39] 341 und Anh. 3: W., a.O. 2, 569-577. – [47] a.O. [39] 342. – [48] a.O. – [49] 343. – [50] Back to the pre-Socratics (1958); dtsch.: Zurück zu den Vorsokratikern, in: Vermutungen ..., a.O. [39] 198-224. – [51] Truth ..., a.O. [39] 344. – [52] Eine hist. Aufzeichnung über W. (1964), in: Vermutungen ..., a.O. [39] 2, 580-584, 580. – [53] a.O. 580-582; vgl. Einige weitere Bem. zur W. (1968), a.O. 584-589. – [54] 582f. – [55] Th. S. Kuhn: The structure of scient. revolutions (Chicago 1962, [2]1970); dtsch.: Die Struktur wissenschaftl. Revolutionen. Postskriptum (1967, 1969) 186-221, 217f. – [56] P. K. Feyerabend: Against method (London 1975); dtsch.: Wider den Methodenzwang (1976) 385. – [57] I. Lakatos: Popper and the demarcation of science (1971); dtsch.: Popper zum Abgrenzungs- und Induktionsproblem, in: Philos. Schr., hg. J. Worrall/G. Currie 1-2 (1982) 1, 149-191, 170; vgl. Changes in the problem of inductive logic (1968); dtsch.: Wandlungen des Problems der indukt. Logik, a.O. 2, 124-195, 180-184. – [58] Changes, a.O. 181. – [59] D. Miller: Popper's qualitative theory of verisimilitude. Brit. J. Philos. Science 25 (1974) 166-177; On the comparison of false theories by their bases, a.O. 178-188; P. Tichý: On Popper's definitions of verisimilitude, a.O. 155-160; vgl. J. H. Harris: Popper's definitions of 'verisimilitude', a.O. 160-166. – [60] The truth-likeness of truthlikeness. Analysis 33 (1972) 50-55; K. E. Jones: Verisimilitude versus probable verisimilitude. Brit. J. Philos. Science 24 (1973) 174-176; P. Tichý: Verisimilitude redefined, a.O. 27 (1976) 25-42; K. R. Popper: A note on verisimilitude, a.O. 147-159; D. Miller: On distance from the truth as a true distance, in: J. Hintikka/I. Niiniluoto/E. Saarinen (Hg.): Essays on math. and philos. logic (Dordrecht 1978) 415-435; P. Tichý: Verisimilitude revisited. Synthese 38 (1978) 175-196; I. Niiniluoto: Truthlikeness: Comments on recent discussion, a.O. 281-329; R. Tuomela: Verisimilitude and theory distance, a.O. 213-246; W. H. Newton-Smith: The rationality of science (London 1981); G. Oddie: Verisimilitude reviewed. Brit. J. Philos. Science 32 (1981) 237-265; I. Niiniluoto: On explicating verisimilitude: A reply to Oddie, a.O. 33 (1982) 290-296; What shall we do with verisimilitude? Philos. Science 49 (1982) 181-197; Verisimilitude vs. Legisimilitude. Studia logica 17 (1983) 315-329; T. A. F. Kuipers (Hg.): What is closer-to-the-truth? A parade of approaches to truthlikeness (Amsterdam 1987); E. Orlowska: Three aspects of verisimilitude. Bull. Section Logic 16 (1987) 96-106. 140-150; C. Brink: Verisimilitude: Views and reviews. Hist. Philos. Logic 10 (1989) 181-201; J. P. Z. Bonilla: Verisimilitude and the dynamics of scientific research programmes. J. gen. Philos. Science 33 (2002) 349-368. – [61] R. Hilpinen: Approximate truth and truthlikeness (1974), in: M. Przelecki/K.

SZANIAWSKI/R. WÓJCICKI (Hg.): Formal methods in the methodology of empir. sciences (Breslau/Dordrecht 1976) 19-42, 38; G. ODDIE: The picture theory of truthlikeness, in: KUIPERS (Hg.), a.O. [60] 25-45, 25; S. D. ZWART: Refined verisimilitude (Dordrecht u.a. 2001) IX; vgl. 19-28. – [62] Vgl. etwa: POPPER, a.O. [39] und [44]; MILLER, a.O. [59] und [60]; NEWTON-SMITH, a.O. [60]; G. ODDIE: Likeness to truth, ch. 2 (Dordrecht u.a. 1986) 21-33. – [63] Vgl. Art. ‹Welt, mögliche›. – [64] Vgl. HILPINEN, a.O. [61] im Anschluß an: D. LEWIS: Counterfactuals (Oxford 1973); TICHÝ, a.O. [59] und [60]; ODDIE, a.O. [62] 34-107 und [61]; I. NIINILUOTO: Truthlikeness (Dordrecht u.a. 1987); C. BRINK/J. HEIDEMA: A verisimilar ordering of theories phrased in a propositional language. Brit. J. Philos. Science 38 (1987) 533-549; T. A. F. KUIPERS: A structuralist approach to truthlikeness, in: KUIPERS (Hg.), a.O. [60] 79-99. – [65] Vgl. ZWART, a.O. [61]. – [66] I. NIINILUOTO: Verisimilitude: The 3rd period. Brit. J. Philos. Science 49 (1998) 1-29, 1. – [67] XENOPHANES: VS 21, B 35 (übers. nach POPPER, a.O. [39] 345).

Literaturhinweise. F. MAUTHNER s. Anm. [22]. – W. H. NEWTON-SMITH s. Anm. [60]. – G. ODDIE s. Anm. [62]. – I. NIINILUOTO s. Anm. [64] (weitere Lit.). – T. A. F. KUIPERS (Hg.) s. Anm. [60]. – S. D. ZWART s. Anm. [61]. H. PULTE

Wahrheitsfunktion; **Wahrheitstafel** (engl. truth function; truth table, logical matrix). In der Logik [1] bezeichnet ‹Wahrheitsfunktion› [W.] (auch ‹Wahrheitswertfunktion›) eine Aussagefunktion [2], deren Wert nur von den Wahrheitswerten (s.d.) der für ihre Argumente eingesetzten Aussagen abhängt. In der klassischen Logik können Funktionen und Argumente die Wahrheitswerte ‘wahr’ (verum, Symbol *W*) und ‘falsch’ (falsum, Symbol *F*) annehmen. Es gilt also das Zweiwertigkeitsprinzip (s.d.). Die junktorenlogischen Zusammensetzungen [3] der klassischen Logik sind W.en. Sie können daher über ihre Wahrheitswertverteilung definiert werden. So ist z.B. die Konjunktion (s.d.) diejenige zweistellige W., die genau dann den Wert *W* erhält, wenn beide Konjunktionsglieder den Wert *W* haben.

Die Idee der W. geht auf G. FREGE zurück, der auch eine Festlegung für solche Fälle trifft, in denen die Argumente keine Wahrheitswerte sind. So verwendet er als einfachsten Funktionsterm, der in den Aufbau komplexer Funktionsterme eingeht, das Zeichen ‘— *x*’. Es ist aus dem «Waagerechten» und einer Argumentvariablen (für Gegenstände) zusammengesetzt und besagt, daß der Wert der entsprechenden Funktion das Wahre ist, wenn ihr Argument das Wahre ist, in allen anderen Fällen, insbesondere wenn das Argument kein Wahrheitswert ist, ist er das Falsche [4]. Der Terminus ‹truth-function› wurde im Anschluß an Frege von A. N. WHITEHEAD und B. RUSSELL 1910 eingeführt [5].

Die wahrheitsfunktionale Auffassung logischer Junktoren wurde bereits in der Stoischen Logik antizipiert. So entspricht die sog. ‘Philonische Implikation’ (nach Philon von Megara) der ‘materialen Implikation’ [6], die den Wahrheitswert *F* hat, wenn das Antezedens den Wert *W* und das Sukzedens den Wert *F* hat. In allen anderen Fällen hat sie den Wert *W* [7].

In der klassischen Logik gibt es 2^{2^n}, also 16 zweistellige W.en. Nach (voneinander unabhängigen) Vorschlägen von E. L. POST (1921) [8] und L. WITTGENSTEIN (1921 [9], seit etwa 1912 entwickelt [10]) und antizipiert von CH. S. PEIRCE (1902) [11] sowie E. ZERMELO (1908) [12] lassen sich W.en durch Wahrheitstafeln (logische Matrizen) darstellen [13]. Der Terminus ‹truth-table› wurde von POST geprägt [14]. Die zweistelligen W.en der klassischen Logik lassen sich aus geeigneten Grundfunktionen zusammensetzen (verketten). So reicht z.B. jede der beiden W.en Negatkonjunktion und Negatadjunktion aus, alle anderen W.en der klassischen Logik durch Verkettung zu erzeugen. Die Negatkonjunktion ($\neg a \wedge \neg b$, $\neg(a \vee b)$, Injunktion, Rejektion (s.d.), ‘weder-noch’, ‘not-or’, NOR) wurde bereits von CH. S. PEIRCE 1880-81 [15] und 1902 [16] diskutiert und von H. M. SHEFFER als logisch interpretierte algebraische Operation eingeführt [17]. Die Negatadjunktion ($\neg a \vee \neg b$, $\neg(a \wedge b)$, ‘nicht beide’, ‘not-and’, NAND, «stroke function» [18]) wurde von SHEFFER erwähnt [19] und von J. NICOD gegenüber der Negatkonjunktion hervorgehoben [20]. Die Benennung der Funktionen mit ‹Shefferscher Strich› bzw. ‹Nicodscher Operator› erfolgt nicht einheitlich. Beide Funktionen sind funktional vollständig. Allgemein heißen funktional vollständige W.en ‹Shefferfunktionen› [21]. Sie finden insbesondere in Logiken für den Aufbau elektronischer Schaltungen Anwendung [22].

Die Möglichkeit, in der klassischen Logik *n*-stellige W.en als Verkettung zweistelliger W.en darzustellen, erlaubt den Einsatz der Wahrheitstafelmethode zur Entscheidung der Frage, ob eine vorgelegte komplexe W. allgemeingültig (tautologisch) ist oder nicht. Dabei kommen zweidimensionale Tafeln [23] und (auch in linearer Form darstellbare) logische Matrizen, z.B. logische Normalformen zum Einsatz [24]. Die klassische Junktorenlogik ist entscheidbar [25].

J. ŁUKASIEWICZ nutzte 1920 logische Matrizen zur Charakterisierung seiner dreiwertigen Logik [26]. 1921 erweiterte E. L. POST die Wahrheitstafelmethode auf *n*-wertige Systeme [27]. W. DUBISLAV übertrug die Methode auf die monadische Quantorenlogik [28], wo sie als Überprüfungsverfahren eingesetzt werden kann [29].

Anmerkungen. [1] Vgl. Art. ‹Logik V.›. Hist. Wb. Philos. 5 (1980) 378-383. – [2] Vgl. Art. ‹Aussage›, a.O. 1 (1971) 671. – [3] Vgl. Art. ‹Junktor›, a.O. 4 (1976) 660. – [4] G. FREGE: Funktion und Begriff (1891), in: Funktion, Begriff, Bedeutung, hg. G. PATZIG (71994) 18-39, bes. 31f.; vgl. H.-U. HOCHE: Vom ‘Inhaltsstrich’ zum ‘Waagerechten’, in: M. SCHIRN (Hg.): Studien zu Frege 2 (1976) 87-102. – [5] A. N. WHITEHEAD/B. RUSSELL: Principia math. 1 (Cambridge 1910, 21925, ND 1963) 8. – [6] Vgl. Art. ‹Subjunktion; Subjunktor›. Hist. Wb. Philos. 10 (1998) 474; Art. ‹Implikation 1.›, a.O. 4 (1976) 263f. – [7] SEXTUS EMP.: Adv. math. VIII, 112; vgl. B. MATES: Stoic logic (Berkeley/Los Angeles 1953) 43f. – [8] E. L. POST: Introd. to a general theory of elementary propositions. Amer. J. Math. 42 (1921) 163-185. – [9] L. WITTGENSTEIN: Log.-philos. Abh. [1918]. Ann. Nat.-Philos. 14 (1921) 185-252; Tract. logico-philos. (London 1922) 5.101. – [10] Vgl. Br. an B. Russell (Nov. 1913), in: Briefwechsel (1980) Nr. 28; J. SHOSKY: Russell's use of truth tables. Russell NS 17 (1997/98) 11-26, mit Hinweisen, daß B. Russell Wahrheitstafeln bereits 1914 benutzte. – [11] CH. S. PEIRCE: Coll. papers (Cambridge, Mass. 1960) CP 4.261-263. – [12] E. ZERMELO: Mathemat. Logik [SS 1908], Vorles.mitschr. K. GRELLING, Univ.archiv Freiburg i.Br., Nachlaß Zermelo; vgl. V. PECKHAUS: Logic in transition. The logical calculi of Hilbert (1905) and Zermelo (1908), in: D. PRAWITZ/D. WESTERSTÅHL (Hg.): Logic and philos. of science in Uppsala (Dordrecht u.a. 1994) 311-323. – [13] Vgl. Art. ‹Aussagenlogik 6.›. Hist. Wb. Philos. 1 (1971) 675f. – [14] POST, a.O. [8] 166. – [15] CH. S. PEIRCE: A Boolean algebra with one constant [1880f.]. Writings 4 (Bloomington/Indianapolis 1986) 218-221. – [16] a.O. [11] CP 4.264. – [17] H. M. SHEFFER: A set of five independent postulates for Boolean algebras, with application to log. constants. Transact. Amer. Math. Soc. 14 (1913) 481-488. – [18] So genannt in WHITEHEAD/RUSSELL, a.O. [5] (21925) 660 (I, App. C). – [19] SHEFFER, a.O. [17] 488 (Fn. †). – [20] J. NICOD: A reduction in the number of primit. propositions of logic. Proc. Cambridge Philos. Soc. 19 (1920) 32-41. – [21] Vgl. P. RUTZ: Zweiwertige und mehrwertige Logik (1973) 27. 30f. – [22] Vgl. G. E. WILLIAMS: Boolean algebra with computer applications (New York u.a. 1970) 216-225. – [23] Eingeführt von W. V. O. QUINE: Mathemat. logic § 10 (Cambridge, Mass. 1940, 1961); vgl. auch das nicht-tabellarische graphische Verfahren in WITTGENSTEIN: Tract. log.-philos., a.O. [9] 6.1203 sowie die Vorfassungen in: Br. an Russell (19. Nov. 1913), in: Br.wechsel, a.O. [10] Nr. 31, und: Tagebücher 1914-1916, Anh. II (April 1914). Schr. 1 (1963) 226-253. – [24] Vgl. Art. ‹Normalformen, logische›. Hist. Wb. Philos. 6 (1984) 927-930. – [25] Vgl. Art. ‹Algorithmus 3.›, a.O. 1 (1971) 155. – [26] J. ŁUKASIEWICZ: O logice trójwartościowej. Ruch Filozoficzny 5 (1920) 169-171; engl. Übers.: On three-valued logic, in: Sel. works (Warschau/Amsterdam/London 1970) 87f.; vgl. Art. ‹Zweiwertigkeitsprinzip›. – [27] POST, a.O. [8] §§ 11-16; vgl. Art. ‹Logik, mehrwertige›. Hist. Wb. Philos. 5 (1980) 440f.; vgl. J. ŁUKASIEWICZ/A. TARSKI: Unters. über den Aussagenkalkül. C. R. Soc. Sci. Lett. Varsovie, Cl. III, 23 (1930) 30-50; ND, in: A. TARSKI: Coll. papers 1 (Basel u.a. 1986) 321-346. – [28] Vgl. Art. ‹Quantor; Quantifikator 1.›. Hist. Wb. Philos. 7 (1989) 1830f. – [29] W. DUBISLAV: Elementarer Nachweis der Widerspruchslosigkeit des Logik-Kalküls. J. reine angew. Math. 161 (1929) 107-112.

Literaturhinweise. P. RUTZ s. Anm. [21]. – Art. ‹Wahrheitsfunktion›, in: N. I. KONDAKOW: Wb. der Logik (1978) 528f. – W. MARCISZEWSKI: Truth-table method, in: W. MARCISZEWSKI (Hg.): Dict. of logic as applied in the study of language (Den Haag u.a. 1981) 393-395.

V. PECKHAUS

Wahrheitsgefühl; **Wahrheitssinn** (engl. sentiment of truth). Bei den untereinander oftmals synonym gebrauchten Ausdrücken ‹Wahrheitsgefühl› [W.] und ‹Wahrheitssinn› (wie auch dem Begriff ‹Evidenzgefühl› [1]) handelt es sich um Analogiebildungen [2] zu dem von A. A. C. Earl of SHAFTESBURY eingeführten Konzept des moralischen Gefühls [3]. Auf W. A. TELLER [4], vor allem aber auf F. D. E. SCHLEIERMACHER geht die (auch bei W. WINDELBAND [5] bezeugte) Rede vom «Überzeugungsgefühl» zurück, «welches uns beim Verkehr mit den Dingen begleitet». Sie macht jedoch deutlich, daß das Problem von W. bzw. Wahrheitssinn bis zur Platonischen «wahren Meinung» (ὀρθὴ δόξα) zurückreicht [6].

Vorbereitet wird der neuzeitliche Begriff ‹W.› in der mittelalterlichen Diskussion um die affektive Verifikation theologischer Sätze [7]. Seine schon bei A. RÜDIGER zu beobachtende Beziehung zur «subtilitas» [8] ordnet den «sensus veri» jedoch einer Erkenntnislehre bzw. Logik zu, die im Anschluß an CH. THOMASIUS vor allem eine Anleitung zur Auffindung («inventio», s.d.) des Wahren sein will [9]. Die seit der zweiten Hälfte des 18. Jh. [10] zu beobachtende Konjunktur des Terminus ‹W.› setzt – ohne zu einer einheitlichen Begrifflichkeit zu gelangen [11] – eine Rücknahme der etwa von I. KANT hervorgehobenen strengen Zuordnung von W. und Erkenntnis [12] sowie die vor allem durch J. N. TETENS vorgenommene Auszeichnung des Gefühls gegenüber der Empfindung [13] voraus. Aber erst mit F. H. JACOBI wird deutlich, worin die Leistung des W. eigentlich zu suchen ist: Heißt etwas «Begreifen» vor allem, es gedanklich zu «construieren», dann verbleibt solche Erkenntnis stets im Relativen, Bedingten, letzten Endes im Nichts. Entsprechend kann so das Unbedingte, An-sich-Seiende demgegenüber nur noch als etwas Unmittelbares gefaßt werden, zugänglich nicht im «Wissen», sondern einzig durch einen «Sprung» («salto mortale»), für den Jacobi neben Begriffen wie ‹Offenbarung›, ‹Glaube›, später dann ‹Vernunft›, auch ‹W.› [14], vor allem aber ‹Ahndung› in Anspruch nimmt: «Mit seiner Vernunft ist dem Menschen nicht das Vermögen einer Wissenschaft des Wahren; sondern nur das Gefühl und Bewusstseyn seiner Unwissenheit desselben: Ahndung des Wahren, gegeben» [15]. Vor allem G. W. F. HEGEL hat gegen diesen Versuch, das Wahre und Absolute in ein «Jenseits» der Vernunft zu setzen und die «Nothwendigkeit des Begriffs» zugunsten der «Unmethode des Ahndens und der Begeisterung» fallenzulassen, polemisiert [16], um sie dann insbesondere gegen die von Schleiermacher inaugurierte 'Gefühlstheologie' (s.d.) geltend zu machen: «Was der wahrhafte Inhalt sey, ist nicht durch das Gefühl gegeben; denn da hat aller Inhalt Platz. Auch der höchste Inhalt muß im Gefühl seyn; dieß ist aber nicht die wahrhafte Weise des Wahren» [17].

Diese Kritik [18] richtet sich auch gegen J. F. FRIES, der als erster eine eigene Theorie des W. entwickelt: «Alles Denken durch bestimmte Begriffe und Schlüsse ist eine zusammengesetzte mittelbare Thätigkeit unsers Geistes», kann sich daher nie auf «das Unmittelbare, mit dem diese Thätigkeit anfängt», beziehen. Diese Leistung aber schreibt Fries dem W. zu: «Ich sage: jede Thätigkeit der Urtheilskraft, die unmittelbar für sich aufgefaßt wird, nennen wir W.», das sich nach drei Arten hin unterscheiden läßt: «Die erste Art beruht nur auf dem Grade, wie weit ich mir im Augenblick der Gründe eines Urtheils bewußt bin; die zweyte ist Gefühl der subsumirenden; die dritte, Gefühl der reflectirenden Urtheilskraft». Diese dritte Art steht für Fries im Vordergrund, weil wir nur mit ihrer Hilfe «zu den Grundsätzen einer Wissenschaft» gelangen können. Als «unmittelbare Auffassung eines Urtheils» ist es eigentlich das, «welches Jacobi nach Hume so bestimmt unter dem Namen Glaube oder Offenbarung als die unmittelbare Kraft unsrer Ueberzeugungen zu allen Vermittlungen durch Schlüsse hinzufordert» [19]. Fries ist dabei aber wichtig, daß das W. nicht ‹Wahrheitssinn› genannt werden darf, da es nicht 'Sinn', sondern eben selbsttätige Urteilskraft ist.

Die weitere Verwendung der Begriffe ‹W.› und ‹Wahrheitssinn› geschieht zwar im Anschluß an Fries (F. FRANCKE [20]), bleibt jedoch eher marginal und unspezifisch [21], so daß sich schließlich sogar die Theosophie darauf berufen kann [22]. Selbst innerhalb der Fries-Schule hat sich dieses Konzept nicht recht durchsetzen können: «Das Gefühl ist eine um so gefährlichere Quelle des Irrtums, als es sich so leicht das Ansehen einer unmittelbar evidenten Erkenntnis anmaßt und daher jeden Argwohn gegen seine Untrüglichkeit als den Ausfluß einer vermessenen Zweifelsucht erscheinen läßt. Darum ist es von so großer Wichtigkeit für die Kritik der Vernunft, daß wir die wahre Natur der Wertgefühle und überhaupt der W.e richtig erkennen und sie von allen intuitiven Akten, seien es solche des Erkennens oder des Interesses, unterscheiden lernen» [23]. Eine gewisse Ausnahme bildet R. OTTO, bei dem die Beziehung des W. nicht nur auf die «cognitio intuitiva» [24], sondern auch auf die reformatorische «Lehre vom testimonium spiritus sancti internum» [25] deutlich hervortritt.

Vor allem im Umkreis der Psychologismusstreitigkeiten [26] wird ‹W.› geradewegs zum Kampfbegriff, an dem sich die Geister scheiden. Betroffen davon ist in erster Linie H. RICKERT, der mit seiner Rede vom «Lustgefühl der Gewißheit» [27] gemeinsam mit E. MACH [28] in die Nähe F. NIETZSCHES [29] gerückt und damit zum Philosophen des 'Impressionismus' [30] gestempelt werden konnte. Trotz E. HUSSERLS scharfer Kritik am «Evidenzgefühl» als mystischem Index veri [31] hat aus seinem Umkreis W. SWITALSKI den Begriff ‹W.› noch einmal erneuert [32]. In der neueren Wissenschaftstheorie spricht M. POLANYI vom «impliziten Vorwissen von noch unentdeckten Dingen» [33]. W. als (Bedingung der Möglichkeit der) Fähigkeit zur systematischen Bildung von fruchtbaren Hypothesen wird auch wieder Thema in der Serendipity-Forschung [34].

Anmerkungen. [1] Vgl. A. HÖFLER: Psychologie (1897) 464. – [2] So deutlich bei J. A. EBERHARD: Allg. Theorie des Denkens und Empfindens (1776) 185. – [3] Vgl. Art. ‹Gefühl, moralisches›. Hist. Wb. Philos. 3 (1974) 96-98. – [4] W. A. TELLER: Wb. des NT zur Erklärung der christl. Lehre (^{2}1773) [mit Zusatz, hier: Religion der Vollkommneren] 116; vgl. auch: 103-114 (‹Gefühl der Wahrheit›; ‹Wahrheitssinn›). – [5] W. WINDELBAND: Encycl. der philos. Wiss. 1 (1912) 9. – [6] Vgl. F. D. E. SCHLEIERMACHER: Dialektik (1814/15), hg. A. ARNDT (1988) 36; vgl. 78-81. – [7] Vgl. ALEXANDER VON HALES: Summa theol. I, tr. introd., q. 1, c. 2 (Quaracchi 1924-48) 1, 5; q. 1, c. 4, art. 2, a.O. 9; ALBERTUS MAGNUS: Comm. in I sent., d. 1, art. 4. Op. omn., hg. A. BORGNET (1890ff.) 25, 18; S. theol. I, 1, 3, c. 3, a.O. 31, 18; U. VON STRASSBURG: De summo bono I, tr. 2, c. 4, hg. B. MOJSISCH (1989) 36f.; vgl. Art. ‹Sinne, die, C. 1.›. Hist. Wb. Philos. 9 (1995) 834-838, 837. – [8] Vgl. M. WUNDT: Die dtsch. Schulphilos. im Zeitalter der Aufklärung (1945, ND 1964) 86; vgl. Art. ‹Subtilität›. Hist. Wb. Philos. 10 (1998) 563-567. – [9] A. RÜDIGER: De sensu veri et falsi, Prooem. § 1 (^{2}1722) 1. – [10] Vgl. I. KANT: Was heißt: Sich im Denken orientieren? (1786). Akad.-A. 8, 134; F. SCHILLER: Br. über die ästhet. Erziehung des Menschen (1795). Sämtl. Werke, hg. G. FRICKE/H. G. GÖPFERT 5 (^{3}1962) 660; J. G. FICHTE: Die Grundzüge des gegenwärt. Zeitalters (1806). Akad.-A. I/8, 269; vgl. auch: a.O. 198. 275. 388; Ueber das Wesen des Gelehrten (1806), a.O. 71. 74; F. W. J. SCHELLING: Urfassung der Philos. der Offenbarung, hg. W. E. EHRHARDT (1992) 529f. 535. – [11] Vgl. J. G. H. FEDER: Logik und Met. (^{3}1788) 31 [«Gefühle des Wahren (Sensus veri, Sensus communis, Common sense)»]; CH. M. WIELAND: Fragm. von Beiträgen zum Gebrauch derer, die sie brauchen können oder wollen (1778). Werke, hg. F. MARTINI/H. W. SEIFFERT 3 (1967) 416ff. – [12] Vgl. I. KANT: Unters. über die Deutlichkeit der Grundsätze der natürl. Theol. und der Moral (1763). Akad.-A. 2, 299. – [13] J. N. TETENS: Philos. Versuche über die menschl. Natur und ihre Entwicklung 1 (1777, ND 1979) 166-261; speziell zum «Gefühl des Wahren» vgl. a.O. 185-191. – [14] F. H. JACOBI: Zufällige Ergießungen eines einsamen Denkers (1793). Werke, hg. F. ROTH/F. KÖPPEN (1812-25) 1, 281. – [15] Jacobi an Fichte, a.O. 3, 32. – [16] G. W. F. HEGEL: Phänomenol. des Geistes (1807). Akad.-A. 9 (1980) 36; vgl. 429. – [17] Vorles. über die Gesch. der Philos. Jub.ausg., hg. H. GLOCKNER (1927-40) 18, 217. – [18] Enzykl. der philos. Wiss.en im Grundr. § 456, Zus. (1830), a.O. 10, 339ff. – [19] J. F. FRIES: System der Logik (1811, ^{3}1837, ND 1914) 268-270. – [20] F. FRANCKE: Zur Theorie und Kritik der Urtheilskraft (1838) 220f.; vgl. 197-201. 235-308. – [21] J. W. GOETHE: Maximen und Refl., n. 364 (1809ff.). Werke, hg. E. TRUNZ 12 (^{12}1994) 414; F. E. BENEKE: Skizzen zur Naturlehre der Gefühle (1825) 51f.; D. TH. A. SUABEDISSEN: Die Grundzüge der Lehre von Menschen (1829) 314; W. T. KRUG: Art. ‹Wahrheitsgefühl›, in: Allg. Handwb. der philos. Wiss. 4 (^{2}1832-38) 462; E. BOBRIK: Neues prakt. System der Logik 1 (1838) VIII; L. FEUERBACH: Das Wesen des Christentums (1841). Ges. Werke, hg. W. SCHUFFENHAUER 5 (1973) 355; TH. WAITZ: Lehrb. der Psychol. als Naturwiss. (1849) 301; ferner: W. WHEWELL: On the inductive sciences (1841), in: J. F. W. HERSCHEL (Hg.): Essays from the Edinburgh and Quart. Reviews (London 1857) 142-256, hier: 222f.; zit. bei J. S. MILL: A system of logic II, 5, § 6 (1843). Coll. works (1963-91) 7, 250. – [22] Vgl. H. WITZENMANN: Die Voraussetzungslosigkeit der Anthroposophie (^{2}1986) 74ff. – [23] L. NELSON: Kritik der prakt. Vernunft (1917). Ges. Schr. (1970ff.) 4, 645; E. F. APELT: Metaphysik (1857), hg. R. OTTO (1910) 630; TH. ELSENHANS: Lehrb. der Psychol. (1912, ^{3}1939) 395f. («objektives W. oder Evidenzgefühl»). – [24] R. OTTO: West-Östl. Mystik (1926) 383-387. – [25] Kantisch-Fries'sche Religionsphilos. und ihre Anwendung auf die Theologie (1909, ND 1921) 18; vgl. 41-45; vgl. J. CALVIN: Instit. religionis christianae I, 24 (1539-54). Op. 1 [Corp. Reform. 29] (1863) 295; Instit. de la religion chrét. I, 4, 7 (1541), a.O. 3 [CR 31] (1865) 96; vgl. H. H. ESSER: Die Lehre vom 'Testimonium Spiritus Sancti Internum' bei Calvin innerhalb seiner Lehre von der hl. Schrift, in: W. PANNENBERG/T. SCHNEIDER: Verbindl. Zeugnis 2: Schriftauslegung – Lehramt – Rezeption (1995) 246-258; zur Nachwirkung als «Wahrheitsüberzeugung» vgl. A. RITSCHL: Die christl. Lehre von der Rechtfertigung und Versöhnung 2 (^{4}1900) 6. – [26] Vgl. etwa: CH. SIGWART: Logik 1 (1873, ^{5}1904) 15f.; R. RICHTER: Der Skeptizismus in der Philos. 1 (1904) 153. – [27] Vgl. die Selbstkorrektur bei H. RICKERT: Der Gegenstand der Erkenntnis (1892, ^{3}1915) 201f.; aus der Schule Rickerts vgl. B. CHRISTIANSEN: Erkenntnistheorie und Psychol. des Erkennens (1902) 25. – [28] Vgl. E. MACH: Die Mechanik hist.-krit. dargest. (1883, ND 1963) 28 («instinktive Erkenntnis»); dazu auch: J. M. RIPALDA: Instinkt und Vernunft bei G. W. Leibniz. Studia leibn. 4 (1972) 19-47. – [29] Zum W. bzw. Wahrheitssinn bei F. NIETZSCHE: Nachgel. Frg., Sommer-Herbst 1873 29[10]. Krit. Ges.ausg., hg. G. COLLI/M. MONTINARI (1967ff.) 3/4, 234f.; Unzeitgem. Betracht. III, 6 (1874), a.O. 3/1, 393; Nachgel. Frg., Herbst 1880 6[146], a.O. 5/1, 564; Frühj.-Herbst 1881 11[262], a.O. 5/2, 438. – [30] R. HAMANN: Der Impressionismus in Leben und Kunst (1907) 112ff. – [31] E. HUSSERL: Ideen zu einer reinen Phänomenologie und phänom. Philos. § 21 (1913) 47. Hua. 3/1 (Den Haag 1976) 46f.; Einl. in die Logik und Erkenntnistheorie (1906/07). Hua. 24 (1984) 156; Formale und transz. Logik § 106 (1929) 247-249. Hua. 17 (1974) 286-288. – [32] W. SWITALSKI: Der Wahrheitssinn. Ein Beitrag zur Psychol. des Erkennens (1917). – [33] M. POLANYI: The tacit dimension (London 1967) 23; dtsch.: Implizites Wissen (1985) 29. – [34] Vgl. R. K. MERTON/E. BARBER: The travels and adventures of serendipity (Princeton 2004).

Literaturhinweise. Z. TORBOFF: Über die Friessche Lehre vom W. Diss. (Göttingen 1929). – K. L. ROSS: Nicht-intuitive unmittelbare Erkenntnis. Ratio 27 (1985) 113-129. – E. VÖLMICKE: Gewißheit und Geltung. Zur Auflösung des Geltungsproblems bei Fries, in: W. MARX/E. W. ORTH (Hg.): H. Cohen und die Erkenntnistheorie (2001) 31-48.

G. KÖNIG

Wahrheitskriterium (griech. κριτήριον τῆς ἀληθείας; lat. criterium veritatis; engl. criterion of truth; frz. criterium de la vérité)

I. – Durch EPIKUR wird der Begriff ‹Kriterium› (s.d.), gleichbedeutend mit dem des Maßstabs (κανών), in die Erkenntnistheorie eingeführt und zentral für die hellenistische Philosophie. Epikur bezeichnet die Sinneswahrnehmung (αἴσθησις) und Vorbegriffe (προλήψεις), alles, was sich durch diskriminatorische, kognitive Prozesse als evident zeigt, sowie die Affektionen (πάθη) als ‹W.› [1]. Den Stoikern zufolge ist «das Kriterium, mit dem die Wahrheit der Sachen entschieden wird, der Gattung nach eine Vorstellung (φαντασία)» [2]. Die Vorstellung wird definiert als «Eindruck» (τύπωσις) oder «Veränderung» (ἀλλοίωσις) in der Seele. Die Stoiker unterscheiden zwischen sinnlichen und nicht-sinnlichen Vorstellungen. Von den sinnlichen Vorstellungen gehen einige von existierenden Gegenständen aus, andere sind Illusionen [3]. Wahr sind Vorstellungen, denen wahre Prädikationen entsprechen, wie z.B. (wenn gerade Tag ist) 'Es ist Tag' [4]. Das W. ist die erfassende (καταληπτική) Vorstellung [5]. Eine Vorstellung ist erfassend, wenn sie von etwas Bestehendem her stammt und in Übereinstimmung mit diesem gebildet ist. Die nicht-erfassende Vorstellung stammt entweder von etwas Nichtexistierendem oder von etwas Existierendem, ohne jedoch in Übereinstimmung mit diesem gebildet zu sein; sie ist nicht deutlich und «kein klarer Abdruck» [6]. Die erfassende Vorstellung prägt sich wie ein Siegeleindruck in unseren Geist ein, der alles mit artistischer Präzision deutlich zeigt [7]; sie identifiziert sich dadurch selbst als erfassende Vorstellung. Menschen verfügen über die Fähigkeit, ihren Vorstellungen zuzustimmen oder nicht zuzustimmen; wer einer erfassenden Vorstellung zustimmt, vollzieht einen Akt des Erfassens (κατάληψις) [8].

Ausgehend von der Definition des W. wird zunächst zwischen den Stoikern ZENON und ARISTON und dem

Akademiker Arkesilaos, dann zwischen dem Stoiker Chrysipp und dem Akademiker Karneades kontrovers diskutiert, ob eine erfassende Vorstellung eindeutig von einer nicht-erfassenden Vorstellung unterscheidbar ist. In der Auseinandersetzung mit der skeptischen Kritik fügen die Stoiker der Bestimmung der erfassenden Vorstellung folgendes hinzu: 1) Sie ist derart, «wie sie von etwas nicht Bestehendem her nicht entstehen könnte» (οἵα οὐκ ἂν γένοιτο ἀπὸ μὴ ὑπάρχοντος) [9]. Gegen dieses Merkmal argumentieren die Akademiker erstens mit dem Verweis auf Handlungen: Weil der Zustimmung (s.d.) zu Vorstellungen Handlungen folgen, macht z.B. das Schreien dessen, der im Traum jemanden zu erkennen meint, deutlich, daß seine Vorstellung nicht von einer erfassenden zu unterscheiden ist – sonst würde er nicht schreien [10]. Die erfassende Vorstellung ist zudem bei Verschiedenem von ähnlicher Gestalt nicht klar identifizierbar, wogegen die Stoiker ontologisch argumentieren: Es ist nicht möglich, daß zwei Gegenstände identisch sind. Wie eine Mutter ihre Zwillinge am Blick der Augen unterscheiden könne, so sei der Weise insgesamt geübt im Treffen von Unterscheidungen [11]. 2) Als späterer Zusatz gilt folgende Klausel: Die erfassende Vorstellung ist W., vorausgesetzt «daß es kein Hindernis gibt» [12]. Ein Hindernis liegt z.B. vor, wenn man weiß, daß die Person, von der man eine erfassende Vorstellung zu haben scheint, tot ist. Der stoische Weise stimmt nur erfassenden Vorstellungen zu. Für den Fall, daß er keine erfassende Vorstellung hat, nennen die Quellen zwei Lösungen: Der Weise hält die Zustimmung zurück [13], oder er stimmt der erfassenden Vorstellung zu, daß es plausibel (εὔλογον) sei anzunehmen, daß etwas der Fall sei [14].

Arkesilaos nennt das Plausible (εὔλογον) als praktisches Kriterium. Die richtige Handlung ist danach diejenige, für die sich, wenn sie getan ist, eine plausible Rechtfertigung angeben läßt [15]. Karneades benennt, ebenfalls als Handlungskriterium, die glaubhafte (πιθανόν) Vorstellung, die zugleich «nicht abgelenkt und durchuntersucht» (ἀπερίσπαστον καὶ διεξωδευμένην) ist [16]. Glaubhaft ist nach stoischer Definition eine Vorstellung, die eine «sanfte Bewegung» (λεῖον κίνημα) in der Seele in Gang setzt und uns so geneigt macht, zuzustimmen [17]. Die Glaubhaftigkeit einer Vorstellung ist damit unabhängig davon, ob diese die Wirklichkeit erfaßt. Ähnlich zu verstehen ist das Karneadische Kriterium: Eine Vorstellung ist glaubhaft, wenn sie anscheinend wahr (φαινομένη ἀληθής) ist, wenn sich die Wirklichkeit in ihr zu manifestieren scheint und wir von ihr überzeugt werden. Von den anscheinend wahren Vorstellungen sind einige deutlicher als die anderen; nur die deutlicheren gelten als Kriterien. Sie können zwar falsch sein, sind aber meist wahr, so daß wir Grund haben, ihnen zu trauen [18]. Daß eine Vorstellung «nicht abgelenkt» ist, heißt, daß keine der Vorstellungen, mit denen sie verbunden ist, falsch ist und uns so von ihr abbringt. Daß sie «durchuntersucht» ist, bedeutet, daß jede der miteinander zusammenhängenden Vorstellungen genau überprüft ist [19]. Die Pyrrhoneer unterziehen zwar die dogmatischen Theorien über das W. der skeptischen Untersuchung, geben aber zu, selbst über ein Kriterium des Handelns zu verfügen. Kriterium sind ihnen die Erscheinungen (φαινόμενα): Sie folgen der Leitung der Natur, der Notwendigkeit der Affektionen, den Traditionen und Gesetzen sowie der Einweisung in Fertigkeiten, die sie in ihrer Berufsausbildung erhalten [20].

Weiter gilt den Stoikern auch der Orthos Logos (s.d.) als W. [21]. Ausgehend von der theologischen Diskussion des Hellenismus zur Existenz von Göttern entsteht der Gedanke, die Übereinstimmung aller, der «consensus omnium» (s.d.) sei Garant für die Wahrheit [22]. Obwohl hier der Terminus ‹W.› nicht fällt, ist dieser Gedanke in späterer Zeit als eine Art des W. aufgegriffen worden.

Anmerkungen. [1] Diog. Laert.: Vitae X, 31; Epikur: Ratae sent. 24; Ep. ad Herod. 37f. 82; vgl. A. A. Long/D. N. Sedley: The Hellenistic philosophers 1-2 (Cambridge 1987); dtsch.: Die hellenist. Philosophen [LS] 17 A-C (2000); vgl. Art. ‹Kanonik›. Hist. Wb. Philos. 4 (1976) 692. – [2] Vgl. Art. ‹Phantasia›. Hist. Wb. Philos. 7 (1989) 516-535. – [3] Diog. Laert.: Vitae VII, 49ff. (SVF 2, 52. 55. 61; LS 39 A; FDS 255 Diokles Magnes.). – [4] Sextus Emp.: Adv. math. 7, 244 (SVF 2, 65; LS 39 G; FDS 273). – [5] Vgl. Art. ‹Katalepsis›. Hist. Wb. Philos. 4 (1976) 708-710. – [6] Diog. Laert.: VII, 46 (SVF 2, 53; LS 40 C; FDS 33). – [7] Sextus Emp.: Adv. math. 7, 251 (SVF 2, 65; LS 40 E; FDS 333). – [8] Cicero: Acad. post. I, 41 (SVF 1, 60; LS 40 B; FDS 256). – [9] Sextus Emp.: Adv. math. 7, 252 (SVF 2, 65; LS 40 E; FDS 333). – [10] Adv. math. 7, 403 (LS 40 H; FDS 334). – [11] Cicero: Acad. post. II, 57 (LS 40 I); vgl. II, 84f. (LS 40 J); Sextus Emp.: Adv. math. 7, 409f. (LS 40 H). – [12] Sextus Emp.: Adv. math. 7, 253f. (LS 40 K; FDS 333). – [13] Cicero, a.O. [11]. – [14] Diog. Laert.: Vitae VII, 177 (SVF 1, 625; LS 40 F; FDS 380f. Athenaeus). – [15] Sextus Emp.: Adv. math. 7, 158 (LS 69 B). – [16] Adv. math. 7, 166f. (LS 69 D). – [17] 7, 242 (SVF 2, 65; LS 39 G; FDS 273). – [18] 166-175 (LS 69 D). – [19] 176-184 (LS 69 E). – [20] Pyrrh. instit. I, 21-24; vgl. Art. ‹Phänomen I.›. Hist. Wb. Philos. 7 (1989) 461-464, hier: 463. – [21] Diog. Laert.: Vitae VII, 54. – [22] Vgl. Alexander Aphr.: De mixtione III-V, 217, 2 (FDS 310) κοιναὶ ἔννοιαι als W.

Literaturhinweise. A. A. Long: Sextus Emp. on the criterion of truth. Bull. Inst. Class. Stud. Univ. London 25 (1978) 35-58. – D. K. Glidden: Epicurean prolepsis. Oxford Stud. anc. Philos. 3 (1985) 175-218. – G. Striker: Κριτήριον τῆς ἀληθείας. Nachr. Akad. Wiss. Göttingen, Phil.-hist. Kl. 2 (1974) 47-110; The problem of the criterion, in: S. Everson (Hg.): Epistemology (Cambridge 1990) 143-160. – P. Huby/G. Neal (Hg.): The criterion of truth. Essays in hon. of G. Kerferd (Chippenham 1989). – J. Brunschwig: Sextus Emp. on the kriterion: The sceptic as conceptual legatee, in: Papers in Hellen. philos. (Cambridge 1994) 224-243.

K. Vogt

II. – Der Sache nach ist die Frage nach einem Kriterium (s.d.) der Wahrheit durchgehend diskutiert worden, ohne allerdings immer terminologisch unter ‹W.› (bzw. unter ‹Merkmal›, ‹Kennzeichen›, ‹Probierstein› oder ‹Maßstab der Wahrheit›) verhandelt zu werden. Vielfach sind dabei Definitionen des Wahrheitsbegriffs als epistemische Kriterien der Feststellung von Wahrheit im Sinne einer Beurteilung von Inhalten als wahr benutzt worden. Diese Kontamination von Definition und Entscheidungsverfahren vollzieht sich vor allem in der Neuzeit, in der erkenntnistheoretische Themen in den Mittelpunkt rücken und die Frage nach einem W. als Frage danach verstanden wurde, was die Gewißheit (s.d.) von Erkenntnissen verbürge. So formuliert R. Descartes das W. in seinen ‹Meditationen› als «allgemeine Regel» («regula generalis»), «daß alles das wahr ist, was ich ganz klar und deutlich einsehe» («illud omne esse verum quod valde clare et distincte percipio») [1]. Demgemäß erörtert er dann unter der Überschrift «De vero et falso», die eine Definition des Begriffs erwarten lassen würde, «was zu tun ist, um Wahrheit zu erlangen» («quid agendum ut assequar veritatem»), und bestimmt als Verfahren, beim Urteilen nicht über das hinauszugehen, was vom Verstand «klar und deutlich» (s.d.) herausgestellt werde [2].

Bereits G. W. Leibniz spricht mit Bezug auf Descartes' Begriffspaar «klar und deutlich» explizit von «Kriterien der Ideen und Erkenntnisse» («criteriis idearum et cognitionum») [3], die er durch weitere Differenzierungen zu präzisieren sucht: «Häufig nämlich erscheint leichtfertig urteilenden Menschen klar und deutlich, was dunkel und verworren ist» [4]. In diesem Zusammenhang betont Leibniz im Gegensatz zu Descartes auch, daß «die Regeln der allgemeinen Logik nicht zu verachtende Kriterien für die Wahrheit von Aussagen sind» («veritatis enuntiationum criteria sunt regulae communis Logicae») [5]. CH. WOLFF führt die Definition des Wahrheitsbegriffs – unterschieden in Nominal- und Realdefinition – zwar gesondert von der Angabe des W. auf, legt dessen Bestimmung aber seine Realdefinition zugrunde: «Veritatis criterium est determinabilitas praedicati per notionem subiecti» («Das W. ist die Bestimmbarkeit des Prädikats durch den Begriff des Subjekts»). Dieses Kriterium ist, wie Wolff selbst herausstellt, ein satzinternes Kriterium zur Erkenntnis der Wahrheit: «Criterium veritatis est propositioni intrinsecum, unde agnoscitur, eam esse veram» («Das W. ist dem Satz eigen, durch welches erkannt wird, daß er wahr ist») [6]. Andere Kriterien werden auch von Wolffianern genannt [7].

Eine prinzipielle Diskussion möglicher Arten von W.en leitet erst I. KANT ein, indem er Allgemeingültigkeit auf «bloß logische», d.h. rein formale W.en beschränkt sieht, da nur diese von allen Erkenntnissen ohne Unterschied ihrer Gegenstände gelten können. Sie sind bloß negative «Probirsteine der Wahrheit», indem sie die nur notwendige Bedingung einer Übereinstimmung der Erkenntnisse mit den «allgemeinen und formalen Gesetzen des Verstandes» betreffen. Hinreichende W.en müssen auf den Inhalt der Erkenntnisse Bezug nehmen und können daher niemals allgemein sein [8]. Gegen diese Auffassung wendet sich J. G. FICHTE, indem er die Existenz eines absoluten W. als Bedingung der Möglichkeit für pflichtgemäßes Handeln betont. Das Auffinden wahrer Sätze ist zwar Aufgabe der theoretischen Vernunft, aber das absolute Kriterium ihrer Richtigkeit enthalten diese Sätze nicht in sich selbst, sondern es liegt im Praktischen als ein «Gefühl der Wahrheit und Gewissheit». Ein äußeres, objektives W. kann es nicht geben [9].

Kants Argumentation gegen ein allgemeines positives W. wird von G. W. F. HEGEL im Kontext seiner Ablehnung eines bloß formalen Verständnisses von Logik kritisiert [10]. Er wendet sich dabei gegen die Vorgehensweise, das Vorhandensein eines bestimmten Bewußtseinsinhaltes zum W. zu machen, statt die Natur des Inhalts als ein solches zu nehmen. Die Bestimmung eines Begriffs soll aus dem Denken selbst abgeleitet statt äußerlich aufgenommen werden. Andernfalls bestimmt man einen Begriff nicht an und für sich, sondern nach einer Voraussetzung, die somit das Kriterium der Richtigkeit ist. Das subjektive Wissen würde also zur Grundlage dessen, was als wahr ausgegeben wird. Als das «Wahre aber kann nur ein Inhalt erkannt werden, in sofern er nicht mit einem Andern vermittelt, nicht endlich ist, also sich mit sich selbst vermittelt».

Der Neuhegelianismus greift die Idee eines allgemeingültigen positiven W. zustimmend auf. So leitet F. H. BRADLEY aus der zunächst nur negativen Annahme, daß die Wirklichkeit nicht selbstwidersprüchlich sein könne («absolute criterion»), positive Eigenschaften dieser «ultimate reality» ab, die als absolute Wahrheiten Geltung besitzen. Und auch für untergeordnete Wahrheiten gilt ein W.: Je kohärenter und umfassender sie sind, desto mehr realisieren sie die Idee des Systems, und um so mehr sind sie wirklich und wahr [11]. Das bereits von Bradley als gleichbedeutende Alternative angegebene W. der Unvorstellbarkeit des Gegenteils wird auch von H. SPENCER vertreten, dem zufolge die Unvorstellbarkeit der Negation einer Vorstellung dasjenige ist, woran man ihre unhintergehbare Gültigkeit erkennt [12].

In direkter kritischer Auseinandersetzung betonen dagegen dem Pragmatismus nahestehende Philosophen wie F. C. S. SCHILLER erneut die rein formale und negative Rolle des W. der Widerspruchsfreiheit (s.d.). Gegenüber jeder Annahme eines allgemeingültigen W. wird der kontextabhängige, praktische und prozessuale Charakter von Wahrheit und damit auch ihrer Kriterien betont [13].

B. RUSSELL lehnt ein absolutes W. aus geltungstheoretischen Überlegungen ab: Da ein W. bei Gefahr einer Petitio principii nicht auf sich selbst angewendet werden dürfe, sei der Glaube an ein solches Kriterium notwendig als fallibel zu betrachten. Ein zumindest relatives Kriterium sieht Russell in der wiederholten Verifikation (s.d.) von Überzeugungen, durch deren Anwendung die Wahrscheinlichkeit der Wahrheit erhöht werde. Dagegen werden Evidenz und Kohärenz als unbrauchbar verworfen [14]. H. SIDGWICK hält zwar das Kantische Argument gegen die Möglichkeit allgemeiner W.en für nicht schlüssig, da es nicht von vornherein ausgeschlossen sei, eine übereinstimmende Eigenschaft aller wahren Urteile zu finden, die nicht schon in ihrer Wahrheit selbst begründet sei. Eine kritische Untersuchung der W.en der Evidenz und der Unvorstellbarkeit des Gegenteils führt ihn aber zum Ergebnis, daß zumindest diese W.en nicht in der Lage seien, zweifelsfrei wahre Aussagen auszusondern [15].

Das grundsätzliche Problem, wie die Eigenschaft eines immanenten psychischen Zustandes die Wahrheit eines Urteils über etwas außerhalb des Bewußtseins Liegendes und in diesem Sinne Transzendentes garantieren soll, wurde von H. RICKERT diskutiert. Das W., näher bestimmt als der seelische Zustand der Gewißheit, wird eingeschränkt auf den formalen Aspekt des Urteilsaktes, ein über das psychische Sein hinausweisendes Sollen. Dieser transzendente Erkenntnissinn von Gewißheit liegt aber nicht in diesem Zustand selbst, sondern wird durch die Benennung als *Wahrheits*kriterium erst konstruiert. Da auch falsche Urteile vom Zustand der Gewißheit begleitet werden können, kann es sich nur um ein notwendiges W. handeln [16]. Einer ausführlichen Analyse wird dieses Problem bei N. HARTMANN unterzogen, nach dem das W. eine immanente Relation zwischen den ins Bewußtsein fallenden Gliedern zweier transzendenter Relationen ist, die auf denselben seienden Gegenstand bezogen sind. Ein W. für einen Erkenntnisinhalt ist damit eine Art zweiter Erkenntnis, die der ersten als Kontrollinstanz und Korrektiv überlagert ist. Die dazu nötigen autonomen Erkenntnisinstanzen sieht Hartmann in der aposteriorischen und der apriorischen Erkenntnis gegeben. Ihr Zutreffen ist zwar auch durch ihr Zusammenfallen noch nicht garantiert. Aber bei größeren Zusammenhängen im Fortschreiten der Erkenntnis nähert sich die Chance des Zutreffens der Gewißheit. Es handelt sich somit um ein relatives W., das sich beim Übergang zu immer größeren Erkenntniszusammenhängen dem Charakter eines absoluten W. annähert [17].

In der Gegenwartsphilosophie steht bei analytisch ausgerichteten Autoren die methodische Unterscheidung zwischen W. und Wahrheitsdefinition im Vordergrund [18]. So bestimmt N. RESCHER seine Kohärenztheorie ausdrücklich als kriteriale Theorie, wenngleich im Zuge der Untersuchung die Abgrenzung zu einer definitionalen Theorie nicht immer streng durchgehalten wird. Obwohl Rescher explizit an die neu-idealistische Tradition der Kohärenztheorie anknüpft, rekurriert er anders als Bradley nicht auf metaphysische Annahmen über eine Kohärenz der Wirklichkeit. Das W. wird zudem lediglich im Sinne eines «autorisierenden» Kriteriums verstanden, welches eine rationale Rechtfertigung für die Annahme bestimmter Aussagen liefern soll. Die Möglichkeit des Irrtums wird damit nicht ausgeschlossen. Der Anwendungsbereich des W. wird auf Tatsachenwahrheiten eingeschränkt, womit insbesondere das Problem der Selbstanwendung vermieden wird: Das zu den logischen Wahrheiten zählende W. kann nur pragmatisch legitimiert werden [19].

In der Wahrheitstheorie von J. HABERMAS wird Konsens *auch* als W. bezeichnet, ebenso aber auch als Sinn oder Bedeutung von Wahrheit, so daß nicht klar wird, ob seine Theorie kriteriologisch oder explikativ-definitional zu verstehen ist [20]. In der gegenwärtigen Wissenschaftstheorie spielt die Problematik von W.en besonders im Kontext der empirischen Rechtfertigung von Theorien eine Rolle. Im Kritischen Rationalismus wird versucht, die Bewährung einer Theorie angesichts fortgesetzter Falsifikationsversuche als W. geltend zu machen [21]. Allerdings betont auch K. R. POPPER: «Yet we cannot have a general criterón of truth» [22]. In Ansätzen, die in der Tradition des Logischen Empirismus stehen, wird dagegen die Korrektheit der Beobachtungskonsequenzen einer Theorie als deren W. betrachtet. Angesichts des Phänomens der empirischen Unterbestimmtheit von Theorien ergibt sich dabei allerdings das Problem der Rechtfertigung dieses Kriteriums, falls man an einer realistischen Deutung festhalten und Wahrheit nicht von vornherein mit empirischer Adäquatheit identifizieren will [23].

Anmerkungen. [1] R. DESCARTES: Medit. III, 1 (1641). Oeuvr., hg. CH. ADAM/P. TANNERY (Paris 1897-1913, [2]1964-74) 7, 35. – [2] Medit. IV, 17, a.O. 62. – [3] G. W. LEIBNIZ: Medit. de cognitione, veritate et ideis (1684). Philos. Schr., hg. C. I. GERHARDT 4 (1880, ND 1965) 422. – [4] a.O. 425; vgl. Art. ‹Verworrenheit II.›. Hist. Wb. Philos. 11 (2001) 1017-1020. – [5] a.O. – [6] CH. WOLFF: Philos. rationalis sive Logica §§ 524. 523; vgl. §§ 505. 513 (1728, [3]1740, ND 1983). – [7] Vgl. den Überblick bei J. N. FROBESIUS: Ch. Wolfii Philosophia rationalis sive Logica (1746, ND 1980) 109f. – [8] I. KANT: KrV B 82ff. 189ff.; Logik JÄSCHE, Einl. II. VII (1800). Akad.-A. 9, 17. 49-53. – [9] J. G. FICHTE: Das System der Sittenlehre nach den Prinzipien der Wiss.lehre § 15 (1798) I-V. Akad.-A. I/5 (1977) 152ff.; zum Gefühl von Wahrheit vgl. insgesamt: Art. ‹Wahrheitsgefühl; Wahrheitssinn›. – [10] G. W. F. HEGEL: Wiss. der Logik 2 (1816). Akad.-A. 12 (1981) 26ff. 154f.; Enzykl. der philos. Wiss. im Grundr. §§ 71. 72. 74 (1830). Akad.-A. 20 (1992) 111. 113f. – [11] F. H. BRADLEY: Appearance and reality. Coll. works, hg. W. J. MANDER 9 (Oxford [9]1930) 120ff. 476-489; The princ. of logic 1, a.O. 7 (Oxford 1928) 114-127; vgl. B. BLANSHARD: The nature of thought (London 1939) 212-259. – [12] H. SPENCER: Princ. of psychology II, 7, 9-11, §§ 413-433 ([2]1872). – [13] F. C. S. SCHILLER: Studies in Humanism (London 1912) 65. 148ff. 240f. – [14] B. RUSSELL: The analysis of mind (London 1921) 261-271; vgl. M. SCHLICK: Über das Fundament der Erkenntnis. Erkenntnis 4 (1934) 79-99, hier: 86; A. LEIST: Ein Plädoyer für die Beendigung der Suche nach Wahrheitskriterien. Z. allg. Wiss.theorie 6 (1975) 217-234. – [15] H. SIDGWICK: Criteria of truth and error. Mind 9 (1900) 8-25. – [16] H. RICKERT: Der Gegenstand der Erkenntnis (1892, [6]1928) 197. 240ff. 246f. 290f.; vgl. Art. ‹Wahrheit V. C.›. – [17] N. HARTMANN: Grundzüge einer Met. der Erkenntnis (1921, [5]1965) 97ff. 427-434. 536-548; Die Erkenntnis im Lichte der Ontologie [1949], in: Kl. Schr. 1 (1955) 134ff. – [18] G. SIGWART: Wahrheitsdefinition und W. Grazer philos. Stud. 31 (1988) 103-122; L. B. PUNTEL: Grundlagen einer Theorie der Wahrheit (1990) 15-29. – [19] N. RESCHER: The coherence theory of truth (Oxford 1973) 3f. 23. 45ff. 57. 235. 262. – [20] J. HABERMAS: Wahrheitstheorien, in: Wirklichkeit und Reflexion. Festschr. W. Schulz (1973) 211-265, 239f. – [21] B. GESANG: Wahrheitskriterien im Krit. Rationalismus (Amsterdam 1995) 104. – [22] K. R. POPPER: Intellectual autobiography, in: P. A. SCHILPP (Hg.): The philos. of K. Popper 1-2 (LaSalle, Ill. 1974) 1, 114. – [23] C. KLEIN: Konventionalismus und Realismus (2000) 11-19. 241-246.

Literaturhinweise. I. ZIEHEN: Lehrb. der Logik § 61 (1920) 287-293. – L. B. PUNTEL: Wahrheitstheorien in der neueren Philos. ([3]1993). – TH. SCHEFFER: Kants Kriterium der Wahrheit (1993).

C. KLEIN

Wahrheitswert (engl. truth value). Der Terminus ‹W.› stammt ursprünglich aus der Wertphilosophie des Neukantianismus [1]. H. LOTZE spricht von der «Aufstellung eines Werthunterschiedes ... zwischen Wahrheit und Unwahrheit» [2]. Im übrigen hält er aber noch an der Trennung von theoretischer und praktischer Sphäre fest, indem er die «Billigung oder Mißbilligung» im ästhetischen und moralischen Urteil als «Ausdruck eines Werthes oder Unwerthes» bestimmt, «den wir nur im Gefühl wahrnehmen, und der sich deshalb gänzlich unterscheidet von einem bloß theoretischen Urtheil über die Wahrheit oder Unwahrheit eines Satzes» [3]. Eine gewisse Annäherung von praktischer und theoretischer Sphäre (auf Gefühlsgrundlage) nimmt dagegen bereits J. F. FRIES vor: «Wir finden häufig eine Mitwirkung der Gefühle bey unsern Beurtheilungen der Wahrheit» [4]. Fries spricht hier von «Wahrheitsgefühl» (s.d.), das er von dem sittlichen und dem ästhetischen Gefühl unterscheidet. Aber erst W. WINDELBAND gibt im Rahmen seiner voluntaristischen Urteilstheorie eine werttheoretische Deutung des Wahrheitsbegriffs, wobei er den Terminus ‹W.› als Analogiebildung zur üblichen Rede von Werten einführt [5]. In jedem Erkenntnisurteil werde über den W. eines Inhalts durch «Affirmation oder Negation entschieden» [6]. H. RICKERT hat diese Auffassung zu einer werttheoretischen Erkenntnistheorie ausgebaut, die für den südwestdeutschen Neukantianismus bestimmend geblieben ist [7]. Ausgehend von der Frage nach dem «Gegenstand der Erkenntnis» kommt er zum Ergebnis, daß «jedes theoretische Urtheil die Anerkennung des Wahrheitswerthes enthält» [8].

Eine kritische Diskussion hat Windelbands Auffassung in der Urteilstheorie gefunden [9]. Insbesondere CH. SIGWART übernimmt zwar die Rede vom «Wert der Wahrheit» [10], lehnt aber Windelbands voluntaristische Deutung des Urteils und dessen Versuch, den W. «den übrigen Werten zu coordinieren», ab [11]. Eine radikale Infragestellung des «Willens zur Wahrheit» als Glaube an einen «Werth an sich der Wahrheit» erfolgt bei F. NIETZSCHE [12]. Danach kommt es nicht darauf an, ob ein Urteil wahr oder falsch sei, sondern inwieweit es das Leben fördere und den «Willen zur Macht» steigere [13].

G. FREGE verbindet den werttheoretischen Erkenntnisbegriff mit der mathematischen Auffassung von Funktionswerten. So betont er die «Verwandtschaft» der Logik mit der Ethik [14], bezieht sich aber auch insgesamt zustimmend auf die neukantianische Werte-Trias: «Wie das Wort ‘schön’ der Ästhetik und ‘gut’ der Ethik, so weist ‘wahr’ usw. der Logik die Richtung» [15]. Das werttheoretische Verständnis von W. geht sodann in die semantische Frage nach der Bedeutung von Sätzen ein [16]. Nach Frege verliert der Gedanke als der Sinn eines Satzes «an Wert», d.h. Erkenntniswert, «sobald wir erkennen, daß zu einem seiner Teile die Bedeutung fehlt» [17]. Er ist dann nämlich weder wahr noch falsch. Diese Abhängigkeit der Wahrheit (bzw. Falschheit) eines Satzes von der Bedeutung seiner Bestandteile nimmt Frege zum Anlaß, als dessen Bedeutung den jeweiligen W. zu bestimmen. Dabei versteht er unter dem W. eines Satzes «den Umstand, daß er wahr oder daß er falsch ist» [18]. Die beiden W.e – weitere gibt es gemäß dem Zweiwertigkeitsprinzip (s.d.) nicht – nennt Frege «das Wahre» und «das Falsche». Diese Ausdrucksweise zeigt an, daß die W.e als logische Gegenstände gefaßt werden [19].

Einen Zusammenhang zwischen «Gegenstand», «Wahrheit» und «theoretischer Bedeutung» von Erkenntnisurteilen stellt letztlich auch RICKERT her [20]. Obwohl er keine explizite Unterscheidung zwischen zwei W.en vornimmt, führt er «das Unwahre oder Falsche» als selbständigen, objektiven «negativen theoretischen Wert» ein [21]. Allerdings ermöglicht erst FREGES Auffassung der Zweiwertigkeit die funktionale Deutung von Begriffen. Erreicht wird sie dadurch, daß Frege den mathematischen Funktionsbegriff erweitert und W.e als Funktionswerte zuläßt. Begriffe werden als solche Funktionen bestimmt, deren Wert (für alle zulässigen Argumente) immer einer der beiden W.e ist [22]. In einem nächsten Schritt läßt Frege W.e auch als Argumente zu und kommt so zu der bis heute maßgeblichen Analyse der aussagenlogischen Verbindungen (wie 'nicht', 'und', 'oder', 'wenn, so' usw.) als Wahrheitsfunktionen (s.d.), nämlich als solche Funktionen, für die nicht nur die Werte, sondern auch die Argumente W.e sind [23].

Im englischen Sprachraum, für den B. RUSSELL den Ausdruck «truth-value» als Übersetzung des Fregeschen Terminus ‹W.› eingeführt hat [24], ist nur diese funktionstheoretische Verwendung gebräuchlich.

Anmerkungen. [1] Vgl. Art. ‹Wert II.›. – [2] H. LOTZE: Logik, Einl. II (1874), hg. G. MISCH (1912) 4; vgl. S. BESOLI: Il valore della verità (Florenz 1992). – [3] Grundzüge der Psychologie (1881) 46. – [4] J. F. FRIES: System der Logik § 84 (^{3}1837) 267. – [5] W. WINDELBAND: Beitr. zur Lehre vom negat. Urtheil. Strassburger Abh. zur Philos., E. Zeller zu seinem 70. Geb. (1884, ND 1921) 167-195, hier: 173f. – [6] Was ist Philos.? (1882), in: Präludien 1 (^{5}1915) 1-54, 32. – [7] Vgl. P. GOEDEKE: Wahrheit und Wert. Eine logisch-erk.theoret. Unters. über die Beziehungen zwischen Wahrheit und Wert in der Wertphilosophie des badischen Neukantianismus (1928). – [8] H. RICKERT: Der Gegenstand der Erkenntniss (1892) 89. – [9] Vgl. Art. ‹Urteil II. 3.›. Hist. Wb. Philos. 11 (2001) 444-455, hier: 449f. – [10] CH. SIGWART: Logik 1, § 20 (^{3}1904) 165. – [11] a.O. 161f. – [12] F. NIETZSCHE: Zur Genealogie der Moral 3, 24 (1887). Krit. Ges.ausg., hg. G. COLLI/M. MONTINARI 6/2 (1968) 418. – [13] Jenseits von Gut und Böse I, 1-4 (1886), a.O. 9ff. – [14] G. FREGE: Nachgel. Schr., hg. H. HERMES u.a. (^{2}1983) 4. – [15] Der Gedanke. Beiträge zur Philos. des dtsch. Idealismus 1 (1918/19) 58-77, hier: 58 (einleitender Satz). – [16] Vgl. G. GABRIEL: Fregean connection: Bedeutung, value and truth-value, in: C. WRIGHT (Hg.): Frege. Trad. and influence (Oxford 1984) 188-193; vgl. auch: Art. ‹Wahrheit VI. C. 2.›. – [17] G. FREGE: Über Sinn und Bedeutung. Z. Philos. philos. Kritik 100 (1892) 25-50, hier: 33. – [18] a.O. 34. – [19] Vgl. M. RUFFINO: W.e als Gegenstände und die Unterscheidung zwischen Sinn und Bedeutung, in: G. GABRIEL/W. KIENZLER (Hg.): Frege in Jena (1997) [Krit. Jb. Philos. 2] 139-148. – [20] RICKERT, a.O. [8] ($^{4/5}$1921) 163f. – [21] a.O. 232. – [22] G. FREGE: Function und Begriff (1891) 15f. – [23] a.O. 28; ferner ausführlicher: Grundgesetze der Arithmetik 1 (1893) 20f.; vgl. Art. ‹Aussagenlogik 6.›. Hist. Wb. Philos. 1 (1971) 675f. – [24] A. N. WHITEHEAD/B. RUSSELL: Principia math. (Cambridge 1913, ^{2}1927) 7.

G. GABRIEL

Wahrnehmung (griech. αἴσθησις; lat. sensus, sensatio, perceptio; engl./frz. sensation, perception). ‹W.› bezeichnet entsprechend der deutschen Etymologie das Gewahrwerden sinnlich vermittelter Gegebenheiten. W. ist die Voraussetzung erstens für die Speicherung sinnlicher Gehalte im Gedächtnis (s.d.), ihre Reproduktion in der Erinnerung (s.d.) und ihre Neukombination in freier Phantasie durch die Kräfte der Einbildung (s.d.), Vorstellung (s.d.) oder Phantasia (s.d.), zweitens für die Erfahrung (s.d.) regelmäßiger Zusammenhänge zwischen Dingen bzw. Ereignissen sowie drittens für fast alle höhere, geistige Erkenntnis durch Vernunft (s.d.) und Verstand. W. umfaßt zum einen die physikalischen, physiologischen und psychischen *Prozesse*, zum anderen das *Resultat*, den bewußten Erlebnisinhalt. Hier wiederum ist die einzelne Empfindung (s.d.) von der komplexen Gesamtleistung der W. zu unterscheiden, zu der auch die Raumwahrnehmung (s.d.) gehört. Als Inbegriff der Perzeption (s.d.), d.h. des Erfassens durch die Sinne (s.d.) in Form von empirischem Sehen (s.d.), Hören, Riechen, Schmecken und Tasten, setzt W. stets eine Affektion (s.d.) durch äußere Gegenstände voraus. Das unterscheidet die W., die nicht notwendig Anschauung (s.d.) eines Sachganzen sein muß, einerseits von intellektueller Intuition (s.d.), Theorie (s.d.) und Visio (s.d.), andererseits von der umstrittenen außersinnlichen W., mit der die Parapsychologie (s.d.) Phänomene wie das Hellsehen (s.d.) erklärt.

Die philosophische Theoretisierung der W. seit der Antike konzentriert sich auf die erkenntnistheoretische Analyse des W.-Aktes und die Fragen nach dem Wahrheitsanspruch der sinnlichen W. (I.-IV.). Dabei zeigt sich die Komplexität des W.-Begriffs von Anfang an in der Bildung und Bestimmung der Ober- und Unterbegriffe wie in terminologischen Ausdifferenzierungen. Besonders seit dem 19. Jh. weitet sich die Untersuchung der W. stark aus: Probleme ihres Verständnisses stehen nicht nur in der W.-Psychologie (V.) und in der Phänomenologie (VI.) im Zentrum des Interesses, sondern auch – besonders in der ersten Hälfte des 20. Jh. – in der Analytischen Philosophie (VII.). Die Bedeutung und Leistung einer eigenen 'ästhetischen W.' versucht man seit dem 19. Jh. auch begrifflich zu profilieren (VIII.).

I. *Antike.* – Die Geschichte der antiken Theorien zur Aisthesis (s.d.) zeigt eine zunehmend differenzierte Abfolge von W.-Skeptikern, die den «lügnerischen W.en» (αἰσθήσεις ψευδεῖς) mehr oder weniger mißtrauen, wie Pythagoreer und Eleaten, XENOPHANES, DEMOKRIT und PLATON [1], aber auch von Vorläufern des Sensualismus (s.d.), wie den Epikureern, für die die W. der letzte Prüfstein der Wahrheit ist. Zwischen den beiden Lagern steht bes. ARISTOTELES, der die Leistungsgrenzen der W. minutiös prüft. Wo der W. nicht jeder Erkenntnisbeitrag abgesprochen wird, gilt sie trotz ihrer trügerischen Momente insgesamt als Abbildung [2] einer Ordnung des Wahrgenommenen. Deshalb kennt die Antike nicht das neuzeitliche Problem isolierter Sinnesdaten (s.d.), die angesichts des Verdachts der Subjektivität ihrer Auffassung entweder erst durch Vernunft zu konstruieren [3] oder aber in ihrem reinen, noch nicht subjektiv vermittelten Gegebensein zu protokollieren wären [4]. Daß die antiken Theorien die W. vom Kosmos der repräsentierten Gegenstände her verstehen, bedeutet umgekehrt, daß sie selten Beachtung zeigen für den subjektiven Erlebnisaspekt der W., für das vom Betrachter geleistete Etwas-als-etwas-Wahrnehmen, für die seit AUGUSTINUS als ‹attentio› bzw. ‹intentio› bezeichnete Aufmerksamkeit (s.d.), für die Synästhesie (s.d.) [5] oder gar für die seit der Neuzeit beobachteten Phänomene der selektiven W., bei der viele im W.-Feld liegende Informationen durch fokussierende Hinsichten ausgefiltert werden. Erst recht außerhalb des antiken Horizonts liegt der moderne Gedanke der kulturspezifischen Schulung oder gar Dressur des Sehens, Hörens usw. Vielmehr beschränkt sich die antike Theorie zum einen auf die erkenntnistheoretische Erörterung der Funktion und Leistungsfähigkeit der Sinne [6], zum anderen auf naturphilosophische Erklärungen zur Physik, Physiologie und Psychologie der W.

Für die nach dem Prinzip der Natur suchenden Kosmologen THALES, ANAXIMANDER und ANAXIMENES ist die W. noch kein Thema, und für PYTHAGORAS und seine Schüler, die ganz auf die mathematische Erfassung der göttlichen Weltordnung setzen, gehört die W. bloß auf die Seite der unwissenschaftlichen Meinung (Doxa, s.d.) [7]. XENOPHANES deutet immerhin begrenzte Leistungen der W. an, die er allerdings nicht explizit vom Denken abgrenzt. Während der Gott «als ganzer sieht, als ganzer denkt und als ganzer hört» (οὖλος ὁρᾶι, οὖλος δὲ νοεῖ, οὖλος δέ τ'ἀκούει) [8], also über eine nicht-relative W. der Welt verfügt, ist die W. der Sterblichen hier dreifach begrenzt. Sie kann zwar durch Entdeckungen zum Erkenntnisfortschritt beitragen, der die Menschen «allmählich ... das Bessere finden» [9] läßt. Doch erstens stößt sie an Grenzen der Beobachtbarkeit, z.B. bezüglich des «unteren» Endes der Erde [10]; zweitens enthält sie Aspekte von Relativität, da z.B. die Feigen süßer schmeckten, wenn es keinen Honig gäbe [11]; und drittens kann sie «das Genaue» in bezug auf die Götter und den zu erklärenden Zusammenhang der Dinge nicht «einsehen», weil dies Gegenstand allein der «mutmaßlichen Annahme» (δόκος) ist [12].

Ähnlich dem von ALKMAION formulierten Unterscheidungskriterium zwischen Mensch und Tier, wonach jener das Privileg genießt, daß er versteht (ξυνίεσι), während dieses nur wahrnimmt (αἰσθάνεται) [13], unterteilt auch HERAKLIT die Erkenntniskräfte in W. (αἴσθησις) und Vernunft (λόγος) [14]. Er entdeckt jedoch eine doppelte Borniertheit. Den meisten mangelt es nicht nur an Verstand, um den Logos der Weltordnung gedanklich zu erfassen, so daß sie z.B. Götter und Heroen nicht «als das, was sie sind» [15], erkennen; sie bleiben «unverständig, obwohl sie hören» (ἀξύνετοι ἀκούσαντες) [16]. Vielmehr gebricht es ihnen, selbst bei unversehrten Sinnen, bereits an der Fähigkeit des richtigen Hinsehens, Hinhörens usw., so daß sie auch «zu hören nicht verstehen» (ἀκοῦσαι οὐκ ἐπιστάμενοι) [17]. Dies setzt nämlich jenes «Bei-Sinnen-Sein» (σωφρονεῖν) und Offenstehen der Seele für den Logos voraus, das «die größte Tugend» darstellt [18]. «Schlechte Zeugen sind den Menschen Augen und Ohren, sofern sie barbarische Seelen haben» [19]. Sie wissen die Sinne, unter denen «die Augen genauere Zeugen als die Ohren» sind (soweit diese nur auf die Rede anderer hören) [20], nicht für eine differenzierte W. zu gebrauchen; deshalb bleibt ihnen «unbewußt, was sie nach dem Erwachen tun» [21]. DIOGENES VON APOLLONIA ergänzt solche Mängel durch den Hinweis auf das Phänomen, daß wir «oft, wenn wir den Geist (νοῦς) auf anderes gerichtet haben, weder sehen noch hören» [22].

Hatte PARMENIDES die Göttin zu einer Abkehr von den Sinnen aufrufen lassen, weil nur die denkende Vernunft das Seiende erfassen könne, das «blicklose Auge» hingegen sich bloß in Schein und Nichtsein herumtreibe [23], so rehabilitiert EMPEDOKLES die Sinne. Zwar ist den Menschen wegen ihrer kurzen Lebenszeit «das Ganze» nicht «mit dem Geist erfaßbar» (νόωι περιληπτά) und erst recht nicht «erschaubar oder erhörbar» [24]. Die Sinneswerkzeuge, die sich wie Greifer (παλάμαι) über die Glieder erstrecken, sind «eng» begrenzt. Trotzdem ist jedes Sensorium ein gleichberechtigter offener Durchgang (πόρος) zum Erkennen der konkreten Realität, weil es jedes Einzelne auf spezifische Weise erfassen läßt, soweit es klar gegeben ist (δῆλον ἕκαστον) [25]. Hierfür darf man allerdings nicht «mit den Augen glotzend» dasitzen, sondern muß das sinnlich Offenbare mit Geist (νοῦς) betrachten [26]. DEMOKRIT hingegen «verwirft das den W.en sich Zeigende», weil in den Phänomenen «nichts der Wahrheit gemäß erscheint, sondern nur dem Schein nach» [27]. Denn die wahre Wirklichkeit, die «in der Tiefe liegt», dem sinnlichen Erfassen «nicht zugänglich» ist und allein durch die von der W. «abgesonderte», «echte» Erkenntnisform des Denkens erschlossen werden muß, besteht nur aus dem Leeren und den Atomen [28]; und mit diesen decken sich weder die subjektiven Qualitäten der W., wie Farbe oder Geruch, noch die erscheinende Größe, Figur oder Bewegung der aus den Atomen zusammengesetzten Gegenstände. Weil aber andererseits alle W.-Qualitäten aus wechselnden Affektionen des Leibes aufgrund atomarer Bewegungen resultieren [29], stellen die fünf Wege der W., «Gesicht, Gehör, Geruch, Geschmack und Getast», doch eine eigene, wenn auch dunkle (σκοτίη) Art von Erkenntnis (γνώμη) dar [30].

Die Sophisten erstrecken ihren Subjektivismus und Relativismus auch auf die W. Weil PROTAGORAS das Erscheinen als subjektiv-relationales Sein versteht, hat sein Homo-mensura-Satz (s.d.) zur Konsequenz, daß W. als Modus individuell relativen Erscheinens stets untrüglich (ἀψευδές) ist [31]. GORGIAS begründet seine dritte Hauptthese, wonach, selbst wenn etwas und dies erkennbar wäre, es doch nicht mitteilbar bzw. verdeutlichungsfähig wäre, zum einen mit der Inkommensurabilität der W.-Gehalte, wobei er die Sprache nach Analogie eines Sensoriums auffaßt: Wie man nicht hören kann, was man sieht, nämlich Farben, so könne man auch nicht sagen, was man sieht [32]. Zum anderen folgert er aus der intraindividuellen Nichtidentität der W.-Gehalte auf eine noch größere interindividuelle: «Es scheint aber, daß nicht einmal derselbe mit sich selbst Gleiches wahrnimmt zur selben Zeit, sondern Verschiedenes durch das Gehör und das Sehen, sowie unterschiedlich jetzt und zuvor. Daher könnte wohl erst recht keiner dasselbe wie ein anderer wahrnehmen» [33].

PLATON faßt das Mißtrauen der bisherigen Sinnesskeptiker gegenüber der W. zusammen und läßt Sokrates bes. aus drei Gründen zu dem Ergebnis gelangen, daß die W. keine Art von Wissen (ἐπιστήμη), ja nicht einmal eine Quelle von Erkenntnis ist. Erstens erneuert er das eleatische Argument, daß die W. sich nur auf Werdendes beziehe, so daß man zu verschiedenen Zeiten Unterschiedliches für wahr halte [34]. Nicht nur die W.en (αἰσθήσεις), zu denen Platon auch die internen wie Lust und Schmerz zählt, sondern auch deren Gegenstände, d.h. das jeweils Wahrgenommene (αἰσθητόν), wie Farben und Figuren, sind im Fluß des Werdens, so daß es hier «nichts an und für sich Eines», Beharrliches, Seiendes gibt und folglich das «Sehen» ebenso ein «Nichtsehen» ist [35]. Zweitens befinden wir uns gelegentlich in Träumen, Wahnvorstellungen und anderen Zuständen des An-der-W.-vorbei-Seins (παραισθάνεσθαι); es läßt sich aber kein Kennzeichen dafür angeben, wann wir wachen und wahrnehmen [36]. Drittens zeigt das Hören bzw. Sehen fremdsprachiger Laute bzw. Schriftzeichen, daß die W. selbst noch kein

Verstehen (ἐπίστασθαι), kein Erkennen im anspruchsvollen Sinne ist [37]. Aus diesen Unzulänglichkeiten folgert Platon, daß die W. es nur zur «scheinbehafteten Meinung» (δόξα) bringt, während wahres Wissen (s.d.) nur dem mathematischen Denken und der dialektischen Einsicht vorbehalten bleibt [38]. Diese vermag «ohne alle W.en» das Wesen eines jeglichen zu erkennen, ja muß «die Augen und die übrige W. hinter sich lassen», um in Gestalt der intelligiblen Ideen «das Seiende selbst verbunden mit Wahrheit» zu erfassen [39]. Deshalb darf man von den «zwei Bereichen», dem «sichtbaren» und dem «einsehbaren», nur dem Reich des «Intelligiblen und Unsichtbaren» vertrauen und muß das Sinnliche verlassen und «für nichts Wahres halten» [40].

Ganz andere Konsequenzen aus den Unzulänglichkeiten der Sinne zieht ARISTOTELES mit der naturphilosophisch, erkenntnistheoretisch und terminologisch differenziertesten W.-Lehre der ganzen Antike. Es ist die Funktion der W., Realerscheinungen zu präsentieren, in denen sich die Realität der sie erzeugenden Gegenstände formal abbildet [41]. Obwohl diese Phänomene vierfach relativ sind, je nachdem, welchem Lebewesen, wann, welchem Sensorium und unter welchen Bedingungen sie sich darstellen (τὸ φαινόμενον ᾧ φαίνεται καὶ ὅτε φαίνεται καὶ ᾗ καὶ ὡς) [42], und obwohl «nicht jedes Phänomen» gleichermaßen «wahr» oder zuverlässig ist (οὐ πᾶν τὸ φαινόμενον ἀληθές) [43], bleibt doch das Ziel aller wissenschaftlichen Erklärung stets dasjenige, «was immer und eigentlich in der W. Phänomen ist», so daß Theorien den Phänomenen nicht «widersprechen» oder «Gewalt antun» dürfen [44]. Das W.-Vermögen (αἰσθητικόν) ist somit eine zu wahrem Erkennen (γνωρίζειν) fähige Kraft [45], deren Gehalte im Lichte der Erfahrung richtig interpretiert werden müssen. Die im W.-Akt (αἴσθησις) hervorgerufene W.-Leistung (αἴσθημα) umfaßt einen W.-Gehalt (αἰσθητόν), der sich nach drei Komplexitätsstufen differenziert und in Sinnesurteilen ausspricht. Während der zentrale Gemeinsinn (κοινὸν αἰσθητήριον) [46], an dem die Einheit des sinnlichen Bewußtseins hängt, weil man erst durch seine Affektion bewußt «wahrnimmt, daß man sieht und hört» [47], auf der ersten Stufe bloß rezeptiv ist, gewinnt er auf den zwei folgenden Stufen eine spontane Aktivität. 1) Die «eigentümlichen W.-Gehalte» (ἴδια αἰσθητά), die je eines der fünf äußeren Sensorien uns exklusiv mitteilt, wie Farben, Geräusche und Gerüche in ihren qualitativen Unterschieden, sind noch uninterpretierte Gegebenheiten. Deshalb ist ihre W. «immer wahr», falls man nicht mögliche körperliche Beeinträchtigungen als einen «sehr geringen Irrtum» bezeichnen will. Die W. «täuscht sich nicht darüber, daß da eine (bestimmte) Farbe oder ein (bestimmter) Ton ist» [48]. 2) Diese «eigentlichen W.-Gehalte» bilden das Material für die «gemeinsamen W.-Gehalte» (κοινὰ αἰσθητά) wie Anzahl, Bewegung und Ruhe, Größe, Figur und Zeit, d.h. für die Hinsichten, nach denen das Gegebene über alle oder zumindest mehrere Sinne gemeinsam objektiviert wird. Da es sich bereits um räumlich und zeitlich interpretierende Auffassungen handelt, kann sich das W.-System hier «am meisten täuschen», z.B. wo das Gefärbte oder Schallende ist [49]. 3) Die «W.-Gehalte gemäß dem zusammen Aufgetretenen» (κατὰ συμβεβηκὸς αἰσθητά) schließlich sind wiedererkennende identifizierende W.en aufgrund art- bzw. individualtypischer Konstellationen sinnlicher Merkmale. So nimmt man z.B. Galle dadurch wahr, daß die gemeinsame W. (κοινὴ αἴσθησις) der heterogenen Qualitäten bitter und gelb demselben Objekt zugeordnet wird, oder man nimmt den Sohn des Kleon wahr, indem man die charakteristische helle Haarfarbe einer Person registriert. Obwohl solche identifizierten Gehalte nicht als solche (καθ' αὑτά), d.h. nicht durch Affektion der Sinne wahrgenommen werden, sondern durch Erfahrung und Gedächtnis vermittelte Interpretationsleistungen sind, sind sie doch echte Urteile der W., nicht des denkenden Verstandes; denn die W. selbst «täuscht» sich möglicherweise darin, «was das Gefärbte» oder Schallende ist bzw. «ob das Helle hier dieses oder etwas anderes ist». Deshalb ist die Schulung der W. durch Erfahrung etwas völlig anderes als die erfahrungsgestützte Belehrung des intellektuell klugen und richtigen «Sehens» praktischer Zusammenhänge [50]. Daß Aristoteles über die Täuschungsanfälligkeit der zwei letzten Stufen hinaus auch auf allen drei Stufen einen gelegentlichen trügerischen Augenschein einräumt, den er «phantasia im metaphorischen Sinne» nennt [51], ändert nichts an der Wahrheitsfähigkeit der W. In der teleologischen Stufenordnung der drei Erkenntnisvermögen ist die W. nicht nur notwendige Bedingung für die höheren Leistungen des Vorstellens und Denkens [52]. Vielmehr ist sie, obwohl sie sich stets auf das Einzelne bezieht, selbst schon «von der Art des Allgemeinen», sofern ihr Erkennen arttypischer Farb- und Bewegungsmuster ein «erstes Allgemeines» erfaßt, das zwar nur sinnlich typisch und nicht logisch universal ist, aber die Bildung des wissenschaftlichen Begriffs über die Stufen des Gedächtnisses und der Erfahrung ermöglicht [53].

EPIKUR, der die W. zum primären Wahrheitskriterium (s.d.) vor den Vorbegriffen (προλήψεις) und Affekten (πάθη) erklärt [54], verbindet damit zwei Thesen, die beide voraussetzen, daß die W. etwas rein Passives ist. 1) Die Unwiderlegbarkeitsthese besagt, daß weder eine gleichartige W. eine gleichartige widerlegen kann, da alle denselben Wert haben, noch die W. des einen Sensoriums die des anderen widerlegen kann, da ihre spezifischen Gegenstände inkommensurabel sind, noch die Vernunft die W.en widerlegen kann, da sie durchgängig von ihnen abhängt [55]. 2) Die These, «daß alles Wahrgenommene wahr ist», besagt bloß, daß z.B. das beim Sehen Präsentierte selbst jederzeit eine korrekte Übermittlung vom Objekt her ist [56]. Auch die Bilder, die Orest von den Furien hat, sind als eigenpsychische Wirklichkeiten wahr [57]. Zum Irrtum kommt es erst, wenn die Vernunft über die sinnliche Evidenz (ἐνάργεια) hinaus vorschnell etwas «hinzumeint», z.B., daß die Furien präsente körperliche Wesen seien [58]. Epikurs Leugnung genuiner W.-Täuschungen korrespondiert also, wie bei Protagoras, ein phänomenalistisch relationaler Wahrheitsbegriff, dem zufolge die eckige Erscheinung eines Turmes bei Nähe nicht wahrer ist als seine runde in der Ferne [59]. Diese Einstellung wird von der Schule des PYRRHON radikalisiert zur skeptischen Beschränkung auf das in der W. gegebene Phänomen (s.d.); sie hält sich nur an den «Gegenstand, wie er mir erscheint», und enthält sich jedes Urteils darüber, wie er «seiner Natur nach» beschaffen sein mag [60].

Auch die Stoiker gehen vom sensualistischen Grundsatz aus, daß «alles Denken aus der W. entsteht bzw. nicht ohne W. erfolgt» (πᾶσα γὰρ νόησις ἀπὸ αἰσθήσεως γίγνεται ἢ οὐ χωρὶς αἰσθήσεως) [61]. Allerdings bezeichnen sie mit ‹W.› entweder nur die Pneumaströmung vom Hegemonikon (s.d.) in die Sensorien [62] oder das dadurch hervorgerufene Erfassen (κατάληψις) oder die sensorische Einrichtung oder die physiologische Tätigkeit (ἐνέργεια). Dagegen heißt die von den Gegenständen her übermittelte Erscheinung, d.h. der bildhafte

«Abdruck in der Seele», der sich «vom Zugrundeliegenden her ihm gemäß bildet», jetzt «Vorstellung» (φαντασία), im Unterschied zur bloßen Einbildung (φάντασμα) [63]. Obwohl die zur Erfassung gehörende Vorstellung (φαντασία καταληπτική) als rein seelische Affektion (πάθος) das erste Wahrheitskriterium (s.d.) ist [64], verleiht sie noch keine empirische Realitätsgewißheit. Vielmehr sind die Stoiker, wie die Epikureer, insofern Intellektualisten, als sie die Beurteilung, ob der Vorstellung eine äußere Realität entspricht, nicht (wie Aristoteles) der Sinnenseele selbst überlassen, sondern zur Aufgabe der Vernunft erklären, die dem Vorgestellten erst ihre Zustimmung (s.d.) erteilen müsse, damit es zur Erfassung (κατάληψις) von Tatsachen komme [65].

Die Neuplatoniker teilen zum einen PLATONS Geringschätzung der an die «Fessel» des Leibes und die «Höhle» der Erdenwelt gebundenen, zur Erkenntnis der intelligiblen Welt nichts beitragenden sinnlichen W. [66], grenzen sie allerdings von einer höheren W. der unkörperlichen Dinge und Ideen ab [67]. Zum anderen radikalisieren sie Platons Unterscheidung zwischen den affizierten Sensorien, vermittels deren (δι' οὗ) wir z.B. sehen, und der Seele, mit der (ᾧ) wir letztlich sehen [68], zu einer Dualität von körperlicher Außenwelt und psychischer Innenwelt. Nach PLOTIN erleiden nur die Sinnesorgane, die das notwendige Werkzeug (ὄργανον) der Seele sind [69], Einprägungen wie Wachs vom Siegelring. Die Seele dagegen ist stets aktiv und transformiert das leibliche Pathos in eine sinnliche Form (εἶδος), indem sie z.B. beim Hören die in die Luft eingezeichneten und über die Ohren vermittelten Schriftzeichen gleichsam abliest [70]. Die seelischen Akte (ἐνέργειαι) und Unterscheidungen (κρίσεις) innerhalb der W. beschränken sich aber nur auf das, was Aristoteles die eigentümlichen und die gemeinsamen W.-Gehalte nennt [71]. Dagegen ist z.B. die Identifizierung eines Menschen und erst recht die Überprüfung (ἐπίκρισις) des Gesehenen bereits Leistung der gedächtnisgestützten Überlegung (διάνοια) [72].

Anmerkungen. [1] Vgl. bei XENOPHANES: VS 21, A 32. 49; PARMENIDES: VS 28, A 49; ANAXAGORAS: VS 59, A 96; METRODOR: VS 70, A 22. – [2] Vgl. Art. ‹Abbildtheorie›. Hist. Wb. Philos. 1 (1971) 1-3. – [3] Vgl. Art. ‹Rationalismus›, a.O. 8 (1992) 44-48. – [4] Vgl. Art. ‹Empiriokritizismus›, a.O. 2 (1972) 475-476; ‹Positivismus, logischer›, a.O. 7 (1989) 1122-1124; ‹Sensualismus›, a.O. 9 (1995) 614-618. – [5] Einen sehr weiten Begriff von Synästhesie legt zugrunde: A. SCHMITT: Synästhesie im Urteil aristot. Philos., in: H. ADLER/U. ZEUCH (Hg.): Synästhesie, Interferenz, Transfer, Synthese der Sinne (2002) 109-148. – [6] Vgl. hierzu auch: Art. ‹Vernunft; Verstand II.›. Hist. Wb. Philos. 11 (2001) 749-764. – [7] Pythagoreische Schule: VS 58, B 15. – [8] XENOPHANES: VS 21, B 24. – [9] B 18. – [10] B 28. – [11] B 38. – [12] B 34. – [13] ALKMAION: VS 24, B 1a. – [14] HERAKLIT: VS 22, A 16, 30-34. – [15] B 5. – [16] B 34. – [17] B 19. – [18] B 112; vgl. TH. SCHIRREN: Aisthesis vor Platon (1998) 167f. – [19] B 107. – [20] B 101a. – [21] B 1. – [22] DIOGENES VON APOLLONIA: VS 64, A 19 (42). – [23] PARMENIDES: VS 28, B 7. – [24] EMPEDOKLES: VS 31, B 2; vgl. Art. ‹Sinne, die, A. 3.›. Hist. Wb. Philos. 9 (1995) 827-830. – [25] B 3, 9-13. – [26] B 17, 19-21. – [27] DEMOKRIT: VS 68, B 9 (SEXTUS EMP.: Adv. math. VII, 135); ähnlich: B 125. – [28] B 117; B 8. 10. 11. – [29] B 9. – [30] B 11. – [31] Nach PLATON: Theaet. 152 a-c; vgl. PHILOPONOS über DEMOKRIT: VS 68, A 113. – [32] GORGIAS: Über das Nichtseiende (ARISTOTELES: De Melisso, Xenophane, Gorgia) 980 b 5, in: Reden, Fragm. und Test., hg. TH. BUCHHEIM (1989) 51; ähnlich: 63. – [33] 980 b 14-17, a.O. 53. – [34] Vgl. MELISSOS: VS 30, B 8. – [35] PLATON: Theaet. 156 b; 157 a-b; 182 d-e. – [36] 157 e-158 d. – [37] 163 a-c. – [38] Resp. VI, 511 b-e. – [39] VII, 532 a-b; 537 d. – [40] VI, 508 c; 509 d; Phaedo 65 a-67 b; 83 a-b; vgl. Art. ‹Mundus intelligibilis/sensibilis›. Hist. Wb. Philos. 6 (1984) 236-240. – [41] ARISTOTELES: Met. IV, 5, 1010 b 33f. – [42] 6, 1011 a 23f. – [43] 5, 1010 b 1f.; 6, 1011 a 18-20; 5, 1009 b 12-15. – [44] De caelo III, 7, 306 a 17; De gen. et corr. I, 1, 315 a 4; Eth. Eud. VII, 2, 1236 b 22. – [45] Met. X, 1, 1053 a 31f. – [46] Parva nat.: De iuv. et senect. 1, 467 b 28; 4, 469 a 12; De somn. 2, 455 a 18; die κοινὴ αἴσθησις behandelt Art. ‹Sensus communis I.›. Hist. Wb. Philos. 9 (1995) 622-633. – [47] De somn. 455 a 15f.; De insomn. 3, 461 a 30-b 3; De an. III, 2, 425 b 12. 20. – [48] De an. II, 6, 418 a 7-17; III, 3, 427 b 11f.; 428 b 18-22; Parva nat.: De sensu 4, 442 b 8f.; Met. IV, 5, 1010 b 2f. 24f. – [49] De an. II, 6, 418 a 24f. a 17-19; III, 1, 425 a 14-b 11; 3, 428 b 23-25; II, 6, 418 a 15f. – [50] II, 6, 418 a 20-23; III, 1, 425 a 24-b 4; 418 a 8f. 15f. 23-25; III, 3, 428 b 21f.; Eth. Nic. VI, 12, 1143 b 13f.; vgl. H. BUSCHE: Die Seele als System. Aristoteles' Wiss. von der Psyche (2001) 53-56. 80-84. – [51] De an. III, 3, 428 a 1f.; vgl. H. BUSCHE: Hat Phantasie nach Aristoteles eine interpret. Funktion in der W.? Z. philos. Forsch. 51 (1997) 565-589. – [52] De an. III, 3, 427 b 14-16; 428 b 10-16; 7, 431 a 14-17; 8, 432 a 8-14. – [53] Anal. post. II, 19, 100 a 16-18. a 1-5. – [54] EPIKUR nach DIOG. LAERT.: Vitae X, 31, in: Epicurea, frg. 35, hg. H. USENER [Us.] (1887, ND 1966) 105. – [55] DIOG. LAERT.: Vitae X, 31f. Us. 105 (frg. 36). – [56] Zur epikureischen W.-Lehre insgesamt vgl. die Texte bei: A. A. LONG/D. N. SEDLEY: The Hellenistic philosophers, ch. 15f. (Cambridge 1987); dtsch.: Die hellenist. Philosophen (2000) 84-101. – [57] SEXTUS EMP.: Adv. math. VIII, 63f. Us. 187 (frg. 253). – [58] a.O.; EPIKUR: Br. an Herodot 50. 52. Us. 12f.; SEXTUS EMP., a.O. VII, 203. Us. 179-182 (frg. 247); vgl. LUKREZ: De nat. rerum IV, 462-468. – [59] Anders bei LUKREZ, a.O. IV, 353-363, der das «wahrhaft Runde» vom bloß «schattenhaft nachgebildeten» Runden unterscheidet. – [60] SEXTUS EMP.: Pyrrhon. instit. I, 19-23. 78. – [61] SVF 2, 88 (SEXTUS EMP.: Adv. math. VIII, 56); zur tabula rasa vgl. SVF 2, 83. – [62] Vgl. SVF 2, 836. – [63] DIOG. LAERT.: Vitae VII, 52. 50; vgl. Art. ‹Phantasia I. 4.›. Hist. Wb. Philos. 7 (1989) 519-521. – [64] SVF 2, 54. 56. 105. – [65] SVF 2, 91; 1, 66; 2, 115; SEXTUS EMP.: Adv. math. VII, 253-257; vgl. Art. ‹Katalepsis›. Hist. Wb. Philos. 4 (1976) 708-710. – [66] PLOTIN: Enn. IV, 8 (6), 3f.; VI, 7 (38), 7; vgl. PROKLOS: Theol. plat. II, 65, 22f.; In Alc. 245, 12-246, 10. – [67] Enn. V, 3 (49), 9; I, 1 (53), 7; vgl. PROKLOS: In Tim. II, 83, 19-23. – [68] PLATON: Theaet. 184 c. – [69] PLOTIN: Enn. IV, 3 (27), 26; 4 (28), 23; 5 (29), 1; 7 (2), 8 Anfang; zur Organfunktion vgl. Art. ‹Sinne, die, B.›. Hist. Wb. Philos. 9 (1995) 830-834. – [70] Enn. IV, 4 (28), 23, 20; IV, 6 (41), 1f. – [71] III, 6 (26), 1; IV, 3 (27), 3; 4 (28), 2; VI, 3 (27), 18. – [72] V, 3 (49), 3; I, 1 (53), 9; V, 3 (49), 2.

Literaturhinweise. N. W. DE WITT: Epicurus: All sensations are true. Transact. and Proc. Amer. philol. Ass. 74 (1943) 19-32. – F. SOLMSEN: αἴσθησις in Aristot. and Epicurean thought (Amsterdam 1961); ND, in: Kl. Schr. (1968) 612-633. – D. W. HAMLYN: Sensation and perception. A hist. of the philos. of perception (New York [2]1966). – A. A. LONG: Thinking and sense-perception in Empedocles: Mysticism or materialism. Class. Quart., N.S. 16 (1966) 256-276. – J. COOPER: Plato on sense-perception and knowledge. Theaet. 184-186. Phronesis 15 (1970) 123-146. – A. A. LONG: Aisthesis, prolepsis, and linguistic theory in Epicurus. Bull. Inst. class. Studies, Univ. of London 18 (1971) 114-133. – F. H. SANDBACH: Phantasia Kataleptike. Problems in stoicism, hg. A. A. LONG (London 1971) 9-21. – D. Z. ANDRIOPOULOS: The Stoic theory of perceiving and knowing. Philosophia 2 (1972) 305-326. – R. B. TODD: Συνέντασις and the Stoic theory of perception. Grazer Beiträge 2 (1974) 251-261. – M. F. BURNYEAT: Plato on the grammar of perceiving. Class. Quart., N.S. 26 (1976) 29-51. – G. STRIKER: Epicurus on the truth of sense impressions. Arch. Gesch. Philos. 59 (1977) 125-142. – M. FREDE: Stoics and Skeptics on clear and distinct impressions, in: M. BURNYEAT (Hg.): The Skeptical trad. (Berkeley 1983) 65-93. – A. MONTANO: λόγος ed αἴσθησις nel discorso gorgiano sulla realtà. Siculorum Gymnasium, N.S. 38 (1985) 119-144. – D. K. W. MODRAK: Aristotle. The power of perception (Chicago 1987). – W. WELSCH: Aisthesis. Grundzüge und Perspektiven der Aristot. Sinneslehre (1987). – H. VON STADEN: The Stoic theory of perception and its 'platonic' critics, in: P. K. MACHAMER/R. G. TURNBULL (Hg.): Studies in perception. Interrelations in the hist. of philos. and sci. (Columbus, Ohio 1987) 96-136. – W. BERNARD: Rezeptivität und Spontaneität der W. bei Aristoteles (1988). – E. K. EMILSSON: Plotinus on sense-perception (Cambridge 1988). – H. BENZ: 'Materie' und W. in der Philos. Plotins (1990). – J. P. DUMONT: Sensation et perception dans la philos. de l'époque hellén. et impériale, in: W. HAASE (Hg.): Aufstieg und Niedergang der Röm. Welt II/36, 7 (1994) 4718-4764. – S. EBERLE: W. und Bewegung bei Aristoteles (1997). – S. EVERSON: Aristotle on perception (Oxford 1997). – R.-R. NOTHSTEIN: Seele und W. Eine Einf. in das zweite Buch des aristot. Werkes ‹De Anima› (1998). – TH. SCHIRREN s. Anm. [18]. – E. ASMIS: Epicurean epistemology II: Perceptions, in: K. ALGRA u.a. (Hg.): The Cambridge hist. of Hellenist. philos. (Cambridge 1999) 264-276. – H. J. BLUMENTHAL: Some Neoplatonic views on perception and memory, in: J. J. CLEARY (Hg.): Traditions of Platonism. Essays in hon. of J. Dillon (Hampshire 1999) 319-335. – J. MANSFELD: Parménide et Héraclite avaient-ils une théorie de la perception? Phronesis 44 (1999) 326-346. – H. BUSCHE s. Anm. [50] und [51]; Die interpretierende Kraft der Aisthesis – Wahrheit und Irrtum der W. bei Aristoteles, in: G. FIGAL (Hg.): Interpretationen der Wahrheit (2002) 112-142. H. BUSCHE

II. *Mittelalter.* – In der Philosophie des MA werden hinsichtlich der W. (sensus, sensatio, cognitio sensitiva) im Anschluß an die antiken philosophischen und medizinischen Texte vor allem zwei Aspekte erörtert: zum einen die Klassifikation und Lokalisierung der verschiedenen W.-Vermögen und die physiologischen Vorgänge beim W.-Prozeß, zum anderen die Rolle der W. beim Aufbau des Wissens und ihr Beitrag zur Erkenntnis [1]. Hierbei geht es vor allem um das Problem ihrer Abgrenzung von den höheren, geistigen Seelenvermögen sowie – vor dem Hintergrund der Divergenz von platonischer und aristotelischer W.-Auffassung – um die Frage, ob die wahrnehmende Seele und die Sinne im W.-Akt eine aktive oder eine passive Funktion haben.

1. *Die lateinische Philosophie bis zum 12. Jh.* – Bei AUGUSTINUS, der später immer wieder als wichtigster Vertreter des platonischen Standpunktes herangezogen wird, nimmt die Sinneswahrnehmung als Erkenntnisquelle gegenüber der auf dem Gedächtnis und der Illumination beruhenden geistigen Erkenntnis eine untergeordnete Stellung ein. Doch ist für ihn – gut platonisch – auch die Sinneswahrnehmung letztlich ein rein geistiger Vorgang. Er vertritt eine aktive W.-Theorie, die auf dem Grundsatz beruht, daß etwas Niederes wie der Körper nicht auf etwas Höherstehendes wie die Seele einwirken kann. Die Sinneswahrnehmung kommt demnach allein durch die aktive Tätigkeit der Seele, d.h. durch ihre Aufmerksamkeit auf körperliche Veränderungen, zustande, wobei sie selbst aber, anders als die Sinnesorgane, keine Einwirkungen seitens des Körpers erleidet [2]. «Denn nicht der Körper nimmt wahr, sondern die Seele durch den Körper» («neque enim corpus sentit, sed anima per corpus») [3]. Der W.-Akt verläuft dann so, daß das W.-Objekt eine Veränderung im Sinnesorgan bewirkt, wodurch dieses informiert wird («informatio sensus») [4]. Dabei entsteht ein Abbild («similitudo», «imago») des wahrgenommenen Objekts in der Seele, das die Seele in sich aus ihrer eigenen Substanz [5] und «mit wunderbarer Schnelligkeit» hervorbringt [6]. Daß beim W.-Vorgang tatsächlich Abbilder der W.-Gegenstände beteiligt sind, wird etwa beim Erscheinen von Nachbildern bei geschlossenen Augen oder beim Auftreten von Doppelbildern beim Betrachten einer Flamme deutlich [7]. Die mit dem Entstehen des Abbildes verbundene körperliche Veränderung («passio corporis») bleibt von der Seele nicht unbemerkt, so daß Wahrnehmen dann bedeutet, daß «eine Veränderung des Körpers der Seele nicht verborgen bleibt» [8] und die Seele ihre Aufmerksamkeit («attentio», «intentio») auf diese durch äußere Einwirkungen im Körper hervorgerufenen Veränderungen richtet [9]. Zwischen den äußeren Sinnen und der Tätigkeit der geistigen Seele kennt Augustinus noch einen «inneren Sinn» («sensus interior»), der den Einzelsinnen übergeordnet ist und ihre W.en als «Lenker und Richter» («moderator et iudex») beurteilt und verknüpft [10].

Augustinus' Auffassung der W. bleibt bis zur Rezeption der psychologischen Schriften des Aristoteles und der Araber im Westen die im wesentlichen maßgebliche Lehre, wie für das 12. Jh. etwa ISAAK VON STELLAS ‹Epistola de anima› [11] oder der einflußreiche, dem Augustinus zugeschriebene, aber von ALCHER VON CLAIRVAUX kompilierte Traktat ‹De spiritu et anima› zeigen [12]. Allerdings orientieren sich diese psychologischen Erörterungen eher an der Mystik sowie am Aufstieg der Seele und verraten wenig Interesse an einer genauen Klärung des W.-Vorgangs. Erst seit der zweiten Hälfte des 12. Jh. kommt es unter dem Einfluß der Übersetzungen arabischer medizinischer Texte zu einer stärkeren Hinwendung zu naturphilosophischen Fragen wie der Lokalisierung der Seelenvermögen, so in WILHELM VON CONCHES' ‹Philosophia mundi› [13] oder in den ‹Quaestiones naturales› des ADELARD VON BATH, der W. («sensus») als «die nicht leichte Bewegung eines beseelten Körpers durch äußere Einwirkungen» («animati corporis exteriorum applicatione non levis mutatio») definiert [14].

2. *Die Philosophie der Araber.* – Der für das lateinische MA wichtigste Beitrag AVICENNAS zur Theorie der W. besteht in der Erweiterung und Umformung der Bemerkungen des Aristoteles über die post-sensitiven Vermögen zu einer Lehre von den fünf inneren Sinnen, die die Zwischenstufen der Informationsverarbeitung zwischen den äußeren Sinnen und dem Intellekt bilden [15]. Dabei nimmt der erste der inneren Sinne, der Gemeinsinn («sensus communis», s.d.), als Zentrum aller Sinne die ihm von den fünf äußeren Sinnen übermittelten Formen auf. Er ist dasjenige Vermögen, das wahrhaft wahrnimmt [16]. Er unterscheidet zwischen den Eindrücken verschiedener Sinne [17] und kann Urteile fällen, indem er die Daten verschiedener Sinne aufeinander bezieht, etwa: Dieses Bewegliche ist schwarz [18]. Als zweiten inneren Sinn nennt Avicenna die konservierende Imagination («imaginatio vel formans/formativa»), die die empfangenen Eindrücke auch in Abwesenheit der äußeren Objekte aufbewahrt [19]. Das Zusammenwirken von Gemeinsinn und konservierender Imagination ermöglicht gewisse W.en, die die äußeren Sinne allein nicht liefern können, weil diese etwa aus der Verbindung von aktuellen mit gerade vergangenen, aber von der Imagination noch zurückgehaltenen W.-Eindrücken entstehen. Auf diese Weise nehmen wir einen fallenden Regentropfen als Linie wahr und einen kreisförmig bewegten Punkt als Kreis [20]. Danach folgt die kombinierende Imagination, beim Tier «vis imaginativa» und beim Menschen «vis cogitans» genannt, welche die von der konservierenden Imagination aufbewahrten Formen zusammenführt bzw. trennt [21]. Der vierte innere Sinn ist die dem Instinkt der Tiere entsprechende Einschätzungskraft («vis aestimationis»), die die nicht durch die äußeren Sinne wahrgenommenen Intentionen – also die Informationen, die die Seele durch «okkulte Kräfte ohne die Sinne» («vires occultae absque sensu») empfängt [22] – erfaßt und miteinander kombiniert [23]. Avicenna nennt als Beispiel ein Schaf, das den Wolf als etwas Gefährliches wahrnimmt [24]. Die Erinnerung («vis memorialis et reminiscibilis») ist schließlich das Vermögen, das diese Intentionen aufbewahrt [25]. Alle fünf inneren Sinne haben eine genaue Lokalisierung in einer der drei Hirnkammern («ventriculi cerebri»): Der Gemeinsinn und die konservierende Imagination befinden sich in der vorderen, die kombinie-

rende Imagination und die Einschätzungskraft in der mittleren und die Erinnerung in der hinteren Hirnkammer [26].

Den zweiten wichtigen Beitrag der arabischen Philosophie zur W.-Theorie bildet die von ALHAZEN begründete perspektivistische Optik, die eine detaillierte Erklärung des W.-Vorganges liefert [27] und deren Verbreitung später im 13. Jh. vor allem auf WITELO zurückgeht, der der Theorie Alhazens sehr genau folgt [28]. Nach ALHAZEN gehen von jedem einzelnen Punkt eines Objekts Sehstrahlen aus, die in der Linse («humor crystallinus») des Auges wahrgenommen werden, danach von einer feinen, durchsichtigen Substanz, dem «spiritus visibilis», über die hohlen Nerven zum Ort der Vereinigung beider Sehnerven weitergeleitet werden, wo sich der Sitz der inneren, abschließenden W., das «ultimum sentiens», befindet, in dem der Sehvorgang vollendet wird [29]. Im Akt des Sehens unterscheiden Alhazen und WITELO zwischen der reinen Empfindung («aspectus simplex») und der aufmerksamen Betrachtung («intuitio diligens») [30], die ein vergleichendes und unterscheidendes Urteilsvermögen («virtus distinctiva») einschließt, so daß schon auf der Ebene der W. eine assoziative Verarbeitung der Empfindungsinhalte durch eine Art unbewußter Schlüsse stattfindet, die die W. von Lage, Größe, Entfernung, Dreidimensionalität usw. der W.-Objekte ermöglicht [31] und Allgemeinvorstellungen hervorbringt [32].

3. *Seit dem 13. Jh.* – Die Rezeption der naturphilosophischen Schriften des Aristoteles und der Araber zu Beginn des 13. Jh. markiert einen Einschnitt auch für das Verständnis der W., obgleich Augustinus' platonische Auffassung daneben weiterhin präsent ist – so bei JOHANNES VON RUPELLA [33]; ROBERT KILWARDBY und HEINRICH VON GENT versuchen, die aristotelische mit der augustinischen W.-Theorie zu verbinden [34]. Im aristotelischen Verständnis ist die W. ein durch das Medium vermitteltes Affiziertwerden des passiven Sinnesorgans durch ein sinnenfälliges Objekt [35]. Zwei prägnante Formulierungen werden in diesem Zusammenhang von den mittelalterlichen Aristotelikern immer wieder angeführt: Im Rahmen des Akt-Potenz-Schemas läßt sich das Verhältnis von W.-Vermögen und Wahrnehmbarem gemäß dem Verhältnis von Möglichkeit und Wirklichkeit bestimmen, d.h., das Sinnesorgan ist der Möglichkeit nach das, was das W.-Objekt der Wirklichkeit nach ist [36]. Vor dem Hintergrund des aristotelischen Hylemorphismus gilt, daß bei der W. das Sinnesorgan die sinnenfällige Form des Objekts ohne dessen Materie aufnimmt [37]. Dabei wird die kausale Wirkung des äußeren Objekts auf die Sinnesorgane durch die Annahme immaterieller, sinnenfälliger «species» («species sensibiles») erklärt, die die spezifischen Sinnesqualitäten durch das äußere Medium hindurch an die Sinne übermitteln [38]. Diese Speciestheorie wird von ROGER BACON im Anschluß an ALHAZEN und ROBERT GROSSETESTE zu einer umfassenden Erklärung des W.-Vorganges ausgearbeitet, bei der angenommen wird, daß sich die von jedem Punkt des Objekts ausgehenden «species» kontinuierlich durch das Medium und die Sinnesorgane bis zu den inneren Sinnen durch Vervielfältigung («multiplicatio specierum») fortpflanzen [39]. Das aristotelische Schema des W.-Vorganges wird im 13. Jh. außerdem noch dahingehend modifiziert, daß zwischen den äußeren Sinnen und dem Intellekt mehrere innere Sinne als vermittelnde Zwischenglieder angenommen werden [40]. Deren genaue Zahl, jeweilige Funktion und Lokalisierung bleibt aber umstritten, so daß F. SUÁREZ im 17. Jh. eine lange Aufzählung der verschiedenen Ansichten zu dieser Frage geben kann [41]. Neben diesem von Avicenna entwickelten Modell einer Mehrzahl innerer Sinne wird auch noch die auf Augustinus zurückgehende Annahme eines einzigen inneren Sinns vertreten – so von PETRUS JOHANNIS OLIVI, für den die verschiedenen inneren Sinne in ein einziges Seelenvermögen zusammenfallen [42] – sowie die auf Galen zurückgeführte Lehre von der Dreiteilung der inneren Sinne in Gemeinsinn, Denken («cogitatio») und Erinnerung, der sich noch im 16. Jh. PH. MELANCHTHON in seinem ‹De anima›-Kommentar anschließt [43]. Schließlich bleibt bei der Rezeption der aristotelischen W.-Theorie die Frage umstritten, ob in Analogie zum tätigen Intellekt («intellectus agens») auch ein tätiger Sinn («sensus agens», s.d.) anzunehmen sei, wie dies etwa JOHANNES VON JANDUN und ALPHONS VARGAS VON TOLEDO behaupten [44].

Der Beginn der Rezeption der vor allem durch Avicennas Theorie der inneren Sinne modifizierten aristotelischen W.-Theorie findet sich am Ende des 12. Jh. bei DOMINICUS GUNDISSALINUS [45] und zu Beginn des 13. Jh. u.a. bei JOHANNES BLUNT [46] und in der anonymen Schrift ‹De anima et de potenciis eius› [47]. Auf der Grundlage der aristotelischen Texte und der arabischen Quellen wird die W. dann umfassend von ALBERT DEM GROSSEN behandelt, der damit zum Begründer der mittelalterlichen aristotelischen Psychologie und zur oft zitierten Autorität wird [48]. Albert liefert eine umfassende Klassifizierung der jeweils fünf äußeren und inneren Sinne, wobei er zu jedem Sinn die jeweilige Definition, das spezifische Objekt, das Organ und dessen Lokalisierung sowie die ihm eigentümlichen Akte erörtert. Das Ordnungsprinzip bei der Klassifizierung dieser erkennenden Seelenvermögen ist der Abstraktionsgrad ihrer Objekte, wobei Albert vier Stufen der Abstraktion unterscheidet, die jeweils den äußeren Sinnen, der Imagination, der Einschätzungskraft und dem Intellekt entsprechen [49]. Auch in der aristotelischen W.-Theorie des THOMAS VON AQUIN sind die Sinne rezeptive und passive Vermögen [50]. Werden sie durch ein äußeres Objekt affiziert, erfährt das Sinnesorgan sowohl eine mehr oder weniger starke materielle Verwandlung als auch, durch die Aufnahme der Form des Sinnesgegenstandes ohne dessen Materie, eine geistige Veränderung («immutatio spiritualis») [51]. Den daraus hervorgehenden sinnenfälligen «species» kommt ein «intentionales Sein» im Sinnesorgan zu [52]. Die Sinneswahrnehmung ist Materialursache und notwendiger Ausgangspunkt für jede intellektuelle Erkenntnis [53], denn der Intellekt denkt nur, indem er sich den sinnenfälligen «species» bzw. «phantasmata» zuwendet [54]. Abweichend von Avicenna und Albert nimmt Thomas nur vier innere Sinne an [55].

Seit dem Ende des 13. Jh. wird die aristotelische W.-Theorie ebenso wie die Erklärung des W.-Prozesses durch die perspektivistische Optik und die Speciestheorie zunehmend kritisiert [56]. Für PETRUS JOHANNIS OLIVI sind die Sinnesgegenstände nicht Wirkursache der W., sondern lediglich Endpunkt («terminus») oder Anlaß («occasio») für die Erkenntnis [57]. Die Annahme von die Objekte repräsentierenden «species» zur Erklärung der W. lehnt er als überflüssig ab [58]. Statt dessen nimmt Olivi unter Berufung auf Augustinus ein Zusammengebundensein («colligantia») [59] der niederen und der höheren Seelenvermögen und eine ursprüngliche Aktivität der Seele an, so daß die W. durch einen Hinblick («aspectus») der Seele zustande kommt, d.h. durch die virtuelle oder intentionale Hinwendung («conversio») der Seelenvermögen auf den sinnenfälligen Gegenstand [60]. Diese Hinwendung wird durch einen Willensakt oder durch eine Bewegung in den Sinnesorganen hervorgerufen [61]. Auch Johannes Duns Scotus betont die Unabhängigkeit des Intellekts von der Sinneswahrnehmung. Diese ist nur Anlaß («occasio»), aber nicht Wirkursache für die Tätigkeit des Intellekts [62]. Nach Duns Scotus gibt es sowohl auf der Ebene der Sinne als auch auf der des Intellekts eine unmittelbare, direkte, nicht durch «species» vermittelte Erkenntnis eines einzelnen, gegenwärtigen Objekts, nämlich die intuitive Erkenntnis («cognitio» oder «notitia intuitiva»), die Gewißheit hinsichtlich der Existenz des erkannten Gegenstandes liefert und von einer abstraktiven Erkenntnis desselben Objekts verschieden ist [63]. Petrus Aureoli hebt die Aktivität der äußeren Sinne bei der W. hervor, da diese etwas in den Modus des «erscheinenden Seins» («esse apparens») setzen, wie er an einigen später viel diskutierten Beispielen von Sinnestäuschungen, Retentionsphänomenen und Halluzinationen aufzeigt: So sieht jemand, der sich in einem Schiff über das Wasser bewegt, daß sich die Bäume am Ufer zu bewegen scheinen. Ferner: Wenn ein Stock schnell durch die Luft bewegt wird und sich seine Spitze in einem Kreis bewegt, so scheint in der Luft ein Kreis zu entstehen. Sowohl die scheinbare Bewegung der Bäume am Ufer als auch der in der Luft erscheinende Kreis befinden sich nach Aureoli im Modus des «erscheinenden Seins», ihr Auftreten beweist den aktiven, setzenden Charakter der Sinnesvermögen [64]. Wilhelm von Ockham gehört zu denen, die Aureolis Theorie des «esse apparens» ablehnen [65]. Unter Berufung auf das Sparsamkeitsprinzip bestreitet Ockham auch die Notwendigkeit jeglicher Art von «species» im Erkenntnisprozeß, so daß bei ihm die sinnliche Erkenntnis den Charakter der Abbildlichkeit gegenüber dem Gegenstand verliert [66]. Das äußere Sinnesobjekt bewegt unmittelbar und aufgrund eines nicht weiter analysierten Kausalzusammenhangs das Sinnesorgan, so daß in diesem der Eindruck einer Qualität hervorgerufen wird («imprimitur a sensibili aliqua qualitas»), der auch nach Abschluß des eigentlichen W.-Prozesses noch im inneren Sinn, der Phantasie, verbleibt [67] und auf diese Weise eine intuitive Erkenntnis des Gegenstandes bewirkt [68].

Die überwiegende Mehrheit der Philosophen des 14. Jh. folgt Ockham in der Ablehnung der «species» im W.- und Erkenntnisprozeß jedoch nicht. So vertritt William Crathorn eine sensualistische Species-Theorie und gibt eine genaue Beschreibung des physiologischen Vorgangs, durch den das im Sinnesorgan eingedrückte Abbild («similitudo», «species») des Gegenstandes mittels einer Veränderung in den Nervensträngen in der vorderen Gehirnkammer («cellula phantastica») ein neues Abbild erzeugt, welches seinerseits einen Eindruck in der mittleren Gehirnzelle («cellula syllogistica») hervorruft, woraus schließlich ein Abdruck im hinteren Teil des Gehirns, der Gedächtniszelle («cellula memorialis»), entsteht, der bis zu seiner Erfassung durch den erkennenden Geist dort gespeichert wird [69]. Auch Johannes Buridan hält an der Annahme von «species» zur Erklärung des W.-Vorgangs fest [70]. Abweichend von der bis dahin vorherrschenden galenischen Tradition, die die inneren Sinne in den Gehirnkammern lokalisiert, ist für Buridan das Herz der Ort des Gemeinsinns, wo «subjective» die W. stattfindet [71]. Nikolaus von Kues schließlich erweist sich als Vorläufer der Neuzeit, insofern er dem Subjekt im W.- und Erkenntnisprozeß eine konstitutive Bedeutung in bezug auf das Objekt zuspricht [72].

Anmerkungen. [1] Art. ‹Vernunft; Verstand III.›. Hist. Wb. Philos. 11 (2001) 764-796. – [2] Augustinus: De musica VI, 5, 10. MPL 32, 1169. – [3] De Gen. ad litt. XII, 24. CSEL 28, 1 (Wien 1894) 416. – [4] De trin. XI, 2, 3. CCSL 50 (Turnhout 1968) 336. – [5] X, 5, 7, a.O. 321. – [6] De Gen. ad litt. XII, 16, a.O. [3] 402. – [7] De trin. XI, 2, 4, a.O. [4] 337f. – [8] De quant. animae XXIII, 41. MPL 32, 1058; vgl. XXV, 48, a.O. 1063. – [9] De trin. XI, 2, 2f., a.O. [4] 335f.; De musica VI, 5, 9. MPL 32, 1168. – [10] De lib. arb. II, 3-8; vgl. Conf. I, 20; VII, 17. – [11] Isaak von Stella: Ep. de an. MPL 194, 1875-1890. – [12] Alcher von Clairvaux: De spir. et an. MPL 40, 779-832. – [13] Wilhelm von Conches: Philos. mundi IV, 24. MPL 172, 95 B. – [14] Adelard von Bath: Quaest. naturales 13, hg. M. Müller. Beitr. Gesch. Philos. Theol. MA 31, 2 (1934) 17. – [15] Avicenna: Lib. de an. seu Sextus de naturalibus I, 5, hg. S. van Riet (Löwen/Leiden 1972) 87-90; IV, 1, hg. S. van Riet (Löwen/Leiden 1968) 1-11; vgl. Art. ‹Sinne, die, C. 9.›. Hist. Wb. Philos. 9 (1995) 838f. – [16] Lib. de an. IV, 1, a.O. 5, 57-59. – [17] a.O. 1, 7-9. – [18] 6, 68-70. – [19] Lib. de an. I, 5, a.O. [15] 87, 22-88, 25; zur imaginatio vgl. Art. ‹Phantasia II. 2.›. Hist. Wb. Philos. 7 (1989) 529-533; Art. ‹Einbildungskraft I.›, a.O. 2 (1972) 346-348. – [20] a.O. 88, 30-89, 43. – [21] 89, 44-48. – [22] 86, 5. – [23] 89, 49f.; vgl. Lib. de an. IV, 1, a.O. [15] 10, 38-11, 43. – [24] 86, 100-103; 89, 51f. – [25] 89, 53-56. – [26] Vgl. Avicenna: Canon, lib. 1, fen 1, doctr. VI, c. 5 (Venedig 1507, ND 1964) fol. 24vb-25rb. – [27] Alhazen: De aspectibus [perspectiva], hg. F. Risner, in: Opticae thesaurus (Basel 1572, ND New York 1972); vgl. A. M. Smith: Getting the big picture in perspectivist optics. Isis 72 (1981) 568-589. – [28] Witelo: Perspectiva, hg. F. Risner, in: Opt. thes., a.O.; Teiled., in: C. Baeumker: Witelo. Ein Philosoph und Naturforscher des 13. Jh. Beitr. Gesch. Philos. MA 3, 2 ([2]1991). – [29] Alhazen: De aspect. I, c. 5, prop. 23-27, a.O. [27] 14-17; II, c. 1, prop. 1-8. 16, a.O. 24-29. 34f.; Witelo: Perspect. III, prop. 20, a.O. 94 (Baeumker); vgl. Art. ‹Sehen II.›. Hist. Wb. Philos. 9 (1995) 143f. – [30] De aspect. II, c. 3, prop. 64f., a.O. 67-69; Witelo: Perspect. III, prop. 51f., a.O. 137-139 (Baeumker). – [31] II, c. 2, prop. 24-39, a.O. 39-55; Witelo: Perspect. III, prop. 60-63. 69, a.O. 143-146. 151f. (Baeumker); IV, prop. 9f. 14. 27. 30-32. 63, a.O. 155-162. 165-169 (Baeumker). – [32] c. 3, prop. 66-68, a.O. 69f.; Witelo: Perspect. III, prop. 61, a.O. 144 (Baeumker). – [33] Joh. de Rupella: Summa de an., hg. J. G. Bougerol (Paris 1995). – [34] Robert Kilwardby: De spiritu fantastico, in: O. Lewry: Robert Kilwardby: On time and imagination (Oxford 1987); J. V. Brown: Sensation in Henry of Ghent. A late mediaeval Aristotel.-Augustin. synthesis. Archiv Gesch. Philos. 53 (1971) 238-266. – [35] Aristoteles: De an. II, 5, 416 b 33-35. – [36] 418 a 3f.; 9, 422 a 7; vgl. III, 8, 431 b 21. – [37] II, 12, 424 a 17-20; III, 2, 425 b 23f. – [38] Vgl. A. Maier: Das Problem der «species sensibiles in medio» und die neue Naturphilos. des 14. Jh., in: Ausgehendes MA 2 (Rom 1967) 419-451; K. H. Tachau: The problem of the «species in medio» at Oxford in the generation after Ockham. Mediaev. Studies 44 (1982) 394-443; vgl. Art. ‹Species 8.›. Hist. Wb. Philos. 9 (1995) 1335-1337. – [39] Roger Bacon: Opus maius V, p. 1, dist. 5, c. 1, hg. J. H. Bridges (Oxford 1897, ND 1964) 30-32; dist. 6, c. 1-4, a.O. 35-46; dist. 9, c. 4, a.O. 71-74; De multiplic. specierum, in: D. C. Lindberg (Hg.): Roger Bacon's philos. of nature (Oxford 1983). – [40] Vgl. Art. ‹Sinne, die, C. 2.›. Hist. Wb. Philos. 9 (1995) 838-840. – [41] F. Suárez: Tract. de an., lib. III, c. 30. Op. omn. 3 (Paris 1856/61) 703-709. – [42] Petrus Joh. Olivi: Quaest. in sec. libr. sent., q. 62-66, hg. B. Jansen 2 (Quaracchi 1924) 586-614. – [43] Ph. Melanchthon: Liber de an. Op. omn. 13 (1846) 121. – [44] Vgl. A. Pattin: Pour l'hist. du sens agent (Löwen 1988). – [45] Dominicus Gundissalinus: Liber de an., c. 9, hg. J. T. Muckle. Mediaev. Studies 2 (1940) 64-83. – [46] Joh. Blunt: Tract. de an., c. VIII-XX, hg. D. A. Callus/R. W. Hunt (London 1970) 22-74. – [47] R. A. Gauthier (Hg.): Le traité ‹De anima et de potenciis eius› d'un maître ès arts (vers 1225). Rev. Sci. philos. théolog. 66 (1982) 3-55. – [48] Albertus Magnus: De homine I, q. 19-42. Op. omn. 35, hg. A. Borgnet (Paris 1890/99) 164-361; De an. II, tract. 3f.; III, tract. 1. Op. omn. 7/1 [ed. Colon.] (1951ff.) 96-176. – [49] De an. II, tract. 3, c. 4, a.O. 101 b-102 b. – [50] Thomas von Aquin: S. theol. I, 78, 3. – [51] a.O.; vgl. J. A. Tellkamp: Sinne, Gegenstände und sensibilia. Zur W.-Lehre des Thomas von Aquin (Leiden 1999) 56-129. – [52] Sent. libri De an. II, 24. Op. omn. 45/1 (Rom/Paris 1984) 169, 45-59. – [53] S. theol. I, 1, 9; 12, 12;

84, 6. – [54] 84, 7; 85, 1. – [55] 78, 4. – [56] Dazu: K. H. Tachau: Vision and certitude in the age of Ockham. Optics, epistemology, and the foundations of semantics, 1250-1345 (Leiden 1988). – [57] Petrus Joh. Olivi: Quaest. in sec. libr. sent., q. 72, a.O. [42] 3 (1926) 10-12. 35-36; q. 73, a.O. 89. – [58] q. 73, a.O. 83-89; q. 74, a.O. 106-135. – [59] q. 72, a.O. 13. 15-17. 30-35. – [60] q. 59, a.O. 2 (1924) 543; q. 72, a.O. 3, 9; q. 73, a.O. 62-103. – [61] q. 73, a.O. 3, 66. – [62] Joh. Duns Scotus: Ord. I, dist. 3, p. 1, q. 4, n. 234. 242. Op. omn. 3 [ed. Vat.] (Rom 1950ff.) 140. 147. – [63] Quodlib., q. 13, a. 2. Op. omn. 25 [ed. Vivès] (Paris 1891/95) 521 aff.; Lect. II, dist. 3, p. 2, q. 2, n. 285-290. Op. omn. 18 [ed. Vat.] (Rom 1950ff.) 321-323; vgl. Tachau, a.O. [56] 68-81. – [64] Petrus Aureoli: Scriptum sup. primum sent., prooem., q. 2, a. 3, hg. E. M. Buytaert (New York 1952/56) 198-203; dist. 3, c. 3, a. 1, a.O. 696-699. – [65] Wilhelm von Ockham: 1 sent., dist. 27, q. 3. Op. theol. [OT] 4, hg. G. I. Etzkorn u.a. (St. Bonaventure 1979) 228-258. – [66] 2 sent., q. 12-14. OT 5, hg. G. Gál u.a. (1981) 251-337; 3 sent., q. 2. OT 6, hg. F. E. Kelley u.a. (1982) 43-97; vgl. Art. ‹Species 9.›. Hist. Wb. Philos. 9 (1995) 1337-1342. – [67] 3 sent., q. 3. OT 6, 114-117. – [68] 1 sent., dist. 27, q. 3. OT 4, 241, 22-23; 2 sent., q. 13. OT 5, 276, 13-25; 3 sent., q. 2. OT 6, 59-65; q. 3, a.O. 107-114. 117-118. – [69] William Crathorn: In primum libr. sent., q. 2, quarta concl., in: F. Hoffmann: Crathorn. Quäst. zum Ersten Sentenzenbuch. Beitr. Gesch. Philos. Theol. MA, NF 29 (1988) 157f. – [70] Joh. Buridanus: Quaest. longae De an., q. 18, in: P. G. Sobol: John Buridan on the soul and sensation. An ed. of book II of his comm. on Aristotle's book on the soul with an introd. and a transl. of quest. 18 on sensible species. Diss. Indiana Univ. (1984) 250-321. – [71] q. 24, a.O. 390-409. – [72] Vgl. H.-U. Baumgarten: Nik. von Kues' Theorie der W. Philos. Jb. 106 (1999) 299-311; vgl. Art. ‹Vernunft; Verstand III. 2. G. 1.›. Hist. Wb. Philos. 11 (2001) 794.

Literaturhinweise. E. R. Harvey: The inward wits. Psycholog. theory in the MA and the Renaissance (London 1975). – D. C. Lindberg: Theories of vision from Al-Kindi to Kepler (Chicago 1976). – N. H. Steneck: Albert on the psychology of sense perception, in: J. A. Weisheipl (Hg.): Albertus Magnus and the sciences. Commemorat. essays (Toronto 1980) 263-290. – R. Pasnau: Theories of cognition in the later MA (Cambridge 1997). – P. Theiss: Die W.-Psychologie und Sinnesphysiologie des Albertus Magnus. Ein Modell der Sinnes- und Hirnfunktion aus der Zeit des MA (1997). – H.-U. Baumgarten s. Anm. [72]. – J. A. Tellkamp s. Anm. [51]. – P. G. Sobol: Sensations, intentions, memories, and dreams, in: J. M. M. H. Thijssen/J. Zupko (Hg.): The metaphysics and natural philos. of John Buridan (Leiden 2001) 183-198.

Th. Dewender

III. *Neuzeit: Empirismus und Rationalismus.* – Die tiefgreifenden Erschütterungen des Weltbildes im 16. und 17. Jh., ausgelöst durch die Wissenschaftsentwicklung seit der Kopernikanischen Wende und die religiösen Auseinandersetzungen im Gefolge der Reformation, führen zu einem gesteigerten Interesse daran, alte wie neue Wissensansprüche auf ihre Fundiertheit hin zu befragen. Im Zuge einer solchen extrinsisch motivierten Neubelebung skeptizistischer Denkmuster findet die epistemologische Rolle der W. erhöhte Aufmerksamkeit. Ansätze hierzu zeigen sich bereits in der Naturphilosophie der Renaissance, so bei B. Telesio und T. Campanella [1]. Die Überlegungen gehen jedoch nicht durchgängig mit differenzierten Theorien des W.-*Vorgangs* Hand in Hand.

So weist etwa F. Bacon im Rahmen seiner Idolenlehre nur pauschal auf die irrtumsträchtige und forschungshemmende Unzulänglichkeit der Sinne («sensus») hin (der auch durch den Gebrauch künstlicher Werkzeuge nicht nachhaltig abgeholfen werden könne) und empfiehlt, ihr durch den Einsatz von Experimenten entgegenzuwirken [2]; «stupor» und «incompetentia» der Sinne rühren nach Bacon unter anderem daher, daß es einerseits keine «observatio» unsichtbarer Dinge gibt, zu denen er auch das Wirken «der in den fühlbaren Körpern eingeschlossenen Geister» rechnet, und daß andererseits Minimalbewegungen, die jeder «alteratio» zugrunde liegen, verborgen bleiben [3]. Damit ist ein Leitmotiv der W.-Diskussion bis hin zu Kant zumindest angedeutet: Die W. versagt ihre Dienste im Bereich der kleinsten Materieteilchen, also dort, wo den Theorien der neuzeitlichen Naturwissenschaft zufolge die basalen Bausteine, Strukturen und Prozesse der Wirklichkeit beheimatet sind.

Konturenreicher wird das Bild der W. bei Th. Hobbes, der es konsequent in den Kontext einer materialistischen und mechanistischen, alle Veränderung kausal auf Druck und Stoß zurückführenden Naturauffassung stellt: «The cause of sense, is the external body, or object, which presseth the organ proper to each sense, either immediately, as in the taste and touch; or mediately, as in seeing, hearing, and smelling; which pressure, by the mediation of nerves, and other strings and membranes of the body, continued inwards to the brain and heart, causeth there a resistance, or counter-pressure» [4]. Hobbes konzipiert diejenigen Qualitäten des Gegenstandes, «die sinnlich (sensible) genannt werden» [5] (und die man seit J. Locke als sekundäre Qualitäten zu bezeichnen pflegt [6]), als Bewegungen in dessen Materie, die sich im W.-Prozeß auf die Außenseite des Sinnesorgans übertragen und von dort bis in dessen innersten Kern fortpflanzen. Dort angelangt, transformieren sie sich in eine gegenläufig gerichtete Bewegung, die Hobbes auf nicht ganz durchsichtige Weise mit dem Erscheinungsbild («phantasma») des wahrgenommenen Gegenstandes identifiziert, wobei der besagten Richtungsumkehr zugleich eine Erklärungsfunktion dafür zugeschrieben wird, daß trotz der Organimmanenz der Empfindungen der sie auslösende Gegenstand als ein organexterner erscheint. Das Verhältnis von Empfindungspluralität und Einheit des Gegenstandes (welches aufzuhellen eine der zentralen Leistungen der Kantischen Lehre von der kategorialen Formung sinnlicher Mannigfaltigkeit sein wird) erfährt bei Hobbes eine rein sinnesphysiologische Erläuterung: Da die Natur der W. in der Bewegung besteht und da überdies die verschiedenen Sinne den zwischen den Nervenwurzeln und dem Herzen liegenden organischen Apparat gemeinsam nutzen, müssen gleichzeitig ausgelöste bzw. verlaufende W.-Prozesse – sofern nicht stärkere Bewegungen schwächere überlagern und mithin kausal verdrängen – sich zu einer Gesamtbewegung vereinigen, welcher dann auch nur ein einziger wahrgenommener Gegenstand entspricht.

Hobbes' W.-Lehre wird durch die Einbeziehung der Erinnerung («memoria») in bemerkenswerter Weise abgerundet: Die dem Menschen eigentümliche Sinnes-W. umfaßt Hobbes zufolge «eine Art Beurteilung (iudicatio) der sich darbietenden Dinge mittels der Erscheinungsbilder (phantasmata), indem wir nämlich diese Erscheinungsbilder vergleichen und unterscheiden» [7]. Diese komplexen (und von Tieren nicht erbringbaren) Leistungen sind uns möglich, weil unsere Erinnerung die Fähigkeit darstellt, im «unaufhörlichen Wechsel der Erscheinungsbilder» [8] (welcher nichts anderes ist als ein in steter Bewegung befindlicher Materiefluß im Körper des Wahrnehmenden) die organische Bewegung dergestalt fortdauern zu lassen, daß unterscheidbare, vergleichbare und reidentifizierbare W.-Gehalte allererst entstehen. Daneben sieht Hobbes in der Erinnerung auch das Werkzeug, mit dessen Hilfe sich die Sinnes-W. auf sich selbst richten kann [9].

Unter Rekurs auf pyrrhonische Argumentationsmuster plädiert P. Gassendi für die Gleichberechtigung bzw. Inkommensurabilität von Gesichts- und Tastsinn [10]: Wo optische und haptische W.en desselben Gegenstandes («sensibile commune» [11]) unvereinbar zu sein scheinen wie im Falle einer bemalten Tafel, die der Hand eben, dem Auge aber uneben vorkommt, muß nach Gassendi ein dem jeweiligen Sinn spezifisches Eben- bzw. Unebensein unterschieden werden, womit streng genommen eine Ansetzung zweier disparater Klassen von W.-Objekten einhergehen müßte; daß wir diese radikale Konsequenz scheuen, ist Gassendi zufolge lediglich unseren eingefleischten Sprachgewohnheiten («vulgaris et receptus mos loquendi» [12]) geschuldet, die uns zur sprachlichen Eindeutigkeit nötigen, weil wir nicht über ein derartiges optisch-haptisches Doppelvokabular verfügen. Die von Gassendi erneuerte Frage der Koordination von Gesichts- und Tastsinn lebt in der neuzeitlichen Diskussion des Molyneux-Problems fort [13].

Über Lockes Gassendi-Rezeption wirkt dessen Thematisierung des Zusammenspiels von W. und Sprache bezüglich des (später so genannten) invertierten Spektrums bis ins 20. Jh. fort [14]: Der denkbare Fall, daß eine Person, die Honig kostet bzw. eine (rote) Rose sieht, einen bitteren Geschmacks- bzw. einen weißen Farbeindruck empfängt, bliebe Gassendi zufolge deswegen unbemerkt, weil die (aufgrund ihrer Privatheit unauffällige) Devianz der W. sich nicht in einer Devianz des sprachlichen Verhaltens niederschlagen könne. Denn in der Situation des Spracherwerbs pflegt die Sprachgemeinschaft auf paradigmatische Instanzen wie Honig oder (rote) Rosen zu verweisen, um dem Lernenden die korrekte Verwendung von Empfindungsprädikaten wie 'süß' oder 'rot' beizubringen; dies aber impliziert nach Gassendi, daß man den Geschmack des Honigs bzw. die Farbe von Rosen 'süß' bzw. 'rot' zu nennen lernt, unabhängig davon, wie die jeweiligen Empfindungen qualitativ beschaffen sind [15].

Eine sachlich wie terminologisch entscheidende Weichenstellung für die erkenntnistheoretischen Debatten der Neuzeit stellt die Neufassung des Begriffs ‹Idee› durch DESCARTES und LOCKE dar, durch welche die W. zum Spezialfall des Denkens wird: Als Denkakte («cogitationes») gelten alle bewußten Vollzüge seelischer Vermögen, und Wahrnehmen ist – wie Wollen, Schließen, Vorstellen oder Erinnern – demnach ein Operieren mit oder an Ideen. Diese begriffliche Vorgabe wirft eine Fülle von Problemen auf, die nicht nur die epistemologischen Diskussionen im 17. und 18. Jh. beherrschen, sondern auch in der heutigen Forschung kontrovers behandelt werden [16]. Es ist jedoch eher die Ausnahme als die Regel, daß konkurrierende erkenntnistheoretische Auffassungen sich unmittelbar in konkurrierenden Theorien des W.-Vorgangs niederschlagen, und daher ist die Heterogenität der neuzeitlichen W.-Konzeptionen deutlich geringer als die der auf ihnen fußenden Epistemologien oder der sie einbettenden Metaphysiken.

R. DESCARTES entfaltet sein Bild der W. paradigmatisch am Vorgang des Sehens (s.d.) [17]. Dabei arbeitet er mit einem mechanistischen und mithin gegen die traditionelle species-Theorie gerichteten Modell, welches zudem in seinen Substanzdualismus integriert ist: Die wahrnehmende Instanz ist nicht der Körper, sondern die Seele («c'est l'ame qui sent, & non le cors») [18]. Im Falle der visuellen W. reizen auf der Retina auftreffende Lichtstrahlen bestimmte Nerven. Diesen Reizvorgang erläutert Descartes als ein Ziehen an kleinen Fäden («filets»); sie werden nach Maßgabe der vom gesehenen Gegenstand reflektierten Strahlen angespannt oder gelockert. Da die Nervenenden in Poren auf der Hirnoberfläche münden, bewirkt ein Ziehen an ersteren eine entsprechende Verengung oder Erweiterung der letzteren. Abhängig von der Größe der Porenöffnungen fließen aus der Zirbeldrüse größere oder kleinere Mengen feiner Partikel («esprits») in die Poren, wodurch sich in der Zirbeldrüse Art und Stärke der Ausgangsreizung widerspiegeln: Das einfallende Licht erzeugt auf der Retina eine bestimmte «figure», die durch die Modifikation der (ihrerseits zugabhängigen) Porengröße auf der Hirnoberfläche eine strukturgleiche Figur hervorruft, welche schließlich – durch Partikelfluß vermittelt – wiederum zur Bildung einer strukturell isomorphen Figur in der Zirbeldrüse führt. Erst diese zuletzt entstandenen Figuren sind nach Descartes Ideen bzw. «les formes ou images que l'ame raisonnable considerera immediatement» [19], von welchen er zugleich betont, daß sie den wahrgenommenen physischen Dingen nicht ähnlich sein müssen [20] – die Kausalrelation impliziert keine Abbildrelation. Umstritten sind die epistemologischen Konsequenzen des Cartesischen W.-Modells: In der traditionellen Deutung wird Descartes' Repräsentationalismus vorgeworfen, er ziehe eine mentale Verdopplung der Welt nach sich und benötige ein inneres Auge als Betrachter der Ideen [21]; neuerdings wird dagegen der Tätigkeitscharakter der Ideen betont, wodurch sie als Vehikel der intentionalen Bezugnahme auf Gegenstände erscheinen, die im Dienste eines direkten Erkenntnisrealismus stehen [22].

Nach G. W. LEIBNIZ verweist der Akt der Perzeption (s.d.), weil er «inexplicable par des raisons mecaniques» [23] ist, auf einfache Substanzen bzw. Monaden als deren Subjekte, deren perzeptive Zustände nicht notwendig von Bewußtsein begleitet sein müssen [24]. Aufgrund dieser begrifflichen Schwerpunktsetzung kann Leibniz' Monadenlehre weniger als eigenständiger Beitrag zur W.-Philosophie denn als Versuch einer metaphysischen Lösung des Leib-Seele-Problems gelten, welcher die Aporien des Cartesischen Dualismus ebenso vermeidet wie die Schwierigkeiten des Spinozistischen Monismus und des Occasionalismus (s.d.).

W. im engeren Sinne ist bei J. LOCKE nur die auf extramentale Gegebenheiten gerichtete «sensation», von welcher er die «reflection», zuständig für das Gewahren der «internal Operations of our Mind», unterscheidet. Im weiteren Sinne nennt er auch das Gewahrwerden der Ideen «W.» («Perception») [25]. Da sich sein (an seine mechanistischen Vorläufer angelehnter, wahrnehmungstheoretisch jedoch wenig ausgearbeiteter) Ideismus nicht mit dem Konzept der Intentionalität des Mentalen verbündet, wird für ihn die Erkenntnis der Außenwelt prekär: «How shall the Mind, when it perceives nothing but its own Ideas, know that they agree with Things themselves?» [26] Eine der wichtigsten Ressourcen, die Lockes Philosophie zur Lösung dieses Problems bereithält, ist das «sensitive knowledge», welches neben intuitivem und demonstrativem Wissen als dritter Wissensgrad eingeführt und von Locke als «Perception of the Mind, employ'd about the particular existence of finite Beings without us» [27], charakterisiert wird. Auf die Frage nach der wahrnehmungsvermittelten Ähnlichkeit zwischen Gegenstand und Idee antwortet Locke mit einem Kompromiß: Hinsichtlich der (objektiv meßbaren) primären Qualitäten eines Körpers gewinnen wir Eindrücke davon, «as it is in it self» [28], wohingegen die sekundären Qualitäten lediglich Wirkungen primärer Qualitäten auf unseren Sinnesapparat darstellen [29]. Lockes Unterscheidung von einfachen und komplexen Ideen ist wegen der ausschließlich ostensiven Definierbarkeit der ersteren [30] ein wertvoller Beitrag zur Erhellung der Zusammenhänge zwischen W.-Lehre und Semantik.

Die empiristisch-ideistischen Vorgaben Lockes zum «esse est percipi» zuspitzend, entwirft G. BERKELEY einen theologisch fundierten Immaterialismus. Zum einen greift er die Unterscheidung primärer und sekundärer Qualitäten mit dem Argument an, daß die ihnen entsprechenden Ideenarten gleichermaßen der W. entstammen und somit auch die ersteren keine Basis für die Annahme bieten, von der W. unabhängige Gegenstände bzw. Gegenstandsmomente zu repräsentieren [31]. Zum anderen versucht er den Nachweis, daß wir auf der Grundlage unseres Sehfeldes, einer bloß zweidimensionalen farbigen Mannigfaltigkeit, die reale Größe, Lage und Gestalt der Dinge sowie ihre Bewegung nur deshalb erkennen können, weil die Erfahrung uns gelehrt hat, vom Sehen unabhängig gewonnene und in ihrem Gehalt vollständig heterogene Ideen des Tastsinns (zu welchen auch die der eigenen Muskelbewegungen zu rechnen sind) unvermerkt zu unterlegen [32]. Das (uneigentliche) 'Sehen' von allem, was von der letztlich nur ertastbaren Dreidimensionalität des Raumes abhängt, verdankt sich, Berkeley zufolge, einem von Gott für uns gnädig eingerichteten überlebensdienlichen Mechanismus, in welchem die Gesichts-W. als Frühwarnsystem für zu erwartende haptisch erfahrbare Einwirkungen auf den eigenen Körper figuriert [33]. Der damit ausgesprochene Primat des Tastsinns besteht analog auch gegenüber dem Hörsinn.

Im 19. Jh. hat J. S. MILL gegen die (theologischen) Zumutungen des Berkeleyschen Immaterialismus einen Gegenstandsbegriff konzipiert, der weniger auf der W. selbst als auf der W.-Möglichkeit («possibility of sensation») beruht. Insbesondere das kritische Merkmal der physischen Persistenz basiert, Mill zufolge, auf etwas, das seinerseits Dauerhaftigkeit für sich in Anspruch nehmen darf: auf dem Fortbestehen der Möglichkeit eines Dinges, wahrgenommen zu werden, im Gegensatz zu seiner flüchtigen Einzelwahrnehmung [34].

In kritischer Auseinandersetzung mit Descartes, Locke und Berkeley entwickelt E. B. DE CONDILLAC eine radikal sensualistische W.-Theorie. Im Gegensatz zu Locke läßt er nur die äußere W. als Erfahrungsquelle gelten. Aus den «sensations» geht die «perception», d.h. der Eindruck, dessen sich die Seele in Gegenwart eines Gegenstandes bewußt wird, als erste Operation des Verstandes unmittelbar hervor [35], während «réflexion» nichts anderes als die aufmerksame Sensation («attention») ist, über die der Geist zu Ideen gelangt [36]. Am Bild einer menschlichen Statue, die weder Vorstellungen besitzt noch für Reize der Außenwelt empfänglich ist und der erst sukzessive die einzelnen Sinne verliehen werden, veranschaulicht Condillac, wie aus der Sinneswahrnehmung allein durch einen geistigen Transformationsprozeß alle komplexen geistigen Operationen, auch das Urteils- und Schlußvermögen, hervorgehen [37]. Von besonderer Bedeutung ist dabei der Tastsinn, der durch sich selbst die Wirklichkeit der Außenwelt zu erkennen vermag [38].

D. HUMES W.-Lehre bildet die Basis seiner Theorie des Geistes («mind»), die im ganzen darauf zielt, die Schwäche des Vernunftvermögens aufzuzeigen und die Bedeutung der Affekte und Empfindungen für das Handeln und Urteilen des Menschen herauszustellen. Dementsprechend fungiert der Begriff «perception» bei ihm als ein weiter, unspezifischer Oberbegriff, unter dem geistige Vorgänge verschiedenster Art subsumiert werden: «To hate, to love, to think, to feel, to see; all this is nothing but perceive» [39]. Hume unterteilt die Perzeptionen in «Eindrücke» («impressions»), die lebhafter wahrgenommen werden (Sinneswahrnehmungen, Affekte), und «Ideen» («ideas») als deren schwächere Kopien im Vorstellen, Erinnern, Denken [40]. Anders als Locke läßt er dabei das Problem der äußeren Verursachung der Eindrücke und damit die physiologische Seite der sinnlichen W. ausdrücklich beiseite [41].

Eine scharfe Unterscheidung zwischen Empfindung («sensation») und W. («perception») trifft erstmalig TH. REID. Trotz der syntaktischen Isomorphie zwischen 'Ich fühle einen Schmerz' und 'Ich sehe einen Baum' ist die Akt-Objekt-Unterscheidung nur im zweiten Fall auch sachlogisch stichhaltig, im ersten hingegen wird die Existenz eines wahrnehmungsunabhängigen Objekts grammatisch nur vorgetäuscht [42]. Da es jedoch in der Konstitution des Menschen liegt, von Empfindungen ähnlich unmittelbar auf Gegenstände überzugehen wie von Zeichen auf das von ihnen Bezeichnete, sorgt ein – unbewußt sich vollziehender – Empfindungs-'Leseakt' gleichsam für die Transformation von «sensations» in «perceptions» [43].

Anmerkungen. [1] Vgl. Art. ‹Sinne, die, D. 1.›. Hist. Wb. Philos. 9 (1995) 841f.; Art. ‹Empfindung II.›, a.O. 2 (1972) 465; E. CASSIRER: Individuum und Kosmos in der Renaissance (1927, ND 1987) bes. 154ff. – [2] F. BACON: Novum organum 1, Aph. 50 (1620). Works, hg. J. SPEDDING/R. L. ELLIS/D. D. HEATH (London 1857-74, ND 1961-63) 1, 168; vgl. Art. ‹Idol; Ido(lo)latrie›. Hist. Wb. Philos. 4 (1976) 188-192. – [3] a.O.; vgl. Art. ‹Wandel; Veränderung›. – [4] TH. HOBBES: Leviathan I, 1 (1651). Works, hg. W. MOLESWORTH 3 (London 1839) 1f.; vgl. Elem. philosophiae sectio prima de corpore IV, 25, § 2 (1655). Op. philos. lat. (London 1839-45, ND 1961) 1, 319. – [5] Lev., a.O. [4]. – [6] Art. ‹Qualität III. 1.›. Hist. Wb. Philos. 7 (1989) 1766-1774, 1770f.; vgl. P. KÜGLER: Die Philos. der primären und sekund. Qualitäten (2002) 46. – [7] HOBBES: De corp., a.O. [4] 320 (§ 5). – [8] a.O. – [9] a.O. 320f. – [10] Vgl. R. BRANDT: Historisches zur Genese des dreidimens. Sehbildes (Gassendi, Locke, Berkeley). Ratio 17 (1975) 170-182. – [11] P. GASSENDI: Exercit. paradoxicae adv. Aristoteleos II, Exercit. 6 (1641), in: Diss. en forme de paradoxes contre les aristotéliciens, hg. B. ROCHOT (Paris 1959) 202 a. – [12] a.O. – [13] Vgl. Art. ‹Raum; Raumwahrnehmung›. Hist. Wb. Philos. 8 (1992) 111-121, 114f.; M. J. MORGAN: Molyneux's question. Vision, touch and the philos. of perception (Cambridge 1971); M. DEGENAAR: Molyneux's problem. Three centuries of discussion on the perception of forms (Dordrecht 1996). – [14] Vgl. R. W. PUSTER: Brit. Gassendi-Rezeption am Beispiel John Lockes (1991) 105-111. – [15] GASSENDI, a.O. [11] 199 b-200 a. – [16] Vgl. Lit.hinw. im Art. ‹Idee III.›. Hist. Wb. Philos. 4 (1976) 113. – [17] R. DESCARTES: Traité de l'homme (1632). Oeuvr., hg. CH. ADAM/P. TANNERY [AT] 11 (1909) 141-146. – [18] La dioptrique 4 (1637). AT 6 (1902) 109. – [19] a.O. [17] 177. – [20] a.O. [18] 113; vgl. auch: Br. an M. Mersenne (Juli 1641). AT 3 (1899) 391-397. – [21] Vgl. R. RORTY: Philos. and the mirror of nature (Oxford 1980). – [22] Vgl. D. PERLER: Repräsentation bei Descartes (1996). – [23] G. W. LEIBNIZ: La monadol. § 17 [1714]. Die philos. Schr., hg. C. I. GERHARDT 6 (1885, ND 1961) 609. – [24] § 14, a.O. 608f.; vgl. Art. ‹Perceptions, petits›. Hist. Wb. Philos. 7 (1989) 236-238. – [25] J. LOCKE: An essay conc. human underst. II, 1, §§ 2-4 (1690), hg. P. H. NIDDITCH (Oxford 1975) 104-106; zit. § 2, a.O. 104; vgl. §§ 9. 19, a.O. 108. 115. – [26] IV, 4, § 3, a.O. 563. – [27] 2, § 14, a.O. 537. – [28] II, 8, § 23, a.O. 140. – [29] a.O. – [30] 2, § 1, a.O. 119; III, 4, § 4, a.O. 421. – [31] G. BERKELEY: A treat. conc. the principles of human knowledge § 9 (1710). Works, hg. A. A. LUCE/T. E. JESSOP 2 (London 1949) 44f. – [32] An essay towards a new theory of vision (1709), a.O. 1 (London 1948). – [33] § 59, a.O. 192f.; § 147, a.O. 231. – [34] J. S. MILL: Examin. of Sir W. Hamilton's philos. 11 (1865). Coll. works, hg. J. M. ROBSON 9 (Toronto 1979) 177-187. – [35] E. B. DE CONDILLAC: Essai sur l'origine des connaiss. humaines I, 2; II, 1 (1746). Oeuvr. (Paris 1798) 1, 26f. 38f. – [36] II, 5, a.O. 88ff. – [37] Traité des sensations, Dessein de cet ouvrage (1754), a.O. 3, 49ff. – [38] Tr. 3, a.O. 258ff. – [39] D. HUME: A treat. of hum. nat.

I, 2, 6 (1739/40), hg. L. A. SELBY-BIGGE/P. H. NIDDITCH (Oxford ²1978) 67. – [40] I, 1, 1f., a.O. 1. 7f. – [41] 2, a.O. 8. – [42] TH. REID: Inqu. into the human mind 6, 20 (1764). Philos. works, hg. W. HAMILTON (Edinburgh 1846, ⁸1895, ND 1967) 1, 182 b-186 a. – [43] 5, 3, a.O. 121 b-122 b. R. W. PUSTER

IV. *Neuzeit: Von Kant bis zum 20. Jh.* – Der cartesianische Dualismus, die Kluft zwischen einem reinen Geist und der Welt der ausgedehnten Körper, zwischen den Sphären der logisch relevanten Gründe und der kausal wirkenden Ursachen, stellt das Problem dar, für das die rationalistischen und empiristischen, idealistischen und sensualistischen Schulen der neuzeitlichen Erkenntnistheorie widerstreitende Lösungen zu entwickeln suchen. In den Auseinandersetzungen zwischen diesen Lagern, die einander bis ins spätere 20. Jh. hinein in vielfältig modifizierter Form als 'internalistische' und 'externalistische', 'kohärentistische' und 'naturalistische' Theorien zur Erklärung der Möglichkeit und des Gehalts von empirischer Erkenntnis gegenüberstehen, reproduziert sich das Problem stets aufs neue [1]. Strittig ist u.a., welche Leistungen der W. zugeschrieben werden können, wie gegebenenfalls verständlich zu machen sei, daß Prozesse oder Zustände im Raum der ausgedehnten Dinge und wirkenden Kräfte erkenntnisrelevant werden können, und welcher ontologische Status dem Inhalt der W. zukommt. Das Interesse der Erkenntnistheoretiker richtet sich primär auf Möglichkeiten, sich der Realität und der Verläßlichkeit unserer Annahmen über bestimmte Sachverhalte 'in der Außenwelt' zu vergewissern [2], und erst in zweiter Linie auf die W. selbst als Phänomen sui generis bzw. als komplexes Zusammenspiel physikalischer, physiologischer und kognitiver Vorgänge [3].

1. I. KANT akzeptiert die empiristische These, daß unsere Gedanken letztlich nur insofern einen Inhalt haben können, als uns durch das rezeptive Vermögen der Sinnlichkeit (s.d.) Anschauungen «gegeben» sind, in denen sich jeweils qualitative Unterschiede bemerkbar machen, die wir auf objektive Unterschiede in der uns sinnlich erschlossenen Welt beziehen und insofern als Erscheinung (s.d.) von etwas verstehen können. Er insistiert jedoch zugleich mit der rationalistischen Tradition darauf, daß die bloße sinnliche Anschauung allein überhaupt nicht imstande wäre, irgendeinen Unterschied am 'Gegebenen' auszumachen. Erst durch den Einsatz von strukturierenden «Formen» (Raum und Zeit) sowie von ordnenden, Beziehung stiftenden Begriffen, die der «Spontaneität des Erkenntnisses» im Verstand entspringen, wird die sinnliche Anschauung 'sehend'. «Gedanken ohne Inhalt sind leer, Anschauungen ohne Begriffe sind blind» [4].

W. ist für Kant «das empirische Bewußtsein» [5]. Dieses analysiert er als «mit Empfindung begleitete Vorstellungen» [6] – im Unterschied zu bloßen Vorstellungen von etwas (so und so Bestimmtem), die an sich indifferent sind gegen das aktuelle Gegebensein oder Nicht-Gegebensein des jeweils Vorgestellten. Mit der Erklärung, daß die W. selbst «das Wirkliche» sei [7], erneuert Kant die phänomenalistische These Berkeleys («esse est percipi»), jedoch auf eine Weise, die den 'empirischen Realismus' gerade nicht ausschließen, sondern den Sinn und die Berechtigung der realistischen Unterstellung im Umgang mit den Gegenständen der Erfahrungswelt erläutern soll [8].

Damit es zur Erfahrung – d.h. «Erkenntniß der Objecte durch W.en» [9] – kommen kann, ist über die Empfindung des irgendwie sinnlich Affiziertseins hinaus eine Vorstellung der «nothwendigen Verknüpfung der W.en» [10] erforderlich. Diese kann einzig durch eine synthetische Leistung des Erkenntnissubjekts, der «transscendentalen Einheit der Apperception» [11], zustande kommen. Die synthetische Funktion, die dem W.-Urteil zugrunde liegen muß, analysiert Kant als ein Ineinandergreifen von (mindestens) zwei irreduzibel verschiedenen mentalen Instanzen: einerseits der «Apprehension» der Anschauungen in der Einbildungskraft [12], andererseits der Anwendung von Begriffen auf die von der Einbildungskraft aggregierten sinnlichen Vorstellungen durch die Urteilskraft (s.d.) vermittels des «Schematismus des Verstandes» [13]. «Daß die Einbildungskraft ein nothwendiges Ingredienz der W. selbst sei, daran hat wohl noch kein Psychologe gedacht ..., weil man dieses Vermögen theils nur auf Reproductionen einschränkte, theils weil man glaubte, die Sinne lieferten uns nicht allein Eindrücke, sondern setzten solche auch sogar zusammen und brächten Bilder der Gegenstände zuwege, wozu ohne Zweifel außer der Empfänglichkeit der Eindrücke noch etwas mehr, nämlich eine Function der Synthesis derselben, erfordert wird» [14]. Da alle W., als empirische Synthesis (s.d.), von der transzendentalen Synthesis (Verstand bzw. Einbildungskraft) abhängt, «so müssen alle mögliche W.en, mithin auch alles, was zum empirischen Bewußtsein immer gelangen kann, d.i. alle Erscheinungen der Natur, ihrer Verbindung nach unter den Kategorien stehen» [15].

2. Die Kantische Lehre von der Vermitteltheit der W. durch subjektive Instanzen – Formen der Anschauung, Einbildungskraft (s.d.), Apperzeption (s.d.), kategoriale Prägung – wird im ausgehenden 18. und beginnenden 19. Jh. zunächst als Ausgangspunkt für spekulativ idealistische Konzeptionen aufgenommen. In kritischer Auseinandersetzung mit Kants Trennung von Ding an sich und Erscheinung sowie im Anschluß an Reid vertritt F. H. JACOBI einen starken Realismus: In der W. sind die Dinge als Dinge unmittelbar, d.h. ohne Vermittlung von Vorstellungen zugänglich und zugleich das Bewußtsein gegeben: «Der Gegenstand trägt eben so viel zur W. des Bewußtseyns bey, als das Bewußtseyn zur W. des Gegenstandes» [16]. Die unmittelbare Überzeugung, daß die Dinge unabhängig von der Vorstellung real sind, «offenbart» sich dem Subjekt im «Gefühl», das Jacobi mit Rückgriff auf Hume «Glaube» nennt [17]. Für J. G. FICHTE ist «das Ich ... Princip» der W. [18]. «Aller bisherige Irrthum» in der Philosophie sei «der Verkennung dieser Grundwahrheit» geschuldet, «daß die einzig ursprüngliche W. die Selbstanschauung des Sehens sei» [19]. Konkret argumentiert Fichte: «die W. der Gegenstände geht von der W. meines eignen Zustandes aus, und wird durch diese bedingt, nicht aber umgekehrt. Gegenstände unterscheide ich erst dadurch, daß ich meine eignen Zustände unterscheide» [20]. Als «Bewusstseyn des besonderen» ist W. für Fichte gleichbedeutend mit «Erfahrung»; sie steht insofern in striktem Gegensatz zum «zusammenfassenden Bewusstseyn» der «Anschauung» [21]. In «unmittelbarer Vereinigung mit dem, was in aller äußern W. wir als Anschauen erkannt haben», nimmt der Verstand daran seine Unterscheidungen vor, «und durch dieses Denken eben, und durch die unabtrennliche Vereinigung dieses Denkens mit der Anschauung zu einem innig verschmolzenen Lebensmomente des Anschauenden, wird das, was eigentlich in ihm wäre, zu einem Etwas außer ihm, zu einem Objecte» [22].

G. W. F. HEGEL unterscheidet zwischen W. als objektivem Gegenstandsbewußtsein und der «sinnlichen Gewißheit» der jeweiligen Empfindung. «Der Reichthum des sinnlichen Wissens gehört der W., nicht der unmittelbaren Gewißheit an». Nur die W. hat «die Negation, den Unterschied oder die Mannigfaltigkeit an ihrem Wesen» [23]. Die W. ist für Hegel nicht das Andere des Geistes, sondern die grundlegende Stufe im Prozeß seiner dialektischen Entfaltung [24]. Erst indem der Inhalt des sinnlichen Bewußtseins in «mannigfaltige Prädikate» auseinandergelegt wird, eine Reihe von Empfindungszuständen gegeneinander abgehoben und als in einem objektiven Zusammenhang miteinander stehend aufeinander bezogen werden, ist das Subjekt imstande, bestimmten Gegenständen bestimmte Eigenschaften zuzuschreiben; die sinnliche Gewißheit in ihrer Unmittelbarkeit bliebe auf das bloße Bewußtsein des jeweils irgendwie Affiziertseins beschränkt. Die Einheit eines 'Dings', das sich als objektiv mit sich Identisches den verschiedenen Sinnen zugleich in irreduzibel heterogenen Weisen zeigt, kann zwar, wie Hegel gegen die Empiristen des 18. Jh. geltend macht [25], nicht einfach als vorfindliche Gegebenheit aufgenommen, sondern muß als Substrat der Erfahrung durch das Denken gesetzt werden. Dieses Setzen (s.d.) ist jedoch – darin grenzt Hegel sich von Fichte wie auch vom transzendentalen Idealismus des frühen Schelling ab – kein arbiträrer Akt des spontanen Verstandes. Es entspricht vielmehr der «Reflexion des Etwas in sich». «Der Inhalt des sinnlichen Bewußtseyns ist an sich selber dialektisch»; «indem der einzelne Inhalt Anderes von sich ausschließt, – bezieht er sich auf Anderes, erweist er sich als über sich hinausgehend, als abhängig von Anderem, als durch dasselbe vermittelt, als in sich selber Anderes habend» [26]. W. ist für Hegel das Bewußtsein, das die Reflexionsbestimmungen auffaßt, in denen der Gegenstand sich als ein so und so bestimmter konstituiert. «Während ... das bloß sinnliche Bewußtseyn die Dinge nur weist, – das heißt, – bloß in ihrer Unmittelbarkeit zeigt; – erfaßt dagegen das Wahrnehmen den Zusammenhang der Dinge, ... und beginnt so, die Dinge als wahr zu erweisen» [27].

3. Im 19. Jh. wird u.a. die Unterstellung einer Transparenz des betrachtenden Subjekts, die von den Erkenntnistheoretikern der Aufklärung – Sensualisten wie Rationalisten gleichermaßen – mehr oder weniger selbstverständlich angenommen worden war, zunehmend als problematisch angesehen. Ausschlaggebend für das Fragwürdigwerden der W. ist nicht nur die notorische Anfälligkeit der Sinne für Fehl-W.en und des W.-Bewußtseins für Formen der Illusion (s.d.), der Halluzination (s.d.) und des Wahns (s.d.), die in der Neuzeit die Suche nach phänomenalistischen oder idealistischen Alternativen zum 'naiven Realismus' des Alltagsbewußtseins motiviert hatten. Nachhaltig irritierend wirkt im 19. Jh. insbesondere die Kantische Lehre, daß niemals die «Dinge an sich selbst» in ihrer objektiven Realität zum Gegenstand unserer Anschauung werden können, sondern stets nur «Erscheinungen», die ihrerseits bereits als «Vorstellungen» gedacht werden müßten, die sich auf einen «nicht-empirischen, d.i. transscendentalen, Gegenstand = X» beziehen [28].

Für A. Schopenhauer ist «alle Anschauung ... eine intellektuale. Denn ohne den Verstand käme es nimmermehr zur Anschauung, zur W., Apprehension von Objekten; sondern es bliebe bei der bloßen Empfindung, die ... ein Wechsel bedeutungsleerer Zustände ... wäre» [29]. Schon die Anschauung selbst (nicht erst die Reflexionsvorstellung) ist für Schopenhauer «in der Hauptsache das Werk des Verstandes» [30], die «gegenständliche Welt» ein «Gehirnphänomen» [31]. Unmittelbar kann der Verstand sich nur auf die Empfindungen des «innern Sinns» beziehen; auf Reize, die den Körper aus der Umgebung affizieren, nur vermittels des inneren Sinns, «indem der äußere Sinn wieder Objekt des innern ist und dieser die W.en jenes wieder wahrnimmt» [32]. Die Rekursion des W.-Begriffs in der Staffel der Instanzen – von den elementaren Empfindungen der äußeren Sinne über den Vorgang der Apprehension (s.d.) durch den inneren Sinn bis zum Bezug auf objektive Gegenstände vermittels der Verstandesoperationen – zeugt von einer nicht wirklich durchgearbeiteten Theorie. Auch das ist symptomatisch für die Diskussionen der W. im 19. Jh. [33].

4. Damit die W. Erfahrung, empirische Erkenntnis von etwas, werde, «muß ein Urteil hinzukommen, daß ich dies oder jenes wahrnehme, daß meine W. diese oder jene Ursache habe» [34]. Diskutiert wird, ob bereits die W. selbst notwendigerweise ein Urteil enthält und welche Geltungsansprüche mit dem W.-Urteil verbunden sind. Dabei ist umstritten, ob das W.-Urteil hinreicht, um die Existenz des wahrgenommenen Gegenstandes zu behaupten, ob es eine Aussage über den gegenwärtigen Zustand des wahrgenommenen Objekts darstellt oder lediglich den aktuellen Zustand des wahrnehmenden Subjekts bekundet. Schritt für Schritt wird die Komplexität des W.-Problems deutlich, indem gefragt wird, was über das aktuelle sinnliche Affiziertsein durch Reize dieser oder jener Qualität hinaus jeweils im Spiel sein muß, damit die betreffenden Geltungsansprüche erhoben werden können.

Nach K. Rosenkranz erfaßt das wahrnehmende Bewußtsein «den Gegenstand, der für sich ein einzelner ist, in seinem An-sich, d.h. in seiner Allgemeinheit» [35]. W. ist demnach unhintergehbar ein Etwas-als-etwas-Wahrnehmen, somit ein Beziehen des Gegenwärtigen auf etwas nicht einfach aktuell Gegebenes. Sichtbar wird das Gegenwärtige erst im Licht früherer Erfahrung und zeitlos gültiger Begriffe.

Eine weitere Urteilsfunktion kommt in den Blick mit der Unterscheidung zwischen dem einfachen Wahrnehmen von etwas (percipere) und dem «gewahrnehmen» (appercipere), daß man etwas wahrnehme [36]. Die Tradition hatte die Leistung der Apperzeption einem 'inneren Sinn' zugeschrieben, der nicht nur von den äußeren Sinnen, sondern auch von den geistigen Vermögen zu unterscheiden sei. Das vermögenspsychologische Postulat eines 'inneren Sinns' weist J. F. Herbart zurück [37]. Er hält jedoch an der begrifflichen Unterscheidung zwischen ‹W.› und ‹Apperception› als «Wissen von dem, was in uns vorgeht», fest [38] und schreibt der Apperzeption auch für das Bewußtwerden der W. von äußeren Gegebenheiten eine entscheidende Funktion zu. «Bey der äußern W. ist offenbar diese selbst das Appercipirte; und die aus dem Innern Hervorkommende, mit ihr verschmelzende, Vorstellungsmasse ist das Appercipirende. ... Aber bey der innern W., wo beydes, das Appercipirte und das Appercipirende, innerlich ist, kann man wohl anstehen und fragen: welche Vorstellung wird hier zugeeignet, und welches ist die Zueignende?» [39].

Seit Th. Reid wird zwischen W. und Empfindung in der Regel so unterschieden, daß die W. sich auf einen Gegenstand (Ding oder Ereignis) bezieht, der vom Zustand des W.-Bewußtseins verschieden ist, während sich in der bloßen Empfindung diese Unterscheidung zwischen Akt und Objekt nicht vornehmen läßt (vgl. oben: Teil III.). Die Beziehung der W. (und anderer psychischer Akte) auf einen Gegenstand als ihren Inhalt ist nach F. Brentano eine «intentionale». «Jedes psychische Phänomen ist durch das charakterisiert, was die Scholastiker ... die intentionale (auch wohl mentale) Inexistenz eines Gegenstandes genannt haben» [40]. Das intentionale Objekt der psychischen Akte (außer der W. sind dies für Brentano alle Vorstellungen, Urteile und Gemütsbewegungen wie Liebe, Haß oder Furcht) ist zu unterscheiden vom transzendenten Objekt, das als in kausal-mechanischen Wirkungsverhältnissen zu anderen physischen Gegenständen und Kräften stehend unterstellt werden muß. Nach Brentano ist die innere W. die einzige W. im eigentlichen Sinne, weil sie allein ihren Gegenstand unmittelbar enthält [41], während die äußere W. ihr intentionales Objekt auf ein transzendentes beziehen muß. Diese Beziehung aber kann sich unter Umständen als riskant erweisen, die W. ist täuschungsanfällig. Brentanos Ansätze zur Untersuchung der spezifischen Intentionalität der W. [42] sind im 20. Jh. sowohl in der Phänomenologie (vgl. unten: Teil VI.) als auch in der Analytischen Philosophie (vgl. unten: Teil VII.) aufgenommen worden.

5. Die spekulative Vermögenspsychologie, die, ausgehend von den zu erklärenden Leistungen des Geistes, die dazu jeweils erforderlichen mentalen Instanzen postulierte, wird seit dem frühen 19. Jh. zunehmend in ein empirisches Forschungsprogramm überführt, das mit experimentellen Methoden die organischen Grundlagen und physiologischen Vorgänge sowie die psychologischen Gesetzmäßigkeiten zu klären sucht, die der W.-Fähigkeit von Menschen und Tieren zugrunde liegen. Die Untersuchung der Vermittlungsschritte, die eintreten müssen zwischen der Affizierung der Sinnesorgane durch irgendwelche (in experimentellen Situationen quantitativ zu erfassende) Umweltreize und der Aggregation von Nervenimpulsen zu komplexen Verteilungen von Erregungszuständen im Gehirn, wird weithin als Bestätigung der Notwendigkeit von repräsentationistischen, phänomenalistischen oder konstruktivistischen Alternativen zum 'naiven Realismus' in der W.-Theorie verstanden.

Bereits in den 1830er Jahren konnte der Physiologe J. Müller zeigen, daß die Qualität der Empfindungen (Licht, Wärme, Ton, Geschmack usw.) nicht notwendigerweise mit dem Gegebensein bestimmter objektiver Reizqualitäten korreliert, die auf die Sinnesrezeptoren eingewirkt haben müssen [43]. Die Empfindungen, deren das sinnliche Bewußtsein sich unmittelbar bewußt ist, können demnach nicht – wie in der Tradition meist angenommen – als Abbild (s.d.) der sie auslösenden Einwirkungen oder gar der Gegenstände gelten, von denen sie ausgehen mögen (vgl. unten: Teil V.). Es handle sich vielmehr, wie H. von Helmholtz unterstreicht, um eine Art Zeichen, die in ihrer Verfassung «ganz von unserer Organisation abhängen» [44] und keinerlei Ähnlichkeit mit dem haben, wofür sie jeweils stehen, die aber aufgrund der Regelmäßigkeit, mit der sie jeweils in Korrelation mit bestimmten Sachlagen anfallen, als Zeichen von etwas so oder so Bestimmtem gedeutet werden können. Die W. sei das Resultat eben dieser (unbewußt bleibenden) Interpretations- und Schlußfolgerungsprozesse [45].

Nach E. Mach erzeugen «nicht die Körper ... Empfindungen, sondern Elementenkomplexe (Empfindungskomplexe) bilden die Körper» [46]. Mach vertritt einen sensualistischen Positivismus; diesem gemäß «setzen sich die W.en sowie die Vorstellungen, der Wille, die Gefühle, kurz die ganze innere und äußere Welt, aus einer geringen Zahl von gleichartigen Elementen in bald flüchtigerer, bald festerer Verbindung zusammen» [47]. Die Elemente, aus denen alles, was wir als gegenständliche Gegebenheiten in der Welt annehmen, aufgebaut ist, können nichts anderes sein als eben unsere jeweiligen Empfindungszustände sowie die Ordnungen des zeitlichen Nacheinander und des räumlichen Nebeneinander.

Die Verdrängung der Abbild- durch die Zeichenmetapher in der Spekulation über mentale Repräsentationen zeigt sich auch bei Ch. S. Peirce. Eine Aufnahme von Bildern durch die Sinne sei weder mit dem Aufbau und der Funktionsweise unserer Sinnesorgane physisch in Einklang zu bringen [48] noch überhaupt logisch denkmöglich. Gegen «die Annahme, daß wir irgendwelche Bilder oder absolut bestimmte Vorstellungen in der W. (images, or absolutely determinate representations in perception) haben», spricht, «daß wir in diesem Falle in jeder solchen Vorstellung das Material zu einer unendlichen Summe an bewußter Erkenntnis hätten, wovon wir jedoch niemals etwas gewahr werden» [49]. Die Sinne sind «abstrahierende Mechanismen» [50]. «Haben wir ... beim Sehen ein Bild vor uns, so ist es vom Verstand aufgrund dessen gebildet worden, was uns vorhergegangene Sinnesempfindungen eingegeben haben. Nimmt man an, daß diese Sinnesempfindungen Zeichen sind, so könnte der Verstand alle Erkenntnis der Außenwelt, die wir der Gesichts-W. zuschreiben, durch Schlußfolgern aus diesen Zeichen erreichen, während die Sinnesempfindungen völlig ungeeignet dazu sind, ein Bild oder eine Vorstellung, die absolut bestimmt ist, zu formen» [51].

6. Daß W. wesentlich selektiv ist, betont auch F. Nietzsche: «wir haben Sinne nur für eine Auswahl von W.en – solcher, an denen uns gelegen sein muß, um uns zu erhalten. Bewußtsein ist so weit da, als Bewußtsein nützlich ist. Es ist kein Zweifel, daß alle Sinneswahrnehmungen gänzlich durchsetzt sind mit Werthurtheilen (nützlich schädlich – folglich angenehm oder unangenehm)» [52]. Die W. müsse verstanden werden als ein «Etwas-als-wahr-nehmen: Ja sagen zu Etwas» [53]. Dabei ist die Wahrheit, die dem Ordnungskonstrukt der Vorstellungen zugeschrieben wird, eine Fiktion, freilich eine lebensermöglichende. «In allem Wahrnehmen, das heißt dem ursprünglichsten Aneignen, ist das wesentliche Geschehen ein Handeln, strenger noch: ein Formen-Aufzwingen: – von 'Eindrücken' reden nur die Oberflächlichen» [54].

Ähnlich wie Nietzsche sieht H. Bergson den Schlüssel zur W. in ihrer pragmatischen, lebensermöglichenden Funktion. W. ist die Aktivität des Organismus zur Ermittlung der ihm in der gegebenen Situation möglichen Handlungen [55]. Dazu muß der wahrnehmende Körper von fast allem abstrahieren, was an Eindrücken beständig aus seiner Umwelt auf ihn eindrängt, womit aber meist gar nichts anzufangen ist. «La perception n'est ... qu'une sélection. Elle ne crée rien; son rôle est au contraire d'éliminer de l'ensemble des images toutes celles sur lesquelles je n'aurais aucune prise, puis, de chacune des images retenues elles-mêmes, tout ce qui n'intéresse pas les besoins de l'image que j'appelle mon corps» [56]. Aufgabe der philosophischen Theorie der W. ist nicht, zu erklären, wie überhaupt W. von etwas durch etwas zustande kommen könne (in einem Universum, in dem ohnehin alles mit allem in Wechselwirkung steht), als vielmehr, wie sie ihre Begrenzung erreiche, wie sie dazu kommen könne, sich jeweils auf das zu beschränken, was uns im betreffenden Augenblick allein interessiere [57]. Dazu sei eine «éducation des sens» erforderlich [58].

Als Funktion des Ich beschreibt S. Freud die W. Das «System W-Bw» (sc. W.-Bewußtsein) sei der «Außenwelt zugewendet, es vermittelt die W.en von ihr, in ihm entsteht während seiner Funktion das Phänomen des Bewußtseins. ... Es ist das Sinnesorgan des ganzen Apparates, empfänglich übrigens nicht nur für Erregungen, die von außen, sondern auch für solche, die aus dem Inneren des Seelenlebens herankommen» [59]. Es hat die Funktion der Reizaufnahme wie des Reizschutzes [60]. Das scheinbar unmittelbar als gegenwärtig Wahrgenommene ist das, was durch die unbewußten Zensurinstanzen [61] als passend und akzeptabel bewertet wurde.

7. Die Befunde der sinnesphysiologischen und wahrnehmungspsychologischen Forschung im Verein mit Perspektivierungen der Kognitionswissenschaften, Informatik, Neurobiologie und Hirnforschung tragen im 20. Jh. maßgeblich zur Präzisierung und Vervielfältigung der philosophischen Fragen nach den Voraussetzungen, Leistungen und Grenzen der sinnlichen W. bei. Die klassischen Alternativen von Idealismus und Realismus werden zunehmend einer grundlegenden Kritik und tiefgreifenden Revision unterworfen. Neben der Problematisierung logischer Inkonsistenzen kommen insbesondere klarere Unterscheidungen der jeweils zu erklärenden kognitiven Funktionen (Kontrast-W., Bewegungs-W., Raum-W., Ausdrucks-W., kategoriale W., epistemische und nicht-epistemische W. usw.) zum Tragen. W., die traditionell als 'einfache', elementare Form des Bewußtseins gegolten hatte (im Unterschied zu den voraussetzungsreicheren Funktionen des Verstandes und der Vernunft, des Gedächtnisses oder der Phantasie), erweist sich als hochgradig vermitteltes Geschehen. Bestimmte, sehr begrenzte Teilfunktionen, die sich in Aspekten auf relativ einfache Reiz-Bewußtseins-Korrelationen zurückführen lassen mögen, wirken in ihr zusammen mit anderen, die nur holistisch als irreduzibel komplexe Prozesse funktionieren können, wie insbesondere die Gestalttheorie geltend macht (vgl. unten: Teil V.). Die W. von etwas als etwas wird nicht mehr nach dem Modell der Aufnahme und Verarbeitung ('Übersetzung') eines bestimmten Bestandteils der Außenwelt (oder eines Bildes von einem solchen Gegenstand) in einen 'Innenraum' des Bewußtseins gedacht, sondern als ein systemisches Geschehen, in dem etwas sich für jemanden in einer bestimmten Hinsicht von etwas anderem (seinem «Hintergrund») unterscheidet und nur mittels dieses Verhältnisses zu seiner perzeptiven Umgebung und in Abhängigkeit von der Bewegung des Wahrnehmenden selbst ihm als das erscheinen kann, als was es ihm gerade erscheint. Wenn die sensualistischen Abstraktionen vermieden werden und der systemischen Funktion des W.-Prozesses Rechnung getragen wird, dann läßt sich auch der Sinn der realistischen Intuitionen wieder einsehen, ohne daß man genötigt wäre, die Überzeugung von der 'Realität der Außenwelt' (s.d.) von fragwürdigen Annahmen über Kausalverhältnisse zwischen einzelnen Gegenständen und isolierten Bewußtseinszuständen abhängig zu machen [62].

Die philosophischen Diskussionen über W. im 20. Jh. sind nicht nur durch die Auseinandersetzung mit den (natur)wissenschaftlichen Befunden bzw. Kontroversen bestimmt und beschränken sich auch nicht auf das kritische Durcharbeiten der erkenntnistheoretischen Probleme im Rückgriff auf die Tradition. Das Spektrum der Fragestellungen wird in mehrfacher Hinsicht erweitert und umakzentuiert. Insbesondere von phänomenologischen W.-Theoretikern ist die Frage nach dem fundamentalen und irreduziblen Charakter der W. – im Unterschied zur Frage nach der Verläßlichkeit der W. oder nach ihrer Funktion für den Erwerb von Überzeugungen über bestimmte Sachverhalte – ins Zentrum des Interesses gerückt worden. Der Linguistic turn – die Ersetzung oder Konkretisierung der Frage nach dem «Bewußtseinszustand» des etwas Wahrnehmenden durch die Frage nach den sprachlichen Formen, in denen das Wahrgenommene artikuliert werden kann – weist der Analyse des Gehalts der W. neue Wege [63]. Die «Frage nach der Bedeutung der Sprache für den Aufbau der W.-Welt» [64] führt nicht allein zu einer Konkretisierung der Verstandesbegriffe, die im W.-Urteil zum Einsatz kommen. Sie eröffnet auch den epistemologisch entscheidenden Zugang zur intersubjektiven Konstitution von gemeinsamen Bezugsobjekten.

Anmerkungen. [1] J. McDowell: Mind and world (Cambridge, Mass. 1994). – [2] W. P. Alston: The reliability of sense perception (Ithaca 1993). – [3] I. Rock: Perception (New York 1995); R. Schantz: Der sinnl. Gehalt der W. (1990); B. Waldenfels: Art. ‹W.›, in: H. Krings/H. M. Baumgartner/Ch. Wild (Hg.): Hb. philos. Grundbegriffe 6 (1974) 1669-1678. – [4] I. Kant: KrV A 51/B 75. – [5] KrV B 207; vgl. auch: Prolegomena zu einer jeden künft. Met. § 20 (1783). Akad.-A. 4, 300-302. – [6] KrV B 147. – [7] A 375. – [8] Vgl. P. F. Strawson: The bounds of sense (1966) 263-270; dtsch.: Die Grenzen des Sinns (1992) bes. 222-228. – [9] Kant: KrV B 219. – [10] B 218. – [11] B 139. – [12] Vgl. A 99ff. B 160ff. – [13] Vgl. B 185; vgl. Art. ‹Schema; Schematismus 5.›. Hist. Wb. Philos. 8 (1992) 1249-1252. – [14] A 120 (Anm.). – [15] B 164f. – [16] F. H. Jacobi: David Hume über den Glauben oder Idealismus und Realismus (1787). Werke, hg. F. Roth/F. Köppen (1815, ND 1976) 2, 175. – [17] a.O. 164f. – [18] J. G. Fichte: Darst. der Wiss.lehre (1801). Akad.-A. II/6, 316. – [19] Einl.vorles. in die Wiss.lehre (1813). Nachgel. Werke, hg. I. H. Fichte (1834/35, ND 1971) 1, 78. – [20] Die Bestimmung des Menschen (1800). Akad.-A. I/6, 218. – [21] a.O. [18] 138. – [22] Die Thatsachen des Bewusstseyns (1810). Akad.-A. II/12, 24. – [23] G. W. F. Hegel: Phän. des Geistes (1807). Akad.-A. 9, 71. – [24] M. Westphal: Hegels Phänomenologie der W., in: H. F. Fulda/D. Henrich (Hg.): Mat. zu Hegels Phän. des Geistes (1973) 83-105. – [25] K. R. Westphal: Hegel, Hume und die Identität wahrnehmbarer Dinge. Hist.-krit. Analyse zum Kapitel ‹W.› in der ‹Phän.› von 1807 (1998). – [26] G. W. F. Hegel: System der Philos. § 419, Zus. Jub.ausg., hg. H. Glockner (1927-40, [4]1961-68) 10, 266f.; Enzykl. der philos. Wiss. im Grundrisse § 419, Zus. (1830). Werke, hg. E. Moldenhauer/K. M. Michel 10 (1970) 208. – [27] § 420, Zus., a.O. 268 bzw. 209. – [28] Kant: KrV A 109; vgl. A 250; vgl. Art. ‹Realität, formale/objektive 4.›. Hist. Wb. Philos. 8 (1992) 196-199. – [29] A. Schopenhauer: Ueber das Sehn und die Farben § 1 (1816, [2]1854). Sämtl. Werke, hg. A. Hübscher 1/I-II ([4]1988) 1/II, 7. – [30] Ueber die vierf. Wurzel des Satzes vom zureich. Grunde § 21 (1813, [2]1847), a.O. 1/I, 51. – [31] a.O. 71. – [32] § 19, a.O. 30f. – [33] Vgl. Art. ‹W.›. Eisler[4] 3, 472-483 (mit zahlr. Belegen). – [34] D. Th. A. Suabedissen: Über die innere W. (1808) 18. – [35] K. Rosenkranz: Psychol. oder die Wiss. vom subject. Geist (1837, [3]1863) 278ff. – [36] Ch. Meiners: Unters. über die Denk- und Willenskräfte des Menschen 1 (1806) 111. – [37] J. F. Herbart: Lb. zur Psychol. (1816, [3]1887) 55f. – [38] a.O. 43. – [39] Psychol. als Wiss. 2 (1825) 215. – [40] F. Brentano: Psychol. vom empir. Standpunkt (1874) 115. – [41] a.O. 119. – [42] Unters. zur Sinnespsychol. (1907), hg. R. M. Chisholm/R. Fabian ([2]1979). – [43] Vgl. J. Müller: Hb. der Physiol. des Menschen (1833-40). – [44] H. von Helmholtz: Die Tatsachen in der W. (1878), in: Philos. Vorträge und Aufsätze, hg. H. Hörz/S. Wollgast (1971) 255f. – [45] Vgl. Über das Sehen des Menschen (1855), in: Vorträge und Reden ([4]1896) 85-117. – [46] E. Mach: Die Analyse der Empfindungen und das Verhältnis des Physischen zum Psychischen [1886: Beitr. zur Analyse der Empfindungen] ([9]1922, ND 1991) 23. – [47] a.O. 17; vgl. M. Sommer: Evidenz im Augenblick. Eine Phänomenol. der reinen Empfindung (1987). – [48] Ch. S. Peirce: Some consequences of four incapacities (1868). Coll. papers 5, hg. Ch. Hartshorne/P. Weiss (Cambridge, Mass. 1934) CP 5.303; dtsch.: Einige Konsequenzen aus vier Unvermögen, in: Schr. zum Pragmatismus und Pragmatizismus, hg. K.-O. Apel (1991) 40-80, 71. – [49] CP 5.305; dtsch. 72. – [50] CP 5.306; dtsch. 73. – [51] CP 5.303; dtsch. 71. – [52] F. Nietzsche: Nachgel. Frg., Herbst 1885 bis Herbst 1886 2[95]. Krit. Ges. ausg., hg. G. Colli/M. Montinari (1967ff.) 8/1, 106. – [53] Nachgel. Frg., April-Juni 1885 34[132], a.O. 7/3, 184. – [54] Juni-Juli 1885 38[10], a.O. 336. – [55] H. BERGSON: Matière et mémoire (Paris 1896, [7]1939) 28. 57. 66 u.ö. – [56] a.O. 257. – [57] 38. – [58] 48. – [59] S. FREUD: Neue Folge der Vorles. zur Einf. in die Psychoanalyse (1932). Ges. Werke, hg. A. FREUD u.a. (London 1940-87) 15, 81f. – [60] Jenseits des Lustprinzips (1920), a.O. 13, 26ff. – [61] Vgl. Art. ‹Verdrängung›. Hist. Wb. Philos. 11 (2001) 618-622; Art. ‹Zensur II.›. – [62] Vgl. J. J. GIBSON: The senses considered as perceptual systems (Boston 1966). – [63] Vgl. L. WITTGENSTEIN: Philos. Unters. I, § 381 [1935-45]. Schr. 1 (1960) 423; Bem. über die Farben [1951]. Werkausg. 8 (1984) 7-112; G. RYLE: The concept of mind (London 1949) 149ff. 222ff.; dtsch.: Der Begriff des Geistes (1969) 199ff. 303ff.; J. L. AUSTIN: Sense and sensibilia [1947/48] (Oxford 1962) 33-43. 87-103; dtsch.: 48-61. 114-130; vgl. unten: Teil VII. – [64] E. CASSIRER: Philos. der symbol. Formen 3 (1929, [2]1954) 239.

Literaturhinweise. D. W. HAMLYN: Sensation and perception. A hist. of the philos. of perception (London [4]1969). – B. WALDENFELS s. Anm. [3]. – P. K. MACHAMER/R. G. TURNBULL (Hg.): Studies in perception. Interrelations in the hist. of philos. and sci. (Columbus, Ohio 1978). – J. DANCY (Hg.): Perceptual knowledge (Oxford 1988). – G. HATFIELD: The natural and the normative. Theories of spatial perception from Kant to Helmholtz (Cambridge, Mass. 1990). – R. SCHANTZ s. Anm. [3]. – B. AUNE: Knowledge of the external world (London 1991). – T. CRANE (Hg.): The contents of experience (Cambridge 1992). – M. BURCKHARDT: Metamorphosen von Raum und Zeit. Eine Gesch. der W. (1994). – J. MCDOWELL: The content of perceptual experience. Philos. Quart. 44 (1994) 190-205. – B. DOTZLER/E. MÜLLER (Hg.): W. und Geschichte. Markierungen zur Aisthesis materialis (1995). – J. W. YOLTON: Perception & reality. A hist. from Descartes to Kant (Ithaca 1996). – J. CRARY: Suspensions of perception. Attention, spectacle and modern culture (Cambridge, Mass. 1999). – B. BREWER: Perception and reason (Oxford 2002). – L. WIESING (Hg.): Philos. der W. Modelle und Reflexionen (2002).

E. ORTLAND

V. *Psychologie im 19. und 20. Jh.* – Im psychologischen Sprachgebrauch werden mit ‹W.› diejenigen psychischen Ereignisse bezeichnet, die durch Reize bzw. Reizkonstellationen hervorgerufen und durch ein Sinnesorgan sowie entsprechende neurophysiologische Mechanismen vermittelt sind [1]. Relativ zu den verschiedenen Sinnesmodalitäten lassen sich etwa visuelle, akustische, taktile, olfaktorische und gustatorische W.en unterscheiden.

Im 19. Jh. gelten W. und Empfindung [2] als unterschiedlich komplexe Vorstellungsarten. Mit der Kritik elementaristischer Ansätze verliert der durch Intensität, Dauer und sinnesspezifische Qualität charakterisierte Empfindungsbegriff jedoch an Bedeutung. Neuere Theorien betonen im W.-Begriff neben den sinnesphysiologischen Aspekten den Bezug auf das Wahrgenommene und die Aktivität des Subjekts, während Empfindungen (z.B. Glücksempfindungen) als nicht an die Sinnesorgane gebunden, subjektbezogen und passiv gelten.

Kontrovers ist in den klassischen W.-Theorien vor allem, wie der Konstitutionsprozeß vom Reiz zur W. im einzelnen zu beschreiben ist und welche Zuordnungsregeln zwischen beiden Ebenen bestehen. Mit dem experimentellen Nachweis der Plastizität und Dynamik des W.-Systems wird im 20. Jh. die Bedeutung kognitiver Prozesse und handlungsvermittelter Umweltfaktoren hervorgehoben.

1. *Geschichte der W.-Psychologie.* – Die empirische Psychologie orientiert sich im frühen 19. Jh. zunehmend am naturwissenschaftlichen Paradigma. In kritischer Distanz zur Kantischen Synthesis-Lehre entwickelt J. F. HERBART eine elementaristische Vorstellungsmechanik, in der nach dem Vorbild der Assoziationspsychologie (s.d.) kleinste Elemente des Psychischen bestimmt und deren Statik und Dynamik in zum Teil mathematischen Modellen beschrieben werden [3]. Hierbei kommt der Empfindung als elementarster Vorstellung eine entscheidende Rolle zu. Ihre Intensität wird abhängig gedacht von der Reizstärke und der Empfindlichkeit der Sinnesorgane. Herbart nimmt auf Grund fehlender Experimente und entsprechender Metrisierungsverfahren ein proportionales Verhältnis zur Reizstärke an [4], was bereits die unmittelbaren Herbart-Schüler als wahrnehmungstheoretischen Irrtum ansehen [5].

Den elementaristischen Grundgedanken verbindet F. E. BENEKE mit einem energetischen Empfindungsbegriff. Danach entstehen Empfindungen, indem psychische Energien, die «Urvermögen», durch Reize gesättigt werden, wobei die Urvermögen «als solche Strebungen, also wesentlich aktiv, ... Kräfte eines lebendigen und eines geistigen Wesens sind» [6]. Sie bleiben beweglich und beeinflussen den Bewußtseinsgrad der Empfindungen im Rahmen der Assoziationsregeln. Die Betonung voluntativer Komponenten des Empfindungsbegriffs findet eine Weiterentwicklung bei K. FORTLAGE, der sie mit der «synthetisirenden Thätigkeit der Aufmerksamkeit» [7] verknüpft und an den Triebbegriff koppelt.

Für die psychologische W.-Theorie der zweiten Hälfte des 19. Jh. ist vor allem die sinnesphysiologische Forschung bestimmend gewesen [8]. Als wegweisend gilt das ‹Handbuch der Physiologie› von J. MÜLLER. In seinem einflußreichen ‹Gesetz der spezifischen Sinnesenergien› erklärt er die Subjektivität der Sinnesqualitäten physiologisch. Sie resultieren danach nicht aus der Qualität des Reizes, sondern aus der jeweiligen «Energie eines Sinnesorgans» [9]. Müllers Forschungen hat unter anderen H. LOTZE fortgeführt. Geschichtlich bedeutsam ist seine 'Theorie der Lokalzeichen'. Ihr zufolge erhält «jede Erregung vermöge des Punktes im Nervensystem, an welchem sie stattfindet, eine eigenthümliche Färbung» [10], d.h. ein «Localzeichen», so daß den Erregungsunterschieden auf der Netzhaut eine entscheidende Bedeutung für die Raum-W. [11] zukommt.

Mit seinen zahlreichen experimentellen Arbeiten u.a. zur Tast-, Raum-, Farb- sowie Tonempfindung hat insbesondere H. VON HELMHOLTZ die Grundlagen der modernen Sinnesphysiologie und W.-Psychologie geschaffen [12]. Zu nennen ist etwa die 'Young-Helmholtzsche Dreifarbentheorie' [13], nach der die unterschiedlichen Farbempfindungen sich drei unterschiedlichen Rezeptorarten verdanken. Durch den Nachweis der drei retinalen Zäpfchensorten hat diese Theorie eine physiologische Bestätigung erfahren. Physiologische Belege finden sich aber auch für die Gegenfarbentheorie [14], die E. HERING ergänzend entwickelt hat und nach der die Komplementärfarben Rot/Grün und Blau/Gelb physiologisch entgegengesetzte Reaktionen verursachen [15].

Wie viele Sinnesphysiologen begreift Helmholtz seine Forschungen zur W. als Auseinandersetzung mit der Kantischen Philosophie, insbesondere der transzendentalen Ästhetik, und insofern als Beitrag zur Erkenntnistheorie. Demgemäß entwickelt er seine zeichentheoretische Fassung des Empfindungsbegriffs in der ‹Theorie der unbewußten Schlüsse› als Kritik der Abbildtheorie (s.d.) der W.: «Insofern die Qualität unserer Empfindungen uns von der Eigentümlichkeit der äußeren Einwirkung, durch welche sie erregt sind, eine Nachricht gibt, kann sie als ein 'Zeichen' derselben gelten, aber nicht als ein Abbild» [16]. Ähnlich formuliert F. A. LANGE, daß «unsere Sinnesorgane Abstraktionsapparate» sind und die Sinnesphysiologie daher ein «berichtigter Kantianismus» ist [17].

Für die Entwicklung der psychologischen W.-Theorie sind neben der sinnesphysiologischen Forschung vor allem die Arbeiten zur Psychophysik (s.d.) von E. H. WEBER und G. TH. FECHNER entscheidend gewesen, die eine mathematische Bestimmung des Verhältnisses von Reiz- und Empfindungsintensitäten verfolgten. Den Grundgedanken hierzu liefert das 'Weber-Gesetz' [18]. WEBER hat bei seinen Untersuchungen zur Gewichtsempfindung nicht den Unterschied der Empfindungsstärken betrachtet, sondern den Merklichkeitsgrad der Unterschiede, den er als «Unterschiedsschwelle» bezeichnet. Diese nimmt mit der Größe der verglichenen Reize zu. Hierbei ist das Verhältnis der merklichen Größendifferenz zur Bezugsgröße eine Konstante: $\Delta R/R = k$. FECHNER verallgemeinert dieses Ergebnis im 'Weber-Fechnerschen Gesetz' [19], das als mathematische Bestimmung der Abhängigkeit der Empfindungsgröße von der Reizgröße mit Einschränkungen und für einen mittleren Reizbereich zum Grundgesetz der Psychophysik avancierte. Danach nimmt die Empfindungsintensität bei einem linearen Anstieg der Reizgröße logarithmisch zu: $E = k \cdot \lg(R/R_0)$.

Die Psychophysik Fechners ist in unterschiedlicher Weise interpretiert worden. Während Fechner selbst die Empfindungsintensität als logarithmische Funktion der Stärke der Nervenerregung auffaßt, bezieht die physiologische Deutung, etwa durch G. E. MÜLLER, das 'Weber-Fechnersche Gesetz' auf das Verhältnis von Reiz und Nervenprozeß [20]. Dagegen liefert W. WUNDT eine psychologische Deutung, derzufolge die Empfindungen ihre Intensität und Qualität erst mit der Apperzeption (s.d.) erhalten, die sie in bezug zum psychischen Gesamtsystem stellt. Das 'Weber-Fechnersche Gesetz' ist daher «ein allgemeines Gesetz der Beziehung», das zum Ausdruck bringt, «daß unsere Empfindung kein absolutes, sondern nur ein 'relatives' Maß der äußeren Eindrücke gibt» [21]. Versteht Wundt die Apperzeption zunächst im Sinne Helmholtz' als unbewußten Vergleichsschluß, so faßt er sie später als affektiv gesteuerten Aufmerksamkeitsprozeß [22].

Ausgehend von CH. EHRENFELS' Untersuchung der Gestaltqualitäten [23] hat sich eine Abkehr von der Elementenpsychologie vollzogen. Statt Assoziationsgesetze zur Verbindung atomarer Empfindungen zu suchen, geht die Gestaltpsychologie (s.d.) von einer ursprünglichen Gliederung der W. aus, die sie als «Gestalt» bezeichnet und anhand von Gestaltgesetzlichkeiten, etwa den Gesetzen der guten Gestalt, der Gleichartigkeit oder der Nähe, beschreibt [24]. Insbesondere die Berliner Gestaltpsychologen um M. WERTHEIMER postulieren zudem – wie z.B. B. W. KÖHLER [25] – einen Isomorphismus zwischen W. und neurophysiologischem Prozeß.

In einer Reihe von funktionalistischen Ansätzen wird seit Beginn des 20. Jh. der enge Zusammenhang von W., Handlung und Umwelt (s.d.) betont. J. VON UEXKÜLL prägt hierzu den Begriff des «Funktionskreises» (s.d.), in dem eine Einheit von Merkwelt (s.d.) und Wirkwelt angenommen wird: Inwieweit ein Objekt zum W.-Gegenstand wird, hängt demnach entscheidend von Anzahl und Anordnung der Merk- und Wirkzellen ab, die als Rezeptoren entsprechender Objektmerkmale dienen [26]. Eine ähnliche Verbundenheit von Organismus und Umwelt liegt im Begriff des «Gestaltkreises» (s.d.) von V. VON WEIZSÄCKER vor, nach dem W. und Bewegung nur wechselseitig zu verstehen sind [27]. Die Bedeutung der motorischen Auseinandersetzung mit der Umwelt bestätigen ebenfalls die Arbeiten von E. BRUNSWIK [28] oder die Versuche mit Prismenbrillen von I. KOHLER [29].

Die ökologische W.-Theorie von J. J. GIBSON liefert eine Integration dieser Umweltaspekte in den gestaltpsychologischen Ansatz. W. ist demnach kein Konstitutions- oder Inferenzprozeß, sondern ein in hierarchische Teilsysteme aufgegliederter Analyseprozeß, bei dem der Reizkonfiguration invariante Umweltinformationen entnommen werden. So lassen sich aus der Oberflächenstruktur anhand des Texturgradienten, der die Texturdichte angibt, räumliche Tiefeninformationen extrahieren. Da die Reize selbst alle relevanten Informationen enthalten, spricht Gibson von direkter W.: «'Direct perception' is the activity of getting information from the ambient array of light. I call this a process of 'information pickup' that involves the exploratory activity of looking around, getting around, and looking at things» [30].

Innerhalb der Kognitionspsychologie ist mit der Betonung kognitiver Faktoren eine konstruktive W.-Theorie verfolgt worden [31]. Nach U. NEISSER setzt die W. eine Antizipation bestimmter Informationen durch mentale Schemata voraus [32]. Welche Schemata jeweils zur Verwendung gelangen, wird durch die aktive Erkundung des W.-Bereichs bestimmt. Einen Informationsverarbeitungsansatz in Form einer computationalen Bildanalyse hat D. MARR entwickelt: «Vision is a process that produces from images of the external world a description that is useful to the viewer and not cluttered with irrelevant information» [33]. Hierbei identifizieren spezifische Merkmalsdetektoren anhand algorithmischer Analyseverfahren zunächst Elementarmerkmale, die dann in komplexer werdende Skizzen gruppiert und schließlich dreidimensional interpretiert werden.

Vor allem infolge der neurophysiologischen Forschungen wird das W.-System gegenwärtig nach verschiedenen Stufen, Komponenten und spezifischen Verarbeitungsprozessen weiter differenziert. Dies betrifft nicht nur die verschiedenen W.-Modalitäten. Auch innerhalb der visuellen W. wird beispielsweise weiter zwischen Farb-, Objekt-, Raum-, Bewegungs- oder auch Konturenwahrnehmung unterschieden. Speziellere Ansätze zur Objektwahrnehmung sind hierbei etwa die Merkmalsintegrationstheorie [34], die Textontheorie [35], die Teilkörpertheorie [36] und die Raumfrequenzerklärung [37], in denen jeweils unterschiedliche Objekteigenschaften als Ausgangspunkt des W.-Prozesses gelten. Eine solche Modularisierung des W.-Systems wird durch verbesserte neurologische Analysemethoden unterstützt, mittels deren unter anderem sehr genaue Korrelationen zwischen speziellen Gehirnläsionen und dem Ausfall spezifischer W.-Leitungen nachgewiesen werden konnten. Besondere Aufmerksamkeit haben in diesem Zusammenhang die teilweise überaus spezifischen Formen der Agnosie (s.d.) [38] erfahren oder das Phänomen der sogenannten Blindsicht, bei der das W.-Erlebnis ausfällt, eine rudimentäre Unterscheidungsfähigkeit aber erhalten bleibt [39].

Eine gesellschaftlich wichtige Komponente des W.-Systems ist die Personen-W., die aufgrund der festgestellten systematischen Beurteilungsfehler größere Beachtung gefunden hat. Sie ist im hohen Maße durch Hintergrundüberzeugungen bestimmt und mit der Zuschreibung konstanter Charakterzüge verbunden. Bekannt geworden ist der Halo- oder Hof-Effekt [40], der besagt, daß die Beurteilung einzelner Charakterzüge einer Person relativ zu einem zentralen Merkmal oder zum Gesamteindruck erfolgt und entsprechend verzerrt ist [41].

Im Unterschied zu den dargestellten W.-Theorien richtet die Kritische Psychologie ihre Aufmerksamkeit auf die Geschichtlichkeit des W.-Phänomens. Eine solche gegenstandsbezogene historische Rekonstruktion, wie sie K. HOLZKAMP vorgelegt hat, beschreibt die naturgeschichtlichen sowie die gesellschaftlich-historischen Ursprungsbedingungen der Eigentümlichkeiten der W. «unter dem Aspekt ihrer Funktion für die gesellschaftliche Lebenserhaltung durch Arbeit» [42].

2. *Innere W.* – Von der äußeren wird die innere W. unterschieden. KANT bindet sie an einen «inneren Sinn», durch den «das Gemüth sich selbst oder seinen inneren Zustand anschauet» [43]. Die Form des inneren Sinns ist hierbei die Zeit, so daß wir «unser eigenes Subject nur als Erscheinung, nicht aber nach dem, was es an sich ist, erkennen» [44]. In der weiteren Entwicklung wird der Begriff des inneren Sinns von dem der «inneren W.» verdrängt, wobei innere W. entweder als Selbstbeobachtung oder als unmittelbare Selbsterfahrung [45] aufgefaßt wird.

Nach HERBART ist der innere Sinn «eine Erfindung der Psychologen» [46] und die innere W. lediglich eine Form der Apperzeption (s.d.) [47]. Auch LANGE verwirft den Begriff der inneren W., weil «zwischen innerer und äußerer W. in keiner Weise eine feste Grenze zu ziehen» [48] ist. Demgegenüber behauptet BENEKE den epistemischen Vorrang der inneren W., die «ein Vorstellen von voller oder absoluter Wahrheit» gewährt [49].

F. BRENTANO unterscheidet streng zwischen Selbstbeobachtung und innerer W. [50]. Während er die innere Beobachtung für unmöglich hält, spricht er der inneren W. Unmittelbarkeit und Evidenz zu. Auch bei WUNDT wird die innere W. damit zur methodischen Grundlage der Psychologie als Wissenschaft von der unmittelbaren Erfahrung; anders als die Selbstbeobachtung etabliert sie aber keinen eigenen Erfahrungsbereich, sondern nur eine andere Auffassung desselben Bereichs [51].

Den Versuch einer Rehabilitierung des inneren Sinns hat M. SCHELER unternommen, zugleich aber täuschungsfreie Evidenzen der inneren W. bestritten [52]. Aus materialistischer Sicht verteidigt D. ARMSTRONG den inneren Sinn, setzt die innere W. jedoch mit Introspektion gleich [53].

3. *Täuschung.* – Als W.-Täuschung im weiten Sinn gilt – neben der optischen Täuschung, Halluzination (s.d.) und Luftspiegelung – die durch Drogeneinwirkung veränderte W. oder auch ganz allgemein die kontextsensitive Beschaffenheit der Sinnesempfindung. W.-Täuschungen im engen Sinne liegen vor, wenn eine Abweichung von der üblichen (physikalischen) Beschreibung des Wahrgenommenen sowie eine Diskrepanz zwischen den unterschiedlichen Sinnesmodalitäten auftreten.

Einen thematischen Schwerpunkt innerhalb der experimentellen W.-Forschung bilden nur die dem W.-System immanenten Täuschungen, also nicht die durch physikalische Randbedingungen verursachten (z.B. der im Wasser geknickt erscheinende Stab). In der zweiten Hälfte des 19. Jh. sind insbesondere die Raumtäuschungen (etwa der am Horizont vergrößert erscheinende Mond) und die geometrisch-optischen (auch haptisch nachweisbaren) Täuschungen (etwa die Figuren von Müller-Lyer, Ponzo oder Lipps) untersucht worden. Für die übrigen Sinnesmodalitäten lassen sich teilweise vergleichbare Täuschungen feststellen [54].

Eine befriedigende Erklärung der W.-Täuschungen ist bisher nicht gelungen. Als gesichert gilt, daß sie unabhängig vom Denken, von der Augenbewegung und von den Netzhautprozessen sind. Vermutlich hängen sie von den Konstanzleistungen ab, die im engen Zusammenhang mit der Tiefen- und Entfernungswahrnehmung stehen und für den Ausgleich der standortbedingten Verzerrungen verantwortlich gemacht werden [55]. So ließe sich für die geometrisch-optischen Täuschungen annehmen, daß ein geometrisches Gebilde unwillkürlich als Darstellung einer dreidimensionalen Szene gesehen wird, auch wenn der entsprechende Darstellungskontext fehlt [56].

Anmerkungen. [1] Vgl. Art. ‹Reiz und Reaktion›. Hist. Wb. Philos. 8 (1992) 534-567; vgl. zur jüngeren Diskussion: W. PRINZ/B. BRIDGEMAN (Hg.): W. Enzykl. der Psychol. C, II/1 (1994). – [2] Vgl. Art. ‹Empfindung II.›. Hist. Wb. Philos. 2 (1972) 464-474. – [3] J. F. HERBART: Psychol. als Wiss. Neu gegr. auf Erfahrung, Met. und Math. (1824/25). Sämtl. Werke, hg. K. KEHRBACH/O. FLÜGEL (1887-1912, ND 1964) Bde. 5-6. – [4] Psycholog. Unters. (1840), a.O. 9, 180. – [5] Vgl. TH. WAITZ: Lehrb. der Psychol. als Naturwiss. (1849) 148. – [6] F. E. BENEKE: Lehrb. der Psychol. als Naturwiss. (1833, [2]1845) 269. – [7] K. FORTLAGE: Beitr. zur Psychol. als Wiss. aus Speculation und Erfahrung (1875) 174; vgl. auch: Art. ‹Aufmerksamkeit›. Hist. Wb. Philos. 1 (1971) 635-645. – [8] Vgl. Art. ‹Sinne, die, E. 2.›. Hist. Wb. Philos. 9 (1995) 854f. – [9] MÜLLER, a.O. [43 zu IV.] 526; vgl. Art. ‹Sinnesenergie, spezifische›. Hist. Wb. Philos. 9 (1995) 882-886. – [10] H. LOTZE: Medicinische Psychol. oder Physiol. der Seele (1852) 331. – [11] Vgl. Art. ‹Raum; Raumwahrnehmung; psychologischer Raum›. Hist. Wb. Philos. 8 (1992) 111-121, bes. 115f. – [12] H. VON HELMHOLTZ: Handb. der physiolog. Optik (1856-67). – [13] Über die Theorie der zusammenges. Farben (1852). – [14] Vgl. hierzu: E. B. GOLDSTEIN: W.-Psychol. Eine Einf. (1997) 132f. – [15] E. HERING: Zur Lehre vom Lichtsinn (1878). – [16] H. VON HELMHOLTZ: Die Tatsachen in der W. (1878), in: Schr. zur Erkenntnistheorie, komm. M. SCHLICK/P. HERZ (Wien [2]1998) 147-175, 153. 162. – [17] F. A. LANGE: Gesch. des Materialismus und Kritik seiner Bedeutung in der Gegenwart (1866), hg. D. U. ELLISSEN (1905) 2, 523. 507. – [18] E. H. WEBER: Tastsinn und Gemeingefühl, in: R. WAGNER: Handwb. der Physiol. 3/2 (1846) 481-588. – [19] G. TH. FECHNER: Elem. der Psychophysik (1860) 2, 12ff. – [20] G. E. MÜLLER: Zur Grundlegung der Psychophysik (1878). – [21] W. WUNDT: Grundzüge der physiolog. Psychol. (1874) 420f. – [22] a.O. 795f. – [23] CH. VON EHRENFELS: Über Gestaltqualitäten. Vjschr. wiss. Philos. 14/3 (1890) 242-292; vgl. Art. ‹Gestalt›. Hist. Wb. Philos. 3 (1974) 545. – [24] Vgl. hierzu: W. METZGER: Gesetze des Sehens ([2]1953). – [25] W. KÖHLER: Die physischen Gestalten in Ruhe und im stationären Zustand (1920). – [26] J. VON UEXKÜLL: Umwelt und Innenwelt der Tiere ([2]1921). – [27] V. VON WEIZSÄCKER: Der Gestaltkreis (1947). – [28] E. BRUNSWIK: The conceptual framework of psychology (Chicago 1952). – [29] I. KOHLER: Der Brillenversuch in der W.-Psychol. mit Bem. zur Lehre der Adaption. Z. experiment. angew. Psychol. 3 (1956) 381-417. – [30] J. J. GIBSON: The ecological approach to visual perception (Boston 1979) 147; vgl. Art. ‹Sinne, die, F. 2. e)›, a.O. [8] 860. – [31] Vgl. Art. ‹Kognition, kognitiv›. Hist. Wb. Philos. 4 (1976) 866-877. – [32] U. NEISSER: Cognition and reality (San Francisco 1976). – [33] D. MARR: Vision (San Francisco 1982) 31. – [34] Vgl. A. TREISMAN: Features and objects in visual processing. Scient. American 255 (1986) 114 B-125 B. – [35] B. JULESZ: Textons, the elements of texture perception. Nature 290 (1981) 91-97. – [36] I. BIEDERMAN: Recognition-by-components: A theory of human image understanding. Psycholog. Review 94 (1987) 115-147. – [37] W. F. CAMPBELL/J. G. ROBSON: Application of Fourier analysis to the visibility of gratings. J. Physiol. 197 (1968) 551-566. – [38] O. SACKS: The man who mistook his wife for a hat (London 1985). – [39] L. WEISKRANTZ: Blindsight (Oxford 1986). – [40] Vgl. Art. ‹Halo›. Hist. Wb. Philos. 3 (1974) 990. – [41] Vgl. H. HARTSHORNE/M. A. MAY: Studies in the nature of character 1 (New York 1928). – [42] K. HOLZKAMP: Sinnl. Erkenntnis – Hist. Ursprung und gesellschaftl. Funktion der W. (1973) 106. – [43] I. KANT: KrV B 37; vgl. Art. ‹W., innere›. EISLER[4] 3 (1930) 483-491; Art. ‹Sinne, die, D. 3.›, a.O. [8] 844f.; zur nachkantischen Philos. des inneren Sinns: a.O. 853f. – [44] KrV B 156; vgl. Art. ‹Zeit VI. A.›. – [45] Vgl. auch: Art. ‹Selbstaffektion›. Hist. Wb. Philos. 9 (1995) 319-321. – [46] J. F. HERBART: Lehrb. der Psychol. (1816), a.O. [3] 4, 323. – [47] Psychol. als Wiss., a.O. [3] 6, 140-151 (§§ 125-127). – [48] LANGE, a.O. [17] 477. – [49] BENEKE, a.O. [6] 128. – [50] F. BRENTANO: Psychol.

vom empir. Standpunkt (1874), hg. O. Kraus (1924) 40ff. – [51] W. Wundt: Grundriss der Psychol. (1896). – [52] M. Scheler: Die Idole der Selbsterkenntnis (1911). Ges. Werke 3 (1955) 243f. – [53] D. Armstrong: A materialist theory of the mind (London 1968) 95-99. – [54] Ch. von Campenhausen: Die Sinne des Menschen. Einf. in die Psychophysik der W. (²1993) 116ff. 229ff. – [55] Vgl. Goldstein, a.O. [14] 237ff. – [56] B. Gillam: Geometr.-opt. Täuschungen, in: Spektrum der Wiss.: W. und visuelles System (²1987) 104-112, hier: 109f.

Literaturhinweise. E. G. Boring: Sensation and perception in the hist. of experim. psychology (New York 1942). – W. Metzger: Der Ort der Wahrnehmungslehre im Aufbau der Psychologie, in: W. Metzger (Hg.): W. und Bewußtsein. Hb. der Psychol. 1/1 (1966) 3-20. – E. C. Cartrette/M. P. Friedman (Hg.): Handbook of perception 1: Hist. and philos. roots of perception (New York/London 1974). – H. R. Schiffman: Sensation and perception: an integrated approach (New York/Brisbane 1976). – L. Pongratz: Problemgesch. der Psychol. (²1984). – I. Rock: Perception (New York 1984). – Spektrum der Wiss. s. Anm. [56]. – Th. C. Meyering: Hist. roots of cognitive science. The rise of a cognitive theory of perception from antiquity to the 19th cent. (Dordrecht 1989). – A. Hajos: Einf. in die W.-Psychol. (²1991). – G. Mohr: Das sinnl. Ich. Kants Theorie des inneren Sinns (1991). – Ch. von Campenhausen s. Anm. [54]. – K. Sachs-Hombach: Philos. Psychol. im 19. Jh. – Entstehung und Problemgesch. (1993). – S. Ballesteros (Hg.): Cognitive approaches to human perception (Hillsdale, N.J. 1994). – K. Akins (Hg.): Perception (New York u.a. 1996). – E. B. Goldstein s. Anm. [14]. – R. Höger: Raumzeitl. Prozesse der visuellen Informationsverarbeitung (2001). K. Sachs-Hombach

VI. *Phänomenologie.* – W. ist für E. Husserl der «Urmodus der Anschauung» [1]. Als Akt anschaulicher Vergegenwärtigung (s.d.) prätendiert die W., Selbsterscheinung und Selbstgebung des Gegenstandes zu sein, nämlich «den Gegenstand ‘originär’, in seiner ‘leibhaftigen’ Selbstheit zu erfassen» [2]; dadurch unterscheidet sich die W. als «Originalbewußtsein» [3] von anderen Modi der Anschauung wie der Phantasie, der Erinnerung, der Erwartung oder dem Bildbewußtsein, die nicht beanspruchen, das vermeinte Gegenständliche leibhaft selbst zu geben. Dieser ersten Klasse von anschaulichen Vorstellungen hat Husserl von Beginn an umfassende Untersuchungen gewidmet. Die ihn dabei leitende Präferenz des optischen Sinnes hat zu einer entsprechend weit ausgearbeiteten Bestimmung der visuellen Ding-W. als einer ausgezeichneten Weise intentionalen Bewußtseins geführt; allerdings finden auch andere W.-Sinne, wie z.B. der Tast-, der Hör- und der Bewegungssinn, Berücksichtigung. Im Spätwerk versucht Husserl, die W. in ihrer fundierenden Rolle als vorprädikative Evidenz für die Idealisierungsleistungen der Logik zu bestimmen [4]. Auch das Konzept der Lebenswelt (s.d.), das die Abhängigkeit zwischen lebensweltlicher Erfahrung und objektiver Wissenschaft untersucht, basiert wesentlich auf diesen Analysen anschaulicher Vorstellungsakte als den Weisen primären Weltzuganges [5]. In der genetischen Phänomenologie bemüht sich Husserl um eine Aufklärung der passiven Synthesis als des Untergrundes für alle W., wobei ihm hier der Begriff der Assoziation im Sinne einer vorgängigen Bildung von Sinnesfeldern als Leitfaden dient [6].

Der Weite des W.-Begriffes als Bewußtsein der Selbstgebung (s.d.) korrespondiert bei Husserl eine Vielfalt von W.-Typen wie innere und äußere W., immanente und transzendente, adäquate und inadäquate W. [7], sinnliche und nicht-sinnliche (kategoriale) W. [8], wie Ding- und Raum-W. [9], Ich- und Leib-W. [10], Fremd-W. qua Einfühlung [11], Zeit-W. [12] und Wesens-W. [13]. Die Untersuchung der «schlichten, zuunterst liegenden intellektiven Akte» [14] ist gedacht als eine Theorie der Erfahrung, die für Husserl wiederum ein notwendiger Baustein einer «Kritik der Vernunft» ist [15].

Schon früh setzt sich Husserl mit mathematischen Raumproblemen und, an C. Stumpf anknüpfend, mit dem psychologischen Ursprung der Raumvorstellung auseinander. Die von seinem Lehrer F. Brentano vorgegebene Unterscheidung zwischen eigentlichen (anschaulichen) und uneigentlichen (symbolischen) Vorstellungen wird zur Grundlage seiner W.-Analysen. Sie führt in Verbindung mit einer Bestimmung des ontologischen Status des intentionalen Gegenstandes – ein Ergebnis von Husserls Auseinandersetzung mit dem in der Brentano-Schule diskutierten Problem der gegenstandslosen Vorstellungen (rundes Viereck usw.) – zu einer ersten ausformulierten phänomenologischen W.-Lehre in den ‹Logischen Untersuchungen›. Diese Lehre ist zwar getragen von einer Kritik sowohl an der bild- als auch an der zeichentheoretischen Deutung der W. [16], kann aber letztere – die sich vor allem in der sehr einflußreichen Schule von Helmholtz findet – zunächst nicht völlig überwinden. Anfänglich deutet Husserl die W. eines räumlichen Dinges noch nach dem Muster sprachlicher Bedeutungen [17].

Anlaß steter Verwunderung und Ausgangspunkt der W.-Analysen ist die jeweils nur partiell gegebene Anschaulichkeit eines Dinges, für die Husserl den Terminus ‹Abschattung› (s.d.) verwendet. In den ‹Ideen I› führt Husserl zur Klärung dieser Leistung der Appräsentation den Begriff ‹Horizont› (s.d.) ein: Die W. ist gekennzeichnet von motivierten Antizipationen (Erwartungen und Protentionen) als Vorgriffe auf möglicherweise künftig sich Zeigendes [18]. Der Prozeß der W. ist so ein teleologisch [19] ausgerichteter «Prozeß beständiger Kenntnisnahme, der das in Kenntnis Genommene im Sinn festhält und so einen immer neu gewandelten und immer mehr bereicherten Sinn schafft» [20]. Kenntnisnahme ist aber nicht nur eine Sache des Augenblickes, sondern führt zu dauernden Sinnstiftungen und Sinnerwerb (Habitualitäten und Sedimentierungen), auf die Individuum und Gemeinschaft immer wieder zurückkommen können [21]. Orthoästhetische Aspekte, d.h. Normalität bzw. Anomalität der Sinnes-W., spielen überdies bei der Gemeinschaftsbildung eine wichtige Rolle [22].

Die in den ‹Logischen Untersuchungen› und in den ‹Ideen I› entwickelten W.-Lehren stimmen in der Bestimmung der Empfindung überein. Die in der Terminologie der ‹Logischen Untersuchungen› als «primäre Inhalte» [23] bezeichneten Empfindungsdaten, zu denen «gewisse, der obersten Gattung nach einheitliche ‘sensuelle’ Erlebnisse, ‘Empfindungsinhalte’ wie Farbendaten, Tastdaten, Tondaten u. dgl.» [24] gehören, haben noch nichts von Intentionalität in sich. Diese wird erst durch eine «sinngebende Schicht» [25] zustande gebracht, so daß Husserl innerhalb des Erlebnisstroms der W. «eine stoffliche und eine noetische Schicht» [26] unterscheidet. Die momentane Farbempfindung wird ausdrücklich von der sich in ihr darstellenden Dingfarbe, die dem Ding als Eigenschaft zugeschrieben wird, geschieden [27]. Der intentionalen Morphé wird so die sensuelle Hyle gegenübergestellt; zugleich wird die «merkwürdige Doppelheit und Einheit» [28] beider Momente betont. Diese am «Schema Auffassungsinhalt und Auffassung» [29] orientierte W.-Lehre ist wegen ihrer Nähe zum Sensualismus und der Neigung zum Dualismus kritisiert worden [30]. Trotz grundlegender Einsichten, die sich Husserl besonders aus seinen Zeitanalysen und den Analysen zur genetischen Phänomenologie ergeben haben, hat er sich von dieser Auffassung der Empfindung nie eindeutig verabschiedet. Dabei macht schon der früh in seine W.-Lehre eingeführte Begriff der ‹Kinästhese› (s.d.) eine Neubestimmung der traditionellen Unterscheidung zwischen Stoff und Form des Erlebnisses notwendig [31]: Empfindungen sind nicht rein passiv gegebene Eindrücke, sie hängen auch von meiner leiblichen Betätigung ab. Der Leib ist der «Nullpunkt» [32] der W., da alle Punkte im Raum ihre Ortsbestimmung (oben, unten, fern, nah) von der eigenen Position im Hier erhalten.

Die W.-Lehre Husserls hat eine breite Wirkung gehabt. Innerhalb der – schon in ihrer Anfangszeit keineswegs homogenen – Phänomenologischen Bewegung [33] zeigte sich bald ein ausgesprochenes Interesse an Fragen der W.: 1910 veröffentlicht der Husserl-Schüler W. SCHAPP seine ‹Beiträge zu einer Phänomenologie der W.› [34], in der eine konsequent durchgeführte phänomenologische Deskription konkreter W.-Gegebenheiten zu finden ist; der später durch experimentalpsychologische Arbeiten zur Sinnes-W. bekannt gewordene D. KATZ publiziert 1911 eine umfangreiche Arbeit über die Erscheinungsweisen der Farben [35]; im selben Jahr erscheint ‹Über W. und Vorstellung› von TH. CONRAD [36]; einschlägig sind auch H. LEYENDECKERS Untersuchung über W.-Täuschungen [37] sowie H. HOFMANNS Dissertation über ‹Die Lehre vom Empfindungsbegriff› von 1913 [38], in der wie schon bei Katz eine Theorie des Farbensehens entwickelt wird. H. CONRAD-MARTIUS untersucht das Gesamtphänomen der realen Außenwelt [39], ein Ansatz, den sie in ihren weiteren Arbeiten zur phänomenologischen «Realontologie» konsequent weiterentwickelt hat. Mit Grundproblemen der W. beschäftigen sich auch die Arbeiten von O. BECKER [40], M. GEIGER [41], E. FINK [42], P. F. LINKE [43] und E. STEIN [44]. Autoren wie K. JASPERS, H. PLESSNER, E. STRAUS und W. SPECHT machen in ihren Untersuchungen zur W. in ganz unterschiedlicher Weise von der Phänomenologie Gebrauch [45].

Die eigenständigen phänomenologischen Entwürfe von M. HEIDEGGER und M. SCHELER haben eine jeweils eigene Wirkungsgeschichte. HEIDEGGER trifft in ‹Sein und Zeit› die für die ontologische Ausrichtung der Phänomenologie wichtige Unterscheidung zwischen Vorhandenheit und Zuhandenheit (s.d.), die auch als Kritik an der W.-Lehre Husserls verstanden werden kann. Dinge («Zeug») werden nicht durch gegenständliches Beobachten als vorhandene «wahrgenommen», sondern als zuhandene sind sie uns ursprünglicher durch den handelnden Umgang gegeben. «Das schärfste Nur-noch-hinsehen auf das so und so beschaffene 'Aussehen' von Dingen vermag Zuhandenes nicht zu entdecken. Der nur 'theoretisch' hinsehende Blick auf Dinge entbehrt des Verstehens von Zuhandenheit» [46]. SCHELER kritisiert Husserls Realitätsbegriff und damit dessen Grundansatz als unzureichend [47]. Er wendet sich gegen eine rein rezeptive Empfindungslehre, die von einzelnen Empfindungen «als qualitativer dingartiger Klötzchen» [48] ausgeht und W. als eine Komplexion von Empfindungen faßt. W. ist für Scheler notwendig triebhaft-motorisch mitbedingt. «Ohne irgendeinen Grad und irgendeine Richtung triebartiger Aufmerksamkeit, ohne Werterfassung, ferner ohne den Anfang eines motorischen Prozesses kann also eine W., wie einfach sie immer sei, überhaupt nicht stattfinden» [49].

A. GURWITSCH entwickelt die Phänomenologie der W. unter Einbezug gestalttheoretischer Einsichten weiter [50]. Bei der hierbei versuchten Überwindung des Dualismus von vor-intentionaler Empfindung und intentionaler Auffassung knüpft Gurwitsch an Husserls Begriff des W.-Noema [51] an, und zwar verstanden als «das wahrgenommene Ding, so wie dieses sich in einem Akte konkreter W. präsentiert, nämlich als von einer bestimmten Seite her, in einer gewissen Perspektive, Orientierung usw. erscheinend» [52]. Seine Deutung des Noema-Begriffs hat innerhalb einer vorwiegend sprachanalytisch orientierten Richtung, die an einer von G. FREGE inspirierten bedeutungstheoretischen Deutung des Noema interessiert war, Widerspruch hervorgerufen und in der Folge zu einer lebhaften Debatte geführt [53]. Die gestalttheoretische Interpretation der Phänomenologie hat insbesondere auf zwei der Schüler von Gurwitsch großen Einfluß gehabt: H. DREYFUS hat die methodischen Voraussetzungen einer noematischen Phänomenologie der W. weiterentwickelt [54].

M. MERLEAU-PONTY arbeitet unter Aufnahme der Ansätze Husserls und einiger der genannten phänomenologischen Arbeiten aus der Frühzeit der Phänomenologischen Bewegung, aber auch im Rückgriff auf zahlreiche psychologische Fallstudien, eine Phänomenologie der leiblichen W. aus. Dabei richtet er sich gegen die W.-Theorien von Empirismus und Intellektualismus, die trotz unterschiedlicher Argumentationen jeweils fraglos die Existenz einer objektiven Welt voraussetzen. Kritisiert wird die klassisch-psychologische Lehre, in der die W. als Ergebnis von äußeren Reizen aufgefaßt und die Empfindungen als elementare Daten begriffen werden. Im Sinne eines «ursprünglichen Erkennens» ist die W. für Merleau-Ponty ein «Grundphänomen» [55]. Intentionalität wird als «fungierende Intentionalität» verstanden, in der die vorprädikative Einheit von Welt und Leben gründe [56]. «Zur ersten Aufgabe der Philosophie wird so der Rückgang auf die diesseits der objektiven Welt gelegene Lebenswelt, um aus ihr Recht und Grenzen der Vorstellung einer objektiven Welt zu verstehen ..., um die W. selbst ins Licht zu setzen und ihre eigene List zu durchkreuzen» [57]. In den konkreten Grundphänomenen der W.-Erfahrung, wie z.B. der Doppelempfindung, wo wir bei Selbstberührung sowohl empfindender als auch empfundener Gegenstand sind, zeigt sich eine Differenz zwischen bloßem Körper («corps objectif» bzw. «corps physical») und vital-handelndem Leib («corps phénoménal» bzw. «corps propre»), die zum Ausgangspunkt der kritischen Überlegungen Merleau-Pontys wird. Die Analyse der leiblichen Existenz soll den Blick für eine «dritte Dimension» [58] öffnen, die diesseits der Dichotomie liegt, wie sie sich traditionell in der Gegenübersetzung von Subjekt und Objekt oder Bewußtsein und Welt ausdrückt. Da der Leib weder Gegenstand noch Bewußtsein ist, bleibt in jeder W. immer eine Undurchdringlichkeit und Offenheit bestehen, die eine ihr wesensmäßige Zweideutigkeit («ambiguité») zur Folge hat [59]. In späteren Schriften hat Merleau-Ponty seinen früheren Ansatz als eine noch nicht überzeugend geglückte Abkehr von der Bewußtseinsphilosophie kritisiert und von subjektivistischen Spuren zu befreien versucht: In ‹Le visible et l'invisible› zeigt sich ein verstärktes Bemühen um eine Ontologie des Sehens, in dessen Folge es zu einer Neubestimmung des Leibes als «Fleisch» («chair») kommt [60].

Ist das Denken Merleau-Pontys vom «Primat der W.» [61] geleitet, so gilt das nicht in gleicher Weise für J.-P. SARTRE. In seinen frühen, von Husserl und Heidegger beeinflußten Schriften setzt er sich mit dem Phänomen des Imaginären auseinander, das er allerdings nicht wie Husserl als eine Modifikation der W. als dem Urmodus der

Anschauung versteht, sondern als eine Nichtung der realen Welt durch die schöpferische Kraft der Vorstellung [62]. Die pathetische Aufladung der W. als existentielle Bedrohung, wie Sartre sie 1938 in seinem Roman ‹La nausée› beschreibt, findet auch Eingang in sein philosophisches Hauptwerk ‹L'être et le néant›. Die diesen «Versuch einer phänomenologischen Ontologie» [63] bestimmende Dichotomie von Für-sich-Sein («être-pour-soi») des intendierenden Subjekts und der in sich geschlossenen Seinsverfassung der Wirklichkeit, dem An-sich-Sein («être-en-soi»), durchdringt alle Verhaltensweisen der menschlichen Existenz und bestimmt auch die W. sowie die Erfahrung des eigenen Leibes. In seinen Analysen des Blicks entwickelt Sartre einen originellen Beitrag zur W. des Anderen [64].

Als Leibphänomenologie hat sich die Phänomenologie der W. in jüngster Zeit in vielfältige Richtungen differenziert [65]. Ihr gemeinsames Ziel kann in einer «Rehabilitierung des Sinnlichen und der Sinne» [66] gesehen werden. B. WALDENFELS, der sich dezidiert in die Tradition von Husserl und Merleau-Ponty stellt, H. ROMBACH und H. SCHMITZ haben – weitgehend unabhängig voneinander – grundlegende Arbeiten zu einer Phänomenologie der leiblichen W. vorgelegt [67].

Anmerkungen. [1] E. HUSSERL: Die Krisis der europ. Wiss. und die transz. Phän. § 28 (1936). Husserliana [Hua.] 6 (Den Haag 1954) 107. – [2] Ideen zu einer reinen Phän. und phänomenolog. Philos. I, § 3 (1913). Hua. 3 (1950) 15; Hua. 3/1 (Den Haag 1976) 14f. – [3] Analysen zur passiven Synthesis, Einl. § 1 [1918-26]. Hua. 11 (1966) 4. – [4] Vgl. bes. Erfahrung und Urteil. Unters. zur Genealogie der Logik [1939], hg. L. LANDGREBE (1948, 21954). – [5] Vgl. a.O. [1]; Die Krisis der europ. Wiss. und die transz. Phän., Erg.bd.: Texte aus dem Nachlaß 1934-1937, hg. R. N. SMID (Dordrecht u.a. 1993). – [6] Vgl. bes. a.O. [3]; Art. ‹Passivität; passive Synthesis›. Hist. Wb. Philos. 7 (1989) 164-168; ‹Phänomenologie, genetische›, a.O. 505-507. – [7] Vgl. Log. Unters. II/2, Beilage: Äußere und innere W. (1901, 21921) 222-244. Hua. 19/2 (1984) 751-775; Ideen I, §§ 38. 46, a.O. [2] 84/77. 106/96. – [8] Vgl. bes. Log. Unters. II/2, VI, § 40, a.O. 128ff./657ff. – [9] Vgl. bes. Ding und Raum. Vorles. 1907. Hua. 16 (1973). – [10] Vgl. bes. Ideen zu einer reinen Phän. und phänomenolog. Philos. II [1913-25]. Hua. 4 (1952). – [11] Vgl. bes. Zur Phänomenologie der Intersubjektivität [1905-1935]. Hua. 13-15 (1973). – [12] Vgl. Zur Phän. des inneren Zeitbewußtseins [1893-1917]. Hua. 10 (1966); Die Bernauer Manuskripte über das Zeitbewußtsein [1917/18]. Hua. 33 (Dordrecht u.a. 2001); vgl. auch: Art. ‹Zeit VI. A.›. – [13] Vgl. Ideen I, § 1ff., a.O. [2] 10ff./10ff. – [14] Ms. aus dem Nachlaß Husserls (Signatur F I 9/4a) [1904/05], in: W. und Aufmerksamkeit [1893-1912]. Hua. 38 (Dordrecht u.a. 2004) 3. – [15] Einl. in die Logik und Erkenntnistheorie. Vorles. 1906/07. Hua. 24 (Dordrecht u.a. 1984) 445. – [16] Vgl. Log. Unters. II/1, V, § 21 (1901, 21913) 421ff. Hua. 19/1 (1984) 436ff.; vgl. auch: Ideen I, §§ 43. 52. 90, a.O. [2] 98/89. 122/110. 223/206. – [17] R. BERNET/I. KERN/E. MARBACH: E. Husserl. Darst. seines Denkens (21996) 109ff. – [18] HUSSERL: Ideen I, § 44, a.O. [2] 100ff./91ff.; vgl. Art. ‹Protention›. Hist. Wb. Philos. 7 (1989) 1528f. – [19] R. BERNET: Endlichkeit und Unendlichkeit in Husserls Phän. der W. Tijdschr. Filosofie 40 (1978) 251-269. – [20] HUSSERL, a.O. [3] 12. – [21] Vgl. z.B. Cartes. Medit. III, § 27 [1931]. Hua. 1 (1950) 95; IV, § 32, a.O. 100. – [22] Vgl. z.B. V, §§ 55ff., a.O. 149ff.; a.O. [11]. Hua. 15, 133ff. – [23] Log. Unters. II/2, VI, § 58, a.O. [7] 180/708. – [24] Ideen I, § 85, a.O. [2] 208/192. – [25] a.O. – [26] a.O. 212/196. – [27] Vgl. §§ 41. 81, a.O. 94/86. 197/181. – [28] Vgl. § 85, a.O. 209/192. – [29] Phantasie, Bildbewußtsein, Erinnerung [1898-1925]. Hua. 23 (1980) 265; vgl. Zur Phän. des inneren Zeitbew., a.O. [12] 7 (Anm. 1); Bernauer Ms., a.O. [12] 164ff. – [30] Vgl. z.B. H. U. ASEMISSEN: Strukturanalytische Probleme der W. in der Phän. Husserls. Kantstudien, Erg.h. 73 (1957) 8; M. MERLEAU-PONTY: Phénoménologie de la perception (Paris 1945) 178 (Anm. 1); dtsch.: Phänomenologie der W. (1966) 183 (Anm. 9). – [31] U. CLAESGES: E. Husserls Theorie der Raumkonstitution (Den Haag 1964) 96ff. – [32] HUSSERL: Ideen II, § 41 a, a.O. [10] 158; vgl. E. HOLENSTEIN: Der Nullpunkt der Orientierung. Eine Auseinandersetzung mit der herkömmlichen phänomenolog. These der egozentr. Raumwahrnehmung. Tijdschr. Filosofie 34 (1972) 28-78. – [33] H. SPIEGELBERG: The phenomenolog. movement: A hist. introd. (Den Haag 31982). – [34] W. SCHAPP: Beitr. zu einer Phän. der W. (1910). – [35] D. KATZ: Die Erscheinungsweisen der Farben und ihre Beeinflussung durch die individ. Erfahrung. Z. Psychologie Physiologie Sinnesorgane, Erg.bd. 7 (1911). – [36] TH. CONRAD: Über W. und Vorstellung, in: Münchener Philos. Abh. (1911) 51-76. – [37] H. LEYENDECKER: Zur Phän. der Täuschungen (1913). – [38] H. HOFMANN: Unters. über den Empfindungsbegriff. Arch. gesamte Psychologie 26 (1913) 1-136. – [39] H. CONRAD-MARTIUS: Die erkenntnistheoret. Grundlagen des Positivismus. Zur Ontologie und Erscheinungslehre der realen Außenwelt (1913). – [40] O. BECKER: Beitr. zur phänomenolog. Begründung der Geometrie und ihrer physikal. Anwendungen. Jb. Philos. phänomenolog. Forsch. 6 (1923) 385-560. – [41] M. GEIGER: Das Bewußtsein von Gefühlen, in: Münchener Philos. Abh., Th. Lipps zu seinem 60. Geb. gewidmet von früheren Schülern (1911) 125-162. – [42] E. FINK: Beitr. zur Phän. der Unwirklichkeit. Jb. Philos. phänomenolog. Forsch. 11 (1930) 239-309. – [43] P. F. LINKE: Die phänomenale Sphäre und das reale Bewußtsein. Eine Studie zur phänomenolog. Betrachtungsweise (1912); Grundfragen der Wahrnehmungslehre. Unters. über die Bedeutung der Gegenstandstheorie und Phän. für die experiment. Psychologie (1918). – [44] E. STEIN: Zum Problem der Einfühlung (1917). – [45] Vgl. H. SPIEGELBERG: Phenomenology in psychology and psychiatry. A hist. introd. (Evanston 1972). – [46] M. HEIDEGGER: Sein und Zeit § 15 (1927, 151979) 69. – [47] Vgl. M. SCHELER: Erkenntnis und Arbeit, in: Die Wissensformen und die Gesellschaft (1926). Ges. Werke, hg. M. SCHELER 8 (Bern 21960) 281f. – [48] a.O. 293. – [49] 284. – [50] z.B. A. GURWITSCH: Théorie du champ de la conscience (Brügge 1957). – [51] Vgl. z.B. HUSSERL: Ideen I, § 88, a.O. [2] 221/205. – [52] A. GURWITSCH: Beitr. zur phänomenolog. Theorie der W. Z. philos. Forsch. 13 (1959) 419-437, 428. – [53] Vgl. J. J. DRUMMOND/L. EMBREE (Hg.): The phenomenology of the noema (Dordrecht u.a. 1992). – [54] Vgl. H. DREYFUS: Husserl's phenomenology of perception: From transcendental to existential phenomenology. Diss. Harvard Univ. (1963). – [55] MERLEAU-PONTY, a.O. [30] 54/dtsch. 66. – [56] a.O. XIII/15. – [57] 69/80f. – [58] B. WALDENFELS: Phänomen und Struktur bei Merleau-Ponty, in: In den Netzen der Lebenswelt (1985) 56-77, 56. – [59] MERLEAU-PONTY, a.O. [30] 383/383; vgl. A. DE WAELHENS: Une philos. de l'ambiguité. L'existentialisme de M. Merleau-Ponty (Löwen 1951). – [60] Le visible et l'invisible, hg. C. LEFORT (Paris 1964) 184ff.; vgl. B. WALDENFELS: Phän. in Frankreich (1987) 198ff. – [61] Le primat de la perception et ses conséquences philos. Bull. Soc. franç. Philos. 41 (1947) 119-153. – [62] J.-P. SARTRE: L'imaginaire. Psychologie phénoménolog. de l'imagination (Paris 1940). – [63] L'être et le néant (Paris 1943). – [64] a.O. 310ff. – [65] Vgl. T. FUCHS: Leib – Raum – Person: Entwurf einer phänomenolog. Anthropologie (2000). – [66] B. WALDENFELS: Der Stachel des Fremden (1990) 205. – [67] Bruchlinien der Erfahrung: Phän., Psychoanalyse, Phänomenotechnik (2002); H. SCHMITZ: System der Philos. 3/5: Die W. (1978); H. ROMBACH: Phän. des gegenwärt. Bewußtseins 3 (1980).

Literaturhinweise. A. GURWITSCH s. Anm. [52]. – U. CLAESGES s. Anm. [31]. – E. HOLENSTEIN: Phän. der Assoziation. Zur Struktur und Funktion eines Grundprinzips der passiven Genesis bei E. Husserl (Den Haag 1972). – B. RANG: Repräsentation und Selbstgegebenheit. Die Aporie der Phän. der W. in den Frühschr. Husserls, in: E. W. ORTH (Hg.): Phän. heute. Grundlagen und Methodenprobleme (1975) 105-137. – R. BERNET s. Anm. [19]. – D. FØLLESDAL: Brentano and Husserl on intent. objects and perception, in: H. L. DREYFUS (Hg.): Husserl, intentionality, and cognitive sci. (Cambridge, Mass./London 1982) 31-42; Husserl's theory of perception, a.O. 93-96. – J. J. DRUMMOND: Objects' optimal appearance and the immediate awareness of space in vision. Man World 16 (1983) 177-205. – U. MELLE: Das W.-Problem und seine Verwandlung in phänomenolog. Einstellung. Unters. zu den phänomenolog. W.-Theorien von Husserl, Gurwitsch und Merleau-Ponty (Den Haag u.a.

1983). – A. MIRVISH: Sartre on perception and the world. J. Brit. Soc. Phenomenology 14 (1983) 158-175. – D. WELTON: Husserl's genetic phenomenology of perception, in: J. SALLIS (Hg.): Husserl and contemp. thought (Atlantic Highlands, N.J. 1983) 59-84. – W. R. MCKENNA: Husserl's theory of perception, in: J. N. MOHANTY/W. R. MCKENNA (Hg.): Husserl's phenomenology: A textbook (Washington 1989) 181-212. – E. W. ORTH: Zu Husserls W.-Begriff. Husserl Studies 11 (1994/95) 153-168. – S. STOLLER: W. bei Merleau-Ponty. Studie zur ‹Phän. der W.› (Bern 1995). – P. KONTOS: D'une phénoménologie de la perception chez Heidegger (Dordrecht u.a. 1996). – G. MÜLLER: W., Urteil und Erkenntniswille. Unters. zu Husserls Phänom. der vorprädikativen Erfahrung (1999). – G. NEUMANN: Die phänomenolog. Frage nach dem Ursprung der math.-naturwiss. Raumauffassung bei Husserl und Heidegger (1999). TH. VONGEHR

VII. *Analytische Philosophie.* – Vor allem in der ersten Hälfte des 20. Jh. steht der Begriff der (äußeren, sinnlichen) W. im Mittelpunkt des Interesses der analytischen Philosophie. Dabei geht es immer wieder um zwei zentrale Fragen: Was sind die unmittelbaren Objekte bzw. Inhalte der W.? Und wie können wir mittels W. empirisches Wissen erlangen [1]? Ausgangspunkt der Diskussion ist der sog. 'naive' oder 'direkte Realismus', wonach der unmittelbare Inhalt von W.en die äußeren Gegenstände selbst sind [2]. Diese Auffassung wird häufig mit dem Argument zurückgewiesen, daß sie dem Auftreten von W.-Irrtümern und Halluzinationen (s.d.) sowie der Relativität der W. nicht Rechnung trage. Dieses sog. «argument from illusion», dessen Formulierung und Konsequenzen im einzelnen allerdings strittig sind, zeigt nach einer lange vorherrschenden Auffassung, daß die unmittelbaren Objekte der W. nicht materielle Gegenstände, sondern sog. 'Sinnesdaten' (s.d.; sense-data, sensa) sind (farbige Flächen, Klänge, Gerüche u.ä.), die zumeist als mental oder zumindest geistabhängig gelten.

Es stellt sich nun die auch als «problem of perception» bezeichnete Frage [3], in welchem Verhältnis die Sinnesdaten (bzw. allgemeiner: die sinnliche Erfahrung) zu äußeren, materiellen Gegenständen stehen. Als Antworten – und damit als Alternativen zum direkten Realismus – werden vor allem zwei Versionen der Sinnesdatentheorie diskutiert: der auf Locke zurückgehende sog. 'repräsentative' oder 'indirekte Realismus' (auch als 'kausale Theorie der W.' bezeichnet) und der zuerst von Berkeley formulierte sog. 'Phänomenalismus' (s.d.). Ersterem zufolge sind die Sinnesdaten Wirkungen äußerer Gegenstände, welche sie repräsentieren (d.h. auf welche sie als ihre Ursache verweisen); letzterer identifiziert die äußeren Gegenstände mit Klassen von (oder Konstrukten aus) Sinnesdaten. Die Diskussion bewegt sich damit in dem durch den Britischen Empirismus vorgezeichneten Rahmen. Erst durch die in den 1950er Jahren verstärkt einsetzende Suche nach Alternativen zur Sinnesdatentheorie werden neue begriffliche Optionen erschlossen, die seitdem erneut zu einer differenzierten Debatte um die erkenntnistheoretischen und ontologischen Dimensionen des W.-Begriffs geführt haben.

1. G. E. MOORE unterscheidet zwischen der W. als psychischem Vorgang («sensation») und dem Sinnesdatum («sense-datum») als dessen Inhalt (sog. 'Akt-Objekt'-Unterscheidung) [4]. Sinnesdaten sind die intentionalen Objekte von Akten unmittelbaren Erfassens («direct apprehension») [5]. An der Existenz von Sinnesdaten im allgemeinen sowie an den jeweils eigenen gegenwärtigen Sinnesdaten im besonderen kann man laut Moore nicht sinnvoll zweifeln [6]. Sie bilden somit das Fundament empirischen Wissens. Offen bleibt bei Moore allerdings, ob es sich bei Sinnesdaten um mentale oder materielle Objekte handelt; außerdem schwankt er zwischen indirektem Realismus und Phänomenalismus [7]. B. RUSSELL übernimmt Moores Sinnesdatentheorie im Grundzug; die unmittelbare kognitive Beziehung zu Sinnesdaten bezeichnet er als «Bekanntschaft» («acquaintance») [8], die sich jedoch auch auf andere Gegenstände (nämlich Universalien) richten kann [9]. Russell vertritt zunächst einen Phänomenalismus in der Nachfolge J. S. MILLS und postuliert, anders als Moore, die Existenz von unbeobachteten Sinnesdaten («sensibilia») [10]. 1921 gibt RUSSELL diese Auffassung jedoch auf [11] und definiert ‹W.› von nun an als dasjenige mentale Vorkommnis, das auf einen «external stimulus» zurückgeht und dem Gehirn somit einen äußeren Gegenstand zur Erscheinung bringt [12].

Im Anschluß an Moore und Russell entwirft H. H. PRICE in einer einflußreichen Monographie eine umfassende Theorie der W. [13]. Sinnesdaten werden dort anhand des berühmt gewordenen Beispiels der visuellen W. einer Tomate als dasjenige in der W. Gegebene eingeführt, an dessen Existenz man nicht zweifeln kann [14]. Prices Sinnesdatentheorie verbindet realistische und phänomenalistische Elemente miteinander [15].

Einen konsequenten Phänomenalismus vertritt neben C. I. LEWIS [16] bes. A. J. AYER, demzufolge das philosophische «problem of perception» im wesentlichen in der Formulierung einer Regel besteht «for translating sentences about a material thing into sentences about sense-contents» (sog. 'analytischer Phänomenalismus') [17]. Wie Russell hat auch Ayer den Phänomenalismus bald zugunsten einer Form des indirekten Realismus aufgegeben, da die Schwierigkeiten, entsprechende Übersetzungsregeln zu formulieren, sich als unüberwindbar erwiesen [18]. Der bis in die 1940er Jahre vorherrschende Phänomenalismus verliert so nach und nach an Einfluß. Der Haupteinwand gegen ihn (wie bereits gegen Berkeley) lautet, er könne die Existenz unbeobachteter Gegenstände nicht angemessen erklären. Die verbreitete Strategie, eine kategorische Aussage über einen unbeobachteten Gegenstand als hypothetische Aussage über Beobachtungen zu deuten, unterziehen R. CHISHOLM und I. BERLIN einer vernichtenden Kritik [19].

Etwas später findet der indirekte Realismus in Gestalt der «kausalen Theorie der W.» einen einflußreichen Verteidiger in H. P. GRICE [20]. Die kausale Theorie besagt laut Grice im wesentlichen, daß eine Person *P* einen Gegenstand *G* genau dann wahrnimmt, wenn *G* einen Sinneseindruck bei *P* verursacht. Grice belegt diese Auffassung anhand von Gedankenexperimenten und bemüht sich, den traditionellen Einwand zu entkräften, der kausalen Theorie zufolge seien materielle Gegenstände unbeobachtbar [21].

2. Die Sinnesdatentheorie gerät in der Mitte des 20. Jh. zunehmend in die Kritik: Zum einen werden die üblichen Argumente für die Sinnesdatentheorie (insbesondere das «argument from illusion») zurückgewiesen [22]; zum anderen wird die Existenz von Sinnesdaten aus prinzipiellen Gründen bestritten [23], so u.a. mit dem Argument, Sinnesdaten seien theoretische Setzungen, die Rede über Sinnesdaten sei daher abhängig von derjenigen über materielle Gegenstände [24]. Diese Kritik führt binnen kurzer Zeit dazu, daß die Sinnesdatentheorie weithin als überholt gilt, auch wenn sie immer wieder vereinzelte Verteidiger findet [25]. Der Grund für den durchschlagenden Erfolg dieser Kritik dürfte nicht zuletzt in zwei Grundtendenzen der Analytischen Philosophie in der Mitte des 20. Jh. liegen: dem Antimentalismus

(Ablehnung der Annahme einer rein privaten, irreduzibel mentalen «Innenwelt») und dem Fallibilismus (Verzicht auf ein unbezweifelbares Fundament der Erkenntnis). Ersterer läßt die Sinnesdaten ontologisch suspekt erscheinen, letzterer macht sie erkenntnistheoretisch verzichtbar.

Bereits in der ersten Hälfte des 20. Jh. [26], dann aber bes. seit den 1950er Jahren, sind eine Reihe von Alternativen zur Sinnesdatentheorie vorgeschlagen worden, die u.a. die Annahme mentaler Gegenstände als Inhalt der W. vermeiden sollen und sich zumeist als Formen des direkten Realismus verstehen. Die sog. 'adverbiale Theorie' gibt die Akt-Objekt-Analyse der W. auf. Danach kommt der Inhalt der W. adäquat in Sätzen der Form '*S* empfindet *F*-lich' zum Ausdruck, wobei das Adverb ‹*F*-lich› mit dem Verb ‹empfinden› eine begrifflich unanalysierbare Einheit bildet. Aus '*S* sieht ein Dreieck' wird so in der philosophischen Analyse '*S* sieht dreieckig-lich' [27]. Schwierigkeiten ergeben sich allerdings bei der Unterscheidung von komplexeren Inhalten (z.B. bei der W. eines roten Vierecks neben einem grünen Kreis im Gegensatz zu der W. eines roten Kreises neben einem grünen Viereck) [28].

Nicht zuletzt aufgrund des Einflusses kognitionswissenschaftlicher Theorien [29] und der funktionalistischen Theorie des Geistes [30] herrschen seit den 1970er Jahren die sog. 'intentionalen Theorien' vor, worunter alle Auffassungen zusammengefaßt werden, die der W. einen repräsentationalen Gehalt zuschreiben (d.h. einen Inhalt, der wahr oder falsch sein kann) [31]. Sie unterscheiden sich u.a. hinsichtlich der Frage, ob der repräsentationale Gehalt der W. stets begrifflich strukturiert ist und somit einer Proposition gleichgesetzt werden kann [32] oder ob es (auch) einen rein sinnlichen (sog. 'nichtbegrifflichen'), aber gleichwohl repräsentationalen Inhalt der W. gibt [33]. Im Sinne der letzteren Auffassung unterscheidet z.B. F. Dretske zwischen «epistemischer» (propositionaler) und «nicht-epistemischer» W. [34] und faßt den repräsentationalen Gehalt der nicht-epistemischen W. als «analog kodierte Information» auf [35]. Die Frage nach dem nichtbegrifflichen Gehalt der W. steht in engem Zusammenhang mit der Diskussion in der Philosophie des Geistes um die Existenz von Qualia, d.h. qualitativen, nicht-intentionalen Eigenschaften der Erfahrung [36]. Grenzfall einer intentionalen Theorie der W. ist die «belief»-Theorie; sie identifiziert die W. mit dem kausalen Vorgang des Erwerbs von Überzeugungen bzw. im Fall von durchschauten Täuschungen: der unterdrückten Neigung zu einer Überzeugung [37].

Den intentionalen Theorien zufolge hat eine veridische, d.h. wahrheitsgemäße W. den gleichen repräsentationalen Inhalt wie eine davon ununterscheidbare Sinnestäuschung. Letzteres bestreitet die sog. 'disjunktive Konzeption der Erfahrung' [38]. Danach ist der Begriff der perzeptuellen Erfahrung («perceptual experience») ein disjunktiver Oberbegriff für zwei unterschiedliche Zustände (W. *oder* Täuschung), die selbst dann, wenn sie subjektiv ununterscheidbar sind, nicht denselben repräsentationalen Inhalt haben.

Welche *erkenntnistheoretische* Rolle der W. zugeschrieben wird, hängt von verschiedenen Hintergrundannahmen ab. Wo der Fallibilismus wie bei D. Davidson (und ähnlich bereits bei W. V. O. Quine) als Argument für eine kohärenztheoretische Erkenntnistheorie gilt, büßt die W. ihren zentralen Stellenwert ganz ein; W.en können Überzeugungen demnach zwar kausal hervorrufen, jedoch nicht rechtfertigen [39]. Eine entscheidende Rolle spielt die W. dagegen nicht nur im Rahmen eines begründungstheoretischen Fundamentalismus [40], sondern auch in sog. 'kausalen' oder 'reliabilistischen' Erkenntnistheorien. So gilt A. I. Goldman zufolge eine Überzeugung als Wissen, wenn sie in einem verläßlichen («reliablen») Prozeß der Überzeugungsbildung erworben wurde; die W. ist (neben Schlußfolgern, Gedächtnis usw.) ein solcher Prozeß [41]. Ob die Verläßlichkeit der W. selbst nachgewiesen werden kann (und muß), ist umstritten [42].

Anmerkungen. [1] Zu den Spezialdebatten über Farb-W. und den Status der sog. «sekundären Qualitäten» vgl. A. Byrne/D. Hilbert (Hg.): Readings on color 1: The philos. of color (Cambridge, Mass. 1997); P. M. S. Hacker: Appearance and reality (Oxford 1987); C. L. Hardin: Color for philosophers (Indianapolis/Cambridge ^{2}1993); B. Stroud: The quest for reality (New York/Oxford 2000); Kügler, a.O. [6 zu III.]. – [2] Vgl. Art. ‹Realismus II. 3.; III.›. Hist. Wb. Philos. 8 (1992) 148-178, 160f. 162ff. – [3] Vgl. z.B. A. Quinton: The problem of perception. Mind 64 (1955) 28-51, 28; vgl. B. Russell: Problems of philos. (London 1912) 18; H. H. Price: Perception (London 1932) 26; A. J. Ayer: Language, truth and logic (1936, London ^{2}1946) 64. – [4] G. E. Moore: Some main problems of philos. (1910/11, New York/London 1953) 30. – [5] a.O. 32. – [6] A defence of common sense (1925), in: Philos. papers (New York 1959) 32-59, 54. – [7] Some judgements of perception (1918/19), in: Philos. studies (London 1922) 220-252; vgl. E. D. Klemke: The epistemology of G. E. Moore (Evanston 1969) 141-186. – [8] B. Russell: Knowledge by acquaintance and knowledge by description (1910/11), in: Mysticism and logic (London 1917) 209-232, 210. – [9] a.O. 212. – [10] The relation of sense-data to physics (1914), a.O. 145-179, 148. – [11] The analysis of mind (London 1921) 141ff.; vgl. ‹Perception›. Coll. papers 11 (London 1983ff.) 304-307, 305. – [12] a.O. 136; vgl. ‹Perception›, a.O. 305f. – [13] Price, a.O. [3]. – [14] a.O. 3. – [15] 273-308. – [16] C. I. Lewis: Mind and the world order, ch. 2 (1929, New York ^{2}1956) 36-66; An analysis of knowledge and valuation, ch. 8 (LaSalle 1946) 203-253. – [17] Ayer, a.O. [3] 64; vgl. The found. of empir. knowledge (London 1940) 25; vgl. auch: R. Carnap: Der log. Aufbau der Welt § 57 (1928) 77-79. – [18] Phenomenalism. Proc. Aristot. Soc. 47 (1946/47) 163-196. – [19] R. Chisholm: The problem of empiricism. J. Philosophy 45 (1948) 512-517; I. Berlin: Empir. propositions and hypothet. statements. Mind 59 (1950) 289-312. – [20] H. P. Grice: The causal theory of perception. Proc. Aristot. Soc., Suppl. 35 (1961) 121-152; vgl. P. F. Strawson: Causation in perception, in: Freedom and resentment (London 1974) 66-84. – [21] a.O. 145-151. – [22] Vgl. u.a. W. H. F. Barnes: The myth of sense-data. Proc. Aristot. Soc. 45 (1944/45) 89-117; H. A. Prichard: The sense-datum fallacy, in: Knowledge and perception (Oxford 1950) 200-214; Austin, a.O. [63 zu IV.] 44ff.; Ryle, a.O. [63 zu IV.] 210ff.; W. Sellars: Empiricism and the philos. of mind §§ 1-7 [1956], in: Science, perception, and reality (London 1963) 127-196; vgl. Art. ‹Sinnesdaten 8.›. Hist. Wb. Philos. 9 (1995) 875-882, 881f. – [23] Wittgenstein: Philos. Unters. I, §§ 243ff., a.O. [63 zu IV.] 390ff.; W. V. O. Quine: Two dogmas of empiricism [1951], in: From a log. point of view (Cambridge, Mass. ^{2}1961) 20-46; Sellars: Emp. §§ 32-38, a.O. 164-170; vgl. bereits: O. Neurath: Protokollsätze. Erkenntnis 3 (1932/33) 204-214. – [24] Sellars: Emp. § 18, a.O. 146f. – [25] z.B. F. Jackson: Perception (Cambridge 1977); H. Robinson: Perception (London/New York 1994). – [26] Vgl. C. D. Broad: Scient. thought (London 1923) 237; D. Hicks: Critical realism (London 1938); Barnes, a.O. [22]. – [27] C. J. Ducasse: Nature, mind, and death (1949, LaSalle 1951) 259; R. Chisholm: Perceiving, ch. 8 (Ithaca, N.Y. 1957) 115-125; W. Sellars: Science and metaphysics (London 1968) 12-28. 167-169; vgl. Schantz, a.O. [3 zu IV.] 185-269. – [28] Jackson, a.O. [25] 64-69; vgl. Schantz, a.O. 193-211. – [29] Vgl. Gibson, a.O. [62 zu IV.]; Marr, a.O. [33 zu V.]. – [30] z.B. H. Putnam: The nature of mental states (1967), in: Mind, language, and reality (Cambridge 1975) 429-440; J. Fodor: The language of thought (Cambridge, Mass. 1975). – [31] Vgl. dazu: T. Crane (Hg.): The contents of experience (Cambridge 1992); Ch. Peacocke: Sense and content (Oxford 1983) 4-26; vgl. auch: Art. ‹Repräsentation III. 6. d.›. Hist. Wb. Philos.

8 (1992) 831-834. – [32] J. SEARLE: Intentionality (Cambridge 1983) 37-78; vgl. G. HARMAN: The intrinsic quality of experience. Philos. perspectives 4 (1990) 31-52; M. TYE: Visual qualia and visual content, in: CRANE (Hg.), a.O. 158-176. – [33] F. DRETSKE: Seeing and knowing (Chicago 1969) 4-77; vgl. CH. PEACOCKE: A study of concepts (Cambridge, Mass. 1992) 61-98; Does perception have a nonconceptual content? J. Philosophy 98 (2001) 239-264; vgl. Art. ‹Unbegrifflichkeit II.›. Hist. Wb. Philos. 11 (2001) 116-118, 117f. – [34] DRETSKE, a.O.; vgl. R. CHISHOLM, a.O. [27] 142-167. – [35] Knowledge and the flow of information (Cambridge, Mass. 1981) 135-168. – [36] Vgl. dazu: T. CRANE: The origins of qualia, in: T. CRANE/S. PATTERSON (Hg.): Hist. of the mind-body problem (London 2000) 169-194. – [37] Vgl. D. M. ARMSTRONG: Perception and the phys. world (New York 1961); A materialist theory of the mind (London 1968); G. PITCHER: A theory of perception (Princeton 1971). – [38] P. SNOWDON: Perception, vision, and causation. Proc. Aristot. Soc. 81 (1980/81) 175-192; J. MCDOWELL: Criteria, defeasibility, and knowledge [1982], in: Meaning, knowledge, and reality (Cambridge, Mass. 1998) 369-394; vgl. bereits: J. M. HINTON: Experiences. Philos. Quart. 17 (1967) 1-13. – [39] D. DAVIDSON: A coherence theory of truth and knowledge, in: E. LEPORE (Hg.): Truth and interpretation (Oxford 1986) 307-319, 310f.; vgl. dazu: MCDOWELL, a.O. [1 zu IV.] 3-23. – [40] Vgl. R. CHISHOLM: Theory of knowledge (Englewood Cliffs 1966) 24-37; Found. of knowing (Minneapolis 1982) 3-32. – [41] A. I. GOLDMAN: Epistemology and cognition, ch. 5 (Cambridge, Mass. 1986) 81-121; ch. 9, a.O. 181-198; vgl. DRETSKE, a.O. [35]. – [42] Vgl. ALSTON, a.O. [2 zu IV.].

Literaturhinweise. R. J. HIRST (Hg.): Perception and the external world (New York 1965). – R. SWARTZ (Hg.): Perceiving, sensing and knowing (Berkeley 1965). – J. DANCY (Hg.): Perceptual knowledge (Oxford 1988). – R. SCHANTZ: Der sinnl. Gehalt der W. (1990). – TH. BLUME: W. und Geist (2001). – L. WIESING (Hg.): Philos. der W. (2002). M. WILLASCHEK

VIII. *Ästhetische W.* – Seit der Antike wird zwischen W. allgemein und dem besonderen Gewahrwerden des Schönen (s.d.) wie der Kunst unterschieden. Bis in die Neuzeit hinein fällt deren Bestimmung in den Bereich des Erkennens. Doch seit dem späten 17. Jh. zeigen sich Tendenzen, von der bis dahin vorherrschenden ontologischen Auffassung des Schönen abzurücken und Schönheit als eine allein von der subjektiven Erfahrung abhängige Wirklichkeit zu verstehen. Erst in dieser Zeit entsteht das Interesse, die Bedeutung der W. für die Erkenntnis des Schönen systematisch zu bedenken. Die Diskussionen um den Geltungsanspruch dieser «sinnlichen Erkenntnis» und ihr Verhältnis zur Vernunfterkenntnis mündet im 18. Jh. in die Gründung der Ästhetik (s.d.) als einer eigenständigen philosophischen Disziplin, die nur ihrem Titel nach auf das griechische αἴσθησις zurückgeht. Ihre geschichtliche Entwicklung zeigt, daß die Bestimmung ihres eigentümliches Gegenstandes und ihrer Reichweite einer permanenten Revision unterliegt [1]. Bis in die Gegenwart hinein wurde und wird (mit Rekurs auf eine z.T. heterogene Terminologie) versucht, das Feld des ‘Ästhetischen’ und seiner W. zu ordnen.

1. *Frühaufklärung bis Idealismus.* – Im Zuge der Neubegründung des Erkenntnis- und Wissenschaftsbegriffs durch Descartes kommt zunächst in *Frankreich* die Frage nach der besonderen W. und Erkenntnis des Schönen auf. Sie ist eng verknüpft mit der Debatte um eine sensualistische Bestimmung des Geschmacks, die zur Ablösung von der klassizistischen Gattungs- und Regelpoetik führt. Dabei fungiert die Sinnes-W. als Modell dafür, die ästhetische Rezeptionsweise zu erklären und von der «clara et distincta perceptio» der Vernunft abzusetzen: Es wird von einer natürlichen Relation zwischen der besonderen Beschaffenheit eines Objekts und der Konstitution des menschlichen Geistes ausgegangen, der mit einer angenehmen Empfindung [2] reagiert. Wegbereitend hierfür ist D. BOUHOURS, der den Geschmack als eine Fähigkeit des Geistes («esprit») auffaßt, die «délicatesse» [3] eines Gedankens oder Gebildes, d.h. seine verborgenen, kaum wahrnehmbaren («presque imperceptible» [4]) Nuancierungen und Übergänge ebenso spontan wie klar zu empfinden («sentiment»), wenn auch deren einzelne Ursachen unsagbar [5] sind und die W. hier opak bleibt.

Das Motiv der Feinsinnigkeit des Geistes aufnehmend, entwickelt J.-B. DU BOS unter dem Einfluß des englischen Empirismus die Theorie eines angeborenen «sixiéme sens qui est en nous, sans que nous voyions ses organes» [6]. Für Du Bos erscheint das Gemüt im ganzen als ein passiv-empfängliches ‘Wahrnehmungsorgan’ [7], das sich den Eindrücken überläßt («se livre aux impressions») [8], durch die es sich angenehm beschäftigt fühlt. Nachgeahmte Objekte rufen «oberflächliche» und deshalb spezifisch lustvolle Eindrücke («impressions superficielles») hervor, kraft deren alle Menschen augenblicklich ohne jede Kenntnis der Regeln das Schöne vom Häßlichen zu unterscheiden vermögen [9].

In kritischer Auseinandersetzung mit Du Bos u.a., vor allem aber auch mit F. HUTCHESON entwickelt D. DIDEROT seine Auffassung von einer W.-Aktivität des Geschmacks. Für ihn haben ästhetische Begriffe wie alle anderen ihren Ursprung in der Sinneserfahrung. Allerdings beruht das Schöne nicht auf einer ursprünglichen Eigenschaft der Dinge, die einen Eindruck bewirkt, sondern darin, daß der Betrachter mittels seines W.-Vermögens Beziehungen von Übereinstimmung oder Nichtübereinstimmung («rapports de convenance & disconvenance» [10]) entdeckt, sei es an den Dingen selbst oder durch Vergleichen oder durch Fiktion: «La perception des rapports est donc le fondement du beau» [11], wobei «perception» für Diderot letztlich in der zergliedernden und beziehenden Tätigkeit des Verstandes («raison») und nicht in der Empfindung («sentiment») besteht [12]. Seine Theorie der auf die W. bezogenen Schönheit («beau relatif») eröffnet ihm die Möglichkeit, jenseits normativer Bestimmungen die Vielfältigkeit der Einzelerscheinungen des Schönen sowie die geschichtlichen Veränderungen der W. im Geschmack zu beobachten [13].

Auch in *England* verlagert sich im 17. Jh. die theoretische Aufmerksamkeit von den Regeln des Kunstwerks auf das wahrnehmende und beurteilende Subjekt. Dort bewegen sich die Diskussionen um den Geschmack von Anfang an im Horizont des aufkommenden Empirismus und der Anthropologie. TH. HOBBES gehört zu den ersten, die die Funktion der Affekte und der Einbildungskraft («fancy») für die Erkenntnis des Schönen untersuchen und auf die Bedeutung der Erfahrung («experience») hinweisen [14], während die britische «moral sense»-Schule im Zusammenhang mit ihrer Neubegründung der Ethik die Lehre von einem Schönheitssinn sui generis entwickelt, der eine Mittelstellung zwischen den äußeren Sinnen und dem Intellekt einnimmt und Züge der Vernunfterkenntnis trägt, ohne in ihr aufzugehen [15].

A. A. C. Lord SHAFTESBURY spricht noch undifferenziert von einem natürlichen «reflected Sense» [16] des Menschen, kraft dessen der Unterschied zwischen Harmonie und Disharmonie sowohl in Natur und Kunst als auch im menschlichen Charakter «is immediately perceiv'd by plain Internal Sensation» [17], d.h. mittels einer angenehmen, aber interesselosen Gemütsbewegung («Affection») [18]. Doch auch wenn Shaftesbury sich hier mit seiner Rede von einem vernunftunabhängigen inneren Sinn, «by which these Beautys are discoverable» [19], der Terminologie Lockes bedient, so knüpft er doch, sich dezidiert gegen dessen Empirismus wendend, an stoisches und neuplatonisches Gedankengut an: Die Vorstellung des Schönen wird nicht durch äußere Erfahrung und Erziehung erworben, sondern beruht auf «Pre-conceptions, or Pre-sensations» [20] der Ideen des Wahren, Guten und Schönen, d.h. einer dem Gemüt ursprünglich eingeborenen und durch den Kosmos verbürgten intuitiven Sicherheit beim Erkennen von Ordnungsprinzipien.

Anders F. HUTCHESON, der Shaftesburys Ansatz zwar aufgreift, ihn aber im Kontext seiner durch Lockes Lehre von den primären und sekundären Qualitäten beeinflußten W.-Theorie [21] von allen neuplatonischen Voraussetzungen löst: Er nimmt einen vom moralischen Sinn separaten «internal sense» [22] an, der in Gegenwart eines entsprechenden Objekts die Vorstellung des Schönen empfängt: «the word Beauty is taken for the Idea rais'd in us, and a Sense of Beauty for our Power of receiving this Idea» [23]. Erscheint das Schöne damit als eine Beziehung zur W.-Fähigkeit des Gemüts, so ist doch seine Vorstellung keine bloße Modifikation des wahrnehmenden Subjekts [24]. Vielmehr besteht Schönheit in der Vorstellung einer bestimmten Struktur des Gegenstandes, «Uniformity admidst Variety» [25], die gleichzeitig «upon our Perception of some primary Quality» hervorgerufen und von Lust begleitet wird [26]. Auch wenn Hutcheson also wie Shaftesbury den Schönheitssinn als ein vom Verstand unabhängiges, natürliches Vermögen ansieht, so kommt es ihm doch darauf an, ihn nicht als Selbst-Gefühl zu fassen, sondern seine Affinität zu den äußerlichen Sinnesorganen herauszustellen [27]: Die Notwendigkeit und Allgemeinheit seiner W. gründet für Hutcheson darin, daß die Vorstellungen des Schönen wie bei der gewöhnlichen W. unmittelbar, unwillkürlich und unabhängig von privaten Interessen im Gemüt hervorgerufen werden.

Trotz vereinzelter Einwände [28] findet das psychologische Theorem von einem «sense of beauty» beträchtliche Resonanz (bes. bei TH. REID [29] und H. HOME Lord KAMES [30]). Eine entscheidende Modifizierung erfährt es durch D. HUME, der sich in Anbetracht der prinzipiellen Subjektivität des Schönen und der erfahrbaren Diversität der Geschmacksurteile auf die Frage nach der Allgemeingültigkeit ästhetischer Erfahrung und Beurteilung konzentriert, die er der moralischen analog erachtet [31]. Spricht Hume auch vereinzelt von natürlichen «internal organs» [32] für das Schöne, so ist doch für ihn die W. («perception») [33] ästhetischer Qualitäten – die er «sensation of pleasure» [34], zumeist aber, um ihren Urteilscharakter zu betonen, «(clear and distinct) sentiment» [35] nennt – weder eine instinktiv-spontane noch eine passiv-rezeptive Fähigkeit. Vielmehr beruht sie letztlich auf einer durch Gewöhnung und Kultivierung erworbenen «delicacy of imagination» [36], aufgrund deren der Betrachter die komplexen Beziehungen in einem Kunstwerk zu erfassen vermag. Daher sei auch nur bei einem erfahrenen Kunstkenner dieses Vermögen derart durch Übung geschärft, von aller privaten Beeinflussung frei und durch Überlegung und Austausch mit anderen Experten geklärt, daß ihm bei seiner Betrachtung kaum eine ästhetische Nuance entgeht; und nur eine erprobte, verfeinerte W.-Fähigkeit wie die seine könne Grundlage generell gültiger ästhetischer Geschmacksurteile sein [37].

Ebenfalls im Anschluß an Locke, aber auch an Humes Gedanken einer ästhetischen Bildung versucht E. BURKE die intersubjektive Struktur der ästhetischen Rezeption herauszuarbeiten, die kein eigenständiges Vermögen ist [38], sondern in der «sensibility and judgment» zusammengehen: «taste ... is not a simple idea, but is partly made up of a perception of the primary pleasures of sense, of the secondary pleasures of the imagination, and of the conclusions of the reasoning faculty» [39]. Wirkmächtig über die Grenzen Englands hinaus ist jedoch Burkes prinzipielle Unterscheidung zwischen der Kategorie des Schönen und des Erhabenen (s.d.) und damit zwischen zwei Typen ästhetischer Erfahrung; deren Gegensätzlichkeit erklärt Burke sensualistisch und führt sie auf das gesellschaftliche Verhalten des Menschen zurück [40]. Nicht zuletzt durch seine Analyse des zweiphasigen, in sich paradoxen Gefühls des angenehmen Schreckens beim Erhabenen wird der Blick freigegeben auf eine die Erfahrung des Schönen überschreitende W.-Form des Ästhetischen.

Wie in Frankreich und England, so steht auch in *Deutschland* das aufkommende Interesse an der W. im Kontext des Schönen und der Kunst ganz im Zeichen einer Kritik am Cartesianismus, der den Bereich der Erkenntnis auf die Vernunft einschränkt. Doch entspringt es hier schulphilosophischen Bemühungen, sie im System der Erkenntnislehre als ein Analogon der Vernunft und als Supplement begrifflichen Denkens zu verorten. Ausgangspunkt ist G. W. LEIBNIZ' Gedanke von der Stufenfolge der Perzeptionen («perceptions»), in der die W. von Schönem als ein klares, aber noch verworrenes Erkennen («connaissance») harmonischer Mannigfaltigkeit bzw. Empfindung von Freude [41] eine Mittelstellung zwischen dem dunklen, unbewußten Wahrnehmen und dem deutlichen, begrifflich bestimmten Wissen einnimmt [42]. Dadurch erhält sie zwar den Rang einer Erkenntnisform, bleibt aber als ein schwacher, defizienter Modus intellektueller Erkenntnis dieser gegenüber unselbständig.

A. G. BAUMGARTEN bezieht sich sowohl auf Leibniz' Aufwertung der sinnlichen W. als auch auf Anstöße zeitgenössischer Kunstkritiker, wenn er im Rahmen seiner neu gegründeten philosophischen Disziplin, der ‹Aesthetica›, reklamiert, daß die von ihm sogenannte «sinnliche Erkenntnis» («cognitio sensitiva») [43] nicht nur ein eigenständiges Vermögen und einer wissenschaftlichen Grundlegung fähig sei, sondern daß die spezifisch klarundeutliche W. auch – analog zur Verbesserung des methodischen Denkens durch die Logik – zu eigener Vollkommenheit gebracht werden könne [44]. Die Begriffe ‹aesthetica› und ‹sensitiva› kennzeichnen dabei eine facettenreiche Sinnlichkeit, die sowohl die äußere («sensus») als auch und vor allem die innere W.-Fähigkeit («facultas sentiendi»), ebensosehr die rezeptiven wie die schöpferisch-sinnlichen Leistungen des Geistes (Einbildungskraft, Witz, Gedächtnis, Vorausschau usw.) umfaßt [45]. Insofern versteht sich Baumgartens Ästhetik nicht als eine Lehre des Geschmacks, wie sie sich auch nicht bloß auf das Ästhetische im engeren Sinn eingegrenzt weiß. Vielmehr begreift sie sich als unabdingbarer Teil einer Erkenntnislehre a fortiori, durch die die menschenmögliche höchste, «ästhetikologische Wahrheit» [46], d.h. die erscheinende Wirklichkeit in ihrem ganzen Reichtum erschlossen wird.

Gegenüber diesen Ansprüchen tritt in der Baumgarten nachfolgenden Populärästhetik die Frage nach der Wirkung des Schönen auf das empfindende Gemüt in den Vordergrund, wie etwa bei M. MENDELSSOHN zu bemerken ist [47]. An J. G. SULZERS enzyklopädischer Erläuterung der ästhetischen und kunsttheoretischen Begriffe zeigt sich überdies, wie der Begriff ‹sinnlich› im Horizont des Ästhetischen auf das «Empfinden» eingeschränkt ist, das Sulzer im Unterschied zum Erkennen als W. einer «Veränderung in unserm innern Zustand» [48] bestimmt. Anders J. G. HERDER, der sich kritisch gegen Baumgarten wendet und die Bedeutung des ausgeblendeten Bereichs des «dunklen» Erkennens für die Erfahrung des Schönen betont: Insofern die sinnliche W. – dazu gehören für ihn neben derjenigen durch Ohr und Auge auch und zumal die W. des Tastsinns – die organische Grundlage für alle Empfindungsleistungen der Seele bildet, habe die sinnesphysiologische Forschung aller «Ästhetik» notwendig vorauszugehen, solle dieser Titel keine bloße Metapher sein [49].

I. KANT setzt sich sowohl von der englischen Auffassung eines Schönheitssinns als auch von Baumgartens Konzept einer Ästhetik als Wissenschaft der vernunftanalogen sinnlichen Erkenntnis ab, wenn er im Rahmen seiner ‹Kritik der Urteilskraft› die Unabhängigkeit der W. und Beurteilung des Schönen nicht nur von der Vernunfterkenntnis, sondern auch von der sinnlichen Lust nachzuweisen sucht. Während er in seiner vorkritischen Phase die ästhetische Erfahrung – beeinflußt durch den 'sense of beauty'-Gedanken – noch material als Gefühl der Lust auf der Basis einer «Reizbarkeit der Seele» empirisch-psychologisch aufnimmt [50], kommt es ihm nach seiner transzendentalphilosophischen Wende darauf an, das formale Wie der W. in der Vorstellung zu analysieren und die Bedingungen a priori zu bestimmen, unter denen die Lust am Schönen der Grund allgemeinverbindlicher Geschmacksurteile sein und im System der oberen Erkenntnisvermögen eine eigenständige Stellung einnehmen kann. In dieser Rücksicht führt Kant, auch wenn die Terminologie selbst noch nicht vorliegt, eine systematische Differenzierung von 'sinnlicher' und 'ästhetischer' W. ein, die als Trennung von Anthropologie und Ästhetik wirksam wird.

Im ästhetischen Urteil wird die von der «äußern W.» [51] (Empfindung) gegebene Vorstellung eines Gegenstandes nicht auf das Objekt, sondern auf das reflektierende Subjekt bezogen. Diese als Spontaneität gefaßte «reflectirte W.» [52] spricht das «Gefühl» [53] an: In ihm wird sich das Subjekt des besonderen Gemütszustandes bewußt, in welchem sich Verstand und Einbildungskraft erkenntnisdienlich betätigen, ohne eine bestimmte Erkenntnisfunktion zu erfüllen – ein zweckmäßiger Gemütszustand, der bei allen Menschen gleichermaßen zu erwarten ist: «Also ist es nicht die Lust, sondern die Allgemeingültigkeit dieser Lust, die mit der bloßen Beurtheilung eines Gegenstandes im Gemüthe als verbunden wahrgenommen wird, welche a priori als allgemeingültige Regel für die Urtheilskraft, für jedermann gültig, in einem Geschmacksurtheile vorgestellt wird» [54]. Voraussetzung für eine solche W. ist der «sensus communis aestheticus», der bei Kant als 'Idee' einer in ästhetischen Fragen einhellig urteilenden Menschheit erscheint [55]. Die Harmonie der Erkenntniskräfte wird auch durch einen Gegenstand der Natur hervorgerufen, die folglich ebenfalls ästhetisch erfahren werden kann [56].

Kants Begründung der Autonomie ästhetischer Erkenntnis gibt den Anstoß, 'Ästhetik' als Teilgebiet der transzendentalidealistischen Philosophie und näher als Philosophie der schönen Kunst zu entwickeln. Mit dem Interesse, eine ästhetische Kultur zu begründen, in der im «Spieltrieb» (s.d.) die sinnliche Natur des Menschen mit seiner vernünftigen Freiheit versöhnt erscheint, hebt F. SCHILLER Kants Einschränkung des Schönen auf die formale Harmonie der Erkenntniskräfte (und die W. dieser Harmonie im Gefühl des reflektierenden Subjekts) auf [57]. Schiller strebt einen «objectiven Grundsatz des Schönen» [58] an, der die «vollständige anthropologische Schätzung» [59] ästhetischer Kategorien beinhaltet. Er knüpft ihn an den Übergang von der momentanen Empfindung («Impression») [60] zur produktiven W. im «ästhetischen Zustand» [61], in dem der Mensch seine sinnliche Natur reflektiert und ihr die Form der Freiheit gibt.

NOVALIS radikalisiert die Idee freier Selbstbestimmung durch ästhetisches Wahrnehmen, wenn er notiert, daß der Mensch «in jedem Augenblicke ein übersinnliches Wesen zu seyn» [62] vermag. Im «Romantisiren» [63] der Welt zeigt sich der Prozeß ästhetischer W. als wechselseitige Verflüssigung der Gegensätze von Endlichkeit und Unendlichkeit [64]. Dieser Prozeß mündet in eine Anschauung, die «mit der sinnlichen W. des Objects zusammenfällt – so daß ich ein Object vor mir sehe, in welchem das gemeine Object und das Ideal, wechselseitig durchdrungen, nur Ein wunderbares Individuum bilden» [65]. Diese «schöne Gestalt» [66] geht aus der freien Selbsttätigkeit des produktiven Ich hervor, das die symbolische «Construction der transscendentalen Welt» [67] als progressive Synthesis von innerer und äußerer Welt erwirkt.

F. SCHLEGEL löst die Autonomie ästhetischer W. vom realitätsempfangenden «Stofftrieb» (s.d.), indem er die wahrnehmungsbestimmte «Individualität» als «das Ewige im Menschen» [68], die Einheit von Körper und Geist als Konstituens ästhetischer Subjektivität [69] und ihre Produktivität als eine «Schöpfung aus Nichts» [70] bezeichnet, die sich im Werk des Dichters bildhaft darstellt: «Alle Bilder der Dichter sind buchstäblich wahr; alles unser [sc. der Dichter] Empfinden, Fühlen, Wahrnehmen ist ein Dichten» [71]. Stellt schon F. Schlegel der philosophischen Ästhetik gegenüber den Charakter des Schönen als «transzendentales Faktum» [72] heraus, so schlägt sein Bruder A. W. SCHLEGEL ihre Ersetzung durch eine «philosophische Theorie der schönen Künste» [73] vor und verknüpft sie mit dem produktiven Aspekt ästhetischer W.: «Die unpoetische Ansicht der Dinge ist die, welche mit den W.en der Sinne und den Bestimmungen des Verstandes alles an ihnen für abgethan hält; die poetische, welche sie immerfort deutet und eine figürliche Unerschöpflichkeit in ihnen sieht» [74].

Für F. W. J. SCHELLING überwindet allein die Kunst den unendlichen Widerstreit von bewußter und bewußtloser Tätigkeit, der alle theoretischen und praktischen Funktionen des Ich konstituiert. Die der W. anhaftende Heterogenität und Fremdheit tritt dadurch hinter die Vollendung des allerdings unendlich ausdeutbaren Kunstwerks zurück [75]. Schelling spricht deshalb nicht von der W. des Schönen, sondern von der «ästhetischen Anschauung, welche beide Thätigkeiten in unerwartete Harmonie setzt» [76]. Mit der Überschreitung der Subjekt-Objekt-Beziehung des Bewußtseins in der Identitätsphilosophie verliert das Problem ästhetischer W. für ihn ohnehin an Bedeutung. Vergleichbares gilt für die Werkästhetik G. W. F. HEGELS, welche die ästhetische W. nur insoweit thematisiert, als ihr der systematische Stellenwert einer ideell gesetzten Sinnlichkeit zukommt; in deren Schein sind «die Werke der schönen Kunst ... das versöhnende Mittelglied zwischen dem bloß Äußerlichen, Sinnlichen und Vergänglichen und zwischen dem reinen Gedanken, zwischen der Natur und endlichen Wirklichkeit und der unendlichen Freiheit des begreifenden Denkens» [77].

Anmerkungen. [1] Vgl. K. Barck/D. Kliche/J. Heininger: Art. ‹Ästhetik/ästhetisch›, in: K. Barck/M. Fontius u.a. (Hg.): Ästhet. Grundbegriffe 1 (2000) 308-400. – [2] Vgl. Art. ‹Empfindung I. 2.›. Hist. Wb. Philos. 2 (1972) 458-460, 458f.; Art. ‹Gefühl I.›, a.O. 3 (1974) 82-89, 82ff. – [3] D. Bouhours: La manière de bien penser dans les ouvrages d'esprit 2 (Paris 1687, Amsterdam ²1688) 157; vgl. Art. ‹Zart; zärtlich›. – [4] a.O. 158. – [5] Vgl. Art. ‹Je ne sais quoi›. Hist. Wb. Philos. 4 (1976) 640-644. – [6] J.-B. Du Bos: Refl. crit. sur la poésie et sur la peinture (1719, Paris 1770, ND Genf 1982) II/22, 342/ND 226. – [7] a.O. I/1, 5ff./ND 9. – [8] a.O. 6/ND 9. – [9] II/22, 344ff./ND 226ff. – [10] D. Diderot: Art. ‹Beau›, in: D. Diderot/J. le R. d'Alembert: Encycl. ou dict. raisonné des sciences, des arts et des métiers (Paris 1751ff.) 2, 169-180, 175. – [11] a.O. 179. – [12] 176. – [13] Vgl. X. Baumeister: Zum Verständnis des Art. ‹Beau›, in: H. Dieckmann (Hg.): Diderot und die Aufklärung (1980) 87-97, bes. 94. – [14] Th. Hobbes: Answer to Sir William Davenant's preface before Gondibert (1651). Engl. works, hg. W. Molesworth 4 (London 1840) 449. – [15] Vgl. hierzu: R. L. Brett: The aesthetic sense and taste in the lit. criticism of the early 18th cent. Review Engl. Studies 20 (1944) 199-213; W. Tatarkiewicz: Aesthetic experience: The early hist. of the concept. Dialectics and humanism (Probeheft 1973) 19-30; D. Townsend: From Shaftesbury to Kant. The development of the concept of aesthetic experience. J. Hist. Ideas 48 (1987) 287-305; Ch. G. Allesch: Gesch. der psycholog. Ästhetik (1987) 129-163. – [16] A. A. C. Lord Shaftesbury: An inqu. conc. virtue, or merit I, 2, 3 (1699). Standard ed. [SE], hg. G. Hemmerich/W. Benda u.a. 2/2 (1984) 66. – [17] The moralists 2, 4 (1709). SE 2/1 (1987) 164. – [18] a.O. [16] 66. 68; vgl. Art. ‹Wohlgefallen, interesseloses›. – [19] The mor. 3, 2, a.O. [17] 326; zur Geschichte des inneren Sinns und seiner Bedeutung für die Ästhetik vgl. D. Summers: The judgment of sense: Renaissance naturalism and the rise of aesthetics (Cambridge 1987). – [20] The mor. 3, 2, a.O. 342. – [21] Zum Verhältnis von Hutchesons Lehre vom 'sense of beauty' zu seiner Theorie der W. vgl. P. Kivy: The seventh sense. A study on F. Hutcheson's aesthetics and its influence in 18th-cent. Britain (New York 1976). – [22] F. Hutcheson: Inqu. into the original of our ideas of beauty and virtue, pref. (1725). Coll. works, hg. B. Fabian 1 (1971) VI. – [23] Inqu. conc. beauty, order, harmony, design I, 9, a.O. 6f. – [24] 16, a.O. 12f. – [25] II, 3, a.O. 15. – [26] I, 17, a.O. 13. – [27] 13, a.O. 10. – [28] So hält etwa G. Berkeley gegen Shaftesbury und Hutcheson fest, daß Schönheit vermittelst des Sehsinns, aber durch Vernunft wahrgenommen wird: Alciphron, or the minute philosopher III, 8 (1732). Works, a.O. [31 zu III.] 3 (³1967) 124. – [29] Zu Th. Reids Konzeption der W. («perception») des Schönen vgl. ausführlich: Kivy: Seventh sense, ch. 9, a.O. [21] 154-173 (mit Belegen); 'Lectures on the fine arts': an unpubl. manuscr. of Th. Reid's. J. Hist. Ideas 31 (1970) 17-32. – [30] Vgl. hierzu: Kivy, a.O. 203-231 (mit Belegen). – [31] D. Hume: Of the standard of taste (1757). The philos. works, hg. T. H. Green/T. H. Grose (London 1882-86, ND 1964) 3, 266ff. – [32] a.O. 272. – [33] a.O. – [34] A treat. of human nature II, 1, 7 (1739/40), a.O. [39 zu III.] 297; vgl. auch: 1, 8, a.O. 298f. – [35] a.O. [31] 272. 275; vgl. hierzu: P. Jones: Hume's sentiments (Edinburgh 1982). – [36] a.O. 272. – [37] 272-279. – [38] E. Burke: A philos. inqu. into the origin of our ideas of the sublime and beautiful; introd.: On taste (1757). Works (London 1887, ND 1975) 1, 99. – [39] a.O. 94f. – [40] I, 9, a.O. 113. – [41] G. W. Leibniz: Von der Weisheit [1690-1700]. Dtsch. Schr., hg. G. E. Guhrauer 1-2 (1838-40, ND 1966) 1, 420-426; vgl. Art. ‹Klar und deutlich›. Hist. Wb. Philos. 4 (1976) 846-848; ‹Verworrenheit II.›, a.O. 11 (2001) 1017-1020. – [42] Disc. de métaphysique § 24 (1686). Die philos. Schr., hg. C. I. Gerhardt 4 (1880, ND 1961) 449f.; zum Verhältnis des Leibnizschen Gedankens zur frz. Geschmacksästhetik vgl. J. Barnouw: The beginnings of 'aesthetics' and the Leibnizian conception of sensation, in: P. Mattick Jr. (Hg.): 18th-cent. aesthetics and the reconstruction of art (Cambridge 1993) 52-95. – [43] A. G. Baumgarten: Aesthetica, Prol. § 1 (1750/58), in: A. G. Baumgarten: Theoret. Ästhetik, hg. H. R. Schweizer (²1988) 2. – [44] Vgl. Art. ‹Sinnlichkeit; sinnlich›. Hist. Wb. Philos. 9 (1995) 892-897, 893. – [45] U. Franke: Kunst als Erkenntnis. Die Rolle der Sinnlichkeit in der Ästhetik des A. G. Baumgarten (1972) bes. Kap. 3; S. W. Gross: Felix aestheticus. Die Ästhetik als Lehre vom Menschen (2001) bes. 65. 78; vgl. Art. ‹Analogon rationis›. Hist. Wb. Philos. 1 (1971) 229-230; Art. ‹Ingenium›, a.O. 4 (1976) 360-363; Art. ‹Witz›. – [46] Vgl. Baumgarten, Aesthetica §§ 423ff., a.O. [43] 53ff.; Art. ‹Wahrheit, ästhetische; Wahrheit der Kunst›. – [47] M. Mendelssohn: Br. über die Empfindungen, bes. Br. 1-5 (1755). Jub.ausg. 1 (1971) 43-61. – [48] J. G. Sulzer: Art. ‹Sinnlich›, in: Allg. Theorie der schönen Künste (Leipzig 1771-74, ²1794, ND 1967) 4, 408-414, 408f.; der Primat der inneren vor der äußeren Empfindung für die ästhet. Disposition des Gemüts besteht aber schon bei Baumgarten, vgl. Franke, a.O. [45] 67-69. – [49] J. G. Herder: Krit. Wälder IV, 2 (1769). Sämmtl. Werke, hg. B. Suphan 4 (1878) 53ff.; vgl. H. Adler: Die Prägnanz des Dunklen. Gnoseologie – Ästhetik – Geschichtsphilos. bei J. G. Herder (1990); A. Herz: Dunkler Spiegel – helles Dasein. Natur, Geschichte und Kunst im Werk J. G. Herders (1996) 128ff.; zur Befruchtung, die die sich formierende Ästhetik gerade im Hinblick auf die ästhet. W. durch die exakten Wissenschaften, insbes. die Sinnesphysiologie, erfährt, vgl. J. Bierbrodt: Naturwiss. und Ästhetik 1750-1810 (2000) bes. 101-164. – [50] I. Kant: Beobachtungen über das Gefühl des Schönen und Erhabenen (1764). Akad.-A. 2 (1912) 208. – [51] KU B 55 (§ 17). – [52] KU B XLVI. – [53] KU B 9 (§ 3). – [54] KU B 150 (§ 37); vgl. hierzu ausführlich: W. Henckmann: Das Problem der ästhet. W. in Kants Ästhetik. Philos. Jb. 78 (1971) 323-359; H.-J. Pieper: Geschmacksurteil und ästhet. Einstellung. Eine Unters. zur Grundlegung transz.philos. Ästhetik bei Kant und ein Entwurf zur Phänomenologie der ästhet. Erfahrung (2001). – [55] KU B 160, Anm. (§ 40); zu Kants Auffassung des ästhet. Gemeinsinns im Kontext der tradit. Lehre von der inneren W. vgl. D. Summers: Why did Kant call taste a 'common sense'? in: Mattick Jr. (Hg.), a.O. [42] 120-151; vgl. Art. ‹Sensus communis III.›. Hist. Wb. Philos. 9 (1995) 639-661, 649. – [56] Refl. 1820 a. Akad.-A. 16 (1924) 127. – [57] W. Düsing: Ästhet. Form als Darst. der Subjektivität. Zur Rezeption Kantischer Begriffe in Schillers Ästhetik, in: J. Bolten (Hg.): Schillers Br. über die ästhet. Erziehung (1984) 185-228, 194. – [58] F. Schiller: Br. an Körner (21. 12. 1792). Krit. Ges.ausg., hg. F. Jonas (1892-94) 3, 232. – [59] Ueber die ästhet. Erziehung des Menschen in einer Reihe von Briefen, 4. Br. (1793/95). Nat.ausg., hg. J. Petersen u.a. (1943-93) 20, 316. – [60] 15. Br., a.O. 355. – [61] 24. Br., a.O. 388. – [62] Novalis [F. von Hardenberg]: Blüthenstaub, Nr. 22 (1797/98). Schr., hg. P. Kluckhohn/R. Samuel (²1960-88) 2, 421f. – [63] Poesie, Nr. 105, a.O. 545. – [64] a.O. – [65] Blüthenstaub, Nr. 51, a.O. 432. – [66] Vgl. Br. an A. W. Schlegel (24. Feb. 1798), a.O. 4, 252. – [67] Poesie, Nr. 48, a.O. 2, 536. – [68] F. Schlegel: Philos. Fragmente I, 3, Nr. 126 [1794-1818]. Krit. Schr. und Frg., hg. E. Behler/H. Eichner 5 (1988) 42. – [69] Nr. 166, a.O. 43. – [70] Nr. 128, a.O. 42. – [71] Nr. 279, a.O. 48. – [72] Athenäums-Frg., Nr. 256 (1798), a.O. 2 (1974) 130. – [73] a.O. 186. – [74] A. W. Schlegel: Vorles. über Ästhetik [1798-1803]. Vorles. von 1798-1827. Krit. Ausg., hg. E. Behler (1988ff.) 1, 249. – [75] F. W. J. Schelling: System des transsc. Idealismus VI, § 2 (1800). Sämmtl. Werke, hg. K. F. A. Schelling (1856-61) I/3, 623. 627. – [76] a.O. 621. – [77] G. W. F. Hegel: Vorles. über die Ästhetik, Einl. (1820/21ff.). Jub.ausg., hg. H. Glockner (1927-40) 12, 28; vgl. auch: Art. ‹Werk›.

2. *Spätidealismus bis Symbolismus.* – Es gilt als problematische Folge der Kantschen Vernunftkritik, daß die Frage der ästhetischen W. zunehmend in den Hintergrund tritt und eine Historisierung des Kunstschönen eingeleitet wird, die sich in den akademischen Ästhetiken des 19. Jh. verselbständigt [1]. Andererseits entstehen in ihrer Nachfolge genuin 'poietische' Produktionsästhetiken [2], die die sinnliche W. ausdrücklich als Fundament der Transformation der empirischen Wirklichkeit durch die ästhetische Einbildungskraft würdigen. Sofern sie sich philosophiekritisch verstehen, prägen sie die Künstlerästhetiken des 19. Jh. vor [3]. Über historische Kontinuitäten hinaus aber unterliegt der Gedanke der Autonomie ästhetischer Erkenntnis im Verlauf des Jahrhunderts Umdeutungen, die die Unterscheidung der transzendentalidealistischen von den nachmetaphysischen Ästhetiken erfordern [4]. Diese Unterscheidung bezieht sich

zum einen auf die Umbrüche des Industriezeitalters und die Revolutionierung des W.-Begriffs durch die physiologische Sinnesforschung [5], zum anderen auf die Vereinnahmung der schönen Künste durch den akademischen Historismus und neue Formen der visuellen und auditiven Massenkultur [6], die die sinnliche W. und die tradierten Formen ihrer ästhetischen Kultivierung entfremden. Die nachidealistische Diskussion thematisiert die sinnliche W. als eine von den Abstraktionen begrifflichen Denkens vernachlässigte Gegebenheit der physiologischen Natur des radikal zeitlich existierenden Subjekts und öffnet sich in kritischer Absicht der W. des Häßlichen (s.d.). In beiden Hinsichten setzt die Reflexion der anthropologischen Dimension der sinnlichen W. und die Neubegründung einer bald auch terminologisch greifbaren 'ästhetischen W.' ein.

Unter Rückgriff auf X. BICHATS ‹Recherches sur la physiologie de la vie et de la mort› (1800), die die geistigen Tätigkeiten des Menschen als Funktionen des physischen Organismus beschreiben, konzipieren F.-P. G. MAINE DE BIRAN und A. SCHOPENHAUER die ästhetische W. auf signifikante Weise als Unterbrechung des Funktionszusammenhangs von sinnlicher W. und gegenständlichem Vorstellen. MAINE DE BIRAN weist der sinnlichen W. die Funktion eines Zeichenmaterials zu, aus dem der Künstler eine ideale Welt des Schönen aufbaut [7]. Er bindet sie an den kontemplativen Blick des ideenentwerfenden Subjekts, das sich einerseits über die Empfindungen seiner physischen Natur (Tastsinn, Geruch, Geschmack: «sensation») und die an sie gebundene Objektwelt seines willensbewegten Vorstellens («vouloir») [8] erhebt, andererseits aber hinter die begrifflichen Vorstellungswelten auf die selektierten W.en der intellektuellen Sinnesorgane zurückgeht (Ohr, Auge: «perception») [9] und ihre distinkten Zeichen als heterogenes Material der «idées archétypes» seines vortheoretischen Wissens reflektiert [10]. Der Rückgang auf den intrinsischen Zeichencharakter der W. («retour sur la valeur intrinsèque des signes») [11] markiert die Grenze zwischen physischer und ästhetischer W. und ermöglicht die Umschaffung der empirischen Welt in Figurationen des Schönen, die der Künstler expressiv entäußert [12].

Im Horizont seiner negativen Willensmetaphysik stellt A. SCHOPENHAUER den Rückgang in die leibbestimmte Empfindungsfähigkeit der W. als Schlüssel für eine ästhetische Analogiebildung zwischen innerer und äußerer Natur vor, die die Entfremdungsgestalten des «principium individuationis» aufhebt: Über die Reflexion der sinnlichen W. dringt das ästhetisch-produktive Subjekt zur Innenansicht der «Natur» des Willens durch [13]. Maine de Biran vergleichbar, ermöglicht die Freisetzung der W. aus dem Mechanismus der empirischen Anschauung die Vergegenwärtigung der reflektierten Empfindungsfähigkeit im Modus einer produktiven «Ursprache». Sie hält vor den Motiven des intentionalen Sehens inne und stellt seinen Zeitcharakter still. In Abgrenzung gegen die Gestalten der reproduktiven «Vernunft» nennt Schopenhauer sie eine «naive und kindliche Sprache der Anschauung», die Konzentration erfordere [14]. Er faßt «Genie» als intellektuell gesteigerte Sensibilität [15], welche die Kontemplation (s.d.) der Ideen ermöglicht und sie sinnlich reflektiert zur Darstellung bringt [16].

Zur gleichen Zeit wie Maine de Biran und Schopenhauer verschiebt die in der englischen Romantik geführte Auseinandersetzung um das Ideal der dichterischen Einbildungskraft das Verhältnis von W. und Kontemplation zugunsten der Erinnerung. Exemplarisch zeigt sich dies bei W. WORDSWORTH, für den der Verlust einer vormals synthetischen 'kindlichen W.' [17] zum retrospektiv vergegenwärtigten Ausgangspunkt einer neuen ästhetischen Erfahrung wird. S. T. COLERIDGE begründet die Übertragung der Innen-W. auf die Außenwelt theoretisch [18] und reflektiert die Konversion des ästhetischen Bewußtseins: «The ideal of earnest poetry consists in the union and harmonious melting down, and fusion of the sensual into the spiritual» [19]. Entsprechend unterscheidet er eine «primäre» und eine «sekundäre» Einbildungskraft: Während die erste «all human Perception ... as a repetition in the infinite mind» organisiert, potenziert die zweite sie als «an echo ... differing only in degree, and in the mode of its operation. It dissolves, diffuses, in order to recreate ... to idealize and unify» [20]. Damit findet die Transformation der «natürlichen» in die ästhetische W. ihr Korrelat am Verhältnis von Einbildungskraft und Erinnerung.

Auch die französische Romantik konstituiert sich über die Entdeckung der erinnerungsgebundenen «sensation». Im Feld der Theorie unterscheidet A.-L.-C. DESTUTT DE TRACY eine «sensation actuelle» von einem «seconde espèce de sensibilité», der aus dem «souvenir de cette sensation» hervorgeht [21]. Dieser stellt keine rationale Gedächtnisleistung, sondern die affektive Aneignung der primordialen W. dar: «Ce souvenir lui-même est une sensation; car c'est une chose sentie, c'est une sensation interne» [22]. Entsprechend unterscheidet er Gedächtnis und Erinnerung: «Sentir une impression actuelle à l'occasion d'une impression passée, c'est la propre mémoire. Mais ensuite reconnaître que cette impression actuelle est une représentation de l'impression passée, en est le souvenir» [23]. Der Künstler, der ein Bewußtsein für die emotionale Seite der Mnemotechnik entwickelt, kann die Differenz von Gegenwart und Vergangenheit überschreiten, indem er die Gegenwart des Dargestellten als «rapport d'identité ou de ressemblance entre ces deux impressions» konstruiert [24]. Damit gewinnt die ästhetische W. einen geschichtlichen Tiefenzug, der ihre Orientierung an vergangenen Darstellungstraditionen einschließt und im Begriff der Kunst als «Mnemotechnik des Schönen» gipfelt [25]. Andererseits öffnet der Rückblick auf die Geschichte den Zugang zur sozialen Wirklichkeit. Die Theorie der Groteske (s.d.) verleiht dem Häßlichen ästhetische Würde.

In der Jahrhundertmitte intensiviert sich die Reflexion über den Wirklichkeitscharakter der ästhetischen W., deren Angelpunkt nun der Standpunkt der unmittelbaren, als zeitlich aufgefaßten Sinnlichkeit wird. J. RUSKIN restituiert die gegenwartsorientierte Kontemplation der Natur als ästhetische Lust und knüpft an sie eine terminologische Unterscheidung, die den 'aisthetischen' Charakter sinnlicher W. mit dem semantischen Projekt 'aisthetischer Anschauung' verknüpft: «the mere animal consciousness of the pleasantness I call Aesthesis; but the exulting, reverent and grateful perception I call Theoria. For this, and this only, is the full comprehension and contemplation of the Beautiful as a gift of god» [26]. Anders als seine Vorgänger thematisiert Ruskin den Zeichencharakter der visuellen W. und prägt das Theorem von der «Unschuld des Auges» («innocence of the eye») [27]. Mit kritischem Blick auf die industrialisierte Gegenwart erhebt CH. BAUDELAIRE eine synästhetisch entgrenzte 'Aisthesis' zum Träger einer entsubjektivierten Lyrik, die er als Allegorie der Zeit verwirklicht [28].

Ohne eine eigene Theorie der ästhetischen W. zu entwickeln, begründet L. FEUERBACH im Umkreis des literarischen Vormärz einen neuen Realitätsbezug ästhetischer W. Er nennt im Rahmen seiner Umdeutung der Theologie in eine religiöse Anthropologie das «Geheimnis des unmittelbaren Wissens ... die Sinnlichkeit» [29]. R. WAGNER, der diese Entdeckung als den Wendepunkt seiner ästhetischen Karriere begreift, prägt wohl zuerst den Terminus ‹ästhetische W.›: «Was mich dagegen wirklich bestimmt hatte, Feuerbach eine für mich wichtige Bedeutung beizulegen, war dessen Schluß, mit welchem er von seinem ursprünglichen Meister Hegel abfiel: daß nämlich die beste Philosophie sei, gar keine Philosophie zu haben ..., sowie zweitens, daß nur das wirklich sei, was die Sinne wahrnehmen. Daß er in die ästhetische W. unserer Sinnenwelt das, was wir Geist nennen, setzte, dies war es, was mich neben der Erklärung von der Nichtigkeit der Philosophie für meine Konzeption eines allumfassenden, für die einfachste, rein menschliche Empfindung verständlichen Kunstwerks ... so ergiebig unterstützte» [30].

Eine neue, von historischem Wirklichkeitsbezug unabhängige Theorie ästhetischer W. fordert K. FIEDLER [31], der den «Dogmatismus, daß die sinnliche W. unmittelbare Wahrheit gibt» [32], kritisiert. Da von der Übereinstimmung der Zeichen der W. mit den Gegebenheiten der Außenwelt nicht auszugehen sei, strebt Fiedler die Isolierung der «Tätigkeit des Gesichtssinns» [33] aus seiner Verwobenheit in außeroptische Bezüge an, um «den sinnlichen Wirklichkeitsstoff zu einem Ausdruck seiner selbst zu entwickeln» [34]. Ereignet sich in der ästhetischen W. die «Produktion von Wirklichkeit» [35], weil der Künstler die im Stoff der sinnlichen W. angelegten Potentiale anschaulicher Vorstellung in ihrem vorgegenständlichen Stadium als Ordnungsfiguren des Sichtbaren reflektiert [36], so ist entscheidend, daß er den Sehprozeß zur bestimmten «Gestaltung» fortführt [37]. Deshalb vollendet sich das künstlerische Sehen in der Tätigkeit der Hand. Analog der im Sehen analysierten Beziehung von W. und Vorstellung realisiert sie die «Wirkungsanalyse der Gesamteindrücke» als «positive Darstellung dessen ..., was in der W. die Vorstellung erzeugt» [38]. In umgekehrter Richtung argumentiert H. WÖLFFLIN, wenn er von den Darstellungsformen der Kunstwerke auf die unsichtbaren Formen zurückschließt, in denen der Mensch die Wirklichkeit wahrnimmt. Er identifiziert Kunsttheorie (Ästhetik) und W.-Theorie (Aisthetik), indem er Kunst als einen Weg zur Erforschung der Strukturen der W. konzipiert [39].

Im Rahmen seiner lebensphilosophischen Theorie des Bewußtseins führt die intuitive W. der «durée» nach H. BERGSON zum emotionalen Ursprung des Erkennens und ermöglicht die Neuschöpfung der Wirklichkeit aus der ästhetischen W.: «Les sentiments esthétiques nous offrent des exemples plus frappants encore de cette intervention progressive d'éléments nouveaux, visibles dans l'émotion fondamentale, et qui semblent en accroître la grandeur quoiqu'ils se bornent à en modifier la nature» [40]. Bergson nennt den Zeichencharakter der werkhaft fixierten ästhetischen W. den Spiegel, in dem der Betrachter sich selbst wahrnimmt: «En se plaçant à ce point de vue, on s'apercevra ..., que l'objet de l'art est d'endormir les puissances actives ou plutôt résistantes de notre personnalité, et de nous amener ainsi à un état de docilité parfaite ... où nous sympathisons avec le sentiment exprimé» [41]. Während sich das pragmatische Bewußtsein darauf beschränkt, Gegenstände zu identifizieren, richtet der Künstler seine Aufmerksamkeit «aux couleurs et aux formes» [42]. In der «manière virginale ... de voir, d'entendre ou de penser» zeigt die Kunst jene Ursprünglichkeit [43], die das Besondere gegen das Allgemeine stärkt und den Betrachter an den Ursprung der konventionell entfremdeten Wirklichkeit führt.

P. VALÉRY bezeugt, daß die produktionsästhetisch reflektierte sinnliche W. über die Wende zum 20. Jh. hinaus ein Argument der Selbstbesinnung der Moderne bleibt. Gegen jüngere Tendenzen, «Kunst» und «modernes Leben» ineinander zu überführen, betont er das «reine Sehen» und bezeichnet mit dem Kunstwort «Esthésique» die «étude des sensations et de ses organes» [44].

Anmerkungen. [1] BARCK/KLICHE/HEININGER, a.O. [1 zu 1.] 369-371. 309-311. – [2] a.O. 338-340. – [3] K. H. BOHRER: Philos. der Kunst oder Ästhetische Theorie. Das Problem der universalist. Referenz. Das absolute Präsens. Die Semantik der ästhet. Zeit (1994) 121-142; V. RÜHLE: Transformationen der idealist. Ästhetik im Blick auf Kant und Schelling. Kunsterfahrung im Spannungsfeld von Reflexion und Produktion. Z. Ästhetik allg. Kunstwiss. 47 (2002) 191-215. – [4] Diese Unterscheidung tritt, angestoßen von kritischen Stellungnahmen zur charakteristischen Orientierung der ästhetischen Moderne am Paradigma des Sehens, in jüngerer Zeit verstärkt in den Blick, vgl. G. BOEHM: Einl., in: K. FIEDLER: Schr. zur Kunst, hg. G. BOEHM ([2]1991) 1, XLVII-LII; L. WIESING: Die Sichtbarkeit des Bildes. Gesch. und Perspektiven der formalen Ästhetik (1997); BARCK/KLICHE/HEININGER, a.O. [1 zu 1.] 380-383. – [5] Vgl. ‹Wahrnehmung V.›; J. CRARY: Techniken des Betrachters. Sehen und Moderne im 19. Jh. (1996) 75-102. – [6] J. CRARY: Suspensions of perception. Attention, spectacle, and modern culture (Cambridge, Mass. 1999); dtsch.: Aufmerksamkeit. W. und mod. Kultur (2002). – [7] F.-P. G. MAINE DE BIRAN: Essai sur les fondements de la psychologie et sur les rapports avec l'étude de la nature (1813-22). Oeuvr. (F. AZOUVI) 7/2, hg. F. C. T. MOORE (Paris 2001) 202; De l'aperception immédiate (1807), a.O. 4, hg. Y. RADRIZZANI (Paris 1995) 187. – [8] a.O. 142-146. – [9] 177-184. – [10] 339. – [11] Sur l'influence de l'habitude sur la faculté de penser (1802). Oeuvr. compl., hg. P. TISSERAND 2 (Paris 1932) 213. – [12] a.O. 349. – [13] A. SCHOPENHAUER: Die Welt als Wille und Vorst. I/2, § 28 (1819, [3]1859). Sämtl. Werke, hg. A. HÜBSCHER (1937-41) 2, 182-192; vgl. R. SAFRANSKI: Schopenhauer und die wilden Jahre der Philos. (1987) 232f. – [14] II/3, Kap. 34 (1844, [2]1859), a.O. 3, 462f. – [15] I/3, § 36, a.O. 2, 225. – [16] Vgl. Art. ‹Idee IV. 3.›. Hist. Wb. Philos. 4 (1976) 126. – [17] W. WORDSWORTH: The excursion I, v. 197-208 (1814). Works, hg. E. DE SÉLINCOURT (Oxford 1940-49) 5, 159f.; vgl. Prelude I, v. 586f. (1805). The poet. works of W. Wordsworth 3, hg. W. KNIGHT (London u.a. 1896) 221. – [18] S. T. COLERIDGE: Biographia Literaria, hg. J. SHAWCROSS (Oxford 1907) 2, 259. – [19] Lect. and notes on Shakespeare and other Engl. poets, hg. T. ASHE (London 1904) 237; vgl. D. HEDLEY: Coleridge, philos. and religion. Aids to reflection and the Mirror of Spirit (Cambridge 2000). – [20] a.O. [18] 1, 202. – [21] A.-L.-C. DESTUTT DE TRACY: Elém. d'idéologie (Paris 1801-1815) 47. – [22] a.O. – [23] 49. – [24] a.O. – [25] CH. BAUDELAIRE: Salon de 1846 (1846). Oeuvr. compl., hg. C. PICHOIS (1775-76) 2, 445; vgl. H. KÖRNER: Auf der Suche nach der 'wahren Einheit'. Ganzheitsvorstellungen in der franz. Malerei und Kunstlit. (1988) 228-291. – [26] J. RUSKIN: Modern painters (1843-56). Works, hg. E. T. COOK/A. WEDDERBURN (London 1903-12) 4, 47. – [27] Lect. on art (Oxford 1870) 20. 121. – [28] CH. BAUDELAIRE: L'ennemi (1855), in: Les fleurs du mal 10 (1857), a.O. [25] 1, 16; vgl. H. R. JAUSS: Baudelaires Rückgriff auf die Allegorie, in: W. HAUG (Hg.): Formen und Funktionen der Allegorie (1974) 686-700. – [29] L. FEUERBACH: Grundsätze der Philos. der Zukunft § 39 (1843). Entwürfe zu einer Neuen Philos., hg. W. JAESCHKE/W. SCHUFFENHAUER (1996) 80. – [30] R. WAGNER: Mein Leben, hg. W. ALTMANN (Leipzig o.J.) 588f. – [31] K. FIEDLER: Aphorismen, Nr. 93, a.O. [4] 2, 53. – [32] Nr. 90, a.O. 51. – [33] Ursprung der künstlerischen Tätigkeit (1887), a.O. 1, 152. – [34] a.O. 159. – [35] Moderner Naturalismus und künstlerische Wahrheit (1881), a.O. 1, 109. – [36] Ursprung, a.O. 167. – [37] a.O. 176. – [38] Studien über Hildebrands Problem der Form (1894), a.O. 2, 369. – [39] H. WÖLFFLIN: Eine Revision (1933). Nachwort zu: Kunstgeschichtl. Grundbegriffe. Das Problem der Stilentwicklung in der neueren Kunst (1915, [12]1960) 266; vgl. WIESING, a.O. [4] 119f. – [40] H.

BERGSON: Essai sur les données imméd. de la conscience (Paris 1889) 9. – [41] a.O. 11. – [42] Matière et mémoire (Paris 1896) 119. – [43] a.O. 118. – [44] P. VALÉRY: Disc. sur l'esthétique (1937). Oeuvr. 1, hg. J. HYTIER (Paris 1957) 1313.

3. *Von der Phänomenologie bis zur Gegenwart.* – Der vormals der Erkenntnistheorie vorbehaltene Begriff ‹Erfahrung› hält im Zusammenhang mit G. TH. FECHNERS Unterscheidung zwischen einer «Aesthetik von Unten» und der philosophisch-idealistischen «Aesthetik von Oben» Einzug in die Theorie der Kunst [1]. Unter diesem Titel sucht Fechner empirisch-induktiv die «ästhetischen Thatsachen» bzw. «die Gesetze des Gefallens» zu erforschen, d.h., allgemeine Aussagen über die bei allen Menschen weitgehend gleiche Reaktion auf bestimmte sinnlich wahrnehmbare formale Reize zu treffen [2]. Damit gibt er den Anstoß zur Entwicklung der 'psychologischen Ästhetik' [3], insbesondere zur ästhetischen Theorie der Gestaltpsychologie (s.d.) [4], für die die ästhetische Form der W. als solcher immanent ist [5], sowie zur Einfühlungsästhetik (s.d.) [6], die davon ausgeht, daß die ästhetische Wirkung unmittelbar mit der W. des Betrachters selbst gegeben ist, der vorher erworbenes Wissen auf den W.-Gegenstand projiziert. Dies schafft die Voraussetzung dafür, unter dem 'Ästhetischen' nicht bestimmte Qualitäten eines Gegenstandes, sondern die Eigenschaft seiner W. zu verstehen und mit dem Begriff ‹ästhetische W.› den spezifischen Rezeptionsvollzug zu bezeichnen, in dem ein gegebener Gegenstand als ästhetischer Gegenstand wahrgenommen wird. Gemäß der Vieldeutigkeit des Begriffs ‹ästhetisch› (s.d.) ist damit nicht nur die W. eines Gegenstands als Kunstwerk bzw. die W. von Kunst gemeint.

In Anknüpfung an die psychologische Ästhetik, aber auch als ihre Überwindung formiert sich die an E. HUSSERL [7] orientierte 'phänomenologische Ästhetik', die ästhetische Erfahrung als einen dynamischen Prozeß des Bewußtseins beschreibt, in dessen Verlauf das Kunstwerk erst dadurch zum ästhetischen Objekt wird, daß sich das rezipierende Subjekt intentional auf es bezieht [8]. Für R. INGARDEN gibt die W. eines Artefakts «gegebenenfalls den ersten Impuls zur Entfaltung des ästhetischen Erlebnisses» [9], in deren Vollzug der – mit jenem realen Objekt nicht zu identifizierende – «ästhetische Gegenstand ... in sehr kompliziertem perzeptiv-fühlenden Verhalten des Subjekts» konstituiert wird [10]. Noch schärfer formuliert es M. DUFRENNE, der in seiner Analyse der ästhetischen Erfahrung zwischen Kunstwerk, ästhetischem Objekt und ästhetischer W. unterscheidet: «L'objet esthétique est ... l'objet esthétiquement perçu, c'est à dire perçu en tant qu'esthétique» [11]. Das Kunstwerk trägt zwar in sich die Möglichkeit, den Betrachter für seine ästhetische Struktur empfänglich zu machen, aber erst durch dessen ästhetische W. wird es zum ästhetischen Objekt vollendet. Dufrenne analysiert deren drei Momente («présence», «représentation», «sentiment» [12]) und führt dabei den Begriff der «a prioris affectifs» [13] ein, um jene W.-Bedingungen im Subjekt zu benennen, unter welchen jene Umwandlung eines Werks in ein ästhetisches Objekt möglich ist.

Daß eine bestimmte Einstellung (s.d.), also ein bestimmter Modus der W. oder des Bewußtseins die notwendige Voraussetzung für die Konstituierung des Ästhetischen ist, wird auch von den 'aesthetic attitude'-Theoretikern vertreten: Während für E. BULLOUGH die ästhetische Einstellung auf der psychischen Distanz («psychical distance») [14] zum Objekt beruht, sieht J. STOLNITZ ihr spezifisches Kennzeichen in der Unabhängigkeit von jeglichem praktischen Interesse («disinterestedness») [15]. Von seiten der analytischen Ästhetik wird diese These z.T. unterstützt, etwa von M. C. BEARDSLEY, der einen ästhetischen Gesichtspunkt sui generis verteidigt [16], aber auch von Vertretern, die die ästhetische W. im Anschluß an L. WITTGENSTEIN als Aspektsehen auffassen [17]. Andererseits wird entschieden bestritten, daß überhaupt sinnvoll von ästhetischer Einstellung gesprochen werden kann: So hält vor allem G. DICKIE fest, daß dieser Begriff mit «Aufmerksamkeit» in eins falle [18].

Neben den Konzeptionen, die ästhetische W. auf eine mentale Einstellung gründen, stehen solche, die ihre evaluative Dimension herausstellen und ihr spezifisches Kennzeichen in der Emotionalität und Lebensintensität erkennen. Gegen die traditionelle Auffassung der ästhetischen Rezeption als einer interesselosen Kontemplation, die in letzter Konsequenz zu einer Trennung von Kunst und Leben geführt habe, akzentuiert J. DEWEY ästhetische Erfahrung als W.-Vorgang («esthetic perception») [19] und stellt ihre Kontinuität zur alltäglichen Erfahrung heraus. Weist für ihn bereits die Form der Erfahrung überhaupt Züge des Ästhetischen auf, insofern sich Erfahrung – idealerweise – als eine harmonische Interaktion zwischen wahrnehmendem Subjekt und Welt rhythmisch-dynamisch zu einer Einheit von Handlung, Empfindung und Bedeutung vollendet, so ist die ästhetische W. oder Erfahrung im emphatischen Sinne deren bewußt vollzogene, verdichtete und dadurch besonders genußvolle Gestalt [20]. Indem das Kunstwerk selbst solcher wertvollen vitalen Erfahrung entspringt und darauf ausgerichtet ist, entsprechende Perzeptionen hervorzurufen, zielt es auf ein gemeinschaftliches Erleben, das eine entscheidende Funktion bei der gesellschaftlichen Integration und lebensweltlichen Orientierung erfüllt [21]. Damit knüpft Dewey an G. H. MEADS Bestimmung der ästhetischen Erfahrung an, der in ihr eine wesentliche Möglichkeit erkennt, eine sozialkritische Haltung einzunehmen und das komplexe Leben einer Gesellschaft unter dem Aspekt der Ziele zu deuten [22].

Insbesondere im anglo-amerikanischen Raum zeigt sich die Tendenz, den evaluativen Begriff ‹ästhetische W.› zugunsten eines deskriptiven, semantischen Begriffs zu ersetzen: Über Dewey fließt lebensphilosophisches Gedankengut zunächst in die 'semiotische Ästhetik' ein, für die die Zeichentheorie Grundlage ihrer Analyse der ästhetischen Erfahrung wird. Zeigt sich schon bei Dewey die semantische Dimension des W.-Prozesses, über den sich das Individuum kulturelle und lebensweltliche Bedeutungen zu erschließen vermag, so hält CH. W. MORRIS fest, daß ein Kunstwerk als ein komplexes ästhetisches Zeichen vor dem Hintergrund des jeweiligen historischen Erwartungshorizonts wahrgenommen, d.h. interpretiert wird: «The work of art in the strict sense (i.e. the esthetic sign) exists only in the process of interpretation which may be called esthetic perception». Im Unterschied zu anderen W.-Aktivitäten ist sie auf «value properties» eines Objekts bezogen, d.h. auf Qualitäten, die Interesse wecken, weil sie menschliche Bedürfnisse befriedigen, und auf Qualitäten, die diese Bedeutung ikonisch repräsentieren. Damit ist strenggenommen alles ein Kunstwerk, was zum Gegenstand ästhetischer W. gemacht werden kann [23].

Auch N. GOODMAN sucht die W. des Ästhetischen unabhängig von Erklärungen mentaler Zustände oder unmittelbarer Gefühle zu bestimmen. Im Kontext seiner durch E. CASSIRER und S. K. LANGER beeinflußten Symboltheorie [24] stellt er die kognitive Funktion der bei der ästhetischen Erfahrung beteiligten Emotionen heraus, die insgesamt in einem dynamischen Verstehen («understanding») besonderer Formen von Symbolisierungen besteht: «aesthetic experience is cognitive experience distinguished by the dominance of certain symbolic characteristics and judged by standards of cognitive efficacy» [25]. A. C. DANTO folgt ihm darin, wenn er W.-Eigenschaften allein für unzureichend für die Unterscheidung zwischen Kunst und Nicht-Kunst erklärt und ästhetische Erfahrung ganz in den kognitiven Prozeß der «interpretation» einer bestimmten ästhetischen 'Zeichen-Sprache' sowie ihrer historischen und kulturellen Bedeutungen aufgehen läßt; im Verlauf der «identification» künstlerisch relevanter Eigenschaften an einem Objekt kommt es zur verklärenden «transfiguration» des Gewöhnlichen, durch die der Gegenstand den Status eines Kunstwerks erhält [26]. Damit hängt die ästhetische W. für ihn letztlich von der externen Institution 'Kunstwelt' ab, d.h. von der Kenntnis künstlerischer Theorien und der Kunstgeschichte [27].

Die 'Informationsästhetik' A. A. MOLES' versteht die ästhetischen W.-Prozesse als Kommunikationsvorgänge, die sie mit den theoretischen und technischen Mitteln der Kybernetik exakt zu bemessen sucht. Relat der W. ist die «poetische Nachricht», deren Struktur für Moles aus einer semantischen und einer ästhetischen Komponente besteht; ihre jeweilige «Komplexitätsrate» stößt auf seiten des «Empfängers» auf eine begrenzte «Komplexitätskapazität», so daß ästhetisches Vergnügen aus dem optimalen Verhältnis zwischen Informationszufluß und der Fähigkeit des Individuums zu ihrer Aufnahme resultiert [28]. Parallel zu Moles und unter dem Einfluß von CH. W. MORRIS' und CH. S. PEIRCES Zeichentheorie nimmt M. BENSE die ästhetische W. ebenfalls als Kommunikationsprozeß auf und analysiert deren Strukturgehalt [29].

Vertreter der Theorie eines geschichtlichen Wandels der W. kritisieren insbesondere die These von der Unmittelbarkeit und Autonomie ästhetischer W. und Erfahrung. Schon W. BENJAMIN, angeregt wohl vor allem durch G. SIMMEL [30], weist wirkmächtig auf den Zusammenhang von modernen Reproduktionstechnologien und dem Verlust der Aura-Erfahrung im Umgang mit dem Kunstwerk hin [31]. Während Benjamin diesen Prozeß in erster Linie beschreibend analysiert und damit die Perspektive für wahrnehmungsgeschichtliche Studien vor allem zur Moderne initiiert hat [32], wird dieser Zusammenhang inzwischen vielfach kritisch gesehen: So konstatiert gegenwärtig der Medienhistoriker P. VIRILIO generell eine «Überfremdung unserer Weltsicht», die durch die fortschreitende Automatisierung der W. durch elektronische Kommunikationsmittel verursacht sei und eine Bedrohung der «Wahrnehmungsfreiheit des Individuums» darstelle. Um einer Uniformierung der W.-Weisen entgegenwirken zu können, fordert er eine – über die Probleme der Ästhetik hinausgreifende – «Ethik der unmittelbaren W.» [33].

Vor dem Hintergrund der geschichtlichen Erfahrung des Nationalsozialismus sowie der durch die Kulturindustrie bestimmten gesellschaftlichen Realität wird für TH. W. ADORNO nicht nur der Status des Kunstwerks, sondern auch die ästhetische Subjektivität als solche fragwürdig. Von einem den gesellschaftlichen «Verblendungszusammenhang» (s.d.) und die affirmative Haltung des verdinglichten Bewußtseins überschreitenden ästhetischen Verhalten fordert er, «mehr an den Dingen wahrzunehmen, als sie sind» [34], und setzt auf die restituierende Kraft der Analyse [35]. Indem die ästhetische Reflexion «das Unsinnliche am sinnlichen Gefüge» [36] wahrnimmt, ohne es fixieren zu wollen, wird die formale Autonomie moderner Kunst als Kristallisation der «ungelösten Antagonismen der Realität» [37] und damit als ein zweideutiger Schein gesellschaftlicher Negativität durchsichtig, den allein eine geschichtlich instruierte und erfahrungsgesättigte ästhetische W. aufschließen kann: «Wird sie [sc. die Kunst] strikt ästhetisch wahrgenommen, so wird sie ästhetisch nicht recht wahrgenommen. Einzig wo das Andere der Kunst mitgefühlt wird als eine der ersten Schichten der Erfahrung von ihr, ist diese zu sublimieren, die stoffliche Befangenheit zu lösen, ohne daß das Fürsichsein der Kunst zu einem Gleichgültigen würde» [38].

Wie E. GOMBRICH, der die «Unschuld des Auges» [39] negiert, so verweist auch P. BOURDIEU auf die gesellschaftliche und geschichtliche Präformiertheit aller ästhetischen W.: «Das 'Auge' ist ein durch Erziehung reproduziertes Produkt der Geschichte. Das gleiche gilt von der gegenwärtig als legitim sich behauptenden Wahrnehmungsweise von Kunst, der ästhetischen Einstellung ... Der 'reine' Blick ist eine geschichtliche Erfindung» [40]. – Seit den 1970er Jahren wird überdies die Frage einer geschlechtsspezifischen W. auch im ästhetischen Bereich diskutiert, die sich aus der biologischen Geschlechterdifferenz bzw. aus einem sozial anerzogenen und damit historisch veränderbaren Rollenverhalten herleitet [41].

Unter Rückbeziehung auf die phänomenologische Tradition und die von H.-G. GADAMER exponierte «Erfahrung der Kunst» [42] sowie schließlich in expliziter Wendung gegen Adornos negative Ästhetik versucht H. R. JAUSS im Rahmen seiner «Rezeptionsästhetik» (s.d.) die «ästhetische Erfahrung» als «ästhetischen Genuß» zu rehabilitieren und dabei sowohl ihren geschichtlichen Wandel nachzuzeichnen als auch ihre gesellschaftliche Funktion zu begründen. Jauss unterscheidet drei Vollzugsmodalitäten ästhetischer Erfahrung: Neben dem Genuß am Hervorbringen des Kunstwerks (poiesis) und dem Genuß an seiner gesellschaftlich vermittelnden Funktion (katharsis) ist ihr wesentliches Moment die «aisthesis», d.h. das «genießende Aufnehmen des ästhetischen Gegenstandes» als ein «gesteigertes» oder «erneuertes» Wahrnehmen, das höher eingestuft wird als das begriffliche Erkennen und Möglichkeiten eröffnet, «die Welt anders wahrzunehmen» [43]. – Ähnlich wie Jauss, doch in der Tradition des Pragmatismus stehend, erinnert gegenwärtig R. SHUSTERMAN an die Bedeutung genießender W.- und Erfahrungsmöglichkeiten im Zeitalter der Informationskultur [44].

Seit den 1980er Jahren zeigt sich die Tendenz, die Ästhetik mit Rekurs auf die ursprünglich umfassendere Bedeutung von ‹ästhetisch› zu öffnen und darunter eine Theorie der 'aisthetisch-leibhaften W.' [45] zu verstehen, die der zunehmenden Ästhetisierung, Medialisierung und Virtualisierung der Wirklichkeit Rechnung zu tragen sucht und innerhalb der 'neuen Unübersichtlichkeit' praktische Orientierung zu geben beansprucht [46]. Als solche sieht sich die «Aisthetik» in einem Kontinuum zur Erkenntnistheorie wie zur Ethik [47]. Gegen diese Entgrenzung der Ästhetik und die Entdifferenzierung des Begriffs des Ästhetischen wie der ästhetischen W. wendet sich K. H. BOHRER, der die «Fett ansetzende ..., nichtssagende ..., inflationäre ... Sinnfülle» des W.-Begriffs beklagt [48]. M. SEEL, der den Unterschied zwischen 'W. überhaupt' und 'spezifisch ästhetischer W.' gewahrt wissen will, verteidigt deren Autonomie: «Ästhetische W. ist keine bloße Empfindung, sondern Aufmerksamkeit auf ein Objekt oder eine Umgebung. Ihr ist nicht allein der Akt, sondern das Objekt der W. ein Selbstzweck. ... In ästhetischer W. sind wir uns als Wahrnehmende gegenwärtig nicht lediglich als ihrer selbst bewußte Wesen, sondern als Wesen, die ihr leibliches Sensorium ausdrücklich tätig sein lassen» [49]. Im Rückblick auf die widerspruchsvollen Übergänge, die sich in den historischen Bestimmungen ästhetischer W. zeigen, stellt sich die Frage, ob es möglich sein wird, ihre traditionelle Auszeichnung als genuines Erkenntnismedium gegen ihr jüngeres Verständnis als Erlebnisqualität zu profilieren und damit die Differenz zwischen ästhetischer und alltäglicher W. offenzuhalten.

Anmerkungen. [1] Vgl. G. Maag: Art. ‹Erfahrung›, in: Barck/Fontius u.a. (Hg.), a.O. [1 zu 1.] 2 (2001) 260-274. – [2] G. Th. Fechner: Vorschule der Ästhetik (1876) 5; vgl. Allesch, a.O. [15 zu 1.] 303-314. – [3] Vgl. hierzu ausführlich: Allesch, a.O. [15 zu 1.] 288-477. – [4] Vgl. Art. ‹Gestalt›. Hist. Wb. Philos. 3 (1974) 540-548. – [5] Vgl. etwa R. Arnheims Rede vom «W.-Begriff», in: Art and visual perception. A psychol. of the creative eye (1954) 29ff.; dtsch.: Kunst und Sehen. Eine Psychol. des schöpfer. Auges (1978) 47ff. – [6] Vgl. Art. ‹Einfühlung›. Hist. Wb. Philos. 2 (1972) 396f. – [7] E. Husserl: Phantasie, Bildbewußtsein, Erinnerung. Texte aus dem Nachl. (1898-1925), Nr. 15: Modi der Reproduktion und Phantasie. Bildbewußtsein [1912]. Hua. 23 (1980) 329-422, bes. 386-392. – [8] Vgl. hierzu: F. Fellmann: Phänomenol. als ästhet. Theorie (1989); G. Bensch: Vom Kunstwerk zum ästhet. Objekt. Zur Gesch. der phänomenolog. Ästhetik (1994); Esthétique et phénoménologie. Rev. Esthét. 36 (1999). – [9] R. Ingarden: Das ästhet. Erlebnis (1937), in: Erlebnis, Kunstwerk und Wert. Vorträge 1937-1967 (1969) 3-7, 3. – [10] Prinzipien einer erkenntnistheoret. Betrachtung der ästhet. Erfahrung (1937), a.O. 19-27, 23. – [11] M. Dufrenne: Phénoménol. de l'expérience esthét. (Paris 1953) 1, 9; vgl. Bensch, a.O. [8] 127ff. – [12] a.O. 2, 421ff. 432ff. 462ff. – [13] a.O. 539. – [14] E. Bullough: 'Psychical distance' as a factor in art and an aesthetic principle. Brit. J. Psychology 5 (1912) 87-118. – [15] J. Stolnitz: Some questions conc. aesthetic perception. Philos. phenomenolog. Res. 12 (1961/62) 69-87; 'The aesthetic attitude' in the rise of modern aesthetics. J. Art Art Criticism 36 (1977/78) 409-422; vgl. Art. ‹Wohlgefallen, interesseloses›. – [16] M. C. Beardsley: The aesthetic point of view (1970), in: M. J. Wreen/D. M. Callen (Hg.): The aesthetic point of view. Sel. essays (Ithaca/London 1982) 15-34. – [17] Vgl. Art. ‹Sehen als; Aspektsehen›. Hist. Wb. Philos. 9 (1995) 162-164, 164. – [18] G. Dickie: The myth of aesthetic attitude. Amer. philos. Quart. 1 (1964) 56-65, 64. – [19] J. Dewey: Art as experience 1 (1934), in: The later works, 1925-1953, hg. J. A. Boydston/H. Furst Simon 10: 1934 (Carbondale u.a. 1987) 25. – [20] Art as exp. 3, a.O. 61ff.; vgl. hierzu: U. Engler: Kritik der Erfahrung. Die Bedeutung der ästhet. Erfahrung in der Philos. John Deweys (1992). – [21] Art as exp. 14, a.O. 329ff. – [22] G. H. Mead: The nature of aesthetic experience. Int. J. Ethics 36 (1926) 382-393, in: Sel. writ., hg. A. J. Reck (Chicago/London 1964) 294-305, 296f. – [23] Ch. W. Morris: Esthetics and the theory of signs (1939), in: Writ. on the gen. theory of signs (Den Haag/Paris 1971) 416. 422. – [24] Vgl. Art. ‹Symbol›. Hist. Wb. Philos. 10 (1998) 710-739, 734f.; Art. ‹Symbolische Form›, a.O. 739-741, 740; Art. ‹Symbolische Prägnanz›, a.O. 742-743; zur Auffassung der ästhet. W. als intuit. Gefühl vgl. S. K. Langer: Artistic perception and 'natural light', in: Problems of art (1957) 59-74, 59. – [25] N. Goodman: Languages of art (London 1969) 262. – [26] A. C. Danto: The transfiguration of the commonplace. A philos. of art (Cambridge, Mass. 1981) 113. 119ff. – [27] The artworld. J. Philosophy 61 (1964) 571-584. – [28] A. A. Moles: Théorie de l'information et perception esthét. 6 (Paris 1958) 172. 180; dtsch.: Informationstheorie und ästhet. W. (1971) 222. 228. – [29] Vgl. M. Bense: Semiotik. Allg. Theorie der Zeichen (1967) 18-25; Aesthetica. Einf. in die neue Ästhetik (1965). – [30] Vgl. hierzu: K. G. Greffrath: Metaphorischer Materialismus. Unters. zum Geschichtsbegriff Walter Benjamins (1981) 42ff. – [31] W. Benjamin: Das Kunstwerk im Zeitalter seiner techn. Reproduzierbarkeit, 2. Fass. [1935/36]. Werke 7/1 (1989) 354f. 381; vgl. Art. ‹Aura›. Hist. Wb. Philos. 1 (1971) 652-653. – [32] S. Buck-Morss: The dialectics of seeing. Walter Benjamin and the Arcades project (Cambridge, Mass. 1989); J. Crary: Techniques of the observer (Cambridge, Mass. 1990). – [33] P. Virilio: Das Privileg des Auges, in: J.-P. Dubost (Hg.): Bildstörung. Gedanken zu einer Ethik der W. (1994) 55-71, 63f. 71; vgl. auch: Esthétique de la disparition (Paris 1980); La machine de vision (Paris 1988) passim. – [34] Th. W. Adorno: Ästhet. Theorie (1969). Ges. Schr., hg. G. Adorno/R. Tiedemann 7 (1970) 488; vgl. Art. ‹Wahrheit, ästhetische; Wahrheit der Kunst›. – [35] a.O. 109. – [36] 146. – [37] 16. – [38] 17. – [39] Vgl. E. Gombrich: Art and illusion (New York 1960) 9-30. 326; dtsch.: Kunst und Illusion (²1986) 19-47. 361. passim; vgl. auch im Anschluß an Gombrich: Goodman, a.O. [25] 8f.; zur Kritik an der Autonomie des Sehens: Art. ‹Sehen I.›. Hist. Wb. Philos. 9 (1995) 127-129. – [40] P. Bourdieu: La distinction. Critique sociale du jugement (Paris 1979); dtsch.: Die feinen Unterschiede. Kritik der gesellschaftlichen Urteilskraft, Einl. (1982) 21. – [41] Vgl. S. Bovenschen: Gibt es eine 'weibliche' Ästhetik? Ästhetik und Kommunikation 25 (1976) 60-75. – [42] H.-G. Gadamer: Wahrheit und Methode (1960, ⁶1990) 7-174. – [43] H. R. Jauss: Ästhet. Erfahrung und literar. Hermeneutik 1: Versuche im Feld der ästhet. Erfahrung (1977) 62; Kleine Apologie der ästhet. Erfahrung (1972) 13. – [44] R. Shusterman: Am Ende ästhet. Erfahrung. Dtsch. Z. Philos. 45 (1997) 859-878. – [45] Vgl. R. zur Lippe: Sinnenbewußtsein. Grundlegung einer anthropolog. Ästhetik (1987); K. Barck/P. Gente u.a. (Hg.): Aisthesis. W. heute oder Perspektiven einer anderen Ästhetik (1990); W. Welsch (Hg.): Die Aktualität des Ästhetischen (1992); Y. Ehrenspeck: Aisthesis und Ästhetik. Überleg. zu einer problemat. Entdifferenzierung, in: K. Mollenhauer/Ch. Wulf (Hg.): Aisthesis/Ästhetik. Zwischen W. und Bewußtsein (1996) 20-230; K. Barck: Art. ‹Ästhetik/ästhetisch›, Einl., in: Barck/Fontius u.a. (Hg.), a.O. [1 zu 1.] 308-317. – [46] Vgl. etwa: G. Böhme: Aisthetik. Vorles. über Ästhetik als allg. W.-Lehre (2001). – [47] Vgl. W. Welsch: Ästhetik und Anästhetik, in: Ästhet. Denken (1990) 9f.; Konstellationen der W. (1990), in: Grenzgänge der Ästhetik (1996) 191f. – [48] K. H. Bohrer: Der Irrtum des Don Quixote. Das Problem der ästhet. Grenze, in: Plötzlichkeit. Zum Augenblick des ästhet. Scheins (1981) 86-107, 103. – [49] M. Seel: Ästhetik und Aisthetik. Über einige Besonderheiten ästhet. W., in: Eth.-ästhet. Studien (1996) 36-69, 49f. 52.

Literaturhinweise. W. Henckmann s. Anm. [54 zu 1.]. – M. Podro: The manifold in perception. Theories of art from Kant to Hildebrand (Oxford 1972). – P. Kivy s. Anm. [21 zu 1.]. – D. F. Norton: Hutcheson on perception and moral perception. Arch. Gesch. Philos. 59 (1977) 181-197. – E. Michael: F. Hutcheson on aesthetic perception and aesthetic pleasure. Brit. J. Aesthetics 24 (1984) 214-255. – C. Peres: Cognitio sensitiva. Zum Verhältnis von Empfindung und Reflexion in A. G. Baumgartens Begründung der Ästhetiktheorie, in: H. Körner u.a. (Hg.): Empfindung und Reflexion. Ein Problem des 18. Jh. (1986) 5-48. – K. Puntel: Empfindung, Reflexion und 'ästhet. Sinn'. Die Eigengesetzlichkeit von Kunst und Kunstrezeption in Schillers Theorie der Ästhetik, a.O. 117-148. – Ch. G. Allesch s. Anm. [15 zu 1.]. – F. W. Solms: Disciplina aesthetica: Zur Frühgeschichte der ästhet. Theorie bei Baumgarten und Herder (1990). – M. Strasser: Hutcheson on aesthetic perception. Philosophia 21 (1991/92) 107-118. – K. Discherl: Von der Herrschaft der Schönheit über unsere Gefühle. Elemente einer Ästhetik der sensibilité (Fénelon/Crousaz/Dubos), in: S. Neumeister (Hg.): Frühaufklärung (1994) 383-414. – U. Zeuch: Umkehr der Sinneshierarchie. Herder und die Aufwertung des Tastsinns seit der frühen Neuzeit (2000). – D. Kliche: Ästhet. Pathologie: Ein Kapitel aus der Begriffsgesch. der Ästhetik. Archiv Begr.gesch. 42 (2001) 197-229. – T. Jörgens: Die sinnl. W., das Schöne und die Kunst – Probleme des Begriffes ‹Ästhetik› seit I. Kant, in: G. Engel/G. Notz (Hg.): Sinneslust und Sinneswandel. Beitr. zu einer Gesch. der Sinnlichkeit (2001) 15-28. – E. Ortland: Ästhetik als Lehre von der W., in: A. Bolterauer/E. Wiltschnigg (Hg.): Kunstgrenzen: Funktionsräume der Kunst in Moderne und Postmoderne (Wien 2001) 23-37. – W. Tatarkiewicz: Das ästhet. Erlebnis: Gesch. des Begriffs, in: Gesch. der sechs Begriffe (2003) 448-499.

A. von der Lühe/X. Fischer-Loock

Wahrscheinlichkeit (griech. εἰκός, πιθανόν, ἔνδοξον [wahrscheinlich], εὐπρέπεια; lat. verisimilitudo; probabilitas; engl. probability; frz. probabilité; ital. probabilità)

I. *Terminologie.* – Im Deutschen fungiert das (im 17. Jh. nach dem Vorbild von ndl. ‹waarschijnlijkheid› dem lat. ‹verisimilitudo› nachgebildete [1]) Wort ‹W.› als sprachliche Klammer für ein überaus inhomogenes Feld von Begriffen. Diese unterscheiden sich voneinander sowohl durch ihre jeweilige Bedeutung und ihre Anwendungsfelder als auch durch ihre Herkunft aus unterschiedlichen theoretischen Kontexten. ‹W.› wird verwendet in der Bedeutung von 'Akzeptabilität', 'Plausibilität', 'Zustimmungsfähigkeit von Aussagen und Meinungen' bzw. im Blick auf den Grad der Gewißheit kognitiver Akte (‹epistemische W.›), bezeichnet aber auch die Ereignis-W., Propensität, mathematische W., statistische Regelmäßigkeit. Der Begriff der «ästhetischen» bzw. «poetischen W.» hebt ab auf das Verhältnis von künstlerischer Darstellung und Realität [2]. Die in den neueren Sprachen vorherrschende Terminologie (abgeleitet von lat. ‹probabilitas›: frz. probabilité; ital. probabilità; engl. probability) weist gleichfalls mehrere Bedeutungsvarianten auf.

Obwohl daher von einer einheitlichen Begriffsgeschichte von ‹W.› nicht die Rede sein kann, werden die in den philosophischen Disziplinen und den Wissenschaften gebräuchlichen Termini doch auch nicht auf eine rein äußerliche Weise durch den deutschen Ausdruck zusammengezwungen. Denn neben isolierten Verwendungsweisen (in Rhetorik, Poetik, Erkenntnistheorie, Naturphilosophie oder Mathematik) und expliziten Abgrenzungen bestimmter W.-Begriffe kommt es in der Geschichte der Philosophie und der betroffenen Wissenschaften auch zu Verknüpfungen von W.-Begriffen und zu Versuchen, bestimmte W.-Begriffe auf andere zurückzuführen.

So ist die Objektivierbarkeit des Begriffes der W. im Sinne einer Rückführung auf empirisch bestimmbare Häufigkeiten ein Thema, das nicht nur in der Philosophie (vgl. unten: IV. B.), sondern auch in der Mathematik (IV. A. 4. und 6.) und den Naturwissenschaften (IV. A. 5. und 7.) immer wieder aufgegriffen wird. Auch die Frage nach der Beziehung von W. und den Modi von Möglichkeit und Wirklichkeit taucht in der naturwissenschaftlichen Diskussion wieder auf (IV. A. 7.).

Zu Beginn der einschlägigen philosophischen Reflexion entspricht der Vielfalt dieser disparaten Begriffe im Griechischen ein ausgefächertes Wortfeld, das in seiner Differenziertheit teilweise im Lateinischen seine Entsprechung hat. Die geläufigsten Ausdrücke sind τὸ εἰκός, τὸ πιθανόν und τὸ ἔνδοξον; die beiden erstgenannten sind vor ihrer Fixierung als philosophische Termini in der Alltagssprache, in der Dichtung [3] und in der Geschichtsschreibung [4] gebräuchlich. Sie bezeichnen die Glaubwürdigkeit und Zustimmungsfähigkeit von Aussagen und Meinungen (u.a. aufgrund ihrer Konformität mit der akzeptierten Meinung oder der Expertenmeinung). Auch die Berechtigung von Erwartungen kann gemeint sein – so in dem Diktum des Tragikers Agathon: «wahrscheinlich (εἰκός) ist gerade dies, daß den Menschen viel Unwahrscheinliches (πολλὰ ... οὐκ εἰκότα) widerfährt» [5]. Während sich εἰκός, πιθανόν und ἔνδοξον auf Aussagen oder Meinungen beziehen, also die subjektive bzw. epistemische W. bezeichnen, ist der von Aristoteles in dieser Form geprägte Terminus ὡς ἐπὶ τὸ πολύ (bei Cicero «quod fere solet fieri» [6]) dem Begriff der statistischen Regelmäßigkeit angenähert: Er bezeichnet das, was «in den meisten Fällen» zu beobachten ist bzw. eintritt, also eine Eigenschaft, die bestimmten Vorgängen oder Erscheinungen zukommt (z.B. die Häufigkeit gewisser Krankheiten in bestimmten Jahreszeiten oder die Häufigkeit blauer Augen bei hellhäutigen Menschen [7]). Allerdings wird weder hier noch in der hippokratischen Medizin, die mit ähnlichen Häufigkeitsbegriffen arbeitet [8], der Häufigkeit ein numerischer W.-Wert zugeordnet. Daß dieser Begriff der Häufigkeit des Eintretens eines Vorgangs, Ereignisses, einer Erscheinung («in den meisten Fällen») einen statistisch-aleatorischen Aspekt besitzt [9], liegt auf der Hand. Gleichwohl ist das Konzept der durch einen numerischen W.-Wert präzisierten objektiven W. neuzeitlichen Ursprungs (vgl. unten: III.), und sein Fehlen gehört zu den Eigentümlichkeiten des antiken Denkhorizonts. Ob und inwiefern sich eine mathematische Theorie der W. *vor* dem 17. Jh. hätte ausbilden können, ist heute eines der kontroversen Themen der Wissenschaftsgeschichte.

Die Philosophie der lateinischen Kultur – namentlich Cicero (vgl. unten: II.), Boethius und die mittelalterlichen Übersetzer aus dem Griechischen (III.) – hat den griechischen Termini verschiedene Pendants zugeordnet, bes. ‹probabilitas› und ‹verisimilitudo› (eigentlich ‹Wahrheitsähnlichkeit›, s.d.), das später hinzukam; noch Cicero schwankt zwischen «veri similitudo» und «similitudo veri» [10]. Dieser Ausdruck, dessen Schreibung in einem Wort (‹verisimilitudo›) erst im 2. Jh. n.Chr. belegt ist [11], liegt dem bereits im Mittelalter aufkommenden französischen Wort ‹vraisemblance› [12] zugrunde.

Anmerkungen. [1] Art. ‹wahrscheinlich›. Grimm 13 (1922) 994-998, 994. – [2] Vgl. Art. ‹Wahrscheinlichkeit (ästhetisch)›. – [3] Aristophanes: Thesmosphor. 464. – [4] τὸ εἰκός: Herodot I, 15; Thukydides II, 89; I, 121; IV, 17; τὸ πιθανόν, πιθανὸς λόγος, πιθανώτατος: Herodot I, 214. – [5] Agathon: Frg. 9, in: Tragic. graec. fragmenta, hg. B. Snell 1 (1971) 164; zit. von Aristoteles: Rhet. II, 24, 1402 a 11f. – [6] Cicero: De invent. I, 29. – [7] Aristoteles: Problemata 859 b 5; 892 a 1. – [8] E. Sgherri: Origine e significato della probabilità in Aristotele. Atti e memorie dell'Accad. di scienze e lettere La Colombaria 62 (1998) 65-83. – [9] E. Agazzi: Probability: a composite concept, in: E. Agazzi (Hg.): Probability in the sciences (Dordrecht 1988) 3-26, 6; vgl. auch: R. Ineichen: Würfel und W. Stochast. Denken in der Antike (1996) 95ff. – [10] Cicero: Lucullus 107; Partit. orat. 40. – [11] Apuleius: Metamorph. II, 27, 6. – [12] Grand Robert de la langue franç. 1-9 (Paris 1987) 9, 834. Red.

II. *Antike.* – In Platons ‹Timaios› charakterisiert ‹wahrscheinlich› (εἰκός) den Status der Rede über den Kosmos: Die Welt ist notwendig Abbild von etwas (εἰκόνα τινός) [1]; ihre Erklärung kann entsprechend nur 'gleichend' oder 'ähnelnd' sein [2]. Die wahrscheinliche Rede entspricht der Veränderlichkeit dessen, was sie beschreibt; sie bringt nur Pistis (s.d.), also Vertrauen, hervor, das sich zur Wahrheit so verhalte wie das Werden zum Sein [3]. In einem anderen Sinn gelten Platon die Reden der Rhetoriker als wahrscheinlich: Vor Gericht gehe es um das Glaubhafte (πιθανόν), und dieses sei das Wahrscheinliche (τὸ εἰκός) [4]. Das Wahrscheinliche sei das, was die Menge glaube; wahrscheinlich werde es für die Menge durch seine Ähnlichkeit mit dem Wahren [5]. Der Begriff des Wahrscheinlichen in der Rhetorik grenzt damit an eine allgemeinere Verwendung an: Die meisten Menschen, so Simmias im ‹Phaidon›, gelangen ohne Beweis, allein durch eine gewisse W. (μετὰ εἰκότος τινός) und Plausibilität (εὐπρέπεια) zu ihren Meinungen [6]. Verfängliche, bloß auf W.en und Überredungskünsten (πιθανολογία) beruhende Reden werden im ‹Theaitet› mit der beweisenden Rede des Mathematikers kontrastiert [7]; das Wahrscheinliche ist hier das Scheinbare, mit dem man sich nicht begnügen sollte.

ARISTOTELES führt das dialektische Argumentieren als eine Methode vor, die uns befähigt, ausgehend von Endoxa (ἔνδοξα) über jedes Problem zu diskutieren [8]. Was genau unter den ἔνδοξα zu verstehen ist, ist umstritten. BOETHIUS übersetzt ἔνδοξον als «probabile», was in der Folge als 'wahrscheinlich' oder 'plausibel' ausgelegt wird. Neuere Übersetzungen sprechen von 'akzeptierten Meinungen' («common opinions», «idées admises» [9]). In der ‹Topik› bestimmt ARISTOTELES ἔνδοξα als diejenigen Meinungen, die entweder von Allen oder von den Meisten oder den Weisen – und von diesen wiederum von Allen, den Meisten oder den Berühmtesten und Angesehensten (ἐνδόξοις) akzeptiert werden [10]. Ein Teil der ἔνδοξα ist damit adäquat als 'Meinungen aller' oder 'akzeptierte Meinungen' beschrieben; die Meinungen von angesehenen Denkern dagegen können unter Umständen schwer mit allgemein akzeptierten Meinungen zu vereinbaren sein. Die wörtliche Übersetzung von ἔνδοξος lautet 'angesehen'. Endoxa wären damit Ansichten, die uns aus unterschiedlichen Gründen theoretisch interessant erscheinen und so Ansehen verdienen – teils, weil sie weitverbreitet sind, teils, weil ein angesehener Weiser sie vertritt [11]. Umstritten ist, ob eine paradoxe These als ἔνδοξον gelten kann [12]. In der ‹Rhetorik› bestimmt Aristoteles das Wahrscheinliche (εἰκός) als das, was in der Regel (ὡς ἐπὶ τὸ πολύ) geschieht [13]; wahrscheinliche Sätze können in den enthymematischen Syllogismen der Rhetorik als Prämissen fungieren [14]. Der Begriff des Wahrscheinlichen in der ‹Rhetorik› ist zu unterscheiden von dem für die Bestimmung von Aufgabe und Methode der Rhetorik zentralen Begriff des Überzeugenden (πιθανόν) [15]. Jede Wissenschaft habe zu ihrem Gegenstand das, was immer oder in der Regel (ὡς ἐπὶ τὸ πολύ) stattfinde, wie z.B. Honigwasser für den Fieberkranken in der Regel heilsam sei [16]. Das, was sich in der Regel so-und-so verhalte, sei Kontingentes, das sich jedoch (im Gegensatz zu anderem Kontingentem) von Natur aus so-und-so verhalte (τὸ πεφυκὸς ὑπάρχειν) [17]. Aristoteles verbindet den Ausdruck 'in der Regel' in einer Weise mit den Begriffen des Wahrscheinlichen (εἰκός) und des Angesehenen (ἔνδοξος), die deutlich macht, daß es zwar darum geht, was meistens der Fall ist, dies aber nicht im Sinne der statistischen W. aufzufassen ist: Das Wahrscheinliche sei ein angesehener Satz (πρότασις ἔνδοξος); wovon man wisse, daß es in der Regel (ὡς ἐπὶ τὸ πολύ) so-und-so geschehe oder nicht geschehe, sei oder nicht sei, das sei wahrscheinlich, z.B. daß neidische Menschen hassen [18]. In der ‹Poetik› heißt es, es sei Aufgabe des Dichters, von solchen Ereignissen zu sprechen, die möglich im Sinne des Wahrscheinlichen (κατὰ τὸ εἰκός) oder des Notwendigen seien [19]; spätere Poetiken beziehen sich mit ihrem Konzept einer ästhetischen W. oder Wahrheitsähnlichkeit hierauf [20].

EPIKUR zufolge ist es falsch, sich einer bestimmten Theorie der Himmelserscheinungen anzuschließen, da diese sich auf mehrere Weisen erklären lassen, die mit den Sinneswahrnehmungen konsistent sind. Die angemessene Reaktion auf diese theoretische Situation sei, das, was plausibel erklärt sei (τὸ πιθανολογούμενον), nebeneinander stehenzulassen, und weder die eine Theorie zu verwerfen, noch der anderen zuzustimmen [21]. Daß eine Theorie plausibel ist, bedeutet damit nicht, daß sie wahrscheinlich wahr ist. Die Stoiker unterscheiden zwischen glaubwürdigen (πιθανόν), nicht glaubwürdigen, zugleich glaubwürdigen und unglaubwürdigen sowie weder glaubwürdigen noch unglaubwürdigen Vorstellungen. ‹Glaubwürdig› bezeichnet eine Wirkung der Vorstellung auf die Seele – eine glaubwürdige Vorstellung verursacht eine angenehme Bewegung in der Seele [22], sie bewegt uns zur Zustimmung [23]. Daß eine Vorstellung glaubwürdig ist, besagt nichts über ihre Wahrheit [24]. Das stoische εὔλογον (plausibel, vernünftig) ist insofern wesentlich anders zu deuten als πιθανόν, als es hier nicht um die psychologische Wirkung von Vorstellungen geht. Ein Beispiel für eine vernünftige Aussage ist 'Ich werde morgen am Leben sein': Die Mehrzahl der 'Ausgangspunkte' dieser Aussage führt darauf hin, daß sie wahr ist [25]. In Erfahrungsdingen reiche es dem Stoiker, im Sinne des Vernünftigen (εὐλογία) überzeugt zu sein; wer etwa im Sommer lossegle, sei überzeugt, sicher anzukommen [26]. Diese Beschreibung zeigt, daß das Vernünftige oder Plausible in Situationen relevant wird, in denen der Weise nicht über eine erfassende Vorstellung verfügt.

Die Akademiker ARKESILAOS und KARNEADES kritisieren das stoische Wahrheitskriterium (s.d.), die erfassende Vorstellung. Ihre Ausführungen dazu, woran man sich in Ermangelung erfassender Vorstellungen im praktischen Leben halten könne, sind Teil ihrer – möglicherweise weitgehend dialektisch zu deutenden – Argumentation gegen die stoische Theorie. ARKESILAOS zufolge wird derjenige, der sich über alles des Urteils enthält, sein Leben am Kriterium des Vernünftigen (εὔλογον) ausrichten. Dieses praktische Kriterium stelle sicher, daß er richtig handele und somit glücklich werde; eine Handlung sei richtig, wenn für sie eine vernünftige (εὔλογον) Rechtfertigung gegeben werden könne [27]. In der Forschung besteht ein breiter Konsens, demzufolge KARNEADES' Begriff des Glaubwürdigen (πιθανόν) auf die Stoa zurückgeht [28]. Vorstellungen, so Karneades, sind entweder anscheinend wahr oder nicht. Die anscheinend wahre Vorstellung ist glaubwürdig bzw. überzeugend (πιθανόν); diejenige anscheinend wahre Vorstellung, die den Anschein der Wahrheit in einem hohen Grad hat, ist praktisches Kriterium [29]. Glaubwürdige Vorstellungen sind in der Regel (ὡς τὸ πολύ) wahr [30]; insofern Karneades den stoischen Begriff des πιθανόν dialektisch aufgreift, ist trotz dieser Bestimmung festzuhalten, daß es um eine psychologische Wirkung der Vorstellung geht, nicht darum, ob sie wahrscheinlich wahr ist. Vorstellungen können Karneades zufolge mehr oder weniger glaubwürdig sein: Ein erweiterter Begriff des πιθανόν beinhaltet daher, daß eine Vorstellung nicht nur zunächst überzeugt, sondern zudem nicht durch eine weitere Vorstellung 'abgelenkt' wird und eingehender Prüfung standhält [31]. Zu betonen ist, daß auch die sorgfältige Prüfung nicht zu einer Bestätigung der Vorstellung führt – die Vorstellung gilt allein als in höherem Maße glaubwürdig.

CICERO übersetzt das akademische πιθανόν durch «probabile» und schafft zudem einen festen Ausdruck für den angemessenen Umgang mit dem probabile: die Billigung (probare). Seine Übersetzung des griechischen Ausdrucks bringt eine Umdeutung mit sich: Die Billigung erscheint als eine positive Bestätigung; «probabile» ist das, was nach sorgfältiger Prüfung gebilligt wird [32]. Cicero erläutert das «probabile» als das, was gewissermaßen der Wahrheit ähnelt («quasi veri simile») [33]. AUGUSTINUS, der diese Gleichsetzung von ‹probabile› und ‹veri simile› aufnimmt, betont die Implikationen der Idee einer Ähnlichkeit zur Wahrheit: Man könne etwas nur als der Wahrheit ähnlich bezeichnen, wenn man die Wahrheit kenne [34].

In der pyrrhonischen Skepsis ist von Glaubwürdigkeit (πίστις) die Rede, wenn beschrieben wird, wie verschiedene Positionen dem Skeptiker erscheinen, nachdem er sie der Prüfung unterzogen hat. Eine kritisierte Aussage erscheint nicht als falsch; vielmehr erzeugt die Tätigkeit des Gegenüberstellens ein Gleichgewicht zwischen mehreren Positionen (ἰσοσθένεια), die in einer Frage vertreten werden können. Das Gleichgewicht, so SEXTUS EMPIRICUS, besteht mit Bezug auf die Glaubwürdigkeit oder Unglaubwürdigkeit (κατὰ πίστιν καὶ ἀπιστίαν) der konfligierenden Sätze bzw. Theorien [35]. Es ergibt sich eine innerpsychische Balance – der Skeptiker wird von der Zustimmung zu jeder These gleichermaßen ferngehalten. Die Urteilsenthaltung, die Epoché (s.d.), erscheint als eine Art Stillstand des Denkens (στάσις διανοίας) [36]. Das Schlagwort 'nicht mehr das eine als das andere' (οὐ μᾶλλον) drückt in seiner pyrrhonischen Verwendung diesen Zustand aus [37].

In den antiken medizintheoretischen Debatten zwischen Empiristen und Rationalisten [38] stellen die Empiriker die Frage, inwieweit medizinisches Können auf Vernunft basiert; teilweise erklären sie medizinische Prognosen ohne jeden Rekurs auf Wissen oder W. rein als Produkt der Erinnerung: Der Umstand, daß der Arzt sich an Personen mit bestimmten Eigenschaften erinnert, die ein spezifisches Leiden entwickelten, erweckt in ihm beim Anblick einer weiteren Person mit diesen Eigenschaften die Erwartung (ἐλπίς) und den Glauben (πίστις), daß auch diese Person das Leiden entwickeln wird [39].

Anmerkungen. [1] PLATON: Tim. 29 b 1f. – [2] 29 b 3-c 2. – [3] c 2f. – [4] Phaedr. 272 d-e. – [5] 273 a-d. – [6] Phaedo 92 c-d. – [7] Theaet. 162 e-163 a. – [8] ARISTOTELES: Top. I, 1, 100 a 19f.; vgl. Art. ‹Topik; Topos I.›. Hist. Wb. Philos. 10 (1998) 1263-1269. – [9] Nicomachean Ethics, hg. W. D. Ross (Oxford/New York 1986); Topiques, hg. J. BRUNSCHWIG (Paris 1967). – [10] Top. I, 1, 100 b 21-23. – [11] J. BARNES: Aristotle and the methods of ethics. Rev. int. Philos. 133 (1980) 490-511. – [12] Vgl. O. PRIMAVESI: Die Aristotel. Topik: Ein Interpretationsmodell und seine Erprobung am Beispiel von Top. B (1996) 33 (Anm. 10). 43 (Anm. 55). – [13] ARISTOTELES: Rhet. I, 2, 1357 a 34-b 1. – [14] I, 3, 1359 a 9. – [15] 2, 1355 b 26f. – [16] Met. VI, 2, 1027 a 22f. – [17] Anal. pr. I, 13, 32 b 7f.; vgl. Eth. Eud. VIII, 14, 1247 a 31f. – [18] II, 27, 70 a 2-6. – [19] Poet. 9, 1451 a 36f.; 15, 1454 a 33-37. – [20] Vgl. Art. ‹Wahrscheinlichkeit (ästhetisch)›. – [21] EPIKUR: Ep. ad Pythoclem 85-88, in: A. A. LONG/D. N. SEDLEY (Hg.): The Hellenist. philosophers [LS] (Cambridge [2]1992); dtsch. (2000) 18 C. – [22] SEXTUS EMP.: Adv. math. VII, 242-246 (LS 39 G); vgl. Art. ‹Katalepsis›. Hist. Wb. Philos. 4 (1976) 708-710. – [23] DIOGENES LAERT.: Vitae VII, 75 (LS 38 D). – [24] SEXTUS EMP.: Adv. math. VII, 242-244; SVF 2, 65 (LS 39 G). – [25] DIOGENES LAERT.: Vitae VII, 76 (LS 36 A). – [26] PHILODEM: De signis 7, 26-38 (LS 42 J); vgl. CICERO: Acad. II, 99f. (LS 42 I). – [27] SEXTUS EMP.: Adv. math. VII, 158 (LS 69 B). – [28] Vgl. P. COUISSIN: Le stoïcisme de la Nouvelle Académie. Rev. Hist. Philos. 3 (1929) 241-276; G. STRIKER: Sceptical strategies, in: M. SCHOFIELD/M. BURNYEAT/J. BARNES (Hg.): Doubt and dogmatism: studies in Hellenist. epistemology (Oxford 1980); D. SEDLEY: On signs, in: J. BARNES/J. BRUNSCHWIG/M. BURNYEAT/M. SCHOFIELD (Hg.): Science and speculation: Studies in Hellenist. theory and practice (Cambridge/Paris 1982) 239-272, 249-251. – [29] SEXTUS EMP.: Adv. math. VII, 166-173 (LS 69 D). – [30] a.O. 175. – [31] 176-184 (LS 69 E). – [32] Vgl. W. GÖRLER: Ein sprachl. Zufall und seine Folgen. 'Wahrscheinlich' bei Karneades und bei Cicero, in: C. W. MÜLLER/K. SIER/J. WERNER (Hg.): Zum Umgang mit fremden Sprachen in der griech.-röm. Antike (1989) 159-171. – [33] CICERO: Acad. II, 32 (LS 68 R). – [34] AUGUSTINUS: C. Acad. II, 7, 16ff. – [35] SEXTUS EMP.: Pyrrhon. instit. I, 10. – [36] a.O. – [37] I, 190. – [38] Vgl. Art. ‹Medizin I.›. Hist. Wb. Philos. 5 (1980) 968-976. – [39] Vgl. GALEN: De sectis ingred. 7, 8; Subfiguratio empirica 71, 26; 73, 24; vgl. M. FREDE: An empiricist view of knowledge, in: S. EVERSON (Hg.): Companions to ancient thought 1 (Cambridge 1990) 225-250, 245f.

Literaturhinweise. M. MIGNUCCI: Ὡς ἐπὶ τὸ πολύ et nécessaire dans la conception aristot. de la science, in: E. BERTI (Hg.): Aristotle on science (Padua 1978) 173-203. – H. WEIDEMANN: Möglichkeit und W. bei Aristoteles. Studia philosophica 46 (1987) 171-189. – R. BETT: Carneades' pithanon: A reappraisal of its role and status. Oxford Studies anc. Philos. 7 (1989) 59-94. – W. GÖRLER s. Anm. [32]. – L. JUDSON: Chance and 'always or for the most part' in Aristotle, in: Aristotle's Physics (1991) 73-99. – TH. FUHRER: Der Begriff verisimile bei Cicero und Augustin. Museum Helvet. 50 (1993) 107-125. – M. WINTER: Aristotle, ὡς ἐπὶ τὸ πολύ relations, and a demonstrative science of ethics. Phronesis 42 (1997) 163-189. – J. GLUCKER: Probabile, verisimile and related terms, in: J. G. F. POWELL (Hg.): Cicero the philosopher (Oxford 1999) 115-143.

K. VOGT

III. *Scholastik.* – 1. *Terminologie.* – Von Cicero und aus der Aneignung des Aristoteles stammt die scholastische Terminologie. BOETHIUS hatte gegen 520 «probabile» als Übersetzung für das ἔνδοξον der Aristotelischen ‹Topik› gewählt. Entsprechend übersetzt gegen 1247 ROBERT GROSSETESTE πιθανότης mit «probabilitas» [1]. Für εἰκός gibt BOETHIUS in seiner Übersetzung der ‹Analytica Priora› «verisimile» [2]. Dem spätmittelalterlichen Aristotelismus hat diese Übersetzung allerdings nicht in der Florentiner, sondern in der Chartreser Rezension vorgelegen, wo εἰκός unübersetzt bleibt [3]. Auch die Rezeption der ‹Rhetorik› ist zunächst durch den Umstand belastet, daß die gegen 1270 entstandene Übersetzung des WILHELM VON MOERBEKE εἰκός als Fremdwort stehen läßt [4]: vermutlich, weil es in der Scholastik des 12. Jh. nicht üblich war, zwischen ‹verisimilitudo› und ‹probabilitas› zu differenzieren [5]. Die Scholastik des 16. und 17. Jh. setzt die beiden Substantive dann ausdrücklich synonym [6], bevorzugt jedoch, anders als die Jurisprudenz, den Ausdruck ‹probabilitas›. Ausgelöst durch den 1577 entstandenen moraltheologischen Probabilismus (s.d.) hat sie eine umfangreiche, z.T. monographische [7] Literatur zur W. hervorgebracht. Dabei handelt es sich keineswegs nur um ein Kapitel aus der Geschichte der praktischen Philosophie. Unter anderem hat sich erst in diesem Stadium das Bedürfnis geregt, den Begriff der W. auch zu historisieren («probabilitas Aristotelica», «probabilitas Academica») [8]. In der Forschung setzt sich heute die Ansicht durch: «The Scholastics made many advances in the clarification and deepening of concepts necessary to understand probability» [9].

2. *Definition.* – Unter Rekurs auf den aus der aristotelischen Wissenschaftslehre übernommenen Begriff der δόξα («opinio ... significat actum intellectus qui fertur in unam partem contradictionis cum formidine alterius») [10] versteht die Scholastik ‹W.› und ‹Unwahrscheinlichkeit› als die Attribute solcher kognitiven Akte, die auf Unfehlbarkeit (s.d.) keinen Anspruch haben. Dazu gehört das informationsabhängige Wissen in seiner ganzen Breite und unter den Thesen der scholastischen Theologie alles, was nicht direkt aus der Offenbarung ableitbar ist [11]. W. schließt Gewißheit («certitudo») aus [12]. Ihr Mangel («respondetur probabilitatem, obscuritatem et fallibilitatem dicere intrinsecam imperfectionem cognitionis») [13] besteht nicht unmittelbar in dem Fehlen von Gewißheit, sondern in der Beziehung des Urteils auf eine Art von Argumenten («motiva probabilitatis») [14], welche allenfalls das tatsächliche Irrtumsrisiko ausschließen, nicht jedoch die Furcht, sich zu irren («probabilitas ... non affert intrinsece carentiam certitudinis ..., sed respectum solum ad medium taliter movens intellectum, ut ex modo

assentiendi per tale medium non tolleretur intellectualis formido») [15]. Anders als in der topischen Tradition des Wahrscheinlichkeitsschlusses (s.d.) haftet diese Furcht dabei nicht am einzelnen Argument, sie prägt den bilanzierenden Bewußtseinszustand insgesamt («dubitatio inclusa in cognitione probabili ... non refertur ad unum tantum signum probabile, sed ad integrum mentis statum») [16].

Die W. ist der Unwahrscheinlichkeit konträr entgegengesetzt. Normativ rangiert sie damit zwischen den Werten 'Plausibilität' und 'Rationalität' («probabilitas ... oritur ex solida ratione» [17]; «ratio ... opinionem probabilizat» [18]). W. ist rationale Akzeptierbarkeit («probabilitas, id est facilis concessio verae inferentiae») [19]. Gibt es dafür ein formelles Kriterium? 1665 scheitert der pragmatische Vorschlag, unter dem Vorbehalt, daß sie von Rom nicht inzwischen zensiert ist, jeder These, die binnen der letzten zwanzig Jahre im Druck erschienen ist, das Prädikat ‹wahrscheinlich› zuzugestehen [20]. Da die W. einer These historisch kontingent ist (z.B. 'Die Erde ist rund' zu Augustins Zeit, vor Kolumbus' Reiseantritt und nach der Entdeckung Amerikas) [21], kann eine These in dem Bewußtsein bereits aufgestellt werden, daß sie in Zukunft, unter veränderten Bedingungen, ihre W. vielleicht wieder einbüßt [22]. Daß es Kriterien gibt, um zwischen konkurrierenden Ansprüchen auf W. zu diskriminieren, wird von dem für seine Zitierkartelle berüchtigten [23] Probabilisten J. CARAMUEL bezweifelt: «Alle wahrscheinlichen Thesen sind virtuell gleich wahrscheinlich» («Omnes propositiones probabiles sunt virtualiter aeque probabiles») [24]. Die einer These zugeschriebene 'größere' W. sei jeweils bloß ein standpunktbedingtes Werturteil («probabilioritas ... est ... qualitas a fundamentis Philosophicis pendens») [25].

Das Verhältnis der W. zur Wahrheit bleibt vom 12. bis zum 17. Jh. zweideutig. Ist es kontingent, dann ist die W. Schein: «Probabilitas ... ad visum referenda est, veritas autem sola ad rei existentiam ... Probabilitas ... casualis est et falsitati saepe adiuncta» [26]. Die W. dient dann ausschließlich der menschlichen Praxis zur Richtschnur [27]. Andere sehen in der W. eine mehr oder minder große Annäherung an die Wahrheit, das, obzwar unvollkommene Erscheinen der Sache: «Probabilitas est incompleta rei manifestatio» [28]. Die W. wird als das Surrogat für solche Gegenstandsbereiche empfohlen, die im aristotelischen Sinn nicht wissenschaftsfähig sind und in bezug auf welche dem Menschen die Erkenntnis der objektiven Wahrheit daher versagt sei: «Die objektive Wahrheit kennen wir nicht, deswegen müssen wir mit der Wahrheit zufrieden sein, die wir 'W.' nennen: das nämlich ist die erscheinende Wahrheit» («Veritas obiectiva a nobis ignoratur, ideo contenti debemus ea veritate, quam nostri vocant 'probabilitatem'; haec enim est veritas apparens») [29].

3. *Einteilung.* – Die W. bemißt sich nicht nur nach inneren Gründen («probabilitas intrinseca»), sondern auch nach äußeren Umständen: Expertenautorität, Mehrheitsmeinung («probabilitas extrinseca») [30]. Je nachdem, wie beides gewichtet wird, macht es entweder einen Unterschied, ob ich in dem, was ich 'wahrscheinlich' finde, der eigenen oder einer fremden Ansicht folge [31], oder dieser Umstand wird als belanglos abgetan («probabilitatem si consecutus sis, nihil refert, an tuo ingenio, an id adeptus sis alieno») [32]. Der Begriff ‹W.› wird deshalb weiter eingeteilt in die W. als Bedingung des Urteilens («probabilitas directa») und in die W. als etwas ihrerseits zu Beurteilendes («probabilitas reflexa») [33]. Das ermöglicht es dann, die der urteilenden Einzelperson jeweils inhärente W. («opinio probabilis subiective» [34], «probabilitas subiectiva» [35]) von der intersubjektiven W. abzuheben, welche in der Reflexion auf die von anderen Personen einer bestimmten These beigelegte W. («opinio probabilis obiective») gegeben ist. Erst von der – so analysierbaren – W. des Urteils («probabilitas formalis») leitet sich die W. des Urteilsgegenstandes ab («probabilitas radicalis» [36], «probabilitas obiectiva» [37]). Systematisch wichtig, wenn auch in ihrer Tragweite umstritten [38], ist die Unterscheidung zwischen der W. in bezug auf Fakten («probabilitas circa factum») und der W. in bezug auf Normen («probabilitas circa ius») [39].

4. *Epistemische W.* – Nicht an sich, nur in bezug auf den Kenntnisstand einer Person, gilt die Sache für 'wahrscheinlich' bzw. 'unwahrscheinlich' [40]. Die W. der Sache ist eine «extrinsische Denomination» von der Beweislage [41], d.h. eine der Sache äußerliche und der urteilenden Stellungnahme innerliche Modalität: «Probabilitas est modus quidam se tenens extrinsece ex parte rei enunciatae, et intrinsece ex parte enunciantis» [42]. «Probabilitas ... tenet se ex parte hominis» [43]. Modalen Status («probabilitas ... est dispositio seu condicio propositionum») [44], und zwar den Status einer epistemischen Modalität, hat die W. seit der Logik des 13./14. Jh., in der 'wahrscheinlich' als eine metasprachliche Zutat zur realen Welt aufgefaßt wird («quando ... dico 'probabile', dico aliquid logicum, quia probabile est ens logicum et ens rationis») [45]. Im 17. Jh. ist es besonders der Suarezismus (s.d.), der es im Zuge seiner Verteidigung der zweiwertigen Logik für prinzipiell unzulässig hält, direkt der Aussage W. beizulegen. Indem eine assertorische Aussage durch ‹wahrscheinlich› modalisiert wird, werde bereits eine Reflexion über ihren direkten Wahrheitswert angestellt: «Dum probabilitatem enunciamus, reflectimus supra aliam veritatem, cui non additur ille modus tendendi 'probabile est'» [46]. Anders als F. SUÁREZ, für den die Reflexion auf W. immer von Evidenz begleitet ist («si ... fiat reflexio supra ipsam probabilitatem, semper dari evidentiam probabilitatis») [47], hält J. CARAMUEL die W. als epistemische zugleich für eine iterierbare Modalität: «Datur ... de probabilitate ... probabilitas» [48]. Der Suarezismus bezweifelt, daß die W. die Anwendung auf sich selbst übersteht: «Eine bloß wahrscheinliche W. ist nicht schlechthin W.» («Probabilitas solum probabilis non est simpliciter et absolute probabilitas») [49].

5. *Probabilismus; Probabiliorismus.* – Darüber, was daraus folgt, daß die W. sich nach Mehr, Gleich und Weniger bzw. nach Positiv, Komparativ und Superlativ staffelt [50], gehen die Ansichten auseinander. Der ältere Probabilismus sieht in der W. eine aristotelische Qualität («totam suam essentiam forma probabilitatis tribuit subiecto, quod denominat 'probabile'») [51] und eine Funktion einseitig der unterstützenden Argumente: «Die W. der einen Seite resultiert aus allen ihren Gründen und desgleichen die der andern Seite aus ihren» («probabilitas unius constituitur ex omnibus suis motivis, et probabilitas alterius ex suis») [52]. Dagegen relativiert der jüngere Probabilismus («Probabilistae moderni») [53] die W. zu einer Funktion der Argumente für und wider: «Die W. der einen Seite darf nicht nur in sich betrachtet werden, sondern im Verhältnis zu den Gründen für die andere Seite» («Probabilitas unius partis debet attendi non solum absolute, sed comparative ad motiva partis oppositae») [54]. Bezogen auf einen kontradiktorischen Gegensatz verhalten sich die den beiden Seiten zugeordneten W.en umgekehrt proportional zueinander: «Quo maior probabilitas

unius partis contradictionis, est per seipsam minor probabilitas oppositae partis» [55]. Weder so noch so hebt jedoch eine W. die andere auf: «Probabilitas probabilitatem non tollit» [56]. Kontradiktorische Gegenteile können nicht zugleich wahr, wohl aber zugleich wahrscheinlich sein («licet sit impossibile, ut utraque pars contradictionis simul sit vera, fieri tamen potest, ut utraque pars simul ... sit probabile») [57].

Diese – in der topischen Tradition wurzelnde [58] – Prämisse wird 1649 von P. SFORZA PALLAVICINO am Collegio Romano angegriffen: «Ein und dasselbe Urteilsvermögen kann nicht zugleich beide Seiten einer kontradiktorischen Alternative wahrscheinlich finden. Wahrscheinlich ist nämlich nach der Definition des Aristoteles solches, was in der Mehrheit der Fälle zutrifft (quod plerumque contingit). Auf beide Seiten verteilt kann sich eine überwiegende Häufigkeit (mutuus excessus inter duo in frequentia contingendi) nun aber weder ergeben, noch ist sie vorstellbar. Sooft ich daher alles in allem die eine Seite wahrscheinlich finde, kann es die andere für mich nicht sein. Und wenn die Gründe für und wider gleich scheinen, sind beide Seiten gleichermaßen zweifelhaft» [59].

Auf das Minderheitsvotum («sua singularis sententia») [60] des späteren Kardinals Pallavicino stützt sich T. GONZÁLEZ DE SANTALLA [61], der als Theologe mit päpstlicher Rückendeckung [62] und dann als Jesuitengeneral das Thema an die große Glocke hängen wird [63]. Der Probabilist F. BORDONI, der sich bereits mit einer Reihe italienischer Probabilioristen kritisch auseinandersetzt [64], mißbilligt sowohl die semantische Verengung der W. auf die größere W. («gradus comparativus non facit probabilitatem») [65] als auch die Deutung der Gleich-W. als Isosthenie [66]. M. DE ESPARZA wirft seinem Kollegen Pallavicino vor, den Begriff ‹W.› falsch zu vereindeutigen. Eine durch die größere Häufigkeit regulierte W. sei schon darum moraltheologisch irrelevant, weil sie nur zur Erörterung von Tatsachenfragen taugt: «Probabilitas definita per ‘plerumque contingens’, est probabilitas tantummodo quoad an est? an erit? an fuit? idque in materia solum contingenti» [67]. Daß an PALLAVICINO beanstandet wird, sein W.-Begriff schreibe sich ja vom Aristotelischen εἰκός her («nullus antehac Theologus usus fuerat ea ‘probabilis’ notione ..., quam in Analyticis ac Rhetoricis tradiderat Aristoteles») [68], bestätigt umgekehrt von dem Probabilismus, daß er eine Folgelast der Entscheidung des BOETHIUS gewesen ist, ἔνδοξον mit ‹probabile› zu übersetzen [69].

Die Probabilisten bestreiten, daß die probabilioristische Sprachregelung die Tradition für sich habe [70]. Unbestreitbar ist indessen der traditionell enge Zusammenhang der W. mit Formen der induktiven Evidenz. Der Scholastik ist er durch den Ciceronianismus [71], mit skeptischem Tenor [72] und durch die semantische Anlehnung der W. an das Aristotelische ὡς ἐπὶ τὸ πολύ («probabile est quod scitur esse verum ut in pluribus» [73], «probabile vel contingens ut in plurimum» [74]) geläufig. Im Aristotelismus wird z.B. vielfach die Zurückführbarkeit der W. der Folgesätze auf eine zumindest ‘moralische Evidenz’ [75] bestimmter Grundsätze gelehrt («probabilitas ex sola notitia terminorum ... evidens») [76]. W. CHATTON schlägt gegen 1325 im Rahmen seiner Glaubensanalyse den folgenden Grundsatz vor: Alles, was von vielen rechtschaffenen Personen unabhängig voneinander übereinstimmend als Gottes Offenbarung bezeugt ist und wovon zur Bestätigung die vorhergesagten Wunder auch eingetroffen sind, ist wahr. Begründung: «Dieser Satz scheint nämlich aus seinen Termini evident, und zwar evident wahrscheinlich (evidentia persuasionis probabilis), weil die Chancen größer sind (quia probabile est in maiori parte), daß diese Zeugnisse, läge ihnen Falsches zugrunde, nicht übereinstimmen würden» [77].

PALLAVICINO selber erläutert die von ihm vorgeschlagene Häufigkeitsregulierung der W. in seinem auch von G. W. LEIBNIZ studierten [78] philosophischen Hauptwerk damit, daß er den Begriff der W. aus dem Größenunterschied zweier Haufen herleitet, deren einer zufällig das Glückslos x enthält. In diesem Fall werde nämlich x mit Notwendigkeit häufiger in dem einen als in dem anderen Haufen enthalten sein [79]. Das nennt PALLAVICINO, indem er diese Grundlegung («universae probabilitatis fundamentum») von einer ihr noch übergeordneten handlungsmetaphysischen Hypothese unterscheidet, den arithmetischen Ursprung der W. («probabilitatis ortus ... ex maioritate numeri») [80]. Danach nimmt die W. der einen Seite sowohl mit der Menge der Fälle zu, in welchen sie sich bewahrheiten kann, als auch mit der Abnahme der Fälle, in welchen sich das Gegenteil bewahrheiten kann: «Weil sich die W. sowohl mit der Menge der Fälle erhöht, in welchen A herauskommen kann, als auch mit der Seltenheit der Fälle, in welchen das Gegenteil herauskommen kann, wird sich unter diesem Gesichtspunkt die W. verringern, wenn die Zahl der Fälle zunimmt, in welchen das Gegenteil eintreten kann» («cum probabilitas augeatur tum ex multitudine casuum in quibus potest contingere A, tum ex paucitate casuum in quibus potest contingere oppositum, utique ex hoc secundo capite probabilitas decrescet, si crescat numerus finitus casuum in quibus oppositum possit contingere») [81].

6. *Ereignis-W.* – Die Sequenz ‘möglich’, ‘wahrscheinlich’, ‘zukünftig’ [82], d.h. die Verbindung der W. mit dem, was heute eine Tendenz (propensity) heißt, knüpft sich an den verhältnismäßig jungen Begriff der Ereignis-W. Dessen erstes Auftreten wird häufig auf die ‹Logik von Port Royal› datiert («probabilité de l'evenement») [83]. Tatsächlich ist die Verbalform «probabiliter evenire» jedoch schon der Moraltheologie des 16. Jh. geläufig [84], und für die Scholastik des 17. Jh. ist auch die Nominalform bezeugt [85]. Das festzuhalten ist nötig, damit die an sich richtige Frage, wieso erst im 17. Jh. die Begriffe ‹W.› und ‹Zufall› (s.d.) zusammengekommen sind [86], nicht falsch gestellt wird. Seit wann genau und in welcher Form der Risikobegriff («periculum») dem Begriff ‹W.› subsumiert worden ist [87], ist z.B. bis heute unklar. Wo die Rechtswissenschaft des 2. Jh. die ‘Hoffnung’ kommerzialisiert hat («spei emptio est») [88], spricht die Moraltheologie bereits des ausgehenden 13. Jh. (PETRUS IOANNIS OLIVI) von einer geldwerten W. («appreciabilis valor probabilitatis») [89]. D. RUIZ DE MONTOYA verwendet 1629 die Ausdrücke «probabilitas eventus» und «probabilitas obiectiva» synonym. «Unter dem Eindruck des Ensembles dieser Umstände tendiert Peters Wille mehr zum Almosengeben als dazu, kein Almosen zu geben. In dieser größeren Bereitschaft ist dann die gedankliche Beziehung fundiert, die die Erkennbarkeit dieser Bereitschaft ist; und die heißt ‘die größere objektive Wahrscheinlichkeit’». Die W. ist demnach ein Prädikat des in seiner Ursache (dem Willen und der Totalität der Umstände) noch enthaltenen Ereignisses («probabilitas eventus, prout in causa continebatur»), jedoch nicht unmittelbar die Tendenz («maior propensio») selber, sondern erst die in eine Prognose umgesetzte Tendenz [90]. Diese Anordnung behält auch A. PEREZ bei, der am Col-

legio Romano in den 1640er Jahren axiomatisch formuliert: «Jedes Ding, dessen Setzung moralisch notwendig ist, ist, bevor es existiert, in dem Sinn zur Existenz determiniert, daß es wahrscheinlicher ist, daß es existieren, als daß es nicht existieren wird» («Omne ens, cuius productio est necessaria moraliter, habet antequam existat, aliquam determinationem ad existendum, ratione cuius probabilius est extiturum, quam non extiturum») [91]. Dieser für das Collegio Romano typische Ansatz zu einer 'probabilistischen Metaphysik' ist bedingt durch:

a) den aristotelischen Indeterminismus, denn nur unter der Voraussetzung, daß es Zufall gibt, läßt sich die W. handlungsmetaphysisch auf eine Tendenz zurückführen: «Die W. überhaupt (tota probabilitas) entspringt letztlich daraus, daß der Wille mehr nach der einen Seite als nach der anderen neigt. Würde der Wille nun niemals der größeren Neigung entgegen handeln können, könnte daher niemals das Gegenteil des objektiv wahrscheinlicheren Ereignisses eintreten (aliquis casus contrarius illi qui obiective est probabilior), und das hieße den Zufall eskamotieren» [92]. Die Willensfreiheit, wird der Begriff «probabilitas obiectiva» erklärt, sei der Grund, daß sogar sehr häufig etwas unterbleibt, wovon es wahrscheinlicher gewesen wäre, daß es eintritt («frequentissime accidit eos actus liberos non evenire quos inspectis praecedentibus ad actualem usum libertatis probabilius erat eventuros») [93].

b) die Verbindung der Handlungsmetaphysik mit der am Collegio Romano längst florierenden mathematischen Kombinatorik: Pallavicino hat, als erster überhaupt, 1644 den Ausdruck ‹W.› auf das Würfelspiel angewandt. Ein (erst 1718 veröffentlichtes) Fragment G. Galileis ‹Sopra le scoperte dei dadi›, über das Pallavicinos Ausführungen inhaltlich nicht hinausgehen [94], tut das noch nicht [95]. Und nicht Leibniz [96], sondern Pallavicino ist es, der die aleatorische 'Gleichwahrscheinlichkeit' («aequa probabilitas») in die Literatur eingeführt hat [97]. Vor Pallavicino ist die Kombinatorik als Strukturmerkmal der (aleatorischen) W. unbezeugt. Während z.B. der Kombinatoriker S. Izquierdo die Themen W. und Kombinatorik auffällig getrennt hält [98], geht vom Collegio Romano die Analyse der Ereignis-W. mit Hilfe einer Menge von «modi existendi» und «modi non existendi», d.h. von Chancen, aus [99]. Generell sei dasjenige Ereignis wahrscheinlicher, das auf mehrerlei Weisen, als das, was nur auf eine bestimmte Weise eintreten kann («Universaliter est probabilius id fore, quod multipliciter, quam quod uno tantum modo contingere potest») [100]. Bei einer Vermehrung der Ursachen, deren jede einzelne hinreichend wäre, um einen bestimmten Effekt eintreten zu lassen, nehme die W. dieses Effekts zu («multiplicatis causis, quarum quaelibet sufficit ad inducendum effectum, augetur probabilitas futuritionis talis effectus») [101]. Trotzdem kommt es ebensowenig wie bei Nicolaus Oresme, der schon im 14. Jh. die Anzahl der günstigen zur Anzahl der ungünstigen Fälle in ein Verhältnis setzte, in der Scholastik des 17. Jh. zur Konzeption des Quotienten der günstigen und der gleichmöglichen Fälle und damit zu der von J. Bernoulli und A. de Moivre aufgestellten klassischen Definition der W. Dazu hat die W. aus dem konträren Gegensatz zur Unwahrscheinlichkeit erst entlassen werden müssen.

Anmerkungen. [1] Aristoteles lat. XXVI/1-3, hg. R. A. Gauthier (Leiden/Brüssel 1972) 148, übers. von: Aristoteles: Eth. Nic. I, 6, 1097 a 3. – [2] Aristoteles lat. III/1-4, hg. L. Minio-Paluello (Brügge/Paris 1962) 137, übers. von: Aristoteles: Anal. pr. II, 27, 70 a 3; vgl. Art. ‹Wahrheitsähnlichkeit›. – [3] a.O. 189; vgl. Aegidius Rom.: In libros Priorum Analeticorum expos. (Venedig 1516, ND 1968) 81ᵛa; Ioannes Versor: Super omnes libros novae logicae (Köln 1494, ND 1967) D IIIʳ; Anon.: Auctoritates Aristotelis [ca. 1320], hg. J. Hamesse (Löwen/Paris 1974) 310. – [4] Aristoteles lat. XXXI/1-2, hg. B. Schneider (Leiden 1978) 167, übers. von Aristoteles: Rhet. I, 2, 1357 a 34ff.; vgl. jedoch: 256 (Rhet. 1397 a 7); Aegidius Rom.: Comm. in Rhet. Aristotelis (Venedig 1515, ND 1968) 9ᵛb; anders dann: S. Maurus: Aristotelis opera omnia quae extant brevi paraphrasi illustrata (1668, Paris 1885-86) 1, 652 a. – [5] Petrus Abael.: Dialectica [ca. 1140], hg. L. M. de Rijk (Assen 1956) 277; John of Salisbury: Metalogicus 2, 3. MPL 199, 860 A. – [6] P. da Fonseca: Comm. in Met. Aristotelis libros (1577-1612, Köln 1615, ND 1964) 3, 14 b F; G. B. Tolomei [Ptolemaeus]: Philosophia mentis et sensuum (1696, Rom 1702) 196 b. – [7] N. Peguleti: Tract. probabilitatis ex principiis antiquorum compos. (Löwen 1707) [Rez.: Journal de Trévoux 14 (1714, ND 1968) 1332-1359]; vgl. A. de Backer/C. Sommervogel: Bibl. de la Compagnie de Jésus (Toulouse 1911-30) 10, 195-198 (s.v. probabilité). – [8] M. de Esparza: Appendix de usu licito opinionis probabilis §§ 68-102 (1669), in: Cursus theolog. (1666, Lyon ²1685) 1, 363 a-374 a. – [9] J. Franklin: The science of conjecture. Evidence and probability before Pascal (Baltimore/London 2001) XII. 343ff. – [10] Thomas Aqu.: S. theol. I, 79, 9, ad 4; In Anal. post. I, Prooem. n. 6; Anon.: Quaest. super Soph. El., hg. S. Ebbesen, in: Corp. Philos. Danic. Medii Aevi 7 (Kopenhagen 1977) 69; Petrus Aureoli: Scriptum super primum Sent., Prol. 1, 108 (1316), hg. E. M. Buytaert (St. Bonaventure 1952-56) 163; Gregor von Rimini: Super primum Sent., Prol., q. 2, art. 3f. (1344, Venedig 1522, ND 1955) 10ʳb-11ᵛa; vgl. A. Seifert: Logik zwischen Scholastik und Humanismus. Das Kommentarwerk Joh. Ecks (1978) 83ff. – [11] D. Báñez: Scholastica comm. in primam partem D. Thomae q. 1, art. 8 (1585, Madrid/Valencia 1934) 85 a. – [12] M. Smiglecki [Smiglecius]: Logica (1618, Oxford 1638) 514; J. de Lugo: Disp. scholasticae et morales de fide 2, 138 (1645, Paris 1868-69) 1, 176 b. – [13] F. de Lugo: Theologia scholastica (Lyon 1647) 304 b; vgl. L. Neesen: Theologia moralis christ. (1675, Antwerpen 1707) 105 a. – [14] Lugo: Disp. ... de fide 10, 14, a.O. [12] 340 b. – [15] J. Martínez de Ripalda: De ente supernaturali 47, 14 (1634, Paris: Vivès 1871-73) 2, 116 a; genauso: Lugo: Disp. de fide 2, 119, a.O. [12] 170 b; Collegium Salmanticense OCD: Cursus theolog.: De fide 2, 139 (1676, Paris/Brüssel 1879) 11, 172f. – [16] A. Perez: In secundam et tertiam partem D. Thomae tract. VI (Lyon 1669) 489 b/91 a. – [17] F. Bordoni: Propugnaculum opinionis probabilis in concursu probabilioris (Lyon 1669) 249 b. – [18] a.O. 101 a. – [19] Petrus Abael., a.O. [5] 278; vgl. Seifert, a.O. [10] 79. – [20] Propos. XLV damnatae in Decreto S. Officii 24. 9. 1665, prop. 27, in: H. Denzinger/A. Schönmetzer (Hg.): Enchir. symbol. (³²1963) 2047 (zur Bedeutung des Ausdrucks ‹modernus› vgl. Bordoni, a.O. [17] 251 b); vgl. T. Sánchez: Opus morale 1, 9, 7 (1611, Lyon 1661) 1, 28; M. de Moya [Pseud.: Amadeus Guimenius]: Adv. quorumdam expostulationes contra nonnullas Iesuitarum opiniones morales (1657, Lyon 1664) 27. 191; S. Izquierdo: Pharus scientiarum (Lyon 1659) 1, 150 b; dagegen: B. Pascal: Lettres provinc. 5 (20. 3. 1656). – [21] Fonseca, a.O. [6] 11 b/12 a; J. Caramuel: Theologia moralis fundament. § 447 (1652, Rom ²1656) 1, 155 a; Izquierdo, a.O. [20] 1, 148 b; Bordoni, a.O. [17] 102 a (unter Berufung auf Caramuel); vgl. Thomas Aqu.: S. theol. I, 48, 1, ad 1. – [22] Franklin, a.O. [9] 215; vgl. z.B. Discussio et reprobatio errorum magistri Nicolai de Ultricuria (Avignon, 19. 5. 1346), in: H. Denifle/E. Chatelain (Hg.): Chartularium Univ. Parisiensis (Paris 1891) 2, 582. – [23] J. B. Gonet: Diss. theologica de conscientia probabili seu de opinionum probabilitate, in: Clypeus theologiae Thomisticae (Lyon ⁶1681) 3, 257-307, bes. 272ff. – [24] J. Caramuel: Apologema pro antiquissima et universalissima doctrina de probabilitate (Lyon 1663) 37. – [25] a.O. 186f.; zu Caramuel: Franklin, a.O. [9] 88-94; R. Schüssler: Moral im Zweifel I: Die scholast. Theorie des Entscheidens unter moral. Unsicherheit (2003) 255-262. – [26] Petrus Abael., a.O. [5] 272. 278; vgl. F. Suárez: De fide 4, 2, 6 (1621). Op. omn. (Paris 1856-78) 12, 117 b; J. Martínez de Ripalda: De virtutibus theologicis, sive de fide, spe et charitate 11, 6. 7. 12 (1652, Paris: Vivès 1871-73) 7, 201f. – [27] F. Suárez: De opere sex dierum 3, 10, 9, a.O. [26] 3, 241 a; vgl. Thomas Aqu.: S. theol. I-II, 105, 2, ad 8; P. Sfortia Pallavicinus: Philosophiae moralis pars I, 2, 34 (Köln 1646) 127. – [28] J. SBOGAR: Theologia radicalis contra omnes propositiones olim ab aliquibus auctoribus temere doctas, ab Alexandro VII., Innocentio XI. et Alexandro VIII. proscriptas (1698, Prag [3]1725) 724 b; vgl. IOANNES A S. THOMA [POINSOT]: Ars logica (1632, Turin 1948) 808 a. – [29] BORDONI, a.O. [17] 158 a. 41 a u.ö.; vgl. JOHN OF SALISBURY: Metalog. 2, 5, a.O. [5] 861 D/862 A. – [30] P. SFORTIA PALLAVICINUS: Assertionum theologicarum libri V (Rom 1649) 2, 156f.; CARAMUEL, a.O. [24] 40; A. A. SARASA: Ars semper gaudendi 2, 5, 4 (1667), hg. J. CH. FISCHER (1750) 105; BORDONI, a.O. [17] 250 a/b; GONET, a.O. [23] 261 a; G. SACCHERI: Logica demonstrativa (Turin 1697, ND 1980) 223. – [31] ANON. [A. EHRENTREICH]: Synopsis tract. theologici de recto usu opinionum probabilium luce publica donati a R. P. Thyrso Gonzalez §§ 8. 27. 41 (1694), in: J. P. MIGNE (Hg.): Theologiae cursus compl. 11 (Paris 1864) 1397-1476, bes. 1401. 1413. 1422. – [32] SARASA, a.O. [30] 106; noch krasser: A. M. VERICOLI: Quaest. morales et legales (1653), zit. bei: TH. DEMAN: Art. ‹Probabilisme›, in: Dict. de théol. cath. 13 (1936) 416-619, bes. 530. – [33] TOLOMEI [PTOLEMAEUS], a.O. [6] 199 a. – [34] T. GONZÁLEZ DE SANTALLA: Fundamentum theologiae moralis, i.e. tract. theologicus de recto usu opinionum probabilium (Rom 1694) 21; C. F. VERANI: Theologia universa speculativa dogmatica et moralis (München 1700) 5, 613 b. – [35] J. DE ULLOA: Physica speculativa (Rom 1713) 296. – [36] LUGO: Disp. ... de fide 5, 34, a.O. [12] 1, 255 b. – [37] IZQUIERDO, a.O. [20] 147 b. – [38] J. BIDERMANN (Präs.)/L. MERIS (Resp.): Conscientia (Dillingen 1624) 67f. – [39] J. DE LUGO: Disp. scholasticae et morales de iustitia et iure 16, 98-102 (1642), a.O. [12] 6, 307f., gestützt auf: J. SÁNCHEZ: Selectae et practicae disp. de rebus in administratione sacramentorum passim occurrentibus 33, 31; 43, 48; 44, 56 (Madrid 1624). – [40] IZQUIERDO, a.O. [20] 148 b; CARAMUEL, a.O. [24] 93; TOLOMEI [PTOLEMAEUS], a.O. [6] 198 a/b. – [41] F. SUÁREZ: De angelis 2, 33, 24, a.O. [26] 2, 330 b; De opere sex dierum 3, 10, 8, a.O. [26] 3, 241 a. – [42] F. ALBERTINI: Corollaria, seu Quaest. theologicae quae deducuntur ex principiis philosophicis complexis (1606, Lyon 1629) 253 b; vgl. F. SUÁREZ: Varia opuscula theologica (1599), a.O. [26] 11, 357f. – [43] J. ECK: Dialectica (Augsburg 1516-17) 2, 2, zit. bei: SEIFERT, a.O. [10] 153. – [44] BOETHIUS DACUS: Quaest. super librum Top. [ca. 1280], hg. N. GREEN-PEDERSEN/J. PINBORG (Kopenhagen 1976) 37; vgl. Lex. mediae et infimae latinitatis Polonorum (Krakau 1953ff.) 7, 1188. – [45] Ps.-AEGIDIUS ROMANUS: Super Isag. Porphyrii, Praedicamenta et Perihermeneias accessus, hg. C. LUNA: Bemerkungen über die Handschriften der Werke des Aegidius Romanus, in: A. SPEER (Hg.): Die Bibliotheca Amploniana. Miscellanea mediaev. 23 (1995) 257-300, bes. 288. – [46] B. ALDRETE: Comm. ac disp. in primam partem D. Thomae (Lyon 1662) 1, 404 b; vgl. SUÁREZ: Varia opusc., a.O. [26] 11, 357f.; ALBERTINI, a.O. [42] 253 b. 258 a/b; LUGO, Disp. ... de fide 5, 9, a.O. [12] 1, 246 a/b; 20, 20, a.O. [12] 1, 758 a/b; J. DE ULLOA: De anima disp. IV (Rom 1715) 241. 255. – [47] SUÁREZ: De fide 4, 2, 5, a.O. [26] 12, 117 a; De opere sex dierum 3, 10, 8, a.O. 3, 241 a; LUGO: Disp. ... de fide 5, 16, a.O. [12] 1, 248f. – [48] CARAMUEL: Theol. moral. § 483, a.O. [21] 162 b; vgl. SBOGAR, a.O. [28] 726f.; weiteres bei: SCHÜSSLER, a.O. [25] 181. – [49] J. MARIN: Theologia speculativa et moralis 23, 9, 103 (Venedig 1720) 3, 454 b. – [50] BOETHIUS DACUS, a.O. [44] 139; CARAMUEL: Theol. moral. § 3, a.O. [21] 1, 4 a; SBOGAR, a.O. [28] 725 b. – [51] BORDONI, a.O. [17] 85 a. – [52] a.O. 90 a. 107 b. 211 b. – [53] EHRENTREICH: Synopsis § 14, a.O. [31] 1404f. – [54] TOLOMEI [PTOLEMAEUS], a.O. [6] 198 a; vgl. ESPARZA, a.O. [8] 1, 335 a; Appendix § 112, a.O. 378 a. – [55] ESPARZA, a.O. 494 a. – [56] BORDONI, a.O. [17] 211 b. – [57] ESPARZA: Appendix § 95, a.O. [8] 1, 370 b; vgl. SUÁREZ: De fide, a.O. [26] 12, 117 b; IZQUIERDO, a.O. [20] 1, 151 a. – [58] Vgl. JOHN OF SALISBURY: Metalog. 3, 10, a.O. [5] 916 A. – [59] SFORTIA PALLAVICINUS, a.O. [30] 2, 155; wörtlich genauso: Disp. in Primam Secundae D. Thomae t. 1 (Lyon 1653) 247 b; vgl. S. K. KNEBEL: Wille, Würfel und W. Das System der moral. Notwendigkeit in der Jesuitenscholastik (2000). – [60] CH. HAUNOLD: Theologiae speculativae libri IV (Ingolstadt 1670) 186 a. – [61] GONZÁLEZ DE SANTALLA, a.O. [34] 44f. – [62] Decr. S. Officii, 26. 6. 1680, in: DENZINGER/SCHÖNMETZER (Hg.), a.O. [20] 2175ff. – [63] DEMAN, a.O. [32] 534ff. – [64] A. BIANCHI SJ [Pseud.: CANDIDUS PHILALETHUS]: De opinionum praxi disp. (Genua 1642); A. MERENDA: Disp. de consilio minime dando iuxta opinionem specificantem probabiliter actum pro licito, in concursu opinionis specificantis ipsum probabiliter pro illicito (Bologna 1655); J. MERCORUS OP: Basis totius moralis theologiae, hoc est Praxis opinionum limitata (Mantua 1658); P. FAGNANI: De opinione probabili tract. (Rom 1665). – [65] BORDONI, a.O. [17] 213 a. 206ff. – [66] a.O. 87 a/b. 255 b. 308ff. – [67] ESPARZA: Appendix § 96, a.O. [8] 1, 371 a. – [68] App. § 90, a.O. 369 a. – [69] FRANKLIN, a.O. [9] 113. – [70] BORDONI, a.O. [17] 253f. – [71] JOHN OF SALISBURY: Metalog. 2, 14, a.O. [5] 871 C/D. – [72] BOETHIUS: De differentiis topicis. MPL 64, 1184 A; JOH. DUNS SCOTUS: Quaest. sup. libros Met. Aristot. 1, 4, 23. Op. philos. (St. Bonaventure, N.Y. 1997ff.) 3, 103; Ps.-DUNS SCOTUS: In Priorum Analyt. Aristot. quaest. 2, 8, 4-7. Op. omn. (Lyon 1639, ND 1968) 1, 341 a/b; D. DE SOTO: Summularum ed. secunda (Salamanca 1554, ND 1980) 41[v]a/b. – [73] ANON., a.O. [3] 310; vgl. THOMAS AQU.: S. theol. II-II, 70, 2 c. – [74] SUÁREZ, a.O. [26] 11, 357 b; vgl. THOMAS AQU.: S. theol. II-II, 32, 5, ad 3. – [75] P. HURTADO DE MENDOZA: Disp. in universam philosophiam: De anima 8, 15 (1615, Lyon 1624) 569 a. – [76] A. RUVIUS: Logica Mexicana (1603, Lyon 1620) 672; R. DE ARRIAGA: Cursus philosophicus (Antwerpen 1632) 234 a; gegen: SEIFERT, a.O. [10] 82. 87f. – [77] WALTER CHATTON: Prol., q. 1, art. 5, hg. M. E. REINA. Rivista crit. Stor. Filosofia 25 (1970) 48-74. 290-314, bes. 309. – [78] G. W. LEIBNIZ: De Pallavicini axiomatibus. Akad.-A. VI/4 (1999) 1801-1803; Br. an L. van Velthuysen (7. 5. 1671), in: I. HEIN: Ein neugefundener Br. von Leibniz an L. van Velthuysen. Studia leibn. 22 (1990) 151-162, bes. 161; Br.wechsel mit B. Des Bosses (1708). Die philos. Schr., hg. C. I. GERHARDT 2 (1879, ND 1965) 362. 364. 366; vgl. F. PIRO: Spontaneità e ragion sufficiente. Determinismo e filosofia dell'azione in Leibniz (Rom 2002) 40f. – [79] SFORTIA PALLAVICINUS: Philos. moralis 2, 34. 41, a.O. [27] 127. 141 = Del bene libri quattro (1644). Opere (Mailand 1834) 2, 467 b. 474 a/b. – [80] Assert. theol., a.O. [30] 1, 471f. – [81] Assertionum theologicarum liber VIII (Rom 1652) 435. – [82] P. DE GODOY: Disp. theologicae in primam partem D. Thomae (1666-70, Venedig 1696) 2, 20 b. – [83] ANON. [A. ARNAULD]: L'art de penser 4, 15 (Paris 1662, ND 1965) 386; vgl. G. SHAFER: Non-additive probabilities in the work of Bernoulli and Lambert. Arch. Hist. exact Sci. 19 (1978) 309-370, bes. 318-320. – [84] M. DE AZPILCUETA: Enchiridion sive Manuale confessariorum et poenitentium 25, 47 (1588, Lyon 1592) 764; L. LESSIUS: De iustitia et iure 2, 20, 76 (1605, Venedig 1617) 195 a. – [85] D. RUIZ DE MONTOYA: Comm. ac disp. de scientia, ideis, de veritate, ac de vita Dei (Paris 1629) 721 b; SFORTIA PALLAVICINUS: Disp. in Prim. Sec., a.O. [59] 193 b; ALDRETE, a.O. [46] 1, 502 a. – [86] I. SCHNEIDER: Why do we find the origin of a calculus of probabilities in the 17th cent.? in: J. HINTIKKA/D. GRUENDER/E. AGAZZI (Hg.): Probabilistic thinking, thermodynamics and the interaction of the hist. and philos. of science (Dordrecht u.a. 1981) 2, 3-24. – [87] So bei: D. NUÑO CABEZUDO: Comm. ac disp. in tertiam partem Summae theol. D. Thomae Aqu. (1601-09, Venedig 1612) 1, 130 a; CARAMUEL: Theol. moral. §§ 535-539, a.O. [21] 1, 178f. – [88] Dig. 18, 1, 8 (POMPONIUS). – [89] G. TODESCHINI: Un tratt. di economia politica francescana: il 'De emtionibus et venditionibus, de usuris, de restitutionibus' di Pietro di Giovanni Olivi (Rom 1980) 109; dazu: FRANKLIN, a.O. [9] 265ff. – [90] RUIZ DE MONTOYA, a.O. [85] 718 b. – [91] A. PEREZ: In primam partem D. Thomae tract. V. Opus post. (Rom 1656) 297 b; vgl. T. RAMELOW: Gott, Freiheit, Weltenwahl. Die Met. der Willensfreiheit zwischen A. Perez S.J. und G. W. Leibniz (Leiden 1997) 351. – [92] SFORTIA PALLAVICINUS: Disp. in Prim. Sec., a.O. [59] 172 a/b; vgl. BOETHIUS: In librum De interpr. ed. II. MPL 64, 493 B. – [93] G. DE RIBADENEIRA: Tract. de praedestinatione (Alcalá 1652) 155. 160. – [94] P. SFORZA PALLAVICINO: Lettere (1668, Rom 1848) 1, 223f. – [95] FRANKLIN, a.O. [9] 302. – [96] So M. DE MORA CHARLES: Los inicios de la teoría de la probabilidad: siglos XVI y XVII (Bilbao 1989) 181. – [97] SFORTIA PALLAVICINUS: Philos. moralis 2, 42, a.O. [27] 143 = Del bene, a.O. [79] 2, 475; a.O. [81] 432f. – [98] Vgl. R. CEÑAL: La combinatoria de S. Izquierdo. Pharus scientiarum (1659), Disp. XXIX: De combinatione (Madrid 1974). – [99] Vgl. KNEBEL, a.O. [59] 443f. 535. 554. – [100] ESPARZA, a.O. [8] 1, 69 b. – [101] a.O. 495 a.

Literaturhinweise. A. SCHMITT: Zur Gesch. des Probabilismus. Hist.-krit. Unters. über die ersten 50 Jahre desselben (Innsbruck 1904). – A. GARDEIL: La certitude probable. Rev. Sci. philos. théolog. 5 (1911) 327-368. 441-485. – TH. DEMAN: Notes de lexicographie philos. médiév.: probabilis. Rev. Sci. philos. théolog. 22 (1933) 260-290; s. Anm. [32]. – M. DE GANDILLAC: De l'usage et de la valeur des arguments probables dans les questions du Cardinal Pierre d'Ailly sur le 'Livre des Sentences'. Arch. Hist. doctr. litt. MA 8 (1933) 43-91. – A. EBERLE: Das Manuskript des Dillinger Moralprofessors Christoph Rassler 'Controversia theologica tripartita de recto usu opinionum probabilium' von 1694. Theolog. Quart.schr. 126 (1946) 194-253; Das 'probabile' bei Thyrsus González in seiner Kampfschrift gegen den Probabilismus als Grundlage seines Moralsystems, a.O. 127 (1947) 295-331. – A. SOHIER: La foi probable. L'acte de foi d'après Gilles Estrix. Gregorianum 28 (1947) 511-554. – I. VÁZQUEZ: Fr. Francisco Díaz de S. Buenaventura OFM y las luchas contra el probabilismo en el siglo XVII. Compostelanum 6 (1961) 5-46. – A. MAIER: Das Problem der Evidenz in der Philos. des 14. Jh. Scholastik 38 (1963) 183-225. – E. BYRNE: Probability and opinion. A study in the medieval presuppositions of post-medieval theories of probability (Den Haag 1968). – D. PASTINE: Juan Caramuel: Probabilismo ed Enciclopedia (Florenz 1975). – A. SEIFERT s. Anm. [10] 77-98. 150-170. – D. GARBER/S. ZABELL: On the emergence of probability. Arch. Hist. exact Sci. 21 (1979) 33-53. – N. J. GREEN-PEDERSEN: The tradition of the Topics in the MA. The comm. on Aristotle's and Boethius' Topics (1984). – R. BROWN: History versus Hacking on probability. Hist. European Ideas 8 (1987) 655-673. – P. PISSAVINO (Hg.): Le meraviglie del probabile. Juan Caramuel 1606-82. Atti del Conv. int. di Studi Vigevano 29-31 ottobre 1982 (Vigevano 1990). – S. PARENTI: Caso e probabilità. Suggerimenti arist.-tomisti. Divus Thomas (Bologna) 96 (1993) 91-126. – I. KANTOLA: Probability and moral uncertainty in late medieval and early modern times (Helsinki 1994). – S. K. KNEBEL (Hg.): Agustín de Herrera, A treat. on aleatory probability: De necessitate morali in genere (Tractatus de voluntate Dei, 1673, Quaestio X). Modern Schoolman 73 (1996) 199-264. – R. INEICHEN: Über die 'Kybeia' und die 'Arithmomantica' von Juan Caramuel y Lobkowitz: Ein Kapitel aus der Frühgeschichte der Wahrscheinlichkeitsrechnung. Bull. Soc. Frib. Sci. nat. 87 (1998) 5-55. – M. STONE/T. VAN HOUDT: Probabilism and its methods: Leonardus Lessius and his contribution to the development of Jesuit casuistry. Ephemerides theolog. Lovan. 75 (1999) 359-394. – M. STONE: The origins of probabilism in late Scholastic moral thought: A prolegomenon to further study. Rech. Théol. Philos. médiév. 67 (2000) 114-157. – KNEBEL s. Anm. [59]. – R. INEICHEN: 'Es ist wie bei den Spielen': Nicole Oresme und sein Beitrag in der Vorgeschichte der Stochastik. Int. Z. Geschichte Ethik der Nat.wiss., Technik und Medizin 9 (2001) 137-151. – J. FRANKLIN s. Anm. [9]. – R. SCHÜSSLER s. Anm. [25].

S. K. KNEBEL

IV. *Neuzeit bis zur Gegenwart.* – A. *Mathematik und Wissenschaften.* – 1. Mitte des 17. Jh. kann der Beginn der modernen, mathematischen Theorie der W. angesetzt werden, weil zu dieser Zeit systematische Verwendungen von Hilfsmitteln der Kombinatorik ad-hoc-Vorschläge zur Bestimmung von Erwartungswerten (bes. beim Glücksspiel) ablösen. Sie markieren den Anfang einer Theoriebildung, in deren Verlauf eine kontinuierliche mathematische Auseinandersetzung mit dem W.-Begriff stattfindet und deren Ergebnisse zum großen Teil auch aus heutiger Sicht noch korrekt sind. Zunächst wird dabei der Terminus ‹W.› noch nicht verwendet: In der Glücksspieltheorie oder der Mathematik des Zufalls (s.d.), wie sie u.a. im richtungweisenden Briefwechsel zwischen B. PASCAL und P. FERMAT (1654) diskutiert wird [1], geht es um berechtigte Gewinnhoffnung («qu'ils avaient droit d'espérer de la fortune») [2], für deren Quantifizierung die «Idee eines Geldäquivalents für Gewinnchancen» [3] leitend ist. CH. HUYGENS verwendet in seiner Schrift ‹De ratiociniis in Ludo aleae› [4], die zum ersten 'Lehrbuch' der W.-Rechnung wird, «kans» oder «kansse» («expectatio») bzw. «gelijcke kans» («aequa expectatio») als Grundbegriffe [5], die der Bedeutung nach die berechenbare W. einschließen, aber daneben auch alltagssprachliche Konnotationen (wie etwa die der bloßen Möglichkeit) mitführen [6]. Neben der Glücksspieltheorie ist es die Statistik (s.d.) in der Tradition von J. Graunt, W. Petty u.a. – und dort besonders die Auseinandersetzung um die richtige Interpretation der in zunehmendem Maße festgestellten statistischen Regelmäßigkeiten bzw. Gesetzmäßigkeiten [7] –, die eine mathematische Präzisierung des W.-Begriffes befördert. So betont J. ARBUTHNOT bereits 1692 in seiner englischen Übersetzung von Huygens' Werk: «... the Calculation of the Quantity of Probability might be improved to a very useful and pleasant Speculation, and applied to a great many Events which are accidental, besides those of Games; ... all the Politicks in the World are nothing else but a kind of Analysis of the Quantity of Probability in casual events» [8].

2. Zu einer spezifischen mathematischen Verwendung von ‹W.› (‹probabilitas›) gelangt am Ende des 17. Jh. JACOB BERNOULLI. In Weiterführung von Huygens' Glücksspieldiskussion zieht er in seinen ‹Meditationes› um 1685/86 kombinatorische Methoden heran, um u.a. in juristischen Fragen (wie Eheverträgen) bestimmte Erwartungswerte (wie Erbschaften) für unterschiedliche mögliche Konstellationen (wie Krankheitsentwicklungen bzw. Todesabfolgen) abschätzen zu können, wobei er die berechnete W. («probabilitas») für den einzelnen Fall als deren Anteil an einer Gewißheit («certitudo») auffaßt. So interpretiert er in seiner wohl frühesten einschlägigen Verwendung von «probabilitas» den W.-Wert $^1/_5$ eines Familienmitgliedes, zuerst zu sterben, in dem Sinne, daß hier 5 W.en die ganze Gewißheit ausmachen («valet $^1/_5$ certitudinis mortis primae seu unam probabilitatem, quarum 5 faciunt omnimodam certitudinem») [9]. Den Plural («probabilitates») gebraucht Bernoulli offenbar durchgehend in solchen Kontexten, in denen er eine Gleichmöglichkeit der verschiedenen Fälle voraussetzt [10]. In der unvollendet gebliebenen und postum veröffentlichten ‹Ars conjectandi› macht Bernoulli dann ausgedehnten Gebrauch vom Terminus ‹W.›, wobei er über die Glücksspieltheorie, aber auch über die Statistik hinausgeht und letztlich mit mathematischen Mitteln ein allgemeines philosophisches Programm voranzubringen sucht: «Irgend ein Ding vermuthen heißt soviel als seine W. (probabilitatem) messen. Deshalb bezeichnen wir als Vermuthungs- oder Muthmassungskunst (Ars conjectandi sive Stochastice) die Kunst, so genau als möglich die W.en (probabilitates) der Dinge zu messen und zwar zu dem Zwecke, daß wir bei unseren Urtheilen und Handlungen stets das auswählen und befolgen können, was uns besser, trefflicher, sicherer oder rathsamer erscheint. Darin allein beruht die ganze Weisheit des Philosophen und die ganze Klugheit des Staatsmannes» [11]. W. bestimmt er ganz allgemein als Grad der Gewißheit; sie verhält sich zu jener wie ein Teil zum Ganzen («Probabilitas enim est gradus certitudinis, & ab hac differt ut pars à toto») [12]. Abweichend vom gewöhnlichen Sprachgebrauch, bei dem das Prädikat ‹wahrscheinlich› nur dann angewandt wird, wenn die «W. merklich größer als die Hälfte der Gewißheit» ist, ist das komparative Prädikat ‹wahrscheinlicher› schon anwendbar, wenn Etwas einen «größeren Theil der Gewißheit» als etwas Anderes besitzt [13]. Bernoulli expliziert (wenn auch nicht definitorisch, so doch in Gestalt von Beispielen) den klassischen W.-Begriff, indem er die W. mathematisch als Verhältnis der Anzahl der günstigen zur Anzahl möglicher Fälle bestimmt [14]; die günstigen Fälle nennt er «foecunda sive fertilia», die ungünstigen «infoecunda sive sterilia» [15]. Mit Hilfe seiner Verhältnisbestimmung der W. versucht

er u.a., eine Präzisierung der traditionellen Terminologie zu erzielen, indem er Begriffen wie «zweifelhaft» («dubium»), «möglich» («possibile»), «moralisch gewiß» bzw. «moralisch unmöglich» («moraliter certum», «moraliter impossibile») jeweils W.-Grade bzw. W.-Bereiche zwischen 0 und 1 zuordnet [16]. Auf einer anderen, für den W.-Begriff selber konstitutiven Ebene liegen die Begriffe «notwendig» («necessarium») und «zufällig» («contingens»), denn sie bezeichnen eine vollständige bzw. unvollständige Kenntnis der Ursachen, die ein bestimmtes Ereignis herbeiführen: Das Ergebnis beim Würfeln etwa ist uns nur deshalb im Augenblick des Wurfes nicht mit völliger Gewißheit bekannt, weil wir nicht über alle Informationen zur Lage und Geschwindigkeit des Würfels verfügen [17]. Insofern ist die hier anzutreffende W. auch als eine nur «subjektive» Gewißheit («subjectivé in ordine ad nos») anzusprechen, wenngleich sie keineswegs beliebig und mathematisch sogar genau bestimmbar ist [18]. Erkenntnistheoretisch wichtig und einflußreich für die weitere Diskussion ist in diesem Zusammenhang die bei Bernoulli bereits früh [19] nachweisbare Differenzierung zwischen zwei verschiedenen Methoden, die Anzahl der überhaupt möglichen Fälle bei einer W.-Berechnung zu ermitteln: Neben dem Weg «a priori» (etwa durch Auszählen gleichartiger Möglichkeiten beim Würfelspiel) führt er mit Blick auf alltägliche Schätzungspraxen – aber auch auf die ‹Logik von Port Royal› [20], deren Titel er ja mit seiner ‹Ars conjectandi› variiert – einen Weg «a posteriori» an, nämlich die «empirische Art, die Zahl der Fälle durch Beobachtungen zu bestimmen» (etwa beim Urnenmodell) [21]. Diese Unterscheidung wird im 18. Jh. geläufig und führt auch (vgl. unten: 3.) in der Mathematik zu der abkürzenden Redeweise von «W. a priori» und «W. a posteriori» [22]. Entscheidend ist hier Bernoullis Einsicht, daß die empirische Ermittlung einer W. durch «Vermehrung der Beobachtungen» immer genauer gemacht und so der apriorischen W. angenähert werden kann; er kleidet sie zunächst in die Vermutung, «dass die Zahl der günstigen zu der Zahl der ungünstigen Beobachtungen das wahre Verhältniss erreicht, und zwar in dem Maasse, dass diese W. schliesslich jeden beliebigen Grad der Gewissheit übertrifft» [23]. Bernoulli liefert hierfür aber auch eine mathematische Präzisierung [24] und einen Beweis [25]; seit S. D. Poisson wird sein Satz in der W.-Theorie als das (schwache) «Gesetz der großen Zahl» bezeichnet [26]. Bernoulli interpretiert dieses wohl wichtigste seiner Ergebnisse erkenntnistheoretisch dahingehend, daß am Ende nur die (nicht zuletzt zeitlich) beschränkte Erkenntnisfähigkeit des Menschen verhindere, daß «W. in volle Gewissheit» übergeht, und appelliert an eine «gewisse Nothwendigkeit, und sozusagen ein Fatum», das allen scheinbaren Zufälligkeiten zugrunde liege [27]. Seine Synthese von kombinatorischer Glücksspieltheorie und empirisch-praktischer Statistik wie auch sein Anspruch, diese auf den ganzen Bereich «bürgerlicher, sittlicher und wirtschaftlicher Verhältnisse» («usum & applicationem praecedentis Doctrinae in Civilibus, Moralibus & Oeconomicis») [28] anwenden zu können, wurden – ungeachtet der Kritik von G. W. Leibniz [29] und anderen [30] – richtungweisend für die weitere Entwicklung der W.-Rechnung.

Beinahe gleichzeitig mit der Veröffentlichung der ‹Ars conjectandi› und z.T. beeinflußt von Bernoullis bereits früher bekanntgewordenen Ideen erscheinen weitere Abhandlungen zur W.-Theorie [31], von denen A. de Moivres ‹Doctrine of Chances› [32] insofern von besonderem Interesse ist, als hier durch Explizierung bislang stillschweigend benutzter Annahmen erstmals eine allgemeine Definition des klassischen W.-Begriffs – der oft erst P.-S. de Laplace zugeschrieben wird – auftritt: «1. The Probability of an Event is greater or less, according to the number of Chances by which it may happen, compared with the whole number of Chances by which it may either happen or fail. 2. Wherefore, if we constitute a Fraction whereof the Numerator be the number of Chances whereby an Event may happen, and the Denominator the number of all the Chances whereby it may happen or fail, that Fraction will be a proper designation of the Probability of happening» [33]. Diese Bestimmung impliziert eine von de Moivre klar ausgesprochene Normierung der W. (die Summe der W. für das Eintreten und das Nichteintreten eines Ereignisses ist immer gleich 1) [34]. Des weiteren unterscheidet er erstmals allgemein zwischen voneinander abhängigen und unabhängigen Ereignissen [35] und formuliert – in Anknüpfung an eine ältere Arbeit [36] – für letztere den (heute sog.) speziellen Produktsatz [37]. Auch führt er der Sache nach das Konzept der bedingten W. in die Diskussion ein («the Probability of the happening ... is to be determined from the supposition of the first having happened») [38]. Sind auch für de Moivre statistische Regelmäßigkeiten als objektive Naturgegebenheiten anzusehen, und ist somit die Ermittlung einer W. für das Eintreten eines Ereignisses als Verhältnisbestimmung eine Angelegenheit gewöhnlicher Forschung («as proper a subject of Investigation as any other quantity or Ratio can be»), so vertritt er doch mit Arbuthnot [39] die Auffassung, daß die Frage nach der ersten Ursache dieses Verhältnisses auf eine göttliche Vorsehung zurückführen muß: Der Zufall («chance») könne von einem atheistischen Standpunkt weder definiert noch verstanden werden («neither be defined nor understood») [40].

Th. Bayes erweitert de Moivres Typisierung von Ereignissen um «unvereinbare», bei denen «das Eintreten eines von ihnen das Eintreten der übrigen ausschließt» [41], und formuliert hierfür den heute sog. speziellen Additionssatz [42]. W. («probability») und Chance («chance») setzt er gleich [43], wobei er W. nicht als Verhältnis günstiger Fälle zu möglichen Fällen, sondern – den älteren Ansatz von Huygens wieder aufnehmend – allgemein als Verhältnis eines (mathematischen) Erwartungswertes für das Eintreten eines gewissen Ereignisses zu der Gewinnerwartung definiert (vielleicht, um so auf die Voraussetzung gleich möglicher Fälle verzichten zu können) [44]. Vor allem aber kehrt Bayes erstmals systematisch die Problemstellung zwischen empirischer Häufigkeit und W.-Bestimmung um: «Gegeben die Anzahl Male, die ein unbekanntes Ereignis eingetreten und ausgeblieben ist. Gesucht die Chance, daß die W. seines Eintretens bei einem einzelnen Versuch irgendwo zwischen zwei angebbaren Graden von W. liegt» [45]. Um zu seinem Hauptergebnis zu kommen, formuliert Bayes zunächst eine Rechenvorschrift für bedingte W., um dann das später nach ihm benannte Theorem zu beweisen [46], in dem sich eine subjektive epistemische W. über Hypothesen mit einer 'zufallsgenerierten' objektiven Eintritt-W. verbindet – typisch für die dem klassischen W.-Begriff inhärente 'Parallelität' der Entwicklung subjektiver Überzeugungen und objektiver Belege. Bereits Bayes' Herausgeber R. Price würdigt die Bedeutung seiner Arbeit für die «experimental philosophy» und das «inductive reasoning» [47]. Die von Bayes inaugurierte Untersuchung der sog. inversen W. («inverse probability») – eine Bezeichnung, die offenbar erst 1838 von A. de Mor-

GAN in Abgrenzung zur gewöhnlichen bzw. direkten W. («direct probability») geprägt wurde [48] – entwickelt sich bis zum 20. Jh. [49] zu einem der wichtigsten Teile der angewandten Statistik [50] wie auch der Theorie des statistischen Schließens [51]. Sie blieb aber im 18. Jh. zunächst unbekannt – so offenbar [52] auch P.-S. DE LAPLACE [53], der bereits 1774 eine eigene Untersuchung über inverse W.en («déterminer la probabilité des causes par les événements») durchführte [54]; M.-J.-A. DE CONDORCET sah darin den für den Philosophen einzig würdigen Teil der W.-Rechnung [55]. Später formuliert LAPLACE das 'Bayessche Theorem' als erster in allgemeiner Form (für *n* paarweise sich ausschließende Ereignisse) [56]. Unter Rückgriff auf Jacob Bernoullis Urnenmodell macht er klar, daß die gewöhnliche W.-Bestimmung von bekannten Ursachen (Umständen) auf Wirkungen (Ereignisse) schließt, während der neue Zugang von den bekannten Wirkungen auf deren Ursachen geht [57]. In beiden Fällen kommt der Begriff der W. notwendig aufgrund des Mangels oder der Unsicherheit des verfügbaren menschlichen Wissens ins Spiel, nur ist dieser oder diese jeweils anders gelagert («L'incertitude des connaissances humaines porte sur les événements ou sur les causes des événements») [58]. Laplace folgt also auch Bernoullis subjektivistischem W.-Verständnis und vertritt einen – in der Gestalt des (später so genannten) 'Laplaceschen Dämons' bekanntgewordenen [59] – Determinismus, demzufolge der Zufall (wie schon bei D. HUME) keinerlei objektive Realität hat [60], sondern immer Ausdruck eines subjektiven Wissensdefizites ist, das im Begriff der W. zum Ausdruck kommt («La notion de probabilité tient a cette ignorance») [61]. In seinem wahrscheinlichkeitstheoretischen Hauptwerk ‹Théorie analytique des probabilités› [62] bringt LAPLACE die Ausbildung des klassischen W.-Begriffes zu einem gewissen Abschluß; insbesondere das Vorwort zu diesem monumentalen Werk, der ‹Essai philosophique sur les probabilités› [63], ist als die nach der ‹Ars conjectandi› einflußreichste Formulierung des probabilistischen Programms im 18. und 19. Jh. anzusehen. Von den zehn dort formulierten allgemeinen Prinzipien der W.-Rechnung [64] enthält das erste die klassische Definition der W. («la probabilité ... est le rapport du nombre des cas favorables à celui de tous les cas possibles»), während das zweite besagt, daß hierbei die verschiedenen Fälle als gleich möglich vorausgesetzt werden müssen («Mais cela suppose les divers cas également possibles») [65]. Sind zunächst keine gleich möglichen Fälle gegeben, so müssen sie bis zu gleich möglichen zerlegt werden [66]. Die Theorie des Zufalls – wohl eine Übersetzung von de Moivres «Theory of Chances» [67] – ermittelt somit W.en durch Zurückführung aller Ereignisse auf gleich mögliche, über deren Existenz man in gleicher Weise unschlüssig ist («La théorie des hasards consiste à reduire tous les événements ... à un certain nombre des cas également possibles, c'est-à-dire tels que nous soyons également indécis») [68]. J. VON KRIES spricht hier später vom «Princip des mangelnden Grundes» [69] und J. M. KEYNES vom «Principle of Indifference» [70]. Wenngleich LAPLACE mit diesem Prinzip wie auch mit dem ersten (d.h. der klassischen Definition von ‹W.›) Grundsätze der kontinental-philosophischen Tradition seit Ch. Wolff (vgl. unten: IV. B.) artikuliert, werden beide doch erst durch seine Autorität zum Gemeingut auch der Mathematiker. Die große Ausdehnung der W.-Theorie innerhalb der Mathematik wie auch in ihren Anwendungen in anderen Wissenschaften (vgl. unten: 3.) verdankt sich nicht zuletzt seiner überaus erfolgreichen Weiterführung des bes. von DE MOIVRE und J. L. LAGRANGE entwickelten analytischen Zugangs, der es u.a. ermöglichte, die Theorie der Differentialgleichungen für die W.-Theorie nutzbar zu machen [71]. Hierauf rekurriert Laplace, wenn er seine W.-Theorie nicht nur als den auf die Analysis zurückgeführten gesunden Menschenverstand bezeichnet («la théorie des probabilités n'est, au fond, que le bon sens réduit au calcul»), sondern auch mit Blick auf deren Anwendungsbreite feststellt, daß es keine für den Menschen würdigere und verbreitenswertere Wissenschaft gebe («... qu'il n'est point de science plus digne de nos méditations et qu'il soit plus utile de faire entrer dans le système de l'instruction publique») [72].

Gleichwohl blieb der bes. von Jacob Bernoulli, de Moivre und Laplace ausgearbeitete klassische Begriff der W. auch in der Mathematik nicht ohne Widerspruch. Bereits 1733 trägt G. F. BUFFON vor der Pariser Akademie über das (später so genannte) 'Buffonsche Nadelproblem' vor, mit dem er zeigt, daß die klassische Definition der W. als das Anzahlverhältnis der günstigen zu den möglichen Fällen unzureichend ist, sobald Probleme mit überabzählbar vielen Ereignissen behandelt werden; später wird in bezug auf sie der Terminus 'geometrische W.' geläufig. Seine Kritik wird erst 1777 veröffentlicht [73], hat aber verschiedene ältere Vorläufer [74]. J. LE R. D'ALEMBERT attackiert verschiedentlich die Ergebnisse und Methoden der W.-Theorie. So greift er das zu seiner Zeit längst bekannte und einflußreiche 'St. Petersburger Problem' [75] auf, um zu zeigen, daß die Mathematik letztlich nicht einmal bei Spielsituationen zu einer Quantifizierung und Ordnung aller für einen Erwartungswert relevanten Einflußgrößen in der Lage sei («Mais toutes ces considérations étant presque impossibles à soumettre au calcul à cause de la diversité des circonstances») [76]. Dem Konzept der 'Gleichmöglichkeit' setzt er den Möglichkeitsbegriff des unverdorbenen Verstandes («cet homme sensé»), der sich an den empirischen Gegebenheiten orientiert, entgegen [77]. D'Alembert gehört auch zu den wenigen Mathematikern des 18. Jh., die gegenüber der Anwendbarkeit der W.-Theorie gerade auf die Sphäre des menschlichen Handelns kritisch bleiben [78]. Die Probleme d'Alemberts mit der W.-Rechnung, besonders mit einem korrekten Verständnis des Gesetzes der großen Zahl, beginnen sich erst aufzulösen, als man im 19. Jh. (vgl. unten: 4.) konsequent eine subjektiv-epistemologische und eine objektiv-statistische Lesart des W.-Begriffes zu unterscheiden lernt [79].

3. Die *frühen Anwendungen* des mathematischen W.-Begriffes auf Fragen der Juristik durch Jacob [80] und NICHOLAS BERNOULLI [81], aber auch Anwendungen auf Gesundheitsfragen – etwa durch DANIEL BERNOULLI [82] – belegen die 'genetische' Verbindung von W.-Rechnung und Statistik. Daneben kommt es jedoch auch zu Anwendungen in anderen, entfernteren Wissenschaftsbereichen: So war offenbar P.-L. M. DE MAUPERTUIS – lange vor G. MENDEL (vgl. unten: 5.) – 1752 der erste, der im Rahmen seiner Theorie der Epigenesis (s.d.) die mathematische W. nutzte, um für die Vererblichkeit gewisser dominanter Eigenschaften zu argumentieren: Durch Berechnung von W.en für die Koinzidenz unabhängiger Ereignisse zeigt er, daß die Erblichkeitshypothese gegenüber der Annahme, daß ein bestimmtes Merkmal (wie eine Mißbildung) ganz zufällig («comme un effet du pur hasard») von Generation zu Generation auftritt, erdrückende W.en auf ihrer Seite hat («nombres si grands que la certitude des choses les mieux démontrées en Physique n'approche pas de ces probabilités») [83]. Im gleichen

Jahr 1752 erscheint auch D. BERNOULLIS Antwort auf eine Preisfrage der Pariser Akademie von 1733 und 1734 nach der Ursache der (nur leichten) Neigung der Planetenumlaufebenen gegeneinander [84]. Bernoulli weist zunächst glücksspieltheoretisch nach, indem er gleichsam «Planetenellipsen wie Münzen in den planetarischen Raum wirft» [85], daß die W. für das Eintreten der beobachtbaren (fast gleichen) Bahnneigungen einer moralischen Unmöglichkeit («impossibilité morale») gleichkommt, d.h., nahezu Null beträgt [86]. Er schließt aber daraus – anders als es die Tradition der Physikotheologie (s.d.) nach I. NEWTON [87] will – nicht auf eine göttliche Einrichtung des Planetensystems, sondern auf eine gemeinsame physikalische Ursache, wobei er bei diesem induktiven Rückschluß erstmals das Problem der Signifikanz der statistischen Ausgangsdaten systematisch untersucht [88]. Weitere Anwendungen des Begriffs der W. und Beispiele für die zunehmende Bedeutung induktiver W.-Schlüsse in der Astronomie liefern in dieser Zeit u.a. J. H. LAMBERT für die Statistik der Kometen [89] und J. MITCHELL für die Statistik der Fixsterne [90]. Von besonderer Bedeutung wurde aber die Astronomie – und daneben die Geodäsie als zweites wichtiges Feld, in dem die Entwicklung der Meßtechnik Präzisionsbeobachtungen ermöglicht hatte – ab der Mitte des 18. Jh. für die Entwicklung einer mathematischen Fehlertheorie, die sich auf den Begriff der W. stützt und erst nach der Jahrhundertwende mit der 'Methode der kleinsten Quadrate' von A.-M. LEGENDRE (1805) und C. F. GAUSS (ab 1809) zur Blüte kommt [91]. Leitend sind dabei die Fragen, wie aus mehreren bzw. vielen voneinander abweichenden Beobachtungswerten über einen Sachverhalt bzw. Vorgang auf den 'wahren' bzw. (da dieser gewöhnlich gerade nicht bekannt ist) 'wahrscheinlichsten' Wert – meist angesehen und zu begründen als der arithmetische Mittelwert – geschlossen, Auskunft über die Verteilung der Beobachtungswerte in bezug auf diesen Wert erreicht und eine verläßliche Abschätzung der (absoluten und relativen) zufälligen Beobachtungsfehler erzielt werden kann. War R. COTES wohl 1722 der erste, der diese Fragen mit dem Problem der Ermittlung einer «größtmöglichen W.» in Verbindung brachte [92], so bildet sich mit TH. SIMPSON [93] ab 1755 innerhalb der W.-Theorie eine kontinuierlich sich entwickelnde Fehlertheorie [94] aus, zu der u.a. TH. MAYER [95], D. BERNOULLI [96], L. EULER [97], J. H. LAMBERT [98], R. BOSCOVICH [99], J. L. LAGRANGE [100], P.-S. DE LAPLACE [101] und eben auch A.-M. LEGENDRE [102] sowie C. F. GAUSS [103] beigetragen haben. Sie konnte zeigen, daß auch Meßwerte und Meßfehler den Grundsätzen der W.-Rechnung («par une certaine loi aux règles des combinaisons fortuites et du calcul des probabilitès») [104] unterliegen. Gauß faßt seine Untersuchungen dahingehend zusammen, daß zwar «die zufälligen Fehler als solche keinem Gesetz folgen», es jedoch die Fehlertheorie ermögliche, bei vollständiger Einsicht in die Fehlerquelle die «Grenzen und den Zusammenhang zwischen der W. der einzelnen Fehler und ihrer Grösse zu bestimmen ... auf eine ähnliche Weise, wie sich bei Glücksspielen ... die Grenzen der möglichen Gewinne und Verluste und deren relative W.en berechnen lassen» [105]. Er beansprucht weiter, daß seine «Methode der kleinsten Quadrate in ihrer neuen hier gegebenen Begründung allgemein als die zweckmäßigste Combination der Beobachtungen erscheint, nicht näherungsweise, sondern nach mathematischer Schärfe, die Function für die W. der Fehler sei, welche sie wolle, und die Anzahl der Beobachtungen möge gross oder klein sein» [106]. Tatsächlich wurde die Fehlertheorie im 19. Jh. über die Anwendungsseite hinaus – insbesondere in ihrer Verbindung mit dem von Laplace 1810 vorgestellten 'zentralen Grenzwertsatz' [107] – auch für die weitere theoretische Ausbildung der W.-Lehre äußerst wichtig [108].

4. Innerhalb der W.-Theorie nach LAPLACE, dessen ‹Théorie analytique des probabilités› in Frankreich und darüber hinaus schulbildend wirkte [109], läßt sich eine Differenzierung und Problematisierung sowie schließlich eine Auflösung des klassischen W.-Begriffes feststellen. S. D. POISSON liefert die wichtigste Präzisierung des Gesetzes der großen Zahl [110], die u.a. von I. J. BIENAYMÉ kritisch aufgenommen, dann aber von P. L. TSCHEBYSCHEW konstruktiv weiterentwickelt wird [111]. Er nimmt auch – vor dem Hintergrund der zunehmenden Bedeutung der Statistik für Politik wie Juristik [112] und offenbar beeinflußt durch J. FOURIER [113] – eine explizite begriffliche Unterscheidung zwischen «subjektiver W.» («probabilité») und «objektiver» bzw. «abstrakter W.» («chance») vor: «Man muß daher im Allgemeinen eine abstracte W. ... und eine individuelle, subjective, sich auf eine bestimmte Person beziehende W. ... eines ungewissen Ereignisses unterscheiden», wobei gewöhnlich der undifferenzierte Gebrauch von ‹W.› ausreiche, aber immer dann der Ausdruck «abstracte W.» angezeigt sei, wenn «die W. eines ungewissen Ereignisses an sich und unabhängig von der Kenntniss, welche wir davon haben», bezeichnet werden solle, hingegen der «bloße Ausdruck 'W.'», wenn es um «die W. eines ungewissen Ereignisses in Beziehung auf eine gewisse Person» gehe [114]. Z.B. können Münzwürfe mit mehreren Münzen je nach physikalischer Beschaffenheit der Münzen verschiedene objektive W.en (für Kopf oder Zahl) und zugleich (bei Unkenntnis der Verschiedenheiten) gleiche subjektive W.en (etwa je ½ für Kopf und für Zahl) bei jedem Spieler aufweisen; umgekehrt haben Würfe mit nur einer Münze (ceteris paribus) zwei feste objektive W.en (für Kopf und Zahl), können aber mit verschiedenen subjektiven W.en (bei je unterschiedlichem Wissen über die eine Münze) auf seiten der Spieler einhergehen [115]. Während sich die objektiven W.en einer Münze nicht ändern können, werden die subjektiven W.en von den früheren Wurfresultaten beeinflußt [116]. Hält POISSON auch an der klassischen Bestimmung fest, daß das «Maß der W. eines ungewissen Ereignisses ... das Verhältniss der Anzahl der diesem Ereignisse günstigen Fälle zu der Anzahl aller möglichen» ist, sofern alle gleich möglich sind («dieselbe abstracte W. haben») und insofern die W. zunächst als rationale Zahl («commensurabele Größe») eingeführt wird, so macht er doch sogleich an einem geometrischen Beispiel mit unendlich vielen möglichen Ausgängen deutlich, daß sie allgemein als eine reelle Zahl («incommensurabele Größe») aufzufassen sei [117].

Poisson hält seine Begriffsdifferenzierung für ausreichend, um Unklarheiten in den Grundlagen der W.-Theorie auszuräumen. A. A. COURNOT kommt wenige Jahre später und unabhängig von ihm [118] zu einer ähnlichen, wenngleich als 'radikal' ausgewiesenen Unterscheidung: «C'est pourtant à la langue des métaphysiciens que j'ai emprunté sans scrupule les deux épithètes d'objective et de subjective, qui m'étaient nécessaires pour distinguer radicalement les deux acceptions du terme de probabilité, auxquelles s'appliquent les combinaisons du calcul» [119]. Diese verbindet er mit einem weiterreichenden Anspruch als Poisson: Gegen Bayes, Laplace u.a. macht er geltend, daß der von ihnen favorisierten subjektiven W. eine Beliebigkeit innewohne, die sie als Grundbegriff der W.-Theorie disqualifiziere [120]. Um der erforderlichen wissenschaftlichen Exaktheit und Glaubwürdigkeit willen fordert er dazu auf, aus den statistischen Datenbefunden alles Beobachterabhängige auszuschalten [121] und letztlich auf subjektive W.en in der Mathematik und den Wissenschaften ganz zu verzichten. Mit seiner Präferierung objektiver W. tendiert er – ohne eine entsprechende Formulierung zu gebrauchen – eindeutig zu einer Häufigkeitsinterpretation der W. Fast gleichzeitig, aber von einem gleichsam 'entgegengesetzten', nämlich von Kant beeinflußten Standpunkt («a philosophy of science which recognizes ideal elements of knowledge, and which makes the process of induction depend on them») kritisiert auch in England der Mathematiker R. L. ELLIS den klassischen Begriff der W. von Bernoulli und Laplace und vertritt ausdrücklich eine Häufigkeitsdeutung («for if any event can occur in *a* out of *b* possible ways, its probability is *a/b:* and if all these *b* cases tend to recur equally on the long run, the event must tend to occur *a* times out of *b*; or in the ratio of its probability») [122]. Neben Philosophen wie J. F. FRIES und J. S. MILL (vgl. unten: IV. B.) vollziehen also auch Poisson, Cournot, Ellis und andere Mathematiker eine (wenngleich je verschieden begründete) Wendung zu einer 'objektivistischen' Konzeption von W., die statistischen Regularitäten eine Grundlage in 'realen', von epistemischen Zuständen des Individuums unabhängigen Zufallsereignissen geben [123]. Auch Verfechter eines grundsätzlich subjektivistischen Begriffs von W. wie A. DE MORGAN («Probability is the feeling of the mind, not the inherent property of a set of circumstances») [124] machen Konzessionen an diese Entwicklung, um der feststellbaren statistischen «uniformity» langer Ereignisreihen Rechnung zu tragen [125]. De Morgan kann mit seiner Auffassung, W. sei nicht als Grad der Gewißheit («certitude»), sondern des Glaubens («belief») anzusehen [126], als ein Vorreiter des modernen Bayesianismus aufgefaßt werden [127]. G. BOOLE vertritt in der Distanzierung vom klassisch-subjektivistischen W.-Begriff eine gewisse 'Mittelstellung', wie es prägnant in seiner Bestimmung der W.-Theorie zum Ausdruck kommt: «the mode in which the expected frequency of occurrence of a particular event is dependent upon the known frequency of occurrence of any other events» [128]. Nach dem Vorbild seiner eigenen deduktiven Logik [129] und vergleichbar mit B. BOLZANOS Auffassung (vgl. unten: IV. B. 6.), bezieht er W. nicht länger auf das Eintreten eines Ereignisses («occurrence of an event *E*»), sondern auf die Aussage über dieses Eintreten («probability of the truth of the proposition *X*, which asserts that the event *E* will occur») [130]. Diese Ausdrucksweise hat sich seitdem in der W.-Theorie weitgehend durchgesetzt [131]. Die Häufigkeitsinterpretation wird dann im England der zweiten Hälfte des 19. Jh. besonders einflußreich vertreten von J. VENN [132]. In Weiterführung von Ellis' «fundamental principle of the theory of probabilities ... – 'The concept of a genus implies that of numerical relations among the species subordinated to it'» [133] – legt Venn dieser Interpretation eine Theorie natürlicher Arten zugrunde («for this purpose the existence of natural kinds or groups is necessary») [134]. Sie soll die Stabilität von Häufigkeiten erklären, ohne einen traditionellen Determinismus zu vertreten, d.h., ohne allgemeine Kausalkenntnis zwischen Ereignissen und den sie hervorrufenden Gründen behaupten zu müssen; Venn vertritt diesbezüglich eine agnostische Position («It is the fact of this ignorance that makes us appeal to the theory of Probability, the grounds of it are of no importance») [135].

Wenngleich die Bedeutung der Häufigkeitsinterpretation in der zweiten Jahrhunderthälfte mit dem Aufstieg statistischen Denkens [136], insbesondere auch in den Naturwissenschaften (vgl. unten: 5.), stark zunimmt, wird sie auch in der *mathematischen* Diskussion um die W. zu keiner Zeit dominant. Sie konnte sich u.a. wohl deshalb nicht durchsetzen, weil sie in ihrer engen Verbindung zur Statistik unter der verbreiteten Skepsis und z.T. ausgeprägten Feindschaft litt, die gegenüber den starken (gelegentlich auch politisch motivierten) Ansprüchen herrschte, die mit der Anwendung statistischer Methoden (insbesondere auf soziale Fragen) einhergingen [137]. Als Indikator für eine anhaltende Diskussion um die Grundlagen der W.-Theorie [138] mag dienen, daß H. POINCARÉ noch 1898 die Schwierigkeit beklagt, eine verbindliche Definition von ‹W.› zu geben, und sich auf die unbefriedigende klassische Bestimmung als 'kleinsten gemeinsamen Nenner' zurückzieht («L'on ne peut guère donner une définition satisfaisante de la Probabilité. On dit ordinairement: La probabilité d'un événement est le rapport du nombre des cas favorables à cet événement au nombre total des cas possibles») [139]. Der klassische Begriff der W. aber war zu dieser Zeit nicht nur von der Häufigkeitsinterpretation bedroht: Längst war er von philosophischer Seite (vgl. unten: IV. B.) dem später von R. VON MISES einflußreich wiederholten Vorwurf der Zirkularität ausgesetzt, wonach eine Definition von ‹W.›, die auf 'gleich mögliche' Fälle rekurriert, diese nicht als 'gleich wahrscheinlich' bestimmen dürfe [140]. Zudem hatte er mit Paradoxien zu kämpfen, die J. VON KRIES [141] aufzeigte und die später J. M. KEYNES in seinem einflußreichen Werk aufgriff [142]. Besonders die von J. BERTRAND aufgefundenen und später nach ihm benannten Paradoxien zur geometrischen W. – Verbindungen zu den Analysen von VON KRIES [143] und D'ALEMBERT [144] sind erkennbar – machen klar, daß die klassische Definition von ‹W.› dem wachsenden Anspruch an mathematische Strenge und Exaktheit nicht mehr genügen und allenfalls bedingt anwendbar sein konnte. Offenbar in Unkenntnis der wesentlich früheren Forderung G. BOOLES an die W.-Theorie, «that the principles upon which its methods are founded should be of an axiomatic nature» [145], aber auch der Entwicklung der Fehlertheorie als «nucleus of the new theory of probability» [146], rechnet denn auch D. HILBERT in seinem berühmten Pariser Vortrag von 1900 die W.-Rechnung neben der Mechanik noch zu den wichtigsten «physikalischen Disziplinen ..., in denen schon heute die Mathematik eine hervorragende Rolle spielt», und gibt der Mathematik das Problem auf, nach dem Vorbild der Geometrie auch diese Disziplinen «axiomatisch zu behandeln» [147]. Mit den verschiedenen Ansätzen zur Lösung dieses Problems wird dann eine neue Periode in der Entwicklung der mathematischen W. (vgl. unten: 6.) eingeleitet.

5. Unter den *Anwendungen* der mathematischen W. in anderen Wissenschaften ist in der ersten Hälfte des 19. Jh. besonders A. QUETELETS äußerst einflußreiches Programm einer «physique sociale» [148] hervorzuheben, die zunächst als Gegenstück zur Laplaceschen «Mécanique céleste» als eine «Mécanique sociale» konzipiert war [149]. Mit Quetelets Einführung des Durchschnittsmenschen («l'homme moyen») war die Aufgabe gestellt, den Bereich des statistischen Schließens von der Astronomie auf die Sozialwissenschaften auszuweiten, um Gesetzeskenntnis auch in diesen Bereichen erlangen zu können [150]. Neben philosophischer, politischer und religiös-weltanschaulich geprägter Kritik an diesem Pro-

gramm [151] wird Quetelet auch zur Last gelegt, die Grenzen sinnvoller Anwendung der W.-Theorie völlig zu verwischen [152]. Allerdings kann er zeigen, daß die gleiche Kurve (der Binominalverteilung), die den Astronomen als Fehlerkurve diente, als eine Variationskurve von (menschlichen) Eigenschaften interpretierbar sei [153]. Besonders hierdurch erlangte sein Programm Vorbildfunktion auch für andere Wissenschaftsbereiche – insofern nämlich, als es eine neue wissenschaftliche Sichtweise verbreitete, die eine Abwendung von Einzelphänomenen und deren Ursachen sowie eine Hinwendung zu statistischen Betrachtungen von Gesamtheiten implizierte [154]. Frühe Einflüsse auf die junge experimentelle Psychologie zeigen sich bereits bei G. TH. FECHNER [155]. In der Biologie knüpft F. GALTONS Theorie der Vererbung stark an Quetelets Programm an [156]. Galton begründet mit K. PEARSON die 'biometrische Schule', in deren Umfeld auch F. Y. EDGEWORTH tätig war [157]. Daneben bildet sich auch eine 'Mendelsche Schule' der statistischen Genetik aus, die in G. MENDELS Abhandlung ‹Versuche über Pflanzenhybriden› ihren Ausgang nimmt [158], sowie eine statistische Richtung innerhalb der durch CH. DARWINS ‹Origin of Species› geprägten Evolutionsbiologie [159].

Aber auch eine gewisse Rückwirkung der Queteletschen «physique sociale» auf die Physik selber ist nachweisbar: Ab der Mitte des 19. Jh. entwickelt sich die Thermodynamik (s.d.) als Deutung der älteren kinetischen Gas- bzw. mechanischen Wärmetheorie [160], bei der bereits in den Werken von D. BERNOULLI [161], W. HERAPATH [162] und J. WATERSTON [163] die Idee auftauchte, die phänomenologisch-makrophysikalischen Eigenschaften eines Gases auf die Bewegung kleinster Teilchen zurückzuführen [164]. Erst die Arbeiten von A. KRÖNIG und R. CLAUSIUS begründen jedoch eine kontinuierliche Forschungstradition [165], die schließlich in die abstrakte Formulierung der klassischen statistischen Physik einmündet. Im Zuge dieser Entwicklung werden Methoden und Konzepte der W.-Rechnung in immer verfeinerterer Form angewandt.

A. C. KRÖNIG führt 1856 erstmals [166] den Begriff der W. in die mikrophysikalische Modellierung von Gasen ein, um trotz der «vollkommenen Unregelmäßigkeit» der «Bahn jedes Gasatoms» nach «den Gesetzen der Wahrscheinlichkeitsrechnung» eine «vollkommene Regelmäßigkeit» annehmen zu können [167]. R. CLAUSIUS nimmt den Ansatz Krönigs 1857 [168] und 1858 [169] direkt auf und verallgemeinert diesen durch Einführung zusätzlicher Freiheitsgrade für die Molekülbewegungen [170] sowie durch die Untersuchung auch von Partikelkollisionen und die dadurch ermöglichte Bestimmung von W.en für Diffusionsprozesse [171]. J. C. MAXWELL führt diese Linie weiter [172], greift aber – vermittelt durch J. HERSCHEL [173] und H. T. BUCKLE [174] – auch Überlegungen aus der Sozialstatistik Quetelets auf [175]. Ab 1859 entwickelt er sein Gesetz der Geschwindigkeitsverteilung von Gasmolekülen im thermodynamischen Gleichgewicht mit der Zielsetzung «to find the probability of the direction of the velocity after impact lying between given limits» [176]. L. BOLTZMANN schließlich verknüpft 1877 auf der Grundlage eigener früherer Arbeiten [177], aber auch der Untersuchungen MAXWELLS [178] und bes. des sog. Umkehreinwandes von J. LOSCHMIDT [179] sowie unter Anwendung kombinatorischer Überlegungen das zuerst von Clausius eingeführte Konzept der Entropie (s.d.) eines physikalischen Systems mit dem Begriff der W. Genauer geht BOLTZMANN von der W. eines dem System korrespondierenden Mikrozustandes aus, wobei das System von einem Anfangszustand, der «in den meisten Fällen ein sehr unwahrscheinlicher sein wird, ... immer wahrscheinlicheren Zuständen zueilen [wird], bis es endlich den wahrscheinlichsten, d.h. den des Wärmegleichgewichts erreicht hat» [180]. Allgemein resümiert er die damit gewonnene enge Beziehung von Entropie und W. so: «Jeder Energieverteilung kommt ... eine quantitative bestimmbare W. zu. Da diese in den ... wichtigsten Fällen identisch ist mit der von Clausius als Entropie bezeichneten Größe, so wollen wir ihr ebenfalls diesen Namen geben» [181]. Über die Physik hinaus wurde der Zusammenhang von Entropie, W. und Zeit gegen Ende des 19. Jh. naturphilosophisch und auch – in einem weiteren Sinne – weltanschaulich wichtig, wie besonders die Diskussion um den sog. Wärmetod (s.d.) deutlich macht.

Mit J. W. GIBBS wird die klassische statistische Physik im wesentlichen zu einem Abschluß gebracht [182]. Vorbereitet durch den von Boltzmann eingenommenen kombinatorischen Standpunkt bei der Verteilung von Molekülen auf endlich viele Energieniveaus [183], betont Gibbs doch die Notwendigkeit einer «selbständigen Entwickelung» [184] der statistischen Mechanik gegenüber der älteren Tradition von Clausius, Maxwell und Boltzmann. Ihr Inhalt ist die allgemeine Beschreibung des – durch Orts- und Impulskoordinaten eines Systems von N mikrophysikalischen Objekten aufgespannten – $6N$-dimensionalen Phasenraums, in welche das Produkt des sog. W.-Koeffizienten der Phase mit der Phasenausdehnung die W. dafür angibt, «daß sich ein willkürliches System der Gesamtheit» [185] in einem bestimmten Phasenraumvolumen befindet und der natürliche Logarithmus desselben, der sog. W.-Exponent der Phase («index of probability»), «mit umgekehrten Vorzeichen der Entropie entspricht» [186]. Gibbs selber faßt den Ertrag seiner Arbeit – die Parallelen zu einer zeitgleichen, aber unabhängigen Arbeit A. EINSTEINS aufweist [187] – für ein philosophisches Verständnis der Irreversibilität der Zeit auf der Grundlage des Begriffs der W. so zusammen: «Man darf nicht vergessen, daß, wenn unsere Gesamtheiten die W.en für Vorgänge der wirklichen Welt erläutern sollen, zwar die W.en späterer Ereignisse oft aus den W.en früherer Ereignisse bestimmt werden können, aber nur selten W.en von früheren Ereignissen aus denen der späteren; denn wir sind selten berechtigt, auf die Betrachtung der vorhergehenden W.en früherer Ereignisse zu verzichten» [188]. In diese Richtung weist auch C. F. VON WEIZSÄCKERS Lösung für das Problem der Irreversibilität in der statistischen Physik ('Zeitpfeil'): Wir wenden tatsächlich W.-Überlegungen nur auf die Zukunft an und bringen dadurch unbemerkt die Unterscheidung von Vergangenheit und Zukunft in die Theorie hinein [189]. Mit Blick auf diese Asymmetrie definiert M. DRIESCHNER bündig: «W. ist die vorausgesagte (relative) Häufigkeit» [190]. M. VON SMOLUCHOWSKI betont später den 'objektivierenden' (weil der Häufigkeitsinterpretation der W. verpflichteten) und auf «exakt statistischen Methoden» aufbauenden Charakter der statistischen Mechanik in der Tradition von Gibbs gegenüber der älteren Thermodynamik und resümiert die Entwicklung folgendermaßen: «Es scheint uns ... ein auch für den Philosophen äußerst wichtiges Ergebnis zu sein, wenn sich auch nur auf einem beschränkten Gebiet – dem der mathematischen Physik – zeigen läßt, daß der Begriff der W., in der üblichen Bedeutung eines gesetzmäßigen Häufigkeitswertes zufälliger Ereignisse, eine streng objektive Bedeutung besitzt» [191].

6. Zu Beginn des *20. Jh.* kann nach H. Poincaré von einer eigentlich *mathematischen W.-Theorie* nicht die Rede sein («Le nom seul de calcul des probabilités est un paradoxe») [192]. Ihr wissenschaftlicher Status ist ambivalent, insofern einerseits ihre Grundlagen ungeklärt bleiben («le calcul des probabilités est une science vaine, qu'il faut se défier de cet instinct obscur que nous nommions bon sens»), andererseits der Begriff der W. in allen Wissenschaftsbereichen erfolgreich und einflußreich zur Anwendung kommt («A ce compte, toutes les sciences ne seraient que des applications inconscientes du calcul des probabilités») [193]. Hilberts Axiomatisierungsprogramm (vgl. oben: 4.) zielt auf eine Beseitigung dieser Ambivalenz ab, d.h., sucht die W.-Theorie als eine 'streng mathematisch' begründete *und* als anwendungsrelevante Disziplin zu etablieren. Hilbert konnte in seinem Pariser Vortrag bereits auf einen entsprechenden Versuch von G. Bohlmann hinweisen [194], der allerdings eher als deskriptive axiomatische Darstellung des damaligen Standes der W.-Theorie denn als Applikation des von Hilbert geforderten «axiomatischen Denkens» [195] zu sehen ist. Doch erst nach 1900 kommt es zu verstärkten Axiomatisierungsbemühungen im engeren Sinne [196]. In diese Bemühungen gehen neben mengentheoretischen im weiteren Verlauf zunehmend auch maßtheoretische Konzeptionen ein, die im wesentlichen von E. Borel eingeführt werden [197]. Spätere Axiomatisierungsversuche von A. Lomnicki und H. Steinhaus bauen auf dessen Gedanken auf, dem Begriff der W. die Eigenschaften eines Maßes beizulegen [198], bleiben aber insofern unzulänglich, als sie Rechenoperationen mit W. und die Definition von Begriffen wie den durch die Fehlertheorie der zweiten Hälfte des 19. Jh wichtig gewordenen [199] Begriff der Zufallsgröße, den der mathematischen Erwartung und den der bedingten W. nicht zureichend begründen können [200]. Zuvor hat bereits R. von Mises vorgeschlagen, die W.-Rechnung als eine «Naturwissenschaft gleicher Art wie die Geometrie oder die theoretische Mechanik» [201] mit Hilfe zweier Axiome bzw. «Forderungen» [202] zu begründen und W. als Grenzwert relativer Häufigkeiten einzuführen. Sein Begründungsversuch findet starke Beachtung, leidet allerdings darunter, daß die Widerspruchsfreiheit beider Forderungen lange Zeit nicht nachgewiesen werden kann [203]. Erst mit der berühmten Arbeit ‹Grundbegriffe der W.-Rechnung› (1933) von A. N. Kolmogoroff – ein Axiomatisierungsvorschlag von H. Reichenbach erfolgt fast gleichzeitig [204] – setzt sich dann eine Axiomatisierung durch, die für die weitere Entwicklung bestimmend wird. Kolmogoroffs Ziel ist es, «die Grundbegriffe der W.-Rechnung, welche noch unlängst für ganz eigenartig galten, natürlicherweise in die Reihe der allgemeinen Begriffsbildungen der modernen Mathematik einzuordnen» [205]. Dabei hält er – in ausdrücklicher Absetzung auch von der Axiomatisierung, die von Mises vorschlägt [206] – neben dem Begriff «zufälliges Ereignis» fest am «W.-Begriff» als zweitem Grundbegriff, der durch die (später so genannten) 'Kolmogoroff-Axiome' implizit definiert wird [207]. Der Idee nach legen diese Axiome in einem ersten Schritt eine sog. 'Ereignisalgebra' E und in einem zweiten Schritt die W. als eine spezielle Maßfunktion auf E fest, d.h., jeder Teilmenge A von E (E abzählbar) ist eine «nichtnegative reelle Zahl $P(A)$ zugeordnet. Diese Zahl $P(A)$ nennt man die W. des Ereignisses A» [208]. Bestimmte solcher Zuordnungen, die die Axiome erfüllen, nennt Kolmogoroff «Wahrscheinlichkeitsfelder» [209]. Eine inhaltliche Bestimmung von W. und W.-Feldern jenseits der Axiome lehnt er mit ausdrücklicher Berufung auf Hilbert ab: «Dementsprechend wird ... der Begriff eines Wahrscheinlichkeitsfeldes als eines gewissen Bedingungen genügenden Mengensystems definiert. Was die Elemente dieser Mengen sind, ist dabei für die rein mathematische Entwicklung der W.-Rechnung völlig gleichgültig» [210]. Die Kolmogoroff-Axiome bestimmen allerdings die W.-Felder in solcher Weise, daß sich die Eigenschaften des klassischen W.-Begriffs bei geeigneter Einschränkung von E aus ihnen gewinnen lassen. Der 'axiomatisierte' W.-Begriff enthält also den klassischen als Sonderfall; er ist zudem anwendbar auf (heute so genannte) 'stochastische Prozesse', d.h. auf die zeitliche und (gelegentlich) räumliche Entwicklung von Zufallsprozessen, unter denen die sog. Markoffschen Ketten [211] besonders wichtig geworden sind.

Bezüglich der Frage, wie sich die axiomatisierte W.-Theorie zur Erfahrungswelt verhält, glaubt sich Kolmogoroff eng an von Mises' neopositivistischen [212] Standpunkt anzuschließen [213], wobei ihm eine «empirische Deduktion der Axiome» – d.h. der Nachweis, daß empirische Häufigkeiten die axiomatisch geforderten Eigenschaften der W. näherungsweise aufweisen [214] – deren Anwendbarkeit im Einzelnen sicherstellen soll [215]. Dabei ist gerade in bezug auf die «Unabhängigkeit» von Ereignissen, der Kolmogoroff eine «zentrale Stellung in der W.-Rechnung» einräumt, weil erst durch sie erklärbar wird, warum sie einerseits eine «Theorie der additiven Mengenfunktionen» sein kann, andererseits aber doch «eine große, ihre eigenen Methoden besitzende selbständige Wissenschaft entwickelt hat» [216], eine wissenschaftstheoretische Reflexion gefragt: «Es ist ... eine der wichtigsten Aufgaben der Philosophie der Naturwissenschaften, nachdem sie die vielumstrittene Frage über das Wesen des W.-Begriffes selbst erklärt hat, die Voraussetzungen zu präzisieren, bei denen man irgendwelche gegebene reelle Erscheinungen für gegenseitig unabhängig hält» [217].

Mit Kolmogoroffs Arbeit von 1933 finden die andauernden Bemühungen um die Axiomatisierung der W.-Theorie einen gewissen Abschluß [218], so daß die Auffassung vertreten werden kann, daß mit diesem Jahr «die W.-Rechnung ein vollberechtigtes Mitglied der Familie der mathematischen Disziplinen geworden ist» [219]. Kolmogoroffs Axiomatisierungsvorschlag wird bald von E. Hopf [220], J. L. Doob [221], W. Feller [222] und anderen [223] aufgegriffen. Wurde er später auch im Detail kritisiert – so lehnt etwa G. Shafer [224] Kolmogoroffs Normierung der W. als unzureichend begründete Einschränkung ab, und B. de Finetti [225] weist Probleme bei der Ausdehnung der Additivitätsforderung vom endlichen auf den abzählbar-unendlichen Fall auf –, gilt er doch in der Mathematik des späteren 20. Jh. allgemein als kanonisch. Die weitere Ausbildung der mathematischen Theorie der W. [226] scheint daher keine philosophisch relevanten Veränderungen des W.-Begriffs mehr hervorgebracht zu haben, während die philosophische Diskussion um 'die' (bzw. eine) angemessene Interpretation des durch die Kolmogoroff-Axiome und ihre neueren Varianten bestimmten Begriffes von W. andauert (vgl. unten: IV. B.).

7. Unter den zahlreichen *Anwendungsfeldern* des Begriffs der W. im 20. Jh. nimmt die (im Zeitraum von 1925 bis 1927 als formalisierte Theorie sich konstituierende) Quantenmechanik (s.d.) den philosophisch wichtigsten Platz ein. M. Planck führt 1900 das später nach ihm benannte Wirkungsquantum (s.d.) ein, um gewisse Anoma-

lien der klassischen Physik aufzulösen [227], möchte aber deren Determinismus retten [228]. F. EXNER kritisiert bereits 1917 Plancks Rettungsversuche als «eine Art physikalische Mythologie» [229] und vermutet: «Alle Gesetze können Wahrscheinlichkeitsgesetze sein» [230].

A. EINSTEIN scheint im Jahre 1916 [231] der erste [232] zu sein, der den Begriff der W. im Kontext der von Planck u.a. neugeschaffenen Quantentheorie fruchtbar macht. Unter Verwendung von Methoden der klassischen statistischen Physik untersucht Einstein zum einen die «quantentheoretisch möglichen Zustände Z_n und deren Gewichte p_n» (W. von Zuständen) und zum anderen die W., mit der ein quantenphysikalisches Objekt von einem Zustand in den anderen übergeht [233]. Hiervon ausgehend liefert S. N. BOSE 1924 eine Theorie des wahrscheinlichen Verhaltens von Photonengasen [234], die von der «mechanischen Statistik» [235] abweichende, später sogenannte Bose-Einstein-Statistik [236]. In ihr sieht Einstein einen «wichtigen Fortschritt» [237] und verallgemeinert sie 1925 – unter Einbeziehung einer «beachtenswerten Schrift» [238] L. DE BROGLIES [239] – durch Anwendung auch auf materielle Teilchen.

Zentrale Anomalien dieser schon bald als 'alte Quantentheorie' bezeichneten Lehre werden im gleichen Jahr durch einen von W. HEISENBERG eingeführten und dann in zwei (mit M. BORN und P. JORDAN verfaßten) Aufsätzen [240] als «Matrizenform der Quantenmechanik» [241] dargestellten Formalismus befriedigend gelöst. Alternativ formuliert E. SCHRÖDINGER ab 1926 die Wellenmechanik (s.d.), deren Äquivalenz zur Matrizenformulierung er selber nachweist; dabei führt er die nach ihm benannte Gleichung ein, der die Wellenfunktion ψ zur Beschreibung quantenmechanischer Systeme unterliegt. Im gleichen Jahr liefert M. BORN noch eine von Heisenbergs und Schrödingers Auffassung abweichende «dritte Interpretation» [242] dieser Formalismen, die später als 'W.-Interpretation' bezeichnet wird. Sie kommt pointiert in der Aussage zum Ausdruck, daß praktisch «jedenfalls sowohl für den experimentellen als auch den theoretischen Physiker der Indeterminismus» [243] bestehe; Born sieht ihn darin begründet, daß Bahnen von Korpuskeln zwar durch den Impuls- und Energiesatz eingeschränkt seien; im übrigen werde jedoch «für das Einschlagen einer bestimmten Bahn nur die W. durch die Werteverteilung der Funktion ψ bestimmt. Man könnte das, etwas paradox, so zusammenfassen: Die Bewegung der Partikeln folgt W.-Gesetzen, die W. selbst aber breitet sich im Einklang mit dem Kausalgesetz aus» [244]. Es lasse sich demnach keine kausale «Bestimmtheit des Einzelereignisses» aus der Quantenmechanik folgern [245], während man insofern davon sprechen könne, daß die Ausbreitung der W.en dem Kausalgesetz unterliegt, als «die Kenntnis des Zustandes in allen Punkten in einem Augenblick die Verteilung des Zustandes zu allen späteren Zeiten festlegt» [246]. Die W.-Interpretation Borns betrachtet also die statistische Häufigkeit der Quantenzustände als durch die Wellenfunktion ψ beschreibbar und in ihrer raumzeitlichen Entwicklung 'erklärbar', ohne (ihrer Tendenz nach) an einer Determination des Einzelfalls festzuhalten; insofern legt sie ein 'objektives' Verständnis der quantenmechanischen W. zugrunde [247]. Ausgehend von seiner Interpretation und offenbar angeregt durch einen Brief von W. PAULI [248], formuliert dann W. HEISENBERG im Jahre 1927 jene später nach ihm benannte Relation, derzufolge «kanonisch konjugierte Größen simultan nur mit einer charakteristischen Ungenauigkeit bestimmt werden können ... Diese Ungenauigkeit ist der eigentliche Grund für das Auftreten statistischer Zusammenhänge in der Quantenmechanik» [249]. Mit diesem Nachweis wird der Indeterminismus der Quantenmechanik und somit die Unverzichtbarkeit des Begriffs der W. zur Darstellung quantenmechanischer Phänomene nach Auffassung der meisten theoretischen Physiker besiegelt [250]. M. BORN bemerkt bereits 1927 zur Wellenfunktion ψ: «Der Grundgedanke ..., daß es sich um 'Wahrscheinlichkeitswellen' handelt, wird wohl in verschiedener Gestalt bestehen bleiben» [251].

Heisenbergs Unschärferelation (s.d.), aber auch andere Theorieelemente der 'neuen Quantentheorie' haben zu anhaltenden philosophischen Diskussionen um den Begriff der W. in der Physik geführt. M. PLANCK konstatiert um 1930 wiederholt mit Besorgnis die Tendenz innerhalb der Physik, «der Wellenfunktion eine endgültige Bedeutung zu geben, und weil die Wellenfunktion an sich nur die Bedeutung einer W.-Größe besitzt, so bemüht man sich, die Frage nach der W. als die letzte, höchste Aufgabe hinzustellen und macht damit den W.-Begriff zur endgültigen Grundlage der ganzen Physik» [252]. A. EINSTEIN hält die W.-Interpretation für «logisch einwandfrei» und bescheinigt ihr «bedeutende Erfolge» [253], hält Born aber bereits 1926 folgende Bemerkung entgegen, die wohl zum Ursprung des berühmten, so aber nicht belegten Diktums 'Gott würfelt nicht' geworden ist: «Die Theorie liefert viel, aber dem Geheimnis des Alten bringt sie uns kaum näher. Jedenfalls bin ich überzeugt, daß *der* nicht würfelt» [254]. Gegen die Beschränkung auf W.-Aussagen über mikrophysikalische Teilchen macht er seine Form eines wissenschaftlichen Realismus geltend: «Ich kann nicht umhin, zu bekennen, daß ich dieser Interpretation nur eine vorübergehende Bedeutung beimesse. Ich glaube noch an die Möglichkeit eines Modells der Wirklichkeit, d.h. einer Theorie, die die Dinge selbst und nicht nur die W.en ihres Auftretens darstellen» [255]. Einsteins spätere Kritik an der Quantenmechanik in Gestalt des 'EPR-Paradoxons' [256] ist Ausdruck dieses Realismus und hat die Grundlagendiskussion bis zum heutigen Tage beeinflußt [257]. Seit J. S. BELLS einflußreicher Untersuchung [258] erscheinen allerdings die Möglichkeiten, mit Hilfe sog. 'verborgener Parameter' zu einer Determination quantenmechanischer Prozesse zu gelangen und den Begriff der W. prinzipiell entbehrlich zu machen, sehr begrenzt. Vertreter der W.-Interpretation bzw. der daran anknüpfenden 'Kopenhagener Interpretation' betonen daher, daß der Begriff der W. in der Quantenmechanik weder eliminierbar noch reduzierbar sei. N. BOHR führt 1927 den Begriff der Komplementarität (s.d.) mit der Absicht ein, den grundsätzlich statistischen Charakter der Quantenmechanik zu erhellen; seine Debatte mit Einstein hierüber führt zu keinem Konsens [259]. W. HEISENBERG sieht mit der «Wahrscheinlichkeitswelle» ψ einen «völlig neuen Begriff in die theoretische Physik eingeführt» [260], der eine «quantitative Fassung des alten Begriffs der δύναμις oder 'Potentia' bedeutet» [261]. C. F. VON WEIZSÄCKER wendet sich ebenfalls gegen eine «empiristische» Deutung des Begriffs der W. in der Quantenmechanik, der «bloß relative Häufigkeit vergangener Ereignisse» zum Ausdruck bringe [262]; vielmehr sieht er in ihm «eine quantitative Verschärfung einer bestimmten Fassung des Möglichkeitsbegriffs» [263]. Als «vermittelnder Begriff zwischen den unanschaulichen Gebilden der abstrakten Theorie und den anschaulichen Größen, die man messen kann», sieht er ihn in *allen* Formalisierungen der Quantenmechanik als unverzichtbar an [264]. Formal läßt sich die Quantenmechanik als eine verallgemeinerte W.-Theorie verstehen, bei der im ersten Axiom, das bei Kolmogoroff die Menge der Ereignisse als Mengenkörper einführt, statt des Mengenkörpers die 'Quantenlogik' gesetzt wird, d.h. der Verband der Unterräume des Hilbertraums [265]. Bei allen Interpretationsdifferenzen dürfte die generelle Haltung der theoretischen Physik bis heute durch W. PAULI zutreffend beschrieben sein: «Erst die Wellen- oder Quantenmechanik konnte die Existenz *primärer W.en* in den Naturgesetzen behaupten, die sich sonach nicht wie zum Beispiel die thermodynamischen W.en der klassischen Physik durch Hilfsannahmen auf deterministische Naturgesetze zurückführen lassen. Diese umwälzende Folgerung hält die überwiegende Mehrheit der modernen theoretischen Physiker ... für unwiderruflich» [266].

8. War der Begriff der W. schon zum Ende des 19. Jh. auch außerhalb der Physik zu einem wichtigen Beschreibungs- und Erklärungsinstrument in Bereichen wie der Biologie und Psychologie geworden (vgl. oben: 5.), so ist das 20. Jh. durch eine Fortsetzung der 'probabilistischen Revolution' in diesen Bereichen wie auch durch eine Ausdehnung auf praktisch alle Wissenschaften gekennzeichnet. In der Biologie ist die Ausbildung der sog. synthetischen Theorie hervorzuheben; sie wurde besonders von TH. DOBZHANSKY [267] vorangebracht, und ihre 'Syntheseleistung' schloß neben verschiedenen biologischen Teildisziplinen wie der Genetik und Physiologie eben auch die mathematische Statistik ein [268]. Neben der experimentellen Psychologie [269] sind besonders die Wirtschaftswissenschaften [270] sowie die Sozialwissenschaften [271] zu nennen. War bereits der Sozialstatistik A. QUETELETS im 19. Jh. vorgeworfen worden, sie spiegele durch Anwendung mathematischer W. eine tatsächlich nicht gegebene Wissenschaftlichkeit vor, so wiederholt sich nun dieser Vorwurf in bezug auf die letztgenannten Bereiche in der Rede von einer «Rhetorik» der W. [272]. Für die naturwissenschaftliche Theoriebildung ist der Begriff der W. spätestens seit dem 20. Jh. zentral, wie auch aktuelle Diskussionen über Determinismus, Selbstorganisation und Chaos im Zusammenhang mit dem Begriff 'Zufall' (s.d.) belegen. Gegenüber dem Certismus als wesentlichem Kennzeichen einer klassischen Wissenschaftsauffassung [273] ist der Probabilismus zu einem konstitutiven Element einer modernen Wissenschaftsauffassung geworden. Daß diese Entwicklung 'irreversibel' sein möchte, erscheint vom gegenwärtigen Standpunkt durchaus als *wahrscheinlich*.

Anmerkungen. [1] Vgl. P. DE FERMAT: Oeuvr., hg. P. TANNERY/ CH. HENRY 2 (Paris 1894) 288-314; dtsch. Teilübers. in: Die Entwicklung der W.-Theorie von den Anfängen bis 1933. Einf. und Texte, hg. I. SCHNEIDER (1988) 25-40; Ergebnisse des Briefwechsels werden erstmals publ. in: B. PASCAL: Traité du triangle arithmét. (Paris 1665). Oeuvr. compl., hg. L. LAFUMA (Paris 1963) 50-63, bes. 57-62; vgl. I. TODHUNTER: A hist. of the math. theory of probability. From the time of Pascal to that of Laplace (Cambridge 1865, ND New York 1965) 7-21; D. GARBER/S. ZABELL: On the emergence of probability. Arch. Hist. exact Sci. 21 (1979) 33-53, bes. 48ff. – [2] PASCAL, a.O. 57. – [3] W. HAUSER: Die Wurzeln der W.-Rechnung: Die Verbindung von Glücksspieltheorie und statist. Praxis vor Laplace (1997) 21. – [4] CH. HUYGENS: De ratiociniis in ludo aleae, hg. F. VAN SCHOOTEN: Exercitationum mathematicarum libri quinque (Leiden 1657) 517-534; das holländ. Orig. mit dem Titel ‹Van Reeckening in Speelen van Geluck› erschien später in: F. VAN SCHOOTEN: Mathematische Oeffeningen (Amsterdam 1660); holländ. mit frz. Übers.: Du calcul dans les jeux de hazard, in: CH. HUYGENS: Oeuvr. compl., hg. Soc. hollandaise des Sci. (Den Haag 1888-1950) 14 (1920) 54-91; Abdruck und Kommentierung der lat. Fassung durch: JACOB BERNOULLI, in: Ars conjectandi I, postum hg. N. BERNOULLI (Basel 1713). Werke 3 (Basel 1975) 107-286, bes. 109-150; dtsch.: W.-Rechnung, hg. R. HAUSSNER (1899, ND 1999) 3-75. – [5] Vgl. HUYGENS, a.O. 61ff.; BERNOULLI, a.O. 3f.; zu den Übersetzungen von ‹kans› und ihren Problemen vgl. B. VAN DER WAERDEN: Hist. Einl., in: JACOB BERNOULLI: Werke, a.O. 2-18, bes. 8-12; vgl. H. FREUDENTHAL: Huygens' foundation of probability. Historia Mathematica 7 (1980) 113-117; I. SCHNEIDER: Ch. Huygens's contribution to the development of a calculus of probabilities. Janus 67 (1980) 269-279. – [6] Vgl. VAN DER WAERDEN, a.O. 8f.; FREUDENTHAL, a.O. 116f. – [7] Vgl. HAUSER, a.O. [3] 121-156; A. WALD: A hist. of probability and statistics and their applications before 1750 (New York u.a. 1990) 106-115. – [8] J. ARBUTHNOT: Of the laws of chance, or, a method of calculation of the hazards of game (London 1692) Pref.; vgl. TODHUNTER, a.O. [1] 48-52; K. PEARSON: The hist. of statistics in the 17th and 18th cent., against the changing background of intellectual, scient. and relig. thought. Lectures 1921-1933, hg. E. S. PEARSON (London/High Wycombe 1978) 127-133, 139f. (Add.). – [9] JACOB BERNOULLI: Meditationes, Art. 77 (1685/86). Werke, a.O. [4] 21-89, 43; vgl. HAUSER, a.O. [3] 79. – [10] a.O. 42-47; vgl. SCHNEIDER, a.O. [5] 274. – [11] BERNOULLI: W.-Rechnung, a.O. [4] 233 (dtsch.) bzw. Ars conjectandi, a.O. [4] 241 (lat.). – [12] 230 (dtsch.)/239 (lat.). – [13] a.O. – [14] ebda. – [15] 262 (dtsch.)/257 (lat.). – [16] 230f. (dtsch.)/239f. (lat.). – [17] 231f. (dtsch.)/240f. (lat.). – [18] Vgl. 229 (dtsch.)/239 (lat.); zur subjektiven Gewißheit vgl. Art. ‹Subjekt/Objekt; subjektiv/objektiv I. 2.›. Hist. Wb. Philos. 10 (1998) 402-406. – [19] Meditationes, a.O. [9] 46. – [20] W.-Rechnung, a.O. [4] 248 (dtsch.) bzw. Ars conjectandi, a.O. [4] 249 (lat.); vgl. I. SCHNEIDER: Die Mathematisierung der Vorhersage künftiger Ereignisse in der W.-Theorie vom 17. bis zum 19. Jh. Berichte zur Wiss.-Gesch. 2 (1979) 101-112, bes. 103f. – [21] a.O. 247 (dtsch.)/248 (lat.). – [22] Vgl. etwa: G. S. KLÜGEL: Mathemat. Wb. oder Erklärung der Begriffe, Lehrsätze, Aufgaben und Methoden der Mathematik, 1. Abt., 5. Theil, 2 (1831) 890-1030 (Art. ‹W.-Rechnung›), 892. – [23] BERNOULLI: W.-Rechnung, a.O. [4] 249 (dtsch.) bzw. Ars conjectandi, a.O. [4] 249 (lat.). – [24] 262 (dtsch.)/257 (lat.). – [25] 262-265 (dtsch.)/258f. (lat.). – [26] S. D. POISSON: Rech. sur la probabilité des jugements, principalement en matière criminelle. Comptes rendus hebdomad. des séances de l'Acad. des Sci. 1 (1835) 473-494, bes. 478; Notes sur la loi des grands nombres, a.O. 2 (1836) 377-382; Rech. sur la probabilité des jugements en matière criminelle et en matière civile (Paris 1837); dtsch.: Lehrb. der W.-Theorie und deren wichtigsten Anwendungen (1841) V-XII (Vorrede). 100-108 (§§ 49-51); vgl. BERNOULLI: W.-Rechnung, a.O. [4] 317 (Komm.). – [27] BERNOULLI: W.-Rechnung, a.O. [4] 265 bzw. Ars conjectandi, a.O. [4] 259. – [28] 229 (dtsch.)/239 (lat.) (Untertit.). – [29] G. W. LEIBNIZ: Br. an J. Bernoulli (3. 12. 1703 und 18. 11. 1704). Mathemat. Schr., hg. C. I. GERHARDT 3/1 (1856, ND 1962) 83f. 94; vgl. auch: SCHNEIDER, a.O. [1] 59-61; zur Antwort BERNOULLIS auf diese Kritik vgl.: W.-Rechnung, a.O. [4] 250f. bzw. Ars conjectandi, a.O. [4] 250; vgl. M. FERRIANI: Leibniz, Bernoulli, il possibile e il probabile, in: D. BUZETTI/M. FERRIANI (Hg.): La grammatica del pensiero. Logica ... (Bologna 1982) 151-182. – [30] Vgl. HAUSER, a.O. [3] 137-156. – [31] P. R. DE MONTMORT: Essay d'analyse sur les jeux de hazard (Paris 1703, ²1713); N. BERNOULLI: De usu artis conjectandi in iure (Basel 1709), in: JACOB BERNOULLI: Werke 3, a.O. [4] 287-326; A. DE MOIVRE: De mensura sortis, seu, De probabilitate eventuum in ludis a casu fortuito pendentibus. Philos. Transactions of the Royal Soc. 329 (1711) 213-264; N. STRUYCK: Uytreekening der Kansen in het speelen ... (Amsterdam 1716); vgl. TODHUNTER, a.O. [1] 78-134 (zu de Montmort). 194-196 (zu N. Bernoulli). 135-193 (zu de Moivre); PEARSON, a.O. [8] 329-347 (zu Struyck). – [32] A. DE MOIVRE: The doctrine of chances: or, a method of calculating the probabilities of events in play (London 1718, ²1738, ³1756, ND 1967); vgl. TODHUNTER, a.O. [1] 135-193; F. N. DAVID: Games, gods and gambling (London 1962, ND New York 1998) 161-178; I. SCHNEIDER: Der Mathematiker Abraham de Moivre (1667-1754). Arch. Hist. exact Sci. 5 (1968/69) 177-317. – [33] a.O. 1 (§ 1) (zuerst ²1738). – [34] 2 (§ 3). – [35] 6 (§ 8, Corollary). – [36] a.O. [31] 215; vgl. SCHNEIDER, a.O. [32] 279. – [37] a.O. [32] 5f. (§ 8). – [38] a.O. 7f. (§ 8); vgl. SCHNEIDER, a.O. [32] 279f. – [39] J. ARBUTHNOT: An argument for divine providence, taken from the constant regularity observ'd in the births of both sexes. Philos. Transactions of the Royal Soc. 27

(1710-12) 186-190. – [40] DE MOIVRE, a.O. [32] 253. – [41] TH. BAYES: An essay toward solving a problem in the doctrine of chances, communicated by Mr. Price. Philos. Transactions of the Royal Soc. 53 (1763, publ. 1764) 370-418; vgl. a.O. 54 (1764, publ. 1765) 296-325; ND, in: E. S. PEARSON/M. G. KENDALL (Hg.): Studies in the hist. of statistics and probability (London 1970) 131-153; dtsch.: Versuch zur Lösung eines Problems der W.-Rechnung, hg. H. E. TIMERDING (1908) 4. – [42] a.O. 5. – [43] 4 (Def. 6). – [44] 4 (Def. 5); vgl. 45 (Komm.); vgl. L. DASTON: Classical probability in the enlightenment (Princeton 1988, ^{2}1995) 31-33. – [45] a.O. 4 (Problem). – [46] 9 (Lehrsatz 5); vgl. 46 (Komm.); vgl. A. I. DALE: A hist. of inverse probability. From Th. Bayes to K. Pearson (New York u.a. 1991, ^{2}1995) 30-49. – [47] R. PRICE, in: PEARSON/KENDALL (Hg.), a.O. [41] 134f. – [48] A. DE MORGAN: An essay on probabilities and on their application to life contingencies and insurance offices (London 1838, ND New York 1981) 30-68; man beachte aber auch die älteren Bezeichnungen «converse problem» von R. PRICE, in: PEARSON/KENDALL (Hg.), a.O. [41] 135, und «inverse problem» von D. HARLEY; zu letzterem vgl. S. M. STIGLER: The hist. of statistics. The measurement of uncertainty before 1900 (Cambridge, Mass./London 1986) 132. – [49] Vgl. DALE, a.O. [46]. – [50] Vgl. etwa: D. V. LINDLEY: Introd. to probability and statistics from a Bayesian viewpoint 1-2 (Cambridge 1965); S. A. SCHMITT: Measuring uncertainty. An elementary introd. to Bayesian statistics (Reading, Mass. u.a. 1969); J. R. LUCAS: The concept of probability (Oxford 1970) 126-162; S. J. PRESS: Subjective and objective Bayesian statistics: Principles, models and applications (Hoboken, N.J. 2003). – [51] Vgl. etwa: C. HOWSON/P. URBACH: Scientific reasoning. The Bayesian approach (Chicago 1989); J. M. BERNARDO/A. F. M. SMITH: Bayesian theory (Chichester 1994, 2001); L. SKLAR (Hg.): Bayesian and non-inductive methods (New York 2000); J. GILL: Bayesian methods: A social and behavioral sciences approach (Boca Raton u.a. 2002). – [52] Vgl. STIGLER, a.O. [48] 103; DASTON, a.O. [44] 267f. – [53] Zu Laplace vgl. TODHUNTER, a.O. [1] 464-613; STIGLER, a.O. 99-158; WALD, a.O. [7] 155-454. – [54] P.-S. DE LAPLACE: Mém. sur la probabilité des causes par les événements. Mém. de l'Acad. Royale des Sci. de Paris 6 (1774). Oeuvr. compl., hg. Acad. des Sci. 1-14 (Paris 1878-1912) 8 (1891) 25-65, bes. 28. – [55] Vgl. DASTON, a.O. [44] 278; vgl. auch: M.-J.-A. DE CONDORCET: Art. ‹Probabilité›, in: Encycl. méthodique, ou par ordre de matière ... (Paris 1785) 2, 640-663, bes. 662. – [56] P.-S. DE LAPLACE: Mém. sur les probabilités. Mém. de l'Acad. Royale des Sci. de Paris (1781). Oeuvr. compl., a.O. [54] 9 (1893) 381-485, bes. 414-417. – [57] Mém. (1774), a.O. [54] 29f. – [58] a.O. 29. – [59] Vgl. Art. ‹Geist, Laplacescher›. Hist. Wb. Philos. 3 (1974) 206; Art. ‹Voraussage; Vorhersage; Prognose›, a.O. 11 (2001) 1145-1166, 1150. – [60] P.-S. DE LAPLACE: Rech. sur l'intégration des équations différentielles aux différences finies et sur leur usage dans la théorie des hasards. Mém. de l'Acad. Royale des Sci. de Paris 7 (1776). Oeuvr. compl., a.O. [54] 8, 69-197, bes. 145; ähnlich: D. HUME: An enqu. conc. human understanding § 48 (1748, ^{3}1777), hg. P. H. NIDDITCH (Oxford 1975) 56. – [61] a.O.; vgl. Suite du mém. sur les approximations des formules qui sont fonctions de très grands nombres (1786), a.O. 10 (1894) 295-338, bes. 295f. – [62] Théorie analyt. des probabilités (Paris 1812, ^{3}1820), a.O. 7 (1886). – [63] Essai philos. sur les probabilités (Paris 1795, ^{6}1840); erweitert als ‹Introduction› in: Théorie analyt., a.O. V-CLIII; dtsch.: Philos. Versuch über die W., hg. R. VON MISES (1932, ND 1996). – [64] a.O. XI-XXI. – [65] XI; vgl. aber die abweichende Definition in: Mém. sur les suites récurro-récurrentes et sur leurs usages dans la théorie des hasards. Mém. de l'Acad. Royale des Sci. de Paris 6 (1774). Oeuvr. compl., a.O. [54] 8, 3-24, bes. 10f. – [66] Théorie analyt., a.O. [62] 181f. – [67] Mém., a.O. [54] 27. – [68] Essai philos., a.O. [63] VIII. – [69] J. VON KRIES: Die Principien der W.-Rechnung (1886, ^{2}1927) 5-15. – [70] J. M. KEYNES: A treat. on probability (London 1921) 21-64. – [71] Vgl. STIGLER, a.O. [48] 131-138; WALD, a.O. [7] 425-467. – [72] LAPLACE: Essai philos., a.O. [63] CLIII (frz.)/170f. (dtsch.). – [73] G. L. BUFFON: Essai d'arithmét. morale, in: Suppl. à l'Hist. naturelle 4 (Paris 1777) 46-148. – [74] Vgl. SCHNEIDER, a.O. [1] 485f. – [75] Vgl. G. JORLAND: The Saint Petersburg Paradox 1713-1937, in: L. KRÜGER/L. J. DASTON/M. HEIDELBERGER/M. S. MORGAN (Hg.): The probabilistic revolution 1-2 (Cambridge, Mass./London 1987/89) 1, 157-190. – [76] J. LE R. D'ALEMBERT: Art. ‹Croix ou Pile›, in: Encycl. ou Dict. raisonné des sciences, des arts et des métiers 4 (Paris 1754, ND 1966) 512-513, bes. 513. – [77] Doutes et questions sur le calcul des probabilités (1770). Oeuvr. compl. 1 (Paris 1821, ND Genf 1967) 451-462. – [78] Vgl. DASTON, a.O. [44] 106f.; PEARSON, a.O. [8] 506-573. – [79] Vgl. HAUSER, a.O. [3] 221-226. – [80] JACOB BERNOULLI: Medit., a.O. [9]; Ars conject., a.O. [4]. – [81] N. BERNOULLI: De usu ..., a.O. [31]. – [82] D. BERNOULLI: Essai d'une nouvelle analyse de la mortalité causée par la petite vérole, et des avantages de l'inoculation pour la prévenir. Hist. et Mém. de l'Acad. Royale des Sci. de Paris (1760, publ. 1766) 1-45, in: Werke, hg. Naturforsch. Ges. Basel 2 (Basel 1982) 235-267; vgl. TODHUNTER, a.O. [1] 224-228. – [83] P.-L. M. DE MAUPERTUIS: Lettres (1752). Oeuvr. 2 (Lyon 1768, ND 1965) bes. 309f. (Lettre XIV); vgl. Venus physique (1746, ^{2}1752), a.O. bes. 85-96; Système de la nature (1751), a.O. bes. 159-184; hierzu auch: B. GLASS: Maupertuis, pioneer of genetics and evolution, in: B. GLASS/O. TEMKIN/W. L. STRAUSS (Hg.): Forerunners of Darwin: 1745-1859 (Baltimore 1959, ND 1968) 51-83, bes. 71f. – [84] D. BERNOULLI: Rech. physiques et astron., sur le problème proposé ...: «Quelle est la cause physique de l'inclinaison des plans des orbites des planètes par rapport au plan de l'équateur de la révolution du soleil autour de son axe; et d'ou vient que les inclinaisons des ces orbites sont différentes entre elles?» Recueil des pièces qui ont remportés les prix de l'Académie des Sci. 3 (1752) 93-122 (frz.) bzw. 123-145 (lat. Orig.). – [85] HAUSER, a.O. [3] 193-196, bes. 195; vgl. auch: E. J. AITON: The vortex theory of planetary motions (London/New York 1972) 235-239. – [86] D. BERNOULLI, a.O. [84] 96f. – [87] Vgl. I. NEWTON: Opticks (London 1704, ^{4}1730, ND New York 1979) 402 (qu. 31). – [88] Vgl. HAUSER, a.O. [3] 194-196; hierzu auch: B. GOWER: Planets and probability: Daniel Bernoulli on the inclinations of the planetary orbits. Studies Hist. Philos. Sci. 18 (1987) 441-454, bes. 447-454 (zur Kritik d'Alemberts an Bernoulli). – [89] J. H. LAMBERT: Neues Organon oder Gedanken über die Erforschung und Bezeichnung des Wahren und dessen Unterscheidung vom Irrthum und Schein 2 (1764) 26ff. 202ff.; vgl. HAUSER, a.O. [3] 200-205. – [90] J. MITCHELL: An inqu. into the probable parallax, and magnitude of the fixed stars, from the quantity of light which they afford us, and the particular circumstances of their situation. Philos. Transactions of the Royal Soc. 57 (1764) Part I, 234-264; vgl. HAUSER, a.O. [3] 205-210. – [91] Vgl. STIGLER, a.O. [48] 1-61. 139-158. 374-398 (Lit.). – [92] R. COTES: Aestimatio errorum in mixta mathesi per variationes partium trianguli plani et spherici, in: Harmonia mensurarum, sive analysis et synthesis per rationum et angulorum mensuras promotae, hg. R. SMITH (Cambridge 1722) 1-22; vgl. SCHNEIDER, a.O. [1] 216 (Auszug). – [93] TH. SIMPSON: A letter to the Right Honourable George Earl of Macclesfield, President of the Royal Society, on the advantage of taking the mean of a number of observations, in practical astronomy. Philos. Transactions of the Royal Soc. 49 (1755) 82f.; auch in: Miscellaneous tracts on some curious and very interesting subjects in mechanics, physical astronomy ... and speculative mathematics (London 1757) 65-75; vgl. auch: SCHNEIDER, a.O. [1] 221-227 (Auszüge). – [94] Vgl. zur Frühgeschichte bes. E. KNOBLOCH: Zur Genese der Fehlertheorie, in: A. HEINEKAMP (Hg.): Mathesis rationis. Festschr. H. Schepers (1990) 301-327. – [95] TH. MAYER: Abh. über die Umwalzung des Mondes um seine Axe und die scheinbare Bewegung der Mondsflecken, in: Kosmographische Nachrichten und Sammlungen auf das Jahr 1748 (1750) 52-183. – [96] D. BERNOULLI: Diiudicatio maxime probabilis plurium observationum discrepantium atque verisimillima inductio inde formanda. Acta Acad. Scientiarum Imperialis Petropolitanae 1777 (1778) Pars I, 3-23. Werke, a.O. [82] 2 (1982) 361-375. – [97] L. EULER: Rech. sur la question des inégalités du mouvement de Saturne et Jupiter (1749). Op. omn. II/25 (Basel 1960) 45-157; Observationes in praecedentem dissertationem illustr. Bernoulli, in: Acta Acad., a.O. 24-33. Op. omn. I/7 (1923) 425-434; vgl. O. B. SHEYNIN: On the math. treatment of observations by L. Euler. Arch. Hist. exact Sci. 9 (1972/73) 45-56. – [98] J. H. LAMBERT: Photometria sive de mensura et gradibus luminis, coloris et umbrae §§ 271ff. (1760) 129ff.; vgl. O. B. SHEYNIN: J. H. Lambert's work on probability. Arch. Hist. exact Sci. 7 (1970/71) 244-256, bes. 249-255. – [99] R. J. BOSCOVICH/CH. MAIRE: De litteraria expeditione per Pontificiam ditionem ad dimetiendos duos Meridiani gradus (Rom 1755); erweitert und ins Frz. übers. als: Voyage astronom. et geograph., dans l'état de l'eglise (Paris 1770); vgl. O. B. SHEYNIN: R. J. Boscovich's work on probability. Arch. Hist. exact Sci. 9 (1972/73) 306-324, hier: 306-316. – [100] J. L. LAGRANGE: Mém. sur l'utilité de la méthode de prendre le milieu entre les résultats de plusieurs observations ..., in: Miscellanea Taurinensia 5 (1776) 167-232. Oeuvr., hg. A. SERRET/G. DARBOUX 2 (Paris 1868) 173-236; vgl. L. EULER: Eclaircissemens sur la mém. de Mr. De La Grange ... (1788). Op. omn. I/7 (1923) 425-434; hierzu auch: SHEYNIN, a.O. [97] 45-47. – [101] Vgl. LAPLACE, a.O. [54] und [56]; Mém. sur l'application du calcul des probabilités aux observations (1819). Oeuvr. compl., a.O. [54] 14 (1912) 301-304; C. C. GILLISPIE: Mém. inéd. ou anonymes de Laplace sur la théorie des erreurs ... Rev. Hist. Sci. 32 (1979) 223-279; O. B. SHEYNIN: Laplace's theories of errors. Arch. Hist. exact Sci. 17 (1977) 1-61. – [102] A. M. LEGENDRE: Nouvelles méthodes pour la détermination des orbites des comètes (Paris 1805, ²1820); vgl. O. B. SHEYNIN: Math. treatment of astronom. observations. Arch. Hist. exact Sci. 11 (1973) 97-126, bes. 123f.; STIGLER, a.O. [48] 12-15. – [103] C. F. GAUSS: Theoria motus corporum coelestium II, sect. III (1809). Werke 7 (1906) 236-257; dtsch. in: Abh. zur Methode der kleinsten Quadrate, hg. A. BÖRCH/P. SIMON (1887, ND 1964) 92-117; Bestimmung der wahrscheinlichen Fehler der Resultate der Methode der kleinsten Quadrate (o.J.). Werke, a.O. 7, 307-309; Bestimmung der Genauigkeit der Beobachtungen (1816), a.O. 4 (1873) 109-117; ND, in: Abh., a.O. 129-138; Theoria combinationis observationum erroribus minimis obnoxiae (1821, publ. 1823). Werke, a.O. 4 (1873) 1-53; dtsch. in: Abh., a.O. 1-53; Supplementum theoriae combinationis ... (1826). Werke, a.O. 4, 55-93; dtsch. in: Abh., a.O. 54-91; vgl. auch: O. B. SHEYNIN: C. F. Gauss and the theory of error. Arch. Hist. exact Sci. 20 (1979) 21-72. – [104] BOSCOVICH/MAIRE: Voyage astron., a.O. [99] 501 (App. von Boscovich). – [105] C. F. GAUSS: Selbstanzeige der ‹Theoria combinationis› (1821). Werke, a.O. [103] 4, 95-104, bes. 96. – [106] a.O. 99. – [107] P.-S. DE LAPLACE: Mém. sur les approximations des formules qui sont fonctions de très grands nombres et sur leur application aux probabilités. Mém. de l'Acad. des Sci. de Paris (1809, publ. 1810) 353-415. 559-565. Oeuvr. compl., a.O. [54] 12 (1912) XXX. 301-353. – [108] Vgl. SCHNEIDER, a.O. [1] 219f.; STIGLER, a.O. [48] 136-158. – [109] Hierzu gehören: S. D. POISSON, a.O. [26]; A. A. COURNOT: Expos. de la théorie des chances et des probabilités (Paris 1843). Oeuvr. compl., hg. A. ROBINET/B. BRU 1 (Paris 1984); A. QUETELET: Théorie des probabilités (Brüssel 1853); J. BERTRAND: Calcul des probabilités (Paris 1889, ²1907, ND New York 1972); H. POINCARÉ: Calcul des probabilités (Paris 1896, ²1912); für eine Schulbildung in Rußland vgl. L. E. MAISTROV: Probability theory. A hist. sketch (New York 1974, zuerst russ.: Moskau 1967) 161-224. – [110] POISSON, a.O. [26]; vgl. O. B. SHEYNIN: S. D. Poisson's work in probability. Arch. Hist. exact Sci. 18 (1977/78) 245-300, bes. 270-273. – [111] SHEYNIN, a.O. 273-275; vgl. SCHNEIDER, a.O. [1] 119-121. 152-177. – [112] Vgl. I. HACKING: The taming of chance (Cambridge 1990, ND 1992) 95-104. – [113] Vgl. I. GRATTAN-GUINNESS: Joseph Fourier: 1768-1830. A survey of his life and work ... (Cambridge, Mass. u.a. 1972) 486f.; vgl. HACKING, a.O. 97. – [114] POISSON: Lehrb., a.O. [26] 2 (§ 1); vgl. auch: S. F. LACROIX: Traité élém. du calcul des probabilités (Paris 1816, ³1833) 69. – [115] a.O. 2 (§ 2). – [116] a.O. – [117] 2f. (§ 2); 4 (§ 2). – [118] COURNOT, a.O. [109] 5f. (Anm.). – [119] a.O. 5 (Préf.). – [120] 106 (§ 86); vgl. 58-63 (§§ 44-48); 110-115 (§§ 91-95); 287-289 (§ 240, ‹Résumé›). – [121] 125 (§ 106). – [122] R. L. ELLIS: On the foundations of the theory of probabilities. Transact. of the Cambridge philos. Soc. 8 (1844, publ. 1849) 1-6, bes. 6 bzw. 3; Remarks on the fundamental principle of the theory of probabilities, a.O. 9 (1854, publ. 1856) 605-607. – [123] Vgl. HACKING, a.O. [112]; L. KRÜGER: The slow rise of probabilism: Philos. arguments in the 19th cent., in: KRÜGER/DASTON/HEIDELBERGER (Hg.), a.O. [75] 1, 59-89, bes. 68-71; L. J. DASTON: How probabilities came to be objective and subjective. Historia mathematica 21 (1994) 330-344; TH. M. PORTER: The rise of statistical thinking 1820-1900 (Princeton 1986) 71-88. – [124] DE MORGAN, a.O. [48] 7. – [125] a.O. 118f.; vgl. PORTER, a.O. [123] 75f. – [126] Formal logic: or the calculus of inference necessary and probable (London 1847, ND 1926) 171. 173. – [127] Vgl. HOWSON/URBACH, a.O. [51] 75-96. – [128] G. BOOLE: An investig. of the laws of thought on which are founded the math. theories of logic and probabilities (London 1854). Coll. log. works 2 (Chicago 1952) 28; vgl. auch: 14f. 312 (zur Häufigkeitsinterpretation); vgl. auch: Studies in logic and probability, a.O. 1 (LaSalle, Ill. 1952); vgl. T. HAILPERIN: Boole's logic and probability (Amsterdam 1976, ²1986). – [129] Investig., a.O. 177. – [130] a.O. 262. – [131] Vgl. etwa: KEYNES, a.O. [70] 5 (ch. I, § 4). – [132] J. VENN: The logic of chance (London 1866, ³1888, ND New York 1962); vgl. KEYNES, a.O. 79-91. – [133] ELLIS: Remarks, a.O. [122] 606; vgl. VENN, a.O. 9. – [134] VENN, a.O. 55 (ch. III, § 3). – [135] a.O. 239 (ch. X, § 3); vgl. KRÜGER, a.O. [123] 71. – [136] Vgl. PORTER, a.O. [123], bes. 71-88. – [137] a.O. 152-162; HACKING, a.O. [112] 142-148; I. SCHNEIDER: Laplace and thereafter: The status of probability theory in the 19th cent., in: KRÜGER/DASTON/HEIDELBERGER (Hg.), a.O. [75] 1, 191-214, bes. 195-202. – [138] Vgl. E. KNOBLOCH: Emile Borel as a probabilist, in: KRÜGER/DASTON/HEIDELBERGER (Hg.), a.O. [75] 1, 215-233, bes. 215f. – [139] H. POINCARÉ: Calcul des probabilités, hg. A. QUIQUET (Paris 1898) 1; die Passage findet sich nicht mehr in der späteren Aufl. (Paris ²1912). – [140] R. VON MISES: W., Statistik und Wahrheit, 3. Vortrag (1928, ⁴1972) 76-129, bes. 79-83. – [141] VON KRIES, a.O. [69] 1-23; vgl. M. HEIDELBERGER: Origins of the logical theory of probability: von Kries, Wittgenstein, Waismann. Int. Studies Philos. Sci. 15 (2001) 177-182, bes. 177f. – [142] KEYNES, a.O. [70] bes. 87f. – [143] BERTRAND, a.O. [109] 1-22. – [144] D'ALEMBERT, a.O. [76]. – [145] G. BOOLE: On the conditions by which the solutions of questions in the theory of probabilities are limited (1854). Coll. log. works, a.O. [128] 1, 280-288, bes. 288; vgl. auch: Reply to some observations by Mr. Wilbraham on the theory of chances (1854), a.O. 274-278; vgl. auch: SCHNEIDER, a.O. [1] 352f. – [146] Vgl. SCHNEIDER, a.O. [137] 206-211, bes. 206. 210. – [147] D. HILBERT: Mathemat. Probleme, 6. Probl. Nachr. Kgl. Ges. Wiss.en Götttingen, math.-phys. Kl. 3 (1900) 253-297, in: Ges. Abh. (1935) 3, 290-329, hier: 306; auch in: H. WUSSING (Hg.): Die Hilbertschen Probleme (Leipzig 1971, orig. Moskau 1969) 47-49. – [148] A. QUETELET: Sur l'homme et le développement de ses facultés, ou Essai de physique sociale (Paris 1835); NA u.d.T.: Physique sociale, ou, Essai sur l'homme et le développement de ses facultés (Brüssel ²1869); dtsch.: Ueber den Menschen und die Entwicklung seiner Fähigkeiten, oder Versuch einer Physik der Gesellschaft (1838). – [149] PORTER, a.O. [123] 47. – [150] QUETELET, a.O. [148]; vgl. zu Quetelet auch: P. LAZARSFELD: Notes on the hist. of quantification in sociology – trends, sources and problems. Isis 52 (1961) 277-333; STIGLER, a.O. [48] 161-220; PORTER, a.O. 17-146. – [151] LAZARSFELD, a.O.; STIGLER, a.O. [48] 161-220; PORTER, a.O. 17-146. – [152] Vgl. MAISTROV, a.O. [109] 161. – [153] A. QUETELET: Sur l'appréciation des documents statistiques. Bull. de la Commission centrale de Statistique 2 (Brüssel 1844) 205-286. – [154] PORTER, a.O. [123] 55. – [155] G. TH. FECHNER: Elemente der Psychophysik 1-2 (1860); vgl. STIGLER, a.O. [48] 239-261; M. HEIDELBERGER: Fechner's indeterminism: From freedom to laws of chance, in: KRÜGER/DASTON/HEIDELBERGER (Hg.), a.O. [75] 1, 117-156. – [156] F. GALTON: Hereditary genius: An inqu. into its laws and consequences (London 1869, ²1892). – [157] Vgl. STIGLER, a.O. [48] 263-361; vgl. auch: PEARSON/KENDALL (Hg.), a.O. [41]. – [158] G. MENDEL: Versuche über Pflanzenhybriden (1865), hg. F. WEILING (1970); vgl. G. GIGERENZER: The empire of chance (Cambridge u.a. 1989) 141-152; dtsch.: Das Reich des Zufalls (1999). – [159] CH. DARWIN: On the origin of species by means of natural selection, or the preservation of favoured races in the struggle of life (London 1859, ND Cambridge, Mass. 1964); vgl. GIGERENZER, a.O. 152-162. – [160] Vgl. S. BRUSH: The kind of motion we call heat 1-2 (Oxford/New York 1976) 1, 35-51; L. SKLAR: Physics and chance. Philos. issues in the foundations of statistical mechanics (Cambridge, Mass. 1993, ²1995) 18. – [161] D. BERNOULLI: De affectionibus atque motibus fluidorum elasticorum, praecipue autem aeris (1738), dtsch.: Hydrodynamik oder Kommentare über die Kräfte und Bewegungen der Flüssigkeiten 10, hg. K. FLIERL (1963) 198-238; vgl. BRUSH, a.O. 1, 22 (Anm.); J. VON PLATO: Creating modern probability. Its mathematics, physics and philosophy in hist. perspective (Cambridge, Mass. 1994, ²1995) 71. – [162] W. HERAPATH: A math. inqu. into the causes, laws and principal phenomena of heat, gases, gravitation, etc. (London 1820) 107-113. – [163] ANON. [J. WATERSTON]: An essay on the physiology of the central nervous system (Edinburgh 1843); vgl. BRUSH, a.O. [160]

134-156. – [164] Vgl. BRUSH, a.O. 20f., 401; SKLAR, a.O. [160] 28f. – [165] a.O. 35. 69-75. 489; SKLAR, a.O. 29f. – [166] Vgl. VON PLATO, a.O. [161] 72. – [167] A. KRÖNIG: Grundzüge einer Theorie der Gase. Annalen der Physik und Chemie 175 (1856) 315-322. – [168] R. CLAUSIUS: Ueber die Art der Bewegung, welche wir Wärme nennen. Annalen der Physik 176 (1857) 353-380. – [169] Ueber die mittlere Länge der Wege, welche bei der Molecularbewegung gasförmiger Körper von den einzelnen Molecülen zurückgelegt werden; nebst einigen Bemerkungen über die mechanische Wärmetheorie. Annalen der Physik 181 (1858) 239-258; vgl. PORTER, a.O. [123] 116f. – [170] a.O. [168] 353f. – [171] a.O. [169] 245. – [172] Vgl. J. C. MAXWELL: On the dynamical evidence of the molecular constitution of bodies (1875), in: The scient. papers of James Clerk Maxwell, hg. W. D. NIVEN 1-2 (Cambridge 1890, ND New York 1965) 2, 418-438, bes. 426f.; Molecules (1867), a.O. 357-377, bes. 365. – [173] J. HERSCHEL: Quetelet on probabilities. Edinburgh Review 92 (1850) 1-57; ND, in: Essays from the Edinburgh and Quart. Reviews ... (London 1857) 365-465; vgl. MAXWELL: Molecules, a.O. 376, sowie: Letter to R. B. Litchfield (7. 2. 1858), in: L. CAMPBELL/W. GARNETT: The life of James Clerk Maxwell (London 1882, ²1884, ND New York/London 1969) 301-303, bes. 302; C. C. GILLISPIE: Intellectual factors in the background of analysis by probabilities, in: A. C. CROMBIE (Hg.): Scient. change (London 1963) 431-453, bes. 450. – [174] H. T. BUCKLE: Hist. of civilization in England 1 (London 1857); vgl. J. C. MAXWELL: Letter to Lewis Campbell (22. 12. 1857), in: CAMPBELL/GARNETT, a.O. 293-297, bes. 294f. – [175] Vgl. HERSCHEL, a.O. [173] 8. 14. 23. 29. 42; J. C. MAXWELL: Illustrations of the dynamical theory of gases (1860), in: The scient. papers, a.O. [172] 1, 377-409, bes. 382; PORTER, a.O. [123] 118-121, bes. 123; BRUSH, a.O. [160] 183-188; VON PLATO, a.O. [161] 73f.; Y. M. GUTTMANN: The concept of probability in statistical physics (Cambridge, Mass. 1999) 12f. 211f. – [176] MAXWELL, a.O. 379. – [177] L. BOLTZMANN: Analyt. Beweis des zweiten Hauptsatzes der mechanischen Wärmetheorie aus den Sätzen über das Gleichgewicht der lebendigen Kraft (1871), in: Wiss. Abh., hg. F. HASENÖHRL 1-3 (Leipzig 1909) 1, 288-308; Weitere Studien über das Wärmegleichgewicht unter Gasmolekülen (1872), a.O. 316-402; Bemerkungen über einige Probleme der mechanischen Wärmetheorie 2 (1877), a.O. 112-148. – [178] MAXWELL: On the dynamical evidence ..., a.O. [172]. – [179] J. LOSCHMIDT: Ueber den Zustand des Wärmegleichgewichts eines Systems von Körpern mit Rücksicht auf die Schwerkraft. S.ber. Kaiserl. Akad. Wiss. Wien II/73 (1876) 128-142; vgl. VON PLATO, a.O. [161] 87f. – [180] L. BOLTZMANN: Über die Beziehung zwischen dem zweiten Hauptsatze der mechanischen Wärmetheorie und der W.-Rechnung respektive den Sätzen über das Wärmegleichgewicht (1877), in: Wiss. Abh., a.O. [177] 2, 164-223, bes. 165. – [181] Der zweite Hauptsatz der mechanischen Wärmetheorie (1886), in: Populäre Schr. (1905) 25-49, bes. 37. – [182] J. W. GIBBS: Elementary principles in statistical mechanics (New Haven 1902, ND New York 1962); dtsch.: Elementare Grundlagen der statistischen Mechanik, dtsch. bearb. E. ZERMELO (1905). – [183] Vgl. SCHNEIDER, a.O. [1] 303. – [184] GIBBS, a.O. [182] VI. – [185] a.O. 8. 15. – [186] X. – [187] A. EINSTEIN: Kinetische Theorie des Wärmegleichgewichtes und des zweiten Hauptsatzes der Thermodynamik. Annalen Physik, 5. Folge, 9 (1902) 417-433; vgl. auch: Eine Theorie der Grundlagen der Thermodynamik, a.O. 11 (1903) 170-187; zu Gibbs und Einstein vgl. VON PLATO, a.O. [161] 114-123, bes. 114f.; für eine 'kanonische' Darstellung des Problemstandes der Zeit vgl. P./T. EHRENFEST: Begriffliche Grundlagen der statistischen Auffassung in der Mechanik, in: Enzykl. der math. Wiss. mit Einschluss ihrer Anwendungen, hg. im Auftrage der Akad. der Wiss. Göttingen, Leipzig, München, Wien IV/4 (1911) 1-90. – [188] a.O. 152f. – [189] C. F. VON WEIZSÄCKER: Der zweite Hauptsatz und der Unterschied von Vergangenheit und Zukunft. Annalen der Physik, 5. Folge, 36 (1939) 275-283; ND, in: Die Einheit der Natur (1971, ND 1995) 172-182, bes. 180-182; vgl. 173. – [190] M. DRIESCHNER: Voraussage – W. – Objekt (1979) 60-91, 73f.; vgl. hierzu auch: Art. ‹Voraussage; Vorhersage; Prognose›. Hist. Wb. Philos. 11 (2001) 1145-1166, 1155. – [191] M. VON SMOLUCHOWSKI: Über den Begriff des Zufalls und den Ursprung der W.-Gesetze in der Physik. Die Naturwiss.en 6 (1918) 253-263; ND, in: SCHNEIDER, a.O. [1] 79-98, bes. 98 (Anm.) bzw. 97. – [192] H. POINCARÉ: La science et l'hypothèse (Paris 1902, ND 1914) 213-244, bes. 214. – [193] a.O. 216f.; vgl. a.O. [139]. – [194] G. BOHLMANN: Ueber Versicherungsmathematik, in: Über angewandte Mathematik und Physik in ihrer Bedeutung für den Unterricht der höheren Schulen, hg. F. KLEIN/E. RIECKE (1900) 114-145, bes. 123-125; vgl. HILBERT, a.O. [147] 47 (Anm.); vgl. auch: SCHNEIDER, a.O. [1] 353-355. – [195] D. HILBERT: Axiomat. Denken (1917). Mathemat. Annalen 78 (1918) 405-415, in: Ges. Abh. 3 (1935, ²1970) 146-156; vgl. Art. ‹Axiom II.›. Hist. Wb. Philos. 1 (1971) 741-748, bes. 747; Art. ‹Axiomatik›, a.O. 748-751, bes. 750. – [196] R. LAEMMEL: Unters. über die Ermittlung von W.en. Diss. Zürich (1904); vgl. SCHNEIDER, a.O. [1] 359-366 (Auszüge); U. BROGGI: Die Axiome der W.-Rechnung. Diss. Göttingen (1907); vgl. SCHNEIDER, a.O. 367-377 (Auszüge); für weitere Ansätze vgl. TH. HOCHKIRCHEN: Die Axiomatisierung der W.-Rechnung und ihre Kontexte. Von Hilberts sechstem Problem zu Kolmogoroffs Grundbegriffen (1999) 133-266. – [197] E. BOREL: Les probabilités dénombrables et leurs applications arithmétiques. Rendiconti del Circolo Matemat. di Palermo 27 (1909) 247-270; vgl. KNOBLOCH, a.O. [138] 24. – [198] A. LOMNICKI: Nouveaux fondements du calcul des probabilités. Fundamenta Mathematica 4 (1923) 34-71; H. STEINHAUS: Les probabilités dénombrables et leur rapport à la théorie de la mesure, a.O. 286-310; vgl. M. LOÈVE: W.-Rechnung, in: J. DIEUDONNÉ: Abrégé d'hist. des mathématiques 1700-1900 (Paris 1978); dtsch.: Gesch. der Math. 1700-1900. Ein Abriß (1985) 716-747, bes. 718f. – [199] Vgl. SCHNEIDER, a.O. [137]. – [200] B. V. GNEDENKO: Zum sechsten Hilbertschen Problem (1969), in: HILBERT, a.O. [147] 145-150, bes. 148. – [201] R. VON MISES: Grundlagen der W.-Rechnung. Math. Z. 5 (1919) 52-99, bes. 53. – [202] a.O. 53f.; vgl. a.O. [140]; vgl. auch: Vorles. aus dem Gebiete der angewandten Math. I, W.-Rechnung und ihre Anwendung in der Statistik und theoret. Physik (1931) 10-19; vgl. 21-27. – [203] SCHNEIDER, a.O. [1] 358. – [204] H. REICHENBACH: Axiomatik der W.-Rechnung. Math. Z. 34 (1932) 568-619; vgl. auch: W.-Lehre (Leiden 1935). – [205] A. N. KOLMOGOROFF: Grundbegriffe der W.-Rechnung (1933, ND 1973) III; zu Kolmogoroff vgl. A. N. SHIRYAEV: Kolmogorov: Live and creative activities. Annals Probability 17 (1989) 866-944. – [206] a.O. 2. – [207] a.O. – [208] ebda. – [209] ebda. – [210] a.O. 1. – [211] 11-13; vgl. A. A. MARKOFF: Ausdehnung der Sätze über die Grenzwerte der W.-Rechnung auf eine Summe verketteter Grössen (1912, orig. russ. 1908). – [212] R. VON MISES: Kleines Lehrb. des Positivismus (Den Haag 1939); engl.: Positivism (Cambridge, Mass. 1951). – [213] KOLMOGOROFF, a.O. [205] 3 (Anm.); vgl. dagegen: VON PLATO, a.O. [161] 223f. – [214] Vgl. B. L. VAN DER WAERDEN: Der Begriff W. Studium Generale 4 (1951) 65-68, bes. 67f. – [215] KOLMOGOROFF, a.O. [205] 3-5, bes. 4. – [216] a.O. 8. – [217] 8f. – [218] Vgl. SCHNEIDER, a.O. [1] 358. – [219] LOÈVE, a.O. [198] 720. – [220] E. HOPF: On causality, statistics and probability. J. Mathematics Physics 13 (1934) 51-102. – [221] J. L. DOOB: Probability and statistics. Transact. Amer. math. Soc. 36 (1934) 759-777. – [222] W. FELLER: Zur Theorie der stochast. Prozesse. Math. Annalen 13 (1936) 113-160; vgl. An introd. to probability theory and its applications 1-2 (New York/London/Sidney 1950, ²1957) 121f. – [223] Vgl. HOCHKIRCHEN, a.O. [196] 376-378; VON PLATO, a.O. [161] 230-233. – [224] G. SHAFER: Nonadditive probabilities in the work of Bernoulli and Lambert. Arch. Hist. exact Sci. 19 (1978) 309-370. – [225] Vgl. etwa: B. DE FINETTI: Probability, induction and statistics (London u.a. 1972) 68f. 249-251 (Lit.); zum Problem vgl. allgemein: T. SEIDENFELD: Remarks on the theory of conditional probability, in: F. HENDRICKS/S. A. PEDERSEN/K. F. JØRGENSEN (Hg.): Probability theory (Dordrecht 2001) 167-178. – [226] Für einen Überblick vgl. LOÈVE, a.O. [198] 721-747. – [227] Vgl. H.-G. SCHÖPF: Von Kirchhoff bis Planck. Theorie der Wärmestrahlung in hist.-krit. Darst. (1978) bes. 99-105; J. MEHRA/H. RECHENBERG: The hist. development of quantum theory 1-6 + Suppl. (New York 1982-2001) 1/1 (1982) 23-59; S.-I. TOMONAGA: Quantum mechanics 1-2 (Amsterdam 1962-66) 1, 32-34. – [228] M. PLANCK: Dynamische und statist. Gesetzmäßigkeit (1914), in: Vorträge und Erinnerungen (1933, ⁵1949, ND 1970) 81-94, bes. 91; vgl. Die Entstehung und bisherige Entwicklung der Quantentheorie (1920), a.O. 125-138, bes. 129-136; Kausalgesetz und Willensfreiheit (1923) 139-168, bes. 156. – [229] F. EXNER: Vorles. über die physikal. Grundlagen der Naturwiss., 94. Vorles. (1917, ²1922) 708-714, bes. 709. – [230] a.O. 708. – [231] A. EINSTEIN: Zur Quantentheorie der Strahlung. Mitteil. der Physikal. Ges. Zürich 18 (1916). Physikal. Z. 18 (1917) 121-128. – [232] Vgl. VON PLATO, a.O. [161] 143. – [233] EINSTEIN, a.O. [231] 123. – [234] S. N. BOSE: Plancks Gesetz und Lichtquantenhypothese. Übers. von A. EINSTEIN. Z. Physik 26 (1924) 178-181. – [235] A. EINSTEIN: Quantentheorie des einatomigen idealen Gases. S.ber. preuss. Akad. Wiss., phys.-math. Kl. (1925) 3-14, bes. 3. – [236] Vgl. A. PAIS: Ich vertraue auf Intuition. Der andere Albert Einstein (1995) 75-82, bes. 77; MEHRA/RECHENBERG, a.O. [227] 1/2 (1982) 554-578; TOMONAGA, a.O. [227] 2, 292-297. – [237] BOSE, a.O. [234] 181 (Anm. des Übers. Einstein). – [238] EINSTEIN, a.O. [235] 9. – [239] L. DE BROGLIE: Rech. sur la théorie des quanta (Paris 1924); vgl. VON PLATO, a.O. [161] 146. – [240] M. BORN/P. JORDAN: Zur Quantenmechanik. Z. Physik 34 (1925) 858-888; M. BORN/W. HEISENBERG/P. JORDAN: Zur Quantenmechanik II. Z. Physik 34 (1925) 557-617. – [241] M. BORN: Quantenmechanik der Stoßvorgänge (1926), in: Ausgew. Abh. 2 (1963) 233-257, bes. 233. – [242] a.O. 233; vgl. MEHRA/RECHENBERG, a.O. [227] 6/1 (2000) 36-52. – [243] a.O. 231. – [244] 234. – [245] 256. – [246] 234 (Anm.). – [247] Vgl. VON PLATO, a.O. [161] 153; N. CARTWRIGHT: Max Born and the reality of quantum probabilities, in: L. KRÜGER/G. GIGERENZER/M. S. MORGAN (Hg.): Ideas in the sciences: The probabilistic revolution (Cambridge, Mass. 1987, ND 1989) 409-416. – [248] Vgl. W. PAULI: Br. an Heisenberg (19. 10. 1926), in: A. HERMANN/K. VON MEYENN/V. F. WEISSKOPF (Hg.): Wolfgang Pauli. Wiss. Briefwechsel mit Bohr, Einstein, Heisenberg 1: 1919-1929 (1979) 340-349, bes. 347f.; HEISENBERG: Br. an Pauli (28. 10. 1926), a.O. 349-352, bes. 349f. – [249] W. HEISENBERG: Über den anschaulichen Inhalt der quantentheoret. Kinematik und Mechanik. Z. Physik 43 (1927) 172-198, bes. 172. – [250] Vgl. VON PLATO, a.O. [161] 161. – [251] M. BORN: Quantenmechanik und Statistik (1927), in: Ausgew. Abh., a.O. [241] 299-309, bes. 309; vgl. auch: P. JORDAN: Über eine neue Begründung der Quantenmechanik. Z. Physik 40 (1927) 809-838, bes. 838; Über quantenmechan. Darstellung von Quantensprüngen, a.O. 661-666, bes. 665f. – [252] M. PLANCK: Die Kausalität in der Natur (1932), in: Vorträge, a.O. [228] 250-269, bes. 268; Das Weltbild der neuen Physik (1929), a.O. 206-227, bes. 222-224. – [253] A. EINSTEIN: Zur Methodik der theoret. Physik (1930), in: Mein Weltbild (Amsterdam 1934, ³1956, ND 1974) 113-119, bes. 118. – [254] Br. an M. Born (4. 12. 1926), in: Albert Einstein, Hedwig und Max Born. Briefwechsel 1916-1955, hg. M. BORN (1969) 129f. – [255] a.O. [253] 118; vgl. Br. an M. Born (22. 3. 1934), a.O. [254] 169f.; für weitere Belege vgl. A. PAIS: 'Subtle is the Lord ...'. The science and the life of Albert Einstein (Oxford 1982); dtsch.: 'Raffiniert ist der Herrgott ...': Albert Einstein; eine wiss. Biographie (1986) 427-466. – [256] A. EINSTEIN/B. PODOLSKY/N. ROSEN: Can quantum mechanical description of reality be considered complete? Physical Review 47 (1935) 777-780. – [257] Vgl. etwa: M. REDHEAD: Incompleteness, nonlocality, and realism: A prolegomena to the philosophy of quantum mechanics (Oxford 1989, ND 1992). – [258] J. S. BELL: On the Einstein-Podolsky-Rosen paradox. Physics 1 (1964) 195-200; vgl. auch: Speakable and unspeakable in quantum mechanics (Cambridge u.a. 1987). – [259] Vgl. C. HELD: Die Bohr-Einstein-Debatte (1998). – [260] W. HEISENBERG: Physik und Philos. (1959, ND 1973) 25; vgl. Die physikal. Prinzipien der Quantentheorie (1930) 42-49; Die Begriffsentwicklung in der Gesch. der Quantenmechanik (1973), in: Tradition in der Wiss. Reden und Aufsätze (1977) 25-42, bes. 30-36; Die Anfänge der Quantenmechanik in Göttingen (1975), a.O. 43-60, bes. 51-59. – [261] a.O. – [262] C. F. VON WEIZSÄCKER: Kontinuität und Möglichkeit (1951), in: Zum Weltbild der Physik (1943, ⁶1954) 211-239, bes. 237f. – [263] a.O. 237. – [264] 236; vgl. Das Verhältnis der Quantenmechanik zur Philos. Kants (1941), a.O. 80-117, bes. 86-90; Aufbau der Physik (1985) 100-118. 287-378. – [265] G. BIRKHOFF/J. VON NEUMANN: The logic of quantum mechanics. Annals Math. 37 (1936) 823-843. – [266] W. PAULI: W. und Physik (1952), in: Aufsätze und Vorträge über Physik und Erkenntnistheorie (1961) 18-23, bes. 20; vgl. etwa: R. P. FEYNMAN/A. R. HIBBS: Quantum mechanics and path integrals (New York u.a. 1965) 1-9. – [267] TH. DOBZHANSKY: Genetics and the origin of species (New York 1937); dtsch.: Die genet. Grundlagen der Artbildung (1939) bes. 9-25. 104-134; vgl. J. BEATTY: Dobzhansky and drift: Facts, values, and chance in evolutionary biology, in: KRÜGER/GIGERENZER/MORGAN (Hg.), a.O. [247] 271-311. – [268] Vgl. M. WEBER: Die Architektur der Synthese. Entstehung und Philos. der modernen Evolutionstheorie (1998) 102-132. – [269] Vgl. G. GIGERENZER: The probabilistic revolution in psychology – an overview, in: KRÜGER/GIGERENZER/MORGAN (Hg.), a.O. [247] 7-9; Probabilistic thinking and the fight against subjectivity, a.O. 12-33; a.O. [158] 203-233. – [270] M. S. MORGAN: The probabilistic revolution in economics – an overview, a.O. 135-137; C. MÉNARD: Why was there no probabilistic revolution in economic thought?, a.O. 139-146; R. A. HORVÁTH: The rise of macroeconomic calculations in economic statistics, a.O. 147-169; M. S. MORGAN: Statistics without probability and Haavelmo's revolution in econometrics, a.O. 171-197. – [271] A. OBERSCHALL: The two empirical roots of social theory and the probability revolution, a.O. 103-131. – [272] G. ROHWER/U. PÖTTER: W.: Begriff und Rhetorik in der Sozialforschung (2002). – [273] Vgl. A. DIEMER/G. KÖNIG: Was ist Wissenschaft? in: A. HERMANN/CH. SCHÖNBECK (Hg.): Technik und Wiss. (1991) 3-28, bes. 4f.

B. BULDT/H. PULTE

B. *Philosophie*. – 1. In der *Philosophie* der Neuzeit findet die zentrale Rolle des Problems der graduellen Abstufung der Gewißheit philosophischer und wissenschaftlicher Erkenntnis nicht durchweg ihren Niederschlag im Gebrauch der entsprechenden W.-Terminologie – dies oft auch dort nicht, wo der Sache nach über die W. reflektiert wird. So verwendet F. BACON nicht den Terminus ‹probabilitas›, wenn er seine Methode («nostra ... ratio») dahingehend erläutert, es gelte «die Stufen der Gewißheit (certitudinis gradus) zu bestimmen und die Sinneswahrnehmung durch Rückführung auf ihre Gründe zu sichern» [1].

R. DESCARTES verwendet den Begriff ‹W.› nur im abwertenden Sinne. Die herkömmliche, «dans les escholes» betriebene Philosophie rede von allem nur mit einem Schein von Wahrheit («parler vraysemblablement de toutes choses») [2], was dazu führe, daß man sich überredet, selbst bloß wahrscheinliche Vermutungen («probabiles ... conjecturae») für wahr zu halten, so daß sich Wahres und Falsches untrennbar mischen [3]. In seinem Bemühen um Gewißheit entscheidet sich Descartes aus methodischen Gründen dafür, alles bloß Wahrscheinliche für falsch zu halten («ie reputois presque pour faux tout ce qui n'estoit que vraysemblable») [4]. Daher haben bloß wahrscheinliche Meinungen («probabiles opiniones») [5] wie auch die moralische Gewißheit («assurance morale») [6] keinen Platz in seinen philosophischen Bemühungen. Es gebe weit mehr vollkommene Erkenntnis, «die sich sicher beweisen lasse», als die Gelehrten («litterati») annahmen, die bislang darüber nur hätten in W. reden können («probabiliter disserere potuerunt») [7]. Descartes' Position hinsichtlich des Unwerts wahrscheinlicher Erkenntnis wurde von den Cartesianern nicht generell geteilt: So schreibt etwa P.-S. RÉGIS, daß man in der Physik keine Beweise («démonstrations») erwarten könne, sondern sich mit W. («probabilités») zufrieden geben müsse [8].

A. ARNAULD und P. NICOLE gewichten in der ‹Logik von Port Royal› ebenfalls anders: Grundsätzlich gelte, daß man das Wahrscheinlichste («le plus probable») annehmen müsse, wenn man moralische Gewißheit («certitude morale») nicht erlangen könne; alles andere wäre eine Verkehrung der Vernunft («renversement de la raison») [9], da viele Ereignisse ihrer Natur nach kontingent seien («contingens de leur nature»). Ausgeführt wird dieser Grundsatz für Dinge, die «vom menschlichen Glauben abhängen» [10], wie Fragen der Zuverlässigkeit historischer Urkunden oder religiöser Wunderberichte [11].

J. LOCKE definiert ‹W.› als «likeliness to be true»: «The entertainment the Mind gives this sort of Propositions, is called Belief, Assent, or Opinion, which is the admitting or receiving any Proposition for true, upon Arguments or Proofs that are found to perswade us to receive it as true, without certain Knowledge that it is so» [12]. Der Aufriß des Lockeschen Systems unterscheidet Wissen («knowledge») und Glaube («belief», «opinion»), wobei letzterer auf W. oder religiösen Glauben («faith») gegründet ist. Der Unterschied zwischen sicherem Wissen und unsicherem Glauben ist, «as Demonstration is the shewing the Agreement, or Disagreement of two Ideas, by ... Proofs ...: so Probability is nothing but the appearance of such an Agreement, or Disagreement» [13]. Daher empfiehlt Locke, «proofs of probability» durch die Mathematik zu disziplinieren und bei W.-Argumenten alle Alternativen zu berücksichtigen [14]. Die Versuche des 18. Jh. zu einer Logik-Reform im Geiste Lockes messen im Rahmen einer nicht-Aristotelischen Rhetorik der W. zwar ein gewisses Gewicht bei [15], und G. CAMPBELL («Probability is a light darted on the object, from the proofs, which for this reason are pertinently enough styled evidence» [16]) legt auch Wert auf die «calculations of chances» [17], doch werden Ansätze Anfang des 19. Jh. durch die erfolgreiche aristotelische Reaktion R. WHATELYS weitgehend zurückgedrängt [18]. Dieser erwähnt «probable conclusions» nur nebenher und ohne Bezug zu Induktion oder W.-Rechnung [19]; die «Calculation of probabilities» wird unter «Fehlschluß» abgehandelt [20].

D. HUME widmet sich ausführlich dem Begriff der W. [21]. Er unterscheidet einen engen Bereich unbedingt sicheren Wissens («knowledge») [22] von einem weiten Bereich unsicheren Glaubens («belief») – vor allem auf Kausalität bezogen [23] –, der wahrscheinlich («probable») ist [24]. Hume definiert ‹W.› («probability») als «that evidence, which is still attended with uncertainty» [25]. Generell gilt, daß «in all these cases the evidence diminishes by the diminution of the ... intenseness of the idea. This therefore is the nature of ... probability» [26]. Entsprechend der Einengung auf die Kausalität diskutiert er ausführlich nur die «philosophical probability of chances» und «causes», während der Rest, etwa die Analogie, unter «unphilosophical probabilities» summarisch abgehandelt wird [27]. Auch Hume unterscheidet subjektive und objektive W.: «Probability is of two kinds, either when the object is really in itself uncertain, and to be determin'd by chance; or when, tho' the object be already certain, yet 'tis uncertain to our judgment» [28]. In seinen Ausführungen zur Glaubwürdigkeit von Zeugnissen verwendet er einen W.-Begriff, der erstens das Zahlenverhältnis betont («All probability, then, supposes an opposition of experiments and observations, where the one side is found to overbalance the other») [29], und zweitens – ähnlich wie LOCKE [30] – betont: «evidence ... is regarded either as a proof or a probability, according as the conjunction between ... report and ... object has been found to be constant or variable» [31].

G. W. LEIBNIZ empfiehlt, schon bevor er um 1703 von den Arbeiten Bernoullis erfährt, die Schaffung einer W.-Rechnung oder W.-Logik [32] und kündigt immer wieder an, eine solche selbst entwerfen zu wollen. Dies erfolgt bereits frühzeitig in Verbindung mit der Idee einer «characteristica universalis» (s.d.), und zwar aufgrund der Überzeugung, daß das strenge probabilistische Schließen im Römischen Recht sich auf mathematische Regeln bringen lassen müsse [33], doch in Ablehnung des Probabilismus (s.d.) der spätscholastischen Moralphilosophie und der Aristotelischen Topik [34]. Die Annahme war, daß, selbst wenn die Bedingungen fehlen, um Gewißheit herzustellen («demonstrer la certitude»), man stets die Mittel angeben könne, um die W. zu bestimmen [35], denn auch die W. unterliege Berechnung und Beweis («nam etiam probabilitates calculo ac demonstrationi subjiciuntur») [36]. Und dies gelte selbst für Fragen der Moral und für Dinge, die völlig zufällig («entierement fortuites») scheinen [37]. Leibniz hat diese Gedanken nie systematisch ausgearbeitet, seine Schrift ‹De incerti aestimatione›, in der die W. als «Grad der Möglichkeit» («gradus possibilitatis») definiert wird, ist Fragment [38]. Ein Indiz dafür, daß dieses Thema nicht abgeschlossen sein konnte, ist sein Schwanken in der Terminologie zwischen ‹probabilitas› und ‹verisimilitudo› (‹Wahrheitsähnlichkeit›, s.d.). Liegt auch keine «logica probabilium» aus der Feder von Leibniz vor, so können sich doch nachfolgende Forscher auf seine Autorität berufen, wenn sie die Notwendigkeit einer solchen neuen Logik betonen.

CH. WOLFF bringt (wohl angeregt durch die Ausdrucksweise von LEIBNIZ, der von «sufficientia data» für die Wahrheit bzw. Gewißheit spricht [39]) W. mit dem «principium rationis sufficientis» (s.d.) zusammen. Danach ist eine Aussage wahrscheinlich, wenn das Prädikat dem Subjekt mit unzureichendem Grund zugeschrieben wird («Si praedicatum subjecto tribuitur ob rationem insufficientem, propositio dicitur probabilis») [40]. Damit ist nach WOLFF W. zwar Wissen, jedoch unsicheres Wissen, da Wissen nur dann sicher ist, wenn alle Wahrheitsgründe gekannt werden [41]. Seinen Plan, eine W.-Logik vorzulegen, hat er nie ausgeführt, wie auch seine Bemühungen, der W. und dem Gleichmöglichkeitsprinzip eine ontologische Fundierung zu geben, nach eigenem Bekunden unzureichend ausfallen [42].

2. Die Tradition [43], die die Logik des Wahrscheinlichen als Dialektik bestimmt, findet im 18. Jh. ihre Fortsetzung z.B. bei G. F. MEIER. Er meint im Anschluß an Leibniz und Wolff, die «Vernunftlehre der wahrscheinlichen gelehrten Erkentniß» («dialectica, logica probabilium») [44] müsse erst noch erfunden werden, was besonders nötig sei, da «nur der geringste Theil der [Erkentniß] gewiß» sei [45]. Doch führt er die «cognitio probabilis, verosimilis» bzw. «cognitio improbabilis» und «cognitio dubia» [46] nicht weiter aus, da die «Untersuchung der wahrscheinlichen und unwahrscheinlichen Erkenntniß» noch ausstehe und wir mit Bezug auf die Praxis jeweils sagen können, «welcher Erkentniß wir unseren Beyfall geben ... müssen, wenn wir vernünftig handeln wollen» [47].

In der ersten Hälfte des 18. Jh. bildet sich, im Gegensatz zur mathematisch orientierten Leibniz-Wolffschen Schule, eine umfassende Theorie der W. im Kontext der Leipziger Schultradition (CH. THOMASIUS, A. RÜDIGER, A. F. MÜLLER, A. F. HOFFMANN, CH. A. CRUSIUS) heraus, mit dem Mathematiker L. M. KAHLE als wohlwollend-kritischem Begleiter. Diese Theorie ist im Ansatz dezidiert empiristisch und kohärentistisch und in ihrer Durchführung qualitativ, d.h. nicht quantitativ rechnend orientiert. CH. THOMASIUS übernimmt und erweitert Ansätze der juristischen Hermeneutik und modelliert Wissen nach dem Beispiel juristischer Wahrheitsfindung, wo aus verfügbaren Evidenzen auf die zugrundeliegenden Fakten geschlossen werden muß, so daß wir es stets mit einer «demonstratio hypothetica» zu tun haben [48]. Allgemein gilt, daß die Auslegung («interpretatio») fremder Schriften «nichts anders als eine deutliche und in wahrscheinlichen Muthmassungen gegründete Erklährung» sei [49]. A. RÜDIGER unterscheidet neben der «gemeinen W.» («probabilitas vulgaris»), die sich nicht auf eine Prüfung nach Sache, Grund und Grad stützen kann, weitere fünf

Gattungen von W. («probabilitas theoretica» vs. «probabilitas practica», erstere zerfällt in «probabilitas memorabilis» und «probabilitas judiciosa», und letztere in «probabilitas physica», «probabilitas politica» und «probabilitas hermeneutica») [50]; A. F. MÜLLER unterscheidet noch fünf W.en («historische», «hermeneutische», «physische», «politische» und «praktische W.») [51]. Neben einer Definition für jede Gattung wird ihr Grund festgestellt, d.h. die Notwendigkeit einer jeden W.-Gattung für die menschliche Erkenntnis. Die Bestimmungsregeln für ihren Grad sind sämtlich nicht quantitativ-berechnender, sondern qualitativ-wertender Art. Maß für den W.-Grad ist jeweils die «Übereinstimmung der Umstände», d.h. die Kohärenz des Glaubenssystems. Für CH. A. CRUSIUS ist das «Grundwesen der W. ... diejenige Beschaffenheit eines Satzes, welcher eine logikalische Möglichkeit ... ist, vermöge welcher bey Setzung desselben weniger ohne Demonstration angenommen wird, als bey Setzung des contradictorischen Gegensatzes desselbigen» [52]. Je nachdem, ob die Gründe «nur in den subjectivischen Umständen dieses oder jenes denckenden Verstandes liegen» oder «in der Natur der Sachen und dem allgemeinen Wesen der Vernunft selbst», ist die W. «subjectivisch» oder «objectivisch» [53]. Crusius unterscheidet, im Gegensatz zum analytischen Wissen [54], drei Arten von wahrscheinlichem Wissen: «blosse Muthmassung» («verisimile») als ein Wissen, das leichter als wahr anzunehmen ist als sein Gegenteil, «zuverlässige W.» («probabile») als ein Wissen, woraufhin man bedenkenlos handeln kann, und «moralische Gewißheit» als ein Wissen, das man «für schlechterdings und unwidersprechlich gewiß» hält und welches auf dem «Erkenntnißweg der W. erlanget wird» [55], wenn man sich bemüht, «die Gründe mit deutlichem Bewußtseyn» vorzustellen («probabilitas claritatis abstractae») [56]. Für diesen Erkenntnisweg gibt Crusius dann sechs Grundregeln an («Quellen der W.») [57], die er im einzelnen rechtfertigt und um insgesamt 16 'Durchführungsbestimmungen' ergänzt [58]. Ferner gewinnt er aus fünf dieser Quellen eine Reihe von «Präsumtionen» (das sind «allgemein wahrscheinliche» Sätze, aus welchen «sich andere subsumieren lassen» [59]), deren Spezialisierungen dann zu speziellen Wissenschaftstheorien Anlaß geben. Das Programm einer qualitativ verfahrenden, probabilistischen Erkenntnis- und Wissenschaftstheorie der Thomasius-Schule scheint mit Crusius, obwohl er noch auf Lambert und Kant wirkt, ihr Ende zu finden; einzig ihr spezieller Beitrag zu einer «probabilitas hermeneutica» scheint rezipiert worden zu sein und weiter gewirkt zu haben [60], obwohl noch J. M. KEYNES dieser Tradition mit Bezug auf L. M. KAHLE [61] großen Respekt zollt [62].

3. H. S. REIMARUS vertritt eine Auffassung der W., die, wenn auch ohne direktes Vorbild, eher an Crusius als an die Leibniz-Wolffsche Lehre erinnert. Um Gewißheit und W. zu definieren, gebraucht Reimarus den Begriff des «Umstandes», der das umfaßt, was in etwas anderem, dessen Umstand es ist, «nicht wesentlich und völlig enthalten, noch dem Andern ... entgegen ist» [63]. Während nun die «klare und deutliche Einsicht der wesentlichen und völligen Einstimmung, oder des ... Wiederspruchs» die Gewißheit ausmacht, reicht «die klare und deutliche Einsicht von der Einstimmung der Umstände» eines Dinges nur zur W. [64]. Dieser Maßstab einer «Einsicht der Einstimmung» liefert neben der «allgemeinen Regel der Wahrheit» zugleich auch «die Regeln der W.», womit auch letztere «der Vernunft unterworfen» ist [65] und im Grenzfall zwischen beiden kaum unterschieden werden kann [66]. Die «Stuffen der W.» bemessen sich entsprechend nach der «Anzahl der Umstände»; doch kann in diesem Zusammenhang nicht rein numerisch verfahren werden, da manche Umstände, «je näher sie dem Wesen der Dinge treten», wichtiger sind «als viele andere zusammen genommen» und daher «auch mehr W. geben» [67].

J. H. LAMBERT diskutiert ausführlich [68] Fragen der «W. oder Probabilität», unter die mancherlei gefaßt wird; es bedarf deshalb einer Untersuchung, «was man in jedem Fall darunter versteht» [69]. In der Glücksspielrechnung ist das Wahrscheinliche «dasjenige, was wir der Natur der Sache nach erwarten können, daß es geschehe, ungeacht das Gegentheil dadurch nicht unmöglich wird»; nach dem «Grade der Möglichkeit» richtet sich dann der «Grad der W.» [70], welcher sich nach dem Verhältnis der «zutreffenden Fälle gegen die fehlenden» bestimmen läßt [71]. Die Gleichmöglichkeit interpretiert Lambert so, daß er sich einer empirischen Häufigkeitstheorie unter Ablehnung von Einzelfall-W. nähert [72] und eigentümlich zwischen subjektiver und objektiver Auffassung der W. schwebt: «Da die Berechnung der W. nur da vorkömmt, wo wir den Erfolg nicht voraus wissen können, so ist es in dieser Absicht gleich viel, ob wir denselben wegen der gleichen Möglichkeit, oder wegen des Nichtwissens der Gesetze nicht voraus wissen» [73]. Auf diesen W.-Begriff reduziert er die Bestimmung von 'W. a posteriori' [74] und die 'W. der Induktionen' [75], die er in eine Untersuchung physischer Folgen und logischer Folgen («Schlußreden») aufteilt [76]. Seine Untersuchung der Gewißheitsgrade sowie der historischen W., der W. teleologischer Argumente und der W. von Zeugen [77] verbindet er mit seiner ausführlich dargelegten probabilistischen Syllogistik [78].

4. Für die Auffassung der W. bei I. KANT sind zwei Gesichtspunkte bedeutend: Im Gegensatz zu dem, was Verfassern von Logiklehrbüchern des 17. Jh. noch geläufig ist, faßt Kant W. zur Analytik (qua Logik der Wahrheit) und nicht zur Dialektik (qua Logik des Scheins) gehörig auf: «W. ... ist Wahrheit, aber durch unzureichende Gründe erkannt, deren Erkenntniß also zwar mangelhaft, aber darum doch nicht trüglich ist und mithin von dem analytischen Theile der Logik nicht getrennt werden muß» [79]. Zweitens ist die terminologische Unterscheidung zwischen «mathematischer» und «philosophischer W.» zu nennen, die Kant in seinen Logikvorlesungen betont und welche anscheinend auch von ihm eingeführt worden ist. Allgemein definiert Kant, darin Wolff folgend, W. als ein «Führwahrhalten aus unzureichenden Gründen» [80]. W. unterscheidet sich dann von bloßer «Scheinbarkeit» oder «verisimilitudo», denn der Grund des Fürwahrhaltens ist bei der W. «objectiv gültig, bei der bloßen Scheinbarkeit dagegen nur subjectiv gültig» [81]. Da es der Mathematiker mit gleichartigen Gründen für W. zu tun hat, kann er diese als einen Bruch bestimmen und entsprechend berechnen, «wo der zureichende Grund der Wahrheit der Nenner ist, die unzureichende Gründe des Vorwahrhaltens aber, welche ich habe, sind der Zähler» [82]. Im Gegensatz zu Leibniz und Wolff ist für Kant jedoch «eine Logic der [sc. philosophischen] W. ein unmögliches Unternehmen» [83]. Er schließt die W. völlig aus dem Bereich legitimer Metaphysik aus, denn «wenn es um Urtheile a priori zu thun ist, man es auf schale W.en nicht aussetzen kann» [84].

J. F. FRIES verdanken wir den ersten (und für lange einzigen) monographischen Versuch über W., der auch mathematisch auf der Höhe seiner Zeit war [85]. Fries setzt in modifizierendem Rückgriff auf die Kantische Unterscheidung zwischen mathematischer und philosophischer W. die philosophische W. in engste Verbindung zum wissenschaftlichen Gebrauch von Analogie, Induktion und Hypothesenbildung, wodurch er eine einheitliche «Logik der Wissenschaften» erreicht. Hierzu knüpft er an Kants Bestimmung der reflektierenden Urteilskraft (s.d.) an und faßt Analogie, Induktion, Hypothesenbildung und allgemein jeden Wahrscheinlichkeitsschluß (s.d.) als unvollständigen syllogistischen Schluß, d.h., es sind «Schlüsse der reflectirenden Urtheilskraft im Gegensatz der vollständigen Schlüsse der subsumirenden Urtheilskraft» [86]. Die Grundlage dafür findet er im «disjunctiven Urtheil» [87] bzw. «disjunktiven Vernunftschluss» [88]. Im Fall der mathematischen W. oder W. a priori sind ein Ganzes und seine disjunktive Einteilung («die Regel») vollständig bekannt, wonach sich die W. nach dem numerischen Verhältnis des Disjunktionsgliedes (oder mehrerer) zu ihrer Gesamtzahl bestimmt [89]. Im Fall der philosophischen W. oder W. a posteriori sind das Ganze und seine disjunktive Einteilung nur teilweise bekannt. Hier ergibt sich die Aufgabe, «durch die Vielheit der Fälle die ... Regel zu errathen» [90]. Damit dieses für Modellrechnungen an kugelgefüllten Urnen erfolgreiche Verfahren [91] in empirischer Anwendung erfolgreich sein kann und vor Fehlanwendungen geschützt ist, muß es sich, im Gegensatz zum Empirismus der «engländisch-französischen Schule» [92], «heuristischer Maximen» bedienen [93]. Diese Ansicht liegt Fries' kritischer Auseinandersetzung mit der «politischen Arithmetik» zugrunde [94] und deckt sich sachlich bisweilen mit der Kritik J. S. MILLS [95]. Sie wird von seinem Schüler E. F. APELT in Auseinandersetzung mit Mill und Whewell wissenschaftstheoretisch aus- und durchgeführt [96].

5. Die Kantische Unterscheidung von mathematischer und philosophischer W. läßt sich – teils ohne expliziten Verweis auf Kant, wie bei M. W. DROBISCH und A. A. COURNOT – bis ins frühe 20. Jh. verfolgen [97], zuletzt noch bei W. WUNDT («qualitative» und «quantitative W.») [98] und, unter Bezug auf den Friesianer L. GOLDSCHMIDT [99], bei J. M. KEYNES. Dieser schreibt: «I maintain, then, ... that there are some pairs of probabilities between the members of which no comparison of magnitude is possible» [100]. Diese W. nennt Keynes «not measurable» [101]. W. WINDELBAND, in stetem Anschluß an Fries, verbindet diese Unterscheidung mit einer Kritik der Einzelfall-W., weshalb er es als eine «paradoxe Ausdrucksweise» empfindet, «die W.-Rechnung» wie bei Mill als «die Berechnung des Zufalls» genannt zu sehen [102]. Ebenso wirkt der Friessche Ansatz, W. auf das disjunktive Urteil zu gründen, fort und läßt sich ebenfalls bis ins frühe 20. Jh. nachweisen. Er findet sich als Leitidee zur Begründung der W.-Theorie u.a. bei R. H. LOTZE [103], CH. SIGWART [104], F. A. LANGE [105], A. FICK [106], C. STUMPF [107], E. CZUBER [108] und K. GRELLING [109]. In dieser Tradition, die wesentlich die Destruktion des klassischen W.-Begriffs betreibt, wird versucht, «die Grundlagen der W.-Lehre aus dem disjunctiven Urtheile abzuleiten» [110], wobei die «mathematische W.-Rechnung ... nichts anderes als ein mathematisch formuliertes Capitel aus der Logik» ist [111]. Was berechnet wird, ist «das Mass subjectiver Erwartung», woraus nur unter bestimmten Voraussetzungen auf die «relative Häufigkeit des wirklichen Eintretens» geschlossen werden kann; man verbleibt im Bereich «subjectiver W.» [112].

Zumindest im Umkreis dieser 'disjunktiven Tradition' stehen sowohl die gegenstandstheoretische Grundlegung der W. durch A. MEINONG als auch die Theorie des Spielraums (s.d.) von J. VON KRIES [113], dessen ‹Principien› [114] das um die Jahrhundertwende auch international wohl meistbeachtete Buch zur Begründung der W.-Rechnung ist. Die Spielraumtheorie ist ein Versuch, unter Vermeidung der zuvor sorgfältig analysierten Schwächen des klassischen W.-Begriffs [115] einen Begriff von «objektiver W.» einzuführen [116]. Durch die «Theorie der [idealen] Zufalls-Spiele» [117] wird dabei der Forderung Genüge getan, daß sich «die Aufstellung der gleich möglichen Fälle ... in zwingender Weise und ohne jede Willkür» ergeben muß; 'objektiv' ist diese W., weil «dem Princip der Spielräume zufolge ein bestimmtes Wissen von objectiver Bedeutung als notwendige Voraussetzung» erscheint [118]. A. MEINONG ordnet die W.-Problematik in den Kontext seiner Gegenstandstheorie (s.d.) als «die allgemeinste Wissenschaft von idealen Gegenständen nach apriorischen Methoden» ein [119]. Vorbereitet durch eine aporetisierende Bestandsaufnahme bisheriger Ansichten [120], beantwortet er die Frage, wo die Gegenstände zu suchen seien, «von denen sich in natürlicher Weise sagen läßt, sie seien wahrscheinlich» [121], folgendermaßen: «W. [ist] ihrem eigentlichen Wesen nach stets ein Attribut von Objektiven» [122], dessen «obere Grenze» die Wahrheit ist [123]. Da Objektive auch «subjektive Eigenschaften» haben [124], unterscheidet Meinong zwei W.-Arten: eine subjektive «Vermutungs-W.» und eine objektive «vermutungsfreie W.» [125]; erstere ist von der «persönlichen» W. zu unterscheiden, die «immer auf die Person eines Erfassenden bezogen» ist [126], während letztere «der Einfachheit wegen» besser «Möglichkeit» heißt [127]. Wo auf Möglichkeit gar kein Bezug genommen wird, wie bei «Wahrnehmungs-» oder «Erinnerungs-W.» [128], liegt «gerade W.» vor, ansonsten «ungerade» oder «Kollektiv-W.» [129]. Im Kontext seiner Behandlung der Kollektiv-W. wird auch Meinongs Anschluß an die 'disjunktive Tradition' deutlich – selbst wenn er der Auffassung, W. auf W.-Urteile zu gründen, nicht folgt [130]. So hebt er etwa die auf Lotze und Sigwart zurückgehende «Einsicht in die grundlegende Bedeutung eines disjunktiven Ausgangsurteils» hervor [131] und entwickelt die Lehre vom W.-Urteil als disjunktivem Urteil selbst weiter [132].

6. B. BOLZANO bindet in seiner ‹Wissenschaftslehre› den Begriff der W. an den der «Ableitung» (Folgerung) und charakterisiert W. als «vergleichungsweise Gültigkeit»: Gegeben seien Sätze A, B, C, D ..., die in gewissen Vorstellungen, i, j ... veränderlich und diesbezüglich verträglich sind, sowie das Verhältnis zwischen der Menge der Fälle (in denen die Vorstellungen, die an die Stelle der i, j ... treten), welche A, B, C, D ... wahr machen, und der Menge der Fälle, die zugleich den Satz M wahr machen. Dann definiert Bolzano «dieses Verhältniß zwischen den angegebenen Mengen» als «die vergleichungsweise Gültigkeit des Satzes M hinsichtlich auf die Sätze A, B, C, D ... oder die W., welche dem Satze M aus den Voraussetzungen A, B, C, D ... erwächst» [133]. Demnach ist die W. «nichts Anderes, als ein solches Verhältniß zwischen gegebenen Sätzen [an sich] ..., ohne vorauszusetzen, daß diese Sätze eben von einem denkenden Wesen vorgestellt und geglaubt werden müßten» [134]. Damit gilt, daß «W. nur Sätzen ..., sonst aber keinem andern Gegenstande zukommt» [135]. Nicht, «weil etwas für wahr gehalten wird ..., hat es W.; sondern umgekehrt, weil es W. hat, kann es auch Wesen geben, die es für wahr halten» [136]. In bezug auf ein erkennendes Wesen teilt Bolzano W. in «unerkannte» und «erkannte» ein, und letztere in «wirkliche oder objective» und «vermeintliche oder subjective», je

nachdem, ob die Voraussetzungen A, B, C, D ... zutreffenderweise für wahr gehalten werden oder nicht. Fallen die Voraussetzungen A, B, C, D ... jedoch mit allen Sätzen zusammen, «die dieses Wesen für wahr hält», so heißt die W. «vollständige oder absolute W.», anderenfalls «beziehungsweise oder relative W.» [137]. In Abweichung von der Tradition ist für Bolzano Gewißheit nicht teilbar und kann nicht in Graden gemessen werden [138]; entsprechend kann W. kein Grad der Gewißheit sein. Ebenso sei Möglichkeit nicht in Graden zu messen und der Begriff der «Gleichmöglichkeit» völlig untauglich [139]; demgemäß hört jegliches Urteilen auf, wo die W. eines Satzes ½ beträgt [140]. Seine Kritik überkommener Ansichten wendet sich ins Positive mit der Feststellung, daß so manche Unklarheit aus der Vermischung der Begriffe ‹W.› und ‹Zuversicht› herrühre [141] (für letztere gilt, daß sich der Grad der Zuversicht für eine Aussage A mittels ihrer W. $P(A)$ als $2 \times P(A)$-1 bestimmt [142]), was später von MEINONG aufgenommen wird [143].

Am Ende des 19. Jh. verbindet CH. S. PEIRCE mit seinem konsequenten Indeterminismus unter Ablehnung der subjektiven Interpretation der W. durch De Morgan (vgl. oben: IV. A. 4.) und im Anschluß an Venns Häufigkeitsinterpretation seine eigene objektive Häufigkeitsinterpretation der W. [144]. Diese lehnt den Begriff der Einzelfall-W. ab und führt den W.-Schluß auf partielle Unkenntnis zurück [145]. Peirce bringt sie in seinen wissenschaftstheoretischen und naturphilosophischen Untersuchungen vielfältig zur Anwendung [146].

7. Trotz Kontroversen um eine adäquate Fassung des W.-Begriffes und seine Anwendung bes. in der Statistik zeigt sich zur Wende zum 20. Jh. deutlich, daß in verschiedenen Wissenschaften auf den W.-Begriff nicht verzichtet werden kann; der Druck wächst, eine logisch zufriedenstellende Grundlegung der W.-Theorie zu geben. Obwohl die vor diesem Hintergrund ausgebildeten Kolmogoroff-Axiome (vgl. oben: IV. A. 6.) nicht nur von den Mathematikern weithin akzeptiert werden, bleibt der Streit um die 'richtige' Interpretation des durch diese Axiome charakterisierten W.-Begriffs. Folgende Interpretationen des W.-Begriffs werden zumeist unterschieden:

a) Die *logische Interpretation* – W. ist eine logische Relation zwischen Aussagen, und W.-Theorie ist die Logik gültiger W.-Schlüsse [147] – verbindet sich im frühen 20. Jh. bes. mit den Namen J. M. KEYNES [148], F. P. RAMSEY [149], R. CARNAP [150] und H. JEFFREYS [151]. W. ist hier als Relation zwischen Sätzen aufzufassen: «If a knowledge of [hypothesis] h justifies a rational belief in [the conclusion] a of degree α, we say that there is a probability-relation of degree α between a und h» [152]. KEYNES bestimmt diese Relation zwischen den Aussagen H und A dann näher wie folgt: Es ist die Relation der Sicherheit («certainty») genau dann, wenn die W. von A unter der Bedingung H gleich 1 ist: $P(A|H) = 1$, die der Unmöglichkeit («impossibility») gdw $P(A|H) = 0$, die der W. («probability»), aber nicht Sicherheit gdw $P(A|H) < 1$, die der W., aber nicht der Unmöglichkeit gdw $P(A|H) > 0$ [153]. CARNAP, der logische W. qua «probability$_1$» mit Bestätigung («confirmation») zusammenbringt – «Probability$_1$ is a measure of evidential support» [154] –, faßt sie, wie schon RAMSEY vor ihm [155] und in explizitem Anschluß an F. WAISMANNS [156] Ausarbeitung von Ideen L. WITTGENSTEINS [157], als partielle logische Folge («L-implication»): «Deductive and inductive logic ... both investigate logical relations between sentences; the first studies the relation of L-implication, the second that of degree of confirmation which may be regarded as a numerical measure for a partial L-implication» [158]. KEYNES und CARNAP legen daher ihren Axiomatisierungen, wie es auch K. R. POPPER aus wissenschaftstheoretischen Erwägungen heraus tut [159], den Begriff der bedingten W. zugrunde [160] und kommen so WITTGENSTEIN nahe: «Die Gewißheit des logischen Schlusses ist ein Grenzfall der W. (Anwendung auf Tautologie und Kontradiktion)» [161].

b) Die *subjektive Interpretation* – W. ist «the measure of reasonable partial belief» [162] – ist im 20. Jh. vor allem von F. P. RAMSEY [163] und B. DE FINETTI propagiert worden [164]. Sie ist unter Philosophen die gegenwärtig wohl am meisten favorisierte Interpretation. Auch hier wird W. wesentlich als logische Relation aufgefaßt: «Every judgment of the probabilities ... depends on the logical relations connecting them» [165]. Was die subjektive Interpretation jedoch auszeichnet, ist, W. konsequent als subjektiven Glaubensgrad anzusehen: «Every judgment of the probabilities ... varies infinitely with the variations of the points of view ... and every point of view is, a priori, equivalent to each other» [166]. Mittels sog. «Dutch book-Argumente» – ein «Dutch Book» ist ein System von Wetten, bei dessen Annahme ein Verlust garantiert ist – wird dann gezeigt («Ramsey-de Finetti-Theorem»), daß eine rationale Dynamik subjektiver Glaubensgrade genau den Kolmogoroff-Axiomen genügen muß [167]. Vergleichbar etwa der zentralen Stellung des Modus ponens in der deduktiven Logik, stellt das Bayessche Theorem in der subjektiven W.-Logik die zentrale Schlußfigur dar (daher auch «Bayesianismus»). Ausgehend von den subjektiven Anfangs-W.en $P(H)$ für die Hypothese H, $P(E)$ für eine neue Evidenz E sowie für $P(E|H)$, die bedingte W. E gegeben H (den sog. «priors», kurz für «prior probabilities»), wird mittels des Bayesschen Theorems berechnet, wie sich danach die W. der Hypothese H gegeben E, $P(H|E)$, ausnimmt:

$$P(H|E) = \frac{P(E|H) \cdot P(H)}{P(E)}$$

(die sog. «posterior», kurz für «posterior probability»); mit anderen Worten: Die einzige rationale Weise der Glaubensrevision ist «Konditionalisierung» [168]. Konvergenzresultate stellen dann sicher, daß dieses auf subjektiv gewählten W.en aufsitzende Verfahren nicht zu völliger Beliebigkeit führt; denn wenn zwei epistemische Subjekte auch mit völlig verschiedenen «priors» anfangen, so werden sie nach endlich vielen Schritten dennoch die gleichen «posteriors» aufweisen, solange sie unter Berücksichtigung gleicher Evidenzen Bayesianisch konditionalisieren [169]. Bei DE FINETTI verbindet sich die subjektive Interpretation der W. mit einer radikalen Metaphysik-Kritik: «We should not look for [metaphysical] truth, but should only become conscious of our own opinions» [170], die auf eine nicht minder radikale Kritik der gewöhnlichen Statistik hinausläuft. Der Begriff einer objektiven W. sei metaphysisch und daher als unwissenschaftlich zu ächten; deswegen müsse man «the myth of a true probability, existing in ... reality» zerstören [171] und feststellen, daß die darauf fußenden Aussagen der Statistik «completely devoid of sense» seien [172]. Doch auch moderatere Einschätzungen sind mit der subjektiven Interpretation verträglich. So fragt sich D. LEWIS, nach dem er «credence» als Terminus für Carnaps «degree of belief» und «chance» für «relative frequency in the long run» vorgeschlagen hat, «whether anyone but a subjectivist is in a position to understand objective chance» [173].

c) Die *Häufigkeits-Interpretation* oder empirische Interpretation [174] – W. ist die relative Häufigkeit auf lange Sicht, wobei unter «relative Häufigkeit von A» die Anzahl der A in n Versuchen

$$h_n(A) = \frac{n(A)}{n}$$

verstanden wird – verbindet sich im frühen 20. Jh. bes. mit den Namen R. VON MISES und H. REICHENBACH. «Erfahrungstatsache» ist, «daß die relativen Häufigkeiten ... sich weniger und weniger ändern, wenn man die Zahl der Beobachtungen mehr und mehr vergrößert» [175]. Reichenbach rechtfertigt die Häufigkeitsdefinition der W. durch eine 'transzendentale Deduktion'. «Es muß, wenn es physikalische Erkenntnis geben soll, noch ein anderes Prinzip zu dem der Kausalität hinzukommen. Wir müssen nach einem zweiten synthetischen Urteil a priori suchen» [176]. Neben dem «Prinzip der gesetzmäßigen Verknüpfung alles Geschehens [Kausalität] ... muß noch ... hinzukommen ... das Prinzip der gesetzmäßigen Verteilung [von Beobachtungs- bzw. Meßgrößen]» [177]. Dieses Prinzip, daß sich stets eine der Häufigkeit h_n zugeordnete stetige Funktion $\varphi(x)$ finden läßt, bleibt – unter wechselnden Namen («Prinzip der gesetzmäßigen Verteilung, «W.-Axiom», «Induktionsprinzip») [178] – das Zentrum der Reichenbachschen W.-Lehre, auch wenn Reichenbach es später nicht mehr 'deduziert', sondern als rationale Induktionsmaxime sieht [179]. VON MISES gibt der Häufigkeitsauffassung eine verschärfte Fassung. Zum einen nennt er es das «Urphänomen der W.-Lehre», daß die W., eine Sechs zu werfen, «eine physikalische Eigenschaft eines Würfels [ist], von der gleichen Art wie sein Gewicht, seine ... elektrische Leitfähigkeit usf.» [180]; entsprechend ist die W.-Rechnung «ein Teil der theoretischen Physik, ebenso wie die klassische Mechanik oder Optik» [181]. Zum anderen verficht er eine strikte Ablehnung des Begriffs der Einzelfall-W.: «Zuerst muß ein Kollektiv da sein, dann erst kann von W. gesprochen werden» [182]. Schließlich bemüht er sich um eine axiomatische Fundierung, die bes. im «Prinzip der Regellosigkeit» (auch: «Prinzip vom ausgeschlossenen Spielsystem») zum Ausdruck kommt [183].

d) Die *objektive Interpretation der W.* oder «Propensity-Theorie» der W. [184] – W. ist «a property ... of the whole experimental arrangement» [185], relative Häufigkeiten im Sinne der Häufigkeitstheorie hervorzubringen, sie ist ein «Maß einer Verwirklichungstendenz» [186] – wird im 20. Jh. vor allem von K. R. POPPER favorisiert [187]; weitere Vertreter sind u.a. R. H. GIERE [188], D. A. GILLIES [189] und D. H. MELLOR [190]. POPPER unterscheidet zwischen «Ereignis-W.» und «Hypothesen-W.» [191]; Ereignis-W. behandele durchaus sinnvolle Fragen im Kontext der Zufallsspiele und W.-Gesetze der Physik [192], während das ganze Problem der Hypothesen-W. «falsch gestellt» sei [193]. Es sei, «wie die Induktionslogik überhaupt, ... durch eine Verwechslung psychologischer und logischer Fragestellungen» entstanden [194] und durch den Fehler verursacht, «daß den W.-Hypothesen ... Hypothesen-W. zugeschrieben wird» [195]. Bei der Ereignis-W. vertritt Popper zunächst eine abgeschwächte Form der von Misesschen Häufigkeitsinterpretation «ohne 'Grenzwertaxiom' und mit abgeschwächtem 'Regellosigkeitsaxiom'» [196]; zwei Gründe jedoch veranlassen ihn, zur Propensity-Theorie überzugehen: die (Schwierigkeiten bei der) Interpretation der Quantenmechanik sowie eine revidierte Auffassung von Einzelfall-W. [197]. Beide Punkte sind insofern miteinander verbunden als – in krassem Gegensatz zu von Mises – «propensities turn out to be propensities to realise singular events» [198]; denn W. ist nicht die Eigenschaft einer Zufallsfolge, sondern «a property of the generating conditions» [199] dieser Folge. «Propensities» seien in Analogie zu physikalischen Kraftfeldern als «unobservable dispositional properties of the physical world» zu denken [200], die real sei: «it can be kicked, and it can kick back» [201].

Zwischen diesen Interpretationen gibt es trotz aller Differenzen auch Überschneidungen. So bilden logische und subjektive Interpretation einerseits, empirische und objektive Interpretation andererseits offenkundig jeweils ein 'Paar'; über z.T. gleiche Stammväter hinaus gilt ungefähr: «Logizismus minus Objektivität = Bayesianismus» und «Häufigkeitsinterpretation plus Einzelfall-W. = Propensity-Theorie».

Anmerkungen. [1] F. BACON: Novum org., praef. (1620). Works, hg. J. SPEDDING/R. L. ELLIS/D. D. HEATH 1 (London 1858) 151; L. J. COHEN: Some hist. remarks on the Baconian conception of probability. J. Hist. Ideas 41 (1980) 219-231. – [2] R. DESCARTES: Disc. de la méthode (1637). Oeuvr., hg. CH. ADAM/P. TANNERY [AT] (Paris 1897-1913, ND 1964-76) 6, 6. – [3] Regulae ad dir. ingenii, Reg. 3 [1628]. AT 10, 368; vgl. Medit. de prima philos., Med. 4 (1641). AT 7, 59. – [4] a.O. [2] 8. – [5] Reg. 2, a.O. [3] 363. – [6] a.O. [2] 37. – [7] Reg. 2, a.O. [3] 362. – [8] P.-S. RÉGIS: Système de philos. 1 (Paris 1690) 275. – [9] A. ARNAULD/P. NICOLE: La logique ou l'art de penser IV, 15 (1662), hg. P. CLAIR/F. GIRBAL (Paris 1981, ^{2}1993) 348. – [10] IV, 13, a.O. 338f.; vgl. 15, a.O. – [11] 13-15, a.O. 338-351. pass. – [12] J. LOCKE: An essay conc. human underst. IV, 15, § 3 (1690), hg. P. H. NIDDITCH (Oxford 1975) 655. – [13] IV, 15, § 1, a.O. 654. – [14] Of the conduct of the underst. § 7 (1706). Works (London 1823, ND 1963) 3, 222f.; vgl. hierzu: W. S. HOWELL: 18th-cent. British logic and rhetoric (Princeton, N.J. 1971) 494f. – [15] Vgl. HOWELL, a.O. pass., bes. 444f. – [16] G. CAMPBELL: The philos. of rhetoric I, c. 7, sect. 5, p. 2 (London 1776, ND Carbondale 1963) 82. – [17] I, c. 5, sect. 2, p. 3, 4, a.O. 56ff.; vgl. HOWELL, a.O. [14] 602. – [18] Vgl. HOWELL, a.O. 695-717; J. W. VAN EVRA: Richard Whately and the rise of modern logic. Hist. Philos. Logic 5 (1984) 1-18. – [19] R. WHATELY: Elements of logic II, c. 3, § 1 (London 1826, ^{9}1848) 80f.; vgl. auch: IV, c. 2, § 4, a.O. 257 («probable conjecture»). – [20] III, § 14, a.O. 210ff.; zu Whatelys Beispiel vgl. HAILPERIN, a.O. [128 zu A.] 399-405. – [21] D. HUME: A treat. of human nature I, 3, 2 (1739-40), hg. L. A. SELBY-BIGGE (Oxford ^{2}1978) 73-78; 11-13, a.O. 124-155; An enqu. conc. human underst. VI (1748), hg. L. A. SELBY-BIGGE (Oxford ^{3}1975) 56-59. – [22] Treat. I, 3, 1, a.O. 69-73. – [23] I, 3, 2, a.O. 73-78. – [24] 3, 5. 7f., a.O. 84-86. 94-106; zur expliziten Disjunktion zwischen Wissen und W. vgl. 3, 1f., a.O. 69-78. – [25] 3, 11, a.O. 124. – [26] a.O. 154. – [27] 3, 11-13, a.O. 124-155. – [28] II, 3, 9, a.O. 444. – [29] An enqu. X, 1, § 87, a.O. [21] 111. – [30] LOCKE: An ess. IV, 15, § 1, a.O. [12] 654. – [31] HUME: An enqu. X, 1, § 88, a.O. [21] 112. – [32] G. W. LEIBNIZ: Essais de Théod., Disc. prél. §§ 28. 31 (1710). Philos. Schr., hg. C. I. GERHARDT [PhS] (1875-90) 6, 67f.; zu W. allgemein vgl. L. KRÜGER: Probability in Leibniz. Arch. Gesch. Philos. 63 (1981) 47-60. – [33] Nouv. essais sur l'entend. humain IV, 16, § 9 [1703-05]. Akad.-A. VI/6 (1962) 464ff.; vgl. Préceptes pour avancer les sciences [1680]. PhS 7, 157-173, bes. 167. – [34] Nouv. ess. II, 21, § 66, a.O. 205f.; IV, 2, § 14, a.O. 372. – [35] Préceptes, a.O. [33] 167. – [36] Zur ‹Characteristica Universalis› [1680]. PhS 7, 188. – [37] Préceptes, a.O. [33] 167. – [38] De incerti aestimatione [1678], in: Opusc. et fragm. inéd., hg. L. COUTURAT (Paris 1903, ND 1961) 569-571, 569f. – [39] a.O. 569; Br. an N. Remond (10. 1. 1714). PhS 3, 605-608, bes. 605. – [40] CH. WOLFF: Philos. rationalis sive Logica § 578 (1728, ^{3}1740). Ges. Werke, hg. J. ECOLE u.a. II/1, 2 (1983) 437; vgl. L. CATALDI MADONNA: W. und wahrscheinl. Wissen in der Philos. von Ch. Wolff. Studia Leibn. 19 (1987) 2-40. – [41] § 574, a.O. 435f. – [42] Anm. zur Deutsch. Met. § 128 (1724, ^{4}1740). Ges. Werke I/3 (1983) 208f.; zu W. allgemein vgl. A. ALTMANN: Die Definitionen der W. bei Bernoulli, s'Gravesande und Wolff, in: Moses Mendelssohns Frühschr. zur Met. (1969) 216-223. – [43] z.B. J.

Jungius: Logicae Hamburg. Additamenta [1638], hg. W. Risse (1977) 23; J. Micraelius: Lex. philos. (1653, ^{2}1662) 1136f. – [44] G. F. Meier: Auszug aus der Vernunftlehre § 6 (1752) 2. – [45] Vernunftlehre §§ 12. 207 (1752) 12f. 288. – [46] Auszug § 171, a.O. [44] 47f. – [47] Vern.lehre § 206, a.O. [45] 285. – [48] Ch. Thomasius: Ausübung der Vernunfft-Lehre III, § 57 (1691, ND 1968) 174f.; vgl. L. Cataldi Madonna: Wissenschafts- und W.-Auffassung bei Thomasius, in: W. Schneiders (Hg.): Ch. Thomasius (1989) 115-136. – [49] § 25, a.O. 163f. – [50] Vgl. A. Rüdiger: De sensu veri & falsi libri VI (1709, 1722, 1741). – [51] Vgl. A. F. Müller: Einl. in die Philos. Wiss. I, 19 (1733); vgl. Ch. A. Crusius: Weg zur Gewißheit und Zuverlässigkeit der menschl. Erkenntnis I, 9, § 405 (1747, ^{3}1763), in: Die philos. Hauptwerke, hg. G. Tonelli 3 (1965) 721. – [52] § 366, a.O. 648. – [53] § 369, a.O. 652; vgl. auch: § 362, a.O. 643. – [54] § 359, a.O. 639f. – [55] § 361, a.O. 641. – [56] § 373, a.O. 658. – [57] § 374, a.O. 660f. – [58] Vgl. §§ 375-396, a.O. 661-710. – [59] § 397, a.O. 711; deren Herleitung erfolgt §§ 399-404, a.O. 713-720; vgl. Art. ‹Vermutung II.›. Hist. Wb. Philos. 11 (2001) 735-740, 737. – [60] Vgl. L. Danneberg: Probabilitas hermeneutica, in: A. Bühler/L. Cataldi Madonna (Hg.): Hermeneutik der Aufklärung (1994) 27-48; W. Alexander: Pluraque credimus, paucissima scimus. Arch. Gesch. Philos. 78 (1996) 130-165 (mit Lit.). – [61] L. M. Kahle: Elementa logicae probabilium methodo math. (1735); zu Kahle vgl. auch: Alexander, a.O. 150. – [62] J. M. Keynes: A treatise on probability (1921). Coll. writ. 8, hg. R. B. Braithwaite (London 1973) 98 (Anm. 1). – [63] H. S. Reimarus: Vernunftlehre § 40 (1756), hg. F. Lötzsch (1979) 45. – [64] § 40, a.O. 46; so auch: § 220, a.O. 480. – [65] § 40, a.O. 46f.; so auch: § 220, a.O. 480. – [66] § 219, a.O. 480. – [67] § 221, a.O. 483ff. – [68] Vgl. bes. J. H. Lambert: Neues Organon IV. Phänomenologie oder Lehre von dem Schein §§ 149-265 (1764). Philos. Schr., hg. H.-W. Arndt (1965ff.) 2, 318-421. – [69] § 150, a.O. 319f. – [70] § 151, a.O. 320f. – [71] §§ 154. 169, a.O. 324. 338f. – [72] § 152, a.O. 321ff. – [73] Anlage zur Architectonic § 324 (1771), a.O. [68] 3, 314. – [74] Neues Org. IV, §§ 153-161, a.O. [68] 323-328. – [75] § 169, a.O. 338f. – [76] Physische Folgen: §§ 163f., a.O. 330ff.; logische Folgen: §§ 165-183, a.O. 332-354. – [77] §§ 231-265, a.O. 391-421. – [78] §§ 184-228, a.O. 354-388. – [79] I. Kant: KrV A 293/B 349. – [80] Logik Jäsche, Einl. X (1800). Akad.-A. 9, 81f. – [81] a.O. – [82] Logik Blomberg § 171. Akad.-A. 24/1, 196. – [83] Wiener Logik. Akad.-A. 24/2, 883; vgl. auch: Logik Jäsche, a.O. [80] 82. – [84] Prolegomena § 5 (1783). Akad.-A. 4, 278. – [85] J. F. Fries: Versuch einer Kritik der Prinzipien der W.-Rechnung (1842). Sämtl. Schr., hg. L. Geldsetzer/G. König 14 (1974); vgl. C. Stumpf: Ueber den Begriff der math. W., in: S.ber. philos.-philol. und hist. Cl. Kgl.-bair. Akad. Wiss. 1892 (1893) 37-120, hier: 115, Anm.; erste Skizzen schon in: J. F. Fries: System der Logik §§ 97-105 (1811, ^{3}1837). Sämtl. Schr., a.O. 7 (1971) 312-340. – [86] System der Logik § 98, a.O. 316f. – [87] I. Kant: KrV B 95. 99. – [88] Logik Jäsche § 77f., a.O. [80] 129f. – [89] Fries: Logik § 101, a.O. [85] 323ff. – [90] Versuch § IV, a.O. [85] 16; vgl.: Logik §§ 102ff., a.O. 326-334. – [91] Versuch §§ 16-19, a.O. 72-90. – [92] Vgl. Versuch, a.O. 4. 10f. – [93] Logik §§ 104f., a.O. [85] 333-338; Versuch, Einl., a.O. pass. – [94] Versuch §§ 20-26, a.O. 91-150. – [95] J. S. Mill: A system of logic III, 18 (London 1843, ^{8}1872). Coll. works, hg. J. M. Robson 7 (London 1973) 534-547. – [96] E. F. Apelt: Theorie der Induction (1854). – [97] Vgl. etwa: M. W. Drobisch: Neue Darst. der Logik § 146 (^{5}1887) 185; Cournot: Expos. XVII, bes. §§ 231. 240, a.O. [109 zu A.] 275-289, 280f. 287ff.; Stumpf, a.O. [85] 41 (Anm.). – [98] W. Wundt: Logik I: Allg. Logik und Erk.theorie (1879, ^{4}1919) 419-422. – [99] L. Goldschmidt: W.-Rechnung. Versuch einer Kritik (1897) 35. 39. – [100] Keynes: Treat. on probab. I, 3, n. 14, a.O. [62] 36; n. 7, a.O. 30 (Anm. 2): Bezug auf Goldschmidt. – [101] a.O. 37. – [102] W. Windelband: Die Lehren vom Zufall (1870) 33. – [103] R. H. Lotze: Logik II, 9 (1843, ^{2}1880), hg. G. Misch (^{2}1928) 421-458. – [104] Ch. Sigwart: Logik § 85 (1873/78, ^{3}1904) 2, 307-330. – [105] F. A. Lange: Log. Studien 5 (1877) 99-126. – [106] A. Fick: Philos. Versuch über die W.en (1883). – [107] Stumpf, a.O. [85] 48f. – [108] E. Czuber: W.-Rechnung §§ 1-5 (1908, ND 1968) 1, 1-13. – [109] K. Grelling: Die philos. Grundlagen der W.-Rechnung, in: Abh. der Friesschen Schule, NF 3 (1910) 440-478. – [110] Lange, a.O. [105] 108. – [111] Sigwart, a.O. [104] 312. – [112] a.O. 308. – [113] Zu Kries vgl. A. Kamlah: Probability as a quasi-theoretical concept. Erkenntnis 19 (1983) 239-251. – [114] von Kries, a.O. [69 zu A.]; Logik III, 26 (1916) 595-636. – [115] a.O. 1-23. – [116] 76f.; deutlicher in: Über W.-Rechnung und ihre Anwendung in der Physik. Die Naturwissenschaften 7 (1919) 2-7. 17-23. – [117] 48-74. – [118] 11. – [119] A. Höfler: Logik § 97 (1890, ^{2}1922) 908. – [120] A. Meinong: Über Möglichkeit und W. §§ 1-4 (1915). Ges.ausg., hg. R. Haller/R. Kindinger/R. M. Chisholm (1968ff.) 14, 1-22. – [121] § 5, a.O. 25. – [122] a.O. 30; zum Begriff des Objektivs vgl. Art. ‹Objekt 9.›. Hist. Wb. Philos. 6 (1984) 1048. – [123] Vgl. die Zusammenfassung in: II, 4, § 57, a.O. 479-488, 480. – [124] § 6, a.O. 33. – [125] a.O. 34. – [126] II, 4, § 63, a.O. 533. – [127] § 6, a.O. 35. – [128] Vgl. II, 6, §§ 70-73, a.O. 603-630. – [129] II, 5, § 65; 6, § 70, a.O. 552f. 603; vgl. zum Kollektivbegriff: I, 3, §§ 41-46, a.O. 307-385; zur Kollektiv-W.: II, 5, §§ 65-69, a.O. 551-602. – [130] II, 4, §§ 49. 56, a.O. 410ff. 477ff. – [131] I, 3, § 40, a.O. 306. – [132] II, 5, §§ 66f., a.O. 555-571. – [133] B. Bolzano: Wiss.lehre § 161 (1837). Ges.ausg., hg. J. Berg u.a. (1969ff.) I/12, 1, 221f.; vgl. § 167, a.O. I/12, 2, 33. – [134] § 161, a.O. 222; «Sätze an sich» explizit: § 161, 1. Anm., a.O. 232. – [135] § 317, 3. Anm., a.O. I/13, 2, 97. – [136] § 161, 2. Anm., a.O. I/12, 1, 235. – [137] § 317.3, a.O. I/13, 2, 90f. – [138] § 161, 2. Anm., a.O. I/12, 1, 236f. – [139] § 317, 3. Anm., a.O. I/13, 2, 96; vgl. § 161, 2. Anm., a.O. I/12, 1, 238; vgl. E. von Hartmann: Die Grundlage des W.-Urteils. Vjschr. wissenschaftl. Philos. Soziol. 28 (1904) 281-317, bes. 281ff. – [140] § 320.1, a.O. I/13, 2, 106. – [141] § 161, 1. Anm., a.O. I/12, 1, 234. – [142] § 320.2, a.O. I/13, 2, 106. – [143] Meinong: Über Mögl. II, 4, § 64, a.O. [120] 543-550, bes. 548ff. – [144] Ch. S. Peirce: The logic of science, or, Induction and hypothesis. The Lowell lect. of 1866, Lect. III, in: Writings, a chronolog. ed. 1: 1857-66, hg. M. H. Fisch (Bloomington, Ind. 1982) 357-504, hier: 395; The illustrations of the logic of science III: The doctrine of chances, in: Writ. 3: 1872-78, hg. Ch. J. W. Kloesel (1986) 276-289, hier: 281 (Anm. 2); zuerst in: Popular Science Monthly 12 (1878) 604-615; IV: The probability of induction, a.O. 290-305, hier: 291f.; zuerst in: Popular Science Monthly 12 (1878) 705-718. – [145] The illustr. VI: Deduction, induction, and hypothesis, a.O. 323-338; zuerst in: Popular Science Monthly 13 (1878) 470-482. – [146] a.O. [144] passim; Reply to the necessitarians. Monist 3 (1893) 526-570; zu Peirces Probabilismus vgl. Hacking, a.O. [112 zu A.] 200-215; F. Kuhn: Ein anderes Bild des Pragmatismus: W.-Theorie und Begründung der Induktion als maßgebl. Einflußgrößen in den ‹Illustrations of the logic of science› von Ch. S. Peirce (1996). – [147] Vgl. Art. ‹Wahrscheinlichkeitsschluß›. – [148] Keynes, a.O. [62]. – [149] F. P. Ramsey: Truth and probability (1926), postum in: Foundations of math. and other log. essays, hg. R. B. Braithwaite (London 1931 u.ö.) 156-198; ND, in: Studies in inductive logic and probability 2, hg. R. C. Jeffrey (Berkeley 1980) 61-92. – [150] R. Carnap: Logical foundations of probability (Chicago 1950, ^{2}1962); The continuum of inductive methods (Chicago 1952); A basic system of probability I-II, in: R. Carnap/R. C. Jeffrey (Hg.): Studies in inductive logic and probability (Berkeley 1971) 3-165; R. Carnap/W. Stegmüller: Induktive Logik und W. (1959); vgl. auch: Art. ‹Logik, induktive›. Hist. Wb. Philos. 5 (1980) 417-423, bes. 421f. – [151] H. Jeffreys: Scientific inference (Cambridge 1931, ^{2}1957); Theory of probability (Oxford 1939, ^{3}1961). – [152] Keynes, a.O. [62] 4. – [153] a.O. 145. – [154] Carnap: Log. found. § 41. A, a.O. [150] 164. – [155] Ramsey: Truth, a.O. [149] 157. – [156] F. Waismann: Log. Analyse des W.-Begriffs. Erkenntnis 1 (1930-31) 228-248; vgl. Carnap: Log. found. § 55. B, a.O. [150] 299. – [157] L. Wittgenstein: Tract. log.-philos. 5.15 (1921). – [158] Carnap: Log. found. § 44. B, a.O. [150] 205f. – [159] K. R. Popper: Logik der Forschung, Neuer Anhang *IV-*V (1934, ^{8}1984) 268-308. – [160] Vgl. Keynes, a.O. [62] 146; Carnap: Log. found. § 55. A, a.O. [150] 295 ('regular c [confirmation]-function'). – [161] Wittgenstein: Tract. log.-philos. 5. 152. – [162] D. Lewis: A subjectivist's guide to objective chance, in: Carnap/Jeffrey (Hg.), a.O. [150] 263-293, bes. 263; ND, in: Philos. papers 2 (New York 1986) 83-132. – [163] Ramsey, a.O. [149]. – [164] B. de Finetti: La prévision; ses lois logiques, ses sources subjectives. Annales de l'Institut Henri Poincaré 7 (1937) 1-68; engl.: Foresight: its logical laws, its subjective sources, in: H. E. Kyburg Jr./H. E. Smokler (Hg.): Studies in subjective probability (New York 1964) 93-159; Probabilismo. Logos 14 (1931) 163-219; engl.: Probabilism. Erkenntnis 31 (1989) 169-223; Theory of probability (New York 1979); dtsch.: W.-Theorie. Einführende Synthese mit krit. Anhang (1981); für die *Statistik*: L. S. SAVAGE: The foundations of statistics (New York 1954); Subjective probability and statistical practice (Chicago 1959); The foundations of statistics reconsidered (1961), in: CARNAP/JEFFREY (Hg.), a.O. [150] 173-188; für einen aktuellen Überblick vgl. BERNARDO/SMITH, a.O. [51 zu A.]. – [165] Probabilism, a.O. 176. – [166] a.O. – [167] Vgl. HOWSON/URBACH, a.O. [51 zu A.] (²1993) 75-96. – [168] a.O. 99-113. – [169] 353f.; J. EARMAN: Bayes or Bust? A crit. examination of Bayesian confirmation theory (Cambridge, Mass. 1992) 137-149. – [170] DE FINETTI: Probabilism, a.O. [164] 180. – [171] a.O. 178. – [172] Foresight, a.O. [164] 141. – [173] LEWIS, a.O. [162]. – [174] Vgl. W. STEGMÜLLER: Personelle W. und rationale Entscheidung, in: Probleme und Resultate der Wiss.theorie 4/1 (1973) 27-41; HOWSON/URBACH, a.O. [51 zu A.] (²1993) 320-337. – [175] VON MISES, a.O. [140 zu A.] 14f. – [176] H. REICHENBACH: Der Begriff der W. für die math. Darst. der Wirklichkeit. Diss. Erlangen (1915, publ. 1916) 61. Ges. Werke 5: Philos. Grundlagen der Quantenmechanik und W., hg. A. KAMLAH (1989) 225-307, bes. 289. – [177] a.O. 62. 290. – [178] Vgl. A. KAMLAH, in: REICHENBACH: Ges. Werke, a.O. 5, 435. – [179] H. REICHENBACH: Die log. Grundlagen des W.-Begriffs. Erkenntnis 3 (1933) 401-425, bes. 422. Ges. Werke, a.O. 5, 341-365, bes. 362; vgl. W.-Lehre (1935). Ges. Werke, a.O. 7, 397; KAMLAH, a.O. 5, 443-447. – [180] VON MISES, a.O. [140 zu A.] 16. – [181] Über die gegenwärtige Krise der Mechanik. Z. angewandte Math. Mechanik 1 (1921) 425-431; ND, in: Sel. papers 2 (Providence, R.I. 1964) 478-487, bes. 484f. – [182] a.O. [140 zu A.] 14. – [183] a.O. [201 zu A.]; ND, in: Sel. papers, a.O. [181] 57-105, bes. 60ff.; vgl. auch die informellen Darlegungen: a.O. [140 zu A.] bes. 27-34. – [184] Zur objektiven Interpretation vgl. STEGMÜLLER, a.O. [174] 245-258; HOWSON/URBACH, a.O. [51 zu A.] 338-344. – [185] K. R. POPPER: Quantum mechanics without the 'observer', in: M. BUNGE (Hg.): Quantum theory and reality (1967) 7-44, bes. 32. – [186] Logik der Forschung (1934, ⁸1984) 251. – [187] The propensity interpretation of probability. Brit. J. Philos. Sci. 10 (1959) 25-42; Quantum, a.O. [185]; A world of propensities (Bristol 1990). – [188] R. H. GIERE: Objective single case probabilities and the foundation of statistics, in: P. SUPPES u.a. (Hg.): Logic, methodology and philosophy of science 4 (Amsterdam 1973) 467-483. – [189] D. A. GILLIES: An objective theory of probability (London 1973). – [190] D. H. MELLOR: The matter of chance (Cambridge 1991); The facts of causation (London 1995). – [191] POPPER, a.O. [186] 106. – [192] a.O.; zur Ereignis-W.: 106-166 (Kap. VIII: ‹W.›). – [193] 198; zur Hypothesen-W.: 198-226 (Kap. X: ‹Bewährung›). – [194] § 80, a.O. 201. – [195] a.O. 207. – [196] 106. – [197] Propensity, a.O. [187] 27; Quantum, a.O. [185] 31f. – [198] Propensity, a.O. 28; vgl. Quantum, a.O. 33. – [199] Propensity, a.O. 34; vgl. Quantum, a.O. 33. – [200] Propensity, a.O. 30. – [201] Quantum, a.O. 33.

Literaturhinweise. J. H. ZEDLER: Art. ‹W., oder Probabilität›, in: Univ.-Lex. aller Wiss.en und Künste 52 (1747) 1020-1062. – I. TODHUNTER s. Anm. [1 zu IV. A.]. – E. CZUBER s. Anm. [108 zu IV. B.]. – O. STERZINGER: Zur Logik und Naturphilos. der W.-Lehre (1911). – J. M. KEYNES s. Anm. [62 zu IV. B.]. – E. CZUBER: Die philos. Grundlagen der W.-Rechnung (1923). – R. VON MISES s. Anm. [140 zu IV. A.] – I. J. GOOD: Probability and the weighing of evidence (London 1950). – G. H. VON WRIGHT: Treat. on induction and probability (London 1951). – B. W. GNEDENKO: Zur Gesch. der W.-Theorie, in: Lehrbuch der W.-Rechnung (1957, ¹⁰1997) 385-449. – F. N. DAVID s. Anm. [32 zu IV. A.]. – H. E. KYBURG Jr./H. E. SMOKLER (Hg.) s. Anm. [164 zu IV. B.]. – I. HACKING: The logic of statistical inference (Cambridge 1965). – L. E. MAISTROV s. Anm. [109 zu IV. A.]. – A. RÉNYI: Briefe über die W. (Budapest/Basel 1969, 1972). – E. S. PEARSON/M. G. KENDALL s. Anm. [41 zu IV. A.]. – I. HACKING: The emergence of probability (Cambridge 1975). – G. SHAFER: A math. theory of evidence (Princeton 1976). – L. J. COHEN: The probable and the provable (Oxford 1977). – M. G. KENDALL/R. L. PLACKETT (Hg.): Studies in the hist. of statistics and probability 2 (London 1977). – K. PEARSON [8 zu IV. A.]. – M. DRIESCHNER s. Anm. [190 zu IV. A.]. – B. J. SHAPIRO: Probability and certainty in 17th-cent. England (Princeton, N.J. 1983). – TH. M. PORTER s. Anm. [123 zu IV. A.]. – S. M. STIGLER s. Anm. [48 zu IV. A.]. – L. KRÜGER/L. J. DASTON/M. HEIDELBERGER/M. S. MORGAN (Hg.) s. Anm. [75 zu IV. A.]. – L. DASTON s. Anm. [44 zu IV. A.]. – L. CATALDI MADONNA: La filos. della probabilità nel pensiero moderno (Rom 1988). – J. PEARL: Probabilistic reasoning in intelligent systems. Networks of plausible inference (San Mateo, Calif. 1988). – I. SCHNEIDER s. Anm. [1 zu IV. A.]. – G. GIGERENZER s. Anm. [158 zu IV. A.]. – C. HOWSON/P. URBACH s. Anm. [51 zu IV. A.]. – I. HACKING s. Anm. [112 zu IV. A.]. – A. WALD s. Anm. [7 zu IV. A.]. – I. DALE s. Anm. [46 zu IV. A.]. – B. J. SHAPIRO: «Beyond reasonable doubt» and «Probable cause»: Historical perspectives on the anglo-american law of evidence (Berkeley 1991). – J. EARMAN s. Anm. [169 zu IV. B.]. – J. VON PLATO s. Anm. [161 zu IV. A.]. – D. G. MAYO: Error and the growth of experimental knowledge (Chicago 1996). – W. HAUSER s. Anm. [3 zu IV. A.]. – S. M. STIGLER: Statistics on the table. The hist. of statistical concepts and methods (Cambridge, Mass. 1999). – J. FRANKLIN: The science of conjecture. Evidence and probability before Pascal (Baltimore 2001). – D. HOWIE: Interpreting probability. Controversies and developments in the early 20th cent. (Cambridge 2002).

B. BULDT

Wahrscheinlichkeit (ästhetisch). Eine eigene Diskussion des W.-Begriffes vollzieht sich auf dem Feld der Ästhetik. Die Forderung, daß die Dichtung im Handlungsablauf, in der Wahl der Charaktere und in der Darstellung der W. entsprechen müsse, ist eine Grundregel der klassischen Poetik. Nach ARISTOTELES ist es die Aufgabe des gestaltenden Dichters, darzustellen, «was nach den Möglichkeiten der W. (κατὰ τὸ εἰκός) oder Notwendigkeit so geschehen könnte». In Abgrenzung von dem Historiker, der die Einzelwirklichkeit festhält, betrifft die Mimesis (s.d.) des Dichters das Wahrscheinliche des Allgemeinen (τὸ καθόλου) [1]. Das Unmögliche, das wahrscheinlich ist, verdient nach Aristoteles aber den Vorzug vor dem Möglichen, das unglaubwürdig ist [2]. «Was man des Vergnügens wegen erfindet (ficta voluptatis causa)», so fordert HORAZ in seiner ‹Poetik›, «sei dicht an der Wahrheit (proxima veris)» [3]. Vermittelt auch über die rhetorische Tradition [4] geht das «probabile» («credibile») als «ästhetische» oder «poetische W.» («vraisemblance», «verisimilitudo aesthetica») in die europäische Poetik ein. Die Diskussion um die ästhetische W. hält dabei den wörtlichen Sinn des «verisimile» fest. Sie stellt heraus, inwiefern «für das Kunstwerk nicht sein in bezug auf Fakten nachprüfbares Wahrsein, sondern sein an ihm selbst evidentes Wahrscheinen wesentlich ist» [5].

In Übereinstimmung mit Aristoteles und den meisten Poetiken des 16. und 17. Jh. erwartet N. BOILEAU-DESPRÉAUX vom Dichter, daß er sich an die W. hält: «Le vrai peut quelquefois n'être pas vraisemblable» [6]. Die «vraisemblance» sei «l'ame de toute fiction & de toute Poësie», betont J.-B. DU BOS [7]. A. A. C. Earl of SHAFTESBURY bestimmt «Truth» als «the most powerful thing in the World, since even Fiction it-self must be govern'd by it, and can only please by its resemblance» [8]. Mit Blick auf die Fiktionalität des Kunstwerks führt Shaftesbury über die Historienmalerei aus, «that in the Representation of any Event, or remarkable Fact, the Probability, or seeming Truth (which is the real Truth of art) may with the highest advantage be supported and advanc'd» [9].

Gegen eine zügellose Einbildungskraft (s.d.) opponiert J. CH. GOTTSCHED, wenn er für die dichterische 'Nachahmung der Natur' (s.d.) die Orientierung an der «poetischen W.» fordert. Diese wird definiert als «die Aehnlichkeit des Erdichteten, mit dem, was wirklich zu geschehen pflegt; oder die Uebereinstimmung der Fabel mit der Natur» [10]. Gottsched beschränkt die dichterische W. also ausdrücklich auf die Ähnlichkeit mit der vorfindlichen

Wirklichkeit. Er unterteilt die poetische aber «in eine unbedingte und eine bedingte W.». Mit dem Grenzbegriff der «hypothetischen W.» [11] berücksichtigt er auch das Phänomen der Erdichtung einer anderen, mit G. W. LEIBNIZ gesprochen, «möglichen Welt» [12]. Bereits Gottscheds Lehrer CH. WOLFF hatte den Roman als «Erzehlung von etwas» charakterisiert, «so in einer andern Welt sich zutragen kan» [13].

Gegen Gottsched berufen sich die Schweizer J. J. BODMER und J. J. BREITINGER auf eine der Poesie eigene W., die mit der physikalischen Welt nicht gleichgesetzt werden dürfe. Sie sehen in der Polarität von Wunderbarem (s.d.) und Wahrscheinlichem das Wesen echter Poesie. Nach BODMER nimmt die Poesie die «Materie ihrer Nachahmung allezeit lieber aus der möglichen als aus der gegenwärtigen Welt» [14]. Das Wunderbare sei «nichts anders», so BREITINGER, «als ein vermummetes Wahrscheinliches» [15].

Der Gedanke, daß die ästhetische, ja alle Wahrheit überhaupt, nur ‹W.› genannt werden dürfe, begegnet auch bei A. G. BAUMGARTEN, dem Begründer der Ästhetik in Deutschland, und dessen Schüler G. F. MEIER [16]. Die ästhetische Wahrheit («veritas aesthetica»), so BAUMGARTEN, sei ihrer wesentlichen Bedeutung nach «verisimilitudo» [17]. Die welterfindende poetische W. («verisimilitudo poetica»), die zur Darstellung und Kommunikation der ästhetischen Wahrheit dient, «sei keineswegs in erster Linie auf die Glaublichkeit (probabilitas) zu gründen, weder auf die logische und wissenschaftliche noch auf die historische und strenge» [18].

Daß die Fabel in ihrer Überzeugungskraft selbst das historische Exempel übertrifft, stellt G. E. LESSING heraus: «Da also einzig und allein die innere W. mich die ehemalige Wirklichkeit eines Falles glauben macht, und diese innere W. sich eben so wohl in einem erdichteten Falle finden kann: was kann die Wirklichkeit des erstern für eine größere Kraft auf meine Ueberzeugung haben, als die Wirklichkeit des andern?» [19]

Folgen die Dichter nicht mehr dem Anspruch, die Wirklichkeit nachzuahmen, sondern wollen eine neue oder eigene Wirklichkeit gestalten, wird die W.-Forderung häufig nur noch als innere Stimmigkeit und Widerspruchsfreiheit des Kunstwerks explizierbar. Im 19. Jh. verschiebt sich das Gewicht sichtlich von der geforderten «Naturwahrheit» auf die «innere Wahrheit», die nach J. W. GOETHE «aus der Konsequenz eines Kunstwerks entspringt» [20]. Mit der idealistischen Ästhetik wird die Rede von der ästhetischen W. in diejenige von dem «ästhetischen Schein» transformiert [21]. Wo dem Kunstwerk aber emphatisch eine eigene Wahrheit und Wahrheit in besonderem Maße zugesprochen wird [22], rückt der Gedanke von der Wahrheitsähnlichkeit der Kunst, von dem Vorzug des Wahrscheinlichen als dem Wahr-Scheinenden [23], in den Hintergrund.

Anmerkungen. [1] ARISTOTELES: Poet. 9, 1451 a 37ff. – [2] Poet. 24, 1460 a 26f.; vgl. noch: G. A. BÜRGER: Lehrb. der Ästhetik I, 1. Theil, 2. Abschn., 1. Cap., hg. H.-J. KETZER (1994) 217-243, bes. 222f. – [3] HORAZ: Ars poet. 338f.; vgl. 1ff. – [4] Vgl. CICERO: De oratore I, 240; Lucull. 32; De invent. I, 20f. 28ff.; Rhet. ad Her. I, 16; QUINTILIAN: Instit. orat. IV, 2, 31. 52; H. LAUSBERG: Hb. der lit. Rhetorik §§ 322ff. (1960) 179ff. – [5] H. BLUMENBERG: Paradigmen zu einer Metaphorologie, Kap. 8: Terminologisierung einer Metapher: ‹W.› ([2]1999) 118-142, 139. – [6] N. BOILEAU: L'art poétique, chant III, 47ff. (1674), hg. A. BUCK (1970) 85; vgl. zur Aufnahme des Boileau-Zitates bei E. T. A. HOFFMANN: Das Fräulein von Scuderi (1820). Sämtl. Werke 7, hg. C. G. VON MAASSEN (1914) 231; zur Ausdifferenzierung des Begriffs vgl. P. CORNEILLE: Disc. de la tragédie ... (1660). Oeuvr. compl., hg. G. COUTON 3 (Paris 1987) 142-173, bes. 166ff.; zu ‹vraisemblance›: P.-E. KNABE: Art. ‹Vrai/Vraisemblable›, in: Schlüsselbegriffe des kunsttheoret. Denkens in Frankreich von der Spätklassik bis zum Ende der Aufklärung (1972) 472-479; J. N. J. PALMER: The function of 'le vraisemblable' in French class. aesthetic theory. French Studies 29 (1975) 15-26; P. GARNIER: La notion de vraisemblance. Annales Bretagne Pays de l'Ouest 83 (1976) 45-70; H. PHILLIPS: 'Vraisemblance' and moral instruction in 17th-cent. dramatic theory. Modern Language Review 73 (1978) 267-277. – [7] J.-B. DU BOS: Réfl. crit. sur la poésie et sur la peinture (Paris [6]1755) 1, 151; vgl. VOLTAIRE: Essai sur la poésie épique (1728). Oeuvr. compl. 8 (1877) 358f. – [8] A. A. C. Earl of SHAFTESBURY: A letter conc. enthusiasm (1707), in: Characteristicks of men, manners, opinions (1714, [6]1737) 1, 4. – [9] A notion of the hist. draught of tablature of the Judgement of Hercules (1713), a.O. 3, 349. – [10] J. CH. GOTTSCHED: Versuch einer Crit. Dichtkunst (1730, [3]1742). Ausgew. Werke, hg. J./B. BIRKE 6/1 (1973) 255; vgl. J. CH. GOTTSCHED (Hg.): Handlex. oder kurzgefaßtes Wb. der schönen Wiss. und freyen Künste (1760, ND 1970) 1633. – [11] a.O. 256f. – [12] Vgl. Art. ‹Welt, mögliche›. – [13] Vgl. CH. WOLFF: Vernünfft. Ged. von Gott, der Welt und der Seele des Menschen [Dtsch. Met.] § 571 ([5]1733, [11]1751). Ges. Werke I/2 (1983) 350. – [14] J. J. BODMER: Crit. Abh. von dem Wunderbaren in der Poesie und dessen Verbindung mit dem Wahrscheinlichen (Zürich 1740) 32; zur Notwendigkeit der poetischen W. vgl. a.O. 143. – [15] J. J. BREITINGER: Crit. Dichtkunst worinnen die Poetische Mahlerey in Absicht auf die Erfindung Im Grunde untersuchet ... (Zürich 1740) 132. – [16] G. F. MEIER: Beurtheilung der Gottschedischen Dichtkunst (Halle 1747) 137; vgl. 135; Anfangsgründe aller schönen Wiss. § 95 (1754) 1, 202; zur Historizität der ästhet. W. vgl. § 100, a.O. 1, 211; zur Ausdifferenzierung der «ästhetischen W.» in die «verisimilitudo aesthetica absoluta» und die «verisimilitudo hypothetica» vgl. § 101, a.O. 211ff. – [17] A. G. BAUMGARTEN: Aesthetica § 483 (1750) 309. – [18] Vgl. § 588, a.O. 382; J. G. SULZER: Art. ‹W. (Schöne Künste)›, in: Allg. Theorie der Schönen Künste 4 ([2]1794, ND 1994) 721-726. – [19] G. E. LESSING: Von dem Wesen der Fabel (1759). Sämtl. Schr., hg. K. LACHMANN/F. MUNCKER 7 (1891) 446; vgl. Hamburg. Dramaturgie, 19. St. (1767-69), a.O. 9 (1893) 261. – [20] Vgl. J. W. GOETHE: Wahrheit und W. der Kunstwerke (1797). Hamb. Ausg., hg. E. TRUNZ (1948-64) 12, 62-73, hier: 70. – [21] Vgl. Art. ‹Schein II.›. Hist. Wb. Philos. 8 (1992) 1240-1243. – [22] Vgl. Art. ‹Wahrheit, ästhetische; Wahrheit der Kunst›. – [23] Zur Abwertung der «Scheinbarkeit (verisimilitudo)» gegenüber der «W. (probabilitas)», wie sie in folgenreicher Weise bei I. KANT begegnet, vgl. Art. ‹Wahrheitsähnlichkeit›.

Literaturhinweise. J. N. J. PALMER s. Anm. [6]. – H. PHILLIPS s. Anm. [6]. – U. MÖLLER: Rhetor. Überlieferung und Dichtungstheorie im frühen 18. Jh. (1983). – K.-H. FINKEN: Die Wahrheit der Literatur. Studien zur Lit.theorie des 18. Jh. (New York u.a. 1983).

H. HÜHN

Wahrscheinlichkeitsschluß. Für die gesamte topisch-rhetorische Tradition seit der Antike hat ARISTOTELES den W. als Schluß aus wahrscheinlichen, d.h. hier einleuchtenden und allgemein anerkannten Annahmen (ἐξ ἐνδόξων), eingeführt und sie damit als dialektische Schlüsse von den apodeiktischen Schlüssen aus Wahrem (ἐξ ἀληθῶν) abgegrenzt [1]. Beide, topischer und apodeiktischer Schluß, gehen mit Notwendigkeit (ἐξ ἀνάγκης) aus den Prämissen hervor. Dem dialektischen Schlußverfahren verwandt ist das rhetorische Enthymem (s.d.), das aus Wahrscheinlichem (ἐξ εἰκότων) und Indizien (ἐκ σημείων) gebildet ist, sich aber auf Dinge bezieht, die sich auch anders verhalten können und daher nur Einsicht in das vermitteln, was sich – wie die Gegenstände politischer Beratschlagung – meistens, nicht aber notwendig, so verhält, wie es vermutet wird [2]. Für das Mittelalter hat BOETHIUS in Anknüpfung an Aristoteles die Terminologie festgelegt, indem er die wahrscheinlichen und apodeiktischen Schlüsse als «argumenta probabilia et necessaria» bestimmt hat [3].

Eine große Tragweite erhalten die W.e im Zuge der Entstehung der mathematischen Wahrscheinlichkeitstheorie und der empirisch verfahrenden Naturwissenschaften in der Neuzeit. Viele Autoren wie B. PASCAL, CH. HUYGENS und JACOB BERNOULLI betrachten das probabilistische Schließen nunmehr ausschließlich im Rahmen der mathematisch verstandenen Ars inveniendi bzw. Ars conjectandi, wobei u.a. G. W. LEIBNIZ die topischen W.e kritisiert, die sich für ihn lediglich auf Gemeinplätze («les lieux communs») stützen und keine Grundlage («balance») für ein solides Urteil («un jugement solide») abgeben [4]. In der empiristischen Tradition ist hingegen eine konventionalistische Auffassung des W. vorherrschend, die der ‹Topik› nahesteht. So ist etwa für D. HUME der W. («probable inference») eine gewohnheitsgemäße Übertragung der Vergangenheit auf die Zukunft, wobei die Zuversicht, mit der wir künftige Ereignisse erwarten, sich auf die Gleichförmigkeit stützt, mit der sie in der Vergangenheit aufgetreten sind [5].

In der traditionellen Logik des 19. Jh. bis zu ihren Ausläufern zu Beginn des 20. Jh. kommt der Begriff ‹W.› in Verbindung mit den Begriffen ‹Wahrscheinlichkeitssatz› und ‹Wahrscheinlichkeitsurteil› bei den unterschiedlichsten Versuchen, Logik und Wahrscheinlichkeitstheorie aufeinander zu beziehen, zum Einsatz. Teils geht es dabei darum, die Begründung von Wahrscheinlichkeitssätzen in ein logisches Folgerungsschema zu überführen, teils erweisen sich auch umgekehrt W.e als abhängig von Wahrscheinlichkeitssätzen, insbesondere dann, wenn sie von empirischen Prämissen, d.h. hier Häufigkeiten, ausgehen. Im allgemeinen werden Wahrscheinlichkeitssätze und Wahrscheinlichkeitsurteile als Sonderfall von problematischen Sätzen bzw. Urteilen aufgefaßt, die eine Angabe ihres Gewißheitsgrades enthalten [6]. In bezug auf die Interpretation von Wahrscheinlichkeitssätzen zeigt sich lange Zeit eine grundlegende Unsicherheit, ob «ein aus der Erfahrung inductiv gewonnenes, also objective Verhältnisse betreffendes Wissen in den Wahrscheinlichkeits-Sätzen sich darstellt» [7] oder ob es sich nicht vielmehr um ein «logisches Verhältnis» zwischen wahrscheinlichen Prämissen handele [8]. Weitere Varianten stellen die psychologische und die praktische, an Entscheidungsrationalität orientierte Auffassung dar. In diesem Sinne wird das Wahrscheinlichkeitsurteil aufgefaßt als eine «Behauptung aus überwiegenden Gründen» [9]. Diese ist das Ergebnis eines Schlusses, dessen Prämissen nicht hinreichend zur Begründung der Konklusion sind, aber doch zur Akzeptanz ausreichen, insofern «dem Maaße des Uebergewichts der Gründe ... Grade der Gewißheit» korrespondieren [10].

Die Bestimmung des Begriffs ‹W.› ist von Fall zu Fall verschieden. Sie hängt u.a. davon ab, ob eine a priori gültige oder eine empirische Variante vorliegt. Im allgemeinen gilt für «apriorische» W.e, daß die disjunkten Tatsachen Bedingungen für das Eintreten des erwarteten Ereignisses (wie etwa die Zahlen auf den Seiten eines Würfels), und für «empirische» W.e, daß die disjunkten Tatsachen Ereignisse von der Art des erwarteten Ereignisses sind und von denselben Bedingungen wie dieses abhängen (etwa eine Reihe von Würfen mit einem Würfel) [11]. Im ersteren Fall liegt ein Schluß aus a priori gültigen Prämissen auf einen Wahrscheinlichkeitssatz vor, im letzteren Fall geht es um den Übergang von wahrscheinlichen Prämissen zu einer wahrscheinlichen Konklusion, wobei in diesem Beispiel zudem ein empirischer Wahrscheinlichkeitsbegriff, d.h. eine Häufigkeit, zugrunde gelegt wird. Zu beachten ist also stets, ob der Wahrscheinlichkeitsbegriff selbst einen empirischen oder einen logischen Sinn erhält, d.h., sich auf Tatsachen bzw. Ereignisse oder auf Verhältnisse zwischen Sätzen bezieht [12].

J. F. FRIES versucht W.e aus dem traditionellen System der Schlußformen zu gewinnen, indem sie als Schlüsse aus einem disjunktiven Obersatz aufgefaßt werden. Dabei geht er davon aus, daß W.e die Behauptung der Konklusion herbeiführen, ohne «ihren Schlußsatz mit vollständiger Gewißheit» zu bestimmen [13]. Wie jeder Schluß soll nun auch der W. von einer Regel ausgehen, die einerseits zwar Gründe für die Konklusion liefern, andererseits die Konklusion aber nicht logisch implizieren soll. Dazu ist nach Fries eine allgemeine Erkenntnis erforderlich, «deren Umfang getheilt ist» und die «nach diesen Theilungsstücken betrachtet wird» [14]. Auch für seinen Schüler E. F. APELT entsteht der W. «durch die unvollständige Kenntniss der Eintheilungsglieder einer Sphäre» [15]. Für FRIES stellen die Arten der Wahrscheinlichkeitsrechnung Spezialfälle von W.en dar. Lassen sich die Bestimmungsgründe für die Akzeptanz der Konklusion zahlenmäßig erfassen, so liegt für ihn ein «mathematischer» W. vor [16]. Andernfalls, wie bei Induktionen, Hypothesenbildungen und Analogien in der Naturforschung, in welchen wir «durch die Vielheit der Fälle die Einheit der Regel zu errathen suchen», spricht Fries von «philosophischen» W.en [17]. Fries betrachtet dabei die Induktion als grundlegendere Form: «Die Induction ... soll durch Erfahrung der Natur ihre Gesetze abfragen, und dahin gehören alle Methoden der Wahrscheinlichkeit» [18].

Nach Fries läßt sich der W. nicht als eine eigene Art einer logischen Folgerung bestimmen: «aus einer unvollständigen Regel folgt kein Schlußsatz» [19]. Er gehört für ihn vielmehr in den Bereich des Entscheidens für oder gegen eine Überzeugung und ist in diesem Sinne als epistemische Begründungsform zu bestimmen, die einige Festsetzungen über das Akzeptanzverhalten eines rationalen Subjekts voraussetzt. Erforderlich sei zunächst eine «Entscheidung des Glaubens», d.h. ein «Bedürfniß», überwiegende Gründe schwächeren stets vorzuziehen [20]. Ferner müsse eine «Entscheidung der Meinung» vorliegen, daß in einem vorliegenden Fall überwiegende Gründe für eine Behauptung gegeben sind [21].

In ähnlicher Weise bestimmt B. BOLZANO im Rahmen seiner Variationslogik die W.e im «engeren Sinne» als «Schlüsse der bloßen Wahrscheinlichkeit», in denen der Obersatz ein logisches Wahrscheinlichkeitsverhältnis zwischen einem Satz *M* und seinen Voraussetzungen aussagt und der Untersatz behauptet, daß die Voraussetzungen «von irgend einem denkenden Wesen für wahr gehalten werden». Der Schlußsatz besagt dann entsprechend, daß für dieses denkende Wesen (als epistemisches Subjekt) «auch der Satz *M* Wahrscheinlichkeit habe» [22]. Bolzano betont, daß das Verhältnis zwischen den Sätzen eines W. «keineswegs das einer eigentlichen Ableitbarkeit» sei, weil nicht die Konklusion selbst, sondern lediglich ihre Wahrscheinlichkeit aus den Prämissen folge [23]. Dennoch sei die «Redensart» verbreitet, die Konklusion «folge oder fließe mit Wahrscheinlichkeit» aus den Prämissen [24]. Dieser uneigentliche Fall, wo kein Verhältnis wirklicher Ableitbarkeit zwischen den Prämissen besteht, ist für Bolzano kein regulärer Schluß, sondern verführt dazu, bloß wahrscheinliche Sätze, die sich durchaus als falsch erweisen können, als wahre anzuerkennen [25].

J. S. MILL vertritt die Auffassung, daß die Induktion nicht eine Art des W. sei, sondern daß der W. umgekehrt bereits Induktionen, d.h. empirische Verallgemeinerungen, voraussetze. Dies gilt zunächst für die Berechnung von Zufallswahrscheinlichkeiten («chances»): «Such calculation of chances is grounded on an induction; and to render the calculation legitimate, the induction must be a valid one» [26]. Zufallswahrscheinlichkeiten besitzen nach Mill eine deutlich schwächere Beweiskraft als Vorhersagen, die sich auf eine Kausalanalyse bekannter Fälle stützen können. Diese soll den Verbund minimal hinreichender Antezedensbedingungen für das Eintreten eines Ereignisses ermitteln und ist damit eine Methode der Generalisierung, für die sich kein Schlußverfahren angeben läßt. Häufig sind nun zwar Antezedensbedingungen von Ereignissen bekannt, ohne daß diese jedoch hinreichend sind. In diesem Fall muß das induktive Verfahren sich auf Annäherungen an die Allgemeingültigkeit («approximate generalisations») beschränken [27]. Auch hier gilt, daß solche annäherungsweise erfolgenden Verallgemeinerungen aufgrund empirischer Information gerade die Möglichkeit von W.en erst bedingen und nicht umgekehrt: «So does every probable inference suppose that there is ground for a proposition of the form, Most *A* are *B*» [28].

Ähnlich wie Fries und Apelt bestimmt W. WUNDT den W. dadurch, «daß die obere Prämisse ... die Form eines disjunktiven Urteils besitzt» [29]. Für Wundt muß der W. einen empirischen Sinn haben und nicht eine Entscheidung, sondern objektive Wahrscheinlichkeit für mögliche empirische Ereignisse liefern: «Der W. folgert aus der relativen Häufigkeit gegebener, aus einer Reihe einzelner Fälle bestehender Tatsachen auf die Wahrscheinlichkeit des zukünftigen Eintritts der nämlichen oder übereinstimmender Fälle» [30]. Auch er kennt «gemeine» und «numerische» W.e [31]. Für ihn sind die numerischen W.e, in welchen aus der relativen Häufigkeit eines Ereignisses in einer bekannten Abfolge gleichartiger Ereignisse auf den Wahrscheinlichkeitsgrad für ein künftiges Ereignis geschlossen wird, die stärksten verfügbaren Begründungsmittel für empirische Vorhersagen [32].

Wundt rechnet Analogie und Induktion nicht zu den W.en, weil sie zu Verallgemeinerungen führen, während der W. ausschließlich eine Vorhersage herbeiführt. Für Wundt ergibt sich ein grundlegender Zukunftsbezug für W.e daraus, daß das gegenwärtige Vorliegen einer Tatsache nur entweder bejaht oder verneint werden kann [33]. Zwar ähneln sich W., Analogie- und Induktionsschluß unter dem Aspekt, daß ihre Konklusion ein problematisches Urteil sei, was jedoch dazu führe, «daß diese Schlußweisen häufig vermengt und verwechselt werden» [34]. Der Unterschied des W. zur Analogie geht nach Wundt schon aus dem Umstand hervor, daß wir bereits «von einem Gegenstand auf einen anderen nach Analogie schließen», während wir unmöglich «auf einen einzigen Fall einen W. gründen» können [35]. Der Unterschied zur Induktion bestehe darin, daß diese eine Verallgemeinerung durch Verbindung einzelner Tatsachen, d.h. ein «Verbindungsschluß» [36] sei und nicht, wie der W. (und die Analogie), ein Subsumtionsschluß [37].

J. VON KRIES ordnet den W. in Anknüpfung an Kants Bestimmung von Induktion und Analogie unter die «logischen Reflexions-Urteile» ein, welche Sätze über die «atypischen», d.h. nicht-zwingenden logischen Beziehungen sind und keine Quantifizierung erlauben [38]. Die «vergleichenden Wahrscheinlichkeits-Bewertungen, wie sie u.a. der Wahrscheinlichkeits-Rechnung eigentümlich sind» und daher für wissenschaftliche Forschung eminente Bedeutung haben, sind für von Kries nicht als W.e zu betrachten [39]. In dieser Linie sind Induktion und Analogie für ihn als die beiden Hauptformen des W. einzustufen. Beide W.e stützen sich auf das inhaltliche, nicht quantitativ faßbare, «Prinzip der Gleichartigkeit» der besonderen Fälle [40].

In der Absicht, einen speziellen Folgerungsbegriff für das bloß wahrscheinliche oder partielle Hervorgehen des Schlußsatzes aus den Prämissen zu entwickeln, hat von Kries das «Prinzip der Spielräume» eingeführt [41]. Dabei wird davon ausgegangen, daß das Prädikat im Obersatz eines W. den Inhalt des Subjektterms nicht scharf begrenzt, sondern ihm einen «Spielraum des Verhaltens» offenläßt [42]: «Je enger der ... Spielraum des Verhaltens ist, um so niedriger, je weiter er ist, um so höher werden wir die ihr zuzuschreibende Wahrscheinlichkeit ... veranschlagen dürfen» [43]. Einen ähnlichen Ansatz verfolgt der frühe L. WITTGENSTEIN, wenn er die logische Folgerung als Folgerung mit einem Wahrscheinlichkeitswert 1 und damit den W. implizit als partielle Folgerung charakterisiert: «Folgt *p* aus *q*, so gibt der Satz '*q*' dem Satz '*p*' die Wahrscheinlichkeit 1. Die Gewißheit des logischen Schlusses ist ein Grenzfall der Wahrscheinlichkeit» [44]. Dieser Ansatz ist in der Wissenschaftsphilosophie noch von K. R. POPPER [45] und R. CARNAP [46] bei ihren Diskussionen des Induktionsproblems gewürdigt und weitergeführt worden.

Anmerkungen. [1] ARISTOTELES: Top. I, 1, 100 a 26-30. – [2] Rhet. I, 2, 1357 a 32f. – [3] BOETHIUS: De diff. Top. MPL 64, 1173-1216, 1180 c-1182 d; vgl. Art. ‹Topik; Topos II.›. Hist. Wb. Philos. 10 (1998) 1269-1279, 1269. – [4] G. W. LEIBNIZ: Nouveaux essais sur l'entend. humain IV, 16, § 9 [1703-05]. Akad.-A. VI/6 (1962) 466. – [5] D. HUME: An enqu. conc. human underst., Sect. 6: Of probability (1748, 1758), hg. T. L. BEAUCHAMP (Oxford 2000) 47. – [6] TH. ZIEHEN: Lehrb. der Logik auf positivist. Grundlage mit Berücksichtigung der Gesch. der Logik (1920) 682. – [7] J. VON KRIES: Die Principien der Wahrscheinlichkeitsrechnung. Eine log. Unters. (1886) 22. – [8] a.O. 5. – [9] J. F. FRIES: Versuch einer Kritik der Principien der Wahrscheinlichkeitsrechnung (1842). Sämtl. Schr., hg. G. KÖNIG/L. GELDSETZER 14 (1974) 15. – [10] a.O. – [11] W. WUNDT: Logik I: Allg. Logik und Erk.theorie (⁴1919) 322. – [12] Vgl. R. CARNAP: Logical foundations of probability (Chicago 1950) 19. – [13] FRIES, a.O. [9] 15; vgl. Art. ‹Disjunktion›. Hist. Wb. Philos. 2 (1972) 261; Art. ‹Wahrscheinlichkeit IV. B.›. – [14] a.O. 15f. – [15] E. F. APELT: Die Theorie der Induction (1854) 36. – [16] FRIES, a.O. [9]. – [17] a.O. – [18] 16. – [19] a.O. – [20] 15. – [21] a.O. – [22] B. BOLZANO: Wiss.lehre § 253 (1837). Ges.ausg. I/12, 3, hg. J. BERG (1988) 156. – [23] a.O. – [24] a.O. – [25] § 309, a.O. I/13, 2, hg. J. BERG (1990) 41. – [26] J. S. MILL: A system of logic 1, hg. J. M. ROBSON (Toronto 1973) 540. – [27] a.O. 591. – [28] a.O. – [29] WUNDT, a.O. [11] 321. – [30] a.O. – [31] 322f. – [32] 323. – [33] a.O. – [34] 351. – [35] 326. – [36] 347f. – [37] 352. – [38] J. VON KRIES: Logik. Grundzüge einer krit. und formalen Urteilslehre (1916) 400. – [39] a.O. – [40] 404. – [41] a.O. [7] 37; vgl. Art. ‹Spielraum›. Hist. Wb. Philos. 9 (1995) 1390-1392. – [42] a.O. [38] 412. – [43] a.O. – [44] L. WITTGENSTEIN: Tract. log.-philos. (1921) 5.152. – [45] K. R. POPPER: Logik der Forschung (1934) 87. – [46] CARNAP, a.O. [12] 78f.

T. VAN ZANTWIJK

Wandel; Veränderung (griech. ἀλλοίωσις, μεταβολή, μεταμόρφωσις; lat. mutatio, alteratio, conversio; engl. mutation, change; frz. mutation, changement, altération). Unter ‹W.› oder ‹Veränderung› versteht man den kontinuierlichen Vorgang, der zwei verschiedene Zustände eines und desselben Gegenstandes zu zwei verschiedenen Zeitpunkten verbindet. Die Zustände werden oft in

Form kontradiktorischer Prädikate [1] angegeben: Der Gegenstand x, der in t_1 die Eigenschaft A, in t_2 die Eigenschaft nicht-A gehabt hat, hat sich demnach von A zu nicht-A verändert. Ein Hauptproblem der Begriffsgeschichte ist das genaue Verhältnis von Kontinuität und Diskontinuität: Wie kann gedacht werden, daß sich an einem mit sich identischen Subjekt (x) Veränderung vollzieht, ohne daß entweder die Veränderung oder die Identität für unwirklich erklärt oder wiederum beide auf verschiedene Subjekte verteilt werden?

Umgangssprachlich werden ‹W.› und ‹Veränderung› weitgehend synonym verwendet, jedoch insoweit voneinander unterschieden, als ‹Veränderung› stärker als ‹W.› Kontinuität und Dauer konnotiert, während ‹W.› auch dort verwendet wird, wo die Kontinuität des Gegenstandes fast verschwindet (so bei der eucharistischen Wandlung), ausgeblendet ist (die Puppe wandelt sich in einen Schmetterling) oder die Plötzlichkeit der Veränderung (z.B. eines Gesichtsausdruckes) artikuliert werden soll.

Der Weg zur Konzeptualisierung von Veränderung, der einen gewissen Abschluß mit ARISTOTELES findet, ist unmittelbar mit der Entwicklung der ionischen und italischen Naturphilosophie verbunden, wo Veränderung im Kontext der Diskussionen um Werden (s.d.) und Vergehen (s.d.) und um Bewegung (s.d.) zum Thema wird. Schon hier stellt sich das theoretische Grundproblem, wie zwischen Variablem und Invariantem zu differenzieren sei. Drei Grundmodelle lassen sich unterscheiden:

Veränderung in der sichtbaren Welt wird auf ein seinerseits dynamisches Prinzip zurückgeführt. So versteht HERAKLIT die dem Feuer gleiche Gottheit selbst als die Einheit von Gegensätzen [2]. Von ANAXIMENES ist das Beispiel der Verdichtung (s.d.) und Verdünnung als Grund für die Veränderung (μεταβολή) zwischen Kälte und Wärme überliefert [3].

Ein anderes Modell findet sich zuerst bei EMPEDOKLES. Zwar begegnet auch hier der bei HERAKLIT belegte Gedanke eines periodisch in die Alleinheit aufgehobenen Wandels [4], dieser aber wird mit einer Lehre von eigentlich seienden, untereinander jedoch verschiedenen Konstituenten (Stoicheion, s.d.) verbunden. So wird die Veränderung einzelner Dinge aus einer selbst diskontinuierlichen Struktur unterhalb der Ebene der Einzelwesen begründet. Hier berührt sich EMPEDOKLES mit der atomistischen Theorie, die Veränderung mit Hilfe der beiden Prinzipien Fülle (τὸ πλῆρες) und Leere (τὸ κενόν) erklärt [5], wobei die Fülle durch die quantitativ und hinsichtlich ihrer Gestalt unterschiedenen Elemente bzw. Formen (σχήματα) repräsentiert wird.

Einen stark aporetischen Zug trägt die radikale Leugnung von Veränderung bei den Eleaten im Namen eines kontinuierlich und unveränderlich (ἀκίνητον) gedachten Seins [6], wie sie besonders in den Zenonischen Paradoxien diskutiert wird. Eine erste Antwort darauf findet sich bei PLATON. Dieser differenziert zwischen der Identität des intelligiblen Seins, für das er das parmenideische Seinsprädikat der Unveränderlichkeit übernimmt [7], und der Wandelbarkeit der Dinge der sinnlich wahrnehmbaren Welt, die zu unterschiedlichen Zeitpunkten verschiedene Eigenschaften besitzen. Eine derartige qualitative Veränderung bezeichnet er als ἀλλοίωσις im Unterschied zur Lageveränderung (φορά), während sonst bei Platon Veränderung im allgemeinen Sinn immer κίνησις ist [8]. Eine Auflistung in den ‹Nomoi› unterscheidet 10 Arten von Veränderung, wobei die qualitative Veränderung hier als Veränderung der Existenzweise (ἕξις) mit dem Vergehen bzw. Entstehen zusammenfällt. Die Paradoxien des ZENON, die speziell den Moment des Übergangs zwischen Ruhe und Bewegung problematisiert hatten, löst PLATON durch Annahme eines Augenblicks (s.d.), in dem der sich verändernde Gegenstand nicht aktuell ist (also ruht), der also kein Teil des einen oder des anderen Zustandes darstellt [9].

ARISTOTELES' Konzept von Veränderung (κίνησις oder μεταβολή), das im Zentrum seiner Naturphilosophie steht [10], ist im Vergleich zu den Auffassungen seiner Vorgänger charakterisiert durch a) die Identifikation der erscheinenden, veränderlichen Dinge mit der Substanz (οὐσία), b) den Ausschluß der atomistischen Dichotomie von Atomen und Leerem, c) den Begriff der kontinuierlichen Bewegung [11]. Natürliche Dinge [12] (im Gegensatz etwa zu Linien und Zahlen [13]) sind nach Aristoteles veränderlich, d.h., sie befinden sich während einer bestimmten Zeit in einem Ruhezustand oder verändern sich. Die den Kategorien der Substanz, Quantität, Qualität und des Ortes entsprechenden Veränderungen [14] konzipiert Aristoteles dabei nach dem Schema des Gegenstandes x mit der bestimmten Eigenschaft A in t_1, der eigentlichen Veränderung an x, die in t_2 ihren Abschluß findet, wenn x die Eigenschaft B besitzt, wobei $\neg\bigvee_x [A(x) \wedge B(x)]$ und $B = \neg A$ [15]. Voraussetzungen der Veränderung sind also a) die Veränderlichkeit des Gegenstandes, der A und $\neg A$ sein können muß, so daß Veränderung als «Verwirklichung einer Möglichkeit als Möglichkeit» konzipiert wird (ἡ τοῦ δυνάμει ὄντος ἐντελέχεια, ᾗ τοιοῦτον, κίνησίς ἐστιν) [16], b) überhaupt das Bestehen von A verschiedener Eigenschaften, die z.B. bei der Kreisbewegung des Himmels nicht anzunehmen ist [17], c) die Vorhandenheit eines in t_1 und t_2 identischen Gegenstandes, weshalb sich nicht Wesen ineinander verwandeln können [18], sondern nur an dem Werden und Vergehen Zugrundeliegenden, der Materie, entstehen [19]. Diese liegt stets in bestimmter Form vor, so daß a) Veränderung zwischen zwei aktuellen Zuständen geschieht [20], b) Materie nicht weiter als in die mit gegensätzlichen Qualitäten ausgestatteten vier Elemente aufgelöst werden kann [21]. Impliziert ist in a) die Unmöglichkeit eines ersten Entstehens einer Art [22], des gesamten Kosmos [23] und damit auch der natürlichen Veränderung der Arten und des Kosmos.

Die weitere Entwicklung ist wesentlich bestimmt durch drei Faktoren: 1) die Wiederaufnahme vorsokratischer Theorien durch Stoa und Epikureismus; 2) die sich entwickelnde christliche Theologie; 3) die Auseinandersetzung der aristotelischen Konzeption mit diesen beiden.

1) Während die Stoa an Heraklit [24] und das Konstituentenmodell der vier Elemente anknüpft, greift der Epikureismus den Atomismus wieder auf. Aus den für die *Stoa* bestimmenden Auffassungen kontinuierlicher Materialität des Alls, das von dem aus Feuer und Luft gemischten πνεῦμα durchzogen wird [25], ergibt sich eine dynamische Konzeption der Dinge [26] mit den Polen Bewirken und Erleiden [27] und den beiden Veränderungsrichtungen Verfestigung (σύστασις, πίλησις) und Verdünnung (χύσις). Aus dem Interesse an kontinuierlicher Veränderung resultiert die Theorie der Mischung, der zufolge jeder Teil den anderen Teilen homogen wird, also seine ursprüngliche Beschaffenheit verliert [28]. Dies erfordert einen gegenüber Aristoteles stärker vom sich verändernden Einzelding abstrahierten Begriff der Materie als des «anders werdenden» (ἀλλοιοῦσθαι), aber beharrenden Seins [29]. Bedeutsam werden die ethischen Forderungen in Konsequenz dieser Auffassung: die Einsicht,

daß universaler W. natur- und damit vorsehungsgemäß ist [30], und die Forderung nach moralischer Unabhängigkeit des Menschen von äußeren Umständen [31].

Da nach der atomistischen Lehre die Atome unveränderlich (ἀμετάβλητα, immutabilia) [32] sind, wird im *Epikureismus* die Kontinuität des Wirklichen bis zur ontologischen Identität verschärft: Substantieller W. und qualitative Veränderung gelten als Schein, da die Realität an sich aus den eigenschaftslosen Atomen und ihren Kombinationen besteht, so daß wahrgenommene Veränderung lediglich Veränderung der Atomkombinationen (διάλυσις τῶν συγκρίσεων) [33] sind [34]. Auf Grund des konsequent durchgeführten Materialismus gelten Wahrnehmung und Denken gleichfalls als Veränderung des menschlichen Körpers [35].

2) Für die *Kirchenväter* ist Veränderung generell Merkmal des geschaffenen Seins im Unterschied zum ungeschaffenen Sein [36]. Die 'Unveränderlichkeit Gottes' (s.d.) wird überall vorausgesetzt, aber die mögliche oder tatsächliche Veränderung des Gott-Logos, besonders in der Inkarnation [37], wird im trinitarischen Streit [38] zum Problem. Heilsgeschichtlich erklärt man den Fall [39], aber auch die Möglichkeit ethischer Läuterung [40] und der eschatologischen Veränderung [41], mit der Veränderlichkeit des Menschen. Ein Spezialproblem stellt die eucharistische Wandlung dar [42], die spätestens seit dem ‹IV. Laterankonzil› (1215) als Transsubstantiation (s.d.), d.h. als Veränderung der Substanz bei gleichbleibenden Akzidenzien, gedeutet wird.

3) Für die ontologisch-naturphilosophische Interpretation von Veränderung bleibt die Lehre des Aristoteles bestimmend. ALEXANDER VON APHRODISIAS stellt dessen Überlegenheit gegenüber dem konkurrierenden stoischen Modell heraus [43]. Die spätantike und mittelalterliche Diskussion folgt weitgehend dieser Bahn [44]; selbst noch die Rechtfertigung der von aristotelischen Voraussetzungen her unhaltbaren Transsubstantiationslehre bedient sich selbstverständlich dieses Rahmens [45].

THOMAS VON AQUIN unterscheidet Veränderung als «motus» an einem und demselben Gegenstand und die «mutatio» a) «de non subiecto in subiectum» («generatio») bzw. b) ihre Umkehrung «de subiecto in non subiectum» («corruptio») [46], weiterhin kontinuierliche und instantane Veränderung; kontinuierliche Veränderung findet statt, wo zwischen zwei Termini ein Mittleres existiert, instantane hingegen, wo (wie beim Annehmen und Verlieren der substantiellen Form) kein Mittleres anzunehmen ist [47]. Zur Veränderung durch Mischung (s.d.) [48] nimmt er eine zwischen AVICENNA [49] und AVERROËS [50] vermittelnde Position ein, nach der die unterschiedlichen Qualitäten der beteiligten Elemente so gemischt werden, daß diese nicht aktuell, sondern lediglich virtuell fortbestehen und auf diese Weise das in einer «qualitas media» vorliegende Stück Materie zur Aufnahme der «forma mixti» disponiert ist [51]. Dieser Auffassung schließen sich mit gewissen Änderungen im Detail u.a. JOHANNES DUNS SCOTUS [52], WILHELM VON OCKHAM [53] und NIKOLAUS VON ORESME [54] an. Den Wechsel vom an der unveränderlichen substantiellen Form orientierten Denken zur Auffassung, «daß das Wesen der Veränderlichkeit selbst das eigentlich Reale in den Dingen sei» [55], markiert das konjekturale Denken des NIKOLAUS VON KUES, nach dessen Auffassung die Welt als «explicatio» der göttlichen Einheit nichts Unveränderliches kennt [56].

Erst die schrittweise Ablösung von den kosmologischen und physikalischen Voraussetzungen des Aristoteles in der entstehenden Naturwissenschaft der *Neuzeit* und der sie reflektierenden Philosophie macht dessen Konzeption von Veränderung, insbesondere die Unterscheidung zwischen substantiellem Werden und Vergehen und akzidentieller Veränderung im Grundsatz problematisch. Dies führt zunächst zur Orientierung an alternativen Auffassungen der Antike, wobei dem Atomismus die größte Bedeutung zukommt, da er einer an der Quantität orientierten Beschreibung der Außenwelt den geringsten Widerstand entgegenstellt. Selbst da, wo – wie etwa bei R. DESCARTES – Bestandteile des Atomismus ausdrücklich abgelehnt werden, werden alle Veränderungen auf Veränderungen der Anordnung der Bestandteile der an sich qualitätslosen Materie zurückgeführt [57]. Atomistische Auffassungen finden sich bei G. GALILEI [58]. Ausdrücklich an den Atomismus knüpft P. GASSENDI an, bei dem sowohl der die Substanz betreffende W. als auch die qualitative Veränderung aus unterschiedlichen Anordnungen der Teile resultieren und die qualitative Veränderung aus der Änderung der Anordnung und der Lage bleibender Elementketten sowie Werden und Vergehen als Konstitution und Destruktion derartiger Kombinationen erklärt werden [59]. Die Reduktion erscheinender Veränderung auf quantitative und räumliche Veränderung, wobei die Bestandteile identisch bleiben, vertritt auch G. W. LEIBNIZ [60], wobei er in seiner vor allem in Auseinandersetzung mit dem Cartesianer B. DE VOLDER entwickelten Monadenlehre [61] wiederum an Aristoteles anzuschließen sucht. Diese gegen die cartesianische Gleichsetzung von Ausdehnung und Materie, gegen den Occasionalismus (s.d.) N. MALEBRANCHES, gegen B. SPINOZA und auch gegen den Atomismus gerichtete Theorie nimmt solche einfachen Grundbausteine (Monaden) an [62], die nicht nur (unveränderliche) Träger, sondern selbst Grund der Veränderung sind: «nisi in simplicibus mutatio sit, mutationem in rebus omnino nullam fore» («wenn in den einfachen Gegenständen keine Veränderung ist, dann gibt es überhaupt keine Veränderung in den Dingen») [63]. So wird Veränderung als Prozeß, bei CH. WOLFF sogar als «That» eines für sich bestehenden Dinges [64], nicht aber von dem in einem bestimmten Zeitpunkt erreichten Zustand aus konzipiert. Dieser philosophischen Tendenz korrespondiert auf mathematischem Gebiet die Entwicklung der Infinitesimalrechnung (s.d.).

Dieselbe prozessuale Konzeption der Substanz (die damit die Funktion des aristotelischen Veränderungsprinzips der Materie einnimmt) bestimmt auch I. KANTS Grundsatz der Beharrlichkeit und führt zu einer ausdrücklichen «Berichtigung des Begriffs von Veränderung». Diese «ist eine Art zu existiren, welche auf eine andere Art zu existiren eben desselben Gegenstandes erfolgt. Daher ist alles, was sich verändert, bleibend, und nur sein Zustand wechselt». In diesem Sinn heißt es «in einem etwas paradox scheinenden Ausdruck ...: nur das Beharrliche (die Substanz) wird verändert, das Wandelbare erleidet keine Veränderung, sondern einen Wechsel» [65].

Seit dem *ausgehenden 18. und beginnenden 19. Jh.* wird Veränderung zur grundlegenden Kategorie der Deutung der gesamten Realität: Die Natur [66] wird ebenso wie Recht, Sprache, Literatur, Künste und Philosophie unter dem Aspekt der Geschichte interpretiert, die als Serie permanenter Veränderung erscheint. Auch die Bewertung der Veränderung ändert sich grundsätzlich: War sie traditionell ein Kennzeichen eines inferioren ontologischen Status, kann NOVALIS die «Sterblichkeit – Wandelbarkeit» als einen «Vorzug höherer Naturen» bezeichnen [67], ein Perspektivenwechsel, der auch die Sicht auf politische Reform (s.d.), Revolution (s.d.) und sozialen W. [68] beeinflußte: Veränderung wird zum «Grundprinzip der Moderne» [69], die politisch stillzustellen nach K. R. POPPER zwangsläufig in eine «geschlossene Gesellschaft» einmündet [70].

An Kant anschließend versucht J. G. FICHTE die spekulative Begründung der Einheit von Beharrlichkeit und W. Indem die ‹Wissenschaftslehre› das unwandelbare Sein als «genetisch» versteht und d.h., es «construiert», «wird in ihm eben als eine Genesis der W. überhaupt» [71]. Die Hegelsche ‹Logik› erklärt Veränderung zum konstitutiven Merkmal von bestimmtem Sein (Dasein). Insofern dieses endlich ist, «liegt es im Begriff des Daseyns sich zu verändern, und die Veränderung ist nur die Manifestation dessen, was das Daseyn an sich ist» [72]. Von weitreichender Wirkung ist seine philosophische Interpretation der Geschichte unter der Kategorie der Veränderung, die freilich sogleich als Entwicklung (s.d.) näher bestimmt wird [73].

Die idealistische Identifikation von Sein und Veränderung wird von J. F. HERBART einer grundsätzlichen Kritik unterzogen. Wie für Zenon ist für ihn Veränderung der Realität «undenkbar» [74]. Seine Lösung sieht eine ursprüngliche Pluralität nicht wahrnehmbarer Teile vor, die allerdings, anders als die Atome, selbst Träger konträrer Eigenschaften sind. Veränderung findet deshalb lediglich auf der Ebene der Erscheinungen in Form sich ändernder Relationen statt, die der menschliche Geist konstruiert [75]. Vor diesem Hintergrund konnte der Spätidealismus in der Philosophie Herbarts die große Alternative zu Hegel erkennen, der mit der Notwendigkeit eines dialektischen Prozesses den Gedanken eines «wandellosen Ewigen» in den eines «ewigen Wandelns» umgesetzt zu haben schien [76].

In den *Naturwissenschaften* war der Übergang von einem statischen Modell der Erd- und Naturgeschichte, wie es sich u.a. aus Aristoteles ergab, zum Evolutionsmodell [77] seit dem 18. Jh. [78] besonders folgenreich. Bereits vor CH. DARWINS 1859 publizierter Theorie der Selektion (s.d.) zur Erklärung der Evolution bringt die Biologie (gemeinsam mit der Geologie) die Vorstellungen von der Unveränderlichkeit der Arten zum Verschwinden [79]. So können für J.-B. LAMARCK erworbene Veränderung («changements acquis») im Sinne einer ununterdrückbaren Tendenz der Natur zur Höherentwicklung vererbt werden [80]. Bestimmend für die philosophische Fassung des Evolutionskonzepts wird bei H. SPENCER [81] unter Anknüpfung an die Infinitesimalrechnung und Transformation von Überlegungen, wie sie NIKOLAUS VON KUES von der «coincidentia oppositorum» im Unendlichen geäußert hatte, die der «statischen» gegenübergestellte «dynamische» Sichtweise, wonach Evolution die Veränderung in infinitesimal kleinen Schritten besagt [82], die sich gegen die Unterscheidung zwischen einer unveränderlichen Substanz und im Prozeß veränderten Akzidenzien als indifferent erweist.

Grundsätzliche Kritik an der Interpretation von Veränderung im Sinne von Entwicklung übt F. NIETZSCHE. Gegen Idealismus wie Darwinismus gerichtet ist seine These, daß der «Wille zur Macht» (s.d.) letzter «Grund und Charakter aller Veränderung» ist [83].

Das Problem der Veränderung bleibt in der *Philosophie des 20. Jh.* präsent. Unter kritischer Fortführung der Einsichten bes. von Leibniz von der sich kontinuierlich verändernden Substanz, deren Veränderung in eine Serie unbegrenzt kleiner Veränderungsgrade dargestellt werden kann, und der Evolutionslehre Spencers radikalisiert H. BERGSON die Auffassung der Veränderlichkeit, indem diese nicht auf Unveränderliches zurückgeführt und in eine Folge «kinematographischer» Momente («cinématographique») aufgelöst werden soll [84]. Vielmehr wird jede Veränderung und jede Bewegung als «absolument indivisibles» («absolut unteilbar») [85] angesehen, und so tritt der elementare Prozeß an die Stelle eines sich in verschiedenen Momenten verändernden Dinges: «Il y a des mouvements, mais il n'y a pas d'objet inerte, invariable, qui se meuve: le mouvement n'implique pas un mobile» [86]. Die Prozeßphilosophie A. N. WHITEHEADS zielt insgesamt auf die Eliminierung der Veränderlichkeit der substantiellen Einzelwesen in der die Potentialität erfüllenden «Form» [87]. Dies verbindet sie mit E. SEVERINOS Kritik an der «nihilistischen» Auffassung der Veränderung im Sinne einer Rückkehr zu Parmenides, wonach das Seiende durch das Nichtseiende begrenzt und Veränderung nur die dem Modell des Herstellens von etwas aus Nichts und dem Zurücksinkenlassen ins Nichts verpflichtete Logik enthüllt [88].

Anmerkungen. [1] Vgl. etwa: I. KANT: KrV B 291; F. W. J. SCHELLING: System des transscend. Idealismus (1800). Sämmtl. Werke, hg. K. F. A. SCHELLING (1856ff.) I/3, 518. – [2] HERAKLIT: VS 22, B 67. – [3] ANAXIMENES: VS 13, B 1. – [4] Vgl. HERAKLIT: VS 22, B 31; EMPEDOKLES: VS 31, B 26. – [5] Vgl. z.B. LEUKIPP: VS 67, A 1; DEMOKRIT: VS 68, A 1. B 156. – [6] Vgl. PARMENIDES: VS 28, B 8, 26-28. – [7] z.B. PLATON: Phaedo 78 d. – [8] Vgl. Theaet. 181 cff.; Parm. 138 b-d. – [9] Theaet. 155 e-157 b. – [10] ARISTOTELES: Phys. III, 1, 200 b 12-16. – [11] Phys. IV, 11, 219 a 10-12; V, 3, 227 a 10-227 b 2; VI, 1f., 231 a 21-233 b 32; VI, 9, 239 b 5-33. – [12] Phys. I, 2, 185 a 13; II, 1, 192 b 8-15. – [13] Met. XI, 4, 1061 b 21-33; Phys. II, 2, 193 b 31-194 a 1; De an. I, 1, 403 b 11-16. – [14] Phys. V, 1, 225 b 8f.; Met. VII, 7, 1032 a 12-20; De an. I, 3, 406 a 13. – [15] Phys. I, 5, 188 a 31-188 b 26; V, 5f., 229 a 7-231 a 4. – [16] Phys. III, 1, 201 a 10-16. – [17] Phys. VIII, 8f., 264 b 9-265 b 16; De caelo I, 4, 271 a 19-34. – [18] Phys. V, 2, 225 b 10-16. – [19] De gen. et corr. I, 4, 319 b 6-25; 320 a 2-5. – [20] Met. IX, 8, 1049 b 10-12; De gen. et corr. I, 3, 317 b 6-13. – [21] Meteor. IV, 1, 378 b 10-35; De gen. et corr. II, 3, 330 a 30-331 a 6. – [22] Met. VII, 7, 1032 a 24f.; IX, 8, 1049 b 24-29; De gen. et corr. II, 11, 338 b 7-18. – [23] Phys. VIII, 1, 251 b 5-252 a 5; vgl. B. EFFE: Studien zur Kosmologie und Theol. der aristot. Schrift ‹Über die Philos.› (1970); M. BALTES: Die Weltentstehung des platon. Timaios (Leiden 1976/78). – [24] JOH. STOBAEUS: SVF 2, 596; W. THEILER: Poseidonius 1 (1982) 233-238. – [25] z.B. CLEMENS ALEX.: SVF 2, 447. – [26] Vgl. SVF 2, 447; NEMESIUS: SVF 2, 451; PLUTARCH: Stoic. repugn. 1053 E. – [27] Vgl. DIOG. LAERT.: Vitae VII, 134 (SVF 1, 85). – [28] Vgl. ALEXANDER APHROD.: De mixtione, hg. I. BRUNS (1892) 217, 10-12. – [29] POSEIDONIUS bei JOH. STOBAEUS: Ecl. I, 20, 7, hg. C. WACHSMUTH (1884) 177, 20-179, 17. – [30] MANILIUS: Astronomicon I, 515; MARCUS AURELIUS: Ad se ipsum II, 3, 1; RUFUS MUSONIUS bei JOH. STOBAEUS: Ecl. IV, 44, 60. – [31] SENECA: Ep. mor. 95, 58; 107, 7-10; MARCUS AURELIUS: Ad se ipsum I, 17; vgl. P. HADOT: La physique comme exercice spirituel ou pessimisme et optimisme chez Marc Aurèle. Rev. Théol. Philos. 22 (1972) 225-239. – [32] EPIKUR: Ad Herod. 41f. Op., hg. G. ARRIGHETTI (Turin 1960) 39-41; LUKREZ: De rer. nat. II, 749-756; vgl. GALEN: De elem. I, 2. Op. omn., hg. K. G. KÜHN (1821ff.) 1, 418. – [33] Ad Herod. 54, a.O. 49-51. – [34] De rer. nat. frg. II, 47, a.O. 211; GALEN: De elem. I, 2, a.O. [32] 417-419. – [35] Vgl. THEOPHRAST: De sensu 49f. Op. omn., hg. F. WIMMER (Paris 1866, ND 1964) 331, 9-33; LUKREZ: De rer. nat. IV, 722-749. – [36] Vgl. ORIGENES: Comm. in Joh. II, 17, hg. E. PREUSCHEN (1903) 74, 34-75, 2. – [37] ORIGENES: C. Celsum IV, 14, hg. P. KOETSCHAU (1899) 284, 12-285, 22; GREGOR NYSS.: Ep. 3, 15, hg. G. PASQUALI ([2]1959) 24, 1-6. – [38] Vgl. ARIUS bei ATHANASIUS: C. Arianos I, 9. MPG 26, 29 B; PS.-ATHANASIUS: Dial. de trin. II, 15. MPG 28, 1180 D; vgl. auch: BASILIUS CAES.: Adv. Eunomium II, 28, 1-7, hg. B. SEBOÜÉ (Paris 1983) 2, 116. – [39] GREGOR NYSS.: De hom. opif. 16. MPG 44, 184 Cf. – [40] In inscript.

Psalm. I, 7, hg. J. McDonough (Leiden 1962) 46, 22-47, 1. – [41] Methodius von Olympus: De resurrect. I, 48, hg. N. Bonwetsch (1917) 300, 5-302, 2. – [42] Vgl. schon: Joh. Martyr: Apologia maior 66, 2, hg. M. Marcovich (1994) 127, 4-10. – [43] Alexander Aphrod.: De mixt., bes. 12-15, a.O. [28] 226, 34-233, 14. – [44] Vgl. A. Maier: Die Vorläufer Galileis im 14. Jh. (Rom ²1966); An der Grenze zwischen Scholastik und Naturwiss. (Rom ²1952); P. K. Machamer/R. G. Turnbull (Hg.): Motion and time, space and matter (Columbus 1976); N. Kretzmann (Hg.): Infinity and continuity in anc. and mediev. thought (Ithaca 1982). – [45] Vgl. Art. ‹Transsubstantiation›. Hist. Wb. Philos. 10 (1998) 1349-1358, bes. 1350f. – [46] Thomas von Aquin: De ver. 28, a. 1, resp. Op. omn. [ed. Leon.] (Rom 1882ff.) 22/3, 818. – [47] De ver. 28, a. 9, resp., a.O. 846. – [48] Vgl. Art. ‹Remissio/intensio formarum›. Hist. Wb. Philos. 8 (1992) 780-783. – [49] Avicenna: Sufficientia I, 10. Op., hg. C. Fabrianensis (Venedig 1508, ND 1961) 19 a. – [50] Averroës: Comm. in Arist. De gen. et corr., in: Aristotelis op. omn. cum comm. Averrois (Venedig 1562-1574, ND 1962) 5, 297; vgl. auch: Dietrich von Freiberg: De miscibilibus in mixto. Op. omn., hg. K. Flasch (1977ff.) 4, 44. – [51] Thomas von Aquin: De mixtione elem. [ed. Leon.] 43, 156. – [52] Joh. Duns Scotus: In II sent., d. 15, q. un. Op. omn. [ed. Vivès] (Paris 1891ff.) 13, 15ff. – [53] Wilhelm von Ockham: Quodl. III, q. 5. Op. theol. 9, hg. J. C. Wey (St. Bonaventure 1980) 223. – [54] Vgl. Nikolaus von Oresme: Le livre du ciel et du monde, hg. A. Menut/A. Denomy (Madison 1968) 616-618. – [55] K. Lasswitz: Gesch. der Atomistik vom MA bis Newton 1-2 (1890, ND 1963) 1, 270. – [56] Nikolaus von Kues: De docta ign. II, 7. Akad.-A. (1932ff.) 1, 82. – [57] z.B. R. Descartes: Princ. philos. II, §§ 3f. (1644). Oeuvr., hg. Ch. Adam/P. Tannery (Paris 1897-1913) 8/1, 42. – [58] G. Galilei: Il saggiatore (1623). Op. (Florenz 1890-1909, ND 1968) 6, 335f. 347f. 350-352; Discorsi e dimostrazioni matemat. (1638), a.O. 8, 61-63. – [59] P. Gassendi: Syntagma philos. II, lib. V, 6. Op. omn. 1 (Lyon 1658, ND 1964) 366 b. – [60] Vgl. G. W. Leibniz: Br. an J. Thomasius (1669). Akad.-A. II/1 (1926) 17f. – [61] Vgl. Art. ‹Monade; Monas II. 2f.›. Hist. Wb. Philos. 6 (1984) 118f. – [62] G. W. Leibniz: Br. an B. de Volder (1698-1706). Philos. Schr., hg. C. I. Gerhardt (1875-90, ND 1965) 2, 276. – [63] a.O. 252; vgl. Monadol. §§ 11f. 22 [1714], a.O. 6, 608-610. – [64] Vgl. Ch. Wolff: Vern. Ged. von Gott, der Welt und der Seele des Menschen § 116 (¹¹1751). Ges. Werke, hg. J. Ecole u.a. I/2 (1982) 61. – [65] I. Kant: KrV A 187/B 230f.; vgl. Art. ‹Wechsel›. – [66] Vgl. Art. ‹Palingenesie I. 2.›. Hist. Wb. Philos. 7 (1989) 41-46. – [67] Novalis: Das Allg. Brouillon (1798/99). Schr. 3, hg. R. Samuel (³1983) 436. – [68] Vgl. Art. ‹Wandel, sozialer›. – [69] R. Münch: Modernisierung und soz. Integration. Schweizer. Z. Soziologie 22 (1996) 603-629, hier: 612. – [70] Vgl. K. R. Popper: The open society and its enemies (1945); dtsch.: Die offene Ges. und ihre Feinde (⁶1980) 1, 267. – [71] J. G. Fichte: Wiss.lehre (1813). Sämmtl. Werke, hg. I. H. Fichte 10 (1834) 111. 114. – [72] G. W. F. Hegel: System der Wiss., I. Logik, § 92 (Zus.). Jub.ausg., hg. H. Glockner (1927-40) 8, 221. – [73] Philos. der Gesch., Einl., a.O. 11, 88-90; 111f. – [74] J. F. Herbart: Lehrbuch zur Einl. in die Philos. §§ 104. 109 (1813). Werke, hg. K. Kehrbach (1887-1912, ND 1964) 4, 162f. 174ff. – [75] §§ 128f., a.O. 213ff.; vgl. auch: G. Simmel: Schopenhauer und Nietzsche (1907) 65. – [76] I. H. Fichte: Beitr. zur Charakteristik der neuen Philos. (1829) 394; vgl. Grundzüge zum System der Philos. II, §§ 90-96 (1836, ND 1969) 160-171. – [77] Vgl. L. C. Eiseley: Darwin's century (London 1961); E. Mayr: The growth of biolog. thought (Cambridge, Mass. 1982) 309-536; vgl. Art. ‹Evolutionstheorie›. Hist. Wb. Philos. 2 (1972) 836ff. – [78] Vgl. z.B. B. de Maillet: Telliamed (1748). – [79] Vgl. Art. ‹Variation; Varietät; Variabilität›. Hist. Wb. Philos. 11 (2001) 548-554, hier: 549f. – [80] J.-B. Lamarck: Philos. zoolog. ou exposition des considérations relat. à l'hist. nat. des animaux (Paris 1809, ND Brüssel 1983) 1, 235. 274. – [81] H. Spencer: A system of synthetic philos. II: The princ. of biology I (London 1898, ND 1966) 417-440. – [82] a.O. 434. – [83] F. Nietzsche: Nachgel. Frg., Frühjahr 1888 14[123]. Krit. Ges.ausg., hg. G. Colli/M. Montinari (1967ff.) 8/3, 95. – [84] Vgl. H. Bergson: L'évol. créatr. (Paris 1907, ⁸1911) 323-333. – [85] La perception du changement (1911), in: La pensée et le mouvant (Paris ⁷1939) 179; dtsch.: Denken und schöpferisches Werden (²1948) 162. – [86] a.O. 185/dtsch. 167. – [87] A. N. Whitehead: Process and reality (1929) pass.; vgl. Art. ‹Prozeß II.›. Hist. Wb. Philos. 7 (1989) 1558-1560. – [88] E. Severino: Essenza del nichilismo (Brescia 1972); dtsch.: Vom Wesen des Nihilismus (1983) pass.

Literaturhinweise. F. Kaulbach: Der philos. Begriff der Bewegung (1965). – N. Kretzmann (Hg.) s. Anm. [44]. – R. Sorabji: Time, creation and the continuum (London 1983). – R. Le Poidevin: Changes, cause and contradiction (London 1991). – N. Strobach: The moment of change. A systemat. hist. in the philos. of space and time (Dordrecht 1998).

J. Zachhuber/M. Weichenhan

Wandel, sozialer (engl. social change). Im Begriff ‹sozialer Wandel› [s.W.] distanzierte sich die Sozialwissenschaft des 20. Jh. von den geschichtsphilosophischen und evolutionstheoretischen Visionen des Europäischen Revolutionszeitalters. Die Diskurse s.W. wurden vorbereitet in einer Dialektik von «Kritik und Krise» [1], wobei der Begriff ‹Krise› von den Störungen der Natur auf die Risiken moderner Gesellschaft übertragen wurde. Die um 1800 erfahrenen und gestalteten geschichtlichen Veränderungen vermittelten sich über Bilder des «Fortschritts», der «Umwälzung», aber auch des «Aufbruchs», des «Umschwungs» oder des «Niedergangs». Nicht zufällig aktualisierte sich vor diesem Hintergrund im Wortfeld ‹W.› die Bedeutung von «verwandeln, verändern»: «Gegen Ende des 18. Jh. kommt W. [im Sinne] von 'Änderung' wieder in Gebrauch, ... wo die Bedeutung meist die von 'Umschwung' ist» [2]. Grimms Wörterbuch zitiert dazu F. Schillers ‹Wallenstein›: «Es ist nicht alles mehr wie sonst – Es ist ein W. vorgegangen» [3]. Auf den Begriff kam das neue Zeitgefühl durch den deutschen Revolutionär G. Forster: «Es ist lauter W. und Wechsel in der Welt» [4].

Die geschichtliche Erfahrung des W. verband sich mit der Frage nach den «bewegenden» Kräften. ‹Bewegung› wurde zur epochalen Programm- und Problemformel [5]. Eine moderne Soziologie als «philosophie positive» begründete A. Comte in den Spannungen s.W. zwischen «sozialer Statik» und «sozialer Dynamik», zwischen «l'ordre et le progrès» [6]. In diesem Sinne faßte die soziologische Klassik die Dynamik s.W. über die Kontrastierung epochaler Typen wie «Gemeinschaft und Gesellschaft» (F. Tönnies), «mechanische und organische Solidarität» (E. Durkheim), «Tradition» und «Rationalisierung» (M. Weber). Den Zusammenhang zwischen dem W. der gesellschaftlichen Makroebene und kritischen Belastungen der lebensweltlichen Kontexte beobachtete G. Simmel in den Wechselwirkungen von «Tempo des Lebens» und kulturellen Sinnkrisen [7].

Gegenüber der Eindeutigkeit und Einseitigkeit geschichtstheoretischer Entwürfe setzte die soziologische Forschung mit dem von W. F. Ogburn 1922 eingeführten Begriff ‹social change› auf eine differenziertere Analyse der Vielschichtigkeit gesellschaftlicher Veränderungen [8]. Dazu markierte das Konstrukt der kulturellen Phasenverschiebung («cultural lag») die Ungleichzeitigkeit von Veränderungen in den verschiedenen Funktionsbereichen moderner Gesellschaft – etwa zwischen technischem Fortschritt, wirtschaftlichem Wachstum und kultureller 'Verspätung'. Um solche Ungleichzeitigkeiten (partielle Beschleunigungen, Entwicklungsvorsprünge, Verzögerungen und Verwerfungen) soziologisch zu analysieren, galt es, die 'Totalität' der Gesellschaftsentwicklung zu differenzieren nach partiellen Sektoren s.W., wobei unterschiedliche Tempi der Modernisierung beobachtet wurden.

Die modernisierungstheoretische Konzeptualisierung s.W. wurde gesellschaftstheoretisch fundiert durch T. PARSONS [9]. Als «evolutionäre Universalien» [10] markierte er die strukturellen und kulturellen Modernisierungs-Prämissen wie soziale Schichtung, kulturelle Legitimation, Geldwesen und Marktorganisation, Bürokratisierung und Demokratisierung von Macht, Universalisierung von Normen. Diese Auswirkung s.W. auf die Muster sozialer Orientierung verdeutlichte Parsons an den im Modernisierungsprozeß wechselnden Verhaltensvariablen («pattern variables»). Soziologisch richtungweisend wurde das auf Durkheim zurückgehende, später dann von R. K. MERTON soziologisch ausgearbeitete Konzept der «Anomie» [11] als Krise der subjektiven Bewältigung s.W.

K. R. POPPER relativierte den Begriff des s.W. in seiner Kritik historizistischer Holismen [12]. Durch die sozialwissenschaftliche Disziplinierung der Theorien und Methoden der Erforschung s.W. sollten die ideologischen Beschwörungen geschichtlicher Krisen einer methodisch ernüchterten «Objektivität» weichen. Dafür stehen Forschungskonstrukte zur «Rationalisierung», zum «Zivilisationsprozeß» (N. ELIAS) [13], zur «sozialen Mobilisierung» [14] oder aktuell zu «Modernisierung und Transformation» [15].

Soziologische Forschung gewinnt gegenüber der Komplexität s.W. an aufklärender Differenzierung, wenn einzelne Aspekte des Modernisierungsprozesses getrennt präpariert werden. Dazu werden die Beobachtungsfelder eingegrenzt, um «partielle Modernisierung» [16] zu beobachten – etwa im Blick auf den W. von Arbeit, den W. der Familie oder den Wertewandel (s.d.). Auf der Organisationsebene zielt «Change-Management» auf kontrollierten Organisationswandel. Auf der Makroebene interessiert der «Systemwechsel» politischer Machtbildung und die darauf bezogene Steuerung von Transformationsprozessen.

Gerade in der sozialwissenschaftlichen Transformationsforschung zu den deutschen und europäischen Einigungsprozessen gewinnen die Einsichten der Theorien s.W. praktisches Interesse für die Steuerung des oft auch als 'Wende' (s.d.) beschriebenen Systemwechsels. Die dazu von der «Kommission für die Erforschung des sozialen und politischen W. in den neuen Bundesländern» (KSPW) vorgelegten Forschungsergebnisse können nun auch für die weltweite Beobachtung von Transformationsprozessen richtungweisend werden [17].

Beschrieben die klassischen Modernisierungstheorien den s.W. industrieller Gesellschaften als die Ausdifferenzierung rationalisierter Funktionssysteme (wie: Wirtschaft, Kultur, Politik, Verwaltung, Wissenschaft oder auch Privatsphäre), so beobachten wir heute als post-moderne Tendenzen, daß die unterschiedlichen Funktionssysteme sich entgrenzen, überlagern und durchmischen. Im Zuge solcher Entdifferenzierung und Entformalisierung wird heute mit neuen «gemeinschaftlichen» Lebensformen die scheinbar unumkehrbare Sequenz eines s.W. von der «Gemeinschaft» zur «Gesellschaft» neu zur Diskussion gestellt.

Die Entwicklung der soziologischen Theorien s.W. ließe sich dahin zusammenfassen, daß die finalen Perspektiven teleologischer Entwürfe abgelöst wurden durch kausale Analysen der Faktoren und Impulse des W. Lange versprach die Soziologie s.W. praktische Relevanz für eine an westlichen Modernisierungspfaden orientierte Entwicklungspolitik. Demgegenüber zeigen sich heute – gerade unter den Bedingungen der Globalisierung – gesellschaftliche Risiken und Turbulenzen, die sich nicht mehr nach der transitiven Logik linearer Planungen, sondern eher in der Reflexivität von Lernprozessen steuern lassen.

Die klassische Fixierung der Theorien s.W. auf modernisierungstheoretische Perspektiven trifft heute auf Kritik und stößt an Grenzen. Richtungweisend wurde dies markiert mit den Störungen der «ökologischen Balancen» an den «Grenzen des Wachstums». Weiterführend spricht J. HABERMAS von Störungen der «anthropologischen Balance» [18], wenn unter dem Druck einer «Kolonisierung der Lebenswelt» [19] die Komplexität systemischer Zwänge jenes menschliche Maß übersteigt, in dem Verantwortung noch als «kommunikatives Handeln» wirksam wird.

Anmerkungen. [1] R. KOSELLECK: Kritik und Krise (1959, ND 1973). – [2] Art. ‹Wandel›. GRIMM 13 (1922) 1524-1557, 1541. – [3] F. SCHILLER: Wallenstein: Piccolomini 2, 2 (1799). – [4] G. FORSTER: Br. an C. G. Heyne (17. 8. 1792). Akad.-A. 17 (1989) 159. – [5] Vgl. Art. ‹Bewegung, politische›. Hist. Wb. Philos. 1 (1971) 880-882. – [6] A. COMTE: Cours de philos. posit. IV (Paris 1839) 9. – [7] G. SIMMEL: Die Bedeutung des Geldes für das Tempo des Lebens (1897). Ges.ausg., hg. O. RAMMSTEDT 5 (1992) 215-234. – [8] W. F. OGBURN: Social change, with respect to culture and original nature (New York 1922). – [9] T. PARSONS: The structure of social action [1937] (New York/London 1968) 1, 448. – [10] Evolutionary universals in society. Amer. sociolog. Review 29 (1964) 339-357; dtsch.: Theorien s.W. (1969) 55-74. – [11] R. K. MERTON: Social structure and anomie, in: Social theory and social structure (1968) 185-214. – [12] K. R. POPPER: Das Elend des Historizismus [1944/45] (1965, 21969) 40ff. – [13] N. ELIAS: Über den Prozeß der Zivilisation. Soziogenet. und psychogenet. Unters. 1-2 (Bern 1969). – [14] K. DEUTSCH: Polit. Modernisierung und polit. Entwicklung. Polit. Vjschr. 2 (1961) 104-124. – [15] Vgl. zum int. Forschungsstand der 1960er Jahre: W. ZAPF (Hg.): Theorien s.W. (1969); weiterführende Forschungsperspektiven sind zusammengefaßt in: Modernisierung und Transformation, in: B. SCHÄFERS/W. ZAPF (Hg.): Handwb. zur Gesellschaft Deutschlands (1998) 472-482. – [16] D. RÜSCHEMEYER: Partielle Modernisierung, in: ZAPF (Hg.), a.O. 382-398. – [17] Vgl. Ber. der Kommission für die Erforschung des soz. und polit. W. in den neuen Bundesländern (KSPW) 1-7 (1996). – [18] J. HABERMAS: Legitimationsprobleme im Spätkapitalismus (1973) 64f. – [19] Theorie des kommunikat. Handelns 2 (1981) 471.

Literaturhinweise. H. P. DREITZEL: Soz. Wandel (1967). – K. H. TADEN: Soz. System und s.W. (1968). – W. ZAPF (Hg.) s. Anm. [15]. – W. ZAPF: Modernisierung, Wohlfahrtsentwicklung und Transformation (1994). – H.-P. MÜLLER/M. SCHMID (Hg.): Soz. Wandel. Modellbildung und theoret. Ansätze (1995).

E. PANKOKE

Ware; **Warencharakter**; **Warenfetischismus** (engl. commodity, commodity fetishism; frz. marchandise, fétichisme de la marchandise)

1. ‹Ware› [W.] meint ursprünglich den Gegenstand der Warenkunde, in der W.n nach ihren Eigenschaften klassifiziert wurden, um so, wie noch heute im internationalen Warenabkommen, der Normierung und Vereinfachung des Handels zu dienen [1]. Die klassische politische Ökonomie spricht statt von ‹W.› zumeist von ‹Gütern› (engl. ‹goods›), und auch heute wird in den Wirtschaftswissenschaften mit wenigen Ausnahmen (im Anschluß an P. SRAFFA [2]) der Terminus ‹Güter› bevorzugt. Im alltäglichen Verständnis bezeichnet ‹W.› käufliche Dinge oder Leistungen. Eine grundlegende Bedeutung erhält der Begriff bei K. MARX und im Marxismus.

2. ‹W.› ist für Marx der Schlüsselbegriff zur Analyse der kapitalistischen Produktionsweise. Mit der klassischen

Tradition stimmt er darin überein, daß der bürgerliche Reichtum sich in einer in Geld gemessenen «ungeheuren Warensammlung» präsentiert, dessen «Elementarform» [3] die einzelne W. ist, kommt aber in seiner Untersuchung von deren Charakter zu ganz anderen Ergebnissen. Insbesondere seine Theorien vom «Doppelcharakter» der W. und vom Warenfetischismus trennen ihn von seinen Vorgängern.

Eine W. ist «zunächst ein äußerer Gegenstand, ein Ding, das durch seine Eigenschaften menschliche Bedürfnisse irgendeiner Art befriedigt» [4]. In dieser Hinsicht bestimmt sie Marx als «Gebrauchswert». Im Kapitalismus bilden die Gebrauchswerte «zugleich die stofflichen Träger» des Tauschwerts (s.d.) [5]. Um etwas als W. zu produzieren, müssen zwei Bedingungen erfüllt sein: Erstens muß eine entwickelte Arbeitsteilung vorliegen, so daß die W.n als Gebrauchswerte für andere schlechthin produziert werden, und zweitens müssen sie den anderen durch Austausch übertragen werden [6]. Dieser zweifachen Funktion der W. entsprechend analysiert Marx den «Doppelcharakter der in den W.n dargestellten Arbeit» als den entscheidenden «Springpunkt ..., um den sich das Verständnis der politischen Ökonomie dreht» [7]: die Differenz zwischen konkreter und abstrakter Arbeit (s.d.). Zwar sieht er diese Doppelung der W. schon im Ansatz bei Aristoteles analysiert [8], doch nehmen alle oder die Mehrzahl der Produkte erst bei kapitalistischer Produktionsweise Warencharakter an; Marx spricht häufiger von «Warenform» [9]. Der Begriff ‹W.› ist deshalb für ihn so wichtig, weil erst hier auch die menschlichen Arbeitsvermögen als W. Arbeitskraft (Lohnarbeit) produziert und getauscht (Lohnarbeitsvertrag) werden [10]. Die Begriffsbestimmungen von ‹W.› sind daher immer auch auf das Lohnarbeitsverhältnis zu beziehen.

3. Marx verwendet den Begriff ‹Fetischismus› (aus dem Portugiesischen ‹feitiço› 'Zauberwerk') [11], um die Verkehrungen der kapitalistischen Warenproduktion in «Analogie» zur «Nebelregion der religiösen Welt» auszudrücken. In dieser erscheinen «die Produkte des menschlichen Kopfes als mit eignem Leben begabte, untereinander und mit den Menschen in Verhältnis stehende selbständige Gestalten. So in der Warenwelt die Produkte der menschlichen Hand. Dies nenne ich den Fetischismus» [12]. Er verwendet diesen Begriff deshalb wie bereits vor ihm P. le Pesant de Boisguilbert in ökonomischem Sinne. Begründet sieht Marx den «Fetischismus der Waarenform» [13] in dem Umstand, daß den Tauschenden der Wert einer W. (also etwas Gesellschaftliches) in der dinglichen Gestalt einer anderen W. (also als etwas Naturhaftes) ausgedrückt erscheint [14]. Der Begriff des Warenfetischismus behandelt die für die kapitalistische Produktionsweise typischen Verkehrungen, in denen zugleich die gesellschaftlichen (Produktions-)Verhältnisse nicht mehr als durch das freie Wollen der Menschen bestimmt erscheinen, sondern umgekehrt als Nachvollzug angeblich naturgegebener Sachverhalte. In ihm drückt Marx die spezifischen Freiheitseinschränkungen der kapitalistischen Produktionsweise aus. Kapitalistische Herrschaft erscheint als «Sachzwang», als «Macht der Machwerke über die Machenden» [15]. Der Fetischismus der Warenwelt ist im Unterschied zum religiösen Fetischismus nicht primär ein Bewußtseinsphänomen, sondern ein objektives Phänomen gesellschaftlicher Praxis, das sich gleichwohl nach Marx in einem mystifizierten Bewußtsein der Gesellschaftsmitglieder über ihre gesellschaftlichen Beziehungen niederschlägt. An Beispielen [16] demonstriert er, daß Gesellschaftstypen, bei denen der gesellschaftliche Charakter der Arbeit nicht die Form abstrakter Allgemeinheit und die Arbeitsprodukte nicht Warencharakter annehmen, transparenter sind und auch kein notwendig mystifiziertes Bewußtsein hervorbringen.

Aus der Diagnose der systemnotwendigen Irrationalität der über den Warenfetisch vermittelten Vergesellschaftung (s.d.) voneinander unabhängiger Privatproduzenten begründet Marx die Forderung nach einer bewußten Planung von Produktion und Distribution der Güter. Allerdings ist unklar, wie diese Planinstanz beschaffen ist und wie sie ihrerseits kontrolliert werden kann. Die qualitativ veränderte Gestaltung der Gesellschaft verkürzt Marx tendenziell zu einem technologischen Problem.

Mit dem Warenfetischismus ist für ihn generell die Notwendigkeit von Ideologie (s.d.) in warenproduzierenden Gesellschaften aufgezeigt. Ideologiekritik übt Marx in seiner Auseinandersetzung mit der klassischen Ökonomie, die für ihn die Basisideologie der kapitalistischen Produktionsweise ist. Ihr ideologischer Rechtfertigungscharakter liegt für Marx darin, daß sie das, was nur für die warenproduzierende Gesellschaft gilt, der Wertcharakter der Arbeitsprodukte, als «endgültig», als «gesellschaftliche Naturform der Produktion» [17] nimmt und so verabsolutiert. So habe D. Ricardo «zwar, wenn auch unvollkommen, Wert und Wertgröße analysiert», aber «niemals auch nur die Frage gestellt, warum dieser Inhalt jene Form annimmt, warum sich also die Arbeit im Wert ... des Arbeitsprodukts darstellt» [18]. Der bloß analytischen Methode der Klassik setzt Marx einen Untersuchungsgang entgegen, der ebensowohl analytisch die ökonomischen Formen auf ihren Grund in den gesellschaftlichen Verhältnissen zurückführt wie er genetischhistorisch diese Formen aus diesem Grund entwickelt, und so den ihnen anhaftenden Naturschein als gesellschaftlich gültigen Schein aufweist und damit theoretisch destruiert. Allerdings reicht theoretische Aufklärung nicht aus, den Warenfetisch zu beseitigen, da er kein Produkt des menschlichen Kopfes, sondern gesellschaftlich gültige Praxis ist.

Der Warenfetisch ist von grundlegender Bedeutung für Marx' ‹Kritik der politischen Ökonomie›. Er verfolgt ihn von den anfänglichen (W./Geld) bis zu den am weitesten entwickelten Kategorien (Kapital – Profit/Zins, Boden – Rente, Arbeit – Lohn) und spricht vom «Geldfetisch» bzw. «Kapitalfetisch» [19]. Der Fetischismus erstreckt sich also auf die Gesamtheit der bürgerlichen Produktionsverhältnisse. Marx kritisiert die Gemeinvorstellungen, Lohn, Profit und Rente würden dem gemeinsamen Beitrag von Arbeit, Kapital und Boden zur Wertschöpfung des Reichtums entspringen (so wie die Früchte an den Bäumen Ergebnisse natürlicher Reifung sind), als Fetischglauben. Lohnarbeit, Kapital und Grundeigentum sind keine naturgegebenen Konstanten der gesellschaftlichen Reproduktion, sondern historisch gewordene Momente bestimmter Produktionsverhältnisse.

4. Marx' Theorie vom Warenfetisch ist in der Tradition der Arbeiterbewegung und des Marxismus zunächst wenig rezipiert worden. Weder bei R. Luxemburg und K. Kautsky noch bei W. I. Lenin spielt er in der theoretischen Auseinandersetzung eine Rolle. Ursache dafür ist eine agententheoretische Auffassung von Ideologie, die diese auf die Parteilichkeit des Wissenschaftlers für die herrschende Klasse reduziert. Entscheidend für die nachhaltige Wirkung von Marx' Theorie des Warenfetischismus ist die Um- und Ausdeutung, die G. Simmel ihr gege-

ben hat. Ohne den Begriff ausdrücklich zu nennen, weitet Simmel die von Marx kritisch diagnostizierten Verkehrungen der kapitalistischen Warenproduktion aus in eine allgemeine Theorie einer (tragischen) Kulturentwicklung, in der die vom Menschen produzierten objektiven Kulturgüter sich gegenüber den Aneignungsfähigkeiten (der subjektiven Kultur) der Menschen verselbständigen und so das Produkt als Beherrscher des Produzenten erscheint [20]. Die indirekte Anknüpfung an Marx wird häufig deutlich. So betont Simmel mit Marx den Umstand, «daß die Arbeitskraft eine W. geworden ist», aber er sieht darin «nur eine Seite des weitausgreifenden Differenzierungsprozesses, der aus der Persönlichkeit ihre einzelnen Inhalte herauslöst, um sie ihr als Objekte, mit selbständiger Bestimmtheit und Bewegung, gegenüberzustellen» [21]. Er bewertet die Verkehrungen des Warenfetischismus weitaus ambivalenter als Marx, die damit implizierten Freiheitseinschränkungen seien zugleich in anderen Hinsichten Ermöglichungen neuer Freiheiten. Es ist nun diese kulturtheoretische Ausweitung und ambivalente Bewertung [22], die in der konservativen Kulturkritik (H. Freyer, A. Gehlen, H. Schelsky) und im «westlichen Marxismus» über G. Lukács und W. Benjamin bis zu Th. W. Adorno und J. Habermas das Theorem des Warenfetischismus wieder attraktiv gemacht haben.

Für Lukács gilt der Warenfetischismus als Quintessenz des Marxismus [23]. Zugleich erfährt er bei ihm eine Universalisierung. Lukács faßt ihn als Verdinglichung (s.d.) menschlicher Beziehungen, die den Menschen zur W. degradiert und so von seinem Menschsein entfremdet. Die Proletarier, die ihre Entfremdung begreifen, entdecken hinter der verdinglichten Hülle den menschlichen Kern. Dies ist die Möglichkeitsbedingung dafür, daß der entfremdete Mensch zu seinem wahren Wesen zurückkehren kann. Lukács betreibt Warenfetischismuskritik auf dem Boden eines anthropologischen Essentialismus. In Gegenposition zum essentialistischen Entfremdungsmarxismus wird die Marxsche Theorie des Warenfetischs bei L. Althusser selbst als idealistisch-bürgerliche Theorie kritisiert [24]. Er wirft ihr vor, die W. zum Subjekt der gesellschaftlichen Vermittlung zu machen und damit der traditionellen Subjektphilosophie verhaftet zu bleiben. Die Dekonstruktion des Fetischismusproblems ist gleichbedeutend mit derjenigen der Subjektkategorie durch den strukturalistischen Ansatz.

Während Benjamin in seinem ‹Passagen-Werk› [25], das am Leitfaden des Warenfetischs den Spuren der materialisierten Ideologie des Pariser Großbürgertums nachgeht, den Fetisch in eine subjektive Bewußtseinstatsache auflöst [26], hält Adorno [27] zunächst am subjektiv-objektiven Fetischbegriff als einem ökonomiekritischen Begriff fest, um in ihm den Ideologiebegriff zu verankern. Allerdings hat die Kritische Theorie diese Grundlegung nie wirklich vorgenommen, was schließlich zur Abkehr von Marx und zur kulturkritischen Wendung führt. Verdinglichung der gesellschaftlichen Verhältnisse bedeutet nun entweder, daß der falsche Vorrang der Sachen qua W.n die Identität der Individualität unterdrückt oder umgekehrt gesellschaftlich produzierte falsche Subjektivität das wahre Sein der Dinge zerstört. Adorno plädiert in der ‹Negativen Dialektik› [28] für einen Vorrang des Objekts. Die Marxsche Unterscheidung von Gebrauchs- und Tauschwert der W. überträgt er auf die Differenz zwischen wahrem Vorrang des Objekts und falscher Vorherrschaft heteronomer Objektivität der Gesellschaft. Den traditionellen Entfremdungs- und Verdinglichungstheorien wirft er die Auflösung alles Dinghaften in reine Tätigkeit vor. Der wahre Dingbegriff wird zum Maßstab der Kritik an der falschen Objektivität der Fetischwelt der W.n. Vielfach wird unter Kritik des Warenfetischismus Konsumkritik verstanden, etwa bei H. Marcuse [29]. Die Ökonomiekritik von Marx wandelt sich zur Kritik gesellschaftlich produzierter falscher Bedürfnisse.

Die Kontroverse über das Konzept des Warenfetischs versus Entfremdung und Verdinglichung hält in der gegenwärtigen Diskussion über Marx an. Während die einen dafür plädieren, daß die anthropologisch gefärbte Entfremdungstheorie in die Kapitaltheorie eingehe [30], gehen die anderen davon aus, daß sich Marx im ‹Kapital› von einer Entfremdungstheorie verabschiedet bzw. diese nichtessentialistisch modifiziert habe [31]. Strittig ist etwa, ob Marx' Konzept des Waren- und Geldfetischs auf der Norm unmittelbarer Gesellschaftlichkeit basiert [32]. In dieser Sicht gerät Marx' Kritik an der Instrumentalisierung, die die Menschen im Umgang mit W.n praktizieren, zur Polemik gegen das praktische Zweck-Mittel-Verhältnis als solches, wie sie dem moralischen Imperativ des «Mediatisierungsverbots» [33] zugrunde liegt. Auch wenn Marx' Kritik keine starken normativen Annahmen über das Wesen des Menschen benötigt, ist sie darauf angewiesen, aufzeigen zu können, daß der bürgerliche Reichtum mit Systemnotwendigkeit die Verletzung von elementaren Lebensinteressen der Menschen einschließt.

Anmerkungen. [1] Vgl. auch: Art. ‹W.›. Grimm 13 (1922) 1989-2005. – [2] Vgl. P. Sraffa: Production of commodities by means of commodities. Prelude to a critique of econ. theory (Cambridge 1960); dtsch.: Warenproduktion mittels W.n. Einl. zu einer Kritik der ökon. Theorie (1968, 1976). – [3] K. Marx: Das Kapital. Kritik der polit. Ökonomie 1 (1867). MEW 23, 49. – [4] a.O. – [5] a.O. 50; vgl. auch: Art. ‹Wert/Preis›. – [6] Vgl. 55. – [7] 56; vgl. Art. ‹Ökonomie, politische›. Hist. Wb. Philos. 6 (1984) 1163-1173. – [8] Vgl. Zur Kritik der polit. Ökonomie (1859). MEW 13, 15; Marx bezieht sich hier auf: Aristoteles: Polit. I, 9. – [9] Vgl. a.O. [3] 86. 97. 183f. – [10] Vgl. dazu: G. Lohmann: Indifferenz und Gesellschaft. Eine krit. Auseinandersetzung mit Marx (1991) 290ff. – [11] Vgl. Th. Marxhausen: Art. ‹Fetischcharakter der W.›, in: W. F. Haug (Hg.): Hist. Wb. des Marxismus 4 (1999) 343-354, 343; Art. ‹Fetischismus›. Hist. Wb. Philos. 2 (1972) 940-942; Marx' Exzerpte aus: Ch. de Brosses: Ueber den Dienst der Fetischengötter ..., übers. C. B. H. Pistorius (1785). MEGA IV/1 (1976) 320ff. – [12] Marx, a.O. [3] 86f.; vgl. auch: Art. ‹Verkehrte Welt›. Hist. Wb. Philos. 11 (2001) 705-707. – [13] Das Kapital, Anh. zu Kap. I, 1: Die Wertform (1867). MEGA II/5 (1983) 637f. – [14] Vgl. Lohmann, a.O. [10] 215ff. – [15] W. F. Haug: Vorles. zur Einf. ins ‹Kapital› (1974, 51985) 167. – [16] Marx, a.O. [3] 92f. – [17] a.O. 88. – [18] 94f.; vgl. D. Ricardo: The princ. of polit. econ. and taxation (London 1817, 31821) 334. – [19] Das Kapital 3, hg. F. Engels (1894). MEW 25, 838. – [20] Vgl. G. Simmel: Philos. des Geldes (1900). Ges.ausg. 6, hg. D. P. Frisby u.a. (1989) 591ff. – [21] a.O. 631f. – [22] Vgl. G. Lohmann: The ambivalence of indifference in modern society. Marx and Simmel, in: L. W. Isaksen/M. Waerness (Hg.): Individuality and modernity. G. Simmel and modern culture (Bergen 1993) 41-60. – [23] G. Lukács: Geschichte und Klassenbewußtsein (1923, ND 1988). – [24] L. Althusser: Marx dans ses limites (1978), in: Ecrits philos. et polit., hg. F. Matheron 1 (Paris 1994) 359ff. – [25] W. Benjamin: Das Passagen-Werk [1927-40]. Ges. Schr. 5/1-2 (1982). – [26] Br. an G. Scholem (20. 5. 1935), in: Br. 2, hg. G. Scholem/Th. W. Adorno (1978) 654. – [27] Th. W. Adorno: Beitrag zur Ideologienlehre (1954), in: Ges. Schr., hg. R. Tiedemann 8 (21980) 457-477. – [28] Negat. Dial. (1966), a.O. 6 (1973). – [29] H. Marcuse: The one-dimensional man (Boston 1964); dtsch.: Der eindimens. Mensch (31968). – [30] E. M. Lange: Wertformanalyse, Geldkritik und die Konstitution des Fetischismus bei Marx. Neue Hefte Philos. 13 (1978) 1-44; Lohmann, a.O. [10] 22f. – [31] I. Fetscher: K.

Marx und der Marxismus. Von der Ökonomiekritik zur Weltanschauung (⁴1985) 64; M. HEINRICH: Die Wiss. vom Wert. Die Marxsche Kritik der polit. Ökonomie zwischen wissenschaftl. Revolution und klass. Tradition (²1999) 139ff. – [32] LANGE, a.O. [30] 28. – [33] M. THEUNISSEN: Sein und Schein. Zur krit. Funktion der Hegelschen Logik (1978) 485.

Literaturhinweise. E. M. LANGE s. Anm. [30]. – G. LOHMANN s. Anm. [10]. – H.-G. BACKHAUS: Dialektik der Wertform. Unters. zur Marxschen Ökonomiekritik (1997). – TH. MARXHAUSEN s. Anm. [11]. CH. IBER/G. LOHMANN

Wärmetod (engl. heat-death; frz. mort thermique). S. CARNOT hat im Jahre 1824 eine Theorie des Wirkungsgrades der Dampfmaschine auf das Axiom gegründet: «Partout où il existe une différence de température, il peut y avoir production de puissance motrice» [1]. Daraus folgt, daß keinerlei mechanische Arbeit mehr gewonnen werden kann, wenn sich die Temperaturunterschiede in der Materie ausgeglichen haben. Insbesondere hat Carnot die erste Fassung des ‹Zweiten Hauptsatzes der Thermodynamik› (s.d.) an die Bedingung geknüpft, daß in idealen Maschinen ein Temperaturausgleich ohne mechanische Arbeitsleistung nicht stattfinden darf. Den in der Realität stets eintretenden entgegengesetzten Fall, den Carnot als «une véritable perte» bezeichnete, hat W. THOMSON im Jahre 1852 «an absolute waste of mechanical energy» genannt [2] und unter Benutzung des Begriffs des nicht-umkehrbaren (irreversiblen) Prozesses als Ursache einer naturgesetzlichen Tendenz zur Zerstreuung (Dissipation) aller mechanischen Energien aufgefaßt [3]. Daraus zog er den weitreichenden Schluß: «Within a finite period of time past the earth must have been, and within a finite period of time to come the earth must again be, unfit for the habitation of man» [4].

1854 ist H. VON HELMHOLTZ auf Thomsons Idee der Energiedissipation eingegangen, wobei er die Wärme von den übrigen Energieformen unterschieden und unter Hinweis auf Reibungs- und (inelastische) Stoßvorgänge festgestellt hat, daß erstere auf Kosten der letzteren beständig zunimmt. So gelangte er zum Ergebnis: «... wenn das Weltall ungestört dem Ablaufe seiner physischen Processe überlassen wird, wird endlich aller Kraftvorrath in Wärme übergehen und alle Wärme in das Gleichgewicht der Temperatur kommen»; diesen Zustand hat er den «vollständigen Stillstand aller Naturprocesse» genannt und hinzugefügt, daß die kosmologische Folgerung, die Thomson aus dem ‹Zweiten Hauptsatz› gezogen hatte, «dem Weltall, wenn auch erst nach unendlich langer Zeit, mit ewigem Tode drohen» würde [5]. R. CLAUSIUS ist im Jahre 1863 ebenfalls auf Thomsons Arbeit zur Energiedissipation eingegangen und hat seinerseits konstatiert, es müsse «sich das Weltall allmählich mehr und mehr dem Zustande nähern, wo die Kräfte keine neuen Bewegungen mehr hervorbringen können, und keine Temperaturdifferenzen mehr existiren» [6]. Als er dann im Jahre 1865 den Begriff ‹Entropie› (s.d.) in die Thermodynamik einführte, hat er die folgende kosmologische Anwendung des ‹Zweiten Hauptsatzes› gemacht: «Das Weltall muß sich ohne Unterlaß einem Gränzzustande nähern», und am Schluß der Abhandlung die beiden Kernsätze aufgestellt: «1) Die Energie der Welt ist constant. 2) Die Entropie der Welt strebt einem Maximum zu» [7]. Der Grenzzustand des Entropiemaximums ist der W. der Welt.

L. BOLTZMANN hat die Annahme des W. geradezu für «abgeschmackt» [8] gehalten und im Sinne seiner statistischen Interpretation des ‹Zweiten Hauptsatzes› die Ansicht vertreten, daß es im Universum neben Teilwelten, die sich dem Entropiemaximum nähern, immer auch Bereiche geben müsse, in denen wahrscheinlichere (ungeordnete) Zustände in unwahrscheinlichere (geordnete) übergehen, so daß die Lebenserscheinungen, die an das Vorhandensein von Arbeitsfähigkeit geknüpft sind, Folgen statistischer Schwankungen kosmischen Ausmaßes sind. Im gleichen Zusammenhang hat er die These aufgestellt, daß Bewohner solcher Welten, in denen die Entropie abnimmt, davon nichts wahrnehmen können, weil sie die Richtung des Zeitpfeils umkehren; am Schluß des zweiten Teils seiner ‹Vorlesungen über Gastheorie› hat Boltzmann unter der Überschrift ‹Anwendung auf das Universum› dafür die Erklärung gegeben: «Diese Methode scheint mir die einzige, wonach man den 2. Hauptsatz, den W. jeder Einzelwelt, ohne eine einseitige Aenderung des ganzen Universums von einem bestimmten Anfangs- gegen einen schliesslichen Endzustand denken kann» [9].

Auch Boltzmanns statistische Interpretation des ‹Zweiten Hauptsatzes› ist indessen angefochten worden. So hat E. ZERMELO mit Bezug auf H. POINCARÉ gegen Boltzmanns Gedankengang eingewandt, daß ein abgeschlossenes mechanisches System sich innerhalb einer endlichen, wenn auch sehr langen Zeit jedem Zustand, den es einmal angenommen hat, mit beliebiger Genauigkeit wieder annähern muß (Wiederkehreinwand) [10]. Danach kann der W. nicht das letzte Wort in der Entwicklung der Welt sein [11].

O. LIEBMANN hat gegen die Vorstellung des W. eingewandt, daß sie nur haltbar wäre, wenn 1) das Universum endliche Ausdehnung besäße (was er aus Gründen der Raum-Ökonomie für ausgeschlossen hielt) und wenn 2) der Stillstand bereits eingetreten wäre, weil die Zeit anfangslos ist. Er gab ferner zu bedenken, daß geistige Potenzen übermenschlichen Ausmaßes existieren könnten, die in den Weltlauf akzelerierend oder retardierend einzugreifen imstande sind [12]. Laut A. MITTASCH [13] hat F. NIETZSCHE durch O. LIEBMANN und O. CASPARI von der Möglichkeit des W. erfahren. Ohnehin dem Pessimismus abgeneigt, hat er sich seit Beginn der achtziger Jahre mit der Lehre von der ewigen Wiederkehr [14] auseinandergesetzt und den Satz vom W., wie der Briefwechsel mit P. GAST zeigt, energisch zurückgewiesen und dabei auf Liebmann zurückgegriffen [15].

Die zweite große Klippe der Theorie des W. bildet die Entstehung von Ordnung, wie sie CH. DARWIN in seiner Evolutionslehre vorsieht. K. R. POPPER hielt das Problem für gelöst, seit es I. PRIGOGINE in den siebziger Jahren des 20. Jh. gelungen war, den Nachweis zu erbringen, daß für offene Systeme, die sich in einem Zustande fern vom thermodynamischen Gleichgewicht befinden, andere Gesetze gelten als für geschlossene Systeme in Gleichgewichtsnähe, so daß trotz aller Dissipationsprozesse Selbstorganisationsvorgänge stattfinden, die eine gewisse Nähe zur Welt des Organischen aufweisen [16]. In der neueren Physik sind Einwände gegen den W. des Universums besonders von seiten der relativistischen Kosmologie vorgebracht worden [17].

Die Lehre vom W. war über die Wissenschaften hinaus auch kulturgeschichtlich einflußreich [18]. Eine Anwendung auf die Geschichte hat H. ADAMS gemacht [19]. Literarische Reflexe finden sich u.a. in R. MUSILS Roman ‹Der Mann ohne Eigenschaften› [20]. In der Theologie knüpfte sich an die Diskussion um den W. ein eigener, sog. «entropologischer Gottesbeweis» [21]. Zur Kennzeichnung des erwartbaren Endzustandes des Universums ist inner- und außerhalb der Physik nicht nur vom W., sondern auch vom Kältetod die Rede [22]. Letzteren Begriff gebraucht auch E. Bloch, um einen «Orkus» zu bezeichnen, der physikalisch «die Geburt eines anderen Alls oder Universums in sich» trage [23].

Anmerkungen. [1] S. Carnot: Réfl. sur la puissance motrice du feu (1824), hg. R. Fox (Paris 1978) 74. – [2] W. Thomson: On a universal tendency in nature to the dissipation of mechanical energy. The London, Edinburgh and Dublin philos. Mag. and Journal of Science. Ser. 4, Vol. 4 (1852) 304-306, 304. – [3] Vgl. Art. ‹Zerstreuung II.›. – [4] Thomson, a.O. [2] 306. – [5] H. von Helmholtz: Über die Wechselwirkung der Naturkräfte und die darauf bezügl. neuesten Ermittelungen der Physik (1854), in: Vortr. und Reden 1 (^{5}1903) 50-83, 66f. – [6] R. Clausius: Ueber die Concentration von Wärme- und Lichtstrahlen und die Gränzen ihrer Wirkung. Ann. Phys. 121 (1864) 1-44, 2. – [7] Ueber verschiedene für die Anwendung bequeme Formen der Hauptgleichungen der mechan. Wärmetheorie. Ann. Phys. 125 (1865) 353-400, 400. – [8] L. Boltzmann: Über einige meiner weniger bekannten Abh. über Gastheorie und deren Verhältnis zu derselben (1897), in: Wissenschaftl. Abh., hg. F. Hasenöhrl 3 (1909) 598-608, 608. – [9] Vorles. über Gastheorie 2 (1898) 257. – [10] E. Zermelo: Über die mechan. Erklärung irreversibler Vorgänge. Ann. Phys., NF 59 (1896) 793-801, 793. – [11] Vgl. H. Spencer: First principles (London 1870) 371-374. – [12] O. Liebmann: Zur Analysis der Wirklichkeit. Eine Erörterung der Grundprobl. der Philos. (Straßburg 1900) 405. – [13] A. Mittasch: F. Nietzsche als Naturphilosoph (1952) 322. – [14] Vgl. Art. ‹Wiederkunft, ewige; Wiederkehr, ewige›. – [15] F. Nietzsche: Nachgel. Fragm., Frühjahr 1888 14[188]. Krit. Ges.ausg., hg. G. Colli/M. Montinari 8/3 (1972) 167. – [16] K. R. Popper: The open universe. An argument for indeterminism (London 1982) 174. – [17] J. D. Barrow/F. J. Tipler: The anthropic cosmolog. principle (1986) 617-619. – [18] Vgl. E. Pertigen: Der Teufel in der Physik. Eine Kulturgeschichte des Perpetuum mobile (1988, ^{2}2000) 168-179. – [19] H. Adams: The degradation of the democratic dogma (New York 1919). – [20] R. Musil: Der Mann ohne Eigenschaften (1930ff., 1978) 464; vgl. Ch. Kassung: EntropieGeschichten. R. Musils ‹Der Mann ohne Eigenschaften› im Diskurs der mod. Physik (2001) bes. 184-185. 405-406. 460-462; C. Flammarion: La fin du monde (Paris 1894) 121. – [21] Vgl. Art. ‹Gottesbeweis, entropologischer›. Hist. Wb. Philos. 3 (1974) 831-832; R. Löw: Die neuen Gottesbeweise (1994) 174. – [22] Vgl. Art. ‹Kältetod›, in: H. Franke (Hg.): Lex. der Physik 4 (^{11}1970) 770; Musil, a.O. [20] 464; H. Dingler: Gesch. der Nat.philos. (1932) 138. – [23] E. Bloch: Das Prinzip Hoffnung 1-3 [1938-47] (1954-57). Ges.ausg. 5 (1959) 362.

Literaturhinweise. U. Hoyer: Kosmogonie und ewige Wiederkehr, in: Die Entdeckung des Kosmos durch den Menschen. Studium gen. Münster (WS 1980/81) 137-156. – E. Pertigen s. Anm. [18]. – S. G. Brush: The kind of motion we call heat: A hist. of the kinetic theory of gases in the 19th cent. (Amsterdam ^{2}1992).

U. Hoyer

Warum (griech. διότι; lat. cur, quare, propter; engl. why; frz. pourquoi). Bestimmte Warum-Fragen und deren Beantwortungsversuche haben die Philosophie- und Theologiegeschichte geprägt: Warum hat Gott die Welt erschaffen? [1] Warum ist Gott Mensch geworden? [2] G. W. Leibniz' Frage «Warum ist eher etwas als nichts?» [3] thematisiert M. Heidegger («Warum ist überhaupt Seiendes und nicht Nichts?») als die «ursprünglichste Frage» der Metaphysik [4]. Bereits F. W. J. Schelling treibt der Blick auf die menschliche Geschichte zu der «letzten verzweiflungsvollen Frage: warum ist überhaupt etwas? warum ist nicht nichts?» [5] «Gegen alle Warum's und höchsten Werthe in der bisherigen Philosophie» und damit gegen Fragen nach der Rechtfertigung des Lebens wendet F. Nietzsche ein, daß diese das «Leben und seine Machtsteigerung» zum «Mittel» erniedrigen würden [6].

Die Frage (s.d.) nach dem Warum kann, wie früh bei Herodot [7], die Frage nach der Ursache (s.d.) wie auch diejenige nach dem Sinn und Zweck einer Sache oder eines Geschehens sein. Mit Aristoteles beginnt eine lange Tradition, in der die Kenntnis der Ursache oder des Grundes (αἰτία, ἀρχή), auch als Kenntnis des Warum (διότι) bezeichnet, das Kriterium für Wissen ist [8]. Im Gegensatz zur bloßen Tatsachenkenntnis, dem Kennen des Einzelnen und des «daß» (ὅτι), kennt der Wissende die Ursache und das Warum (τὸ διότι) [9]. Die Aristotelische Wissenschaftslehre unterscheidet Schlüsse des Warum (ὁ τοῦ διότι συλλογισμός) und Schlüsse des Daß auch innerhalb derselben Wissenschaft [10].

Diese Bestimmungen bleiben in der Folgezeit über die Aristoteles-Kommentare erhalten [11]. Sie sind noch in Ch. Wolffs Unterscheidung von historischer (empirischer) und philosophischer Erkenntnis präsent [12] und halten sich bis in die modernen Analysen von ‹Erklärung› durch [13].

Zeigt sich auch menschliches Denken durch radikale Warum-Fragen in besonderer Weise bedrängt, so tritt terminologisch das Warum zumeist hinter die differenzierte und dominierende Begrifflichkeit von ‹Kausalität› sowie von ‹Grund› und ‹Ursache› zurück. Ähnlich jedoch wie ‹Grund› (s.d.) in der *Mystik* eine eigene Bedeutung findet, wird hier die Wendung «ohn warum» bedeutsam. Sie taucht zuerst bei den niederländischen Beginen des 13. Jh. auf. Beatrix von Nazareth (gest. 1268) fordert mit dem «ohne Warum» die grundlose, d.h. reine und uneigennützige Gottesliebe: «umsonst, nur mit Liebe, ohne irgendein Warum und ohne irgendeinen Lohn» («sunder enich waeromme ende sunder eneghen loen») [14]. In der Inversionsmystik des 13. und 14. Jh. findet diese Wendung rasche Verbreitung. Es erscheint als «sans nul pourquoy» bei Margareta Porete (gest. 1310) [15], als «non perchene» bei Jacopone da Todi (gest. 1306) [16] und als «sonder waeromme» bei Hadewijch (von Antwerpen) [17] und Jan van Ruusbroec [18].

Eine besondere Vorliebe für das «ohne Warum» zeigt Meister Eckhart. Der Begriff markiert das mystische Ziel der Losgelöstheit alles Handelns und Denkens von jeder Ichheit und jedem Eigenwillen (s.d.). Der vollkommene Mensch wirkt seine Werke nicht um eines Lohnes willen, auch nicht um der ewigen Seligkeit willen, sondern «sunder warumbe». Ein solches Leben «lebet ez âne warumbe in dem, daz ez sich selber lebet» [19]. Der Mensch, der alle Werke «âne warumbe und von minnen» tut, ist der Welt abgestorben «und lebet in got und got in im» [20]. Der Gerechte «würket ... sunder warumbe»; er folgt darin Gott nach, der auch «kein warumbe enhât» [21]. Gott kennt kein Warum («quare»), sondern ist selbst das Warum aller und für alles [22]. Gottes «ohne Warum» bedeutet deshalb, daß er «propter se ipsum, sui gratia, liberum» («um seiner selbst willen und frei») ist [23]. – Für Hermann von Fritslar liegt das einzige Warum der Tugend in der Nachfolge Christi und seines Leidens [24].

Vom 15. bis zum 17. Jh. begegnet das «ohne Warum» in der ‹Theologia Deutsch› [25], bei Katharina von Genua [26] und Angelus Silesius: «Die Ros' ist ohn' Warum, sie blühet weil sie blühet» [27]. Ausläufer zeigen sich noch im frühen 18. Jh. [28]. Im 17. Jh. wird der Begriff durch den des «désintéressement» (s.d.) abgelöst. M. Luthers Grundsatz, daß der Mensch allein durch den Glauben, «auß lautern gnaden gottis umbsonst» gerechtfertigt werde [29], kann in gewisser Weise als Fortsetzung des mystischen «ohne Warum» angesehen werden.

Wenn im 20. Jh. M. HEIDEGGER die Verse des Angelus Silesius unter Vernachlässigung des allegorischen Sinns liest (die Rose steht für Christus), konfrontiert er das «ohn warum» mit der Struktur abendländischer Rationalität. Deren beherrschendes Prinzip vom zureichenden Grund ('Nichts ist ohne Grund') formuliert er um als «Nichts ist ohne Warum» [30]. Nur im «vorstellenden Denken» der Neuzeit werden, so Heideggers Rationalitätskritik, Gründe gefordert und gegeben. Der Mensch jedoch sei «im verborgensten Grunde seines Wesens erst dann wahrhaft ..., wenn er auf seine Weise so ist wie die Rose – ohne Warum» [31].

Nach H. BLUMENBERG hat erst die Philosophie das «rastlose Nachfragen in die Welt gebracht», das der Mythos seiner Auffassung nach «auflaufen» läßt: «Wer Warum? fragt, ist selber schuld, wenn er durch die Antwort geärgert wird» [32].

Anmerkungen. [1] AUGUSTINUS: De genesi c. Manichaeos I, 2 (4). MPL 34, 175; De vera relig. XVIII, 35 (94). – [2] ANSELM VON CANTERBURY: Cur Deus homo? – [3] G. W. LEIBNIZ: Ratio est in natura ... [1690]. Die philos. Schr., hg. C. I. GERHARDT 7 (1890, ND 1965) 289. – [4] M. HEIDEGGER: Einf. in die Met. [1935] (1953) 2. – [5] F. W. J. SCHELLING: Philos. der Offenbarung I, 1. Vorles. (1841/42). Sämmtl. Werke, hg. K. F. A. SCHELLING (1856-61) II/3, 7. – [6] F. NIETZSCHE: Nachgel. Frg., Herbst 1887 10[137]. Krit. Ges.ausg., hg. G. COLLI/M. MONTINARI 8/2, 199f. – [7] HERODOT: Hist. II, 24. – [8] ARISTOTELES: Anal. post. I, 6, 75 a 35; 14, 79 a 24; Phys. I, 1, 184 a 10ff. – [9] Met. I, 1, 981 a 29f. – [10] Anal. post. I, 9, 76 a 12; 13, 78 a 22ff.; zit. 14, 79 a 22; vgl. 27, 87 a 32; 33, 89 a 16; 14, 79 a 24. – [11] ALBERTUS MAGNUS: Met. lib. I, 1, 7. Op. omn., hg. A. BORGNET (Paris 1890-99) 6, 14; THOMAS AQU.: In Met. Arist. expos. I, 1, 24. – [12] CH. WOLFF: Discursus praeliminaris, in: Philos. rationalis sive Logica (1728), hg. G. GAWLICK/L. KREIMENDAHL (1996) 4f. – [13] Vgl. Art. ‹Erklären; Erklärung›. Hist. Wb. Philos. 2 (1972) 694-699, 696f.; ‹Ursache/Wirkung V. d)›, a.O. 11 (2001) 403f. – [14] BEATRIJS VAN NAZARETH: Seven manieren van minne II, 4-6, hg. L. REYPENS/J. VAN MIERLO (Löwen 1926) 7; vgl. V, 28-32, a.O. 19. – [15] MARGUERITE PORÈTE: Le mirouer des simples ames/Speculum simplicium animarum LXXXI, hg. P. VERDEYEN. CC Cont. Med. 69 (Turnhout 1986) 230f. – [16] JACOPONE DA TODI: Le laude LX, hg. G. FERRI (Bari 1915) 135. – [17] HADEWIJCH: Mengeldichten XVIII, 161f., hg. J. VAN MIERLO (Brüssel/Löwen 1912) 88. – [18] JAN VAN RUUSBROEC: Van den gheesteliken tabernakel IV, § 41. Werken (Tielt 21944-48) 2, 77. – [19] MEISTER ECKHART: Predigt 5 b. Dtsch. Werke, hg. J. QUINT [DW] 1 (1958) 90, 11f.; 92, 3; vgl. S. UEDA: Die Gottesgeburt in der Seele und der Durchbruch zur Gottheit (1965) 154-164. – [20] Predigt 29. DW 2 (1971) 80, 1-3; vgl. Predigt 39. DW 2, 253, 5-254, 3. – [21] Predigt 41. DW 2, 289, 2-6; vgl. Traktat I, 1: Das buoch der goetl. troestunge. DW 5 (1963) 43, 20-25. – [22] Expos. s. Evang. sec. Johannem. Lat. Werke, hg. J. QUINT [LW] 3 (1994) 41, 11f.; vgl. Rechtfertigungsschrift, a. 31, hg. G. THÉRY. Arch. Hist. doctr. litt. MA 1 (1926) 129-268, hier: 236. – [23] Sermo VI, 2. LW 4 (1956) 58, 8. – [24] HERMANN VON FRITSLAR: Heiligenleben, in: F. PFEIFFER (Hg.): Dtsch. Mystiker des 14. Jh. 1 (1845) 114, 16-21. 35-37. – [25] ‹Der Franckforter› (‹Theologia Deutsch›), hg. W. VON HINTEN (1982) 109. – [26] CATERINA DA GENOVA: Vita della Beata Caterina Adorni da Genova (Florenz 1589); frz. (Lyon 1616) c. 32. – [27] ANGELUS SILESIUS: Der cherubin. Wandersmann I, 289 (1675). Sämtl. poet. Werke, hg. G. ELLINGER (o.J.) 1, 61. – [28] G. ARNOLD: Leben der Gläubigen (1732) 41. – [29] M. LUTHER: Von der Freiheit eines Christenmenschen (1520). Weim. Ausg. 7, 31, 19; vgl. A. M. HAAS: Gottleiden – Gottlieben (1989) 475. – [30] M. HEIDEGGER: Der Satz vom Grund (1957, 41971) 67-75, hier: 67. Ges.ausg. I/10 (1997) 47ff., hier: 53; vgl. Art. ‹Principium rationis sufficientis›. Hist. Wb. Philos. 7 (1989) 1325-1336, 1332. – [31] a.O. 73/Ges.ausg. 57f. – [32] H. BLUMENBERG: Arbeit am Mythos (1979) 286f.

H.-J. FUCHS/Red.

Washeit (lat. quidditas; engl. quiddity; frz. quiddité). ‹Quidditas› (von ‹quid›: was) wird in der zweiten Hälfte des 12. Jh. im Zuge der Rezeption arabischer Philosophie durch den lateinischen Westen zur Wiedergabe des arabischen ‹mahiya› (aus ‹ma›: was und ‹hiya›: sie ist) geprägt. Dieses dient bereits in der arabischen Bearbeitung der sog. ‹Theologie des Aristoteles› (9. Jh.) zur Übersetzung von τὸ τί und tritt in der späteren Kommentartradition an die Stelle von ‹ma huwa bil-anniya›, der Übertragung des Aristotelischen τί ἦν εἶναι (‹Was-es-heißt, dies-zu-sein›) [1]. Zu einem Grundterminus der Logik und Metaphysik wird ‹W.› in der Scholastik durch den Einfluß AVICENNAS (IBN SINA), dessen philosophisches Hauptwerk seit der 2. Hälfte des 12. Jh. in lateinischer Übersetzung vorliegt. In Anknüpfung an eine neuplatonisch geprägte Deutungstradition des τί ἦν εἶναι versteht Avicenna W. als den Sinngehalt der realen Wesenheit oder Natur eines Dings, nach dem dieses unter eine bestimmte Art fällt und Gegenstand der wissenschaftlichen Definition ist [2]. Jener Sinngehalt findet sich identisch als Sachgehalt in den einzelnen Gliedern der Art und als Inhalt der Definition; deshalb «ist die Definition nichts anderes als die W. des Definierten» («Definitio autem non est nisi quidditas definiti») [3]. Diese schließt weder Singularität noch Universalität ein und verhält sich daher indifferent zu ihrem Bestand als Inhalt des universalen Begriffs und zu ihrer Gegebenheit als Sachgehalt in den Einzelwesen; sie ist jeweils von sich her nur, was sie ist. Die W. eines kontingenten Dings schließt das Sein nicht ein. Es kommt ihm in letzter Instanz von einer äußeren Wirkursache her zu, die im strengen Sinne keine W. hat, sondern an sich nichts anderes ist als notwendiges Sein [4]. Gleichwohl hat die W. als solche eine Art eigenes Sein, insofern das betreffende Seiende durch sie und in ihr eine feste positive Bestimmtheit (certitudo) besitzt, nach der es als ‹Ding› oder ‹Wesen› (‹res›) zu bezeichnen ist [5].

Diese Überlegungen werden in der Scholastik des MA parallel zur Substanzlehre der neu erschlossenen ‹Metaphysik› rezipiert und in unterschiedlichen Graden mit deren zentraler Konzeption des τί ἦν εἶναι (quid erat esse/quidditas) in Zusammenhang gebracht. Dabei tritt die Frage nach dem ontologischen Status der W. als solcher in den Vordergrund. – In den Schriften ALBERT DES GROSSEN bestehen beide Konzeptionen noch nebeneinander: ‹W.› bezeichnet entweder gleichbedeutend mit ‹quid erat esse› die reale Bestimmtheit des Einzeldings, welche dessen ganzes wesenhaftes Sein ausmacht [6], oder verweist auf ein Gemeinsames, sofern es unabhängig von Verstand und Einzelding «in sich eine einfache und unwandelbare Natur ist» («secundum quod in seipso est natura simplex et invariabilis») [7], die nach ihrem eigenen Sein «in nichts anderem als ihrer W. besteht» («consistit absoluta in sua quidditate») [8]. Zu ihrer Bezeichnung wird in der Schulsprache ‹natura communis› gebräuchlich [9]. – THOMAS VON AQUIN führt beide Konzeptionen in einer differenzierenden Betrachtung zusammen. Danach ist W. mit «essentia», «natura», «forma», «quid erat esse» sachlich identisch, unterscheidet sich davon aber begrifflich: ‹W.› meint die Wesenheit als Gegenstand der Definition [10]; als solcher aber ist sie gerade in einer Betrachtung gegeben, welche sie «in sich», nicht nach ihrem Sein im Ding oder im Verstand, jedoch ohne Ausschluß sämtlicher Bestimmungen erfaßt, die ihr nach ihrem Sein im Einzelding oder nach ihrem intentionalen Sein als Inhalt des universalen Begriffs zukommen [11].

Auf der Grundlage eines anderen Seinsverständnisses, demzufolge ‹Wesenheit› und ‹Sein› jeweils das ganze

Ding oder Wesen bezeichnen, unterscheidet Dietrich von Freiberg die W. von der Wesenheit: W. ist das innere formale akthafte Prinzip eines Dings, wodurch dieses zu einer sobeschaffenen Wesenheit determiniert wird und definitorisch erfaßt werden kann [12]; in bezug auf die W. des Seienden als Verstandesobjekt oder «konzeptional Seiendem» betont Dietrich die konstituierende Funktion des menschlichen Intellekts [13].

In Auseinandersetzung mit der Weiterführung der Wesensbetrachtung Avicennas bei Heinrich von Gent, der die spezifische Wesenheit durch ihre reine W. gegenüber ihrem Träger mehr als nur begrifflich unterschieden und mit einem eigenen ontischen Status versehen sieht [14], entwickelt Johannes Duns Scotus den Gedanken des washeitlichen Charakters des realen Seienden und stellt ihn in den Mittelpunkt eines neuen Ansatzes der Metaphysik. Danach betrachtet diese die Dinge von ihrer W. her, und insofern gerade als Seiende, «weil die W. des Dings die An-sich-Seiendheit des Dings ist» («quia quidditas rei est entitas per se rei») [15]; zu dieser gehört nicht die Existenz, wohl aber die feste Bestimmtheit («ratitudo») des Wesens, die über die bloße logische Possibilität hinaus eine Hinordnung auf das verstandesunabhängige Sein besagt [16]. W. kann als solche in einem gänzlich einfachen Begriff erfaßt werden, der unter dem «nomen concretum» von Gott und Geschöpf, Substanz und Akzidenz gleichermaßen «in quid» aussagbar ist [17]. Im Bereich des endlichen Seienden bildet die jeweilige W., die an sich kein Sein besitzt, als «natura communis» den Inhalt einer eigenen Realität im Einzelding, welche von dessen außerwesentlicher und individueller Bestimmtheit vorgängig zum Verstand unterschieden und ihr logisch wie ontologisch vorgeordnet ist; als unwandelbarer, von sich her weder singulärer noch universaler Realitätsgehalt ermöglicht sie die wissenschaftliche Definition des Dings [18].

In Abwehr dieser avicennisch geprägten Konzeptionen erläutert Wilhelm von Ockham vom Standpunkt einer singularistischen Seinsbetrachtung W. als den vom jeweiligen Einzelding als solchen lediglich begrifflich unterscheidbaren Wesensbestand, durch den und in dem dieses ist, was es ist und an sich Eines ist. Das Wort ‹W.› ist Ockham zufolge allerdings nicht eindeutig [19].

Die Tradition der quidditativen Seinsauslegung kommt durch die an katholischen und protestantischen Universitäten des 17. Jh. stark rezipierte ontologische Grundkonzeption des F. Suárez [20] zur Wirkung in der neuzeitlichen Schulphilosophie [21]. – An deren Sprachgebrauch anknüpfend, verwendet I. Kant in der Urteilslehre vorübergehend den von ‹quidditas› abgeleiteten logischen Terminus ‹Quaeität› [22]. – Die scholastische Unterscheidung zwischen der W. eines Seienden und seiner Existenz wird in der Spätphilosophie F. W. J. Schellings wiederaufgenommen [23] und einem neuen philosophischen Programm zugrunde gelegt. Existenz ist nur durch Erfahrung zugänglich; deshalb ist die apriorische «Vernunftwissenschaft» durch eine «empirische» Philosophie zu ergänzen, die beim «unvordenklichen Sein» selbst ansetzt [24]. – Das Motiv des «unvordenklichen Seins» und seiner Vermittlung mit dem auf das Was gerichteten Begriff kehrt beim späten P. Natorp wieder: «Ein Was kann nur Bestimmung eines schon vorausgesetzten Daß sein, aber niemals ein solches geben» [25]. In der konkreten Einheit beider Momente findet er spekulativ die Individualbestimmung, die Parusie des Absoluten im Individualen, erfüllt.

Ebenfalls mit hegelianischen Mitteln bestimmt F. H. Bradley Was und Daß als komplementäre Grundaspekte des Wirklichen, deren Differenz und Einheit bei der Erklärung des menschlichen Denkens zu berücksichtigen sind: Die dem Denken eigentümliche Idealität – seine Bestimmtheit in reinen «ideas», die Inhalte psychischer Akte sind, ohne selbst psychischer Natur zu sein – beruht auf einer Art Trennung des Was vom Daß [26]. Denken vollendet sich durch die Wiedervereinigung der beiden provisorisch entfremdeten Momente im Urteil, das als Prädikat eine reine «idea» und als eigentliches Subjekt eine Realität hat, die ein Daß mitumfaßt; dieses wird in der Prädikation durch jenes Was qualifiziert [27]. Die herkömmliche Auffassung von der Hinordnung der W. auf ein (zumindest intentionales) Sein wird in der neuen Gegenstandstheorie A. Meinongs aufgegeben. ‹Wassein› versteht sich danach als Objektbestimmung in einem Urteilsgegenstand (Sachverhalt, «Objektiv») vom Typ des «Soseins-Objektivs» [28]. Ob dieser Gegenstand überhaupt ist oder sein kann, ist für die Bestimmung unerheblich; es gilt das «Prinzip der Unabhängigkeit des Soseins vom Sein» [29]. – Demgegenüber greift E. Bloch auf die arabische «Aristotelische Linke» zurück [30]: Innerhalb einer Ontologie des Noch-Nicht-Seins kennzeichnet ‹Was› die noch unbegriffene und ausstehende Ziel-Gestalt, auf die das unmittelbare Existieren hindrängt [31].

Anmerkungen. [1] A.-M. Goichon: La distinction de l'essence et de l'existence d'après Ibn Sina (Paris 1937) 31-49; G. Endress: Proclus arabus (Beirut 1973) 84; S. H. Nasr: Existence (wujud) and Quiddity (mahiyyah) in Islamic philosophy. Int. philos. Quart. 29 (1989) 409-428; vgl. Art. ‹To ti en einai›. Hist. Wb. Philos. 10 (1998) 1310-1314. – [2] Avicenna latinus: Philosophia prima V, 5, hg. S. van Riet (Löwen 1977/80) 265-278. – [3] a.O. 265. – [4] VIII, 4, a.O. 402; VI, 1, a.O. 291-300. – [5] I, 5, a.O. 34f.; zur arab. und mittelalterl. Diskussion vgl. Art. ‹Wesen II.›. – [6] Albertus Magn.: Met. II, 5. Op. omn., hg. B. Geyer [OpG] (1951ff.) 16/1, 96 a; VII, 1, 6. OpG 16/2, 326 a; VII, 1, 8, a.O. 329 b; De intellectu et intelligibili I, 2, 2. Op. omn., hg. A. Borgnet [OpB] (Paris 1890-98) 9, 493 b. – [7] De praedicabilibus 2, 3. OpB 1, 24. – [8] Met. V, 6, 7. OpG 16/1, 287 a. – [9] Vgl. Art. ‹Natura communis›. Hist. Wb. Philos. 6 (1984) 494-504. – [10] Thomas Aqu.: De ente et essentia I. Op. omn. 43 [ed. Leon.] (Rom 1976) 370. – [11] III, a.O. 374f. – [12] Dietrich von Freiberg: De quidditatibus entium 1-2. Op. omn. 3, hg. R. Imbach/J.-D. Cavigioli (1983) 99-101; De ente et essentia I, 3, a.O. 2, hg. R. Imbach (1980) 29; De intellectu et intelligibili III, 16, a.O. 1, hg. B. Mojsisch (1977) 189. – [13] De orig. rerum praedicamentalium V, n. 26. 37. 53, hg. L. Sturlese, a.O. 3, 187f. 192. 197. – [14] Heinrich von Gent: Summa quaest. ordin. XXVIII, 5 (Paris 1520, ND St. Bonaventure, N.Y. 1953) 168^{v}; 4, a.O. 167^{v}-168^{v}; Quodl. II, 1 (Paris 1518, ND Löwen 1961) 28^{v}; 8, a.O. 33^{r}; III, 9, a.O. 60^{v}-62^{r}; 15, a.O. 76^{r}; V, 12, a.O. 171^{r}. – [15] Joh. Duns Scotus: In libr. Elench. 1, n. 2. Op. omn., hg. L. Vivès (Paris 1891-95) 1, 224 a; Met. I, q. 9, n. 6-15 (St. Bonaventure, N.Y. 1997) 166-169; Ord. II, d. 3, p. 1, q. 7, n. 237. Op. omn., hg. C. Balić [Vat.] (Rom 1950ff.) 7, 504. – [16] Ord. I, d. 3, p. 2, q. un., n. 314. 323. Vat. 3, 190. 194f.; d. 36, q. un., n. 50. Vat. 6, 291. – [17] d. 8, p. 1, q. 3, n. 136-150. Vat. 6, 221-227. – [18] Met. VII, q. 18, n. 38-43, a.O. [15] 347f.; Ord. II, d. 3, p. 1, q. 1, n. 30-38. Vat. 7, 402-408; q. 5f., n. 187, a.O. 483. – [19] Wilhelm von Ockham: Ord. I, d. 2, q. 6. Op. theol. (St. Bonaventure, N.Y. 1967ff.) 2, 192-195; Rep. IV, 13, a.O. 7, 263. – [20] F. Suárez: Disp. metaphys. II. III (1597). Op. omn., hg. C. Berton (Paris 1856ff.) 25, 64-115, bes. 87-92. – [21] R. Goclenius: Lex. philos. (1613, ND 1964) 942; J. Micraelius: Lex. philos. (1653, ND 1966) 1194; E. Chauvin: Lex. philos. (Leeuwarden ^{2}1713, ND 1967) 549. – [22] I. Kant: Refl. 3035. 3084. Akad.-A. 16, 626. 650; dazu: K. Reich: Die Vollständigkeit der Kantischen Urteilstafel (1932, ND 1986) 60f. – [23] F. W. J. Schelling: Philos. der Offenbarung (1841/42), hg. M. Frank (^{2}1993) 98f. – [24] a.O. 119. 146. 152-183; vgl. Art. ‹Unvordenkliche, das›. Hist. Wb. Philos. 11 (2001) 339-341. – [25] P. Natorp: Philos. Systematik, hg. H. Natorp (1958) 49. – [26] F. H. Bradley: Appearance and reality (London 1893) 163.

– [27] a.O. 163-165; The princ. of logic (Oxford ²1928) 3. – [28] A. MEINONG: Selbstdarstellung. Ges.ausg., hg. R. HALLER u.a. (Graz 1968-78) 7, 17-19; Erg.-Bd. 158f. 221f. 261; E. MALLY: Zur Gegenstandstheorie des Messens, in: A. MEINONG (Hg.): Unters. zur Gegenstandstheorie und Psychologie (1904) 135f. – [29] Über Gegenstandstheorie (1904). Ges.ausg. 2, 489f.; MALLY, a.O. 26f. – [30] E. BLOCH: Avicenna und die Aristot. Linke (1952). Ges.ausg. 7 (1972) 493. 505. – [31] Tüb. Einl. in die Philos., Selbstproblem des Sinns (1963/64). Ges.ausg. 13 (1970) 355; Logikum/Zur Ontologie des Noch-Nicht-Seins, a.O. 219f.; Vernunft und Materie (1948/49), in: G. CUNICO (Hg.): Logos der Materie (2000) 177-216, 207ff.; Organisationskategorien der Materie (1937), a.O. 217-370, 255.

Literaturhinweise. A.-M. GOICHON s. Anm. [1]. – W. SCHULZ: Die Vollendung des dtsch. Idealismus in der Spätphilos. Schellings (1955). – J. OWENS: Common nature. Mediev. Studies 19 (1957) 1-14. – W. HOERES: Wesen und Dasein bei Heinrich von Gent und Duns Scotus. Franziskan. Studien 47 (1965) 122-186. – H.-E. SCHILLER: Met. und Gesellschaftskritik (1982). – K. FLASCH (Hg.): Von Meister Dietrich zu Meister Eckhart (1984). – C. MOSER: Die Erkenntnis- und Realitätsproblematik bei F. H. Bradley und B. Bosanquet (1989). – L. HONNEFELDER: Scientia transcendens (1990). – K. J. PERSZYK: Nonexistent objects (Dordrecht 1993). – J. AERTSEN: Die Transzendentalienlehre bei Dietrich von Freiberg, in: K.-H. KANDLER u.a. (Hg.): Dietrich von Freiberg (Amsterdam 1999) 23-47. – R. DARGE: Suárez' Analyse der Transzendentalien 'Ding' und 'Etwas' im Kontext der scholast. Met.tradition. Theol. Philos. 75 (2000) 339-358.

R. DARGE

Wechsel (griech. μεταβολή; lat. vicissitudo) bezeichnet – wie die verwandten Begriffe, bes. ‹Wandel/Veränderung› (s.d.), ‹Werden› (s.d.), ‹Bewegung› (s.d.) oder ‹Mutation› [1] – seit HERAKLIT [2] die unbeständige Seinsweise insbesondere von Dingen («vicissitudo rerum») [3], Geschehnissen oder Zeiten im Gegensatz etwa zur Unwandelbarkeit des Seins, der Wahrheit, der Ideen, vor allem aber zur Unveränderlichkeit Gottes [4]. Die «vicissitudo rerum» wird vor allem im Barock auf den W. der Zeiten und die Wechselhaftigkeit des Lebens zugespitzt [5].

In einer zweiten Bedeutung bezeichnet der Begriff die Abwechslung (varietas, variatio) in Kunst, Musik und Rhetorik, wo er unter dem Titel «variatio delectat» zum eigenständigen Topos avanciert [6]. In dieser Bedeutung wird ‹W.› auch zum Thema psychologischer Erörterungen, so etwa bei I. KANT als Mittel zur Vermehrung der «Sinnenempfindungen» [7] bis hin zu E. HUSSERLS Rede von «attentionalen Wandlungen» im Kontext seiner Überlegungen zum intentionalen Erlebnis und dem W. der Aufmerksamkeit des Ichs [8].

Eine besondere, eigenständige Bedeutung erfährt der W.-Begriff im Deutschen Idealismus: Ist für KANT ‹W.› hinsichtlich der als Kategorie der Relation bezeichneten Wechselseitigkeit bedeutsam [9], so greifen J. G. FICHTE und G. W. F. HEGEL im Kontext der Verhältnisbestimmung von Ich und Nicht-Ich bzw. von Identität und Differenz auf den W.-Begriff zurück. FICHTE löst, sich auf das Kantische Verständnis der Relation beziehend, die Frage nach der Möglichkeit der Gleichzeitigkeit von Tätigkeit und Leiden des Ichs durch den Begriff der Wechselbestimmung, durch deren Vermittlung Tätigkeit und Leiden des Ichs identisch sind [10]. HEGEL definiert den W. der Erscheinungen als Wesen des Unterschieds, welcher wiederum Moment des Allgemeinen ist: Dadurch ist der W. wie der Unterschied in der Einheit des Allgemeinen und damit im Absoluten aufgehoben [11]. Indem er in einer Vielzahl von Verbindungen auftritt, fächert sich der Begriff des W. in eine Mannigfaltigkeit von Bedeutungen [12]. Dabei dominiert – spürbar noch im Begriff des (Geld-)Wechsels («cambium» [13]) – ein rechtsphilosophisch-politischer, vielfach zur Naturphilosophie und Physik hin offener Gebrauch [14].

Anmerkungen. [1] CICERO: Tusc. disp. V, 24, 69; vgl. auch: Art. ‹Mutation›. Hist. Wb. Philos. 6 (1984) 260-261. – [2] HERAKLIT: VS 22, B 84 a. – [3] Vgl. Art. ‹Vanitas mundi›. Hist. Wb. Philos. 11 (2001) 542-545. – [4] THOMAS AQU.: S. theol. I, 9; vgl. auch: Art. ‹Unveränderlichkeit Gottes›. Hist. Wb. Philos. 11 (2001) 328-331. – [5] Vgl. Art. ‹Wechsel II. 2.›. GRIMM 13 (1922) 2684-2690, 2686. – [6] CICERO: De nat. deorum I, 9, 22; vgl. schon: ARISTOTELES: Eth. Nic. VII, 14, 1154 b 28-32; vgl. Art. ‹Variation›. Hist. Wb. Philos. 11 (2001) 548-554. – [7] Vgl. I. KANT: Anthropologie in pragmat. Hinsicht § 23 (1798). Akad.-A. 7, 160f.; zum plötzlichen «Wechsel der Launen (raptus)» vgl. § 50, a.O. 213. – [8] E. HUSSERL: Ideen zu einer reinen Phänomenol. und phänomenolog. Philos. 1, § 115 (1913). Husserliana 3/1 (1976) 262f.; vgl. auch: Art. ‹Aufmerksamkeit›. Hist. Wb. Philos. 1 (1971) 635-645. – [9] I. KANT: KrV B 102-113. – [10] J. G. FICHTE: Grundlage der ges. Wiss.lehre § 4, B-E (1794). Akad.-A. I/2 (1965) 287-385, bes. 302ff. – [11] G. W. F. HEGEL: Phän. des Geistes (1807). Akad.-A. 9 (1980) 90f. – [12] Vgl. Art. ‹Äquipollenz›. Hist. Wb. Philos. 1 (1971) 478f.; Art. ‹Antagonismus›, a.O. 358f.; Art. ‹Widerstand›. – [13] CH. WOLFF: Grundsätze des Natur- und Völkerrechts §§ 655ff. (1754). Ges. Werke I/19 (1980) 433-438; vgl. Art. ‹Wechsel›, in: J. H. ZEDLER: Großes vollst. Univ.-Lex. (1732-54) 53, 928-1756. – [14] Etwa als «wechselseitige Gerechtigkeit» (iustitia commutativa); vgl. Art. ‹Gegenseitigkeit›. Hist. Wb. Philos. 3 (1974) 119-129; Art. ‹Tausch›, a.O. 10 (1998) 919-926; Art. ‹Verkehr›, a.O. 11 (2001) 703-705; Art. ‹Wechselwirkung›.

S. WENDEL

Wechselwirkung

1. *Allgemeines.* – W., die Relation des gegenseitigen Aufeinanderwirkens zweier oder mehrerer Relata, kann unterschiedlich stark aufgefaßt werden: als die bloße Tatsache, daß *A* auf *B* und *B* auf *A* jeweils eine Wirkung ausüben, oder, in strengerem Sinne, daß zu einer Wirkung von *A* auf *B* unmittelbar eine entsprechende Wirkung von *B* auf *A* gehört. Der Begriff ‹W.› gelangt aus der deutschen philosophischen Terminologie in den weiteren Sprachgebrauch; erste Belege finden sich 1755 bei I. KANT [1]. In den Begriff ‹W.› geht eine Vielzahl älterer Begrifflichkeiten ein, ohne daß ein genaues Äquivalent auffindbar wäre. ‹W.› berührt sich eng mit den Begriffen ‹Gegenwirkung› bzw. ‹Reaktion/reactio› oder ‹actio mutua›, die neben ihrer seit I. NEWTON feststehenden physikalisch-mechanischen Bedeutung auf ältere Auffassungen von Ursache-Wirkung-Beziehungen und auf nichtmechanische Modelle verweisen. Bereits ARISTOTELES kennt wechselseitig Ursächliches (ἀλλήλων αἴτια) [2], wo jedoch die Relata nicht in derselben Weise Ursache voneinander sind. Die Lexika von J. MICRAELIUS [3] oder E. CHAUVIN behandeln die W.-Relation unter den Titeln ‹actio mutua› bzw. ‹reactio›, die Chauvin auf die stärkere Auffassung von W. festlegt («Reactio» erfolge «per qualitatem contrariam ei, quam ab agente recipit, & in eâdem parte per quam agit agens, eodemque tempore»; Beispiel ist die Erwärmung von Wasser, wodurch zugleich die Wärmequelle abgekühlt wird [4]). Noch F. W. RIEMER, den J. W. GOETHE in seiner ‹Farbenlehre› anführt, sieht ‹W.› als Äquivalent für die griechischen Begriffe κρᾶσις bzw. σύγκρισις, die eine Form von Mischung bezeichnen, die über die bloße μίξις hinausreicht [5].

G. S. A. MELLIN führt ‹W.› im Anschluß an I. KANT und wie C. CH. E. SCHMID als Entsprechung zu «Gemeinschaft, dynamische, reale, ..., commercium, commerce, action et reaction» auf [6]. Über den Begriff ‹Commercium› ergeben sich Beziehungen zur Geschichte des Leib-Seele-Problems, aber auch zur juristischen und theologischen Terminologie, wobei auch hier der Bedeutungsschwerpunkt auf den Aspekten der Gemeinschaft und des Austauschs liegt. Im römischen Recht meint ‹commercium› einen «rechtsgeschäftlichen Güterumsatz» bzw. das Recht auf Teilnahme an diesem (ULPIAN) [7], in allgemeineren Kontexten «Umgang, Verkehr, Austausch»; in der Patristik (z.B. GREGOR VON NAZIANZ, IRENÄUS, KLEMENS VON ALEXANDRIEN, AUGUSTINUS), insbesondere in liturgischen Kontexten, steht ‹commercium› für «den gottmenschlichen Austausch, der durch die Verbindung der Glieder mit dem Haupte im mystischen Christus-Leib zustandekommt», wobei auch hier das Bild der «Mischung» auftritt [8].

Entscheidend für die philosophische Verwendung von ‹W.› ist, daß physikalische Modelle zwar im Hintergrund stehen, ‹W.› aber unabhängig von physikalistischen Konnotationen die «Gemeinschaft» [9] zweier Relata beschreiben kann. Hieraus ergeben sich die wichtigsten Anwendungsfelder: Organismus, Kosmos, Gesellschaft, das Leib-Seele-Verhältnis.

2. *Physik*. – ‹W.› bezeichnet seit I. NEWTON die im dritten Gesetz seiner ‹Leges motus› formulierte Gleichheit von «actio» und «reactio»: «Actioni contrariam semper & aequalem esse reactionem: sive corporum duorum actiones in se mutuo semper esse aequales & in partes contrarias dirigi» [10]. Gegenüber früheren Bestimmungen von wechselseitigen Aktionen bietet Newton eine Präzisierung, indem er sich auf mathematisierbare mechanische Relationen beschränkt, sein Gesetz durch Phänomene des Drucks, Zugs und Stoßes veranschaulicht und nicht nur das Vorhandensein einer Gegenwirkung, sondern auch ihre quantitative Gleichheit mit der Wirkung annimmt [11]. Sobald der Kontext einfacher mathematischer Modelle verlassen wird, treten Probleme auf, insbesondere mit Newtons Annahme, auch die Gravitation – deren Ursache bei ihm noch unbekannt ist – sei eine W. [12]. Das Gravitationsgesetz liefert aber (ebenso wie das Coulomb-Gesetz für die Kraft zwischen zwei elektrisch geladenen Körpern) das Paradigma für eine W.-Kraft, da hier für je zwei aufeinander wirkende Körper nur eine Kraft angenommen wird, die von beiden Massen bzw. Ladungen abhängt. H. DRIESCH betont, daß W. im Sinne von Newtons Gesetz bes. dadurch ein bedeutsames Prinzip werde, daß die Ursache einer Veränderung selbst eben durch diese Verursachung verändert wird [13].

Die mechanischen Modelle ergeben eine Nähe von ‹W.› zum Konzept des Gleichgewichts bzw. der Ruhe (etwa an der Waage); wenn H. VON HELMHOLTZ den neu entwickelten Energieerhaltungssatz unter dem Titel ‹Über die W. der Naturkräfte› vorstellt [14], drückt ‹W.› eine Umwandelbarkeit der «Naturkräfte» und damit einen umfassenden Zusammenhang der Natur aus. ‹W.› in diesem Sinne kann auch als ‹Verwandtschaft› oder engl. ‹correlation› bezeichnet werden [15].

In der heutigen Physik werden die vier fundamentalen Kräfte in der Natur als ‹W.en› bezeichnet (Gravitations-W., elektromagnetische W., starke und schwache W.), wobei die letzten beiden W.en erst in der Kern- und Elementarteilchenphysik thematisiert werden. Die Bezeichnung ‹W.› für diese Kräfte ergibt sich aus der Notwendigkeit, sie durch Feld-, d.h. Nahwirkungstheorien zu verstehen, wobei die Felder nicht mehr klassische, stetige Felder sein können und die Kraftwirkung durch den Austausch bestimmter, für die jeweiligen Felder spezifischer Teilchen gedeutet wird (wesentlicher Begründer dieser Theorie: H. YUKAWA [16]).

3. *Kant und der Deutsche Idealismus*. – Bei KANT finden sich unterschiedliche Kontexte von ‹W.›: die ausdrücklich auf den ‹commercium›-Begriff bezogenen Traditionen der Leib-Seele-Debatte bzw. (kritisch) die Fragen des Verhältnisses von Gott und Welt [17], ebenso die juristische [18] und die naturwissenschaftliche Tradition [19]. Eine eindeutige Bestimmung von ‹W.› liefert Kant in der ‹Kritik der reinen Vernunft›, wo ‹W.› (genauer: «W. zwischen dem Handelnden und Leidenden») als Umschreibung von ‹Gemeinschaft›, der dritten Relationskategorie, die also die Substanz- und Kausalitätskategorie vereinigt, unter den Kategorien angeführt wird [20]. Als Schematisierungsbedingung der Gleichzeitigkeit gehört ‹W.›, wiederum ausdrücklich synonym mit ‹Gemeinschaft›, zu den «Analogien der Erfahrung» [21]. Kant präzisiert in diesem Kontext seinen Begriff ‹Gemeinschaft› (und damit ‹W.›): ‹Gemeinschaft› kann «communio» oder «commercium» bedeuten, wobei Kant sich für letztere Bedeutung im Sinne einer «dynamischen Gemeinschaft» entscheidet, die der lokalen zugrunde liegt und «continuierliche ... Einflüsse in allen Stellen des Raumes», nicht nur ein bloßes Nebeneinander, annimmt [22]. Die Grundbedeutung von ‹Gemeinschaft› liegt auch zugrunde, wenn Kant Dinge als Naturzwecke definiert und damit das Organische vermittels einer durch W. bestimmten Ganzheit der Teile: «die Theile desselben [verbinden] sich dadurch zur Einheit eines Ganzen ..., daß sie von einander wechselseitig Ursache und Wirkung ihrer Form sind. Denn auf solche Weise ist es allein möglich, daß umgekehrt (wechselseitig) die Idee des Ganzen wiederum die Form und Verbindung aller Theile bestimme» [23].

Unmittelbar gegen Kant, dann aber allgemeiner gegen das Bestehen von W.en, argumentiert A. SCHOPENHAUER [24]: Da Kausalität nicht ohne Beziehung auf Zeitfolge zu denken sei, könne eine W. entweder nur als ruhender Zustand, in dem aber überhaupt keine Wirkung einträte, verstanden sein, oder sie würde sich in der üblichen Ursache-Wirkung-Beziehung erschöpfen. Schopenhauer stützt sich hier auf ältere Kritiker Kants (J. G. H. FEDER, G. E. SCHULZE, F. BERG).

Im Deutschen Idealismus spielt ‹W.› eine zentrale Rolle. Grundlegend ist dabei J. G. FICHTES Ansatz, die Untrennbarkeit einer Bestimmung der Realität durch das Ich von der umgekehrten Bestimmung des Ichs durch das Nicht-Ich als «Wechselbestimmung (nach der Analogie von W.)» zu fassen und dabei unmittelbar an Kants Verständnis von Relation anzuschließen [25]. NOVALIS übernimmt die Idee einer «W. des Ich mit sich selbst» und identifiziert diese mit der «intellectualen Anschauung» [26]. W. induziert bei FICHTE eine Relation der Gleichzeitigkeit und der Untrennbarkeit, ohne eine der Seiten der anderen gegenüber zu verabsolutieren. Diese Leistung des Begriffs ‹W.› setzt Fichte auch in seiner Deduktion der Interpersonalität, also des notwendigen Vorhandenseins anderer vernünftiger und freier Wesen, ein: Nur von anderen vernünftigen Wesen, mit denen ein Subjekt in «einer freien Wechselwirksamkeit» steht, kann mit Notwendigkeit eine «Aufforderung zum freien Handeln» ergehen [27]. Entsprechend bestimmt er Gesellschaft als «W. durch Freiheit» [28].

F. W. J. SCHELLING führt die bei Kant und Fichte angelegten Bestimmungen von ‹W.› zunächst fort; die «ursprüngliche W. mit uns selbst» in der Identität von Tun und Leiden ist ihm der «Kern des transscendentalen Idealismus» [29], den Organismus versteht er aus der W.

seiner Teile [30]. Weiter geht er in seiner dynamischen Naturbetrachtung: Er deutet sowohl Materie als auch Naturprozesse aus einer W. von (Grund-)Kräften [31] und generalisiert dieses Modell der Untrennbarkeit von Innen- und Außenbestimmtheit, u.a. im Anschluß an die Erregungstheorie von J. Brown, zu einer Erklärung auch physiologischer Phänomene [32]. Im ‹System des transscendentalen Idealismus› (1800) verbindet er Fichtes W. von Ich und Nicht-Ich und die Kantische Kategorie der W., mit dem Resultat, daß überhaupt kein Kausalitätsverhältnis ohne W. konstruiert werden könne [33]; von Kants Kategorien bleiben für ihn nur die Kategorien der Relation und aufgrund seiner Analyse des Anschauungsvorgangs letztlich nur die der W. bestehen [34].

G. W. F. Hegel thematisiert die W. in der ‹Wissenschaft der Logik› in zwei Abschnitten: Unter dem Titel ‹Die W. der Dinge› leitet er her, daß Dinge wesentlich durch ihre Eigenschaften bestimmt seien, die ihrerseits Grundlage und Resultat der W. der Dinge sind [35]. Systematisch gewichtiger ist der Abschnitt ‹Die W.›, der den Übergang von der Wesens- in die Begriffslogik markiert. ‹W.› bezeichnet hier, ganz im Sinne der Auffassung von W. als Gemeinschaft, eine Form von Identität: Im Modell der W. sieht Hegel die «Aeusserlichkeit der Causalität», die den Mechanismus kennzeichnete, aufgehoben. Die Ursache ist nun in der Wirkung nicht mehr «in eine andere Substanz übergegangen» [36]; Substanz- und Kausalitätskategorie können nun ihre volle Realität erhalten. In der W. ist «das Uebergehen in Anderes ... Reflexion-in-sich selbst; die Negation, welche Grund der Ursache ist, ist ihr positives Zusammengehen mit sich selbst» [37].

Mit Konnotationen wie ‹Gleichgewicht›, ‹Ruhe› oder ‹Harmonie› wird ‹W.› eine zentrale Kategorie in der Ästhetik dieser Zeit, etwa bei F. Schiller (Stoff- und Formtrieb kommen erst in ihrer W. zur «höchsten Verkündigung»; Schönes, das aus dieser W. entgegengesetzter Triebe hervorgeht, hat sein «höchstes Ideal» «in dem möglichstvollkommensten Bunde und Gleichgewicht der Realität und der Form»), W. von Humboldt (in «allgemeiner Beschauung» und der «dichterischen Einbildungskraft» treten «der Form nach gleichartige Eigenschaften mit einander in W.» und führen zu Ruhe) oder F. Hölderlin (W. im Zusammenhang mit dem Konzept des «harmonischen Wechsels») [38].

4. *W. und Zusammenhang.* – ‹W.›, im Sinne von ‹Gemeinschaft›, wird oft austauschbar mit ‹Zusammenhang› oder ähnlichen Konzepten als Ausdruck einer grundlegenden Einheit gebraucht, so wenn G. W. Leibniz das Prinzip der Fülle so umformuliert, daß jeder Körper mehr oder weniger auf jeden anderen wirkt und eine entsprechende Rückwirkung erfährt [39], und damit ‹W.› mit seinem Konzept der «prästabilierten Harmonie» in Beziehung bringt. In derartigen Kontexten tritt der Begriff ‹W.› nicht unbedingt selbst oder nur in Umschreibungen auf, so etwa bei J. G. Herder als «System der Kräfte» oder als Gleichzeitigkeit von «geben und nehmen, leiden und thun, an sich ziehn und sanft aus sich mittheilen» [40]. In dieser Funktion findet sich ‹W.› in Texten der Romantik, auch in Kontexten der Naturphilosophie, ohne daß der Ausdruck ‹W.› in jedem Fall streng terminologisch verwendet würde [41], aber auch bei K. Ch. F. Krause, I. H. Fichte oder H. Lotze [42]. W. in ihrer vereinigenden Wirkung kann jedoch für einen analysierenden Zugriff auch ein Erkenntnishindernis darstellen; bereits F. Schlegel vermerkt, daß die «innige W.» von Geschichte und praktischer Philosophie eine (Kultur-) Geschichtsschreibung erschwere [43].

F. Engels gründet sein Verständnis von Natur, unter ausdrücklicher Berufung auf die Naturwissenschaft, auf W. als das erste, «was uns entgegentritt wenn wir die sich bewegende Materie im Ganzen und Großen» betrachten. Diese universelle W. führe erst zum wirklichen Kausalverhältnis. Im ‹Anti-Dühring› erörtert Engels Gesellschafts- und Naturtheorie nach Prinzipien einer Dialektik, die vom «Bild einer unendlichen Verschlingung von Zusammenhängen und Wechselwirkungen» ausgeht, «in der Nichts bleibt ..., sondern Alles sich bewegt, sich verändert, wird und vergeht» [44]. ‹W.› als Bestimmung von Ganzheitlichkeit findet sich schließlich als Grundbegriff auch in holistischen Naturauffassungen.

Um 1900 wird ‹W.›, als Grundlage und Ausdruck eines umfassenden Zusammenhangs, in der Soziologie und in anti-elementaristischen Philosophien eingesetzt. G. Simmel bestimmt sowohl die Gesellschaft als auch die Wirtschaft über die W. zwischen Individuen: «Gebilde» wie Sprache, Religion, Staaten, materielle Kultur «erzeugen sich in den Wechselbeziehungen der Menschen, oder manchmal auch sind sie derartige Wechselbeziehungen, die also aus dem für sich betrachteten Individuum freilich nicht herleitbar sind»; alle Wirtschaft ist W. «in dem spezifischen Sinne des aufopfernden Tausches» [45]. W. Dilthey versteht die Gesellschaft, wie das Leben generell, aus der W. der Individuen, in der sich der «Zweckzusammenhang der Geschichte der Menschheit» verwirkliche [46]; Dilthey verwendet in solchen Kontexten den Begriff ‹Zusammenhang› häufiger als ‹W.›. Für seine Grundlegung der Geisteswissenschaften ergibt sich hieraus das methodische Problem, einen derartigen Zusammenhang wissenschaftlich zu erfassen. Seit T. Parsons hat sich in der Soziologie verstärkt der Begriff ‹Interaktion› eingebürgert [47]; entsprechende Begriffsbildungen finden sich in Kybernetik (‹feedback›), Systemtheorie und Konstruktivismus.

5. *Leib-Seele-Verhältnis.* – Eine Theorie der W., meist als ‹psychophysische W.› bezeichnet, gehört bes. seit R. Descartes und dem Cartesianismus zu den klassischen Lösungen für das Leib-Seele-Problem [48]; auch die erste nachweisbare Monographie mit dem Begriff ‹W.› im Titel [49] behandelt anthropologisch-psychologische Fragestellungen.

Ausgangspunkt einer W.-Theorie ist die Beobachtung, daß sowohl die Seele auf den Leib wirken kann (etwa in der Auslösung willkürlicher Bewegungen) als auch umgekehrt (etwa in Wahrnehmungen und in Wahrnehmungsstörungen aufgrund körperlicher Beeinträchtigungen oder in psychosomatischen W.en); die kategoriale Verschiedenartigkeit von Leib und Seele bildet mindestens seit Augustinus einen wichtigen Einwand [50]. Die Schriften von Descartes lassen vermuten, daß er zur Erklärung dieses «commercium mentis et corporis» eine mittelbare Wirkung der «res cogitans» auf die «res extensa» mittels Animalgeister und Zirbeldrüse annahm. Problematisch war hierbei insbesondere die Vereinbarkeit einer W. zwischen Leib und Seele mit Erhaltungsprinzipien für Bewegungsgrößen (bes. Energie); das führte zu alternativen Theorien wie Parallelismus, Okkasionalismus oder prästabilierter Harmonie.

Die W. tritt sowohl als Problembeschreibung als auch als Lösungsvorschlag auf; auch ein Gegner der W.-Hypothese wie W. Wundt führt sein Prinzip des psychophysischen Parallelismus [51] als «einfachsten Ausdruck der Thatsachen der psychophysischen Wechselbeziehung» ein [52]. Von der zweiten Hälfte des 19. Jh. an werden W.-Theorien wieder vermehrt vorgeschlagen (z.B. von C.

Stumpf, E. Becher, L. Busse); sie sind attraktiv, da man in ihnen naturwissenschaftliche Ansätze sowie das Programm eines umfassenden Kausalzusammenhangs aufnehmen kann, ohne auf eine materialistische oder naturalistische Position festgelegt zu sein. H. Lotze weist in seiner ‹Medicinischen Psychologie› darauf hin, daß die Schwierigkeit aufgrund der Verletzung von Erhaltungsprinzipien darauf beruhe, daß man die Leib-Seele-W. nach dem Modell der angeblich klar einsichtigen W. zwischen Körpern zu verstehen sucht; da auch letztere jedoch nicht frei von Unklarheiten sei, liege «in der W. zwischen Leib und Seele kein grösseres Räthsel ... als in irgend einem andern Beispiele der Causalität» [53]. Becher betont die anti-materialistische Stoßrichtung, aufgrund deren die W.-Lehre im Gefolge neovitalistischer Richtungen auch in den Naturwissenschaften an Bedeutung gewinne [54], und sucht eine Versöhnung mit parallelistischen Positionen; dies sei nur in einer Weiterbildung der naiven W.-Auffassung in Orientierung an einer physiologischen Psychologie möglich: «Die seelischen Vorgänge müssen immer mit körperlichen in Verbindung stehen, diese gleichsam leitend umspielen» [55]. C. Stumpf sieht es als Konsequenz der Naturforschung, von einem durchgehenden kausalen Zusammenhang auszugehen, der kein Element der Wirklichkeit von der «allgemeinen W.» ausschließe [56]. Zur Wahrung der Erhaltungsprinzipien wird u.a. eine «Doppelwirkungs-» oder «Doppelursachentheorie» angenommen (C. Stumpf, J. Rehmke, M. Wentscher), nach der eine physische bzw. psychische Ursache/Wirkung zusätzlich auch Wirkungen/Ursachen im jeweils anderen Bereich haben kann; diese und weitere Theorien erörtert Busse, der in seiner Theorie W. mit dem Energieerhaltungssatz vereinbart, indem er eine geschlossene Naturkausalität ablehnt [57]. Im 20. Jh. vertritt K. Popper in bezug auf das Leib-Seele-Verhältnis eine W.-Theorie [58].

Anmerkungen. [1] Art. ‹W.›. Grimm 13 (1922) 2777f.; I. Kant: Allg. Naturgeschichte und Theorie des Himmels (1755). Akad.-A. 1, 283. 292. 332. 364. – [2] Aristoteles: Met. V, 2, 1013 b 9; Phys. II, 3, 195 a 9. – [3] J. Micraelius: Lexicon philos. (1662, ND 1966) 30. – [4] E. Chauvin: Lexicon philos. (Leeuwarden ^{2}1713, ND 1967) 557. – [5] J. W. Goethe: Farbenlehre. Hist. Theil (1810). Weim. Ausg. II/3 (1893) 56; vgl. Art. ‹Diakrisis/Synkrisis›. Hist. Wb. Philos. 2 (1972) 163f. – [6] G. S. A. Mellin: Encyclopäd. Wb. der krit. Philos. II/2 (1799, ND 1968) 839 (s.v. ‹Gemeinschaft›); C. Ch. E. Schmid: Wb. zum leichtern Gebrauch der Kantischen Schr. (^{4}1798, ND 1980) 268 (s.v. ‹Gemeinschaft›). – [7] M. Herz: Sacrum commercium. Eine begriffsgeschichtl. Studie zur Theologie der röm. Liturgiesprache (1958) 8. – [8] a.O. 307. 309. 122-140. – [9] Art. ‹Gemeinschaft›. Hist. Wb. Philos. 3 (1974) 239-241. – [10] I. Newton: Philosophiae nat. principia math. (London 1687, ND 1960) 13. – [11] J. S. T. Gehler: Art. ‹Gegenwirkung, Reaction›, in: Physikal. Wb. 2 (1789) 442-444. – [12] a.O. 444. – [13] H. Driesch: Ordnungslehre. Ein System des nichtmetaphys. Teiles der Philos. (1912, ^{2}1923) 225. – [14] H. von Helmholtz: Über die W. der Naturkräfte und die darauf bezügl. neuesten Ermittelungen der Physik (1854), in: Populäre wiss. Vorträge 2 (1871) 99-136. – [15] Vgl. die dtsch. Übers. von W. R. Grove: The correlation of physical forces (London 1835): ‹Die Verwandtschaft der Naturkräfte› (1866) und ‹Die W. der physischen Kräfte› (1863). – [16] L. M. Brown: Art. ‹Yukawa, Hideki›, in: Dict. of scient. biography 18 (1981) 999-1005. – [17] I. Kant: Philos. Religionslehre nach Pölitz. Akad.-A. 28/2, 2 (1972) 1043; KrV A 391; KU B 225 (§ 54 Anm.). Akad.-A. 5, 333. – [18] Met. der Sitten § 62 (1797). Akad.-A. 6, 352. – [19] Metaphys. Anfangsgründe der Naturwiss. (1786). Akad.-A. 4, 544f. – [20] KrV A 80/B 106. – [21] A 211-216/B 256-262. – [22] A 213/B 260. – [23] KU B 286 (§ 64). B 291 (§ 65). Akad.-A. 5, 370. 373. – [24] A. Schopenhauer: Die Welt als Wille und Vorst. I, Anhang (1819, ^{3}1859). Sämtl. Werke, hg. A. Hübscher 2 (^{3}1972) 544-549; Ueber die vierfache Wurzel des Satzes vom zureich. Grunde § 20 (1813, ^{2}1847), a.O. 1 (^{4}1988) 42. – [25] J. G. Fichte: Grundlage der ges. Wiss.lehre (1794). Akad.-A. I/2 (1965) 290; vgl. bereits: F. Hemsterhuis: Über den Menschen (1772). Philos. Schr., hg. J. Hilss 1 (1912) 122. 140. – [26] Novalis [F. von Hardenberg]: Fichte-Studien I, Nr. 22 [1795]. Schr., hg. P. Kluckhohn/R. Samuel 2 (^{3}1981) 119; vgl. Art. ‹Relation III. 4.›. Hist. Wb. Philos. 8 (1992) 599-602. – [27] J. G. Fichte: Grundlage des Naturrechts nach Principien der Wiss.lehre (1796). Akad.-A. I/3 (1966) 344. 347; Das System der Sittenlehre nach den Principien der Wiss.lehre (1798), a.O. I/5 (1977) 201. – [28] Einige Vorles. über die Bestimmung des Gelehrten (1794), a.O. I/3, 37f. – [29] F. W. J. Schelling: Allg. Übersicht der neuesten philos. Lit. (1797). Akad.-A. I/4 (1988) 139. – [30] Ideen zu einer Philos. der Natur (1797), a.O. I/5 (1994) 94. – [31] a.O. 226. 288. – [32] Erster Entwurf eines Systems der Naturphilos. (1799). – [33] System des transsc. Idealismus (1800). Sämmtl. Werke, hg. K. F. A. Schelling I/3 (1858) 475. – [34] a.O. 515. – [35] G. W. F. Hegel: Wiss. der Logik I: Die objektive Logik (1812/13). Akad.-A. 11 (1978) 332. – [36] a.O. 407. – [37] 408. – [38] F. Schiller: Ueber die ästhet. Erziehung des Menschen in einer Reihe von Br. 14. 16 (1795). Nat.ausg. 20 (1962) 352. 360; W. von Humboldt: Aesthet. Versuche I: Ueber Goethes Hermann und Dorothea (1799). Akad.-A., hg. A. Leitzmann 2 (1904) 237; F. Hölderlin: Über die Verfahrungsweise des poet. Geistes [1800]. Sämtl. Werke, hg. F. Beissner (1943-85) 4, 251f.; zur geschichtsphilos. Applikation von ‹W.› vgl. Das Werden im Vergehen, a.O. 282-287. – [39] G. W. Leibniz: Princ. de la nature et de la grâce, fondés en raison § 3 (1714). Philos. Schr., hg. C. I. Gerhardt 6 (1885) 599; vgl. Art. ‹Harmonie, prästabilierte›. Hist. Wb. Philos. 3 (1974) 1001-1003. – [40] Vgl. z.B. J. G. Herder: Ideen zur Philos. der Geschichte der Menschheit I, 5, Kap. 1-3 (1784). Sämmtl. Werke, hg. B. Suphan 13 (1887) 167-181; Liebe und Selbstheit (1781), a.O. 15 (1888) 322. – [41] Vgl. z.B. F. X. von Baader: Ueber das pythag. Quadrat in der Natur oder die vier Weltgegenden (1798) 49; Novalis: Blüthenstaub 12/13 [1797], a.O. [26] 416f.; C. G. Carus: Zwölf Briefe über das Erdleben (1841), hg. E. Meffert (1986) 6. Br.: «W. zwischen Wiss. und Poesie»; G. H. Müller: W. in the life and other sciences: A word, new claims and a concept around 1800 ... and much later, in: S. Poggi/M. Bossi (Hg.): Romanticism in science. Science in Europe 1790-1840 (Dordrecht u.a. 1994) 1-14. – [42] Art. ‹W.›. Eisler^{4} 3, 497-500. – [43] F. Schlegel: Die Griechen und Römer. Hist. und krit. Versuche über das Klass. Alterthum 1 (1797). Krit. Ausg., hg. E. Behler I/1 (1979) 208. – [44] F. Engels: Dialektik der Natur (1873-82). MEGA I/26 (1985) 371; Herrn Eugen Dührings Umwälzung der Wissenschaft (Anti-Dühring) (1878). MEGA I/27 (1988) 231. – [45] G. Simmel: Soziolog. Unters. über die Formen der Vergesellschaftung (1908). Ges.ausg., hg. O. Rammstedt 11 (1992) 17; Grundfragen der Soziologie (Individuum und Ges.) (1917), a.O. 16 (1999) 72; Philos. des Geldes (1900, ^{2}1907), a.O. 6 (1989) 56. 61; vgl. Art. ‹Gegenseitigkeit›. Hist. Wb. Philos. 3 (1974) 119-129. – [46] W. Dilthey: Einl. in die Geisteswiss.en (1883). Ges. Schr. 1, 53; vgl. Art. ‹Wirkungszusammenhang, historischer›. – [47] Vgl. C. F. Gethmann: Art. ‹Interaktion›, in: J. Mittelstrass (Hg.): Enzyklopädie Philos. und Wiss.theorie 2 (1984) 263-266; Art. ‹Interaktion, soziale›. Hist. Wb. Philos. 4 (1976) 476. – [48] Art. ‹Leib-Seele-Verhältnis II. 2.›. Hist. Wb. Philos. 5 (1980) 192-201. – [49] J. Ennemoser: Ueber die nähere W. des Leibes mit der Seele, mit anthropolog. Unters. über den Mörder Adolph Moll (1825). – [50] a.O. [42]. – [51] Art. ‹Parallelismus, psychophysischer›. Hist. Wb. Philos. 7 (1989) 100-107. – [52] W. Wundt: Über psychische Kausalität, in: Kl. Schr. 1 (1911) 38; vgl. auch die Darstellung bei B. Erdmann: Wissenschaftl. Hypothesen über Leib und Seele (o.J.) 189-209. – [53] H. Lotze: Medicinische Psychologie oder Physiologie der Seele (1852) 71. – [54] E. Becher: Gehirn und Seele (1911) 360f. – [55] a.O. 361. – [56] C. Stumpf: Leib und Seele (1903). – [57] L. Busse: Die W. zwischen Leib und Seele und das Gesetz der Erhaltung der Energie, in: Philos. Abh., Ch. Sigwart ... gewidmet (1900) 89-126. – [58] K. R. Popper: Of clouds and clocks (1966), in: Objective knowledge (1972); dtsch.: Objektive Erkenntnis (1993) 214-267, 262; K. R. Popper/J. C. Eccles: The self and its brain. An argument for interactionism (1977); dtsch.: Das Ich und sein Gehirn (1982) bes. 61-63.

Literaturhinweise. L. Busse: Geist und Körper, Seele und Leib (1903). – M. Herz s. Anm. [7]. – R. Specht: Commercium mentis et corporis. Über Kausalvorst. im Cartesianismus (1966). – G. H. Müller s. Anm. [41]. P. Ziche

Weg (griech. ὁδός, πόρος; lat. via; engl. path, road, way; frz. chemin, route). In der abendländischen Literatur bezeichnet bereits Hesiod das Handeln des Menschen als ‹W.›. In seinen ‹Werken und Tagen› kontrastiert er – eine im Altertum berühmte Stelle – den beschwerlichen W. sozialer Anerkennung (ἀρετή) und den bequemen W. sozialer Dürftigkeit [1]. Das Bild der zwei W.e wird aufgenommen in der auf den Sophisten Prodikos zurückgeführten Fabel von Herakles am Scheideweg [2]. Herakles, der den W. der Tugend (ἀρετή) wählt, wird in der Antike, der Renaissance und im Humanismus zum Sinnbild des Menschen, der sich aus freiem Willen um ein sittliches Leben bemüht [3].

Die Reflexion auf die W.e des Denkens und Erkennens und damit das *philosophische Methodenbewußtsein* [4] setzt mit den Vorsokratikern ein [5]. Der von Platon geprägte Begriff ‹Methode› (μέθ-οδος) meint den W. des Suchens, der auf ein Ziel gerichtet ist [6]. Er steht dem ziellosen Umherschweifen ebenso entgegen wie der Durchgangs- und Weglosigkeit der Aporie (s.d.). Das methodische Wegbewußtsein der Philosophie versucht immer von neuem zwischen der Skylla zielloser W.e und der Charybdis wegloser Ziele hindurchzufinden.

Eine besondere Bedeutung kommt dem ‹W.› aus *religionswissenschaftlicher* und *religionsphilosophischer* Perspektive zu [7]. So steht im AT das Bild des W. für die Richtung, die das Menschenleben nehmen kann (1. Sam. 24, 20), für die Heilsgeschichte Israels vom Auszug aus Ägypten bis zur Landnahme (Jos. 24, 17), für den von Gott bestimmten Geschichtsverlauf (Jes. 58, 2) sowie für die Gebote, die Gott den Menschen vorgegeben hat (Dt. 8, 6). Im NT wird das antike Bild der zwei W.e von Matthäus (7, 13f.) aufgegriffen. In Joh. 14, 6 erklärt Jesus, er sei der alleinige W. zu Gott (ἐγώ εἰμι ἡ ὁδὸς καὶ ἡ ἀλήθεια καὶ ἡ ζωή).

Im *Judentum* wird in Anlehnung an Ex. 18, 20 die Gesamtheit aller Gesetze und Bräuche als ‹Halacha› (‹Gang›, ‹Wandel›) [8] bezeichnet. Ein Traktat des ‹Talmuds› mit moralischen Vorschriften trägt den Namen ‹dæræḵ ereṣ› (‹Irdischer W.›). Allgemein werden in der rabbinischen Tradition unter ‹dæræḵ ereṣ› Verhaltensregeln gefaßt, deren Einhaltung zwar nicht geboten, dennoch aber empfehlenswert ist. Die Wendung ‹tora ‘im dæræḵ ereṣ›, die Rabbi Gamaliel im Mischnatraktat ‹Avot› 2, 2 prägt, wird im 19. Jh. von S. R. Hirsch zur Bezeichnung des Ausbildungskonzepts in der Neo-Orthodoxie übernommen [9]. M. Maimonides erklärt in Anlehnung an Ex. 33, 13 die 13 «middot» [10], die Eigenschaften und Handlungsattribute Gottes, als dessen W.e [11].

Auch im *Islam* ist das Bild des W. von großer Wichtigkeit. Im ‹Koran› (1, 5-6) wird gebeten, Gott möge den Menschen den «ṣirāt al-mustaqīm» («den geraden W.») führen. Im Gegensatz zum Christentum ist im Islam jedoch nicht der schmale, sondern der breite W., die «šari‘a», die unverzichtbare Grundlage für die Mitglieder der Glaubensgemeinschaft. Der W. in die unmittelbare Präsenz Gottes, wie er in ‹Sure 17› angedeutet wird, wird zum Ausgangspunkt für die Himmelsreise-Legende Muhammads. Dieser Reise des Propheten folgt der Mystiker symbolisch, wenn er die «ṭarīqa» («Pfad») beschreitet.

In der *christlichen Mystik* prägt Dionysius Areopagita die Vorstellung von einem dreistufigen Aufstiegsweg zu Gott [12]. Meister Eckhart und Johannes Tauler lehnen eine diskursive Vermittlung des Heilsweges ab und beschreiben den W. des Menschen zur Vereinigung mit Gott als eine «via negationis», als ein radikal individuelles Versinken in sich selbst [13]. Allgemein sind in der christlichen Theologie seit Thomas von Aquin fünf der Gottesbeweise als «quinque viae» («fünf W.e») terminologisch geworden [14].

In der *Neuzeit* werden die Bilder des W. aus der antiken Philosophie, dem AT und dem NT vielfach aufgenommen und angeeignet. Von besonderer Relevanz ist der W.-Begriff beim späten M. Heidegger. Seine Aufsätze erscheinen unter den Titeln ‹Holzwege› und ‹Wegmarken›. Als «Holzwege» sind W.e bezeichnet, «die meist verwachsen jäh im Unbegangenen enden»; «Wegmarken» lassen einen W. erkennbar werden, «der sich dem Denken nur unterwegs andeutet: zeigt und entzieht» [15].

Anmerkungen. [1] Hesiod: Erga 287ff. – [2] Vgl. Xenophon: Mem. II, 1, 21-34. – [3] T. Fleischhauer: Das Bild des W. in der ant. griech. Lit.: drei Streiflichter, in: P. Michel (Hg.): Symbolik von W. und Reise. Schr. zur Symbolforsch. 8 (1992) 1-18, hier: 5. – [4] Vgl. auch: Art. ‹Methode›. Hist. Wb. Philos. 5 (1980) 1304-1332; ‹Methodologie›, a.O. 1379-1386. – [5] Vgl. zum Wegeplan der parmenid. Argumentation: Parmenides: VS 28, B 2. 6. 7f. – [6] Zur «dialektischen Methode» im «Höhlengleichnis» vgl. Platon: Resp. VII, 333 c. – [7] Zur Bedeutung des W. im östl. Denken vgl. auch: Art. ‹Tao; Taoismus›. Hist. Wb. Philos. 10 (1998) 889-893. – [8] Vgl. Art. ‹Halacha›. Hist. Wb. Philos. 3 (1974) 987f. – [9] S. R. Hirsch: Horeb. Oder Versuche über Jissroels Pflichten in der Zerstreuung (1837). – [10] Vgl. Art. ‹Middot›. Hist. Wb. Philos. 5 (1980) 1388-1391. – [11] M. Maimonides: Führer der Unschlüssigen I, 54, übers. komm. A. Weiss, eingel. J. Maier 1 (1972) 177-187, hier: 179ff. – [12] Dionysius Areop.: De coelesti hier. 3. – [13] N. Largier: Aufstieg und Abstieg, in: Michel (Hg.), a.O. [3] 41-55, hier: 46-49; vgl. Art. ‹Via causalitatis; via negationis; via eminentiae›. Hist. Wb. Philos. 11 (2001) 1034-1038. – [14] Vgl. Art. ‹Gottesbeweis II. 3. d)›. Hist. Wb. Philos. 3 (1974) 827-829. – [15] M. Heidegger: Holzwege (1950) 3 (Vorbem.); Wegmarken (1967) VII (Vorbem.).

Literaturhinweise. O. Becker: Das Bild des W. und verwandte Vorst. im frühgriech. Denken (1937). – G. Fohrer: Der heilige W. Eine religionswissenschaftl. Unters. (1939). – B. Couroyer: Le chemin de vie en Egypte et en Israel. Rev. biblique 56 (1949) 412-432. – J. André: Les noms latins du chemin et de la rue. Rev. Etudes lat. 28 (1950) 104-134. – A. Kuschke: Die Menschenwege und der W. Gottes im AT. Studia theolog. 5 (1952) 106-118. – A. Gros: Le thème de la route dans la Bible (Brüssel 1957). – F. Nötscher: Gotteswege und Menschenwege in der Bibel und in Qumran [Bonner Bibl. Beitr. 15] (1958). – P. Woo: Begriffsgeschichtl. Vergleich zwischen Tao, ὁδός und λόγος bei Chuang-tzu, Parmenides und Heraklit (1969). – W. Harms: Homo viator in bivio. Stud. zur Bildlichkeit des W. [Medium aevum 21] (1970). – H.-G. Gadamer: Heideggers W.e (1983). – P. Michel (Hg.) s. Anm. [3]. – K. Kadowaki: Erleuchtung auf dem W.: zur Theol. des W. (1993). – A. Schimmel: Das Thema des W. und der Reise im Islam (1994). – M. Zehnder: Zentrale Aspekte der Semantik der hebr. W.-Lexeme, in: A. Wagner (Hg.): Stud. zur hebr. Grammatik [Orbis Biblicus et Orientalis 156] (1997) 155-170; W.-Metaphorik im AT. Eine semant. Unters. der alttestamentl. und altoriental. W.-Lexeme mit bes. Berücksichtigung ihrer metaphor. Verwendung [Beih. zur Z. für die alttestamentl. Wiss. 268] (1999). – G. Vittmann: Altägypt. W.-Metaphorik (1999). – E. Messimeri: W.e-Bilder im altgriech. Denken und ihre log.-philos. Relevanz (2001).

S. Rauschenbach

Weiblich/männlich (griech. θῆλυς/ἄρρην [ἄρσην]; lat. femininus/mas[culus], masculinus; engl. female/male; frz. feminin/masculin)

I. *Einleitung: Das Problem der Zweigeschlechtlichkeit.* – Seit der Antike wird in Dokumenten des Alltagslebens und in der Literatur wie auch in theoretischen Texten über die unterschiedlichen (oder auch gleichen) Eigenschaften, Fähigkeiten und Rollen von Frau und Mann gesprochen [1], über ihr Verhältnis in der Liebe und in Haus (s.d.), Ehe, Familie (s.d.) und Gesellschaft. Auch geschlechtlich geprägte Bilder, Vorstellungen und Termini, die sich seit den frühen philosophischen Texten ausmachen lassen, vermitteln implizit, wie das Weibliche und das Männliche gedacht werden. Für eine Mentalitätsgeschichte müssen solche direkten und indirekten Ausdrucksformen des Geschlechtsunterschiedes oder des Verhältnisses beider Geschlechter zueinander in der ganzen Breite berücksichtigt werden. Ein auf Begriffsgeschichte begrenzter Überblick muß sich hier darauf beschränken darzustellen, in welchen philosophischen Kontexten und zu welchem theoretischen Zweck der Geschlechtsunterschied explizit reflektiert wird [2].

In der Vormoderne (II.) geben, abgesehen von dem zu allen Zeiten präsenten allgemeinen Polaritätsdenken (II. 1.), vor allem die metaphysischen und naturphilosophischen (II. 2.) Charakterisierungen des Aristoteles den Rahmen für grundlegende Bestimmungen des Weiblichen und Männlichen vor. Die Aristoteles-Rezeption zusammen mit der theologischen Auslegung der Offenbarungsschriften (II. 3.) haben eine unterschiedliche Bewertung beider Geschlechter für Jahrhunderte fixiert, die erst mit dem 16. und 17. Jh. in Frage gestellt wird (II. 4.). Seit dem 18. Jh. (III.) weicht der Bezug auf die Autoritäten von Bibel und alten Philosophen neuen anthropologischen Ansätzen, die jedoch weiterhin etablierte Rollenzuweisungen als 'natürliche' Geschlechtsunterschiede rechtfertigen. Die Kritik daran führt Ende des 19. Jh. dazu, die Gleichheit der Geschlechter im Sinne bürgerlich-rechtlicher und politischer Gleichberechtigung entschiedener zu verfechten und sie in den meisten europäischen Ländern während der ersten Jahrzehnte des 20. Jh. allmählich auch umzusetzen. Im 20. Jh. (IV.) spielen die zuvor in der Diskussion des Geschlechtsunterschiedes dominierenden Koordinaten von Ehe oder Fortpflanzung keine Rolle mehr; die grundsätzliche Frage der Geschlechtskonstituierung und ihrer Auswirkungen auf alle Bereiche des Lebens und auf die Wissenschaften wird zu einem neuen Thema der Philosophie.

Die Thematisierung des Geschlechts*unterschieds* geht im Laufe der Geschichte der Philosophie immer wieder einher mit der Vorstellung einer *Einheit* beider Geschlechter, in der der Unterschied aufgehoben oder in einem androgynen Wesen vereint ist (wobei ‹androgyn› weiter gefaßt ist als 'körperlicher Hermaphroditismus') [3]. Der Gedanke, daß die Zweigeschlechtlichkeit des Menschen das Ergebnis einer Teilung eines ursprünglich vollkommenen Einen sein könnte – etymologisch leitet sich ‹sexus› von ‹secare› (trennen, schneiden) ab – reicht in die Antike zurück. Nach dem Mythos aus PLATONS ‹Symposion› gab es in der Urzeit nicht zwei, sondern drei Geschlechter (τρία γένη), wobei das dritte aus je einer männlichen und einer weiblichen Hälfte bestand [4]. Der Mythos soll die Entstehung des Eros und damit auch die gleichgeschlechtliche Liebe erklären: Die Halbierung der ursprünglichen Kugelmenschen hat die Sehnsucht nach der jeweils anderen Hälfte zur Folge und den Willen, sich mit ihr wieder zu vereinigen, seien es nun zwei Frauen, zwei Männer oder auch ein Mann und eine Frau, die aus der Teilung des ursprünglichen Androgynen (ἀνδρόγυνος) hervorgegangen sind.

Ist hier im Platonischen Mythos, bedingt durch die Erzählabsicht, das (Doppelt-)Männliche, das (Doppelt-) Weibliche wie auch das Mannweibliche, das Androgyne, von gleicher Dignität, so hat im Laufe der Geistesgeschichte allein das Androgyne das Signum der Vollkommenheit des Menschen behalten. Platons anschauliches Bild eines doppelgeschlechtlichen Kugelmenschen wird vor allem in der Neuzeit [5] ein beliebter Topos, der die Mangelhaftigkeit nur eines Geschlechtes und die Notwendigkeit der Komplementarität durch das andere sinnfällig macht und so entsprechende Auffassungen von Liebe und Ehe illustriert. Daneben tritt, ebenso einflußreich, die theologische Auslegung der Schöpfung des Urmenschen als Androgynen vor der Erschaffung des Menschen als Geschlechtswesen. Diese über Jahrhunderte zu verfolgende Tradition der Vorstellung einer 'Einheit' vor der Geschlechtertrennung macht «einen universalen Archetypus menschlicher Anschauung» aus [6]. Durch LEONE EBREOS ‹Dialoghi d'amore› (1535), die den Platonischen Mythos des ursprünglichen Einheitsmenschen als Nacherzählung der Erschaffung des ersten Menschen als weibliches und männliches Doppelwesen aus dem Buch ‹Genesis› auffassen («Adam, cioè l'uomo primo ... essendo un supposto umano conteneva in sé maschio e femmina senza divisione») [7], wird die in der jüdisch-kabbalistischen Literatur geläufige ‹Genesis›-Auslegung für die christliche Mystik in der Nachfolge J. BÖHMES von Bedeutung (vgl. unten: II. 3.).

Eine der Geschlechtlichkeit vorhergehende ungeschlechtliche oder übergeschlechtliche ideale Einheit denken PHILON, ERIUGENA (vgl. unten: II. 3.) und die platonische Tradition bis zum Idealismus. So sieht der frühe F. W. J. SCHELLING in seiner Naturphilosophie die «Produktion» der Natur aus der Perspektive einer ursprünglichen Einheit und kann sagen, «daß die Trennung der Geschlechter gleichsam wider den Willen der Natur geschehen, daß eben deßwegen, da die individuellen Produkte nur durch diese Trennung entstehen, diese Produkte nur mißlungene Versuche der Natur sind» [8]. F. D. E. SCHLEIERMACHER bringt die romantische Überzeugung in seinem ersten Glaubenssatz für die «Idee zu einem Katechismus der Vernunft für edle Frauen» zum Ausdruck: «Ich glaube an die unendliche Menschheit, die da war, ehe sie die Hülle der Männlichkeit und Weiblichkeit annahm» [9]. Nach W. VON HUMBOLDT trägt jeder Mensch in sich die «Anlage zur freien, geschlechtslosen Menschheit»; das «Ideal» des Menschen als Schönheit erhält man, «wenn man das Charakteristische beider Geschlechter in Gedanken zusammenschmelzt, und aus dem innigsten Bunde der reinen Männlichkeit und der reinen Weiblichkeit die Menschheit bildet», wobei Männlichkeit und Weiblichkeit in der Wirklichkeit nie «rein» vorkommen [10]. Im «Ideal» deuten sich hier die später entwickelten Auffassungen an, nach denen jeder Mensch sowohl männlich wie weiblich ist, und sich der Gegensatz in jedem Menschen lediglich in verschiedener Gewichtung manifestiert.

«Der Mensch ist wirklich nicht vollständig gedacht, wenn er nur als eine Seite jenes Gegensatzes gedacht wird, sondern er muss gedacht werden als sie Beide an sich darstellend», heißt es bei J. E. ERDMANN [11]. Unter dem Einfluß der Tinkturenlehre J. BÖHMES, nach der der ideale erste Mensch mit beiden Tinkturen ungeteilt geschaffen und dann in die männliche Feuer-Tinktur und die weibliche Wasser-Tinktur geschieden wurde [12], ist für F. X. von Baader deutlich, daß «beide Geschlechtspotenzen ... im Männlein und Weiblein sind, und dass nur in jedem die eine von der anderen überwogen wird» [13]. Physiologisch-psychologisch stellt O. Weininger zu Beginn des 20. Jh. in seiner Studie über die «sexuelle Mannigfaltigkeit» die «Bisexualität alles Lebenden» dar [14]. Danach verkörpern das Männliche und das Weibliche idealtypische Extreme – «die es in Wirklichkeit nicht gibt» [15] –, die in einzelnen Individuen, ob Frau oder Mann, nur gemischt und in unendlichen Zwischenstufungen existieren. M. Hirschfeld will wenige Jahre später mit seinen Darlegungen somatischer und psychischer Zwischenstufen ein «drittes Geschlecht» («genus tertium») etablieren [16]. Die kulturkritische Infragestellung tradierter Geschlechterrollen und sexueller Differenz führt in der zweiten Hälfte des 20. Jh. zu der Auffassung allgemeiner «psychischer Androgynität» [17] und sozial zu einer «androgynen Revolution» [18]. ‹Androgyn› ist hier nicht mehr die Chiffre eines Ideals, sondern ein Ausdruck von «Krise» [19] in der Bestimmung der Geschlechter. Die ausschließliche Zuschreibung von ‹weiblich› auf Frauen oder ‹männlich› auf Männer wird – auch im Hinblick auf die Vielfalt einer Geschlechterdifferenz in der Verteilung der Geschlechtschromosomen [20] – obsolet; der Zwang, «ein einziges, ein wahres Geschlecht» festzulegen [21] – wie ihn M. Foucault an den medizinischen und juristischen Diskursen über einen Fall von Hermaphroditismus im ausgehenden 19. Jh. zeigt – wird als ein Ausdruck der Machtmechanismen in der Konstituierung des Subjektes angesehen.

Neuere Ansätze stellen mit der Unterscheidung zwischen einem biologischen Geschlecht (sexus, sex) und einem sozial bedingten Geschlecht (genus, gender; vgl. unten: IV.) den bipolaren Geschlechtergegensatz von 'weiblich' und 'männlich' in Frage, der trotz seiner fortschreitenden inhaltlichen Auflösung nach wie vor die Sprach- und Denkkategorien vorgibt.

Anmerkungen. [1] Zur Psychologie vgl. Art. ‹Männlich/weiblich›. Hist. Wb. Philos. 5 (1980) 740-749. – [2] Zur Grammatiktheorie vgl. Art. ‹Genus; Sexus›, a.O. 3 (1974) 311-315. – [3] Für die Antike vgl. L. Brisson: Neutrum utrumque. La bisexualité dans l'antiquité gréco-romaine, in: L'Androgyne. Les cah. de l'hermétisme (Paris 1986) 24-37; Sexual ambivalence. Androgyny and hermaphroditism in Graeco-Roman antiquity (Berkeley u.a. 2002). – [4] Platon: Symp. 189 dff. – [5] z.B. D. Hume: Of love and marriage, in: Essays moral, political, and literary, hg. E. F. Miller (Indianapolis 1987) 557-562, 560; vgl. J. G. Herder: Ideen zur Philos. der Gesch. der Menschheit (1784). Sämmtl. Werke, hg. B. Suphan 13 (1887, ND 1967) 156. – [6] E. Benz: Adam, der Mythos vom Urmenschen (1955) 15; vgl. M. Eliade: Méphistophélès et l'Androgyne ou le mystère de la totalité [1958], in: Méphistophélès et l'Androgyne (Paris 1962) 95-154; dtsch. (1999). – [7] Leone Ebreo: Dialoghi d'amore, 3. Dial., hg. S. Caramella (Bari 1929) 291. 294. – [8] F. W. J. Schelling: Erster Entwurf eines Systems der Nat.philos. (1799). Sämmtl. Werke, hg. K. F. A. Schelling (1856-61) I/3, 51f. – [9] F. D. E. Schleiermacher: Idee zu einem Katechismus der Vernunft für edle Frauen (1798). Krit. Ges.ausg., hg. H.-J. Birkner I/2 (1984) 153f. – [10] W. von Humboldt: Über die männl. und weibl. Form (1795). Ges. Schr., hg. A. Leitzmann 1-17 (1903-36, ND 1967f.) 1, 336; vgl. F. Schlegel: Lucinde (1799). Krit. Ges.ausg., hg. E. Behler I/5 (1962) 13. – [11] J. E. Erdmann: Psychol. Briefe, 6. Br. (1851, 61882) 112. – [12] J. Böhme: Vom dreyfachen Leben des Menschen, cap. 9, §§ 37ff. (1620). Sämtl. Schr. 3 (1730) 167ff.; ND, hg. W. E. Peuckert 3 (1960); vgl. auch: Berleburger Bibel (1726/42), zit. nach: Benz, a.O. [6] 140. – [13] F. X. von Baader: Vorles. über speculat. Dogmatik, 5. H. Sämtl. Werke, hg. F. Hoffmann/J. Hamberger 9 (1855, ND 1963) 211; vgl. das Sach- und Namenregister, a.O. 16 (1880, ND 1963) 71-73 (s.v. ‹Androgyne›). – [14] O. Weininger: Geschlecht und Charakter (1903, n1939) hier: 12. – [15] a.O. 9. – [16] M. Hirschfeld: Geschlechtsübergänge. Mischungen männl. und weibl. Geschlechtscharaktere (1905, 21913) 4; vgl. auch: Sexuelle Zwischenstufen, Kap. 2: Androgynie (1918) 93-133; vgl. Art. ‹Transsexualismus›. Hist. Wb. Philos. 10 (1998) 1345-1347. – [17] Art. ‹Männlich/weiblich›, a.O. [1] 745. – [18] E. Badinter: L'un est l'autre. Des relations entre hommes et femmes (Paris 1986); dtsch.: Ich bin Du. Die neue Beziehung zwischen Mann und Frau oder Die androgyne Revolution (1988). – [19] U. Bock: Wenn die Geschlechter verschwinden, in: H. Meesmann/B. Sill (Hg.): Androgyn. «Jeder Mensch in sich ein Paar!?». Androgynie als Ideal geschlechtlicher Identität (1994) 19-34, 28; vgl. Bibliogr. zum Thema ‹Androgynie› in: U. Bock/D. Alfermann: Androgynie. Vielfalt der Möglichkeiten. Querelles 4 (1999) 249-266. – [20] E. Badinter: XY. De l'identité masculine (Paris 1992); dtsch.: XY. Die Identität des Mannes (1993). – [21] M. Foucault: Herculine Barbin (Paris 1978), Vorwort zunächst in der amer. Übers.: Herculine Barbin. Being the recently discovered memoirs of a 19th cent. French Hermaphrodite (New York 1980) VII-XVII; frz.: Le vrai sexe. Arcadie 27, Nr. 323 (Nov. 1980) 617-625, in: Dits et écrits 4: 1980-1988 (Paris 1994) 115-123; dtsch.: Über Hermaphroditismus. Der Fall Barbin (1998) Vorwort: ‹Das wahre Geschlecht›.

II. *Vormoderne.* – 1. *Polarität, Gegensatz, Unterschied.* – Das Denken in Polaritäten scheint ein Grundzug nicht nur des Abendlandes zu sein [1]; die Polarität von weiblich und männlich ist dabei eine grundlegende: «Prototype of all opposition or contrariety is the contrariety of sex» [2]. «Das meiste, was den Menschen betrifft, ist paarweise» (δύο τὰ πολλὰ τῶν ἀνθρωπίνων) [3], referiert Aristoteles den Pythagoreer Alkmaion und zitiert den erstmalig begrifflich fixierten – nicht wie in der Dichtung oder frühen Philosophie in Bildern implizierten – Gegensatz von ‹männlich› und ‹weiblich› aus der Gegensatztafel der Pythagoreer, die wohl in akademischer Tradition überliefert ist [4]: Zehn Gegensatzpaare (Systoichien) sind aufgeführt, wobei «männlich/weiblich» an 5. Stelle hinter «Grenze/Unbegrenztes, Ungerades/Gerades, Eines/Vieles, rechts/links» steht und vor den Gegensatzpaaren «Ruhendes/Bewegtes, Gerades/Krummes, Licht/Dunkel, gut/böse, Quadrat/Rechteck». Da nach der Lehre der Pythagoreer alles durch Zahl konstituiert ist, hängen die Paare sachlich zusammen und können – zumindest teilweise – strukturell analog verstanden werden. Grenze, Einheit und Quadrat sind dem Männlichen (ἄρρεν) und Guten (ἀγαθόν) zugeordnet, Vielheit und Rechteck dem Weiblichen (θῆλυ) und Schlechten (κακόν) [5].

Die Polarität von ‹männlich› und ‹weiblich› ist in allen Jahrhunderten in verschiedenen Bereichen angewendet worden: kosmisch (Sonne und Mond), alchemistisch (Sulphur und Quecksilber, Feuer und Wasser) oder allgemein (Tag und Nacht, Wachen und Schlafen, Geist und Materie). Mit L. Klages kann man sagen, «man habe den Quellpunkt aller Symbolität ermittelt, wenn man die Seitentaufe [d.h. die Benennung einer Seite] nach der Verschiedenheit der Geschlechter» vornimmt [6]. Die Frage, was derartige metaphorische Zuordnungen in spekulativen Welterklärungssystemen über die Auffassungen der Geschlechterverhältnisse der jeweiligen Epochen aussagen können, gehört wohl zu den großen Herausforderungen der Mentalitätsgeschichtsforschung.

Mit der ersten theoretischen Reflexion auf den Unterschied von ‹weiblich› und ‹männlich› bricht Aristoteles in seinen metaphysischen und logischen Schriften mit der universalen Gegensatzlehre der Vorgänger, indem er erklärt, welcher Art genau dieser Unterschied ist und wie er sich von anderen Unterschieden abhebt. Hier geht es also zunächst nicht um das Unterscheidende *zwischen* weiblich und männlich, sondern um den Unterschied (s.d.) als solchen, um die Art des Gegensatzes. Daß das Weibliche und das Männliche «Gegensätze» (ἐναντία) sind, wird vorausgesetzt und ebenso, daß dieser Gegensatz nicht – wie z.B. 'gefiedert' und 'ungefiedert' – eine neue Art bildet: Das Weibliche und das Männliche sind nicht verschiedene Arten derselben Gattung (οὐκ εἴδει διαφέρει) [7], sondern sie bilden einen Unterschied innerhalb derselben Art. Anders jedoch als 'weiß' und 'schwarz' in der Hautfarbe von Menschen, was auch keinen Artunterschied darstellt, einem Menschen lediglich akzidentell (συμβεβηκός, accidens praedicabile, s.d.) zukommt und auch anderen Dingen zukommen kann, kommt 'weiblich' und 'männlich' notwendig einem Lebewesen zu und kann nicht «getrennt» von der Substanz Lebewesen auftauchen (οὐκ ἔστι τι θῆλυ οὐδ' ἄρρεν κεχωρισμένον τῶν ζῴων) [8]. Entsprechend gehört ‹gerade/ungerade› in die Zahlenlehre, ‹rechteckig/rund› in die Geometrie. Anders als bei der Gegensatzlehre der Pythagoreer ist ‹weiblich/männlich› für Aristoteles kein prinzipieller Gegensatz, der alles durchwaltet, sondern bezeichnet die Attribute bestimmter Substanzen, nämlich von Lebewesen. Als Attribute gehören sie notwendig zu einem Lebewesen, sie sind Attribute «an sich» (καθ' αὑτά; accidens per se). Diese Attribute gehören jedoch nicht zur Wesensdefinition dessen, von dem sie ausgesagt werden: Weiblich oder männlich zu sein, macht nicht das Wesen des Lebewesens aus, sondern liegt für Aristoteles in seiner «materiellen Zusammensetzung» (ἐν τῷ συνειλημμένῳ τῇ ὕλῃ) [9]. Der Geschlechtsunterschied ist kein Wesensunterschied, sondern ein körperlicher Unterschied (τὸ δὲ ἄρρεν καὶ θῆλυ τοῦ ζῴου οἰκεῖα μὲν πάθη, ἀλλ' οὐ κατὰ τὴν οὐσίαν ἀλλ' ἐν τῇ ὕλῃ καὶ τῷ σώματι) [10].

Da in der thomistischen Tradition auch der Unterschied, der das Individuum ausmacht, als materieller angesehen wird, überschneidet sich in der späteren Diskussion die Geschlechterdifferenz («diversitas sexuum») mit der Individuationsproblematik. Bei CAJETAN im 17. Jh. gehört ‹weiblich/männlich› nicht zu den Akzidentien auf der Art- oder Gattungsebene, sondern zu den individuellen Akzidentien: «masculinum et femininum sunt accidentia individualia: sequuntur enim materiam, et penes ipsa differunt Sortes et Berta» [11]. Jahrhundertelang bewegt sich das philosophische Interesse an der Geschlechterdifferenz als solcher auf der ontologischen Ebene der Frage nach dem Status dieses Unterschiedes. Dieser konnte aber auch – beiläufig in eine Reihe von Gegensätzen eingereiht – in einer neuen Gegensatzlehre angeführt werden. In der spekulativen Theorie des NIKOLAUS VON KUES, die Andersheit («alteritas») in Einheit überführt («omnia quae alteritatis existunt, in ipsam unitatem pergunt») und die Gegensätze in einer «coincidentia oppositorum» (s.d.) zusammenfallen läßt, wird auch Weiblichkeit in Männlichkeit («feminitas in masculinitatem») aufgehen [12].

Anmerkungen. [1] G. E. R. LLOYD: Polarity and analogy. Two types of argumentation in early greek thought (Cambridge 1966); vgl. auch: Art. ‹Gegensatz I.›. Hist. Wb. Philos. 3 (1974) 106-117; ferner: Art. ‹Yin-Yang›. – [2] F. M. CORNFORD: From religion to philosophy (1912, ND Princeton, N.J. 1991) 65. – [3] PYTHAGORAS: VS 24, A 1, 15f.; A 3 (ARISTOTELES: Met. I, 5, 986 a 31). – [4] Vgl. W. BURKERT: Weisheit und Wissenschaft. Studien zu Pythagoras, Philolaos und Platon (1962) 45f. – [5] ARISTOTELES: Met. I, 5, 986 a 25ff. – [6] L. KLAGES: Der Geist als Widersacher der Seele (1929/32). Sämtl. Werke 1-2 (1966/69) 2, 1316ff.; zu seinem Polaritätsdenken vgl. Art. ‹Männlich/weiblich 1. c)›, a.O. [1 zu I.] 742f. – [7] ARISTOTELES: Met. X, 9, 1058 a 29ff.; vgl. Art. ‹Art II.›. Hist. Wb. Philos. 1 (1971) 526f. – [8] Met. XIII, 3, 1078 a 7f.; vgl. Met. X, 9, 1058 a 37-b 6. – [9] 1058 b 2. – [10] b 21ff. – [11] THOMAS DE VIO (CAJETAN): Comm. in De ente et essentia, q. 17 (1495), in: THOMAS VON AQUIN: Quaest. disp. (Paris 1883) 4, 558. – [12] NICOLAUS CUS.: De coniecturis I, 10, n. 45. Akad.-A. 3, 49.

2. *Naturphilosophie.* – In der Naturphilosophie konzentriert sich die Erörterung des Geschlechtsunterschieds weitgehend auf das Thema der Fortpflanzung [1]. So wenig die vorneuzeitlichen Theorien der Zeugung (s.d.) den heute bekannten biologischen Tatsachen angemessen sein konnten, so bestimmend waren diese Theorien bis weit in die Neuzeit hinein für die Definitionen des Weiblichen und Männlichen auch über den biologischen Rahmen hinaus. Warm und kalt, feucht und trocken, aktiv und passiv sind schon in den frühesten philosophischen und medizinischen Texten die leitenden Kriterien, nach denen das Männliche und Weibliche bestimmt wird [2]. Während bei der Zuschreibung von Aktivität zum Männlichen und Passivität zum Weiblichen der Galenismus durch seine Zweisamentheorie sich deutlich vom Aristotelismus unterscheidet, gilt die Zuschreibung von Wärme und Trockenheit zum Männlichen und Kälte und Feuchtigkeit zum Weiblichen für die konkurrierenden Schulen gleichermaßen unhinterfragt. Aufgrund der geringeren Wärme sind nach GALEN die bei beiden Geschlechtern im Prinzip identischen Geschlechtsorgane bei der Frau nach innen entwickelt, während die des Mannes vollständig und nach außen entwickelt sind [3]. Erst in der Mitte des 16. Jh. bezeichnet J. SCALIGER in ‹De subtilitate› im Angriff auf G. Cardano die Temperaturenlehre als falsch und geht von der gleichen Temperatur beider Geschlechter aus [4].

Bei den Philosophen – mit Ausnahme der an Galen orientierten Skotisten – ist die Aristotelische Sicht der Natur und des Unterschiedes von ‹weiblich› und ‹männlich› das für Jahrhunderte leitende Paradigma. Für ARISTOTELES ist das Männliche wärmer und entsprechend fähig (δύναται), die Nahrung zu Blut und dann zu Sperma zu «verkochen» (πέττειν), während das Menstruationsblut (Katamenien) aufgrund der geringeren weiblichen Wärme nicht vollständig zu Samen verkocht [5]. Diese «Unfähigkeit» macht das Weibliche aus (ἀδυναμίᾳ γάρ τινι τὸ θῆλύ ἐστι) [6]. Zwar sind das Männliche und das Weibliche gleichermaßen «Prinzipien der Zeugung» (ἀρχαὶ τῆς γενέσεως), doch das Männliche als aktive Bewegungsursache, das Weibliche als Materie [7]. Die Intention der Natur geht gemäß Aristoteles auf die Vollkommenheit, die im Männlichen erreicht wird; sie verwirklicht sich jedoch nicht in jedem Individuum; bei weniger günstigen Bedingungen entsteht, als Abweichung (παρέβηκε) [8] von der vollkommenen Natur, ein weibliches Lebewesen. «Das Weibliche ist quasi ein verstümmelter Mann» (τὸ γὰρ θῆλυ ὥσπερ ἄρρεν ἐστὶ πεπηρωμένον) [9], weil die Natur nicht zum erstrebten Ziel gelangt, doch sind weibliche Lebewesen insgesamt nötig zur Arterhaltung [10].

WILHELM VON MOERBEKE übersetzt im 13. Jh. die Aristotelische Formel mit: «femella enim est quemadmodum orbatus masculus» («das Weibchen ist also auf gewisse Weise ein beraubtes Männchen») [11]. Die umfangreiche Rezeption der aristotelischen Biologie durch ALBERTUS MAGNUS gibt das aristotelische Gedankengut an die Folgezeit, besonders an THOMAS VON AQUIN und damit an den kirchlichen Thomismus weiter, so auch die biologische Konzeption der Frau («femina est mas occasionem passus» [12]). Seither ist die Rede vom Weiblichen als «mas occasionatus» gebräuchlich; «occasionatus» heißt: Durch zufällige Anlässe (occasiones) wie mangelnde Wärme oder größere Feuchtigkeit bei Südwind verfehlt ein Embryo die angestrebte Perfektion und wird nur weiblich. Diese Unvollkommenheit liegt – ganz im aristotelischen Sinne – auf der Ebene der Einzelnatur («natura particularis»); in der kosmischen Gesamtnatur («natura universalis») ist das Weibliche gewollt, weil zur Fortpflanzung nötig [13]. Mit diesen Vorgaben ALBERTS, die Wertung der Geschlechterdifferenz durch den Unterschied von partikulärer und universaler Natur zu mindern, ist es für THOMAS VON AQUIN dann auch möglich, die Frau, obwohl sie «unvollkommen» ist («mulier est vir imperfectus sive occasionatus» [14]), mit der Schöpfungstheologie zu vereinbaren, nach der im Anfang nichts Defizientes von Gott geschaffen wurde («nihil occasionatum et deficiens debuit esse in prima rerum institutione») [15]. Gemäß der Universalnatur ist die Existenz von Weiblichem intendiert, da sie der Vollkommenheit der menschlichen Natur entspricht («etiam diversitas sexus est ad perfectionem humanae naturae») [16]. ARISTOTELES hatte die notwendige natürliche Abweichung weiblicher Wesen von anderen kontingenten Abweichungen der vollkommenen Natur, den «monstra», unterschieden; spätere Zitierungen nehmen diesen Gedanken aber nicht so genau, wenn sie mit Hinweis auf den großen Philosophen nun auch die Frau als «monstrum» der Natur bezeichnen. Der Topos wird auch ohne die naturteleologische Begründung immer wieder bis in die Neuzeit hinein zustimmend zitiert, provoziert aber auch Gegenstimmen. Nach M. LUTHER sind diejenigen, die die Frauen 'Ungeheuer' nennen, selber solche, weil sie ein Geschöpf Gottes verleumden und lächerlich machen («Sed sint ipsi monstra et monstrorum filii, qui sic calumniantur et rident creaturam Dei») [17].

Durch die Vorherrschaft des Aristotelismus und des Thomismus haben die naturphilosophisch begründeten Definitionen des Weiblichen als verstümmelter oder unvollkommener Mann und des Männlichen als das vorrangige aktive Prinzip fast uneingeschränkt Geltung. Erst im Ausgang des 16. Jh., mit Erstarken des Galenismus, wird diese Theorie des Weiblichen in den biologischen und medizinischen Schriften nicht mehr akzeptiert und verschwindet aus den Handbüchern; dem Weiblichen wird seine eigene geschlechtliche Vollkommenheit zuerkannt [18]. Weiterhin wird aber aus der Säfte- und Temperaturenlehre eine natürliche physische, psychische und geistige Schwäche der Frau abgeleitet. Wenn auch die naturwissenschaftlichen Entdeckungen gegen Ende des 19. Jh. (Ovula) und in der Mitte des 20. Jh. (Geschlechtschromosomen) den alten naturphilosophischen Annahmen gänzlich die Grundlage entziehen, so halten sich die theologischen Konsequenzen dieser Annahmen bis heute.

Anmerkungen. [1] Zum biologischen Aspekt vgl. auch: Art. ‹Geschlechtlichkeit›. Hist. Wb. Philos. 3 (1974) 473f. – [2] ARISTOTELES: De gen. anim. IV, 1, 764 aff. mit Bezug auf die frühen Philosophen. – [3] Als «Eingeschlechtertheorie» der «Zweigeschlechtertheorie» gegenübergestellt bei: TH. LAQUEUR: Making sex. Body and gender from the Greeks to Freud (Cambridge, Mass. 1990); dtsch.: Auf den Leib geschrieben (1992). – [4] Vgl. I. MACLEAN: The Renaissance notion of woman. A study in the fortunes of scholasticism and medical science in European intellectual life (Cambridge 1980) 34. – [5] ARISTOTELES: De gen. anim. IV, 1, 765 a 35ff.; vgl. Komm. bei: JOHANNES PHILOPONOS: In de gen. anim. CAG 14/3, hg. M. HAYDUCK (1903) 177f. – [6] De gen. anim. I, 20, 728 a 18; vgl. IV, 1, 765 b 9. 766 a 31ff. – [7] I, 2, 716 a 13; zur Bewertung des Materieprinzips in dieser Hinsicht vgl. H. HAPP: Hyle (1971) 747ff. – [8] IV, 3, 767 b 6-9. – [9] II, 3, 737 a 27; vgl. IV, 4, 775 a 16: ὥσπερ ἀναπηρίαν εἶναι τὴν θηλύτητα. – [10] I, 20, 728 a 17f.; vgl. I, 2. – [11] ARISTOTELES latinus 17/2 (V): De gen. anim., übers. W. VON MOERBEKE, hg. H. J. DROSSAART LULOFS (Brügge 1966) 55. – [12] ALBERTUS MAGN.: De animalibus, lib. 16, t. 1, c. 14. Op. omn., hg. A. BORGNET 12 (1871) 164; bzw. hg. H. STADLER. Beitr. zur Gesch. der Philos. des MA 15/16 (1920) 1100, 34; vgl. dazu: A. MITTERER: Mas occasionatus oder zwei Methoden der Thomasdeutung. Z. kath. Theol. 72 (1950) 80-103, bes. 84f. – [13] Vgl. Art. ‹Natura universalis/particularis›. Hist. Wb. Philos. 6 (1984) 509-517, bes. 513. – [14] THOMAS AQU.: In II sent., d. 18, q. 1, c. 1 sc; vgl. S. theol. I, 92, 1, ob. 1, ad 1: «Femina est aliquid deficiens et occasionatum». – [15] S. theol. I, 92. – [16] I, 99, a. 2. – [17] M. LUTHER: Vorles. über 1. Mose, Kap. 1, 23. Weim. Ausg. 42 (1883ff.) 53, 23ff. – [18] MACLEAN, a.O. [4] 28-46.

3. *Theologie.* – Die Schöpfungsgeschichte des ‹Alten Testaments› und die Briefe des Apostels PAULUS bieten die wichtigsten Bezugspunkte für die theologische Erörterung des Geschlechterunterschiedes. Zumal die ‹Genesis›-Auslegung gibt bis in die Neuzeit hinein neben Aristoteles den argumentativen Rahmen für das Verständnis und besonders für die Bewertung (vgl. dazu unten: 4.) von männlich und weiblich vor. Während die Erzählung von der Erschaffung der Frau aus der Seite Adams im frühen jahwistischen Bericht Gen. 2, 7 fast für jede allegorische Auslegung offen ist, gibt der Satz der – später entstandenen – Priesterschrift Gen. 1, 27 («er schuf den Menschen nach seinem Bilde, als weiblich und männlich erschuf er sie») den Exegeten wegen seiner Verknüpfung mit dem zentralen Theologumenon der Gottebenbildlichkeit (s.d.) des Menschen größere Interpretationsprobleme auf. Ohne die textgeschichtlichen Erkenntnisse der philologisch-historischen Bibelkritik zugrunde legen zu können, wurde versucht, beide Stellen miteinander zu vereinbaren. Die Stellung der Frau wird – trotz der Verschiedenheit der Interpretationen schon in Spätantike und Mittelalter – bis zur Neuzeit nicht grundsätzlich in Frage gestellt.

Auf PAULUS (1. Kor. 11, 2) hat man sich berufen, wenn die Gottebenbildlichkeit des Mannes als die eigentliche und primäre betrachtet, diejenige der Frau nur indirekt als Bild des Mannes aufgefaßt wurde. Was bei Paulus der Begründung des Schleiertragens in der Kirche dient, wird in der schärferen Diktion des AMBROSIASTER Bestandteil des ‹Decretum Gratiani› (ca. 1146) und damit des Kanonischen Rechts, das bis zum Anfang des 20. Jh. galt: «daß die Frau auch Ebenbild Gottes sei, ist absurd» («ut et ipsa imago dei sit, quod absurdum est»); sie muß sich verhüllen, weil sie nicht Gottes Ebenbild ist («mulier autem ideo uelat, quia non est gloria aut imago dei») [1]. Gegen die rein männlich gefaßte Gottebenbildlichkeit in der Nachfolge des Ambrosiaster bemühen sich die Nachfolger AUGUSTINS, die Ebenbildlichkeit des Menschen, Mann und Frau gleichermaßen meinend («Hominis autem nomen tam viro quam feminae convenit») [2], als Schöpfungsordnung zu begreifen. Die Synode von Macon (585) bekräftigt gegen anderslautende Meinungen, daß ‹Mensch› im Schöpfungsbericht auch ‹Frau› meint («utrumque enim hominem dixit») [3]. Bestimmend für die kirchliche Lehre ist jedoch das Bemühen, die Gottebenbildlichkeit geistig zu deuten, sie auf Seele und Geist, nicht auf die Körper in ihrer geschlechtlichen Differenz zu beziehen und somit den Unterschied zwischen weiblich und männlich in dieser Hinsicht als irrelevant zu erweisen. Nach PHILON VON ALEXANDRIEN wurde zuerst im Geiste Gottes ein geschlechtsloser (οὔτ' ἄρρεν οὔτε ϑῆλυ [4]) himmlischer Mensch als gottebenbildlicher Prototyp (Idee) für den Erdenmenschen geschaffen; dieser wurde dann in einem zweiten Schöpfungsakt zum körperhaften Menschen, geschlechtlich als männlich und weiblich. Die Idee des Menschen ist nach Philon ohne Geschlecht, der Geschlechtsunterschied ist erst durch den Körper gegeben. In eine ähnliche Richtung geht die Konzeption des «inneren Menschen» (ὁ ἔσω ἄνϑρωπος) bei Origenes; allein dieser ist das Bild Gottes, das es unabhängig vom Geschlecht des «äußeren Menschen» (ὁ ἔξω ἄνϑρωπος) anzustreben gilt [5]. Nach Augustinus – und in seiner Folge gängig bis in die Reformation – bezieht sich die Gottebenbildlichkeit – «weil auch die Frau ein Mensch ist» («quod et femina homo erat») [6] – auf die geschlechtslose Geistseele («ubi sexus nullus est») [7]. M. Luther unterscheidet eine «similitudo publica», auf die sich der ‹Genesis›-Bericht bezieht, und eine «similitudo privata», auf die sich der ‹Paulus-Brief› bezieht, und erklärt anschaulich: «Ein frau ist unserm h. got ehnlich, ehnlich non mit den zuzen oder nabel sed quod habet dominium in familiam» [8].

Nach Gal. 3, 28 ist in Christus jeder Mensch erlöst, und es zählt nicht mehr die Unterscheidung Jude oder Grieche, Sklave oder Freier «und nicht mehr männlich oder weiblich» (οὐκ ἔνι ἄρσεν καὶ ϑῆλυ). Wie aber ist der Unterschied von weiblich und männlich nach der (leiblichen) *Auferstehung* zu verstehen? In Anlehnung an Eph. 4, 13 (εἰς ἄνδρα τέλειον) oder in der gnostischen Tradition und der des apokryphen ‹Thomas-Evangeliums› wird die Auffassung vertreten, daß nur das Männliche, da Inbegriff der Vollkommenheit, aufersteht und Frauen insofern in das himmlische Paradies eingehen, als sie «männlich werden» [9]. Noch Johannes Duns Scotus schließt sich dieser Auffassung an, nimmt die Jungfrau Maria aber aus («omnes foeminas excepta sola B. Virgine, in sexu virili resurrecturas») [10]. Dagegen setzt sich seit Augustinus [11], unterstützt von Petrus Lombardus und Bonaventura [12], die Auffassung durch, daß der körperliche Unterschied von Frau und Mann auch in der himmlischen Herrlichkeit erhalten bleibt. Denn, heißt es dann bei Thomas von Aquin, so wie Gott die menschliche Natur ohne Mangel eingerichtet hat, so wird er sie auch wiederherstellen [13]. Der Geschlechtsunterschied («sexus diversitas») gehört zur Artvollkommenheit auf der Ebene der Universalnatur («competit perfectioni speciei» [14]), und damit gehört auch das Weibliche zur Vollkommenheit der menschlichen Natur. Gegen die augustinische Tradition knüpft Johannes Scotus Eriugena in Aufnahme Gregors von Nyssa die endzeitliche Wiederherstellung («reditus») und Einswerdung («adunatio») an die Aufhebung der Geschlechtlichkeit («Humanae naturae adunatio duplicis sexus divisionem in simplicitatem hominis revocat»); denn der «Mensch ist besser als das Geschlecht» («quia homo melior est quam sexus») [15]. Der Geschlechtsunterschied als solcher ist für Eriugena eine Folge des Sündenfalles: «Männlich und weiblich sind nicht Namen der Natur des Menschen, sondern durch seine Teilung aufgrund des Ungehorsams; ‹Mensch› aber ist die besondere Benennung für seine Natur» («masculus siquidem et femina non sunt nomina naturae, sed partionis eius per praevaricationem, homo vero specialis naturae appellatio est») [16]. Der erlöste Mensch ist auch von seiner Geschlechtlichkeit erlöst wie im Urstand und dann nur Mensch («et erit solummodo homo, sicut fieret, si non peccaret») [17].

Bei einigen frühen jüdischen kabbalistischen Auslegern des Buches ‹Genesis› sowie in der Gnosis wird die gleichzeitige Schöpfung des Menschen als weiblich und männlich so interpretiert, daß der «erste Mensch», der «Adam Kadmon» (s.d.), «androgyn» ist [18], eine für christliche Kirchenlehrer befremdliche Vorstellung («quasi monstrosum aliquid») [19]. Diese Vorstellung gewinnt ab dem 17. Jh. durch J. Böhme große Verbreitung. «Adam war das Bilde Gottes: Er war Mann und Weib ... eine männlich Jungfrau» [20], die das Bild Christi und der himmlischen Sophia ist. In der Nachfolge Christi strebt jeder Mensch dies an. Diese Gedanken bleiben über die Böhme-Rezeption bei F. Ch. Oetinger [21] und weit darüber hinaus präsent [22]. Für F. X. von Baader muß sogar aufgrund dieser Schöpfungsauslegung «ohne den Begriff der Androgyne der Zentralbegriff der Religion, nämlich jener des Bildes Gottes unverstanden bleiben» [23].

Auf Gott selbst scheinen die Begriffe ‹männlich› und ‹weiblich› direkt nicht anwendbar zu sein, wenngleich eine geschlechtliche Metaphorik durchaus benutzt wird [24]. Irenäus von Lyon referiert, daß die Gnostiker Gott mal nur als männlich, dann aber auch als über dem Männlichen und über dem Weiblichen stehend bezeichnen (ὑπὲρ ἄρρεν καὶ ὑπὲρ ϑῆλυ) [25]. Anselm von Canterbury fragt ausdrücklich, ob statt «Vater» und «Sohn» nicht «Mutter» und «Tochter» zur Bezeichnung der göttlichen Personen angemessener wären («sed nec hoc negligendum existimo, an patris et filii, an matris et filiae magis illis apta sit appelatio, cum in eis nulla sit sexus discretio») [26], um dann diese Frage klassisch aristotelisch mit der Erstursächlichkeit des Männlichen bei der Zeugung und der größeren Ähnlichkeit zwischen Vater und Sohn als zwischen Vater und Tochter zu beantworten. In L. Feuerbachs Anthropologisierung des Gottesbegriffs kommt das Geschlecht als Wesensattribut jeder «Persönlichkeit» naturgemäß auch Gott zu; Feuerbach hält die Frage ganz im Sinne Baaders für zulässig, «ob er ein Männlein oder Weiblein oder gar ein Hermaphrodit» sei [27].

Anmerkungen. [1] Ambrosiaster: Liber quaestionum XLV, 3; CVI, 17. CSEL 50, 82f. 243; vgl. dazu: K. E. Børresen: Imago Dei, privilège masculin? Interprétation augustinienne et pseudo-Augustinienne de Gen. 1, 27 et 1 Cor. 11, 7. Augustinianum 25 (1985) 213-234, 216f. – [2] Hrabanus Maurus: Comm. in Gen. II, 3. MPL 107, 509 D. – [3] Gregor von Tours: Historia Francorum VIII, 20. MPL 71, 462 C; vgl. Børresen, a.O. [1] 225. – [4] Philo Alex.: De opificio mundi 134. – [5] Origenes: Dialektos. Sources chrét. 67 (1960) 88ff. – [6] Augustinus: De Gen. ad litt. 3, 22. CSEL 28/1, 88f. – [7] De trin. XII, 7, 12f. CCSL 50, hg. W. J. Mountain (Turnhout 1968) 366f.; vgl. Thomas Aqu.: S. theol. I, 93, 6, ad 2. – [8] Luther: Vorles. über 1. Mose, Kap. 1, 27, a.O. [17 zu 2.] 51, 6. – [9] K. Vogt: «Becoming male»: A gnostic, early Christian and Islamic metaphor, in: K. E. Børresen/K. Vogt (Hg.): Women's studies of the Christian and Islamic traditions. Ancient, Medieval and Renaissance foremothers (Dordrecht u.a. 1993) 217-242; M. W. Meyer: Making Mary male: The categories 'male' and 'female' in the Gospel of Thomas. New Testament Studies 31 (1985) 554-570, 566f. – [10] Joh. Duns Scotus: 2 Sent. dist. 20, zit. nach dem verbreiteten Lehrbuch von J. Gerhard: Loci theologici (Jena 1610/22, Genua 1639) VIII, 853f.; die Renaissance-Editoren haben diese Stelle als unecht angesehen und getilgt. – [11] Augustinus: De civ. Dei XX, 17; zur diesbezüglichen Kontroverse der lat. Kirchenväter vgl. D. Huet: Origeniana II, c. 2, q. 8. MPG 17, 991. – [12] Petrus Lombardus: Sent. IV, 44; Bonaventura: In libr. sent. expos. IV, 44, p. 1, dub. 2. Op. omn. 4 (Quaracchi 1889) 908f. – [13] Thomas Aqu.: S. theol. III (Suppl.), 81, 1, resp. – [14] 81, 3, resp. – [15] Joh. Scotus Eriugena: De divis. nat. II, hg. I. Sheldon-Williams (Dublin 1968, 1972, 1981) 24, 8-12. – [16] a.O. – [17] De divis. nat. V, 20. MPL 122, 893 C 9-13. – [18] J. Holzhausen: Der «Mythos vom Menschen» im hellenist. Ägypten

(1994) 50f.; vgl. E. L. DIETRICH: Der Urmensch als Androgyn. Z. Kirchengesch. 97 [3. Folge 9] (1939) 297-345. – [19] AUGUSTINUS: De trin. XII, 6, 8, a.O. [7] 363. – [20] BÖHME: Myst. Magn. 41, n. 23, a.O. [12 zu I.] 17 (1730)/ND 7 (1958) 416. – [21] F. CH. OETINGER: Aus dem Versuch einer Auflösung der 177 Fragen aus Jakob Boehme, Fr. 27. 41ff. (1777); vgl. BENZ, a.O. [6 zu I.] 165f. – [22] BENZ, a.O., hat die entsprechenden Quellentexte zusammengestellt und jeweils mit einer Einl. versehen. – [23] F. X. VON BAADER: Ueber den verderblichen Einfluß, welchen die rationalistisch-materialistischen Vorstellungen auf die höhere Physik ... noch ausüben (1834). Sämtl. Werke (1851ff., ND 1963) 3, 303f. – [24] K. E. BØRRESEN: L'usage patristique de métaphores féminines dans le discours sur Dieu. Rev. théol. Louvain 13 (1982) 205-220. – [25] IRENAEUS: Haer. I, 2, 4. – [26] ANSELM VON CANT.: Monolog. 42. – [27] L. FEUERBACH: Das Wesen des Christentums (1841). Ges. Werke, hg. W. SCHUFFENHAUER 5 (1973) 111.

4. *Die Bewertung des Geschlechtsunterschiedes und die Umwertungen in der frühen Neuzeit.* – Die Reflexionen über die Dualität der Geschlechter implizieren immer wieder Hierarchisierungen und Wertungen oder begründen diese sogar explizit. Gerade für das archaische und vorphilosophische Denken sind Polaritäten werthaft imprägniert: Eine Seite steht für das Positive, für Heiliges, Gutes, Reines, die andere für das Negative [1]. Genauso wie der Vorzug von rechts gegenüber links begründet wird [2], so auch der von männlich gegenüber weiblich; frühen Zeugungstheorien zufolge entsteht der weibliche Embryo durch die Lage auf der linken Seite der Gebärmutter [3].

Wenn in der Weltentstehungslehre des Platonischen ‹Timaios› das männliche Geschlecht als das «überlegenere» (κρεῖττον) bezeichnet wird und der weniger tugendhafte Mann im nächsten Leben zur Strafe als Frau reinkarniert wird [4], spiegelt dies die Wertvorstellungen der Zeit. «Plato scheint zu zweifeln», so heißt es – vielzitiert – bei ERASMUS VON ROTTERDAM, «ob er die Frau zur Gattung vernünftiger beseelter Wesen oder der von Tieren zählen soll» («Plato dubitare videtur, utro in genere ponat mulierem, rationalium animantium, an brutorum») [5]. In den philosophischen Theorien beruhen die Bewertungen von ‹weiblich› und ‹männlich› immer, aber nicht immer explizit auf den werthaften Voraussetzungen des metaphysischen Systems. In der platonischen Tradition – vom Christentum weitertradiert – hat die Geistwelt einen höheren Rang als die Körperwelt, steht der Geist über dem Körper, das Denken über der Wahrnehmung; der Aristotelismus hierarchisiert nicht weniger intellektuelle Vermögen, Ursachen und Prinzipien, Form und Materie; das tätige Prinzip ist «wertvoller» als das leidende (ἀεὶ γὰρ τιμιώτερον τὸ ποιοῦν τοῦ πάσχοντος καὶ ἡ ἀρχὴ τῆς ὕλης) [6]. Diese Denkkategorien sind bis weit in die Neuzeit hinein bei der Thematisierung von ‹weiblich/männlich› leitend. Durchgängig gilt das Paradigma, daß das Höherrangige dem Männlichen, das weniger Wertvolle dem Weiblichen zugeordnet wird: Vernunft und Aktivität sind demgemäß männliche Vermögen, Passivität ist das weibliche. Nach der aristotelischen Teleologie findet die Natur ihre Vollkommenheit im Männlichen; das Männliche als formgebendes Prinzip ist «edler» als das Weibliche («et forma dignior et melior est materia. Cum igitur mas sit movens secundum formam in generatione, nobilior est fœmina») [7].

Naturphilosophie und Medizin tradieren durch die bis ins 17. Jh. fortwirkende Säfte- und Temperaturenlehre eine weitere Grundlage für die unterschiedliche Bewertung beider Geschlechter. Diese liefert auch das Argument, daß sich im schwachen (kalten) weiblichen Körper die Vernunft nicht so gut entfalten kann wie im wärmeren männlichen. Das weibliche Geschlecht ist daher von Natur aus nicht nur unbeständig, sondern auch dümmer («sexus femineus imbecillior virili» [8]). Vom «physiologischen Schwachsinn» der Frau [9] ist noch im 19. und 20. Jh. die Rede. PLATON hat zwar im ‹Staat› die gleiche Eignung der Frau bei der Bildung und auch Herrschaft trotz ihrer «Schwachheit» vertreten (ἐπὶ πᾶσιν δὲ ἀσθενέστερον γυνὴ ἀνδρός) [10]. Dennoch scheint die Aristotelische Auffassung, das Männliche sei mehr zur Herrschaft geeignet (ἄρρεν ἡγεμονικώτερον [11]), bis in die Diskussionen um die Zulassung weiblicher Thronfolge im 16. Jh. [12] theoretisch unwidersprochen zu bleiben; sie wird durch die im Idealismus erfolgende Zuordnung des Weiblichen zur Privatsphäre, des Männlichen zur Öffentlichkeit perpetuiert (vgl. unten: Teil III.). Die ‹Digesten› haben auch im rechtlichen Rahmen die größere «Würde» des männlichen Geschlechtes («maior dignitas est in sexu virili») festgeschrieben [13]. Das weibliche Geschlecht ist nach einem oft zitierten Diktum des APULEIUS «sexus sequior», in der Verdeutschung von A. SCHOPENHAUER: «das in jedem Betracht zurückstehende zweite Geschlecht» [14].

Die Bibelexegese bestätigt und verfestigt die Werthierarchie zwischen den Geschlechtern [15]; sie sieht den Vorrang des Männlichen in der Schöpfung begründet; in Aufnahme von Sir. 25, 24 («von einer Frau nahm die Sünde ihren Anfang, ihretwegen müssen wir alle sterben») wird die Schuld am Sündenfall der Frau gegeben. Denn während das männliche Geschlecht «von Gnade überfließender ist» («vir, in quo ... gratia creditur fuisse abundantior»), ist das weibliche «leichter zum Bösen geneigt» («facilius incurvatur ad malum sexus femineus») [16]. Ob Eva «die größere Sünde» («Quis plus peccavit») [17] begangen hat oder eine gleiche Schuld beim Manne liegt, bleibt kontrovers [18]. Die unzweifelhafte Erlösungswürdigkeit auch des weiblichen Geschlechts führt dazu, daß in eschatologischer Hinsicht für eine Gleichwertigkeit argumentiert werden muß, wo man in der Schöpfungsordnung an Hierarchien festhalten will. Die aus ‹Genesis› begründete Unterordnung der Frau in Ehe und Gesellschaft bestärkt PAULUS (1. Kor. 11, 1; 1. Tim. 2, 11-14; Eph. 5, 21-24). In der augustinischen Tradition wird die Unterordnung als Strafe für den Sündenfall angesehen [19]; Schöpfung und Sündenfall ergeben zusammen eine doppelte Unterwerfung («duplex subiectio») [20].

Auch wenn die Wertungen in der Zeit zwischen Patristik und Spätscholastik im einzelnen durchaus variieren und je nach philosophischer/theologischer Ausrichtung unterschiedlich akzentuiert werden, stimmt man grundsätzlich bis in die Neuzeit in diesem durch die 'Natur' und die Offenbarung begründeten Wertdenken überein. Obschon die im Zuge der Reformation aufkommende historische Bibelhermeneutik größere Freiheiten im Verständnis von Offenbarungsinhalten erlaubt, werden diese doch noch lange nicht für ein neues Verständnis der Geschlechter in Anspruch genommen. Auch für die im 17. Jh. entstehenden naturrechtlich fundierten Gesellschaftstheorien bleibt das Patriarchat (s.d.) leitend.

Frauen selbst wenden sich unter Berufung auf die Autoritäten von Bibel, Bibelexegese und Philosophen gegen die wissenschaftliche Misogynie, die Charakterisierung der Frau als «Monstrum» (vgl. oben: 3.) und als Ursache der Erbsünde. CHRISTINE DE PIZAN will 1399 in einem Sendbrief die Gottebenbildlichkeit auch der Frau aus der Hl. Schrift selbst «mit Gründen beweisen» («par ces raisons conclus et vueil prover») [21]. Sie entwirft eine «Stadt der Frauen», die durch Vernunft («Raison»), Rechtschaffenheit («Droitture») und Gerechtigkeit («Justice») aufgebaut ist und das bisher fixierte Bild von Weiblichkeit ins Wanken bringen will [22]. ISOTTA DI NOGAROLA argumentiert 1451 gerade aus der weiblichen Schwäche, daß die Erbsünde Evas keinesfalls größer als die Adams sein könne [23]. Männern und Frauen ist «beiden angeborn eine gleiche freyheit der würde», schreibt AGRIPPA VON NETTESHEIM. Er preist zu Beginn des 16. Jh. mit einem rasch verbreiteten und vielfach übersetzten Werk die «Vortrefflichkeit des weiblichen Geschlechts» [24] und begründet mit methodisch ähnlichen Argumenten wie Christine de Pizan, daß Eva sowohl vom Namen wie von ihrer Materie und vom Ort der Schöpfung als auch von der göttlichen Intention her die Krone der Schöpfung sei. Die Inkarnation Christi als Mann erfolgte aus vollendeter Selbsterniedrigung. In der Folgezeit erscheinen zahlreiche, z.T. galante Traktate zur ‹Supériorité des femmes› und entsprechende Gegenschriften: Die «Querelle des femmes» breitet sich in ganz Europa aus [25]. Zum ersten Mal werden die gängigen Wertungen des weiblichen Geschlechts allgemein diskutiert; der Geschlechterunterschied wird nicht nur marginal ein Thema der Geistesgeschichte des 16. und 17. Jh. Eine Geschichte des Feminismus kann mit gutem Grund hier ihre Anfänge ausmachen.

G. POSTELS ‹Außerordentliche Siege der Frauen der neuen Welt› (1553) [26] argumentiert mit der aristotelischen Distinktion eines aktiven und passiven Intellekts [27]. Gilt in der klassischen Aristoteles-Rezeption der «intellectus agens» als der höchste, so haben schon die arabischen Philosophen in ihrer Aristoteles-Deutung die beiden Vermögen als ineinander verschränkt aufgefaßt [28]. Postel nutzt die äußerst verwickelte und fragwürdige Hierarchisierung der Vermögen für eine Umkehrung, mit dem Ziel, das Weibliche als höherrangig herauszustellen [29].

Schon für die Zeitgenossen provozierend frauenfeindlich erscheint 1585 anonym der Traktat ‹Ob die Weiber Menschen seien› [30], der als Satire in theologischer Absicht verfaßt ist: Gegen die Sozinianer, die aus der Bibel beweisen, daß Christus nicht Gott sei, will der Verfasser nach eigenem Bekunden durch die Anwendung derselben Methode – als Demonstration ihrer Unsinnigkeit – mit 51 Thesen aus der Hl. Schrift beweisen, daß die «Weiber keine Menschen sind». Diese Intention ist den Lesern jedoch gleichgültig, die entsprechende Bemerkung wird in den meisten späteren Drucken und Übersetzungen weggelassen. Der unmittelbare und weitere Skandal ist so groß, daß er dem vermeintlichen Verfasser und auch seinen Widerlegern Einträge in P. BAYLES ‹Dictionnaire› sichert und damit über die zeitgenössische Debatte hinaus auch in der Folgezeit für entsprechende Kenntnis sorgte [31]. Nach der Überlieferung soll der Verfasser nicht etwa von aufgebrachten Weibern gelyncht worden, sondern, wie Bayle berichtet, nach dem Verzehr einer geweihten Hostie dem Wahnsinn verfallen sein und sich in den Tod gestürzt haben. Eine Auswahl der Thesen des Traktats wird in offensichtlich satirischer Absicht zweihundert Jahre später unter dem Verfassernamen M. AMBROS als vierseitiges Pamphlet herausgegeben und bis ins 20. Jh. hinein nachgedruckt [32].

In einer ähnlichen Weise nicht ernsthaft gemeint ist die folgenreiche Glosse des Juristen J. CUJAS, der die zeitgenössische exzessive Kommentierung der Pandekten zur eindeutigen Klärung von Ausdrücken wie ‹jemand› oder ‹Mensch› oder ‹Frau› (si quis, quicunque, homo) damit ironisiert, daß es keinen Mord (*homi*cidium) an Frauen geben könne, denn «foemina item proprie non est homo» [33]. Dagegen beeilt man sich zu bekräftigen, daß auch Frau miteingeschlossen ist («masculino sexus foemininus non modo extensivae significationis beneficio sed maxime sermonis proprietate comprehenditur») [34]. Doch genauso wie die provokante theologische Schrift zieht auch der juristische Diskurs weite Kreise; der Topos, daß die Frauen keine Menschen seien, meist flankiert durch den aristotelischen Topos, daß sie «Monster» seien, fehlt in kaum einer der zahlreichen Schriften zum Thema, die in der ersten Hälfte des 17. Jh. erscheinen.

Nicht um Unterlegenheit oder Überlegenheit der Frauen geht es M. DE GOURNAY, der geistigen Gefährtin M. de Montaignes und Herausgeberin seiner Schriften, sondern darum, «les esgaler aux hommes» und ihnen dieselbe «dignité» zuzuschreiben [35]. Mit ihrem Traktat ‹Egalité des hommes et des femmes› von 1622, einem Bittschreiben an die Königin, wird mit praktisch-politischer Intention, nämlich der Forderung nach Bildung auch für Frauen, die Gleichwertigkeit der Geschlechter betont; dies geschieht mit geläufigen Topoi aus der Bibelinterpretation und unter Berufung auf Philosophen und historische Frauengestalten. Ob das weibliche Geschlecht gebildet sein dürfe und könne, wird bis ins 18. Jh. in zahlreichen Traktaten erörtert [36], die lebenspraktischen Auswirkungen der «femmes savantes» und «Précieuses» werden gerne literarisch aufgegriffen [37].

Die cartesianische Philosophie leistet in der zweiten Hälfte des 17. Jh. der Position Vorschub, die die weiblichen Wesen philosophischer und wissenschaftlicher Einsicht für fähig hält und eine grundsätzliche geistige Minderwertigkeit der Frau bestreitet. «L'Esprit n'a point de Sexe», heißt es bei F. POULAIN DE LA BARRE [38]. Auf der Grundlage des cartesianischen Prinzips, «de n'admettre rien pour vray qui ne soit appuyé sur des idées claires et distinctes» [39], unternimmt er es, das Denken aus der Befangenheit von dem größten Vorurteil («préjugé») sowohl des gemeinen Volkes wie der Philosophen zu lösen: der «inegalité des deux sexes» [40]. Dasselbe Ziel verfolgt seine Schrift ‹De l'excellence de l'homme› (1675) mit Belegen aus der Hl. Schrift und pointierten Gegenüberstellungen der tradierten Argumente und Gegenargumente in der Auslegung der Geschlechterdifferenz.

Obwohl die Schriften des 16. und 17. Jh. gegen die tradierte Beurteilung des weiblichen Geschlechtes kämpfen, ist das Ziel eher bescheiden auf den Zugang zur Bildung ausgerichtet. Weitaus später und sehr zögerlich wird der Gedanke der Gleichheit der Geschlechter im Sinne einer auch politisch-rechtlichen Gleichberechtigung in der Philosophie aufgegriffen.

Anmerkungen. [1] Vgl. LLOYD, a.O. [1 zu II. 1.] 40f. – [2] Vgl. Right and left in Greek philosophy. J. Hellen. Studies 62 (1962) 56-66. – [3] ARISTOTELES: De gen. anim. IV, 1, 764 aff.; vgl. E. LESKY: Die Zeugungs- und Vererbungslehren der Antike und ihr Nachwirken. Abh. Akad. Wiss. Lit. Mainz, Geistes- soz.wiss. Kl. H. 19 (1950) 1263-1293: Die Rechts-Links-Theorie. – [4] PLATON: Tim. 42 a/b; vgl. 90 e. – [5] ERASMUS VON ROTTERDAM: Lob der Torheit [1511] (1534). Op. omn. (1703, ND 1962) 4, 418. – [6] ARISTOTELES: De an. III, 5, 430 a 18f. – [7] ALBERTUS MAGN.: De anim. XVI, tr. 1, c. 1, a.O. [12 zu 2.] 123; vgl. THOMAS AQU.: S. theol. III, 31, 4, ad 1: «sexus masculinus est nobilior quam femineus». – [8] Summa Halensis II, inq. 4, tr. 2, s. 2, q. 2, c. 5 (Quaracchi 1924ff.) 2, 628. – [9] P. J. MOEBIUS: Über den physiolog. Schwachsinn des Weibes (1900); spätere Aufl. mit den Entgegnungen und Zustimmungen. – [10] PLATON: Resp. V, 452 e-457 b, zit. 455 e 1; vgl. N. H. BLUESTONE: Women and the ideal society

(Oxford 1987); G. Vlastos: Was Plato a feminist? in: N. Tuana (Hg.): Feminist interpretations of Plato (University Park, Penns. 1994) 11-23. – [11] Aristoteles: Pol. I, 12, 1259 b 1ff. – [12] G. Rolbag: Certamen masculo-foemineum super aequitate utilitate et necessitate differentiarum sexus in successionibus, quibus extantibus masculis excluduntur foeminae: In Italia, Gallia, Hispania et Germania (Speyer 1602); unter anderem Titel und dem Verf.-Namen J. Orloshaufen (1606). – [13] Digesten I, 9, 1, in: Corpus iuris civilis, hg. O. Behrends u.a. 2 (1995) 142. – [14] Apuleius: Metamorph. VII, 8; A. Schopenhauer: Parerga und Paralipomena II, § 369 (1851). Sämtl. Werke, hg. A. Hübscher 6 (1939) 657f. – [15] Vgl. K. Thraede: Art. ‹Frau B III. 3.: Grundsätzliche Inferiorität des Weiblichen›. RAC 8 (1972) 242f.; vgl. 239; vgl. auch: H. Herter: Art. ‹Effeminatus›. RAC 4 (1959) 620-650. – [16] Bonaventura: In II sent., d. 21, a. 1, q. 3. Op. omn. 2 (Quaracchi 1885) 497. – [17] Petrus Lombardus: Sent. II, d. 22, c. 4. – [18] G.-H. Baudry: La responsabilité d'Eve dans la chute. Analyse d'une tradition. Mélanges Sci. relig. 53 (1996) 293-319. – [19] Augustinus: De Gen. ad litt. XI, 37. CSEL 28/1 (1894) 372. – [20] Summa Halensis II, inq. 4, tr. 2, s. 2, q. 2, c. 2, a.O. [8] 618. – [21] Christine de Pizan: Epistre au Dieu d'Amours. Oeuvr. poét., hg. M. Roy 2 (Paris 1891) 19f. (Anm. 14); dtsch.: Der Sendbrief vom Liebesgott, hg. M. Stummer (Graz 1987) 36 (Anm. 13). – [22] Le Livre de la Cité des Dames [1404/05], hg. M. Cheney Curnow 1-2 (Vanderbilt Univ. 1975); dtsch.: Das Buch von der Stadt der Frauen, hg. M. Zimmermann (1986, 1990); vgl. dazu: K. Fietze: Spiegel der Vernunft. Theorien zum Menschsein der Frau in der Anthropologie des 15. Jh. (1991) 95-114. – [23] Isotta di Nogarola: De pari aut impari Evae atque Adae peccato [1451]. Opera, hg. E. Abel 1-2 (Wien/Budapest 1887) 2, 185-216; auszugsweise dtsch. in: E. Gössmann (Hg.): Arch. für philos.- und theol.geschichtl. Frauenforschung 6 (1994) 92-107; Fietze, a.O. 153-165. – [24] H. C. Agrippa von Nettesheim: Declamatio de nobilitate et praecellentia foeminei sexus [1509] (Antwerpen 1527), auszugsweise dtsch.: Vom Adel und Fürtreffen Weiblichen Geschlechts (1540), ND, hg. J. Jungmayr, in: E. Gössmann (Hg.): Arch. für philos.- und theol.geschichtl. Frauenforschung 4 (1988) 53-95, bes. 58. – [25] G. Bock/M. Zimmermann: Die 'Querelle des Femmes' in Europa. Eine begriffs- und forschungsgeschichtl. Einführung. Querelles, Jb. für Frauenforschung 2: Die europ. Querelle des femmes. Geschlechterdebatten seit dem 15. Jh. (1997) 9-38. – [26] G. Postel: Les tres merveilleuses victoires des femmes du nouveau monde, et comment elles doibvent à tout le monde par Raison commander, et mesmes à ceulx qui hauront la Monarchie du monde vieil (Paris 1553). – [27] Vgl. Art. ‹Intellectus agens/possibilis›. Hist. Wb. Philos. 4 (1976) 432-435. – [28] Art. ‹Vernunft; Verstand III. C.›, a.O. 11 (2001) 774-777. – [29] Vgl. dazu: T. Albertini: Actio und Passio in der Renaissance. Das Weibliche und das Männliche bei Agrippa, Postel und Bovelles. Freiburger Z. Philos. Theol. 47 (2000) 126-149. – [30] Anon.: Disputatio nova contra Mulieres, qua probatur eas homines non esse (1595); verändert dtsch.: Gründ= und probierliche Beschreibung ... belangend die Frag, Ob die Weiber Menschen seyn, oder nicht (1618 u.ö.), ND, in: Gössmann (Hg.), a.O. [24] 97-122; Gegenschrift von S. Geddicus: Defensio sexus muliebris ... (Leipzig 1595); vgl. dazu: M. P. Fleischer: 'Are women human?' – The debate of 1595 between Valens Acidalius and Simon Gediccus. 16th Cent. Studies 12 (1981) 107-120; dtsch., in: Fleischer: Späthumanismus in Schlesien (1984) 190-212. – [31] P. Bayle: Dict. hist. et crit. 1-4 (Amsterdam u.a. [5]1740) 1, 63f. (Art. ‹Acidalius›); 2, 538f. (Art. ‹Geddicus›); zur Frauenfrage vgl. 3, 344 (Art. ‹Marinella›). – [32] M. Ambros: Beweis, dass die Weibsbilder keine Menschen sind: aus der Schrift und aus der gesunden Vernunft dargethan (Wien 1782); u.d.T.: Weibsbilder sind keine Menschen; wird sonnenklar bewiesen aus der Schrifft, und aus der gesunden Vernunft, gedruckt in der Stiefelwichserei (Sterzing 1793); ND (Leipzig 1911) mit dem Untertitel: ‹Den Eiferen für die Verweibung des Leipziger Bibliophilen-Abends gewidmet von zwei Misogynen›. – [33] J. Cujas: Observationes et emendationes VI, 21 (1587). Op. omn. (Lyon 1606) 4, 1484; vgl. dazu: Maclean, a.O. [4 zu 2.] 69ff. – [34] J. Goddaeus: Comm. repetitae praelectionis in tit. XVI libri L pandectarum (1604, [5]1614) 32-46; vgl. I. Maclean: Woman triumphant. Feminism in French lit. 1610-1652 (Oxford 1977) 12f. – [35] M. de Gournay: Egalité des hommes et des femmes (1622), hg. C. Venesoen (Genf 1993) 40. – [36] Einflußreich: J. Thomasius (praes.)/J. Sauerbrei (resp.): De foeminarum eruditione (1671, 1676); dtsch. auszugsweise in: E. Gössmann (Hg.): Das wohlgelehrte Frauenzimmer. Arch. für philos.- und theol.geschichtl. Frauenforschung 1 (1984) 99-117; A. M. Schurmann: Num foeminae Christianae conveniat studium litterarum, in: Opuscula (Leiden [2]1650) 28-56. – [37] Für Frankreich reiches Quellenmaterial aufarbeitend: L. Timmermans: L'accès des femmes à la culture (1598-1715): un débat d'idées de F. de Sales à la Marquise de Lambert (Paris 1993). – [38] F. Poulain de la Barre: De l'égalité des deux sexes. Discours physique et moral où l'on voit l'importance de se défaire des préjugez (1673, ND Paris 1984) 59f.; dtsch. in: I. Hierdeis: 'Die Gleichheit der Geschlechter' und 'Die Erziehung der Frauen' (1993). – [39] a.O. 10. – [40] a.O.

Literaturhinweise. – Zu II. 1. und 2.: A. Mitterer s. Anm. [12 zu II. 2.]. – I. Maclean s. Anm. [4 zu II. 2.] 28-46. – G. E. R. Lloyd: Science, folklore and ideology II: The female sex: medical treatment and biolog. theories in the 5th and 4th cent. B.C. (Cambridge 1983) 58-111. – S. Said: Féminin, femme et femelle dans les grands traités biolog. d'Aristote, in: La femme dans les sociétés antiques, in: E. Lévy (Hg.): Actes des Colloques de Strasbourg, mai 1980 et mars 1981 (Straßburg 1983) 93-117. – J. Althoff: Warm, kalt, flüssig und fest bei Aristoteles (1992). – G. Sissa: Platon, Aristoteles und der Geschlechterunterschied, in: G. Duby/M. Perrot: Geschichte der Frauen 1-5 (1993-95) 1, 67-102 (Anm. 551f.); ital. (Rom/Bari 1990-92). – J. Cadden: Meanings of sex difference in the MA (Cambridge 1993). – S. Föllinger: Differenz und Gleichheit. Das Geschlechterverhältnis in der Sicht griech. Philosophen des 4. bis 1. Jh. v.Chr. (1996). – M. Deslauriers: Sex and essence in Aristotle's metaphysics and biology, in: C. A. Freeland (Hg.): Feminist interpret. of Aristotle (University Park, Penns. 1998) 138-167. – *Zu II. 3.:* K. E. Børresen: Subordination et équivalence. Nature et rôle de la femme d'après Augustin et Thomas d'Aquin (Oslo/Paris 1968); ital. (Assisi 1979); engl. überarb. (Washington, DC 1981). – R. A. Baer: Philo's use of the categories male and female (Leiden 1970). – H. Thyen: «... nicht mehr männlich und weiblich ...». Eine Studie zu Galater 3, 28, in: F. Crüsemann/H. Thyen: Als Mann und Frau geschaffen (1978) 107-202. – G. Delling: Art. ‹Geschlechter›. RAC 10 (1978) 780-803. – E. Gössmann: Anthropologie und soz. Stellung der Frau nach Summen und Sentenzenkommentaren des 13. Jh., in: A. Zimmermann (Hg.): Soziale Ordnung im Selbstverständnis des MA 1 (1979) 281-297. – E. Jeauneau: La division des sexes chez Grégoire de Nysse et chez Jean Scot Erigène, in: W. Beierwaltes (Hg.): Eriugena. Studien zu seinen Quellen. Abh. Akad. Heidelberg, Philos.-hist. Kl. (1980) 33-54. – H. Schüngel-Straumann: Die Frau am Anfang (1989). – K. Vogt s. Anm. [9 zu II. 3.]. – C. Steel: Lost simplicity: Eriugena on sexual difference. Mediaevalia. Textos Estudos 7/8 (1995) 103-126. – K. E. Børresen (Hg.): Image of God and gender models in judaeo-christian trad. (Oslo 1991, Minneapolis [2]1995). – *Zu II. 4.:* I. Maclean s. Anm. [34 zu II. 4.] und [4 zu II. 2.]. – M. P. Fleischer s. Anm. [30 zu II. 4.]. – F. Daenens: Eva, mulier, femina: étymologies ou discours véritables sur la femme dans quelques traités italiens du XVIe siècle. Lettres Romanes 41 (1987) 5-28. – K. Fietze s. Anm. [22 zu II. 4.]. – L. Timmermans s. Anm. [37 zu II. 4.]. – G. Bock/M. Zimmermann s. Anm. [25 zu II. 4.]. – P. Totaro (Hg.): Donne filosofia e cultura nel seicento (Rom 1999).

M. Kranz

III. *Neuzeit.* – Mit der Emanzipation des Bürgertums und den damit einhergehenden Veränderungen der Sozialstruktur entwickelt sich im 18. Jh. der weitverzweigte bürgerliche Geschlechterdiskurs in der Philosophie, der gegenüber Antike und Mittelalter in der Loslösung von theologischen oder naturphilosophischen Vorgaben grundlegende Verschiebungen mit sich bringt und ideologiekritisch als Versuch der Vermeidung konsequenter Durchsetzung des neuzeitlichen Gleichheitsprinzips erkennbar wird.

Die Frühaufklärung hatte in Übereinstimmung mit dem seit Th. Hobbes theoretisch etablierten Gleichheitsprinzip («naturalis hominum aequalitas» [1]) die cartesianische Auffassung der Irrelevanz des Geschlechtsunterschiedes beim Menschen als vernünftigem Wesen vertreten [2] und gleiche Erziehung und Bildung für Männer und Frauen gefordert [3]. Mit J.-J. Rousseau beginnt ein anthropologischer Diskurs, in dem der Geschlechtsunterschied zum entscheidenden Differenzprinzip von Menschen erhoben wird. Er liefert die Argumentationsstrategien, die später zur Legitimierung eines der grundlegenden Widersprüche der bürgerlichen Gesellschaft, dem Ausschluß der Frau von den Bürgerrechten, dienen konnten.

Im ‹Contrat social› vertritt Rousseau die Gleichheit der Menschen dem Recht nach. Im selben Jahr 1762 stellt er im ‹Emile› seine Auffassung von der grundlegenden Differenzierung der Menschen in Männer und Frauen daneben [4], die – ohne theoretisch in direkten Widerspruch zur politischen Philosophie zu treten – faktisch in der Folgezeit als Ressource für die Legitimierung der Beibehaltung ungleichen Rechts Verwendung findet. Rousseaus Geschlechtertheorie ruht auf zwei Pfeilern: a) einer formalen Konstruktion der bürgerlichen Subjekte qua Mann und Frau und b) einer genetischen Rekonstruktion der materialen Bestimmungen ihres Geschlechtscharakters.

a) Rousseau klassifiziert die Gesamtheit aller Eigenschaften des Menschen dichotomisch in Gattungseigenschaften, also menschliche Eigenschaften, die Männern und Frauen gleichermaßen zukommen, und Geschlechtseigenschaften oder deren Folgen, in denen sie sich unterscheiden. Alle zwischen Männern und Frauen differenten Eigenschaften werden als natürliche Geschlechtseigenschaften angesetzt: «la seule chose que nous savons avec certitude est que tout ce qu'ils ont de commun est de l'espéce, et que tout ce qu'ils ont de différent est du sexe» [5]. Damit sind generell Subjekte konstituiert, die an ihre biologische Geschlechtsnatur zurückgebunden sind. Die Differenz von Mann und Frau ergibt sich erst aus der verschiedenen Gewichtung von Gattungs- und Geschlechtseigenschaften. «Il n'y a nulle parité entre les deux séxes quant à la consequence du sexe.» Denn die Konsequenzen der Geschlechtlichkeit trägt der Mann nur in «gewissen Augenblicken», die Frau hingegen ist immer Geschlechtswesen («le male n'est mâle qu'en certains instans, la femelle est femelle toute sa vie») [6].

b) Diese Konzeption des weiblichen und männlichen Geschlechtscharakters wird durch eine genetische Rekonstruktion der kulturellen Geschlechterdifferenz ergänzt. Die Natur zielt durch die verschiedenen Geschlechter auf die Erhaltung der Gattung. Indem die Frau ihren eigenen Triebwünschen widersteht, setzt sie der Natur Schranken. Die weibliche Scham («honte») ist so die erste und für alles weitere grundlegende durch die Frau erbrachte Kulturleistung [7]. Diese weibliche Zurückhaltung ruft die männliche Aktivität hervor; damit ist der entscheidende Ansatzpunkt für die neue «bürgerliche» Fassung der Bestimmung des Menschen gefunden: Jedes der beiden Geschlechter hat sich gemäß dem von der Natur vorgesehenen Plan als Mann oder als Frau zu vervollkommnen: «l'un doit être actif et fort, l'autre passif et foible» [8]. Die 'natürliche' Bestimmung der Frau schließt sie von den «Werken des Geistes» aus: «Die Erforschung der abstrakten und spekulativen Wahrheiten, der Prinzipien, der Axiome in der Wissenschaft, alles, was darauf hinauswill, die Vorstellungen zu verallgemeinern, gehört nicht zu den Aufgaben der Frau ...; was die Werke des Geistes betrifft, so übersteigen sie ihr Fassungsvermögen» [9]. Dieses der Auffassung geistiger Ebenbürtigkeit beider Geschlechter in der Frühaufklärung diametral entgegengesetzte Verdikt findet erstaunlicherweise bei den Philosophen weitgehend Zustimmung, während es außerhalb der Zunft vehementer Kritik unterworfen ist.

Die bittere Erkenntnis, daß in der Französischen Revolution die «Tyrannei» des Mannes über die Frau nicht nur nicht beseitigt, sondern sogar verschärft wurde, führt O. de Gouges dazu, die Gegenposition zu Rousseau einzunehmen. Um dem naturrechtlichen Gleichheitsprinzip politische Wirksamkeit zu verschaffen, formuliert sie 1791 eine ‹Erklärung der Rechte der Frau› als Gegenstück zur verfassunggebenden ‹Erklärung der Rechte des Menschen und Bürgers› [10]. Die Markierung des Weiblichen dient hier dem Zweck konsequenter Realisierung von Gleichheit unter Bedingungen faktischer Ungleichheit.

Massive Kritik an Rousseau üben Th. G. Hippel (in Kenntnis von O. de Gouges) [11] und M. Wollstonecraft [12]. Sie wenden sich ebenso scharf gegen eine mit Rekurs auf die Natur legitimierte Unterordnung der Frau wie gegen die Annahme eines natürlichen, spezifisch weiblichen, inferioren Geschlechtscharakters. Die unumwunden konzedierten Schwächen des weiblichen Geschlechts werden als Folgen fehlender bzw. fehlgeleiteter Erziehung und als Resultat des realen pervertierten Geschlechterverhältnisses erklärt. Somit ist eine «bürgerliche Verbesserung der Weiber» ins Auge zu fassen, die sowohl eine Bürgererziehung ohne Rücksicht auf den Geschlechtsunterschied als auch die Herstellung vollkommener Rechtsgleichheit umfaßt [13]. Eine klare Analyse der Schwächen von Rousseaus Geschlechtertheorie und ihrer apologetischen Verwendung liefert A. Holst: Die Berufung auf bestehende natürliche Unterschiede der Geschlechter zur Verhinderung von Rechtsgleichheit in der bürgerlichen Gesellschaft ist ein Kategorienfehler, insofern deren rechtsförmige Verfaßtheit Freiheit und Gleichheit vollkommen unabhängig von faktischen, natürlichen Gegebenheiten postuliert [14].

Im philosophischen Schrifttum überwiegt bei weitem die positive Aufnahme Rousseaus, seiner Stereotypisierung des Weiblichen als 'schwach' oder 'zart' (s.d.) und gefühls- und nicht vernunftbestimmt, im Unterschied zur Charakterisierung des Männlichen als 'stark' und 'rational'. Beim vorkritischen I. Kant ist es der «reizende Unterschied», den «die Natur zwischen zwei Menschengattungen hat treffen wollen», daß das Männliche auf das Erhabene, das Weibliche auf das Schöne ausgerichtet ist [15]. Die ästhetische und ethische Relevanz der Geschlechterdifferenz geht für Kant so weit, daß er behauptet, daß die Menschen «nicht von einerlei Art seien» [16]; Frauen und Männer sind zu einem dynamischen Ganzen sich in ihrer Eigenart befördernder Teile verbunden. «Die Zwecke der Natur» gehen darauf, «den Mann durch die Geschlechterneigung noch mehr zu veredlen und das Frauenzimmer durch eben dieselbe noch mehr zu verschönern» [17]. Auch in der späteren ‹Anthropologie› schließt Kant an Rousseau an. Er bestimmt Weiblichkeit, indem er die Zwecke der Natur «als Princip braucht»: d.i. «Erhaltung der Art» und «die Cultur der Gesellschaft und Verfeinerung» [18]. Daß die Frau zufolge ihrer gutartigen Natur als entscheidendes Movens zur 'Kultivierung' des Mannes und der Menschheit fungiert, wird in der Nachfolge Rousseaus zum Topos des Geschlechterdiskurses.

Das nachkantische Systemdenken zielt auf die Überwindung des cartesianischen Dualismus von Natur und

Geist. In diesem Kontext formieren sich die Geschlechtertheorien von W. HUMBOLDT, J. G. FICHTE und G. W. F. HEGEL. Die Differenz des Weiblichen und Männlichen wird sowohl in der Naturphilosophie als auch in der Philosophie des Geistes thematisiert. Während HUMBOLDT und FICHTE die Geschlechterdifferenz in den Rang eines das Sein und Werden der Natur als solcher konstituierenden Prinzips erheben, kennzeichnet diese Differenz in HEGELS Philosophie eine bestimmte Stufe des sich im Durchgang durch seine Veräußerlichung qua Natur zu sich entwickelnden Geistes. In HUMBOLDTS naturphilosophischen Schriften ist der Geschlechtsunterschied als Differenz von Kräften definiert: Die aktiv-schöpferische Kraft des Mannes dient der individualisierenden Gestaltbildung, die passiv-rezeptive Kraft der Frau befördert die Verbindung der separierten Gestalten. Diese Differenz betrifft nur die Art der Wirksamkeit; ihrem Wesen nach ist jede Kraft eine Einheit von Gegensätzen, von aktiv und passiv, von männlich und weiblich [19]. Für Humboldt sind Natur und Geist durch einheitliche Gesetze bestimmte Sphären; in der Beschreibung der Verfaßtheit des natürlichen Geschlechterverhältnisses kann daher ohne weiteres zur Bestimmung seiner idealen menschlichen Gestaltung übergegangen werden. Das Ideal der Menschheit besteht darin, die in jedem Individuum angelegte Einheit von Weiblichem und Männlichem zu realisieren [20]. Wenn das auf Aufnahme und Weitergabe fremder Vollkommenheiten hin angelegte weibliche Geschlecht von Humboldt als diesem Ideal entsprechender angesehen wird als das männliche [21], ist damit eine entschiedene Umwertung der klassischen Identifizierung des Menschlichen mit dem Männlichen vollzogen. Diese Idealisierung des Weiblichen wird zum Paradigma des romantischen Denkens [22].

Das problematische Verhältnis von Natur und Geist beim Menschen wird exemplarisch in den idealistischen Theorien der Ehe behandelt [23]. Analog zu KANTS Ausführungen in der ‹Metaphysik der Sitten› [24] erörtert FICHTE das Problem, ob das Commercium sexuale im Widerspruch zur Vernunftnatur des Menschen stehe. Während bei Kant dieser Widerspruch für beide Geschlechter gleichermaßen gilt, ist für Fichte nur die Frau davon betroffen: Die aktive Rolle des Mannes im Geschlechtsakt ist mit seiner Vernunftnatur konform, während die Frau aufgrund ihrer genuinen Passivität in Konflikt mit ihrer autonomen Vernunfttätigkeit gerät. Nur die «unbegrenzteste Unterwerfung der Frau unter den Willen des Mannes» in der liebenden Hingabe in der Ehe, die den Verzicht auf Selbstbestimmung und Eigentum einschließt, kann «ihre ganze Würde» wiederherstellen [25].

Sowohl gegen das Bild von Weiblichkeit der Kantischen Ehe-Theorie als auch gegen die romantische Weiblichkeitskonzeption richtet sich die Theorie HEGELS [26]. Er bestimmt in der ‹Phänomenologie des Geistes› vom Prinzip der Wechselseitigkeit her das «Verhältniß des Mannes und der Frau» als «das unmittelbare sich Erkennen des einen Bewußtseyns im andern, und das Erkennen des gegenseitigen Anerkanntseyns» [27]. Im Rekurs auf die Sophokleische ‹Antigone› stellt er die Beziehung des Weiblichen zum Männlichen als Kampf zwischen Familie (Antigone) und Staat (Kreon), zwischen göttlichem und menschlichem Gesetz dar. Bestimmt durch reine Geschwisterliebe, verficht Antigone im Widerstand gegen die männliche Obrigkeit das ewige Gesetz, das in der Familie waltet. Auch die ‹Rechtsphilosophie› thematisiert das Geschlechterverhältnis im Rahmen einer Analyse der Sittlichkeit: Die sittliche Bestimmung der Frau liegt – wie prominent bereits bei F. SCHILLER [28] – auch nach HEGEL in der Familie, die des Mannes im Staat. Die stille Innigkeit des Gemüts, die das Weibliche kennzeichnet, hat ihren Ort in der Familie. Bürgerliche Gesellschaft und Staat, die Sphären der Entzweiung und des aus der Entzweiung hervorgegangenen wahrhaft Allgemeinen gehören dem Mann als ihm gemäße Wirkungssphären zu, aus der die Frauen ausgeschlossen werden. «Frauen [sind] ... für die höheren Wissenschaften, die Philosophie und für gewisse Produktionen der Kunst, die ein Allgemeines fordern, nicht gemacht. ... Stehen Frauen an der Spitze der Regierung, so ist der Staat in Gefahr» [29]. Die schon bei Aristoteles angelegte und durch Rousseau transformierte Zuordnung des Weiblichen zur privaten, des Männlichen zur öffentlichen Sphäre bleibt so – philosophisch je neu begründet – noch bis ins 20. Jh. hinein die maßgebliche Vorstellung. Die ‹Enzyklopädie› schließlich faßt das «Geschlechtsverhältnis» als diejenige Stufe in der Entwicklung der Gattung zur konkreten Allgemeinheit, auf der das Individuum den Mangel an Übereinstimmung mit der Gattung empfindet und zu überwinden trachtet. Durch die «Begattung» zielt es darauf, «im Andern seiner Gattung sein Selbstgefühl zu erlangen, sich durch die Einung mit ihm zu integriren und durch diese Vermittlung die Gattung mit sich zusammenzuschließen und zur Existenz zu bringen» [30].

In diesen nachkantischen Systemen wird die im Sinne Rousseaus als natürlich angesehene Gegensätzlichkeit der Geschlechter für den politischen und sozialen Bereich theoretisch fixiert. Der Ausschluß des einen Geschlechts von den bürgerlichen Rechten findet philosophisch seine systematische Rechtfertigung. Dagegen entwirft zeitgleich CH. FOURIER die Utopie einer freien polygamen Gesellschaft, in der der soziale Fortschritt sich durch den Fortschritt in der Befreiung der Frau vollzieht («Les progrès sociaux ... s'opèrent en raison du progrès des femmes vers la liberté»). «En résumé, l'extension des privilèges des femmes est le principe général de tous progrès sociaux» [31]. Genauso wie bei Fourier ist später bei K. MARX und F. ENGELS die rechtliche Hierarchie der bürgerlichen Ehe der Ausgangspunkt der gesellschaftlichen Ungerechtigkeit zwischen Männern und Frauen. Engels parallelisiert im ‹Ursprung der Familie› die gesamtgesellschaftliche Unterdrückung mit derjenigen der Frau in der Ehe: «So tritt die Einzelehe keineswegs ein in die Geschichte als Versöhnung von Mann und Weib, noch weniger als ihre höchste Form. Im Gegenteil. Sie tritt auf als die Unterjochung des einen Geschlechts durch das andere, als Proklamation eines bisher in der Vorgeschichte unbekannten Widerstreits der Geschlechter ... Der erste Klassengegensatz, der in der Geschichte auftritt, fällt zusammen mit der Entwicklung des Antagonismus von Mann und Weib in der Einzelehe und die erste Klassenunterdrückung mit der des weiblichen Geschlechts durch das männliche» [32].

Noch im Ausgang des 19. Jh. hat sich der Geschlechterdiskurs in der Philosophie nicht aus den traditionellen Stereotypen und Wertungen befreien können. Die Gleichheit der Geschlechter im Sinne einer bürgerlichrechtlichen Gleichberechtigung findet bei Philosophen auch zu dieser Zeit keinesfalls allgemeine Akzeptanz. J. S. MILL und seine Frau H. TAYLOR MILL desavouieren in dem gemeinsam verfaßten Traktat ‹The subjection of woman› das etablierte Geschlechterverhältnis als letztes Relikt des Rechts des Stärkeren («the inequality of rights between men and women has no other source than the law of the strongest») [33], das die moderne Zivilisation durch die Entwicklung demokratischer Gleichheits- und Partizipationstheorien eigentlich überwunden haben sollte. Das Beharren auf solcher Ungerechtigkeit verdanke sich lediglich «too much faith in custom and the general feeling» [34], jedoch nicht vernünftigen Argumenten. Der Traktat – noch im selben Jahr ins Deutsche übersetzt [35] – hat einen großen Einfluß auf die Frauenbewegung, ruft aber Ablehnung hervor. A. COMTE hat Mill gegenüber geäußert, daß die Unterwerfung der Frauen, anders als andere geschichtlich überwundene Zustände der Unterwerfung, notwendig unbegrenzt andauern wird («l'assujettissement social des femmes sera nécessairement indéfini»), denn sie basiere auf einer natürlichen Unterlegenheit, die durch nichts beseitigt werden könne («une infériorité naturelle que rien ne saurait détruire») [36]. F. NIETZSCHE ist mit seiner Meinung im ausgehenden 19. Jh. keine Ausnahme, wenn er schreibt: «Das Weib will selbständig werden: und dazu fängt es an, die Männer über das 'Weib an sich' aufzuklären – das gehört zu den schlimmsten Fortschritten der allgemeinen Verhässlichung Europa's» [37].

Anmerkungen. [1] TH. HOBBES: De cive I, 3. Op. lat., hg. W. MOLESWORTH (1839-45, ND 1961) 2, 162; dtsch.: Vom Menschen. Vom Bürger, hg. G. GAWLICK (1994) 79. – [2] Neben POULAIN DE LA BARRE, a.O. [38 zu II. 4.] vgl. z.B. M.-J.-A. DE CONDORCET: Sur l'admission des femmes au droit de cité (Paris 1790). Oeuvr. 1-12 (Paris 1847, ND 1968) 10, 119-130. – [3] Zu der unterschiedlichen Einstellung zur Frauengelehrsamkeit in der Früh- und Spätaufklärung vgl. S. KORD: Die Gelehrte als Zwitterwesen in Schriften von Autorinnen des 18. und 19. Jh., in: Querelles, Jb. für Frauenforschung 1: Gelehrsamkeit und kulturelle Emanzipation (1996) 158-189; Bibliogr. zum Thema: a.O. 255-261. – [4] Relevant auch: J.-J. ROUSSEAU: Julie, ou La Nouvelle Héloïse (1761); Lettre à M. d'Alembert ... sur son article Genève ... (1758). – [5] Emile ou De l'éducation V (1762). Oeuvr. compl., hg. B. GAGNEBIN/M. RAYMOND (Paris 1969ff.) 4, 693; dtsch., hg. M. RANG (1980 u.ö.) 720. – [6] a.O. 697; dtsch. 726. – [7] 694; dtsch. 721; vgl. M. HEINZ: Identität und Differenz. Der paradigmat. Anfang bürgerlicher Geschlechtertheorie in Rousseaus 'Emile', in: T. SCHÖNWÄLDER-KUNTZE u.a. (Hg.): Störfall Gender (2003) 130-135. – [8] 693. – [9] 736; dtsch. 775f. – [10] O. DE GOUGES: Déclaration des droits de la femme (1791). Oeuvr., hg. B. GROULT (Paris 1986) 99-112. – [11] TH. G. VON HIPPEL: Über die bürgerl. Verbesserung der Weiber (1792) [zunächst anonym erschienen]. Sämmtl. Werke 6 (1828, ND 1978), neu hg. R.-R. WUTHENOW (1977); als Gegenschrift konzipiert zu: E. BRANDES: Über die Weiber (1787); zur Kontroverse zwischen Hippel und Brandes vgl. J. KOHNEN: Th. G. von Hippel 1741-1796. L'homme et l'œuvre 1-2 (Bern 1983) 1, 757ff. – [12] M. WOLLSTONECRAFT: A vindication of the rights of woman (London 1792, ND Westmead 1970); dtsch.: Verteidigung der Rechte der Frauen (Zürich 1978). – [13] VON HIPPEL, a.O. [11] 121; WOLLSTONECRAFT: Verteidigung, a.O. 79. – [14] A. HOLST: Über die Bestimmung des Weibes zur höhern Geistesbildung (1802), ND, hg. B. RAHM (Zürich ²1984) 25. – [15] I. KANT: Beobacht. über das Gefühl des Schönen und Erhabenen (1764). Akad.-A. 2, 228; der Bezug zu Rousseau auch in der Geschlechterthematik ist deutlicher im handschr. Nachlaß: Bemerkungen zu den Beobachtungen ... Akad.-A. 20 (1942). – [16] a.O. – [17] a.O. 240. – [18] Anthropol. in pragmat. Hinsicht II, B: Der Charakter des Geschlechts (1798). Akad.-A. 7 (1917) 305f. – [19] W. VON HUMBOLDT: Über den Geschlechtsunterschied und dessen Einfluß auf die organ. Natur (1795), a.O. [10 zu I.] 1, 319ff. – [20] a.O. – [21] Ideen zu einem Versuch, die Grenzen der Wirksamkeit des Staats zu verstehen III (1792), a.O. 120. – [22] Vgl. M. SCHWERING: Romant. Theorie der Gesellschaft 8: Die romant. 'Theorie der Weiblichkeit', in: H. SCHANZE (Hg.): Romantik-Hb. (2003) 536-542 [mit Lit.]. – [23] Vgl. Art. ‹Familie; Ehe II. 1.›. Hist. Wb. Philos. 2 (1972) 899f.; zu den vorhergehenden naturrechtl. Ehetheorien vgl. S. BUCHHOLZ: Recht, Religion, Ehe. Orientierungswandel und gelehrte Kontroversen im Übergang vom 17. zum 18. Jh. (1989). – [24] I. KANT: Die Met. der Sitten (1797). Akad.-A. 6, 276-280, 277. – [25] J. G. FICHTE: Grundlage des Naturrechts nach Principien der Wiss.lehre II, §§ 16f. 5f. Akad.-A. 4 (1970) 101. 113; vgl. M. HEINZ/F. KUSTER: Vollkommene Vereinigung. Fichtes Eherecht in der Perspektive feminist. Philos. Dtsch. Z. Philos. 46 (1998) 823-839. – [26] G. W. F. HEGEL: Grundlinien der Philos. des Rechts § 161, mit Zus. (1821). Jub.ausg., hg. H. GLOCKNER (1927-40) 7, 239f. – [27] Phänomenol. des Geistes (1807). Akad.-A. 9, 246. – [28] F. SCHILLER: Würde der Frauen (1796). Nat.ausg. 1 (1943) 240-243; 2. Fass., a.O. 2/1 (1983) 205f. – [29] HEGEL: Grundl. § 166, a.O. [26] 247. – [30] Enzykl. der philos. Wiss. im Grundrisse § 369 (1830). Akad.-A. 20, 370. – [31] CH. FOURIER: Théorie des quatre mouvements (1808). Oeuvr. compl. 1 (Paris ²1848, ND 1966) 132f.; dtsch.: Theorie der vier Bewegungen, hg. TH. W. ADORNO (Wien 1966) 190; zit. später auch bei: K. MARX/F. ENGELS: Die Heilige Familie (1845). MEW 2, 208, sowie R. LUXEMBURG: Frauenwahlrecht und Klassenkampf (1912). Ges. Werke 3 (1973) 165-169, 169. – [32] F. ENGELS: Der Ursprung der Familie, des Privateigentums und des Staats (1884). MEW 21 (1973) 68. – [33] J. S. MILL: The subjection of woman (1869). Coll. works 21, hg. J. M. ROBSON (Toronto 1984) 264; vgl. 275; zus. mit anderen gemeinsamen Schr. zur Frauenfrage in: J. S. MILL/H. TAYLOR MILL: Essays on sex equality, hg. A. S. ROSSI (Chicago 1970). – [34] a.O. 263. – [35] Die Hörigkeit der Frau, übers. J. HIRSCH (1869); Neuausg., hg. U. HELMER (1991) mit einem Nachwort zur Rezeption der Schrift von H. SCHRÖDER, a.O. 167-208. – [36] A. COMTE: Br. an J. S. Mill (5. 10. 1843), in: Corresp. gén. 2 (1975) 201; vgl. 199. – [37] F. NIETZSCHE: Jenseits von Gut und Böse 7, § 232. Krit. Ges.ausg., hg. G. COLLI/M. MONTINARI 6/2 (1968) 176; vgl. § 239, a.O. 181; zu Nietzsches Weiblichkeitsvorstellungen vgl. R. RESCHKE: Kulturphänomen Frau. F. Nietzsches Versuch einer hist. Würdigung, in: Denkumbrüche mit Nietzsche (2000) 124-145.

Literaturhinweise. S. BOVENSCHEN: Die imaginierte Weiblichkeit (1979). – L. STEINBRÜGGE: Das moral. Geschlecht. Theorien und lit. Entwürfe über die Natur der Frau in der franz. Aufklärung (Basel 1986) 41-45. – U. VOGEL: Humboldt and the Romantics: Neither Hausfrau nor Citoyenne, in: E. KENNEDY/S. MENDUS (Hg.): Women in Western philos.: Kant to Nietzsche (Brighton 1987) 106-126. – U. FREVERT: Bürgerl. Meisterdenker und das Geschlechterverhältnis, in: U. FREVERT (Hg.): Bürgerinnen und Bürger. Geschlechterverhältnisse im 19. Jh. (1988) 17-48. – U. P. JAUCH: I. Kant zur Geschlechterdifferenz (1988). – J. HELD (Hg.): Frauen im Frankreich des 18. Jh.: Amazonen, Mütter, Revolutionärinnen (1989). – V. SCHMIDT-LINSENHOFF (Hg.): Sklavin oder Bürgerin? Franz. Revolution und neue Weiblichkeit 1760-1830 (1989). – U. GERHARD u.a. (Hg.): Differenz und Gleichheit. Menschenrechte haben (k)ein Geschlecht (1990). – C. HONEGGER: Die Ordnung der Geschlechter. Die Wiss.en vom Menschen und das Weib 1750-1850 (1991). – D. ALDER: Die Wurzel der Polaritäten. Geschlechtertheorie zwischen Naturrecht und Natur der Frau (1992). – G. FRAISSE: La raison des femmes (Paris 1992). – U. FREVERT: Mann und Weib, und Weib und Mann. Geschlechterdifferenzen in der Moderne (1995). – U. GERHARD (Hg.): Frauen in der Gesch. des Rechts (1997). – P. JAGENTOWICZ MILLS (Hg.): Feminist interpretations of G. W. F. Hegel (University Park, Penns. 1996). – R. MAY SCHOTT (Hg.): Feminist interpretations of I. Kant (University Park, Penns. 1997). – K. OLIVER/M. PEARSALL (Hg.): Feminist interpretations of F. Nietzsche (University Park, Penns. 1998). – F. KUSTER: Sophie oder Julie? Paradigmen von Weiblichkeit und Geschlechterordnung im Werk von J.-J. Rousseau. Dtsch. Z. Philos. 47 (1999) 13-33. – A. BÜRGIN: Die Gleichheit aller vor dem Tod: Zur Situierung der Geschlechterdifferenz bei Th. Hobbes, in: U. WECKEL (Hg.): Ordnung, Politik und Geselligkeit der Geschlechter im 18. Jh. Das 18. Jh., Suppl. 6 (2002) 229-258.

M. HEINZ

IV. *20. Jahrhundert.* – Im 20. Jh. wird die Unterscheidung von ‹weiblich› und ‹männlich› im Zuge eines Wandels des traditionellen Geschlechterverhältnisses zum Gegenstand kritischer Reflexion. Konzepte eines wesenhaften Unterschiedes weichen der Erkenntnis, daß die Geschlechterdifferenz nicht unabhängig von ihrer Einbettung in den soziokulturellen Raum erfaßt werden kann. Im Gegenzug wird die Geschlechterdifferenz in ihrer strukturbildenden Funktion zum Thema. Erweist sich die gesellschaftliche Wirklichkeit als durchgängig geschlechtlich strukturiert, so treibt dies Fragen nach der geschlechtsspezifischen Formierung von Kultur hervor bis zu dem Punkt, wo das Denken selbst sich in den Kategorien ‹weiblich› und ‹männlich› reflektiert.

Der Beitrag der Theorie S. FREUDS ist insofern zentral, als Freud das Subjekt aus einem Entwicklungsprozeß hervorgehen läßt, der entlang der Achsen von Generativität und Sexualität (s.d.) verläuft. Freud wiederholt in bezug auf Weiblichkeit und Männlichkeit das traditionelle Schema der Differenz. Die Frau ist durch das Fehlen dessen definiert, was der Mann hat: das männliche Geschlechtsorgan. Doch formuliert Freud zugleich die maßgebliche Leitdifferenz von natürlich-biologischem Geschlecht und psychosexuell-soziologischer Geschlechtsidentität. Die Herausbildung von Weiblichkeit stellt sich somit als ein Prozeß dar, der von einer schicksalhaften organischen Minderwertigkeit des weiblichen Kindes ausgeht und als eine konflikthafte Entwicklung unter dem Vorzeichen des Mangels («Penisneid») verläuft. Endgestalt ist die Frau, die durch ein schwaches Über-Ich (s.d.) und mangelhafte Sublimierungsfähigkeit charakterisiert ist. Die Annahme der Minderwertigkeit des Weiblichen, die offenkundige Vorherrschaft des 'Phallischen' und die Abhängigkeit des Theorems von unreflektierten kulturspezifischen Annahmen werden schon zu Freuds Lebzeiten Gegenstand produktiver Kritik und eröffnen ein bis heute fruchtbares Forschungsfeld [1]. Schwerpunktmäßig läßt sich die Diskussion um folgende Kernpunkte gruppieren: a) die Ausarbeitung einer konstitutionell weiblichen Komponente in der Ich-Entwicklung – hierzu finden sich die ersten Ansätze bei K. HORNEY [2] und E. JONES [3] – und die Revision des «phallischen Monismus» [4], der hinsichtlich seiner Abwehrfunktion bezüglich der beide Geschlechter gleichermaßen bedrohenden Übermacht des Mütterlichen entlarvt wird [5]; b) eine stärkere Akzentuierung der präödipalen Phase und der Bedeutung der Mutter für die Entwicklung der Geschlechter – zum einen seit den 1930er Jahren hinsichtlich intrapsychisch-phantasmatischer Vorgänge (M. KLEIN [6]), zum anderen seit den 1970er Jahren auf der Basis empirischer Beobachtungen der frühen Mutter-Kind-Interaktionen (etwa M. S. MAHLER u.a. [7], N. CHODOROW [8] und J. BENJAMIN [9]); in diesen Kontexten sind mit ‹Weiblichkeit› und ‹Männlichkeit› unterschiedliche Differenzierungsprozesse und -muster im Zuge der Individuation bezeichnet; c) eine tiefenhermeneutische Aufklärung der Theorie selbst, welche die Wirkmächtigkeit unbewußter Phantasien in der Theoriebildung über die Geschlechterdifferenz aufzeigt [10].

Gegenüber dem zentralen Beitrag, den Theorieansätze psychoanalytischer Provenienz für die Problematik von Weiblichkeit und Männlichkeit geliefert haben, nimmt sich der genuin philosophische Beitrag der Reflexion auf die Differenz von ‹weiblich› und ‹männlich› eher randständig aus. Allein für den Soziologen G. SIMMEL läßt sich eine nachhaltige Auseinandersetzung mit der Geschlechterproblematik konstatieren, angestoßen durch die gesellschaftspolitische Frage nach einer originär «weiblichen Kultur» [11]. Jenseits des «Relativen» der Geschlechterdifferenz versucht Simmel eine Bestimmung des «Absoluten» [12], eines «positiven Jenseits des menschlichen Differenziertheitkomplexes» [13] zu leisten: Mann und Frau transzendieren die nur relative geschlechtliche Gegensätzlichkeit in einem übergeschlechtlich Absoluten, das sich auf der Basis der fundamentalen Scheidung von Leben als «übergeschlechtlich Fundamentales, das weiblich ist», und Geist «als übergeschlechtlich Objektives ..., das männlich ist», als eine metaphysische Wesenspolarität darstellt: «Wenn der Mann insoweit über der geschlechtlichen Gegensätzlichkeit steht als die objektiven Normen selbst männlich sind ..., so steht die Frau jenseits ihrer, ... weil sie die allgemeine, die Geschlechter substantiell und genetisch zusammenfassende Grundlage darstellt, weil sie Mutter ist» [14].

Trotz der Hinwendung zur konkreten Situiertheit des Individuums in der Lebenswelt ist für die Hauptvertreter der Phänomenologie der Phänomenbereich weiblich und männlich von eher marginalem Interesse. Bei M. HEIDEGGER wird die Geschlechtlichkeit nur am Rande seiner Daseinsanalytik thematisiert [15] und aus der Wesensbestimmung des Menschen ausgeschlossen. Lediglich als faktisches existiert das Dasein «je unter anderem in einen Leib zersplittert und ineins damit unter anderem je in eine bestimmte Geschlechtlichkeit zwiespältig» [16]. Ist die sexuelle Differenz in dieser Weise durch eine ontische Nachordnung marginalisiert, kann festgehalten werden, daß «die Selbstheit ... gegen die 'Geschlechtlichkeit' neutral» ist [17].

Für M. SCHELER ist der Geschlechtsunterschied ein mit dem Wesen des Lebendigen gesetzter «Wesensunterschied gewisser Elementarphänomene, die durch die Differenz des Physischen und Psychischen hindurchreichen» [18]. Aufzuweisen ist, «daß der Geschlechtsunterschied bis in die tiefsten Wurzeln des Geistes selbst zurückreicht» [19], nicht zuletzt um in Anlehnung an lebensphilosophisch-kulturkritische Muster «geistige Betätigungsfelder für beide Geschlechter» [20] im Sinne eines Ausgleichs zwischen männlichem und weiblichem Prinzip aufzufinden. Mit der Rehabilitierung des Weiblichen in einer männlich dominierten Kultur wird die mögliche Erschließung zivilisationsregenerativer Potenzen und Ressourcen beschworen.

Bei M. MERLEAU-PONTY avanciert die Dimension der Leiblichkeit und mit ihr die gelebte Geschlechtlichkeit zu einer basalen Sinnstruktur der menschlichen Existenz; sie wird als «unvermeidliche Dimension» [21], als eine neutrale und ungeschichtliche Erfahrungssphäre angesetzt. Auch J.-P. SARTRE räumt der Geschlechtlichkeit konstitutiven Charakter ein. Sein Konzept der Liebe neutralisiert die sexuelle Differenz jedoch zugunsten des geschlechtsunspezifischen Kampfs um Anerkennung von Liebendem und Geliebtem [22]. Die Differenz von weiblich und männlich gewinnt erst in der Phänomenologie von E. LEVINAS fundamentale Relevanz, insofern er Geschlechtlichkeit und Eros, Geschlechterdifferenz und Generativität als konstitutive und strukturierende Momente menschlicher Koexistenz ansetzt. Levinas entwickelt seinen ethischen Begriff der Alterität ursprünglich aus der Erfahrung geschlechtlicher Andersheit: «Das Weibliche als das Von-sich-Andere» erweist sich als der «Ursprung des eigentlichen Begriffs der Andersheit» [23]. Im Zuge dessen wird bei Levinas auch der geschlechtliche Perspektivismus des theoretisierenden Subjekts thematisch und mit der Verabschiedung vom Konstrukt einer «Geschlechtlichkeit überhaupt» das Monopol auf eine übergeschlechtliche Redeposition aufgegeben. Alterität ist als Phänomen am Gegengeschlecht erfahrbar: «Für ein männliches Wesen ist das Weibliche nicht nur aufgrund seiner unterschiedlichen Natur anders, sondern auch insofern die Andersheit in gewissem Sinn seine Natur ist» [24].

Die entscheidenden Impulse für den gegenwärtigen Stand der Diskussion liegen indes weniger auf der Ebene der wesensmäßigen Erfassung und erfahrungsfundierten Auslegung des Geschlechtsunterschieds, als vielmehr in der radikalen Infragestellung desselben. Die emanzipatorischen Bewegungen der zweiten Hälfte des 20. Jh. inkriminieren ‹Weiblichkeit› als eine Kategorie gesellschaftlicher Repression. Feministische Politik und feministische Literatur entfalten katalysatorische Wirkung in Hinblick auf die Einsicht in den gesellschaftlichen Charakter der Dichotomie von ‹weiblich› und ‹männlich›. Die Geschlechterdifferenz geht auch im Zuge solcher politisch-theoretischen Anfragen ihrer ontologischen Dignität verlustig und wird reflexiv in dem Maße, als nicht mehr sie selbst, sondern die Bedingungen ihrer Produktion zum Thema werden.

Weiblichkeit und Männlichkeit sind demzufolge weniger vorauszusetzende Kategorien als vielmehr zu erwerbende Eigenschaften. S. DE BEAUVOIRS «Man kommt nicht als Frau zur Welt, man wird es» («On ne naît pas femme: on le devient») [25] ist Fanal der Feministischen Philosophie als eines «Philosophierens am Leitfaden des Interesses der Befreiung der Frau» [26]. Beauvoir konstatiert die soziohistorische Produktion einer mißlungenen Weiblichkeit. Die Geschlechterdifferenz stellt sich nicht nur als das Ergebnis gesellschaftlicher Normierungsprozesse dar, sondern das faktisch verwirklichte Geschlechterverhältnis präsentiert sich als tiefgreifende Deformation humaner Entfaltungs- und Beziehungsmöglichkeiten. Durch eine gesellschaftlich rigide Stereotypisierung von Geschlechtsidentitäten wird ein Anerkennungsverhältnis zwischen beiden Geschlechtern von Grund auf verhindert.

Mit der Erkenntnis, daß Männer und Frauen als Menschen den Anforderungen repressiv normierender Geschlechtsidentitäten unterworfen sind, wird in zunehmendem Maße die Legitimität des gesamten kulturellen und sozialen Systems der Produktion der Geschlechtscharaktere fragwürdig. Für H. MARCUSE liegt die Deformation der gesellschaftlichen Verhältnisse in ihrer Gesamtheit in der Konsequenz einer repressiven Sexualordnung. Die Befreiung der Frau ist gleichbedeutend mit der Freisetzung libidinöser Triebkräfte auf gesellschaftlicher Ebene in der Form einer «kreativen Rezeptivität» [27]. Sie ist Kampf gegen die männliche Vorherrschaft, gegen die «ausbeuterischen und repressiven Werte der patriarchalen Zivilisation» [28]. Wo für Marcuse die Utopie einer «androgynen Gesellschaft» [29] steht, in welcher die verdinglichenden Kategorien von Mann und Frau zugunsten derjenigen des Individuums überwunden sind, ist es für L. IRIGARAY das liebende Verhältnis des heterosexuellen Paares, dessen Verwirklichung in der herrschenden Kultur noch aussteht. Vor dem Hintergrund einer kritischen Lektüre Freuds sieht sie das Schicksal der Antigone als Paradigma für das Schicksal der Gesamtheit der Frauen: Sie sind in der abendländischen, «phallogozentrischen» Kultur lebendig begraben. «Der Mann ist das Subjekt des Diskurses gewesen: des theoretischen, des moralischen, des politischen Diskurses» [30]. Irigaray verwandelt auf diese Weise subversiv die Position des Psychoanalytikers J. LACAN, der im Zuge seiner struktural-linguistischen «Rückkehr zu Freud» die Nicht-Existenz der Frau behauptet hatte – «La femme n'existe pas» [31]. Bei IRIGARAY wird daraus das Skandalon der mangelnden Repräsentation der Frau in den Medien von Bild, Wort und Schrift.

Vor diesem Hintergrund scheint nun eine Neudefinition von Weiblichkeit durch die Frauen selbst gefordert, die sich nicht in den Fallen der von einer androzentrischen Kultur produzierten Paradigmen von Weiblichkeit verfängt. Bleibt bei Irigaray die Kategorie des Weiblichen an das gesellschaftliche Kollektivsubjekt der Frauen geknüpft und damit an ihre symbolische Emanzipation, so stellt bei J. KRISTEVA in Anlehnung an Lacan das Weibliche das grundsätzlich Unsymbolisierbare dar, das von beiden Geschlechtern gleichermaßen abgewehrt wird. Wie schon bei Lacan bezeichnet ‹Weiblichkeit› bei Kristeva eine strukturale Position im Prozeß von Sinngebung und Subjektwerdung jenseits aller «Anthropomorphismen»: «Die sexuelle Differenz, die sowohl in biologischer, physiologischer als auch in Hinsicht auf die Reproduktion besteht, wird übersetzt durch eine Differenz ... im Verhältnis zu Macht, Sprache und Sinn» [32]. Dennoch scheinen durch Kristevas Konzept des Semiotischen als des urgründig-chaotisch Mütterlich-Weiblichen, von ihr auch mit dem platonischen Begriff der χώρα belegt, und dem des Symbolischen als der männlich-phallischen Dimension von Sinngebung und Subjektwerdung, die klassischen Positionen der präödipalen Mutter und des ödipalen Vaters hindurch.

Ebenfalls von den konkreten Geschlechterverhältnissen abgelöst, avanciert ‹Weiblichkeit› bzw. das «Feminine» als das Andere des abendländischen Logos in der dekonstruktivistischen Metaphysikkritik J. DERRIDAS zur Metapher eines detotalisierenden Denkens. Der Aufruf zum «devenir femme» [33] enthält die Aufforderung zu einer denkerischen Grundhaltung, die sich durch die Akzeptanz der Endlichkeit des menschlichen Daseins auszeichnet.

Während den genannten Positionen die Vorstellung eines deformierten, nicht adäquat verwirklichten Verhältnisses von Weiblichkeit und Männlichkeit gemeinsam ist, stellt sich im Rahmen des Geschlechtskonstruktivismus der heterosexuelle Geschlechtsbinarismus als solcher als die grundlegende Deformation geschlechtlicher Existenzmöglichkeiten dar. Dem Geschlechtskonstruktivismus bzw. der sog. Gender-Theorie liegt die Einsicht zugrunde, daß Geschlecht – und nicht nur das weibliche – eine soziokulturelle Konstruktion ist. Als solches ist es an einen Interaktionsprozeß von Geschlechtsdarstellung und Geschlechtswahrnehmung geknüpft.

Die grundlegenden Analysen zum konstruktiven Charakter des Geschlechts gehen auf die in der Tradition des symbolischen Interaktionismus und der Ethnomethodologie stehenden Studien von H. GARFINKEL in den 1960er Jahren zurück [34]. Im Rahmen der Geschlechtersoziologie zum Transsexualismus (s.d.) werden erstmalig die Alltagsmikrologien des «doing gender» transparent: Analysen des permanenten, zumeist unreflektierten alltäglichen interaktiven Geschlechts-Handelns zeigen, «wie Geschlechter gemacht werden» [35], wie weibliche und männliche Geschlechtsstereotype in ihrem eindeutigen, naturhaften und unveränderlichen Charakter unablässig re-generiert werden. So sind z.B. «'Frauen' nicht einfach 'weiblich', sondern verhalten sich kompetent zu Weiblichkeitssymbolen» [36]. Darüber hinaus machen die Studien die für die Identitätsbildung in unserer Gesellschaft konstitutive intrinsische Verkoppelung von Geschlechterdichotomie und personaler Identität deutlich, insofern Männlichkeit und Weiblichkeit als kulturelle Setzungen in den Sozialisationsprozessen beider Geschlechter verankert sind [37].

Als prominente Vertreterin des Geschlechtskonstruktivismus innerhalb des philosophischen Spektrums ist J. BUTLER zu nennen. Ihre Studie ‹Gender Trouble› nimmt

Männlichkeit und Weiblichkeit als Effekte eines kollektiv repressiven Geschlechts-Handelns in den Blick [38], wobei Butler in Anlehnung an R. STOLLER [39] mit den Unterscheidungen von biologisch-anatomischem Geschlecht («sex»), sozialem Geschlecht («gender») und sexuellem Begehren («desire») operiert. Mit diesem ausdifferenzierten Instrumentarium kann BUTLER die für eine eindeutige Geschlechtsidentität notwendige kompakte Verflechtung von geschlechtlichem Körpererleben, sozialer Geschlechtsrolle und gegengeschlechtlicher sexueller Praxis analytisch entkoppeln. Eine Kontroverse entzündet sich an Butlers radikalem Versuch, auch den Geschlechtskörper selbst zu einer Emanation der gesellschaftlichen Praktiken des «doing gender» zu erklären, ein Unternehmen, das an grundsätzliche Fragen des Verhältnisses von Natur und Kultur rührt [40]. Unstrittiger behauptet sich dagegen der seit den theoretischen Arbeiten M. FOUCAULTS eröffnete Blick auf Sexualität als Effekt eines «Machtdispositivs» aus Institutionen, Diskursen und Praktiken [41], den Butler ihrem Konzept von Heterosexualität als «Zwangssystem» [42] zugrunde legt, das die gesellschaftlich sanktionierte Normierung der von ihr als polymorph angesehenen menschlichen Sexualität und Begehrensstruktur durchsetzt.

In der Gegenwart läßt sich ein interdisziplinärer Forschungskonsens dahingehend verzeichnen, daß die kulturellen Konstruktionen der Geschlechterdifferenz nur in Abhängigkeit von politisch-gesellschaftlichen Konstellationen von Geschlechterverhältnissen und umgekehrt erfaßt werden können. Dabei mögen die Visionen, die die Forschungen mehr oder minder unausgesprochen leiten, verschieden sein: die einer androgynen Gesellschaft, einer heterosexuellen Kultur oder die Destabilisierung des Gegensatzes von Hetero- und Homosexualität mit dem Ziel einer Anerkennung der sexuellen Pluralität.

Anmerkungen. [1] Z. O. FLIEGEL: Die Entwicklung der Frau in der psychoanalyt. Theorie: Sechs Jahrzehnte Kontroverse, in: J. L. ALPERT (Hg.): Psychoanalyse der Frau jenseits von Freud (1992) 11-40; zu den Konzeptionen auch der anderen Schulen vgl. Art. ‹Männlich/weiblich 3.›. Hist. Wb. Philos. 5 (1980) 445f. – [2] K. HORNEY: Zur Genese des weibl. Kastrationskomplexes. Int. Z. Psychoanalyse 9 (1923) 12-26; Flucht aus der Weiblichkeit. Der Männlichkeitskomplex der Frau im Spiegel männl. und weibl. Betrachtung, a.O. 12 (1926) 360-374; ND der beiden Aufsätze in: Die Psychol. der Frau (1984) 10-25. 26-42. – [3] E. JONES: Die erste Entwicklung der weibl. Sexualität. Int. Z. Psychoanal. 14 (1928) 11-25; Die phallische Phase, a.O. 19 (1933) 322-357. – [4] J. CHASSEGUET-SMIRGEL: Sexuality and mind: The role of the father and the mother in the psyche (New York 1986); dtsch.: Theorie des phallischen Monismus, in: Zwei Bäume im Garten. Zur psychischen Bedeutung der Vater- und Mutterbilder (1988) 11. – [5] Vgl. J. CHASSEGUET-SMIRGEL (Hg.): La sexualité féminine (Paris 1964); dtsch.: Psychoanalyse der weibl. Sexualität (1974). – [6] M. KLEIN: The psycho-analysis of children (London 1932, New York 1960); dtsch.: Die Psychoanalyse des Kindes (Wien 1934). – [7] M. S. MAHLER/F. PINE/A. BERGMANN: The psychological birth of the human infant (New York 1975); dtsch.: Die psychische Geburt des Menschen. Symbiose und Individuation (1978). – [8] N. CHODOROW: The reproduction of mothering (Berkeley 1978); dtsch: Das Erbe der Mütter. Psychoanalyse und Soziologie der Geschlechter (1985). – [9] J. BENJAMIN: The bonds of love. Psychoanalysis, feminism, and the problem of domination (New York 1988); dtsch.: Die Fesseln der Liebe. Psychoanalyse, Feminismus und das Problem der Macht (Basel/Frankfurt 1992). – [10] L. IRIGARAY: Speculum de l'autre femme (Paris 1974); dtsch.: Speculum. Spiegel des anderen Geschlechts (1980); S. KOFMAN: L'énigme de la femme (Paris 1980); Le respect des femmes (1980); dtsch.: Die Ökonomie der Achtung. Kant, in: H. NAGL-DOCEKAL (Hg.): Feminist. Philosophie (1990) 41-62; CH. ROHDE-DACHSER: Unbewußte Phantasie und Mythenbildung in psychoanalyt. Theorien über die Differenz der Geschlechter. Psyche 43 (1989) 238-255; ND, in M. MITSCHERLICH/CH. ROHDE-DACHSER (Hg.): Psychoanalyt. Diskurse über die Weiblichkeit von Freud bis heute (1996). – [11] G. SIMMEL: Weibl. Kultur (1902). Ges. Werke 12, hg. R. KRAMME/O. RAMMSTEDT (2001) 251-289. – [12] Das Relative und das Absolute im Geschlechterproblem (1911), a.O. 224-250. – [13] a.O. 243. – [14] 217. – [15] M. HEIDEGGER: Metaphys. Anfangsgründe der Logik im Ausgang von Leibniz [Vorles. SS 1928]. Ges.ausg. II/26 (1978) 172f. – [16] a.O. 173; vgl. dazu: J. DERRIDA: Geschlecht: différence sexuelle, différence ontologique. La main de Heidegger (Geschlecht II), in: Psyché. Inventions de l'autre (Paris 1987); dtsch.: Geschlecht (Heidegger). Sexuelle Differenz, ontologische Differenz; Heideggers Hand (Geschlecht II) (Wien 1988). – [17] Vom Wesen des Grundes (1929, [7]1983) 38, in: Wegmarken (1967) 21-71, 54. Ges.ausg. I/9 (1976) 123-175, 158. – [18] Vgl. M. SCHELER: Frauenbewegung und Fruchtbarkeit (1912/13); u.d.T.: Zum Sinn der Frauenbewegung, in: Vom Umsturz der Werte. Ges. Werke 3 (1955) 197-211, hier: 206. – [19] a.O. 205. – [20] a.O. – [21] M. MERLEAU-PONTY: Résumés de cours. Collège de France 1952-1960, hg. C. LEFORT (Paris 1968); dtsch.: Vorles. 1, hg. A. MÉTRAUX (1973) 127. – [22] J.-P. SARTRE: L'être et le néant (Paris 1943); dtsch.: Das Sein und das Nichts (1962) 467. – [23] E. LEVINAS: Ethique et infini (1982); dtsch.: Ethik und Unendliches (Graz/Wien 1986) 50; vgl. Le temps et l'autre (Montpellier 1979); dtsch.: Die Zeit und der Andere (1984) 56ff. – [24] a.O. 49. – [25] S. DE BEAUVOIR: Le deuxième sexe II, 1, 1 (Paris 1949, 1976) 2, 39; dtsch.: Das andere Geschlecht (1951, 2000) 334. – [26] H. NAGL-DOCEKAL: Was ist Feminist. Philosophie? in: NAGL-DOCEKAL (Hg.), a.O. [10] 7-39, 11. – [27] H. MARCUSE: Marxismus und Feminismus (1975). Schr. 9 (1987) 131-142, 140. – [28] a.O. 133. – [29] Vgl. 141ff. – [30] L. IRIGARAY: Ethique de la différence sexuelle (Paris 1984); dtsch.: Ethik der sexuellen Differenz (1991) 13. – [31] J. LACAN: Le séminaire XX (Encore) 1973-1974 (Paris 1975) 61f.; dtsch.: Das Seminar XX (Encore) (1986) 71ff. – [32] J. KRISTEVA: Le temps des femmes, in: 33/44: Cahiers de recherche de science des textes et documents 5 (1979) 5-19. – [33] J. DERRIDA: Eperons: Les styles de Nietzsche, in: Nietzsche aujourd'hui 1 (Paris 1973); dtsch.: Sporen. Die Stile Nietzsches, in: W. HAMMACHER (Hg.): Nietzsche aus Frankreich (2003) 183-224. – [34] H. GARFINKEL: Passing and the managed achievement of sex status in an 'intersexed' person, in: Studies in ethnomethodology (Englewood Cliffs 1967) 116-185. – [35] R. GILDEMEISTER/A. WETTERER: Wie Geschlechter gemacht werden. Die soziale Konstruktion der Zweigeschlechtlichkeit und ihre Reifizierung in der Frauenforschung, in: G.-A. KNAPP/A. WETTERER (Hg.): Traditionen Brüche. Entwicklungen feminist. Theorie (1992) 201-254. – [36] S. HIRSCHAUER: Die soziale Konstruktion der Transsexualität (1993) 44. – [37] C. HAGEMANN-WHITE: Sozialisation: Weiblich – männlich? (1984). – [38] J. BUTLER: Gender trouble (New York 1990); dtsch.: Das Unbehagen der Geschlechter (1991). – [39] R. STOLLER: Sex and gender (New York 1968). – [40] B. DUDEN: Die Frau ohne Unterleib. Zu J. Butlers Entkörperung. Ein Zeitdokument. Feminist. Studien 11, 2 (1993) 24-33; A. MAIHOFER: Geschlecht als Existenzweise (1995) bes. 69-108; H. NAGL-DOCEKAL: Rez. von J. Butler, Das Unbehagen der Geschlechter. L'Homme. Z. feminist. Geschichtswiss. 5, 1 (1993) 141-147. – [41] M. FOUCAULT: Hist. de la sexualité 1-4 (Paris 1976ff.); dtsch.: Sexualität und Wahrheit 1-4 (1977ff.); vgl. Art. ‹Sexualität›. Hist. Wb. Philos. 9 (1995) 738f. – [42] Vgl. BUTLER: Das Unbehagen, a.O. [38] 205.

Literaturhinweise. S. KESSLER/W. MC KENNA: Gender. An ethnomethodolog. approach (New York u.a. 1978). – J. BENJAMIN: Die Antinomien patriarchalischen Denkens. Krit. Theorie und Psychoanalyse, in: W. BONSS/A. HONNETH (Hg.): Sozialforschung als Kritik (1982) 426-455. – E. GROSS: Philosophy. Subjectivity and the body: Kristeva and Irigaray, in: C. PATEMAN/G. G. SYDNEY u.a. (Hg.): Feminist challenges – Social and polit. theory (Boston 1986) 125-144. – E. SEIFERT: Was will das Weib? Zu Begehren und Lust bei Freud und Lacan (1987). – I. FAST: Von der Einheit zur Differenz. Psychoanalyse der Geschlechtsidentität (1991). – CH. ROHDE-DACHSER: Expeditionen in den dunklen Kontinent. Weiblichkeit im Diskurs der Psychoanalyse (1991). – M. WHITFORD: L. Irigaray – Philosophy in the feminine

(London/New York 1991). – J. L. ALPERT (Hg.) s. Anm. [1]. – G.-A. KNAPP/A. WETTERER (Hg.) s. Anm. [35]. – A. TREIBEL: Soziolog. Theorien der Gegenwart (1993). – R. D. HINSHELWOOD: Art. ‹Weiblichkeitsphase›, in: Wb. der kleinianischen Psychoanalyse (1993) 118-133. – R. MINSKY: Psychoanalysis and gender. An introduct. reader (London/New York 1996). – M. MITSCHERLICH/CH. ROHDE-DACHSER (Hg.) s. Anm. [10]. – E. K. FEDER/M. C. RAWLINSON/E. ZAKIN (Hg.): Derrida and feminism. Recasting the question of woman (New York/London 1997). – S. STOLLER/H. VETTER (Hg.): Phänomenologie und Geschlechterdifferenz (Wien 1997). – E. FALLAIZE (Hg.): S. de Beauvoir. A crit. reader (London/New York 1998). – T. MOI: What is a woman? (Oxford 1999). – S. GÜRTLER: Elementare Ethik. Alterität, Generativität und Geschlechterverhältnis bei E. Levinas (2001).

F. KUSTER

Weisheit (griech. σοφία; lat. sapientia; arab. ḥikma; engl. wisdom; frz. sagesse). ‹W.› zählt in den unterschiedlichsten Kulturen und Epochen zu den Grundbegriffen einer umfassenden, zugleich theoretischen wie praktischen Daseinsorientierung. Gewöhnlich ist von ‹W.› nur im Singular die Rede. Im Unterschied zum identitätsstiftenden Mythos ist der W. ein transkultureller, universal-menschlicher Charakter eigentümlich. Sie begegnet als ein ausgezeichnetes Wissen, das zum einen auf menschlicher Erfahrung beruht; zum anderen wird ihr göttlicher Ursprung betont. Als Gegenstand der Philosophie erscheint die W. dort, wo jene aus dieser entspringt. Wird die W. philosophisch auf den Begriff gebracht, so wird zugleich nach einem Begriff der Philosophie gefragt. Dies geschieht begriffsgeschichtlich faßbar erstmals im antiken Griechenland, das seinerseits mit den W.-Traditionen des Vorderen Orients eng verbunden ist. Hier liegt der Ausgangspunkt für eine philosophische Begriffsbestimmung der W., in die im geschichtlichen Fortgang andere W.-Traditionen eintreten können, sofern diese Gegenstand eines genuin philosophischen Interesses sind.

A. *Antike und Patristik.* – Ursprünglich bezeichnet σοφία die auf Sachkunde und Wissen beruhende Tüchtigkeit, die den einzelnen aus der Menge hervorhebt, so den tüchtigen Zimmermann bei HOMER, den Wetterkundigen bei PINDAR usw. [1]. «Denn», so heißt es bei HERAKLIT, «gar vieler Dinge kundig müssen weisheitsliebende Männer (φιλοσόφους ἄνδρας) sein» [2]. Dieser Hintergrund klingt mit, wenn SOKRATES in der ‹Apologie› nacheinander die Politiker, die Dichter und die Handwerker auf ihre W. befragt. Als «W. über menschliches Maß hinaus» kritisiert jedoch Sokrates den aus ihrer bereichsbezogenen Kompetenz abgeleiteten Anspruch, «auch im übrigen ganz ungeheuer weise zu sein» [3]. Mit der gleichen kritischen Einstellung tritt er auch dem göttlichen W.-Spruch des Delphischen Orakels gegenüber, das ihn als den Weisesten bezeichnet hatte. Vielmehr, so Sokrates, muß derjenige als der weiseste (σοφώτατος) gelten, der wie er selbst «erkannt hat, daß er, recht betrachtet, nichts wert ist, was seine W. betrifft» [4]. Dieses Motiv der Unwissenheit (s.d.) – für Sokrates der Kern einer W. nach menschlichem Maß (ἀνθρωπίνη σοφία) [5] – steht im Mittelpunkt der Aitiologie, dergemäß PLATON die Philosophie in kritischer Distanz zur W. bestimmt: Die W. des Philosophen besteht darin, nichts zu wissen, sich seines Nichtwissens aber bewußt zu sein. Auf diese Weise tritt das Wort φιλόσοφος in einen Gegensatz zu σοφός. Diese im Vergleich zu anderen Wortbildungen mit dem Vorderglied φιλο- keineswegs naheliegende Entgegensetzung findet sich auch in der Überlieferung zu PYTHAGORAS [6]: Pythagoras habe sich gegenüber dem Tyrannen Leon von Phleius erstmals als φιλόσοφος bezeichnet und sich damit, wie CICERO berichtet [7], von den σοφοί unterscheiden wollen, den mythischen Staatsgründern und Dichtern, und von den Sieben Weisen; deren «lakonische» Spruchweisheit – darunter auch das «Erkenne dich selbst» (Γνῶθι σαυτόν) des Delphischen Gottes – stellt Sokrates ironisch der geschwätzigen W. derjenigen W.-Lehrer (σοφισταί) und Alleswisser (πάσσοφοι) gegenüber, die gleichermaßen im Fechtkampf wie im Rededuell vor Gericht, ja allgemein im Streitgespräch als «Redemeister» und «Alleswiderleger» stets die Oberhand behielten [8]. Cicero verbindet beide Ursprungserzählungen – wirkungsgeschichtlich nachhaltig – dahingehend, daß er Sokrates im Unterschied zu Pythagoras und zur theoretischen «antiqua philosophia» die Entdeckung der praktischen Dimension der Philosophie zuschreibt, die er zu diesem Zweck vom Himmel in die Städte herabgerufen habe [9].

Die Problematik, die aus dieser «divisio philosophiae» in ein theoretisches und in ein praktisches Wissen erwächst, wird im Begriff der W. reflektiert, der die ursprüngliche Einheit festhält. Allerdings steht das darin ausgesagte Ideal für PLATON unter dem Vorbehalt der Endlichkeit. Demnach nimmt gegenüber den im eigentlichen Sinne Weisen – das sind allein die Götter – und gegenüber den Unverständigen der Liebhaber und Freund der W., der φιλόσοφος, eine mittlere Position ein [10], die bestimmt ist durch die Spannung von Streben nach W. als dem höchsten Wissen und der Einsicht in die notwendige Nichterfüllung unter den Bedingungen der Endlichkeit und Leibgebundenheit. Philosophieren ist für Platon ein bewußter Lebensvollzug zwischen (μεταξύ) Nicht-Wissen und Wissen [11], das Bewußtsein eines gegenüber seiner absoluten Form, der W., defizienten Wissens. Die Philosophie trägt also in ihrem Namen die Bestimmung desjenigen, dessen sie entbehrt, über das sie nicht verfügt und das sich der Objektivierung entzieht: die W.; und es ist der Philosoph, der als «Freund der W. oder dergleichen» (τὸ δὲ ἢ φιλόσοφόν ἢ τοιοῦτόν τι) [12] sich mit seiner ganzen Person einsetzen muß, ist doch die Philosophie als angemessene Suche nach der W. ein Wissen, das an beständige Selbstprüfung und Selbsterkenntnis gebunden ist [13].

Diese Einsicht in die Struktur philosophischer W. erhebt ARISTOTELES zu Beginn seiner ‹Metaphysik› zur philosophischen Methode (μέθοδος) [14]. In der Genese des Wissens (s.d.) findet der Begriff der W. zunächst komparativisch Verwendung mit Blick auf alle Formen der erfahrungs-, handlungs- und wissensmäßigen Weltorientierung, die Aristoteles nach Art der Einsicht in die Regeln und Ursachen «architektonisch» aufeinander bezogen sieht [15]. Im eigentlichen Sinne W. ist folglich ein Wissen von den ersten Prinzipien und Ursachen, vom Allgemeinsten und Ersten, das allein um seiner selbst willen gesucht wird und dennoch am schwersten zu erkennen ist. Demnach ist W. ein Wissen (ἐπιστήμη) im höchsten Sinne, das gegenüber allem übrigen Wissen und den übrigen Wissenschaften eine ordnungsstiftende Funktion, ja eine gebietende Stellung besitzt. Ein solches Wissen aber, das der Mensch nicht um eines Nutzens willen sucht, ist von göttlichem Rang und an Würdigkeit und Freiheit das Höchste. Göttlich ist es in dem Sinne, daß es der Gott am meisten besitzt, zugleich aber, daß es das Göttliche zum Gegenstand hat [16]. Dieses Wissen ist W. nicht mehr im komparativen, sondern im superlativen und eminenten Sinn: eben erste Philosophie oder Metaphysik oder Theologie.

Auch wenn Aristoteles im sechsten Buch der ‹Nikomachischen Ethik› theoretische W. antithetisch gegen praktische Klugheit, die Phronesis (s.d.), stellt [17], so übersteigt die W. das theoretische Wissen doch gerade darin, daß sie zur vollkommenen Verwirklichung an die existentielle Vollendung des Menschen, des jeweiligen φιλόσοφος, zurückverwiesen ist. So haben die Ausführungen zum Vorrang des ‹W.› (oder ‹erste Philosophie› oder ‹Metaphysik›) genannten Wissens ihre Entsprechung in der Aristotelischen Lehre vom Vorrang der Theorie (s.d.) vor der Praxis (s.d.) im zehnten Buch der ‹Nikomachischen Ethik› [18]. Hierbei zieht Aristoteles für die Bestimmung der Eudaimonia als der Tätigkeit, die der dem Menschen eigentümlichsten Tugend gemäß ist, im Grundsatz dieselben Kriterien heran wie im ersten Buch der ‹Metaphysik› [19] zur Bestimmung der W. Ein Leben nach der Vernunft wäre für den Menschen die vollendete Glückseligkeit, doch ist ein solches Leben höher, als es dem Menschen als Menschen zukommt; es ist recht eigentlich kein menschliches Gut (ἀνθρώπινον ἀγαθόν) mehr. Und doch ist dieses Göttliche in uns unser wahres Selbst, da es unser vornehmster und bester Teil ist [20]; kraft dieses Vermögens ist unser Leben – wie es am Ende des bei JAMBLICH überlieferten ‹Protreptikos› heißt – «obwohl von Natur aus armselig und mühsam, so herrlich eingerichtet, daß der Mensch im Vergleich zu den anderen Lebewesen ein Gott zu sein scheint» [21]. Daher solle man die Philosophie nicht fliehen, da sie «Aneignung und Anwendung der W. ist und die W. selbst zu den höchsten Gütern zählt» [22].

Das protreptische Moment verweist auf ein durch Selbstsorge (s.d.) und Lebenskunst gekennzeichnetes Philosophieverständnis der sich herausbildenden Philosophenschulen, in dem die Philosophie als W. im Sinne einer umfassenden theoretischen und vor allem praktischen Daseinsorientierung und in diesem Sinn als Lebensform verstanden wird. Insbesondere Epikureismus und Stoizismus haben – anders als die auf Platon und Aristoteles zurückgehenden Schulen – mit ihren unterschiedlichen Lebenskunstmodellen einen ebenso weiten wie vielgestaltigen Adressatenkreis [23]. Für EPIKUR, so lesen wir bei CICERO, erweist sich die W. «nach der Befreiung von Schrecken und Begierden und von der Unbedachtheit aller falschen Meinungen als zuverlässigste Wegweiserin zur Lust» [24], denn man könne weder ein angenehmes Leben führen, ohne weise («sapienter»), anständig («honeste») und gerecht («iuste») zu leben, noch ein weises, anständiges und gerechtes Leben, ohne angenehm («iucunde») zu leben [25]. Weder Schmerzen, die ihn treffen, noch das Schicksal sind für den Weisen («sapiens») von Bedeutung [26], während er zu seinem Freund dieselbe Einstellung («affectus») haben wird wie zu sich selbst und dieselben Mühen, denen er sich um der eigenen Lust willen unterziehen würde, auch für die Lust des Freundes auf sich nehmen wird [27].

Der praktische und gar therapeutische Charakter der Philosophie steht auch in der Stoa im Vordergrund: Wie die Medizin den menschlichen Leib heilt, so sollte es Aufgabe der Philosophie sein, die menschliche Seele durch Aktivierung der eigenen Kräfte zu kurieren, indem diese den Vorschriften der Weisen («praecepta sapientium») folgt [28]. In diesem Sinne gibt EPIKTET der theoretischen Dreiteilung der Philosophie in Physik, Ethik und Logik, in deren gleichzeitigem Vollzug nach stoischer Lehre die W. besteht [29], eine moralische Deutung: Man müsse sich bemühen, seine natürlichen Antriebe, seine Absichten und sein Denken zu disziplinieren [30]. Ja, die Physik wird nur unterrichtet, «um die Unterscheidung lehren zu können, die es hinsichtlich der Güter und der Übel festzustellen gilt» [31].

Auch MARK AUREL, der mit seinen ‹Ermahnungen an sich selbst› dem philosophischen Ideal der Lebenskunst zu gesellschaftlicher Geltung verhalf, stellt die Disziplinierung des Urteils sowie des Begehrens ebenso wie die Disziplinierung der Strebungen – die drei «Topoi», die er von Epiktet übernimmt, – in einen kosmischen Zusammenhang, steht doch unser Handeln unter dem Vorbehalt, daß die Ergebnisse unserer Handlungen weniger von uns abhängen, als sie von der wechselseitigen Verflechtung der universellen Ursachen und vom allgemeinen Lauf des Kosmos bestimmt sind [32]. Folglich wird der Weise, wenn die Vernunft ihn in Übereinstimmung mit der Natur lehre, «daß nur das ein Gut ist, was sittlich gut ist, zwangsläufig immer glücklich sein und alle Namen mit Recht besitzen, die die Unwissenden gewöhnlich verlachen» [33]. Umgekehrt sind diejenigen, die nicht weise sind, notwendigerweise unglücklich [34]. Die Untrennbarkeit von Philosophie und sittlicher Vollkommenheit entspringt für SENECA dem engen Verhältnis zwischen Philosophie und W.: Diese ist das Ergebnis und der Lohn jener, und so ist die Philosophie der Weg, die W. hingegen das vollendete Gut des menschlichen Geistes, das Ziel. Wohin die W. bereits gelangt ist, dahin strebt die Philosophie, die schon durch ihren Namen bekennt, was sie liebt [35]. In diesem Zusammenhang zitiert Seneca die auch schon Cicero bekannte Definition der W. als eines Wissens von den göttlichen und den menschlichen Dingen («sapientiam esse rerum divinarum et humanarum scientiam») [36], deren durch die stoische und akademische Überlieferung verunklärter platonischer Ursprung jedoch im zehnten Buch der ‹Politeia› aufzusuchen ist [37]. Den praktischen Charakter der Philosophie als eines W.-Exerzitiums betont auch SEXTUS EMPIRICUS und bestimmt die W. folglich als ein Wissen um die göttlichen und menschlichen Tugenden [38].

Eine andere Akzentsetzung bezüglich des theoretischen und praktischen Charakters der W. nimmt PLOTIN vor. Auch wenn dieser gegen die gnostische Mißachtung des Kosmos dessen Verweischarakter auf seinen göttlichen Grund, auf die unermeßliche W. (σοφίαν ἀμήχανον ἐνδεικνυμένη), herausstellt [39], so bestimmt er diese doch im eigentlichen Sinne im Zusammenhang von reinem Sein und Denken als das Leben des Geistes (νοῦς) selbst. Die W. wird folglich nicht durch Schlüsse hervorgebracht, denn sie war immer schon ganz und in nichts unvollständig, wie sie auch die erste ist und nicht von einer anderen herkommt [40]. Folglich ist W. das «Wissen-selbst» (αὐτοεπιστήμη) [41]. Dieses Wissen (νόησις) aber kommt nur der göttlichen Vernunft (νοῦς) zu, ist identisch mit dem Sein selbst in dem, was es denkt und weiß [42]. Der so gedachte Selbstbezug des Geistes als W. und Wahrheit hat zugleich einen Seins-gründenden Charakter, sofern die W. das Seiende bei sich hat und hervorgebracht hat: «Die wahre W. ist Sein, das wahre Sein ist W.» [43]. Folglich kommt dem Sein Würde und Wert von der W. her zu, die der Grund des Denkens ist, sofern es als Wahrheit mit sich selbst und seinen Gegenständen übereinstimmt [44]. In der Identifikation von W. mit dem absoluten νοῦς und mit dessen von ihm als sein eigenes Selbst gedachten Sein betont Plotin, wie Platon, den theologischen, ja religiösen Charakter der W., die in ihrer höchsten und idealen Form dem Göttlichen vorbehalten bleibt. Die Göttlichkeit erscheint zudem als Modell der moralischen und intellektuellen Vollkommenheit, die W.

als intellektuelle Tugend vollkommener νόησις auf dem Weg zur Einung mit dem Einen [45], die in der «Angleichung an Gott» (s.d.) besteht. Während Plotin uneingeschränkt auf die dem Menschen eigene Fähigkeit zur Selbsterkenntnis der Seele vertraut, die äußerer Hilfe im Grunde nicht bedarf, betont PROKLOS die Notwendigkeit einer Hilfe 'von oben'. Seine philosophische Theologie bezieht auch religiöse Offenbarungsliteratur ein, insbesondere die ‹Chaldäischen Orakel›, die er als Zeugnis alter, von Gott inspirierter W. umfassend kommentiert [46]. Die Philosophen erscheinen zugleich als Theurgen, als «Gottweise» (θεόσοφοι; οἱ τὰ θεῖα πάντα σοφοί) [47], deren religiöses Erleben als gesteigertes Erleben der Vernunftvermögen (νοερὰς δυνάμεις) erfahren wird [48].

In dieses Verständnis theologisierender Philosophie und praktischer Metaphysik konnte sich das frühe Christentum beinahe nahtlos im Gestus der Erfüllung und Überbietung einschreiben. Dies geschieht unter Rückgriff auf das eigene biblische Erbe, dessen W.-Literatur – wie das dem König SALOMON zugeschriebene ‹Buch der W.› – neben altorientalischer W. ihrerseits auch deutliche Spuren hellenistischer W.-Traditionen aufweist [49]. Insbesondere bei KOHELET und JESUS SIRACH tritt der Weise zudem als Gelehrter auf, der frei von anderer Arbeit sich der Vermehrung des Wissens widmet und «von seiner W. der Gemeinde erzählt» [50]. Dieses Miteinander von griechischer und biblisch-jüdischer W. findet sich gleichfalls in der hellenistisch-jüdischen Tradition bei PHILON VON ALEXANDRIEN. Die W. (σοφία) bezeichnet zum einen den göttlichen Bereich, zum anderen die W. des Gottsuchers Abraham [51]. Abraham, der zur Exemplarfigur der exegetischen Erklärungen wird, besitzt eine erste W., nämlich die der Philosophie, die als ein weisheitlicher Weg verstanden werden muß, der die Seele zur Schau der göttlichen W. führt [52]. In diesem Sinne dient die Philosophie der W.

Als W.-Praxis bezeichnet auch CLEMENS VON ALEXANDRIEN die Philosophie, und wie PHILON übernimmt er die Bestimmung der W. als Wissen der göttlichen und menschlichen Dinge und ihrer Ursachen [53]. Die wahre W. und Philosophie aber ist göttlich; ihre eigentliche Quelle ist die Offenbarung, darin ist sie von der menschlichen W. und Philosophie unterschieden [54]. Für ORIGENES bezieht sich diese W.-Definition im Anschluß an Weish. 7, 25 auf die Kraft Gottes und auf die Herrlichkeit des Allmächtigen [55]. Allein Christus ist die W. selbst (αὐτοσοφία) in gnadenhafter Gestalt [56]. Menschliche W. (ἀνθρωπίνη σοφία) ist dagegen als eine Übung zur Erreichung der göttlichen W. (θεῖα σοφία) zu begreifen. Die Anleitung für diese Übung in der W., die für Origenes gegenüber Wissen (γνῶσις) und Glaube (πίστις) das erste und vorzüglichste der Charismen ist, finde sich in den W.-Schriften Salomons, der als erster die Menschen die «göttliche Philosophie» («divina philosophia») gelehrt habe, die zu den «mystischen Gegenständen und zur Betrachtung der Gottheit in reiner und geistiger Liebe» führt, der eigentlichen Lehre des ‹Hohenliedes› [57], nach der – so AMBROSIUS – die Seele das Irdische transzendiert und in Liebe sich dem himmlischen Bräutigam hingibt [58]. Ein Weiser ist daher derjenige, der die Herrlichkeit Gottes erkennt, der zu ihm herabgestiegen ist und seinen Geist mit dem Glanz des Wissens und der Gotteserkenntnis erleuchtet hat [59].

Angeregt durch die «exhortatio ad philosophiam» in CICEROS ‹Hortensius›, sich nicht für diese oder jene Philosophenschule («secta»), sondern für die W. selbst zu entscheiden, führt für AUGUSTINUS die Suche nach W., als die er die Philosophie versteht, zur Einsicht, daß die unvergängliche W. ihren Sitz bei Gott hat. Diese Einsicht erwächst im Innersten der Seele und bildet den Ausgangspunkt für ihre Rückkehr zu ihrem göttlichen Ursprung [60]. Denn die W. ist Gleichnis und Ebenbild des Vaters und die Wahrheit selbst [61]. Somit sind in Christus alle Schätze der W. und des Wissens verborgen [62]. Mit dieser Konzeption der W., sofern diese als mit dem göttlichen Wort oder Geist identisch gedacht wird, knüpft Augustinus an Plotins Identifikation der W. mit dem νοῦς an und an die Vorstellung der σοφία als ausgezeichneter Seinsweise des Göttlichen [63]. Dieses W.-Verständnis veranlaßt Augustinus zu einer folgenreichen Unterscheidung der akademisch-stoischen W.-Definition platonischen Ursprungs in ein geistiges Begreifen der ewigen und göttlichen Dinge («sapientia est aeternarum rerum cognitio intellectualis») einerseits – nur dieses ist W. im eigentlichen Sinn – und in ein rational-diskursives Verstehen der zeitlichen und menschlichen Dinge andererseits, den Bereich des Wissens («scientia est temporalium rerum cognitio rationalis») [64]. Diese Unterscheidung stellt das allein um seiner selbst willen erstrebte menschliche Wissen, das sich nicht auf die Erlangung des Ewigen richtet, unter den Vorbehalt der «überflüssigen Eitelkeit» («supervacua vanitas») und der «schädlichen Neugier» («noxia curiositas») [65].

Das «curiositas»- und «vanitas»-Motiv sind Ausdruck eines integrativen W.-Verständnisses, das alle Bereiche menschlichen Wissens als Teil der christlichen Lehre («doctrina christiana») im Sinne christlicher W. («sapientia christiana») begreift [66]. Hierbei tut sich ein Spannungsverhältnis auf zwischen der Kontinuität mit dem antiken Bildungserbe und der – insbesondere im Anschluß an die Paulinischen Schriften – schroffen Gegenüberstellung von menschlicher und göttlicher W. (1. Kor. 1, 18-2, 16), ein Gegensatz, der sich allerdings auch schon bei Platon findet, nun aber vor dem Hintergrund einer Offenbarungstheologie eine distinkte epistemische Gestalt in Form geoffenbarter Glaubensinhalte erhält. Denn die Erkenntnis der göttlichen Mysterien und Glaubensinhalte gehört nicht zur «W. dieser Welt», sondern zur «W. Gottes», die nur den Vollkommenen offensteht [67].

Anmerkungen. [1] HOMER: Ilias XV, 411f.; PINDAR: Nem. 7, 17; vgl. H. LEISEGANG: Art. ‹Sophia›. RE 2/5 (1927) 1019-1039. – [2] HERAKLIT: VS 22, B 35; vgl. U. HÖLSCHER: Heraklit über göttl. und menschl. W., in: A. ASSMANN (Hg.): W. (1990) 73-80. – [3] PLATON: Apol. 22 df. – [4] 23 b. – [5] 20 df. – [6] DIOGENES LAERTIUS: Vitae I, 12; vgl. Art. ‹Philosophie I. A.›. Hist. Wb. Philos. 7 (1989) 573-576. – [7] CICERO: Tusc. disp. V, 3, 7-9. – [8] PLATON: Prot. 342 a-343 c; Euthyd. 271 c-272 a; vgl. Art. ‹Sophistik; sophistisch; Sophist I.›. Hist. Wb. Philos. 9 (1995) 1075-1082. – [9] CICERO: Tusc. disp. V, 4, 10. – [10] PLATON: Phaedr. 278 d; Symp. 204 a. – [11] Lys. 204 b 5. – [12] Phaedr. 278 d 4f. – [13] P. HADOT: Qu'est-ce que la philos. antique? (Paris 1995) 56-85; A. SPEER: Endliche W., in: Rech. Théol. Philos. médiév. 69 (2002) 3-32. – [14] ARISTOTELES: Met. I, 2, 983 a 20-23. – [15] Met. I, 1, 980 a 27-982 a 1. – [16] 2, 982 a 1-983 a 11; vgl. Art. ‹Theologik›. Hist. Wb. Philos. 10 (1998) 1112f. – [17] Eth. Nic. VI, 7f., 1141 a 9-1142 a 30. – [18] X, 7f., 1177 a 12-1179 a 32; A. SPEER: Der Weise und der Philosoph, in: T. BORSCHE (Hg.): Denkformen – Lebensformen (2003) 67-93, bes. 75-78. – [19] Met. I, 2, 982 a 1-983 a 11. – [20] Eth. Nic. X, 7, 1177 b 31-1178 a 8. – [21] Protrept. B 109, in: I. DÜRING (Hg.): Der Protreptikos des Aristoteles (1969, ²1993) 86/87; Fragmenta sel., hg. W. D. ROSS (Oxford 1955, 1964) 42 (frg. 10 c = R³ 61); vgl. Eth. Nic. X, 7, 1178 a 2-8. – [22] Protr. B 53, a.O. 56/57; Fragm. sel., a.O. 33 (frg. 5 = R³ 52). – [23] HADOT, a.O. [13] 91-226; CH. HORN: Antike Lebenskunst (1998). – [24] CICERO: De fin. I, 13, 43. – [25] 18, 57. – [26] 19, 62. – [27] 20, 68. –

[28] Tusc. disp. III, 3, 5f.; IV, 10, 23-26. – [29] De fin. III, 21, 72; P. Hadot: Art. ‹Philosophie I. F.›. Hist. Wb. Philos. 7 (1989) 599-607, bes. 605f. – [30] Epiktet: Diatr. II, 17, 14ff.; Horn, a.O. [23] 16f. – [31] Plutarch: De stoic. repug. 9. SVF 3, 68; Hadot, a.O. [13] 199ff. – [32] P. Hadot: Exercices spirit. et philosophie antique (Paris 1981); dtsch.: Philos. als Lebensform (1991) 87ff.; vgl. M. Foucault: Hist. de la sexualité 3: Le souci de soi (Paris 1984) 55ff. – [33] Cicero: De fin. III, 22, 75. – [34] IV, 23, 63. – [35] Seneca: Ep. mor. XIV, 89, 4. 8. – [36] XIV, 89, 5; Cicero: Tusc. disp. IV, 26, 57. – [37] Platon: Resp. X, 598 d 8-e 2; hierzu: I. Männlein-Robert: Wissen um die göttl. und menschl. Dinge – Eine Philosophiedefinition Platons und ihre Folgen. Würzburger Jb. Altertumswiss., NF 26 (2002) 13-38. – [38] Sextus Emp.: Adv. math., VII, 16. SVF 2, 38. – [39] Plotin: Enn. II, 9 (33) 8, 13-16. – [40] Enn. V, 8 (31) 4, 36ff. – [41] 4, 40. – [42] 4, 46ff.; Enn. V, 1 (10) 4, 26ff. – [43] 5, 15f.; vgl. Art. ‹Vernunft; Verstand II. C. 3.›. Hist. Wb. Philos. 11 (2001) 759-763. – [44] 5, 16ff.; W. Beierwaltes: Plotins Begriff des Geistes, in: Das wahre Selbst (2001) 46f. – [45] Enn. I, 2 (19) 6, 12ff.; 7, 3-9. – [46] M. Erler: Proklos. Met. als Übung der Einswerdung, in: M. Erler/A. Graeser (Hg.): Philosophen des Altertums. Vom Hellenismus bis zur Spätantike (2000) 190-207, 194. 202ff. – [47] Proklos: Theol. platon. I, 16; II, 6; V, 38; VI, 12; vgl. Art. ‹Theurgie›. Hist. Wb. Philos. 10 (1998) 1180-1183; L. Brisson: La place des ‘Oracles chaldaïques’ dans la ‘Théol. platon.’, in: A. Ph. Segonds/C. Steel (Hg.): Proclus et la Théol. platon. (Löwen 2000) 109-162, 120f. – [48] Theol. platon. V, 24. – [49] G. von Rad: W. in Israel (1970, [2]1982) 18-38. 364ff.; M. Gilbert: Art. ‹Sagesse I.›, in: Dict. de spirit. 14 (Paris 1990) 72-81; H. Engel: Das Buch der W. (1998); H. Irsigler/E. Kamlah: Art. ‹W.›, in: Neues Bibel-Lex. 3 (2001) 1076-1087; A. Schmitt: Art. ‹W. (Buch)›, a.O. 1087-1089; H.-P. Müller: Art. ‹hakam›, in: Theolog. Wb. zum AT 2 (1977) 920-944. – [50] Sir. 38, 24-39, 11; Koh. 12, 9-11; B. Lang: Klugheit als Ethos und W. als Beruf, in: Assmann (Hg.), a.O. [2] 177-192, bes. 185-190. – [51] Philo Alex.: De somniis I, 169; De vita Moisis I, 76; De ebriet. 48f. – [52] De poster. Caini 174; De specialibus leg. IV, 107; De somniis I, 80f.; vgl. J. Cazeau: Art. ‹Sagesse II.›, in: Dict. de spirit., a.O. [49] 81-91. – [53] Clemens Alex.: Strom. I, 5, 30 (1). GCS 52, hg. L. Früchtel ([3]1960) 19, 13-16; vgl. Philo Alex.: De congressu 20. 34-37. – [54] Strom. VI, 7, 54-61, a.O. 459-463. – [55] Origenes: C. Celsum III, 72. Sources chrét. [SC] 136, hg. M. Borret (Paris 1968) 163f. – [56] C. Celsum V, 39. SC 147, hg. M. Borret (Paris 1969) 119f.; VI, 63, a.O. 335-339. – [57] VI, 13f., a.O. 209-215; Comm. in Cantica Cantic., prol. 3, 3-22. SC 375, hg. L. Brésard/H. Crouzel (Paris 1991) 130-143; Th. Kobusch: Met. als Lebensform, in: W. Goris (Hg.): Die Met. und das Gute (Löwen 1999) 29-56, 47ff. – [58] Ambrosius: De Isaac vel anima 4, 22-31. CSEL 32/1, hg. K. Schenkl (Wien 1897) 657-661. – [59] Expos. Ps. CXVIII, 17, 27. CSEL 62/5, hg. M. Petschenig (1913) 390. – [60] Augustinus: Conf. III, 4, 7-8. CCSL 27, hg. L. Verheijen (Turnhout 1981) 29f. – [61] De gen. ad litt. I, 17. CSEL 28/1, hg. J. Zycha (Wien 1894) 23, 20-24, 5. – [62] Sermo 160, 3. MPL 38, 874; De gen. ad litt. I, 21, a.O. 31, 9-12. – [63] De trin. XIII, 19, 24. CCSL 50 A, hg. W. J. Mountain (Turnhout 1968) 415-417; Beierwaltes, a.O. [44] 52f. – [64] De trin. XII, 14f., a.O. 374-380; XIV, 1, 2f., a.O. 422f. – [65] De trin. XIV, 1, 3, a.O. 423f.; vgl. Art. ‹Vanitas mundi›. Hist. Wb. Philos. 11 (2001) 543. – [66] Die einzige Belegstelle für «sapientia christiana»: C. Iulianum opus imperfectum I, 71. CSEL 85/1, hg. M. Zelzer (Wien 1974) 83, 72-74. – [67] Origenes: Comm. in Cant. cantic. I, 3, 13, a.O. [57] 214-217; vgl. Art. ‹Weltweisheit›.

B. *Mittelalter und Renaissance.* – Die aus der Begegnung von antikem Erbe und christlichem Offenbarungsglauben erwachsende Spannung tritt im Verhältnis von Philosophie und W. im Verlauf des MA immer wieder hervor. Zu dem abfälligen Bild einer ‘dunklen Zwischenzeit’ gehört auch die Vorstellung einer auf die theoretische Propädeutik beschränkten Philosophie, die – ihres lebensweltlichen Bezuges entkleidet – als «ancilla theologiae» (s.d.) vorwiegend in theologischen Kontroversen Verwendung fand und sich erst allmählich aus dieser ihre Eigenständigkeit bedrohenden Einbindung in eine umfassende theologische W.-Pädagogik, welche die Zuständigkeit für alle großen theoretischen und praktischen Fragen beanspruchte, befreien konnte.

Wie unzutreffend dieses Bild ist, zeigt sich bereits zu Beginn der «translatio studiorum», die im Geist der ‹Enkyklios Paideia› (s.d.) geschieht. In Kontinuität mit der antiken Tradition bestimmt Boethius die W. als ein Begreifen der Dinge in ihrer Wahrheit gemäß ihrer unwandelbaren Substanz [1] und die Philosophie als Liebe zur und Streben nach W. und als Freundschaft mit ihr. Diese W. werde jedoch nicht in den «Artes» oder in irgendeinem handwerklichen Wissen gefunden, sondern ist W. von der Art, «die in jeder Beziehung vollkommen ist, die ein lebendiger Geist und der alleinige ursprunghafte Grund der Dinge ist» («est enim philosophia amor et studium et amicitia quodammodo sapientiae, ... quae nullius indigens, vivax mens et sola rerum primaeva ratio est») [2]. Cassiodor und Isidor von Sevilla überliefern die akademisch-stoische Bestimmung der W. als Wissen von allen menschlichen und göttlichen Dingen [3]. Isidor bestimmt die W. zudem als eine Einsicht in die Ursachen («intellectus causarum») und fügt in seinen ‹Etymologiae› die etymologische Worterklärung hinzu: «sapientia» komme von «sapor» [4]. Diese Bestimmung der W. als eines «schmeckenden Wissens» («sapida scientia») spielt eine zentrale Rolle in der Hoheliedmystik – etwa bei Wilhelm von St. Thierry und Bernhard von Clairvaux – als Ausdruck jener affektiven Erfahrung des Einswerdens mit Gott, die im Genießen der göttlichen Gegenwart besteht («fruitio Deo») [5], die beides ist: Erfahrung der Liebe («experimentum amoris») und Gottesfurcht («timor Domini») [6]. Denn der Genuß macht weise wie das Wissen wissend («sapor sapientem facit, sicut scientia scientem») [7]. Von dieser etymologischen Deutung der W. machen später auch Bonaventura, Meister Eckhart und Nicolaus Cusanus Gebrauch, um die Eigenart weisheitlicher Erkenntnis («cognitio sapientialis») gegenüber wissenschaftlicher Erkenntnis («cognitio scientialis») zu unterstreichen [8]. Aber auch Johannes von Salisbury bedient sich der Geschmacksmetapher, um auszudrücken, auf welche Weise die W. Vernunft («ratio») und Verstand («intellectus») übersteigt, um sich auf das Göttliche zu wenden. In Geschmack («gustus») und Liebe («amor») nämlich überschreitet die W. die theoretische Dimension, denn die wahre W. («vera sapientia»), die sich auf die «invisibilia Dei» richtet, entspringt nicht allein den vielfältigen Flüssen des Wissens, sondern bedarf über die Natur hinaus der Gnade («gratia»), die den Menschen mit Gott in Liebe eint [9].

In der alles Wissen grundlegenden und zugleich alles Wissen einschließenden Weise einer «Kunst aller Künste» («ars artium») und einer «Wissenschaft aller Wissenschaften» («disciplina disciplinarum») [10] hat die Philosophie dagegen im Verständnis des Hugo von St. Viktor die Aufgabe, die Prinzipien («rationes») aller menschlichen und göttlichen Dinge umfassend («plene») zu erforschen; gerade darin ist sie Liebe zur W., die ein Wissen von den menschlichen und den göttlichen Dingen ist [11]. Hugo stellt die akademisch-stoische W.-Definition programmatisch seinem enzyklopädischen Studienbuch, dem ‹Didascalicon›, voran und befreit damit zugleich das philosophische, auf die Welt bezogene Wissen vom augustinischen Verdacht illegitimer Neugierde («curiositas»). Indem die W. den Menschen erleuchtet, «so daß er sich selbst erkennen kann» [12], tritt die Philosophie ganz im Geist des Sokrates auch mit dem Anspruch auf, den Menschen zur Selbsterkenntnis zu führen («ut seipsum agnoscat»), die Mängel des gegenwärtigen Lebens zu mildern und letztlich die Unversehrtheit seiner Natur wiederherzustellen, «so daß wir unsere eigentliche Natur erkennen und lernen, nicht außerhalb zu suchen, was wir in uns selbst finden können» [13]. Das höchste Heilmittel im Leben – so Hugo unter Berufung auf ein bekanntes boethianisches Motiv – ist somit das Streben nach W.; «wer sie findet, ist glücklich (felix), und wer sie besitzt, ist glückselig (beatus)» [14]. Diesen praktischen Impuls unterstreicht PETER ABAELARD, wenn er sein Selbstverständnis als Lehrer der Logik und der Theologie in der conversio-Motivik der ‹Historia calamitatum› an das Modell der monastischen Lebensform zurückbindet, die derjenigen der heidnischen Philosophen und der Prophetenjünger gleiche. Denn was – gleichermaßen bei den Heiden wie bei den Kirchenvätern – mit «W.» oder «Philosophie» gemeint sei, «war nicht Vermehrung von Wissen, sondern eine religiöse Lebensführung» [15].

Neben Sokrates gilt Pythagoras für HUGO VON ST. VIKTOR als Gewährsmann seiner philosophischen W.-Pädagogik; denn dieser habe die Philosophie als Wissenschaft («disciplina») «von den Dingen, die wahrhaft existieren und selbst eine unveränderliche Substanz besitzen», etabliert [16]. Auch THIERRY VON CHARTRES greift die Bestimmung der Philosophie als «studium sapientiae» auf. Er folgt nicht nur der Standardetymologie – «philos» bedeute «amor uel studium», «sophia» aber «sapientia» –, sondern affirmiert auch die von Pythagoras vorgegebene, aber auch bei MACROBIUS zu findende Einschränkung auf die «immutabilia». Denn die W. ist das Begreifen der Wahrheit von dem, was ist; das aber ist das Unveränderliche [17]. Der also strebt nach W., der sich bemüht, die Dinge in ihrer Unveränderlichkeit und Reinheit «per intelligentiam», d.h. mittels des obersten Erkenntnisvermögens zu begreifen [18]. Dabei ist es Sache des Weisen, die jeweiligen Beweisgründe gemäß der Seinsweise des vorliegenden Gegenstandes einzuführen («sapientis est rationes inducere») [19]. Die Dinge in ihrer Unveränderlichkeit zu begreifen, bedeutet aber, alles gemäß der Ordnung zu begreifen, die in der Disposition der schöpferischen W. angelegt ist [20]. Dieses W.-Verständnis, dessen Intention nicht die Unterscheidung, sondern die Einheit des auf philosophischer Überlegung und auf Offenbarung beruhenden Wissens war [21], ist ferner geprägt durch die boethianische Systematisierung des aristotelischen Verständnisses der theoretischen Wissenschaften. Innerhalb dieses W.-Verständnisses behauptet die Theologie ihren Platz als das äußerste Vermögen der theoretischen Philosophie, die ein Wissen der «universitas rerum» in der Einfachheit und Einheit ihres göttlichen Prinzips ist. Auf diese Weise ist sie im höchsten Maße W., hat doch die Theologie zugleich das oberste Prinzip jeder spekulativen Erkenntnis zu ihrem Gegenstand; somit begreift sie im höchsten Maße die Wahrheit von dem, was ist: das Unveränderliche [22].

Zur gleichen Zeit – am Vorabend der Gründung der Universitäten – kommt es zu einer intensiven Begegnung mit dem arabischen Kulturraum und damit auch mit der *arabischen* W.-Tradition. Hierzu gehören nicht nur zum Teil bis in die vorislamische Zeit zurückreichende Spruchsammlungen, Anthologien, Lehrschriften und die durch die griechische Spruchweisheit beeinflußten Gnomologien wie das ‹Ṣiwān al-ḥikma› (‹Der Aufbewahrungsort der W.›) um 1000 v.Chr., sondern auch Summarien der Wissenschaft [23]. ‹Ḥikma› wird zur Standardübersetzung von σοφία, aber auch von φιλοσοφία, der von der hellenistischen Kommentar- und Schulpraxis insbesondere im 9. Jh. durch arabische Übersetzungen in die islamische Welt vermittelten Philosophie. So nennt IBN FARĪGŪN seine Skizze der aristotelischen Einteilung der Philosophie ‹ʿIlm al-ḥikma›, womit sowohl das ‹Wissensgebiet der Philosophie› als auch die ‹Wissenschaft der W.› gemeint ist. Diese Doppelbedeutung von ‹W.› und ‹Philosophie› trägt der Begriff ‹ḥikma› vor allem bei solchen islamischen Philosophen, die den Einklang von griechischer Philosophie und islamischer Lehre zu begründen trachten [24].

Als Weg der Seele zu der dem Menschen möglichen Vollendung innerhalb der Grenzen von Wissen und Handeln bestimmt AVICENNA (IBN SĪNĀ) die W. («ḥikma»). W. umfaßt das Streben nach Gerechtigkeit ebenso wie die Vervollkommnung der Vernunfttätigkeit, sofern W. das theoretisch wie praktisch Verstehbare begreift [25]. Somit bezeichnet ‹ḥikma› den gemeinsamen Stamm der sich verzweigenden Wissenschaften, die in theoretischer Hinsicht nach gewisser Erkenntnis streben wie die «göttliche Wissenschaft», in praktischer Hinsicht nach dem durch Handeln zu erreichenden Gut, wie die Ethik und die Naturwissenschaften, wie Medizin und Astronomie, aber auch Magie und Mantik. In dieser Wissenschaftseinteilung bei AL-FĀRĀBĪ, AL-KHWĀRIZMĪ, AL-GHAZĀLĪ oder IBN KHALDŪN wird ‹ḥikma› im weiteren Sinn von Wissenschaft (ʿilm) überhaupt gebraucht [26]. Doch bevorzugt AVICENNA allgemein einen strengeren Sprachgebrauch: Im Unterschied zu ‹ʿilm› bezeichnet ‹ḥikma› ein irrtumsfreies Wissen der Dinge seitens der Vernunft, ein Wissen im strengen methodischen Sinn der Philosophie, das im eigentlichen Sinne den Weisen («ḥukamā'») zukommt [27]. Als eine Erkenntnis, die sicherer («certior») und angemessener («convenientior») ist, und als Wissen um die ersten Ursachen des Ganzen definiert daher AVICENNA die W. zu Beginn der Metaphysik des ‹Kitāb al-šifā'› (‹Liber de philosophia prima sive scientia divina›) [28]. Die erste Philosophie nämlich ist als W. im absoluten Sinn vorzüglicher («nobilior») als alle übrigen Wissenschaften und von größerer Gewißheit, da sie über den vorzüglichsten Erkenntnisgegenstand verfügt: Gott [29]. Gerade darin aber geht die W. («ḥikma») über das Wissen («ʿilm») der hellenistischen Philosophie («falsafa») hinaus [30]. Diese Bestimmung der W. als «scientia divina», die ihre Nobilität und Gewißheit ihrem vorzüglicheren Erkenntnisobjekt («nobilius scitum») verdankt, findet sich rezipiert bei DOMINICUS GUNDISSALINUS, der vor dem gemeinsamen antiken Bildungshintergrund die arabische Wissenschaft («ʿilm») mit dem Bildungsprogramm der «artes» unter dem Leitbegriff der W. im Sinne der «philosophia-sapientia» («ḥikma») als ein alle Bereiche der theoretischen wie praktischen Daseinsorientierung umfassendes Wissen zusammenfaßt [31]. Bereits für AVICENNA ist ein solches weisheitliches Wissen nicht nur theoretischer Natur. Die W. dient vielmehr auch dem künftig zu erwerbenden Glück; doch hierzu ist die Seele auf die Hilfe Gottes angewiesen [32].

AVERROES (IBN RUŠD) faßt ‹ḥikma› begrifflich enger im Sinne von ‹Philosophie›, hebt diese aber zugleich auf dieselbe Wahrheitsstufe wie das religiöse Gesetz. Philosophie und Religion stehen demnach nicht im Widerspruch zueinander. Vielmehr, so betont Averroes gleich zu Beginn des ‹Faṣl al-maqāl›, macht das religiöse Gesetz die Spekulation über die Philosophie und die logischen Wissenschaften zur notwendigen Pflicht. Denn der ‹Koran› selbst fordert die mit Einsicht Begabten zur Betrachtung der existierenden Dinge durch den Verstand und zur Reflexion hierüber auf [33]. Gemäß ihren Erkenntnisvermögen sollen die Menschen mit W. («ḥikma») und einer guten Ermahnung auf den Weg Gottes gerufen werden [34]. Da nämlich die religiösen Gesetze Wahrheit sind und zur Spekulation auffordern, die Spekulation aber als strenge Demonstration (ἀπόδειξις, «burhān») mit Gewißheit zur Wahrheit führt, kann es keinen Widerspruch zwischen der Spekulation und dem im Gesetz Erhaltenen geben [35]. Mehr noch als für Avicenna stellt für Averroes die demonstrative Methode nach Art des Syllogismus den Königsweg zur W. der Philosophie («ḥikma») dar, die der Religion («šarīʿa») eine «Freundin und Milchschwester» ist [36]. Denn beide sind «von Natur aus miteinander befreundet und lieben sich gegenseitig durch ihr Wesen und ihre Anlage» [37]. Mögliche Widersprüche, so wendet Averroes gegen al-Ghazālī ein, lassen sich durch die richtige Interpretation, die dem Menschen als Depositum aufgetragen ist, auflösen. Denn wie der wahre Zweck der Religion die Belehrung über wahre Wissenschaft und wahre Praxis ist, so besteht das wahre Wissen in der Kenntnis Gottes und der existierenden Dinge nach ihrem Wesen und die wahre Praxis in den Handlungen, welche die Seligkeit zur Folge haben [38].

Die Opposition zwischen AL-GHAZĀLĪ und AVERROES zeigt, daß die Frage der wechselseitigen Bezeugung und Nichtwidersprüchlichkeit von philosophisch-demonstrativer und offenbarter Wahrheit im islamischen Kulturraum ein umstrittenes Thema war [39]. Ebenso tritt auch im Westen die in den enzyklopädischen oder spekulativ begründeten Integrationsmodellen angelegte Spannung in dem Moment offen zutage, als die im Zuge der Aristotelesrezeption «wiederentdeckte» aristotelische «göttliche Wissenschaft» oder W. auf eine christliche Theologie trifft, die sich – nunmehr in aristotelischer Wissenschaftssprache – gleichfalls als erste und göttliche Wissenschaft und als W. im eigentlichen Sinne versteht. Die erforderliche Grenzziehung zwischen den beiden «göttlichen Wissenschaften» bildet einen wichtigen Ausgangspunkt für die Frage nach dem Status der Philosophie. In dieser Debatte, die unter dem Stichwort ‹W.› geführt wird, werden die aristotelischen W.-Bestimmungen aus Met. I, 2 zum entscheidenden Kriterium. Einen wichtigen Referenzpunkt bildet die Antwort des THOMAS VON AQUIN, der die aristotelischen W.-Kriterien in seinem ‹Metaphysikkommentar› systematisiert [40]. Diese macht er erstmals in Distinctio 35 des dritten Buchs des ‹Sentenzenkommentars›, dem Locus classicus für die Thematik des «donum sapientiae», geltend, indem er die gnadenhafte Gabe der W. in aristotelischer Terminologie mit der natürlichen W.-Disposition, dem «habitus sapientiae», verbindet [41]. Somit ist für Thomas die Gegenüberstellung von «sapientia divina» und «sapientia mundana» zu Beginn des zweiten Buchs der ‹Summa contra gentiles› auch weniger Ausdruck einer Rangordnung; sie entspringt vielmehr den verschiedenen Ausgangspunkten der theologischen und philosophischen Erkenntnisordnung. Während die Philosophie ihre Argumente zunächst aus den eigentümlichen Ursachen der Dinge gewinnt und von dort zur Erkenntnis Gottes fortschreitet, nimmt die Theologie ihren Ausgang von der höchsten aller Ursachen («superaltissima causa»); deshalb wird sie – «eure W. (sapientia vestra) und eure Einsicht unter den Völkern» (Dt. 4, 6) – mit Recht die höchste W. («superaltissima sapientia») genannt [42]. Im Ausgang von der boethianisch-aristotelischen Einteilung der theoretischen Wissenschaften unterscheidet Thomas demnach eine theologische W., die als Wissenschaft das Resultat menschlicher Bemühungen und menschlichen Wissens, als «gottförmige» und mühelose Einsicht in die Glaubenslehren jedoch göttliches Gnadengeschenk («donum») ist, und ferner eine W. der Philosophie, die, auch wenn sie gleichfalls vom Göttlichen handelt, ihren Ursprung doch nicht einer theologischen Ordnung, sondern allein der menschlichen Vernunft verdankt [43]. Mit dieser Unterscheidung verbindet sich die grundsätzliche Frage nach der Tragweite der menschlichen Vernunft und nach den Grenzen der wissenschaftlichen Erkenntnis. Hierbei artikuliert die W. den Zusammenhang zwischen der Möglichkeit und der Gestalt vollendeten Wissens und dem Menschen als dem Träger dieses Wissens. Dieser Zusammenhang wird im Begriff des «habitus sapientiae» erfaßt, denn als intellektuelle Tugend ist die W. ein natürliches Vermögen des Menschen und entspringt seinem natürlichen Wissensverlangen: Sie ist, so ALBERTUS MAGNUS, als das von dem nach Wissen Strebenden zuhöchst Ersehnte auf die Betrachtung hingeordnet («sapientia ordinatur ad contemplari») [44]. Doch während Albert in der apriorischen Anlage der im «habitus sapientiae» gegebenen Prinzipienerkenntnis («cognitio praeexistentium») die Voraussetzung für die Möglichkeit sieht, daß der Mensch in der Betrachtung die Erfüllung seines Erkenntnisstrebens und damit zugleich sein höchstes Glück («summa felicitas») findet [45], bleibt für THOMAS VON AQUIN der natürliche W.-Habitus des Verstandes durch die Bindung aller Erkenntnis an die Phantasmata prinzipiell beschränkt, solange unsere Seele mit diesem irdischen Körper vereinigt ist. Folgerichtig ist für Thomas auch die Glückseligkeit, von der die Philosophen sprechen, eine unvollkommene [46].

Eine solche Philosophie in ihrer doppelten Beschränktheit kann nach BONAVENTURA aber nicht mehr ‹W.› genannt werden. Zwar versprachen die Philosophen, gezogen von der Wahrheit, ihren Schülern «die W. zu geben, das ist die Glückseligkeit, d.h. einen zur vollkommenen Einsicht gelangten Intellekt» («intellectus adeptus») [47]. Doch einen sicheren Übergang vom Wissen zur W. gibt es nicht [48]. Zur Überwindung dieser Grenze ist die Gabe der W. («donum sapientiae») vonnöten. Dies ist jedoch kein natürlicher, sondern ein gnadenhafter Habitus [49] – eingebunden in ein umfassendes W.-Exerzitium, das von der weltlichen W. («sapientia mundana») zur christlichen W. («sapientia christiana») führt [50]. Folgerichtig wendet sich Bonaventuras Kritik auch gegen jeden Anschein, als könne die Glückseligkeit in dieses Leben versetzt werden [51], zum Beispiel durch ein Leben nach Art des Philosophen, der sein Leben in das Studium der W. setzt, der, wie es bei dem Artes-Magister BOETHIUS VON DACIEN heißt, «nach der richtigen Ordnung der Natur lebt und der das Beste sowie das letzte Ziel des menschlichen Lebens erreicht hat» [52]. Maßgeblich beeinflußt durch das zehnte Buch der ‹Nikomachischen Ethik› des Aristoteles formuliert Boethius von Dacien ein ethisch-intellektuelles Ideal des Menschen, das AUBRY VON REIMS ‹W.› nennt. Denn diese ist Ausdruck jenes wiedergefundenen Genusses, den der erfährt, der an sein Ziel gelangt ist. Von der Art dieser W. ist die Philosophie [53].

Auch für DANTE ALIGHIERI ist der Mensch durch die Philosophie, die er als Freundschaft zwischen Seele und W. bestimmt, auf die höchste Glückseligkeit bezogen, die er gemäß der Freundschaftsanalogie als eine vollkommene wechselseitige Liebe versteht. An dieses Freundschaftsideal zwischen Seele und W. reicht die menschliche Philosophie («umana filosofia») aber nicht heran, weswegen unsere W. zumeist nur habituell ist [54]. Weiter führt allein die Schönheit der W. («la bellezza de la sapienza»), die in der Ordnung der moralischen Tugenden besteht und auf den praktischen Primat der W. verweist, der in der Überordnung der Ethik über die Metaphysik seine Entsprechung findet [55].

In einem solchen 'ethischen Aristotelismus', der die Philosophie als eine Lebensform begreift, sieht Boethius von Dacien durchaus keinen Widerspruch zwischen Glauben und Philosophie, obgleich der 154. Artikel der Pariser Verurteilung vom 7. März 1277 «Quod sapientes mundi sunt philosophi tantum» wohl auf ihn Bezug nimmt [56]. Dieses Diktum legt Raimundus Lullus dem Sokrates in den Mund [57]. Doch anders als der Pariser Bischof Etienne Tempier, der die Rede von den zwei widerstreitenden Wahrheiten mit der Vorstellung einer wahren und einer falschen W. verbindet [58], sucht Lullus nach einer Überwindung der Widersprüche im Ausgang von allgemeinsten, selbstevidenten Prinzipien («principia generalia, communia et per se cognita») [59]. Auch Heinrich von Gent bezieht das Schriftwort, daß die Weisen der Welt vor Gott zu Toren geworden seien, nicht auf die wahren Prinzipien der Philosophie, sondern auf den menschlichen Irrtum [60]. Das biblische «perdam sapientiam sapientium» (Jes. 29, 14; 1. Kor. 1, 19f.), das Bischof Tempier zu seinem Leitspruch erhoben hatte, bezieht sich nach Heinrich nicht auf die «wahre W.» («vera sapientia»), sondern auf das unter falschem Namen auftretende Wissen («falsi nominis scientia»). Zur wahren W. gehört die Einsicht in die Grenzen der menschlichen W. («humana sapientia»), die zwar über die weltlichen Dinge («res mundales»), nicht aber über die göttlichen Gebote («instituta divina») angemessen zu handeln weiß [61]. Hier scheint die alte christliche W.-Vorstellung wieder zum Tragen zu kommen mit ihrer Unterscheidung zwischen einem geistigen Begreifen der ewigen und göttlichen Dinge – der W. im eigentlichen Sinn – und einem diskursiven Verstehen der zeitlichen und menschlichen Dinge sowie der strikten Hinordnung der letzteren auf die ersten [62].

In anderer Hinsicht ist für Meister Eckhart die Frage der Abgrenzung von Philosophie und Theologie, welche die Debatten zwischen Theologen und Artisten an der Pariser Universität im letzten Drittel des 13. Jh. maßgeblich bestimmt, und die Konkurrenz um den möglichen Vorrang der beiden «ersten» Wissenschaften gegenstandslos geworden. Denn er verbindet die Suche nach der W. mit der Einkehr in den inneren Menschen [63]. Das unauslöschliche göttliche Licht nämlich, die ungeschaffene W., leuchtet im Grund der Seele («in abdito mentis») [64]. Diese Einsicht führt bei Eckhart zu einer Zuspitzung der Frage nach der epistemologischen Grundlegung, in deren Folge die Unterscheidung zwischen einer philosophischen und einer theologischen W. überschritten bzw. hinter sich gelassen wird. Hierbei kann er sich nicht nur auf Boethius, sondern auch auf Moses Maimonides berufen, der denjenigen einen Weisen nennt, der die Kenntnisse des Gesetzes nicht nur aus der Überlieferung gelernt, sondern nach Art der Vernunfterkenntnis beweismäßig dargelegt und durch einen guten Lebenswandel bezeugt hat [65]. Auch bei Eckhart gewinnt die W. im Spannungsfeld einer Einheitsmetaphysik eine ethische Dimension, sofern sie, in der Konsonanz von biblischer und philosophischer Wahrheit sowie von Evangelium und Metaphysik von der Vollendung des Menschen spricht [66]: Der Mensch nämlich, der die Eigenschaften des Göttlichen annimmt, wird «Sohn Gottes» («filius Dei»), denn Gott wirkt in der Seele nichts anderes als in sich selbst [67]. Im Ideal des gottförmigen Menschen, des «homo divinus», überwindet Eckhart die Spaltung zwischen Theorie und Leben, zwischen Vernunft und Offenbarung, zwischen «lesemeister» und «lebemeister» [68].

Dieses Ideal sieht Heinrich Seuse in der «philosophia spiritualis» verwirklicht, die er im ‹Büchlein der ewigen W.› als Gotteserkenntnis und Lebenslehre begreift. Zur Exemplarfigur der Suche nach W. als dem wahren Wissen der christlichen Philosophie («vera scientia christianae philosophiae») stilisiert Seuse in seinem ‹Horologium Sapientiae› den Anachoreten Arsenius. Dieser gilt ihm in der Tradition Cassians und der ‹Theologia mystica› des Ps.-Dionysius Areopagita als vorzügliches Idealbild des spirituellen Philosophen, dessen Erkenntnisbemühungen ihre Erfüllung im Abgrund der Schau des Göttlichen finden, in den hinein der Kontemplierende fortgerissen wird [69]. Berthold von Moosburg hingegen sieht in der Proklischen Theologie, die er wie die christliche Offenbarungstheologie der Aristotelischen Metaphysik gegenüberstellt, das eigentliche Modell für die göttliche W. – als jene die Dichotomie von Theologie und Metaphysik übersteigende Überweisheit («supersapientia»), von der bereits Albertus Magnus im Anschluß an Dionysius gesprochen hatte [70]. Diese erfaßt als die sicherste Wissenschaft («certissima scientia») nicht nur die Prinzipien des Seienden, sondern auch des Überseienden («quae sunt super entia») [71] und sogar das erste Gute selbst; sie übersteigt nach Berthold Verstand («intellectus») und Wissen («scientia») und bezieht sich erkennend auf die göttliche Form. Diese «divinalis philosophia», die eine Wissenschaft im strengen Sinne ist und aufgrund der Eminenz ihres überweisheitlichen Wissenshabitus sogar die Metaphysik an Würde und Vollkommenheit überragt, besitzt ihren Konvergenzpunkt in einem alles überragenden kognitiven Prinzip («principium cognitivum»), dem Proklischen «unum animae». Dieses ist auf das engste mit dem «habitus divinalis seu supersapientialis» verbunden und begründet die Eminenz der Überweisheit gegenüber den übrigen Habitus [72].

Auch Nicolaus Cusanus sieht in der Konkurrenz zweier um die Weisheitspalme streitender Wissenschaften einen Abfall von der ursprünglichen W.-Intention. Denn als «sapida scientia», als schmeckendes Wissen, erfaßt die W. die Koinzidenz der konträren Wissenspositionen hinsichtlich des Göttlichen [73]. Eine solche W. aber ist kein Wissen von Büchergelehrten, sondern «ruft auf den Straßen» [74]. Dieses salomonische Diktum wird zum Programm des ‹Idiota de sapientia›: Im «Messen, Zählen und Wiegen» kann die W. in der Welt draußen gefunden werden; sie läßt uns die Konvergenzen erkennen, die uns die Welt verstehbar machen [75]. Somit führt die W. schließlich auch über alle Widersprüchlichkeiten hinaus, die sich aus der Differenz von Theologie und Philosophie und insbesondere aus der damit verbundenen Verabsolutierung ihrer Positionen ergeben. Diese nämlich vermag der Weise aufzulösen und in Übereinstimmung zu bringen («transire in concordantiam») [76]. Die «coincidentia oppositorum» (s.d.) bezeichnet die zugrundeliegende Einheit, in der Gott nicht nur im Modus der «docta ignorantia» (s.d.) erkannt wird; vielmehr offenbart er sie dem geistigen Auge des nach Wahrheit strebenden Intellekts, «der sich bemüht, ihn auf immer vollkommenere Weise zu preisen» [77]. Hier sind die eigentlichen Jagdgründe der Philosophie. Denn «Weisheitsjagd» ist für Cusanus alle Philosophie [78]. Die Jagd nach der W. begreift er zugleich als einen Prozeß der Verähnlichung mit Gott

[79], denn «wir streben nach W., um unsterblich zu sein» [80].

Hier zeigt sich bereits jene für die Renaissance kennzeichnende Verschränkung von Philosophie, Theologie und Religion, die M. FICINO wie G. PICO DELLA MIRANDOLA schon in den Traditionen und Quellen der «Philosophie der Alten» zu finden meinen. In dieser «prisca philosophia», die im engen Bund mit der Religion stehe, sofern sie auf einem ursprünglichen, inneren Verhältnis des Menschen zu Gott beruht, nehmen religiöse W.-Lehren und Mysterien eine zentrale Rolle ein, so daß sie von Religion nicht mehr unterschieden werden können: Die «prisca philosophia» ist für FICINO nichts anderes als eine gelehrte Religion («docta religio») [81]. Ihr Ziel ist, so PICO, die Epopteia (s.d.), die Schau der göttlichen Geheimnisse im Licht der Theologie [82]. Wenn nämlich die Philosophie, so heißt es in FICINOS ‹Lob der Philosophie›, «von allen als Liebe und Streben zur Wahrheit und W. definiert wird, Gott allein aber die Wahrheit und W. selbst ist, so folgt daraus, daß die rechte Philosophie (legitima philosophia) nichts anderes ist als die wahre Religion (vera religio) und die rechte Religion (legitima religio) nichts anderes als die wahre Philosophie (vera philosophia)» [83]. Die Termini ‹philosophia›, ‹theologia› und ‹sapientia› werden von Ficino oftmals gleichbedeutend verwendet. Wie Cusanus will er den Gegensatz zwischen Philosophie und Theologie überbrücken. Hierzu dient ihm die neuplatonisch gelesene Philosophie Platons als eine «fromme Philosophie» («pia philosophia») [84].

Auch F. PETRARCA begreift die W. als «pietas»; hierzu beruft er sich auf AUGUSTINUS und seine Bestimmung der W. als θεοσέβεια, d.h. als Gottesdienst («cultus Dei»), da Gott selbst die höchste W. sei [85]. Der wahre Philosoph sei daher ein Liebhaber Gottes («amator Dei») [86]. Der W.-Dienst findet seinen vorzüglichen Ausdruck in einer tätigen Demut («humilitas operosa») und einer gelehrten Frömmigkeit («docta pietas»), die sich ihres eigenen Nichtwissens bewußt ist [87]. Doch nimmt PETRARCA hinsichtlich des Ignoranzmotivs eine Akzentverschiebung hin zum Bereich des Ethischen vor. An die Stelle einer weiterführenden epistemischen Grundlage tritt das Streben nach der wahren Glückseligkeit und dem ewigen Heil, das nur die christliche Religion verbürgt. Denn es ist «klüger, für einen guten und frommen Willen als für einen klaren, alles erfassenden Verstand zu sorgen» [88]. Die durch den «amor Dei» überhöhten «studia humanitatis» sollen den Menschen primär sittlich vervollkommnen und zur «vera felicitas» führen. Hierbei wird die W. gewissermaßen zu einer moralischen Tugend. An die Stelle der verachteten mittelalterlichen Scholastik mit Aristoteles als Protagonisten und Zielpunkt polemischer Invektiven tritt somit erneut eine auf der Synthese von antiker Moralphilosophie und christlicher Lehre beruhende «ars vitae», zu deren Rechtfertigung insbesondere Augustinus herangezogen wird [89]. Neben dem theoretischen W.-Ideal des Florentiner Neuplatonismus findet sich somit ein praktisches Verständnis der W. – etwa bei C. SALUTATI – im Sinne einer «eruditio moralis» [90]. Auch L. BRUNI gibt dem tätigen Leben gegenüber dem betrachtenden den Vorrang und bindet die W. in ein an der «felicitas» orientiertes umfassendes ‹Isagogicon moralis disciplinae› ein [91]. Denn das theoretische Wissen ist nutzlos, wenn es nicht eingebunden ist in ein tätiges Leben, kann doch niemand für sich alleine weise sein («numquam privatum esse sapientem») [92]. Doch als Vollendung von «scientia» und «prudentia» steht die W. für SALUTATI nicht nur untätiger Kontemplation, sondern auch der Unwissenheit (s.d.) gegenüber [93]. Der Kampf des Herkules mit der Hydra wird ihm zum Sinnbild für den Triumph der W. über die Unwissenheit [94].

Anmerkungen. [1] BOETHIUS: De arithm. I, 1. CCSL 94 A, hg. J. SCHILLING/H. OOSTHOUT (Turnhout 1999) 9, 8f.; E. JEAUNEAU: Translatio studii. The transmission of learning (Toronto 1995). – [2] BOETHIUS: In Porph. Isag. comm. I, 3. MPL 64, 10f. – [3] CASSIODOR: Comm. in ep. S. Pauli XII. MPL 68, 535 D-536 B; ISIDOR VON SEVILLA: De diff. rerum II, 149. MPL 83, 93. – [4] 148, a.O.; Etymol. X, 240. – [5] WILHELM VON ST. THIERRY: De nat. et dignit. amoris 33, hg. M.-M. DAVY (Paris 1953) 110-112 = MPL 184, 397 Cf.; BERNHARD VON CLAIRVAUX: Serm. in Cant. cantic. 44, 1. Op., hg. J. LECLERQ u.a. (Rom 1957-77) 2, 45; vgl. 85, 8f., a.O. 312f. – [6] BERNHARD: Serm. 23, 14, a.O. 1, 147f.; 50, 4-6, a.O. 2, 80-82. – [7] 23, 14, a.O. 1, 148. – [8] BONAVENTURA: 3 Sent., d. 35, a. 1, q. 3, ad 1. Op. omn. (Quaracchi 1882-1902) 3, 778 b; De scientia Christi, q. 5 c, a.O. 5, 29 b-30 a; MEISTER ECKHART: Sermo die beati Augustini Parisius habitus n. 2. Lat. Werke, hg. J. KOCH u.a. (1936ff.) 5, 94, 14-95, 2; Pr. LV ‹Beatus vir›, n. 535-539, a.O. 4, 450-452; NICOLAUS CUS.: Idiota de sapientia, I, n. 10f. 15. 17. Op. omn. 5, hg. R. STEIGER (1983) 17-22. 31f. 34-37. – [9] JOHANNES VON SALISBURY: Metalog. IV, 19. CC Cont. Med. 98, hg. J. B. HALL (Turnhout 1991) 156f. – [10] HUGO VON ST. VIKTOR: Didascalicon II, 1, hg. CH. H. BUTTIMER (Washington 1939) 23-25; vgl. CASSIODOR: Instit. II, 3, 5 und ISIDOR VON SEVILLA: Etymol. II, 24, 9; vgl. Art. ‹Wissenschaft der Wissenschaften›. – [11] Didasc. I, 2, a.O. 11, 12-16. – [12] I, 1, a.O. 4, 4-11. – [13] a.O. – [14] a.O. 6, 9-11; vgl. BOETHIUS: De hypothet. syllogismis I, 1. MPL 64, 831 B; De consol. philos. III, 1, 2. – [15] PETER ABAELARD: Hist. calamitatum, hg. D. N. HASSE (2002) 32, 443-447; vgl. hg. J. MONFRIN (Paris 1959) 77, 509-513. – [16] HUGO VON ST. VIKTOR: Didasc. I, 2, a.O. [10] 6, 14-22; vgl. BOETHIUS: De musica II, 2; De arithm. I, 1, a.O. [1] 9, 3-22. – [17] THIERRY VON CHARTRES: Comm. sup. Boethii libr. De trin. II, 2, in: Commentaries on Boethius by Thierry of Chartres and his school, hg. N. M. HÄRING (Toronto 1971) 68, 17-19; vgl. MACROBIUS: Comm. in Somn. Scipionis I, 8, 3. – [18] Comm. II, 7, a.O. 70, 72-81. – [19] II, 2, a.O. 68, 18f. – [20] 25, a.O. 76, 44-51. – [21] BOETHIUS: Utrum Pater et Filius, hg. H. F. STEWARD/E. K. RAND/S. J. TESTER (Cambridge/London 1973) 36, 70f. – [22] THIERRY VON CHARTRES: Comm. II, 14, a.O. [17] 72, 43-47; 16, a.O. 73, 63-66; A. SPEER: Studium sapientiae. La philos. et l'unité du savoir théorique chez Thierry de Chartres, in: Vie spéculat., vie méditat. et travail manuel à Chartres au XIIe s. Actes du IIIe Coll. Europ. du 4 au 5 juillet 1998 à Chartres (Chartres 1998) 93-102. – [23] Vgl. D. GUTAS: Pre-Plotinian philos. in Arabic, in: W. HAASE (Hg.): Aufstieg und Niedergang der Röm. Welt 36, 7 (1994) 4944-4954. – [24] Vgl. R. WALZER: The achievement of the falsifa and their eventual failure, in: Coll. sur la sociol. musulmane (11-14 sept. 1961) (Brüssel 1961) 347-359; H. H. BIESTERFELDT: W. als mot juste in der klass.-arab. Lit., in: ASSMANN (Hg.), a.O. [2 zu A.] 367-386, 380. – [25] AVICENNA: Burhān 260; A. M. GOICHON: Art. ‹Ḥikma›, in: The encycl. of Islam, new ed. (Leiden 1960ff.) 3, 377. – [26] GOICHON, a.O. 378. – [27] AVICENNA: ʿAhd 143; A. M. GOICHON: Art. ‹Ḥikma›, in: Lex. de la langue philos. d'Ibn Sīnā, hg. A. M. GOICHON (Paris 1938) 88f. – [28] AVICENNA: Liber de philos. prima (Kitāb al-shifā'), tr. 1, c. 1, hg. S. VAN RIET (Leiden 1977/80) 1, 3; tr. 6, c. 5, a.O. 2, 348. – [29] c. 5, a.O.; tr. 1, c. 2, a.O. 1, 16. – [30] GOICHON, a.O. [25] 378. – [31] DOMINICUS GUNDISSALINUS: De divis. philos., hg. L. BAUR (1903) 2f., 3. 5. 8f. 11. 35f. – [32] AVICENNA: Lib. de philos. pr., tr. 1, c. 4, a.O. [28] 1, 31. – [33] AVERROES: Kitāb faṣl al-maqāl 1; dtsch., in: M. J. MÜLLER: Philos. und Theologie von Averroes (1859, ND 1991) 1; Koran, Sure 59, 2. – [34] Kitāb faṣl 7, a.O. 7; Koran, Sure 16, 126. – [35] 8, a.O. 8. – [36] 26, a.O. 27. – [37] 7, a.O. 7. – [38] 18f., a.O. 19f.; A. VON KÜGELGEN: Averroes und die arab. Moderne (Leiden u.a. 1994) 29-36. – [39] Vgl. VON KÜGELGEN, a.O. 29, 37-39. – [40] THOMAS VON AQUIN: In Met. I, lect. 2, n. 44-51, hg. R. M. SPIAZZI (Turin 1964) 13f. – [41] In III Sent., d. 35, q. 2, a. 1, quaestiuncula 3, sol. 1, hg. M. F. MOOS (Paris 1933) 1193f.; vgl. A. SPEER: The vocab. of wisdom and the understanding of philos., in: J. HAMESSE/C. STEEL (Hg.): L'élaboration du vocabulaire philos. au MA (Louvain-la-Neuve/Löwen 2000) 265-270. – [42] S. c. gent. II, 4. Op. omn. [ed. Leon.] (Rom 1882ff.) 13, 279; vgl. De potentia I, 4, c, hg. P. BAZZI u.a. (Turin 1949) 4. – [43] Sup.

Boeth. De trin., q. 5, a. 4; S. theol. II-II, 45, 2; I, 1, 5, ad 2. – [44] Albertus Magnus: Sup. Ethica, lib. VI, lect. 17; lib. X, lect. 11. Op. omn. [ed. Col.] (1951ff.) 14/2, 495ff. 747ff. – [45] Met., lib. II, c. 2, a.O. 16/1, 93f.; A. Speer: 'Sapientia ordinatur ad contemplari'. Philos. und Theol. im Spannungsfeld der W. bei Albertus Magnus, in: Prudentia und Contemplatio. Ethik und Met. im MA, hg. J. Brachtendorf (2002) 199-221. – [46] Thomas von Aquin: S. c. gent. III, 25, a.O. [42] 14, 67 (unter Berufung auf Eth. Nic. X); vgl. Art. ‹Vernunft; Verstand III. D.›. Hist. Wb. Philos. 11 (2001) 780-786, 781. – [47] Bonaventura: Collat. in Hexaemeron, col. V, 22. Op. omn. 5 (Quaracchi 1891) 357 b. – [48] col. XIX, 3, a.O. 420 b. – [49] De septem donis Spiritus sancti, col. VIII, 20, a.O. 5, 498 b; col. IX 'De dono sapientiae', a.O. 498-503. – [50] Coll. in Hex., col. XIX, 3, a.O. 420 b; I, 9, a.O. 330 b. – [51] col. VII, 2, a.O. 365 af. – [52] Boethius von Dacien: De summo bono, hg. N. J. Green-Pedersen. Corp. Philos. Danic. Medii Aevi VI/2, 367-377 (Kopenhagen 1976) 377. 239-242; dtsch., in: R. Bubner (Hg.): Gesch. der Philos. in Text und Darst. 2: Mittelalter, hg. K. Flasch (1982) 363-371. – [53] R.-A. Gauthier: Notes sur Siger de Brabant 2: Siger en 1272-1275, Aubry de Reims et la scission des Normands. Rev. Sci. philos. théolog. 68 (1984) 3-49, bes. 37. – [54] Dante Alighieri: Conv. III, 11, 8-14; 13, 3-8. Opere min. 2/1 (Mailand/Neapel 1995) 422-431. 445-448. – [55] Conv. III, 15, 10-14; II, 13, 8; 14, 9-18, a.O. 482-488. 218-222. 252-260. – [56] Vgl. A. de Libera: Penser au MA (Paris 1991) 222-224. – [57] Raimundus Lullus: Declaratio Raimundi, cap. 154. CC Cont. Med. 79 (Turnhout 1989) 371. – [58] Etienne Tempier: Ep. scripta a Stephano episc. Parisiensis anno 1277, hg. D. Piché: La condamnation paris. de 1277 (Paris 1999) 74. – [59] Raimundus Lullus: Declar., prol., a.O. [57] 255f. – [60] Heinrich von Gent: Summa quaest. ordin., a. 7, q. 13 (Paris 1520, ND New York/St. Bonaventure 1953) 62^{v}R. – [61] q. 9, a.O. 59^{v}T. – [62] A. Speer: Sapientia nostra. Zum Verhältnis von philos. und theolog. W. in den Pariser Debatten am Ende des 13. Jh., in: J. A. Aertsen/K. Emery/A. Speer (Hg.): Nach der Verurteilung von 1277 (2001) 248-275. – [63] Meister Eckhart: Expos. libri Sapientiae (In Sap.), n. 88, a.O. [8] 2, 421, 1-3; vgl. Augustinus: De vera relig. XXXIX, 72. CCSL 32 (Turnhout 1962) 234; XLIX, 94, a.O. 248f. – [64] In Sap., n. 95, a.O. 2, 429, 3f. – [65] Moses Maimonides: Führer der Unschlüssigen III, 24, übers. A. Weiss (1924) 361-363. – [66] Meister Eckhart: Expos. s. Evang. sec. Iohannem (In Ioh.), n. 185, a.O. [8] 3, 154, 14-155, 2. – [67] In Ioh., n. 120, a.O. 3, 105, 5-7. – [68] Sprüche 8, hg. F. Pfeiffer (1857, ND 1914) 599, 19f.; hierzu: B. McGinn: The mystical thought of Meister Eckhart (New York 2001) 1ff. – [69] Heinrich Seuse: Horologium sap. II, 3, hg. P. Künzle (Fribourg 1977) 545-547; R. Blumrich: Vera scientia christianae philos. Zu Heinrich Seuses ‹Horologium sapientiae› II. 1, 3, in: I. Craemer-Ruegenberg/A. Speer (Hg.): Scientia und ars im Hoch- und Spätmittelalter (1993) 620-632. – [70] Berthold von Moosburg: Expos. sup. Elem. theol., praeamb. C, hg. L. Sturlese (1984) 64, 415-65, 429; Albertus Magnus: Sup. Dionys. De div. nom., c. VII, 10. Op. omn., a.O. [44] 37/1, 344, 78-345, 4. – [71] Vgl. Art. ‹Überseiend; überwesentlich›. Hist. Wb. Philos. 11 (2001) 58-63. – [72] Berthold von Moosburg: Expos., a.O. [70] 66-69. – [73] Nicolaus Cus.: Idiota de sap. I, n. 15. 17, a.O. [8] 31f. 34-37. – [74] n. 5, a.O. [8] 7f. unter Anspielung auf Weish. 6, 12-14 und Spr. 8, 1-3. – [75] I, n. 3f., a.O. [8] unter Anspielung auf Weish. 11, 21. – [76] De apice theoriae, n. 15. Op. omn. 12, hg. R. Klibansky/J. G. Senger (1982) 129, 19f.; H. G. Senger: Griech. und bibl.-patrist. Erbe im Cusanischen W.-Begriff, in: Mitteil. Forsch. Cusanus-Ges. 20 (1992) 147-181. – [77] De venat. sap., c. 35, n. 105, a.O. 99, 17f.; c. 13, n. 38, a.O. 37, 1-10. – [78] Vgl. Prol. zu: De venat. sap., n. 1, a.O. 4, 20f. – [79] De venat. sap., c. 20, n. 58, a.O. 55, 9f. – [80] c. 32, n. 96, a.O. 92, 13. – [81] M. Ficino: Ep. libri XII, lib. VII (1495). Op. omn., hg. P. O. Kristeller (Turin 1962) 1, 854; Prooem. zur ‹Theologia Platonica›, in: M. Ficino: Théologie platonic. de l'immortalité des âmes 1 (1482), hg. R. Marcel (Paris 1964) 35-37. – [82] G. Pico della Mirandola: De hominis dignitate (1496), hg. G. von der Gönna (1997) 26-29. – [83] M. Ficino: Ep., lib. I, a.O. [81] 668; vgl. Lettere I. Ep. familiarum lib. I, hg. S. Gentile (Florenz 1990) 224, 31-34; P. O. Kristeller: Die Philos. des M. Ficino (1972) 271-307, bes. 305-307; vgl. Art. ‹Philosophie III. A.›. Hist. Wb. Philos. 7 (1989) 656-662, 658. – [84] C. Vasoli: The Renaissance concept of philos., in: C. B. Schmitt u.a. (Hg.): The Cambridge hist. of Renaiss. philos. (Cambridge 1988) 57-74, bes. 67-69; W. A. Euler: «Pia philosophia» et «docta religio». Theol. und Relig. bei M. Ficino und G. Pico della Mirandola (1998) 206-224, bes. 215-217. – [85] F. Petrarca: Ep. familiares X, 5, 8. Opere [ed. Naz.] (Florenz 1926ff.) 11, 312; De remediis utriusque fortunae I, 13, 8 [zw. 1354 und 1366]; I, 46, 8; De sui ipsius et multorum ignorantia II, 5 [1367]; vgl. Augustinus: De civ. Dei XIV, 28; De trin. XIV, 1, 1. – [86] Ep. fam. XVII, 1, 14ff., a.O. 12, 223ff.; Invective contra medicum II, hg. P. G. Ricci (Rom 1950) 56; III, a.O. 65; vgl. Augustinus: De civ. Dei VIII, 1, 10. – [87] De remed. utr. fort. I, 12, 26; Ep. fam., a.O. [85]; Rerum memorandarum III (De sapientia) 42. 46f., a.O. 14, 132f. 135ff. – [88] De sui ipsius et mult. ignor. IV, 9; vgl. hier und zum Folgenden: E. F. Rice: The Renaiss. idea of wisdom (Cambridge, Mass. 1958). – [89] IV, 7f. 10. 13; A. Buck: Christl. Humanismus in Italien, in: Renaissance – Reformation. Gegensätze und Gemeinsamkeiten (1984) 23-34. – [90] C. Salutati: Epistolario XII, n. 12: A Giovanni Malpaghini, hg. F. Novati 3 (Rom 1896) 517; n. 18: A Carlo Malatesta Signor di Rimini, a.O. 536. – [91] L. Bruni: Ad Galeottum Ricasolanum. Op. lett. e polit., hg. P. Viti (Turin 1996) 208-210. 234-238. – [92] Praemissio quaedam ad evidentiam novae translat. Polit. Aristotelis (1435), in: Humanist.-philos. Schr., hg. H. Baron (1928, ND 1969) 73f.; Cicero novus (1415), a.O. 114f.; a.O. [91] 236-240. – [93] Salutati: Epist. XIII, n. 3: A Lodovico degli Alidosi Signore d'Imola, a.O. [90] 604f. – [94] De laboribus Herculis III, cap. 9 (5), hg. B. L. Ullmann (Zürich 1951) 1, 193.

C. *Frühe Neuzeit bis zum 18. Jh.* – Es fällt auf, wieviel Aufmerksamkeit dem Thema des Weisen und der W. im Übergang von der Renaissance zur Frühen Neuzeit entgegengebracht wird. Hierbei treten erneut jene Spannungen zutage, die im Selbstverständnis eines Denkens angelegt sind, das seine Vollkommenheit im Konzept der W. denkt. Es geht um nicht mehr und nicht weniger als um die Erreichbarkeit dieses Ideals – mit unterschiedlichen Konsequenzen für das Philosophieverständnis. So begreift C. Bovillus (Ch. de Bovelles) die W. als umfassendes Wissen des vollkommenen Menschen. Als Selbsterkenntnis («suiipsius agnitio») und Wissen um alles Immaterielle ist die W. eine kontemplative Tugend [1]. Der Weise des ‹Liber de sapiente› versinnbildlicht das kulturelle Ideal einer Elite, die ihr Selbstverständnis aus dem selbsttätigen Erreichen der Vollkommenheit und eines umfassenden Wissens bezieht [2]. Dagegen kommt es bei J. L. Vives und G. Cardano zu einer verstärkten Betonung des moralischen Aspekts. Während Vives in seiner ‹Introductio ad sapientiam› den Doppelcharakter der W. betont, die im Besitz der wahren Meinungen («veras habere opiniones») und im unverfälschten Urteil («incorrupte iudicare») sowie im rechten Handeln («bene agere») bestehe, ohne jedoch W. und Klugheit miteinander zu identifizieren [3], behandelt Cardano in seiner Schrift ‹De sapientia› die W. ausführlich als moralische Tugend, die nicht nur das Rechte zu wissen, sondern auch das Gute zu tun lehrt [4]. Denn in eine übelwollende Seele und in einen sündigen Körper kann die W. nicht einkehren, deren vorzügliche und einzige Regel lautet, gut und lang zu leben («bene ac diu vivere») [5]. Auch P. Charron will die W. nicht als ein spekulatives Wissen im Sinne der Philosophie oder Theologie verstanden wissen, zu dem die menschliche Natur ungeachtet aller Bemühungen nicht zu gelangen vermag, sondern als «menschliche W.», die aktiv und nicht kontemplativ ist, moralisch und nicht intellektuell, eine auf menschliche Weise erworbene Vollkommenheit und Rechtheit, eine schöne und noble Formung des ganzen Menschen. Charron nennt die W. «preude prudence», «habile et forte preud'hommie» oder «probité bien advisée» [6]. Ihr Ziel ist der «preud'homme», der vollkommene Mensch, als

Ergebnis eines tätigen Bemühens, das mit der Selbsterkenntnis beginnt, die allein das erforderliche Maß an intellektueller Freiheit und Gewißheit verleiht («hoc unum scio quod nil scio») [7]. Die «preud'hommie», in der alle W. auf vorzügliche Weise grundgelegt ist, hat ihrerseits ihre Grundlage im göttlichen Naturgesetz, in der Aufforderung, der eigenen Vernunftnatur zu folgen gemäß dem stoischen Verständnis der W. als Zuwendung zur Natur («hoc est enim sapientia in naturam converti») [8]. Demzufolge hat jeder Mensch die natürliche Verpflichtung kraft der eigenen wie der universellen Natur, als ein «homme de bien» zu leben [9].

Die bei aller Akzentverschiebung offenkundige Kontinuität mit den verschiedenen Antworten der W.-Tradition erfährt allerdings eine ironische Brechung in jenen Schriften, die von der W. im Gegenbild des Nichtwissens und der Narrheit handeln. Torheit (s.d.) im Verein mit Selbstlob setzt Erasmus von Rotterdam zu Beginn seines Enkomion vom ‹Lob der Torheit› (‹Laus Stultitiae›) den Weisen entgegen, die sich in sokratischer Zurückhaltung üben [10]. «Im Banne der Torheit stehen, sich irren, sich täuschen, nichts wissen, das heißt Mensch sein!» [11] Agrippa von Nettesheim läßt in seiner gegen ‹Die Unsicherheit und Eitelkeit der Wissenschaft› (‹De incertitudine et vanitate scientiarum›) gerichteten Invektive etwas von dem Grundmotiv ahnen, welches bei aller ironischen Distanz in der Infragestellung der Grundgewißheit eines vor allem auf Schlußfolgerungen und Beweisen beruhenden Wissens nach dem Vorbild des Aristoteles besteht: «Deine Wissenschaft und Deine W., sie gerade ist es, die Dich getäuscht hat» [12]. Dieses Jesaja-Zitats (Jes. 29, 14) in der Lesart des Paulus (1. Kor. 1, 19f.) bedienen sich M. Luther wie J. Calvin zur schroffen Gegenüberstellung der menschlichen Vernunftweisheit als «sapientia carnis» gegenüber der «sapientia nostra», die Torheit unter den Menschen ist [13]. Erasmus dagegen bezieht das Lob der Torheit auf die W. der Welt, die er in der Tradition der «prisca sapientia» durchaus in Übereinstimmung mit der W. des Geistes («sapientia spiritus») sieht. Petrarcas «docta pietas» wird bei Erasmus zur «sancta eruditio», welche den Weisen zu einem «miles Christianus» macht. Denn der Unwissenheit muß abhelfen, wer sehen will, wohin er gehen soll [14]. Hierbei bildet für Erasmus das Pauluswort den Ausgangspunkt einer Suche nach dem geistigen Menschen; diese aber beginnt mit der Selbsterkenntnis. Das «Nosce teipsum» gilt ihm daher als die bedeutendste Sentenz unter allen Sprüchen der Weisen [15].

Die Aufforderung zur Selbsterkenntnis (s.d.) macht sich M. de Montaigne dergestalt zu eigen, daß er sich selbst zum Gegenstand seiner ‹Essais› stilisiert [16], die im Ausgang von den Unvollkommenheiten und Leidenschaften nach einer W. suchen, die dem Unglück zu trotzen und Verstand und Sitten zu bessern imstande ist. Deshalb auch habe Platon die Philosophie, die Weltweisheit, zu seinem Gastmahl eingeladen [17]. Montaignes Skepsis richtet sich sowohl gegen diejenigen, die den Blick allein auf die gegenwärtigen Güter richten – denn es ist die Natur, die uns allezeit auf das Zukünftige treibt und uns nicht bei uns selbst bleiben läßt –, aber auch gegen die Philosophie, erst recht wenn sie mit falscher Gelehrsamkeit daherkommt [18]. Denn – so zitiert Montaigne Cicero – nichts ist so absurd, daß es von einem Philosophen nicht gesagt würde [19]. Weise werden hingegen könne man nicht anders als durch die eigene W. Daher gilt für Montaigne das u.a. bei Cicero überlieferte Euripides-Wort: «Ich hasse den Weisen, welcher nicht für sich selbst weise ist» [20]. Diese W. geht einher mit Klugheit. Sie muß dem, der sie besitzt, nützen, muß ihn mit einem anmutigen Stolz («gracieuse fierté») ausrüsten. Eine heitere Sanftmut («contenance contente et débonnaire») ist somit das sicherste Merkmal der W. [21].

Zwar macht auch R. Descartes die Philosophen und ihre Schulstreitigkeiten dafür verantwortlich, daß sie bislang nur zu einer unvollkommenen Stufe der W. gelangt sind [22]. Doch an die Stelle der Skepsis tritt die Überzeugung, dem Erkennen ein methodisch sicheres Fundament geben zu können. Denn die Philosophie ist ein Studium der W. nicht nur im Sinne alltäglicher Klugheit, sondern erstrebt vielmehr ein vollkommenes Wissen all der Dinge, die der Mensch erkennen kann [23]. Die Erkenntnis der Wahrheit durch ihre ersten Ursachen – durch die bloße natürliche Vernunft ohne das Licht des Glaubens – ist W. im höchsten und eigentlichen Sinne; in ihr besteht das höchste Gut und die Vervollkommnung des menschlichen Lebens. Daher setzt auch die Ethik, die letzte und höchste Stufe der W., das gesamte Wissen («omnes scientiae») der menschlichen W. («humana sapientia») voraus, die in der ersten Regel als universale W. («universalis sapientia») Geltung besitzt [24].

Von einer moralischen Bedeutung der W. lesen wir auch bei B. Spinoza. Ihm zufolge leben nur die Weisen friedlichen und beständigen Sinnes, nicht wie die Gottlosen, die zwischen den Affekten schwankend weder Ruhe noch Frieden haben [25]. Spinoza beruft sich auf Salomon, der ihm zugleich als Exemplarfigur dafür dient, daß das wahre Glück und die wahre Glückseligkeit des Menschen allein in der W. und in der Erkenntnis des Wahren besteht. Die W. kann daher auf keine Weise dadurch vermehrt werden, daß Salomon weiser als die übrigen ist [26]. Denn auch die natürliche W. Salomons wird W. Gottes genannt [27]. Somit steht die dem Reich der W. und Wahrheit angehörende Vernunft nicht nur dem Aberglauben gegenüber, sondern in einer anderen Hinsicht auch der Theologie, die dem Reich der Frömmigkeit und des Gehorsams angehört [28].

Die Überzeugung, daß der Glaube in bestimmter Hinsicht weiter gehen muß als die Wissenschaft und daß wir «in der Welt-Weißheit bloß bey demjenigen verbleiben, was sich aus der Vernunft erweisen lässet» [29], teilt auch Ch. Wolff. Die W. «per scientiam rerum sublimium» hingegen führt über die «Weltweisheit» (s.d.) der Philosophie hinaus [30]. Eine derartige W. richtet als Wissenschaft die Absichten dergestalt ein, «daß eine ein Mittel der anderen wird» [31]. Je mehr Absichten solchermaßen miteinander verknüpft werden, desto größer und vollkommener ist die W. Sie erreicht den höchsten Grad an Vollkommenheit, «wo man alle seine Absichten dergestalt mit einander verknüpfet, daß keine der anderen zuwider läuft» [32]. Ein Weiser handelt demnach niemals ohne Absicht [33]. Doch eine solche Wissenschaft vollkommen verknüpfter Absichten besitzt nur Gott. Auf diese W. werden wir notwendig geführt, wenn wir die Welt nach Art einer Maschine verstehen [34]. Denn die höchste Vollkommenheit Gottes, so konstatierte bereits G. W. Leibniz, hat bei der Erschaffung des Weltalls den bestmöglichen Plan ausgewählt, strebt doch alles, was möglich ist, im Verstande Gottes im Verhältnis zu seiner Vollkommenheit nach Wirklichkeit [35]. Als eine solche «Wissenschaft hoher Dinge» ist die W. zugleich «nichts anderes als die Wissenschaft der Glückseligkeit» [36]. Diese Leibnizsche Definition der W. «per scientiam felicitatis» macht Wolff in seiner ‹Rede über die praktische Philosophie der Chinesen› zum Prüfstein («lapis lydius»), um die Grundsätze der W. der Chinesen einer sorgfältigen Prüfung zu unterziehen und schließlich als mit den seinigen übereinstimmend zu erweisen [37]. In den Anmerkungen zu dieser Schrift beruft er sich abermals auf Leibniz, wenn er die W. als das Vermögen des Geistes definiert, «sich einen letzten Zweck seiner Handlungen zu setzen und die sicheren und besten Mittel, ihn zu erreichen, anzuwenden und die mittleren Zwecke einander wechselseitig so unterzuordnen, daß sie in Richtung auf den letzten Zweck vortrefflich zusammenwirken» [38].

Wenn I. KANT den höchsten Standpunkt der transzendentalen Philosophie als «W.-Lehre» bezeichnet, «welche ganz auf das Practische des Subjects abzweckt» [39], dann hat er allerdings nicht eine lebenspraktische Orientierung im Blick, sondern das im Begriff der W. affirmierte Streben nach der eigenen Vollkommenheit, das sich als der selbst gegebenen Aufgabe der Vernunft, sich selbst in theoretischer und praktischer Absicht zum Objekt zu machen, immanent erweist [40]. Doch weil die theoretische Vernunft in der Antinomie gefangen ist, die absolute Totalität der Bedingungen zu einem gegebenen Bedingten nur in den Dingen an sich selbst anzutreffen, diese Dinge aber nicht an sich selbst, sondern bloß als Erscheinungen zu erkennen, kommt es der praktischen Vernunft zu, die unbedingte Totalität unter dem Namen des höchsten Guts als Maxime unseres vernünftigen Verhaltens zu bestimmen [41]. Dies ist für Kant die W.-Lehre, «und diese wiederum als Wissenschaft ist Philosophie in der Bedeutung, wie die Alten das Wort verstanden, bei denen sie eine Anweisung zu dem Begriffe war, worin das höchste Gut zu setzen, und zum Verhalten, durch welches es zu erwerben sei» [42]. Darin sieht Kant eine Begründung für die in der Philosophie-Etymologie enthaltene theoretische Einschränkung auf eine Liebe zur Wissenschaft, die als «unaufhörliche Bestrebung» zur W. alle spekulative Erkenntnis betrifft. Zugleich aber ist mit Blick auf den praktischen Bestimmungsgrund der Hauptzweck, um dessentwillen die Philosophie allein W.-Lehre genannt werden kann, nicht aus dem Auge verloren [43]. Kant selbst spricht in diesem Zusammenhang von einer spekulativen Einschränkung der reinen Vernunft und einer praktischen Erweiterung derselben, die der Tatsache Rechnung trägt, daß für den Menschen das Streben nach W. jederzeit unvollendet bleibt [44]. Dieser Weg zur W. müsse, wenn er gesichert und nicht ungangbar oder irreleitend werden soll, bei uns Menschen daher unvermeidlich durch die Wissenschaft hindurchgehen [45]. Denn «der die Wissenschaft haßt, um desto mehr aber die W. liebt», der Misologe, verkörpert jene Fehlform der W., die «gemeiniglich aus einer Leerheit von wissenschaftlichen Kenntnissen und einer gewissen damit verbundenen Art von Eitelkeit» entspringt. Wie demnach die W. ohne Wissenschaft nur «ein Schattenriß von einer Vollkommenheit [ist], zu der wir nie gelangen werden», so hat die Wissenschaft «einen innern wahren Werth nur als Organ der W.» [46]. Die Idee der W. müsse daher der Philosophie «zum Grunde liegen, so wie dem Christenthum die Idee der Heiligkeit». Der Philosoph aber «als ein Führer der Vernunft, leitet den Menschen zu seiner Bestimmung. Seine Erkenntniße gehen also auf die Bestimmung des Menschen». Als ein solcher Führer der Vernunft ist der Philosoph «ein Lehrer der W., und als Vernunft Künstler ein Lehrer der Wißenschaft» [47]. Und so kreisen Kants letzte Gedanken in seinem ‹Opus postumum› um den Begriff der W., der als Inbegriff der Zwecke der vollkommensten Vernunft ein absolut Ganzes derselben vorstelle, «nicht als Aggregat sondern als geeignet zu einem System» [48]. Denn der Philosophie geht es nicht allein um das Formale der reinen Vernunft aus Begriffen, sondern um «das Materiale der Ideen (von Gott, der Welt, der menschlichen Seele) subjectiv sowohl als objectiv (beyde Vereinigt und sich selbst als W. dargestellt)» [49].

Anmerkungen. [1] C. BOVILLUS: De sapiente (Le livre du sage) XXX. XXXII (1510), hg. P. MAGNARD (Paris 1982) 194. 372. – [2] De sap. XXII. XXVI, a.O. 164-166. 176-182; E. CASSIRER: Individuum und Kosmos (1927) 93-97. – [3] J. L. VIVES: Introd. ad sapientiam, cap. I (1524). Op. omn. 1, hg. R. P. J. ALVENTOSA (Valencia 1930) 2-4. – [4] G. CARDANO: De sapientia (1544). Op. omn., hg. C. SPON (Lyon 1663, ND New York/London 1967) 1, 495 a. – [5] a.O. 499-501. 503. – [6] P. CHARRON: Petit traicté de sagesse I, 4 (1625), hg. B. DE NEGRONI (Paris 1986) 828f. – [7] De la sagesse I, pref. (²1604), a.O. 44f.; I, 17, a.O. 151f.; II, 2, a.O. 400f.; II, 3, a.O. 421f.; Petit tr. II, 1-3, a.O. 830-833. – [8] De la sag. II, 3, a.O. 424f. 429f.; vgl. SENECA: Ep. mor. XV, 94, 68. – [9] II, 2, a.O. 391-395; 3, a.O. 430f. – [10] ERASMUS VON ROTTERDAM: Laus stultitiae (1511). Op. omn. 4/3, hg. C. H. MILLER (Amsterdam 1979) 72. – [11] Laus stult. 32, a.O. 110. – [12] AGRIPPA VON NETTESHEIM: De incertitudine et vanitate scientiarum. Die Eitelkeit und Unsicherheit der Wiss. (1530), hg. F. MAUTHNER (1913) 1, 178f.; Verteidigungschrift gegen die Löwener Aftertheologen VII, a.O. 2, 220f. – [13] M. LUTHER: Sup. Ps. CXX [CXXI]. Weim. Ausg. [WA] 4 (1886) 397, 25-41; Sup. Ps. LXXV [LXXVI]. WA 3, 521, 17ff.; J. CALVIN: Comm. in ep. Pauli ad Cor. I, cap. 12, 2f. 7f. Op. 49 [Corp. Ref. 77] (1892) 497. 499; Comm. in ep. Pauli ad Cor. II, cap. 1, 12. Op. 50 [Corp. Ref. 78] (1893) 17f. – [14] ERASMUS VON ROTTERDAM: Antibarbarorum liber, in: A. HYMA: The youth of Erasmus, App. B (New York 1968) 288-290. 314f.; Enchiridion militis Christiani (1504). Op. omn., hg. J. LECLERC (1703-06, ND 1961f.) 5, 8ff. 19ff. – [15] Enchir., a.O. 9ff. – [16] M. DE MONTAIGNE: Essais I ‹Au lecteur› (1580-95). Oeuvr. compl., hg. A. THIBAUDET/M. RAT (Paris 1962) 2; Ess. I, 3, a.O. 18. – [17] Ess. I, 26, a.O. 163f.; «Weltweisheit» gebraucht J. D. TIETZ für «philosophie» in seiner Übers.: Essais I, 15 (Leipzig 1753/54, ND 1992) 1, 279-284 u.ö. – [18] Ess. I, 3. 25, a.O. 18. 134-137. – [19] Ess. II, 12, a.O. 528; CICERO: De divinatione II, 58. – [20] Ess. I, 25, a.O. 137; CICERO: Ep. fam. 25. – [21] Ess. I, 25f., a.O. 135. 160. – [22] R. DESCARTES: Les princ. de la philos., Préf. (1647). Oeuvr., hg. CH. ADAM/P. TANNERY (Paris 1897-1913) 9/2, 19f. – [23] Préf., a.O. 1-5; Regulae ad dir. ingenii I [1628], a.O. 10, 361. – [24] Reg. I, a.O. 10, 360f.; Les princ. de la philos., Préf., a.O. [22] 9. 14. – [25] B. SPINOZA: Tract. theologico-politicus, cap. IV (1670). Op., hg. C. GEBHARDT (1924-87) 3, 52f. 66f. – [26] cap. III, a.O. 30f. 44f. – [27] cap. I, a.O. 9. 23. – [28] praef., a.O. 5f.; cap. XV, a.O. 170f. 184f. – [29] CH. WOLFF: Anm. über die vern. Ged. von Gott, der Welt und der Seele des Menschen (Anm. zur Dtsch. Met.) § 272 (ad §§ 757ff.) (⁴1740). Ges. Werke, hg. J. ECOLE I/3 (1983) 446f. – [30] Anm. § 337 (ad § 914), a.O. 550. – [31] Vern. Ged. von Gott ... (Dtsch. Met.) § 914 (¹¹1751), a.O. I/2 (1983) 565. – [32] §§ 916. 920, a.O. 566. 568f. – [33] § 918, a.O. 567. – [34] § 1037, a.O. 637f. – [35] G. W. LEIBNIZ: Princ. de la nature et de la grâce 10f. [1714]. Philos. Schr., hg. C. I. GERHARDT (1875-90) 6, 603. – [36] Von der Glückseligkeit, in: Kl. Schr. zur Met., hg. H. H. HOLZ (1965) 1, 391; vgl. De vita beata. Von der Glückseeligkeit [1676]. Akad.-A. VI/3 (1980) 645ff.; Von der W. [1676], a.O. 655ff. (W. als «Wißenschafft der Glückseeligkeit»). – [37] CH. WOLFF: Oratio de Sinarum philosophia practica (1721), hg. M. ALBRECHT (1985) 22/23. 64/65; Vern. Ged. § 914, a.O. [31] 551. – [38] Or. de Sinarum philos. pract., Anm. Nr. 37 (1726), a.O. 128/129. – [39] I. KANT: Opus post., I. Conv. Akad.-A. 21, 95. – [40] I. Conv., X, a.O. 127. 129. 131. – [41] KpV A 193f. – [42] KpV A 194. – [43] KpV A 195; Opus post., I. Conv. Akad.-A. 21, 6. – [44] Opus post., I. Conv., a.O. – [45] KpV A 255. – [46] Logik JÄSCHE (1800). Akad.-A. 9, 26. – [47] Philos. Enzykl. 14f. Akad.-A. 29, 8. – [48] Opus post., I. Conv. Akad.-A. 21, 104. 131. – [49] I. Conv, a.O. 5.

D. *19. und 20. Jh.* – Kants Überlegungen im ‹Opus postumum› zu einem «System der Vernunft» als Weiterführung der Transzendentalphilosophie fallen in eine Zeit sich rasch ablösender und wechselseitig vorantreibender Systementwürfe des deutschen Frühidealismus, die nun aber – anders als bei Kant – nicht mehr unter dem Leitbegriff der «W.» stehen [1]. Dies gilt auch für den spekulativen Idealismus in der Nachfolge von F. HÖLDERLINS Vereinigungsphilosophie, der – vor allem in den Systementwürfen Hegels und Schellings – die Konzeption einer ersten absoluten Metaphysik verfolgt, die nicht zuletzt auf der Überzeugung der vollständigen systematischen Erkennbarkeit des Absoluten durch die Spekulation beruht. Das Fehlen des W.-Begriffs ist Anzeichen eines gegenüber der frühidealistischen (noch negativ-theologisch bestimmten) Auffassung gesteigerten Optimismus hinsichtlich der metaphysischen Betrachtung des Verhältnisses des Endlichen zum Unendlichen – wenn diese nur durch Begriffe gründlich geführt werde [2]. Hierbei wird jene Grenze überschritten, die noch bei KANT im W.-Begriff thematisiert wird: Die Lehre der W. nämlich sei für den Menschen zu hoch, weil er nicht im Besitz der W. sei [3]. «W. ist nur bey Gott als dem hochsten Princip alles theoretisch und moralisch/practischen Wissens» [4]. Daher bestimmt Kant die Philosophie gemäß der Tradition als «Bestrebung zur W. die jederzeit unvollendet ist». Denn sie bleibe «menschliche W.», welche «Weltweisheit» heißt [5].

Für G. W. F. HEGEL findet die W. ihren Ort «in der Sphäre des Zwecks», denn «zweckmäßiges Thun ist weises Thun, indem W. ist, nach allgemein geltenden Zwecken zu handeln». Gottes «Macht, die W. ist», zeige sich, so die ‹Vorlesungen über die Philosophie der Religion›, darin, daß «Zweck in ihr [der Welt, verstanden als Gottes Schöpfung] ist und sie [die Welt] bestimmend». Als «freie Macht der Selbstbestimmung» ist W. der Schlüssel für geistige Subjektivität. Innere Selbstbestimmung verdankt sich «weisen Zwecken», denn «innen ist nichts als dies, das Subjekt selber» [6].

Um dieses denkende Subjekt geht es S. KIERKEGAARD, jedoch nicht in der Hegelschen Beschränkung auf die Ableitung freier Subjektivität aus der Zweckmäßigkeit innerer Selbstbestimmung. Während das objektive Denken gegenüber dem denkenden Subjekt gleichgültig ist, «ist der subjektive Denker als Existierender wesentlich an seinem Denken interessiert und existiert in ihm» [7]. Existenz aber kann nicht unter der Form der Ewigkeit («sub specie aeterni») gedacht werden, ebensowenig wie in der Abstraktion. Den Primat erlangt die Ethik, deren Sichtvermerk jeder Existierende mit Recht von allem verlangen dürfe, was sich ‹W.› nennt [8]. Vehement wendet sich Kierkegaard gegen die absolute Methode, die eine Erfindung Hegels sei. Im Altertum «hätte man wohl gelächelt über solch eine W., welche die ganze Weltgeschichte absolut erklären kann, jedoch nicht einen einzelnen Menschen» [9]. Auch der Hegelsche Sokrates hätte eingebunden in die großen Epochen nicht die Freiheit bekommen, «im Dunkel zu bleiben, sondern er mußte hervor, er wolle es oder wolle es nicht» [10]. Gegen den Glauben, daß die Philosophie niemals zuvor so nah daran gewesen sei, ihre Aufgabe zu erfüllen, nämlich alle Rätsel zu lösen, setzt Kierkegaard die sokratische Einsicht, daß jede Philosophie mit der gleichen Voraussetzung anhebt und endet: daß man nichts wisse [11]. Sokrates, als ein «existierender», nicht als ein theoretischer Philosoph, welcher vergißt, was existieren heißt, wird zum Leitbild eines Denkens, das als W. selbst nur indirekt – wie Kierkegaard als Autor selbst nur in sokratischen Masken – greifbar wird, gleich wie auch Abraham groß war «vermöge einer W., deren Geheimnis die Torheit ist» [12].

Als Kritik am Primat der Theorie begreift auch A. SCHOPENHAUER die W., die für ihn «etwas Intuitives» ist. Die Quelle eigentlicher W. ist die Anschauung, der gegenüber der abstrakte Begriff nur «der bloße Schatten eigentlicher Erkenntniß» ist [13]. Die W. ist somit nicht bloß als theoretische, sondern auch als praktische Vollkommenheit zu bezeichnen, die als Weltklugheit nicht gelehrt, sondern nur geübt werden kann [14]. Die W. wird zur wahren Lebensansicht, der Weise wird zum Weltmann, «dessen Vorzug in der vollkommenen intuitiven Erkenntniß besteht», denn der «richtige Blick» und das «treffende Urteil» gehen aus der Art hervor, «wie der Mensch die anschauliche Welt auffaßt» [15].

Ist für Schopenhauer die W. des Sokrates, der wie Kant den Dogmatismus verworfen habe, noch ein «philosophischer Glaubensartikel» [16], so wird für F. NIETZSCHE Sokrates zur tragischen Grenzfigur. Er gilt ihm als der von der «tiefsinnigen Wahnvorstellung» eines «erhabenen metaphysischen Wahnsinns» besessene «Typus des theoretischen Menschen», als Abbruch einer verheißungsvollen Entwicklung der «altgriechischen Meister» wie Thales und Heraklit, die heroisch und gesetzgebend als wahrhaft freie Geister den «allgemeinen Typus des Philosophen» darstellen [17]. Nicht in Auseinandersetzung mit der außereuropäischen W. also, die bei HEGEL wie bei WOLFF, in den ‹Ideen zur Philosophie der Geschichte der Menschheit› J. G. HERDERS oder in der Philosophiegeschichte J. BRUCKERS ohne weitere Umstände als «Philosophie» bezeichnet wird, sondern in der Rückbesinnung auf den eigenen Anfang geschieht eine fundamentale Neubestimmung der Philosophie, die bei NIETZSCHE zu einer Infragestellung des «alten Lügen-Putzes» der «glitzernden klirrenden festlichen Worte [führt]: Redlichkeit, Liebe zur Wahrheit, Liebe zur W.» [18]. «Ich will», so Nietzsche, «ein für alle Mal, Vieles nicht wissen» [19]. Protagonist einer solchen Haltung, die der Erkenntnis Grenzen zieht, ist der vom «Sonnenbrande der W.» gezeichnete und seiner W. überdrüssige Zarathustra, der «Verschwender aller W.», der sich aufmacht, von seiner W. auszuteilen, «bis die Weisen unter den Menschen wieder einmal ihrer Thorheit und die Armen wieder einmal ihres Reichthums froh geworden sind» [20]. In lachend wacher «Tags-W.» über alle unendlichen Welten und auch über das Seufzen der «Nachtschatten-W.» spottend bestimmt Zarathustra den ganzen Willen der Weisesten als einen «Willen zur Macht» (s.d.), der auf dem «Fluss des Werdens» seine Werte setzt, die von den Unweisen, nämlich dem Volk, als gut und böse geglaubt werden [21]. Der rechte Philosoph, so dagegen Nietzsche, lebt «‘unphilosophisch’» und «‘unweise’»: «er risquirt sich beständig, er spielt das schlimme Spiel» [22]. Konsequent vollzieht Nietzsche den Bruch mit einem Philosophieverständnis, das sich gerade in der Distanznahme gegenüber der «alten» W. bildete, jedoch in ihrem Horizont verbleibt. Ist damit das Philosophieren im Horizont der W. an sein Ende gekommen? L. WITTGENSTEIN scheint das so zu empfinden, wenn er von der W., ohne sie näher zu bestimmen, notiert, sie sei kalt, grau und dumm [23], und sonst nichts.

Nach M. HEIDEGGER hingegen verweist die Frage, was die Philosophie ist, nach wie vor an den Ort, wo sie aus der W. entspringt: zunächst an ihren ersten Anfang, von dem alle Philosophie historisch ihren Ausgang nimmt und geschichtlich nachvollzogen werden kann; sodann aber im eminenten Vollzug der Vernunft, in dem Versuch des Ausgriffs auf ein Äußerstes, das zugleich im Rückgang auf den Ursprung als Grund und Grenze unseres

Denkens fungiert, an ihren anderen Anfang, ihren verborgenen und «noch nicht mißbrauchten und betriebenen Ursprung», der, indem und obgleich er sich stets entzieht, gleichwohl den impliziten Horizont aller Denkerfahrung und unserer Existenz bildet [24]. Darin weist das Denken nach Heidegger über die Philosophie hinaus, weil es ursprünglicher denke als die Metaphysik, ohne jedoch im Sinne Hegels «den Namen der 'Liebe zur W.' ablegen» und zur W. in der Gestalt des absoluten Wissens werden zu können [25].

Um eine «Kultur des Selbst» («la culture de soi») geht es dagegen M. Foucault in seiner ‹Geschichte der Sexualität›, die er als eine an den Beziehungen souveräner, individueller Selbstverhältnisse interessierte «Hermeneutik des Subjekts» konzipiert [26]. Das Vorbild dieser Kunst der Existenz («une technē tou biou»), erblickt Foucault im antiken Verständnis der Philosophie, das diese, im Sinne der W., als Lebensform («l'art de vivre») begriffen habe [27]. Im Gegensatz zu dem an der individuellen Existenzmächtigkeit orientierten ästhetischen Modell der Selbstkultur Foucaults betont P. Hadot die universelle Dimension der antiken W. Gerade als eine «Übung der W.», mit deren Hilfe sich das Ich in der Totalität ansiedelt und sich als ein Teil derselben fühlt, erlangt die Philosophie für Hadot diejenige Dimension als eine die ganze Existenz einfordernde Lebensform zurück, die sie in der Beschränkung auf den theoretischen Diskurs als universitäre Wissenschaft verloren habe [28].

Philosophie als eine Form der «Lebensweisheit», als eine Kunst, so Schopenhauer, «das Leben möglichst angenehm und glücklich durchzuführen», mithin als eine «Anweisung zu einem glücklichen Daseyn» [29] – diese Vorstellung leitet oftmals die gegenwärtigen psychologischen und kulturanthropologischen Annäherungen an das Phänomen der W. [30], bestimmt nicht selten aber auch das wachsende Interesse an außereuropäischen W.-Traditionen, neben den Traditionen Indiens, Chinas und Japans neuerdings auch denen Afrikas [31]. Eine begriffsgeschichtliche Aufarbeitung dieser Traditionen müßte die Tatsache im Auge behalten, daß mit der «philosophischen» Thematisierung des W.-Begriffs – zumeist in kritischer Distanznahme gegenüber den vorausliegenden W.-Traditionen – zugleich eine Selbstverständigung darüber verbunden war und ist, was Philosophie ist. Dieser für das philosophische W.-Verständnis konstitutive Zusammenhang ist unter dem Leitbegriff der φιλο-σοφία historisch erstmals im (vor)klassischen Griechenland faßbar. In Hinsicht auf dieses methodische Paradigma müßten daher auch im komparatistischen Umgang mit den verschiedenen W.-Traditionen zunächst diese Phänomene der Selbstverständigung aufgesucht werden, kraft deren die Philosophie sich in der europäischen Tradition mit Blick auf dasjenige, dessen sie im eigentlichen Sinne entbehrt, immer wieder von neuem als Liebe zur und Streben nach W. definiert hat.

Anmerkungen. [1] I. Kant: Opus post., I. Conv. Akad.-A. 21, 59. 119; hierzu im Überblick: W. Jaeschke (Hg.): Der Streit um die Gestalt einer Ersten Philos. (1799-1807) (1999). – [2] G. W. F. Hegel: Theolog. Jugendschr., hg. H. Nohl (1907, ND 1966) 146; zur Aufnahme des biblischen W.-Begriffes: Phänomenol. des Geistes (1807). Akad.-A. 9 (1980) 114 (vgl. Spr. 15, 33; Hiob 28, 28); in Rückgriff auf die alttestamentl. W.-Lehre (bes. Spr. 8, 22ff.) dichtet F. Hölderlin: An die Stille [1790]. Sämtl. Werke, hg. F. Beissner u.a. (1943-85) 1/1, 114f.; vgl. Versuch einer Parallele zwischen Salomons Sprüchwörtern und Hesiods Werken und Tagen [1790], a.O. 4, 176-188, 179f.; zum Begriff der W. im Spätwerk: Patmos [1803], a.O. 2/1, 168, 19. – [3] I. Kant: Opus post., I. Conv. Akad.-A. 21, 6. – [4] a.O. 120. – [5] 119f. – [6] G. W. F. Hegel: Vorles. über die Philos. der Relig. 2 [1821ff.]. Jub.ausg., hg. H. Glockner (1927-40) 16, 7f. 40. 51. – [7] S. Kierkegaard: Abschließende unwissenschaftl. Nachschr. (1846). Ges. Werke, hg. E. Hirsch u.a. [GW] (1950-69) 16/1, 65. – [8] a.O. 16/2, 9f. – [9] De omnibus dubitandum est (1842). GW 10, 181; Philos. Brocken (1844). GW 10, 74. – [10] Über den Begriff der Ironie mit ständiger Rücksicht auf Sokrates (1841). GW 31, 228. – [11] De omn. dubit. est, a.O. [9] 110; Philos. Brocken, a.O. [9] 9. – [12] Furcht und Zittern (1843). GW 4, 14; Abschl. unwissenschaftl. Nachschr., a.O. [7] 16/2, 9. – [13] A. Schopenhauer: Die Welt als Wille und Vorst. II, 1, Kap. 7 (1844, [3]1859). Sämtl. Werke, hg. A. Hübscher (1937-41, [4]1988) 3, 79f. 87. – [14] Parerga und Paralip. 2, Kap. 26: Psycholog. Bem. § 339 (1851) 6, 637; Welt als Wille und Vorst., a.O. 80f. 92. – [15] Welt ..., a.O. 80-83. – [16] Parerga und Paralip. 1, Fragm. der Gesch. der Philos. § 3 (1851), a.O. 5, 44-46. – [17] F. Nietzsche: Die Geburt der Tragödie 15 (1872). Krit. Ges.ausg., hg. G. Colli/M. Montinari (1967ff.) 3/1, 94f.; Die Philos. im trag. Zeitalter der Griechen 1-3 [1873], a.O. 3/2, 300-311. – [18] Jenseits von Gut und Böse VII, 230 (1886), a.O. 6/2, 175. – [19] Götzen-Dämmerung, Sprüche und Pfeile 5 (1889), a.O. 6/3, 53. – [20] Also sprach Zarathustra II, Von der Menschen-Klugheit (1883), a.O. 6/1, 181; Die fröhl. Wissenschaft IV, 342 (1882/87), a.O. 5/2, 251; Dionysos-Dithyramben, Von der Armut des Reichsten [1888/89], a.O. 6/3, 405. – [21] Zarath. II, Von der Selbst-Ueberwindung, a.O. 6/1, 142; III, Von den drei Bösen, a.O. 231. 235. – [22] Jenseits von Gut und Böse VI, 205, a.O. 6/2, 137. – [23] L. Wittgenstein: Vermischte Bem. (1946/47). Werkausg. 8 (1984) 525. 530. 538. – [24] M. Heidegger: Beitr. zur Philos. (Vom Ereignis) 23: Das anfängl. Denken. Warum das Denken aus dem Anfang? [1936/37]. Ges.ausg. III/65 (1989) 57; hierzu: A. Speer: Im Horizont der W.: Philos. als Denken aus dem Anfang bei Martin Heidegger. Quaestio 1 (2001) 175-191. – [25] Br. über den 'Humanismus' (1947) 119, in: Wegmarken (1967) 194. Ges.ausg. I/9 (1976) 364. – [26] Foucault, a.O. [32 zu A.] 53ff.; L'herméneutique du sujet. Cours au Coll. de France 1981-1982 (Paris 2001) 197ff. (11. Feb. 1982); vgl. Art. ‹Selbstsorge›. Hist. Wb. Philos. 9 (1995) 528-535. – [27] a.O. 63; L'herméneut. du sujet, a.O. 306 (24. Feb. 1982). – [28] P. Hadot: Überlegungen zum Begriff 'Selbstkultur', in: F. Ewald/B. Waldenfels (Hg.): Spiele der Wahrheit. M. Foucaults Denken (1991) 225f.; a.O. [13 zu A.] 16-22. 91ff.; La philos. comme manière de vivre (Paris 2001) 159-191. – [29] A. Schopenhauer: Aphorismen zur Lebensweisheit, Einl., in: Parerga und Paralip. 1, a.O. [13] 5, 333. – [30] R. J. Sternberg (Hg.): Wisdom. Its nature, origins, and development (Cambridge 1990); Assmann (Hg.), a.O. [2 zu A.]. – [31] H. Odera Oruka (Hg.): Sage philosophy: indigenous thinkers and modern debate on African philosophy (Leiden 1990).

Literaturhinweise. M. Techert: La notion de la sagesse dans les trois premiers siècles de notre ère. Arch. Gesch. Philos. Soziol. 39 (1930) 1-27. – E. Remy: La sémantique de 'sapientia'. Nova et Vetera 14 (1932) 330-341. – H. Homeyer: Zur Bedeutungsgeschichte von sapientia. Antiquité class. 25 (1956) 301-318. – E. F. Rice s. Anm. [88 zu B.]. – H. Jaeger: The Patristic conception of wisdom in the light of bibl. and rabbin. research. Studia Patristica 4 [Texte und Unters. zur Gesch. der altchristl. Lit. 79] (1961) 90-106. – G. Luck: Zur Gesch. des Begriffs sapientia. Archiv Begr.gesch. 9 (1964) 203-215. – B. Gladigow: Sophia und Kosmos. Unters. zur Frühgesch. von σοφός und σοφίη (1964). – G. Garbarino: Evoluzione semant. dei termini sapiens e sapientia nei secoli III e IV a.C. Atti Accad. Sci. Torino 100 (1965/66) 253-284. – W. Gent: Der Begriff des Weisen. Z. philos. Forsch. 20 (1966) 77-117. – G. von Rad s. Anm. [49 zu A.]. – F. Maier: Der σοφός-Begriff. Zur Bedeutung, Wertung und Rolle des Begriffes von Homer bis Euripides. Diss. München (1970). – U. Klima: Unters. zu dem Begriff 'sapientia'. Von der republikan. Zeit bis Tacitus (1971). – R.-D. Franz: Der W.-Begriff bei Leibniz. Diss. Frankfurt (1972). – R. Schmitt-Fiack: 'Wise' und 'wisheit' bei Eckhart, Tauler, Seuse und Ruusbroec (1972). – B. L. Mack: Logos und Sophia. Unters. zur W.-Theologie im hellenist. Judentum (1973). – D. Gutas: Class. arabic wisdom lit.: Nature and scope. J. Amer. Oriental Soc. 101 (1981) 49-86. – Ch. Brucker: Sage et sagesse au MA (XIIe et XIIIe s.). Et. hist., sémant. et stylist. (Genf 1987). – D. J. Good: Reconstructing the wisdom of Sophia in Gnostic lit. (1987). – H. Holzhey/

J.-P. Leyvraz (Hg.): Philosophie und W. – La philosophie et la sagesse (1988). – W. Oelmüller (Hg.): Philos. und W. (1989). – M. Gilbert/J. Cazeau/J.-N. Aletti/A. Solignac/Ch. Béné/B. Schultze/F. Marty: Art. ‹Sagesse I.-VII.›, in: Dict. de spirit. 14 (Paris 1990) 72-132. – M. Gilbert: Art. ‹Sagesse de Salomon›, a.O. 57-72. – A. Assmann (Hg.) s. Anm. [2 zu A.]. – J. Assmann: Ma'at. Gerechtigkeit und Unsterblichkeit im Alten Ägypten (1990). – R. J. Sternberg (Hg.) s. Anm. [30 zu D.]. – E. Agazzi (Hg.): Science et sagesse – Science and wisdom (Fribourg 1991). – T. Borsche/J. Kreuzer (Hg.): W. und Wissenschaft (1995). – J. Trublet (Hg.): La sagesse biblique de l'Ancien au Nouv. Test. (Paris 1995). – J. J. Collins: Jewish Wisdom in the Hellenistic Age (1997). – P. Hadot: Qu'est-ce que la philos. ant.? (Paris 1995); dtsch.: Wege zur W. oder Was lehrt uns die ant. Philos.? (1999); La figure du sage dans l'Antiquité gréco-lat., in: Et. de philos. anc. (Paris 1998) 233-257. – H. Engel s. Anm. [49 zu A.]. – F. Jullien: Un sage est sans idée (Paris 1998); dtsch.: Der Weise hängt an keiner Idee (2001). – J. Marböck: Zwischen Erfahrung, Systematik und Bekenntnis. Zu Eigenart und Bedeutung der alttestamentl. W.-Lit., in: J. A. Loader/J. V. Kieweler (Hg.): Vielseitigkeit des AT. Festschr. G. Sauer (1999) 121-136. – A. Speer: Philos. als Lebensform? Zum Verhältnis von Philos. und W. im MA. Tijdschr. Filosofie 62 (2000) 3-25; s. Anm. [41 zu B.]; s. Anm. [62 zu B.]; s. Anm. [13 zu A.].

A. Speer

Weissagung (engl. prophecy; frz. prophétie; ital. profezia). Der sprachlichen Herkunft nach werden im Deutschen das Verbum ‹weissagen› und das Substantiv ‹W.› nach ahd. und mhd. Vorformen im Frühneuhochdeutschen geläufig [1]. Entwickelt hat sich der Begriff aus dem ahd. Adjektiv ‹wizag› (Wurzel ‹weid›: sehen, wissen): ‹wissend›, ‹kundig› bei umprägender volksetymologischer Anlehnung an ahd. ‹wis› (weise) ‹sage› (sagen) [2]. In einem allgemeineren Sinn hat ‹W.› die Bedeutung einer religiös bestimmten prognostischen Voraussage (auch als Übersetzung von ‹divinatio› und ‹augurium›) [3], während ‹W.› im spezifischen Sinn christlicher Theologie – lateinisch zumeist mit ‹vaticinatio› bzw. ‹vaticinium› übersetzt – neben ‹Prophetie› (s.d.) die Bedeutung einer auf göttlicher Eingebung beruhenden und heilsgeschichtlich bezogenen Vorausverkündigung erhalten hat. Seit dem 14. Jh. wird für ‹prophezeien› neben ‹weissagen› auch ‹wahrsagen› verwendet, das aber bald davon unterschieden und weitgehend auf «abergläubische, zauberische künste» beschränkt wird [4].

Zu erheblicher Verbreitung kommen ‹weissagen› und ‹W.› dadurch, daß M. Luther sie in seiner Bibel-Übersetzung für die alttestamentlichen hebräischen Ausdrücke im Bereich von ‹nb'› (‹weissagen›), gelegentlich von ‹qsm› (‹orakeln›) bzw. ‹r'h› (‹sehen›), sowie für die neutestamentlichen Termini προφητεία und προφητεύειν verwendet. Wie im christlichen Altertum und im Mittelalter haftet auch Luthers W.-Gedanke zunächst an den messianischen W.en des AT und ihrer neutestamentlichen Erfüllung, da für ihn «alle propheceyen Isaie und aller propheten von Christo fliessen» [5]. Interpretierend unterscheidet Luther zwischen natürlicher (auch 'zeitlicher', 'leiblicher') und 'geistlicher' W. (auch «Prophezey»), wobei er der ersteren zurückhaltend gegenübersteht und sie aufgrund der letzteren kritisch bedenkt [6]. Die 'geistliche' W. umfaßt bei ihm sowohl die zukunftsbezogene, aber personal zuzusprechende Prophetie [7] als auch die gegenwärtige Lehrverkündigung, ist also «zweyerley, Eyne, die von zukunfftigen dingen sagt ... Die ander ist auslegung der schrifft» [8]. Betont wird das zweite: «Aber die schrifft aus zu legen, das ist die edilste höhiste und groste gabe der weyssagung» [9]. Hierbei sind für Luther alle Christgläubigen Propheten und haben deshalb unter der Leitung des Heiligen Geistes und unter Beachtung dessen, «das es sich mit dem glauben reyme» [10], die Gabe, «die Schrift recht deuten und auslegen» zu können [11].

Luthers Verständnis von ‹W.› als Schriftauslegung tritt schon bei J. Calvin zurück. Für Calvin steht – wie für die altprotestantische Orthodoxie – die prophetische Christusankündigung und deren neutestamentliche Erfüllung im Vordergrund, wobei er – bereits in Auseinandersetzung mit dem Sozinianismus (s.d.) und dessen Herabstufung des AT – stärker als Luther zwischen altem und neuem Bund als «im Schatten» («sub umbris») und «in vollem Glanz» («pleno fulgore») differenziert [12]. Die Orthodoxie fragt anfangs noch, «ob Jesus von Nazareth der Sohn der Maria, selbst jener der Welt verheißene Messias sei» («an Jesus Nazarenus Mariae filius, sit ille ipse promissus Mundi Meßias»), um «aus klaren W.en der Propheten» («ex perspicuis Prophetarum vaticiniis») darzulegen, daß dieser «wahrhaft jener der Welt verheißene Messias sei» («esse verum illum promissum Mundi Messiam») [13]. Dies wird später unter Hinweis auf die Autorität der Schrift und die zusammenfassende Funktion Christi als des auch «größten Propheten» («Propheta maximus») nicht mehr als Frage behandelt [14].

Die Dinge ändern sich im Entstehungsbereich der europäischen Aufklärung. In seinen ‹Annotationes› zum AT und NT zeigt gegen Mitte des 17. Jh. H. Grotius, daß die W. der alttestamentlichen Propheten sich ihrem ersten Sinn nach auf Ereignisse der alttestamentlichen Geschichte und nur in einem zweiten, seinerzeit noch verborgenen Sinn auf das Christusgeschehen beziehen [15]. Dies greift 1708 der englische Deist W. Whiston auf [16]. Er teilt Grotius' Ansicht von der vorliegenden Inkongruenz zwischen den alttestamentlichen W.en und den neutestamentlichen Bezügen darauf, versucht dem aber durch den Nachweis zu begegnen, die alttestamentlichen W.-Texte hätten ursprünglich den neutestamentlichen Erfüllungsaussagen entsprochen, lägen jetzt jedoch in einer verderbten Form vor [17]. 1724 und 1727 wendet sich A. Collins, ein Freund J. Lockes, gegen die Verderbtheitsthese Whistons und weist unter der ausdrücklichen Voraussetzung, «that Christianity is founded on the belief, that Jesus is the Messias of the Jews» nach, daß diese «eminent person is not literally and primarily» «foretold to come in the old Testament» [18]. Die in England breit diskutierten Thesen Collins' werden in Deutschland insbesondere durch H. S. Reimarus [19] und J. S. Semler aufgegriffen, wobei Semler meint, die alttestamentlichen W.en hätten sich auf historische Begebenheiten bezogen, die «die Juden als Juden, als einen besondern Staat», angegangen seien, während die «Lehre Jesu» nun «um ihres Inhalts willen» anzunehmen sei [20]. Einen Kontrapunkt setzt J. G. Hamann, der die überkommene 'typologische' Deutung von W. und Erfüllung in ein umfassendes Geschichtsdenken einordnet, daraufhin «das Zeugniß Jesu» den «Geist der W.» nennt und in anthropologischer Zuordnung feststellt: «Jede biblische Geschichte ist eine W., – die durch alle Jahrhunderte – und in jeder Seele des Menschen erfüllt wird» [21]. Bei J. G. Herder wird dies zu der Aussage: «Wunder und W.en, die sie [die heiligen Schriften] enthalten, sind nur denn erst Beweise, wenn ich ihre Ursprünglichkeit, ihre Aecht- und Wahrheit einzeln oder im Zusammenhange der Geschichte, schon erkannt habe» [22].

In seiner Schrift ‹Zum ewigen Frieden› behauptet I. Kant, es garantiere «die Natur, durch den Mechanism der menschlichen Neigungen selbst den ewigen Frieden», fügt aber hinzu, dies geschehe «freilich mit einer Sicherheit, die nicht hinreichend ist, die Zukunft desselben (theoretisch) zu weissagen» [23]. Dazu fragt F. SCHLEGEL an, welche «notwendigen Gesetze der Erfahrung» sich für die «innere Entwicklung der Menschheit» zur «wirklichen allmählichen Herbeiführung des ewigen Friedens» anführen ließen [24]. Hierauf eingehend, unterscheidet KANT in dem 1797 entworfenen zweiten Teil seiner Zusammenstellung ‹Der Streit der Fakultäten› [25] zwischen natürlichen wahrsagenden und übernatürlichen weissagenden (prophetischen) Voraussagen. Unter Vernachlässigung der übernatürlichen W.en stellt er fest, daß a priori gültige natürliche Wahrsagungen dann möglich seien, «wenn der Wahrsager die Begebenheiten selbst macht» [26]. In anthropologischer Modifikation kommt damit ein Zusammenhang biblischer Prophetie zur Anwendung (Jes. 40ff.), der als W.-Beweis bezeichnet wird: Der Ursprung prophetischer Ankündigung und das Subjekt ihrer Verwirklichung erweisen sich beim Eintreffen des Vorgesagten als identisch. Jedoch entspricht dies nach Kant noch nicht dem in Frage stehenden Sachverhalt von 'auf notwendigen Gesetzen der Erfahrung' beruhenden Fortschrittsvoraussagen. Solche Voraussagen lassen sich treffen – nach Meinung Kants – im Blick auf das in der Französischen Revolution erfahrbar gewordene moralische Hinstreben der Menschheit «zu einer Verfassung ..., welche nicht kriegssüchtig sein kann, nämlich der republicanischen» [27], die «auch für die strengste Theorie» die haltbare Voraussage ermögliche, «daß das menschliche Geschlecht im Fortschreiten zum Besseren» sich befinde [28].

Die theologische Neologie des 18. Jh. hatte in die Prolegomena ihrer Dogmatiken Wunder und W. als Wahrheitsbeweise des Christentums aufgenommen [29]. Dem widerspricht F. D. E. SCHLEIERMACHER [30] mit der These, Glaube als «Aufhebung des Zustand(es) der Erlösungsbedürftigkeit» [31] entstehe nicht «aus der Beweisführung ..., sondern aus der Verkündigung» [32]. Ein «Erweis Christi als Erlösers» sei «aus den W.en unmöglich» [33]. Nur insoweit die messianischen W.en «ein Hinstreben der menschlichen Natur nach dem Christentum» entdecken ließen, könnten sie eine «auch stärkende und bestätigende Bedeutung» haben [34].

Von Schleiermacher und Hegel sowie einer heilsgeschichtlichen Theologie herkommend, entwickelt J. C. K. VON HOFMANN [35] die traditionelle Rede von der W. als Vorhersage in Richtung eines spekulativen Geschichtsbegriffs weiter, so daß W. und Geschichte als «weissagende Geschichte» [36] nahezu identisch erscheinen. Offenbarung bzw. W. ist nicht mehr die eine oder andere Mitteilung über Zukünftiges. Sie ereignet sich als Geschichte, deren «wesentlicher Inhalt» «die Selbstdarstellung Christi in der Welt» ist und die ihr Ziel als W. in sich trägt. «Geschichte, nämlich immer fortschreitende Gestaltung der Gemeinschaft von Gott und Mensch», kann von «W., nämlich immer bestimmterer Hinweisung auf die endliche Gestalt der Gemeinschaft von Gott und Mensch», nicht geschieden werden [37]. Alles kann letztlich zur W. werden [38].

An Hofmann knüpft die Diskussion zum Thema ‹W.› im 20. Jh. insofern an, als sie – so K. BARTH – von der Überzeugung ausgeht, daß «die alttestamentlichen W.en auf Christus entscheidend nicht etwa in diesen und jenen isolierten direkt weissagenden Stellen, sondern in den konkreten geschichtlichen Zusammenhängen des Alten Testamentes als solchen zu suchen und jene Stellen nur innerhalb dieser besonderen Zusammenhänge zu verstehen seien» [39]. Nach G. VON RAD läßt sich «erst von der letzten Erfüllung her, aber auch im Blick auf ihre ruhelose Bewegung auf eine Erfüllung hin, ... von einer weissagenden Kraft der alttestamentlichen Vorbilder sprechen» [40]. In ähnlich umfassender, aber interpretatorisch gegensätzlicher Sicht hat R. BULTMANN gemeint, W. sei die «alttestamentlich-jüdische Geschichte ... in ihrem inneren Widerspruch, in ihrem Scheitern», und lehre gerade so «Gottes Handeln als eschatologisches Handeln im echten Sinne, d.h. als entweltlichendes Handeln, zu verstehen» [41]. Demgegenüber hat W. PANNENBERG Geschichte «das zwischen Verheißung und Erfüllung hineingespannte Geschehen» genannt, von hier aus «den Zusammenhang zwischen Altem und Neuem Testament» als «verständlich» betrachtet und gemeint, der – nicht ohne historisch-kritische Sicht nachvollziehbare – «Weissagungsbeweis» sei «schärfster Ausdruck der Gebundenheit der Bedeutung Jesu an die vom Alten Testament bezeugte Geschichte Gottes mit Israel» [42]. Die heutige katholische Fundamentaltheologie «argumentiert statt mit einem Weissagungsbeweis eher mit einer alttestamentlichen Erwartungshaltung im Blick auf kommendes Heil» [43].

Anmerkungen. [1] Art. ‹W.›. GRIMM 14/I, 1 (1955) 1167-1170; vgl. Art. ‹Weissagen›, a.O. 1159-1164. – [2] Schon E. G. GRAFF: Ahd. Sprachschatz oder Wb. der ahd. Sprache 1 (1834, ND 1963) 1123-27, wendet sich gegen eine ursprüngliche Herleitung vom Kompositum; vgl. insgesamt auch: H. DE BOOR: Zum ahd. Wortschatz auf dem Gebiet der W. Beitr. Geschichte dtsch. Sprache Lit. 67 (1944) 65-110. – [3] Vgl. Art. ‹Divination›. Hist. Wb. Philos. 2 (1972) 272f.; ‹Mantik›, a.O. 5 (1980) 749-751; zur Vorhersage in den Wissenschaften vgl. Art. ‹Voraussage; Vorhersage; Prognose›. Hist. Wb. Philos. 11 (2001) 1145-1166. – [4] Art. ‹Wahrsagen›. GRIMM 13 (1922) 970-973, 971. – [5] M. LUTHER: Pr. Epiphanias 1522 üb. Jes. 60, 1-6. Weim. Ausg. [WA] 10, I/1, 523, 21f.; vgl. insgesamt: H. BORNKAMM: Luther und das AT (1948) 86-103. 203f.; Art. ‹Typos; Typologie I.›. Hist. Wb. Philos. 10 (1998) 1587-1594. – [6] Die W. Joh. Lichtenbergers deutsch zugericht, Vorrede (1527). WA 23, 7-12; Vorrede auf die Offenbarung S. Johannis (1530/46). WA Bibel 7, 406-421, hier: 407, 9-409, 14; Das XVI. Kap. S. Johannis gepredigt und ausgelegt (1538), zu Joh. 16, 13. WA 46, 60, 29-65, 32, hier: 60, 34-61, 24. – [7] Pr. 25./26. 12. 1526 üb. Jes. 9, 2-7. WA 19, 131-168, hier: 149, 4-25. – [8] Pr. 2. p. Eph. 1525 üb. Röm. 12, 6-16. WA 17/2, 32-60, hier: 38, 26ff. – [9] a.O. 39, 26f. – [10] 39, 6f. – [11] Die ander Epistel Sanct Petri und eine S. Judas ausgelegt (1523/24) zu 2. Petr. 1, 19. WA 14, 29, 6-21. – [12] J. CALVIN: Christ. religionis instit. II, 9-11 (1536, [8]1559). Corp. Ref. 30, 309-340; hier: II, 9, 1, a.O. 309f. – [13] L. HUTTER: Loci communes theolog., art. 23, pars 1, q. 2 (1619) 861-867, hier: 861. – [14] D. HOLLAZ: Examen theolog. acroamat. 1-2 (1707, [2]1718) 2, 187 [pars 3, sect. 1, cap. 3, § 97]. – [15] H. GROTIUS: Annotat. ad V. et N. Test. (1644). Op. omn. theolog. 1-3 (Amsterdam 1679) I, Praef.; I, 555 b 63-556 a 19: zu Sach. 9, 9; II/1, 11 a 44-14 a 54: zu Mtth. 1, 22. – [16] W. WHISTON: The accomplishment of scripture prophecies (Cambridge 1708). – [17] An essay towards restoring the true text of the Old Test.; and for vindicating the citations made thence in the New Test. (London 1722). – [18] ANON. [A. COLLINS]: A disc. of the grounds and reasons of the Christian relig. 1-2 (London 1724); The scheme of literal prophecy consid. (London 1727) zit. 7f. – [19] H. S. REIMARUS: Apologie oder Schutzschrift für die vernünftigen Verehrer Gottes (I) V, 2; (II) III, 4, § 8, hg. G. ALEXANDER 1-2 (1972) 1, 721-755; 2, 267-271; vgl. auch: G. E. LESSING: Ein Mehreres aus den Papieren eines Ungenannten, die Offenbarung betreffend, 2. Fragm. (1777). Sämtl. Schr., hg. K. LACHMANN/F. MUNCKER 12 ([3]1897) 355, 16-30; H. Graf REVENTLOW: Das Arsenal der Bibelkritik des Reimarus, in: H. S. Reimarus (1694-1768). Ein 'bekannter Unbekannter' der Aufklärung in Hamburg (1973) 44-65; P. STEMMER: W. und Kritik. Eine Studie zur Hermeneutik bei H. S. Reimarus (1983). – [20] J. S. SEMLER: Abh. von freier Unters. des Canon 1, § 16 (1771), hg. H. SCHEIBLE (1967) 61-68, hier: 66; dagegen: G. F. SEILER:

Die W. und ihre Erfüllung aus der Hl. Schrift dargest. (1794). – [21] J. G. HAMANN: Betracht. über Newtons Abh. von den W.en [1758 bzw. 1759 oder 1771], in: Londoner Schr., hg. O. BAYER/B. WEISSENBORN (1993) 421-425, hier: 421; zum Wortlaut des Titels und zur Abfassungszeit vgl. M. SEILS: Die ‹Betrachtungen› J. G. Hamanns über Th. Newtons ‹Abhandlungen von den W.en›, in: B. GAJEK (Hg.): J. G. Hamann und England. Hamann und die englischsprachige Aufklärung. Acta des 7. Int. Hamann-Koll. zu Marburg/Lahn 1996 (1999) 59-68. – [22] J. G. HERDER: Briefe, das Studium der Theologie betr., 12. Br. ([2]1785). Sämmtl. Werke, hg. B. SUPHAN 10 (1879) 146. – [23] I. KANT: Zum ewigen Frieden 2, 1. Zus. (1795). Akad.-A. 8, 368. – [24] F. SCHLEGEL: Versuch über den Begriff des Republikanismus veranlaßt durch die Kantische Schrift zum ewigen Frieden (1796). Krit. Ausg., hg. E. BEHLER 7 (1966) 23. – [25] I. KANT: Der Streit der Facultäten 2 (1798). Akad.-A. 7, 77-94; modifiziert aufgenommen etwa bei: E. KÖNIG: Die messian. W.en des AT (1923, [2.3]1925) 4. – [26] a.O. 80. – [27] 88. – [28] a.O. – [29] z.B. J. CH. DÖDERLEIN: Instit. theologi christ. proleg., pars prior 2, § 16 ([3]1784) 32-34; vgl. auch: Art. ‹W.›, in: J. H. ZEDLER: Grosses vollst. Univ.-Lex. 54 (1747) 1203-1224; von Interesse auch: S. MAIMON: Ueber das Vorhersehungsvermögen (1791). Ges. Werke, hg. V. VERRA 3 (1970) 276-298. – [30] F. D. E. SCHLEIERMACHER: Der christl. Glaube § 14 ([2]1830/31), hg. M. REDEKER 1-2 (1960) 1, 101-103. – [31] a.O. 1, 94. – [32] a.O. 97. – [33] 102. – [34] 103. – [35] J. C. K. VON HOFMANN: W. und Erfüllung 1-2 (1841/44) 1, 40; vgl. Art. ‹Heil; Heilsgeschichte; Heilstatsache›. Hist. Wb. Philos. 3 (1974) 1031-1034. – [36] a.O. 1, 41. – [37] a.O. 40. – [38] 7. – [39] K. BARTH: Die kirchl. Dogmatik I/2 (1938) 104; vgl. auch: C. WESTERMANN (Hg.): Probleme alttestamentl. Hermeneutik (1960); W. HÄRLE: Dogmatik (1995) 124-127. – [40] G. VON RAD: Theologie des AT 2 (1960) 386. – [41] R. BULTMANN: W. und Erfüllung (1949), in: Glauben und Verstehen 2 (1952) 162-186, hier: 183f. – [42] W. PANNENBERG: Heilsgeschehen und Geschichte (1959), in: Grundfragen systemat. Theologie (1967) 22-78, hier: 25. 30f.; vgl. auch: Systemat. Theologie 1 (1988) 217-234. – [43] F.-J. NIEMANN: Art. ‹W. III. Systematisch-theologisch›. LThK[3] 10 (2001) 1048f., hier: 1049.

J. VAN OORSCHOT

Wellenmechanik (engl. wave mechanics; frz. mécanique ondulatoire). Als W. wird seit Mitte der 20er Jahre des 20. Jh. eine Richtung der Quantenmechanik (s.d.) bezeichnet, die den in der klassischen Physik auf Lichtphänomene beschränkten Dualismus von Wellentheorie/Teilchentheorie (s.d.) unter dem Eindruck von Befunden der älteren Quantenphysik und unter Einbeziehung formaler Analogien zwischen klassischer Mechanik (s.d.) und geometrischer Optik [1] dadurch aufzuheben sucht, daß jedes materielle Teilchen (wie etwa ein Elektron) als sog. Materiewelle (s.d.) mit spezifischen Welleneigenschaften (wie Periodizität, räumlicher Ausdehnung, kontinuierlichen Übergängen) aufgefaßt wird. Wegbereiter ist hier L. V. DE BROGLIE, der ab 1923 mehrere Arbeiten [2] vorlegt, die auf eine entsprechende «neue Dynamik» abzielen («La nouvelle dynamique du point matériel libre est à l'ancienne dynamique [y compris celle d'Einstein] ce que l'optique ondulatoire est à l'optique géométrique») [3]. Aber erst W. HEISENBERG löst im Jahr 1925 theoretisch befriedigend wichtige Rätsel der Quantentheorie, indem er einen Formalismus einführt, der mit mathematischen Matrizen darstellbar ist. E. SCHRÖDINGER gibt dann ab Anfang 1926 in einer Serie von Arbeiten [4] einen anderen, unmittelbar an de Broglies Wellenvorstellung anknüpfenden [5] Formalismus an, der diese Rätsel ebenfalls löst [6]. Es handelt sich hierbei um eine Feldtheorie, d.h. um eine Theorie, die eine «Feldstärke» für jeden Punkt des Raumes sowie deren zeitliche Änderung angibt. Schrödinger spricht bereits mit Bezug auf A. EINSTEINS Anwendung des de Broglieschen Wellenfeldes auf die Quantentheorie des idealen Gases von 1924 davon, daß es gelte, «eine 'undulatorische Mechanik' zu suchen», die der «klassischen» bzw. «geometrischen Mechanik» gegenüberzustellen sei [7]. In Anknüpfung an de Broglies Theorie bezeichnet SCHRÖDINGER dann bereits 1926 auch seinen eigenen Formalismus direkt als «undulatorische Mechanik» bzw. «Undulationsmechanik» [8] und bald auch als «W.» [9]. Von der «Heisenbergschen Quantenmechanik» grenzt er seinen Ansatz scharf durch die Bezeichnung «'physikalische' Mechanik» ab, wobei er beide Theorien «in diametral entgegengesetzter Richtung» [10] aus der klassischen Mechanik sich entwickeln sieht: Obwohl er schon 1926 deren mathematische Äquivalenz nachweisen kann [11], hält er dafür, daß seine W. als «Kontinuumstheorie» der Heisenbergschen Quantenmechanik als einer «wahren Diskontinuumstheorie» [12] aus physikalischen und erkenntnistheoretischen Gründen überlegen sei [13]. Bei Schrödinger selbst [14] wie auch in der Rezeption und Weiterentwicklung der beiden unterschiedlichen, aber gleichberechtigten Formulierungen der Quantenmechanik wird diejenige Heisenbergs oft als «Matrizenmechanik» oder auch «Göttinger Mechanik» von der de Broglie-Schrödingerschen «W.» unterschieden [15].

Das Feld, das in der W. beschrieben wird, ist eine komplexe Funktion des Orts, gewöhnlich mit $\psi(x)$ bezeichnet. Physikalische Bedeutung hat nicht die Feldstärke selbst, sondern nur deren Absolutquadrat $|\psi(x)|^2$: Diese Größe bedeutet die Wahrscheinlichkeitsdichte für das Auffinden des Teilchens – z.B. eines Elektrons –, das durch die ψ-Funktion beschrieben wird. – Mit dieser Feststellung sind noch heute heftig diskutierte philosophische Probleme der Quantenmechanik berührt: Während in der klassischen Physik die Grundgrößen unmittelbar Eigenschaften der betrachteten Objekte behandeln, gibt die ψ-Funktion der Quantenmechanik nur Wahrscheinlichkeiten dafür an, bestimmte Eigenschaften der behandelten Objekte vorzufinden. Eine weitere Besonderheit der Quantenmechanik liegt in der genannten Tatsache, daß die Wahrscheinlichkeitsdichte das Absolutquadrat der Feldgröße $\psi(x)$ ist: Während die Wahrscheinlichkeitsdichte nur positiv sein kann, kann die Feldstärke beliebige komplexe, also auch negative Werte annehmen. Felder aus verschiedenen Quellen addieren sich einfach, so daß sie sich in bestimmten Regionen auch gegenseitig aufheben können. Dies ist ein Beispiel für die in der Physik ganz neue Erkenntnis, daß die Theorie nur Wahrscheinlichkeiten für mögliche Messungen angibt; solche Voraussagen lassen sich im allgemeinen nicht in die Beschreibung einer 'vorhandenen' Welt übersetzen [16].

Anmerkungen. [1] Vgl. R. DUGAS: A hist. of mechanics (New York 1955, ND 1988) 554-582; TH. L. HANKINS: Sir W. R. Hamilton (Baltimore/London 1980) 199-209. 426-428 (Lit.). – [2] L. V. DE BROGLIE: Ondes et quanta. Comptes rendues de l'Acad. des Sciences 177 (1923) 507-510; Quanta de lumière, diffraction et interférences, a.O. 548-550; Les quanta, la théorie cinétique des gaz et le principe de Fermat, a.O. 630-632; Rech. sur la théorie des quanta. Thèse de doctorat (Paris 1924, ND Paris 1963); dtsch. (1927); vgl. hierzu: J. GERBER: Geschichte der W. Arch. Hist. exact Sci. 5 (1968/69) 349-416, hier: 360-385. – [3] Quanta de lumière ..., a.O. 549. – [4] E. SCHRÖDINGER: Quantisierung als Eigenwertproblem. Annalen Physik, 4. Folge, 79 (1926) 361-376 (Erste Mitteilung); a.O. 489-527 (Zweite Mitteilung); a.O. 80 (1926) 437-490 (Dritte Mitteilung); a.O. 81 (1926) 109-139 (Vierte Mitteilung); Über das Verhältnis der Heisenberg-Born-Jordanschen Quantenmechanik zu der meinen, a.O. 79 (1926) 734-760. – [5] Quantisierung, a.O. 372, Anm. 1 (Erste Mitteilung); a.O. 499, Anm. 1 (Zweite Mitteilung). – [6] Vgl. L. WESSELS: Schrödinger's route to wave mechanics. Stud. Hist. Philos.

Sci. 10 (1979) 311-340; HANKINS, a.O. [1] 199-209. – [7] SCHRÖDINGER: Quantisierung, a.O. [4] 497; A. EINSTEIN: Quantentheorie des einatomigen Gases. Sber. Preuss. Akad. Wiss., physikal.-math. Kl. (1924) 261-267; (1925) 3-14 (Zweite Abhandlung), bes. 9-11; vgl. hierzu: A. PAIS: «Raffiniert ist der Herrgott». A. Einstein. Eine wissenschaftl. Biographie (1986) 443-446. – [8] Über das Verhältnis, a.O. [4] 734f. – [9] Br. an M. Planck (31. 5. 1926), in: K. PRZIBRAM (Hg.): Schrödinger, Planck, Einstein, Lorentz. Briefe zur W. (Wien 1963) 8-10, hier: 9; Br. an H. A. Lorentz (6. 6. 1926), a.O. 51-60, hier: 59; vgl. A. SOMMERFELD: Br. an W. Pauli (26. 7. 1926), in: W. PAULI: Wissenschaftl. Br.wechsel mit Bohr, Einstein, Heisenberg u.a. 1: 1919-1929, hg. A. HERMANN u.a. (1979) 337; W. PAULI: Br. an G. Wentzel (5. 12. 1926), in: PAULI, a.O. 360-363, hier: 362; Br. an E. Schrödinger (12. 12. 1926), a.O. 364-366, hier: 366; mit Bezug auf E. Schrödinger: Abh. zur W. (1927). – [10] Über das Verhältnis, a.O. [4] 734. – [11] a.O. 735. 752. – [12] 735. – [13] 750-756. – [14] z.B. Br. an H. A. Lorentz (6. 6. 1926), a.O. [9] 59. – [15] Vgl. PAULI: Wiss. Br.wechsel, a.O. [9] 570. 572. 576 (Belege); M. BORN/W. HEISENBERG/P. JORDAN: Zur Begründung der Matrizenmechanik (1962); W. PAULI: Vorles. über W. (1962); E. SCHRÖDINGER: Die Bedeutung der W., in: Louis de Broglie und die Physiker (1955) 18-35; L. V. DE BROGLIE: La mécanique ondulatoire (Paris 1928); La réinterprétation de la mécanique ondulatoire (Paris 1971). – [16] W. HEISENBERG: Über den anschaul. Inhalt der quantentheoret. Kinematik und Mechanik. Z. Physik 43 (1927) 172-198, hier: 172.

Literaturhinweise. M. JAMMER: The conceptual development of quantum mechanics (New York u.a. 1966). – J. GERBER s. Anm. [2]. – G. LUDWIG: W. Einf. und Originaltexte (1969). – M. JAMMER: The philos. of quantum mechanics (New York u.a. 1974). – B. L. VAN DER WAERDEN (Hg.): Sources of quantum mechanics (Amsterdam 1974). – F. HUND: Geschichte der Quantentheorie (1984). M. DRIESCHNER/H. PULTE

Wellentheorie/Teilchentheorie (engl. wave theory/particle theory). Die beiden Ausdrücke bezeichnen zwei Gruppen alternativer Modellvorstellungen zur physikalischen Erklärung der Lichterscheinungen, die seit dem Beginn der Neuzeit grundlegende naturphilosophische Bedeutung erlangt haben und zeitweise in ausgeprägter Konkurrenz standen. W.n- bzw. Undulationstheorien führen die Lichterscheinungen auf Eigenschaften eines räumlich ausgedehnten und periodisch veränderlichen Zustandes zurück. Teilchentheorien, die früher unter dem zutreffenderen Terminus «Emissionstheorien» bzw. «Emissionssystem» [1] zusammengefaßt wurden, erklären die optischen Phänomene aus Eigenschaften ortsbewegter diskreter Entitäten, die von den Lichtquellen ausgehen. Die Konkurrenz zwischen den beiden Theorietypen ist durch die Quantenmechanik (s.d.) aufgehoben, da die sich ehemals wechselseitig ausschließenden Wellen- und Teilchenaspekte unter der Bezeichnung ‹Komplementarität› (s.d.) begriffen werden können.

1. Bis ins 20. Jh. wurden beide Modellvorstellungen meist in gesonderten Theorien vertreten und mit der Voraussetzung versehen, daß Licht (s.d.) durch Vermittlung eines – im Raum entweder verteilten oder lokalisierten – Stoffes hervorgerufen werde. W.n postulierten ein von der Quelle verschiedenes Medium, in dem sich das Licht als Bewegungsimpuls fortpflanzt; Teilchentheorien behaupteten einen Stofftransport. Analogien zwischen Merkmalen der Lichtausbreitung und Merkmalen anderer wahrnehmbarer Bewegungserscheinungen (Wasser- und Schallwellen, Flugbahnen von Wurfgeschossen) stützten jeweils diese Vorstellungen.

Teilchentheorien, für die die Geradlinigkeit der Lichtausbreitung spricht, gehen auf Naturphilosophien der griechischen Antike zurück. Schon EMPEDOKLES weist dem von den sichtbaren Dingen ausfließenden Licht Porenstruktur zu [2]. LEUKIPP [3], DEMOKRIT [4], EPIKUR [5] und LUKREZ [6] nehmen an, daß Wahrnehmungen ausschließlich durch Atombewegungen zustande kommen [7]. Räumlich bewegte Abbilder eines Gegenstandes entstehen, indem sich Atomverbände von dessen Oberfläche ablösen, sich geradlinig nach allen Richtungen mit überaus großer Geschwindigkeit, wenn nicht instantan, ausbreiten und in den Augen der Wahrnehmenden Gesichtsempfindungen verursachen.

Für W.n findet man hingegen kaum Ansätze vor der beginnenden Neuzeit. In Kritik des Atomismus begreift ARISTOTELES das Licht zwar als Zustandsänderung eines Mediums zwischen Wahrgenommenem und Wahrnehmendem, aber nicht als wellenförmige Bewegung [8]. Erst ROBERT GROSSETESTE im frühen 13. Jh. und LEONARDO DA VINCI in der Wende zum 16. Jh. vergleichen einige Merkmale der Lichtausbreitung mit der Fortpflanzung von Schall- bzw. Wasserwellen [9]. Ohne schon dem Licht Periodizität zuzuschreiben, liefert R. DESCARTES im 17. Jh. Grundlagen für spätere W.n. In seiner Korpuskularphilosophie ist Licht im wesentlichen ein instantan auf die Wahrnehmungsorgane wirkender, von den Lichtquellen herrührender Druck feinster Partikel, die den Raum bzw. das Ausbreitungsmedium bilden [10]. Die optischen Eigenschaften reduziert Descartes damit auf eine mechanische Bewegungstendenz der Materie. Allerdings reicht sein Ansatz nicht zur mechanistischen Erklärung der Reflexion und Brechung, für die er auf die von ihm eigentlich abgelehnte Emissionsauffassung des Lichtes zurückgreift [11].

Die nachfolgenden Medientheorien und W.n sowie ihre teilchentheoretischen Konkurrenten sind einerseits dadurch motiviert, den seit der Begründung der experimentellen Wissenschaft im 16. und 17. Jh. steigenden Bedarf an Phänomenerklärungen zu decken. Neue optische Erscheinungen tragen ebenso zur Entstehung von neuen wie zur Fortentwicklung von alten Vorstellungen bei [12]. Andererseits zielen die theoretischen Anstrengungen auf eine Mathematisierung der Natur und rekurrieren gemeinsam auf den Formalismus der physikalischen Mechanik, in die sie die Optik schließlich als «sekundäre Wissenschaft» [13] eingliedern. Im Zuge seiner naturphilosophischen Thematisierung verliert das Licht seine religiösen, metaphysischen und wahrnehmungspsychologischen Konnotationen [14].

Wellenhypothesen erhalten im 17. Jh. mit der Entdeckung von optischen Beugungs- und Interferenzerscheinungen bedeutenden Auftrieb [15]. F. M. GRIMALDI analogisiert die Beugung mit ähnlichen Eigenschaften einer im Raum beweglichen Flüssigkeit [16]. Für die Wellennatur des Lichtes und nicht nur einzelner seiner Erscheinungen nehmen wegweisend I. G. PARDIES [17] und R. HOOKE [18] Stellung. Daran anschließend gelingt CH. HUYGENS die Begründung einer mathematischen Pulstheorie. Licht faßt er als vollständig elastische, nicht regelmäßige Stoßbewegung kleiner, den ganzen Raum erfüllenden Cartesischer Teilchen auf. Handelt es sich wegen der fehlenden Periodizität zwar nicht um eine W., so formuliert Huygens doch eines ihrer grundlegenden Theoreme, nach dem sich um jedes schwingende «Theilchen eine Welle bildet, deren Mittelpunkt dieses Theilchen ist» [19]. Nicht diese Elementarwellen, sondern die von ihnen gebildeten einhüllenden Wellen sind wahrnehmbar. Von kugelförmigen «Wellen» («undas» bzw. «ondes») spricht Huygens wegen der anschaulichen, die unsichtbare Mikrostruktur nur bedingt erfassenden Analogie zu Wasserwellen [20]. Das Huygenssche Prinzip sucht das für W.n bestehende Problem der geradlinigen Lichtausbreitung zu lösen und dient der mathematischen Behandlung von optischen Erscheinungen wie der Reflexion und Brechung.

Hooke und Huygens verstehen ihre Theorien in deutlicher Abgrenzung zu der von I. Newton erneuerten Teilchenhypothese des Lichtes. Newton hält diese Hypothese für die beste theoretische Erklärung der meisten meßbaren Lichteigenschaften. Sie besagt, «that the Rays of Light be Bodies of different Sizes, the least of which may take violet the weakest and darkest of the Colours ...; and the rest as they are bigger and bigger, may make the stronger and more lucid Colours, blue, green, yellow, and red» [21]. Reflexion, Brechung und Beugung des Lichtes führt Newton auf nahwirkende Materiekräfte zurück, die die Lichtteile anziehen und abstoßen [22]. Bei der Diskussion von Phänomenen, die er durch derartige Wechselwirkungen nicht hinreichend begreiflich machen kann (Verhältnis von Reflexion und Brechung, Interferenzen), nähert sich Newton der Wellenvorstellung [23]. Der Dualismus von Teilchen und Welle reflektiert sich damit partiell in einem hypothetischen Erklärungssystem. «Tis true, that from my Theory I argue the Corporeity of Light ... But I knew, that the Properties, which I declar'd of Light, were in some measure capable of being explicated not only by that, but by many other Mechanical Hypotheses» [24].

Unter Berufung auf Newton dominiert im 18. und frühen 19. Jh. die Teilchentheorie (J.-B. Biot, R. J. Boscovich, D. Brewster, P. S. Marquis de Laplace, E. L. Malus, S.-D. Poisson, J. Priestley, J. A. Segner u.a.m.). Ihre vereinzelten Kritiker suchen der W. eine vergleichbare mechanische Erklärungskraft zu geben [25]. L. Euler wendet auf die longitudinalen Ätherbewegungen, die er als periodische Sinusschwingungen beschreibt, die Differentialrechnung an und ordnet jeder Farbe eine je eigene Frequenz zu: «Jede einfache Farbe ... ist an eine gewisse Anzahl von Schwingungen gebunden, die in einer gewissen Zeit geschehen» [26].

Der zu Beginn des 19. Jh. einsetzende Siegeszug der W. geschieht vor dem Hintergrund der Entdeckung des Interferenzprinzips durch Th. Young (1801) und A. J. Fresnel (1816) [27]. Für einen teilchentheoretisch nicht befriedigend erklärten Phänomenbereich leitet dieses Prinzip aus der Wellenvorstellung experimentell prüfbare Voraussagen ab. Es prognostiziert, daß die gemeinsame Lichtintensität zweier gleichgerichteter und -farbiger Strahlen mit ihrer Wellenlängendifferenz variiert [28]. Seine Bestätigung erlaubt erstmals, die von Euler angenommenen Frequenzen aus Interferenzversuchen zu berechnen. Diese und andere bahnbrechende Resultate (bes. Formalisierung der Beugungs- und Polarisationserscheinungen) erschüttern nachhaltig die Teilchentheorien des Lichtes, denen nunmehr die W. als gleichberechtigte alternative Hypothese gegenübersteht. «Es giebt nur zwei Hypothesen, die, weil sie eine mathematische Entwickelung der auf sie gebauten Theorieen gestatten, ... umständlich erwähnt zu werden verdienen» [29]. Die im 19. Jh. bestehende Konkurrenzbeziehung zwischen den beiden Theorien bildet einen bedeutsamen Gegenstand der Wissenschaftstheorie (u.a. Verifikationsmöglichkeiten von Hypothesen, Bedingungen für ein «experimentum crucis») [30]. Die vormodernen Wellenvorstellungen werden jedoch schon bald von einer Problematik überschattet, die bereits ihre letale Krise präludiert: Polarisationsexperimente legen nahe, daß die Ätherteilchen nicht wie bislang vermutet längs, sondern senkrecht zur Fortpflanzungsrichtung schwingen [31]. Da diese Relation in der Mechanik nur von Festkörpern bekannt ist, muß das bislang stets als gasartig konzipierte Ausbreitungsmedium nunmehr paradoxerweise als extrem verdünnter, reibungsfreier Festkörper angenommen werden.

Daß die W. dennoch bis ins 20. Jh. eine beherrschende Stellung im naturphilosophischen Diskurs über das Licht behält, verdankt sich maßgeblich Innovationen im Bereich der elektromagnetischen Forschungen. Herausragende Relevanz erhält der von J. C. Maxwell hergestellte Zusammenhang von Licht und Elektromagnetismus: «[We] can scarcely avoid the inference that light consists in the transverse undulations of the same medium which is the cause of electric and magnetic phenomena» [32]. Die mathematische Darstellung von Maxwells Theorie bedarf der Hypothese eines stofflichen Mediums nicht mehr und führt zu der Annahme, «that light is an electromagnetic phenomenon» [33]. Einen überzeugenden experimentellen Nachweis für diese Äquivalenz erbringt H. Hertz in den 1880er Jahren. Damit scheint die Entscheidung über die objektive Natur des Lichtes definitiv gefällt: «Was ist denn das Licht? Seit den Zeiten Youngs und Fresnels wissen wir, daß es eine Wellenbewegung ist. Wir ... kennen die geometrischen Verhältnisse der Bewegung vollkommen. An diesen Dingen ist ein Zweifel nicht mehr möglich» [34].

2. Die Situation ändert sich allerdings schon wenig später grundlegend mit der Schaffung der Relativitätstheorie (s.d.) und der Quantenmechanik (s.d.), die die Licht- und Materiephänomene theoretisch zusammenführen. Die Quantenmechanik löst die konkurrierenden W.n und Teilchentheorien durch einen einheitlichen Formalismus ab, der die konträren Aspekte des Lichtes mit komplementären formalen Darstellungen korreliert. Demnach zeigt Licht wie Materie unter bestimmten Bedingungen, die von der Wahl der experimentellen Anordnung und den zu messenden Größen abhängen, entweder kontinuierlich verteilte oder diskrete Eigenschaften. N. Bohr wendet auf diese Phänomene den Begriff der Komplementarität (s.d.) an: «evidence obtained under different experimental conditions cannot be comprehended within a single picture, but must be regarded as complementary in the sense that only the totality of the phenomena exhausts the possible information about the objects» [35].

Anmerkungen. [1] Art. ‹Emanationssystem›, in: J. S. T. Gehler (Hg.): Physikal. Wb. (1781-95), neu bearb. H. W. Brandes/L. Gmelin u.a. (1825-45) 3/2, 788. 790f. – [2] Empedokles: VS 31, A 86 (Theophrast: De sensu 7); A 87 (Aristoteles: De gen. et corr. I, 8, 324 b 26f.). – [3] Leukipp: VS 67, A 29. – [4] Demokrit: VS 68, A 135 (Theophrast: De sensu 50. 54); Aristoteles: Met. IV, 5, 1009 b 12. – [5] Epikur: Ep. ad Herod. = Diogenes Laertius: Vitae X, 46-50. – [6] Lukrez: De rerum nat. IV, 26-269. 722ff. – [7] Vgl. Art. ‹Sehen II.›. Hist. Wb. Philos. 9 (1995) 134-149, 136. – [8] Aristoteles: De an. II, 7, 418 a 26ff. – [9] Robert Grosseteste: Comm. in Anal. post. Arist. II, 4 (Venedig 1494) f. 29v; ND, hg. P. Rossi (Florenz 1981); Leonardo da Vinci: Il codice atlantico, hg. U. Hoepli (Mailand 1894ff.) 126ra. – [10] R. Descartes: Principia philos. III, 55. 64. 77-81. 130 (1644). Oeuvr., hg. Ch. Adam/P. Tannery 8/1 (Paris 1964) 108. 115f. 131-137. 180-182; Le monde ou traité de la lumière (1664), a.O. 11 (1986) 53. – [11] La dioptrique I (1637), a.O. 6 (1982) 89ff. – [12] V. Ronchi: The nature of the light: An hist. survey (London 1970) 78ff.; D. A. Park: The fire within the eye: A hist. essay on the nature and meaning of light (Princeton 1997) 119ff. – [13] W. Whewell: Hist. of the inductive sciences, from the earliest to the present time 2 (London 1837) 233f. – [14] G. N. Cantor: Physical optics, in: R. C. Olby u.a. (Hg.): Companion to the hist. of modern science (London/New York 1990) 627-638. – [15] RONCHI, a.O. [12]; PARK, a.O. [12]. – [16] F. M. GRIMALDI: Physico-mathesis de lumine, coloribus, et iride 1, Prop. II, 1ff. (Bologna 1665). – [17] A. I. SABRA: Theories of light from Descartes to Newton (London 1967, 1981) 195ff. – [18] R. HOOKE: Micrographia (London 1665) 55ff. – [19] CH. HUYGENS: Tract. de lumine [1678]; publ.: Traité de la lumière (Leiden 1690). Oeuvr. compl. 19 (Den Haag 1937) 451-537, 462 (lat.)/463 (frz.); dtsch.: Abh. über das Licht (1890) 23. – [20] a.O. 8/11. – [21] I. NEWTON: Opticks: Or a treat. of the reflections, refractions, inflections and colours of light III, qu. 29 (London 1704, [4]1730, ND New York 1979) 372. – [22] a.O.; qu. 31, a.O. 375ff. – [23] Second paper on color and light (1675f.), in: Papers and letters on nat. philos., hg. I. B. COHEN (Cambridge 1958) 177-235, 184ff.; Opticks II, 3, Prop. V, a.O. [21] 251ff. – [24] Answer to some consid. [of Hooke] upon his doctr. of light and colors (1672), in: Papers, a.O. 116-135, 118f. – [25] C. HAKFOORT: Optics in the age of Euler: Conceptions of the nat. of light, 1700-1795 (Cambridge 1995). – [26] L. EULER: Lettres à une Princesse d'Allemagne sur divers sujets de physique et philosophie 28 [1760] (1769); dtsch.: Br. an eine dtsch. Prinzessin über versch. Gegenstände aus der Physik und der Philos. 1-3 (1769-73, ND 1986) 32f. – [27] Hierzu: J. Z. BUCHWALD: The rise of the wave theory of light (Chicago 1989); N. KIPNIS: Hist. of the principle of interference of light (Basel u.a. 1991). – [28] TH. YOUNG: On the theory of light and colours (1801), in: Miscellan. works of the late Th. Young 1 (New York 1972) 140-169, 157; An account of some cases of the production of colours (1802), a.O. 170-178. – [29] Art. ‹Licht›, in: GEHLER (Hg.), a.O. [1] 6, 309; vgl. Art. ‹Emanationssystem›, a.O. 3/2, 788-791; ‹Undulation›, a.O. 9/2, 1267-1566; ‹Wellen›, a.O. 10/2, 1275-1364. – [30] J. S. MILL: System of logic III, 14, § 6 (1843). Coll. works, hg. J. M. ROBSON (Toronto 1963ff.) 7, 498-505; P. DUHEM: La théorie physique, son objet et sa structure 10, § 3 (Paris 1906, [2]1914); dtsch.: Ziel und Struktur der physikal. Theorien (1908, ND 1998) 249-253. – [31] TH. YOUNG: Chromatics, a.O. [28] 279-342, 332f.; A. FRESNEL: Note sur le calcul des teintes que la polarisation développe dans les lames cristallisées (1821). Oeuvr. compl., hg. H. DE SENARMONT u.a. (Paris 1866-70, ND New York 1965) 1, 630. – [32] J. C. MAXWELL: On physical lines of force (1861), in: The scient. papers 1, hg. W. D. NIVEN (Cambridge 1890) 500; dtsch.: Über physikal. Kraftlinien (1898) 67. – [33] A treat. on electricity and magnetism IV, 20 (Oxford 1873) 2, 383; dtsch.: Lehrb. der Electricität und des Magnetismus (1883) 2, 537. – [34] H. HERTZ: Über die Beziehungen zwischen Licht und Elektrizität (1889), in: Über sehr schnelle elektr. Schwingungen (Leipzig 1971) 97-114, 98. – [35] N. BOHR: Disc. with Einstein on epistemological problems in atomic physics (1949). Coll. works 7 (Amsterdam u.a. 1996) 350; vgl. B. R. WHEATON: The tiger and the shark. Empirical roots of wave – particle dualism (Cambridge u.a. 1983).

Literaturhinweise. A. E. HAAS: Antike Lichttheorien. Arch. Gesch. Philos. 20 (1907) 345-386. – F. KLEMM: Die Gesch. der Emissionstheorie des Lichts (1932). – W. HEISENBERG: Physikal. Prinzipien der Quantentheorie (1958). – A. I. SABRA s. Anm. [17]. – V. RONCHI s. Anm. [12]. – A. E. SHAPIRO: Kinematic optics: A study of the wave theory of light in the 17th cent. Arch. Hist. exact Sci. 11 (1973) 134-266. – K. F. WEINMANN: Die Natur des Lichts (1980). – B. R. WHEATON s. Anm. [35]. – D. C. LINDBERG/G. N. CANTOR: The discourse of light from MA to the enlightenment (Los Angeles 1985). – J. Z. BUCHWALD s. Anm. [27]. – G. N. CANTOR s. Anm. [14]. – N. KIPNIS s. Anm. [27]. – C. HAKFOORT s. Anm. [25]. – D. A. PARK s. Anm. [12].

G. SCHIEMANN

Welt (hebr. ʿôlām; griech. αἰών, κόσμος; lat. saeculum, mundus; engl. world; frz. monde). Überall, wo es um die Bezeichnung einer in sich sinnvoll gegliederten Ganzheit, einer intern strukturierten Vielfalt und ihrer Komplexität geht, die von anderen Bereichen abgegrenzt werden kann, «springt das wort welt ... ein: für einen in sich geschlossenen bezirk verschiedener Art, der in seiner eigenständigkeit und eigengesetzlichkeit» gemeint ist [1]. Von jeweils *einer* W. als sinnvoller Ganzheit kann *die* W. als Totalität alles Seienden unterschieden werden. So spricht man alltäglich von der W. der Tiere, der W. der Physik, der W. der Mode wie auch von der eigenen, privaten W. eines Menschen. Durch diesen grundsätzlichen Bezug auf Einheit, Ganzheit, Ordnung und Sinn, Anfang und Ende von allem und somit auf die Totalität des menschlichen Erkennens und Handelns «spiegelt die geschichte des wortes welt ... den Gang der abendländisch-deutschen kulturwelt wider», sie zeigt insbesondere, «wie der antike kosmos- und christliche schöpfungsbegriff allmählich dem der modernen naturwissenschaft und weltanschauung weicht» [2]. Die wichtigsten Bedeutungen von ‹W.› stehen im Kontext von Übersetzungen griechisch-philosophischer wie auch christlich-theologischer Grundbegriffe.

I. *Vorgeschichte und Ausdifferenzierung des W.-Begriffs.* – Das deutsche Wort ‹W.› geht, wie auch das englische ‹world› etymologisch auf das gotische Wort ‹wer-alt› (‘Menschensaat’, ‘Menschenalter’) zurück und dient zur Übersetzung von ‹saeculum›, das wiederum die Übersetzung des griechischen αἰών (‹Aion›, s.d.) ist. Es wird aber auch zur Übersetzung des lateinischen ‹mundus› (Übersetzung von κόσμος) verwendet [3]. «Ursprünglich hatte das Griechische für ‘die W.’ kein Wort» [4]. Erst im 5. Jh. v.Chr. bildet sich der Begriff ‹Kosmos› (s.d.) für das Ganze des Alls aus.

‹W.› entfaltet seine Hauptbedeutungen im Kontext der christlich-lateinischen Überlieferung mit ihrem seinerseits hebräischen und griechischen Hintergrund vornehmlich in zwei Richtungen. Einerseits ist in einem *zeitlichen* Sinn von ‹W.› als ‘Zeitalter’, ‘Menschenalter’, ‘Weltalter’ (s.d.), «diesseitiges zeitverhaftetes Dasein» die Rede, andererseits in einem *räumlichen* Sinn vom «Kreis der Erdbewohner», vom «Erdkreis», von der «Weltkugel», vom «Weltraum» oder von der «Außenwelt» [5]. Während mit der ersten Richtung αἰών und ‹saeculum› wiedergegeben werden, stehen im zweiten Fall auch die griechischen Ausdrücke γῆ, οἰκουμένη (γῆ) und die lateinischen ‹terra› und ‹orbis (terrae)› im Hintergrund.

Spezifisch zeitlich und wertend ist auch die theologische Bedeutung des alttestamentlichen ‹ʿôlām›. Die Kulturen des Alten Orients hatten zunächst «kein Wort, um das Ganze des Seienden einheitlich zu bezeichnen» [6]. Während ‹ʿôlām› in den älteren Schichten des AT bestimmte sehr lange Zeiträume meint, gewinnt das Wort in der nachexilischen Zeit, im ‹Danielbuch› und in der Apokalyptik immer mehr die Bedeutung ‘W.’ [7]. Eine gegenwärtige ‘Weltzeit’ geht zu Ende, eine neue bricht an, und es «kommt» eine neue W. (Dan. 2, 44; 7, 14. 18; 12, 2f.). In der frühjüdischen Literatur verfestigt sich dann der Gebrauch von ‹ʿôlām› für den «Gegensatz zwischen ‘dieser W.’ und ‘kommender W.’» [8]. Diese apokalyptisch-eschatologische, aufwertende wie stark abwertende Dimension des sich herausbildenden W.-Begriffs prägt das Bedeutungsspektrum der neutestamentlichen Texte wesentlich mit.

Für die Begriffs- und Philosophiegeschichte entscheidend ist, daß es zwischen der zeitorientierten Gruppe ‘W. – saeculum – αἰών – ʿôlām’ und der raumorientierten Gruppe ‘W. – mundus – κόσμος’ durch die christliche Tradition zu Bedeutungsverwerfungen und -vermischungen [9] kommt, die sich im NT bereits hinsichtlich der Übersetzungen der hebräischen und klassisch-griechischen Termini ins Koine-Griechisch aufweisen lassen und die sich auch in der theologischen und philosophischen Rezeption der neutestamentlichen Unterscheidungen bemerkbar machen. Während κόσμος in der Antike – in Alltagssprache, Dichtung und Philosophie – durchgängig eine *positiv* wertende Bedeutung hat als gute, sinnvolle Ordnung, als zweckmäßige Gliederung, Schichtung und Anordnung, als Schmuck und Zier, verwenden Autoren des NT den Ausdruck oft anstelle von αἰών und dann *pejorativ*: im Sinne von *dieser* gegenwärtigen, schlechten, vergehenden, zu überwindenden W., wobei jeweils auch der erläuterte Doppelsinn von ‹ʿôlām› im Kontext der frühjüdischen Apokalyptik mitspielen kann: «Die W. kann euch nicht hassen, mich aber haßt sie; denn ich bezeuge, daß ihre Werke böse sind» (Joh. 7, 7). «Wir aber haben nicht den Geist der W. empfangen, sondern den Geist aus Gott» (1. Kor. 2, 12). So kann es sowohl heißen: «Denn so sehr hat Gott die W. geliebt, daß er seinen einzigen Sohn gab» (Joh. 3, 16), als auch: «Habet nicht lieb die W. noch was in der W. ist! Wenn jemand die W. liebhat, ist die Liebe zum Vater nicht in ihm. Denn alles, was in der W. ist, die Lust des Fleisches und die Lust der Augen und die Prahlerei in der Lebensweise, stammt nicht vom Vater, sondern es stammt von der W. Und die W. vergeht und ihre Lust; wer aber den Willen Gottes tut, bleibt in Ewigkeit» (1. Joh. 2, 15-17).

Im Christentum führt die theologische Abwertung des gegenwärtigen Zeitalters und des in diesem dominanten gottfernen Lebens der Menschen unter jüdisch-apokalyptischem, gnostischem und neuplatonischem Einfluß zunehmend zur gedanklichen Konstruktion einer 'anderen', 'jenseitigen' W., die mit dem «Reich Gottes» und mit dem «Himmel» gleichgesetzt und räumlich verortet wird und in die man nach dem Tode gelangt [10].

Es kommt zur Ambiguität und unausgetragenen Spannung zwischen einem kosmologischen, den Aufbau des Kosmos und die Kosmogonie (s.d.) betreffenden, und einem das zeitliche Leben, die existentielle Lebenspraxis der Menschen im Horizont der *Eschatologie* meinenden W.-Begriff. Diese Spannung kann sich innertheologisch zwischen Schöpfungstheologie, Weltkritik (Sündentheologie) und Erlösungsvorstellung entfalten, aber ebenso im Paradigma des christlichen Platonismus in der ontologischen Konzeption eines vom κόσμος αἰσθητός abgehobenen κόσμος νοητός. Diese Fundamentalunterscheidung Platons und des Platonismus wird in die Begriffspaare ‹mundus sensibilis/intelligibilis› (s.d.) bzw. ‹Sinnenwelt/Verstandeswelt› (s.d.) übersetzt.

Die Entwicklung des W.-Begriffs in der *Neuzeit* steht in Zusammenhang mit der Geschichte weiterer Grundbegriffe wie ‹Gott›, ‹Schöpfung›, ‹Natur› und ‹Universum› (s.d.). Der abwertende theologische W.-Begriff und die Traditionen des christlichen Platonismus verbinden sich in der abendländischen Tradition zu einer metaphysischen Kosmologie von Diesseits und Jenseits, Immanenz und Transzendenz. Makrokosmos und Mikrokosmos [11] werden seit der Antike aufeinander bezogen. Im Zuge der Auseinandersetzung um die materialistische Lehre von der 'Ewigkeit der W.' (s.d.) und besonders durch die Revolution des physikalischen Weltbildes im Wandel vom geozentrischen zum heliozentrischen Weltsystem [12] im Rahmen der ‹Kopernikanischen Wende› (s.d.) kommt es in der Folge zu einer tiefgreifenden Differenzierung der normativen, teleologischen, heilsgeschichtlichen und eschatologischen Aspekte des W.-Verständnisses und ihrer Ablösung von bestimmten Vorstellungen und dem theoretischen Wissen vom realen, physikalischen Aufbau der W. im Raum. Auch der Aristotelismus mit seiner Teleologie und der Unterscheidung der sublunaren von der translunaren W. [13] der Sphären (s.d.) ist von dieser Revolution betroffen. Das sich herausbildende, existentiell-praktische, zeitlich-geschichtliche W.-Verständnis in Absetzung von kosmologischen, metaphysischen Ordnungsvorstellungen [14] bringt Intentionen des Platonismus, der Gnosis und der christlichen Verkündigung weniger mißverständlich und unverstellter zum Ausdruck als die mythischen und metaphysischen Lehren vom realen Aufbau der W. im Raum.

Im Laufe der abendländischen Entwicklung der Philosophie reicht das begriffsgeschichtliche Spektrum von äußerster Hochschätzung der W. bis zu ihrer extremen Abwertung, ebenso von radikalem Objektivismus bis zu radikalem Subjektivismus.

1. Der traditionelle *religiöse* und *theologische* W.-Begriff bildet sich scholastisch, mystisch, pantheistisch, dialektisch, existenztheologisch und prozeßtheologisch weiter aus. Seine Bedeutung wird im Kontext des jeweils leitenden Gottesverständnisses erläutert. Die Art und Weise, wie das Verhältnis von Transzendenz und Immanenz Gottes gedacht wird (von der absoluten Inkommensurabilität bis zur Identität), präfiguriert die positive Wertung der W. als göttlicher Schöpfung oder ihre Abwertung als Ort der Sünde und Gottverlassenheit. Die ambivalente Semantik von κόσμος und ‹mundus› setzt sich fort. In diesem Kontext sind die Traditionslinien der christlichen Weltverachtung (s.d.) und Weltflucht einerseits, der Weltverantwortung (s.d.) und auch der Weltfrömmigkeit (s.d.) andererseits besonders aufschlußreich.

Die apokalyptischen und gnostischen Traditionen des pejorativen W.-Begriffs, die in den christlichen Bereich eingehen, können sich in Lebensformen wie in Theologien von Beginn an als Dialektik von Weltferne und Weltfremdheit einerseits, Weltnähe und Weltvertrauen andererseits entfalten. Die Johanneische Spannung von «weltfernem Gott» und «Gott der Liebe», die Situation des Glaubenden in der «feindlichen W.» und die Dialektik von «W.» und «Entweltlichung», Weltgestaltung und Freiheit von der W. bestimmt auch die christliche Theorie und Praxis bis in die Theologie des 20. Jh. [15].

2. In der Philosophie entwickelt sich ein theoretischer, *metaphysischer*, *ontologischer* und später *erkenntnistheoretischer* W.-Begriff, der formal und wertneutral ist. ‹W.› wird als Inbegriff aller Dinge oder Sachverhalte bzw. als Seinsregion verstanden (vgl. unten II. 5.). In diesem Zusammenhang wird neben der ontologisch *wirklichen W.* die modalontologische Perspektive einer Vielzahl *möglicher W.en* [16] systematisch entfaltet. Der Prozeß der Subjektivierung führt in der Erkenntnistheorie zum cartesianischen Paradigma mit der Fundamentalunterscheidung einer subjektiven, mentalen 'Innenwelt' (s.d.) (res cogitans) von einer objektiven, räumlichen 'Außenwelt' (res extensa) ausgedehnter Gegenstände [17]. Die Konsequenz dieser Entwicklung führt weiter zu I. KANTS transzendentalem W.-Begriff, zur kosmologischen Antinomie im Blick auf den Anfang der W. sowie zur Konzeption der W. als regulativer Idee (vgl. unten II. 6.).

3. Ein *praktischer* und in der Konsequenz *geschichtlich-politischer* W.-Begriff entfaltet sich, dessen Präzisierung ebenfalls bei Kant Klarheit erreicht. Philosophie wird in der Tradition der Aufklärung selbst als Weltweisheit (s.d.) bestimmt. Kant unterscheidet den Schulbegriff der Philosophie von ihrem W.-Begriff. Letzterer meint das Gesamt der praktischen Erkenntnisinteressen des Menschen als Weltbürger [18]. Es ist dieser praktische, auf das menschliche Handeln bezogene W.-Begriff, der auch die

Perspektive einer Weltgeschichte (s.d.) und ihr Ziel, den Weltfrieden (s.d.), kennzeichnet.

4. Neben der praktischen entfaltet sich auch die *theoretische* Dimension des W.-Begriffs in den Naturwissenschaften weiter. Der *physikalische* W.-Begriff der Astronomie und der Kosmologie wird als ‹Weltall›, als ‹Weltraum› und als ‹Universum› (s.d.) ausgebildet [19]. In diesem Zusammenhang wird die ursprünglich schöpfungstheologische bzw. eschatologische Grundfrage nach dem Anfang der W., dem Weltende (s.d.) und dem Weltuntergang, der auch schon in der stoischen Lehre von der Ekpyrosis (s.d.) thematisiert wurde, in empirischen Hypothesen zu 'Urknall' und 'Wärmetod' (s.d.) behandelt. Im französischen und englischen Sprachraum werden tendenziell die Begriffe ‹monde› bzw. ‹world› als menschliche, soziale Alltagswelt, auch ‹monde moral›, ‹moral world›, ‹nature› bzw. ‹nature› als umfassender Begriff, der alles (außer Gott) einschließt, und ‹univers› bzw. ‹universe› als Weltall ausdifferenziert (vgl. unten II. 7.).

5. Von dem physikalisch-kosmologischen W.-Begriff spaltet sich immer deutlicher und eigenständiger ein *subjektiver, solipsistischer* und *existenzieller* W.-Begriff ab, der in M. HEIDEGGERS «In-der-Welt-sein» (s.d.) als Existenzial des Daseins und in L. WITTGENSTEINS Sätzen «Die W. und das Leben sind eins» und «Ich bin meine W.» [20] seine prägnantesten Ausformungen findet (vgl. unten III. 2.). Als Vorgestalten dieser Entwicklung lassen sich das Paradigma des cartesianischen Dualismus (s.d.), die Monadologie von G. W. LEIBNIZ [21], I. KANTS Konzeption der transzendentalen Subjektivität (s.d.) und der subjektive W.-Begriff des Deutschen Idealismus, die W. als «Wille und Vorstellung» bei A. SCHOPENHAUER, der Existenzbegriff S. KIERKEGAARDS, der Solipsismus (s.d.) M. STIRNERS und die W. als «Wille zur Macht» bei F. NIETZSCHE einstufen. Auch der W.-Begriff des amerikanischen Pragmatismus (vgl. unten III. 1.) thematisiert die weltkonstitutiven Leistungen der handelnden Subjekte und ihre «Weisen der Welterzeugung» (N. GOODMAN, vgl. unten III. 17.). Die objektivistisch-physikalistische wie die subjektivistisch-existenzialistische Ausprägung des W.-Begriffs, seine Objektivierung wie seine Subjektivierung ergänzen und entsprechen einander. Sie reflektieren die moderne «Entzweiung» (s.d.) der einen Wirklichkeit nach der Auflösung der vorneuzeitlichen Kosmologie, Ontologie, Theologie und Ordo-Metaphysik.

6. In das Spektrum des subjektiven W.-Begriffs gehört auch derjenige der *philosophischen Anthropologie*, der als Weltoffenheit (s.d.) (im Gegensatz zur Umweltgebundenheit des Tieres) präzisiert wird, sowie derjenige der phänomenologisch orientierten *Psychopathologie*, in der von der «normalen» und der «abnormen» W., der W. des Wahnkranken, des Zwangskranken, des Ideenflüchtigen die Rede ist [22].

7. Ein intersubjektiver, soziokultureller und geschichtlicher W.-Begriff verbindet sich seit dem 19. Jh. mit der Rede von der Weltanschauung (s.d.) und dem Weltbild (s.d.).

8. Die Herausbildung eines *alltäglichen, sozialen, natürlichen* bzw. *menschlichen* W.-Begriffs bei R. AVENARIUS, in der Phänomenologie E. HUSSERLS und in der Soziologie im Anschluß an Husserl und A. SCHÜTZ erscheint vor diesem Hintergrund als Versuch der Restitution eines fundierenden, vorgängigen und umfassenden W.-Verständnisses, das sich vor der Dissoziation objektiver und subjektiver, faktischer und normativer, naturwissenschaftlicher und sozialer Phänomene ansetzen läßt. Die Lebenswelt (s.d.) [23] ist der Bereich, in dem die Faktizität, die die Welt strukturiert, und die normativen Implikationen des menschlichen W.-Umgangs, der Praxis, noch konstitutiv verklammert sind. In ihr sind die Geltungsansprüche kommunikativer Rationalität verankert (vgl. unten III. 6.).

9. Die Dimension eines wieder ganzheitlichen, holistischen W.-Verständnisses eröffnet zumindest partiell auch der *hermeneutische* W.-Begriff, mit dem im Anschluß an W. DILTHEY und den späteren Heidegger von H.-G. GADAMER die W. als Spielraum (s.d.) der Bedeutungen und Interpretationen analysiert wird, so daß sowohl die Vielfalt der kulturell und sprachlich vermittelten W.-Verständnisse als auch die Notwendigkeit und Möglichkeit ihrer wechselseitigen Auslegung in den Blick tritt (vgl. unten III. 10.).

10. Im Zuge der planetarischen Entwicklung der *Globalisierung* (frz. «mondialisation», der *Mondialisierung*) [24] tritt seit langem immer stärker philosophisch, politisch wie auch im Alltagsbewußtsein die theoretische wie praktische Einheit der W. ökologisch, interkulturell, weltwirtschaftlich und kommunikationsbezogen in den Blick. Die internationale Verflechtung, Interdependenz und Vernetzung von Wissen, Information und Aufgaben der Gestaltung wie auch der Abwehr von Bedrohungen bewirkt eine sich intensivierende Wahrnehmung der erhaltenswerten Einzigkeit und politischen Einheit der menschlichen W., die nun als «planetarisches Dorf» («global village», M. MACLUHAN) wahrgenommen wird.

Anmerkungen. [1] Art. ‹W.›. GRIMM 14/I, 1 (1955) 1456-1522, 1459. – [2] a.O. – [3] ebda.; vgl. R. VON RAUMER: Die Einwirkung des Christentums auf die altdtsch. Sprache (1845) 374. – [4] R. BRAGUE: Art. ‹W.›, in: Der Neue Pauly 12/2 (2002) 456-459, 457; vgl. R. BRAGUE: Aristote et la question du monde (Paris 1988); La sagesse du monde (Paris 1999). – [5] C. S. LEWIS: World, in: Studies in words (Cambridge 1960) 214-268; A. P. ORBÁN: Les dénominations du monde chez les premiers auteurs chrétiens (Nimwegen 1970). – [6] BRAGUE: Art. ‹Welt›, a.O. [4]. – [7] Art. ‹ʿôlām›, in: G. J. BOTTERWECK/H. RINGGREN/H.-J. FABRY (Hg.): Theol. Wb. zum AT 5 (1986) 1144-1159, hier: 1153. – [8] a.O. 1157. – [9] Vgl. LEWIS, a.O. [5] 230-237. – [10] a.O. 234-237. – [11] Vgl. Art. ‹Makrokosmos/Mikrokosmos›. Hist. Wb. Philos. 5 (1980) 640-649. – [12] Vgl. Art. ‹Geozentrisch; geozentrisches Weltsystem›, a.O. 3 (1974) 329; Art. ‹Heliozentrisch; heliozentrisches Weltsystem›, a.O. 1049f. – [13] Vgl. Art. ‹Sublunar/translunar›, a.O. 10 (1998) 477-481. – [14] Vgl. Art. ‹Ordnung›, a.O. 6 (1984) 1240-1309. – [15] L. SCHOTTROFF: Der Glaubende und die feindl. Welt. Beobacht. zum gnost. Dualismus und seiner Bedeutung für Paulus und das Joh.-Evang. (1970); W. LANGBRANDTNER: Weltferner Gott oder Gott der Liebe. Der Ketzerstreit in der Johanneischen Kirche. Eine exeget.-relig.geschichtl. Unters. mit Berücksichtigung der kopt.-gnost. Texte aus Nag-Hammadi (1977); B. DIECKMANN: 'Welt' und 'Entweltlichung' in der Theologie R. Bultmanns. Zum Zus. von Welt- und Heilsverständnis (1977). – [16] Vgl. Art. ‹Welt, mögliche›. – [17] Vgl. Art. ‹Außen/innen; Außenwelt/Innenwelt›. Hist. Wb. Philos. 1 (1971) 679-683. – [18] Vgl. Art. ‹Kosmopolit; Kosmopolitismus›, a.O. 4 (1976) 1155-1167; Art. ‹Weltgesellschaft›. – [19] Vgl. A. KOYRÉ: From the closed world to the infinite universe (Baltimore 1957); dtsch.: Von der geschloss. W. zum unendl. Universum (1969). – [20] L. WITTGENSTEIN: Tract. log.-philos. (1922) 5.621; 5.63. – [21] Vgl. Art. ‹Monade; Monas›. Hist. Wb. Philos. 6 (1984) 114-125. – [22] K. JASPERS: Allg. Psychopathologie (1913, [5]1948) 235ff.; vgl. auch: Art. ‹Wahn›. – [23] Vgl. R. WELTER: Der Begriff der Lebenswelt. Theorien vortheoret. Erfahrungswelt (1986). – [24] Vgl. dazu: Art. ‹Weltgesellschaft›; zum völkerrechtl. Kontext vgl. Art. ‹Globalisierung›. Hist. Wb. Philos. 3 (1974) 675-677.

TH. RENTSCH

II. *Von Cusanus bis Nietzsche.* – 1. Die Philosophie des NIKOLAUS VON KUES ist eine «Gedankenweltwende» [1] genannt worden: Wenn Gott als das wahrhaft Unendliche gedacht wird, dann kann er nicht Etwas sein, dem ein Anderes, die W. der von ihm geschaffenen Dinge, gegenübersteht. Wenn Gott nichts außer sich haben kann, dann fallen in Gott W. und Gott in eins. Im Zusammenfall der Gegensätze («coincidentia oppositorum», s.d.) wird die W. auf unbegreifliche Weise Gott so weit wie möglich angenähert. Das Universum (s.d.) ist die Ausfaltung («explicatio») des Einen. Der Weltverachtung (s.d.), seit AUGUSTINUS zur christlichen Grundhaltung gehörig, wird die ontologische Grundlage (Trennung von Gott und W.) entzogen. Die W. ist zwar nicht wie Gott absolut unendlich, aber sie ist konkret unendlich: die räumlich grenzenlose Vielfalt der Dinge. Gottes Unendlichkeit (s.d.) übersteigt jeden Begriff; auch der unendliche Kreis [2] oder die unendliche Kugel sind nur Symbole für etwas, das rational unfaßlich bleibt [3]. Auch das aristotelische Weltbild mit seiner ontologischen Scheidung der Regionen oberhalb und unterhalb des Mondes [4] wird hinfällig.

Das Wort ‹mundus› hat je nach Kontext bei CUSANUS eine doppelte Bedeutung: als Lebenssphäre der Menschen und – synonym mit ‹Universum› – als Begriffswort für die gesamte Schöpfung. Die Nicht-Identität von Gott und W. wird aufgefaßt in der Formel für Gott: «Non aliud» (s.d.) – eine abstrakte, paradoxe Annäherung an Gott, die das Denkmuster der negativen und auch der dialektischen Theologie meidet (Gott als der «ganz Andere»). ‹Cosmos›, synonym mit ‹mundus›, tritt bei Cusanus in den Komposita «cosmographus» und «microcosmos» auf. Den Menschen, das «animal perfectum», in dem Sinn und Vernunft wohnen, könne man als Kosmographen betrachten, dem eine Stadt mit fünf Toren (die fünf Sinne) zu eigen ist. Haben die Botschafter ihre Berichte abgegeben, zieht sich der «Weltbeschreiber» in seine Stadt zurück, schließt die Tore und entwirft eine Karte («mappa»), auf der alles Berichtete verzeichnet ist: die Schönheit der W., ihr Licht, ihre Farben, ihre Gerüche. Dann richtet er seinen inneren «intuitus» auf den Gründer der W. («ad conditorem mundi») und erfährt dabei die Unvergleichbarkeit seines eigenen Vermögens mit dem «artifex» der W. Er kann nur die W. vermessen und dann die Weltkarte lesen [5]. Die einzige Möglichkeit, in die Nähe des Artifex zu kommen, die zugleich die Ferne zu ihm markiert, ist das Erstellen der Weltkarte, auf der das sinnlich Aufgenommene maßstabgerecht verzeichnet ist. In der Christologie geht Cusanus von der Sonderstellung des Menschen als «animal perfectum» aus, dessen Natur alles Erschaffene überragt («supra omnia dei opera elevata») und in der vernunfthaftes und sinnenhaftes Wesen in eins gebildet sind, weshalb schon die Alten sie «microcosmos» oder «parvus mundus» genannt hätten [6].

Mit NIKOLAUS KOPERNIKUS gerät der sinnfällige Anblick des Sternhimmels in Konkurrenz zur Rationalität der Theorie. Diese bringt eine mathematisch faßbare, den Augen jedoch verborgene Ordnungsstruktur der Himmelsbewegungen ans Licht. Der ursprüngliche Titel des Werkes von Kopernikus lautete: ‹De revolutionibus orbium mundi›. Der Herausgeber A. OSIANDER ersetzt das Wort ‹mundi› durch ‹coelestium› [7]. Diese Einschränkung auf Himmelskörper entspricht der Tendenz der Vorrede, die Osiander dem Werk beigibt: die heliozentrische (s.d.) Lehre des Autors als mathematische Hypothese erscheinen zu lassen – von praktischem Nutzen, etwa in der Navigation, aber ohne Anspruch, die wahre Struktur der natürlichen W. darzustellen.

Im ‹Proömium› zu seinem Werk beruft sich KOPERNIKUS auf die antiken Philosophen, die den Himmel («caelum») wegen seiner Erhabenheit den sichtbaren Gott («deus visibilis») genannt hätten. Schon die Namen für Himmel und W. («caelum et mundus») zeigten dies an: Der eine ruft den Eindruck der Klarheit und Zier hervor, der andere den Eindruck von kostbar bearbeitetem Metall [8]. Im Widmungsschreiben spricht Kopernikus von der «Weltmaschine» («machina mundi»), eine Metapher, die fortan große Verbreitung finden wird [9].

G. GALILEI, der mit seinem Fernrohr die Jupitermonde vor Augen führt, tut den entscheidenden Schritt, um die Kopernikanische Lehre aus einer Hypothese zur Berechnung der Himmelsbahnen in eine Lehre von der tatsächlichen Verfassung der W. («forma mundi») umzubilden. Eine zweideutige Variante zur Vermeidung einer Konfrontation von biblischer Offenbarung und der neuen Lehre von der Verfassung der natürlichen W. enthält die «narratio prima», der erste gedruckte Bericht über die Lehre des Kopernikus von G. J. RHETICUS [10].

G. BRUNO hat den Konflikt um den W.-Begriff, der bei Cusanus einsetzt, mit seinem Leben zu büßen. Im Kampf um das Verständnis von W. erweist sich die philosophisch-spekulative und naturwissenschaftliche Sicht als unvereinbar mit der theologischen. Nach Bruno ist die wahre Inkarnation Gottes die W. So wird die Schöpfung der W. zur Konkurrentin des Gottessohns [11].

2. Bei TH. HOBBES bleibt der W.-Begriff wissenschaftlich irrelevant, wenn er auch, aufgrund der mathematischen Orientierung seines Empirismus, die nachkopernikanischen Theorien, insbesondere Galileis, als plausible Annahmen referiert. Seine Definition der W. im ganzen («corporum sive objectorum sensibilium, maximum omnium est ipse mundus»; «der größte aller Körper oder sinnlich wahrnehmbaren Gegenstände ist die W. selbst») begleitet er mit der Bemerkung, es könne bezüglich der W. nur wenig gefragt und schon gar nichts entschieden werden [12]. So argumentiert Hobbes in seiner Auseinandersetzung mit TH. WHITES Schrift ‹De mundo Dialogi tres›, die Definition des Wortes ‹W.› (das Aggregat sämtlicher Körper, die existieren) könne keine Auskunft darüber geben, ob die W. endlich oder unendlich sei. Denn die Definition sage nichts darüber, ob weitere Körper der W. hinzugefügt werden könnten oder nicht. Da es darüber auch kein empirisches Wissen gibt, ist ein Satz, der die Endlichkeit der W. behauptet, nur aus dem Willen Gottes ableitbar. «Die W. ist endlich» sei darum ein Dogma, und zwar nicht der Wissenschaft, sondern des Glaubens; weder physikalische noch metaphysische Gründe wären dafür beizubringen [13].

J. LOCKE schließlich ignoriert die kosmologische Bedeutung des W.-Begriffs; signifikant ist das Wort «world» als kollektive Vorstellung, als ein «artificial draught» des menschlichen Geistes, der sehr ferne und voneinander unabhängige Dinge unter einen Gesichtspunkt bringt, sie zu einem Begriff vereinigt und mit einem Namen bezeichnet [14].

3. Anders als bei den englischen Empiristen, denen die «Präsenz der W. gleichgültig» [15] ist, hat R. DESCARTES von vornherein versucht, das Ganze der natürlichen W. zum Thema zu machen. Im ‹Discours de la méthode› berichtet er von seinem Vorhaben, ein Werk mit dem Titel ‹Le monde› zu publizieren. Da aber im Jahre 1632 ein Anderer (es war Galilei) verurteilt worden sei, habe er es unterlassen [16]. In einem Werk mit diesem Titel hätte Descartes nicht verbergen können, daß seine Konzeption von W. die Kopernikanische Wende voraussetzt. Im dritten Teil der ‹Principia Philosophiae› (überschrieben als ‹De mundo adspectabili›), der die kosmogonische «Wir-

beltheorie» (s.d.) enthält, wird die kopernikanische Position Descartes' offenkundig. Im zweiten Teil lautet die zentrale These über die körperlichen Dinge, daß die Ausdehnung («res extensa») stets materiegebunden vorkommt; einen leeren Raum kann es nach Descartes nicht geben. Dabei ist die «Materie des Himmels» keine andere als die Materie der Erde. Unzählige W.en müßten aus ein- und derselben Materie gebildet sein. Es kann darum auch nicht mehrere, sondern nur eine W. geben. «Materia itaque in toto universo una & eadem existit ...». Materie wird allein daran erkannt, daß sie ausgedehnt ist [17]. Die These von der Materialität des Raumes hängt direkt mit der kosmogonischen Wirbeltheorie zusammen, die eine Alternative zum Schöpfungsbericht bildet.

B. Pascals Fragment 72 aus den ‹Pensées› bedenkt die Konsequenzen des nachkopernikanischen W.-Begriffs für die menschliche Existenz. Der Denker gibt dem Spectator caeli (s.d.), also dem Typus prinzipieller Weltoffenheit, den Vorzug. Nicht durch Selbstreflexion, wie im methodischen Zweifel von Descartes, sondern durch die Betrachtung der W. lernen die Menschen ihren Standort und ihr Wesen kennen. «Tout le monde visible n'est qu'un trait imperceptible dans l'ample sein de la nature». ‹Natur› ist der umfassende Begriff, der alles, was ist, einschließt – mit Ausnahme von Gott. «Le monde» und «l'univers» sind demgegenüber kleinere Einheiten, Umkreise dessen, was innerhalb eines Horizonts des Wahrnehmbaren erscheint. Die Differenz und der Zusammenhang dieser verschiedenen Ganzheitsbegriffe werden nicht thematisiert.

Im Blick auf ‹le monde›, den Horizont unserer sinnlichen Wahrnehmung (alltäglich-vorkopernikanisch), in der bis zur imaginativen Ermattung vorangetriebenen Horizonterweiterung (wissenschaftlich-nachkopernikanisch) zum Weltall («l'univers») werden wir der unendlichen Fülle dessen gewahr, was die Natur («la nature») zu zeigen vermag. Dabei erscheint das Universum der uns wahrnehmbaren oder durch Einbildungskraft vorstellbaren Dinge wie ein «petit cachet». Die Natur selber, die metaphorisch eine Subjektstellung erhält, wird mathematisch wie bei Nikolaus von Kues als unendliche Kugel gedacht, deren Peripherie nirgendwo ist und deren Mittelpunkt überall sein kann. In der nachkopernikanisch inspirierten Kontemplation verliert die Stellung des Menschen jegliche Proportionalität zum Ganzen [18].

4. Die wechselnde Zuordnung und die nicht 'festgestellte' Bedeutung des W.-Begriffes im Verhältnis zu den Nachbarbegriffen ‹Universum› und ‹Natur› hängt mit der Auflösung des mittelalterlichen Weltbildes zusammen. Vor Kopernikus war für ‹W.› die Reichweite der sinnlichen Wahrnehmung, vom Standort Erde aus, maßgeblich. ‹Mundus› konnte die menschliche Gesichtsfeldgrenze bezeichnen, aber auch das Universum, das All des Erschaffenen, das den Mundus intelligibilis (s.d.) einschloß. Eine Pluralität von materiellen W.en war unter diesen Bedingungen kein sinnvoller Begriff.

Wenn aber die Erde, wie das schon Nikolaus von Kues erwägt, aus dem ruhenden Mittelpunkt der W. herausrückt und zum «edlen Stern» («stella nobilis») [19] wird, verliert sie ihre singuläre Stellung als Wohnstätte, und es wird plausibel, daß auch andere Himmelskörper bewohnt sein könnten. Der biblische Schöpfungsbericht scheint diese Möglichkeit jedoch auszuschließen. Die Rede von einer Pluralität von W.en [20] gerät so in die Konfliktzone zwischen Gen. 1 und der neuen Astronomie. Indirekt wird dadurch das Problembewußtsein im Umgang mit dem W.-Begriff gefördert.

Ein frühes Beispiel dafür ist die Schrift des anglikanischen Bischofs J. Wilkins von 1638: ‹The Discovery of a World in the Moon›. Wilkins, der sich als christlicher Verteidiger von Kopernikus versteht und sein Unternehmen mit der Ausfahrt von Kolumbus vergleicht, beruft sich auf den Doppelsinn des Wortes ‹W.›, um sich gegen den Verdacht der Abweichung vom christlichen Schöpfungsbericht zu verwahren: «the terme world may be taken in a double sense, more generally for the whole universe ..., more particularly, for an inferior world, consisting of elements». Im letzteren Sinn sei seine Rede von einer W. auf dem Mond zu verstehen – innerhalb der einen W. des Universums. Und so könne er zeigen, daß «a plurality of worlds does not contradict any principle of reason or place of scripture» [21].

Im 18. Jh. führt B. Le Bovier de Fontenelle die Vorstellung von einer Pluralität der W.en in den Diskurs des gebildeten Bürgertums ein. Es ist bedeutsam, daß er die Diskrepanz zwischen Lebenswelt und wissenschaftlicher Theorie in seinen populären Betrachtungen erörtert. Diese Diskrepanz ist in seinem Philosophiebegriff verankert. Den Begriff von der einen W. verdanken wir der Begrenztheit unseres lebensweltlichen Horizontes. Für das unermeßliche Ganze gebraucht Fontenelle das Wort «l'univers»; wenn es auf seine Genese ankommt, «la nature». «Le monde» ist das Wort für die Pluralität der Planetensysteme, die er cartesianisch als «tourbillons» (Wirbel) beschreibt [22].

5. Die Rede von der Pluralität der W.en, die durch die geopolitische Erfahrung einer «neuen W.» [23] gestützt wird, erregt bei dem an die metaphysische Theologie gebundenen Denker G. W. Leibniz Anstoß. Er nimmt die Neubestimmung des Wortes «monde» zurück. Die Rede von einer Pluralität der W.en ist nur dann mit dem biblischen Schöpfungsbegriff vereinbar, wenn sie sich auf die Vielfalt möglicher W.en im Geiste Gottes vor der Schöpfung bezieht. Pluralität von W.en kann es nach Leibniz nur im logischen Modus der Möglichkeit geben. Es gibt real nicht eine Vielzahl von W.en – wohl aber unzählige «Erdenbälle» («un nombre innombrable de globes») [24].

Im Ausgang von Leibniz hat Ch. Wolff als erster eine erfahrungsunabhängige apriorische Kosmologie (s.d.) konzipiert. Ihrem systematischen Rang als Metaphysica specialis entspricht die Übersetzung von «Philosophie» mit «Weltweisheit» (s.d.), die sich im 17. Jh. verbreitete. Mit dieser Übersetzung wird «W.» zum zentralen Sachthema der Philosophie. Wolff bestimmt «W.» als «Reihe veränderlicher Dinge ..., die nebeneinander sind und aufeinander folgen, insgesamt aber miteinander verknüpfet sind» [25]. In bezug auf die Theologie als «Gottesgelahrtheit» scheint sich eine Arbeitsteilung anzubahnen, die in der Wolff-Schule definitorisch bekräftigt wird: «W.» ist der «Inbegriff aller existierenden Dinge mit Ausnahme von Gott» [26]. Die Verpflichtung des philosophischen Denkens auf «W.» bleibt jedoch in dem Bedeutungsgefälle, in das die Wissenschaft von den Weltdingen durch die Lehre des Apostels Paulus (1. Kor. 1, 20) geraten war. Die Begriffsgeschichte von ‹W.› ergibt, daß das Wort von seinem ersten Auftreten an in dieser semantischen Hierarchie angesiedelt ist [27].

Der stets virulente Konflikt zwischen Theologie und Philosophie im W.-Begriff ist auch an den einschlägigen Lexikon-Artikeln im 17. und 18. Jh. abzulesen. J. Micraelius definiert ‹mundus› im Rückgriff auf die Stoa, die eine Harmonisierung von christlicher Theologie und Humanismus zuläßt: «Mundi finis est Dei gloria & hominum commoditas, juxta illud Stoicorum: Omnia propter hominem; homo propter Deum» («Der Endzweck der W. ist der Ruhm Gottes und das Wohl der Menschen, was dem Satz der Stoiker nahekommt: alles um des Menschen willen, der Mensch aber umwillen Gottes»). W. wird als Substanz mit Akzidentien begriffen. Ihre Einheit («unitas») und ihre Endlichkeit («finitas») sind zufällige Eigenschaften. Sie gehören nicht wesensmäßig zum Mundus, sondern sind ihm von Gott zugesprochen.

Der formale W.-Begriff wird nach antikem Schulwissen angegeben: «Mundi forma conspicitur in mira rerum varietate, in decoro ordine, in pulcritudine perfecta, in plenitudine universitatis ..., in constitutione & connexione partium aptissima» («Die Form der W. wird ansichtig in der wunderbaren Vielfalt der Dinge, in der Zierde ihrer Ordnung, in der vollkommenen Schönheit, in der Fülle des umfassenden Ganzen, in der tauglichsten Anordnung und Verbindung der Teile») [28].

Die atheistische Gegenposition wird exemplarisch begründet von P.-H. TH. D'HOLBACHS ‹Système de la Nature ou des lois du monde physique et du monde moral› [29]. Der Titel bildet den Leitgedanken des Werkes ab. Die Naturgesetze determinieren sowohl die physische als auch die «moralische W.». Letztere ist nicht gleichzusetzen mit dem, was der Ausdruck später bei Kant und im Deutschen Idealismus meint. «Moralische W.» («monde moral») ist bei Holbach (wie auch im angelsächsischen Sprachraum) gleichbedeutend mit «geistiger W.» und umgreift alles, was durch menschliche Kraft hervorgebracht wird. «W.» («le monde») ist bei Holbach ein regionaler Begriff, der dazu dient, Bereiche in ein und derselben, alles durchwirkenden Natur zu unterscheiden. Wer die beiden W.en, die physische und moralische, als selbständige Entitäten auffaßt, verfällt illusionären Vorurteilen, die von der christlichen Religion genährt werden.

6. In seinen frühen naturphilosophischen Schriften setzt sich I. KANT mit der These auseinander, es könne – metaphysisch verstanden – nur eine einzige W. geben. Er versucht, aus der in der Metaphysik geläufigen Definition von ‹W.› selbst die Gegenthese abzuleiten: «Mundus est rerum omnium contingentium simultanearum & successivarum inter se connexarum series» («W. ist die Reihe aller zufälligen, gleichzeitigen und aufeinander folgenden und untereinander verbundenen Dinge»). Aus dieser Definition gehe hervor, daß nur dasjenige zur W. zu rechnen sei, was mit den übrigen Dingen in einer natürlichen Verbindung stehe. Wenn es also Dinge gibt, die wohl untereinander «eine Relation haben», aber mit keinem anderen Ding in Verbindung stehen, so machen sie eine besondere W. aus. «Es ist wirklich möglich, daß Gott viele Millionen W.en, auch in recht metaphysischer Bedeutung genommen, erschaffen habe; daher bleibt es unentschieden, ob sie auch wirklich existiren, oder nicht.» Der Irrtum von einer einzig möglichen W. entsteht aus Mißachtung der Definition von ‹W.› [30]. Im Anschluß an diesen Gedanken erwägt Kant, unter welchen Bedingungen viele W.en wirklich existieren könnten, und überlegt, ob es vielleicht andere Raumarten gebe, die nicht dreidimensional wären. Dann wären nämlich besondere W.en vorstellbar, zwischen denen nicht einmal eine räumliche Verbindung bestünde. Solange man allerdings annehme, alle Räumlichkeit sei dreidimensional, liege es nahe, daß Gott, um seinem Werk Harmonie und Übereinstimmung zu geben, nur eine W. geschaffen habe; Lücken und Zerstreuung würden die Vollkommenheit seines Werkes stören. Kant hat diesen seinerzeit ungewöhnlichen Einfall später nicht weiter verfolgt [31].

In der ‹Allgemeinen Naturgeschichte und Theorie des Himmels oder Versuch von der Verfassung und dem mechanischen Ursprunge des ganzen Weltgebäudes, nach Newtonischen Grundsätzen abgehandelt› entfaltet Kant eine Vielzahl von visionären metaphorischen Varianten des W.-Begriffes. In ihnen mischt sich das architektonische Muster («Weltgebäude») mit biologischen, theatralischen und militärischen Ordnungsbildern, einer Reminiszenz an den ursprünglichen Wortsinn von ‹Kosmos› («ganze Heere von W.en und Weltordnungen in aller gehörigen Ordnung und Schönheit»; «Samen zukünftiger W.en» trachten «sich aus dem rohen Zustande des Chaos ... auszuwickeln») [32]. In der ‹Theorie des Himmels›, die viele W.en zuläßt, die sich im Spiel der Gravitationskräfte zu regionalen Ordnungskomplexen ausbilden, ist der Grundbegriff für das Ganze des Universums die «Natur», deren allgemeine Geschichte im Entstehen und Vergehen von W.en abläuft. Wie in dem uns zugänglichen Lauf der Natur Erdbeben und Überschwemmungen ganze Völker vom Erdboden vertilgen, so verlassen auf gleiche Weise «ganze W.en und Systemen den Schauplatz, nachdem sie ihre Rolle ausgespielt haben» [33].

Kant ist klar, daß er mit seiner Kosmogonie nach der Newtonschen Himmelsmechanik in die Nähe des antiken Atomismus, der ketzerischen Lehren von Epikur und Lukrez, gerät. Doch bei diesen – so geht er auf Distanz – entstehe ein wohlgeordnetes Ganzes rein zufällig, aus einem glücklichen Zusammentreffen von Atomen werde die Vernunft aus Unvernunft hergeleitet. In seiner Lehrverfassung sei jedoch die Materie an notwendige Gesetze gebunden, «die auf Ordnung und Wohlanständigkeit abzwecken». Darin werde eine weise Absicht erkennbar: «es ist ein Gott eben deswegen, weil die Natur auch selbst im Chaos nicht anders als regelmäßig und ordentlich verfahren kann» [34]. A. POPE, den Kant neben A. von Haller mit Vorliebe als poetischen Zeugen zu Wort kommen läßt, hatte geschrieben: «Go, teach Eternal Wisdom how to rule – / Then drop thyself, and be a fool! / Superior beings, when of late they saw / A mortal Man unfold all Nature's law, / Admir'd such wisdom in an earthly shape, / And shew'd a Newton as we shew an Ape» [35].

Bis zu seiner Dissertation ‹De mundi sensibilis atque intelligibilis forma et principiis› nimmt KANT den W.-Begriff in seiner konventionellen Bedeutung auf und verwendet ihn operativ. Jetzt beginnt er ihn kritisch zu überprüfen. Als erster macht er auf seine logischen Besonderheiten aufmerksam. Er läßt sich von der «vox communis» darüber belehren, daß «W.» nicht ein Aggregat bzw. ein System von Dingen meint, sondern eine unbedingte Ganzheit von Zuständen. Was zur W. gehört, sind nicht Gegebenheiten, die unter einen Allgemeinbegriff gebracht werden. «W.» ist eine «totalitas absoluta», die Einzelnes in sich hat, das nicht durch Subsumtion zur Einheit kommt, sondern auf einen Gesamtzustand («status») hin koordiniert wird. Diese Eigentümlichkeit macht den Begriff zu einem «Kreuz» für den Philosophen, sobald er eindringlich erwogen wird («Totalitas haec absoluta ... penitius perpensa crucem figere philosopho videtur») [36].

In der ‹Kritik der reinen Vernunft› führt Kant den Ausdruck «Weltbegriffe» als Neologismus ein. Weltbegriffe werden in mathematische und dynamische unterteilt. Die mathematischen Weltbegriffe gehen auf den Aggregatzustand eines Ganzen (seine Ausdehnung und Zusammensetzung bzw. Teilung). Die dynamischen Weltbegriffe gehen auf das «Dasein der Erscheinungen», im Hinblick auf ihre Veränderung in kausal bedingten Prozessen; Kant nennt sie «Naturbegriffe» [37].

Den Streit um die W. und ihre Eigenschaften beschreibt Kant im Bilde eines Ritterturniers. Der Kritiker als unparteiischer Kampfrichter beurteilt das Geschehen skeptisch, aber ohne Skeptizismus; denn er sucht Gewißheit. Er will das Mißverständnis aufspüren, das die Vernunft auf ein trügerisches Feld führt, wo sie es mit Sätzen zu tun hat, die weder experimentell noch mathematisch (durch evidente Synthese in der reinen Anschauung) belegbar sind. Sätze über die W. erbringen keine Erkenntnis, weil sie sich weder empirisch noch rein auf Anschauung beziehen lassen, die gegenständliche Geltung ergäbe.

Dennoch kann die Vernunft von der Idee eines Ganzen möglicher Erfahrung nicht ablassen. Aus dem ihr eingeborenen metaphysischen Bedürfnis wirft sie Fragen auf, die den «Gegenstand W.» betreffen: Ob er endlich oder unendlich sei, ob er durchgängig determiniert sei oder Freiheit zulasse. Der Verstand kann solche gegensätzlichen Prädikate gleichermaßen logisch demonstrieren. Er gerät dabei in «Antinomie» (s.d.). Trotz dieser Antinomie sind die Weltbegriffe als «kosmologische Ideen» indirekt der Erkenntnis förderlich, als regulative Prinzipien im empirischen Gebrauch. Ein transzendentaler Gebrauch im Sinne eines erfahrungsunabhängigen, apriorischen Erkenntnisgewinns, den die metaphysische Kosmologie als allgemeine Lehre vom Wesen der W. (im Ausgang von Leibniz und Wolff) dartun wollte, ist nicht zulässig. Es wäre ein Versuch im «Medium des dialektischen Scheins», in dem sich ein Subjektives der Vernunft als Objektives anbietet oder gar aufdrängt [38].

In der Methodenlehre der ‹Kritik der reinen Vernunft› erwägt Kant den Gebrauch der Freiheit vernünftiger Wesen unter moralischen Gesetzen, die ohne Rücksicht auf empirische Motive das Handeln bestimmen. Er nennt – in der Tradition der Rede von einer «sphaera moralis» [39] – ein einheitliches Ganzes, in dem freie Vernunftwesen sich allein durch sittliche Gesetze in ihrer Praxis bestimmen lassen, eine «moralische W.». Erkennbar ist die moralische W. nicht, weil uns von ihr jede Anschauung fehlt. Dennoch hat diese Idee «objektive Realität», da sie sich im praktischen Gebrauch unserer Freiheit auf unser natürliches Zusammenleben mit Anderen bezieht, wie auf ein «corpus mysticum» freier Wesen in der naturbestimmten Sinnenwelt [40]. In der Konzeption einer moralischen W. läßt Kant den Begriff einer «intelligiblen W.», den er theoretisch destruiert hatte, auf praktischer Grundlage wieder aufleben. In einer moralischen W., die Kant mit der intelligiblen gleichsetzt, wäre das, was wir in unserem konkreten Lebensverhalten anhand des kategorischen Imperativs als Sollen erfahren, als notwendiges Wollen vollziehbar [41]. Im ‹Beschluß›, der die ‹Kritik der praktischen Vernunft› mit einer an Pascal erinnernden Kontemplation der Stellung des Menschen in der natürlichen W. abschließt, hat Kant mit den Formeln vom «bestirnten Himmel über mir» und dem «moralischen Gesetz in mir» den Zwiespalt im menschlichen Existenzbewußtsein einprägsam beschrieben. Das Bewußtsein vom moralischen Gesetz in mir «stellt mich in einer W. dar, die wahre Unendlichkeit hat, aber nur dem Verstande spürbar ist». Diese «intelligible» Verbindung zu einer anderen W. kompensiert die Vernichtung meiner Wichtigkeit «als eines thierischen Geschöpfs» auf «dem Planeten (einem bloßen Punkt im Weltall)». So wird der Mensch zu einem Bürger zweier W.en, in deren Dichotomie die alte Definition des Menschen als Animal rationale sich mundan abbildet [42].

7. J. G. Herder unternimmt, unter nachkopernikanischen Bedingungen und auf der Basis der Kantischen Vernunftkritik, den Versuch, Naturwelt und Menschenwelt in geschichtlicher Perspektive zu harmonisieren. Im Bewußtsein, das wissenschaftlich Erforschbare zu überschreiten, bildet er mit Sprachphantasie eine Fülle von Metaphern, wobei eine allgemeine Kräftelehre als natürliche Weltordnung zugrunde liegt. Sie ist zwar noch christlich umkleidet, aber im Kern dem Pantheismus nahe: «Der Bau des Weltgebäudes sichert ... den Kern meines Daseyns, mein inneres Leben, auf Ewigkeiten hin. Wo und wer ich seyn werde, werde ich seyn der ich jetzt bin, eine Kraft im System aller Kräfte, ein Wesen in der unabsehlichen Harmonie einer W. Gottes» [43].

J. G. Fichtes Projekt der Letztbegründung des Denkens in der Subjektivität verändert die Problemlage, in welcher der Begriff einer «moralischen W.» relevant wird. Der Glaube an die Realität der Sinnenwelt entsteht aus dem Begriff einer moralischen W.: «Meine W. ist – Object und Sphäre meiner Pflichten, und absolut nichts anderes; eine andere W., oder andere Eigenschaften meiner W. giebt es für mich nicht ... Selbst demjenigen, der seine eigne sittliche Bestimmung sich nie gedacht hätte, ... selbst ihm entsteht seine Sinnenwelt, und sein Glaube an die Realität derselben auf keinem andern Wege, als aus seinem Begriffe von einer moralischen W.» [44]. Fichte macht schließlich den Versuch, auf der Basis des freien Willens die mit dem Begriff der «moralischen W.» seit Kant gegebene Zweiweltenlehre zur Einheit zu bringen: «Der Wille ist das Wirkende, und Lebendige der Vernunftwelt, so wie die Bewegung das Wirkende, und Lebendige der Sinnenwelt ist. Ich stehe im Mittelpunkte zweier gerade entgegengesetzter W.en, einer sichtbaren, in der die That, einer unsichtbaren und schlechthin unbegreiflichen, in der der Wille entscheidet; ich bin eine der Urkräfte für beide W.en. Mein Wille ist es, der beide umfaßt» [45].

Der Begriff der moralischen W. ist nach F. W. J. Schelling aus dem Unbedingten im Ich, der letztbegründenden Selbstbestimmung, abgeleitet. Schelling verwendet das Wort ‹W.› nicht als Terminus, der erläuterungsbedürftig wäre. Er nimmt ihn in einer formalen Bedeutung in Gebrauch, die die einheitliche Ordnung eines Zusammenhangs von Dingen oder Personen enthält. Der Begriffsgebrauch ist von der kosmologischen Referenz abgelöst und kontextbedingt. So unterscheidet er gelegentlich die «absolute Totalität», die das Wort «Universum» anzeigt, von der «Natur» im Sinne der reellen W. und von der «relativ geistigen W.». Beide W.en sind Seiten des Universums. Von «W.» als Gesamtheit der existierenden Dinge redet Schelling in Anpassung an die Sprache der christlichen Theologie, wo es um das Verhältnis von Gott und W. geht, etwa bei der Auseinandersetzung mit dem Pantheismus [46]. Im Rückgriff auf die Tradition der christlichen Aion-Vorstellung profiliert der späte Schelling den Begriff der «Weltalter» (s.d.).

Bei G. W. F. Hegel ist ‹W.› kein systematisch relevanter Terminus, sondern zunächst ein Wort des gängigen philosophischen Sprachgebrauchs, das als kritisches Interpretament bei der Analyse philosophischer Positionen eingesetzt wird [47]. ‹W.› überhaupt ist in Hegels Werk kein Begriff, sondern bloß Vorstellung einer «Collection des Geistigen und Natürlichen» [48]. Bestimmtheit und systematischen Rang erhält der Ausdruck durch seine Attribute. Dem entspricht, daß Komposita mit ‹W.› wie ‹Weltgeist› (s.d.), ‹Weltgeschichte› (s.d.), ‹Weltlauf› (s.d.) für Hegels Denken von Bedeutung sind. Mit der ‹Phänomenologie des Geistes› wird der Topos ‹Verkehrte Welt› (s.d.) auch in die philosophische Terminologie eingeführt.

A. von Humboldt beklagt die Verschmelzung der Begriffswörter ‹W.› und ‹Erde› im allgemeinen Sprachgebrauch. Gegen die Provinzialisierung des W.-Begriffes bietet er mit der Titelwahl zu seinem Werk das alte Wort ‹Kosmos› auf. Er macht terminologische Vorschläge, z.B. das Kompositum «physische Weltbeschreibung», das anzeigt, daß «W.» von den himmlischen Nebelfeldern bis zu den irdischen Felsklippen sich erstreckt; oder das Kompositum «physische Weltgeschichte», mit dem die in großen Zeiträumen sich vollziehenden Veränderungen des Kosmos gemeint sind. A. von Humboldt stellt die Aufgabe einer «Geschichte der Weltanschauung». Diese habe nichts mit politischen oder privaten Ideologien zu tun, sondern solle die Grundgedanken der Einheit der Erscheinungen im Weltall in ihrem geschichtlichen Ablauf darstellen [49]. Sein Versuch, den in der Neuzeit zunehmenden und bis in die Anfänge des Christentums zurückreichenden kosmologischen Horizontverlust des Begriffswortes ‹W.› aufzuhalten, ist ohne nachhaltigen Erfolg geblieben. An der Karriere des Kompositums ‹Weltanschauung› (s.d.) im 19. und 20. Jh. läßt sich dies exemplarisch ablesen [50].

8. L. Feuerbach sucht eine religionsgeschichtliche Erklärung dafür, daß im abendländischen Denken der «Sinn für die W.» durch lebenspraktische Blickverengungen begrenzt ist; im Gegensatz zum jüdischen Monotheismus sei der Polytheismus der «offene, neidlose Sinn für alles Schöne und Gute ohne Unterschied, der Sinn für die W., für das Universum» [51].

Bei K. Marx wird ‹W.› zum Interpretament der Sozialgeschichte. Souverän spielt der junge Marx mit den religiösen Untertönen in der Semantik des Wortes («Herr der W.»), mit der Differenz der alten und neuen W. aus der Zeit der Entdeckungen («daß wir nicht dogmatisch die W. antizipieren, sondern erst aus der Kritik der alten W. die neue finden wollen»), mit der Hegelschen Wendung einer «verkehrten W.» («der König von Preußen wird so lange ein Mann seiner Zeit sein, als die verkehrte W. die wirkliche ist»). ‹W.› tritt auf als Metapher für das gesellschaftliche Bewußtsein und nimmt dabei personale Züge an: «Die Reform des Bewußtseins besteht nur darin, daß man die W. ihr Bewußtsein innewerden läßt, daß man sie aus dem Traum über sich selbst aufweckt, daß man ihre eigenen Aktionen ihr erklärt». So auch in direkter Anspielung auf den Brief des Apostels Paulus an die Römer (8, 19): «Die Religion ist der Seufzer der bedrängten Kreatur, das Gemüt einer herzlosen W.» [52]. Und der vorletzte Satz des ‹Manifestes der Kommunistischen Partei› klingt wie ein Dementi von Mtth. 16, 26: Die Proletarier haben nichts in ihr (der kommunistischen Revolution) zu verlieren als ihre Ketten: «Sie haben eine W. zu gewinnen» [53].

A. Schopenhauer macht ‹W.› zum Titelwort in seinem Hauptwerk ‹Die W. als Wille und Vorstellung›. Das Wesen der W. zu ergründen, ist die Aufgabe der Philosophie. Die W. ist Vorstellung, und ihr Wesen ist Wille. Wenn sich der Mensch durch die Macht seines Geistes der Anschauung völlig hingibt, erreicht er den Zustand «ruhiger Kontemplation»; er verliert sich in den Gegenstand, wird auf diese Weise zum «reinen Subjekt», dem nicht die individuelle Existenzform der Dinge, sondern ihre ewigen Formen präsent werden. Naturwissenschaft und Philosophie können diesen Zustand des willen- und interesselosen Weltverhaltens nicht hervorbringen. Das vermag allein die Kunst, die insofern beiden überlegen ist. Sie wiederholt «die durch reine Kontemplation aufgefaßten ewigen Ideen, das Wesentliche und Bleibende aller Erscheinungen der W. – als bildende Kunst, Poesie oder Musik». Künstlerische Genialität besteht darin, «seiner Persönlichkeit sich auf eine Zeit völlig zu entäußern, um als rein erkennendes Subjekt, klares Weltauge, übrig zu bleiben», nur «heller Spiegel des Wesens der W.» zu sein – den Interessenlagen des Alltagslebens, seinen Wechselfällen und seiner Behaglichkeit entrückt [54].

F. Nietzsche unterzieht den W.-Begriff in der abendländischen Philosophie einer radikalen Kritik. Das Vertrauen auf die Leistungsfähigkeit der menschlichen Vernunft wird in einer Hermeneutik des Verdachts aufgekündigt. Das Mißtrauen gegen den Intellekt wird seinerseits in einer kosmologischen Erwägung begründet [55]. ‹W.› ist nach Nietzsche ein «Grenzbegriff», in dem die Sprache mehr verspricht, als durch Erfahrung einlösbar ist, und in den deshalb unsere «nothwendigen Unwissenheiten» geschickt werden [56]: «Der Weltprozess und die Persönlichkeit des Erdflohs! Wenn man nur nicht ewig die Hyperbel aller Hyperbeln, das Wort: Welt, Welt, Welt, hören müßte» [57]. «Notwendige Unwissenheiten» ist eine Umschreibung dessen, was Kant als «Antinomie» im W.-Begriff und als «Kreuz für den Philosophen» beschrieben hatte. Was bei Kant ein Bedürfnis der Vernunft nach einem Umfassenden war, von dem sie auch dann nicht abläßt, wenn sie ihre Unwissenheit demonstriert bekommt, wird bei Nietzsche als Strategie des Überlebens interpretiert. Im ständigen Wechsel der Ereignisse brauchen die «praktischen Instinkte» der Menschen «eine gewisse berechenbare W. identischer Fälle» – eine «wahre W.», die von der «scheinbaren» des unzuverlässigen und zufälligen Geschehens unterschieden wird. Was als wahre W. des Seins gebraucht wird, ist selber Schein, aber für uns real, weil lebensfördernd: «'Scheinbarkeit' ist eine zurechtgemachte und vereinfachte W. ... sie ist für *uns* vollkommen wahr: nämlich wir ... können in ihr leben: Beweis ihrer Wahrheit für uns». Nietzsches These geht noch über die Umkehr des Begriffspaars «wahre und scheinbare W.» hinaus. Wenn «W.» überhaupt nicht «an sich» existiert, wenn sie «essentiell Relations-W.» ist, wird das Begriffspaar als solches hinfällig. Was als Sein der W. gilt, hat dann mit wahr und scheinbar nichts mehr zu tun, sondern wird durch Machtverhältnisse austariert [58]. Die Geschichte des abendländischen W.-Begriffes kommt mit Nietzsche, in einer gegen sich selbst mißtrauisch gewordenen Aufklärung, zu einem extremen Gegenentwurf dessen, was einmal W. als Kosmos, als Wohlordnung aller Dinge, gewesen war. Nietzsche skizziert diese Geschichte in der ‹Götzen-Dämmerung› als Geschichte eines Irrtums: «Wie die 'wahre W.' endlich zur Fabel wurde». Es ist eine Verfallsgeschichte des Platonismus: «Die wahre W. haben wir abgeschafft: welche W. blieb übrig? die scheinbare vielleicht? ... Aber nein! mit der wahren W. haben wir auch die scheinbare abgeschafft!» [59]

Anmerkungen. [1] W. Kranz: Kosmos. Arch. Begriffsgesch. 2/1-2 (1958) 178. – [2] Vgl. Art. ‹Kreis; Kugel›. Hist. Wb. Philos. 4 (1976) 1211-1226; ‹Sphäre II.›, a.O. 9 (1995) 1376-1379; ‹Zentrum›. – [3] Vgl. C. F. von Weizsäcker: Zum Weltbild der Physik (1963) 129f. – [4] Vgl. Art. ‹Sublunar/translunar›. Hist. Wb. Philos. 10 (1998) 477-481. – [5] Nicolaus Cus.: Compendium 8. Akad.-A. 11, 3 (1940) 17-20. – [6] De docta ignor. III, 3, a.O. 1 (1932) 127; vgl. Art. ‹Makrokosmos/Mikrokosmos›. Hist. Wb. Philos. 5 (1980) 640-649. – [7] H. Blumenberg: Die Genesis der kopernikan. W. (1975) 343. – [8] Nicolaus Copernicus: De revolutionibus/Das neue Weltbild (1543), lat.-dtsch., hg. H. G. Zekl (1990) 80f. – [9] Vgl. Art. ‹Maschine I. B. 1.›. Hist. Wb. Philos. 5 (1980) 791-793. – [10] Vgl. Plinius Sec.: Nat. historia I, 1; ein wörtliches Zitat aus Plinius hat M. Mästlin, der Lehrer J.

KEPLERS, seiner Ausgabe der ‹Narratio prima› hinzugefügt: L. PROWE: Nic. Coppernicus (1883-84, ND 1967) 2, 290. 326 (Anm.). – [11] G. BRUNO: De l'infinito universo e mondi (Venedig 1584, ND Ann Arbor 1974). – [12] TH. HOBBES: De corpore IV, 26 (1655). Op. philos. lat., hg. W. MOLESWORTH (London 1839-45, ND 1961) 1, 334f. – [13] Thomas White's De mundo examined (1643). The latin transl., hg. H. W. JONES (Bradford 1976) 32. – [14] J. LOCKE: An essay conc. human underst. II, 24 (1689). Works 2 (London 1823) 34ff. – [15] BLUMENBERG, a.O. [7] 57. – [16] R. DESCARTES: Disc. de la méthode VI, 1 (1637). Oeuvr., hg. CH. ADAM/P. TANNERY (Paris 1897-1913, ND 1964-74) 6, 60f. – [17] Principia philos. VIII, 2, 22f. (1644), a.O. 8/1, 52. – [18] B. PASCAL: Pensées, Frg. 72. Oeuvr., hg. L. BRUNSCHVICG 12 (Paris 1904, ND 1965) 70-92. – [19] NICOLAUS CUS.: De docta ignor. II, 12, a.O. [6] 105. – [20] Vgl. auch: Art. ‹Einwelttheorie/Mehrwelttheorie›. Hist. Wb. Philos. 2 (1972) 423-425. – [21] J. WILKINS: The discovery of a world in the moon (London 1638, ND Amsterdam 1972) 41f. 43. – [22] B. LE BOVIER DE FONTENELLE: Entret. sur la pluralité des mondes (1686). Oeuvr. compl., hg. G.-B. DEPPING 2 (Paris 1818, ND Genf 1968); dtsch.: Dialogen über die Mehrheit der W.en, hg. J. E. BODE (1780, ND 1983); vgl. Art. ‹Wirbeltheorie›. – [23] Vgl. Art. ‹Welt›, in: J. H. ZEDLER: Großes vollst. Univ.-Lex. 54 (1747, ND 1982) 1639f. – [24] G. W. LEIBNIZ: Essais de théod. sur la bonté de Dieu, la liberté de l'homme, et l'origine du mal (1710). Philos. Schr., hg. C. I. GERHARDT 6 (1885, ND 1965) 113f.; vgl. Art. ‹Welt, mögliche›. – [25] CH. WOLFF: Vern. Ged. von Gott, der W. und der Seele des Menschen ... (Dtsch. Met.) § 542 (1720, 11751). Ges. Werke I/2 (1983) 330. – [26] G. E. SCHULZE: Grundriß der philos. Wiss. 3: Transzendentale Kosmologie § XX (1790) 323. – [27] Vgl. H. BRAUN: Art. ‹Welt›, in: O. BRUNNER/W. CONZE/R. KOSELLECK (Hg.): Geschichtl. Grundbegriffe 7 (1992) 434-510, bes. 438f. – [28] J. MICRAELIUS: Lex. philosophicum (Stettin 1653, 21661, ND 1966) 850f. (Art. ‹Mundus›); vgl. J. G. WALCH: Philos. Lex. (1726) 2888f. – [29] P.-H. TH. D'HOLBACH: Syst. de la nature ou des lois du monde phys. et du monde moral 1 ('Londres' 1770, Paris 1821, ND 1966) 6f. – [30] I. KANT: Ged. von der wahren Schätzung ... § 8f. (1747). Akad.-A. 1, 22f. (Anm.). – [31] § 10, a.O. 24f.; dazu: G. KLAUS: Die Frühschr. I. Kants. Philos.hist. Abh. (1977) 174. – [32] Allg. Naturgesch. und Theorie des Himmels (1755). Akad.-A. 1, 314f. – [33] a.O. 318; zur unreflektierten Selbstreferenz des W.-Begriffes vgl. a.O. 255. – [34] 227f.; vgl. aber: 230. – [35] A. POPE: An essay on man (1733/34), hg. M. MACK (London 1950, ND 1958) 59f. – [36] I. KANT: De mundi sensibilis ... (1770). Akad.-A. 2, 391. – [37] KrV A 418ff./B 446ff. – [38] KrV A 792/B 820. – [39] Vgl. Art. ‹Sein, moralisches›. Hist. Wb. Philos. 9 (1995) 237-247. – [40] I. KANT: KrV A 808/B 836. – [41] Grundleg. zur Met. der Sitten (1785). Akad.-A. 4, 455. – [42] KpV A 288f. Akad.-A. 5, 161f. – [43] J. G. HERDER: Ideen zur Philos. der Gesch. der Menschheit I, 1 (1784). Sämmtl. Werke, hg. B. SUPHAN 13 (1887) 15f.; vgl. BRAUN, a.O. [27] 477f. – [44] J. G. FICHTE: Die Bestimmung des Menschen (1800). Akad.-A. I/6, 263f. – [45] a.O. 280. – [46] F. W. J. SCHELLING: Zur Gesch. der neueren Philos. (1827). Sämmtl. Werke, hg. K. F. A. SCHELLING (1856-61) I/10, 117. – [47] Vgl. G. W. F. HEGEL: Glauben und Wissen ... (1802). Akad.-A. 4, 407f. 404; zu F. HÖLDERLINS Begriff der «W. aller W.en» vgl. H. HÜHN: Mnemosyne. Zeit und Erinnerung in Hölderlins Denken (1997) 122ff. – [48] Encycl. der philos. Wiss. § 247, Zus. (1830). Jub.ausg., hg. H. GLOCKNER 9 (1928) 51. – [49] A. VON HUMBOLDT: Kosmos. Entwurf einer phys. Weltbeschreibung 1 (1845) 61. 63. 82. 85ff. – [50] Vgl. BRAUN, a.O. [27] 438f. 472ff. 502ff. – [51] L. FEUERBACH: Das Wesen des Christenthums (1841). Ges. Werke, hg. W. SCHUFFENHAUER 5 (1973) 210. – [52] K. MARX: Dtsch.-Frz. Jahrbücher (1844). MEW 1, 338. 343f. 340. 346; Zur Kritik der Hegelschen Rechtsphilos. [1843], a.O. 378. – [53] Manifest der Kommunist. Partei (1848). MEW 4, 493. – [54] A. SCHOPENHAUER: Die W. als Wille und Vorst. I, 3, § 36 (1819/44, 31859). Sämtl. Werke, hg. A. HÜBSCHER 2 (31972) 218ff.; zum Terminus ‹Weltauge› vgl. auch: GRIMM 14/I, 1 (1955) 1539f. – [55] F. NIETZSCHE: Ueber Wahrheit und Lüge ... 1 [1873]. Krit. Ges.ausg., hg. G. COLLI/M. MONTINARI (1967ff.) 3/2, 369. – [56] Nachgel. Fragm., Sommer 1886 bis Frühjahr 1887 6[10], a.O. 8/1, 242. – [57] Vom Nutzen und Nachteil der Historie für das Leben 9 (1873/74), a.O. 3/1, 308. – [58] Nachgel. Fragm., Anfang 1888 bis Anfang Januar 1899 14[93], a.O. 8/3, 63; vgl. Art. ‹Schein I. 8.›. Hist. Wb. Philos. 8 (1992) 1238. – [59] Götzen-Dämmerung (1889), a.O. 6/3, 74f.

Literaturhinweise. E. HOFFMANN: Das Universum des Nik. von Cues. Sber. Heidelberger Akad. Wiss., Phil.-hist. Kl., 3. Abh. (1929/30). – A. KOYRÉ s. Anm. [19 zu I.]. – K. ULMER: Von der Sache der Philosophie (1959). – C. F. VON WEIZSÄCKER s. Anm. [3] bes. 118-157; Die Tragweite der Wiss. (1966) bes. 96-134. – F. FELLMANN: Scholastik und kosmolog. Reform (1971). – H. BLUMENBERG s. Anm. [7]. – K. LÖWITH: Gott, Mensch und W. in der Met. von Descartes bis zu Nietzsche (1976); W. und Menschenwelt (1960). Sämtl. Schr. 1 (1981ff.) 295-328. – H. BLUMENBERG: Die Lesbarkeit der W. (1981). – H. BRAUN s. Anm. [27]. – F. J. WETZ: Lebenswelt und Weltall (1994). – H. BRAUN: Die W. der Natur und die Weisheit der W. Kosmolog. Defizit im Denken der Neuzeit, in: F. J. WETZ/H. TIMM (Hg.): Die Kunst des Überlebens (1999) 387-408. – R. WIEHL: Subjektivität und System (1999) bes. 8-45. – CH. BERMES: 'W.' als Thema der Philosophie. Vom metaphys. zum natürl. W.-Begriff (2004). H. BRAUN

III. *20. Jahrhundert.* – 1. In den Positionen des amerikanischen *Pragmatismus* (s.d.) kommt es zur Kritik am metaphysischen Konzept von W. als der einen, absoluten, monistischen, geschlossenen Totalität alles Wirklichen. Ausgehend von dem an Verifikationsprozesse gebundenen pragmatistischen Wahrheitsbegriff und der These von der Fallibilität erfahrungswissenschaftlicher Theorien hält W. JAMES empiristisch mit einer perspektivischen Vielheit von Weltsichten 'in the long run' auch eine Vielheit von «spheres of reality» für kohärent explizierbar [1]. Da die Erfahrungserkenntnis vom Einzelnen und nicht von einem vorgängigen Ganzen ausgeht, bleiben jenseits eines absoluten Monismus und absoluten Pluralismus der W. («world», «universe») zum einen die Konzeption einer durch pragmatische Verknüpfung der Teile entstehenden, nicht jedoch ins Absolute zu hypostasierenden Einheit der W., zum anderen die Annahme eines Trennungen enthaltenden «pluralistic universe» [2] denkmöglich. Gegen das abgeschlossene ‹Blockuniversum› des Rationalismus setzt James das Bild einer unfertigen, sich in die Zukunft entwickelnden W. und das Merkmal der strukturellen Offenheit der W. Versuche des Abschlusses zu einer totalen All-Einheit müssen fehlschlagen, da erfahrungsgemäß jedes als absolut behauptete Ganze stets etwas als Umgebung außer sich habe, wie auch in der Sprache gilt: «The word ‹and› trails along after every sentence» [3]. Ferner greift die radikal empiristische Spätphilosophie von James die Unterscheidung zwischen subjektiver Innen- und objektiver Außenwelt an, insofern sowohl die raum-zeitliche W. als auch das ebenfalls nicht identisch geschlossene Selbst als Modi eines Prinzips von beweglichen Komplexen 'reiner Erfahrungen' aufzufassen seien.

Zusätzliche Charakterisierungen von W. («world») gibt J. DEWEY im Ausgang von einer pragmatistischen Erkenntnistheorie, in der die absichtsvollen Tätigkeiten leitend sind: a) Eine scharfe Trennung zwischen Fakten, die die W. bilden, und Werten ist ebensowenig explizierbar wie (mit dem Wegfall der Gegenüberstellung von Theorie und Praxis) die metaphysische Unterscheidung zwischen noumenaler und phänomenaler W. Die konkret erfahrene 'natürliche W.' ist auch die wirkliche W. b) Die W. wird im Erkenntnisvorgang nicht äußerlich betrachtet oder durch Annäherung an eine «universal solution» enthüllt [4], sondern durch aktive, interagierende Funktionen des Geistes in ihren Prozessen geordnet und organisiert.

2. In der frühen *Analytischen Philosophie* bilden für G. FREGE die wahrnehmbaren und als vom Subjekt unabhängig behaupteten raum-zeitlichen Gegenstände die

Außenwelt. Ihr stellt er die an subjektive Träger gebundenen und zwischen Personen nicht vergleichbaren Innenwelten der Vorstellungen (Sinneseindrücke, Gefühle, Wünsche usw.) und Entschlüsse gegenüber. Im Unterschied zu seiner Konzeption eines eigenständigen Reichs von Gedanken [5] als Sinn von Behauptungssätzen bindet Frege den W.-Begriff an das Merkmal der Wirklichkeit, d.h. an Veränderungen erzeugende Wirkungen und Gegenwirkungen. – G. E. MOORE charakterisiert W. («world», «universe») als Gesamtheit von Dingen bestimmter Klassen, indem er der Philosophie als wichtigste Aufgabe zuweist, in ontologischer Fragehaltung eine «general description of the whole Universe» [6] dadurch zu geben, daß sie alle tatsächlich vorkommenden Arten von Dingen in der W. und ihre Beziehungen untereinander untersucht und begründete Wissenssätze darüber aufstellt. In Wendung gegen idealistische, neuhegelianische Positionen unternimmt er im Rekurs auf Common-Sense-Sätze einen «Proof of an External World», die in unkritischem Sinne durch die als außer uns befindlich wahrnehmbaren, vorab bestehenden, raum-zeitlichen, materiellen Dinge gegeben ist [7]. – In B. RUSSELLS Philosophie des logischen Atomismus [8] sind hinsichtlich des W.-Begriffes involviert: a) ein metaphysisch realistischer Schema-W.-Dualismus; b) die These einer Isomorphie-Beziehung zwischen «atomaren Aussagen» und den von ihnen beschriebenen Tatsachen, womit eine logisch formale Kosmologie vorliegt, die mit den Strukturen der Sprache durch logische Analyse die korrespondierenden Strukturen der W. («world») aufdeckt; c) eine Konstituierung der W. aus einfachen Entitäten, die sich aus den Klassen von Ausdrücken ergeben, mit denen eine vollständige Beschreibung der W. minimal möglich ist; ontologisch treten hier neben die in der Zeit existierenden Ding-Entitäten und die subsistierenden Universalien (Eigenschaften und Relationen) die atomaren Tatsachen. In seiner späteren Entwicklung eines 'neutralen Monismus' versucht Russell, Vorgänge als Grundelemente der W. zu explizieren, die in 'neutraler' Weise geistigen und physischen Prozessen zugrunde liegen; d) sinnkritisch nicht eingeschränkte Totalitätsansprüche, insofern Russell empirische Aussagen über «the world as whole» für sinnvoll hält [9].

Mit der These «Die W. ist alles, was der Fall ist» setzt L. WITTGENSTEIN im ‹Tractatus logico-philosophicus› gegen die Auffassung von W. als All der Dinge: «Die W. ist die Gesamtheit der Tatsachen». Letztere sind «im logischen Raum» und bestimmen insgesamt, was der Fall ist [10]. Eine Tatsache ist das Bestehen von Sachverhalten, und Sachverhalte sind Verbindungen von Gegenständen, nicht jedoch der komplexen Dinge der Alltagserfahrung, sondern des Einfachen, was durch Namen, einfache Zeichen in sprachlichen Sätzen, genannt wird. Insofern der Sinn von (Gedanken ausdrückenden) Sätzen die Möglichkeit des Bestehens von Sachverhalten gibt, wird eine interne Verbindung zwischen Sprache und W. hergestellt, die Wittgenstein in seiner Bildtheorie erläutert [11]. Stets machen wir uns bereits ein Bild vom Bestehen von Sachverhalten, der Wirklichkeit, und die Bilder der Tatsachen müssen, «um Bild zu sein, etwas mit dem Abgebildeten gemeinsam haben» [12]. Das Gemeinsame von Bild und W. ist die logische Form, und ein logisches Bild der Tatsachen, «der Gedanke», dessen Form der Abbildung die logische Form ist, «kann die W. abbilden» [13]. Mit dieser Isomorphie-These greifen die ontologische und die sprachlich-logische Bedeutungskomponente im W.-Begriff ineinander. Basal ist hierbei der Satz, insofern in ihm Sachverhalte neu und «probeweise zusammengestellt» werden [14]. Zur Tatsache werden diese, wenn das, was der Satz als «Modell der Wirklichkeit, so wie wir sie uns denken» [15], vorstellt, der Fall ist. Mithin gilt im Ausgang vom Satz, der durch «das Denken des Satz-Sinnes» in einer «projektiven Beziehung zur W.» steht: «Der Satz konstruiert eine W. mit Hilfe eines logischen Gerüstes» [16]. Die logische Form kann der Satz nicht seinerseits darstellen. Dafür müßten wir uns «außerhalb der Logik aufstellen können, das heißt außerhalb der W.» [17]. Vielmehr zeigt der Satz die logische Form der Wirklichkeit. Wegen dieser internen Verschränkung gilt: «Die Grenzen meiner Sprache bedeuten die Grenzen meiner W.» [18]. Jeder bestimmten Erfahrung liegt die kategorialisierende Logik schon voraus; die «Logik erfüllt die W.» [19]. Insofern ich das, was der Fall ist, als in Sätzen Ausgesagtes verstehe, muß ich nicht in einem zweiten Schritt «meiner Sprache die W. hinzufügen» [20]. Gegen eine dualistische Innen-/Außenwelt-Trennung mit einem gegenständlichen Ich als Träger von Bewußtseinszuständen vertritt Wittgenstein: «das denkende, vorstellende, Subjekt gibt es nicht»; das philosophische Ich ist nicht Teil in oder gar Zentrum der W., sondern «eine Grenze der W.» [21].

3. Der *Logische Empirismus* versteht sich programmatisch als wissenschaftliche Weltauffassung. Aufgrund der finiten Natur empirischer Verifikationsakte fußt sein W.-Begriff nicht auf dem Ganzen, sondern dem Einzelnen. Versuche, die W. durch Totalität, Unbedingtheit oder Unendlichkeit zu kennzeichnen, werden mittels des verifikativen Sinnkriteriums [22] ebenso als sinnlos abgelehnt wie metaphysische Aussagen über die Realität der Außenwelt, über die Existenz einer transzendenten wahren W. oder über einen Urgrund der W. Der Ordnungszusammenhang der Sachverhalte, welche die W. bilden, ist auf dem Feld der logisch-syntaktischen Struktur einer Einheitssprache zu behandeln. Beim Gegenstands- und d.h. Begriffskonstitutionssystem in ‹Der logische Aufbau der W.› [23] geht R. CARNAP, anknüpfend an den Immanenzpositivismus, phänomenalistisch von unmittelbaren eigenpsychischen Erlebnissen (und der Grundrelation der Ähnlichkeitserinnerung) aus, um daraus mittels Zuschreibungen (von Sinnesqualitäten und Zahlen zu «Weltpunkten») über die Sehwelt die Wahrnehmungswelt und die W. der physikalischen Gegenstände und Vorgänge zu konstituieren. Durch Ausdrucksbeziehungen werden dann psychische Zustände zugeordnet, was über fremdpsychische und geistige Gegenstände schließlich zu Gegenständen aller Art als intersubjektive W. führt. – Eine Abkehr vom Begriff einer 'wirklichen' und Sätze wahrmachenden W. [24] vollzieht O. NEURATH mit der Position, daß Aussagen stets nur mit Aussagen verglichen werden und am Ausgangspunkt logisch kohärenter Satzgesamtheiten einer physikalistischen Sprache Protokollsätze stehen, die, unter außer-logischen Gesichtspunkten gewählt, ihrerseits abänderbar sind und einer Bewährung bedürfen. – Zur Überwindung des Außenweltproblems des positivistischen Realismus wählt H. REICHENBACH die erlebnismäßig unmittelbar existierenden Gegenstände unserer Umwelt als Basis der Erfahrungserkenntnis. Aus diesen direkt beobachtbaren Konkreta konstruiert er mittels Wahrscheinlichkeitsschlüssen und Zuordnungsregeln fremde Konkreta sowie unbeobachtbare komplexartige Entitäten; zu diesen Illata gehören auch innere Vorgänge, womit ein die ontologische Basis offenlassender, 'projektiver Aufbau der W.', «carried by a trestle-work of probability connections», erfolgt [25].

4. In der südwestdeutschen Tradition des *Neukantianismus* wird dem W.-Begriff durch H. RICKERT eine zentrale Stellung zugewiesen, insofern der Gegenstand der Philosophie «nicht ein gegen andere Teile begrifflich abzugrenzender Teil der W., sondern die W. in ihrer Ganzheit» sei. Zugleich soll, «was man darunter zu verstehen hat, ... erst von der Philosophie gezeigt werden» [26]. Rickert arbeitet eine Zwei-W.en-Lehre aus, die eine von der seienden, wirklichen, dem Bewußtsein immanenten W. unterschiedene transzendente Wertwelt als Bereich des Sollens und der Geltung behauptet. Diese ist, als transzendenter Maßstab, dem Erkennen der Wirklichkeit vorgängig verbunden, insofern Erkennen stets Anerkennen von Werten ist [27]. In den einen Wahrheitswert (s.d.) anerkennenden Tatsachenurteilen erhält der Inhalt erst die Form der Wirklichkeit [28]. Subjekt des Urteilens ist nicht der empirische Mensch, sondern ein theoretisches Erkenntnissubjekt, das keiner der beiden W.en zugehörig ist. Insofern die «W. in ihrer Totalität» sich jeder Anschauung entzieht [29], ist wissenschaftliche Philosophie als Weltanschauungslehre zu konzipieren, die den allgemeinen Begriff vom Weltall dem theoretischen Diskurs zugänglich macht, so daß «ein nach Prinzipien geordneter und gegliederter Kosmos entsteht» [30]. Um die Einheit der beiden je in sich gestuften W.en des Wirklichen und der Werte zu einem «Begriff des voll-endlichen Ganzen der W.» denken zu können [31], geht Rickert in seinem differenziert gegliederten System der Philosophie von einem «dritten Reich» als Zwischenreich des immanenten Sinns aus [32], womit der philosophisch solcherart erweiterte, für eine Weltanschauungslehre taugliche W.-Begriff nun «die Werte ebenso wie die Wirklichkeiten und den Sinn umschließt» [33]. – Rickerts Schüler E. LASK versucht eine Logik der Philosophie mit einer Kategorienlehre zu entwickeln, die sich über den sinnlichen Bereich hinaus auf «das geltende Etwas» erstreckt und «in der das All des Denkbaren als Gegenstand der Erkenntnis legitimiert wird» [34]. Im Zuge dieses Versuchs rückt das Einheitliche der zwei W.en Rickerts in den Blick: die Logosimmanenz des zu formenden Materials und der Befund, daß nicht nur das Sinnliche, sondern «die ganze ursprüngliche W. überhaupt» das Gegebene ausmacht [35].

5. In seinen Bemühungen um die Grundlegung der Geisteswissenschaften stellt W. DILTHEY der Objektwelt der gesetzmäßig-erklärend verfahrenden Naturwissenschaften eine «geistige W.» als geschichtlichen Bereich der individuell-schöpferischen menschlichen Lebensäußerungen und der überindividuellen Kultursysteme und Organisationsformen gegenüber [36]. Zunächst deskriptiv-psychologisch [37] von den Bewußtseinsphänomenen als einzig Gegebenem ausgehend, schließt Dilthey eine auf Erfahrungen von Wille und Widerstand rekurrierende Begründung für unseren Glauben an die Realität der Außenwelt sowie für die sinnvolle Unterscheidung von «Ich und W.» an [38]. In seiner Lebensphilosophie expliziert er die geschichtliche W. der Geistesobjektivationen als «Objektivation des Lebens» [39]. Zum involvierten W.-Begriff gehört: a) Die «W. ist stets nur Korrelat des Selbst»; als eine selbständige Größe ist sie «eine bloße Abstraktion» [40]; umgekehrt ist das Selbst nie ohne W. b) Insofern vom einzelnen Menschen Lebensbezüge «nach allen Seiten» gehen, andere Menschen und Dinge also nicht nur isolierte Wirklichkeiten sind, «schafft das Leben von jedem Individuum aus sich seine eigene W.» [41]. c) In den Geisteswissenschaften vollzieht sich auf der Grundlage von Erleben und Verstehen der Aufbau der geschichtlichen W.; ihre Gegenstände, in denen sich Zwecke gebildet und Werte verwirklicht haben, «bilden den Zusammenhang der Vorstellungswelt, in dem das Außengegebene mit meinem Lebenslauf verknüpft ist»; ihre «objektive Geltung» ist durch beständigen Austausch mit dem Erleben und Verstehen anderer garantiert [42]. d) Auf der Stufe des bloß «gegenständlichen Auffassens» ist der W.-Begriff mit der «Explikation des Zusammen» im räumlichen Horizont, also mit der Forderung verbunden, «alles Erlebbare und Anschaubare durch den Zusammenhang der in demselben enthaltenen Relationen des Tatsächlichen auszusprechen», d.h., die «Vollendung aller im Erlebten oder Angeschauten enthaltenen Relationen wäre der Begriff der W.» [43]. e) Im Unterschied zu Kausalzusammenhängen der erklärenden Naturwissenschaften hat die geistige W. als Wirkungszusammenhang (s.d.) aufgrund der Struktur des Geistes, «auf der Grundlage des Auffassens Werte zu erzeugen und Zwecke zu realisieren», einen «immanent-teleologischen Charakter» [44]. f) Einerseits ist «die geistige W. die Schöpfung des auffassenden Subjektes», insofern ihr Zusammenhang nur im Subjekt aufgeht und es «die Bewegung des Geistes bis zur Bestimmung des Bedeutungszusammenhanges dieser W.» ist, die «die einzelnen logischen Vorgänge miteinander verbindet». Andererseits ist diese Bewegung darauf gerichtet, «ein objektives Wissen in ihr zu erreichen», so daß Diltheys ‹Kritik der historischen Vernunft› der Frage nachgeht, wie «der Aufbau der geistigen W. im Subjekt ein Wissen der geistigen Wirklichkeit möglich» macht [45].

6. Im Rahmen seiner *Phänomenologie* betont E. HUSSERL: «Gegenstände sind für mich, und sind für mich, was sie sind, nur als Gegenstände wirklichen und möglichen Bewußtseins» [46]; er formuliert damit die unauflösbare Korrelation zwischen den spezifischen intentionalen [47] Akten des Bewußtseins als Bewußtsein-von-etwas und den in ihnen gegebenen Gegenständen [48]. Hiermit ist einerseits eine epistemisch problematische Trennung zwischen einem weltlosen Bewußtsein und einer außerhalb dessen befindlichen W. unterlaufen. Andererseits ist erkannt, daß der Glaube an das Sein von Gegenständen (unabhängig von den Weisen ihres Gegebenseins) und der W. als dem «Boden» [49], auf dem sich einzelne Gegenstände als existent oder nicht existent erweisen, ein Vorurteil bzw. die «Generalthesis» (s.d.) der «natürlichen Einstellung» ist. Methodisch ist durch Epoché, d.h. «Einklammern» dieses Glaubens im Sinne der «phänomenologischen Reduktion», «Sein an sich» auf «Sein als Erscheinen» zu reduzieren [50]. «Realität, sowohl Realität des einzeln genommenen Dinges als auch Realität der ganzen W., entbehrt wesensmäßig ... der Selbständigkeit» [51]. Durch Analyse der Noësis/Noëma-Korrelation sind die Konstitutionsleistungen der Bewußtseinsprozesse zu untersuchen [52]. Die Untersuchung verläuft entlang der durch eidetische Reduktion [53] aufgedeckten Wesensstrukturen von intentionalen Erlebnissen und deren Gegenständen und wird durch Husserls Unterscheidung des Seienden in die «Regionen» der materiellen, räumlich-dinglichen Natur, der animalischen (beseelten, lebendigen) Natur und (wie bei Dilthey) der geistig-personalen W. strukturiert [54]. Über diese regionalen Ontologien hinaus wendet sich die Phänomenologie als Transzendentalphilosophie [55] dem Seienden überhaupt zu. Indem ein Gegenstand im intentionalen Erlebnis für das Bewußtsein thematisch [56] wird, ist zugleich einem Bewußtsein die Möglichkeit mitgegeben, ihn auch in anderen Gegebenheitsweisen präsent zu haben sowie andere

mit ihm in Zusammenhang stehende Gegenstände zu thematisieren (Innen- und Außenhorizont). Mein Bewußtsein dieser «Vermöglichkeit» («Horizontbewußtsein») eröffnet über die endlos fortsetzbare Thematisierungsmöglichkeit weiterer Gegenstände die W. als undurchstreichbaren, identisch verharrenden Horizont (s.d.) aller Horizonte im Unterschied zur Auffassung von W. als Summe an sich seiender Gegenstände [57]. Wegen ihres intentionalen Gegenstandsbezugs enthalten die bewußtseinsimmanenten Erlebnisse eine den Bewußtseinsvollzügen transzendente W. [58]. Methodisch wird durch transzendental-phänomenologische Reduktion [59] der in mundaner Einstellung gegebene Glaube an das Sein der W. ausgesetzt, die W. auf die Weise ihres Erscheinens im Horizontbewußtsein reduziert und die Untersuchung ganz auf das Bewußtsein intentionaler Erlebnisse überhaupt beschränkt. Vom psychischen, als Teil der W. angesehenen Ich wird zu einem gänzlich nicht-weltlichen, transzendentalen Ich übergegangen [60]. Die «objektive W., die für mich ist», schöpft dann «ihren ganzen Sinn und ihre Seinsgeltung, die sie jeweils für mich hat, ... aus mir als dem transzendentalen Ich» [61]. Ist logisch zunächst die «primordiale W.» bzw. «Primordialsphäre» (s.d.) als derjenige Bereich des Seienden gegeben, in dem alle Bestimmungen ausschließlich aus den mir eigenen Erlebnissen stammen, so argumentiert Husserl im nächsten Schritt gegen das Problem des Solipsismus (s.d.) für die Möglichkeit des Transzendierens der Primordialsphäre hin zu einer objektiven gemeinsamen W., insofern bereits in der Wahrnehmung beim primordial Präsenten die Appräsentation von Körpern – apperzipiert je als Leib eines anderen Ich einer primordialen W. – enthalten und meine W. mir so als stets von anderen Subjekten miterfahrene gegeben ist [62]. In seiner späteren genetischen Phänomenologie [63] zeigt Husserl einerseits – bes. durch die Untersuchung der Struktur der «Kinästhese» (s.d.) –, daß Bewußtseinserlebnisse bereits in den elementaren Bereichen vorprädikativer Erfahrung welthaltig und nicht erst durch Apperzeption mit einem Bezug zur W. auszustatten sind, da schon das Empfinden Komponenten aktiven Tätigseins statt bloß passives Gegebensein primärer Gehalte (hyletischen Materials) beinhaltet [64]. Andererseits haben auch apperzeptive Leistungen passivische Anteile. Durch (eine passive Genesis elementarer Horizonte voraussetzende) «Urstiftungen» von Gegenständen in der Geschichte bildet und erweitert sich – mit der «Vermöglichkeit» (s.d.) des Bewußtseins, auf den Gegenstand zurückzukommen, – ein Horizontbewußtsein, das im Sinne von Habitualisierung und Sedimentierung der Urstiftung dann passivisch weiterwirkt. Die so gefaßte Konstitution durch aktive und passive Genesis bezieht sich mithin über Gegenstände hinaus auf Horizonte und W. [65]. Zu den aktiv konstitutionalen und damit unthematisch vertraute Horizonte verändernden Urstiftungen gehört nach Husserl die neuzeitliche Wissenschaft; deren Mathematisierung, Objektivitätsideal und Transzendierung jedweder Subjektrelativität macht er verantwortlich für den Seinsglauben an eine absolute, an sich und objektiv bestehende und in eine Sinnkrise geratene, unmenschliche W. als All-Einheit von raumzeitlichen, materiellen Dingen seit Galilei [66]. Dem hält Husserl in der ‹Krisis›-Schrift eine differenzierte Ausarbeitung der systematischen Rolle der «Lebenswelt» entgegen [67]. Diese liegt einerseits den Wissenschaften als Bereich der in den alltäglichen Lebensvollzügen gegebenen Welterfahrung bzw. «Umwelt» (s.d.) unhintergehbar stets schon voraus [68]. Andererseits gilt es, so Husserl, hinsichtlich ihrer Stellung als universalem Welthorizont in ontologischer Perspektive deren über die geschichtlich-kulturellen Konkretionen hinweg sich erstreckenden formal-invarianten Strukturmerkmale und abstrakt universalen Regelstrukturen zu ermitteln.

7. Zu den Positionen, die im Sinne einer *philosophischen Kosmologie* mit apriorisch-spekulativen Mitteln eine Erklärung der W. durch ihren Aufbau bzw. ihre kategoriale Struktur zu leisten versuchen, gehören:

a) die Lebensphilosophie H. Bergsons: Leben [69] als ständig fortgesetzte, sich entfaltende Schöpfung und Durchdringung wird hier zur Wesenscharakterisierung einer nicht durch Verstand, sondern nur durch Intuition (s.d.) erkennbaren metaphysischen, dynamischen Wirklichkeitsebene, die der äußeren W. («monde») der beharrenden, kausal verknüpften Dinge vorausgehe. Entgegen einer materiellen Auffassung von der W. ist die Wirklichkeit «la mobilité même» [70], deren zeitlicher Charakter als unmittelbar erlebbare «Dauer» (s.d.) zu interpretieren ist.

b) die als Kategorialanalyse erfolgende Ontologie bei N. Hartmann [71]: Der Aufbau der einen, durch modaltheoretische Seinssphärencharakterisierung gekennzeichneten realen W. wird durch «Gliederungen, Grundzüge und Verhältnisse des Seienden» ausgemacht, und die grundlegenden «Unterschiede der Seinsgebiete, -stufen oder -schichten» sowie gemeinsame Züge in ihnen haben die Form von Kategorien [72]. Der natürliche Aufbau ist «an nichts als den Seinsphänomenen» ablesbar und kann mit der Unterscheidung von Anorganischem, Organischem, Seelischem und Geistigem in verschiedene, sich überlagernde Seinsschichten gegliedert werden [73]. Mit den Verhältnissen dieses Schichtensystems ist auch «die eigentliche Einheit der realen W.» gegeben [74].

c) die gegen Substanzontologien gerichtete philosophische Kosmologie von A. N. Whitehead: Die wirkliche W. ist als «Prozeß» im Sinne des Werdens von wirklichem Einzelnen zu begreifen, das in seiner je realen Konkretisierung aus der Potentialität in komplexen Beziehungen zu anderem Einzelnen steht. Dieser Nexus von wirklichen Einzelwesen wird als «'the actual world' correlate to that concrescence» bezeichnet [75]. Die Prozeßeinheiten, «aktuale Entitäten», sind letzte reale Bestandteile der Wirklichkeit, deren Sein durch Werden konstituiert wird, bei dem sie andere vorausgehende und verursachende aktuale Entitäten erfassen («prehension»). Die W. («world», «universe») ist dabei (mit Bezug auf ihre Elemente) als Organismus charakterisiert, insofern durch die Interdependenz der Teile eine Einheit von Teil und Ganzem besteht; stets befindet sie sich im kreativen Fortschreiten zu neuen strukturellen Konstitutionen und ist in differenzierter wechselseitiger Abhängigkeit von Gott zu denken [76].

8. M. Scheler, H. Plessner, A. Gehlen u.a. verfolgen in der *philosophischen Anthropologie* das Ziel, Begriff und Stellung des Menschen im Kosmos zu bestimmen [77]. Der Begriff der W. wird dabei im Zusammenhang der Charakterisierungen der Sonderstellung des Menschen als geistiges, lebendiges Wesen, das W. und Selbst hat, relevant. Gehlen sieht die anthropologische Differenz zum biologischen Lebensbereich aufgrund der Kennzeichnung des Menschen als Mängelwesen wegen nicht gegebener genauer Einpassung in die Umwelt gerade in seiner Weltoffenheit (s.d.) als Kernpunkt des menschlichen Weltbezuges. Ihm steht keine durch Instinkte strukturierte W. gegenüber wie dem Tier, sondern

eine Fülle von Eindrücken, denen er durch geeignete Mittelwahl mit Handlungsleistungen zur Bewältigung der Wirklichkeit begegnet und damit den Ereignisstrom der erfahrbaren W. zweckmäßig strukturiert [78].

9. In der *Fundamentalontologie* (s.d.) M. HEIDEGGERS kommt es zu einem vom menschlichen Dasein her entwickelten W.-Begriff. ‹Sein und Zeit› behandelt die Frage nach dem Sinn von Sein im Ausgang vom Dasein (s.d.). Als Grundverfassung des Daseins wird das «In-der-W.-sein» (s.d.) hervorgehoben, dessen Strukturmoment «W.» (in vorontologisch existentieller Bedeutung «das, 'worin' ein faktisches Dasein als dieses 'lebt'» [79]) zusammen mit der «Idee der Weltlichkeit» (als ontologisch-existenzialer Begriff) ausgelegt wird [80]. Der phänomenale Ausgang wird vom besorgenden Umgang mit dem innerweltlich Seienden genommen, und mit den diesbezüglichen Verweisungszusammenhängen als Ganzes 'meldet' sich die stets schon vorgängige W. [81]. Verweisung (s.d.) ist als ontologisches Fundament «Konstituens der Weltlichkeit überhaupt» [82]. Insofern «Bewandtnis» (s.d.) der Seinscharakter des Zuhandenen ist und das Verstehen einer Bewandtnisganzheit von der Bedeutsamkeit (s.d.) gegeben wird, ist die Bedeutsamkeit das, «was die Struktur der W., dessen, worin Dasein als solches je schon ist, ausmacht» [83]. Ausgehend vom Dasein als In-der-W.-sein wird in Heideggers Zugang die Frage, «ob überhaupt eine W. sei und ob deren Sein bewiesen werden könne», als sinnlos unterlaufen [84]. Im nächsten Schritt stellt sich die Frage, wie die W. in Einheit mit dem Dasein ontologisch möglich ist [85]. Insofern Zeitlichkeit als der ontologische Sinn der Sorge (s.d.) ausgewiesen werden kann, welche das Sein des Daseins ausmacht, und in der Erschlossenheit (s.d.), die das Dasein ist, W. stets miterschlossen ist, muß auch die ontologische Verfassung der W. in der Zeitlichkeit gründen. Des Näheren liegt die existenzial-zeitliche Bedingung der Möglichkeit der W. darin, «daß die Zeitlichkeit als ekstatische Einheit so etwas wie einen Horizont hat» [86]. Auf dem Boden der sich anschließenden Untersuchung der «horizontalen Schemata» von Zukunft, Gewesenheit und Gegenwart sowie deren Einheit [87] kommt Heidegger zur These, daß «zum Seienden, das je sein Da ist, so etwas wie erschlossene W.» gehört; d.h., sofern «das Dasein sich zeitigt, ist auch eine W.»; diese ist mithin weder vorhanden noch «zuhanden», sondern beim Begegnen von innerweltlich Seiendem stets schon als ekstatisch erschlossene vorausgesetzt, d.h. transzendent [88].

In Heideggers Vorlesung ‹Die Grundbegriffe der Metaphysik› wird die «tiefe Langeweile» [89] als diejenige Grundstimmung des Daseins ausgewiesen, aus der «inbegrifflich» die Frage nach W. zu entwickeln sei [90]. Im Unterschied zum «weltlosen» Stein und «weltarmen» Tier ist der Mensch «weltbildend». Das Phänomen der W. ist dann gegeben, wenn wir auf die «Offenbarkeit von Seiendem als Seiendem», auf das Strukturmoment des «als» und auf die «Beziehung zu Seiendem als das Sein- und Nichtseinlassen» stoßen [91]. Gegen den 'natürlichen W.-Begriff' als Gesamtheit des Seienden an sich bedeutet W. die «Offenbarkeit des Seienden als solchen im Ganzen» [92]. Der Charakter der Ganzheit bezieht sich dabei nicht auf ein inhaltlich Ganzes als Summe des Seienden, sondern auf die Form, in der das Dasein im Menschen in dreifachem Sinne W. bilde: «1. es stellt sie her; 2. es gibt ein Bild, einen Anblick von ihr, es stellt sie dar; 3. es macht sie aus, ist das Einfassende, Umfangende» [93], so daß das Weltproblem als Problem der Weltbildung eine Wesensbestimmung des Menschen hinsichtlich seines Daseins erfordert. Das Geschehen der Weltbildung expliziert Heidegger durch die Momente «Entgegenhalten von Verbindlichkeit», «Ergänzung» als das «vorgängige Bilden des schon waltenden 'im Ganzen'», «Enthüllung des Seins des Seienden» [94]. Methodisch bedeutet dies für das Weltproblem: Statt Erörtern eines Vorliegenden oder intuitiven Betrachtens wäre vielmehr eine Verwandlung des Daseins vorzubereiten, ein «Eingehen in das Geschehen des Waltens der W.», das uns je schon durchwaltet [95]. Im Zusammenhang dieses Grundgeschehens wird die ontologische Differenz zwischen Sein und Seiendem zum zentralen «Wesensmoment der W.», insofern im Grundgeschehen das Unterscheiden geschieht. Die Einheit von «Verbindlichkeit» und «Ergänzung» mit dem dritten, den Unterschied von Sein und Seiendem mit sich führenden Moment, sieht Heidegger im «Entwurf» (s.d.) [96]. Der ursprüngliche Entwurfscharakter als Urstruktur des Grundgeschehens sei die Grundstruktur der Weltbildung: «Entwurf ist Weltentwurf. W. waltet in und für ein Waltenlassen vom Charakter des Entwerfens» [97]: «Im Geschehen des Entwurfs bildet sich die W., d.h. im Entwerfen bricht etwas aus und bricht auf zu Möglichkeiten und bricht so ein in Wirkliches als solches», wodurch sich das aufgebrochene «Seiende ureigener Art» als Da-sein erfährt inmitten dessen, «was jetzt als Seiendes offenbar» ist [98].

Indem Heidegger nach der «Kehre» (s.d.) betont, das «Werfende im Entwerfen ist nicht der Mensch, sondern das Sein selbst», bestimmt er W. nun als «die Offenheit des Seins», d.h. als die «Lichtung» (s.d.) «des Seins, in die der Mensch aus seinem geworfenen Wesen her heraussteht» [99]. In einem ersten Schritt stellt er «W.» im engeren Sinne «Erde» gegenüber. Welteröffnende Bezüge sind im Kunstwerk gegeben. Die vom Werk aufgestellte W. als Gefüge des Offenen ist die Lichtung, die auf dem verbergenden Grund der zugleich hergestellten Erde (als das «wesenhaft Sichverschließende») geschieht. Sie ist damit nicht die «Summe des Vorhandenen» oder dessen Rahmen, sondern «das immer Ungegenständliche». «W. weltet», insofern sie die «Offenheit» der «wesentlichen Entscheidungen im Geschick eines geschichtlichen Volkes» ist [100]. Im zweiten Schritt benennt Heidegger (Hölderlin aufnehmend) die W. im engeren Sinne der Öffnung in «Himmel» um und faßt W. im vollen Sinn nun auf als «Vierung» (s.d.) bzw. «Geviert» (s.d.), bestehend aus «Erde und Himmel, Göttlichen und Sterblichen». Erstens ist das Geviert, als das sich Sein und mithin die Weltlichkeit der W. entfalten, unerklärbar, insofern «Ursache und Gründe dem Welten von W. ungemäß bleiben». Zweitens ist die Vierung als die «Einheit des Gevierts» relational und kann nicht in ihre Bestandteile aufgelöst werden; jedes der Vier spiegelt «in seiner Weise das Wesen der übrigen wider». Zusammen ist die W. daher als «Spiel» (s.d.), «Spiegel» bzw. «Spiegel-Spiel» zu kennzeichnen [101]. In den Vordergrund tritt das Verhältnis Ding/W., insofern das Ding [102] die «Weltgegenden» aufeinander bezieht, d.h., das «Ding dingt W.», indem es «das Geviert ereignend» zur Einheit der W. versammelt, wie auch umgekehrt das Ding sich aus der W. ereignet [103]. «Die Dinge besuchen jeweils die Sterblichen eigens mit W.», sie «be-dingen die Sterblichen» [104]. In der «Seinsgeschichte» (s.d.) wandeln sich die Weisen des Entbergens des Seins; mithin bricht mit dem «Seinsgeschick» als «Ereignis» (s.d.) des Eröffnens von W. im Werk jedesmal «eine neue und wesentliche W. auf» [105]. Stätte der Seinsgeschichte ist jedoch der Mensch. Gemäß Heideggers Auffassung von Sprache [106] als «Haus des

Seins» (bes. als ursprüngliche Sprache der Dichtung) ist Sprache entscheidend für das Zeigen und Erscheinen-lassen «dessen, was wir W. nennen» [107]. Mit dem «Nennen» der Dinge [108] sammelt die Sprache W. und ist die «Sage des Weltgeviertes» [109].

10. H.-G. GADAMER geht in der *philosophischen Hermeneutik* (s.d.) davon aus, daß der Mensch sich stets in einer W. befindet, auf die er sich versteht, die mit Seinsverständnis und Bedeutungsspielraum verbunden ist und in der er das ihm Begegnende auslegt. Insofern sich Verstehen (s.d.) in Sprache als universellem Medium vollziehe, sei jedes Weltverständnis sprachlich bestimmt [110]. «Sein, das verstanden werden kann, ist Sprache» [111], immer schon ausgelegt in einem sprachlich bestimmten Welthorizont. Auf der Sprache beruht, daß wir «überhaupt W. haben» [112], zu der wir uns nur durch Sprachehaben verhalten können; in der Verständigung wird W. offenbar. «Die W. ist derart der gemeinsame, von keinem betretene und von allen anerkannte Boden, der alle miteinander verbindet, die miteinander sprechen» [113]. Aufgrund der «Priorität und Unhintergehbarkeit» des «sprachlichen Weltschemas» ist von einer «Zwischenwelt der Sprache» als eigentlicher «Dimension dessen, was gegeben ist», zu reden [114]. Doch W. steht nicht jeweiligen W.-'Ansichten' und geschichtlichen W.en gegenüber; vielmehr ist für jede sprachlich verfaßte W. die Offenheit gegenüber möglichen Änderungen und Weiterungen des Weltbildes charakteristisch, wobei der Maßstab nicht durch eine außer aller Sprachlichkeit liegende «W. an sich» gebildet wird. Innerhalb einer Weltansicht ist dann W. und «das Ganze, auf das die sprachliche schematisierte Erfahrung bezogen ist», und damit das, «was die W. selbst ist, nichts von den Ansichten, in denen sie sich darbietet, Verschiedenes» [115]. Ist die W. einerseits selbst nicht bezüglich einer Sprache relativ, so ist sie andererseits als umfassendes Ganzes auch nicht als Gegenstand von Erfahrung und Sprache mißzuverstehen.

11. In der *Existenzphilosophie* thematisiert K. JASPERS W. als den durch «Objektsein» charakterisierten «Pol» des Seins, mithin als Inbegriff dessen, was einem Subjekt als gegenständlich erforschbar gegeben ist [116]. Im Ausgang von subjektivem Dasein einerseits und objektiver Wirklichkeit andererseits ist eine «Polarität des Weltseins» [117] durch zwei sich wechselseitig umschließende Weisen des Weltseins zu konstatieren: «die W. als das Ganze des Anderen, das als eines und allgemeingültig erforschbar ist; oder das Dasein, das als Ichsein sich in seiner W., d.i. in seinem Nichtich, findet, und das als ein jeweiliges Ganze W. als meine W. ist» [118]. In beiden Hinsichten ist keine Einheit der W. gegeben; sie ist «objektiv zerspalten in die Erkenntnisperspektiven, subjektiv in die Vielfachheit des Daseins je in seiner W.» [119]. ‹W.› wird differenziert durch die involvierten Daseinsbegriffe [120]. Die Kenntnis der wirklichen W. als das Andere gründet sich, soweit sie gegeben ist, «auf Entdeckungen, soweit sie hervorgebracht wird, auf Erfindungen» [121]. Im Bild der W. kann jedoch kein Weltdasein als Weltall, «weder ein Universum als 'Alles' noch ein totum als 'Ganzes'» durch Erkenntnis adäquat gefaßt werden [122]. In den Wissenschaften kann aufgrund der Vielheit der Methoden, Perspektiven und Gegenstände sowie der Endlosigkeit der Erscheinungen nur ein unabschließbarer Prozeß voranschreiten, nicht jedoch ein geschlossenes Weltbild erlangt werden. Wie Kant kommt Jaspers zu dem Ergebnis, daß die W. nicht widerspruchsfrei als endliches oder endloses Objekt gedacht werden und als Ganzes nicht Gegenstand der Erkenntnis sein kann [123]. Die mit der methodischen Forschung gegebenen «Wirklichkeitssphären» in der W. (anorganische Natur, alles Leben als Organismus, Seele als Erleben, Geist als denkendes, auf Gegenstände gerichtetes Bewußtsein) bilden «vier ursprüngliche W.en», für die eine Einheit des Weltbildes unerreichbar bleiben muß [124]. Eine philosophische Weltorientierung untersucht die Grenzen der Wissenschaften. Prinzipiell bildet die Existenz des eigenen, einmaligen und vorrangig durch Freiheit zur Gestaltung des eigenen Seins erfahrbaren Ich eine Grenze der bloß objektiven W. des Daseins. Diese zu transzendieren [125], führt zur Stufe der Existenzerhellung (s.d.), mit ihr zum Bewußtsein um die «Erscheinungshaftigkeit allen Daseins» [126]. Dies arbeitet Jaspers in einer Philosophie des «Umgreifenden» weiter aus [127]. Das Umgreifende ist das Umfassende, «das, worin alles Sein für uns ist» [128]. Insbesondere liegt es der Subjekt-Objekt-Spaltung voraus, in der sich als «unzurückführbares Urphänomen» des Bewußtseins unser Denken stets schon bewegt [129]. Wird das Umgreifende nicht als «das Sein, das wir selbst sind», sondern als «das Sein, das alles ist, in dem und durch das wir sind», gedacht [130], so tritt W. als eine Weise des Umgreifenden auf. W. kann somit Jaspers zufolge nicht als Gegenstand wissenschaftlicher Forschung erkannt oder im Denken positiv gefaßt, sondern nur existenzphilosophisch «erhellt» [131] werden. Sie ist «nicht sich selbst hervorbringender und nicht in sich abgeschlossener Ursprung» [132]; dieser liegt vielmehr in der Transzendenz (Gott).

Einflußreich für den *Existentialismus* gerät bei A. CAMUS die W. («monde») hinsichtlich der Seinsstellung des Menschen dadurch in den Blick, daß der Mensch im Sinne einer unüberbrückbaren Kluft in ihr fremd ist. Das für die Sinnlosigkeit des menschlichen Lebens und der W. charakteristische Absurde [133], gegen das es im Sinne eines Festhaltens an nicht einzulösenden Sinnansprüchen zu revoltieren gilt, entsteht gerade aus der Gegenüberstellung des Menschen, der fragt, und der W., die vernunftwidrig schweigt [134].

12. In den weiteren Entwicklungen der *Phänomenologie* kommt es bei A. SCHÜTZ zu einer soziologischen Ausgestaltung des Husserlschen Begriffs der «Lebenswelt» [135], aufgefaßt als der einem Individuum alltäglich begegnende Wirklichkeitsbereich des Common sense und zugleich Ort des sozialen Handelns. Für Schütz, der M. Webers Programm einer verstehenden Soziologie kritisch aufgreift, gilt es die «Sinnsetzungs- und Verstehensprozesse von Handelnden in der Sozialwelt» zu klären, welche als Konstitutionsprozesse die soziale W. aufbauen, die wir als sinnhaft erleben und die gleichzeitig Gegenstand sozialwissenschaftlicher Deutung ist [136]. Insbesondere im Ausgang von Husserl (und Bergson) untersucht Schütz im ersten Schritt die Konstitution des Sinnes im je eigenen Ich sowie den «Strukturzusammenhang der Erfahrungswelt des Ich als konstituierter Sinnzusammenhang der abgelaufenen Erlebnisse des Ich» [137], um dann auf dem Boden einer Theorie des Fremdverstehens zu einer Strukturanalyse der Sozialwelt («gesellschaftliche Sphäre») [138] zu kommen. Als deren Regionen werden Sphären der «Umgebung», sozialen «Umwelt», «Mitwelt», «Vorwelt» und «Folgewelt» unterschieden; in bezug auf diese werden für die Sinnstruktur der sozialen W. relevante Typen von Handlungen, Situationen und interagierenden Personen differenziert und analysiert [139].

M. MERLEAU-PONTY wendet sich in seiner ‹Phänomenologie der Wahrnehmung› gegen das Vorurteil einer fertig vorliegenden «W.-an-sich» («monde en soi») [140].

Eine grundlegende Stellung kommt dem Phänomen der Wahrnehmung mit ihren weltkonstituierenden Leistungen zu. Der Wahrnehmung als ursprünglichem, unaufhebbarem Kontakt zur Wirklichkeit entspricht eine W. («monde») nicht als «objet», sondern als «le milieu naturel et le champ de toutes mes pensées et de toutes mes perceptions explicites» [141], als eine «unité ouverte et indéfinie» [142]. Zur Restituierung der Wahrnehmungswelt muß man auf die gelebte W. («monde vécu») zurückgehen [143]. Dies ist jedoch nicht introspektionspsychologisch, sondern im Sinne des Gestaltbegriffs [144] der phänomenologischen Psychologie zu verstehen. Bereits bei der Aufdeckung dessen, was diesseits von Subjekt und Objekt vor unserem reflektierten Verhalten zur W. liegt, rückt das leibliche Verhalten (s.d.) in den Blick, insofern dieses die ständige Auseinandersetzung des Menschen mit seiner W. bedeutet und in diesem Interaktionsgeschehen von Gestaltendem und Gestaltetem zum ursprünglichen Prinzip eines spontan sich vollziehenden Prozesses der Selbstorganisation von W. wird [145]. Entsprechend erweist sich intern im Ausgang von der gelebten Erfahrungswelt der Leib als «véhicule de l'être au monde» [146]. So ist es die Struktur der Leiblichkeit, aus der erst eine Trennung von Ich und W. erwächst, wie sie auch Begründungspunkt des phänomenologischen Befundes ist, daß mein Dasein ein Zur-W.-Sein («être-au-monde») ist: «l'homme est au monde, c'est dans le monde qu'il se connaît» [147]. Der Leib ist «notre moyen général d'avoir un monde» [148] und «notre ancrage dans un monde» [149], von ihm her konstituiert sich die Räumlichkeit der W. und die Konstanz der Dinge in ihr als «corrélatif de mon corps et plus généralement de mon existence dont mon corps n'est que la structure stabilisée» [150]. Die W. wird erfahren als soziale W. bzw. als von uns hervorgebrachte Kulturwelt, in deren Gestalt sich unser vielfältiges Verhalten ablagert und in der auch die Anderen eingeschlossen sind [151]. Die natürliche W. des ursprünglichen Weltverständnisses hat eine vorprädikative Einheit, die man wie einen 'Stil' erfährt, und sie ist «l'horizon de tous les horizons» [152]. Gleichwohl ist die W. nur 'offen' gegenwärtig, und unsere Perspektivität macht eine Vollendung der W. unmöglich. Insofern Zeit als Ordnung der Koexistenz und Sukzession nur in situativen Horizonten gegeben ist, kann die W. als «noyau du temps» charakterisiert werden [153]. W. kann nicht sinnvoll als Summe von Dingen, Zeit nicht als Summe von vollendeten Augenblicken gedacht werden, da kein Ding sich in seinen vollen Bestimmtheiten darbieten kann. Dinge und Augenblicke können nur mitgegenwärtig werden «d'un certain point de vue et en intention» [154]. Auf der Stufe des 'transzendentalen Feldes', in dem ebenfalls die Reflexion niemals die W. als Ganzes zu fassen vermag, wird deutlich, daß «Sein für sich» («être-pour-soi») und «Sein zur W.» («être-au-monde») untrennbar miteinander verbunden sind; meine Existenz als Subjektivität ist eins «avec mon existence comme corps et avec l'existence du monde» [155], und deren wichtigste Dimension ist, wie für Heidegger, die Zeitlichkeit («temporalité») [156].

In seiner *hermeneutischen Phänomenologie* nimmt P. Ricœur den Ausgang nicht vom linguistischen Code, sondern vom Sprachereignis. Indem dieser Diskurs sich auf eine W. bezieht, die «zu beschreiben, auszudrücken oder zu repräsentieren er beansprucht» [157], verweist er direkt auf die den Gesprächspartnern gemeinsame Situation, die Umwelt. Insofern der Mensch nicht nur in Situationen lebt, sondern eine W. hat, komme dem Text als geschriebenem, sich von den Grenzen des ostentativen Bezugs lösenden Diskurses vorrangige Bedeutung zu: «Für uns ist die W. das Ensemble der durch Text eröffneten Bezüge» [158]. Heidegger aufnehmend, wird für Ricœur durch die Bezüge eines Textes, den wir verstehen, sowie anderer 'lesbarer' Werke einer Kultur W. nicht im kosmologischen, sondern im ontologischen Sinne durch neue «Dimensionen unseres In-der-W.-Seins» [159] erst erschlossen bzw. entworfen. Mithin ist es gerade die «Tiefensemantik» [160] des Textes als die Ebene der nicht-ostentativen Bezüge, welche die W. entfaltet. Unser Selbstverständnis und -verhältnis, in dieser Weise stets Produkt von Verstehensprozessen und nur durch eine so geartete kulturelle W. vermittelt, ist damit grundsätzlich indirekter Natur [161].

13. Charakteristisch für den W.-Begriff in der späteren Philosophie L. Wittgensteins sind die folgenden Aspekte:

a) Mit Hinwendung zum Sprachspielkonzept [162] sowie zur Bedeutungs- und Regelproblematik der natürlichen Sprache wird das im ‹Tractatus› konzipierte Abbildverhältnis von Sprache und W. seinerseits als Bild, das «uns gefangen» hielt [163], abgelöst. Die Rede vom «Wesen der W.» [164] ist metaphysikkritisch an die über die Sprachspielregularitäten gegebene Grammatik zu binden. Auch für Begriffe wie «Satz, Sprache, Denken, W.» ist das Sprachspiel entscheidend [165]. Die Bedeutung des Wortes ‹W.› ist nicht vorab gegeben, sondern hängt mit der Praxis des Gebrauchs der Sprache – und daher mit Kontext-, Zeit- und Situationsabhängigkeit, Vagheit usw. – zusammen. Seine Verwendung muß eine «so niedrige ..., wie die Worte 'Tisch', 'Lampe', 'Tür'» sein [166].

b) Diejenige Ordnung, «die W. und Denken gemeinsam sein muß» [167], ist mit den kategorial logischen Bedingungen unseres tatsächlichen Sprechens und Denkens gegeben. Die Harmonie zwischen Sprache und W. ist nicht prästabiliert, sondern in der «Grammatik der Sprache aufzufinden» [168], und das Sprechen der Sprache ist Teil «einer Tätigkeit, oder einer Lebensform» [169].

c) Was mir als individuierte W. gegeben ist, steht mithin bereits in Abhängigkeit von einer nicht-hintergehbaren lebensweltlichen Praxis und damit gegebenen Weltbildern als nicht-positivierbares Bezugssystem für mein Weltverständnis. Dieses 'Fundament' liegt jeder Idee einer Übereinstimmung von Sätzen und W. schon voraus, garantiert lebenspraktische Gewißheit und ist bei Prüfungsverfahren bereits präsupponiert, so daß die Frage nach einem Beweis der Außenwelt zum Scheinproblem wird. Empirisch läßt sich die Außenwelt nicht sinnvoll bezweifeln, vielmehr ist sie sinnlogisch im Zweifeln bereits vorausgesetzt [170].

d) Das Bild einer inneren W., meine eigene «Vorstellungswelt» bzw. die «W. des Bewußtseins» nach Art eines «visuellen Zimmers», wird mit Hinweis auf die Rolle der öffentlich geteilten Praxis des Gebrauchs sprachlicher Ausdrücke unterlaufen [171].

14. ‹W.› wird ferner thematisch in den Thesen eines Viele-W.en-Relativismus in den Wissenschaften. Für Th. S. Kuhn ist es die W. («world») im Sinne der unfaßbar komplexen Natur, die in Messungen und bei ihrer Betrachtung durch Theoriensysteme einem Paradigma (s.d.) angepaßt wird, das nicht nur konstitutiv ist für die spezifische 'Ausstattung' des Universums mit Objekten, sondern auch Methoden, Problemstellungen und Lösungsstandards festlegt. Insofern in wissenschaftlichen Revolutionen [172] sich ablösende Paradigmata miteinander unvergleichbar sind, bedeutet dies, daß «after a

revolution scientists are responding to a different world» [173]. W.en unterschiedlicher Forschungsparadigmata sind inkommensurabel: «though the world does not change with a change of paradigm, the scientist afterward works in a different world» [174]. – P. FEYERABEND geht weiter und vertritt die Auffassung, daß es die W. mit ihren Gegenständen ist, die im Rahmen eines Paradigmas Sätze einer Theorie wahr macht, und wir es daher hinsichtlich Bedeutung und Referenz der Termini zweier inkommensurabler Theorien auch mit zwei verschiedenen W.en zu tun haben: «Wenn man also nicht annehmen will, daß sie es mit überhaupt nichts zu tun haben, so muß man zugeben, daß sie von verschiedenen W.en handeln» [175].

15. In den Weiterentwicklungen der *Analytischen Philosophie* wird ‹W.› («world») in der Sprachphilosophie hinsichtlich des Sprache-W.-Verhältnisses und in der Philosophy of Mind hinsichtlich des Bewußtsein-W.-Verhältnisses überwiegend im Sinne von 'Wirklichkeit' bzw. 'Realität' verwendet. Zentral ist hierbei die Realismus-Debatte [176]. Die Weiterentwicklung des W.-Begriffes selbst befördert im Übergang zur post-analytischen Phase vorrangig der von H. PUTNAM entwickelte *interne Realismus* mit seiner Wendung gegen die These einer geistunabhängigen, sich selbst einteilenden «Ready-Made World», die als eine «fixed totality of all objects» aufgefaßt wird [177]. Unsere W. ist vielmehr vom jeweiligen grundbegrifflichen System abhängig. Es erweisen sich sowohl die ontologische Frage, welches die Teile einer Ganzheit sind und was das über die Teile quantifizierte Ganze ist, als auch bereits der Gebrauch der logischen Grundbegriffe ‹Existenz›, ‹Identität, ‹Gegenstand› und ‹Tatsache› sinnlogisch als vom grundbegrifflichen Schema abhängig. Realistisch ist es jedoch dieselbe W., die wir in Versionen einteilen [178].

16. Als Gegenpol zur These der kopierbaren 'Fertig-W.' figurieren bedeutungs- und kulturrelativistische, textualistische und dekonstruktivistische Positionen. J. DERRIDA dekonstruiert den Begriff von Wirklichkeit («réalité») bzw. W. («monde») und betont: «Il n'y a pas de hors-texte» [179]. Ein die Textualisierung überschreitendes oder transzendentales Signifikat gibt es nicht, vielmehr sind Bedeutung und Sinn Resultat einer in den Zeichen 'spielenden' «différance» [180], welche sich als unhintergehbares, generierendes Grundgeschehen in den Verschiebungen und Trennungen der arbiträren Signifikanten zeigt. Dies ist nicht als Spiel in einer Welttotalität, sondern als «jeu du monde» aufzufassen [181]. Gegen das abendländische Bild der «Lesbarkeit der W.» wird Verstehen zu einem prinzipiell nicht-endenden Geschehen, womit W. sich zu einem «unleserlichen Text» transformiert. – R. RORTY geht von der Fallibilität all unserer Vorstellungen und Theorien aus sowie davon, daß Sätze mit anderen Sätzen verbunden sind «rather than with the world» [182]. Mit der Verabschiedung eines realistischen W.-Begriffs ist für Rorty «the world well lost» [183], und ‹W.› ist lediglich als Name für die zu einer gegebenen Zeit unbestrittene Mehrzahl unserer alltäglichen Überzeugungsinhalte zu verwenden.

17. In Anknüpfung an E. CASSIRER [184] geht die allgemeine *Symboltheorie* N. GOODMANS davon aus, daß wir uns in jedem Wahrnehmen, Sprechen, Denken und Handeln mit dem Gebrauch von Symbolen auf W. («world») beziehen und daß sich weder rein Gegebenes noch eine Dichotomie zwischen Wahrnehmen und Konzeptualisieren behaupten lassen. In der Vielheit der auf Symbolsysteme bezogenen Versionen, Sichtweisen und Beschreibungen von W. in den Wissenschaften und Künsten können wir den jeweiligen Bezugsrahmen, die konzeptuelle Relativität, nicht überspringen. Die Existenz einer W. hinter den beschreibenden, abbildenden, wahrnehmenden Versionen läßt sich nicht behaupten oder bestreiten. Ein von allen Versionen unabhängiges Welt-Merkmal ist nicht explizierbar, so daß Goodman den Schritt vollzieht: «the ways-the-world-is, or just versions, can be treated as our worlds» [185]. a) Der aktiv-konstruktionale Charakter der Symbolverwendung führt statt zu passivischem Abbilden zu Weisen einer herstellenden Formierung von W.; konstruktionales «worldmaking» nimmt dabei als Umbilden seinen Ausgang von bestehenden Weltversionen und ist nicht creatio e nihilo. b) Was als zulässige Weltversion gilt, ist nicht durch Übereinstimmung mit einem externen Maßstab festzustellen, der eine W. ohne Ordnung, Struktur, Arten oder Bewegung wäre. Beschränkungen sind hier durch ein Konzept von «rightness» formuliert [186]. c) Goodman weist hinsichtlich der Welterzeugungen nach, daß es viele gleichermaßen legitime, jedoch miteinander unvereinbare, konfligierende Versionen gibt. Eine nicht-reduzierbare Pluralität ist mithin dadurch gegeben, daß es ebenso viele wirkliche W.en gibt, wie kohärente Weisen des Symbolisierens bestehen.

Auch die *Interpretationsphilosophie* wendet sich gegen den Gedanken einer vorfabriziert fertigen W.; G. ABEL betont, daß «jede in sich kohärente Gesamtheit von typähnlichen Sachverhalten unter Zwecken zu einer Zeit als eine W. angesprochen werden» kann [187]. Dabei ist jede individuierte W. abhängig von den Funktionen des verwendeten Beschreibungs- und Interpretationssystems, dem sich ihre Gestalthaftigkeit und Bestimmtheit verdankt. Während unsere W. von Prozeduren des aneignenden Deutens (Interpretationen$_3$) und habitualisierten Gewohnheits- und Handlungsmustern (Interpretationen$_2$) unabhängig ist, läßt sich eine logische Kluft zwischen unseren kategorialisierenden Zeichen- und Interpretationsfunktionen (Interpretationen$_1$) und unseren W.en nicht explizieren. Der Grundvorgang der welt-formierenden Interpretation$_1$ meint «nicht etwas in der W.», sondern «erst in ihrem Zusammenspiel bilden logische, ästhetische und ethische Form» der Interpretations-Praxis «eine W., und individuell meine W.» [188]. Mithin gilt, daß «die Grenzen meiner Interpretation die Grenzen meiner W.» bedeuten [189]. a) Aufgrund der Alterität und Variabilität jeder Interpretation ergibt sich intern ein Pluralismus der Interpretationswelten: Es gibt so viele wirkliche W.en, wie es nicht aufeinander reduzierbare oder auf ein gemeinsames Prinzip zurückführbare, stimmige und kohärente Interpretations$_1$-Zusammenhänge gibt. Ausgangspunkt ist, «daß wir immer schon in einer W. leben, nicht, daß wir anfänglich zwischen verschiedenen W.en wählen müßten» [190]. b) Beim deutungsfreien Zeichenvollzug (wie er beim direkten Verstehen, bei störungsfreiem Wahrnehmen und flüssigem Verständigen vorliegt) sind über die Tiefe der eingespielten Interpretations-Praxis W. und Wirklichkeit «in einem unüberbietbaren Sinne präsent»; wir müssen nicht mit unseren Zeichen und Interpretationen erst noch zur W. kommen [191].

18. Unter den Theorien der Wirklichkeitserkenntnis postuliert die *Evolutionäre Erkenntnistheorie* (derzufolge Erkenntnis der W. als Wirklichkeitsgesamtheit aufgrund eines in der Evolution herausgebildeten Anpassungscharakters des menschlichen Erkenntnisapparates möglich ist) eine partielle Isomorphie zwischen realen Strukturen der W. und subjektiven Strukturen der überlebensadäquat entwickelten Sprach- und Erkenntnislei-

stungen. Zwar bleibt der Grad der Übereinstimmung der theoretisch konstruierten W. mit der wirklichen W. unbekannt, jedoch läßt ihre grundsätzliche Erkennbarkeit Rückschlüsse auf Eigenschaften wie Quasi-Separabilität, Stabilität, Regelmäßigkeit, relative Einfachheit und Projizierbarkeit zu [192]. – Im *radikalen Konstruktivismus* wird, ohne die Existenz einer äußeren Realität (die als solche nicht erfahrbar ist und im äußersten Fall Hirnaktivitäten auslösen kann) zu verneinen, die Auffassung vertreten, daß es im Erkenntnisvorgang durch neurophysiologische Prozesse und mentale Operationen zur eigenständigen Konstruktion einer kognitiven W. im Gehirn als selbstreferentiell-geschlossenem System kommt [193]. Andere Positionen des Konstruktivismus fassen die phänomenale, wirkliche W. ebenfalls als Konstrukt unseres kognitiven Systems auf, sehen aber die Unterstellung eines realen Gehirns, einer realen W. und deren Interaktionen als notwendig an, was ein «Entstehen von Wirklichkeit aus der Realität» bedeutet [194].

19. Eine *Drei-W.en-Konzeption* vertritt u.a. K. R. POPPER, der epistemologisch von den realen W.en der physikalischen Gegenstände bzw. Zustände sowie der geistigen Zustände und Verhaltensdispositionen eine eigenständig existierende «W. 3» der objektiven Gedankeninhalte und Bedeutungsgehalte symbolischer Gebilde unterscheidet [195]. Die Entwicklung der drei W.en auseinander kann unter evolutionärem Aspekt als ein stufenweises Emergenzphänomen verstanden werden [196]. – In seiner Analyse der kommunikativen Rationalität im Ausgang von Weltbezügen, die kommunikativ Handelnde bei der diskursiven Einlösung verschiedener Geltungsansprüche aufnehmen, differenziert J. HABERMAS in: «objektive W.» als Gesamtheit aller Entitäten, über die wahre Aussagen möglich sind, «soziale W.» als Gesamtheit aller legitim geregelten personalen Beziehungen und «subjektive W.» als Gesamtheit der privilegiert zugänglichen Erlebnisse des Sprechers [197]. Diese sind je unterschiedlich beim strategischen, normenregulierten bzw. dramaturgischen Handeln vorausgesetzt. Im kommunikativen Handeln beziehen sich Sprecher und Hörer in Verständigungsprozessen «aus dem Horizont ihrer vorinterpretierten Lebenswelt gleichzeitig auf etwas in der objektiven, sozialen und subjektiven W.» [198]. Der W.-Begriff ist 'konstitutionstheoretisch', insofern die drei W.en (nicht-ontologisch zu einem System integriert) «ein in Kommunikationsprozessen gemeinsam unterstelltes Bezugssystem» als Interpretationsrahmen zum Erzielen von Verständigung festlegen [199].

20. In der *Systemtheorie* (s.d.) verwendet N. LUHMANN ‹W.› als differenzlosen Letztbegriff, der statt umfassender Sachgesamtheiten, statt eines aggregathaften Ganzen aus Teilen, die «Sinneinheit der Differenz von System und Umwelt» bezeichnen soll [200]. Ist W. ursprünglich und phänomenologisch als unfaßbare Einheit gegeben, so wird sie als Einheit einer Differenz durch Systembildung und relativ auf die Bildung sinnhafter Systeme bestimmbar, mithin durch die Differenz von System und Umwelt erst konstituiert. Da eine sich in sich selbst einschließende W. als Einheit jedoch nicht von einem Außen unterschieden, ihre Einheit gleichwohl nur als Differenz gedacht werden kann, wird ‹W.› als paradoxer Begriff erkannt [201]. Die W. selbst wird «durch Bildung von beobachtenden Systemen in ihr für diese als Einheit unsichtbar» [202]; sie ist «der blinde Fleck ihrer Selbstbeobachtung» [203] und wird zur unbezeichenbaren «Hintergrundsunbestimmtheit», insofern jede Unterscheidung für ein Bezeichnen nicht das negiert, was sie nicht bezeichnet, sondern «es als 'unmarked space'» voraussetzt [204]. Sie ist das «ausgeschlossene Dritte aller Unterscheidungen» [205].

21. In der *Philosophie der Wissenschaften* wird im 20. Jh. W. in Reflexion auf die aktuellen Entwicklungen der Kosmologie und Astrophysik thematisiert [206]. Im offenen Bereich der gegenwärtig beobachtbaren Objekte, der Metagalaxis, erweist sich der Kosmos als naturgesetzliche Einheit. Das kosmologische Prinzip postuliert, daß die Metagalaxis repräsentativ für das ganze Universum als das prinzipiell größtmögliche physikalische System ist. Im Ausgang von den Feldgleichungen der Einsteinschen Gravitationstheorie wird das Universum durch mathematische Weltmodelle gegeben, welche die globale Struktur der physikalischen Raum-Zeit in Kopplung mit den in ihr befindlichen Materie/Energie-Feldern beschreiben. Methodisch und epistemologisch ist das physikalische Weltall als 'Gegenstand' von Theorien bemerkenswert, da es deren prinzipiell einziges modelliertes System darstellt, das zwar bestätigenden Beobachtungen, nicht aber Experimenten zugänglich ist und nach gegenwärtiger Auffassung keine physikalisch formulier- und erkennbare Anfangsbedingung besitzen kann. In den Vordergrund rückt das Kriterium der Konsistenz zwischen den kosmologischen Theorien einerseits und den Gesetzmäßigkeiten der (experimentellen) Physik andererseits [207].

Schließlich sind als mittelbare, systematische Beiträge zur W.-Thematik in der Philosophie des 20. Jh. auch die begrifflichen Verwendungsweisen von ‹mögliche W.› innerhalb der Modalitätsdiskussion anzusehen [208].

Anmerkungen. [1] W. JAMES: The varieties of relig. experience (New York 1902) 120. – [2] A pluralistic universe (1909, Cambridge 1977); vgl. auch: Art. ‹Pluralismus I. 2.›. Hist. Wb. Philos. 7 (1989) 988-990. – [3] a.O. 145. – [4] J. DEWEY: The quest for certainty (1929). The later works (Carbondale/Edwardsville, Ill. 1984) 4, 236. – [5] Vgl. Art. ‹Reich, Drittes 2.›. Hist. Wb. Philos. 8 (1992) 499-502. – [6] G. E. MOORE: Some main problems of philos. (London 1953) 2. – [7] Proof of an external world (1939). Philos. papers (London 1959) 127-150; vgl. auch: Art. ‹Realität der Außenwelt›. Hist. Wb. Philos. 8 (1992) 206-211. – [8] Vgl. Art. ‹Atomismus III.›. Hist. Wb. Philos. 1 (1971) 605f. – [9] B. RUSSELL: My philos. development (London 1959, [4]1985) 86f. – [10] L. WITTGENSTEIN: Tract. log.-philos. (1921) 1-1.13; 2-2.01; 3.202. – [11] Vgl. Art. ‹Bild, logisches›. Hist. Wb. Philos. 1 (1971) 920f. – [12] WITTGENSTEIN, a.O. [10] 2.16. – [13] a.O. 2.17; 2.19; 3. – [14] 4.031. – [15] 4.01. – [16] 3.11; 3.12; 4.023. – [17] 4.12. – [18] 5.6. – [19] 5.61. – [20] Aufzeichnungen für Vorles. über 'privates Erlebnis' und 'Sinnesdaten' [ca. 1934-36] (1968), in: Vortrag über Ethik und andere kleine Schr., hg. J. SCHULTE (1989) 47-100, hier: 73. – [21] Tr. log.-philos. 5.631; 5.632; 5.641. – [22] Vgl. Art. ‹Verifikation I.›. Hist. Wb. Philos. 11 (2001) 696-702. – [23] R. CARNAP: Der log. Aufbau der W. (1928, 1998). – [24] O. NEURATH: Radikaler Physikalismus und 'Wirkliche W.'. Erkenntnis 4 (1934) 346-362; ND, in: R. HEGSELMANN (Hg.): Wissenschaftl. Weltauffassung, Sozialismus und Log. Empirismus (1979) 102-119. – [25] H. REICHENBACH: Experience and prediction (Chicago 1938) 293. – [26] H. RICKERT: Grundprobleme der Philos. (1934) 11. – [27] Der Gegenstand der Erkenntnis (1892, [3]1915) 185; vgl. Art. ‹Wert II.›. – [28] a.O. 205. – [29] System der Philos. 1: Allg. Grundlegung der Philos. (1921) IX. – [30] a.O. 50. – [31] 241. – [32] 254-265; vgl. Art. ‹Reich, Drittes 2.›, a.O. [5]. – [33] Vom Begriff der Philos. Logos 1 (1910) 28f. – [34] E. LASK: Die Logik der Philos. und die Kategorienlehre (1911). Ges. Schr., hg. E. HERRIGEL (1923/24) 2, 23; vgl. auch: Art. ‹Kategorie V. 1.›. Hist. Wb. Philos. 744-753. – [35] Zum System der Philos. [1913/14], a.O. 3, 179. – [36] Vgl. Art. ‹Geist IX. 2.›. Hist. Wb. Philos. 3 (1974) 200-202; ferner ausführlich: Art. ‹Verstehen 2.›, a.O. 11 (2001) 924-927; ‹Hermeneutik›, a.O. 2 (1974) 1061-1073. – [37] Vgl. Art. ‹Realpsychologie›, a.O. 8 (1992) 212f. – [38] W. DILTHEY: Beiträge zur Lösung der Frage vom Ursprung unseres Glaubens an die Realität der Außenwelt und seinem Recht (1890). Ges. Schr. [GS] (1914-1997) 5, 130; vgl. ferner: Art. ‹Realität der Außenwelt›, a.O. [7]. – [39] Der Aufbau der geschichtl. W. in den Geisteswiss. (1910). GS 7, 148; ausführlich: Art. ‹Objektivation des Geistes/des Lebens›. Hist. Wb. Philos. 6 (1984) 1055f.; ‹Leben V.›, a.O. 5 (1980) 71-97; ‹Lebensphilosophie 5.›, a.O. 135-140. – [40] Das geschichtl. Bewußtsein und die Weltanschauungen. GS 8, 17. – [41] Die Typen der Weltanschauung und ihre Ausbildung in den metaphys. Systemen (1911). GS 8, 78f. – [42] Der Aufbau, a.O. [39] 119. – [43] a.O. 128f. – [44] 153f. – [45] Entwürfe zur Kritik der hist. Vernunft [1910/11]. GS 7, 191. – [46] E. HUSSERL: Cartes. Medit. IV, § 30 [1931]. Husserliana [Hua.] 1 (Den Haag 1950) 99. – [47] Vgl. Art. ‹Intentionalität›. Hist. Wb. Philos. 4 (1976) 475. – [48] Vgl. Art. ‹Phänomenologie III.›, a.O. 7 (1989) 490-498. – [49] E. HUSSERL: Erfahrung und Urteil. Unters. zur Genealogie der Logik § 7, hg. L. LANDGREBE (1948) 23-26. – [50] Vgl. Art. ‹Epoché II.›. Hist. Wb. Philos. 2 (1972) 595f.; ‹Reduktion, phänomenologische›, a.O. 8 (1992) 375f. – [51] E. HUSSERL: Ideen zu einer reinen Phänom. und phänomenolog. Philos. 1, § 50 (1913). Hua. 3 (1950) 118; 3/1 (1976) 106. – [52] Vgl. Art. ‹Noema›. Hist. Wb. Philos. 6 (1984) 869f.; ‹Noesis›, a.O. 870; ‹Konstitution, phänomenologische›, a.O. 4 (1976) 1004f. – [53] Vgl. Art. ‹Reduktion, eidetische›, a.O. 8 (1992) 374f. – [54] HUSSERL: Ideen ... 2 [1913-25]. Hua. 4 (1952). – [55] Vgl. Art. ‹Phänomenologie, transzendentale›. Hist. Wb. Philos. 7 (1989) 510-516. – [56] Vgl. Art. ‹Thema II.›, a.O. 10 (1998) 1061-1063. – [57] HUSSERL: Erf. und Urt. §§ 8. 33, a.O. [49] 26-36. 171-174. – [58] Cartes. Medit. I, § 11, a.O. [46] 64f.; vgl. ferner: Art. ‹Transzendenz; Transzendieren II.›. Hist. Wb. Philos. 10 (1998) 1447-1455. – [59] Vgl. Art. ‹Reduktion, transzendentale›. Hist. Wb. Philos. 8 (1992) 376f. – [60] Vgl. Art. ‹Ich I.›, a.O. 4 (1976) 1-6. – [61] HUSSERL: Cartes. Medit., a.O. [58] 65. – [62] Cartes. Medit. V, § 53, a.O. 145f.; vgl. auch: Art. ‹Intersubjektivität›. Hist. Wb. Philos. 4 (1976) 521. – [63] Vgl. Art. ‹Phänomenologie, genetische›. Hist. Wb. Philos. 7 (1989) 505-507. – [64] HUSSERL: Ideen ... 2, § 18, a.O. [54] 55-90. – [65] Cartes. Medit. IV, §§ 38f., a.O. [46] 111-114. – [66] Die Krisis der europ. Wiss.en und die transz. Phänom. (1936). Hua. 6 (1954). – [67] Ausführlich: Art. ‹Lebenswelt I.›. Hist. Wb. Philos. 5 (1980) 151-155. – [68] Vgl. Art. ‹Vorwissenschaftlich; vortheoretisch›, a.O. 11 (2001) 1273-1275; zum W.-Begriff bei Husserl vgl. R. WELTER: Der Begriff der Lebenswelt (1986); BERMES, a.O. [Lit. zu II.] 145-236. – [69] Vgl. Art. ‹Leben V.›, a.O. [39]; ‹Lebensphilosophie 5.›, a.O. – [70] H. BERGSON: La pensée et le mouvant (1934). Oeuvr., hg. A. ROBINET/H. GOUHIER (Paris 1959) 1385; vgl. auch: a.O. 1420. – [71] Vgl. Art. ‹Kategorie V. 5.›. Hist. Wb. Philos. 4 (1976) 760-765; ‹Kategorialanalyse›, a.O. 713f.; ‹Ontologie 3. e.›, a.O. 6 (1984) 1199f. – [72] N. HARTMANN: Der Aufbau der realen W. (1940, [3]1964) 1. – [73] a.O. 21. – [74] 182; vgl. Art. ‹Schichtenlehre; Schichtentheorie I.›. Hist. Wb. Philos. 8 (1992) 1267f. – [75] A. N. WHITEHEAD: Process and reality (Cambridge 1929, New York 1957) 34; vgl. auch: Art. ‹Prozeß II.›. Hist. Wb. Philos. 7 (1989) 1558-1560. – [76] a.O. 519-533 (‹God and the world›); vgl. auch: Art. ‹Prozeßtheologie›. Hist. Wb. Philos. 7 (1989) 1562-1565. – [77] Vgl. Art. ‹Anthropologie 6. und 7.›. Hist. Wb. Philos. 1 (1971) 369-374; vgl. M. SCHELER: Die Stellung des Menschen im Kosmos (1928); sowie H. PLESSNER: Die Stufen des Organischen und der Mensch (1928). – [78] A. GEHLEN: Der Mensch. Seine Natur und Stellung in der W. (1940, [6]1958). – [79] M. HEIDEGGER: Sein und Zeit § 14 (1927, [16]1986) 65. – [80] §§ 14-24, a.O. 63-113. – [81] § 16, a.O. 75. – [82] § 17, a.O. 83. – [83] § 18, a.O. 87. – [84] § 43a, a.O. 202. – [85] § 69, a.O. 351. 364. – [86] a.O. 365; vgl. auch: Art. ‹Ekstase II.›. Hist. Wb. Philos. 2 (1972) 434-436. – [87] § 69c, a.O. 364ff. – [88] a.O. 365. – [89] Vgl. Art. ‹Langeweile›. Hist. Wb. Philos. 5 (1980) 28-32. – [90] Die Grundbegr. der Met.: W. – Endlichkeit – Einsamkeit § 44 [WS 1929/30]. Ges.ausg. II/29/30 (1983) 268. – [91] § 64, a.O. 397f. – [92] § 68, a.O. 409ff. – [93] a.O. 414. – [94] § 73, a.O. 505f. – [95] § 74, a.O. 510. – [96] § 76, a.O. 524ff. – [97] a.O. 527. – [98] a.O. 531. – [99] Br. über den Humanismus (1947), in: Wegmarken (1967) 168. 180. Ges.ausg. I/9 (1976) 337. 350. – [100] Der Ursprung des Kunstwerks [1935/36], in: Holzwege (1957) 23ff. Ges.ausg. I/5 (1977) 28-35. – [101] Das Ding (1951), in: Vorträge und Aufsätze (1954) 178f. Ges.ausg. I/7 (2000) 180f. – [102] ‹Ding› ist im Unterschied zu ‹Gegenstand› aufzufassen wie im Krug-Beispiel, a.O. 165ff./168ff. – [103] a.O. 179/182. 172/175. – [104] Die Sprache [1950], in: Unterwegs zur Sprache (1959, [12]2001) 22. – [105] a.O. [100] 65/65. – [106] Vgl. Art. ‹Sprache III.›. Hist. Wb. Philos. 9 (1995) 1468-1495. – [107] M. HEIDEGGER: Das Wesen der Sprache [1957/58], a.O. [104] 200. – [108] a.O. [104] 21f. – [109] a.O. [107] 215. – [110] H.-G. GADAMER: Wahrheit und Methode III, 3 (1960, [5]1986) 442-490. – [111] a.O. 478. – [112] 446. – [113] 450. – [114] Text und Interpretation, in: PH. FORGET (Hg.): Text und Interpretation (1994) 24-55, hier: 32f. – [115] a.O. [110] 451. – [116] K. JASPERS: Philosophie 1: Philos. Weltorientierung (1931, [3]1956) 5. 28. – [117] a.O. 64. – [118] 63. – [119] 65. – [120] 71; vgl. auch: Art. ‹Existenz; existentia II. 3.›. Hist. Wb. Philos. 2 (1972) 858-860. – [121] 76. – [122] 79. – [123] 94-104. – [124] 104-116. – [125] Vgl. Art. ‹Transzendenz; Transzendieren II.›. Hist. Wb. Philos., a.O. [58]. – [126] JASPERS, a.O. [116] 43. – [127] Vgl. Art. ‹Periechontologie›. Hist. Wb. Philos. 7 (1989) 259. – [128] K. JASPERS: Philos. Logik 1: Von der Wahrheit (1947) 38f. – [129] a.O. 231. – [130] 47. – [131] 85-107. – [132] 90. – [133] Vgl. Art. ‹Absurd›. Hist. Wb. Philos. 1 (1971) 66f. – [134] A. CAMUS: Le mythe de Sisyphe. Essai sur l'absurde (Paris 1942). – [135] Vgl. Art. ‹Lebenswelt II.›. Hist. Wb. Philos. 5 (1980) 155-157. – [136] A. SCHÜTZ: Der sinnhafte Aufbau der sozialen W. Eine Einl. in die verstehende Soziologie (Wien 1932) 9. – [137] a.O. 11. – [138] 156. – [139] 156-246. – [140] M. MERLEAU-PONTY: Phénom. de la perception (Paris 1945) 34ff. – [141] a.O. V (‹Avant-propos›); vgl. Art. ‹Wahrnehmung VI.›. – [142] 351. – [143] 69. – [144] Vgl. Art. ‹Gestalt I.›. Hist. Wb. Philos. 3 (1974) 540-547. – [145] Vgl. M. MERLEAU-PONTY: La structure du comportement (Paris 1942). – [146] a.O. [140] 163; vgl. Art. ‹Phänomenologie III. 5.›. Hist. Wb. Philos. 7 (1989) 502f. – [147] a.O. V. – [148] 171. – [149] 169. – [150] 369. – [151] 398-419. – [152] 381. – [153] 383. – [154] 384. – [155] 467. – [156] 421-520. – [157] P. RICŒUR: Der Text als Modell: hermeneut. Verstehen, in: W. L. BÜHL (Hg.): Verstehende Soziologie (1972) 252-283, hier: 254. – [158] a.O. 258. – [159] 259. – [160] 279. – [161] Le conflit des interpretations III, 3 (Paris 1969) 233-262. – [162] Vgl. Art. ‹Sprachspiel I.›. Hist. Wb. Philos. 9 (1995) 1534f. – [163] L. WITTGENSTEIN: Philos. Unters. 1, § 115 [1945]. Schr. 1 (1960) 343. – [164] Tagebücher 1914-1916 (2. 8. 1916), a.O. 1, 172. – [165] Philos. Unters. 1, Nr. 96, a.O. [163] 339. – [166] Nr. 97, a.O. – [167] a.O. – [168] Zettel, Nr. 55 [1929-48]. Werkausg. 8 ([4]1990) 280. – [169] Philos. Unters. 1, Nr. 23, a.O. [163] 300. – [170] Über Gewißheit, Nr. 595 [1949-51], a.O. [168] 239. – [171] Philos. Unters. 1, Nr. 402. 398, a.O. [163] 427f.; Bem. über Farben III, Nr. 316 [1950], a.O. [168] 105. – [172] Vgl. Art. ‹Revolution, wissenschaftliche›. Hist. Wb. Philos. 8 (1992) 990-996. – [173] TH. S. KUHN: The structure of scient. revolutions (Chicago 1962) 111. – [174] a.O. 121. – [175] P. FEYERABEND: Against method (Minneapolis 1970, London 1975); dtsch.: Wider den Methodenzwang (1976, 1983) 370. – [176] Vgl. Art. ‹Realismus III.›. Hist. Wb. Philos. 8 (1992) 162-169. – [177] H. PUTNAM: Why there isn't a ready-made world. Synthese 51 (1982) 141-168; The threefold cord: mind, body, and world (New York 1999) 183. – [178] Ausführlich: Art. ‹Realismus III. 8.›, a.O. [176] 166f. – [179] J. DERRIDA: De la grammatologie (Paris 1967) 227; vgl. auch: Art. ‹Textualität; Dekonstruktion›. Hist. Wb. Philos. 10 (1998) 1045-1050. – [180] L'écriture et la différence (Paris 1967). – [181] a.O. [179] 73. – [182] R. RORTY: Philosophy and the mirror of nature (Princeton 1980) 371f. – [183] The world well lost. J. Philos. 69 (1972) 649-665. – [184] z.B. E. CASSIRER: Sprache und Mythos (1925); ND, in: Wesen und Wirkung des Symbolbegriffs (1956) 71-158; vgl. Art. ‹Symbolische Form›. Hist. Wb. Philos. 10 (1998) 739-741. – [185] N. GOODMAN: Ways of worldmaking (Indianapolis 1978) 4; dtsch.: Weisen der Welterzeugung (1984). – [186] N. GOODMAN/C. ELGIN: Reconceptions in philosophy and other arts and sciences (Indianapolis 1988). – [187] G. ABEL: Sprache, Zeichen, Interpretation (1999) 32. – [188] Interpretationswelten (1993) 501; Sprache ..., a.O. 211. 30f. – [189] Interpretations-W.en. Philos. Jb. 96 (1989) 1-19, 2. – [190] a.O. [187] 257. – [191] a.O. 49. – [192] G. VOLLMER: Auf der Suche nach der Ordnung. Beitr. zu einem naturalist. W.- und Menschenbild (1995) 116-120; R. RIEDL: Begriff und W. Biolog. Grundlagen des Erkennens und Begreifens (1987). – [193] Vgl. S. J. SCHMIDT: Der Diskurs des Radikalen Konstruktivismus (1987). – [194] G. ROTH: Das Gehirn und seine W., in: H. R. FISCHER/S. J. SCHMIDT (Hg.): Wirklichkeit und Welterzeugung (2000) 165-173, 166. – [195] Vgl. Art. ‹Reich, Drittes 2.›, a.O. [5]. – [196] J.

C. Eccles/K. R. Popper: The self and its brain (New York 1977). – [197] J. Habermas: Theorie des kommunikat. Handelns (1981) 149; vgl. auch: I. C. Jarvie: Die Logik der Gesellschaft (1974). – [198] a.O. 142. – [199] 123. 126. – [200] N. Luhmann: Soziale Systeme (1984) 283. – [201] Die Gesellschaft der Gesellschaft (1997) 44-59. – [202] a.O. 930. – [203] Weltkunst, in: N. Luhmann/F. D. Bunsen/D. Baecker (Hg.): Unbeobachtbare W. (1990) 7-45, 15. – [204] a.O. [201] 897. 222. – [205] a.O. [203] 38. – [206] Vgl. auch: Art. ‹Universum›. Hist. Wb. Philos. 11 (2001) 221-225; ‹Kosmogonie IV.›, a.O. 4 (1976) 1151-1153; ‹Kosmologie›, a.O. 1153-1155; ‹Kosmos III.›, a.O. 1174-1176. – [207] B. Kanitscheider: Kosmologie. Geschichte und Systematik in philos. Perspektive (1984) 381-459; J. Audretsch/K. Mainzer: Philos. und Physik der Raum-Zeit (²1994). – [208] Vgl. Art. ‹Welt, mögliche›.

U. Dirks

Welt, mögliche (engl. possible world; frz. monde possible). Der Beginn der Diskussion um m.W.en ist eng mit der Problematik der 'Allmacht Gottes' (s.d.), seines 'Vorherwissens' (s.d.) und vor allem mit der Kontroverse um die 'Einwelttheorie/Mehrweltentheorie' (s.d.) verbunden. Im Barock wird der Begriff ‹Vielheit der W.en› eine zentrale philosophische Kategorie, die gegenwärtig wieder vielfach aufgegriffen wird. B. Le B. de Fontenelle prägt den Terminus und benutzt ihn auch in Spekulationen über mögliches Leben auf anderen Planeten und in anderen Galaxien. In der Unendlichkeit des Kosmos wurde ein Gegenentwurf zu christlichen Ewigkeitsauffassungen gesehen [1].

Im nachcartesianischen Denken taucht der Begriff ‹m.W.› vor allem bei N. Malebranche und in systematischerer Form bei G. W. Leibniz auf. Malebranche benutzt den Ausdruck im ‹Traité de la nature et de la grâce› und später in seinen ‹Entretiens sur la métaphysique› [2]. Die vernünftige unendliche Erstreckung ist nur der Archetyp einer Unendlichkeit m.W.en, die der unsrigen ähneln. Aufgrund dessen sind die m.W.en keine imaginären W.en. Die aktuale W. stellt einen Spezialfall m.W.en dar. G. W. Leibniz gilt als derjenige, der dem Begriff ‹m.W.› einen kategorialen Status gegeben hat. Er taucht in seinem Briefwechsel mit A. Arnauld auf, in dem die Definition der Substanz diskutiert wird [3]. Der Begriff hat vor allem metaphysische Wurzeln. Er ist mit dem Problem der Theodizee (s.d.), aber ebenso mit einer ganzen Reihe logischer, sprach- und wissenschaftstheoretischer sowie psychologischer Fragestellungen verknüpft. Die tatsächliche W. ist nur eine von unendlich vielen m.W.en, die existiert haben *könnten* [4]. Genau diejenige Folge oder Kombination von Dingen, bzw. – wie man einfacher sagen kann – diejenige m.W. wird von Gott geschaffen, die insbesondere in der Hinsicht am vollkommensten ist, daß in ihr mehr Individuen zur Existenz kommen als in irgendeiner anderen m.W.: «Ich sage daher, daß ein Seiendes existierend ist, wenn es mit der größten Anzahl von Dingen kompatibel ist» [5]. Unsere W. ist damit die beste der m.W.en, da jede beliebige Veränderung eine Veränderung zum Schlechteren wäre. Die m.W.en sind maximale Mengen wechselseitig kompossibler vollständiger individueller Begriffe [6]; letztere wiederum sind charakterisierbar als maximale Mengen kompatibler einfacher Attribute. Sie «spiegeln» demnach die jeweilige W. [7]. «Und weil es verschiedene Kombinationen von [kom]possiblen [Individuen] gibt, die einen besser als die anderen, so gibt es verschiedene m.W.en, wobei jede Kollektion von kompossiblen [Individuen] gerade eine [solche] darstellt» [8]. Als folgenreich erweisen sich vor allem Leibniz' Überlegungen zur Charakterisierung alethischer Modalitäten mit Hilfe des Begriffs der m.W.en: Ein Satz ist mit Notwendigkeit wahr genau dann, wenn er in allen m.W.en wahr ist [9]. Ein Satz ist kontingent wahr genau dann, wenn er in bezug auf die aktuale W., nicht jedoch in bezug auf alle (anderen) m.W.en wahr ist. Leibniz bemüht sich auf der Basis dieser Interpretation intensiv um die Lösung des (logischen) Freiheitsproblems, das darin besteht, wie kontingente Aussagen über die Handlungen eines Individuums möglich sind [10].

Im Jahr 1942 deutet H. Scholz den Leibnizschen Begriff der m.W.en: «Unter einer m.W. wollen wir eine W. verstehen, zu der es wenigstens ein ihr angehöriges Individuum gibt, in dem weitesten Sinne, den wir für das Wort 'Individuum' verabredet haben, also eine W., die nicht leer ist» [11]. Und: «Die beste der m.W.en ist im Leibnizschen Sinne die durchsichtigste W. für unseren Verstand» [12]. Für m.W.en wird also Nichtleerheit und Durchsichtigkeit postuliert. Letzteres verbindet Scholz mit Überlegungen zu Extremalprinzipien der Mathematik.

L. Wittgenstein leitet seinen ‹Tractatus logico-philosophicus› ein mit: «Die W. ist alles, was der Fall ist» [13]. Er interpretiert die W. nicht als eine Gesamtheit von Dingen bzw. Gegenständen – als Substanz der W. –, sondern als eine Gesamtheit von Konfigurationen von Dingen, den Tatsachen (s.d.) [14]. Wegen der logischen Unabhängigkeit der Tatsachen voneinander erhalten wir verschiedene m.W.en: «Eines kann der Fall sein oder nicht der Fall sein und alles übrige gleich bleiben» [15]. – Etwa ein Vierteljahrhundert später schlägt R. Carnap im Rahmen seines semantischen Programms eine eigene Deutung der Begriffe «möglicher Sachverhalt» (Wittgenstein) und «m.W.» (Leibniz) vor, die er benötigt, um die Begriffe «notwendige Wahrheit» (Leibniz) bzw. «analytische Wahrheit» (Kant) als «logische Wahrheit/L-Wahrheit» zu explizieren. Dazu führt er die Begriffe «logischer Spielraum» (s.d.) und «Zustandsbeschreibung» (s.d.) ein. Auf diese Weise gelingt es Carnap, «informationsreichere Interpretationen so zu bestimmen, daß sie die Wahrheitswerte der Sätze nicht nur in unserer W. ... festlegen, sondern ihre Wahrheitswerte in allen m.W.en» [16]. Carnap schafft mit diesen Mitteln eine Semantik für das modallogische System *S 5* von C. I. Lewis. Dabei müssen keinerlei Beziehungen zwischen den m.W.en angenommen werden.

Zu dieser Zeit liegen bereits eine ganze Reihe intuitiv unterschiedener und axiomatisch charakterisierter alethischer Modalbegriffe vor [17]. Zudem werden in den frühen Arbeiten von J. Hintikka, S. Kanger und G. H. von Wright mittels Analogieüberlegungen auch epistemische («Es wird gewußt, daß *A*») und deontische («Es ist geboten, daß *A*») Modalitäten in die Betrachtung einbezogen [18]. Das Studium der Semantik solcher und anderer nicht-alethischer Modalitäten erfordert die Einführung von Erreichbarkeitsrelationen («accessibility») *R* zwischen m.W.en. Die Explikation der «notwendigen Wahrheit» kann so von der «Wahrheit in allen m.W.en» auf die «Wahrheit in allen (von der Ausgangswelt aus) erreichbaren W.en» eingeschränkt werden. Die Variation der Relation *R* läßt die Semantik m.W.en zu einem sehr flexiblen und fruchtbaren formalen Instrument der Modallogik (s.d.) werden.

Es lassen sich folgende Fälle unterscheiden: 1) Wenn die Menge m.W.en identisch mit der Ausgangswelt ist, so fallen Notwendigkeit, Möglichkeit und Wahrheit zusammen. 2) Wenn die Menge m.W.en mit der Menge aller W.en identisch ist [*S 5*], dann fallen Notwendigkeit und Wahrheit in allen m.W.en zusammen. 3) Die physikalische Notwendigkeit kann aufgefaßt werden als Wahrheit in einer echten Teilmenge m.W.en.

Wenig später entwickelt A. N. PRIOR das Grundgerüst der modernen Zeitlogik (s.d.) [19] und deutet die Erreichbarkeitsrelation zwischen m.W.en temporal: Außer einer Betrachtung der m.W.en als momentaner alternativer Weltzustände können sie auch als W.en in der zeitlichen Erstreckung ihrer Veränderung verstanden werden [20]. Diese zeitliche Erstreckung muß nicht als lineare, sondern kann auch als sich verzweigende verstanden werden. Indextheorien entstehen durch verschiedene Kombinationen von Modal- und Zeitlogik. Dabei werden Indizes als *n*-Tupel von W.en, Zeiten und Sprechern aufgefaßt [21].

Umstritten ist, ob m.W.en sich aus variierenden Individuenbereichen oder nur aus einer Art Substanz für alle W.en zusammensetzen. D. LEWIS hat sich für eine Theorie der «Gegenstücke» («counterparts») eingesetzt, wonach jede W. über einen eigenen Individuenbereich verfügt und die Korrespondenz zwischen den Individuen verschiedener m.W.en über eine «counterpart»-Relation erfolgt [22]. Die Diskussion der Semantik der quantifizierten Modallogik führt zu einer Neubesinnung auf die alte Unterscheidung zwischen der Notwendigkeit de dicto und de re. Wenn in einem sprachlichen Ausdruck eine Modalität im Wirkungsbereich eines Quantors vorkommt, dann wird diese Modalität de re gebraucht. Eine Modalität de dicto hat dagegen den Quantor im eigenen Skopus [23]. Eine weitere Kontroverse betrifft die Bedeutung von Eigennamen als Individualkonzepte vs. starre Designatoren, die in allen W.en denselben Gegenstand bezeichnen. Die Fruchtbarkeit der Konzeption ‹m.W.en› hat sich auch in der Sprachphilosophie, z.B. in der Frage der Präsuppositionen (s.d.), der Linguistik, der Wissenschaftstheorie und der Analyse fiktionaler Kontexte gezeigt [24].

Anmerkungen. [1] B. LE B. DE FONTENELLE: Entretiens sur la pluralité des mondes (Paris 1686); vgl. auch die neuere Lit.: S. J. DICK: Plurality of worlds: the origins of the extraterrestrial life debate from Democritus to Kant (Cambridge 1982, 1984); Entretien sur la pluralité des mondes: Augustinus Triumphus d'Ancône, in: O. BOULNOIS (Hg.): La puissance et son ombre. De Pierre Lombard à Luther (1994) 251-259; R. D. MILLER: Plutarch's argument for a plurality of worlds in the ‹De defectu oraculorum› 424 c 10-425 e 7. Ancient Philos. 17 (1997) 375-395. – [2] N. MALEBRANCHE: Entretiens sur la mét. et sur la relig. (1688, ND Paris 1965); Traité de la nature et de la grâce (1680); F. DE BUZON: Art. ‹Monde (possible) [philo. géné.]›, in: S. AUROUX (Hg.): Encycl. philos. univ. II: Les notions philos. (Paris 1990) 1673f. – [3] G. W. LEIBNIZ: Br. an A. Arnauld (Juni/14. Juli 1686). Die philos. Schr., hg. C. I. GERHARDT [PhS] (1875-90) 2, 51. – [4] Remarques sur la lettre de M. Arnaud [1686], a.O. 40; vgl. Art. ‹Optimismus I.›. Hist. Wb. Philos. 6 (1984) 1240-1246. – [5] Generales inquis. de analysi notionum et veritatum (73) [1686], in: Opusc. et fragm. inéd., hg. L. COUTURAT [COp] (Paris 1903, ND 1961) 376. – [6] Vgl. Art. ‹Verträglichkeit; Kompatibilität›. Hist. Wb. Philos. 11 (2001) 983-985. – [7] Vgl. B. MATES: Leibniz on possible worlds, in: B. VAN ROOTSELAAR/J. F. STAAL (Hg.): Logic, methodology and philosophy of science III. Proc. 3rd int. Congr. of Logic, Methodol. and Philos. of Sci., Amsterdam 1967 (Amsterdam 1968) 507-529; dtsch.: Leibniz über m.W.en, in: A. HEINEKAMP/F. SCHUPP (Hg.): Leibniz' Logik und Metaphysik (1988) 311-341. – [8] G. W. LEIBNIZ: Br. an L. Bourguet (Dez. 1714). PhS 3, 573; Übers. nach: W. LENZEN: Das System der Leibnizschen Logik (1990) 187. – [9] Vgl. Sur les vérités nécessaires et contingentes [1686?]. COp 18; Quod ens perfectissimum existit [1678]. PhS 7, 261; vgl. Art. ‹Vernunftwahrheiten; Tatsachenwahrheiten›. Hist. Wb. Philos. 11 (2001) 869-872. – [10] Vgl. Vorausedition Akad.-A. VI: Philos. Schr. (1982ff.) 276. 1110; De libertate [1680-82?], in: Textes inédits, hg. G. GRUA (Paris 1948) 1, 288; De libertate fato gratia Dei, a.O. 311f.; Initia et specimina scientiae novae generalis (H) [1692]. PhS 7, 108. – [11] H. SCHOLZ: Leibniz, in: Jb. der Kaiser-Wilhelm-Ges. zur Förderung der Wiss. (1942) 205-249; NA: Leibniz und die mathemat. Grundlagenforschung, in: Jahresber. der Dtsch. Math. Verein. 52 (1943) 217-244 [Kürzung Anm. 1 und Hinzufügung der Anm. 9]; ND, in: H. SCHOLZ: Mathesis universalis. Abh. zur Philos. als strenger Wissenschaft, hg. H. HERMES/F. KAMBARTEL/J. RITTER (Basel 1969) 124. – [12] a.O. 131. – [13] L. WITTGENSTEIN: Tract. log.-philos. (1922) 1. – [14] Vgl. a.O. 1.1; 1.13; 1.2; 2.01; 2.021. – [15] a.O. 1.21; vgl. auch: 2.062. – [16] F. VON KUTSCHERA: Einf. in die intensionale Semantik (1976) 23; vgl. R. CARNAP: Meaning and necessity: A study in semantics and modal logic (Chicago 1947, ²1956); vgl. Art. ‹Wahrheit VI. C.›. – [17] Vgl. z.B. H. MACCOLL: Symbolic reasoning I. Mind 5 (1880) 45-60; IV. Mind NF 11 (1902) 352-368; V. Mind NF 12 (1903) 355-364; Symbolic logic and its applications (London 1906); vgl. die Schr. von C. I. LEWIS zwischen 1912 und 1920. – [18] Vgl. J. HINTIKKA: Quantifiers in deontic logic. Soc. Scient. Fenn., Comm. humanarum litt. 23 (1957) 4; S. KANGER: Probability in logic (Stockholm 1957); G. H. VON WRIGHT: An essay in modal logic (Amsterdam 1951). – [19] Vgl. A. N. PRIOR: Past, present and future (Oxford 1967). – [20] Vgl. VON KUTSCHERA, a.O. [16] 28. – [21] Vgl. H. KAMP: Formal properties of 'now'. Theoria 37 (1971) 227-274 (Doppelindizierung); K. SEGERBERG: Two-dimensional modal logic. J. philos. Logic 2 (1973) 77-96 (Erreichbarkeitsrelation zwischen Paaren von Indizes); D. LEWIS: General semantics. Synthese 22 (1970) 18-67. – [22] Vgl. z.B. D. LEWIS: On the plurality of worlds (Oxford 1986). – [23] Vgl. G. E. HUGHES/M. CRESSWELL: Einf. in die Modallogik (1978) 161-164. – [24] Vgl. R. STALNAKER: Presuppositions, in: D. J. HOCKNEY u.a. (Hg.): Contemporary research in philos. logic (Dordrecht 1973) 32-41; B. PARTEE: Possible worlds in model-theoretic semantics: a linguistic perspective, in: S. ALLEN (Hg.): Possible worlds in humanities, arts and sciences. Proc. Nobel Symposium 65 (Berlin/New York 1989) 93-123; D. LEWIS: Counterfactuals (Cambridge, Mass. 1973); D. LEWIS: Truth in fiction. Amer. philos. Quart. 15 (1978) 37-46; G. PAVEL (Hg.): Formal semantics and literary theory. Poetics 8/1-2 (1979).

Literaturhinweise. L. COUTURAT: La logique de Leibniz d'après des documents inédits (Paris 1901, ND 1961). – K. DÜRR: Neue Beleuchtung einer Theorie von Leibniz (1930). – R. CARNAP: Modalities and quantification. J. symbolic Logic 11 (1946) 33-64. – R. B. MARCUS: A functional calculus of first order based on strict implication. J. symbolic Logic 11 (1946) 1-16. – W. V. O. QUINE: Three grades of modal involvement. Proc. XIth int. Congr. of Philos. 14 (Amsterdam 1953) 65-81. – G. MARTIN: Existenz und Widerspruchsfreiheit in der Logik von Leibniz. Kantstud. 48 (1956/57) 202-215. – S. A. KRIPKE: A completeness theorem in modal logic. J. symbolic Logic 24 (1959) 1-15. – R. KAUPPI: Über die Leibnizsche Logik. Acta philos. Fenn. 12 (Helsinki 1960). – R. MONTAGUE: Logical necessity, physical necessity, ethics, and quantifiers. Inquiry 4 (1960) 259-268. – J. HINTIKKA: Modality and quantification. Theoria 27 (1961) 119-128. – B. MATES s. Anm. [7]. – N. RESCHER: The philos. of Leibniz (Englewood Cliffs, N.J. 1967). – J. HINTIKKA: Leibniz on plenitude, relations and the 'reign of law'. Ajatus 21 (1969) 117-144. – D. SCOTT: Advice to modal logic, in: K. LAMBERT (Hg.): Philos. problems in logic (Dordrecht 1970). – CH. THIEL: Zur Beurteilung der intensionalen Logik bei Leibniz und Castillon. Studia Leibn., Suppl. 15 (1975) 27-37. – R. STALNAKER: Possible worlds. Noûs 10 (1976) 65-75. – G. LLOYD: Leibniz on possible individuals and possible worlds. Australasian J. Philos. 56 (1978) 126-142. – G. W. FITCH: Analyticity and necessity in Leibniz. J. Hist. Philos. 17 (1979) 29-42. – CH. THIEL: Die Quantität des Inhalts. Zu Leibnizens Erfassung des Intensionsbegriffs durch Kalküle und Diagramme. Studia Leibn., Sh. 8 (1979) 10-23. – H. BURKARDT: Logik und Semiotik in der Philos. von Leibniz (1980). – R. STALNAKER: Possible worlds and situations. J. philos. Logic 15 (1986) 109-123. – S. ALLEN (Hg.) s. Anm. [24]. – D. FØLLESDAL: S. Kanger in memoriam, in: D. PRAWITZ/B. SKYRMS/D. WESTERSTÅHL (Hg.): Logic, methodology and philosophy of sci. 9 (Uppsala 1994) 885-888.

I. MAX

Weltalter; Zeitalter (lat. aetates, saecula; engl. ages of the world; frz. âges du monde, siècles). Versuche einer Periodisierung der geschichtlichen Zeit, des Weltlaufs (s.d.) und der Weltgeschichte (s.d.) im Ganzen sind zugleich Versuche ihrer Deutung. Die abendländischen Schemata zur Periodisierung, ‹W.› oder ‹Zeitalter› genannt, stammen aus der mythologischen (1.), der biblisch-theologischen (2.) und der geschichtsphilosophischen oder historiographischen Reflexion (3.).

1. HESIOD entfaltet in seinen ‹Werken und Tagen› den sog. «Weltaltermythos» [1]. Hier wird die Menschheitsgeschichte durch die Abfolge von vier Geschlechtern (γένη) vorgestellt, denen die Metalle Gold, Silber, Erz und Eisen zugeordnet sind. Der Wechsel der Geschlechter vollzieht sich abrupt und ohne Übergang. Die Geschichte der Menschheit wird als Deszendenzstruktur begriffen, die vom «goldenen Geschlecht» bis zum künftigen «eisernen Geschlecht», das durch die Negation der Eigenschaften des ersten charakterisiert ist, reicht [2]. Der Rekonstruktionsversuch des zugrundeliegenden Urmythos, der auch in anderen Kulturen verbreitet ist, führt auf ein ursprüngliches Welt-Bild; danach sind den «vier Planetengöttern mitsamt den ihnen zugeschriebenen Metallen und Farben» ihre «irdischen Stellvertreter» zugeordnet, deren Herrschaft erst später als zeitliches Nacheinander gedeutet wird [3].

Gegenüber der Umdeutung des Weltaltermythos durch PLATON, ARATUS und OVID [4] stellt VERGILS ‹4. Ekloge› einen Neuansatz dar: Vergil formuliert die Wiederkehr des goldenen Zeitalters [5], das nun, als «saeculum», mit den menschlichen Lebensaltern («aetates») in Verbindung gebracht wird [6]. Die in der römischen Antike gängige Art zur Bezeichnung der Lebensabschnitte («gradus aetatum») [7] geht demnach, als Binnengliederung einer Generation, dem christlichen Modell der «aetates mundi» voraus; deren Verlauf ist ebenso linear zu denken wie die Lebenszeit.

2. Konzeptionen von W.n, die aus biblischen Schriften abgeleitet werden, stehen unter den Voraussetzungen von Schöpfungs- und Sündentheologie. Neben dem Anfang der Schöpfung und dem Sündenfall ist mit dem Ende von Weltzeit und dem Übertritt in die Ewigkeit die zweite Rahmenbedingung des Zeit-Raums der W.-Lehre gegeben. Die Entwürfe entstehen, jüdisch wie christlich, vor dem Hintergrund der Apokalyptik (s.d.). Versuche, aus dem AT und NT mit Blick auf die erzählte Generationenfolge konkrete Angaben für die Dauer einzelner W. herzuleiten, dienen weniger der Berechnung vom Anfang der Welt als vielmehr ihrer Vollendung bzw. dem erwarteten Ende der Weltzeit. Daß im frühen jüdischen und christlichen Verständnis Welt und Zeit unmittelbar aneinander gebunden sind, belegt die Doppeldeutigkeit von hebr. ‹ʿôlām›, das sowohl 'Welt' als auch 'Zeit' bezeichnet. Der anfänglichen Synonymität von ‹Kosmos› und ‹Aion› (s.d.) entspricht die von ‹mundus› und ‹saeculum› [8].

Entscheidend für die Entwürfe der W. und der dazugehörigen Zeitabschnitte («tempora») ist die Entwicklung des Menschengeschlechts, wie sie im AT und NT bestimmt ist. Erwartet werden mit Daniel (2, 31ff.; vgl. 7, 1ff.) bis zur Vollendung der Welt zunächst vier Weltreiche oder Monarchien [9]. Für die christliche Interpretation des Buches ‹Daniel›, in dem Gold, Silber, Kupfer und Eisen die absteigende Folge von Königreichen vor der Errichtung des Reichs Gottes nach dem Tag des Weltengerichts versinnbildlichen, ist der Kommentar des HIERONYMUS bis ins Mittelalter maßgeblich [10]. Hieronymus, für den die Folge weltlicher Reiche eine Abfolge von «saecula» ist, identifiziert das vierte, von kriegerischen Auseinandersetzungen geprägte Reich mit dem Römischen [11]. Eine besondere Rolle spielt mit Rekurs auf Apk. 20 auch die Erwartung eines letzten, tausendjährigen Reichs im Sinne des Chiliasmus (s.d.). In der Tradition des TYCHONIUS-Kommentars ist das letzte W. das der Kirche «zwischen der ersten Ankunft des Herrn bis zu seiner Wiederkunft» [12].

Wie dem Buch ‹Daniel› die politischen Ereignisse um Nebukadnezar zugrunde liegen, so entwickeln sich auch die weiteren W.-Entwürfe in Reaktion auf einschneidende Ereignisse bzw. die mit ihnen verbundenen Personen oder Institutionen. Entsprechende Auslegungen politischer Ereignisse gewinnen auch an Bedeutung, um die Zeichen der Zeit, wie beispielsweise das Erscheinen des Antichrist, erkennen zu können. Der Prototyp dieser Geschichtsbetrachtung ist die ‹Historia ecclesiastica› des EUSEBIUS, die wiederum in der Übersetzung und Ergänzung des HIERONYMUS überliefert ist [13]. Hier werden «tempus» und «tempora» mitunter tabellarisch nach der Generationenfolge gegliedert, wobei das weltliche Geschehen unter den Bedingungen der Heilsgeschichte (s.d.) dargestellt wird.

Deutete EUSEBIUS Kaiser Konstantin nach der Christianisierung des Römischen Reichs noch als Heilsbringer [14], so stellt AUGUSTINUS mit dem Auseinanderfallen des Römischen Reichs die Auslegung politischen Geschehens in bezug auf die Heilsgeschichte generell in Frage. Augustinus verwendet das Schema der sechs Schöpfungstage als Ordnungsmuster innerweltlicher Zeitlichkeit. Die Einteilung der W. in ‹De civitate Dei› wird für Jahrhunderte maßgeblich und mit ihr der Begriff ‹aetas› bzw. ‹aetates›, der zu ‹aetates mundi› ergänzt wird [15]: Den sechs W.n – gemäß Hexaemeron – folgt die Ruhe des Sabbat als siebentem, mit dem Gott den Schritt von der Zeitlichkeit in die Ewigkeit eröffnet («in fine sine fine») [16]. Historiographisch ist das Sechserschema u.a. für die christlichen Weltchroniken des Mittelalters vorbildlich [17].

Die W. fassen «tempus» bzw. «tempora» berechenbarer Generationenfolgen nach einschneidenden Ereignissen zusammen. So differenziert Augustinus nach biblischen Vorgaben die sechs zeitgebundenen W.: 1) von Adam bzw. Kain und Abel bis zur Sintflut [18], 2) von da bis Abraham, 3) von Abraham bis David, 4) von David bis zur babylonischen Gefangenschaft, 5) von da bis zur Geburt Christi im Fleisch und 6) von da an bis zu seiner eigenen Zeit [19]. Die Dauer des sechsten W. ist nicht berechenbar und somit der Ausgang der Geschichte ein Ereignis, das dem Wirken Gottes überlassen ist [20]. Gemäß der Vorbildlichkeit der biblischen Sechserzahl in bezug auf die «aetates» findet Augustinus diese auch in der verbreiteten internen Gliederung der Zeit einer Generation gespiegelt und formuliert die Alter der Welt daher auch als Lebensalter (s.d.).

In Verknüpfung mit der auch von Augustinus vertretenen Annahme, seit Beginn der Menschheit seien nicht ganz sechstausend Jahre vergangen [21], findet sich das Sechserschema in modifizierter Form von Berechnung und Zuordnung der Ereignisse noch bei M. LUTHER. Dieser gliedert die Zeit von der Schöpfung bis zum Jahr 1540 n.Chr. tabellarisch in sechs W., die als «millenarii», entsprechend Ps. 90, 4, je tausend Jahre pro Tag des Hexaemeron dauern. Das Jahr 1540 n.Chr. entspricht dem 5500. aller Weltzeit, so daß unter dem Vorzeichen der Reformation das Weltende (s.d.) zu erwarten ist («sperandus est finis mundi») [22].

Im Hinblick auf die säkularisierten Formen späterer Geschichtsphilosophie ist das Dreierschema der W. von besonderer Bedeutung. Richtungweisend auch für die Vorstellung einer damit verbundenen Entwicklung von Geist und Freiheit ist die Geschichtstheologie des JOACHIM VON FIORE [23]. Joachim kennt drei Tempora, drei Status «infra mundum», die dem Vater, dem Sohn und dem Heiligen Geist zugeordnet werden: «sub lege» der Synagoge, «sub gratia» der herrschenden christlichen, «sub ampliori gratia» der kommenden universalen Kirche [24]. Mit der ‹Offenbarung› des Johannes (17, 9f.) markiert er als interne «concordia trium statuum» sieben «aetates». Sich selbst sieht er im Ausgang des zweiten Status, wo u.a. das Erscheinen des Antichrist zu erwarten ist [25]. Geknüpft an die kommende, dritte Zeit ist nicht nur die Vorstellung einer Erneuerung der Kirche durch Spiritualität, sondern auch eines neuen Testaments [26].

Gegen Joachims Lehre des dritten W. wendet sich u.a. BONAVENTURA [27]. Er übernimmt die geläufige Übertragung menschlicher Lebensalter (infantia, pueritia, adolescentia, iuventus, aetas senior/senectuti und senectus/senium) auf die Geschichte: Der Weisheit des Alters gemäß ist im sechsten W., welches «von Christus bis zum Ende dauert», die biblische «sapientia ... incarnata» [28]. Im historischen Rückblick auf die Auslegung von Mtth. 20 stellt Bonaventura zudem ein Fünferschema vor, das folgendermaßen gegliedert ist: 1) «initium creaturae, quia posuit Deus hominem in paradiso»; 2) Noah; 3) Abraham («cultor Dei et erector altarium»); 4) Moses («lex» und «miracula»); 5) Christus [29].

In Ablehnung Joachims referiert Bonaventura eine andere Einteilung der «tria tempora», nämlich nach «lex naturae», «lex scriptae» und «lex gratiae» [30]. Diese Dreizahl war aus der Paulinischen Vorstellung bekannt, Gott habe sich zunächst im Sinne natürlicher Theologie («lex naturae») offenbart (Röm. 1, 19f.), dann in der «lex mosaica», welche die «jüdische Lebensordnung des geschriebenen Gesetzes» beherrscht, und schließlich der «lex evangelica», die das dritte W. «durch das neue geistige Gesetz des Lebens in Jesus Christus» bestimmt [31]. Von dauernder Bedeutung für das Geschichtsverständnis ist allerdings eine Zweiteilung, die sich zunächst aus der Unterteilung der «tempora» nach AT und NT ergibt. Sie bleibt als Zeichen der damit verbundenen Zeitenwende [32] und Zäsur nach der Inkarnationszählung in Form des «ante/post Christum natum» erhalten [33].

3. Allgemein entwickelt sich in den folgenden Jahrhunderten mit dem literarischen Interesse des Humanismus an der Antike auch ein neuer Blick auf den Geschichtsverlauf. Dem Kriterium der Wertigkeit von Literatur und schönen Künsten folgt eine neue Dreiteilung der Geschichte, die zur Periodisierung in Antike (u.a. «aurea aetas»), Mittelalter («intermedia aetas») und Neuzeit («nova aetas», aber auch «aurea aetas») führt [34]. Eine andere neue Periodisierung bietet M. FLACCIUS ILLYRICUS, der um 1560 in Zusammenarbeit mit den Magdeburger Centuriatoren sowie in seiner ‹Ecclesiastica historia› die Einteilung des Christentums und des mit ihm verbundenen Geschichtsstoffes nach Jahrhunderten («saecula») vornimmt und somit maßgeblich für das Verständnis von ‹saeculum› in der Bedeutung ‹Jahrhundert› wird [35].

Vom italienischen Boden geht ein weiterer Impuls für die Neukonzeption der Geschichtsauffassung aus. So formuliert G. B. VICO die «historische Welt», auch wenn sie noch unter dem letzten Ziel der göttlichen Vorsehung (s.d.) steht, als Entfaltung des menschlichen Geistes in adäquaten Ideen und Handlungsweisen [36]. Der bei allen Völkern auszumachende Ablauf dreier entsprechender Zeitalter bestimmt die Geschichte als wiederkehrendes Muster im Werden und Vergehen einer kulturellen Einheit [37]. Im Sinne einer vom Heilsgeschehen unabhängigen Geschichte menschlicher Kultur und Zivilisation wird aber erst im Fortschrittsdenken VOLTAIRES der Begriff ‹W.› durch ‹Zeitalter› abgelöst.

Motiviert durch die 'Querelle des Anciens et des Modernes', entwickelt Voltaire auch die Benennung von Zeitaltern nach Personen («siècle de ...»), die auf herausragende Weise das Leben des Geistes bestimmen, so z.B. Augustus, die Medici und Ludwig XIV. [38]. Parallel setzt sich die Auffassung von ‹Zeitalter› als ‹Jahrhundert› («siècle») [39] durch. Durch die Rede von einem «aufgeklärten Zeitalter» oder «Zeitalter der Aufklärung» wird der herrschende Geist entpersonalisiert [40]. Synonym zu ‹Zeitalter› werden nun auch die Begriffe ‹Epoche› (s.d.) und ‹Periode› (s.d.) verwendet. Die geschichtsphilosophische Dimension des Zusammenhangs läßt sich bis zur Debatte um «Antike und Moderne in der Ästhetik der Goethezeit» nachzeichnen [41]. Einen besonderen Stellenwert hat hier F. SCHLEGELS Auffassung: «Die Alten und Neuen sind nicht Zeitalter, Perioden, sondern verschiedne Welten», so daß mit dem «temporal-historischen Nexus» im Ablauf der Zeitalter «auch die Irreversibilität aufgehoben» wird [42].

Von seiten der Geschichtsphilosophie, die auf die 'Fortschritte' in der Geschichte der Menschheit mit neuen Zeitalter-Entwürfen reagiert, ist weiterhin das Bemühen um Systematisierung ihrer notwendigen Abfolge deutlich. So wird die Teleologie der Geschichte insbesondere unter den Aspekten von Vorsehung, Fortschritt (s.d.) und – wie bei Vico – der sie motivierenden Entfaltung menschlicher Anlagen diskutiert. Für die entsprechenden Entwürfe eines Dreierschemas, das weiterhin die Abschnitte der Menschheitsgeschichte charakterisiert, gibt G. E. LESSING mit seiner Rezeption Joachims von Fiore einen Bezug vor [43]. Die Analogie von geschichtlichen und menschlichen Lebensaltern gehört zu den Standards, die bis zu G. W. F. HEGELS Geschichtsspekulation verbreitet sind [44]. Vor dem Hintergrund, daß das «rein a posteriorische jedes Zeitalters ... das eigentl. fortschreitende» sei, stellt J. G. FICHTE mit Blick auf die Geschichtsbetrachtung fest, daß der «Geist der Zeiten», nach dem die Zeitalter nunmehr gängigerweise benannt werden, je «verschieden» ist [45]. Damit ist eine Trennungslinie zwischen dem geschichtsphilosophischen bzw. -theologischen Begriff ‹Zeitalter› bzw. ‹W.› und seiner historiographischen Verwendung gezogen.

Mit dem Entwurf dreier «W.» belebt im 19. Jh. u.a. F. W. J. SCHELLING nochmals die theologische Tradition; so modifiziert er das trinitarische Modell Joachims von Fiore mit der Abfolge der W. in ihrer Bestimmung durch Vater (Vergangenheit) – Sohn (Gegenwart) – Heiligen Geist (Zukunft) [46]. Alternativ ist der Bezug auf theosophische Muster in Verbindung mit einem «geschichtsphilosophischen Origenismus» [47] und vor dem Hintergrund von Schellings früherem Interesse an Mythologie auch «Dantes Urbildlichkeit für die W.» [48]. Problematisch im Versuch, Schellings Begriffskonzeption zu verstehen, ist das «Fehlen einer gültigen Fassung der ‹W.›» [49], deren Titel Schelling für (Vorlesungs-)Entwürfe seit 1810/11 nutzt. So bleiben zur Lösung des Sachproblems vor allem Selbstbekundungen, so z.B. 1813: «Ich habe dies Buch W. überschrieben. Auch System der Teile oder Zeiten der Offenbarung Gottes ... warum? Was Philosophie von jeher gesucht? Wissenschaft also = Historie»

[50]. Diese «Historie» ist Selbstoffenbarung Gottes in einer «höheren Geschichte», in der das Übergeschichtliche (s.d.) und mit ihm Weisheit und Wissen in Christus offenbar, aber erst nachträglich, gleichsam erinnernd, vom Menschen erkannt werden. Voraussetzung des Modells ist eine Theorie der «Zeit» und der «Zeiten», die Schelling im Ausgang der «Zeugung Gottes», der Theogonie (s.d.), entwickelt [51].

Die Vorstellung eines Schemas notwendig ablaufender Zeitalter ist auch in der nachidealistischen Geschichtsauffassung verbreitet. Kriterien zur Charakterisierung der einzelnen Phasen in der Entwicklung der menschlichen Gesellschaft bestimmen die Autoren jeweils gemäß ihren philosophischen Voraussetzungen [52]. Zu Beginn des 20. Jh. wird die Periodisierung der Geschichte nach «Zeitaltern» im Sinne inhaltlicher Kategorisierungen obsolet [53]. Gleichwohl ist das Muster der Benennung eines Zeitalters nach dem ihn bestimmenden Geist (oder Ungeist), der eine einschneidende Entwicklung gegenüber dem Gewesenen darstellt, bis heute umgangssprachlich verankert. Der rasche wissenschaftliche und technische Fortschritt, durch Ausdrücke wie «Atom-», «Weltraum-» oder «Computer-Zeitalter» belegt, führt zu einem inflationären Gebrauch des Begriffs, letzthin gar zu seiner Auflösung. «Wir leben», wie W. CH. ZIMMERLI in Auseinandersetzung mit der Bewegung des New Age formuliert, «in einem Zeitalter, das dadurch ausgezeichnet ist, daß ständig neue Zeitalter angekündigt werden, und das impliziert: in dem ständig der Abgesang auf vergangene Zeitalter zu hören ist» [54]. Eine Formel wie «9-11» (11. September 2001), die eine Zeitenwende mit einem entsprechenden Vorher und Nachher zu bestimmen versucht, hat nicht nur den Charakter einer mythischen Vorstellungsart von Realität, sondern nimmt auch das Muster christlicher Geschichtsperiodisierung auf.

Anmerkungen. [1] HESIOD: Erga 106-201. – [2] B. GATZ: W., goldene Zeit und sinnverwandte Vorstellungen (1967) 104. 35-51. – [3] a.O. 13; zu W.-Konzeptionen anderer Kulturen vgl. N. SÖDERBLOM: Art. ‹Ages of the world›, in: Encyclopaedia of religion and ethics 1 (1925) 192 a-210 a. – [4] Vgl. PLATON: Polit. 268 dff.; Crat. 397 eff.; Resp. 415 a-c. 468 e. 546 e-547 b; Leg. 713 a-714 a; ARATUS: Phaen. 96-136; OVID: Met. I, 89-150. – [5] Vgl. Art. ‹Zeitalter, goldenes›. – [6] GATZ, a.O. [2] 87-103, bes. 99. – [7] D. SLUSANSKI: Vocab. latin de gradus aetatum, in: Rev. roumaine Linguistique 19 (1974) 103-123, bes. 104; ausführliche Stellennachweise: 267-296. 345-371. 437-451. – [8] Vgl. Art. ‹Welt I.›; ferner: A. P. ORBÁN: Les dénominations du monde chez les premiers auteurs chrét. (Nimwegen 1970). – [9] Vgl. W. BAUMGARTNER: Zu den vier Reichen von Daniel 2. Theolog. Z. 1 (1945) 17-22; alternative Periodisierungsmodelle bei H. VON CAMPENHAUSEN: Die Entstehung der Heilsgeschichte. Der Aufbau des christl. Geschichtsbildes in der Theol. des 1. und 2. Jh., in: Urchristliches und Altkirchliches. Vorträge und Aufsätze (1979) 20-62. – [10] Vgl. F. A. TATFORD: The climax of ages. Studies in the prophecy of Daniel (London 1953). – [11] HIERONYMUS: Comm. in Dan. proph. MPL 25, 491-584, bes. 504; vgl. auch: OROSIUS: Hist. 2, 1, 3-6; 7, 2, 4-6. – [12] Vgl. dazu: W. KAMLAH: Apokalypse und Geschichtstheologie. Die mittelalterl. Auslegung der Apokalypse vor Joachim von Fiore (1935) 11. – [13] EUSEBIUS CAES.: Die Chronik des Hieronymus, Hieronymi Chronicon, hg. R. HELM (1984); HIERONYMUS: Transl. Chronicon Eusebii Pamphili. MPL 27, 9-508, mit App. ad Eusebii Chronicon: 509-682. – [14] Zu Eusebius' Stellenwert vgl. A. MOMIGLIANO: Pagan and Christian historiography in the 4th cent., in: A. MOMIGLIANO (Hg.): The conflict between paganism and Christianity in the 4th cent. (Oxford 1963) 79-99. – [15] Vgl. auch andere Periodisierungen bei R. SCHMIDT: Aetates mundi. Die W. als Gliederungsprinzip der Geschichte. Z. Kirchengesch. 67 (1955/56) 288-317. – [16] AUGUSTINUS: De civ. Dei XXII, 30. CCSL 48 (1957) 866. – [17] H. GRUNDMANN: Geschichtsschreibung im MA (³1978) bes. 18-24. – [18] Vgl. AUGUSTINUS: De civ. Dei XV, 1, a.O. [16] 453; Art. ‹Vorsintflutlich›. Hist. Wb. Philos. 11 (2001) 1218-1222. – [19] De civ. Dei XXII, 30, a.O. 867; vgl. B. KÖTTING/W. GEERLINGS: Art. ‹Aetas›, in: C. MAYER (Hg.): Augustinus-Lex. 1 (1986-94) 150-158. – [20] a.O. 867f. – [21] 11, a.O. 365. – [22] M. LUTHER: Supputatio annorum mundi (1541/45). Weim. Ausg. I/53 (1920) 1-184, zit. 171. – [23] Vgl. H. MOTTU: La manifestation de l'esprit selon Joachim de Fiore (Neuchâtel 1977). – [24] JOACHIM VON FIORE: Enchiridion super Apocalypsim, hg. E. K. BURGER (Toronto 1986) 56. 23. – [25] a.O. 29. 32f.; vgl. R. E. LERNER: Antichrists and antichrist in Joachim of Fiore. Speculum 7 (1932) 257-282. – [26] E. BENZ: Ecclesia spiritualis. Kirchengesch. und Geschichtstheol. der Franziskan. Reform (1934). – [27] Vgl. H. GRUNDMANN: Dante und Joachim von Fiore. Dtsch. Dante-Jb. 14 (1932) 210-245, bes. 223f. 236 (Anm. 42) mit entsprechenden Angaben zu Thomas von Aquin. – [28] BONAVENTURA: Coll. in Hexaem. sive illuminationes Ecclesiae. Op. omn. 5 (Quaracchi 1891) 326-449, zit. 400 b. – [29] a.O. 400 b-401 a. – [30] 401 a. – [31] Vgl. A. DEMPF: Sacrum Imperium. Geschichts- und Staatsphilos. des MA und der polit. Renaissance (1929) 78-80. – [32] Vgl. Art. ‹Wende›. – [33] Vgl. mit weiterführender Lit. F.-J. SCHMALE: Raum – Zeit – Zeitrechnung, in: Funktion und Formen mittelalterl. Geschichtsschreibung (1985) 28-37, bes. 35. – [34] F. SCHALK: Das goldene Zeitalter als Epoche, in: Exempla roman. Wortgeschichte (1966) 150-167; M. GROSS: Von der Antike bis zur Postmoderne. Die zeitgenöss. Geschichtsschreibung und ihre Wurzeln (1998) bes. 34. 73. – [35] Vgl. P. LEHMANN: Einteilung und Datierung nach Jahrhunderten, in: Erforschung des MA 1 (1941) 114-129, bes. 117; zur Bedeutung der Hundertjahrsschritte in der Antike bis hin zu Augustin vgl. B. GLADIGOW: Aetas, aevum und saeculorum ordo, in: D. HELLHOLM (Hg.): Apocalypticism in the Mediterranean world and the Near East (²1989) 255-271. – [36] Vgl. dazu: M. E. ALBANO: Vico and providence (New York u.a. 1986); F. FELLMANN: Das Vico-Axiom: Der Mensch macht die Geschichte (1976). – [37] Vgl. Art. ‹Geschichte III.›. Hist. Wb. Philos. 3 (1974) 357; R. PETERS: Der Aufbau der Weltgesch. bei G. B. Vico (1929); R. W. SCHMIDT: Die Geschichtsphilos. G. B. Vicos (1982). – [38] SCHALK, a.O. [34] 163f., mit Belegen; vgl. Art. ‹Antiqui/moderni (Querelle des Anciens et des Modernes)›. Hist. Wb. Philos. 1 (1971) 410-414, bes. 411. – [39] Dazu: A. NIDERST: Les sens du mot 'siècle' dans la langue class., in: Le français moderne. Rev. linguistique franç. 39/3 (1971) 207-219. – [40] F. SCHALK: Über Epoche und Historie, in: H. DILLER/F. SCHALK: Studien zur Periodisierung und zum Epochebegriff. Abh. Akad. Wiss. Lit. Mainz, geistes- und soz.wiss. Kl. (1972) 4, 12-38, zit. 16. – [41] P. SZONDI: Poetik und Geschichtsphilos. 1 (1974) 11-265. – [42] a.O. 143f., mit: F. SCHLEGEL: Philos. Fragm., 4. Abt. [1794ff.]. Krit. Ausg., hg. E. BEHLER (1958ff.) 18, 222. – [43] Vgl. Art. ‹Reich, Drittes›. Hist. Wb. Philos. 8 (1992) 496. – [44] K. LÖWITH: Weltgesch. und Heilsgeschehen. Die theolog. Voraussetzungen der Geschichtsphilos. (1953) 55-63. 120f. – [45] J. G. FICHTE: Logik (Erlangen 1804). Akad.-A. II/9 (1993) 146; zur Schematisierung nach fünf «Hauptepochen» vgl. Art. ‹Geschichtsphilosophie 6.›. Hist. Wb. Philos. 3 (1974) 426; vgl. auch: Art. ‹Zeitgeist›. – [46] Zum Verhältnis Schelling – Joachim vgl. H. DE LUBAC: La postérité spirit. de Joachim de Flore 1: De Joachim à Schelling (Paris 1978) 378-393 (Beiträge u.a. auch zu Lessing, Herder, zur Romantik und zu Hegel). – [47] W. SCHMIDT-BIGGEMANN: Schellings ‹W.› in der Tradition abendländ. Spiritualität, in: F. W. J. SCHELLING: W.-Fragmente, hg. K. GROTSCH. Schellingiana 13/1 (2002) 1-78, bes. 52. – [48] W. HOGREBE: Prädikation und Genesis. Metaphysik als Fundamentalheuristik im Ausgang von Schellings ‹Die W.› (1989) bes. 31. – [49] A. LANFRANCONI: Die W. lesen, in: H.-J. SANDKÜHLER (Hg.): W. – Schelling im Kontext der Geschichtsphilos. (1996) 58-72, zit. 61; mit Lit. – [50] a.O. 63; mit weit. Zeugnissen. – [51] Krisis. Eine Lektüre der ‹W.›-Texte F. W. J. Schellings (1992) bes. 185; vgl. auch: Art. ‹Zukunft; Vergangenheit›. – [52] Vgl. LÖWITH, a.O. [44]. – [53] O. SPENGLER: Der Untergang des Abendlandes 2 (³¹⁻⁴²1922) 38. – [54] W. CH. ZIMMERLI: Das Zeitalter der angekündigten neuen Zeitalter. 'New Age' auf dem Prüfstand der philos. Kritik, in: H. BÜRKLE (Hg.): New Age: krit. Anfragen an eine verlockende Bewegung (1988) 42-61.

Literaturhinweise. N. SÖDERBLOM s. Anm. [3]. – K. LÖWITH s. Anm. [44]. – R. SCHMIDT s. Anm. [15]. – F. SCHALK s. Anm. [34]

und [40]. – B. GATZ s. Anm. [2]. – H. SCHWABL: Art. ‹W.›. RE Suppl. 15 (1978) 783-850. – B. KÖTTING/W. GEERLINGS s. Anm. [19]. – W. SCHMIDT-BIGGEMANN: Philosophia perennis (1998) 585-645. T. GLOYNA

Weltanschauung (engl. world view/vision; frz. vision/conception du monde – beides Lehnbildungen nach dem Dtsch., daneben ‹Weltanschauung› als Fremdwort)

1. *Deutscher Idealismus.* – Die Entwicklung der Wissenschaften provoziert am Ausgang des 18. Jh. die Frage, ob und wie die Welt (s.d.) in ihrer raumzeitlichen Unendlichkeit von der Einbildungskraft überhaupt vorgestellt werden könne und wieso Individuen einen gemeinsamen Weltbezug haben, obwohl sie doch, wie bereits J. G. HERDER zeigt, aufgrund ihrer unterschiedlichen psychophysischen Weltwahrnehmung divergierende Weltbilder (s.d.) entwickeln müssen. Der Idealismus antwortet mit dem Konzept einer «W.», die nicht als eine Art Abbildung des «Ansichseins der Welt» und ihrer «objektiven Einheit» in einem individuellen Bewußtsein verstanden werden darf [1], sondern Produkt eines transzendentalen Vermögens der welterzeugenden Subjektivität ist.

Das Wort ‹W.› ist erstmals bei I. KANT belegt. In der ‹Kritik der Urteilskraft› sucht er zu zeigen, daß die Vernunft «zu allen gegebenen Größen» und auch zum Unendlichen «Totalität fordert, mithin Zusammenfassung in eine Anschauung». Die Fähigkeit nun, das Unendliche «als ein Ganzes auch nur denken zu können, zeigt ein Vermögen des Gemüths an, welches allen Maßstab der Sinne übertrifft» und deshalb selbst nicht sinnlich sein kann. Durch dieses Vermögen und seine «Idee eines Noumenons, welches selbst keine Anschauung verstattet, aber doch der W., als bloßer Erscheinung, zum Substrat untergelegt wird, wird das Unendliche der Sinnenwelt ... unter einem Begriffe ganz zusammengefaßt». Da diesem Begriff keine Sache entspricht, können aus ihm keine Folgerungen über das Universum und den Zusammenhang der Dinge abgeleitet werden, das Vermögen hat keine Bedeutung in «theoretischer Absicht zum Behuf des Erkenntnißvermögens»; er ermöglicht dafür aber die Reflexion der Vernunft auf ihre Fähigkeit, eine Gesamtauffassung der Welt zu bilden und sich zu dieser Auffassung in Beziehung zu setzen. Das Vermögen führt zu einer «Erweiterung des Gemüths, welches die Schranken der Sinnlichkeit in anderer (der praktischen) Absicht zu überschreiten sich vermögend fühlt» [2].

F. D. E. SCHLEIERMACHER fügt dieser Bestimmung der W. als einer in der Reflexion erfaßbaren Synthetisierungsleistung des Subjekts ein lebensgeschichtliches Element hinzu. Er deutet W. als Ergebnis eines Bildungsprozesses, durch den das rezeptive «Chaos des Neugeborenen» zu einer «Totalität aller Eindrücke» transformiert wird, welche die «Totalität des Bewußtseins der menschlichen Zustände» einschließt [3]. Unter dem Einfluß der Morphologie, die von der Bildung und Umbildung organischer Gestalten in ihrer Umwelt handelt, und unter deutlicher Distanz zur Transzendentalphilosophie verstärkt sich bei J. W. GOETHE das lebensgeschichtliche Moment. Wenn er dem Dichter G. F. Lazzarelli eine «lebendige W.» zuspricht, die sich in den Werken manifestiert, und diese aus dem Zusammenspiel eines «glücklichen Naturells» mit «einer ausreichenden theoretischen und praktischen Bildung» und den Bedingungen des italienischen Volkslebens begreiflich macht, so bedeutet ‹W.› die Fähigkeit eines empirischen, durch Erfahrung gebildeten Individuums (nicht eines transzendentalen Subjekts), seine Lebenswelt zu konstituieren [4]. Goethe bereitet damit die in der zweiten Hälfte des 19. Jh. beginnende Subjektivierung des W.-Begriffs vor.

Den nachkantischen idealistischen Systemen stellt sich die Aufgabe, jenes von Kant eher beiläufig konstatierte Vermögen zur W. aus den fundierenden Annahmen abzuleiten. So unterscheidet J. G. FICHTE zwischen der Reflexion, in der sich ein Vernunftwesen als «in sich selbst zurückgehende, sich selbst bestimmende Thätigkeit» setzt, und der W., bei der sich die anschauende Tätigkeit nicht in gleicher Weise frei bestimmen kann – hat sie doch hier eine Welt zum Objekt und muß die Gegenstände «so vorstellen, wie sie unserm Dafürhalten nach, ohne unser Zuthun sind». Die weiteren Deduktionen erweisen die Tätigkeit im Vorstellen als die «freie Thätigkeit» im «Zustande der Gebundenheit» [5], bestimmen dieses Verhältnis von Freiheit und Bindung als Bedingung der Möglichkeit für das Selbstbewußtsein eines endlichen Vernunftwesens und münden so in Fichtes Programm einer Ableitung von Welt und Bewußtsein aus dem Ich. In der Sprache F. W. J. SCHELLINGS heißt das, die Intelligenz sei «bewußtlos produktiv in der W., mit Bewußtseyn in dem Erschaffen einer ideellen Welt» [6]. Auch hier hat die Philosophie über die Komplementarität von Natur- und Transzendentalphilosophie die Identität von bewußtlosem und bewußtem Produzieren zu erweisen. G. W. F. HEGEL wiederum expliziert W. als «bestimmtes, aber umfassendes Bewußtseyn des Natürlichen, Menschlichen und Göttlichen» und bestimmt die geschichtliche Abfolge dieser Anschauungen als eine Stufenfolge, in deren Verlauf der Geist «zum wahren Begriffe seines absoluten Wesens gelangt» [7]. W. ist hier eine Form der Selbstanschauung des Geistes.

Die W. des «endlichen Vernunftwesens» (FICHTE) oder des «Endlichen» (SCHELLING) muß begrenzt, auf einen Standort hin perspektiviert und damit individuell sein. Daß die Individuen gleichwohl in einer gemeinsamen Welt leben, erklärt FICHTE damit, daß das «die Welt anschauende Ich ... Eins» sei «und in der Person ... nur das Eine untheilbare Ich die Welt» [8] anschaue. Spaltungen ergeben sich aus der Freiheit zunächst der individuellen Einbildungskraft, die ihre Aufmerksamkeit beliebig fokussieren und damit private Bilder der Welt erzeugen, aber auch wieder zur allgemeinen Weltsicht zurückkehren kann. Nach SCHELLING gründet sich die «Uebereinstimmung in den Vorstellungen verschiedener Intelligenzen» in «unsrer gemeinsamen Natur». Diese wiederum konstituiert sich durch die «Einheit jener Beschränktheit», der alle Intelligenzen unterliegen [9]. Schließlich kommt dem Kunstwerk eine besondere Bedeutung für die Vermittlung des Individuellen und des Allgemeinen zu. Zumindest für die ‹Göttliche Komödie› gelte, daß sie als singuläres Werk den Ausdruck «absolutester Individualität» Dantes mit der «Allgemeingültigkeit» der ästhetischen Gestaltung vereinigt [10].

Am Ausgang des idealistischen Zeitalters ist der W.-Begriff der materialistischen Fundamentalkritik ausgesetzt. L. FEUERBACH reformuliert den idealistischen Subjektbegriff innerhalb einer sensualistischen Anthropologie mit der Konsequenz, daß die W. als Anschauung «der Wahrheit und Existenz der Dinge außer uns» zur Grundlage wird, auf der sich der Mensch als geistig-sinnliches Wesen die Natur aneignet [11]. K. MARX konzediert dem Feuerbachschen Materialismus wohl, daß er im Unterschied zum Idealismus «sinnliche – von den Gedankenobjekten wirklich unterschiedene Objekte» will, aber den «Gegenstand, die Wirklichkeit, Sinnlichkeit nur unter der Form des Objekts oder der Anschauung» faßt. Dagegen restituiert Marx das idealistische Basistheorem von der welterzeugenden Potenz der Subjektivität, bestimmt die «tätige Seite» aber, anders als der Idealismus, nicht «abstrakt» (als Denken), sondern als gesellschaftliche Praxis [12]. Später wird der Begriff ‹W.› durch ‹Ideologie› (s.d.) ersetzt und taucht in der marxistischen Tradition erst wieder auf, wenn, wie bei F. ENGELS im ‹Anti-Dühring›, die Dialektik auf Naturspekulationen übertragen wird und sich so der Marxismus der W. auf wissenschaftlicher Grundlage (vgl. unten 3.) annähert [13]. In neueren marxistisch orientierten wissenssoziologischen Konzepten werden ‹W.› und ‹Ideologie› wiederum nahezu synonym verwendet (vgl. unten 4.).

2. *Weltansicht.* – W. VON HUMBOLDT ergänzt Grundannahmen des Idealismus um eine sprachphilosophische Komponente. Er versteht Denken im Anschluß an Fichte als ein «Reflectiren», d.h. ein «Unterscheiden des Denkenden von dem Gedachten». Die Distinktheit der Gegenstände entsteht durch einen Schematisierungsprozeß, in dem sich die Formen des Verstandes am sinnlichen Material bewähren. Diese Konstitution einer Welt von Objekten wiederum ist kein vor- oder außersprachlicher Vorgang, sondern wird durch Akte des Benennens, des Fixierens und des Kommunizierens in Sprache, Rede und Schrift ermöglicht [14]. Die Sprache repräsentiert nicht die Welt, sondern das Ergebnis der Aneignung von Welt. Das «Wort entsteht ja aus dieser Wahrnehmung». Nun ist beim Menschen aller «objectiven Wahrnehmung unvermeidlich Subjectivitaet beigemischt», seine Rede repräsentiert deshalb seine individuelle «Weltansicht». Zugleich kann er diese nur bilden und artikulieren, wenn er auf die Masse des Gesprochenen und Geschriebenen zurückgreift; er hängt also von den Vorstellungen ab, wie die Sprache sie ihm zuführt [15]. Eine Sprache repräsentiert solchermaßen selbst eine Weltansicht als Voraussetzung von Philosophie, Wissenschaft oder Poesie, die von den Teilnehmern einer Kommunikationsgemeinschaft (des Volkes) empfangen und weitergebildet wird.

Humboldt begründet mit seinem Konzept von der sprachlich vermittelten Konstitution der Welt eine Sondertradition der W.-Diskussion. Auch für F. MAUTHNER haftet «die sogenannte W. ... so unlösbar an der Sprache, die die Erinnerung der ererbten und der erworbenen Erfahrung ist, daß man vergebens versuchen würde, irgend ein Etwas in der W. eines Mannes zu finden, was nicht in der Sprache dieses Mannes zu finden wäre». Die individuelle W. fällt hier in erster Annäherung mit dem individuellen «Sprachvorrat» zusammen. Da die an die Sprache gebundenen Vorstellungsmassen eines Menschen fluktuieren und untereinander in der Regel nicht zusammenhängen, die 'Anschauung' deshalb weder konsistent noch kontinuierlich sein kann, bezeichnet ‹W.› präziser und bescheidener eine ausgezeichnete psychische Organisationsform der Vorstellungen, die durch das leitende Interesse habitualisiert wird: «Was er [ein Mensch] von diesen Massen [von Vorstellungen] für das Wichtigste hält, woran er also das lebendigste Interesse hat, das wird als Wort erreichbar sein und die Gruppierung und das Zentrum, das er für das Wichtigste hält, wird man seine W. nennen können» [16]. Neben der skizzierten denkpsychologischen Ausarbeitung finden sich grammatiktheoretische (E. SAPIR [17], B. L. WHORF [18], L. WEISGERBER [19]), wonach Strukturelemente einer Sprache (etwa die Konfiguration von Wortfeldern oder das Tempussystem) Grundlagen des Weltbildes (z.B. die Zeitkonzepte einer Sprachgemeinschaft) festlegen.

3. *W. auf wissenschaftlicher Grundlage.* – Der idealistische Begriff ‹W.› impliziert hinsichtlich der 'Übereinstimmung der Intelligenzen' einen Geltungsanspruch, der sich nicht allein auf die Deduktion aus Begriffen oder auf empirische Forschung stützt, sondern auch einen intuitiven Einschlag hat. In der zweiten Hälfte des 19. Jh. bleibt gerade diese Komponente der (Allgemein-)Gültigkeit aus (persönlicher) Intuition erhalten, sie fundiert nun aber einen Begriff von W., der Nachfolgekonzepte der Systemphilosophie bezeichnet. In seiner neuen Bedeutung steigt das Wort zu einem Schlüsselbegriff der Intellektuellendiskurse auf, wird inflationär und weit über die Fachphilosophie hinaus verwendet und verliert damit auch an Präzision.

Als Beispiel für eine konzise Fassung des Konzepts kann W. WUNDTS ‹System der Philosophie› dienen. Nach Wundt haben sich die Einzelwissenschaften aus der Theologie und Philosophie gelöst, dienen allein theoretischen Zwecken und können demgemäß keine Handlungsanweisungen geben oder 'Sinn produzieren'. Die Fachdisziplinen selbst sind unabgeschlossen. In dieser Situation hat die Philosophie die Aufgabe einer «Zusammenfassung der Einzelerkenntnisse zu einer die Forderungen des Verstandes und die Bedürfnisse des Gemüthes befriedigenden Welt- und Lebensanschauung» [20]. Den solchermaßen explizierten Begriff ‹W.› verwendet Wundt synonym mit ‹Metaphysik›, ‹System› und ‹wissenschaftliche Philosophie›. Die Synthese befriedigt den «Trieb der Vernunft» nach einer Ergänzung der empirisch erkennbaren Wirklichkeit und bereitet die Ableitung ethischer Postulate aus dem «widerspruchslosen System» der (voraussetzungsfreien) Einzelerkenntnisse vor. Die wissenschaftliche Philosophie bleibt sich bei ihrem Geschäft freilich bewußt, daß sie lediglich berechtigte Hypothesen erzeugt. Wundts Metaphysik ist 'induktiv' und probabilistisch.

Die W.en im engeren Sinn verzichten auf die abschwächenden Schutzbemerkungen der akademischen Philosophie, verstärken ihren Geltungsanspruch und liberalisieren die Rationalitätskriterien für die spekulative Weiterbildung wissenschaftlicher Ergebnisse. Die meist umfangreichen Texte, in denen die Autoren ihre W. darlegen, verbinden breite Referate aus den Wissenschaften mit waghalsigen Hypothesen, metaphysischen Theoriefragmenten, autobiographischen Mitteilungen, ethischen Handlungsanweisungen, zeitpolitischen Diagnosen und sozialen Zielprojektionen. Konzepte, die sich selbst als 'idealistisch' verstehen, werden mit Rückgriffen auf die empirischen Wissenschaften plausibilisiert – so O. WEININGERS Kantianismus mit der Physiologie –, während sich materialistische Synthetisierungsversuche auf metaphysische Traditionen stützen – so E. HAECKELS Monismus auf Spinoza. Der W.-Diskurs überschreitet solchermaßen alle philosophischen, aber auch die politischen Frontstellungen der Zeit. Die einschlägigen Schriften werden in mitunter hohen Auflagen verbreitet und regen zur Bildung von Bünden (Haeckels ‹Monistenbund›, ‹Eucken-Bund›) und Parteien (W.-Parteien) an. Als W.-Schriftsteller betätigen sich so prominente Autoren wie G. TH. FECHNER [21], D. F. STRAUSS [22], E. HAECKEL [23] oder R. EUCKEN [24].

Der Erfolg der W.-Literatur erklärt sich offenbar damit, daß sie angesichts der schwindenden Bedeutung der Religion, der Skepsis gegenüber den Systemen des philosophischen Zeitalters, aber auch angesichts der Ausdifferenzierung der Einzelwissenschaften die Aufgabe der 'Sinnproduktion' übernimmt. Aufgrund des intuitiven

Moments, auf das die Amplifizierung der Wissenschaften angewiesen ist, kann die W. nur die 'eigene W.' sein, deren Grundannahme Ausdruck der Persönlichkeit ist. Diese in Lebenskrisen 'errungene' W. muß sich nun im 'Kampf' mit anderen W.en behaupten [25]. Im Sinne einer solchen Menge von zusammenhängenden, aber rein persönlichen Meinungen über die 'letzten Fragen' lebt der Begriff denn auch immer noch umgangssprachlich fort. Andererseits kann eine W. nur dann 'metaphysischen Trost' spenden oder soziale Ordnung begründen, wenn sie 'wahr' ist. Der W.-Diskurs gerät in die Aporie von Subjektivität und Geltungsanspruch, die wiederum spezifische Darstellungsverfahren erzeugt. W.-Texte zeichnen sich im allgemeinen durch einen hohen rhetorischen Aufwand aus, z.B. erwecken Verbildlichungen komplexer und abstrakter Annahmen (z.B. Stammbäume in weltanschaulich-spekulativen Weiterbildungen des Darwinismus) den Schein von Anschaulichkeit; die autobiographischen Bekenntnisse stilisieren den Autor zu einer Persönlichkeit von besonderer Wahrheitsmächtigkeit. Die Widersprüche im Konzept ‹W.› führen denn auch nach 1920 zu seinem raschen Verfall, der Begriff sinkt, wie seine exzessive Verwendung im Schrifttum des Nationalsozialismus zeigt [26], in den Sprachgebrauch der Pseudointellektuellen und Halbgebildeten ab.

4. *Weltanschauungslehre.* – Die Einsicht in die Subjektivität der W.en erregt ein Krisenbewußtsein, das den kulturellen Bedarf an einer 'integrierenden Idee' und zugleich deren Absenz konstatiert. Eine Konsequenz dieser Konstellation ist, daß die W. selbst zum Gegenstand der Forschung gemacht wird. W. Dilthey führt die Pluralität der W.en auf die Entstehung des geschichtlichen Bewußtseins zurück. Dieses habe die Geltungsansprüche der wissenschaftlichen Metaphysik «zerschmolzen» [27], kann es doch nicht mehr naiv die gerade geltende Auffassung mit der Wahrheit identifizieren. Es bleibt nur zu konstatieren, daß die Systeme in bunter Mannigfaltigkeit einander ablösen, ohne einander widerlegen zu können. Konsequenz dieser Einsicht ist nicht der Skeptizismus, sondern eben die Wendung zur Analyse der W.en, mit der die Philosophie sich selbst zum Gegenstand wird.

Dilthey skizziert dabei die Genesis der Metaphysiken aus dem 'Sitz im Leben' (s.d.). Die «Lebenserfahrung» führt zur Konfrontation mit dem «Rätsel des Lebens» [28]; eine je nach Charakter und historischen Umständen differierende Grundstimmung (z.B. Optimismus oder Pessimismus) bildet sich aus, die sich in Religion und Kunst manifestiert und in der Metaphysik 'rationalisiert' wird. Durch das Verfahren des historischen Vergleichs kann die Mannigfaltigkeit der philosophischen Meinungen im Sinne einer W.-Typologie [29] geordnet werden: 'Naturalismus' (z.B. Materialismus), Idealismus der Freiheit (z.B. Fichtes Wissenschaftslehre) und objektiver Idealismus (z.B. Platon) [30]. Indem die Philosophie ihren Entstehungsprozeß bis zum 'Leben' zurückverfolgt, erfaßt sie die W.en als «notwendige Symbole der verschiedenen Seiten» der über die Zeiten und Kulturen hinweg immer gleichen «Lebendigkeit» [31] und bringt damit dem menschlichen Geist sein Tun zu Bewußtsein. Diltheys W.-Lehre mündet somit in eine lebensphilosophische Reprise von Schleiermachers Position.

Die Rezeption Diltheys bewegt sich in zwei Richtungen. Die eine zielt auf eine empirische Ausarbeitung des Verhältnisses von Metaphysik und Leben, von W. und W.-Träger, und damit auf die Verwissenschaftlichung der W.-Lehre. Die andere wendet sich einer Grundsatzdiskussion der Relativismus-Problematik zu. Bei Dilthey kann die «Stellung einer ... Weltansicht in der Struktur des menschlichen Geistes» wohl intuitiv und verstehend nachvollzogen, aber nicht «psychologisch deduziert» [32] oder aus historischen Rahmenbedingungen erklärt werden, weil die einschlägigen Wissenschaften dafür nicht ausreichen. – Eine Elaborierung der psychologischen Analyse, die im Rahmen der verstehenden Psychologie verbleibt, unternimmt K. Jaspers in der ‹Psychologie der W.en›. Ähnlich wie bei Dilthey werden «sinnlich-räumliche», «seelisch-kulturelle» und «metaphysische» «Weltbilder» konstruiert, denen nun jeweils spezifische «Einstellungen» und geistige Lebensformen entsprechen [33]. Jaspers' Begriffe können freilich kaum für empirische Untersuchungen operationalisiert werden; wo dies später geschieht, wird die W.-Lehre durch eine aus der «Philosophie der Philosophie» (s.d.) ausdifferenzierte Psychologie komplexer Kognitionen ersetzt. – Im Kontext seiner frühen Analysen zum «In-der-Welt-Sein» entwickelt M. Heidegger einen eigenen Begriff von W.: «ausdrückliches Transzendieren, d.h. Philosophieren» sei ein «ausdrückliches Ausbilden von W.» [34].

Werden statt Individuen Kollektive als Träger von W.en untersucht, so entwickelt sich die W.-Lehre zur Wissenssoziologie (s.d.) weiter. So expliziert M. Scheler ‹W.› als «Name für die organisch und geschichtlich gewordene Art und Weise großer zusammenhängender Gruppen, Welt, Seele und Leben tatsächlich anzuschauen und zu werten» [35]. Folgenreich ist die Unterscheidung zwischen einer «natürlichen W.», zu der alles gehört, was in einer «Gruppe als keines Beweises ... bedürftig geglaubt und gefühlt wird», und einer «Bildungsweltanschauung», die von wenigen 'Führern' erzeugt und von vielen 'Imitatoren' verbreitet wird. Die natürliche W. meint so etwas wie nicht bewußte kulturelle «patterns», die W.-Lehre präludiert hier die «cultural studies» neueren und neuesten Zuschnitts. Die Bildungsweltanschauung ist im Gegensatz zur natürlichen W. der soziologischen Analyse zugänglich. Zu untersuchen ist das Zusammenspiel von «erkenntnistheoretischer Struktur», «Führertyp», «soziologischer Form», «Bewegungsart in der Geschichte» usw. [36]. – In vergleichbarer Weise unterscheidet K. Mannheim zwischen einer «ideologischen», den Gehalt explizierenden Interpretation des geistigen Gebildes und einer «soziologischen», die die Beziehung zu einer «realeren Ebene des Seins» herstellt [37]. – Die marxistisch-leninistische Philosophie übernimmt der Sache nach den W.-Begriff der 'bürgerlichen' Philosophie, deutet W. nun aber als Widerspiegelung (s.d.) des materiellen gesellschaftlichen Seins des Menschen, wobei die Formel nach den unterschiedlichen Spielarten des Marxismus weiter zu interpretieren ist [38]. Ähnlich wie bei der Psychologie führt die empirische Operationalisierung in allen skizzierten Fassungen des W.-Begriffs schließlich zur Ausdifferenzierung der Soziologie aus der Philosophie.

Dilthey versteht seine W.-Lehre als Erbin der Transzendentalphilosophie, d.h., daß Geltungsansprüche nicht den W.en selbst, wohl aber den Thesen über die Bedingung der Möglichkeit von W.en zukommen. Die Tendenz zum Relativismus verschärft sich unter der Annahme Schelers, daß auch die W.-Lehre, wie jede Philosophie oder Wissenschaft, eine «natürliche», an eine «Gruppe» gebundene W. zur Voraussetzung hat. Der gemeinsame Weltbezug «aller Iche» (Fichte) schrumpft zum gemeinsamen Weltbezug der Mitglieder einer Kultur, die Philosophie löst sich auf im Versuch des Bewußtseins, seine «Seinsgebundenheit» (Mannheim) reflektierend aufzuhellen [39].

Versuche, diesen Skandal der Vernunft zu vermeiden, finden sich bei den Protagonisten der W.-Lehre selbst, gleichwohl hat der Relativismus entschiedenen Widerspruch herausgefordert. H. Rickert definiert die wissenschaftliche Philosophie als «die Lehre vom Ganzen der Welt, ... deren Sätze sich logisch oder theoretisch begründen lassen» [40]. Damit ist freilich nur ein Programm vorgegeben, dessen Realisierung offenbleiben muß. Um dennoch zu praktischen Lebensorientierungen zu gelangen, bilden die Menschen W.en aus, «Ansichten ..., die sich auf den Sinn oder die Bedeutung des gesamten menschlichen Daseins im Weltganzen beziehen, und die zugleich für das 'praktische' Verhalten der Menschen, die an sie glauben, maßgebend werden können, ja müssen» [41]. W.en dieser Art lassen sich, gerade wegen ihres «Sitzes im Leben» und der daraus resultierenden atheoretischen Impulse, wissenschaftlich nicht begründen. Hingegen kann eine W.-Lehre, die W.-Fragen außertheoretischer Art zu ihrem Gegenstand macht, «theoretische Klarheit» schaffen [42]. Sie muß dabei einen «Überblick über alle W.en» gewinnen [43] und strukturiert dann ihr Material, indem sie die Eigenwerte rekonstruiert, die einer jeweiligen W. «ausdrücklich oder stillschweigend zugrunde gelegt werden» [44]. Das System der Werte seinerseits ist einer strengen theoretischen Begründung fähig. Die W.-Lehre im Sinne Rickerts kann über diesen Weg wohl nicht zu begründeten weltanschaulichen Sätzen, wohl aber zur Gesamtheit aller potentiell rationalen Weltdeutungen gelangen und damit ein Surrogat der traditionellen Metaphysik liefern. Im Kontext seiner W.-Lehre kann Rickert denn auch den Subjektivismus der Jasperschen ‹Psychologie der W.en› zurückweisen, sofern das Werk über die Analyse kontingenter Prozesse der Meinungsbildung hinaus philosophische Ansprüche erhebt [45]. Damit ist der Streit zwischen einer Philosophie der nichthintergehbaren Gegebenheit (des «Sitzes im Leben» u.ä.) und einer Philosophie mit Letztbegründungsansprüchen etabliert, der sich mit wechselnden Besetzungen, aber ohne ausdrücklichen Bezug auf den W.-Diskurs bis in die Gegenwart hinzieht [46].

Anmerkungen. [1] So J. G. Fichte: Die Thatsachen des Bewußtseins, 12. Vortrag (1813). Nachgel. Werke, hg. I. H. Fichte (1834/35, ND 1971) 1, 518: über die – zu rügende – Auffassung des 'Dogmatismus'. – [2] I. Kant: KU B 92f. (§ 26). – [3] F. D. E. Schleiermacher: Zur Pädagogik, 20. Std. (1813). Sämmtl. Werke III/9 (1835-84) 621. 209. – [4] J. W. Goethe: Don Ciccio (1815). Weim. Ausg. I/41, 1 (1902) 75-77. – [5] J. G. Fichte: Grundlage des Naturrechts nach Principien der Wiss.lehre § 1 (1796). Akad.-A. I/3 (1966) 329-332. – [6] F. W. J. Schelling: Einl. zu dem Entwurf eines Systems der Naturphilos. § 1 (1799). Sämmtl. Werke, hg. K. F. A. Schelling (1856-61) I/3, 271. – [7] G. W. F. Hegel: Ästhetik, Einl. IV: Eintheil. (1842). Jub.ausg., hg. H. Glockner (1927-40) 12, 110f. – [8] Fichte, a.O. [1] 518f. – [9] F. W. J. Schelling: System des transsc. Idealismus (1800), a.O. [6] 544; vgl. Erster Entwurf eines Systems der Naturphilos. V (1799), a.O. 265f. – [10] Ueber Dante in philos. Beziehung (1803), a.O. I/5, 158. – [11] L. Feuerbach: Das Wesen des Christenthums (1841). Sämtl. Werke, hg. W. Bolin/F. Jodl (1903-11) 6, 161. – [12] K. Marx: Thesen über Feuerbach, 1. und 2. These (1845). MEW 3, 5. – [13] Vgl. F. Engels: Anti-Dühring (1894). MEW 20, 124f. – [14] W. von Humboldt: Über Denken und Sprechen (1795/96). Akad.-A. (1903-36, ND 1968) 7, 582ff.; vgl. auch: Ch. Stetter: Weltansichten – W. von Humboldts Idee einer allg. Sprachkunde, in: Akten 8. Int. Germanistenkongr. 3 (1991) 206-214, 206f. – [15] Über die Verschiedenheiten des menschl. Sprachbaues II, 61 (1827-29). Akad.-A. 6, 179f.; Art. ‹Sprache III. 5.›. Hist. Wb. Philos. 9 (1995) 1479-1483, 1481f. – [16] F. Mauthner: Wb. der Philos. Neue Beitr. zu einer Kritik der Sprache (1901-02, Zürich 1980) 1, 538f.; zum krit. Gebrauch des Begriffs vgl. a.O. 2, 578f. – [17] E. Sapir: Language (1921). – [18] B. L. Whorf: Language, thought and reality (1956). – [19] L. Weisgerber: Von den Kräften der dtsch. Sprache 1-4 (1950-62). – [20] W. Wundt: System der Philos. (1889) Vorwort 2. – [21] G. Th. Fechner: Ueber die Seelenfrage. Ein Gang durch die sichtbare Welt, um die unsichtbare zu finden (1861). – [22] D. F. Strauss: Der alte und der neue Glaube. Ein Bekenntniß (1887). – [23] E. Haeckel: Gemeinverständl. Werke, hg. H. Schmidt-Jena 1-6 (1924). – [24] R. Eucken: Der Kampf um einen geist. Lebensinhalt (1896). – [25] Vgl. W. Bölsche: Das Liebesleben in der Natur I, Vorwort (1919) I-III. – [26] Etwa: A. Rosenberg: Der Kampf um die W. (1936); Wissenschaft und W. (1937). – [27] Vgl. W. Dilthey: Das geschichtl. Bewußtsein und die W.en. Ges. Schr. 8 (61991) 3-7. – [28] Vgl. Art. ‹Welträtsel›. – [29] Vgl. Art. ‹Typos; Typologie II. 3.›. Hist. Wb. Philos. 10 (1998) 1597-1601. – [30] Vgl. W. Dilthey: Die Typen der W. und ihre Ausbildung in den metaphys. Systemen (1911), a.O. [27] 73-118, 79f. 100ff. – [31] a.O. [27] 8. – [32] a.O. 15. – [33] K. Jaspers: Psychologie der W.en (1919, 61971); vgl. Art. ‹Psychologie, geisteswiss. und verstehende›. Hist. Wb. Philos. 7 (1989) 1656-58. – [34] M. Heidegger: Einl. in die Philos. § 40a [WS 1928/29]. Ges.ausg. II/27 (1996) 354f. – [35] M. Scheler: Schr. zur Soziologie und W.-Lehre, Gesamtvorrede (1922). Ges. Werke 6 (21963) 7. – [36] Vgl. Über die positivist. Geschichtsphilos. des Wissens (Dreistadiengesetz) (1921), a.O. 27-35. – [37] K. Mannheim: Ideolog. und soziolog. Interpretation der geist. Gebilde (1922), in: V. Meja/N. Stehr (Hg.): Der Streit um die Wissenssoziologie 1 (1982) 213-231. – [38] Vgl. Art. ‹Materialismus, historischer; materialistische Geschichtsauffassung›. Hist. Wb. Philos. 5 (1980) 859-868. – [39] Vgl. Art. ‹Seinsverbundenheit; Seinsgebundenheit›. Hist. Wb. Philos. 10 (1998) 261-263. – [40] H. Rickert: Grundprobleme der Philos. § 1 (1934) 1. – [41] a.O. 2. – [42] § 2, a.O. 15. – [43] a.O. – [44] § 49, a.O. 208; vgl. auch: Wissenschaftl. Philos. und W. Logos 22 (1933) 37-57. – [45] Psychologie der W.en und Philos. der Werte (1920/21). Logos 9 (1920/21) 1-42. – [46] Vgl. K.-S. Rehberg: 'W.' und Menschenbilder – zur Verfallsgesch. eines Begriffes, in: J. Rohbeck (Hg.): Philosophie und W. (1999) 66-85; C. Peres: W. als ästhet. W. Skizze zur Kritik und Verwendung eines Begriffs, a.O. 156-178.

Literaturhinweise. M. Frischeisen-Köhler (Hg.): W. (1911). – A. Götze: W. Euphorion 25 (1924) 42-51. – E. Topitsch: Vom Ursprung und Ende der Met. Eine Studie zur W.-Kritik (1958). – H. Meier: W. Studien zu einer Gesch. und Theorie des Begriffes (1970). – O. Marquard: W.-Typologie. Bem. zu einer anthropolog. Denkform des 19. und 20. Jh., in: Schwierigkeiten mit der Geschichtsphilos. (1973) 107-121. – E. Albrecht: W. – Methodologie – Sprache (1979); W. und Erkenntnistheorie in der klass. bürgerl. Philos. (1981). – H. Schnädelbach: Philos. in Deutschland 1831-1933 (1983). – E. W. Orth: Ideologie und W. Zur Pathologie zweier Begriffe, in: K. Salamun (Hg.): Aufklärungsperspektiven (1989) 133-148. – H. Braun: Art. ‹Welt›, in: O. Brunner/W. Conze/R. Koselleck (Hg.): Geschichtl. Grundbegriffe 7 (1992) 433-510, hier: 471-477. – K. Nielsen: Philosophy and 'W.'. J. Value Inquiry 27 (1993) 179-186. – V. Drehsen/W. Sparn (Hg.): Vom Weltbildwandel zur W.-Analyse. Krisenwahrnehmung und Krisenbewältigung um 1900 (1996). – W. Schneiders: Wiss. und W., in: Deutsche Philos. im 20. Jh. (1998) 48-85. – J. Rohbeck (Hg.) s. Anm. [46]. – I. C. J. Lamers-Versteeg: Kosmotheoros, Wereldbeschouwing, W. en het onbegrensd begrensde. Diss. Rotterdam (Moerkapelle 2002).

H. Thomé

Weltbild (lat. forma ideaque mundi, auch: nlat. orbis pictus; engl. world-concept, auch: world-picture oder weltbild; frz. conception du monde). – Das Wort taucht erstmals ahd. in Notker des Deutschen (ca. 950-1022) Übersetzung von ‹De nuptiis Philologiae et Mercurii› des Martianus Capella auf [1]. In einer allegorischen Szene ist vor Jupiter ein Modell aufgebaut, in dem mit geschnitzten Figuren «álles tés tiu natura begrîfet» repräsentiert ist. Capellas Bezeichnung «forma ideaque mundi» wird von Notker mit «uuérlt-pílde» übersetzt, das Modell platonisierend im Sinne der Relation von

Idee und Erscheinungswelt gedeutet («Táz íst tíu primordialis causa, die plato ideam héizet»). In neuplatonischer Absicht, die Einheit des Mannigfaltigen der Erscheinungswelt zu zeigen, vereinigt J. A. COMENIUS in seinem ‹Orbis pictus› geographisches, naturkundliches, historisches, religiöses u.ä. Wissen in Gestalt von Illustrationen und Erläuterungen [2]. Das Werk hat zahllose Nachahmer gefunden, sein Titel ist zu einer Gattungsbezeichnung (später für Elementarwerke des Unterrichts) geworden.

Der eher marginal verwendete Begriff ‹W.› findet erst seit dem Deutschen Idealismus weitere, aber auf die deutschsprachige Wissenschaft beschränkte Verbreitung. ‹W.› verbindet sich nun mit ‹Weltanschauung› (s.d.) und gerät so in Zusammenhang mit der idealistischen Grundannahme von der welterzeugenden Subjektivität. Tendenziell bezeichnet dabei ‹Weltanschauung› eher das transzendentale Vermögen, ‹W.› eher das Produkt dieses Vermögens. So haben nach J. G. FICHTE die «empirisch objektive Welt und ihre Objekte» kein Ansichsein, sondern sind «Bilder», die dem «Einen untheilbaren Ich» gegeben sind. Dieses Ich schaut in der «Weltanschauung» das W. an [3].

Seitdem im 19. Jh. der Siegeszug der «wissenschaftlichen Weltanschauung» einsetzt, wird ‹W.› häufig synonym mit ‹Weltanschauung› verwendet, ersetzt später das belastete Wort oder bezeichnet ein mentales Gebilde, das mit einer Weltanschauung verwandt ist, aber bescheidenere Ansprüche, häufig in immunisierender Absicht, erhebt. W.er in diesem Sinne verzichten auf Totalität und Systemcharakter der Welterklärung, auf allgemeine Geltung, auf entschieden wertende Stellungnahmen zum Ganzen der Welt oder auf begriffliche Explizitheit. Es wird auch vom W. einer Dichtung (z.B. Shakespeares) gesprochen.

Ähnlich wie bei Fichte, nun verknüpft mit psychologischen Fragestellungen, ist das Verhältnis von ‹W.› und ‹Weltanschauung› bei W. DILTHEY strukturiert. Das menschliche «Seelenleben» wird von der Suche nach Lust und der Vermeidung von Unlust gesteuert, das daraus resultierende «Verlangen, Streben, Handeln» richtet ein «auffassendes Verhalten» ein. «Innere Vorgänge und äußere Gegenstände» werden beobachtet, aus den daraus entstehenden Wahrnehmungen werden «vermittels der elementaren Denkleistungen Grundverhältnisse des Wirklichen» deutlich gemacht. Die ordnende «Vorstellungswelt», «Urteile» und «Begriffe» fassen allgemeingültig den «Zusammenhang und das Wesen des Wirklichen». Auf der Grundlage eines solchen W. entsteht die Weltanschauung, wenn «die Fragen nach Bedeutung und Sinn der Welt entschieden und hieraus ... Grundsätze für die Lebensführung abgeleitet werden» [4].

Von seiner Herkunft aus den illustrierten Weltkarten des Orbis pictus haften dem Begriff ‹W.› die Komponenten der Anschaulichkeit und des geordneten Ganzen an. Dies bleibt in Diltheys Fassung (Entstehung des W. aus geordneten Wahrnehmungen und Vorstellungen) erhalten; hinzu kommt, daß das W. Resultat eines erfahrungsgesättigten Lebensvollzuges ist und als noch nicht ausgedeutetes Substrat der Weltanschauung von den Menschen nur begrenzt in der bewußten Reflexion erfaßt wird. W. ist hier tendenziell etwas, das durch den von außen hinzutretenden Interpreten aus Dokumenten und 'Lebensspuren' rekonstruiert wird. K. JASPERS kann «das W. das 'Gehäuse' nennen, in das das seelische Leben teils eingefangen ist, das es teils auch selbst aus sich zu schaffen und nach außen zu setzen vermag» [5].

Hebt man das Moment der nicht gewußten Grundlegung hervor und nimmt man an, daß dergleichen Lebensprozesse in 'großen Gruppen' ähnlich verlaufen, nähert sich ein so verstandenes W. der «natürlichen Weltanschauung» bei M. SCHELER an [6]. In E. CASSIRERS ‹Philosophie der symbolischen Formen› ist dieser Ansatz unter Verzicht auf die lebensphilosophischen Implikationen grundsätzlich ausgearbeitet. Die «Akte der Objektivierung, der Umprägung der bloßen 'Eindrücke' zu in sich bestimmten und gestalteten 'Vorstellungen'», aus denen «ein Kosmos, ein charakteristisches und typisches 'W.'» entsteht, sind in prinzipiell gleichberechtigten Denkschemata fundiert, die wiederum aus dem für sie konstitutiven Symbolismus rekonstruiert werden können [7]. Cassirer gelangt so zur Unterscheidung eines «natürlichen W. der Wahrnehmung und Anschauung», eines «mythischen W.» und eines «theoretischen W.».

Die Konzeptualisierung von ‹W.› als nicht gewußter Grundlage wird in L. WITTGENSTEINS Spätphilosophie sprachanalytisch umgedeutet. In ‹Über Gewißheit› untersucht er das Sprachspiel des Behauptens mit Gewißheitsanspruch; namentlich geht es um Fälle, in denen «Ich weiß, daß» «Erfahrungssätze» einleitet, «die wir ohne besondere Prüfung bejahen, also Sätze, die im System unserer Erfahrungssätze eine eigentümliche logische Rolle spielen» [8]. Die Besonderheit liegt darin, «daß man sich schwer vorstellen kann, warum Einer das Gegenteil glauben sollte». Es gibt in solchen Fällen keinen sinnvollen Anlaß zum Zweifel, da nichts im «W. für das Gegenteil» spricht [9]. Dieses W. als «Substrat alles meines Forschens und Behauptens» [10] ist nicht akzeptiert, weil seine Richtigkeit geprüft wurde, es ist «überkommener Hintergrund», seine Sätze können auch «rein praktisch, ohne ausgesprochene Regeln», also durch bloße Nachahmung, erlernt werden [11]. Im Hinblick auf die ‹Philosophischen Untersuchungen› ist so zu konstatieren, daß Sprachspiel und Lebensform auf ein System von nicht bezweifelten, aber keineswegs bewiesenen Sätzen referieren. TH. S. KUHN bestimmt die Struktur wissenschaftlicher Revolutionen als «Wandlungen des W.» [12]. In der englischsprachigen Diskussion wurde das deutsche Wort ‹W.› im Anschluß an Wittgensteins Verwendung in ‹Über Gewißheit› bei P. WINCH und TH. S. KUHN Lehnwort in kulturwissenschaftlichen [13] und wissenschaftsgeschichtlichen Kontexten [14].

Betont man hingegen mehr das Moment der geordneten Anschaulichkeit, so bezeichnet ‹W.› die tendenziell zum bildhaften Modell gerundete Synopse des alltäglichen oder auch wissenschaftlichen deskriptiven Weltwissens und dessen Ordnungsprinzipien. Ein solches W. kann Individuen, Kulturen (z.B. ‹Das W. des mittelalterlichen Menschen› [15]) oder auch wissenschaftlichen Disziplinen (z.B. ‹Das W. der Physik› [16]) zugeschrieben werden. In dergleichen Prägungen tritt die mit ‹Welt› gegebene Komponente der Totalität zurück, da z.B. die Physik keine relevanten Aussagen über psychische Vorgänge, Kunstwerke usw. trifft, also nur ein Bild der Welt entwerfen kann, insofern es Gegenstand dieser Wissenschaft ist. In der skizzierten, eher diffusen Fassung erscheint ‹W.› als Verlegenheitsbegriff geistes-, ideen- oder wissensgeschichtlicher Forschungen und meint so etwas wie Folgerungen hinsichtlich der 'letzten Fragen', die die Resultate der Wissenschaften nahelegen, oder die integrierende Idee und deren Zusammenhang mit dem kulturellen Umfeld, die der Interpret aus den ihm vorliegenden disparaten Quellen rekonstruiert oder auch nur, geleitet vom Phantom der Einheit des Sinns, konstruiert.

Suggeriert doch der hochgradig metaphorische Begriff die Geltung problematischer Annahmen – etwa, daß 'Wissen' von unterschiedlichem Status von einem Subjekt tatsächlich zu einer auch noch anschaulichen Einheit synthetisiert wird oder daß Kollektiven wie Kulturen, Nationen oder Disziplinen ein solcher über die Personifikation erschlichener Subjektstatus zugesprochen werden kann.

Gegen die Auffassung, daß W.er als Repräsentationen einer wie auch immer konzipierten Welt einem naturwüchsigen und zeitinvarianten Denken zuzuschreiben seien, wendet sich M. HEIDEGGER. Für ihn drückt diese Annahme vielmehr das «Wesen» – und den Irrweg – der neuzeitlichen, von ihm kritisierten Metaphysik und damit auch der neuzeitlichen Wissenschaft und Technik aus. Die Rede vom W. suggeriere, daß «Welt» als das «Seiende im Ganzen» etwas ist, über das wir «im Bilde sein» können (mit den Implikationen «Bescheid-Wissen», «Gerüstetsein», «sich darauf Einrichten»), daß «das Seiende ... in all dem, was zu ihm gehört und in ihm zusammensteht, als System vor uns steht» [17]. Eine solche Objektivierung des «Seienden im Ganzen» zum Bild könne hingegen den Griechen oder dem Mittelalter nicht unterstellt werden. Diese denkgeschichtliche Hypothese soll die Begrenztheit eines Denkens in W.ern erweisen.

Anmerkungen. [1] NOTKER DER DEUTSCHE: Martianus Capella: De nuptiis Philologiae et Mercurii [ca. 1000]. Die Werke Notker des Deutschen 4, hg. J. C. KING (1979) 60. – [2] J. A. COMENIUS: Orbis sensualium pictus hoc est omnium principalium in mundo rerum, et in vita actionum, pictura et nomenclatura (Nürnberg 1658); vgl. Art. ‹W.›. Grimm 14/I, 1 (1955) 1552-1555. – [3] J. G. FICHTE: Die Thatsachen des Bewußtseins, 12. Vortrag (1813). Nachgel. Werke, hg. I. H. FICHTE (1834/35, ND 1971) 1, 518f. – [4] W. DILTHEY: Die Typen der Weltanschauung und ihre Ausbildung in den metaphys. Systemen (1911). Ges. Schr. 8 (⁶1991) 82f.; vgl. Art. ‹Welträtsel›. – [5] K. JASPERS: Psychologie der Weltanschauungen (1919) 122. – [6] M. SCHELER: Weltanschauungslehre, Soziologie und Weltanschauungssetzung (1921). Ges. Werke 6 (²1963) 15. – [7] E. CASSIRER: Philos. der symbol. Formen 1-3 (1923-29) 2, 39. – [8] L. WITTGENSTEIN: Über Gewißheit § 136 [1949-51], hg. G. E. M. ANSCOMBE/G. H. VON WRIGHT (1974). Werkausg. 8 (1984) 148. – [9] § 93, a.O. 139. – [10] § 162, a.O. 153. – [11] § 94f., a.O. 139. – [12] TH. S. KUHN: The structure of scient. revolut. (Chicago/London 1962); dtsch.: Die Struktur wissenschaftl. Revolutionen (1973) 151-180; vgl. Art. ‹Revolution, wissenschaftliche›. Hist. Wb. Philos. 8 (1992) 990-996. – [13] P. WINCH: True or false? Inquiry 31 (1988) 265-276. – [14] KUHN, a.O. [12]; vgl. H.-W. GERNAND/W.-J. REEDY: Planck, Kuhn, and scient. revolutions. J. Hist. Ideas 47 (1986) 469-485. – [15] Vgl. A. GURJEWITSCH: Kategorii svednevekovoj kul'tury (Moskau 1972); dtsch.: Das W. des mittelalterl. Menschen (1978). – [16] Vgl. C. F. VON WEIZSÄCKER: Zum W. der Physik (1943, ¹⁰1963); E. J. DIJKSTERHUIS: De mechanisering van het wereldbeeld (Amsterdam 1950); dtsch.: Die Mechanisierung des W. (1956). – [17] M. HEIDEGGER: Die Zeit des W. [1938], in: Holzwege (1957) 69-104, bes. 82f. Ges.ausg. I/5 (1977) 75-113, bes. 89.

Literaturhinweise. C. F. VON WEIZSÄCKER s. Anm. [16]. – E. J. DIJKSTERHUIS s. Anm. [16]. – V. DREHSEN/W. SPARN (Hg.): Vom W.-Wandel zur Weltanschauungsanalyse. Krisenwahrnehmung und Krisenbewältigung um 1900 (1966). – A. GURJEWITSCH s. Anm. [15]. – G. DUX: Die Logik der W.er. Sinnstrukturen im Wandel der Geschichte (1982). – J. MITTELSTRASS: W. Die Welt der Wiss.geschichte, in: Der Flug der Eule (1989) 228-254. – M. SVILAR/S. KUNZE (Hg.): W.er (1993).

H. THOMÉ

Weltende; Weltuntergang (griech. συντέλεια τοῦ αἰῶνος; lat. consummatio saeculi, finis mundi; engl. end bzw. dissolution of the world; frz. fin du monde). Die griechische und lateinische Antike kennt lediglich eine Weltbeendigung und -wiederherstellung als natürlich-periodischen Ablauf durch einen wiederkehrenden Weltbrand (Ekpyrosis, s.d.) oder eine sintflutartige Überschwemmung (Kataklysmos, s.d.). Hingegen sind – möglicherweise iranisch mitbeeinflußt – im jüdisch-christlichen, infolgedessen auch im islamischen Bereich Vorstellungen von einem letztzeitlichen Ende der gegenwärtig vorhandenen Welt bestimmend geworden [1]. Auch wenn danach ein «neuer Himmel und eine neue Erde» (2. Petr. 3, 13; Apk. 21, 1) erwartet werden, so werden Ende und Erneuerung dabei doch als ein einmaliger finaler Vorgang angesehen.

Die deutschen Ausdrücke ‹Ende der Welt› und ‹Untergang der Welt› mit den Komposita ‹W.› und ‹Weltuntergang› treten schon im 9. Jh. bei OTFRIED VON WEISSENBURG mit christlich geprägtem Gehalt als ‹wóroltenti› und ‹wórolti firwúrt› auf [2]. Die Komposita verschwinden danach allerdings und werden erst vom 19. Jh. an zusammen mit ab dem 17. Jh. auftretenden weiteren ‹Welt›-Komposita wieder gebräuchlich [3].

1. Bereits die jüdische Apokalyptik (s.d.) hat unter Anknüpfung an Jes. 51, 6 und 65, 17 sowie 66, 22 – nicht ohne Berührung mit der weitverbreiteten Sintfluterzählung und auch unter Aufnahme von Weltbrandvorstellungen – eine Lehre von der endzeitlichen Weltvernichtung vorgetragen [4]. Die Welt ist sterblich wie der Mensch, sie wird am Ende mit dem auf sie einstürzenden Himmelsgewölbe unter dem 'Zorn Gottes' (s.d.) dem Vergessen ausgeliefert und so «eine Beute des Verderbens». Danach erwartet man entweder das bloße Bestehenbleiben der himmlischen Sphäre oder eine gänzliche Neuschöpfung. Wiewohl JESUS und das Urchristentum [5] eine von der Apokalyptik mitgeprägte Welt- und Geschichtssicht mitübernahmen, haben sie wegen der hier bestimmenden eschatologischen Naherwartung über die Art eines letztzeitlichen W. – abgesehen etwa von den späten Formulierungen im sog. ‹2. Petrusbrief› (3, 10-12; beeinflußt durch jüdisch-apokalyptische Gedanken) und der ‹Johannesapokalypse› – kaum Aussagen gemacht. Erwartet wird das Kommen des «Menschensohns» und des «Reiches Gottes» (s.d.). Auch die sog. ‹Kleine Apokalypse› der Evangelien (Mk. 13; Mtth. 24; Lk. 21, 5-36) mit ihrer drastischen Schilderung von Endgeschehnissen ist primär auf das «Kommen des Menschensohns» (Mtth. 24, 27) ausgerichtet. Nach PAULUS ist «das Ende ... ewiges Leben» (Röm. 6, 22). Mitbestimmend ist jedoch insgesamt eine duale Sicht, nach der «das Wesen dieser Welt vergeht» (1. Kor. 7, 31), während die mit Jesus Christus schon angebrochene «zukünftige» Welt erwartet wird (Mk. 10, 30; Hebr. 6, 5).

Die bei diesen Aussagen verwendeten Wörter συντέλεια und τέλος (ursprünglich ‹Vollendung› und ‹Ziel›) sowie αἰών und κόσμος (ursprünglich ‹Weltzeit› und ‹Weltordnung›) übersetzt M. LUTHER fast durchgehend einerseits mit ‹Ende› und andererseits mit ‹Welt›, so daß sich nunmehr die Wendung «Ende der Welt» ergibt (Mtth. 13, 39. 40. 49; 24, 3; 28, 20; 1. Kor. 10, 11). Eine ähnliche Auswirkung hat seine seit 1531 wohl im Gedanken an die Sintflut vorgenommene Übersetzung von Ps. 46, 3 mit «wenn gleich die Welt untergienge» (ursprünglich dem Wortlaut näher mit «wenn gleich die erden eynfiele» übertragen) auf die Wendung vom «Untergang der Welt» gehabt [6].

2. In der Zeit nachlassender Naherwartung kommt es in der frühen Kirche unter dem Einfluß der apokalypti-

schen Passagen der Evangelien und apokalyptisch mitgeprägter neutestamentlicher Wendungen vom künftigen «Vergehen» des Himmels und der Erde (Mk. 13, 31; Mtth. 5, 18; Lk. 16, 17; 1. Kor. 7, 31; Hebr. 1, 10-12; 1. Joh. 2, 17) und dem «Zergehen» des Himmels und der Elemente im Feuer (2. Petr. 3, 10-12) zu deutlicher ausgeprägten Vorstellungen des letztzeitlichen W. Die *griechische Patristik* [7] entwickelt daher – mitbestimmt vom irenäischen Gedanken einer «Anakephalaiosis» (Rekapitulation, Zusammenfassung) der geschaffenen Welt in Christus (Eph. 1, 10) und der origenistischen Lehre von der «Wiedereinbringung» aller geistigen Wesen [8] (nur indirekt beziehbar auf Apg. 3, 21) – in Analogie zur leiblichen Auferstehung der Menschen den Gedanken einer vollendenden «Verwandlung» der Welt [9]. Diese «Transfiguration des gegenwärtigen Kosmos» wird von der ostkirchlichen Orthodoxie heute so beschrieben, daß «Gott ... die Welt in seinem ewigen Reich zu einer Lebensfülle» erhebt, «in der alle Möglichkeiten, die er in sie hineingelegt hatte, in gutem Sinne entfaltet werden» [10].

Auch die *lateinische Patristik* stellt den Gedanken einer verwandelnden «Vollendung der Welt» («consummatio mundi») heraus, betont jedoch – ohne lehrmäßige Verfestigung – stärker, daß dies durch einen Weltbrand geschehe. Voraussetzung dabei ist immer, daß bei dem als katastrophal vorgestellten W. zwar die Gesamtnatur und alle sonstigen Kreaturen, nicht aber die Engel und die Menschen dem Vergehen anheimgegeben werden. Nach TERTULLIAN werden mit dem Ziel einer «Umwandlung» («transactio») [11] «die ganze gealterte Welt und alle ihre Hervorbringungen ... mit einem einzigen Feuer verzehrt werden» («cum tanta saeculi vetustas et tot eius nativitates uno igni haurientur») [12]. Nach HIERONYMUS gilt, daß «die Gestalt vergeht, nicht die Substanz» («Figura praeterit, non substantia») [13].

Das *Mittelalter* [14] hat sich zu diesen Fragen angesichts der Konzentration etwa der ‹Sentenzen› des PETRUS LOMBARDUS auf die individuelle Eschatologie weniger geäußert. Die allgemeine Ansicht gibt schon PASCHASIUS RADBERTUS mit den Worten wieder: «consummatio saeculi perfectionis intelligitur plenitudo ... Finis vero non defectio ... elementorum erit, sed innovatio» («die Vollendung der Welt wird als Fülle der Vollkommenheit verstanden, ... das Ende wird nicht das Hinschwinden, sondern die Erneuerung der Elemente sein») [15]. Oft wird darauf hingewiesen, daß THOMAS VON AQUIN von drei welt- und heilsgeschichtlich aufeinander folgenden «Vollendungen» («consummationes») spricht: «am siebenten Tage geschah die Vollendung der Natur, bei der Menschwerdung Christi die der Gnade, am Ende der Welt die Vollendung der Herrlichkeit» («in septima die fuit consummatio naturae; in incarnatione Christi, consummatio gratiae; in fine mundi, consummatio gloriae») [16].

3. Für M. LUTHER ist zunächst charakteristisch, daß er in einer unmittelbaren Enderwartung lebt. «In diesem 1540. Jahr ist die Zahl der Jahre der Welt genau 5500. Daher ist das Ende der Welt zu hoffen. Denn das sechste Jahrtausend wird nicht voll werden ...» («Hoc anno [1540] numerus annorum mundi praecise est 5500, quare sperandus est finis mundi. Nam sextus Millenarius non complebitur») [17]. Luther sieht deshalb überall Vorzeichen des Endes. Er teilt die Vorstellung, daß die Welt am Ende durch Feuer hindurchgehe, doch hält er es für ein Feuer, «durch das die ganze Welt und unsere Leiber am Jüngsten Tage gänzlich gereinigt werden» («quo omnino purgantur totus mundus et corpora nostra in novissimo die») [18]. Denn wie der Mensch, so ist auch «die Kreatur überhaupt, die jetzt der Nichtigkeit unterworfen ist, für Gott der Stoff zu ihrer herrlichen künftigen Gestalt» («sicut et tota creatura, nunc subiecta vanitati, materia Deo est ad gloriosam futuram suam formam») [19].

Ein Streit über die Bedeutung von «Vergehen» («praeterire», 1. Kor. 7, 31) im Zusammenhang des W. entsteht dadurch, daß der lutherische Dogmatiker J. GERHARD am Anfang des 17. Jh. im Unterschied zur Tradition die «forma consummationis» («Gestalt der Vollendung») der Welt «nicht eine bloße Veränderung der Beschaffenheit, sondern eine Abschaffung der Substanz selber und sogar eine gänzliche Vernichtung» («non nudam qualitatum alterationem, sed ipsius substantiae abolitionem, adeoque totalem annihilationem» [20]) nennt. Dem folgt die lutherische Dogmatik des 17. Jh., während die reformierte Dogmatik mehrheitlich darauf beharrt, Gott werde «nicht etwa die Welt vernichten, sondern aus der alten Welt eine neue ... herstellen» [21]. Im späteren 18. Jh. kehren auch die lutherischen Dogmatiker zum Gedanken der «Weltverwandlung» zurück, doch mag es – vielleicht zusammen mit den Eindrücken des 30jährigen Krieges – an dem lutherischen Annihilations-Gedanken liegen, daß bis in die Gegenwart hinein im allgemeinen Sprachgebrauch das Endgeschehen eher als ‹Weltuntergang› denn als ‹W.› bezeichnet wird [22].

Schon vom 16. Jh. an werden die deutschen Wortfügungen ‹Ende der Welt› und ‹Untergang der Welt› verwendet [23]. Bei J. H. ZEDLER heißt es 1734: «Ende der Welt, ist ein gäntzlicher Untergang des Himmels und der Erden, so bey der Zukunft Christi, zum Gerichte unfehlbar erfolgen wird» [24]. Die Komposita ‹W.› und ‹Weltuntergang› scheinen erst zu Beginn des 19. Jh. gebräuchlich zu werden. Im Jahre 1804 erklärt F. W. J. SCHELLING, es sei «alles Verbrennen ... Versöhnung des realen mit dem idealen Princip», und deshalb sei es «kein Wunder, daß man in allen Mythologien, denen jene wundersame Mischung des Allgemeinen und Concreten, des Idealen und Realen in den Dingen als eine Zufälligkeit erschien, ihren ewigen Streit einst, im W., durch das Feuer ausgeglichen erwartete» [25]. J. GRIMM spricht 1835 in der ‹Deutschen Mythologie› von altgermanischen «vorstellungen vom weltuntergang» [26]. Es ist denkbar, daß germanisch-mythologische Weltuntergangsvorstellungen jetzt einen Einfluß bekommen, zumal K. SIMROCK 1851 in seiner deutschen Übertragung der ‹Edda› eine altisländische Wendung in der ‹Völuspá› mit «Der Welt Untergang» übersetzt hat [27]. In anderer Wortverwendung spricht A. SCHOPENHAUER 1840 davon, daß für den durch Selbstsucht bestimmten Menschen der Tod «gleichbedeutend ... mit dem Weltuntergange» sei [28].

4. Der Ausspruch Schopenhauers signalisiert eine bereits eingetretene Änderung des Begriffsverständnisses. Sie kann in I. KANTS 1785 erschienener Abhandlung ‹Das Ende aller Dinge› beobachtet werden, für deren Titel Kant offenbar mit Bedacht nicht die geläufigen ‹End›-Termini, sondern die vergleichsweise neutralere – aber auch biblische – Formulierung von 1. Petr. 4, 7 herangezogen hat [29]. Kant unterscheidet eine «natürliche» (praktische), eine «mystische» (übernatürliche) und eine «widernatürliche» (verkehrte) Endvorstellung [30]. Die «widernatürliche» besteht darin, daß durch Endvorstellungen das, was sittliche Pflicht ist, mit autoritativem Zwang herbeigeführt werden soll [31]. In der «mystischen» wird «ein Ende aller Dinge als Gegenstände der Sinne vorgestellt, wovon wir uns gar keinen Begriff machen können: weil wir uns selbst unvermeidlich in Wider-

sprüche verfangen, wenn wir einen einzigen Schritt aus der Sinnenwelt in die intelligible thun wollen» [32]. Eine solche Versinnlichung hat in «praktischer» Hinsicht jedoch «einen überwiegenden Grund in sich», weil es «weise ist, so zu handeln, als ob ein andres Leben und der moralische Zustand, mit dem wir das gegenwärtige endigen, sammt seinen Folgen beim Eintritt in dasselbe unabänderlich sei» [33]. Kant hat eher den Gedanken des Jüngsten Gerichtes als den des W.-Vorganges im Auge, trifft aber auch die bisherigen W.-Vorstellungen. Infolgedessen werden diese nunmehr – wo sie nicht im Sinne der bisherigen theologischen Tradition fortgedacht werden – entweder ins Innergeschichtliche oder ins Individuelle verlegt. Allerdings kann eine gewisse Individualisierung auch dort schon eine Rolle gespielt haben, wo J. GERHARD meinte, die Welt mit Ausnahme der vernunftbesitzenden Kreaturen der endgeschichtlichen Vernichtung anheimgeben zu können.

Die innergeschichtliche Version tritt – schon vor Kants Feststellungen – bei J. G. HERDER auf, der 1784 schreibt: «Sobald in einer Natur voll veränderlicher Dinge Gang seyn muß: so bald muß auch Untergang seyn; scheinbarer Untergang nehmlich, eine Abwechselung von Gestalten und Formen» [34]. Die individuelle Version läßt insbesondere – wie bei Schopenhauer – persönliche Bestimmtheiten und Erfahrungen des Todes als Weltuntergang erscheinen. Allgemeiner wird als Weltuntergang auch «ein mit Angst, Schrecken und Hilflosigkeit einhergehendes, unberechenbares und von unbekannter Seite her ausgelöstes, plötzliches Ereignis» [35] verstanden.

Eine mit dieser Erweiterung verbundene Begriffsanwendung findet sich bei S. FREUD und seiner psychoanalytischen Schule [36]. Freud hatte bei der Analyse der Niederschrift eines an Paranoia Erkrankten Weltuntergangsvisionen vorgefunden, die er als «Verdrängungskampf» gegen libidinöse Fehlbesetzungen interpretierte, in dessen Verlauf sich «der Sieg der Verdrängung durch die Überzeugung ausdrückt, die Welt sei untergegangen und das Selbst allein übrig geblieben» [37]. Schon F. NIETZSCHE hatte – etwas allgemeiner – formuliert: «Diesem gelingt Etwas nicht; schliesslich ruft er empört aus: 'so möge doch die ganze Welt zu Grunde gehen!'» [38]. K. JASPERS weist die Ansicht, «im Weltuntergangserlebnis der Schizophrenen» handle es sich um eine «Erschütterung des Ich», mit der Bemerkung zurück, das Weltuntergangserlebnis sei «seinem Gehalt nach ein tiefes religiöses Erlebnis – von einer durch die Jahrtausende gehenden symbolischen Wahrheit für die Existenz der Menschen» [39].

5. Ängste vor einem kosmischen Weltuntergang ziehen sich durch die Zeiten und dauern bis zur Gegenwart hin an [40]. Schon zur Zeit der ersten Jahrtausendwende gab es eine «verstärkt gegenwartsbezogene Endzeitstimmung», die jedoch «keine terminierte Furcht» mit sich brachte [41]. Danach sind im MA und in der frühen Neuzeit immer wieder einmal Endzeitängste aufgeflackert [42]. Im 20. Jh. werden Geschehnisse des Ersten Weltkrieges sowie Krisensituationen und -empfindungen nach diesem und dem Zweiten Weltkrieg häufig mit einem Weltuntergang verglichen [43]. Weltuntergangsstimmung und der Wille, ihr standzuhalten, bündeln sich gegen Ende des Zweiten Weltkriegs in dem angeblich von LUTHER stammenden Ausspruch: «Und wenn morgen die Welt unterginge, so wollen wir heute unser Apfelbäumchen pflanzen» [44]. Dieser Satz läßt sich zuerst in einem Rundbrief des Pfarrers K. LOTZ (Hersfeld) vom 5. 10. 1944 nachweisen [45]. Wiewohl bald Zweifel an der Echtheit auftauchen, ist das vermeintliche (jedoch wahrscheinlich durch Luthers Übersetzung von Ps. 46, 3 beeinflußte) Lutherwort vom Weltuntergang in West- und Ostdeutschland von den 50er bis zu den 80er Jahren des 20. Jh. weit verbreitet gewesen. Einen Akzent im Sinne der Aufbruchsbewegung der 1968er Jahre setzt 1978 H. M. ENZENSBERGER mit dem Satz: «Die Vorstellung vom W. ist nichts anderes als eine negative Utopie» [46].

Auch angesichts der zweiten Jahrtausendwende ist häufig von ‹Weltuntergang› gesprochen worden [47]. Beobachten läßt sich daneben jedoch auch ein terminologischer Umschwung hin zu einer stärkeren Verwendung der Wortfügung ‹Ende der Welt› und des Kompositums ‹W.›, und zwar insbesondere dort, wo man sich an naturwissenschaftlichen Endanalysen orientiert oder theologische Endvorstellungen favorisiert, die mit chiliastischen Gedanken verbunden sind und/oder eine «Wiederbringung aller Dinge» für erwartbar halten [48].

Anmerkungen. [1] Vgl. A. KEHL: Art. ‹Geschichtsphilosophie 2. Ende der Welt›. RAC 10 (1978) 710-714; A. JONES (Hg.): W. (1999). – [2] OTFRIED VON WEISSENBURG: Evangelienbuch I, 11, 59; 15, 37, hg. O. ERDMANN (1882) 30. 35; NOTKER: Psalter zu Ps. 13, 7. Werke, hg. E. H. SEHRT/T. STARCK 3/1 (1952) 61, 16; vgl. H. BRAUN: Art. ‹Welt›, in: O. BRUNNER/W. CONZE/R. KOSELLECK (Hg.): Geschichtl. Grundbegriffe 7 (1992) 433-510, hier: 444-448; Art. ‹Ende›. GRIMM 3 (1862) 451-456, hier: 451f.; ‹Weltuntergang›. GRIMM 14/I, 1 (1955) 1709-1711, hier: 1709. – [3] Vgl. Art. ‹Welt (Kompositionstypen)›. GRIMM 14/I, 1 (1955) 1509-1516. – [4] Vgl. P. VOLZ: Die Eschatologie der jüd. Gemeinde im neutestamentl. Zeitalter ([2]1934) 332-338. – [5] Vgl. H. BALZ: Art. ‹κόσμος›, in: H. BALZ/G. SCHNEIDER (Hg.): Exeget. Wb. zum NT 2 (1981) 765-773. – [6] M. LUTHER: Weim. Ausg. [WA], Deutsche Bibel [DB] 10/I (1956) 248f.; vgl. Berliner Handschr. 1523/24. DB 1 (1923) 503; Revisions-Protokoll 1531. DB 3 (1911) 46; vgl. auch: Pr. Luk. 4, 47-54 (29. 10. 1525). WA 17/I, 447, 30 (nur im Druck). – [7] Vgl. G. PODSKALSKY: Art. ‹Eschatologie B. Ostkirche/byzantinischer Bereich›, in: Lex. des MA 4 (1989) 9f.; IRENAEUS VON LYON: Adv. haer. 5, 36. MPG 7, 1221f. – [8] Vgl. Art. ‹Apokatastasis›. Hist. Wb. Philos. 1 (1971) 439f.; Art. ‹Wiederbringung›. – [9] JOH. DAMASCENUS: De fide orth. 2, c. 6 (vgl. Ps. 102, 27). MPG 94, 884 D-885 A. – [10] D. STANILOE: Orthodoxe Dogmatik 3 (1995) 291. – [11] TERTULLIAN: De an. 55. CSEL 20, 388, 18. – [12] De spect. 30. CSEL 20, 28, 17ff. – [13] HIERONYMUS: Comm. in Esaiam 18, zu Kap. 65, 17/18. CCSL 73 A, 760, 40f.; vgl. AUGUSTINUS: De civ. Dei XX, 14. CCSL 48, 724, 24; 726f. – [14] Vgl. B. MCGINN: Art. ‹Eschatologie A. Lateinisches MA›, in: Lex. des MA 4 (1989) 4-9; J. A. AERTSEN/M. PICKAVÉ (Hg.): Ende und Vollendung. Eschatolog. Perspektiven im MA (2002). – [15] PASCHASIUS RADBERTUS: Expos. in Matth. 7, c. 13 (zu Mtth. 13, 40). MPL 120, 507 C; vgl. noch: HUGO VON ST. VICTOR: De sacramentis Christ. fidei 2, pars 18, c. 1. MPL 176, 609 B. – [16] THOMAS VON AQUIN: S. theol. I, 73, 1, ad 1; zur heutigen kath. Aussage insgesamt vgl. II. Vatikan. Konzil, Pastoralkonstitution ‹Gaudium et spes› 39, in: H. DENZINGER/P. HÜNERMANN (Hg.): Enchir. symbol. ([38]1999) 1308 (Nr. 4339). – [17] M. LUTHER: Supputatio annorum mundi (1541). WA 53, 22-184, hier: 171. – [18] Disp. de iustificatione (1536). WA 39/I, 95, 18f.; vgl. auch: Pr. Röm. 8, 18-22 (20. 6. 1535). WA 41, 301-318, hier: 309, 10-18. – [19] Disp. de homine (1536). WA 39/I, 177, 5f. – [20] J. GERHARD: Loci theologici IX, loc. XXIX, tract. III, c. V, 37 (1610-1625), hg. E. PREUSS 9 (1875) 155; vgl. auch: K. G. BRETSCHNEIDER: Systemat. Entwickelung aller in der Dogmatik vorkommenden Begriffe ([3]1825) 827-835; K. STOCK: Annihilatio mundi (1971); vgl. Art. ‹Annihilation›. Hist. Wb. Philos. 1 (1971) 333f. – [21] Vgl. H. HEPPE/E. BIZER (Hg.): Die Dogmatik der evang.-reformierten Kirche ([2]1958) 560. 566f. – [22] Bei GRIMM kein Eintrag zu ‹W.›. – [23] z.B. A. OSIANDER: Vermutung von den letzten Zeyten, und dem ende der Welt (1545); D. SCHALLER: Vom Ende der Welt (1599); J. DÖLING[IUS]: Eine außführliche Predigt und Bericht vom bevorstehenden Untergang des Babsttumbs und der gantzen Welt ... (1632). – [24] Art. ‹Ende der Welt›, in: J. H. ZEDLER: Großes vollst. Univ.-Lex. 8 (1734) 1155; vgl. auch: Art. ‹Welt 14, Untergang der Welt›, a.O. 54 (1747) 1678-1694; ‹Welt (Verbrennung der)›, a.O. 1763-1788. – [25] F. W. J. SCHELLING: System der ges. Philos. und der Naturphilos. insbes. (1804). Sämmtl. Werke, hg. K. F. A. SCHELLING I/6 (1860) 352; ‹W.› auch bei J. A. MÖHLER: Rez. Th. Katerkamp, Des ersten Zeitalters der Kirchengesch. erste Abt., in: Theolog. Quartalschr. 5 (1823) 484-532, hier: 497. – [26] J. GRIMM: Dtsch. Mythologie (1835) 468-473, hier: 470. – [27] K. SIMROCK: Die Edda (1851) 8; vgl. dazu insgesamt: A. OLRIK: Om Ragnarök 1-2 (Kopenhagen 1902/14): dtsch.: Ragnarök. Die Sagen vom Weltuntergang (1922) bes. 22-36; G. NECKEL: Stud. zu den german. Dichtungen vom Weltuntergang. Sber. Heidelb. Akad. Wiss., Phil.-hist. Kl., 7. Abh. (1918). – [28] A. SCHOPENHAUER: Die beiden Grundprobleme der Ethik II: Über die Grundlage der Moral 3, § 14 [1840] (1841, ^{2}1860). Sämtl. Werke, hg. A. HÜBSCHER 4/II (^{4}1988) 197. – [29] I. KANT: Das Ende aller Dinge (1794). Akad.-A. 8, 325-339. – [30] a.O. 333. – [31] 336-339. – [32] 333. – [33] 329f. – [34] J. G. HERDER: Ideen zur Philos. der Gesch. der Menschheit I, 3 (1784). Sämmtl. Werke, hg. B. SUPHAN 13 (1887) 24. – [35] E. HALTER/M. MÜLLER (Hg.): Der Weltuntergang. Mit einem Lesebuch (Zürich 1999) 285. – [36] Vgl. J. METZNER: Persönlichkeitszerstörung und Weltuntergang (1976) 150-241; G. M. MARTIN: Weltuntergang (1984) 47-60. – [37] S. FREUD: Psychoanalyt. Bem. über einen autobiographisch beschriebenen Fall von Paranoia (Dementia paranoides) (1911). Ges. Werke (1940-87) 8, 310; vgl. auch: A. WETZEL: Das Weltuntergangserlebnis in der Schizophrenie. Z. ges. Neurologie Psychiatrie 78 (1922) 403-428; A. STORCH/C. KULENKAMPFF: Zum Verständnis des Weltuntergangs bei den Schizophrenen. Der Nervenarzt 21 (1950) 102-108. – [38] F. NIETZSCHE: Morgenröthe 4, 304: Die Welt-Vernichter (1881/87). Krit. Ges.ausg., hg. G. COLLI/M. MONTINARI (1967ff.) 5/1, 226. – [39] K. JASPERS: Allg. Psychopathologie (1913, ^{4}1946) 90. – [40] T. MCIVER: The end of the world. An annotated bibliography (Jefferson, NC 1999). – [41] J. FRIED: Endzeiterwartungen um die Jahrtausendwende. Dtsch. Arch. Erforschung MA 45 (1989) 381-473, hier: 412; vgl. auch: J. ORTEGA Y GASSET: Los terrores del año mil. Crítica de una leyenda. Diss. (1904) (Madrid 1909); dtsch.: Die Schrecken des Jahres eintausend. Kritik an einer Legende (1992); S. FREUND: Das Jahr 1000, in: E. BÜNZ/R. GRIES/F. MÖLLER (Hg.): Der Tag X in der Gesch. (1997) 24-49; K. GÖRICH: Das Jahr 999 und die Angst vor der Jahrtausendwende, in: E. HALTER/M. MÜLLER (Hg.), a.O. [35] 31-40. – [42] J. DELUMEAU: La peur en occident (Paris 1978); dtsch.: Angst im Abendland (1985); D. THOMPSON: The end of time (London 1996, ^{2}1999); dtsch.: Das Ende der Zeiten. Apokalyptik und Jahrtausendwende (1997); M. JAKUBOWSKI-TIESSEN/H. LEHMANN/J. SCHILLING/R. STAATS (Hg.): Jahrhundertwenden (1999); CH. DUMAS-REUNGOAT: La fin du monde (Paris 2001); B. HAUPT (Hg.): Endzeitvorstellungen (2001). – [43] Vgl. die Nachweise in: Art. ‹Weltuntergang›. GRIMM 14/I, 1 (1955) 1709-1711, 1710f.; lit. Beispiele: E. HALTER/M. MÜLLER (Hg.), a.O. [35] 213-273; T. BUSSE: Weltuntergang als Erlebnis (2000); CH. UHLIG/R. KALKOFEN: In Erwartung des Endes (2000); M. DELISLE: Weltuntergang ohne Ende (2001); außerdem: H. BLUMENBERG: Schiffbruch mit Zuschauer (1979, ^{4}1993) bes. 12-27; H. BOEHNCKE/R. STOLLMANN/G. VINNAI: Weltuntergänge (1984); vgl. auch: O. SPENGLER: Der Untergang des Abendlandes 1-2 (1918/22); G. ANDERS: Endzeit und Zeitenende. Gedanken über die atomare Situation (1972); (^{6}1993) unter dem Titel: Die atomare Drohung. – [44] Vgl. dazu: M. SCHLOEMANN: Luthers Apfelbäumchen? Ein Kapitel deutscher Mentalitätsgeschichte seit dem Zweiten Weltkrieg (1994). – [45] a.O. 28-32. – [46] H. M. ENZENSBERGER: Zwei Randbem. zum Weltuntergang. Kursbuch 52 (1978) 1-8, hier: 1; vgl. auch: DELISLE, a.O. [43] 179-240. – [47] Vgl. R. DRÖSSLER: 2000 Jahre Weltuntergang (1999); E. HALTER/M. MÜLLER (Hg.), a.O. [35]. – [48] Vgl. J. MOLTMANN: Die Sehnsucht nach dem Ende der Welt. Die Zeit (27. 12. 2001) 39; K. P. FISCHER: Kosmos und W. (2002); auch: Art. ‹Chiliasmus›. Hist. Wb. Philos. 1 (1971) 1001-1006; Art. ‹Wiederbringung›.

Literaturhinweise. K. ZIEGLER/S. OPPENHEIM: Weltuntergang in Sage und Wiss. (1921). – G. M. MARTIN s. Anm. [36]. – U. H. J. KÖRTNER: Weltangst und W. (1988). – M. SCHLOEMANN s. Anm. [44]. – E. HALTER/M. MÜLLER (Hg.) s. Anm. [35]. – J. A. AERTSEN/M. PICKAVÉ (Hg.) s. Anm. [14].

M. SEILS

Weltformel (engl. Heisenberg's formula; frz. formule universelle). W. HEISENBERG stellte am 24. Februar 1958 im Physikalischen Kolloquium in Göttingen neue Vorschläge für eine «einheitliche Theorie der Materie» vor, die er z.T. in Zusammenarbeit mit W. PAULI entworfen hatte [1]. Journalisten machten daraus die sensationelle Meldung von der Entdeckung der neuen Einheitlichen Physik, die sich in einer 'W.' niederschlage. Mit ‹W.› war die Grundgleichung der Nichtlinearen Spinor-Feldtheorie Heisenbergs gemeint, die Heisenberg «Vorschlag für die Materiegleichung» nannte:

$$i\sigma^{\nu} \frac{\partial\chi}{\partial\chi^{\nu}} + l^{2} \sigma^{\nu} : \chi\,(\chi\,{}^{*}\sigma_{\nu}\chi) : = 0$$

Die Welt der Physiker reagierte überwiegend skeptisch, Pauli zog sich aufgrund des Presserummels ganz aus der Zusammenarbeit zurück. HEISENBERG widmete den Rest seines Lebens dem weiteren Ausbau der Theorie, zusammen mit seinen Schülern H.-P. DÜRR und H. SALLER [2]. Bis heute ist nicht klar, ob HEISENBERGS Vorschlag zum Erfolg führen kann; die mathematischen Probleme sind ungeheuer komplex. Die Mehrheit der Physiker hat sich von dieser Theorie, die sehr prinzipiell von allgemeinen Symmetrien ausgeht, ab- und den mehr 'phänomenologischen' Ansätzen zugewandt, welche direkt von den experimentellen Daten ausgehen und inzwischen mit der Theorie der 'Quarks' große Erfolge erzielt haben.

Die Idee einer einheitlichen Theorie aller Erscheinungen findet sich schon in der klassischen Formulierung des Determinismus von P.-S. DE LAPLACE: «Une intelligence qui, pour un instant donné, connaîtrait toutes les forces dont la nature est animée, et la situation respective des êtres qui la composent, si d'ailleurs elle était assez vaste pour soumettre ces données à l'analyse, embrasserait dans la même formule, les mouvements des plus grands corps de l'univers et ceux du plus léger atome: rien ne serait incertain pour elle, et l'avenir comme le passé, serait présent à ses yeux» [3]. Die Fiktion eines allwissenden Geistes findet sich der Sache nach bereits bei G. W. LEIBNIZ und B. SPINOZA. Der Laplacesche Geist [4] wurde seit Ende des 19. Jh. auch als «Laplacescher Dämon» bezeichnet. Mit Bezug auf diesen Begriff im Vorfeld der Konzeption einer W. schließt sich eine lebhafte Diskussion an über die Möglichkeit und Denkbarkeit umfassender Naturerkenntnis, an der E. DU BOIS REYMOND, E. MACH u.a. beteiligt sind [5].

Bei LAPLACE sollte die Mechanik die Einheit stiften, nicht-mechanische Theorien konnte man sich höchstens als empirische Sammlung von Verfahrensregeln vorstellen. Das Ideal der Physik des 20. Jh. geht mit der Vorstellung einer einheitlichen Theorie, die im Prinzip alle natürlichen Phänomene abzuleiten gestattet, weit darüber hinaus. Bedeutende Physiker des 20. Jh. wie A. EINSTEIN, A. S. EDDINGTON und C. F. VON WEIZSÄCKER haben neben Heisenberg Vorschläge für eine solche Theorie vorgelegt. Keiner dieser Vorschläge hat, jedenfalls bisher, den Durchbruch gebracht; alle erscheinen mathematisch so kompliziert, daß sich das Interesse der Mehrheit der Physiker wieder von ihnen abwandte. Das Programm wird heute unter dem Namen einer ‹Grand Unified Theory› (GUT) fortgeführt.

In der Wissenschaftstheorie hat sich in den letzten Jahren weitgehend die Meinung durchgesetzt, daß eine solche Theorie nicht nur unmöglich, sondern auch gar nicht erstrebenswert sei [6]. In der theoretischen Physik dagegen wird die Idee einer einheitlichen Theorie faktisch unverändert verfolgt. Als Hauptproblem erscheint dabei heute die Vereinigung von Quantenfeldtheorie und allgemeiner Relativitätstheorie. Den beiden Theorien gemeinsam ist als Ausgangspunkt eine Eichtheorie der Materiefelder [7]; dieser Ansatz hat wohl am ehesten Aussicht, Grundlage einer gemeinsamen Theorie zu werden.

Anmerkungen. [1] W. HEISENBERG: Einf. in die einheitl. Feldtheorie der Elementarteilchen (1967) 29. – [2] H. SALLER: Vereinheitlichte Theorie der Elementarteilchen (1985). – [3] P.-S. DE LAPLACE: Essai philos. sur les probabilités (Paris 1814) 2. – [4] Vgl. Art. ‹Geist, Laplacescher›. Hist. Wb. Philos. 3 (1974) 206; J.-A. KEGLEY: Spinoza's God and Laplace's world-formula. Akten II. Int. Leibniz-Kongr. 3 (1975) 25-35. – [5] E. DU BOIS-REYMOND: Über die Grenzen des Naturerkennens (1872), in: Die sieben Welträtsel. Zwei Vorträge (1916) 18f. 44f.; E. MACH: Erkenntnis und Irrtum (1905, [5]1926, ND 1991) 282f.; PH. FRANK: Das Kausalgesetz und seine Grenzen (1932) 22f. 32ff.; E. CASSIRER: Determinismus und Indeterminismus in der mod. Physik (1937), in: Zur mod. Physik (1957, [7]1994) 141f. – [6] z.B. A. BARTELS: Grundprobleme der mod. Naturphilos. (1996) 17f.; vgl. auch: E. NAGEL/J. R. NEWMAN: Gödel's proof (New York 1958); P. JANICH: Kleine Philos. der Naturwissenschaften (1997) 111ff. – [7] Vgl. z.B. H. LYRE/M. KUHLMANN/A. WAYNE (Hg.): Ontological aspects of quantum field theory (Singapur 2002).

Literaturhinweise. W. HEISENBERG s. Anm. [1]. – A. HERMANN: Heisenberg (1976). – H. SALLER s. Anm. [2]. – J. BARROW: Theories of everything (Oxford 1990); dtsch.: Theorien für Alles (1992). – S. WEINBERG: Dreams of a final theory (New York 1992); dtsch.: Der Traum von der Einheit des Universums (1993).

M. DRIESCHNER

Weltfrieden (allg. Friede, Völkerfrieden, Universalfrieden; lat. pax mundi, pax generalis, pax universalis, pax gentium; engl. world peace, universal peace; frz. paix universelle, paix générale; ital. pace universale). Die Anfänge der westlichen Idee des W. liegen zum einen im frühen griechischen Kosmopolitismus, der die allgemeine Harmonie des Universums den Kriegen staatlicher Partikularitäten entgegenstellt [1]. Die Idee des W. ist bei DEMOKRIT als Entsprechung von innerem Frieden und universeller Harmonie nachweisbar [2]. DIOGENES VON SINOPE und KRATES stellen der Polis und ihren Kriegen die Vorstellung einer pazifistischen Weltbürgergemeinschaft entgegen [3]. Einen zweiten Ursprung hat der Begriff des W. im alten Orient, insbesondere im jüdischen Messianismus, der die gerechte Herrschaft eines Königs über ein friedliches Weltreich verheißt (Jes. 11, 2; Mi. 5, 3-5; Ez. 37, 26) und den Gedanken einer friedensstiftenden Gerechtigkeit für die Völker formuliert (Jes. 2, 4; 32, 16-17; vgl. Mi. 4, 3; Zeph. 9, 10). Im Unterschied zum verinnerlichten W. im frühen griechischen Kosmopolitismus steht im jüdischen Messianismus die Erwartung des W. durch die geschichtliche Präsenz des Göttlichen im Vordergrund.

Im Kontext des Reichsanspruchs Mazedoniens formuliert ISOKRATES den Gedanken eines politischen Friedens «mit der ganzen Welt» [4]. ZENON und CHRYSIPP äußern Gedanken eines gesetzeskonformen und gewaltfreien Zusammenlebens aller Menschen [5]. Eine realpolitische Ausformung ist die «pax romana», die Befriedung des Erdkreises durch Rom. Dieser Friedensgedanke steht ab dem 2. Jh. v.Chr. im Kontext eines grundlegenden Wandels in der römischen Völkerrechtsauffassung, die bei Abwesenheit von Friedensverträgen oder Kriegserklärungen nicht mehr den Krieg, sondern den Frieden als Norm betrachtet [6]. LUKREZ stellt sein Lehrgedicht unter die Schirmherrschaft der Venus, die «den Sterblichen wahren Frieden» bringen kann [7]. Bei CICERO tritt trotz der Idee der Menschheitsgesellschaft [8] die Erfüllung der Vaterlandspflichten [9] und der gerechte Krieg in den Vordergrund [10]. Eine Deutung des W. als universalen Endzweck unternimmt VERGIL, der die Wiederherstellung des Friedenszustands der Menschheit besingt [11]. Diese Deutung ist eine Rezeption der Verbindung des jüdischen Messianismus mit hellenistischem Gedankengut; sie findet sich in den ‹Sibyllinen›, die von einem gottgesandten Friedenskönig für alle Völker und Geschöpfe berichten [12]. SENECA findet in seinem Verständnis der «pax romana» [13] zu einer generellen Verurteilung des Kriegs und des Völkermords [14]. Er sieht den Menschen als Bürger zweier Staaten, eines realen Einzelstaats und eines geistigen Weltstaats, nimmt ihn im Namen des letzteren in die Pflicht und bezeichnet den Frieden als höchstes Gut [15]. Für PLINIUS DEN ÄLTEREN fördert die universale «pax romana» den allgemeinen Zivilisationsfortschritt [16]. Die christlichen Vorstellungen vom W. kombinieren Elemente des Messianismus, des Kosmopolitismus und des Imperialismus, wobei die Spannung zwischen Jenseitshoffnung und Verwirklichung in dieser Welt unterschiedlich aufgelöst wird.

Das NT stellt die Geburt Jesu in den Kontext des Messianismus und des Römischen Reichs. Im Rahmen der Naherwartung gebietet es einen generellen Pazifismus (Mtth. 5, 38-40. 43-45; 16, 28; Mk. 8, 39; Lk. 9, 28), billigt dem Krieg eine apokalyptische Funktion zu (Apk. 6, 2), hebt aber auch die Jenseitigkeit des W. hervor (Joh. 18, 36; Eph. 2, 14-18). Die ausbleibende Wiederkunft Christi und die Konfrontation mit dem Römischen Reich lassen den Gedanken an eine Teilung in eine politische und eine geistliche Gewalt und an die Hinordnung auf letztere in den Vordergrund treten (Mtth. 22, 21; Mk. 12, 17; Lk. 20, 25; Röm. 13, 1-2). Bei JUSTIN kommt es zu einer Identifikation des christlichen W. mit der «pax romana» [17], TERTULLIAN und andere Apologeten halten an der Jenseitigkeit fest [18]. Mit dem Status des Christentums als Staatsreligion (313) tritt die Assimilation christlicher und imperialistischer Vorstellungen des W. in den Vordergrund [19]. Bei AUGUSTINUS wird die «pax in terrena civitate» diskreditiert und über die Vermittlung der Kirche auf die «pax aeterna» des Gottesstaats hingeordnet [20].

Im Mittelalter findet die «pax romana» im Herrschaftsanspruch der Kaiser und Päpste ihre Fortsetzung [21]. LEO DER GROSSE transformiert die «pax romana» in eine «pax christiana» unter päpstlicher Leitung [22]. DANTE ALIGHIERI betrachtet den W. («pax universalis») [23] unter dem Kaiser als Endzweck menschlichen Glücksstrebens und als notwendige Bedingung zur Erlangung des höchsten Ziels der bestmöglichen intellektuellen Entfaltung der «universalen Gemeinschaft der menschlichen Gattung» [24].

Obschon die Idee des W. durch Weltherrschaft bis in die Neuzeit [25] erhalten bleibt und mit der Übertragung der Staatsbegründungsidee von TH. HOBBES auf die internationalen Beziehungen sogar ein bis heute vertretenes methodisches Fundament erhält [26], gewinnt sie im Anschluß an F. SUÁREZ [27] zunächst als Prinzip des Völkerrechts (s.d.) an Bedeutung. E. CRUCÉ meint dagegen, der W. («paix générale») könne nur Resultat eines weltumspannenden Staatenbundes und Freihandels sein [28]. Andere Bündnisprojekte (Dubois, Duc de Sully, Saint-Pierre) verstehen den Bund Europas als bessere Vorbereitung auf einen Krieg gegen die Türken. J. A. COMENIUS entwickelt zur Erreichung des W. («pax gentibus») eine Theorie nationaler Selbstbestimmung, eine universale Pädagogik, eine Universalsprache und den Vorschlag eines Weltkonzils [29]. J. HEUMANN versteht die «civitas gentium» (Völkerstaat) als politische Realisierung der Idee eines Friedens «orbi terrarum universo» (für die ganze Welt) [30]. In seiner Theorie enthalten ist, wie bei I. KANT, eine Kritik am Vertrauen auf das Gleichgewicht der Mächte [31] oder das Natur- und Völkerrecht. Kant betrachtet die institutionelle Sicherung des Friedens zwischen republikanischen Staaten als höchstes politisches Gut (ewiger Frieden); Freihandel ist diesem Ziel förderlich [32]. Er ist gegen den W. durch sofortige Implementierung einer Weltherrschaft und unterscheidet sich dadurch von J. G. FICHTES Völkerbundstheorie [33]. J. J. VON GÖRRES definiert «Universalfrieden» als Ideal der Ersetzung aller militärischen Verhältnisse durch politische [34].

Im 19. Jh. wird eine empirische Friedenswissenschaft entwickelt, u.a. unter der Idee des W. [35]. Frei nach Kant wird die Idee des W. durch den republikanisch-repräsentativen Völkerstaat [36], den Völkerbund [37] und durch den Ausbau des Völkerrechts vorangetrieben [38]. Der Freihandelspazifismus erhält im internationalen Sozialismus eine Alternative [39]. B. VON SUTTNER gibt der Idee des W. nachhaltige feministische Impulse [40]. M. SCHELER stellt die Verwirklichung des W. in den Horizont einer Objektverschiebung des Machttriebs auf erwerbbare Sachen (anstelle zu beherrschender Menschen und Staaten) im Wirtschaftszeitalter [41]. H. KELSEN konzipiert den W. im Rahmen seines Rechtsbegriffs [42]. R. ARON hält die Idee des W. durch Völkerrecht, Völkerbund oder Weltherrschaft für inadäquat, schließt aber einen zivilisatorischen Fortschritt hin zur «humanité pacifiée» nicht aus [43]. K. JASPERS entwirft «Prinzipien des W.» auf der Linie Kants und der Aufklärung [44]. Heute wird die Idee des W. durch die Errichtung eines minimalen Weltstaates oder einer kosmopolitischen Demokratie vertreten [45], hervorgehoben wird aber auch die Bedeutung zivilgesellschaftlicher Prozesse [46], wobei die Demokratisierung von Staat und Gesellschaft, der Religionsfrieden oder die adäquate Politik der Geschlechterdifferenz eine prominente Stellung einnehmen [47].

Anmerkungen. [1] Vgl. G. ZAMPAGLIONE: L'idea della pace nel mondo antico (Turin 1967) 28-70. – [2] DEMOKRIT: VS 68, B 247. – [3] DIOGENES LAERTIUS: Vitae VI, 63. 72. 98. – [4] ISOKRATES: De pace 16. – [5] SVF 1, 54. 60f.; 2, 328; 3, 81ff. – [6] J. IMBERT: Pax Romana (1961) 314. – [7] LUKREZ: De rerum nat. I, 29-40. – [8] CICERO: De leg. I, 7, 23. – [9] De off. I, 17, 57. – [10] 11, 35; 23, 80; 22, 74; De rep. III, 23, 35. – [11] Eclog. IV, 4-10. 15-17. – [12] Sibill. III, 367-370. 652-656. 743-759. 787-794. – [13] SENECA: De clementia III, 2, 2. – [14] Ad Luc. XCV, 30-31. – [15] PLINIUS: De otio IV, 1; SENECA: Ad Luc. LXVI, 39-40. – [16] PLINIUS: Hist. nat. II, 117; XIV, 2; XXVII, 3. – [17] JUSTINUS: Apologia I pro Christ. MPG 6, 341 D. – [18] TERTULLIAN: Ad Mart. I. MPL 1, 695 A. – [19] CYRILLUS ALEX.: In Is. I, 2. MPG 70, 73 C. – [20] AUGUSTINUS: De civ. Dei XIX, 6, 21-22; 24, 2; XIX, 17. 19f. – [21] H. CONRAD: Rechtsordnung und Friedensidee (1971) 19-23. – [22] LEO DER GROSSE: Sermo 82, c. 1. MPL 54, 422f. – [23] DANTE ALIGHIERI: De mon. I, 4, 2. 5. – [24] I, 2-4. – [25] Vgl. F. BOSBACH: Monarchia univ. (1988). – [26] Vgl. T. MOHRS: Vom Weltstaat (1995). – [27] F. SUÁREZ: Tract. de legibus ac Deo legislatore III, 2, 6. – [28] E. CRUCÉ: Le nouveau cynée ou Discours d'estat représentant les occasions et moyens d'establir une paix generale ... par tout le monde (Paris 1623). – [29] J. A. COMENIUS: Consultatio catholica (Amsterdam 1660); Angelus pacis ... ad omnes populos per orbem totum mittendus (1667). – [30] J. HEUMANN: Disquisitio de civitate gentium, in: Exercitationes iuris universi 2 (Altdorf 1749-57) 5. – [31] I. KANT: Über den Gemeinspruch, das mag in der Theorie richtig sein, taugt aber nichts für die Praxis (1793). Akad.-A. 8, 312; Zum ewigen Frieden (1795), a.O. 343. 386; KrV B 779. – [32] Met. der Sitten (1797). Akad.-A. 6, 355; Zum ewigen Frieden, a.O. 8, 364; vgl. Art. ‹Friede, ewiger›. Hist. Wb. Philos. 2 (1972) 1117-1119; ferner: Art. ‹Pazifismus›, a.O. 7 (1989) 218-229, bes. 221f. – [33] J. G. FICHTE: Grundlagen des Naturrechts nach Prinzipien der Wiss.lehre, II. Anhang, § 20 (1796). – [34] J. J. VON GÖRRES: Der allg. Friede, ein Ideal (1798), in: Z. BATSCHA/R. SAAGE (Hg.): Friedensutopien (1979) 124. – [35] P. KAUFMANN: Die Wissenschaft des W. im Grundrisse (1866). – [36] J. B. SARTORIUS: Organon des vollkommenen Friedens (Zürich 1837). – [37] D. BOGUE: On univ. peace (1813); TH. CHALMERS: Thoughts on univ. peace (New York 1813); J. M. DUFOUR: Moyen de paix univ. (Paris 1815); H. T. J. MACNAMARA: Peace, permanent and universal (Paris 1842); P. BAZAN: D'une paix universelle et permanente (Paris 1842); J. BENTHAM: A plan for an universal and perpetual peace [ca. 1785]. Works 2 (Edinburgh 1848) 546-560; F. SANTALLIER: L'union de la paix entre tous les peuples civilisés (Le Havre 1867); L. FRIEDLÄNDER: Vom ewigen Frieden. Altpreuss. Mschr. 11/3 (1874) 219-229. – [38] S. RHAMON: Völkerrecht und Völkerfrieden (1881); F. VON HOLTZENDORFF: Die Idee des ewigen Völkerfriedens (1822). – [39] P. CASSEL: Völkerfrieden und Sozialdemokratie (1890); L. STEIN: Das Ideal des 'ewigen Friedens' und die soziale Frage (1896); E. SCHINDELHAUER: Sozialismus und ewiger Friede (1897). – [40] B. VON SUTTNER: Die Waffen nieder (1890); vgl. W. VON REISWITZ: B. von Suttner und der ewige Frieden. Magazin für die Lit. des In- und Auslandes 59 (1890) 601-603. – [41] M. SCHELER: Die Idee des Friedens und der Pazifismus (1931, Bern ²1974) bes. 22. 48f. Ges. Werke 13, Schr. aus dem Nachl. 4, hg. M. S. FRINGS (1990) 77-121. – [42] H. KELSEN: Peace through law (Chapel Hill 1944). – [43] R. ARON: Paix et guerre entre les nations, ch. 23f. (Paris 1962) 769. – [44] K. JASPERS: Die Atombombe und die Zukunft des Menschen (³1958) 40-45. – [45] O. HÖFFE: Eine Weltrepublik als Minimalstaat. Z. Kulturaustausch 1 (1993) 39-44; Demokratie im Zeitalter der Globalisierung (1999) 263ff. 324ff.; D. HELD: Democracy and global order (London 1995). – [46] J. V. GALTUNG: Die andere Globalisierung (1998); D. SENGHAAS (Hg.): Den Frieden denken (1995) 196-222; S. MENDLOWITZ/R. B. WALKER (Hg.): Towards a just world peace (London 1987); B. B. FERENCZ: A common sense guide to world peace (London 1985). – [47] B. RUSSET: Grasping the democratic peace (Princeton 1993); D. KRÖGER (Hg.): Religionsfriede als Voraussetzung für den W. (2000); H. SCHMÖLZER: Der Krieg ist männlich: ist der Friede weiblich? (Wien 1996).

Literaturhinweise. – Antike: H. GROSS: Die Idee des ewigen und allg. W. im alten Orient und im AT (1956). – J. J. STAMM/H. BIETENHARD: Der W. im AT und NT (Zürich 1959). – J. IMBERT: Pax Romana. Recueil de la soc. J. Bodin 14 (1961) 303-319. – G. ZAMPAGLIONE s. Anm. [1]. – *Mittelalter, Neuzeit:* H. CONRAD: Rechtsordnung und Friedensidee im MA, in: A. HOLLERBACH/W. SCHAUMANN (Hg.): Christl. Friede und W. (1971) 9-34. – C. VASOLI: La pace nel pensiero filos. e teolog.-politico da Dante a Ockham, in: La pace nel pensiero, nella politica, negli ideali del trecento (Todi 1975) 29-67. – F. BOSBACH s. Anm. [25]. – F. CHENEVAL: Die Rezeption der Monarchia Dantes (1995). – *Aufklärung:* E. V. SOULEYMAN: The vision of world peace in 17th and 18th-cent. France (New York 1941). – R. SCHNUR: Weltfriedensidee und Weltbürgerkrieg 1791/92. Der Staat 2 (1963) 297-317. – F. CHENEVAL: Philos. in weltbürgerl. Bedeutung (Basel 2002). – *19.-20. Jh.:* H. VON GRAUERT: Zur Geschichte des W., des Völkerrechts und der Idee einer Liga der Nationen. Hist. Jb. 39 (1918/19) 115-243. 557-673. – K. WALTZ: Man, the state and war (New York 1954). – D. SENGHAAS (Hg.) s. Anm. [46]. – M. LUTZ-BACHMANN/J. BOHMAN: Frieden durch Recht (1996). – S. HEDINGER: Frauen über Krieg und Frieden (2000).

F. CHENEVAL

Weltfrömmigkeit. Während das Adjektiv ‹weltfromm› bereits im 17. Jh. im Sinne von «rechtschaffen, tüchtig in der welt» sowie im Sinne von «in den augen (vor) der welt fromm» gebräuchlich ist [1], kommt das deutsche Substantiv ‹W.› erst im 18. Jh. auf. Im allgemeinen Sprachgebrauch bedeutet es zunächst eine «weltläufige (vulgäre) Art der Frömmigkeit» [2]. Eine neue Bedeutung prägt J. W. GOETHE in ‹Wilhelm Meisters Wanderjahren›, indem er den Begriff von der «Hausfrömmigkeit» abgrenzt. Angesichts der praktischen sozialen und politischen Herausforderungen einer – gewissermaßen schon von Anfängen der 'Globalisierung' gekennzeichneten – Zeit reiche die Hausfrömmigkeit einer pietistisch geprägten Religiosität, die sich auf die Verehrung Gottes und ein darauf gegründetes sittliches Tätigsein gegenüber dem Nächsten im engeren familiären Rahmen beschränkt, «nicht mehr hin»: «wir müssen den Begriff einer W. fassen, unsre redlich menschlichen Gesinnungen in einen praktischen Bezug ins Weite setzen und nicht nur unsre Nächsten fördern, sondern zugleich die ganze Menschheit mitnehmen» [3].

In Abhebung von den Traditionslinien der Weltverachtung (s.d.) und Weltflucht steht der Begriff der W. seit Goethe für eine Haltung, die Gott als Schöpfer bzw. das Göttliche in der diesseitigen, irdischen Welt verehrt, diese Welt bejaht und für die humane Gestaltung der innerweltlichen Verhältnisse handelnd Verantwortung übernimmt. In diesem Sinn kann sich die Lebenshaltung der W. im 20. Jh. auch in dem Begriff ‹Weltverantwortung› (s.d.) artikulieren.

Formen der W. haben ihren Ursprung in der antiken Verehrung des Kosmos (s.d.), aber auch im Christentum, das durch eine dialektische Spannung zwischen der Transzendenz und Immanenz Gottes sowie zwischen Weltabkehr und Weltzuwendung geprägt ist [4]. Im Zuge der neuzeitlichen Säkularisierung gewinnt der Ausdruck ‹W.› allerdings seit Goethe zunehmend die überkonfessionelle Bedeutung einer die Welt, das Leben oder die Natur verehrenden Einstellung, im Gegensatz zu einer spezifisch christlichen Frömmigkeit [5].

E. Spranger versteht W. als eine «weltverbundene Frömmigkeit», die in der deutschen Mystik – bei Meister Eckhart und besonders bei Johannes Tauler – angelegt sei als «eine andächtige Liebe zu den Dingen dieser Welt, wofern man sie in Gott schaut» [6]. Als eine pantheistisch ausgerichtete «Stimmungsreligion» habe sie 1), etwa bei F. Schleiermacher, die Form einer «gegenstandslosen» «Andacht», welche das Göttliche in der Natur verehrt und erlebt [7]. Davon zu unterscheiden sei 2) die W. im Sinne einer «Religion der Tat», die das tätige Dasein um seiner selbst willen als Gottesdienst verstehe, wie sie vor allem im Protestantismus angelegt sei, sowie 3) eine «W. des Wissens», für die der wissenschaftliche «Dienst an der Wahrheit» eine Form der Gottesverehrung sei [8].

In historisch-politischer Perspektive beschreibt H. Plessner den Ursprung der W. aus «dem Mißverhältnis zwischen Glaubensspaltung und evangelischer Staatskirche» und damit als ein für Deutschland spezifisches geschichtliches Phänomen [9]. W. sei das Ergebnis einer Abdrängung von durch die Reformation geweckten religiösen Kräften in weltliche Bereiche der Wissenschaft, der Kunst und des gesellschaftlichen Lebens; die Entfaltung dieser religiösen Kräfte sei durch die lutheranische Staatskirche unterbunden worden.

In der modernen Theologie gibt es Ansätze, die W. wieder als einen Wesenszug christlicher Frömmigkeit zu begreifen [10]. K. Rahner zufolge ist christliche Frömmigkeit durch eine praktisch und weltlich orientierte Beziehung zu dem menschgewordenen und als solcher die Welt liebenden Gott gekennzeichnet. W., die eine ethisch verantwortliche, humane Gestaltung weltlicher Verhältnisse anstrebt, ist daher nach Rahner «selbst ein Moment der christlichen Frömmigkeit» [11].

Anmerkungen. [1] Art. ‹Weltfromm›. Grimm 14/I, 1 (1955) 1574f.; vgl. Art. ‹Fromm; Frömmigkeit›. Hist. Wb. Philos. 2 (1972) 1123-1125. – [2] Art. ‹W.›, a.O. 1575f. – [3] J. W. Goethe: Wilhelm Meisters Wanderjahre II, 7 (1829). Hamb. Ausg., hg. E. Trunz 8 (1977) 243; zu Goethes Begriff ‹W.› im Zusammenhang mit seinem Gebrauch des Ausdrucks ‹fromm› vgl. G. Niggl: ‹Fromm› bei Goethe. Eine Wortmonographie (1967) bes. 380-389; S.-A. Jørgensen: Art. ‹Fromm/Frömmigkeit›, in: H.-D. Dahnke/R. Otto (Hg.): Goethe-Handbuch 4/1 (1997) 330-332; P. Hoffmann: Goethes Theologie (2001) bes. 404-414. – [4] Vgl. U. Zelinka: Art. ‹W.›. LThK³ 10 (2001) 1075. – [5] Vgl. Grimm, a.O. [1] 1574ff.; Niggl, a.O. [3] 383-386; Hoffmann, a.O. [3]. – [6] E. Spranger: W. (1941) 10f. – [7] a.O. 14. – [8] 16ff. 22f. – [9] H. Plessner: Die verspätete Nation. Über die polit. Verführbarkeit bürgerl. Geistes [1935] (1959). Ges. Schr., hg. G. Dux u.a. 6 (1982) 73. – [10] Vgl. A. Zottl (Hg.): W. Grundlagen – Traditionen – Zeugnisse (1985). – [11] K. Rahner: Frömmigkeit früher und heute (1966), in: Schr. zur Theol. 7 (1966) 11-31, 25.

Literaturhinweise. E. Spranger s. Anm. [6]. – L. Scheffczyk: Christl. W.? (1964). – A. Zottl (Hg.) s. Anm. [10]. – E. Biser: W. Zum Verhältnis von Geist und Glaube. Vier Aufsätze (1993).

Th. Rehbock

Weltgeist. Seit dem frühen Neuhochdeutschen wird ‹W.› zur Übersetzung der philosophischen Termini ‹spiritus mundi› bzw. ‹anima mundi› gebraucht [1]. Eng verwandt mit dem Begriff ist auch der gegen Th. Hobbes entworfene Begriff eines «spiritus naturae» bei H. More und der Begriff eines «obersten Geistes» bei Ch. Thomasius [2].

1. Bis weit in die Neuzeit hinein ist W. Teilaspekt der Lehren von der Weltseele (s.d.): mit dieser identifiziert (wie in der Stoa) oder von ihr nur unterschieden als Voraussetzung, die auch in der Natur am Werk ist [3]. Schöpfungstheologisch schließt dies an die biblische Vorstellung von Gottes Atem (Hi. 34, 14f.; Ps. 104, 29f.; Pred. 3, 21; Jes. 42, 5; Sach. 12, 1) an, welcher der Materie Leben, Seele oder vereinzelten Geist einhaucht, ihr dadurch allererst Bewegung, Veränderung, Aktivität mitteilt und die Ordnung der Welt mit den dazugehörenden Wesen erhält. Je weniger kosmo-theologische Subtilitäten berücksichtigt werden, um so mehr verwischen sich die Grenzen zwischen W. und Weltseele [4] sowie zwischen dem W., seiner Aktivität und Gottes Wesen [5]; um so eher läßt sich dann auf die Annahme einer Seele der Welt verzichten und der Ausdruck ‹W.› auf begrenzte Totalitäten beziehen, wie z.B. unseren Globus [6]. Wo selbst hiervon abgesehen wird, weil es um moralische oder religiöse Fragen geht, verschwimmt ‹W.› im späteren 18. Jh. mit dem Begriff eines «allerhöchsten Wesens» bzw. der diesem zugeschriebenen Vorsehung [7].

2. Im letzten Drittel des 18. Jh. kommt es zu einer Wiederbelebung des Begriffs. Ab 1770 spricht plötzlich J. G. Herder von ‹W.› in emphatischer Bedeutung, indem er seiner Ablehnung der materialistischen Naturphilosophie P.-H. Th. d'Holbachs Ausdruck gibt [8]. Die Ressourcen der neuen Wortverwendung sind mindestens vierfach: a) Herder übernimmt A. A. C. Earl of Shaftesburys antimechanizistisches Bekenntnis zu einem «general Mind», auch als «principal and original Self (the Great-one of the World)» bezeichnet, von dem mein Selbst Auszug und Kopie ist [9], und nennt diesen den «großen W. (für mich der prächtigste Name für Gott)» [10]. b) Ch. de Montesquieu spricht vom «esprit général d'une nation» [11]. Über diese Generalisierung hinaus verlangt die Geschichtsphilosophie, die Voltaire inauguriert [12], wie auch das umfassendere Konzept einer «Naturgeschichte des menschlichen Geschlechts» [13], sich von nationalen und religiösen sowie antireligiösen Beschränkungen [14] freizumachen. Aber als Subjekt für diese Geschichte kommen die Akteure absichtlicher

menschlicher Handlungen nicht in Frage. Da liegt es nahe, hierfür einen menschlichen «Genius» [15] anzunehmen und ihn «W.» zu nennen [16]. c) In der von J.-J. ROUSSEAU inspirierten [17], kantisch-moralphilosophischen Rechtfertigung religiöser Weltvorstellungen [18] haben die Herderschen Ideen ein epistemisches Fundament. d) Aber erst in der von H. JACOBI wider Willen ausgelösten «Spinoza-Renaissance» schienen sie HERDER mit einer neuen Auskunft über Weltseele (als Einheit organischer Kräfte) verbindbar [19]. So breiteten sie sich, insbesondere über J. W. GOETHE, aus [20]. Eine klare Unterscheidung zwischen W. und Weltseele kommt dabei allerdings nicht mehr zustande [21]. Das hat die Romantik zu neuen Spekulationen über W. und Weltseele stimuliert [22]. Es hat wohl auch dazu beigetragen, daß ‹W.› bald zu einem unbestimmten Modeausdruck [23] wurde. Im Gegensatz hierzu (nicht aber damit zu verwechseln) bilden sich präzisere Begriffe von W. erst dort heraus, wo die vorkantische Kosmologie (auch in ihrer von I. KANT bewahrten Rolle für die Religion) verabschiedet wird, während der Begriff ‹Geist› (s.d.) in Verarbeitung Kantischer Gedanken zu ebenso umfassender wie fundamentaler Bedeutung kommt.

3. Bei G. W. F. HEGEL werden W. und Weltseele voneinander geschieden. Hegel faßt die Seele per definitionem als (endlichen) Geist und behauptet zugleich zwischen der organischen Natur und der Seele einen denkbar engen Zusammenhang; dieser schließt es gerade aus, die Welt als Seele zu betrachten. ‹Welt› überhaupt ist für Hegel kein «Begriff», sondern bloß Vorstellung einer «Collection des Geistigen und Natürlichen» [24]. Nur der Begriff aber garantiert eine innere Verbindung von φύσις und ψυχή, während er dazu nötigt, Geist (im Sinne von νοῦς) und Natur (φύσις) unbeschadet ihrer Dualität als an ihnen selbst verbunden zu denken. Gegen die Herderschen sowie Goetheschen und romantischen Tendenzen schärft Hegel mit Nachdruck ein, die Seele dürfe nicht wie eine «Weltseele gleichsam als ein Subject fixirt werden» [25]. Von den ersten Bestimmungen der Seele (in einer Anthropologie) ist Hegels W.-Begriff weit entfernt. Zwischen ihm und ihnen liegt der ganze Bereich sonstiger Realität des endlichen Geistes, was erhebliche Konsequenzen hat: Die Welt, die das Wort ‹W.› nun bezeichnet, ist nicht die physische, sondern die sittliche, geschichtliche, in welcher die Mitglieder verschiedener sittlicher Gemeinschaften und diese selbst koexistieren, während von ihnen eine Natur, die als solche nicht Welt ist, nur vorausgesetzt wird. Weder der von Hegel gedachte Geist als solcher noch der Hegelsche W. ist ein 'kosmischer' im Sinn jener von Herder wiederbelebten Tradition, in welche die Lehre von der Weltseele gehört [26]. Beide Termini, ‹Weltseele› und ‹W.›, erstrecken sich bei Hegel auf verschiedene Objektbereiche, und nur der eine steht für einen erfüllten Begriff. Andererseits ist auch die sittliche Welt für Hegel kein «Kosmos», d.h. harmonisch geordnet wie ein Kunstwerk. Sie ist eine «Sphäre der Willkür, des Zufalls, des Irrthums» [27].

Das Problem, zu dessen Lösung Hegel den Begriff ‹W.› einführt und seine Erfülltheit nachweist, ist ein Rechtsproblem, das darum auch in der ‹Philosophie des Rechts› [28] verhandelt wird, und zwar innerhalb der Lehre vom Staat. Das Problem ergibt sich nicht aus einem vagen Bedürfnis, in der Geschichte einen Sinn zu erkennen oder sich ein säkularisiertes Surrogat zu den Verheißungen christlicher Eschatologie zu verschaffen [29]. Der Staat nämlich ist nach allgemeinster Bestimmung der sittliche Geist, der in der Welt steht, wie schon der Name sagt [30]; und der sittliche Geist kommt zu diesem «status» durch einen für ihn als Staat konstitutiven Prozeß der Erweiterung des besonderen substantiellen Willens zum allgemeinen [31]. Nun können aber die individuellen Staaten nicht umhin, sich in Rechtsverhältnisse zu anderen Staaten zu begeben; und da das äußere Staatsrecht in seiner Kraft, sich durchzusetzen, bloß «Sollen» ist [32], setzen sie damit nolens volens ihre ganze Existenz aufs Spiel, mithin auch ihr inneres Staatsrecht und mit ihm das private Recht ihrer Mitglieder – ja letztlich sogar deren ganze sittliche Kultur. So tritt am äußeren Staatsrecht die Endlichkeit aller in vereinzelten Staaten rechtsförmig gemachten Sittlichkeit in Erscheinung. Wie kann angesichts dieser «erscheinenden Dialektik der Endlichkeit» [33] allen Rechts und aller Sittlichkeit behauptet werden, der Staat sei der sittliche Geist, der in der Welt steht? [34] In der Perspektive Hegels ergibt sich, daß der sittliche Geist als ein unbeschränkt allgemeiner in einem wesentlichen Verhältnis zu beschränkten kollektiven Mentalitäten sowie als deren sie berichtigender Grund begriffen werden muß und daß der Begriff ‹W.›, in welchem dies geschieht, nicht leer sein kann, weil der Grund in jener Dialektik zutage tritt und sich mit List der Vernunft zur Geltung bringt.

4. Eine naheliegende Alternative zu Hegel, aber auch zur Tradition der Lehre einer geistigen Weltseele war A. SCHOPENHAUERS Behauptung, die Welt im ganzen besitze zwar irgendwie einen Geist – den W. nämlich als «das reine Subjekt des Erkennens» [35]; sie sei aber nicht Seele, da man nur vereinzelten Individuen die Verfassung zusprechen könne, eine Seele zu sein [36]. Das klingt im Kontext moderner Auffassungen von beseelten Lebewesen plausibel. Aber es orientiert sich immer noch am vorkantischen Weltbezug philosophischen Erkennens und ist vor dem Hintergrund der ganzen Geschichte der Kosmologie paradox. Denn für diese besteht spätestens seit ARISTOTELES zwischen φύσις und ψυχή (Seele) über den Zeitbegriff [37] ein viel engerer Zusammenhang als zwischen φύσις und νοῦς (Geist).

5. Während der mit einer Weltseele verschwisterte Geist im Denken des 19. Jh. weiterlebte – wenngleich ohne den Ausdruck ‹W.› [38] –, war den W.-Begriffen von HEGEL und SCHOPENHAUER so gut wie kein Nachleben beschieden. Das Problem, das HEGEL im Auge hatte, wurde nicht wahrgenommen [39]. Sonst hätten z.B. K. MARX und F. ENGELS das Recht nicht pauschal zu einem «ideologischen Überbau» erklären und behaupten können, die Individuen würden sich den ökonomischen Druck einer ihnen fremden Macht, die sich letzten Endes als Weltmarkt ausweist, «als Schikane des sogenannten W.es etc.» vorstellen [40]. Zerfallsprodukte der Hegelschen Lehre vom W. und von seiner Aktivität sind über die psychologistische sowie voluntaristische Philosophie des 19. Jh. [41] und die Geschichte des Begriffs ‹objektiver Geist› [42] verstreut. TH. W. ADORNOS Kritik an der «Geistmetaphysik», die Hegel angeblich lehrte, sieht im W. die «Ideologie der Naturgeschichte. W. heißt sie ihm kraft ihrer Gewalt. Herrschaft wird absolut, projiziert aufs Sein selber, das da Geist sei» [43]. Auch die Philosophie der Gegenwart scheint überzeugt, ohne einen Begriff von W. auszukommen.

Anmerkungen. [1] Art. ‹W.›. GRIMM 14/I, 1 (1955) 1579-1583. – [2] CH. THOMASIUS: Versuch vom Wesen des Geistes ... (Halle 1699). – [3] z.B. AGRIPPA VON NETTESHEIM: De occulta philosophia I, 14 (Köln 1510, [2]1533); vgl. Art. ‹Quintessenz›. Hist. Wb. Philos. 7 (1989) 1838-1841; ‹Archeus›, a.O. 1 (1971) 500-502. – [4] J. H. CAMPE: Wb. der Dtsch. Sprache (1811) 672; J. G.

WALCH: Philos. Lexicon (1726, ²1733) 2887. – [5] Vgl. zum Verhältnis der drei Begriffe ‹Seele›, ‹W.›, ‹Gott›: R. FLUDD: Philosophia Moysaica II, 1, 4 (1638). – [6] I. KANT: Die Frage, ob die Erde veralte, physikalisch erwogen (1754). Akad.-A. 1 (1902) 203. 211f. – [7] z.B. M. MENDELSSOHN: Phaedon oder über die Unsterblichkeit der Seele in drei Gesprächen 3 (1767). Jub.ausg. 3, 1 (1932, ND 1972) 122. – [8] J. G. HERDER: Br. an J. H. Merck (12. Sept. 1770). Briefe, hg. K.-H. HAHN (1977ff.) 1, 217. – [9] A. A. C. Earl of SHAFTESBURY: The moralists, a philos. rhapsody 3, 1 (1709). Compl. works, hg. W. BENDA u.a. 2/1 (1987) 266. 264. – [10] HERDER, a.O. [8]; vgl. Art. ‹Wesen, höchstes›. – [11] CH. DE MONTESQUIEU: De l'esprit des lois 19, 4f. (1748). Oeuvr. compl., hg. R. CAILLOIS (Paris 1949-51) 2, 558f.; vgl. Art. ‹Volksgeist; Volksseele›. Hist. Wb. Philos. 11 (2001) 1102-1107. – [12] VOLTAIRE: Essay sur l'hist. gén. et sur les mœurs et l'esprit des nations depuis Charlemagne jusqu'à nos jours (1756); dtsch. (1760-62). – [13] Vgl. J. G. HERDER: Rez. von: J. MILLAR: Bem. über den Unterschied der Stände in der bürgerl. Gesellschaft (1772). Sämmtl. Werke, hg. B. SUPHAN 5 (1891) 452. – [14] Auch eine Philos. der Gesch. zur Bildung der Menschheit 2f. (1774), a.O. 517ff. 567; vgl. hierzu auch den Stellenkommentar, in: J. G. HERDER: Schr. zu Philos., Lit., Kunst und Altertum 1774-1789, hg. J. BRUMMACK/M. BOLLACHER (1994). Werke in 10 Bden., hg. G. ARNOLD/M. BOLLACHER u.a. 4 (1994) 872f. [zu Seite 46]. – [15] Anfang der älteren Niederschrift a von ‹Auch eine Philos. ...›, a.O. 589; Rez. von: D. J. J. VOLKMANN: Staatsveränderungen von Italien (1772), a.O. 434f. – [16] Vgl. Auch eine Philos. ... 1, a.O. 512; 3, a.O. 574-580, hier: 575: «Welt- und Zeitgeist»; vgl. Br. zur Beförd. der Humanität II, 16 (1793), a.O. 17 (1881) 80: «Geist der Zeiten», «Geist unsrer Zeit»; vgl. auch: K. W. F. SOLGER: Über drammat. Kunst und Lit. (Schlegel-Rezension). Jahrbücher für Lit. 7 (Wien 1819) 118; E. M. ARNDT: Fantasien zur Berichtigung der Urtheile über künftige dtsch. Verfassungen (1815), in: Schr. an und für seine lieben Deutschen 2 (1845) 416; vgl. Art. ‹Zeitgeist›. – [17] J.-J. ROUSSEAU: Emile ou De l'éducation. Profession de foi du Vicaire Savoyard IV (1762). Oeuvr. compl., hg. B. GAGNEBIN/M. RAYMOND 4 (Paris 1969) 565ff. – [18] I. KANT: KrV A 669ff./B 697ff.; A 797ff./B 825ff.; KpV A 192ff.; KU B 379ff. (§§ 82ff.); vgl. die Fortsetzung der Gedanken bei J. G. FICHTE: Die Bestimmung des Menschen 3, 3 (1800). Akad.-A. I/6 (1981) 277ff. – [19] J. G. HERDER: Gott. Einige Gespräche 4 (1787, ²1800), a.O. [13] 16 (1887) 526-528. – [20] Vgl. J. W. GOETHE: Eins und Alles, Str. 2 (1821). Weim. Ausg. (1887-1913) I/3, 81; Tagebuch vom 17. Mai 1808, a.O. III/3, 336; Br. an C. F. Zelter (19. März 1827), a.O. IV/42, 95. – [21] Vgl. HERDER, a.O. [19] 540. 545-552; vgl. Stellenkommentar, in: Werke, a.O. [14] 1398. – [22] F. W. J. SCHELLING: Von der Weltseele, eine Hypothese der höheren Physik zur Erklärung des allg. Organismus (1798). Sämmtl. Werke, hg. K. F. A. SCHELLING I/2 (1857) 347ff.; vgl. a.O. 369 («Weltseele»); Vorles. über die Methode des akad. Studiums, 9. Vorles. (1803), a.O. I/5, 301; NOVALIS [F. VON HARDENBERG]: Das allg. Brouillon (Mat. zur Enzyklopädistik 1798/99), Nr. 407. 437. Schr., hg. P. KLUCKHOHN/R. SAMUEL 3 (1968) 316f. 322. – [23] GRIMM, a.O. [1] 1583. – [24] G. W. F. HEGEL: Encycl. der philos. Wiss.en im Grundrisse § 247 (Zusatz) (1830). Werke, hg. PH. MARHEINEKE u.a. 7, 1 (1842) 25. – [25] § 391. Akad.-A. 20 (1992) 390. – [26] Vgl. dagegen: CH. TAYLOR: Hegel (Cambridge 1975) bes. 96. 104. – [27] G. W. F. HEGEL: Vorles. über Rechtsphilos. 1818-1831 4 [Vorles.nachschr. K. G. VON GRIESHEIM 1824/25], hg. K.-H. ILTING (1974) 633. – [28] Grundlinien der Philos. des Rechts §§ 340ff. (1821). Jub.ausg., hg. H. GLOCKNER 7 (1928) 446ff. – [29] Vgl. dagegen: K. LÖWITH: Weltgeschichte und Heilsgeschehen, Kap. 3 (1953). Sämtl. Schr., hg. K. STICHWEH/M. B. DE LAUNAY (1981-88) 2, 61-69. – [30] HEGEL, a.O. [27] 632f. – [31] Grundlin. § 256, a.O. [28] 327f.; vgl. Vorles. über Naturrecht und Staatswiss. § 122 [Heidelberg 1817/18]. Nachgeschr. von P. WANNENMANN. Vorles. 1, hg. C. BECKER u.a. (1983) 170f.; Hegels Philos. des Rechts. Die Vorles. von 1819/20 in einer Nachschr., hg. D. HENRICH (1983) 207f. – [32] Grundlin. § 330, a.O. 440. – [33] § 340, a.O. 446. – [34] Vgl. I. KANT: Met. der Sitten 1: Metaphys. Anfangsgründe der Rechtslehre § 43 (1797). Akad.-A. 6, 311. – [35] A. SCHOPENHAUER: Quartant 22 [1825]. Der handschriftl. Nachl., hg. A. HÜBSCHER (1966-75) 3, 195. – [36] Die Welt als Wille und Vorst. II, 2, 28 (1844). Sämtl. Werke, hg. A. HÜBSCHER 3 (⁴1988) 398; vgl. G. F. W. WAGNER: Enzyklopäd. Register zu Schopenhauer's Werken (1909) 459. – [37] Vgl. ARISTOTELES: Phys. IV, 14, 223 a 21-29. – [38] z.B. G. TH. FECHNER: Zend-Avesta oder über die Dinge des Himmels und des Jenseits. Vom Standpunkt der Naturbetrachtung, Kap. 20 (1851) 387-391. – [39] Vgl. E. GANS: Naturrecht und Universalrechtsgeschichte. Vorles. von 1832/33, hg. M. RIEDEL (1981) 107; K. ROSENKRANZ: System der Wissenschaft. Ein philos. Encheiridion §§ 791-797 (1850) 511-516; J. G. DROYSEN: Historik. Hist.-krit. Ausg., hg. P. LEYH 1: Die Vorles. von 1857 (1977) 368f.; unsensibler: C. L. MICHELET: Naturrecht oder Rechtsphilos. als prakt. Philos. 2 (1866) 241; später scheint der W. Hegels mit dessen absolutem Geist vermengt: Das System der Philos. als exacter Wiss. 4, § 2 (1879) 1-6. – [40] Vgl. K. MARX/F. ENGELS: Die Dtsch. Ideologie 1 [1845/46]. MEW 3, 27. 356. – [41] W. WUNDT: System der Philos. 2 (1889) 188ff.; R. EUCKEN: Die Einheit des Geisteslebens in Bewußtsein und That der Menschheit (1888); Der Kampf um einen geist. Lebensinhalt (1895); Grundlinien einer neuen Lebensanschauung (1907) bes. 116ff. – [42] Vgl. Art. ‹Geist VIII.›. Hist. Wb. Philos. 3 (1974) 191-199. – [43] TH. W. ADORNO: Negat. Dialektik (1966) 295ff., hier: 350.

Literaturhinweise. E. TROELTSCH: Der Historismus und seine Probleme 1: Das log. Problem der Geschichtsphilos. (1922). – K. LÖWITH s. Anm. [29]. – R. MARTIN: The world spirit. Southwestern J. Philosophy 2 (1971) 153-161. – P. HEINTEL: Zum Begriff des 'W.'. Hegels Rechtsphilos. Wiener Jb. Philos. 7 (1974) 80-130; 8 (1975) 94-132; 10 (1977) 73-113. – H. SCHNÄDELBACH: Geschichtsphilos. nach Hegel. Die Probleme des Historismus (1974). – H. TIMM: Gott und die Freiheit. Stud. zur Religionsphilos. der Goethezeit 1: Die Spinozarenaissance (1974). – W. HARTKOPF: Schellings Absolutes – Hegels W. Hegel auf dem Wege zur W.-Konzeption, in: W. R. BEYER (Hg.): Texte des 14. Int. Hegel-Kongr. 2 (Rom 1984) 17-37. – H. F. FULDA: Geschichte, W. und Weltgesch. bei Hegel. Annalen Int. Ges. dialekt. Philos. Societas Hegeliana 2 (1986) 58-106. – R. C. MAURER: Die Geschichtsphilos. des jungen Herder in ihrem Verhältnis zur Aufklärung, in: G. SAUDER (Hg.): J. G. Herder 1744-1803 (1987) 141-155.

H. F. FULDA

Weltgeschichte; **Universalgeschichte** (lat. historia mundi, historia universalis; engl. world history; frz. histoire universelle). Mit ‹W.› und ‹Universalgeschichte› – die Termini werden weitgehend synonym gebraucht – ist die Geschichte der ganzen Menschheit (s.d.) gemeint. Sie umfaßt alle Zeiten von den Anfängen bis zur Gegenwart, alle geographischen Räume sowie alle Kulturen. Es handelt sich um eine besondere Art der Geschichtsschreibung, die auf die Verflechtung weiträumiger Ereignisse zielt und wiederum von historischen Erfahrungen abhängt. Zu unterscheiden ist zwischen einem bestimmten Ereignis, das die W. repräsentieren soll, einer W., in welcher sich die Weltherrschaft eines einzigen Kulturkreises ausdrückt, einer W., die in der theoretischen Zusammenschau einzelner Entwicklungen besteht, und einer W., in der ein praktischer Handlungszusammenhang und damit eine real gewordene W. reflektiert wird.

1. Im *Alten Testament* wird der Anfang der Menschheitsgeschichte, so in den Urgeschichten der ‹Genesis›, als repräsentativ für die ganze Welt erzählt. Im Buch ‹Daniel› ist die Lehre von den «vier Weltreichen» überliefert, die schon bei den Indern, Persern und Griechen verbreitet war [1]. Bis in die moderne Theologie wird die Frage wichtig, ob bereits die Geschichtshoffnung der jüdischen Apokalyptik (s.d.) universal ist oder nicht [2].

Implizit stellen die *griechischen Historiker* HERODOT und THUKYDIDES die Kriege gegen die Perser bzw. den Peleponnesischen Krieg als größte Ereignisse der menschlichen Geschichte und damit der W. dar [3]. Die Expansion der hellenistischen Welt durch Alexander hat universalhistorische Spuren bei DIODOR hinterlassen, der die allgemeinen Geschichten bzw. Ereignisse (κοινὰς ἱστορίας bzw. κοινὰς πράξεις) darstellt mit dem Anspruch, für die Lebensführung aller (κοινὸς βίος) nützlich zu sein [4]. Der Aufstieg Roms zur Weltmacht wird von Autoren wie LIVIUS in dessen ‹Ab urbe condita› thematisiert [5]; FLORUS spricht gar von der Geschichte Roms als einer Geschichte des «ganzen menschlichen Geschlechtes» [6]. Doch handelt es sich dabei um keine W., sondern um die monozentrische Chronik der «ewigen Stadt» («Romae Aeternae»), die sich auf dem Erdkreis («orbis terrarum») ausbreitet. Erst POLYBIOS deutet die römische Eroberung als weltgeschichtliches Geschehen. Während die Ereignisse zuvor nur vereinzelt und gegeneinander isoliert betrachtet wurden, beabsichtigt er zu beschreiben, wie mit der Vorherrschaft Roms die verschiedenen und selbständigen Teile der Welt gleichsam zu einem Körper (σωματοειδής) verknüpft werden und sich alles auf ein einziges Ziel (τέλος) ausrichtet [7].

2. Wie der Antike fehlt auch dem *Mittelalter* ein expliziter Begriff von W. Gleichwohl wird das historische Denken von universalgeschichtlichen Konstruktionen bestimmt, die Profan- und Heilsgeschichte [8] zu verbinden versuchen. Besonders die «chronica», sofern als Weltchronik konzipiert, verbürgt den universalen Anspruch. Erstmals versieht LUCAS VON TÚY seine «chronica» mit dem Zusatz «mundi», während der Titel «historia universalis» erst bei SIFRIDUS DE BALNHUSIN nachweisbar ist [9]. Neben typologischen Benennungen wie ‹chronicon›, ‹gesta› oder ‹annales› verbreiten sich im Spätmittelalter so suggestive Titel wie ‹series temporum›, ‹mare historiarum›, ‹imago mundi›, ‹flores historiarum›, ‹breviarium historiarum›, ‹speculum historiale›, ‹summa historiarum et gestarum›, ‹compilatio de gestis› und ‹compendium historiae› [10]. Zu den gemeinsamen Strukturmerkmalen gehören das chronologische Schema mit den herausgehobenen Geschehnissen wie Schöpfung, Christi Geburt und Jüngstem Gericht, die heilsgeschichtliche Orientierung, die lineare Ausrichtung auf ein einheitliches Ziel und dessen universelle Bedeutung für die ganze Menschheit.

Verschiedene Epocheneinteilungen sind vorherrschend und können sich auch überlagern: Die Abfolge der vier Weltreiche wird von HIERONYMUS modifiziert (Babylon, Persien, Makedonien, Rom) [11]. Häufig wird die W. analog der Schöpfungswoche eingeteilt in sechs Weltalter («aetates») [12]. Auf den Apostel PAULUS geht die Dreiteilung der Geschichte in die Zeitalter des Naturgesetzes («status ante legem»), des mosaischen Gesetzes («sub lege») und des evangelischen Gesetzes («sub gratia») zurück [13]. AUGUSTINUS fügt die Lehre von den zwei Reichen «civitas Dei» und «civitas terrena» hinzu, die sich bei OTTO VON FREISING zur «civitas permixta» vereinen [14].

3. An diesen Typen orientieren sich auch in *Humanismus und Neuzeit* W.n wie H. SCHEDELS ‹Liber chronicarum› (1493), J. BODINS ‹Methodus ad facilem historiarum cognitionem› (1566) und schließlich J.-B. BOSSUETS ‹Discours sur l'histoire universelle› (1681). F. BAUDOUIN nennt seinen weltgeschichtlichen Entwurf «historia universa» [15]. – In der französischen *Aufklärung* wird die Universalgeschichte verweltlicht; damit entsteht die moderne Geschichtsphilosophie (s.d.), die seitdem wesentlich Philosophie der W. ist. – Gegen Bossuets Heilsgeschichte setzt VOLTAIRE, der den Begriff der «philosophie de l'histoire» prägt, seinen ‹Essay sur l'histoire générale› der menschlichen Zivilisation; dabei bezieht er auch außereuropäische Kulturen wie Persien, Indien und China ein [16]. Von der Chronologie abgekoppelt wird die «histoire universelle» indessen bei A.-R.-J. TURGOT, der dadurch die 'Gleichzeitigkeit des Ungleichzeitigen' im «progrès de l'esprit humain» entdeckt [17]. Mit Blick auf den Fortschritt (s.d.) von Wissenschaft, Technik, Ökonomie und Politik wird die Universalgeschichte auch bei M.-J.-A. DE CONDORCET entfaltet [18]. Dem entspricht in England A. FERGUSONS ‹History of Civil Society› [19]. G. B. VICO hingegen verbindet mit dem Begriff ‹W.› ein zyklisches Geschichtsbild; er unterstellt eine «storia ideal eterna», der gemäß die «storie di tutte le nazioni» verlaufen [20].

In Deutschland, wo sich das Geschichtsdenken nur zögernd vom christlich-theologischen Vorbild ablöst, basiert die Universalgeschichte mehr auf der Staatenkunde, so bei J. CH. GATTERER [21]. L. A. SCHLÖZER systematisiert die ‹Vorstellung seiner Universal-Historie›, die er gleichbedeutend auch «Welthistorie» oder «allgemeine» und «systematische W.» nennt, indem er nicht nur ein «Aggregat aller Specialhistorien», sondern «ein System, in welchem Welt und Menschheit die Einheit ist», postuliert und zugleich als «Realzusammenhang» auffaßt [22]. Der Begriff ‹W.›, der sich jetzt auch terminologisch durchsetzt, korrespondiert mit dem Kollektivsingular ‹Geschichte› (s.d.) des späten 18. Jh. als Gegenstand einer neuen Leitwissenschaft. I. KANT gibt diesem Begriff eine eigene philosophische Wendung. In seiner Schrift ‹Idee zu einer allgemeinen Geschichte in weltbürgerlicher Absicht› konzipiert er die «Idee einer W., die gewissermaßen einen Leitfaden a priori» nach einem verborgenen «Plane der Natur» hat. Inhaltlich betrachtet er die W. als einen künftig zu bildenden völkerrechtlichen Zusammenhang [23]. Obwohl J. G. HERDER gegen die W. zunächst die individuellen Geschichten gleichwertiger Kulturen reklamiert, schließt er sich in den ‹Ideen zur Philosophie der Geschichte der Menschheit› diesem Modell in modifizierter Form an [24]. In wirkmächtiger Weise fragt F. SCHILLER, was Universalgeschichte heiße und «zu welchem Ende» man sie studiere. Alle vorhergehenden Zeitalter hätten sich – «ohne es zu wissen oder zu erzielen» – angestrengt, «unser menschliches Jahrhundert herbey zu führen». Auch der «Universalhistoriker» will dazu beitragen, das historische «Vermächtniß von Wahrheit, Sittlichkeit und Freyheit» in der geschichtlichen Gegenwart zu vermehren und damit «an das kommende Geschlecht die Schuld zu entrichten, die er dem vergangenen nicht mehr abtragen kann» [25].

4. Im *Deutschen Idealismus* wird die «Philosophie der Geschichte» emphatisch zur Geltung gebracht. So ist W. die vom Standpunkt der Vernunft aus betrachtete Geschichte überhaupt. – Gegen die «sogenannten Universalhistorien», die empirische Gegebenheiten bloß pragmatisch verknüpfen, bietet F. W. J. SCHELLING seine «wahre Universalgeschichte» auf, welche auf einer «Synthesis des Gegebenen und Wirklichen mit dem Idealen» beruht. Konkret geht es um die Überwindung des Gegensatzes zwischen Freiheit und Notwendigkeit im Staat. Doch letztlich ist die «Geschichte als Ganzes» ein «Werk der Vorsehung»; sie ist daher zugleich Offenbarung des Absoluten, «Spiegel des Weltgeistes» [26]. Was in Kants Geschichtsphilosophie «Plan der Natur» und bei Schelling «Vorsehung» (s.d.) heißt, nennt J. G. FICHTE einen «Weltplan» als Apriori der W. mit dem idealen Vernunftziel der «Freiheit». In der wirklichen «Entwicklung des Menschengeschlechts» teilt sich dieser «Einheitsbegriff» in verschiedene Epochen auf [27]. G. W. F. HEGEL verwendet den Begriff ‹W.› nur im Hinblick auf die «philosophische Geschichte», welche den Gedanken der Ver-

nunft an die Geschichte heranträgt und zeigt, «daß es also auch in der W. vernünftig zugegangen ist» [28]. W. ist demnach die Auslegung und Verwirklichung des allgemeinen Geistes, genauer «Fortschritt im Bewußtsein der Freyheit» [29]. In Hegels Gesamtsystem schließt W. die Entwicklung des «objektiven Geistes» in der Sphäre der Sittlichkeit mit dem Staat, im Staat wiederum mit dem inneren und äußeren Staatsrecht ab. Orientiert sich Kant an der Vernunftidee des «Weltbürgerrechts», so konzipiert Hegel den Prozeß einer W., in der jeweils ein welthistorisches Volk Träger der höchsten Entwicklungsstufe ist [30]. Die W. ist daher – mit Schiller gesprochen – das «Weltgericht» [31]. Geographisch geht sie von Osten nach Westen (s.d.), denn «Europa ist das Ende der W.». Zu diesem Endzweck benutzt die Vernunft die «welthistorischen Individuen» als Mittel [32]. Gegenüber Hegel moniert K. MARX, die «sogenannte W.» sei keine abstrakte Tat des Selbstbewußtseins oder des Weltgeistes (s.d.), sondern «Erzeugung des Menschen durch die menschliche Arbeit»; der konkrete Übergang von der «Geschichte zur W.» basiere auf Kommunikation, Arbeitsteilung und «Weltmarkt» [33].

Im *Historismus* wird der Begriff ‹W.› zunehmend in Frage gestellt. Er widerspricht sowohl der historischen Detailforschung als auch der Hinwendung zu nationalen Kulturen. So will L. RANKE zwar die «Mär der W.» ergründen, realisiert aber nur die Geschichte der germanisch-römischen Völker [34]. J. MICHELET und F. GUIZOT beschreiben die Zivilisation Frankreichs als «la nation chef» stellvertretend für «l'histoire du monde» [35]. J. G. DROYSEN hält alle erzählte W. für theologische Spekulation, kann sich jedoch der auf Hegel rekurrierenden «Formel der W.» als dem historischen Werden der «Idee der Freiheit» durchaus anschließen [36]. Auch E. TROELTSCH kritisiert die «alte W.» und konzipiert statt dessen eine «Kultursynthese des Europäismus» [37]. J. BURKHARDTS ‹Weltgeschichtliche Betrachtungen› sind zwar universell orientiert, stellen aber keine lineare W. dar, sondern eine «Verdichtung des Weltgeschichtlichen» im Sinne einer Typisierung des historisch Konstanten [38]. Schließlich versteht F. NIETZSCHE den Begriff der W. nur noch als Metapher [39].

5. Im *20. Jahrhundert* bietet sich ein komplexes Bild: Die Positionen reichen von der Kritik am Begriff der W. überhaupt bis zu neuen weltgeschichtlichen Entwürfen. Nachdem die klassische Geschichtsphilosophie und mit ihr die weltgeschichtliche Perspektive diskreditiert war, entstehen vor dem Hintergrund des modernen Krisenbewußtseins modifizierte Konzepte von W. – In seiner ‹Morphologie der W.› geht O. SPENGLER von der Kultur als deren «Urphänomen» aus: «Kulturen sind Organismen. W. ist ihre Gesamtbiographie». Im Rahmen dieses organischen Modells von Werden und Vergehen konstruiert er ein zyklisches Bild der W., in welcher Aufstieg der «Kultur» und Niedergang der «Zivilisation» aufeinander folgen – ein Schicksal, das auch dem zeitgenössischen «Abendland» drohe [40]. Daran knüpft vor allem A. J. TOYNBEE an, der allerdings «Kultur» und «Zivilisation» (s.d.) miteinander zu verbinden sucht [41]. Gegenüber dem Geschichtszyklus rehabilitiert K. JASPERS die lineare W., deren Anfänge er mit der «Achsenzeit» (s.d.) um 500 v.Chr. datiert. Mitte des 20. Jh. habe, so Jaspers, dank moderner Verkehrstechniken die «reale W.» oder «faktische Universalgeschichte der Erde», d.h. die «Wirklichkeit der planetarischen Welt- und Menschheitseinheit», begonnen [42]. Ähnliche Entwürfe finden sich bei A. WEBER, K. BREYSIG, E. GELLNER und D. RIBEIRO [43].

Für M. HEIDEGGER gründet sich so etwas wie W. allererst auf die «Geschichtlichkeit» des Daseins [44]. K. LÖWITH sieht in der modernen W. nur eine säkularisierte Heilsgeschichte [45]. In der ‹Dialektik der Aufklärung› bezeichnen M. HORKHEIMER und TH. W. ADORNO es als «eine Art Schrulle ..., die W., wie Hegel es getan hat, im Hinblick auf Kategorien wie Freiheit und Gerechtigkeit konstruieren zu wollen» [46]. In Adornos ‹Negativer Dialektik› führt «keine Universalgeschichte ... vom Wilden zur Humanität», aber «sehr wohl eine von der Steinschleuder zur Megabombe» [47]. Mit Stoßrichtung gegen den Marxismus bestreitet K. R. POPPER den «Sinn» («meaning») von W., mit der in Wahrheit eine «history of the political power» gemeint sei [48].

In der *gegenwärtigen Geschichtswissenschaft* lassen sich vor allem zwei Richtungen der universalhistorischen Betrachtungsweise unterscheiden: 1) die strukturelle und vergleichende Methode, die im Anschluß an M. WEBER auf eine Typologie ähnlicher Kulturen in weltgeschichtlicher Perspektive zielt; 2) die Methode der räumlich-beziehungsgeschichtlichen Untersuchung, welche nach Interdependenzen zwischen den Geschichtsperioden sowie nach interkulturellen Beziehungen und Transfervorgängen fragt. Vor dem Hintergrund der Globalisierung ist die zweite Richtung besonders aktuell geworden, in der W. als 'Vorgeschichte' des gegenwärtigen globalen Zusammenhangs dargestellt wird. In diesem Sinn tritt an die Stelle der «world history» zunehmend die «global history» [49].

Anmerkungen. [1] Vgl. Dan. 2, 29-45; 7, 1-14; Art. ‹Weltalter; Zeitalter›. – [2] Vgl. J. MOLTMANN: Theologie der Hoffnung (1964) 123f.; W. PANNENBERG: Heilsgeschehen und Geschichte (1959). Grundfragen systemat. Theol. 1 ([3]1979) 22-78, 26f.; zu Pannenbergs Programm einer Universalgesch. als Medium der Offenbarungsgesch. Gottes vgl. auch: Art. ‹Offenbarungstheologie›. Hist. Wb. Philos. 6 (1984) 1130. – [3] HERODOT: Hist.; THUKYDIDES: Hist. – [4] DIODORUS SIC.: Biblioth. I, 4-6. – [5] LIVIUS: Libri ab urbe condita I, Praef. 6-13. – [6] FLORUS: Prolog 2. – [7] POLYBIUS: Hist. I, 1-4; III, 32; V, 33; Polybios beruft sich auf EPHOROS VON KYME als ersten Welthistoriker, a.O. V, 33. – [8] Vgl. Art. ‹Heil; Heilsgeschichte; Heilstatsache›. Hist. Wb. Philos. 3 (1974) 1031-1033. – [9] SIFRIDUS DE BALNHUSIN: Historia universalis. B.U. Erlangen cod. lat. 576; vgl. H. HOFMANN: Artikulationsformen hist. Wissens in der lat. Historiographie des hohen und späten MA, in: H. R. JAUSS (Hg.): Grundriß der roman. Lit. des MA XI/1/2 (1987) 367-687, bes. 387. – [10] A.-D. BRINCKEN: Studien zur lat. Weltchronistik (1957); G. MELVILLE: Zur «Flores-Metaphorik» in der Mittelalterl. Gesch.schreibung. Hist. Jb. 90 (1970) 65-80. – [11] Die Chronik des HIERONYMUS: Hieronymi Chronicon, hg. R. HELM. GCS 47 ([2]1949); er folgt EUSEBIUS CAES.: Chronik, hg. J. KARST. GCS 20 (1911); vgl. JULIUS AFRICANUS: Fragmenta ex quinque libris chronographiae. MPG 10, 63-94; PAULUS OROSIUS: Historiae adv. paganos, hg. K. ZANGENMEISTER. CSEL 5 (Wien 1882). – [12] AUGUSTINUS: De civ. Dei XVff. – [13] A. DEMPF: Sacrum Imperium (1954) 77; vgl. AUGUSTINUS: De diversis quaest. octoginta tribus, quaest. 66, 3-7; dtsch.: Dreiundachtzig verschiedene Fragen, hg. C. J. PERL (1972) 158ff.; vgl. R. SCHMIDT: Die Weltalter als Gliederungsprinzip der Geschichte. Z. Kirchengesch. 67 (1955/56) 288-317, 300. – [14] AUGUSTINUS: De civ. Dei XI-XXII; OTTO VON FREISING: Chronica sive Historia de duabus civitatibus, hg. A. HOFMEISTER (1960) V, 375; VII, 497; vgl. Art. ‹Zweireichelehre›. – [15] F. BAUDOUIN: De institutione historiae universae et eius cum iurisprudentia coniunctione (Paris 1561). – [16] VOLTAIRE: Essai sur l'histoire gén. et sur les mœurs et l'esprit des nations, depuis Charlemagne jusqu'à nos jours (1756). Oeuvr. compl., hg. L. MOLAND (1877-85, ND Paris 1967) 11, XI-XIII. – [17] A.-R.-J. TURGOT: Plan de deux disc. sur l'histoire univ. [1751-53]. Oeuvr., hg. G. SCHELLE (Paris 1919-23, ND 1972) 1, 275-323, bes. 303f. – [18] M.-J.-A. DE CONDORCET: Esqu. d'un tableau hist. des progrès de l'esprit humain (1795). Oeuvr., hg. A.

Condorcet-O'Connor/M. F. Arago (Paris 1847-49, ND 1968) VI, 11ff., bes. 17. – [19] A. Ferguson: An essay on the history of civil society (London 1773). – [20] G. B. Vico: Principi di una scienza nuova (1725, Mailand/Neapel 1953) 1, 4, 125. – [21] J. Ch. Gatterer: W. in ihrem ganzen Umfange (1785/87); vgl. Art. ‹W.›. Grimm 14/I, 1 (1955) 1587-1591; ‹Weltgeschichtlich›, a.O. 1591-1593. – [22] L. A. Schlözer: Vorstellung seiner Univ.-Historie, hg. H. W. Blanke (1772/73, ND 1990) 1ff., bes. 14. 46. – [23] I. Kant: Idee zu einer allg. Gesch. in weltbürgerl. Absicht (1784). Akad.-A. 8, 15-31, bes. 29ff.; vgl. Art. ‹Weltgesellschaft›. – [24] J. G. Herder: Ideen zur Philos. der Gesch. der Menschheit (1784-91). Werke, hg. M. Bollacher 6 (1989). – [25] F. Schiller: Was heißt und zu welchem Ende studiert man Universalgesch.? (1789). Nat.ausg. 17 (1970) 375f. 372. – [26] F. W. J. Schelling: System des transsc. Idealismus IV (1800). Sämmtl. Werke, hg. K. F. A. Schelling (1856-61) I/3, 592. 603; Vorles. über die Methode des akad. Studiums 10 [1802], a.O. I/5, 307-311; vgl. Zur Gesch. der neueren Philos. [1827], a.O. I/10, 115f. – [27] J. G. Fichte: Die Grundzüge des gegenwärt. Zeitalters (1806). Akad.-A. I/8 (1991) 197f. 304. – [28] G. W. F. Hegel: Philos. der W., Einl. (1830/31). Akad.-A. 18 (1995) 140. – [29] a.O. 153. – [30] Grundlinien der Philos. des Rechts oder Naturrecht und Staatswiss. im Grundr. §§ 340-360, bes. § 347 (1820). Jub.ausg., hg. H. Glockner (1927-40) 7, 446-456, bes. 449f. – [31] Encycl. der philos. Wiss. im Grundr. § 548 (1830). Akad.-A. 20, 523; Philos. des Rechts § 340. Jub.ausg., a.O. 446; vgl. F. Schiller: Resignation (1786). Nat.ausg. 1 (1943) 166-169, 168. – [32] Vorles. über die Philos. der Gesch., Einl. [1830/31]. Jub.ausg., a.O. 11, 150; Philos. der W., a.O. [28] 165. – [33] K. Marx: Ökon.-philos. Manuskripte, H. 3 [1844]. MEGA I/2, 274; vgl. 270. 296; Die dtsch. Ideologie [1845/46]. MEW 3, 37f. 45f. – [34] L. von Ranke: W., hg. H. Michael u.a. (Wien u.a. 1928); vgl. Über die Epochen der neueren Gesch. (1854), hg. T. Schieder u.a. (1971). – [35] J. Michelet: Introd. à l'histoire univ. (Paris 1835); F. Guizot: L'histoire de France (Paris 1873-75). – [36] J. G. Droysen: Historik [Enzykl. und Methodologie der Gesch. 1857ff.], hg. P. Leyh (1977) 1, 256f. 368. – [37] E. Troeltsch: Der Historismus und seine Probleme (1922). Ges. Schr. 3 (1922) VIII. – [38] J. Burckhardt: Weltgeschichtl. Betrachtungen (1910) 1f. 9-12. – [39] F. Nietzsche: Fünf Vorreden zu fünf ungeschriebenen Büchern 1 [1872]. Krit. Ges.ausg., hg. G. Colli/M. Montinari (1967ff.) 3/2, 253. – [40] O. Spengler: Der Untergang des Abendlandes (1923) 140f.; vgl. 29. 125ff.; vgl. auch: Art. ‹Kulturzyklus; Kulturzyklentheorie›. Hist. Wb. Philos. 4 (1976) 1350-1357. – [41] A. J. Toynbee: A study of history (1934-61). – [42] K. Jaspers: Vom Ursprung und Ziel der Gesch. (1949) 98. 178; vgl. auch: J. Ortega y Gasset: Una interpretación de la historia universal (Madrid 1960); dtsch.: Eine Interpretation der W. (1964). – [43] A. Weber: Prinzipien der Geschichts- und Kultursoziologie (1951); K. Breysig: Der Stufenbau und die Gesetze der W. (1927); E. Gellner: Plough, sword and book: the structure of human history (London 1988); D. Ribeiro: El proceso civilizatorio. Etapas de la evolución sociocultural (Caracas 1970). – [44] M. Heidegger: Sein und Zeit § 6 (1927) 20. – [45] K. Löwith: W. und Heilsgeschehen (1953). – [46] M. Horkheimer/Th. W. Adorno: Dialektik der Aufklärung (1944), in: M. Horkheimer: Ges. Schr. 5 (1987) 253. – [47] Th. W. Adorno: Negative Dialektik (1966) 314. – [48] K. R. Popper: The open society and its enemies 2 (London 1945, 1993) 269f. – [49] E. Schulin (Hg.): Universalgesch. (1974) 9-87; J. Osterhammel: Geschichtswiss. jenseits des Nationalstaates (2001).

Literaturhinweise. J. Vogt: Wege zum hist. Universum (1961). – A. Heuss: Zur Theorie der W. (1968). – W. Kamlah: Utopie, Eschatologie, Geschichtsteleologie (1969). – F. Maier: Das Problem der Universalität, in: G. Schulz (Hg.): Geschichte heute (1973) 85-108. – G. Melville: System und Diachronie. Unters. zur theoret. Grundlegung geschichtsschreiberischer Praxis im MA. Hist. Jb. 95 (1975) 33-67. 308-341. – R. Koselleck: Art. ‹Geschichte, Historie›, in: O. Brunner/W. Conze/R. Koselleck (Hg.): Geschichtl. Grundbegriffe 2 (1979) 593-717. – H. M. Baumgartner: Vernunft im Übergang zur Geschichte. Bem. zur Entwicklung von Schellings Philos. als Geschichtsphilos., in: L. Hasler (Hg.): Schelling: seine Bedeutung für eine Philos. der Natur und der Geschichte (1981) 175-192. – H. McNeill: A defence of world history. Transact. Royal hist. Soc. 32 (1982) 75-89. – M. Kossok: K. Marx und der Begriff der W. (1984). – T. Bautz: Hegels Lehre von der W. (1988). – W. Metz: Die W. beim späten Fichte. Fichte-Studien 1 (1990) 121-131. – J. M. Alonso-Núñez (Hg.): Geschichtsbild und Geschichtsdenken im Altertum (1991). – U. Muhlack: Geschichtswissenschaft im Humanismus und in der Aufklärung (1991) 97-150. – O. Lendle: Einf. in die griech. Geschichtsschreibung (1992). – R. Sprandel: Möglichkeiten der Weltgeschichtsschreibung im spätmittelalterl. Deutschland. Saeculum 48 (1997) 275-297. – Ph. Pomper: World history: ideologies, structures, and identities (Malden, Mass. u.a. 1998). – H. W. Goetz: Geschichtsschreibung und Geschichtsbewußtsein im hohen MA (1999). – F. Harfouche: La nouvelle histoire univ.: comment l'écrire? La méthodologie du tout intégré (Paris 1999). – A.-D. von den Brincken: Hist. Chronologie des Abendlandes (2000). – J. M. Alonso-Núñez: The idea of universal history in Greece (Amsterdam 2001). – R. Bubner (Hg.): Die W. – das Weltgericht? (2001).

J. Rohbeck

Weltgesellschaft (engl. world society; frz. société mondiale). Der Begriff ‹W.› bezeichnet heute im soziologischen Denken die Vorstellung, daß Gesellschaft (s.d.) als das umfassende Sozialsystem, das alle relevanten sozialen Strukturen und Prozesse in sich einschließt [1], in der gegenwärtigen Situation der Welt nur noch einmal und also als weltweites Gesellschaftssystem vorkommt. Eine solche Vorstellung verlangt Umstellungen im Weltbegriff, die diesen aus seinen traditionellen Kontexten (Gegenüberstellung zum Gottesbegriff) lösen und die Welt auf die menschliche Lebenssphäre einschränken. Im 18. und 19. Jh. können damit Komposita wie ‹Welthandel›, ‹Weltliteratur› und ‹Weltbürger› [2] selbstverständlich werden [3]. Die Konzeption setzt weiterhin eine Neufassung des Gesellschaftsbegriffs voraus, die diesen von der Bindung an die politische Organisation des Sozialen trennt und Politik nur noch als einen Spezialfall gesellschaftlicher Beziehungen erscheinen läßt [4].

In nahezu allen Gesellschaften, über deren Selbstbeschreibungen wir etwas wissen, gibt es eine Semantik für Fremde [5] und Barbaren, die diejenigen einzuordnen erlaubt, die nicht Mitglieder der betreffenden Gesellschaft sind. Gesellschaften beschreiben auf diese Weise zugleich die sozialen Grenzen ihrer Integrationsfähigkeit; sie spezifizieren die Hinsichten, in denen sie strukturell gesehen nicht als W.en verstanden werden können. Das römische Imperium ging über diese Ausgangssituation vieler Gesellschaften hinaus, sofern es ein Jus gentium [6] herausbildete, das neben die Zivilrechtsordnung trat und die soziale Einbeziehung beliebiger fremder Populationen in das Römische Reich erlaubte. Damit entstand erstmals eine soziale Organisation von Nationes und Gentes, die der Möglichkeit nach jeden Menschen auf der Welt in einen der beiden Status einschloß, die die Sozialstruktur des Römischen Reichs bildeten [7].

In dem Augenblick, in dem die spanische Naturrechtstheorie des 16. und 17. Jh. [8] unter dem Eindruck der kolonialen Expansion Spaniens eine dieser neuen Situation entsprechende globale gesellschaftliche Ordnung zu denken versucht, wächst dem Jus gentium als der rechtlichen Verfassung dieser globalen Ordnung erneut eine definierende Rolle zu. F. de Vitoria spricht von dem ganzen Erdkreis («totus orbis»), der eine Republik sei, die sich ihre Gesetze («leges aequas et convenientes omnibus») in der Form des «ius gentium» gebe [9]. J. de Salas (‹Tractatus de legibus›, 1611) und F. Suárez (‹De legibus›, 1612) nennen das «ius gentium» ein Gewohnheitsrecht; es gehe von den Gewohnheiten fast aller Völker («omnium vel fere omnium nationum») aus [10]. Dort, wo dieselben Autoren für die Konstruktion einer weltweiten sozialen Ordnung zusätzlich naturrechtliche Grundlagen suchen, greifen sie auf eine andere zentrale semantische Figur der Antike zurück: die Figur des ‹Menschengeschlechts› («genus humanum») als eines Kollektivbegriffs jenseits der Völker und politischen Herrschaften [11]. Immer wieder ist in der naturrechtlichen Tradition von der «communitas humani generis» die Rede, die eine natürliche Gemeinschaft sei, und dies auf der Basis der gleichen vernunftbegabten Natur, die allen Menschen eigen sei [12].

Eine dritte semantische Formel hat gleichfalls Wurzeln, die in die Antike und das Mittelalter zurückreichen. Den Gedanken von dem Christen (oder in einer anderen häufigen Fassung: dem Gelehrten), dem die ganze Welt ein Exil, aber zugleich auch die ganze Welt sein Vaterland (s.d.) sei, formuliert beispielsweise Papst Urban II. 1095 auf dem Konzil von Clermont, das zum Auslöser des ersten Kreuzzugs wurde [13]. Die Abweisung aller spezifischen und lokalen sozialen Bindungen und Verpflichtungen wird zum Ausgang für die Genese des Kosmopolitismus (s.d.). Auch in dieser Hinsicht nimmt das 16. Jh. diese Tradition auf. Erasmus von Rotterdam antwortet U. Zwingli, der ihm das Bürgerrecht Zürichs in Aussicht stellt, er wolle ein Bürger der ganzen Welt und nicht der einer Stadt sein [14]. Und in seiner Friedensschrift von 1517 geht er über den Sonderstatus, den der kosmopolitische Gelehrte für sich individuell reservierte, hinaus und fordert: «Warumb gedencken sy nit das ... dise welt ist ein gemein vatterland aller menschen / so doch der namm des vatterlands die menschen in früntschafft verbindet» [15]. Von der Vorstellung der Welt als eines gemeinsamen Vaterlandes aller erwartet Erasmus eine pazifizierende und gemeinschaftsbildende Wirkung auf die Menschen.

‹Menschengeschlecht› und ‹Weltbürger› sind dann erneut Leitformeln des 18. Jh. Am Begriff der Menschheit fällt dabei auf, daß die teleologischen Momente, die die zukünftige Bestimmung der Menschheit (das Hinauswachsen über die Tierheit) meinten, zurücktreten und ‹Menschheit› (s.d.) sich endgültig als der Kollektivbegriff von maximaler Extension durchsetzt. So spricht J. N. Tetens 1773 von «der ganzen Menschheit als dem ganzen Inbegriff aller Individuen ..., die nebeneinander auf der Erde zu vervollkommnen und zu beglücken sind» [16].

Seit der Mitte des 18. Jh. ist ‹Weltbürger› als Zeitschriftentitel dokumentiert. J. F. Lamprecht gibt 1741/42 in Berlin eine Zeitschrift mit dem Titel ‹Der Weltbürger: Wöchentlich an das Licht gestellet› heraus, nachdem er zuvor als Herausgeber von ‹Der Menschenfreund› (1737-39) aufgetreten war. 1755 und 1756 erscheint in Frankfurt und Leipzig ‹Der Schauplatz der Welt Oder: Vermischte Betrachtungen von den Sitten der Weltbürger›; schließlich in Zürich 1791/92, die beiden Leitformeln miteinander verbindend, ‹Der Weltbürger: oder deutsche Annalen der Menschheit und Unmenschheit›. Auch in der monographischen Literatur ist das Wort ‹Weltbürger› vielfach dokumentiert. J. H. Campe faßt diese Bedeutungsaspekte 1811 treffend zusammen, wenn er im Artikel ‹Weltbürger› seines Wörterbuchs formuliert: «der Mensch, als ein Bürger oder freier Inwohner der Welt, d.h. der Erde, der Mensch, als Glied einer einzigen über die ganze Erde verbreiteten bürgerlichen Gesellschaft, der alle Menschen als Glieder derselben Gesellschaft, als Mitbürger betrachtet und behandelt (Cosmopolit)» [17].

Der wichtigste Theoretiker der «Weltbürgergesellschaft» aber wird I. Kant. Dieser spitzt seine Suche nach den Bedingungen einer «bürgerlichen Verfassung» so weit zu, daß er eine solche Verfassung nur auf der Ebene der Welt für realisierbar hält: «Das Problem der Errichtung einer vollkommnen bürgerlichen Verfassung ist von dem Problem eines gesetzmäßigen äußeren Staatenverhältnisses abhängig und kann ohne das letztere nicht aufgelöset werden. Was hilfts, an einer gesetzmäßigen bürgerlichen Verfassung unter einzelnen Menschen ... zu arbeiten?» [18] Neben dem «ius gentium» gibt es jetzt das «ius cosmopoliticum», das Bürger und Staaten als Mitglieder «eines allgemeinen Menschenstaats» ansieht [19]. Kant verbindet dies auch mit dem «Fraternitäts»-Ideal der Französischen Revolution, das er in Notizen als «Welt-Bürgerliche Einheit (Verbrüderung)» deutet [20]. In einem pragmatischen, gegenwartsbezogenen Sinn versteht Kant das Weltbürgerrecht als «Hospitalität», d.h. als das Recht «eines Fremdlings, seiner Ankunft auf dem Boden eines andern wegen von diesem nicht feindselig behandelt zu werden» [21]. Daran knüpft sich die Hoffnung, daß auf diese Weise «entfernte Welttheile mit einander friedlich in Verhältnisse kommen ... und so das menschliche Geschlecht endlich einer weltbürgerlichen Verfassung immer näher bringen» [22].

Welt(bürger)gesellschaft hat – darauf weist das letzte Zitat hin – vor allem etwas zu tun mit weltweiter Interdependenz und Interrelation. Das führt auf eine – neben den Leitbegriffen ‹Menschheit› und ‹Weltbürger› – dritte Weise des Nachdenkens über weltweite gesellschaftliche Zusammenhänge hin, die etwas näher an der Soziologie unserer Gegenwart liegt. Kant beglaubigt die Realität der Gemeinschaft der Völker mit dem Argument, es sei «so weit gekommen ..., daß die Rechtsverletzung an einem Platz der Erde an allen gefühlt wird» [23]. Und er benennt für diesen Vorgang die Kandidaten, die in der Folge immer wieder zitiert werden: Handel und Gewerbe, Bildung und Wissenschaft. 1784 spricht er von «unserem durch seine Gewerbe so sehr verketteten Welttheil» [24]. G. Forster sieht 1791 beim Besuch Amsterdams Handel und Schifffahrt, Wissenschaft und Vernunft als sich wechselseitig fordernde Bewegungsmomente: Die Vernunft knüpfte «ferne Welttheile an einander, führte Nationen zusammen, häufte die Produkte aller verschiedenen Zonen – und immerfort vermehrte sich dabei ihr Reichthum; immer schneller ward ihr Umlauf, immer schärfer ihre Läuterung» [25]. C. G. Svarez spricht 1792 in den Vorträgen für den preußischen Kronprinzen davon, es seien längst alle «kultivierten Völker ... durch das Band der Geselligkeit, der Handlung und der gegenseitigen Ausbildung in Künsten und Wissenschaften gleichsam zu einer allgemeinen großen Gesellschaft untereinander vereinigt» [26]. Derselbe Wirkungszusammenhang von industrieller und intellektueller Produktion wird fünfzig Jahre später mit deutlichem Bezug auf Goethes Begriff ‹Weltliteratur› (s.d.) in der Globalisierungstheorie des ‹Kommunistischen Manifests› hergestellt: «An die Stelle der alten lokalen und nationalen Selbstgenügsamkeit und Abgeschlossenheit tritt ein allseitiger Verkehr, eine allseitige Abhängigkeit der Nationen voneinander. Und wie in der materiellen, so auch in der geistigen Produktion. Die geistigen Erzeugnisse der einzelnen Nationen werden Gemeingut. Die nationale Einseitigkeit und Beschränktheit wird mehr und mehr unmöglich und aus den vielen lokalen und nationalen Literaturen bildet sich eine Weltliteratur» [27].

Signifikante Neuentwicklungen in der Semantik und Theorie der W. scheint es danach erst in der Folge des Zweiten Weltkriegs gegeben zu haben. Zum ersten Mal nimmt die Vorstellung eines globalen Gesellschaftssystems die Form einer sozialen Bewegung an. Vor dem Hintergrund der Kriegserfahrung und der Atombombenabwürfe wird die globale gesellschaftliche Ordnung erneut als Weltfriedensordnung [28] gedacht, die nur an den Staaten vorbei realisiert werden kann. G. SMITH gibt seine amerikanische Staatsbürgerschaft zurück, erklärt sich 1948 zum ersten «Citizen of the World» und richtet das «World Citizen's Registry» ein, das bis heute jedem zur Eintragung offensteht. Sein französischer Partner R. SARRAZAC erfindet 1947 die «mondialisation des communes» und führt damit das Wort «mondialisation» in die französische Sprache ein. Die Kommune mit der Multiplizität der in ihr vereinten Temperamente, Glaubensüberzeugungen und politisch-sozialen Überzeugungen scheint Sarrazac eine in sich hinreichend diversifizierte Einheit der Strukturbildung für ein W.-System zu sein. Einzelne Kommunen und Städte erklären sich zu «Städten der Welt». Seit die Stadt Cahors (Dept. du Lot, Frankreich) 1950 diesen Schritt als erste vollzog, sind 942 Städte in zehn Ländern hinzugekommen [29]. Der Koreakrieg verbannte diese sozialen Bewegungen der Nachkriegszeit in die Marginalität, aus der sie – auch wenn sie als Organisationen fortexistieren – bis heute nicht wieder herausgetreten sind.

Gleichzeitig läßt sich in der sozialwissenschaftlichen Literatur erstmals das Wort ‹W.› und früher und häufiger noch das englische ‹World Society› nachweisen. Seit den späten 1940er Jahren findet man Lehrbücher der internationalen Beziehungen, die statt etablierter Bezeichnungen wie ‹International Politics› oder ‹International Society› im Titel ‹World Society› verwenden oder – besonders auffällig – diese Substitution in späteren Auflagen vollziehen [30]. Daneben finden sich u.a. Bücher über den Commonwealth, internationale Zusammenhänge im Erziehungswesen und die internationale Ordnung des Rechts, die gleichfalls von ‹World Society› sprechen [31]. Charakteristisch ist für viele dieser Bücher, daß sie, obwohl sie von ‹World Society› im Titel und gelegentlich im Text sprechen, diesem Wort nur geringe begriffliche und schon gar keine theoretische Aufmerksamkeit schenken. Wir haben es hier offensichtlich mit einem Wandel in der Wahrnehmung von Gesellschaft zu tun, der sich zunächst noch nicht in der Form expliziter Theorie manifestiert.

Entschieden vollzogen wird dieser konzeptuelle Umbruch am Anfang der 70er Jahre des 20. Jh. Nahezu gleichzeitig treten vier Autoren auf – der deutsche Soziologe N. LUHMANN, der Schweizer Entwicklungssoziologe P. HEINTZ, als Gründungsdirektor der ‹Facultad Latinoamericana de Ciencias Sociales› (Santiago de Chile) zugleich eine wichtige Figur der lateinamerikanischen Soziologie, der australische Diplomat, Farmer und Politikwissenschaftler J. W. BURTON und der amerikanische Soziologe I. WALLERSTEIN –, die die These der W. in der Form einer ausgearbeiteten analytischen Figur vortragen [32]. Auffällig ist an diesen Theorien, daß in ihnen die Gestalt des Weltbürgers und auch die Frage der rechtlichen (völkerrechtlichen) Verfassung der W. keine Rolle mehr spielt. Alle diese Theorien sind Vernetzungs- und Interrelationstheorien und benutzen entsprechende Metaphern (z.B. «cobweb» bei BURTON; «Felder» bei HEINTZ); alle sind mehr oder weniger in eine systemtheoretische Sprache gekleidet und verwenden einen abstrakten systemtheoretischen Begriff von Systemen und deren Grenzen, die sie von einer jeweiligen Umwelt unterscheiden, um in der Folge den politischen Fall der räumlich-territorialen Grenzziehung als einen Spezialfall zu behandeln; alle gehen von einer Pluralität funktionaler Systeme aus (Massenmedien, Wirtschaft, Wissenschaft), die der Politik die Selbstverständlichkeit ihres Vorrangs bei der Gestaltung der Welt nimmt. Diese Theorien der frühen 1970er Jahre bilden den Startpunkt einer seit den 1990er Jahren unübersehbar gewordenen Literatur, die unter dem neuen Leitbegriff ‹Globalisierung› auch die Selbstbeschreibung der W. wieder aufnimmt. Dem Begriff ‹W.› ist damit jedes utopische Moment verlorengegangen, das bei Kant noch auffällig dominierte. Das dokumentiert sich auch darin, daß man heute in Form terroristischer und sozialer Bewegungen *in* der W. *gegen* die W. und gegen ihre wahrgenommenen Fehlentwicklungen kämpfen kann.

Anmerkungen. [1] T. PARSONS: Order and community in the int. social system, in: J. N. ROSENAU (Hg.): Int. politics and foreign policy (Glencoe 1961) 121-122. – [2] Vgl. Art. ‹Kosmopolit; Kosmopolitismus›. Hist. Wb. Philos. 4 (1976) 1155-1167; im 20. Jh. schließlich ‹Weltverantwortung› (s.d.). – [3] H. BRAUN: Art. ‹Welt›, in: O. BRUNNER/W. CONZE/R. KOSELLECK (Hg.): Geschichtl. Grundbegriffe 7 (1992) 433-509, 489. – [4] J. W. BURTON: World society (Cambridge 1972) 19-20. – [5] Vgl. Art. ‹Xenologie; Wissenschaft vom Fremden›. – [6] Vgl. Art. ‹Völkerrecht›. Hist. Wb. Philos. 11 (2001) 1096-1100. – [7] M. RIEDEL: Art. ‹Gesellschaft, bürgerliche›, in: O. BRUNNER u.a. (Hg.), a.O. [3] 2 (1975) 719-800, 725. – [8] Vgl. Art. ‹Naturrecht›. Hist. Wb. Philos. 6 (1984) 560-623. – [9] J. SODER: F. Suárez und das Völkerrecht (1973) 230. – [10] a.O. 68. 164. – [11] Vgl. Art. ‹Menschheit; Menschengeschlecht›. Hist. Wb. Philos. 5 (1980) 1127-1137. – [12] SODER, a.O. [9] 67-70. 76. 221-223; K. SCHREINER: Art. ‹Toleranz›, in: O. BRUNNER u.a. (Hg.), a.O. [3] 6 (1990) 445-605, 466; H. E. BÖDEKER: Art. ‹Menschheit, Humanität, Humanismus›, a.O. 3 (1982) 1063-1128. – [13] D. HAY: Europe. The emergence of an idea (Edinburgh 1957) 32f.; R. STICHWEH: Universitätsmitglieder als Fremde in spätmittelalterl. und frühmod. europ. Gesellschaften, in: M. TH. FÖGEN (Hg.): Fremde der Gesellschaft (1991) 168-191; zum Gedanken, daß die ganze Welt ein «exilium» ist, vgl. Art. ‹Weltverachtung; Weltflucht›. – [14] Art. ‹Weltbürger›. GRIMM 14/I, 1 (1955) 1556-1559, 1557. – [15] ERASMUS VON ROTTERDAM: Ein Klag des Frydens (Leo Jud, Übers. der Querela Pacis von 1521) (Zürich 1969) XXIIIf. – [16] BÖDEKER, a.O. [12] 1087; vgl. 1109. 1121. – [17] Art. ‹Weltbürger›, in: J. H. CAMPE: Wb. der dtsch. Sprache 5 (1811) 670. – [18] I. KANT: Idee zu einer allg. Geschichte in weltbürgerl. Absicht (1784). Akad.-A. 8, 24. – [19] Zum ewigen Frieden (1795), a.O. 349 (Anm.). – [20] Art. ‹Hospitalität›. Hist. Wb. Philos. 3 (1974) 1212-1216, 1213. – [21] KANT, a.O. [19] 358. – [22] a.O. – [23] 360. – [24] a.O. [18] 28. – [25] G. FORSTER: Ansichten vom Niederrhein (1791), hg. U. SCHLEMMER (1989) 414. – [26] C. G. SVAREZ: Vorträge über Recht und Staat (1792), hg. H. CONRAD/G. KLEINHEYER (1960) 575. – [27] K. MARX: Manifest der kommunist. Partei (1848). MEW 4, 466. – [28] Vgl. Art. ‹Weltfrieden›. – [29] 24 juin 1950-24 juin 2000 Citoyens du Monde (Cahors 2000), hg. Commune de Cahors, Lot. – [30] L. A. MANDER: Foundations of modern world society (Stanford 1948); G. SCHWARZENBERGER: Power politics: A study of world society (London [3]1964); F. L. SCHUMAN: Int. politics: Anarchy and order in the world society (New York [7]1969). – [31] R. FROST (Hg.): The British Commonwealth and world society (London 1947); C. O. ARNDT: Education for a world society (New York 1951); P. E. CORBETT: The individual and world society (Princeton 1953); K. S. CARLSTON: Law and organization in world society (Urbana 1962). – [32] N. LUHMANN: Die Weltgesellschaft. Arch. Rechts-Soz.philos. 57 (1971) 1-35; J. W. BURTON: World society (Cambridge 1972); I. WALLERSTEIN: The modern world-system 1 (New York 1974); P. HEINTZ: Code für Information über die Sozialstruktur der Welt. Schweiz. Jb. polit. Wiss. 14 (1974) 25-41; Die W. im Spiegel von Ereignissen (Diessenhofen 1982).

R. STICHWEH

Weltlauf (lat. cursus mundi; engl. course/way of the world; frz. cours/train du monde). Der deutsche Ausdruck ‹W.› ist seit dem 15. Jh. bezeugt. Das Kompositum wird durch Zusammenziehung des genitivischen Gefüges 'Lauf der Welt' gebildet, das seit dem Frühneuhochdeutschen verbreitet ist [1] und im 16. Jh. sprichwörtlich wird. Der Ordnungsbegriff differenziert sich allmählich aus den Konzepten des «cursus naturae» und der «series rerum» [2]. ‹W.› bezeichnet zunächst, wie noch I. KANT paraphrasiert, das, «was geschieht und wie gehandelt wird» [3]. Die gewöhnlichen Absichten menschlichen Handelns faßt M. LUTHER so zusammen: «Das ist der welt laufft: nach grosser narung und reichthumb trachten, land und leute unter sich bringen, gewalt und ehre haben und ynn lust und woltagen leben» [4].

In der Frühen Neuzeit gewinnt die Wendung 'der Welt Lauf' in der Vorstellung einer im Kreislauf [5] geordneten Welt eine umfassende Bedeutung. Die Wendung artikuliert die Erfahrung, daß allen Dingen der Wechsel (s.d.) eigen ist [6]. Sie ist u.a. mit der bildlichen Vorstellung konnotiert, daß alles «wie in einer Art Strömung durch Fließen und Zurückfließen vergeht und wiederkehrt» («quodam fluxu refluxuque decedere atque accedere») [7]. Die Druckgraphik der Zeit zeigt den Vollzug des Kreislaufs menschlicher Lebensverhältnisse («circulus vicissitudinis rerum humanarum»), etwa von Reichtum über Hochmut, Neid und Krieg zu Armut und Frieden, der wieder Reichtum entstehen läßt, und führt auf diese Weise ein kritisches Bild der menschlichen Gesellschaft vor Augen.

Luther benutzt den Ausdruck «Lauf dieser Welt» auch zur Übersetzung von Eph. 2, 2: «Auch ihr waret tot in euren Übertretungen und Sünden, in welchen ihr vormals gewandelt seid nach dem Lauf dieser Welt» (κατὰ τὸν αἰῶνα τοῦ κόσμου; ‹Vulgata›: «secundum saeculum mundi huius»). Er bringt damit im Rückgriff auf die Paulinische Unterscheidung des gegenwärtigen und des zukünftigen Aion (s.d.) den *theologischen* Sinn der hiesigen, zeitlichen Welt ein. Unter moraltheologischen Perspektiven wird der Begriff besonders im Kontext der Diskussion um die Vorsehung (s.d.) gebraucht, in welcher Gott als Lenker («gubernator») des W. gefaßt und über den Endzweck (s.d.) des W. räsoniert wird [8].

Wichtige Impulse für die weitere philosophische Diskussion geben KANT und G. W. F. HEGEL. In der ‹Kritik der reinen Vernunft› diskutiert KANT, ob die «Weltbegebenheiten» allein durch die «Causalität nach Gesetzen der Natur abgeleitet» werden können oder ob «noch eine Causalität durch Freiheit zur Erklärung derselben notwendig» sei. Die «Causalität des W.» bezeichnet «Zusammenhang und Ordnung der Weltbegebenheiten» nach Naturgesetzen ohne Wirkung der Freiheit [9]. Eine wirkmächtige Thematisierung erfährt der Begriff ‹W.› in G. W. F. HEGELS ‹Phänomenologie des Geistes›, und zwar im Kapitel ‹Die Tugend und der Weltlauff› [10]. Die unter Aufopferung der Individualität erlangte Allgemeinheit der Tugend sieht sich der Wirklichkeit des W. gegenüber, d.h., in Anknüpfung auch an TH. HOBBES, dem Egoismus und der «Bekämpfung aller gegen einander» als dem «Schein eines bleibenden Ganges» und «öffentlicher Ordnung». Es sind nach HEGEL in Wahrheit aber zwei Seiten desselben Verhältnisses von Individualität und allgemeinem Wesen, deshalb sei der Streit der Tugend als des Guten gegen den W. «Spiegelfechterey». Der W. siegt über die abstrakte Tugend und hebt damit den Gegensatz auf. Er siegt «über diese pomphafften Reden vom Besten der Menschheit, und der Unterdrückung derselben, von der Aufopferung fürs Gute, und dem Misbrauche der Gaben; – solcherley ideale Wesen und Zwecke sinken als leere Worte zusammen, welche das Herz erheben und die Vernunft leer lassen; erbauen, aber nichts aufbauen» [11].

Vielbeachtet schließt H. LOTZE seine ‹Logik› mit Bezug auf Hegel. Er gibt der Hoffnung Ausdruck, daß «mit mehr Maß und Zurückhaltung, aber mit gleicher Begeisterung sich doch die deutsche Philosophie zu dem Versuche immer wiedererheben werde, den W. zu verstehen und ihn nicht blos zu berechnen» [12]. Im Anschluß an Lotze charakterisiert W. DILTHEY die Intention der Philosophie der Geschichte durch den Anspruch, «zugleich mit dem Kausalzusammenhang auch den Sinn des geschichtlichen Verlaufs, d.h. seinen Wert und sein Ziel auszusprechen, sofern sie einen solchen neben dem Kausalzusammenhang anerkennt» [13]. W. WUNDT betont, nur «ein Geist, der den W. vorauszuschauen vermöchte, würde alles gleichzeitig unter dem Gesichtspunkt des Zwecks und der Kausalität erblicken» [14].

Mit Blick auf die Realgeschichte wird nachidealistisch aber zunehmend Sinn und Zweck des W. fraglich [15]. Bereits F. W. J. SCHELLING veranlaßt der Lauf der menschlichen Geschichte zu der «letzten verzweiflungsvollen Frage: warum ist überhaupt etwas? warum ist nicht nichts?» [16]. Erscheint im 20. Jh. auf der Erfahrungsbasis der Weltkriege Gesellschaft und Geschichte im ganzen als Verblendungszusammenhang (s.d.), dann kann das individuelle Bewußtsein sich nicht mehr, wie Hegel es forderte, im W. wiederfinden. «Was irrational ist am Begriff des Weltgeistes, entlehnte er», so TH. W. ADORNO, «der Irrationalität des W.» [17]. Als Ausflucht aus dem modernen Krisenbewußtsein bietet sich die «alte Moral des Kleinbürgers» an, wonach «die Welt am besten bestellt ist, wenn ein Jeder es für sich so weit wie möglich zu bringen sucht und sich im übrigen nicht um den W. kümmert» [18].

Anmerkungen. [1] Vgl. Art. ‹W.›. GRIMM 14/I, 1 (1955) 1624-1628. – [2] Vgl. Art. ‹Cursus›, in: Thesaurus Linguae lat. 4 (1906-09) bes. 1536-1539, und in: Mittellat. Wb. II C, hg. Bayer. Akad. Wiss. (1999) bes. 2155f.; Art. ‹Series›. Hist. Wb. Philos. 9 (1995) 688-697. – [3] I. KANT: Die Met. der Sitten I (1797). Akad.-A. 6, 216; vgl. Art. ‹W.›, in: J. CH. ADELUNG: Grammat.-krit. Wb. der Hochdtsch. Mundart 4 (Wien 1811) 1483. – [4] M. LUTHER: In Gen. declamat., c. 4 (1527). Weim. Ausg. (1883ff.) 24, 144f.; vgl. Von Kaufshandlung und Wucher (1524), a.O. 15, 302; Deutsch Catechismus (1529), a.O. 30/1, 140. – [5] Vgl. Art. ‹Kreislauftheorien›. Hist. Wb. Philos. 4 (1976) 1127-1129. – [6] Vgl. TERENZ: Eun. 276. – [7] ERASMUS VON ROTTERDAM: Adagia, Nr. 663 (1500). Op. omn. (Amsterdam u.a. 1998) II/2, 188ff. – [8] Vgl. J. C. DANNHAUER: Catechismus-Milch oder Der Erklärung des christl. Catechismi ... Theil (Straßburg [2]1657) 1, 68; zur moralischen Teleologie: CH. A. CRUSIUS: Kurzer Begriff der Moraltheologie ... (1772-73) 2, 1118. – [9] I. KANT: KrV B 475; vgl. Art. ‹Ursache/Wirkung III. 7.›. Hist. Wb. Philos. 11 (2001) 393f.; A. G. BAUMGARTEN: Metaphysica § 471 (Halle 1739, [7]1779) 160. – [10] G. W. F. HEGEL: Phän. des Geistes (1807). Akad.-A. 9, 208-213; vgl. Glauben und Wissen ... (1802), a.O. 4, 407. – [11] a.O. 207. 210. 212. – [12] H. LOTZE: Logik (1874, [2]1880), hg. G. MISCH (1912) 608; zum Begriff vgl. auch: Mikrokosmos. Ideen zur Naturgesch. und Gesch. der Menschheit 2, 6. Buch ([5]1905) 345ff.; 3, 7. Buch, Kap. 3 ([5]1909) 70ff. – [13] W. DILTHEY: Einl. in die Geisteswiss. (1883). Ges. Schr. 1 (1922) 96. – [14] W. WUNDT: Logik I: Allg. Logik und Erkenntnistheorie (1880ff., [3]1906) 638. – [15] Vgl. zur Kritik an den Geschichtsphilosophien und -theologien auch: J. BURCKHARDT: Über das Studium der Gesch., Einl. [1868]. Krit. Ges.ausg. 10, hg. P. GANZ (Basel 2000) 134. – [16] F. W. J. SCHELLING: Philos. der Offenbarung I, Einl., 1. Vorles. [1841ff.]. Sämmtl. Werke, hg. K. F. A. SCHELLING (1856-61) II/3, 7; vgl. 14. Vorles., a.O. 305. – [17] TH. W. ADORNO: Negat. Dialektik (1966) 299; vgl. Art. ‹Weltgeist›. – [18] F. ENGELS/K. MARX: Die dtsch. Ideologie [1845-46]. MEW 3, 366 (im Ms. gestrichen); vgl. Art. ‹Weltverantwortung›. H. HÜHN

Weltlinie (engl. world line). In seinem Vortrag vor der Kölner Versammlung Deutscher Naturforscher und Ärzte am 21. Sept. 1908 machte der Göttinger Mathematiker H. MINKOWSKI eine breite Öffentlichkeit mit den 'radikalen' Konsequenzen der speziellen Relativitätstheorie (s.d.) A. EINSTEINS bekannt. In Minkowskis Darstellung sollten «Raum für sich und Zeit für sich völlig zu Schatten herabsinken und nur noch eine Art Union der beiden soll Selbständigkeit bewahren» [1]. Betrachtet man in dieser vierdimensionalen Raum-Zeit-Geometrie die Änderungen dx, dy und dz der Raumkoordinaten eines materiellen Punktes als Funktion der Zeit t, so erhält man dessen W. Diese wird parallel zur t-Achse verlaufen, wenn der Punkt in dem gewählten Bezugssystem ruht, zu ihr geneigt sein, wenn er sich geradlinig gleichförmig bewegt, und gekrümmt sein, wenn er sich ungleichförmig beschleunigt bewegt. Aber jede Weltlinie wird immer innerhalb des sogenannten Lichtkegels $c^2t^2 - dx^2 - dy^2 - dz^2 = 0$ liegen, was gleichbedeutend damit ist, daß die Geschwindigkeit materieller Objekte stets kleiner als die Lichtgeschwindigkeit c ist. Spricht MINKOWSKI noch 1907 von «Raum-Zeitfäden» [2], gebraucht er in seinem berühmten Vortrag von 1908 erstmals den Begriff ‹W.n›, in die ihm «die ganze Welt ... aufgelöst» erscheint [3]. Dies führt einige spätere Interpreten wie z.B. H. WEYL dazu, zeitliche Veränderungen überhaupt als in einer vierdimensionalen Geometrie (s.d.) 'aufgehoben' zu denken [4]. Der Bergsonianer M. ČAPEK spricht gar im Hinblick auf A. GRÜNBAUM von der Vorstellung eines entzeitlichten «Blockuniversums» [5].

Mit dem Übergang zur allgemeinen Relativitätstheorie wurde die noch quasi-euklidisch (d.h. nicht-gekrümmt, sondern räumlich homogen und isotrop) gedachte Raum-Zeit-Mannigfaltigkeit Minkowskis zu Riemannschen Mannigfaltigkeiten verallgemeinert, deren Krümmungsverhältnisse durch die sogenannten metrischen Koeffizienten erfaßt werden [6]. Einige der später gefundenen Lösungen der Feldgleichungen dieser allgemeinen Theorie der Relativität und Gravitation von 1915, wie etwa die von K. GÖDEL [7] beschriebenen Raum-Zeit-Topologien, beinhalten in sich zurücklaufende W.n. Auch andere Merkwürdigkeiten beim Vergleich verschiedener W.n wie etwa das Zwillingsparadoxon (s.d.) wurden kontrovers diskutiert [8].

Anmerkungen. [1] H. MINKOWSKI: Raum und Zeit. Verhandl. der Ges. Dtsch. Naturforscher und Ärzte 80 (1909) 104-111. Ges. Abh., hg. D. HILBERT 2 (1911) 431-444, 431. – [2] Die Grundgleichungen für die elektromagnet. Vorgänge in bewegten Körpern. Nachr. kgl. Ges. Wiss. Göttingen, math.-physikal. Kl. (1908) 53-111, a.O. 352-403, 394-396; vgl. Das Relativitätsprinzip (Vortrag vom 5. Nov. 1907). Annalen Physik, 4. Folge, 47 (1915) 927-938; vgl. auch: A. EDDINGTON: The nature of the physical world (Cambridge 1928) 42: «Here I am – a kind of four-dimensional worm». – [3] MINKOWSKI, a.O. [1] 432. – [4] H. WEYL: Was ist Materie? (1924). – [5] M. ČAPEK: Relativity and the status of becoming. Found. Physics 5 (1975) 607-617, 614f.; vgl. A. GRÜNBAUM: Philos. problems of space and time (New York 1963, ²1973); weitere Nachweise in: K. HENTSCHEL: Interpretationen und Fehlinterpretationen der spez. und allg. Relativitätstheorie durch Zeitgenossen A. Einsteins (Basel 1990) 445. – [6] Vgl. die Beiträge A. EINSTEINS, H. WEYLS u.a. in: Das Relativitätsprinzip. Eine Sammlung von Abh. (1923, ⁷1974). – [7] K. GÖDEL: An example of a new type of cosmolog. solutions of Einstein's field equations of gravitation. Review modern Physics 21 (1949) 447-450. Coll. works, hg. S. FEFERMAN 2 (New York/ Oxford 1990) 190-198. – [8] L. MARDER: Time and the space-traveller (London 1971); dtsch: Reisen durch die Raum-Zeit. Das Zwillingsparadoxon – Geschichte einer Kontroverse (1979).

Literaturhinweise. A. EINSTEIN: Über die spez. und die allg. Relativitätstheorie (1917). – H. WEYL: Raum, Zeit, Materie (1919, ⁵1923). – J. L. SYNGE: Relativity: The special theory (Amsterdam 1956). – A. GRÜNBAUM s. Anm. [5]. – H. STEIN: On the paradoxical time-structures of Gödel. Philosophy Sci. 37 (1970) 589-601. – M.-A. TONNELAT: Hist. du principe de relativité (Paris 1971). – P. GALISON: Minkowski's space-time: From visual thinking to the absolute world. Hist. Studies phys. Sci. 10 (1979) 85-121. – K. HENTSCHEL s. Anm. [5]. K. HENTSCHEL

Weltliteratur (engl. world literature; frz. littérature mondiale, littérature universelle)

1. Der Terminus ist schon CH. M. WIELAND (1790) [1] geläufig, aber erst in den 20er Jahren des 19. Jh. wird er durch J. W. GOETHE bekannt gemacht und international wirksam [2]. Von Goethes zahlreichen Äußerungen zur W. [3] gilt vor allem diejenige im Gespräch mit J. P. ECKERMANN am 31. Januar 1827 als prägnant: «Ich sehe immer mehr ..., daß die Poesie ein Gemeingut der Menschheit ist ... Nationalliteratur will jetzt nicht viel sagen, die Epoche der W. ist an der Zeit, und jeder muß jetzt dazu wirken, diese Epoche zu beschleunigen. ... im Bedürfnis zu etwas Musterhaftem müssen wir immer zu den alten Griechen zurückgehen, in deren Werken stets der schöne Mensch dargestellt ist. Alles übrige müssen wir nur historisch betrachten und das Gute, so weit es gehen will, uns daraus aneignen» [4].

Mehrere Tendenzen des Begriffs sind in diesem Diktum zusammengefaßt: die Einschätzung von Literaturen aller möglichen Nationen, Kulturen und Epochen als interessant, einflußreich und förderlich für eine Literatur der eigenen Nation; die Einsicht in den sich beschleunigt und intensiviert vollziehenden Kulturaustausch zwischen verschiedenen Nationen und, damit einhergehend, das Obsoletwerden einer rein nationalphilologischen Orientierung der Literatur; des weiteren eine für kanonisch angesehene Rolle der griechischen Klassik, deren Vorrangstellung GOETHE eigens hervorhebt. Zugleich aber wird die Perspektive der Nationalliteratur (s.d.) beibehalten, zu deren Beförderung die Wahrnehmung der W. dienen soll.

Die Vielfalt und auch die Paradoxien, die Goethes Sicht der W. eröffnet, sollten für die weitere Entwicklung des Begriffs charakteristisch bleiben. Vor allem die beiden Tendenzen einer transnationalen Rezeption [5] und einer positiven «Kanonisierung» der Literaturen aller Nationen und Epochen bestimmen die Debatten. Goethes Begriff der W. ist «weder in quantitativer Hinsicht (alle Einzelliteraturen umfassend) noch in qualitativer (die besten Werke aus ihnen) angemessen zu fassen» [6]. Goethe hat einen historischen Gang der Literaturentwicklung vor Augen, der sich quasi naturgesetzlich «von der idyllischen zur universellen Bildung, von der Naturdichtung zur W.» vollzieht [7]. Zugleich liegt ihm, dies ist ein Novum, an der Integration naturwissenschaftlicher und historiographischer Schriften in die W. [8].

2. Goethe kann zurückgreifen auf ähnliche Konzeptionen, die, unter dem Titel ‹Universalpoesie› (s.d.) bzw. ‹Correspondance littéraire› [9], wenngleich mit einer anderen Begrifflichkeit, bereits seit dem Ende des 18. Jh.

entwickelt und diskutiert werden. Die Darstellung von transnationalen Grundlagen der Literatur, die Rezeption und Übersetzung der Gegenwartsliteratur anderer Länder, spielt dabei eine ebenso große Rolle wie die Beschäftigung mit lange Zeit in den Hintergrund gerückten Autoren, allen voran Shakespeare und Homer. WIELANDS Übersetzungen von Aristophanes, Cicero, Horaz u.a. sind hier ebenso zu nennen wie J. G. HERDERS ethnographisch und anthropologisch interessierte ‹Ideen zur Philosophie der Geschichte der Menschheit› (1784-91). Im Blick auf diese Zeit kann von «weltbürgerlicher Vielseitigkeit», aber doch nicht von einem «klassischen Kanon der Literatur» [10] die Rede sein. GOETHES «Kanonisierung» der griechischen Antike steht eine deutliche Vernachlässigung der lateinischen Literatur gegenüber, die in der deutschen Diskussion nie den Rang einnehmen konnte, den sie in England oder Frankreich bereits besaß.

3. Der *Welt*-Aspekt der W. besitzt also schon um 1800 eine folgenreiche Bedeutungsvielfalt, die neben der historischen Perspektive auch kulturelle Beziehungen und Transformationen der Gegenwart umgreift und auf diese Weise den Blick auf europäische, abendländische (pagane und christliche), nah- und fernöstliche sowie amerikanische Literaturen lenkt.

Ähnlich wie F. SCHLEGELS Begriff der «progressiven Universalpoesie» [11] mündet auch GOETHES Begriff der W. in eine Theorie der Übersetzung und des kulturellen Austauschs [12]. Vor allem die Dialogfähigkeit der Literaturen untereinander und im Zusammenspiel mit der Philosophie, insgesamt also ihre komparativen Aspekte [13], haben für die Autoren des 19. Jh. eine bedeutende Rolle gespielt.

Im 20. Jh. schließlich entwickelt sich im engen Zusammenhang mit dem Begriff ‹W.› ein literaturtheoretischer Anspruch. Nach den Erfahrungen des Zweiten Weltkriegs und des Holocaust kommt es zu einer ausgeprägt theoretischen Ausrichtung der Literaturbetrachtung. Die «nationalphilologische» Departementalisierung erfährt vor allem im Zeichen der W. Kritik und Erweiterung. Dies zeigt sich u.a. an der Einführung des Faches Komparatistik (s.d.) oder Vergleichende Literaturwissenschaft. Die Diskussion um den transnationalen Charakter der Literatur bleibt in der Nachkriegszeit allerdings weitgehend von der europäischen Literaturentwicklung bestimmt. Ebenso wird an der Idee formaler Überzeitlichkeit und «epochaler» Gültigkeit großer Werke festgehalten, wenn auch mit dem kanon-kritischen Einspruch, den beispielsweise H. R. JAUSS formuliert, «daß W., wie alle Traditionsbildung, Bewahren, Unterdrücken und Vergessen einschließt». Dies stelle einen Prozeß «der Anerkennung wie der Aberkennung» dar [14]. E. AUERBACH gibt 1952 einem zeittypischen Universalismusgedanken Ausdruck, der zwar eine starke Bindung an das Goethesche W.-Paradigma bekundet, dieses aber mit einer scharfen zivilisationsskeptischen Note versieht: «Unsere Erde, die die Welt der W. ist, wird kleiner und verliert an Mannigfaltigkeit. W. aber bezieht sich nicht einfach auf das Gemeinsame und Menschliche überhaupt, sondern auf dieses als wechselseitige Befruchtung des Mannigfaltigen». Auerbach warnt deshalb vor der Untergrabung kultureller «Sondertraditionen» [15].

4. In jüngster Zeit scheint der Begriff der Globalisierung auch den der W. neu zu konturieren, wenn nicht zu ersetzen [16]. Die literarische Welt wird nicht mehr von Europa her perspektiviert; vielmehr steht die internationale Zirkulation der Literaturen und damit einhergehend die Dezentrierung des Begriffs ‹W.› im Vordergrund. Ökonomische Wirkungszusammenhänge sowie die Neustrukturierung von Raum- und Zeitverhältnissen durch globale Informationsnetze prägen die Funktionsweise der W. bzw. lassen die Frage aufkommen, ob von ihr im strengen Sinne noch die Rede sein könne.

Anmerkungen. [1] CH. M. WIELAND: Handschriftl. Notiz im Handexemplar seiner Horaz-Übersetzung: Horazens Briefe ([2]1790); vgl. H. J. WEITZ: W. zuerst bei Wieland. Arcadia 22 (1987) 206-208. – [2] Im Engl. wohl erstmals in der Rez. zu: W. TAYLOR: Historic survey of German poetry (London 1830). Edinburgh Review 105 (1831) 151-180, 179. – [3] Vgl. J. W. GOETHE: Schriften zur W., hg. H. GÜNTHER (1987). – [4] J. P. ECKERMANN: Gespräche mit Goethe in den letzten Jahren seines Lebens (31. Jan. 1827), hg. F. BERGEMANN (1992) 211f. – [5] Vgl. P. WEBER: Die Herausbildung des Begriffs ‹W.›: Anm. zum aktuellen Gebrauch von ‹W.›, in: G. KLOTZ/W. SCHRÖDER/P. WEBER (Hg.): Lit. im Epochenumbruch. Funktionen europ. Literaturen im 18. und beginnenden 19. Jh. (1977) 531-614, hier: 533-542; Art. ‹W.›, in: B. WITTE/TH. BUCK u.a. (Hg.): Goethe-Hb. 4/2 (1998) 1134-1137. – [6] H. BIRUS: Goethes Idee der W. Eine hist. Vergegenwärtigung, in: M. SCHMELING (Hg.): W. heute. Konzepte und Perspektiven (1995) 5-28, 11. – [7] a.O. 22. – [8] Vgl. J. W. GOETHE: Paralipomena zur Gesch. der Wiss.en, Nr. 414. Weim. Ausg. II/13 (1904) 449. – [9] So das Programm und der Titel einer der bedeutendsten Zeitschriften der 2. Hälfte des 18. Jh. (Paris 1856-65). – [10] H. GÜNTHER: ‹W.›, bei der Lektüre des ‹Globe› konzipiert, in: Versuche, europäisch zu denken. Deutschland und Frankreich (1990) 104-125, 115. – [11] F. SCHLEGEL: Athenäum-Fragm., Nr. 116 (1798). Krit. Ausg., hg. E. BEHLER 2 (1967) 182. – [12] J. W. GOETHE: West-östl. Divan (1819); Noten und Abh. zu besserem Verständnis des West-östl. Divans. Weim. Ausg. (1887-1919, ND 1987) 1, 7. – [13] Vgl. W. MILCH: Europ. Literaturgesch. (1949). – [14] H. R. JAUSS: Goethes und Valérys ‹Faust›: Zur Hermeneutik von Frage und Antwort. Comparat. Literature 28 (1976) 201-232, 203. – [15] E. AUERBACH: Philologie der W. (1952), in: Ges. Aufs. zur roman. Philol. (Bern u.a. 1967) 301-310, 301. – [16] Vgl. M. SCHMELING/M. SCHMITZ-EMANS/K. WALSTRA (Hg.): Lit. im Zeichen der Globalisierung (2000).

Literaturhinweise. E. BEIL: Zur Entwicklung des Begriffs der W. (1915). – E. MERIAN-GENAST: Voltaire und die Entwicklung der Idee der W. Roman. Forsch. 40 (1926) 1-226. – H. BENDER/U. MELZER: Zur Geschichte des Begriffs ‹W.›. Saeculum 9 (1958) 113-123. – P. WEBER s. Anm. [5]. – H. STEINMETZ: W. Umriß eines lit.geschichtl. Konzepts. Arcadia 20 (1985) 2-19. – M. NAUMANN: Entre réalité et utopie: Goethe et sa notion de la ‘W.’, in: G. GILLESPIE (Hg.): Litt. comparée – litt. mondiale. Actes Xième Congr. Ass. int. Litt. comparée, Paris 1985 (New York/Bern u.a. 1991) 19-28. – M. V. DIMIC: F. Schlegel's and Goethe's suggested models of univ. poetry and world lit., a.O. 39-50. – H. BLOOM: The western canon (New York u.a. 1994). – M. SCHMELING (Hg.) s. Anm. [6]. – P. CASANOVA: La république mondiale des lettres (Paris 1998). – K. DODERER: Das Konzept einer W. der Jugend. German.-roman. Mschr. 48 (1998) 109-114. – M. KOCH: Weimarer Weltbewohner. Zur Genese von Goethes Begriff ‹W.› (2002).

B. NAUMANN

Weltoffenheit. Die W. des Menschen wird in der Geschichte der philosophischen Anthropologie (s.d.) früh hervorgehoben. So hat der Mensch nach G. PICO DELLA MIRANDOLA «in aller Welt keinen Ort mehr», den ihm Gott nach Vollendung der Schöpfung zuweisen kann: «Du sollst deine Natur ohne Beschränkung durch freies Ermessen (pro tuo arbitrio) ... selbst bestimmen. Ich habe dich in die Weltmitte gestellt, damit du um so leichter alles erkennen kannst, was ringsum in der Welt ist» («Medium te mundi posui, ut circumspiceres inde commodius quicquid est in mundo») [1]. In seiner ‹Abhandlung über den Ursprung der Sprache› bestimmt J. G. HERDER den Menschen als Mängelwesen (s.d.) und, damit eng verbunden, als weltoffen: «Der Mensch hat keine so einförmige und enge Sphäre, wo nur Eine Arbeit auf ihn warte: eine Welt von Geschäften und Bestimmungen liegt um ihn» [2]. Gerade in dieser Offenheit zur Weltgestaltung sieht Herder den Ursprung der Sprache angelegt: «Unsre Muttersprache war ja zugleich die erste Welt, die wir sahen, die ersten Empfindungen, die wir fühlten, die erste Würksamkeit und Freude, die wir genoßen» [3].

Zum Leitbegriff wird ‹W.› in M. SCHELERS philosophischer Anthropologie. Scheler bestimmt den «Wesensunterschied» [4] zwischen Tier und Mensch durch dessen «existentielle Entbundenheit vom Organischen». Der Mensch ist «nicht mehr trieb- und umweltgebunden, sondern ‘umweltfrei’ und ... ‘weltoffen’: Ein solches Wesen hat ‘Welt’» [5]: «Der Mensch ist das *X*, das sich in unbegrenztem Maße ‘weltoffen’ verhalten kann. Menschwerdung ist Erhebung zur W. kraft des Geistes» [6]. Diesen Ansatz übernimmt A. GEHLEN. Aufgrund seiner Reiz- und Eindrucksoffenheit sei der Mensch im Gegensatz zum Tier durch «Umweltenthebung» gekennzeichnet [7]. Die W. ist eine «sehr typisch menschliche Erscheinung. Das Tier ist verschlossen. Es wird niemals den Druck der Umstände los, und es zieht in jede Gegenwart die ganze Last seiner Bedürfnisse und Instinkte mit hinein. Es ist ebensowenig von der Welt, wie von sich selbst entlastet. Der Mensch dagegen ist ausgesetzt dem Überschuß der Reize, denen gegenüber er weltoffen ist» [8]. Aus der W. des Menschen folgt bei Gehlen die Bedürfnis- und Antriebsorientierung, die «W. der Antriebe» [9].

In ontologischer Hinsicht beschreibt M. HEIDEGGER den Unterschied von Stein, Tier und Mensch am Leitfaden der These: «der Stein ist weltlos, das Tier ist weltarm, der Mensch ist weltbildend» [10]. Infolge seiner Weltarmut ist dem Tier das Seiende, das die Welt ausmacht, verschlossen: «Das Tier steht als solches nicht in einer Offenbarkeit von Seiendem. Weder seine sogenannte Umgebung noch es selbst sind als Seiendes offenbar» [11], und zwar, weil das Tier nicht «etwas als etwas» vernehmen und deshalb nicht «weltbildend» sein kann [12]. Im Anschluß an Heidegger, aber eigenständig, betont L. BINSWANGER eine starke Durchdringung von W. und Trieb- und Umweltgebundenheit beim Menschen [13].

Etwa gleichzeitig mit Scheler entwickelt H. PLESSNER «das Gesetz des utopischen Standorts» [14], das den Ort des Menschen im «Nirgendwo» [15] definiert: Der Mensch geht über jeden Standort hinaus und überschreitet jeden Horizont. Plessner zeigt, daß «beim Menschen Umweltgebundenheit und W. kollidieren und nur im Verhältnis einer nicht zum Ausgleich zu bringenden gegenseitigen Verschränkung gelten» [16]. Damit wendet er sich gleichermaßen gegen eine geistmetaphysische Bestimmung des Menschen, die dessen Körperlichkeit ausschaltet (Scheler), als auch gegen einen funktionalen Biologismus, der ihn auf seine Umweltgebundenheit festlegt (Gehlen). Aus der Exzentrizität der menschlichen Lebensform [17] leitet Plessner auch die Weltfremdheit des konstitutiv heimatlosen menschlichen Geistes ab. Dieser «zerstört den Weltkreis und tut uns wie der Christus des Marcion die selige Fremde auf» [18].

Anmerkungen. [1] G. PICO DELLA MIRANDOLA: De dignitate hominis (1496), lat./dtsch., eingel. E. GARIN (1968) 28/29; vgl. auch: Art. ‹Mensch III. 2.›. Hist. Wb. Philos. 5 (1980) 1074-1081. – [2] J. G. HERDER: Abh. über den Ursprung der Sprache (1772). Sämmtl. Werke, hg. B. SUPHAN (1877-1913) 5, 24. – [3] a.O. 118; vgl. Art. ‹Sprache III. 5.›. Hist. Wb. Philos. 9 (1995) 1479-1483. – [4] M. SCHELER: Die Stellung des Menschen im Kosmos (1928). Ges. Werke 9, hg. M. S. FRINGS ([2]1995) 31; vgl. auch: Art. ‹Mensch V. 2.›. Hist. Wb. Philos. 5 (1980) 1100-1103. – [5] a.O. 32. – [6] 33. – [7] A. GEHLEN: Der Mensch. Seine Natur und seine Stellung in der Welt, Einf. 3 (1940, [7]1962). Ges.ausg., hg. K.-S. REHBERG 3/1 (1993) 34; vgl. Art. ‹Umwelt›. Hist. Wb. Philos. 11 (2001) 99-105, 102. – [8] II, 19, a.O. 225; vgl. Art. ‹Entlastung›. Hist. Wb. Philos. 2 (1972) 538ff. – [9] III, 30, a.O. 400; vgl. 400-413. – [10] M. HEIDEGGER: Die Grundbegriffe der Metaphysik. Welt – Endlichkeit – Einsamkeit [WS 1929/30]. Ges.ausg. II/29/30 (1983) 261. – [11] a.O. 361. – [12] 383f. 284. – [13] L. BINSWANGER: Grundformen und Erkenntnis menschl. Daseins (1942, [2]1962); vgl. Art. ‹Trieb›. Hist. Wb. Philos. 10 (1998) 1483-1492, bes. 1487. – [14] H. PLESSNER: Die Stufen des Organischen und der Mensch. Einl. in die philos. Anthropologie (1928). Ges. Schr., hg. G. DUX u.a. (1980-85) 4, 419. – [15] a.O. 424. – [16] Über das Welt-Umweltverhältnis des Menschen (1950), a.O. 8, 80f. – [17] Vgl. Art. ‹Positionalität, exzentrische›. Hist. Wb. Philos. 7 (1989) 1105f. – [18] a.O. [14] 425.

Literaturhinweis. M. LANDMANN: Die W., in: Philos. Anthropologie. Menschliche Selbstdeutung in Geschichte und Gegenwart (1955, [4]1976) 161-171.

P. PROBST

Weltorientierung; **Orientierung** (aus frz. orienter, s'orienter etwas, jemanden, sich nach Osten ausrichten; engl. orientation, frz. orientation). «Orienter, heisset bey denen Frantzosen so viel, als auf einem Riße durch Einzeichnung eines Compaßes, oder auch nur einer Magnet-Nadel bemercken, wie der Platz gegen die Gegenden der Welt, als Morgen, Mittag, Abend und Mitternacht lieget. – Orienter une carte, heisset in der Geographie, eine Land-Karte mit ihren Theilen nach der Welt-Gegend richtig abtheilen» [1]. Der französische, ursprünglich geographische Begriff geht Ende des 18. Jh. in der verbalen und reflexiven Form in den deutschen philosophischen Sprachgebrauch ein und nimmt hier die allgemeine Bedeutung ‘sich unter neuen Umständen zurechtfinden’ an. Um 1830 wird auch das Substantiv ‹Orientierung› [O.] geläufig. Um 1870 wird es zu ‹Weltorientierung› [W.] erweitert und kann dann für ‹Philosophie› überhaupt stehen. Der Begriff wird in der Regel zur Definition anderer Begriffe gebraucht, ohne selbst definiert zu werden. Denn O. geht allen Definitionen voraus; man muß bereits orientiert sein, um etwas lokalisieren und definieren zu können. Die O. umfaßt eine Vielfalt kognitiver Leistungen, die sehr unterschiedlich ausgebildet sein können; Tiere können Menschen in bestimmten O.-Leistungen weit überlegen sein. Was im ‘Sich-Zurechtfinden’ gefunden wird, ist ‘Sinn’, räumlich als ‘Richtung’ zum Weiterkommen, generell als ‘Übersicht’ über Zusammenhänge überhaupt. O. bleibt im Hintergrund; sie wird nur auffällig, wenn sich Sinn nicht einstellt. Sie ist pragmatisch auf Handlungsmöglichkeiten ausgerichtet, an einen ‘Standpunkt’ gebunden und in einen ‘Horizont’ eingeschlossen. Sie kann nach Lebensbereichen spezifiziert sein (z.B. als sexuelle, politische, ethische, religiöse O.), aber auch langfristige Strukturen ausbilden («feste», «klare» O.). Sie kann dann Prinzipien folgen, baut jedoch auf Plausibilitäten auf. In der O. im ganzen ‘hält’ man sich jeweils ‘an’ etwas, das ‘weiterhilft’. Solche ‘Anhaltspunkte’ sind weitgehend kontingent und heterogen. Sie lassen vielfache Deutungs- und Entscheidungsspielräume für das jeweilige Handeln in der jeweiligen Situation. O.en sind darum nur begrenzt verallgemeinerungsfähig. ‹O.›, ‹Weisung› ist auch der Sinn von hebräisch ‹Tora›.

In die *Philosophie* wird der Begriff der O. 1785/86 von M. MENDELSSOHN eingeführt, um den Streit um den Pantheismus (s.d.) zu schlichten, den F. H. JACOBI entfacht hatte, indem er den verstorbenen G. E. LESSING, einen

Freund Mendelssohns, des Spinozismus verdächtigte. Mit dem Begriff ‹O.› konnte der Jude Mendelssohn hinter die für ihn bedrohliche Alternative von Glaube und Vernunft zurückgehen. Sie stellte sich nach seinem Verständnis für den jüdischen Glauben nicht, der ohne Glaubensbekenntnisse einerseits und ohne Vernunftdoktrinen andererseits zum rechten Handeln anleite. Wenn es zu einer verfehlten «Spekulation» der Vernunft wie dem Spinozismus komme, der dem «gesunden Menschenverstand» nicht standhalte, müsse man sich orientieren: «So lange sie beyde, gesunde Vernunft und Spekulation, noch in gutem Vernehmen sind, so folge ich ihnen, wohin sie mich leiten. So bald sie sich entzweyen: so suche ich mich zu orientiren, und sie beyde, wo möglich, auf den Punkt zurückzuführen, von welchem wir ausgegangen sind» [2]. Im Zweifelsfall habe sich die Vernunft an den «gesunden Menschenverstand» oder «Gemeinsinn» zu halten.

Als vorläufige Maxime empfiehlt dies auch I. KANT [3]. In seinem eigenen Beitrag zum Pantheismusstreit, ‹Was heißt: Sich im Denken orientiren?› (1786), übt er jedoch Kritik an der «Zweideutigkeit», in der Mendelssohn die Vernunft «im Gegensatze mit der Speculation» gelassen habe [4]. Dies könne «zum Grundsatze der Schwärmerei und der gänzlichen Entthronung der Vernunft» dienen [5]. Aber auch der «gesunde Menschenverstand» diene nur als letzte «Nothhülfe», auf die man sich «als ein Orakel beruft», «wenn man nichts Kluges zu seiner Rechtfertigung vorzubringen weiß» [6]; «gründlich abhelfen» könne nur «Kritik» der Vernunft [7]. Kant 'erweitert' diese Kritik nun jedoch um den Begriff des Sich-Orientierens, mit der Folge des Konzepts einer 'bedürftigen' Vernunft. In seiner vorkritischen Abhandlung ‹Von dem ersten Grunde des Unterschiedes der Gegenden im Raume› (1768) hatte er im Zusammenhang mit der Klärung des Raumproblems deutlich gemacht, daß «wir alles, was außer uns ist, durch die Sinnen nur in so fern kennen, als es in Beziehung auf uns selbst steht», und von «unserem Körper den ersten Grund hernehmen, den Begriff der Gegenden im Raume zu erzeugen», die Unterscheidungen von oben und unten, rechts und links, vorne und hinten. Wiewohl es sich hier um die «augenscheinlichste Erfahrung» handele, könnten sie weder «unmittelbar ... wahrgenommen» noch «durch Vernunftideen» bestimmt werden; sie seien nur als «innerer Unterschied» oder dem «Gefühl» gegeben [8]. Dennoch gehe dieses «Gefühl», wie Kant dann in der ‹Orientierungs-Schrift› ausführt, als «subjectives Princip» aller «objectiven» Erkenntnis von Gegenständen in Raum und Zeit und damit jedem Gebrauch der Vernunft zum Handeln in der Welt voraus. Das «Sichorientiren» sei darum «das Gefühl des der Vernunft eigenen Bedürfnisses». Das gelte auch und um so mehr für den «praktischen» Gebrauch der Vernunft zum moralischen Handeln, in dem sie dem «unermeßlichen und für uns mit dicker Nacht erfüllten Raume des Übersinnlichen» ausgesetzt sei. Um ihr ein «Leitungsmittel» an die Hand zu geben, entwickelt Kant einen «erweiterten und genauer bestimmten Begriff des Sichorientirens». Er erweitert den «geographischen Begriff des Verfahrens sich zu orientiren» zunächst zu einem «mathematischen» Verfahren, bei dem von den «Gegenden» im Raum zu bloßen Lagebeziehungen «in einem gegebenen Raum überhaupt» abstrahiert wird, und dann zu dem «alle Grenzen der Erfahrung» übersteigenden «Vermögen», sich «überhaupt im Denken, d.i. logisch, zu orientiren». Seine Definition lautet dann: «Sich im Denken überhaupt orientiren, heißt also: sich bei der Unzulänglichkeit der objectiven Principien der Vernunft im Fürwahrhalten nach einem subjectiven Princip derselben bestimmen». Reichen objektive Anhaltspunkte nicht aus, hat die Vernunft das «Recht», sich «lediglich durch ihr eigenes Bedürfniß zu orientiren», das sie jedoch «nicht für freie Einsicht ausgeben» darf. Darin korrigiert Kant Mendelssohn: «Es ist also nicht Erkenntniß, sondern gefühltes Bedürfniß der Vernunft, wodurch sich Mendelssohn (ohne sein Wissen) im speculativen Denken orientirte». Die Vernunft erfüllt sich in ihrem praktischen Gebrauch ihr Bedürfnis durch den «Vernunftglauben» an Gott und die Unsterblichkeit der Seele; er ist «der Wegweiser oder Compaß, wodurch der speculative Denker sich auf seinen Vernunftstreifereien im Felde übersinnlicher Gegenstände orientiren, der Mensch von gemeiner, doch (moralisch) gesunder Vernunft aber seinen Weg sowohl in theoretischer als praktischer Absicht dem ganzen Zwecke seiner Bestimmung völlig angemessen vorzeichnen kann; und dieser Vernunftglaube ist es auch, der jedem anderen Glauben, ja jeder Offenbarung zum Grunde gelegt werden muß» [9]. Der Begriff der O. vermittelt für Kant jedoch nicht nur Philosophie und Religion. Auch für unseren «Begriff von einer subjectiven Zweckmäßigkeit der Natur in ihren Formen nach empirischen Gesetzen» ist es notwendig, «sich in dieser ihrer übergroßen Mannigfaltigkeit Begriffe zu verschaffen (in ihr orientiren zu können)» [10]. ‹O.› bekommt damit schon bei Kant den Sinn einer Übersicht über Zusammenhänge überhaupt, in dem der Begriff im folgenden weitgehend gebraucht wird, ohne daß er wieder in ähnlich umfassender und grundlegender Weise bestimmt worden wäre.

Der Begriff ‹O.› gewinnt um so mehr an Bedeutung, je mehr man sich von der Bedingtheit und Bedürftigkeit der Vernunft überzeugt. A. G. KÄSTNER nennt schon 1790 in einem Brief an Kant «orientiren» eines der neuen «Modewörter» im «jezigen philosophischen jargon» [11]. J. G. HERDER ironisiert ihn [12], J. G. FICHTE und F. W. J. SCHELLING entwickeln ihn weiter, FICHTE als Begriff für den «Wechsel» zwischen «Totalitäten», der «irgend ein X» benötigt, an dem man sich «orientirt» [13], SCHELLING in Richtung auf die Temporalisierung der O. Danach «gehört eine fortdauernde Einwirkung dazu, um in der intellektuellen Welt immer aufs neue orientirt zu werden» [14]. Auch G. W. F. HEGEL nimmt den Begriff ‹O.› auf; er hält sich dabei jedoch, trotz Kant, weiterhin an Mendelssohns Maxime einer O. am «gesunden Menschenverstand» [15]. Die «Empirie» fordere mit Recht, daß ein auf «wesenlose Abstractionen» fixiertes Philosophieren «sich an der Erfahrung orientiren müsse» [16]. Daneben gebraucht Hegel den Begriff auch im Sinn des 'Übersicht-Gewinnens' [17]. F. D. E. SCHLEIERMACHER dagegen radikalisiert Kants Begriff der O. Er faßt das Sich-Orientieren als «Supplement alles realen Wissens welches man nicht auf dem scientifischen Wege selbst erlangt hat». Danach ist die «Dialektik» im Sinn des Umgangs mit Begriffen überhaupt «Mittel sich über jedes Einzelne als Wissen gegebene zu orientiren durch Anknüpfung an die zur Klarheit gebrachten lezten Principien alles Wissens, auch ohne jedes in seinem unmittelbaren wissenschaftlichen Zusammenhang aufgefaßt zu haben» [18]. Schleiermacher beginnt zugleich, die Anhaltspunkte der O. zu unterscheiden in «Durchgangspunkt für das Handeln» [19] und «Conceptionspunkt» [20], «Anknüpfungspunkt» und «Saturationspunkt» für den «Kunstsinn» [21].

Seit 1830 erscheint ‹O.› in Buchtiteln wie ‹Zur Orientirung über den Standpunkt des philosophischen Forschens in unserer Zeit› (G. MEHRING 1830), ‹Beiträge zur

Orientirung über Herbart's System der Philosophie› (M. Drobisch 1834), ‹In welchem Sinn die deutsche Philosophie jetzt wieder an Kant sich zu orientiren hat› (Ch. H. Weisse 1847) und findet Eingang in Wörterbücher der Philosophie. Bei W. T. Krug wird «die Philosophie gleichsam die Orientirungs-Wissenschaft in Bezug auf alle übrigen Wissenschaften» [22].

J. J. Baumann macht dies in seiner ‹Philosophie als Orientirung über die Welt› (1872) zum Programm und führt den Begriff ‹W.› ein. Er vermittelt durch den Begriff ‹O.› die Philosophie nun nicht mehr mit der Religion, sondern mit den Wissenschaften: «Jede Wissenschaft für sich stellt ein Stück Weltorientirung dar, alle zusammen also die ganze Orientirung», und die Philosophie geht darüber hinaus, indem sie über die «letzten Principien zu orientiren sucht», die die Wissenschaften voraussetzen. Sie wird, indem sie sich «mit dem Begriff des Wissens und mit den Grundbegriffen und Fundamentalmethoden der einzelnen Wissenschaften» beschäftigt, zur «Orientirung über die Welt und nicht blos über einzelne Seiten oder Partieen derselben». So entsteht eine «Stufenfolge» der O.: Elementar sei bei jedermann «das Bestreben sich durch Nachdenken über die Welt zu orientiren», die Wissenschaften geben verschiedene O.en in verschiedenen Disziplinen und die Philosophie «wissenschaftliche O. über die Welt» [23].

E. Kapp geht davon aus, «dass sich der Mensch vom Menschen aus über die Welt zu orientiren habe», und unterscheidet von der «O. über die Welt» die «Selbstorientirung» des Einzelnen, deren Grenze die «Leiblichkeit» sei. Durch «Organprojection» schaffe der Leib sich immer weiter ausgreifende Werkzeuge, um so «technisch» eine Orientierungswelt zu eröffnen, die bis hin zu Staat, Wirtschaft und Verkehr reiche. Damit wird der Mensch in seiner standpunktbezogenen Leiblichkeit zum «alleinigen Maasstab der Dinge» [24].

E. Dühring setzt gegen das herkömmliche Streben nach «Gesetzmässigkeit» und die «veralteten Kategorienlehren» die wissenschaftliche Durchbildung eines umfassenden «Weltschemas» bis zur «Individualgestalt». Danach ist die «wissenschaftliche O.» nicht in Philosophie aufzuheben, sondern «die thatsächliche Oekonomie der Dinge im ganzen und in den Theilen» aufgrund «unmittelbarer und individueller, gleichsam weltstatistischer Thatsachen» in einem einzigen «Systemschema der Welt» zusammenzufassen. Es entstehe, wenn in einem evolutionären Prozeß «Kräftecombinationen» nach spezifischen Schemata der «Einschränkung» und der «Vereinigung» aufeinander wirken [25]. F. Nietzsche, der trotz seiner Angriffe auf Dühring hier ähnlich denkt, erwägt lediglich in einer Notiz, ob der «‘Zweck’», nach dem man zu handeln glaubt, «eine Begleiterscheinung» des Handelns sein könne, «ein in das Bewußtsein vorausgeworfenes blasses Zeichenbild, das uns zur Orientirung dient» [26].

Der Mathematiker F. Hausdorff radikalisiert Kants Idealismus von Raum und Zeit, indem er das «Raumproblem» als O.-Problem stellt. Danach hat alle Ordnung, aller «Kosmos», nur «O.-Wert». Aus dem an sich für uns Unbestimmbaren, dem «Chaos», werde nach den jeweiligen Bedürfnissen ein Kosmos «ausgelesen». Da nur die jeweilige «kosmische Auslese» faßbar sei, bleibe auch ihr «Projektionsverfahren» unbekannt. Damit ist die «Zuordnung zwischen Karte und Original ... beliebig», ohne daß der O.-Wert darunter leiden müßte: «die Verzerrung fällt nicht in unser Bewußtsein, weil nicht nur die Objekte, sondern auch wir selbst und unsere Meßinstrumente davon gleichmäßig betroffen werden» [27].

O. wird nun zunehmend als erkenntnistheoretisches, phänomenologisches und naturwissenschaftliches Problem untersucht. W. Dilthey gebraucht ‹O.› im 1. Band seiner ‹Einleitung in die Geisteswissenschaften› (1883) noch durchgehend im Sinn von ‘O. im Weltraum’ [28]. In den Ausarbeitungen zum 2. Band entwickelt er dagegen auch die «Grundlegung der Erkenntnis» vom «Orientiertsein» aus. Danach ist das «Selbst» als ein «System» und die «Außenwelt» als von ihm «originaliter verschieden» zu betrachten, so daß «das Empfundene als ein Fremdes», als «eine Störung auf ein System» auftritt. Raum ist dann als die Art zu verstehen, «wie in einem Ganzen für uns ein Sinneseffekt als Außen orientiert ist», als «die Art, wie im Körper sich die Nerven verbreiten nach allen Seiten», als «Typus des Horizontes» mit dem «Ich» als «Mittelpunkt» [29]. Die Körpererfahrung bleibt das «feste Gerüst» der O., «innerhalb dessen wir jede einzelne psychische Lage fixieren». Es «bildet sozusagen ein Netz, innerhalb dessen und mit dessen Hilfe wir die einzelne Lage verzeichnen». Die «Vorstellung unseres Ich» entsteht erst hieraus, indem «unsere Reflexion schaltet, beziehend zwischen diesen Tatsachen, welche allesamt als Lagen, Zustände, Eigenschaften meines Selbst miteinander in Verbindung stehen». Aber auch sie ist «nur da an der Vorstellung des Du, unser Selbst setzen wir nur, indem wir eine Welt setzen, und der wichtigste Hebel ihrer Ausbildung, der nun noch neu hinzutritt, liegt in der Vorstellung eines fremden Selbst». O. ist danach immer auch O. an fremder O.: «an der Wahrnehmung und analogischen Konstruktion anderer Ichs [werden] die Kontinuität und andere Eigenschaften unseres eigenen Selbst ergänzt» [30].

E. Husserl gebraucht ‹O.› vielfach, aber, im Gegensatz zum Begriff ‹Horizont›, nicht terminologisch. ‹O.› erscheint darum häufig in Anführungszeichen. Husserl zieht den Begriff vor allem heran, wo es um «wechselnde ‘O.en’» im Raum geht und um die «‘zeitlichen O.en’ ..., in denen Raumdinge (die ja zugleich Zeitobjekte sind) erscheinen». Die «‘Modi der zeitlichen O.’» werden im einzelnen dann als die «Ablaufsphänomene» entfaltet, die «immanente Zeitobjekte konstituieren» [31]. Im Verhältnis zum Andern, der als «fremder Leib» begegnet, ist der eigene Leib als «identischer Beziehungspunkt» aller Akte «Orientierungsnull»; in der «Einfühlung» ist das Ich «um den andern Leib orientiert» [32]. In der «orientierten Welt» hat jeder «einen Kern relativ originaler Gegebenheiten ..., und zwar als Kern eines Horizontes, der ein Titel für eine komplizierte und bei aller Unbestimmtheit doch mitgeltende und antizipierende Intentionalität ist» und in dem als einem «Einfühlungshorizont ... jedes andere Ich im voraus schon intentional impliziert ist» [33].

Husserls Schüler O. Becker begreift den Raum, in dem Menschen etwas lokalisieren können, auch terminologisch als «O.-System», das durch verschiedene Sinne als «Stellensystem» aufgebaut und in kontinuierlicher Abgleichung unwillkürlicher und willkürlicher Bewegungen seinerseits situativ «orientiert» wird. Der «orientierte Raum» ist der «Umweltraum» des Einzelnen, sein Mittelpunkt dessen «absolutes ‘Hier’». Von ihm aus können durch Grenzübergänge («Limesphänomene») die «Idealgebilde» des geometrischen Raums gewonnen werden [34].

M. Heidegger gebraucht ‹O.› in seinen frühen Freiburger Vorlesungen nicht-terminologisch zunächst wie Husserl in räumlich-zeitlichem Sinn [35], aber auch schon im Sinn der «Notwendigkeit einer prinzipiellen O. der Philosophie». ‹O.› kann dabei «'Weltanschauung'» sein, d.h. «System als übersichtliche Ordnung und ordnende Charakterisierung der verschiedenen Gebiete und Werte des Lebens und Bezeichnung ihres Zusammenhangs». Philosophie hat sich jedoch «einer O. an den Wissenschaften zu entschlagen» und sich auf den ihr eigenen «Bezugssinn», «Vollzugssinn», «Zeitigungssinn» und «Gehaltssinn» ihres «Sichverhaltens» zu Seiendem zu besinnen, von dem ihr Bezug «gehalten» wird. Ihrer «Definition» geht eine «vorgriffliche O.» voraus [36]. «Dasein» ist vorgreifend ausgelegt. «Die Ausgelegtheit umgrenzt fließend den Bezirk, aus dem das Dasein selbst Fragen und Ansprüche stellt. Sie ist das, was dem 'Da' im faktischen Da-sein den Charakter eines Orientiertseins, einer bestimmten Umgrenzung seiner möglichen Sichtart und Sichtweite gibt.» Philosophie bezieht sich darauf als «universales Ordnen» und bietet als solches «jeder möglichen Weltanschauung die grundsätzliche O. und Verfestigung» [37]. In seiner «Fundamentalontologie» des menschlichen «Daseins» in ‹Sein und Zeit› bestimmt Heidegger ‹O.› dann terminologisch als «Umsicht des besorgenden Umgangs». Danach hat die O. den Charakter der «Verweisung» mit «Zeichen». Zeichen stehen darin nicht schon «für» etwas «Vorhandenes», sondern sind «Zeigzeug», das primär nicht betrachtet, sondern benutzt wird, und O. «erfaßt» nicht die Umwelt, sondern läßt «Zuhandenes» in ihr «begegnen, genauer, einen Zusammenhang desselben so zugänglich werden, daß der besorgende Umgang sich eine O. gibt und sichert». Die «umsichtig orientierte Verfügbarkeit» in Zeichen verhilft wiederum, neue «Zuhandenheit» zu «entdecken», indem sie Zuhandenes «auffallen» läßt, so daß man dann 'etwas' damit 'anfangen' kann [38].

E. Cassirer verweist zwar auf das O.-Problem bei Kant, setzt den Begriff ‹O.› jedoch, wie Husserl, meist in Anführungszeichen. Er weist die O. dem «mythischen Denken» zu, das «eine ganz bestimmte, konkret-räumliche Struktur [ergreift], um nach ihr das Ganze der 'O.' der Welt zu vollziehen», und dem eine «rein gedankliche O.» noch fehlt. ‹O.› behält für Cassirer vorrangig den Sinn der bloßen räumlichen Ausrichtung. Heideggers Bindung der O. an den Umgang mit «Zuhandenem» wird nicht bestritten, aber als bloße Vorstufe zur «Form des Vorhandenen» betrachtet [39].

M. Buber, der Dilthey seinen einzigen Lehrer nannte und Nietzsche verehrte, meidet den Begriff ‹O.›, sofern er fertige, feste O. bedeutet. Er stellt im Blick auf das «Erleben» der eigenen «aufgerichteten Leibesseele» und ihres «Raumdurchdringens» O. in Gegensatz zur «Realisierung»: «die O. zerscheidet und entsondert, die Realisierung vollzieht und proklamiert» die «Wirklichkeit». Die «kugelrunde monistische oder die kegelspitze theologische» O. mit ihren «zuverlässigen Retorten» ist «Entwirklichung» des «Augenblicks»: «überall, wo das O.-Wissen selbständig waltete, war es Raubwirtschaft», der Realisierende muß «zuallererst das Chaos realisieren» [40].

Bei F. Mauthner bekommt der Begriff ‹O.› den Vorrang vor den Begriffen ‹Verstand› und ‹Vernunft›. Danach ist «Verstand (mit Schopenhauer etwa) die O. oder meinetwegen das O.-Vermögen in der Wirklichkeitswelt, wo denn die Tiere sehr viel Verstand haben, ... Vernunft die O. in der Begriffswelt oder der Sprache, wo denn die Tiere sehr wenig Vernunft haben» [41]. Alle Instinkte, Gefühle, Assoziationen, Begriffe, Erkenntnisse werden «in ihrem Werte für die O.», «für die praktische O. in der Welt» betrachtet [42]. Die Sprache ist für Menschen das wichtigste Mittel der O., und «O. ist der einzige Zweck der Sprache, ungefähre O.» [43]. Man sollte darum in der Schule nicht «Wortgespenster» und «Wortleichen» lernen, sondern «die Sprache, die uns in der Welt orientieren kann» [44].

K. Jaspers greift, ohne ihn zu nennen oder zu kennen, das von J. J. Baumann entworfene Programm einer Integration der W. in den Wissenschaften neu auf, macht den Begriff ‹W.› nun jedoch zur Schnittstelle von Wissenschaft und «Existenz». W. hat danach die Aufgabe, das Wissen der Wissenschaften so zu integrieren, daß es Voraussetzung existentieller Entscheidungen werden kann. In seinen Disziplinen ist es unvermeidlich «in Zerrissenheit», und «systematische W.» «scheitert» notwendig. Dieses Scheitern aber führt zur Besinnung auf die eigene «Existenz». W. wird so für die «Existenzerhellung» zur «objektiven» Voraussetzung oder zur «Existenzobjektivität», die übernommen oder verworfen werden kann. Sie ist nur auf «Dinge in der Welt» bezogen, nicht auf die Welt selbst, «die mir ja nie vorkommt und nie vorkommen kann», sondern erst in ihrer «Transzendenz» bewußt wird, die «durch die Methoden der W. ... nicht möglich» ist. Zugleich ist W. «dadurch, daß ich mich in der Welt universell orientiere, ... Wegbereitung für Metaphysik». Denn was «in den Wissenschaften der W. gewußt wird, drängt sich auf als das Sein schlechthin». Umgekehrt «bleibt» W., wenn «das geschlossene Weltganze zerbrochen ist» [45]. Auch nach N. Hartmann hat «alle Deutung von Realverhältnissen den Sinn einer O. des Menschen in der Welt», wobei die Wissenschaft zum «Hauptträger einer ganz anderen W.» als der alltäglichen werden kann [46].

K. Bühler setzt die O. bei Sprache und Zeichen an. Sprache ist dann «Organon» und «das Zeichenhafte» ein «O.-Gerät des Gemeinschaftslebens». Sprache orientiert, sofern ihr «Symbolfeld» auf die Wirklichkeit über ein «Zeigfeld» bezogen ist, das von einem «Nullpunkt» oder einer «Origo» aus durch «Zeigwörter» (ich-du, hier-dort, jetzt-vorher, dieses-jenes u.ä.) «markiert» wird. Sprechpartner sind «wohl-orientiert», wenn sie das Verhalten des anderen verstehen [47].

Für L. Wittgenstein ist der «Begriff der übersichtlichen Darstellung ... von grundlegender Bedeutung»: «Die übersichtliche Darstellung vermittelt das Verständnis, welches eben darin besteht, daß wir die 'Zusammenhänge sehen'». Er bestimmt Philosophie als O. überhaupt, ohne das Wort ‹O.› zu gebrauchen: «Ein philosophisches Problem hat die Form: 'Ich kenne mich nicht aus.'» [48].

K. Ulmer begreift die W. nicht mehr als Voraussetzung, sondern als «Sache der Philosophie» selbst und entfaltet ihren Begriff systematisch aus den Termini «Blickfeld», «Horizont», «Ferne», «Richtung des Blickes», «Gesichtsfeld», «Gesichtspunkt», «Durchblick (Perspektive)», «Standpunkt», «Öffnung» und «Boden», zunächst wiederum, ohne den Begriff ‹O.› terminologisch zu gebrauchen [49]. Später definiert er ‹W.›, die auch er noch «von der eigentlichen philosophischen Bestimmung» der Philosophie «in der spekulativen Ebene» unterscheidet, in der «die Sachverhältnisse selbst neu einzurichten» sind, als Zuwendung zu der «Umgebung», in der sich jemand befindet, «um eine Übersicht über ihren Zusammenhang, über die Bedeutung ihrer einzelnen Glieder und über seine mögliche Stellung darin zu gewinnen». Sie ist, wie er gegen Jaspers einwendet, nicht «eine bloße Vorstufe», sondern «Rückgrat jeder Art des Weltverstehens». Ihr Wissen hat «nicht mehr den Charakter eines

Systems, sondern den einer ‘Struktur’, so wie Dilthey dieses Wort verstand», und seine Erfassung den Charakter «eines Haltnehmens und sich Haltens» [50].

Bedurfte die Vernunft nach Kant und Schleiermacher des Supplements der O., so wird sie seit ca. 1980 zunehmend als eine «O.-Weise» unter anderen gefaßt. H. LENK und H. F. SPINNER unterscheiden in einem Spektrum, das von einer «prinzipiellen» bis zu einer «okkasionellen» Vernunft reicht, 22 «Rationalitätstypen», die sich nicht mehr unter einem gemeinsamen Begriff der Vernunft, sondern nur noch unter dem der O. zusammenfassen lassen [51] und denen im «Gesamtverhalten» andere «O.-Weisen» gegenüberstehen. «‘Orientiert’ ist menschliches Verhalten, wenn es noch auf etwas anderes ausgerichtet ist als sich selbst und seine Eigenwelt», «‘qualifiziert orientiert’», wenn es dabei nach Kriterien «wählbare Optionen» hat; «freibleibende ‘O. an ...’» steht in Gegensatz zu «vorbehaltloser ‘Identifizierung mit ...’». In «distanziertem Verhältnis zur Welt, zu sich selbst und auch zur eigenen Vernunft» ist der Mensch ein «O.-Wesen par excellence» [52]. J. MITTELSTRASS grenzt nun wissenschaftlich-philosophisches «O.-Wissen», das «universal» ist, von technischem «Verfügungswissen» ab, das «partiell» ist [53]. Die «Idee der Vernunft als eines O.-Wissens» ist die «ältere» [54]. Sie wurde im «Sokratischen Dialog» entwickelt [55]. O. MARQUARD macht O. zur Aufgabe der Geisteswissenschaften [56].

In philosophischen Ansätzen, die von Sprache und Zeichen ausgehen (J. SIMON, W. STEGMAIER), werden Zeichen als «O.-Zeichen» verstanden und O. als «Erhaltung einer Perspektive des Fürwahrhaltens» [57] mit Hilfe der Kunst, die Welt in Zeichen abzukürzen («Weltabkürzungskunst») [58]. ‹O.› als Metapher des Sich-Zurechtfindens in der Welt ist auch selbst ein solches Zeichen.

In N. LUHMANNS Theorie sozialer Systeme ist O. Sache des «individuellen psychischen Systems» oder des «Bewußtseins». Sie vollzieht sich als Wechselspiel von «Erwartung» und «Enttäuschung», in dem «das System die Kontingenz seiner Umwelt in Beziehung auf sich selbst abtastet und als eigene Ungewißheit in den Prozeß autopoietischer Reproduktion übernimmt». Sie ist (in nichtpejorativem Sinn) «eine Primitivtechnik schlechthin», die nicht voraussetzt, «daß man weiß (oder gar: beschreiben kann), wer man ist, und auch nicht, daß man sich in der Umwelt auskennt», wenn sie nur «den Zugang zu Anschlußvorstellungen hinreichend vorstrukturiert». Mit der allmählichen Abarbeitung «völlig willkürlicher Erwartungen» kann sich eine weniger enttäuschungsanfällige «Groborientierung» ausbilden [59].

Neben der philosophischen gibt es auch physiologische, mathematische [60], physikalische, psychologische [61] und sozialpsychologische [62] Verwendungen des Terminus ‹O.›.

Anmerkungen. [1] J. H. ZEDLER: Grosses vollst. Univ.-Lex. aller Wiss.en und Künste 25 (1740) 1888. – [2] M. MENDELSSOHN: An die Freunde Lessings (1786). Jub.ausg. 3/2 (1974) 198; vgl. Morgenstunden oder Vorles. über das Daseyn Gottes (1785), a.O. 82; vgl. 52. 202f. – [3] I. KANT: Logik JÄSCHE, Einl. VII [1800]. Akad.-A. 9, 57; Fortschritte der Met. (1791). Akad.-A. 20, 301; in beiden Fällen ohne Nennung Mendelssohns. – [4] Was heißt: Sich im Denken orientiren? (1786). Akad.-A. 8, 134. – [5] a.O. – [6] Proleg., Vorw. (1783). Akad.-A. 4, 259. – [7] a.O. [4] 138 (Anm.). – [8] Von dem ersten Grunde des Unterschiedes der Gegenden im Raume (1768). Akad.-A. 2, 378-383. – [9] a.O. [4] 133-142. – [10] KU B XLIXf. – [11] A. G. KÄSTNER: Br. an Kant (2. Okt. 1790), in: I. KANT: Akad.-A. 11, 214. – [12] J. G. HERDER: Gott. Einige Gespräche über Spinoza's System (1787). Sämtl. Werke, hg. B. SUPHAN (1877-1913) 16, 464f. – [13] J. G. FICHTE: Grundlage der ges. Wiss.lehre (1794/95). Akad.-A. I/2, 343; vgl. Grundriss des Eigenthümlichen der Wiss.lehre (1795), a.O. I/3, 169f. 200ff. – [14] F. W. J. SCHELLING: System des transsc. Idealismus (1800). Sämmtl. Werke, hg. K. F. A. SCHELLING (1856-61) I/3, 550f. – [15] G. W. F. HEGEL: Vorles. über die Gesch. der Philos. [1816/17ff.]. Jub.ausg., hg. H. GLOCKNER 19 (1927-40) 532. – [16] Ueber die wissenschaftl. Behandlungsarten des Naturrechts (1802). Akad.-A. 4 (1968) 429; vgl. Enzykl. (1830). Akad.-A. 20 (1992) 27f. (Vorwort zur 3. Ausg.); a.O. [15] 156. 200. – [17] Vorles. über die Ästhetik I [1817/18ff.]. Jub.ausg. 12 (1927) 35; Vorles. über die Gesch. der Philos., Einl. [Heidelberger Niederschrift 1817, Zusatz von K. L. MICHELET aus der Berliner Vorles.]. Jub.ausg. 17 (1928) 32; als Anm. und Texteinschub gekennzeichnet in: Werkausg., hg. E. MOLDENHAUER/K. M. MICHEL 18 (1971) 23 (Fn. 12). – [18] F. D. E. SCHLEIERMACHER: Dialektik (1814/15), hg. A. ARNDT (1988) 9f. – [19] Ethik 1812/13, Güterlehre. Letzte Bearb. [vermutlich 1816/17], hg. H.-J. BIRKNER (1981) 235. – [20] Ästhetik, hg. C. LOMMATZSCH (1842, ND 1974) 533. – [21] Ästhetik (1819/25), hg. TH. LEHNERER (1984) 29. 38. – [22] W. T. KRUG: Allg. Handwb. der philos. Wiss.en 3 (1827-34) 118. – [23] J. J. BAUMANN: Philos. als Orientirung über die Welt (1872) 18f. 27-31; Baumanns Begriffsgebrauch nimmt zunächst E. MACH: Erkenntnis und Irrtum (1905), dann K. JASPERS (s.u.) regelmäßig auf. – [24] E. KAPP: Grundlinien einer Philos. der Technik (1877), ND, hg. H.-M. SASS (1978) 10. 23. 27. – [25] E. DÜHRING: Logik und Wiss.theorie. Denkerisches Gesammtsystem verstandessouveräner Geisteshaltung (1878, [2]1905) 220-223. 243-251. – [26] F. NIETZSCHE: Nachgel. Frg., Ende 1886-Frühj. 1887 7[1]. Krit. Ges.ausg., hg. G. COLLI/M. MONTINARI (1967ff.) 8/1, 256. – [27] F. HAUSDORFF: Das Raumproblem. Annalen Naturphilos. 3 (1903) 1-23, hier: 14f.; vgl. Das Chaos in kosmischer Auslese (1898). – [28] W. DILTHEY: Einl. in die Geisteswiss. (1883). Ges. Schr. 1 (1914, ND 1962) 25. 145ff. 210. 386; im Sinne Kants: 278. – [29] Ausarbeit. zum 2. Bd. der Einl. in die Geisteswiss. Ges. Schr. 19 (1982) 148f. – [30] a.O. 167f.; ähnlich: G. SIMMEL: Philos. des Geldes (1900). Ges.ausg., hg. O. RAMMSTEDT 6 (1989) 110. – [31] E. HUSSERL: Vorles. zur Phänomenol. des inneren Zeitbewußtseins §§ 9f. [1905], hg. M. HEIDEGGER (1928) 21 (Anm. 1). 22. Jb. Philos. phänomenolog. Forsch. 9 (1928) 367-396, 387f. Husserliana [Hua.] 10 (Den Haag 1966) 26f.; zu den «wechselnden» oder «relativen ‘O.en’» vgl. Ideen zu einer reinen Phänomenol. und phänomenolog. Philos. 1, §§ 97f. 150 (1913) 203. 207. 315. Hua. 3/1 (1976) 227. 231f. 350f. – [32] Zur Phänomenol. der Intersubjektivität. Dritter Teil: 1929-1935. Beilage L [Januar 1934]. Hua. 15 (1973) 643. – [33] Die Krisis der europ. Wiss.en § 71 (1936). Hua. 6 (1954) 258f. – [34] O. BECKER: Beiträge zur phänomenolog. Begründung der Geometrie und ihrer physikal. Anwendungen. Jb. Philos. phänomenolog. Forsch. 6 (1923) 385-560. – [35] M. HEIDEGGER: Zur Bestimmung der Philosophie. Die Idee der Philos. und das Weltanschauungsproblem [1919]. Ges.ausg. II/56/57 (1987) 110. – [36] Phänomenolog. Interpretationen. Einf. in die phänomenolog. Forsch. [WS 1921/22]. Ges.ausg. II/61 (1985) 15. 39f. 43f. 46f. 53f. 63. – [37] Ontologie (Hermeneutik der Faktizität) [SS 1923]. Ges.ausg. II/63 (1988) 32. 59. 63; vgl. 68. – [38] Sein und Zeit § 17 (1927). Ges.ausg. I/2 (1977) 102-111; vgl. Art. ‹Umsicht›. Hist. Wb. Philos. 11 (2001) 94-97, 96. – [39] E. CASSIRER: Das Erkenntnisproblem in der Philos. und Wiss. der neueren Zeit 2 (1907, [3]1922, ND 1994) 619f.; Philos. der symbol. Formen 1-3 (1923-29, [9-10]1994) 30. 159ff. 271; 2, 115f. 121f. 132; 3, 173f. (Anm.). 494. – [40] M. BUBER: Daniel. Gespräche von der Verwirklichung (1913). Werke 1 (1962) 12f. 28. 30. 32. 23; vgl. F. ROSENZWEIG: Der Stern der Erlösung (1921, ND 1988) 21f. – [41] F. MAUTHNER: Art. ‹Abstraktion›, in: Wb. der Philos. 1 (1910, [2]1923) 15. – [42] Art. ‹Art›, a.O. 79; Art. ‹Bacon's Gespensterlehre›, a.O. 138. – [43] Art. ‹Form›, a.O. 506. – [44] Art. ‹Schule›, a.O. 3, 161. – [45] K. JASPERS: Philosophie 1: Philos. Weltorientierung (1932) 64. 115; vgl. 70. 81. 131. 212. 236. – [46] N. HARTMANN: Teleolog. Denken (1951) 7. 18. – [47] K. BÜHLER: Sprachtheorie. Die Darst.funktion der Sprache (1934, ND 1999) 48. 102-107. 121-140. – [48] L. WITTGENSTEIN: Philos. Unters. I, §§ 122f. [1935-45]. Schr. 1 (1960) 345. – [49] K. ULMER: Von der Sache der Philos. (1959). – [50] Philos. der modernen Lebenswelt (1972) 101-103. 382. – [51] H. LENK/H. F. SPINNER: Rationalitätstypen, Rationalitätskonzepte und Rationalitätstheorien im Überblick. Zur Rationalismuskritik und

Neufassung der 'Vernunft' heute, in: H. STACHOWIAK (Hg.): Pragmatik. Hb. pragmat. Denkens 3: Allg. philos. Pragmatik (1989) 1-31. – [52] H. F. SPINNER: Der ganze Rationalismus einer Welt von Gegensätzen. Fallstudien zur Doppelvernunft (1994) 240-243. – [53] J. MITTELSTRASS: Wissenschaft als Lebensform (1982) 7f. 30 u.ö. – [54] a.O. 59. – [55] 138-161. – [56] O. MARQUARD: Die Unvermeidlichkeit der Geisteswiss.en, in: Apologie des Zufälligen (1986) 98-116. – [57] J. SIMON: Philos. des Zeichens (1989) 147. 206. – [58] W. STEGMAIER: Weltabkürzungskunst. O. durch Zeichen, in: J. SIMON (Hg.): Zeichen und Interpretation 1 (1994) 119-141. – [59] N. LUHMANN: Soziale Systeme. Grundriß einer allg. Theorie (1984) 362f. – [60] K. MAINZER: Art. ‹O.›, in: Enzykl. Philos. und Wissenschaftstheorie, hg. J. MITTELSTRASS 2 (1984) 1094f.; Y. RUDYAK/A. V. CERNAVSKII: Art. ‹Orientation›, in: Encycl. of math. 7 (1991) 16-19. – [61] H. THOMAE: Das Individuum in seiner Welt (1988). – [62] G. SCHMIDTCHEN: Der Mensch – die Orientierungsweise. Probleme individueller und kollektiver Verhaltenssteuerung aus sozialpsychol. Sicht, in: [o.Hg.]: Der Mensch als Orientierungswaise? (1982) 169-216.

Literaturhinweise. H. NISSEN: Orientation. Studien zur Gesch. der Religion (1906). – R. BRUN: Die Raumorientierung der Ameisen und das O.-Problem im allgemeinen (1914). – J. P. HOWARD/W. B. TEMPLETON: Human spatial orientation (New York 1966). – F. KAULBACH: W., Weltkenntnis und pragmat. Vernunft bei Kant, in: F. KAULBACH/J. RITTER (Hg.): Kritik und Metaphysik (1966). – H. LÜBBE: O. Zur Karriere eines Themas, in: [o.Hg.]: Der Mensch als Orientierungswaise? (1982) 7-29. – H. SCHÖNE: O. im Raum. Formen und Mechanismen der Lenkung des Verhaltens im Raum bei Tier und Mensch (²1983). – G. WOLANDT: Philos. und Erfahrungswiss.en bei Jaspers. Philos. Jb. 92 (1985) 255-265. – P. BERTHOLD: Vogelzug (1990). – A. DAVID: S'orienter dans la pensée. Notes sur l'extériorité, in: C. CHALIER/M. ABENSOUR (Hg.): Emmanuel Levinas (Paris 1991) 201-223. – W. STEGMAIER: ‹Was heißt: Sich im Denken orientieren?› Zur Möglichkeit philos. W. nach Kant. Allg. Z. Philos. 17 (1992) 1-16; Wahrheit und O. Zur Idee des Wissens, in: V. GERHARDT/N. HEROLD (Hg.): Perspektiven des Perspektivismus (1992) 287-307. – E. W. ORTH: O. über O. Zur Medialität der Kultur als Welt des Menschen. Z. philos. Forsch. 5 (1996) 167-182. – J. SIMON (Hg.): Zeichen und Interpretation 3: O. in Zeichen (1997). – J. SIMON: Argumentatio ad hominem: Kant und Mendelssohn, in: W. STEGMAIER (Hg.): Die philos. Aktualität der jüd. Tradition (2000) 376-399.

W. STEGMAIER

Welträtsel (engl. riddle of the universe). Der Terminus ‹W.› wird im 19. Jh. gebräuchlich [1] und am Anfang des 20. Jh. zum Schlagwort. Schon vorher finden sich vielfach Stimmen, die artikulieren, daß das Ganze der Welt, bestimmte ihrer Bereiche oder der Mensch selbst dem Menschen ein 'Rätsel' bleiben: «The whole is a riddle, an aenigma, an inexplicable mystery» [2]. Der Ausdruck ‹Rätsel› wird dabei in einem weiten Bedeutungsspektrum zwischen ‹Geheimnis› und ‹Puzzle› verwendet [3]. Die Rede vom ‹W.› changiert zwischen einer erkenntnisoptimistischen und einer erkenntnispessimistischen Position, zwischen der Beanspruchung einer umfassenden Welterklärungskompetenz auf der einen und der Behauptung einer prinzipiellen Unerkennbarkeit der Welt im Ganzen und damit der Unlösbarkeit ihrer Rätsel auf der anderen Seite.

Von einer sich dem wissenschaftlichen Naturverständnis widersetzenden Rätselhaftigkeit der Welt gehen die Romantiker aus. NOVALIS zufolge ist die Welt ein Rätsel, dessen «Dechiffriren» [4] allein die Poesie zu leisten vermag. Für den späten F. W. J. SCHELLING ist der «wahre Grund der Welt» ein «Räthsel» [5], dessen Lösung den Menschen letzten Endes mit dem göttlichen Absoluten konfrontiert, aus dem einst alles hervorging. A. SCHOPENHAUER findet die «Lösung des Räthsels der Welt» [6] nicht mehr in einer göttlichen Macht, sondern in einem vernunftlosen Willen, der im letzten grund- und zwecklos aus sich heraus bestehe und die Welt an sich sei. F. NIETZSCHE wiederum entdeckt im Willen zur Macht die Lösung für das W.: «wollt ihr einen Namen für diese Welt? Eine Lösung für alle ihre Räthsel? ... Diese Welt ist der Wille zur Macht – und nichts außerdem!» [7] Nietzsches Freund W. OVERBECK kennzeichnet die Religion als «Versuch, die Verantwortung für das Welträthsel ... auf die übermenschli. Macht der Gottheit zu übertragen» [8]. J. BURCKHARDT bezieht den Begriff ‹W.› primär auf das geschichtliche Leben. Er macht geltend, daß die Geschichte «das große und schwere Rätsel des Lebens ... nur größtenteils» [9] zu lösen vermag: «Das Ziel des Daseins und der ganzen Geschichte bleibt rätselhaft» [10].

Die «sieben W.» [11], die der Naturforscher E. DU BOIS-REYMOND in wirkmächtiger Weise 1880 exponiert, zeigen die Spannweite von prinzipieller Lösbarkeit und prinzipieller Unlösbarkeit: 1) das Wesen von Materie und Kraft; 2) die Frage nach dem Ursprung der Bewegung, 3) die Frage nach dem Entstehen der Empfindung. Diese drei W. nennt er (im Kantischen Sinne) transzendent und daher prinzipiell unlösbar. Die Rätsel 4) der Entstehung allen Lebens sowie 5) der zweckmäßigen Einrichtung der Natur und der Anpassungsfähigkeit der Organismen hält Du Bois-Reymond dagegen für prinzipiell lösbar, wenn auch noch nicht für gelöst. Auch 6) die Fähigkeit vernünftigen Denkens und damit verknüpft die Frage nach dem Ursprung der Sprache hält er für grundsätzlich aufklärbar; 7) in bezug auf die menschliche Willensfreiheit läßt er die Lösbarkeit offen, versucht allerdings dieses W. als ein auf Täuschung beruhendes Dogma zu eliminieren. Auffälligerweise bezieht Du Bois-Reymond den Begriff ‹W.› nicht auf die Existenz der Welt überhaupt, sondern lediglich auf bestimmte innerweltliche Gegebenheiten.

E. HAECKEL macht – im kritischen Anschluß an Du Bois-Reymond – durch seine Schrift ‹Die W.› diesen Ausdruck in der Wissenschaftswelt des ausgehenden 19. Jh. populär. Haeckel glaubt, daß die Wissenschaft prinzipiell alle W. lösen könne: «Die Mittel und Wege zur Lösung der W. sind diejenigen der reinen wissenschaftlichen Erkenntnis überhaupt» [12]. Dabei sei das «unter allen Welträtseln ... größte, umfassendste und schwerste ... dasjenige von der Entstehung und Entwickelung der Welt» [13]. Die Frage aller Fragen bleibe die nach dem Ursprung des Menschen. Einen Schlüssel zur Lösung der W. findet Haeckel in Ch. Darwins Evolutionstheorie sowie im Naturgesetz der Stoff- und Krafterhaltung. Von einem materialistischen Standpunkt ausgehend, glaubt er, daß die Welt anfangs- und endlos aus sich heraus bestehe. Auch er lenkt sein Augenmerk nicht auf das Rätsel der Weltexistenz überhaupt, sondern nur auf das Rätsel bestimmter Naturphänomene. Ähnlich Haeckel besitzt S. FREUD Vertrauen in die modernen Wissenschaften, von deren Fortgang er die Klärung der «W.» erhofft [14].

Eine große Rolle spielt das «Welt- und Lebensrätsel» [15] in der Hermeneutik W. DILTHEYS. Dilthey zufolge entzieht es sich wissenschaftlichen und metaphysischen Erklärungen gleichermaßen. Unter dem W. versteht Dilthey das Problem der Weltexistenz überhaupt: Warum existiert etwas? Das Lebensrätsel faßt er mit den Fragen: «Woher komme ich? Wozu bin ich da? Was werde ich sein?» zusammen [16]. Das «Urrätsel des Daseins» [17] will P. NATORP nicht ungelöst lassen. Die Vernunft sei zwar ohnmächtig, die Existenz der Welt zu setzen, aber mächtig genug, das göttliche Absolute zu erkennen, das jene gesetzt habe. Zurückhaltender bleibt E. HUSSERL;

wie Dilthey kommt es ihm auf den Nachweis an, daß sich das «Welt- und Lebensrätsel» nicht durch die Naturwissenschaften lösen lasse: «Der allgemeine Glaube, daß dies zu leisten ihre Funktion und sie nur noch nicht weit genug seien, die Meinung, daß sie dies – prinzipiell – leisten können, hat sich Tieferblickenden als ein Aberglaube enthüllt» [18].

Auch N. Hartmann betrachtet die Welt als etwas «Rätselhaftes» [19] und gebraucht in diesem Zusammenhang den Ausdruck ‹W.› [20]. Er unterscheidet zwischen dem Objektiven (dem wissenschaftlich Erkannten), dem Transobjektiven (dem noch nicht wissenschaftlich Erkannten) und dem Transintelligiblen (dem wissenschaftlich Unerkennbaren oder den sogenannten Restproblemen und unlösbaren W.). Zu letzterem zählen die Fragen «nach dem Ursprung der Welt (des realen Daseins überhaupt), der Materie, der Energie, nach dem Grunde des spezifischen Soseins der Naturgesetze, nach dem komplexen Wesen der Individualität alles Daseienden, und zahlreiche andere» [21]. Allerdings zieht Hartmann religiösmetaphysische Antworten auf diese Fragen nicht mehr in Betracht.

Eine erkenntnistheoretische Auflösung der «W.» [22] versucht der Empiriokritizist R. Avenarius, indem er die gewöhnlich als selbstverständlich hingenommene Alltagswelt auf die subjektiven Bedingungen ihrer Möglichkeit zurückführt. Auch H. Rickert, Vertreter des Südwestdeutschen Neukantianismus, strebt keine metaphysische oder wissenschaftliche Lösung der W. an, sondern ihre erkenntnistheoretische Auflösung. «Das W. entsteht ... dort, wo man versucht, den Teil zum Ganzen zu machen, und wo dann ... das Totale sich dem Partikularen nicht fügen will» [23]. Dabei geht Rickert wie schon Avenarius nicht auf den Begriff ‹W.› im Sinne des Rätsels der Weltexistenz ein.

Diesem schenkt dagegen der frühe L. Wittgenstein wieder größere Beachtung. Zwar ist auch er davon überzeugt, daß es keine unlösbaren Rätsel gibt: «Das Rätsel gibt es nicht. Wenn sich eine Frage überhaupt stellen läßt, so kann sie auch beantwortet werden» [24]. Alle Tatsachen der Welt lassen sich seiner Auffassung nach wissenschaftlich klären, aber die Welt selbst bleibt ein unbegreifliches Rätsel: «Nicht wie die Welt ist, ist das Mystische, sondern daß sie ist» [25]. Wittgensteins Position entspricht damit in gewisser Weise der fundamentalontologischen Rekonstruktion der Metaphysik durch die Grundfrage: «Warum ist überhaupt Seiendes und nicht vielmehr Nichts?» [26], die M. Heidegger im Rückbezug auf Leibniz und Schelling unternimmt [27].

Vertreter des ‹Wiener Kreises› wie M. Schlick, O. Neurath, R. Carnap vertreten eine wissenschaftliche Weltauffassung, die keinen Raum für metaphysische und theologische Spekulationen läßt: «Die wissenschaftliche Weltauffassung kennt keine unlösbaren Rätsel» [28], da es «no unfathomable mystery in the world» gibt [29]. Solch radikale Position hat dann in der Folge K. R. Popper wieder relativiert: «Was mein Interesse an der Wissenschaft und an der Philosophie betrifft, so kommt das nur daher, daß ich etwas über das Rätsel der Welt, in der wir leben, lernen möchte» [30].

Anmerkungen. [1] Art. ‹W.›. Grimm 14/I, 1 (1955) 1673f. – [2] D. Hume: An enqu. conc. human underst. (1748). Philos. works, hg. Th. H. Green/Th. H. Grose (London ^{2}1882-86, ND 1992) 2, 57. – [3] G. Gabriel: Logik und Rhetorik der Erkenntnis 5: Das Rätsel als Erkenntnisform (1997) 78-98 (mit Lit.). – [4] Vgl. Novalis [F. von Hardenberg]: Die Lehrlinge zu Sais (1802). Sämtl. Werke, hg. P. Kluckhohn/R. Samuel (1960-77) 1, 97f. – [5] F. W. J. Schelling: Philos. der Offenbarung 1, 1. Vorles. [1842/43]. Sämmtl. Werke II/3, hg. K. F. A. Schelling (1858) 5f. – [6] A. Schopenhauer: Die Welt als Wille und Vorst. I, Anhang: Kritik der Kantischen Philos. (1819, ^{3}1859). Sämtl. Werke, hg. A. Hübscher 2 (^{3}1972) 506. 497. – [7] F. Nietzsche: Nachgel. Fragm., Juni-Juli 1885 38[12]. Krit. Ges.ausg., hg. G. Colli/M. Montinari (1967ff.) 7/3, 339. – [8] F. Overbeck: Nachlaß Kirchenlexicon, Text ‹Religion (Allgemeines)›. Werke und Nachlaß, hg. B. von Reibnitz 5 (1995) 279. – [9] J. Burckhardt: Über das Studium der Geschichte [1868]. [Der Text der «Weltgeschichtl. Betrachtungen»], hg. P. Ganz (1982) 111. – [10] Vgl. a.O. 169; vgl. 166ff. – [11] E. Du Bois-Reymond: Über die Grenzen des Naturerkennens. Die sieben W. (1880, ^{4}1898) 67. – [12] E. Haeckel: Die W., Kap. 1 (1918) 11; vgl. Art. ‹Ignoramus – ignorabimus›. Hist. Wb. Philos. 4 (1976) 198f. – [13] Kap. 13, a.O. 140. – [14] S. Freud: Neue Folge der Vorles. zur Einf. in die Psychoanalyse [1932]. Ges. Werke, hg. A. Freud u.a. (London 1940-87) 15, 187. – [15] W. Dilthey: Das Wesen der Philos. (1907). Ges. Schr. 5 (^{4}1964) 367. – [16] Zur Philos. der Philos. [ca. 1907], a.O. 8 (^{2}1960) 206-219, 208. – [17] P. Natorp: Philos. Systematik, hg. H. Natorp (1958) 23. – [18] E. Husserl: Philos. als strenge Wissenschaft. Logos 1 (1910/11) 289-340, 335; ND, hg. W. Szilasi (1965) 65. – [19] N. Hartmann: Zur Grundleg. der Ontologie (1965) 253. – [20] Teleolog. Denken (1966) 57. – [21] a.O. [19] 253f. – [22] R. Avenarius: Der menschl. Weltbegriff (1891) 94. – [23] H. Rickert: System der Philos. 1 (1921) 207; vgl. 210. 183. – [24] L. Wittgenstein: Tract. log.-philos. (1921) 6.5. – [25] a.O. 6.44. – [26] M. Heidegger: Was ist Met.? [1929] (^{11}1975) 42. Ges.ausg. I/9 (1976) 122. – [27] Vgl. Art. ‹Warum›. – [28] H. Hahn/O. Neurath/R. Carnap: Wissenschaftl. Weltauffassung (1929) 15. – [29] M. Schlick: Meaning and verification. Ges. Aufs. 1926-1936 (1938) 337-367, 351; vgl. Die philos. Fragestellung, in: Die Probleme der Philos. in ihrem Zus. Vorles. WS 1933/34, hg. H. Mulder u.a. (1986) 63-79. – [30] K. R. Popper: The logic of scient. discovery (Leiden 1959); dtsch.: Logik der Forschung (1934, ^{3}1969) XXII [Vorwort zur dtsch. Erstausg.].

F. J. Wetz

Weltreligion(en) (engl. world religion[s]; frz. religion[s] du monde). Der Begriff ‹W.› (auch: ‹Universal-› oder ‹Hochreligion[en]›) wird nicht einheitlich gebraucht. Einerseits werden mit ihm Religionen im Hinblick auf ihre geographische Verbreitung und die Zahl ihrer Bekenner bezeichnet, andererseits dient er zur Kennzeichnung der geistigen und ethischen Qualitäten einer Hochreligion im Gegensatz zu primitiven Religionen. Beide Bedeutungen treffen auf das Christentum, den Islam und den Buddhismus zu, während für das Judentum, den Hinduismus und die meisten archaischen Hochreligionen die zweite Bestimmung angemessen ist.

Bei seinem frühesten Auftreten im 17. und 18. Jh. ist mit «Religionen der Welt» nur die Gesamtheit aller vorkommenden Religionen gemeint [1], auch und gerade in der radikalen Religionskritik [2]. Dieser Sprachgebrauch hat aber, wie die Verwendung von ‹W.› selbst, die nicht selbstverständliche Voraussetzung, daß der Begriff ‹Religion› auch auf andere als den eigenen Glauben und Kultus übertragen werden kann. – Zu Beginn des 18. Jh. erscheint ‹W.› zudem für den (vermeintlichen) Anspruch der katholischen Kirche, im Sinne von ‹katholisch› (s.d.) die einzige W. zu sein [3]. Um 1800 versteht J. G. Herder «W.» als «reine, von keinen Nationalbestimmungen» überformte Religion [4]; für I. Kant ist die «christliche Religion als natürliche Religion» «W.» [5]. Als «Muster» einer solchen W., die von allen «historischen» Besonderheiten frei ist, bezeichnet Novalis das Christentum [6]. J. W. Goethe stellt die W., die «öffentliche» Religion, der «innerlichen» Religion gegenüber [7].

Theologen wie F. Ch. von Ammon sehen für das Christentum die Möglichkeit, sich zur W. fortzubilden, wenn es sich über alle «Einseitigkeit der Partheiungen» zur «vernünftigen und geistigen Religion» erhebt [8]. Von späteren Autoren wird einmütig das Christentum zur W. erklärt [9], von A. SCHOPENHAUER außerdem der Islam und der Buddhismus [10]. Zeitkritiker wie K. GUTZKOW können dem Anspruch des Christentums nur dann zustimmen, wenn es auf Vormundschaft und kirchliche Hierarchie verzichtet [11]. Nach F. NIETZSCHE wurde das Christentum gerade durch seine Kunst, sich «Universal-Heidnische ... Gebräuche» der Antike anzuverwandeln, zur Ausbreitung als W. befähigt [12]. Aber auch A. VON HARNACK sieht den Übergang des Christentums zur W. bedingt einerseits durch eine Reduktion auf einige wesentliche Momente seiner Botschaft, andererseits durch einen universal-religiösen Synkretismus, der sich aller religiösen Kräfte seiner Zeit bemächtigte und sie in seinen Dienst nahm [13].

Erst mit der Ausbreitung der Religionsgeschichte und vergleichenden Religionswissenschaft erhält ‹W.› den heute gebräuchlichen Sinn von ‹Hochreligion› [14]. Während die Entgegensetzung von ‹W.› und ‹Volksreligion›, die meist aber auf einen Ausgleich von universaler Religion und nationaler Kirche abzielte [15], ein Zwischenspiel blieb, werden seit dem 19. Jh. zunehmend drei bzw. fünf W.en aufgezählt: Brahmanismus/Buddhismus, Islam, Christentum (F. RÜCKERT [16]) bzw. Buddhismus, Konfuzianismus, Hinduismus, Islam, Christentum (und mit Einschränkungen das Judentum) (M. WEBER [17]) oder Brahmanismus/Hinduismus, Buddhismus, chinesischer Universismus, Islam, Christentum (H. VON GLASENAPP [18]). Gegen konservative Theoretiker, die dem Judentum den Charakter einer W. absprechen [19], insistiert L. BAECK auf dem «weltgeschichtlichen Beruf» Israels. Da das Judentum im wesentlichen nicht eine Dogmatik, sondern eine Ethik beinhalte und da das «Ethische die allgemeine Gesetzgebung» erfordert, hat diejenige Religion, die dies lehrt, bevorzugt den «Charakter der W.» [20]. Die synonyme Verwendung von ‹W.› und ‹Hochreligion› [21] ist auch in der vergleichenden Religionssoziologie gebräuchlich [22].

In der allgemeinen Bedeutung wird der Begriff auch in der christlichen Dogmatik verwendet. So kann nach der Heilsbedeutung der nichtchristlichen Religionen gefragt werden [23], oder es kann im Dialog z.B. mit dem Buddhismus auch die von außen kommende Kritik «in Selbstkritik verwandelt werden» [24], oder es können, ohne Nivellierung der Unterschiede, gemeinsame Grundbegriffe der Religionen gesucht werden [25], die in eine «Theologie der Religionen» eingehen [26]. Während A. SCHWEITZER das Gespräch mit den W.en suchte, aber im «Ethischen» als der «einzig lebendigen Geistigkeit» den Vorrang des Christentums begründet sieht [27], plädiert besonders H. KÜNG für den «globalen Dialog» der W.en [28].

Anmerkungen. [1] J. JOVET: L'hist. des religions de tous les royaumes du monde (Paris 1676), 1-4 (Paris 1710), 1-3 (Paris 1724). – [2] N.-A. BOULANGER: L'antiquité dévoilée par ses usages, ou examen crit. des principales opinions, cérémonies et institutions relig. et polit. des différens peuples de la terre (Amsterdam 1766, ND Paris 1978); ANON. [P.-H. TH. D'HOLBACH?]: Examen impartial des principales religions du monde (o.O., o.J. [Paris ca. 1766]). – [3] V. E. LÖSCHER: Abgewiesener Demas, zur Überzeugung der Päbstler, und der den Abfall befördernden Frey-Geister (1713) 5; vgl. Art. ‹Weltreligion›. GRIMM 14/I, 1 (1955) 1681f. – [4] J. G. HERDER: Aelteste Urkunde des Menschengeschlechts (1774). Sämmtl. Werke, hg. B. SUPHAN (1877-1913, ND 1967f.) 6, 377. – [5] I. KANT: Die Religion innerhalb der Grenzen der bloßen Vernunft (1793). Akad.-A. 6, 157. – [6] NOVALIS [F. VON HARDENBERG]: Br. an Just (26. 12. 1798). Schr., hg. P. KLUCKHOHN/R. SAMUEL (²1960-88) 4, 272. – [7] J. W. GOETHE: Wilhelm Meisters Wanderjahre II, 2 (1821). Hamb. Ausg. 8, 161. – [8] F. CH. VON AMMON: Die Fortbildung des Christenthums zur W. (1833-40) 1, 98f. – [9] J. C. BLUNTSCHLI: Staatswb. (1869-72) 3, 914; C. FRANTZ: Schelling's positive Philos. (1879-80) 3, 267; TH. MOMMSEN: Röm. Geschichte (1854-56, ⁴1894) 657. – [10] A. SCHOPENHAUER: Die Welt als Wille und Vorst. II, 1, Kap. 17 (1844). Sämtl. Werke, hg. A. HÜBSCHER (⁴1988) 3, 177f.; vgl. Ueber den Willen in der Natur (1836, ²1854), a.O. 4, 144. – [11] K. GUTZKOW: Der Zauberer von Rom (1858) 9, 133; Säkularbilder VIII (1846) 358. – [12] F. NIETZSCHE: Morgenröthe I, 70 (1881). Krit. Ges.ausg., hg. G. COLLI/M. MONTINARI (1967ff.) 5/1, 64. – [13] A. VON HARNACK: Die Mission und Ausbreitung des Christentums in den ersten drei Jh. 1-2 (1902, ⁴1924) 1, 325. 526-528. – [14] Früh z.B. F.-M. BERTRAND: Dict. univ., hist. et comparatif de toutes les religions du monde: comprenant le christianisme, le paganisme, le sabéisme, le magisme, le druidisme, le brahmanisme, le bouddhisme, le chamanisme, l'islamisme ... 1-4 (Paris 1848-51). – [15] A. KUENEN: Volksgodsdienst en wereldsgodsdienst (Leiden 1882); dtsch.: Volksreligion und W. (1883); W. THUEMMEL: Volksreligion oder W.? Landeskirche oder Bekenntniskirche (1915); G. MENSCHING: Volksreligion und W. (1938). – [16] F. RÜCKERT: Brahmanische Erzählungen 3 (1839). Ges. poet. Werke (1882) 3, 346; vgl. K. VOLLMERS: Die W.en in ihrem weltgeschichtl. Zusammenhange (1921). – [17] M. WEBER: Die Wirtschaftsethik der W.en (1915-19), in: Ges. Aufs. zur Relig.soziol. 1 (1920, ⁹1988) 237-573. Ges.ausg. (1989-96) I/19, 83f. – [18] H. VON GLASENAPP: Die fünf großen Religionen (1951-54); 2. Aufl. u.d.T.: Die fünf W.en (1967). – [19] P. DE LAGARDE: Über das Verhältnis des dtsch. Staates zu Theol., Kirche und Religion [1873], in: Dtsch. Schr. (1891) 58. – [20] L. BAECK: Das Wesen des Judentums (1906, ⁶1960) 56. 66f.; vgl. Volksreligion und W. [1931], in: Wege im Judentum (1933) 195-214. – [21] E. BENZ/M. NAMBARA: Das Christentum und die nicht-christl. Hochreligionen. Eine int. Bibliogr. (Leiden 1960); G. MENSCHING: Die W.en (1972); E. BRUNNER-TRAUT (Hg.): Die fünf großen W.en: Hinduismus, Buddhismus, Islam, Judentum, Christentum (1974, ²⁸1998); U. TWORUSCHKA/D. ZILLESSEN (Hg.): Thema W.en (1977); U. TWORUSCHKA: Die vielen Namen Gottes. W.en heute (1985); H. KÜNG u.a.: Christentum und W.en (1984); J. BOWKER (Hg.): The Oxford dict. of world religions (Oxford 1997); dtsch. (1999). – [22] J. WACH: Religionssoziol. (1951) 304-324. 349-352; F. HEILER: Erscheinungsformen und Wesen der Religion (1961) 433-454; U. BIANCHI: Problemi di storia delle religioni (Rom 1964); dtsch.: Probleme der Religionsgesch. (1964) 21-29. – [23] K. RAHNER: Das Christentum und die nichtchristl. Religionen [1961], in: Schr. zur Theol. 5 (1962) 136-158; Über die Heilsbedeutung der nichtchristl. Religionen [1975], a.O. 13 (1978) 341-350; J. RATZINGER: Der christl. Glaube und die W.en, in: Gott in Welt. Festgabe K. Rahner (1964) 2, 287-305. – [24] P. TILLICH: Das Christentum und die Begegnung der W.en (1964). Ges. Werke 5 (1964) 51-98, zit. 94. – [25] C. H. RATSCHOW: Die Religionen und das Christentum, in: C. H. RATSCHOW (Hg.): Der christl. Glaube und die Religionen. Hauptvorträge des Evangel. Theologenkongr. Wien, 26.-30. 9. 1966 (1967) 88-128. – [26] H. R. SCHLETTE: Die Religionen als Thema der Theol. (1963); W. PANNENBERG: Erwägungen zu einer Theol. der Religionsgesch., in: Grundfragen system. Theol. (1967) 252-295; H. BÜRKLE: Einf. in die Theol. der Religionen (1977); C. H. RATSCHOW: Die Religionen [Hb. System. Theol. 16] (1979) 103-128. – [27] A. SCHWEITZER: Das Christentum und die W.en (1924). Ges. Werke (1971) 2, 715. – [28] KÜNG u.a., a.O. [21] 9.

G. LANCZKOWSKI/Red.

Weltrevolution (engl. world revolution; frz. révolution du monde bzw. mondiale). Umfassende historische Veränderungen nennt schon J. G. HERDER ‹W.en› [1]. Von der Französischen Revolution als «révolution du monde», die nicht aufzuhalten sei, spricht M. DE ROBESPIERRE in einem Brief an M.-J. de La Fayette [2]. Dem Briten TH. PAINE ist «the cause of France the cause of all mankind», er sieht die «principles» der Amerikanischen Revolution nun auch in Europa und den Beginn der «great Republic of Man» [3]. Auch bei deutschen Autoren spielt die Idee einer Revolution (s.d.), die die ganze Welt ergreift, eine Rolle, so beim Reformpädagogen J. H. Campe, der «das Emporkommen der ... Adamsfamilie» in Frankreich begrüßt als «Beispiel» für das «übrige Europa» und die «ihrer menschlichen Rechte ... beraubten Menschen in allen fünf Weltteilen». Jedoch warnt er davor, das Modell einfach auf andere Staaten zu übertragen [4]. Während Napoleons Herrschaft gelten Reichweite seiner Macht und Erneuerungen der Staatsverwaltung als W., und die Befreiungskriege deuten Gegner als Ende der W. und als Sieg der Reaktion [5].

Zum Terminus wird der Ausdruck ‹W.› durch W. I. Lenin, demzufolge die von K. Marx und F. Engels ausgerufene, sich auf «universelles Terrain» in den durch den «Weltmarkt» verbundenen Staaten ausbreitende kommunistische Revolution [6] von der Oktoberrevolution in Rußland ihren Ausgang nimmt: Die «vereinten Kräfte der gekrönten Räuber und des internationalen Kapitals zu vernichten vermag allein die W. des Proletariats» [7]. Ab 1915 will Lenin die «Vereinigten Staaten der Welt» errichten, «nicht ... Europas» [8]. Der Erste Weltkrieg läßt die W. als Nahziel erscheinen. «Den imperialistischen Weltkrieg», schreibt R. Luxemburg 1917, «kann nur eine proletarische W. liquidieren» [9], und 1918 an die Proletarier aller Länder: «Unter dem wehenden Banner der sozialistischen W. soll der Frieden geschlossen werden» [10]. Gerade der Weltkrieg «enthüllt das revolutionäre Wesen des Kapitalismus»; die «heutige Revolution» sei «weder englisch, noch französisch, noch deutsch, noch russisch», sondern «internationale Revolution der Welt» [11]. Nach Kriegsende wird das Thema beibehalten, aber das Wie einer möglichen W. variiert. Die ‹III. Kommunistische Internationale› bezieht erstmals explizit «Menschen weißer, gelber, schwarzer Hautfarbe – die Werktätigen der ganzen Erde» – in die W. mit ein [12]. Rekurrierend auf Lenin kennzeichnet J. W. Stalin die «Entwicklung» der W. als einen «Prozeß des Ausscheidens» von Ländern aus dem Imperialismus [13]. L. Trotzki sieht die W. als «permanente Revolution» [14] «in einem neuen, breiteren Sinne des Wortes», die erst mit dem «Siege der neuen Gesellschaft auf unserem ganzen Planeten» ende [15]. Maos «neu-demokratische Revolution» schließlich versteht sich als Teil einer W., an der «zeitweilig auch die Bourgeoisie teilnimmt» [16].

Für den Phänomenologen M. Scheler ist das marxistische Anliegen, «nicht Europa, sondern die Welt befrieden» zu wollen, ein «klassenbestimmter 'Weltrevolutionskrieg'» [17]. Jenseits des marxistisch-leninistischen Diskurses wird der Programmbegriff zum Schlagwort. Mittels einer W. will man «friedlich» im Namen Jesu «wahrhaftige Menschenliebe und Menschengemeinschaft» umsetzen [18], oder man sieht die «Weltfreimaurerei» auf dem Wege zur Weltherrschaft [19]. 1933 prophezeit O. Spengler neben der 'weißen W.' der schlecht Weggekommenen, die seit 1789 zur «Einebnung der Gesellschaft» führe, die 'farbige W.' als «Angriff auf die Weißen überhaupt» [20]. Die nationalsozialistische Politik wiederum beansprucht, die sozialistische W. durch die Errichtung der Weltherrschaft der nordisch-germanischen Rasse zu ersetzen. Der Zweite Weltkrieg sei «eine gigantische» W. [21], die sich gegen die W. «von Asien» richte [22]. Nach 1945 heißt es für die Bundesrepublik dann, die 'echte W.' sei die 'technische Revolution', nicht die marxistische [23]; sozialistische Kreise wollen die «strategischen Hauptziele der revolutionären Weltbewegung» auf das Verhindern eines Atomweltkrieges konzentrieren [24].

Eine «worldwide liberal revolution» zum Ende des 20. Jh. betrachtet F. Fukuyama 1992 als das «most remarkable macropolitical phenomenon of the last four hundred years»; ihr Sieg sei das Ende der Geschichte [25]. Unabhängig davon sieht auch die links-kritische Analyse der kapitalistischen Globalisierung heute Herrschaftsstrukturen, für die «the model of the horizontal articulation of struggles ... is no longer adaequate», um «global significance» zu erlangen [26].

Anmerkungen. [1] J. G. Herder: Von der Annehmlichkeit, Nützlichkeit und Nothwendigkeit der Geographie [1784?]. Sämmtl. Werke, hg. B. Suphan 30 (1889) 109. – [2] M. de Robespierre: Deuxième lettre de Robespierre à La Fayette (28. 6. 1792). Oeuvr. (New York 1840, ND 1970) 447. – [3] Th. Paine: Address to the people of France (25. 9. 1792), in: The life and works, hg. W. M. van der Weyde 7 (New Rochelle/New York 1925) 265-270, 266f.; vgl. 270. – [4] J. H. Campe: Briefe aus Paris, 2. Br. (9. 8. 1789), hg. H. König (1961) 138. – [5] Vgl. D. Dufour: Les trois âges des colonies (1801, 1817) 2, 225; A. Mallinckrodt: Was thun bey Deutschlands, bey Europa's Wiedergeburt? (1814) 2; Anon.: Die europ. Pentarchie (1839) 113. – [6] F. Engels: Grundsätze des Kommunismus (1847). MEW 4, 374f.; K. Marx: Die Klassenkämpfe in Frankreich 1848 bis 1850 (1850). MEW 7, 79. – [7] W. I. Lenin: Die Ereignisse auf dem Balkan und in Persien (1908). Werke 15 (⁶1974) 224. – [8] Über die Losung der Vereinig. Staaten von Europa (1915), a.O. 21 (⁵1974) 345. – [9] R. Luxemburg: Brennende Zeitfragen (1917). Ges. Werke 4 (1971) 278. – [10] An die Proletarier aller Länder (1918), a.O. 418. – [11] P. Rensch: Drei Jahre W. (1918) 8f. – [12] Statuten der Kommunist. Internat. (1920), in: G. Nollau: Die Internat. (1959) 383-387, 384. – [13] J. W. Stalin: Die Oktoberrevolution und die Taktik der russ. Kommunisten (1924). Werke 6 (1952) 356. – [14] Vgl. Art. ‹Revolution, permanente›. Hist. Wb. Philos. 8 (1992) 988-990. – [15] L. Trotzki: Die permanente Revol. (1929) (1969) 151. – [16] Mao Tse-Tung: Die chines. Revol. und die KP Chinas (1939). Ausgew. Schr. 3 (²1958) 116. – [17] M. Scheler: Die Idee des Friedens und der Pazifismus (1931, Bern ²1974). Ges. Werke 13, Schr. aus dem Nachl. 4, hg. M. S. Frings (1990) 114; vgl. 96f. – [18] H. G. von Beerfelde: Das große Geheimnis der W. (1919) 11. – [19] Vgl. F. Wichtl: Weltfreimaurerei, W., Weltrepublik (1923), hg. E. Berg (1928) 242. 208. – [20] Vgl. O. Spengler: Jahre der Entscheidung (1933) 147. 78. 58. – [21] Münchner Neueste Nachrichten (19. 5. 1942) und (8. 7. 1940); Volk und Heimat (20. 7. 1933). – [22] Volk und Reich (1934) 94. – [23] E. Schieweck: Die überholte W. (1959) 18; vgl. auch: R. V. Lutzmann: Abschied von der W.? (1977) 185f. – [24] E. Mandel: Friedliche Koexistenz und W. (1975) 32. – [25] F. Fukuyama: The end of history (London 1992) 48. – [26] M. Hardt/A. Negri: Empire (Cambridge/London 2000) 57.

I. Fetscher

Weltschmerz (engl. world-woe; weltschmerz; frz. mal du siècle) ist eine Bezeichnung für das ständige Leiden am unaufhebbaren Zwiespalt zwischen den Ansprüchen des Geistes und Herzens und der Beschaffenheit der Wirklichkeit [1]. Durch einzelne schmerzliche Erfahrungen wird dieses Leiden nur ausgelöst oder bestätigt, nicht verursacht. Der Begriff wird geläufig in der europäischen Spätromantik des frühen 19. Jh. Die Erfahrung der unlöslichen Antinomie von Ich und Welt ist schon in J. W. Goethes Roman ‹Die Leiden des jungen Werthers› (1774) gestaltet, mit breitester Resonanz in Europa. Es ist jedoch problematisch, den Terminus schon auf jene Dichtungen des 18. Jh. anzuwenden [2], in denen sich mannigfaches Leiden an der Wirklichkeit meistens als sanfte Melancholie (s.d.) oder empfindsame Trauer (s.d.) ausspricht. Gewiß sind das Vorklänge der sich im 19. Jh. äußernden leidvollen Desillusionierung und Weltverneinung. Diese aber hat nach der Französischen Revolution eine spezifische Ausprägung erfahren, für die man den Begriff ‹W.› vorbehalten sollte. Der weltfeindliche Affekt verschärft sich, die grauen Färbungen werden dunkler. Dieser W. ist kaum noch als Gegenposition gegen den Optimismus der Aufklärung gerichtet, sondern wird ohne Gegenhalt zu einer habituellen Verneinung. Die Verschärfung zeigt sich schon in F.-R. DE CHATEAUBRIANDS in der Werther-Nachfolge stehendem Roman ‹René› (1802) oder in den (anonymen) ‹Nachtwachen des Bonaventura› (1805). Beide Werke dürfen als frühe Bekundungen des W. gelten.

Das Wort ist zuerst bei JEAN PAUL nachgewiesen [3]. Es bezeichnet hier die Gesamtheit des Leidens in der Welt: «Gott, um den W. auszuhalten, muß die Zukunft sehen». H. HEINE bezeichnet 1831 mit ‹W.› das Leiden an der Vergänglichkeit irdischer Größe [4]. K. L. IMMERMANN nennt 1838 ‹W.› die resignierende Verneinung aller Gegebenheiten [5] und kennzeichnet 1836 die Stimmungslage der Zeit um 1830 durch die Neigung, «sich auch ohne alles besondre Leid unselig zu fühlen» [6].

TH. MUNDT, F. HEBBEL und andere verwenden das Wort als *literaturkritischen* Begriff [7]. 1855 gibt J. SCHMIDT eine prägnante Formulierung des Phänomens: «Diese Poesie des W., der Vorbote einer innern Revolution der Gesellschaft, ging nicht aus einem Behagen am Gemeinen und Häßlichen hervor, sondern aus einem hochfliegenden Idealismus, der in seinem vergeblichen Ringen nach Gestaltung sich endlich mit Trauer und Zorn darauf resignirte, eine unermeßliche Wüste zu beleuchten, in der nur das vorhanden ist, was nicht sein soll» [8].

‹W.› berührt sich eng mit dem gleichfalls modischen Begriff ‹Zerrissenheit› (s.d.), auch mit ‹Schwermut› (s.d.), ‹Langeweile› (s.d.), ‹Überdruß› (s.d.). Das französische Wort für ‹W.› ist ‹mal du siècle›, oft auch ‹ennui› [9]. Weltschmerzliche Gestimmtheit findet sich bei europäischen Autoren wie J.-K. HUYSMANS, A. DE MUSSET, G. LEOPARDI, J. P. JACOBSEN, M. J. LERMONTOV.

In Deutschland waren besonders Lord BYRONS Dichtungen wirksam, deren Weltekel [10] und blasierte Verzweiflung intensiv rezipiert wurden. Die politische Enttäuschung, die rasch zunehmende Lösung aus den kirchlichen Bindungen, der durch die Restauration behinderte Übergang zu neuen Gesellschaftsordnungen, die unbewältigte Neuorientierung, die durch die industrielle Revolution gefordert, durch das romantische Erbe erschwert wurde, sind Voraussetzungen des W. als zeitspezifischer, weitverbreiteter Haltung, die in den Dichtungen von K. L. IMMERMANN, H. HEINE, N. LENAU, W. WAIBLINGER, in Dramen CH. D. GRABBES und G. BÜCHNERS, in den Romanen der Jungdeutschen, in A. VON UNGERN-STERNBERGS Erzählung ‹Die Zerrissenen› und in vielen anderen Werken literarischen Ausdruck fand. Die Philosophie A. SCHOPENHAUERS [11], besonders deren Begründung des Pessimismus (s.d.), kann als theoretische Grundlegung des W. angesehen werden. Sie kommt allerdings erst nach 1848 zu ihrer eigentlichen Wirkung.

In der zweiten Hälfte des 19. Jh. bekommt das Wort einen ironischen Beiklang, oft eine negative Färbung, es ist «durch Mißbrauch lächerlich geworden» [12]. Der späte F. NIETZSCHE distanziert sich vom «europäischen ‘W.’» [13]. ‹W.› gilt schließlich als Bezeichnung einer koketten Pose jugendlicher Subjektivität, die bloßes persönliches Unglück auf die Weltdeutung überträgt, oder einer «krankhaften Empfindlichkeit für die Mängel und Übel der Welt» [14]. Nichtsdestoweniger macht die Entwicklungspsychologie in jedem Lebensgang Phasen aus, in denen, um mit HEINE zu sprechen, für den «nagenden Bandwurm des W.» im Herzen [15] eine besondere Empfindsamkeit besteht.

Anmerkungen. [1] Art. ‹W.›. GRIMM 14/I, 1 (1955) 1685-1688; F. KAINZ: Art. ‹Pessimistische Dichtung›, in: P. MERKER/W. STAMMLER (Hg.): Reallex. der dtsch. Lit.gesch. 2 (1926-28) 663-676. – [2] Vgl. W. ROSE: From Goethe to Byron. The development of ‘W.’ in German lit. (London 1924). – [3] JEAN PAUL: Selina [postum 1827]. Sämtl. Werke, hg. E. BEREND II/4 (1934) 485. – [4] H. HEINE: Französ. Maler. Gemäldeausstellung in Paris (1831). Sämtl. Werke, hg. M. WINDFUHR 12/1 (1980) 39. – [5] K. L. IMMERMANN: Münchhausen I, 2 (1838). Werke, hg. H. MAYNC (1906) 1, 238f. – [6] Die Epigonen I, 10 [1823-1835], a.O. 3, 135. – [7] GRIMM, a.O. [1] 1686f. – [8] J. SCHMIDT: Gesch. der Dtsch. Lit. im 19. Jh. (²1855) 3, 10. – [9] Vgl. auch: Art. ‹Spleen›. Hist. Wb. Philos. 9 (1995) 1422-1424. – [10] Vgl. Art. ‹Ekel›, a.O. 2 (1972) 432. – [11] A. SCHOPENHAUER: Die Welt als Wille und Vorst. (1819, ²1844, ³1859). – [12] F. TH. VISCHER: Aesthetik oder Wiss. des Schönen (1846-57) 1, 452. – [13] F. NIETZSCHE: Zur Genealogie der Moral 3, 17 (1887). Krit. Ges.ausg., hg. G. COLLI/M. MONTINARI (1967ff.) 6/2, 395. – [14] F. KIRCHNER/C. MICHAELI: Art. ‹W.›, in: Wörterbuch der philos. Grundbegriffe (1911) 1094. – [15] H. HEINE: Geständnisse (1854), a.O. [4] 15, 12.

Literaturhinweise. W. A. BRAUN: Types of W. in German poetry (New York 1905). – W. ROSE s. Anm. [2]. – K. KERN: Der W. in der Lyrik von Leopardi, Vigny und Leconte de Lisle (1962). – H. BOST: Der Weltschmerzler: Ein lit. Typus und seine Motive (1994). – H. ZEMAN (Hg.): N. Lenau und der europ. W. (Wien 1997).

W. RASCH

Weltseele (griech. ψυχὴ τοῦ κόσμου bzw. τοῦ παντός; lat. anima mundi; arab. nafs al-ʿālam; engl. world soul; frz. l'âme du monde). Unter ‹W.› wird in Analogie zu der den Körper bewegenden Seele ein besonderes Prinzip des Kosmos im ganzen verstanden. W. hat ihren Ort in der Naturphilosophie, wo sie als vitalistisches Prinzip fungiert, die Brücke zwischen Belebtem und Unbelebtem bildet und die Präsenz von Geist im All verbürgt. Die genaueren Vorstellungen von der W. hängen mit den jeweiligen Auffassungen von Seele (s.d.) und Natur (s.d.) eng zusammen.

1. *Antike.* – Der Begriff wird von PLATON geprägt. Im ‹Timaios› wird die W. zusammen mit dem Kosmos vom Demiurgen als Mischung aus nicht-teilbarem und teilbarem Sein, aus ‘Selbem’ und Verschiedenem geschaffen [1]. Aufgrund dieser Zusammensetzung und durch ihre ewige Bewegung ist sie Bedingung der Möglichkeit von Erkenntnis [2]. Wie beim Individuum die Seele, so ist auch bei der Welt im ganzen die W. zur Herrschaft über den Körper geschaffen [3]. In den ‹Nomoi› wird zusätzlich betont, daß die Selbstbewegung der W. Ursache aller Bewegung sei [4].

Die *Stoa* überträgt den Begriff ‹W.› auf das von ihr angenommene dynamische, aktive Prinzip, das feurige Pneuma [5]: Dieses durchdringt den gesamten Kosmos [6], der so zum Lebewesen wird: «Die Welt als *ein* Lebewesen denken, dem ein Sein und eine Seele zukommt» (ἕν ζῷον τον κόσμον μίαν οὐσίαν καὶ ψυχὴν μίαν ἐπέχον ... ἐπινοεῖν) [7]. Die W. ist selbst unsterblich [8] und Gott [9]; die Einzelseelen sind ihre Teile [10]. Das platonische Konzept wird hier grundsätzlich modifiziert: Die W. ist Aspekt und Teil des einheitlichen, körperlich gedachten Seins. Der für die platonische Tradition so kennzeichnende hierarchische Zug entfällt, deshalb werden W. und

Weltgeist (s.d.) nicht unterschieden. Dieses 'physikalische' Verständnis der W. wird neben dem platonischen für die weitere Begriffsgeschichte prägend.

In den ‹Nomoi› erläutert Platon die ordnende Aufgabe der W. gegenüber dem Weltkörper mit dem Hinweis, theoretisch könne die W. auch Schlechtes hervorbringen [11]. Auf diese Stelle beruft sich PLUTARCH für seine Theorie von einer präkosmischen, irrationalen W., die Ursache des Bösen sei [12]. Diese These findet Zustimmung bei NUMENIOS [13] und ATTIKOS [14]; ALKINOOS weist sie implizit zurück [15]. Eigentlich überwunden aber wird sie erst in der Philosophie PLOTINS, für den die W. die «Schwester» der Einzelseelen ist [16], sich jedoch von ihnen dadurch unterscheidet, daß ihre Verbindung mit dem Weltkörper konstant ist und für sie nie zur Ursache eines Abfalls wird [17]. Sie ist, anders als die menschlichen Seelen, ständig auf den Nus ausgerichtet [18]. Plotin unterscheidet – trotz einiger unklarer Stellen [19] – die W. klar von der Seele als Hypostase [20]. Sein primäres Interesse gilt letzterer. Dieser Linie folgen, von einzelnen Ausnahmen abgesehen [21], die späteren Neuplatoniker. So kommt es, daß das steigende metaphysische Interesse an der Seele im Neuplatonismus einhergeht mit einer Marginalisierung der W., die außerhalb der ‹Timaios›-Kommentare kaum zum Thema wird.

In der *Patristik* sind eindeutige Belege spärlich. Seit EUSEBIUS VON CAESAREA wird die W. als drittes Glied der angeblich aus Platons ‹Zweitem Brief› ableitbaren Triade [22] gelegentlich als philosophische Vorahnung der Lehre vom Heiligen Geist angesehen [23]. ORIGENES erwägt (in der Tradition PHILONS [24]), die göttliche Leitung des Alls in Analogie zur W. zu betrachten [25]. Da gerade seine Seelenlehre scharf bekämpft und schließlich kirchenoffiziell verurteilt [26], andererseits die Annahme einer W. den Manichäern zugeschrieben wurde [27], finden sich seit dem 4. Jh. in der Kirche des Ostens nur noch vereinzelte Spuren dieser Lehre [28].

2. *Mittelalter.* – Die Weiterentwicklung der aristotelischen Intellekttheorie unter Heranziehung neuplatonischer Theoreme in der *arabischen Philosophie* integriert auch Aspekte der antiken Vorstellung einer W. Wenngleich sich dies begriffsgeschichtlich nur gelegentlich niederschlägt [29], hat diese Verbindung eine beträchtliche, in der Prägung des Terminus ‹Monopsychismus› (s.d.) durch E. RENAN kulminierende Wirkungsgeschichte hervorgebracht.

Unter dem Einfluß arabischer Paraphrasen neuplatonischer Texte wie der sog. ‹Aristotelischen Theologie› [30] handeln die ‹Lauteren Brüder› [31] und IBN GEBIROL (AVENCEBROL) [32] umfassend von der W. bzw. Allseele («an-nafs al-kulli», «anima universalis»). Oft wird ihr eine Dreiteilung in Analogie zur Einzelseele zugeschrieben [33].

In seinem ‹Großen Kommentar zur Metaphysik› zitiert AVERROES [34] einen Passus aus THEMISTIUS [35], in dem dieser die W. Platons mit der aristotelischen Konzeption der Himmelswärme, die unter anderem zur Erklärung der Urzeugung (s.d.) diente [36], in Verbindung bringt. AVERROES lehnt diese Identifikation ab. Dennoch hinterläßt sie ihre Spuren bei Naturphilosophen der Renaissance wie G. CARDANO [37], bei P. GASSENDI [38] und – unter dessen Einfluß – bei G. LAMY [39] sowie dem Autor des ‹Traité des trois imposteurs› [40].

Da AUGUSTINS Position zur W. ambivalent erscheint, konnte sie im Sinne einer Akzeptanz gedeutet werden [41]. Eine solche Position wird im 9. Jh. von RATRAMNUS VON CORBIE bekämpft [42]. JOHANNES SCOTUS ERIUGENA bejaht die Existenz einer W. unter Berufung auf den ‹Timaios› [43]. Insgesamt von größerem Einfluß auf die mittelalterliche Diskussion sind jedoch einzelne Passagen in den vielgelesenen Schriften von VERGIL [44], BOETHIUS [45], MARTIANUS CAPELLA [46] und MACROBIUS [47]. Unter dem Einfluß der von MARTIANUS vollzogenen Identifikation der W. mit der dritten Hypostase der neuplatonischen Triade [48] deutet PETER ABAELARD die W. als allegorische Einkleidung («involucrum») der Lehre vom Heiligen Geist, der für ihn die göttliche Güte («benignitas») ist [49]. Parallel dazu setzt sich die Schule von Chartres, insbesondere WILHELM VON CONCHES, intensiv mit den relevanten Zeugnissen für die platonische Lehre auseinander. Wilhelm kennt drei Interpretationen der W.: 1) Sie sei der Heilige Geist; 2) sie sei die natürliche Lebenskraft («naturalis vigor»); 3) sie sei eine unkörperliche Substanz [50]. Wilhelms eigene Meinung schwankt; zunächst vertritt er die zweite kombiniert mit der ersten [51], später neigt er offenbar der dritten (platonischen) Deutung zu [52]. BERNHARD VON CLAIRVAUX [53] und WILHELM VON ST. THIERRY [54] polemisieren scharf bes. gegen die Identifikation von W. und Heiligem Geist. 1140 verurteilt die Synode von Sens unter anderem den Satz: «Quod spiritus sanctus sit anima mundi» [55], woraufhin ABAELARD seine frühere Position explizit zurückzieht [56].

3. *Renaissance.* – NIKOLAUS VON KUES knüpft unmittelbar an die Schule von Chartres an [57], deren Lehre er jedoch grundlegend kritisiert. Für ihn ist die W. eine der Seinsweisen des Alls [58], «quaedam forma universalis in se complicans omnes formas, non tamen exsistens actu nisi contracte in rebus» («eine Art universaler Form, die in sich alle Formen einfaltet, ohne indes außerhalb der Einschränkung in den Dingen wirkliche Existenz zu besitzen») [59]. Losgelöst davon ist sie mit dem göttlichen Wort, der zweiten Person der Trinität, identisch [60]. Auf den antiken Platonismus zurückgreifend bestimmt MARSILIO FICINO die W. als sich selbst bewegend und insofern Quelle von Bewegung [61]. Sie steht an der Spitze einer Hierarchie von 12 Sphärenseelen, die die universale Beseelung der Welt verbürgen [62]. Unter seinem Einfluß gewinnt die Idee von der W. als einem die Sphären übergreifenden, vitalistischen Prinzip fundamentale Bedeutung für die antiaristotelische Naturphilosophie, so bei AGRIPPA VON NETTESHEIM [63], F. PATRIZI [64], R. FLUDD [65] und J. KEPLER [66]. In derselben Tradition bestimmt G. BRUNO die W. als «il principio formale constitutivo de l'universo e di ciò che in quello si contiene» [67], auch bei ihm mit der Konsequenz der Allbeseelung [68].

4. *Neuzeit.* – Die frühe Neuzeit setzt sich im wesentlichen kritisch mit der Tradition der W. auseinander. M. MERSENNE polemisiert scharf gegen die ihm bei Bruno begegnende Form [69]. Auch J. LOCKE und G. W. LEIBNIZ lehnen das Konzept ab [70]. Für H. S. REIMARUS ist die W. «ein leerer Ton, und eine bloße Zuflucht der Unwissenheit». Sie «erkläret doch nichts: und ist, so wie andere dergleichen Erfindungen, ... eine verborgene Beschaffenheit (qualitas occulta)» [71]. Bereits in dieser Zeit bildet sich aber auch mit dem Topos der 'seelenlosen Welt' eine diese Problematik aufnehmende, typische Form von Neuzeitkritik [72]. Andererseits deutet die Präsenz des Begriffes ‹W.› bei so unterschiedlichen Philosophen wie H. MORE [73], P. GASSENDI [74] und J. KEPLER [75] auf eine grundsätzliche Kontinuität der Begriffsgeschichte.

Das späte 18. Jh. bringt ein Wiederaufleben des Interesses an der W. Auslöser für diese Diskussion dürfte F. H. JACOBIS Spinozabüchlein gewesen sein, in dem G. E. LES-

SING die Ansicht zugeschrieben wird, eine persönliche Gottheit sei nur als «Seele des Alls» zu denken [76]. Neben J. G. HERDER [77] greift vor allem S. MAIMON das Thema auf. Dieser knüpft unter dem Eindruck der biologischen Diskussion um Lebenskraft und Bildungstrieb [78] an die Anliegen der älteren Naturphilosophie an, wenn er die W. als universale Form bestimmt, die als externes Prinzip die Materie gestaltet und modifiziert [79]. F. W. J. SCHELLING beruft sich auf «der Alten Begriff von der W.» [80] für sein eigenes, «die anorganische und die organische Natur» verbindendes Prinzip [81]. Besonders durch den Titel seiner Schrift ‹Von der W.› popularisiert Schelling den Begriff, was unmittelbar seinen Gebrauch bei J. W. GOETHE («W. komm, uns zu durchdringen! Dann mit dem Weltgeist selbst zu ringen») [82], NOVALIS [83] und (kritisch) A. K. A. ESCHENMAYER [84] und A. SCHOPENHAUER [85] erklärt, aber auch für sein Vorkommen in den philosophisch-weltanschaulichen Diskussionen des 19. Jh. von Bedeutung gewesen sein dürfte. Hier bejahen die Existenz einer W. u.a. G. TH. FECHNER [86], der damit freilich auch die indische Tradition des 'Brahman' (s.d.) aufnimmt und H. CZOLBE [87], während z.B. E. DU BOIS-REYMOND sie ablehnt [88]. Auch das Interesse des russischen Religionsphilosophen W. SOLOWJEW am Konzept der W. ist maßgeblich durch Schelling inspiriert [89].

Monistischer Geist und die konzeptionelle Trennung von Seele und Bewußtsein bei E. VON HARTMANN [90] ermöglichen in den Anfangsjahren des 20. Jh. erneut eine intensive Rezeption der Tradition der W. [91], zu der neben an Fechner anknüpfenden Philosophen (z.B. F. PAULSEN [92]) auch Schriftsteller wie R. HUCH beitrugen [93].

Anmerkungen. [1] PLATON: Tim. 34 b-35 a. – [2] 37 a-c. – [3] 34 c; vgl. Phaedr. 246 bf. – [4] Leg. X, 896 a. – [5] Vgl. Art. ‹Natur I.›. Hist. Wb. Philos. 6 (1984) 433f. – [6] SVF 1, 495; 2, 638. – [7] SVF 2, 633f.; vgl. MARC AUREL: Ad se ipsum IV, 40, hg. J. DALFEN (1979) 32, 28-33, 1. – [8] SVF 2, 774. – [9] SVF 1, 532. – [10] SVF 2, 774. – [11] PLATON: Leg. X, 896 e-897 b. – [12] PLUTARCH: De anima procreat. in Tim. 6 (1014 D-E). – [13] NUMENIUS: Frg. 52, 64-70 DES PLACES. – [14] ATTICUS: Frg. 11 DES PLACES. – [15] ALKINOOS: Didasc. X (169, 35-41 HERMANN). – [16] PLOTIN: Enn. IV, 3 (27), 6, 13. – [17] IV, 8 (6), 2. – [18] IV, 3 (27), 6, 15-17. – [19] II, 3 (52), 17, 15f.; 18, 9ff. – [20] Vgl. bes. IV, 3 (27), pass.; H. BLUMENTHAL: Soul, world-soul and individual soul in Plotinus, in: Le Néoplatonisme (Paris 1971) 203-219. – [21] PORPHYRIUS: Historia philos., Frg. 16, hg. A. NAUCK (1816, ND 1977) 14, 6. – [22] Vgl. PLATON: Ep. 2, 312 d-e. – [23] EUSEBIUS VON CAESAREA: Praepar. evang. XI, 20, 3, 2. GCS 43/2, 46, 16-20; vgl. THEODORET VON CYRRHUS: Graecarum affect. curatio II, 85, hg. P. CANIVET (Paris 1985) 161f. – [24] Vgl. PHILON VON ALEXANDRIA: De aetern. mundi 47. – [25] ORIGENES: De princ. II, 1, 3. GCS 22, 108, 11-31. – [26] Vgl. Canones XV Contra Origenem sive Origenistas 1-6 (553). Acta conciliorum oecumenicorum (1924-40) IV, 1, 248. – [27] NEMESIUS VON EMESA: De natura hominis 2, hg. M. MORANI (1987) 32, 20-33, 19. – [28] EVAGRIUS PONT.: Kephalaia gnostica III, 26. Patrologia Orient. 28/1, 107. – [29] AVICENNA: Fī iṯbāt an-nubuwwāt. Proof of prophecies, hg. M. MARMURA (Beirut 1968) 44; engl.: R. LERNER/M. MAHDI (Hg.): Medieval polit. philosophy (Ithaca 1963) 114. – [30] z.B. Theologia Aristotelica VII, § 41; engl. übers. G. LEWIS, in: PLOTIN: Opera, hg. P. HENRY/H.-R. SCHWYZER 2 (Paris/Brüssel 1959) 249. – [31] Rasā'il iḫwān aṣ-Ṣafā' (Beirut 1957) III, 36ff.; dtsch.: F. DIETERICI: Die Lehre von der W. bei den Arabern im X. Jh. (1872, ND 1969) 17-24. – [32] IBN GEBIROL: Fons vitae III, 15, hg. C. BAEUMKER (1895, ²1995) 111, 15-24. – [33] III, 45, a.O. 180, 20-181, 2; vgl. PS.-EMPEDOKLES bei ŠAHRASTANI: Kitāb al-Milal wan-Niḥal II, 2, 1, hg. W. CURETON (London 1846) 263; frz.: J. SCHLANGER: La philos. de Salomon Ibn Gabirol (Leiden 1968) 80f. – [34] AVERROES: Tafsīr mā ba'da aṭ-ṭabī'a (Langer Kommentar zur ‹Metaphysik›), hg. M. BOUYGES (Beirut 1938-48) 1492-1494; lat.: ARISTOTELES: Opera cum Averrois comm. (Venedig 1562-74, ND 1962) 8, 303 E-305 I. – [35] THEMISTIUS: In Arist. Met. lib. Λ paraphr., hg. S. LANDAUER (1903) 8, 19-21 (hebr.); 9, 35-37 (lat.). – [36] ARISTOTELES: De gen. anim. II, 3, 736 b 33-737 a 1. – [37] G. CARDANO: De subtilitate II. Op. omn. 3 (Lyon 1663) 388f. – [38] P. GASSENDI: Syntagma philos. II, sect. I, lib. I, 5. Op. omn. 1 (Lyon 1658, ND 1964) 158f. – [39] G. LAMY: Discours anatom. (Rouen 1675) 114-116. – [40] ANON.: Traité des trois imposteurs V, § 7, hg. W. SCHRÖDER (1992) 128. – [41] z.B. AUGUSTINUS: De quantitate animae 32, 69. MPL 32, 1073; vgl. V. J. BOURKE: St. Augustine and the cosmic soul. Giornale Metafisica 9 (1954) 431-440. – [42] RATRAMNUS VON CORBIE: De anima ad Odonem Bellovacensem, hg. C. LAMBOT (Namur/Lille 1952); vgl. P. DELHAYE: Une controverse sur l'âme univ. au IXe s. (Namur/Lille 1950). – [43] JOH. SCOTUS ERIUG.: Periphys. I, 1465-1482. CC Cont. Med. 116, 49f. (= I, 31. MPL 122, 476 C-477 A). – [44] VERGIL: Aen. VI, 724ff. – [45] BOETHIUS: Consol. philos. III, 9, bes. 13f. MPL 63, 758 A-763 A. – [46] MARTIANUS CAP.: De nuptiis philol. et mercurii I, 7, hg. J. WILLIS (1983) 4, 10-13; I, 18, a.O. 9, 14. – [47] MACROBIUS: Comm. in Somnium Scipionis I, 6, 7-9, hg. J. WILLIS (1970) 19, 24-20, 11. – [48] Vgl. PETRUS ABAEL.: Theologia ‹Scholarium› I, 170f. MPL 178, 1024 B-C. – [49] 123-156, a.O. 1012 C-1021 C; vgl. auch: Theologia ‹Summi boni› 36-44. CC Cont. Med. 13, 98-103. – [50] WILHELM VON CONCHES: Philos. mundi I. MPL 90, 1130 C-D. – [51] Glosae sup. Boetium. CC Cont. Med. 158, 169f. – [52] In Tim., hg. J. PARENT: La doctrine de la création dans l'école de Chartres (Paris/Ottawa 1938) 166. – [53] BERNHARD VON CLAIRVAUX: Ep. 190 = Tract. de erroribus Abaelardi. MPL 182, 1062 B-C. – [54] WILHELM VON ST. THIERRY: Disput. adv. Petrum Abaelardum 5. MPL 180, 265f. – [55] OTTO VON FREISING: Gesta Friderici I. Imperatoris I, 51. MG SS 46, 74, 12. – [56] PETRUS ABAEL.: Dialect. V, 1, hg. L. M. DE RIJK (Assen 1956) 558, 26-559, 14. – [57] NIKOLAUS VON KUES: De docta ignor. II, 9, bes. 146, hg. P. WILPERT (1967). – [58] II, 7, 130f. – [59] II, 9, 150. – [60] a.O. – [61] MARSILIO FICINO: Theol. Platonica IV, 1 (Paris 1556) 51f. – [62] a.O. 49-51. – [63] AGRIPPA VON NETTESHEIM: De occulta philos. II, 55-57, hg. V. P. COMPAGNI (Leiden 1992) 383ff., bes. 387, 3-8. – [64] F. PATRIZI: Nova de universis philos. III, 4 (Ferrara 1591) 54-56. – [65] R. FLUDD: Utriusque cosmi historia I, 4, 10 (Oppenheim 1617-21) 121f. – [66] J. KEPLER: Harmonice mundi IV, 7. Ges. Werke, hg. W. VON DYCK/M. CASPAR 6 (1940) 265, 4-24. – [67] G. BRUNO: De la causa 2 (1584), in: Dial. ital., hg. G. GENTILE/G. AQUILECCHIA (Florenz ³1958) 244. – [68] a.O. 242; vgl. Art. ‹Panpsychismus I.›. Hist. Wb. Philos. 7 (1989) 50f. – [69] M. MERSENNE: L'impiété des déistes, athées et libertins de ce temps (Paris 1624) 2, 390ff.; vgl. R. LENOBLE: Mersenne ou la naissance du mécanisme (Paris 1971) 153-157. – [70] J. LOCKE: An essay conc. human underst. III, 10, § 14 (1690); G. W. LEIBNIZ: Nouv. essais sur l'entend. humain III, 10, § 14 [1703-05]; vgl. dazu: R. T. W. ARTHUR: Infinite number and the world soul: In defence of Carlin and Leibniz. Leibniz Review 9 (1999) 105-116; G. BROWN: Leibniz on wholes, unities and infinite number, a.O. 10 (2000) 21-51. – [71] H. S. REIMARUS: Die vornehmsten Wahrheiten der nat. Religion (1766) 138, hg. G. GAWLICK (1985) 1, 206. – [72] J. DONNE: The first anniversary, an anatomie of the world (1611), in: The variorum ed. of the poetry, hg. G. A. STRINGE 6 (Bloomington 1995) 7-18. – [73] H. MORE: Ψυχοζωια Platonica: Or, a Platonicall song of the soul (1642), in: Philos. poems, hg. G. BULLOUGH (Manchester 1931) 11-105; vgl. E. CASSIRER: Die platon. Renaissance in England und die Schule von Cambridge (1932) 97-99. – [74] GASSENDI, a.O. [38]. – [75] KEPLER, a.O. [66]. – [76] F. H. JACOBI: Ueber die Lehre des Spinoza (1785) 75f. – [77] J. G. HERDER: Gott 4 (1787). Sämmtl. Werke, hg. B. SUPHAN (1877-1913) 16, 526f. – [78] J. F. BLUMENBACH: Über den Bildungstrieb (1789); vgl. Art. ‹Lebenskraft›. Hist. Wb. Philos. 5 (1980) 126. – [79] S. MAIMON: Art. ‹W.›. Philos. Wb. (1791). Ges. Werke, hg. V. VERRA 3 (1970) 203-232. – [80] F. W. J. SCHELLING: Von der W., eine Hypothese der höheren Physik zur Erklärung des allg. Organismus (1798). Sämmtl. Werke, hg. K. F. A. SCHELLING (1856-61) I/2, 369; vgl. J.-L. VIEILLARD-BARON: D'une W. (1798) à l'autre (1806) ou du kantisme à l'ésotérisme dans la conception de la nature. Studi Urbinati (1977) 395-457. – [81] a.O. 350. – [82] J. W. GOETHE: Eins und Alles, 2. Str. [1821]; vgl. W. [um 1801]. – [83] NOVALIS [F. VON HARDENBERG]: Das Allg. Brouillon, Nr. 407 (1798/99). Schr. 3, hg. R. SAMUEL (³1983) 316. – [84] A. K. A.

ESCHENMAYER: Spontaneität – W. oder das höchste Prinzip der Naturphilos. Z. spekulat. Physik 2 (1801) 61-63. – [85] A. SCHOPENHAUER: Die Welt als Wille und Vorst. II, 2, 28 (1844, [3]1859). Sämtl. Werke, hg. A. HÜBSCHER 3 ([4]1988) 398. – [86] G. TH. FECHNER: Über die Seelenfrage (1861, [2]1907) 179-198. – [87] H. CZOLBE: Die Grenzen und der Ursprung der menschl. Erkenntnis im Gegensatze zu Kant und Hegel (1865) 193-209, bes. 201. – [88] E. DU BOIS-REYMOND: Über das Naturerkennen (1872), hg. S. WOLLGAST (1974) 76. – [89] W. SOLOWJEW: Čtenija o bogočelovečestve IX. Sobranie sočinenij 3 (St. Petersburg 1901) 129-132; dtsch.: Vorles. über das Gottmenschentum. Dtsch. Ges.ausg., hg. W. LETTENBAUER 1 (1978) 699-702; La Russie et l'église univ. (Paris 1889) 229-239; vgl. J. MADEY: Wl. S. Solowjew und seine Lehre von der W. (1961). – [90] E. VON HARTMANN: Philosophie des Unbewussten (1869, [10]1890) 2, 158. – [91] Vgl. M. FICK: Sinnenwelt und W. (1993). – [92] F. PAULSEN: Einl. in die Philos. (1892, [16]1906) 255-267. – [93] R. HUCH: Die Romantik 2 (1902). Ges. Werke, hg. W. EMRICH 6 (1969) 390-404; vgl. Art. ‹Panpsychismus II.›. Hist. Wb. Philos. 7 (1989) 52f.

Literaturhinweise. J. MOREAU: L'âme du monde de Platon aux stoïciens (Paris 1939). – P. DELHAYE s. Anm. [42]. – T. GREGORY: Anima Mundi. La filosofia di G. di Conches e la Scuola di Chartres (Florenz 1955). – J. MADEY s. Anm. [89]. – L. OTT: Die platon. W. in der Theol. der Frühscholastik, in: Parusia, Festschr. J. Hirschberger (1965) 207-231. – J.-L. VIEILLARD-BARON s. Anm. [80]. – W. DEUSE: Unters. zur mittel- und neuplaton. Seelenlehre (1983). – H. R. SCHLETTE: W. – Gesch. und Hermeneutik (1993). – I. CAIAZZO: La discussione sull' 'Anima mundi' nel sec. XII. Studi filos. 16 (1993) 27-62. – M. FICK s. Anm. [91].

J. ZACHHUBER

Weltverachtung; Weltflucht (lat. contemptus mundi bzw. saeculi; fuga saeculi bzw. mundi)

1. ‹Weltverachtung› [W.] und ‹Weltflucht› sind leitende Konzepte christlicher Spiritualität und Ethik im Mittelalter. Die Komposita sind schillernd, kann ‹Welt-› doch bald die Bosheit und Unzuverlässigkeit der Menschen, bald die Unbeständigkeit des hiesigen, endlichen Daseins überhaupt, bald die Sündhaftigkeit des gegenwärtigen Äons bezeichnen. Als entscheidendes Ferment wirkt in den komplexen Termini der negative κόσμος-Begriff des NT nach, wie ihn JOHANNES und PAULUS formuliert haben (Joh. 1, 10; 14, 17; 16, 8. 33; 17, 25; Röm. 8, 20ff.; 12, 2; 1. Kor. 1, 18-31; 7, 29-31; 1. Joh. 2, 15f.) [1]. Die für die christliche Theologie konstitutive Spannung von Gott und Welt kommt zustande, wo die Welt nicht allein als Schöpfungswerk Gottes (vgl. Gen. 1, 31), sondern zugleich als geschichtlicher Sündenzusammenhang begriffen wird. In Anknüpfung an die frühjüdische apokalyptische Geschichtsinterpretation unterscheidet das NT zwischen dem negativ qualifizierten gegenwärtigen und dem befreiten kommenden Äon (hebr.ʿôlam) und sieht in den religiös-ethischen Gefährdungen durch die Unheilssituation «dieser» Welt bzw. «dieses» Äons einen entscheidenden eschatologischen Weltvorbehalt. Wichtig für die geschichtliche Entfaltung der Begriffe wird zudem das biblische Motiv der Vanitas mundi (s.d.), der Vergänglichkeit (s.d.) alles Irdischen (auch der Menschen), das im AT (bes. Koh. 1, 2) und NT (Röm. 8, 20) belegt ist.

2. Die Ausbildung der Begriffe ‹W.› und ‹Weltflucht› zeigt eine signifikante Ausdifferenzierung des Weltbegriffs der theologischen Tradition. Daß die Welt nur im Vergleich zu Gott als nichtig zu betrachten sei («esse pro nihil»), stellt HIERONYMUS heraus [2]. Die ‹Heilige Schrift› kennt nach AUGUSTIN einen zweifachen Sinn des Wortes ‹mundus›: die Welt, die Gott gemacht hat, und die Welt, die der Teufel regiert («Mundum quem fecit Deus; mundum quem regit diabolus») [3]. Letztere wird in Auseinandersetzung mit dem ‹Johannes-Evangelium› auch als die böse und verworfene Welt charakterisiert («mundus malus», «mundus damnatus») und von der in Christus versöhnten, geretteten und gereinigten Welt abgehoben («mundus reconciliatus», «mundus salvatus», «mundus mundatus») [4]. Noch THOMAS VON AQUIN differenziert in seinem ‹Johannes-Kommentar› unter dreifacher Perspektive: Pejorativ verstanden werden dürfe nur die Welt als Verkehrung der Schöpfungsordnung [5]. Diese wird aber unterschieden von der Welt als Inbegriff der von Gott geschaffenen Dinge und von der Welt als der von Christus befreiten neuen Schöpfung.

3. (Neu)platonische Formen der ontologischen, kosmologischen und ethischen Weltdistanzierung werden in der christlichen Tradition vielfach adaptiert. Das Bildmotiv der Flucht exponiert bereits PLATON, wenn er angesichts der Notwendigkeit des Bösen in der hiesigen (sichtbaren) Welt eine Flucht (ἐνθένδε ἐκεῖσε φεύγειν ὅτι τάχιστα) empfiehlt, die er als «Anähnlichung an Gott nach dem Maße des Möglichen» (ὁμοίωσις θεῷ) bestimmt und als gerechtes und frommes Leben gemäß der Einsicht (μετὰ φρονήσεως) charakterisiert [6]. In der Tradition der platonischen «Angleichung an Gott» (s.d.) spricht PLOTIN von der Flucht zum jenseitigen Vaterland (s.d.), die er als Flucht der Schlechtigkeit deutet: «Fliehen wir in die geliebte Heimat [Ilias II, 140]. Dort ist nämlich Heimat für uns, von woher wir gekommen sind, und dort ist der Vater» [7]. AUGUSTINUS erinnert im Horizont christlichen Weltverständnisses wörtlich an diesen Ausspruch und faßt als Weg der Zuflucht zum teuersten Vaterland: «Gott ähnlich werden» («Fugiendum est igitur ad carissimam patriam, et ibi pater, et ibi omnia. Quae igitur, inquit, classis aut fuga? Similem Deo fieri») [8]. Die wirkmächtige Formel PLOTINS, daß das sich vom hiesigen abscheidende Leben dort einer «Flucht des Einen [oder Einsamen] zum Einen» (φυγὴ μόνου πρὸς μόνον) gleichkomme [9], beschreibt das Ereignis der Einung mit dem Einen. Das zu Fliehende ist hier das Vergängliche und Böse. Die Einung vollzieht sich als Selbst-Identifikation mit dem Ursprung.

Mit Blick auf (neu)platonische Quellen christlicher Weltdistanzierung darf allerdings nicht übersehen werden, daß PLATON den sichtbaren Kosmos auch als «seligen Gott» (εὐδαίμον θεός) [10] versteht und PLOTIN gegen Gnostiker (Hauptadressat scheint die valentinianische Gnosis) und Christen eine Kosmodizee entwirft. Den Gnostikern wirft Plotin ausdrücklich die Mißachtung der Welt (τὸ καταφρονῆσαι κόσμου) vor [11]. Gegenüber Gnosis und Manichäismus versucht auch die christliche Tradition der Weltüberwindung an der guten Schöpfungsordnung und ihrem Sinn festzuhalten und den Dualismus von Gott und Welt («Denn der Kosmos ist die Fülle des Schlechten (πλήρωμα τῆς κακίας), Gott aber des Guten») [12] zu vermeiden. Eingebettet in die Lehre von Schöpfung und Fall ist christliche W. so immer nur eine bedingte und relative.

4. Erst in der *lateinischen Patristik* werden ‹contemptus mundi› bzw. ‹contemptus saeculi› zu stehenden Ausdrücken christlicher Ethik. TERTULLIAN fragt, welche Lust größer sein könne «als der Ekel an der Lust selber» («fastidium ipsius voluptatis»), «als die Verachtung der ganzen Welt» («quam saeculi totius contemptus»)? [13] CYPRIAN stellt mit Rekurs auf 1. Joh. 2, 15f. heraus: «Alles Irdische (terrena) aber, das man in der Welt empfangen hat und das hier bei der Welt zurückbleiben wird, muß man ebenso verachten wie die Welt selbst» («contemni debent quam mundus ipse contemnitur»). Die in der Imitatio

Christi erstrebte W. wird als Übertritt zu Gott («transgressus ad Deum») verstanden [14].

AUGUSTINUS fordert W. als Grundhaltung christlicher Frömmigkeit; das Hiesige wird eschatologisch relativiert. Die Liebhaber der Welt («amatores mundi») erscheinen als Verächter Gottes («contemptores dei»), wenn sie die Welt Gott vorziehen: «Sic ergo malus est mundus, quia mali sunt qui Deo praeferunt mundum» [15]. Augustinus empfiehlt, der Welt nach Kräften abzusterben («saeculo moriri») [16], und mahnt: «Gebrauche die Welt, laß dich aber von der Welt nicht gefangen nehmen» («Utere mundum, non te capiat mundus») [17].

Die erste Schrift mit einem entsprechenden Titel stammt von EUCHERIUS VON LYON aus dem 5. Jh.: ‹De contemptu mundi et saecularis philosophiae› [18]. Es bildet sich im MA, dessen Liebe zur Welt nicht zu ignorieren ist [19], eine eigene contemptus-mundi-Literatur heraus [20]. Eine europäische Wirkungsgeschichte hat die 1195 verfaßte Schrift des LOTHAR VON SEGNI, des späteren Papstes INNOZENZ III.: ‹De miseria conditionis humanae› versammelt die verschiedenen contemptus-mundi-Themen [21] und wirkt über F. PETRARCAS ‹De contemptu mundi› bis in den Humanismus und die Renaissance, ja bis in die Moderne hinein. Auch wenn NIKOLAUS VON KUES den ontologischen Gegensatz von Gott und Welt im Rahmen der Lehre von der «coincidentia oppositorum» (s.d.) in neuer Weise relativiert [22], so affirmiert er mit der gläubigen «Hinkehr (conversio) zu Christus, der die Wahrheit ist», eine «Verachtung der Welt und ein siegreiches Bezähmen alles Weltlichen» («est mundum istum deserere atque in victoria calcare») [23]. M. LUTHER stellt den dialektischen Charakter christlicher W. heraus: «Nicht der verachtet die Welt mit Freuden, der einsam und fern von Menschen sein Leben zubringt ..., sondern der mitten im Leben steht, aber sich dennoch nicht vom Leben und seinen Freuden verschlingen läßt» («Neque enim contemnit foeliciter mundum, qui vivit solitarius et extra homines ..., sed qui in mediis rebus versatur neque tamen earum affectibus rapitur»). Jene seien die wahren Weltverächter («veri contemptores mundi»), die alles auf sich nähmen («suscipiunt»), «wie es yhnen Got zuschickt» [24]. Im 17. Jh. erlebt das contemptus-mundi-Motiv, vielfach abgewandelt zur Welt- und Totenklage, eine neue Blüte in der Barockliteratur.

5. Über das *Mönchtum* wird die Idee der *Weltflucht* zum Leitbild christlicher Askese (s.d.), besonders des Anachoretentums. BASILIUS DER GROSSE, einer der Schöpfer des östlichen Mönchtums, empfiehlt seinem Freund GREGOR VON NAZIANZ eine «Lostrennung von aller Welt» (χωρισμὸς ἀπὸ τοῦ κόσμου παντός), die terminologisch als «Entfernung von der Welt» (κόσμου δὲ ἀναχώρησις; lat. «secessus a mundo») gefaßt wird. Diese sei «aber nicht ein bloß leibliches Abschiednehmen von ihr, sondern ein Losreißen der Seele von ihrer Anhänglichkeit an den Leib, ein Verzichten auf Heimat und Haus, auf Eigentum und Freude, auf Besitz und Lebensunterhalt, auf Geschäft und Gesellschaft und menschliche Wissenschaft», sie sei als eine Verwandlung seiner selbst die «Bereitschaft, die Weisungen aus der göttlichen Schule mit dem Herzen aufzunehmen» [25]. Bei GREGOR VON NYSSA heißt es vom Heiligen, er sei ein «Nachahmer des Abraham in vielerlei Weise geworden, vorzüglich aber in der Weltflucht» (τοῦ κόσμου φυγή), wobei durch die Terminologie der Mimesis an die Gedankenwelt der Anähnlichung an Gott angeknüpft wird [26].

Einflußreich in der lateinischen Patristik wird AMBROSIUS' Schrift ‹De fuga saeculi›. Weltflucht wird hier in Anknüpfung an Plotin als ein Sich-Enthalten von den Sünden («abstinere a peccatis») und als Erleichterung von der Last der Welt («ablevare se a saeculo») umschrieben. Gott als das ersehnte «refugium» gibt der Fluchtbewegung ihr Ziel [27]. AUGUSTINUS zitiert diese Schrift, wenn er betont, daß ein Fliehen «non corpore, sed corde» gemeint sei: «Diese Welt ist nicht mit dem Körper, sondern mit dem Herzen zu fliehen» [28]. Dies gilt bis zu den vergleichbaren Äußerungen über das «exire de saeculo» bei FRANZ VON ASSISI [29] und das «relinquere saeculum» (oder «mundum») in der Nachfolge Christi. Eine innere 'Entweltlichung' fordert auch ALAIN DE LILLE: «Nun aber, weil die Welt verdorrt, darf sie nicht in unseren Herzen blühen, sondern wir müssen die flüchtige fliehen und die fallende zurücklassen» («nunc vero, cum in se areat mundus, florere non debet in cordibus nostris; sed debemus fugere fugientem, et relinquere labentem») [30]. Das ethische und spirituelle Moment steht in der Geschichte des Begriffs im Vordergrund [31].

Ist die von AUGUSTINUS thematisierte Abwendung des Menschen von Gott («aversio Dei») ebenso wie die darin implizierte Bewegung der Selbstflucht (s.d.) des Menschen als Flucht *in* die Zerstreuungen der Welt vorgestellt [32], so die Weltflucht umgekehrt als Beginn eines Weges «von der Welt zu Gott» («a mundo ad Deum»), wie HUGO VON ST. VIKTOR prägnant formuliert [33]. Die Transzendenzbewegung des innerlichen Verlassens der Welt, der «terra aliena», ist nach Hugo der Eintritt in die Arche des Glaubens [34]. *Gegen* Einsiedelei und monastische Absage an die Welt wird M. LUTHER kritisch herausstellen, daß Weltflucht («fugere mundum») nicht Rückzug aus der Welt und Flucht aus der Gemeinschaft der Menschen bedeute. Sie beinhalte nicht «Enthaltsamkeit gegenüber den Dingen, sondern gegenüber den eigenen Vorhaben» («non est abstinere a rebus sed a suis consiliis») [35].

6. Durch *Transformation* gewinnen die Begriffe auch andere als theologische Konnotationen. In Auseinandersetzung mit dem von A. SCHOPENHAUER gerechtfertigten Pessimismus (s.d.) und der von ihm geforderten «Verneinung des Willens zum Leben» [36] entspannt sich im 19. Jh. eine lebensphilosophisch orientierte Diskussion um «Weltverneinung» und «Weltbejahung» [37]. L. FEUERBACH wirft der christlichen Religion vor, sie abstrahiere von der Welt. Der «religiöse Mensch» sondere sich von der Welt ab, um sich mit Gott zu verbinden, der selbst «ein außer- und überweltliches Wesen» sei [38]. Kann SCHOPENHAUER die «weltverneinenden Religionen» («Christenthum», «Brahmanismus», «Buddhaismus») [39] in bestimmten Hinsichten durchaus affirmieren, so kritisiert F. NIETZSCHE besonders das weltflüchtige Bewußtsein des Christentums und dessen in «Weltverneinung» endende «moralische Welt-ausdeutung» [40]. Nietzsche entfaltet die Perspektive einer Schopenhauers Pessimismus überwindenden «Kosmodizee» (s.d.). Gegen das von den Philosophen lancierte Verständnis des Evangeliums als einer «Botschaft der Weltverneinung», der «Weltflucht» und der «Askese» wenden sich ausdrücklich die Theologen A. VON HARNACK und A. RITSCHL [41]. Ritschl versteht im Anschluß an Kant das Reich Gottes (s.d.) als sittliche Aufgabe. Die historische Perspektive F. OVERBECKS, wonach dem Christentum «seit dem apostolischen Zeitalter» ein «weltverneinender Charakter» eigne und «Weltflucht ... die Signatur des ursprünglichen Christentums» [42] sei, weist er zurück.

7. Signifikante Transformationen der Begrifflichkeit zeigen sich auch bei M. WEBER: Die «weltflüchtige My-

stik» und die «weltablehnende Askese» werden zu religionssoziologischen Begriffen [43]. In der Tradition der Marxschen Ideologiekritik wird die Abwendung von der gesellschaftlichen und politischen Realität häufig als Weltflucht oder Eskapismus verurteilt. Die Psychoanalyse schließlich untersucht – auch mit Blick auf die Gestalt der Religionen – Mechanismen der Realitätsflucht, d.h. der Realitätsabwendung und der Realitätsverleugnung [44].

8. Die mittelalterlichen Begriffe der W. und der Weltflucht bleiben bis in die moderne Theologie wirksam, der sich die Frage nach dem Weltverhältnis des Christen in neuer Weise aufdrängt. Vor dem Hintergrund der geschichtlichen Erfahrungen des 20. Jh. (und in Antwort auch auf den kritischen und pejorativen außertheologischen Sprachgebrauch) wird mit Blick auf die Johanneische Weltüberwindung (Joh. 16, 33) betont, daß sich christlich motivierte Formen von W. und Weltflucht nur *dialektisch* verstehen lassen. Sie intendieren eine Freiheit *von* der Welt, die eine neue Freiheit *zu* der Welt im Sinne christlicher Weltverantwortung (s.d.) ermöglichen soll.

D. Bonhoeffer hält in Anknüpfung an Luther an der Weltlichkeit christlichen Glaubens fest. Er fordert den Christen in der Nachfolge auf, sich nicht «in eigenwilliger W.» zu entziehen [45]. Die «'Weltfremdheit' des christlichen Lebens» gehöre «mitten in die Welt ... hinein» [46]. Christus führe nicht «in Hinterwelten der religiösen Weltflucht» [47]. Daß «die eschatologische Existenz» des Christen nicht «Flucht aus der Welt» ist, sondern die Paulinische Haltung des «Als ob nicht» (ὡς μή) (1. Kor. 7, 29-31) verkörpert und in solcher Haltung «Verantwortung für die Welt in der Liebe» sein will, betont R. Bultmann [48]. J. B. Metz hält die Weltflucht «auch heute noch» für eines der «zentralen Motive» christlichen Glaubens. Er versteht sie nicht als «Flucht aus der Welt, sondern eher als Flucht mit der Welt 'nach vorn'» in die verheißene offene Zukunft des Reiches Gottes. Christlicher Glaube müsse «das ihm aufgetragene Noli conformari huic saeculo [sc. 'Füget euch nicht in die Gestalt dieser Welt', so Röm. 12, 2] befolgen und realisieren, indem er immer neu den lebendigen Konflikt mit der bestehenden ... Welt (außer ihm und in ihm selbst!) aufnimmt» [49].

Anmerkungen. [1] Vgl. H. Sasse: Art. ‹κοσμέω, κόσμος ...›. Theolog. Wb. des NT, hg. G. Kittel 3 (1938) 867-898, bes. 892-896. – [2] Vgl. Hieronymus: Comm. in Eccl. I, 2. CCSL 72, 252. – [3] Augustinus: Enarr. in Ps. 141, 15. MPL 37, 1841. – [4] In Joh. Evang. tract. 111, 5. CCSL 36, 632; 87, 2, a.O. 544f.; vgl. Joh. 3, 16; 2. Kor. 5, 19. – [5] Vgl. Thomas von Aquin: Expos. in Ioannem 1, 12, in: Catena aurea in quatuor Evang. 2, hg. P. Angelici Guarienti (Rom u.a. 1953) 337. – [6] Platon: Theaet. 176 a 8-b 3. – [7] Plotin: Enn. I, 6 (1), 8, 16ff.; vgl. Numenios: Frg. 2, 10-12. Fragments, hg. E. des Places (Paris 1973) 43f.; zur Wirkungsgesch. noch: G. Pico della Mirandola: De ente et uno 10 (1496), hg. E. Garin (Florenz 1942) 440. – [8] Augustinus: De civ. Dei IX, 17. – [9] Plotin: Enn. VI, 9 (9), 11, 50f.; vgl. Art. ‹Eine, das; Einheit I. 3.›. Hist. Wb. Philos. 2 (1972) 364-367. – [10] Vgl. Platon: Tim. 34 b 8. – [11] Plotin: Enn. II, 9 (33); gegen die «Tadler» und «Verächter» der Welt vgl. hier: 5, 23; 6, 59; 13, 1; 6, 60f.; 15, 3; 16, 1; 17, 1. 37; zu Plotin und zu dessen Verhältnis zur Gnosis: K. Alt: Weltflucht und Weltbejahung. Zur Frage des Dualismus bei Plutarch, Numenios, Plotin. Akad. Wiss. Lit. Mainz, Abh. der geistes- und soz.wiss. Kl. 8 (1993); W. Beierwaltes: Denken des Einen. Stud. zur neuplaton. Philos. und ihrer Wirkungsgesch. (1985) 24ff. 94f. (mit Lit.); zum polemischen Gebrauch des Begriffs ‹W.› bei nichtchristl. Autoren vgl. auch: Simplicius: In Arist. Phys. comm. CAG 10, hg. H. Diels (1895) 1326. – [12] Corp. Herm. VI, 4; vgl. H. Jonas: Gnosis und spätant. Geist 1 ([2]1954) 140-178. – [13] Vgl. Tertullian: Spect. 29. MPL 1, 735 A; zur Verurteilung der Begierde: Art. ‹Konkupiszenz›. Hist. Wb. Philos. 4 (1976) 968-970. – [14] Cyprian: Habitu virgin. 7. MPL 4, 459; vgl. Art. ‹Nachfolge (imitatio) Christi›. Hist. Wb. Philos. 6 (1984) 351-353; ‹Selbstverleugnung›, a.O. 9 (1995) 551-554. – [15] Augustinus: Serm. 96, 5. MPL 38, 587; vgl. Enarr. in Ps., a.O. [3]; [Ps.(?)-]Augustinus: Sermo de contemptu mundi. MPL 40, 1215-1218; Basilius: Hom. in Ps. XXXII. MPG 29, 324 C; Joh. Chrysostomus: In ep. ad Philipp. 1, 5. MPG 62, 196. – [16] De doctrina christ. II, 7. MPL 34, 40; vgl. zu diesem Motiv auch: Art. ‹Sterben lernen›. Hist. Wb. Philos. 10 (1998) bes. 130f. – [17] Tract. in Joannis evang. 40, 10. MPL 35, 1691; vgl. Art. ‹Uti/frui›. Hist. Wb. Philos. 11 (2001) 500-503; zur monast. Absage an die Welt: A. Zumkeller: Das Mönchtum des hl. Augustinus ([2]1968) 246-255. – [18] Eucherius von Lyon: Ep. paraenetica ad Valerianum cognatum De contemptu mundi et saecularis philosophiae. MPL 50, 711-726. – [19] Vgl. J. Leclercq: L'amour des lettres et le désir de Dieu (Paris 1957); dtsch.: Wissenschaft und Gottverlangen (1963). – [20] Vgl. L. Gnädinger u.a.: Art. ‹Contemptus mundi›. Lex. des MA 3 (1986) 186-194. – [21] Lotario di Segni: De contemptu mundi (1195). MPL 217, 701-746. – [22] Vgl. auch: Art. ‹Welt II.›. – [23] Nicolaus Cus.: De docta ignor. III, 9 (1488). Akad.-A. 1 (1932) 148. – [24] M. Luther: Annot. in Ecclesiastes (1532). Weim. Ausg. 20 (1898) 11. 37; vgl. 661. – [25] Basilius: Ep. II [an Gregor von Nazianz], 2. MPG 32, 225; zur Präsenz des Motivs bei den apostol. Vätern vgl. etwa: Hermas: Pastor, Visio 4, 3, 2-4, in: Patres apost., hg. F. X. Funk (1891) 382f.; dazu: N. Brox: Der Hirt des Hermas (1991) 178f.; vgl. K. S. Frank: Art. ‹Anachoreten›, in: Lex. des MA 1 (1980) 566f. – [26] Gregor von Nyssa: De vita S. Patris Ephraem syri. MPG 46, 844 B. – [27] Vgl. Ambrosius: De fuga saeculi 4, 17. CSEL 32/2, 178; 7, 37f., a.O. 193f.; 8, 45, a.O. 199; De Isaac et anima 7f. CSEL 23, 646ff. – [28] Augustinus: De dono persever. liber 8, 20. MPL 45, 1004. – [29] Franz von Assisi: Testamentum, in: H. Boehmer: Analekten zur Gesch. des Franciscus von Assisi ([2]1930) 24, 30; vgl. R. Koper: Das Weltverständnis des hl. Franziskus von Assisi. Eine Unters. über das 'Exivi de Saeculo' (1959). – [30] Alanus ab Insulis: Summa de arte praed. 2. MPL 210, 116; vgl. Z. Alszeghy: Ein Verteidiger der Welt predigt W. Ein Beitrag zur 'Vanitas-mundi'-Lit. des MA. Geist Leben 35 (1962) 197-207. – [31] Vgl. auch: Bernhard der Kartäuser: Ep. I: De fuga saeculi. MPL 153, 885-889; Johannes der Kartäuser: Ep. I: De fuga saeculi, a.O. 899-913. – [32] Vgl. Art. ‹Zerstreuung I.›. – [33] Hugo von St. Viktor: De vanitate mundi II. MPL 176, 715 C; zu Bonaventura vgl. auch: H. W. Kunert: Die Welt – ein Wahn. Ansatz zu einer Strukturanalyse von Bonaventuras weltverachtendem Denken. Diss. München (1975). – [34] De van. I, a.O. 703 B; vgl. Didasc. III, 19, lat.-dtsch., übers. und eingel. Th. Offergeld. Fontes Christiani 27 (Basel u.a. 1997) 268f. – [35] Luther, a.O. [24] 37. 661f.; vgl. 97. – [36] A. Schopenhauer: Die Welt als Wille und Vorst. I, 4, § 68; II, 4, Kap. 44 (1819, [2]1844, [3]1859). Sämtl. Werke, hg. A. Hübscher (1937-41, [4]1988) 2, 447; 3, 642; vgl. Art. ‹W.›. Grimm 14/I, 1 (1955) 1712f.; ‹Weltflucht›, a.O. 1569. – [37] Zur Wortgesch. der Komposita im 19. Jh. vgl. Art. ‹Weltbejahung›. Grimm, a.O. 1542f.; ‹Weltverneinung›, a.O. 1719f.; Art. ‹Bejahung II.›. Hist. Wb. Philos. 1 (1971) 824f.; W. Schulz: Weltverneinung und Weltbejahung. Anm. zu Schopenhauer und Nietzsche. Schopenhauer-Jb. 80 (1999) 147-163. – [38] L. Feuerbach: Das Wesen des Christenthums (1841). Ges. Werke 5, hg. W. Schuffenhauer (1973) 132f. – [39] A. Schopenhauer: Parerga und Paralip. 2, Kap. 15: Ueber Religion § 179 (1851), a.O. [36] 6, 406. – [40] Vgl. F. Nietzsche: Nachgel. Fragm., Sommer 1880 4[132]. Krit. Ges.ausg., hg. G. Colli/M. Montinari (1967ff.) 5/1, 464; Nachgel. Fragm., Herbst 1885 bis Herbst 1886 2[117], a.O. 8/1, 118. – [41] A. von Harnack: Das Wesen des Christentums (1900), NA mit einem Geleitwort von R. Bultmann (1950) 47ff. 51; vgl. A. Ritschl: Die christl. Lehre von der Rechtfertigung und Versöhnung 3, 62 (1874) 537ff.; Unterricht in der christl. Religion §§ 5ff. ([2]1881, [6]1903) 2ff. – [42] F. Overbeck: Ueber die Christlichkeit unserer heutigen Theologie (1873). Werke und Nachlaß, hg. E. W. Stegemann/N. Peter 1 (1994) 214ff. – [43] M. Weber: Weltablehnung; Richtungen und Stufen relig. Weltablehnung (1916). Ges. Aufs. zur Relig.soziol. (1920) 1, 536-573; vgl. Wirtschaft und Gesellschaft § 10 (1922) 312; E. Cornelis: Aperçu sur quelques formes majeures de séparation du monde dans les relig. non chrét., in: Valeurs chrét. des relig. non chrét. (Paris 1965) 189-217. – [44] S. Freud: Der Realitätsverlust bei

Neurose und Psychose (1924). Ges. Werke, hg. A. FREUD u.a. (London 1940-87) 13, 365-368. – [45] D. BONHOEFFER: Nachfolge (1937, [17]1988) 83. – [46] a.O. 239; vgl. Die Geschichte und das Gute. Ges. Schr., hg. E. BETHGE 3 (1960) 458-477; F. GOGARTEN: Der Mensch zwischen Gott und Welt (1956) bes. 134-167. – [47] Dein Reich komme! [1932], a.O. 279. – [48] R. BULTMANN: Der Mensch und seine Welt nach dem Urteil der Bibel (1957), in: Glauben und Verstehen 3 ([4]1993) 151-165, 165. – [49] J. B. METZ: Einf., in: METZ (Hg.): Weltverständnis im Glauben ([2]1966) 8-10, 8; vgl. K. RAHNER: Die ignatianische Mystik der Weltfreudigkeit (1937). Schr. zur Theol. 3 (1967) 329-348, 340ff.; J. MOLTMANN: Theol. der Hoffnung (1964) 302f. 312.

Literaturhinweise. W. STAMMLER: Frau Welt. Eine mittelalterl. Allegorie (Fribourg 1959). – H. R. SCHLETTE: Die Nichtigkeit der Welt. Der philos. Horizont des Hugo von St. Viktor (1961). – R. BULTOT: Christianisme et valeurs humaines A: La doctrine du mépris du monde, t. IV: Le XIe s. I: Pierre Damien (Löwen/Paris 1963); Le XIe s. II: Jean de Fécamp, Hermann Contract, Roger de Caen, Anselme de Canterbury (Löwen/Paris 1964). – Z. ALSZEGHY: Art. ‹Fuite du monde (Fuga mundi)›, in: Dict. de spiritualité 5 (1964) 1575-1605. – F. LAZZARI: Il contemptus mundi nella scuola di S. Vittore (Neapel 1965). – E. R. DODDS: Pagan and Christian in an age of anxiety (Cambridge 1965). – R. J. HALLIBURTON: The concept of the 'Fuga saeculi' in St. Augustine. Downside Review 85 (1967) 249-261. – A. P. ORBÁN: Les dénominations du monde chez les premiers auteurs chrét. (Nimwegen 1970). – L. GNÄDINGER u.a. s. Anm. [20]. – K. ALT s. Anm. [11]. – C. MAYER: Art. ‹Contemptor, contemptus›. Augustinus-Lex., hg. C. MAYER 1 (Basel 1986-94) 1266-1271.

H. HÜHN

Weltverantwortung (engl. world responsibility; global responsibility)

1. Der Begriff ‹W.› wird im Kontext einer *christlichen Theologie der Welt* geprägt, wie sie sich in den Krisenerfahrungen des 20. Jh. ausbildet. Die Universalität christlichen Glaubens und das Ethos christlicher W. formuliert in der Zwischenkriegszeit H. EHRENBERG: «Auch für den Zustand der Welt sind wir als Menschheit verantwortlich; es ist eine einzige Gesamtverantwortlichkeit» [1]. Soweit sich sehen läßt, ist das Kompositum ‹W.› zuerst 1940 bei dem katholischen Theologen R. SCHERER mit dem Buchtitel ‹Christliche W.› thematisch geworden. Der Titelbegriff selber wird nicht eigens reflektiert [2]. Angesichts asketischer und monastischer Tendenzen zur Weltdistanz, seit den Patristikern terminologisch mit den Konzepten von ‹Weltverachtung› (s.d.) und ‹Weltflucht› artikuliert, will Scherer zu einem mehr neuzeitlich geöffneten «Weltbewußtsein» hinführen. Er möchte – ohne Aufgabe der eschatologischen Spannung des Christseins – zu einer «Weltbejahung» anleiten, in der der Christ sich «in ganz besonderer Weise für die Welt verantwortlich» [3] weiß. Ende der 50er und Anfang der 60er Jahre des 20. Jh. wird dieses Programm eines «weltoffenen» Christseins in einer «weltlichen Welt» – mitbestimmt auch durch P. TEILHARD DE CHARDIN [4] – besonders von Y. CONGAR [5] und A. AUER [6] in einer weithin beachteten Weise entfaltet: Die «Frömmigkeit des Laien» müsse ihre «spirituelle Realisierungskraft auch den irdischen Wirklichkeiten gegenüber bewähren» [7].

Kritisch dazu fragt 1962 J. B. METZ, ob hierbei ernst gemacht sei «mit der universalen, höchst differenzierten und komplizierten ... Weltlichkeit der Welt und ihren pluralistischen Ansätzen» [8]. Metz seinerseits sieht sich bestimmt durch die Problematik der Säkularisierung (s.d.) im neuzeitlichen Weltverständnis, die durch den evangelischen Theologen F. GOGARTEN [9] – auch unter Anregungen von R. BULTMANN [10] – als Konsequenz der Entmythisierung des Gott-Welt-Verhältnisses durch das Christentum bezeichnet worden war [11]. «Christliche W.» habe infolgedessen «dieser Weltlichkeit der Welt unverdeckt standzuhalten und sie gelassen als solche anzunehmen» [12].

2. Das Erfordernis der Hinwendung zur Welt und die Herausforderung durch die «Verweltlichung der Welt» bringen in der Mitte des 20. Jh. im europäischen Christentum eine intensivierte Reflexion auf Weltverständnis und Weltbeziehung mit sich. Dabei steht zunächst nicht so sehr der Begriff ‹Verantwortung› (s.d.), sondern ‹Welt› unter im wesentlichen anthropologischen und geschichtsphilosophischen, bald aber auch gesellschaftstheoretischen Bezügen im Vordergrund. Jedoch bietet sich offenbar ‹W.› als zusammenfassender Begriff an [13]. Die Gesamtthematik drängt sich auch dem ‹II. Vatikanischen Konzil› auf, das zwischen 1963 und 1965 die Pastoralkonstitution ‹Über die Kirche in der Welt von heute› (‹Gaudium et spes›) erarbeitet und beschließt [14]. Im ‹Dekret über das Apostolat der Laien› (‹Apostolicam actuositatem›) sagt das Konzil: «Das ist der Plan Gottes hinsichtlich der Welt, daß die Menschen die zeitliche Ordnung einträchtig miteinander aufbauen und beständig vervollkommnen» («Circa mundum vero consilium Dei est, ut homines concordi animo ordinem rerum temporalium instaurent iugiterque perficiant») [15].

3. Schon seit 1948 hatte die ökumenische Bewegung für ‹Kirche und Gesellschaft› vor dem Hintergrund der Erfahrung nationalsozialistischer Gewaltherrschaft als ihre Leitvorstellung diejenige einer «verantwortlichen Gesellschaft» («responsible society») formuliert [16]. Die in Zusammenhängen mit dem Aufkommen des Begriffs der christlichen W. oft genannte ‹Weltkonferenz für Kirche und Gesellschaft› in Genf 1966 spricht in ihren Beschlüssen nur dort, wo es um die «modernen Revolutionen in Wissenschaft und Technik» geht, eher beiläufig von der «Welt als Feld menschlicher Verantwortung» [17]. Stark befördert wird der Bezug zur W. durch die revolutionäre Grundstimmung in den späten 1960er Jahren mit ihrem Drang zu einer gerechteren Gesellschafts- und Zukunftsgestaltung. Auf katholischer Seite fordert J. B. METZ nunmehr – mitangeregt durch den evangelischen Theologen J. MOLTMANN [18] – die Wahrnehmung der «Verantwortung der christlichen Gemeinde» dadurch, daß diese «in ganz neuer Weise die gesellschaftskritische, gewissermaßen 'politische' Potenz ihres Glaubens und dessen Hoffnung und Liebe mobilisiert» [19]. Schon 1968 stellt sich die ‹Synode der Evangelischen Kirche in Deutschland› unter dem Thema «Die Zukunft der Kirche und die Zukunft der Welt» der «W. der Kirche in einem revolutionären Zeitalter» [20]. Dabei versteht H. GOLLWITZER ‹W.› grundsätzlich als umfassende «Menschenverantwortung» und ist der Meinung, daß «aus der absoluten Utopie der guten Gesellschaft des Reiches Gottes ... die relative Utopie einer besseren Gesellschaft» folgt, «für die wir arbeiten müssen» [21].

4. Besonders durch die Arbeiten von G. PICHT und H. JONAS wird der theologische Diskurs über die W. zu einem auch philosophisch-politischen. ‹Verantwortung› gewinnt dabei die Funktion eines Schlüsselbegriffs [22]. PICHT will die «innere Möglichkeit von Vernunft» aus der «Verantwortung der gesamten Menschheit für ihre zukünftige Geschichte» begründen [23], die sie zum ersten Mal in ihrer Geschichte zu übernehmen habe. ‹Verantwortung›, seiner Herkunft nach ein «religiöser, genauer gesagt: ein eschatologischer Begriff» [24], wird als «erdumspannende», «universale» bzw. «globale Verantwor-

tung» begriffen [25]. Im Zeitalter der wissenschaftlich-technischen Zivilisation und ihrer Gefährdung des Lebens auf dem Erdball ist sie «sogar zu einer Verantwortung für die Erhaltung der Natur überhaupt geworden» [26].

Durch die richtungweisenden Gedanken Pichts und die 1972 erschienene Studie des ‹Club of Rome› zu den Grenzen des Wachstums [27] modifiziert sich ‹W.› von einem gesellschafts- zu einem auch natur- und geschichtsbezogenen Begriff. Dies wird bereits 1968 in der vom Picht-Schüler U. DUCHROW verfaßten Arbeit zum Thema ‹Christenheit und W.› [28] bestätigt. Duchrow stellt seine Arbeit zur sog. Zweireichelehre (s.d.) Luthers in den Gesamtrahmen einer «Erfassung der gegenwärtig geforderten Verantwortung im Horizont der wissenschaftlich-technischen Welt» [29]. Gleichfalls durch Picht bestimmt ist H.-E. TÖDT, der in einer Rede vor der Vollversammlung des ‹Lutherischen Weltbundes› 1970 auf die «weltverändernde Vernunft» Bezug nimmt und eine «W.» fordert, die darum ringt, «daß die Leiden in dieser Welt mit allen dem modernen Menschen zur Verfügung stehenden Mitteln verringert werden» [30].

Mit weitreichender Wirkung expliziert H. JONAS die «Totalität oder Globalität» einer Verantwortung in der modernen Welt, die wesentlich als Zukunftsverantwortung konzipiert wird [31]. Durch die moderne Technik und die Kumulation ihrer Effekte und Langzeitfolgen wird dem ethischen Denken des Menschen eine neue Dimension der Verantwortung gleichsam aufgezwungen: «die gesamte Biosphäre des Planeten, wofür wir verantwortlich sein müssen, weil wir Macht darüber haben» [32].

5. In Anknüpfung an die Tradition der existentialistischen Ethik stellt E. LEVINAS auch im Nahkontext der Nächstenethik die unbegrenzte Verantwortung des Einzelnen heraus: Jeder Einzelne trägt die Welt («soutient le monde») [33]. Der Mensch ist, wie Levinas in den ‹Talmud-Vorlesungen› ausführt, für alle anderen verantwortlich, «responsable de l'univers» [34]. Verantwortung wird als grundlegende Struktur der Subjektivität verstanden. Eine Ausdehnung des menschlichen Verantwortungsbereiches deutet sich schon bei A. SCHWEITZER an, wenn dieser nach dem Ersten Weltkrieg Ethik als «ins Grenzenlose erweiterte Verantwortung gegen alles, was lebt», bestimmt [35]. Grenzen menschlicher Verantwortungsfähigkeit zeigt hingegen bereits D. BONHOEFFER auf. Nur in den Grenzen seiner «Geschöpflichkeit» könne der Mensch die auf Stellvertretung (s.d.) beruhende Verantwortung in der Nachfolge Christi übernehmen: «Unsere Verantwortung ist nicht eine unendliche, sondern eine begrenzte. Innerhalb dieser Grenze freilich umfaßt sie das Ganze der Wirklichkeit» [36].

6. Aus der verantwortlichen Sorge um die Zukunft der Menschheit und alle lebenden Geschöpfe auf der Erde (vgl. Gen. 1, 27f.) entfaltet sich seit den 1980er Jahren, getragen vom ‹Ökumenischen Rat der Kirchen›, der «konziliare Prozeß für Gerechtigkeit, Frieden und Bewahrung der Schöpfung» [37]. Vor allem seit den 1990er Jahren artikuliert H. KÜNG mit seinem ‹Projekt Weltethos› das Bedürfnis nach einer universalen, für die menschliche Gesellschaft insgesamt verbindlichen Ethik. Er intendiert den integrativen Impuls einer W. im Kontext des interreligiösen Dialogs [38].

Anmerkungen. [1] H. EHRENBERG: Unheil und Heil im öffentl. Leben. Über Weltsünde und Weltwandlung (1928) 18; vgl. 26; Art. ‹Kosmopolit; Kosmopolitismus›. Hist. Wb. Philos. 4 (1976) 1155-1167; ‹Menschheit; Menschengeschlecht›, a.O. 5 (1980) 1127-1137. – [2] R. SCHERER: Christl. W. (1940, ³1949); vgl. auch: R. WALTER: Für einen Mann mit Eigenschaften, in: K. RAHNER/B. WELTE: Mut zur Tugend (1979) 236-246. – [3] a.O. 179. – [4] Vgl. P. TEILHARD DE CHARDIN: Le phénomène humain (Paris 1948); dtsch.: Der Mensch im Kosmos (1959). – [5] Y. CONGAR: Jalons pour une théologie du laïcat (Paris 1953); dtsch.: Der Laie (1956). – [6] A. AUER: Weltoffener Christ (1960, ²1962); Gestaltwandel des christl. Weltverständnisses, in: J. B. METZ u.a. (Hg.): Gott in Welt. Festgabe K. Rahner 1 (1964) 333-365. – [7] Christ, a.O. 301; vgl. Art. ‹Weltfrömmigkeit›; Art. ‹W.›. LThK³ 10 (2001) 1083. – [8] J. B. METZ: Weltverständnis im Glauben (1962/66), in: Zur Theol. der Welt (1968) 11-45, hier: 13. – [9] F. GOGARTEN: Verhängnis und Hoffnung der Neuzeit. Die Säkularisierung als theolog. Problem (1953); vgl. Der Mensch zwischen Gott und Welt (1956). – [10] R. BULTMANN: Das Verständnis von Welt und Mensch im NT und im Griechentum (1940), in: Glauben und Verstehen 2 (1952) 59-78; Der Mensch und seine Welt nach dem Urteil der Bibel (1957), a.O. 3 (1960) 151-165. – [11] Vgl. METZ, a.O. [8] 16f. – [12] a.O. 38. 42. – [13] Vgl. M. SCHLÜTER-HERMKES/G. K. FRANK: Gottesliebe und W. (1956); J. HÖFFNER: Reden und Aufsätze 2: W. aus dem Glauben, hg. W. DREIER (1969); H. COX: On not leaving it to the snake (New York 1964); dtsch.: Stirb nicht im Warteraum der Zukunft. Aufforderung zur W. (1968); J. KLAUS/H. SCHÄUFELE: Christl. Glaube und W. in unserer Zeit (1968); O. RABUT: Valeur spirit. du profane (Paris 1963); dtsch.: Christsein als W. (1968); W. DANTINE: Recht aus Rechtfertigung, hg. A. STEIN (1982); dazu: F. WAGNER: Glaubensgewißheit und W., in: K. SCHWARZ/F. WAGNER (Hg.): Zeitenwechsel und Beständigkeit (Wien 1997) 391-426. – [14] H. DENZINGER/P. HÜNERMANN (Hg.): Enchir. symbol. (³⁸1999) 1268-1320 (Nr. 4301-4345); vgl. auch: J. B. METZ (Hg.): Weltverständnis im Glauben (1965), mit Beitr. u.a. von H. U. VON BALTHASAR, Y. CONGAR, H. DE LUBAC, K. RAHNER, J. RATZINGER; J. OELINGER: Christl. W. (1968); U. KÜHN: Die Ergebnisse des II. Vat. Konzils (1967) 149-158; kritisch: L. SCHEFFCZYK: Theolog. und ekklesiolog. Grundfragen der Öffnung zur Welt seit dem Zweiten Vat. Konzil, in: G. BAADTE/A. RAUSCHER (Hg.): Glaube und W. (Graz 1988) 11-33. – [15] Dekret über das Apostolat der Laien (1965), in: Das zweite Vat. Konzil. Dok. und Komm., hg. H. VORGRIMLER. LThK², Erg.bd. 2 (1967) 602-701, hier: 626f. (Nr. 7). – [16] Vgl. dazu: R. FRIELING: Der Weg des ökumen. Gedankens (1992) 296-304. – [17] Appell an die Kirchen der Welt. Dok. der Weltkonferenz für Kirche und Ges., hg. Ökumen. Rat der Kirchen (1967) 239. – [18] Bes. J. MOLTMANN: Theol. der Hoffnung (1964). – [19] J. B. METZ: Christl. Verantwortung für die Zukunftsplanung in einer weltl. Welt (1968), in: Zur Theol., a.O. [8] 132-146, hier: 143. – [20] E. WILKENS (Hg.): Die Zukunft der Kirche und die Zukunft der Welt. Die Synode der EKD 1968 zur W. der Kirche in einem revolut. Zeitalter (1968). – [21] H. GOLLWITZER: Die W. der Kirche in einem revolut. Zeitalter, in: WILKENS (Hg.), a.O. 69-96, hier: 69. 73. – [22] G. PICHT: Der Begriff der Verantwortung (1967), in: Wahrheit, Vernunft, Verantwortung. Philos. Studien (1969) 318-342; zur W. der Kirche vgl. Die Kirche in der pluralist. Ges. (1964), in: Die Verantwortung des Geistes. Pädagog. und polit. Schr. (1969) 226-259, 248ff. 258f. – [23] Vorwort, in: Hier und Jetzt. Philosophieren nach Auschwitz und Hiroshima 1 (1981) 7; Mut zur Utopie – Die großen Zukunftsaufgaben (1969), a.O. 2 (1981) 23-127, 31. 99. 117. – [24] a.O. 117. – [25] 102; Geschichte und Gegenwart [1974/75], hg. C. EISENBART (1993) 64. – [26] Der Begr. der Verantw., a.O. [22] 328. – [27] D. L. MEADOWS (Hg.): The limits to growth (New York 1972); dtsch.: Die Grenzen des Wachstums. Bericht des Club of Rome zur Lage der Menschheit (1972). – [28] U. DUCHROW: Christenheit und W. Traditionsgesch. und systemat. Struktur der Zweireichelehre (1970). – [29] a.O. 1. – [30] H.-E. TÖDT: Schöpferische Nachfolge in der Krise der gegenwärt. Welt, in: Evian 1970. Off. Bericht der Fünften Vollversammlung des Luther. Weltbundes (1970) 53-72, hier: 59; vgl. dazu auch: M. HONECKER: Christl. Beitrag zur W. Eine krit. Stellungnahme (1971). – [31] H. JONAS: Erkenntnis und Verantwortung (1991) 119ff. – [32] Das Prinzip Verantwortung (1979) 27. – [33] E. LEVINAS: Ethique et infini (Paris 1982) 94. 96; dtsch: Ethik und Unendliches (Graz u.a. 1986) 74. 77. – [34] Du sacré au saint (Paris 1977) 136-139; dtsch.: Vom Sakralen zum Heiligen (1998) 134-137. – [35] A. SCHWEITZER: Kultur und Ethik (1923, 1960) 332. – [36] D.

BONHOEFFER: Ethik, hg. E. BETHGE (1949) 181; vgl. 172ff.; C. FREY: Christl. W. bei A. Schweitzer mit Vergleichen zu D. Bonhoeffer (Bern u.a. 1993). – [37] Vgl. U. SCHMIDTHENNER: Der konziliare Prozeß (1998); C. F. VON WEIZSÄCKER: Zeit und Wissen (1992) 1039ff. – [38] H. KÜNG: Projekt Weltethos (1990).

H. HÜHN/M. SEILS

Weltweisheit ist ein im Deutschen seit dem Mittelalter (mhd. ‹werltwîsheit› [1]) belegtes, zeitweilig vorherrschendes Synonym von ‹Philosophie› (mhd. auch ‹filosofî› [2]). Diese Redundanz des deutschen Wortschatzes steht in auffälligem Kontrast zur Aufnahme des griechischen Ausdrucks φιλοσοφία (bzw. des lat. ‹philosophia›) in den übrigen europäischen Sprachen. Wie im Englischen oder Französischen wurde der griechische bzw. lateinische Ausdruck zumeist als Fremdwort, nur sprachlich-morphologisch den jeweiligen Gastsprachen anverwandelt, praktisch unverändert übernommen; ein anders gelagerter Sonderfall ist das Niederländische, das neben ‹filosofie› die dem griechischen Wort genau nachgebildete Variante ‹wijsbegeerte› kennt.

Der Sonderweg der deutschen Terminologie ist in zweifacher Hinsicht von sachlicher Bedeutung. Zum einen reichen die wortgeschichtlichen Wurzeln des Kompositums ‹W.› weit in die Ideengeschichte zurück. Zum anderen hat man in der Wahl dieses Ausdrucks bzw. in seiner (besonders im Zeitalter der Aufklärung auffälligen) Bevorzugung gegenüber ‹Philosophie› immer wieder ein programmatisches Signal erblickt. Das erste Element des Kompositums (‹*Welt*weisheit›) wird vielfach als Indikator «für das Weltlichwerden der Philosophie in der Aufklärung» [3] verstanden; es verleihe «dem Gegensatz ... zu den herrschenden christlich-theologischen Überzeugungen unmittelbar Ausdruck» [4]. Mit der Betonung des zweiten Elements des Kompositums (‹Welt*weisheit*›) scheint sich ein gesteigerter Kompetenzanspruch der Philosophie anzumelden, die sich (in impliziter Zurückweisung des ancilla-theologiae-Motivs [5]) nicht mehr mit der 'Liebe zur Weisheit' begnügt, sondern den Titel ‹Weisheit› (s.d.) für sich reklamiert [6].

Häufig werden, wenn ‹W.› anstelle des Fremdwortes ‹Philosophie› verwendet wird, jedoch keinerlei inhaltliche Akzente gesetzt. Die beiden Ausdrücke sind vielmehr gegeneinander substituierbar. Von zweisprachig (deutsch/lateinisch) schreibenden Autoren und von Übersetzern lateinischer Texte ins Deutsche werden sie in denselben Kontexten unterschiedslos verwendet – «weder aus Demuth, noch Hochmuth ..., sondern ohne grosse Ueberlegung» [7] und ohne die programmatischen Untertöne, die man an ‹W.› hat wahrnehmen wollen. Lapidar definiert CH. THOMASIUS: «Die Erkantnüß so aus der Heiligen Schrifft entstehet / wird Gottes-Gelahrtheit / die aber so aus der menschlichen Vernunfft herrühret / W. genennet» [8]. Gelegentlich werden die angeblich profan-säkularistischen Konnotationen von ‹W.› sogar ausdrücklich bestritten: So ist es aus der Sicht G. F. MEIERS «lächerlich, wenn man ... die W. der Religion entgegen setzt», denn sie «enthält so gar die natürliche Religion in sich» [9]. In dieser neutralen Bedeutung, als «gewöhnliches» [10] Äquivalent zu ‹Philosophie›, bleibt ‹W.› noch im späten 18. Jh. (vgl. z.B. I. KANTS Bezeichnung der «Transcendental-Philosophie» als «eine W. der reinen, bloß speculativen Vernunft» [11]) gebräuchlich. Manchmal wird der Ausdruck – etwa in J. G. HERDERS Formel von einer «W. des gesunden Verstandes» [12] – dem Begriff einer Popularphilosophie (s.d.), wie er gleichzeitig als «Philosophie für die Welt» [13] oder «Philosophie der Welt» [14] im Schwange war, angenähert.

Im 18. Jh. hat es jedoch *eine* vielbeachtete und bis ins 19. Jh. ausstrahlende Debatte über die inhaltlichen Konnotationen des Wortes ‹W.› gegeben. Ihr lag allerdings eine ganz andere sprachliche Intuition als den modernen Deutungen zugrunde. Den Anstoß gab nicht die Wahrnehmung einer selbstbewußten Weltlichkeit der Philosophie, sondern im Gegenteil die Erinnerung an ihre Verunglimpfung durch PAULUS. Dieser hatte sie als «Weisheit dieser Welt» (σοφία τοῦ κόσμου τούτου), die eine «Torheit bei Gott» sei, bezeichnet (1. Kor. 3, 19 und 1, 20) [15]. Auch die Kirchenväter benutzen die griechischen und lateinischen (‹sapientia mundi›) Entsprechungen zu ‹W.› zur Schmähung der Philosophie [16]. Verwendet wird auch (in Anlehnung an Jak. 3, 15: σοφία ἐπίγειος) die Variante «irdische Weisheit» («terrena philosophia») [17]. Der Stellenwert dieser biblischen Vorgaben ist an der Schrift des Platonikers KELSOS gegen die Christen ablesbar. Er erblickt in der Devise, «die Weisheit dieser Welt sei etwas Schlechtes» (κακὸν ἡ ἐν τῷ κόσμῳ σοφία), die Grundlage des christlichen Verbots einer Prüfung (ἐξετάζειν) der Glaubenslehren, durch welches ein blinder, «vernunftloser Glaube» (ἀλόγως πιστεύειν) befördert wird [18].

Wenn der Ausdruck ‹W.› in einer inhaltlich aufgeladenen Weise verwendet wird, spricht aus ihm das Verständnis der Formeln des 1. ‹Korintherbriefs› [19] als Feindseligkeit gegenüber der Philosophie. Diese Sicht hat namentlich M. LUTHER geteilt, der die «wellt-weyszen, das sind die blinden und heubtnarren fur gott» [20], verspottet. Damit gab er der antiphilosophischen Strömung des älteren Protestantismus (bes. den in den 'Hoffmannischen Streitigkeiten' des frühen 17. Jh. zeitweilig erstarkenden «Metaphysikhassern») Auftrieb [21]. Außerhalb Deutschlands gehört z.B. «wisdome of this world» zum Kampfvokabular der Puritaner [22]. Und auch später wurde, wenn theologischer Einspruch gegen eine sich von offenbarungstheologischen Vorgaben emanzipierende Philosophie erhoben wurde, mit der Verwendung der Äquivalente von ‹W.› gern auf die Paulinische Diffamierung der Philosophie [23] zurückgegriffen. Vor diesem Hintergrund plädiert der Thomasius-Schüler CH. A. HEUMANN [24] dafür, «daß man sich dieser Nahmen / Welt-Weiser und Welt-Weißheit / gar enthalte / und sich mit gleicher Freyheit / wie vor Zeiten die Römer / des Griechischen Nahmens *Philosoph* und *Philosophie* bediene» [25]. Denn die «Feinde der Philosophie [hätten] ihr keinen gefährlichern Streich versetzen können / als da sie derselben den garstigen Nahmen der Welt-Weißheit beygeleget» [26]. In diesem Wort lebe die auf Paulus zurückgehende Philosophie- und Bildungsfeindlichkeit («odium erga ipsas literas») weiter [27]. Auch gegenwärtig sei eine Wiederbelebung dieser Paulinischen Haltung möglich. Das Wort ‹W.› sei das geeignete sprachliche Vehikel des Obskurantismus und der Gegenaufklärung, «ein rechter Staats-Streich der Barbarey und Ignoranz, die Vernunfft und die daher kommende Weißheit verhast und gefährlich zu machen / um die in der Religion eingerissenen Irrthümer desto besser zu behaupten» [28]. Heumanns Bedenken gegen das durch seine theologische Herkunft belastete Wort ‹W.› wurden vielfach geteilt [29]. In der die deutsche Szenerie lange Zeit beherrschenden Strömung – im Wolffianismus – schloß man sich ihnen jedoch nicht an. So wollte J. CH. GOTTSCHED die Wahl des Titels seines philosophischen Hauptwerks (‹Erste Anfangsgründe der Gesamten W.›) als Geste der Bescheidenheit verstanden wissen: «W.» ist die unter Endlichkeitsbedingungen erreichbare und deshalb «unvollkommene Weisheit» [30].

Auch später gibt es Reserven gegen das Wort ‹W.›; andererseits wird seine abschätzige Nebenbedeutung, die Heumann beanstandet hatte, auch nach der Aufklärung in den philosophisch-theologischen Debatten eingesetzt. Dies hat G. W. F. HEGEL im Auge, wenn er moniert, daß man «für die Philosophie den Spitznamen der W. wieder aufgewärmt, und damit [hat] bezeichnen wollen, daß sie wegbleiben müsse, wo von Höherem, z.B. der Religion die Rede sey» [31]. Für F. NIETZSCHE sind die im ‹Korintherbrief› enthaltenen Schmähungen der Philosophie als W. unvermindert provozierende «Proben der heiligen Unverschämtheit» [32], aus denen der Bibel-Leser aber immerhin eine Nutzanwendung ziehen kann: «Man liest das neue Testament nicht ohne eine Vorliebe für das, was darin misshandelt wird, – nicht zu reden von der 'Weisheit dieser Welt', welche ein frecher Windmacher» – Paulus – «zu Schanden zu machen sucht» [33].

Anmerkungen. [1] Art. ‹Weltweisheit›. GRIMM 14/I, 1 (1955) 1727-1731; vgl. auch: Art. ‹Weltweise›, a.O. 1724-1727, 1724: ahd. ‹werltwîso›. – [2] Art. ‹Philosophei, Philosophie›, a.O. 7 (1889) 1830f. – [3] W. SCHNEIDERS: Zwischen Welt und Weisheit. Zur Verweltlichung der Philos. in der frühen Moderne. Studia leibn. 15 (1983) 2-18, 8; Deus est philosophus absolute summus. Über Ch. Wolffs Philos. und Philos.begriff, in: W. SCHNEIDERS (Hg.): Ch. Wolff 1679-1754 (1983) 9-30, 9f. – [4] H. HOLZHEY: Initiiert Thomasius einen neuen Philosophentypus? in: W. SCHNEIDERS (Hg.): Ch. Thomasius 1655-1728 (1989) 39; ähnlich bereits G. W. F. HEGEL: Vorles. über die Gesch. der Philos. Jub.ausg., hg. H. GLOCKNER (1927-40) 19, 270f.; Vorles. über die Philos. der Relig., a.O. 15, 262. – [5] Diesen Zus. unterstellt u.a. W. T. KRUG: Art. ‹W.›, in: Allg. Wb. der philos. Wiss.en 4 (^{2}1834) 499; vgl. M. SECKLER: 'Philos. ancilla theologiae'. Über die Ursprünge und den Sinn einer anstößig gewordenen Formel. Theol. Quart.schr. 171 (1991) 161-187. – [6] Art. ‹Philosophie IV. D.›. Hist. Wb. Philos. 7 (1989) 709. – [7] J. A. FABRICIUS: Abriß einer allg. Hist. der Gelehrsamkeit 1 (1752, ND 1978) 332. – [8] CH. THOMASIUS: Einl. zu der Vernunfft-Lehre (1691), hg. W. SCHNEIDERS (1968) 81; ähnlich: G. W. LEIBNIZ: Versuch einer Theodicaea oder Gottrechts-Lehre [um 1712]. Die philos. Schr., hg. C. I. GERHARDT 6 (1885, ND 1965) 469. – [9] G. F. MEIER: Gedancken von der Religion (1749) 93f.; vgl. Art. ‹Religion/Theologie, natürliche/vernünftige›. Hist. Wb. Philos. 8 (1992) 713-727. – [10] Art. ‹W.›, in: J. G. WALCH: Philos. Lexicon (1726) 2888f., hg. J. CH. HENNINGS (^{4}1775, ND 1968) 2, 1544f.; fast unverändert abgedr. in: J. H. ZEDLER: Grosses vollst. Univ.-Lex. 54 (^{8}1747, ND Graz 1962) 1854-1856 (Art. ‹W.›). – [11] I. KANT: KrV B 29. – [12] J. G. HERDER: Problem: Wie die Philos. zum Besten des Volkes allgemeiner und nützlicher werden kann [1766]. Sämmtl. Werke, hg. B. SUPHAN (1877-1913) 32, 59. 49. 38. – [13] J. J. ENGEL: Der Philosoph für die Welt (1775); vgl. H. HOLZHEY: Der Philosoph für die Welt – eine Chimäre der dtsch. Aufklärung? in: W. CH. ZIMMERLI (Hg.): Esoterik und Exoterik der Philos. (Basel 1977) 117-138. – [14] J. G. SULZER: Kurzer Begriff aller Wiss.en und Theile der Gelehrsamkeit (^{2}1759). – [15] Vgl. hierzu auch die Warnung vor der φιλοσοφία in: PAULUS: Kol. 2, 8; vor der «dämonischen Weisheit» (σοφία δαιμονιώδης) in: 2. Kor 1, 12. – [16] ORIGENES: Adv. Celsum II, 47; TERTULLIAN: De praescr. haeret. 7; SALVIAN: Praef. ad lib. de gubern. Dei; AMBROSIUS: Enarr. in Ps. 36, § 28; AUGUSTINUS: C. Acad. 3, 19. – [17] LAKTANZ: Instit. div. I, 1. MPL 6, 117 B. – [18] KELSOS: 'Αληθὴς λόγος 1, 9, hg. O. GLÖCKNER (1924) 2. – [19] PAULUS, a.O. [15]. – [20] M. LUTHER: Das siebente Kap. S. Pauli zu den Corinthern (1523). Weim. Ausg. 12, 93; vgl. auch: H. C. AGRIPPA VON NETTESHEIM: De incert. et vanitate scient. 98. Opera (Lyon o.J. [ca. 1600], ND 1970) 2, 287. – [21] G. SCHELWIG: De hostibus et osoribus metaphysicae (Danzig [1712]); zu D. HOFFMANN, dem prominentesten 'osor metaphysicae' vgl. a.O. 11ff.; dazu: Art. ‹Metaphysikkritik›. Hist. Wb. Philos. 5 (1980) 1285f. – [22] J. SPURR: 'Rational religion' in Restoration England. J. Hist. Ideas 49 (1988) 563-585, 564. – [23] J. MUSAEUS/J. PH. MEYENBERG: De quaestione, An ductu luminis naturae sive principiorum rationis homo ad salutem aeternam pertingere possit? Diss. Jena (1668) § 110, n.p. [G 3^r]. – [24] CH. A. HEUMANN [pseud.: G. JANSONUS]: Anmerckung von dem Nahmen der Weltweißheit, in: Neue Bibliothec Oder Nachricht und Urtheile Von neuen Büchern Und allerhand zur Gelehrsamkeit dienenden Sachen 27 (1713) 598-602; ND, in: Acta Philosophorum 2 (1715) 314-321; vgl. auch: Von dem Wesen und Begriff der Philos., a.O. 1 (1715) 93-103; Von denen zweyerley Bedeutungen der Wörter σοφία und Philosophia, a.O. 1 (1715) 63-92. – [25] Anm. von dem Nahmen, a.O. 320f. – [26] a.O. 315. – [27] Conspectus reipublicae literariae (^{7}1764) 101. – [28] Anm. von dem Nahmen, a.O. [24] 317. – [29] A. F. MÜLLER: Einl. in die Philos. Wissenschafften 1 (^{2}1733) 46f.; A. G. BAUMGARTEN (Praes.)/M. ERDMANN (Resp.): Diss. periodica an philosophia sit sapientia mundi (1751) bes. 16; G. STOLLE: Anleitung zur Historie der Gelahrtheit (^{3}1727) 334; Introd. in historiam litt. (1728) 420; M. SCHMEITZEL: Versuch einer Historie der Gelehrsamkeit (1728) 237ff. – [30] J. CH. GOTTSCHED: Erste Anfangsgründe der gesamten W. (1733, ND 1965) 4. – [31] HEGEL: Vorles. über die Gesch. der Philos., a.O. [4] 17, 92; vgl. auch: Vorrede zu Hinrich's Religionsphilos., a.O. 20, 22f. – [32] F. NIETZSCHE: Nachgel. Fragm., Herbst 1887 10[179]. Krit. Ges.ausg., hg. G. COLLI/M. MONTINARI 8/2 (1970) 228. – [33] Der Antichrist §§ 45-47 [1888], a.O. 6/3 (1969) 219-224; zit. § 46, a.O. 222.

W. SCHRÖDER

Wende (engl. turn; frz. tournant). Wie ‹Metabasis› [1], ‹Epoche› oder ‹Revolution› (s.d.), wie ‹Schwelle›, ‹Bruch› oder ‹Kehre› (s.d.), ist auch ‹W.› ein metaphorisches Hilfsmittel zur Gliederung von Zeit. Spezifisch für W.n ist, daß sie im nachhinein statuiert werden, um die Konditionen der Gegenwart als Konsequenz des längst schon Geschehenen begreiflich zu machen.

Die Auszeichnung von Zeitpunkten hat eine weit zurückreichende Tradition. Mit der von DIONYSIUS EXIGUUS zum Gedenken an die «Ursache der Wiederherstellung der Menschheit» («causa reparationis humanae gentis») [2] eingerichteten Datierung «post christum natum» und der wenig später von BEDA VENERABILIS ergänzten Zählung nach rückwärts [3] koexistieren zunächst weitere Einteilungen und verschiedene Endzeitberechnungen. Die große Variationsbreite der Modelle ist durch die biblische Überzeugung gedeckt, daß nur Gott Tag und Stunde kennt; «kein Mensch, auch die Engel im Himmel und selbst der Sohn wissen es nicht» (Mk. 13, 32). Zwar verliert sich die Brisanz religiöser W.-Visionen vor allem auf christlicher Seite schon bald [4], sie verschwindet aber niemals ganz [5].

Der Erwartungshintergrund der «großen geistigen Zeitenwende» als einer W. zur Philosophie [6] bleibt jederzeit abrufbar – und zwar, wie noch der Kommentar F. NIETZSCHES zeigt, durchaus auch in polemischer Absicht [7]. Was sich jedoch mit Eintritt der Neuzeit mehr und mehr verliert, ist das Verständnis der «revolutio» als einer «restitutio», die lediglich gegen degenerative Tendenzen durchzusetzen und im übrigen, wie noch F. BACON versichert, «von der Vorsehung beschlossen» sei («id est in providentia») [8]. Solcher Gleichgestimmtheit von göttlichem und menschlichem Zeitmaß entziehen die Frühaufklärer die Grundlage, wenn sie von zyklentheoretischen auf lineare Modelle der Menschheits- und Wissensentwicklung umstellen [9]. Ein Dokument des Auffassungswandels ist die Übersetzung von A. CROMAZIANOS ‹Storia della restaurazione di ogni philosophia› durch K. H. HEYDENREICH, der 1791 den Titelbegriff «restaurazione» mit «Revolutionen» wiedergibt und damit die Sprachregelung I. KANTS aufnimmt [10]. Obgleich Kant selbst die Formulierung nirgends verwendet, ist das Deutungsangebot der Kopernikanischen W. (s.d.) doch eindrucksvoll genug, um das Selbstverständnis der kritischen Philosophie als einer «Revolution» und «Umänderung der Denkart» [11] auf Dauer zu prägen.

Mit dem Vollzug der von Kant geforderten Umkehrung, derzufolge sich nun nicht mehr die Geschichte nach der Chronologie, sondern die Chronologie nach der Geschichte zu richten habe [12], ist die W. vollends säkularisiert. Die Vorgeschichte der Bedeutungsentwicklung noch vor Augen, kann A. SCHOPENHAUER die Überlebensfähigkeit einer Religion bezweifeln, «die zu ihrem Fundament eine einzelne Begebenheit hat, ja aus dieser, die sich da und da, dann und dann zugetragen, den Wendepunkt der Welt und alles Daseyns machen will» [13]. Unter historistischen Vorzeichen steht die W. als Chiffre für die Ablösung des Weltmodells, die immer schon stattgefunden hat und Bedingungen benennt, denen nun nicht mehr auszuweichen ist. W.n sind Deutungsfiguren ex post. Das gilt auch für G. W. F. HEGEL, der 1806 die eigene Zeit als Epoche ausgezeichnet sieht, «wo der Geist einen Ruck gethan» [14], oder für J. W. GOETHES Resümee aus dem Jahr 1811, wonach seine «literarische Epoche» sich «aus der vorhergehenden durch Widerspruch» entwickelt habe [15]. Solcher, Anerkennung und Abschluß des Revolutionszeitalters synthetisierender Sprachgebrauch ist exemplarisch. Die Ausweisung einer W. dient den Bedürfnissen einer Gegenwart, die im Rückblick auf die W. ihren Ermöglichungsgrund erkennt. Speziell in der Philosophiegeschichtsschreibung ist dieses Deutungsangebot zur Standardversion geworden. Aus dem Abstand eines Jahrhunderts kann K. FISCHER den durch Kant gesetzten «Wendepunkt» als philosophiegeschichtliches Schlüsselereignis kanonisieren, das «den Entwicklungsgang der neuen Philosophie in die dogmatische und kritische Periode» [16] scheide und seither die Richtung des philosophischen Denkens überhaupt bestimme.

Nach erfolgter Säkularisierung bleibt es nicht bei der einen, der kopernikanischen W. Die Erwartung E. HUSSERLS, daß die programmatische «Kontrastierung» von «Kantischer» und «Cartesianischer W.» das Denken auch faktisch «vor die letzte W. und die letzten Entscheidungen» stellen werde [17], erfüllt sich nicht. Im Gegenteil: Gerade in der Perspektive des historischen Vergleichs war bereits H. RITTER der «Abstand zwischen Kant und unserer gegenwärtigen Geschichtsansicht ... wie ein Sprung» vorgekommen, wie er 1867 an L. von Ranke schreibt. «Solche plötzliche Wendungen finden sich in der Geschichte; sie bezeichnen Epochen in ihr; sie erscheinen wie Revolutionen im geistigen Gebiete, welche man in Gedanken verfolgt bis zum Anfang» [18].

Das 20. Jh. macht in seinem letzten Drittel großzügig Gebrauch von dieser Lizenz und entwickelt sich, was die Philosophie und ihre Paradigmatik betrifft, geradezu zum Zeitalter der W.n. Besonders einschlägig ist die «linguistische W.», die 1964 – und damit wiederum ex post – zu ihrem Begriffsnamen kommt. Der von dem Sprachphilosophen und Carnap-Schüler G. BERGMANN aufgebrachte [19] und wenig später als «linguistic turn» von R. RORTY verbreitete Ausdruck [20] umfaßt das ganze Ausmaß einer Umstellung des theoretischen Interessenzusammenhangs. Alles philosophische Denken soll ein Bedenken menschlicher Sprachwirklichkeit sein. Die von Rorty popularisierte «linguistische» oder «sprachliche» bzw. «sprachphilosophische W.» beruft sich zunächst auf Gewährsleute der analytischen Tradition (G. FREGE, L. WITTGENSTEIN, R. CARNAP), später dann auch auf H.-G. GADAMER und speziell auf dessen im Geiste M. HEIDEGGERS vollzogene «ontologische Wendung» [21]. Charakteristischerweise benennt auch die «pragmatische W.», die seit den 1980er Jahren den Impuls der «linguistischen W.» durch Orientierungswechsel «von der Wahrheitssemantik zur Gebrauchstheorie» [22] vollenden möchte, ihre Vorläufer: W. JAMES, J. DEWEY, CH. S. PEIRCE. Daneben versuchen konkurrierende Konzepte, das analytische Potential der linguistischen W. weiter auszuschöpfen. Die «Kulturalistische W.» der 1990er Jahre versteht sich als handlungsphilosophische Ergänzung der sprachphilosophischen W. und insbesondere ihrer «naturalistischen» Radikalisierung durch W. V. O. QUINE [23].

Während das Signal des «linguistic turn» in den Geschichtswissenschaften als Gefährdung des disziplinären Selbstverständnisses wahrgenommen und bald ironisch, bald polemisch kommentiert worden ist [24], galt der «turn» allgemein als Charakteristikum einer fächerübergreifenden Neuorientierung vornehmlich der geisteswissenschaftlichen Fächer [25]. Tatsächlich beziehen sich die seither geltend gemachten weiteren W.n auf dieses Beispiel und setzen es systematisch voraus: der «pictorial» [26] ebenso wie der «iconic» [27], der «narrativist» [28] ebenso wie der «cultural turn» [29].

Der apokalyptische Ton aus L. UHLANDS ‹Frühlingsglaube›: «Nun muß sich alles, alles wenden» [30], von dem neben der Beschwörung der «großen Wendung» und «Achsendrehung des Lebens» (G. SIMMEL) [31] auch die kulturkritische «Weltwende» (K. JASPERS) [32] und die utopische «Zeitwende» (E. BLOCH) [33] noch getragen sind, hat sich in solchen Befunden verloren. Und doch machen sie Neueinstellungen der theoretischen Perspektive geltend, die in dem Selbstverständnis übereinstimmen, durch Problembestände außerhalb des herkömmlichen Spektrums philosophischer Reflexion herausgefordert zu sein. Seit Kant liegt die Zweideutigkeit der W. darin, daß sie – funktional – als Ausdrucksgestalt philosophischer Selbstkritik figuriert und – inhaltlich – Vorgänge intellektueller Neuorientierung zusammenfaßt, deren rückblickend erkennbare Gemeinsamkeit darin besteht, im Augenblick ihres faktischen Vollzuges der Verfügbarkeit entzogen gewesen zu sein. Was für Schwellenphänomene dieser Art überhaupt gilt, das bringt die W. zur Evidenz: Sie ist «der Inbegriff aller Interferenzen von Handlungen zu dem durch sie 'Gemachten'» [34].

Anmerkungen. [1] Vgl. Art. ‹Umschlag›. Hist. Wb. Philos. 11 (2001) 91-94; ‹Übergang›, a.O. 30-32. – [2] Wiedergegeben bei: H. MAIER: Die christl. Zeitrechnung (1992) 72f. – [3] a.O. 34ff. 74ff.; vgl. R. SCHMIDT: Aetates mundi. Die Weltalter als Gliederungsprinzip der Geschichte. Z. Kirchengesch. 67 (1955/56) 288-317. – [4] M. KLINGHARDT: Zeitenwende, Zeitenende und Millennium: Apokalypt. Zeitverständnis im frühen Christentum, in: H.-B. GERL-FALKOVITZ (Hg.): Zeitenwende – Wendezeiten (2001) 119-158. – [5] CH. HILL: The world turned upside down. Radical ideas during the Engl. revol. (New York 1972); L. HÖLSCHER: Weltgericht oder Revolution. Protestant. und sozialist. Zukunftsvorst. im dtsch. Kaiserreich (1989). – [6] E. CASSIRER: Der Gegenstand der Kulturwiss., in: Zur Logik der Kulturwiss.en. Fünf Studien (1942, [6]1994) 3f. – [7] F. NIETZSCHE: Geburt der Tragödie 15 (1872). Krit. Ges.ausg., hg. G. COLLI/M. MONTINARI 3/1 (1972) 98. – [8] F. BACON: Novum organum, Aph. 93 (1620). Works 1, hg. J. SPEDDING/R. LESLIE/D. D. HEATH (1858, ND 1963); vgl. Art. ‹Revolution, wissenschaftliche›. Hist. Wb. Philos. 8 (1992) 990-996. – [9] J. SCHLOBACH: Zyklentheorie und Epochenmetaphorik. Studien zur bildl. Sprache der Geschichtsreflexion in Frankreich von der Renaissance bis zur Frühaufklärung (1980). – [10] A. CROMAZIANO: Krit. Geschichte der Revolutionen der Philos. in den drey letzten Jh. (1791, ND

1968). – [11] I. KANT: KrV B XVI; vgl. H. BLUMENBERG: Die Genesis der kopernikan. Welt (1975) 691ff.; V. GERHARDT: Kants kopernikan. W. Kantstud. 78 (1987) 133-152. – [12] I. KANT: Anthropologie in pragmat. Hinsicht (1798). Akad.-A. 7, 195; vgl. R. KOSELLECK: Vergangene Zukunft. Zur Semantik geschichtl. Zeiten (1979) 322. – [13] A. SCHOPENHAUER: Parerga und Paralip. 2, § 182 (1851). Sämtl. Werke, hg. A. HÜBSCHER (1937-41) 6, 418. – [14] Mitgeteilt bei: K. ROSENKRANZ: G. W. F. Hegels Leben (1844, ND 1977) 214; vgl. G. LUKÁCS: Der junge Hegel (1948/73) 700ff. – [15] J. W. GOETHE: Aus meinem Leben. Dichtung und Wahrheit (1811-30). Hamb. Ausg., hg. E. TRUNZ (^{10}1982) 9, 258. – [16] K. FISCHER: Geschichte der neuern Philos. (1897, ^{5}1912) 1, 9, 153. – [17] E. HUSSERL: Die Krisis der europ. Wiss.en und die transz. Phänomenologie § 27 (1936). Husserliana 6 (Den Haag 1954) 103f. – [18] H. RITTER: An Leopold von Ranke über dtsch. Geschichtsschreibung. Offener Brief (1867) 22. – [19] G. BERGMANN: Logic and reality (Madison 1964) 177. pass.; vgl. Art. ‹Philosophie IV. K. Analyt. Philos. und Wiss.theorie›. Hist. Wb. Philos. 7 (1989) 786-792. – [20] R. RORTY: Metaphys. difficulties of linguistic philosophy, in: R. RORTY (Hg.): The linguistic turn. Essays in philos. method (Chicago/London 1967/92) 8-39. – [21] H.-G. GADAMER: Wahrheit und Methode. Grundzüge einer philos. Hermeneutik (1960, ^{6}1990) 385ff.; vgl. R. RORTY: Philosophy and the mirror of nature (1979) ch. 8. – [22] J. HABERMAS: Hermeneut. und analyt. Philos. Zwei komplementäre Spielarten der linguist. W. (1997f.), in: Wahrheit und Rechtfertigung. Philos. Aufsätze (1999) 65-101, hier: 85; vgl. D. BÖHLER u.a. (Hg.): Die pragmat. W. Sprachspielpragmatik oder Transzendentalpragmatik? (1986). – [23] D. HARTMANN/P. JANICH: Die Kulturalist. W. Zur Orientierung des philos. Selbstverständnisses (1998) bes. 14ff. 20ff. – [24] Vgl. A. PAGDEN: Rethinking the linguistic turn: Current anxieties in intellect. history. J. Hist. Ideas 49 (1988) 519-529; G. M. SPIEGEL: History, historicism, and the social logic of the text in the MA. Speculum 65 (1990) 59-86; G. ELEY: De l'hist. sociale au 'tournant linguistique' dans l'historiographie anglo-amér. des années 1980. Genèses 7 (1992) 163-193; R. CHARTIER: L'hist. culturelle entre 'linguistic turn' et retour au sujet, in: H. LEHMANN (Hg.): Wege zu einer neuen Kulturgeschichte (1995) 29-58; G. G. IGGERS: Zur 'Linguist. W.' im Geschichtsdenken und in der Geschichtsschreibung. Geschichte Gesellschaft 21 (1995) 557-570; P. SCHÖTTLER: Wer hat Angst vor dem 'linguistic turn'? a.O. 23 (1997) 134-151. – [25] M. JAY: Should intellect. history take a linguistic turn? Reflections on the Habermas-Gadamer debate, in: D. LACAPRA/S. L. KAPLAN (Hg.): Modern European intellect. history. Reappraisals and new perspectives (Ithaca 1982) 86-110. – [26] W. J. T. MITCHELL: The pictorial turn, in: Picture theory. Essays on verbal and visual representation (Chicago 1994) 11-34; vgl. D. GUGERLI: Soziotechn. Evidenzen. Der 'pictorial turn' als Chance für die Geschichtswissenschaft. Traverse 3 (1999) 131-158. – [27] G. BOEHM: Die Wiederkehr der Bilder, in: G. BOEHM (Hg.): Was ist ein Bild? (1994) 11-38, hier: 13; K. SACHS-HOMBACH/K. REHKÄMPER: Aspekte und Probleme der bildwissenschaftl. Forschung – Eine Standortbestimmung, in: Bildgrammatik (1998) 9-20. – [28] M. KREISWIRTH: Tell me a story: The narrativist turn in the human sciences, in: M. KREISWIRTH/TH. CARMICHAEL (Hg.): Constructive criticism: The human sciences in the age of theory (Toronto/Buffalo/London 1995) 61-87. – [29] A. RECKWITZ: Die Transformation der Kulturtheorien. Zur Entwicklung eines Theorieprogramms (2000) 15ff. 655ff.; vgl. R. KONERSMANN: Der 'cultural turn' in der Philosophie, in: D. RUSTEMEYER (Hg.): Symbolische Welten – Philosophie und Kulturwiss.en (2002) 67-90. – [30] L. UHLAND: Frühlingsglaube (1812). Werke, hg. H. FRÖSCHLE/W. SCHEFFLER (1980) 1, 31. – [31] G. SIMMEL: Lebensanschauung. Vier metaphys. Kapitel (1918). Ges.ausg., hg. O. RAMMSTEDT 16 (1999) 244f. pass. – [32] K. JASPERS: Die geist. Situation der Zeit (1931, ^{5}1999) 23. – [33] E. BLOCH: Das Prinzip Hoffnung (1953, ^{3}1976) 133ff. – [34] H. BLUMENBERG: Aspekte der Epochenschwelle. Cusaner und Nolaner (1976) 31; C. SCHULTZ: Plädoyer für die Epochenschwelle, in: K. KAHNERT/B. MOJSISCH (Hg.): Umbrüche. Hist. Wendepunkte der Philos. von der Antike bis zur Neuzeit. Festschr. K. Flasch (2001) 155-166.

Literaturhinweise. R. HERZOG/R. KOSELLECK (Hg.): Epochenschwelle und Epochenbewußtsein. Poetik und Hermeneutik 12 (1987). – N. L. IMMLER: Jahrhundertwende = Zeitenwende? Auf den Spuren eines hist. Selbst- und Zeitverständnisses (1999). – H.-B. GERL-FALKOVITZ (Hg.) s. Anm. [4]. R. KONERSMANN

Wendigkeit, allseitige, ist ein von V. I. LENIN 1914 in Bern während seiner Studien zu Hegels ‹Wissenschaft der Logik› geprägter Terminus, mit dem er «en lisant Hegel» dessen Dialektik zu fassen und die Positivität der Negation zu verdeutlichen sucht. Die «allseitige, universelle Elastizität (gibkost') der Begriffe ..., die bis zur Identität der Gegensätze geht», vermag allein die Wirklichkeit zu fassen. Ihre Objektivität ist gegeben, wenn sie die «Allseitigkeit des materiellen Prozesses und seine Einheit» widerspiegelt und somit konkret-dialektisch ist. Wird die «Elastizität subjektiv angewendet», d.h., greift sie einseitig nur ein Moment «der ewigen Entwicklung der Welt» [1] heraus und verabsolutiert es, ist sie für Lenin Eklektik und Sophistik.

Diese Unterscheidung im Begriff der die objektive Dialektik in Natur, Gesellschaft und Denken widerspiegelnden subjektiven Dialektik als objektiv oder subjektiv anzuwendender Elastizität führt Lenin über die Dialektiktheorie von Engels hinaus. Sie ermöglicht es ihm, die durch Revisionismus, Reformismus, legalen Marxismus, Ökonomismus usw. komplex gewordene Situation der Arbeiterbewegung zu deuten. Dazu erlaubt sie die Qualifizierung jeder nicht revolutionär-dialektisch-materialistischen Philosophie als (der Subjektivität des Subjekts entsprungene) einseitige Eklektik und (momentane Zuständlichkeiten absolut setzende) Sophistik. Die Dialektiktheorie Lenins trägt jedoch im Begriff der subjektiven W., mit dessen Hilfe keineswegs alle Abweichungen von der Leninschen Theorie [2] zu deuten und zu entschärfen sind, den Keim ihrer eigenen Negation in sich.

Anmerkungen. [1] V. I. LENIN: Polnoe sobranie sočinenij 29 (Moskau ^{5}1963) 98f.; Konspekt zur 'Wissenschaft der Logik'. Die Lehre vom Sein [1914]. Werke (dtsch.) 38 (Berlin-Ost 1964 u.ö.) 100. – [2] Vgl. Art. ‹Verweigerung; Dissidenz II.›. Hist. Wb. Philos. 11 (2001) 1002-1006; vgl. Art. ‹Leninismus›, a.O. 5 (1980) 234-241.

Literaturhinweise. W. GOERDT: Die 'allseitige universale W.' (gibkost') in der Dialektik V. I. Lenins (1962); Russische Philosophie (1984, ^{2}1995). W. GOERDT

Wenn-so-Satz (engl. if-then sentence, conditional). Ein W., auch ‹Wenn-dann-Satz›, ‹Konditionalsatz› oder ‹Subjunktion› (s.d.) genannt, ist eine Konstruktionsform natürlicher Sprachen, die einen Vordersatz (Antezedens) mit einem Nachsatz (Konsequens) durch ein meist zweiteiliges Konnektiv (wie 'wenn-so' oder 'wenn-dann') zu einem Satzgefüge verknüpft. Der W. ist verwandt mit der Implikation (s.d.), bezeichnet aber nie eine Schlußfigur, sondern stets einen einzelnen Satz; seine Bedeutung ist nicht durch einen formal definierten Junktor einer logischen Kunstsprache, sondern durch die alltägliche und wissenschaftliche Verwendungsweise bestimmt.

Nach PHILON VON MEGARA ist 'wenn p, so q' genau dann wahr, wenn nicht zugleich p wahr und q falsch ist, wohingegen DIODOROS KRONOS fordert, bei Wahrheit von p müsse die Falschheit von q unmöglich sein [1]. Die Philonische Interpretation wird später in den logisch-mathematischen Untersuchungen von G. FREGE [2] sowie von A. N. WHITEHEAD und B. RUSSELL [3] aufgegriffen, die 'wenn-so' durch den wahrheitsfunktionalen Junktor '$\rightarrow$'

formalisieren. Kritik aufgrund der «Paradoxien der materialen Implikation» wird durch die Unterscheidung von Wahrheits- und Behauptbarkeitsbedingungen aufzufangen versucht [4]. E. W. ADAMS vertritt eine probabilistische Deutung, wonach die Wahrscheinlichkeit P ('wenn p, so q') gleich der bedingten Wahrscheinlichkeit

$$P(q \mid p) = \frac{P(p \wedge q)}{P(p)}$$

ist [5]. D. LEWIS beweist, daß bei dieser Interpretation keine Wahrheitsbedingungensemantik des W. möglich ist [6].

Die obigen Explikationen des W. sind weitgehend untauglich, wenn (bekannt ist, daß) das Antezedens falsch ist [7]. Dann wird der W. typischerweise im Konjunktiv formuliert und scheint sich in seiner Bedeutung prinzipiell vom indikativischen W. zu unterscheiden [8]. Ein kontrafaktischer W. («counterfactual conditional») 'wenn p, so q' ist nach N. GOODMAN wahr, wenn q aus p zusammen mit den Naturgesetzen und gewissen mit p 'mithaltbaren' Tatsachen folgt [9]. Nach den Analysen von R. STALNAKER und D. LEWIS ist der W. genau dann in einer möglichen Welt w wahr, wenn q in derjenigen (bzw. denjenigen) p-verifizierenden Welt(en) w' wahr ist, die w am ähnlichsten ist (sind) [10]. Auf diese und andere Semantiken des W. gründen sich Konditionallogiken [11], in denen typischerweise die von THEOPHRAST [12] und Ps.-SCOTUS [13] für konstitutiv gehaltene Transitivität von 'wenn-so' ungültig ist.

Anmerkungen. [1] FDS Frg. 957f.; J. M. BOCHEŃSKI: Formale Logik (²1962) 134f.; W./M. KNEALE: The development of logic (Oxford 1962, 1984) 128-138. – [2] G. FREGE: Begriffsschrift § 5 (1879); Über Sinn und Bedeutung (1892), in: Funktion, Begriff, Bedeutung, hg. G. PATZIG (³1969) 38-63, 60; Gedankengefüge (1923), in: Log. Unters., hg. G. PATZIG (²1976) 72-91, 82f. – [3] A. N. WHITEHEAD/B. RUSSELL: Principia mathemat. 1 (Cambridge 1910) 7. – [4] Art. ‹Implikation 8.›. Hist. Wb. Philos. 4 (1976) 265-268; H. P. GRICE: Logic and conversation, in: P. COLE/J. L. MORGAN (Hg.): Syntax and semantics 3 (New York 1975) 41-58; F. JACKSON: On assertion and indicat. conditionals. Philos. Review 88 (1979) 565-589; Conditionals and possibilia. Proc. Arist. Soc. 81 (1981) 125-137. – [5] E. W. ADAMS: The logic of conditionals. Inquiry 8 (1965) 166-197; Probability and the logic of conditionals, in: J. HINTIKKA/P. SUPPES (Hg.): Aspects of induct. logic (Dordrecht 1966) 265-316; The logic of conditionals (Dordrecht 1975). – [6] D. LEWIS: Probabilities of conditionals and condit. probabilities. Philos. Review 85 (1976) 297-315. – [7] Art. ‹Annahme, tatsachenwidrige›. Hist. Wb. Philos. 1 (1971) 333. – [8] E. W. ADAMS: Indicat. and subjunct. conditionals. Found. Language 6 (1970) 89-94. – [9] N. GOODMAN: The problem of counterfact. conditionals. J. Philosophy 44 (1947) 113-128; Fact, fiction, forecast (Indianapolis 1955). – [10] R. STALNAKER: A theory of conditionals, in: N. RESCHER (Hg.): Studies in log. theory (Oxford 1968) 98-112; D. LEWIS: Counterfactuals (Oxford 1973); Counterfact. dependence and time's arrow. Noûs 13 (1979) 455-476. – [11] D. NUTE: Topics in condit. logic (Dordrecht 1980); D. NUTE/C. B. CROSS: Condit. logic, in D. M. GABBAY/F. GUENTHNER (Hg.): Handbook of philos. logic 4 (Dordrecht ²2001) 1-97. – [12] J. BARNES: Terms and sentences: Theophrast on hypothet. syllogisms. Proc. Brit. Acad. 69 (1983) 279-326. – [13] JOH. DUNS SCOTUS: In librum primum priorum analyt. Arist. quaest., q. 10. Op. omn., hg. L. WADDING 2 (Paris 1891) 103-108.

Literaturhinweise. J. POLLOCK: Subjunctive reasoning (Dordrecht 1976). – A. KRATZER: Semantik der Rede: Kontexttheorie, Modalwörter, Konditionalsätze (1978) 205-297. – W. L. HARPER/R. STALNAKER/G. PEARCE (Hg.): Ifs. Conditionals, belief, decision, chance and time (Dordrecht 1981). – R. STALNAKER: Inquiry (Cambridge, Mass. 1984). – F. JACKSON: Conditionals (Oxford 1987). – H. LINNEWEBER-LAMMERSKITTEN: Unters. zur Theorie des hypothet. Urteils (1988). – D. H. SANFORD: If P, then Q. Conditionals and the found. of reasoning (London 1989). – F. JACKSON (Hg.): Conditionals (Oxford 1991). – E. EELLS/B. SKYRMS (Hg.): Probability and conditionals: Belief revision and rat. decision (Cambridge 1994). – G. CROCCO (Hg.): Conditionals. From philosophy to computer science (Oxford 1995). – D. EDGINGTON: On conditionals. Mind 104 (1995) 235-329. – I. LEVI: For the sake of argument (Cambridge 1996). – M. WOODS: Conditionals (Oxford 1997). – W. G. LYCAN: Real conditionals (Oxford 2001).

H. ROTT

Werden/Vergehen (griech. γένεσις/φθορά; lat. fieri/corruptio; engl. becoming/passing away; frz. devenir/corruption)

1. *Antike.* – Während im Griechischen die verwandten Verben ‹wachsen› (φύειν) und ‹werden› (γίγνεσθαι) bereits früh nachzuweisen sind, lassen sich ihre Substantivierungen erst in zwei Teilen der Homerischen Epen belegen, die spät von Philosophie und Medizin beeinflußt sind; noch bei HERAKLIT (der oft als Denker des W. namhaft gemacht wird [1]) fehlt das Substantiv W. (γένεσις), und auch die Verbalform taucht selten auf. Mit PLATON und ARISTOTELES wird γένεσις zu einem Grundbegriff der abendländischen Metaphysik.

Die ionischen Philosophen stimmen nach dem Referat des Aristoteles darin überein, daß das Eine kein W. und Vergehen zuläßt [2]. Gültig sind die Sätze, daß aus Nichts (s.d.) nichts wird bzw. nichts in Nichts vergeht [3] und daß alles, was geworden ist, wieder vergehen muß [4], und zwar in dasselbe Eine [5]. W./Vergehen resultieren aus den Gegensätzen und Übergängen im Bereich der Natur, des Stoffes (ungewordener Elemente) und bestimmter (ungewordener) Wirkkräfte (Verdichtung/Verdünnung [6], Trennen/Verbinden, Liebe/Haß). Zumeist wird W./Vergehen dabei als Kreis (κύκλος) gedacht [7]. Bei HERAKLIT ist alles in einem ständigen W. begriffen, dessen Prinzipien Streit (s.d.) und Recht sind. W./Vergehen sind die Übergänge zwischen den Gegensätzen, die die Welt bestimmen und die letztlich Eines sind [8]. EMPEDOKLES unterscheidet ein doppeltes W.: Über das Vergehen hinaus setzt sich jedes W. fort in einem neuen W., so daß immer aus Einem Mehreres und aus Mehrerem Eines wird [9]. Für PARMENIDES [10] existiert nur das allein erkennbare, wahre Seiende, aber kein W. Weder aus Nichtseiendem noch aus einer angenommenen Vielzahl von Seiendem kann etwas werden [11].

Nach PLATON ist das Reich der ewigen, intelligiblen Ideen der Grund des W./Vergehens [12]. Er unterscheidet, wie auch seine Vorgänger, zwei natürliche Arten des W., von einem Gegensatz zum anderen (= Entstehen) und wieder zurück (= Vergehen) [13]. Erstmals aber werden Sein und Gutes als Ziel (τέλος) des W. (γένεσις εἰς οὐσίαν) bestimmt [14]. Platon verlangt einen Grund des W. [15] und führt die Zeit als Maß des W. ein, das zugleich von der χώρα als Amme aufgenommen wird [16].

Bei ARISTOTELES erwächst die Theorie des W. aus seiner Kritik an der Ideenlehre [17]. Mit ‹De generatione et corruptione› liegt eine eigene Schrift vor, in der W./Vergehen von anderen Typen der Bewegung (s.d.) bzw. des Wandels (s.d.) wie z.B. Veränderung, Wachstum (s.d.) und Ortsbewegung abgehoben werden [18]. Das W. ist in vielfacher Weise aussagbar [19], substantiell oder akzidentell [20], konträr oder kontradiktorisch, von einfachen oder zusammengesetzten Subjekten [21]. Das W. ist das Zwischen (μεταξύ) von Sein und Nichtsein [22] sowie von Möglichkeit (δύναμις) und Wirklichkeit (ἐνέργεια), die Verwirklichung eines der Möglichkeit nach Seienden als eines solchen [23]. Auch die Versuche terminologischer Konkretisierungen von W./Vergehen bei POSEIDONIOS [24], GALEN [25] oder PHILOPONUS [26] knüpfen an ARISTOTELES [27] an, der ein W. durch Hinzutun, Umformen, Fortnehmen, Zusammenfügen oder Eigenschaftswandel unterscheidet, die jedoch alle das Werdende als Zusammengesetztes (σύνϑετον) begreifen [28]. Alles Werdende wird durch, aus und zu etwas [29]; die Prinzipien des Werdenden liegen in Natur, Technik, Schicksal (τύχη) oder Zufall (αὐτόματον) [30], denn durch den Stoff als Zugrundeliegendem hat jedes Werdende die Möglichkeit, zu sein oder nicht zu sein [31]. Das W. ist ein Gefüge aus Form, Stoff und Privation (s.d.) [32]; W./Vergehen prägen die sublunare Welt. PLUTARCH ordnet in Anknüpfung an diese Bestimmung das W. dem Vergehen über [33].

Der Neuplatonismus thematisiert ‹W./Vergehen› besonders in seiner Exegese des platonischen ‹Timaios› und dabei vor allem die Frage, ob diese Weltentstehungslehre zeitlich (wie im Peripatos, bei Epikur, Cicero, Philon, Attikos oder Numenios) oder unzeitlich (wie in der Akademie oder bei den Neuplatonikern) zu verstehen ist [34]. PROKLOS – als Endpunkt dieser Tradition in der Antike – unterscheidet zwischen dem Seienden (τὸ ἀεὶ ὄν), das sind die Ideen, dem Werdend-Seienden (τὸ ὂν ἅμα καὶ γινόμενον), das sind Seele und Zeit, und dem schlechthin Werdenden (τὸ ἁπλῶς γενητόν), das sind der körperliche Kosmos und die Natur [35]; was an der Zeit teilhat, ist im W. [36]. Insgesamt ist das Werdende nicht erzeugt, sondern abbild- und zeithaft, eins-werdend, relational und körperlich [37]; das W. ist eine Bewegungsform (hin zu etwas), steht im Gegensatz zum Sein, obwohl Entstehen und Vergehen selbst Ideen sind, die an den höheren Ideen Sein und Nichtsein teilhaben [38]. Das W. gehört – als Sammelbegriff für alle physikalischen Bewegungen – zu den intelligiblen Bewegungen [39].

2. *Patristik und Mittelalter.* – Im christlichen Kontext ist das W. Gegenstand auch der Physik, die in der ‹Genesis›- und ‹Ecclesiastes›-Exegese unter Zuhilfenahme des platonischen ‹Timaios› greifbar wird. HUGO VON ST. VIKTOR hat in diesem Sinne den Wechsel (s.d.) als das Entstehen und Vergehen der äußeren Formen, nicht der Wesenheiten der Dinge erklärt [40]. Das W. ist die Verbindung und Trennung der Elemente, ist der Wechsel des Ortes oder der Zeit. Für BONAVENTURA ist das W. wiederum der Übergang vom Einen ins Andere, die Erzeugung oder Umkehrung von etwas in ein anderes [41]; das Werdende hat kein vollendetes Sein [42]. Mit besonderer Deutlichkeit treten die terminologischen Bezüge und Abgrenzungen bei THOMAS VON AQUIN hervor [43]. Während ‹factum esse› und ‹esse› Gegenbegriffe zu ‹fieri› sind, ist ‹corruptio› der Gegenbegriff zu ‹generatio›. Das Vergehen besteht in der Trennung der substantiellen oder akzidentellen Form von der Materie [44]. Das Wirken des Konträren auf eine Sache führt zu ihrem Vergehen, das eine Bewegung oder Verwandlung aus dem Sein ins Nichtsein bedeutet [45]. Zugleich sind «fieri» und «generatio» verbunden, denn die «generatio» bezeichnet das, was im W. ist [46]. Wie beim Vergehen gibt es ein substantielles und ein akzidentelles W. [47]. Das W. ist ein Mittleres und ein Zwischen hinsichtlich Nichts und «(factum) esse», so daß es als absolutes, grundloses W. unmöglich ist [48]. Bei Dingen, die ohne Bewegung werden, sind W. und Gewordensein zugleich – wie bei der «creatio» [49], die höherwertiger als «generatio» und «alteratio» ist. Das W. ist auf das Sein eines Dinges («esse rei») gerichtet und vollzieht sich in einer zeitlichen Bewegung [50]. WILHELM VON OCKHAM unterscheidet drei Typen des W., das «fieri contingenter», das «fieri ex aliquo» und das «fieri raro». Das W. aus anderem meint die Zusammensetzung eines Dinges aus Form und Materie bzw. Terminus a quo und ad quem; das «fieri raro» verweist auf die Seltenheit eines W. aufgrund der fast nie eintretenden Bedingungen dieser Gegebenheit, z.B. einer Sonnenfinsternis [51].

Eine besondere Bedeutung hat der Begriff des W. bei MEISTER ECKHART. Neben dem W. der Dinge in der Zeit, das immer mit Bewegung verbunden ist und auch als Veränderung bezeichnet werden kann, gibt es eine Art des zeitlosen W., das Meister Eckhart terminologisch streng die «Erzeugung» nennt. Das Erzeugen der substantialen Form, sei es im Bereich der Naturdinge, sei es in anderen Bereichen, ist ein W. außerhalb von Zeit und Bewegung [52]. Besonders im Zusammenhang des Themas der Gottesgeburt wird dieser neue Begriff des W. zur Geltung gebracht. Die Sohnesgeburt in der menschlichen Seele ist das Entstehen des neuen Menschen, das Sein des Fünkleins (s.d.), ein «W. ohne W.» («ein gewerden sunder gewerden»), ein Neues ohne Erneuerung, ein «W. ohne Unterlaß» («gewerden âne underlâz») [53]. In diesem Sinne ist die immer neue Gnade das W. des neuen Menschen [54].

3. *Renaissance und Neuzeit.* – Die von Platon und Aristoteles her tradierten Anwendungsstränge und -bereiche des Begriffs ‹W.› finden in der neuzeitlichen Philosophie ihre Fortsetzung mit einer besonders seit Kant dominierenden Schwerpunktsetzung auf der erkenntnistheoretischen Sichtweise. G. W. LEIBNIZ orientiert sich in naturphilosophischer Perspektive noch an der aristotelischen Klassifikation von Bewegungsformen, begreift aber Entstehen und Vergehen als eine Form der substantiellen Veränderungen. ‹Fieri› («generatio»/«corruptio»), ‹qualitas› («alteratio»), ‹quantitas› («augmentatio»/«diminutio»), ‹locus› und ‹tempus› sind die gemeinschaftlichen Kategorien aller Naturdinge bzw. ihrer Bewegungen («motus») [55]. Entstehen/Vergehen bilden einen ewigen Kreislauf und kausal bestimmten Transformationszyklus unveränderlicher Monaden (prozessualer Substanzbegriff), dessen Vollendungstendenz stets zunimmt [56]; anders als Gott ist die Kreatur W. und Leiden [57]. Daneben bedenkt Leibniz negativ die Möglichkeit, Gott bzw. die Trinität als ewiges W. zu fassen [58].

Für I. KANT ist das Vergehen ein «negatives Entstehen» [59]. In der ‹Kritik der reinen Vernunft› ergänzt er den Kausalaspekt des W. um den seiner Wahrnehmungsmöglichkeit: Nur Veränderung an beharrlichen Substanzen ist wahrnehmbar, nicht aber Entstehen und Vergehen schlechthin [60]. J. G. FICHTE ordnet Entstehen, Vergehen, W. und «Verschwinden» [61] anfänglich unter den Begriff des Wechsels (s.d.) als zeitfreies Eingreifen von Korrelatgliedern ineinander [62]. In seiner späteren genetischen und am Begriff des Lebens orientierten ‹Wissenschaftslehre› wandelt sich das W. von einer zeitfreien Form des Wechsels zu einem Moment des Absoluten selbst neben dem Sein; das W. erscheint in Freiheit und Selbstbegründung [63]. Diese Aufwertung [64] des Begriffs des W. gründet vermutlich in der Auseinandersetzung mit Hegel [65].

F. W. J. SCHELLING denkt in seiner Frühphase im Anschluß an Fichte den Geist, das absolute Subjekt-Objekt, als «ewiges W.» [66]; in der Transzendentalphilosophie, deren eigentlicher Gegenstand das Werdende ist, «wird» der Geist zugleich mit der Welt, d.h., die Philosophie denkt das Objekt, anders als die Erfahrung, als W., nicht als Sein. Das System unserer Vorstellungen bildet ein W., kein Sein, wobei der bes. an Spinoza bemängelte Dogmatismus zwischen beiden keinen Übergang zu denken vermag. Das Ich ist nur als (Selbst-)Begrenztes denkbar und schaut sich als unendlich Werdendes an, d.h. als unendliche Erweiterung seiner Selbstbeschränkung [67]. Seit den ‹Philosophischen Untersuchungen über das Wesen der menschlichen Freiheit› (1809) wird das W. auch zur Kategorie des Göttlichen: Das innere und sich in der Folge notwendig geschichtlich auslegende und seiende Wesen Gottes wird durchgängig mit dem W., dem Weltprozeß und der Potenzenlehre verbunden [68]: Auch im göttlichen Leben ist «Bewegung, Fortschreitung», auch in ihm besteht das Bewußtsein «nur im Akt des Bewußtwerdens» [69].

Die zum antiken Primat der Qualität vor der Quantität (im Gegensatz zur frühen Neuzeit) zurückkehrende logisch-metaphysische Auslegung des W.-Begriffs findet ihren Höhepunkt und alle folgenden Darstellungen maßgeblich prägenden Ausdruck in G. W. F. HEGELS Analysen. In seiner Universalität übernimmt ‹W.› die Funktion des Kantischen Synthesisbegriffs [70]. In der ‹Wissenschaft der Logik› ist das W. die Einheit, das Übergegangensein und die Wahrheit von Sein und Nichts. Als bestimmtes Unmittelbares und unbestimmte Vermittlung, als erste Bestimmung des Absoluten stellt das W. die Identität von Identität und Nichtidentität von Sein und Nichts dar und liegt dem Gang der gesamten ‹Logik› zugrunde; das W. wird konkret als Entstehen und Vergehen ausgelegt [71]. Diese Bestimmungen gelten auch in der ‹Enzyklopädie›, wo das W. als «Unruhe in sich» bezeichnet wird [72]. Das W. fungiert somit als Kategorie der Einheit des logischen Urwiderspruchs, die das Ganze als Bewegtes zu sich selbst kommen läßt. Wie in der Antike sind Entstehen und Vergehen auch für Hegel die wechselseitigen Übergänge zwischen Sein und Nichtsein; das W. als Oberbegriff ist ihre Einheit und ihr Übergehend-Sein schlechthin, wobei es als wirklicher, bestimmter Modus des Anfangs ursachelos ist. Alle nachfolgenden Analysen des W. – zumindest im 19. Jh. – orientieren sich an Hegel, sei es bestätigend, ablehnend oder vermittelnd bzw. modifizierend [73].

J. F. HERBART befaßt sich mit dem Problem des «absoluten W.» im Kontext eines «Trilemmas» der «Veränderung» [74]. In Auseinandersetzung mit Herbarts Kritik an der idealistischen Identifikation von Sein und Veränderung wird H. LOTZE – mit Wirkung noch auf den britischen Idealisten F. H. BRADLEY – die Schwierigkeiten der logischen Explikation des metaphysischen W.-Begriffs verdeutlichen. Als Aufgabe bestimmt LOTZE, «die Anwendung zu bestimmen, welche von diesem an sich selbst nicht weiter analysierbaren Begriffsinhalt in der richtigen Deutung der Wirklichkeit gemacht werden darf» [75]. Für K. CH. F. KRAUSE kann kein Wesen als solches, weder Geist noch Zeit, entstehen oder vergehen, werden oder ‘entwerden’; nur endliche Zustände oder Teile unterliegen dem W. So gilt auch vom W., daß es selbst nicht wird, sondern eine Wesenheit ist, in der alle sich ausschließenden Bestimmtheiten in der Zeit zugleich sein können und anschaubar sind. Das W. ist ein stetiges, sich ausschließendes Anderssein und Ändern und bedingt als Wesenheit in Gott jedes endliche W. [76]. Als Grundcharakter des Geschichtlichen wird das W. bei J. G. DROYSEN reflektiert [77].

Im 19. Jh. stehen die Explikationen zu W./Vergehen häufig im Kontext der Diskussion des Vorrangs zwischen Sein und W. Eine zentrale Stellung nimmt das W. bei C. G. CARUS in seiner naturphilosophischen Weiterführung Schellings ein: Aus dem Absoluten gehen Sein und W. als Gegensatz hervor, die Geist und Natur bzw. dem Unbewußten entsprechen. Das W. als unbewußte Natur tritt in Stoff und Kraft, Raum und Zeit auseinander; Sein und W. sind verschiedene Formen des Ewigen und sollen als Aufstiegsbewegung gedacht werden, so daß sie sich untrennbar wechselseitig bestimmen [78].

Für F. NIETZSCHE bildet das W. den Grundcharakter von Welt und Wirklichkeit, der die ‘Dinge’ ebenso wie den Menschen in seinem Tun und Schaffen prägt [79]. Ewige Tatsachen oder Wahrheiten (in Geschichte, Kunst, Moral oder Religion) gibt es nicht, weil alles geworden ist und weiterhin wird; der Mensch – mit seinem dem W. nicht gewachsenen Intellekt – verfestigt den ständigen Fluß zu einem Sein, das nicht auf einen ersten Grund zurückgeführt werden darf, denn «dies erst ist die grosse Befreiung, – damit erst ist die Unschuld des W. wieder hergestellt» [80]. – O. SPENGLER stellt im Anschluß an Nietzsche W. (Leben, Kraft) und Gewordenes (Sein, Tod, Erstarrung) einander gegenüber, gibt dabei aber dem W. den Vorrang vor dem Sein [81].

Nach H. KEYSERLING steht das Verhältnis von ‹W.› und ‹Sein› im Zentrum der Philosophie; beide Begriffe umfassen jeweils die physikalischen (Kontinuität, Diskontinuität), mathematischen (Geometrie, Arithmetik) und erkenntnistheoretischen (Anschauung, Denken) Grundphänomene; das Verhältnis und die Einheit dieser Reihen bilden das Grundproblem der Philosophie [82]. Im Kontext der Aufwertung des Methodischen im Neukantianismus setzt P. NATORP das W. mit Methode, Prozeß und Wissenschaft gleich; das W. ist das eigentliche Sein, d.h., als Erkenntnis selbst wird das Sein zum Werdenden [83]. TH. ZIEHEN nennt seine Erkenntnistheorie, in Abgrenzung von der Phänomenologie, «Gignomenologie» [84].

In H. BERGSONS Konzept der schöpferischen Evolution herrscht der Primat von W., Bewegung, Entwicklung, Veränderung über die Kategorien von Ruhe oder Diskontinuität. Das als ‹W.› bezeichnete Leben, das intuitiv als Wesen und als reine, innere Dauer der Dinge verstanden wird, ist die höchste Form des Erkennens und des Erkennbaren. Es gibt nur werdende, sich verändernde Dinge, d.h., Materie und Geist existieren nie als fertig Gewordene [85].

Die Aufwertung des W. und dynamischer Denkmuster insgesamt im 20. Jh. findet ihren Niederschlag in allen Gebieten, in den Naturwissenschaften [86], der Theologie, der Geschichtswissenschaft und auch der Philosophie [87]. H. DRIESCH unterscheidet ein zeitlich-erfahrungshaftes von einem zeitlosen W. als Grundkategorie der Wirklichkeit. Das W. folgt dem Etwas nach, dem Bewußthaben überhaupt, und ist als Ur-(Selbst-)Erlebnis ein psychologisches Zentralphänomen; wie die Zeit ist das W. aber letztlich ein unbegreifliches Grunderlebnis [88]. Das W. entspricht bei N. HARTMANN der Realität und dem Zeitlichen, während das zeitlose Sein den Bereich der Idealität ausmacht; es ist ein zeitlich gedachtes, prozeßhaftes, sukzessives Übergehen und das Zentralphänomen der Natur [89].

Bei M. HEIDEGGER ist die Antithese von Sein und W. eine der vier umfassendsten, dem metaphysischen Denken entwachsenen und es prägenden Grunddichotomien [90]. In seiner Spätphilosophie versucht Heidegger, das W. neu in sein Seinsdenken zu integrieren [91].

Anmerkungen. [1] Vgl. G. W. F. HEGEL: Wiss. der Logik I, 1: Die Lehre vom Sein (1832). Akad.-A. 21 (1985) 70. – [2] ARISTOTELES: Met. I, 3, 984 a 25-b 6. – [3] Erstmals nachzuweisen bei DIOGENES VON APOLLONIA: VS 64, A 1. – [4] Vgl. ARISTOTELES:

De caelo I, 10, 279 b 17-21; vgl. Art. ‹Vergänglichkeit; Vergehen›. Hist. Wb. Philos. 11 (2001) 658-664. – [5] Anaximander: VS 12, B 1. – [6] Vgl. Art. ‹Verdichtung I.›. Hist. Wb. Philos. 11 (2001) 605-607. – [7] Heraklit: VS 22, B 103; Empedokles: VS 31, B 17, 10-13; Platon: Phaedo 72 a-b; Tim. 38 a. 49 c. – [8] B 80; vgl. auch: B 10. 54. 67. 84a. 91; vgl. Art. ‹Gegensatz I.›. Hist. Wb. Philos. 3 (1974) 105-117. – [9] Empedokles: VS 31, B 17, 6-10; vgl. B 7f. 12. 17, 3-35. – [10] Parmenides: VS 28, B 6f. – [11] B 8, 3. 7-14. 21. 50-61. – [12] Platon: Phaedo 95 e-96 b; Resp. VI, 485 b; Tim. 52 aff.; Soph. 246 c. – [13] Phaedo 70 d-72 e; Resp. VIII, 546 a; Tim. 41 a; Phaedr. 245 d. – [14] Phil. 54 a. – [15] Phaedo 95 e-96 a; Tim. 28 a-c; Phil. 26 c-27 c. – [16] Tim. 37 e-38 a. 49 a. 52 a; Resp. VII, 519 a. – [17] Aristoteles: Met. I, 9, 991 a 4-b 9. – [18] De gen. et corr. I, 1-5, 314 a 1-322 a 33. – [19] Phys. I, 2, 185 b 6f.; 7, 190 a 31-b 3; vgl. auch: Proklos: In Tim., hg. E. Diehl (1903-06) 1, 279, 30-281, 13. – [20] Cat. 3ff.; vgl. Alexander von Aphrod.: In Met. comm., hg. M. Hayduck. CAG 1 (1891) 487, 7-11; Petrus Abael.: Dialectica, hg. L. M. de Rijk (Assen 1956) 418. – [21] Phys. I, 7, 189 b 30-190 a 13. – [22] Met. II, 2, 994 a 27; Phys. III, 1, 201 a 14; V, 1, 225 a 13. – [23] Phys. III, 1, 201 a 9-11. – [24] Poseidonios: Frg. 96, hg. L. Edelstein/I. G. Kidd (Cambridge 1972) 101f. – [25] Galen: On the natural faculties I, 2. 6, hg. A. J. Brock (London/Cambridge 1916) 3ff. 19f. – [26] Joh. Philoponus: In Phys., hg. H. Vitelli. CAG 16 (1887) 156, 18ff. – [27] Aristoteles: Phys. III, 1, 200 b 12ff.; vgl. aber bereits: Platon: Leg. X, 893 b-895 b. 896 a-b; vgl. Art. ‹Bewegung›. Hist. Wb. Philos. 1 (1971) 866f. – [28] Phys. I, 8, 190 b 5-17; vgl. M. Ficino: Theol. Platonica V, 8. 11. Op. omn. (1576), hg. P. O. Kristeller (Turin 1962) 1, 140f. 144. – [29] Met. VII, 7, 1032 a 13f. – [30] 1032 a 12f.; Phys. II, 1, 192 b 8f. – [31] 1032 a 20-22. – [32] Phys. I, 7, 190 b 17-191 a 7; vgl. später: Alexander von Aphrod., a.O. [20] 156, 1-5. – [33] Plutarch: Moralia 591 B. 913 B; vgl. auch: Joh. Philoponus: De aeternitate mundi XVII. – [34] Vgl. M. Baltes: Die Weltentstehung des platon. Timaios nach den ant. Interpreten (Leiden 1976/1978). – [35] Proklos: In Tim., a.O. [19] 1, 255, 29-257, 11; 276, 18-30; 277, 32-278, 24; vgl. Averroes: Philos. und Theol., übers. M. J. Müller (1875, ND 1974) 11f.; Proklos, a.O. 1, 252, 11-253, 19; 2, 100, 1-101, 14; vgl. auch: Damaskios: Dub. et sol. § 382, hg. Ch. E. Ruelle (Paris 1899, ND 1966) 2, 233, 7-14; § 418, a.O. 274, 24f.; vgl. Dionysios Areop.: De div. nomin. Corp. Dionys., hg. B. R. Suchla 1 (1990) 165, 1-9; 183, 1-3; 216, 10-15. – [36] Elementatio theologiae 192, hg. E. R. Dodds (Oxford ^{2}1963) 168; vgl. auch: Simplikios: In Phys., hg. H. Diels. CAG 9f. (1882-95) 775, 9-23; 980, 1-6; 1178, 1-9. – [37] In Tim., a.O. [19] 1, 280, 29-281, 13; In Parm., hg. V. Cousin (Paris 1864) 938. – [38] In Rempubl., hg. W. Kroll (1899-1901) 1, 235, 5; 2, 10, 19-23. – [39] Theol. Platonica I, 22; III, 10; VI, 1, hg. H. D. Saffrey/L. G. Westerink (Paris 1968-98) 1, 103; 3, 40ff.; 6, 6f.; Elem. theol., a.O. [36] 79. 85; In Rempubl., a.O. 2, 158, 16-24; 347, 17ff. – [40] Hugo von St. Viktor: Didasc., hg. T. Offergeld (1997) 1, 6f. (131-137); De sacram. christ. fidei I, 6, 37. MPL 176, 285 D; II, 1, 9, a.O. 397 A-B; vgl. auch: Richard von St. Viktor: De trinitate I, 7. MPL 196, 894 A-C. – [41] Bonaventura: Sent. lib. IV, dist. 11, q. 6. Opera (Quaracchi 1882-1902) 4, 251. – [42] Sent. lib. I, dist. 9, dub. 5, a.O. 1, 190. – [43] Thomas von Aquin: S. theol. I, 45, 2, corp. – [44] S. c. gent. II, 55; S. theol. III, 50, 5, ad 3; vgl. Siger von Brabant: Impossibilia, in: Beitr. zur Gesch. der Philos. des MA 2/6, hg. C. Baeumker (1898) 11f. – [45] S. theol. I-II, 53, 1, obj. 2; III, 77, 4. – [46] I, 33, 2, ad 2; S. c. gent. I, 26. – [47] II, 87. – [48] Vgl. noch: Raimundus Lullus: De perversione entis renovenda II, 1, 4. Op. lat., hg. H. Riedlinger (Palma de Mallorca 1967) Nr. 155; Gonsalvus Hispanus: Quaest. disp. et de Quodlibet, hg. L. Amoros (Florenz 1935) 11f. – [49] Thomas von Aquin: S. theol. III, 75, 7, ad 2. – [50] II, 43; De veritate 21, a. 5, corp. – [51] Wilhelm von Ockham: Expos. in Phys. Arist. Op. philos. 4, hg. V. Richter/G. Leibold (St. Bonaventure 1985) 117. 149-159. 166. 183-193. 346. 386f. – [52] Meister Eckhart: In Exod., n. 139f. 159. Die lat. Werke, hg. J. Koch u.a. [LW] (1936ff.) 2, 126ff. 141; Buch der göttl. Tröstung. Die dtsch. Werke, hg. J. Quint u.a. [DW] (1936ff.) 5, 34, 17f.; In sap., n. 176. LW 2, 511. – [53] Pr. 50. DW 2, 459, 7ff.; Pr. 20 b. DW 1, 349, 5ff.; In sap., n. 45. LW 2, 367f. – [54] Pr. 11. DW 1, 177, 6. – [55] G. W. Leibniz: Marii Nizolii De veris principiis ... libri IV (1670). Akad.-A. VI/2, 436. 467; Definitionstafel [Vorarb. zur charact. univ.] [1671-72], a.O. 509; De rerum classibus [1677-80]. Akad.-A. VI/4 (1999) 1007f.; Table de déf. [1702-04]. Opusc. et fragm. inéd., hg. L. Couturat (Paris 1903, ND 1961) 490. – [56] Summa hypotheseos physicae novae, 3. Entwurf [1671/72]. Akad.-A. VI/2, 360; De affectibus [1679]. Akad.-A. VI/4, 1428; Conspectus libelli elementorum physicae [1678], a.O. 1989. – [57] Rationale fidei catholicae [1685], a.O. 2313f. – [58] Defensio trinitatis (6) [1669]. Akad.-A. VI/1, 528f. – [59] I. Kant: Versuch, den Begriff der negat. Größen in die Weltweisheit einzuführen (1763). Akad.-A. 2, 190f. – [60] KrV A 188/B 231. – [61] ‹W.› tritt terminologisch z.T. ‹Entstehen/Vergehen› übergeordnet auf, z.T. wird es synonym mit ‹Entstehen› gebraucht; vgl. auch: F. Hölderlin: Das W. im Vergehen (1800). Sämtl. Werke, hg. F. Beissner 6 (1962) 294-299; zum geschichtsphilos. Konzept: H. Hühn: Mnemosyne. Zeit und Erinnerung in Hölderlins Denken (1997) 122ff. – [62] J. G. Fichte: Grundlage der ges. Wiss.lehre (1794). Sämmtl. Werke, hg. I. H. Fichte [SW] (1845/46, ND 1971) 1, 179; Akad.-A. I/2, 329. – [63] Darst. der Wiss.lehre §§ 8. 11 (1801). SW 2, 17. 22; vgl. 3ter Cours der W.L. 1804. Akad.-A. II/7 (1989) 334. – [64] Wiss.lehre (1813). Nachgel. Werke, hg. I. H. Fichte (1834/35) 2, 436-447; Über das Verhältnis der Logik zur Philos. oder transz. Logik (1812), a.O. 1, 127f. 154-183; vgl. dazu: B. Bolzano: Wiss.lehre § 274 (1837). Ges.ausg., hg. E. Winter u.a. I/13, 1 (1989) 35f. – [65] Vgl. R. Lauth: Eine Bezugnahme Fichtes auf Hegels ‹Wiss. der Logik› im Sommer 1812. Kantstudien 89 (1998) 456-464. – [66] F. W. J. Schelling: Allg. Übersicht der neuesten philos. Lit. (1797-98). Akad.-A. I/4, 85f. 129. 182. – [67] System des transsc. Idealismus (1800). Sämmtl. Werke, hg. K. F. A. Schelling (1856-61) I/3, 383f.; vgl. K. Ch. F. Krause: Vorles. über das System der Philos. (1828) 99; J. Bergmann: Sein und Erkennen. Eine fundamental-philos. Unters. (1880) 140 (Anm.). – [68] Vgl. J. Ewertowski: Die Freiheit des Anfangs und das Gesetz des W. (1999) 50-59. 162-202. 369-403. – [69] F. W. J. Schelling: Die Weltalter. Bruchstück [1813], a.O. [67] I/8, 261ff. – [70] a.O. [66] 149; G. W. F. Hegel: Phän. des Geistes (1807). Akad.-A. 9 (1980) 32; Art. ‹Synthesis; synthetisch›. Hist. Wb. Philos. 10 (1998) 818-823. – [71] Hegel, a.O. [1] 70. 80f. 92f. – [72] Enzykl. der philos. Wiss. § 88 (1830). Akad.-A. 20 (1992) 128. – [73] Vgl. H. M. Chalybäus: Histor. Entwicklung der spekulat. Philos. von Kant bis Hegel (^{2}1839) 325-328. 332; S. Kierkegaard: Der Begriff Angst (1844), Ges. Werke, übers. E. Hirsch 11/12 (1958) 9f.; E. Reinhold: System der Met. § 76 (^{2}1842) 161-165; B. Bolzano: Wiss.lehre § 183, a.O. [64] I/12, 2, 65-67; I. H. Fichte: Grundzüge zum System der Philos. 2: Ontologie (1836, ND 1969) 65-67. 160-162. 168; H. Ulrici: Gott und die Natur (^{2}1866) 569. 591. 665-673. 680f. 692; L. Feuerbach: Vorles. über Logik und Met. (1830-32). Ges. Werke 14/2, hg. W. Schuffenhauer (2001) 55f. 75-84; C. J. Braniss: System der Met. (1834) 215-217; G. Hartenstein: Die Probleme und Grundlehren der allg. Met. (1836) 95-101; J. E. Erdmann: Grundriss der Logik und Met. §§ 28-38. 231f. (^{2}1843) 16-24. 174f.; K. P. Fischer: Grundzüge des Systems der Philos. oder Enzykl. der philos. Wiss. (1848) 1, 79-85; G. Weissenborn: Logik und Met. 1: Die Lehre vom Sein § 10 (1850) 80-88; W. Rosenkrantz: Die Wiss. des Wissens (^{2}1868) 345-351; B. Tschitscherin: Philos. Forschungen (1899) 440-443; K. Rosenkranz: System der Wiss. (1850) 15f.; A. Trendelenburg: Log. Unters. (^{3}1870) 1, 36-45; K. Fischer: System der Logik und Met. oder Wiss.lehre §§ 78-80 (^{3}1909) 204-210; H. Rickert: Die Logik des Prädikats und das Problem der Ontologie (1930) 214-226. – [74] J. F. Herbart: Lehrb. zur Einl. in die Philos. §§ 104-110 (1813). Sämtl. Werke, hg. K. Kehrbach 4 (1891) 162-178. – [75] Vgl. H. Lotze: Grundzüge der Met. §§ 25ff. (^{3}1901) 30ff., hier: § 25, a.O. 31; Met. 2, §§ 37ff., hg. G. Misch (1912) 84ff.; F. H. Bradley: Appearance and reality (London 1893, 1908) 44-53. – [76] Krause, a.O. [67] 475-479; Abriß des Systems der Philos. (1886) 161-164. 172-174. – [77] J. G. Droysen: Historik (1837), hg. P. Leyh (1977) 269f. 287. 326. 399; vgl. auch: H. Rickert: Die Grenzen der naturwiss. Begriffsbildung. Eine log. Einl. in die hist. Wiss.en (^{4}1921) 177. 298-301; K. Breysig: Vom geschichtl. W. Umrisse einer zukünft. Geschichtslehre (1926) 2, 186. 210-222. 594. – [78] C. G. Carus: Natur und Idee oder: Das Werdende und sein Gesetz (1861) 2-10. – [79] Vgl. F. Nietzsche: Unzeitgem. Betracht. II, 4. 8 (1874). Krit. Ges.ausg., hg. G. Colli/M. Montinari (1967ff.) 3/1, 267. 307; Die fröhl. Wiss. 5, 357. 370 (1882/87), a.O. 5/2, 281. 303; Nachgel. Fragm., Frühjahr-Sommer 1882 11[44], a.O. 5/2, 356; Frühjahr-Herbst 1884 25[451], a.O. 7/2, 129; Herbst 1884-Herbst

1885 36[15], a.O. 7/3, 280; Herbst 1885-Herbst 1887 2[91], a.O. 8/1, 104. – [80] Götzen-Dämmerung. Die vier grossen Irrthümer 8 (1889), a.O. 6/3, 91. – [81] O. SPENGLER: Der Untergang des Abendlandes (1918) 1, 65-76. 105-107. 127-129. 154f.; vgl. schon: J. W. GOETHE: Maximen und Refl., Nr. 538. 599. Hamb. Ausg. 12 (1953) 438. 447, oder: W. WUNDT: Ethik (⁴1912) 5; System der Philos. (²1889) 228ff. 666ff. – [82] H. KEYSERLING: Das Gefüge der Welt. Versuch einer krit. Philos. (²1920) 98-115. – [83] P. NATORP: Die log. Grundlagen der exakten Wiss.en (²1921) 14-17; Allg. Psychol. nach krit. Methode (1912, ND Amsterdam 1965) 39. 76. 138. – [84] TH. ZIEHEN: Lehrb. der Logik auf positivist. Grundlage mit Berücksichtigung der Gesch. der Logik (1920) 11. – [85] H. BERGSON: L'évolution créatrice (Paris 1907) 272f. 298-314; La pensée et le mouvant (Paris 1934) 30f. 138f. – [86] Vgl. etwa: Art. ‹Evolutionstheorie›. Hist. Wb. Philos. 2 (1972) 836-838; zur Thematisierung des W. in der mod. Physik: Art. ‹Relativitätstheorie 1.›, a.O. 8 (1992) 622-627; ‹Thermodynamik›, a.O. 10 (1998) 1166-1174. – [87] Vgl. K. RAHNER/B. WEISSMAHR/K. BARTH/G. SIEBERS: Die kausale Notwendigkeit und das kausale W. (1951) 11. 20-31. 48. 52; F. ROSENZWEIG: Der Stern der Erlösung (Den Haag ⁴1976) 96f. 132f. 244f. 287f.; E. LEVINAS: Totalité et infini (Den Haag 1961); dtsch.: Totalität und Unendlichkeit (1987) 77f.; K. JASPERS: Von der Wahrheit (1958) 212ff. 264f. 490ff. 540ff. 966ff. 987ff.; A. N. WHITEHEAD: Process and reality, hg. D. R. GRIFFIN/D. W. SHERBURNE (London/New York 1978) XIV. 23. 35f. 68. 84f.; M. BLONDEL: L'être et les êtres (Paris 1935) 225-324. – [88] H. DRIESCH: Wirklichkeitslehre (1930) 400; Wissen und Denken (1919) 10; Ordnungslehre (1923) 153. – [89] N. HARTMANN: Grundleg. der Ontologie (1935) 60; Der Aufbau der realen Welt (²1949) 218-230; Möglichkeit und Wirklichkeit (²1949) 223. 254-257; vgl. Art. ‹Zeitlosigkeit›. – [90] M. HEIDEGGER: Einf. in die Met. §§ 36ff. (1935). Ges.ausg. II/40 (1983) 103-122; vgl. im Anschluß an Heidegger: E. SEVERINO: Essenza del nichilismo (Brescia 1972). – [91] Beiträge zur Philos. (Vom Ereignis) (1936). Ges.ausg. III/65 (1989) 193f.; Besinnung XXII: Seyn und 'W.' (1938-39). Ges.ausg. III/66 (1997) 281-286.

Literaturhinweise. H. LUDWIG: W. (1886). – C. STERNE: W. und Vergehen (1906). – P. HÄBERLIN: Naturphilos. Betrachtungen. Eine allg. Ontol. 2: Sein und W. (Zürich 1938). – C. H. RATSCHOW: W. und Wirken. Eine Unters. des Wortes *hajah* als Beitrag zur Wirklichkeitserfassung des AT. Z. alttestamentl. Wiss., Beih. 70 (1941). – E. PITCAIRN: Genologie. Lehre vom Geschehen und W. im Grundriß (1971). – I. PRIGOGINE: Vom Sein zum W. Zeit und Komplexität in den Naturwiss. (1979). – J. MITTELSTRASS: Art. ‹W.›, in: J. MITTELSTRASS (Hg.): Enzykl. Philos. und Wiss.theorie (1980ff.) 3, 659-661 (mit Lit.). – E. JÜNGEL: Gottes Sein ist im W.: Verantwortliche Rede vom Sein Gottes bei Karl Barth (⁴1986). – G. PÖLTNER: W. als aktive Selbsttranszendenz. Philos. Jb. 97 (1990) 297-321. – H. SCHÖNHERR: Einheit und W.: Goethes Newton-Polemik als systemat. Konsequenz seiner Naturkonzeption (1993). – TH. BUCHHEIM: Vergängliches W. und sich bildende Form. Überleg. zum frühgriech. Naturbegriff. Arch. Begriffsgesch. 41 (1999) 7-34. – E. JAIN/S. GRÄTZEL (Hg.): Sein und W. im Lichte Platons. Festschr. K. Albert (2001).

D. CÜRSGEN

Werk (griech. ἔργον, seltener ποίησις und ποίημα; lat. opus; engl. work; frz. œuvre). – Neben dem überwiegenden Verständnis von ‹W.› als Produkt menschlicher Tätigkeit – als dauerhaftes Erzeugnis des Herstellens, aber auch als das fernerer Orientierung und bleibendem Eingedenken anheimgegebene Resultat des individuellen, sozialen und geschichtlichen Handelns – hält sich seit der Antike die neutrale, systematisch seltenere Bedeutung von ‹W.› als Resultat einer wirkenden Ursache. Der W.-Begriff gehört gleichermaßen dem Themenkreis der Geschichtsschreibung und Geschichtsphilosophie, der theologischen, ontologischen, anthropologischen und sozialphilosophischen, der ethischen und ästhetischen Theoriebildung an. Seinen systematischen Ort findet er mit der Herausbildung der Ästhetik und Kulturphilosophie.

1. Der Begriff ἔργον hat schon im frühgriechischen Epos einen weiten Bedeutungshof: 'Handlung', 'Tat', 'Arbeit', 'Geschehen', 'Ding' [1]. In HOMERS ‹Ilias› sind mit ἔργα häufig Kriegstaten gemeint [2]; ἔργον ist dort aber auch das Produkt der Arbeit, wie der von Hephaistos hergestellte Schild des Achill [3]. In der ‹Odyssee› kann der Begriff für jede Art, den Lebensunterhalt zu bestreiten, stehen, aber auch für das bearbeitete Land. Ein wichtiges polares Begriffspaar bilden ‹W.› und ‹Wort› (ἔπος bzw. μῦθοι) [4]. Bei HESIOD bezeichnet ἔργα, so im Titel seines Buchs ‹Werke und Tage›, gleichermaßen den Prozeß wie das Resultat der produktiven Tätigkeit, die insgesamt in einen ethischen Rahmen gestellt wird. In der Abgrenzung gegen die müßige Lebensführung seines Bruders Perses tritt er mit dem Selbstbewußtsein des tätigen Lebens auf, daß Arbeit (ἔργον) keine Schande ist, wohl aber Untätigkeit (ἀεργίη) [5]. HERAKLIT faßt ἔργον zugleich als Wirkung einer Ursache wie als Zweck eines tätigen Prozesses auf: «Des Bogens Name ist Leben, sein W. aber ist Tod» [6].

Im sog. Ergon-Argument in PLATONS ‹Politeia› behauptet Sokrates, jedes Ding habe seine spezifische Tüchtigkeit (ἀρετή), und diese bestehe in der Ausführung ihres ἔργον; das gilt für das Messer wie für die Augen – und für den Menschen [7]. Von da an wird der Ausdruck ebenso für die Funktion wie für das Produkt einer Tätigkeit verwendet. ARISTOTELES leitet von ἔργον das Wort ἐνέργεια ab und unterscheidet damit im Prozeß jeder produktiven Ursache-Wirkungs-Relation zwischen ihr als der Tätigkeit und dem ἔργον als ihrem Resultat [8]. Er bezeichnet zunächst generell jegliche Hervorbringung einer wirkenden Ursache als deren W. [9], so den Schuh als W. des Schusters, das Sehen als W. des Auges, die Tugend als W. der Seele [10]. Dabei nennt er die beiden hauptsächlichen Begriffsverwendungen explizit: «W. hat zwei Bedeutungen: manche Dinge haben ein W. über den Gebrauch (χρῆσις) hinaus, so wie beim Hausbauen das Haus; ... bei anderen ist der Gebrauch das W., wie beim Sehen» [11]. Es ist diese Unterscheidung, die zur Bestimmung der vollkommenen Tätigkeit taugt, welche ihr W. (ἔργον) als ihr Telos in sich selbst hat (τὸ γὰρ ἔργον τέλος, ἡ δ'ἐνέργεια τὸ ἔργον) und damit die Auszeichnung der Praxis (s.d.) vor der Poiesis (s.d.) begründet: «Beim Herstellen ist das W. verschieden, beim Handeln nicht» [12]. Die Frage nach dem W. des Menschen bzw. seiner Seele dient als Ausgangspunkt für die Bestimmung der Eudaimonie [13].

2. In der Philosophie der Renaissance macht sich von Nikolaus von Kues bis zu Leonardo da Vinci in der Aufwertung der mit der Schöpfung als dem W. Gottes verglichenen W.e die radikalisierte Einsicht in den schöpferischen Charakter menschlicher Leistungen geltend [14]. Auf PLOTIN, der die für die Schau des Einen unabdingbare Reinigung der Seele mit der Arbeit des Bildhauers an seinem W. vergleicht [15], geht der bei G. PICO DELLA MIRANDOLA wirkmächtig vertretene Gedanke zurück, der Mensch sei das W. seiner selbst und gebe sich durch freie Selbstbildung (s.d.) die «Form», in der er zu leben wünscht [16]. Eine Variation dieses Topos bietet M. DE MONTAIGNE, wenn er seine Autobiographie in den Dienst der Aufgabe gestellt sieht, sein Leben zu formen: «voylà mon mestier et mon ouvrage» [17]. Der W.-Begriff übergreift das gelebte Leben und seine Darstellung, aber auch die Ansprüche, die an seine Bewältigung zu stellen sind. Der Vielfalt individuellen Daseins Konsistenz zu geben, wird in Montaignes epochalem Plädoyer für eine ethische Lebenskunst als Aufgabe und Leistung faßbar: «Nostre

grand et glorieux chef-d'œuvre, c'est vivre à propos» [18]. – Seit der Reformation wird in der theologischen Dogmatik und Ethik der verschiedenen Richtungen protestantischen Glaubens die Einstellung zum W. zu einem systematischen Unterscheidungskriterium. M. LUTHER setzt die Gerechtigkeit des Glaubens von der Werkgerechtigkeit (s.d.) ab.

3. Die neuzeitliche Einstellung zum W. wird in G. B. VICOS verum-factum-Prinzip exemplarisch deutlich, demzufolge der Mensch nur das versteht, was er selbst gemacht hat [19]. Bei I. KANT erfährt das (Kunst-)W. und damit die Poiesis überraschend eine systematische Aufwertung zum Paradigma menschlichen Handelns überhaupt: Zwar betrifft die Bestimmung des Zwecks alles menschliche Handeln [20], doch in der Reflexion auf die Legitimität der Projektion teleologischen Denkens vom menschlichen Handlungsverständnis auf die umgebende Natur konzentriert sich Kant zur Erläuterung zweckgerichteten Handelns durchweg auf den exemplarischen Fall «gewisser ganz nach Zwecken eingerichteter Producte, nämlich der Kunstwerke» [21]. Auf dieser methodischen Grundlage stützt sich die ‹Kritik der Urteilskraft› in der Frage nach der Vereinbarkeit von Natur und «Freiheit als Form der Causalität» auf die Analogie von Organismus und W. [22].

Die zeitgenössische Anthropologie macht sprachphilosophisch Gebrauch vom W.-Begriff. Schon J. G. HERDER sieht in den «verschiednen Sprachen der Erde» das «eigenthümlichste W.» des menschlichen Verstandes [23]. Wie J. HARRIS, auf den sich Herder in seiner dynamischen Auffassung von der Sprache als einem «W. der Reflexion» bezieht [24], so greift auch W. VON HUMBOLDT in seiner auf dem Kantischen Begriff der Synthesis aufbauenden energetischen Sprachphilosophie zurück auf die Aristotelische Unterscheidung, um die Sprache als dynamischen Schöpfungsprozeß auszuzeichnen: Sie sei kein «W. (Ergon), sondern eine Thätigkeit (Energeia)», die sich stets aufs neue im Akt des Sprechens realisiere [25].

J. W. GOETHE preist nach dem Leben als dem Höchsten, «was wir von Gott und der Natur erhalten haben», und dem Erleben als dem selbstbewußten Gewahrwerden das W. als «dasjenige, was wir als Handlung und Tat, als Wort und Schrift gegen die Außenwelt richten» [26]. G. W. F. HEGEL faßt in seiner Theorie des Geistes das W. in seiner Bestimmtheit als selbstbewußte Leistung in den Blick, als das «sich Aussprechen der Individualität» im Produkt ihrer Arbeit, in dem sich die «stärkere Energie des Willens» oder die «schwächere und dürftigere Natur» des Individuums artikuliert. Wo «Jeder sein eignes W. vollbringt», da erzeugt sich aber auch «durch das Thun Aller und Jeder» der Geist als «das allgemeine ... W.», «als das gedachte Ansich aller Selbstbewußtseyn» in ihrer «Einheit und Gleichheit» [27]. Auf diese Weise macht sich der Geist «zu dem, was er an sich ist, zu seiner Tat, zu seinem W.» [28]. Diesen Gedanken radikalisiert K. MARX durch den ökonomisch konkretisierten Begriff der Arbeit als «werktätiges Gattungsleben»: In der Vermittlung durch die ubiquitäre Produktion des Menschen «erscheint die Natur als sein W.» [29], und insofern jene nicht allein die gegenständliche Welt, sondern die gesamte Wirklichkeit des Lebens zu ihrem Gegenstand hat, wird auch «die Befreiung der Arbeit» von den Bedingungen einer entfremdenden Produktionsweise «das W. der Arbeiterklasse» sein [30].

Bei F. NIETZSCHE zeigt sich die Hochschätzung der Kultur als des Mediums der Entfaltung großer Individuen auch darin, daß er in der Zurückstufung der W.e geradezu den «christlichen Dilettantismus Luthers» erkennt [31]. In Umkehrung der Lutherschen Position zielt er theologisch auch auf die Rehabilitation des Pascalschen Arguments der Wette (s.d.), wenn er ausruft: «Vor Allem und zuerst die Werke! Das heisst Übung, Übung, Übung! Der dazu gehörige 'Glaube' wird sich schon einstellen» [32]. Die seit der ästhetischen Metaphysik des Frühwerks gegebene Apotheose des (proto)künstlerischen Schaffens wird später mit dem Pathos der Fruchtbarkeits- und Zeugungsmetaphorik in der ethisch überhöhten [33] kulturphilosophischen Einsicht bestätigt, daß man «von Grund aus ... nur sein Kind und W.» liebe [34]. So trachtet der sich wesentlich als Schöpfer begreifende Mensch auch nicht nach seinem Glück, sondern nach seinem W. [35].

4. Im Rahmen seiner Hermeneutik der Faktizität gewinnt für M. HEIDEGGER unter dem Primat der «Zuhandenheit» (s.d.) das W. als «das jeweilig Herzustellende» die Bedeutung eines Grundbegriffs in der fundamentalontologischen Analyse des Daseins als Sorge [36]. «Das im besorgenden Umgang vornehmlich begegnende W.» vermittelt als das «Wozu seiner Verwendbarkeit» zwischen Mensch und Welt [37].

In der Kulturphilosophie und Anthropologie des 20. Jh., von der sich Heidegger jedoch in der Rede vom «faulen Aspekt eines Menschen, der bloß die W.e des Geistes benutzt» [38], polemisch absetzt, ist zur spezifischen Differenzierung von Kultur und Gesellschaft das ergologische Kriterium weitgehend anerkannt [39]. So reicht nach G. SIMMEL die teleologische Bestimmung allein nicht aus, um das Resultat einer Handlung als kulturelle Leistung zu bestimmen: Es geht um die Verselbständigung der Hervorbringung in einer «Sachreihe»: Von Kultur ist nur dort zu sprechen, wo sich menschliche Zwecksetzungen auch im W. verobjektivieren. Die «Tragödie der Kultur» ist nach Simmel darin zu sehen, daß in der Eigendynamik der arbeitsteiligen, zunehmend diversifizierten Produktivität die W.e von den Einzelnen nicht mehr zum Gewinn ihrer «subjektiven Kultur» angeeignet werden können, sondern sich in der «objektiven Kultur» zu einer gleichsam fetischhaften Macht verselbständigen [40]. E. CASSIRER führt die transzendentale Einsicht, daß alle menschliche Wirklichkeit stets durch produktive menschliche Tätigkeit vermittelt ist, in der Grundlegung der Kultur durch, indem er symboltheoretisch die Verkörperung von Bedeutung in einem äußeren Medium zum Modell des Verständnisses jeder produktiven «Tat des Geistes» macht [41]. Damit steht das W., das er synonym im Begriff des Symbols begreift [42], als Leistung des «animal symbolicum» [43] im Zentrum des philosophischen Interesses [44]: Das W. ist als Träger von Bedeutung das Element der von Menschen gemachten Welt. Sich unter den «Imperativ des Werkes» als der Einheit von Wirken und W. gestellt zu haben, ist ihm die «eigentliche Tat des Sokrates» [45]. In Anerkenntnis ihres epochalen Sinnes macht eine kulturwissenschaftlich informierte Philosophie die W.-Analyse zu ihrer «eigentlichen tragenden Grundschicht» [46]. SIMMELS These von der «Tragödie der Kultur» lehnt CASSIRER mit Hinweis auf die im W. realisierte dreistrahlige Relation von Ich, Du und Objekt, mit der die kommunikative Vermittlung als konstitutiv begriffen ist, entschieden ab: Das W. ist «kein 'Absolutes'», sondern «ein Durchgangspunkt»: es ist «die Brücke, die von einem Ich=Pol zum andern hinüberführt» [47] – «eine menschliche Tat, die sich zum Sein verdichtet hat» [48]. Damit ist auch das Vorläufige allen produktiven Umgangs mit den W.en betont, die sich in der kulturkonstitutiven Notwendigkeit stets erneuten Schaffens durch Aneignung als «Vermittler zwischen Ich und Du» erweisen [49]. H. PLESSNER bestimmt den Menschen auf Grund seines Selbstbewußtseins durch «exzentrische Positionalität»: Er «muß sich zu dem, was er schon ist, erst machen» [50]. Aus der «natürlichen Künstlichkeit», die den Menschen auszeichnet, seiner «vermittelten Unmittelbarkeit», entspringen so gleichursprünglich Moralität und Kultur. Denn er bedarf zur selbstbestimmten Lebensführung auch des äußeren Komplements in selbstgeschaffenen und zugleich unabhängigen, dauerhaften Objekten: den W.en [51].

Scheinbar gegen solche Einsichten einer anthropologischen und kulturphilosophischen Bestimmung des Menschen richtet sich die geschichtsphilosophisch motivierte, am exemplarischen Schicksal des Kunstwerks erörterte Kritik TH. W. ADORNOS. Verunmöglicht die gesellschaftliche Entfremdung das Ideal einer W.-Integrität, so zielt Adorno zugleich auf die dialektische Aufhebung der Tendenzen zur Auflösung der W.e in deren avantgardistisch erweiterten Begriff [52]. In ähnlicher Weise wie bei den Antipoden Adorno und Heidegger [53], die das W. der Kunst als Ort der – historisch und ontologisch begriffenen – Wahrheit [54] auszuzeichnen suchen, wird die Auseinandersetzung mit dem kulturellen Wert des W. in der Ästhetik des 20. Jh. exemplarisch am Fall der Kunst ausgetragen. Das W. der Kunst rückt ins Zentrum des werktheoretischen Interesses. In der Phänomenologie [55] und Analytischen Philosophie [56] ist eine verzweigte Diskussion zum ontologischen Status des Kunstwerks geführt worden. Hierbei geht es insbesondere um die Frage, wie die Identität eines W. in den unterschiedlichen Künsten (Musik, Malerei, Literatur) auf je unterschiedliche Weise zu bestimmen ist. Neben zeichentheoretischen [57] und akttheoretischen Ansätzen [58] gibt es auch Positionen, die die Identifizierung von Kunstwerken von den historischen Bedingungen ihrer Entstehung abhängig machen [59]. In den zeitgenössischen Richtungen der Hermeneutik tritt dagegen vielfach der Rezipient in seiner sinnkonstituierenden Aktivität dem Schöpfer des W. gleichberechtigt an die Seite [60].

Anmerkungen. [1] Vgl. H. W. NORDHEIDER: Art. Ἔϱγον, in: Lex. des frühgriech. Epos 2, hg. Thesaurus Linguae Graecae (1991) 672-679. – [2] HOMER: Il. II, 338; VI, 522. pass.; THUKYDIDES: Hist. I, 23; II, 89; VII, 71; vgl. PLATON: Menex. 241. – [3] Il. XIX, 22. – [4] Od. II, 272. pass. – [5] HESIOD: Erga 310. – [6] HERAKLIT: VS 22, B 48. – [7] PLATON: Resp. I, 352 e-353 e; vgl. Charm. 165 c-166 c; Art. ‹Tugend I.›. Hist. Wb. Philos. 10 (1998) 1532-1548, bes. 1532ff. – [8] Vgl. Art. ‹Akt/Potenz II. 1.›. Hist. Wb. Philos. 1 (1971) 135-138. – [9] Vgl. ARISTOTELES: Eth. Eud. II, 1, 1218 b 31ff. – [10] 1219 a 23-24. – [11] 1219 a 13. – [12] Met. IX, 8, 1050 a 21f.; Eth. Nic. I, 1, 1094 a 3-6; VI, 4, 1140 a 2. b 5-8; vgl. auch: Art. ‹Zweck; Ziel›; H. ARENDT: Vita activa oder Vom tätigen Leben (1960). – [13] Vgl. F. BUDDENSIEK: Die Theorie des Glücks in Aristoteles' Eud. Ethik (1999). – [14] Vgl. Art. ‹Kunst; Kunstwerk›. Hist. Wb. Philos. 4 (1976) 1372-1374; E. CASSIRER: Individuum und Kosmos in der Philos. der Renaissance 2 (1927). Ges. Werke, hg. B. RECKI [ECW] 14 (2002) 54ff.; H. BLUMENBERG: Nachahmung der Natur. Zur Vorgesch. der Idee des schöpfer. Menschen, in: Wirklichkeiten, in denen wir leben (1981) 55-103; J. MITTELSTRASS: Leonardo-Welt. Über Wissenschaft, Forschung und Verantwortung (1992). – [15] PLOTIN: Enn. I, 6 (1), 1, 41. – [16] Vgl. G. PICO DELLA MIRANDOLA: De hominis dignitate (1496), lat.-deutsch, hg. A. BUCK (1990) 6f. – [17] M. DE MONTAIGNE: Essais II, 37 (1589). Oeuvr. compl., hg. A. THIBAUDET/M. RAT (Paris 1962) 764. – [18] III, 13, a.O. 1088; vgl. ähnlich: W. SHAKESPEARE: Hamlet II, 2. – [19] G. B. VICO: Principj di una scienza nuova (1725/1744). Opere, hg. F. NICCOLINI 4/1 (1911-16) 117. – [20] Vgl. I. KANT: KU B 33 (§ 10). B 381 (§ 82). – [21] Über den Gebrauch teleolog. Principien in der Philos. (1788). Akad.-A. 8 (1912) 157-184, 181. – [22] KU B 343 (§ 76); vgl. B XXVIII (Einl. IV). B 320f. (§ 72). B 332 (§ 74). – [23] J. G. HERDER: Des Lord Monboddo W. von dem Ursprunge und Fortgange der Sprache (1784). Sämmtl. Werke, hg. B. SUPHAN 15 (1888) 183. – [24] E. CASSIRER: Philos. der symbol. Formen I: Die Sprache (1923). ECW 11 (2001) 95; vgl. HERDER: Abh. über den Ursprung der Sprache (1772), a.O. 5 (1891) 34f. – [25] W. VON HUMBOLDT: Ueber die Verschiedenheiten des menschl. Sprachbaues und ihren Einfluss auf die geistige Entwicklung des Menschengeschlechts (1836). Ges. Schr. 7 (1907) 46; vgl. Art. ‹Enérgeia, Sprache als›. Hist. Wb. Philos. 2 (1972) 492f. – [26] J. W. GOETHE: Maximen und Refl. I/4, Nr. 391-393 (1822). Gedenkausg., hg. E. BEUTLER 9 (Zürich 1949, ²1962) 543. – [27] G. W. F. HEGEL: Phänomenol. des Geistes (1807). Akad.-A. 9 (1980) 219. 239; vgl. 195. 373ff. – [28] Vorles. über die Philos. der Geschichte, Einl. C. [1816/17ff.]. Jub.ausg., hg. H. GLOCKNER 11 (1928) 114. – [29] K. MARX: Ökon.-philos. Manuskripte (1844). MEW, Erg.bd. 1 (1968) 517. – [30] Kritik des Gothaer Programms (1891). MEW 19 (1962) 22. – [31] F. NIETZSCHE: Nachgel. Frg., Herbst 1887 10[49] (178). Krit. Ges.ausg., hg. G. COLLI/M. MONTINARI (1967ff.) 8/2, 144. – [32] Morgenröthe 22 (1887), a.O. 5/1, 30. – [33] Also sprach Zarathustra (1883-87), a.O. 6/1, 358. – [34] a.O. 200. – [35] Vgl. 291. 404. – [36] M. HEIDEGGER: Sein und Zeit §§ 15f. (1927, ¹⁶1986) 66-76, hier: 69f. – [37] a.O. 70; vgl. G. BOEHM: Im Horizont der Zeit. Heideggers Werkbegriff und die Kunst der Moderne, in: W. BIEMEL/F.-W. VON HERMANN (Hg.): Kunst und Technik (1989) 255-286. – [38] Davoser Disputation zwischen E. Cassirer und M. Heidegger (1929), in: M. HEIDEGGER: Kant und das Problem der Metaphysik (1929, ⁴1973) 246-268, hier: 263. – [39] Vgl. W. PERPEET: Kulturphilos. (1994). – [40] G. SIMMEL: Der Begriff und die Tragödie der Kultur, in: Philos. Kultur. Ges. Essais (1911). Ges.ausg., hg. O. RAMMSTEDT 14 (1996) 411f.; vgl. Art. ‹Ware; Warencharakter; Warenfetischismus›. – [41] CASSIRER, a.O. [24] 9. – [42] Vgl. Naturbegriffe und Kulturbegriffe, in: Zur Logik der Kulturwiss. Fünf Studien (1942, ND 1961) 56-86, bes. 86. – [43] An Essay on man (New Haven 1944, ¹²1964) 26; dtsch.: Versuch über den Menschen (1990) 51. – [44] a.O. [24] 25. 172. – [45] Zur Met. der symbol. Formen. Nachgel. Ms. und Texte, hg. J. M. KROIS/O. SCHWEMMER 1 (1995) 190f. – [46] Formproblem und Kausalproblem, in: Zur Logik der Kulturwiss., a.O. [42] 87-102, hier: 97. – [47] Die Tragödie der Kultur, a.O. 103-127, hier: 110; vgl. B. RECKI: Tragödie der Kultur oder dialekt. Struktur des Kulturbewußtseins? Der eth. Kern der Kontroverse zwischen Simmel und Cassirer. Int. Z. Philos. (2000) 157-175. – [48] a.O. 127. – [49] 111; vgl. O. SCHWEMMER: E. Cassirer. Ein Philosoph der europ. Moderne (1997) 197-219. – [50] H. PLESSNER: Die Stufen des Organischen und der Mensch. Einl. in die philos. Anthropologie (1928, ³1975) 309. Ges. Schr., hg. G. DUX u.a. 4 (1981) 383; vgl. Art. ‹Positionalität, exzentrische›. Hist. Wb. Philos. 7 (1989) 1105f. – [51] Die Stufen 310f. 317. 321f., a.O. 385. 392. 396f. – [52] TH. W. ADORNO: Ästhet. Theorie (1970). Ges. Schr., hg. R. TIEDEMANN 7 (1970) 123. 265f.; vgl. Philos. der neuen Musik (1949), a.O. 12 (1975) 34. 37; zum Problem des W. in der Moderne vgl. auch: K. STIERLE: Ästhet. Rationalität. Kunstwerk und Werkbegriff (1996); zur Auflösung des Kunstwerks in der modernen Kunsttheorie vgl. auch: Art. ‹Performance›. Hist. Wb. Philos. 7 (1989) 247f. – [53] Vgl. M. HEIDEGGER: Der Ursprung des Kunstwerks (1935/36). Ges.ausg. I/5 (1977) 1-74. – [54] Vgl. Art. ‹Wahrheit, ästhetische; Wahrheit der Kunst›. – [55] Vgl. Art. ‹Kunst; Kunstwerk V. 2.›. Hist. Wb. Philos. 4 (1976) 1421f. – [56] Vgl. Art. ‹Kunst; Kunstwerk V. 5.›, a.O. 1427-1430. – [57] N. GOODMAN: Languages of art (Indianapolis 1968) ch. V, 7; dtsch.: Sprachen der Kunst (²1995) 195-198; vgl. Art. ‹Type and token›. Hist. Wb. Philos. 10 (1998) 1581. – [58] N. WOLTERSTORFF: Works and worlds of art (Oxford 1980) 33-105. – [59] A. C. DANTO: The transfiguration of the commonplace (Cambridge, Mass. 1981) 35f.; dtsch.: Die Verklärung des Gewöhnlichen (1984) 66. – [60] Vgl. Art. ‹Rezeption; Rezeptionsästhetik›. Hist. Wb. Philos. 8 (1992) 996-1004; Art. ‹Wahrnehmung VIII. (ästhetische Wahrnehmung)›.

Literaturhinweise. W. SEIDEL: W. und W.-Begriff in der Musikgesch. (1987). – W. THIERSE: Das Ganze aber ist das, was Anfang, Mitte und Ende hat. Problemgeschichtl. Beobacht. zur Gesch. des Werkbegriffs, in: K. BARCK/M. FONTIUS/W. THIERSE (Hg.): Ästhet. Grundbegriffe. Studien zu einem hist. Wb. (1990)

378-414. – K. Stierle s. Anm. [52]. – O. Schwemmer: Mittel und Werkzeug. Cassirers Philos. der Technik und Hegels Reflexion auf die Teleologie im Vergleich, in: R. Bubner/W. Mesch (Hg.): Die Weltgeschichte – das Weltgericht? Stuttgarter Hegel-Kongreß 1999 (2001) 361-382. B. Recki

Werkgerechtigkeit ist ein von der neutestamentlich-paulinischen Terminologie her abgeleiteter Begriff der reformatorischen Theologie. Er läßt sich bislang zuerst (und nur einmalig) bei M. Luther nachweisen, der 1523 in Kontrast zu «des glaubens gerechtickeyt» von der «werck gerechtickeit, die tzeyttlich ist und fur got nicht gilt», spricht [1]. Polemisch gemeint sind sowohl die Ansicht, Gerechtigkeit (s.d.) werde durch Erfüllung des alttestamentlich-israelischen Gesetzes mit diesem entsprechenden Handlungen erlangt, als auch diejenige, die um Christi willen gnadenhaft zuteil werdende Gerechtigkeit sei inhärierend auf die Gestaltung durch gesetzeserfüllende Werke hin ausgerichtet.

1. In den vorexilischen Texten des AT meint ‹ṣ^{e}dāqā› (‹Gerechtigkeit›) ein der Gemeinschaftstreue Gottes entsprechendes «gemeinschaftsgemäßes Verhalten» [2] ohne konditionale Vorordnung von «bestimmten absoluten Rechtsnormen» [3]. Erst als in der nachexilischen Zeit eine Individualisierung von Verhalten und Verhaltensnormen eintritt, wird das Gesetz zur eher moralisch verstandenen Norm, auf deren Erfüllung der Gerechte und das Gerechtsein bezogen sind (Dtn. 4, 8; Ps. 19, 10; Ps. 119) [4]. Damit verbindet sich ein Lohn- und Vergeltungsgedanke (Ps. 58, 12; 112, 3). Im NT – das wie die Gräzität vor ihm den exakten Ausdruck δικαιοσύνη τοῦ ἔργου oder τῶν ἔργων nicht kennt – meint das Gerechtsein das mit dem Willen Gottes übereinstimmende, Gott wohlgefällige Verhalten des Menschen (Mtth. 3, 15). Dieses ist im Unterschied zum jüdischen Verdienstgedanken eine Gabe Gottes (Mtth. 6, 33; Lk. 1, 75; 1. Petr. 2, 24; Joh. 16, 8. 10). Paulus unterscheidet zwischen der Gottesgerechtigkeit aus Glauben (Röm. 1, 16f.) als alleiniger Gabe Gottes (Röm. 3, 24-26; 5, 1; 1. Kor. 6, 11; Gal. 3, 1-18) und der rein ethisch verstandenen Gerechtigkeit aus Werken [5]. Es gibt jedoch bei Jakobus eine gewisse Polemik gegen einen «Glauben ohne die Werke» (Jak. 2, 14-26).

2. In der patristischen und der mittelalterlichen Theologie ist die Beziehung von Werk (ἔργον) und Gerechtigkeit (δικαιοσύνη) durch platonische und aristotelische Gedanken mitbestimmt. Nach Platon meint die Gerechtigkeit als Zusammenfassung aller Kardinaltugenden die Rechtschaffenheit des Menschen, die in gerechten Werken zu ihrem Ziel kommt [6]. Nach Aristoteles verwirklicht sich tugendhaftes Leben in der Selbstbewegung der Seele gemäß der ihr immanenten Entelechie, die in der δικαιοσύνη ihr ethisches Ziel erreicht. Das Gerechtsein gewinnt dabei durch ständig wiederholte gerechte Akte seine habituelle Gestalt [7].

In der *Patristik* wird u.a. bei den griechischen Vätern die Kardinaltugend der Gerechtigkeit [8] in die am NT orientierte Gnadenlehre integriert, weil der Mensch in seinen tugendhaften Werken mit der Gnade zusammenwirkt. Bei Augustinus stellt die Gerechtigkeit aus Werken die Summe aller Tugenden [9] dar, und zwar im Unterschied zur Gottesgerechtigkeit, die als geschenkte Gerechtigkeit erst das wahre Gerechtsein des Menschen ermöglicht [10]. Im *Frühmittelalter* versteht Anselm von Canterbury die Gottesgerechtigkeit als gnadenhafte «rectitudo voluntatis» («Richtigkeit des Willens»), die zu guten Werken instand setzt [11]. Thomas von Aquin unterscheidet die in Werken sich realisierende Gerechtigkeit von der als «innere Verfassung des Menschen» («interior dispositio hominis») durch Sündenvergebung und Eingießung der Gnade geschenkten Gottesgerechtigkeit [12]. So wird der Mensch einerseits gerecht, indem er eine durch Gnade eingegossene Beschaffenheit (habitus infusus gratiae) empfängt, und anderseits, indem er durch diese «Werke der Gerechtigkeit» («opera iustitiae») vollbringt [13]. Beides gehört zusammen, weil der Mensch die Gottesgerechtigkeit in Werken verdienstlich bestätigen muß [14].

3. In seinen ‹Deutschen Predigten› reflektiert Meister Eckhart den Zusammenhang von Gerechtigkeit und Werken. Gerechtigkeit im strengen Sinn ist allein die Gerechtigkeit Gottes selbst, an der der Mensch in seinem Seelengrund vor allen eigenen Werken durch die Gnade partizipiert. «Der gerehte lebet in gote und got in im. ... Der gerehte ensuochet niht in sînen werken» [15]. Wiederum ist die Gottesgerechtigkeit im Menschen der Grund, daß der Gerechte und die von ihm ausgehenden Werke leben. «Niht engedenke man heilicheit ze setzenne ûf ein tuon; man sol heilicheit setzen ûf ein sîn, wan diu werk enheiligent uns niht, sunder wir suln diu werk heiligen» [16]. Über den Eckhartschüler Johannes Tauler wirken diese Gedanken modifiziert durch die Paulinische Theologie in der Reformation nach.

4. So unterscheidet M. Luther in seiner Exegese von Röm. 1, 17 mit Paulus scharf zwischen der Gerechtigkeit Gottes, die allein im Glauben zuteil wird und deshalb im Unterschied zu Aristoteles nicht Resultat menschlicher Werke ist, und der menschlichen Gerechtigkeit in den Werken [17]. Es geht um eine «duplex iustitia»: «Prima est aliena et ab extra infusa. Haec est qua Christus iustus est, et iustificans per fidem» («Die erste Gerechtigkeit ist eine fremde und von außen eingegossene. Sie ist die, durch die Christus gerecht ist und rechtfertigt durch den Glauben») [18], und: «Secunda iustitia est nostra et propria, non quod nos soli operemur eam, sed quod cooperemur illi primae et alienae ... in bonis operibus» («Die zweite ist unsere eigene Gerechtigkeit, nicht daß wir sie allein wirken, sondern daß wir zusammen mit jener ersten und fremden Gerechtigkeit ... in guten Werken wirken») [19]. Auch in seinen deutschen Texten gebraucht Luther den Unterschied von Gottesgerechtigkeit und Gerechtigkeit der Werke, nur einmal jedoch den deutschen Begriff ‹W.› [20] als Ausdruck der Selbstrechtfertigung des Menschen. Häufiger redet er von «Werkheiligkeit» [21], weshalb zunächst dieser Begriff überwiegend verwendet wird und neben ‹W.› bis zum Ende des 19. Jh. in Gebrauch bleibt [22]. Ph. Melanchthon unterscheidet wie Luther nach Paulus «zweyerley gerechtigkeit, Gerechtigkeit des glaubens und Gesetz oder werckgerechtigkeit» [23]. U. Zwingli spricht von «göttlicher und menschlicher Gerechtigkeit» [24] und J. Calvin von Glaubensgerechtigkeit und Gerechtigkeit aus den Werken, die vor Gott nicht bestehen kann [25]. So ist W. ein ambivalentes Phänomen, einerseits die vom Gesetz Gottes geforderte W. und andererseits Ausdruck sündiger Selbstrechtfertigung des Menschen vor Gott.

5. K. F. Bahrdt läßt, zwischen Pietismus und Aufklärung schwankend, einen Pietisten gegen diejenigen auftreten, die «neben Jesu nach eigner Tugend und W.» trachten [26]. Im 19. Jh. sagt F. D. E. Schleiermacher, das Wort ‹Glaube› habe «im Streit gegen die Werktätigkeit der römischen Kirche einen neuen geschichtlichen Wert für uns gewonnen» [27]. Während das ethische Verständnis von Gerechtigkeit sich danach immer mehr von

einem personalen zu einem institutionellen verschiebt [28], bleibt das theologisch-polemische Verständnis von ‹W.› zwar im Gebrauch, findet sich aber zumeist nur noch in eher historischen Darstellungen [29].

Grundsätzlich hat im 20. Jh. der schwedische Lutherforscher R. BRING zwischen religiöser und ethischer Religion unterschieden und gemeint, daß «Glaube und Werke oder die Gerechtigkeit des Glaubens und der Weg der Werke zur Gerechtigkeit zwei einander entgegengesetzte ... Anschauungen» seien [30]. Der Dogmatiker W. PANNENBERG meint, daß dann, wenn «das Gesetz als lex aeterna oder lex naturae der Maßstab für das Urteil über die Werke der Menschen im Jüngsten Gericht» sei, es «für den Menschen doch auch eine W. geben zu müssen» scheine. Dies lasse sich nur vermeiden, wenn die «lex aeterna» «als identisch mit der Liebe begriffen wird, die die Erfüllung des Gesetzes ist, ohne doch selber die Form des Gesetzesgehorsams zu haben» [31].

Die lutherisch-katholische Kontroverse zur W. ist dadurch einem Konsens nahegebracht worden, daß in der 1999 von beiden Seiten unterzeichneten ‹Gemeinsamen Erklärung zur Rechtfertigungslehre› gesagt wird: «Wir bekennen gemeinsam, daß der Mensch im Glauben an das Evangelium 'unabhängig von Werken des Gesetzes' (Röm. 3, 28) gerechtfertigt wird» [32].

Anmerkungen. [1] M. LUTHER: Daß Jesus Christus ein geborner Jude sei (1523). Weim. Ausg. [WA] 11, 334, 21. 23f. – [2] K. KOCH: Art. ‹ṣdq›, in: Theolog. Handwb. zum AT, hg. E. JENNI 2 (1976) 507-530, hier: 515; vgl. auch: Art. ‹Vertrag III.›. Hist. Wb. Philos. 11 (2001) 979-983. – [3] H. SEEBASS: Art. ‹Gerechtigkeit›, in: Theolog. Begriffslex. zum NT 1 (^{3}1972) 502-508, hier: 503. – [4] Vgl. G. VON RAD: Theol. des AT 1 (^{2}1958) 192-202, bes. 201f. – [5] Vgl. auch: Art. ‹Rechtfertigung IV.›. Hist. Wb. Philos. 8 (1992) 259-265; Art. ‹Lohn; Verdienst II. 5.›, a.O. 5 (1980) 511-513. – [6] PLATON: Resp. I, 353 df. – [7] ARISTOTELES: De an. II, 1, 412 a; Eth. Nic. I, 1, 1094 a; Rhet. I, 9, 1366 b; Eth. Nic. V, 1, 1129 a; 9, 1134 a; II, 1, 1103 a. – [8] AUGUSTINUS: De perf. iust. hominis VIII, 18. CSEL 42, 15f. – [9] De civ. Dei XIX, 4, 4. CCSL 48, 666. – [10] De perf. iust. hom. III, 8, a.O. [8] 7f. – [11] ANSELM VON CANTERBURY: De veritate 12. Op. omn., hg. F. S. SCHMITT I/1 (1968) 193, 13. – [12] THOMAS VON AQUIN: S. theol. I-II, 113, 1. – [13] 100, 12. – [14] 114, 4. – [15] MEISTER ECKHART: Pred. 39: Iustus in perpetuum vivet. Die dtsch. Werke, hg. J. QUINT 2 (1971) 252, 3; 253, 4; vgl. U. KERN: Art. ‹Eckhart, Meister›, in: Theolog. Realenzykl. 9 (1982) 258-264, 263. – [16] Trakt. 2: Die rede der underscheidunge, c. 4, a.O. 5 (1963) 198, 1ff. – [17] M. LUTHER: Vorles. über den Römerbr. (1515/16). WA 56, 171, 27-172, 15. – [18] Sermo de dupl. iustitia (1519). WA 2, 145, 9f. – [19] a.O. 146, 36-38. – [20] a.O. [1]. – [21] Br. an die Christen in Riga, Reval und Dorpat (1523). WA 12, 150, 1; Wochenpr. über Matth. 5-7 (1530/32). WA 32, 542, 29; Wochenpr. über Joh. 6-8. WA 33, 85, 21. 34; 96, 33; Das XIV. und XV. Cap. S. Johannis gepredigt und ausgelegt (1537). WA 45, 514, 20; 617, 10; 670, 9; Das XVI. Cap. S. Johannis gepredigt und ausgelegt (1538). WA 46, 40, 37; Wider Hans Worst (1541). WA 51, 488, 8. 27. – [22] Vgl. GRIMM 14/I, 2 (1960) 371-373; Apologia der Confession XII (1530/31) 146, in: Die Bekenntnisschr. der evang.-luther. Kirche (1930) 283, 51f.; J. G. HAMANN: Beylage zun Denkwürdigkeiten des seligen Sokrates (1773). Sämtl. Werke, hg. J. NADLER (Wien 1949-57) 3, 119, 25; vgl. 2, 249, 42; 4, 282, 37. – [23] PH. MELANCHTHON: Corpus doctrinae christ. (Frankfurt a.M. 1560) 34 a. – [24] U. ZWINGLI: Von göttl. und menschl. Gerechtigkeit (1523). Corp. Ref. 89 (1908) 458-525. – [25] J. CALVIN: Christ. relig. instit. III, 11, 2. 13-20; 17, 2. 8f. 12 (^{8}1559). Corp. Ref. 30 (1864) 533f. 545-550. 591. 596f. 600. – [26] K. F. BAHRDT: Gesch. seines Lebens 1 (1790) 308; weitere Belege vgl. auch: Art. ‹W.›. GRIMM 14/I, 2 (1960) 368. – [27] F. D. E. SCHLEIERMACHER: Der christl. Glaube 1-2, § 108, 1 (^{2}1830/31), hg. M. REDEKER 2 (^{7}1960) 156. – [28] Vgl. Art. ‹Gerechtigkeit›. Hist. Wb. Philos. 3 (1974) 329-338, bes. 335-338. – [29] z.B. A. PETERS: Glaube und Werk (1962) 72f. (‹Werkfrömmigkeit›); E. KÄSEMANN: An die Römer (1973) 86; A. PETERS: Rechtfertigung (1984) 34f. 93 (auch: ‹Werkvertrauen›). 234. 253; G. EBELING: Lutherstudien 3 (1985) 201. – [30] R. BRING: Förhållandet mellan tro och gärningar inom luthersk teologi (Helsingfors 1933); dtsch.: Das Verhältnis von Glauben und Werken in der luther. Theologie (1955) 35. – [31] W. PANNENBERG: Systemat. Theologie 3 (1993) 107. – [32] Luther. Weltbund – Päpstl. Rat zur Förderung der Einheit der Christen: Gemeinsame Erklärung zur Rechtfertigungslehre (1999) 20 (Nr. 31).

Literaturhinweise. R. BRING s. Anm. [30]. – E. KÄSEMANN s. Anm. [29] 84-98. – K.-H. ZUR MÜHLEN: Reformat. Vernunftkritik und neuzeitl. Denken (1980) (Lit.). – A. PETERS s. Anm. [29]. – P. LÜNING: Art. ‹W.›. LThK^{3} 10 (2001) 1100f.

K.-H. ZUR MÜHLEN

Wert (mlt. valor; engl. value; frz. valeur)

I. *Einleitung*. – Dem deutschen Begriff ‹W.›, ebenso wie seinen Äquivalenten ‹valor› [1], ‹valeur›, ‹value›, ist die Abkunft aus dem ökonomischen Bereich an die «Stirn geschrieben» [2]. Das althochdeutsche ‹Werd› wird verwendet im Sinne von ‹Preis› oder ‹Kaufsumme›, bedeutet im abgeleiteten Sinn dann auch ‹Geltung›, ‹(Wert-)Schätzung› und schließlich die Güte der Qualität, d.h. das Wertsein und das Werthaben einer Sache, Handlung oder Person [3]. Zu einem wissenschaftlichen Terminus wurde ‹W.› zunächst in der politischen Ökonomie [4]. Erst spät, in der Wende vom 19. zum 20. Jh., tritt der Begriff seinen bis heute andauernden Siegeszug in der Philosophie an – als der «späteste und zugleich schwächste Nachkömmling des agathon» [5], des traditionellen platonischen Begriffs des Guten [6].

Obwohl der W.-Begriff der Philosophie also neueren Datums ist und sich in modernen Diskussionszusammenhängen ausgeprägt hat, verfügte auch die Antike, zumal die stoische Philosophie, über ethische Lehren darüber, was «einen W. hat» oder «von W. ist» (ἀξία ἔχοντα). Nach stoischer Lehre gibt es drei Bedeutungen von ‹W.› (τὴν δὲ ἀξίαν λέγεσθαι τριχῶς): «die Schätzung und Ehre an sich» (τὴν τε δόσιν καὶ τιμὴν καθ' αὑτό), «der Schätzwert des sachkundigen Prüfers» (τὴν ἀμοιβὴν τοῦ δοκιμαστοῦ) und der Auswahlwert oder Vorzugswert (ἐκλεκτικῆν) [7].

Die «naturgemäßen Dinge» haben einen W. (ἀξίαν ἔχειν) und alle naturwidrigen Dinge einen Unwert (ἀπαξίαν ἔχειν) [8]. Gemäß unserem natürlichen Streben (s.d.) geben wir, mit gegensätzlichen Möglichkeiten konfrontiert, ohne Begründung der einen Seite den Vorzug: Wir sind lieber lebend als tot, lieber gesund als krank, lieber reich als arm. Diese W.e als «Schätzung und Ehre an sich» haben ihre feste Stelle in einer allgemeinen, natürlichen Wertordnung gemäß der stoischen Formulierung des Ziels, «nach der Natur zu leben» [9]. In der konkreten Handlungssituation ist es jedoch möglich, daß man ein naturgemäßes Gut nur haben kann, indem man ein anderes preisgibt oder Unwerthaftes in Kauf nimmt. Richtig abzuwägen und richtig zu wählen unter den naturgemäßen Dingen ist darum Ziel des menschlichen Lebens. Werthaft in diesem Sinne ist nur das, wofür sich der erfahrene, sachkundige Prüfer entscheiden würde: Es hat W. im Sinne des Schätzwerts des sachkundigen Prüfers.

Radikale Skeptiker, aber auch Stoiker selber haben, mit Blick wohl auf die Situationsabhängigkeit des W., bestritten, daß es überhaupt ein außersittliches Gutes gebe. Die sogenannten naturgemäßen Güter seien allesamt nur Adiaphora (s.d.), gleichgültige Dinge also [10]. Nur Tugend allein, die, im Gegensatz zu den außersittlichen Dingen, nie zum Guten wie zum Schlechten dienen kann, hat gemäß dieser Lehre einen W. [11]. Diese Position zieht allerdings das bis heute ungelöste Folgeproblem nach sich, warum die sittliche Wahl gut genannt werden kann, wenn nichts von dem, was wir wählen, ein Gut sein soll [12]. Der singuläre Rang des sittlich Guten läßt sich möglicherweise daraus erklären, daß die sittliche Wahl eine vernunftgemäße Wahl ist, gemäß dem «herrscherlichen» Vermögen [13], dem Hegemonikon (s.d.), dessen W. von dem in der göttlichen Seinsordnung gegründeten Guten bestimmt ist.

Gerade in diesem Punkt zeigt sich der Abstand der Stoa von dem neuzeitlichen W.-Begriff. W. im neuzeitlichen Sinn ist W. für uns, etwas, das nur in den Akten der Wertschätzung (aestimatio) [14] gegeben ist, das seinen Ursprung nicht 'in der Welt', sondern 'im Menschen' hat. ‹W.› tritt damit an die Stelle, an der in der philosophischen Tradition der Begriff des (welthaften) Guten stand. Dabei treten ‹W.› und ‹Sein› auch in ontologischer Hinsicht auseinander. Die Seinssphäre hat den Modus der Faktizität, die Wertsphäre dagegen, so die Formel des Neukantianismus, den Modus der Geltung. Im Begriff der Geltung (s.d.) verdichten sich aber auch schon alle Folgeprobleme, die den Begriff bis heute begleiten: Wie können W.e, wenn sie subjektiven Ursprungs sind, dennoch objektive Geltung haben? Wie läßt sich die offensichtlich kontingente Entstehung von W.en in Einklang bringen mit dem Gedanken von Objektivität und zeitloser Gültigkeit? Und was heißt denn eigentlich, daß W.e entstehen oder daß W.e sich wandeln? [15]

Die maßgeblichen philosophischen Strömungen des 20. Jh. haben – von ihren unterschiedlichen Voraussetzungen her – diese Fragen zu beantworten versucht: der Neukantianismus (II.), der sich selber als Wertphilosophie (s.d.) verstanden und in den W.en Grundlage und Gegenstand der Philosophie schlechthin gesehen hat; die österreichische axiologische Schule mit F. Brentano und A. Meinong und später die Phänomenologie (III.), für die W.e Korrelate intentionaler Akte sind; der amerikanische Pragmatismus (IV.), der die Entstehung von W. mit menschlichen Interaktionen in Zusammenhang bringt; schließlich der Neopositivismus und die Analytische Philosophie (V.), die sprachphilosophisch – auf der Ebene der Metaethik (s.d.) – nach dem fragen, was wir eigentlich tun, wenn wir Werturteile aussprechen: ob wir Dingen Eigenschaften zuschreiben, Gefühle ausdrücken oder Empfehlungen abgeben. Die analytische Trennung zwischen Werturteil und Tatsachenurteil legt den Keim zu der Frage, ob sich diese Trennung im Erkenntnisgeschäft überhaupt aufrechterhalten läßt, und wird damit zum Auslöser des Werturteilsstreits (s.d.).

Hinter all diesen Thematisierungen von W.en, die vom menschlichen Handeln und Wertschätzen her auf W.e blicken, steht immer auch der Umkehrgedanke: Was sagt der Umstand, daß W.e uns wichtig sind und wir über W.e reden, über uns selbst? Ist die Fähigkeit, nicht nur Dinge in der Welt, sondern auch sich selbst zu bewerten, nicht ein Grundmerkmal jener Wesen, die wir ‹Personen› nennen? Diese Gegenfrage ist zum vorherrschenden Thema in dem vom 20. ins 21. Jh. überleitenden Diskurs (VI.) geworden. Aber sie steht auch schon am Anfang der Geschichte des philosophischen W.-Begriffs in Form des radikalen Versuchs einer Subjektivierung der W.e bei F. Nietzsche, und sie tritt in M. Heideggers ebenso radikaler Kritik an jeglichem Wertdenken hervor. Die Philosophie hat sich von Heideggers Verdikt des Wertdenkens nicht beeinflussen lassen. Aus den von ihm 1935 vermuteten tausend Schriften über den W.-Begriff [16] sind inzwischen Zehntausende geworden, und es sieht auch im 21. Jh. nicht danach aus, als ob die Philosophie auf diesen Begriff so bald verzichten könnte. Dies hat auch gesamtgesellschaftliche Gründe. Phänomene wie der sog. 'Wertewandel' (s.d.) und der immer wieder neue Ruf nach einer 'Werterziehung' (s.d.) werden die Wertediskussion nicht abreißen lassen.

Anmerkungen. [1] B. Schuchard: Valor. Zu seiner Wortgesch. im Lat. und Roman. des MA. Diss. Bonn (1970). – [2] Vgl. H. Kuhn: Werte – eine Urgegebenheit, in: H.-G. Gadamer/P. Vogler (Hg.): Philos. Anthropologie II (1975) 343-373, 343. – [3] Art. ‹Wert›. Grimm 14/I, 2 (1960) 459-469. – [4] Vgl. Art. ‹Wert/Preis›. – [5] M. Heidegger: Platons Lehre von der Wahrheit (1947) 37. – [6] Zur Anknüpfung der Wertphilos. an griech. Traditionen vgl. W. Galewicz: W. und Gut. Zum phänomenolog. W.-Pluralismus. Arch. Begr.gesch. 33 (1990) 270-277. – [7] Stobaeus: Anthol. II, 83, 10-84, 2. SVF 3, 124 = Frg. 58 D, in: A. A. Long/D. N. Sedley (Hg.): The Hellenist. philosophers 1 (Cambridge 1987); dtsch.: Die hellenist. Philosophen [LS] (2000); zu der anderen Übersetzung vgl. die Ausführungen bei M. Forschner: Das Gute und die Güter. Zur stoischen Begründung des Wertvollen, in: M. Forschner: Über das Handeln im Einklang mit der Natur (1998) 31-49. – [8] a.O. II, 79, 18-80, 13; 82f. (LS 58 C). – [9] Vgl. Art. ‹Stoa; Stoizismus 3.›. Hist. Wb. Philos. 10 (1998) 181-184. – [10] Sextus Emp.: Adv. math. XI, 64-67 (LS 58 F); vgl. SVF 1, 361-369. – [11] Diogenes Laert.: Vitae VII, 108f. (LS 59 E). – [12] Vgl. etwa: N. P. White: Stoic values. Monist 73 (1990) 42-58. – [13] Vgl. Epiktet: Diss. 1, 3-7. – [14] zur lat. Übers. des Griechischen ἀξία vgl. Cicero: De fin. III, 6, 20; 10, 34. – [15] Vgl. Art. ‹Wertewandel›. – [16] M. Heidegger: Einf. in die Met. (²1958) 152.

Literaturhinweise. J. E. Heyde: Ges.bibliogr. des W.-Begriffes. Lit. Berichte aus dem Gebiete der Philos. (1928). – J. Laird: The idea of value (Cambridge 1929, ND 1969). – A. Messer: Wertphilos. der Gegenwart (1930). – F.-J. von Rintelen: Der Wertgedanke in der europ. Geistesentwicklung (1932). – A. Stern: La philos. des valeurs. Regard sur ses tendances actuelles en Allemagne (Paris 1936). – O. Kraus: Die Werttheorien. Gesch. und Kritik (Brünn 1937). – D. Thielen: Kritik der Werttheorien (1937). – M. Wittmann: Die moderne Wertethik. Hist. unters. und krit. geprüft. Ein Beitrag zur Gesch. und zur Würdigung der dtsch. Philos. seit Kant (1940). – E. M. Albert/C. Kluckhohn: A sel. bibliogr. on values, ethics and esthetics in the behavioral sci. and philos., 1920-1958 (Glencoe, Ill. 1959). – H. Fleischer: Wertphilos. in der Sowjetunion (1969). – B. Schuchard s. Anm. [1]. – W. H. Werkmeister: Spectrum of value theories 1: German language group 2: The Anglo-Amer. group (Lincoln, Nebr. 1970/73). – H. Kuhn s. Anm. [2]. – C. Schmitt/E. Jüngel/S. Schelz: Die Tyrannei der Werte (1979).

A. Hügli

II. *Kant bis Neukantianismus; Historismus; Psychologismus.* – Der deutsche Ausdruck ‹W.› hat erst verhältnismäßig spät seine vorwiegend ökonomische Bedeutung abgestreift und sich als eigenständiger philosophischer Terminus etabliert [1]. Noch J. G. Walchs ‹Philosophisches Lexikon› führt unter diesem Stichwort die verschiedenen Gesichtspunkte an, nach denen in der Naturrechtslehre der Preis (pretium) einer Sache oder Handlung bestimmt wurde [2]. In Abgrenzung von dieser Verwendungsweise hebt I. Kant hervor, daß der Preis nur den relativen W. einer Sache bezeichnen könne. «Unbedingter Werth» oder «Würde» (s.d.) hingegen komme allein den autonomen Personen zu, die als «Zweck an sich selbst» existieren [3]. Kant schließt hier an eine Tradition an, die das moralische Sein als Wirkungsweise des menschlichen Willens ansieht. Es beruht auf dem, was F. Suárez «Wertschätzung» («existimatio» oder «aestimatio») nennt, die Dingen ihren moralischen W. («moralem valorem») gibt [4].

An Kants teleologische Ausformung des Wertgedankens knüpft J. F. Fries an, der den praktischen Teil seiner

Philosophie auch als eine «Lehre vom Werth und Zweck» bezeichnet [5]. Die anthropologische Grundlage hierfür findet er im «Trieb» der «handelnden Vernunft», welcher als ein «Vermögen sich zu interessieren, oder den Dingen einen Werth zu geben» bestimmt wird [6]. Nach den Stufen der Ausbildung dieses Triebes lassen sich drei «Ideale» oder «Regeln» der «Werthgesetzgebung» unterscheiden. Das «Ideal der Glückseligkeit» gibt demjenigen W., was Genuß oder Vergnügen bereitet. Aus dem «Ideal der Vollkommenheit» ergeben sich die Wertgesetze zur Beurteilung des menschlichen Handelns. Das «Ideal der Sittlichkeit» schließlich legt der Vernunft selbst den «absoluten Werth» bei [7]. Dieses allgemeine und notwendige Prinzip bleibt nicht auf die einzelnen Willen beschränkt, vielmehr wird das Sittengesetz in religionsphilosophischer Perspektive durch «praktische Bestimmung» der Vernunftideen zu einer «Regel des Zweckes für die Welt». Die Unterordnung der Naturerscheinungen unter diese Zweckgesetzgebung erschließt sich der menschlichen Vernunft nicht im Wissen, sondern allein durch das Gefühl der Urteilskraft, welche in der ästhetischen Beurteilung des Schönen und Erhabenen eine «Ahndung» des Ewigen im Endlichen vermittelt [8].

Die damit vollzogene Ausweitung der Kantischen Geschmackslehre setzt sich in der Ästhetik von J. F. Herbart fort, die dabei zu einer Theorie des allgemeinen Werturteils wird. Als eigenständige philosophische Disziplin neben Metaphysik und Logik beschäftigt sich die Ästhetik mit der Bearbeitung von Begriffen, die «bloss einen Werth oder Unwerth anzeigen» [9]. Diese «Werthbestimmungen» vollziehen sich in «ästhetischen Urteilen», mit denen ein unmittelbares Gefallen oder Mißfallen zum Ausdruck kommt [10]. Dies kann sich sowohl auf das Schöne und Häßliche als auch auf das moralisch Gute und Schlechte beziehen. Die Gültigkeit der ästhetischen Urteile beruht nach Herbart auf elementaren, nicht weiter zurückführbaren Verhältnissen, «deren einzelne Glieder für sich allein genommen, keinen ästhetischen Werth haben» [11].

Zu einem zentralen Begriff der Philosophie wird der Terminus ‹W.› erst bei H. Lotze. Sein teleologischer Idealismus nimmt seinen Ausgang von den 'Bedürfnissen des Gemütes', das sich nicht mit der kausalmechanischen Betrachtung der Natur begnügt, sondern das Gleichgültige vom Wertvollen scheidet und sich in der religiösen «Ahnung» bis zum Gedanken eines absoluten W. erhebt. Das «an und für sich Werthvolle» (häufig auch «höchster Zweck», «unbedingter Werth», «wahrhaft Seiendes» genannt) findet Lotze in der «Idee des Guten». Diese bringt im Streben nach Entfaltung und Entwicklung den Mechanismus hervor, nach dessen Gesetzen sich die Wirklichkeit zur Realisierung des Werthaften zusammenschließt [12]. Die subjektive Erfassung des zur Erscheinung gelangenden W. erfolgt durch das Gefühl, welches im Gegensatz zum «gleichgültigen Verstand» in ästhetischer, sittlicher und religiöser Hinsicht ausschlaggebend ist. Die Gefühlsgebundenheit der Werterfassung geht bei Lotze so weit, daß der Gedanke eines W., «der von niemandem geschätzt wird, also für niemand Lust oder Unlust bewirkt», als ein gänzlich «widersprechender» verworfen wird [13]. Gleichzeitig versucht Lotze, die allgemeine Gültigkeit der Wertungen zu sichern, indem er den qualitativ verschiedenen Inhalten des Lustgefühls eine objektive Bedeutung zugesteht. Diese Inhalte bilden ein «System mannigfaltiger Glieder, deren jedes seinen besonderen Charakter und seinen besonderen Werth hat, ohne daß der Geist im Stande ist, diese Verteilung zu ändern» [14]. In die gleiche Richtung weist auch die Interpretation der Platonischen Ideenlehre, die Lotze im dritten Buch seiner großen ‹Logik› entfaltet. Hier wird den Inhalten der Vorstellungen die Wirklichkeitsform der «Geltung» zugesprochen, um sie damit vom «Sein» und «Geschehen» abzugrenzen [15]. Allerdings ist festzuhalten, daß Lotze in diesem Zusammenhang den Ausdruck ‹Geltung› nur auf Begriffe und wahre Sätze anwendet. Die durchgehende Verbindung der Ausdrücke ‹W.› und ‹Geltung› wird erst im Südwestdeutschen Neukantianismus üblich.

An Lotze erinnert der «Standpunkt des Ideals», den F. A. Lange der wissenschaftlichen Weltansicht entgegenstellt. Die «Welt der Werthe» steht hier für eine vom Menschen geschaffene «Idealwelt», die der Befriedigung ethischer, ästhetischer und religiöser Bedürfnisse dienen soll [16]. Eine über die Fachgrenzen hinausreichende Bekanntheit erlangte F. Nietzsches provozierende Formel von der «Umwertung aller Werte» (s.d.). Die ihr zugrundeliegende Kritik der bisherigen höchsten W.e erfaßt nicht nur die moralischen und religiösen Ideale, sondern auch die 'kosmologischen W.e' wie «Zweck», «Einheit» und «Wahrheit», mit denen bisher fälschlicherweise der Gesamtcharakter des Daseins interpretiert wurde [17]. Sie alle erweisen sich im Lichte von Nietzsches Kritik als Resultate unserer eigenen «Werthschätzungen», hinter denen letztlich der «Wille zur Macht» (s.d.) steht: «die Werthe und deren Veränderung steht im Verhältniß zu dem Macht-Wachsthum des Werthsetzenden» [18]. Gegen die nihilistischen Konsequenzen dieser Auffassung wendet sich A. Riehl: «Diese W.e aber, die das Handeln des Menschen leiten und seine Gesinnung beseelen, werden nicht erfunden, oder durch Umwertung neu geprägt; sie werden entdeckt und gleich wie Sterne am Himmel treten sie nach und nach mit dem Fortschreiten der Kultur in den Gesichtskreis des Menschen» [19]. Gleichwohl hält auch Riehl daran fest, daß Wertfragen nicht in den Bereich der Wissenschaft gehören, sondern die Grundlage einer schöpferisch praktischen «Lebensanschauung» bilden [20].

Erste Ansätze zu einer transzendentalphilosophischen Verankerung der «Wertideen» oder «Ideale» lassen sich bei O. Liebmann ausmachen. Er unterscheidet zwischen den Naturgesetzen, welche den Lauf der Wirklichkeit beherrschen, und den «Normalgesetzen», die den Maßstab für «Werturteile» bilden [21]. Eine solche «Normalgesetzgebung» läßt sich auch nach W. Windelband grundsätzlich für alle Arten menschlicher Tätigkeit finden, einen absoluten W. kann allerdings nur die Trias des Wahren, Guten und Schönen beanspruchen. Diese Dreigliederung entspricht der Einteilung der Seelenvermögen in Denken, Wollen und Fühlen, die bereits Kant als Grundriß für seine drei Kritiken gedient hatte. Damit lag es nahe, die Kantische Philosophie insgesamt als eine Lehre aufzufassen, welche die Wertfrage gleichberechtigt für die Gebiete Wissenschaft, Sittlichkeit und Kunst stellt [22]. Dieser Auffassung folgt der Südwestdeutsche Neukantianismus; Windelband bestimmt die Philosophie überhaupt als «die kritische Wissenschaft von den allgemeingiltigen W.en» [23]. Ihr Objekt findet sie in den logischen, ethischen und ästhetischen Beurteilungen, die im Unterschied zu den hedonistischen Wertungen mit dem Anspruch auf überindividuelle Anerkennung auftreten. Diese Beurteilungen setzten als Maßstab ein transzendentales «Normalbewußtsein» voraus, das den Inbegriff der geltenden W.e darstellt. Diese «allgemeinen W.e sind die Wahrheit im Denken, die Gutheit im Wollen und

Handeln, die Schönheit im Fühlen» [24]. Eine Sonderstellung nimmt bei Windelband der religiöse W. des «Heiligen» ein. Er bedeutet keine inhaltliche Erweiterung gegenüber dem Wahren, Guten und Schönen, sondern alle diese W.e selbst, insofern sie in Beziehung zu einer übersinnlichen Wirklichkeit stehen [25].

Eine Weiterbildung und systematische Ausgestaltung erfährt die neukantianische Wertphilosophie durch H. Rickert. Tatsächlich hat erst er die Trennung von ‹W.› und ‹Wirklichkeit›, ‹Geltung› und ‹Existenz› auch terminologisch konsequent durchgeführt. Dementsprechend wird ‹W.› auf die folgende Weise eingeführt: «Wir brauchen dies Wort, das einen Begriff bezeichnet, der sich ebensowenig wie der des Existierens definieren läßt, für Gebilde, die nicht existieren und trotzdem 'Etwas' sind, und wir drücken dies am besten dadurch aus, daß wir sagen, sie gelten» [26]. Zur Verwirklichung gelangen die W.e in der geschichtlichen Entwicklung der Kultur, die Rickert als die «Gesamtheit der realen Objekte» definiert, «an denen ... W.e haften, und die mit Rücksicht auf diese W.e gepflegt werden» [27]. Diese historisch gegebenen Güter liefern das Material, an dem die Philosophie ansetzen muß, um die einzelnen W.e aufzufinden und in einem System zu ordnen. Ein solches System der W.e gliedert sich nach Rickert in zwei Hauptgruppen: Zur sachlich kontemplativen Sphäre gehören die logischen, ästhetischen und mystischen W.e, das persönlich aktive Dasein hingegen steht unter den W.en der sozialen Sittlichkeit, Erotik und der theistischen Religion. Mit diesem System meinte Rickert die Basis geschaffen zu haben, von der aus eine einheitliche und umfassende «Deutung des Lebenssinnes» möglich ist. In diesem Sinne ist «Philosophie als kritische Wertwissenschaft» zugleich «Weltanschauungslehre» [28].

Obwohl sich namentlich die Angehörigen der Schülergeneration (J. Cohn, E. Lask, B. Bauch, G. Mehlis, R. Kroner) um eine Konkretion dieses kulturphilosophischen und weltanschaulichen Programmes bemüht haben, ist der Hauptbeitrag des Südwestdeutschen Neukantianismus auf den Gebieten der Logik und Erkenntnistheorie zu suchen. Zentral ist dabei die Auffassung, daß auch das theoretische Urteilen ein wertendes, praktisches Verhalten einschließt. So ist nach Rickert alle Erkenntnis auf einen «theoretischen W.» bezogen, der dem urteilenden Subjekt als ein «transzendentes Sollen» gegenübertritt und zu einer «alternativen Stellungnahme» auffordert. Dabei wird im Falle der Bejahung der «W. der Wahrheit» anerkannt, bei der Verneinung der «Unwert der Falschheit» verworfen [29]. In kritischer Abgrenzung hiervon hebt E. Lask hervor, daß der «Wertgegensatz» von Wahr und Falsch nur die mit der Subjektivität in Berührung stehende «Urteilsregion» betrifft. Als Aufgabe einer streng objektiv ausgerichteten Logik sah er es daher an, zu der maßstabgebenden, urbildlichen Sphäre des «übergegensätzlichen Wertes» vorzudringen [30]. Um eine vermittelnde Position bemüht sich B. Bauch, indem er zum einen die objektive Geltung der W.e betont, zum anderen die W.e in ihrer Subjektbezogenheit als «Aufgaben» faßt, die nach Erfüllung in der Wirklichkeit verlangen. Voraussetzung hierfür ist, daß die verschiedenen W.e nicht isoliert und beziehungslos nebeneinanderstehen, sondern ein sich wechselseitig umfassendes «Wertganzes» bilden [31]. Ähnlich vertritt auch J. Cohn die Auffassung, daß sich jeder einzelne W. nur im Zusammenhang aller W.e fassen läßt und jedes ideale Gut seine Wahrheit erst in der Verwirklichung findet. Deshalb gehört zu Cohns «Wertwissenschaft» neben «Axiotik» und «Systematik» auch eine Lehre von der Wertverwirklichung («Ergetik») [32].

Eine schulübergreifende Beachtung haben schließlich auch die methodologischen Überlegungen der Südwestdeutschen Neukantianer gefunden. Besondere Bedeutung kommt hier wiederum den Arbeiten von Rickert zu, der im Anschluß an Windelband den Wertgedanken auch für die Einteilung der Wissenschaften fruchtbar zu machen suchte. Seiner Meinung nach ordnen die Naturwissenschaften die wertfreie Wirklichkeit unter allgemeine Begriffe oder Gesetze, die Geschichtswissenschaften dagegen konstituieren den individuellen historischen Gegenstand durch Beziehung auf W.e [33].

Unter dem Einfluß Rickerts übernimmt M. Weber für die Sozialwissenschaften die «Wertbeziehung» als «Prinzip der Auswahl des für die Begriffsbildung Wesentlichen» [34]. Diese terminologischen Übereinstimmungen dürfen jedoch nicht über die tiefergehenden sachlichen Unterschiede hinwegtäuschen. Während Rickert auf der absoluten Geltung an sich seiender W.e insistiert, rückt Weber zunehmend die irrationalen und subjektiven Momente der Wertorientierung in den Vordergrund. So hält er eine wissenschaftliche Vertretung von praktischen Stellungnahmen für letztlich unmöglich, «weil die verschiedenen Wertordnungen der Welt in unlöslichem Kampf untereinander stehen» [35].

Vom Standpunkt einer materialen Geschichtsphilosophie aus hat sich auch E. Troeltsch gegen die Annahme zeitlos geltender W.e ausgesprochen. Für ihn besteht das «Grundproblem aller Historie» in dem «verwickelten Verhältnis von Sollen und Sein, von W. und Tatsächlichkeit, die in der historischen Wirklichkeit überall eng zusammen sind und zwar unterschieden, aber nicht realiter voneinander gelöst werden können» [36]. Eine «Vereinigung» von Historie und Wertlehre könne daher nur erfolgen, wenn die «Maßstäbe zur Beurteilung historischer Dinge» aus dem geschichtlichen Leben selbst gewonnen werden. Diese Auffassung ähnelt der Konzeption W. Diltheys, der sich schon vor den Neukantianern um eine methodologische Grundlegung der Geisteswissenschaften bemüht hatte. Für ihn stellt die «geschichtliche Welt» einen «Wirkungszusammenhang» (s.d.) dar, der sich vom Kausalzusammenhang der Natur dadurch unterscheidet, daß er «nach der Struktur des Seelenlebens W.e erzeugt und Zwecke realisiert» [37]. Um die mit einer solchen Auffassung verbundenen relativistischen Konsequenzen zu vermeiden, hat sich E. Spranger um eine Synthese zwischen geisteswissenschaftlicher Psychologie und neukantianischem Wertkritizismus bemüht. Danach hat die Einzelseele auf «historischer Stufe» an «objektiven Wertgebilden» teil, über deren Gültigkeit eine normative Gesetzlichkeit entscheidet. Nach der dabei im individuellen Bewußtsein «vorherrschenden Wertrichtung» unterscheidet Spranger zwischen den «Lebensformen» des theoretischen, ökonomischen, ästhetischen, sozialen, politischen und religiösen Menschen [38].

Neben den normativen oder aprioristischen Wertlehren entstand seit dem 19. Jh. eine Reihe von Theorien, die sich mit dem psychologischen Vorgang der Wertung befaßten. Als früher Vorläufer darf E. Beneke angesehen werden, für den sich «die Werthe aller Dinge» nach den «Steigerungen und Herabstimmungen» bemessen, «welche durch dieselben für unsere psychische Entwicklung bedingt werden» [39].

Die weitere Entwicklung der Wertpsychologie, die in den Jahren ab 1890 rasch an Bedeutung gewann, wurde vor allem durch die Frage beherrscht, welche der Seelentätigkeiten für das Zustandekommen der Wertungen verantwortlich sei. Die Gefühlstheorie des W. vertraten u.a. A. Meinong [40], W. Wundt [41], A. Döring [42] und J. C. Kreibig. Letzterer etwa definierte den W. als «die Bedeutung, welche ein Empfindungs- oder Denkinhalt vermöge des mit ihm unmittelbar oder assoziativ verbundenen aktuellen oder dispositionellen Gefühls für ein Subjekt hat» [43]. Demgegenüber versuchten die voluntaristischen Theorien, das Werten auf Akte des Wollens oder Begehrens zurückzuführen. Neben H. Schwarz [44] und R. Eisler [45] ist hier vor allem Ch. von Ehrenfels zu nennen, der den W. eines Dinges mit seiner «Begehrbarkeit» gleichsetzte [46].

Eine metaphysische Überhöhung findet der voluntaristische Standpunkt in der Wertphilosophie von H. Münsterberg. Seiner Auffassung zufolge ist es der «reine Wille», der in «ursprünglicher Tathandlung» die Welt als wertvoll setzt. Aus diesem «Akt der Weltbejahung» leitet Münsterberg ein geschlossenes Wertesystem ab, das sich in acht Klassen mit jeweils drei Unterabteilungen gliedert [47]. Der Statik schlechthin gültiger Wertetafeln stellt R. Müller-Freienfels eine irrationalistisch-dynamische Weltanschauung entgegen. Danach stellt die Annahme absoluter W.e eine «Fiktion» dar, die unter Umständen «hohe praktische Bedeutung» besitzt, sich aber ebensogut als schädlich herausstellen kann. In solchen Fällen sei es die notwendige Aufgabe der Philosophie, den «Nimbus der Absolutheit» zu zerstören und das Verständnis für die Relativität der Wertungen zu fördern [48].

Anmerkungen. [1] Grimm 14/I, 2 (1960) 460f. – [2] J. G. Walch: Philos. Lex. (1726, ^{4}1775, ND 1968) 1545-1551; vgl. Art. ‹Wert/Preis›. – [3] I. Kant: Grundleg. zur Met. der Sitten (1785). Akad.-A. 4, 434-436. – [4] Vgl. etwa: F. Suárez: De bonitate II, 2, 7. 15; vgl. Th. Kobusch: Die Entdeckung der Person. Met. der Freiheit und mod. Menschenbild (1993, ^{2}1996) 23-31, bes. 25f.; vgl. E. Gemmeke: Met. des sittl. Guten bei F. Suárez (1965) bes. 191-196; vgl. ferner: Art. ‹Sein, moralisches›. Hist. Wb. Philos. 9 (1995) 237-247. – [5] J. F. Fries: Hb. der prakt. Philos. oder der philos. Zwecklehre (1832) 2, 82. – [6] Neue Kritik der Vernunft 3, § 184 (1807) 85. – [7] § 188, a.O. 94ff.; § 202, a.O. 160. – [8] § 223, a.O. 266. – [9] J. F. Herbart: Kurze Encykl. der Philos. (1831). Sämtl. Werke, hg. K. Kehrbach/O. Flügel (1887-1912, ND 1989) 9, 24. – [10] a.O. 80; vgl. auch: Lehrb. zur Einl. in die Philos. (1813, ^{4}1837), ND, hg. W. Henckmann (1993) 44. 52f. 134. – [11] Über meinen Streit mit der Modephilos. dieser Zeit (1814), a.O. [9] 3, 331. – [12] H. Lotze: Metaphysik (1841) 4ff. 323ff.; Mikrokosmus. Ideen zu einer Naturgesch. und Gesch. der Menschheit (1856-64, ^{6}1923) 3, 605-615. – [13] Grundzüge der Religionsphilos., Dictate aus den Vorles. § 79 (1882) 91; Mikrokosmus, a.O. 1, 269ff.; 2, 306ff. – [14] Grundzüge der prakt. Philos., Dictate aus den Vorles. § 8 (1882, ND 1969) 8. – [15] Logik 3: Vom Erkennen (1880), ND hg. G. Gabriel (1989) 505ff.; vgl. Art. ‹Gelten; Geltung›. Hist. Wb. Philos. 3 (1974) 232-235. – [16] F. A. Lange: Gesch. des Materialismus und Kritik seiner Bedeutung in der Gegenwart (1866, ^{6}1898) 2, 546. – [17] F. Nietzsche: Nachgel. Frg., Nov. 1887 bis März 1888 11[99]. Krit. Ges.ausg., hg. G. Colli/M. Montinari (1967ff.) 8/2, 290f. – [18] Nachgel. Frg., Herbst 1887 bis März 1888 9[38]. 9[39], a.O. 16f. – [19] A. Riehl: F. Nietzsche. Der Künstler und der Denker (1897, ^{6}1920) 166. – [20] Zur Einf. in die Philos. der Gegenwart (1902, ^{2}1904) 188. – [21] O. Liebmann: Zur Analysis der Wirklichkeit. Philos. Unters. (1876) 504-511. – [22] W. Windelband: I. Kant (1881), in: Präludien. Aufsätze und Reden zur Philos. und ihrer Gesch. (1884, ^{5}1915) 1, 139f. – [23] Was ist Philosophie? (1882), a.O. 29; vgl. Art. ‹Neukantianismus›. Hist. Wb. Philos. 6 (1984) 747-754. – [24] Krit. oder genet. Methode? (1883), a.O. 2, 122. – [25] Das Heilige (1902), a.O. 2, 304f.; Einl. in die Philos. § 20 (1914) 390ff. – [26] H. Rickert: Der Gegenstand der Erkenntnis. Einf. in die Transzendentalphilos. (1892, ^{5}1921) 229f.; vgl. System der Philos. 1: Allg. Grundlegung der Philos. (1921) 112-129. – [27] Kulturwiss. und Naturwiss. (1899, ^{5}1921) 30; Art. ‹Kultur; Kulturphilosophie›. Hist. Wb. Philos. 4 (1976) 1309-1324. – [28] Vom System der W.e. Logos 4 (1913) 295-327. – [29] Der Gegenst. der Erk., a.O. [26] 163-171; Art. ‹Wahrheitswert›. – [30] E. Lask: Die Lehre vom Urteil (1912) 10ff. 124ff. Ges. Schr., hg. E. Herrigel 2 (1923) 293ff. 386ff.; vgl. auch: G. Pick: Die Übergegensätzlichkeit der W.e (1921); vgl. Art. ‹Übergegensätzlich›. Hist. Wb. Philos. 11 (2001) 34-36. – [31] B. Bauch: Wahrheit, W. und Wirklichkeit (1923) 468ff. 478ff. – [32] J. Cohn: Wertwissenschaft (1932) 11f. – [33] Rickert, a.O. [27] 89ff. – [34] M. Weber: Roscher und Knies und die Probleme der hist. Nat.ökon. [1903-06], in: Ges. Aufs. zur Wiss.lehre (1922, ^{7}1988) 86. – [35] Wiss. als Beruf (1917/19), a.O. 603. Ges.ausg. I/17, hg. W. J. Mommsen/W. Schluchter (1992) 99; vgl. Art. ‹Werturteil; Werturteilsstreit›. – [36] E. Troeltsch: Der Historismus und seine Probleme. Ges. Schr. (1922, ND 1977) 3, 153. 201-220. – [37] W. Dilthey: Der Aufbau der geschichtl. Welt in den Geisteswiss. (1910). Ges. Schr., hg. B. Groethuysen 7 (1926, ^{8}1992) 153. 241ff. 255ff. – [38] E. Spranger: Lebensformen. Geisteswiss. Psychologie und Ethik der Persönlichkeit (1914, ^{2}1921) 14f. 107ff. – [39] E. Beneke: Lehrb. der Psychologie als Naturwiss. § 256 (1833, ^{2}1845) 234. – [40] A. Meinong: Psycholog.-eth. Unters. zur Werttheorie (1894) 25ff.; vgl. Art. ‹Wert III. A.›. – [41] W. Wundt: Logik (1880-83, ^{3}1908) 3, 15. 273f. – [42] A. Döring: Philos. Güterlehre (1888) 2f. – [43] J. C. Kreibig: Psycholog. Grundlegung eines Systems der Werttheorie (1902) 3ff. – [44] H. Schwarz: Die Psychologie des Willens (1900) 34. 318. – [45] R. Eisler: Studien zur Werttheorie (1902). – [46] Ch. von Ehrenfels: System der Werttheorie (1897/98) 1, 53. – [47] H. Münsterberg: Philos. der W.e. Grundzüge einer Weltanschauung (1908, ^{2}1921) 73-79. – [48] R. Müller-Freienfels: Grundzüge einer neuen Wertlehre. Annalen Philos. 1 (1919) 319-381, bes. 379.

Literaturhinweise. K. Wiederhold: W.-Begriff und Wertphilos. (1920). – F. Bamberger: Unters. zur Entstehung des Wertproblems in der Philos. des 19. Jh. 1: Lotze (1924). – A. Messer: Dtsch. Wertphilos. der Gegenwart (1926). – H. Seidel: W. und Wirklichkeit in der Philos. H. Rickerts: eine krit. Unters. als Beitrag zur Theorie der Beziehung (1968). – H.-G. Gadamer: Das ontolog. Problem des W. (1972), in: Kl. Schr. 4 (1977) 205-217. – G. Oakes: Weber and Rickert: Concept formation in the cultural sci. (Cambridge, Mass. 1988). – J. Gebhard: Die W.e. Zum Ursprung eines Schlüsselbegriffes der polit.-soz. Sprache der Gegenwart in der dtsch. Philos. des späten 19. Jh., in: R. Hofmann/J. Jantzen/H. Ottmann (Hg.): Anodos. Festschr. H. Kuhn (1989) 35-54. – H. Schnädelbach: Philos. in Deutschland 1831-1933 (1982, ^{5}1994) 198-231. – L. Stolowitsch: I. Kant über den W.-Begriff, in: G. Funke (Hg.): Akten des 7. Int. Kant-Kongr. (1991) II/2, 199-205.

S. Schlotter

III. *Axiologische und phänomenologische Theorien.* – A. *Brentano, Meinong, Husserl, Heidegger.* – 1. Der von F. Brentano in die Psychologie eingeführte scholastische Begriff der Intentionalität (s.d.) erweist sich von zentraler Bedeutung auch für die Werttheorie. Wenn psychische Phänomene sich vollständig nur beschreiben lassen durch ihre Beziehung auf die Gegenstände, auf die sie gerichtet sind, muß es auch intentionale Korrelate wertender Akte geben. Auf diesem Grundgedanken beruht die Werttheorie sowohl der von Brentano begründeten axiologischen Schule wie auch aller phänomenologischen Theorien.

Nach Brentano lassen sich drei Klassen intentionaler Beziehungen unterscheiden: «Vorstellungen» im weiten Sinne, d.h. sinnliche Anschauungen wie auch abstrakte Begriffe [1], «Urteile», in denen wir vorgestellte Gegenstände anerkennen oder verwerfen [2], und schließlich die «Gemütsbewegungen» des Liebens und Hassens, durch die der jeweilige Inhalt gutgeheißen oder als schlecht verworfen wird. Die beiden letzten Klassen zeigen eine Analogie insofern, als «von den zwei entgegengesetzten Beziehungsweisen des Anerkennens und Verwerfens», des Liebens und Hassens, «die eine richtig, die andere unrichtig» ist [3].

Was nach Brentano für die Urteilsakte gilt, nämlich daß es eine Form der Evidenz gibt [4], in der sich uns ein Inhalt als existent oder nicht existent präsentiert, gilt analog auch für die Gemütsbewegungen des Hassens und Liebens [5]: Wie es «höhere Urteilsweisen» gibt [6], so gibt es auch ein «Gefallen und Mißfallen höherer Art» [7]. Dieses ist durch eine innere Richtigkeit charakterisiert: Lieben und Hassen sind richtig in dem Sinne, daß sie der Werthaftigkeit des Gegenstandes entsprechen, d.h., tatsächlich dem Liebenswerten oder Hassenswerten gelten [8]. Brentano scheint davon auszugehen, daß diese Angemessenheit nicht in einem hinzukommenden Urteil deklariert, sondern unmittelbar erlebt wird. Er kann daher behaupten: «Das mit richtiger Liebe zu Liebende, das Liebenswerte, ist das Gute» [9]. So kann es nach Brentano auch keinen Zweifel an der Richtigkeit unseres Gefühls geben, daß Irrtum zu hassen und Einsicht zu lieben oder Traurigkeit hassenswert und Freude liebenswert ist [10].

2. CH. VON EHRENFELS und A. MEINONG haben in enger Auseinandersetzung mit Brentano dessen Wertlehre in unterschiedlicher Weise berichtigt, präzisiert und vertieft [11]. EHRENFELS erkennt den W. der Dinge ausschließlich in ihrer Unentbehrlichkeit bei der Befriedigung von Bedürfnissen, so daß er sagen kann: «Der W. eines Dinges ist seine Begehrbarkeit» [12]. Je mehr ein Ding zum Objekt des Begehrens werden kann, desto größer ist sein W. Nach MEINONG dagegen ist die Wertung primär eine Frage des Fühlens und nur in abgeleiteter Weise eine des Begehrens: Denn nicht, weil wir etwas begehren, lieben wir es, sondern umgekehrt, weil wir etwas lieben oder hassen, haben wir auch entsprechende positive oder negative Wünsche [13]. Im Unterschied zu Ehrenfels sind für Meinong «Werthgefühle» im wesentlichen «Existenz-Gefühle» [14], wobei sie auch auf Nicht-Existierendes gerichtet sein können und dann zu Gefühlen des Mangels oder der Freiheit werden [15]. Wo das Wertgefühl nicht durch ein Wertobjekt verursacht wird, bedarf es eines Urteils, das die «Verbindung zwischen Werthgefühl und Werth-Object herstellt» [16]. Diese den Wertgefühlen zugrundeliegenden «Existenzurteile» [17] sind immer auf einen spezifischen Inhalt gerichtet und können affirmativer oder negativer Art sein [18]: Wenn wir Dinge hassen oder lieben, beurteilen wir gleichzeitig ihre Existenz oder Nicht-Existenz in der Welt. Die Wertung äußert sich als Freude oder Leid. Was wir lieben, von dem möchten wir, daß es ist und nicht nicht-ist, und wir freuen uns, daß es da ist und nicht nicht-da ist [19].

In diesem Bezug zu Existenzurteilen unterscheiden sich Wertungen von anderen Formen des positiven Gefühls: der Wahrheitsliebe etwa, bei der es nicht darauf ankommt, was der Fall ist, sondern bloß, daß wir wissen, was der Fall ist, oder ästhetischen Gefühlen, die unabhängig davon sind, ob das existiert, was uns gefällt oder nicht gefällt. Es gibt nach Meinong einerseits Gegenstände, die durch die Vorstellung vollständig erfaßt werden können, die Objekte (Farbe, Gestalt), andererseits aber auch solche, «die zwar erfaßt, aber nicht vorgestellt werden können: die Objektive» [20]. Objektive setzen sich zusammen aus einer Aktseite und einer Inhaltsseite, die durch einen «Urteils- oder Annahmeinhalt» beschrieben ist. Diese Seite des Erlebnisses bleibt dem Gegenstand verhaftet und verändert sich nur mit diesem, wogegen die Aktseite «dem Gegenstande gegenüber independent variabel» ist [21].

Aus der Unterscheidung von Objekt und Objektiv leitet Meinong in bezug auf Werthaftigkeit zwei weitere Klassen ab, die «Dignitative» und die «Desiderative» [22]. Objektive, die Gegenstand von Wertgefühlen als Seinsgefühlen sein können, nennt Meinong «Dignitative», und Objektive von Wünschen «Desiderative». Dignitative lassen sich vier Klassen zuordnen: dem Angenehmen, dem Schönen, dem Wahren und dem Guten [23]; die Desiderative beinhalten «Sollungen und Zweckmäßigkeiten» [24]. Den Desiderativen entsprechen die verschiedenen Arten des Sollens, die sich uns enthüllen in den verschiedenen Weisen des Begehrens [25]. Da Gefühle und Begehren die tatsächlichen, authentischen Dignitative oder Desiderative nicht vollständig enthüllen, bedarf es zur Komplettierung eines «Annehmens oder Urteilens» [26]. Anders als Brentano beruft sich Meinong also nicht auf Evidenzerlebnisse. Er erklärt das vollständige Erfassen des Dignitativen oder Desiderativen nicht von seiten eines Aktes her, sondern aus der dem Gegenstand zugewandten Inhaltsseite des Urteilens und Annehmens.

3. Weitergeführt wird die Wertlehre Brentanos auch von E. HUSSERL. W.e sind für Husserl Gegenstand der phänomenologischen Ethik, da ethische Phänomene letztlich nur im Rekurs auf das Wesen des W. begründet werden können. Husserl entwickelt seine Wertlehre in Analogie zur Logik. Sie befragt die tatsächlichen Realisierungen der W.e, um zum objektiven W. zu gelangen, analog der Logik, welche die 'Sachen' befragt, um zum 'Objekt' zu gelangen. Untersuchungsmethode ist in beiden Wissenschaften die phänomenologische Methode der «eidetischen Reduktion» im Zuge der Forderung, «sich nach den Sachen selbst» zu richten [27]. Husserl prägt für diese Wertlehre, die zum Fundament seiner Ethik wird, den Begriff der formalen Axiologie (s.d.) [28].

Husserl unterscheidet in bezug auf die den Gegenständen zukommenden Prädikate zwischen logischen und axiologischen Prädikaten. Der Unterschied besteht darin, daß die axiologischen Prädikate vom Gegenstand «weggestrichen» werden können [29], ohne daß sich jener in seiner phänomenalen Substanz ändert. Die Wertprädikate kommen dem Gegenstand «zwar in Wahrheit zu, sie zu leugnen wäre verkehrt. Aber sie gehören sozusagen in eine andere Dimension» [30]. Die logischen Prädikate dagegen können nicht weggestrichen gedacht werden. Die fundierende Dimension ist darum die des Intellekts (logische Vernunft) und die darauf aufbauende ist das «Reich des Gemüts» (der wertenden Vernunft) [31], denn ohne das Werten gibt es keine Wertprädikate. W.e wiederum existieren nur aufgrund der den Gegenständen notwendigerweise zukommenden Wertprädikate: «Wir sprechen von W.en, sofern Gegenstände sind, die W. haben» [32].

W.e können selber wieder gegenständlich, d.h. zu Gegebenheiten der Vernunft werden und sind dann zu behandeln wie andere Gegenstände auch. Die Axiologie als «eine theoretische Disziplin von den W.en» [33] erforscht deren Wesen, wie eine geometrische Figur unabhängig von ihrer vollkommenen Schönheit erforscht werden kann. Husserl überträgt den Satz vom Widerspruch, den Identitätssatz und den Satz vom ausgeschlossenen Dritten von der Logik auf den Bereich der formalen Axiologie und kommt zum Schluß, daß hier von einem «ausgeschlossenen Vierten» gesprochen werden muß [34], insofern einem Objekt entweder ein positiver W., ein negativer W. oder Wertlosigkeit zukommt. Analog zum logischen entwickelt er ein axiologisches Schlußverfahren, mit dessen Hilfe die Wertverhältnisse bestimmt werden können. Im Unterschied zur Logik, wo es nur Sein oder Nicht-Sein gibt, muß aber eine formale Axiologie auch Wertkonflikte und das Rangverhältnis unter den W.en bedenken. Verglichen mit der formalen Logik hat die formale Axiologie dadurch bereits den Charakter einer materialen Disziplin.

Auf der materialen Seite, deren Ausgestaltung sehr knapp ausfällt, unterscheidet Husserl zwischen sinnlichen und geistigen W.en, wobei die sinnlichen W.e nur Mittelcharakter zur Ermöglichung der geistigen W.e haben. Geistige W.e sind weiter unterteilt in drei Gebiete: Wissenschaft, Kunst und vernünftige Selbst- und Nächstenliebe [35]. Zwischen den geistigen W.en läßt sich keine Rangordnung festlegen. Aber es lassen sich weitere Unterscheidungen treffen: die Unterscheidung zwischen Individualwerten und sozialen W.en [36] und (hinsichtlich des ontologischen Status eines Gegenstandes oder Sachverhaltes) die Unterscheidung zwischen «Erscheinungswert» und «Wirklichkeitswert» [37]. Was um der Erscheinungsweise willen gefällt, sind ästhetische W.e; sie sind Gegenstände der Lust und entbehren des absoluten Sollens. Daneben gibt es W.e, die an das Ich eine Anforderung in Form eines absoluten Sollens stellen: die ethischen W.e. Ihr Sollenscharakter bestimmt das werterfahrende und wertverwirklichende Subjekt, ein Sachverhalt, den Husserl unter dem Titel der formalen und materialen Praktik untersucht [38].

4. Ursprünglich unter dem Einfluß des Südwestdeutschen Neukantianismus stehend, nimmt M. Heidegger im Anschluß an Husserl eine phänomenologische Kritik der transzendentalen Wertlehre vor [39]. Ist diese Auseinandersetzung anfänglich noch von dem Bemühen geleitet, dem immanenten Gehalt der Wertlehre gerecht zu werden, geht Heidegger seit den frühen 1920er Jahren zu offener Polemik über. Insbesondere wendet er ein: Wenn man etwas zu einem W. erkläre, werde das «so Gewertete seiner Würde beraubt» [40]. Statt daß man es «sein läßt, was es ist», wird es nur noch «als Gegenstand für die Schätzung des Menschen zugelassen». Gott als den «höchsten W.» verkünden, ist darum «eine Herabsetzung des Wesens Gottes». «Das Denken in W.en ist hier und sonst die größte Blasphemie, die sich dem Sein gegenüber denken läßt» [41]. Es ist «ein radikales Töten». «Es schlägt das Seiende als solches nicht nur in seinem An-sich-Sein nieder, sondern bringt das Sein gänzlich auf die Seite» [42]. Für Heidegger ist Nietzsches Wertdenken die Vollendung der im Nihilismus endenden abendländischen Metaphysik. Durch seine Auslegung dieser Metaphysik als Ausdruck des «Willens zur Macht» (s.d.) habe er sie als das Verhängnis deutlich gemacht, das sie ist: «der Vorgang der Entwertung der obersten W.e» [43]. Mit «seiner Neusetzung der W.e aus dem Prinzip aller Wertsetzung», dem Willen zur Macht, erweise sich Nietzsche jedoch nicht als Befreiung, sondern als Vollendung dieser Metaphysik, als «letzte Verstrickung in den Nihilismus». «Durch das Wertdenken aus dem Willen zur Macht hält sie sich zwar daran, das Seiende als solches anzuerkennen, aber zugleich fesselt sie sich mit dem Strick der Deutung des Seins als W. in die Unmöglichkeit, das Sein als das Sein auch nur in den fragenden Blick zu bekommen» [44]. Ein «Denken gegen 'die W.e'» sei darum angesagt, aber ein solches Denken bedeutet nicht, «für die Wertlosigkeit und Nichtigkeit des Seienden die Trommel rühren, sondern bedeutet: gegen die Subjektivierung des Seienden zum bloßen Objekt die Lichtung der Wahrheit des Seins vor das Denken bringen» [45].

Anmerkungen. [1] F. Brentano: Vom Ursprung sittl. Erkenntnis (1889), hg. O. Kraus (1921) 15. 45 (Anm. 23). – [2] a.O. 16. – [3] 17. – [4] 19. 44 (Anm. 32); Grundlegung und Aufbau der Ethik (Bern 1952) 22f. 142ff. – [5] a.O. [1] 19. – [6] a.O. – [7] 20. – [8] 21. – [9] 17. – [10] 21. – [11] Ch. von Ehrenfels: Von der Wertdefinition zum Motivationsgesetze (1896), in: Philos. Schr. 1, hg. R. Fabian (Wien 1982) 172ff. – [12] System der Werttheorie (1897) 253. – [13] A. Meinong: Psycholog.-eth. Unters. zur Werttheorie (1894) 15f. Ges.ausg., hg. R. Haller u.a. 1-8 (Graz 1968-78) 3, 27f. – [14] a.O. 16/Ges.ausg. 28. – [15] 23/35. – [16] 21/33. 53/65. – [17] Ueber emotionale Präsentation (1916) 160. Ges.ausg. 3, 444. – [18] Psych.-eth. Unters., a.O. [13] 55/67. – [19] a.O. 55ff./67ff. – [20] Ueber emot. Präs., a.O. [17] 4/288. 61f./345f.; vgl. Art. ‹Gegenstandstheorie›. Hist. Wb. Philos. 3 (1974) 134f.; Art. ‹Objekt 9.›, a.O. 6 (1984) 1047-1050. – [21] a.O. 63/347. – [22] 112f./396f. – [23] 117/401. – [24] 111/395. 117/401. – [25] 115/399. – [26] 122/406. – [27] E. Husserl: Ideen zu einer reinen Phän. und phänomenolog. Philos. 1, § 19 (1913). Husserliana [Hua.] 3 (Den Haag 1950) 42; vgl. Art. ‹Reduktion, eidetische›. Hist. Wb. Philos. 8 (1992) 374f. – [28] Vorles. über Ethik und Wertlehre 1908-1914. Hua. 28 (1988) 70. – [29] a.O. 268. – [30] 262. – [31] 263. – [32] 255. – [33] 286f. – [34] 86f. – [35] U. Melle: Einl., a.O. [28] XXXIV. – [36] A. Roth: E. Husserls eth. Unters. (1960) 116ff. – [37] a.O. 120. – [38] 123ff. – [39] M. Heidegger: Phänomenologie und transzendentale Wertphilos. [SS 1919]. Ges.ausg. [GA] II/56-57 (1987). – [40] Brief über den 'Humanismus' (1949) 34, in: Wegmarken (1967) 179. GA I/9 (1976) 349. – [41] a.O. 34f./179f. GA 349f. – [42] Nietzsches Wort 'Gott ist tot' [1943], in: Holzwege (1957) 242f. GA I/5 (1977) 263f. – [43] Nietzsche II [1939-46]. GA I/6, 2 (1997) 44f. 54; vgl. Art. ‹Nihilismus 9.›. Hist. Wb. Philos. 6 (1984) 852f. – [44] a.O. 306. 340f. – [45] a.O. [40] 35/179f. GA 349.

Literaturhinweise. H. O. Eaton: The Austrian philos. of values (Norman, Okl. 1930). – O. Kraus: Die Werttheorien. Geschichte und Kritik (1937). – J. N. Findlay: Meinong's theory of objects and values (Oxford [2]1963). – G. Reibenschuh: Über den Begriff des W. bei Meinong, in: Jenseits von Sein und Nichtsein. Beiträge zur Meinong-Forschung (1972) 245-260. – P. Emad: Heidegger and the phenomenology of values: His critique of intentionality (Glen Elly, Ill. 1981). – T. M. Faller: Axiologie in der phänomenolog. Ethik von F. Brentano (1982). – R. M. Chisholm: Brentano and intrinsic value (Cambridge u.a. 1986). – K. Wolf: Die Grazer Schule. Gegenstandstheorien und Wertlehre, hg. L. Gabriel/J. Mader (1986). – Ch.-Y. Park: Unters. zur Werttheorie bei F. Brentano (1991). – A. Rigobello: Heideggers Kritik des Begriffs ‹W.› und die prakt. Bedeutung von ‹Eigentlichkeit›, in: D. Papenfuss/O. Pöggeler (Hg.): Zur philos. Aktualität Heideggers 1 (1991) 197-206. – K. Schuhmann: Probleme der Husserlschen Wertlehre. Philos. Jb. 98 (1991) 106-113; Der W.-Begriff beim frühen Meinong. Grazer philos. Stud. 50 (1995) 521-535.

A. Hügli

B. *Scheler, Hartmann.* – 1. M. Scheler begreift W. als phänomenologisches Urphänomen [1], das unabhängig von dem, was Subjekte jeweils für wertvoll ansehen, besteht. W.e sind nach Scheler auch keine relationalen Qualitäten, die sich aus dem Verhältnis von einem Gegenstand und einem Subjekt ergeben, sondern vielmehr materiale Qualitäten, die bestimmten Gütern unabhängig davon zukommen, ob sie für jemanden wertvoll sind [2]. W.e bestehen zudem auch unabhängig von den Gütern, in denen sich die W.e jeweils realisieren. Das wird nach Schelers Ansicht an der Tatsache deutlich, daß uns der W. einer Sache klar gegeben sein kann, ohne daß wir vorgängig schon wissen, was die Sache selbst ist. «So ist uns z.B. ein Mensch peinlich und abstoßend oder angenehm und sympathisch, ohne daß wir noch anzugeben vermögen, woran dies liegt» [3]. Die materialen Wertqualitäten erschließen sich nach Scheler entsprechend auch nicht aus den anderen Eigenschaften, welche ein Gegenstand sonst noch besitzt. Um sie zu erkennen, müssen sie vielmehr selbst anschaulich gegeben sein [4]. Diese anschauliche Gegebenheit hat mit empirischer Erkenntnis nichts zu tun. W.e sind a priori gegeben, und dies deshalb, «weil man das Sein der W.e nie aus irgendeiner Form des realen Seins (seien es reale Handlungen, Urteile, Sollenserlebnisse) herausklauben kann und ihre Qualitäten und Zusammenhänge unabhängig davon sind, darum ist Empirismus hier verfehlt» [5].

Die apriorische Werterkenntnis erfolgt nach Scheler in Akten, die sich von den Akten des Wahrnehmens und Denkens vollständig unterscheiden. W.e erschließen sich in Akten des Wertfühlens, die ihre eigene Evidenz besitzen. Ein W. kann im Fühlen, in letzter Linie im Lieben und Hassen [6] in verschiedenen Graden der Adäquation gegeben sein. Selbstgegebenheit fällt dabei als höchste Adäquationsstufe mit absoluter Evidenz zusammen.

In Schelers Konzeption der Werterkenntnis wird der Einfluß von F. Brentano deutlich. Auch Scheler ist der Ansicht, daß W.e bestimmten Wertaxiomen unterstehen, «die das Verhältnis des Seins zu positiven und negativen W.en a priori festlegen. Solche sind: Existenz eines positiven Wertes ist selbst ein positiver W., Existenz eines negativen Wertes ist selbst ein negativer W.» [7].

Für die materiale Wertethik, die Scheler entwirft, bilden W.e das eigentliche Theoriefundament. Die materiale Wertethik richtet sich zentral gegen die formalistische Ethik Kants. Nach Schelers Bild mußte Kant auf W.e verzichten, da er W.e mit Gütern gleichsetzte. Da man nach Scheler in der Begründung der Ethik in der Tat von Gütern absehen muß, ist man durch eine solche Gleichsetzung auch gezwungen, W.e unberücksichtigt zu lassen. Unterscheidet man aber zwischen Gütern und W.en, so fällt dieses Erfordernis weg.

W.e stehen nach Scheler in einer Rangordnung, die keiner Veränderung unterworfen ist. Diese Rangordnung der W.e zeigt sich in Akten des Vorziehens und Nachsetzens (das Höhersein in Akten des Vorziehens, das Niedrigersein in Akten des Nachsetzens) [8]. Die Ordnung der W.e läßt sich nicht aus der Anordnung der schon bekannten W.e deduzieren, sie kann vielmehr allein aus den einzelnen Akten des Vorziehens und Nachsetzens erschlossen werden [9]. Die Höhe der W.e bestimmt sich nach Maßgabe der folgenden fünf Kriterien: Ein W. ist um so höher, a) je dauerhafter, b) je weniger teilbar, c) je weniger fundiert er ist, d) je tiefer die Befriedigung ist, die mit seinem Fühlen verknüpft ist, und e) je weniger sein Fühlen zu Trägern des Fühlens relativ ist (so ist der W. des Angenehmen relativ zu sinnlich fühlenden Wesen, sittliche W.e dagegen sind das nicht) [10]. Scheler unterscheidet näherhin vier Wertarten («Wertmodalitäten») [11]: 1) Die W.e des Angenehmen und Unangenehmen; 2) die W.e des vitalen Fühlens; 3) die geistigen W.e und schließlich 4) die W.e des Heiligen und Unheiligen. Diese Wertarten stehen nach Scheler in einer apriorischen Ordnung: Die W.e des Heiligen und Unheiligen sind die höchsten, die W.e des Angenehmen und Unangenehmen die niedrigsten W.e. Die W.e des Heiligen sind – so Scheler – Personwerte. Und der W. ist seinem Wesen nach Personwert. Dabei versteht Scheler unter ‹Person› etwas, das kein Gegenstand eines Wahrnehmungs- oder Vernunftaktes sein kann, sondern vielmehr sämtlichen Akten vorhergeht. «Das Sein der Person ‘fundiert’ alle wesenhaft verschiedenen Akte» [12].

Mit der angesprochenen Relativität der W.e des Angenehmen ist für Scheler keine Relativität im Sinne des ethischen Relativismus gemeint. Diese Konzeption lehnt Scheler explizit ab. Seiner Meinung nach sind W.e weder relativ zum einzelnen Ich noch relativ zu den Menschen, zum Leben, zu den Epochen und Kulturen [13]. Der ethische Relativismus beruht auf einer «Verabsolutierung» der jeweils eigenen Wertschätzungen, «auf jenem Hochmute, der die sittlichen Wertschätzungen der eigenen Zeit ohne kritische Besonnenheit für die ‘selbstverständlich’ einzigen hält» [14]. Er sieht nicht, daß es sich bei anderen Wertsystemen um jeweils eigenständige Zugänge zum Reich der objektiven W.e handelt. Die unterschiedlichen Wertschätzungen, die wir in unterschiedlichen Epochen und Kulturkreisen vorfinden, sind – so Scheler – Variationen des Ethos, die sich daraus erklären lassen, daß man nur schrittweise und nach Maßgabe bestimmter Auswahlstrukturen Zugang zum objektiven Reich der W.e hat [15]. Die Variationen des Ethos sprechen nicht gegen ein solches Reich, sondern setzen es nach Scheler gerade voraus.

2. Nach N. Hartmann sind W.e Wesenheiten, die unabhängig vom Bewußtsein bestehen. Sie haben als solche ein Ansichsein [16]. Dabei unterscheidet Hartmann zwischen einem realen und einem idealen Ansichsein. Reales Ansichsein hat alles Wirkliche; ideales Ansichsein besitzen die «Gebilde der reinen Mathematik und Logik» und zudem alles, was unabhängig vom individuellen Dasein Gegenstand einer Erkenntnis a priori ist [17]. W.e haben kein reales, sondern – wie mathematische und logische Gebilde – ein ideales Ansichsein. Sie gehören einem eigenen, abgesonderten Reich an. Dem Wirklichen gegenüber haben sie immer nur den Charakter einer Idee. Wie mathematische Entitäten haben sie nach Hartmann den Charakter der Allgemeinheit, der Notwendigkeit und der Objektivität [18].

W.e erschließen sich uns in einem Wertgefühl, das Hartmann zufolge genauso objektiv ist wie eine mathematische Einsicht. Dabei läßt sich nur das als wertvoll empfinden, was wertvoll ist. Was nicht wertvoll ist, kann auch nicht als solches empfunden werden. Man kann aber unfähig sein, etwas als wertvoll zu empfinden, das wertvoll ist. Hartmann bezeichnet dies als ‹Wertblindheit›. Werttäuschung ist nichts anderes als die Unfähigkeit, einen W. zu erfassen, und insofern keine eigentliche Täuschung, sondern Blindheit: «die Wertblindheit ... ist nicht eigentliche Werttäuschung, sondern nur das Fehlen des Wertgefühls» [19]. Bei der Erkenntnis der W.e, die uns die Wertgefühle vermitteln, handelt es sich für Hartmann, entsprechend dem ontologischen Status, den er W.en zuspricht, um «Seinserkenntnis» [20].

Wie für Scheler sind W.e auch für Hartmann nicht in dem Sinne relativ zum Subjekt, daß sie von dessen Wertschätzung abhängig wären. W.e bestehen völlig unabhängig von Wertschätzungen. In einem anderen Sinn kann man nach Hartmann aber durchaus von der Relativität der W.e sprechen. Dieser andere Sinn ist mit der Objektivität von W.en nicht nur verträglich, sondern setzt sie geradezu voraus. W.e sind nicht relativ zur Wertschätzung einer Person, sondern relativ «auf die Person als solche» [21]. Wertvoll ist etwas nur für Personen, so wie geometrische Gesetze bloß für räumliche Gebilde Geltung haben. Daß etwas bloß wertvoll ist für Personen, heißt nicht, daß W.e durch Personen in die Welt gebracht wurden: «die Relativität der Güter auf das Subjekt – z.B. ihr Angenehmsein für das Subjekt – ist gar keine Relativität des Wertwesens» [22].

Nach Hartmann ist mit dem Wertgefühl auch jeweils ein Gefühl für die Werthöhe gegeben. W.e haben wie bei Scheler ein Höher und ein Tiefer. Dabei sind für Hartmann die W.e nicht allein nach ihrer Höhe geordnet: «das System der W.e ist ein mehrdimensionales, und nur eine von seinen Dimensionen ist die der Werthöhe» [23]. Werthöhe ist auch nicht gleichzusetzen mit der Stärke bzw. normativen Kraft des jeweiligen W. So ist es im allgemeinen schlimmer, einen niederen als einen höheren W. zu verletzen; und gleichzeitig ist es wertvoller, einen höheren als einen niederen W. zu realisieren. «Der Mord gilt als schwerstes Vergehen, aber die Respektierung fremden Lebens ist deswegen nicht der höchste moralische Habitus – nicht zu vergleichen mit Freundschaft, Liebe, Vertrauenswürdigkeit» [24]. In bezug auf die Kriterien der Werthöhe ist Hartmann anders als Scheler skeptisch. Die Kriterien, die wir bei Scheler finden, sind nach Hartmann «allesamt zu grob» [25]. Es ist aber für die Ethik, so Hartmann, von zentraler Bedeutung, zu feinen Differenzierungen zu gelangen. Und für diese Differenzierung innerhalb der Gruppen und Klassen von W.en sind die von Scheler genannten Kriterien unbrauchbar. Wir wissen um die unterschiedlichen Werthöhen in den Akten des Vorziehens. Aus diesen lassen sich aber keine Kriterien gewinnen. Die Werthöhe muß nach Hartmann in jedem einzelnen Akt jeweils neu gefaßt werden [26].

Zweifel hat Hartmann auch an der Idee, es gebe im System der W.e einen obersten W. Das Gefühl eines obersten W. bleibt unerfüllt. Die Platonische Idee des Guten, die sich seiner Ansicht nach in diesem Zusammenhang als der oberste W. anbietet, vermag in dieser Funktion nicht zu überzeugen, weil sie unerkennbar ist. Zudem kann man nicht von der Annahme ausgehen, es müsse einen solchen obersten W. geben. «Im Wertbereich läßt sich nichts antizipieren ... Und gerade die umfassende Werteinheit könnte erst bestenfalls den Schlußstein der Wertschau bilden» [27]. Unklar ist darüber hinaus auch, ob das einheitsstiftende Prinzip des Systems der W.e selbst ein W. oder nicht möglicherweise etwas anderes ist: «Wie ein Bewegungsprinzip durchaus nicht selbst Bewegung, ein Lebensprinzip nicht selbst Leben zu sein braucht ..., so könnte auch ein allgemein beherrschendes Prinzip des Wertreichs sehr wohl etwas anderes als ein W. sein» [28].

Anmerkungen. [1] M. Scheler: Der Formalismus in der Ethik und die mat. Wertethik (1913-16, Bern [4]1954) 267. – [2] a.O. 40; vgl. insgesamt: Art. ‹Gut; das Gute; das Gut IV. 7.›. Hist. Wb. Philos. 3 (1974) 968-970. – [3] a.O. – [4] 37. – [5] 67. – [6] 89. – [7] 102. – [8] 107. – [9] 109. – [10] 118. – [11] 125. – [12] 394. – [13] 278ff. – [14] 318. – [15] 307. – [16] N. Hartmann: Ethik (1926, [3]1949) 149. – [17] a.O. 150. – [18] 155. – [19] 157. – [20] 16. – [21] 140. – [22] 141. – [23] 275. – [24] Vgl. 277. – [25] 280. – [26] 287. – [27] 291. – [28] 292.

Literaturhinweise. A. Altmann: Die Grundlagen der Wertethik. Wesen/Wert/Person. M. Schelers Erkenntnis- und Seinslehre in krit. Analyse. Diss. Berlin (1931). – O. Kühler: W., Person, Gut. Zur Ethik M. Schelers, N. Hartmanns und der Philos. des Ungegebenen (1932). – E. Mayer: Die Objektivität der W.-Erkenntnis bei N. Hartmann (1952). – S. Klausen: Grundgedanken der mat. Wertethik bei Hartmann (Scheler) in ihrem Verhältnis zur Kantischen (1958). – R. G. Maliandi: Wertobjektivität und Realitätserfahrung. Mit bes. Berücksichtigung der Philos. N. Hartmanns (1966). – M. Uchiyama: Das W.-Problem und die Überwindung des Wertwidrigen in der mat. Wertethik M. Schelers (1966). – A. J. Buch: W., Wertbewußtsein, Wertgeltung. Grundlagen und Grundprobleme der Ethik N. Hartmanns (1982). – M. Landmann: N. Hartmanns 'Wertantinomien' und ihre Vorgeschichte, in: A. J. Buch (Hg.): N. Hartmann 1882-1982 (1982) 170-183. – E. H. Cadwallader: Searchlight on values: N. Hartmann's 20th-cent. value Platonism (Lanham, Md. u.a. 1984).

P. Schaber

IV. *Pragmatismus.* – Der Beitrag des Pragmatismus zum Verständnis von ‹W.› läßt sich durch drei miteinander verknüpfte Auffassungen charakterisieren: Erstens sind W.e weder bloß subjektiv, noch können sie objektiv aufgefunden werden. Sie haben ihren Ursprung vielmehr in *sozialen Interaktionen.* Zweitens ist die menschliche Gemeinschaft nicht nur für W.e, sondern für die ontologische Gliederung der Welt insgesamt von konstitutiver Bedeutung. Die soziale Konstitution von W.en ist somit innerhalb der Ontologie keine Besonderheit. Daraus folgt schließlich drittens eine Einebnung oder gar eine Aufhebung der Differenz von Fakten und W.en im Rahmen einer naturalistischen Ontologie.

Die Reflexion über ‹W.› nimmt in der ersten Generation des Pragmatismus unterschiedliches Gewicht ein. Bei Ch. S. Peirce finden sich dazu nur relativ wenige Bemerkungen, J. Dewey dagegen geht ausführlich auf den W.-Begriff ein. Allen Pragmatisten gemeinsam sind aber gewisse Voraussetzungen, aus denen sich die genannten Elemente des W.-Verständnisses ergeben, auch wenn sie, wie etwa bei Peirce, nicht ins Zentrum des Interesses rücken. Die Überwindung von Subjektivismus und Objektivismus in bezug auf W.e ist im Naturalismus angelegt, der für den Pragmatismus der ersten Generation kennzeichnend ist. Die Überwindung der Subjekt-Objekt-Spaltung im W.-Begriff resultiert aus einer Infragestellung dieser Unterscheidung als solcher. Bei Peirce geschieht dies im Rahmen seiner naturalistisch verstandenen Zeichentheorie: Objekt ist etwas immer nur insofern, als es Gegenstand ist, auf den sich ein Zeichen bezieht. Zeichen ist etwas nur, insofern es als Zeichen interpretiert wird. Doch das Interpretierende ist im strikten Sinne nicht ein Subjekt, sondern ein weiteres Zeichen. Somit sind Subjekt und Objekt nur Grenzbegriffe eines Zeichengeschehens [1]. Eine Instanz, welche diesen Zeichenprozeß steuert, gibt es nicht. Was Subjekt einer Erfahrung ist, ist im nächsten Schritt ihr Objekt. W.e sind dem Zeichenprozeß immanent, insofern sie symbolisiert sind und einen Einfluß auf die Handlung ausüben.

W. James thematisiert ‹W.› im Zusammenhang mit den Akten des Wertens. W.e gibt es in der Natur, sobald es irgendwelche Lebewesen gibt, die einen körperlichen Zustand einem anderen Zustand vorziehen [2]. W. und Ethik würden in einer Welt ohne physisches Empfinden keinen Sinn ergeben [3]. W.e beruhen auf tatsächlichen Ansprüchen. Ethik ist damit eine empirische Angelegenheit. Es ist nicht die Aufgabe der Philosophie, letzte W.e zu begründen oder W.e zu setzen. Sie greift nur auf, was an W.en schon da ist, und versucht es zu systematisieren. W.e haben dadurch objektiven Status, daß sie von jemandem vertreten werden. «Goodness, badness, and obligation must be realized somewhere in order really to exist» [4]. Das verleiht der Auffassung von James einen stark subjektiven Charakter. «So far as he feels anything to be good, he makes it good. It is good, for him; and being good for him, is absolutely good, for he is the sole creator of values in that universe, and outside of his opinion things have no moral character at all» [5]. W.e sind aber nicht nur bloß subjektiv Empfundenes. Zum moralischen Universum kommt es erst, indem mehrere solche Geister zusammentreten, mit teilweise unterschiedlichen W.en. Einen Ausgleich dieser W.e kann es nur in der Auseinandersetzung dieser Beteiligten geben. Verpflichtung entsteht dort, wo ein Anspruch erhoben wird. Es gibt nicht so etwas wie Gültigkeit von W.en außerhalb von Ansprüchen.

F. C. S. Schiller nennt seine Version des Pragmatismus «Humanismus» und versteht dies in Anlehnung an den Satz des Protagoras, daß der Mensch das Maß aller

Dinge sei. Dieser Satz gelte für Logik, Ethik und Ästhetik gleichermaßen. Wahrheit als logischer W. bemesse sich an ihren Konsequenzen. Bei ihm wird die konsequente Modellierung der Philosophie nach dem Muster der Evolutionstheorie, die bei allen Pragmatisten der ersten Generation prägend ist, besonders deutlich. Er argumentiert, daß jede Weise, Wahrheit und W. ohne Bezugnahme auf menschliche W.-Entscheidungen zu bestimmen, scheitern müsse, weil sich immer die Frage stelle, in welchem Kontext etwas als W. oder als Wahrheit zu verstehen ist [6].

Die ausgedehnteste Reflexion zum W.-Verständnis im Pragmatismus findet sich bei J. Dewey [7]. Er beklagt die Aufspaltung der Erfahrungswelt in ein Reich des Naturhaften und der W.e in der herkömmlichen Philosophie. In ihr werden W.e zuerst aus der mechanisch verstandenen Natur ausgetrieben und in einem Reich des ideal Seienden vereinigt. Die Philosophie ist dann mit dem Problem konfrontiert, diese zwei Welten aufeinander zu beziehen. Dewey sieht W.e in der Natur selbst verankert, und zwar dadurch, daß sie im Leben von Menschen als Naturwesen eine Rolle spielen. Er unterscheidet zwischen W.en als einer empfundenen Qualität und den Voraussetzungen und Folgen von W.en bzw. zwischen den Bedingungen für das Erscheinen von W.en und dem, was sie zur Folge haben. Zur unmittelbar empfundenen Qualität läßt sich weiter nichts sagen, da alles Sprechen sogleich diese Unmittelbarkeit aufhebt und entweder Voraussetzungen oder Folgen dieser Empfindungen ins Spiel bringt [8]. In solchen Erörterungen werden W.e in ihrem Kontext betrachtet. Diese Betrachtung ist immer auch Kritik. Denn nur als unmittelbar empfundene sind W.e ein unhintergehbares Faktum. Die Empfindung selbst kann jedoch mit Blick auf ihre Voraussetzungen und Folgen kritisiert werden. Dewey bezeichnet dies als «operationales Denken», das sich in den empirischen Wissenschaften bewährt habe [9]. So wie Kräfte aufgrund ihrer operationalen Rolle im Geschehen der Natur zu verstehen sind, so sind es auch W.e, wobei zu ihrer Wirksamkeit ein geistiges Element gehört. Doch dadurch ist die Ordnung der Natur nicht durchbrochen, denn das Urteilen über Vorlieben bis hin zu kritischen philosophischen Betrachtungen ist Teil der menschlichen Natur.

Es ist nicht die Aufgabe der Philosophie, eine letzte Metakritik der W.e zu liefern. Dewey verwirft jeden Ansatz, der mit einer letzten Instanz für die Beurteilung von W.en rechnet. Das heißt aber nicht, daß Kritik von W.en damit unmöglich wird. Die Differenz von unmittelbarem Urteil und reflektiertem Urteil läßt sich auch dann aufrechterhalten, wenn sich das reflektierte Urteil nicht an einem letzten Maßstab mißt. Zwischen Gewünschtem und Wünschenswertem läßt sich auch bei unterschiedlichen Auffassungen über das Wünschenswerte unterscheiden. W.-Urteile lassen sich verfeinern, aber das heißt nicht, daß das reflektiertere Urteil auf absolute Weise den größeren W. ausdrückt. W.e sind «as unstable as the forms of clouds», wie Dewey pointiert bemerkt [10]. Wenn sich das Umfeld ändert, treten auch andere W.e in den Vordergrund. Mit anwachsenden Kenntnissen über eine Sache mag sich das W.-Urteil verändern, da sowohl bei den Voraussetzungen als auch bei den Konsequenzen einer Sache neue Gesichtspunkte hinzutreten können, welche das Urteil radikal verändern: «Judgments about values are judgments about the conditions and the results of experienced objects; judgments about that which should regulate the formation of our desires, affections and enjoyments. For whatever decides their formation will determine the main course of our conduct, personal and social» [11]. W.e formen die Gefühle und die Handlungen des Menschen. Der Mensch steht im Austausch mit der Natur, aber auch mit der sozialen Ordnung. Seine Handlungen bilden ihrerseits ein Element in der W.-Bildung einer sozialen Ordnung. W.e finden sich immer in einem konditionalen Rahmen von Mittel-Zweck-Beziehungen. Die Unterscheidung von W.en als bloßen Mitteln und W.en als letzten Zwecken verwirft Dewey. Intrinsischer W. ist bloß der W., der gegenwärtig gefühlt wird; zu seiner Beurteilung ist er der Kritik durch die Betrachtung seiner Voraussetzungen und Folgen zu unterziehen.

Weil die W.-Theorie Deweys durch und durch naturalistisch ist, stellt sich ihm das Problem des naturalistischen Fehlschlusses nicht [12]. Die auf D. Hume, G. E. Moore und M. Weber zurückgehende Kritik am Schluß von Sein auf Sollen wird durch Deweys radikalen Naturalismus unterlaufen, indem W.e selbst in natürlichen Prozessen ihren Ursprung haben. Unter der Voraussetzung einer strikten Trennung von Tatsachen und W.en nimmt sich diese Auffassung als eine verschleierte Version des naturalistischen Fehlschlusses aus. Doch gerade weil W.e Elemente in der Natur sind, folgt hier aus einem Sein kein Sollen. W.e folgen nicht einfach, sondern sie bilden sich in der Auseinandersetzung zwischen unterschiedlichen Ansprüchen. Kritische Einwände gegen diese Auffassung haben sich mit dieser naturalistischen Ontologie, dem zugrunde gelegten Biologismus und insbesondere Evolutionismus auseinanderzusetzen [13].

Gemäß Dewey ist alles menschliche Handeln, insbesondere aber Erziehung und Sozialreform, nicht ein Agieren gegen die Natur, vielmehr gehört es selbst zur Naturgeschichte des Menschen. Der konsequente Naturalismus bezüglich der W.e hat zur Folge, daß jede denkbare Metainstanz, welche ein letztes Urteil über W.e abgeben könnte, obsolet ist. Das hat Folgen für das Verständnis der Philosophie. Die Philosophie als eine Disziplin mit normativen Ansprüchen kommt an ein Ende [14]. Die Philosophie hat nicht mehr zur Klärung der W.e beizutragen als irgend jemand, der W.-Ansprüche erhebt. Diesen Aspekt betont im neueren Pragmatismus insbesondere R. Rorty.

G. H. Mead hat die Aspekte der Konstitution des Selbst und der symbolischen Ordnungen in der Kommunikation untersucht und dadurch die Sozialpsychologie als eigenes Studiengebiet mitbegründet. W.e sind Teil der in der Kommunikation geschaffenen Ordnung. Selbst und soziale Ordnung ermöglichen sich gegenseitig, so daß sich auch hier eine dezidiert naturalistische W.-Konzeption ergibt: «If we look now toward the end of the action rather than toward the impulse itself, we find that those ends are good which lead to the realization of the self as a social being» [15]. Da sich W.e in diesem Austausch zwischen Individuum und Gesellschaft dynamisch bilden, kann es keine inhaltliche W.-Lehre geben. Den Prozeß der Entstehung von W.en hat neuerdings H. Joas im Anschluß an Mead ins Blickfeld gerückt. Die Auffassung, daß W.e weder bloß subjektiv noch einfach objektiv vorgegeben sind, teilt Joas mit dem älteren Pragmatismus. Seine Untersuchungen zur Kreativität des Handelns [16] und zur Entstehung der W.e [17] versuchen, diese Konstitution von W.en im dynamischen Austausch von Einzelnem und Gesellschaft zu ergründen. Im Gegensatz etwa zu Rorty, der sich ebenfalls auf Dewey beruft, betont Joas den Universalismus einer pragmatischen W.-Theorie [18]. Diesen Universalismus gründen Mead und

DEWEY auf für den Menschen spezifische Leistungen. JOAS betont, daß für Mead und Dewey aber nicht die Frage der Begründung von W.en im Vordergrund steht, sondern vielmehr die Frage der in gegebenem Kontext adäquaten Handlung. Daraus eine Abkehr vom Universalismus der W.e abzuleiten, stellt nach Auffassung von Joas ein Mißverständnis dar. Dieses Mißverständnis moniert er bei Rorty [19]. Terminologisch unterscheidet Joas im Rückgriff auf E. DURKHEIM zwischen Normen und W.en. Normen sind nach JOAS das gesellschaftliche implizit oder explizit Gesollte, W.e sind dagegen das von Einzelnen und Gruppen Erstrebte. Indem damit aber durchaus eine moralische Bewertung verbunden ist, unterscheiden sich W.e von bloßen Wünschen [20].

In der jüngeren amerikanischen Philosophie haben sich insbesondere H. PUTNAM und R. RORTY ausdrücklich mit Bezug auf den Pragmatismus zur Frage der Konstitution von W.en geäußert. PUTNAM argumentiert sowohl gegen die Auffassung, daß die W.e subjektiv sind, wie auch gegen das Ideal einer einheitlichen, objektiven Welt der Fakten [21]. Weder haben Fakten die Objektivität, die ihnen in der Regel beigemessen wird, noch sind W.e bloß subjektiv. Das zeigt sich sowohl in der Alltagssprache, in der viele Ausdrücke sowohl beschreibend wie auch bewertend verwendet werden, ohne daß sich diese beiden Komponenten in allen Fällen streng unterscheiden lassen. Wenn man von jemandem sagt, er sei rücksichtsvoll, so ist das nicht bloß eine Bewertung, sondern gleichzeitig auch eine Beschreibung. Obwohl ein verbreitetes Verständnis unterstellt, das einzige Ziel wissenschaftlicher Tätigkeit sei das Ergründen der Wahrheit, verdankt sich die Objektivität wissenschaftlicher Fakten selbst W.en. «Without the cognitive values of coherence, simplicity, and instrumental efficacy we have no world and no 'facts', not even facts about what is so *relative* to what, for those are in the same boat with all other facts» [22]. In der Ethik wie in den Wissenschaften braucht es Maßstäbe der rationalen Rechtfertigung. Auch in den Wissenschaften kann kein Verweis auf die Fakten diese letztlich durch Normen zu leistende Aufgabe übernehmen. «Today we tend to be too realistic about physics and too subjectivistic about ethics, and these are connected tendencies. It is because we are too realistic about physics, because we see physics (or some hypothetical future physics) as the One True Theory, and not simply as a rationally acceptable description suited for certain problems and purposes, that we tend to be subjectivistic about descriptions we cannot 'reduce' to physics. Becoming less realistic about physics and becoming less subjectivistic about ethics are likewise connected» [23].

RORTY geht noch einen Schritt weiter als Putnam, indem er in einer Begriffsbestimmung des Pragmatismus nicht nur jede epistemologische Differenz zwischen Fakten und W.en verneint, sondern jede methodologische Differenz zwischen Wissenschaft und Moral leugnet. «So a second characterization of pragmatism might go like this: there is no epistemological difference between truth about what ought to be and truth about what is, nor any metaphysical difference between facts and values, nor any methodological difference between morality and science» [24]. Der Grund für diese Verschiebung liegt darin, daß Rorty die Sprache der Repräsentation ganz durch die Sprache des Handelns und der Konsequenzen aus Handlungen ersetzt sehen möchte, wenn es um Wahrheit geht. Weder die Natur noch irgendeine apriorische Ordnung kann die Suche nach Wahrheit anleiten. Das andauernde und prinzipiell nie vollendete Gespräch innerhalb der menschlichen Gemeinschaft muß diese Stelle einnehmen. Rorty unterscheidet sich von Dewey, auf den er sich immer wieder beruft, auch durch seinen ausgeprägten Individualismus: Wir gehören nicht nur *einer* Gemeinschaft an und die W.e, die wir vertreten, sind nicht W.e, die sich innerhalb einer einzigen Gemeinschaft herausgebildet haben [25].

Anmerkungen. [1] CH. S. PEIRCE: Some consequences of four incapacities (1868). Writings 2: 1867-1871, hg. E. C. MOORE (Bloomington 1984) 223ff. – [2] W. JAMES: The moral philosopher and the moral life (1891), in: The will to believe and other essays in popular philos. (New York 1903) 189f. – [3] a.O. – [4] 190. – [5] 190f. – [6] F. C. S. SCHILLER: Studies in Humanism (1907); dtsch.: Humanismus, in: E. MARTENS (Hg.): Texte der Philos. des Pragmatismus (1975) 188-204. – [7] J. DEWEY: Experience and nature, ch. 10 (Chicago/London 1925) 394-437. The later works [LW], hg. J. A. BOYDSTON 1 (Carbondale 1981) 295-326; dtsch.: Erfahrung und Natur (1995) 369-407. – [8] a.O. 396/ LW 296f.; dtsch. 371. – [9] The quest for certainty, ch. 10 (1929). LW 4: 1929, hg. J. A. BOYDSTON (Carbondale/Edwardsville [2]1988) 206; dtsch.: Die Suche nach Gewißheit (1998) 258. – [10] a.O. [7] 399/LW 298; dtsch. 373. – [11] a.O. [9] 212; dtsch. 265. – [12] Vgl. Art. ‹Naturalismus, ethischer›. Hist. Wb. Philos. 6 (1984) 519-523. – [13] J. P. DIGGINS: The promise of Pragmatism. Modernism and the crisis of knowledge and authority (Chicago 1994). – [14] a.O. 10. 416. – [15] G. H. MEAD: Mind, self, and society from the standpoint of a social behaviorist (Chicago/London 1934, [8]1950) 385; dtsch.: Geist, Identität und Gesellschaft (1968, 1973) 436. – [16] H. JOAS: Die Kreativität des Handelns (1992). – [17] Die Entstehung der W.e (1997). – [18] a.O. 265f. – [19] Pragmatismus und Gesellschaftstheorie (1992) 305-308. – [20] a.O. [17] 252ff. – [21] H. PUTNAM: Reason, truth and history (Cambridge 1981); dtsch.: Vernunft, Wahrheit und Geschichte (1982); vgl. dazu auch: Beyond the fact/value dichotomy, in: Realism with a human face, hg. J. CONANT (1990) 135-141; The place of facts in a world of values, a.O. 142-162. – [22] a.O. 136; dtsch. 184f. – [23] 143; dtsch. 193. – [24] R. RORTY: Consequences of pragmatism. Essays: 1971-1980 (Minneapolis 1982) 163. – [25] Contingency, irony, and solidarity (Cambridge 1989); dtsch.: Kontingenz, Ironie und Solidarität (1989).

Literaturhinweise. O. A. H. PELL: Value-theory and criticism (New York 1930). – J. GOUINLOCK: J. Dewey's philos. of value (New York 1972). – H. PUTNAM: The collapse of the fact/value dichotomy (Cambridge, Mass./London 2002). A. RUST

V. *Analytische Philosophie.* – In der analytischen Philosophie wird die Frage nach dem Wesen des W. als die Frage nach dem Sinn wertender Sätze uminterpretiert, zuerst von G. E. MOORE. Moore sieht die entscheidende Schwäche fast aller bisherigen Ethik darin, daß sie meint, den allgemeinsten W.-Begriff ‹gut› definieren zu können, während wir es dabei mit einer *undefinierbaren* Eigenschaft zu tun haben [1]. Undefinierbar ist der Begriff ‹gut› deswegen, weil die mit dem Terminus bezeichnete Eigenschaft einfach ist und Definieren darin besteht, die Teile anzugeben, aus denen ein Ganzes zusammengesetzt ist. So verstandene Nichtdefinierbarkeit ist für ‹gut› genauso wie für ‹gelb› wesentlich, da, obwohl es bei beiden Eigenschaften möglich sein mag, kausale Bedingungen für ihre Instantiierung anzugeben, solche Angaben die betreffende Eigenschaft selbst nicht bezeichnen. Moore argumentiert, daß die Verwechslung eines Begriffs mit Eigenschaften, die der darunter fallenden Entität zukommen, in der Ethik besonders verbreitet ist, ein Problem, auf das er mit dem Terminus «naturalistischer Fehlschluß» aufmerksam machen möchte [2]. «Naturalistisch» heißt dieser, weil 'gut' eine *nichtnatürliche* Eigenschaft sein soll, die daher nicht auf natürliche Eigenschaften zu reduzieren ist [3]. Der entscheidende formale Fehler sei aber genauso gegeben, wenn die Definition anhand von anderen nichtnatürlichen oder 'metaphysischen' Eigenschaften versucht wird [4]. Moore variiert diese These mit dem «Argument der offenen Frage», dem zufolge keine Definition von ‹gut› die Frage sinnlos macht, ob das Definiens selbst gut sei [5]. Dem *W.-Realismus* Moores, demzufolge Gutsein oder Schönheit genuine Eigenschaften sind, ist W. D. Ross gefolgt. Ross betont, daß W. erstens «a dependent or consequential characteristic» ist, d.h. eine Eigenschaft zweiter Ordnung, deren Gegebensein vom Gegebensein von Eigenschaften erster Ordnung abhängt, und zweitens eine «toti-resultant property», d.h. eine Eigenschaft, die von der Gesamtbeschaffenheit des betreffenden Objekts, nicht von einzelnen anderen Eigenschaften abhängt. Letzteres sei bei Schönheit am leichtesten erkennbar, gelte aber genauso für das Gutsein [6].

Gegenüber dieser *objektivistischen* W.-Konzeption werden von allen zentralen Vertretern des Logischen Empirismus *subjektivistische* Positionen vertreten. M. Schlick wendet sich gegen die These, die Unmöglichkeit, eine Definition «im engsten Sinne des Wortes» von ‹gut› anzugeben, habe für die W.-Theorie Konsequenzen. Er argumentiert, daß sich beim W. wie bei Farbeigenschaften der Sinn des betreffenden Prädikats mittels Kennzeichnungen (s.d.) eindeutig festlegen läßt [7], eine Möglichkeit, ohne die wir es bei W.-Aussagen lediglich mit einer sinnlosen Kombination von Wörtern zu tun hätten [8]. Für Schlick besteht «der Sinn jeder Aussage über den W. eines Gegenstands immer darin ..., daß dieser Gegenstand oder die Vorstellung von ihm einem fühlenden Subjekt Lust- oder Unlustgefühle bereitet» [9]. Demnach hängen W.e von den empirisch gegebenen Dispositionen von Subjekten ab. Sie sind aber insofern objektiv, als sie durch die Konstellation von mit Gefühlsdispositionen ausgestatteten Subjekten und ihrer Umgebung determiniert sind. Parallel zu dieser Zurückführung von W.en auf Lustgefühle werden sie auch auf volitive Zustände zurückgeführt. B. Russell, der 1910 einen stark von Moore beeinflußten Artikel publiziert hatte [10], erklärt 1954 in seinen letzten Äußerungen zur Ethik: «we may define 'good' as 'satisfaction of desire'» [11].

Ein alternativer empiristischer Zugang zu Wertsätzen sieht diese als unverifizierbar und daher sinnlos. In expliziter Abgrenzung gegen Schlick vertritt L. Wittgenstein die Auffassung, daß «das Wesen des Guten nichts mit den Tatsachen zu tun hat und daher durch keinen Satz erklärt werden kann» [12]. Es handelt sich hierbei um den «absoluten» im Gegensatz zum «relativen» Sinn von ‹W.› bzw. ‹gut›. Während ‹gut› im «relativen» Sinn bedeutet, einem vorgegebenen Standard zu entsprechen, müßte das «absolut Gute» ein Sachverhalt sein, von dem gilt, daß jeder, unabhängig von seinen eigenen Neigungen, ihn notwendigerweise entweder hervorbrächte oder sich schuldig fühlen müßte, wenn er ihn nicht herbeiführte [13]. Die Idee eines solchen Sachverhalts sei aber purer Unsinn; «nonsensicality» sei das Wesen von jeder Beschreibung von absolutem W. Für Wittgenstein tragen solche Redeweisen nichts zu unserem Wissen bei; sie dokumentieren trotzdem eine Tendenz des menschlichen Geistes, gegenüber dem er tiefen Respekt bekundet [14].

Grund zu einem solchen Respekt sieht der frühe R. Carnap nicht. Gemäß seinem antimetaphysischen Programm werfen W.-Sätze ein Dilemma auf: Können die in ihnen vorkommenden Termini durch empirische Kennzeichen ersetzt werden, so drücken sie kein echtes Werturteil aus; ist dies aber nicht der Fall, so sind sie bloße *Scheinsätze*, da sie nicht verifiziert werden können [15]. Somit werden Werturteile auf die gleiche Stufe wie Behauptungen der Metaphysik gestellt. In ihnen geht es nicht um Wahrheit; statt dessen seien W.-Sätze bloß durch eine «misleading grammatical form» verschleierte Weisen, Befehle auszudrücken [16]. Daher «gibt es [hier] keine Beweise, sondern nur Beeinflussung, Erziehung» [17].

Mit dem Verdikt der Sinnlosigkeit unzufrieden, bemühen sich andere mit dem ‹Wiener Kreis› assoziierte Autoren um die Analyse einer weiteren Funktion der Sprache, die nicht auf kognitive, an Verifizierbarkeit gebundene Bedeutung reduzierbar ist. A. J. Ayer stimmt zwar zu, daß Werturteile keine Propositionen behaupten, da ethische Symbole lediglich «pseudo-concepts» sind; dafür erfüllen Wertausdrücke zwei Arten von «emotiver» Funktion: Sie drücken Gefühle aus oder sie rufen sie hervor. Darin seien sie mit der Verwendung von Ausrufezeichen vergleichbar; sie fügen dem «literal meaning» einer Zeichenfolge aber nichts hinzu. Ayer betont den Unterschied seiner Analyse zu derjenigen des «orthodoxen Subjektivisten», für den Werturteile *Behauptungen über* mentale Zustände sind, während Ayer sie gar nicht als Behauptungen, sondern als Gefühls*expressionen* analysiert. In Abwandlung von Moores «Argument der offenen Frage» sieht er darin den Grund, warum es immer widerspruchsfrei möglich ist, jede Eigenschaft, die als Definiens des Guten behauptet wird, selber als schlecht zu charakterisieren [18].

Profiliertester Vertreter des innerhalb der analytischen Metaethik (s.d.) zunächst dominierenden *Expressivismus* [19] ist C. L. Stevenson. Er entwickelt eine psychologische Bedeutungstheorie, gemäß der die emotive Dimension der Sprache nicht bloß eine außersemantische Funktion, sondern ein eigenständiger Bedeutungstyp ist. Stevenson zufolge ist Bedeutung die dispositionelle Eigenschaft von Wörtern, mentale Zustände auszudrücken oder hervorzurufen. Je nachdem, ob die betreffenden Zustände Überzeugungen oder Emotionen bzw. «Einstellungen» sind, liegt «emotive» oder «deskriptive» Bedeutung vor [20]. Demnach bedeutet, etwas als gut zu bezeichnen, «ungefähr»: «I *do* like this; do so as well», wobei die imperativische Ausdrucksweise des zweiten Teils der Explikation nicht ganz wörtlich zu nehmen ist, da man nicht auf Kommando seine Einstellungen verändern kann. Statt dessen erlaubt die Verwendung von Wertausdrücken, affektive Veränderungen auf viel subtilere, weniger bewußte Weise herbeizuführen [21].

V. Kraft faßt die Evaluation als eine emotiv und volitiv fundierte, aber auf komplexe Weise modifizierte und daher kritisierbare Praxis. Er unterscheidet drei Stufen der Evaluation. Wertung baut zunächst auf einer Stellungnahme auf, d.h. auf einer «doppelseitigen Reaktion aus Gefühl und Streben, deren Kern Zu- oder Abwendung bildet» [22], wobei die Gefühlsseite entweder Lust-Unlust oder affektive Reaktionen beinhalten kann [23]. Wertung im eigentlichen Sinne erfordert darüber hinaus das Verfügen über W.-Begriffe, durch deren Verwendung die eigene Stellungnahme zum Bewußtsein gelangt. Dadurch erlangen die Objekte solcher Stellungnahmen eine «besondere Qualifikation oder Färbung», die Kraft «Auszeichnung» nennt [24]. Dies ist der Kern des «Wertcharakters». Die dritte evaluative Stufe, die der Werturteile, ermöglicht eine «unpersönliche» Form der Auszeichnung, die von der eigenen Erfahrung her verstanden wird, der eigenen Stellungnahme aber nicht entsprechen muß [25]. Diese unpersönlich gewordene Auszeichnung beinhaltet eine Aufforderung an den Adressaten, eine bestimmte Stellungnahme einzunehmen [26]. Die Frage, ob Wertungen begründet sind, ist die Frage, ob es eine Instanz gibt, die solche Aufforderungen legitimiert [27].

Für A. C. EWING ist die Richtigkeit einer sog. Pro-Einstellung zu einem Gegenstand Kriterium für dessen Gutsein. ‹Gut› definiert er als «the fitting object of a pro-attitude», wobei «fittingness» als unanalysierbarer Begriff gilt. Ewing zufolge ist eine Analyse, die nur einen derart primitiven Begriff postuliert, Analysen vorzuziehen, für die mehrere W.-Begriffe irreduzibel sind [28].

Der spätere CARNAP distanziert sich von seinem frühen Urteil der Sinnlosigkeit, indem er an die Seite der kognitiven Bedeutung die «optativische Bedeutung» stellt, die in Entscheidungen, Aufforderungen und Präferenzen zum Ausdruck kommt und deren Kern als «utinam *p*» ausgedrückt werden kann. Wertsätze bringen dauerhafte Einstellungen dieser Art gegenüber Sachverhalten zum Ausdruck, deren Wahrheitswert bekannt ist [29].

Auch für R. M. HARE haben Werturteile an einem eigenständigen Typ von Bedeutung Anteil, der nicht als Form der bloßen Beeinflussung analysiert werden kann. Die emotivistische Analyse gehe darin fehl, daß sie den evaluativen Sprachgebrauch an Propaganda assimiliere. Vielmehr würden Werturteile wie deskriptive Urteile ihrem Rezipienten einen Sachverhalt kommunizieren [30]. Sie tun dies im Modus des *Empfehlens* («commending»); Empfehlungen können befolgt werden oder auch nicht. Der darin gründende Typ von Bedeutung, den Hare «präskriptiv» (s.d.) nennt, erklärt, warum ‹gut› nicht definiert werden kann: Jede Definition von ‹gut› mittels bestimmter Eigenschaften verunmöglicht es, etwas, was diese Eigenschaften hat, deswegen zu empfehlen, weil es sie hat [31]. Wie KRAFT [32] stellt HARE bei vielen W.-Begriffen neben evaluativen auch deskriptive Komponenten fest. Auch bei der Verwendung rein evaluativer Begriffe wie ‹gut› werden deskriptive, von relevanten Standards festgelegte Kriterien oft angewandt [33]. Den Zweck des wertenden Sprachgebrauches sieht Hare darin, Handlungsentscheidungen zu leiten. Dabei unterscheiden sich evaluative Begriffe dadurch von singulären Präskriptionen, daß sie *universell* sind, d.h., daß sie die Akzeptanz eines Standards ausdrücken, der bei allen hinreichend ähnlichen Fällen zur Anwendung kommen soll. Somit lassen sich Werturteile im Hinblick auf Konsistenzgesichtspunkte rational beurteilen [34]. Schließlich gründen aber alle Werturteile in «decisions of principle» [35], die wie die von KRAFT angeführten «Grundstellungnahmen» [36] selber nicht begründbar sind.

Das klassische Programm der Metaethik (s.d.) als Analyse der Logik wertender Sätze wird in den 1970er Jahren von analytisch ausgebildeten Moralphilosophen grundsätzlich in Frage gestellt. J. L. MACKIES «error theory» moralischer W.e bestreitet, daß Begriffsanalyse substantielle Auskunft über das Wesen von W.en liefert [37]. Die Verwendung der alltäglichen moralischen Begriffe impliziere eine wertrealistische Sicht, indessen komme eine an der ontologischen Fragestellung orientierte philosophische Untersuchung zum Schluß, daß diese Voraussetzung ein schlichter Irrtum [38], das Ergebnis von «Projektion» [39], sei. Für R. B. BRANDT läßt sich der alltägliche Begriff des Guten mehr oder weniger durch den des rational Gewünschten («rationally desired») rekonstruieren: Als gut sollte man die Objekte von Wünschen verstehen, die klare und wiederholte Repräsentationen überleben würden. Da, wo der alltägliche Begriff des Guten auf diese Weise nicht vollständig rekonstruierbar ist, sei er durch den des rational Gewünschten zu ersetzen [40].

Seit den 1980er Jahren wird auf der Basis nicht mehr verifikationistisch ausgerichteter Bedeutungstheorien die Diskussion um den Status von Wertaussagen erneut geführt [41]. Unter veränderten semantischen Rahmenbedingungen werden kognitivistische Ansätze [42] entwickelt, die die Perspektive der klassischen analytischen Metaethik in Frage stellen, denen aber auch differenziertere expressivistische Positionen entgegengestellt werden [43].

Anmerkungen. [1] Vgl. ‹Gut; das Gute; das Gut IV. 8.›. Hist. Wb. Philos. 3 (1974) 970-972. – [2] G. E. MOORE: Principia ethica I, 6-10 (Cambridge 1903, 1993) 58-62; vgl. Art. ‹Naturalismus, ethischer›. Hist. Wb. Philos. 6 (1984) 519-523. – [3] Pr. eth. II, 26ff., a.O. 91ff. – [4] IV, 72ff., a.O. 173ff. – [5] II, 27, a.O. 93-95. – [6] W. D. ROSS: The right and the good (Oxford 1930) 119ff.; vgl. MOORE: Pr. eth. I, 18ff., a.O. 78ff. – [7] M. SCHLICK: Fragen der Ethik (Wien 1930) 6. – [8] a.O. 3. 75. – [9] 88. – [10] B. RUSSELL: The elements of ethics (1910), in: Coll. papers 6 (London 1992) 213ff. – [11] Human society in ethics and politics (1954, London 1992) 55. – [12] F. WAISMANN: Notes on talks with Wittgenstein (1929-30). Philos. Review 74 (1965) 12-14, 13, in: L. WITTGENSTEIN: Schr. 3 (1967) 115 (17. 12. 1930: Über Schlicks Ethik); vgl. L. WITTGENSTEIN: Tract. log.-philos. (1921) 6.41; Tagebücher 1914-16 (2. 8. 16). Schr. 1 (1960) 172. – [13] L. WITTGENSTEIN: A lect. on ethics (1929-30). Philos. Review 74 (1965) 3-12, 7. – [14] a.O. 12. – [15] R. CARNAP: Überwindung der Met. durch log. Analyse der Sprache. Erkenntnis 2 (1931) 219-241, 237. – [16] Philosophy and log. syntax I, 4 (London 1935) 24. – [17] Theoret. Fragen und prakt. Entscheidungen. Natur Geist 6 (1934) 257-260, 258. – [18] A. J. AYER: Language, truth and logic, ch. 6 (London 1936) 136-158. – [19] Vgl. B. RUSSELL: Religion and science IX (1935, Oxford 1972) 223-243, 230. – [20] C. L. STEVENSON: Ethics and language III (New Haven/London 1944) 37-80. – [21] The emotive meaning of ethical terms § 4. Mind 46 (1937) 14-31, 25f. – [22] V. KRAFT: Die Grundlagen einer wissenschaftl. Wertlehre (Wien 1937) 28-35. – [23] a.O. 58-126. – [24] 42-55. – [25] 55-58. – [26] 152-167. – [27] 167-223. – [28] A. C. EWING: The def. of good V (New York 1947) 145-185, 152. – [29] R. CARNAP: Replies and systematic expositions, in: A. SCHILPP (Hg.): The philos. of R. Carnap (LaSalle, Ill. 1963) 999-1013. – [30] R. M. HARE: The language of morals (Oxford 1952) 12-16. – [31] a.O. 89-93. – [32] KRAFT, a.O. [22] 42-55. – [33] HARE, a.O. [30] 111-126. – [34] 127-136. – [35] 66-70. – [36] KRAFT, a.O. [22] 220-223. – [37] J. L. MACKIE: Ethics. Inventing right and wrong (London 1977) 59-63. – [38] a.O. 30-35. – [39] 42-46. – [40] R. B. BRANDT: A theory of the good and the right (Oxford 1979) 126-129. – [41] S. DARWALL/A. GIBBARD/P. RAILTON: Towards fin de siècle ethics: Some trends. Philos. Review 101 (1992) 115-189. – [42] J. MCDOWELL: Values and secondary qualities, in: T. HONDERICH (Hg.): Morality and objectivity (London 1985) 110-129, ND in: J. MCDOWELL: Mind, value and reality (Cambridge, Mass. 1998); dtsch.: W. und Wirklichkeit (2002) 204-230; P. RAILTON: Facts and values. Philos. topics XIV (1986) 5ff.; M. SMITH: The moral problem (Oxford 1994). – [43] S. BLACKBURN: Spreading the word, ch. 5f. (Oxford 1984) 145-223; A. GIBBARD: Wise choices, apt feelings (Oxford 1990).

N. ROUGHLEY

VI. *Gegenwartsdiskussion.* – Die heutige Diskussion des W.-Begriffs steht im Zeichen der allgemeinen Öffnung der Schulen und Traditionen und einer neuen Offenheit gegenüber historischen Themen und Positionen. Alte Spannungsfelder werden reaktiviert, an vorderster Stelle die alte Frage nach der Objektivität von W.en auf der einen Seite und ihrer anthropologischen Verankerung auf der anderen: Wie läßt sich der unabweisbare Gedanke, daß W.en eine von uns unabhängige Realität zukommen muß, mit der kaum bestreitbaren Tatsache verbinden, daß es W.e nur insofern und nur insoweit gibt, als es auch uns als Personen gibt? Symptomatisch dafür ist die in den achtziger Jahren anlaufende Realismus-Debatte in der Moralphilosophie [1], die sich nicht zuletzt an J. L. MACKIES Irrtumstheorie entzündet hat: der These, daß die aus unserem alltäglichen Denken und Reden nicht zu eliminierende Überzeugung von der Objektivität sittlicher W.e auf einem falschen Glauben beruhe [2]. Erneut wird für die Realität objektiver W.e gefochten [3], und erneut stellt sich wieder das Folgeproblem, wie objektive W.e für uns bestimmend, d.h. handlungsleitend werden können. Dies ist allerdings mehr als bloß das unter dem Titel ‹Internalismus versus Externalismus› abgehandelte Motivationsproblem: Es betrifft das Selbstverständnis des Menschen als Menschen. Um die Frage dieses Selbstverständnisses geht es denn auch in den vielversprechendsten neueren Ansätzen etwa von R. Nozick, Th. Nagel oder Ch. Taylor.

Trotz der über mehrere Jahrzehnte andauernden Vorherrschaft des ethischen Nonkognitivismus [4] ist die Axiologie der österreichischen W.-Schule – insbesondere dank J. N. Findlay [5], R. Chisholm [6] und N. Rescher [7] – «a worthwhile, and not impracticable, philosophical task» [8] geblieben. Eine eigentliche Wiederbelebung erfahren hat sie durch R. Nozick [9]. Der «realizationalism», wie Nozick seine an Poppers Dritte-Welt-Theorie angelehnte Position nennt [10], ist eine Absage an jeden W.-Nihilismus, der die Existenz von W.en bestreitet, aber ebenso auch an den W.-Realismus oder Platonismus, für den es eine von unseren Entscheidungen unabhängige Existenz von W.en gibt. Er ist aber auch nicht gleichzusetzen mit dem Idealismus oder Kreationismus, der die W.e als ausschließlich von uns abhängig erklärt bzw. wie der Formalismus oder Romantizismus den W.en zwar eine von uns unabhängige Basis zugesteht, aber ihre Ausformung auf uns zurückführt [11]. Nozick umschreibt seine Position in bezug auf den Status von W.en als «a reconciliation of autonomy with an external standard ... Because the existence of values is dependent upon us, value and the world impregnated or alight with it is rendered less alien to us; because the content of value is independent of us, we have an independent external standard to align with and track».

W.e an sich haben nach Nozick keine kausale Kraft [12]; sie bedürfen, um ins Leben zu treten, unserer Wahl, genauer und reflexiv gewendet, unserer Wahl, durch unsere eigene Wahl W.e hervorzubringen [13]. Wir sind, unserer Natur nach, «self-choser» [14] und als solche «value-seaker» [15], Wesen, denen die kosmische Rolle zukommt, «to aid in the realization of value, in the infusion of value into the material and human realm» [16].

Wenn wir – gleichsam mit einem Kierkegaardschen Sprung [17] – gewählt haben, daß es überhaupt W.e gibt, dann allerdings sind wir, gemäß Nozicks Realisationalismus, nicht mehr frei zu bestimmen, worin ein W. besteht: Wir unterstellen uns damit einem externen Maßstab [18]. Wenn es W.e gibt, dann hat nach Nozick allein das W., was organische Einheit aufweist, und je höher der Grad der organischen Einheit, d.h., je mehr Diversität zu einem Ganzen vereint wird, desto höher der W. [19]. Wer auf W.e setzt, d.h., W.e wahrnimmt, schätzt, erhält, anerkennt usw. – Nozick nennt dies «V-ing» [20] –, bringt aus diesem Grund auch neue W.e hervor und gibt sich selber einen höheren W. [21], indem er eine neue organische Einheit entstehen läßt von Person und dem, was W. hat [22].

Daß es objektive, von uns unabhängige W.e geben müsse, erklärt sich für Th. Nagel aus unserer Doppelstellung in der Welt: Wesen zu sein mit einer irreduziblen subjektiven Perspektive, aber zugleich die Fähigkeit zu haben, die Welt und sich selbst in der Welt aus einer unpersönlichen, objektiven Perspektive, dem «view from nowhere», zu betrachten. Die Ansprüche dieser objektiven Sicht machen sich nicht nur auf dem Gebiet der Erkenntnis, sondern auch auf dem der Ethik geltend: wo immer wir mit Gründen praktische Fragen zu entscheiden versuchen [23]. Denn Handlungsgründe können wahr oder falsch sein, unabhängig davon, wie uns etwas erscheint oder welche Wünsche wir haben mögen. Dies ist nach Nagel die Quelle für unsere Annahme, daß W.e objektive Realität haben, die wir treffen oder verfehlen können und die sich nicht auf «some other kind of objective fact» reduzieren lasse. «They have to be objective *values*, not objective anything else» [24]. An dieser Annahme müßten wir, ähnlich wie an der Annahme einer externen Welt, so lange festhalten, als ihre Unmöglichkeit nicht erwiesen sei [25]. Verteidigen lasse sie sich höchstens in dem Maße, als es gelinge, die vorgebrachten Unmöglichkeitsbehauptungen abzuweisen – was Nagel in bezug auf die bisher plausibelsten Gegenargumente von J. L. Mackie oder J. G. Hamann denn auch zu tun versucht.

Das Beharren auf der Existenz objektiver W.e darf nach Nagel allerdings nicht zum gegenteiligen Extrem der «Überobjektivierung» führen: indem man die Möglichkeit ausschließt, daß es nach wie vor auch subjektive Gründe und subjektive W.e gibt, die mit den objektiven in Konflikt stehen [26] und uns vor Dilemmata stellen können [27].

Die wohl engste Verknüpfung zwischen dem Begriff des W. und unserer Selbstdeutung findet sich im Werk von Ch. Taylor: Was uns Menschen von anderen Tieren unterscheidet, ist nach Taylor nicht dies, daß wir unseren Wünschen entsprechend wählen können, sondern daß wir, gemäß H. Frankfurts Unterscheidung, Wünsche zweiter Ordnung haben können, mit denen wir wünschen, bestimmte Wünsche erster Ordnung zu haben oder nicht zu haben [28]. Entscheidend für Taylor ist nun aber, daß diese Wünsche zweiter Ordnung von der Art sind, daß mit ihnen die Wünsche erster Ordnung bewertet werden, indem wir sie in der Sprache des 'gut und schlecht' des 'höher und niedriger', des 'edel und gemein', des 'mutig und feige', des 'Ausgeglichenen und Fragmentierten' usw. beurteilen [29]. Taylor nennt diese reflektiert-wertenden Urteile «starke Wertungen» und kontrastiert sie mit den «schwachen Wertungen», in denen wir bloße Präferenzen ausdrücken, lieber schwimmen zu gehen als zu essen zum Beispiel. Starke Wertungen haben für Taylor den Charakter der Tiefe: Sie betreffen die Frage, wer wir selbst sein wollen, «the kind of beings we ... want to be» [30].

Starke Wertungen sind nach Taylor nicht Produkte einer dezisionistischen Wahl. Sie sind vielmehr «articulations of our sense of what is worthy, or higher, or more integrated, or more fulfilling, and so on». Die Artikulation dessen, worauf es uns ankommt, was uns selber wichtig ist, kann darum auch mehr oder weniger adäquat sein, «more or less truthful, more self-clairvoyant or self-deluding» [31]. Unsere Selbstinterpretation zu verbessern und zu klareren Wertungen zu kommen, liegt deshalb in unserer Verantwortung. Den W.en aber können wir uns nicht entziehen. Ohne Gebundenheit an starke Wertungen würden wir «als Person zerbrechen, wären wir unfähig, Personen im vollen Sinne zu sein» [32].

Daß die W.e nicht der individuellen Wahl entspringen, heißt für Taylor: Sie sind bereits da, in einem Horizont bereits vollzogener Wertsetzungen im Kontext einer bestimmten Kultur, Gesellschaft und Sprache, wobei die Kulturgebundenheit nicht notwendigerweise einen Kulturrelativismus impliziert. Die überpersönliche «Realität» der W.e zeigt sich darin, daß wir gar nicht anders können, als uns dieser öffentlichen Sprache zu bedienen, wenn wir unser eigenes oder auch das Tun anderer uns «begreiflich» zu machen versuchen [33]. Individuelle Selbstinterpretation ist darum immer gebunden an die Selbstinterpretation einer Sprachgemeinschaft. Taylors großes Werk ‹Sources of the Self› versteht sich als der umfassende Versuch, den W.-Horizont des neuzeitlichen Selbst in seiner historischen Tiefe sichtbar zu machen und so einen Beitrag zur Selbstartikulation der Moderne zu leisten, gegen die Verhexungen des die Neuzeit beherrschenden Naturalismus, der seine eigenen Wertsetzungen nicht zu sehen vermag und sich als ethisch neutral wähnt [34].

Anmerkungen. [1] Vgl. Art. ‹Urteil, moralisches II.›. Hist. Wb. Philos. 11 (2001) 471f. – [2] MACKIE, a.O. [37 zu V.]; dtsch.: Ethik, auf der Suche nach dem Richtigen und Falschen (1983) 58. – [3] a.O. [1]. – [4] Vgl. Art. ‹Nonkognitivismus, ethischer›. Hist. Wb. Philos. 6 (1984) 898-904. – [5] J. N. FINDLAY: Meinong's theory of objects and values (Oxford [2]1963); Values and intentions (London 1961). – [6] R. CHISHOLM: Brentano and intrinsic value (Cambridge u.a. 1986). – [7] N. RESCHER: Introd. to value theory (London u.a. 1969). – [8] J. N. FINDLAY: Axiolog. ethics (London/Basingstoke 1970) 91. – [9] R. NOZICK: Philos. explanations (Oxford 1981) 556. – [10] a.O. – [11] 555f. – [12] 436. 563 (Anm.). – [13] 560. – [14] 302ff. – [15] 437. – [16] 519. – [17] 563. – [18] 563. 556. – [19] 415ff. – [20] 430. – [21] 439. – [22] 445. – [23] TH. NAGEL: The view from nowhere (Oxford 1986) 138-163; dtsch.: Der Blick von nirgendwo (1992) 239-286. – [24] a.O. 139/dtsch. 240; für eine ähnliche Argumentation vgl. auch: E. J. BOND: Reason and value (Cambridge u.a. 1983) 57-101. – [25] a.O. 143/dtsch. 247. – [26] a.O. 162f. 164-188/dtsch. 280f. 283-325. – [27] a.O. 185/dtsch. 319. – [28] CH. TAYLOR: What is human agency? Philos. papers 1: Human agency and language (Cambridge 1985) 15-44; dtsch.: Was ist menschl. Handeln? in: Negative Freiheit? Zur Kritik des neuzeitl. Individualismus (1988) 9-51; vgl. Art. ‹Wunsch I.›. – [29] a.O. 24/dtsch. 22. – [30] a.O. 26/dtsch. 24. – [31] a.O. 38/dtsch. 41. – [32] a.O. 35/dtsch. 37. – [33] Sources of the self. The making of the modern identity (Cambridge 1989) 59; dtsch.: Quellen des Selbst. Die Entstehung der neuzeitl. Identität (1994) 117. – [34] a.O. 61/dtsch. 120; vgl. Art. ‹Werturteil; Werturteilsstreit II.›.

Literaturhinweis. A. ALTMAN: Nozick's theory of value and its implications. Southern J. Philos. 22 (1984) 139-153. A. HÜGLI

Wert (linguistisch) (frz. valeur)

I. – Als Terminus der Sprachwissenschaft ist ‹W.› bereits im frühen 18. Jh. belegt, und zwar, nach Ausweis französischer Lexika, synonym mit «Bedeutung der Wörter» («signification des termes») [1]. Vor dem Hintergrund von Diskussionen über die Angemessenheit der Wörter bestimmt die Synonymik G. GIRARDS den W. eines Wortes als die richtige Wiedergabe einer geistigen Vorstellung («représentation des idées») [2]. Dieser W. wird nach D. DIDEROT aus den in Beispielsätzen formulierten «acceptions» erschlossen [3] oder, so N. BEAUZÉE, aus den unterschiedlichen Verwendungsweisen der Wörter [4]. Im Deutschen ist anstelle von ‹W.› ‹Bedeutung›, aber auch ‹Geltung› gebräuchlich [5]; im Spanischen spricht man von «significado y valor de las palabras» [6]. Offen bleibt, ob und inwieweit jeder Vorstellung (Idee) ein genau passendes Wort entspricht. Die Schule der französischen Ideologen, die eine umfassende Lehre vom W. der Zeichen, der Wörter [7], und für dessen Feststellung ein besonderes Verfahren entwickeln [8], ist von der Wandelbarkeit der sprachlichen Zeichen überzeugt [9]. Sie vertritt die Meinung, daß W. und Bedeutung eines Wortes von einer gewissen Vagheit seien und sich im Laufe der Zeit verändern könnten, sich aber vollständig aus den menschlichen Erkenntnissen ergäben [10].

Im weiteren 19. Jh. wird der Begriff zwar noch verschiedentlich gebraucht, hat aber, außer bei A. F. POTT, der in Weiterführung von W. VON HUMBOLDTS Begriff der «inneren Sprachform» [11] vom «inneren W.» der Wörter spricht [12], kein besonderes Gewicht mehr.

Anmerkungen. [1] Dict. univ. françois et latin (Dict. de Trévoux) (Paris 1723) 5, 524; Dict. de l'Acad. françoise (Paris [3]1740) 2, 829. – [2] G. GIRARD: Les vrais principes de la langue française (Amsterdam 1747) 4; vgl. Synonymes françois, nouv. éd. (Amsterdam 1770) 165. – [3] D. DIDEROT: Art. ‹Encyclopédie›, in: D. DIDEROT/J. LE R. D'ALEMBERT (Hg.): Encycl., ou dict. raisonné des sci., des arts et des métiers (Paris 1751-80, ND 1966f.) 5, 635-648, bes. 639. – [4] N. BEAUZÉE: Art. ‹Grammaire›, ‹Lexicologie›, ‹Mot›, in: DIDEROT/D'ALEMBERT (Hg.), a.O. 7, 841-847, bes. 843; 9, 451; 10, 752-763, bes. 752. – [5] J. H. LAMBERT: Neues Organon (1764). Philos. Schr. (1965-68) 1, 21. – [6] A. DE CAPMANY Y DE MONTPALAU: Filosofia de la eloquencia (Madrid 1777) 49f. – [7] A.-L.-C. DESTUTT DE TRACY: Elém. d'idéologie (Paris 1824-26) 1, 221. – [8] J.-M. DEGÉRANDO: Des signes et de l'art de penser (Paris 1800) 1, 177ff.; 2, 60ff. – [9] a.O. 2, 95. 126. – [10] DESTUTT DE TRACY, a.O. [7] 1, 235. 279; 2, 264; vgl. P.-F. LANCELIN: Introd. à l'analyse des sci. (Paris 1801-03) 1, 203f.; J.-F. THUROT: De l'entendement et de la raison. Introd. à l'étude de la philos. (Paris 1833) 1, 293. – [11] Vgl. Art. ‹Sprachform, innere›. Hist. Wb. Philos. 9 (1995) 1506-1508. – [12] A. F. POTT: Einl. in die allg. Sprachwiss. Int. Z. allg. Sprachwiss. 1 (1884) 1-68, 15. Red.

II. – Den Begriff des sprachlichen W. hat F. DE SAUSSURE wohl zwischen 1891 und 1894 konzipiert [1], 1908/09 erstmals öffentlich vorgetragen [2] und 1911 grundlegend bestimmt [3]. In der von ihm begründeten strukturalen Linguistik, welche die Sprache («la langue») als System betrachtet, ist ‹W.› («valeur») der Schlüsselbegriff [4], mit dem der Stellenwert eines sprachlichen Zeichens in bezug auf die es umgebenden Zeichen ausgedrückt werden soll. «Die Sprache ist ein System reiner W.e, das ausschließlich durch den jeweiligen Zustand seiner Terme bestimmt wird» [5]. Es gibt demnach keine 'absoluten', d.h. systemunabhängigen Elemente der Sprachen. De Saussure definiert ‹W.› einerseits als «Gleichwertigkeit zwischen Dingen verschiedener Ordnungen» [6], vereinfacht gesagt, als ihren Tauschwert. Andererseits begreift er den W. eines Terms (d.h. jeder linguistisch relevanten Position im System, nicht gleichzusetzen mit ‹Wort› [7]) als «bestimmt durch seine Umgebung» («déterminée par ce qui l'entoure») [8], d.h. durch seinen Vergleichswert.

In dreierlei Hinsicht setzt de Saussure den W.-Begriff an: 1) auf der Ebene der Zeichenkonstitution, 2) auf der Ebene der Konstitution des Sprachsystems und 3) auf der Ebene der Bedeutungskonstitution. Für alle drei Ebenen gilt, daß der W. einer Systemposition negativ bestimmt wird, d.h., sie ist, was alles andere zum System Gehörige nicht ist [9]. Eine Position im System einer Sprache ist also, wie die Sprache selbst, keine Substanz, sondern eine Form [10].

Die Zeichenkonstitution (1) findet statt in der «arbiträren» [11] Segmentierung und Zusammenführung von Lautbild und Konzept, ‹signifiant/signifié› (s.d.) [12]. Weder der sinnlich wahrnehmbare Aspekt eines Zeichens («signifiant») noch das mit ihm Bezeichnete («signifié») sind Substanzen (z.B. Laute oder «Ideen»). Die Segmentierung zu Entitäten und Einheiten geschieht vielmehr durch Bestimmung sowohl der «signifiants» als lautlicher Differenzen zu deren jeweiliger Umgebung [13] als auch der «signifiés» als konzeptuell differenter Entitäten. Das sprachliche Zeichen ist demnach radikal arbiträr, da jede

Veränderung im System alle Positionen des Systems betrifft. Diese Auffassung bringt de Saussure dazu (2), die Sprache («la langue») als System zu bestimmen, «in dem es nur Differenzen gibt», genauer: Es gibt im Sprachsystem keine «positiven Terme» [14] mit bestimmten «Eigenschaften» («propriétés») [15], eine Aussage, die de Saussure auf der Ebene der Zeichen als Ganzer relativiert und modifiziert. Verschiedene Terme sind nicht verschieden, «wie chemische Elemente usw., sondern bloß bestimmte Differenzen zwischen Termen, die ohne diese Differenzen leer und unbestimmt wären» [16].

Während der Prozeß der Zeichenkonstitution ausschließlich auf differentieller Bestimmung der jeweiligen W.e von «signifiant» und «signifié» beruhe, ergebe deren Zusammenführung zu Zeichen positive Einheiten. «Positiv» bedeutet in diesem Zusammenhang nicht «absolut», d.h. systemunabhängig. Zeichen als Ganze stehen nicht in einem Verhältnis der Differenz zueinander, sondern im Verhältnis der «Opposition», was wohl als paradigmatische, systeminterne Differenz zwischen den Positionen begriffen werden darf («il faudrait ... considérer toute valeur de la langue comme oppositive et non comme positive, absolue» [17]). Das Wort ‹Himmel› hat im Deutschen nicht denselben W. wie ‹sky/heaven› im Englischen. Der W. eines Wortes ist abhängig vom jeweiligen Sprachsystem und, strenggenommen, einzigartig, d.h., genaugenommen gibt es nach dieser Theorie weder Synonyme [18] noch Homonyme [19]. Zugleich stellt die W.-Konstitution in ihrer permanenten Verschiebung der Differenz-Relationen eine Mikro-Diachronie dar, in der «ein vollkommen beliebiger W. – ohne Vorhersagbarkeit – einfach von Minute zu Minute aus der Umgebung hervorgeht» («une valeur quelconque, impossible à prévoir, résultant simplement et de minute en minute de ce qui existe autour de cela») [20].

W. und Bedeutung (3) sind laut de Saussure nicht identisch. «Eine Form hat keine Bedeutung, sondern einen W.» [21]. W. scheint für de Saussure «den Mechanismus der Bedeutungsproduktion durch rein differentielle Beziehungen, in denen die Terme eines Systems zueinander stehen, zu meinen. Bedeutung ist demnach keine Eigenschaft einer Position im System der Sprache, sondern Resultat der Unterscheidung von allen anderen Positionen im System. Der W. eines Terms ist also die Voraussetzung für Bedeutung» [22]. Insgesamt kann der W. eines Zeichens in Sprach- und anderen Zeichensystemen als seine negative Identität aufgefaßt werden, die de Saussure als soziales Faktum bestimmt: «jede Art von W., gleichgültig aus welchen sehr verschiedenen Elementen gebildet, hat seine Grundlage nur im sozialen Milieu und in der Macht der Gesellschaft. Die Gemeinschaft ist Schöpferin des Wertes, was soviel heißt, daß er *vor* und *nach* ihr nicht existiert» [23].

De Saussure hat, um seinen W.-Begriff zu illustrieren, Vergleiche mit dem Geld-W. und dem W.-Begriff in den Wirtschaftswissenschaften herangezogen. Es ist nicht geklärt, über welche Autoren de Saussure diese Beziehung hergestellt hat [24].

Anmerkungen. [1] Vgl. F. DE SAUSSURE: Ecrits de linguist. gén., hg. S. BOUQUET/R. ENGLER/A. WEIL [ELG] (Paris 2002) 7-14, bes. 12. – [2] M. KRAMPEN: F. de Saussure und die Entwicklung der Semiologie, in: M. KRAMPEN u.a. (Hg.): Die Welt als Zeichen. Klassiker der modernen Semiotik (1981) 99-142, hier: 103. – [3] Vgl. F. DE SAUSSURE: Cours de linguist. gén., hg. CH. BALLY/A. SECHEHAYE (Paris 1916, ²1922). Ed. crit., hg. T. DE MAURO [CLG] (Paris 1972) 461 (Anm. 224); dtsch.: Grundfragen der allg. Sprachwiss., übers. H. LOMMEL (1931, ²1967). – [4] Vgl. P. SWIGGERS: De Girard à Saussure: sur l'hist. du terme ‹valeur› en linguistique, in: Travaux de linguist. et de litt. 20/1 (Straßburg 1982) 325-331, hier: 325; vgl. S. AUROUX: Deux hypothèses sur l'orig. de la conception saussurienne de la valeur linguist., a.O. 23/1 (1985) 295-299, hier: 298. – [5] DE SAUSSURE, a.O. [3] CLG 116. – [6] a.O. 115; vgl. 159f. – [7] Vgl. 161. – [8] 160. – [9] 162. – [10] 169. – [11] 100ff.; kritisch dazu: E. BENVENISTE: Nature du signe linguist. (1939), in: Probl. de linguist. gén. 1 (Paris 1966) 49-55; vgl. Art. ‹Arbiträr›. Hist. Wb. Philos. 1 (1971) 491-492. – [12] 99. – [13] 163. – [14] 166. – [15] a.O. [1]. ELG 65. – [16] a.O. 64. – [17] Cours de linguist. gén., Ed. crit., hg. R. ENGLER (1967ff.) 268, I R 3. 56. – [18] Vgl. a.O. [1]. ELG 74-80. – [19] AUROUX, a.O. [4] 297. – [20] DE SAUSSURE, a.O. [1]. ELG 68. – [21] a.O. 28. – [22] SWIGGERS, a.O. [4] 326. – [23] DE SAUSSURE, a.O. [1]. ELG 291. – [24] SWIGGERS, a.O. [4] 327f.; R. GODEL: Les sources manuscrites du Cours de linguist. gén. de F. de Saussure (Genf/Paris 1957) 282.

Literaturhinweise. N. A. SLJUSAREVA: Notion of value (valeur) – the heart of F. de Saussure's theory of language. Z. Phonetik 33 (1980) 541-545. – P. SWIGGERS s. Anm. [4]. – S. AUROUX s. Anm. [4]. – G. HASSLER: Der semant. W.-Begriff in Sprachtheorien vom 18. bis zum 20. Jh. (1991). H. ADLER

Wert/Preis. Die Unterscheidung zwischen W. und Preis entstammt ursprünglich der antiken griechischen Moralphilosophie sowie dem römischen Recht und hat von hier aus Eingang in die neuzeitliche ökonomische Literatur gefunden. Der durch das Wechselverhältnis von Angebot und Nachfrage zustande gekommene tatsächliche Preis einer Ware (s.d.) oder Dienstleistung wird dabei mit der Forderung konfrontiert, dem 'eigentlichen' W. zu entsprechen, welcher der Ware unter Berücksichtigung der Herstellungskosten und des subjektiven Nutzens zukommt. Während in der griechischen Philosophie diese Unterscheidung noch im Rahmen einer rein werttheoretischen Semantik (τιμή, ἀξία) vorgenommen wird, wird sie in der römischen Literatur dagegen primär in einer preistheoretischen Terminologie zum Ausdruck gebracht. Das Wort ‹pretium› meint sowohl den W. als auch den Preis. Erst in der mittelalterlichen Philosophie wird dann explizit das lateinische Wort ‹valor› zur Kennzeichnung des 'gerechten Preises' («iustum pretium») verwendet [1], von wo aus es schließlich Eingang in die neuzeitliche nationalökonomische Literatur findet.

Die moralphilosophische Tradition dieser grundbegrifflichen Unterscheidung zwischen ‹W.› und ‹Preis› geht auf ARISTOTELES zurück, der im 5. Buch seiner ‹Nikomachischen Ethik› das Problem der Preisbildung im Rahmen seiner Erörterung der verschiedenen Arten der Gerechtigkeit behandelt. Ein gerechter Tausch (s.d.) findet ihm zufolge dann statt, wenn dabei eine Äquivalenz in Form einer arithmetischen Proportionalität des W. von Leistung und Gegenleistung gewährleistet ist. Auf die Frage, was denn das Gleiche sei, das den Tausch (ἀλλαγή) und mithin auch das Leben in der Gemeinschaft ermögliche, weist Aristoteles auf die Gleichheit der menschlichen Bedürfnisse hin, die überhaupt erst den Geldgebrauch ermögliche. Deshalb besitze das Geld (νόμισμα), das zum Stellvertreter der Bedürfnisse (χρεία) geworden sei, seinen W. auch nicht von Natur, sondern durch das Gesetz, weshalb es in der Macht des Menschen liege, einen gegen das Prinzip der ausgleichenden Gerechtigkeit verstoßenden Geldgebrauch zu verbieten, wie er insbesondere bei der Zinsnahme vorliege [2].

Eine zweite Quelle des späteren kanonischen Zinsverbotes und der für die scholastische Aristoteles-Rezeption charakteristischen Erörterungen über das «iustum pretium» bildet das römische Recht, dem zufolge ein 'gerechter' Preis das Ergebnis eines auf freier Übereinkunft beruhenden Tausches auf der Grundlage des gegenseitigen «circumscribere» und «circumvenire» darstellt [3]. Im Preisedikt des DIOKLETIAN wird dieser Rechtsauffassung später durch das explizite Verbot der Übervorteilung im Handel und des Preiswuchers eine stark normative Bedeutung gegeben. Diese findet Eingang in die patristische Ethik, wobei AUGUSTIN den aus dem römischen Recht stammenden Begriff des gerechten Preises übernimmt und gegenüber dem tatsächlich im Einzelfall zustande gekommenen Marktpreis als ethischen Maßstab geltend macht [4].

Auf die Frage, woran zu erkennen sei, ob zwei auszutauschende Güter den gleichen W. verkörpern und was als objektives Merkmal dieser W.-Äquivalenz zu betrachten sei, gibt jedoch erst die scholastische Ethik eine zufriedenstellende Antwort. Im Gefolge der Aristoteles-Rezeption des 13. Jh. stellt ALBERTUS MAGNUS ausdrücklich fest, daß es nicht die Gleichheit der menschlichen Bedürfnisse, sondern die gleiche Menge von Arbeit und Kosten («labores et expensae») sei, die garantiere, daß beim Tausch eine Gleichheit von Leistung und Gegenleistung und somit eine «justa commutio» vorliege [5]. Diese zur Begründung des «iustum pretium» im Gefolge der christlichen Aufwertung der Arbeit entwickelte 'Kostentheorie' wird von seinem Schüler THOMAS VON AQUIN dahingehend präzisiert, daß neben der Arbeit auch noch das Transportrisiko zu berücksichtigen sei, um den für ein Gut gerechten Preis zu ermitteln, wodurch dem Kaufmann ein gewisser Spielraum bei der W.-Berechnung zugestanden werden müsse [6]. Im Unterschied zu ihren neuzeitlichen Adepten stellen sich die Scholastiker aber noch nicht das Problem der Vergleichbarkeit der unterschiedlichen Arbeitsarten, da dieses für sie offensichtlich mit der zunftmäßigen Regelung der Arbeit und der Preise in der mittelalterlichen Stadtwirtschaft zufriedenstellend gelöst ist.

Die mit dieser 'objektiven' W.-Lehre verbundene moralische Verurteilung der Zinsnahme und des Wuchers, die im eigentümlichen Kontrast zu der sich schnell entfaltenden Geldwirtschaft in den norditalienischen Stadtstaaten steht, findet auch in der protestantischen Wirtschaftsethik ihren Niederschlag. M. LUTHER lehnt die von den großen Handelsmonopolen seiner Zeit diktierten Warenpreise strikt ab. Er stellt in diesem Zusammenhang die Forderung auf, daß die weltliche Obrigkeit die Warenpreise so festlegen solle, «das der kauffmann kund zukommen und seyne zymliche narung davon haben» [7]. Diese ethische Aufwertung des 'eigentlichen' W. einer Ware oder Dienstleistung gegenüber dem tatsächlich erzielten Marktpreis wird in der Folgezeit kritisch weiterentwickelt und findet unter anderem auch im Werk von I. KANT ihren Niederschlag. Ihm zufolge verkörpert der autonome Mensch einen «innern» W. bzw. eine «Würde» (s.d.), die sich nicht in Preisen ausdrücken lasse. Der autonome Mensch dürfe nicht als Mittel behandelt werden [8]. Wie stark auch noch Kants Denken von dem auf Aristoteles und die Scholastiker zurückgehenden moralphilosophischen Verständnis von W. und Preis geprägt ist, zeigt die Definition: «Preis (pretium) ist das öffentliche Urtheil über den Werth (valor) einer Sache in Verhältniß auf die proportionirte Menge desjenigen, was das allgemeine stellvertretende Mittel der gegenseitigen Vertauschung des Fleißes (des Umlaufs) ist» [9].

Gleichwohl erzwingen gerade die sich gegen Ende des MA immer stärker entwickelnde Geldwirtschaft und der Aufschwung des überseeischen Handels eine realistischere Betrachtungsweise der in den Bewegungen der Marktpreise zum Ausdruck kommenden ökonomischen Veränderungen. Im Zeitalter des Merkantilismus stehen dabei zunächst die Fragen nach dem W. des Geldes und nach der Vermehrung der staatlichen Einnahmen im Mittelpunkt der Erörterungen. Erst TH. HOBBES erinnert wieder daran, daß der Reichtum einer Nation einerseits durch die Arbeit und Sparsamkeit ihrer Bürger, andererseits aber auch durch die Gaben der Natur bedingt sei [10]. W. PETTY greift diese Überlegung später auf und bestimmt den W. eines Gutes nach Maßgabe des in ihm enthaltenen Anteils an «land» und «labour», wobei er zwischen dem «intrinsick value» und dem «extrinsick or accidental value» differenziert. Jedoch gilt ihm zufolge diese W.-Bestimmung nur für den «natural price», nicht aber für den tatsächlich erzielten «political price» [11]. Diese Unterscheidung zwischen den 'inneren' und 'äußeren' bzw. 'kontingenten' Bestimmungsgründen des Preises wird auch von J. LOCKE aufgenommen, der den «intrinsick natural worth» dem «marketable value» gegenüberstellt und dabei das Privateigentum als Produkt der Arbeit rechtfertigt [12]. Auch B. FRANKLIN hält die menschliche Arbeit für die eigentliche wertschöpfende Kraft. Er gesteht aber auch die Berücksichtigung der Transportkosten bei der Preisfestlegung zu: «Fair commerce is where equal values are exchanged for equal, the expense of transport included» [13].

War für die französischen Physiokraten noch die Natur die primäre Quelle des ökonomischen Reichtums einer Nation, so sind es A. SMITH zufolge drei Faktoren, nämlich die Löhne, der Unternehmergewinn und die Bodenrente, die den Tauschwert (s.d.) einer Ware bestimmen. Zwar werde der W. aller Preisbildungsfaktoren durch die jeweilige Arbeitsmenge bestimmt, die man mit ihnen kaufen oder beanspruchen kann. Da in fortgeschrittenen wirtschaftlichen Verhältnissen der Preis einer Ware jedoch nicht unmittelbar in Arbeitsquanten, sondern in Geldwerten gemessen wird, kämen bei der Bildung der Marktpreise noch ganz andere Bestimmungsfaktoren wie z.B. das jeweilige Verhältnis von Angebot und Nachfrage ins Spiel. Gleichwohl ist es auch Smith zufolge der «natural price», um den die Marktpreise unaufhörlich schwanken und der sich langfristig als ihr arithmetisches Mittel geltend macht [14]. D. RICARDO sieht dagegen nicht den Preis, der für eine Arbeitsleistung bezahlt wird, sondern die für die Produktion einer Ware erforderliche menschliche Arbeitszeit als einzige Quelle des ökonomischen W. an und führt dabei auch das bei der Produktion investierte Kapital auf die in ihm verkörperte Arbeit zurück. Gleichwohl ist ihm zufolge die ungleiche Zusammensetzung des Kapitals in 'fixes' und 'zirkulierendes' Kapital der eigentliche Grund dafür, daß die Tauschwerte der Güter nicht genau der in ihnen enthaltenen Arbeitszeit entsprechen. Ricardo meint jedoch eine Tendenz zur Ausgleichung der Kapitalgewinne feststellen zu können, wodurch die Differenz zwischen dem «natural» bzw. «primary price» und dem Marktpreis tendenziell aufgehoben würde [15].

In der von Ricardo kanonisierten 'klassischen' Gestalt wird die Arbeitswertlehre im Laufe des 19. Jh. von verschiedenen sozialistischen Theoretikern übernommen und zur Grundlage ihrer eigenen nationalökonomischen Systeme gemacht. Die sich hierbei als 'Kritik' der bürgerlichen Ökonomie konstituierende sozialistische W.- und Preislehre findet im Werk von K. MARX und F. ENGELS ihren wirkungsgeschichtlich bedeutendsten Niederschlag.

Bereits der junge Engels konstatiert eine Auflösung aller überlieferten W.e durch das ewige Schwanken der Marktpreise und spricht deshalb dem Handel den letzten Rest von Sittlichkeit ab: «Von W. ist keine Rede mehr; dasselbe System, das auf den W. soviel Gewicht zu legen scheint, das der Abstraktion des W. im Gelde die Ehre einer besondern Existenz gibt – dies selbe System zerstört durch die Konkurrenz allen inhärenten W. und verändert das Wertverhältnis aller Dinge gegeneinander täglich und stündlich. Wo bleibt in diesem Strudel die Möglichkeit eines auf sittlicher Grundlage beruhenden Austausches?» [16] Zur gleichen Zeit schreibt MARX: «Das Geld ist der allgemeine, für sich selbst konstituierte W. aller Dinge. Es hat daher die ganze Welt, die Menschenwelt wie die Natur, ihres eigentümlichen Wertes beraubt» [17]. Marx betrachtet deshalb das Kapital als das eigentliche Subjekt eines Gesamtprozesses, in dem der W. unterschiedliche ökonomische Erscheinungsformen annimmt und «sich als Mehrwert von sich selbst als ursprünglichem W. abstößt, sich selbst verwertet» [18]. Um diese Mystifikation der bürgerlichen Ökonomie zu destruieren, die ihm zufolge im Kapital reale Gestalt angenommen hat, ist er deshalb darum bemüht, im Anschluß an Ricardo alle Erscheinungsformen des W. auf die in ihnen verkörperten Quanten an gesellschaftlich notwendiger Arbeitszeit zurückzuführen, die für ihre Herstellung erforderlich sind. Das von ihm formulierte 'W.-Gesetz' beruht dabei auf einer Unterscheidung zwischen dem «Marktwert» und dem «Marktpreis» einer Ware, welche die empirisch feststellbaren Preisbewegungen in letzter Instanz auf arbeitswerttheoretische Bestimmungen zurückzuführen versucht [19]. Gleichwohl ist es Marx selbst nicht gelungen, eine überzeugende Lösung des damit verbundenen Problems der Transformation der W.e in Preise auszuarbeiten, weshalb ihm später namhafte 'bürgerliche' Ökonomen vorwerfen konnten, seinerseits einer Mystifikation verfallen zu sein, die sich bei genauerer Betrachtung in Luft auflöse [20].

Um die mit der Arbeitswertlehre verbundenen Aporien zu vermeiden, geht man deshalb im Laufe des 19. Jh. dazu über, den Preis einer Ware nicht mehr auf die in ihr verkörperte Arbeitszeit zurückzuführen, sondern auf den Nutzen [21], welcher ihr bei der Befriedigung der menschlichen Bedürfnisse zukomme. Diese sog. 'subjektive W.-Lehre' bzw. 'Grenznutzentheorie' hat verschiedene Ausformulierungen erhalten und geht auf die bereits bei H. H. GOSSEN anzutreffende Überlegung zurück, daß der Nutzen eines Gutes die Funktion der Menge sei, in der es einem Wirtschaftssubjekt zur Verfügung steht [22]. Das in diesem Zusammenhang von W. S. JEVONS, L. WALRAS und K. MENGER jeweils unabhängig voneinander entwickelte Grenznutzentheorem besagt, daß die Bedeutung knapper Güter für einen Menschen mit größerer verfügbarer Menge ständig abnimmt, bis ein Punkt erreicht ist, an dem sein diesbezügliches Bedürfnis gesättigt ist. Die W.-Feststellung innerhalb der Marginalanalyse verfolgt also den Zweck, den «final degree of utility», d.h. den Nützlichkeitsgrad des jeweils letzten, unendlich kleinen Zuwachses an Gütern, zu bestimmen und diesen mathematisch in Form von Differentialgleichungen darzustellen, um dem von JEVONS formulierten Grundaxiom Rechnung zu tragen, daß «value depends entirely upon utility» [23].

Diese sog. 'marginalistische Revolution' steht in einem engen Zusammenhang mit der von J. BENTHAM begründeten utilitaristischen Tradition und dem innerhalb der physiologischen Forschung des 19. Jh. von E. H. WEBER und G. TH. FECHNER entwickelten «psychophysischen Grundgesetz», dem zufolge ein Reiz von einer bestimmten Größe erforderlich ist, um eine entsprechende Empfindung auszulösen, bis eine Schwelle erreicht ist, ab der jeder weitere Reizzuwachs nicht mehr wahrgenommen oder aber als unangenehm empfunden wird [24]. Die damit verbundene psychologische Richtung der W.-Lehre, wie sie u.a. von A. MEINONG vertreten und von CH. VON EHRENFELS weiterentwickelt worden ist [25], hat auch in G. SIMMELS ‹Philosophie des Geldes› ihren Niederschlag gefunden. Simmel versucht in diesem Zusammenhang zu zeigen, daß auch eine 'relativistische' W.-Lehre in der Lage ist, das Problem der 'Letztbegründung' der ökonomischen W.e zu lösen [26]. Auch wenn sich ihm zufolge ein subjektives W.-Bewußtsein dadurch bildet, daß zwischen ein Subjekt und den Gegenstand seines Begehrens ein Hindernis tritt, dessen Überwindung Mühen und Opfer erfordert, stelle der ökonomische W. doch etwas Objektives dar, da im Tausch ein W. gegeben wird, um einen anderen zu bekommen. Da die hierfür erforderliche W.-Äquivalenz jedoch nicht selbstverständlich ist, sondern ihre Feststellung der Übung bedarf, bevor sich relativ konstante Tauschrelationen zwischen den von den Menschen begehrten Gütern ausbilden, hat Simmel den W. als «Epigone des Preises» bezeichnet [27].

Zum Zeitpunkt des Erscheinens von Simmels ‹Philosophie des Geldes› befindet sich nicht nur die objektive, sondern auch die subjektive Richtung der nationalökonomischen W.-Lehre in einer schweren Krise, die im Laufe des 20. Jh. den Siegeszug einer rein funktionalistischen Betrachtung der Preisbildungsprozesse begünstigt. Simmels ‹Philosophie des Geldes› kann insofern als ein bedeutender Nachruf auf eine uralte Tradition des ökonomischen Denkens verstanden werden, die inzwischen an ihr Ende gekommen war. Denn mit der Orientierung der modernen Nationalökonomie am Postulat der 'Wertfreiheit' [28] war auch die ethische Verankerung obsolet geworden, auf der die verschiedenen Varianten des ökonomischen W.-Begriffs beruhten. F. GOTTL spricht in seiner berühmten Streitschrift von der «Herrschaft des Wortes», welche das nationalökonomische Denken seiner Zeit getrübt habe und von der es, damit zugleich vom W.-Gedanken, definitiv zu befreien sei [29]. Und auch M. WEBER empfindet den W.-Begriff als «Schmerzenskind» der Nationalökonomie, dem «eben nur idealtypisch irgendein eindeutiger Sinn gegeben werden kann» [30]. Es ist deshalb nicht verwunderlich, daß es dem ökonomischen W.-Begriff im weiteren Fortschritt der einzelwissenschaftlichen Erkenntnis letztlich so ergangen ist wie vielen anderen 'metaphysischen' Begriffen der philosophischen Tradition. Mit der seit A. A. COURNOT üblichen Bestimmung der Nachfrage als Funktion der Preise und der Behandlung der Einzelpreise als Variable in einem System simultaner Gleichungen hat die mathematische Preistheorie inzwischen gänzlich auf den vielfach vorbelasteten W.-Begriff verzichtet [31].

Anmerkungen. [1] Vgl. auch: B. SCHUCHARD: Valor. Zu seiner Wortgeschichte im Lateinischen und Romanischen des MA (1970); Art. ‹Wirtschaftsethik›. – [2] Vgl. ARISTOTELES: Eth. Nic. V, 8, 1131 b 33-1133 b 35; Pol. I, 9; S. SCHOPPE: Kanonisches Zinsverbot und wirtschaftl. Entwicklung, in: G. GUTMANN/A. SCHÜLLER (Hg.): Ethik und Ordnungsfragen der Wirtschaft (1989) 157-174. – [3] Vgl. P. OERTMANN: Die Volkswirtschaftslehre des Corpus Juris Civilis (1891) 37ff.; R. KAULLA: Der W.-Begriff im röm. Recht. Z. ges. Staatswiss. 58 (1902) 385-431, 398ff. 423ff. – [4] AUGUSTINUS: De trin. XIII, 3. MPL 42, 1017f. – [5] ALBERTUS MAGNUS: Eth. V, tr. II., c. 7. Opera (Leiden 1651) 200ff. – [6] THOMAS VON AQUIN: S. theol. II-II, 77, 1, 4. – [7] M.

LUTHER: Von Kaufshandlung und Wucher (1524). Weim. Ausg. (1883ff.) 15, 295. – [8] I. KANT: Grundleg. zur Met. der Sitten 1, § 31 (1785). Akad.-A. 4, 434f. – [9] Die Met. der Sitten (1797). Akad.-A. 6, 288. – [10] TH. HOBBES: Elementa philos. de cive 13, § 14 (1646). Op. philos. lat., hg. W. MOLESWORTH (London 1839-45, ND 1961) 2, 306-308. – [11] W. PETTY: A treat. of taxes & contributions (1662), in: The economic writ., hg. CH. H. HULL (New York 1963) 1, 44ff. – [12] J. LOCKE: Two treat. of government II, 5, §§ 27ff. (London 1689, [2]1694). Works (London 1823, ND 1963) 5, 353ff.; Some consid. of the consequences of the lowering of interest, and raising the value of money (London 1692, ND 1993) 66. – [13] B. FRANKLIN: Positions to be examined, conc. national wealth (1769). Works, hg. J. SPARKS 2 (Boston 1836) 373f. – [14] A. SMITH: An inqu. into the nature and causes of the wealth of nations I, 5-7 (London 1776). – [15] D. RICARDO: On the principles of polit. economy, and taxation (1817, [3]1821). Works, hg. P. SRAFFA (Cambridge 1951) 1, 11ff. 22ff. 30ff.; Absolute value and exchangeable value (1823), a.O. 4, 357ff. – [16] F. ENGELS: Umrisse zu einer Kritik der Nationalökonomie (1844). MEW 1, 515. – [17] K. MARX: Zur Judenfrage (1844). MEW 1, 375. – [18] Das Kapital 1 (1867, [4]1890). MEW 23, 169; vgl. Art. ‹Mehrwert›. Hist. Wb. Philos. 5 (1980) 1009-1012. – [19] Das Kapital 3 (1894). MEW 25, 182ff. – [20] Vgl. W. SOMBART: Zur Kritik des ökon. Systems von K. Marx. Arch. soziale Gesetzgebung Statistik 7 (1894) 555-594, 571ff.; E. VON BÖHM-BAWERK: Gesch. und Kritik der Kapitalzins-Theorien (1888) 367ff.; Zum Abschluß des Marxschen Systems (1896); K. DIEHL: Ueber das Verhältnis von W. und Preis im ökon. System von K. Marx (1898). – [21] Vgl. Art. ‹Nutzen; Grenznutzen›. Hist. Wb. Philos. 6 (1984) 1008-1011. – [22] H. H. GOSSEN: Entwickelung der Gesetze des menschl. Verkehrs und der daraus fließenden Regeln für menschl. Handeln (1854) 4ff. – [23] W. S. JEVONS: The theory of polit. economy (London/New York 1871) 2. – [24] Vgl. G. TH. FECHNER: Elemente der Psychophysik (1860, ND Amsterdam 1964); In Sachen der Psychophysik § 211 (1877); W. WUNDT: Ueber das Weber'sche Gesetz. Philos. Studien 2 (1885) 1-36; O. KRAUS: Zur Theorie des Wertes. Eine Bentham-Studie (1901) 41-69. – [25] Vgl. Art. ‹Wert III. A.›; ‹Wertphilosophie›. – [26] G. SIMMEL: Philos. des Geldes (1900). Ges.ausg., hg. O. RAMMSTEDT 6 (1989) 93ff. 199ff. – [27] a.O. 81. – [28] Vgl. Art. ‹Werturteil; Werturteilsstreit›. – [29] F. GOTTL: Der Wertgedanke, ein verhülltes Dogma der Nationalökonomie (1897); Die Herrschaft des Wortes (1901); Die wirtschaftl. Dimension. Eine Abrechnung mit der sterbenden W.-Lehre (1923). – [30] M. WEBER: Die 'Objektivität' sozialwissenschaftl. und sozialpolit. Erkenntnis. Arch. Soz.wiss. und Soz.politik 19 (1904) 22-87, 83, in: Ges. Aufs. zur Wiss.lehre, hg. J. WINCKELMANN ([7]1988) 146-214, 209f. – [31] Vgl. A. A. COURNOT: Rech. sur les principes mathémat. de la théorie des richesses (Paris 1838); W. HOFMANN: W.- und Preislehre (1964) 113ff.; H. WINKEL: Die Volkswirtschaftslehre der neueren Zeit (1973) 79ff.

Literaturhinweise. R. ZUCKERKANDL: Zur Theorie des Preises mit bes. Berücksichtigung der geschichtl. Entwicklung der Lehre (1889, ND 1936). – H. R. SEWALL: The theory of value before A. Smith (New York 1901, ND 1968). – R. KAULLA: Die geschichtl. Entwickl. der mod. W.-Theorien (1906, ND Vaduz 1977). – L. BRENTANO: Die Entwickl. der W.-Lehre. Sber. Kgl. Bayer. Akad. Wiss., Phil.-hist. Kl., 3. Abh. (1908). – J. LAIRD: The idea of value (Cambridge 1929, ND 1969). – H. G. SCHACHTSCHABEL: Der gerechte Preis. Geschichte einer wirtschaftseth. Idee (1939). – J. W. BALDWIN: The medieval theories of the just price (Philadelphia 1959). – O. LANGHOLM: Price and value in the Aristot. trad. A study in scholast. econ. sources (Bergen u.a. 1979).

K. LICHTBLAU

Werterziehung; moralische Erziehung; Moralpädagogik (engl. values education)

1. *Die Begriffe.* – Der Siegeszug des Wertbegriffs im 19. und 20. Jh. hat in der Pädagogik nur vorübergehend Spuren hinterlassen. In der Hochblüte der sogenannten 'Wertphilosophie' (s.d.) zwischen 1900 und 1930 steht auch die Pädagogik «im Zeichen des Wertgedankens» [1]. Wert wird zum «Leitgedanken der Pädagogischen Theorie» [2]. Es entsteht eine «Pädagogische Wertlehre» [3] und eine «Wertphilosophische Pädagogik» als Bezeichnung für die pädagogischen Lehren von Philosophen wie J. COHN, A. MESSER, TH. LITT, J. WAGNER u.a., die der Badischen Schule des Neukantianismus (Windelband, Rickert) nahestehen und sich an der «zentralen Bedeutung des Wertbegriffs für alle Kultur und damit für alle Philosophie (sofern sie eben Kulturphilosophie ist)» orientieren [4].

Der von E. SPRANGER formulierte Grundsatz, daß «jedes Geistesgebiet, sofern es zum Gegenstande aktuellen Tuns wird», beherrscht sei «von einem spezifischen Wertgesichtspunkt» [5], erhebt ‹Wert› auch in der damaligen geisteswissenschaftlichen Pädagogik zu einem Leitbegriff erzieherischer Tätigkeit. Die wertphilosophische Pädagogik selbst ist, wie die Wertphilosophie, Episode geblieben und nach 1930 weitgehend in Vergessenheit geraten.

Der heute gängige Terminus ‹Werterziehung› [‹W.›] [6] als Bezeichnung für ein Sondergebiet nicht der theoretischen, sondern der praktischen Pädagogik hat im deutschen Sprachraum erst in den 70er Jahren des 20. Jh. Einzug gehalten, wohl als Übersetzung für den einige Jahre zuvor im angelsächsischen Bereich aufkommenden Begriff ‹values education›. Dieser Begriff bietet sich an als Antwort der Gesellschaft «at a time, when society is faced with questions arising from a breakdown of traditional values, cultural and racial conflict, and a deep distrust of social and political institutions» [7]. Ziel der Erziehung in dieser Situation müsse es sein, wie A. TOFFLER dies exemplarisch für die 1970er Jahre eingefordert hat, «to increase the individual's 'cope-ability' – the speed and economy with which he can adapt to continual change» [8]. Der Weg zu diesem Ziel ist das, was «values education» heißt, «broadly defined as the systematic effort to help students identify and develop their personal values ... to provide opportunities for students to choose between competing values and live with the consequences of their choice. It is to enable students to gain sensitivity to values and moral issues, and to allow students to exercise the capacity for moral judgement» [9].

Bereits in den 1980er Jahren ist ‹values education› zu einer wohletablierten Subdisziplin geworden, basierend auf verschiedenen wissenschaftlichen Zeitschriften, einer umfangreichen Literatur [10] und reichhaltigem Unterrichtsmaterial [11]. Diese Bewegung erfaßt nicht nur die westlichen, sondern zunehmend auch die östlichen, vor allem die asiatischen Nationen [12]. Grob lassen sich dabei zwei Wege der W. unterscheiden: «values clarification» und «values instruction». «Proponents of values clarification assume that young people are or should be capable of making their own decisions concerning appropriate values and hence advocate a pedagogy designed to facilitate or stimulate these decisions. Proponents of values instruction believe that the responsibility for identifying appropriate values lies with the schools, the adult community and/or the state, and thus the task of values education is to meaningfully convey the socially approved values to young people» [13].

Im Zuge der sogenannten «Grundwertediskussion» wird ‹W.› auch im deutschen Sprachraum zu einer gängigen Formel [14] – dem berechtigten Einwurf zum Trotz, daß schließlich jede Erziehung auf Werte bezogen sei und diese «höchst unklare und mißverständliche Parole», in den Anfängen jedenfalls, hauptsächlich von konservativen Kräften vertreten worden sei, als Sammelname «für pädagogische Ideen, die im Widerspruch stehen zur einseitigen Überbetonung von 'Emanzipation', 'Anti-Autorität', 'Gesellschaftskritik' und 'Wissenschaftsorientierung', zum moralischen Minimalismus und Subjektivismus» [15].

Halbwegs verständlich wird der Begriff ‹W.› nur, wenn man ihn, im Sinne des internationalen Gebrauchs von ‹values education›, als Nachfolgebegriff versteht für das, was traditionellerweise ‹moralische› oder ‹sittliche Erziehung›, aber auch ‹Gewissens-›, ‹Herzens-› oder ‹Willensbildung› heißt und sich im Umkreis zahlreicher weiterer, nur schwer voneinander abgrenzbarer Sonderbereiche bewegt, wie religiöse, soziale, weltanschauliche, staatsbürgerliche oder politische, sexuelle, wirtschaftliche, rechtliche Erziehung, Friedenserziehung, Persönlichkeitserziehung usw.

2. *Die antiken und neuzeitlichen Ansätze ethisch-moralischer Erziehung.* – Eröffnet wird dieses Feld durch den Anspruch der Sophisten vom Schlag des PROTAGORAS, daß jeder, der sich an sie halte, an jedem Tag «zum Besseren» fortschreiten werde [16]. Die durch diesen Anspruch provozierte philosophische Leitfrage ist noch immer die Ausgangsfrage aus PLATONS ‹Menon›, ob Tugend lehrbar sei [17]. Der bis in die Neuzeit maßgebliche Leitbegriff jeder Tugend- und W. indiziert die favorisierte Antwort: Der Weg zur Tugend ist Askese (s.d.), geistige Übung (s.d.) im Sinne einer inneren Tätigkeit, die dann durch das Christentum zu einer geistlichen Übung, zur Seelenleitung durch Gott und die Kirche transformiert wird.

Die neuzeitliche Befreiung der Ethik von den Fesseln der Theologie und die Entwicklung einer eigenständigen, nicht an Religion gebundenen Moral geht im 18. Jh. einher mit dem neuen Begriff der moralischen oder sittlichen Erziehung. Diese zweite Transformation ist mit einer doppelten Problematik verknüpft, die durch den Kontrast mit der Tradition der Askesis noch deutlicher wird: a) Ziel der Askese ist nicht Vervollkommnung eines Teilbereichs des Menschen, sondern betrifft den Menschen in seiner gesamten inneren Verfassung: Es geht um das alles umfassende Lebensziel. Zu den Übungsfeldern der Askesis gehört darum letztlich alles, was man der Paideia (s.d.) zurechnet: von den vorbereitenden Artes liberales (s.d.) bis hin zur Philosophie und schließlich zur Theologie als der höchsten Wissenschaft. Der Terminus ‹moralische Erziehung› dagegen gibt eine Differenzierung und Arbeitsteilung vor, deren Sinn erst noch erwiesen werden muß, und erhebt einen psychologischen Machbarkeitsanspruch, der dem der Sophisten in nichts nachsteht. b) Askese ist Arbeit an sich selbst, Selbstbildung (s.d.) und Selbstsorge (s.d.), und nicht, wie es die Neuzeit sieht, das Tun eines Erziehers an einem zu Erziehenden. Wie aber kann ein anderer mich dazu bringen, das zu tun, was ich nur durch mich selbst tun kann?

Die innere Dynamik im Begriff der moralischen Erziehung entspringt den verschiedenen Anläufen, dieser doppelten Problematik zu begegnen.

Zu a): Die Differenzierung nach Einzelbereichen menschlicher Fähigkeiten, die überhaupt erst zur Unterscheidung einer moralischen von einer nicht-moralischen Erziehung führt, wird psychologisch und anthropologisch begründet. Anthropologisch unternimmt dies I. KANT mit seinen einschlägigen Unterscheidungen in bezug auf die unterschiedlichen Ziele der Menschheitsentwicklung: Disziplinierung (d.h. Bezähmung der tierischen Wildheit des Menschen), Kultivierung im Sinne der Bildung und Unterweisung, Zivilisierung als Einpassung in die Gesellschaft und Moralisierung. Durch die Moralisierung soll der Mensch «nicht blos zu allerlei Zwecken geschickt sein, sondern auch die Gesinnung bekommen, daß er nur lauter gute Zwecke erwähle» [18]. Eine psychologische Begründung der Arbeitsteilung gibt etwa A. H. NIEMEYER, unter Berufung auf die – letztlich auch den drei ‹Kritiken› Kants zugrundeliegende – Trias psychischer Vermögen: Es gibt die intellektuelle, auf das Erkenntnisvermögen gerichtete, und die ästhetische, auf Gefühlserfahrung beruhende, sowie die auf das Begehrungsvermögen gerichtete «moralische Erziehung» [19]. Allerdings besteht, wie F. D. E. SCHLEIERMACHER betont, bei all diesen Unterscheidungen kein Zweifel daran, daß die «moralische Erziehung» an die Spitze gehört, daß «die Frage, wie der Mensch erzogen werden soll, nicht anders als aus der Idee des Guten beantwortet werden kann» [20], oder – nach J. F. HERBART – «dass die Betrachtungsart, welche das Sittliche an die Spitze stellt», «die Hauptansicht der Erziehung» sei [21], daß also – so A. H. NIEMEYER – nach dem allgemeinen Konsens der «Schulen» «der Mensch eigentlich nur so viel wahren Werth habe, als er sittlichen Werth hat; dass es auch eigentlich nur die sittliche Vollkommenheit, oder die Güte des Charakters, die Heiligkeit der Gesinnungen und Handlungen sey, was einem Jeden ... Achtung abnöthiget; daß alle übrige Vollkommenheit des Menschen, die geistigen und die körperlichen, nur bedingt Schätzung verdienen». Im Hinblick auf dieses höchste Ziel «unterscheidet sich die moralische Erziehung von der ästhetischen und intellectuellen, wie wohl Beyde schon eine bestimmte Richtung auf das Sittliche hatten» [22].

Moralische Erziehung ist aber nicht nur anthropologisch und psychologisch, sondern auch geschichtsphilosophisch die entscheidende Aufgabe: Die «Erziehung des Menschengeschlechts» (s.d.) zielt auf «moralische Erziehung» [23] ab, und der «Fortschritt» (s.d.) der Menschheit wird gemessen an diesem Ziel, ob man nun an seine Erreichbarkeit glaubt, sein Ausbleiben mit J.-J. ROUSSEAU beklagt oder es, wie KANT, nur durch den Beistand der «Vorsehung» zu erreichen hofft, durch eine «Erziehung von oben herab» [24], da die «moralische Erziehung» wegen des angeborenen bösen Hangs des Menschen nicht durch die Menschheit allein geleistet werden kann [25]. Für den Menschen als Individuum jedoch gilt, dies jedenfalls ist die Prämisse Kants (und der von der theologischen Erbsündenlehre emanzipierten Aufklärer), daß Moralisierung jederzeit möglich sein kann und möglich sein muß.

Zu b): Das Problem besteht aber darin, daß Moralisierung auf pädagogischem Wege nicht erreichbar zu sein scheint. Denn Moralität, im Unterschied zur Legalität, ist nicht von außen herbeiführbar, sie kann nur dem freien Entschluß entspringen. «Eines der größten Probleme der Erziehung» – Kant versteht hier Erziehung offensichtlich als moralische Erziehung – «ist, wie man die Unterwerfung unter den gesetzlichen Zwang mit der Fähigkeit, sich seiner Freiheit zu bedienen, vereinigen könne. Denn Zwang ist nöthig! ... Ich soll meinen Zögling gewöhnen, einen Zwang seiner Freiheit zu dulden, und soll ihn selbst zugleich anführen, seine Freiheit gut zu gebrauchen. Ohne dies ist alles bloßer Mechanism, und der der Erziehung Entlassene weiß sich seiner Freiheit nicht zu bedienen» [26].

Wer mit Kant Moral an Freiheit und praktische Vernunft bindet, für den sind die noch von Locke, Rousseau oder Pestalozzi gewiesenen Wege der sittlichen Erziehung nicht gangbar. Moralische Erziehung ist dann weder – wie bei J. LOCKE – ein in früher Kindheit einsetzender stetiger Gewöhnungsprozeß, «Habits, woven into the very Principles of his Nature» [27], noch vorzubereiten durch eine von der Gesellschaft abgeschirmte natürliche bzw. negative Erziehung wie bei J.-J. Rousseau, noch – wie bei J. H. Pestalozzi – ein durch die gelebte Ordnung der «Wohnstube» und des Dorfs [28] unterstütztes und von christlicher Liebe [29] und der Kraft Gottes [30] geleitetes Streben nach einem über Natur und Gesellschaft hinausgehenden Zustand der Sittlichkeit. Kant hält dieses Problem, das von einzelnen seiner Zeitgenossen schon für unlösbar erklärt worden ist («aber eine Wissenschaft, wie man nach gewissen Regeln aus Kindern Menschen von vorgeschriebenem Charakter erziehen könne, giebt es nicht: und wenn es eine solche Wissenschaft gäbe, so würde sie doch nie angewandt werden können» [31]), für nicht unüberwindbar. Entscheidende Hinweise finden sich in seiner ‹Pädagogik›, aber auch, in systematischer Form, in der Methodenlehre der KpV. Unter dieser «Methodenlehre einer moralischen Bildung» [32] versteht Kant die Art, «wie man den Gesetzen der reinen praktischen Vernunft Eingang in das menschliche Gemüth, Einfluß auf die Maximen desselben verschaffen, d.i. die objectiv praktische Vernunft auch subjectiv praktisch machen könne» [33]. Die Methode soll dabei folgenden Gang nehmen: «Zuerst ist es nur darum zu thun, die Beurtheilung nach moralischen Gesetzen zu einer natürlichen, alle unsere eigene sowohl als die Beobachtung fremder freier Handlungen begleitenden Beschäftigung und gleichsam zur Gewohnheit zu machen und sie zu schärfen, indem man vorerst frägt, ob die Handlung objectiv dem moralischen Gesetze, und welchem, gemäß sei». Der andere Punkt, worauf die Aufmerksamkeit gerichtet werden muß, ist die Frage: «ob die Handlung auch (subjectiv) um des moralischen Gesetzes willen geschehen, und also sie nicht allein sittliche Richtigkeit als That, sondern auch sittlichen Werth als Gesinnung, ihrer Maxime nach, habe» [34]; «diese Übung und das Bewußtsein einer daraus entspringenden Cultur» könne das Interesse an dem Gesetz der praktischen Vernunft und «mithin an sittlich guten Handlungen nach und nach hervorbringen», sofern diese Übung verbunden wird mit der «zweiten Übung ..., ... in der lebendigen Darstellung der moralischen Gesinnung an Beispielen die Reinigkeit des Willens bemerklich zu machen», wodurch dem «Lehrling» «ein inneres, ihm selbst sonst nicht einmal recht bekanntes Vermögen, die innere Freiheit, aufgedeckt wird, sich von der ungestümen Zudringlichkeit der Neigungen dermaßen loszumachen, daß gar keine, selbst die beliebteste nicht, auf eine Entschließung, zu der wir uns jetzt unserer Vernunft bedienen sollen, Einfluß habe» [35].

Kant entwirft – allerdings nicht zum Beifall der Pädagogen [36] – einen eigenen moralischen, mit keinem religiösen Inhalt vermischten Katechismus als didaktisches Mittel «zur sittlichen Bildung» [37], genauer zur Einübung der «Cultur der Vernunft», durch die der «Lehrling ... unvermerkt in das Interesse der Sittlichkeit gezogen wird» [38].

Die «ethische Ascetic» schließlich soll jene, die den Weg der Pflicht gewählt haben, in ihrem Bestreben stärken, «wackeren und fröhlichen Gemüths ... in Befolgung ihrer Pflichten zu sein» [39]. Von einer solchen «Ascetic» spricht dann auch J. G. Fichte, der sie definiert als «systematische Uebersicht der Mittel, um den Gedanken der Pflicht stets in uns gegenwärtig zu erhalten» [40]. Sie setzt einen Menschen voraus, der seine «Pflicht» um der «Pflicht willen» vollbracht hat und «dem es ein Ernst ist, seiner Pflicht ununterbrochen Genüge zu leisten». Moralische Gesinnung also ist in der Asketik schon vorausgesetzt, und die Frage, wie «man Andere zur moralischen Gesinnung bringen» soll, gehört nach Fichte nicht zur Asketik, «sondern zur Pädagogik, im weitläufigsten Sinne», basierend auf «unserer Pflicht, Moralität unmittelbar zu verbreiten» [41]. Dies sei nur auf eine Weise möglich: durch «Publicität», «Bekanntmachung der Grundsätze», nach denen ich handle, und durch Offenlegung meiner Motive, um auf diese Weise vielleicht bei anderen «Achtung einzuflössen für das Achtungswerthe» [42]. Erziehung zur Sittlichkeit, auf die es allein in der Erziehung ankommt, erfordert darum, wie Fichte in enger Anlehnung an Pestalozzis Spätschriften darlegt, daß man die Jugend absondert von der erwachsenen und moralisch verdorbenen Generation und sie in eine sittliche Gemeinschaft, in die «Gesellschaft von Männern» bringt, «welche, ... durch anhaltende Uebung und Gewöhnung wenigstens die Fertigkeit sich erworben haben, sich zu besinnen, dass Kinder sie beobachten ..., und die Kenntniss, wie man vor Kindern erscheinen muss», und die Jugend aus dieser Gesellschaft nicht eher wieder zurückzulassen, «bis sie unser ganzes Verderben gehörig verabscheuen gelernt haben, und vor aller Ansteckung dadurch völlig gesichert sind» [43].

G. W. F. Hegel, der die abstrakte Kantisch-Fichtesche Trennung von Moralität und Sitte verwirft, hält jede Absonderung, d.h. alle «pädagogischen Versuche», den Menschen dem allgemeinen Leben der Gegenwart zu entziehen und auf dem Lande heraufzubilden», für «vergeblich», weil es nicht gelingen könne, «den Menschen den Gesetzen der Welt zu entfremden» [44]. Er sieht – gut aristotelisch – den besten Weg der «Pädagogik» als der «Kunst, die Menschen sittlich zu machen», darin, sie zu «Bürgern eines Staats von guten Gesetzen» zu machen, d.h., sie einzufügen in die sittliche Substantialität «einer Welt des objektiven Geistes» und so ihre erste Natur zu einer zweiten geistigen umzuwandeln, «so daß dieses Geistige» in ihnen «zur Gewohnheit wird» [45].

3. *Moralische Erziehung in Frankreich und im internationalen Kontext im 19. und beginnenden 20. Jh.* – Breitenwirkung hat nur Kants Konzept der moralischen Erziehung entfaltet, und dies nicht primär in Deutschland, sondern in Frankreich. Zweifellos unter dem Nachhall der von L.-R. de Caradeuc de La Chalotais angebahnten [46] und von M. J. A. de Condorcet vehement vertretenen These, es sei «rigoureusement nécessaire de séparer de la morale les principes de toute religion particulière, et de n'admettre dans l'instruction publique l'enseignement d'aucun culte religieux» [47], hatte Frankreich bereits 1833 und erneut 1850 mit Art. 1 des Schulgesetzes in den Primarschulen eine Trennung vorgenommen zwischen «instruction morale et religieuse». 1882 schließlich, in der Dritten Republik, wurde der Religionsunterricht – unter Berufung auf die Gewissensfreiheit, zum Schutz der Lehrpersonen und zur Verhinderung der Spaltung der Nation durch religiöse Dogmen [48] – völlig aus dem Lehrplan gestrichen zugunsten eines Unterrichts in Sittenlehre und staatsbürgerlicher Erziehung («instruction morale et civique»). Für diesen Unterricht mußten neue Lehrbücher geschaffen werden. Grundlage des theoretischen Unterrichts in dem am meisten verbreiteten Lehrmittel, das über hundert Auflagen erlebte, ist die Kantische Moralphilosophie und der von Kant vorgeschlagene katechetische Moralunterricht [49]. Die Durchführung dieses Moralunterrichts in Frankreich scheint jedoch – und zwar nicht nur von klerikaler Seite her [50] – keinen großen Beifall gefunden zu haben [51]; aus englischer

und bes. aus deutscher Sicht wurde er scharf verurteilt als «pure intellectualism», «too commonplace and too trivial» [52], als lebensfernes «trockenes Moralisieren» [53], als «methodisch rückständig» und «verbalistisch» [54].

E. Durkheim jedenfalls diagnostiziert, zwanzig Jahre nach Einführung dieses Moralunterrichts, eine akute Krise «dans cette partie de notre système pédagogique traditionnel» [55] und einen dringlichen Handlungsbedarf. Er sieht es darum als seine vordringlichste Aufgabe an, der von ihm als «grande révolution pédagogique» gepriesenen «éducation morale qui fut purement laïque» eine neue Grundlage zu geben [56]. Sein – gegen Kant und alle rationalistischen Systeme sich richtender – Hauptpunkt: Es gibt keine menschliche Natur und keine allgemeine menschliche Vernunft und mithin auch keine «éducation morale pour l'homme en général, mais pour les hommes de notre temps et de notre pays» [57]. Erziehung ist die essentielle Voraussetzung für die Reproduktion der Gesellschaft, Erziehung muß darum diese kollektive Seite unseres Geistes betonen, das System der gemeinsamen Ideen, Gefühle und Praktiken, die uns als soziale Wesen definieren [58]. Allerdings heißt dies für Durkheim nicht – trotz der von ihm immer wieder betonten Bedeutung der nationalen Identität –, daß das Individuum völlig im Kollektiv aufzugehen hätte. Die Disziplin, welche moderne demokratische Gesellschaften ihren Bürgern abnötigen, erfordert Individualismus und offene Diskussion. Die aus der Disziplin resultierende Fähigkeit zur Selbstkontrolle und Selbstbeherrschung soll darum auch zum Widerstand befähigen und dem Individuum helfen, das Joch traditioneller Normen abzuschütteln [59]. Autonomie schließlich, der dritte zentrale Aspekt der modernen Moral, verlangt mehr, als überkommene Normen zu respektieren und der Gruppe verpflichtet zu sein. Um diesen Schritt zu tun, müssen wir ein Wissen haben, so klar und vollständig wie möglich, und ein Bewußtsein der möglichen Gründe für unser Handeln [60]. Durkheim nähert sich hier, trotz seines hegelianischen Ansatzes, durchaus wieder Kant und öffnet das Feld der Moral für Kritik und Reflexion. Aber gegen Kant hält er daran fest, daß das, was als rational gilt, immer durch die Gesellschaft bestimmt bleibt, denn Vernunft sei kein transzendentales Vermögen, sondern immer verwoben in die Gesellschaft [61]. Wichtigstes Instrument der moralischen Erziehung und der Einübung in kritische Reflexion sind darum nach Durkheim Geschichte und Literatur, die uns mit anderen Moralitäten, Logiken und politischen Konstitutionen vertraut machen können [62].

Durkheims Stimme ist nur eine der artikuliertesten unter den vielen, die, auf der Schwelle vom 19. zum 20. Jh., ethische und moralische Erziehung zum Programm erheben. In Amerika entsteht unter der Führung von F. Adler 1876 die ‹Society for Ethical Culture›, die sich, aus Sorge um Einheit und Erhalt des demokratischen Staatswesens, für einen konfessionslosen, aber «weder religionslosen noch religionsfeindlichen» Moralunterricht [63] einsetzt und diesem die Aufgabe zuweist, «die Gewohnheiten zu befestigen und in klarer, leicht faßlicher Darstellung die Gesetze der Pflichten zu erklären, welche den Gewohnheiten zu Grunde liegen» [64]. Adlers Idee der ethischen Gesellschaften fällt sehr bald auch in Europa auf fruchtbaren Boden. In England gründet St. Coit eine erste Ethische Gesellschaft, der rasch andere folgen und aus deren Vereinigung 1897 unter J. H. Muirhead und F. J. Gould die ‹Moral Instruction League› hervorgeht, die, anders als die parallelen Bestrebungen in Frankreich und in den USA, für einen pädagogisch orientierten, den Religionsunterricht ergänzenden Moralunterricht eintritt.

Ethische Gesellschaften entstehen zeitgleich auch in anderen europäischen Ländern, so 1894 in Österreich und im gleichen Jahr, unter der Bezeichnung ‹Circolo per la cultura etico-sociale›, auch in Venedig und anderen italienischen Städten. 1896 wird eine ‹Ethische Gesellschaft› in Zürich, das heißt in der durch Pestalozzi geprägten deutschsprachigen Schweiz [65], gegründet, der 1899 die ‹Ligue pour l'action morale› in Lausanne folgt. Seit 1895 gibt es eine ‹Ethische Gesellschaft› auch in Tokio.

Gründungsjahr für die ‹Deutsche Gesellschaft für Ethische Kultur› (D.G.E.K.) ist 1892, unter der Federführung von W. Foerster (sen.) [66] und G. V. Gyzicki, Philosophieprofessor und deutscher Übersetzer von F. Adler und St. Coit. Die D.G.E.K. versteht sich weniger als quasi-religiöse Gemeinde, denn als bürgerlicher Verein, der sich «die Veredlung der Gesinnung und die Förderung und Stärkung des Charakters» zum Ziel gesetzt hat. ‹Ethische Kultur› – so auch der Titel der von der D.G.E.K. herausgegebenen Zeitschrift [67] – soll mithelfen bei der Überwindung des egoistischen und «materialistischen Zugs» der Zeit [68] und der «geistigen Zerrissenheit» Deutschlands, dem «mangelnden Idealismus» und dem «Versinken in Klasseninteressen, worin Konservative und Liberale miteinander wetteifern» [69], entgegenzuwirken. Durch Kultivierung und Stärkung einer klassenübergreifenden, nicht konfessionsgebundenen, sich als «unparteiisch» deklarierenden Moral erhofft man sich, die soziale Spaltung in der Gesellschaft überwinden und durch sittliche Neubesinnung auch die soziale Frage lösen zu können [70] – ein Ansinnen allerdings, das von führenden Vertretern der Sozialdemokratie wie K. Kautsky und A. Bebel als bürgerliche «Humanitätsduselei» abgelehnt wird [71]. Die öffentliche Wirkung der D.G.E.K. ist denn auch begrenzt, trotz der Unterstützung durch die 1905 nach dem Vorbild der ‹Moral Instruction League› gegründeten Schwestergesellschaft ‹Deutsche Liga› (ab 1906: ‹Deutscher Bund für weltliche Schule und Moralunterricht›). Die Gesellschaft findet über die freidenkerischen und freireligiösen Kreise wie dem ‹Deutschen Monistenbund› und dem ‹Deutschen Freidenkerbund› hinaus, mit denen sie sich dann auch – angesichts rapiden Mitgliederschwunds – zum sogenannten «Weimarer Kartell» [72] zusammenschließt, kaum Anklang.

Groß dagegen ist die Wirkung des 1896 in Zürich gegründeten internationalen ‹Ethischen Bundes›, eines Zusammenschlusses der ethischen Gesellschaften aus den USA und Europa. Unter G. Spiller als Generalsekretär organisiert der Ethische Bund 1908 in London den ersten internationalen Kongreß für Moralpädagogik [73], dem 1912 ein zweiter größerer in Den Haag folgt, unter Mitwirkung der pädagogischen Prominenz aus insgesamt 21 Staaten. Deutlich werden an diesem Kongreß die bei gleicher Zielsetzung doch sehr unterschiedlichen Auffassungen über die Form moralischer Erziehung. Es zeichnen sich insbesondere zwei Lager ab, die der Hauptreferent, M. E. Sadler, auch in der Einleitung zu seiner großen internationalen Vergleichsstudie von 1909 glaubt ausmachen zu können: Das eine, vor allem in Frankreich und teilweise auch in Deutschland angesiedelte Lager vertrete die Notwendigkeit direkter moralischer Unterweisung und lege «special stress upon the didactic power of the school», das zweite dagegen betone «the educative power of the varied activities of the school-community», jenen Gesichtspunkt also, der seinen «most persuasive advocate» in J. Dewey gefunden habe «and perhaps its most elaborate realisation in the University School, Chicago» [74].

Wie schon auf dem ersten Kongreß kann auch auf dem zweiten kein Konsens über die Frage hergestellt werden, ob Moralunterricht – nach französischem Vorbild – von Religion strikt zu trennen sei oder ob er einer religiösen Fundierung bedürfe. Die Vertreter dieser verschiedenen Positionen spielen jedoch auch keine maßgebliche Rolle mehr; in den Vordergrund treten vielmehr Kräfte, «die bei dem Wort 'Moralpädagogik' gar nicht mehr an den Unterschied zwischen religiöser und weltlicher Moral denken, sondern dabei lediglich das Problem der Charakterbildung auf der Grundlage der modernen pädagogischen und psychologischen Erkenntnisse im Auge haben» [75].

Der dritte internationale Kongreß für Moralpädagogik, der dann erst 1922 und nunmehr unter den Auspizien des «Institut Jean-Jacques Rousseau» und des von A. Ferrière gegründeten ‹Bureau International des écoles nouvelles› stattfindet, ist, wie auch alle weiteren Kongresse (Rom 1926, Paris 1930, Krakau 1934), im Grunde nur noch Diskussionsforum der Reformpädagogik und dient der Propagierung einer neuen «sittlichen Erziehung». Diese «ergreift», wie P. Petersen darlegt, «die Gesamtheit der von 'Umgang und Sitte' umschlossenen Probleme, die Ordnung des Zusammenlebens in den Einzelgruppen wie in der Schule als Ganzem, benutzt alle sich bietenden Anlässe zu wertvollen Feiern, zu Wanderungen, gemeinsamen Aufenthalten in Landheimen, zu Reisen, alles als Gegenstände zur Entwicklung sozialethischer Gesinnung in Leben und Tat, mitten im lebendigen Tun selbst» [76]. Das Adjektiv 'moralisch' steht auf diesem Kongreß immer weniger für eine besondere Form des Unterrichts; es bezeichnet vielmehr, wie F. J. Gould in der Eröffnungsrede des Pariser Kongresses 1930 hervorhebt, einen neuen Geist der Erziehung, «a moral inspiration for the whole round of physical, esthetic, intellectual, vocational, civic and international training and ideals» [77].

Die unterschiedlichen nationalen Positionen in der Frage der Stellung des Moralunterrichts spiegeln sich deutlich auch auf terminologischer Ebene, wie sich dies exemplarisch in Deutschland zeigt.

4. *Die begriffsgeschichtlichen Aspekte der moralisch-ethischen Reformen in Deutschland vom Ende des 18. Jh. bis zur Mitte des 20. Jh.* – Mit ihrem moralisierenden Religions- und Geschichtsunterricht und mit Fächern wie «Anstandslehre» und «Bürgerkunde» hatten die Philanthropen der Kantischen Idee einer von der Religion unabhängigen Morallehre vorgearbeitet [78]. Trotz des Durchbruchs der Kantischen Ideen nach 1795 und der Verbreitung einer neuen Morallehre im Kantischen Geist ist in der begleitenden Debatte ein (konfessionsloser) Moralunterricht kein Thema und kein Begriff. «Unterricht in der natürlichen Religion» gilt als die «wohltätige und immer noch unentbehrliche Gehülfin der Sittenlehre», ebenso unentbehrlich wie der an ihn anschließende «Unterricht in den Staatsbürgerkenntnissen» [79]. Wenn es hochkommt, wird eine Trennung gefordert zwischen dem allgemein religiösen Unterricht, zu dem auf den unteren Klassenstufen Fächer gehören wie «Vorbereitungen zum Religionsunterricht durch moralische Erzählungen und durch religiöse Naturbetrachtungen» oder «Unterhaltungen über allgemeine, wichtige Angelegenheiten des Geistes und des Herzens» [80], und dem an diesen Unterricht anschließenden «kirchlich theologischen Religionsunterricht» [81], den zu erteilen «ausschließlich nur zur amtlichen Pflicht der kirchlichen Religionslehrer gehöre» [82]. Nach 1808 ist jedoch selbst diese Trennung nicht mehr aufrechtzuerhalten, und spätestens 1848 haben die Nachwirkungen der Romantik und die politische Allianz von «Thron und Altar» die Frage einer säkularen moralischen Erziehung zum Verstummen gebracht. Für Sittlichkeit außerhalb der «ursprünglich gegebenen und ewigen Realitäten auf dem Fundament des Christentums» [83] gibt es keinen Raum. Einzige Ausnahme: der von liberaler Seite 1848 nochmals geforderte konfessionslose «allgemeine Religionsunterricht». Dieser Unterricht sollte die «ganze Sittenlehre, nicht bloß der Bibel, sondern der ganzen Welt, der Weisen aller Zeiten und Völker» [84], das heißt die allgemein als wahr akzeptierten und unbezweifelbaren «Lehren der Humanität, allgemeiner Menschenliebe und Brüderlichkeit» [85] umfassen. Im Dienst der sittlich-religiösen Bildung steht auch der von T. Ziller propagierte, den gesamten Unterricht durchdringende «Gesinnungsunterricht»: Dieser hat den ständigen Bezug zu sittlich-religiösen Fragen und den im Religionsunterricht vermittelten biblischen Lehren herzustellen [86].

Die Diskussion wird erst 1870 wieder angestoßen. Anlaß dazu ist ein Preisausschreiben des ‹Vereins für Freiheit der Schule› zur Frage: Ist der Religionsunterricht an Volksschulen eine pädagogische Notwendigkeit? Die publikumswirksamste Antwort ist diejenige von W. Fricke, der als Ersatz für den aus der Volksschule zu entfernenden Religionsunterricht [87] für einen «obligatorischen Sittenunterricht» respektive eine «Sittenlehre für konfessionslose Schulen» plädiert [88], in der dem Schüler «mit deutlichen und bestimmten Worten» gesagt werden solle, «was gut und böse, erstrebenswert und verabscheuungswürdig sei» [89]. Erst 1890 wird für diesen Unterricht dann der im Zuge der Aktivitäten der D.G.E.K. allgemein übliche Begriff des Moralunterrichts eingeführt [90], der nun genau das zu leisten hat, «was der Religionsunterricht von einst leistete, ... nicht einzig nur die Wegeleitung zur Seligkeit, sondern auch die Orientierung im Diesseits und vor allem das Wichtigste: die Anleitung zur sittlichen Lebensführung» [91]. Die Funktion der «Orientierung im Diesseits» übernimmt jetzt die Vermittlung eines einheitlichen wissenschaftlichen Weltbildes [92].

Um die Jahrhundertwende, erstmals vermutlich um 1905 [93], taucht ein Konkurrenzbegriff auf, der den des Moralunterrichts sehr bald zu verdrängen beginnt: der ursprünglich als Bezeichnung für das Fach Biologie verwendete Begriff ‹Lebenskunde›. ‹Moralunterricht› gilt in der damaligen Zeit als Fremdwort und als direkte Übersetzung der «instruction morale et civique» [94], die man ebenso ablehnt wie das mit dem Beigeschmack des Trockenen, Ledernen und Pedantischen [95] und dem Odium der Katechese, der Plattheit und lebensfeindlichen Systemsucht [96] behaftete Wort ‹Moral› selbst. Was die ‹Lebenskunde› demgegenüber empfiehlt, ist nicht zuletzt ihre Vieldeutigkeit. Sie bietet sich – ohne religionsfeindlich zu erscheinen – als Alternative an für alle, die Ersatz für den Religionsunterricht suchen; sie scheint das richtige Wort all jenen, die im Sinne des Humanistenbundes moralische Gesetze evolutionistisch [97] oder biologistisch zu stützen versuchen, und sie ist nicht zuletzt auch bei der von der Lebensphilosophie inspirierten und der Reformpädagogik zuneigenden Lehrerschaft willkommen. Das Wort ‹Kunde› ist zudem willkommener Gegenbegriff zu allen wissenschaftlich lehrhaften Modellen des Unterrichts und bezeichnet eine primär anwendungsbezogene «Erkundung» individueller Erfahrungen [98].

Die Popularität des überaus erfolgreichen gleichnamigen Buches von F. W. Foerster verschafft dem Begriff ‹Lebenskunde› zusätzlichen Auftrieb [99], obwohl Foerster in seinen zahlreichen übrigen Schriften [100] es vorzieht, von «ethischer Unterweisung» oder «ethischer Belehrung» zu sprechen. Gegen den Begriff ‹Lebenskunde› vermag sich auch R. Penzig, der Wortführer der D.G.E.K., nicht durchzusetzen, der in expliziter Anlehnung an die stoische Ars vivendi statt ‹Lebenskunde› den Ausdruck ‹Unterweisung in der Lebenskunst› vorschlägt [101]. Ende der zwanziger Jahre hat der Begriff ‹Lebenskunde› alle anderen Begriffe aus dem Feld verdrängt, auch den um 1920 durchaus noch gebräuchlichen Terminus ‹Moralunterricht›, für den als letzter noch P. Barth [102] geworben hat, so unter anderem auf dem von ihm selbst organisierten ‹Ersten Kongreß für Moralunterricht› 1921 in Leipzig und auf dem dritten internationalen moralpädagogischen Kongreß in Genf [103]. Der siegreiche Begriff ‹Lebenskunde› steht nun für eine inhaltliche Erweiterung des Themenkreises, der auch alle Fragen der Lebensführung bis hin zu der von F. W. Foerster besonders geförderten Sexualethik und Sexualpädagogik einschließt [104], und für eine Lehrmethode, die auf Erfahrung und Handeln abzielt und «nicht das lehrhafte Element und das fachunterrichtliche Prinzip zum Prägstempel» haben will [105].

Ein deutsches Spezifikum ist der zu all diesen ethisch-reformerischen Bemühungen parallel laufende Versuch, dem Aufruf Kaiser Wilhelms II. auf der Dezemberkonferenz von 1890 zur Betonung des Vaterländischen im Unterricht durch Einführung einer «ethisch-staatsbürgerlichen Erziehung» nachzukommen. Es wird erneut ein eigenes Fach ‹Staatsbürgerkunde› gefordert, aber auch eine Durchdringung des gesamten Unterrichts mit staatsbürgerlicher Gesinnung [106]. 1909 wird die ‹Vereinigung zur staatsbürgerlichen Erziehung des deutschen Volkes› gegründet (später ‹Vereinigung für staatsbürgerliche Bildung und Erziehung›) mit dem Ziel, «fern von parteipolitischen und konfessionellen Bestrebungen die staatsbürgerliche Bildung im deutschen Volke zu fördern, ... zum Verständnis der Grundlagen unseres staatlichen Lebens, zu vaterländischem Verantwortungsgefühl und staatsbürgerlichem Pflichtbewußtsein zu wirken» [107]. Unterstützt werden diese Bemühungen zur Schaffung einer Staatsbürgerkunde auch von seiten des 1906 nach dem Vorbild der englischen ‹Moral Instruction League› gegründeten ‹Deutschen Bundes für weltlichen Schul- und Moralunterricht› [108]. Künftig, so der allgemeine Tenor, werde der «Ruf nach Bürgerkunde immer mehr zusammenklingen mit dem Ruf nach ethischer Lebenskunde» [109]. Programmatisch wirken insbesondere G. Kerschensteiner und F. W. Foerster. Für Kerschensteiner steht Staatsgesinnung an erster Stelle, an zweiter die Förderung der Fähigkeit, an der Entwicklung und Vollendung des Rechts- und Kulturstaats seinen Teil beizutragen [110]. Foerster verbindet die staatsbürgerliche Erziehung mit der ethischen und betont auch altruistische und – nach seiner Bekehrung zum Katholizismus und seinem Austritt aus der D.G.E.K. – religiöse Momente. Der Egoismus soll überwunden und echter sozialer Sinn geweckt werden [111].

Die kritische Auseinandersetzung mit der deutschen staatsbürgerlichen Erziehung erfolgt erst nach dem Zweiten Weltkrieg im Zuge der von den Alliierten verordneten «reeducation», des Nachholpensums in «politischer Erziehung». Der Haupteinwand, wie er insbesondere von Th. Litt erhoben wird: Staatsbürgerliche Erziehung, wie sie Kerschensteiner und Foerster und nach 1945 noch F. Oettinger verstehen, verwechselt das Politische mit dem Sozialen und dem allgemein Menschlichen. Man will «das Gemüt auf Versöhnlichkeit, Einmütigkeit, Verständnisbereitschaft, Hilfsbereitschaft ... stimmen», redet von «Partnerschaft», «Kooperation», «nachbarschaftlicher Solidarität» und «Menschlichkeit» [112] und verkennt dabei die Ordnungsfunktion des Staats als «notwendige Voraussetzung» «für die Gesamtheit der gesellschaftlichen Formen» und für die «Möglichkeit» überhaupt «einer auf gütlicher Vereinbarung beruhenden Kooperation» [113]. Nicht partnerschaftliches Verhalten, sondern politischer Kampf sei zu erlernen, Kampf allerdings nicht, wie ihn C. Schmitt versteht, als tödlicher Kampf von «Freund und Feind» [114], sondern als geregelter demokratischer Kampf um Macht von «zur Urteilsklarheit» erzogenen «Staatsbürgern», «die ihren jeweiligen Kurs zu bestimmen haben» [115].

5. *Moralerziehung und W. in den USA und in der heutigen Debatte.* – Alle maßgeblichen Konzepte moralischer Erziehung, die in der heutigen Diskussion um die W. eine Rolle spielen, werden im angelsächsischen Raum, insbesondere in den USA, in der zweiten Hälfte des 20. Jh. entwickelt.

Die USA tut sich bis 1962, dem Zeitpunkt eines abschließenden Richterspruchs des ‹Supreme Court› in bezug auf die Abgrenzung von Staat und Kirche, schwer, die Trennung zwischen einer säkularen moralischen Erziehung und der traditionellen christlichen Erziehung vorzunehmen, wie sie etwa H. Mann in der zweiten Hälfte des 18. Jh. vertreten hatte. ‹Character education› ist der Terminus, unter dem man sich noch am ehesten treffen kann, da man unter diesen Begriff auch die herkömmliche christliche Tugenderziehung zu subsumieren vermag. Eine von H. Hartshorne und M. May (1928-1930) durchgeführte umfassende Untersuchung über die Wirkung einer solchen Charaktererziehung in den verschiedensten Institutionen wie Sonntagsschule, Pfadfinderbewegung usw. fällt mehr als ernüchternd aus: Es erweist sich als unmöglich, die Probanden in Gruppen von Ehrlichen und Unehrlichen aufzuteilen, Voraussagen von einer Situation auf die andere zu machen und einen signifikanten Zusammenhang herzustellen zwischen moralischem Wissen und Ehrlichkeit im Verhalten [116].

Eine der möglichen Folgen dieser Studie ist das in den 1940er Jahren aufkommende Programm einer «citizenship education» im Rahmen des Faches ‹Social Studies›, in der es aber ebenfalls primär um die Entwicklung von bürgerlichen und staatsbürgerlichen Tugenden, um «Character Education», geht [117]. Ein umfassendes, wenn wohl auch etwas geschöntes Bild der Schulwirklichkeit in den 1940er Jahren in bezug auf moralische Erziehung gibt eine großangelegte Umfrage von H. L. Smith [118] unter Schulbehördenvertretern, Inspektoren, Lehrer- und Elternvereinigungen. Daß sich die Realität auch zwanzig Jahre später nicht wesentlich verändert hat, bestätigt die wissenschaftliche Erhebung von Ph. Jackson, 1968 erschienen unter dem Titel ‹Life in Classrooms›. Jackson kommt zu einem ähnlichen Befund wie der von ihm nicht erwähnte Smith in seinem ‹Survey›: Eigene Kurse in moralischer Erziehung oder Charaktererziehung lassen sich nur marginal finden, moralische Fragen werden vor allem in den Fächern ‹Englisch› und ‹Social

Studies› angesprochen und Werthaltungen durch Rituale und Zeremonien unterstützt sowie durch Bilder, Slogans usw., die positive Werte zum Inhalt haben. Es gibt Lehrpersonen, die spontan auf die im schulischen Kontext auftretenden moralischen Probleme eingehen und sich explizit um Verhaltensregeln für das Klassenzimmer bemühen. Es gibt aber auch eine 'Moral' des Curriculums: von dem Hinweis auf die Wichtigkeit gewisser Inhalte bis hin zu der Betonung von Tugenden wie Wahrhaftigkeit und Ehrlichkeit. Moralische Haltungen werden zudem auch nonverbal vermittelt in Gesten und Körperhaltungen usw. [119].

Auf theoretischer Ebene ist nach dem Zweiten Weltkrieg immerhin einiges in Bewegung geraten [120]. In den 1950er Jahren erfolgt schrittweise der Durchbruch der wohl erfolgreichsten Theoriebildung auf dem Gebiet der moralischen Erziehung: der auf dem Kantischen Liberalismus und Piagets Theorie der kognitiven Entwicklung basierende «Moral Development Approach» von L. Kohlberg [121]. Seine Grundidee: Das moralische Urteil entwickelt sich, analog zum kognitiven Urteil, über eine Sequenz verschiedener, hierarchisch geordneter Stufen hinweg bis hin zu jener Urteilsstufe, die dem Standpunkt der Kantischen Moralphilosophie entspricht. Ob die höheren Urteilsstufen erreicht werden können, hängt nicht von einem Reifeprozeß allein, sondern von entsprechender Stimulation in Form der Auseinandersetzung mit moralischen Dilemmata und der Konfrontation mit Argumenten der jeweils höheren Stufe ab. Die dieser Theorie folgende Praxis der Unterrichtsgestaltung hält spätestens in den 1960er Jahren in ‹Teacher Training Colleges› und in amerikanischen Schulen Einzug, begleitet von einer intensiven Wirksamkeitsforschung und einer kritischen Überprüfung der Grundannahmen [122].

Erste Konkurrenz erwächst dem Kohlberg-Modell in den 1970er Jahren durch den auf C. R. Rogers zurückgehenden «Wertklärungsansatz» («Values Clarification»), der vor allem von S. B. Simon, L. E. Raths und anderen propagiert wird [123]. Seine Grundprämisse lautet: Unklare Wertvorstellungen sind die Ursache von vielen Verhaltensproblemen, das Ziel moralischer Erziehung muß darum darin bestehen, den Heranwachsenden Gelegenheit zu geben, sich über ihre eigenen Werte klar zu werden. Als geklärt gilt ein Wert, wenn eine Person diesen Wert in Kenntnis verschiedener alternativer Werte, nach sorgfältiger Abwägung der Konsequenzen, frei gewählt hat und bereit ist, an diesem Wert festzuhalten, ihn öffentlich zu vertreten und regelmäßig und wiederholt danach zu handeln [124]. Das auf diesem Ansatz beruhende reiche Unterrichtsmaterial zeigt den Lehrenden, wie sie die für den Klärungsprozeß erforderliche Atmosphäre des Vertrauens schaffen, auf wertbezogene Äußerungen der Lernenden eingehen und sie zu Wahlentscheidungen auffordern können [125].

Ebenfalls in den 1970er Jahren wird in England, als Reaktion auf die in Erhebungen festgestellten mangelnden sozialen Fähigkeiten junger Menschen, ein Moralerziehungsprogramm im engeren Sinn, eine «Morality of Communication» ins Leben gerufen, das Rücksichtnahme («consideration») auf seine Fahne geschrieben hat und vor allem auf die Schulung von drei Fähigkeiten abzielt: für die Botschaften anderer empfänglich zu sein, sie richtig zu interpretieren und auf sie reagieren und die Reaktion in angemessene Botschaften umsetzen zu können [126]. Dieses Programm wird in lebensnahe Curricula für die unterschiedlichen Altersstufen umgesetzt, das Curriculum ‹Life Line› (für die Altersgruppe der Elf- bis Siebzehnjährigen) [127] und das Curriculum ‹Start Line› (für Acht- bis Dreizehnjährige) [128]. Die Unterrichtsmaterialien werden laufend erprobt und verbessert.

Zur besseren Entscheidungsfindung vor allem in bezug auf politisch-ökonomische und sozialmoralische Themen wird in den 1980er Jahren in den USA ein auf Rationalität und kritische Prüfung setzendes Programm unter dem Titel ‹Value Analysis and Critical Thinking› entwickelt. Sein erklärtes Ziel: logisches Denken und wissenschaftliche Analyse der Faktenlage zur Lösung von Wertproblemen einzusetzen. Als Reaktion auf die damalige vehemente Schulkritik ist auf der Grundlage dieser Ideen ein Moralerziehungskonzept initiiert worden, das – in seiner erfolgreichsten Variante [129], wie sie etwa von R. W. Paul, dem Direktor des ‹Center for Critical Thinking and Moral Critique› in Kalifornien, propagiert wird – diese kritische Haltung auf umfassende Weise zu fördern und in alle Unterrichtsfächer einzubringen versucht. Schülerinnen und Schülern soll durch Schaffung von dialogischen Situationen die Möglichkeit gegeben werden, sich ihrer Überzeugungen bewußt zu werden, Fragen zu stellen, ihre Prinzipien zu formulieren und Gründe gegeneinander abwägen zu können [130].

Dem konservativen Geist der Reagan-Ära gemäßer ist jedoch die ebenfalls in den 1980er Jahren einsetzende Gegenbewegung zu diesen eher indirekten und prozeßorientierten Unterrichtsverfahren: der Rückgriff auf die sogenannte «great tradition» in der amerikanischen Erziehung [131]: die klassische «Character Education» als Anleitung zu einem glücklichen und erfüllten Leben auf der Grundlage fester Tugend- und Charaktereigenschaften und als Gegenmittel zu dem diagnostizierten erzieherischen Vakuum der amerikanischen Gesellschaft. Das zu diesem Zweck ins Leben gerufene ‹Institute for Character Education› (AICE) hat dieses Programm in gut aufgearbeitete Unterrichtspakete umgesetzt und weitflächig vertrieben. Diese – in den USA offensichtlich erfolgreiche – Betonung der inhaltlichen Seite der Moralerziehung könnte durchaus ein Korrektiv für die auch von liberalen Kritikern des Kohlbergschen Ansatzes hervorgehobenen Schwächen in bezug auf die Frage der Einübung von Haltungen abgeben [132].

Im deutschen Sprachraum jedoch scheint sich, wie L. Mauermann zu Recht konstatiert, «der liberale Kohlberg-Ansatz ... als stimulierender Ideenkomplex für Pädagogen, Psychologen, Philosophen und Theologen herauszukristallisieren» [133]. Es ist der Ansatz, der die sokratisch-kantische Linie am konsequentesten fortsetzt. Er hat es, wie die neuere Entwicklung dieses Ansatzes beweist, zugleich auch verstanden, in Anknüpfung an Durkheim und J. Dewey, das aristotelisch-hegelsche Motiv des Kollektivs wieder ins Spiel zu bringen. Aus der Einsicht heraus, daß der «heimliche Lehrplan» der Schule alle moralerzieherischen Bemühungen auf Unterrichtsebene unterlaufen kann, beginnt Kohlberg, erst in Gefängnissen, dann in Schulen, mit der Einführung sogenannter «Just Communities», die, durch Schaffung einer gelebten partizipatorischen Demokratie, das gesamte Schulleben umzugestalten erlauben und es ermöglichen, Reflexion und Diskussion mit Handeln und mit der Einübung in moralische Grundhaltungen zu verbinden [134].

Ein Aspekt allerdings, der in den alternativen Programmen insbesondere der «Value Clarification» am augenfälligsten hervortritt, droht auch in dem umfassenden Kohlberg-Ansatz unterzugehen: der Umstand, daß es in der ethischen Erziehung nicht nur um die Befähigung zu moralischem Urteilen und Handeln geht, um zwischenmenschliche Beziehung also und die gerechte Lösung von Interessenkonflikten, sondern auch um die pädagogische Hilfe bei der Suche nach Antworten auf die ethisch-existentielle Frage: Welche Person will ich sein? Welche Werte sollen mir wichtig sein in meinem Leben?

Die die Neuzeit bestimmende, einseitige pädagogische Orientierung an der moralischen oder sittlichen Erziehung ist ein Spiegelbild der philosophischen Fixierung der neuzeitlichen Ethik auf die Sollensethik, sei sie nun kantischen oder utilitaristischen Zuschnitts. Die in den letzten Jahren einsetzende Rückbesinnung auf die antike Tradition der Strebens- oder Willensethik [135] wird aber auch in der Pädagogik zu einer Neuorientierung an einer integrativen Ethik führen müssen [136], die den moralneutralen Terminus ‹W.› durchaus wieder rechtfertigen könnte. Äußere Umstände haben diese Ausweitung auch schon erzwungen: Der in den Empfehlungen der Kultusminister-Konferenz von 1972 und in den entsprechenden Synodalbeschlüssen der katholischen und evangelischen Kirchen von 1974 bzw. 1975 geforderte Ersatzunterricht für die aus dem Religionsunterricht flüchtenden Schülerinnen und Schüler wird sich, als Ersatzunterricht, kaum auf moralische Erziehung beschränken lassen. Ähnlich wie schon bei der hundert Jahre zuvor geführten Debatte rund um das Fach ‹Lebenskunde› finden denn auch heute willensethische Themen, sogenannte Lebensfragen, Eingang in die Curricula des neu konzipierten Ersatzfaches, das zwar in den meisten Fällen den Namen ‹Ethik› oder ‹Philosophie› bzw. ‹Praktische Philosophie› trägt, aber explizit auch «Lebensgestaltung – Ethik – Religion» (Brandenburg) oder «Werte und Normen» (Niedersachsen) heißen kann [137]. Das bislang überzeugendste Konzept eines solchen Fachs ist der vom Landtag von Nordrhein-Westfalen am 11. September 1996 beschlossene Schulversuch zur Einführung des Faches «Praktische Philosophie», der die Kompetenz für dieses Fach in die Philosophie zurückholt und in einem umfassenden Bildungsauftrag der Schule verankert. Dieser Bildungsauftrag erschöpft sich, gemäß Vorgabe des Landtags, «nicht in der bloßen Vermittlung von Wissen, sondern umfaßt auch die Unterstützung der Schülerinnen und Schüler bei dem Bestreben, die eigene Identität zu finden und dem Leben eine eigene Orientierung zu geben für das solidarische Zusammenleben in einer Gesellschaft, die vielfältige kulturelle Grundlagen in sich vereint» [138] – eine Forderung, welche «die Einbeziehung außermoralischer Werte und Orientierungen» und den Schritt über Ethik im engeren Sinn hinaus zwingend erforderlich macht [139].

Anmerkungen. [1] Vgl. J. B. Lotz: Wertphilos. und Wertpädagogik. Z. kath. Theol. 57 (1933) 1-43, zit. 1. – [2] K. Wolf: Art. ‹Wertpädagogik›, in: Lex. der Pädag. 4 (1955) 955-959, zit. 957. – [3] E. Dürr: Einf. in die Pädag. (1908) 36ff.; G. Grunwald: Philos. Pädag. (1917) 37ff.; J. Wagner: Pädagog. Wertlehre (1924); W. Kammel: Einf. in die Pädagog. Wertlehre (1927); S. Behn: Philos. der Werte als Grundwiss. der pädagog. Zieltheorie (1930). – [4] A. Messer: Pädag. der Gegenwart (1925, ²1931) 26. – [5] E. Spranger: Lebensformen. Geisteswissenschaftl. Psychol. und Ethik der Persönlichkeit (1950) 21. – [6] Vgl. R. Hauser: Art. ‹Wertpädagogik›, in: Lex. der Pädag. der Gegenwart 2 (1932) 1288-1293; Lotz, a.O. [1]. – [7] M. Silver: Values education (Washington 1976) 9. – [8] A. Toffler: Future shock (New York 1971) 364. – [9] Silver, a.O. [7] Introd. – [10] Vgl. etwa: J. S. Lemming: Found. of moral education: An annot. bibliogr. (Westport 1983). – [11] Vgl. etwa: D. P. Superka/Ch. Ahrens/J. E. Hedstrom/L. J. Ford/P. L. Johnson: Values education sourcebook. Conceptual approaches, materials, analysis, and an annot. bibliogr. (Boulder, Colo. 1976). – [12] Vgl. W. K. Cummings/S. Gobinathan/Y. Tomoda (Hg.): The revival of values education in Asia and the West (Oxford u.a. 1988). – [13] a.O. 5. – [14] A. Cremer/J. Strudthoff: Werte in der Polit. Erziehung: Jetzt ein Thema! Polit. Didaktik 5 (1979) 117-130, zit. 3; M. Spieker: Grundwerte und Menschenbild. Pädag. und Freie Schule, H. 14 (1979) 39-48. – [15] W. Brezinka: Glaube, Moral und Erziehung (1992) 51. – [16] Platon: Prot. 318 a. – [17] Men. 70 a. – [18] I. Kant: Pädag., hg. F. Th. Rink (1803). Akad.-A. 9, 450. – [19] A. H. Niemeyer: Grundsätze der Erziehung und des Unterrichts für Eltern, Hauslehrer und Schulmänner (1810) 18. – [20] F. D. E. Schleiermacher: Einl. in die Vorles. aus dem Jahre 1826, in: Pädagog. Schr., hg. C. Platz (³1902) 19. – [21] J. F. Herbart: Allg. Pädag., aus dem Zweck der Erziehung abgeleitet (1806), in: Pädagog. Schr., hg. W. Asmus 2 (1965) 40. – [22] Niemeyer, a.O. [19] (⁹1832) 56. – [23] G. E. Lessing: Die Erziehung des Menschengeschlechts (1780), in: Werke 1778-1781, hg. W. Barner (2001) 78. – [24] I. Kant: Anthropologie in pragmat. Hinsicht (1798). Akad.-A. 7, 328. – [25] a.O. 327. – [26] a.O. [18] 453. – [27] J. Locke: Some thoughts conc. education § 42 (1693), hg. J. W./J. S. Yolton (1989) 110. – [28] Vgl. etwa: J. H. Pestalozzi: Lienhardt und Gertrud (1779-81). Sämtl. Werke, hg. A. Buchenau u.a. (1927ff.) 1, 179. – [29] An die Unschuld (1815), a.O. 24, 170ff. – [30] a.O. 161. – [31] A. W. Rehberg: Prüfung der Erziehungskunst (1792) 22. – [32] I. Kant: KpV A 288. – [33] A 269. – [34] A 284f. – [35] A 285-287. – [36] Vgl. W. Rein: Art. ‹Moralunterricht›, in: W. Rein (Hg.): Enzyklopäd. Hb. der Pädag. 4 (1897) 839. – [37] I. Kant: Met. der Sitten § 53, Anm. (1797). Akad.-A. 6, 483. – [38] a.O. 484. – [39] a.O. – [40] J. G. Fichte: Ascetic als Anhang zur Moral § 1 (1798). Nachgel. Werke, hg. I. H. Fichte (1834/35) 3, 126. – [41] a.O. 125f. – [42] System der Sittenlehre nach den Principien der Wiss.lehre § 25/V (1798). Sämmtl. Werke, hg. I. H. Fichte (1845/46), a.O. 4, 323. – [43] Reden an die dtsch. Nation, 10. Rede (1808), a.O. 7, 422. – [44] G. W. F. Hegel: Grundlinien der Philos. des Rechts § 153, Zus. (1821). Jub.ausg., hg. H. Glockner 7 (1928) 235. – [45] a.O.; § 151, Zusatz, a.O. 233f. – [46] Vgl. L.-R. de Caradeuc de La Chalotais: Essai d'éducation nat. ou plan d'études pour la jeunesse (Genf 1763, ND Paris 1996) 112-117. – [47] M. J. A. de Condorcet: Rapport et projet de décret sur l'organisation gén. de l'instruction publique. Oeuvr. publ., hg. A. Condorcet O'Connor/M. F. Arago (Paris 1847-49, ND 1968) 7, 483. – [48] J. Bastide: L'instruction relig. et la nouvelle loi sur l'enseignement primaire (Paris 1881) 13-18. – [49] G. Compayré: Elém. d'instruction morale et civique, réd. conformément au programme officiel de 1882 (Paris 1893). – [50] Zur klerikalen Kritik vgl. etwa: Bastide, a.O. [48]; E. Bersier: De l'enseignement de la morale dans l'école primaire (Paris 1881). – [51] Vgl. F. Kémény: Beiträge zur Kenntnis des mod. Volksschulwesens von Frankreich (1890); M. F. Lichtenberger: L'éducation morale dans les écoles primaires (Paris 1889); K. Andreae: Aus den Schulen zu Paris. Ein pädagog. Reisebericht, 2. Teil (1887) 15-21; E. Temming: Art. ‹Moralunterricht›, in: Rein (Hg.), a.O. [36] 833. – [52] M. E. Sadler (Hg.): Moral instruction and training in schools. Report on an int. inquiry 2: Foreign and colonial (London 1908) 17. 43f. – [53] F. W. Foerster: Jugendlehre. Ein Buch für Lehrer, Eltern und Geistliche (1904) 197. – [54] H. Tögel: Moralunterricht und Religionsunterricht (1920) 3. – [55] E. Durkheim: L'éducation morale (1925) (Paris 1963) 2. – [56] a.O. 3. – [57] a.O. – [58] Education et sociologie (Paris 1938) 49f. 119f.; dtsch.: Erziehung und Soziol. (1972) 30f. 82f. – [59] a.O. [55] 39f. 46. – [60] a.O. 90ff., bes. 101. – [61] 101. – [62] 227-239; L'évolution pédagog. en France (Paris 1938) 189-206. – [63] F. Adler: Der Moralunterricht der Kinder (1894) 1. – [64] a.O. 27. – [65] Vgl. F. Wyss: Tugend- und Pflichtenlehre (1874); Pädagog. Vorträge (1879); Schul-Erziehungslehre (1886); Hb. der humanen Ethik (1899). – [66] W. Foerster (sen.): Einf. in die Grundgedanken der eth. Bewegung (1894). – [67] Eth. Kultur. Wschr. zur Verbreitung eth. Bestrebungen 1893-1936; ab 1899: Wschr. für eth.-soziale Reformen. – [68] W. Börner: Die eth. Bewegung (1912) 2f. – [69] F. Jodl: Vom Lebenswege. Die eth. Bewegung und die öffentl. Meinung (1895), in: Ges. Vortr. und Aufs. 2 (1917) 259-270, 259. – [70] Vgl. die Zweckbestimmung der Gesellschaft in: R. Penzig: Die eth. Bewegung in Deutschland (1926) 4f. – [71] Vgl. Th. Nipperdey: Dtsch. Geschichte 1866-1918, Arbeitswelt und Bürgergeist 1 (1990) 514f. – [72] Vgl. M. Henning: Hb. der freigeistigen Bewegung Deutschlands, Österreichs und der Schweiz, hg. im Auftrag des Weimarer Kartells (1914); H. Groschopp: Dissidenten. Freidenker und Kultur in Deutschland (1997). – [73] Vgl. dazu die Überblicksdarstellung in: S. Enders: Moralunterricht und Lebenskunde (2002) 39-54. – [74] M. E. Sadler: Presidential address, in: G. Spiller (Hg.): Papers on moral education. Communicated to the first Int. Moral Education Congr. held at the univ. of London, 25.-29. Sept. 1908 (London 1908); M. E. Sadler (Hg.): Moral instruction and training in schools. Report on an int. inquiry 1-2, 1: The UK (1909) XLI. – [75] K. Pabelick: Die treibenden Kräfte in der int. moralpädagog. Bewegung, Diss. Köln (1933) 111. – [76] P. Petersen: Zwang und Autonomie in der sittl. Erziehung, in: 5ème Congr. int. d'Education morale (Paris 1930) 1: Rapport et mém. sur les trois thèmes principaux au congrès (Paris 1930) 87-109, 96f. – [77] F. J. Gould: The master motive of our congress, in: 5ème Congr., a.O. 1-5, 5. – [78] Vgl. J. Weber: Forderungen eines Moralunterrichts in der pädagog. Lit. seit den Philanthropen, Diss. München (1923) 1ff. – [79] D. Ch. Voss: Versuch über die Erziehung für den Staat als Bedürfnis unserer Zeit, zur Beförderung des Bürgerwohls und der Regentensicherheit (1799) 246. 259. – [80] B. C. L. Natorp: Grundriss zur Organisation allg. Stadtschulen (1804) 143. 147. – [81] A. Riel: Revision des würzburg. Schulwesens, 2. Teil (1804) 222. – [82] J. Schram: Die Verbesserung der Schulen in moral., polit. und polizeylicher Hinsicht (1803) 101. – [83] So im ersten der sog. Stiehl'schen Regulative von 1854, in: W. Scheibe (Hg.): Zur Gesch. der Volksschule. Gesetze und Gesetzentwürfe, Berichte, Reformvorschläge und Beiträge zur Theorie der Volksschule im 19. und 20. Jh. 2 (1965) 21. – [84] F. A. W. Diesterweg: Zur Schulfrage (1848). Sämtl. Werke I/7 (1964) 431. – [85] a.O. 428. – [86] Vgl. T. Ziller: Grundlegung zur Lehre vom Erziehenden Unterricht (^{2}1884) 94ff. – [87] Vgl. Anon.: Über die Notwendigkeit der Entfernung des Religionsunterrichts aus der Volksschule (1870), zit. nach: Weber, a.O. [78] 70. – [88] W. Fricke: Sittenlehre für konfessionslose Schulen (1872). – [89] Ist der Religionsunterricht in der Schule eine pädagog. Notwendigkeit? (1870) 10. 25. – [90] Erstmals wohl in: R. Landmann-Schwetz: Auch ein Beitr. zum Moralunterricht. Paedagogium. Mschr. für Erziehung und Unterricht, hg. F. Dittes (1890) 433-447. – [91] R. Penzig: Der Religionsunterricht einst, jetzt und künftig (1916) 109. – [92] a.O. 93. – [93] Vgl. H. Groschopp: Lebenskunde – zwischen Moralunterricht und Kulturtheorie. Zur Begriffs- und Konzeptdiskussion bis zur Novemberrevolution, in: H. Groschopp/M. Schmidt: Lebenskunde. Die vernachlässigte Alternative. Zwei Beiträge zur Gesch. eines Schulfachs (1995) 10. – [94] Vgl. H. Tögel: Die Fragen der Gegenwart, in: R. Kabisch/H. Tögel (Hg.): Wie lehren wir Religion? (1931) 231-253, bes. 236. – [95] R. Penzig: Apostata. Licht- und Schattenbilder aus meinem Leben (1930) 101. – [96] F. Gansberg: Demokrat. Pädag. Ein Weckruf zur Selbstbetätigung im Unterricht (1911) 209. – [97] Vgl. etwa: J. Unold: Organische und soziale Lebensgesetze. Ein Beitr. zu einer wissenschaftlich begründeten nationalen Erziehung und Lebensgestaltung (1906) 290. – [98] Vgl. E. Hess-Krug: Die Kunde in der Pädag. (1934) 112f. – [99] F. W. Foerster: Lebenskunde. Ein Buch für Knaben und Mädchen (1905). – [100] So etwa: a.O. [53]; Lebensführung (1909); Schule und Charakter – moralpädagog. Probleme des Schullebens (^{12}1914); Autorität und Selbstregierung in der Leitung der Jugendlichen (1915); Erziehung und Selbsterziehung. Hauptgesichtspunkte für Eltern und Lehrer, Seelsorger und Jugendpfleger (1917); vgl. auch: F. W. Pilger: Foerster als Ethiker, Politiker und Pädagoge (1922). – [101] Penzig, a.O. [95] 77. 118-133. – [102] P. Barth: Die Notwendigkeit eines systemat. Moralunterrichts. Eine Denkschrift für Lehrer, Eltern und Schulbehörden (1919). – [103] Vgl. Le progrès moral de l'humanité, objet de l'enseignement moral, in: 3ème Congr. int. d'Education morale: l'esprit int. et l'enseignement de l'hist. (Neuchâtel/Paris 1922) 27-38, 38. – [104] F. W. Foerster: Sexualethik und Sexualpädagogik. Eine neue Begründung alter Wahrheiten (1908, ^{3}1910). – [105] Art. ‹Moralunterricht›, in: H. Schwartz (Hg.): Pädagog. Lex. (1930) 747-754, zit. 747. – [106] A. Matthias: Staatsbürgerl. Erziehung vor und nach dem Kriege (1916). – [107] W. Moog: Gesch. der Pädag. 3 (1967) 483. – [108] Vgl. z.B. H. Aes: Kritisches zur Staatsbürgerkunde, in: Weltliche Schule: Mitteil. des Dtsch. Bundes für Weltliche Schule und Moralunterricht (1910) 71ff.; R. Strecker: Staatsbürgerl. Erziehung vom Standpunkt der äußeren Politik, a.O. (1916) 193f. – [109] a.O. 103. 64. – [110] Vgl. etwa: G. Kerschensteiner: Staatsbürgerl. Erziehung der dtsch. Jugend (1901, ^{10}1931). – [111] F. W. Foerster: Polit. Ethik und polit. Pädag. (1918). – [112] Th. Litt: Wesen und Aufgabe der polit. Erziehung (1964). – [113] a.O. 29. – [114] 38. – [115] 46. – [116] H. Hartshorne/M. May: Studies in the nature of character 1-3 (New York 1928-1930); zur Analyse und Kritik vgl. bes.: L. Kohlberg/D. Candee: The relationship of moral judgement to moral action, in: L. Kohlberg: Essays on the moral development 2: The psychology of moral development. The nature and validity of moral stages (San Francisco 1984) 498-581. – [117] A. K. Ellis: E. Durkheim in the context of the amer. moral education paradigm, in: G. Walfort/W. S. F. Pickering (Hg.): Durkheim and modern education (London/New York 1998) 164-182, zit. 167. – [118] H. L. Smith: Character education: A survey of practice in the public schools of the US (Texarcana 1949). – [119] Ph. Jackson: Life in classrooms (New York 1968). – [120] Vgl. den Überblick von L. Mauermann: Eth. Grundlagen aktueller angloamerikan. Erziehungskonzepte, in: C. Günzler u.a.: Ethik und Erziehung (1988) 141-170. – [121] Vgl. L. Kohlberg: Essays on moral development 1: The philos. of moral development. Moral stages and the idea of justice (San Francisco 1981); vgl. Art. ‹Stufen II. 5.›. Hist. Wb. Philos. 10 (1998) 363; Art. ‹Urteil, moralisches I. 3.›, a.O. 11 (2001) 468f. – [122] Zu neueren Entwicklungen: Kohlberg: Essays, a.O. [116]; Überblick über Lit.: F. Oser/W. Althoff: Moral. Selbstbestimmung. Modelle der Entwicklung und Erziehung im Wertebereich (1992). – [123] Vgl. das grundlegende Werk von L. E. Raths/M. Harmin/S. B. Simon: Values and teaching: working with values in the classroom (Columbus, Ohio 1966); dtsch.: Werte und Ziele: Methoden zur Sinnfindung im Unterricht (1976); S. B. Simon/L. Howe/H. Kirschenbaum: Values clarification. A handbook of pract. strategies for teachers and students (New York 1972); S. B. Simon/S. W. Olds: Familientraining, Werte klären – Entscheiden lernen, 80 Interaktionsspiele (1978). – [124] a.O. 43-46. – [125] Zur Zwischenbilanz vgl. E. Simpson: A values-clarification retrospective. Educational theory 36 (1986) 271-287. – [126] Vgl. P. McPhail: The morality of communication. Authority and method in situational morality. Int. Z. Erz.wiss. 26 (1980) 135-152, 146f. – [127] P. McPhail/P. J. R. Ungoed-Thomas/H. Chapman: Life line – moral education in the secondary school (London 1972). – [128] P. McPhail/D. Ingram/D. Middleton: Start line – moral education in the middle years (London 1978). – [129] Vgl. R. van der Bogert: The evolution of conceptions of crit. thinking: A lit. review (Cambridge, Mass. 1986). – [130] Vgl. R. W. Paul: Crit. thinking: Fundamental to education for a free society. Educational leadership 42, No. 3 (1984) 4-14; Dialog. thinking: Crit. thought: Essential to the acquisition of rational knowledge and passion, in: J. Baron/R. J. von Sternberg (Hg.): Teaching thinking skills, theory and practice (New York 1986) 127-148; R. J. Sternberg: Teaching crit. thinking. Eight easy ways to fail before you begin. Phi delta kappa 68 (1987) 456-459. – [131] E. A. Winne/H. J. Walberg: The complementary goals of character development and academic excellence. Educational leadership 43, No. 4/5 (1985) 15-18. – [132] R. S. Peters: Moral development: A plea for pluralism (1971), in: Psychology and ethical development (London 1974) 303-335. – [133] Mauermann, a.O. [120] 166. – [134] Zu dieser Entwicklung vgl. C. Power/A. Higgins/L. Kohlberg: L. Kohlberg's approach to moral education (New York 1989); zur weiteren Entwicklung: Oser/Althoff, a.O. [122] 3. Teil: Moralerziehung durch gerechte Gemeinschaft und Demokratisierung oder Schule nach innen: Eine praktische Theorie der Bildung, 337-458. – [135] Paradigmatisch dafür etwa: H. Krämer: Integrative Ethik (1992). – [136] Vgl. A. Hügli: Philos. und Pädag. (1999) 120-144. – [137] Vgl. A. K. Treml: Ethik als Unterrichtsfach in den verschiedenen Bundesländern. Eine Zwischenbilanz, in: A. K. Treml (Hg.): Ethik macht Schule! Moral. Kommunikation in Schule und Unterricht (1994) 18-29. – [138] Ministerium für Schule, Wiss. und Forschung des Landes Nordrhein-Westfalen: Prakt. Philos. in Nordrhein-Westfalen. Erfahrungen mit einem neuen Schulfach. Materialien, Abschlußbericht: Schr.reihe Schule in NRW Nr. 9038 (2003) 10f. – [139] D. Birnbacher: Philos. als Praxis: Eine Einschätzung des Schulversuchs Prakt. Philos. aus fachphilos. Sicht, a.O. 33-67, zit. 50f.

Literaturhinweise. J. WEBER s. Anm. [78]. – R. PENZIG s. Anm. [70]. – K. PABELICK s. Anm. [75]. – W. BREZINKA s. Anm. [15] 143-150. – H. GROSCHOPP s. Anm. [93]. – S. ENDERS s. Anm. [73].

A. HÜGLI

Wertewandel; **Werteforschung** (auch Wertwandel bzw. Wertforschung; engl. change in values, value inquiry). Die Konjunktur des Wertbegriffs verdankt sich F. NIETZSCHE; seine Rede von der «Umwertung aller Werte» (s.d.) und seine ‹Genealogie der Moral› stellen frühe Beiträge zur Diskussion des W. dar; sie sind aber nicht in einen Zusammenhang mit der seit den 1970er Jahren ins Zentrum der sozialwissenschaftlichen Diskussion getretenen Werteforschung zu bringen. Dabei handelt es sich um jene interdisziplinäre Forschungsrichtung, die sich – in Absetzung gegen den kulturpessimistischen Diskurs vom Wertezerfall und Werteverlust – der empirischen Untersuchung von Werten und ihrer Ausformung in verschiedenen gesellschaftlichen Feldern (Ehe/Familie, Beruf/ Arbeit, Erziehung/Bildung, Freizeit usw.) widmet. Träger von W.-Prozessen sind je nach Standpunkt Generationen, Altersgruppen, Klassen, Schichten usw. Während die Wertphilosophie (s.d.) sich vor allem mit der Seinsweise und den Geltungsansprüchen von Werten beschäftigt, untersucht die Werteforschung deren Entstehung, Verbreitung und Wandel. Anders als zum Beispiel N. HARTMANN, der postulierte: «Die eigentliche Seinsweise der Werte ist offenkundig die eines idealen Ansichseins» [1], geht die Werteforschung der Frage nach, wie sich Werte innerhalb einer bestimmten Kultur herausbilden, durchsetzen und demgemäß empirisch faßbar sind. Auch wenn die Werteforschung ihre Resultate immer wieder in vulgarisierter Form rezipiert sah, stellte sie jede Rede vom Wertezerfall, aber auch jede Aufbrucheuphorie vor die Aufgabe des empirischen Nachweises ihrer Behauptungen. ‹W.› findet in der 17. Auflage der ‹Brockhaus-Enzyklopädie› (1974) noch keinen, in der 20. Auflage (1996) einen fünfspaltigen Eintrag als «Schlüsselbegriff».

W. findet immer schon statt, er ist einerseits Teil des gesellschaftlichen Wandels [2], andererseits geben Modelle des W. mögliche Erklärungen für soziale Wandlungsprozesse. Ob man den beschleunigten gesellschaftlichen Wandel in der zweiten Hälfte des 20. Jh., als dessen Folge die Werteforschung erst entstand, als Prozeß der Enttraditionalisierung, Entnormatisierung, Individualisierung, Pluralisierung von Lebensstilen oder als Entstrukturierung von Lebensverhältnissen bezeichnet und ob man die Epoche als Postmoderne, Risiko-, Erlebnis- oder postindustrielle Gesellschaft bezeichnet: Stets wird am W. sowohl dieser Prozeß als auch die Epochensignatur festgemacht. Dabei gehen – je nach Position – deskriptive und normative Aspekte durcheinander, und der Wertbegriff wird wenig expliziert: In bezug auf den Wertbegriff herrscht ein «babylonisches Sprachengewirr» [3]. Die Werttheorie findet als Metatheorie kaum Berücksichtigung. Ausgangspunkt für jede auf Umfragen beruhende empirische Werteforschung ist die Wert-Definition von R. B. PERRY, nach der «any object of interest» als «value» gilt [4]. Werte sind dementsprechend die Objekte der Präferenzen, die von den in die Umfragen einbezogenen Personen genannt werden, so in der empirischen Konsumforschung, der Lebensziel- oder der politischen Einstellungsforschung. Konfusion zwischen deskriptiver und normativer Konzeption entsteht, wenn man alle jene Werte in eine einzige Liste aufnimmt, die CH. MORRIS in seiner für die Werteforschung wichtigen Studie ‹Varieties of Human Value› zu unterscheiden versucht: sowohl «operative values», d.h. die im faktischen Wahlverhalten sich äußernden Werteeinstellungen, als auch «object values», d.h. das, was begehrenswürdig wäre, auch wenn es de facto weder zur Kenntnis genommen noch begehrt wird, zum Beispiel die nach Expertenmeinung für einen Diabetiker wertvolle Diät [5].

In der Zeit kurz nach dem Zweiten Weltkrieg läßt sich in der bundesrepublikanischen Grundwertediskussion eine erste Phase der Werteforschung ausmachen. Die Wertedefinition ist vor allem durch die Rezeption von T. PARSONS' strukturell-funktionaler Gesellschaftstheorie bestimmt, und dementsprechend geht es zunächst weniger um den W. als um die Stabilität garantierende Funktion bestimmter als weitgehend wandlungsresistent geltender Grundwerte. Als Wert gilt dabei für Parsons «ein Element eines gemeinsamen Symbolsystems» («shared symbolic system»), das als Kriterium oder als Selektionsstandard bei den in einer Situation als offen erscheinenden Alternativen der Orientierung dient [6].

Mit P. KMIECIAKS Studie von 1976 [7] setzt sich allmählich eine dynamische Sicht durch, die sozialpsychologische Erkenntnisse mit der wachsenden Einsicht in die Zusammenhänge zwischen beschleunigten Prozessen des Wandels von materiellen Lebensverhältnissen, Werthaltungen und gesellschaftlichen Strukturen verbindet. Grundannahme ist dabei, daß die von den Individuen genannten subjektiven Werteinstellungen in ihrer Präferenzstärke sich ändern, daß es mithin auch eine Veränderung in der Präferenzordnung zwischen den verschiedenen Werten gibt und daß dadurch wiederum das gesamte Wertesystem einer Person oder einer Gesellschaft beeinflußt wird. Ein solches Wertesystem wird in der Umfrageforschung jeweils durch relativ stabile Listen von differenzierten Ziel-Werten bzw. instrumentellen Werten definiert [8]. Der W. läßt sich dann als eine Änderung der Rangfolge der Werteinstellungen zu einem späteren gegenüber einem früheren Zeitpunkt bestimmen. Forschungsimpulse gehen dabei nicht nur von Beschleunigungsprozessen aus, sondern auch von der Desintegration der Gesellschaft, von sich ausdifferenzierenden Subsystemen, einer entstehenden Alternativkultur oder der zunehmenden Marginalisierung tradierter Werte.

Die bahnbrechende zweite Phase der Werteforschung leitet R. INGLEHART ein [9]. Er vertritt die empirisch gestützte These, daß sich in den entwickelten westlichen Gesellschaften eine Verschiebung von 'materialistischen' zu 'postmaterialistischen' Werten ausmachen läßt. Der älteren Generation, aufgrund ihrer Sozialisation in wirtschaftlich schwierigen Zeiten an 'materialistischen' Werten (wie Leistung, Pflichterfüllung, Lebensstandard, Erfolg usw.) orientiert, steht eine jüngere gegenüber, die sich mit einer Wohlstandserfahrung konfrontiert sieht und sich an 'postmaterialistischen' Werten (wie Selbsterfüllung, Autonomie, partizipativem Engagement usw.) ausrichtet. Ingleharts Ansatz wird schnell populär, obwohl es zahlreiche fachwissenschaftliche Einwände gibt – u.a. betreffend Datenbasis, Dichotomie zwischen Materialisten und Postmaterialisten, unkritischer Rezeption von A. H. MASLOWS Bedürfnispyramide, Generationenhypothese in bezug auf die Träger des Wandels.

Eine andere Ausprägung erfährt die W.-Theorie bei H. KLAGES [10]. Er sieht, anders als Inglehart, keinen linearen Prozeß, sondern stellt in der Bundesrepublik zwischen 1965 und 1975 einen eigentlichen 'Wertwandelungsschub' fest: Während «Pflicht- und Akzeptanzwerte» (wie Disziplin, Gehorsam, Treue, Unterordnung) rückläufig sind, gewinnen «Selbstentfaltungswerte» (wie Autonomie, Partizipation, Individualismus, Emanzipation) an Bedeutung. Für Klages handelt es sich dabei um ein irreversibles zeitgeschichtliches Faktum, auf das die Individuen unterschiedlich reagieren. Je nach 'Mischverhältnis' der beiden Wertklassen unterscheidet er vier Wert-Typen: den ordnungsliebenden Konformisten, den perspektivlosen Resignierten, den aktiven Realisten und den nonkonformen Idealisten.

Einen weitergehenden Ansatz vertritt K.-H. HILLMANN [11]: Für ihn sind die diagnostizierten Schwerpunktverschiebungen – sei es nun von materialistischen zu postmaterialistischen oder von Pflicht- zu Selbstentfaltungswerten – weniger ausschlaggebend als die Herausbildung einer grundsätzlich rational-reflexiven Einstellung gegenüber Werten. Diese erlaubt es dem Individuum, anders als die traditionalistische Haltung, vorgegebenen Werten gegenüber situativ oder lebensphasenspezifisch je unterschiedliche Werthaltungen einzunehmen. Bei allen bisher diagnostizierten Wertveränderungen bleibt jedoch angesichts der fehlenden Langzeituntersuchungen die Frage, ob es sich jeweils nur um kurzfristige Schwankungen oder in der Tat um einen langfristigen W. handelt [12].

Anmerkungen. [1] N. HARTMANN: Ethik (1926, [4]1962) 149. – [2] Vgl. Art. ‹Wandel, sozialer›. – [3] P. KMIECIAK: Wertstrukturen und W. in der BR Deutschland (1976) 6. – [4] R. B. PERRY: General theory of values (New York 1926, ND Cambridge 1950). – [5] CH. W. MORRIS: Varieties of human value (Chicago 1956) 9ff. – [6] T. PARSONS: The social system (London 1951, 1964) 12. – [7] KMIECIAK, a.O. [3]. – [8] M. ROKEACH: The nature of human values (New York 1973) bes. 11-17. 26-52. – [9] R. INGLEHART: The silent revolution. Changing values and polit. styles among western publics (Princeton, N.J. 1977). – [10] H. KLAGES: Traditionsbruch als Herausforderung. Perspektiven der W.-Gesellschaft (1993). – [11] K.-H. HILLMANN: W. Zur Frage soziokultureller Voraussetzungen alternativer Lebensformen (1986). – [12] Vgl. etwa: A. REGENBOGEN: Sozialisation in den neunziger Jahren. Lebensziele, Wertmaßstäbe und polit. Ideale bei Jugendlichen (1998) 15-40.

Literaturhinweise. H. O. LUTHE/H. MEULEMANN: W. – Faktum oder Fiktion? Bestandsaufnahmen und Diagnosen aus kultursoziolog. Sicht (1988). – R. INGLEHART: Kultureller Umbruch. W. in der westl. Welt (1990). – W. HERBERT: Wandel und Konstanz von Wertstrukturen (1991). – H. KLAGES/W. HERBERT/H.-J. HIPPLER (Hg.): Werte und Wandel: Ergebnisse und Methoden einer Forschungstrad. (1992). – B. SCHLÖDER: Soz. Werte und Werthaltungen (1993). – G. HEPP: W. Politikwissenschaftl. Grundfragen (1994). – H. MEULEMANN: Werte und W. – Zur Identität einer geteilten und wieder vereinten Nation (1996). – R. HEIDERICH: W. – Aufbruch ins Chaos oder neue Wege? (1999). – G. W. OESTERDIEKHOFF/N. JEGELKA (Hg.): Werte und W. in westl. Gesellschaften. Resultate und Perspektiven der Sozialwiss. (2001). – K.-H. HILLMANN: W. – Ursachen, Tendenzen, Folgen (2002).

J. BERTHOLD

Wertphilosophie (engl. axiology, philosophy of value(s), theory of valuation; frz. axiologie, philosophie de la valeur). Die Bezeichnung ‹W.› taucht Ende des 19. Jh. auf. Sie wird nicht systematisch gegen ähnliche Bezeichnungen (wie: ‹Philosophie der Werte›, ‹Wertlehre›, ‹Werttheorie›, ‹Axiologie›, ‹Timologie› u.ä.) abgegrenzt, und sie steht für unterschiedliche theoretische Ausrichtungen. Zur eigenen Legitimation werden sporadisch je nach Standpunkt Vorläufer in der Geschichte der Philosophie gesucht, so etwa die platonisch-aristotelische Tradition [1] des «ens et bonum convertuntur», die Philosophie J. BENTHAMS [2] oder I. KANTS [3].

Obwohl H. LOTZE mit seinen ‹Untersuchungen über die Werthe› [4] das Programm einer W. entworfen hat und allgemein als Initiator der W. gilt, hat er seine Lehre nie explizit als ‹W.› oder ‹Werttheorie› bezeichnet. Von ‹Werttheorie› sprechen dann erst die beiden Brentano-Schüler A. MEINONG und CH. VON EHRENFELS in ihren zeitgleichen Publikationen von 1893/94. Die Verwendung des Terminus ‹Werttheorie› steht im Zeichen ihrer Bemühungen, die bisher ausschließlich in der Nationalökonomie bes. der österreichischen Schule (F. C. WIESER, C. MENGER u.a.) beheimatete Werttheorie in die Ethik zu übertragen [5] und ein «System der Werttheorie» zu erarbeiten. Der Wertgedanke, so EHRENFELS, betrifft das gesamte «Gebiet menschlicher Betätigung». Er fordert eine weitergehende Untersuchung in den einzelnen «Wertgebieten», ohne daß die «Werttheorie ebenso viele Spezialzweige aufweisen oder ausbilden» soll, da sich Werttheorie mit «den letzten Zwecken menschlichen Begehrens und menschlicher Betätigung» befassen müsse [6].

Bei MEINONG steht die wissenschaftstheoretische Verortung der Werttheorie weniger im Vordergrund, seine Überlegungen zu einer «Wertwissenschaft» als allgemeiner «Werttheorie» finden ihren Niederschlag erst in den 1921 zum Druck vorbereiteten nachgelassenen Fragmenten: Der Umstand, daß «die theoretische Betrachtungsweise ... nur durch die Beschaffenheit, die praktische dagegen durch den Wert des Gegenstandes bestimmt» sei, führe dazu, daß man die Wissenschaft vom Wert eine praktische Wissenschaft nenne, in Tat und Wahrheit aber sei auch die Werttheorie eine rein theoretische Wissenschaft [7]. O. KRAUS spricht dann in der ‹Einleitung› zu seiner Neuausgabe von F. BRENTANOS ‹Vom Ursprung sittlicher Erkenntnis› 1921 von der Werttheorie als einer «ethischen Erkenntnistheorie» [8].

Der Wegbereiter der österreichischen Wertschule in den USA, W. URBAN [9], übersetzt 1909 den amerikanischen Ohren wohl eher fremd klingenden Begriff ‹Werttheorie› mit ‹axiology›, dem im angelsächsischen Sprachraum bis heute maßgeblichen Begriff. Im Französischen ist der Begriff ‹axiologie› bereits 1902 belegt [10].

1908 erscheint der Terminus ‹Axiologie› auch im deutschen Sprachraum. In diesem Jahr begründet E. HUSSERL seine (bisher unveröffentlichte) Wertlehre als «formale Axiologie» [11]. Zeitgleich erscheint auch E. VON HARTMANNS ‹Grundriss der Axiologie›, in dem Hartmann seine eigene Version der «Wertlehre» bzw. «Wägungslehre» darlegt. Ebenfalls 1908 erscheinen TH. LESSINGS Studien zur Wertaxiomatik mit einer Wertlehre als «Theorie der objektiven Güter und Werte des sozialen Lebens» [12]. Unter dem Begriff der Axiologie (s.d.) beginnt man nun auch im deutschen Sprachraum die Wertlehre zu rezipieren, so etwa bei W. WINDELBAND, der in seiner ‹Einleitung in die Philosophie› von 1914 Lotzes Wertlehre unter dem Titel «axiologische Probleme» referiert und für den die «philosophische Axiologie» dort beginnt, wo «die Werthaftigkeit niemals dem Gegenstande für sich allein als Eigenschaft zukommt, sondern immer nur in der Beziehung auf ein wertendes Bewußtsein ... reagiert» [13]. Der «psychogenetische Ursprung des einzelnen Wertens» sei «völlig irrelevant in bezug auf die Grundfrage der Werttheorie, welche die Frage der Berechtigung oder Rationalität der Wertungen erwägen soll» [14].

Der Diskurs über Werte ist jedoch, nach Windelbands Verständnis von Philosophie, nicht ein philosophisches Spezialgebiet. Philosophie selbst ist, wie er schon 1882 in seinem Aufsatz ‹Was ist Philosophie?› darlegt, «im systematischen (nicht im historischen) Sinne nichts anderes ..., als die kritische Wissenschaft von den allgemeingiltigen Werten» [15].

Dieses Philosophieverständnis bekräftigt auch H. RICKERT, der die «Philosophie als Wertwissenschaft» [16] bestimmt und ihre Aufgabe darin sieht, das «verkannte Reich der Wertgeltungen» aufzuarbeiten und sie insofern «in einem ihrer grundlegenden Teile zur reinen Wertlehre» zu gestalten [17]. Bereits 1892 spricht Rickert darum von der objektiven Logik als «reiner Wertlehre» und betont den umfassenden Charakter der «Wissenschaft von den theoretischen Werten», die davon handelt, «was begrifflich allen Realwissenschaften, ja ihrem als 'real' oder 'wirklich' angenommenen Material vorausgeht» [18]. Der eigentliche Begründer der W. ist für Rickert nicht Lotze, sondern Kant [19]. Der Titel ‹W.› wird von ihm aber auch der Lebensphilosophie zuerkannt, die, wie er von F. Nietzsche ableitet, überhaupt erst «aufgrund eines Wissens von Werten», «mit Recht den Namen Philosophie» trägt [20].

Eine eigentliche ‹Philosophie der Werte› hat H. MÜNSTERBERG geschrieben, nach dessen Auffassung die «philosophische Werttheorie» die Grundfrage beantworten soll, «in welchem Sinne ... die Gültigkeit von Werten überhaupt möglich» ist [21]. Die «Philosophie der Werte» stellt eine «Untersuchung der unbedingten Werte» dar, jener Werte also, die ohne Rücksicht auf dieses oder jenes Individuum und seine Wünsche schlechthin wertvoll sind und sich darum nicht aus «persönlichen Begehrungen» ableiten lassen, wie dies in wirtschaftswissenschaftlichen und psychologischen «Werttheorien» geschieht [22].

Von den 1920er Jahren an wird ‹W.› zum Oberbegriff für alle Theorien, die sich mit dem Wesen von Werten und Wertungen beschäftigen. Das Spektrum reicht von einem Wertapriorismus bis zu einem Wertpsychologismus; die Ansätze sind intuitionistisch, phänomenologisch oder geltungstheoretisch. K. WIEDERHOLD verspricht eine umfassende Grundlegung des «Wertbegriffs» und einen Beitrag zur Bewältigung des philosophischen Grundproblems: «Wie läßt sich ein von aller Subjektivität und aller Relativität des Erlebens unabhängiger idealer Bestand, ein objektiver Gehalt begründen?» [23]

1924 erscheint W. STERNS dritter Band seines ‹Systems des kritischen Personalismus› unter dem Titel ‹W.›, in dem er die Axiologie seiner Zeit mit der traditionellen «Axiosophie» zu verbinden sucht, die nicht nur objektive Werte untersucht, sondern sich nicht scheut, fordernd Stellung zu nehmen [24]. W. in Sterns Sinn ist weder Anthropologie noch Kulturphilosophie, sondern «Metaphysik» [25], Metaphysik allerdings nicht im Sinne der von «Kant erledigten Metaphysik alten Stils». «Ihr 'Nicht-Wissenschaft-Sein' ... beruht nicht darauf ..., daß sie mit der Wissenschaft nichts zu tun hätte, sondern darauf, daß sie deren Vorbedingung ist» [26]. Von der W. als Metaphysik spricht auch J. VOLKELT in der 2. Auflage seiner ‹Grundlegung der Ästhetik›, die eine ausführliche Antwort auf die Frage zu geben versucht, «was für eine Art von Wert das Ästhetische überhaupt ist», und dabei das Ästhetische als «Selbstwert» bestimmt. Selbstwerte anzuerkennen (u.a. auch in Sittlichkeit, Religion, Wissenschaft) sei Kennzeichen der W., und diese falle dadurch «in die Metaphysik hinein», insofern «Selbstwert ... ein Absolutes, Unbedingtes» sei [27].

Eine erste kritische Bestandsaufnahme der verschiedenen Wertphilosophen hat A. MESSER 1926 [28] vorgenommen. Das letzte größere Werk in der Reihe der wertphilosophischen Untersuchungen ist wohl J. COHNS ‹Wertwissenschaft› von 1932, die sich polemisch gegen all jene Philosophien richtet, die im Gefolge Nietzsches eine Wissenschaft vom Wert leugnen [29] oder diesen Anspruch der Philosophie preisgeben wollen [30]. Die Wertwissenschaft ist erstens allgemeine Wertlehre oder «Axiotik», die dem Wertvollen als solchem gilt, dann Systematik, d.h. die Untersuchung des Zusammenhangs der Werte, und schließlich Ergetik, Wissenschaft von der Verwirklichung der Werte.

W. in diesem umfassenden Sinn ist, als eigene Philosophie sowohl wie als Begriff, eine philosophiehistorische Episode geblieben, die in den 1930er Jahren wieder verebbte. Die nachhaltigste Wirkung hatte sie wohl in der auf die Sittlichkeit eingeschränkten Wertuntersuchung auf dem Gebiet der Ethik, in Form der Schelerschen «Wertethik» [31].

Anmerkungen. [1] N. HARTMANN: Ethik (1926, [4]1962) VII (Vorwort 1925); vgl. auch: F.-J. VON RINTELEN: Der Wertgedanke in der europ. Geistesentwicklung (1932). – [2] O. KRAUS: Zur Theorie des Wertes. Eine Bentham-Studie (1901) bes. 41ff. – [3] H. RICKERT: Allg. Grundlegung der Philos. (1921) 319. – [4] H. LOTZE: Grundzüge der Logik (1883) 113. – [5] CH. VON EHRENFELS: Werttheorie, hg. R. FABIAN (1982) 24. – [6] a.O. 399. – [7] A. MEINONG: Abh. zur Werttheorie, hg. R. KINDINGER (1968) 682 (Ms. Bl. 46-52). – [8] F. BRENTANO: Vom Ursprung sittl. Erkenntnis (1889), hg. O. KRAUS (1921) XIII. – [9] W. URBAN: Valuation: Its nature and laws (London 1909). – [10] Vgl. P. LAPIE: Logique de la volonté (Paris 1902) 385. 389-392. – [11] Vgl. Art. ‹Wert III. A.›. – [12] TH. LESSING: Studien zur Wertaxiomatik. Arch. systemat. Philos. 14/1 (1908) 58-94. – [13] W. WINDELBAND: Einl. in die Philos. (1914, [2]1920) 254. – [14] a.O. 252. – [15] Was ist Philos.? (1882), in: Präludien 1 (1884, [6]1919) 1-54, 29. – [16] H. RICKERT: Die Grenzen der naturwissenschaftl. Begriffsbildung (1902) 700; CH. KRIJNEN: Nachmetaphys. Sinn: eine problemgeschichtl. und systemat. Studie zu den Prinzipien der W. Heinrich Rickerts (2001). – [17] a.O. [3] 142. – [18] Der Gegenstand der Erkenntnis (1892, [5]1921) 237. – [19] a.O. [3] 319. – [20] a.O. 316. – [21] H. MÜNSTERBERG: Philos. der Werte (1908) 4. – [22] a.O. 22. 23. – [23] K. WIEDERHOLD: Wertbegriff und W. (1920) Vorwort. – [24] W. STERN: W. (1924) 4f. – [25] a.O. XIII. – [26] 30. – [27] J. VOLKELT: System der Ästhetik 1: Grundlegung der Ästhetik (1905, [2]1927) 25. – [28] A. MESSER: Dtsch. W. der Gegenwart (1926). – [29] J. COHN: Wertwissenschaft (1932) VI. – [30] a.O. VIII. – [31] Vgl. Art. ‹Wert III. B.›.

Literaturhinweise. M. HEIDEGGER: Zur Bestimmung der Philos.: Phänomenol. und transzendentale W., Vorles. [SS 1919]. Ges.ausg. II/56/57 (1987) 120-200. – A. MESSER s. Anm. [28]. – F.-J. VON RINTELEN: Der Wertgedanke in der europ. Geistesentwickl. I: Altertum und MA (1932). – O. KRAUS: Die Werttheorien, Geschichte und Kritik (1937). – R. RUYER: Philos. de la valeur (Paris 1952). – W. EHRLICH: Hauptprobleme der W. (1959). – F.-J. VON RINTELEN: W., in: Die Philos. im 20. Jh., hg. F. HEINEMANN (1959) 441-449. – H. SCHNÄDELBACH: Philos. in Deutschland 1831-1933 (1983) 198-231. – M. HEINZ: Die Fichterezeption in der südwestdtsch. Schule des Neukantianismus. Fichte-Studien 13 (1997) 109-129.

J. BERTHOLD/A. HÜGLI

Werturteil; Werturteilsstreit (engl. value judgement, value controversy)

I. *Deutschland.* – Der Werturteilsstreit [Ws.] erhebt sich zu Beginn des 20. Jh. im Lager der Soziologen, weitet sich dann aber auch auf andere Erfahrungswissenschaften aus durch die Frage, ob es Methoden gibt, die normative Urteile begründen, und wird im Positivismusstreit der 1960er Jahre weitergeführt. Der Ws. entzündet sich an M. WEBERS These der Wertfreiheit der Wissenschaften [1]: «wir sind der Meinung, daß es niemals Aufgabe einer Erfahrungswissenschaft sein kann, bindende Normen und Ideale zu ermitteln, um daraus für die Praxis Rezepte ableiten zu können» [2]. Eine wissenschaftliche Behandlung der W.e ist nach Weber durchaus möglich, aber nur in einem deskriptiven Sinn, denn «eine empirische Wissenschaft vermag niemanden zu lehren, was er *soll*, sondern nur, was er *kann* und – unter Umständen – was er *will*» [3]. Entsprechend kann nur die faktische Geltung von Werten wissenschaftlich konstatiert, ihre normative Verbindlichkeit jedoch nicht aus dem empirischen Befund hergeleitet werden. Für Weber ist die Beurteilung der Soll-Geltung von Werten Sache des Glaubens, der dem Leben einen Sinn geben möchte. Unter ‹Wert› versteht Weber «das und nur das, was fähig ist, Inhalt einer Stellungnahme: eines artikuliert-bewußten positiven und negativen 'Urteils' zu werden, etwas, was 'Geltung heischend' an uns herantritt, und dessen 'Geltung' als 'Wert' 'für' uns demgemäß nun 'von' uns anerkannt, abgelehnt oder in den mannigfachsten Verschlingungen 'wertend beurteilt' wird» [4]. Die Wissenschaft nimmt nicht ihrerseits Stellung zur normativen Dignität von Werten, sondern transformiert «normativ gültige Wahrheiten in konventionell geltende Meinungen», d.h. sie behandelt Werte «als 'seiend', nicht als 'gültig'» [5]. «Inwieweit praktische Wertungen, insbesondere also: ethische, ihrerseits normative Dignität beanspruchen dürfen», hält Weber für «Probleme der Wertphilosophie, nicht der Methodik der empirischen Disziplinen» [6].

Webers Thesen werden im Ws. kontrovers diskutiert. Während die eine Gruppe W.e als subjektive, nicht verallgemeinerbare Stellungnahmen auffaßt und damit Webers Trennung zwischen Soziologie und Wertphilosophie zustimmt, problematisiert eine andere Gruppe den Ausschluß der Beurteilung von W.en hinsichtlich ihrer Normativität aus den empirischen Wissenschaften. E. Topitsch sieht in Webers Trennung zwischen Soziologie und Wertphilosophie eine Reaktion auf die Vertreter der Wertethik, denen er vorwirft, die Analogie zwischen intellektuellen und emotional-volitiven Akten zu weit gezogen und einen «axiologischen Quasi-Intellektualismus» betrieben zu haben [7]. Th. Geiger charakterisiert W.e als ideologische Aussagen, die eine subjektive, sinnlich-geschmackliche Empfindung einer Person fälschlicherweise objektivieren und im Gefolge einer kollektiven Bewertungsattitüde als allgemeingültig ausgeben. «Was dem W. zugrunde liegt, ist ... nur ein sensuelles oder emotionales Verhältnis des Urteilenden zum Urteilsgegenstand. ... Die Objektivierung von Bewertungen in einer Wertidee ist illusionär. Das W. ist eine Ist-Aussage über ein nur vermeintliches Etwas» [8]. V. Kraft definiert W.e im Unterschied zu Tatsachenaussagen als allgemeine Anweisungen zu Stellungnahmen, wobei die eigene Wertung für überpersönlich und als für alle verbindlich ausgegeben wird. «Die Geltung eines W. bedeutet: die Zuschreibung eines Wertcharakters an einen Gegenstand soll allgemein anerkannt werden» [9].

L. Strauss ist der Meinung, Webers These der Wertfreiheit führe in den Nihilismus, weil der Vernunft die Kompetenz abgesprochen werde, zu einer echten Erkenntnis des Seinsollenden zu gelangen. Die Soziologie komme bei der Erklärung sozialer Phänomene nicht ohne W.e aus. Methodisch – im Sinne einer bloßen «Vorbereitungsarbeit» – müsse freilich der Soziologe die ihm fremden Gesellschaften zunächst aus sich selbst heraus zu verstehen suchen und dabei auf Wertungen verzichten. Sie benötige ein Bezugssystem von Lob und Tadel, auf dessen Folie sie fremde Kulturen beurteilen könne, ohne ihr die eigenen Wertstandards überzustülpen [10]. G. Weisser fordert ausdrücklich eine normative Sozialwissenschaft, die imstande ist, rational begründete Empfehlungen abzugeben und kategorische Imperative zu formulieren [11]. R. König sieht die eigentliche Problematik des Weberschen Postulats der W.-Freiheit in der fehlenden Differenzierung zwischen dem Wert der Rationalität in Methode und Ethik auf der einen Seite und allen übrigen Wertentscheidungen auf der anderen Seite. «Die Differenz wird hergestellt durch das von der Rationalität nicht ablösbare Moment der Kritik, in der die Folgen eines beliebigen Mittels an einer rationalen Idee von Menschlichkeit gemessen werden. Schlechterdings keine der anderen Wertentscheidungen kann dies Moment aufweisen, so daß sie alle nur versuchen, ihren Wert als Wert universaler Natur zu setzen, alle anderen Werte damit notwendigerweise zu entwerten und damit einen Kampf der Werte zu provozieren, in dem ein Ende grundsätzlich nicht abzusehen ist» [12].

Eine analytisch differenzierende Position im Ws. nimmt H. Albert ein. Er schlägt vor, zwischen Objekt- und Metasprache zu unterscheiden, zwischen W.en und dem methodisch reflektierten Reden *über* solche Urteile. Aus letzterer Sicht «ist ein Satz als ein W. anzusehen, wenn er: 1. den jeweils anvisierten Sachverhalt in positiver oder negativer Weise für das Verhalten (Stellungnahme oder Handeln) auszeichnet; 2. dabei ein normatives Prinzip (Wertstandard oder Verhaltensmaxime) als gültig unterstellt, das ein entsprechendes Verhalten fordert; und 3. eine präskriptive Erwartung involviert, daß die Adressaten des Satzes sich mit diesem Prinzip identifizieren und sich daher entsprechend verhalten» [13]. Unstrittig sind die Wertungen, die als faktisch vorliegende Phänomene zum Gegenstandsbereich der Sozialwissenschaften gehören. Das eigentliche W.-Problem stellt sich auf der metasprachlichen Ebene: ob die Sozialwissenschaften selber W.e über ihren Gegenstandsbereich fällen und sich damit als normative oder wertende Disziplin konstituieren. Albert vertritt die These, daß sich Webers Prinzip der Wertfreiheit ohne weiteres aufrechterhalten lasse, insofern «eine kognitiv-informative Zielsetzung W.e innerhalb sozialwissenschaftlicher Aussagenzusammenhänge entbehrlich macht» bzw. vorhandene W.e «ohne Verlust von Informationsgehalt neutralisiert werden» könnten [14]. Gleichwohl kann die Soziologie auch als nichtwertende Informationswissenschaft zur Lösung normativer Probleme beitragen, ohne jedoch den Handlungssubjekten die Entscheidung abnehmen zu wollen.

Im «Positivismusstreit» verschiebt sich die im Ws. vorrangige Frage der Wertfreiheit der Wissenschaften auf die Frage nach einer Methodologie, die im Hinblick auf die sozialen Tatbestände als kritisches Instrument eingesetzt werden kann. Die Hauptkontrahenten sind Th. W. Adorno und K. R. Popper, deren Auseinandersetzung über die Logik der Sozialwissenschaften sich um das Problem der Objektivität (und damit der Wertfreiheit) der Wissenschaften dreht. Popper unterscheidet zwischen rein wissenschaftlichen, auf die Erkenntnis der Wahrheit bezogenen, und außerwissenschaftlichen Werten, räumt aber ein, daß sie sich in der Gestalt des Wissenschaftlers nicht trennen lassen. «Wir können dem Wissenschaftler nicht seine Parteilichkeit rauben, ohne ihm auch seine Menschlichkeit zu rauben. Ganz ähnlich können wir nicht seine Wertungen verbieten oder zerstören, ohne ihn als Menschen und als Wissenschaftler zu zerstören. ... Der objektive und der wertfreie Wissenschaftler ist nicht der ideale Wissenschaftler. ... Objektivität und Wertfreiheit sind ja selbst Werte. Und da also die Wertfreiheit selbst ein Wert ist, ist die Forderung der unbedingten

Wertfreiheit paradox» [15]. Objektivität garantiert nach Popper eine deduktive Logik, die Hypothesen einem Falsifikationsverfahren unterzieht und damit für rationale Kritik offenhält. ADORNO hält die Trennung von wertendem und wertfreiem Verhalten für problematisch. «Was Wertproblem genannt wird, konstituiert sich überhaupt erst in einer Phase, in der Mittel und Zwecke um reibungsloser Naturbeherrschung willen auseinandergerissen wurden; in der Rationalität der Mittel fortschreitet bei ungeminderter oder womöglich anwachsender Irrationalität der Zwecke» [16]. Ursprünglich im Tauschverhältnis entstanden – ein Sein für ein anderes –, sei der Wertbegriff im Gefolge herrschender Interessen substantialisiert und zu einem Ansich verdinglicht worden. «Das gesamte Wertproblem ... ist demnach falsch gestellt. Wissenschaftliches Bewußtsein von der Gesellschaft, das sich wertfrei aufspielt, versäumt die Sache ebenso wie eines, das sich auf mehr oder minder verordnete und willkürlich statuierte Werte beruft; beugt man sich der Alternative, so gerät man in Antinomien» [17]. Die Dichotomie von Sein und Sollen müsse in ihrer Falschheit durchschaut werden, damit die Soziologie «eine Konzeption von richtiger Gesellschaft» entwickeln könne [18]. J. HABERMAS äußert sich bezüglich der Popper-Adorno-Kontroverse dahingehend, daß er die «positivistisch bereinigte Grenze zwischen Erkennen und Werten» nicht als ein Resultat, sondern als Problem verstanden wissen wolle [19]. Der auf dem Postulat der Wertfreiheit beruhende Dualismus von Tatsachen und Entscheidungen weise darauf hin, daß soziale Normen weder unmittelbar in der Natur noch im Gegebenen begründbar sind, daraus folge aber nicht, daß der normative Sinn von Normen und Werten einer rationalen Erörterung nicht zugänglich sei. Diese müsse im Sinne Adornos dialektisch geführt werden, weil der Sinn empirischer Geltung mittels analytisch-empirischer Verfahren nicht erfaßbar sei, nachdem man den Gegenständen «die Haut subjektivierter Wertqualitäten abgestreift» und «die Mannigfaltigkeit der sozialen Lebensbezüge und der erkenntnisleitenden Interessen abgeblendet» habe [20]. Werte konstituieren sich vielmehr in den Beziehungen zwischen handelnden Subjekten und Gegenständen als gelebter Sinn, in dem deskriptiver und normativer Gehalt sich gegenseitig durchdringen. Die der Wertneutralität verpflichtete positivistische Grenzziehung zwischen Ausgangssituation, alternativen Mitteln und hypothetischen Zwecken verkenne, daß W.e nicht erst auf der Zweckebene anzusiedeln, sondern schon von Anfang an mit im Spiel seien und selbst die wissenschaftliche Einstellung mitbestimmen. «Bedingungen, die Situationen des Handelns definieren, verhalten sich wie die Momente einer Totalität, die nicht dichotomisch in Totes und Lebendiges, in Tatsachen und Werte, in wertfreie Mittel und wertbesetzte Zwecke aufgespalten werden können, ohne sie als solche zu verfehlen. ... Praktische Fragen können daher nicht zureichend mit einer zweckrationalen Wahl wertneutraler Mittel beantwortet werden» [21]. In einer Replik auf Habermas bestreitet H. ALBERT, daß die modernen Verfechter eines methodischen Wertfreiheitsprinzips die normativen Bezüge der Forschung und die erkenntnisleitenden Interessen übersähen [22], und wirft Habermas vor, sich beharrlich zu weigern, die komplexe Wertproblematik zu zerlegen, um die Teilprobleme gesondert zu analysieren. Der dialektische Rekurs auf die Totalität liefere keine Lösungen für die Problematik der W.e.

Vertreter der Erlanger Schule haben sich anheischig gemacht, eben dieses Problem der Etablierung eines rationalen Diskurses über normative Orientierungen zu lösen und mithin den Ws. in dem von Habermas anvisierten Sinne zu entscheiden [23]. Aufgabe einer normativ orientierten Sozialwissenschaft sei es, die Vermittlungszusammenhänge aufzuzeigen zwischen Handlungssituationen und den Interessen und Bedürfnissen der von diesen Situationen betroffenen Personen oder Gruppen. In Abhängigkeit von den verfolgten Interessen könne nun für oder gegen vorgeschlagene oder unternommene Handlungen argumentiert werden. Im Falle einer Interessenkollision – wenn keine Handlungsweisen zur Verfügung stehen, die es gestatten, alle Interessen der Beteiligten oder Betroffenen zu realisieren – könne das von der Erlanger Schule vorgeschlagene interessenkritische Verfahren zur Anwendung kommen, das darin besteht, «kollidierende Interessen zunächst als abgeleitete Interessen zu begreifen und dann durch äquivalente Interessen zu ersetzen, für die keine Kollision mehr besteht». Daß jedermann eine Modifikation seiner Interessen gemäß diesem Verfahren zugemutet werden könne, sei dann ein begründetes Prinzip normativen Argumentierens. Der Ws. lasse sich somit zuspitzen auf die Frage, ob solche begründete Verfahren für Interessen- und Bedürfniskritik zur Verfügung stehen oder nicht [24].

Anmerkungen. [1] Vgl. Art. ‹Sollen I. 5.›. Hist. Wb. Philos. 9 (1995) 1042-1044; Art. ‹Sozialwissenschaft; Gesellschaftswissenschaft›, a.O. 1254f. – [2] M. WEBER: Die 'Objektivität' sozialwiss. und sozialpolit. Erkenntnis (1904), in: Methodolog. Schr., hg. J. WINCKELMANN (1968) 1-64, 4. – [3] a.O. 6. – [4] Idealtypus, Handlungsstruktur und Verhaltensinterpretation (1905-1913), a.O. 65-167, 108. – [5] Der Sinn der 'Wertfreiheit' der sozialen und ökonom. Wiss.en (1917), a.O. 229-277, 269. 268. – [6] a.O. 241. – [7] E. TOPITSCH: Kritik der phänomenolog. Wertlehre (1951), in: H. ALBERT/E. TOPITSCH (Hg.): Werturteilsstreit (1971) 16-32; vgl. Art. ‹Wert II.›. – [8] TH. GEIGER: Das W. – eine ideolog. Aussage (1953), a.O. 33-43, zit. 42f. – [9] V. KRAFT: Wertbegriffe und W.e (1951), a.O. 44-63. – [10] L. STRAUSS: Die Unterscheidung zwischen Tatsachen und Werten (1953), a.O. 73-91, 76. 91. – [11] G. WEISSER: Zur Erkenntniskritik der Urteile über den Wert sozialer Gebilde und Prozesse (1953/54), a.O. 125-149. – [12] R. KÖNIG: Einige Überlegungen zur Frage der 'Werturteilsfreiheit' bei M. Weber (1964), a.O. 150-188, 184. – [13] H. ALBERT: Theorie und Praxis. M. Weber und das Problem der Wertfreiheit und der Rationalität (1966), a.O. 200-236, 214. – [14] a.O. 217. – [15] K. R. POPPER: Die Logik der Sozialwiss.en (1962), in: Der Positivismusstreit in der dtsch. Soziol. (1969) 103-123, 114f. – [16] TH. W. ADORNO: Zur Logik der Sozialwissenschaften (1962), a.O. 125-143, 138; auch in: Ges. Schr., hg. R. TIEDEMANN 8 (1972) 547-565, zit. 560. – [17] a.O. 139/561. – [18] a.O. – [19] J. HABERMAS: Analyt. Wiss.theorie und Dialektik. Ein Nachtrag zur Kontroverse zwischen Popper und Adorno (1963), a.O. 155-191, 171. – [20] a.O. 185. – [21] 188. – [22] H. ALBERT: Der Mythos der totalen Vernunft. Dialekt. Ansprüche im Lichte undialekt. Kritik (1964), a.O. 193-234, 217. – [23] P. JANICH/F. KAMBARTEL/J. MITTELSTRASS: Wissenschaftstheorie als Wissenschaftskritik (1974) 109; vgl. den ersten Programmentwurf: O. SCHWEMMER: Philos. der Praxis. Versuch zur Grundlegung einer Lehre vom moral. Argumentieren (1971) 132-175; ferner auch: O. SCHWEMMER, in: P. LORENZEN/O. SCHWEMMER: Konstruktive Logik, Ethik und Wiss.theorie (²1975) 165-170. – [24] a.O. 114.

Literaturhinweise. G. WEIPPERT: Vom Ws. zur polit. Theorie. Weltwirtschaftl. Archiv 49 (1939) 1-100. – C. VON FERBER: Der Ws. 1909/1959. Versuch einer wissenschaftsgeschichtl. Interpretation. Kölner Z. Soziol. Sozialpsychol. 11 (1959) 21-37. – G. MYRDAL: Das Wertproblem in der Sozialwiss. (1965, ²1975). – A. WELLMER: Krit. Gesellschaftstheorie und Positivismus (1969). – F. KAMBARTEL/J. MITTELSTRASS (Hg.): Zum normat. Fundament der Wiss. (1973). – H. LÜBBE: Die Begründbarkeit von Normen und die sog. Wertfreiheit der Wiss.en, in: A. PAUS (Hg.): Werte, Rechte, Normen (Graz 1979) 171-202. – M. RIEDEL: Norm und W. Grundprobleme der Ethik (1979). – H. KEUTH: Wiss. und W.

Zu W.-Disk. und Positivismusstreit (1989). – M. SCHMID: Der Positivismusstreit in der dtsch. Soziologie. 30 Jahre danach. Logos, NF 1 (1993) 35-81. A. PIEPER

II. *Angelsächsischer Raum.* – Daß Sozial- und Politikwissenschaft neutral zu sein und sich, frei von allen wertenden Stellungnahmen, auf reine Faktenerkenntnis zu beschränken hätten, war bis weit in die 1960er Jahre kaum bestrittene Doktrin auch im angelsächsischen Raum. Opposition erwuchs ihr aber nicht nur von marxistischer Seite, die in der angeblichen Wertfreiheit der Sozialwissenschaften nur eine verdeckte Parteinahme für die Werte der repressiven, kapitalistischen Gesellschaft zu sehen vermag [1], sondern auch aus dem Lager der Anti-Naturalisten. Einer ihrer entschiedensten Kritiker ist CH. TAYLOR: Wie Taylor aufgrund einer Analyse von Werken führender Vertreter der Wertfreiheitsthese – S. M. LIPSETS ‹Political Man› (1960) und H. LASSWELLS und A. KAPLANS ‹Power and Society› (1952) – zu zeigen versucht, sind diese Werke – ihrem Selbstverständnis zum Trotz – keineswegs neutral, sondern eindeutig auf bestimmte W.e festgelegt. Im Unterschied zu anderen Antinaturalisten wie W. CONNOLLY [2], H. MACINTYRE [3] oder A. RYAN [4] begnügt sich TAYLOR allerdings nicht mit der bloßen Entlarvung versteckter ideologischer Momente. Er gibt eine sprachanalytische Begründung für die allgemeine These, daß sozialwissenschaftliche Untersuchungen notwendigerweise mit Wertungen verbunden seien: Da die Gegenstände sozialwissenschaftlicher Forschung, Institutionen, soziale und politische Handlungen usw., mit menschlichen Bedürfnissen, Wünschen, Absichten usw. verknüpft seien, weise jeder erklärende begriffliche Bezugsrahmen auch einen Bezug zu Wertfragen auf, denn die Aussage, daß eine Institution, eine soziale oder politische Maßnahme menschliche Bedürfnisse befriedige, sei prima facie auch ein Argument, sie positiv zu bewerten [5]. Dieser Zusammenhang ist jedoch nach Taylor nicht deduktiver Art – insofern ist auch für ihn der Schluß von einem Sein auf ein Sollen ein naturalistischer Fehlschluß. Der Zusammenhang ergibt sich vielmehr daraus, daß W.e – im Unterschied zu emotionalen Reaktionen – Begründungen verlangen und daß diese Begründungen letztlich nur dann verständlich sind und nur dann ein Ende finden, wenn sie mit der Erfüllung menschlicher Bedürfnisse in Verbindung gebracht werden können [6]. Dies heißt, genauer besehen: Die W.e ergeben sich nicht aus dem, was gesagt wird. Sie sind also nicht, wie etwa G. MYRDAL meint [7], schon im logischen Gehalt der sozialwissenschaftlichen Theorien, in ihren Begriffen und Definitionen, enthalten, sondern eine Folge der Wirkung, die eintritt, wenn man – in einem bestimmten Kontext – bestimmte Theorien vertritt. Die Wirkung zeigt sich darin, daß jede Theorie zwangsläufig bestimmte praktische Wertungen mit ihren Aussagen unterstützt und die Akzeptanz anderer untergräbt [8].

TAYLOR zieht aus dieser notwendigen Wertbezogenheit politischer Wissenschaften jedoch nicht den Schluß, daß Wissenschaft nun selber schon politisch Partei ergreifen müsse – er verteidigt vielmehr mit Nachdruck die Forderung nach politischer Neutralität der Universität in aktuellen politischen Debatten [9]. Aufgabe der Sozialwissenschaften sei es vielmehr, die Wertungen und Selbstdeutungen herauszuarbeiten, die hinter den individuellen und politischen Präferenzen stehen und diesen Sinn und Bedeutung verleihen – eine Arbeit, der sich Taylor selber unterworfen hat mit seiner Erforschung des Systems der starken Wertungen und Selbstdeutungen, das den Hintergrund bildet für das abendländische Verständnis von Politik und Gemeinschaft und das sich – entgegen den Thesen der Naturalisten – durch keine neutrale Metasprache beschreiben läßt [10].

Der Ws. im Anschluß an M. Weber wurde vor allem unter dem Gesichtspunkt geführt: Wie ist, angesichts der Subjektgebundenheit aller Erkenntnis, wissenschaftliche Objektivität, das heißt eine von subjektiven Voraussetzungen freie Beschreibung der Welt möglich? Die Frage kann aber auch umgekehrt lauten: Wie ist es möglich, daß es, im Rahmen einer von subjektiven Voraussetzungen unabhängigen, «aus dem Nirgendwo» erfolgenden objektiven Weltsicht, so etwas wie ein Selbst, eine persönliche Perspektive und eine Perspektive anderer Personen geben kann? [11] Es ist das Verdienst von TH. NAGEL, die Aufmerksamkeit auf diese zweite Frage gelenkt zu haben. Seine These, daß es irreduzible subjektive Realitäten gebe, zum Beispiel, wie es wäre, eine Fledermaus zu sein [12], die in keine objektive Weltsicht eingehen, führt ihn zum Schluß, daß die Erkenntnisformen, die den physikalischen und biologischen Aspekten der Wirklichkeit angemessen sein mögen, sich nicht auf subjektive Realitäten anwenden lassen [13]. Wo es um subjektive Realität gehe, zeige sich uns nur aus subjektiver Perspektive, wer wir seien (und nicht etwa bloß, wie wir uns erscheinen) [14]. Dies zu leugnen, sei die verhängnisvolle Doktrin des Szientismus [15], der seine Parallele habe im Naturalismus auf dem Gebiet der Werte: Werte seien irreal, was Menschen bewege, seien nicht Werte, d.h. objektive Gründe, sondern psychologisch beschreibbare Motive und Neigungen [16].

In dieser Ablehnung des Naturalismus trifft sich Nagel mit Taylor, für den eine Theorie auf einem «entscheidenden Irrtum» beruht [17], wenn sie, wie der Behaviorismus, das Verhalten von Menschen in anderen Begriffen zu erklären versucht als in den Begriffen, deren wir uns bei unseren Entscheidungen in unserer eigenen Lebensführung selbst bedienen.

Radikalisiert wird diese Position durch jene Autoren, welche die von TAYLOR [18] behauptete und von NAGEL vorausgesetzte strikte Trennung [19] zwischen einer dem Objektivitätsideal verpflichteten Naturwissenschaft und einer subjektgebundenen, «in dichten Beschreibungen» [20] erfolgenden Humanwissenschaft [21], zwischen dem, «what is in here», und dem, «what is out there» [22], grundsätzlich in Frage stellen. «What we need», so R. RORTY, «is the ability to think about science in such a way that its being a 'value-based enterprise' occasions no surprise. All that hinders us from doing so is the ingrained notion that 'values' are 'inner' whereas 'facts' are 'outer'» [23].

Anmerkungen. [1] Exemplarisch dafür etwa: L. MARCUSE: One-dimensional man (London 1964, ²1991) 156ff.; dtsch.: Der eindimensionale Mensch (1967) 171ff. – [2] W. CONNOLLY: Polit. science and ideology (New York 1967). – [3] H. MACINTYRE: The end of ideology and the end of the end of ideology (London 1971). – [4] A. RYAN: 'Normal' science or polit. ideology? in: P. LASLETT/W. G. RUNCIMAN/Q. SKINNER (Hg.): Philos., politics and society, 4th ser. (Oxford 1972) 86-100. – [5] CH. TAYLOR: Neutrality in polit. science, in: LASLETT u.a. (Hg.): Philos ..., 3rd ser. (1967) 25-57, bes. 47ff. – [6] a.O. 52f. – [7] G. MYRDAL: Das Wertproblem in der Sozialwiss. (1965, ²1975) 79ff. – [8] Vgl. dazu: H. ROSA: Paradigma und Wertbeziehung. Zu Sinn und Grenzen des Paradigmenkonzeptes in den Sozialwiss.en. Logos, NF 2 (1995) 59-94. – [9] CH. TAYLOR: Neutrality in the university, in: A. MONTEFIORE (Hg.): Neutrality and impartiality. The university and polit. commitment (Cambridge 1975) 128-148. – [10] Exemplarisch etwa: Hegel (Cambridge 1975); dtsch.: Hegel (1978); Hegel and modern society (Cambridge 1979); Sources of the self. The making of the modern identity (Cambridge 1989); dtsch.: Quellen des Selbst. Die Entstehung der neuzeitl. Identität (1994) 155ff. – [11] Vgl. TH. NAGEL: The view from nowhere (Oxford 1986) 27; dtsch.: Der Blick von nirgendwo (1992) 50. – [12] So der Titel seines wichtigen Aufsatzes von 1974: What is it like to be a bat? in: Mortal questions (Cambridge u.a. 1979) 165-195; dtsch.: Wie fühlt es sich an, eine Fledermaus zu sein? in: Letzte Fragen (2001) 229-249. – [13] a.O. [11] 87/dtsch. 151. – [14] a.O. 89/155; vgl. auch: Mortal questions, a.O. [12] 211f./dtsch. 363f. – [15] a.O. [11] 9/21. – [16] a.O. 141f./ 244f. – [17] TAYLOR: Sources, a.O. [10] 58/dtsch. 114. – [18] Vgl. etwa: Rorty in the epistemolog. tradition, in: A. MALACHOWSKY (Hg.): Reading Rorty. Crit. responses to 'Philos. and the mirror of nature' (and beyond) (Oxford 1990) 257-275; dazu: R. RORTY: Taylor on truth, in: J. TULLY (Hg.): Philos. in an age of pluralism. The philos. of Ch. Taylor in question (Cambridge 1994) 20-33. – [19] W. HEISENBERG: Physik und Philos. (1959, [4]1984) 37. – [20] C. GEERTZ: Dichte Beschreibung. Beitr. zum Verstehen kultureller Systeme (1994). – [21] TAYLOR: Sources, a.O. [10] 80f./ dtsch. 154f. – [22] R. RORTY: Philos. and the mirror of nature (Princeton 1979) 335. 338f. 341; dtsch.: Der Spiegel der Natur: eine Kritik der Philos. (1981) 365. 368. 371. – [23] a.O. 341/dtsch. 371.

A. HÜGLI

Wesen (lat. essentia; engl. essence; frz. essence)

I. *Antike*. – 1. *Terminologie und Übersetzungstraditionen*. – Das griechische Wort οὐσία, eine Substantivierung des Verbs εἶναι (sein), wird durch die platonisch-aristotelische Metaphysik ein Grundbegriff der Philosophie. Das Spektrum seiner Bedeutungen wird schon durch die Übersetzungsschwierigkeiten und -traditionen angezeigt. SENECA will wörtlich – CICERO folgend – «essentia» etablieren [1]; QUINTILIAN dagegen betont, die «essentia» als Übersetzung der ersten Aristotelischen Kategorie gebe Antwort auf die Frage, «ob etwas sei»; er bezieht sich auf den Stoiker PLAUTUS bzw. VERGINIUS FLAVUS, die «ens» und «essentia» neu gebildet hätten [2]. Im 4. Jh. sagt AUGUSTINUS, daß die lateinischen Ausdrücke ‹substantia› und ‹essentia› noch nicht lange in Gebrauch sind [3]. Er weist darauf hin, daß das, was «mit einem neuen Namen» «essentia», abgeleitet von «esse», dem griechischen «Ousia» entsprechend, oder auch – synonym, aber «gebräuchlicher» – «substantia» genannt werde, von den Alten, die diese Bezeichnungen noch nicht hatten, als allgemeine «Natur» bezeichnet worden sei [4]. Durchgesetzt hat sich im Lateinischen aber durch die spezielle Ousia-Lehre der Aristotelischen ‹Kategorienschrift› das lateinische ‹substantia›, so daß die Ousia-Lehre mit gutem Recht unter ‹Substanz› abgehandelt wird [5]. Durch die christliche Inanspruchnahme des Ousia-Begriffs in der Trinitätslehre – übersetzt als ‹essentia› – wird im christlichen Mittelalter ‹essentia› der Hauptterminus. Die Derivate der lateinischen Termini gehen in alle europäischen philosophischen Sprachen ein.

Im *Deutschen* ist neben den Abkömmlingen der lateinischen Termini ‹essentia› und ‹substantia› ein eigenes Wort ‹W.› erhalten geblieben. Die ursprüngliche Bedeutung weist von der indogermanischen Wurzel ‹*ves› ('verweilen', 'wohnen') auf den Aufenthalt, die Wohnstätte, das Anwesen (als Kompositum seit dem 15./16. Jh. nachweisbar) [6]. Dem Wort ‹W.› eignet ein stärkerer verbaler und damit aktivischer Charakter als den entsprechenden griechischen und lateinischen Termini. Die verbale Verwendung hält sich bis ins 18. Jh. Sie geht in das Verbum substantivum ‹sein› als dessen präteritale und partizipiale Formen ein, während die präsentischen Formen bis zum Frühneuhochdeutschen aussterben. ‹W.› hat von seinem ersten Auftreten an bis ins 18. Jh. den Grundsinn 'Dasein, Bestand' [7]. Die Übersetzung des griechischen Terminus οὐσία und der lateinischen Termini ‹essentia› und ‹substantia› erfolgt zunächst nicht durch ‹W.› (Ausnahme: OTFRID VON WEISSENBURG, der an einer Stelle das Wort gebraucht, jedoch vermutlich in verbalem Sinn) [8], sondern durch verwandte Ableitungen vom Stamme ‹*ves›, etwa «vist» bei NOTKER DEM DEUTSCHEN u.a. [9]. Von Bildungen wie 'W. der Seele' (im Unterschied zu ihren 'Kräften') und 'Gottes W.' in der Deutschen Mystik (etwa bei MEISTER ECKHART [10]) ausgehend, kommt es zur allgemein gebräuchlichen Übersetzung von ‹substantia›, ‹essentia› und ‹Ousia› durch ‹W.› [11]. Dabei kann ‹W.› dieselbe Doppelbedeutung annehmen, die auch schon in dem griechischen ‹Ousia› liegt: ‹W.› bezeichnet das bestimmte, für sich Seiende und ist damit gleichbedeutend mit ‹Substanz› (s.d.). Und W. ist im eigentlichen Sinne die allgemeine Natur einer Sache.

Auch ‹Wesenheit› – im Deutschen synonym mit ‹Wesen› geworden – war bei MEISTER ECKHART und HEINRICH SEUSE als Ausdruck für den Charakter des W. von diesem abgehoben [12] und hat darin eine Entsprechung zum griechischen Wort οὐσιότης [13] sowie zum lateinischen ‹essentialitas› [14]. Im philosophischen Sprachgebrauch verbreitet sich ‹Wesenheit› erst durch den Idealismus, so bei F. W. J. SCHELLING [15] und G. W. F. HEGEL, für den die Wesenheiten – Identität, Unterschied und Widerspruch – Reflexionsbestimmungen des W. sind [16].

2. *Platon*. – Wie das deutsche ‹W.›, mit dem es nach sprachlicher Herkunft und Bedeutung weitgehend übereinstimmt, und im Gegensatz zum lateinischen ‹essentia›, ist das griechische οὐσία ein Wort der Umgangssprache. Es findet sich im vorphilosophischen Sprachgebrauch bei HERODOT [17] und anderen in einer Bedeutung, die den Besitz und das Eigentum, zumal das bäuerliche Anwesen, betrifft. Dieser Wortgebrauch hält sich auch in philosophischen Texten durch. In den Rang eines philosophischen Terminus wird οὐσία durch PLATON erhoben [18]. Gegen die These des PARMENIDES von der Einzigkeit des Seins (ἐόν) spricht PLATON von einer Mannigfaltigkeit reiner Einheiten. Diese sind das, was ein jegliches Seiendes ist (ὃ τυγχάνει ἕκαστον ὄν) [19]: das W. als das für das viele Einzelne einheitlich Eine, was das Einzelne selbst ist (αὐτὸ ὅ ἔστι) [20]. Die οὐσία ist das, dem das 'ist' (εἶναι) in eigentlicher Weise zugesprochen wird [21]. Die Frage nach dem W. erhebt sich zunächst in den Frühdialogen am Leitfaden der Frage nach den Tugenden und ihrer Einheitlichkeit [22]. Sie wird beantwortet durch die Angabe dessen, was ein jegliches als es selbst ist (αὐτὸ καθ' αὑτό) [23]: seiner Washeit [24]. So ist die οὐσία das, was Platon das εἶδος und die ἰδέα nennt, der W.-Bestand und W.-Anblick, der ein jegliches als das, was es ist, in seiner ihm eigenen Sachhaltigkeit bestimmt [25]. Über dieses W. hinaus (ἐπέκεινα τῆς οὐσίας) [26] gewährt die Idee des Guten dem W. selbst den Bestand. Das W. ist das Unwandelbare und Unauflösliche [27], das sich stets in derselben Weise gemäß demselben verhält (ἀεὶ κατὰ ταὐτὰ ὡσαύτως ἔχει) [28]. Es ist so allem entgegengesetzt, was den Grundcharakter des Werdens (s.d.) aufweist [29], d.h. allem Einzelnen als bloß Einzelnem. Daher ist das W. als das wirklich Seiende (ὄντως ὄν) [30] in allen seinen Charakteren dem entgegengesetzt, was sinnenfällig erfaßbar ist, d.h., es ist das Unsinnliche [31], das nur im Denken erfaßbar ist [32].

3. *Aristoteles und seine Kommentatoren*. – Platons Bestimmungen des W. sind z.T. von ARISTOTELES in seiner Lehre von der Ousia aufgenommen worden, die im 7. Buch der ‹Metaphysik› entfaltet wird als eine Lehre vom

W., das nach Aristoteles sowohl vom W.-Begriff oder der Zweiten Substanz wie auch vom Substrat (s.d.) einer Sache zu unterscheiden ist [33]. Aristoteles hat für diesen spezifizierten Ousia-Begriff auch das Kunstwort ‹To ti en einai› (s.d.) geprägt. Nach Aristoteles ist die Grundlegung der Metaphysik, als der Wissenschaft von der Ousia, aufs engste mit dem Begriff des W. verbunden. Denn da Metaphysik das Denken des Seienden ist, Denken aber notwendig die Geltung des Widerspruchsgesetzes voraussetzt, muß die Metaphysik mit der Annahme eines Identischen, eben des W. beginnen. Was z.B. in seinem W. Menschsein ist, kann nicht zugleich Nichtmensch sein. Wer aber dieses Gesetz nicht anerkennt, kann weder etwas Bestimmtes denken noch es in der Sprache bezeichnen. «Überhaupt aber heben die, die dies behaupten, die Ousia und das W. auf» [34]. Die Notwendigkeit der Annahme eines W. liegt somit in der Struktur der Sprache selbst begründet, die immer ein Bestimmtes meint und es in der Definition bezeichnet. Etwas als das W. eines Dinges zu bezeichnen bedeutet, daß «sein eigentliches Sein nichts anderes ist» [35]. Aristoteles hat das W. einer Sache stets sorgfältig von ihrem kategorialen substantiellen Sein unterschieden. «Logisch» wirkt sich die Annahme eines W. so aus, daß von einer Sache «an sich» (καθ' αὑτό) Aussagen gemacht werden können, aber von der Substanz und den anderen kategorialen Bestimmungen in je verschiedener Weise. Dementsprechend kommt – real (πῶς ἔχει) – der Substanz vorrangig und schlechthin das in einer Definition ausdrückbare W. zu, sekundär und in nachgeordneter Weise aber auch den anderen kategorialen Bestimmungen [36]. Das W. ist die der Sache immanente, artmäßige Formbestimmtheit. Aristoteles nennt sie auch die «Erste Ousia», insofern sie, wie z.B. die Seele oder das Krumme, aufgrund ihrer Einfachheit selbst nicht an einem anderen ist, sondern das innerste Element von etwas darstellt, auf das Komplexeres zurückgeführt werden kann [37]. Das W., dessen Form im Falle der artifiziellen Dinge ein intramentales Sein in der Seele hat, heißt aber auch deswegen «Erste Ousia», weil es ontologisch als Artbestimmtheit (z.B. im Falle der Baukunst: das Haus) auch das jeweilige Gegenteil, nämlich die Privation (s.d.), z.B. einen Fehler, mit abdeckt. «Form nenne ich aber das immaterielle W.» [38]. Das W. als «Erste Ousia» muß somit sowohl von der «Ersten Substanz» der ‹Kategorienschrift› wie auch von der im theologischen Sinne verstandenen «Ersten Substanz» im 12. Buch der ‹Metaphysik› unterschieden werden.

Alexander von Aphrodisias greift die Aristotelische Idee von einem den Dingen immanenten W. auf und verteidigt sie vehement gegenüber der Platonischen Ideenlehre. Er macht darüber hinaus deutlich, daß die Aristotelische Metaphysik, deren Gegenstand das «Seiende als Seiendes» ist, die eigentliche Wissenschaft vom W. ist. Denn das Seiende als Seiendes zu erkennen bedeutet, «von einem jeglichen das W. offenbar machen» zu können (παντὸς τὸ τί ἦν εἶναι δῆλον ποιεῖν) [39]. Das W. selbst ist aber die eine, zusammenfassend gedachte, mit den Einzeldingen verbundene «Natur» einer Sache, die konfus (συγκεχυμένον) und in eingefalteter Weise (συνεπτυγμένως) all das enthält, was die Definition explizit macht [40]. Das W. im Sinne der allgemeinen Natur kommt jedoch den Einzeldingen nicht so zu wie ein Akzidens der Substanz, sondern «an sich», d.h., es ist vollständig in jedem Einzelnen. Deswegen ist das Sokrates-Sein zugleich das Menschsein [41].

In diese inneraristotelische Diskussion um das W. mischt sich auch Plotin mit kritischem Unterton ein. Obwohl er meistens den Begriff der Ousia im Sinne der Substanz – hier als intelligible Kategorie des Seins – versteht, hat er doch an wenigen Stellen auch den Aristotelischen Begriff ‹To ti en einai› aufgenommen, um auf eine von den Aristotelikern vernachlässigte Seite des W.-Begriffs aufmerksam zu machen. Das W. ist nämlich nicht nur das bloße Was einer Sache, sondern auch ihr Grund. Versteht man die Idee als das W., dann fallen Wasgehalt und «Warum» (διότι) einer Sache zusammen, denn die «Entfaltung» der Idee offenbart das jeweilige Warum. So ist denn im Reich des Geistes oder der Ideen «die Substanz, das W. und das Warum Eines» (ἡ ουσία καὶ τὸ τί ἦν εἶναι καὶ τὸ διότι ἕν) [42].

In der Ammonius-Schule wird die Bedeutung von οὐσία im Sinne des W. erstmals auch ausdrücklich im Unterschied zum Begriff der Substanz bewußt. Wie Ammonius selbst erläutert, ist unter οὐσία nicht das den Akzidentien Entgegengesetzte, d.h. die Substanz, zu verstehen, sondern die Existenz (ὕπαρξις) einer jeden Sache [43]. Damit wiederum ist nicht die reine Existenz, sondern die «Natur» einer jeglichen Sache gemeint, in der die aktuelle (und zwar die vergangene wie auch die mögliche zukünftige) Existenz miteingeschlossen ist. Ammonius stellt in diesem Sinne das W. als die allgemeine «Natur», die auch die Akzidentien mit umfaßt, der Substanz gegenüber [44]. Die Philosophie befaßt sich daher nicht mit allen in der Welt vorkommenden Dingen, sondern mit dem «W. und Sein einer jeden Sache» (τὴν γὰρ οὐσίαν ἑκάστου πράγματος καὶ τὸ εἶναι σκοπεῖ ὁ φιλόσοφος) [45]. Nicht die partikulären Pferde oder Menschen, auch nicht das – wie hier erstmals unterschieden wird – individuelle W. eines bestimmten Pferdes oder Menschen sind ihr eigentlicher Gegenstand, sondern das allgemeine W. des Pferdes oder des Menschen. Wenn Ammonius als ontologisches Kriterium des W. die selbständige und selbstkonstitutive Existenz (αὐθυπόστατον) angibt und dabei auf die unselbständige Existenz des Akzidens als konträren Gegensatz verweist [46], scheint er freilich selbst schon wieder in den Substanz-Akzidens-Gegensatz zurückzufallen. Diesen Mangel der Bestimmung des W. haben die Schüler auszugleichen gesucht. Wie Philoponos repräsentativ formuliert, ist in der spätantiken Philosophie allgemein bewußt, daß der Begriff der οὐσία vieldeutig ist, weil er die Kategorie der Substanz, die Materie, auch die Wesensbestimmung und eben auch das W. im Sinne der «ganzen Existenz» bezeichnen kann [47].

Wie Philoponos greifen auch Simplikios und Olympiodor die Idee des Ammonius auf und begreifen das W. einer Sache im Unterschied zur Substanz – die wesentlich von den Akzidentien verschieden und selbstkonstitutiv ist – als ihre schlechthin gesamte Existenz oder, wie Simplikios sagt, als die ganze Existenz des sich verändernden Seins (einer Sache), in der die Akzidentien inbegriffen sind [48]. Das W. solcher Art ist nach Philoponos nicht ein durch die Summierung vieler Individuen gebildetes Allgemeines, auch kein abgetrenntes W. im Sinne der Platoniker, sondern eine allgemeine Natur, die in den Einzeldingen verwirklicht ist, ein «allgemeines W.», das alle partikulären Exemplare «durchdringt» (διήκειν) [49]. Wenn das aber zum W. des W. gehört, dann kann es von den Phantasiegegenständen der menschlichen Vernunft, wie z.B. dem Bockhirsch, kein W. geben oder vielmehr: Dann können wir die Natur eines solchen Gebildes nicht «wissen» [50]. Dementsprechend hat auch Simplikios das W. einer Sache sowohl im platonischen Sinne des Seins selbst (αὐτὸ ὄν) als auch im aristotelischen Sinne des wesentlichen Seins (ὅπερ ὄν) als die allgemeine, reale, alles Einzelne durchdringende Natur verstanden, die nicht mit dem abstrahierten W.-Begriff verwechselt werden darf [51].

Von dieser offenbar von AMMONIUS ausgehenden Tradition, in der das W. mit der «ganzen Existenz» (ὕπαρξις) identifiziert wird, ist eine andere zu unterscheiden, in der gerade der Unterschied zwischen Existenz und W. gesehen wird. DAMASKIOS überliefert eine von den Chaldäischen Orakeln beeinflußte Lehre, nach der das W. oder das bestimmte Seiende die Existenz – verstanden im Sinne des reinen Aktes – in sich als «Element» enthält. Das W. als das aus Potentialität und Aktualität Zusammengesetzte ist das der Existenz Folgende, später als diese, die das ganz Einfache, das Eine ist [52]. Es war just diese Theorie über Sein und W., die – durch BOETHIUS in einer anderen Terminologie vermittelt – im Mittelalter breit aufgenommen wurde [53].

4. *Patristik*. – Im Rahmen der zur gleichen Zeit sich etablierenden christlichen Philosophie erhält der Begriff des W. eine eigene Kontur vor allem durch charakteristische Gegenbegriffe. So hat ORIGENES in seiner Kritik an der einseitigen Orientierung der Gnostiker an der Welt der Konstitutionen und Naturen dem Begriff des W. den der Freiheit gegenübergestellt. Nicht von einem W. ist die Freiheit abhängig, sondern sie bestimmt das Wesen selbst [54]. Dies hat GREGOR VON NYSSA aufgenommen [55], klarer als alle vorher aber hat es JOHANNES CHRYSOSTOMUS zum Ausdruck gebracht: «Wichtiger als das Wesen ist die Freiheit, und dies ist der Mensch eher als jenes» (τῆς γὰρ οὐσίας ἡ προαίρεσις κυριωτέρα, καὶ τοῦτο μᾶλλον ἄνθρωπος, ἢ ἐκεῖνο) [56]. In diesem Sinne avanciert im antimanichäischen Schrifttum der Wille oder die Freiheit zum begrifflichen Gegensatz des W. [57]. Der Begriff des W. ist darüber hinaus auch in der Trinitätslehre von entscheidender Bedeutung. Hier tritt bei den christlichen Autoren ein anderer Gegensatz in den Vordergrund, nämlich der zwischen dem allgemeinen W. Gottes und den drei Hypostasen (s.d.), die als drei Personen verstanden werden. ORIGENES ist einer der ersten, der von dem einen W. und den drei Einzelwirklichkeiten (Hypostasen) spricht (οὐσία μία – τρεῖς δὲ ὑποστάσεις) [58]. Nach ATHANASIUS ist das W. das die Hypostasen, d.h. die Personen (πρόσωπα) bzw. ihre charakteristischen Merkmale allgemein Verbindende [59]. In ähnlicher Weise, aber unter den Vorzeichen der stoischen Philosophie, hat BASILIUS das W. als die Allgemeinheit im göttlichen Sein verstanden, die Hypostasen jedoch als das je Besondere [60]. AUGUSTINUS hat diese griechische Unterscheidung zwischen ‹W.› und ‹Hypostasis› offenkundig nicht mehr verstanden, infolgedessen auch nicht die Zeitgenossen, die einen Unterschied zwischen ‹essentia› und ‹substantia› machen wollen; Augustinus übersetzt die Formel mit «una essentia, tres substantiae» [61].

Anmerkungen. [1] SENECA: Ep. 58, 6f. 15. – [2] QUINTILIAN: Instit. orat. III, 6, 23; VIII, 3, 33. – [3] AUGUSTINUS: De trin. VII, 6, 11. CCSL 50, hg. W. J. MOUNTAIN (Turnholt 1968) 261f. – [4] De moribus eccl. cath. et Manichaeorum II, 2. Oeuvr. [Bibl. Augustinienne], hg. B. ROLAND-GOSSELIN 1 (Paris 1949) 258; vgl. De civ. Dei XII, 2. CCSL 48, hg. B. DOMBART/A. KALB (Turnholt 1955) 357; De trin., a.O.; vgl. auch: De trin. V, 8, 9, a.O. 215f.; De haeres. 49. CCSL 46, hg. R. VANDER PLAETSE/C. BEUKERS (Turnholt 1969) 320f. – [5] Vgl. Art. ‹Substanz I.›. Hist. Wb. Philos. 10 (1998) 495-507. – [6] Vgl. Art. ‹W.›. GRIMM 14/I, 2 (1960) 507-581. – [7] OTFRID VON WEISSENBURG: Liber evang. I, hg. P. PIPER (1882/83) 201, 1. – [8] a.O. III (²1882) 22, 32. – [9] NOTKER DER DEUTSCHE: Die Schr., hg. P. PIPER (1882/83) 1, 841, 7; 2, 643, 3. – [10] MEISTER ECKHART: Pr. 11. Die dtsch. Werke, hg. J. QUINT 1 (1958, ND 1986) 177; Pr. 101, a.O. 4, hg. G. STEER (2002) 343. – [11] L. DIEFFENBACH: Glossarium lat.-germanicum mediae et infimae aetatis (1857) 561 C. 210 C. 630 C. – [12] MEISTER ECKHART: Tr. 12: Von dem Uberschalle. Dtsch. Mystiker des 14. Jh., hg. F. PFEIFFER 2 (1857, ND 1962) 520, 2; HEINRICH SEUSE: Dtsch. Schr., hg. K. BIHLMEYER (1907, ND 1961) 162. – [13] ELIAS: In Arist. Cat. CAG 18/1, hg. A. BUSSE (1900) 221, 1; DAMASCIUS: De princ. 58, hg. C. A. RUELLE (Paris 1899). – [14] MARIUS VICTORINUS: Adv. Arium IV. Op. theol., hg. P. HADOT/P. HENRY. CSEL 83 (Wien 1961) 231. – [15] F. W. J. SCHELLING: Ueber das Verhältnis des Realen und Idealen in der Natur (1806). Sämmtl. Werke, hg. K. F. A. SCHELLING (1856-61) I/2, 359. – [16] G. W. F. HEGEL: Wiss. der Logik I (1812/13). Akad.-A. 11 (1978) 258. – [17] HERODOT: Hist. I, 92 a; VI, 86. – [18] Zu erwägen sind außerdem: PHILOLAOS: VS 44, B 11 und EURIPIDES: Herakl. 377. – [19] PLATON: Phaedo 65 d/e. – [20] 75 d 2. – [21] 78 d 1f.; Resp. VI, 509 b 7f. – [22] Prot. 349 b 1f.; Men. 72 a-74 c. – [23] Resp. VI, 507 b 7. – [24] Phaedo 92 d 8f. – [25] Es kommt dem W. daher der Charakter des μονοειδής zu: Phaedo 78 d 5; Symp. 211 b 1; Resp. X, 612 a 4. – [26] Resp. VI, 509 b 9f. – [27] Tim. 38 a 3f. u.a. – [28] Phaedo 79 d 5; Resp. IX, 585 c 2. – [29] Phileb. 53 c 5; Resp. VII, 534 a 2f.; Tim. 29 c 3. – [30] Resp. VI, 490 b 5; vgl. Phileb. 58 a 2. – [31] Phaedr. 247 c 6f. – [32] Soph. 246 b 7f. – [33] ARISTOTELES: Met. VII, 3, 1028 b 33ff. – [34] IV, 4, 1007 a 17-27; vgl. 1012 a 22f. b 7. – [35] 1007 a 26f. – [36] VII, 4, 1029 b 13-1031 a 14. – [37] 11, 1037 a 28-1037 b 7; zum Beispiel des Krummen bei Aristoteles vgl. auch: ALEXANDER APHR.: In Met. CAG 1, hg. M. HAYDUCK (1891) 549, 13. – [38] 7, 1032 a 32-1032 b 14. – [39] ALEXANDER APHR., a.O. [37] 443, 5. – [40] a.O. 467, 3ff.; 469, 37; vgl. 471, 2ff.; 516, 30ff.; 519, 5. – [41] 468, 4f. – [42] PLOTIN: Enn. VI, 7 (38), 2-4; hier: 3, 21. – [43] AMMONIUS: In Porph. Isag. sive quinque voces 13, 10. CAG 4/3, hg. A. BUSSE (1891) 115, 5f. – [44] In Cat. CAG 4/4, hg. A. BUSSE (1895) 20, 26ff. – [45] In Porph. Isag., Prooem., a.O. [43] 2, 25f. – [46] a.O. 18, 19ff. – [47] JOH. PHILOPONUS: In De an. CAG 15, hg. M. HAYDUCK (1897) 28, 29. – [48] In Cat. CAG 13/1, hg. A. BUSSE (1898) 20, 9; SIMPLICIUS: In Phys. CAG 9, hg. H. DIELS (1882) 194, 1ff.; vgl. auch: 195, 17ff.; OLYMPIODORUS: In Cat. CAG 12, hg. A. BUSSE (1902) 32, 34. – [49] In Anal. post. CAG 13/3, hg. M. WALLIES (1909) 273, 7; In De an., a.O. [47] 38, 5ff.; vgl. SIMPLICIUS: In Phys., a.O. 132, 10f. – [50] In Anal. post., a.O. 360, 6ff. – [51] SIMPLICIUS, a.O. [48] 132. – [52] DAMASCIUS: Traité des premiers principes II, hg. L. G. WESTERINK/J. COMBÈS (Paris 1989) 70f.; vgl. Dubitationes et solutiones I, hg. C. A. RUELLE (Paris 1889, ND Amsterdam 1966) 312. – [53] Vgl. P. HADOT: L'être et l'étant dans le néoplatonisme, in: Et. néo-platonic. (Neuchâtel 1973) 27-41. – [54] Belege bei TH. KOBUSCH: Die philos. Bedeutung des Kirchenvaters Origenes. Theol. Quart.schr. 165 (1985) 94-105, bes. 98f. – [55] GREGOR NYSS.: C. Eunomium III, 2, 39. Opera, hg. W. JAEGER 2 (Leiden 1960) 65, 1ff. – [56] JOH. CHRYSOSTOMUS: In ep. ad Col. III, 8, 1. MPG 62, 352f. – [57] Vgl. DIDYMUS CAECUS: C. Manichaeos 10. MPG 39, 1097; vgl. auch: JOH. CHRYSOSTOMUS: De Lazaro 2. MPG 48, 983. – [58] ORIGENES: Schol. in Matth. 28. MPG 17, 309 D. – [59] ATHANASIUS: Syntagma ad quendam politicum. MPG 28, 1404; vgl. Art. ‹Person I. 4.›. Hist. Wb. Philos. 7 (1989) 277f.; ‹Substanz; Substanz/Akzidens I. 7.›, a.O. 10 (1998) 502f. – [60] BASILIUS: Ep. 38, hg. R. J. DEFERRARI (London/Cambridge, Mass. 1972) 1, 218; vgl. Ep. 214, a.O. 3, 234; Ep. 236, a.O. 3, 402. – [61] AUGUSTINUS: De trin. V, 8, 10, a.O. [4] 216f.; vgl. auch: Ep. 120, 3. CSEL 34/2, hg. A. GOLDBACHER (1898) 719.

Literaturhinweise. R. BOEHM: Das Grundlegende und das Wesentliche (Den Haag 1966). – CH. H. KAHN: The verb 'Be' in ancient Greek (Dordrecht 1973). – J.-F. COURTINE: Les traductions latines d'ΟΥΣΙΑ et la compréhension romano-stoic. de l'être (1980), in: Les catégories de l'être. Et. de philos. anc. et médiév. (Paris 2003) 11-77. Red.

II. *Mittelalter*. – Das Verständnis von ‹W.› (‹essentia›) entwickelt sich im lateinischen Mittelalter im theologischen und philosophischen Kontext: Die Trinitätsspekulation bestimmt die göttliche Wesenheit im Verhältnis zu den drei Personen. Die Christologie erörtert, ob in Christus die göttliche und die menschliche Wesenheit durch ein einziges Sein konstituiert werden. Die Schöpfungstheologie unterscheidet zwischen der göttlichen und geschaffenen Wesenheit. Die Ideenlehre thematisiert eine exemplarische Abhängigkeit der Wesensnaturen von göttlichen Urbildern. Die Diskussion um die Possibilien (s.d.) erörtert den eidetischen Ursprung und die Seinsweise der Wesenheiten, wobei von deren Existenz abgesehen wird. Im Kontext des Problems der ewigen Wahrheiten wird die Gültigkeit von Sätzen erörtert, auch wenn den Satzgliedern keine ewigen Wesenheiten zugrunde liegen. Im Universalienproblem ist die Frage nach einer Entsprechung von Allgemeinbegriff und natura communis thematisiert. In der Individuationsthematik wird der Unterschied zwischen individuierter oder nicht individuierter Artnatur bestimmt. Die Diskussion um die Unterscheidung von Sein und W. ist grundlegend, sofern in diesem Kontext die Grundbegriffe der Metaphysik erklärt werden. Zwei Quellen bestimmen maßgeblich die Diskussion: BOETHIUS' Unterscheidung von «quod est» und «esse» im Geschöpf und sein Verständnis der Partizipation [1] sowie AVICENNAS absolute Betrachtung der Wesenheit.

1. *Arabische Philosophie.* – Nach AVICENNA ist die Wesenheit als solche bzw. die Washeit (s.d.) nur sie selbst; sie hat daher eine eigene Geltung, der gegenüber Bestimmungen wie Allgemeinheit und Individualität, mentale oder reale Seinsweise akzidentell sind [2]. Sie ist also gegenüber diesen Bestimmungen indifferent und läßt sich ohne sie denken. Entsprechend unterscheiden sich W. und Sein in jedem möglichen W.: «alia, excepto necesse esse, habent quidditates quae sunt per se possibiles esse, quibus non accidit esse nisi extrinsecus» [3]. Avicenna trennt damit aber das W. nicht vom Sein, denn es gibt nichts, das nicht entweder mentales oder reales Sein hat [4], und umgekehrt ist die Existenz nicht als kategoriales Akzidens, sondern als Verwirklichung der möglichen Wesenheit zu verstehen [5]. Im Unterschied zum Möglichen ist das notwendige Sein reine Einheit [6]; es ist nichts als notwendiges Sein, ohne Washeit [7]. Von Avicenna übernehmen die lateinischen Autoren das Verständnis der Wesenheit als gegenüber Sein und Nichtsein indifferent und als Gegenstand der Definition.

Während ALGAZEL und MOSES MAIMONIDES unter Avicennas Einfluß in allen Seienden außer Gott das Sein als akzidentell zum W. auffassen [8], weisen AVERROES und nach ihm zahlreiche lateinische Autoren (THOMAS VON AQUIN, SIGER VON BRABANT u.a. [9]) diese Lehre zurück: «Avicenna autem peccavit multum in hoc quod existimavit quod unum et ens significant dispositiones additas essentiae rei» [10]. Sah AVICENNA die Kontingenz in der Nicht-Identität von Sein und möglichem W. grundgelegt, so gibt AVERROES den Gedanken der Kontingenz auf: Die Verwirklichung eines Möglichen ist notwendige Folge einer ewigen virtuellen Präexistenz des Möglichen im Akt der Ursache [11].

2. *Zusammensetzung der Geschöpfe.* – a) *Quod est/quo est.* – Vor dem Wiederbekanntwerden der Werke des Aristoteles sind die Terminologie und der Diskussionsrahmen hinsichtlich der W.-Problematik noch nicht festgelegt. Die Boethischen Begriffe «quod est» und «esse» deutet GILBERT VON POITIERS als «quod est» und «quo est» [12] oder als «subsistens; subsistentia» [13]. Gott ist das Sein selbst («ipsum esse»); in ihm sind «quo est» und «quod est» identisch [14]. Die Geschöpfe sind nur durch Teilhabe [15], und so unterscheiden sich in ihnen «quo est» und «quod est» [16].

b) *Universaler Hylemorphismus.* – Ist Zusammensetzung aus einem Akt- und einem Potenzprinzip das entscheidende Merkmal der Geschöpfe im Gegensatz zur Einfachheit Gottes, so läßt sich diese Zusammensetzung verschieden denken. Man kann z.B. im Gefolge von AVICEBRON [17] jeglichen Geschöpfen eine Zusammensetzung aus Stoff und Form zuschreiben. Die immateriellen Substanzen haben entsprechend eine «materia spiritualis». Diese Lösung wird in der Franziskanerschule bevorzugt (‹Summa Halensis›, ROGER BACON, BONAVENTURA, JOHANNES PECKHAM, WILHELM DE LA MARE, RICHARD VON MEDIAVILLA und GONSALVUS HISPANUS [18]), findet aber im 13. Jh. auch sonst Verbreitung (z.B. JOHN BLUND, ROBERT KILWARDBY [19]). Die Bedeutung der quod-est–quo-est/esse-Zusammensetzung rückt dabei in den Hintergrund.

c) *Kritik des universalen Hylemorphismus.* – Anstelle einer Zusammensetzung aller Geschöpfe aus Stoff und Form spricht WILHELM VON AUVERGNE von einer «compositio» von «quidditas» und «esse» bzw. von «quod est» und «quo est» und nimmt eine Trennbarkeit des Seins von den kontingenten Seienden an [20]. Bei ALBERTUS MAGNUS bekommt das Begriffspaar ‹quod est›–‹quo est› einen neuen Sinn: «quo est est forma totius, quod est autem dicit ipsum totum cuius est forma» [21]. ‹Form› bedeutet entweder die Form des Stoffes (z.B. die Geistseele) oder die Form des Kompositums als ganzen (das ‹esse›, z.B. Mensch) [22]. Ohne «materia spiritualis» läßt sich so in geistigen Substanzen die Form vom Subjekt unterscheiden [23]. W. und Sein verhalten sich wie das Abstrakte zum Konkreten; das Sein ist Akt des W. [24]. MARTIN VON DACIEN nimmt eine Zusammensetzung der Geschöpfe aus Substanz und Sein an [25] – ein Begriffspaar, das der deutlichste Beleg für die Realdistinktion vor dem Aquinaten ist und das bei diesem wieder begegnet [26].

d) *Esse/essentia.* – Bei THOMAS VON AQUIN wird die reale Zusammensetzung von «esse» und «essentia» (verstanden als «quiditas», «quod quid erat esse», «forma» oder «natura» [27]) zu einem Strukturprinzip der Geschöpfe und daher zu einem Fundament der Metaphysik. Das «esse» versteht er als «actualitas omnium actuum» und «perfectio omnium perfectionum» [28]. Gott ist uneingeschränktes, subsistentes Sein: «ipsum esse subsistens» [29]. In den Geschöpfen kann die Differenzierung des Seins nicht durch Hinzufügung eines Unterschieds, sondern nur durch Aufnahme in einer begrenzten Wesenheit geschehen [30]. Die Wesenheit bestimmt das Sein wie die Potenz den Akt, nicht umgekehrt [31]. Die Wesenheiten der Geschöpfe nehmen den von sich aus unbegrenzten Seinsakt je nach ihrem Fassungsvermögen auf und bestehen so nur durch Teilhabe am Sein [32]. Das Geschöpf verhält sich daher zu seinem Sein wie die Potenz zum Akt [33]. Auch immaterielle Substanzen sind aus «esse» (Akt) und «essentia» (Potenz) zusammengesetzt. Materielle Substanzen sind zweifach zusammengesetzt: aus Stoff (Potenz) und Form (Akt), die als ganze Substanz ihrerseits in Potenz stehen zum Seinsakt [34]. Die Zusammensetzung aus «esse» und «essentia» ist aber nicht wie bei AVICENNA [35] als Hinzufügung des Seins zur Wesenheit «per modum accidentis» zu verstehen; das «esse» ist bei THOMAS vielmehr ein Seinsprinzip der Wesenheit: der Akt der Wesenheit [36]. Die Wesenheit ist als solche in materiellen Substanzen noch nicht zur Subsistenz fähig. Sie bedarf dafür der «materia signata» bzw. der «materia sub quantitate terminata» zur Bestimmung ihrer Individualität [37]. Ihren eidetischen Ursprung haben die Wesenheiten in den göttlichen Ideen [38].

3. *Der Unterschied von Sein und W.* – a) *Realer Unterschied:* THOMAS spricht nicht wörtlich von einer Real-

distinktion; er hat jedoch eine nicht-mentale Unterscheidung von Sein und W. in der konkret existenten Wesenheit im Sinn [39]. AEGIDIUS ROMANUS radikalisiert die Position des Aquinaten durch Verdinglichung der Realdistinktion und zieht damit heftige Kritik auf sich; er legt aber zugleich Rahmen und Begrifflichkeit der folgenden Diskussionen fest. Aegidius deutet «esse» und «essentia» als zwei real verschiedene Dinge («res») [40]. Das «esse» ist vom W. abtrennbar (Vernichtung des Geschöpfs [41]), womit jedoch keine getrennte Existenz von «esse» und «essentia» gemeint ist [42]. Hatte schon Aegidius die Akzidentalität der Existenz dinglich aufgefaßt [43], so wird diese Position bei JOHANNES QUIDORT verschärft [44].

b) *Intentionaler Unterschied:* Nach HEINRICH VON GENT, der hier offenbar von ROGER BACON abhängig ist [45], nimmt die Wesenheit nicht das Sein begrenzend auf, sondern sie ist selbst durch Teilhabe und hat daher ein Sein, das «Sein der Wesenheit» («esse essentiae»). Dieses verdankt sich Gottes Exemplarursächlichkeit [46], während das «Sein der Existenz» («esse existentiae») dem Geschöpf als Wirkung des göttlichen Willens zukommt [47]. Die Existenz bedeutet eine Beziehung zu Gott als Wirkursache, zusätzlich zur Beziehung zu Gott als Exemplarursache. «Esse essentiae» und «esse existentiae» sind daher nur 'intentional' unterschieden, d.h., ihre Begriffe schließen einander aus [48]. Die intentionale Distinktion wird später von WALTER BURLEY aufgegriffen [49]. Mit HEINRICH erfährt die Problematik eine epistemologisch-modale Wende: Nicht mehr Schöpfungstheologie, sondern «scientia Dei» und Possibilienproblematik stehen nun im Vordergrund. Das Sein der Wesenheit ist Gegenstand von Gottes ewiger Erkenntnis der Geschöpfe und zeichnet mögliche Dinge gegenüber unmöglichen Gedankengebilden aus [50], und es kommt der Wesenheit vor der realen Existenz ewiglich zu [51]. Kritiker (RICHARD VON MEDIAVILLA, GOTTFRIED VON FONTAINES, JOHANNES DUNS SCOTUS, WILHELM VON OCKHAM) wenden dagegen ein, daß diese Lehre dem Dogma der Schöpfung aus dem Nichts widerspreche [52].

c) *Gedanklicher Unterschied:* SIGER VON BRABANT erarbeitet eine sprachphilosophische Lösung, die zahlreiche Anhänger gefunden hat (GOTTFRIED VON FONTAINES, JAKOB VON VITERBO, PETRUS JOHANNIS OLIVI, DIETRICH VON FREIBERG, HERVAEUS NATALIS, JOHANNES BURIDANUS [53]). Unter dem Einfluß des AVERROES [54] argumentiert SIGER gegen die Realdistinktion: Wäre alles Seiende aus zwei Komponenten zusammengesetzt, so müßten auch diese Komponenten zusammengesetzt sein [55]. Den unendlichen Regreß vermeidet Siger durch die Behauptung der Realidentität von Sein und W. Lediglich ihr «modus significandi» ist verschieden: Sein («ens») bezeichnet «per modum actus», W. («res») «per modum habitus»; Sein und W. verhalten sich wie «currere» und «cursus» [56]. GOTTFRIED VON FONTAINES lehnt ein universales, subsistentes Sein ab. Jedes Seiende, auch Gott, ist ein bestimmtes Seiendes («aliquod ens»). Es gibt kein «esse solum», das weiterer Bestimmung bedürfte [57]. Die Wesenheit ist weder ein Prinzip, welches das unbestimmte Sein aufnimmt, noch eine seinsneutrale Entität: Ist die Wesenheit in Potenz, so auch das Sein; ist sie im Akt, dann auch das Sein. «Esse» – verstanden als Existenz [58] – und «essentia» sind identisch und nur gedanklich wie verschiedene Modi significandi unterschieden: ‹Sein› bezeichnet konkret, was ‹W.› abstrakt benennt [59].

d) *Modaler Unterschied:* Bei DUNS SCOTUS ist die Diskussion um den Unterschied von Sein und W. nicht mehr zentral; wichtiger ist für ihn die Frage nach dem eidetischen Ursprung der Wesenheit und die ontologische Charakterisierung des Möglichseins. Der eidetische Gehalt und die Möglichkeit der Geschöpfe gründen – gegen Heinrich – nicht im «esse essentiae», sondern allein in deren Gedachtsein durch Gott (d.h. in den göttlichen Ideen) sowie in der Nicht-Widersprüchlichkeit des jeweiligen Gehalts [60]. Sie haben daher kein ewiges Sein der Wesenheit, sondern ein ewiges «esse intelligibile» bzw. «esse obiectivum», das Duns Scotus als «esse diminutum» interpretiert [61]. Wird eine mögliche Wesenheit realisiert, so besteht keine reale Distinktion von «esse essentiae» und «esse existentiae», da das W. ohne Existenz nichts ist [62]. Auch Duns Scotus versteht die Wesenheit nicht als Prinzip, das einen unbestimmten Seinsakt einschränkt, da als Konsequenz des univoken Begriffs des Seienden das Sein nicht als Vollkommenheitsfülle verstanden wird [63] und da jedes Seiende als solches bereits einen bestimmten Seinsgrad aufweist [64]. Den Unterschied von Wesenheit und Existenz faßt Duns Scotus offenbar als modale Distinktion: «essentia et ejus existentia in creaturis se habent sicut quidditas et modus, ideo distinguuntur» [65]. Er manifestiert sich in einer je verschiedenen Erkenntnisweise: Abstraktive Erkenntnis erreicht das W., intuitive Erkenntnis die Existenz [66]. FRANZ VON MAYRONIS spricht ausdrücklich von einer modalen Distinktion zwischen W. und Existenz [67] und schreibt den Wesenheiten unabhängig von Gott ein Sein der Wesenheit zu [68].

e) *Konzeptueller Unterschied:* PETRUS AUREOLI kehrt zum Verständnis des Seins als Akt der Wesenheit zurück, leugnet aber, daß das «esse» der «essentia» etwas Absolutes, Relatives, eine «ratio» oder einen «modus significandi» hinzufüge [69]. «Esse» und «essentia» sind konzeptuell unterschieden. Zur Beschreibung dieses Unterschieds verwendet er den bei DIETRICH VON FREIBERG [70] belegten Gegensatz von Ruhen und Tätigkeit: Der Begriff des Seins bezeichnet entgegen der Wesenheit «per modum operationis et fluxus», drückt eine bestimmte Zeit aus und schließt jede Form der Verminderung (Potentialität und Gedachtsein) aus; W. und Sein verhalten sich wie 'Licht' und 'leuchten' [71].

f) *Grammatikalischer Unterschied:* Nach WILHELM VON OCKHAM bedeuten W. und Sein bzw. Existenz dasselbe und unterscheiden sich nur grammatikalisch wie Verb und Nomen: ‹Sein›, aber nicht ‹W.›, vermag die Funktion der Kopula zu übernehmen [72]. ‹W.› steht nicht mehr für die gegenüber Sein und Existenz sowie Allgemeinheit und Individualität indifferente Zweite Substanz (Artnatur) [73], weshalb ein Individuationsprinzip überflüssig wird [74].

4. *Meister Eckhart.* – Das W. der Geschöpfe unterscheidet MEISTER ECKHART als ungeschaffene «rationes» im göttlichen Verbum von ihrem geschaffenen Sein außerhalb Gottes. Ihrer Wesensstruktur nach sind die Dinge im göttlichen Leben und Verstehen konstituiert, wo sie ein «esse plenum» (im eidetischen Sinn) genießen, aber keine Existenz, sondern virtuelles Sein haben [75]. Die Existenz außerhalb Gottes verdunkelt die Dinge: Dort sind sie nicht mehr ungeteilt, unvermischt und haben kein wahres Sein [76]. Umgekehrt kommt das formale, geschaffene Sein den Dingen nicht in ewiger idealer Seinsweise zu, sondern nur in zeitlicher Existenz [77]. Was die Dinge sind, haben sie durch sich selbst: «in omni creato aliud est esse ab alio, aliud essentia, et non ab alio»; im Satz «homo est animal» wird kein Sein prädiziert, sondern unter Absehen von der Existenz nur die Übereinstimmung von Subjekt und Prädikat ausgesagt

[78]. In Gott bilden Sein und W. eine Einheit: «Underscheit in wesene [Sein] und in wesunge [W.] wirt genomen ein und ist ein»; der Mensch ist aufgerufen, wie Gott eins zu sein und dadurch das Sein und somit Gott zu finden: «In underscheide envindet man noch ein noch wesen noch got» [79].

5. *Spätscholastik*. – Die Autoren der Spätscholastik stehen vor allem unter dem Einfluß von Aegidius Romanus (den sie als getreuen Interpreten von Thomas von Aquin verstehen), Heinrich von Gent und Duns Scotus. Typisch für die Thomas-Kommentatoren ist die Verteidigung der Realdistinktion – wie bei Heinrich von Gent verstanden als Unterschied von W. und Existenz (Johannes Capreolus [80], Thomas de Vio Cajetanus [81]). Während Vertreter der Realidentität die Wesenheit vor ihrer zeitlichen Existenz als Nichts betrachten, neigen einige Verteidiger der Realdistinktion dazu, der Wesenheit wie Heinrich von Gent ein ewiges Sein zuzuschreiben (z.B. Johannes Capreolus [82]). Der reale Unterschied bezieht sich nicht auf Sein und W. im konkret existenten Geschöpf, sondern auf den Unterschied zwischen dem möglichen W. und seiner Existenz. Das Sein (Existenz) ergänzt eine bereits konstituierte Wesenheit (F. Sylvester [83], D. Báñez [84]). Unter dieser Voraussetzung fassen einige die Wesenheit gegenüber der Existenz als vollkommener auf (z.B. P. de Soncino [85], seitens der Scotisten B. Mastrius [86]; nicht aber Báñez [87]; Zwischenposition: J. a S. Thomas [88]).

Gegen solche essentialistischen Tendenzen wendet sich F. Suárez. Vor der Schöpfung, d.h. getrennt vom Sein der Existenz, ist die Wesenheit der Geschöpfe nichts [89]. Als solche ist sie zwar ein «ens reale», sofern ihr das Sein nicht widerspricht [90], doch ist ihr Sein kein aktuelles, sondern es ist nur in der Ursache oder im Intellekt [91]. Die aktuell existente Wesenheit unterscheidet sich von der potentiellen durch ihre eigene Entität (ihr Sein der Wesenheit) [92]; von der Existenz unterscheidet sie sich nur gedanklich [93].

Im späten Skotismus wird das Sein der Wesenheit im Zusammenhang mit den Possibilien erörtert. Hatte J. Poncius den möglichen Wesenheiten ein nicht von Gott produziertes, ewiges «esse diminutum medium inter esse reale et esse rationis» zugeschrieben [94], so polemisiert B. Mastrius gegen diese These [95] und bestimmt das Sein der möglichen Wesenheiten zwar als «ens reale et positivum», das die Wesenheiten vom Nichts der unmöglichen Gedankengebilde unterscheidet; er charakterisiert es jedoch wie einige seiner Zeitgenossen als nur potentielles Sein bezeichnendes «ens nominaliter sumptum» [96] und als objektiven Begriff in Gottes Intellekt, d.h. als Denkinhalt der göttlichen Erkenntnis [97].

Anmerkungen. [1] Boethius: De hebdomad., in: The theolog. tract., hg. H. F. Stewart/E. K. Rand (Cambridge, Mass./London ^{3}1973) 40-42. – [2] Avicenna lat.: Logica I (Venedig 1508) 2^{r}b; Liber de philos. prima V, 1, hg. S. van Riet 2 (Leiden 1980) 228; vgl. Art. ‹Natura communis›. Hist. Wb. Philos. 6 (1984) 495. – [3] Liber de philos. prima VIII, 4, a.O. 402; vgl. I, 5, a.O. 35. – [4] I, 5, a.O. 36. – [5] F. Rahman: Essence and existence in Avicenna. Mediaev. Renaiss. Studies 4 (1958) 1-16. – [6] Avicenna: Liber de philos. prima VIII, 4, a.O. [2] 399. – [7] a.O. 401f. – [8] Algazel: Logica, hg. Ch. Lohr. Traditio 21 (1965) 223-290, hier: 247f.; Moses Maimonides: The guide of the perplexed I, 57, hg. M. Friedländer (New York ^{2}1956) 80. – [9] Thomas von Aquin: In Met. IV, lect. 2, n. 558, hg. R. M. Spiazzi [Marietti] (Turin/Rom 1950) 155 b; Siger von Brabant: Quaest. in Met., Introd., q. 7, hg. W. Dunphy (Löwen 1981) 41-49. – [10] Averroes: Comm. in Met. IV, 3, in: Aristoteles: Op. omn. cum comm. Averrois (Venedig 1562-74, ND 1962) 8, 67 B; vgl. Destructio destruct. disp. 8, a.O. 9, 98 H-100 F. – [11] Destr., disp. 8, a.O. 98 M-99 F. – [12] Gilbert von Poitiers: Expos. in Boecii libr. prim. de trin. I, 3, 38, in: The comm. on Boethius, hg. N. M. Häring (Toronto 1966) 109. – [13] Expos. in Boecii libr. de bonorum ebdomade 1, 35, a.O. 194. – [14] Expos. in de trin. I, 2, 37. 45, a.O. 86ff.; Expos. in de ebdom. 1, 57-64, a.O. 199-201. – [15] Expos. in de trin. I, 2, 46, a.O. 88. – [16] a.O. [12]; Expos. in de ebdom. 1, 65-69, a.O. 201f. – [17] Avicebron: Fons vitae tr. IV, hg. C. Baeumker (^{2}1995) 211-256. – [18] Summa Halensis II, inq. 1, tr. 2, q. 2, c. 3, a. 2, n. 60 (Quaracchi 1928) 2, 75 b; Roger Bacon: In VIII Met. Op. hact. ined., hg. R. Steele 10 (Oxford 1930) 284; Bonaventura: In II Sent., d. 3, p. 1, a. 1, q. 1. Op. omn. 2 (Quaracchi 1885) 90 b-91 a; d. 17, a. 1, q. 2, a.O. 414 b-415 a; J. Peckham: Tract. de anima, p. 3, c. 14 (Florenz 1948) 47f.; Wilhelm de la Mare: In II Sent., d. 3, q. 1, hg. H. Kraml (1995) 48-49; Richard von Mediavilla: In II Sent., d. 3, a. 1, q. 2. Op. (Brixen 1591, ND 1963) 2, 51 b-52 a; Gonsalvus Hispanus: Quodlib., q. 11, hg. L. Amorós (Quaracchi 1935) 213-221. – [19] John Blund: Tract. de anima XXIV, hg. D. A. Callus/R. W. Hunt (London 1970) 89-91; Robert Kilwardby: Quaest. in II Sent., q. 14, hg. G. Leibold (1992) 51-53. – [20] Wilhelm von Auvergne: De trin. 7, hg. B. Switalski (Toronto 1976) 43f.; De universo II-II, 8. Op. omn. (Paris 1674) I, 852 a G. – [21] Albertus Magn.: Summa de creaturis I (De IV coaequaevis), tr. 1, q. 2, a. 5. Op. omn., hg. A. Borgnet (Paris 1890ff.) 34, 334 a; vgl. tr. 4, q. 21, a. 1, a.O. 463 b-464 a. – [22] tr. 4, q. 20, a. 1, a.O. 460 a-b. – [23] tr. 1, q. 2, a. 5, a.O. 334 a; vgl. Summa theol. II, tr. 2, q. 6, a.O. 32, 120 a-b; In I Sent., d. 3, a. 33, a.O. 25, 138 a-b. – [24] Quaest. de quiditate et esse. Op. omn. [ed. Col.] (1951ff.) 25/2, 271. – [25] Martin von Dacien: Quaest. sup. libr. sex principiorum, q. 5. Opera. Corp. Philos. Danic. MA 2, hg. H. Roos (Kopenhagen 1961) 278. – [26] Thomas von Aquin: S. c. gent. II, 52-54. Op. omn. [ed. Leon.] (Rom 1882ff.) 13/1, 387 a-392 b. – [27] De ente et essentia 1. Leon. 43, 369 b-370 a. – [28] De pot. 7, 2, ad 9. Quaest. disput. 2, hg. P. Bazzi u.a. [Marietti] (Turin/Rom ^{8}1949) 56; vgl. S. theol. I, 4, 1, ad 3. Leon. 4, 50 b. – [29] De ente et ess. 4, a.O. [27] 377 a. – [30] S. c. gent. II, 52, a.O. [26] 387 a-b; De pot., a.O. [28]; vgl. De ente et ess. 5, a.O. 378 b; De spiritualibus creat., a. 1. Leon. 24/2, 13 b. – [31] De pot., a.O. [28]. – [32] S. theol. I, 75, 5, ad 4, a.O. [28] 5, 202 b. – [33] S. c. gent. II, 53, a.O. [26] 391 b; vgl. In Phys. VIII, 10, lect. 21. Leon. 2, 449 b. – [34] S. c. gent. II, 54, a.O. 392 a-b; vgl. De spirit. creat., a. 1, a.O. [30] 14 a; De substantiis separatis, c. 8. Leon. 40, D 55 b. – [35] In der Auslegung des Thomas; vgl. aber: Rahman, a.O. [5]. – [36] a.O. [9]; Quodlib. II, q. 2, a. 1, ad 2. Leon. 25/2, 215 b. – [37] De ente et ess. 2, a.O. [27] 373 a-b; In III Sent., d. 5, q. 1, a. 3, hg. M. F. Moos (Paris 1933) 3, 196. – [38] S. theol. I, 15, 2, a.O. [28] 202 a-b; In I Sent., d. 36, q. 2, a. 2, hg. R. P. Mandonnet (Paris 1929) 1, 842. – [39] J. F. Wippel: The metaphys. thought of Thomas Aquinas (Washington 2000) 145-150. – [40] Aegidius Romanus: Theoremata de corpore Christi (Bologna 1481) 119^{r}b-120^{r}a; Theoremata de esse et essentia XIX, hg. E. Hocedez (Löwen 1930) 127. 134. – [41] Theor. de esse et ess. XII, a.O. 67f.; Quaest. disput. de esse et essentia, q. 9 (Venedig 1503) 18^{r}a. – [42] Theor. de esse et ess. V, a.O. 21f. 29; Quaest. disput. de esse et ess., q. 11, ad 10 (Venedig 1503) 26^{v}a. – [43] In I Sent., d. 8, pt. 2, pn. 2, q. 2 (Venedig 1521) 19 D-E. – [44] Joh. Quidort: In II Sent., d. 1, q. 2, in: Comm. sur les sentences, hg. J.-P. Muller 1-2 (Rom 1961/64) 2, 18f. – [45] Roger Bacon: De signis III, 5, 116, hg. K. M. Fredborg/L. Nielsen/J. Pinborg. Traditio 34 (1978) 75-136, bes. 120. – [46] Heinrich von Gent: Quodlib. I, q. 9. Op. omn., hg. R. Macken (Leiden 1979ff.) 5, 49f. – [47] Quodlib. I, q. 9, a.O. 53f.; Summa quaest. ordin., a. 21, q. 4, hg. I. Badius 1-2 (Paris 1520, ND 1953) I, 127^{v}Q; Quodlib. III, q. 9, hg. I. Badius 1-2 (Paris 1518, ND 1961) 61^{r}O; Quodlib. X, q. 7, a.O. [46] 14, 171. – [48] Quodlib. I, q. 9, ad 3, a.O. 5, 57; Quodlib. X, q. 7, a.O. 14, 151-152; Quodlib. XI, q. 3, a.O. [47] 441^{r}Q-441^{v}Q; vgl. Quodlib. V, q. 6, a.O. 151^{v}N. – [49] Walter Burley: Quaest. in libr. Periherm., q. 4, hg. S. F. Brown. Francisc. Studies 34 (1974) 200-295, hier: 273; vgl. A. D. Conti: Essenza ed essere nel pensiero della tarda scolastica. Medioevo 15 (1989) 235-267, bes. 238-243. – [50] Quodlib. IX, q. 2, a.O. [46] 13, 28; Summa, a. 21, q. 4, a.O. [47] 127^{r}O; a. 28, q. 4, a.O. 167^{v}V. – [51] Quodlib. III, q. 9, a.O. [47] 61^{r}Q. – [52] Richard von Mediavilla: In I Sent., d. 35, a. 1, q. 4, a.O. [18] I, 303 a; Gottfried von Fontaines: Quodlib. VIII, q. 3. Les philos. belges 4, hg. J. Hoffmans (1924) 45; Quodlib. IX, q.

2, a.O. 190-192; Joh. Duns Scotus: Ordin. I, d. 36, q. un., n. 13-18. Op. omn. [ed. Vat.] (Rom 1950ff.) 6, 276-278; vgl. n. 19-25, a.O. 278-281; Wilhelm von Ockham: Ordin. I, d. 2, q. 4. Op. theol. 2 (St. Bonaventure, N.Y. 1970) 116. – [53] Jacob von Viterbo: Quodlib. I, q. 4, hg. E. Ypma (1968) 47-49; Petrus Johannis Olivi: In II Sent., q. 8, hg. B. Jansen (Quaracchi 1922) 148f.; Dietrich von Freiberg: De ente et essentia I, 5f. Op. omn. 2, hg. R. Imbach (1980) 31-36; Hervaeus Natalis: De quattuor materiis, hg. W. Seńko. Studia mediewistycne 11 (1970) 260-273; Joh. Buridanus: Quaest. in Met. IV, q. 8 (Paris 1588) 19ra. – [54] Averroes: Comm. in Met. IV, 3, a.O. [10] 67 G. – [55] Siger von Brabant: Quest. metaph. tres, q. 1, hg. J. Vennebusch. Arch. Gesch. Philos. 48 (1966) 175-183, bes. 178. – [56] a.O. 180f.; a.O. [9] 17. – [57] Gottfried von Fontaines: Quodlib. III, q. 1 longa, hg. M. de Wulf/A. Pelzer. Les philos. belges 2 (1904) 160f.; q. 1 brevis, a.O. 302f. – [58] J. F. Wippel: The metaph. thought of Godfrey of Fontaines (Washington 1981) 47 (Anm. 21). – [59] Gottfried von Fontaines: Quodlib. XIII, q. 3, hg. J. Hoffmans. Les philos. belges 5 (1932) 209; Quodlib. III, q. 1 longa, a.O. [57] 164. 166. 174. – [60] Joh. Duns Scotus: Lect. I, d. 36, q. un., n. 26. Vat. 17, 468f.; Ordin. II, d. 1, q. 2, n. 93, a.O. [52] 7, 49; I, d. 43, q. un., n. 7. 14, a.O. 6, 354. 358f.; vgl. T. Hoffmann: Creatura intellecta (2002) 131-144. 191-214. – [61] Ordin. I, d. 36, q. un., n. 26-36. 44-47, a.O. 6, 281-285. 288-290. – [62] n. 48, a.O. 290; Ordin. II, d. 1, q. 2, n. 82, a.O. 7, 43; d. 3, p. 1, q. 3, n. 61, a.O. 418f.; Op. Oxon. IV, d. 11, q. 3, n. 46. Op. omn., hg. L. Vivès [ed. Viv.] (Paris 1891-95) 17, 429 a; d. 13, q. 1, n. 38, a.O. 692 b; Reportata Paris. II A, d. 16, q. un., n. 8, a.O. 23, 71 a; IV A, d. 12, q. 1, n. 4, a.O. 24, 136 a; vgl. Ordin. I, d. 8, p. 1, q. 2, n. 32. Vat. 4, 166; vgl. Art. ‹Sein, objektives›. Hist. Wb. Philos. 9 (1995) 247-256. – [63] Op. Oxon. IV, d. 1, q. 1, n. 7. Viv. 16, 18 a. – [64] Ordin. I, d. 19, q. 1, n. 8. Vat. 5, 267f.; De primo principio, c. 4, concl. 9, n. 87, hg. W. Kluxen (1974) 114. – [65] Quodlib., q. 1, n. 4 add. Viv. 25, 9 b-10 a; vgl. A. J. O'Brien: Duns Scotus' teaching on the distinction between essence and existence. New Scholasticism 38 (1964) 61-77. – [66] A. B. Wolter: The formal distinction, in: M. M. Adams (Hg.): The philos. theol. of John Duns Scotus (Ithaca, N.Y./London 1990) 27-41, bes. 38. – [67] Franz von Mayronis: In I Sent., d. 42, q. 5, a. 2 (Venedig 1520) 122 N. – [68] Hoffmann, a.O. [60] 227-262. – [69] Petrus Aureoli: In I Sent., d. 8, sect. 21, a. 1, n. 53, hg. E. Buytaert 2 (St. Bonaventure, N.Y. 1956) 897; a. 3, n. 84-87, a.O. 907-909. – [70] Dietrich von Freiberg: De ente et ess. I, 5, 1, a.O. [53] 31. – [71] Petrus Aureoli: In I Sent., d. 8, sect. 21, a. 3, n. 88. 96, a.O. [69] 910. 916. – [72] Wilhelm von Ockham: Summa log. III/2, 27. Op. philos. (St. Bonaventure, N.Y. 1974ff.) 1, 554; Quodlib. II, q. 7. Op. theol. (St. Bonaventure, N.Y. 1967ff.) 9, 142-145. – [73] Summa log. I, 42, a.O. 118-122. – [74] Ordin. I, d. 2, q. 6. Op. theol., a.O. [72] 2, 197. – [75] Meister Eckhart: Liber parabolarum Gen., c. 1, v. 3f., n. 52. Die lat. Werke, hg. K. Weiss u.a. [LW] (1936ff.) 1, 521; Expos. libri Gen., c. 1, v. 5f., n. 77. LW 1, 62. – [76] n. 52. 62, a.O. 521. 528-530. – [77] G. Théry: Le comm. de Maître Eckhart sur le livre de la sagesse. Arch. Hist. doctr. litt. MA 3 (1928) 321-443; 4 (1929) 233-394, hier: 3, 351f.; vgl. Meister Eckhart: Expos. libri Gen., c. 1, v. 5f., n. 77, a.O. [75] 62; Expos. in Exodum, c. 20, v. 7, n. 175. LW 2, 151. – [78] Meister Eckhart: Processus contra mag. Echardum, c. 48, n. 123. LW 5, 291; vgl. Liber parab. Gen., c. 1, v. 1, n. 34, a.O. [75] 502; v. 3f., n. 68, a.O. 534; Expos. in Exod., c. 3, v. 14, n. 18, a.O. 23f. – [79] Von dem edeln Menschen. Die dtsch. Werke, hg. J. Quint u.a. (1936ff.) 5, 115. – [80] Joh. Capreolus: Defensiones theol. I, d. 8, q. 4, a. 2, hg. C. Paban/T. Pègues (Turin 1900) 1, 309 b. – [81] Thomas de Vio Cajetanus: In de ente et essentia, c. 5, n. 90. 100, hg. M.-H. Laurent (Turin 1934) 141. 156. – [82] Joh. Capreolus: Def. theol. II, d. 1, q. 2, a. 1, a.O. [80] 3, 73 a-76 a; vgl. I, d. 8, q. 1, a.O. 1, 305 b. – [83] F. Sylvester: In Summa c. gent. I, c. 38, III, in: Thomas von Aquin, a.O. [26] 114 b. – [84] D. Báñez: Scholastica comm. in primam partem S. theol. S. Thomae Aqu., q. 3, a. 4, dubium 1, hg. L. Urbano (Madrid/Valencia 1934) 143 b. – [85] P. de Soncino: Quaest. Met. sup. divina sapientia Arist. IV, q. 13 (Venedig 1505) 13ra. – [86] B. Mastrius: Disp. metaph. VIII, q. 1, a. 1, n. 5 (1646, Venedig 1727) 5, 20 b. – [87] Báñez, a.O. [84] 141 a. – [88] J. a S. Thomas [J. Poinset]: Cursus theol. I, q. 3, d. 4, a. 4 (Turin 1931) 469 b. 471 a-b. – [89] F. Suárez: Disp. metaph. XXXI, 2, 1 (1597). Op. omn., hg. C. Berton (Paris 1856ff.) 26, 229 a. – [90] XXXI, 2, 2, a.O. 229 b-230 a; XXXI, 6, 23, a.O. 250 a; vgl. II, 4, 7, a.O. 25, 89 b. – [91] XXXI, 2, 10f., a.O. 26, 232 a-b. – [92] XXXI, 3, 6, a.O. 234 b. – [93] XXXI, 6, 23, a.O. 26, 250 a. – [94] J. Poncius: Disp. metaph. II, q. 5, n. 52f. (1643, Lyon 1659) 903 b. – [95] B. Mastrius: Disp. metaph. VIII, q. 1, a. 2, n. 12, a.O. [86] 21 b-25 a. – [96] a. 3, n. 45-47, a.O. 29 a-b. – [97] n. 32, a.O. 26 a; vgl. Hoffmann, a.O. [60] 263-304.

Literaturhinweise. E. Gilson: L'être et l'essence (Paris 1948, [3]1994). – A. Pattin: De verhouding tussen zijn en wezenheid en de transcendentale relatie in de 2e helft der 13e eeuw (Brüssel 1955). – A. J. O'Brien s. Anm. [65]. – C. Fabro: L'obscurcissement de l'esse dans l'école thomiste. Rev. thomiste 58 (1958) 443-472. – F. Rahman s. Anm. [5]. – W. Hoeres: Wesen und Dasein nach Heinrich von Gent und Duns Scotus. Franziskan. Stud. 47 (1965) 121-186. – W. Seńko: I. Tomasza z Akwinu opuskulum ‹De ente et essentia›; II. Spór o realną różnicę między istotą a istnieniem na przełomie 13 i 14 w. (Warschau 1978) (Lit. und Quellentexte). – R. Imbach: Gravis iactura verae doctrinae. Freiburger Z. Philos. Theol. 26 (1979) 369-425; Averroist. Stellungnahmen zur Diskussion über das Verhältnis von esse und essentia. Von Siger von Brabant zu Thaddaeus von Parma, in: A. Maierù/A. Paravicini Bagliani (Hg.): Studi sul 14 sec. in mem. di A. Maier (Rom 1981) 299-339. – J. F. Wippel s. Anm. [58] und [39]. – R. Schönberger: Die Transformation des klass. Seinsverständnisses (1986). – A. D. Conti s. Anm. [49]. – L. Honnefelder: Scientia transcendens (1990). – Tommaso d'Aquino: L'ente e l'essenza, hg. P. Porro (Mailand [2]2002) (Lit.).

T. Hoffmann

III. *Rationalismus, Empirismus, Schulphilosophie, Aufklärung.* – Die Verwendung der Begriffe ‹essentia› und ‹essence› in der frühneuzeitlichen Philosophie steht zunächst im Banne der Spätscholastik [1]. Unter diesen Vorgaben beharrt R. Descartes auf einer strengen Unterscheidung von «existentia» und «essentia»: Allein aus der «essentia» Gottes ist «existentia» direkt ableitbar [2]. Für jede Substanz gibt es eine «praecipua proprietas», die deren «natura» und «essentia» bilde. So stellt die Ausdehnung das W. der körperlichen Substanz dar, das Denken dasjenige der denkenden. Alles, was z.B. dem Körper sonst noch zukommt, setzt Ausdehnung als «essentia» voraus [3]; die «essentiae» werden dabei modal von der Substanz unterschieden [4]. Obgleich Descartes davon auszugehen scheint, daß wir vor aller Erfahrung in unserem Geist schon die Idee einer ausgedehnten «natura» finden [5], kann er doch nicht rein a priori beweisen, daß das W. der körperlichen Substanz Ausdehnung ist [6]. Dennoch verteidigt Descartes entschieden die «ideae innatae» als jene apriorischen Ideen, die wahre und unveränderliche W. zum Gegenstand haben, nämlich Gott, Allgemeinbegriffe und mathematische Gegenstände, mögen diese auch nicht gleichwertig sein [7]. Eine Zusammenfassung des Essenz-Denkens auf Cartesischer Grundlage gibt P. Bayle im ‹Système de philosophie›, das gegen einen unbedarften Glauben an das «principe célébre de Métaphysique que les essences des choses sont éternelles» [8] opponiert, zugleich aber eine empirische und nicht-apriorische Gewinnung des W. einer Sache für den Normalfall des Erkennens hält: «presque toûjours nous connoissons les accidens & les opérations des Etres avant que de connoître leur essence, qui est la racine de ces accidens & de ces opérations» [9]. Auch N. Malebranche versteht unter W. eines Dinges «ce que l'on conçoit de premier dans cette chose» [10].

Schon J. Lipsius hat im Anschluß an die Stoa von zwei «Eßentias sive Naturas» gesprochen, nämlich Gott («Deus») und Welt («Mundus») [11], die auf B. Spinozas Unterscheidung von ‹natura naturans/naturata› (s.d.) vorausweist. In der ‹Ethica› lassen sich zwei Verwendungsweisen von ‹essentia› unterscheiden [12], zum einen «per genus et differentiam», insofern wie bei Descartes das W. jeder Substanz ihr hauptsächliches Attribut ist [13] und beim Gegebensein des W. eines Dings dieses Ding notwendig gesetzt ist [14]; zum anderen deskriptiv und ohne genus-Kategorisierung bei der Bestimmung Gottes per se als Substanz, die aus unendlich vielen Attributen besteht, deren jedes ewige und unendliche «essentia» ausdrückt («exprimit») [15]. «Dei potentia est ipsa ipsius essentia» («Die Macht Gottes ist sein W. selbst») [16]. Das formale W. der Dinge («formalis essentia rerum») ist so, wie es ist, weil es in Gottes Verstand objektiv existiert [17]; die höchste Erkenntnisform, die «scientia intuitiva», schreitet von der adäquaten Idee des formalen W. «einiger» göttlicher Attribute zur adäquaten Erkenntnis des W. der Dinge fort [18].

In scharfer Abgrenzung gegen solche metaphysischen Erörterungen definiert TH. HOBBES «essentia» als das Akzidens, dessentwegen wir einem Körper einen bestimmten Namen beilegen [19], während er universalienrealistische Urteile von der Art «Das W. ist etwas Seiendes» als unzulässige Verbindung eines abstrakten mit einem konkreten Namen abweist [20]. Im Rahmen seiner anti-aristotelischen Körperphilosophie muß er das reale Vorhandensein von «certain essences separated from bodies» entschieden verneinen [21]. Sprachphilosophisch fundiert ist auch J. LOCKES Unterscheidung von realem und nominalem W.: «Essence may be taken for the very being of any thing, whereby it is, what it is. And thus the real internal, but generally in Substances, unknown Constitution of Things, whereon their discoverable Qualities depend, may be called their Essence» [22]. Zwar ist vom tatsächlichen Vorhandensein einer «real essence» als Träger der Eigenschaften auszugehen, die wir an den Dingen wahrnehmen und woraus wir die «nominal essence» konstruieren, aber dieses reale W. bleibt uns prinzipiell unbekannt [23]. «But yet it is its Colour, Weight, Fusibility, and Fixedness, etc. which makes it to be Gold, or gives it a right to that Name, which is therefore its nominal Essence» [24]. Das reale W. eines vergänglichen Einzeldings ist nach Locke zerstörbar, während die Ideen oder Allgemeinbegriffe zwar unveränderlich und ewig zu sein scheinen, aber doch vom menschlichen Bewußtsein konstituiert und damit nominal sind [25]. Für den empiristischen Skeptizismus D. HUMES fällt jeder vernünftige Beweis für die «dependance of every quality on the unknown substance» qua «essence» dahin: «Every quality being a distinct thing from another, may be conceiv'd to exist apart, and may exist apart, not only from every other quality, but from that unintelligible chimera of a substance» [26].

Während G. BERKELEY die Unterscheidung zwischen realem und nominalem W. für fruchtlos hält [27], versucht G. W. LEIBNIZ in direkter Auseinandersetzung mit Locke einen monadologischen Essentialismus abzusichern: «L'essence dans le fonds n'est autre chose que la possibilité de ce qu'on propose»; das W. sei ewig, weil bloß möglich [28]. Freilich schließt dieses W. qua Mögliches den «conatus actu existendi» ein [29]. Es geht Leibniz namentlich um die Verteidigung des W. des Menschen und orthodoxer Theologumena [30]: Gottes Wille ist nicht die Ursache des W., sondern nur der Existenz der Dinge [31], während das W. von der «natura divina» abhängt [32]. Nach CH. WOLFF, der den deutschen Ausdruck ‹W.› verwendet, ist es «Dasjenige, darinnen der Grund von dem übrigen zu finden, was einem Dinge zukommet ... Wer also das W. eines Dinges erkennet, der kan den Grund anzeigen von allem, was ihm zukommet. Man erkennet aber das W. eines Dinges, wenn man verstehet, wodurch es in seiner Art determiniret wird» [33]. Zwar zeigt das W. zunächst nur eine Möglichkeit an, da aber «die Möglichkeit an sich etwas nothwendiges ist, das W. ... eines Dinges darinnen bestehet, daß es auf eine gewisse Art und Weise möglich ist ...; so ist das W. nothwendig», «ewig» und «unveränderlich» [34]. A. G. BAUMGARTEN, der beim Substanzbegriff die cartesianische Hypostasierung einer Existenznotwendigkeit zurücknimmt und sich wieder stärker an Leibniz orientiert («substantia ... quod potest existere» [35]), faßt die «essentia» eines «ens» als «complexus essentialium in possibili, seu possibilitas eius interna» [36], wobei sie für das Ding, deren W. sie ist, gleichwohl notwendig bleibt [37].

An einer dynamistischen Revision des metaphysischen W.-Begriffs versucht sich (unter Berufung auf Zenon von Elea) G. B. VICO, dem zufolge «l'essenza consistere in una sostanza indivisibile». Überdies ist das W. nichts anderes als eine unbegrenzte Wirkkraft («una indefinita virtú») oder eine Kraft des Universums, die die besonderen Dinge in ihrer Gesamtheit hervortreibt und erhalte, schließlich ein Akt in Gott («atto in Dio») und ein metaphysischer Punkt («punto metafisico»), der alle Bewegung erzeugt [38]. Die materialistisch-naturalistische Aufklärung gibt den Begriff des W. zwar nicht gänzlich preis, nivelliert ihn aber doch, wie bei P.-H. TH. D'HOLBACH, zu einer quantitativen Größe, nämlich zur Summe der Eigenschaften oder Qualitäten eines Dinges [39].

In der *deutschen Spätaufklärung* rücken die Bedeutungsfelder ‹ens› und ‹essentia› im W. eng zusammen und geben einer skeptischen Einschätzung der W.-Erkenntnis Raum: «Das W., was wir am reinsten aus den Händen der Natur empfangen, und was uns zugleich am nächsten gelegt wird, sind wir selbst, und doch wie schwer ist da alles und wie verwickelt! Es scheint fast, wir sollen bloß würken ohne uns selbst zum Gegenstand der Beobachtung zu machen» [40].

Anmerkungen. [1] Vgl. z.B. F. SUÁREZ: Disp. metaph. XXXI (1597), a.O. [89 zu II.] 224-312; im Horizont der mittelalterl. Essenz/Existenz-Unterscheidung: R. DESCARTES: Medit. de prima philos., Resp. ad 5. obj. (1642). Oeuvr., hg. CH. ADAM/P. TANNERY [A/T] (Paris 1897-1913) 7, 371. – [2] R. DESCARTES: Medit. V, 8, a.O. 66; vgl. Resp. ad 5. obj., a.O. 380. – [3] Principia philos. I, 52f. (1644). A/T 8/1, 24f. – [4] I, 63f., a.O. 31. – [5] 75, a.O. 38; vgl. Les princ. de la philos. I, 75 (1647). A/T 9/2, 61. – [6] II, 1-11, a.O. 40-46; vgl. A. RAFTOPOULOS: Descartes' proof of the essence of matter and the Cartesian scient. system. J. philos. Research 21 (1996) 209-229. – [7] Medit., Resp. ad 1. obj. A/T 7, 116f.; zum Problem vgl. D. PERLER: Repräsentation bei Descartes (1996) 171-189. – [8] P. BAYLE: Système de philos. IV, 1, 1, 2. Oeuvr. div. (Den Haag 1727-31, ND 1964-68) 4, 468. – [9] a.O. 466. – [10] N. MALEBRANCHE: De la rech. de la vérité III, 1, 1 (1674f.). Oeuvr., hg. G. RODIS-LEWIS 1 (Paris 1962) 381 (Anm.). – [11] J. LIPSIUS: Physiologiae Stoicorum I, 5 (1604). Op. omn. (Antwerpen 1675) 4, 841-843. – [12] Vgl. N. OKRENT: Spinoza on the essence, mutability and power of God. Philosophy Theology 11 (1998) 71-84. – [13] B. SPINOZA: Ethica I, def. 1 (1677). Op., hg. C. GEBHARDT (1924-87) 2, 45. – [14] II, def. 2, a.O. 84; zum W. des Menschen: II, prop. 10, a.O. 92f.; vgl. S. SPORTELLI: Essenza dell'uomo, essenze individuali e necessità in Spinoza. Studia Spinozana 8 (1992) 255-279. – [15] I, prop. 11, a.O. 52. – [16] I, prop. 34, a.O. 76f. – [17] prop. 18, Scholium, a.O. 118; vgl. II, prop. 8, a.O. 170. – [18] II, prop. 40, Schol. 2, a.O. 226. – [19] TH. HOBBES: Elementa philos. I: De corpore II, 8, 23 (1655). Op. lat., hg. W. MOLESWORTH (London 1836-45, ND 1961) 1, 104. – [20] I, 5, 3, a.O. 68. – [21] Leviathan IV, 46 (1651). Engl. works, hg. W. MOLESWORTH (London 1939-45, ND 1962) 3, 672. – [22] J. LOCKE: An essay conc. human underst. III, 3, § 15 (1690), hg. P. H. NIDDITCH (Oxford 1975) 417. – [23] § 17, a.O. 417f. – [24] § 18, a.O. 419. – [25] § 19, a.O. 419f. – [26] D. HUME: Treat. of human nature I, 4, sect. 3 (1739-40), hg. L. A. SELBY-BIGGE (Oxford [2]1978) 222. – [27] G. BERKELEY: Philos. commentaries § 536 (1707/08). Works, hg. A. A. LUCE/T. E. JESSOP (London/Edinburgh 1948-57) 1, 67. – [28] G. W. LEIBNIZ: Nouv. ess. sur l'entend. humain III, 3, §§ 15. 19 [1703-05] (1765). Akad.-A. VI/6 (1962) 293. 296. – [29] Not. generales [1683-86?]. Textes inédits d'après les manuscr. de la bibl. provinc. de Hanovre, hg. G. GRUA (Paris 1948) 1, 324. – [30] N. JOLLEY: Leibniz and Locke on essences, in: M. HOOKER (Hg.): Leibniz (Minneapolis 1982) 196-208. – [31] G. W. LEIBNIZ: Elem. verae pietatis [1679?], a.O. [29] 15. – [32] a.O. [29]. – [33] CH. WOLFF: Vern. Ged. von Gott, der Welt und der Seele des Menschen (Dtsch. Met.) I, § 33 (1720, [11]1751). Ges. Werke, hg. J. ECOLE u.a. I/2 (1983) 18f. – [34] §§ 38-41, a.O. 21. – [35] A. G. BAUMGARTEN: Metaphysica § 191 (1739, [3]1750) 51. – [36] § 40, a.O. 12. – [37] § 106, a.O. 26. – [38] G. B. VICO: Liber metaphysicus, Prima risposta II (1711), hg. S. OTTO/H. VIECHTBAUER (1979) 166-168; vgl. K. FLASCH: Gesch. und Met. bei Vico. Studi italo-tedeschi 17 (Meran 1995) 94-119, bes. 110. – [39] P.-H. TH. D'HOLBACH: Système de la nature I, 1 (1770), hg. Y. BELAVAL (1966) 14f. – [40] G. CH. LICHTENBERG: Sudelbücher J 939 (1791). Schr. und Br., hg. W. PROMIES (1968ff.) 1, 785.

Literaturhinweise. A. RIVAUD: Les notions d'essence et d'existence dans la philos. de Spinoza (Paris 1905). – A. G. A. BALZ: Idea and essence in the philosophies of Hobbes and Spinoza (New York 1918). – E. GILSON s. [Lit. zu II.]. – J. JALABERT: Die Begriffe 'Essenz' und 'Existenz' in der Leibnizschen Philos. (1968), in: A. HEINEKAMP/F. SCHUPP (Hg.): Leibniz' Logik und Met. (1988) 552-560. – D. H. DEGROOD: Philosophies of essence (Groningen 1970, Amsterdam [2]1976). – F. MONDADORI: Understanding superessentialism. Studia Leibn. 17 (1985) 162-190. – J. P. DANAHER: John Locke on real and nominal essence (New York 1990). – J. ECOLE: La déf. de l'existence comme le complément de la possibilité et les rapports de l'essence et de l'existence selon Ch. Wolff. Les Et. philos. 1-2 (1996) 261-273. – N. UNWIN: Locke on language and real essences: a defense. Hist. philos. Quart. 13 (1996) 205-219. – A. WIEHART-HOWALDT: Essenz, Perfektion, Existenz (1996). – L. P. NOLAN: Descartes' theory of essences (Irvine 1997). – J. SECADA: Cartesian metaphysics (Cambridge 2000).

A. U. SOMMER

IV. *Kant bis 20. Jh.* – 1. *Logischer und transzendentaler W.-Begriff.* – I. KANT unterscheidet zwischen dem logisch verstandenen W. und dem Realwesen oder der Natur eines Dings. Beide bezeichnen «erste innere Princip(ien)» der Dinge, das W. als «Princip alles dessen, was zur Möglichkeit eines Dinges», die Natur als Prinzip des «zum Dasein der Dinge Gehörigen». Es ist daher möglich, so Kants Beispiel, «den geometrischen Figuren (da in ihrem Begriffe nichts, was ein Dasein ausdrückte, gedacht wird) nur ein W., nicht aber eine Natur beizulegen» [1]. Während wir das logische W. der Dinge «leicht einsehen» können, da es nur «die Erkenntniß aller der Prädicate, in Ansehung deren ein Object durch seinen Begriff bestimmt ist», erfordert, vermögen wir «das Real- oder Natur-W. der Dinge ... überall nicht einzusehen», da dazu diejenigen Prädikate des Dings erkannt werden müßten, «von denen alles, was zu seinem Dasein gehört, als Bestimmungsgründen, abhängt» [2]. Doch ist es weder für die Naturwissenschaft noch für die Metaphysik nötig, «das ganze W.» einer Sache zu kennen; es sei vielmehr ausreichend, «durch sichere Erfahrungen» diejenigen Merkmale aufzusuchen, «die gewiß im Begriffe von irgend einer allgemeinen Beschaffenheit liegen, ... um vieles in dem Dinge daraus herzuleiten» [3]. Insofern kann man für den Bereich der Erscheinungen von einer Erkenntnis des W. der Dinge immer nur «ad melius esse», nicht aber «ad esse» sprechen [4].

Von Kants Einsicht in die Unerkennbarkeit der Dinge an sich ausgehend, verwendet J. F. HERBART den Begriff des W. im Sinne eines transzendentalen Realismus, der zwischen W. und Bild unterscheidet. «Was als seyend gedacht wird, heisst in so fern ein W.» [5]. Was «bloß als Was gedacht» wird, «losgerissen ... vom Seyn», nennt Herbart «Bild». Die Möglichkeit eines Bildes ist Voraussetzung, um vom W. sprechen zu können. Während aber das W. wegen seines Bezugs auf das Sein nur als ein einfaches W. gedacht werden kann, könnte eine Intelligenz sich das Bild durch mehrere Begriffe bestimmen. Um aber «ein wahres Bild des W. zu ergeben», müßte diese Mehrheit von Begriffen «in eine Totalvorstellung» oder «einen einfachen Gedanken verschmelzen können» [6]. Diese Forderung aus dem Begriff des W. ist jedoch in der Erfahrungserkenntnis nicht zu erfüllen, da beispielsweise niemand, «der das Gold zugleich sieht und fühlt, die Empfindungen gelb und schwer in eine einzige Empfindung zu fassen im Stande seyn» wird [7]. Die Widersprüche, vor die sich das Denken durch die Konfrontation von Erfahrung und transzendentalem W.-Begriff gestellt findet, versucht Herbart mit seiner Methode der Beziehungen aufzulösen.

In Abgrenzung zu transzendentalen W.-Begriffen vertritt B. BOLZANO einen logischen Begriff des W., wonach «man unter dem W. eines Dinges den Inbegriff aller derjenigen Beschaffenheiten verstehe, welche schon aus dem bloßen Begriffe desselben ableitbar sind». Man muß eine weite Bedeutung dieses Begriffs, in der das Wesentliche einer Sache «nur dem Zufälligen entgegengesetzt» wird, von der engeren Bedeutung unterscheiden, in der man das W. «allen abgeleiteten Beschaffenheiten» der Sache entgegenstellt. In der engeren Bedeutung spricht Bolzano vom Grundwesen als dem Inbegriff nur der Beschaffenheiten eines Dings, die sich aus seinem bloßen Begriff ergeben und aus keinem anderen Begriff wie Folgen aus einem Grund abgeleitet werden können [8].

2. *Metaphysische und metaphysikkritische Konzeptionen des W.* – F. W. J. SCHELLING entwickelt den W.-Begriff spekulativ in bezug auf den Begriff der Existenz. Danach erkennt man das «wahre W.» in dem Band, das die Existenz «eines W. als Eines mit ihm selbst als einem Vielem» ausmacht. Daß es überhaupt Existenz in diesem Sinne gibt, liegt in Gott begründet, «dessen W. in der Existenz besteht». In Gott gebiert sich das W. «ewig in die Form, und ist ewig, durch sich selbst, geboren in die Form, welche die Selbstoffenbarung in ihm selber» und seine Existenz ist. Das «dem Begriff nach ewige in-einander-Scheinen des W. und der Form ist das Reich der Natur, oder der ewigen Geburt Gottes in den Dingen und der gleich ewigen Wiederaufnahme dieser Dinge in Gott, so daß, nach dem Wesentlichen betrachtet, die Natur selbst nur das volle göttliche Daseyn ist, oder Gott in der Wirklichkeit seines Lebens und in seiner Selbstoffenbarung betrachtet» [9]. Jedoch muß auch in bezug auf Gott unterschieden werden «zwischen dem W., sofern es existirt, und dem W., sofern es bloß Grund von Existenz ist». Den Grund seiner Existenz, den Gott in sich selbst haben muß, nennt Schelling «die Natur – in Gott; ein von ihm zwar unabtrennliches, aber doch unterschiedenes W.» und unterscheidet es von dem W., das Gott «Er Selbst» ist, nämlich «absolut betrachtet, d.h. sofern er existirt» [10]. Grund von Existenz und Existenz können bei Schelling als gleichrangige Prädikate des W. angesehen werden. Doch ist damit die Unterscheidung zwischen dem W. als Grund und als Existierendem für Schelling nicht «eine bloß logische», sondern sie bleibt «eine sehr reelle», da das W. des Grundes und das W. des Existierenden «vor allem Grunde» vorhergehen als «Urgrund oder vielmehr Ungrund». Im Ungrund (s.d.) sind sie «ein W.» vor allen Gegensätzen, und deshalb kann der Ungrund auch nicht

als ihre Identität, sondern «nur als die absolute Indifferenz beider bezeichnet werden». Der Ungrund geht «in zwei gleich ewige Anfänge» auseinander und ist «in jedem das Ganze, oder ein eignes W.», das mit dem anderen «durch Liebe eins» wird [11].

Nach G. W. F. HEGEL schließt der Begriff des W. eine Beziehung zum Sein ein, aus welcher der Begriff des Begriffs selbst zu verstehen ist. In der «Sphäre» des W. [12] denkt das Denken etwas als etwas in seinen notwendigen Bestimmungen. Während in der Sphäre des Seins alles in anderes übergeht, geht in der Sphäre des W. jedes in *sein* Anderes und damit in sich selbst über. W. als Beziehung zum Sein ist danach eine Selbstbeziehung oder «Reflexion». Es ist ein «vermitteltes Wissen», ein «Hineingehen» in das Sein «mit der Voraussetzung, daß hinter diesem Seyn noch etwas anderes ist, als das Seyn selbst, daß dieser Hintergrund die Wahrheit des Seyns ausmacht». «Erst indem das Wissen sich aus dem unmittelbaren Seyn erinnert», durch die Vermittlung des Seins mit sich selbst, «findet es das W.». Es findet es als das, was schon «gewesen» ist, «das vergangene, aber zeitlos vergangene Seyn» [13]. Der Übergang des Seins in sein W. wird als «nothwendige Beziehung» oder «objektiv» verstanden [14]. Die «Lehre vom W.» macht darum innerhalb der «Wissenschaft der Logik» zusammen mit der «Lehre vom Sein» die «objektive Logik» aus. In ihr konzipiert Hegel Kants transzendentale Logik neu, wobei er der Lehre vom Sein die Kategorien der Quantität und der Qualität und der Lehre vom W. die Bestimmungen des Scheins, der Identität, des Unterschieds und des Widerspruchs, des Grundes und der Bedingungen, der Existenz, der Erscheinung (der «Schein vervollständigt sich zur Erscheinung» [15]), der Verhältnisse des Ganzen und der Teile, der Kraft und der Äußerung und des Äußeren und Inneren zuordnet. Den Übergang in die «Lehre vom Begriff» stellt er über die Bestimmung des Absoluten, mit der er historisch die Philosophien Spinozas und Leibniz' verbindet, die Kategorien der Modalität (Zufälligkeit, Wirklichkeit und Notwendigkeit) und die Kategorien der Relation (Substantialität, Kausalität und Wechselwirkung) her. Damit ist auch eine Kritik daran verbunden, mit Bestimmungen des W. zu festen Unterscheidungen kommen zu wollen, «durch welche die Trennung der Untrennbaren fixirt werden soll» [16]. Hegel versteht die objektive Logik daher erst als die «wahrhafte Kritik» der Metaphysik [17]. In ihr werde der wahrhafte Beweis des Daseins Gottes aus seinem Begriff wiedergewonnen, der bei Kant in die Gestalt eines formalen Schlusses «herabgesunken» sei [18]. Die Reflexion des W. ist danach zwar «ein nothwendiger Standpunkt, auf welchen das Absolute sich stellt» [19], aber als «Sphäre der Vermittlung» [20], der Setzung von etwas als etwas, zunächst nur Negation des An-sich-Seins und noch nicht wahrhafter Begriff und freies An-und-für-sich-Sein, das nicht nur «scheint» und «erscheint», sondern sich selbst «offenbart» [21]. Hegel verhält sich in seinen Vorlesungen zur ‹Enzyklopädie› darum auch ironisch zum W.: «Das sind die rechten Philosophen, die meinen, am W. haben sie das Wahre, und wenn sie immer W. sagen, so sei dies das Innere und Rechte! Ich habe gar keinen Respekt vor ihrem W.-Sagen, denn es ist eben nur eine abstrakte Reflexion. Das W. aber explizieren, ist, es als Dasein erscheinend machen» [22].

Für A. SCHOPENHAUER hat die «ächte philosophische Betrachtungsweise» dagegen das innere, «immer sich gleiche W. der Welt» in den Ideen derselben zum Gegenstand [23]. Dieses innere W. ist der Wille, als den sich jeder jenseits des Satzes vom Grund finden kann, so wie er sich unter dem Satz vom Grund als ein erkennendes Subjekt findet, dessen Vorstellung die Welt ist. Unser zeitliches Dasein ist ein bloßes «Bild unsers W. an sich». Da die Zeit aber «nur die Form unsers Erkennens ist», muß das W. an sich «in der Ewigkeit liegen». Während die Ideen der W. sich außerhalb der Zeit nur durch das reine Subjekt des Erkennens erfassen lassen, zeigen sie sich für die individuelle Erkenntnis in der Zeit «unter der Form der Species, welches die durch Eingehn in die Zeit auseinandergezogene Idee ist». «Das innerste W. jedes Thieres, und auch des Menschen, liegt ... in der Species: in dieser also wurzelt der sich so mächtig regende Wille zum Leben, nicht eigentlich im Individuo» [24]. Im W. an sich sind jedoch Individuum und Gattung «unmittelbar Eins» [25].

Auch L. FEUERBACH hebt im W.-Begriff auf den Gattungsbegriff ab, versinnlicht ihn und gebraucht ihn zur Kritik der Religion und spekulativen Philosophie. «Nur ein sinnliches W. ist ein wahres, ein wirkliches W.» [26]. Ein W. ohne Sinnlichkeit ist dagegen ein W. ohne Leiden, und ein «W. ohne Leiden ist ein W. ohne W.» [27]. Da nur durch die Sinne «ein Gegenstand im wahren Sinn gegeben» wird, ist, wo kein Sinn ist, auch «kein W., kein wirklicher Gegenstand» [28]. Der «Gegenstand, auf welchen sich ein Subjekt wesentlich, notwendig bezieht, ist nichts andres als das eigne, aber gegenständliche W. dieses Subjekts» [29]. Insbesondere die christliche Religion ist dagegen das Verhalten des Menschen «zu seinem W. als zu einem andern W. Das göttliche W. ist nichts andres als das menschliche W. oder besser: das W. des Menschen, gereinigt, befreit von den Schranken des individuellen Menschen» [30].

K. MARX kritisiert an Hegels Bestimmung des W., daß sie «den Widerspruch der Erscheinung als Einheit im W., in der Idee faßt», und stellt ihr die für seine politökonomischen Analysen grundlegende These entgegen, daß das W. der widersprüchlichen Erscheinungen in einem «wesentlichen Widerspruch» bestehe [31]. Denn «alle Wissenschaft wäre überflüssig, wenn die Erscheinungsform und das W. der Dinge unmittelbar zusammenfielen» [32]. Zugleich kritisiert Marx Feuerbachs Auffassung, das menschliche W. sei ein «dem einzelnen Individuum inwohnendes Abstraktum» [33]. Durch die entfremdete Arbeit werde ihm ein solches Gattungswesen «zu einem ihm fremden W.» [34].

3. *Abkehr von der Substanzauffassung des W.* – Seit der Mitte des 19. Jh. wird besonders unter neukantianisch orientierten Philosophen und philosophisch reflektierenden Wissenschaftlern ‹W.› zunehmend im Sinne eines Funktionsbegriffs zur Ordnung von Eigenschaften und Relationen verstanden. So meint H. LOTZE, ‹W.› könne «nur noch in der logischen Form eines Begriffes gedacht werden, welcher die beständig sich gleiche Gesetzlichkeit in der Aufeinanderfolge verschiedener Zustände, oder in der Combination mannigfaltiger Prädicate ausdrückt» [35]. Für W. OSTWALD besteht das W. einer Sache in der «Gesammtheit ihrer möglichen Beziehungen» [36]. W. WUNDT kritisiert an der Auffassung, der Begriff solle «das 'W.' des Gegenstandes erfassen», eine solche Aufgabe könne nur bei Begriffen erfüllt werden, «deren Bestimmung nach Inhalt wie Umfang schließlich in unserer eigenen Macht liegt. Neben der Mathematik sind es daher die systematischen Geisteswissenschaften, wie die Nationalökonomie, die Rechts- und Staatslehre, sowie die verschiedenen Zweige der systematischen Philosophie, in denen jene ideale logische Aufgabe der Definition am ehesten annähernd erreichbar ist» [37]. Nach H.

VAIHINGER stellt das W. die subjektive Heraushebung eines relativ konstanten Erscheinungskomplexes aus dem beständigen Flusse in der objektiven Natur dar [38]. Für W. JAMES gehört der Begriff des W. zu den teleologischen Waffen des Geistes, deren Gebrauch das jeweilige Interesse des Denkenden bestimmt. «The essence of a thing is that one of its properties which is so important for my interests that in comparison with it I may neglect the rest» [39]. M. SCHLICK löst schließlich das W. überhaupt in die sinnlich gegebene Wirklichkeit auf, indem er fordert, die Rede von Erscheinungen aufzugeben und «die unmittelbaren Daten des Bewußtseins als selbständiges Sein, als vollgehaltiges W. anzuerkennen». Denn es gibt «nur eine Wirklichkeit, und sie ist immer W. und läßt sich nicht in W. und Erscheinung auseinander legen» [40].

Für W. DILTHEY gehört der Begriff des W. zu den «Lebenskategorien», die im Unterschied zu den formalen Kategorien des Denkens «eine Lebenstatsache, die in der inneren Erfahrung des Subjektes angelegt ist», ausdrücken [41]. In den «Kategorien von W., Essentialität, Bedeutung, Sinn» spricht sich das «Zentrum der Lebensstruktur selbst, wie es so erlebt wird, im Gegensatz zu allem, was nicht Zentrum ist», aus [42]. Da aber der Lebenszusammenhang letztlich nicht durch Begriffe zu ergründen sei [43], enthalte der Begriff von Wesenheit «einen dunklen und für den Verstand unergründlichen Kern, welchen wir durch keine Art von logischer Behandlung disziplinieren» können [44]. Statt dessen gebe es in jedem Individuum einen Mittelpunkt seines W. und der Bedeutung seines Daseins, den wir durch das «Bewußtsein unserer Verwandtschaft» mit ihm verstehend erfassen können [45].

F. NIETZSCHE verwirft die Unterscheidung zwischen W. und Erscheinung schlechthin: «es ist nicht wahr, dass das W. der Dinge in der empirischen Welt erscheint» [46]. «Wie Demokrit die Begriffe Oben und Unten auf den unendlichen Raum übertrug, wo sie keinen Sinn haben, so die Philosophen überhaupt den Begriff 'Innen und Aussen' auf W. und Erscheinung der Welt; sie meinen, mit tiefen Gefühlen komme man tief in's Innere, nahe man sich dem Herzen der Natur» [47]. Wir haben es nicht mit Erscheinungen als «Maske» eines «unbekannten X» zu tun, sondern mit «Schein», der «für mich das Wirkende und Lebende selber [ist], das soweit in seiner Selbstverspottung geht, mich fühlen zu lassen, dass hier Schein und Irrlicht und Geistertanz und nichts Mehr ist» [48]. Doch «der Schein von Anbeginn wird zuletzt fast immer zum W. und wirkt als W.!» [49]

Der W.-Begriff kann so als Ordnungsbegriff weiterverwendet werden. Die Wissenschaften brauchen nach H. RICKERT ein formales «Prinzip der Auswahl», um im gegebenen Stoff «das Wesentliche vom Unwesentlichen» zu scheiden. Den «Inbegriff des Wesentlichen», «den wir mit Hilfe des formalen Prinzips aus der Wirklichkeit herauslösen, können wir auch das 'W.' der Dinge nennen, falls das Wort überhaupt einen für die empirischen Wissenschaften bedeutsamen Sinn bekommen soll». Rickert grenzt seinen W.-Apriorismus von phänomenologischer Wesensschau ab. «Das W. läßt sich wissenschaftlich niemals 'schauen' oder 'intuitiv' erfassen, sondern ist lediglich dem 'diskursiven' Denken oder einer begrifflichen 'Konstruktion' zugänglich» [50].

4. *Phänomenologische W.-Ontologien.* – Entgegen dieser «Vergleichgültigung der Wesensfrage» [51] kommt es vor allem in der Phänomenologie zur «Rehabilitierung des W.» [52]. Für E. HUSSERL bezeichnet ‹W.› zunächst «das im selbsteigenen Sein eines Individuum als sein Was Vorfindliche», das in individueller Anschauung empirisch erfahren wird. Es kann durch Wesensschau (s.d.) «'in Idee gesetzt' werden. ... Das Erschaute ist dann das entsprechende reine W. oder Eidos, sei es die oberste Kategorie, sei es eine Besonderung derselben, bis herab zur vollen Konkretion» [53]. Jedem individuellen Gegenstand gehört danach ein «Wesensbestand» «als sein W.» zu, und jedem W. entsprechen mögliche Individuen als «seine faktischen Vereinzelungen». In diesem Sinn unterscheidet Husserl Tatsachen- und eidetische oder W.-Wissenschaften [54].

Auch für M. SCHELER gründet «die Ordnung der Fundierung, in der die Phänomene als Gehalte unmittelbaren Er-lebens zur Gegebenheit kommen», «in ihrem W.». Alles, «was für das (selbstgegebene) W. von Gegenständen (und was an Wesenszusammenhängen) gilt, das gilt auch für die Gegenstände dieses W. a priori». Man kann dann neben dem formalen Apriori in der reinen Logik in jedem Sachgebiet auf W.-Einsicht beruhende «material apriorische Sätze» finden [55]. So lassen sich drei Arten von Wesenszusammenhängen unterscheiden: «1.) die Wesenheiten (und ihre Zusammenhänge) der in den Akten gegebenen Qualitäten und sonstigen Sachgehalte (Sachphänomenologie); 2.) die Wesenheiten der Akte selbst und die zwischen ihnen bestehenden Zusammenhänge und Fundierungen (Akt- oder Ursprungsphänomenologie); 3.) die Wesenszusammenhänge zwischen Akt- und Sachwesenheiten» [56].

Unter phänomenologischem Einfluß und gerichtet gegen die Herabsetzung des W. «zu einem bloß methodischen Mittel» stellt N. HARTMANN reales und ideales Sein einander gegenüber [57] und spricht von der Wesenheit als ontologischer Bestimmung der «Seinsweise idealen Seins». Wesenheiten sind unveränderlich, weil zeitlos im «Wesensreich». Da die Bestimmungen des idealen Seins nur der Forderung nach Wesensmöglichkeit in Form der Widerspruchslosigkeit genügen müssen, ist im «Wesensreich ... unendlich vieles möglich, was nicht real möglich ist» [58]. Allerdings bliebe das Reich der Wesenheiten ohne «das Reale, 'dessen' W. es ausmacht», «ein Reich leerlaufender Relationen, ohne anderes Substrat als ihren eigenen Relationsbestand. Rein in sich betrachtet, kann man es ebensogut ein Reich des Wesenlosen nennen» [59].

M. HEIDEGGER setzt das Wort ‹W.› in Anführungszeichen und verbalisiert es, da es sich «weder aus dem esse essentiae noch aus dem esse existentiae, sondern aus dem Ek-statischen des Daseins bestimmt» [60]: Der «Mensch west so, daß er das 'Da', das heißt die Lichtung des Seins, ist. Dieses 'Sein' des Da, und nur dieses, hat den Grundzug der Ek-sistenz, das heißt des ekstatischen Innestehens in der Wahrheit des Seins. Das ekstatische W. des Menschen beruht in der Ek-sistenz» [61]. Die Wesenheit im Sinne der essentia als Gattungs- und Allgemeinbegriff nennt Heidegger dagegen das «gleich-giltige» und «unwesentliche W.» im Unterschied zum «wesentlichen W.», das in dem beruhe, «was das Seiende in Wahrheit ist» [62]. Das verbal verstandene «wesen» meint «währen»: «Alles Wesende währt» [63]. Das «währen dessen, was, in der Unverborgenheit angekommen, da verbleibt» [64], ist das «Anwesen» [65]. Heidegger beruft sich dafür auf die Sprache: «Die Sprache winkt uns zuerst und dann wieder zuletzt das W. einer Sache zu» [66].

5. *W. als sprachliche Konvention in wissenschaftlicher Rede.* – In Fortführung der nominalistischen Tradition in der englischen Philosophie spricht J. S. MILL vom W. («essence») als «the whole of the attributes connoted by

the word» [67]. Das Problem des W. reduziert sich so auf die Form einer identischen Aussage, die für den, der die Bedeutung der in ihr verwendeten Termini versteht, keine neue Information enthält. Mill nennt Aussagen über das W. deshalb «purely verbal», bloße worterklärende Sätze [68]. Denn Gattungs- und Artbestimmungen dürfen nicht als Wesenheiten angesehen werden, die den Dingen innewohnen. Da aber Eigennamen von Individuen keine Eigenschaften implizieren, können auch von ihnen keine Wesensaussagen gemacht werden. «Individuals have no essences» [69]. L. WITTGENSTEIN meint zunächst, mit dem W. des Satzes ließe sich das W. aller Beschreibung und deshalb das W. der Welt angeben [70]. Später sieht er das W. «in der Grammatik ausgesprochen» [71], doch nicht als ein gemeinsames Eines in den Erscheinungen, sondern als ein «Netz von Ähnlichkeiten», «Familienähnlichkeiten», «die einander übergreifen und kreuzen» [72]. Was «zum W. gehört», legt Wittgenstein «unter den Paradigmen der Sprache nieder» [73]. «Wer über das W. spricht –, konstatiert bloß eine Übereinkunft», denn «der Tiefe des W. entspricht das tiefe Bedürfnis nach der Übereinkunft» [74].

Anmerkungen. [1] I. KANT: Metaph. Anfangsgründe der Naturwiss., Vorrede (1786). Akad.-A. 4, 468f. – [2] Logik JÄSCHE, Einl. VIII (1800). Akad.-A. 9, 61. – [3] Unters. über die Deutlichkeit der Grundsätze der natürl. Theol. und der Moral (1764). Akad.-A. 2, 286. – [4] KrV A 731/B 759 (Anm.). – [5] J. F. HERBART: Hauptpuncte der Met. § 2 (1806). Sämtl. Werke, hg. K. KEHRBACH (1887ff.) 2, 190. – [6] §§ 2f., a.O. 190f. – [7] § 3, a.O. 191. – [8] B. BOLZANO: Wiss.lehre § 502 (1837). Ges.ausg., hg. J. BERG u.a. I/14, 2 (1999) 60f. – [9] F. W. J. SCHELLING: Darleg. des wahren Verhältnisses der Naturphilos. zu der verbesserten Fichteschen Lehre (1806). Sämmtl. Werke, hg. K. F. A. SCHELLING (1856-61) I/7, 56-59. – [10] Philos. Untersuch. über das W. der menschl. Freiheit (1809), a.O. 357-359. – [11] a.O. 406-408. – [12] G. W. F. HEGEL: Wiss. der Logik I/2 (1813). Akad.-A. 11, 243. – [13] a.O. 241f. – [14] Wiss. der Logik II (1816). Akad.-A. 12, 57. – [15] a.O. [12] 323. – [16] Wiss. der Logik I/1 (1812). Jub.ausg., hg. H. GLOCKNER (1927-40) 4, 103. – [17] Wiss. der Logik I/1 (1812). Akad.-A. 11, 32. – [18] a.O. [14] 127. – [19] a.O. 14. – [20] a.O. [16] 61f. – [21] a.O. [12]. – [22] Encycl. der philos. Wiss. im Grundr. § 371, Zus. (1830). Werke, hg. E. MOLDENHAUER/K. M. MICHEL 9 (1970, ND 1991) 523. – [23] A. SCHOPENHAUER: Die Welt als Wille und Vorst. I, 4, § 53 (1818, 21844). Sämtl. Werke, hg. A. HÜBSCHER (1937ff.) 2, 323. – [24] II, 4, Kap. 41 (1844), a.O. 3, 554. – [25] a.O. 568. – [26] L. FEUERBACH: Grundsätze der Philos. der Zukunft § 32 (1843). Ges. Werke, hg. W. SCHUFFENHAUER (1967ff.) 9, 316. – [27] Vorläuf. Thesen zur Reform der Philos. (1842), a.O. 253. – [28] Grundsätze § 33, a.O. [26]. – [29] Das W. des Christenthums (1841, 31849), a.O. 5, 33. – [30] a.O. 48. – [31] K. MARX: Zur Kritik der Hegelschen Rechtsphilos. Kritik des Hegelschen Staatsrechts (§§ 261-313) [1843]. MEW 1, 295f. – [32] Das Kapital III, 7, 48 (1894). MEW 25, 825. – [33] Thesen über Feuerbach 6 [1845]. MEW 3, 6. – [34] Ökon.-philos. Manuskr. (1844). MEW, Erg.bd. 1, 516f. – [35] H. LOTZE: Met. I, 3 (1879), hg. G. MISCH (1912) 65. – [36] W. OSTWALD: Vorles. über Naturphilos. (1902) 216. – [37] W. WUNDT: Logik 1-3 (1880-83, 41919-21) 1, 92; 2, 44. – [38] H. VAIHINGER: Die Philos. des Als Ob II, § 2 (1911, 21913) 340. – [39] W. JAMES: The princ. of psychology 2 (1890) 335. – [40] M. SCHLICK: Allg. Erkenntnislehre (1918) 205. – [41] W. DILTHEY: Grundleg. der Wiss. vom Menschen, der Gesellschaft und der Geschichte. Ges. Schr. 19, hg. H. JOHACH/F. RODI (1982) 320. – [42] a.O. 375. – [43] 361. – [44] 382. – [45] 376. – [46] F. NIETZSCHE: Über Wahrheit und Lüge im außermoral. Sinne [1873]. Krit. Ges.ausg., hg. G. COLLI/M. MONTINARI [KGA] (1967ff.) 3/2, 378. – [47] Menschl., Allzumenschl. I, 15 (1878, 1886). KGA 4/2, 31; vgl. Nachgel. Frg., Sommer 1886-Frühjahr 1887 6[23]. KGA 8/1, 246f. – [48] Die fröhl. Wiss. I, 54 (1882, 1887). KGA 5/2, 91; vgl. Art. ‹Schein›. Hist. Wb. Philos. 8 (1992) 1230-1243. – [49] II, 58, a.O. 98. – [50] H. RICKERT: Kulturwiss. und Naturwiss. (1898, 71926) 35. – [51] Vgl. W. SCHULZ: Philos. in der veränderten Welt (1972) 12. – [52] K. FLASCH: Art. ‹W.›, in: H. KRINGS u.a. (Hg.): Hb. der philos. Grundbegriffe 3 (1974) 1687-1693, 1692. – [53] E. HUSSERL: Ideen zu einer reinen Phänom. und phänomenolog. Philos. 1, § 3 (1913). Husserliana 3 (Den Haag 1950) 13; 3/1 (1976) 13. – [54] Vgl. §§ 7f., a.O. 21ff./20ff. – [55] M. SCHELER: Phänom. und Erkenntnistheorie [1913/14]. Schr. aus dem Nachl. 1 (1933) 270; Ges. Werke 10, Schr. aus dem Nachl. 1 (Bern 31986) 383. – [56] Der Formalismus in der Ethik und die mat. Wertethik (1913-16). Ges. Werke 2 (51966) 90. – [57] Vgl. Art. ‹Sein, ideales/reales›. Hist. Wb. Philos. 9 (1995) 234-237. – [58] N. HARTMANN: Der Aufbau der realen Welt (1940) 61f. – [59] Möglichkeit und Wirklichkeit (1938) 318. – [60] M. HEIDEGGER: Br. über den 'Humanismus' (1946), in: Wegmarken (1967) 158. Ges.ausg. [GA] (1975ff.) I/9, 327. – [61] a.O. 157/325. – [62] Der Ursprung des Kunstwerkes [1935/36], in: Holzwege (1950) 39. GA I/5, 37. – [63] Die Frage nach der Technik [1953], in: Vorträge und Aufsätze (1954) 39. GA I/7, 32. – [64] Wiss. und Besinnung [1953], a.O. 50/44. – [65] Vgl. Art. ‹Anwesenheit›. Hist. Wb. Philos. 1 (1971) 428. – [66] «... dichterisch wohnet der Mensch ...» [1951], a.O. [63] 190/194. – [67] J. S. MILL: A system of logic I, c. VI, § 2 (1843). Coll. works, hg. J. M. ROBSON (Toronto 1963ff.) 7, 111. – [68] § 4, a.O. 115; vgl. Art. ‹Wesensdefinition II.›. – [69] § 3, a.O. 114. – [70] L. WITTGENSTEIN: Tract. log.-philos. (1921) 5.4711. – [71] Philos. Unters. I, § 371 [1945]. Schr. 1 (1960) 421. – [72] §§ 65-67, a.O. 323-325. – [73] Bem. über die Grundlagen der Math. § 32 [1937-44]. Schr. 6, hg. G. E. M. ANSCOMBE u.a. (1974) 50. – [74] § 74, a.O. 65.

Literaturhinweise. J. HERING: Bem. über das W., die Wesenheit und die Idee. Jb. Philos. phänomenolog. Forsch. 4 (1921) 497-543. – H. MARCUSE: Zum Begriff des W. (1936). Schr. 3 (1979) 45-84. – D. H. DEGROOD s. [Lit. zu III.]. – H. GRAUBNER: Form und W. Kantstud., Erg.-H. 104 (1972). – M. A. SLOTE: Metaphysics and essence (Oxford 1974). – D. HENRICH: Hegels Logik der Reflexion, in: Die Wiss. der Logik und die Logik der Reflexion, hg. D. HENRICH. Hegel-Stud., Beih. 18 (1978) 203-324. – G. RÖMPP: W. der Wahrheit und Wahrheit des W. Z. philos. Forsch. 40 (1986) 181-205. – A. GRIEDER: What did Heidegger mean by 'Essence'? J. Brit. Soc. Phenomenol. 19 (1988) 64-89. – W. STEGMAIER: Philos. der Fluktuanz (1992). – G. M. WÖLFLE: Die Wesenslogik in Hegels ‹Wiss. der Logik› (1994). – K. FINE: The logic of essence. J. philos. Log. 24 (1995) 241-273; Senses of essence, in: W. SINNOT-ARMSTRONG (Hg.): Modality, morality and belief (1995) 53-72. – K. J. SCHMIDT: G. W. F. Hegel, Die Wiss. der Logik – die Lehre vom W.: ein einführender Komm. (1997).

H. FRANK/W. STEGMAIER

V. *Analytische Philosophie.* – Der metaphysikkritischen Ausrichtung der frühen Analytischen Philosophie fällt zunächst auch der Begriff des W. zum Opfer. Teils wird die Rede von einem ‹W.› in Anschluß an R. CARNAP [1] als sinnloser Fachterminus der herkömmlichen Metaphysik angesehen, teils fällt das W. im Sinne notwendig zukommender Eigenschaften unter die allgemeine Skepsis gegenüber der Verwendung des Notwendigkeitsoperators. Am konsequentesten ist die Ablehnung des W.-Begriffs bei W. V. O. QUINE formuliert, der nicht nur die Sprachrelativität aller Ontologie behauptet [2], sondern überhaupt die Möglichkeit bestreitet, im Sinne einer de-re-Modalität zwischen notwendigen und kontingenten Eigenschaften einer Sache zu unterscheiden: Wenn Mathematiker notwendig rational und Radfahrer notwendig zweibeinig sind, wäre dann ein Individuum, das beide Eigenschaften aufweist, notwendig rational und kontingent zweibeinig oder umgekehrt? [3]

Eine Rehabilitierung des W.-Begriffs erfolgt im Zuge der Referenz- und Bedeutungstheorie von S. KRIPKE [4] und H. PUTNAM [5]: Wenn der Gegenstandsbezug bestimmter Ausdrücke nicht durch Beschreibungen, sondern durch Musterexemplare in der faktischen Welt festgelegt wird, dann bedeutet das, daß der betreffende Ausdruck als starrer Designator in jeder möglichen Welt, d.h. notwendigerweise, dieselbe Eigenschaft bezeichnen würde, so daß auf diese Weise die Vorstellung notwendiger Eigenschaften neu begründet wird. Dieser Rahmen kann einerseits für die Begründung eines individuellen W. genutzt werden, d.h., daß eine bestimmte Eigenschaft einem und nur einem Gegenstand zukommt [6]. Wenn andererseits generelle Terme als starre Designatoren angesehen werden, kann insbesondere für natürliche Arten begründet werden, daß einem solchen Artbegriff eine notwendige Eigenschaft korrespondiert. Dieser sogenannte 'Neue Essentialismus' wird auch in aristotelischen Spielarten vertreten, in denen es darum geht, daß ein Individuum eine Eigenschaft *E* notwendig und wesentlich hat und daher nicht als dasselbe Individuum weiterexistieren könnte, wenn es diese Eigenschaft nicht hätte. Für B. BRODY kommt es in diesem Sinn auf den Unterschied zwischen gewöhnlichen Veränderungen einerseits und dem Werden und Vergehen andererseits an sowie darauf, daß es sich dabei um keine beliebig festsetzbaren Einschnitte handelt [7]: Im Unterschied zu anderen Eigenschaften ist für das W. einer Sache kennzeichnend, daß sein Verlust stets das Vergehen der betreffenden Sache bedeutet. D. WIGGINS' Prinzip der «sortal dependency of identity» [8] besagt, daß aufgrund der unterschiedlichen Identitätskriterien verschiedener Artbegriffe die Relata eines Identitätsurteils unter ein und dieselbe Art bzw. denselben Sortalbegriff fallen müssen, so daß für jeden identifizierbaren Gegenstand eine Art benannt werden kann, die eine dem aristotelischen W. vergleichbare Rolle spielt. Nach A. PLANTINGA kommt eine Eigenschaft einem Gegenstand essentiell zu, wenn es nicht möglich ist, daß derselbe Gegenstand die betreffende Eigenschaft nicht gehabt hätte, von einem W. bzw. einer Essenz spricht er aber nur unter der zusätzlichen Bedingung, daß kein anderer Gegenstand diese Eigenschaft haben könnte [9]. R.-P. HÄGLER wendet gegen diesen neuen Essentialismus ein, das W. sei nichts anderes als mißverstandene Zentralität [10], U. NORTMANN dagegen hält einen Individual-Essentialismus für vertretbar, bei welchem gleichwohl konventionalistisch-pragmatische Anteile im Spiel sind [11].

Anmerkungen. [1] R. CARNAP: Überwindung der Met. durch log. Analyse der Sprache. Erkenntnis 2 (1931) 219-241. – [2] W. V. O. QUINE: Ontolog. relativity (New York 1969). – [3] Word and object § 41 (Cambridge 1960). – [4] S. KRIPKE: Naming and necessity (Oxford 1980). – [5] H. PUTNAM: The meaning of 'meaning' (Cambridge 1975). – [6] KRIPKE, a.O. [4] 114. – [7] B. BRODY: Why settle for anything less than good oldfashioned Aristot. essentialism? Nous 7 (1973) 351-365. – [8] D. WIGGINS: Sameness and substance (Oxford 1980) 47ff.; CH. RAPP: Identität, Persistenz und Substantialität (1995) 427. – [9] A. PLANTINGA: Essence and essentialism, in: J. KIM/E. SOSA (Hg.): A companion to metaphysics (Cambridge 1995) 138-140. – [10] R.-P. HÄGLER: Kritik des neuen Essentialismus (1994) 232. – [11] U. NORTMANN: Warum man Essentialist sein kann. Erkenntnis 57 (2002) 1-39.

Literaturhinweise. A. PLANTINGA: The nature of necessity (Oxford 1974). – B. BRODY: Identity and essence (Princeton 1980).

CH. RAPP

Wesen, höchstes (lat. ens summum; engl. Supreme Being; frz. Etre suprême). Der Begriff ‹h.W.› hat begriffsgeschichtlich wie inhaltlich unscharfe Konturen, weil er häufig als Stellvertreter zur Bezeichnung von Gott (s.d.), 'Vater', dem Absoluten (s.d.) usw. verwendet wird.

1. *Religionswissenschaft.* – Der im 19. Jh. vereinzelt schon belegte [1], wenngleich erst von A. LANG in die Religionswissenschaft (s.d.) eingeführte und dort zur Abgrenzung von der Theorie des Animismus (s.d.) verwendete Begriff [2] bezeichnet Wesen, die bei primitiven Völkern mit unterschiedlichen Prädikaten ausgestattet sind (Schöpfer, Bestrafer, Lenker), aber in den meisten Fällen 'Hintergrundwesen' bleiben und, fern dem irdischen Geschehen, lediglich als Urheber bzw. moralische Instanz und somit als Garanten des guten Gangs der Dinge anwesend sind (G. VAN DER LEEUW [3]). E. HORNUNG weist darauf hin, daß es für die altägyptischen Gottesvorstellungen bezeichnend ist, «daß der Beiname 'Größter Gott' den verschiedensten Göttern beigelegt wird» [4]. Die biblische Rede vom Höchsten bzw. Allerhöchsten (Elyon) [5] ist ebenfalls inhaltlich unscharf. Dennoch lassen sich mehrere Akzente unterscheiden: Herrschaftskonnotationen mit Universalanspruch gegenüber anderen Gottheiten (mit Resten eines sog. 'Bezugsgottes' [6]), etwa in Ps. 97, sowie soteriologische Konnotationen (Errettung, Erlösung) und die Erkenntnis der völligen Abhängigkeit des Menschen gegenüber Gott. Im Buch ‹Sirach› verbindet sich mit der Rede vom Höchsten der Aspekt der absoluten moralischen Instanz: Gesetze, Satzungen gründen im Höchsten und haben so ihre absolute Verbindlichkeit. Das NT verwendet den Begriff selten.

2. *Philosophie.* – Den Begriff des Höchsten im Zusammenhang mit dem Göttlichen findet man vermutlich erstmals bei ARISTOTELES. In ‹De caelo› heißt es, das Göttliche sei das Erste und Höchste von allem (τὸ θεῖον ... εἶναι πᾶν τὸ πρῶτον καὶ ἀκρότατον) [7]. Diese doppelte Bestimmung ergibt sich aus der Behauptung, das Göttliche sei gänzlich unbewegt: Es ist Erstes, d.h., es gibt nichts Höheres, von woher es bewegt würde. Im Gedanken des Ersten und Höchsten liegt zudem beschlossen, daß dem Göttlichen keine der ihm zukommenden Vollkommenheiten fehlt.

Im Mittelalter wird dieser Text kommentiert, so z.B. von AVERROES und THOMAS VON AQUIN, ohne daß sich mit der Verwendung des Begriffs des «summum» eine spezifische Tendenz hin zum späteren «ens summum» erkennen ließe. In der averroistischen Paraphrase der obigen Aristotelesstelle wird der Akzent auf die Ursächlichkeit gelegt: Über das Göttliche hinaus gibt es keine erhabenere Ursache: «nulla hac ipsa nobilior dari contingit» [8]. Thomas interpretiert die Aristotelesstelle mit anderem Akzent, nämlich im Sinne der Geistigkeit des Göttlichen. Dieses ist unveränderlich, d.h. der Bewegung nicht unterworfen; es ist Erstes, d.h. der Zeit nicht unterworfen; es ist Höchstes, d.h. nicht in einem Ort enthalten [9], ein Gedanke, der vielleicht auf JOHANNES DAMASCENUS zurückgeht.

Ohne daß der Begriff ‹ens summum› verwendet würde, lassen sich in der griechischen und lateinischen Patristik mehrere Stränge identifizieren, die auf die mit dem Begriff verbundenen Konnotationen hinweisen. So wird Gottes Transzendenz behauptet, sein «Überseiend» (s.d.) Sein, seine «Unkörperlichkeit» (ὑπερασώματος) usw., gleichzeitig auch seine Unbegreiflichkeit (s.d.): Begriffe, an welche die negative Theologie anknüpfen wird. Vereinzelt taucht der Ausdruck ‹summum› in Verbindung mit Gott auf, mit Hinweis auf seine Einzigkeit [10]. Bei EPHREM DEM SYRER findet sich eine Formel, die als Vorläufer für AUGUSTINUS, BOETHIUS und ANSELM angesehen werden kann: Gott ist «derart der Höchste ..., daß nichts Vollkommeneres als er ausgedacht werden kann» («usquequaque summus ..., ut eo nihil perfectius excogitari possit») [11].

Ein anderer früher Strang, der als Vorläufer des Begriffs ‹ens summum› betrachtet werden muß, siedelt sich auf der Linie der Interpretationen von Exod. 3, 14 (ἐγώ εἰμι ὁ ὤν) [12] an und führt schon sehr früh zur Identifizierung von Gott und Sein, etwa bei CLEMENS, BASILIUS, GREGOR VON NYSSA: αὐτὸ τὸ ὄν, das bei MARIUS VICTORINUS zum «supremum ὄν» [13] als oberster Ursache wird und insofern im Gegensatz zum Seienden ein Nichtseiendes (μὴ ὄν) [14] ist.

AUGUSTINUS bezeichnet Gott als «summe esse», das mit dem «höchsten Leben» («summe vivere») [15] Seinsfülle und Quelle allen Seins sowie Unveränderlichkeit bedeutet [16]. Auf der gleichen Linie liegt ANSELMS Topos, gemäß dem Gott derjenige ist, der «am wahrsten und am meisten von Allem das Sein» hat («verissime omnium, et ideo maxime omnium habes esse») [17]. Insofern ist Gott «das Höchste von allem» («summum omnium») [18], «etwas Größeres, als sich denken läßt» («quiddam maius quam cogitari po[test]») [19]. Die in dieser Formel, im Ausgang von der Bezeichnung Gottes als «etwas, über das hinaus man nichts Größeres zu denken vermag» («aliquid quo maius nihil cogitari potest») [20], an ihr Ziel gelangende Dialektik der Größe findet sich in noch stärkerer Ausformulierung bei NIKOLAUS VON KUES. Der Zentralbegriff zur Bezeichnung Gottes ist der des «maximum» (s.d.): «Unter dem Größten aber verstehe ich das, dem gegenüber es nichts Größeres geben kann» («Maximum autem hoc dico, quo nihil maius esse potest») [21]. Mit ihm koinzidiert die jenseits der Zahl liegende Einheit, das Sein [22], das «maxime esse» [23], das unbegreiflich über aller Bejahung und Verneinung ist [24].

Ein weiterer Strang der Vorgeschichte ist der sich in der Folge des platonisch-neuplatonischen Gedankens des Guten (vgl. PLATONS ἐπέκεινα τῆς οὐσίας [25]) bereits früh ausbildende, bei AUGUSTINUS und BOETHIUS stärker im Vordergrund stehende Topos von Gott als dem «summum et optimum bonum» [26], also auch dem höchst Erstrebenswerten; bei PS.-DIONYSIUS AREOPAGITA hat das Gute gegenüber dem Sein den Vorrang [27].

In der Hochscholastik ist die Rede vom ‹ens summum› eher selten. THOMAS VON AQUIN verwendet den Ausdruck, soweit ersichtlich, ein einziges Mal: «Sie [sc. Denker, die Gott nicht als Urheber des Universums annehmen] behaupten nicht, alles Sein fließe vom ersten und höchsten Seienden her» («non ponebant omne esse a primo et summo ente effluere») [28]. In dieser Formulierung wird, in neuplatonischer Diktion, der Gedanke der Schöpfung hervorgehoben, nicht hingegen derjenige der Seinsfülle. Auch BONAVENTURA verwendet den Ausdruck ‹ens summum› ähnlich: Die erhabene Erkenntnis, die «vom ersten Prinzip und höchsten Seienden handelt» («agit de primo principio et ente summo») [29], steigt nicht hinunter zur Beschreibung der speziellen Naturen der Seienden.

In der neuzeitlichen Philosophie taucht der Ausdruck ‹ens summum› verstärkt auf, aber mit diffuseren Konturen, eher als Austauschbegriff für ‹Gott›, mit einer Reihe von Aspekten, die man traditionellerweise Gott zuschreibt. Bei R. DESCARTES etwa fließen zwei Gedanken im Begriff ‹ens summum› zusammen: der eines Wesens, dem alle Vollkommenheiten zugeschrieben werden und das demzufolge «ens primum & summum» heißt [30], womit auch der Gedanke der «causa prima» verbunden ist; sodann der eines Wesens, zu dessen Begriff das notwendige oder ewige Dasein gehört; ähnlich G. W. LEIBNIZ, nach dem das Dasein zur Größe oder Vollkommenheit einen Grad hinzufügt, derart, daß es im «Etre supreme» angetroffen wird und dieses demzufolge existiert [31]. J. LOCKE referiert im ‹Essay› die von E. HERBERT VON CHERBURY aufgestellten Dogmen des Deismus, deren erstes lautet: «Es gibt ein höchstes (göttliches) Wesen» («Esse aliquod supremum numen») [32]. Das erste und höchste Wesen («supreme Being») [33] ist unendlich; die Vorstellung jedoch von diesem Unbegreiflichen geschieht im Ausgang von der Welt- und Selbstwahrnehmung. Auch D. HUME beschreibt eine ähnliche Auffassung [34], wobei nach ihm gerade darin die Schwachstelle jeder theistischen Argumentation liegt [35].

In der französischen Aufklärungsphilosophie wird der Ausdruck ‹Etre suprême› zur Bezeichnung eines mehr oder weniger persönlich gedachten Wesens eher beiläufig verwendet [36]. In dem unter Robespierre eingeführten «culte de l'Etre suprême» freilich meint der Begriff nur noch die ständige Erinnerung an die Gerechtigkeit und hat demzufolge eine gesellschaftlich-politische Funktion [37].

Die Schulphilosophie des 17. und 18. Jh. verwendet den Ausdruck ‹ens summum› kaum. Bei J. MICRAELIUS findet sich unter dem Stichwort ‹Deus› lediglich die Notiz: «Ens nobilissimum vel summum» [38]. Für CH. WOLFF ist Gott «ens a se» [39], das den Grund seines Daseins in sich hat und demzufolge «ens primum et ultimum» [40] ist. Für A. G. BAUMGARTEN wird Gott als «ens perfectissimum» gedacht, das sich durch die Allheit der Realität («omnitudo realitatis») auszeichnet [41].

Bei I. KANT bezeichnet ‹h.W.› zunächst das vollkommenste Wesen, das am angemessensten durch den Begriff der «Allgenugsamkeit» gedacht wird: Was da ist, ob möglich oder wirklich, ist nur etwas, insofern es durch das h.W. gegeben ist [42]. Später bestimmt Kant das Ideal (s.d.) der reinen Vernunft als h.W., das Grund und nicht bloß Inbegriff ist, womit die prinzipielle Möglichkeit eines theistisch bestimmbaren Gottesbegriffs transzendental verankert wird [43]. Obwohl das h.W. «auf bestimmte Weise ... undenkbar» ist [44], läßt sich dieser Begriff dennoch, entgegen Humes Einwänden, symbolisch, d.h. «nach der Analogie denken» [45], womit allerdings dann nur das Verhältnis Gottes zur Welt gemeint ist [46]. Im Ausgang vom moralischen Gesetz kann dagegen ein «genau bestimmter Begriff» [47] vom h.W., nämlich der eines allwissenden, allgütigen, allmächtigen usw. Wesens eruiert werden. Nach J. G. HAMANN ist das h.W. «im eigentlichsten Verstand ein Individuum» [48]. Mit dieser Bestimmung geht der Gedanke einer individuellen Vorsehung einher. Allerdings bleibt dieses unendliche Wesen für uns ein «Abgrund» [49].

Nach G. W. F. HEGELS Auffassung ist der Begriff des h.W., so wie ihn u.a. Kant faßt, das «negative Unendliche» [50], die «abstrakte subjektive Identität» [51] und damit eine bloß formelle Bestimmung des Absoluten, im Gegensatz zu dem als seiendes Selbstbewußtsein begriffenen h.W., worin die Vollendung dieses Begriffs gesehen wird [52].

In der nachhegelschen Philosophie ist der Begriff ‹h.W.› vor allem bei L. FEUERBACH in spezifischer Weise uminterpretiert worden. Gegenstand der Religion ist «das erste, das höchste Wesen» [53]; gleichzeitig gilt das Grundaxiom, daß Gott so ist wie der Mensch denkt. Gott ist «das offenbare Innere, das ausgesprochne Selbst des Menschen» [54]. Deshalb ist die Frage nach dem Ansichsein Gottes sinnlos [55]. Die Prädikate, die wir Gott beilegen, sind lediglich Anthropomorphismen in dem Sinn, daß die eigene Subjektivität als das h.W. gesetzt wird: «Homo homini deus est» [56]. In eine ähnliche Richtung weisen auch einige Bemerkungen von K. MARX und A. COMTE [57].

Anmerkungen. [1] M. MÜLLER: Vorles. über den Ursprung und die Entwicklung der Religion (1880) 39. – [2] Vgl. A. LANG: The making of religion (London 1898) 173-250; vgl. W. HOLSTEN: Art. ‹Hochgottglaube›. RGG³ 3, 374-376. – [3] Vgl. G. VAN DER LEEUW: La religion dans son essence et ses manifestations. Phénom. de la relig. (Paris 1955) 155ff. – [4] E. HORNUNG: Der Eine und die Vielen (1971, ⁴1990) 181. – [5] Vgl. Art. ‹Elyon›, in: H.-J. FABRY/H. RINGGREN (Hg.): Theol. Wb. zum AT 6 (1989) 131-151 [Lit.]. – [6] M. GÖRG: Mythos, Glaube und Geschichte (1992) 49. – [7] ARISTOTELES: De caelo I, 9, 279 a 31ff. – [8] AVERROES, in: ARISTOTELIS opera cum Averrois comm. (Venedig 1562-74, ND 1962) 5, 286. – [9] THOMAS VON AQUIN: In De caelo et mundo, c. 9, lect. 21, 11. – [10] Vgl. TERTULLIAN: Adv. Marc. I, 3. MPL 2, 249. 250; EPHREM DER SYRER: Adv. haereses. Op. omn. (Rom 1732) 2, Syr. et lat. 443. – [11] EPHREM DER SYRER: Adv. scrutatores, a.O. 3, Syr. et lat. 82; vgl. BOETHIUS: Consol. philos. III, 10. MPL 63, 766 («melius»); vgl. ANSELM VON CANTERBURY: Proslogion 2 [1078]. Op. omn., hg. F. S. SCHMITT 1 (1968) 101 («maius»). – [12] Vgl. Art. ‹Sein; Seiendes II.›. Hist. Wb. Philos. 9 (1995) 180-186. – [13] MARIUS VICTORINUS: De generat. divini verbi. MPL 8, 1022. – [14] a.O. – [15] AUGUSTINUS: Conf. I, 6, 10. CCSL 27, 5. – [16] a.O. – [17] ANSELM: Proslog. 3, a.O. [11] 103. – [18] 5, a.O. 104. – [19] 15, a.O. 112. – [20] 2, a.O. 101. – [21] NIKOLAUS VON KUES: De docta ignor. I, 2 [1440]. Akad.-A. (1932ff.) 1, 7. – [22] a.O. – [23] I, 6, a.O. 14. – [24] I, 4, a.O. 10f. – [25] PLATON: Resp. VI, 509 b 9. – [26] AUGUSTINUS: Conf. VII, 4, 6, a.O. [15] 95. – [27] Vgl. Ps.-DIONYSIUS AREOP.: De div. nomin. IV. MPL 122, 1128ff. – [28] THOMAS VON AQUIN: De potentia, q. 3, a. 16. Quaest. Disp. II (Turin/Rom 1949) 88. – [29] BONAVENTURA: Breviloqu. II, 5. Op. omn. (Quaracchi 1882ff.) 5, 222. – [30] R. DESCARTES: Medit. de prima philos. V, 11 (1641). Oeuvr., hg. CH. ADAM/P. TANNERY 7 (Paris 1964) 67. – [31] Vgl. G. W. LEIBNIZ: Nouv. essais sur l'entend. humain IV, 10, § 7 [1703-05] (1765). Akad.-A. VI/6 (1962) 437. – [32] J. LOCKE: An essay conc. human underst. I, 2, § 15 (1690), hg. P. H. NIDDITCH (Oxford 1975) 77. – [33] II, 17, § 1, a.O. 210. – [34] Vgl. D. HUME: An enqu. conc. human underst. VII (1748). The philos. works, hg. T. H. GREEN/T. H. GROSE (London ²1882-86, ND 1992) 4, 60. – [35] Vgl. Dial. conc. nat. relig. III (1779), a.O. 2, 400ff.; vgl. The natural history of religion (1757), hg. A. W. COLVER (Oxford 1976) 52 («perfect being»); zu dieser Stelle vgl. auch: F. W. J. SCHELLING: Hist.-krit. Einl. in die Philos. der Mythologie (1842). Sämmtl. Werke, hg. K. F. A. SCHELLING (1856-61) II/1, 81. – [36] Vgl. VOLTAIRE: Dict. philos. (1765) (Paris 1961) 203 (Art. ‹foi›); J.-J. ROUSSEAU: Emile 4 (1762). Oeuvr. compl., hg. B. GAGNEBIN/M. RAYMOND 4 (Paris 1969) 592ff.; Br. an A. C. de Beaumont (1763), a.O. 958f. – [37] Vgl. A. AULARD: Le culte de la raison et le culte de l'être suprême (1793-1794) (Paris 1904). – [38] J. MICRAELIUS: Lex. philos. (Stettin ²1662, ND 1966) 367 (Art. ‹Deus›). – [39] CH. WOLFF: Theologia naturalis I, § 68 (1736, ²1739). Ges. Werke II/7, 1 (1978) 53. – [40] § 45, a.O. 38. – [41] A. G. BAUMGARTEN: Metaphysica §§ 803ff. (1739, ⁷1779, ND 1982). – [42] Vgl. I. KANT: Der einzig mögl. Beweisgrund ... (1763). Akad.-A. 2, 151. – [43] KrV A 578ff./B 606ff. – [44] Proleg. § 58 (1783). Akad.-A. 4, 359. – [45] KU B 435 (§ 88). Akad.-A. 5, 456. – [46] a.O. [44]. – [47] KpV A 251. Akad.-A. 5, 139. – [48] J. G. HAMANN: Briefwechsel, hg. A. HENKEL 7 (1979) 460. – [49] a.O. – [50] G. W. F. HEGEL: Wiss. der Logik II (1816). Akad.-A. (1968ff.) 12, 40; vgl. Encycl. der philos. Wiss.en § 87 (1830). Akad.-A. 20, 123f. – [51] Logik II, a.O. 12, 204. – [52] Phänom. des Geistes (1807). Akad.-A. 9, 406. – [53] L. FEUERBACH: Das Wesen des Christenthums (1841). Ges. Werke, hg. W. SCHUFFENHAUER 5 (1973) 45. – [54] a.O. 46. – [55] 53. – [56] 444. – [57] K. MARX: Zur Judenfrage (1843/44). MEW 1, 360f.; vgl. Debatten über das Holzdiebstahlsgesetz (1842), a.O. 115. 121; A. COMTE: Système de polit. posit. (Paris 1851-54) 1, 333f. 352ff. 408ff. 448; Catéchisme positiviste (1852), hg. P.-F. PÉCAULT (Paris 1909) 1, 58f.

R. THEIS

Wesensbegriff (griech. λόγος τῆς οὐσίας; lat. ratio substantiae)

1. ARISTOTELES definiert zu Beginn der ‹Kategorienschrift› die Begriffe ‹homonym› (s.d.) und ‹synonym› (s.d.) dergestalt, daß bei homonymen Ausdrücken der Name (ὄνομα) identisch, der jeweilige λόγος τῆς οὐσίας (lat.: ratio substantiae) aber verschieden sei, während bei Synonymen eine Gleichheit sowohl des Namens als auch des λόγος τῆς οὐσίας vorliege [1]. Λόγος τῆς οὐσίας kann hier mit «Wesensbegriff», «Definition des Seins» [2] oder einfach «Definition» übersetzt werden, da nach Aristoteles die Definition stets das Wesen des zu Definierenden anzeigt [3]. Dieser Ausdruck wirft für die griechischen und die mittelalterlichen Kommentatoren einige Fragen auf: Ist der Genitiv τῆς οὐσίας hier im Sinne der ersten Kategorie, d.h. der Substanz (s.d.) zu verstehen? Nach den spätantiken Aristoteles-Kommentatoren DEXIPPOS [4] und AMMONIOS [5] bezeichnet οὐσία hier nicht nur die Kategorie der Substanz, sondern Seiendes in allen Gattungen und Akzidentien; auch im 14. Jh. ist etwa für JOHANNES BURIDANUS ‹substantia› hier nicht als Gegensatz zu ‹Akzidenz› gemeint, sondern im weiteren Sinne in der Bedeutung von ‹essentia› (‹Wesen›) und als die durch den Namen begriffene und bezeichnete Sache («res concepta et significata per nomen») aufzufassen [6]. Diesen Interpretationen wird allerdings von manchen modernen Interpreten widersprochen, die οὐσία hier nur als Substanz im Sinne der ersten Kategorie verstehen wollen [7].

Ferner wird diskutiert, ob λόγος im Sinne einer strengen Definition, d.h. mit der Angabe von nächsthöherer Gattung und spezifischer Differenz aufzufassen sei oder, weniger strikt, im Sinne einer erklärenden Umschreibung. Nach übereinstimmender Ansicht der antiken Kommentatoren wie DEXIPPOS [8], AMMONIOS [9] und SIMPLIKIOS [10] ist λόγος hier nicht nur als strenge Definition (ὁρισμός), sondern auch im Sinne von ‹Erklärung› zu verstehen; BOETHIUS spricht in seinem ‹Kategorienkommentar› von «ratio» als «definitio vel descriptio» [11]. Im 13. Jh. interpretiert etwa ALBERTUS MAGNUS in seiner Auslegung der Stelle «ratio» nicht nur als Definition, sondern auch als Erklärung («declaratio») [12]; auch nach WILHELM VON OCKHAM bezeichnet dieser Ausdruck hier nicht nur die Definition im strengen Sinne, sondern auch eine Beschreibung («descriptio») und einen Begriff oder eine Intention in der Seele («conceptus seu intentio in anima») [13]. Abweichend von dieser Auslegungstradition interpretieren die meisten modernen Aristotelesforscher λόγος hier nur als Definition im strengen Sinne [14].

2. Auch im Kontext der Lehre vom Allgemeinen in der *spätantiken Philosophie* und dort vor allem bei der Kritik der Neuplatoniker an der aristotelischen Abstraktionstheorie des ALEXANDER VON APHRODISIAS spielt ‹W.› eine Rolle. Nach SYRIAN ist das substantielle, schöpferische Prinzip einer Sache weder das aus dem Sinnfälligen abstrahierte noch das in der Einzelsubstanz verwirklichte Allgemeine, sondern der W. (οὐσιώδης λόγος) der Sache, nämlich das Allgemeine, das als substantieller Grund des Sinnfälligen dem Einzelding vorausgeht und dem menschlichen Denken schlechthin vorgegeben ist [15]. Auch PROKLOS möchte mit seiner Auffassung des Noema den a priori vorgegebenen W. einer Sache in Auseinandersetzung mit der aristotelischen Abstraktionslehre zur Geltung bringen [16]. Neben einem Noema im (aristotelischen) Sinne des aus der Abstraktion gewonnenen Allgemeinbegriffs kennt er außerdem noch ein Noema im Sinne eines den Dingen ontologisch vorgeordneten W.

oder «psychischen Begriffs» [17], der als das von einer Sache a priori Gewußte seinem Wesen nach in der Seele ist [18], und zwar im menschlichen Bewußtsein als manchmal bewußter, manchmal unbewußter «Entwurf» (προβολή), im göttlichen Bewußtsein dagegen als immer aktuell gewußter [19].

3. ‹W.› wird auch in der *christlichen Theologie* in den trinitätstheologischen und christologischen Auseinandersetzungen verwendet. Im Zusammenhang einer Kritik an den Arianern, die die Wesensgleichheit des Sohnes mit dem Vater bestreiten, heißt es etwa in der (wohl ungerechtfertigt) dem ATHANASIUS zugeschriebenen ‹Vierten Rede gegen die Arianer›, daß das Sein des Sohnes als «wesenhafter Logos» (οὐσιώδης λόγος) zu verstehen sei, d.h., daß sein Name so als W. zu denken sei, daß in ihm etwas von der Sache selbst offenbart und erkannt wird [20].

Anmerkungen. [1] ARISTOTELES: Cat. I, 1 a 1-10. – [2] Kategorien. Werke in dtsch. Übers., hg. K. OEHLER (²1986, ³1997) 9. – [3] Vgl. etwa: Top. I, 5, 101 b 38; vgl. Art. ‹Wesensdefinition›. – [4] DEXIPPUS: In Cat. I, 18. CAG 4/2, hg. A. BUSSE (1888) 21, 24-27. – [5] AMMONIUS: In Cat., c. 1. CAG 4/4, hg. A. BUSSE (1895) 20, 26-21, 2. – [6] JOH. BURIDANUS: Quaest. in Praedicam., q. 1, hg. J. SCHNEIDER (1983) 6-7. – [7] Vgl. J. P. ANTON: The meaning of ὁ λόγος τῆς οὐσίας in Arist.'s Cat. 1 a. Monist 52 (1968) 252-267. – [8] DEXIPPUS: In Cat. I, 16, a.O. [4] 20, 28-31. – [9] AMMONIUS, a.O. [5] 20, 14-21. – [10] SIMPLICIUS: In Cat., c. 1. CAG 8, hg. K. KALBFLEISCH (1907) 29, 16-24. – [11] BOETHIUS: In Cat. I. MPL 64, 166 A. – [12] ALBERTUS MAGNUS: Liber de Praedicam., tract. 1, c. 3. Op. omn. 1, hg. A. BORGNET (Paris 1890) 155 b. – [13] WILHELM VON OCKHAM: Expos. in libr. Praedicam., c. 1. Op. philos. 2, hg. E. A. MOODY u.a. (St. Bonaventure, N.Y. 1978) 140. 143; c. 2, a.O. 144. – [14] ANTON, a.O. [7]; OEHLER, a.O. [2] 203. – [15] SYRIANUS: In Met. XIII, 2. CAG 6/1, hg. W. KROLL (1902) 91, 30; XIII, 3, a.O. 95, 16; XIV, 3, a.O. 179, 8. – [16] PROCLUS: In Plat. Parm. IV, hg. V. COUSIN (Paris 1864, ND 1962) 892, 9-897, 20. – [17] a.O. 892, 20-22. 29f.; 895, 32-36. – [18] 892, 23; 893, 2ff.; 894, 24ff. – [19] 894, 34-39. – [20] ATHANASIUS: Orat. IV contra Arianos 1-2. MPG 26, 468 C-469 C.

Literaturhinweise. J. P. ANTON s. Anm. [7]. – K. OEHLER s. Anm. [2]. – TH. KOBUSCH: Sein und Sprache. Hist. Grundlegung einer Ontologie der Sprache (Leiden 1987) bes. 51ff. 68ff.

TH. DEWENDER

Wesensdefinition (griech. ὅρος οὐσιώδης; lat. definitio substantialis)

I. *Antike und Mittelalter.* – Während für PLATON eine Definition (s.d.) allgemein eine Antwort auf die Frage nach den wesentlichen Eigenschaften eines Dinges gibt [1], hat ARISTOTELES als erster zwischen verschiedenen Arten von Definitionen genauer unterschieden und als wichtigste Art der Definition diejenige angesehen, die – im Sinne der sokratisch-platonischen «Was ist *x*?»-Frage – ausdrückt, worin das Wesen des zu definierenden Gegenstandes besteht: «Die Definition ist eine Rede (λόγος), die das Wesen (τὸ τί ἦν εἶναι) anzeigt» [2]. Insofern muß die W. (ὅρος οὐσιώδης) einerseits als Realdefinition von der Nominaldefinition unterschieden werden [3]. Andererseits aber steht die W. auch den Proprietäten gegenüber, die etwas Hinzukommendes sind [4]. Von den insgesamt 15 verschiedenen Arten der Definition, die MARIUS VICTORINUS im ‹Liber de definitionibus› aufzählt, nimmt die W. (definitio substantialis), die über die nächsthöhere Gattung und die spezifische Differenz (per genus et differentiam) des zu Definierenden erfolgt, als vollkommenste Art der Definition die erste Stelle ein [5].

Im 13. Jh. greift THOMAS VON AQUIN dann unmittelbar die Aristotelischen Formulierungen auf: «Das Wesen ist genau das, was durch die Definition bezeichnet wird» («essentia proprie est id quod significatur per definitionem») [6] und: «Die Definition bezeichnet die Wesenheit einer Sache» («definitio enim quidditatem rei significat») [7]; später heißt es auch bei F. SUÁREZ: «Wir nennen das Wesen einer Sache dasjenige, was durch die Definition entfaltet wird» («dicimus essentiam rei esse, quae per definitionem explicatur») [8]. WILHELM VON OCKHAM unterscheidet zwischen der Nominaldefinition («definitio exprimens quid nominis») und der Realdefinition («definitio exprimens quid rei»), die in einem weiteren Sinne auch die bloß beschreibende Definition («descriptiva definitio») einschließt, im engeren Sinne aber nur das Wesen oder die gesamte Natur einer Sache ausdrückt («exprimens totam naturam rei») und wiederum in zwei Formen möglich ist, nämlich als natürliche Definition («definitio naturalis»), welche die wesentlichen Teile eines Gegenstandes nennt (Beispiel: «Der Mensch ist eine aus einem Körper und einer Vernunftseele bestehende Substanz») und als metaphysische Definition, die mit Gattung und Differenz operiert («Der Mensch ist ein vernunftbegabtes Lebewesen») [9]. JOHANNES BURIDANUS unterscheidet insgesamt vier Arten von Definitionen, nämlich nominale, kausale, deskriptive und W.en, von denen aber nur letztere als Definitionen im strengen Sinne bezeichnet werden können. Sie bezeichnen das Wesen einer Sache («quid est esse rei») durch die Wesensprädikate («essentialia») Gattung und spezifische Differenz und geben damit am angemessensten eine Antwort auf die Frage, was etwas ist («quid sit») [10].

In der Scholastik des 17. Jh. kennt JOHANNES VON ST. THOMAS neben der Nominaldefinition noch drei Arten von Realdefinitionen: W.en, deskriptive und kausale Definitionen: «Eine W. (definitio essentialis seu quidditativa) ist eine Rede, die eine Sache durch ihre Teile oder wesentlichen Prädikate erklärt, wie: Der Mensch ist ein vernunftbegabtes Lebewesen». Diese Erklärung kann dann naturphilosophisch durch die Angabe von Materie und Form oder metaphysisch mittels der Bestimmung von Gattung und Differenz erfolgen [11].

Anmerkungen. [1] PLATON: Phaedr. 237 c-d; Theaet. 209 aff.; Meno 86 d-e. – [2] ARISTOTELES: Top. VII, 5, 154 a 31-32; vgl. I, 5, 101 b 39; Met. VII, 4, 1030 a 6-7; vgl. auch: Art. ‹To ti en einai›. Hist. Wb. Philos. 10 (1998) 1310-1314; Art. ‹Wesensbegriff›. – [3] GALEN: De diff. pulsuum I, 705, 11ff.; vgl. dazu: Art. ‹Definition I. 1.›. Hist. Wb. Philos. 2 (1972) 31ff. – [4] ALEXANDER APHR.: In Top. CAG 2/2, hg. M. WALLIES (1891) 388, 10; vgl. ELIAS: In Isag. CAG 18/1, hg. A. BUSSE (1900) 90, 19ff. – [5] MARIUS VICTORINUS = (Ps.-)BOETHIUS: Liber de definit. MPL 64, 895 Cff. 901 D-902 A. – [6] THOMAS VON AQUIN: S. theol. I, 29, 2, ad 3. – [7] I Sent., d. 33, q. 1, a. 1, ad 1; vgl. auch: De ente et essentia 2; vgl. Art. ‹Washeit›. – [8] F. SUÁREZ: Disput. metaph. II, s. 4, n. 6 (1597). Op. omn., hg. C. BERTON 25 (Paris 1866, ND 1965) 89. – [9] WILHELM VON OCKHAM: Summa totius logicae I, c. 26. Op. philos. 1, hg. PH. BOEHNER u.a. (St. Bonaventure, N.Y. 1974) 84f.; vgl. auch: III-3, c. 23, a.O. 681-683. – [10] JOH. BURIDANUS: Compend. totius logicae, tract. 8 (Venedig 1499, ND 1965). – [11] JOH. VON ST. THOMAS: Cursus philos. thomist. I: Logica, prima pars, lib. 2, c. 3 (1637f., Paris 1889) 13. TH. DEWENDER

II. *Neuzeit.* – Im Anschluß vor allem an nominalistische Definitionslehren [1] wird als Aufgabe von Definitionen nicht mehr einheitlich die Angabe des Wesens einer 'Sache' aufgefaßt. Auch nominale Wesenheiten werden anerkannt [2]. Dementsprechend kommt es in der Definitionstheorie teilweise zu einer Trennung von Sach- und W.en. Die Rolle der aristotelischen Sachdefinition übernimmt die Realdefinition (als Erklärung der Möglichkeit einer Sache), die aber etwa bei G. W. LEIBNIZ nicht mehr (unbedingt) auf wesentliche Merkmale abstellt [3]. Andererseits sieht Leibniz auch bei Nominaldefinitionen den Bezug auf das Wesen der Sache selbst vor, betont allerdings, daß ein und derselben Wesenheit mehrere Definitionen genügen können [4]. Eine explizite Trennung zwischen den Momenten des Essentiellen und des Realen nimmt CH. WOLFF vor, indem er akzidentielle («definitio accidentalis») und essentielle Definition («definitio essentialis») unterscheidet und diese als zwei Arten der Nominaldefinition der Realdefinition gegenüberstellt [5]. I. KANT führt beide Momente wieder zusammen, indem er Realdefinitionen auf das «Wesen der Sache» oder das «Realwesen» bezogen sein läßt [6]. In diesem Sinne fordert auch W. T. KRUG, daß «Sacherklärungen» das «Wesen ... eines Dinges» erklären sollen [7].

Diese Forderung tritt im Zuge der Ausbildung der logischen Methodenlehre zur Wissenschaftstheorie im 19. Jh. mehr und mehr zurück, ohne daß aber die Rede vom 'Wesen' ganz aus der Definitionslehre verschwindet [8]. So sagt B. BOLZANO einschränkend: «Bestimmungen über das Wesen eines Gegenstandes sind von dem vorzüglichsten Werthe, doch sind auch andere ... nicht zu verachten» [9]. Der Neukantianer H. RICKERT fordert von Definitionen sogar ausdrücklich, «das Wesen einer Sache» zu begreifen, wobei das Wesen allerdings nicht mehr ontologisch einheitlich, sondern in Abhängigkeit von verschiedenen Wissenschaften mit Blick auf deren unterschiedliche Gesetzesbegriffe bestimmt werden soll [10]. Selbst auf nominalistischer Grundlage («Essence, then, is just the human choice of what to mean by a name, misinterpreted as being a metaphysical reality» [11]) bleibt der essentialistische Aspekt in der Forderung nach Adäquatheit des Definiens (mit Bezug auf das Definiendum) erhalten; denn diese Forderung verbietet, Definitionen als bloß willkürliche Festsetzungen aufzufassen [12].

Anmerkungen. [1] Vgl. G. ZABARELLA: De methodis III, 13. Op. logica (1597, ND 1966) 249-253. – [2] Vgl. J. LOCKE: An essay conc. human underst. III, 3, § 13 (London 1690, [5]1706), hg. P. H. NIDDITCH (Oxford 1975) 415f. – [3] Vgl. G. W. LEIBNIZ: Medit. de cognitione, veritate et ideis (1684). Philos. Schr., hg. C. I. GERHARDT 4 (1880, ND 1965) 424f. – [4] Nouv. ess. sur l'entend. humain III, 3, § 15 [1703-05] (1765), a.O. 5, 273. – [5] CH. WOLFF: Philos. rationalis sive Logica § 193 (1728, [3]1740). Ges. Werke II/1, 2 (1983) 212. – [6] I. KANT: Logik JÄSCHE § 106, Anm. 2 (1800). Akad.-A. 9, 144. – [7] W. T. KRUG: System der theoret. Philos. I: Denklehre ([3]1825) 448. – [8] Vgl. W. DUBISLAV: Die Definition ([4]1981) 2-7. – [9] B. BOLZANO: Wiss.lehre § 502 (1837). Ges.ausg., hg. J. BERG I/14, 2 (1999) 60. – [10] H. RICKERT: Zur Lehre von der Definition ([3]1929) 28-31. 66. – [11] R. ROBINSON: Definition (Oxford 1954) 155. – [12] Vgl. G. GABRIEL: Definitionen und Interessen (1972) 115-123. Red.

Wesenseigenschaft (lat. proprietas essentialis; attributum essentiale). Der Ausdruck ‹W.› hat sich als Übersetzung des scholastischen Ausdrucks ‹proprietas (essentialis)› eingebürgert [1]. Während jedoch die Begriffe ‹Proprium› (s.d.) bzw. ‹Proprietät› traditionell – sowohl in ontologischen wie trinitätstheologischen Zusammenhängen – einen begrifflichen Gegensatz zu ‹Wesen› darstellen, kommt es in der mittelalterlichen Philosophie, besonders in trinitätstheologischen Erörterungen, zu einer Verbindung beider, die ihre Grundlage in der antiken Lehre von den einer Sache an sich zukommenden Akzidentien hat, welche bisweilen auch W. (ἴδια οὐσιώδη) genannt und von den nichtwesentlichen Eigenschaften (ἐπουσιώδη) unterschieden werden [2]. Nach THOMAS VON AQUIN sind so die wesentlichen Eigenschaften Gottes wie Macht oder Güte ausdrücklich auch «Proprietäten des Wesens», die gleichwohl den drei göttlichen Personen zugeteilt werden können [3]. Thomas operiert auch bei der Lehre von den Seelenpotenzen mit der Unterscheidung einer «proprietas essentialis» [4] von einer «proprietas accidentalis» [5]. Die christliche Gotteslehre hat die Einfachheit des göttlichen Wesens angesichts der Vielheit der Attribute Gottes, aber auch die Eigentümlichkeiten (propria) der drei göttlichen Personen im Verhältnis zu den Appropriationen zu klären [6]. Den ersten Großtraktat über die essentialen und naturalen Proprietäten Gottes verfaßt HEINRICH VON GENT [7].

Ohne bedeutsame Berührungen mit dem negativ konnotierten mystischen Gebrauch von ‹proprietas› im Sinne von ‹Eigenschaft›/‹Eigenheit› (s.d.) bei Autoren der Mystik und deren Theoretikern verläuft der weitere Weg über das Handbuchwissen scholastischer Autoren [8] hin zur Deutschen Schulphilosophie. CH. WOLFF scheidet «das Wesentliche» von den «Eigenschaften»; diese haben ihren Grund im Wesen der Sache [9]. Diese für die gesamte Schulphilosophie typische Lehre bestimmt die weitere Entwicklung [10]. I. KANT, nach dessen frühen physiko-theologischen Ansichten die Natur «sogar in den ewigen und unwandelbaren Gesetzen ihrer wesentlichen Eigenschaften dasjenige große Wesen mit einstimmiger Gewißheit» zu erkennen gibt [11], trennt in seiner ‹Logik› Merkmale als Gründe anderer Merkmale von ein und derselben Sache – sie heißen auch «primitive und constitutive Merkmale (constitutiva, essentialia in sensu strictissimo)» – von Merkmalen als Folge von anderen Merkmalen ab. Diese «heißen Attribute (consectaria, rationata) und gehören zwar auch zum Wesen des Dinges, aber nur, sofern sie aus jenen wesentlichen Stücken desselben erst abgeleitet werden müssen» [12].

Ähnlich wie Kant – und schon vorher G. F. MEIER [13] – bestimmt auch B. BOLZANO das Wesen eines Dinges als «den Inbegriff aller derjenigen Beschaffenheiten ..., welche schon aus dem bloßen Begriffe desselben ableitbar sind». Demgemäß gilt auch, «daß jede wesentliche Beschaffenheit ... auch eine nothwendige sey und umgekehrt» [14]. Von J. G. FICHTES Ausführungen, in denen «wesentliche Eigenschaften» außerwesentlichen Verwandlungen gegenübergestellt werden [15], gehen Impulse für die Anthropologie aus. Noch L. KLAGES [16] läßt im Kontext seiner ‹Ausdruckslehre› zwischen der starren Dingeigenschaft und ihrer Wiederholbarkeit in materiellen Dingen einerseits und der W. und ihrer Einzigkeit andererseits nur eine Analogie gelten. In der neueren Modallogik ist von W.en («essential properties») im Sinne notwendiger Eigenschaften die Rede [17]. Danach hat ein Gegenstand eine Eigenschaft E wesentlich genau dann, wenn er E hat und E in jeder Welt hat, in welcher er existiert [18]. Hier wird W. im Sinne von ‹Essenz› metaphysisch rehabilitiert [19].

Anmerkungen. [1] Vgl. W. BRUGGER (Hg.): Philos. Wb. (1947, [14]1976) 463. – [2] Vgl. ALEXANDER APHR.: In Met. CAG 1, hg. M. HAYDUCK (1891) 176, 24f.; In Top. CAG 2/2, hg. M. WALLIES (1891) 369, 15f.; JOH. PHILOPONOS: In Anal. post. CAG 13/3, hg. M. WALLIES (1909) 354, 13ff. – [3] THOMAS VON AQUIN: De potentia, q. 8, a. 1, ad 7, hg. P. M. PESSION, in: Quaest. disp. 2, hg. P. BAZZI u.a. (Turin/Rom [9]1953) 215f.; vgl. Art. ‹Attribute (Eigenschaften) Gottes›. Hist. Wb. Philos. 1 (1971) 614-616. – [4] De spiritualibus creaturis, q. un., a. 11 corp., ad 5, hg. M. CALCATERRA/T. S. CENTI, a.O. 413f. – [5] S. c. gent. IV, 38, n. 3763, hg. C. PERA/P. MARC/P. CARAMELLO (Turin/Rom 1961) 3, 325; De potentia, q. 4, a. 1, obi. 3, a.O. [3] 102. – [6] Vgl. L. HÖDL: Art. ‹Eigenschaften Gottes I. Christentum›, in: Lex. des MA 3 (1986)

1710-1713 (Lit.). – [7] HEINRICH VON GENT: Summa quaest. ordin., a. 28-33, hg. J. BADIUS (Paris 1520, ND St. Bonaventure, N.Y. u.a. 1953) 164ʳI-210ᵛD. – [8] Vgl. EUSTACHIUS A S. PAULO: Summa philos. quadripart. (1609) I, 74-76, zit. bei: E. GILSON: Index Scolast.-Cart. (Paris 1913, ²1979) 246f.; JOH. A S. THOMA: Cursus philos. I: Logica II, q. 11 (Alcalá 1632), hg. B. REISER (Turin 1930, ²1948) 453-463; vgl. schon: COSMAS ALAMANNUS: Summa totius philos. e D. Thomae A. doctrina I: Logica, q. 6 (Pavia 1618-23, ND Paris 1885-94) 1, 71-77. – [9] CH. WOLFF: Vern. Ged. von den Kräften des menschl. Verstandes [Dtsch. Logik] 1, § 48 (1712, ¹⁴1754). Ges. Werke, hg. J. ECOLE u.a. I/1 (1965) 147; vgl. 158; vgl. Philos. rationalis sive Logica § 66 (1728, ³1740), a.O. II/1, 2 (1983) 147. – [10] Vgl. Art. ‹Attribut›. Hist. Wb. Philos. 1 (1971) 612-614. – [11] I. KANT: Allg. Naturgesch. und Theorie des Himmels II, 5 (1755). Akad.-A. 1, 293; vgl. Der einzig mögl. Beweisgrund ... I, 4 (1763). Akad.-A. 2, 92. – [12] Logik JÄSCHE, Einl. VIII (1800). Akad.-A. 9, 60f.; vgl. Metaphys. Anfangsgründe der Naturwiss. (1786). Akad.-A. 4, 500. 514. – [13] G. F. MEIER: Auszug aus der Vernunftlehre §§ 120f. (1752) 30f. – [14] B. BOLZANO: Wiss.lehre § 502 (1837). Ges.ausg., hg. J. BERG I/14, 2 (1999) 60-62; vgl. § 111, a.O. I/11, 3 (1987) 113-116, bes. 115. – [15] J. G. FICHTE: Die Bestimmung des Menschen 1 (1800). Sämmtl. Werke, hg. I. H. FICHTE (1845f.) 2, 182; vgl. Erste Einl. in die Wiss.lehre (1797), a.O. 1, 442; Über die einzigmögl. Störung der akad. Freiheit (1811), a.O. 6, 455; Über das Verhältnis der Logik zur Philos. oder transz. Logik (1812). Nachgel. Werke, hg. I. H. FICHTE (1834/35) 1, 373. – [16] L. KLAGES: Grundleg. der Wiss. vom Ausdruck 14 (1935). Sämtl. Werke 6, hg. E. FRAUCHIGER (1964) 612. – [17] Vgl. Art. ‹Modallogik II. 3.›. Hist. Wb. Philos. 6 (1984) 28-36, bes. 32; Art. ‹Notwendigkeit C.›, a.O. 986f. – [18] Vgl. A. PLANTINGA: The nature of necessity (Oxford 1974) 55f. – [19] Vgl. Art. ‹Wesen V.›.

M. LAARMANN

Wesensschau (engl. seeing [of] an essence; frz. vision des essences). Der Begriff hat vor allem in der phänomenologischen Philosophie des 20. Jh. Konjunktur. Wohl taucht er schon vorher in der Philosophie des Deutschen Idealismus gelegentlich auf, wird aber nicht signifikant. So gebraucht J. G. FICHTE «Wesensanschauung» vereinzelt im Zusammenhang mit der Explikation der «intellectuellen Anschauung». Diese ist ursprünglich «Verstehen ihrer selbst» zunächst als «faktische» «Anschauung der Anschauung». «Verstehen eines Faktums aber gründet sich auf intellectuelle Anschauung des Gesetzes, nach welchem dieses Faktum zu Stande kommt.» Das aber ist «Erkenntniß» des eigenen Wesens, so daß folgt: «Die absolute Anschauung ... schaut sich selbst durchaus nicht an, aber sie wird begriffen. Der Begriff darum, die Wesensanschauung überhaupt, ersetzt die Anschauung der Anschauung» [1]. In der Wesensanschauung setzt sich «der begreifende Verstand» als «absolutes Princip von Anschauungen» [2].

Zum systematischen Leitbegriff wird ‹Wesensschauung› dann in der (eigenwillig verdeutschenden) philosophischen Sondersprache des Fichte-Schülers K. CH. F. KRAUSE. In dessen Panentheismus (s.d.) wird darunter die Erkenntnis des Absoluten oder Gotteserkenntnis verstanden, unter die alle Formen absoluter Erkenntnisgewißheit subsumiert sind [3]. Dabei handelt es sich nicht nur um eine ausgezeichnete «gottähnliche» [4] Erkenntnisform des endlichen Subjekts, sondern ‹Wesensschauung› bezeichnet zugleich auch die «ganze Beschaffenheit» Gottes mit, insofern dieser vollkommene «Selbstschauung» ist [5].

Zwar erwächst auch in der phänomenologischen Methodenlehre E. HUSSERLS der Begriff ‹W.› aus einer Erweiterung des Begriffs der Anschauung im Zusammenhang mit den Problemen der Erkenntnisgewißheit. Jedoch dient er nicht mehr der philosophischen Erfassung eines Absoluten (des «absoluten Subjekts» oder Gottes). Vorläufer von ‹W.› ist im Husserlschen Werk der Begriff der «kategorialen Anschauung» [6]. Dieser erweiterte Begriff von Anschauung umspannt alle Akte, in denen «irgend etwas als 'wirklich', und zwar als 'selbst gegeben' erscheint». Das trifft auch für die Korrelata von nichtsinnlichen Subjektvorstellungen zu, deren Inhalte von allgemeiner, kategorialer Bedeutung sind [7]. Die entsprechende Anschauung heißt hier allgemeine oder kategoriale Anschauung, in der ein «Allgemeines selbst» mittels «ideierender Abstraktion» identifiziert wird [8].

Mit der Erweiterung dieses Begriffs der logischen Allgemeinheit in ontologischer Richtung, wonach auch ein sachhaltiges Apriori Gegenstand phänomenologischer Analyse werden kann [9], wird der Begriff des Kategorialen zu dem einer Wesensform und entsprechend das Verfahren der «Ideation» (s.d.) zu dem «freieren» der «Wesenserschauung» uminterpretiert [10]. Husserl spricht von (regional-)ontologischen Allgemeinheiten, die es zu erforschen gilt, weil sie sich als «Ideen» oder «Wesen» möglicher Gegenstandstypen für die Erkenntnis beschreiben lassen. Auch solchen Wesensformen des Seins muß ein korrelativer Erfassungsakt entsprechen, in welchem sie evident zu machen sind: eben die W.

In diesem Begriff sind bei Husserl demnach Evidenztheorie und allgemeine Gegenstandstheorie zusammengedacht. Das Ergebnis ist keineswegs mysteriös, wie mancher Kritiker gemeint hat, denn «Wesensschauung birgt nicht mehr Schwierigkeiten oder 'mystische' Geheimnisse als Wahrnehmung» [11]. Davon zeugt bereits, daß ‹W.› auch in den (Einzel-)Wissenschaften (unthematisch) vorkommt. Diese Beobachtung belegt die doppelte Motivation einer Beschäftigung mit der W.: Einerseits geht es um die philosophische Begründung eines ohnehin angewandten wissenschaftlichen Verfahrens; andererseits bedarf W. als spezifisch phänomenologische Methode einer phänomenologischen (Selbst-)Begründung.

Als wissenschaftliches Verfahren wird W. etwa in den Naturwissenschaften vorausgesetzt, insofern diese sich auf «eidetische Wissenschaften» wie Geometrie oder Mathematik stützen, die ihrerseits «nicht Wirklichkeiten, sondern 'ideale Möglichkeiten', nicht Wirklichkeitsverhalte, sondern Wesensverhalte» erforschen [12]. Eidetische Intuition, nicht Erfahrung, ist die Quelle der wissenschaftlichen Rationalität, wenn anders jede Theorie bereits die Geltung von Allgemeinheiten voraussetzen muß.

Die phänomenologische Theorie der W. bringt die verschiedenen «Klarheitsstufen» solcher Wesenserfassung zur Darstellung mit dem Ziel, «absolute Nähe» zu den Sachen zu erlangen, d.h., «absolut zweifellose Identifizierung» eines Selbstgegebenen zu leisten [13] und damit dem phänomenologischen «Prinzip aller Prinzipien» zu genügen [14]. Daß es Husserl jedoch keineswegs um die Erfassung des Wesens eines individuellen Gegenstandes geht, wird erst dort ganz deutlich, wo in einer weiteren Explikationsstufe das phänomenologische Verfahren der W. als phantasiegeleitete Variation [15] von Möglichkeiten gegenständlicher Gegebenheit beschrieben wird. Das Invariante innerhalb einer solchen Variation ist das Wesen, also das, «ohne was ein Gegenstand dieser Art nicht gedacht werden kann, d.h. ohne was er nicht anschaulich als ein solcher phantasiert werden kann. Dieses allgemeine Wesen ist das Eidos, die ἰδέα im platonischen Sinne, aber rein gefaßt und frei von allen metaphysischen Interpretationen, also genau so genommen, wie es in der auf solchem Wege entspringenden Ideenschau uns unmittelbar intuitiv zur Gegebenheit kommt» [16]. Das «Erschauen eines Apriori» ist zuletzt also das Ergebnis «fingierender Willkür» [17].

Es wird auf diesem Wege jedoch nur «aktiv» «erschaut», was zuvor längst da war. Denn das Eidos liegt der Variation immer schon zugrunde [18]. Weil das Wesen also in der intentionalen Auffassung passiv vorkonstituiert ist, ist W. weder «empirische Vergleichung» von noch «Abstraktion» an empirisch individuell Gegebenem. Denn ein solch pures Individuelles ohne Allgemeinheitskern kann es für die Erkenntnis nicht geben [19]. Das im strengen Sinne Singuläre bleibt «ewig das ἄπειϱον» [20].

Der Akt der Phantasie-Variation hat den Vorzug, den Tatsächlichkeitscharakter des Gegebenen überspielen und Wirklichkeit auf Möglichkeit zurückdeuten zu können, um dort in «aktiver Identifizierung» dasjenige «heraus[zu]schauen», ohne das der gegebene Gegenstand nicht als solcher gedacht werden kann [21]. Diese Rückführung des Wirklichen auf den Horizont des Möglichen («Ausschaltung der Seinssetzung») wird auch ‹eidetische Reduktion› (s.d.) genannt.

In der phänomenologischen Schule wurde die Lehre von der W. häufig ebenso euphorisch wie mißverständlich rezipiert. Mit mancher Formulierung gab Husserl selbst Anlaß dazu [22], insofern W. hier noch notwendig mit sinnlicher Anschauung verknüpft wird, so als müsse es vor allem um die Erforschung eidetischer Singularitäten gehen. Husserls spätere Aussagen zur Phantasie-Variation korrigieren das. Zuvor aber droht die Gefahr fruchtloser 'Weltverdoppelung'. So ordnet etwa J. Héring jedem individuellen Gegenstand ein entsprechendes individuelles Wesen zu [23]. Auch R. Ingarden sucht in erster Linie die Möglichkeit der Erkenntnis der Wesen individueller Gegenstände zu begründen [24]. Und bei A. Reinach wird eigens gefordert, «auch das Wesen des seiner Natur nach Einzigen und Einmaligen» durch W. aufzuklären [25]. Gegenüber der strengen Fassung der W. bei Husserl wirken diese frühen Rezeptionsformen ungenau und schwärmerisch [26].

Für M. Scheler ist «Wesensschau» oder «phänomenologische Anschauung» [27] kein begrifflicher Erfassungsakt, sondern Versuch eines «Aufweises» jenes apriorischen Gehaltes eines Erkenntnis- und Willensaktes, der diesem seine gegenständliche «Richtung» gibt. W. ist also das Verfahren, ein Apriori als «überbegriffliches», aber sachlich «Gegebenes» «sehen zu machen» [28]. Mit dieser Entdeckung «via negationis» einer erfahrungsjenseitigen «Wesens-» und «Wertewelt» fungiert W. nach Scheler als propädeutisches Instrument zur Grundlegung der Metaphysik [29]. Mit der Lehre von der Fundiertheit der natürlichen Einstellung im (sinnlichen) Widerstandserlebnis gewinnt das Verfahren der W. oder «Ideation» als Daseinsausschaltung dann einen umfassenden und nahezu existentiellen Sinn. Es wird in Schelers Spätphilosophie schließlich als Grundvermögen des Menschlichen gekennzeichnet. Der Mensch vermag seiner Triebnatur die Sublimationskraft des Geistes entgegenzusetzen und derart die Bedingung dafür zu schaffen, die ihm begegnenden Gegenstände als solche zu erfassen [30].

Die phänomenologische «W.» wird von N. Hartmann kritisch adaptiert und modifiziert. Gnoseologisch ist W. ein wertvoller, jedoch nicht unter allen Umständen gleich vielversprechender Zugang zum idealen Sein. Im Bereich des Logischen und Mathematischen ist sie unproblematisch, da sie sich hier auf eine «freie Idealität» bezieht, die «unmittelbar in sich selbst zur Anschauung gebracht werden kann». Hingegen ist das Wesen realer Gegenstände von «anhangender Idealität», «die nur mittelbar am Realfall und durch ihn hindurch» geschaut wird [31]. Das hat zur Folge, daß die W. im zweiten Fall eine gebundene bleibt und daher nur «stigmatisch», d.h. nur auf isolierte Wesenszüge, gerichtet sein kann [32]. Die gesuchte «objektive Evidenz» bleibt ihr so verwehrt. Daher muß sie um eine «konspektive» Intuition ergänzt werden, die die Anschauung relational verortet und sie stets in den Zusammenhang des bereits Gesehenen einstellt. Nur so kann mögliche (subjektive) Evidenztäuschung aufgeklärt und eben daran auch der eigenständige Seinscharakter des Idealen aufgewiesen werden [33].

Darüber hinaus wird ‹W.› noch in anderen philosophischen Zusammenhängen verwendet [34], wobei oft Nähe, zuweilen aber auch Distanz zum phänomenologischen Begriff reklamiert wird. Ersteres kann man etwa im Vitalismus von H. Driesch beobachten, wo ‹W.› aber nicht mehr Methodenbegriff ist, sondern gegenstandslogischer Ausdruck für eine Art unmittelbaren «Vor-Wissens» oder «Habens» von Allgemeinem [35], jedoch nicht im Sinne einer «angeborenen Idee», sondern im Sinne eines unmittelbaren «Aufnehmens wesenhafter Inhaltlichkeiten» des Soseins [36]. Kritische Distanz hingegen zeichnet die Position von L. Klages aus, der der Vorstellung von der «Selbstgegebenheit» kategorialer Formen zwar «Verstiegenheit» attestiert [37], selbst jedoch vom Vermögen zur «Schauung» von «Wesen» bzw. von W. als Ausgangspunkt einer philosophischen «Wesensforschung» spricht, die sich primär dem Wesen eines Wirklichen als dessen Ausdrucksqualität und Erscheinungsbedingung zuwendet [38]. In der Phänomenologie von H. Schmitz schließlich wird W. beschrieben als «Fähigkeit, Arten als allgemeine Gegenstände ohne jedes Manipulieren der Aufmerksamkeit an Einzelfällen präsent zu haben» [39]. Es handelt sich dabei um eine Form unmittelbar «leiblicher Kommunikation» («Ausleibung» [40]) mit Qualitäten, bei der die Wahrnehmung «aus Situationen» befreit wird, so daß man «das Begegnende an sich herankommen» und sich «einem unmittelbar sinnfällig anwesenden Absoluten ganz überlassen» kann [41].

Anmerkungen. [1] J. G. Fichte: Ueber das Verhältniß der Logik zur Philos. oder transscend. Logik (1812). Nachgel. Werke, hg. I. H. Fichte (1834/35, ND 1971) 1, 281-287. – [2] Die Wiss.lehre (1813), a.O. 2, 62. – [3] Vgl. K. Ch. F. Krause: Vorles. über das System der Philos. (1828) 25. 206f. 362f. u.ö. – [4] a.O. 427. – [5] 280. 361. – [6] E. Husserl: Log. Unters. II/2, §§ 40ff. (1901, ^{2}1921) 128ff. Husserliana [Hua.] 19/2 (Den Haag 1984) 657ff.; vgl. Art. ‹Methode, phänomenologische›. Hist. Wb. Philos. 5 (1980) 1364f. – [7] a.O. 143/671f. – [8] 162/690f. – [9] Vgl. K.-H. Lembeck: Seinsformen, in: H. R. Sepp (Hg.): Metamorphose der Phänomenologie (1999) 28-57. – [10] E. Husserl: Ideen zu einer reinen Phänom. und phänomenolog. Philos. 1, § 3 (1913). Hua. 3 (1950) 15 (Anm. 2); Hua. 3/1 (1976) 15 (Anm. 1). – [11] Philos. als strenge Wiss. Logos 1 (1910/11) 289-340, 315. Hua. 25 (1987) 32. – [12] Ideen 1, § 7, a.O. [10] 21/21; vgl. Erfahrung und Urteil §§ 89f. (1939), hg. L. Landgrebe (1948, ^{4}1972) 425-427. – [13] §§ 67-69, a.O. 141. 144. – [14] § 24, a.O. 51. – [15] Vgl. Art. ‹Variation; Varietät; Variabilität›. Hist. Wb. Philos. 11 (2001) 551. – [16] Erf. und Urt. § 87a, a.O. [12] 411. – [17] Phänomenolog. Psychologie § 9 [SS 1925]. Hua. 9 (1962) 72. – [18] Erf. und Urt. § 87c, a.O. [12] 414. – [19] § 87d, a.O. 417. – [20] Philos., a.O. [11] 318/36. – [21] Erf. und Urt. § 87e, a.O. [12] 419. – [22] z.B. Ideen 1, § 3, a.O. [10] 13/13. – [23] J. Héring: Bem. über das Wesen, die Wesenheit und die Idee. Jb. Philos. phänomenolog. Forsch. 4 (1921) 495-534, 497. – [24] R. Ingarden: Essentiale Fragen, a.O. 7 (1925) 125-304, 191ff. – [25] A. Reinach: Über Phänomenologie (1914). Sämtl. Werke, hg. K. Schuhmann/B. Smith 1 (1989) 535. – [26] Vgl. kritisch schon: H. Maier: Philos.

der Wirklichkeit 1 (1926) 59f.; K. ROSEN: Evidenz in Husserls deskript. Transz.philos. (1977) 74f. 110f. – [27] M. SCHELER: Der Formalismus in der Ethik und die mat. Wertethik (1913/16). Ges. Werke 2 (51966) 68; vgl. 94. – [28] a.O. 69; vgl. Vom Ewigen im Menschen (1921), a.O. 5 (51968) 167. – [29] Vom Ewigen im Menschen, a.O. 167. 291f.; sowie: Philos. Weltanschauung (1927), a.O. 9 (1976) 82; vgl. Die Stellung des Menschen im Kosmos (1928), a.O. 41. – [30] Die Stellung ..., a.O. 42-44. – [31] N. HARTMANN: Zur Grundleg. der Ontologie (1934, 21941) 290; vgl. Met. der Erkenntnis (1921, 31941) 466f. – [32] Met. der Erk., a.O. 483. – [33] a.O. 483. 523; vgl. Zur Grundleg. der Ontol., a.O. [31] 295-298. – [34] Vgl. etwa: A. N. WHITEHEAD: Process and reality (1929, New York 1969) 58 («envisagement»). – [35] Vgl. H. DRIESCH: Wissen und Denken (1922) 14ff. 65ff. – [36] Ordnungslehre (1912, 21923) 182f. – [37] L. KLAGES: Der Geist als Widersacher der Seele (1929). Sämtl. Werke, hg. E. FRAUCHIGER u.a. 1 (1964) 115; vgl. 424. – [38] Grundleg. der Wiss. vom Ausdruck (1935), a.O. 6 (1964) 430. 453; vgl. M. GROSSHEIM: L. Klages und die Phänomenologie (1994) bes. 235f. – [39] H. SCHMITZ: Der unerschöpfl. Gegenstand (1990) 88. – [40] Vgl. System der Philos. 3, 5 (1978) 97ff. – [41] a.O. 218; a.O. [39] 153.

Literaturhinweise. J. GEYSER: Über Begriffe und Wesensschau. Philos. Jb. 39 (1926) 8-44. 128-151. – L. ELEY: Die Krise des Apriori in der transz. Phänom. E. Husserls (Den Haag 1962). – H.-U. HOCHE: Nichtempir. Erkenntnis. Analyt. und synthet. Urteile apriori bei Kant und Husserl (1964). – J. PATOČKA: La doctrine husserl. de l'intuition eidét. et ses critiques récents. Rev. int. Philos. 71/72 (1965) 17-33. – D. M. LEVIN: Induction and Husserl's theory of eidet. variation. Philos. phenomenol. Res. 29 (1968) 1-15. – J. N. MOHANTY: Phenomenology and ontology (Den Haag 1970). – K. ROSEN s. Anm. [26]. – TH. M. SEEBOHM: Kateg. Anschauung. Phänomenolog. Forsch. 23 (1990) 9-47. – P. VOLONTÉ: Husserls Phänom. der Imagination (1997) bes. 224ff.

K.-H. LEMBECK

Wesenwille/Kürwille sind von F. TÖNNIES in dessen Hauptwerk ‹Gemeinschaft und Gesellschaft› geprägte Kategorien der «reinen Soziologie», mit denen die Analyse des Konstitutionsmodus und der Entwicklung der grundlegenden Formen des Sozialen ermöglicht werden soll. Der W. als diejenige Form des Willens, die dem als natürlich-organische Einheit von Gefühl, Neigung und ganzheitlich eingebundenem Intellekt verstandenen «Wesen» des Menschen entspringt, begründet alle «gemeinschaftlichen» Verhältnisse des Zusammenlebens, als deren Prototypen Tönnies Verwandtschaft, Nachbarschaft und Freundschaft vorstellt [1]. Alle «gesellschaftlichen» Verhältnisse gehen dagegen aus dem Kürwillen hervor, dem aus den ganzheitlichen Zusammenhängen differenzierten Intellekt, der die geeigneten (und gegebenenfalls dem W. widersprechenden) Mittel wählt ('kürt'), um einen von diesen unterschiedenen Zweck zu erreichen. Prototypus der «gesellschaftlichen» Verhältnisse sind für Tönnies die bürgerlichen Tausch- und Vertragsverhältnisse der Moderne.

Unter den klassischen Begründungsformen der Soziologie ist Tönnies' Theorie von ‹Gemeinschaft und Gesellschaft› die einzige konsequent voluntaristisch konstruierte. Alles Soziale ist nach Tönnies in Willensakten der Bejahung konstituiert, verneinende Verhältnisse schließt Tönnies aus dem Begriff des Sozialen aus. W. bedeutet unmittelbare, Kürwille mittelbare gegenseitige Bejahung, weshalb «Gemeinschaft» auf emotionalem Verbundensein trotz Trennung beruht, «Gesellschaft» ein Getrenntsein trotz (rationalen) Verbundenseins zur Folge hat [2]. Für das Verhältnis zwischen W. und Kürwille ist entscheidend, daß der erste dem zweiten onto- und phylogenetisch vorgeordnet ist (so daß der W. ständig den Kürwillen «aus sich entläßt»), die Realisierung des Kürwillens jedoch – von wenigen Grenzfällen vollständiger Abspaltung abgesehen – stets auf Reintegration in die vom W. bestimmten Zusammenhänge angewiesen ist (in diesem Sinne wird der Kürwille vom W. «getragen»). Damit ist zugleich eine grundlegend verschiedene Zeitlichkeit gegeben: W. ist retrospektiv, Kürwille prospektiv strukturiert. Da Intellekt, «Denken», an allen Phänomenen menschlichen Willens beteiligt ist [3], bezeichnet Tönnies den W. als den «Willen, sofern in ihm das Denken», und den Kürwillen als «das Denken, sofern darin der Wille enthalten ist» [4]. Die seit der Philosophie des Mittelalters diskutierte Frage des Vorrangs des Intellekts vor dem Willen löst Tönnies somit durch Differenzierung: In der Gestalt des W. kommt dem Willen genetischer und sozial-moralischer, in der Gestalt des Kürwillens funktionell-operativer Vorrang zu.

Auf der Ebene von «Gemeinschaft» und «Gesellschaft» erhält die durch die grundlegenden Kategorien ‹W.› und ‹Kürwille› vorgezeichnete Differenzierung und Entwicklung zum einen eine universalgeschichtliche Dimension, da nach Tönnies alle denkbaren menschlichen Sozialgebilde dazu tendieren, gesellschaftliche Strukturen aus gemeinschaftlichen Zusammenhängen auszudifferenzieren. Zum anderen erhält sie eine modernisierungsgeschichtliche Dimension, da gerade moderne Verhältnisse durch den in der «Gesellschaft» besonders entfalteten Kürwillen charakterisierbar sind. Aus Tönnies' ‹Gemeinschaft und Gesellschaft› stammen deshalb wichtige Impulse für spätere Theorien der modernen Gesellschaft, die besonders auf deren Rationalismus abheben und deren herausragender Repräsentant M. WEBER ist. Im Hinblick auf Weber ist freilich der völlig andersartige erkenntnistheoretisch-methodologische Ausgangspunkt und der entsprechend differierende Zuschnitt der Grundkategorien zu berücksichtigen. So weicht Webers Handlungstypus der «Zweckrationalität» (s.d.), dessen Zweck-Mittel-Relation mit Tönnies verbunden erscheint, von diesem durch das Kriterium ab, mit dem Weber ihn von «Wertrationalität» unterscheidet: die Relativität oder die Absolutheit der Geltung zugrunde gelegter Werte. Die engste Anlehnung an Tönnies zeigt Webers typologische Unterscheidung von Beziehungen in «Vergemeinschaftungen» und «Vergesellschaftungen» [5], doch ist hierbei die Tönniessche Vorlage (Emotionalität vs. Rationalität) sowohl von ihrer voluntaristischen Basis als auch von ihrer geschichtsphilosophischen Implikation einer notwendigen Entwicklung von «Gemeinschaft» zu «Gesellschaft» völlig abgetrennt.

Tönnies' weitgesteckte Aussageintentionen haben, zusammen mit der Tatsache, daß er selbst teils unterschwellig, teils explizit «Kürwille» bzw. «Gesellschaft» im Verhältnis zu «W.» bzw. «Gemeinschaft» kritisch bewertet, einer romantisierenden Kulturkritik und einer modernitätsabgewandten Gemeinschaftsideologie Vorschub geleistet [6]. Eine von dieser Wirkung ausgehende Kritik an Tönnies sollte jedoch nicht übersehen, daß der Autor seinem eigenen geschichtsphilosophischen Gebrauch der Begriffe ‹W.› und ‹Kürwille›, ‹Gemeinschaft› und ‹Gesellschaft› ein methodisches Korrektiv einbaut, in dem er sie im Verhältnis zur empirischen Realität als «reine» gedankliche Konstrukte ansieht, die – Webers Idealtypen vergleichbar – lediglich als Erkenntnismittel, nicht als Aussage über die spezifische Beschaffenheit von Realität oder deren Entwicklungstendenzen gelten sollten [7].

Anmerkungen. [1] F. TÖNNIES: Gemeinschaft und Ges. I, 1, § 6 (1887, 81935, ND 1963) 14-16. – [2] I, 2, § 19, a.O. 40. – [3] Als Motto über dem Teil von ‹Gem. und Ges.›, der W. und Kürwille abhandelt, steht Spinozas Satz «Voluntas atque intellectus unum et idem sunt». – [4] II, 1, § 1, a.O. 87. – [5] M. WEBER: Wirtschaft und Ges. I, 1, § 9 (1921, [5]1972) 21f. – [6] Vgl. Art. ‹Gemeinschaft 2.›. Hist. Wb. Philos. 3 (1974) 241-243. – [7] TÖNNIES: Gem. und Ges. II, 2, § 25, a.O. [1] 133f. und Art. ‹Gemeinschaft und Ges.›, in: A. VIERKANDT (Hg.): Handwb. der Soziol. (1931) 180-191, 186; vgl. Art. ‹Vergesellschaftung›. Hist. Wb. Philos. 11 (2001) 666-671.

Literaturhinweise. R. HEBERLE: Das soziolog. System von F. Tönnies. Schmollers Jb. 75/II (1955) 1-18. – R. KÖNIG: Die Begriffe Gemeinschaft und Ges. bei F. Tönnies. Kölner Z. Soziol. Sozialpsychol. NF 7 (1955) 348-420. – A. BELLEBAUM: Das soziolog. System von F. Tönnies unter bes. Berücksicht. seiner soziograph. Unters. (1966). – Berichte der Tagung ‹Gemeinschaft und Gesellschaft› von F. Tönnies (Meran 24.-25. 4. 1987). Annali Sociologia/Soziolog. Jb. 4 (1988). – L. CLAUSEN/C. SCHLÜTER (Hg.): Hundert Jahre ‹Gemeinschaft und Ges.› (1991). – P.-U. MERZ-BENZ: Tiefsinn und Scharfsinn: F. Tönnies' begriffl. Konstitution der Sozialwelt (1995) bes. 258-278. 305-348.

A. ZINGERLE

Westen; Okzident (griech. δύσις; lat. occidens, obeuntis solis partes; engl. west; frz. occident; ital. ponente)

I. – Die Entgegensetzung von ‹W.› und ‹Osten› (s.d.) gehört zu jenen grundlegenden Oppositionen, die bis zum Ost-West-Konflikt im 20. Jh. (vgl. unten: Teil II.) und den heutigen Zeitdiagnosen vom Kampf der Kulturen [1] die Welt in Atem hält. Die Antithese von ‹W.› und ‹Osten› wird früh und in prägender Weise überlagert von zwei weiteren Zweiteilungen: 1) ‹Hellenen› und ‹Barbaren› [2] und 2) ‹Europa› (s.d.) und ‹Asien› [3]. Obwohl bereits HERODOT, auf den die 'weltgeschichtliche' Opposition von Ost und West häufig zurückgeführt wird [4], die Relativität des Barbarenbegriffs darlegt [5], PLATON sich über die asymmetrische Begriffsteilung der Menschheit in Griechen und Barbaren lustig macht [6] und MARC AUREL in kosmopolitischer Perspektive Europa und Asien als «zwei Fleckchen im All» (γωνίαι τοῦ κόσμου) [7] beschreibt, verfestigen sich die Dichotomien. Sie werden in der abendländischen Geschichte, mit wechselnden Protagonisten, aber vergleichbaren ideologischen und projektiven Mustern, immer wieder aufs neue konstatiert und konstruiert [8].

Eine relativ klare Trennungslinie zwischen Orient und Okzident festigt erst die Teilung des Römischen Reiches, die Auflösung des Westteils und die Entfremdung zwischen den lateinischen und den griechischen Kirchen. Territorial betrachtet, bezeichnet die Rede von 'dem W.' bzw. 'dem Osten', wie die geschichtliche Entwicklung zeigt, höchst veränderliche Phänomene. Auch dort, wo mit Blick auf die Kugelgestalt der Erde der geographisch-astronomische Gegensatz von Ost und West als «fließend und unbestimmt» erkannt wird («Im geographischen Verhältnis zu Europa ist Amerika der W.; im Verhältnis zu Amerika sind China und Rußland der W.; und im Verhältnis zu China und Rußland ist wiederum Europa der W.» [9]), kann vehement an einem prinzipiellen Gegensatz festgehalten werden. Dessen Charakter wird dann vornehmlich *politisch*, *kulturell* und *religiös* bestimmt. ‹W.› und ‹Osten› fungieren, begriffsgeschichtlich betrachtet, als Großstereotype, deren häufig persuasive geschichtliche Selbst- oder Fremdbeschreibung von den jeweiligen Deutungsinteressen abhängig ist.

1. Osten und W. werden als Weltgegenden nach den Himmelsrichtungen benannt, in denen sie liegen. Die Orientierung im Raum erfolgt häufig durch Ausrichtung auf den Sonnenaufgang. Heißt der Osten nach diesem im Griechischen ἀνατολή (lat. sol oriens), so der W. nach dem Untergang der Sonne δύσις (lat. sol occidens) [10]. Poetisch umschrieben wird die westliche Himmelsrichtung und Weltregion im Lateinischen durch ‹hesperus› (bzw. ‹hesperia terra›), das ursprünglich in der griechischen Sprache den Abendstern bezeichnet [11]. Deren Bewohner heißen entsprechend «Hesperii», d.h. «populi occidentales» [12]. Im Rahmen seiner kunst- und kulturtheoretischen Überlegungen profiliert F. HÖLDERLIN die Ausdrücke «Hesperien» und «hesperisch» im Deutschen als dichterische Selbstbezeichnung für den nachantiken westlichen Orbis [13].

Hatte M. LUTHER in der Bibelübersetzung von 1522 «ab oriente» (Mtth. 2, 1) mit «Morgenland» übertragen, so verdeutscht der Reformator K. HEDIO in der ‹Chronica› von 1530 in Entsprechung zu Luther, aber noch pluralisch: «in Occident / das ist in die abentlender» [14]. Gemeint ist die nach der Abendseite (dem W.) gelegene Hälfte der Alten Welt, d.h. genauer die Länder in der westlichen Hälfte des Römischen Reiches seit der Theodosianischen Teilung. Als kulturgeschichtliches und -philosophisches Schlagwort und als politischer Kampfbegriff mit höchst variablem Aussagegehalt macht ‹Abendland› besonders seit dem 19. Jh. Geschichte («Untergang des Abendlandes»; Bewahrung oder Wiedergewinnung des «christlichen Abendlandes») [15].

2. Durch die Hochschätzung des Ostens in *religiös-kultischer* Raum- und Weltdeutung [16] steht auch ‹occidens› im *theologischen* Sprachgebrauch früh in einem bedeutsamen Spannungsverhältnis zu ‹oriens›. Die alttestamentliche Heilsbedeutung des Ostens – Gegend, in der das Paradies zu suchen (Gen. 2, 8) und Weisheit zu finden ist (1. Kön. 5, 10), aus der das Heil Jahwes in Gestalt des Kyros kommt (Jes. 41, 2) – wirkt dadurch weiter, daß auf den Osten bezogene Heilsformen prototypisch mit Christus identifiziert werden. Das NT läßt keine Präferenz einer Himmelsrichtung oder -gegend erkennen: Jesus verkündet im Bild der eschatologischen Völkerwallfahrt: «Es werden kommen von Osten und W. und Norden und Süden, die zu Tische sitzen im Reich Gottes» (Lk. 13, 29). Das ‹Matthäus-Evangelium› (24, 27) deutet die Wiederkunft Christi im Zeichen des von Osten nach W. aufleuchtenden Blitzes an. Unter dem Einfluß der ‹Septuaginta› (Sach. 6, 12; Mal. 4, 2) und PHILONS [17] konnotiert die frühchristliche Theologie das Kommen Christi als des «Lichtes der Welt» (Joh. 8, 12) mit dem Osten und beschreibt es mit dem Bild des Sonnenaufgangs. Nach CLEMENS VON ALEXANDRIEN hat Christus den Untergang (W.) in den Aufgang (Osten) verwandelt, den Tod in das Leben. Die «Sonne der Gerechtigkeit» durchwandele in gleicher Weise die Menschheit, wie sie das Weltall durcheile [18]. Die Versöhnung kommt, so ORIGENES, aus dem Osten. Der Christ müsse im steten Blick nach Osten leben [19]. Im Rahmen seiner dualistischen Schöpfungstheologie konzipiert LAKTANZ einen Gegensatz zwischen dem Osten als Bereich Gottes und des Lichtes und dem W. als Bereich der Finsternis, des Todes und des Gegengottes [20]. Durch die Identifikation von Christus mit dem Osten verstehen sich auch in der Folgezeit Christen als «Söhne des Ostens» («filii orientis») [21].

‹Oriens› und ‹occidens› können später in Entsprechung zum Imperium Romanum auch Teile der Ecclesia bezeichnen. Der Versuch einer Emanzipation des Occidens aus dem theologischen Vorrang des Oriens zeigt sich noch dort, wo Papst NIKOLAUS I. Petrus und Paulus als eigentliche Gründer der Stadt Rom anführt: Durch deren Anwesenheit sei der Okzident zum Orient geworden («Occidens eorum praesentia ... factus est Oriens») [22].

3. Deutet bereits AUGUSTINUS mit Blick auf die Heilsgeschichte einen göttlichen Erziehungsweg von Osten nach W. an [23], so hat die göttliche Vorsehung nach HUGO VON ST. VIKTOR den Ablauf der Geschehnisse so geordnet, daß die Dinge, welche im Anfang der Welt gemacht wurden, im Osten als im Anfang der Welt («in oriente quasi in principio mundi») entstünden, daß aber schließlich die Summe der Dinge im Auslauf der Zeiten auf das Ende der Welt hin zum W. niedersteige, d.h. zum Ende der Welt («ad occidentem descenderet, hoc est ad finem mundi)» [24]. Die geographische Grundlinie der Geschichtsbewegung und die Grundrichtung der gesamten eschatologisch perspektivierten Heilsgeschichte ist damit die Ost-West-Linie. Hugos Schüler, OTTO Bischof VON FREISING, führt aus, daß «alle menschliche Macht und Weisheit im Orient ihren Anfang genommen habe und im Okzident nun den Anfang ihres Endes erfährt» («omnis humana potentia vel sapientia ab oriente ordiens in occidente terminari cepit») [25]. Gleichsam im Gleichklang mit der Drehung des Kosmos walte in der Geschichte bis zu deren Ende das Geschehen einer «Übertragung der Weisheit» («translatio sapientiae»), zu dem parallel die «Übertragung der Macht» («translatio potentiae») verlaufe [26].

4. Über J. G. HERDER, F. HÖLDERLIN, G. W. F. HEGEL, aber auch die organologische Geschichtsphilosophie eines E. VON LASAULX [27] und die Kulturkreistheorie von L. FROBENIUS [28] erhält sich das Theorem einer von Osten nach W. fortschreitenden Geschichte in säkularisierter Gestalt bis ins 20. Jh. Hatte HERDER die Wiege und Bildungsstätte der Menschheit in Asien lokalisiert [29], so vergegenwärtigt HÖLDERLIN den Gang der Kultur von Ost nach West umgekehrt zum natürlichen Lauf der Donau von West nach Ost: «so kam / Das Wort aus Osten zu uns, und an Parnassos Felsen und am Kithäron hör ich, / O Asia, das Echo von dir und es bricht sich / am Kapitol; und jählings herab von den Alpen / kommt eine Fremdlingin sie / zu uns, die Erwekerin, / die menschenbildende Stimme» [30].

5. Die Hinwendung zum Osten bringt um 1800 neue *interkulturelle Vermittlungsbewegungen* mit sich [31]. Indem Hölderlin den Bildungsgang der griechischen Kultur von «Asia» her zu entziffern sucht, zeigt er nicht nur die Zusammengehörigkeit von Orient und Okzident, sondern löst sich zugleich von dem durch J. G. Winckelmann geprägten Antikebild der Weimarer Klassik. J. W. GOETHE veranschaulicht, angeregt durch ‹Koran›-Verse (Sure 2, 115. 142), die Einheit der Weltgegenden: «Gottes ist der Orient! / Gottes ist der Occident! / Nord- und südliches Gelände / Ruht im Frieden seiner Hände» [32]. Poetische Selbst- und Welterkenntnis zeigt: «Orient und Occident / Sind nicht mehr zu trennen!», und so entwickelt Goethe in einem Vierzeiler die kulturelle Maxime: «Sinnig zwischen beyden Welten / Sich zu wiegen laß ich gelten, / Also zwischen Ost und westen / Sich bewegen sey zum besten!» [33]. Die Vermittlungsbewegungen führen in der Folge auch dazu, daß sich eine Reihe neuer interkulturell vergleichender Disziplinen wie etwa die Sprach- und Religionswissenschaft ausbilden.

6. Seit der frühen Neuzeit entwickeln sich andererseits Vorstellungen, die bei allen perspektivischen Unterschieden dem W. eine Superiorität über den Osten zusprechen. Mit Blick auf die Fortschritte der Wissenschaften hatte F. BACON die Menschheitsgeschichte so ausgewertet, daß überhaupt nur sechs Jahrhunderte von Bedeutung sind: Nur drei «Umwälzungen und Perioden» der Wissenschaften ließen sich aufzählen: «die eine bei den Griechen, die zweite bei den Römern, die letzte bei uns, d.h. bei den westlichen Völkern Europas» («apud nos, occidentales scilicet Europae nationes») [34]. In höchster Weise folgenreich wird G. W. F. HEGELS geschichtsphilosophisch-politische Analyse. Sie stellt heraus, daß der Orient den Begriff der «für sich seyenden Freiheit» [35] nicht gekannt habe: «Die Orientalen wissen es noch nicht, daß der Geist, oder der Mensch als solcher an sich frei ist; weil sie es nicht wissen, sind sie es nicht»; im Orient sei nur ein Einziger frei: der Despot [36]. Zwischen der «äußerlichen physischen Sonne» und der «Sonne des Selbstbewußtseyns» unterscheidend, wertet Hegel den verbreiteten Topos «Ex oriente lux» um: «Erst im Abendlande geht diese Freiheit des Selbstbewußtseyns auf, das natürliche Bewußtseyn in sich unter, und damit der Geist in sich nieder. Im Glanze des Morgenlandes verschwindet das Individuum nur; das Licht wird im Abendlande erst zum Blitze des Gedankens, der in sich selbst einschlägt und von da aus sich seine Welt erschafft» [37]. In ökonomischer Hinsicht denkt auch K. MARX im Rahmen einer auf «Europa fokussierten Fortschrittsgeschichte, wenn er eine an die Stelle des Feudalismus tretende 'asiatische Produktionsweise' als außerokzidental abzweigenden Seitenweg der europäisch-universalen Gesellschaftsentwicklung» annimmt [38]. In Aufnahme solcher Analysen wird M. WEBER zu Beginn des 20. Jh. fragen, warum außerhalb Europas «weder die wissenschaftliche noch die künstlerische noch die staatliche noch die wirtschaftliche Entwicklung in diejenigen Bahnen der Rationalisierung» einlenken, «welche dem Okzident eigen sind» [39]. Webers Ausarbeitung der Erscheinungsformen des okzidentalen Rationalismus auf den Gebieten der Gesellschaft, der Kultur und der Persönlichkeit avanciert zu einem Paradigma gesellschaftlicher Ost-West-Vergleiche. Ebenfalls an Hegel und Marx anknüpfend, stellt K. A. WITTFOGEL seine einflußreiche «vergleichende Untersuchung totaler Macht» von 1962 unter den Titel ‹Die orientalische Despotie›.

7. Schon im 19. Jh. lebt der Gegensatz von Ost und West wieder auf, verschärft sich spürbar, sichtbar auch in der Geschichtsschreibung. In Frankreich hatte bereits J.-B. MAILLY seine Geschichte der Kreuzzüge unter die Devise eines Kampfes der Kulturen: «C'est l'Europe luttant contre l'Asie» gestellt [40]. Wiederbelebt wird die Rhetorik der Kreuzzugsideologie, die schon im 12. Jh. nach der Eroberung Jerusalems konstatierte, daß der Okzident sich gegen den Orient erhob, Europa gegen Asien («Insurrexit enim Occidens contra Orientem, ... Europa contra Asiam, immo Africam») [41]. In Deutschland und England werden die Auseinandersetzungen der Griechen mit den Lydern und Persern nun nach dem Muster von Nationalkriegen verstanden. Der weltgeschichtliche Glanz der griechischen Siege über die Perser erscheint in neuer Weise, wo das apokalyptische Motiv eines Weltendkampfes zwischen Orient und Okzident [42] beschworen wird. In Japan und China entsteht bereits das neue Konzept eines 'euro-amerikanischen W.' (vgl. unten: Teil III.).

Zwiespältig erscheint F. NIETZSCHES Haltung: Einerseits hinterfragt er die sich verfestigende weltanschauliche Kategorisierung von Osten und W. in radikaler Weise: «Orient und Occident sind Kreidestriche, die uns jemand vor unsre Augen hinmalt, um unsre Furchtsamkeit zu narren» [43]. Andererseits übernimmt er diese Kategorisierung, wenn er dem Christentum vorhält, alles getan zu haben, «um den Occident zu orientalisiren» [44]. Am Ende des Jahrhunderts schalten sich auch die Vererbungs- und Rassentheoretiker in die Diskussion ein [45]. In Antwort auf diese hält F. MAUTHNER, inspiriert von Nietzsches Kritik an Begriffsschematisierungen, fest: Wir «müssen ... uns wieder von einem Wortaberglauben befreien, von der Stimmung, mit der durch Jahrhunderte der Begriff Orient zur abendländischen Kultur in Gegensatz gebracht worden ist» [46]. Zeitgenossen wie O. SPENGLER fordern dagegen ein neues Denken «in Erdteilen. Nur unsere Philosophen und Historiker haben das noch nicht gelernt» [47]. Die in Erdteilen denkende Politik, wie Spengler sie entwirft, versteht sich 'antiwestlich', d.h., sie will «englischen Liberalismus und französische Demokratie» weltgeschichtlich überwinden [48]. 'Antiwestliche' Ressentiments in Deutschland finden ihren Höhepunkt im Rahmen der sog. 'konservativen Revolution' zwischen dem Ersten Weltkrieg und der Machtergreifung Hitlers und im Nationalsozialismus [49].

8. Namhafte Forscher mit Distanz zu den Rassentheoretikern wie V. EHRENBERG begreifen in der ersten Hälfte des 20. Jh. den Gegensatz zwischen Osten und W. als «ein großes Problem des europäischen Menschen», glauben in ihm das «Hauptthema der Menschheitsgeschichte» zu sehen und halten – trotz aller Fragwürdigkeit – daran fest, von einem «bestimmbaren und deutbaren Wesen von Ost und West reden» zu können [50]. Für K. JASPERS hat sich das Abendland «von vornherein – seit den Griechen – in einer inneren Polarität von Okzident und Orient konstituiert». Seit Herodot sei der Gegensatz von Abendland und Morgenland bewußt geworden «als ein ewiger Gegensatz, der in immer neuen Gestalten erscheint» [51]: «Die Griechen und die Perser, die Spaltung des römischen Imperiums in das Westreich und das Ostreich, westliches und östliches Christentum, das Abendland und der Islam, Europa und Asien, das sich seinerseits in vorderen, mittleren und fernen Orient gliedert, sind die einander folgenden Gestalten des Gegensatzes ... Darin hat sich jederzeit Europa konstituiert, während der Orient den Gegensatz von Europa erst übernahm und seinerseits europäisch verstand» [52]. Der Gegensatz Europa–Asien dürfe aber nicht «metaphysisch hypostasiert werden», dann werde er «zum Schreckgespenst» [53]. Denker wie E. JÜNGER und C. SCHMITT halten an dem «globalen Charakter des Gegensatzes» von Ost und West fest und klassifizieren in kulturtheoretischer und politischer Hinsicht binär [54].

9. Unter dem Eindruck einer geschichtlichen Welt, die in zwei, als ‹östlich› bzw. ‹westlich› bezeichnete Machtblöcke auseinanderzufallen droht, rekonstruiert K. GOLDAMMER die Entgegensetzung von Osten und W., Orient und Okzident als «weltanschaulich-ideologischen Komplex» und als eine jener die Wirklichkeit schematisierenden «Geschichtsmythen, ... in deren Banne das Leben der Menschheit seit Jahrhunderten steht» [55]. Goldammers Vermutung, daß der Mythos, wie alle großen Mythen, weiterbestehen werde [56], hat sich erfüllt. Das zeigt sich nicht nur in der Debatte um die kulturspezifischen Wahrnehmungsmuster von ‹Orientalism› [57] und ‹Occidentalism› [58], die E. W. SAID ausgelöst hat. In Rückgriff auf die Diskursanalyse M. FOUCAULTS [59] vertritt SAID in polemischer Zuspitzung die Auffassung, der W. sei in seiner Selbstbezogenheit unfähig, andere Kulturen unverzerrt wahrzunehmen; die stilisierten Bilder, die er sich vom Orient mache, seien interessengeleitete Konstrukte und Projektionen, die die Minderwertigkeit des Fremdkulturellen bekräftigen sollen, um daraus Superioritäts- und Herrschaftsansprüche ableiten zu können.

Im Sog des Polaritätsdenkens zeigen sich auch gegenwärtig Versuche, den Geschichtsmythos zu revitalisieren. Politische Konflikte werden zunehmend unter kulturellen Gesichtspunkten definiert. Der Abbau mythischer komplexitätsreduzierender Denkmuster würde einhergehen mit dem Verzicht auf jene essentialistischen Deutungen, die Kulturen als homogene und weitgehend unveränderbare Einheiten vorstellen [60].

Anmerkungen. [1] Vgl. S. P. HUNTINGTON: The clash of civilizations (New York 1996); kritisch dazu etwa: D. SENGHAAS: Die fixe Idee vom Kampf der Kulturen (1997), in: Zivilisierung wider Willen (1998) 135-148. – [2] Vgl. R. KOSELLECK: Zur hist.-polit. Semantik asymmetrischer Gegenbegriffe (1975), in: Vergangene Zukunft (1979) 211-259; W. SPEYER/I. OPELT: Art. ‹Barbar I.›. RAC Suppl. 1 (2001) 811-895. – [3] Vgl. kritisch zu dieser Dichotomie: A. J. TOYNBEE: A study of history. Abridgement of vol. VII-X, hg. D. C. SOMMERVELL (Oxford/London 1957) 240. – [4] HERODOT: Hist. I, 3f. – [5] II, 158. – [6] PLATON: Polit. 262 d. – [7] MARC AUREL: Ad se ipsum VI, 36. – [8] Vgl. M. W. LEWIS/K. E. WIGEN: The myth of continents: a critique of metageography (Berkeley, Calif. 1997) 47-72: «The spatial constructs of orient and occident, east and west». – [9] C. SCHMITT: Die geschichtl. Struktur des Gegensatzes von Ost und West (1955), in: Staat, Großraum, Nomos. Arbeiten aus den Jahren 1916 bis 1969, hg. G. MASCHKE (1995) 523-551, 525. – [10] Zur Erfassung der Welt nach der Achse Ost-West vgl. schon: HOMER: Od. 10, 190-192. – [11] Zur Sage von den Hesperiden vgl. HESIOD: Theog. 215f., 275. – [12] Vgl. Lexicon totius latinitatis 2, hg. F. CORRADINI/J. PERIN (1940) 653. – [13] Vgl. F. HÖLDERLIN: Notat zum Entwurf ‹Kolomb›. Sämtl. Werke, hg. F. BEISSNER u.a. (1943-85) 2/2, 876, 27f.; Der Prinzessin Augusten von Homburg (1799), a.O. 1/1, 311; Anm. zur Antigonae (1804), a.O. 5, 267. 270; Br. an C. U. Böhlendorff (4. Dez. 1801), a.O. 6/1, 425-428; Br. an F. Wilmans (28. Sept. 1803), a.O. 434; H. TIMM: Weisheit aus dem 'Abendland': Hölderlins evangelische Dichtertheologie. Zeitenwende 63 (1992) 162-172. – [14] K. HEDIO: Chronica der altenn Kirchen ... (Straßburg 1530) 132 b; vgl. auch: Art. ‹Okzident›, in: H. SCHULZ/O. BASLER (Hg.): Dtsch. Fremdwb. 2 (1942) 243-245. – [15] Vgl. R. FABER: Abendland: ein polit. Kampfbegriff (²2002); A. SCHILDT: Zwischen Abendland und Amerika (1999). – [16] Vgl. zum komplexen Phänomenbereich: A. PODOSSINOV: Art. ‹Himmelsrichtung (kultische)›. RAC 15 (1991) 233-286, bes. 269ff. – [17] PHILO ALEX.: De confusione linguarum 62. – [18] CLEMENS ALEX.: Protrept. 11, § 114. – [19] Vgl. F. J. DÖLGER: Sol salutis: Gebet und Gesang im christl. Altertum; mit bes. Rücksicht auf die Ostung in Gebet und Liturgie (²1925); ORIGENES: In lib. Iudicium hom. VIII, 1f. GCS 30, 508f. – [20] LAKTANZ: Div. inst. II, 9. CSEL 19, 143f.; vgl. H. G. KIPPENBERG: Dann wird der Orient herrschen und der Okzident dienen, in: N. W. BOLZ (Hg.): Spiegel und Gleichnis. Festschr. J. Taubes (1983) 40-48. – [21] Vgl. GREGOR DER GROSSE: Hom. in Ezech. lib. II, hom. 10, 8. MPL 76, 1062f.; HRABANUS MAURUS: Alleg. in sacram Scripturam. MPL 112, 1010. 1012f.; zur mythisch-allegor. Verselbständigung der Weltgegenden vgl. auch: GARNERIUS VON ST. VICTOR: Gregorianum XII, cap. 15. MPL 193, 387f. – [22] Vgl. Papst NIKOLAUS I. an Michael «Graecorum imperator» (28. Sept. 865). MG Ep. 6: Epistolae Karolini Aevi 4, Nr. 88 (1925, ND 1978) 475, 14ff.; vgl. O. KÖHLER: Art. ‹Abendland›. Theolog. Realenzykl. 1 (1977) 17-42, hier: 20f. – [23] AUGUSTINUS: De civ. Dei XVIII, 2, 22. – [24] HUGO VON ST. VICTOR: De vanitate mundi II. MPL 176, 720 B-C. – [25] OTTO Bischof VON FREISING: Chronica sive historia de duabus civitatibus V, Vorwort [1132-1146]; dtsch.: Chronik oder Die Geschichte der zwei Staaten, hg. W. LAMMERS (1960) 372f.; vgl. Chron. I, Vorwort an Isingrim, a.O. 14f. – [26] Vgl. Chron. VII, 35, a.O. 566f.; W. A. SCHNEIDER: Geschichte und Geschichtsphilos. bei Hugo von St. Victor (1933) 90ff.; vgl. auch: Art. ‹Weltalter; Zeitalter›. – [27] Vgl. E. VON LASAULX: Neuer Versuch einer alten, auf die Wahrheit der Thatsachen gegründeten Philos. der Gesch. (1856). – [28] Vgl. Art. ‹Kulturmorphologie; Kulturkreislehre›. Hist. Wb. Philos. 4 (1976) 1338f. – [29] J. G. HERDER: Ideen zur Philos. der Gesch. der Menschheit (1784-91). Sämmtl.

Werke, hg. B. SUPHAN (1877-1913) 13, 399ff.; vgl. Br. zur Beförd. der Humanität, 10. Samml. (1797), a.O. 18, 249; auch: F. SCHLEGEL: Ueber die Sprache und Weisheit der Indier (1808). Krit. Ausg., hg. E. BEHLER 8 (1965) 314f. – [30] F. HÖLDERLIN: Am Quell der Donau (1801), a.O. [13] 2/1, 126. – [31] Vgl. Art. ‹Orient und orientalische Literaturen› §§ 37ff., in: P. MERKER/ W. STAMMLER (Hg.): Reallex. der dtsch. Lit.gesch. 2 (²1965) 837ff. – [32] J. W. GOETHE: West-östl. Divan, 4. Gedicht: Talismane (1816). Sämtl. Werke. Münchner Ausg. 11/1, 2, hg. K. RICHTER (1998) 12. – [33] «So der Westen wie der Osten ...», aus dem Nachlaß (1826), a.O. 11/1, 1 (1998) 247. – [34] F. BACON: Novum org. I, 78 (1620). The works, hg. J. SPEDDING u.a. (London 1857-74, ND 1961-63) 1, 186. – [35] G. W. F. HEGEL: Encykl. § 482 (1830). Akad.-A. 20, 477. – [36] Vorles. über die Philos. der Gesch. [1822/23ff.]. Jub.ausg., hg. H. GLOCKNER (⁴1961-68) 11, 45; vgl. Art. ‹Despotie; Despotismus›. Hist. Wb. Philos. 2 (1972) 132-146. – [37] a.O. 150; Vorles. über die Gesch. der Philos. 1 [1816/17ff.], a.O. 17, 133; vgl. Vorles. über die Philos. der Relig. 1 [1821ff.], a.O. 15, 406. – [38] J. OSTERHAMMEL: Geschichtswissenschaft jenseits des Nationalstaats. Studien zu Beziehungsgeschichte und Zivilisationsvergleich (2001) 19; K. MARX: Zur Kritik der Polit. Ökon. (1859). MEW 13, 9; vgl. Art. ‹Asiatische Produktionsweise›, in: Krit. Wb. des Marxismus 1 (1983) 107-112. – [39] M. WEBER: Vorbemerkung. Ges. Aufs. zur Relig.soziol. 1 (1920) 1-16, 11; zum «Genius des Occidents» vgl. auch: L. VON RANKE: Serbien und die Türkei im 19. Jh. Sämmtl. Werke 43/44 (1879) 518f.; zum Prozeß der «westernization»: TH. H. VON LAUE: The world revolution of westernization (New York u.a. 1997). – [40] J.-B. MAILLY: L'esprit des croisades 1 (Dijon 1780) 3. – [41] Vgl. Un sermon commémoratif de la prise de Jérusalem par les Croisés attr. à Foucher de Chartres, hg. CH. KOHLER. Rev. Orient lat. 8 (1900-01) 158-164, 162. – [42] Vgl. zu den Prophezeiungen der jüd. Sibylle: Die Oracula Sibyllina III, 350ff., hg. J. GEFFCKEN (1902) 66; IV, 145ff., a.O. 99. – [43] F. NIETZSCHE: Unzeitgem. Betracht. III: Schopenhauer als Erzieher 1 (1874). Krit. Ges.ausg., hg. G. COLLI/M. MONTINARI (1967ff.) 3/1, 335. – [44] Menschl., Allzumenschl. I, 475 (1886), a.O. 4/2, 321. – [45] Vgl. Art. ‹Vererbung II.›. Hist. Wb. Philos. 11 (2001) 628-632; zur faschistischen Propaganda: Volk und Reich. Polit. Mh. (1934) 94. – [46] F. MAUTHNER: Wb. der Philos. 2 (²1924) 366. – [47] O. SPENGLER: Der Untergang des Abendlandes (1923, 1963) 31. – [48] Preußentum und Sozialismus (1920) 15. – [49] Vgl. Art. ‹Revolution, konservative›. Hist. Wb. Philos. 8 (1992) 978-988; H. LÜBBE: Polit. Philos. in Deutschland (1963) 173ff.; zu antiamerikanischen Ressentiments: D. DINER: Feindbild Amerika (2002). – [50] V. EHRENBERG: Ost und West. Studien zur geschichtl. Problematik der Antike (1935) bes. 13-45, hier: 13. – [51] K. JASPERS: Vom Ursprung und Ziel der Geschichte (1949, ⁸1983) 93. – [52] a.O. 94. – [53] 96; vgl. M. HEIDEGGER: Europa und die dtsch. Philos. [1936], in: H.-H. GANDER (Hg.): Europa und die Philos. (1993) 31-42, 31. – [54] C. SCHMITT, a.O. [9]. – [55] K. GOLDAMMER: Der Mythus von Ost und West. Eine kultur- und relig.geschichtl. Betracht. (1962) 9. 13. 93. – [56] a.O. 93ff. – [57] E. W. SAID: Orientalism (London 1978); vgl. Culture and imperialism (London 1993). – [58] Vgl. J. G. CARRIER (Hg.): Occidentalism. Images of the West (Oxford 1995); die Termini ‹occidentalism› und ‹occidentalisation› tauchen im engl. Sprachgebrauch schon seit der Mitte des 19. Jh. auf. – [59] Zur Philosophie als «forme culturelle la plus générale dans laquelle nous pourrions réfléchir sur ce qu'est l'Occident» vgl. M. FOUCAULT: Philosophie et psychologie (1965), in: Dits et écrits 1: 1954-69 (Paris 1994) 438-448, 438; dtsch.: Schriften 1 (2001) 574. – [60] Vgl. schon: J. DEWEY: On philos. synthesis. Philosophy East and West. J. oriental comparative Thought 1 (1951) 1.

Literaturhinweise. E. BENZ: Ost und West in der christl. Geschichtsanschauung, in: Welt als Gesch. 1 (1935) 488-513. – H. GOLLWITZER: Europabild und Europagedanke (1951, ²1964). – J. FISCHER: Oriens – Occidens – Europa. Begriff und Gedanke 'Europa' in der späten Antike und im frühen MA (1957). – K. GOLDAMMER s. Anm. [55]. – S. EPPERLEIN: Zur Bedeutungsgesch. von 'Europa', 'Hesperia' und 'occidentalis' in der Antike und im frühen MA. Philologus 115 (1971) 81-92. – O. KÖHLER s. Anm. [22]. – E. W. SAID s. Anm. [57]. – A. PODOSSINOV s. Anm. [16]. – J. COBET: Europa und Asien – Griechen und Barbaren – Osten und W. Zur Begründung Europas aus der Antike. Gesch. Wiss. Unterricht 47 (1996) 405-419. – J. OSTERHAMMEL s. Anm. [38]. – S. CONRAD/SH. RANDERIA (Hg.): Jenseits des Eurozentrismus (2002) 9-49. – I. BURUMA/A. MARGALIT: Occidentalism: the West in the eyes of its enemies (New York 2004). H. HÜHN

II. *Rußland.* – Bis in das 19. Jh. taucht ‹W.› im Russischen selten in einer abstrakten Bedeutung auf. Die in der Begriffsopposition ‹W. – Osten› formulierte Dichotomie ist freilich der russischen Begriffssprache bereits vor dem 18. Jh. geläufig: in der Entgegensetzung der «rechtgläubigen Kirche», die auch als «östliche Kirche» («vostočnaja cerkov'») bezeichnet wurde, und der «lateinischen Häretiker». Vereinzelt wurde im frühen 17. Jh. der Begriff der rechtgläubigen ökumenischen Kirche mit dem Gegenbegriff des Papstes und des W. («zapad») konfrontiert [1]. Die politische Elite Rußlands im ausgehenden 17. und im 18. Jh. suchte im W. nach Vorbildern für die Modernisierung des Landes. Peter I. und seine Weggefährten benannten ihr Modernisierungsvorbild jedoch nicht mit einer geographisch-politischen Abstraktion. Das war u.a. darauf zurückzuführen, daß Peter I. ein sehr differenziertes Bild vom westlichen Europa hatte. Nur in seinen nordwestlichen, protestantischen Teilen wurde es für ihn zum Vorbild für technische und politische Innovation [2].

Bereits im 18. Jh. verstärkten sich in der russischen Literatur Stimmen, die eine Distanz zur Kultur in Westeuropa zum Ausdruck brachten. Die Abstraktion ‹W.› wurde zwar noch nicht geläufig, doch enthalten die Schriften D. I. FONVIZINS, der 1774/75 West- und 1777/78 Mitteleuropa bereiste, bereits viele Elemente der späteren Zivilisationskritik am W., wie sie im 19. Jh. in Rußland von konservativen Denkern gepflegt werden sollte. Fonvizins Darstellung von moralischen Zerrüttungen in einzelnen Ländern im westlichen Europa (Polen, Italien, Frankreich) gipfelt im Ausruf: «Nous commençons et ils finissent» [3]. Erst im 19. Jh. wurde dieser Wir/Sie-Diskurs konsequent mit den geographischen Stereotypen W./Osten verbunden. Ursächlich ist dafür u.a., daß erst im 19. Jh. Rußland in der westeuropäischen Fremdbeschreibung vom 'Norden' zum 'Osten' Europas mutierte [4]. Der ‹W.› wird nun begriffsbildend für eine Denkrichtung, die nicht nur eine Modernisierung Rußlands nach westeuropäischen Vorbildern anstrebt, sondern geschichtstheoretisch eine universale Vorreiterfunktion der westlichen Staaten annimmt. Für diese Denkrichtung, die sich in den 1830/40er Jahren in Rußland etabliert, werden die Begriffe ‹Westler› (‹zapadniki›) bzw. ‹Westlertum› (‹zapadničestvo›) als Fremd- und Selbstbezeichnungen geläufig. Während die gleichzeitig entstandene konträre Denkrichtung der Slavophilen (slavjanofily) intensiv Schelling rezipiert und eine religiöse Idee zur Grundlage ihrer Weltanschauung macht, entwickeln die Westler mit Berufung auf Hegel eine am Begriff des Fortschritts orientierte Geschichtstheorie, in der die Spezifika der russischen Gegenwart als Phänomene der Rückständigkeit gegenüber «dem W.» gelten. Was als W. zu gelten hat, hängt von den spezifischen Sichtweisen der verschiedenen russischen Westler ab. Für den ersten Westler, P. ČAADAEV, bildet das katholische Europa die positive Folie; mit Blick auf diese beschreibt er Rußland als «Lücke in der Ordnung der Vernunft». Für andere Westler wie T. GRANOVSKIJ oder A. HERZEN ist der W. gleichbedeutend mit dem konstitutionellen bzw. dem revolutionären Europa. Ihr «Westlertum» ist, ohne daß dies problematisiert wird, vor allem auf Westeuropa bezogen. N. TURGENEV leitet sein positives Bild vom W. sogar ausdrücklich vom europäischen Mittelalter ab, so daß implizit neben Rußland auch Nordamerika in eine Gegenposition zu Westeuropa gerät: «Alles, was dort existiert, hat seine Quellen und Wurzeln in der Vergangenheit. Das Mittelalter dient immer noch mehr oder weniger als die Grundlage von allem, was das soziale, bürgerliche und politische Leben der europäischen Staaten konstituiert. Rußland hat kein Mittelalter, alles was damals geleistet worden ist, muß aus dem Ausland entlehnt werden» [5].

Ein anderer Westler, A. Herzen, erkennt in der relativen Traditionslosigkeit Rußlands und Amerikas einen Vorteil gegenüber dem alten Europa, wenn er, enttäuscht über das Scheitern der Revolution in Europa, 1849 an G. Herwegh schreibt: «Goethes Worte über Amerika passen sehr gut auf Rußland: Dich stört nicht im Innern / Zu lebendiger Zeit / Unnützes Erinnern / und vergeblicher Streit». In diesem Zusammenhang spricht Herzen von dem «alten und blinden Europa», an das die Zukunft der Menschheit nicht mit Nägeln angeschlagen sei. Der Begriff des W. löst sich bei Herzen zugunsten der Vision eines von Nordamerika und Rußland getragenen Fortschritts auf [6].

Mindestens in demselben Maße wie die Westler sind die Slavophilen an der Konturierung des russischen Begriffs vom W. beteiligt. Für sie bildet der W. die Negativfolie ihrer idealisierten Vorstellung von Rußlands Vergangenheit und Mission. Charakteristisch für das slavophile Denken in binären Oppositionen ist vor allem die Schrift I. Kireevskijs ‹Über den Charakter der Aufklärung in Europa und ihr Verhältnis zur Aufklärung in Rußland› (1852), in der ein historisierter Gegensatz zwischen Rußland und «der europäischen Kultur» konstruiert wird. Obwohl Kireevskij wahlweise von «europäischen» und «westlichen» Völkern spricht, bezieht sich seine Dichotomie doch ausschließlich auf Europa. Die westlichen, europäischen Völker seien überall aus dem Kampf feindlicher Stämme hervorgegangen, sie teilten «das Erbe der westlichen Kultur: die Römische Kirche, die altrömische Kultur und die aus gewaltsamer Eroberung entstandenen Staatsformen». Die daraus entstehende «formal-logische Rechtsordnung» (zakonnost' formal'nologičeskaja) sei dem russischen Volk ganz fremd. Den Gegensatz zwischen westlicher und russischer Kultur bringt Kireevskij auf die Formel: «Zersplitterung» (razdvoenie) gegen «Ganzheit» (cel'nost'), «Verstandesmäßigkeit» (rassudočnost') gegen «Vernunftmäßigkeit» (razumnost') [7]. Diese dichotomische Weltsicht, die auch von anderen Slavophilen wie K. Aksakov geteilt wird, überschneidet sich bei Kireevskij allerdings mit einer Konzeption, die den W. als Einheit auflöst und – ähnlich wie bei den Westlern N. Turgenev und A. Herzen – eine zumindest potentielle typologische Nähe Amerikas und Rußlands gegenüber dem «alten» Europa annimmt. In der «Prosa von Fabrikverhältnissen», im «Mechanismus egoistischer Ruhelosigkeit» der USA erkenne man «die letzten Resultate der europäischen Kultur ohne den Zusammenhang mit dem früheren Leben Europas», ein Resultat, das auch für Rußland «logisch möglich» sei [8]. Durchbrochen wird die slavophile Abstraktion des W. auch dadurch, daß einige ihrer Vertreter durchaus Widersprüche oder Divergenzen innerhalb der «westlichen» Welt sehen. A. Chomjakov zeigt Sympathie mit England, in dessen politisches System er den russischen Wir/Sie-Diskurs hineinprojiziert: Die Whigs erscheinen ihm als die modernisierenden Westler, im «Tory-Wesen» erkennt er die Werte der russischen Slavophilen wieder [9].

Uneinheitlich ist auch die Vorstellung davon, wo die Grenzen zwischen Osten und W. verlaufen. Neigen die frühen Slavophilen dazu, alle Slaven und alle Orthodoxen in ihren Wir-Diskurs einzubeziehen (nur Polen wird ausgeklammert), so betrachten die späteren Slavophilen wie z.B. I. Aksakov nur die orthodoxen Slaven und die Griechen als «Osten» und rechnen die katholischen West- und Südslaven dem «W.» zu [10]. Nach den außenpolitischen Rückschlägen des Zarenreichs vor allem im Krimkrieg und im polnischen Aufstand von 1863 wird das Feindbild des W. im Denken der späten Slavophilen sehr viel konsistenter und widerspruchsloser. Aksakov spricht vom «instinktiven Haß des W. auf die slavisch orthodoxe Welt», der durch einen prinzipiellen Antagonismus zwischen West und Ost bedingt sei. Eine traditionswahrende Institution wie die katholische Kirche, die russische Denker wie Turgenev und Herzen um die Mitte des 19. Jh. noch in einem Spannungsverhältnis zu dem Fortschrittsprinzip des W. gesehen hatten, wird nun eindeutig mit dem W. identifiziert. «[Die katholische Kirche] ist nichts anderes als der W. selbst», urteilt Aksakov und nimmt damit die alte theologische Entgegensetzung zwischen dem rechtgläubigen Osten und dem häretischen W. unter säkularen Vorzeichen wieder auf [11]. Die Abgrenzung gegen den W. wird von den sog. 'Eurasiern', einer Denkrichtung des ausgehenden Zarenreichs, die sich nach 1917 im Exil neu formiert, auf die Spitze getrieben. Beeinflußt vom russischen Religionsphilosophen V. Solov'ev, beschwören die Eurasier eine asiatische Identität Rußlands. Einer ihrer führenden Vertreter, Fürst N. S. Trubeckoj, veranschlagt 1927 die Geschichtsmächtigkeit der Verbindungen Rußlands zu Asien so hoch, daß er die früher von den Slavophilen betonten russischen Verbindungen zu den West- und Südslaven negiert und «die Grenzen zwischen dem W. und dem Osten gerade zwischen den Slaven» verlaufen sieht [12].

Während slavophile Konzeptionen vom W. im Laufe des 19. Jh. an Ambivalenz einbüßen, werden die westlerischen Vorstellungen komplexer. Wissenschaftler, die nach westlichen Reformmustern für Rußland suchen, bemerken mehr und mehr die Diversität der westlichen Entwicklungspfade, so daß sich die Vorstellung eines homogenen W. in der zweiten Hälfte des 19. Jh. tendenziell auflöst [13]. Trotzdem bleibt der W. für die russischen Liberalen und Sozialdemokraten des ausgehenden Zarenreichs ein positiv konnotiertes Stereotyp. Dies gilt im wesentlichen auch für W. I. Lenin und die frühen Bol'ševiki, ungeachtet des politischen Gehalts ihrer Doktrinen. Einer ihrer Vertreter, N. Valentinov, führt die Attraktivität der bolschewistischen Ideologie unmittelbar auf ihren westlichen Charakter zurück: «Der Marxismus verhieß uns, daß wir nicht halbasiatisch bleiben, sondern ein westliches Volk werden würden. Unsere Gruppe las jede Geschichte der westlichen Zivilisation ... und suchte fieberhaft nach Spuren einer westlichen Entwicklung in der russischen Geschichte» [14].

Eine dichotomische Sichtweise wird dagegen durch den ‹Kurzen Lehrgang› J. W. Stalins 1938 kanonisiert, der den W. dämonisiert und die Innen- und Außenpolitik der Sowjetunion als tödlichen Kampf darstellt [15]. ‹W.› wird nun zu einer Metapher für die kapitalistische Welt, deren Differenzen kaum noch gesehen werden. Selbst das nationalsozialistische Deutschland erscheint in dieser Sicht bis 1939 nicht als ein besonders feindseliger Gegner, sondern als integraler Teil der «kapitalistischen Welt». Nach der kurzen Annäherung zwischen der Sowjetunion und den Westmächten im Zweiten Weltkrieg leitet die von Stalin und A. ŽDANOV 1947 begonnene Kampagne gegen die «Servilität vor dem W.» den Kalten Krieg ein, der mit einer neuen Phase des Russozentrismus in der Sowjetunion einhergeht [16]. In vielen Wissenschaftsbereichen wird nun die Begriffsopposition ‹sozialistische Wissenschaft› versus ‹westliche› bzw. ‹bürgerliche Wissenschaft› geprägt [17]. Gerade im wissenschaftlichen und kulturellen Bereich wird die Dichotomisierung der Welt nach Stalins Tod aber bald wieder in Frage gestellt. Das Beharren auf der Universalität von Wissenschaft führt einzelne Wissenschaftler wie A. SACHAROV dazu, sich offen gegen die Teilung der Welt in Ost und West zu wenden und eine Konvergenz der Systeme zu fordern. In seinem Memorandum aus dem Jahr 1968 stellt Sacharov fest: «Die Teilung der Menschheit bedroht diese mit Zerstörung» [18]. Seit den sechziger Jahren werden die im 19. Jh. angelegten Denkrichtungen der Westler und Slavophilen wiederbelebt. Während die Neowestler eine modernisierende technologische und soziale Transformation der Gesellschaft anstreben, versuchen die Neoslavophilen die Traditionen des russischen Gemeindelebens wiederzubeleben. Wie im 19. Jh. ist der W. Maßstab bzw. Schreckbild.

Im politischen Bereich gibt sich M. GORBAČEV in seinem Amt als Generalsekretär der KPdSU deutlich als Vertreter der neowestlerischen Richtung zu erkennen. Die Perestrojka wird von ihm und seinen Beratern mit westlerischer Rhetorik legitimiert. Einer der wichtigsten politischen Mitstreiter Gorbačevs, G. ČERNJAEV, bezeichnet es 1993 als Quintessenz der Perestrojka, daß es keinen speziellen sozialistischen Typus der Demokratie geben dürfe, daß die politischen Werte dieselben sein müßten für den Osten wie für den W. [19]. Ein anderer Berater, der Politologe G. ŠACHNAZAROV, verklärt Gorbačev als «einen der ersten, wenn nicht den ersten russischen Herrscher, der wie ein westlicher Herrscher denkt» [20].

Anmerkungen. [1] Art. ‹Zapad›, in: Slovar' russkogo jazyka XI-XVII vv., 5 (Moskau 1978) 255. – [2] R. WITTRAM: Peter I., Czar und Kaiser; zur Geschichte Peters des Großen in seiner Zeit 1-2 (1964). – [3] D. I. FONVIZIN: Br. an seine Verwandten (18. 9. 1788), in: Sobranie sočinenij 2 (Moskau/Leningrad 1959) 467; W. GLEASON: The image of the West in the journals of mid-18th-cent. Russia, in: A. G. CROSS (Hg.): Russia and the West in the 18th cent. (Newtonville, Mass. 1983) 109-117. – [4] H. LEMBERG: Zur Entstehung des Osteuropabegriffs im 19. Jh. Vom 'Norden' zum 'Osten' Europas. Jbücher Gesch. Osteuropas 33 (1985) 48-91. – [5] N. TURGENEV, zit. nach: R. F. BYRNES: Attitudes toward the West, in: I. J. LEDERER (Hg.): Russian foreign policy (New Haven 1962) 116f. – [6] A. HERZEN: Br. an G. Herwegh (Montreux, 25. 8. 1849), in: D. TSCHIŽEWSKIJ/D. GROH (Hg.): Europa und Rußland. Texte zum Problem des westeurop. und russ. Selbstverständnisses (1959) 198-220, bes. 199. – [7] I. KIREEVSKIJ: O charaktere prosveščenija Evropy i o ego otnošenii k prosveščeniju Rossii (1852), in: Polnoe Sobranie Sočinenij 1, hg. M. GERŠENZON (Moskau 1911) 174-222, bes. 217; dtsch: I. KIREJEWSKI: Rußland und Europa, übers. N. VON BUBNOFF (1948) 51f. – [8] Obozrenie sovremennago sostojanie literatury (1845), a.O. 153. – [9] A. CHOMJAKOV: Pis'mo ob Anglii (1848), in: Polnoe Sobranie Sočinenij 1-8 (Moskau 1900-14) 1, 105-139, bes. 139. – [10] I. AKSAKOV: Sovremennoe sostojanie i zadači christianstva (1864), in: Sočinenija 1-7 (Moskau 1886-91) 1, 25-34. – [11] Zit. nach: N. V. RIASANOVSKY: Rußland und der W. Die Lehre der Slawophilen (1954) 92. – [12] Fürst N. S. TRUBECKOJ: K probleme russkogo samopoznanija (1927), zit. nach: TSCHIŽEWSKIJ/GROH (Hg.), a.O. [6] 522-525. – [13] E. KINGSTON-MANN: In search of the true West. Culture, economics, and problems of Russian development (Princeton, N.J. 1998). – [14] N. VALENTINOV: Vstreči s Leninom (New York o.J.) 50. – [15] J. STALIN: Istorija Kommunističeskoj partii SSSR. Kratkij kurs (Moskau 1938); dtsch.: Gesch. der Kommunist. Partei der Sowjetunion. Kurzer Lehrgang (1947). – [16] R. D. ENGLISH: Russia and the idea of the West. Gorbachev, intellectuals, and the end of the Cold War (New York 2000) 47. – [17] N. L. KREMENTSOV: Stalinist science (Princeton, N.J. 1997). – [18] A. SACHAROV: Progress, coexistence, and intellectual freedom (London 1968) 27. – [19] ENGLISH, a.O. [16] 222. – [20] G. ŠACHNAZAROV: Cena svobody. Reformacija Gorbačeva glazami ego pomoščnika (Moskau 1993) 212; dtsch.: G. SACHNAZAROV: Preis der Freiheit. Eine Bilanz von Gorbatschows Berater (1996) 275f.

Literaturhinweise. A. VON SCHELTING: Rußland und Europa im russ. Geschichtsdenken (Bern 1948). – N. V. RIASANOVSKY: Russia and the West in the teaching of the Slavophiles (Cambridge 1952). – G. STÖKL: Rußland und Europa vor Peter dem Großen. Hist. Z. 184 (1957) 531-554. – D. TSCHIŽEWSKIJ/D. GROH (Hg.) s. Anm. [6]. – R. F. BYRNES s. Anm. [5]. – A. G. CROSS (Hg.) s. Anm. [3]. – W. GOERDT: Russ. Philosophie. Zugänge und Durchblicke II, 2: Rußland und Europa (1984) 262-315. – M. HILDERMEIER: Das Privileg der Rückständigkeit. Anm. zum Wandel einer Interpretationsfigur der neueren russ. Geschichte. Hist. Z. 244 (1987) 577-603. – E. KLUG: 'Europa' und 'europäisch' im russ. Denken vom 16. bis zum frühen 19. Jh. Saeculum 38 (1987) 193-224. – J. H. HOUGH: Russia and the West. Gorbachev and the politics of reform (New York 1988). – N. L. KREMENTSOV s. Anm. [17]. – E. KINGSTON-MANN s. Anm. [13]. – R. D. ENGLISH s. Anm. [16]. – M. SCHULZE WESSEL: Zum Okzidentverständnis der russ. Staatselite und des russ. Adels in der Zeit Peters I., in: M. WINKLER (Hg.): Okzidentbilder, Konstruktionen und Wahrnehmungen (2000) 53-67.

M. SCHULZE WESSEL

III. *China und Japan.* – «Osten und W.» («Oriente e Occidente») sind, wie A. GRAMSCI betont, «konventionelle, d.h. 'historisch-kulturelle Konstruktionen'» («'costruzione' convenzionale cioè 'storico-culturale'»), die «durch den historischen Gehalt, der sich an die geographischen Begriffe geheftet hatte, schließlich die besonderen Beziehungen zwischen unterschiedlichen kulturellen Komplexen bezeichnen» («determinati rapporti tra complessi di civiltà diverse») [1]. Das zeigt nicht nur die historische Entfaltung dieser Begriffe in Rußland, sondern auch im traditionell chinesisch geprägten Kulturkreis, in 'Ostasien'. Die von der zwangsweisen 'Öffnung' bis zur umfassenden Kolonialisierung reichende Intervention der europäischen Großmächte und Amerikas nötigt hier zum Entwurf einer neuen Topographie der politisch-kulturellen Sphären. Der 'W.' (西洋: chin. xi yang; kor. so yang; jap. ‹seiyô›, neuerdings als politisch-kultureller Ordnungsbegriff auch ‹nishigawa›, ‹Westseite›) wird zu einem wichtigen Referenzpunkt der politisch-kulturellen Selbstverständigung.

China versteht sich von alters her als «Land der Mitte» (zhong guo). Die Fremden, die in den vier Himmelsrichtungen angrenzen, werden zunächst als «Barbaren» (yi) bezeichnet. Der Umgang mit dem Ausland wird bis in das 19. Jh. im Rahmen von Tributbeziehungen geregelt. Auch die Missionierungsversuche der Jesuiten (M. RICCI) im 16. und 17. Jh. bewegen sich formal in diesem Rahmen. Die Konfrontation mit den eindringenden kolonialen Mächten führt seit 1840 zu einer Auflösung dieses traditionellen Weltbildes und verursacht eine Folge von Modernisierungsdebatten mit Blick auf die moderne westliche Technik und später auch auf moderne Elemente des politischen und kulturellen Systems im W. [2]. Die Opiumkriege hatten Chinas Rückständigkeit im Bereich der Technik offensichtlich gemacht. WEI YUAN (1794-1856) reagiert mit dem einflußreichen Slogan, man müsse «von den hervorragenden Techniken der Barbaren lernen, um die Barbaren zu beherrschen» [3].

In dem Maße, in dem die Herausforderung angenommen wird, ist ein terminologischer Wandel zu beobachten: ‹yi› (‹Barbar›) wird durch die neutraleren Einheitsbezeichnungen ‹yang› (wörtlich: ‹Ozean› oder ‹Übersee›), ‹wai› (‹Außen›) und schließlich durch ‹xi› (‹W.›) abgelöst. ‹Xixue›, der im 19. Jh. gebräuchliche Begriff zur Bezeichnung importierter naturwissenschaftlich-technischer Kenntnisse, ist zum Jahrhundertwechsel «already a popular term with an entirely positive meaning» [4]. ‹Verwestlichung› (‹xihua›) wird als ein Mittel der Modernisierung betrachtet. ZHANG ZHIDONG (1837-1909) fordert am Ende des 19. Jh., «chinesisches Wissen zur Grundlage zu nehmen und sich westliches Wissen (xixue) zunutze zu machen» [5]. Andere halten selbst die Intention eines Bewahrens der chinesischen Grundlage für illusionär, wollen die westliche Kultur übernehmen und formulieren das Modernisierungsbedürfnis auch über Begriffe des Sozialdarwinismus [6]. Anfang der 30er Jahre des 20. Jh. kommt der Begriff der «Modernisierung» (xiandaihua) im Sinne von ‹Industrialisierung› und ‹Rationalisierung› auf, der den Begriff ‹Verwestlichung› in gewisser Weise ablöst. Die moderne Kulturdebatte prägt ein Spektrum von Positionen, das von der antitraditionalistischen Forderung nach «totaler Verwestlichung» (quanpan xihua) [7] bis zum kulturkonservativen Anspruch reicht, die «nationale Essenz» (guocui) zu bewahren. In der Phase des Maoismus (s.d.) wird ein Ultra-Kommunismus propagiert und eine Politik der Abschottung verfolgt, die bei Bedarf auch die Ost-West-Rhetorik in Gebrauch nimmt. So gratuliert MAO ZEDONG zum erfolgreichen Start des Sputnik in Moskau mit den Worten: «Jetzt besiegt nicht mehr der Westwind den Ostwind, sondern der Ostwind den Westwind» [8].

Viele Ideen des W. erreichen China vermittelt über Japan. Einen der wichtigsten Impulse zur «Verwestlichung» stellen die in *Japan* ab 1868 durchgeführten Reformen und die Niederlage im japanisch-chinesischen Krieg 1895 dar. Für viele chinesische Intellektuelle der Jahrhundertwende ist Japan – in Umkehrung der ursprünglichen Verhältnisse – zum Modernisierungsvorbild geworden.

Japan, das in den chinesischen Annalen als eines der Völker der «Ostbarbaren» (dong yi) auftaucht und sich selbst ‹nihon›, d.h. «Ursprung der Sonne» oder «Land der aufgehenden Sonne», nennt, hat zusammen mit vielen anderen Elementen der kontinentalen Zivilisation wie z.B. der Schrift auch die Vorstellungen von der Gestalt der Welt von China übernommen. Die Portugiesen und Holländer, die seit dem 15. Jh. zu Missions- und Handelszwecken nach Japan kommen, werden dementsprechend in Anlehnung an die chinesische Geographie zunächst ‹nanbanjin› («Südbarbaren») genannt [9].

Nachdem die Militärregierung des Shogunats im 17. Jh. jeden Kontakt zum Ausland mit Ausnahme der holländischen Handelskompagnie auf der Insel Deshima (bei Nagasaki) unterbunden hatte, firmieren alle Nachrichten über Wissenschaft und Kultur Europas, um die sich japanische Gelehrte bemühen, unter dem Namen ‹Rangaku› (s.d.), d.h. «Hollandwissenschaft». ARAI HAKUSEKI (1657-1725) ist sich aber offensichtlich der Unangemessenheit der Bezeichnung bewußt, wenn er (auf der Grundlage von Verhörprotokollen eines italienischen Missionars) ein ‹Memorandum über den W.› und in Kenntnis europäischen Kartenmaterials ein Geographiebuch ‹Sairan igen› verfaßt [10].

Mit dem Opium-Krieg wird auch in Japan klar, daß die Politik einer Landesabschließung keinen Bestand haben werde. SAKUMA SHOZAN (1811-1864), der Wei Yuan gelesen hatte, fordert den Shogun auf, das Land zu öffnen, um vom «W.» zu lernen und dadurch in die Lage zu kommen, «östliche Moral (tôyô no dôtoku) und westliche Technik (seiyô no gakugei)» zu vereinigen [11]. Da der Shogun ähnlich hilflos wie der chinesische Mandschu-Kaiser reagiert, formiert sich der monarchistische Widerstand besonders in Südwestjapan unter der Parole «Ehrt den Kaiser, vertreibt die Barbaren». Nach der Meiji-Restauration nimmt das Interesse am Komplex 'W.' sprunghaft zu; der große Aufklärer FUKUZAWA YUKICHI (1835-1901) trägt auf Reisen und durch Übersetzungen das erreichbare Wissen für den japanischen Bestseller ‹Die Lage im W.› zusammen [12]. Gebräuchlich wird jetzt auch der Begriff ‹ôbei›, der die Abkürzungen für die Bezeichnungen von Europa und Amerika verknüpft.

Zugleich spielt die Ausrichtung am 'W.', der wie in China mit der Modernisierung identifiziert wird, eine entscheidende Rolle bei der Ausbildung einer nationalen Ideologie [13]. Widerstand gegen die wachsende «Verwestlichung» signalisiert der ab 1880 populäre Slogan «wakon yôsai» («japanische Seele und westliche Technik»), der den chinesischen Slogan «Chinesisches Wissen für die Prinzipien, westliches Wissen für die Anwendung» abwandelt. Dem W. stellt der Kunsthistoriker OKAKURA TENSHIN (1862-1913) die ästhetischen «Ideale des Ostens» gegenüber [14]. Eine philosophische Synthese strebt der Religionsphilosoph NISHIDA KITARÔ an: Osten und W. «müssen einander ergänzen und zusammen die vollständige Humanität realisieren. Ein solches Prinzip zu finden ist die Aufgabe der japanischen Kultur» [15].

Die Beschreibung interzivilisatorischer Verhältnisse und Begegnungen kommt nicht ohne notwendige Vereinfachungen und Kürzel (China/Japan und 'der W.') aus. Der Gebrauch solcher «Superkategorien» [16] wie 'der W.' und 'der Osten ' wird häufig von den Interessen politischer Rhetorik dominiert. Karriere macht der Begriff ‹W.› sowohl in China als auch in Japan erst im Kontext der Modernisierungsdiskussion. In ihr werden interzivilisatorische Wir/Sie-Unterscheidungen [17] innerzivilisatorisch instrumentalisiert [18].

Anmerkungen. [1] A. GRAMSCI: La cosí detta 'realtà del mondo esterno', in: Quaderni del carcere 1 (Turin 1974) 143f.; vgl. Gefängnishefte 6, hg. W. F. HAUG (1994) 1414f. [Heft 11, § 20]. – [2] Vgl. B. GEIST: Die Modernisierung der chines. Kultur (1996); zum historischen Hintergrund: TENG SSU-YÜ/J. K. FAIRBANK: China's response to the West (Cambridge 1954). – [3] WEI YUAN: Haiguo tuzhi [Illustrierte Aufzeichnungen über die Länder jenseits der Meere] (1844). – [4] FANG WEIGUI: ‹Yi›, ‹yang›, ‹wai› and other terms: The transition from ‹barbarian› to ‹foreigner› in late imperial China, in: M. LACKNER/I. AMELUNG/J. KURTZ (Hg.): New terms for new ideas. Western knowledge and lexical change in late imperial China (Leiden u.a. 2001) 95-123, 107; Hinweise auf neue chines. Forschungslit.: a.O. 98, Anm. 6. – [5] Vgl. ZHANG ZHIDONG: Quan xue pian [Ermunterung zum Lernen] (1898). – [6] YAN FU: Hsi hsueh shumu piao [Verzeichnis von Büchern über den W.] (1896); vgl. B. SCHWARTZ: In search of wealth and power. Yen Fu and the West (Cambridge, Mass. 1964). – [7] Vgl. auch: K. BIRK: Totale Verwestlichung. Eine chines. Modernisierungsdebatte der 30er Jahre (1991). – [8] Vgl. E. WILKINSON: Japan versus the West. Image and reality (1981, Harmondsworth 1990) 42. – [9] Vgl. das Grußwort vom 17. 11. 1957, in: MAO ZEDONG: Texte 2, hg. H. MARTIN (Wien u.a. 1979) 239. – [10] ARAI HAKUSEKI: Seiyô kibun [Memorandum über den W.] [1715] (1882); vgl. auch: D. KEENE: The Japanese discovery of Europe (1720-1830) (Stanford, Calif. 1969). – [11] Vgl. G. B. SANSOM: The Western world and Japan (London 1950). – [12] FUKUZAWA YUKICHI: Seiyô jijô 1-3 (Tokio 1866-79);

zur Herausbildung des Konzepts ‹W.› gibt es eine umfangreiche japan. Forschung, stellvertretend sei genannt: MATSUZAWA HIROAKI: Kindai Nihon no keisei to seiyô keiken [Die Herausbildung des modernen Japan und die Erfahrung des W.] (Tokio 1993). – [13] Vgl. C. GLUCK: Japan's modern myth. Ideology in the late Meiji period (Princeton 1985). – [14] OKAKURA TENSHIN: The ideals of the East (London [2]1904); vgl. R. TSUNODA/W. TH. DE BARY/D. KEENE (Hg.): Sources of Japanese tradition 2 (New York 1958) 393-399. – [15] NISHIDA KITARŌ: Nihon bunka no mondai [Die Aufgabe der japan. Kultur]. Zenshû [Ges. Werke] 14 (Tokio 1979) 404f., zit. nach: ARISAKA YOKO: Beyond 'East and West'. Nishida's universalism and postcolonial critique. Review Politics 59 (1997) 541-560, 543. – [16] J. OSTERHAMMEL: Transfer und Migration von Ideen: China und der W. im 19. und 20. Jh., in: U. FAES/B. ZIEGLER (Hg.): Das Eigene und das Fremde. Festschr. U. Bitterli (Zürich 2000) 97-115. – [17] Vgl. Art. ‹Wir›. – [18] Vgl. auch: SAKAI NAOKI: The West and the problem of co-figuration. Mitteldtsch. Stud. Ostasien 3 (2001) 59-67.

F. BÖHLING

Wette (engl. wager; franz. pari)

1. ‹W.› ist (wie jedes seiner fremdsprachlichen Pendants) kein originär philosophischer Terminus im engeren Sinne, da er weder bei einzelnen Autoren noch in der allgemeinen Fachsprache die Rolle eines scharf konturierten bzw. definierten Begriffs spielt, welcher konzeptionell oder doktrinal mit der theoretischen Bewältigung spezifisch philosophischer Fragestellungen verbunden wäre. Er hat sich vielmehr als Bezeichnung für Räsonnements eines bestimmten Typs eingebürgert, der nicht nur formal unterschiedliche Ausprägungen, sondern auch inhaltlich disparate Anwendungen kennt.

Vor B. PASCAL, der wohl der erste war, der pragmatische Argumente zugunsten theoretischer Thesen mit dem Ausdruck ‹W.› bzw. ‹wetten› («pari»/«parier») belegte, sind wiederholt Versuche unternommen worden, die Entscheidung für unterschiedliche Optionen (Meinungen, aber auch Handlungen oder Lebensweisen) durch ähnliche Überlegungen zu begründen [1]. So gibt ein von PLATON referierter (vermutlich aus der sophistischen Bewegung stammender) Gedankengang Antwort auf die Frage, wie wir angesichts der Ungewißheit, ob es Götter gibt, leben sollen [2]. Philosophische W.n sind jedoch nicht auf religiöse, näherhin theistische Inhalte fixiert, vielmehr scheinen sie sich generell zur Taxierung metaphysischer Positionen zu eignen, über deren Wahrheit in der Regel nichts ausgemacht werden kann. So hat ALEXANDER VON APHRODISIAS [3] die Meinung darüber, ob wir Menschen einen freien Willen haben oder gänzlich determiniert handeln, zum Gegenstand eines W.-Arguments gemacht: Es ist vernünftiger, der Willensfreiheit anzuhängen als dem Determinismus. Denn ist man in Wirklichkeit unfrei, so hat man lediglich einen praktisch folgenlosen Fehler in der Theorie begangen; ist man hingegen tatsächlich frei, so führt man ein lebenswertes, weil nicht durch fatalistische Erwägungen getrübtes Leben. Im Unterschied zu Pascals W. ist Alexanders Argument wahrheitsunabhängig und sichert dem Anhänger der Willensfreiheit sogar dann das bessere Leben, wenn seine Überzeugung falsch ist.

PASCALS in den ‹Pensées› [4] vorgetragenes W.-Argument weist in der zeitgenössischen philosophisch-theologischen Literatur auffällige Parallelen auf. Die direkte Anregung dürfte auf A. SIRMONDS Beweis der Unsterblichkeit der Seele zurückgehen [5]. Wenige Jahre vor der Niederschrift der ‹Pensées› diskutiert S. CYRANO DE BERGERAC eine einfache Version des W.-Arguments, das die Gottesleugner vom Dasein eines höchsten Wesens überzeugen soll; ihnen wird folgende Überlegung entgegengehalten: «S'il y a un Dieu, outre qu'en ne le croyant pas vous vous serés mesconté, vous aurés desobey au précepte qui commande d'en croire; et s'il n'y en a point, vous n'en serés mieux que nous» [6].

PASCALS W. in den ‹Pensées› [7] stellt ein pragmatisches wahrheitsabhängiges Argument dar: Trotz der rationalen Unentscheidbarkeit von Gottes Existenz bleibt dem Menschen die Entscheidung (s.d.) nicht erspart, sein Leben religiös oder areligiös auszurichten. Der Aufwand für die erste Variante (verstanden als das Gesamt der Maßnahmen, die zu dem Glauben führen sollen, daß Gott existiert) kann als Wetteinsatz gedeutet werden, die ewige Seligkeit (der Lohn, der auf den Gläubigen wartet) als Gewinn; dieser Gewinnchance steht als Verlustmöglichkeit die ewige Verdammnis des areligiös Lebenden gegenüber. Der sich in diversen Varianten und Verfeinerungsschritten des Arguments durchhaltende Grundgedanke Pascals ist der, daß es stets rationaler ist, ein religiöses Leben zu wählen und mithin *p*, 'Gott existiert', zu akzeptieren, als dies zu unterlassen; denn wenn *p* wahr ist, übersteigt der zu erwartende Gewinn alle Kosten bei weitem, und wenn *p* falsch ist, sind die Kosten angesichts der Gewinnchancen verschwindend gering.

Weit zurückhaltender beurteilt I. KANT die epistemologische Rolle der W. Das «Wetten» [8] ist der «gewöhnliche Probirstein, ob etwas bloße Überredung, oder wenigstens subjective Überzeugung ... sei» [9]. Es handelt sich um ein Verfahren, um die Festigkeit einer Überzeugung zu testen: «Wenn man sich in Gedanken vorstellt, man solle worauf das Glück des ganzen Lebens verwetten, so schwindet unser triumphirendes Urtheil gar sehr ... und [wir] entdecken so allererst, daß unser Glaube so weit nicht zulange» [10]. Als positives Beispiel nennt Kant die Überzeugung, «daß es wenigstens in irgend einem von den Planeten, die wir sehen, Einwohner gebe»: «Wenn es möglich wäre durch irgend eine Erfahrung auszumachen, so möchte ich wohl alles das Meinige darauf verwetten» [11]. Solche Überlegungen stützen jedoch allenfalls einen «doctrinalen Glauben» [12], der (im Gegensatz zum «moralischen Glauben», der auf der Notwendigkeit des Sittengesetzes gründet) «etwas Wankendes in sich» hat [13].

Weit mehr als Kants Überlegungen ist PASCALS Argument, dessen Wirkung bis in die Philosophie, Theologie und Literatur [14] des 20. Jh. ausstrahlt [15], in der Folgezeit rezipiert worden. Bereits im 17. Jh. wurde es als Instrument der theologischen Apologetik aufgegriffen [16], stimulierte aber auch die Religionskritik (VOLTAIRE) [17] der Aufklärung. Wenn es galt, das Verhältnis von religiösen Überzeugungen zu den Interessen der Glaubenden zu klären, hat Pascals W.-Argument immer wieder zu Stellungnahmen herausgefordert. Exemplarisch ist W. JAMES' Versuch, seine Idee eines «will to believe» von Pascals apologetischem Ansatz abzugrenzen [18]. Der Streit zwischen Verteidigern (N. RESCHER [19]) und Kritikern (A. FLEW, J. L. MACKIE [20]) des W.-Arguments hält an [21]. Im übrigen dürfte das einschlägige Fragment der ‹Pensées› eine der meistkommentierten Ideen der Geschichte der Religionsphilosophie und Argumentationstheorie enthalten. Einige der zahllosen, sich der lexikalischen Dokumentation entziehenden Stellungnahmen sind – wie die ironische Replik von W. JAMES – ihrerseits klassisch geworden: «if we were ourselves in the place of the Deity, we should probably take particular pleasure in cutting off believers of this pattern from their infinite reward» [22].

2. Systematisch gesehen [23], gehören philosophische W.n zur Familie pragmatischer Argumente: Diese zielen nicht (zumindest nicht in erster Linie) – wie gewöhnliche induktive oder deduktive Argumente – darauf, Rechtfertigungen für die Wahrheit einer Meinung *M* bzw. von *p* (dem propositionalen Gehalt von *M*) zu liefern, sondern darauf, nachzuweisen, daß der Erwerb oder die Übernahme von *M* durch ein epistemisches Subjekt für dieses auch dann vorteilhaft ist, wenn für die Wahrheit von *p* keine Evidenzen vorliegen. Mit besagtem Nachweis ist jedoch nicht, wie häufig zu Unrecht gemutmaßt wird, ein doxastischer Voluntarismus verbunden, d.h., es wird nicht unterstellt, daß epistemische Subjekte sich einfachhin entschließen könnten, für sie vorteilhafte Meinungen ohne Umschweife zu akzeptieren; pragmatische Argumente für *M* sind vielmehr darauf angelegt, ein Subjekt durch jenen Vorteilsnachweis dazu zu motivieren, durch geeignete (unter Umständen längerfristige) praktische Maßnahmen – wie die Fokussierung der Aufmerksamkeit, das Ausschalten bestimmter Einflüsse, die Änderung von Gepflogenheiten – auf seinen Gesamthabitus so einzuwirken, daß *M* schließlich auf nicht-dezisionistische Weise in sein Überzeugungssystem Eingang findet. Damit sind pragmatische Argumente primär an die praktische – und nicht an die theoretische – Rationalität von Subjekten adressiert: Diese sollen um des Vorteils willen, den es für sie hat, wenn sie glauben, daß *p*, das tun, was zu tun das Argument ihnen Grund gibt, nämlich auf sich selbst gerichtete Umerziehungsprozesse einleiten, die in die Übernahme der Meinung, daß *p*, einmünden. Diese am Ende jener Prozesse stehende Meinungsbildung von Subjekten ist dann ein bloß faktisches Resultat ihrer selbstmanipulativen Handlungen und nicht – wie im Falle theoretischer Rationalität – die epistemische Reaktion auf rechtfertigende Gründe für die Meinung, daß *p*.

Pragmatische Argumente gliedern sich in zwei Arten: die wahrheitsabhängigen und die wahrheitsunabhängigen. Erstere stellen den mit der Akzeptanz von *p* verknüpften Vorteil für die akzeptierenden Subjekte nur dann in Aussicht, wenn *p* wahr ist bzw. sich als wahr herausstellt; letztere auch dann, wenn *p* falsch ist bzw. unabhängig davon, ob *p* wahr oder falsch ist. Philosophische W.n im engeren Sinne gehören zur Gruppe der wahrheitsabhängigen pragmatischen Argumente: Der Wetteinsatz (das Akzeptieren von *p*, genauer: der Aufwand, der zum Akzeptieren von *p* führt) trägt Früchte, wenn *p* wahr ist, und er geht verloren, wenn *p* falsch ist. Ob es empfehlenswert ist, die W. zu wagen, hängt offenbar einerseits von den Chancen ab, daß *p* sich als wahr herausstellt, und andererseits von der Größe des Vorteils, der durch das Akzeptieren von *p* erzielt werden kann. Sachlich wie historisch liegen in der gedanklichen Durchdringung dieser Problemkonstellation die Wurzeln der Wahrscheinlichkeits- und der Entscheidungstheorie.

Anmerkungen. [1] Vgl. J. K. Ryan: The argument of the wager in Pascal and others. New Scholasticism 19 (1945) 233-250; gekürzt in: J. Jordan (Hg.): Gambling on God. Essays on Pascal's wager (Lanham/London 1994) 11-19; M. Asín Palacios: Los precedentes musulmanes del Pari de Pascal (Santander 1920). – [2] Platon: Resp. II, 365 d. – [3] Alexander von Aphrod.: De fato/On fate 21, hg. R. W. Sharples (London 1983) 69f. 197; Über das Schicksal, hg. A. Zierl (1995) 90-93; vgl. H. Weidemann: Wetten, daß ...? Ein antikes Gegenstück zum W.-Argument Pascals. Arch. Gesch. Philos. 81 (1999) 290-315. – [4] B. Pascal: Pensées, Frg. 418. Oeuvr. compl., hg. L. Lafuma (Paris 1963) 550f. [= Frg. III, 233 Brunschvicg]. – [5] A. Sirmond: De immortalitate animae (Paris 1635); vgl. L. Blanchet: L'attitude relig. des Jésuites et les sources du pari de Pascal. Rev. Mét. Morale 26 (1919) 477-516. 617-647, bes. 633f. – [6] S. Cyrano de Bergerac: L'autre monde (1650), hg. M. Alcover (Paris 1977) 204; vgl. G. Mounin: Cyrano de Bergerac et Pascal, in: J. Tortel (Hg.): Préclassicisme français (Paris 1952) 74ff. – [7] Pascal, a.O. [4]. – [8] I. Kant: KrV B 852ff.; vgl. dazu: L. Goldmann: Le Dieu caché (Paris 1955); dtsch.: Der verborgene Gott (1973) 443-452. – [9] KrV B 852. – [10] B 853. – [11] a.O. – [12] B 853ff. – [13] B 855f. – [14] J. Conlon: Camus: wagering on immanence. Mod. Schoolman 72 (1995) 337-348. – [15] Th. R. Thorp: Nietzsche and Pascal's wager. Man World 21 (1988) 261-285. – [16] A. McKenna: De Pascal à Voltaire. Le rôle des ‹Pensées› de Pascal dans l'hist. des idées entre 1670 et 1734 (Oxford 1990); A. Straudo: La fortune de Pascal en France au XVIIIe s. (Oxford 1997); B.-J. Eilertsen: Pascal in the period 1789-1815 (Urbana, Ill. 1944). – [17] Voltaire: Lettres philos. 25, 5, hg. G. Lanson/A. M. Rousseau (Paris 1964) 2, 190-192; vgl. J. Mesnard: Voltaire et Pascal. French Studies Southern Africa 8 (1979) 2-12. – [18] W. James: The will to believe [1876], in: The will to believe and other essays in popular philos. (London u.a. 1915) 5f. – [19] N. Rescher: Pascal's wager. A study of pract. reasoning in philos. theology (Notre Dame 1985); vgl. G. Oppy: On Rescher on Pascal's wager. Int. J. Philos. Relig. 30 (1991) 159-168. – [20] A. Flew: God, freedom, and immortality (New York 1984) 61ff.; J. L. Mackie: The miracle of theism. Arguments for and against the existence of god (Oxford 1982) 200ff. – [21] Jordan (Hg.), a.O. [1]; R. Anderson: Recent criticisms and defenses of Pascal's wager. Int. J. Philos. Relig. 37 (1995) 45-56; W. Löffler: Einige Bem. zur neueren Diskussion um 'Pascals W.', in: A. Schramm (Hg.): Philos. in Österreich (Wien 1996) 389-404; N. Knoepffler: Über die Unmöglichkeit, die Gottesfrage durch eine W. im Sinne Pascals zu entscheiden. Philos. Jb. 107 (2000) 398-409. – [22] James, a.O. [18] 6. – [23] Jordan, a.O. [1]; Pragmatic arguments, in: Ph. L. Quinn/Ch. Taliaferro (Hg.): A companion to philos. of relig. (Oxford 1997); Ch. Lumer: Pract. arguments for theoret. theses. Argumentation 11 (1997) 329-340.

Literaturhinweise. M. Asín Palacios s. Anm. [1]. – J. K. Ryan s. Anm. [1]. – I. Hacking: The emergence of probability (Cambridge 1975). – J. Jordan s. Anm. [1] und [23]. – Ch. Lumer s. Anm. [23].

R. W. Puster

Widerfahrnis. Daß die tägliche Wirklichkeit des Lebens eine den Menschen bedrängende, seinem Handeln und auch Denken [1] zuvorkommende, ihm solchermaßen widerfahrende ist, ist ein Grundthema *griechischer Dichtung*. Es kommt in exponierter Weise dort zur Sprache, wo von Homer bis Euripides auf das Verhältnis von göttlicher Macht und menschlichem Pathos (s.d.) reflektiert wird [2]. Mit ihrem berühmten «Lernen durch Leiden» (πάθει μάθος) stellt die Tragödie die Einheit von Handeln und Leiden (s.d.) bzw. Widerfahren heraus und weist die Termini als Wechselbegriffe aus [3].

In der klassischen griechischen *Philosophie* bezeichnet πάθος im allgemeinen Sinne das, was einer Person oder einer Sache widerfährt. In der Tradition der Aristotelischen Kategorienlehre betrifft die Unterscheidung von Tun und Leiden [4] jegliches Seiende. Jede Veränderung von Dingen kann πάθος, lateinisch ‹affectus›, heißen. Πασχεῖν wird im Deutschen zuweilen mit ‹widerfahren› übersetzt, πάθος seltener, wenn von einer Person erfahren, mit ‹W.›: «Der Zustand, der durch ein W. hervorgerufen wird, läßt sich vom Inhalt der Erfahrung, die wir dabei machen, nicht trennen» [5].

Das deutsche Wort ‹W.› leitet sich aus dem übertragenen Gebrauch des mittelhochdeutschen Verbums ‹widerfahren› in der Bedeutung 'entgegenkommen', 'begegnen' ab [6]. Das Verbum ist im *theologischen* Sprachgebrauch früh präsent und wird besonders durch die Bibelübersetzung M. Luthers gebräuchlich (Gnade, große Freude, Heil und Barmherzigkeit, aber auch Blindheit und Anfechtungen «widerfahren» dem Menschen) [7]. In der zweiten Hälfte des 20. Jh. – nach den beiden Weltkriegen – hat ‹W.›, häufig verknüpft mit dem Begriff ‹Unverfügbarkeit› (s.d.), Konjunktur. So legt K. BARTH die «Auferstehung des gekreuzigten und gestorbenen ... Jesus Christus von den Toten» als das «über uns Alle hereingebrochene W.» [8] aus, differenziert R. BULTMANN geschichtliche Ereignisse in menschliche «Handlungen und Widerfahrnisse» [9] und thematisiert K. A. MÜLLER die göttliche «Offenbarung als Inbegriff der Widerfahrnisse», «die in unserer Prozeß-Welt unverfügbar sind» [10].

Die modernen Unterscheidungen zwischen Verhalten (s.d.), Handlung und W., wie sie etwa in der Soziologie, der Psychologie und der analytischen Handlungstheorie des 20. Jh. getroffen werden, schenken dem W. auf der Suche nach einem zureichenden Handlungsbegriff eher am Rande Aufmerksamkeit. Die *analytische Handlungstheorie* bildet im Englischen keinen gängigen Terminus für das W. aus, umschreibt den Gedanken aber vielfältig: «The things which are done to a person, which happen to him or which he suffers clearly constitute a range of phenomena», so D. RAYFIELD, «which is distinct from the range I have called candidates for action» [11].

Erst W. KAMLAH profiliert ‹W.› als Grundbegriff der *philosophischen Anthropologie*, indem er diese Unterscheidungen erneuert: «Nicht allein Widriges widerfährt uns, sondern auch Beglückendes. ... Unser aller Leben ist gleichsam eingespannt zwischen den Widerfahrnissen Geburt und Tod. Gleichsam das erste und das letzte Wort hat für uns nicht unser eigenes Handeln. Aber auch, wenn wir handeln, widerfährt uns stets etwas. Es gibt Widerfahrnisse ohne Handeln, aber es gibt kein pures Handeln» [12]. In der phänomenologisch-sprachlogischen Rekonstruktion Kamlahs wird ‹Sichverhalten› zum Oberbegriff zu ‹Handeln› und gewinnt ‹W.› eine Priorität vor ‹Handlung›. Widerfahrnisse, das wird in anthropologischer Perspektive herausgestellt, «widerfahren uns bezogen auf unsere Bedürftigkeit. Einem Stein widerfährt nichts» [13].

Mit dem Begriff des W. reformuliert Kamlah sprachkritisch Elemente seiner «Kritik der profanen durch vernehmende Vernunft», die dem Wirklichkeitsverständnis der modernen Wissenschaft eine im Grunde illusionäre «Abblendung der unmittelbaren Wirklichkeit» [14] und in eins damit die Verkennung der affektiven menschlichen Bedürftigkeit vorwirft. Die «'Wiederentdeckung des Widerfahrnischarakters des menschlichen Lebens'» erachtet er für nötig und zeigt damit einen zeitdiagnostischen Beweggrund seiner Überlegungen, «seit der Imperialismus der modernen Naturwissenschaft, Technik und Industrie sich durchgesetzt und philosophisch zum schieren Pragmatismus oder gar 'Aktionismus' geführt hat» [15]. In der Auseinandersetzung mit Kamlah bleibt dessen Unterscheidung von Handlung und W. in Kontexten der Ethik und Handlungstheorie [16], aber auch der Geschichtstheorie [17] und der Phänomenologie [18] wirksam. In kritischer Absetzung wird «die These vom Primat des Geschehnisbegriffs gegenüber den Begriffen 'Handlung' und 'W.'» im Kontext des Versuchs formuliert, den auch in der Existenzphilosophie entfalteten Begriff der Situation (s.d.) als anthropologischen Grundbegriff einzuführen (Situationen konstituieren menschliche Lebenswirklichkeit, in ihnen und durch sie versteht sich der Mensch) [19].

Unabhängig von der Explikation Kamlahs erlangt der vielfältige Phänomenbereich der Widerfahrnisse über die Rezeption von E. HUSSERLS Passivitäts-Thematik [20] wie M. HEIDEGGERS Existenzialontologie der Faktizität (s.d.) und seines späten Ereignis-Denkens auch in der *französischen Philosophie* Bedeutung, ohne allerdings begrifflich fixiert zu werden. E. LEVINAS untersucht Ereignisse (wie etwa das Nahen des Todes), in denen wir von einem bestimmten Moment an nicht mehr «können können»: «c'est en cela justement que le sujet perd sa maîtrise même de sujet. ... Un événement nous arrive sans que nous ayons absolument rien 'a priori'» [21].

Anmerkungen. [1] Zur Abhängigkeit menschl. Denkens vom Tag vgl. schon: HOMER: Od. 18, 136f.; Art. ‹Zeit II. A.›. – [2] Vgl. auch: Art. ‹Verblendung; Verblendungszusammenhang›. Hist. Wb. Philos. 11 (2001) 579-582. – [3] AISCHYLOS: Ag. 176ff.; vgl. A. ZIERL: Affekte in der Tragödie (1994) 218-223. – [4] Vgl. Art. ‹Tun/Leiden›. Hist. Wb. Philos. 10 (1998) 1572-1580. – [5] Vgl. G. PICHT: Kunst und Mythos (1986) 439f.; PINDAR: 7. Nem. 20f. – [6] Vgl. Art. ‹Widerfahren I. B. 1) und II.›. GRIMM 14/I, 2 (1960) 963-970. – [7] Vgl. etwa: Ps. 119, 41; Mtth. 18, 19; Lk. 2, 10; 19, 9; Apg. 20, 19; Röm. 11, 25; MEISTER ECKHART: Pr. 13. Dtsch. Werke 1, hg. N. LARGIER (1993) 159. – [8] K. BARTH: Die Kirchl. Dogmatik IV/1 (1953) 327ff., hier: 329; vgl. III/1 (1957) 399. – [9] R. BULTMANN: Reflex. zum Thema Geschichte und Tradition (1961), in: Glauben und Verstehen 4 ([5]1993) 56-68, 56. – [10] K. A. MÜLLER: Die präparierte Zeit (1972) 157. – [11] Vgl. etwa: D. RAYFIELD: Action. Nous 2 (1968) 131-145, 138; D. DAVIDSON: Agency, in: Essays on actions and events (Oxford 1980) 43ff. – [12] W. KAMLAH: Philos. Anthropologie. Sprachkrit. Grundlegung und Ethik § 3 (1972) 34-40, 35; zum Tod als «W.» wie zugleich als «personale Selbstvollendung» vgl. K. RAHNER: Art. ‹Tod›. Herders theolog. Taschenlex., hg. K. RAHNER 7 (1973) 279-284, 282; zur Realitätserfahrung als einer Erfahrung des «Widerstandes» vgl. bes. W. DILTHEY: Beitr. zur Lösung der Frage vom Ursprung unseres Glaubens an die Realität der Außenwelt (1890). Ges. Schr. 5 (1924) 130ff. – [13] a.O. 3; vgl. § 6, a.O. 60. – [14] Der Mensch in der Profanität. Versuch einer Kritik der profanen durch vernehmende Vernunft (1949) 91; vgl. bes. 19-29. 91-101. 115-129. 210; M. Heidegger und die Technik (1954), in: Von der Sprache zur Vernunft (1975) 113-122, 121; auch: Art. ‹Profan; das Profane; Profanität›. Hist. Wb. Philos. 7 (1989) 1442-1446, bes. 1444ff. – [15] Philos. Anthr., a.O. [12] 39f. – [16] Vgl. D. BÖHLER: ζῷον λόγον ἔχον – ζῷον κοινόν. Sprachkrit. Rehabilitierung der Philos. Anthropolog.: W. Kamlahs Ansatz im Lichte rekonstrukt. Philosophierens, in: J. MITTELSTRASS/M. RIEDEL (Hg.): Vernünftiges Denken. Stud. zur prakt. Philos. und Wiss.theorie (1978) 342-373; P. JANICH: Log.-pragmat. Propädeutik (2001) 37ff. – [17] Vgl. H. LÜBBE: Was aus Handlungen Geschichten macht: Handlungsinterferenz; Heterogonie der Zwecke; W.; Handlungsgemengelagen; Zufall, in: MITTELSTRASS/RIEDEL (Hg.), a.O. 237-250, bes. 242. – [18] Vgl. B. WALDENFELS: Das überbewältigte Leiden, in: Der Stachel des Fremden (1990) 120-134, 121ff. – [19] TH. RENTSCH: Heidegger und Wittgenstein (1985) 1ff. 5. – [20] Vgl. Art. ‹Passivität; passive Synthesis›. Hist. Wb. Philos. 7 (1989) 164-168. – [21] E. LEVINAS: Le temps et l'autre (Paris 1983) 62; dtsch.: Die Zeit und der Andere ([2]1989) 47.

H. HÜHN

Widerlegung (griech. ἔλεγχος; lat. elenchus, confutatio, refutatio; engl. refutation; frz. refutation)

1. *Dialektische und dogmatische W.* – In der Argumentationskunst (Dialektik) ist der Elenchus (s.d.) die früheste, auch terminologisch feststehende Form einer W., wie sie vor allem in den frühen und mittleren Dialogen PLATONS vorgeführt wird [1]. Das dialektische Prüfen einer These (s.d.) durch Sokrates endet zumeist damit, daß weitere Zugeständnisse des Unterredners direkt oder indirekt der ursprünglichen These widersprechen, so daß nicht beides zu halten ist, wenn die «Übereinstimmung mit sich selbst» [2] gewahrt bleiben soll. Widerlegt sind Thesen also nur in der Verbindung mit anderen Annah-

men des Gesprächspartners; eine solche W. führt nicht zu wahren Sätzen. In diesem Sinne ist auch nach ARISTOTELES eine W. die Herbeiführung eines kontradiktorischen Widerspruchs (s.d.) zwischen der Konklusion eines Schlusses aus einer zugestandenen Prämisse und der Konklusion aus einem weiteren Zugeständnis [3]. Die W. ist also kein apodeiktischer Schluß; sie erfolgt dialektisch, nämlich in Abhängigkeit vom Gesprächsrahmen (Gesprächspartner und -situation) [4].

Von anderer Art ist diejenige W., die die Unrichtigkeit eines Schlusses aufgrund von formalen Schlußfehlern aufdeckt, also unabhängig vom Gesprächsrahmen gültig ist; diese nennt Aristoteles «Auflösung» (λύσις) eines Fehlschlusses [5]. Die ‹Sophistischen Widerlegungen› des Aristoteles thematisieren die sogenannten W.en der Sophisten, entlarven sie als Trugschlüsse und somit nur scheinbare W.en und systematisieren zum ersten Mal die Verstöße gegen korrektes Argumentieren einschließlich der Unkenntnis einer richtigen W. («ignoratio elenchi») [6].

Dem lateinischen Aristotelismus wird durch BOETHIUS das Fremdwort «elenchus» [7], durch WILHELM VON MOERBEKES Übersetzungen der Aristoteles-Kommentatoren «redargutio» geläufig [8]. In der Rhetorik wird mit ἀνασκευή (wörtl. ‹Ab-bau›, ‹de-structio›) der widerlegende Redeteil bezeichnet, der die gegnerischen Behauptungen oder rhetorischen Beweise (πίστεις) mit allen Mitteln 'zerstört' [9]. Die römischen Schriftsteller verwenden überwiegend «confutatio» nach der ‹Rhetorica ad Herennium› («confutatio est contrariorum locorum dissolutio») [10], aber auch «refutatio» nach QUINTILIAN [11] und «reprehensio» nach CICERO [12].

In der Disputationskunst wird allgemein im aristotelischen Sinne von ‹W.› gesprochen, wenn in derselben Disputation vorher Verneintes zugestanden oder vorher Zugestandenes verneint wird («redargutio est praenegati concessio, vel praeconcessi negatio»). Das Ziel der W. ist, dem Gegner nachzuweisen, daß er seine These nicht halten kann [13]. «Wenn einer aber nicht in derselben Disputation oder nicht kraft der Argumentation, sondern willkürlich vorher Bejahtes verneint bzw. vorher Verneintes bejaht, dann ist das keine Widerlegung» («si autem non in eadem disputatione, vel vi argumenti, sed propria voluntate aliquid negat concessum, vel concedat negatum, non est redargutio») [14]. Die mittelalterliche Disputationskunst, besonders die ‹Ars obligatoria› [15], entfaltet die Argumentations-Techniken, die zu W. führen, mit allen Finessen.

Ein anderer Anspruch einer W. besteht darin, den inhaltlichen Irrtum der gegnerischen Behauptung aufzuweisen. Immer da, wo von einem Standpunkt der Wahrheit her argumentiert wird, sollen W.en den gegnerischen Standpunkt zerstören und den eigenen verteidigen. Seit der Antike sind solche W.en als Schriftgattung verbreitet, wie z.B. die ‹Widerlegung aller Häresien› aus dem 2. Jh. [16]. In der arabischen Philosophie des Mittelalters macht die ‹Widerlegung der Widerlegung› (‹Tahāfut al-tahāfut›) des IBN RUŠD (AVERROES) Philosophiegeschichte [17]. Diese Schrift sucht die Angriffe zu entkräften aus AL-GHAZĀLĪS ‹Widerlegung der Philosophie›, in der den philosophischen Lehren Verstöße gegen islamische Glaubenswahrheiten vorgeworfen werden. In der christlichen Welt wird nach der Reformation von katholischer Seite die «Widerlegung der Lehre Lutheri» unternommen («vehemens confutatio venisset adversus me scripta») [18]. Ab dann haben die Widerlegungs- und Streitschriften Hochkonjunktur, die die Irrtümer der religiösen Gegner widerlegen bzw. in ‹Apologien› die W.en der Gegner wiederum widerlegen. Die «Widerlegungstheologie» («theologia elenctica»; «polemische Theologie») hat zum «Endzweck», die «Reinheit der Lehre» wie auch das «Heyl des Menschen» zu retten [19]. Umgekehrt hat es sich die radikale Aufklärung auf ihre Fahnen geschrieben, gerade die religiösen Irrtümer zu widerlegen. Freilich bedarf es «bey der Theologie aber ... schon einer größeren Behutsamkeit, wenn man einige Fehler, die zumahl einige Jahrhunderte hindurch von ganzen Universitäten vertheidigt worden, widerlegen wollte»; oder aber, «da einige grobe Irrthümer in der Welt so privilegiret sind, daß es höchst gefährlich wäre, darwider zu reden und zu schreiben, so unterläßt man zuweilen die Widerlegung» [20].

Auch in der Philosophie werden gegnerische, für falsch gehaltene Annahmen oder ganze Lehrgebäude aus inhaltlichen Gründen widerlegt. Für die Bekämpfung von Vorurteilen und Aberglauben lautet die Maxime bei CH. THOMASIUS: «Widerlege die Irrthümer, die dem menschlichen Geschlecht schädlich ... sind» [21]. Mit der W. hat man, so G. F. MEIER «die Absicht», den anderen «von seinem Irrthum zu befreien» [22]; diese Absicht hebt wahre W.en von Rechthaberei und «Consequenzenmacherei» [23] ab, die in böser Absicht geschehen. Als Schutz vor solchen gibt Meier fünf nützliche Regeln zur Beachtung bei W.en an die Hand [24]. Der Philosoph, der sich der «philosophischen Methode» bedient («methodo philosophica philosophatur»), also seine eigenen Grundsätze zureichend bewiesen hat, verschwendet nach CH. WOLFF nur unnütz Zeit darauf, andere zu widerlegen [25]. Für Wolff ist die W. der Beweis der Falschheit eines Satzes, den ein anderer für wahr hält («refutatio est demonstratio falsitatis propositionis, quam alter pro vera habet») [26]. Die W. («refutatio») wird unterschieden von der logisch schwächeren Bestreitung («impugnatio»). «Ein wahrer Satz kann zwar bestritten und angegriffen, aber niemals widerlegt werden» («propositio vera impugnari, non refutari ... potest») [27]. I. KANT definiert bündig, die W. sei nichts anderes als der «negative Beweis» [28]. Dieser logische W.-Begriff hat sich weit von der dialektischen Tradition entfernt, wenngleich Kant sie auch über die ‹Vernunftlehre› Meiers ausgiebig rezipiert hat [29]. Für B. BOLZANO hingegen ist die W. die Antwort auf einen «Einwurf» und muß «mehr seyn als ein bloßer Beweis seiner Falschheit ... es soll die Wirkung, welche der Einwurf in unserem Gemüthe ... hervorgebracht hat, so vollkommen, als es nur möglich ist, wieder aufgehoben werden» [30]. A. SCHOPENHAUER läßt die bei anderen abgelehnte sophistische Eristik (s.d.) in seinem Manual zur «Kunst Recht zu behalten» noch einmal aufleben und gibt Ratschläge, mit welchen Kunstgriffen man am besten den Gegner widerlegt [31]. Für G. W. F. HEGEL steht fest, daß «die Manier, einen Satz aufzustellen, Gründe für ihn anzuführen, und den entgegengesetzten durch Gründe ebenso zu widerlegen, nicht die Form ist, in der die Wahrheit auftreten kann» [32]. Die Mangelhaftigkeit eines Ausgangsprinzips für sich alleine aufzuzeigen, heißt dessen W.; die W. des Grundprinzips für sich alleine besteht in der Entwicklung des Ganzen [33].

2. *Falsifikation.* – Erst in der modernen *Wissenschaftstheorie* kommt es zu einer grundsätzlichen und ausgedehnten methodologischen Reflexion auf die Widerlegbarkeit wissenschaftlicher Sätze und Theorien. Gegen den Logischen Positivismus [34], der die Verifikation (s.d.) als Prinzip des Ausweises der Wahrheit von allgemeinen empirischen Sätzen etablierte, macht K. R. POP-

Popper geltend, daß Hypothesen empirischer Theorien nie verifiziert, aber bereits durch nur eine einzige Gegeninstanz falsifiziert werden können [35]. Bereits J. F. Fries meinte, «man solle keine Voraussetzung machen, welche nicht bestimmt von der Erfahrung widerlegt werden könne» [36]. Andererseits wird im Konventionalismus (s.d.) P. Duhems die W. von Hypothesen aufgrund von Beobachtungen [37], bes. im Rahmen eines 'experimentum crucis', problematisiert [38].

Die methodische Falsifikation (s.d.) bei Popper ergibt sich aus dem Widerspruch eines bestimmten Beobachtungssatzes (s.d.) mit anerkannten «Basissätzen» (s.d.). Die Falsifizierbarkeit dient als «Abgrenzungskriterium» («criterion of demarcation») von erfahrungswissenschaftlichen gegenüber nicht erfahrungswissenschaftlichen Theorien (z.B. Marxismus, Psychoanalyse, aber auch Metaphysik als Nicht-Wissenschaften auf der einen Seite und Formalwissenschaften wie Logik und reine Mathematik auf der anderen Seite) [39]. Die Unwiderlegbarkeit als Unmöglichkeit der Falsifikation ist kein Ausweis von Wahrheit («to infer the truth of a theory from its irrefutability is therefore inadmissible») [40]; deshalb ist «irrefutability not a virtue of a theory but a vice» [41]. In Auseinandersetzung mit Th. S. Kuhns Sicht «wissenschaftlicher Revolutionen», nach der statt W.en erklärungsbedürftige «Anomalien» ein geltendes wissenschaftliches «Paradigma» außer Kraft setzen, und ein solcher Paradigmenwechsel keine Annäherung an Wahrheit bedeutet [42], präzisiert und differenziert Popper seinen Kritischen Rationalismus [43] dahingehend, daß Falsifizierbarkeit als Prüfbarkeit («testability is therefore the same as refutability, or falsifiability») [44] und Falsifikation als «kritische Prüfung» aufzufassen sei; die kontinuierliche Reihe von erfolgreich bestandenen Falsifikationsversuchen führt zur «Bewährung» («corroboration») von Theorien, die nie Wahrheit, aber Wahrscheinlichkeit im Sinne von Wahrheitsähnlichkeit (s.d.) beanspruchen können. Hatte Popper bereits in seinen frühen Arbeiten auf den grundlegenden Unterschied zwischen 'logischer' und 'praktischer' Falsifizierbarkeit aufmerksam gemacht [45], so unterscheidet I. Lakatos in Auseinandersetzung mit Popper zwischen «dogmatic» und «naive» bzw. «sophisticated methodological falsificationalism» [46]. In seiner postum veröffentlichten rollenverteilten 'Komödie' ‹Proofs and Refutations› zum wissenschaftlichen Fortschritt wird in Auseinandersetzung mit Kuhn und Popper auch der Blick für die über die Erfahrungswissenschaften im engeren Sinne hinausgehende Bedeutung von ‹W.› geschärft. An die Stelle widerlegender Beobachtungen treten in der mathematischen Theoriebildung «Gegenbeispiele» («counterexamples») mit vergleichbarer methodologischer und heuristischer Funktion [47].

3. *Selbstwiderlegung.* – Eine besondere Form der W. ist die Selbstwiderlegung, auch ‹Retorsion› genannt [48]. Sie liegt vor, wenn ein Widerspruch zwischen dem Aufstellen des Satzes und seinem Inhalt besteht. Schon in der Antike wird der radikale Skeptiker, der die Unmöglichkeit von Wissen behauptet, durch eine Selbstanwendung seiner eigenen Behauptung (περιτροπή) widerlegt [49]. Auch im Mittelalter werden Sätze wie 'es gibt keine Wahrheit' als selbstwiderlegend diskutiert [50]. Doch nicht alle selbstwidersprüchlichen Aussagen, wie sie die mittelalterlichen Insolubilia (s.d.) und Paradoxien der Selbstreferenz (s.d.) analysieren, sind selbstwiderlegend. J. L. Mackie unterscheidet drei Typen selbstwiderlegender Argumente: «absolutely self-refuting», «pragmatically self-refuting» und «operationally self-refuting» [51]. Damit verlagert sich der W.-Begriff durch die Erweiterung des zugrundeliegenden Widerspruchs von der rein logischen auch auf die pragmatische Ebene [52].

Anmerkungen. [1] Vgl. dazu: P. Stemmer: Platons Dialektik (1992) (mit neuerer Lit. zum Elenchos). – [2] Platon: Gorg. 482 bf. – [3] Aristoteles: Soph. el. 1, 165 a 2; vgl. 5, 167 a 23ff. – [4] Anal. pr. II, 20, 66 b 5-17. – [5] Top. VIII, 10, 160 b 23ff. – [6] Soph. el. 3, 165 b 15; vgl. Art. ‹Irrtum (Schlußfehler)›. Hist. Wb. Philos. 4 (1976) 606-614; ‹Trugschluß›, a.O. 10 (1998) 1529. – [7] Boethius: Anal. pr. II, 20, 66 b 6, in: Aristoteles lat. 3/1 (Brügge/Paris 1962) 129; Soph. el. 1, 165 a 2, a.O. 6/1 (Leiden/Brüssel 1975) 6. – [8] Wilhelm von Moerbeke: Corpus lat. commentariorum in Aristotelem graec. 2, hg. G. Verbeke (Löwen/Paris 1961) 400 = Übers. Ammonius: In De int. CAG 4/5, hg. A. Busse (1897) 222, 30; a.O. 5/2, hg. A. Pattin (Leiden 1975) 320 = Übers. Simplicius: In Cat. CAG 8, hg. C. Kalbfleisch (1907) 234, 2. – [9] J. Martin: Antike Rhetorik. Technik und Methode [Hb. der Altertumswiss., hg. I. Müller u.a. 2/3] (1976) 124-135. – [10] Anon.: Rhet. ad Herenn. I, 3, 4; vgl. Cicero: De divin. I, 8; M. Kienpointner: Art. ‹Confutatio›, in: G. Ueding (Hg.): Hist. Wb. der Rhet. 2 (1994) 355-357. – [11] Quintilian: Instit. orat. V, 13. – [12] Cicero: De invent. I, 42, 78; De oratore II, 81, 331. – [13] Thomas von Aquin (?): De fallaciis 3. Opera, hg. R. Busa (1980) 5, 575f. – [14] a.O. – [15] Vgl. Art. ‹Obligatio; Ars obligatoria II.›. Hist. Wb. Philos. 6 (1984) 1068-1072. – [16] Hippolytus: ΚΑΤΑ ΠΑΣΩΝ ΑΙΡΕΣΕΩΝ ΕΛΕΓΧΟΣ. Refutatio omnium haeresium, hg. M. Marcovich (1986). – [17] Averroes: Destructio destructionum Philosophiae Algazelis. In the Latin version of Calo Calonymos, hg. B. H. Zedler (Milwaukee, Wisc. 1961); dtsch.: Die Hauptlehren des Averroes nach seiner Schrift: Die W. des Gazali (1913); engl.: Tahafut al-Tahafut. The incoherence of the incoherence, hg. S. van den Bergh 1-2 (Oxford 1954). – [18] M. Luther: Tischreden 2878 (1533). Weim. Ausg. 3 (1914) 46f. – [19] J. H. Zedler: Grosses vollst. Univ.-Lexicon 55 (1748, ND 1962) 1787-1792: Art. ‹W. (der Irrthümer)›; vgl. Art. ‹Polemische Theologie›, a.O. 28 (1741) 1180; vgl. L. Ph. Thümmig: De vera refutationis notione. Diss. phil. Kassel (1725). – [20] Zedler, a.O. 1788ff. – [21] Ch. Thomasius: Ausübung der Vernunftlehre 5: Von der Geschickligkeit, anderer Irrthümer zu widerlegen (Halle 1691, ND 1968) 264-295, 266. – [22] G. F. Meier: Vernunftlehre § 547 (1752, ^{2}1762) 722. – [23] So schon Ch. Wolff: Philosophia rationalis sive Logica § 1024 (1728, ^{3}1740). Ges. Werke II/1, 3, hg. J. Ecole (1983) 737; zum Ausdruck «Consequenzenmachery» vgl. W. T. Krug: Allg. Handwb. der philos. Wiss. (^{2}1832, ND 1969) 1, 520f. – [24] Meier, a.O. [22] 744-746 (§ 567). – [25] Ch. Wolff: Discursus praeliminaris de philos. in genere § 162 (1728), hg. G. Gawlick/L. Kreimendahl (1996) 205. – [26] Logica §§ 1021. 1017, a.O. [23] 736. 733. – [27] § 1019, a.O. 734. – [28] I. Kant: Versuch den Begriff der negat. Größen in die Weltweisheit einzuführen 2 (1763). Akad.-A. 2, 182; vgl. Ch. Sigwart: Logik § 81, 8 (1873-78, ^{4}1911) 2, 295f. – [29] Refl. zur Logik, Refl. 2730f. 3454f. Akad.-A. 16, 489f. 845 (zur ‹Vernunftlehre› §§ 196. 493). – [30] B. Bolzano: Wiss.lehre § 538 (1837). Ges.ausg. I/14, 2, hg. J. Berg (1999) 143. – [31] A. Schopenhauer: Eristische Dialektik [1828/30?]. Der handschriftl. Nachlaß, hg. A. Hübscher (1966-1974) 3, 675. – [32] G. W. F. Hegel: Phänomenologie des Geistes, Vorrede (1807). Akad.-A. 9 (1980) 35. – [33] a.O. 21. – [34] Vgl. Art. ‹Positivismus, Logischer›. Hist. Wb. Philos. 7 (1989) 1122-1124. – [35] K. R. Popper: Logik der Forschung IV (Wien 1934); engl.: The logic of scient. discovery (London/New York 1959); dtsch. (^{3}1969) 47-59; zum Spezialproblem der Falsifizierung von Prognosen vgl. Art. ‹Voraussage; Vorhersage; Prognose 4. d)›. Hist. Wb. Philos. 11 (2001) 1158-1160. – [36] J. F. Fries: Die math. Naturphilos. nach philos. Methode bearbeitet (1822). Sämtl. Schr., hg. G. König/L. Geldsetzer 13 (1979) 21; Fries schreibt den Satz H. F. Link zu. – [37] Vgl. Art. ‹Observatio; Beobachtung›. Hist. Wb. Philos. 6 (1984) 1072-1081. – [38] S. G. Harding (Hg.): Can theories be refuted? Essays on the Duhem-Quine-Thesis (Dordrecht/Boston 1976). – [39] Popper: Log. der Forsch. I, 6, a.O. [35] (^{3}1969) 14-17. – [40] The status of science and of metaphysics, in: Conjectures and refutations (London 1963, ^{4}1992) 195. – [41] Conject. and ref., a.O. 36; vgl. The status, a.O. 195. – [42] Th. S. Kuhn: The structure of scient. revolutions, ch. XII

(1962); dtsch.: Die Struktur wissenschaftl. Revolutionen (1967, 1974) 156ff.; vgl. Art. ‹Revolution, wissenschaftliche›. Hist. Wb. Philos. 8 (1992) 990-996; Art. ‹Paradigma; exemplar›, a.O. 7 (1989) 74-81, hier: 79. – [43] Vgl. Art. ‹Rationalismus, Kritischer›, a.O. 8 (1992) 49-52. – [44] POPPER: The status, a.O. [40] 197. – [45] Vgl. K. R. POPPER: Art. ‹Falsifizierbarkeit, zwei Bedeutungen von›, in: H. SEIFFERT/G. RADNITZKY (Hg.): Handlex. zur Wiss.theorie (1992, ²1994) 82-86. – [46] I. LAKATOS: Falsification and the methodology of scient. research programmes, in: Philos. papers, hg. J. WORRALL/G. CURRIE (Cambridge 1978) 1, 8-101. – [47] Proofs and refutations. The logic of math. discovery, hg. J. WORRALL/E. ZAHAR (Cambridge 1976) 88-92; dtsch.: Beweise und W.en (1979) 88-91. – [48] Vgl. C. F. GETHMANN: Art. ‹Retorsion›, in: J. MITTELSTRASS (Hg.): Enzykl. Philos. und Wiss.theorie 3 (1995) 597-601. – [49] SEXTUS EMP.: Adv. log. II, 463; Pyrrhon. instit. II, 185; vgl. M. BURNYEAT: Protagoras and self-refutation in later greek philosophy. Philos. Review 85 (1976) 44-69, bes. 62ff. – [50] W. M. CHARRON/J. P. DOYLE: On the self-refuting statement 'there is no truth': a medieval treatment. Vivarium 31 (1993) 241-266. – [51] J. L. MACKIE: Self-refutation – a formal analysis. Philos. Quart. 14 (1964) 193-203, 197; ND, in: MACKIE (Hg.): Logic and knowledge 1 (Oxford 1985) 54-67, 59; vgl. J. PASSMORE: Philos. reasoning, ch. 4: Self-refutation (New York 1964) 58-80. – [52] Vgl. Art. ‹Widerspruch, performativer; Widerspruch, pragmatischer›.

Literaturhinweis. S. K. KNEBEL: W. Umrisse der Begriffsgeschichte. Arch. Begriffsgesch. 46 (2004) 9-28. M. KRANZ

Widerspiegelung; **Widerspiegelungstheorie** (engl. reflection, theory of reflection; russ. otraženie). In der marxistisch-leninistischen Theoriebildung antwortet die Theorie der W. [1] auf die von F. ENGELS so genannte «große Grundfrage aller, speziell neueren Philosophie» «nach dem Verhältnis von Denken und Sein» [2]. Die Widerspiegelungstheorie [Wth.] behauptet, daß das Ideelle letztlich 'Ausdruck' [3] von Materiellem sei. Dies wird dreifach spezifiziert: 1) *Gesellschafts-* und *geschichtstheoretisch* gelten etwa politische und juristische Verhältnisse als W. von Produktionsverhältnissen (Basis-Überbau-Theorem) [4]. – 2) *Wissenstheoretisch* ist die W. seit W. I. LENIN, der ein Entsprechungsverhältnis zwischen menschlichen Gedanken und Welt behauptet, eine Grundkategorie der marxistisch-leninistischen Erkenntnistheorie und ebenso der Ontologie. Hatte schon ENGELS die «Dialektik des Kopfs» als «Widerschein der Bewegungsformen der realen Welt, der Natur wie der Geschichte» [5] gefaßt, so expliziert LENIN den Materialismus als «Anerkennung der objektiven Gesetzmäßigkeit der Natur und der annähernd richtigen W. dieser Gesetzmäßigkeit im Kopf des Menschen» [6]. – 3) In der marxistischen *Ästhetik* wird die Kunst als Mimesis von Wirklichkeit und diese Mimesis selbst als W. interpretiert. Kunst ist danach eine Ausprägung des gesellschaftlichen Bewußtseins, und die Wahrheit der Kunst besteht demgemäß in der W. des gesellschaftlichen Seins [7].

Für W. I. LENIN ist die Wth. Definiens der Dialektik (s.d.) «in ihrer vollständigsten, tiefstgehenden und von Einseitigkeit freiesten Gestalt». Dialektik sei «die Lehre von der Entwicklung»; konsequente Dialektik sei die Lehre von der Entwicklung der Materie und damit zugleich «die Lehre von der Relativität des menschlichen Wissens, das uns eine W. der sich ewig entwickelnden Materie gibt» [8]. Materialismus bedeute die «Anerkennung der 'Objekte an sich' oder außerhalb des Geistes; die Ideen und Empfindungen sind Kopien oder Abbilder dieser Objekte» [9]. Diese an der optischen Metapher orientierte Abbildtheorie (s.d.) der Erkenntnis hat in ihrer Wirkungsgeschichte immer wieder Kritik hervorgerufen [10]. Lenin versteht die W. auch als eine «Eigenschaft», die «die ganze Materie» besitzt, d.h. alle materiellen Objekte [11]. Daneben gibt es bei ihm auch andere Tendenzen, wie z.B. die gelegentlich positiven Bezugnahmen auf P. DUHEM, H. POINCARÉ u.a. zeigen [12], die ein ‹holistisches› Moment indizieren.

LENIN betont später ausdrücklich die Produktivität der W.: «Das Bewußtsein des Menschen widerspiegelt nicht nur die objektive Welt, sondern schafft sie auch» [13]. Begründungen dieser Produktivität können in der Folgezeit unterschiedlich sein [14]. Ex negativo erwächst daraus gelegentlich der Vorwurf, W. identifiziere auf unzulässige Weise Denk- mit «Seinsgesetzen» [15]. Insbesondere seit G. LUKÁCS' ‹Geschichte und Klassenbewußtsein› gehört die Frage, inwieweit Tatsachen im Rahmen einer «methodischen Bearbeitung überhaupt erst zu Tatsachen werden» [16], zur Auseinandersetzung um die Wth. Kein einzelnes philosophisches System, so betont A. GRAMSCI vor allem gegenüber N. BUCHARIN [17], kann – mit LUKÁCS zu sprechen – Ausdruck «konkreter Totalität» und ihrer Widersprüche sein [18], sondern nur die «Gesamtheit der untereinander kämpfenden Systeme». Die Philosophie Hegels und die «Philosophie der Praxis» [19] tragen nach GRAMSCI das Verhältnis der philosophischen Systeme innerhalb ihrer Philosophie aus, was zugleich ihre Geschichtlichkeit ausmacht.

In Auseinandersetzung mit der marxistischen Ideologiekritik wirft auch die Wissenssoziologie, namentlich K. MANNHEIM, die Frage auf: «Wie widerspiegelt sich der Aufbau unseres sozialen und geistigen Lebens in unserer Denklage?» [20] Mannheim will «das spezifisch Ökonomische in der Kategorialapparatur abstreifen» und zum «sui generis Sozialen» umdeuten [21].

L. ALTHUSSER reformuliert die materialistische Dialektik insgesamt und damit auch das Basis-Überbau-Theorem. Mit der Entwicklung des Konzeptes der «Überdeterminierung» (s.d.) sucht er die orthodoxe Wth. zu verabschieden [22]. Im Anschluß an die kritische Position Althussers wird eine Theorie der «W. ohne Spiegel» denkbar, die zwischen dem Daß des Entsprechungsverhältnisses und der Wahrheit der Entsprechung unterscheidet [23]. Einwände gegen Voraussetzungen der Lehre von der Erkenntnis als W. des Objekts im Subjekt tragen auch O. NEGT und A. KLUGE vor. Geschichtlich könne keine Rede davon sein, daß «sowohl das Subjekt wie das Objekt eine fertige Gestalt gewonnen hätten» [24].

H. H. HOLZ betrachtet das Postulat der «Objektivität des Realen» mit A. GRAMSCI als eine Frage der «Weltauffassung» und nicht der «Wissenschaft als solcher» [25]. Das W.-Theorem dient Holz als Konstruktionsplan eines «metaphysischen Modells», das Natur als Gesamtzusammenhang sich widerspiegelnder Naturseiender entwirft [26]. Insbesondere der an Lenin anknüpfende Gedanke T. PAWLOWS [27], W. als Eigenschaft eines jeglichen Naturseienden zu fassen, und die Strukturbestimmungen von J. KÖNIG zum Spiegel [28] verdichten sich bei HOLZ zu einem Entwurf, der die Marxsche Theorie ernst nimmt als philosophische Weiterentwicklung spekulativer Philosophie [29].

Anmerkungen. [1] Zur Metaphorik des Konzepts vgl. auch: Art. ‹Widerspiegeln›. GRIMM 14/I, 2 (1960) 1232f. und ‹W.›, a.O. 1233f.; Art. ‹Spiegel›. Hist. Wb. Philos. 9 (1995) 1379-1383. – [2] F. ENGELS: L. Feuerbach und der Ausgang der klass. dtsch. Philos. (1886, rev. 1888). MEW 21, 274. – [3] Mit deutlichem Anklang an Leibniz: D. WITTICH u.a.: Marx.-leninist. Erkenntnistheorie (1978) 128; H. H. HOLZ: G. W. Leibniz (1983) 44. – [4]

Vgl. Art. ‹Überbau/Basis›. Hist. Wb. Philos. 11 (2001) 4-7; F. Engels/K. Marx: Die Dtsch. Ideologie (1845-46). MEW 3, 26; K. Marx: Zur Kritik der Polit. Ökonomie (1859). MEW 13, 8f.; Das Kapital (1867). MEW 23, 99. – [5] F. Engels: Dialektik der Natur [1873-1886]. MEW 20, 475. – [6] W. I. Lenin: Materialismus und Empiriokritizismus (1909). Werke, hg. Institut für Marxismus-Leninismus (1961ff.) 14, 150f. 61f.; vgl. Engels, a.O. [2] 275f.; Art. ‹Materialismus, dialektischer›. Hist. Wb. Philos. 5 (1980) 851-859. – [7] Paradigmatisch: G. Lukács: Die Eigenart des Ästhetischen (1963); vgl. auch: Literar. W. Geschichtl. und theoret. Dimensionen eines Problems (1981). – [8] W. I. Lenin: Drei Quellen und drei Bestandteile des Marxismus (1913). Werke 19, 4f. – [9] a.O. [6] 16. – [10] Vgl. M. Horkheimer: Über Lenins ‹Materialismus und Empiriokritizismus› (1928/29). Ges. Schr., hg. A. Schmidt/G. Schmid Noerr 11 (1987) 171-188, 183. – [11] Lenin, a.O. [6] 37f. 85. – [12] Vgl. a.O. 312f. – [13] Konspekt zur ‹Wissenschaft der Logik›. Die Lehre vom Begriff [1914]. Werke 38, 203; zur prozeßhaften Seite der W. als Tätigkeitsverhältnis vgl. a.O. 185. – [14] Vgl. P. W. Simonow: Wth. und Psychophysiologie der Emotionen (1975); V. N. Vološinov: Marxismus und Sprachphilos. (1930), hg. S. M. Weber (1975) 71; K. Korsch: Über materialist. Dialektik (1924), in: Marxismus und Philos., hg. E. Gerlach (1966) 171-177. – [15] M. Adler: Marx und die Dialektik (1908), in: Austromarxismus, hg. H. J. Sandkühler u.a. (1970) 127f. – [16] G. Lukács: Was ist orthodoxer Marxismus? (1919), in: Geschichte und Klassenbewußtsein (1923). Ges.ausg. 2 (1968) 176. 179f. – [17] Vgl. N. Bucharin/A. Deborin: Kontroversen über dialekt. und mechanist. Materialismus, eingel. O. Negt (1969). – [18] Lukács, a.O. [16]. – [19] A. Gramsci: Lettere dal carcere, H. 11 (1932-33) § 62. Gefängnishefte, hg. W. F. Haug 6 (1994) 1474-1477, 1474. – [20] K. Mannheim: Die Bedeutung der Konkurrenz im Gebiete des Geistigen (1928), in: V. Meja/N. Stehr (Hg.): Der Streit um die Wissenssoziologie 1-2 (1982) 1, 325-370, 353. – [21] a.O. 332; zur Kritik an Mannheim vgl. H. Plessner: Die Abwandlungen des Ideologiegedankens (1931/32), a.O. 2, 637-662, 658; N. Elias: Disk. über «Die Konkurrenz», a.O. 1, 371-401, 389. – [22] L. Althusser: Sur la dialect. materialiste (1963), in: Pour Marx (Paris 1965/77) 161-224, 206f.; dtsch.: Für Marx (1968) 100-167, 146ff. – [23] Vgl. D. Lecourt: Lenins philos. Strategie: Von der W. (ohne Spiegel) zum Prozeß (ohne Subjekt) (1975) 39. – [24] O. Negt/A. Kluge: Geschichte und Eigensinn (1981) 1218-1224, 1221; vgl. auch: R. Zimmermann: Semantik, 'W.' und marxist. Erkenntnistheorie. Argument 16 (1974) 187-201. – [25] Gramsci, a.O. [19] H. 4 (1930-32) § 41. Gefängn. 3 (1992) 505f. – [26] Ähnlich: A. N. Leontjew: Problemy razvitija psychiki (Moskau 1959); dtsch.: Probleme der Entwicklung des Psychischen (1964); vgl. zur W. auch: Dejatel'nost', soznanie, licnost' (Moskau 1975); dtsch.: Tätigkeit – Bewußtsein – Persönlichkeit (1982). – [27] T. Pawlow: Teoria na otrazenieto (Moskau 1936); dtsch.: Die Wth. (1973) 59ff. – [28] Vgl. J. König: Sein und Denken (1937) 67f. 117ff. – [29] H. H. Holz: Natur und Gehalt spekulat. Sätze (1980); Dialektik und W. (1983); Was sind und was leisten metaphys. Modelle? in: S. Avineri u.a.: Fortschritt der Aufklärung (1987) 165-190; Einheit und Widerspruch. Problemgesch. der Dialektik in der Neuzeit (1997ff.); J. Bartels u.a.: Dialektik als offenes System. Hist.-syst. Unters. zu W. – Wahrheit – Widerspruch (1986).

Literaturhinweise. V. Karbusicky: Wth. und Strukturalismus. Zur Entsteh.gesch. und Kritik der marxist.-leninist. Ästhetik (1973). – H. J. Sandkühler: Praxis und Geschichtsbewußtsein (1973). – D. Wittich u.a. s. Anm. [3]. – O. Negt/A. Kluge s. Anm. [24]. – H. H. Holz: Dialektik und W. (1983). – J. Zeman: Theory of reflection and cybernetics (Amsterdam u.a. 1988). – A. Tosel: Art. ‹Widerspiegelung›, in: G. Labica u.a. (Hg.): Krit. Wb. des Marxismus 8 (1989) 1428-1431. – H. H. Holz: Einheit und Widerspruch (1997ff.).

Red.

Widerspruch (griech. ἀντίφασις; lat. contradictio; engl. contradiction; frz. contradiction; ital. contraddizione)

1. *Einleitung.* – Der Begriff ‹W.› bezeichnet einerseits ein *logisches* Verhältnis zwischen (sich ausschließenden bzw. sich aufhebenden) Begriffen oder Aussagen [1] und bestimmt ein oberstes Prinzip allen Sprechens und Erkennens: die Widerspruchsfreiheit (s.d.), formuliert im ‹Satz vom (ausgeschlossenen) W.› (s.d.). Auf der anderen Seite steht er für ein *ontologisches* Prinzip, ein Verhältnis zwischen den Dingen bzw. eine Gesetzlichkeit des Wirklichen überhaupt oder bestimmter Realitätsbereiche (Natur, Gesellschaft). In der Philosophie des 20. Jh. wird drittens der performative W. diskutiert, der im Unterschied zum logischen W. pragmatischer Art ist [2].

Neben dem Anwendungsbereich variieren Status und Geltung des Begriffs. Der W. gilt teils als scheinhaft oder unmöglich, teils als wirklich oder notwendig; er wird teils als Merkmal der Oberfläche und der Erscheinung, teils als Bestimmung des Wesens und Verfassung der wahren Welt behandelt. Entsprechend wird er entweder als zu vermeidender und zu überwindender oder umgekehrt als ernstzunehmender und 'durchzuhaltender' W. gefaßt. Epistemologisch wird er einerseits dem Weg des Irrtums, anderseits der Wahrheit, teils dem endlich-defizitären, teils dem dialektisch-vernünftigen Erkennen zugeordnet. Das Spannungsverhältnis zwischen positiver und negativer Wertung des W. durchzieht die Denkgeschichte im ganzen, wobei die variierende Wertung mit Differenzen im Anwendungsbereich, im Status und in der Bedeutung des Begriffs einhergeht.

2. *Vorsokratik.* – Auch wenn die begriffliche Unterscheidung zwischen ‹Gegensatz› (s.d.) und ‹W.› bei den Vorsokratikern noch nicht getroffen ist, lassen sich Leitvorstellungen dieser Denker der Ideengeschichte des W. einordnen, sofern sie einerseits strikte (kontradiktorische) Widersprüche reflektieren, anderseits von Klassikern der Widerspruchstheorie wie G. W. F. Hegel als frühe Zeugnisse angeeignet werden. Bereits hier finden wir sowohl die mehrfache Situierung des W. zwischen Logik, Ontologie und Realphilosophie wie seine oszillierende Wertung zwischen Fundamentalisierung, Relativierung und Ausschluß.

Sein und Werden (s.d.) aller Dinge sind nach Anaximander und Anaximenes durch die Gegensätze (ἐναντία) des Warmen und Kalten, Feuchten und Trockenen, Dichten und Lockeren bestimmt, die auch den natürlichen Elementen und ihrem Wandel zugrunde liegen [3]; bei Anaximander ist die Dynamik der Elemente durch die übergreifende Opposition zwischen dem Einen-Unbeschränkten, dem Apeiron (s.d.), und den aus ihm hervorgehenden Gegensätzen umfaßt [4]. Über die naturphilosophische Betrachtung hinausgehend, generalisieren die *Pythagoreer* die Gegensätzlichkeit zum Grund der «seienden Dinge insgesamt» [5], wobei sie nach Aristoteles eine Liste von zehn Gegensatzpaaren (Systoichien) als Prinzipien festgelegt haben [6]. Seinskonstitutiv ist die Gegensätzlichkeit auch hier dadurch, daß sie ihrerseits in den umfassenderen Bezug zu ihrem Gegenprinzip, die 'Harmonie' (s.d.), eingefügt und durch diese zusammengeschlossen wird [7]. In vertiefter Form, die im Sprachlichen mit der Zuspitzung zum W. einhergeht, tritt die Leitidee des Gegensätzlichen als Grund aller Dinge – wiederum umgriffen durch den Logos (s.d.) als Instanz des Allgemeinen und Gemeinsamen [8] – schließlich bei Heraklit in den Mittelpunkt: «Krieg ist von allem der Vater, von allem der König» [9], «das Widerstreitende tritt zusammen, und aus dem Sichabsondernden entsteht die schönste Harmonie» [10]. Herrschend ist die Intuition des universalen Wandels (s.d.), der sich im Umschlagen der Bestimmungen vollzieht [11] und in gegensätzlichen Qualifizierungen artikuliert: «Der Gott ist Tag Nacht, Winter Sommer, Krieg Frieden,

Sattheit Hunger» [12]. Die paradox-widersprüchliche Beschreibung, die etwa den «Weg der Schraube, gerade und gekrümmt» oder den «Weg hinauf und hinab» als «ein und denselben» [13] charakterisiert, kommt in prägnantester Form in den berühmten Fluß-Fragmenten zum Tragen: «In dieselben Flüsse steigen wir und steigen wir nicht, wir sind und wir sind nicht» [14] (wogegen eine andere Version den W. gerade vermeidet: «Es ist unmöglich, zweimal in denselben Fluß hineinzusteigen» [15]). Ersichtlich ist es das Phänomen der Bewegung und des Wandels, das die Herausforderung für ein konsistentes Denken und Sprechen bildet.

Die Denkbarkeit der Bewegung ist auch Stein des Anstoßes für PARMENIDES, der im Beharren auf der absoluten Selbstidentität der Bestimmungen dazu kommt, Werden und Veränderung aus dem Reich des wahren Seins auszuschließen. Erste Voraussetzung wahrer Erkenntnis ist das strikte Festhalten an der Trennung zwischen Sein und Nichtsein, daß etwas «entweder ist oder nicht ist» [16] – gegen den Irrweg der «doppelköpfigen», «unentschiedenen» Sterblichen, «denen Sein und Nichtsein als dasselbe und auch nicht als dasselbe gilt und für die es eine Bahn gibt, auf der alles in sein Gegenteil umschlägt» [17]. Was hier als Gesetz des Denkens und Sprechens [18] formuliert ist, wird ebenso in das Sein eingezeichnet: Wirklich Seiendes ist immer ganz, vollendet, gegenwärtig, ohne Entstehen und Vergehen, eins, mit sich identisch. Was nicht in dieser Weise «entweder ganz und gar oder überhaupt nicht» ist [19], die Welt der Mischung, der Vielfalt und des Wandels, wird ins Reich der Erscheinung und der menschlichen Meinungen relegiert. Parmenides' Schüler ZENON radikalisiert dessen Lehre, indem er den Dualismus von wahrer und scheinhafter Welt gewissermaßen in den Monismus des Einen und Unbewegten überführt und in den Paradoxien der Bewegung und Vielheit deren Unmöglichkeit zu erweisen sucht [20]. Die ‹Zenonischen Paradoxien›, daß Achill die Schildkröte nie einholen wird oder daß der fliegende Pfeil ruht [21], bilden von Aristoteles bis Kant Bezugspunkte im Bemühen um begriffliche Konsistenz in der Beschreibung der Bewegung und der phänomenalen Welt. Für sich genommen, lassen sich die Paradoxien sowohl als Argumente für die Unbewegtheit des Seins wie für das Ungenügen der verwendeten Sprach- und Denkform lesen.

Diesem Ungenügen begegnen EMPEDOKLES, ANAXAGORAS, LEUKIPP und DEMOKRIT durch Begriffsdistinktionen, welche die eleatische Intuition, daß aus Nichtseiendem nichts entstehen und Seiendes nicht zu Nichtseiendem werden kann [22], mit der Phänomenalität der Bewegung zu vereinbaren erlauben und dadurch eine konsistente Weltbeschreibung ermöglichen. Dazu gehören Unterscheidungen zwischen Beschreibungsebenen (Werden und Vergehen [als Trennung und Verbindung] der Komposita, nicht der Elementarkörper) [23], zwischen Möglichkeit und Wirklichkeit (Entstehung aus potentiell, nicht aktual Seiendem) [24], zwischen falscher und wahrer Ansicht, menschlicher und göttlicher Bezeichnung [25].

3. *Aristoteles.* – Von ARISTOTELES stammt die klassische Formulierung des Satzes vom (ausgeschlossenen) W.: «Es ist unmöglich, daß dasselbe demselben zugleich und in derselben Hinsicht zukommt und nicht zukommt» [26]. Entscheidend ist die Betonung der spezifizierenden Hinsichten, wodurch bereits ein Großteil der paradoxen Phänomenbeschreibungen aus dem Bereich des strengen W. ausgeschlossen wird (da hier etwas «nicht in derselben Beziehung, derselben Weise und derselben Zeit» als verschieden erscheint [27]). Der Satz wird in drei verschiedenen Fassungen formuliert, die Aristoteles aufeinander bezieht, ohne sie systematisch zu unterscheiden [28]. Als äquivalent zur zitierten ontologischen Version gilt der logische Satz, «daß widersprechende Aussagen (ἀντικειμένας φάσεις) nicht zugleich wahr sind» (bzw. «daß es unmöglich ist, den W. zugleich von demselben Gegenstand mit Wahrheit auszusagen» oder «etwas in Wahrheit zugleich zu bejahen und zu verneinen») [29]. Als drittes wird der psychologische Grundsatz statuiert, «daß es unmöglich ist, daß jemand annehme, dasselbe sei und sei nicht» [30], den Aristoteles vom logisch-ontologischen her zu begründen sucht [31]; als empirischem Gesetz kommt ihm nicht dieselbe Plausibilität zu, da eine Person sehr wohl Überzeugungen haben kann, die zumindest implizite Widersprüche aufweisen. Das Hauptgewicht gilt der ontologischen Lesart, die sich nach Aristoteles unmittelbar in die logische übersetzen läßt; entsprechend hat der Satz vom W. seinen genuinen Ort in der *Metaphysik*, da er von allem Seienden und vom Seienden als solchen gilt [32].

Gegenüber anderen Prinzipien zeichnet er sich durch seine theoretische Funktion und seinen kognitiven Status aus. Er gehört zu den logischen Axiomen, die jede Wissenschaft immer schon voraussetzt und die zu untersuchen Aufgabe der Metaphysik ist [33]; unter ihnen hat er einen besonderen Rang, insofern er das absolut erste Prinzip, das «Prinzip aller anderen Axiome» ist [34]. Er ist nicht nur Prinzip des argumentativen Beweisens [35], sondern des Denkens und Sprechens überhaupt, Voraussetzung dafür, etwas Bestimmtes zu meinen, es für sich und andere bezeichnen und sich mit anderen unterreden zu können.

Der Satz des (ausgeschlossenen) W. ist das «sicherste» Prinzip, bei dem «keine Täuschung möglich ist», und zugleich das «erkennbarste/bekannteste» (γνωριμωτάτη), das in allem Erkennen je schon impliziert ist und faktisch von allen in Anspruch genommen wird [36]. Doch ist das «an sich» Bekannte nicht schon «für uns» bekannt [37]; so erklärt sich, daß der Satz vom W. ungeachtet seiner Apodiktizität in einer weit ausgreifenden Auseinandersetzung mit seinen Leugnern begründet wird [38]. Als von einem schlechthin Ersten läßt sich von ihm kein direkter Beweis (der ein noch Früheres voraussetzte), sondern nur eine indirekte, 'elenktische' Begründung geben, welche die Inkonsistenzen derer aufweist, die ihn scheinbar leugnen. Dies geschieht in einer eigentümlichen zweifachen Frontstellung: einerseits gegen die alten Naturforscher, die zwar die Wahrheit «am meisten gesucht haben» [39], doch in Widersprüche geraten, weil sie zu sehr der sinnlichen Erscheinung verhaftet bleiben und nicht über die erforderlichen Begriffsunterscheidungen (etwa zwischen potentiell und aktual Seiendem) verfügen, anderseits gegen die sophistischen Streitkünstler, die «nur um des Redens willen reden» [40] und etwas behaupten, was sie in Wahrheit so gar nicht meinen (können) und dem im übrigen alle in ihrem praktischen Verhalten widersprechen [41]. Die verbale Leugnung des Satzes vom W., die etwas zugleich als wahr und falsch behauptet, kommt mit den relativistischen Thesen überein, die alles als wahr oder alles als falsch behaupten und darin «sich selbst aufheben» [42]. Ebensowenig kann es zwischen beiden Seiten ein Mittleres (μεταξύ) geben [43], dies definiert den Begriff des W. (ἀντιφάσεως δὲ μηδέν ἐστι μεταξύ) [44]. Die Ausführlichkeit und Schärfe der Auseinandersetzung weist auf die Bedeutung hin, die der Sicherung einer konsistenten Denk- und Sprachform im Theoretischen wie im Praktischen zukommt. Wer Widersprüchliches behauptet, hebt «die Substanz (οὐσία) und Wesenheit» (To ti en einai, s.d.) [45] und damit jene Bestimmtheit auf, auf welche Sprechen und Bezeichnen sich notwendig beziehen. Auf der Ebene der Aussage entspricht dem die unhintergehbare Dichotomie von wahr und falsch, welche Voraussetzung des sachhaltigen Gegenstandsbezugs wie des logischen Argumentierens ist. Als erstes Denkprinzip begründet der Satz vom (ausgeschlossenen) W. die Erkennbarkeit der Welt.

4. *Spätantike; Mittelalter; Neuzeit.* – Die Doppelung von logischer und metaphysischer W.-Problematik bleibt im MA erhalten, wobei beide Stränge zum Teil getrennt behandelt werden. Im Logischen geht es um die Unterscheidung der Arten des Gegensatzes, der BOETHIUS die für die Tradition weithin verbindliche Form gibt. Auf der einen Seite übernimmt er aus der Aristotelischen ‹Kategorienschrift› die vierfache Bestimmung des Gegensatzes (ἀντικείμενον) zwischen Begriffen [46], die er als «opposita relativa», «opposita contraria», «habitus et privatio» und «opposita contradictoria» faßt [47]. Auf der anderen Seite geht es um den Gegensatz zwischen *Aussagen*, wobei Boethius die aristotelische Unterscheidung zwischen konträrem (ἐναντίον) und kontradiktorischem Gegensatz (ἀντίφασις) [48] mit der subkonträren und subalternen Beziehung zum sogenannten logischen Quadrat zusammenfügt, das zum klassischen Lehrgut der Logik wird [49].

THOMAS VON AQUIN reflektiert die ontologischen Implikationen zwischen konträrem und kontradiktorischem Gegensatz, deren erster eine Negation innerhalb einer Gattung (und damit einen bestimmten Inhalt auf beiden Seiten) aufweist, während der zweite eine totale Verneinung über die Gattung hinaus impliziert [50]. Generell artikuliert er die doppelte Ausrichtung der Metaphysik, die einerseits die Natur des Seienden als Seienden, anderseits die Prinzipien des Wissens untersucht, deren Fundament das Gesetz des W. ist. Methodisch ist der logisch-epistemologische Ansatz bestimmend, der den Zugang zum Seienden über die Formen des Wissens bzw. des Urteilens sucht [51]; unabhängig davon ist der Satz vom ausgeschlossenen W. erstes Seinsprinzip, das auch Gottes Allmacht nicht überschreiten kann [52]. Das Verhältnis zwischen logischem und realem W. wird in der scholastischen Tradition vielfach erörtert. Kontrovers wird etwa die Frage behandelt, mittels welcher Unterscheidungen der W. vermieden wird; diskutiert wird, ob eine gedankliche «distinctio virtualis» oder nur eine «distinctio actualis ex natura rei» – so die Skotisten gegen die Thomisten – einem Gegenstand entgegengesetzte Prädikate zuzusprechen erlaubt [53].

In anderer Weise kommt das Gegensatzproblem im eher neuplatonisch geprägten Strang des mittelalterlichen Denkens zum Tragen. Ein zentrales Interesse gilt hier der Frage, wieweit der Satz des W. auch für das höchste Wesen gilt und wieweit menschliches Erkennen zu dessen Begreifen in der Lage ist. Hintergrund ist die über Proklos vermittelte plotinische Dualität zwischen dem differenzlosen ersten Einen und seinen Emanationen, in denen Vielheit und Andersheit (s.d.) vorkommen. Für DIONYSIUS AREOPAGITA ist das oberste Eine «übergegensätzlich» (s.d.), jenseits der weltlichen Gegensätze, die ihm als umfassender Ursache gleichzeitig zusprechbar sind; es kann als ähnlich und unähnlich, ruhend und bewegt bezeichnet werden, in ihm können Bejahung und Verneinung zusammen bestehen [54]. Im strengen Sinn ist von Widersprüchlichkeit allerdings nur mit Bezug auf bestimmtes Seiendes zu sprechen, während sie im Blick auf das unbestimmbare Eine eher dessen Nichtbegreifbarkeit bekräftigt. Gott als Jenseits wie als vereinheitlichendes Ganzes der Gegensätze bleibt die spannungsvolle Grundfigur, die von JOHANNES SCOTUS ERIUGENA und MEISTER ECKHART weiter ausgeführt wird. Für ERIUGENA ist Gott einerseits Grund der Gegensätzlichkeit der Gegensätze («oppositorum oppositio et contrariorum contrarietas»), anderseits deren zusammenfassende Harmonie [55]. ECKHART betont die unausweichlichen Paradoxien in den Aussagen über Gott, welche jede Kategorie, mit der sie ihn beschreiben, wieder negieren. Exemplarisch gilt dies für das Verhältnis von Weltimmanenz und -transzendenz: Ist Gott als das absolut Eine das in sich und von allem Ununterschiedene, so ist er zugleich vom Geschaffenen, das seinem Wesen nach das Unterschiedene ist, unterschieden [56].

Einen Fluchtpunkt dieses Denkens bildet die Formel der «coincidentia oppositorum» (s.d.) von NIKOLAUS VON KUES. Gehört zum Kennzeichen der endlichen Dinge die Durchdringung gegensätzlicher Bestimmungen, so ist Gott einerseits als das Eine und Identische jenseits aller Entgegensetzung, anderseits zugleich die «Einfaltung (complicatio) von allem, auch des Gegensätzlichen (contradictorium)» [57]. Mittels des diskursiven Verstandes («ratio»), der die gegensätzlichen Bestimmungen in ihrer Getrenntheit faßt und in dessen Bereich der Satz vom W. Gültigkeit besitzt, vermag die Vernunft («intellectus») «das Widersprechende nicht in seinem Ursprung zu verbinden» [58]. Die theologisch-metaphysische Spekulation über den Gegensatz ist von der Reflexion auf Möglichkeit und Grenzen menschlichen Denkens nicht ablösbar.

Im neuzeitlichen Rationalismus wird der W. vornehmlich als logisches Grundgesetz erörtert. Für G. W. LEIBNIZ bilden die «zwei großen Prinzipien» des ausgeschlossenen W. und des zureichenden Grundes das Fundament der Vernunfterkenntnis [59]. Bei CH. WOLFF, der den W. unter den «ersten Gründen unserer Erkenntnis» behandelt, ist die Übersetzung von ‹contradictio› als ‹W.› zum ersten Mal bezeugt: «Es wird demnach zu einem W.e erfordert, daß dasjenige, was bekräftiget wird, auch zugleich verneinet wird» [60].

5. *Antinomie und dialektischer W.: Kant, Hegel.* – Die Verschränkung von metaphysischer und logisch-erkenntnistheoretischer Problemstellung bestimmt die Theorie des 'dialektischen W.' bei I. KANT und G. W. F. HEGEL. Beide Autoren vertreten die Unhintergehbarkeit des W., doch dies in verschiedenem Sinn: Geht es Kant um den notwendigen Selbstwiderspruch, in den die Vernunft durch ihre Denkweise gerät, so gilt der spezifische Akzent Hegels dem objektiven, in der Sache begründeten W.; beidemal soll damit nicht der formale Satz vom W. aufgehoben werden.

Neben dem strengen ('logischen') W., dessen Resultat das Nichts ('nihil negativum') ist, thematisiert KANT zwei Formen des Gegensatzes, die kein strikter W. sind, aber teils unter dessen Form auftreten: die 'reale' Opposition ('Realrepugnanz') entgegengesetzter Größen (Attraktions- und Repulsionskräfte, gegenläufige Bewegungen), die sich in ihren Folgen (aber nicht den Gegenstand) aufheben ('nihil privativum') [61], sowie den 'dialektischen' Widerstreit, der ein bloßer, wenn auch unausweichlicher «Widerstreit eines Scheins» [62] ist. Neben dem generellen Schein, der die Gegenstände der klassischen Metaphysik, Seele, Welt und Gott, betrifft, insofern die Vernunft dazu tendiert, diese «reinen Vernunftbegriffe» bzw.

«transzendentalen Ideen» [63] gegenständlich zu interpretieren und ihnen «objektive Realität» zuzusprechen [64], geht es um den Schein des spezifischen Selbstwiderspruchs, in den sich die Vernunft mit Bezug auf den zweiten dieser Gegenstände, im Bereich der rationalen Kosmologie, in ihren Urteilen verstrickt.

Diese «Antinomie der reinen Vernunft» [65] besteht darin, daß hinsichtlich der vier Ideen von der Welt Behauptungen bewiesen werden können, die sich kontradiktorisch gegenüberstehen: sowohl die Thesen, daß die Welt einen Anfang bzw. eine Grenze in Zeit und Raum habe, daß alles aus einfachen Teilen zusammengesetzt sei, daß es neben der Naturkausalität eine Kausalität durch Freiheit gebe, daß es ein schlechthin notwendiges Wesen als Teil oder Ursache der Welt gebe, als auch die jeweils direkt entgegengesetzten Thesen. Kant unterstreicht, daß wir es hier nicht mit künstlichen «Blendwerken», sondern mit notwendigen Antithesen zu tun haben [66], deren beide Seiten von ihm jeweils ex negativo, aus der Selbstaufhebung ihres Gegenteils, bewiesen werden. Wenn der Gegensatz im ganzen gleichwohl auf einen Trugschluß der Redeform («sophisma figurae dictionis») [67] zurückgeführt wird, so liegt die Täuschung darin, daß identische Ausdrücke in verschiedener Bedeutung (als Bezeichnung für Dinge an sich oder für Erscheinungen) genommen werden. Während bei der Kontradiktion aus der Wahrheit des einen Satzes die Falschheit des anderen (und umgekehrt) folgt, handelt es sich bei den von Kant dargelegten Antinomien in den beiden ersten Fällen um einen 'konträren' Gegensatz, dessen beide Glieder falsch sein können, im dritten und vierten Fall um einen 'subkonträren' Gegensatz, in welchem beide Sätze wahr sein können [68]. Das eine Mal ist der scheinbare W. dadurch bedingt, daß beide Sätze von der Welt als gegebenem Ganzen sprechen, während diese uns in Wahrheit weder als an sich endliches noch unendliches Ganzes gegeben ist, das andere Mal dadurch, daß die Opposita sich gar nicht auf denselben Gegenstand unter derselben Hinsicht (sondern das eine Mal als Erscheinung, das andere Mal als Ding an sich) beziehen. Das Beharren auf dieser Differenz und die darauf gründende Rekonstruktion des dialektischen W. ist zugleich der Weg zu dessen «Auflösung» [69], die indes nicht seine Beseitigung ist: Wichtig ist die Einsicht, daß die Rekonstruktion weder einen beliebigen Fehler behebt noch nur ein konstitutives Unvermögen der Vernunft aufzeigt, sondern in dieser eine Tendenz herausstellt, die mit ihrer eigensten Aufgabe, ihrem Ausgriff auf Einheit und Ganzheit, verbunden ist. Der Rückgang vom Bedingten in die Reihe der Bedingungen ist der Vernunft «aufgegeben», ohne daß das Ganze dieser Reihe je «gegeben» sein könnte [70]. Indem sie die aus der Vernachlässigung dieser Differenz resultierende Antinomie nachzeichnet, bekräftigt die transzendentale Dialektik ihre kritisch-beschränkende Funktion.

Indem er Kants Nachweis eines notwendigen W. der Vernunft als einen der «tiefsten Fortschritte der Philosophie neuerer Zeit» würdigt, kritisiert HEGEL zugleich die mangelnde Radikalität dieses Gedankens. Zum einen wendet er sich gegen die «Zärtlichkeit für die weltlichen Dinge» [71], welche den W. nur der subjektiven Seite der Vernunft vorbehält, während in Wahrheit «alle Dinge ... an sich selbst widersprechend» sind [72]. Zum zweiten opponiert er gegen die Einschränkung auf die vier Antinomien – «das ist wenig; allenthalben sind Antinomien» [73], nicht nur in den Urteilen der rationalen Kosmologie, «sondern vielmehr in *allen* Gegenständen aller Gattungen, in *allen* Vorstellungen, Begriffen und Ideen» [74]. Schließlich hat Kant den W. nicht in seiner «wahren und positiven Bedeutung» [75] erfaßt, sondern ihn der Sphäre der Erscheinung bzw. des aufzudeckenden dialektischen Scheins zugewiesen; dagegen soll spekulatives Denken nach Hegel nur darin bestehen, «daß das Denken den W. und in ihm sich selbst festhält» [76]. Damit sind Grundzüge eines 'dialektischen W.' – ein von Hegel selbst kaum verwendeter Begriff [77] – umrissen, mit dem entgegen verbreiteter Meinung nicht die klassische Logik unterlaufen, sondern Strukturmerkmale des Wirklichen und zugleich Voraussetzungen philosophischen Denkens freigelegt werden sollen.

Nicht in erster Linie als Verhältnis zwischen Sätzen oder Begriffen, sondern zwischen Bestimmungen, die dem Wirklichen zukommen, wird der W. zum Thema. Es gibt nach Hegel nichts, «in dem nicht ein W. existirt, der sich aber freilich ebenso sehr aufhebt» (wobei aus seiner Aufhebung nicht folgt, «dass 'er nicht existirt'») [78]. Näherhin ist der W. ein Merkmal des Seienden in seiner endlichen Bestimmtheit, über welche aus diesem Grund hinauszugehen ist, womit auch der W. seine Auflösung erfährt; bleibt Endliches beim unaufgelösten W. stehen, geht es an ihm zugrunde. Wie die isolierte Bestimmung dasjenige, was sie spezifiziert, und das, was sie von ihm aussagt, nicht zur Deckung bringt, so verbleibt im konkreten Seienden eine Nichtübereinstimmung zwischen Wesen und faktischer Gestalt: Das Auseinanderklaffen zwischen Begriff und Realität, der Konflikt «widersprechender Einrichtungen» [79] mit ihrer eigenen Norm bildet den Kern der Erfahrung des W. Wie Gestalten des Geistes (der Gesellschaft, der Religion, der Philosophie usw.) diesen inneren W. in der Geschichte austragen und darin zu höheren Gestalten übergehen, findet in der Theorie der Fortgang in den sich widerstreitenden Begriffsbestimmungen statt, deren jeweilige Einseitigkeit auf das in ihnen nur inadäquat Erfaßte hin überschritten werden muß.

In einem anderen Sinne betont J. F. HERBART die Unvermeidlichkeit des – aufzulösenden – W. Den metaphysischen Grundbegriffen (‹Ding›, ‹Veränderung›, ‹Ich›) haften Widersprüche an [80], welche die Philosophie durch die «Methode der Beziehungen» auflöst, indem sie «den durch Erfahrung dargebotenen formalen Begriffen diejenigen Begriffe hinzufügt, worauf dieselben sich notwendig beziehen»: Die «Herausschaffung des W.» ist nach Herbart so «der eigentliche actus der Speculation» [81].

In allgemeinster Form wird der W. bei HEGEL in der Logik der 'Reflexionsbestimmungen' entfaltet. Die Beziehung der Bestimmungen einer Sache zueinander und zu dem durch sie bestimmten Wesen artikuliert sich auf höherer Stufe als W., insofern die Entgegensetzung (der Prädikate) und die Unterschiedslosigkeit (des Substrats) zugleich in ihrer Selbständigkeit gegeneinander wie in ihrer Bezogenheit zur Geltung kommen. Hegels berühmte Formel des Absoluten als der «Identität der Identität und der Nichtidentität» [82] (der «Verbindung der Verbindung und der Nichtverbindung» [83], der «Einheit der Identität und der Verschiedenheit» [84]) steht für ein Denken, das Differenz und Identität ihrerseits in ihrer Verschiedenheit wie ihrem Bezug denken will. Im strengen Sinn als W. artikuliert sich diese Verhältnisbestimmung, insofern jede Seite «in derselben Rücksicht, als sie die andere enthält, und dadurch selbständig ist, die andere ausschließt» [85]; jedes ist, was es ist, durch Abhebung vom Anderen und im Bezug zum Anderen. Dieser W., in dem sich die Art und Weise, wie Dingen ihre Bestimmung zukommt, insgesamt reflektiert, kann nicht als solcher stabilisiert werden, sondern löst sich auf, indem die Opposita sich aufgrund ihres widersprüchlichen Charakters in ihrer Selbständigkeit auflösen und in ihren Grund zurück- und zusammengehen. Das Konkrete – «das Ding, das Subject, der Begriff» – ist diese Einheit unterschiedener Momente, «ein an sich selbst widersprechendes, aber eben so sehr der aufgelöste W.: es ist der Grund, der seine Bestimmungen enthält und trägt» [86].

Dieses Zusammenspiel von Entfaltung und Auflösung des W. bildet einen Kern der Hegelschen Philosophie in erkenntnis- und darstellungsmäßiger wie ontologischer Sicht. Nach der ersten Hinsicht stehen die drei Formen des Logischen im Blick, die Hegel als die abstrakte oder verständige, die dialektische oder negativ-vernünftige und die spekulative oder positiv-vernünftige unterscheidet und die in allem wahren Begreifen als Momente enthalten sind [87]. Während der Verstand die endlichen Bestimmungen in ihrer Isoliertheit betrachtet, ist Dialektik das Hinausgehen über die einseitige Festlegung und Übergehen zu ihrem Entgegengesetzten; die Spekulation «faßt die Einheit der Bestimmungen in ihrer Entgegensetzung auf, das Affirmative, das in ihrer Auflösung und ihrem Uebergehen enthalten ist» [88]. Verstandesreflexion, die den W. nicht aushalten und seine Auflösung nicht denken kann [89], vermag die wahre Einheit der vielfältigen Bestimmungen einer Sache nicht zu fassen; für sie sind die Selbständigkeit und die gegenseitige Bezogenheit der Bestimmungen «nur neben- oder nacheinander durch ein Auch» verbunden [90]. Die (in der Hegel-Rezeption oft nivellierte) Differenz von Dialektik und Spekulation insistiert darauf, daß erst die letztere den W. festzuhalten und die in seiner Auflösung begründete Einheit zu denken vermag.

In ontologischer Hinsicht geht es darum, daß der W. der Ursprung aller Lebendigkeit, das «Princip aller Selbstbewegung» ist [91]. Hegel geht mit den «alten Dialektikern» einig, daß die äußere Bewegung, in der etwas «in diesem Hier zugleich ist und nicht ist», «der daseyende W. selbst ist»; ähnlich sind innere Bewegung, Trieb, Tätigkeit nur dort gegeben, wo etwas «der Mangel, das Negative seiner selbst» und zugleich «die Kraft ist, den W. in sich zu fassen und auszuhalten» [92]. Nur indem das Mannigfaltige, das der Verstand unterscheidet, von der Vernunft zum Gegensatz und W. zugespitzt wird, wird es «regsam und lebendig» und Quelle der Selbstbewegung [93]; nur im gegenläufigen Prozeß des Sichunterscheidens und «ewigen Aufhebens des Unterschiedes» manifestiert sich die Natur des Absoluten [94]. Entsprechend vermag nur ein Denken, das «den W. und in ihm sich selbst festhält» [95], das Wirkliche in seiner konkreten Einheit zu fassen.

6. *Materialistische Widerspruchsdialektik.* – Für die marxistische Tradition behält der W. seine Schlüsselstellung, wobei er gegenüber Kant und Hegel erneut in seiner Objektivität und Allgemeinheit radikalisiert wird. K. MARX teilt Hegels Gedanken des W. als Bewegungsprinzip und «Springquelle aller Dialektik» [96]; in den ‹ökonomisch-philosophischen Manuskripten› ist die Entwicklung des Verhältnisses von Arbeit und Kapital (von der Einheit über den wechselseitigen Ausschluß bis zur Kollision wechselseitiger Gegensätze) direkt der Logik der Reflexionsbestimmungen nachgebildet [97]. Doch ebenso wichtig wie die Verwandtschaft ist die mit der materialistischen 'Umstülpung' [98] einhergehende Transformation des W. Zum einen wird Hegels Einspruch gegen die Kantische Subjektivierung des W. gegen ihn selbst gewendet und gefordert, den W. in der sozialen Realität (gemäß der «Logik der Sache», nicht der «Sache der Logik») zu erforschen [99]; zum anderen geht es darum, den W. fundamentaler anzusetzen, als dies bei Hegel der Fall ist: Dessen «Hauptfehler besteht darin, daß er den W. der Erscheinung als Einheit im Wesen, in der Idee faßt, während er allerdings ein Tieferes zu seinem Wesen hat, nämlich einen wesentlichen W.», der nichts anderes als der W. «der bürgerlichen Gesellschaft mit sich selbst ist» [100]. Der «unverhohlene», «unversöhnliche» W. [101], den die Kritik aufweist, interessiert nicht als ontologische Grundbestimmung, sondern als spezifisches Merkmal einer «unvernünftigen Wirklichkeit» [102], das zugleich für die «Forderung der Auflösung dieses W.» steht [103]. Auf einer zweiten Stufe wird der Gegensatz zum Grundgerüst der historischen Entwicklung, deren Motor Marx im W. zwischen den gesellschaftlichen Produktivkräften und den Produktions- bzw. Eigentumsverhältnissen sieht, der zu periodischen Umwälzungen führt – ein allerdings primär vergangenheitsbezogenes Raster: Die bürgerliche Gesellschaft stellt «die letzte antagonistische» Gesellschaftsform dar, mit deren Überwindung die «Vorgeschichte der menschlichen Gesellschaft» abschließt [104]. Die hier offengelassene Prospektive wird, in Anknüpfung an Marx' Terminologie, bei Lenin und in der offiziellen Philosophie des Marxismus-Leninismus dahingehend präzisiert, daß begrifflich zwischen W. (der alle soziale Realität durchdringt) und Antagonismus (s.d.) bzw. antagonistischem W. (der für die kapitalistische Klassengesellschaft spezifisch ist) unterschieden wird.

Bei F. ENGELS und in der an Marx und Engels anschließenden Tradition wird der W. zum einen über den Bereich des gesellschaftlich-geschichtlichen Lebens hinaus ausgeweitet. In der ‹Dialektik der Natur› sucht Engels die W.-Dialektik im Ganzen der materiellen Welt, als Grundgesetz sämtlicher Wissenschaften aufzuweisen [105]. Dialektisches Denken «ist nur Reflex der in der Natur sich überall geltend machenden Bewegung in Gegensätzen» [106]. Nach W. I. LENIN bildet die «Entwicklung als Einheit der Gegensätze» den «Schlüssel zu der 'Selbstbewegung' alles Seienden» [107]; «im Wesen der Dinge selbst», nicht nur in deren Erscheinung, hat Dialektik den W. zu untersuchen [108]. Zum anderen werden Spezifizierungen formuliert, die auf die Erfassung des W. in seiner konkreten Gestalt abheben. Dazu gehört L. ALTHUSSERS Konzept der Überdeterminiertheit (s.d.) des W.: Entgegen der abstrakt-allgemeinen Hegelschen Fassung geht es darum, den W. in seiner historischen und sozialen Bedingtheit, in der ihm allein revolutionäre Sprengkraft zukommt, herauszustellen [109]. Ähnlich betont MAO TSE-TUNG, der das Gesetz des W. als «fundamentalstes Gesetz der materialistischen Dialektik» bekräftigt [110], die Notwendigkeit, den W. in seiner je besonderen Wirkungsart zu untersuchen und dabei den für eine Epoche spezifischen «Hauptwiderspruch» in seiner Interaktion mit den «Nebenwidersprüchen» aufzuweisen [111]. Nicht zuletzt für die politische Praxis, der es um die Auflösung eines bestimmten W. geht, ist diese spezifizierende Konkretisierung unabdingbar.

7. *Kritische Theorie; Differenzdenken.* – Wenn der W.-Begriff in der außer- bzw. nachmarxistischen Gegenwartsphilosophie seine Prominenz weitgehend verliert, werden verwandte Motive z.T. unter anderen Leitbegriffen angesprochen, so unter den Begriffen der Negativität [112] und der Differenz. Exemplarisch verknüpft sind beide in der ‹Negativen Dialektik› von TH. W. ADORNO. Dialektisches Denken heißt um des «an der Sache erfah-

renen W. willen und gegen ihn in Widersprüchen zu denken» [113]. Der objektive W. ist Zeichen des Unwahren, Unversöhnten im Wirklichen und des darin herrschenden Identitätszwangs; Dialektik, die dagegen das Nichtidentische zur Geltung bringt und der Idee von etwas nachhängt, «was jenseits des W. wäre» [114], ist wesentlich Negieren des Negativen und Widerstand [115]. Der negativistische Ansatz [116], dessen Impuls der Widerstand gegen das Defiziente und Nichtseinsollende ist, ist eine Spezifizierung des Widerspruchsdenkens, die sich Hegels positiver Überformung der doppelten Negation widersetzt [117]. Andere Ansätze entkoppeln die Absage an die Identität vom dialektischen W., indem sie eine Zerstreuung ins Viele denken, die nicht mehr zum W. vertieft werden kann, weil sie nicht mehr von der Einheit zusammengehalten wird. Wie Adorno den W. als «das Nichtidentische unter dem Aspekt der Identität» [118] auffaßt, so beinhaltet die Differenz nach G. DELEUZE nur insofern eine (sich zum Gegensatz und W. verschärfende) Negation, wie sie der Identität untergeordnet bleibt; dagegen steht die Forderung, eine «différence sans négation», eine «différence pure» zu denken [119], gegen die beispielsweise in der Linguistik praktizierte Assimilierung von Differentialität und Gegensatzbeziehung [120]. Die Leitfigur der Differenz, die in M. HEIDEGGERS These von der Vergessenheit der ontologischen Differenz zwischen Sein und Seiendem eine profilierte Prägung erhält [121], verbindet zahlreiche metaphysikkritische Ansätze der neueren französischen Philosophie. J.-F. LYOTARD thematisiert eine Heterogenität von Sprachspielen, die durch kein einheitliches Regelsystem zusammengehalten sind, so daß ein 'Widerstreit' («différend») entgegengesetzter Argumente sich nicht nach der Regel des W. entscheiden läßt, nach welcher die Gültigkeit des einen die des anderen ausschließt [122]. Das in vielfältigen Versionen entwickelte Denken der Differenz, der Andersheit und der Vielheit läßt die Idee des W. und die ihm innewohnende Stringenz und Dynamik im gleichen Maße zurücktreten, wie es sich von der metaphysischen Zentrierung auf das Eine und Identische ablöst.

Anmerkungen. [1] Zur log. Verwendung des Begriffes vgl. auch: Art. ‹Gegensatz II.›. Hist. Wb. Philos. 3 (1974) 117-119; ‹Antinomie II.›, a.O. 1 (1971) 396-405; ‹Kontradiktion›, a.O. 4 (1976) 1062; ‹Opposition I.›, a.O. 8 (1984) 1237f. – [2] Vgl. Art. ‹Widerspruch, performativer; Widerspruch, pragmatischer›. – [3] ANAXIMANDER: VS 12, A 9. 16; ANAXIMENES: VS 13, A 7; B 1. – [4] a.O. A 16. – [5] PYTHAGORAS: VS 14, B 2; vgl. B 3. – [6] ARISTOTELES: Met. I, 5, 986 a 22-b 1. – [7] PYTHAGORAS: VS 14, B 6. – [8] HERAKLIT: VS 22, B 2; vgl. B 50. – [9] a.O. B 53. – [10] B 8 (ARISTOTELES: Eth. Nic. VIII, 1, 1155 b 4); vgl. B 10; vgl. Art. ‹Streit I.›. Hist. Wb. Philos. 10 (1998) 297-301. – [11] B 126. – [12] B 67; vgl. B 62. – [13] B 59f. – [14] B 49 a. – [15] B 91. – [16] PARMENIDES: VS 28, B 8, 15f. – [17] a.O. B 6, 4-9. – [18] B 6, 1; B 8, 8. – [19] B 8, 11. – [20] PLATON: Parm. 128 b (ZENON: VS 29, A 12). – [21] ARISTOTELES: Phys. VI, 8f., 239 a 35ff.; b 14ff. 30f. (ZENON: VS 29, A 26f.); vgl. R. FERBER: Zenons Paradoxien der Bewegung und die Struktur von Raum und Zeit (Bern [2]1995). – [22] EMPEDOKLES: VS 31, B 12; ARISTOTELES: Phys. I, 4, 187 a 28f. – [23] ARISTOTELES: Met. I, 3, 984 a 13f. (ANAXAGORAS: VS 59, A 43); EMPEDOKLES: VS 31, B 8. – [24] Met. XII, 3, 1069 b 19f. (ANAXAGORAS: VS 59, A 61). – [25] EMPEDOKLES: VS 31, B 8f. – [26] ARISTOTELES: Met. IV, 3, 1005 b 19f.; vgl. Art. ‹Satz vom ausgeschlossenen Dritten›. Hist. Wb. Philos. 8 (1992) 1198-1202. – [27] IV, 6, 1011 a 34f. – [28] J. ŁUKASIEWICZ: Über den Satz des W. bei Aristoteles (1910, 1993). – [29] ARISTOTELES: Met. IV, 6, 1011 b 13-21. – [30] 1005 b 23f. – [31] 1005 b 26-30. – [32] 1005 a 22-29. – [33] Vgl. auch: Art. ‹Voraussetzungslosigkeit›. Hist. Wb. Philos. 11 (2001) 1166-1180. – [34] ARISTOTELES: Met. IV, 3, 1005 b 33f.; vgl. Art. ‹Prinzip I. 3.›. Hist. Wb. Philos. 7 (1989) 1338-1341. – [35] 1005 b 7. – [36] 1005 b 11-13. – [37] Eth. Nic. I, 4, 1095 b 2f. – [38] Met. IV, 4-8. – [39] IV, 5, 1009 b 34f. – [40] 1009 a 21. – [41] 4, 1008 b 13-27. – [42] 8, 1012 b 14f. – [43] 7, 1011 b 23. – [44] Met. X, 4, 1055 b 1f.; vgl. die Übers. des WILHELM VON MOERBEKE, in: ARISTOTELES lat. XXV/3.2: Metaphysica, hg. G. VUILLEMIN-DIEM (Leiden u.a. 1995) 205. – [45] 4, 1007 a 21. – [46] Cat. 10, 11 b 17-23. – [47] BOETHIUS: In Cat. IV. MPL 64, 264 Bff. – [48] ARISTOTELES: De int. 7, 17 b 16-22. – [49] BOETHIUS, a.O. [47] 321 B; vgl. Art. ‹Quadrat, logisches›. Hist. Wb. Philos. 7 (1989) 1733-1736; Art. ‹Subalternation; Subalternationsschluß›, a.O. 10 (1998) 371-373. – [50] THOMAS VON AQUIN: In Met. IV, n. 719, hg. M. R. CATHALA/R. M. SPIAZZI (Rom/Turin 1964) 197f. – [51] P. SCHULTHESS/R. IMBACH: Die Philos. im lat. MA (1996) 172ff. – [52] THOMAS VON AQUIN: S. c. gent. II, 25. – [53] B. MASTRIUS/B. BELLUTUS: Disput. in Arist. logicam. Disp. 9: De postpraedicamentis, n. 23 (1639). Cursus philos. ad mentem Scoti 1 (Venedig [4]1727) 284 a. – [54] DIONYSIUS AREOP.: De div. nom. I, 7. Corp. Dionys. 1, hg. B. R. SUCHLA (1990) 119f.; V, 7. 10, a.O. 185. 189f.; IX, 1, a.O. 207f.; De mystica theol. I, 2. Corp. Dionys. 2, hg. G. HEIL/A. M. RITTER (1991) 143. – [55] JOH. SCOTUS ERIUGENA: Periphys. I, 3218-3244, hg. E. A. JEAUNEAU (Turnhout 1996) 103f. – [56] MEISTER ECKHART: In sap. Die lat. Werke 2, hg. A. ZIMMERMANN/L. STURLESE (1992) 489, 7-491, 11; R. MANSTETTEN: Esse est Deus (1993) 214ff. – [57] NICOLAUS CUS.: De docta ignorantia I, 22 [1440]. Op. omn. 1, hg. E. HOFFMANN/R. KLIBANSKY (1932) 44f. – [58] I, 4, a.O. 11; vgl. De coniecturis I, 6 [1440-44], a.O. 3 (1972) 32f.; vgl. Art. ‹Vernunft; Verstand I. G.›. Hist. Wb. Philos. 11 (2001) 793-795. – [59] G. W. LEIBNIZ: Monadologie §§ 31f. [1714] (1720). Die philos. Schr., hg. C. I. GERHARDT 6 (1885, ND 1961) 612; vgl. Art. ‹Principium rationis sufficientis›. Hist. Wb. Philos. 7 (1989) 1325-1336. – [60] CH. WOLFF: Vern. Gedancken von Gott, der Welt und der Seele des Menschen (1720, [4]1729). Ges. Werke, hg. J. ECOLE u.a. I/2 (1983) 6. – [61] I. KANT: Versuch den Begriff der negat. Größen in die Weltweisheit einzuführen (1763). Akad.-A. 2, 171ff.; vgl. auch: Art. ‹Repugnanz II.›. Hist. Wb. Philos. 8 (1992) 883f. – [62] KrV A 506/B 534. – [63] A 333ff./B 390ff. – [64] A 339/B 397. – [65] A 406ff./B 432ff.; vgl. Art. ‹Antinomie I.›. Hist. Wb. Philos. 1 (1971) 393-396. – [66] A 430/B 458. – [67] A 499/B 528. – [68] M. WOLFF: Der Begriff des W. Eine Studie zur Dialektik Kants und Hegels (1981) 48ff. – [69] KANT: KrV A 490/B 518. – [70] A 497f./B 526. – [71] G. W. F. HEGEL: Enzyklopädie der philos. Wissenschaften § 48, Anm. (1830). Akad.-A. 20 (1992) 84. – [72] Wiss. der Logik 1: Die objekt. Logik (1812/13). Akad.-A. 11 (1978) 286. – [73] Vorles. über die Gesch. der Philos. 3 (1816/17ff.). Jub.ausg., hg. H. GLOCKNER (1927-40) 19, 579. – [74] Enzykl. § 48, Anm., a.O. [71] 85. – [75] System der Philos. 1, § 48 Zus., a.O. [73] 8, 141. – [76] a.O. [72] 287. – [77] Der in der Tradition Hegels und Marx' zentrale Begriff findet sich ebensowenig bei Marx und Engels (und nur einmal bei Lenin), vgl. WOLFF, a.O. [68] 17. – [78] Jahrbücher für wiss. Kritik (1831) 1, 848-864: Rez. von A. L. J. OHLERT: Der Idealrealismus ... Erster Theil (1830). Akad.-A. 16 (2001) 279. – [79] a.O. [72] 287. – [80] J. F. HERBART: Lehrb. zur Einl. in die Philos. § 95 (1813). Sämtl. Werke, hg. K. KEHRBACH/O. FLÜGEL (1887-1912, ND 1964) 4, 164. – [81] Hauptpunkte der Metaphysik (1806, [2]1808), a.O. 2, 181. 185. – [82] G. W. F. HEGEL: Differenz des Fichte'schen und Schelling'schen Systems der Philos. (1801). Akad.-A. 4 (1968) 64. – [83] Systemfragment von 1800, in: Theol. Jugendschr., hg. H. NOHL (1907) 348. – [84] a.O. [72] 272. – [85] a.O. 279. – [86] 289. – [87] Enzykl. §§ 79ff., a.O. [71] 118ff. – [88] § 82, a.O. 120; vgl. auch: Art. ‹Dialektik IV.›. Hist. Wb. Philos. 2 (1972) 184ff. – [89] Vorles. über die Philos. der Relig. 2 (1821ff.), a.O. [73] 16, 234f.; Vorles. über die Gesch. der Philos. 3, a.O. 19, 375. – [90] Enzykl. § 114, Anm., a.O. [71] 145. – [91] a.O. [72] 287. – [92] a.O. – [93] a.O. 288. – [94] Vorles. über die Philos. der Relig. 2, a.O. [73] 16, 230. – [95] a.O. [72] 287. – [96] K. MARX: Das Kapital 1 (1867). MEW 23, 623. – [97] Ökonom.-philos. Manuskripte (1844). MEW Erg.bd. 1, 529. – [98] a.O. [96] 27. – [99] Zur Kritik der Hegelschen Rechtsphilosophie. Kritik des Hegelschen Staatsrechts (§§ 261-313) (1843). MEW 1, 216. – [100] a.O. 295f. – [101] 279. 290. – [102] 266. – [103] 270. – [104] Zur Kritik der polit. Ökonomie (1859). MEW 13, 9. – [105] F. ENGELS: Dialektik der Natur (1873ff.). MEW 20, 307ff. – [106] a.O. 481. – [107] W. I. LENIN: Zur Frage der Dialektik (1915). Werke 38 (Berlin-Ost 1971) 339. – [108] a.O. 240. – [109] L. ALTHUSSER: Contradiction et surdétermination (1962), in: Pour Marx (Paris 1965,

¹1968) 85-128; Sur la dial. matérialiste (1963), a.O. 161-224, 206ff.; dtsch.: W. und Überdeterminierung, in: Für Marx (1968) 52-99; Über die mat. Dialektik, a.O. 100-167, 146ff. – [110] MAO-TSE-TUNG: Über Praxis und W. (1968) 26. – [111] a.O. 51ff. – [112] Vgl. Art. ‹Negation; Negativität II.›. Hist. Wb. Philos. 6 (1984) 675-686. – [113] TH. W. ADORNO: Negat. Dialektik (1966). Ges. Schr. 6 (1973) 148. – [114] a.O. 149. – [115] 27ff. 162f. – [116] M. THEUNISSEN: Negativität bei Adorno, in: L. VON FRIEDEBURG/J. HABERMAS (Hg.): Adorno-Konferenz 1983 (1983) 41-65. – [117] TH. W. ADORNO: Metaphysik. Begriff und Probleme (1998) 188ff. 224ff. – [118] a.O. [113] 17. – [119] G. DELEUZE: Différence et répétition (Paris 1968) 1f.; dtsch.: Differenz und Wiederholung (1992) 12; vgl. Art. ‹Wiederholung›. – [120] a.O. 263ff./dtsch. 258ff. – [121] M. HEIDEGGER: Die onto-theo-logische Verfassung der Met. (1956/57), in: Identität und Differenz (1957) 35-73, 40ff.; Nietzsche 2 (1961). Ges.ausg. I/6.2 (1997) 184ff. – [122] J.-F. LYOTARD: Le différend (Paris 1983) 9f.; dtsch.: Der Widerstreit (1987) 9f.

Literaturhinweise. J. ŁUKASIEWICZ s. Anm. [28]. – A. KULENKAMPFF: Antinomie und Dialektik. Zur Funktion des W. in der Philos. (1970). – P. GUYER: Hegel, Leibniz und der W. im Endlichen, in: R.-P. HORSTMANN (Hg.): Seminar: Dialektik in der Philos. Hegels (1978) 230-260. – M. WOLFF s. Anm. [68]. – TH. KESSELRING: Entwicklung und W. Ein Vergleich zwischen Piagets genetischer Erkenntnistheorie und Hegels Dialektik (1981). – E. BERTI (Hg.): Il problema della contraddizione (Rom 1981). – W. GOETSCHEL: Zur Gesch. des W. in der Neuzeit, in: W. GOETSCHEL u.a. (Hg.): Wege des W. Festschr. H. L. Goldschmidt (Bern 1984) 9-40. – G. BARTSCH (Hg.): Der dialekt. W. (1986). – J. P. ANTON: Aristotle's theory of contrariety (Lanham/New York/London 1987). – S.-J. KANG: Reflexion und W. Eine entwicklungsgeschichtl. und systemat. Unters. des Hegelschen Begriffs des W. (1999). – G. GOGOS: Aspekte einer Logik des W. Studien zur griech. Sophistik und ihrer Aktualität (2001).

E. ANGEHRN

Widerspruch, performativer; Widerspruch, pragmatischer (engl. performative contradiction; pragmatic contradiction). In der 2. Hälfte des 20. Jh. kommt die Rede von einem «performativen» (s.d.) oder «pragmatischen Widerspruch» (auch «Selbstwiderspruch») im Unterschied zum logischen Widerspruch (Behauptung einer Aussage und ihrer Negation) auf. Dieser Begriff ist im deutschen Sprachraum durch die Transzendentalpragmatik (s.d.) K.-O. APELS geläufig geworden. Zur Rechtfertigung eines Programms der Letztbegründung (s.d.) wird geltend gemacht, daß Rede, wenn sie überhaupt sinnhaft sein soll, immer schon auf transzendentalpragmatischen Voraussetzungen der Argumentation basiert [1]. Solche Voraussetzungen argumentativ zu bestreiten, laufe auf einen p.W. hinaus [2]. Apel greift auf J. HINTIKKAS logische Rekonstruktion des cartesischen Cogito-Argumentes zurück. 'Ich existiere nicht' nennt Hintikka eine «existential inconsistency». «The inconsistency (absurdity) of an existentially inconsistent statement can in a sense be said to be of performatory (performative) character» [3].

Schon in den 1950er Jahren wird der Ausdruck «pragmatic contradiction» von C. I. LEWIS für die Kennzeichnung eines Satzes verwendet, dessen Äußerung dem, was sie 'pragmatisch' impliziert, widerspricht: «But the content of the assertion made ... is one in which the assertor's assertions are not to be believed on the evidence of his making them. The act is self-frustrating of its own ostensive purpose. That I shall call a pragmatic contradiction» [4]. Für Lewis spielt die Konsistenz auch für die Ethik eine fundamentale Rolle. Praktische und logische Konsistenz sind «nearly related»; «practical consistency cannot be reduced to or defined in terms of merely logical consistency. But logical consistency can be considered as simply one species of practical consistency» [5]. Über das Problem der 'Selbstwidersprüche' [6] und Selbstwiderlegungen [7] hinaus wurde schon im Mittelalter der p.W. mit der Unterscheidung von ‹actus exercitus›/‹actus signatus› gefaßt [8]. Im Anschluß an «Moore's paradox» (das ist eine Aussage der Form '*p*, aber ich glaube nicht, daß *p*') wurden in neuerer Zeit pragmatische Widersprüche – unabhängig von Lewis – bei den Logikern diskutiert und auch mit der Theorie der «kontextuellen Implikation» zu explizieren versucht [9].

Anmerkungen. [1] K.-O. APEL: Das Problem der philos. Letztbegründung im Lichte einer transz. Sprachpragmatik (1976); ND, in: Auseinandersetzungen in der Erprobung des transz.pragmat. Ansatzes (1998) 35-79, 69ff.; vgl. Art. ‹Präsupposition II.›. Hist. Wb. Philos. 7 (1989) 1270-1273. – [2] Fallibilismus, Konsensstheorie der Wahrheit und Letztbegründung (1987); ND, a.O. 81-193, 159f. – [3] J. HINTIKKA: Cogito, ergo sum. Philos. Review 71 (1962) 3-32, 10; vgl. die spätere Präzisierung: Cogito, ergo quis est? Rev. int. Philos. 50 (1996) 5-21. – [4] C. I. LEWIS: The categorical imperative (1958), in: Values and imperatives. Studies in ethics, hg. J. LANGE (Stanford, Calif. 1969) 178-201, 197f.; vgl. dazu: E. DAYTON: Pragmatic contradiction. Ethics 87 (1976/77) 222-236; dagegen: J. E. FOSS: C. I. Lewis and Dayton on pragmatic contradiction. Transact. Ch. S. Peirce Soc. 17 (1981) 153-157; M. BITTNER WISEMAN: Practical principles. Ethics 90 (1979/80) 115-121. – [5] Pragmatism and the roots of the moral (1956), a.O. 103-125, 122. – [6] Vgl. dazu: Art. ‹Selbstreferenz I.›. Hist. Wb. Philos. 9 (1995) 515-518; Art. ‹Antinomie II.›, a.O. 1 (1971) 396-405; für die mittelalterliche Logik vgl. Art. ‹Insolubilia›, a.O. 4 (1976) 396-400. – [7] Vgl. Art. ‹Widerlegung 3.›. – [8] G. NUCHELMANS: The distinction actus exercitus/actus signatus in medieval semantics, in: N. KRETZMANN (Hg.): Meaning and inference in medieval philosophy (Dordrecht 1988) 57-90, bes. 74-84. – [9] G. E. MOORE: Ethics (London 1912) 125; (London/New York 1947) 78; A reply to my critics, in: P. A. SCHILPP (Hg.): The philos. of G. E. Moore (Chicago/Evanston, Ill. 1942) 535-687, hier: 541-543; vgl. Art. ‹Implikation 8.›. Hist. Wb. Philos. 4 (1976) 265; D. GOLDSTICK: On Moore's paradox. Mind 76 (1967) 275-277; andere Beispiele bei D. J. O'CONNOR: Pragmatic paradoxes. Mind 57 (1948) 358f.; ausführl. Bibliogr. bei: G. PARETI: I paradossi pragmatici: bibliografia. Rivista Filos. 69 (1978) 170-174; G. GAZDAR: Pragmatics. Implicature, presupposition, and logical form (New York/London 1979).

M. KRANZ

Widerspruchsfreiheit. ‹W.›, auch ‹Konsistenz› (engl. ‹consistency›), ist die Bezeichnung für eine Eigenschaft von Satz- bzw. Formelmengen, also z.B. formalisierten Theorien oder formalen Systemen. Trifft diese Eigenschaft zu, so genügen die Systeme dem 'Satz vom (ausgeschlossenen) Widerspruch' (s.d.), der eine notwendige Voraussetzung dafür angibt, daß mit einer Äußerung überhaupt ein Geltungsanspruch verbunden werden kann, die Äußerung also eine Aussage ist. Zum philosophischen bzw. logischen Problem wurde die W. durch die in der mathematischen Grundlagenforschung des beginnenden 20. Jh. vertretene Forderung, die W. formalisierter mathematischer Theorien zu beweisen (W.-Beweis).

Es wird im Anschluß an H. HERMES und H. SCHOLZ zwischen semantischer und syntaktischer W. unterschieden [1]. Eine Formelmenge Γ heißt *semantisch* widerspruchsfrei, wenn sie ein Modell hat [2], wenn es also eine Interpretation gibt, unter der alle Formeln von Γ gelten. Γ heißt *syntaktisch* widerspruchsfrei, wenn in bezug auf eine vorausgesetzte Ableitbarkeitsbeziehung und damit auf ein formales System *S* kein Widerspruch ableitbar ist, wenn also für keine Formel *A* gilt: $\Gamma \vdash_S A \wedge \neg A$. In Satzsystemen, in denen das ex falso quodlibet (aus Falschem folgt Beliebiges) gilt, ist diese Definition äquivalent mit der Festlegung, daß aus Γ nicht jede Formel A in S ableitbar ist [3]. Semantische bzw. syntaktische W. nennt A. CHURCH «consistency as to consequences» bzw. «consistency as to provability» [4].

Weitere Eigenschaften axiomatischer formaler Systeme lassen sich unter Rückgriff auf die W. definieren. Ein formales System heißt 'semantisch vollständig', wenn seine Folgerungsmenge mit der Menge der allgemeingültigen, d.h. in jedem Modell gültigen Ausdrücke zusammenfällt [5]. Es heißt 'syntaktisch' bzw. 'formal vollständig', wenn es keine widerspruchsfreie Erweiterung von S in derselben Sprache gibt (maximale W.) [6]. Ein Axiom A ist in einem formalen System S 'syntaktisch unabhängig' (bzw. 'semantisch unabhängig'), wenn es nicht ableitbar ist aus (bzw. nicht eine Folge ist) der Menge der übrigen Axiome [7]. Diese Unabhängigkeitseigenschaft kam bei den Versuchen z.B. G. SACCHERIS zum Tragen [8], das Parallelenaxiom in der Euklidischen Geometrie indirekt dadurch zu beweisen, daß durch dessen Negierung Widersprüche ableitbar werden. De facto zeigte er die Unabhängigkeit des Parallelenaxioms von den übrigen Axiomen der Euklidischen Geometrie und damit die Möglichkeit von Geometrien, in denen das Parallelenaxiom nicht gilt (Nichteuklidische Geometrien).

In seiner Auseinandersetzung mit der Mengenlehre G. CANTORS fordert D. HILBERT eine Axiomatisierung der Mengenlehre, um die bei Cantor möglichen, ad hoc ausgeschlossenen, auf intrinsische Widersprüche (Antinomien) [9] führenden Mengenbildungen wie die Menge aller Kardinalzahlen (oder die Menge aller Ordinalzahlen) von vornherein unmöglich zu machen. Von einem mathematischen Begriff, dem einander widersprechende Merkmale beigelegt sind, sagt Hilbert in diesem Zusammenhang, daß «der Begriff mathematisch nicht existiert» [10]. W. wird damit zum Kriterium für die Existenz mathematischer Objekte, 'Existenz' verstanden als widerspruchsfreie Möglichkeit.

Schon vorher hatte Hilbert in seinen ‹Grundlagen der Geometrie› [11] eine Axiomatisierung der Euklidischen Geometrie vorgelegt, deren Rechtfertigung durch den Nachweis von W., Unabhängigkeit und Vollständigkeit des Axiomensystems erbracht wurde. Die aufgestellten Axiome, so Hilbert, stehen dann nicht miteinander in Widerspruch, wenn es unmöglich ist, «durch logische Schlüsse aus denselben eine Tatsache abzuleiten, welche einem der aufgestellten Axiome widerspricht» [12]. Hilbert führt einen *relativen W.-Beweis*, indem er zeigt, daß die Euklidische Geometrie unter der Voraussetzung der W. der Arithmetik der reellen Zahlen widerspruchsfrei ist. Den damit erforderten W.-Beweis für die Axiome der Arithmetik (der dann ein absoluter W.-Beweis wäre) nimmt er als zweites unter die 1900 in Paris präsentierten mathematischen Probleme auf [13].

Die vergeblichen Versuche, einen solchen Beweis zu führen, insbesondere aber auch die im sogenannten Mathematischen Grundlagenstreit [14] zwischen Hilbert und L. E. J. BROUWER und ihren Anhängern ausgefochtenen Kontroversen um die Frage, welche Beweismittel als zulässig gelten dürfen, wobei insbesondere das 'Tertium non datur' in unendlichen Bereichen zur Disposition steht [15], führen zur Entwicklung der Beweistheorie (s.d.) oder Metamathematik [16], die den mathematischen Beweis selbst zum Gegenstand hat [17], indem sie die formalisierten Beweisbegriffe mathematischer Theorien als widerspruchsfrei zu erweisen versucht. HILBERT fordert, daß der W.-Beweis in der von ihm vertretenen formalistischen Beweistheorie mit finiten Mitteln geführt werden müßte, d.h. mit solchen rein syntaktischen Methoden, die sich grundsätzlich auf ein kombinatorisches Operieren mit endlichen Zeichenfiguren beschränken lassen.

Der streng finite Standpunkt läßt sich nicht mehr aufrechterhalten, nachdem K. GÖDEL gezeigt hat, daß die aus dem System der ‹Principia Mathematica› von A. N. WHITEHEAD und B. RUSSELL [18] ableitbare Arithmetik unvollständig ist [19]. GÖDEL gelingt die Konstruktion eines Satzes G, dessen Korrektheit bezüglich eines Axiomensystems S inhaltlich gezeigt werden kann (der also in der Folgerungsmenge von S enthalten ist) und der von sich selbst aussagt, daß er in S nicht beweisbar ist. Gödels erster Unvollständigkeitssatz besagt nun, daß, wenn S widerspruchsfrei ist, G tatsächlich in S nicht beweisbar ist und wenn S ω-widerspruchsfrei ist, dann auch die Negation von G, also $\neg G$, nicht beweisbar ist. Bezeichnet '$\underline{n}$' Ziffern natürlicher Zahlen, so heißt eine Menge M arithmetischer Formeln 'ω-widerspruchsfrei', wenn es keine Formel $A(x)$ in M gibt, so daß $M \vdash A(\underline{n})$ für alle n und $M \vdash \neg \bigwedge_x A(x)$ [20]. In seinem zweiten Unvollständigkeitssatz zeigt Gödel zudem, daß, wenn S widerspruchsfrei ist, nicht einmal ein Satz W, der die W. von S ausdrückt, innerhalb von S bewiesen werden kann. In der Konsequenz ergibt sich, daß die W. eines formalen Systems nicht mit denjenigen logischen Mitteln, die in dem System selbst formalisierbar sind, bewiesen werden kann.

Durch Liberalisierung der Finitheitsforderung kann G. GENTZEN 1936 einen W.-Beweis für die reine Zahlentheorie mit Hilfe eines transfiniten Induktionsprinzips führen, das sich nicht allein auf kombinatorische Operationen mit endlichen Zeichenfiguren gründen, sich aber gleichwohl auf konstruktive Weise als einsichtig erweisen ließ [21]. Die Induktion folgt der mit der ω-W. zusammenhängenden ω-Regel [22], die erlaubt, daß, wenn für jede natürliche Zahl n gilt $\vdash A(n)$, dann auf $\vdash \bigwedge_n A(x)$ übergegangen werden kann.

Im Rahmen der beweistheoretischen Forschung werden *partielle W.-Beweise* u.a. für eine Anzahl von Teilsystemen der Logik und der Analysis geführt.

Anmerkungen. [1] H. HERMES/H. SCHOLZ: Mathemat. Logik, in: Enzykl. der mathemat. Wissenschaften I/1, H. 1, I (²1952) 31f. – [2] a.O.; Charakterisierung ähnlich auch bei: J. G. KEMENY: Models of logical systems. J. symbolic Logic 13 (1948) 16-30 (Nr. 6). – [3] Der Sache nach erstmals bei: E. L. POST: Introd. to a general theory of elementary propositions. Amer. J. Math. 43 (1921) 163-185, 177; auch bei: A. TARSKI: Fundamentale Begriffe der deduktiven Wissenschaften § 6. Mh. Math. Physik 37 (1930) 361-404, hier: 387-389. – [4] A. CHURCH: Introd. to mathemat. logic (Princeton, N.J. 1956, ND 1996) 327: im Zusammenhang der Prädikatentheorie. – [5] Terminus erstmals bei: HERMES/SCHOLZ, a.O. [1] 31; ähnlich auch bei: KEMENY, a.O. [2] (Nr. 7). – [6] Erstmals bei: POST, a.O. [3] 177; dort als Erläuterung der Definition eines «closed system»; vgl. Art. ‹Vollständigkeit/Unvollständigkeit›. Hist. Wb. Philos. 11 (2001) 1136-1141. – [7] Vgl. A. A. FRAENKEL/Y. BAR-HILLEL/A. LEVY: Foundations of set theory (Amsterdam/London 1958, ²1973, ND 1984) 301. – [8] G. SACCHERI: Euclides ab omni naevo vindicatus: sive conatus geometricus quo stabiliuntur prima ipsa universae geometriae principia (Mailand 1733); vgl. P. STÄCKEL/F. ENGEL: Die Theorie der Parallellinien von Euclid bis auf Gauß (1895, ND 1968). – [9] Art. ‹Antinomie›. Hist. Wb. Philos. 1 (1971) 393-405, hier: 396. 400f.; Art. ‹Mengenlehre›, a.O. 5 (1980) 1044-1059, hier: 1054. – [10] D. HILBERT: Mathemat. Probleme (1900). Ges. Abh. 3 (1935, ²1970) 290-329, 300. – [11] Grundlagen der Geometrie, in: Festschr. zur Feier der Enthüllung des Gauß-Weber-Denkmals in Göttingen (1899, ¹⁴1999). – [12] a.O. § 9. – [13] a.O. [10] 299-301. – [14] Vgl. Art. ‹Grundlagenstreit 2.›. Hist. Wb. Philos. 3 (1974) 911-916. – [15] Art. ‹Satz vom ausgeschlossenen Dritten›, a.O. 8 (1992) 1198-1202. – [16]

Art. ‹Metamathematik II.›, a.O. 5 (1980) 1176f. – [17] D. HILBERT: Neubegründung der Mathematik. Erste Mitteil., Abh. Math. Seminar der Hamburg. Univ. 1 (1922) 157-177. – [18] A. N. WHITEHEAD/B. RUSSELL: Principia Mathematica 1-3 (Cambridge 1910-13, ²1925-27). – [19] K. GÖDEL: Über formal unentscheidbare Sätze der Principia Mathematica und verwandter Systeme. Mh. Math. Physik 38 (1931) 173-198. Coll. works 1, hg. S. FEFERMAN (New York/Oxford 1986) 144-195. – [20] a.O.; vgl. A. TARSKI: Einige Betrachtungen über die Begriffe der ω-W. und der ω-Vollständigkeit. Mh. Math. Physik 40 (1933) 97-112. – [21] G. GENTZEN: Die W. der reinen Zahlentheorie. Math. Ann. 112 (1936, ND 1967) 493-565. – [22] D. HILBERT: Die Grundlegung der elementaren Zahlenlehre. Math. Ann. 104 (1931) 485-494, hier: 491.

Literaturhinweise. D. HILBERT/P. BERNAYS: Grundlagen der Math. 2 (1939, ND 1970) § 5. – S. C. KLEENE: Introd. to metamathematics (Amsterdam/Groningen 1952, ND 1991). – A. A. FRAENKEL/Y. BAR-HILLEL/A. LEVY s. Anm. [7] § 4. – K. SCHÜTTE: Beweistheorie (1960).

V. PECKHAUS

Widerstand (griech. ἀντιτυπία; lat. resistentia; engl. resistance; frz. résistance)

I. *Naturphilosophie.* – Die klassische Mechanik der Neuzeit, die am Ende des 17. Jh. ihre erste Gestalt ausbildete, unterscheidet in ihrer Bewegungslehre (Dynamik) zwei verschiedene Formen von W., die in Bewegungsvorgängen vereint auftreten können, konzeptuell aber unabhängig voneinander sind: 1. den *Strömungs-W.* (in viskosen Medien: Reibungs-W.), d.h. die Kraft, den das Medium, in dem sich ein Körper bewegt, auf ihn ausübt, und 2. den *Trägheits-W.*, eine sog. Scheinkraft, die einer Änderung des Zustands der Ruhe oder der gleichförmigen Bewegung entgegenwirkt und der Masse proportional ist. Neben diesen dynamischen Begriffen kannte die neuzeitliche Mechanik bis ins 19. Jh. den W.-Begriff auch auf dem Gebiet der Festigkeitslehre: 3. *Festigkeits-W.*, d.h. der W., den ein fester Körper jedem Versuch entgegensetzt, den Zusammenhang seiner Teile aufzuheben. Der Begriff perpetuiert Merkmale der Antitypie (s.d.), die von der Stoa bis ins 17. Jh. als eine Materieeigenschaft begegnet, die den W. eines Körpers gegen Durchdringung erklären soll. – Über das Feld der Mechanik hinaus verwendet die Physik seit dem 19. Jh. den Begriff ‹W.› auch in anderen Gebieten, so vor allem in der Elektrizitätslehre (‹elektrischer W.›, ‹induktiver W.›, ‹kapazitiver W.› usw.), aber auch auf dem Gebiet des Magnetismus und der Wärmelehre [1].

1. *Strömungs-W.* – Der Strömungs-W. ist Gegenstand der naturphilosophischen Bewegungslehre seit ihren Anfängen in der griechischen Antike, auch wenn sich vor der Neuzeit kein entsprechender Fachterminus herausgebildet zu haben scheint. Im Griechischen wie im Lateinischen wird der Strömungs-W. mit Verben der Alltagssprache beschrieben: ἐμποδίζω [2] und ἀντικόπτω [3] bzw. ‹resistere› und ‹subsistere› [4]; manchmal wird er nur indirekt durch eine Aussage über die Dichte des Mediums zur Sprache gebracht [5]. Selbst zu Beginn des 17. Jh. ist die naturphilosophische Bedeutung von ‹resistentia› noch deutlich ihrer logischen bzw. kategorientheoretischen nachgeordnet [6], während der Begriff im 18. Jh. vor allem in seiner naturphilosophischen Bedeutung verwendet wird [7].

Der Strömungs-W. ist nicht nur einfach ein Gegenstand, sondern integraler Bestandteil der naturphilosophischen Bewegungslehre in Antike, Mittelalter und früher Neuzeit. Eine Ausnahme bildet in dieser Hinsicht lediglich der antike Atomismus, der den Strömungs-W. zwar ebenfalls thematisiert [8], für den aber Bewegung gerade nicht notwendigerweise Bewegung in einem Medium war. Für alle naturphilosophischen Ansätze dagegen, die die atomistische Annahme eines Vakuums (s.d.) verwerfen, vollzieht sich alle Bewegung notwendigerweise in einem Medium. In der Bewegungslehre des ARISTOTELES hat das Medium als – im Unterschied zu festen Körpern – wohldurchteilbares (εὐδιαίρετος) [9] darüber hinaus den Status einer notwendigen positiven Bedingung der Bewegung [10]. Und im Falle der Projektilbewegung nach der Trennung vom Projektor spricht er dem Medium sogar die Rolle eines Bewegers zu [11], wobei diese seine Theorie nicht mit der von ihm abgelehnten Antiperistasis (s.d.) zu verwechseln ist. Erst mit der Impetustheorie des PHILOPONOS, welche die Fortbewegung des Projektils nach Trennung vom Projektor mit einer dem Projektil vom Projektor eingedrückten bewegenden Kraft, eben dem Impetus (s.d.), erklärt, verliert das Medium diese Doppelrolle, sowohl eine Bedingung der Bewegung als auch ein sie hindernder W. zu sein, und wird nur noch als W. verstanden, der eine Bewegung je nach seiner Dichte stärker oder schwächer retardiert [12].

Eine eingehende Untersuchung der Gesetzmäßigkeiten des Strömungs-W. beginnt erst im 17. Jh. mit der neuzeitlichen Hydro- und Aerodynamik, die – im Unterschied zur Hydrostatik – nicht an eine ausgearbeitete Theorie der Antike anknüpfen konnte. (Die hydrodynamischen Phänomene, die HERON VON ALEXANDRIA im Zusammenhang mit gewissen Automaten ansprach, betrafen nicht den Strömungs-W.) Die theoretische Behandlung des Strömungs-W., die mit I. NEWTON einsetzt [13] und im 18. Jh., von D. BERNOULLI bis J. L. LAGRANGE, ein ausgezeichneter Gegenstand der sich entwickelnden analytischen Mechanik ist [14], hat in der zeitgenössischen Naturphilosophie kaum Spuren hinterlassen und gehört zur engeren Geschichte der neuzeitlichen Physik.

2. *Trägheits-W.* – Das oberste Prinzip der Aristotelischen Bewegungslehre, nämlich daß «alles Bewegte von etwas bewegt wird» (ἅπαν τὸ κινούμενον ὑπό τινος ἀνάγκη κινεῖσθαι; «omne quod movetur ab aliquo movetur») [15], liegt allen Bewegungslehren vor dem 17. Jh. zugrunde, die so den modernen Begriff der Trägheit (s.d.) prinzipiell ausschließen. Dementsprechend ist der Strömungs-W. bzw. das Angreifen einer anderen entgegenwirkenden Kraft in diesen Bewegungslehren nicht die einzige Ursache, die ein Bewegtes zur Ruhe bringen kann. Nach dem Prinzip des Aristoteles kann eine Bewegung nicht andauern, wenn ihre Bewegungsursache zu wirken aufhört. Im Rahmen der Impetustheorie nehmen zudem einige ihrer Vertreter an, daß die durch einen Impetus bewirkte Bewegung nicht allein durch den Strömungs-W. endlich zur Ruhe kommt, sondern auch deswegen, weil der mitgeteilte Impetus mit der Zeit 'ermüdet' [16].

Gleichwohl finden sich in diesen Bewegungstheorien Erklärungen für unübersehbare Phänomene, die heute auf den Trägheits-W. zurückgeführt werden. In der Antike hatte z.B. HIPPARCHOS das Gewicht (βάρος) der schweren Körper als ein Vermögen verstanden, mit dem die Körper jedem Versuch, sie in irgendeine Richtung zu bewegen, W. leisten [17], eine Auffassung, die möglicherweise für J. KEPLERS Begriff der «trägen Materie» von Bedeutung war [18]. Beachtung verdient in diesem Zusammenhang auch ein mittelalterlicher Begriff, der prima facie der späteren Trägheitsbewegung direkt widerspricht, nämlich der Begriff einer «inclinatio ad quietem». Diese inclinatio ist zunächst lediglich eine andere Form der 'natürlichen Bewegung' des Aristoteles: Die 'natürliche Bestrebung' einer materiellen Substanz, an ihren 'natürlichen Ort' zu gelangen, ist nichts anderes als das Bestreben, an diesem Ort zu ruhen. Dies verstehen die mittelalterlichen Kommentatoren des Aristoteles so, daß eine materielle Substanz auch bestrebt ist, an diesem Ort zu verbleiben; sie weiteten dieses Verständnis im 14. Jh. dahingehend aus, daß die materielle Substanz an diesem Ort jeder erzwungenen Bewegung W. entgegensetzt, und zwar nicht nur einer der 'natürlichen' Bewegungsrichtung entgegengesetzten Bewegung [19], sondern ebenso einer, die senkrecht zu dieser Richtung angreift, also einer horizontalen Verschiebung [20]. Hier dient also die Bewegungstendenz hin zum 'natürlichen Ort' zur Erklärung von Phänomenen, die in der späteren klassischen Mechanik mit dem Trägheits-W. erklärt werden. In vergleichbarer Weise wird im Rahmen der Impetustheorie der W., den ein Bewegtes jedem Versuch leistet, es zur Ruhe zu bringen, auf den Impetus zurückgeführt [21]. Indem zusätzlich die Größe von Impetus und Masse ins Verhältnis gesetzt werden, kommt auch die Masse als ein Faktor bei diesen Erklärungen ins Spiel [22].

Ein Widerhall der impetustheoretischen Erklärungen findet sich noch in NEWTONS ‹Principia›, wo die Trägheit als eine «vis insita» definiert ist [23]. Gleichwohl stellt das in diesem Werk als «Lex I» formulierte Trägheitsprinzip («Corpus omne perseverare in statu suo quiescendi vel movendi uniformiter in directum, nisi quatenus illud a viribus impressis cogitur statum suum mutare») den Bruch mit dem obersten Prinzip aller früheren Bewegungstheorien dar, daß alles Bewegte von etwas bewegt sei; es bedeutet zugleich die Etablierung des Prinzips, dem in der klassischen Mechanik der Neuzeit ein vergleichbarer Fundamentalstatus zukommt. Auf seiner Grundlage stellen sich Strömungs-W. und Trägheits-W. als zwei dynamische Faktoren sui generis dar, die nicht länger ineinander laufen wie in den verschiedenen Spielarten der Dynamik vor dem 17. Jh.

3. *Antitypie und Festigkeits-W.* – PLATON führt die Eigenschaft eines Körpers, hart (σκληρός) zu sein, neben der Dichtigkeit darauf zurück, daß er bezüglich äußerer Einwirkung die unnachgiebigste bzw. widerständigste geometrische Form (ἀντιτυπότατον εἶδος) besitze [24]. EPIKUR definiert Körper geradezu durch ihre Ausdehnung und ihr Vermögen, W. gegen äußere Einwirkung zu leisten, nimmt aber als Erklärung für dieses Vermögen eine den Atomen innewohnende Härte (στερεότης) an, die er dafür verantwortlich macht, daß diese der Bewegung anderer Atome Einhalt gebieten können, während die bloß ausgedehnte Leere keinen entsprechenden W. leiste und sogar die Trennung der einzelnen Atome voneinander befördere [25]. ‹Härte› und ‹W.› (ἀντιτυπία) scheint er dabei synonym zu gebrauchen [26]. SEXTUS EMPIRICUS diskutiert nach Epikur Härte bzw. Solidität, aber auch verwandte Materieeigenschaften in der Tradition der Stoa [27], unter dem Begriff «antitypia» [28]. Er weist eine Unterscheidung zwischen existierenden Substanzen (wie Körpern) und ebenfalls existierenden, mit diesen Substanzen untrennbar verbundenen Materieeigenschaften (wie «antitypia») zurück: Ein W. existiere ebensowenig unabhängig vom widerstehenden Körper wie ein Nicht-W. bzw. Nachgeben (εἶξις) unabhängig vom Nicht-Widerstehenden bzw. Leeren [29]. Die Konstitution von Körpern aus Eigenschaften wie Größe, Form, W. oder Gewicht wird von Sextus als Versuch, Existierendes aus Nichtexistierendem aufzubauen, im Gegensatz zu Epikur verworfen [30].

Im Neuplatonismus setzt sich gleichwohl die Auffassung durch, der W. sei eine allgemeine und wesentliche Materieeigenschaft: PLOTIN gebraucht die Ausdrücke ἀντιτυπία wie auch ἀντείρεσις, um eine Eigenschaft zu bezeichnen, die zur bloßen Ausdehnung hinzutreten muß, um physische Körperlichkeit zu konstituieren [31]. Den W. faßt er dabei als Ursache der Härte auf, die – etwa bei der Erde bzw. dem Erdigen – nur als eine spezielle und sinnlich wahrnehmbare Eigenschaft begegnet [32]. Dem Argument des Sextus, wonach die Auszeichnung von Eigenschaften (wie dem W.) bedeute, Seiendes (wie Körper) aus Nichtseiendem zu konstituieren, sucht Plotin durch eine Differenzierung des Aristotelischen Qualitätsbegriffes beizukommen [33]. Noch im ausgehenden 16. Jh. kann sich dann der Neuplatoniker F. PATRIZI auf eine lange naturphilosophische Tradition berufen, in der physische Körperlichkeit durch die «Antitypie, welche ein W. ist» («antitypia, quod est resistentia»), und durch die räumliche Ausdehnung als wesentliche Eigenschaften bestimmt wird («Corpus est, quod habet tres diasteses (hoc est distantias) cum antitypia») [34]. Dabei stellt er den von ihm behaupteten ontologischen Primat des Räumlichen, der sich u.a. in seiner frühen Unterscheidung von mathematischem und physikalischem Raum und in einem Vorrang der Mathematik vor der Naturphilosophie manifestiert [35], nicht in Frage: «antitypia» (bzw. «anteresis») unterscheidet zwar als W. («resistentia et renitentia») den bloßen Raum vom natürlichen Körper; sie ist aber als solche ihrerseits auch auf die räumliche Ausdehnung angewiesen [36].

In der Neuzeit knüpft besonders P. GASSENDI an den Atomismus Epikurs an und bestimmt (in Abgrenzung von Descartes) Materie als Seiendes, das nicht nur ausgedehnt, sondern auch fähig ist, W. auszuüben («Anticipatio, seu notio, quam de corpore habemus est, vt sit quid dimensiones habens, & capax resistentiae») [37]. Wenn Gassendi an anderer Stelle mit Bezug auf Epikur nur Größe, Form und Schwere («gravitas», «pondus») als essentielle Eigenschaften der Atome nennt [38], legt er diesen Eigenschaften Festigkeit («soliditas») und W. («resistentia») gleichsam als Substanz («subiectum Naturam») zugrunde [39]. Synonymisierungen wie «'Αντιτυπία, Vis resistendi, seu Resistentia» [40] deuten dabei bereits auf eine dynamische Interpretation des W. hin, wobei die Bestimmung des Verhältnisses von W. und Schwere ein ungelöstes Problem seiner Materietheorie bleibt [41]. Auch in der von Gassendi stark beeinflußten frühen Naturphilosophie von G. W. LEIBNIZ ist neben der Ausdehnung der W. gegen Durchdringung für physische Körper wesentlich («Nihil igitur ponendum est in corporibus, quod non ex definitione Extensionis et Antitypiae fluat») [42], wobei auch Leibniz zwischen W. und Undurchdringlichkeit nicht scharf unterscheidet («Essentia autem materiae seu ipsa forma corporeitatis consistit in ἀντιτυπίᾳ seu impenetrabilitate») [43]. Neuplatonistisch geprägt erscheint hier seine Bestimmung des W. als unterscheidender Eigenschaft von primärem Raum («Ens primo-extensum, ... corpus mathematicum») und sekundärer Materie («ens secundo-extensum, ... corpus physicum») [44]. In der späteren Ausbildung seiner Dynamik auf der Grundlage der Monadenlehre [45] versteht er den W. gegen Durchdringung wie auch den Trägheits-W. als Wirkungen einer allen Körpern innewohnenden primitiven passiven Kraft [46]. Faßte somit bereits der junge Leibniz W. als ein Prinzip auf, das überhaupt erst Bewegung von einem Körper auf einen anderen zu übertragen erlaubt, wird es ihm mit der metaphysischen Grundlegung der Dynamik durch körperkonstituierende primitive Kräfte möglich, den W. als zugleich passives Prinzip (Undurchdringlichkeit, Trägheit) [47] wie auch als ein aktives, in anderen Körpern Bewegung hervorbringendes Prinzip auszuweisen [48]. Geregelt wird dieser Wechselwirkungsprozeß durch das Gesetz der Krafterhaltung [49], das in seiner Nahwirkungstheorie als Prinzip der Bewegungsgesetze («principium legum motus») [50] firmiert und zum Aufbau einer mathematischen Mechanik beiträgt, die im späteren 18. und im 19. Jh. ‹antitypia› und ‹Undurchdringlichkeit› als nicht quantifizierbare Grundbegriffe der Bewegungslehre für die Naturphilosophie zunehmend irrelevant werden läßt. Andererseits bringt es eine von TH. HOBBES, J. LOCKE und anderen grundgelegte mechanistische Wahrnehmungstheorie mit sich, daß der Begriff ‹W.› Eingang in die Erkenntnistheorie findet (vgl. unten: II.) [51].

Der Festigkeits-W. ist zu keiner Zeit mit der Undurchdringlichkeit (s.d.) gleichgesetzt worden, obwohl der vieldeutige Begriff der Festigkeit oder Solidität (s.d.) vor dem 17. Jh. zuweilen auch die Undurchdringlichkeit umfaßte. Unter dem Einfluß des neuzeitlichen Atomismus erhält die Undurchdringlichkeit im 17. Jh. den Status einer materietheoretischen Grundkategorie mit der Konsequenz, daß die Festigkeit als eine abgeleitete Eigenschaft gewisser Körper verstanden wird, die deshalb nicht auf die Undurchdringlichkeit zurückführbar sei, weil letztere aller Materie zukomme. Der neuzeitliche Begriff des Festigkeits-W. steht deswegen weder in einem Zusammenhang mit dem Leibnizschen Begriff der Antitypie (s.d.) noch mit demjenigen der Grundkraft Repulsion [52] in der Kantischen Materietheorie.

Im Mittelalter wurde der Festigkeits-W. als ein natürliches Bestreben eines Körpers nach «continuitas» verstanden [53] und wie die dynamischen Formen des W. (Strömungs-W. und Trägheits-W.) als eine Kraft angesehen. Bis zum Anfang des 18. Jh. war eine Unterscheidung zwischen «resistentia activa» und «resistentia passiva» im Gebrauch, die zwischen dem retardierenden bzw. eine Bewegung ganz aufhebenden W. eines handelnden, nämlich selbst in Bewegung befindlichen Körpers und dem eines leidenden, nämlich ruhenden Körpers differenzierte, wobei der Festigkeits-W. zusammen mit dem Trägheits-W. eines ruhenden Körpers unter den passiven W. fiel [54]. E. CHAUVIN führt aktiven wie passiven W. auf ein Bestreben der Körper zurück, ihren Zustand zu erhalten. Dem liegt ein metaphysisches Erhaltungsprinzip («omne bonum est sui conservativum») [55] zugrunde, das nicht mit der Trägheit der klassischen Mechanik verwechselt werden darf, da es beide Formen des W. als Kräfte faßt und zwischen gleichförmiger und beschleunigter Bewegung nicht unterscheidet. Es besteht deswegen auch nur eine scheinbare Übereinstimmung zwischen dieser Unterscheidung von aktivem und passivem W. und der Gegenüberstellung von Strömungs-W. einerseits und Trägheits-W. sowie Festigkeits-W. andererseits, wie sie in der Physik des 18. Jh. üblich wurde [56]. Diese Gegenüberstellung beruhte nämlich auf dem Newtonschen Kraftbegriff («Vis impressa est actio in corpus exercita, ad mutandum ejus statum vel quiescendi vel movendi uniformiter in directum») [57], nach dem der Strömungs-W. als eine Kraft begriffen wird, der Festigkeits-W. (wie der Trägheits-W.) dagegen gerade nicht. Eine eingehende wissenschaftliche Untersuchung der Festigkeit beginnt erst im 17. Jh. Der ‹Erste Tag› der ‹Discorsi› G. GALILEIS, der diesem Thema gewidmet ist, stellt die Geburtsurkunde der modernen Festigkeitslehre und Materialwissenschaft dar.

Bei I. KANT und in der auf Kant folgenden Naturphilosophie werden der Sache nach sowohl Strömungs-W. als auch Trägheits-W. und Festigkeits-W. – wenn auch weitestgehend ohne Bezugnahme auf die Wissenschaftsentwicklungen ihrer Zeit – diskutiert. Dabei nimmt das traditionelle, von Epikur bis Leibniz erörterte Problem, inwiefern der W. eines Körpers gegen die äußere Einwirkung anderer Körper konstitutiv für physische Körperlichkeit sei, den breitesten Raum ein, ohne daß grundsätzlich neue Problembehandlungen erkennbar wären [58].

Anmerkungen. [1] Vgl. Art. ‹Widerstand›, in: H. FRANKE (Hg.): Lex. der Physik 3 (1969) 1892-1894. – [2] ARISTOTELES: Phys. IV, 8, 215 a 29. – [3] EPIKUR: Ep. ad Herod. (DIOG. LAERT. X, 61). Opere, hg. G. ARRIGHETTI (Turin ^{2}1973) 34-73, 55f. – [4] LUKREZ: De rer. nat. II, 236. – [5] z.B. in: ARISTOTELES: Phys. IV, 8, 215 b 1-12. – [6] R. GOCLENIUS: Lex. philos. (Frankfurt 1613) 992-993 (Art. ‹resistentia›). – [7] E. CHAUVIN: Lex. philos. (Leeuwarden 1713) 569 (Art. ‹resistentia›). – [8] EPIKUR, a.O. [3]; LUKREZ, a.O. [4]. – [9] ARISTOTELES: Phys. IV, 8, 215 a 31. – [10] Vgl. M. WOLFF: Fallgesetz und Massebegriff (1971) 39. – [11] ARISTOTELES: Phys. IV, 8, 215 a 13ff.; VIII, 10, 266 b 40ff.; De caelo 301 b 22ff. – [12] WOLFF, a.O. [10] 38-52. – [13] I. NEWTON: Philos. nat. princ. math. II (1687, ^{2}1713). – [14] Vgl. C. A. TRUESDELL: Rational fluid mechanics, 1687-1765, in: L. EULER: Op. omn. II/12 (1954) VIII-CXXV; zur nicht-analyt. Behandlung des Strömungs-W. im 18. Jh. vgl. J. S. T. GEHLER: Physikal. Wb. 10 (^{2}1842) 1723-1860 (Art. ‹W. der Mittel›). – [15] ARISTOTELES: Phys. VII, 1, 241 b 34. – [16] Für die Antike vgl. WOLFF, a.O. [10] 46. 58f. 94; für das MA vgl. A. MAIER: Die Impetustheorie, in: Zwei Grundprobleme der scholast. Naturphilos. (Rom ^{3}1968) 113-314, hier: 184-188. – [17] Vgl. M. WOLFF: Hipparchus and the Stoic theory of motion, in: J. BARNES/M. MIGNUCCI (Hg.): Matter and metaphysics (Neapel 1988) 473-545, 488. – [18] J. KEPLER: Mysterium cosmographicum, Notae ad cap. XVI (1596, ^{2}1621). Ges. Werke 8 (1963) 94, 9-14; vgl. P. PARKER/B. R. GOLDSTEIN: Is 17th-cent. physics indebted to the Stoics? Centaurus 27 (1984) 148-164. – [19] So z.B. THOMAS VON AQUIN: In Arist. Phys. IV, lect. 12. Op. omn. 18 (Parma 1865) 351. – [20] Vgl. A. MAIER: Zwischen Philos. und Mechanik (Rom 1958) bes. 213-236. – [21] Vgl. z.B. AVICENNA: Kitab as-Sifa, Auszug, in: S. SAMBURSKY (Hg.): Der Weg der Physik (1978) 191-193, 191; vgl. dazu: A. HASNAOUI: La dynamique d'Ibn Sina, in: J. JOLIVET/R. RASHED (Hg.): Et. sur Avicenne (Paris 1984) 103-123, 104. – [22] Vgl. z.B. JOH. BURIDANUS: Quaest. sup. octo libr. Phys. (Paris 1509), ND, in: MAIER, a.O. [16] 207-214, bes. 211, 140-143. – [23] NEWTON, a.O. [13] def. III. – [24] PLATO: Tim. 62 b 8-c 3; vgl. 55 c 6-56 a 8. – [25] EPIKUR, a.O. [3] 39f. 53f. (DIOG. LAERT. X, 44. 61). – [26] Deperdit. librorum reliquiae frg. 24 [49], a.O. 215-217, 217. – [27] Vgl. SVF 2, 123 (Nr. 381). – [28] SEXTUS EMP.: Pyrrhon. instit. III, 39f. 45-47; vgl. 124-128. 152. Opera, hg. H. MUTSCHMANN/J. MAU/K. JANÁCEK 1-4 (1911-62) 1, 143f. 145f.; vgl. 167-169. 175. – [29] Adv. dogm. IV, 239, a.O. 2, 352f. – [30] 240, a.O. 353. – [31] PLOTIN: Enn. II, 1 (40), 6f.; II, 6 (17), 2; VI, 1 (42), 26. Opera, hg. P. HENRY/H.-R. SCHWYZER 1-3 (Oxford 1964-82) 1, 138f. 192; 3, 36. – [32] Enn. II, 1 (40), 6, a.O. 1, 138. – [33] Enn. II, 6 (17), bes. 2; vgl. VI, 1 (42), 10, a.O. 1, 192f.; vgl. 3, 14-16. – [34] F. PATRICIUS: De rerum natura libri II. Alter de spacio physico, alter de spacio mathematico (Ferrara 1587), zit. nach: On physical space (De spacio physico), übers. B. BRICKMANN. J. Hist. Ideas 4 (1943) 224-245, 228. – [35] a.O. 243f. – [36] 231; vgl. 238. – [37] P. GASSENDI: Syntagma philos., Prooem. Op. omn. 1-6 (Lyon 1658, ND 1964) 1, 55 a. – [38] Synt. philos. III, sec. I, a.O. 1, 266 b. – [39] a.O. 267 a; vgl. O. R. BLOCH: La philosophie de Gassendi (La Haye 1971) 206. – [40] a.O. – [41] Vgl. BLOCH, a.O. [39] 206-208. – [42] G. W. LEIBNIZ: Br. an J. Thomasius (20./30. April 1669). Akad.-A. II/1 (1926, ND 1972) 23; vgl. 16. – [43] a.O. 16; vgl. 21f. 23; vgl. auch: G. W. LEIBNIZ: Marii Nizolii De veris principiis (1670). Akad.-A. VI/2 (1966) 435. 443; hierzu: K. MOLL: Der junge Leibniz 1-3 (1978-96) 2, 146. 149f. 153f. 164. – [44] a.O. [42] 21. – [45] Vgl. Art. ‹Monade; Monas II. 1.-4.›. Hist. Wb. Philos. 6 (1984) 117-120. – [46] G. W. LEIBNIZ: Gegen Descartes [Mai 1702]. Die philos. Schr., hg. C. I. GERHARDT 1-7 (1875-90, ND 1965) 4, 395; vgl. Br. an F. W. Bierling (12. Aug. 1711), a.O. 7,

501; Br. an R. Ch. Wagner (4. Juni 1710), a.O. 529. – [47] Specimen dynamicum (1695). Math. Schr., hg. C. I. GERHARDT (1849-63, ND 1971) 6, 241f.; vgl. 236f. – [48] Br. an H. Fabri (Mai 1702), a.O. 100. – [49] Vgl. Art. ‹Energie›. Hist. Wb. Philos. 2 (1972) 494-499, 495f. – [50] a.O. [46] 395. – [51] TH. HOBBES: De corpore III, cap. 15, 2 (1655). Op. philos. lat., hg. W. MOLESWORTH (London 1839-45, ND 1961) 1, 178; cap. 22, 2, a.O. 271f. – [52] Vgl. Art. ‹Repulsion/Attraktion›. Hist. Wb. Philos. 8 (1992) 884-891, 888. – [53] JOH. BURIDANUS: Quaest. sup. octo libr. Phys. IV, qu. IX (Paris 1509, ND 1964) fol. 74; vgl. A. MAIER: Die Vorläufer Galileis im 14. Jh. (Rom 1949) 69 (Anm. 17). – [54] Vgl. GOCLENIUS, a.O. [6]; CHAUVIN, a.O. [7]. – [55] CHAUVIN, a.O. – [56] Vgl. GEHLER, a.O. [14]. – [57] Vgl. NEWTON, a.O. [13] def. IV. – [58] Vgl. bes. I. KANT: Metaphys. Anfangsgründe der Naturwiss. (1786). Akad.-A. 4, 539. 541. 548f. 552; J. G. FICHTE: Grundlage der ges. Wiss.lehre (1794, ²1802). Sämmtl. Werke, hg. I. H. FICHTE I/1 (1845) 292f.; F. W. J. SCHELLING: Ideen zu einer Philos. der Natur (1797). Akad.-A. I/5 (1994) 200f.; Von der Weltseele (1798, ²1806). Akad.-A. I/6 (2000) 78f.; G. W. F. HEGEL: Wiss. der Logik 1 (1812). Akad.-A. 11 (1978) 104; Wiss. der Logik 2 (1816). Akad.-A. 12 (1981) 143; Encycl. der philos. Wiss. im Grundrisse §§ 261. 265f. (1830). Akad.-A. 20 (1992) 252f. 257-261; J. F. FRIES: Die mathemat. Naturphilos. nach philos. Methode bearb. (1822). Sämtl. Schr., hg. G. KÖNIG/L. GELDSETZER 13 (1979) 560-563; Die Geschichte der Philos. 2 (1840), a.O. 19 (1969) 349f.: mit Bezug auf Leibniz und Newton; 682-684: mit Kritik an Hegel.

W. LEFÈVRE/H. PULTE

II. *Erkenntnistheorie.* – Eine erkenntnistheoretische Bedeutung gewinnt der Begriff ‹W.› im 17. Jh. durch die Erklärung der Wahrnehmung als Folge einer von außen erfahrenen Einwirkung materieller Körper auf die Sinnesorgane des Wahrnehmenden, also als mechanischer Vorgang. So führt etwa TH. HOBBES aus, daß das Phantasma oder die Vorstellung einem W. des Inneren auf eine von außen erfahrene Einwirkung entspringe [1]. Hobbes greift dabei auf eine naturphilosophische Bestimmung des W. zurück (vgl. oben: I.), der zufolge dieser nicht als etwas bloßes Passives zu denken sei, sondern als der Impuls eines Körpers, der dem Impuls eines ihn berührenden anderen Körpers entgegengesetzt ist [2]. Während bei Hobbes der Begriff des W. einzig in der mechanistischen Erklärung der Wahrnehmung seinen Ort hat, wird der W. bei J. LOCKE im Zusammenhang mit dem Tastsinn zu einem wesentlichen Gehalt der Wahrnehmung selbst: «The Idea of Solidity we receive by our Touch; and it arises from the resistance which we find in Body, to the entrance of any other Body into the Place it possesses, till it has left it. There is no Idea, which we receive more constantly from Sensation, than Solidity» [3]. Lockes Auffassung bleibt für die auf ihn folgende Philosophie ein wesentlicher Anknüpfungspunkt [4]. Bei A.-L.-C. DESTUTT DE TRACY wird die W.-Erfahrung zum Grund für das Bewußtsein des Daseins von etwas dem Ich Äußerem: «Action voulue et sentie d'une part, et résistance de l'autre; voilà, j'ose n'en pas douter, le lien entre les êtres sentans et les êtres sentis» [5]. Hervorzuheben ist dabei, daß der W. immer relativ nicht nur zu einem Willen, sondern zu einer durch den Willen hervorgerufenen Bewegung ist [6]. Konsequenterweise ist die W.-Empfindung daher ebenso als Grund des Bewußtseins des Wollenden von sich selbst anzusehen, wie F.-P. MAINE DE BIRAN im Anschluß an Destutt de Tracy hervorgehoben hat [7].

J. G. FICHTES Rede vom W. entspricht nur äußerlich diesen Überlegungen; zwar ist auch für ihn W. konstitutiv für das Bewußtsein und seinen Gegenstand [8], aber Fichte bleibt nicht dabei stehen, den W. als bloße Gegebenheit zu betrachten, sondern denkt ihn als Produkt einer durch die «Gesetze des Bewußtseyns» zu begreifenden Tätigkeit des Ich [9]. Und das Bewußtsein, von dem im Zusammenhang der Fichteschen Philosophie die Rede ist, ist nicht unbestimmt das Bewußtsein des Menschen, sondern genau dasjenige des Ich, dessen abstrakten Begriff Fichte am Anfang der ‹Grundlage der gesamten Wissenschaftslehre› gibt [10]. F. BOUTERWEK versteht in ausdrücklicher Abgrenzung gegen Fichte den W. der äußeren Realität als gleichursprünglich mit der Äußerung subjektiver Kraft und gelangt so zu seinem Begriff vom Absoluten als Virtualität (s.d.), d.h. als der Einheit von Kraft und W. bzw. Subjektivität und Objektivität [11]. Für W. DILTHEY ist das W.-Erlebnis der Grund für «unseren Glauben an die Realität der Außenwelt» [12]. Allerdings schließt er nicht an die ihm voraufgegangene spekulative Philosophie an, da er das Verhältnis von Willen und W. als ein schlechthin ursprüngliches und deshalb «unergründliches» Lebensverhältnis denkt. Diese Ursprünglichkeit der jegliches Bewußtsein konstituierenden Stellung des W.-Erlebens zeigt sich auch daran, daß es zeitlich die erste Gestalt des Bewußtseins bildet, macht es doch den Kern der mutmaßlichen Erlebnisse eines Embryos im Mutterleib aus [13]. Insofern fließen in Diltheys W.-Begriff transzendentale und empirisch-psychologische Überlegungen zusammen.

M. SCHELER lehnt auf dem Hintergrund der Husserlschen Phänomenologie Diltheys Begriff der W.-Empfindung ab [14]. Der W. sei vielmehr in einem intentionalen Erlebnis gegeben und konstitutiv für die praktische Realität [15]. Dabei könne es zu einer pathologischen Verschiebung des W. vom Äußeren in das Innere kommen, die es zu korrigieren gilt [16]. Dies verweist auf die praktische Bedeutung des W.-Begriffs, wie sie sich exemplarisch bei I. KANT zeigt. Mit W. in praktischer Hinsicht benennt Kant das wesentliche Merkmal des Verhältnisses zwischen reiner Vernunft und Neigung im Hinblick auf die Willensbestimmung; die eine Seite leiste der anderen W. [17]. Für die Bestimmung des Menschen entscheidend ist dabei die Überwindung des W. der Neigung allein durch die reine Vernunft, d.h. durch «die lebendige Vorstellung der Würde des Gesetzes» [18]. Damit hängt Kants Begriff vom Erhabenen zusammen: «Erhaben ist das, was durch seinen W. gegen das Interesse der Sinne unmittelbar gefällt» [19].

F. NIETZSCHE schließt in der Sache, wohl aber nicht ausdrücklich, an diese Bestimmung des Erhabenen an, wenn er darlegt, inwiefern der W. eine notwendige Bedingung zur Größe des Menschen ist: «Den höchsten Typus freier Menschen hätte man dort zu suchen, wo beständig der höchste W. überwunden wird» [20]. Das zielt auf Nietzsches Rede vom «Willen zur Macht» (s.d.), denn Macht manifestiert sich darin, «dass ein W. überwunden wird» [21]. In diesen Zusammenhang gehört auch die Bestimmung der moralischen Handlung durch W. JAMES: «And if a brief definition of ideal or moral action were required, none could be given which would better fit the appearances than this: It is action in the line of the greatest resistance» [22].

Anmerkungen. [1] HOBBES: De corp. IV, 25, a.O. [51 zu I.] 1, 318. – [2] IV, 15, a.O. 178. – [3] J. LOCKE: An essay conc. human underst. II, 4, § 1 (1690), hg. P. H. NIDDITCH (Oxford 1975) 122f.; vgl. Art. ‹Sinne, die, D. 2.›. Hist. Wb. Philos. 9 (1995) 842f. – [4] z.B. G. BERKELEY: Three dialogues (1713). Works, hg. A. A. LUCE/T. E. JESSOP (London 1948-57, ND 1979) 2, 191; A treat. conc. the princ. of human knowledge § 116 (1710), a.O. 93; G. W. LEIBNIZ: Nouv. ess. sur l'entend. humain II, 4, § 1 [1704] (1765). Akad.-A. VI/6 (1962) 122ff.; D. HUME: A treat. of human nature I, 4 (1739/40). The philos. works, hg. T. H. GREEN/T. H. GROSE 1 (London ²1886) 515; E. B. DE CONDILLAC: Traité des sensations II, 4 (Paris 1754) 152; H. SPENCER: Princ. of psychol.

II, 6, 17, §§ 347f. 350 (1855). Works 5 (London 1899, ND 1966) 232ff. 239ff. – [5] A.-L.-C. DESTUTT DE TRACY: Elém. d'idéologie I, 7 (Paris 1804, ^{3}1817) 136; vgl. P.-J. G. CABANIS: Rapports du physique et du moral de l'homme (Paris 1802) 34. – [6] DESTUTT DE TRACY, a.O. 141f. – [7] F.-P. MAINE DE BIRAN: Division des faits psycholog. et physiolog. Oeuvr. philos., hg. V. COUSIN (Paris 1841) 3, 196. – [8] z.B. J. G. FICHTE: System der Sittenlehre (1798). Akad.-A. I/5 (1977) 25f.; vgl. Art. ‹Streben 6. a)›. Hist. Wb. Philos. 10 (1998) 286-291. – [9] a.O. – [10] Grundl. § 1, a.O. [58 zu I.] 91f. – [11] F. BOUTERWEK: Idee einer Apodiktik (Halle 1799) 2, 68. – [12] W. DILTHEY: Beitr. zur Lösung der Frage vom Ursprung unseres Glaubens an die Realität der Aussenwelt und seinem Recht (1890). Ges. Schr. (1914ff.) 5, 90ff. – [13] a.O. 98; vgl. Art. ‹Unergründlichkeit›. Hist. Wb. Philos. 11 (2001) 147-150. – [14] M. SCHELER: Erkenntnis und Arbeit (1926). Ges. Werke 8 (^{2}1960) 370ff.; Idealismus und Realismus [1927/28], a.O. 9 (^{2}1995) 210ff. – [15] Der Formalismus in der Ethik und die mat. Wertethik (1916, ^{3}1926), a.O. 2 (^{5}1966) 149ff. – [16] Die Idole der Selbsterkenntnis (1911), a.O. 3 (^{4}1955) 258f. – [17] I. KANT: Grundleg. zur Met. der Sitten (1785). Akad.-A. 4, 424; KpV A 57. 133. Akad.-A. 5, 32. 75. – [18] KpV A 265, a.O. 147. – [19] KU B 115, a.O. 267. – [20] F. NIETZSCHE: Götzen-Dämmerung. Streifzüge eines Unzeitgemässen 38 (1889). Krit. Ges.ausg., hg. G. COLLI/M. MONTINARI 6/3 (1969) 134. – [21] Der Antichrist 2 (1895), a.O. 168. – [22] W. JAMES: The princ. of psychology 1-2 (New York 1890) 2, 549.

Literaturhinweis. B. SCHMIDT: Das W.-Argument in der Erkenntnistheorie (1985). A. HOMANN

III. *Psychoanalyse.* – Der psychoanalytische Begriff ‹W.› dient zur Bezeichnung jener meist unbewußten Kräfte, die sich dem Ziel der psychoanalytischen Behandlung entgegensetzen und zugleich deren notwendigen Gegenstand bilden. Das Konzept des W. steht in enger Verbindung zu den Konzepten der Abwehrmechanismen [1] und der Übertragung (s.d.). Im Gegensatz zu der eher okkasionellen Verwendung des Terminus in der Motivations- und Sozialpsychologie – wie z.B. im Kontext des Begriffes der Reaktanz [2] – hat die Psychoanalyse eine systematische Theorie der W.-Phänomene vorgelegt. Der Begriff ‹W.› wurde später auch von anderen psychotherapeutischen Schulrichtungen mit z.T. modifiziertem Bedeutungsgehalt übernommen und in andere theoretische Kontexte (z.B. der kognitiven oder Systemtheorie) transponiert [3].

S. FREUD wird mit dem klinischen Phänomen des W. vertraut, als er sich in der Therapie noch suggestiver und hypnotischer Techniken bedient. Bereits 1889 erwähnt er, die Beeinflussung erfolge «nur selten ohne W. von seiten des Hypnotisierten» [4]. Besonders in der Therapie hysterischer Erkrankungen stößt er auf den engen Zusammenhang zwischen W. und Verdrängung (s.d.): Hier sei «eine psychische Kraft ... zu überwinden ..., die sich dem Bewußtwerden (Erinnern) der pathogenen Vorstellungen widersetze» [5]. Dieser W. zeigt sich als dieselbe Kraft, die bei der Genese des Symptoms als Abwehr der unerträglichen Vorstellung von seiten des Ich wirksam geworden war. Während Freud zu dieser Zeit noch versucht, die Phänomene von W. und Verdrängung in einem neurophysiologischen Funktionsmodell der Psyche aufzulösen [6], überwindet er therapeutisch die suggestive Beeinflussung des W. und legt mit der Methode der freien Assoziation die Grundlage für die psychoanalytische Behandlungstechnik, d.h. der genauen Untersuchung und «Aufdeckung des Widerstandes» als ersten «Schritt zu seiner Überwindung». Neben den Theorien des Unbewußten und der kindlichen Sexualität bilden von nun an die «Lehren vom W. und von der Verdrängung ... die Hauptbestandteile des psychoanalytischen Lehrgebäudes» [7] und ein Fundament ihrer Technik, durch die sich Einsicht in den Aufbau von Träumen, Fehlleistungen und neurotischen Symptomen gewinnen läßt.

In seinen behandlungstechnischen Schriften untersucht Freud zwischen 1911 und 1915 eingehend das Verhältnis von W. und Übertragung, d.h. der agierten Wiederholung (s.d.) anstelle der bewußten Erinnerung der «vergessenen Vergangenheit» [8]. Wenn die Übertragung auf die Person des Analytikers vor allem deshalb zum Bewußtsein durchdringt, «weil sie auch dem Widerstande Genüge tut» [9], so gibt es andererseits doch auch keinen W. ohne Übertragung [10]. Freud entwickelt daraus ein dialektisches Modell des Verhältnisses von Wiederholung und Erinnerung im psychoanalytischen Prozeß [11], welcher vor allem die Analyse von Übertragungs-Widerständen zum Inhalt hat (W.-Analyse).

Die weitere Ausarbeitung der Theorie des W. ist von der Untersuchung des Wiederholungszwanges und der genaueren Einsicht in die Abwehroperationen des Ich geprägt. Während das klinische Phänomen des Wiederholungszwanges Freud zur Einführung des Todestriebes (s.d.) und zur Revision seiner Triebtheorie führt, ermöglicht ihm die Strukturtheorie eine genauere Differenzierung der verschiedenen W.-Formen sowie Einblick in das Verhältnis von W. und Charakterbildung (sog. Charakter-W.). 1926 unterscheidet Freud fünf Arten von W., wobei er den «Verdrängungswiderstand», den «Übertragungswiderstand» und den «Krankheitsgewinn» dem Ich zuschreibt. Dem stellt er den W. von seiten des Es sowie den W. des Über-Ich gegenüber, welcher vom Schuldbewußtsein oder Strafbedürfnis ausgeht [12]. Letztere W.-Formen bringt er in seiner Arbeit ‹Die endliche und die unendliche Analyse› mit der «negativen therapeutischen Reaktion» und der Tätigkeit des Todestriebes in Zusammenhang [13].

Die Entwicklung nach Freud ist durch die weitere Entfaltung der theoretischen Hauptrichtungen, den Erkenntniszuwachs über die frühkindliche Entwicklung sowie durch die Fortschritte in den behandlungstechnischen Konzepten charakterisiert. Während A. FREUD [14] die vom Ich ausgehenden Abwehrmechanismen analysiert und ichpsychologische Autoren vor allem in den USA die Technik der W.-Analyse weiter ausarbeiten [15], beschreiben M. KLEIN [16] und ihre Schüler in Großbritannien bestimmte W.-Manifestationen bei schweren psychischen Störungen als Ausdruck und Bewältigungsversuche primitiver Destruktivität. Diese kann gegen einzelne psychische Funktionen (z.B. Denkfunktionen) wie auch gegen die Möglichkeit von Entwicklung und Veränderung überhaupt gerichtet sein [17].

Die Berücksichtigung von Erkenntnissen über die Bedeutung von Loslösungsprozessen für die frühe Identitätsbildung [18] findet ihren Ausdruck in einer erweiterten Sichtweise von W.-Phänomenen, die auch Schritte zur Entwicklung von Selbstkohärenz und Autonomie miteinbezieht. Vor diesem Hintergrund schlagen vor allem ich- und selbstpsychologische Autoren Modifikationen der klassischen Behandlungstechnik bei bestimmten Störungsformen vor [19].

Andererseits wird das W.-Konzept gerade durch Weiterentwicklungen der psychoanalytischen Behandlungstechnik vertieft und differenziert. Dies betrifft zum einen das Verständnis regressiver Prozesse [20], zum anderen die Rolle der Gegenübertragung, d.h. der Verwicklung des Analytikers in bestimmte W.-Konstellationen (Gegenübertragungs-W.) [21]. Insbesondere die systematische Berücksichtigung von Gegenübertragungsprozessen hat zu einem vertieften Einblick in die Dynamik von

W.-Phänomenen geführt. Neuere interpersonale und sozial-konstruktive Ansätze betonen deshalb den Interaktions- und Prozeßcharakter von Übertragung und W. [22].

In Abhebung vor allem zu ichpsychologischen Ansätzen nimmt in Frankreich die strukturale Psychoanalyse-Interpretation J. LACANS Motive der dialektischen Philosophie Hegels auf. Sie betrachtet W. im Zusammenhang mit dem imaginären Charakter des Ich und sieht darin ein konstitutives Element in der Entfaltung der intersubjektiven Begehrensstruktur [23].

Freuds Überlegungen zu Charakter-Widerständen und zur negativen therapeutischen Reaktion werden von W. REICH [24] und anderen Autoren weitergeführt. Schon frühzeitig beschreiben K. ABRAHAM [25] und J. RIVIERE [26] hochkomplexe Widerstände als Abwehrorganisationen. Daraus gehen in neuerer Zeit Theorien über pathologische Organisationen der Persönlichkeit hervor, die sich sowohl als Ineinandergreifen von Abwehrmechanismen wie auch als komplexes Netz von Objektbeziehungen verstehen lassen [27]. Diese Überlegungen sind auf Gruppenprozesse und Institutionen übertragbar und ermöglichen in der psychoanalytischen Situation ein genaueres Verständnis schwieriger Übertragungs-Gegenübertragungs-Konstellationen.

In der *philosophischen* Rezeption hat das Konzept des W. vor allem in der Debatte um den erkenntnistheoretischen Status psychoanalytischer Aussagen eine Rolle gespielt. Während einerseits argumentiert wird, der Begriff des W. unterlaufe die geforderte Falsifikationsmöglichkeit wissenschaftlicher Aussagen [28], wird von hermeneutischer Seite der eigenständige Status der psychoanalytischen Theoriesprache reklamiert [29]. Diese läßt sich nach P. RICŒUR [30] weder in der erklärenden Rede der Naturwissenschaft noch in der motivierenden Rede der Phänomenologie auflösen, sondern erfordere einen «discours mixte», welcher die Arbeit der Exegese mit Begriffen der Kraft verknüpft, wie sie in der psychoanalytischen Praxis als W. und Übertragung erfahrbar werden.

Anmerkungen. [1] Vgl. Art. ‹Abwehrmechanismus›. Hist. Wb. Philos. 1 (1971) 67-70. – [2] Vgl. S. S. BREHM/J. W. BREHM: Psycholog. reactance: A theory of freedom and control (New York 1981). – [3] Vgl. F. CASPAR: Art. ‹W.›, in: A. SCHORR (Hg.): Handwb. der Angewandten Psychol. (1993) 731-733. – [4] S. FREUD: Rez. von A. Forel, Der Hypnotismus (1889). Ges. Werke, hg. A. FREUD u.a. [GW] (London 1940-87) Nachtragsband (1987) 135; vgl. Art. ‹Hypnose 3.›. Hist. Wb. Philos. 3 (1974) 1244-1246. – [5] S. FREUD/J. BREUER: Studien über Hysterie: Zur Psychotherapie der Hysterie (1895, ²1909). GW 1, 268. – [6] Vgl. S. FREUD: Entwurf einer Psychologie (1895). GW, Nachtr.bd. 387ff. – [7] «Selbstdarstellung» (1925). GW 14, 65f. – [8] Erinnern, Wiederholen und Durcharbeiten (1914). GW 10, 130. – [9] Zur Dynamik der Übertragung (1912). GW 8, 369. – [10] Vorles. zur Einf. in die Psychoanalyse (1915-17). GW 11, 300f. – [11] Vgl. a.O. [8]; H. WEISS: Der Andere in der Übertragung (1988). – [12] Hemmung, Symptom und Angst (1926). GW 14, 192. – [13] Die endl. und die unendl. Analyse (1937). GW 16, 88. – [14] A. FREUD: Das Ich und die Abwehrmechanismen (Wien 1936). – [15] R. GREENSON: The technique and practice of psychoanalysis (New York 1967). – [16] M. KLEIN: Notes on some schizoid mechanisms. Int. J. Psycho-Anal. 27 (1946) 99-110; Envy and gratitude (London 1957). – [17] W. R. BION: Learning from experience (London 1962). – [18] M. S. MAHLER/F. PINE/A. BERGMAN: The psycholog. birth of the human infant (New York 1975). – [19] Vgl. H. KOHUT: The analysis of the self (New York 1971); G. BLANCK/R. BLANCK: Ego psychology: Theory and practice (New York/London 1974). – [20] Vgl. M. BALINT: The basic fault: Therapeutic aspects of regression (London 1968); D. W. WINNICOTT: Playing and reality (London 1971). – [21] Vgl. P. HEIMANN: On countertransference. Int. J. Psycho-Anal. 31 (1950) 81-84; H. RACKER: Transference and countertransference (London 1968). – [22] M. M. GILL: Analysis of transference (New York 1982). – [23] Vgl. J. LACAN: Fonction et champ de la parole et du langage en psychanalyse. Ecrits I (Paris 1966) 237-322; La direction de la cure et les principes de son pouvoir, a.O. 585-645; Le séminaire II. Le moi dans la théorie de Freud et dans la techn. de la psychanalyse (Paris 1978). – [24] W. REICH: Charakteranalyse (Wien 1933). – [25] K. ABRAHAM: Über eine bes. Form des neurot. W. gegen die psychoanalyt. Methodik. Int. Z. Ärztl. Psychoanal. 5 (1919) 173-180. – [26] J. RIVIERE: A contrib. to the analysis of the negat. therapeutic reaction. Int. J. Psycho-Anal. 17 (1936) 304-320. – [27] Vgl. H. ROSENFELD: Psychotic states (London 1965); J. STEINER: Psychic retreats (London 1993). – [28] A. GRÜNBAUM: Psychoanalyse in wiss.theoret. Sicht (1987). – [29] Vgl. A. SCHÖPF: S. Freud (1982); W. TRESS: Psychoanalyse als Wissenschaft. Psyche 29 (1985) 385-412. – [30] P. RICŒUR: De l'interprétation (Paris 1965) 75; dtsch.: Die Interpretation (1974) 79.

Literaturhinweise. W. LOCH: Voraussetzungen, Mechanismen und Grenzen des psychoanalyt. Prozesses (Bern/Stuttgart 1965). – H. THOMÄ/H. KÄCHELE: Lehrb. der psychoanalyt. Therapie (1985). – H. R. ETCHEGOYEN: The fundamentals of psychoanal. technique (London/New York 1991). – M. ERMANN: Art. ‹Widerstand›, in: W. MERTENS/B. WALDVOGEL (Hg.): Hb. psychoanalyt. Grundbegriffe (2000) 797-802. H. WEISS

Widerstandsrecht (lat. ius resistentiae, ius resistendi). Erst im Zuge der Einrichtung des modernen Verfassungsstaates und der Auseinandersetzung zwischen monarchischem Anstaltsstaat und konstitutioneller Bewegung um Art. 13 Bundesakte (Einrichtung Landständischer Verfassung) wird ‹W.› zum Sammelbegriff für eine Vielzahl unterschiedlicher Rechtsgründe zum Ungehorsam oder zur Gewaltanwendung gegen Magistrate, von der Herrscherverlassung bis hin zu deren Absetzung. Die Gründe reichen von ständischen Vertragsgarantien zugunsten Dritter bis zu natur- und strafrechtlichen Begründungen: defensio ipsi, defensio suae coniugi, defensio in casu necessitatis, protectio, Gegenwehr, Notwehr, ius iudicandi, ius puniendi, nur ausnahmsweise ausdrücklich ius resistendi. Lexika des 18. Jh. kennen nur die durch ius divinum oder ius naturale begründete und strafrechtlich eingehegte Notwehr für den einzelnen Untertanen (defensio naturalis/necessaria, favor necessitatis). Mit Hinweis auf Grotius, Pufendorf und Thomasius wird die organisierte und kollektive Bekämpfung des höchsten Magistrats in Abwägung der Folgeschäden für das Gemeinwesen ausdrücklich ausgeschlossen [1]. Die Abwägung zwischen den Rechten des Einzelnen und der Notwendigkeit der Unterordnung unter eine anerkannte Zwangsgewalt zieht sich zwar bereits durch die mittelalterliche und frühneuzeitliche Diskussion, fußte damals jedoch auf dem konkurrierenden Nebeneinander kontrovers gedeuteter unterschiedlicher Rechte (ius divinum, ius naturale, Kanonisches Recht, Gewohnheitsrecht usw.). Der Verfassungsbewegung nach 1806 geht es demgegenüber um den Schutz der bürgerlichen Privatrechtsgesellschaft gegenüber dem Staat, aber ebenso um die völlige Positivierung des geltenden Rechts unter Ausschaltung konkurrierender Rechtsgründe. I. KANT und Juristen wie A. BAUER folgern: «Wider das gesetzgebende Oberhaupt des Staats giebt es also keinen rechtmäßigen Widerstand des Volks; denn nur durch Unterwerfung unter seinen allgemein-gesetzgebenden Willen ist ein rechtlicher Zustand möglich» [2]. Ein W. würde «im Staat, dessen Zweck in Rechtssicherheit besteht, einen Zustand des Despotismus oder der Anarchie» bewirken [3]. Als jedoch der nach 1806 nicht mehr durch

Reichsgerichte gebundene Staat den Forderungen der Verfassungsbewegung nach Schutz der bürgerlichen Privatrechtsgesellschaft nach 1815 nicht nachzukommen scheint, fassen deren Verfechter die Vielzahl widersprüchlicher Deutungen konkurrierender Rechte in Form eines Rechtsgedankens ‹W.› neu als Teil der neuen positiven Verfassungsordnung zusammen. «Vermöge des UnterwerfungsVertrags behält das Volk, der Inbegriff der Staatsbürger, ausserhalb des Staatszweckes seine Selbsständigkeit [d.h. als bürgerliche Privatrechtsgesellschaft]; und der Regent hat die Oberherrschaft, nur unter der Bedingung pflichtmäsiger Wahl der Mittel zu Erreichung jenes Zweckes. Es kann also ... das Volk von dem Regenten als bloßes Mittel für andere Zwecke (Tyranney, Sultanismus, Macchiavellismus) nicht behandelt werden (Recht des gewaltsamen Widerstandes, jus resistendi)» [4]. Neben den Versuch der verfassungsrechtlichen Einhegung der Exekutive durch höchste Gerichte [5] tritt die publizistische Ausdeutung von Unruhen im Sinne eines W., so im Gefolge der Revolution von 1830 in Braunschweig durch F. MURHARD 1832, der die «Stimmen für die Rechtmäßigkeit des Widerstandes und der Zwangsübung gegen die bestehende Staatsgewalt» als Zeichen für die erreichte «höhere Stufe der Kultur und Zivilisation» als W. geschichtsphilosophisch zusammenfaßt [6].

1. *Antike Wurzeln.* – Die Notmaßnahmen der römischen Bürgerkriege führen – wie SCIPIO NASICA SERAPIOS Aufforderung (133 v.Chr.) an diejenigen, «die wollen, daß die öffentlichen Belange unversehrt seien» («qui rem publicam salvam esse volunt»), zur Gewaltanwendung gegen Tiberius Gracchus – zu Handlungsanweisungen an die Bürger, im Notfall auf eigene Faust gegen Feinde («hostes») die Rechte von unverurteilten Bürgern («cives indemnatus») zu brechen [7]. CICERO verteidigt das dann entstehende Instrument des «senatus consultum» zu Notmaßnahmen gegen Feinde zur Bewahrung von Herrschaft und Würde des römischen Volkes («ut imperium populi Romani maiestasque conservaretur») [8]. Die von ihm 63 v.Chr. als Konsul befohlene Hinrichtung von bereits verhafteten Anhängern Catilinas – also weder «hostes» im bisherigen Sinne noch mit «senatus consultum ultimum» – führt zu seiner Verurteilung wegen der Ermordung von unverurteilten Bürgern. Von ihm selbst wiederum wird die Tat mit dem Hinweis darauf, «daß das Wohl des Volkes höchstes Gesetz sein soll» («salus populi suprema lex esto»), begründet [9]. Später fügt er die ausdrückliche Rechtfertigung der Ermordung des Senators Clodius durch Milo – ohne senatorische Deckung – als Verteidigung des eigenen Lebens («vitam ... liceat defendere») und des öffentlichen Wohls und Vaterlands («pro salute rei publicae», «periculis patriam liberare») hinzu [10]. Während des Krieges mit Caesar unterstreicht Cicero die Pflicht zum Rechtsbruch durch jeden einzelnen Bürger, der für das Vaterland zum Piraten werden müsse («infero navigabimus, et ... boni cives amantes patriae mare infestum habebimus») [11].

2. *Mittelalter.* – Da das Neue Testament (Röm. 12, 17, 13; Mtth. 5, 39) Gehorsam gegen die rechtmäßige Herrschaft und Verzicht auf Selbstrache (Apg. 5, 29) verlangt, hängt die christliche Reflexion, unabhängig von der lehensrechtlichen Praxis [12], ganz vom Begriff der Tyrannis (s.d.) und der Gewißheit göttlicher Gerechtigkeit ab. JOHANNES VON SALISBURYS Polycraticus folgert vor diesem Hintergrund in einem an Cicero angelehnten Syllogismus, der Tyrann könne erschlagen werden, denn er falle dann durch das Schwert, das er ergriffen hat (Mtth. 26, 52), breche die Gesetze, deren Diener er ist («justitiae et juris famulus»), und begehe «crimina majestatis». Er ist darum «publicus hostis» [13], gegen den die bewaffnete Hand des Gemeinwesens ausgeübt wird («Armata itaque manus [rei publicae] in hostem ... exercetur») [14], sofern er nicht anders kontrolliert werden kann («honestum fuit occidere, si tamen aliter coerceri non poterat») [15]. THOMAS VON AQUIN entwickelt demgegenüber in Auseinandersetzung mit der ‹Politik› und ‹Ethik› des Aristoteles eine Kasuistik des Tyrannen «ex parte exercitii» und «defectu tituli» und kontrastiert Ciceros Befürwortung der Ermordung des Tyrannen mit dem christlichen Gehorsamsgebot [16]. Allerdings sind, unter Ausschluß von «privati personae», gegenüber dem Usurpator «jene, welche das Gemeine Beste verteidigen, nicht als Aufrührer zu bezeichnen» («illi vero qui bonum commune defendunt ... non ... dicendi seditiosi») [17].

3. *Frühe Neuzeit.* – Die Entstehung sich gegenseitig ausschließender Konfessionen läßt die Verteidigung des eigenen Glaubens auch gegen rechtmäßig eingesetzte Herrschaft zum Strukturproblem werden. Gegen die andersgläubige Obrigkeit gewinnen das eine Mal Apg. 5, 29, die «vocatio dei» und «Exempla Israelitarum», ein anderes Mal ein auf einzelne Amtshandlungen begrenztes W. mit Bezug auf lehens-, gewohnheits- und naturrechtliche Argumente gesteigerte Bedeutung und führen in Gebieten unterschiedlicher monarchischer Legitimität zu völlig verschiedenen Ergebnissen. Im Reich dominiert von 1530 bis 1542 zunächst die «von natur und recht zugelassene gegenwehre» [18], in der bis zu einer Konzilsentscheidung der causa religionis lehensrechtliche Ansprüche, obrigkeitliche Pflichten und das allein Obrigkeiten zustehende Naturrecht der Selbstverteidigung kombiniert werden. In der Krise vor dem Frankfurter Anstand 1539 argumentiert M. LUTHER, daß auch die dritte der gegen den Teufel gesetzten göttlichen Schöpfungsordnungen, «Oeconomicum» (Hausvaterstand), im Falle der apokalyptischen Bedrohung von Gottes Ordnung dem «Beerwolf» zu widerstehen habe («resistendum est ei sicut monstro furioso») [19]. PH. MELANCHTHON differenziert seit 1543 die allein der Obrigkeit vorbehaltene «vindicta» von der in der ‹Carolina› 1532 strafrechtlich eingeschränkten, nun jedoch naturrechtlich jedem Hausvater zugestandenen Notwehr [20] als «defensio» («Paterfamilias debet defensionem suae coniugi et suis liberis, ergo in oppugnatione aedium facit officium dilectionis») [21]. In der Pamphletistik wird dieses Naturrecht der Selbstverteidigung seit 1546 als 'Not'- oder 'Gegenwehr' einem häufig als 'Vaterland' apostrophierten Gemeinwesen zugestanden – mit Bezug auf Deutschland oder auf eine Region oder Stadt, zum Schutz von Religion und weltlicher Rechtsordnung. Eine Inflationierung dieses engen Rechts ist die Folge.

Im Reich setzen sich Selbstverteidigung des Vaterlandes, obrigkeitliche Gegenwehr und Notwehr bis in die 1640er Jahre fort. Neben eine fürstenfreundliche Position der Verteidigung des territorialen Vaterlandes allein durch reichsfürstliche Obrigkeiten («sicut contra se ipsum nemo debet armari, ita nec contra patriam» [22]) tritt eine landständefreundliche Position: die Verteidigung des auch städtischen Vaterlandes («Religio, libertas & jura patriæ sunt defendenda» [23]) auch durch Landstände, ja sogar «civi boni» gegen den Fürsten («Defensio contra vim & injuriam», «tyrannidem ... removere», «patriæ amantes optimates & privati resistere ... debent» [24]). Man beruft sich auf ein bei J. ALTHUSIUS mit einem aus der Identitätsrepräsentation des regnum begründeten («actum jurisdictionis ... & superioritatis» [25]), eigenen ständischen W. der Ephoren («ius resistendi», «ius iudicandi vel puniendi») [26]. Die naturrechtliche Selbstverteidigung bleibt allein im Sinn der strafrechtlichen Notwehr gestattet [27]. Ein W. des Hausmannsstandes als vocatio dei zur Verteidigung des Vaterlandes (z.B. mit 2. Kön. 11; 2. Chr. 23; Jos.) [28] oder als naturrechtliche Notwehr (mit Cicero ‹Pro Milone›) behalten die reformierten und lutherischen Autoren besonderen Krisensituationen vor. Entscheidend ist die «Unterscheidung zwischen der rechtmäßigen Verteidigung und Rebellion» («differentia defensio & rebellionis ingens»): «die Noth- oder Gegenwahr ist ein ordentliches Schutzwerck / in allen Rechten gegruendet und zugelassen / nicht andern zu schaden fuergenommen / sondern wider unrechte gewalt / sich und die Seinigen auffzuhalten / wenn sonst keine andere RettungsMittel obrig sind» [29]. Sowohl das entstehende Reichsstaatsrecht als auch das jüngere Naturrecht belassen den Fürsten die Gegenwehr und den Untertanen die Notwehr, verzichten aber in der Regel auf ein W. für Landstände und Untertanen zugunsten des Rekurses auf die Reichsgerichte. In den Niederlanden bleibt die Diskussion überwiegend auf der Ebene ständischer Privilegien, sei es in der Terminologie von «Defension, gegenwehr und rettung» [30], sei es in der natur- und völkerrechtlichen Terminologie von H. Grotius: Stände («ordines») im Besitz des Herrschaftsrechts und höchster Amtsgewalt («ius ... gubernandi»; «summam potestam») haben das Recht, sich zu wehren («habe[n]t ius se defendendi»; «ius potestatis suae iurisdictionem suam defendere») [31]. J. Calvin warnt vor einer Inanspruchnahme der vocatio dei durch einzelne Untertanen und schreibt allein den dem Volk als Vormündern vorgesetzten Ständen ein W. zu [32].

G. Buchanans ambivalente Andeutungen selbständiger Gewaltanwendung einzelner Untertanen unter Bezug auf das römische Beispiel [33] bleiben die Ausnahme. Da das Wohl des Volkes höchstes Gesetz sei, können Bürger, die den Gesetzen gehorchen und durch ihre Würde geachtet sind, alle Strafen des Krieges gegen den Tyrannen wenden. In England kann die Publizistik der marianischen Exulanten auf die Gegenwehr der niederen Magistrate («ordayned ... to stande in defence of trewe religion, lawes, and welth of their nation, and to be a shylde») nicht zurückgreifen und diskreditiert W. durch ihren Rückgriff auf die vocatio dei für Untertanen (mit Richt. 19f.: «one facte of the Isralites worthie memorie ... at what tyme they had no lawfull Magistrate in all Israell. Who notwithstanding rose up whollie together», und 4. Mos.: «any priuate man haue som special inwarde cōmaundement ... of God: as Moses ..., Phinees ..., and Ahud») [34]. In Frankreich schließt T. Beza in ausdrücklichem Bezug auf Magdeburg und auf Exempla Israelitarum nach der Bartholomäusnacht 1572 zunächst an die Diskussion über die Gegenwehr niederer Magistrate zum Schutz der Untertanen und die Verteidigung der Rechtsordnung des Gemeinwesens durch die Stände an («ad inferiores magistratus», «salutem ... procurare [etiam armata manu si possunt]»; «iusta defensione adversus iniustum persecutorem»; «defensores ac protectores iurium ipsius supremae potestatis ... et coerceant et mulctent») [35]. Die ‹Vindiciae› übernimmt Calvins am Römischen Recht orientierte Figur der Vormundschaft und kombiniert sie mit der Korporationslehre der Postglossatoren und einem am AT belegten und am deutschen Beispiel des Reiches in seinen Konsequenzen illustrierten doppelten Bund zwischen Gott, König und korporativem Volk und König und Volk («duplex ... fœdus», «pactum», «pactio»), den die Stände in Vormundschaft des Volkes verteidigen («acti[o] tutelæ») [36]. Nach der Inanspruchnahme der vocatio dei für einzelne Untertanen durch die katholischen Monarchomachen bleibt die das W. betreffende Publizistik seit den 1590er Jahren in England und Frankreich völlig diskreditiert. Die Hugenotten berufen sich zwischen 1610 und der Kapitulation von La Rochelle allein auf die naturrechtliche Selbstverteidigung im Falle eines bevorstehenden Massakers an ihnen [37]. In England und Schottland provoziert der Zusammenbruch der monarchischen Ordnung wegen der mangelnden ständischen Differenzierung die Symbiose der Verteidigung des Gemeinwesens – ständisch oder an Cicero geschult – und der naturrechtlichen Notwehr des Einzelnen von 1642 bis 1689 zu einem aus dem Naturzustand überkommenen Rechtsprivileg auf Selbstverteidigung. Das ältere Naturrecht löst sich demgegenüber schrittweise auf: «every private man may defend himselfe by force, if assaulted, though be the force of a Magistrate or his owne father ... yet here whole nations being exposed to enmity»; «the law of Nature will allow this self defence even to private persons, in cases of necessity»; «every man has a right of resisting ... that which ought not to be done to him» [38]. Die in der neuen Konzeption des Naturzustandes und durch aufgeklärte Ideen des göttlich inspirierten Fortschritts zur irdischen Glückseligkeit begründeten Selbstermächtigungen für Bürger und Adel im Kampf gegen Tyrannen [39] (jedes «Volck hat so wol das Recht als jeder priuatus seine Glueckseligkeit und Wolfahrt auf alle Weise zu befordern und auf festen Fuß zu setzen» [40]) werden im Verlauf des 18. Jh. zu Begründungen der Revolution und entstehen im Schnittpunkt von klassischer Bürgerethik und jüngerem Naturrecht, während das ältere ständische W. an Boden verliert.

4. *19. und 20. Jh.* – Auch wenn die Befürworter eines W. gegen den verfassungslosen monarchischen Staat im Deutschen Bund den Bogen zum Mittelalter schlagen, scheint dem W. mit der Trennung von souveränem Anstaltsstaat und bürgerlicher Privatrechtsgesellschaft zur Befriedung von Normkonflikten der Boden «rechtslogisch» jedenfalls entzogen, da der «Rechtspositivismus als Begrenzung ideologischen Verfügungsanspruchs» ein W. im engeren Sinne ausschließt [41]. Die moderne Erfahrung der nationalsozialistischen Schreckensherrschaft scheint die Notwendigkeit überpositiver Normen jedoch erneut zu bestätigen. Nach 1945, besonders aber im Gefolge der Perhorreszierung staatlicher Strukturen in den 1960er Jahren zugunsten der vermeintlichen normativen Richtigkeit der Handlungen 'des Volkes' oder des Einzelnen gegen den Staat, gewinnt ‹W.› als Metapher für den legitimen Gesetzesbruch [42] in ganz unterschiedlichen Kontexten neue Bedeutung, dies allerdings, ohne daß das Problem einer konsistenten überpositiven Normordnung als Voraussetzung von W. immer hinreichend reflektiert würde. Auch in der internationalen Ordnung hat sich das Souveränitätsprinzip so weit als zentrale Norm etabliert, daß aus ihm ein W. der Staaten als Recht zur Selbstverteidigung gefolgert wird. Bereits die Tatsache, daß dieses im Verfolg des Schutzes zur Intervention in andere Länder führen kann, zeigt aber, daß auch hier ‹W.› lediglich als Metapher für normativ gerechtfertigte Gewaltanwendung dient.

Anmerkungen. [1] Vgl. J. H. Zedler: Grosses vollst. Univ.-Lex. (1732-54, ND 1961) 7 (1734) 398; a.O. 24 (1740) 1440-1449; J. G. Walch: Philos. Lex. 2 (4 1775, ND 1968) 284-296. – [2] I. Kant: Met. der Sitten I: Rechtslehre (1797). Akad.-A. 6, 320. –

[3] A. Bauer: Lehrb. des Naturrechts (1808) 318. – [4] J. L. Klüber: Oeffentl. Recht des teutschen Bundes und der Bundesstaaten (1817) 291f. – [5] Vgl. z.B. Kurhess. Verfassung von 1831: § 113 zur gerichtl. Überprüfung von Amtshandlungen; Begründung: § 123 II mit Bezug auf das Edikt vom 26. 11. 1743 zur reichsrechtlichen Privilegierung des alten landherrlichen Gerichts; vgl. § 126. – [6] F. Murhard: Über Widerstand, Empörung und Zwangsübung der Staatsbürger gegen die bestehende Staatsgewalt in sittl. und rechtl. Beziehung (1832, ND 1969) 195. 411. – [7] Valerius Maximus: Factorum et dictorum memorabilium libri novem III, 2, 17, hg. K. Kempf (1854, [2]1888, ND 1966) 119. – [8] Cicero: Pro C. Rabirio perduellionis reo ad quirites oratio 20. – [9] De legibus III, 3, 8. – [10] Pro T. Annio Milone 6. 96. – [11] Ep. ad Att. IX, 19, 3. – [12] Vgl. Magna Charta 1215; Sachsenspiegel. Quedlinburger Handschr., hg. K. A. Eckhardt (1966) Landrecht III, 78, § 2: «unrechtes wederstân». – [13] Joh. von Salisbury: Polycraticus III, 15. MPL 199, 512; vgl. Cicero: Laelius de amicitia 24, 89; De off. III, 36. – [14] Polycr. VI, 1, a.O. 589. – [15] VIII, 18, a.O. 788. – [16] Thomas von Aquin: In II Sent., d. 44, q. 2. Op. omn., hg. R. Busa 1 (1980) 255 C-257 B. – [17] S. theol. II-II, 42, 2. – [18] Abschied des II. Schmalkaldischen Bundestags zu Nürnberg vom 17. 5.-26. 5. 1534 (26. 5. 1534), in: Die Schmalkaldischen Bundesabschiede 1533-1536, hg. E. Fabian (1958) 37-52, 43. – [19] M. Luther: Die Zirkulardisputation über das Recht des Widerstands gegen den Kaiser (9. 5. 1539). Weim. Ausg. 39/II (1932, ND 1964) 34-91: Thesen 52. 55. 58. 66. – [20] Peinliche Gerichtsordnung Kaiser Karl's V. CXXXIX-CXLV. CL (1532), hg. H. Zoepfl (1876) 117-123. 129f. – [21] Ph. Melanchthon: Loci theologici: De vindicta (1543). Corp. Ref. 21, hg. C. G. Bretschneider/H. E. Bindseil (1854, ND New York/London 1963) 720-724, 723. – [22] H. Arnisaeus: De iure maiestatis I, V, 12 (Straßburg 1635). – [23] J. Althusius: Politica methodice digesta 38, § 84 (Herborn [3]1614, ND 1961) 919. – [24] Polit. 7, § 60, a.O. 127; 8, § 91, a.O. 165; 38, § 68, a.O. 913. – [25] 38, § 93, a.O. 921. – [26] Vgl. 8, § 91, a.O. 165. – [27] Arnisaeus: De iure maiest. II, IV, a.O. [22]; Althusius: Polit. 38, § 67, a.O. 912: «in casu necessitatis & vitæ suæ defendendæ». – [28] Althusius: Polit. 38, § 68, a.O. 913. – [29] J. Fabricius: Einunddreissig Kriegsfragen (Stettin 1630) 223f. – [30] W. von Oranien: Bekentnus sampt andern jrer F.G. Mitverwandten Defension un Nothwehr wider des Duca de Alba Unchristliche unnd unerhörte verfolgung gegen alle Stendt der Niderlanden tyrannischer Weise geübet (o.O. 1568) A ij. – [31] H. Grotius: Commentarius in Theses XI, §§ 22. 16. 32f. [ca. 1603-1608]; vgl. De iure belli ac pacis I, IV («De bello subditorum in superiores») (1625). – [32] J. Calvin: Institut. christ. religionis III, 10, 6; IV, 20, 31 (1559). Corp. Ref. 30/II, hg. G. Baum u.a. (1864, ND New York/London 1964) 532. 1116f. – [33] G. Buchanan: De iure regni apud Scotos (1579) 34. 89f. 97. – [34] Ch. Goodmann: How superior powers ought to be obeyd (1558, ND New York 1931) 35. 186; Anon. [J. Poynet]: A shorte treatise of politike power ([Straßburg?] 1556) Seite vor H. – [35] T. Beza: De iure magistratuum 30. 37. 40. 42 (1574, lat. 1576) (1580), hg. K. Sturm (1965). – [36] S. J. Brutus: Vindiciae contra tyrannos (Edinburg 1579) 11. 14. 36. 50 (33. 55f. 146) zur Absetzung von Kaiser Wenzel. – [37] J. Boucher: De justa Henrici Tertii abdicatione e Francorum regno, libri quatuor (Paris 1589); Mémoires du Duc de Rohan. Sur les choses advenues en France depuis la mort de Henri-le-Grand jusques à la paix faite avec les Réformés au mois de juin 1629, in: Coll. des mém. relatifs à l'hist. de France XVIII, hg. M. Petitot (Paris 1822). – [38] H. Parker: Observations upon some of his Majesties late answers and expresses (o.O. 1642) 16f.; J. Stewart: Ius populi vindicatum 203 (161) (London 1669); A. Sidney: Discourses conc. government, ch. 3, s. 4 (London 1698), hg. Th. G. West (Indianapolis, Ind. 1990) 339. – [39] J. Locke: Two treat. of government (1690). The works 5 (1823, ND 1963). – [40] W. von Schröder/G. S. Treuer: Disquisitio politica. Vom absoluten Fürstenrecht (1719) 204. – [41] B. Koch: Rechtsbegriff und W. (1985) 13; vgl. K. Wolzendorff: Staatsrecht und Naturrecht in der Lehre vom W. des Volkes gegen die rechtswidrige Ausübung der Staatsgewalt (1916, ND 1961) 498f. – [42] Vgl. Art. ‹Ungehorsam, ziviler›. Hist. Wb. Philos. 11 (2001) 162f.

Literaturhinweise. A. Kaufmann (Hg.): W. (1972). – C. Link: Jus resistendi, in: A. Scheuermann/R. Weiler/G. Winkler (Hg.): Convivium Utriusque Iuris (1976) 55-68. – E. Wolgast: Die Religionsfrage als Problem des W. im 16. Jh. (1980). – R. von Friedeburg: W. und Konfessionskonflikt (1999). – R. von Friedeburg (Hg.): W. in der frühen Neuzeit (2001); Self-defence and religious strife in early modern Europe (2002). – J. Miethke/Ch. Strohm: Art. ‹Widerstand/Widerstandsrecht›, in: Theolog. Realenzykl. 35 (2003) 739-767. R. von Friedeburg

Wiederbringung (griech. ἀποκατάστασις; lat. restitutio; engl. restoration; frz. restitution, rétablissement; ital. restaurazione). ‹W.› wird theologisch und z.T. auch philosophisch seit der Reformation in exegetisch problematischem Anschluß an Apg. 3, 21 oft als Abkürzung von ‹W. aller› oder ‹W. aller Dinge› im Sinne eines soteriologisch-eschatologischen Begriffs gebraucht [1]. Seit der Alten Kirche wurden entsprechende Auffassungen häretisiert zugunsten der Lehre von ewig-endlosen Strafqualen der 'Gottlosen' [2] oder – vor allem im anglikanischen Bereich – ihrer schlechthinnigen Vernichtung (Annihilation, s.d.).

1. Wie seine anderssprachlichen Äquivalente ist der W.-Begriff historisch und analytisch mehrdeutig. In der außerjüdischen und christlichen Antike vertritt er zunächst zyklische Vorstellungen [3] von gesamtkosmischer Art, von da aus dann die Vorstellung von der ewigen Wiederkehr des Selben oder des Gleichen einschließlich einer Konstanz des Bösen in den Welten bzw. Äonen. Modifiziert findet sich diese Vorstellung beim frühen Origenes. Denn er setzt die Gleichheit bzw. Ähnlichkeit von Anfang und Ende und eine auch postmortal vorhandene Wahlfreiheit voraus und erwägt – im Unterschied z.B. zu dem niemals häretisierten Gregor von Nyssa – die Möglichkeit eines neuen Falls nach der schließlichen W. im soteriologischen Sinne [4]. Damit nimmt er in hypothetischer Form den christlichen Endvorstellungen ihren eschatologischen Gehalt und trägt der W. u.a. den Titel einer «Urhäresie» ein [5]. Der frühe Origenes versteht zudem wie spätere Origenisten die leibliche (zweite) Schöpfung als Straffolge eines Falls der präexistenten Seelen, weshalb die W. bei ihm nur diese betrifft und keine 'W. aller' oder 'W. aller Dinge' ist. Entsprechend wird in den Origenes und die Origenisten betreffenden Verwerfungsaussagen einer Synode von 543 und des Konzils von 553 n.Chr. nicht eine W. bzw. Wiederherstellung aller und von allem, sondern nur eine solche der präexistenten Seelen bzw. reinen Vernunftwesen als «mythisch» qualifiziert und für häretisch erklärt [6].

Dies macht verständlich, weshalb besonders die philadelphische und schwäbisch-pietistische bzw. theosophische W.-Tradition – die zugleich mit dem Reich-Gottes-Gedanken [7] den gleichfalls häretisierten Chiliasmus (s.d.) in das Zentrum ihrer Hoffnung stellt und z.T. für den deutschen Idealismus eines F. Hölderlin, F. W. J. Schelling und G. W. F. Hegel von einiger Bedeutung ist – bis hinein in Buchtitel immer wieder den Begriff der 'W. aller Dinge' oder auch 'W. aller Kreaturen' gebrauchen kann [8]. Dabei geht es zusätzlich um die Absage an eine W. der Sünde bzw. des Bösen auch nur der Möglichkeit nach [9] und um eine Absage an die Verewigung der Sünde gar auf dem Wege der Auferweckung durch Gott selbst [10].

Einerseits wird demnach ‹W.› unter anderen gedanklichen Voraussetzungen als denen des Origenismus als mögliche oder notwendige christliche Endvorstellung partiell beibehalten. Andererseits kann sich W. – z.T. implizit [11] – mit der orthodoxen Auffassung einer Vollendung Aller im Guten oder im Bösen auf dem Wege neuschöpferischer Auferstehung zum Jüngsten Gericht verbinden und damit die schon altkirchlich vollzogene Veränderung einer universalen Auferstehungs- bzw. Anastasisprämisse [12] in eine soteriologisch neutrale Rahmenprämisse verschärfen. So kommt es zu einer mehrdeutigen Begriffssituation. Diese betrifft auch sachliche Äquivalente von ‹W.› mit unterschiedlichen Konnotationen wie ‹wieder Zurechtbringung›, und zwar in verklärter Gestalt [13], ‹selige W.› [14], ‹Heilsuniversalismus›, die zugunsten einer Versöhnung (s.d.) mit allem Elend mißbrauchbare ‹Allversöhnung› (vgl. bes. Kol. 1, 20) [15], ‹Allerrettung› (vgl. bes. 1. Tim. 2, 4) [16] oder auch ‹Allerlösung›. Bis in das 20. Jh. hinein stehen als sachliches Äquivalent für ‹W.› der bei IRENAEUS zentrale Begriff der «recapitulatio omnium» (Zusammenfassung von allem [in Christus]; vgl. Eph. 1, 10) [17] und derjenige einer universalen 'Neuschöpfung' bzw. 'Neugeburt' [18] mit zur Debatte. Fast alle diese Begriffe – wie auch die Rede von einer futurisch-eschatologischen 'Vollendung der Welt' – verbinden sich aber faktisch mit dem für orthodox erklärten 'doppelten Ausgang' der Heilsgeschichte. Der entsprechenden Vorstellung vom Gericht Gottes gemäß geht ein Teil der Menschheit in das Reich Gottes ein, der andere wird dagegen vom Heil ausgeschlossen und auf ewig verdammt.

Die analytische Uneindeutigkeit des W.-Begriffes als Kürzel für eine soteriologisch-eschatologische W. aller (und von allem Geschaffenen oder gar im ungnostischen Sinne des leidenden Gottes selbst) betrifft folgende Aspekte des W.-Begriffs, die zugleich unterschiedlichen W.-Modellen entsprechen: a) über den qualitativen Bezugspunkt ‹Wieder ...› (vgl. unterschiedliche Urstands- und Fallprämissen) hinaus den umfangslogischen Bezugspunkt, b) die Begründung und von da aus den Prozeß einer W., c) deren Resultat und d) deren modallogischen Status.

a) Die umfangslogische Frage als Frage der Präzisierung des Allquantors betrifft seit der Alten Kirche neben dem Problem der Leiblichkeit und Materialität das Problem des Teufels (s.d.) und der Dämonen, die anti-manichäistisch [19] als primär gefallene, seit bzw. mit ihrem Fall im Bösen verhärtete (reine) Geister bzw. Engel und als solche als dem menschlichen Fall vorgängige Geschöpfe aufgefaßt wurden. Denn unter der Voraussetzung einer einmaligen Inkarnation (s.d.) Gottes in einem *Menschen* als klassischer Voraussetzung einer W. scheiden sie aus dieser notwendig aus. Entsprechend ist die W. des Teufels und der analog zu ihm verstandenen Dämonen von der Alten Kirche bis zum 20. Jh. um so mehr das primäre W.-Problem, als der Teufel teils Gott, teils die Menschen als Ursache des Bösen ein Stück weit entlastet und zugleich Paradigma für eine (ewige) Verhärtung von Geschöpfen im Bösen, also einer entsprechenden W. ist [20].

b) Es läßt sich zwischen metaphysischer, transzendentaler und christologischer Begründung einer W. unterscheiden, für die z.B. ORIGENES, F. D. E. SCHLEIERMACHER und K. BARTH oder der späte J. G. FICHTE stehen [21]. Doch überschneiden sich diese Begründungen z.T., und es wären ihnen trinitarische und straftheologische, die Gerechtigkeit ewiger Strafen für zeitliche Sünden betreffende Begründungen hinzuzufügen (vgl. bes. die sog. terministischen Streitigkeiten, die im 20. Jh. weitergehen [22]). Dabei gehört zur metaphysischen, später transzendental gebrochenen Begründung auch das Problem der Seelenunsterblichkeit und des Zwischenzustands (vgl. das universalisierte und auch sonst modifizierte Fegefeuer im katholischen Sinn, das sich seit G. E. LESSING [23] mit einem Reinkarnationsgedanken verbinden kann).

c) Der W. wird bis heute immer wieder Monismus, Differenzverlust und – mit Folgen für ihre Einschätzung in ethischer oder missionarischer Perspektive – Geschichtsnihilismus vorgeworfen. J. GERHARD wiederholt in den ‹Loci theologici› ein entsprechendes Argument des Hieronymus mit den Worten: «si finis omnium similis est, finge infinitas aetates cruciatum, praeteritum omne pro nihilo est» («wenn das Ende aller ähnlich ist, ersinne unendliche Zeiten von Qualen, alles Vergangene ist ganz wie nichts») [24]. Doch es gibt seit GREGOR VON NYSSA das neuzeitlich aufgenommene und transformierte Modell unendlicher Annäherung an Gott bzw. die 'Seligkeit' und auch sonst unterschiedliche Modelle, um eschatologische Differenzen festzuhalten, insbesondere durch das unterschiedlich gefaßte negative W.-Moment ewiger Erinnerungsspuren [25]. Dieses genügt dem u.a. wiederbringungskritischen Grundsatz, daß Begriffe ohne ihre Gegenbegriffe ihren Sinn verlieren [26], und erlaubt es zugleich, der Behauptung zu widersprechen, daß ein Jüngstes Gericht notwendig an den klassisch verstandenen 'doppelten Ausgang' gebunden ist [27].

d) Eine soteriologisch-eschatologische W. wird bis heute entweder hypothetisch erwogen (so schon der frühe ORIGENES), assertorisch mit Gründen behauptet bzw. als Zentrallehre verstanden (so bes. die schwäbisch-pietistische W.-Tradition) oder als von gleichem Recht wie die für orthodox erklärte Gegenlehre verteidigt (so schon G. W. LEIBNIZ) [28]. Seit einiger Zeit hat sich im Anschluß besonders an K. BARTH [29] einerseits, an K. RAHNER [30] andererseits theologisch ein sog. 'dritter Weg' ergeben, der nur eine W.-Lehre, nicht aber eine W.-Hoffnung verneint; dieser erinnert z.T. auch ausdrücklich an das inzwischen geflügelte pietistische Wort: «Wer an die W. nicht glaubt, ist ein Ochs, wer sie aber lehrt, der ist ein Esel» (vermutlich CH. G. BARTH) [31]. Protestantische systematische Arbeiten zum Thema wehren sich gegenwärtig mit unterschiedlichen Gründen und Konsequenzen gegen diese Situation.

2. Andere Aspekte des W.-Begriffs sind noch nicht hinreichend erforscht. G. W. LEIBNIZ etwa bedenkt aufgrund des ‹W.-Werkes› von J. W. PETERSEN [32] die Möglichkeit eines W.-Gedankens, der auf der Hypothetisierung des ewigen Bleibens der Sünde bzw. des moralisch Bösen als Grund der ewigen Strafe bzw. eines physisch Bösen beruht. Er bezieht sich auch zeichentheoretisch und logisch-kombinatorisch auf eine durch die Grenzen der Erkenntnis bedingte Wiederkehr und von da aus auf eine ewige Wiederkehr im antiken Sinne [33]. Der frühe D. F. STRAUSS hält den Gedanken einer völlig gegensatzlosen Welt für unvollziehbar und schließt sich an eine G. W. F. HEGEL unterstellte subjektive W. aller Dinge in der wahren Philosophie sowie an den philosophischen Aufweis der widersprechenden Gegenwart selbst als widerspruchslos an und wendet dies auf die klassische Eschatologie des 'doppelten Ausgangs' an [34].

Erlösung von aller Erlösung zugunsten einer Bejahung der faktischen endlichen Wirklichkeit führt bei F. NIETZSCHE zu einem Rekurs auf die antike Idee der ewigen Wiederkehr mit ihrer Zeit «ohne ein Finale» [35]. Als radikale Konsequenz invertierter Grenzerfahrung ist dies mit Leibniz' W.-Idee verglichen worden [36]. W. BENJAMIN wendet sich sowohl gegen den Historismus als auch gegen Nietzsche als einen seiner scheinbar radikalsten Gegner und spricht zugleich gegen die kapitalistische

Moderne und ihre mit Langeweile verbundene ewige Wiederkehr des Neuen für eine «historische Apokatastasis» der ganzen Vergangenheit in die Gegenwart hinein von kulturgeschichtlich-dialektischer Art, die mit einer «Verschiebung des Gesichtswinkels (nicht aber der Maßstäbe!)» arbeitet [37] und so das Kontinuum der Zeit(en) sprengt. Abgesehen von z.B. Th. W. Adorno wird er darin besonders von J. B. Metz' politischer Theologie einer «memoria passionis» und der «gefährlichen Erinnerung» beerbt [38]. Im christlich-jüdischen Dialog kommt es zur Erneuerung der biblischen Verheißung einer Wiederherstellung Israels (vgl. Jer. 16, 15 u.ö.; Hos. 2, 3 u.ö.; Mal. 3, 22ff.; Ps. 14, 7 u.ö.; verbunden mit der Wiederkehr des Elia auch im NT: Mtth. 17, 11; Apg. 1, 44ff.) gegen dessen folgenreiche ekklesiologische Substitution oder Integration. Die nachalttestamentliche jüdische W.-Tradition vom 4. Esrabuch über die lurianische Mystik bzw. die Kabbala bis hin z.B. zu F. Rosenzweig und ihr Einfluß auf die christliche Mystik ist ebenso noch kaum erforscht wie die W.-Funktion in neuzeitlicher ästhetischer Theorie.

Anmerkungen. [1] Vgl. Art. ‹Apokatastasis›. Hist. Wb. Philos. 1 (1971) 440f. (Lit.). – [2] Vgl. auch: Art. ‹Gericht (Gottes)›, a.O. 3 (1974) 338-343; ‹Strafe I. B.›, a.O. 10 (1998) 216-218; ‹Verdammung/Verwerfung›, a.O. 11 (2001) 598-605. – [3] Vgl. Art. ‹Kreislauftheorien›, a.O. 4 (1976) 1227-1230. – [4] Origenes: De principiis II, 3, 3. 7. GCS 22 (1913) 117-119. 125f. – [5] H. J. Weber: Die Lehre von der Auferstehung der Toten in den Haupttraktaten der scholast. Theol. von Alexander von Hales bis Duns Scotus (1973) 96. – [6] 1. Anathema ‹Contra Origenem sive Origenistas› des 5. ökumen. Konzils von Konstantinopel 553. Acta Conc. Oecumen. IV/1 (1971) 248, 3f.; vgl. Origenes: Vier Bücher von den Prinzipien, hg. H. Görgemanns/H. Karpp (1976) 824f. – [7] Vgl. Art. ‹Reich Gottes›. Hist. Wb. Philos. 8 (1992) 510-530. – [8] Vgl. z.B. J. Leade: Eine Offenbarung der Bottschafft des ewigen Evangelii, ... daß die ganze gefallene Schöpfung, es seien Menschen oder Engel, wieder in ihren ersten Stand eingesetzt werden sollen (Amsterdam 1697); J. E. Petersen: Das ewige Evangelium Der Allgemeinen W. Aller Creaturen (o.O. 1698); Wiederabdruck in Teil 1 von: ΜΥΣΤΗΡΙΟΝ ΑΠΟΚΑΤΑΣΤΑΣΕΩΣ ΠΑΝΤΩΝ. Das ist: Das Geheimniß der W. aller Dinge ... durch Jesum Christum, den Wiederbringer aller Dinge. Teile 1-3 ('Pamphilia' 1701-10). – [9] So z.B. schon: Petersen, a.O. 1, bes. Vorrede § 15; später z.B.: P. Maury: L'eschatologie (Genf 1959); dtsch.: Eschatologie (1960) 67. – [10] Vgl. dazu die Belege bei: J. Ch. Janowski: Allerlösung 1-2 (2000) 2, 399-404. 413-442; Warum sollte Gott nicht alle erlösen? Antwort auf einige Einwände gegen eine Allerlösungslehre, in: M. L. Frettlöh/H. P. Lichtenberger (Hg.): Gott wahr nehmen. Festschr. Ch. Link (2003) 277-328. – [11] Vgl. bes. W. Elert: Der christl. Glaube (⁵1960) 523-526. – [12] Vgl. die Verbindung von «instauratio omnium» mit dem eschatolog. Dual bei: Augustinus: Enchiridion de fide, spe et caritate 62. 111-113. MPL 40, 261. 284f.; ferner z.B.: Conf. Helv. post. (1566) Art. 11, in: Bekenntnisschr. und Kirchenordnungen der nach Gottes Wort reformierten Kirche, hg. W. Niesel (Zollikon-Zürich ²1938) 235-239. – [13] So z.B.: Petersen, a.O. [8] 1, Vorrede § 15. – [14] J. G. Walch: Hist. und theolog. Einl. in die Religions-Streitigkeiten der Evang.-Luther. Kirche 2 (²1733, ND 1972) 637-658; 5 (²1739, ND 1985) 957-973, hier: 971. – [15] Vgl. U. Hedinger: Wider die Versöhnung Gottes mit dem Elend (Zürich 1972); in anderer Weise: J. B. Metz: Kampf um jüd. Traditionen in der christl. Gottesrede, in: Kirche und Israel 1 (1987) 14-23, hier: 16. 22. – [16] Vgl. die Unterscheidung M. Eliades zwischen einem «nichts geht verloren» und einem «alles wird gerettet»: Le mythe de l'éternel retour (Paris 1949); dtsch.: Kosmos und Geschichte. Der Mythos der ewigen Wiederkehr (²1984) 163. – [17] Vgl. die Kommentare zur Stelle sowie: G. Siegwalt: Der Prolog des Joh.evang. als Einführung in eine christl. Theol. der Rekapitulation. Neue Z. systemat. Theol. Relig.philos. 24 (1982) 150-171. – [18] Vgl. z.B. L. Ragaz: Zur theolog. Lage. Neue Wege 38 (1944) 163-173, hier: 167: in Rekurs auf Mtth. 19, 28. – [19] Vgl. Art. ‹Manichäismus›. Hist. Wb. Philos. 5 (1980) 714-716. – [20] Dazu mit Belegen: Janowski, a.O. [10] bes. 2, 377-387. – [21] Vgl. H. Rosenau: Allversöhnung (1993) 109-225. – [22] z.B. M. McCord Adams: Hell and the God of justice. Religious Studies 11 (1975) 433-447. – [23] Vgl. einerseits: G. E. Lessing: Leibnitz von den ewigen Strafen (1773). Sämtl. Schr., hg. K. Lachmann 11 (³1895) 461-487; andererseits: Die Erziehung des Menschengeschlechts §§ 90-98 (1780), a.O. 13 (³1897) 434f. – [24] J. Gerhard: Loci theologici IX, 4, 6, 64, hg. E. Preuss 9 (1875) 264; nach: Hieronymus: Comm. in Jonam proph., zu Kap. 3, 6-9. CCSL 76 (1969) 408. – [25] Vgl. zu Joh. Scotus Eriugena z.B. W. Schmidt-Biggemann: Philosophia Perennis (1998) 550-558; Lessing: Leibnitz ..., a.O. [23] 477-484; zugunsten eines universalen, modifiziert rechtfertigungstheolog. Verständnisses: Janowski, a.O. [10] 2, 499-503. 620f. – [26] N. Luhmann: Die Unterscheidung Gottes, in: Soziolog. Aufklärung 4 (1987) 236-252, bes. 238f. 240. – [27] So C. H. Ratschow: Art. ‹Eschatologie VIII.›. Theolog. Realenzykl. 10 (1982) 334-363, hier: 357. – [28] F. D. E. Schleiermacher: Der christl. Glaube § 163, Anhang (1821f., ²1830f.), hg. M. Redeker 2 (²1960) 439. – [29] K. Barth: Die kirchl. Dogmatik II/2, § 35, 4 (Zürich 1959) 498-563. – [30] K. Rahner: Grundkurs des Glaubens (1976). Sämtl. Werke 26, hg. N. Schwerdtfeger/A. Raffnet (1999) 417f.; Ewigkeit aus Zeit (1979), in: Schr. zur Theol. 14 (1980) 422-432. – [31] Zit. bei: J. M. Lochmann: Art. ‹Apokatastasis›. Evang. Kirchenlex. 1 (³1986) 202f., hier: 203. – [32] Petersen, a.O. [8]. – [33] G. W. Leibniz: Essais de théod., bes. §§ 18f. 74. 133. 266f. 269 (1710). Die philos. Schr., hg. C. I. Gerhardt 6 (1885, ND 1961) 112-114. 142. 184-187. 275f. 277; De la doctrine humaine [1693]; Αποκαταστασις παντων (La restitution universelle) [1715], in: Textes inéd., trad. et annotés, hg. M. Fichant (Paris 1991) 35-77. – [34] D. F. Strauss: Die Lehre von der W. aller Dinge in relig.gesch. Entwicklung (1831), in: G. Müller: Identität und Immanenz. Zur Genese der Theol. von D. F. Strauss (Zürich 1968) 50-84, bes. 69. 81f. – [35] F. Nietzsche: Der europ. Nihilismus 6 [1887]. Nachgel. Frg., Sommer 1886-Herbst 1887 5[71]. Krit. Ges.ausg., hg. G. Colli/M. Montinari 8/1 (1974) 217; Nietzsches Schulpfortaer Lehrer R. Buddensieg schrieb: Gottes Wort und die W. aller Dinge (1856); vgl. auch: Art. ‹Wiederkunft, ewige; Wiederkehr, ewige›. – [36] Vgl. G. Abel: Nietzsche. Die Dynamik, der Willen zur Macht und die ewige Wiederkehr (1984) 280-300. – [37] W. Benjamin: Das Passagen-Werk [1927-40]. Ges. Schr., hg. R. Tiedemann/H. Schweppenhäuser 5/1 (²1982) 156-178, bes. 174-178. 573. – [38] Vgl. W. Brändle: Rettung des Hoffnungslosen. Die theolog. Implikationen der Philos. Th. W. Adornos (1984); J. B. Metz: Glaube in Geschichte und Gesellschaft (1977, ⁵1992) 63-66. 77-83. 111-116; Zum Begriff der neuen Polit. Theologie (1997) 123-128. 149-155.

Literaturhinweise. F. Diekamp: Die origenist. Streitigkeiten im 6. Jh. und das fünfte allg. Conzil (1892). – E. Staehelin: Die W. aller Dinge (Basel 1960). – F. Groth: Die 'W. aller Dinge' im württembergischen Pietismus (1984). – H. U. von Balthasar: Kleiner Diskurs über die Hölle. Apokatastasis (1987, ³1999). – H. Rosenau s. Anm. [21]. – J. Moltmann: Das Kommen Gottes (1995) 262-286. – J. Ch. Janowski s. Anm. [10]. – H. Rosenau: Art. ‹Wiederbringung aller›, in: G. Müller (Hg.): Theol. Realenzykl. 35 (2003) 774-780.

J. Ch. Janowski

Wiedererkennen (griech. ἀναγνώρισις; lat. recognitio; engl. recognition; frz. reconnaissance). Der Begriff ‹W.› wird besonders in der *Erkenntnistheorie*, der *Psychologie* und der *Philosophie des Geistes* gebraucht. Paradigmatische Fälle sind Wahrnehmungen, deren Gehalte aufgrund vergangener Erlebnisse bestimmt werden. Durch die Wahrnehmungskomponente besteht ein enger Zusammenhang mit sinnlicher oder innerer Erfahrung. Wenn das W. als (explizite) Identifikation (s.d.) eines Wahrnehmungsgehalts mit einem Gedächtnisinhalt spezifiziert wird, handelt es sich um einen logischen und erkenntnistheoretischen Begriff. Eine Urteilskomponente wird nicht immer als notwendig betrachtet, woraus sich erklärt, daß seit der Antike auch Tieren W. zugeschrieben wird.

1. Die grundlegende Bedeutung des W. wird bereits bei HOMER in eindrücklicher Weise behandelt [1]. ARISTOTELES bezeichnet die ‹Odyssee› insgesamt als ἀναγνώρισις [2]. Bei PLATON ist das W. im Zusammenhang von Erörterungen der Begriffe des Lernens, Wissens und Erkennens thematisch. Der ‹Theaitet› formuliert anhand eines Falles irrtümlicher Reidentifikation von Personen (im Kontext des Wachstafelmodells des Gedächtnisses) [3] das grundlegende Problem der epistemischen Zuverlässigkeit des W. Bei Platon wird die Anamnesis (s.d.), die eine Grundlage allen Lernens bildet, mitunter als ein W. der Ideen im partikularen Objekt gefaßt.

ARISTOTELES betont mit kritisch-distanzierter Bezugnahme auf Platons Anamnesis-Konzeption eine Differenz zwischen dem Wissen vom Allgemeinen und dem Wissen von partikularen Gegenständen, die auf Grundlage des Wissens vom Allgemeinen wiedererkannt werden [4]. Über die psychologischen und erkenntnistheoretischen Überlegungen zu Gedächtnis und Erinnerung (s.d.) in ‹De anima› und ‹De memoria et reminiscentia› hinausgehend, verwendet er den Ausdruck ἀναγνώρισις als Terminus technicus der *Dichtungstheorie*. ‹W.› bezieht sich hierbei auf eine spezifische Wendung im Handlungsverlauf, die primär durch eine Revision irrtümlicher Überzeugungen der handelnden Figuren über die Identität von Personen bestimmt ist [5]. Insbesondere die plötzliche Aufdeckung naher verwandtschaftlicher Beziehungen bewirkt eine Erschütterung des Rezipienten. Aristoteles unterscheidet verschiedene Spielarten des W., wobei er als beste Variante das W. auszeichnet, das ohne Erkennungszeichen auskommt und sich aus dem Handlungsverlauf selbst mit Wahrscheinlichkeit ergibt. Dramatisch wirkungsvoll ist das W., das zugleich mit der Peripetie eintritt. W. aufgrund von Erinnerung wird ausdrücklich nicht als gelungenes Strukturmoment der Tragödie beurteilt [6].

2. Als *erkenntnistheoretischer* Begriff wird ‹W.› in der neuzeitlichen Diskussion bei G. W. LEIBNIZ für die Unterscheidung klarer und dunkler Vorstellungen gebraucht [7]: «Dunkel ist ein Begriff, der zum W. der dargestellten Sache nicht ausreicht, wie wenn ich mich zum Beispiel irgendeiner Blume oder eines Tieres, die ich einst gesehen habe, erinnere, jedoch nicht in dem Maße, daß es genug ist, um das Vergessene wiederzuerkennen und von etwas ihm Nahestehenden unterscheiden zu können ... Klar ist also die Erkenntnis, wenn ich sie so habe, daß ich aus ihr die dargestellte Sache wiedererkennen kann» («Obscura est notio, quae non sufficit ad rem repraesentatam agnoscendam, veluti si utcunque meminerim alicujus floris aut animalis olim visi, non tamen quantum satis est, ut oblatum recognoscere et ab aliquo vicino discernere possim ... Clara ergo cognitio est, cum habeo unde rem repraesentatam agnoscere possim») [8].

Diese Begriffsbildung bleibt im Bereich rationalistischer Schulphilosophie verbindlich: «Wenn der Begriff ... zureichet, die Sachen, wenn sie vorkommen, wieder zu erkennen, ... so ist er klar: hingegen dunckel, wenn er nicht zulangen will, die Sache wieder zu erkennen» [9]. Sowohl «memoria sensitiva» wie «memoria intellectualis» werden durch das W. der jeweiligen reproduzierten Ideen definiert [10].

Die sensualistische Erkenntnistheorie E. BONNOT DE CONDILLACS bestimmt das W. als Rekurrenz von Sinnesdaten, die vom Subjekt mit Aufmerksamkeit aufgenommen und verglichen werden. Die Ich-Vorstellung wird aus elementaren sensorischen Diskriminierungsleistungen des Tastsinns aufgebaut [11]. I. KANT unterscheidet drei Momente einer transzendentalen Synthesis: Apprehension, Reproduktion (s.d.) und Rekognition (s.d.); dem Vorgang des W. kommt somit fundamentale Bedeutung zu: «Ohne Bewußtsein, daß das, was wir denken, eben dasselbe sei, was wir einen Augenblick zuvor dachten, würde alle Reproduction in der Reihe der Vorstellungen vergeblich sein» [12].

3. Das Wesen der Intelligenz als Denken wird von G. W. F. HEGEL durch ‹W.› gekennzeichnet [13]. In den Ästhetik-Vorlesungen begreift er das Kunstwerk als eine Entfremdung des Geistes: Die Leistung des Denkens besteht darin, «sich in seiner Entäußerung zur Empfindung und Sinnlichkeit wieder zu erkennen, sich in seinem Andern zu begreifen» [14]. F. W. J. SCHELLING beschreibt die Identifikation von Einzelnem durch Anwendung von Allgemeinbegriffen als W.: «Das meiste Erkennen ist eigentlich ein W. – z.B. wenn ich eine Pflanze erkenne und weiß, was für eine sie ist, so erkenne ich den Begriff, den ich voraus von ihr hatte, in der vorliegenden, d.h. in der existierenden wieder» [15]. Eine dialektische Struktur des W. ist für A. SCHOPENHAUER maßgeblich: Im Rahmen der Metaphysik des Willens erkennt sich das Ich in anderen Wesen wieder. Dies wird als Symptom der Erkenntnis und Überwindung des 'Principium individuationis' interpretiert [16].

4. Einen neuen Strang der Begriffsgeschichte eröffnen die wissenschaftstheoretischen Untersuchungen A. BOECKHS: Die Philologie (s.d.) ist die Erkenntnis des vom «menschlichen Geist Producierten, d.h. des Erkannten». Charakteristikum der Philosophie ist das Erkennen, W. kennzeichnet die Philologie, wobei beide Disziplinen nicht in einem starren Gegensatz stehen: «denn man kann das Erkannte nicht erkennen ohne überhaupt zu erkennen, und man kann nicht zu einer Erkenntnis schlechthin gelangen ohne, was Andere erkannt haben, zu erkennen» [17]. Im Kontext einer Theorie der historischen Geisteswissenschaften betont W. DILTHEY die Bedeutung individueller Erlebnisse und deren Erinnerung, wobei W. als Element jeglicher Erinnerung bestimmt wird [18].

5. Für die weitere Begriffsgeschichte ist entscheidend, daß sich seit der zweiten Hälfte des 19. Jh. die Psychologie zunehmend von der Philosophie ablöst. Die *psychologische Theoriebildung* ist weitgehend von der Methodik des (quantifizierenden) Experiments und durch das Interesse an kausalen Erklärungen beherrscht. Dabei wird das tradierte Modell der Assoziationstheorie und ihr Vorstellungsbegriff weiter entwickelt und das Verhältnis von empirisch-psychologischen und logisch-erkenntnistheoretischen Fragestellungen problematisiert. H. SPENCER stellt Übergänge zwischen bewußter Wiedererinnerung und habitualisiertem, unbewußtem Gedächtnis fest [19]. W. HAMILTON ist überzeugt, daß die Assoziationspsychologie (s.d.) keine angemessene Erklärung des Gedächtnisses und der Wiedererkenntnis geben kann. Er kritisiert die verbreitete Auffassung, der zufolge W. notwendige Bedingung für Wiedererinnerung ist [20]. H. HÖFFDING unterscheidet unmittelbares W. («Bekanntheitsqualität») von einem «successiven» W. und einem «Urtheil des W.». Bei habitualisiertem Verhalten spricht er von «secundären, automatisch gewordenen Erkennungen» [21].

Die den Beginn experimenteller Forschung der Gedächtnispsychologie markierende Arbeit von H. EBBINGHAUS ‹Über das Gedächtnis› unterscheidet willkürliche von unwillkürlicher Reproduktion und bestimmt das W. als unmittelbares Erkennen von früher Dagewesenem [22]. H. K. WOLFES ‹Untersuchungen über das Tongedächtnis› knüpfen direkt an Ebbinghaus an. Anders als dieser untersucht Wolfe nicht Reproduktions-, sondern W.-Leistungen. Er stellt fest, daß das W. einer Vorstellung leichter als deren Reproduktion ist. Auf dieser Beurteilung beruht die bis heute anzutreffende, aber nicht unumstrittene Hochschätzung des W. als Nachweis von Gedächtnisfunktionen in der experimentellen Psychologie. Wolfe definiert Erinnerung durch W.: «Die Wiedererkennung einer Vorstellung als eine früher erlebte nennt man ... Erinnerung» [23]. A. MEINONG unterscheidet 1) unmittelbare Erinnerung, 2) darauf aufbauendes W., 3) Vergleichen eines Gegenwärtigen mit dem Gedächtnisbilde eines Vergangenen. Er betrachtet das W. als eine logische Aktivität und gebraucht den Terminus ‹Wiedererkennungs-Urteil›: «Bekanntheit so gut wie 'W.' ist an sich jedenfalls Sache des Urteils» [24]. Die antidualistische Theorie H. BERGSONS kritisiert die traditionelle Konzeption des W. als Assoziation einer Vorstellung und einer Erinnerung. Mit Hinweis auf klinische Untersuchungen wird die Unhaltbarkeit der These, daß W. ein verläßliches Kriterium für Erinnerung ist, betont und für eine Entkoppelung von W. und Erinnerung argumentiert, wobei insbesondere das unreflektierte, motorische W. hervorgehoben wird: «Reconnaître un objet usuel consiste surtout à savoir s'en servir» [25]. Die Einsicht, daß es Fälle von W. ohne Erinnerung gibt, wird von zahlreichen Autoren übernommen. J. LINWURZKY thematisiert in Anknüpfung an das Konzept des 'Déjà vu' das Phänomen der W.-Täuschung [26]. W. WUNDT kritisiert insbesondere den Reproduktionsbegriff der Assoziationspsychologie als unzureichend, da es Fälle gibt, in denen das W. sich «unmittelbar als eine simultane Assimilation» vollzieht und mit einem «Bekanntheitsgefühl» verbunden ist. Er unterscheidet «simultanes», «successives», «mittelbares» und «unmittelbares» W.; Identifikation («Erkennungsacte») und W. werden getrennt [27]; W. hat ursprünglich keinen Urteilscharakter [28]. E. MACH vertritt eine assoziationstheoretische Konzeption, die auf Reproduktionsprozessen basiert. Er hält an einer engen Verbindung zwischen Identifikation und W. fest [29]. In den Schriften G. FREGES wird W. im Kontext logischer Überlegungen zur Identität thematisch: «Die ersten und wichtigsten Entdeckungen in einer Wissenschaft sind wohl oft Wiedererkennungen» [30].

6. Spätestens seit dem Beginn des 20. Jh. führt die Kritik am Vorstellungs- und Bewußtseinsbegriff zu grundsätzlichen Neuorientierungen. Für die Begriffe des Gedächtnisses, Erinnerns und W. gilt dabei gleichermaßen, daß verbreitete Auffassungen über Reproduktion und Vergleichung einzelner Vorstellungen als unzureichend für eine angemessene Erfassung der Problemlage angesehen werden. In diesem Zusammenhang sind E. HUSSERLS Analysen bedeutend, die eine fundamentale Kritik der Grundlagen der Assoziationspsychologie darstellen und hervorheben, daß Bewußtsein nicht als Komplex von einzelnen Vorstellungen bestimmt werden kann [31].

Die psychologischen Beiträge sind in der ersten Hälfte des 20. Jh. stark durch behavioristische Konzeptionen geprägt. In der zweiten Hälfte des 20. Jh. gewinnen zunehmend Ansätze der Kognitions- und Neurowissenschaften an Bedeutung, wobei konnektionistische und holistische Konzeptionen großen Einfluß haben. Die Spezialisierung dieser in engem Zusammenhang mit empirischen Forschungen entstehenden Theorien steht nur noch punktuell in Kontakt mit philosophischen Überlegungen [32]. Ein Gegensatz zu frühen Auffassungen besteht unter anderem in der grundsätzlichen Unterscheidung von W. und Erinnern: «In recognising, the psychological material which persists 'matches' some immediately present sensory pattern. In complex cases the 'match' may be effected by means of image, comparison and judgment. But these are not necessary and, in fact, to the degree in which they occur, it seems that remembering is present as well. In remembering proper, the psychological material which persists is itself capable of being described. It does not merely help to produce a certain reaction» [33].

Die Psychoanalyse kann insgesamt als eine Wiedererkenntnis bestimmt werden, da der therapeutische Prozeß eine Erkennung oder Integration verdrängter, unbewußter Gehalte anstrebt [34]. Unter dem Titel «fausse reconnaissance» untersucht S. FREUD eine besondere Form der W.-Täuschung [35].

7. Die analytische *Philosophie des Geistes* kritisiert die Vorstellungs- und Bildkonzeption der Tradition. ‹W.› heißt für L. WITTGENSTEIN nicht grundsätzlich: Reproduktion von Vorstellungen, Vergleich gegenwärtiger mit vergangener Vorstellung [36]. Im Rahmen der Reflexionen zum Konzept eines inneren Vorgangs wird das Problem des Kriteriums für das W. eines Erlebnisses gestellt [37]. Der Bezug auf beobachtbares Verhalten, zugrundeliegende Dispositionen und praktisches Können («knowing how») ist nach G. RYLE für eine Klärung des Begriffs ‹W.› fundamental [38]. H. H. PRICE bezeichnet ‹W.› als den fundamentalen intellektuellen Prozeß schlechthin und unterscheidet 1) W. von Individuen und 2) W. von Merkmalen sowie 3) primäre, direkte, intuitive versus 4) sekundäre, indirekte, inferentielle Rekognition [39]. Innerhalb der sog. Qualia-Debatte spielt W. insofern eine wichtige Rolle, als Verteidiger des phänomenalen Bewußtseins die These vertreten, daß begriffliches und propositionales Wissen für spezifische diskriminierende und wiedererkennende Fähigkeiten nicht hinreichend ist [40].

8. In seinen Reflexionen zur Kunst greift H.-G. GADAMER auf die Tradition der platonischen Anamnesis zurück [41]. W. ist in der Perspektive der *philosophischen Hermeneutik* nicht Reproduktion des Bekannten, sondern Erkennen des Wesentlichen [42]. Im Umgang mit dem dichterischen Text unterscheidet Gadamer drei Formen des W.: 1) die Fähigkeit, den Text als sinnvolle Rede aufzufassen; 2) ein Sich-selbst-im-Text-W.; 3) das «Auffüllen» als Transgression der «subjektiv-privaten Erfahrungswelt» [43].

Anmerkungen. [1] HOMER: Od. XVII, 291-327; XIX, 379-475. – [2] ARISTOTELES: Poet. 24, 1459 b 15. – [3] PLATON: Theaet. 191 c. 193 c. 194 c. – [4] ARISTOTELES: Anal. pr. II, 21, 67 a 21-24; Anal. post. I, 1, 71 a 24-b 8. – [5] Poet. 11, 1452 a 29-b 8. – [6] Vgl. 16, 1454 b 19ff. – [7] Vgl. Art. ‹Klar und deutlich›. Hist. Wb. Philos. 4 (1976) 846-848. – [8] G. W. LEIBNIZ: Medit. de cognitione, veritate et ideis (1684). Die philos. Schr., hg. C. I. GERHARDT (1875-90, ND 1960/61) 4, 422. – [9] CH. WOLFF: Vern. Gedancken von den Kräften des menschl. Verstandes § 9 [Dtsch. Logik] (1712). Ges. Werke, hg. J. ECOLE u.a. (1962ff.) I/1, 126. – [10] Psychologia rationalis § 279 (1734), a.O. II/6, 223; ähnlich: A. G. BAUMGARTEN: Metaphysica § 579 (Halle [7]1779, ND 1963) 207. – [11] E. BONNOT DE CONDILLAC: Traité des sensations I, 2, § 42; I, 8, § 3; II, 5, §§ 2. 4 (1754). Oeuvr. philos., hg. G. LE ROY (Paris 1947-51) 1, 231f. 240. 255ff. – [12] I. KANT: KrV A 103. – [13] G. W. F. HEGEL: Enzykl. der philos. Wiss.en § 465 (1830). Akad.-A. 20 (1992) 463f. – [14] Vorles. über die Ästhetik, Einl. [1817/18ff.]. Jub.ausg., hg. H. GLOCKNER (1927-40) 12, 34. – [15] F. W. J. SCHELLING: Einl. in die Philos. der Offenbarung, 4. Vorles. [vermutlich Wintersemester 1842/43]. Sämmtl. Werke, hg.

K. F. A. SCHELLING (1856-61) II/3, 58. – [16] A. SCHOPENHAUER: Die Welt als Wille und Vorst. II, 4, Kap. 48 (1844, ^{3}1859). Sämtl. Werke, hg. A. HÜBSCHER (^{2}1947-50) 3, 695; vgl. auch: Kap. 45, a.O. 652; Art. ‹Individuation; Individuationsprinzip›. Hist. Wb. Philos. 4 (1976) 295-299. – [17] A. BOECKH: Enzykl. und Methodologie der philolog. Wiss.en (1877, ^{2}1886, ND 1966) 10f. 16f. – [18] W. DILTHEY: Der Aufbau der geschichtl. Welt in den Geisteswiss.en (1910). Ges. Schr. 7 (1958) 140. – [19] H. SPENCER: The principles of psychology §§ 192f. (London 1855, ND 1970) 561ff. – [20] W. HAMILTON: Lectures on metaphysics 2 (Edinburgh/London ^{2}1861-66, ND 1969) 247-252. – [21] H. HÖFFDING: Ueber Wiedererkennen, Association und psychische Activität. Vjschr. wissenschaftl. Philos. 13 (1889) 420-458, hier: 427. 442. 446. 440. – [22] H. EBBINGHAUS: Über das Gedächtnis (1885). – [23] H. K. WOLFE: Unters. über das Tongedächtnis. Philos. Studien 3 (1886) 534-571, 536f. – [24] A. MEINONG: Beiträge zur Theorie der psych. Analyse. Z. Psychol. Physiol. Sinnesorgane 6 (1894) 340-385, 375 (Anm.). – [25] H. BERGSON: Matière et mémoire (Paris 1896, ^{93}1982) 101. Oeuvr., hg. A. ROBINET (Paris 1963) 239. – [26] J. LINWURZKY: Zum Problem des falschen W. (déjà vu). Arch. gesammte Psychol. 15 (1909) 256-260; vgl. Art. ‹Gedächtnistäuschung›. Hist. Wb. Philos. 3 (1974) 46-52. – [27] W. WUNDT: Grundriss der Psychologie (1896) 278. 282. – [28] Physiolog. Psychol. 3 (^{6}1911) 487. – [29] E. MACH: Gedächtnis. Reproduktion und Association, in: Erkenntnis und Irrtum (1905, ^{5}1926, ND 1987) 30-49, 31. – [30] G. FREGE: Logik [1897], in: Schr. zur Logik und Sprachphilos. Aus dem Nachlaß, hg. G. GABRIEL (^{2}1978) 59; vgl. auch: 61; mit Blick auf den Trugschluß zum Problem des W.: Art. ‹Verhüllte, der›. Hist. Wb. Philos. 11 (2001) 694f.; Frege stellt auch einen Zusammenhang mit seinem Sinn-Begriff heraus: «Der Satz hat einen Wert für uns durch den Sinn, den wir in ihm erfassen, und den wir als denselben wiedererkennen auch in der Übersetzung»: Logik in der Math. [1914], a.O. 97. – [31] E. HUSSERL: Beilage XXXIX: Wiedererkennen, Erkennen und Erinnerung [wohl 1890er Jahre], in: Phantasie, Bildbewusstsein, Erinnerung – Zur Phänomenologie der anschaulichen Vergegenwärtigung – Texte aus dem Nachlaß (1898-1925). Husserliana 23 (Den Haag u.a. 1980) 431-439. – [32] Vgl. etwa: A. GEHLEN: Wiedererkennen. Dritte Sprachwurzel, in: Der Mensch (1940, ^{7}1962). Ges.ausg. 3/1 (1993) 228-238; zum «physischen W.» («physical recognition») als Grundlage eines «begrifflichen Empfindens, aus dem sich das prädikative Muster ergibt»: A. N. WHITEHEAD: Process and reality (New York 1929, 1941, ND 1978) 260; dtsch.: Prozeß und Realität (1984) 475. – [33] F. BARTLETT: Remembering – A study in experimental and social psychology (Cambridge 1932, 1964) 196; vgl. auch die Unterscheidung von 1) «motor-responsive recognition» und 2) «considered, deliberate recognition» bei: B. SMITH: Memory (London 1966) 164. – [34] S. FREUD: Erinnern, Wiederholen und Durcharbeiten (1914). Ges. Werke, hg. A. FREUD u.a. (London 1940-87) 10, 126-136; vgl. Art. ‹Verdrängung›. Hist. Wb. Philos. 11 (2001) 618-622; Art. ‹Wiederholung›. – [35] Über «fausse reconnaissance» (‘Déjà raconté’) während der psychoanalytischen Arbeit (1914), a.O. 116-123. – [36] L. WITTGENSTEIN: Philos. Grammatik [1932-34]. Schr. 4, hg. R. RHEES (1969) 180-183. – [37] Philos. Untersuchungen [1935-45 bzw. 1947-49], a.O. 1 (1969) 394 (Nr. 258). 397 (Nr. 270). 467 (Nr. 602-604). 472 (Nr. 625). 508; vgl. auch: Letzte Schr. über die Philos. der Psychol. [1946-51]. Werkausg. 7 (1989) 421 (Nr. 547). – [38] G. RYLE: The concept of mind (London 1949) 272-279. – [39] H. H. PRICE: Thinking and experience (London 1996) 22-87. – [40] Vgl. J. LEVIN: Could love be like a heatwave? – Physicalism and the subjective character of experience. Philos. Studies 49 (1986) 245-261; B. LOAR: Phenomenal states. Philos. Perspectives 4 (1990) 81-108; L. NEMIROW: Physicalism and the cognitive role of acquaintance, in: W. LYCAN (Hg.): Mind and cognition (Oxford 1990) 490-499; P. LANZ: Das phänomenale Bewußtsein (2000). – [41] H.-G. GADAMER: Wahrheit und Methode (1960). Ges. Werke 1 (^{6}1990) 119f. – [42] Dichtung und Mimesis (1972), a.O. 8 (1993) 80-85, 83. – [43] Ende der Kunst? (1985), a.O. 206-220, 218f.

Literaturhinweise. – Zur Psychologie: G. MANDLER: Recognizing: the judgment of previous occurrence. Psycholog. Review 87 (1980) 252-271. – E. GOLDMEIER: The memory trace – its formation and its fate (Hillsdale 1982). – E. TULVING: Elements of episodic memory (Oxford 1983). – J. VUILLEMIN: La reconnaissance dans l'épopée et dans la tragédie. Arch. Gesch. Philos. 66 (1984) 234-280. – A. BADDELEY: Human memory – theory and practice (Hillsdale 1990). – J. ENGELKAMP: Das menschl. Gedächtnis (1990). – J. G. RAAIJMAKERS/R. M. SHIFFRIN: Models for recall and recognition. Annual Review Psychology 43 (1992) 205-234. – A. F. COLLINS u.a. (Hg.): Theories of memory (Hillsdale 1993). – J. M. GARDINER/R. I. JAVA: Recognising and remembering, in: COLLINS u.a. (Hg.), a.O. 163-188. – D. L. SCHACTER: Searching for memory – The brain, the mind, and the past (New York 1996). – E. TULVING/F. I. M. CRAIK (Hg.): The Oxford handbook of memory (Oxford 2000). – *Zur Literaturwissenschaft:* G. WUNBERG: Wiedererkennen – Lit. und ästhet. Wahrnehmung in der Moderne (1983). – A. KABLITZ: Wiedererkennung – Zur Funktion der Anagnorisis in der klass. französ. Tragödie (Corneille: Oedipe – Racine: Iphigénie en Aulide), in: D. PEIL u.a. (Hg.): Erkennen und Erinnern in Kunst und Lit. (1998) 455-486. – P. RICŒUR: Parcours de la reconnaissance (Paris 2004).

D. TEICHERT

Wiedergeburt. Der auf das neutestamentliche παλιγγενεσία (regeneratio) zurückgehende Begriff ‹W.› (patristisch auch ἀναγέννησις, ‹renascentia› u.a.) bezeichnet in der christlichen Theologie im Regelfall einen Teilaspekt der Zueignung des göttlichen Heils an das Individuum. Gelegentlich steht er auch für das Ganze der Heilszueignung, wobei für die evangelische Theologie das Verhältnis der W. zur Rechtfertigung (s.d.) ein zentrales Problem darstellt. Trotz einer möglichen (in der neueren Forschung aber skeptisch beurteilten) gemeinsamen Wurzel in prähistorischer Religion hat die Vorstellung einer W. der Seele nach dem Tode, wie sie auch in asiatischen Religionen vertreten wird, mit dem christlichen Verständnis nichts zu tun [1]. Verbindungen zu dem von der stoischen Philosophie geprägten Begriff ‹Palingenesie› (s.d.) im naturphilosophischen Sinne treten nur gelegentlich – vor allem in mystisch-spiritualistischen Nebenströmungen – auf.

Nicht Mtth. 19, 28, wo die W. als eschatologische Totenauferweckung oder als Neuschöpfung der Welt zu verstehen ist, sondern Tit. 3, 5, wo die Taufe als «Bad der W.» bezeichnet ist, war prägend für das Verständnis des Begriffs. Damit soll die Erlösung aus dem Bereich menschlicher Verfügung herausgenommen und allein als Gottes Handeln reklamiert werden [2]. Sachlich knüpft dies an die Lehre des PAULUS von der Rechtfertigung allein durch den Glauben ohne Werke des Gesetzes und von der Taufe als Aufnahme in das neue Leben mit dem auferstandenen Christus an [3]. Verbindet Paulus damit eher das Bild der Neuschöpfung (καινὴ κτίσις), so spricht der 1. Petrusbrief vom «Erneut-gezeugt-Werden» (ἀναγεννᾶν) kraft der Auferstehung Christi durch das göttliche Wort, was aber nur einen Anfang setzt und der Bewährung im Leben bedarf [4]. Im Evangelium und in den Briefen des JOHANNES dient der häufige Gebrauch der Metaphorik der Zeugung und (Neu-)Geburt aus Gott bzw. ἄνωθεν (von oben) dazu, die «Gotteskinder» als geschieden von der Welt und hineingenommen in den Herrschaftsbereich des eschatologischen Heils Gottes zu qualifizieren [5].

Bezeichnet die Metaphorik der W. im NT noch die gesamte christliche Existenz, so tritt in nachapostolischer Zeit eine Bedeutungsverengung ein. Die Theologen der *Alten Kirche* knüpfen an den ‹Titusbrief› an und ordnen die W. (neben der Abwaschung der Sünde) als Teilwirkung der Taufe unter. Dabei konkurrieren zwei Entwicklungen. Vor allem bei den griechischen Vätern wird die W. in Aufnahme der Mysterienkulte als Teilnahme an der göttlichen Natur verstanden. ORIGENES z.B. sieht die Christen als «mit der Unsterblichkeit des Vaters umkleidet» und damit «schon jetzt inmitten der Güter der W. und der Auferstehung» (ἀμφιεσάσθω ... τὴν πατρικὴν ἀναστασίαν ... ἤδη ... ἐν τοῖς παλιγγενεσίας καὶ ἀναστάσεως ἀγαθοῖς) [6]. Die W. des Individuums wird so zur Vorwegnahme der Palingenesie der Menschheit. Auf der anderen Seite kann die W. eng mit der Buße verknüpft werden. Schon der Apologet JUSTIN versteht sie als Akt des freien Willens, durch den der von Christus Belehrte sich in der Taufe Gott weiht [7]. Das moralistische Verständnis setzt sich bei den lateinischen Vätern fort, so bei CYPRIAN, der das heilige Leben nach der zweiten Geburt mit seinem lasterhaften früheren Leben kontrastiert [8]. AUGUSTINUS entwickelt diese Linie weiter, indem er die durch Glaube und Taufe geschenkte Sündenvergebung nur als Anfang der Erneuerung begreift und die W. als Prozeß der zunehmenden Gleichwerdung mit dem göttlichen Willen eng an die «sanctificatio» (Heiligung) heranrückt [9].

Augustins Verständnis bleibt für den *Katholizismus* bestimmend. Die Scholastiker lösen das Heilsgeschehen in einen Prozeß von Gnadenmitteilungen und menschlichen Willensakten auf. Bei THOMAS VON AQUIN ist die Taufe mit der «infusio» (Eingießung) der «prima gratia» (ersten Gnade) verbunden, die zu Werken der Liebe befähigt und damit die Vermehrung der Gnade ermöglicht [10]. Der Begriff ‹W.› tritt gegenüber dem der Rechtfertigung zurück, die aber sakramental vermittelt gedacht wird. Im Tridentinum wird die durch das Verdienst des Leidens Christi vermittelte W. («renascentia per meritum passionis eius») zum Ausgangspunkt der Rechtfertigung erklärt [11], es bleibt aber bei dem prozeßhaften und sakramentalen Verständnis. Die deutsche *Mystik* hat dagegen der Geburt Gottes in der Seele einen zentralen Platz im Heilsweg eingeräumt, damit aber nur eine momentane Verwandlung bezeichnet, die nicht den gesamten Menschen betrifft [12].

Demgegenüber bemühen sich die *Reformatoren*, den ganzheitlichen Begriff der W. zurückzugewinnen. M. LUTHER, der die Rechtfertigung als allein durch den Glauben gewirkt bezeichnet, kann an anderen Stellen ähnlich von der W. reden: Sie geschieht «durchs wort gottes, durch die tauffe vnd den glauben» [13]. Der Mensch bleibt dabei aber empfangend, denn der Glaube ist ein «gotlich werck ynn vns, das vns wandelt vnd new gepirt aus Gott» [14]. Die W. ist also die Kehrseite der Rechtfertigung, sie beschreibt die Wandlung, die durch die Anrechnung der fremden Gerechtigkeit im Menschen eintritt. Auch PH. MELANCHTHON und J. CALVIN rücken Glauben, Rechtfertigung und W. ganz eng aneinander, wobei MELANCHTHON die dabei wirkende «divina potentia, qua vivificamur» («göttliche Kraft, durch die wir neu geboren werden») hervorhebt, während CALVIN, der die W. der Buße zuordnet, sie als Beginn des Erneuerungsprozesses beschreibt, dessen Ziel es ist, «daß das Ebenbild Gottes ... in uns wiederhergestellt wird» («ut imago Dei ... in nobis reformetur») [15].

In der beginnenden *lutherischen Orthodoxie* setzt eine Verschiebung ein. Die Konkordienformel trennt die W. von der Rechtfertigung und will sie nur noch auf die sittliche Erneuerung beziehen [16]. Damit wird der Weg frei, die W. wieder mit Buße und Bekehrung gleichzusetzen und als Forderung an den Menschen zu richten, wie es J. ARNDT in Wiederaufnahme der mystischen Tradition tut [17]. Auch die großen Systeme der Hochorthodoxie leisten mit ihrer Einordnung der W. in eine stufenartig aufgebaute Heilsordnung dem Verständnis der W. als menschlicher Leistung Vorschub [18]. PH. J. SPENER schafft es noch einmal, die Spannungen der lutherischen Rechtfertigungslehre zusammenzuhalten. Auch wenn er die W. als den übergeordneten Begriff für die Entzündung des Glaubens, die Rechtfertigung und die Schaffung des neuen Menschen ansieht, scheidet er sie doch scharf von der Erneuerung und sieht nur letztere als Werk des Menschen an [19]. Sein Schüler A. H. FRANCKE, der sich stärker den Einflüssen der Mystik öffnet, geht zwar auch vom Erlebnis der eigenen W. aus und macht die Unterscheidung von Wiedergeborenen und Unwiedergeborenen zum Grundprinzip. Er legt das Gewicht aber nun ganz auf die Forderung der Bekehrung und damit die Eigentätigkeit des Menschen. Damit wirkt er nicht nur im kirchlichen wie im separatistischen Pietismus, sondern auch in der Theologie der Aufklärung, die die W. als Arbeit an der eigenen Vollkommenheit auffaßt [20].

In F. D. E. SCHLEIERMACHERS Theologie, die vom persönlichen Abhängigkeitsverhältnis des Menschen ausgeht, erhält die W. einen zentralen Platz. Sie bezeichnet den «Akt der Vereinigung des Menschen mit Christo ..., mit welcher das neue Leben beginnt» [21]. Die Rechtfertigung ist (neben der Bekehrung) nur ein Bestandteil dieses Geschehens, nämlich die Setzung des neuen Selbstbewußtseins durch Aufnahme in die Gotteskindschaft. Sie ist die Applikation des «Einen ewigen göttlichen Ratschluß der Rechtfertigung der Menschen im allgemeinen durch Christum» an den Einzelnen [22]. Damit ist die individualistische Verengung der W. zugunsten der kosmischen Dimension zurückgenommen.

Ein ganz eigenes Verständnis vertritt F. X. VON BAADER, der, an J. BÖHME anknüpfend [23], die «Umwandelung und Restauration (W.) des Menschen an Seele und Leib» als «Grundbegriff des Christenthums» ansieht [24]. Ihre drei Momente sind «1) die Imagination, 2) die Tingirung des in der Imagination geschöpften und des wieder zurückgegebenen Willens zum Geistbilde oder Tincturleibe und endlich 3) Tingirung der Seele durch dieses lebhafte Tincturbildniss zur leibhaften, wesentlichen Gestalt» [25].

Während A. RITSCHL den Begriff der W. vermeidet, gibt die 'Erfahrungstheologie' der lutherischen *Erlanger Schule* ihm eine tragende Rolle. Anknüpfend an Schleiermacher und den Pietismus erklärt J. CH. K. VON HOFMANN die Erfahrung der W. zum Ausgangspunkt der Theologie [26]. Auch für F. H. R. FRANK ist die W. zentral: als die von Gott gewirkte «Umwandlung» des «sittlichen Lebensbestandes» des Menschen, der aber die Bekehrung als aktives Handeln entsprechen muß [27]. Die «Regeneration» definiert er als die «Auswirkungen der Erlösungsidee, durch welche die ... Menschheit ihrer Bestimmung, Menschheit Gottes zu sein, zugeführt wird» [28]. Bei seiner Bestimmung der «Christlichkeit» als des Positivums der Theologie hat M. HEIDEGGER diese als «Glaube» und den Glauben als «ein Umgestelltwerden der Existenz» und somit als «W.» beschrieben: «W. als Modus des geschichtlichen Existierens des faktischen gläubigen Daseins» [29].

In der *Dogmatik des 20. Jh.* tritt das Thema der W. ganz zurück. K. BARTH hat in seiner nicht-sakramentalen Tauflehre kaum noch Platz für die W. als Thema der Soteriologie. Im Anschluß an Mtth. 19, 28 sieht er vielmehr «die universale Wiederherstellung bzw. Neuschöpfung der Welt» als den eigentlichen Sinn dieses Begriffs an [30]. Für P. TILLICH ist die W. eine Seite der Erlösung als «Teilnahme am Neuen Sein», der aber Rechtfertigung und Heiligung (Annahme und Umwandlung) folgen müssen [31]. G. EBELING ordnet sie neben Rechtfertigung und Auferstehung als einen Aspekt der Vollendung ein [32]. Mit dieser Zurückhaltung in der Theologie kontrastiert ein zunehmender Gebrauch der Metapher in der historisch-politischen Sprache (z.B. ‹Deutsche W.›), der aber schon im 19. Jh. angelegt ist [33].

Anmerkungen. [1] Vgl. Art. ‹Saṃsāra›. Hist. Wb. Philos. 8 (1992) 1163-1167; ‹Seelenwanderung›, a.O. 9 (1995) 117-121; ‹Reinkarnation›, a.O. 8 (1992) 553f. – [2] F. BÜCHSEL: Art. ‹παλιγγενεσία›, in: Theol. Wb. zum NT 1 (1933) 685-688. – [3] Röm. 3, 28; 6, 3-11; vgl. Art. ‹Rechtfertigung IV.›. Hist. Wb. Philos. 8 (1992) 259-265. – [4] 1. Petr. 1, 3. 23; 2, 2; vgl. F. BÜCHSEL: Art. ‹γεννάω etc.›, in: Theol. Wb. zum NT 1 (1933) 663-674. – [5] Joh. 1, 13; 3, 5-8; 1. Joh. 3, 9f.; 4, 7f.; 5, 18; vgl. D. RUSAM: Die Gemeinschaft der Kinder Gottes (1993). – [6] ORIGENES: Περὶ εὐχῆς XXV, 3; vgl. XV, 4; Komm. zu Matth. XV, 22f.: zu Mtth. 19, 16-30. GCS Origenes 2 (1899) 358f. 335f.; 15 (1935) 413-419. – [7] JUSTIN: Apol. 1, 61, hg. E. J. GOODSPED (1914) 70f. – [8] CYPRIAN: Ad Don. 3. 4. CSEL 3/1 (1868) 5, 1-7, 2. – [9] AUGUSTINUS: De bapt. I, 11, 16. CSEL 51 (1908) 161, 6-17. – [10] THOMAS VON AQUIN: S. theol. I-II, 110, 2. 3. – [11] Tridentinum, Sessio VI: Decretum de iustificat., cap. 3, in: H. DENZINGER/P. HÜNERMANN (Hg.): Enchir. symbol. (37 1991) Nr. 1523. – [12] J. ZAPF: Die Geburt Gottes im Menschen nach Joh. Tauler, in: Zu dir hin, hg. W. BÖHME (1987) 78-90. – [13] M. LUTHER: Pr. 1. Joh. 3 (1538). Weim. Ausg. [WA], Werke 47 (1912) 19, 3f. – [14] Vorrede zum Römerbrief (1522). WA, Deutsche Bibel 7 (1931) 10/11, 6f. – [15] PH. MELANCHTHON: Apologie (1530) IV, 247-253, in: Die Bekenntnisschr. der evangel.-luther. Kirche (1930) 208, 43-210, 15, hier: 209, 16; J. CALVIN: Instit. christ. relig. III, 3, 8f. (7 1559). Corp. Ref. 30 (1864) 440. – [16] Konkordienformel (1577) Sol. Decl. III, 18-22, in: Die Bek.schr., a.O. 920, 5-921, 41. – [17] J. ARNDT: Vier Bücher vom wahren Christentumb I, 15; II, 7 (1605, 1610). – [18] O. WEBER: Grundlagen der Dogmatik 2 (1962) 401f.; H. REINER: Die orthodoxen Wurzeln der Theol. Speners (1969) 97-103. – [19] J. WALLMANN: W. und Erneuerung bei Ph. J. Spener. Pietismus Neuzeit 3 (1977) 7-31; E. PESCHKE: Speners W.-Lehre, in: Bekehrung und Reform (1977) 83-114; M. FRIEDRICH: Ph. J. Spener und der Halberstädter Streit. Pietismus Neuzeit 25 (1999) 31-42. – [20] I. KANT: Die Relig. innerhalb der Grenzen der blossen Vernunft (1793). Akad.-A. 6, 47; J. A. L. WEGSCHEIDER: Inst. theol. christ. dogmaticae § 160 (6 1829) 503f. – [21] F. D. E. SCHLEIERMACHER: Der christl. Glaube § 127, 1 (1821/22). Krit. Ges.ausg., hg. H. PEITER I/7, 2 (1980) 104, 18ff. – [22] § 129, 3, a.O. 114, 4f. – [23] J. BÖHME: Christosophia IV (1622). Sämtl. Schr., hg. W.-E. PEUCKERT 4 (IX) (1957) 109-142. – [24] F. X. VON BAADER: Vorles. über speculative Dogmatik I, 5 (1828). Sämtl. Werke, hg. F. HOFFMANN (1851-60, ND 1963) 8, 46. – [25] I: Erläuterungen zur Lehre von der Freiheit 9, a.O. 157; vgl. auch: Vorles. und Erläut. zu J. Böhmes Leben II, 13, a.O. 13, 210-214. – [26] J. CH. K. VON HOFMANN: Der Schriftbeweis 1 (2 1857) 10. – [27] F. H. R. FRANK: System der christl. Gewissheit 1 (2 1884) 113. – [28] System der christl. Wahrheit 2 (1880) 1. – [29] M. HEIDEGGER: Phänomenologie und Theologie (1927). Ges.ausg. I/9 (1976) 53. – [30] K. BARTH: Die kirchl. Dogmatik IV/4 (1967) 126; vgl. 9f. – [31] P. TILLICH: Systemat. Theol. 2 (1958) 189-194; 3 (1963) 254-257. – [32] G. EBELING: Dogmatik des christl. Glaubens 3 (1979) 43-45. – [33] z.B. bei M. HESS: Die europ. Triarchie (1841), in: Philos. und sozialist. Schr., hg. A. CORNU (1961) 90. 96.

Literaturhinweise. E. CREMER: Rechtfertigung und W. (1907). – P. GENNRICH: Die Lehre von der W. (1907). – O. KIRN: Art. ‹Wiedergeburt›. RE3 21 (1908) 246-256. – F. BÜCHSEL s. Anm. [2] und [4]. – J. DEY: ΠΑΛΙΓΓΕΝΕΣΙΑ (1937). – M. SCHMIDT: W. und neuer Mensch (1969). – P. TRUMMER: Art. ‹παλιγγενεσία›, in: Exeget. Wb. zum NT 3 (2 1992) 18-20. – A. BENOIT/CH. MUNIER: Die Taufe in der Alten Kirche (1994). – R. BERNHARDT: Art. ‹Wiedergeburt›, in: Evangel. Kirchenlex. 4 (3 1996) 1284-1289. – J. GUHRT/K. HAACKER: Art. ‹παλιγγενεσία›, in: Theolog. Begriffslex. zum NT 1 (1997) 657-659.

M. FRIEDRICH

Wiedergutmachung (lat. restitutio; engl. restitution, reparation; frz. réparation; hebr. shilumim)

1. Der schillernde Begriff ‹W.› hat in der zweiten Hälfte des 20. Jh. nicht nur im Sprachgebrauch der Bundesrepublik Deutschland Epoche gemacht. Die bis heute währende Herausforderung, durch finanzielle Leistungen an die Opfer der nationalsozialistischen Gewalt und Verfolgung (oder deren Hinterbliebene) die materiellen Folgen geschehenen Unrechts zumindest zu lindern, ist für die deutsche Nachkriegsgesellschaft einer der Hauptanlässe zur Auseinandersetzung mit der unmittelbaren Vergangenheit. In der Diskussion um die Sache wie um den Begriff ‹W.› spiegelt sich ein Stück der politischen Kultur der Nachkriegszeit, ihre gelingenden wie mißlingenden Versuche, die Vergangenheit rechtlich, moralisch-sittlich, politisch und geschichtlich zu 'bewältigen'.

Der Terminus ‹W.› bleibt nicht nur wegen seiner Unschärfe umstritten, changiert er doch zwischen der *W. eines Schadens* und der *W. eines Unrechts* und beerbt damit die zivil- wie die strafrechtliche Tradition. Die im Schatten von Auschwitz schmerzlich erfahrene «Unwiderruflichkeit des Getanen» [1], die Einsicht, daß die begangenen Verbrechen angesichts des individuellen Schicksals der Betroffenen gerade *nicht* wieder gutzumachen sind, ließ nicht nur den Begriff zu einem *Ärgernis* werden [2]. Sie zeigte auch Grenzen menschlicher Versöhnung (s.d.) wie Grenzen menschlichen Verzeihens (s.d.) auf [3]. Dieses meinte ursprünglich den Verzicht auf W. und Vergeltung. Die philosophische Auseinandersetzung zwischen W. BENJAMIN und M. HORKHEIMER aus dem Frühjahr 1937 über die Unabgeschlossenheit bzw. Abgeschlossenheit vergangener Geschichte und über Macht und Ohnmacht humanen Eingedenkens [4] zeigt sich zutiefst beunruhigt von der Unabänderlichkeit vergangenen Leidens wie von jenem «Unrecht an den unschuldig Mißhandelten, Entwürdigten und Ermordeten, das über jedes Maß menschenmöglicher W. hinausgeht» [5].

2. Den Gedanken der Unabänderlichkeit des Ausgangs unserer Taten formuliert schon die griechische Dichtung. Es ist PINDAR, der die Aufmerksamkeit auf die untilgbare Schuld (s.d.) widerrechtlicher Taten und auf die Unmöglichkeit ihrer W. richtet [6]. Auch die *moraltheologische Tradition*, die seit THOMAS VON AQUIN die materielle «restitutio» des Römischen Rechts (allg. 'Wiederherstellung' [7]) mit Hilfe von Aristoteles' Eth. Nic. V als einen Akt der ausgleichenden Gerechtigkeit («actus justitiae commutativae») [8] interpretiert, reflektiert ausdrücklich die Unmöglichkeit, das Geschehene ungeschehen zu machen («quod factum est non potest fieri ut factum non fuerit»). Sie fragt im Wissen dieser Inkongruenz (Gleichwertiges kann nicht wiedererstattet werden) zugleich nach derjenigen Form von Wiedererstattung, die möglich erscheint («recompensatio qualis possibilis est») [9].

3. Der Ausdruck ‹gut machen› bedeutet im Barock 'ersetzen, bezahlen', aber auch im 18. Jh. schon, jetzt auch moralisch-sittlich konnotiert, 'sühnen' [10]. Das Verbalabstraktum ‹Gutmachung›, schon im frühen 17. Jh. in Gebrauch, kennt in ethischer Bedeutung das 19. Jh. [11], in dem auch ‹W.› bereits als Übersetzungsterminus belegt ist [12]. ‹W.› gehört so zu den ethisch konnotierten Begriffen, die ursprünglich bloß für einen materiellen Ausgleich gebraucht wurden.

In der Staatenpraxis nach dem Ersten Weltkrieg gewinnt ‹W.› im Bereich der Kriegsfolgenregelung einen Bedeutungsgehalt, der mit dem Begriff ‹Reparation› übereinstimmt [13]. Schon 1919 kommt der Terminus im

Zusammenhang mit der Reparationsdiskussion auf der Vorbereitenden Friedenskonferenz in Paris vor. Der Ausdruck ‹make good› wird hier neben den Ausdrücken ‹make compensation› und ‹make reparation› verwendet [14]. ‹W.› übersetzt dann im Deutschen zunächst auch amtlich den Begriff ‹Reparation› im ‹Versailler Vertrag› (frz. ‹réparation›; engl. ‹reparation›) [15]. Erst in der Zeit der Bundesrepublik entwickelt sich eine von der zwischenstaatlichen Reparation abgehobene Bedeutung, deren Eigenständigkeit zunächst strittig bleibt.

4. Frühe Überlegungen des deutschen Widerstands in der zweiten Hälfte der 1930er Jahre antizipieren bereits mit dem Sturz des Hitler-Regimes auch eine «W. des begangenen Unrechts» [16]. Seit dem Beginn des Zweiten Weltkrieges existieren Pläne jüdischer Organisationen [17] wie auch der US-Regierung für eine Entschädigung der Opfer, die mit einer Fülle von Ausdrücken zur Sprache gebracht wird (engl. etwa ‹indemnities›, ‹reparations›, ‹recompense›, ‹compensation›, ‹restitution›, ‹rehabilitation›).

5. In der Note der israelischen Regierung an die alliierten Mächte von 1951 wird die Forderung nach Entschädigung von der grundlegenden Reflexion begleitet: «Ein derart entsetzliches Verbrechen kann nicht durch materielle Reparationen, ganz gleich welcher Art entsühnt werden. ... Keine Schadensersatzzahlung kann die zerstörten menschlichen und kulturellen Werte gutmachen ... Die Toten können nicht wieder zum Leben gebracht werden. Ihre Leiden können nicht ausgelöscht werden» [18]. Von israelischer und jüdischer Seite ist etwa seit 1951 der dem Buch ‹Jesaja› entlehnte Ausdruck ‹shilumim› (Jes. 34, 8; die ‹Septuaginta› übersetzt ihn mit ἀνταπόδοσις, die ‹Vulgata› mit ‹retributio›) aufgegriffen worden. Er sollte besagen, «daß das gezahlte Geld keine Tilgung [sc. der Schuld] bedeutete und noch weniger ein Zeichen von Vergebung war» [19].

6. Auch auf deutscher Seite ist bei den Wegbereitern der W. gegenüber Israel ein schwankender Begriffsgebrauch zu verzeichnen. O. Küster, der die W. engagiert als «elementare Rechtsaufgabe» begreift [20], schlägt den Begriff «Sühneabkommen» vor [21]. In Abgrenzung der freiwilligen kollektiven W. von der zwischenstaatlichen Reparation infolge eines verlorenen Krieges präferiert der Jurist E. Féaux de la Croix später mit Blick auf den Israel-Vertrag von 1952 den Terminus «Globalentschädigung» [22], der Jurist W. Schwarz spricht hier von «Reparationen». Schwarz begreift ‹W.›, den heute eingebürgerten juristischen Sprachgebrauch anzeigend, als «Oberbegriff»; als Hauptsäulen dieser W. fungieren die «Rückerstattung feststellbarer Vermögensgegenstände» und die «Entschädigung für Schäden an der Person» [23].

7. Rechtsformen für die W. müssen im Falle des Israel-Vertrages, der völkerrechtlich eine neue Kategorie von W. verwirklicht, nicht zuletzt im Lichte des moralischen Bewußtseins und unterstützt vom politischen Realisierungswillen allererst gefunden werden. Die Berufung auf den völkerrechtlichen Restitutionsgrundsatz (ein Völkerrechtssubjekt, das einen international rechtswidrigen Akt begeht, hat die Pflicht zur W., d.h., es muß – soweit als möglich – alle Folgen seines Unrechts tilgen [«reparation», «damage to be made good»]), 1928 vom Ständigen Internationalen Gerichtshof ausgesprochen [24], konnte das Abkommen in rechtstechnischer Hinsicht nicht fundieren. Dem Staat Israel gegenüber, der erst seit dem 14. Mai 1948 existierte, bestand nach dem geltenden Völkerrecht keine Reparationspflicht im *legalen* Sinne [25]. Damit aber die «zwingende moralische Verpflichtung» zu einer «Rechtsverpflichtung» [26] werden konnte, bedurfte es einer entschlossenen W.-Politik, wie sie K. Adenauer – wohl auch mit außenpolitischem Kalkül – bewerkstelligte. Adenauer, der sich 1951 zur deutschen Schuld an den «unsagbaren» NS-Verbrechen bekennt, betrachtet die W. «als ein großes moralisches Problem und als eine Ehrenschuld des neuen Deutschlands» [27]. Die W. sollte die Sittengesetze *symbolisch* wieder in Kraft setzen, den politischen Bruch mit dem Nationalsozialismus demonstrieren und damit auch dazu beitragen, das moralische Ansehen der Deutschen wiederherzustellen [28]. Bereits 1946 hatte K. Jaspers in seinen Vorlesungen über die Schuldfrage neben der juristischen und politischen die moralische Bedeutung der W. im Sinne einer geforderten «Wiedererneuerung des Menschseins aus dem Ursprung» [29] herausgestellt: Moralische «Reinigung bedeutet im Handeln zunächst W. Politisch heißt das, aus innerem Jasagen die Leistungen zu erfüllen, die in Rechtsform gebracht unter eigenen Entbehrungen den von Hitlerdeutschland angegriffenen Völkern einen Teil des Zerstörten wiederherstellen» [30].

8. Politische Aufarbeitungs- und Bewältigungsversuche historischer Schuld stoßen zuweilen schnell an ihre Grenzen, die Zeit heilt keineswegs alle Wunden. Die Versöhnungslasten bleiben der Trauerarbeit (s.d.) der nachfolgenden Generationen auferlegt. Die Leiden, die historische Katastrophen verursachen, können im Gegensatz zu den materiellen Schäden niemals im strengen Sinn des Wortes wiedergutgemacht werden. Manchmal bleiben den Bewältigungsversuchen als ultima ratio nur *symbolische W.-Gesten*, die Schuld anerkennen und um Vergebung bitten wollen. W. Brandts Kniefall 1970 in Warschau vor dem Mahnmal für die Ghetto-Opfer der sog. 'Endlösung' der nationalsozialistischen Rassenpolitik ist in diesem Sinne auch international als authentische symbolische Bezeugung eines politischen W.-Willens wahrgenommen worden [31]. Die Entschuldigung als eine der Genugtuung («satisfaction») gewährenden Handlungsformen von W. sieht auch das Völkerrecht vor im Falle von rechtswidrig zugefügten Akten «not susceptible of remedy by restitution in kind or pecuniary compensation» [32].

9. Hatte der Psychoanalytiker K. Abraham 1924 den seelischen Impuls beschrieben, den durch Aggression angerichteten Schaden zu beheben [33], so wird der Drang zur W. (begrifflich setzt sich ‹reparation› gegen ‹restitution› bzw. ‹restoration› durch) in der Tradition der *Kleinianischen Psychoanalyse* als entscheidender Beweggrund konstruktiven und kreativen menschlichen Tuns begriffen. Von der manischen und von der zwanghaften W. hebt M. Klein eine auf der Liebe zum Objekt und seiner Respektierung gegründete Form der W. ab, die kreative Leistungen ermöglicht [34]. Daß die Aneignung der Fähigkeit zur W. persönlicher Schuld einen der wichtigsten Schritte in der Entwicklung des gesunden Menschen ausmacht, stellt D. W. Winnicott heraus [35].

Anmerkungen. [1] Vgl. auch: H. Arendt: Vita activa oder Vom tätigen Leben § 33 (1960, [2]1981) 231-238. – [2] Vgl. auch das – allerdings überspitzte – Vorwort von A. Goral: Fazit eines wiedergutgemachten Juden, zu: N. Asmussen: Der kurze Traum von der Gerechtigkeit. 'W.' und NS-Verfolgte in Hamburg nach 1945 (1987) 9-15, 9. – [3] Zur Kategorie des Unverzeihlichen vgl. K.-M. Kodalle: Verzeihung des Unverzeihlichen? in: Th. Buchheim u.a. (Hg.): Die Normativität des Wirklichen (2002) 414-438. – [4] Vgl. M. Horkheimer: Br. an W. Benjamin (16. 3. 1937). Ges. Schr., hg. A. Schmidt/G. Schmid Noerr 16 (1995) 81-91, bes. 82f. – [5] J. Habermas: Glauben und Wissen (2001) 24. – [6] Vgl. Pindar: Olymp. 2, 15-18. – [7] Vgl. auch:

Art. ‹Schadensersatz›. Handwb. zur Dtsch. Rechtsgeschichte, hg. A. Erler u.a. 4 (1990) 1335-1340. – [8] Thomas von Aquin: S. theol. II-II, 62, 2, resp.; vgl. K. Weinzierl: Die Restitutionslehre der Frühscholastik (1936); Die Restitutionslehre der Hochscholastik (1939); Art. ‹Restitutio›. Dict. morale et canonicum, hg. P. Palazzini 4 (Rom 1968) 114-118; J. Mausbach/G. Ermecke: Kath. Moraltheol. 3/2, §§ 51ff. (1960) 539ff.; zur theolog. Diskussion auch: Art. ‹Genugtuung (Satisfaktion)›. Hist. Wb. Philos. 3 (1974) 310f.; ‹Reue›, a.O. 8 (1992) 944-951; zur Ablösung der (Blut-)Rache durch Rechtsformen: Art. ‹Strafe I.›, a.O. 10 (1998) 208-218. – [9] S. theol. II-II, 62, 2, ad 1. – [10] Vgl. Art. ‹Gutmachen›. Grimm 4/I, 6 (1935) 1469f. – [11] Vgl. etwa: A. Schopenhauer: Die Welt als Wille und Vorst. I, 4, § 55 (1819, [3]1859). Sämtl. Werke, hg. A. Hübscher ([2]1947-50) 2, 349: «Gutmachen des Geschehenen, so weit es möglich ist». – [12] Vgl. etwa: G. W. Leibniz: Théodicée II, § 73 (1710), übers. J. H. von Kirchmann (1879) 146f.: «W. des Uebels» übersetzt hier «reparation du mal». – [13] Vgl. B. W. Eichhorn: Reparation als völkerrechtl. Deliktshaftung. Rechtl. und prakt. Probleme unter bes. Berücksichtigung Deutschlands (1918-1990) (1992) 48f. 147ff. – [14] Vgl. Ph. M. Burnett: Reparation at the Paris Peace Conference 1 (New York 1965) 774. – [15] Reichsgesetzblatt 1919, Nr. 140, 984f. – [16] Vgl. H. Brill: Zehn Punkte [1936], in: Gegen den Strom (1946) 16f.; Freiheit, a.O. 69f. – [17] Vgl. N. Sagi: German reparations. A hist. of the negotiations (Jerusalem 1980); dtsch: W. für Israel. Die dtsch. Zahlungen und Leistungen (1981) 21-34; S. Moses: Die W.-Forderungen der Juden. Mitteil.bl. der Hitachduth Olej Germania We Olej Austria 7 (1943) Nr. 27f. – [18] Note der israel. Regierung an die alliierten Mächte vom 12. März 1951, in: R. Vogel (Hg.): Deutschlands Weg nach Israel (1967) 29ff. – [19] Vgl. Y. A. Jellinek: Israel und die Anfänge der Shilumim, in: L. Herbst/W. Goschler (Hg.): W. in der Bundesrep. Deutschland (1989) 119-138, 120. – [20] O. Küster: W. als elementare Rechtsaufgabe (1953). – [21] Tagebucheintragung vom 23. 2. 1952. Arch. christl.-demokrat. Politik, St. Augustin. NL Küster (I-084-001). – [22] E. Féaux de la Croix: Internationalrechtl. Grundlagen der W., in: Die W. nationalsozialist. Unrechts durch die Bundesrep. Deutschland, hg. Bundesminister der Finanzen in Zusammenarbeit mit W. Schwarz 3: E. Féaux de la Croix/H. Rumpf (Hg.): Der Werdegang des Entschädigungsrechts unter national-, völkerrechtl. und politolog. Aspekt (1985) 119-200, 147ff. – [23] W. Schwarz: Die W. nationalsozialist. Unrechts durch die Bundesrep. Deutschland. Ein Überblick, in: Herbst/Goschler (Hg.), a.O. [19] 33-54, 53. 34; Rückerstattung und Entschädigung. Eine Abgrenzung der W.-Formen (1952). – [24] Vgl. M. O. Hudson (Hg.): World Court reports 1: 1922-1926 (Washington 1934, ND Dobbs Ferry 1969) 677f. [Chorzów-Fall, 13. September 1928]. – [25] Vgl. zu den Rechtsproblemen der W.: N. Goldmann: Über die Bedeutung der W. nationalsozialist. Unrechts, in: H. J. Vogel (Hg.): Die Freiheit des Anderen. Festschr. M. Hirsch (1981) 215-217; W. Schwarz: Die W. des nationalsozialist. Unrechts in der Bundesrep. Deutschland – rechtliches Neuland? a.O. 227-241, bes. 228f. – [26] K. Adenauer: Erinnerungen 2: 1953-1955 (1966) 157f. 136; vgl. 142. – [27] Vgl. Verhandl. des Dtsch. Bundestages, 1. Wahlperiode 1949, Bd. 9, 165. Sitzung, 6697 D-6698 C; N. Goldmann: Staatsmann ohne Staat (1970) 319f. – [28] Goldmann, a.O. 318. – [29] K. Jaspers: Die Schuldfrage [1946] (1979) 54; vgl. 85. – [30] a.O. 84. – [31] Vgl. aber auch kritisch zum Entschuldigungsritual in der internationalen Politik: H. Lübbe: «Ich entschuldige mich». Das neue polit. Bußritual (2001). – [32] Vgl. G. Arangio-Ruiz: Second report on state responsibility (ILC) vom 9. Juni 1989. UN-Doc. A/CN.4/425 (Englisch), S. 125, Nr. 161; Addendum vom 22. Juni 1989. A/CN.4/425/Add. 1 (Englisch), S. 25; Art. 10, Abs. 1; zum Begriff der W. in der neueren *strafrechtlichen* Diskussion (im Sinne des Täter-Opfer-Ausgleichs) vgl. bes. D. Frehsee: Schadenswiedergutmachung als Instrument der Sozialkontrolle (1987). – [33] Vgl. K. Abraham: Versuch einer Entwicklungsgeschichte der Libido (1924). Ges. Schr., hg. J. Cremerius 2 (1982) 32-103, 84ff. – [34] M. Klein: Mourning and its relation to manic-depressive states. Int. J. Psycho-Analysis 21 (1940) 125-153; dtsch.: Die Trauer und ihre Beziehung zu manisch-depressiven Zuständen, in: Das Seelenleben des Kleinkindes (1962) 72-100; vgl. Art. ‹Wiedergutmachung› und ‹Wiederherstellung›, in: R. D. Hinshelwood: Wb. der kleinian. Psychoanalyse (1993) 705-711; Klein transformiert das von Freud nur als Abwehr-Phänomen behandelte «Ungeschehenmachen», vgl. S. Freud: Hemmung, Symptom und Angst (1926). Ges. Werke, hg. A. Freud u.a. (London 1940-87) 14, 149f. – [35] D. W. Winnicott: Through paediatrics to psycho-analysis (London 1958) 91ff.; dtsch.: Von der Kinderheilkunde zur Psychoanalyse (1983) 267ff.

Literaturhinweise. E. Kossoy: Dtsch. W. aus israel. Sicht. Diss. Köln (1970). – Die W. nationalsozialist. Unrechts durch die Bundesrep. Deutschland, hg. Bundesminister der Finanzen in Zusammenarbeit mit W. Schwarz 1-7 (1974-87). – N. Sagi s. Anm. [17]. – W. und Entschädigung für nationalsozialist. Unrecht, hg. Dtsch. Bundestag, Referat für Öffentlichkeitsarbeit (1987). – Ch. Pross: W. Der Kleinkrieg gegen die Opfer (1988). – R. Theis: W. zwischen Moral und Interesse. Eine krit. Bestandsaufnahme der dtsch.-israel. Regierungsverhandlungen (1989). – L. Herbst/W. Goschler (Hg.) s. Anm. [19]. – W. Goschler: W. Westdeutschland und die Verfolgten des Nationalsozialismus (1945-1954) (1992). – B. W. Eichhorn s. Anm. [13]. – Art. ‹Reparationen und Entschädigungen›, in: I. Gutman (Hg.): Enzykl. des Holocaust 2, hg. E. Jäckel u.a. (1993) 1219-1223 (mit Lit.). – M. Trassl: Die W. von Menschenrechtsverletzungen im Völkerrecht (1994). – R. Kessler/H. R. Peter: W. im Osten Deutschlands 1945-1953 (1996).

H. Hühn

Wiederholung (engl. repetition; frz. répétition; dän. g[j]entagelse). Der Begriff ist jung und doch auch wieder alt, je nachdem, wie man ihn versteht. M. Eliade [1] deutet mit ihm die archaisch-mythische Welt, in der nur als wahrhaft wirklich gilt, was göttliches Leben und insbesondere die Schöpfungsakte der Götter nachahmt. Aber eine als reale Teilnahme erlebte Nachahmung ist genaugenommen keine W.; sie ist die Präsenz dessen, was sich in ihr fortsetzt. In ihr verschwindet mit dem Unterschied von Vergangenheit und Gegenwart auch derjenige von Geschehen und Handlung. Die Moderne dagegen kontrastiert die als Handlung gedachte oder doch auf sie ausgerichtete W. mit dem Geschehen der Wieder*kunft* oder Wieder*kehr* [2].

1. Das so verwendete Wort wird bei S. Kierkegaard in seiner gleichnamigen Schrift (‹Gjentagelsen›) von 1843 [3] zu einem *philosophischen Grundbegriff.*

In mehreren Hinsichten erschwert die Schrift den Zugang: a) Sie fängt ihren Gegenstand in Spiegeln ein, in denen er sich dreifach bricht: durch die Art, wie der Experimentator «Constantin Constantius» (CC) ihn auffaßt, durch die Erfahrung, die der 'junge Mann', das Objekt seines Experiments, damit macht, und durch Kierkegaards eigenes, aber in ihr selbst mehr oder weniger verstecktes, offenherziger nur in den (wichtigen) Beilagen und Nachschriften [4] verratenes Verständnis von ihm. CC ist sich insgeheim sicher, daß W. gar nicht möglich sei; der junge Mann will ernsthaft prüfen, ob sie möglich ist, und Kierkegaard begleitet das Experiment im Glauben, daß sie möglich sein muß. Dabei verstehen sie unter dem Verhandelten etwas je anderes. b) Laut Untertitel ein ‹Versuch in der experimentierenden Psychologie›, geht die Schrift ihr Thema in immer neuen Anläufen an. Sie beschreibt eine Bewegung, in deren Verlauf ihr Gegenstand sich wandelt. Ihr Verfasser läßt durchblicken, daß sie erst in ihrem zweiten Teil «alles Entscheidende» vorbringt und eine «Aussage» [5] wagt, auf die sie im ersten bloß «durch alltägliches Geschwätz hindurch» [6] hinarbeitet. c) Schwerer zu überwinden ist das Hindernis, das sie sich durch Herunterspielen ihres Argumentationsniveaus in den Weg legt: Sie will kein «wissenschaftliches Werk» [7] sein, ja nur eine Petitesse «ohne jeden philosophischen Anspruch» [8]. Diese Stilmittel setzt der sokratisch geschulte Ironiker bewußt ein. Sie sind darum grundsätzlich durchschaubar, anders als biographisch bedingte Kursänderungen. Ihnen scheint man anlasten zu müssen, daß ‹Gjentagelsen› Kierkegaards konzeptuell am wenigsten geglückte Schrift ist.

Die in ihr und den sie begleitenden Texten intendierte W. ist abzuheben gegen eine nicht intendierte, die der Verfasser als uninteressant aus seinem Themenkreis ausgrenzt oder nur als Kontrastfolie für die intendierte benutzt. Gemeinsam ist den verschiedenen Formen dieser beiseite geschobenen W. ihre Ausrichtung auf das, was Kierkegaard pauschal das «Äußere» nennt. Gar kein Interesse nimmt er an der jenseits der Sphäre menschlichen Handelns stattfindenden 'W.' von Abläufen in der Natur. Die W. von Belanglosem und Gleichgültigem im Leben der Menschen dient ihm lediglich zur Profilierung der ihn beschäftigenden W. Bloß angerührt wird die (ewige) Wiederkunft des Gleichen, die bald nach ihm ins Zentrum der Philosophie Nietzsches tritt.

Auch die intendierte W. ist kein einsinniges Phänomen: a) Als Nahziel setzt sich ‹Gjentagelsen› eine bestimmte Art von Selbstwiederholung. Die Abwehr einer W. von Äußerem bereitet den Zugriff auf reflexive W. überhaupt vor. Die Spezifizierung des Äußeren zum Belanglosen und immer wieder Gleichen bildet den Hintergrund für das Besondere an der reflexiven W., um die es Kierkegaard zu tun ist: daß sie – in Anbetracht der Bedeutung des Wortes ein Paradox – absolut Neues ins Spiel bringt. Dies vermag sie als die «eigene W. der Individualität in einer neuen Potenz» [9]. Als solche durchläuft sie in einem als Bewußtwerdung und Verwirklichung der Freiheit gefaßten Prozeß mehrere Stadien: Kündigt sie sich in ihrem ersten Erscheinen als «Aufgabe für die Freiheit» [10] an, so enthüllt sie sich auf ihrer höchsten Stufe als Freiheit «im Verhältnis zu sich selbst» [11], in dem Sinne, daß diese erst im Ergriffenwerden wird, was sie ist. b) Über die potenzierende Selbstwiederholung hinaus steuert ‹Gjentagelsen› das Fernziel einer «redintegratio in statum pristinum» [12] an. Diese beherbergt unter ihrem Dach zwei Formen, die in Wirklichkeit durch eine alle sonstigen Unterschiede überbietende Differenz getrennt sind. c) In rein menschlichen Angelegenheiten kann das Subjekt einen früheren Zustand aus eigener Kraft wiederherstellen. Dann steht am Ende der Begriffsentwicklung nur ein ausgezeichneter Fall des Sich-Wiederfindens, der Rückkehr zu sich aus einer entfremdenden Lage. Der junge Mann, den die Liebe zu einem Mädchen von seiner Dichterexistenz abgetrieben hat, erklärt nach dem Verlust der Geliebten: «Ich bin wieder ich selbst» [13]. d) Ein Mensch kann aber zu seiner Redintegration einer höheren Macht bedürfen, nämlich dann, wenn er den wiederherzustellenden Zustand durch seine Schuld verloren hat. Infolge des Wandels der W. zu einer das Subjekt überfordernden Wiedergeburt wandelt sich der ganze Begriff.

Die intendierte W. entfaltet CC in Auseinandersetzung mit der philosophischen Tradition. Obwohl er sie stolz als «neue Kategorie» [14] verkündet, schließt er sie an überlieferte Terme an. Ihre Entfaltung ist also selbst eine W. Die durchweg in einer spannungsvollen Einheit von Altem und Neuem bestehende «Dialektik der W.» [15] meint nach ihrer geschichtlichen Seite die Schöpfung einer neuen Kategorie durch die Überprüfung mehr oder weniger alter, auf jeden Fall 'metaphysischer' Begriffe. Dialektisch ist die historisch reflektierende W. der W. des näheren, sofern sie auf «das Interesse der Metaphysik» abhebt – an dem diese «scheitert» [16]. Dabei gewichtet sie Affirmation und Kritik allerdings von Begriff zu Begriff unterschiedlich.

Am 'wohlwollendsten' geht sie mit dem in der klassischen griechischen Philosophie universalontologisch konzipierten Begriff der Bewegung (s.d.) um. Aus ihr will sie die eigentümliche Bewegung herausheben, in die Selbstverhältnisse aufzulösen sind. Am 'ungnädigsten' verfährt sie mit Hegels Begriff der Vermittlung (s.d.). Gleichwohl soll die «neue Kategorie» das Erbe auch dieses Begriffs antreten: Die recht verstandene W. ist selbst, was Hegel «irrtümlich» [17] für Vermittlung ausgegeben hat. Hegels Irrtum besteht nach Kierkegaard sogar 'nur' darin, daß er eine in der Logik durchaus taugliche Denkfigur auf die Sphäre der Freiheit ausdehnt, in der ihr das absolut Neue widersteht. Am 'dialektischsten' gerät der Versuch, die eigene, traditionskritische Sache aus der Tradition auch herzuleiten, in den grundlegenden Gedanken der Schrift zum Verhältnis von W. und Erinnerung (s.d.). Die erstere macht die «gleiche Bewegung» wie die letztere, nur «in entgegengesetzter Richtung» [18]. Wiederholen heißt nämlich für CC: «vorlings [dän.: forlænds] erinnern», erinnern: «rücklings [dän.: baglænds] wiederholen» [19]. Auch in geschichtlicher Hinsicht soll sich beides wechselseitig implizieren. So wie die erst in der Moderne entdeckte Freiheitskategorie ‹W.› ein «entscheidender Ausdruck» der Erinnerung ist [20], so war die Erinnerung, die in ‹Gjentagelsen› für Metaphysik schlechthin steht, als eine in diesem Sinne «griechische» der «erste Ausdruck» [21] der Freiheit.

Die wechselseitige Bestimmung von Erinnern und Wiederholen greift aus auf das Ganze eines zeitlich erstreckten Daseins, das in der Aneignung seiner Vergangenheit sich auf seine Zukunft entwirft. Der von CC erhobene Anspruch, alle in der kommenden Zeit noch relevante Philosophie auf die 'neue Kategorie' verpflichten zu können, beruht auf der Annahme, daß die geschichtliche Zukunft demjenigen Denken gehöre, welches den darin liegenden Primat der individuellen Zukunft anerkennt. Der aber setzt voraus, daß das Individuum sein Leben «umschifft» [22].

Die nautische Metapher beschreibt menschliches Leben als Doppelbewegung einer bis zum Tode vorauseilenden, im nachhinein existierend zu verwirklichenden Antizipation. In diesem Kontext steht die Kernaussage des Verfassers: «das ganze Leben eine W.» [23]. Auf die an der platonischen Anamnesis (s.d.) abgelesene Metaphysik bezogen, meint die Aussage: Was ist, war schon. Nachmetaphysisch verstanden, hat sie den Sinn: Das Leben von Menschen wird zur W. vermöge der Realisation einer Vorwegnahme.

Hier nun tritt die Notwendigkeit ein, W. in «Transzendenz» [24] zu begründen. Wer nämlich sein Leben nach Maßgabe jener Metapher in die Hand bekommen will, muß einen «archimedischen Punkt» [25] außerhalb seiner finden, also darüber hinausgelangen. Die Frage ist aber, woher er die Kraft dazu nimmt. CC beantwortet sie so, daß dieselbe Macht, die eine Rückkehr aus Schuld ermöglicht, letztlich auch die mit dem Lebensganzen zusammenfallende W. bedingt. Die auf reine Transzendenz verweisende W. fängt gewissermaßen schon in der 'immanenten' an – als deren sie transzendierender Grund. Damit ein Philosoph einen solchen Vorschein des Transzendenten im Immanenten wahrzunehmen vermag, muß ihm freilich das Evangelium ein dem immanentistischen Denken unzugängliches Verständnis menschlichen Daseins aufgeschlossen haben. Daß das ganze Leben eine transzendent begründete W. sei, weiß die «neuere Philosophie» [26] nur, weil sie im Christentum wurzelt.

Die derart zur Transzendenz erst aufbrechende W. ist in ‹Gjentagelsen› unterbestimmt. Noch am meisten von ihr tritt da zutage, wo CC genauer sagt, inwiefern er sich keine W. zu eigen machen kann: «Ich kann mich selbst umsegeln; aber ich kann nicht über mich hinauskommen» [27]. Sonst geht er sogleich auf die im Vollsinn transzendent begründete zu, auf die «religiöse, kraft des Absurden» [28] vollzogene Bewegung, die von Schuld herausgeforderte Extremform der «redintegratio in statum pristinum». Seine Ausführungen über sie stützen sich nicht auf seine eigenen Erfahrungen, sondern auf die des jungen Mannes, der ihm darin überlegen ist, daß er das an ihm demonstrierte Problem für sich selbst entdeckt – dank einer «religiösen Ursprünglichkeit» [29], die ihm die Schuldfrage aufdrängt. Er legt den Begriff ‹W.› sogar in eine Reihe weiterer Bestimmungen auseinander, die den Übergang von der schwachen zur starken Redintegrationsform markieren.

a) Als durchgehend angewandtes, wenn auch ebenfalls wenig expliziertes Mittel zur Unterscheidung der beiden Formen dient eine Akzentverlagerung im Wort: Aus dem Wieder*holen* wird ein *Wieder*holen. Der junge Mann will Verlorenes zurückholen. Da aber das Verlorene seine verlorene Unschuld ist, kann er das *Wieder*holen noch weniger selbst bewirken als das Wieder*holen*, zu dem er eines archimedischen Punktes außerhalb seiner bedürfte. b) In dieser Not wendet er sich an Hiob, der sich nicht eigenmächtig zurückholen will, was ihm genommen wurde, sondern darauf hofft, es wiederzu*bekommen*. Aber Hiob taugt als Vorbild für ihn nur halb. Wohl weist Hiob in die Richtung, aus der allein die nötige Hilfe zu erwarten ist, weil seine Hoffnung darauf geht, das ihm von Gott Genommene auch von Gott wiederzubekommen. Doch hat er schuldlos «Äußeres» verloren. Die Rückerstattung eines verschuldeten Selbst kann demgegenüber kein schlichtes Wiederbekommen sein. c) Eine Auflösung der Aporie läßt sich nur extrapolieren. Die Extremform der Redintegration muß ein Sich-Zurückempfangen sein, in welchem dem schuldig Gewordenen sein unversehrter Zustand so wiedergeschenkt wird, daß er sich auch aktiv zurückholen kann. d) Wenn CC auch nicht die Struktur dieser Einheit von Passion und Aktion freilegt, so erhellt er doch ihren eschatologisch umschriebenen Horizont. Seine These, die «wahre» W. sei die (christlich als zukünftiges Leben verstandene) «Ewigkeit» [30], gibt das in potenzierender Selbstwiederholung angeeignete Sich-Zurückempfangen für eine jede Antizipation übersteigende Prolepse des noch ausstehenden Lebens aus. Hiermit fügt sie dem metaphysischen und dem nachmetaphysisch-anthropologischen Sinn der Kernaussage als dritten einen strikt theologischen hinzu: Was ist, soll erst noch werden.

In der Fülle seiner Aspekte erweist sich Kierkegaards Begriff der W. als Grundfigur seines Denkens. Die Figur erstreckt sich denn auch auf die philosophisch bedeutendsten unter seinen nach 1843 verfaßten Texten, ebenso wie auf sein mit ‹Gjentagelsen› gleichzeitiges Werk, wenn nicht als eine im selben Begriff fixierte, so doch unter anderen Namen.

Das zusammen mit der ‹Wiederholungs›-Schrift veröffentlichte Buch ‹Furcht und Zittern› [31], das ihr auch als Traktat über die (von CC im jungen Mann gesehene) Ausnahme (s.d.) zugehört, vor allem als ein die Huldigung Hiobs begleitender Lobpreis Abrahams, beschreibt die gemeinsame Sache als einen Glauben, der das in unendlicher Resignation Preisgegebene mit göttlicher Hilfe *wieder*holt. Das in dieselbe Entstehungszeit fallende Bruchstück ‹Johannes Climacus, oder De omnibus dubitandum est› [32] setzt sie in den Punkt, wo 'Idealität' und 'Realität' sich berühren, mit CC gesagt: in die (präreligiös-humane) Verwirklichung des in Gedanken Vorweggenommenen. Der wichtigste, sie unter ihrem eigenen Namen aufrufende Folgetext, ‹Der Begriff Angst› [33] von 1844, rückt sie ins Licht der darin gemachten Entdeckung einer über Schuld hinausweisenden Sünde. Infolgedessen faßt er sie entschiedener christlich. Überzeugt, daß sie im Glauben erst «anfängt» [34], beansprucht sein Verfasser sie als die «Transzendenz» [35] selber, als die «Unmittelbarkeit der Innerlichkeit» [36], die der zum Autor aufsteigende Climacus als eine «neue» bezeichnet [37]. Zudem fügt ‹Der Begriff Angst›, Ansätze sowohl der ‹Wiederholungs›-Schrift wie auch jenes Bruchstücks fortführend, ihre Teilbewegungen der Antizipation und Realisation zu der 'Synthesis' zusammen, durch die ein Mensch 'Geist' wird. Nicht zuletzt deswegen, weil Kierkegaard auf eine solche, 1848 in ihrer vollendeten Gestalt hervortretende Synthesistheorie hinauswill, kann er erklären, seine ganze Schriftstellerei habe es auf die W. abgesehen. Was mehr oder weniger auf seinen Themenkreis zutrifft, das gilt erst recht für seine Verfahrensweise, ist doch sein Bestreben, «das Alte, Bekannte und von den Vätern Überlieferte noch einmal ... durchzulesen» [38], also zu wieder*holen* und *wieder*zuholen, was ihm daraus in Form einer noch verborgenen W. entgegenkommt.

2. Die vom frühen M. Heidegger [39] umrissene W. bildet das genaue Gegenstück zu einer dermaßen ausgeweiteten. Heidegger schränkt sie auf die «Geschichtlichkeit» des (menschlichen) Daseins ein und setzt sie selbst in diesem engen Rahmen auf die Stufe abkünftiger Daseinsvollzüge herab. Indessen ist die Kehrseite ihres Verlustes an Weite und Ursprünglichkeit, daß sie an Bestimmtheit zunimmt und ein schärferes Profil bekommt.

Die einer «Analytik des Daseins» hochterminologiert einverleibte W. «gründet existenzial in der vorlaufenden Entschlossenheit» [40], die Heidegger, im Fortgang zur «Eigentlichkeit», aus der Erschlossenheit (s.d.), nämlich jedes Daseins für sich selbst, herleitet. Zweifach fundiert, nimmt sie auf ihre besondere Art an der «existenziellen», an einem «Existenzial» angebrachten «Modifikation» teil, zu der ‹Sein und Zeit› die Eigentlichkeit im Ganzen herunterstimmt. Ihre Besonderheit besteht darin, daß sie das «existenzielle Seinkönnen», auf das eigentliches Dasein sich entwirft, «aus dem überlieferten Daseinsverständnis» holt [41]. Sie ist nichts als dieses Holen. Demnach wendet sie die Zukunft, auf die sie bei Kierkegaard gerichtet war, in Vergangenheit («Gewesenheit») um. Daß sie dies «ausdrücklich» [42] tut, gehört mit zu ihrer Abkünftigkeit. Denn es unterstreicht, daß sie eine Geschichte, in der das Dasein immer schon steht, bloß ins Bewußtsein hebt – was fürs Existieren keineswegs notwendig ist. Statt daß das Dasein erst mit ihr geschichtlich würde, ist es umgekehrt die Geschichtlichkeit, die sie bedingt.

Nun können gegenwärtig existierende Menschen ihr «Seinkönnen» aus einem überlieferten Daseinsverständnis nur so «holen», daß sie auf vergangene *Möglichkeiten* zurückgehen. Insofern taucht die Zukunft auf der Seite der Vergangenheit selber auf. Und mit ihr die W. Kierkegaards, jedenfalls als eine, mit der Neues in die Welt tritt. Denn der «Rückgang in Möglichkeiten des dagewesenen Daseins» wiederholt dieses nicht, «um es abermals zu verwirklichen» [43]. Er ist eine Erstverwirklichung, unterschieden von Reproduktion. Über diesen Anschluß an

Kierkegaard läuft Heideggers Versuch, der partikularisierten und relativierten W. gleichwohl eine eigene Bedeutsamkeit abzugewinnen. Sein Versuch führt über Kierkegaard hinaus. Schon mit seiner Integration der W. ins Überlieferungsgeschehen eröffnet er ja einen seinem Vorgänger versperrten Zugang zu überindividueller Geschichte. Der geschichtlichen W. verleiht er sodann eine dialogische und kritische Note: Sie ist ihm «Erwiderung», nämlich auf vergangene Möglichkeiten, und zugleich «Widerruf», nämlich «dessen, was im Heute sich als 'Vergangenheit' auswirkt» [44].

Beides fließt in Heideggers von 1936 an niedergeschriebene ‹Beiträge zur Philosophie› ein, die den von der Metaphysik gemachten Anfang nicht wieder*holen*, sondern *wieder*holen wollen, einholen in seinem noch unausgeschöpften Potential [45]. Die Absage ans Wieder*holen* ist gleichbedeutend mit dem Widerruf eines bloß reproduzierten Erbes; das Plädoyer fürs *Wieder*holen optiert für die Erwiderung im «Gespräch» mit den Alten.

3. Mit der *Psychoanalyse* wird die W. als grundlegendes regulatorisches Prinzip des Psychischen entdeckt. S. FREUD ist zweimal und von zwei verschiedenen Ausgangspunkten, einem klinisch deskriptiven und einem metapsychologischen, näher an sie herangetreten, 1914 in ‹Erinnern, Wiederholen und Durcharbeiten› [46], 1920 in ‹Jenseits des Lustprinzips› [47].

Diejenige W., auf die der Arzt im Verhalten seines Patienten stößt, hängt eng mit der «Übertragung» (s.d.) zusammen: Wer früher Erlebtes überträgt, nämlich auf den Arzt, wiederholt es, und wer es wiederholt, überträgt es, wenn nicht auf den Arzt, so auf ein anderes Stück Gegenwart. Als Ursache dieses Phänomens kommt ein verwandtes Dauerthema Freuds mit ins Spiel: die schon früh notierte «Wiederkehr des Verdrängten» [48]. Im Wiederholen meldet sich Verdrängtes. Seine Angleichung an dessen Wiederkehr negativiert aber seinen Begriff. In eins damit verändert sie seine Stellung zum Erinnern. War das Wiederholen bei Kierkegaard eine Existenzbewegung, hinter der Erinnern zurückbleibt, so erscheint es bei Freud als dessen Surrogat.

Die Loslösung des Begriffs aus der Übertragungssituation läuft über den seitdem kontrovers diskutierten Begriff ‹Wiederholungszwang›. Freud postuliert, es gebe «im Seelenleben ... einen Wiederholungszwang ..., der sich über das Lustprinzip hinaussetzt» und der «ursprünglicher, elementarer, triebhafter» [49] sei. Der im Zwang (s.d.) zu ständiger W. befriedigte Trieb wird als «Todestrieb» (s.d.) charakterisiert, der auf die «Wiederherstellung eines früheren Zustandes» [50] drängt, d.h., die Rückkehr zum Zustand der unbelebten Materie anstrebt.

In Freuds späteren Schriften, vornehmlich in ‹Hemmung, Symptom und Angst› (1926) [51], finden sich neben der vorherrschenden Fortschreibung der 1914 und 1920 in je anderer Weise verfolgten Tendenz zur Negativierung des Begriffs auch Ansätze zu dessen Repositivierung. Eine Art Negation des Negativen liegt im Gedanken einer W., die «ungeschehen» machen will, was einst nicht «dem Wunsch gemäß» ablief [52]. Noch darüber hinaus weist die Intonation des in der nachfreudschen Psychoanalyse breit ausgeführten Themas einer W., welche Traumata zu bewältigen sucht. Danach will der Traumatisierte gleich dem Kinde das ihm passiv Widerfahrene «aktiv» wiederholen, um es schließlich verarbeiten zu können [53].

4. Freud selbst hat sein Konzept ohne Rücksicht auf Kierkegaard entwickelt. Die nachfreudsche Psychoanalyse wendet sich bisweilen zum Herkunftsort des Begriffs zurück. Dies tut sie in der Absicht einer Repositivierung, die sie in zwei Stufen anstrebt. Auf der ersten ergänzt sie die negativ zu beurteilende, weil zwanghafte W. durch eine anders verfaßte, die positiv einzuschätzen ist, sofern sie einen heilsamen Einfluß ausübt. Belehrung bei Kierkegaard sucht sie vor allem hier [54]. Auf der zweiten Stufe steuert sie an, was man eine 'sekundäre Positivierung' der zwanghaften W. nennen könnte [55]. Sie möchte auch der zwanghaften einen produktiven Sinn abgewinnen, indem sie ihr die Kraft zutraut, den in sie Verstrickten zur Gewöhnung an neue Erfahrungen und so letztlich auch dazu anzutreiben, sich auf sie einzulassen, ohne die Einheit seines Selbstbilds zu gefährden [56]. Das eine Motiv der Suche nach einer nicht-regressiven Identität taucht vielfältig variiert auf. In solcher Perspektive schaut die nachfreudsche Psychoanalyse über Kierkegaard hinaus, aber in einer auch von ihm vorgegebenen Bahn.

Neuere interdisziplinär ausgerichtete kognitive Theorien (kognitive Entwicklungspsychologie, Cognitive Science, Gedächtnisforschung) tendieren dazu, den Wiederholungszwang nicht mehr wie Freud aus der «konservativen Natur» organischer Triebe [57], sondern als Ausdruck «der konservativen Natur mentaler Repräsentationen» zu verstehen [58].

5. Die Freudsche Konzeption eines jenseits des Lustprinzips (s.d.) angesiedelten und auf den Todestrieb zurückgeführten Wiederholungszwangs stieß auch unter Psychoanalytikern von Anfang an auf heftige Kritik [59]. Die spekulative, die Lehre vom Todestrieb vertiefende französische Psychoanalyse und die Freud aufnehmende und mit Kierkegaard zusammenschließende Philosophie im Frankreich der zweiten Hälfte des 20. Jh. knüpfen hier an.

Auf dem Boden seiner Unterscheidung zwischen dem Imaginären, dem Realen und dem als Sprache des Unbewußten fungierenden Symbolischen sucht J. LACAN [60] einen eigenen Zugang zur Beziehung von Wiederholungszwang und Todestrieb, indem er vorab die Wieder*kehr* umdeutet. Er faßt sie nicht mehr als die des Verdrängten auf, sondern als die aller Verdrängung vorgängige Grundbewegung des Unbewußten selbst. Als solche tritt sie in einen Gegensatz zur W. Mit ihrer zirkulären Bewegung kontrastiert die Bewegung einer W., die – durchaus in der Tradition Kierkegaards, des «konsequentesten aller Seelensucher» vor Freud [61] – ein auf das je Neue, Andere ausgerichteter Prozeß ist. Innovativ zu sein, kommt aber primär dem Todestrieb zu; ihn deutet Lacan ebenfalls um, nämlich zu einer subversiven Macht. In der spekulativen, den zwanghaften Modus der W. an den schöpferischen tendenziell angleichenden Psychoanalyse-Version gerät der Wiederholungszwang gewissermaßen zum Agenten jener Macht, indem er den Todestrieb bleibend im Psychischen verankert.

Auch G. DELEUZE [62] betrachtet ‹Jenseits des Lustprinzips› als die «große Wende» von Freuds anfangs ausschließlich «negativer Interpretation» [63] der W. zu einer, die von ihr Krankheit *und* Gesundheit, Verderben *und* Heil erwartet. Aber sein Hauptanknüpfungspunkt ist Kierkegaard. Seine Schrift ‹Différence et répétition› liest sich über weite Strecken so, als wolle Deleuze ‹Gjentagelsen› selbst wiederholen. Dabei legt er den Akzent auf die Selbstwiederholung, zu der die W. Kierkegaards wird, sobald sie nicht nur «Aufgabe der Freiheit» ist, sondern «die Freiheit» selbst. Gerade als Selbstwiederholung bringt sie, heißt es, «etwas Neues» [64] ins Spiel: die «zweite Potenz des Bewußtseins» [65]. Als einziger unter den auf ‹Gjentagelsen› zurückgreifenden Denkern zieht Deleuze sogar den Paralleltext (‹Papirer› 4, B 117) mit heran, der die auf Freiheit hinauslaufende W. gegen Wiederkehrbewegungen in der Natur abgrenzt [66]. Wenn er die Aussage seines Gewährsmanns zitiert, die W. sei die «Grundkategorie der zukünftigen Philosophie» [67], so gibt er nach alledem mit einem gewissen Recht zu verstehen, daß er es ist, der Kierkegaards Versprechen für die Zukunft einlöst.

Er löst es nicht ein, ohne ihm Wesentliches hinzuzufügen. Sein eigenständiger Gedanke ist, daß die Selbstwiederholung auf dem Grunde der «mechanischen», «stereotypen» [68] liege. Hinter den als das immer Gleiche wiederholten Objekten steckt «ein geheimes (secret) Subjekt ..., das über sie hinweg sich wiederholt» [69]. Erst von hier aus wird vollständig sichtbar, wie Deleuze das Kierkegaard-Thema an die französische Differenzphilosophie anschließt. Die Differenz, die er im Titel seiner Schrift mit der an zweiter Stelle angesprochenen Selbstwiederholung verknüpft, meint wohl nicht nur die in dieser, dank ihres Ausgriffs auf Neues, enthaltene. Mit dem ersten Titelbegriff scheint auch die Differenz gemeint zu sein, die im Inneren der bloß reproduzierenden zwischen ihr selbst und der «tieferliegenden» [70] aufbricht. Auf seine Weise berührt Deleuze so am Ende noch die transzendente Seite von ‹Gjentagelsen›: Die W., deren Möglichkeit auch für ihn eine Frage ist, scheint, falls es sie geben sollte, dem «Wunder» näher als dem «Gesetz» [71], der «Ausnahme» näher als der «Allgemeinheit» [72]. Denn sie eröffnet eine Aussicht auf das «Unendliche» («l'infini») [73] und «Unersetzliche» («ce qui ne peut être remplacé») [74].

Anmerkungen. [1] Vgl. M. ELIADE: Le mythe de l'éternel retour (Paris 1949). – [2] Vgl. Art. ‹Wiederkunft, ewige; Wiederkehr, ewige›; zum Einzug des Begriffs in die modernen Wissenschaften vgl. etwa Art. ‹Gedächtnistäuschung›. Hist. Wb. Philos. 3 (1974) 42-46: Déjà-vu-Erlebnis; Art. ‹Grundgesetz, biogenetisches›, a.O. 910: Ontogenese als abgekürzte und modifizierte W. der Phylogenese; ‹Ritus II.›, a.O. 8 (1992) 1053-1058: W. in der Ethnologie und Religionswiss. – [3] S. KIERKEGAARD: Die W. Drei erbauliche Reden 1843. Ges. Werke, hg. E. HIRSCH u.a. [GW] (1951-69) Abt. 5/6. – [4] Papirer, hg. P. A. HEIBERG (Kopenhagen 1909-48) 4, B 110-121. – [5] B 110, a.O. 271. – [6] B 117, a.O. 283. – [7] B 117, a.O. 289. – [8] B 120, a.O. 306. – [9] B 120, a.O. 308. – [10] B 117, a.O. 296. – [11] B 117, a.O. 281. – [12] a.O. [3] 17. – [13] a.O. 89. – [14] 21. – [15] 22. – [16] 22. – [17] 21. – [18] 3. – [19] 3. – [20] 3. – [21] Papirer B 111, a.O. [4] 273. – [22] a.O. [3] 4f. – [23] a.O. 3. – [24] 59. – [25] a.O. – [26] 3. – [27] 59. – [28] Papirer B 120, a.O. [4] 309. – [29] B 117, a.O. 284. – [30] a.O. [3] 90. – [31] Furcht und Zittern (1843). GW 4. – [32] Johannes Climacus ... [1843]. GW 10, 109-164. – [33] Der Begriff Angst (1844). GW 11/12. – [34] a.O. 16 (Anm.). – [35] 19. – [36] 147. – [37] Abschließende unwissenschaftl. Nachschr. zu den Philos. Brocken (1846). GW 16, 257. 277. 286. – [38] a.O. 16/2, 344: Schluß der (von KIERKEGAARD selbst verantworteten) ‹ersten und letzten Erklärung›. – [39] M. HEIDEGGER: Sein und Zeit §§ 74f. (1927) 385f. 391f. – [40] a.O. 385. – [41] a.O. – [42] ebda. – [43] ebda. – [44] 386. – [45] Beiträge zur Philosophie (Vom Ereignis) [1936-38]. Ges.ausg. III/65 (1989) 185; Heidegger spricht von «Wieder-holung». – [46] S. FREUD: Erinnern, Wiederholen und Durcharbeiten (1914). Ges. Werke, hg. A. FREUD u.a. [GW] (1940-87) 10, 126-136. – [47] Jenseits des Lustprinzips (1920). GW 13, 1-69. – [48] Vgl. Weitere Bemerkungen über die Abwehr-Neuropsychosen (1896). GW 1, 387. 389; Art. ‹Verdrängung›. Hist. Wb. Philos. 11 (2001) 618-622. – [49] a.O. [47] 21f. – [50] a.O. 38. – [51] Hemmung, Symptom und Angst (1926). GW 14, 111-205. – [52] a.O. 150. – [53] 200. – [54] Vgl. bes. H. LOEWALD: Some considerations on repetition and repetition compulsion. Papers in psychoanalysis (New Haven 1980) 87-101, 90: «repetition as reproduction and repetition as re-creation»; mit Hilfe der entwicklungspsychologischen Kategorien der 'Assimilation' und der 'Akkomodation' im Sinne J. PIAGETS differenziert: G. S. KLEIN: Psychoanalytic theory: an exploration of essentials (New York 1976); zur Gesch. der Unterscheidung von passiver und aktiver W. vgl. R. WAELDER: Die psychoanalyt. Theorie des Spieles. Z. psychoanalyt. Pädagogik 6 (1932) 184-194; E. BIBRING: The conception of the repetition compulsion. Psychoanal. Quart. 12 (1943) 486-519. – [55] Vgl. z.B. J. COHEN: Structural consequences of psychic trauma: A new look at ‹Beyond the Pleasure Principle›. Int. J. Psychoanalysis 61 (1980) 421-432; P. L. RUSSELL: The essential invisibility of trauma and the need for repetition. Psychoanal. Dialogues 3 (1993) 515-522. – [56] Vgl. D. JUDA: Exorcising Freud's 'daemonic' compulsion to repeat: Repetition compulsion as part of the adaptational/maturational process. J. Amer. Acad. Pychoanalysis 11 (1983) 353-375; TH. DORPAT/M. MILLER: Clinical interaction and the analysis of meaning. A new psychoanalytic theory (Hillsdale, N.J. u.a. 1992); vgl. schon: I. HENDRICK: Instinct and the ego during infancy. Psychoanal. Quart. 11 (1942) 33-58. – [57] FREUD, a.O. [47] 38ff. – [58] M. DORNES: Der kompetente Säugling. Die präverbale Entwicklung des Menschen (1993) 190. – [59] Zur krit. Aufnahme des Konzepts vgl. schon: L. KUBIE: A crit. analysis of the concept of a repetition compulsion. Int. J. Psycho-Analysis 20 (1939) 390-402. – [60] J. LACAN: Le séminaire XI, 1: Inconscient et répétition (Paris 1964); dtsch.: Das Seminar XI: Die vier Grundbegriffe der Psychoanalyse (1978) 21-70, bes. 45ff.; Ecrits (Paris 1966). – [61] a.O. 59/dtsch. 67. – [62] G. DELEUZE: Différence et répétition (Paris 1968); dtsch.: Differenz und W. (1992); vgl. dazu auch die Rezension von M. FOUCAULT: Theatrum philosophicum (1970), in: Dits et écrits 1954-1988 (Paris 1994) 2, 75-99, 87ff.; zur Kierkegaard-Lektüre J. DERRIDAS: T. BEYRICH: Ist Glauben wiederholbar? Derrida liest Kierkegaard (2001). – [63] a.O. 26f./dtsch. 33. – [64] 13/21. – [65] 15/23. – [66] 16 (Anm.)/25 (Anm.). – [67] 12/20. – [68] 2/12. – [69] 36/42. – [70] 2/11f. – [71] 9/17. – [72] 12f./20. – [73] 15/23. – [74] 7/15.

Literaturhinweise. – Zu Kierkegaard: W. STRUVE: Die neuzeitl. Philos. als Metaphysik der Subjektivität. Interpretationen zu Kierkegaard und Nietzsche. Symposion 1 (1949) 207-335, bes. 287ff. – G. NUSSER: Der Begriff ‹W.› bei S. Kierkegaard. Theolog. Z. 20 (1964) 423-440. – D. GLÖCKNER: «Die glückliche Liebe». S. Kierkegaards spezifisches Verständnis der W. als Zugang zu seinem Versöhnungsdenken. Kierkegaard Studies. Yearbook 1996, 240-254. – J. RINGLEBEN: Kierkegaards Begriff der W. Kierkegaard Studies. Yearbook 1998, 318-344. – A. STROWICK: Passagen der W. Kierkegaard – Lacan – Freud (1999). – N. NYMANN ERIKSEN: Kierkegaard's category of repetition (2000). – *Zur Psychoanalyse:* A. WILSON/C. MALATESTA: Affect and the compulsion to repeat: Freud's repetition compulsion revisited. Psychoanalysis contemp. Thought 12 (1989) 265-312. – R. LAZAR/H. SHMUEL ERLICH: Repetition compulsion: A reexamination of the concept and the phenomenon, a.O. 13 (1990) 29-55. – S. REICHARD: Wiederholungszwang. Ein psychoanalyt. Konzept im Wandel (1997) mit Lit.; Art. ‹Wiederholungszwang›, in: W. MERTENS/B. WALDVOGEL (Hg.): Hb. psychoanalyt. Grundbegriffe (2000) 802-806. – U. HOCK: Das unbewußte Denken. W. und Todestrieb (2000). – *Zur Phänomenologie und Ästhetik:* E. LOBSIEN: Wörtlichkeit und W. Phänomenologie poet. Sprache (1995). – C. HILMES (Hg.): Dasselbe noch einmal: Die Ästhetik der W. (1998). – B. WALDENFELS: Die verändernde Kraft der Wiederholung. Z. Ästhetik allg. Kunstwiss. 46 (2001) 5-17.

M. THEUNISSEN/H. HÜHN

Wiederkunft, ewige; **Wiederkehr, ewige** (engl. eternal recurrence; frz. retour éternel; ital. eterno ritorno). Auf den ersten Blick bietet F. NIETZSCHES Gedanke der ewigen Wiederkunft [e.W.] ein einprägsames *kosmologisches* Bild: Das Weltall wiederholt ewig seinen Lauf, und in diesem immer gleichen Kreislauf [1] kommt auch der einzelne Mensch immer wieder vor, um ein bis ins Kleinste identisches Leben ewige Male zu durchleben – wie ein «Stäubchen vom Staube» in der ewigen «Sanduhr des Daseins», die «immer wieder umgedreht» wird [2]. Die e.W.

ist ein Gegenbild zu den metaphysischen Kosmologien: eine Welt ohne Transzendenz, ohne Anfang, Ende oder Zweck, ohne metaphysischen Sinn und ethische Bedeutung, eine zugleich chaotische und deterministische Welt («Chaos sive natura»), die «Unschuld des Werdens», in welcher Willensfreiheit und Verantwortlichkeit nur Schein sind. Die Verwendung jenes schlichten, eingängigen Bildes durch Nietzsche ist aber alles andere als eindeutig.

Zuerst benutzt Nietzsche nur ‹W.› und erst nach 1881 immer wieder auch den Ausdruck ‹Wiederkehr›, der aber nie vorherrscht. Auch beide verbalen Formen kommen vor: Die e.W. ist der «Gedanke, daß Alles wiederkommt» [3], «das Geheimniß daß Alles wiederkehrt» [4]. Bedeutungsunterschiede zwischen ‹W.› und ‹Wiederkehr› lassen sich im Sprachgebrauch nicht festmachen. Nietzsche redet etwa auch von einem «Kreislauf» [5] oder von einer «Kreis-Wiederholung» [6] und formuliert Gleichnisse wie «der Fluß fließt immer wieder in sich zurück» [7] oder «das ganze Spielwerk wiederholt ewig seine Weise, die nie eine Melodie heissen darf» [8]. Nietzsche nennt die e.W. einen «Gedanken» oder eine «Lehre»; um deren herausragende Bedeutung hervorzuheben, bezeichnet er sie hyperbolisch als den «Gedanken der Gedanken» [9] oder als den «abgründlichsten Gedanken» [10].

Der erste Entwurf mit der Überschrift ‹Die W. des Gleichen› trägt das Datum «Anfang August 1881 in Sils Maria» (die Wendung «die e.W. des Gleichen» kommt nur hier vor) [11]. In ‹Ecce homo›, seiner Autobiographie, erwähnt Nietzsche dieses «Blatt» und sieht den Gedanken zu einem genau bestimmten Zeitpunkt an seinem Horizont auftauchen: «Ich gieng an jenem Tage am See von Silvaplana durch die Wälder; bei einem mächtigen pyramidal aufgethürmten Block unweit Surlei machte ich Halt. Da kam mir dieser Gedanke» [12]. Bei allem erlebnishaften, augenblicklichen Erscheinen des Gedankens lassen sich zumindest zwei Entstehungszusammenhänge angeben.

a) Auf der einen Seite stehen die antiken und modernen Vorgänger des kosmologischen Bildes einer sich ewig wiederholenden Welt. Lange bevor Nietzsche seinen W.-Gedanken formuliert, sieht er in der ‹Philosophie im tragischen Zeitalter› Anaximander und Heraklit im Glauben «an einen periodisch sich wiederholenden Weltuntergang und an ein immer erneutes Hervorsteigen einer anderen Welt aus dem alles vernichtenden Weltbrande» übereinstimmen [13]. Die 2. ‹Unzeitgemässe Betrachtung› erwähnt den pythagoreischen Glauben, «dass bei gleicher Constellation der himmlischen Körper auch auf Erden das Gleiche, und zwar bis auf's Einzelne und Kleine sich wiederholen müsse» [14]. Der späte Nietzsche führt als mögliche altgriechische Vorgänger seines Gedankens Gestalten an, mit denen er sich im Willen zur Bejahung des Lebens verwandt fühlt. Er erwähnt zwar die Stoiker (nie jedoch Augustinus' Auseinandersetzung mit ihnen), aber nur um eine Analogie zu dem von ihm wesentlich höher geschätzten Heraklit aufzustellen: «Die Lehre von der 'e.W.', das heisst vom unbedingten und unendlich wiederholten Kreislauf aller Dinge – diese Lehre Zarathustra's könnte zuletzt auch schon von Heraklit gelehrt worden sein. Zum Mindesten hat die Stoa, die fast alle ihre grundsätzlichen Vorstellungen von Heraklit geerbt hat, Spuren davon» [15]. Nietzsche unterstreicht auch die Nähe zu den «dionysischen Mysterien», die den Griechen das «ewige Leben, die ewige Wiederkehr des Lebens», «das triumphirende Ja zum Leben über Tod und Wandel hinaus» verbürgten [16].

Die nachgelassenen 'Beweisversuche' des Gedankens zeigen allerdings deutliche Spuren einer weit intensiveren Auseinandersetzung mit damaligen naturwissenschaftlichen und naturphilosophischen Ansätzen, etwa mit J. G. Vogt [17] sowie mit entschlossenen Gegnern einer kosmischen Wiederholung wie O. Caspari [18] oder dem von Nietzsche auch sonst scharf kritisierten E. Dühring [19]. Nietzsche hat u.a. auch von A. Blanquis kosmologischer Hypothese sich ewig wiederholender Welten Kenntnis genommen, zumindest hat er sich den Titel ‹L'éternité par les astres› notiert, allerdings erst im Herbst 1883 [20]. Die Kritik des Mechanismus und der Gleichgewichtshypothese (der Annahme eines Endzustands des Universums), die Auseinandersetzung mit den Prinzipien der Thermodynamik (s.d.) («Der Satz vom Bestehen der Energie fordert die ewige Wiederkehr» [21]) oder mit den nichteuklidischen Geometrien in Hinsicht auf die für Nietzsche wichtige Frage nach der Gestalt des Raumes gehören in denselben Zusammenhang.

b) Auf der anderen Seite lassen sich die mit der e.W. verbundenen *ethischen* Reflexionen in weitere Traditionszusammenhänge stellen. «Die Frage bei allem, was du thun willst: 'ist es so, daß ich es unzählige Male thun will?' ist das größte Schwergewicht» [22]. Diese Frage hat man als 'ästhetischen' oder 'existentiellen Imperativ' von Kants kategorischem Imperativ abgesetzt [23]. Die Lehre konfrontiert darüber hinaus den Einzelnen mit der Frage, ob sein ganzes Leben so beschaffen sei, daß er es ewig wiederholen wolle. Verwandte Fragen kommen bei Nietzsche bekannten Denkern wie G. Leopardi oder E. von Hartmann vor [24]. Schon die 2. ‹Unzeitgemässe Betrachtung› stellt dem Einzelnen im Anschluß an Hume die entscheidende existentielle Frage, ob er «die letzten zehn oder zwanzig Jahre noch einmal zu durchleben» wünsche [25]; die Antwort ist hier allerdings sowohl vom historischen wie vom 'überhistorischen' Standpunkt aus negativ.

Schon im allerersten Entwurf folgt der Überschrift ‹Die W. des Gleichen› ein in fünf Abschnitte gegliedertes Inhaltsverzeichnis. Aber zu einem solchen Buch und zu einer 'kanonischen' Darstellung der Lehre kommt es nie. In der ‹Fröhlichen Wissenschaft› ist dem W.-Gedanken lediglich ein Aphorismus gewidmet, «Das größte Schwergewicht», der vorletzte der ersten Ausgabe: In diesem ethischen Gedankenexperiment enthüllt ein «Dämon» die W.; den Leser konfrontiert Nietzsche mit der Frage, ob er «einmal einen ungeheuren Augenblick» erlebt habe, in dem er die Lehre bejaht hätte. Sie könne ihn vielleicht verwandeln [26]. Diese erste Mitteilung betont einen Grundzug der e.W.: Der Gedanke ist bipolar, kann auf unterschiedliche, ja gegensätzliche Weise erlebt werden: als zermalmende Lebensverneinung oder als verwandelnde Lebensbejahung, als Inbegriff der Sinnlosigkeit oder umgekehrt als Sinnbild einer Art immanenter, in jedem Augenblick erfüllter Ewigkeit.

Auch in ‹Jenseits von Gut und Böse› taucht der Gedanke in einem einzigen Aphorismus auf: Nietzsche blickt von der «weltverneinendsten aller möglichen Denkweisen» auf das «Ideal des übermüthigsten lebendigsten und weltbejahendsten Menschen, der sich nicht nur mit dem, was war und ist, abgefunden und vertragen gelernt hat, sondern es, so wie es war und ist, wieder haben will, in alle Ewigkeit hinaus, unersättlich da capo rufend» [27].

Einzig in dem philosophischen Gedicht ‹Also sprach Zarathustra› wird die e.W. als «Lehre» vorgetragen. Laut ‹Ecce homo› ist «der Ewige-Wiederkunfts-Gedanke, diese höchste Formel der Bejahung, die überhaupt erreicht werden kann», die «Grundconception» [28] des ‹Zarathustra›. Die Handlung macht die Schwierigkeiten, den W.-Gedanken auszusprechen und mitzuteilen, direkt zum Thema: Sie zeigt Zarathustras «Selbst-Ueberwindung», die mühsame Entwicklung, die er durchleben muß, bevor er sich mit dem Gedanken auseinandersetzen kann. Während der Übermensch (s.d.) schon im Mittelpunkt der Vorrede steht, wird die e.W. erst im 3. Teil ausgesprochen, jedoch nach unzähligen versteckten Anspielungen im 2. Teil. Dieser Teil stellt als Aufgabe die «Erlösung von der Rache». Unter ‹Rache› versteht Zarathustra den Widerwillen gegen die Zeit und ihr 'es war'. Solange die Vergangenheit nicht erlöst, jener Widerwille nicht überwunden ist und der Wille nicht «zurückwollen» kann, scheint die e.W. des nicht Verwundenen die furchtbarste aller Möglichkeiten. Erst gegen Ende des 3. Teils zeigt sich Zarathustra seinem Gedanken gewachsen, er wird zum Lehrer der e.W.; der künftige Übermensch wird sie bejahen [29].

Unmittelbar vor Nietzsches geistigem Zusammenbruch blickt ‹Ecce homo› auf den ‹Zarathustra› als die maßgebliche Mitteilung des Gedankens zurück. Nach dem Abschluß des 3. Teils hatte Nietzsche dagegen noch gemeint, der ‹Zarathustra› sei «nichts als eine Vorrede, Vorhalle», und er selbst sei «noch weit davon entfernt», seinen Gedanken «aussprechen und darstellen zu können» [30]. Er plante dann wiederholt eine Veröffentlichung, zeitweilig unter der Überschrift ‹Der Wille zur Macht› [31], gab das Projekt aber schließlich auf. Die unter diesem Titel kursierende willkürliche Kompilation hat sich nicht nur auf die klassischen Interpretationen (etwa diejenige M. Heideggers) negativ ausgewirkt.

Die Rezeption ist beherrscht von der Frage, ob die e.W. vor allem als kosmologische oder eher als ethische Lehre zu verstehen sei, und von den Versuchen, diese Alternative zu verwerfen oder zu überwinden.

Zu den Prämissen der 'Beweisversuche' gehören die Unendlichkeit der Zeit sowie die Endlichkeit von Raum und «Kraftmenge». Aus der Endlichkeit von Raum und Kraftmenge wird der (eigentlich nicht selbstverständliche) Schluß auf eine nur endliche Anzahl unterschiedlicher möglicher Gesamtlagen der Kraft gezogen. Zu diesen kann kein Endzustand des Universums gehören, weil er sonst in der bisher verflossenen unendlichen Zeit schon eingetreten wäre. Aus der endlichen Anzahl der möglichen Gesamtlagen ergibt sich in der unendlichen Zeit die Notwendigkeit einer Wiederholung.

Schon früh hat G. Simmel ein einfaches mathematisches Gegenbeispiel vorgelegt [32], und auf dieses kritische Argument bezieht sich die Diskussion seither immer wieder. Weit schwieriger als die Widerlegung ist jedoch die hermeneutische Frage nach dem Status dieser sogenannten 'Beweisversuche' und der W.-Lehre selbst. Aus Nietzsches sonstigen Positionen geht eigentlich die Unbeweisbarkeit der W. hervor: Da es keine letzten Bestandteile der Wirklichkeit gibt, sondern einen ständigen Fluß von 'Quanten' und 'Qualitäten', darf man von der endlichen Kraftmenge nicht auf eine endliche Anzahl unterschiedlicher möglicher Gesamtlagen der Kraft schließen. In Nietzsches nachgelassenem Material finden sich in diesem Sinn auch Gegenbeweise und Gegenhypothesen [33]. Ihm war also wohl die Unzulänglichkeit der Beweise bewußt. Ausschlaggebend scheint Nietzsche einmal, daß der Gedanke «als wahr geglaubt» [34] wird. Manchmal sieht er darin wiederum nur eine Möglichkeit, und zwar die furchtbarste. 1881, als Nietzsche die meisten 'Beweisversuche' abfaßt, spielt der Interpretationsgedanke bei ihm noch keine Rolle, in späten kosmologischen Entwürfen ist die e.W. eine Welt der gegeneinander kämpfenden Machtquanten, und von dieser Lehre des Willens zur Macht heißt es auch, es handle sich nur um eine Interpretation [35]. Der Status der Lehre – Glaube, Möglichkeit, Interpretation – ist also ungewiß.

Primär sind auf jeden Fall die *praktischen Absichten:* die Entwürfe, in denen die e.W. jeweils als Glaube, Möglichkeit oder anderes eine Rolle spielt. Gerade in dieser Hinsicht ist die e.W. ein Gedanke im Werden: Nietzsche verbindet mit ihm nacheinander eine ganze Reihe unterschiedlicher Lebensformen und -entwürfe. Aus diesem Sachverhalt geht die Notwendigkeit einer genetischen Lektüre hervor. Die noch heute vorherrschende Tendenz, das Material synchron zu deuten, kaschiert dagegen die Unterschiede [36].

Nietzsche stellt seine eigene Philosophie und mit ihr den W.-Gedanken in einen historischen Kontext, der mehr als 2000 Jahre umspannt: den Untergang von Religion, Moral und Metaphysik, den Tod Gottes (s.d.) und den europäischen Nihilismus (s.d.). Der W.-Gedanke soll eine «Entscheidung» über die künftige Geschichte der Menschheit herbeiführen [37], nicht zuletzt dank seines ambivalenten, ja bipolaren Charakters. Einerseits ist er «der Hammer, der die Menschen überwindet» [38], die «extremste Form des Nihilismus» [39], die viele zur Selbstzerstörung treiben wird, andererseits eröffnet er den Ausblick auf künftige Wesen, die an ihm den anderen, bejahenden Aspekt wahrnehmen könnten.

Immer wieder ist die Frage nach der Verträglichkeit der sogenannten Hauptlehren und insbesondere von e.W. und Willen zur Macht gestellt worden. K. Löwith etwa sieht Nietzsches Versuch, die Antike auf dem Gipfel der Moderne zu wiederholen und den Menschen erneut in die natürliche Welt einzubinden, am Widerstreit von antiker Kosmologie und christlicher Eschatologie scheitern: Zuletzt seien Nietzsches Hauptlehren, e.W. und Wille zur Macht, miteinander ebenso unverträglich wie kosmologischer und ethischer Aspekt der e.W. [40]. M. Heidegger zufolge gehören Wille zur Macht und e.W. dagegen «aufs innigste» [41] zusammen. Er sieht darin jedoch nicht die Überwindung, sondern die Vollendung der abendländischen Metaphysik. Später nuanciert Heidegger seine Position: Er erblickt nun im ‹Zarathustra› (freilich unzureichende) Ansätze zu einer Überwindung der Metaphysik [42]. Nietzsches Anspruch, mit seiner Philosophie und insbesondere mit der W.-Lehre abendländische Metaphysik und Nihilismus zu überwinden, steht bis heute im Mittelpunkt der Auseinandersetzung.

Anmerkungen. [1] Vgl. auch Art. ‹Kreislauftheorien›. Hist. Wb. Philos. 4 (1976) 1127-1129; Art. ‹Wiederholung›. – [2] F. Nietzsche: Die fröhl. Wissenschaft IV, 341 (1882-87). Krit. Ges.ausg., hg. G. Colli/M. Montinari (1967ff.) 5/2, 250. – [3] Nachgel. Frg., Frühjahr 1881 bis Sommer 1882 11[206], a.O. 5/2, 422. – [4] Nachgel. Frg., Juli 1882-Winter 1883/84 20[10], a.O. 7/1, 627. – [5] a.O. passim. – [6] a.O. [3] 421 (11[203]). – [7] a.O. [4] 209 (5[1] 160). – [8] Die fröhl. Wiss. III, 109, a.O. [2] 146. – [9] a.O. [3] 394 (11[143]). – [10] Ecce Homo, Also sprach Zarathustra 1 [1888], a.O. 6/3, 333; Nachgel. Frg., a.O. [4] 626 (20[8]). – [11] a.O. [3] 392 (11[141]). – [12] Ecce Homo, a.O. [10]. – [13] Die Philos. im trag. Zeitalter der Griechen 6 [1872/73], a.O. 3/2, 323; vgl. Art. ‹Ekpyrosis›. Hist. Wb. Philos. 2 (1972) 433f. – [14] Unzeitgem. Betracht. 2: Vom Nutzen und Nachtheil der Historie 2 (1874), a.O. 3/1, 257. – [15] Ecce Homo, Die Geburt der Tragödie 3, a.O. [10] 311. – [16] Götzen-Dämmerung, Was ich den Alten verdanke 4, a.O. 6/3, 153; Nachgel. Frg., Anfang 1888 bis Anfang Januar 1889 24[1] 9, a.O. 8/3, 440. – [17] J. G. Vogt: Die Kraft. Eine real-monist. Weltanschauung (1878). – [18] O.

CASPARI: Der Zusammenhang der Dinge (1881). – [19] Zu den naturwiss. Quellen der W.-Lehre vgl. M. BAUER: Zur Genealogie von Nietzsches Kraftbegriff. Nietzsches Auseinandersetzung mit J. G. Vogt. Nietzsche-Stud. 13 (1984) 211-227; P. D'IORIO: Cosmologie de l'éternel retour, a.O. 24 (1995) 62-123. – [20] F. NIETZSCHE: Nachgel. Frg., a.O. [4] 588 (17[73]). – [21] Nachgel. Frg., Herbst 1885 bis Herbst 1887 5[54], a.O. 8/1, 209; vgl. auch: Art. ‹Wärmetod›. – [22] a.O. [3] 394 (11[143]); vgl. Die fröhl. Wiss., a.O. [2]. – [23] B. MAGNUS: Nietzsche's existential imperative (Bloomington/London 1978). – [24] H. M. WOLFF: F. Nietzsche. Der Weg zum Nichts (Bern 1956). – [25] NIETZSCHE: Vom Nutzen ... 1, a.O. [14] 251. – [26] Vgl. Die fröhl. Wiss., a.O. [2]. – [27] Jenseits von Gut und Böse 3, 56 (1886), a.O. 6/2, 72f. – [28] Ecce Homo, Also sprach Zarathustra 1, a.O. [10] 333. – [29] Zur e.W. als 'In-der-Welt-Sein' des Übermenschen vgl. W. MÜLLER-LAUTER: Nietzsche. Seine Philos. der Gegensätze und die Gegensätze seiner Philos. (1971). – [30] F. NIETZSCHE: Br. an F. Overbeck (8. März 1884). Br.wechsel. Krit. Ges.ausg., hg. G. COLLI/M. MONTINARI (1975ff.) 3/1, 485. – [31] Vgl. Art. ‹Wille zur Macht›. – [32] Vgl. G. SIMMEL: Schopenhauer und Nietzsche (1907). – [33] Vgl. NIETZSCHE, a.O. [3] 458ff. (11[311] und [313]); dazu: M. BRUSOTTI: Die Leidenschaft der Erkenntnis. Philos. und ästhet. Lebensgestaltung bei Nietzsche von ‹Morgenröthe› bis ‹Also sprach Zarathustra› (1997) 358ff. – [34] a.O. [30]; vgl. Art. ‹Umwertung aller Werte›. Hist. Wb. Philos. 11 (2001) 105-108. – [35] Vgl. W. MÜLLER-LAUTER: Nietzsches Lehre vom Willen zur Macht. Nietzsche-Stud. 3 (1974) 1-60; G. ABEL: Nietzsche: die Dynamik der Willen zur Macht und die ewige Wiederkehr (1984). – [36] Vgl. dazu: BRUSOTTI, a.O. [33]. – [37] Vgl. etwa: NIETZSCHE, a.O. [21] 118 (2[118]). – [38] Nachgel. Frg., Frühjahr bis Herbst 1884 25[249], a.O. 7/2, 73. – [39] a.O. [21] 217 (5[71]). – [40] Vgl. K. LÖWITH: Nietzsches Philos. der e.W. des Gleichen (1935). Sämtl. Schr. 6 (1987) 101-384. – [41] M. HEIDEGGER: Nietzsche 1 (1961) 26. – [42] Vgl. Was heißt Denken? [WS 1951/52] (1954). Ges.ausg. I/8 (2002); zu den «Stationen von Heideggers Weg mit Nietzsche»: W. MÜLLER-LAUTER: Heidegger und Nietzsche (2000).

Literaturhinweise. K. LÖWITH s. Anm. [40]. – O. BECKER: Nietzsches Beweise für die Lehre von der e.W. Bl. dtsch. Philos. 9 (1936) 368-387; ND, in: Dasein und Dawesen. Ges. philos. Aufs. (1963) 41-66. – M. ELIADE: Le mythe de l'éternel retour: Archétypes et répétition (Paris 1949); dtsch.: Kosmos und Gesch.: der Mythos der e.W. (³1986). – M. HEIDEGGER s. Anm. [41]. – G. DELEUZE: Nietzsche et la philos. (Paris 1962); dtsch. (1976). – P. KLOSSOWSKI: Nietzsche et le cercle vicieux (Paris 1969, ²1975); dtsch.: Nietzsche und der Circulus vitiosus deus (1986). – W. MÜLLER-LAUTER s. Anm. [29]. – B. MAGNUS s. Anm. [23]. – G. ABEL s. Anm. [35]. – P. D'IORIO s. Anm. [19]. – M. BRUSOTTI s. Anm. [33]. – W. MÜLLER-LAUTER: Nietzsche-Interpretationen 1-3 (1999-2000).

M. BRUSOTTI

Wiener Kreis (engl. Vienna Circle; frz. Le Cercle de Vienne)

1. *Vorgeschichte.* – Der «Urkreis» [1] bzw. «Protozirkel» [2] bzw. «der erste W.K.» [3] umfaßt eine heterogen zusammengesetzte Diskussionsrunde auch junger Doktoranden, die sich 1907-1912 in einem Wiener Café donnerstags abends zusammenfand, um u.a. wissenschaftstheoretische Probleme im Anschluß an E. MACHS antimetaphysischen Empirismus und den französischen Konventionalismus zu erörtern [4]. Ihm gehörten u.a. an: Ph. Frank, O. Neurath, gelegentlich R. von Mises, sowie O. und H. Hahn. PH. FRANK sah in Hahn «den eigentlichen Begründer» des W.K., weil dieser einen Kreis junger Leute mit «Interesse und Begabung für die Forschung auf dem Gebiet der Axiomatik und Logistik» um sich sammelte und «die Berufung von Schlick und durch ihn wieder die Habilitation von Carnap an der Wiener Universität ermöglicht» [5] habe.

2. *Konstitutions- und nichtöffentliche Phase.* – Der später so genannte (also eigentlich zweite) W.K. entstand nach der Berufung Schlicks (1922) auf Betreiben seiner Studenten F. Waismann und H. Feigl im Herbst 1924 zunächst als 'Schlick-Zirkel' [6]; Mitglieder waren neben den Initiatoren und den Mitgliedern des Urkreises u.a. auch H. Feigl, R. Carnap, H. Neider (ab 1927/28), F. Kaufmann, V. Kraft, B. Juhos, K. Reidemeister und später K. Menger, K. Gödel und G. Bergmann. Theoretischer Bezugsrahmen war das Gedankengut von Frege, Russell/Whitehead und Wittgenstein; die Lektüre von Wittgensteins ‹Tractatus› und von Carnaps ‹Aufbau› dominierten dabei die Diskussionen. Gleichwohl war der W.K. in Wien nur eine Gruppe unter anderen [7]. Zu nennen sind hier insbes. der sog. ‹Geist-Kreis› um O. Spann, ein ‹Mises-Kreis› um den Nationalökonomen L. von Mises und einer um dessen Bruder R. von Mises (mit den Mitgliedern Ph. Frank, H. Hahn, O. Neurath und M. Schlick), der Kreis um den Philosophen R. Reininger, der um den Altphilologen und Philosophiehistoriker H. Gomperz sowie der um den Philosophen und Psychologen K. Bühler, wobei diese Kreise sich natürlich überschnitten.

3. *Die öffentliche Phase.* – Der Name ‹W.K.› wird freilich erst 1929 auf Vorschlag von O. NEURATH in der Programmschrift ‹Wissenschaftliche Weltauffassung. Der W.K.› [8] gebraucht, um den Kreis um Schlick zu benennen. Ganz im Zeichen aufklärerischer Wiener Volksbildungstradition war sie von O. NEURATH, H. HAHN und R. CARNAP im Auftrag des ‹Vereins Ernst Mach› [9] herausgegeben worden. Der Titel sollte eine ähnlich angenehme Konnotation haben wie ‹Wiener Wald› oder ‹Wiener Walzer› und zugleich auf den Ursprung und die kollektive Orientierung der Bewegung hinweisen [10]. Dabei wird die «Wissenschaftliche Weltauffassung» durch zwei Bestimmungen definiert: «Erstens ist sie empiristisch und positivistisch: Es gibt nur Erfahrungserkenntnis, die auf dem unmittelbar Gegebenen beruht ... Zweitens ist sie gekennzeichnet durch die Anwendung ... der logischen Analyse» [11]. Der Terminus ‹Logi(sti)scher Positivismus› wird dann etwas später (1930/31) als Bezeichnung für die vom W.K. entwickelte philosophische Lehre verwendet [12], und zwar im Sinne einer radikalen, frühen Form des Logischen Empirismus [13]. Allerdings wird die Bezeichnung ‹Logischer Empirismus› auch schon 1838 von dem Fries-Schüler F. J. CH. FRANCKE gebraucht, um den Standpunkt des antispekulativen Denkers F. A. Beneke zu charakterisieren [14]. Als ‹Logistischen Antiirrationalismus› bezeichnet später K. AJDUKIEWICZ die dem W.K. in wichtigen methodologischen Grundzügen verwandte ‹Lemberg-Warschauer Schule› [15]; bei ihr ist auch von einem ‹Logischen Rationalismus› die Rede [16]. SCHLICKS Gegenbegriff zum ‹Logischen Empirismus› ist ‹Logischer Idealismus›. Er dient besonders der Kennzeichnung des Marburger Neukantianismus [17].

Zum W.K. in seiner öffentlichen Phase lassen sich Philosophen/Wissenschaftler mit einer so pluralistischen und toleranten Diskussionskultur rechnen [18], daß ganz unterschiedliche Positionen zum Tragen kamen, die die Entwicklung der «wissenschaftlichen Philosophie» beförderten [19]; z.B. waren verschiedene Fassungen des empiristischen Sinnkriteriums (s.d.) möglich [20]. Auch von daher ist eine Charakterisierung des W.K. durch Reduktionismen problematisch. CARNAPS Vorschlag etwa, Philosophie mit Wissenschaftslogik (s.d.) zu identifizieren, «wurde keineswegs im Kreis allgemein akzeptiert» [21]. Im weiteren kann im Hinblick auf den W.K. generell weder von einer Eliminierung der praktischen Philosophie noch auch 'nur' vom Verzicht auf eine normative Ethik die Rede sein [22]. Weitestgehender Konsens bestand wohl allein in der Verteidigung der analytisch/synthetisch-Dichotomie (unter Ausschluß des synthetischen Apriori) [23].

Zur Verbreitung und Internationalisierung der Lehre des W.K. trug die Gründung der Zeitschrift ‹Erkenntnis› maßgeblich bei; sie wurde von R. Carnap und H. REICHENBACH und zugleich «im Auftrage der Gesellschaft für empiristische Philosophie Berlin und des Vereins Ernst Mach in Wien» ediert [24]. Zeitgleich mit der Bildung des ersten W.K. war in Berlin eine ‹Gesellschaft für positivistische Philosophie› entstanden, die dem Programm der ‹Wissenschaftlichen Weltauffassung› sehr nahe stand [25]. In dem gemeinsamen Organ ‹Erkenntnis› wurde auch über die vorwiegend von Neurath ausgerichteten internationalen Tagungen und Kongresse berichtet [26].

4. *Weitere Internationalisierung, Emigration und Auflösung.* – Besonders durch A. J. AYER [27] und durch den bereits 1930 in die USA ausgewanderten H. FEIGL wurde das Gedankengut des W.K. in England und in den USA bekannt gemacht [28]. Feigl sah während seines Aufenthalts an der Harvard-Universität eine Gruppe, zu der P. W. BRIDGMAN, S. S. STEVENS, R. B. PERRY und W. V. O. QUINE gehörten, als «amerikanisches Äquivalent zum W.K.» an [29]. Die Veränderungen dieses Kreises gegenüber dem 'Original' können unter den Stichwörtern ‹Entpolitisierung›, ‹Liberalisierung› und ‹Akademisierung› gefaßt werden [30]. Mit C. G. HEMPEL stirbt 1997 der letzte Überlebende der Berliner und Wiener Generation des Logischen Empirismus; von einer gewissen Vollendung des Logischen Empirismus durch ihn kann insofern gesprochen werden, als seine pragmatisch und historisch orientierte Wissenschaftsphilosophie an das Programm der ‹Wissenschaftlichen Weltauffassung› anknüpfte [31].

Markante Ereignisse innerhalb der politisch bedingten Auswanderungsbewegung nach 1933 sind der Februar 1934, die Ermordung Schlicks und der sog. 'Anschluß' Österreichs 1936 [32], wobei der Tod Schlicks zur Auflösung des W.K. besonders stark beitrug [33].

5. *Der bodenständige W.K.* – Mit dem Kreis um V. Kraft und B. Juhos blieb indes in Wien auch eine bodenständige Bewegung nicht ohne Wirkung. KRAFT hebt 1971 in seinem Nachruf auf Juhos hervor, daß dieser die Philosophie des W.K. nicht nur bewahrt, sondern – in Auseinandersetzung mit den neueren Entwicklungen bes. in den USA – auch weiterentwickelt habe [34]. Und als 1975 mit Kraft das letzte noch in Österreich lebende aktive Mitglied des W.K. gestorben war, stellt G. FREY fest, daß damit jene weltberühmte Schule endgültig Geschichte geworden ist [35].

6. *Neubeginn der W.K.-Forschung.* – R. Haller sah es schon 1982 als notwendig an, das Klischeebild des Kreises zu zerstören und an seiner Stelle ein realistischeres Bild des Logischen Empirismus aufzubauen [36], wobei es nicht nur um die Vergangenheit des Kreises, sondern auch darum gehen solle, die Bewegung des Empirismus und der Analytischen Philosophie fortzusetzen [37]. Diesem Zweck dient das ‹Institut 'W.K.'›, das 1991 als Verein zur Förderung wissenschaftlicher Weltauffassung von F. STADLER gegründet wurde und um Rekonstruktion, Neubewertung und Neubegründung der Philosophie des W.K. bemüht ist [38].

Anmerkungen. [1] F. STADLER: Studien zum W.K. Ursprung, Entwickl. und Wirkung des Log. Empirismus im Kontext (1997) 168. – [2] a.O. 741. – [3] R. HALLER: Neopositivismus. Eine hist. Einf. in die Philos. des W.K. (1993) 45. – [4] Vgl. H. FEIGL: The W.K. in America (1969), in: Inquiries and provocations. Sel. writ. 1929-74 (Dordrecht u.a. 1981) 57-94, bes. 58. – [5] PH. FRANK: H. Hahn (†1934). Erkenntnis 4 (1934) 315f., bes. 315. – [6] FEIGL, a.O. [4] 60; vgl. auch: STADLER, a.O. [1] 229. 776. – [7] V. KRAFT, in: K. ACHAM/J. GÖTSCHL/P. PAYER/H. RUTTE: Gespräch mit V. Kraft. Conceptus 7 (1973) 9-25, 17. – [8] Wissenschaftl. Weltauffassung. Der W.K. (1929); ND, in: O. NEURATH: Ges. philos. und methodolog. Schr., hg. R. HALLER/H. RUTTE 1 (Wien 1981) 299-336. – [9] Vgl. F. STADLER: Vom Positivismus zur 'Wissenschaftl. Weltauffassung'. Am Beispiel der Wirkungsgesch. von E. Mach in Österreich von 1895 bis 1934 (Wien/München 1982) bes. 135ff. – [10] Vgl. Der W.K. Versuch einer Typologie, in: P. KRUNTORAD (Hg.): Jour Fixe der Vernunft (Wien 1991) 23-41, hier: 24. – [11] a.O. [8] 307. – [12] Vgl. Art. ‹Positivismus, Logischer›. Hist. Wb. Philos. 7 (1989) 1122-1124, bes. 1123. – [13] Vgl. Art. ‹Empirismus, logischer›, a.O. 2 (1972) 478. – [14] F. J. CH. FRANCKE: Br. an J. F. Fries (18./24. 10. 1838), in: J. F. FRIES: Sämtl. Schr., hg. G. KÖNIG/L. GELDSETZER 28 (2000) 210. – [15] K. AJDUKIEWICZ: Der logist. Antiirrationalismus in Polen. Erkenntnis 5 (1935) 151-161; ND, in: Log. Rationalismus. Philos. Schr. der Lemberg-Warschauer Schule, hg. D. PEARCE/J. WOLEŃSKI (1988) 30-37, bes. 30. – [16] Log. Rat., a.O. – [17] M. SCHLICK: Allg. Erkenntnislehre (1918, 21925) 333. – [18] Vgl. F. STADLER: Scient. philosophy: Origins and developments (Dordrecht u.a. 1993) 279. – [19] Dies trifft schon auf «Fundierung versus Kohärenz in der wissenschaftl. Erkenntnis» zu; vgl. C. G. HEMPEL: Schlick und Neurath, in: R. HALLER (Hg.): Schlick und Neurath – ein Symposion (Amsterdam 1982) 1-18. – [20] Vgl. W. STEGMÜLLER: Hauptströmungen der Gegenwartsphilos. 1 (71989) 346-428. – [21] Vgl. STADLER, a.O. [18] 279f. – [22] Vgl. H.-J. DAHMS: Versuch einer Charakterisierung des W.K., in: H.-J. DAHMS (Hg.): Philos., Wiss., Aufklärung. Beiträge zur Gesch. und Wirkung des W.K. (1985) 1-29, bes. 9; vgl. dagegen: HALLER, a.O. [3] 8: zur Auffassung von A. Tarski und O. Neurath. – [23] Vgl. DAHMS, a.O. bes. 9. – [24] Erkenntnis 1-8 (1930/31-1939/40); 8 erschien unter dem Titel ‹The journal of unified science (Erkenntnis)›. – [25] Vgl. L. DANNEBERG/A. KAMLAH/L. SCHÄFER (Hg.): H. Reichenbach und die Berliner Gruppe (1994); R. HALLER/F. STADLER (Hg.): Wien–Berlin–Prag. Der Aufstieg der wissenschaftl. Philos. Centenarien R. Carnap – H. Reichenbach – E. Zilsel (Wien 1993). – [26] Vgl. R. HEGSELMANN: Einheitswiss. – das positive Paradigma des log. Empirismus, in: J. SCHULTE/B. MCGUINNESS (Hg.): Einheitswiss. (1992) 7-23, bes. 19f.; STADLER, a.O. [1] 378-436. – [27] A. J. AYER: Language, truth and logic (London 1936); dtsch.: Sprache, Wahrheit und Logik (1970). – [28] Für Kurzbiographien vgl. STADLER, a.O. [1] 818-821 (Ayer). 674-680 (Feigl). – [29] C. W. SAVAGE: H. Feigl (1902-88). J. gen. Philos. Sci. 21 (1990) 221-230, 222f.; vgl. D. KOPPELBERG: Die Aufhebung der analyt. Philos. Quine als Synthese von Carnap und Neurath (1987) bes. 18. 51f. – [30] H.-J. DAHMS: Emigration des W.K., in: F. STADLER (Hg.): Vertriebene Vernunft 1-2 (Wien/München 1987/88) 1, 66-122, bes. 104; vgl. Die Bedeutung der Emigration des W.K. für die Entwicklung der Wiss.theorie, in: STADLER (Hg.), a.O. 2, 155-168. – [31] Vgl. G. WOLTERS: Die pragmat. Vollendung des log. Empirismus. In mem. C. G. Hempel (1905-1997). J. gen. Philos. Sci. 31 (2000) 205-242, 205. – [32] Vgl. DAHMS: Emigration, a.O. [30] 69. – [33] PH. FRANK: Nachruf auf M. Schlick. Erkenntnis 6 (1936/37) 291f.; vgl. H. REICHENBACH: M. Schlick†, a.O. 141f., 142. – [34] V. KRAFT: Nachruf auf B. Juhos. Z. allg. Wiss.theorie 2 (1971) 163-173, 163. – [35] G. FREY: Logik, Erfahrung und Norm. Zum Tode V. Krafts, a.O. 6 (1975) 1-6, 1. – [36] R. HALLER: Zurück nach Wien, in: KRUNTORAD (Hg.), a.O. [10] 11-22, 14. – [37] a.O. 22. – [38] Vgl. Vienna Circle Institute Yearbook, hg F. STADLER (seit 1993); Schriftenreihe: Veröff. des Instituts W.K., hg. F. STADLER (seit 1991).

Literaturhinweise. E. KAILA: Der logist. Neopositivismus (1930). – A. PETZÄLL: Logist. Positivismus. Versuch einer Darst. und Würdigung der philos. Grundanschauungen des sog. W.K. der Wissenschaftl. Weltanschauung (Göteborg 1931). – S. KROHN: Der Log. Empirismus. Eine krit. Unters. 1-2 (Turku 1949/50). – V. KRAFT: Der W.K. Der Ursprung des Neopositivismus. Ein Kapitel der jüngsten Philos.gesch. (Wien 1950, 31997). – H. SCHLEICHERT (Hg.): Log. Empirismus. Der W.K. Ausgew. Texte mit einer Einl. (1975). – F. BARONE: Il neopositivismo logico 1-2 (Rom 1977, 21986). – H.-J. DAHMS (Hg.) s. Anm. [22]. –

B. McGuinness (Hg.): Zurück zu Schlick. Eine Neubewertung von Werk und Wirkung (Wien 1985). – N. C. Nyírí (Hg.): Von Bolzano zu Wittgenstein. Zur Trad. der österr. Philos. (Wien 1986). – P. Kruntorad (Hg.) s. Anm. [10]. – T. Uebel (Hg.): Rediscovering the forgotten Vienna Circle (Dordrecht u.a. 1991). – M. Geier: Der W.K. (1992). – J. Schulte/B. McGuinness (Hg.) s. Anm. [26]. – R. Haller s. Anm. [3]. – F. Stadler s. Anm. [18] und [1].

G. König

Wildheit; Grausamkeit; Rohheit. ‹W.›, ‹Grausamkeit› und ‹Rohheit› gehören zu einem Begriffsfeld, mit dem seit der Antike Extremformen von Aggression (s.d.) und die entsprechenden Verhaltensdispositionen bezeichnet werden. Die jeweiligen sprachlichen Ausdrücke (griech. ὠμότης, θηριότης; lat. ‹feritas›, ‹saevitia›, ‹crudelitas›; davon abgel. frz. ‹férocité›, ‹sauvagerie›, ‹cruauté› und engl. ‹savageness›/‹savagery›, ‹cruelty›) sind, auch wenn es gelegentlich zu Differenzierungen kommt, weitgehend gegeneinander austauschbar. Ihr begrifflicher Kern bezieht sich auf exzessive Verletzungshandlungen, die im Extremfall allein das Vergnügen des Aggressors zum Ziel haben. Zumeist ist auch an entsprechende Unterlassungshandlungen (Verweigerung von elementarer Förderung oder vitaler Hilfeleistung; Gleichgültigkeit gegenüber akuten Notlagen und Bedrohungen anderer) gedacht.

1. *Antike und Mittelalter.* – Die außerphilosophische griechische Literatur [1] verwendet eine Reihe von Wörtern für weder defensiv-präventive noch nutzenmaximierende Verletzungshandlungen. Solche in keiner Weise handlungsrationalen Schädigungen, die allein dem Schädiger Lust bereiten sollen, werden auch in mythischen Figuren personifiziert, in der des Räubers Prokrustes, der Menschen verstümmelte oder aber zerriß [2], oder des «erbarmungslos-grausamen» (νηλής) Kyklopen Polyphem [3], der die um Gastfreundschaft bittenden Gefährten des Odysseus auffraß. Als paradigmatisch gelten die Greuel der «Menschenfresser» (ἀνδροφάγοι), bei denen, so Herodot, die «rohesten Sitten (ἀγριώτατα ... ἤθεα) von allen Menschen» herrschen [4], und anderer «ganz und gar blutrünstiger» (φονικώτατοι) Barbaren [5]. Exzessive, Zweckmäßigkeitserwägungen sprengende Tötungen und andere Verletzungsakte machen auch den Bedeutungskern von ὠμός aus; so berichtet Thukydides über den Verzicht der Athener auf die Tötung sämtlicher Einwohner einer eroberten Stadt, weil sie vor einem solch «grausamen» (ὠμόν) Massaker zurückschreckten [6].

Aus der griechischen Philosophie sind dagegen nur spärliche Beispiele einer Beschäftigung mit dem genannten Phänomenbereich bekannt. Die am Begriff der Gerechtigkeit orientierten Ethiken rücken wie diejenige Platons andere Verfehlungen als W., tierische Rohheit oder Grausamkeit ins Zentrum der Aufmerksamkeit: die Ungerechtigkeit bzw. das Unrechttun (ἀδικεῖν). Diese sind als Übergriff auf andere zur Erlangung eigenen Vorteils verstanden, und somit fehlt ihnen gerade das, was Grausamkeit, W. und tierische Rohheit ausmacht: die nicht-instrumentelle Zufügung von Schmerzen und Leiden. Einen systematischen Stellenwert weist Aristoteles der tierischen Rohheit (θηριότης), der vollständigen Abwesenheit moralischer Hemmungen, zu. Er rechnet sie (neben der Schlechtigkeit und der Willensschwäche, s.d.) zu den «drei Dingen, die man fliehen muß» [7]. Seine Beispiele sind Kannibalismus und perverse Gewaltexzesse [8]. Die tierische Rohheit kommt allerdings selten vor [9]; hauptsächlich wird sie bei Barbaren und «verwilderten (ἀπηγριωμένοι) Völkern» [10] angetroffen. Sie ist «weniger schlimm als die Schlechtigkeit, aber gefährlicher. Denn da ist das beste nicht zerstört wie beim normalen Menschen, sondern es ist gar nicht vorhanden» [11].

Die in der Folgezeit einflußreichsten [12] Reflexionen zu Phänomenen exzessiver Aggression hat Seneca vorgetragen. Auch seine terminologischen Differenzierungen sind lange maßgeblich gewesen: Mit ‹saevitia› (die oft mit tierischer Rohheit, ‹feritas›, einhergeht) bezeichnet er die Verletzung derer, «von denen man kein Unrecht erlitten hat»; sie zielt auf Schädigung («nocere») und das Quälen («lacerationes») anderer «zum bloßen Vergnügen» («in voluptatem») [13]. Ein spezielles Phänomen ist mit ‹crudelitas› gemeint: die «Zügellosigkeit im Vollzug der Strafen» («in poenis exigendis intemperantia») [14]. Anders als beim «Töten um des Tötens willen» («occidendi causa occidere») [15], das für W. und tierische Rohheit kennzeichnend ist, hat der Grausame («crudelis») zwar einen Grund, sein Opfer zu verletzen, d.h. zu bestrafen («puniendi causa») [16], aber er agiert dabei in einer Weise enthemmt, daß die Grausamkeit als «das am wenigsten menschliche Übel» («crudelitas minime humanum malum») verabscheut zu werden verdient («abominanda») [17]. Der Grausame «überschreitet die Grenzen des Menschlichen» («excedit fines ... humanos») [18], und doch ist er nicht eigentlich ‹tierisch› zu nennen (denn ihm fehlt die Tötungshemmung) [19]; er ist ein «monstrum» [20]. Im Konkreten, etwa in bezug auf die Gladiatorenkämpfe seiner Zeit (die einerseits Beispiele von Mut und Todesverachtung bieten [21], andererseits aber die Zuschauer verrohen [22]), ist Senecas [23] Haltung auffällig ambivalent.

Im Christentum tritt zu diesem Wortgebrauch (Paradigma Kannibalismus [24]) eine neue Verwendungsweise hinzu, die das Moment der Gewaltanwendung und Leidzufügung in den Hintergrund treten läßt: ‹Grausam› heißen äußerste Verstöße gegen religiöse Verbote, insbesondere gegen solche, die wollüstiges Tun untersagen. Als Paradebeispiel für die «lüsterne Grausamkeit bzw. grausame Lust» («libidinosa crudelitas, vel libido crudelis») führt Augustinus die Anwendung von Verhütungsmitteln («sterilitatis venena») an, die den einzig («sola») legitimen Zweck der fleischlichen Beiwohnung vereiteln [25]. So wie hier wird die Grausamkeit auch später im theologischen Rahmen nicht als Vergehen gegen Mitmenschen, bes. durch Zufügung von Leiden, aufgefaßt. Auch wenn Akte der Grausamkeit ihren Ort in der zwischenmenschlichen Interaktion haben, handelt es sich um Verfehlungen im Verhältnis des Menschen zu sich selbst und damit um Verstöße gegen die von Gott gesetzte Ordnung: Wer, so erläutert Bernhard von Clairvaux den Begriff einer spirituellen Grausamkeit, durch die verbotene Liebe zum Körper sündigt [26], ist «grausam gegen sich selbst» («crudelis in se») [27]: Er erstickt und verstümmelt seine eigene Seele. – Thomas von Aquin verbindet den aristotelischen Begriff der tierischen Rohheit (er übersetzt θηριότης mit «bestialitas») und Senecas Begriff der «saevitia»; hiervon unterscheidet er die «crudelitas» («superexcessus poenarum») [28]. Vor heikle Fragen stellen ihn die Bibel (Gott zerbricht den Gottlosen «die Zähne im Maul ...; der Gerechte wird sich freuen, wenn er solche Vergeltung sieht» [29]) und die theologische Lehre, daß die Seligen zur «vollkommenen Schau der (körperlichen) Höllenstrafen der Verdammten» gelangen [30] und dadurch beglückt werden: Fehlt den Seligen das Mitleid und ist ihnen die Grausamkeit, das Ergötzen («laetari») am Leiden anderer, eigen? Die erste Frage wird bejaht, die zweite verneint. Denn was die Frommen mit Freude erfüllt, sind nicht die Höllenqualen «per se», sondern «per accidens»; d.h., die sich in ihnen manifestierende «Ordnung der göttlichen Gerechtigkeit» ist Quelle ihres Glücks [31].

Anmerkungen. [1] K. J. DOVER: Greek popular morality in the age of Plato and Aristotle (Oxford 1974) 200f.; M. KAIMIO: Violence in Greek tragedy, in: T. VILJAMAA/A. TOMONEN/CH. KRÖTZL (Hg.): Crudelitas (Krems 1992) 28-40. – [2] SENECA: De clementia 2, 2. – [3] HOMER: Od. IX, 272. 287; zu dem «embryo of a notion of cruelty» bei Homer vgl. A. LINTOTT: Cruelty in the polit. life of the ancient world, in: VILJAMAA/TOMONEN/KÖTZL (Hg.), a.O. [1] 9-27, bes. 12f. – [4] HERODOT: Hist. IV, 106. – [5] THUKYDIDES: De bello Pelop. VII, 29, zu einem Gemetzel thrakischer Söldner; vgl. auch die ganz andere Schilderung des Massakers von Melos, a.O. V, 116. – [6] a.O. III, 36; zur geläufigen Übersetzung von ὠμός durch ‹crudelis› vgl. ISIDOR VON SEVILLA: Etymol. XX, 10, 48. – [7] ARISTOTELES: Eth. Nic. VII, 1, 1145 a 15ff. – [8] 6, 1149 a 13f. – [9] 1, 1145 a 30f. – [10] 6, 1148 b 19ff. – [11] 7, 1150 a 1ff. – [12] Vgl. THOMAS VON AQUIN: S. theol. II-II, 159; F. L. BATTLES/A. M. HUGO: Calvin's commentary on Seneca's 'De clementia' (Leiden 1969); M. DE MONTAIGNE: Essais II, 11: De la cruauté. Oeuvr. compl., hg. A. THIBAUDET/M. RAT (Paris 1962) 411f.; D. BARAZ: Seneca, ethics, and the body: The treatment of cruelty in medieval thought. J. Hist. Ideas 59 (1998) 195-215. – [13] SENECA: De ira 2, 5; ähnlich: Ep. mor. 90, 45. – [14] De clementia 2, 2. – [15] a.O. – [16] a.O. 2, 3. – [17] 3, 23; vgl. auch: CICERO: Ep. ad fam. XV, 19. – [18] De clem. 3, 23; vgl. auch: LIVIUS' Wendung «inhumana crudelitas»: Ab urbe cond. XXI, 4; H. PLESSNER: Das Problem der Unmenschlichkeit [1967]. Ges. Schr., hg. G. DUX u.a. 8 (1983) 328-337. – [19] De clem. 3, 24. – [20] a.O. 3, 23. – [21] Ep. mor. 30, 8; De providentia 3, 4; De beneficiis II, 34, 3. – [22] Ep. mor. 7, 2-5; 95, 33. – [23] Parallelen dazu bei: G. FIASSE: Les fondements de la philanthropie dans le nouveau stoïcisme; deux cas concrets: l'esclavage et la gladiature. Les Et. philos. (2002) 527-545, bes. 540ff. – [24] AUGUSTINUS: De civ. Dei XXII, 22. – [25] De nuptiis et concupiscentia. MPL 44, 423f.; vgl. D. A. DOMBROWSKI: St. Augustine, abortion and libido crudelis. J. Hist. Ideas 49 (1988) 151-156. – [26] BERNHARD VON CLAIRVAUX: Apologia ad Guillelmum Abbatem. Opera, hg. J. LECLERQ (Rom 1957ff.) 3, 95f.; Sermo ad clericos de conversione, a.O. 4, 86f. – [27] Sermones de diversis, a.O. 6a, 301. – [28] THOMAS VON AQUIN: S. theol. II-II, 159, 1f.; zur Grausamkeit im rechtl.-polit. Bereich vgl. De regimine principum I, 4, 6, 7. – [29] Psalm 57 (58) 7ff. – [30] S. theol. III, suppl., 94, 1. – [31] a.O. 94, 2f.

2. In philosophischen Texten der *Neuzeit* kommt es zu einer Straffung des Wortfeldes: Unter den neusprachlichen Ableitungen der lateinischen Ausdrücke setzen sich schließlich die Derivate von ‹crudelitas› durch, im Französischen ‹cruauté› gegen ‹férocité› und ‹sauvagerie›; im Englischen ‹cruelty› gegenüber ‹savageness›/‹savagery›.

In M. DE MONTAIGNES (auch mit Blick auf die Grausamkeitsexzesse in den «Bürgerkriegen» seiner Zeit [1] konzipierter) Moral eines erweiterten Mitleids (s.d.), das sich nicht nur auf unsere Mitmenschen bezieht, hat die Grausamkeit den Stellenwert der größten Verfehlung («l'extreme de tous les vices») [2]. Während Ungerechtigkeit und Gerechtigkeit das betreffen, was wir «allen Menschen schulden», ist die Grausamkeit ein Verstoß gegen die «Ehrfurcht (respect) ..., die uns nicht nur den mit Leben und Empfindung begabten Tieren ..., sondern auch mit den Bäumen und sogar den Pflanzen» und mit «aller übrigen Kreatur» verbindet [3]. TH. HOBBES verwendet den Ausdruck uneinheitlich: Gelegentlich folgt er dem geläufigen Sprachgebrauch («to hurt without reason ... is commonly stiled by the name of cruelty» [4]). In anderem Zusammenhang versteht er unter Grausamkeit lediglich die «Achtlosigkeit gegenüber dem Mißgeschick anderer» und weist sogar die Annahme zurück, es könne zweckfreie, lediglich auf das «Vergnügen an einem großen Unglück anderer Menschen» zielende Verletzungshandlungen geben: «Contempt, or little sense of the calamity of other, is that which men call cruelty; proceeding from security of their own fortune. For, that any man should take pleasure in other mens great harmes, without other end of his own, I do not conceive it possible» [5]. Diese auffällige (im Hinblick auf Hobbes' vermeintlich pessimistische Anthropologie aufschlußreiche) Blindheit für bestimmte Extremformen menschlicher Destruktivität wurde schon früh wahrgenommen und kritisiert [6]. Dagegen zieht J. LOCKE das bereits bei Kindern zu beobachtende «delight in the suffering and destruction of inferior Creatures» in Betracht. Es handelt sich dabei um eine durch Umwelteinflüsse erworbene «foreign and introduced Disposition». Der also nicht zu unserer natürlichen Ausstattung zuzurechnenden Grausamkeit («unnatural Cruelty») kann die Erziehung durch die Förderung von Wohlwollen (s.d.) und Mitleid gegensteuern [7].

Der Begriffsgebrauch bleibt weitgehend in dem von Montaigne abgesteckten Rahmen. Den deskriptiven Kern des Begriffs faßt am bündigsten I. KANT mit seiner Formel von der «ungereizten Grausamkeit» als demjenigen Typus von Schädigungen, «wo sogar kein Mensch den mindesten Vortheil davon hat» [8], zusammen. Auch im Hinblick auf die Bewertung der Grausamkeit sind sich die Philosophen weithin einig: Die Grausamkeit ist, so D. HUME, «the most detested of all vices [which] produces a stronger hatred than we are sensible of on any other occasion» [9]. Die Grausamkeit ist also, so A. SCHOPENHAUER in seiner Analyse der «antimoralischen Triebfedern» [10], scharf vom Egoismus zu unterscheiden [11]: «Der Egoismus kann zu Verbrechen und Unthaten aller Art führen: aber der dadurch verursachte Schaden und Schmerz Anderer ist ihm bloß Mittel ... Der Bosheit und Grausamkeit hingegen sind die Leiden und Schmerzen Anderer Zweck an sich und dessen Erreichen Genuß» [12].

Das 19. Jh. klingt aus mit F. NIETZSCHES schrillen, aber in seinem Entwurf einer nicht-moralischen Lebensorientierung zentralen Hymnen auf die Grausamkeit: «Leiden-sehn thut wohl, Leiden-machen noch wohler» [13]. Diese exzeptionellen Parolen haben Vorläufer allein in der (Nietzsche nicht bekannten) antimoralischen Lebenskunst des Marquis DE SADE, deren Ideal der «starke Mensch» («l'homme puissant») [14] ist, der die «Vergnügungen der Grausamkeit» («plaisirs de la cruauté») [15] nicht bloß genießt, sondern die Grausamkeit als Tugend ausbildet («la cruauté ... est une vertu et non pas un vice») [16]. Denn in ihr manifestiert sich die von der Zivilisation unbeeinträchtigte Energie des Menschen: «la cruauté n'est autre chose que l'énergie de l'homme que la civilisation n'a point encore corrompue» [17]. Ein ähnlicher Gedanke liegt NIETZSCHES Grausamkeitskult zugrunde: Die Handlungen und Lebensvollzüge, in denen sich der Mensch «am stärksten» «bejaht», sind «Geschlechtlichkeit, Habsucht, Herrschsucht, Grausamkeit» [18]; «der Geschlechtstrieb, der Rausch, die Grausamkeit» gehören «alle zur ältesten Festfreude des Menschen» [19]. Hinzu kommt eine kulturtheoretische These: «Fast Alles, was wir 'höhere Cultur' nennen, beruht auf der Vergeistigung und Vertiefung der Grausamkeit» [20]. Im Gegensatz zur modernen «Unmännlichkeit» und «krankhaften Empfindlichkeit und Reizbarkeit für Schmerz» [21] war (etwa bei den homerischen Helden) «die Grausamkeit die große Festfreude der älteren Menschheit» [22]: Als «die

Menschheit sich ihrer Grausamkeit noch nicht schämte, [war] das Leben heiterer auf Erden ... als jetzt» [23]. An Aktualität haben diese archaischen Leitbilder für Nietzsche nichts verloren: «Die Art Mensch, deren Mundstück ich bin: ... wir genießen unsre unordentlicheren, wilderen, verrückteren Augenblicke, wir wären im Stande, ein Verbrechen zu begehen, nur um zu sehn, was es mit einem Gewissensbiß auf sich hat» [24]. Die Angehörigen der Elite der 'Vornehmen' (s.d.) und Mächtigen «treten in die Unschuld des Raubthier-Gewissens zurück, ... welche vielleicht von einer scheusslichen Abfolge von Mord, Niederbrennung, Schändung, Folterung mit einem Übermuthe ... davongehen, als ob nur ein Studentenstreich vollbracht sei» [25]. Auffällig ist allerdings die Spannung zu Nietzsches psychologischer Einsicht, der von Gewissensbissen Betroffene werde zum Opfer einer «gegen sich selbst gewendeten Grausamkeit» [26], wie auch zum Hauptvorwurf seiner Kant-Kritik: «der kategorische Imperativ riecht nach Grausamkeit» [27]. – Die rhetorischen, aber auch gedanklichen Exzesse in Nietzsches Reflexionen zur Grausamkeit standen ihrer Rezeption nicht im Wege. Oft amalgamiert mit Lesefrüchten aus de Sade, haben sie bis ins 20. Jh. fortgewirkt, nicht nur in der Dichtung (A. ARTAUDS «Théâtre de la cruauté» [28]) und an den Rändern der Philosophie (G. BATAILLE [29]); auch M. FOUCAULT feiert das «exercice démesuré de la violence» [30] unter ausdrücklicher Berufung auf die beiden älteren Lehrmeister der Grausamkeit.

Anmerkungen. [1] MONTAIGNE, a.O. [12 zu 1.] 411f. – [2] a.O. 408; P. CHARRON: De la sagesse I, 30 (Paris 1601, ²1604) 140f. – [3] 414. – [4] TH. HOBBES: Leviathan 15 (1651). Engl. works, hg. W. MOLESWORTH (1839-45, ND 1961) 3, 140. – [5] Lev. 6, a.O. 47; vgl. Art. ‹Verachtung; Mißachtung›. Hist. Wb. Philos. 11 (2001) 563-566. – [6] F. DU VERDUS: Br. an Hobbes (3. 12. [23. 11.] 1656), in: TH. HOBBES: The corresp., hg. N. MALCOLM 1 (Oxford 1994) 347. – [7] J. LOCKE: Some thoughts conc. education § 116 (1693), hg. J. W./J. S. YOLTON (Oxford 1989) 180f.; zu der in diesem Zus. einschlägigen Bildserie von W. HOGARTH vgl. J. A. STEINTRAGER: Monstrous appearances: Hogarth's ‹Four stages of cruelty›. 18th Century 42 (2001) 59-82; vgl. auch: I. KANT: Pädagogik (1803). Akad.-A. 9, 495. – [8] I. KANT: Die Relig. innerh. der Grenzen der bloßen Vern. (1793, ²1794). Akad.-A. 6, 33; zur Grausamkeit bei den 'Wilden' vgl. auch: Phys. Geographie (1802). Akad.-A. 9, 393. – [9] D. HUME: A treat. of human nature (1739/40), hg. L. A. SELBY-BIGGE/P. H. NIDDITCH (Oxford ²1978) 605f.; vgl. A. BAIER: Moralism and cruelty: Refl. on Hume and Kant. Ethics 103 (1993) 436-457; auch in: Moral prejudices (Cambridge, Mass./London 1994) 268-293. – [10] A. SCHOPENHAUER: Preisschr. über die Grundlage der Moral § 14 (1840). Sämtl. Werke, hg. A. HÜBSCHER 4/II (⁴1988) 196ff. – [11] § 16, a.O. 210. – [12] § 14, a.O. 200; vgl. auch: Parerga und Paralip. II, Kap. 8: Zur Ethik § 114 (1851), a.O. 6 (1947) 229. – [13] F. NIETZSCHE: Zur Geneal. der Moral 2, § 6 (1887). Krit. Ges.ausg., hg. G. COLLI/M. MONTINARI (1967ff.) 6/2, 318; vgl. auch: Jenseits von Gut und Böse 5, § 202 (1886), a.O. 126-128. – [14] D.-A.-F. DE SADE: La philos. dans le boudoir (1795). Oeuvr. compl., hg. A. LE BRUN/J.-J. PAUVERT (Paris 1986ff.) 3, 448. – [15] a.O. 447f. – [16] 449. – [17] a.O.; vgl. W. SCHRÖDER: Moralischer Nihilismus. Typen radikaler Moralkritik von den Sophisten bis Nietzsche (2002) 125-156. – [18] F. NIETZSCHE: Nachgel. Frg., Herbst 1887 10[57] (185), a.O. [13] 8/2, 153. – [19] 9[102] (70), a.O. 57. – [20] Jenseits ... 7, § 229, a.O. [13] 172. – [21] 9, § 293, a.O. 246. – [22] Geneal. ... 2, § 6, a.O. [13] 317; vgl. auch: a.O. [19]. – [23] § 7, a.O. 318. – [24] Nachgel. Frg., Herbst 1886-Frühjahr 1887 7[46], a.O. 8/1, 318. – [25] Geneal. ... 1, § 11, a.O. [13] 289; zu dem hier gebotenen 'Bild des infantilen Sadismus' vgl. TH. MANN: Nietzsches Philos. im Lichte unserer Erfahrung (1948) 37. – [26] a.O. [20]. – [27] Geneal. ... 2, § 6, a.O. 316. – [28] C. DUMOUILIÉ: Nietzsche et Artaud: pour une éthique de la cruauté (Paris 1992). – [29] G. BATAILLE: L'érotisme [1957]. Oeuvr. compl. 10 (Paris 1987) 164ff. – [30] M. FOUCAULT: Hist. de la folie (1961, Paris 1972) 552; weggelassen in der dtsch. Übers.: Wahns. und Ges. (1973); C. ROSSET: Le principe de cruauté (Paris 1988); engl.: Joyful cruelty (New York/Oxford 1993); dtsch.: Das Prinzip Grausamkeit (1994); J. MILLER: Carnivals of atrocity: Foucault, Nietzsche, cruelty. Polit. Theory 18 (1990) 470-491.

3. Im *20. Jh.* ist Grausamkeit in vielen Zusammenhängen thematisch: von der Politik und Rechtsprechung bzw. -praxis (die Menschenrechtserklärung verbietet die Folter als «cruel, inhuman and degrading treatment» [1]) über die Pädagogik [2] bis hin zu den Debatten über die (schon von MONTAIGNE, LOCKE, KANT und SCHOPENHAUER erörterte [3]) Grausamkeit gegenüber Tieren [4]. Während auf diesen Feldern kaum über den Begriff der Grausamkeit gestritten wird, spielen in der *Psychologie* grundlegende konzeptuelle Fragen eine erhebliche Rolle. Umstritten sind S. FREUDS Ansichten über die Rolle der Grausamkeit in der Entwicklung der kindlichen Sexualität (nach Freud liegt die «Grausamkeit ... dem kindlichen Charakter überhaupt nahe» [5]) sowie in der menschlichen Urgeschichte [6]. Kontrovers diskutiert wird auch die Frage, ob mit Freud und der orthodoxen Psychoanalyse die Grausamkeit ausschließlich im Rahmen der Sexualtheorie zu erörtern und allein die «Grausamkeit-Komponente des Sexualtriebes» [7] in den Blick zu nehmen ist. Während J.-P. SARTRE Erscheinungsformen der Grausamkeit anhand sadistischer sexueller Praktiken phänomenologisch beschreibt [8], plädieren Analytiker wie E. FROMM [9] dafür, die Kategorien, mit denen wir extrem aggressives Verhalten beschreiben, aus dem Zusammenhang der Libido-Theorie [10] zu lösen und ohne die Annahme eines «Todestriebs» (s.d.) [11] zu erläutern. Der Vielfalt der Phänomene destruktiven Verhaltens, das auch sozialpsychologische Aspekte einschließt, werden wir nur gerecht, wenn wir die Grausamkeit als «nichtsexuelles sadistisches Verhalten» [12] verstehen: Grausamkeit ist die erst im Prozeß der Zivilisation virulent gewordene, aus dem «Gefühl vitaler Ohnmacht» [13] erwachsende «Leidenschaft ..., absolute und uneingeschränkte Herrschaft über ein lebendes Wesen auszuüben» [14]. Die psychoanalytische Sicht der Grausamkeit [15] ist nach wie vor auch Thema der Philosophie [16].

Die *politische Philosophie* erhielt – bis hin zu der 'postmetaphysischen' Kulturtheorie von R. RORTY – wesentliche Anregungen durch J. N. SHKLARS programmatischen Aufsatz ‹Putting cruelty first› [17]. Shklar erblickt in der («intuitively» einleuchtenden [18]) Überzeugung, daß die Grausamkeit das «summum malum» ist [19], das zentrale Identitätselement liberaler, nicht mehr von religiösen Traditionen dominierter Gesellschaften [20]. Dabei erfährt der Begriff eine erhebliche Erweiterung. Shklar definiert Grausamkeit als «the deliberate infliction of physical, and secondarily emotional, pain upon a weaker person or group by stronger ones in order to achieve some end, tangible or intangible, of the latter» [21]; die auf das eigene Vergnügen zielende Intention des Aggressors gehört nicht zu den Anwendungsbedingungen des Grausamkeitsbegriffs. Erst durch diese (nicht unumstrittene [22]) Dehnung des geläufigen Begriffs ist es möglich, die Ächtung der Grausamkeit als die «basic norm» [23] moderner Gesellschaften auszuzeichnen. RORTY folgt Shklars Vorgaben weitgehend, sowohl was die Definition des Grausamkeitsbegriffs als auch was dessen Funktion angeht, das Selbstverständnis des Liberalismus zu konkretisieren [24]. Einer Begründung ist die Ächtung der Grausamkeit weder zugänglich [25], noch bedarf sie ihrer. Ihre Anerkennung in unserer «postmetaphysical culture» [26] verdankt sich einer historisch kontingenten Entwicklung: Es war der westliche «process of socialization which convinced us twentieth-century liberals of the validity of this claim» [27], nämlich: «cruelty is the worst thing we do» [28].

In der *Moralphilosophie* spielt die Analyse des Grausamkeitsbegriffs in den Diskussionen über den ethischen Realismus bzw. Objektivismus [29] eine große Rolle: Wenn wir eine Handlung als grausam qualifizieren, tun wir dies mit rein deskriptivem Vokabular; ‹Grausamkeit› heißt nicht mehr als 'Verletzung eines anderen zum bloßen Vergnügen'. Und doch scheint es unausweichlich, diese Beschreibung mit einer Wertung zu verknüpfen: Es ist nicht möglich, eine Handlung (deskriptiv) als grausam im genannten Sinne zu qualifizieren und sie zugleich als moralisch indifferent oder gar als gut zu evaluieren. Wer eine Handlung als grausam beschreibt, kann nicht umhin, sie zu mißbilligen. Die intuitiv einleuchtende Verwerflichkeit der Grausamkeit wirft die Frage auf, ob zwischen den deskriptiven und den evaluativen Elementen dieses Begriffs ein notwendiges Verhältnis besteht [30] und ob, wenn dies der Fall ist, davon zu sprechen ist, daß es objektive, von menschlichen Setzungen unabhängige Normen 'gibt'. Wichtige Anstöße zu solchen Überlegungen gab G. E. MOORE, als er die Aufmerksamkeit auf die Grausamkeit neben der «Lüsternheit» («lasciviousness») als eines von zwei Beispielen «großer intrinsischer Übel» lenkte. Was im Falle der «Lüsternheit» wie ein Reflex viktorianischen Zeitgeistes anmutet («lasciviousness ... include[s] in its essence an admiring contemplation of what is ugly»), erscheint im Hinblick auf die Grausamkeit plausibel: Verletzungsakte, die das «enjoyment of pain in other people» bezwecken, also grausame Handlungen, sind «not only bad as means, but also bad in themselves» [31].

Versuche, die Verwerflichkeit der Grausamkeit im Sinne des ethischen Realismus/Objektivismus als moralische Tatsache auszuzeichnen, erfuhren vielfältigen Widerspruch. R. M. HARE räumt ein, daß es «Eigenschaften von Handlungen gibt, von denen faktisch nahezu ein jeder von uns abgestoßen» wird [32]. Die realistisch/objektivistische These, es gebe «Eigenschaften, die an sich schlimm sind», wird dadurch aber nicht gestützt. Es trifft noch nicht einmal zu, daß es «moralische Wörter [gibt], die untrennbar sowohl deskriptiv als auch präskriptiv sind». Dies läßt sich anhand von «Fällen, in denen die Moralität einer Handlung strittig ist», leicht zeigen [33]. Auch der Hinweis auf die Folklore (bes. britische Sitten bei der Dachsjagd, in Internaten oder auf Offizierslehrgängen [34]) und auf das Faktum des historischen Wandels der deskriptiven Bedeutungselemente des Ausdrucks ‹grausam› [35] lassen keinen Raum für die Annahme, wir hätten es mit einer menschlicher Praxis vorgelagerten, 'objektiven' Norm zu tun. Nach J. L. MACKIE erliegen wir einer trügerischen Intuition, wenn wir glauben, es gebe eine «Verbindung zwischen der natürlichen Tatsache, daß eine Handlung einen Akt absichtlicher 'Grausamkeit' – d.h. ein Zufügen von Schmerz rein aus Spaß – darstellt, und der moralischen Tatsache, daß sie falsch ist» [36]. Mackies These, unsere Abscheu vor der Grausamkeit gründe nicht in «objektiven Werten», sondern in «bestimmten Einstellungen (attitudes) desjenigen, der davon überzeugt ist, solche Werte anzuerkennen» [37], stieß jedoch ihrerseits auf Widerspruch: Gewiß sind, so D. WIGGINS [38], (moralische wie ästhetische) Wertungen als solche durch menschliche Gefühle, Reaktionsweisen usw. mitbedingt («made from an anthropocentric perspective» [39]). Aber sowenig wir erklären können, was ein guter Witz ist, wenn wir uns nur auf die Reaktion dessen beziehen, der über ihn lacht, sowenig läßt sich Grausamkeit allein aus den Einstellungen derer erklären, die sie verabscheuen [40]: Eigenschaften wie «amusing» oder «cruel» und die entsprechenden subjektiven Reaktionen sind aneinander angepaßt («mutually adjusted» [41]): «specific responses are 'made for' their respective properties – that of laughter for a good joke, abhorrence for cruelty» [42]. Die Versuche, dem Phänomen der Grausamkeit gerecht zu werden, sind sicher längst nicht zum Ziel gekommen. Dies dürfte an einer Spannung liegen, die bereits B. RUSSELL mit einem aporetischen Bekenntnis benannte, das die Diskussionen seither angeregt hat [43] und auch weiterhin stimulieren dürfte: Er könne, so äußerte er im Rückblick auf sein Lebenswerk, nicht glauben, daß die Verwerflichkeit der Grausamkeit einzig darauf beruhe, daß er sie verabscheue: «I am not, myself, satisfied with what I have read or said on the philosophical basis of ethics. I cannot see how to refute the arguments for the subjectivity of ethical values, but I find myself incapable of believing that all that is wrong with wanton cruelty is that I don't like it» [44].

Anmerkungen. [1] vgl. dazu: T. ASAD: On torture, or cruel, inhuman and degrading treatment. Social Research 63 (1996) 1081-1109; J. MACCABE: The hist. of torture. A study of cruelty (Austin, Tex. 1982). – [2] A. MILLER: For your own good: hidden cruelty in child rearing and the roots of violence (London 1990). – [3] MONTAIGNE, a.O. [12 zu 1.] bes. 412; LOCKE, a.O. [7 zu 2.] 180; SCHOPENHAUER, a.O. [10 zu 2.] 279ff.; vgl. auch KANTS Bem. zum Stierkampf: Anthropol. in pragmat. Hinsicht (1798). Akad.-A. 7, 316. – [4] T. REGAN: Cruelty, kindness, and unnecessary suffering. Philosophy 55 (1980) 532-541. – [5] S. FREUD: Drei Abh. zur Sexualtheorie (1905). Ges. Werke, hg. A. FREUD u.a. (London 1940-87) 5, 93. – [6] Zeitgemäßes über Krieg und Tod (1915), a.O. 10, 346; kritisch hierzu: A. STORR: Human destructiveness. The roots of genocide and human cruelty (London [2]1991) 90f. – [7] a.O. [5] 92ff. – [8] J.-P. SARTRE: L'être et le néant (Paris 1943) 469ff.; dtsch.: Das Sein und das Nichts, hg. T. KÖNIG (1991) 696ff. – [9] E. FROMM: The anatomy of human destructiveness (New York 1973) 268-324; dtsch.: Anatomie der menschl. Destruktivität. Ges.ausg., hg. R. FUNK 7 (1980) 243-294; vgl. C. GOLDBERG: E. Fromm's contrib. to a theory of the development of malevolent personality, in: M. CORTINA (Hg.): A prophetic analyst: E. Fromm's contrib. to psychoanal. (Northvale, N.J. 1996) 167-194; The daimonic development of the malevolent personality. J. humanistic Psychol. 35 (1995) 7-36. – [10] a.O. 280; dtsch. 254. – [11] 7; dtsch. 6f.; vgl. J. SCHWARTZ: Beyond the death-drive and detour. How can we deepen our understanding of cruelty, malice, hatred, envy, and violence? Brit. J. Psychotherapy 18 (2001) 199-204. – [12] 283; dtsch. 257; vgl. Art. ‹Sadismus›. Hist. Wb. Philos. 8 (1992) 1117-1119. – [13] 298; dtsch. 270. – [14] 288f.; dtsch. 262. – [15] E. BRENMAN: Grausamkeit und Engstirnigkeit, in: E. BOTT SPILLIUS (Hg.): Melanie Klein heute ([3]2002) 320-338; D. CUPA: The cruelty drive. Revue franç. Psychanalyse 66 (2002) 1073-1090. – [16] J. DERRIDA: Etats d'âme de la psychanalyse. L'impossible au-delà d'une souveraine cruauté (Paris 2000); dtsch.: Seelenstände der Psychoanalyse: Das unmögliche Jenseits einer souveränen Grausamkeit (2002). – [17] J. N. SHKLAR: Putting cruelty first, in: Ordinary vices (Cambridge, Mass./London 1984) 7-44; vgl. B. YACK (Hg.): Liberalism without illusions (Chicago/London 1996). – [18] a.O. 44. – [19] The liberalism of fear, in: N. L. ROSENBAUM (Hg.): Liberalism and the moral life (Cambridge, Mass. 1989) 29. – [20] a.O. [17] 8f. – [21] a.O. [19] 29. – [22] Kritisch zu Shklars Definition: J. KEKES: Cruelty and liberalism. Ethics 106 (1996) 834-844. – [23] SHKLAR, a.O. [19] 30. – [24] R. RORTY: Contingency, irony and solidarity (Cambridge 1989); vgl. H. PHILLIPS: The ironist's utopia: Can Rorty's liberal turnip bleed? Int. philos. Quarterly 32 (1992) 363-368; J. CONANT: Freedom, cruelty, and truth, in: R. B. BRANDOM (Hg.): Rorty and his critics (Oxford 2000) 268-342; sowie: R. RORTY: Response to J. Conant, a.O. 342-350. – [25] Conting., a.O. 197. – [26] XVI. – [27] Zu diesem Aspekt vgl. R. HALIBURTON: R. Rorty and the problem of cruelty. Philos. social Criticism 2 (1997) 49-69. – [28] RORTY: Conting., a.O. [24] XV. – [29] G. R. CARLSON: Moral realism and wanton cruelty. Philosophia 24 (1994) 49-56; P. SCHABER: Moral. Realismus (1997) bes. 67ff. – [30] P. FOOT: Moral arguments [1958]. Virtues and vices and other essays in moral philos. (Oxford 1978) 102ff.; dtsch., in: G. GREWENDORF/G. MEGGLE (Hg.): Seminar: Sprache und Ethik (1974) 251ff.; H. PUTNAM: Reason, truth and history (Cambridge u.a. 1981) 201ff.; dtsch.: Vernunft, Wahrheit und Geschichte (1990) bes. 187ff. – [31] G. E. MOORE: Principia ethica § 125 (1903). Rev. ed., hg. TH. BALDWIN (Cambridge 1993) 257f. – [32] R. M. HARE: Moral thinking (Oxford 1981) 72f.; dtsch.: Moral. Denken (1992) 124f. – [33] a.O. – [34] ebda. – [35] A reductio ad absurdum of descriptivism. Essays in eth. theory (Oxford 1989) 113-130, bes. 123ff.; vgl. dazu: L. FEBVRE: La sensibilité et l'histoire: comment reconstituer la vie affective d'autrefois. Annales Hist. sociale 3 (1941) 5-20; E. COHEN: Towards a history of European physical sensibility. Pain in the later middle ages. Science Context 8 (1995) 47-74; M. M. RIND: Menschenopfer. Vom Kult der Grausamkeit (1996); speziell zu den röm. Gladiatorenkämpfen vgl. R. AUGUET: Cruauté et civilisation: les jeux romains (Paris 1970). – [36] J. L. MACKIE: Ethics. Inventing right and wrong (1977, London 1987) 41; dtsch: Ethik (1981) 49f. – [37] a.O. 42; dtsch. 50; kritisch hierzu: PUTNAM, a.O. [30] 206ff.; dtsch. 276ff. – [38] D. WIGGINS: A sensible subjectivism? in: Needs, values, truth. Essays in the philos. of value (Oxford 1987) 185-211; dazu: S. BLACKBURN: Ruling passions. A theory of pract. reasoning (Oxford 1998) 99f.; R. CRISP: Naturalism and non-naturalism in ethics, in: S. LOVIBOND/S. G. WILLIAMS (Hg.): Essays for D. Wiggins. Identity, truth and value (Oxford 1996) 113-129. – [39] CRISP, a.O. 123f. – [40] WIGGINS, a.O. [38] 195. – [41] a.O. 199. – [42] CRISP, a.O. [38] 124. – [43] WIGGINS, a.O. [38] 185. 210f.; BLACKBURN, a.O. [38] 99. – [44] B. RUSSELL: Note on D. H. Monro, Russell's moral theories. Philosophy 35 (1960) 146f.

Literaturhinweise. D. A. DOMBROWSKI s. Anm. [25 zu 1.]. – T. VILJAMAA/A. TOMONEN/CH. KRÖTZL s. Anm. [1 zu 1.]. – G. R. CARLSON s. Anm. [29 zu 3.]. – R. HALIBURTON s. Anm. [27 zu 3.]. – P. SCHABER s. Anm. [29 zu 3.]. – D. BARAZ s. Anm. [12 zu 1.]; Medieval cruelty: Changing perceptions, late antiquity to the early modern period (Ithaca 2003).

W. SCHRÖDER

Wille (griech. βούλησις, προαίρεσις, ἑκούσιον, θέλημα, θέλησις; lat. voluntas, liberum arbitrium; engl. will; frz. volonté). ‹W.› ist die Bezeichnung für die Fähigkeit eines Akteurs, sich überlegtermaßen Ziele zu setzen und diese planmäßig zu verfolgen. Im Verlauf seiner komplexen Begriffsgeschichte bezeichnet ‹W.› mindestens drei Teilaspekte: a) ein rationales Streben (s.d.); insofern ist vom W. innerhalb der Debatte um Handlungsmotive, Impulse, Begierden oder Wünsche und um die Rationalität oder Irrationalität von Zwecken und Handlungszielen die Rede; b) ein Dezisionsvermögen; insofern erscheint der Ausdruck in Diskussionen um Freiheit (s.d.), Schicksal (s.d.), Determination, Absichtlichkeit und Zurechnung (s.d.); c) ein psychisches Antriebspotential; insofern findet er Verwendung in moralpsychologischen Diskussionen um Willensschwäche (s.d.) und W.-Kraft oder W.-Stärke.

I. *Antike.* – In der antiken Philosophie existiert kein umfassendes Äquivalent für den neuzeitlichen W.-Begriff; die drei genannten Aspekte werden von unterschiedlichen Ausdrücken repräsentiert. Unter Philosophiehistorikern wird kontrovers darüber geurteilt, welcher Bestandteil des modernen W.-Konzepts überhaupt als relevant anzusehen ist; bedingt durch die Ablehnung, die die Vorstellung von Willensfreiheit vielfach in der Philosophie des 20. Jh. gefunden hat, wird die Relevanz dieses Aspektes für den W.-Begriff nicht selten bestritten. In jedem Fall wird die Frage aufgeworfen, ob (bzw. ab wann) sich dieser Aspekt in der Antike ausmachen läßt.

Bei PLATON dürfte ein W.-Begriff im Sinne von b) noch nicht vorliegen: Zwar diskutiert er sowohl das Determinismus- als auch das Zurechnungsproblem; er bringt dabei u.a. die Vorstellung einer Souveränität oder 'Herrenlosigkeit' der Tugend (ἀρετὴ ἀδέσποτον) ins Spiel sowie den Begriff des Wählens (αἱρεῖσθαι) [1]. Doch um die Konzeption eines freien W. handelt es sich insofern nicht, als die Möglichkeit, bei klarem Bewußtsein eine schlechte Handlungswahl zu treffen, unthematisiert bleibt. Immerhin kann man mit Blick auf den Begriff der selbstbewegten Seele bei Platon einige Tendenzen ausmachen, die in Richtung eines spontanen, erstursächlichen W. weisen [2]. Unstrittig ist dagegen, daß Platon als Begründer der intellektualistischen W.-Tradition gelten kann [Aspekt a)]. In einer terminologisch wirkungsreichen Passage läßt er seinen Gesprächsführer Sokrates feststellen, Rhetoren und Tyrannen «tun nichts von dem, was sie wollen» (οὐδὲν γὰρ ποιεῖν ὧν βούλονται); sie täten vielmehr, was immer ihnen gerade richtig scheint [3]. Wollen (βούλεσθαι) wird damit gegen eine beliebige präferentielle Handlungswahl abgesetzt und als ein ausschließlich rationales Streben bestimmt, d.h. als Ausrichtung auf ein objektives Gut [4]. Daneben entwickelt Platon die Vorstellung einer willentlichen Antriebsenergie [Aspekt c)]. Den W. in diesem Sinn bezeichnet er als ‹Thymos› (s.d.), weist ihm die Rolle eines selbständigen Seelenteils (θυμοειδές) zu und beschreibt ihn als ambivalente Fähigkeit, die entweder vernunftwidrig oder vernunftgemäß ausgerichtet werden kann, sich jedoch unter dem Einfluß des kognitiven Seelenteils stets vernunftkonform verhält [5].

Auch bei ARISTOTELES ist die Terminologie komplex. Aristoteles führt im Begriff der βούλησις das strebenstheoretische Verständnis von W. im Sinne von a) fort, und zwar präzise im intellektualistischen Sinn Platons. Er differenziert im Feld des von Menschen Verursachten zwischen Handlungen aus Gewohnheit und Handlungen aus Streben (ὄρεξις) und unterscheidet dann zwischen vernünftigem und vernunftlosem Streben; das vernünftige Streben bezeichnet er als ‹Wollen› (βούλησις) und charakterisiert es durch die Ausrichtung auf ein Gut [6]. Auch im Rahmen seiner Seelenteilungskonzeption unterscheidet er zwischen drei Formen von Streben: Die βούλησις soll nur dem rationalen Teil zukommen, während Begehren (ἐπιθυμία) sowie Thymos (s.d.) dem irrationalen Teil zugewiesen werden [7]. In einem gewissen Kontrast zu seiner sonstigen βούλησις-Konzeption sagt Aristoteles allerdings, Kinder verfügten über W. von Geburt an [8].

Der Aspekt der Willensfreiheit kommt bei Aristoteles u.a. im Begriff des Freiwilligen (τὸ ἑκούσιον) zur Geltung. Dies wird durch den Hinweis erläutert, daß der Mensch Prinzip, Herr oder Ursache seines Handelns sei; die Eigenschaft, Ursprung seines Handelns zu sein, besitze der Mensch im Unterschied zu Tieren und Pflanzen [9]. Ferner seien menschliche Handlungen dadurch charakterisiert, daß der Akteur sie ebensogut unterlassen könne. Aristoteles kennzeichnet das ἑκούσιον zudem als dasjenige, worauf sich Lob und Tadel richten [10]. Weiter stellt er fest, Tugend und Übel (κακία) gehörten zu den ἑκούσια, und Unrechttun beruhe auf dem ἑκούσιον [11]. Kinder und Tiere haben am ἑκούσιον teil, nicht dagegen an der mit Überlegung und Wissen verbundenen Vorzugswahl (προαίρεσις) [12]. Nicht alles, was in den Bereich des ἑκούσιον falle, geschehe auch aufgrund von προαίρεσις [13]. Insofern scheint ἑκούσιον eher ein Vermögen der äußeren Handlungsfreiheit zu bezeichnen als den Aspekt der Willensfreiheit. Diesen kann man eher im Begriff der Prohairesis (s.d.) erfüllt sehen. Aristoteles definiert sie als ein «mit Überlegung verbundenes Streben im Bereich des uns Verfügbaren» [14] und als «eine Synthese aus Überlegen und Streben» [15]. Vermutlich faßt erst der spätantike Peripatetiker ALEXANDER VON APHRODISIAS die προαίρεσις im Sinne eines Dezisionsvermögens auf: Alexander beschreibt sie als Wahlvermögen im Bereich von Tugend und Schlechtigkeit und setzt sie mit dem Bereich dessen gleich, was in unserer Verfügung liegt (τὸ ἐφ' ἡμῖν) [16]; nach Alexander bildet sie die spezifische Leistung (τὸ ἴδιον ἔργον) des Menschen. Definiert wird sie als «mit Verlangen verbundener Antrieb zu dem, was aufgrund von Überlegung vorgezogen wird» [17]. Alexander verweist in diesem Kontext darauf, daß der Akteur das Bewußtsein besitzt, er hätte seine Handlung auch unterlassen können.

Auch die Stoa verfügt über zahlreiche Überlegungen zu den Einzelaspekten des W.-Begriffs, aber ebenfalls nicht über einen einheitlichen, umfassenden Ausdruck. Zunächst setzt sie Platons strebenstheoretischen Intellektualismus fort: ‹Wollen› (βούλησις) heißt danach soviel wie 'rationales Streben' (εὔλογος ὄρεξις), steht also für eine in jedem Akteur vorhandene vernünftige Grundtendenz, die beim Weisen vollständig realisiert ist; es handelt sich bei der βούλησις um eine der drei von den Stoikern positiv bewerteten Emotionen (εὐπάθειαι) [18]. Nach der stoischen Handlungstheorie unterscheiden sich rationale Akteure von anderen selbstbewegten Entitäten durch ihre Fähigkeit zur Zustimmung (s.d.); mit ihr akzeptieren (oder verwerfen) sie eine vorliegende Vorstellung (φαντασία) bzw. einen Impuls (ὁρμή). Diese Zustimmungsfähigkeit vermag ein angemessenes Urteil über die Qualität einer Handlungsoption zu treffen [19]. Die «Zustimmung» entspricht allerdings nicht ganz der Vorstellung vom W. als freier Dezisionsfähigkeit [im Sinne von b)], weil sie eine Auswahl nicht nur unter Handlungsmöglichkeiten, sondern auch unter epistemischen Optionen bezeichnet. Insofern ein handlungsbezogenes Wahlvermögen (ἐκλεκτικόν) gemeint ist, wird sie als kompatibel mit einem durchgehenden Determinismus konzipiert: Der Weise würde, so die Stoiker, immer die ihm bestimmte Option wählen; entsprechend sagt CHRYSIPP, Gott habe dem Menschen die Fähigkeit verliehen, sich stets für das Natürliche (oder Notwendige) zu entscheiden [20]. Gemeint ist, daß alle menschlichen Handlungen im Einklang mit dem «W. des Verwalters von allem» (πρὸς τὴν τοῦ ὅλου διοικητοῦ βούλησιν) stehen sollen [21]. Nicht-intendierte Vorgänge wie etwa ein unwillkürliches Weinen faßt Chrysipp als eine konfuse Aufeinanderfolge von Vorstellungen auf und führt sie auf ein verwirrtes Seelenleben zurück, das für den Zustand des Nichtweisen charakteristisch sei [22].

Der platonisierende Stoiker POSEIDONIOS thematisiert dagegen die Beobachtung, daß viele Menschen ihre Tränen nicht zurückhalten oder kontrollieren können: Der Druck der Affekte, so Poseidonios, sei hier so groß, daß er nicht durch den W. zu beherrschen sei (μὴ κρατεῖσθαι πρὸ τοῦ βουλήσεως). Offenbar wird in diesem Zusammenhang unter ‹W.› ein rationales psychisches Antriebspotential verstanden [also der Aspekt c)] [23].

In der römischen Stoa spielt der W.-Begriff (voluntas) meist eine prominentere Rolle als bei ihren griechischen Vorbildern. Überlegenswert ist, ob nicht die im Lateinischen bestehende sprachliche Brücke zwischen ‹voluntas› und ‹voluntarius› dazu geführt hat, daß Verantwortlichkeit stärker mit der Konzeption des W. in Verbindung gebracht wurde als im griechischen Kontext. Bei CICERO (sofern er stoisch beeinflußt ist) erscheint ‹voluntas› einmal explizit als Übersetzung von βούλησις, d.h. als die rationale Grundausrichtung des Weisen [24]. Wiederholt fungiert der Ausdruck bei Cicero aber auch neutral zur Bezeichnung einer beliebigen (rationalen oder irrationalen) Grundorientierung einer Person, für die der Betreffende verantwortlich ist. So bedeutet die Formulierung, jeder Staat sei so beschaffen wie die Natur oder der Wille («aut natura aut voluntas») seines Regenten, daß sich die moralische Qualität eines Gemeinwesens aus der personalen Ausrichtung seiner Führungspersonen ergebe [25]. Die Rolle («persona»), die wir im Leben spielen, geht von unserem W. aus («a nostra voluntate proficiscitur»); gemeint ist auch hier die vom Menschen selbstgewählte Orientierung, sei es an der Philosophie, sei es an der Politik, sei es an der Rhetorik usw. [26]. Einmal ist bei Cicero von einem freien W. («voluntas libera») die Rede, womit die Unabhängigkeit der Wahl einer Grundorientierung von der Bestimmung durch das Schicksal gemeint zu sein scheint [27].

Derjenige Stoiker, der den ausgedehntesten Gebrauch vom Begriff des W. macht, ist SENECA. Unter ‹W.› («voluntas») versteht er zunächst ebenfalls die seelische Ausrichtung, die eine Handlung moralisch richtig macht und die ihrerseits auf die grundsätzliche Verfassung («habitus») der Seele zurückgeht [28]. Dieser «unschuldige und freundliche» W. («innoxia voluntas ac benigna») wird nahe an den Tugendbegriff herangerückt [29]. Seneca kennt aber zudem den W. als Antriebsenergie, als Vermögen, etwas beharrlich zu verfolgen [Aspekt c)]; so spricht er von der zentralen Bedeutung eines «W. zum (moralischen) Fortschritt» («velle proficere») und bekennt, er selbst wolle diesen Fortschritt mit ganzer Seele («volo et mente tota volo») [30]. Schließlich verfügt er über einen neutralen, auch negativ verwendbaren W.-Begriff: So konstatiert er etwa, bisweilen fehle es am Wollen, während angeblich ein Nicht-Können vorliege [31].

Bei EPIKTET steht besonders der Ausdruck προαίρεσις für den W.-Begriff. Die Prohairesis (s.d.) wird als ein freies Wahlvermögen [im Sinne von b)] verstanden, welches «nicht einmal von Zeus» zu etwas gezwungen werden könne [32]. Sie bildet die Fähigkeit zur moralischen Wahl und wird ins Zentrum der Ethik gerückt: Es komme allein darauf an, sie, die zum Bereich dessen gehöre, was in unserer Verfügung stehe, in eine heitere, zwanglose und freie Verfassung zu bringen und alles in Übereinstimmung mit ihr zu tun [33]. Daneben spricht er wiederholt von einem «W. der Natur» (βούλημα τῆς φύσεως), welcher das menschliche Leben determiniert und den man aus freien Stücken befolgen soll [34].

Im Mittel- und Neuplatonismus beruft man sich erneut auf Platons Diktum von der Souveränität der Tugend (ἀρετὴ ἀδέσποτον). So konstatiert ALKINOOS, daß die Seele, wenn sie für ihre Lebenswahl selbst verantwortlich sein solle, auch über Wahlfreiheit (ἑκούσιον) verfügen müsse [35]. Auch PLOTIN betont wiederholt jene Souveränität, die sich aus Tugendbesitz ergibt; er meint damit aber nicht den Aspekt der Willensfreiheit, sondern die Unabhängigkeit des betreffenden Akteurs von der «Materie», also der sinnlich wahrnehmbaren Welt [36]. Bei Plotin haben der Platonische βούλησις-Begriff und der stoische Begriff der Prohairesis – wie bei den Stoikern – die Rolle einer rationalen Strebenstendenz [im Sinne von a)]; diese richte sich auf die intelligible Welt; wie Platon behauptet auch Plotin, es handle sich dabei um den eigentlichen Wortgebrauch [37]. Plotin schreibt die Prohairesis überdies nicht nur dem (an der intelligiblen Welt orientierten) Menschen zu, sondern auch dem (sich selbst permanent aktualisierenden) göttlichen Intellekt [38]. Daneben kennt er den Begriff eines freien und rationalen Wahlvermögens [im Sinne von b)]: αὐτεξούσιον. Seine Feststellungen fallen allerdings uneinheitlich aus: Einerseits scheint das αὐτεξούσιον eine neutrale Entscheidungsfähigkeit zu sein, welche für eine bessere oder schlechtere Ausrichtung optieren kann [39]; andererseits erkennt sie Plotin den am Sinnlichen orientierten «schlechten Menschen» (φαῦλοι) nicht zu, weil es sich bei ihr um «eine Wirkung des Intellekts» (τὴν τοῦ νοῦ ἐνέργειαν) handle, welcher nur Entscheidungen zugunsten hochwertiger Optionen treffe [40]. Plotin wendet sich ausdrücklich dagegen, die Freiheit des αὐτεξούσιον als etwas zu begreifen, das aus der kosmischen Gesamtordnung herausfiele und von der Vorsehung (s.d.) ausgenommen wäre [41]. PORPHYRIOS wählt für einen Traktat PLOTINS (Enn. VI, 8) eine Überschrift, in der für den W. des Einen das ungewöhnliche Wort θέλημα verwendet wird (Περὶ τοῦ ἑκουσίου καὶ θελήματος τοῦ ἕνος).

Dieser Ausdruck θέλημα wird im ‹Neuen Testament› überwiegend zur Bezeichnung willentlicher Phänomene gebraucht: Zentral ist dabei die Vorstellung eines guten göttlichen W., an dem sich Christus orientiert und dem auch die Menschen folgen sollen (Mtth. 6, 10; 12, 50; Mk. 3, 35; Offb. 4, 11); der Begriff kann aber auch für den sündhaften menschlichen oder teuflischen Willen verwendet werden (Lk. 12, 47; 1. Kor. 7, 37; Eph. 2, 3). Eine bemerkenswerte, an Platons Intellektualismus erinnernde Wortverwendung des Verbs θελεῖν erscheint bei PAULUS: Danach verfügen wir über ein ursprünglich auf Gutes gerichtetes Wollen [im Sinne von a)]; anders als nach Platonischer Auffassung soll uns dieses Wollen aber nicht vollständig realisierbar sein (vgl. Röm. 7, 15ff.).

Verschiedene Philosophiehistoriker vertreten die Ansicht, daß durch das – zumindest partiell – voluntaristische Gottesbild der jüdisch-christlichen Tradition (wie z.B. die göttliche Forderung nach dem Isaak-Opfer in Gen. 22 es ausdrückt) ein radikaler Voluntarismus in der Handlungserklärung sowie im Gottesbild aufgekommen sei. Tatsächlich finden sich bei den Kirchenvätern z.B. Erklärungen des menschlichen Sündenfalls oder der reflektierten Bosheit, die sich stark auf die Vorstellung eines fehlgeleiteten W. qua Entscheidungsfreiheit [im Sinne von b)] stützen. Vielfach wird dazu das klassische Argument angeführt, eine Determinierung des W. mache Lob und Tadel, Lohn und Strafe sinnlos und das Theodizeeproblem unlösbar: so bei JUSTIN [42], IRENÄUS VON LYON [43] und METHODIUS VON OLYMP [44]. ORIGENES diskutiert hingegen die Frage, ob die Lehre vom freien menschlichen W. (αὐτεξούσιον) durch die Gnadenkonzeption hinfällig wird [45]. Er ist es auch, der terminologisch – vor allem gegenüber der Gnosis – dem griechischen Wesens- bzw. Naturbegriff den Begriff des W. gegenüberstellt. Die Kappadozier haben den Grundgedanken eines das Wesen selbst bestimmenden W. aufgegriffen. Diese Rezeptionsbewegung gipfelt im Satz von JOHANNES CHRYSOSTOMUS: «Wichtiger als das Wesen ist der W., und der Mensch ist eher dieser als jenes» [46].

Im lateinischen Westen lassen sich Ausdrücke für die freie Wahlfähigkeit («libera arbitrii potestas») oder die Wahlfreiheit («arbitrii libertas») zuerst bei TERTULLIAN ausmachen [47]. AUGUSTINUS entwickelt eine komplexe und reflektierte Theorie des W. Zunächst versteht er den W. strebenstheoretisch, d.h. als eine Tendenz oder Ausrichtung der Seele [also im Sinne von a)] [48]. Etwa seit 392 n.Chr. unterscheidet er zwischen dem strebenstheoretisch verstandenen W. («voluntas») und dem freien Entscheidungsvermögen («liberum arbitrium»); letzteres wird als Fähigkeit gedeutet, die in der unmittelbaren Eigenverfügung von Menschen (und Engeln) liegt und die dazu führt, daß sich ein Akteur ohne irgendeine weitere Ursache und ohne einen angemessenen Grund bewußt für die falsche Handlungsoption entscheiden kann [49]. Gegen den stoischen Determinismus argumentiert Augustinus, indem er die Kompatibilität von göttlicher Vorsehung und Freiheit des W. zu erweisen sucht [50]: Danach kann Gott ohne Souveränitätseinbuße dem Menschen volle Willensfreiheit einräumen, weil das «liberum arbitrium» lediglich Ausdruck von Negativität ist, d.h. eine Schwundstufe der «voluntas», welche ein der göttlichen Ordnung gemäßes Streben bezeichnet. Augustins Lehre zufolge verfügt der Mensch nach dem Sündenfall nur noch über eine zerrissene, uneinheitliche «voluntas» [51]. Von deren zwei grundlegenden Ausrichtungen («bona voluntas»/«mala voluntas») tendiert er somit stets zur schlechteren Option [52] – es sei denn, die göttliche Gnade stelle die ursprüngliche Einheit wieder her [53]. Darüber hinaus verwendet Augustinus den W.-Begriff im Sinn eines Moments innerhalb der Einheit des Selbstbewußtseins sowie der innertrinitarischen Relation von Vater, Sohn und Geist; beide Phänomene umschreibt er gelegentlich mit der Trias von Gedächtnis, Einsicht und Wille («memoria» – «intelligentia» – «voluntas») [54]. Bei BOETHIUS wird das Dezisionsvermögen («liberum arbitrium») erneut markant vom W. als Strebenstendenz unterschieden [55].

Daß es einen theologischen Voluntarismus in der antiken Philosophie überhaupt gibt – sei es bei paganen, sei es bei christlichen Autoren –, muß als eher unplausibel gelten. Es lassen sich kaum Belege für die Vorstellung ausmachen, daß die Welt (oder ihre logischen, physikalischen und moralischen Gesetze) einer göttlichen Willkür (s.d.) entspringen. Um so fragwürdiger erscheint die ältere These, der theologische Voluntarismus Augustins gehe auf Plotin zurück, und zwar durch die Vermittlung von MARIUS VICTORINUS [56]. Zwar lassen sich bei PLOTIN Formulierungen ausmachen, die dem ersten Prinzip, dem Einen, neben ontologischen und epistemologischen auch W.-Prädikate, etwa den Besitz einer βούλησις sowie eines αὐτεξούσιον, zuschreiben [57]. Doch werden dem Einen solche Fähigkeiten nur unter Vorbehalt (οἷον) zugedacht; da Plotin generell an der Invarianz der höheren Welt festhält, kann man kaum annehmen, hier würden in sein Modell dezisionistische oder irrational-arbiträre Elemente einfließen. Entsprechendes gilt auch für den Gottesbegriff von AUGUSTINUS: Die göttliche «voluntas» wird als moralisch-vernünftig konzipiert, während eine Willkürfreiheit, das «liberum arbitrium», Gott gerade nicht zugeschrieben wird. Somit scheint weder für Plotin noch für Augustinus die Kennzeichnung als Voluntarist sinnvoll zu sein [58].

Anmerkungen. [1] PLATON: Hipp. min. 376 b; Rep. X, 617 e; vgl. Phaedo 99 a-e; Leg. IX, 860 dff. – [2] Leg. III, 687 c-e; X, 896 d 5-9. – [3] Gorg. 466 d 6-e 2; vgl. den Kontext 466 a 9-467 e 5 sowie Euthyd. 278 e 3; Charm. 167 e; Meno 77 e-78 b. – [4] Vgl. z.B. Def. 413 c 8. – [5] Resp. IV, 410 b-411 e; 439 e-440 e. – [6] ARISTOTELES: Rhet. I, 10, 1368 b 36-1369 a 4; vgl. Top. IV, 5, 126 a 12-14. – [7] De an. III, 9, 432 b 5-7; vgl. 433 a 24f. – [8] Pol. VII, 15, 1334 b 22-25. – [9] Eth. Eud. II, 6, 1222 b 17; vgl. 1224 a 28-30. – [10]

1223 a 10-13; Eth. Nic. III, 1, 1109 b 31. – [11] 1223 a 18-20; 1223 b 1f.; vgl. 1228 a 8f. – [12] Eth. Nic. III, 4, 1111 b 4-9. – [13] Eth. Eud. II, 10, 1226 b 34-36. – [14] Eth. Nic. III, 5, 1112 b 12; 1113 a 10f. – [15] De motu anim. 4, 700 b 23. – [16] ALEXANDER APHROD.: De fato 5. CAG Suppl. 2/2, hg. I. BRUNS (1892) 169, 12ff. – [17] 12, a.O. 180, 8f. – [18] SVF 3, 173. 431f. – [19] SVF 2, 988. – [20] SVF 3, 191. – [21] SVF 3, 4. – [22] SVF 3, 466. – [23] POSEIDONIUS APAM.: Frg. 165, 151-172, hg. L. EDELSTEIN/I. G. KIDD (Cambridge 1972). – [24] CICERO: Tusc. disp. IV, 6, 12. – [25] De re publ. I, 31, 47. – [26] De off. I, 32, 115. – [27] De fato 9, 20. – [28] SENECA: Ep. 95, 57. – [29] Ep. 92, 3. – [30] Ep. 71, 35f.; ähnlich: Ep. 34, 3. – [31] Ep. 116, 8. – [32] EPIKTET: Diatr. I, 1, 23. – [33] Diatr. III, 5, 7. – [34] Diatr. I, 17, 14-17; II, 20, 15f.; III, 20, 14; Ench. 26, 1. – [35] ALKINOOS: Didask. 184, 37-40. – [36] PLOTIN: Enn. VI, 8 (39), 5, 31; vgl. II, 3 (52), 9, 17; IV, 4 (28), 39, 2. – [37] Enn. I, 4 (46), 6, 19-21. – [38] Bes. Enn. VI, 8 (39), 6. – [39] Enn. III, 2 (47), 4, 34-37. – [40] Enn. VI, 8 (39), 3. 5; vgl. 10, 27. – [41] Enn. IV, 3 (27), 16, 13-15. – [42] JUSTIN: Apol. II, 6f. 4; vgl. I, 43, 3. – [43] IRENAEUS: Adv. haeres. IV, 37, 1. Sources chrét. 100 (Paris 1965) 918-922. – [44] METHODIOS: Von der Jungfräulichkeit 8, 16. MPG 18/GCS 27. – [45] ORIGENES: De princ. III, 1, 8. 18. 20. – [46] JOH. CHRYSOSTOMUS: In Ep. ad Col. 8, 1. MPG 62, 352f.; zum Gegensatz ‹Wesen/Wille› vgl. TH. KOBUSCH: Die philos. Bedeutung des Kirchenvaters Origenes. Theol. Quart.schr. 165 (1985) 94-105. – [47] TERTULLIAN: De an. 20, 5; 21, 6. – [48] AUGUSTINUS: De duab. an. 10: «voluntas est animi motus ...». – [49] De lib. arb. I, 11, 21; II, 14, 37; De duab. an. 10, 14; Conf. VII, 3, 5; De civ. Dei XII, 6; vgl. N. W. DEN BOK: Freedom of the will. A systematic and biograph. sounding of Augustine's thoughts on human will. Augustiniana 44 (1994) 237-270. – [50] De div. quaest. 68, 5. CCSL 44A (Turnhout 1975) 180-182; De civ. Dei V, 9. – [51] Conf. VIII, 8, 20-10, 24 mit Blick auf Röm. 7, 15-21. – [52] De civ. Dei XIV, 7. – [53] De spir. et litt. 30, 52ff. – [54] De trin. X, 11, 18. – [55] Vgl. etwa: BOETHIUS: In Arist. De int. II, 203. – [56] E. BENZ: Marius Victorinus und die Entwicklung der abendländ. W.-Metaphysik (1932). – [57] PLOTIN: Enn. VI, 8 (39), 7, 42-8, 1; 13, 56. – [58] Vgl. M. T. CLARK: Was St. Augustine a voluntarist? Studia Patristica 18/4 (1990) 8-13.

Literaturhinweise. M. HUFTIER: Libre arbitre, liberté et péché chez saint Augustin. Rech. Théol. anc. médiév. 33 (1966) 187-281. – A. J. VOELKE: L'idée de volonté dans le stoïcisme (Paris 1973) 161ff. – A. KENNY: Aristotle's theory of the will (New Haven 1979). – A. DIHLE: The theory of will in class. antiquity (Berkeley/Los Angeles 1982); dtsch.: Die Vorstellung vom W. in der Antike (1985). – CH. STEAD: The freedom of the will and the Arian controversy, in: H. D. BLUME/F. MANN (Hg.): Platonismus und Christentum (1983) 245-257. – CH. KAHN: Discovery of the will: From Aristotle to Augustine, in: J. M. DILLON/A. A. LONG (Hg.): The question of eclecticism (Berkeley 1988) 234-259. – M. T. CLARK s. Anm. [58]. – G. LEROUX: Plotin. Traité sur la liberté et la volonté de l'un (Paris 1990). – J. MANSFELD: The idea of the will in Chrysippus, Posidonius, and Galen. Boston Area Coll. anc. Philos. 7 (1991) 107-145. – T. H. IRWIN: Who discovered the will? Philos. Perspectives 6 (1992) 453-473. – T. D. J. CHAPPELL: Aristotle and Augustine on freedom. Two theories of freedom, voluntary action, and akrasia (New York 1995). – CH. HORN: Augustinus und die Entstehung des philos. W.-Begriffs. Z. philos. Forsch. 50 (1996) 113-132. – S. BOBZIEN: The inadvertent conception and the late birth of the free-will problem. Phronesis 43 (1998) 133-175. – CH. JEDAN: Willensfreiheit bei Aristoteles? (2000). – R. SORABJI: Emotion and peace of mind (Oxford 2000). – TH. PINK/M. W. F. STONE (Hg.): The will and human action. From antiquity to present day (London/New York 2004).

CH. HORN

II. *Mittelalter und frühe Neuzeit bis Kant.* – 1. *Göttlicher und menschlicher W.* – Im Mittelalter wird das W.-Thema zunächst im Rahmen der Christologie behandelt, insofern sich in Christus göttlicher und menschlicher W. verbinden. Vor allem MAXIMUS CONFESSOR hat hier prägend gewirkt mit seiner Unterscheidung eines naturhaften Wollens (physikon) von einem akthaft bewußten Wollen (gnomikon). Es ist der bewußte W., der uns zu Gottes Ebenbild macht; er ist terminologisch als Prohairesis unterschieden von der naturhaften Thelesis [1], während in Christus die für das Gute und Böse in gleicher Weise offene Prohairesis ersetzt ist durch den naturhaften (göttlichen) W. [2].

JOHANNES DAMASCENUS übernimmt die Unterscheidung von Maximus [3]. Während der naturale W. das Streben nach dem Letztziel ist, hat der deliberierende W., nämlich das Prinzip der Veränderung in vernünftigen Wesen, als eigenen Gegenstand die Mittel [4]. Wichtig wird seine Unterscheidung eines vorhergehenden W. («voluntas antecedens») von einem nachfolgenden W. («voluntas consequens») in Gott: Mit dem vorhergehenden W. will Gott das Gut jedes Einzelnen, im nachfolgenden W. aber berücksichtigt er unseren W. und läßt das Übel zum Zwecke des größeren Gutes der gesamten Schöpfung zu. Als alles zum guten Ende leitender W. wird der W. Gottes ‹Vorsehung› (s.d.) genannt [5].

Gegen das Augustinische Verständnis macht ANSELM VON CANTERBURY geltend, daß der freie W. nicht gleichermaßen das Vermögen zum Guten und Schlechten sein könne, da andernfalls Gott und die Engel nicht frei seien. Der freie W. ist daher teleologisch definiert als die Fähigkeit, die Rechtheit des W. um ihrer selbst willen zu wahren («potestas servandi rectitudinem voluntatis propter ipsam rectitudinem»). Der sündige W. wird aber dadurch nicht unfrei; er ist ähnlich wie das Sehvermögen, das auch dann bleibt, wenn das Licht fehlt [6]. W. ist wesentlich Bewegung aus sich selbst: Man kann (selbst unter Todesdrohung) nicht gezwungen, d.h. unwillentlich, wollen, denn jeder Wollende will sein Wollen («omnis volens ipsum suum velle vult») [7].

Bei PETER ABAELARD ist die Freiheit des W. schlicht die Fähigkeit, ungezwungen das Erkannte zu tun, auch wenn der W. mit sich selbst uneins sein kann [8]. Was uns von Tieren unterscheidet, ist nur die Vernünftigkeit dieser Erkenntnis [9]. Der W. will immer das, was gefällt («delectat») – und sei es das Martyrium aufgrund der Liebe zu Christus («dilectio Christi») [10]. Terminologisch wird aber der W. mit dem Begehren identifiziert und von der erst eigentlich freien (und schuldhaften) Zustimmung («consensus») unterschieden [11]. Beim göttlichen W. kann man den allgemeinen Heilswillen («voluntas consulens») von einem «disponierenden» W. («voluntas disponens») unterscheiden, der das Übel nur zuläßt [12]. In seiner Kreatur kann der göttliche W. selbst den endlichen Operationsmodus annehmen. Er selbst aber will (und tut) notwendig das Beste und hätte nichts Besseres machen können als die tatsächliche Welt [13]. Für BERNHARD VON CLAIRVAUX, Abaelards Gegenspieler, hat der Begriff ‹W.› eine durchaus vergleichbare, ähnlich umfassende Bedeutung. Seiner formalen Bestimmung nach ist der W. eine vernunfthafte Bewegung, die gleichwohl vieles gegen die Vernunft tun kann. Die Vernunft ist dem W. gegeben zur Belehrung, nicht zu seiner Zerstörung, d.h., sie legt ihm keine Notwendigkeit auf [14]. Der W. ist es, wodurch der Mensch von Pflanze und Tier unterschieden ist. Er verwirklicht sich im eigentlichen Sinne in der Zustimmung (s.d.); denn wo kein W., da keine Zustimmung, wo aber W., da ist Freiheit. So ist der W. nach Bernhard Schöpfer des Elends oder des Glücks [15].

Vermittelt durch den ‹Sentenzenkommentar› des PETRUS LOMBARDUS [16], bereichert HUGO VON ST. VIKTOR den Diskurs durch terminologische Unterscheidungen im Begriff des W. Gottes, der ersten Ursache aller Dinge («prima rerum omnium causa») [17]. Der wahre W. Gottes ist der unveränderliche «Wille zum Wohlgefallen» («voluntas beneplaciti»). Von diesem zu unterscheiden sind die bloß äußeren Anzeichen des göttlichen W. («signa voluntatis»), wie z.B. Handeln («operatio») und Erlauben («permissio»). Anders als die «signa» des Gebotes («praeceptio») und Verbotes («prohibitio») finden sie immer Erfüllung [18]. Der W. geht immer nur auf Zukünftiges [19]. Er existiert aber, anders als sein Akt und sein Objekt, von Anfang an («voluntas prius est quam velle; ... velle autem non potest nisi ad aliquid») [20]. ULRICH VON STRASSBURG wird später [21] Hugos «voluntas beneplaciti» durch die damaszenische Unterscheidung in «voluntas antecedens» und «consequens» weiter unterteilen; letztere ist immer wirksam. Der menschliche W. ist der Beweger der Seele («motor animi»); auch leben, denken und wollen sind willentlich [22]. Seit ANSELM VON LAON und seiner Schule gibt es einen Traktat ‹De voluntate Dei›. Innerhalb dieses Traktats legt WILHELM VON AUXERRE dar, die W.-Lehre des Hugo von St. Viktor rezipierend, daß die einzelnen Weisen des göttlichen W. wie die Vorschrift, das Verbot, die Erlaubnis u.a. immer das göttliche Wesen bezeichnen und etwas Spezifisches «mitbezeichnen», wie im Falle der Vorschrift die Pflicht [23].

Für ALEXANDER VON HALES ist der göttliche W. identisch mit der göttlichen Vernunft [24] und die unmittelbare Ursache alles Geschaffenen; Gott will alles immer schon von Ewigkeit, so wie die Sonne immer schon scheint, auch wenn die beleuchteten Objekte noch fehlen [25]. Alexander unterscheidet verschiedene Formen des absoluten und bedingten W. («voluntas absoluta»/«conditionalis») [26]. Harmonisierend wird Bernhards Definition des W. («consensus») als wirkursächlicher Aspekt verstanden, Anselms Definition («rectitudo propter se») als finalursächlich und Augustins Definition als materialursächlich (der W. als Materialursache gegenüber der Formalursächlichkeit der Gnade) [27]. Die Freiheit wird dabei als Losgelöstheit von der Materie gedeutet [28]. RICHARD FISHACRE versteht den freien W. als ein Vermögen, das als Vernunft auf seine unvollständige Willensnatur reflektieren kann und die Willensakte dadurch zu einem freien Konsensus macht [29].

2. *Wille und Vernunft.* – Im 13. Jh. steht der Begriff des W. im Brennpunkt der Auseinandersetzung um den Primat der Seelenvermögen. Für ALBERTUS MAGNUS gibt es den W. zwar nur im vernünftigen Lebewesen [30], er ist aber scharf unterschieden von der Vernunft: Der W. ist nicht nur frei von äußerem Zwang und von der Bindung an die materiellen Bedingungen, sondern auch von der Vernunft und ihren Syllogismen. Er ist frei, diese anzunehmen oder nicht. Darin ist er selbstursächlich und dem ersten Beweger [31] und der Tyrannenherrschaft ähnlich (im Unterschied zur monarchischen Herrschaft der praktischen Vernunft und ihren Nützlichkeitserwägungen) [32]. Er ist eine Metapotenz, die alle anderen spontan in Bewegung setzt [33]. Die Passionen des Begehrens und des Zorns können den W. nur «effektiv» («efficienter»), nicht aber «hinreichend» («sufficienter») bewegen [34].

Bei THOMAS VON AQUIN sind W. und Vernunft untereinander und von der Seelensubstanz real verschieden. Gleichwohl stehen sie in enger Verbindung. Der W. hat eine Beziehung zum Rest der Seele nur vermittels der Vernunft, sei es daß die sinnlichen Begehrungsvermögen den W. durch die Objekte des Verstandes («per modum obiecti») bewegen [35] oder daß der W. dieselben leitet und ordnet vermittels der Vernunft («actus imperatus»); darum entziehen sich auch die vegetativen Akte dem W. [36]. Ferner ist es die Vernunft, die den W. frei macht, indem sie nicht nur das Ziel verinnerlicht [37], sondern auch den W. auf das universale «summum bonum» hinordnet und so im Hinblick auf partikulare und irdische Güter frei läßt [38]. Die Vernunft bewegt den W. zwar als Finalursache [39], dies jedoch nur in der Spezifizierung («quoad specificationem»), d.h. in der Präsentation des zu erstrebenden Objektes. Das «exercitium», d.h. die Zustimmung zu diesen Objekten, unterliegt einzig der Willensentscheidung [40]. Der W. ist die Wirkursache für alle anderen Vermögen, einschließlich des Intellektes [41]. Der W. als selbstbewegend [42] ist seinerseits nur – und unvermittelt durch den Intellekt [43] – dem ersten Beweger (Gott) unterworfen, der allein ihn auf natürliche, zwanglose Weise bewegen kann, da er selbst die Natur des W. geschaffen hat und weil er selbst nicht nur Wirkursache, sondern auch letzte Finalursache des W. ist [44], die er als seine eigene Seligkeit notwendigerweise will [45]. Das «liberum arbitrium» verhält sich zum W. wie die «ratio» zum Intellekt: Es ist mit den Mitteln beschäftigt, während Intellekt und W. auf Prinzipien und Ziele gehen. Gleichwohl sind «liberum arbitrium» und W. ebenso ein und dasselbe (von der Vernunft verschiedene) Seelenvermögen, wie Ratio und Intellekt ein einziges Vermögen sind [46]. Sowohl W. als auch Intellekt sind der Reflexion fähig [47]. Jede Vernunftnatur muß einen W. haben, der die Vernunft in Beziehung zu ihrem Objekt setzt, auch dann, wenn dieses Objekt mit dem Subjekt identisch ist, wie im Falle Gottes [48]. Nur wo diese Identität statthat, kann der W. ferner auch mit der Essenz identisch sein, d.h. in Gott, aber nicht in Mensch und Engel [49]. Die Vernunft schließlich ist zwar an sich das gegenüber dem W. höhere, in gewisser Hinsicht («secundum quid») aber ist der W. besser, wenn er den Menschen auf höhere Güter hin bewegt [50].

In der Franziskanerschule wird die Eigenständigkeit des W. gegenüber dem Intellekt betont. So kann der W. nach BONAVENTURA aufgrund der ihm eigenen Reflexionsfähigkeit seinen eigenen Akt zügeln («potest actum suum refrenare») [51]. Freiheit und W. setzen Erkenntnis voraus [52]. Dabei wird der Naturwille («voluntas naturalis») von dem Wahlwillen («voluntas eligentiae») unterschieden. Der Naturwille ist identisch mit der Synderesis, die die praktischen Prinzipien enthält. Da sie ein Habitus, d.h. nicht immer aktual ist, kann Böses gewählt werden; gelegentlich nämlich wird dieser Habitus von den Vorlieben des Wahlwillens («voluntas electiva») «absorbiert». Beide W. aber sind nur eine Potenz [53]. Einzig Gott kann darüber hinaus den W. bewegen [54]; dies jedoch läßt den W. frei, weil er selbst diese Bewegung durch Gott will [55]. Der W. ist das primäre Paradigma für ein Bewegendes («in voluntate consummatur ratio movendi») [56]. Er ist Herr seiner Akte («domina sui actus») [57], «causa sui actus» [58], ein sich selbst bewegendes Instrument (Anselm) [59] und indifferent hinsichtlich gegensätzlicher Bestimmungen («indeterminata ad opposita»); er selektiert, was die Vernunft verbunden vorstellt [60]. Erst WILHELM DE LA MARE kodifiziert die Gegenposition zu Thomas; zwar argumentiert er mit Aristoteles, betont aber die Spontaneität und Unabhängigkeit des W. von der Vernunft gerade für die guten Taten der Heiligen. Wäre der W. nicht unabhängig, so wäre er unfrei im Falle, daß der Intellekt ihm nur ein Objekt vorstellte [61].

Auch die frühere Reaktion des WALTER VON BRÜGGE weicht schon von der Position des Thomas ab. Nach seiner Lehre kommt dem W. die Königsherrschaft unter den Vermögen zu, aber die Vernunft ist wie ein notwendiger Ratgeber [62]. Anders als für Thomas ist Freiheit und Reflexivität dem W. von sich her eigen – mehr der platonischen Selbstbewegung der Seele und der augustinischen

Selbstbezogenheit des Geistes verwandt als der aristotelischen Konzeption [63] – und nicht vermöge der Vernunft; diese befreit nur konsultativ («consultive») und anzeigend («ostensive»), indem sie mehr als einen Gegenstand vorlegt [64].

Johannes Peckham radikalisiert diese Form des Voluntarismus als eine Art Lebensphilosophie: Das eine Leben teilt sich als Kraft («vigor»/«vigere») den verschiedenen Seelenzweigen («virtus ramificata») mit und bewahrt so die (im Sinne des Augustinus und des Neuplatonismus verstandene) Einheit der Seele. In seinem Kern ist es W. [65]. Die Erkenntnis bündelt es lediglich auf Eines hin. Der «vigor» selbst bleibt aber letztlich aus der Objektwelt herausgelöst. Der W. ist dabei der erste Beweger und darum frei [66]. Petrus Johannis Olivi löst diesen Gedanken eines «vigor» schließlich auch noch von einer Teleologie ab und betrachtet ihn als reine Kraftentfaltung [67]. Einzig reflexive Selbstbestimmung, unabhängig von der Vernunft, ist dem wesentlich. Die Vernunft ist nicht nur nicht nötig, sie braucht im Gegenteil sogar den W. für ihre reflexiven und spekulativen Akte. Reflexion und Selbstbewegung sind nämlich identisch («reflectere se est se ipsum movere»); sie gründen nicht in Immaterialität, sondern in Aktivität und damit im W. [68]. Ohne den W. als Herz («cor») ist alles passiv und der Ethik nicht zugänglich; Feindesliebe wäre unmöglich, denn der Vernunft ist sie zuwider [69]. Die Erfahrung der Willensfreiheit durch Introspektion ist epistemologisch fundamental [70]. Verglichen mit dem W. ist alles andere Geschaffene (einschließlich des Intellektes) ein reines Nichts («purum nihil»); mit der Vernunft allein wären wir wie Tiere [71].

Heinrich von Gent, der die Franziskanerschule in vielfacher Weise beeinflußt hat, hat in ähnlicher Weise wie Walter von Brügge den W. als gottähnlichen Herrscher in der Seele beschrieben. Der W. ist der universale und erste Beweger, höher als die Vernunft [72] und unabhängig von ihr zu souveräner Selbstbestimmung fähig [73]. Die Vernunft ist nur der Ratgeber; gegebenenfalls kann der W. der Vernunft gegen deren klares Urteil befehlen, Irrationales zu akzeptieren [74]. Der W. kann auch das geringere Gut [75] und zwischen kontradiktorischen und konträren Optionen wählen [76]. Die Vernunft paßt den universalen Naturwillen («voluntas ut natura») dem Bereich des Partikulären, d.h. dem, was jetzt zu tun ist, an [77]. Die eigentliche Bewegung stammt aber aus dem Naturwillen. Durch ihn bewegt der W. sich selbst, ist Akt und Potenz zugleich; Selbstbewegung gründet dabei in Reflexivität. Je höher das Sein, desto identischer sind Bewegtes und Bewegendes; in Gott sind sie identisch, in der «materia prima» verschieden [78].

Im Gegensatz hierzu ist für Gottfried von Fontaines die Vernunft Formal- und Wirkursache für den W. [79]; sie macht diesen allererst frei durch seine Immaterialität [80]. Gäbe es eine Selbstbewegung des W. mit der Vernunft als bloßer «conditio sine qua non» (Heinrich von Gent), dann könnte sich auch der Zweig selbst entzünden, wenn das Feuer bloß gegenwärtig ist [81]. Zwischen beiden Positionen befindet sich Aegidius Romanus. Das Vernunftobjekt ist Conditio sine qua non, ohne daß der W. darum passiv wäre [82]. Die Wahl zwischen Konträrem ist problematisch [83].

Johannes Duns Scotus setzt die franziskanische Redeweise vom Machtprinzip («principium potestativum») fort; auch für ihn kommt Freiheit dem W. nicht durch die Vernunft, sondern durch seine eigene Form zu [84]. Er ist sogar das eigentlich rationale Vermögen, denn es ist sein Spezifikum, auf Gegensätzliches («opposita»), seien es Objekte oder Akte, angelegt zu sein [85]. Gleichwohl sind beide nötig; Duns Scotus befürwortet einen mittleren Weg («via media») [86]. Ihr Zusammenwirken produziert jedoch keinen zusammengesetzten Akt, sondern einen einfachen; der W. ist «causa totalis» [87]. Das Objekt ist zwar notwendig, aber es ist weder totale [88] noch gleichrangige Ursache. Es ist aber auch nicht bloße Instrumentalursache des W., sondern ebenfalls aktiv (nicht bloße Conditio sine qua non), wiewohl der W. die Hauptursache («causa principalis») ist, denn er befiehlt und kann die Aufmerksamkeit des Verstandes lenken [89]. Nur eine freie Ursache (der W.) kann angesichts desselben Objektes handeln oder nicht handeln (das gilt allerdings nicht für die «voluntas ut natura» [90], die freilich auch nicht wirklicher W. ist [91]). Auf diese Weise kann der W. auch naturale Akte (z.B. das Sehen) anstoßen und so zu freien Akten machen («actus imperatus») [92]. Es ist spezifisch für den W., Gegensätzliches (wollen/nicht wollen) nicht nur im Nacheinander, sondern auch im selben Zeitpunkt wollen zu können; darum ist er frei. Das gilt für Gott und Mensch [93]. Nichtwollen («nolle») setzt, anders als andere Willensakte, kein existierendes Objekt voraus; Nichtwollen ist ein reflexiver Akt, schließt also ein positives Wollen ein («quasi reflexus super velle obiecti, non quod inest vel infuit, sed quod posset inesse») [94]. Der W. kann seine Akte aber auch unterlassen, nicht wollen statt nichtwollen [95]. Als solche reine Unterlassung kann der W. sich sogar die «visio beatifica» versagen. Der W. kann die Erwägung des Zieles suspendieren («non-consideratio finis») [96] oder das geringere Gut wählen [97]. Untereinander wie von der Seelensubstanz sind die Potenzen formal, nicht real verschieden [98]. Der W. kontrolliert die Emotionen, auf die die Vernunft nur vermittelt durch den W. einen Einfluß hat [99]. Gottes freier W. existiert, da es Kontingenz gibt [100]. Sein Willensakt in sich betrachtet («ad intra») ist notwendig, im Hinblick auf die gewollten äußeren Dinge («ad extra») aber kontingent [101]. Er will immer «ordinatissime», d.h. erst die Zwecke, dann die Mittel [102].

3. *14. und 15. Jh.* – Die Dominikaner kritisieren die franziskanische These vom Primat des W. Nach Durandus a S. Porciano ist die Freiheit eher eine Eigenschaft («proprietas») des W. (ohne die Vernunft) zu nennen denn ein Habitus, da ein Habitus äußerlich bleibt und Determination impliziert [103]. Freiheit impliziert nicht notwendigerweise die Möglichkeit zu Entgegengesetztem, sondern nur das Vorhandensein von Intellekt und W. Hat die Vernunft ihr Werk getan, so ist der W. immer noch frei in seiner Zustimmung und Ablehnung; in sich ist der W. indifferent gegenüber Passivität und Aktivität; er ist passiv hinsichtlich der Spezifikation, aber aktiv im Exerzitium oder in seiner Unterlassung. Er kann seinen eigenen Akt nur vorhergehend, nicht aber gleichzeitig und reflexiv wollen, da er dann eine «causa sui» wäre. Weder Immaterialität noch Aktivität allein garantieren Freiheit; auch Erkenntnis ist nötig [104]. Der Intellekt selbst ist ebenso frei wie der W., insofern er weder einem Zwang unterliegt noch zum Verstehen determiniert ist; als vorgängig ist er sogar freier als der W. [105].

Für die mystische Seite des Dominikaner-Ordens thematisiert Meister Eckhart das Verhältnis zwischen göttlichem und menschlichem W. Die üblichen Differenzierungen werden hier zugunsten einer Annihilierung des menschlichen W. in mystischer Selbstaufgabe und Freundschaft eingeebnet [106]. Der Gerechte hat keinen eigenen W. [107]. Gibt er ihn aber Gott, so muß Gott seinen W. tun [108]. Nur Gott kann den W. zwingen; das aber setzt ihn gerade frei, so daß er will, daß Gott ist und daß Freiheit ist. Den W. Gottes wollen ist Freiheit [109]. Wir müssen seinen W. selbst dann wollen, wenn es sein W. war, daß wir gesündigt haben [110]. Der Intellekt steht höher als der W., da er Gott betrachtet, wie er in sich selbst ist, der W. aber nur in seiner Güte, d.h. in seinem Nutzen [111]. Es ist nicht der W., sondern die Erkenntnis, die uns gleichförmig mit Gott macht, denn in Gott ist die Erkenntnis sogar fundamentaler als das Sein [112]. Andererseits sind die Dinge nur in Gottes W. wirklich etwas [113].

Den pelagianischen Tendenzen bei bestimmten Franziskanern tritt im 14. Jh. Thomas Bradwardine mit seiner Theorie des göttlichen W. entgegen. Für ihn ist der göttliche W. die Wirkursache aller Dinge und Bewegungen [114]. Freiheit Gott gegenüber ist eine Täuschung [115]. Der menschliche W. allein ist ineffizient [116]. Gottes W. hingegen ist immer «causa efficiens», niemals nur zulassend oder konservierend; alle Potenzen der Welt sind aktual in ihm [117]. Die ungeschaffene Gnade ist identisch mit seinem W. [118]. Für jeden geschaffenen Willensakt ist er der notwendige Mitverursacher («coeffector») [119]. Während beide Totalursache des Willensaktes sind, ist die Ursächlichkeit des göttlichen W. von höherer Ordnung und vorgängig [120]. Wenn aber Gottes W. will, daß unser W. frei sei, dann ist letzterer notwendigerweise darauf festgelegt frei zu sein [121]. Gottes W. determiniert auch sein Vorherwissen, seine Vernunft aber bewegt ihrerseits auch den W. [122]. Im Menschen ist die Freiheit abhängig von der Vernunft; bei Kindern dominiert das Begehren den W., da die Vernunft noch ‘gebunden’ ist. Der W. seinerseits bewegt nicht die anderen Vermögen, denn dies setzt die Vernunft und ihr Objekt voraus, zu dem er sich nur noch als kontradiktorisches Vermögen verhalten kann [123].

Wilhelm von Ockham definiert den freien W. als das Vermögen, einen Effekt auf indifferente und kontingente Weise zu verursachen oder nicht zu verursachen. Finalursächlichkeit scheidet aus der Definition aus [124]. Der W. ist indifferent gegenüber gut und böse. Entsprechend dominiert der W. die Vernunft (z.B. in der Formulierung von Prämissen [125]) und die göttliche Entscheidung das Sittengesetz; der menschliche W. bleibt frei gegenüber der seligmachenden Gottesschau («visio beatifica») oder der eigenen Existenz [126]. Der W. ist nichts anderes als die Seelensubstanz, insofern sie wollen kann («substantia animae potens velle») [127]. Die Existenz des W. läßt sich nur durch innere Erfahrung feststellen, einen Vernunftbeweis gibt es nicht [128]. Daß Gottes nachfolgender W. («voluntas consequens») sich immer erfüllt, kann ebenfalls nicht bewiesen werden, da es nicht bewiesen werden kann, daß Gott überhaupt etwas anderes als sich selbst will [129]. Durch sein ewiges Wollen kann der göttliche W. etwas von neuem hervorbringen, ohne selbst eine Veränderung zu erfahren [130]. Gegen Duns Scotus insistiert Ockham darauf, daß der W. nicht im selben Augenblick ein Vermögen zu Entgegengesetztem sein kann, da dies niemals aktualisiert werden könnte («potentia non manifesta»), sondern nur sukzessive. Damit ist der Kontingenzaspekt der Freiheit hinreichend gewährleistet [131].

Auch für Gregor von Rimini ist der W. identisch mit der Seelensubstanz. Der W. kann, gegen Durandus, mehrere Akte zugleich haben; er kann z.B. sein Hassen lieben oder sich seiner Hoffnung freuen und im Ziel die Mittel wollen. Darum aber kann er auch in allen seinen Akten die Gottesliebe einschließen, was für gute Akte unabdingbar ist [132]. Willensakte schließen aber keine distinkte Selbstaffirmation ein, da andernfalls negative Willensakte («nolitio») sich selbst negierten, also unfreiwillig wären [133]. Gegen Adam de Wodeham vertritt Gregor ferner die These, daß ein intrinsisches kognitives Element im W. überflüssig ist; nicht dies ist es, was den Unterschied in der Intensität des Aktes (z.B. der «fruitio») determiniert [134].

Auch Johann Buridan folgt Ockham im Hinblick auf die Realidentität von W. und Substanz. Der W. ist passiv hinsichtlich der eigenen Akte, die er rezipiert («receptivum volitionis»); die Vernunft liefert der Seele nur die «Wärme», um die Willensakte auszubrüten oder zu «verdauen». Da die Seele mit dem W. identisch ist, kann sie geradezu ‹Freiheit› genannt werden («ipsamet est illa libertas») [135]. Seine Definition der Freiheit ist strikt kontradiktorisch: Handeln und Unterlassen hinsichtlich einer zuvor [136] von der Vernunft vorgeschlagenen Option [137]. Er ordnet aber diese Indifferenz letztlich in eine Finalität auf die Seligkeit hin ein. Dieser gegenüber ist der W. dann auch nicht kontradiktorisch frei [138]. In der Seligkeit ist die Vernunft sogar das vornehmere Vermögen [139]. Buridan unterscheidet auch (mit der Stoa) zwischen einem ersten Akt des W., der ein Gefallen oder Mißfallen des Objektes ist, von einem zweiten Akt der Akzeptanz oder Ablehnung [140]. Nur diese Akte sind Entscheidung und Wollen im eigentlichen Sinne, da jene miteinander noch kompossibel sind [141]. Auf diese Weise kann der W. zwar nicht gegen die Vernunft handeln, er kann aber die Entscheidung aufschieben und so eine Veränderung in der Vernunft erreichen, die dann ihrerseits den W. auf neue Weise motiviert [142]. Er muß das größere Gut also nicht wählen, auch wenn er ihm das geringere Gut nicht vorziehen kann (denn das würde den W. zu einem Vermögen zum Schlechten machen). Die Vernunft kann er nur bewegen, wenn ihm dies eigens als ein Objekt der Vernunft selbst vorgestellt wird [143].

4. *Spanische Scholastik; Barockscholastik*. – F. Suárez betont die Unabhängigkeit des W. von der Vernunft. Gegen Durandus, Bellarmin und andere sagt er, daß die Vernunft den W. nicht frei machen könne, weil die Vernunft selbst unfrei sei [144]. R. Bellarmin hatte hingegen gemeint, der W. sei darum frei, weil er der Vernunft folgt [145]; er wählt unfehlbar, was das letzte praktische Urteil («ultimum judicium practicum») vorschlägt [146]. Ja, der W. ist es eigentlich erst, der das Urteil der Vernunft zu einem letzten praktischen Urteil macht, bzw. (damit es nicht zwei Willensakte werden): Dieses letzte Urteil ist der Willensakt [147]. Für Suárez hingegen ist die Vernunft nur akzidentelle und moralische, nicht aber effiziente Ursache [148]. Der W. kann sich aus sich selbst aktivieren, da Potenz und Akt nicht real distinkt sind; gemäß dieser Metaphysik aktiviert, limitiert und individuiert sich jede Entität aus sich selbst, also auch der W. [149]. Anders als für Bellarmin [150] hat der W. es nicht nur mit einem letzten Urteil/Objekt zu tun, sondern kann aus mehreren wählen [151]. Das praktische Letzturteil ist nur deshalb nicht überflüssig, weil W. und Vernunft ontologisch verbunden sind: Es gibt keine Realdistinktion zwischen den Vermögen und der Seelensubstanz; dies führt zu einer «sympathia naturalis» untereinander und einer Reflexivität der Willensakte auf und in sich selbst [152].

In der folgenden *Barockscholastik* ist der W. Thema schwer überschaubarer und innovativer Diskurse, insbesondere im Zusammenhang mit dem göttlichen Vorherwissen freier Akte und der Möglichkeit reiner Unterlassungen (freier Nicht-Akte des W.) [153]. Das Prinzip der Wahl des Besten, die «moralische» Nötigung des W. zum Besten («necessitas moralis ad optimum») und die Determination durch Motive, triebhafte Neigungen und Gnadenakte finden sich insbesondere bei den Sevillaner Jesuiten D. RUIZ DE MONTOYA und D. GRANADO [154], die dieses Prinzip auch erstmals auf Gott selbst übertragen [155]. Die Positivität des göttlichen W. scheint ein Seinsverlangen der Kreatur zu implizieren, das Gott ausdrücklich unterdrücken muß [156]. Wie Gott (in seiner notwendigen Essenz) ontologisch verschieden ist von seinen freien (d.h. kontingenten) Willensakten, ist ein Problem, das mit verschiedenen Distinktionsontologien beantwortet wird [157].

5. *17. und 18. Jh.* – Für den von suarezianischen Jesuiten erzogenen R. DESCARTES ist der W. gegenüber evidenten Vernunftgründen indifferent; das ist «moralisch» schwierig, aber «absolut» möglich; Indifferenz ist jedoch nur ein defizienter Modus der Freiheit, der aus Unwissenheit stammt [158]. Der W. setzt den Verstand voraus, der etwas als möglich und gut oder schlecht darstellen muß; der W. kann dies dann annehmen oder ablehnen [159]. Der W. kann auch seine Entscheidung suspendieren, bis die Einsicht klar ist [160]. Der W. hat aber auch selbst Ideen, die mit der Aktion identisch sind [161]. Der W. ist allem möglichen Zwang enthoben und in der Introspektion evident. Er ist als Modus von der Seelensubstanz verschieden, weil diese auch ohne jenen gedacht werden kann [162]. Während der Intellekt eine «Erleidung der Seele» («passio mentis») ist, die «volitio» hingegen eine Tätigkeit («actio»), sind beide so eng miteinander verbunden, daß sie als «actio» und «passio» derselben Substanz erscheinen [163]. Der W. bewegt den Körper vermittelt durch die Zirbeldrüse [164], kontrolliert die Affekte aber nur indirekt, vermittelt durch Vernunft und Vorstellung [165]. Es gibt innere und äußere Willenshandlungen [166]. Behaupten, Verneinen und Zweifeln sind Willensmodi [167]. Damit wird Descartes zum Begründer der voluntaristischen Theorie des Urteils (s.d.). Der W. reflektiert ebenbildlich (formal, nicht extensiv) die Unendlichkeit Gottes [168], von dem er aber abhängig bleibt [169].

TH. HOBBES kennt kein eigenes Willensvermögen, sondern nur die Kette der Wirkursachen, auf die letztlich auch die Finalursachen, «endeavours», «appetites» und «aversions» zurückzuführen sind. Der W. ist nur das Endprodukt einer Ursachenkette, die er abbricht; der W. ist immer der «letzte Wille» oder der Tropfen, der das Faß zum Überlaufen bringt und den (unfreiwilligen) «appetitus» zur «voluntas» macht. Der W. ist kein Vermögen, sondern ein Akt. Freiheit ist daher auch nicht die Freiheit des Wollens, sondern des Tuns. Und das ist kein Privileg des Menschen [170]. Hatte die Spätscholastik den W. ganz aus dem Zusammenhang der «appetitus» herausgenommen, so wird er bei Hobbes darauf reduziert; der W. kann ebensowenig kontrolliert werden wie der Hunger [171]; da es keine Selbstreflexion des W. geben kann (infiniter Regreß), ist der W. selbst unfreiwillig («the will is not voluntary») [172]. Er ist immer auf die Gegenwart bezogen, nicht auf die Zukunft [173].

Im Gegensatz hierzu ist für B. SPINOZA der W. ausdrücklich nicht ein Begehren, Appetit oder Affekt, sondern die Fähigkeit des Geistes, zu bejahen oder zu verneinen [174]. Der Willens-conatus ist das Bestreben, sich selbst als «res cogitans» in der Existenz zu erhalten [175]. Bezieht sich dieser «conatus» auch auf den Körper, dann ist er nicht W., sondern Trieb («appetitus») [176]. Es gibt keine Wechselwirkung (via Zirbeldrüse) zwischen W. und Körper [177]. Gott hat keinen freien W. in unserem Sinne, da alles notwendig aus seiner Natur folgt; W. und Vernunft verhalten sich dabei wie Bewegung und Ruhe [178]. Gottes W. ist ein Modus des Denkens und gehört als solcher zur geschaffenen Natur («natura naturata») [179]. Zugleich aber kann er allein sich aus sich selbst zum Handeln bestimmen, und nur er ist frei in diesem Sinne. Unser W. kann daran aber in der intellektuellen Gottesliebe («amor Dei intellectualis») partizipieren [180].

Für G. W. LEIBNIZ ist der W. zwar in Kontinuität mit dem Trieb (s.d.), aber im Unterschied zu diesem bewußt (Apperzeption); der W. ist eine Tendenz («conatus»), das Gute zu erreichen und das Böse zu meiden, die direkt aus der Apperzeption folgt [181]. Die Verrechnung von Perzeptionen und Apperzeptionen hat die Willensentscheidung zur Folge; im Unterschied zu Hobbes handelt es sich aber beim Resultat nur um eine hypothetische Notwendigkeit, d.h. um einen überwiegenden Grund, ähnlich der «voluntas consequens» Gottes [182]. Und dieser Grund ist auch nicht Wirkursache, sondern ein echtes Motiv [183]. Eine Indifferenz im Sinne von Buridans Esel oder kontradiktorischer Freiheit ist unmöglich [184]. Mit der Einsicht nimmt nicht nur die Indifferenz ab, sondern auch die Freiheit zu; der Weise ist am freiesten. Kontingenz ist nicht hinreichend für Freiheit; es braucht auch Einsicht, die «Seele der Freiheit» [185]. In Gott ist der W. ganz von Einsicht bestimmt, bei uns auch von Leidenschaften [186].

J. LOCKE nennt den W. «faculty», will aber darunter keine reale Entität verstehen. Es ist das Vermögen, durch bloße Präferenz (‹preference› wird durch ihn ein wichtiger Terminus) mentale oder physische Aktivitäten zu beginnen, fortzuführen oder abzubrechen. Wollen setzt Denken voraus, nicht aber umgekehrt; Denken selbst ist frei [187]. Da der W. keine Entität ist, ist auch nicht der W. frei, sondern die Person (auch im politischen Sinne). Freiheit ist selbst ein Vermögen, und Vermögen werden Personen zugeschrieben, nicht anderen Vermögen [188]. Der W. kann entweder handeln oder unterlassen. Das aber ist für Locke gerade nicht Freiheit, da der W. eines von beiden wählen muß. Der W. muß immer wählen, und sei es eine Unterlassung. Freiheit hingegen ist strikt kontradiktorisch (wie die reine Unterlassung der Jesuiten). Auch daher sind W. und Freiheit verschieden. Ferner setzt Freiheit ein reflexives Wollen des W. voraus. Dann aber ist entweder der letzte reflexive W. nicht frei (weil selbst nicht gewollt), oder es gibt einen unmöglichen infiniten Regreß [189]. Was den W. seinerseits bewegt, ist die menschliche Psyche («mind»). Diese ihrerseits bestimmt sich durch Motive des Unwohlseins und der Zufriedenheit («uneasiness»/«satisfaction»). Motive sind Interessen («desire»), denn bloß theoretische Erwägungen bewegen den W. nicht. Das je größere Gut bestimmt ihn. Darum werden W. und Begehren oft identifiziert. Der Gesamtwille kann freilich einem Einzelbegehren auch entgegengesetzt sein [190]. Der W. muß der Einsicht folgen, kann aber die Aktivität des Verstandes und damit auch seine eigene Tätigkeit aussetzen [191]. Indifferenz ist daher auch nur vor dem Urteil der Erkenntnis möglich – oder als fortbestehende Möglichkeit nach der Willensentscheidung [192].

Für G. BERKELEY ist es a priori unmöglich, den W. zu verstehen. ‹Geist› («spirit»), ‹Seele› und ‹W.› bezeichnen gleichermaßen einfache und ungeteilte Entitäten («One Will», «One Act», «purus actus»), die als solche nicht intelligibel sind. Unverstehbar sind sie aber auch deshalb, weil einzig der W. aktiv ist, Ideen aber passiv und daher unfähig, den W. als solchen zu repräsentieren. Da aber Ideen passiv sind, müssen sie eine Ursache haben («ex nihilo nihil fit»), und dadurch wissen wir um den W. [193]. Anders als für Locke bewegt «uneasiness» den W. nicht, denn auch sie ist eine Idee und darum inaktiv. Was wahrgenommen wird oder wahrnimmt, kann nicht wollen. Auch grammatikalisch kann darum der W. nicht anders repräsentiert werden als durch Partikel, denn diese stehen nicht für Ideen, sondern für Handlungen («operations») [194]. Es ist zweifelhaft, daß es mehr als einen Willensakt («volition») zur gleichen Zeit geben kann, und wir können den Wechsel zwischen diesen Willensakten nicht direkt, sondern nur in ihren Wirkungen (Ideen) wahrnehmen [195]. Da dieser Wechsel vom menschlichen oder göttlichen W. abhängt [196], gibt es keine notwendige Verbindung zwischen Gedanken. Freiheit ist die Indifferenz zwischen Handeln und Nichthandeln, dies aber auf der Grundlage eines Urteils [197]. Zwar können W. und Verstand als zwei separate Entitäten gedacht werden [198], aber sie sind untrennbar [199]; jedes Urteil enthält auch einen Willensakt [200]. Der Geist, d.h. der W., ist verschieden von seinen Willensakten, wie der Verstand von den Ideen verschieden ist. W. und Verstand aber sind nicht einmal gedanklich verschieden vom Geist [201]. Personale Identität könnte darum vielleicht im W. liegen [202]. Wenn die Seele mit dem W. identifiziert wird, ist sie unsterblich und unzerstörbar [203]; in den Himmel zu kommen steht in meinem W., denn ich kann das Wollen wollen [204].

D. HUME bezweifelt ein Ich im Sinne Berkeleys, hält aber wie dieser den W. für undefinierbar; er ist ein innerer Eindruck («internal impression»), den wir haben, wenn wir wissentlich eine Bewegung in Seele oder Körper beginnen [205]. Wie der W. aber eine Bewegung im Körper beginnt, ist ebenso unbekannt wie die Verbindung von Körper und Seele allgemein. Dasselbe gilt von der Verursachung von Ideen oder selbst der Kausalität des göttlichen W. [206]. Andererseits meint Hume, der W. könne auch aus nichts etwas machen – so wie jede andere Ursache auch [207]. Freiheit ist Indifferenz («acting or not acting») dergestalt, daß wir den W. als leicht veränderlich und gewissermaßen auf beiden Seiten erfahren («it ... produces an image of itself (or a Velleity, as it is called in the schools) even on that side, on which it did not settle») [208]. Der Verstand kann den W. nicht bewegen; er kann aber die Gefühle und ihren Einfluß auf den W. beruhigen und so zur Selbstbeherrschung beitragen [209]. TH. REID vertritt sehr einflußreich traditionelle Auffassungen der Willensfreiheit und eine stark voluntaristische Position. Wir wissen nicht, daß das stärkste Motiv immer bestimmend ist, da wir nicht wissen, was das stärkste Motiv ist, sondern nur, welches sich durchsetzt; und das hängt vom W. ab [210].

Der traditionelle Gedanke, daß der W. immer Eigenes ist und nicht von außen vertreten werden kann, wird von J.-J. ROUSSEAU auf die unteilbare, unvertretbare «volonté générale» (s.d.), den souveränen W. des Volkes übertragen [211]. Diese Selbstgesetzgebung wird dann das Signum des kantischen Begriffes des W. War das Verhältnis zwischen W. und Vernunft ein traditionelles Problem, so wird bei I. KANT die Vernunft selbst praktisch. W. ist praktische Vernunft, d.h. ein Vermögen, nach Prinzipien zu handeln [212]. Da aber nach Kant gezeigt werden kann, daß das alleinige Prinzip der Moral das Prinzip der Autonomie (s.d.) ist, muß dem W. diese Eigenschaft, sich selbst ein Gesetz zu sein, zukommen, so daß der W. in allen Handlungen sich selbst ein Gesetz ist, eine Kausalität aus Freiheit. So bestimmt zwar die Vernunft den W., anders aber als in der scholastischen Diskussion sind nicht die Objekte der Vernunft bestimmend, sondern ihre eigene innere Gesetzlichkeit [213].

Anmerkungen. [1] MAXIMUS CONFESSOR: Disp. cum Pyrrho. MPG 91, 308f.; Ambiguorum liber, a.O. 1088f.; CCSG 18, hg. E. JEAUNEAU (1988) 34; Opusc. theolog. et polemica, a.O. 12f. 48. 81. 201. – [2] Disp. cum Pyrrho, a.O.; Opusc. ..., a.O. 48f. 56. Ambigu. liber, a.O. 1085; CCSG 18, a.O. 31f.; vgl. auch: G. BAUSENHART: In allem uns gleich außer der Sünde (1992) 148-165; R. SCHWAGER: Der wunderbare Tausch (1986) 137-147. – [3] JOH. DAMASCENUS: De fide orthod. II, 22. Schr., hg. B. KOTTER 2 (1973) 87-92; III, 17f., a.O. 155-160; II, 23f., a.O. 93ff. – [4] II, 25-27, a.O. 96-99; V. J. BOURKE: Will in western thought (New York 1964) 59. – [5] II, 29, a.O. 100ff. – [6] ANSELM VON CANT.: De libertate arbitrii I-III. Op. omn., hg. F. S. SCHMITT (1938-61, ND 1968) 1, 207-214. – [7] Vf., a.O. 214. 217f.; vgl. auch: M. ENDERS: Wahrheit und Notwendigkeit (Leiden 1999) 239-243. 510-529. pass.; B. GOEBEL: Rectitudo, Wahrheit und Freiheit bei Anselm von Cant. (2001) 283-295. 363-502. – [8] Vgl. Art. ‹Willensschwäche›. – [9] PETER ABAELARD: Introd. ad theol. III, 7. MPL 178, 1110. – [10] Epit. theol. christ. 25, a.O. 1734f. – [11] Ethica, hg. D. E. LUSCOMBE (Oxford 1971) 14-17; MPL 178, 639f. – [12] Epit. 26, a.O. [10] 1735ff. – [13] Theol. christ. V, 20ff. 42ff. CC Cont. Med. 12, hg. E. JEAUNEAU (1969) 355-361. 366f. – [14] BERNHARD VON CLAIRVAUX: De gratia et libero arb. II, 3f. Sämtl. Werke, hg. G. B. WINKLER (Innsbruck 1990ff.) 1, 178. – [15] II, 4, a.O. 178-182. – [16] PETRUS LOMB.: Sent. I, 45, c. 5-7. – [17] HUGO VON ST. VIKTOR: De sacramentis I, IV, c. 1. MPL 176, 233f.; O. LOTTIN: Psychologie et morale aux XIIe et XIIIe s. (Löwen/Gembloux 1942ff.) 1, 236-238. – [18] c. 3ff., a.O. 235ff. – [19] c. 22, a.O. 256. – [20] c. 25. 29, a.O. 257. 259. – [21] ULRICH VON STRASSBURG: De summo bono II, tr. 3, c. 9, hg. A. DE LIBERA (1987) 85-90; c. 10, a.O. 91-94. – [22] IV, tr. 1, c. 4, hg. S. PIEPERHOFF (1987) 25; vgl. II, tr. 3, c. 12, a.O. 101f. – [23] Texte in: LOTTIN, a.O. [17] 5, 32-34. 234-240. – [24] ALEXANDER VON HALES: Summa theol. I, 1, 6, q. 2, c. 3, resp. (Quaracchi 1924) 366. – [25] I, 1, 6, q. 1, c. 2, a.O. 361; q. 2, c. 2, a.O. 364f. – [26] I, 2, tract. un., q. 1, tit. 1, a.O. 434f. – [27] I-II, IV, 1, 2, 3, 3, c. 1, a. 1-3; c. 2, a. 2 (Quaracchi 1928) 468-471. 474f. – [28] c. 2, a.O. 480f. – [29] RICHARD FISHACRE: Manuskript, hg. O. LOTTIN, a.O. [17] 113-118. – [30] ALBERTUS MAGNUS: De anima III, tr. 4, c. 1. Op. omn. (1951ff.) 7/1, 229. – [31] Sup. Ethica III, lect. 1, a.O. 14/1, 143. – [32] De anima III, 4, c. 5, a.O. [30] 234f. – [33] c. 10, a.O. 241. – [34] Sup. Eth. III, lect. 1, a.O. [31]. – [35] THOMAS VON AQUIN: S. theol. I-II, 9, 2; 10, 3. – [36] 17, 1-9. – [37] 6, 1. – [38] Quaest. disp. De malo, q. 6. – [39] S. theol. I, 82, 1ff.; I-II, 109, 2; S. c. gent. I, 72. – [40] De malo, q. 6; vgl. auch: S. theol. I-II, 109, 2, ad 1; ob dieser 'Voluntarismus' sich so erst spät, in De malo (und S. theol. I-II), findet, ist umstritten; vgl. O. H. PESCH: Philos. und Theol. der Freiheit bei Thomas von Aquin in Quaest. disp. 6 De Malo. Münchener Theol. Z. 13 (1962) 1-25; D. WELP: Willensfreiheit bei Thomas von Aquin (Fribourg 1979); R. SCHENK: Die Gnade vollendeter Endlichkeit (1989) 573-602. – [41] S. theol. I-II, 9, 1; I, 83, 4; De ver., q. 22, a. 12. – [42] I-II, 9, 3. – [43] 17, 5; 6, 1, ad 3. – [44] 9, 4-6. – [45] 10, 1f. – [46] I, 83, 4; I-II, 8, 1-3; II Sent., d. 24, q. 1, a. 1f.; vgl. auch: J. AUER: Die Entwicklung der Gnadenlehre in der Hochscholastik (1951) 118f. – [47] De ver., q. 22, a. 12. – [48] S. theol. I, 19, 1; S. c. gent. I, 72. – [49] I, 59, 2. – [50] De ver., q. 22, a. 11. – [51] BONAVENTURA: II Sent., d. 25, p. 1, a. un., q. 3. Op. omn. (Quaracchi 1882ff.) 2, 599. – [52] d. 22, a. 2, q. 3, a.O. 526; d. 41, a. 2, q. 3, dub. 3, a.O. 956. – [53] IV Sent., d. 50, p. 2, a. 2, q. 2, a.O. 4, 1051f.; II Sent., d. 28, a. 2, q. 3, dub. 4, a.O. 2, 692; d. 24, p. 1, a. 2, q. 3, a.O. 565-567; d. 37, a. 2, q. 1, a.O. 869f.; d. 39, a. 2, q. 3, dub. 3, a.O. 917. – [54] II Sent., d. 25, p. 1, a. un., q. 2-5, a.O. 2, 595-604; d. 25, p. 2, a. un., q. 5, a.O. 618f.; vgl. AUER, a.O. [46] 117f. – [55] d. 26, a. un., q. 6, a.O. 2, 646. – [56] d. 25, p. 1, a. un., q. 6, a.O. 2, 605. – [57] I Sent., d. 1, a. 1, q. 1, a.O. 1, 31. – [58] II Sent., d. 34, a. 1, q. 2, a.O. 2, 807. – [59] I Sent., d. 15, p. 1, a. un., q. 4, a.O. 1, 266. – [60] II Sent., d. 25, p. 2, a. un., q. 4, a.O. 2, 617; III Sent., d. 26, a. 2, q. 2, a.O. 3, 570f.; für Gottes «voluntas antecedens»: I Sent., d. 46, a. un., q. 2, a.O. 1, 824. – [61] E. STADTER: Psychol. und Met.

der menschl. Freiheit (1971) 239-243; B. KENT: Virtues of the will (Washington 1995) 123f. – [62] WILHELM VON BRÜGGE: Quaest. disp., q. 6, hg. E. LONGRÉ. Les philos. belges 10 (Löwen 1928) 60-63. – [63] J. DECORTE: Der Einfluß der Willenspsychol. des Wilh. von Brügge auf die Willenspsychol. und Freiheitslehre des Heinr. von Gent. Franziskan. Stud. 65 (1983) 215-240, hier: 225. – [64] WILHELM VON BRÜGGE: Quaest. disp., q. 5f., a.O. [62] 50-53. 60. – [65] JOH. PECKHAM: Quaest. tractantes de an., q. 31, hg. H. SPETTMANN (1918) 200; Tract. De an., c. 12, hg. G. MELANI. Bibl. di Studi francesc. 1 (Florenz 1948) 44. pass.; vgl. STADTER, a.O. [61] 86-113. – [66] Tract. de an., c. 6, a.O. 22; STADTER, a.O. 114f. 121-132. – [67] PETRUS JOH. OLIVI: Summa quaest. sup. sent. II, q. 51, hg. B. JANSEN 1-3 (Quaracchi 1922-26) 2, 109; vgl. STADTER, a.O. 171. 176f. 205f. – [68] q. 57, a.O. 324f. 331. – [69] q. 57f., a.O. 325. 330-335. 412. – [70] q. 57, a.O. 316. – [71] a.O. 334. 338. – [72] HEINRICH VON GENT: Quodl. I, q. 14. Op. omn., hg. R. MACKEN (Löwen 1979ff.) 5, 83-90. – [73] XIII, q. 11, a.O. 18, 87-133; IV, q. 22 (Paris 1518, ND Löwen 1961) 1, 139r/v. – [74] IX, q. 6, a.O. [72] 13, 139-149; X, q. 11, a.O. 14, 272f.; I, q. 14, ad 5, a.O. 5, 90. – [75] I, q. 16, a.O. 5, 94-115. – [76] IX, q. 9, a.O. 13, 190-201; X, q. 14, a.O. 14, 291-300; XI, q. 6 (Paris 1518) 2, 456v. – [77] I, q. 17. 20, a.O. 5, 115-150. 157-170; V, q. 21 (Paris 1518) 1, 197r-198r; vgl. DECORTE, a.O. [63] 220. 222. – [78] IX, q. 5, a.O. 13, 99-139; X, q. 9, a.O. 14, 220-255. – [79] GOTTFRIED VON FONTAINES: Quodl. VI, 7. 11. Les philos. belges 3, hg. M. DE WULF/J. HOFFMANS (Löwen 1914) 167. 221-224; vgl. KENT, a.O. [61] 141; P.-E. LANGEVIN: Nécessité et liberté chez G. de Font. Sci. ecclésiast. 12 (1960) 177ff. – [80] VI, 7. 6, a.O. 156ff. 143ff. – [81] 7, a.O. 167; dagegen später wiederum: GONSALVUS VON SPANIEN; KENT, a.O. [61] 141-143; STADTER, a.O. [61] 282. – [82] AEGIDIUS ROM.: Quodl. III, q. 4 (Löwen 1646, ND 1966) 137; IV, q. 16, a.O. 180-183. – [83] a.O.; q. 17, a.O. 184; IV, q. 2, a.O. 202ff. – [84] JOH. DUNS SCOTUS: Lect. II, d. 25, q. un. Op. omn. [ed. Vat.] (Rom 1950ff.) 29, 229-263. – [85] Met. IX, 15, n. 4. 6. 8; neu ediert in: A. B. WOLTER (Hg.): Duns Scotus on the will and morality (Washington 1986) 144-172. – [86] Secundae additiones, hg. C. BALIĆ, in: Rech. de théol. anc. et médiév. 3 (1931) 194-197. 202. 204; Lect. II, a.O. [84] 253; KENT, a.O. [61] 146f.; WOLTER (Hg.), a.O. [85] 44. – [87] Additio magna, in: C. BALIĆ: Les comm. de Jean Duns Scotus (Löwen 1927) 265-301, hier: 299; Sec. add., a.O. [86] 203; Lect. II, a.O. [84] 254; KENT, a.O. 146f. – [88] Gegen Gottfried: Sec. add., a.O. 194-197. – [89] Add. magna, a.O. [87] 282; Sec. add., a.O. 203; Lect. II, a.O. [84] 254f.; Op. Oxon. II, 42, q. 1-4, n. 10-14, in: WOLTER (Hg.), a.O. [85] 172-175; vgl. KENT, a.O. [61] 146f. – [90] Ord. IV, suppl. d. 49, q. 9, in: WOLTER (Hg.), a.O. [85] 185f. – [91] III, d. 17, a.O. 180f. – [92] I, d. 17, p. 1, q. 1f. Op. omn., a.O. [84] 5, 169; Quaest. in Met. IX, 15, in: WOLTER (Hg.), a.O. [85] 150f.; Add. magna, a.O. [87] 178. 282f.; Sec. add., a.O. [86] 200; KENT, a.O. [61] 147f. – [93] Lect. I, d. 39, q. 1-5, n. 48-50. Op. omn., a.O. [84] 17, 494f.; WOLTER (Hg.), a.O. [85] 9f.; Ord. I, d. 38, p. 2; d. 39, q. 1-5. Op. omn., a.O. 6, 401-444, 417-419 (App. A); Met. IX, 15, a.O. [85] 167. – [94] Ord. I, d. 1, p. 2, q. 1, n. 76, a.O. 2, 58; q. 2, n. 150, a.O. 102f. – [95] n. 149, a.O. 100. – [96] III, suppl. d. 36, in: WOLTER (Hg.), a.O. [85] 400. 402; I, d. 1, p. 2, q. 1f. Op. omn., a.O. [84] 2, 49-52. 66f. 82f. – [97] I, d. 1, p. 2, q. 2, n. 147, a.O. 2, 98. – [98] II, d. 16, q. un., n. 14-19, hg. L. WADDING (Lyon 1639) 6, 769-774. – [99] III, suppl. d. 33, in: WOLTER (Hg.), a.O. [85] 332f. – [100] Lect. I, d. 39, q. 1-5, a.O. [93] 481-510; Ord. I, d. 38, p. 2; d. 39, q. 1-5, a.O. [93] 425-427; Tract. de primo principio IV, 4, hg. E. ROCHE (St. Bonaventure 1949) 80-88. – [101] Tract. de primo princ. IV, 5, a.O. 88-90. – [102] Lect. I, d. 39, q. 1-5, a.O. [93] 481-510. – [103] DURANDUS A S. PORCIANO: In II Sent. 24, 4 (Venedig 1571, ND Ridgewood, N.J. 1964) 170f. – [104] a.O. – [105] In II Sent. 24, 3, a.O. 172. – [106] MEISTER ECKHART: Pr. 61. Die dtsch. Werke [DW], hg. J. QUINT (1958ff.) 3, 40f. – [107] Pr. 6. DW 1, 102; Pr. 12, a.O. 200; vgl. Art. ‹Eigenwille; Eigensinn›. Hist. Wb. Philos. 2 (1972) 342-345, bes. 344. – [108] Pr. 25. DW 2, 8; Trakt. 1. DW 5, 21; Pr. 30. DW 2, 99. – [109] Pr. 29. DW 2, 78. – [110] Trakt. 1. DW 5, 22; Trakt. 2, a.O. 233. – [111] Pr. 9. DW 1, 152f. – [112] Quaest. Paris. I. III. Die lat. Werke, hg. J. QUINT (1936ff.) 5, 37-48. 59-64. – [113] Pr. 62. DW 3, 59f. – [114] THOMAS BRADWARDINE: De causa Dei adv. Pelagium I, 10 (London 1618) 195; zur Geschichte dieses Problems vgl. A. DE MURALT: L'enjeu de la philos. médiév. (Leiden 1991) 297-347. – [115] III, 29, a.O. 738. – [116] 1, a.O. 637. – [117] I, 3, a.O. 171; 2, a.O. 155. – [118] 25, a.O. 247ff. – [119] II, 20, a.O. 540. – [120] a.O. 554; 29f., a.O. 577f. – [121] III, 1, a.O. 637. – [122] I, 18, a.O. 223; 2, a.O. 147f.; 23, a.O. 237ff.; 18, a.O. 220. – [123] II, 2, a.O. 448; 3, a.O. 465. – [124] Vgl. BOURKE, a.O. [4] 87. – [125] WILHELM VON OCKHAM: Quaest. variae IV, quaest. disp. II. Op. theol. [OT] (St. Bonaventure, N.Y. 1967ff.) 8, 133f. – [126] In I Sent., d. 1, q. 1. OT 1, 388; d. 1, q. 6, a.O. 503ff. – [127] Vgl. z.B. Quodl. I, 16. OT 9, 87-89; In I Sent., d. 1, q. 3. OT 1, 425; q. 2, a.O. 396. 402f.; In II Sent., q. 20. OT 5, 425-47, zit. 435. – [128] a.O.; vgl. BOURKE, a.O. [4] 87. – [129] In I Sent., d. 46, q. 2. OT 4, 677f. – [130] In II Sent., q. 3f. OT 5, 59f. – [131] In I Sent., d. 38, q. un. OT 4, 579f.; Tract. de praedest. et de praescientia Dei, q. 3. Op. philos. 2 (St. Bonaventure 1978) 533f. 536. – [132] GREGOR VON RIMINI: In I Sent., d. 1, q. 1, a. 1-3, hg. A. D. TRAPP/V. MARCOLINO 1 (1981) 196-206. – [133] q. 3, a.O. 265f. – [134] q. 2, a.O. 212f. – [135] JOH. BURIDAN: Quaest. sup. decem libr. Ethic. X, 1. 3 (Paris 1513, ND 1968) 203ra-205rb. 208ra-209ra; III, 3, a.O. 41va-43rb; E. J. MONAHAN: Human liberty and free will according to J. Buridan. Medieval Studies 16 (1954) 72-86; G. KRIEGER: Der Begriff der prakt. Vernunft nach J. Buridan (1986). – [136] Quaest. III, 2, a.O. 37vb-41va; 3, a.O. 41va-43rb. – [137] z.B. X, 2, a.O. 205rb-208ra. – [138] a.O. – [139] X, 3, a.O. 209va-b; X, 5, a.O. 211rb-214vb. – [140] III, 3, a.O. 41va-43rb. – [141] a.O. 42vaff. – [142] 1, a.O. 36va-b; 3, a.O. 42va; vgl. Art. ‹Willensschwäche›. – [143] 4f., a.O. 43rb-45ra; in Mitteleuropa ist Buridan hingegen weitgehend als Voluntarist rezipiert worden: vgl. J. B. KOROLEC: Free will and free choice, in: N. KRETZMANN u.a. (Hg.): Cambridge hist. of later medieval philos. (Cambridge 1982) 629-641, hier: 639. – [144] F. SUÁREZ: Disput. metaphys. XIX, sect. 5f. (1597). Op. omn., hg. C. BERTON (Paris 1856ff.) 25, 711-724. – [145] R. BELLARMIN: De gratia et libero arb. III, c. 8 (Neapel 1872) 340 b. – [146] c. 11, a.O. 345 b. – [147] a.O.; vgl. L. LEAHY: Dynamisme volontaire et jugement libre (Paris 1963) 10-49. – [148] F. SUÁREZ: Opusc. primum I, c. 14, a.O. [144] 1, 68-75; c. 4, n. 5f., a.O. 20f.; III, c. 14, n. 9. 16, a.O. 224f. 229f. – [149] De an. V, c. 1. 3, a.O. 33, 753ff. 757ff.; T. U. MULLANEY: Suárez on human freedom (Baltimore 1950) X-XIII. 36f. – [150] BELLARMIN: De gratia III, c. 8, a.O. [145] 340 a/b. – [151] SUÁREZ: Disp. met. XIX, sect. 6, n. 10. 13, a.O. [144] 722f. – [152] XVIII, sect. 5, n. 3, a.O. 628f.; XIX, sect. 7, n. 12, a.O. 726; XXIIII, sect. 3, n. 7, a.O. 853. – [153] Hierzu: S. K. KNEBEL: Wille, Würfel und Wahrscheinlichkeit (2000); T.-A. RAMELOW: Gott, Freiheit, Weltenwahl (Leiden 1997). – [154] a.O. 197-236; gleichwohl bleibt normalerweise die Indifferenz, die das Handeln anstrengender und darum verdienstvoller mache: D. RUIZ DE MONTOYA: Comm. ac disput. de scientia (Lyon 1629) 778 b-782 b. – [155] z.B. Comm. ac disput. de providentia (Lyon 1631) 157 a-168 a; De voluntate (Lyon 1630) 74 a-115 a. pass.; vgl. auch: A. ESTRIX: Diatriba theologica (Antwerpen 1672) 28; dagegen z.B. R. ARRIAGA: Disput. theologicae (Antwerpen 1649) 23 bf. 27 a; vgl. S. K. KNEBEL: Necessitas Moralis ad Optimum. Studia leibn. 23 (1991) 3-24; RAMELOW, a.O. [153] 359-371. – [156] z.B. G. HEMELMAN: Disput. theologica 1 (Granada 1637) 547 a. 559 b; B. DE QUIROS: Cursus philos. (Lyon 1666) 739 a; vgl. RAMELOW, a.O. [153] 350f. – [157] z.B. eine «distinctio virtualis intrinseca»: A. PEREZ: In primam partem S. theol., hg. P. BERMÚDEZ (Rom 1656) 224 a-269 a. – [158] R. DESCARTES: Br. an M. Mersenne (Mai 1641). Oeuvr., hg. CH. ADAM/P. TANNERY [AT] (Paris 1897-1913) 3, 379; Resp. ad VI. object. 6 (1642). AT 7, 431ff.; Br. an P. Mesland (9. Feb. 1645). AT 4, 173f. – [159] Disc. de la méthode III, 5 (1637). AT 6, 28; Medit. de prima philos. IV, 15 (1641). AT 7, 58. – [160] Medit. IV, 18, a.O. 59f.; Principia philos. I, 39f. (1644). AT 8/1, 19f. – [161] Br. an M. Mersenne (28. Jan. 1641). AT 3, 295. – [162] Les passions de l'âme I, 41 (1649). AT 11, 359f. – [163] Br. an H. Regius (Mai 1641). AT 3, 370f.; Princ. philos. I, 32. AT 8/1, 17. – [164] Les pass. de l'âme I, 41f. 44. AT 11, 359ff. – [165] 45f., a.O. 362ff. – [166] 17f., a.O. 342f. – [167] Princ. philos. I, 32. AT 8/1, 17. – [168] a.O.; Medit. IV, 12. AT 7, 57; vgl. Br. an M. Mersenne (25. Dez. 1639). AT 2, 628; vgl. auch: Br. an Hyperaspistes (Aug. 1641). AT 3, 432; Gespräch mit F. Burman (16. April 1648). AT 5, 159; Princ. philos. I, 6. AT 8/1, 6. – [169] Br. an Elisabeth von der Pfalz (3. Nov. 1645). AT 4, 332. – [170] TH. HOBBES: Leviathan I, 6. Op. lat., hg. W. MOLESWORTH [OL] (London 1839-45) 3, 48f.; De corp. II, 9, 7; IV, 25, 13. OL 1, 110f. 333; De hom. XI, 2. OL 2, 95; Elements of law I, 12, 1-4. 6. 9, hg. F. TÖNNIES (Cambridge 1928) 47-49. – [171] Of liberty and necessity. Engl. works, hg. W. MOLESWORTH 4 (London 1840)

229-278, 268. pass.; De hom., a.O. [170]. – [172] Elements of law I, 12, 5, a.O. [170] 48. – [173] Of lib., a.O. [171] 272ff. – [174] B. SPINOZA: Ethica II, prop. 48, schol. (1677). Opera, hg. C. GEBHARDT (1924-87) 2, 129f.; Eth. II, prop. 49, coroll. und schol., a.O. 131ff.; Cogitata metaphys. II, 12 (1663), a.O. 1, 275ff. – [175] Eth. III, prop. 6-8. 30, a.O. 2, 146f. 163f. – [176] prop. 9, schol., a.O. 147f. – [177] V, praef., a.O. 277ff.; III, prop. 2, schol., a.O. 141ff. – [178] I, prop. 29, schol., a.O. 71; I, prop. 32, a.O. 72f.; II, prop. 7, coroll., a.O. 89. – [179] I, prop. 31, a.O. 71f. – [180] V, prop. 36-40, a.O. 302-306. – [181] G. W. LEIBNIZ: Nouv. ess. sur l'entend. humain II, 21, § 5 [1703-05] (1765). Akad.-A. VI/6, 172f.; vgl. aber auch: Ess. de théodicée III, § 311 (1710). Die philos. Schr., hg. C. I. GERHARDT [GPh] 6 (1885, ND 1965) 300f. – [182] Théod. I, § 43, a.O. 126f. – [183] Nouv. ess. II, 21, §§ 6. 11-13. 30. 48f., a.O. [181] 174. 176-179. 183. 197ff.; Monadol. §§ 36. 79 [1714]. GPh 6, 612f. 620; Théod. I, §§ 45f. 49. GPh 6, 127f. 129f.; II, § 175, a.O. 218f. – [184] Théod. III, §§ 302-304, a.O. 296f. – [185] I, §§ 34f., a.O. 122; III, § 288, a.O. 288. – [186] III, § 310, a.O. 300. – [187] J. LOCKE: Essay conc. human underst. II, 21, §§ 5-8. 73 (1690), hg. P. H. NIDDITCH (Oxford 1975) 236ff. 286f. – [188] §§ 14-20. 22, a.O. 240-245. – [189] §§ 15. 21. 23f. 28, a.O. 240f. 244ff. 248. – [190] §§ 29-40, a.O. 249-258. – [191] IV, 20, § 16, a.O. 717f. – [192] II, 21, § 73, a.O. 286f. – [193] G. BERKELEY: Notebook A, n. 643. 788. 828. 831. 884. Works, hg. A. A. LUCE/T. E. JESSOP (London 1948-1957) 1, 79. 95. 99. 104. – [194] n. 653. 659. 667, a.O. 80f. – [195] n. 647. 788, a.O. 79. 95. – [196] A treat. conc. the principles of human knowledge I, 27f. (1710), a.O. 2, 52f.; vgl. Notebook A, n. 643, a.O. 1, 79; Three dial. between Hylas and Philonous IIf. (1713), a.O. 2, 219. 235. – [197] Alciphron VII (1732), a.O. 3, 311. – [198] Notebook A, n. 708, a.O. 1, 86. – [199] n. 841, a.O. 100. – [200] n. 743, a.O. 90. – [201] n. 847ff., a.O. 101. – [202] Notebook B, n. 194f. 200, a.O. 1, 25f. – [203] Notebook A, n. 833, a.O. 1, 99. – [204] Notebook B, n. 160, a.O. 1, 22. – [205] D. HUME: A treat. on human nature II, 3, 1 (1739/40), hg. L. A. SELBY-BIGGE (Oxford [2]1978) 399. – [206] An enquiry conc. human underst. VII, 1 (1751), hg. L. A. SELBY-BIGGE (Oxford [2]1966) 64ff. – [207] XII, 3, a.O. 164. – [208] VIII, 1f., a.O. 80-103, zit. 94f. – [209] Treat. II, 3, 3, a.O. [205] 413-418. – [210] TH. REID: Essay on the active powers of man IV, 4. 9 (1788). Philos. works, hg. W. HAMILTON (Edinburgh [8]1895, ND 1967) 2, 608-613. 624-628. – [211] J.-J. ROUSSEAU: Du contrat social I, 8; II, 1f.; III, 12. 15 (1762). Oeuvr. compl., hg. B. GAGNEBIN/M. RAYMOND 3 (1964) 364f. 368ff. 425f. 428ff. – [212] I. KANT: Grundleg. zur Met. der Sitten (1785). Akad.-A. 4, 412-414. – [213] a.O. 458. 431f.

Literaturhinweise. W. SCHÖLLGEN: Das Problem der Willensfreiheit bei Heinrich von Gent und Herveus Natalis (1927, 1975). – F. STEGMÜLLER: Die Lehre vom allg. Heilswillen in der Scholastik bis Thomas von Aquin (Rom 1929). – K. MICHALSKI: Le probl. de la volonté à Oxford et à Paris au XIVe s. Commentariorum Soc. philos. Polonorum 2 (Limburg 1937) 233-365. – O. LOTTIN s. Anm. [17]. – J. AUER s. Anm. [46]. – L. LEAHY s. Anm. [147]. – V. J. BOURKE s. Anm. [4]. – J. B. KOROLEC s. Anm. [143]. – G. MAKDISI u.a.: La notion de liberté au MA (Paris 1985). – P. RILEY: The general will before Rousseau (Princeton, N.J. 1988). – R. SAARINEN: Weakness of the will in medieval thought: From Augustine to Buridan (Leiden 1994). – B. KENT s. Anm. [61]. – F.-X. PUTALLAZ: Insolente liberté (Fribourg 1995). – T.-A. RAMELOW s. Anm. [153]. – Vivarium 36 (1998) [Themenheft ‹Wille›]. – J. TIMMERMANN: Sittengesetz und Freiheit: Unters. zu I. Kants Theorie des freien W. (2003). – TH. PINK/M. W. F. STONE (Hg.): The will and human action. From antiquity to present day (London/New York 2004). – T.-A. RAMELOW: Der Begriff des W. in seiner Entwicklung von Boethius bis Kant. Arch. Begriffsgesch. 46 (2004) 29-67.

T.-A. RAMELOW

III. *19. und 20. Jh. – A. Idealismus und Nachidealismus.* – Mit der Explikation des Leitbegriffs ‹W.› hängen zentrale Themen neuzeitlicher Philosophie zusammen: Freiheit (s.d.), Selbstbestimmung (s.d.) und Selbstsein [1]. In den philosophischen Auseinandersetzungen von Kant bis Nietzsche rückt das Subjekt als wollendes, dessen Macht und Ohnmacht, ins Zentrum der Betrachtung. Die Einheit von Vernunft und W., die von Kant bis Hegel in unterschiedlicher Weise expliziert wird, wird in den W.-Konzeptionen von Schelling bis Nietzsche aufgehoben. Der W. ist nicht mehr als eine Funktion der Vernunft zu bestimmen und rückt, was die Reflexion des Menschseins betrifft, an deren Stelle. Die Ausarbeitung der unterschiedlichen W.-Konzeptionen wird nicht zuletzt von unterschiedlichen anthropologischen Annahmen geprägt.

J. G. FICHTES Konzeption des W. läuft – in Überbietung der Kantischen Lehre vom Primat praktischer Vernunft – auf eine Theorie konkreter Subjektivität zu, die im W. ebenso ihren Erklärungsgrund wie ihr Grundprinzip besitzt. «Wollen» heißt zunächst, «sich mit dem Bewußtseyn eigner Thätigkeit zur Hervorbringung einer Vorstellung bestimmen» [2]. Wollen ist nach Fichte der «eigentliche wesentliche Charakter der Vernunft. ... Das praktische Vermögen ist die innigste Wurzel des Ich, auf dieses wird erst alles andere aufgetragen» [3]. Orientiert an der Unterscheidung zwischen der transzendentalen Freiheit der reinen praktischen Vernunft und der «Freiheit der Willkühr (libertas arbitrii)» des endlichen Vernunftsubjektes unterscheidet Fichte zwischen dem Wollen «schlechthin weil man will» und dem «wirklichen Wollen» [4]. Jenes verkörpert – in der Tradition Kantischer Begrifflichkeit – das vernunftbestimmte «obere Begehrungsvermögen», dieses wird im konkreten Vollzug durch das Treffen einer Wahl (s.d.) effektiv. Unter der Voraussetzung einer ursprünglichen Einheit von Denken und Wollen thematisiert Fichte den W. schließlich als ursprüngliche Form, unter der das Ich sich erfährt: «Ich finde mich selbst, als mich selbst, nur wollend». Indem ich etwas will, will ich nach Fichte zugleich mich selbst als ein freies Wesen [5]. Der W. stellt, so die ‹Reden an die deutsche Nation›, «die eigentliche Grundwurzel des Menschen» dar [6].

An die Kantische Metaphysik des W. als einer Metaphysik der Freiheit knüpft auch G. W. F. HEGEL an. Sein Begriff des W. erhält seinen Ort und seine spezifische Bedeutung im Kontext der Philosophie des tätigen Geistes [7] und damit einer geschichtlich-politisch sich realisierenden Freiheit. Der «subjektive Geist» wird nach Hegel frei erst auf dem Niveau des «praktischen Geistes», wo er sich als «W.» konstituiert. Die Einheit des «theoretischen Geistes», auch «Intelligenz» genannt, mit dem «praktischen Geist», auch «W.» genannt, ist der «freie W.», der in seinem Fürsichsein «freie Intelligenz» ist [8]. Gegen Kant macht Hegel geltend, daß ein W., der nicht handelt und seine Freiheit an der Welt erarbeitet, kein W. ist. «W. ohne Freiheit ist ein leeres Wort, so wie die Freiheit nur als W., als Subjekt wirklich ist» [9]. Nach Hegel, der die Intersubjektivitätsstruktur des freien W. [10] von der subjektiven Willkür (s.d.) scharf abgrenzt, sind Recht, Moral, gelebte Sittlichkeit, Gesellschaft, Staat und Weltgeschichte sämtlich Realisierungsgestalten des freien W. [11]. In Anknüpfung an die Konzeption der Volonté générale (s.d.) stellt er heraus, daß schon Rousseau den W. als «Prinzip des Staates» aufgestellt habe, aber nicht als das «an und für sich Vernünftige des W.», sondern nur als das vertraglich erzielte «Gemeinschaftliche, das aus diesem einzelnen W. als bewußtem hervorgehe» [12]. Wesentlich an Hegel knüpfen in der Folgezeit Theorien zur Sozialität des W. und zur kollektiven W.-Bildung an [13].

Mit F. W. J. SCHELLING vollzieht sich eine folgenreiche Neufassung des W.-Begriffs. Im Horizont des u.a. an J. BÖHME anknüpfenden philosophischen Versuchs, die Offenbarung Gottes mit Hilfe der Unterscheidung von «Grund» und «Existenz Gottes» neu zu denken, erscheint der W. als ursprüngliches Sein: «Es gibt in der letzten und höchsten Instanz gar kein anderes Seyn als Wollen. Wollen ist Urseyn» [14]. SCHELLINGS W.-Konzeption zeigt eine grundlegende Spannung. Als blinder «Eigenwille der Creatur» wird der W. zum ausdrücklichen 'Widersacher' des Verstandes: «Das Princip, sofern es aus dem Grunde stammt und dunkel ist, ist der Eigenwille der Creatur, der aber, sofern er noch nicht zur vollkommenen Einheit mit dem Licht (als Princip des Verstandes) erhoben ist (es nicht faßt), bloße Sucht oder Begierde, d.h. blinder W.» ist. Der Verstand steht jenem Eigenwillen (s.d.) als «Universalwillen» entgegen, «der jenen gebraucht und als bloßes Werkzeug sich unterordnet» [15]. Liegt der Anfang der göttlichen Offenbarung in der untrennbaren Einheit der Momente, wo der blinde W. herrscht, so ihr Ende dort, wo der Universalwille herrscht, ihm kein Eigenwille mehr entgegensteht. Im Menschen sind beide Prinzipien wirksam. Damit ist für Schelling, was das menschliche Handeln betrifft, die Freiheit zum Guten wie zum Bösen gegeben. Aus der Auflösung des «Bandes» zwischen Verstand und W. erklärt Schelling den «Wahnsinn» (s.d.), aus der Zurückstoßung des Verstandes die «Leidenschaft», aus dessen Ausschließung die «Brutalität». Der W., der «sich selbst als Gesetz» betrachte, statt es vom Verstand zu empfangen, sei «Willkür, die, wo sie die Macht hat sich zu äußern, als Despotismus erscheint» [16].

Vor dem Hintergrund der transformierten W.-Konzeption bekräftigt Schelling, der W. sei «die eigentliche Substanz des Menschen, ... das Einzige im Menschen, das Ursache von Seyn ist» [17]. Der W. ist, das macht sein Faszinosum aus, eine Macht der Veränderung [18]. Bereits Schelling bedenkt aber auch die Unerfülltheit und Ohnmacht menschlichen Wollens, ja er kann dessen Widerspruch auf die Formel bringen, daß der Mensch «das, was er will, durch sein Wollen zunichtemacht» [19]. «Jede Kreatur, der Mensch insbesondere», strebe «eigentlich nur in den Zustand des Nichtwollens zurück», und zwar nicht nur der, «der sich abzieht von den begehrlichen Dingen», sondern auch der, «welcher sich allen Begehrungen überläßt». Freiheit realisiere allein der «lautere W.», d.h. der «reine, sucht- und begierdelose W., der W. sofern er nicht wirklich will» [20].

A. SCHOPENHAUER macht den W. zum Prinzip der Philosophie, zu ihrem wahren «Fundament» [21]. Die «strenge Unterscheidung des W. von der Erkenntniß, nebst dem Primat des erstern», begreift er als «Grundcharakter» seiner Philosophie [22]. Indem er «das eigentliche Wesen des Menschen» nicht «in das erkennende Bewußtseyn», sondern in den W. setzt, intendiert er, den «uralten und ausnahmslosen Grundirrthum» bisherigen Philosophierens zu korrigieren [23]. Mit Schelling spekuliert er zudem, daß auch das Wesen der gesamten Wirklichkeit W. sei. Vor dem Hintergrund Kantischer erkenntnistheoretischer Systematik deklariert er den W. als das eigentliche 'Ding an sich': «der W. ist metaphysisch, der Intellekt physisch; – der Intellekt ist, wie seine Objekte, bloße Erscheinung» [24]. Die Welt als W. ist die wirkliche Welt, die der Welt als Vorstellung gewordener W. zugrunde liegt. Den Entwicklungsstufen der Welt entsprechen Objektivationsstufen des W., der im Menschen zur Erkenntnis seiner selbst gelangen kann. Der «W. zum Leben» [25] ist das in allen Erscheinungen Erscheinende.

Schopenhauer konzipiert den W. als blindes, vernunftloses Drängen und Streben [26]. Der W.-Begriff wird weit gefaßt; er begreift jede, auch unbewußte, innere Regung ein. Die Grade des Wollens reichen vom «leisesten Wunsche bis zur Leidenschaft» [27]. Um den unbewußten W. von dem vernunftbestimmten Streben (βούλησις) bzw. dem «überlegten W., consilium», dem «W. nach erfolgter Wahlbestimmung» abzuheben, beruft sich Schopenhauer auf die Bedeutung des griechischen Ausdrucks θέλημα («der W. überhaupt, wie er im Thier und Mensch erkannt wird»): «Die Verwechslung dieser beiden, für welche nur Ein deutsches Wort vorhanden», sei eine «Quelle des Mißverstehens meiner Lehre» [28].

Das originäre Datum des Selbstbewußtseins ist für Schopenhauer – wie auch später für L. WITTGENSTEIN (vgl. unten: Teil III. C.) – die Erfahrung des Wollens: Wir finden uns immer als wollend; was wir jeweils wollen, verstehen wir aber häufig erst nachträglich von unserem Handeln her. Unser Wollen sei «die einzige Gelegenheit, die wir haben, irgendeinen sich äußerlich darstellenden Vorgang [wie den der Leibesäußerungen] zugleich aus seinem Innern zu verstehn», mithin auch der Schlüssel zum Verständnis der gesamten Natur [29]. Faktisch zieht SCHOPENHAUER von Selbsterfahrungen wie dumpfem Drang (s.d.), blindem Getriebensein und endlosem Streben einen Analogieschluß auf einen metaphysischen Grundwillen, der sich in Ideen objektiviert und als individualisierter in allem Seienden wirksam ist.

Indem der Grundwille sich individualisiert, partikularisiert er sich zugleich in Raum und Zeit und gerät dabei auch in Widerspruch mit sich selbst. Tritt bei Schelling der W. – als Urprinzip – auseinander und setzt sich gegen sich selbst, so entstehen bei Schopenhauer zwischen den empirischen Einzelwillen unversöhnliche Konflikte. Jeder einzelne Willensakt habe zwar einen Zweck, «das gesammte Wollen» aber, wie Schopenhauer in Abgrenzung von Hegels Geschichtsphilosophie betont, «keinen» [30]. Die Unerfülltheit des unersättlichen Wollens versinnbildlicht Schopenhauer im Rückgriff auf griechische Unterweltmythen: «So liegt das Subjekt des Wollens beständig auf dem drehenden Rade des Ixion, schöpft immer im Siebe der Danaiden, ist der ewig schmachtende Tantalus» [31]. Als solches ist das Wollen für Schopenhauer «die Quelle aller unserer Betrübnisse und Leiden» [32]. Die ästhetische «Kontemplation», die sich von der Qual des Wollens losreißt, gewährt temporäre Befreiung. In ihr wird das beschränkte wollende Subjekt zum «reinen, willenlosen Subjekt des Erkennens» [33], zum selbstvergessenen «Weltauge», wie Schopenhauer mit einer prägnanten Metapher ausführt [34]. Prinzipielle Befreiung vom Leiden gewähre aber nur die «Verneinung des W. zum Leben», diese sei das «summum bonum» [35]. Intendiert Hegels W.-Konzeption die Versöhnung mit der Wirklichkeit, so Schopenhauers die Befreiung von ihr. Sie verspricht Selbsterlösung durch Selbstverneinung.

An Schopenhauers Pessimismus (s.d.) entzündet sich in der zweiten Hälfte des 19. Jh. eine vielverzweigte und weitreichende Diskussion über «Verneinung» und «Bejahung des W. zum Leben» [36]. E. VON HARTMANN spricht sich gegen «die esoterische Moral der individuellen Willensverneinung durch Quietismus und Askese» und gegen die «einseitige und ausschliessliche Bestimmung des Weltwesens als W.» [37] aus. Der W. ist nach Hartmann «unvernünftig (alogisch)» und wird durch die Folgen seines Wirkens «widervernünftig (antilogisch)», indem er die «Unseligkeit, das Gegentheil seines Wollens erreicht». Als solcher sei er «schuld» an dem «'Dass' der Welt» [38]. Aber der W. ist nach Hartmann nur eins der beiden «Attribute» des als Urgrund des Seins gedachten Unbewußten (s.d.), das seinerseits im «Weltprocess» ein «Bewusstsein» erzeugt, das den W. letztlich aufhebt, d.h., «das unselige Wollen in's Nichtwollen und die Schmerzlosigkeit des Nichts» zurückführt. Diese «Aufgabe des

Logischen» sei das bestimmende für «das 'Was und Wie' der Welt» [39]. Die praktische Philosophie, die Hartmann aus solchen Vorgaben heraus entwickelt, läuft auf eine «Bejahung des W. zum Leben» hinaus, die durch die Selbstidentifikation des Subjektes mit der «Allweisheit des Unbewußten» [40] möglich werden soll.

Ebenfalls in Abgrenzung von Schopenhauer und in Abwandlung seiner Lehre von der Willensverneinung entwickelt F. Nietzsche im Spätwerk das Gedankenexperiment einer Bejahung der «ewigen Wiederkehr des Gleichen» [41] und die Konzeption eines «Willens zur Macht» (s.d.). Die Machtsteigerung erscheint nun, was M. Heidegger in seiner Kritik neuzeitlicher Metaphysik aufgreift [42], als das Wesentliche am W.; Nietzsche führt nicht nur die 'Naturalisierung' der Vernunft und damit die Depotenzierung und Dezentrierung des erkennenden Subjekts weiter; er bricht zugleich mit der vermögenspsychologischen wie metaphysischen Erklärung des W.: «Ehedem gab man dem Menschen als seine Mitgift aus einer höheren Ordnung den 'freien W.': heute haben wir ihm selbst den W. genommen. Das alte Wort 'W.' dient nur dazu, eine Resultante zu bezeichnen, eine Art individueller Reaktion, die nothwendig auf eine Menge theils widersprechender, theils zusammenstimmender Reize folgt: – der W. 'wirkt' nicht mehr, 'bewegt' nicht mehr» [43]. Nietzsche kritisiert die zu psychischen Instanzen und Wirkmächten verselbständigten Begriffe (eine Kritik, die auch das von Hartmann hypostasierte «Unbewußte» trifft). Der Mensch habe «seine drei 'inneren Thatsachen', Das, woran er am festesten glaubte, den W., den Geist, das Ich, aus sich herausprojicirt ... Was Wunder, dass er später in den Dingen immer nur wiederfand, was er in sie gesteckt hatte?» [44] So erscheint nicht nur Schopenhauers W. als «leeres Wort», sondern auch «der W. der bisherigen Psychologie» als eine «ungerechtfertigte Verallgemeinerung» [45].

Nach dem Ende der großen W.-Metaphysiken ist die Selbstverständlichkeit der Rede vom W. verlorengegangen. Bei S. Freud spielt der W. nur noch eine marginale Rolle. Freud beruft sich zwar, was die Entdeckung des Unbewußten betrifft, auf Schopenhauer als auf einen seiner «Vorgänger». Er übersetzt und transformiert dessen «unbewußten 'W.'» aber in die «seelischen Triebe der Psychoanalyse» [46]. Der W. ist zum «Abkömmling der Triebe» geworden [47]. In terminologischer Hinsicht verliert der W.-Begriff im 20. Jh. seine Leitfunktion. Gleichwohl stellen die W.-Konzeptionen von Kant bis Nietzsche für die anthropologisch und die zeitdiagnostisch ansetzende kontinentale Philosophie des 20. Jh. wie auch für die mit dem W. befaßten Humanwissenschaften eine bleibende Herausforderung dar [48].

Anmerkungen. [1] Vgl. zum «Selbst» als «W.»: S. Kierkegaard: Die Krankheit zum Tode (1849). Ges. Werke, hg. E. Hirsch (1951-69) 24/25, 25; Art. ‹Verzweiflung›. Hist. Wb. Philos. 11 (2001) 1028-1034. – [2] J. G. Fichte: Versuch einer Critik aller Offenbarung § 2 (²1793). Akad.-A. I/1, 135. – [3] Grundlage des Naturrechts ... (1796), a.O. I/3, 332. – [4] a.O. [2] 146. 141. – [5] Das System der Sittenlehre ... § 1 (1798), a.O. I/5, 37; Wiss.lehre nova methodo § 14, Kollegnachschr. K. Ch. F. Krause [1798/99], hg. E. Fuchs (1982) 154. – [6] Reden an die dtsch. Nation 2 (1808). Sämmtl. Werke, hg. I. H. Fichte (1845-46) 7, 281. – [7] Vgl. Art. ‹Geist VIII.›. Hist. Wb. Philos. 3 (1974) 191-199. – [8] G. W. F. Hegel: Enzykl. der philos. Wiss. § 481 (1830). Akad.-A. 20, 476. – [9] Grundlinien der Philos. des Rechts § 4, Zusatz (1821). Jub.ausg., hg. H. Glockner (1927ff.) 7, 50. – [10] Vgl. § 27, a.O. 78. – [11] §§ 4ff., a.O. 50ff. – [12] § 258, a.O. 330. – [13] Vgl. Art. ‹Kollektivbewußtsein›. Hist. Wb. Philos. 4 (1976) 883f.; ‹Volksgeist; Volksseele›, a.O. 11 (2001) 1102-1107; Art. ‹Wesenwille/Kürwille›; Art. ‹Wir›; J. F. Herbart: Kurze Enzykl. der Philos. (1831). Sämtl. Werke, hg. K. Kehrbach/O. Flügel 9 (1897, ND 1964) 92; zur 'Vorgeschichte': P. Riley: The general will before Rousseau (Princeton, N.J. 1988). – [14] F. W. J. Schelling: Philos. Unters. über das Wesen der menschl. Freiheit (1809). Sämmtl. Werke, hg. K. F. A. Schelling [SW] (1856-61) I/7, 350; vgl. auch: Art. ‹Ungrund; Urgrund›. Hist. Wb. Philos. 11 (2001) 168-172. – [15] a.O. 363. – [16] Anthropologisches Schema [1840], a.O. I/10, 291. – [17] a.O. 289. – [18] Vgl. hierzu auch: F. Schiller: Ueber die ästhet. Erziehung des Menschen, 19. Br. (1795). Nat.ausg. 20, hg. B. von Wiese (1962) 371f. – [19] F. W. J. Schelling: Initia philosophiae universae. Erlanger Vorles. WS 1820/21, hg. H. Fuhrmans (1969) 51. – [20] Vgl. Die Weltalter. Erstes Buch (1811). SW I/8, 235f.; Stuttgarter Privatvorles. [1810]. SW I/9, 220ff. – [21] Vgl. A. Schopenhauer: Ueber den W. in der Natur, Kap. 4: Physische Astronomie (1836, ²1854). Sämtl. Werke, hg. A. Hübscher [SW] (⁴1988) 4/I, 93. 91. – [22] Die Welt als W. und Vorstellung [WWV] 2, 4, Kap. 41 (1844, ³1859). SW 3, 567; vgl. zum Problemhintergrund auch: Art. ‹Intellektualismus›. Hist. Wb. Philos. 4 (1976) 439-444; ‹Voluntarismus›, a.O. 11 (2001) 1143-1145. – [23] WWV 2, 2, Kap. 18, a.O. 222f. – [24] Kap. 19, a.O. 224f. – [25] Vgl. Kap. 28, a.O. 398ff. – [26] Vgl. WWV 1, 2, § 27 (1819, ³1859). SW 2, 178f.; 3, § 34, a.O. 212f. – [27] Ueber die vierfache Wurzel des Satzes vom zureichenden Grunde § 42 (1813, ²1847). SW 1/II, 143. – [28] Aphorismen und Fragmente. Aus A. Schopenhauer's handschriftl. Nachlaß, hg. J. Frauenstädt (1864) 338. – [29] WWV 2, 2, Kap. 18. SW 3, 219. – [30] WWV 1, 2, § 29. SW 2, 196. – [31] 3, § 38, a.O. 231. – [32] Parerga und Paralipomena, Kap. 19: Zur Metaphysik des Schönen und Aesthetik (1851). SW 6, 442f. – [33] Kap. 1: Ueber Philos. und ihre Methode § 2, a.O. 4; Manuskripte 1814, Nr. 221. Der handschriftl. Nachlaß, hg. A. Hübscher 1 (1966) 128f. – [34] WWV 1, 3, § 38. SW 2, 233. – [35] 4, § 65, a.O. 428; vgl. 3, §§ 53ff., a.O. 319ff.; auch: Art. ‹Selbstverleugnung›. Hist. Wb. Philos. 9 (1995) 551-554. – [36] Vgl. auch: Art. ‹Weltverachtung; Weltflucht›. – [37] E. von Hartmann: Philos. des Unbewussten. Versuch einer Weltanschauung 1, Vorw. zur 12. Aufl. (¹²1923) IX; vgl. auch: J. Bahnsen: Der Widerspruch im Wissen und Wesen der Welt 1-2 (1880-82). – [38] Philos. des Unbew. (1869, ND 1989) 633f. – [39] a.O. – [40] a.O. 638. – [41] Vgl. Art. ‹Wiederkunft, ewige; Wiederkehr, ewige›. – [42] Vgl. M. Heidegger: Überwindung der Met. XIXf. [1936-46], in: Vorträge und Aufsätze (1954) 87f. Ges.ausg. I/7 (2000) 85f.; Die Met. des dtsch. Idealismus §§ 14 ff. [1941]. Ges.ausg. II/49 (1991) 83ff.; Nietzsche 1-2 (1961) 1, 52ff.; 2, 263ff.; zur späten Heideggerschen Formel des «Wollens zum Nicht-Wollen» vgl. Zur Erörterung der Gelassenheit [1944/45], in: Gelassenheit (1959) 30ff. 57ff. – [43] F. Nietzsche: Der Antichrist 14 (1895). Krit. Ges.ausg., hg. G. Colli/M. Montinari (1967ff.) 6/3, 178. – [44] Götzen-Dämmerung. Die vier grossen Irrthümer 3 (1889), a.O. 85. – [45] Nachgel. Frg., Anfang 1888 bis Anfang Januar 1889 14[121], a.O. 8/3, 93; vgl. Jenseits von Gut und Böse I, 19 (1886), a.O. 6/2, 25ff. – [46] S. Freud: Eine Schwierigkeit der Psychoanalyse (1917). Ges. Werke [GW], hg. A. Freud u.a. (London 1940-87) 12, 12; zur «Illusion des freien W.» vgl. Das Unheimliche (1919), a.O. 248; insges. zur Bedeutung des W. in den tiefenpsychologischen Schulen: G. Gödde/W. Hegener: Zur Bedeutung des W. in Psychoanalyse und Psychotherapie, in: H. G. Petzold/J. Sieper (Hg.): Der W. in der Psychotherapie 1 (2004) 203-248. – [47] Entwurf einer Psychologie (1895). GW, Nachtragsbd. (1987) 410. – [48] Vgl. etwa: M. Scheler: Die Stellung des Menschen im Kosmos (1928). Ges. Werke 9, hg. M. S. Frings (1976) 54ff.; A. Gehlen: Der Mensch. Seine Natur und seine Stellung in der Welt (1940). Ges.ausg. 3/1, hg. K.-S. Rehberg (1993) 428ff.

Literaturhinweise. V. J. Bourke: Will in western thought (New York 1964). – H. Arendt: Vom Leben des Geistes 2: Das Wollen (1979). – F. Decher: W. zum Leben, W. zur Macht. Eine Unters. zu Schopenhauer und Nietzsche (1984). – J. Mittelstrass: Der arme W.: Zur Leidensgesch. des W., in: H. Heckhausen/P. M. Gollwitzer/F. E. Weinert (Hg.): Jenseits des Rubikon. Der W. in den Humanwiss. (1987) 33-48. – J. Young: Willing and unwilling (Dordrecht u.a. 1987). – A. Schmidt: Idee und Weltwille. Schopenhauer als Kritiker Hegels (1988). – Y. Kamata: Der junge Schopenhauer (1988). – A. Dorschel: Die idealist. Kritik des W.: Versuch über die Theorie der prakt. Subjektivität bei Kant und Hegel (1992). – J. E. ATWELL: Schopenhauer on the character of the world: the metaphysics of will (Berkeley u.a. 1995). – J. STOLZENBERG: Reiner W. Ein Grundbegriff der Philos. Fichtes. Rev. int. Philos. 52 (1998) 617-639. – G. ZÖLLER: Die Einheit von Intelligenz und W. in der ‹Wissenschaftslehre nova methodo›. Fichte-Studien 16 (1999) 91-114. – G. PÉRON: Schopenhauer: la philos. de la volonté (Paris 2000). – J. NORMAN: The logic of longing: Schelling's philos. of will. Brit. J. Hist. Philos. 10 (2002) 89-107. – M. VETÖ: La naissance de la volonté (Paris 2002). – CH. JANAWAY: Nietzsche and Schopenhauer: is the will merely a word? in: TH. PINK/M. W. F. STONE (Hg.): The will and human action. From antiquity to present day (London/New York 2004) 173-196. H. HÜHN

B. *Psychologie und Phänomenologie*. – Parallel und teilweise in ausdrücklicher Absetzung von der metaphysischen Deutung des W. etablieren sich im 19. Jh. empirische und phänomenologische Positionen. In den einschlägigen Begriffsexplikationen geht es um die Frage, inwieweit der W. ein selbständiges Seelenvermögen ist, in welcher Beziehung er insbesondere zu Vorstellung (s.d.) und Gefühl (s.d.) steht und wie er sich einerseits vom bloßen Wunsch (s.d.) und andererseits vom Trieb (s.d.) unterscheidet und in das Begriffsfeld von ‹Begehren› (s.d.) und ‹Streben› (s.d.) einfügt. Naturgemäß werden dabei auch die handlungstheoretischen Aspekte des W. erörtert, wobei weniger der W. selbst als vielmehr die einzelne willentliche Handlung oder der Willensakt (als psychischer oder physischer) im Mittelpunkt des Interesses steht.

Die psychologische Diskussion im 19. Jh. [1] wird durch J. F. HERBART mitbestimmt. Er definiert das Wollen als «ein Begehren», das (im Unterschied zum Wünschen) «mit der Voraussetzung der Erfüllung» verbunden sei [2]. Das Begehren wird seinerseits auf das Vorstellen zurückgeführt: «Die einfache Begierde ist nichts anderes als eine Vorstellung, die wider eine Hemmung aufstrebt» [3]. Allerdings erscheint die Vorstellung modifiziert, indem ein Moment der Anstrengung hinzutritt.

Reduktionistische W.-Konzeptionen bieten in der Folgezeit insbesondere H. SPENCER und A. BAIN, die den W. auf die Vorstellung bzw. auf das Gefühl zurückführen, charakteristischerweise jeweils in Verbindung mit einer darauf folgenden Körperbewegung. So sieht SPENCER in einem einfachen Willensakt («voluntary act») nicht mehr als «a mental representation of the act, followed by a performance of it». Der einzige Unterschied zwischen einer willentlichen und einer unwillentlichen Bewegung, z.B. einem Reflex (s.d.), bestehe darin, daß der willentlichen eine bewußte Vorstellung der ausgeführten Bewegung vorausgeht [4]. Auf assoziationspsychologischer Grundlage erklärt BAIN den W., der für ihn aus einem vorausgehenden Motiv («antecedent motive») besteht, das aber auf das Gefühl der Lust und Unlust zurückführbar sei («resolvable into pleasure or pain»), und einer anschließenden Bewegung oder Serie von Bewegungen [5], die ihrerseits zum W. notwendig dazugehört: Wollen ist eine «feeling-prompted activity» [6].

Eine antireduktionistische Auffassung vertritt H. LOTZE. Dabei kritisiert er auch eine Ausweitung des Begriffs, wie sie insbesondere Schopenhauer vorgenommen hatte, indem er den bloßen «Trieb» von der eigentlichen «That des W.» unterscheidet. Eine solche liege erst mit der bewußten «Entscheidung» darüber vor, ob den vorhandenen Trieben «gefolgt werden soll oder nicht» [7]. Wollen ist insofern eine Wahl zwischen Alternativen. Lotze betont daher die Verbindung von W. und Handlungsfreiheit und widerspricht insbesondere dem Versuch, das Wollen auf ein Wissen zu reduzieren, nämlich auf das Bewußtsein eines Werdens im Sinne «der bloßen Voraussicht des zukünftigen Eintretens einer von uns ausgehenden Wirkung». Verloren gehe hier «jenes eigenthümliche Element der Billigung ..., welches den W. zum W. macht» [8]. Dieses sei ein «aus keinem Mechanismus der Vorstellungen erklärbarer Vorgang in unserem Innern» [9]. Im Anschluß an Lotze hat W. WINDELBAND später das Moment der Billigung oder Zustimmung (s.d.) auch für das Urteil in Anspruch genommen und auf die Deutung des Urteilsaktes als Willensakt seine voluntaristische Urteilstheorie gegründet [10]. In erklärter Absetzung von Lotze behauptet F. BRENTANO, der Gefühl und W. zu Phänomenen der Liebe und des Hasses zusammenfaßt, daß das Wollen kein eigenständiges Phänomen sei, sondern sich mit Hilfe des allgemeineren Begriffs der Liebe definieren lasse. Dabei betont er dessen Erfolgsorientiertheit. Jedes Wollen gehe «auf ein Tun, von dem wir glauben, daß es in unserer Macht liege, auf ein Gut, welches als Folge des Wollens selbst erwartet wird» [11].

CH. SIGWART bestreitet, daß zum Wollen die Ausführung gehöre. Die Rede vom W., wie sie sich insbesondere bei Schopenhauer findet, lehnt er als Hypostasierung ab [12] und betont demgegenüber den Akt-Charakter. Das Wollen wird als innerer, bewußter psychischer Akt eigener Art erklärt. Mein konkretes Wollen sei zwar durch eine Vorstellung von dem, was ich will, bestimmt, es lasse sich aber nicht (wie etwa Spencer meinte) auf die Verbindung einer Vorstellung mit einer ihr entsprechenden anschließenden Bewegung zurückführen: «es ist kein Widerspruch, daß ich verursache, was ich nicht will, und will, was ich nicht verursache» [13].

Die konstitutive Rolle des Gefühls (der Lust- oder Unlust) für den W. hebt W. WUNDT hervor, der die Willensvorgänge aus den ihnen vorangehenden psychischen Bedingungen ableitet. Da aber bereits «alle Triebhandlungen durch solche Gefühle bestimmt werden», entfällt für ihn die (von Lotze betonte) prinzipielle Differenz zwischen Trieb- und Willenshandlungen, die lediglich auf einen graduellen Unterschied hinauslaufe – gemäß geringerer oder größerer Komplexität [14]. Bestritten wird daher auch die Kantische Auffassung, die später insbesondere H. COHEN erneuert hat, daß Vernunft als W. praktisch werden könne [15]. Nach WUNDT bleibt es «unter allen Umständen wahr, dass ein gefühlsleerer Erkenntnissact niemals die Macht in sich hat, den W. in Bewegung zu setzen» [16]. Das Gefühl sei allerdings an die Vorstellung «gebunden», ihm selbst bleibe es aber vorbehalten, «durch seine Qualität und Stärke» den W. zu bestimmen [17]. Nach Analogie des Willensvorgangs sind alle anderen psychischen Prozesse aufzufassen. Indem Wundt sogar die bloße Aufmerksamkeit («Apperception») als «primitive Willenshandlung» deutet [18], die ein Gefühl als Motiv voraussetzt, weitet er seine W.-Theorie zu einem emotiven Voluntarismus aus.

W. JAMES bestimmt den W. als eine Form von «desire» und unterscheidet ihn vom bloßen Wunsch durch den Glauben daran, daß der Erfolg in unserer Macht steht («that the end is in our power») [19]. Besondere Berücksichtigung finden daher die Leibeshandlungen («movements of our own bodies») als unmittelbare Folgen des W. Der Willensakt selbst konstituiert sich aus dem antizipatorischen Vorstellungsbild («anticipatory image») eines Geschehens und der Zustimmung, einem «fiat», daß es geschehen soll [20]. Im elementaren Fall genüge allerdings auch die Vorstellung, um eine Bewegung hervorzurufen («We think the act, and it is done»). James spricht hier von «ideo-motor action» [21]. Das Moment der Zustimmung, das in komplexeren Fällen hinzutrete, hat aber nicht, wie bei Lotze, den Charakter einer Wahlentscheidung, sondern wird letztlich auf angestrengte Aufmerksamkeit zurückgeführt, für die dann auch, psychologisch betrachtet, der tatsächliche Erfolg nicht ausschlaggebend ist: «The essential achievement of the will, in short, when it is most 'voluntary', is to attend to a difficult object and hold it fast before the mind. The so-doing is the fiat; and it is a mere physiological incident that when the object is thus attended to, immediate motor consequences should ensue ... Effort of attention is thus the essential phenomenon of will» [22].

Ausgehend von der Unvergleichbarkeit physischer und psychischer Erscheinungen und unter Bestreitung der Möglichkeit einer Wechselwirkung zwischen beiden, behandelt H. MÜNSTERBERG zunächst die Willenshandlung als physischen Vorgang. Dieser sei «nichts als ein Reflex», der physiologisch als eine zusammenhängende Reihe von physikalischen und chemischen Vorgängen ohne die Annahme eines immateriellen Einflusses zu erklären sei [23]. Dagegen wird der W. als psychisches Phänomen durch das Gefühl der Lust und Unlust bestimmt. In seiner Wertphilosophie erkennt Münsterberg auch einen reinen, überpersönlichen W. als «Akt der Weltbejahung» an [24].

Einen entschieden antimetaphysischen Standpunkt nehmen dagegen die Empiriokritizisten E. MACH und R. AVENARIUS ein. So erklärt Mach: «Ich verstehe unter dem W. kein besonderes psychisches oder metaphysisches Agens, und nehme keine eigene psychische Kausalität an» [25]. Ansonsten schließt sich MACH der von Münsterberg vertretenen und unter physiologisch orientierten Psychologen verbreiteten (von WUNDT allerdings bestrittenen [26]) Auffassung an, daß sich das Wollen aus bloßen Reflexbewegungen entwickelt habe. Von diesen unterscheide sich die «Willkürhandlung» einzig dadurch, daß Vorstellungen hinzutreten, «welche diese Handlung antizipieren» [27]. Anders als Münsterberg und Mach weist AVENARIUS die Frage, ob der W. aus den Reflexbewegungen hervorgehe, zurück [28]. Er trennt aber ebenfalls die kausale Verbindung zwischen dem Wollen, das er als höhere Form des «appetitiven Verhaltens» bestimmt [29], und der Handlung, indem er betont, daß «das 'Wollen' nicht zur 'Tat' überzugehen braucht» [30].

Eine als Bewußtseinswissenschaft konzipierte Psychologie analysiert nach A. PFÄNDER den «Bewußtseinstatbestand des Wollens» [31]. Wollen im engeren Sinn wird als ein Spezialfall des Strebens (nach einem vorgestellten Erlebnis) konzipiert; dieses ist begleitet von dem Glauben, «daß dies Erlebnis durch den Strebenden selbst unmittelbar oder mittelbar wirklichgemacht werden kann» [32]. Später arbeitet Pfänder den Selbstbestimmungscharakter des Willensaktes scharf heraus. Er vergleicht ihn mit einem «geistigen Schlag», den das «Ich-Zentrum aus sich selbst hinaus zentrifugal» ausführt [33]. Weder Motive noch der Charakter des Wollenden können den Vollzug dieses Willensaktes im eigentlichen Sinne verursachen. Angeregt durch Pfänders Arbeit ‹Motive und Motivation› entfaltet E. HUSSERL Ansätze zu einer Phänomenologie des Wollens, die auf den schöpferischen Charakter der «Willenssetzung» (das «schöpferische fiat») bei dem «Handlungs-» wie bei dem «Entschlußwillen» abhebt [34]. P. RICŒUR führt die phänomenologische Analyse des Wollens später zu einer hermeneutischen fort, die die Wechselwirkung zwischen dem Wollen und allem, was sich willentlicher Einwirkung widersetzt oder entzieht, zum Thema macht [35].

Erhält die W.-Psychologie zu Anfang des 20. Jh. durch die Begründung der experimentellen W.-Forschung Auftrieb, so bleiben die terminologischen Probleme offenkundig: «Auf keinem Gebiet der Psychologie herrscht wohl eine größere Verwirrung und Unbestimmtheit der Begriffe als auf dem des W.», formuliert N. ACH 1910 [36]. Ach selbst untersucht das Wollen als intentionales Erleben. Als metaphysisch unbelasteter Sammelausdruck für Phänomene des Willentlichen bietet sich nach dem Rückgang der W.-Psychologie der Begriff ‹Motivation› (s.d.) an. Seit den 1980er Jahren vollzieht sich in der Psychologie eine Wiederaufnahme der W.-Problematik und eine Rehabilitation des W.-Konzeptes. Im Rückgriff besonders auf den älteren Terminus ‹Volition› wird die Unterscheidung von Motivations- und Willensprozessen in Handlungen bekräftigt [37].

Anmerkungen. [1] Vgl. Art. ‹Wille›. EISLER[4] 3, 551-571. – [2] J. F. HERBART: Lehrbuch zur Psychol. (1816, [2]1834). Sämtl. Werke, hg. K. KEHRBACH/O. FLÜGEL 4 (1891, ND 1989) 340. – [3] Psychol. als Wiss. 2, § 150 (1825), a.O. 6, 254. – [4] H. SPENCER: The principles of psychology 1, § 218 (London 1855, [2]1870) 496f. – [5] A. BAIN: The senses and the intellect (London 1855, [4]1894) 322; vgl. auch: The emotions and the will (London 1859, [3]1875) 303ff. – [6] Vgl. 4. 321. – [7] H. LOTZE: Mikrokosmus 1-3 (1856-64, [4]1884) 1, 287f. – [8] a.O. 289; vgl. Medicinische Psychol. (1852, ND Amsterdam 1966) 300ff. – [9] Grundzüge der Psychol. § 102 (1881, [7]1912) 94. – [10] Vgl. Art. ‹Urteil›. Hist. Wb. Philos. 11 (2001) 430-461, hier: 449f.; ferner: W. WINDELBAND: Der W. zur Wahrheit (1909) 20. – [11] F. BRENTANO: Psychol. vom empir. Standpunkt 2, Kap. 8, § 5 ([2]1911), hg. O. KRAUS (1925) 103. – [12] CH. SIGWART: Der Begriff des Wollens und sein Verhältniß zum Begriff der Ursache (1879), in: Kl. Schr. 2 ([2]1889) 115-211, hier: 119. – [13] a.O. 179. – [14] W. WUNDT: Zur Lehre vom W., in: Philos. Studien, hg. W. WUNDT 1 (1883) 337-378, hier: 355; vgl. Grundriss der Psychol. § 14, 5ff. (1896, [8]1907) 223ff.; Art. ‹Entschluß›. Hist. Wb. Philos. 2 (1972) 547f. – [15] H. COHEN: Ethik des reinen W. (1904, [2]1907) 169; vgl. auch: P. NATORP: Philos. Propädeutik (1903, [3]1909) 68f. – [16] WUNDT, a.O. [14] 344. – [17] a.O.; zum Gefühl als der Triebfeder des W. vgl. Grundr. der Psych. § 14, 4, a.O. [14] 222f. – [18] a.O. 347. – [19] W. JAMES: Psychology. Briefer course, ch. 26 (New York 1892) 415. – [20] Principles of psychology 2 (New York 1890) 486. 501. – [21] a.O. 522. – [22] 561f.; vgl. Art. ‹Fiat›. Hist. Wb. Philos. 2 (1972) 945f. – [23] H. MÜNSTERBERG: Die Willenshandlung (1888) 18. – [24] Philos. der Werte ([2]1921) 76. – [25] E. MACH: Die Analyse der Empfindungen und das Verhältnis des Physischen zum Psychischen (1886, [9]1922, ND 1991) 140. – [26] WUNDT, a.O. [14] 359. – [27] MACH, a.O. [25] 141. – [28] R. AVENARIUS: Kritik der reinen Erfahrung 2 ([2]1908) 213. – [29] a.O. 212f. – [30] 211. – [31] A. PFÄNDER: Phänomenol. des Wollens (1900), in: Phänomenol. des W.; Motive und Motivation, hg. H. SPIEGELBERG ([3]1963) 11. – [32] a.O. 78. – [33] Motive und Motivation (1911), a.O. 135. 148. 155; vgl. auch: Art. ‹Motiv IV.›. Hist. Wb. Philos. 6 (1984) 217f. – [34] E. HUSSERL: Grundfragen der Ethik und Wertlehre §§ 13ff. [1914], in: Vorles. über Ethik und Wertlehre 1908-1914. Husserliana 28, hg. U. MELLE (1988) 102ff., hier: 106-109; vgl. U. MELLE: Husserls Phänomenol. des W. Tijdschr. Filos. 54 (1992) 280-305; K. MERTENS: Husserl's phenomenology of will in his reflections on ethics, in: N. DEPRAZ u.a. (Hg.): Alterity and facticity (Dordrecht u.a. 1998) 121-138. – [35] P. RICŒUR: Le volontaire et l'involontaire (Paris 1949); vgl. The philosophy of will and action, in: E. W. STRAUS/R. M. GRIFFITH (Hg.): Phenomenology of will and action (Pittsburgh, Pa. 1967) 7-60; B. WALDENFELS: Phänomenol. in Frankreich (1987) 279ff. – [36] N. ACH: Über den Willensakt und das Temperament (1910) 1; vgl. K. LEWIN: Vorsatz, W. und Bedürfnis (1926) 12. – [37] Vgl. J. KUHL/H. HECKHAUSEN (Hg.): Motivation, Volition und Handlung. Enzykl. der Psychol. C IV/4 (1996).

Literaturhinweise. O. KÜLPE: Die Lehre vom W. in der neueren Psychol. (1888). – E. TEGEN: Moderne W.-Theorien. Eine Darst. und Kritik 1-2 (Uppsala 1924-28). – W. HAENSEL: Beiträge zur Strukturanalyse des Wollens (1939). – W. KELLER: Psychol. und Philos. des W. (1954). – H. HECKHAUSEN/P. M. GOLLWITZER/F. E. WEINERT (Hg.): Jenseits des Rubikon. Der W. in den Humanwiss. (1987). – J. KUHL/H. HECKHAUSEN (Hg.) s. Anm. [37]. – H. G. PETZOLD (Hg.): W. und Wollen. Psychol. Modelle und Konzepte (2001). – H. G. PETZOLD/J. SIEPER: Der W. in der Psychotherapie 1-2 (2004).

G. GABRIEL/H. HÜHN/S. SCHLOTTER

C. *Analytische Philosophie.* – Die meisten mit dem ‹Wiener Kreis› (s.d.) assoziierten Philosophen begegnen der Idee eines besonderen Vermögens des W. mit Skepsis. M. SCHLICK zufolge führen traditionelle W.-Konzepte zu einem «unlöslichen Zirkel», da der W. eine herausgehobene Instanz sein soll, die zwischen Motiven wählt, während es gleichwohl die Motive sind, die die W.-Entscheidungen determinieren [1]. Im Anschluß an W. James bietet B. RUSSELL für das traditionelle Konzept eine Erklärung: Da, wo Körperbewegungen durch Erinnerungsbilder der kinästhetischen Empfindungen hervorgerufen werden, die frühere Körperbewegungen des gleichen Typs begleitet haben, nennen wir sie «willentlich». Die substantivische Rede vom «W.» wird für Fälle reserviert, in denen solchen Bewegungen Wunschkonflikte, Überlegungen und Entscheidungen vorausgehen, vor allem wo dieser Prozeß mit besonderen vitalen Empfindungen verbunden ist [2]. Für H. REICHENBACH sind «acts of volition» psychologische Ereignisse, die in Wahlsituationen uns wie unsere eigenen Produkte vorkommen. Die Überzeugung, daß wir wirklich eine Wahl haben, ist demnach für die Rede von der Willentlichkeit einer Handlung hinreichend [3].

An zwei Stellen in der frühen Analytischen Philosophie wird ein substantieller Begriff des W. verwendet. Die erste ist die frühe Philosophie L. WITTGENSTEINS, in der der W. außerhalb der «Welt», d.h. der Gesamtheit der Tatsachen, lokalisiert wird [4]. Zwischen dem, was gewollt wird, und dem, was geschieht, bestehe weder ein logischer noch ein gesicherter physikalischer Zusammenhang [5]. Der W. tritt der Welt als Grundlage des Ich und «Träger der Ethik» gegenüber [6]. Darin, daß der W. Träger der Ethik sei und daß seine Wirkungen in der Welt kontingent seien, stimmt H. A. PRICHARD Wittgenstein zu. Die einzige Art von Tätigkeit, zu der Personen verpflichtet sein können, ist nach Prichard «willing», das er zunächst mit «setting oneself to bring something about» identifiziert [7], eine Äquivalenz, die er aber später revidiert, indem er das Wollen als eine undefinierbare mentale Aktivität sui generis bezeichnet [8]. Da wir keine Sicherheit über die Wirkungen des Wollens besitzen, bestehen die einzigen Handlungen, die wir im strengen Sinne jemals vollziehen, im Wollen von Wirkungen: «To act is really to will something» [9].

Im Kontext ihrer Kritik am Mentalismus wie an kausalen Handlungstheorien verwerfen der späte WITTGENSTEIN und andere nach ihm das Konzept von Willensakten. Introspektion wird als methodisch unzulässig verworfen; statt dessen gilt: «Das Wollen, wenn es nicht eine Art Wünschen sein soll, muß das Handeln selber sein» [10]. Damit gibt Wittgenstein eine implizite Antwort auf die Frage, die eine Herausforderung für die spätere analytische Handlungstheorie darstellen wird: «was ist das, was übrigbleibt, wenn ich von der Tatsache, daß ich meinen Arm hebe, die abziehe, daß mein Arm sich hebt?» [11] Ähnlich deflationistisch äußern sich G. E. MOORE und J. L. AUSTIN. Für MOORE gibt «voluntary» bloß zu erkennen, daß das so beschriebene Tun zu den Standardfällen des Handelns gehört [12], und AUSTIN insistiert, daß das Wort keine allgemeine Verwendung hat, da es nur spezifische Verben modifizieren kann [13]. G. RYLE führt eine Reihe von Argumenten an, die die mythische Natur von Willensakten zeigen sollen: Willensakte seien nicht zählbar, ihnen entsprechen keine spezifischen Empfindungen, und es scheint unplausibel, daß es für jeden Teil komplexer Handlungen je einen Willensakt geben könne. Schließlich verdunkele die Postulierung von Willensakten das Phänomen willentlichen Handelns eher als es aufzuklären, da das Auftreten von Willensakten noch einmal die Frage aufwirft, ob sie selber das Produkt willentlicher Prozesse sind. Ist diese Frage nur durch die Bezugnahme auf Willensakte zu beantworten, so gibt es einen Regreß; wenn nicht, dann scheinen sie nicht die ihnen zugedachte explanatorische Aufgabe zu erfüllen [14].

In den 1960er Jahren dominiert in der analytischen Handlungsphilosophie die Auffassung, ‹W.› und ‹willentlich› entspräche nichts wirklich Gegebenes. Zum einen wird dies von *Intentionalisten* wie A. MELDEN und R. TAYLOR vertreten. Ihre Kritik begründen sie durch das «logische Beziehungsargument», das nicht nur Willensakte, sondern jegliche Art mentaler Einstellung als Ursache des Handelns disqualifizieren sollte. Eine solche Disqualifikation gehe aus der Konjunktion der Humeschen Annahme hervor, daß Kausalität nicht zwischen logisch verbundenen Ereignissen gegeben sein kann, und der These, daß sich Willensakte ohne Bezug auf ihre Wirkung nicht definieren lassen [15]. Zum anderen wird in *kausalistischen* Konzeptionen, die Handlungen durch die Kombination von Wünschen und Überzeugungen erklären, für einen weiteren handlungsrelevanten Einstellungstyp kein Raum gelassen. Für D. DAVIDSON ist die im Zusammenhang mit dem Problem der Willensschwäche (s.d.) ins Spiel gebrachte Idee einer Instanz, die zwischen konfligierenden Wünschen und Werturteilen wählen könnte, «absurd» [16], «an embarrassing entity that has to be added to the world's furniture» [17].

In den 1970er Jahren kehrt bei vielen Autoren die Überzeugung wieder, die Handlungstheorie brauche ein Konzept des W. im Sinne einer Einstellung, die enger als das bloße Wünschen mit dem Handeln zusammenhängt. Bei manchen ist der W. lediglich ein Wunsch (s.d.) spezifischer Art, entweder ein effektiver Wunsch [18] oder ein Wunsch, zu dessen Objekt die nichtpropositionale Repräsentation sinnlicher Rückkoppelung von Muskelbewegungen gehört [19]. In funktionalistischen Konzeptionen ist eine Volition einfach derjenige, als solcher nicht näher bestimmte Faktor, der die zu Handlungen gehörenden Körperbewegungen verursacht. Dabei wird der Willensakt nicht als Antezedens, sondern als Teil der Handlung gesehen [20].

Andere Ansätze verleihen dem W. mehr Eigenständigkeit sowohl gegenüber dem Wünschen als auch gegenüber dem Handeln. A. KENNY konzipiert «volitions» analog zu Urteilen als mentale Akte der Herstellung von Beziehungen zwischen Ideen, deren charakteristisches Merkmal die linguistische Form ihres Ausdrucks ist: 'Es möge der Fall sein, daß *p*' [21]. Somit sind sie von Wünschen zu unterscheiden, die keine sprachabhängigen Begriffe in Anspruch nehmen, sich nur auf die Gegenwart richten und bis zu ihrer Befriedigung kontinuierlich empfunden werden [22]. Wie für Kenny ist für H. P. GRICE ‹Wollen› ein generischer Begriff. Dieser unterscheidet sich dadurch vom Intendieren, daß er keine Meinung des Einstellungsträgers impliziert, das Objekt der Einstellung sei durch seine Handlungen zu beeinflussen. Zum Begriff des Wollens gehöre ferner, daß der Wollende die

Verwirklichung des Gewollten als gut und als motivational konkurrenzlos betrachtet [23]. In den Arbeiten von W. SELLARS und H.-N. CASTAÑEDA ist das Wollen ein engerer Begriff als der des Intendierens. Eine Volition ist demnach ein besonderer Typ von Intention, der die Form des Gedankens: 'Ich werde (hier und jetzt) *A* tun' hat, während sich Intentionen auf in der Kontrolle des Trägers stehende Ereignisse beziehen, die beliebig weit in der Zukunft liegen können. Volitionen haben die kausale Eigenschaft, ihr Objekt – etwa das Heben eines Arms – herbeizuführen, solange keine abnormalen Zustände wie Paralyse eintreten. Wie bei Kenny werden hier Volitionen ferner als Akte, nicht aber als Handlungen, als Handlungsantezedenzien, nicht als Handlungskomponenten verstanden [24].

B. O'SHAUGHNESSY setzt ‹Wollen› mit ‹Versuchen› gleich. Versuchen ist selber eine intentionale Handlung, die als Komponente jeder physischen Handlung figuriert und deren kausale Rolle durch zwei «Gesetze» erläutert wird: ein psycho-psychologisches, das Intendieren und Versuchen, und ein psycho-physisches, das Versuchen und körperliche Ereignisse verbindet. Versuchen definiert O'Shaughnessy als das intentionale Tun dessen, was man für notwendig hält, um bei entgegenkommenden Bedingungen der Welt eine Handlung zu vollziehen [25]. Ein vergleichbares Konzept entwickelt R. M. CHISHOLM, der den Begriff des «Unternehmens» («undertaking» bzw. «endeavoring») einführt, um zur Analyse der Rede von der Verursachung einer Handlung durch eine Person beizutragen. Daß eine Person eine Handlung *h* verursacht, beinhaltet laut Chisholm, daß sie es unternimmt, *h* herbeizuführen. Dieses Unternehmen ist selber ein Tun des Handelnden, das sich neben der Bewegung des Arms ereignet, wenn eine Person ihren Arm hebt [26]. Dabei trägt die Person selbst kausal dazu bei, daß sie es unternimmt, *h* herbeizuführen [27].

Anmerkungen. [1] M. SCHLICK: Fragen der Ethik II, 3 (Wien 1934) 26f. – [2] B. RUSSELL: The analysis of mind (London 1921) 284ff. – [3] H. REICHENBACH: The rise of scient. philosophy (Berkeley/Los Angeles 1951) 282. – [4] L. WITTGENSTEIN: Tagebücher 1914-1916 (8. 7. 16). Werkausg. 1 (⁷1991) 168. – [5] Tract. log.-philos. (1921) 6.373-6.374. – [6] Tagebücher (5. 8. 16), a.O. [4] 175. – [7] H. A. PRICHARD: Duty and ignorance of fact (1932), in: Moral obligation (Oxford 1949) 18-39, 34ff. – [8] Acting, willing, desiring, a.O. 187-198, 189. – [9] a.O. 190. – [10] L. WITTGENSTEIN: Philos. Unters. I, § 615 (1935-45). – [11] a.O. § 621. – [12] G. E. MOORE: Commonplace book, 1919-1953 (London/New York 1962) 409f. – [13] J. L. AUSTIN: A plea for excuses. Proc. aristot. Soc. 57 (1956-57) 1-30, 17. – [14] G. RYLE: The concept of mind III, 2 (Harmondsworth 1949, 1973) 61-67. – [15] A. I. MELDEN: Willing. Philos. Review 69 (1960) 475-484, 481f.; R. TAYLOR: Action and purpose (Englewood Cliffs 1966) 66ff. – [16] D. DAVIDSON: How is weakness of the will possible? (1969), in: Essays on actions and events (Oxford 1980) 21-42, 35f. – [17] Intending (1978), a.O. 83-102, 88. – [18] H. G. FRANKFURT: Freedom of the will and the concept of a person (1971), in: The importance of what we care about (Cambridge 1988) 11-25, 14ff. – [19] A. GOLDMAN: The volitional theory revisited, in: M. BRAND/D. WALTON (Hg.): Action theory (Dordrecht 1976) 67-83, 76f. – [20] L. DAVIS: Actions. Canadian J. Philos., Suppl. 1 (1974) 138-144; Theory of action (Englewood Cliffs 1979) 15-26. – [21] A. KENNY: Action, emotion and will (1963) 218; Will, freedom and power (Oxford 1975) 30. – [22] Will ..., a.O. 49-51. – [23] H. P. GRICE: Intention and uncertainty. Proc. Brit. Acad. 47 (1971) 263-386, 276ff. – [24] W. SELLARS: Thought and action, in: K. LEHRER (Hg.): Freedom and determinism (New York 1966) 105-139, 109f.; Volitions re-affirmed, in: BRAND/WALTON (Hg.), a.O. [19] 46-66, hier: 46-51; H.-N. CASTAÑEDA: Thinking and doing (Dordrecht 1975) 309. – [25] B. O'SHAUGHNESSY: Trying (as the Mental 'Pineal Gland'). J. Philos. 70 (1973) 365-386, 367ff.; vgl. The will. A dual aspect theory 2 (Cambridge 1980) 261ff. – [26] R. M. CHISHOLM: Person and object II, 3 (Torquay 1976) 60-66. – [27] II, 5, a.O. 72f.

N. ROUGHLEY

Wille, guter (lat. voluntas bona). Der auch unter geschichtsphilosophischen [1] und hermeneutisch-transzendentalpragmatischen [2] Gesichtspunkten relevante Begriff des g.W. hat vor allem mit Bezug auf Lk. 2, 14 eine reiche, durch die unklare lateinische Übersetzung «hominibus bonae voluntatis» primär anthropologisch orientierte Diskussion entfacht. Wie hebr. ‹rāṣôn› meint εὐδοκία hier «Gottes Wohlgefallen und Wille», der sich an den Menschen vollzieht und deren Willigkeit erfüllt (Phil. 2, 13) [3]. – AUGUSTINUS faßt in seinen Frühschriften den g.W. als Willen, rechtschaffen und anständig («recte honesteque») zu leben und zur höchsten Weisheit («summa sapientia») zu gelangen. Liegt nichts so sehr in der Macht des Willens wie eben dieser Wille, dann ist der g.W. das schlechthin höchste und unverlierbare Gut: Weil es dem Menschen – anders als im Fall des verkehrten, an den flüchtigen Dingen («praefugacibus bonis») orientierten Willens («mala voluntas») – nicht (gegen seinen Willen) entrissen werden kann, impliziert der g.W. nicht nur Tugend, sondern garantiert zugleich ein glückseliges Leben («beate vivere») [4]. Der gnadentheologische Streit mit Pelagius zwingt Augustinus jedoch zu einer neuen, vor allem an Röm. 9, 10-29 orientierten Position, derzufolge auch der Ursprung des g.W. der göttlichen Gnade, nicht aber der menschlichen Freiheit zugewiesen wird [5].

Vermittelt über die Frühscholastik [6] steht ‹g.W.› auch bei MEISTER ECKHART im Kontext der Rechtfertigungsproblematik: Nicht seine «Werke», nicht sein «Tun», sondern sein «Sein» ist es, wodurch der Mensch geheiligt wird [7]. Dementsprechend ist es seine «Gesinnung» («des menschen méinunge»), die «gerecht und göttlich und gut» ist [8], und liegt auch «Tugend und alles Gute» «im g.W.» («in dem guoten willen»), während umgekehrt der Mensch nicht durch ein «böses Werk», sondern durch «den Willen zum Bösen» ein Sünder wird. Gut, d.h. «vollkommen und recht» aber wird der Wille, «wenn er ohne jede Ich-Bindung ist und wo er sich seiner selbst entäußert hat und in den Willen Gottes hineingebildet und -geformt ist» [9]. Solange daher die Menschen noch «ihren», nicht aber «Gottes Willen» haben, solange ist dies «kein g.W.» [10]. Daher soll man «sich selbst mit allem dem Seinen in lauterem Entwerden des Wollens und Begehrens in den guten und liebsten Willen Gottes legen» [11].

Neuzeitlich eher sporadisch belegt [12], gewinnt der Begriff des g.W. erst bei I. KANT und in Auseinandersetzung mit ihm [13] nicht nur terminologische Bedeutung, sondern einen überragenden Stellenwert: «Es ist überall nichts in der Welt, ja überhaupt auch außer derselben zu denken möglich, was ohne Einschränkung für gut könnte gehalten werden, als allein ein g.W.» [14]. Nach Kant, der hier in der protestantischen Tradition steht [15], ist der g.W. nicht durch das Streben nach einem äußeren Gut, einem Telos, zu charakterisieren, vielmehr hat er «vollen Werth in sich selbst» erst, wenn er von Gründen, die für jedes Vernunftwesen einsehbar sind, determiniert wird [16]: «Der g.W. ist nicht durch das, was er bewirkt», nicht «durch seine Tauglichkeit zu Erreichung irgend eines vorgesetzten Zweckes, sondern allein durch das Wollen, d.i. an sich, gut» [17]. Sofern die Vernunft das Wollen unabhängig von subjektiven Bedingungen formal-autonom, durch ein allgemeingültiges Gesetz bestimmt, ist der Wille «schlechterdings gut» [18].

Gegen die «Behauptung», «daß der Mensch das Wahre nicht erkennen könne, sondern es nur mit Erscheinungen zu thun habe, – daß das Denken dem g.W. schade», wendet sich G. W. F. HEGEL mit aller Entschiedenheit: «Das Gute ist überhaupt das Wesen des Willens in seiner Substantialität und Allgemeinheit, – der Wille in seiner Wahrheit; – es ist deswegen schlechthin nur im Denken und durch das Denken» [19].

Anmerkungen. [1] J. G. DROYSEN: Grundriß der Historik § 41 (1882); Historik § 23 (1857). Hist.-krit. Ausg., hg. P. LEYH (1977) 433. 387. – [2] H.-G. GADAMER: Und dennoch: Macht des g.W., in: Text und Interpretation, hg. P. FORGET (1975) 59ff.; W. KUHLMANN: Reflexive Letztbegründung (1985) 184f. 221ff.; J. SIMON: Der g.W. zum Verstehen und der Wille zur Macht. Allg. Z. Philos. 12 (1987) 79-90. – [3] Art. εὐδοκία, in: Theol. Wb. zum NT, hg. G. KITTEL 2 (1935) 740ff.; C. H. DODD: New Testament translation problems II. Bible Translator 28 (1997) 104-110; F. BOVON: Das Evang. nach Lukas 1 (1989) 127-130. – [4] AUGUSTINUS: De libero arbitrio I, 12, 25-13, 28. CCSL 29 (1970) 227-230. – [5] Ad Simplic. I, q. II, 12. CCSL 44 (1970) 36f.; Ep. 188, 3. CSEL 57 (1911) 121. – [6] Vgl. etwa: PETER ABAELARD: Ethica X. Op., hg. V. COUSIN 2 (1859, ND 1970) 614 («bona intentio»); vgl. Art. ‹Intentio 1.›. Hist. Wb. Philos. 4 (1976) 466-468. – [7] MEISTER ECKHART: Trakt. 2, 4. Die dtsch. Werke, hg. J. QUINT 5 (1963) 196ff. 507f. – [8] 2, 21, a.O. 275. 528. – [9] 2, 10, a.O. 218f. 514. – [10] 2, 11, a.O. 224f. 515; vgl. Art. ‹Eigenwille; Eigensinn›. Hist. Wb. Philos. 2 (1972) 342-345. – [11] 2, 21, a.O. 282f. 531; vgl. M. ENDERS: Die Reden der Unterweisung, in: K. JACOBI (Hg.): Meister Eckhart (1997) 69-92. – [12] Vgl. die Verwendung bei: R. DESCARTES: Les passions de l'ame III, 153f. (1649). Oeuvr., hg. CH. ADAM/P. TANNERY 11 (1967) 445f.; CH. WOLFF: Philos. moralis sive Ethica §§ 119ff. (1751). Ges. Werke, hg. J. ECOLE u.a. II/13 (1970) 139ff. – [13] J. G. FICHTE: Das System der Sittenlehre III, § 14 (1798). Akad.-A. I/5, 147; K. MARX/F. ENGELS: Deutsche Ideologie (1845/46). MEW 3, 177; M. SCHELER: Der Formalismus in der Ethik und die mat. Wertethik (1913/16). Ges. Werke (1953ff.) 2, 351; K. JASPERS: Philosophie 2 (1932, [3]1956) 171f.; mit Bezug auf Gen. 1, 4 vgl. D. BONHOEFFER: Schöpfung und Fall (1932/33). Werke, hg. E. BETHGE u.a. 3 (1989) 40. – [14] I. KANT: Grundleg. zur Met. der Sitten (1785). Akad.-A. 4, 393; zum Ganzen vgl. P. A. HUTCHINGS: Kant on absolute value. A critical examination of certain key options (London 1972) 59-131. – [15] M. LUTHER: Schmalkald. Art. III, 1 (1537/38), in: Die Bekenntnisschr. der evang.-luther. Kirche ([2]1952) 434. – [16] KANT, a.O. [14] 394. – [17] a.O. – [18] 437. – [19] G. W. F. HEGEL: Grundlinien der Philos. des Rechts § 132 (Anm.) (1820). Jub.ausg., hg. H. GLOCKNER (1927-40) 7, 189f.; vgl. § 5 (Anm.), a.O. 54.

R. GLITZA

Wille zur Macht (engl. will to power; frz. volonté de puissance; ital. volonta di potenza). Im Rückgriff auf B. Spinozas Kraft- und Affektenlehre, A. Schopenhauers Willensbegriff und M. Drossbachs Vorstellung vom Streben nach Entfaltung sowie in Auseinandersetzung mit Texten von Stendhal, W. Roux, R. Mayer, R. Boscovich, R. W. Emerson, J. M. Guyau und J. Burckhardt prägt und entwickelt F. NIETZSCHE den Begriff des «Willens zur Macht» [W.z.M.].

Von einer erstmaligen Erwähnung im Jahre 1876/77 [1] abgesehen, findet sich der Gedanke des W.z.M. im Nachlaß seit 1880 [2]. So bekommt der W.z.M. seit 1882/83 den Status einer konzeptuellen Alternative zu A. SCHOPENHAUERS Begriff des «Willens zum Leben»: Denn «nur, wo Leben ist, da ist auch Wille: aber nicht Wille zum Leben, sondern ... W.z.M.» [3]. Es ist vor allem Schopenhauers Gleichsetzung von Wille und Ding an sich, die NIETZSCHES Kritik findet. Im Gegensatz zu Schopenhauer will Nietzsche den Willen ferner als etwas verstanden wissen, das notwendig auf ein Mehr als auf einen bloßen Willen zum Dasein gerichtet ist: «'Willen zum Dasein': diesen Willen – giebt es nicht! Denn: was nicht ist, das kann nicht wollen; was aber im Dasein ist, wie könnte das noch zum Dasein wollen!» [4].

Nietzsche entwickelt seine Gedanken in kritischer Auseinandersetzung mit darwinistischen und sozialistischen, insbesondere egalitären Vorstellungen seiner Zeit: So versteht er anders als E. DÜHRING Gerechtigkeit als Pattsituation gleich starker W.z.M. [5]; und gegen CH. DARWINS Prinzip der Selbsterhaltung, das dieser statisch verstanden wissen will, postuliert NIETZSCHE den W.z.M. als dynamisches, auf stetige Steigerung durch Kampf und Überwindung ausgerichtetes Prinzip; als eigentliche Triebfeder in Natur und Geschichte inhäriert 'der' W.z.M. der Welt als ganzer, geht also deutlich über den naturwissenschaftlichen Kraftbegriff hinaus: «Diese Welt ist der W.z.M. – und nichts außerdem! Und auch ihr selber seid dieser W.z.M. – und nichts außerdem» [6]. Nietzsche deutet die Welt als ständiges Geschehen, als unaufhörliches Aufeinanderwirken einer *Pluralität* von miteinander streitenden W.z.M. Er sieht den W.z.M. vollzogen im Kampf von Wille und Gegenwille. Für ihn sind «'Gehorchen' und 'Befehlen' ... Formen des Kampfspiels» [7], wobei auch das einzelne Individuum sich sowohl selbst befehlen als auch gehorchen soll. Belebte wie unbelebte Natur deutet Nietzsche als «Willens-Punktationen, die beständig ihre Macht mehren oder verlieren» [8]. Schließlich verbindet Nietzsche den Gedanken des W.z.M. – für ihn auch das treibende Prinzip im «Willen zur Wahrheit» [9] – mit Beweisen der ewigen Wiederkunft (s.d.) des Gleichen, um das Nichtgewordensein des W.z.M. als Prinzip allen Werdens sicherzustellen und gleichzeitig die Nichtigkeit und Ziellosigkeit des Werdens zu setzen [10].

‹Der W.z.M.› ist auch der Name des fragmentarischen Spätwerkes Nietzsches, das in verfälschender, den Zeitgeist hervorhebender Ausdrucksweise von E. FÖRSTER-NIETZSCHE als sein Hauptwerk ausgegeben und unter dem gleichnamigen Titel in verschiedenen Versionen herausgegeben wurde [11]. Auslassungen und drastische Kürzungen erleichterten die Verwendung NIETZSCHES für ideologische Zwecke [12].

Steht im Kontext der nachhegelianischen Metaphysikkritik um die Jahrhundertwende noch eine antimetaphysische Deutung des W.z.M. im Zentrum der deutschen und französischen Rezeption, so beginnt im Vorfeld des Ersten Weltkrieges mit der Ausweitung der Phänomenologie auf das Phänomen des Lebens (s.d.) eine stärker metaphysische Auffassung von Nietzsches Machtbegriff. Im ersten Drittel des 20. Jh. wird der W.z.M. als individuelles Machtstreben von Psychologen wie L. KLAGES, A. ADLER, C. G. JUNG und S. FREUD aufgefaßt [13]. Sozialistinnen wie L. BRAUN sehen im W.z.M. «die höchstmögliche Entwicklung der Persönlichkeit» und den «Übermensch als Ziel der Menschheit» [14]. In ähnlich emanzipativer Weise wird der W.z.M. von zionistischen Kreisen als «Wille zum Judentum» aufgegriffen [15]. Die Elitentheorie von V. PARETO und G. MOSCA hat kulturkritische Elemente von Nietzsches W.z.M. eigenständig weiterentwickelt [16]. Vor allem der Philosoph G. EVOLA, weniger B. MUSSOLINI, will den W.z.M. als «übernatürlichen Wert» [17] verstanden wissen und stellt ihn in den Dienst faschistischer Ideologie.

Für eine deutliche Abgrenzung zu der 'heroischen' Deutung A. BAEUMLERS [18] steht M. HEIDEGGERS einflußreiche Nietzsche-Interpretation. Hier verbinden sich im selbständigen Aufgreifen von Nietzsches W.z.M. Metaphysikhistorie und Epochendiagnose. Nietzsches Lehre vom W.z.M. dient Heidegger als Verstehenshorizont für das abendländische Denken überhaupt. Im W.z.M. zeigt sich für ihn die Vollendung der abendländischen Metaphysik, wobei Heideggers Denken eine Entwicklung durchmacht. 1941 sieht er im W.z.M. das Voraussagen des gegenwärtigen Zeitalters: Im «Grundwort» [19] ‹W.z.M.› drückt sich der «Grundcharakter alles Seienden» [20] aus, wobei deren existentia als ewige Wiederkehr des Gleichen zu verstehen ist. Das Wesen der Macht in Gestalt von Befehl und Machtsteigerung muß nach Heidegger als «Übermächtigung ihrer selbst» begriffen werden. Nach 1943 wird der W.z.M. nur noch als besondere Ausprägung des «Willens zum Willen» [21] verstanden, in dem sich wiederum das technische Denken manifestiert. Sieht Heidegger in den 1930er und frühen 1940er Jahren die Schaffung eines «Übermenschen» (s.d.) als «höchste Gestalt des reinsten W.z.M.» [22], der den bisherigen geschichtlich gewordenen Menschen und dessen Vergangenheit verneinen soll [23], so deutet er ihn in den 1950er Jahren als Ausprägung des letzten Menschen, der seine Vergangenheit gerade nicht verlieren darf [24].

Neben G. BATAILLE, J. DERRIDA, G. DELEUZE, in Teilen auch A. MALRAUX nimmt vor allem M. FOUCAULT eine eigenständige Weiterentwicklung der Lehre vom W.z.M. vor. Foucault versteht Wirklichkeit, Welt und Wahrheit als durch interpretierende W.z.M. hergestellt und erzeugt [25]. Später entwirft er eine «microphysique du pouvoir» [26], die den Kern von Nietzsches Konzeption des W.z.M. trifft, indem er auf den «caractère strictement relationnel des rapports de pouvoir» [27] und die Allgegenwart der Macht verweist und deren 'Dispositive', verstanden als Taktiken und Strategien von Machtverhältnissen, die Wissenstypen [28] unterstützen, herausarbeitet. Macht ist jedoch stets nur ein Phänomen des sozialen Raumes und nicht, wie bei Nietzsche, auf die Welt als Ganzes bezogen.

Darüber hinaus hat Nietzsches Konzept des W.z.M. eine intensive, bis in Literatur und Theologie [29] hineinreichende Diskussion ausgelöst, innerhalb deren verstärkt auch seine funktionalen Äquivalente in Kybernetik, System- und Chaostheorie in den Blick treten [30].

Anmerkungen. [1] F. NIETZSCHE: Nachgel. Frg., Ende 1876-Sommer 1877 23[63]. Krit. Ges.ausg. [KGA], hg. G. COLLI/M. MONTINARI (1967ff.) 4/2, 521. – [2] Nachgel. Frg., Winter 1880-81 9[14]. KGA 5/1, 742f. – [3] Also sprach Zarathustra 2 (1883). KGA 6/1, 145; vgl. Nachgel. Frg., Nov. 1882-Feb. 1883 5[1], 1. KGA 7/1, 189. – [4] Zarath. 2, a.O. 144f.; vgl. F. DECHER: Wille zum Leben – W.z.M. (1984) 51ff. – [5] Zur Genealogie der Moral 2, 8 (1882). KGA 6/2, 322f. – [6] Nachgel. Frg., Juni-Juli 1885 38[12]. KGA 7/3, 339; vgl. hinsichtlich des Kraftbegriffs: a.O. 36[31]. KGA 7/3, 287; vgl. mit Blick auf den «Kampf ums Dasein»: Die fröhliche Wiss. 5, 349 (1887). KGA 5/2, 267f. – [7] a.O. 36[22]. KGA 7/3, 284f. – [8] Nachgel. Frg., Nov. 1887-März 1888 11[73]. KGA 8/2, 278f. – [9] Zarath. 2, a.O. [3] 142; Jenseits von Gut und Böse 6, 211 (1886). KGA 6/2, 148f.; Nachgel. Frg., Herbst 1885 43[1]. KGA 7/3, 435f. – [10] Vgl. Nachgel. Frg., Juni-Juli 1885 38[12]. KGA 7/3, 338f.; Nov. 1887-März 1888 11[73]. KGA 8/2, 259. – [11] Bes. einflußreiche Fassung: Der W.z.M. Versuch einer Umwerthung aller Werte (1906). – [12] Vgl. M. ZAPATA GALINDO: Triumph des W.z.M. (1995); H. LANGREDER: Die Auseinandersetzung mit Nietzsche im Dritten Reich (1971). – [13] L. KLAGES: Die psycholog. Errungenschaften Nietzsches (1926). Sämtl. Werke, hg. E. FRAUCHIGER u.a. 4 (1976) 704f.; A. ADLER/C. FURTMÜLLER: Organdialekt, in: Heilen und Bilden (1912) 114-123, 114. 118; Der nervöse Charakter (1913) 113-135, 130; C. G. JUNG: Über die Psychol. des Unbewußten (1916). Ges. Werke, hg. M. NIEHUS-JUNG u.a. 7 (1995) 38ff.; S. FREUD: Aus der Geschichte einer infantilen Neurose (1918). Ges. Werke, hg. A. FREUD (London 1940-87) 12, 46. – [14] L. BRAUN: Memoiren einer Sozialistin 2 (1911) 585. – [15] Vgl. N. A. NOBEL: F. Nietzsches Stellung zum Judentum. Die jüd. Presse 31 [Nr. 36. 37. 39] (1900) 373f. 389f. 413f., hier: 414. 373; vgl. W. STEGMAIER/D. KROCHMALNIK (Hg.): Jüd. Nietzscheanismus (1997). – [16] G. MOSCA: Elementi di scienza politica (Rom 1896); dtsch.: Die herrschende Klasse (1950); V. PARETO: Les systèmes socialistes (Paris 1902). – [17] G. EVOLA: Heidnischer Imperialismus (1933) 86. – [18] A. BAEUMLER: Nietzsche, der Philosoph und Politiker (1931) 49; Nietzsche und der Nationalsozialismus (1934), in: Stud. zur dtsch. Geistesgesch. (1937) 281-294, 292ff. – [19] M. HEIDEGGER: Nietzsches Wort 'Gott ist tot' [1943], in: Holzwege (1957) 215. – [20] Der W.z.M. als Kunst [1936/37], in: Nietzsche 1 (1961) 12. – [21] Nietzsches Metaphysik [1940], in: Nietzsche 2 (1961) 266. – [22] Der europ. Nihilismus [1940], a.O. 39. – [23] Vgl. Die ewige Wiederkehr des Gleichen [1937], a.O. [20] 251; a.O. [21]. – [24] Vgl. Was heißt denken? (1954) 24-28. – [25] Vgl. M. FOUCAULT: Nietzsche, la généalogie, l'histoire (1971), in: Dits et écrits 1954-1988, hg. D. DEFERT/F. EWALD 2 (Paris 1994) 136-157, 146; dtsch., in: Von der Subversion des Wissens (1987) 69-90, 78. – [26] Surveiller et punir (Paris 1975) 31; dtsch.: Überwachen und Strafen (1976) 38. – [27] Hist. de la sexualité I: La volonté de savoir (Paris 1976) 126; dtsch.: Sexualität und Wahrheit 1: Der Wille zum Wissen (1977) 117. – [28] Vgl. A. DÖBLIN: Der W.z.M. als Erkenntnis bei F. Nietzsche (1902), in: Kl. Schr. 1, hg. A. W. RILEY (1985) 13-29; Zu Nietzsches Morallehren (1903), a.O. 29-55; TH. MANN: Nietzsche's Philos. im Lichte unserer Erfahrung (1947). – [29] Vgl. K. BARTH: Die kirchl. Dogmatik III, 2 (1948) 278ff.; P. TILLICH: Der Zerfall unserer Welt (1941). Ges. Werke, hg. R. ALBRECHT (1959-75) 11, 208; Das Sein und die Macht (1954), a.O. 166; Vorles. über die Gesch. des christl. Denkens 2 [1963]. Ges. Werke, Erg.- und Nachl.bde. 2 (1972) 161-163. – [30] S. KÖRNIG: Perspektivität und Unbestimmtheit in Nietzsches Lehre vom W.z.M. (1999).

Literaturhinweise. W. MÜLLER-LAUTER: Nietzsches Lehre vom W.z.M. Nietzsche-Stud. 3 (1974) 1-60; Über Werden und W.z.M. (1999). – V. GERHARDT: Vom W.z.M. (1996). – D. FUCHS: Der W.z.M. Nietzsche-Stud. 26 (1997) 384-404. – B. H. F. TAURECK: Nietzsche und der Faschismus (2000).

C. ALTHAUS

Willensschwäche (griech. ἀκρασία, ἀκράτεια; lat. incontinentia; engl. incontinence, weakness of will; frz. faiblesse de la volonté). ‹W.› ist ein Wort der Alltagssprache, das – im Zusammenhang mit der Frage nach der Natur rationaler Handlungsgründe – in die philosophische Diskussion eingeführt wurde und bis heute seine Aktualität nicht verloren hat. Das Wort benennt ein Phänomen, von dem umstritten ist, ob es überhaupt existiert, und erklärt es zugleich mit dem Hinweis auf die angebliche Schwäche eines psychischen Vermögens, von dem unklar ist, was für eine Art von Vermögen es ist und inwiefern es schwach genannt werden kann. 'Handeln wider besseres Wissen' ist noch immer die angemessenste Kurzformel zur Beschreibung des besagten Phänomens, wie man es nach Sokrates in PLATONS ‹Protagoras› zu sehen pflegt: «daß viele, welche das Bessere sehr gut erkennen, es doch nicht tun wollen, obgleich sie könnten, sondern etwas anderes tun» [1]. Sokrates nennt auch die Gründe, die nach Meinung der «Vielen» dieses Phänomen erklären sollen: Jene, die so handeln, tun dies, weil sie «von der Lust überwunden» werden oder von der Unlust [2]. Von ἀκράτεια (wörtlich: Nicht-stark-genug-sein) selbst spricht Platon erst in seinen späteren Werken.

Zu einem Paradox wird die W. für Sokrates aufgrund der von ihm (und von Platon) vertretenen These, daß Tugend (s.d.) Wissen sei, richtiges Handeln also unmittelbar aus richtigem Wissen folge und demzufolge niemand wider besseres Wissen das Schlechtere tun könne. Wer dieser These zustimmt, hat darum nur zwei Optionen: W. für nicht existent zu erklären oder eine Erklärung des besagten Phänomens zu finden, die mit der Sokratischen These in Einklang gebracht werden kann. Im ‹Protagoras› geht Sokrates den ersten Weg: Handlung wider besseres Wissen kann es entgegen der Meinung der «Vielen» nicht geben. Darum muß auch nicht deren Erklärung bemüht werden, der gegen das bessere Wissen Handelnde sei «von etwas Angenehmem überwältigt» worden. Was ihn so handeln läßt, ist vielmehr Unwissenheit (ἀμαθία) [3], eine kurzsichtige und darum falsche Meinung [4] darüber, welche der ihm offenstehenden Handlungsalternativen tatsächlich die bessere ist, d.h., welche alles in allem mehr Angenehmes (hier gleichgesetzt mit dem Guten) als Unangenehmes mit sich bringt.

Das dreiteilige Seelenmodell in Platons ‹Staat› erlaubt es, jenem Aspekt Rechnung zu tragen, den Sokrates im ‹Protagoras› unterschlägt: daß es bei W. tatsächlich um einen Konflikt zwischen Vernunft und Leidenschaft gehen könnte. Die Redewendung «stärker sein als man selbst» könne nur so verstanden werden, daß es in der Seele «irgendein Besseres gibt und ein Schlechteres; und wenn nun das von Natur Bessere über das Schlechtere Gewalt hat», so bedeute dies, daß der Mensch stärker sei als er selbst; «wenn aber durch schlechte Erziehung oder Umgang von der Menge des Schlechten das kleinere Bessere überwältigt wird», dann könne man sagen, daß der Mensch schwächer sei als er selbst [5]. Der bessere Teil in der dreigeteilten Seele, von dem Platon spricht, ist das Überlegende (λογιστικόν), die Vernunft, der schlechtere Teil das Begehrende (ἐπιθυμητικόν). Falls Erziehung nicht den Einklang zwischen den verschiedenen Seelenteilen herzustellen versteht, kämpfen diese beiden Teile miteinander, und wenn das Überlegende den Kampf verliert, kommt es zum Handeln wider besseres Wissen. Die Seele als ganze tut dann – allerdings unfreiwillig [6] – nicht, was das Überlegende im Verbund mit dem zweiten Seelenteil, dem Eifernden, sondern was das Begehrende will [7].

Aristoteles' differenzierte Erörterung der W. steht in engem Zusammenhang mit der Frage nach dem Verhältnis zwischen Einsicht und Handeln. Der Bereich, in dem W. auftritt, ist nach seiner Phänomenbeschreibung derjenige der körperlichen Annehmlichkeiten [8]: Essen, Trinken, sexuelle Lust [9]. Gegenüber übermäßigen Begierden kann man sich auf drei Arten verhalten: richtig (im Sinne des mittleren Maßes) und zugleich im Glauben, richtig zu handeln: die Haltung der Selbstbeherrschung (s.d.) [10]); falsch, aber im Glauben, richtig zu handeln: die Haltung der Zuchtlosigkeit (ἀκολασία, intemperantia) [11]; falsch und im Glauben, falsch zu handeln: die Haltung der Akrasia. Diese drei Haltungen stehen alle im Gegensatz zur Besonnenheit (s.d.) [12], die keine übermäßigen Begierden kennt, körperliche Annehmlichkeiten im rechten Maß genießt und richtig zu handeln glaubt.

Die W. selber kann in zwei Formen auftreten: Sie ist teils Impulsivität und Übereilung (s.d.), teils Schwäche (ἀσθένεια). Die Schwachen «überlegen sich etwas, aber bleiben nicht bei ihrer Überlegung wegen der Leidenschaft», die Impulsiven «überlegen sich nichts und werden durch die Leidenschaft geführt» [13]. Der für die Frage nach dem Bezug zwischen Wissen und Handeln irritierende Fall ist offensichtlich der schon von Sokrates anvisierte Fall der W. «aus Schwäche». Die Sokratische These, daß der Willensschwache nicht wissentlich handle, widerspricht jedoch, wie Aristoteles vermerkt, dem Phänomen, wie es allgemein gesehen wird [14]. Genauer zu prüfen ist darum, was 'Wissen' hier überhaupt heißt: ob es ein Wissen ist, das man bloß hat, oder ob man es auch anzuwenden weiß [15]. Wissen zu haben heißt: eine universale Proposition (z.B. 'Süßes ist etwas Ungesundes') zu kennen, Wissen anzuwenden aber, die partikularen und singulären Prämissen des entsprechenden praktischen Schlusses [16] (z.B. 'Süßes ist von dieser und dieser Art' und 'Dies da ist etwas Süßes') bilden und daraus die Konklusion ziehen zu können, die aus der entsprechenden Handlung besteht (von diesem Süßen nicht zu kosten) [17]. Der Willensschwache aus Schwäche geht – im Gegensatz zum Impulsiven – zwar mit sich selbst zu Rate [18], kommt auch, mindestens in dem, was er sagt, zum richtigen Schluß, tut aber nicht, was dieser Schluß verlangt. Was ihn daran hindert, ist ein parallel laufender praktischer Schluß der Begierde, der ihn, ausgehend von der entgegengesetzten universalen Prämisse, z.B. 'Alles Süße ist Genuß verheißend', über die partikulare Prämisse 'Dies ist etwas Süßes' zu der Conclusio führt: 'Dies ist Genuß verheißend' – worauf «die Begierde gleich losstürzt auf den Genuß» [19]. Wo aber bleibt der Schluß der Vernunft? Der Willensschwache kennt zwar die universale Prämisse, und er weiß auch noch immer, was die Conclusio des Schlusses der Vernunft verlangt ('Ich soll dies nicht kosten'), aber dieses letztere Wissen ist auf dieselbe Weise verfügbar wie das Wissen eines Betrunkenen, der die Verse des Empedokles rezitiert [20]. Es hat darum auch keinen Einfluß auf sein Handeln. Was ihn in diesen Zustand versetzt, ist die Begierde. Die Handlung aus W. wird von Aristoteles offenbar auf ähnliche Weise gesehen wie von Platon: als der üble Ausgang eines Kampfes zwischen dem Streben der Vernunft und dem der Begierde [21]. Sie muß aber dennoch freiwillig genannt werden; ein Teil der Seele erleidet zwar Zwang durch einen anderen Teil, die Seele als Ganzes aber will diese Handlung [22] und führt sie auch aus im (nicht aktualisierten) Wissen darum, daß sie falsch ist.

Die meisten Stoiker scheinen, wenn man ihren Kritikern, Plutarch [23] und Galen [24] etwa, Glauben schenken will, in bezug auf die W. die Sokratische Position vertreten zu haben. Ihre Sicht dürfte aber differenzierter gewesen sein. Da nach der maßgeblichen Lehre der Stoiker alle Wünsche auch Urteile sind (über das, was gut ist) und da diese Urteile wie alle anderen Urteile, wenn sie zu einem Streben (s.d.) werden sollen, der Zustimmung des Hegemonikon (s.d.) im Menschen bedürfen, kann es keinen Konflikt zwischen Wunsch und vernünftigem Urteil geben, nur die – vom Menschen zu verantwortende – Zustimmung (s.d.) zu falschen Urteilen [25]. Anders als Sokrates gehen die Stoiker allerdings nicht davon aus, daß das Handeln notwendig dem einmal gefällten Urteil folgt. Der (vernünftig) Urteilende kann unter der Nachwirkung eines früher gefällten und habituell gewordenen (Wunsch-)Urteils stehen. In gewissen Situationen mag es darum schwierig sein, daß das spätere (vernünftige) Urteil Einfluß auf das Handeln gewinnen kann [26]. Diese Schwierigkeit wird dann fälschlicherweise als Konflikt zwischen Vernunft und Begierde gedeutet.

An einer für die mittelalterlichen Theologen zentralen Stelle deutet Paulus die Sünde (s.d.) als einen in sich selbst zerrissenen Willen, der sich selbst nicht mehr versteht [27]: «Ich tue nicht das, was ich will, sondern das, was ich hasse. Wenn ich aber das tue, was ich nicht will, erkenne ich an, daß das Gesetz gut ist. Dann aber bin nicht mehr ich es, der so handelt, sondern die in mir wohnende Sünde» (Röm. 7, 15-17). Nach Augustinus ist dieser Zustand die durch den Sündenfall (s.d.) bedingte Grundverfassung des Menschen. Das Leben auch des erlösten Christen ist bestimmt durch die innere Zerrissenheit zwischen zweierlei Willen, dem alten und dem neuen, dem fleischlichen und dem gesetzlichen («una vetus, alia nova, illa carnalis, illa spiritualis») [28]. Ein Beispiel Augustins ist der erfolglose Kampf des Menschen gegen die sexuelle Begierde, die Konkupiszenz (s.d.), und gegen die «incontinentia», die er ausschließlich als sexuelle Sünde versteht [29]. Der Mensch ist ohne Gottes Hilfe [30] nicht stark genug, das zu tun, was er will: «Er (sc. der Geist) befiehlt, sage ich, soweit er will, und er würde nicht befehlen, wollte er nicht, und er tut doch nicht, was er befiehlt» («Imperat, inquam, ut velit, qui non imperaret, nisi vellet, et non facit quod imperat»). Keiner der zwei Willen ist jedoch ein vollständiger Wille («voluntas tota»), und was in dem einen ist, fehlt in dem anderen [31]. Entgegen der Meinung der Manichäer sind es darum nach Augustinus nicht zwei verschiedene Mächte («naturae» oder «mentes»), die im Menschen gegeneinander kämpfen, es ist ein und dasselbe Ich, das zugleich will und nicht will [32]. Es ist deshalb immer das Ich selbst, das am Ende – und hier folgt Augustinus offensichtlich stoischer Lehre – aus freien Stücken entscheidet, welchem der sich streitenden Willen es seine Zustimmung geben will. Dieser Wille wird dann zum handlungsbestimmenden vollständigen Willen. Da der besiegte zweite Wille jedoch immer noch zugegen ist, ist die Handlung, wie Augustin sagt, eine Handlung wider Willen («invitus»), gewollt also und eben doch nicht gewollt [33]. Widerwillig handeln aber ist sündhaft, und das gilt auch dann, wenn ich dem Guten zwar zustimme, aber dies aus den falschen Gründen tue, z.B. aus Angst vor der Strafe und nicht aus Liebe zum Guten [34]. Was den Menschen abhält, das Gute um seiner selbst willen zu wählen, ist sein Gefangensein in der Sünde, die ihn ihrerseits wieder daran hindert, das wahrhaft Gute klar zu erkennen, denn bei klarer Erkenntnis würde er dem Guten auch zustimmen [35].

Die Diskussion, die sich an Augustins Deutung der Sünde anschließt, von ANSELM über PETRUS ABAELARD und PETRUS LOMBARDUS bis hin zu den ‹Summen› des frühen 13. Jh. (WILHELM VON AUXERRE, ALEXANDER VON HALES und Kanzler PHILIPP DE THORIACO), ist insofern von Interesse, als sie – durch das Ringen um ein tieferes Verständnis des «invitus facere» – den zumeist unausgesprochenen Hintergrund bildet für die im Zuge der Aristoteles-Renaissance im 13. Jh. wieder einsetzende Debatte über die W. Durch diese Diskussion kommt ein neuer, dem griechischen Denken fremder Gesichtspunkt ins Spiel: Daß es für den Menschen im Zustand der Sünde ein aus freiem Willen erfolgendes Handeln wider besseres Wissen geben kann.

Der Anstoß zur erneuten Beschäftigung mit der W. ist ROBERT GROSSETESTES lateinische Übersetzung der ‹Nikomachischen Ethik› (1246f.), in der ἀκρασία mit ‹incontinentia›, der ἀκρατής mit ‹incontinens› und ἐπιθυμία mit ‹concupiscentia› wiedergegeben wird. Die Standarddeutungen der W. geben die ebenfalls zu dieser Zeit ins Lateinische übersetzten griechischen Aristoteleskommentare vor und der schon 1240 aus dem Arabischen übersetzte Kommentar des AVERROES: Der Inkontinente habe auf Grund seiner Begierde ein bloß defizientes Wissen von dem, was er gemäß dem Syllogismus der Vernunft tun muß.

ALBERTUS MAGNUS vermittelt ein sehr differenziertes Bild der W. und zeigt bereits ein klares Bewußtsein von den terminologischen Differenzen zwischen der Augustinischen ‹incontinentia› und der ‹incontinentia› als Übersetzung von ‹W.› [36]. Er verbindet als einer der ersten Autoren die Aristotelische Sicht der W. mit dem Augustinischen Sündenbegriff: Der Inkontinente handelt zwar aus einer Unkenntnis der Wahl («ignorantia electionis») [37], aber diese Ignoranz ist selbstverschuldet [38]. Es ist der Mensch selbst, der bewußt und absichtlich zuläßt, daß der Schluß der Begierde die Stimme der Vernunft, die ihn sonst zum Handeln führen würde, zum Verstummen bringt [39]. Die oft fehlende Gewißheit praktischer Schlüsse [40], die nie die Gewißheit der «scientia» erreichen [41], wirft für Albertus die Frage auf, inwieweit in ambivalenten Situationen, in denen das Urteil schwankt, ein Handeln gegen das eigene Urteil noch akratisch genannt werden kann.

THOMAS VON AQUIN hält sich in seinen Kommentaren zur ‹Nikomachischen Ethik› eng an Aristoteles: Der Inkontinente, irregeführt durch die Begierde, verhält sich im entscheidenden Augenblick wie der Unbeherrschte («intemperatus»), dem die Unbeherrschtheit zum Habitus geworden ist [42]. In seinen theologischen Schriften dagegen betont Thomas, wenn auch mit Einschränkungen, daß es durchaus ein Handeln wider besseres Wissen geben könne. Die Vernunft des Inkontinenten ist zwar durch die Begierde gefesselt («Passio igitur ligat rationem») [43], in diesem Sinne handelt er also nicht aus freier Wahl («ex electione») [44], aber indem er sündigt, wählt er hier und jetzt [45], seinen schlechten Begierden zu folgen («elegit sequi eas») [46], obwohl er gemäß seiner Wahl weiß [47], daß dies Sünde ist [48].

Einen neuen Gesichtspunkt bringt WALTER BURLEIGH vor, der sich ansonsten sehr eng an Thomas anschließt: Die Wirkung der Begierde ist nicht, daß die partikulare Prämisse des praktischen Vernunftschlusses «gebunden» ist, sondern daß sie den Inkontinenten daran hindert, die Handlung auch auszuführen, welche die propositionale Konklusion des ihm sehr wohl bewußten praktischen (Vernunft-)Schlusses verlangt («impeditur ab executione suae electionis») [49], so wie einer, dem sein Körper nicht mehr gehorcht. Was ihn zum Inkontinenten macht, ist nicht die Korruptheit seiner Vernunft, sondern seine perverse Begierde [50]. Darum ist seine inkontinente Handlung auch keine bewußte Wahl und insofern auch nur zur Hälfte böse («semimalus») [51].

Die Franziskaner sehen in der Aristotelischen Doktrin der «incontinentia» eine Bedrohung des von Augustinus verteidigten freien Willens. STEPHAN TEMPIER, Bischof von Paris, verurteilt die Aristotelische These, daß der Wille sich nicht gegen die Vernunft stellen könne [52], und das ‹Correctorium fratris Thomae› der Franziskaner hält explizit fest: Es gibt Handlungen gegen besseres Wissen [53]. Angesichts der nicht zu brechenden Dominanz des aristotelischen Thomismus versuchen einzelne Franziskaner, eine Synthese beider Ansichten zu finden, die aber, wie das Beispiel von GERARDUS ODONIS zeigt, eher in einem unverbundenen Nebeneinander beider Thesen besteht. So hält sich Gerardus einerseits sehr eng an Aristoteles – der Inkontinente sündigt nicht in vollem Wissen –, andererseits bestreitet er, daß ein von der Begierde getrübter Verstand die Sünde erkläre; es brauche immer die Zustimmung des Willens («consensus volontatis») [54], auf der allein freie Handlungen beruhten. Auf Grund eines solchen freien Willensaktes stimmt der Inkontinente dem Bösen zu und verwirft das von ihm zuerst gewählte Gute [55].

Eine klarere Sicht hat WILHELM VON OCKHAM: Es braucht die Zustimmung des Willens für jeden Schritt des praktischen Schlusses, und eine falsche Wahl resultiert daraus, daß der an sich rationale Wille korrumpiert ist. Ockham arbeitet damit neben Duns Scotus dem Begriff des freien Willens vor, mit dem dann JOHANN BURIDAN operiert: ein Wille, der sich selbst bestimmt und darum – obwohl dem Rat guter Gründe durchaus zugänglich – nicht einfach Diener einer rationalen Begierde ist. Bei jeder Handlung steht es dem Willen offen, zwischen zwei entgegengesetzten Möglichkeiten [56] und insbesondere zwischen Wählen und Nicht-Wählen zu wählen. Ob ein Urteil zu einer Handlung führt, hängt immer von dem nachfolgenden Willensakt, der «acceptatio» oder «refutatio» ab, der als mentaler Akt von der eigentlichen Handlung zu unterscheiden ist [57]. Was den Kontinenten von dem Inkontinenten unterscheidet, sind nicht die Urteile, die der Schluß der Begierde bzw. der Vernunft präsentieren, sondern der Wille, der sich für die eine und gegen die andere Alternative entscheidet [58]. Diese Entscheidung erfolgt nach Buridan allerdings in einer Situation, in der es eine doppelte Neigung («duplex inclinatio») gegenüber der Alternative zweier Handlungen gibt [59]. Wegen dieser doppelten Neigung, die auch der Kontinente verspürt, ist Kontinenz keine vollkommene Tugend, Inkontinenz keine vollständige Sünde [60]. Da sich der an sich rationale Wille aber nie gegen vernünftige Gründe stellen kann, wird es auch für Buridan zum Problem, wie es zu Handlungen aus W. kommen kann. Seine Antwort erfolgt im Rückgriff auf die Theorie von Albertus Magnus über die Unsicherheit moralischer Urteile [61]. Daß moralische Urteile nie gewiß sein können, ist der eigentliche Grund für die Freiheit des Willens [62], aber auch der Grund dafür, daß in ambivalenten Situationen Inkontinenz möglich wird [63].

Für die *Philosophie der Neuzeit* ist ‹W.› weder als Begriff noch als Problem von Bedeutung. Zum Diskussionspunkt wird W. erst wieder in der *Analytischen Philosophie* [64]. Der entscheidende Anstoß dazu kommt vor allem von zwei Seiten: von R. HARES Analyse der logischen Charakteristika moralischer Urteile [65] und von D. DAVIDSONS Erörterung der Relation zwischen Handlungsgründen und nachfolgenden Handlungen. Sowohl Hare wie Davidson vertreten Positionen, die auf der sokratisch-aristotelischen Linie liegen.

Für die präskriptivistische Metaethik (s.d.) von HARE wird W. – «moral weakness», wie er zumeist sagt – insofern zum Problem, als die von Hare behauptete Präskriptivität und Universalisierbarkeit [66] von Werturteilen bedeutet, daß jeder, der einem Werturteil bzw. einem moralischen Urteil (aufrichtig) zustimmt, auch diesem Urteil gemäß handelt, wenn es die Situation erfordert. Falls es genuine W. gäbe, wäre dies offensichtlich ein Einwand gegen den Präskriptivismus, zugleich aber auch – da die Nicht-Übereinstimmung zwischen Denken und Handeln offenbar als ein Problem empfunden wird – ein Einwand gegen die deskriptivistische Gegenthese, daß es keine notwendige Verbindung gebe zwischen moralischem Urteil und Handeln. Hare stellt sich diesem Problem durch eine sorgfältige Unterscheidung der verschiedenen Kontexte, in denen einer sagen kann, er solle etwas tun, und es dann doch nicht tut. Denn es gibt, wie Hare einräumt, «degrees of sincere assent, not all of which involve actually obeying the command» [67]. Die Skala dieser möglichen Fälle reicht von der heuchlerischen Zustimmung über die von Aristoteles anvisierten Fälle, daß jemand Präskriptionen in einer konkreten Situation nicht anwendet oder nicht weiß, was er sagt, bis hin zum konventionellen Sprachgebrauch: daß jemand sagt, was die konventionelle Moral verlangt, aber sich selbst nicht verpflichtet fühlt, dieser Moral zu folgen [68].

Hare erörtert vor allem zwei Fälle: 1) den Fall der psychischen Unfähigkeit: daß jemand – wie der Zwangsneurotiker – nicht aus physischen, sondern aus psychischen Gründen sich nicht in der Lage sieht, das zu tun, was er tun soll [69]; dieser Fall allerdings steht unter dem Vorbehalt, daß sich die Grenze, an der das psychische Unvermögen beginnt, nie genau bestimmen läßt [70]; 2) den Fall einer abgeschwächten Bedeutung von 'Sollen': Wir stellen zwar eine allgemeine Vorschrift auf, nehmen uns selbst aber davon aus, möglicherweise verbunden mit einem sogenannten 'schlechten Gewissen', das heißt dem Gefühl, «that we are not playing our part in the scheme which we claim to be accepting» [71]. Dieser Fall ist für Hare eine Bestätigung dafür, daß es zwei verschiedene Ebenen des moralischen Urteils zu unterscheiden gilt: 1) eine intuitive, auf der moralische Urteile zwar präskriptiv sind, aber anderen, nicht-moralischen Gründen untergeordnet bleiben und durch sie – wenn auch oft mit entsprechenden Selbstvorwürfen – außer Kraft gesetzt werden können [72]; 2) eine Ebene des kritischen Denkens, auf der wir uns überlegen, was wir tun sollen, und auf der Universalität und Präskriptivität voll zum Tragen kommen [73]. Urteile auf der Ebene des kritischen Denkens müßten darum Verhalten aus W. eo ipso ausschließen [74].

Eine ähnliche Strategie verfolgt DAVIDSON. Wenn jemand absichtlich und willentlich handelt, kann es keine W. geben, und wo es W. zu geben scheint, kann es keine absichtliche und willentliche Handlung gewesen sein. Davidson definiert ‹W.› wie folgt: «In doing *x* an agent acts incontinently if and only if: (a) the agent does *x* intentionally; (b) the agent believes there is an alternative action *y* open to him; and (c) the agent judges that, all things considered, it would be better to do *y* than to do *x*» [75].

Die Annahme, daß es Handlungen aus W. gebe, steht jedoch im Widerspruch mit zwei weiteren, nach Davidson kaum bestreitbaren Prämissen: 1) «If an agent wants to do *x* more than he wants to do *y* and he believes himself free to do either *x* or *y*, then he will intentionally do *x* if he does either *x* or *y* intentionally». 2) «If an agent judges that it would be better to do *x* than to do *y*, then he wants to do *x* more than he wants to do *y*» [76]. Dieser Widerspruch läßt sich nach Davidson beheben, ohne eine dieser Prämissen aufzugeben, das heißt insbesondere auch, ohne zu leugnen, daß es Fälle von W. gibt: durch ein besseres Verständnis dessen, was praktische Schlüsse sind [77]. Davidson beginnt zu diesem Zweck dort, wo Aristoteles und klarer noch Thomas von Aquin endeten: mit den zwei parallel laufenden Schlüssen, dem der Begierde, der eine Handlung als lustvoll empfiehlt, und dem der Vernunft, der dieselbe Handlung als unzüchtig verwirft. Wenn diese beiden Konklusionen von der Art der assertorischen Syllogismen wären (ablösbar von den Prämissen), könnte man gar nicht handeln, sondern wäre gelähmt, da sich die Urteile widersprechen [78]. Aber praktische Konflikte (und um solche geht es im Falle der W.) haben nicht die Form von Widersprüchen. Sie bestehen vielmehr aus zwei (sich logisch nicht ausschließenden) konditionalen prima-facie-Urteilen ('falls ..., dann ...'), die aus entgegengesetzten Gründen ein und dieselbe Handlung empfehlen bzw. verwerfen. Die Handlung ist gut in der einen, schlecht in der anderen Hinsicht [79]. Damit es überhaupt zu einer Handlung kommt, ist ein abschließendes, unbedingtes Urteil (Urteil «sans phrase») erforderlich, das seinerseits auf einem alle Gründe, mindestens sowohl die pro- wie die contra-Gründe umfassenden alles-in-allem prima-facie-Urteil beruht, z.B. «*x* ist alles in allem besser als *y*» [80]. Was diesen Schritt zum unbedingten Urteil hin legitimiert, ist ein weiteres Prinzip, das Davidson «principle of continence» nennt, nämlich nur nach dem Urteil zu handeln, das auf der Grundlage aller verfügbaren Evidenz gefällt wurde [81]. Kontinent ist, wer nach diesem Prinzip seine Handlungsabsichten bildet und ihnen entsprechend handelt [82]. Obwohl die Formulierung, es seien alle Gründe in Betracht zu ziehen, nicht ohne Schwierigkeiten ist [83], besteht für Davidson jedoch kein Zweifel, daß jeder, der auf der Grundlage eines alles-in-allem prima-facie-Urteils ein unbedingtes Urteil gebildet hat, die entsprechende Handlung tun will und auch tun müßte. Falls er, wie der Inkontinente, die Handlung nicht tut, dann geht er nicht von dem alles-in-allem-Urteil aus, sondern von einem der früheren, in diesem alles-in-allem-Urteil enthaltenen konfligierenden prima-facie-Urteil, daß *x* besser als *y* bzw. *y* besser als *x* sei. Dies aber ist eine klare Verletzung des Kontinenzprinzips und insofern irrational, als das Kontinenzprinzip Grundbedingung von Rationalität überhaupt ist, die niemand verneinen kann [84]. Wie aber läßt sich dieses irrationale Verhalten – an dessen Existenz Davidson trotz fehlender empirischer Beweise nicht zweifelt [85] – überhaupt erklären? Nach Davidson nur, wenn wir – ähnlich wie bereits Platon – in der einen Person mindestens zwei verschiedene, sich allerdings überlappende mentale Subsysteme voraussetzen, die, wie zwei selbständige Personen, das eine mit dem alles-in-allem-Urteil, das andere mit einem der konfligierenden prima-facie-Urteile bewaffnet, kausal gegeneinander agieren [86]. Das Kontinenzprinzip kommt darum nicht zum Zug, weil das (dritte) Subsystem, das dieses Prinzip repräsentiert, seinerseits wieder von den beiden anderen abgeschottet ist [87].

Die W., die Internalisten (die eine notwendige Verbindung zwischen Handlungsabsichten und Handlungen sehen) und Präskriptivisten derart Mühe macht, ist kein Problem mehr, wenn man die grundlegende Voraussetzung der sokratisch-aristotelischen Handlungstheorie, daß Gründe hinreichende Ursachen von Handlungen seien, fallenläßt. Für J. R. SEARLE, der genau diese Prämisse bestreitet, ist die W. ein alltägliches, seine eigene alternative Handlungstheorie bestätigendes Phänomen [88]. Weil Handlungsgründe keine hinreichenden Ursachen für Handlungen seien, bestehe zwischen praktischer Überlegung und Entschluß, zwischen Entschluß und nachfolgender Handlung, zwischen Handlungsbeginn und Vollendung der Handlung immer eine Kluft. Ob diese Kluft übersprungen wird, hängt von dem – in jeder Handlungstheorie vorauszusetzenden – handelnden Selbst ab, das immer die Freiheit hat, sich so oder so, rational oder eben auch irrational, zu verhalten [89]. Mit Searle kommt offenbar der augustinisch-buridansche Freiheitsbegriff wieder zu Ehren, und die Debatte um die W. dürfte einmal mehr von vorne beginnen.

Anmerkungen. [1] PLATON: Prot. 352 d. – [2] 352 d 8f. – [3] 358 c 1-3. – [4] 353 d 1-4. – [5] Resp. IV, 431 a 3-b 2. – [6] Tim. 86 d/e; Leg. V, 731 c; IX, 860 d 1ff. – [7] Resp. IX, 577 d 1-e 3. – [8] ARISTOTELES: Magna mor. II, 6, 1202 a 29-b 4; Eth. Nic. VII, 7, 1149 a 21-24. – [9] Probl. phys. XXVIII, 949 b 6-37; 950 a 16; Eth. Nic. VII, 5, 1147 a 21-31. – [10] Eth. Nic. VII, 10, 1151 a 29-b 4. – [11] 6, 1148 a 13-19. – [12] 3, 1146 a 9-12; 11, 1152 a 1f. – [13] 8, 1150 b 19-21. – [14] Vgl. zu dieser Interpretation: G. E. L. OWEN: Tithenai ta phainomena, in: J. BARNES/M. SCHOFIELD/R. SORABJI (Hg.): Articles on Arist. 1 (London 1975) 113-126, 113f. – [15] Eth. Nic. VII, 5, 1146 b 31-33. – [16] Vgl. Art. ‹Schluß, praktischer›. Hist. Wb. Philos. 9 (1995) 1306-1312. – [17] De motu anim. 6, 701 a 11-13. 22; Eth. Eud. II, 11, 1227 b 32f. – [18] Eth. Nic. VII, 8, 1150 b 19-21. – [19] 7, 1149 a 34f.; Eth. Eud. II, 8, 1224 b 1f. – [20] 5, 1147 a 14-22. – [21] De an. 433 b 5ff.; Eth. Nic. I, 13, 1102 b 14-21. – [22] Vgl. Eth. Eud. II, 8, 1224 b 11ff. 26ff.; Eth. Nic. III, 1, 1110 a 15-18; 7, 1113 b 19-21. – [23] PLUTARCH: De virtute morali 7, 446f. SVF 3, 459. – [24] GALEN: De Hipp. et Plat. plac. III, 4, 276. SVF 2, 902. – [25] Vgl. PLUTARCH, a.O. [23] 9, 449. SVF 3, 384. – [26] GALEN, a.O. [24] IV, 2, 338. SVF 3, 462; vgl. SENECA: De ira I, 16, 7. – [27] Vgl. auch: Art. ‹Acedia›. Hist. Wb. Philos. 1 (1971) 73f.; Art. ‹Trägheit I.›, a.O. 10 (1998) 1329-1331. – [28] AUGUSTINUS: Conf. VIII, 5, 10. CCSL 27, 120. – [29] VI, 11, 20, a.O. 87. – [30] a.O. – [31] VIII, 9, 21, a.O. 126f. – [32] VIII, 10, a.O. 127ff. – [33] Vgl. De spiritu et litt. XXXI, 53. MPL 44, 234. – [34] VIII, 13, a.O. 207f.; vgl. auch: C. duas ep. Pelagianorum III, 3, 4. MPL 44, 589f. – [35] Vgl. De lib. arb. I, 3, 8. CCSL 29, 215; vgl. dazu: G. R. EVANS: Augustine on evil (Cambridge 1982) 115. – [36] ALBERTUS MAGN.: De bono III, q. 1, a. 6, n. 213-221. Op. omn. [ed. Col.] (1951ff.) 28, 130ff.; De natura boni I, p. 3, c. 1, § 1, 3, n. 79, a.O. 25/1, 32f. – [37] Sup. Ethica III, 2, n. 162, a.O. 14/1, 146, 16-25. – [38] n. 164, a.O. 147. – [39] Ethica III, tr. 1, c. 10. Op. omn., hg. A. BORGNET 7 (Paris 1891) 207. – [40] I, tr. 4, c. 1, a.O. 51. – [41] VII, tr. 1, c. 2, a.O. 467. – [42] THOMAS VON AQUIN: Sent. libri Ethic. VII. Op. omn. [ed. Leon.] (Rom 1882ff.) 47/2, 414f. – [43] S. theol. I-II, 77, 2; De malo 3, a. 10. – [44] De malo 3, a. 12, ad 11. – [45] S. theol. II-II, 156, 3, ad 1. – [46] 155, a. 3. – [47] De malo 3, a. 9, ad 7. – [48] S. theol. I-II, 77; De malo 3, a. 9. – [49] WALTER BURLEIGH: Expos. sup. decem libros Ethicorum (Venedig 1521) 23^{v}b. – [50] a.O. 130^{v}a. – [51] a.O. – [52] Für die Diskussion um Wille/Vernunft im MA vgl. Art. ‹Wille II. 3.›. – [53] Le Correctorium Corruptorii 'Quare', hg. P. GLORIEUX (Le Saulchoir 1927) 237. – [54] GERARDUS ODONIS: Sent. et Expos. cum quaest. sup. librum Ethicorum (Venedig 1500) 54^{r}a-^{r}b. – [55] Sent., a.O. 55^{r}a. – [56] JOH. BURIDANUS: Quaest. sup. decem libros Ethicorum III (Paris 1513, ND 1968) 36^{r}b. 37^{r}b-^{v}a; zu den Parallelen zu Duns Scotus: A. WOLTER: Introd. and notes. Duns Scotus on the will and morality (Washington 1986) 39-46. 127-205. – [57] a.O. 42^{r}b. – [58] Quaest. VII, q. 3, a.O. 141^{r}a-^{r}b. – [59] q. 4, a.O. 141^{v}a. – [60] q. 5, a.O. 142^{r}b. – [61] Quaest., prooem., a.O. 2^{r}a-^{r}b; vgl. ALBERTUS MAGN.: Ethica I, tr. 1, c. 3, a.O. [39] 8-9. – [62] VII, q. 8, a.O. 145^{r}b-^{v}a. – [63] VII, q. 16, a.O. 150^{v}a. – [64] Vgl. z.B. G. W. MORTIMORE (Hg.): Weakness of will (London/Basingstoke 1971). – [65] Vgl. Art. ‹Urteil, moralisches II.›. Hist. Wb. Philos. 11 (2001) 470-473. – [66] Vgl. Art. ‹Präskriptiv›, a.O. 7 (1989) 1265f.; Art. ‹Universalisierung 2.›, a.O. 11 (2001) 201f. – [67] R. M. HARE: The language of morals III, 11.2 (Oxford 1952) 169f.; dtsch.: Die Sprache der Moral (1972) 212. – [68] Vgl. Art. ‹Weakness of will›, in: Encycl. of ethics 3 (^{2}2001) 1789-1792, 1791. – [69] Freedom and reason I, 5.9 (Oxford 1963) 82; dtsch.: Freiheit und Vernunft (1973) 99f. – [70] a.O. [68] 1791; vgl. W. Replik auf Spitzley, in: CH. FEHIGE/G. MEGGLE (Hg.): Zum moral. Denken 2 (1995) 361-369, 368. – [71] Freedom ... I, 5.6, a.O. [69] 76f.; dtsch. 94. – [72] Vgl. Moral thinking. Its levels, method and point I, 3.6f. (Oxford 1981) 55ff.; dtsch.: Moral. Denken: seine Ebenen, seine Methoden, sein Witz (1992) 103ff. – [73] I, 3, a.O. 44-64; dtsch. 91-114. – [74] W., a.O. [69] 366. – [75] D. DAVIDSON: How is weakness of the will possible? in: J. FEINBERG (Hg.): Moral concepts (Oxford 1969) 93-113, 94. – [76] a.O. 95. – [77] 96. – [78] 104ff. – [79] 108f. – [80] 110f. – [81] 112. – [82] Replies to essays I-IX, in: B. VERMAZEN/M. B. HINTIKKA (Hg.): Essays on Davidson: Actions and events (Oxford 1985) 195-229, 206. – [83] Vgl. dazu etwa: TH. SPITZLEY: Handeln wider besseres Wissen. Eine Diskussion klass. Positionen (1992) 194-202. – [84] D. DAVIDSON: Incoherence and irrationality. Dialectica 39 (1985) 345-354, 351; A new basis for decision theory. Theory Decision 18 (1985) 87-98, 90. – [85] a.O. [75] 100; anders dagegen: U. WOLF: Zum Problem der W. Z. philos. Forschung 39 (1985) 21-33, 29. – [86] Paradoxes of irrationality, in: R. WOLLHEIM/J. HOPKINS (Hg.): Philos. essays on Freud (Cambridge 1982) 289-305. – [87] Vgl. Deception and division, in; E. LEPORE/B. P. MCLAUGHLIN (Hg.): Actions and events (Oxford 1985) 138-148, 148; zur Verteidigung von Davidson vgl. etwa: R. STOECKER: W. – wie ist das nur möglich? in: G. PREYER/F. SIEBELT/A. ULFIG (Hg.): Language, mind and epistemology. On D. Davidson's philos. (Dordrecht u.a. 1994) 313-338. – [88] J. R. SEARLE: Rationality in action (Cambridge, Mass. 2001) 24-26. 219-237. – [89] a.O. 61-96.

Literaturhinweise. R. ROBINSON: Arist. on akrasia, in: Essays on greek philos. (Oxford 1969) 139-160. – G. SANTAS: Arist. on practical inference, the explanation of action, and akrasia. Phronesis 14 (1969) 162-189. – G. W. MORTIMORE (Hg.) s. Anm. [64]. – A. W. H. ADKINS: Paralysis and 'Akrasia' in Eth. Nic. 1102 b 16ff. Amer. J. Philology 97 (1976) 62-64. – G. M. ZEIGLER: Arist.'s analysis of 'Akrasia'. The Personalist 58 (1977) 321-332. – A. OKSENBERG-RORTY: 'Akrasia' and pleasure: Nic. ethics book 7, in: A. OKSENBERG-RORTY (Hg.): Essays on Arist.'s ethics (Berkeley 1980) 267-284. – N. O. DAHL: Practical reason, Aristotle, and weakness of the will (Minneapolis 1984). – A. R. MELE: Irrationality. An essay on akrasia, self-deception, and self-control (New York/Oxford 1987). – W. CHARLTON: Weakness of will (Oxford 1988). – W. FRANKENA: Hare on moral weakness and the def. of morality. Ethics 98 (1987/88) 779-792. – J. GOSLING: Weakness of the will (London/New York 1990). – E. BELGUM: Knowing better. An account of ἀκρασία (New York 1990). – M. WOODS: Arist. on akrasia, in: A. ALBERTI (Hg.): Studi sull'etica di Aristotele (Neapel 1990) 227-261. – TH. SPITZLEY s. Anm. [83]. – R. OGIEN: La faiblesse de la volonté (Paris 1993). – R. SAARINEN: Weakness of the will in mediev. thought. From Augustine to Buridan (Leiden/New York 1994); Walter Burley on akrasia: second thoughts. Vivarium 37 (1999) 60-71.

A. HÜGLI

Willkür (lat. arbitrium; engl. arbitrariness; frz. arbitraire). ‹W.› ist, wie das vom lateinischen Substantiv ‹arbitratus› abgeleitete französische ‹[l']arbitraire› und das englische ‹arbitrariness›, als pejorative Bezeichnung für grundlos vollzogene Entscheidungen oder Willensäußerungen in Handlungstheorie, Ethik und Rechts- bzw. politischer Philosophie gebräuchlich; es kann auch für das Vermögen zu solchen Akten stehen. Im neutralen Sinn ist in der Sprachphilosophie von der Willkürlichkeit von sprachlichen Zeichen und deren Bedeutungsfestsetzungen die Rede [1].

Für das negativ bewertete Phänomen des grundlosen Wollens stehen der antiken Philosophie mehrere Ausdrücke zur Verfügung. Klare Zuordnungen zum pejorativen Begriff ‹W.› sind indessen nicht möglich, da alle einschlägigen griechischen und lateinischen Ausdrücke auch wertungsindifferente Willensakte oder -vermögen bezeichnen können. So kann ἐξουσία [2] (eigentlich: 'Vermögen', 'Freiheit', 'Macht') auch zur Bezeichnung selbstherrlichen, unberechenbaren Verhaltens [3], namentlich im politischen Kontext (W.-Herrschaft und Machtmißbrauch) dienen [4]. Gelegentlich wird der negative Wertakzent durch einen spezifizierenden Zusatz (ἄγαν ἐξουσία: 'übermäßige Machtausübung' [5]) verdeutlicht. Zu einer terminologischen Fixierung eines handlungstheoretischen oder politischen W.-Begriffs ist es in der griechischen Philosophie jedoch nicht gekommen. – In der Theologie wird die Souveränität Gottes gelegentlich mit Hilfe eines Begriffs der Willensfreiheit expliziert, der an die Vorstellung von W. grenzt. Für den paganen Neuplatoniker JAMBLICH zeichnet es die oberste Gottheit aus, αὐτοεξούσιος [6] zu sein, d.h., schrankenlose Macht und vollkommen unbeschränkte Freiheit des Willens zu besitzen. Für christliche Theologen war die Lehre des Paulus, daß Gott die Gnade «nach Gutdünken (ὑπὲρ τῆς εὐδοκίας, Phil. 2, 12)» zuteilt und entzieht [7], Ansatzpunkt für einen theologischen Voluntarismus (s.d.), dem in polemischer Zuspitzung die Lehre von einem 'W.-Gott' zugeschrieben wurde.

Im Lateinischen können die Substantive ‹arbitratus› und ‹arbitrium› im Sinne von ‹W.› gebraucht werden. Zudem stehen für bestimmte Aspekte der W. die Ausdrücke ‹libido› ('das eigenmächtige Belieben'), ‹licentia› ('Ungebundenheit, Zügellosigkeit') oder ‹insolentia› ('Übermut') zur Verfügung; sie werden auch in der philosophischen Literatur verwendet. So spricht CICERO im Rahmen seiner Auseinandersetzung mit Epikurs Lehre von der Fallbewegung der Atome prägnant von der «W.» seiner naturphilosophischen Spekulation: Diese sei «willkürlich zusammengebastelt» («ad libidinem fingitur») [8].

Das *deutsche* Kompositum ‹W.› ist nicht vor dem 12. Jh. belegt. Die Grundbedeutung ist zunächst «freie wahl oder entschlieszung» [9]. Im juristischen Sprachgebrauch meint ‹W.› (Plural: ‹W.en›) eine rechtliche Regelung, die einzelne Städte ganz verschieden und 'nach Belieben' erlassen haben wie etwa Markt- oder Kleiderordnungen. Im *philosophischen* Sprachgebrauch ist ‹W.› zunächst eine Bezeichnung für den Willen (s.d.), insofern er 'küren', d.h., zwischen verschiedenen (Handlungs)möglichkeiten 'wählen' kann [10]. Im Deutschen macht der Ausdruck einen Prozeß der Negativierung durch, der in der zweiten Hälfte des 18. Jh. abgeschlossen scheint: ‹W.› meint nun das «gesetzlos-individuelle, prinzipienlose, unmethodische Wollen und Handeln» [11]. Behält das Adjektiv ‹willkürlich› bis heute die Doppelbedeutung, so wird das Substantiv allein noch in abwertendem Sinne gebraucht.

Besonders die Diskussion um die Willensfreiheit [12] von der Aufklärungsphilosophie bis zum Nachidealismus zeigt exemplarisch, wie im Deutschen das Verhältnis von ‹Wille› und ‹W.› semantisch reflektiert und bestimmt wird. Als ein «Erwehlungsvermögen (vis electiva)», bei dem der Wille sich «nach der Kuhr des Verstandes» richtet, faßt J. G. SCHOTTELIUS die «Willkühr» [13]. Wie CH. WOLFF [14] die W. im ursprünglichen Sinne, so definiert I. KANT das «Begehrungsvermögen» als ein «Vermögen, nach Belieben zu thun oder zu lassen». Im Gegensatz zum «Wunsch» (s.d.) sei die W. mit dem «Bewußtsein des Vermögens seiner Handlung zur Hervorbringung des Objects» verbunden. «Die W., die durch reine Vernunft bestimmt werden kann, heißt die freie W. Die, welche nur durch Neigung (sinnlichen Antrieb, stimulus) bestimmbar ist, würde thierische W. (arbitrium brutum) sein». «Die menschliche W.» wird nun nach Kant «durch Antriebe zwar afficirt, aber nicht bestimmt» [15], und kann – wie der Wille – nach Prinzipien handeln. Als solche Unabhängigkeit ist sie Freiheit im praktischen Sinne [16]. Kant bestimmt das Recht als «Inbegriff der Bedingungen, unter denen die W. des einen mit der W. des andern nach einem allgemeinen Gesetze der Freiheit zusammen vereinigt werden kann» [17].

Folgt auch der frühe F. W. J. SCHELLING dem Argumentationsgang, das Bewußtsein menschlicher Freiheit durch den Begriff der W. im Sinne der freien Wahl begreiflich zu machen («Der Wille, wenn er erscheint, muß nothwendig als W. erscheinen») [18], so markiert G. W. F. HEGEL – mit großer Wirkung für die Folgezeit – die Differenz von intersubjektiver Freiheit und subjektiver W.; er beklagt deren Verwechslung als fundamentales Mißverständnis. «Willkühr», so Hegel in Auseinandersetzung mit J. G. FICHTE [19], sei nur «Schein der Freyheit» [20]. Die W. als «gewöhnliche Vorstellung», die man sich von der Freiheit mache, expliziert HEGEL als «die Mitte der Reflexion zwischen dem Willen als bloß durch die natürlichen Triebe bestimmt, und dem an und für sich freien Willen». Die W. ist, «statt der Wille in seiner Wahrheit zu seyn, vielmehr der Wille als der Widerspruch» [21]. Als «Sittlichkeit» sei die wahre Freiheit «diß, daß der Wille nicht subjective, d.i. eigensüchtige, sondern allgemeinen Inhalt zu seinen Zwecken hat» [22].

Vor dem Hintergrund seiner Philosophie des Willens drängt A. SCHOPENHAUER auf eine strikte Unterscheidung von ‹W.› und ‹Wille›. Die W. als deliberatives Moment sei noch kein echtes Wollen, sondern die «bloße Ueberlegung und Berechnung der Motive ..., deren Konklusion ... zuletzt als Willensakt hervortritt» [23]. ‹W.› heißt der Wille bei Schopenhauer aber auch da, «wo ihn Erkenntniß beleuchtet, und daher Motive, also Vorstellungen, die ihn bewegenden Ursachen sind». W. im Sinne der «Wahlentscheidung» bestehe jedoch nur darin, daß «das für den gegebenen individuellen Charakter mächtigste Motiv die andern überwindet und die That bestimmt» [24].

Anmerkungen. [1] Vgl. Art. ‹Arbiträr›. Hist. Wb. Philos. 1 (1971) 491-493; Art. ‹Definition II. 2.›, a.O. 2 (1972) 37f.; ‹Impositio prima/secunda›, a.O. 4 (1976) 269f.; ‹Physis/Nomos; Physis/Thesis 2.›, a.O. 7 (1989) 968-971; ‹Zeichen I.›. – [2] Vgl. auch das Verb ἐξουσιάζειν 'eine gänzlich unbeschränkte Freiheit genießen': ARISTOTELES: Eth. Eud. I, 5, 1216 a 2. – [3] THUKYDIDES: Bell. Pelop. I, 38. – [4] Vgl. Art. ‹Despotie; Despotismus›. Hist. Wb. Philos. 2 (1972) 132-146; Art. ‹Tyrannis›, a.O. 10 (1998) 1607-1618. – [5] DEMOSTHENES: Orat. 19, 272. – [6] IAMBLICH: De mysteriis 3, 14, hg. G. PARTHEY (²1965) 134; Art. ‹Wille I.›. – [7] Vgl. A. DIHLE: Die Vorstellung vom Willen in der Antike (1985) 90ff. – [8] CICERO: De fin. bon. et mal. I, 6, 19. – [9] Vgl. Art. ‹Willkür›. GRIMM 14/II (1960) 204-212, 205. – [10] Vgl. auch: Art. ‹Wesenwille/Kürwille›; zum antiken Kontext vgl. Art. ‹Prohairesis›. Hist. Wb. Philos. 7 (1989) 1451-1458. – [11] Vgl. Art. ‹Willkür›. EISLER⁴ 3, 597f. (mit vielen Belegen). – [12] Vgl. Art. ‹Freiheit IV.›. Hist. Wb. Philos. 2 (1972) 1088-1098. – [13] J. G. SCHOTTELIUS: Ethica II, 16, 5 (1669, ND 1980) 252. – [14] CH. WOLFF: Vernünfft. Ged. von Gott, der Welt und der Seele des Menschen (Dtsch. Met.) §§ 518f. (1751). Ges. Werke, hg. J. ECOLE I/2 (1983) 316f.; vgl. J. G. WALCH: Philos. Lexicon, hg. J. C. HENNINGS (⁴1775, ND 1968) 1574 (Art. ‹Willkühr›). – [15] I. KANT: Die Met. der Sitten, Einl. I (1797). Akad.-A. 6, 213. – [16] Vgl. auch: Grundleg. zur Met. der Sitten (1785, ²1786). Akad.-A. 4, 412f.; zu F. HÖLDERLINS Gedanken einer «nothwendigen Willkühr des Zevs» vgl.: Über den Unterschied der Dichtarten [1800]. Sämtl. Werke, hg. F. BEISSNER 4 (1961) 266-272, 269. – [17] Die Met. der Sitten, Einl. in die Rechtslehre § B, a.O. [15] 230. – [18] Vgl. F. W. J. SCHELLING: Abh. zur Erläut. des Idealismus der Wiss.lehre [1796/97]. Sämmtl. Werke, hg. K. F. A. SCHELLING (1856-61) I/1, 435f.; System des transsc. Idealismus (1800), a.O. I/3, 576ff.; Anthropolog. Schema [1840], a.O. I/10, 291. – [19] Zu J. G. FICHTES frühem Gebrauch des Begriffs vgl.: Versuch einer Critik aller Offenbarung (1792, ²1793). Akad.-A. I/1 (1964) 146ff. – [20] G. W. F. HEGEL: Diff. des Fichte'schen und Schelling'schen Systems der Philos. (1801). Akad.-A. 4 (1968) 72; vgl. K. MARX: Zur Kritik der Hegelschen Rechtsphilos. (1844). MEW 1, 227. – [21] Grundlinien der Philos. des Rechts §§ 15. 17 (1821). Sämtl. Werke, hg. H. GLOCKNER 7 (1928) 67f. 69f. – [22] Enzykl. der philos. Wiss. § 469 (1830). Akad.-A. 20 (1992) 466. – [23] A. SCHOPENHAUER: Die Welt als Wille und Vorst. II, 20 (1844, ³1859). Sämtl. Werke, hg. A. HÜBSCHER (⁴1988) 3, 296; vgl. Art. ‹Wille III. A.›. – [24] Ueber den Willen in der Natur, Physiologie und Pathologie (1836, ²1854), a.O. 4/I, 21-23.

Literaturhinweise. W. EBEL: Die W. Eine Studie zu den Denkformen des älteren dtsch. Rechts (1953). – L. OEING-HANHOFF: Konkrete Freiheit. Grundzüge der Philos. Hegels in ihrer gegenwärt. Bedeutung (1971), in: TH. KOBUSCH/W. JAESCHKE (Hg.): Met. und Freiheit (1988) 302-322. – W. LÜSSI: Hegels Begriff der W. und die Irrationalität des prakt. Gefühls. Studia philos. 33 (1973) 112-156. – G. M. HOCHBERG: Kant: moral legislation and two senses of 'will' (Washington 1982). – R. MEERBOTE: Wille and W. in Kant's theory of action, in: S. GRAM MOLTKE (Hg.): Interpreting Kant (Iowa City 1982) 69-84. – W. DIETRICH: Die dunklen Seiten Gottes: W. und Gewalt (1995). – F. MOISO: 'Wille' e 'W.' in Fichte. Rev. int. Philos. 49 (1995) 5-38. – K. KAWAMURA: Spontaneität und W.: der Freiheitsbegriff in Kants Antinomienlehre und seine hist. Wurzeln (1996).

Red.

Wir (griech. ἡμεῖς; lat. nos; engl. we; frz. nous)

1. Die philosophische Explikation des *Ich* (s.d.) ist ein zentrales Thema neuzeitlicher und moderner Philosophie und Wissenschaft. Mit R. DESCARTES sucht die Philosophie ausgehend vom Subjekt und dessen Selbstgewißheit im «ego cogito, ego existo» einen sicheren Anfang des Philosophierens zu begründen. Sie fragt nach dem Ich oder auch nach dem Selbst (s.d.) als einer die Erkenntnisvollzüge fundierenden Entität. In kritischer Auseinandersetzung mit der Kantischen Philosophie des transzendentalen Subjektes [1] vollzieht sich einerseits in der Glaubensphilosophie F. H. JACOBIS, in dem Sprachdenken J. G. HAMANNS und W. VON HUMBOLDTS wie andererseits in der Hegelkritik L. FEUERBACHS eine philosophische Entdeckung des *Du* (s.d.). Diese konfrontiert die Ich-Philosophie mit der Einsicht: «ohne Du, ist das Ich unmöglich» [2]. In Absetzung nicht zuletzt vom idealistischen Systemdenken formieren sich der Personalismus [3] und die dialogische Philosophie [4], die das im Wechsel- bzw. Zwiegespräch paradigmatisch erkannte Ich-Du-Verhältnis (s.d.) zum Ausgangspunkt für anthropologische wie pädagogische, ontologische, religions- und moralphilosophische Überlegungen nimmt. Daß eine Person (s.d.) nur dadurch Person sei, «daß sie andere von ihresgleichen sich gegenüber hat», stellt schon D. F. STRAUSS heraus [5]. Personen gibt es nur im Plural, der soziale Charakter des Personseins ist an das gegenseitige Anerkennungsverhältnis gebunden. Auch über den Personalismus und den Dialogismus hinaus wird der Andere (s.d.) im 20. Jh. als Fremdich (s.d.) wie als Nächster und Mitmensch (s.d.) zu einem Thema selbst der Ersten Philosophie [6]. Im Rahmen der politischen Philosophie wird nun aber problematisiert, ob die Ich-Du-Beziehung die grundlegende soziale Struktur ist, und erörtert, ob die politische Sphäre (mit ihrem eigentümlichen Handlungspluralismus [7] und ihren auch anonymen Verkehrsformen) erst durch das Hinzutreten des 'Dritten' konstituiert wird [8].

2. In Zusammenhang mit der Aufmerksamkeit auf das Du vollzieht sich seit dem 19. Jh. eine philosophische Entdeckung der *Bewußtseinsform des Wir.* Diese Entdeckung führt dazu, daß zentrale Fragen der Ich- wie der Ich-Du-Philosophie weiterentwickelt und nun auch auf gesellschaftstheoretische Fragestellungen hin überschritten werden können. Die Fragen nach der Individualität [9] und Identität des Ich werden ergänzt durch diejenigen nach seiner Sozialität und nach der sozialen Identität [10] der Gruppen, zu denen es sich zählt. Die Frage nach der Subjektivität des Ich führt auf die Frage nach seiner Intersubjektivität. Wird Intersubjektivität nicht als Subjektinvarianz gedacht, sondern als kommunikative Verständigung (s.d.) [11] mit der anerkannten fremden Subjektivität, dann verbalisieren sich deren philosophische Explikationsversuche nicht zuletzt im bewußten Gebrauch des Ausdrucks ‹Wir›. R. HÖNIGSWALD etwa begreift das Wir ausdrücklich als die «Pluralinstanz der Verständigung» [12]. Für W. KAMLAH wird die Verständigung allein durch «ein offenes Wir» begründet, «das sich nicht eigenmächtig abschließt, daß jeder neuen Verständigung geöffnet bleibt» [13]. Die Extension dieses Wir kann vom Miteinandersein von zweien über die Familie, soziale Gruppen, Nationen, Zivilisationen bis hin zur Menschheit (s.d.) reichen.

Die Ausarbeitung der Bewußtseinsform des Wir wird im 20. Jh. in Grundlagenfragen von Anthropologie, Moral und Politik relevant: das «moralstiftende» [14] und das «kommunale» oder «bürgerschaftliche Wir» [15] rücken in den Blick. Ethisch-existentielle Fragen wie 'Wer bin ich und möchte ich sein?' oder 'Was soll ich tun?' verändern ihren Sinn und ihre Erschließungskraft, wenn sie nicht mehr im Singular, sondern im Plural der ersten Person gestellt werden. Gilt die Fähigkeit, 'ich' zu sagen, als ein anthropologisches Merkmal, so erhält nun nicht nur die vereinzelnde «Rückzugsdimension» des Ich, sondern auch dessen «Wir-Form» [16] verstärkt Aufmerksamkeit.

Den Begriff ‹Wir› gebraucht bereits die antike Philosophie, und zwar im Kontext der Frage nach dem eigentlichen Selbst oder Wesen des Menschen, das jedem einzelnen zukommt: «Wir aber – wer sind wir (ἡμεῖς)?» fragt PLOTIN: «Jenes Obere [sc. der Nus], oder das, was sich ihm nähert und was in der Zeit wird?» [17]. Die Antwort ist nicht einfach für eine Seite der eröffneten Alternative entscheidbar; das Wir wird von Plotin als eine spezifische Einheit des noetischen und des dianoetischen Bereichs bestimmt [18]. Nachmetaphysisch vervielfältigen sich die Antworten auf die Fragen, wer wir sind und sein wollen, in so markanter Weise, daß gilt: «each kind of 'we'-saying defines a different community» [19].

3. Wir-Strukturen werden im Rahmen idealistischer Anerkennungstheorien terminologisch. J. G. FICHTE, der das cartesisch-rationalistische Konzept radikalisiert, indem er das Ich als reine Tätigkeit des Selbstvollzugs interpretiert, die in sich die Differenz von Ich und Nicht-Ich setzt, verobjektiviert das empirische Ich in den Vorlesungen zur ‹Wissenschaftslehre› zum «Wir» [20]. G. W. F. HEGEL vollzieht den Schritt zu einer dialektischen Sicht des Ich als Moment einer Wir-Wirklichkeit des Geistes, wenn er in der ‹Phänomenologie› die Einheit des «Ich, das Wir, und Wir, das Ich ist» [21], artikuliert. Beide Denker überführen das Bewußtsein des Wir in ein übergreifendes vernünftiges Allgemeines (absolutes Ich bzw. absoluter Geist) und schöpfen so die Potentiale ihrer Konzepte interpersonaler Anerkennung nicht aus [22].

Im Zusammenhang seiner Fichte-Kritik wird J. F. HERBART zu einem der Entdecker des Wir: «Es war ein gewaltsam erzeugter, und eben so gewaltsam vestgehaltener Irrthum des Idealismus, das Ich setze sich ein Nicht-Ich entgegen. ... Vielmehr, was innerlich empfunden war, das wird, wo irgend möglich, auf das Aeussere übertragen. Daher bildet sich mit dem Ich zugleich das Du; und fast gleichzeitig mit beyden das Wir, welches der Idealismus vergaß, und vergessen mußte, wenn er nicht aus seinen Träumen geweckt seyn wollte» [23]. Herbart stellt die «größte moralische und überhaupt praktische Wichtigkeit» der «Vorstellung des Wir» heraus. Sie beruhe «auf der Voraussetzung der gemeinschaftlichen Empfindung und Auffassung»: «denn kein Mensch weiß eigentlich, wer er ganz allein seyn würde». Bereits die Vorstellungspsychologie Herbarts thematisiert gesellschaftliche Wir/Ihr- und Wir/Sie-Entzweiungen, die das Produkt komplexitätsreduzierender Selbst- und Fremdkategorisierungen darstellen: «Aber dem Wir stellt sich ein Ihr und Sie entgegen, mit allen Uebeln des Corporations-Geistes» [24].

4. In den Anfängen der Sozialpsychologie wie der philosophisch orientierten Soziologie wird das Wir zu einem Thema. Nach G. A. LINDNER erweitert sich das «'Ich' ... in der Gesellschaft zum 'Wir', wenn die Einzelnen an dem ... Geistesleben der Gesellschaft ... nicht bloß teilnehmen, sondern sich dieser Teilnahme auch bewußt sind» [25]. Im Anschluß an Herbart entwickelt W. VOLKMANN die Dialektik des Verhältnisses von Ich und Anderen weiter: «das einzelne Ich erweitert sich durch die Aufnahme eines fremden Ich, und das eigene Ich sieht sich durch die Anderen auf sich selbst zurückgewiesen. ... Ein Wir entsteht jedesmal, sobald mit dem eigenen Ich ein fremdes in irgend einer Beziehung, an irgend einer Stelle verschmilzt» [26]. Volkmann arbeitet im Kontext des Zusammenhangs von Masse und Macht [27] die Interdependenz von Selbstgefühl und «Wirselbst-Gefühl» heraus: «Wie das Ich im Wir, kann auch das Selbstgefühl ursprünglich in einem Wirselbst-Gefühl enthalten sein und erst aus diesem emporwachsen, und wo dies der Fall ist, kann es wol auch geschehen, dass das Selbstgefühl des Einzelnen nur ein personifiziertes Wirselbst-Gefühl ist und zusammenbricht, wenn der Zusammenhang mit dem Wir aufgehoben wird» [28].

Zu vielen Komposita-Bildungen und wichtigen Begriffsunterscheidungen kommt es, angeregt besonders durch phänomenologische Untersuchungen, in der soziologischen und psychologischen Diskussion der 1920er und 1930er Jahre. Das Erleben von Gruppenzugehörigkeit wird mit den Termini ‹Wir-Gefühl›, ‹Wir-Erlebnis› und ‹Wir-Bewußtsein› gefaßt, die kollektive Willensbildung mit dem Ausdruck ‹Wir-Willen› bezeichnet [29]. Im Rückgang auf die phänomenologische Analyse TH. LITTS [30] begreift der Soziologe TH. GEIGER «Ich und Wir» als «zwei Bewußtseinsfunktionen, zwei Erlebnis- und Seinsformen des Menschen. Grammatisches und psychologisches Wir sind nicht identisch; das grammatische Wir zeigt nur eine Mehrzahl von Wesen an, die sich Ich nennen und deren eins zusammenfassend von allen spricht. Wir ist hier bloße Nennform. Das psychologische Wir ist nicht Mehrzahl, sondern Einzahl. Es bedeutet die psychische Seinsform, darin ich mich mit andern ungesondert eins und verschmolzen weiß» [31]. Interaktionstheoretisch faßt dagegen schon der amerikanische Soziologe CH. H. COOLEY das «group self or 'we'» als ein «'I' which includes other persons. One identifies himself with a group and speaks of the common will, opinion, service, or the like in terms of 'we' and 'us'. The sense of it is stimulated by co-operation within and opposition without» [32]. Jedes Wir geht so auf die soziale Interaktion [33] einer Mehrzahl von Einzelsubjekten zurück.

Prägt der russische Philosoph S. L. FRANK in seiner Sozialphilosophie den Begriff der «Wir-Philosophie» [34], so entwickelt F. KÜNKEL «Grundbegriffe der Wir-Psychologie» [35]. Hatte bereits der Gestaltpsychologe M. WERTHEIMER 1924 in Kritik an S. Freuds Strukturtheorie das Ich in die Struktur des sozialen Ganzen zurückgestellt, das als «Wir» bezeichnet wird [36], so ist innerhalb der psychoanalytischen Tradition selbst immer wieder die Notwendigkeit formuliert worden, die Ich-Psychologie in Richtung auf Wir-Aspekte von «Selbstheit» weiterzuentwickeln [37].

5. Philosophische Bedeutung gewinnt das Wir zunächst besonders in der Phänomenologie. Das transzendentale Ich der Phänomenologie [38] konstituiert die Welt wie das fremde Subjekt in je seiner Subjektivität. Für den späten E. HUSSERL ist deutlich, daß «Subjektivität nur in der Intersubjektivität ist, was sie ist: konstitutiv fungierendes Ich»: «Das bedeutet für den Gesichtspunkt 'Ich' die neuen Themen der spezifisch Ich und anderes Ich (jedes rein als Ich) angehenden Synthesis, der Ich-Du-Synthesis und ebenso, aber komplizierter, der Wir-Synthesis». Diese Wir-Synthesis in der Tradition Kantischer Universalisierung (s.d.) wird konzipiert als Vergemeinschaftung monadischer Egoitäten, als «eine Zeitigung ... der Simultaneität der Ichpole oder, was gleichkommt, der Konstitution des personalen (rein ichlichen) Horizontes, in dem jedes Ich sich weiß. Es ist die universale Sozialität (in

diesem Sinne die 'Menschheit'), als 'Raum' aller Ichsubjekte» [39]. Nach der transzendentalen Intersubjektivitätstheorie der Phänomenologie [40] ist das Ich in der Epoché (s.d.) kein «Ich, das immer noch sein Du und sein Wir und seine Allgemeinschaft von Mitsubjekten in natürlicher Geltung hat. Die ganze Menschheit und die ganze Scheidung und Ordnung der Personalpronomina ist in meiner Epoché zum Phänomen geworden, mitsamt dem Vorzug des Ich-Mensch unter anderen Menschen». Selbst das «Ich, das ich in der Epoché erreiche, dasselbe, das in der kritischen Umdeutung und Verbesserung der Descartes'schen Konzeption das 'ego' wäre, heißt eigentlich nur durch Äquivokation 'Ich'» [41].

Die phänomenologische Tradition hat, über Husserl hinausgehend, Wir-Strukturen immer wieder ausgeleuchtet und dabei nicht nur die monadologische Konstitution von Intersubjektivität in Frage gestellt. Subjektivität selbst wird dabei auch in Abhängigkeit von einer vorgängigen Intersubjektivität gedacht. M. SCHELER arbeitet heraus, daß die Erfahrung des Wir in der Umwelt die Erfahrung des Ich von Welt überhaupt fundiere. Der Mensch sei nicht nur ein Teil der Gesellschaft, «sondern auch die Gesellschaft als Beziehungsglied ein wesentlicher Teil von ihm» [42]. Das Wissen jedes Menschen, Mitglied einer Gesellschaft zu sein, gehe «genetisch den Stufen seines sog. Selbst und Selbstwertbewußtseins vorher: Kein 'Ich' ohne ein 'Wir', und das 'Wir' ist genetisch stets früher inhaltlich erfüllt als das 'Ich'» [43].

Das «Wer» des «In-der-Welt-seins» ist für M. HEIDEGGERS Daseinsanalyse zunächst nicht das Ich, sondern ein existentiell indifferenter Modus des Wir, das «Man». Heidegger will zeigen, daß die von Husserl vorausgesetzte transzendentale Subjektivität kein 'eigenschaftsloser Punkt' ist, sondern selbst eine «Weise zu sein» [44]. Die Fundamentalontologie restringiert Intersubjektivität aber mehr oder weniger auf das Phänomen der Selbstflucht (s.d.) und der Uneigentlichkeit eines an gesellschaftlichen Normen orientierten Handelns: «Jeder ist der Andere und Keiner er selbst» [45]. L. BINSWANGER transzendiert den existenzial-ontologischen Zugriff Heideggers, wenn er die Grundformen menschlichen Daseins nicht von der Selbstheit der Sorge (s.d.), sondern von der «Wirheit» der Liebe aus analysiert [46]. Diese Wirheit wird als «ursprünglicher Modus des Menschseins» [47] und als Ursprung von Selbstheit begriffen. Binswanger nimmt seinen Ausgang von dem als «Wir erschlossenen Da des Da-seins» [48]. An die Stelle der Jemeinigkeit im Wir tritt positiv die «Unsrigkeit» [49]. Die Ich und Du vorhergehende ursprüngliche Wirheit ist, mit einem Terminus Binswangers ausgedrückt, «duale Wirheit» [50]. Was M. BUBER «Zwischen» (s.d.) nennt, ist für BINSWANGER «Wirheit»: «Wirheit im Lieben ist ... mit einem Wort: Begegnung» [51].

BUBER selbst führt Ende der 1930er Jahre den Begriff eines «wesenhaften Wir» ein, den er dem des «kollektiven Wir» [52] entgegensetzt. Ersteren kennzeichnet «die ontische Unmittelbarkeit», die für ihn «die entscheidende Voraussetzung des Ich-Du-Verhältnisses ist»: «Das Wir schließt das Du potentiell ein. Nur Menschen, die fähig sind, zueinander wahrhaft Du zu sagen, können miteinander wahrhaft Wir sagen» [53]. Das wesenhafte Wir sei keine Gruppe [54], überhaupt «keine gegenständlich aufzeigbare Vielheit. Es verhält sich zum Wirsagen wie das Ich zum Ichsagen. Es läßt sich ebensowenig wie das Ich faktisch in der dritten Person erhalten. ... es aktualisiert sich unversehens je und je, und je und je desaktualisiert es sich unversehens und ist nicht mehr da» [55].

6. Zwischen einem «Subjekt-» und einem «Objekt-Wir» («le Nous-subject»/«le Nous-object») unterscheidet J.-P. SARTRE [56]. Die beiden Formen sollen exakt dem «être regardant» und dem «être-regardé» im Verhältnis des Einzelnen zum Anderen entsprechen [57]. Im Subjekt-Wir räumt Sartre dem Heideggerschen «Man» als einem existentiell indifferenten Modus des Wir einen Platz ein. Die Erfahrung dieses Subjekt-Wir ist für ihn nur ein «rein psychologisches, subjektives Ereignis in einem einzelnen Bewußtsein» [58], sie hat «keineswegs den Wert einer metaphysischen Enthüllung» [59]: «Vainement souhaiterait-on un nous humain dans lequel la totalité intersubjective prendrait conscience d'elle-même comme subjectivité unifiée» [60]. Das Objekt-Wir, um das es Sartre zu tun ist, entsteht erst, wenn in der Situation meines ursprünglich Für-Andere-seins oder des Für-mich-seins von Anderen ein 'Dritter' als Subjekt auftaucht. Erst unter dem Blick des Dritten erfahre ich mich im ausgezeichneten Sinne als «einer unter anderen» [61]. Gegenüber Husserl streicht Sartre die Voraussetzung des transzendentalen Wir weg. Das Objekt-Wir entspricht der Erfahrung von Demütigung und Ohnmacht [62]. Auch das humanistische Objekt-Wir bleibt nach Sartre ein «leerer Begriff» [63].

A. CAMUS wandelt zunächst den Cartesischen Schluß 'cogito ergo sum' um. An die Stelle des Denkens tritt bei ihm die Tat der solidarischen Revolte, die die leidenden Menschen zu einem wahrhaft menschlichen, zu einem solidarischen Wir verbinden soll: «Je me révolte, donc nous sommes» [64]. Ebenfalls gegen Descartes und Sartre gewandt, fordert G. MARCEL, im Bewußtsein des «esse est co-esse» die Philosophie des Ich-denke zugunsten einer Philosophie des «Wir-sind» aufzugeben: «une métaphysique de l'être, c'est une métaphysique du nous sommes par opposition à une métaphysique du je pense» [65].

In den 1950er und 1960er Jahren zeigen sich die Anstrengungen, philosophische Perspektiven eines Wir zu entwickeln, als europäisches Phänomen. E. BLOCH läßt die philosophische Reflexion von der Erfahrung des «Ich bin. Aber ich habe mich nicht» anheben und stellt sie zugleich in den Horizont eines ausstehenden gemeinsamen Wir: «Darum werden wir erst» [66]. Als «Nostrismus» bezeichnet J. ORTEGA Y GASSET das «mutuelle Seinsverhältnis» miteinander handelnder Menschen: In der Realität dieses Wir «wird aus meinem Leben ein Zusammenleben» [67].

In Rückgriff auf F. ROSENZWEIG betont E. LEVINAS, daß die Gemeinsamkeit, «in der ich 'Du' oder 'Wir' sage», nicht ein «Plural von 'Ich'» ist [68]. ROSENZWEIG hatte in Auseinandersetzung mit dem Sprachdenken des Alten Testaments in seinem ‹Stern der Erlösung› herausgestellt, daß «der Plural ... in der dritten Person des Singular [entsteht], die nicht zufällig die Geschlechtergliederung zeigt ... Das Wir hingegen ist die aus dem Dual entwickelte Allheit, die – anders als die nur erweiterbare Singularität des Ichs und seines Gefährten, des Du, – nicht zu erweitern, nur zu verengern ist. Im Wir also hebt die Schlußstrophe des Gesangs der Erlösung an» [69]. Für das ethische Phänomen des «l'entre-nous» als einer Erfahrung, in der ich mich mit dem Anderen als einem Fremden verbunden weiß, findet Levinas die – Alterität wahrende – Wendung: «Nous sommes le Même et l'Autre» [70]. Daß zum Wir «eine gelebte Solidarität von Personen im ursprünglichen Sinn, von sich gegenseitig ansprechenden und organisierenden Seienden [gehört], ... die einander benötigen und beanspruchen, die sich gegenseitig nicht nur aktiv, sondern auch durch das Zusammensein und die Anteilnahme aneinander am Sein erhalten», arbeitet der Phänomenologe J. PATOČKA heraus [71].

7. Nach den Totalitarismen, die in der ersten Hälfte des 20. Jh. gerade auch im Namen von Gemeinschaftsideen erfolgten, wird am Ende des Jahrhunderts wieder neu über Konzepte von Gemeinschaft (s.d.), Gemeinsinn (s.d.) und Gemeinwohl (s.d.) nachgedacht. Diskutiert wird, auch in der Debatte zwischen Liberalen und Kommunitaristen, die Anfang der 1980er Jahre einsetzt, welche soziale Identität moderne multikulturelle Gesellschaften entwickeln können und welche Bindungskräfte in ihnen wirken. Erörtert wird, ob sich partikuläre Wir-Gruppen, vereinfacht gesagt, über die gemeinsam geteilte Tradition, Kultur und Sprache oder über die gemeinsam geteilten Werte, Überzeugungen und Wünsche konstituieren [72]. In Kritik der atomistischen Sozialontologie und um die Unterscheidung zwischen «kollektiver Instrumentalität» und «gemeinsamem Handeln» nicht zu verlieren, fragt CH. TAYLOR nach dem möglichen Ort «of we-identities as against merely convergent I-identities» [73]. Er verbindet damit die moderne Diskussion um Wir-Identitäten mit derjenigen um Wir-Intentionalitäten, ein Phänomen, das J. R. SEARLE aus einem irreduziblen «sense of community» ableitet und das den Begriff der Kooperation erklären soll [74].

In der Frage, wie weit der Kreis des Wir in ethisch-politischer Hinsicht erweitert werden kann, steht der Partikularismus dem religiösen und moralischen Universalismus entgegen. Im Anschluß an Fragestellungen der universalistischen Moralkonzeption Kants stellt W. SELLARS heraus, es sei «a conceptual fact that people constitute a community, a we, by virtue of thinking of each other as one of us, and by willing the common good not under the species of benevolence – but by willing it as one of us, or from a moral point of view» [75]. R. RORTY, Vertreter eines reflektierten Partikularismus, betont, «that the force of 'us' is, typically, contrastive in the sense that it contrasts with a 'they' which is also made up of human beings – the wrong sort of human beings» [76]. Damit rücken die dialektischen Prozesse der sozialen Inklusion und Exklusion («like us but not of us» [77]) in den Mittelpunkt der Aufmerksamkeit. Impliziert die Einnahme der Wir-Perspektive notwendig eine Exklusion, dann kann das Wir auch nicht in plausibler Weise universalisiert werden. S. BENHABIB verlangt, «gegenüber falschen Hypostasierungen des 'Wir' wachsam zu sein», hält es aber für die Aufgabe einer demokratischen Politik, «die Gemeinschaft des Wir zu vergrößern, ... und 'differente' andere Weisen des 'Wir'-Seins als die bestehenden hervorzubringen» [78].

Der Status der Zugehörigkeit zu einem Wir ist ein soziales Faktum, daß R. BRANDOM anerkennungstheoretisch aus der diskursiven Zuschreibungspraxis von sprach- und handlungsfähigen Subjekten zu erklären versucht. In der Tradition des Pragmatismus begreift er bei der Explikation seines intersubjektivistischen Vernunftbegriffs Universalismus als Vermeidung von Exklusion. Die Wir-Perspektive, in der sich vernünftige Wesen als «sapient rather than sentient» von anderen Lebewesen abgrenzen, verbietet Partikularismus, aber nicht Pluralismus: «The most cosmopolitan approach begins with a pluralistic insight. When we ask, Who are we? or What sort of thing are we? the answer can vary without competing. Each one defines a different way of saying 'we'; each kind of 'we'-saying defines a different community, and we find ourselves in many communities». Gleichwohl hält Brandom an der Begründung einer universalistischen Zielperspektive fest, die – in Anknüpfung an Hegel – als verwirklichtes soziales Selbstbewußtsein der Gesellschaft gedacht wird: «It points to the one great Community comprising members of all particular communities – the Community of those who say 'we' with and to someone, whether the members of those different particular communities recognize each other or not» [79].

Anmerkungen. [1] Vgl. Art. ‹Subjekt, transzendentales›. Hist. Wb. Philos. 10 (1998) 400f. – [2] F. H. JACOBI: Über die Lehre des Spinoza (1785). Werke 1/1, hg. W. HAMMACHER/W. JAESCHKE (1998) 116; vgl. Br. an J. K. Lavater (21. 11. und 6. 12. 1781). Br.wechsel 1/2, Nr. 738, hg. M. BRÜGGEN/S. SUDHOF (1983) bes. 381f. – [3] Vgl. Art. ‹Personalismus II.›. Hist. Wb. Philos. 7 (1989) 339-341. – [4] Vgl. Art. ‹Dialog; dialogisch›, a.O. 2 (1972) 226-229. – [5] D. F. STRAUSS: Christl. Glaubenslehre 1 (1840) 497. – [6] Vgl. M. THEUNISSEN: Der Andere. Studien zur Sozialontologie der Gegenwart (1965, ²1977); A. AVRAMIDES: Other minds (London 2001). – [7] Zum «Wir» als der «wahren Pluralität des Handelns» vgl. H. ARENDT: Das Leben des Geistes 2 (1979) 190ff. – [8] Vgl. TH. BEDORF: Dimensionen des Dritten (2003). – [9] Vgl. Art. ‹Individuum; Individualität›. Hist. Wb. Philos. 4 (1976) 300-323. – [10] Vgl. Art. ‹Identität; Ich-Identität›, a.O. 147-151. – [11] Zum Wir als dem Apriori der Kommunikationsgemeinschaft vgl. Art. ‹Transzendentalpragmatik/Universalpragmatik›, a.O. 10 (1998) 1439-1442; D. BÖHLER: Rekonstruktive Pragmatik. Von der Bewußtseinsphilos. zur Kommunikationsreflexion (1985) 60ff. – [12] R. HÖNIGSWALD: Die Systematik der Philos. II, aus dem Nachlaß hg. E. WINTERHAGER/H. ZANDER (1977) 346; vgl. 554ff. – [13] W. KAMLAH: Der Mensch in der Profanität (1949) 26. – [14] Vgl. H. STEINFATH: Wir und Ich. Überlegungen zur Begründung moral. Normen, in: A. LEIST (Hg.): Moral als Vertrag? Beiträge zum moral. Kontraktualismus (2003) 71-95, 79. – [15] Vgl. etwa: L. WINGERT: Unpathetisches Ideal. Über den Begriff eines bürgerschaftl. Wir, in: H. BRUNKHORST (Hg.): Demokrat. Experimentalismus (1998) 33-43; R. SENNETT: The corrosion of character (New York 1998) 136ff.; dtsch.: Der flexible Mensch. Die Kultur des neuen Kapitalismus (1998) 187ff. – [16] H. PLESSNER: Der kategor. Konjunktiv (1968). Ges. Werke, hg. G. DUX u.a. (1980-85) 8, 338-352; Die Stufen des Organischen und der Mensch (1928), a.O. 4, 377. – [17] PLOTIN: Enn. VI, 4 (22), 14, 16f.; vgl. 22; V, 3 (49), 3, 26; I, 1 (55) 13, 38ff.; IV, 3 (27), 27, 2. – [18] Vgl. W. BEIERWALTES: Entfaltung der Einheit, in: Denken des Einen (1985) 155-192, 176ff. – [19] R. BRANDOM: Making it explicit. Reasoning, representing, and discursive commitment (Cambridge/London 1994) 4f.; dtsch.: Expressive Vernunft (2000) 36f. – [20] J. G. FICHTE: Wiss.lehre ²1804, 15. Vortrag. Akad.-A. II/18 (1985) 230ff.; vgl. 207; Die Grundzüge des gegenwärt. Zeitalters, 17. Vorles. (1806). Sämmtl. Werke, hg. I. H. FICHTE (1845/46, ND 1965) 7, 239f.; U. RICHLI: Das Wir in der späten Wiss.lehre. Fichte-Studien 12 (1997) 351-363. – [21] G. W. F. HEGEL: Phänomenol. des Geistes (1807). Akad.-A. 9, 108. – [22] Zu Fichte vgl. CH. ASMUTH: Das Begreifen des Unbegreiflichen (1999) 248ff.; zu Hegel: L. SIEP: Die Bewegung des Anerkennens in Hegels Phänomenol. des Geistes, in: G. W. F. HEGEL: Phänomenologie des Geistes, hg. D. KÖHLER/O. PÖGGELER (1998) 107-128; D. M. PARRY: Hegel's phenomenology of the 'we' (New York u.a. 1988). – [23] J. F. HERBART: Lehrb. zur Psychol. (1816, ²1834). Sämtl. Werke, hg. K. KEHRBACH 4 (1891) 402, Anm.; zum Versuch einer Fichte-Kritik, die die Ich- in Wir-Strukturen verwandelt, vgl. auch: J. THÜRMER: Fundamentalphilos. (Wien 1827) 5ff. – [24] a.O. – [25] G. A. LINDNER: Ideen zur Psychologie der Gesellschaft (1871) 203. – [26] W. VOLKMANN Ritter VON VOLKMAR: Lb. der Psychol. ... 2, § 109 (1885) 168-175, 171. – [27] Vgl. Art. ‹Masse; Massen II.›. Hist. Wb. Philos. 5 (1980) 828-832. – [28] VOLKMANN Ritter VON VOLKMAR: Lb. § 135, a.O. [26] 376. – [29] Vgl. W. SOMBART: Art. ‹Grundformen des menschl. Zusammenlebens›, in: A. VIERKANDT (Hg.): Handwb. der Soziologie (1931) 221-239, 238; Art. ‹Gruppe›, a.O. 239-253, 239; Art. ‹Sozialpsychologie›, a.O. 545-564; TH. GEIGER: Art. ‹Gemeinschaft›, a.O. 173-180; zur verstehenden Soziologie vgl. A. SCHÜTZ: Der sinnhafte Aufbau der sozialen Welt §§ 33ff. (Wien 1932, ²1960) 181ff.; zum soziolog. Relationismus zusammenfassend: L. VON WIESE: Die Philos. der persönl.

Fürwörter (1965) bes. 25-39. – [30] Th. Litt: Individuum und Gemeinschaft (1919, ²1924). – [31] Th. Geiger: Die Gruppe und die Kategorien Gemeinschaft und Gesellschaft. Arch. Sozialwiss. Sozialpolitik 58 (1927) 338-374, 339f.; vgl. Art. ‹Gemeinschaft›, in: Vierkandt (Hg.), a.O. [29] bes. 176. – [32] Ch. H. Cooley: Human nature and the social order (1902, Glencoe, Ill. 1956) 209. – [33] Vgl. Art. ‹Interaktion, soziale›. Hist. Wb. Philos. 4 (1976) 476. – [34] S. L. Frank: 'Ich' und 'Wir'. Zur Analyse der Gemeinschaft, in: Der Russische Gedanke. Int. Z. russ. Philos., Lit.wiss. Kultur 1 (1929/30) 49-62; vgl. P. Ehlen: Die Wir-Philos. Simon L. Franks. Philos. Jb. 104 (1997) 390-405. – [35] F. Künkel: Das Wir. Grundbegriffe der Wir-Psychologie (³1939, ND 1972). – [36] Vgl. E. Levy: A Gestalt theory of paranoia. Introd., comment and transl. of 'Heinrich Schulte'. Gestalt Theory 8 (1986) 230-255. – [37] Vgl. G. S. Klein: Peremptory ideation: structure and force in motivated ideas, in: R. R. Holt (Hg.): Motives and thought: psychoanalytic essays in honour of David Rapaport (New York 1967) 80-182; R. W. Bion: Experiences in groups ... (London 1961); zur jüngeren entwicklungspsycholog. Diskussion: R. N. Emde: Die endl. und die unendl. Entwicklung. Psyche 45 (1991) 745-779, bes. 772f. – [38] Vgl. Art. ‹Subjekt, transzendentales›. Hist. Wb. Philos. 10 (1998) 400f. – [39] E. Husserl: Die Krisis der europ. Wiss. und die transz. Phänomenol. § 50 (1936). Husserliana 6 (Den Haag 1954) 175. – [40] Vgl. Art. ‹Intersubjektivität›. Hist. Wb. Philos. 4 (1976) 521; Schütz, a.O. [29]. – [41] Husserl: Krisis § 54b, a.O. [39] 188. – [42] M. Scheler: Wesen und Formen der Sympathie (1923). Ges. Werke (1954ff.) 7, 225. – [43] Probleme einer Soziologie des Wissens (1924), a.O. 8, 52f. – [44] M. Heidegger: Sein und Zeit §§ 25-27 (1927, ¹⁵1979) 114-129; vgl. Über den Humanismus (1947) 101. Ges.ausg. I/9 (1976) 350. – [45] § 27, a.O. 128; zur Ablehnung des zeitgenöss. Wir-Denkens bei Heidegger vgl. Einf. in die Met. [1935] (1953) 53. Ges.ausg. II/40 (1983) 74f. – [46] L. Binswanger: Grundformen und Erkenntnis menschl. Daseins (Zürich 1942) 19. – [47] a.O. 186. – [48] 30; vgl. 345. 57f. – [49] 59. – [50] 231. 269. – [51] 176. – [52] Vgl. Art. ‹Kollektivbewußtsein›. Hist. Wb. Philos. 4 (1976) 883f.; Art. ‹Kollektivismus; Kollektiv›, a.O. 884-886. – [53] M. Buber: Das Problem des Menschen (1938) 115f. – [54] Vgl. Art. ‹Gruppe, soziale›. Hist. Wb. Philos. 3 (1974) 929-933. – [55] M. Buber: Dem Gemeinschaftlichen folgen (1956), in: Logos. Zwei Reden (1962) 67. – [56] J.-P. Sartre: L'être et le néant (Paris 1943); dtsch.: Das Sein und das Nichts (1991). – [57] a.O. frz. 486/dtsch. 722f. – [58] 497/740. – [59] 500/744. – [60] 501/745. – [61] 493/732ff. – [62] 490/730; vgl. Art. ‹Verachtung; Mißachtung›. Hist. Wb. Philos. 11 (2001) 563-566. – [63] 495/736. – [64] A. Camus: L'homme révolté (Paris 1951) 38, in: Essais, hg. R. Quilliot/L. Faucon (Paris 1965) 432; vgl. Art. ‹Solidarität›. Hist. Wb. Philos. 9 (1995) 1004-1015. – [65] G. Marcel: Le mystère de l'être 2 (Paris 1951) 12; vgl. Présence et immortalité (Paris 1959) 160. – [66] E. Bloch: Zuvor. Vorspann vor der Titelseite zu: Ges.ausg. 1 (1969). – [67] J. Ortega y Gasset: El hombre y la gente (Madrid 1957); dtsch.: Der Mensch und die Leute. Ges. Werke 6 (1978) bes. 103f. 135. – [68] E. Levinas: Totalité et infini (Den Haag 1961) 9; dtsch.: Totalität und Unendlichkeit (1987) 44. – [69] F. Rosenzweig: Der Stern der Erlösung (1921). Ges. Schr. 2 (1976) 264; vgl. 278ff. 172; vgl. aber zum privilegierten Status des Ich in der relig. Erfahrung beim frühen Buber: M. Buber: Religion als Gegenwart, 7. Vortr. [5. März 1922], in: R. Horwitz: Buber's way to 'I and thou' (1978) 128. – [70] Levinas, a.O. [68]; vgl. Art. ‹Xenologie; Wissenschaft vom Fremden›; auch: J.-F. Lyotard: Le différend, Nr. 155 und 158 (Paris 1983); dtsch.: Der Widerstreit (²1989) 168ff. 175f.; J. Derrida: Lyotard und wir (2002). – [71] J. Patočka: Der Raum und seine Problematik [1960]. Die Bewegung der menschl. Existenz. Ausgew. Schr. 2, hg. K. Nellen u.a. (1991) 63-131, bes. 97ff. – [72] Vgl. U. Tietz: Die Grenzen des Wir. Eine Theorie der Gemeinschaft (2002). – [73] Ch. Taylor: Cross-purposes: The liberal-communitarian debate, in: N. L. Rosenblum (Hg.): Liberalism and the moral life (Cambridge, Mass./London 1989) 159-182, 170; dtsch.: Aneinander vorbei: Die Debatte zwischen Liberalismus und Kommunitarismus, in: A. Honneth (Hg.): Kommunitarismus. Eine Debatte über die moral. Grundlagen moderner Gesellschaften (²1994) 103-130, 116; vgl. J. Habermas: Faktizität und Geltung (1992, ⁵1997) 198; Geschichtsbewußtsein und posttraditionale Identität. Die Westorientierung der Bundesrep., in: Eine Art Schadensabwicklung (1987) 161-179, 171. – [74] J. R. Searle: Collective intentions and actions, in: P. R. Cohen u.a. (Hg.): Intentions in communication (Cambridge, Mass. 1990) 401-415, 413. – [75] W. Sellars: Science and metaphysics. Variations on Kantian themes (London 1968) 222. – [76] R. Rorty: Contingency, irony and solidarity (Cambridge 1989) 190; dtsch.: Kontingenz, Ironie und Solidarität (1989) 307. – [77] M. Walzer: Spheres of justice (New York u.a. 1983) 32; dtsch.: Sphären der Gerechtigkeit (1992) 66f.; vgl. N. Luhmann: Inklusion und Exklusion, in: H. Berding (Hg.): Nationales Bewußtsein und kollektive Identität. Studien zur Entwicklung des kollektiven Bewußtseins in der Neuzeit 2 (1994) 15-45. – [78] S. Benhabib: Demokratie und Differenz. Betracht. über Rationalität, Demokratie und Postmoderne, in: M. Brumlik/H. Brunkhorst (Hg.): Gemeinschaft und Gerechtigkeit (1993) 97-116, hier: 107. – [79] Brandom, a.O. [19] engl. 643ff. 650; dtsch. 891ff. 901.

Literaturhinweise. M. Theunissen s. Anm. [6]. – B. Waldenfels: Vom Ich zum Wir, in: Der Spielraum des Verhaltens (1980) 189-204. – M. Tshiamalenga Ntumba: Afrikan. Weisheit. Das dialekt. Primat des Wir vor dem Ich-Du, in: W. Oelmüller (Hg.): Philos. und Weisheit (1989) 24-38. – H. B. Schmid: Wir-Intentionalität – Jenseits von Individualismus und Kollektivismus. Z. für Kulturphilos. 1 (2001) 71-92. – P. Stekeler-Weithofer: Zur Logik des 'Wir'. Formen und Darst. gemeinsamer Praxis, in: M. Gutmann/D. Hartmann/W. Zitterbarth (Hg.): Kultur – Handlung – Wiss., für P. Janich (2002) 216-240. – U. Tietz s. Anm. [72]. – H. Steinfath s. Anm. [14].

H. Hühn

Wirbeltheorie (Wirbel: griech. δῖνος; lat. vortex; W.: engl. vortex theory; frz. théorie des tourbillons). Die W. ist eine ursprünglich von Anaxagoras und dem antiken Atomismus formulierte und in der frühen Neuzeit wieder aufgegriffene Theorie über das Entstehen und den Erhalt der kosmischen Ordnung. Anaxagoras ging aus von einer ursprünglich ununterscheidbaren Mischung aller Stoffe, in die der Weltgeist (Nus) eine wirbelförmige Bewegung setzte (περιχωρεῖ), die in Folge ihrer Wucht und Schnelligkeit zur Scheidung der Stoffe führte [1]. Der antike Atomismus dagegen verzichtete auf die Annahme eines geistigen Prinzips und ließ die Bildung der Welten durch Zufall entstehen: Die sich im leeren Raum regellos bewegenden Atome sollten sich durch Angliederung und Wirbelbewegung zusammenballen [2].

In der frühen Neuzeit sucht J. Kepler im Anschluß an W. Gilbert [3] die Planetenbewegung physikalisch durch die Hypothese zu erklären, daß zwischen der um ihre eigene Achse rotierenden Sonne und den Planeten eine magnetische Kraft bzw. von dieser ausgehende «species immateriata» wirke [4]. Da auch die Planeten als magnetisch angenommen wurden, werde je nach Lage der Magnetpole ein Wechsel in der Entfernung zur Sonne verursacht [5].

R. Descartes entwickelt später ohne Rückgriff auf Keplers Planetengesetze eine mechanistische Theorie zur Erklärung der Bewegung von Planeten und Kometen, die er auf Ätherwirbel zurückführt. Ihr zufolge entstand der Kosmos aus einer einheitlichen, indefinit teilbaren Materie, die Gott mit Achsendrehung und Bewegung um bestimmte Zentren ausgestattet hatte [6]. Durch Stoß- und Abschleifvorgänge bildeten sich daraus drei unterschiedliche Materiearten, nämlich die aus dem feinen Abrieb entstandene Feuermaterie, die kugelförmig abgeschliffene Himmelsmaterie und gröbere Teilchen, die dem irdischen oder dritten Element entsprechen [7]. Sonne und Fixsterne sollten aus der ersten Materieart entstanden sein, als sich die gröberen Teilchen infolge der Wirbelbewegung vom Wirbelzentrum entfernten und die zunehmende Feuermaterie sich im Mittelpunkt zusammenballen konnte [8]. Die gröberen Teilchen des dritten Elements hingegen hängen sich nach Descartes mit ihren ungleichen Oberflächen aneinander und bilden grobe Massen; dies erkläre auch die Bildung von Sonnen- bzw. Fixsternflecken [9]. Da die Wirbelwirkung des Sterns mit zunehmend verdichteter Fleckenbildung schwächer werde, konnten Planeten bzw. Kometen entstehen [10]. In unserem Sonnensystem bewege sich die den interplanetarischen Raum erfüllende, das Leere verhindernde Himmelsmaterie wirbelförmig von Westen nach Osten um das Zentrum der Sonne und führe die in ihr ruhenden Körper mit sich, wobei die Geschwindigkeit zum Zentrum hin größer werde [11]. Die Planeten wiederum bilden die Zentren kleinerer Wirbel, so daß sie, wie Jupiter, Saturn und Erde, Monde um sich kreisen lassen können [12]. Allerdings kann Descartes auf der Grundlage seiner Hypothese nicht erklären, warum schwere Körper sich nicht horizontal mit der Äthermaterie bewegen und nicht zur Achse des Wirbels, sondern zum Zentrum hin abgedrängt werden [13]. Er findet letztlich zu keiner einheitlichen Theorie für den Fall schwerer Körper und für die Bewegungen der Himmelskörper.

I. Newton vertritt die Auffassung, daß die Cartesische W. unter Berücksichtigung der wirkenden Reibungskräfte nicht haltbar sei [14]. Auf der Grundlage der Keplerschen Gesetze entwickelt er eine Alternative in Gestalt seiner Theorie der allgemeinen Gravitation (s.d.) [15]. Danach bewegen sich die Planeten ohne Widerstand im leeren Raum und werden von der Sonne mit einer Kraft angezogen, die umgekehrt proportional zum Quadrat der Entfernung ist. In anderen Schriften [16] legt er gleichwohl eine stoisch beeinflußte Theorie eines aktiven Äthers zugrunde, der aufgrund seiner Feinstofflichkeit die Planetenbewegungen nicht störe. Die Vorstellung eines kreislaufartig zirkulierenden Äthers sollte dabei die Einheit der Natur in ihren chemischen, biologischen und physikalischen Prozessen begründen [17]. Trotz des Vorteils einer einheitlichen, mathematischen Erklärung für die Phänomene der Gravitation wird Newtons Theorie insbesondere auf dem Kontinent kritisiert, da sie in den Augen seiner Kritiker eine «okkulte» Gravitation [18] einführt und eine Fernwirkungstheorie impliziert, die mit den Prinzipien der mechanistischen Philosophie unvereinbar schien.

Ch. Huygens kritisiert Newtons Gravitationstheorie als absurd und stellt ihr eine – gegenüber Descartes modifizierte – Äther-W. gegenüber [19]. Dabei bemüht er sich, in Übereinstimmung mit dem von ihm als richtig angesehenen Newtonschen Gravitationsgesetz zu bleiben [20]. Das Streben der Körper vom Zentrum weg beschreibt er als Zentrifugalkraft (s.d.). Die Schwere faßt er mathematisch als eine der Zentrifugalkraft entgegengesetzte, gleich große Kraft auf. Er verwirft die Cartesische Version der «vortices deferentes» und ersetzt sie durch die Vorstellung einer einheitlichen Äthermaterie, die aus in alle Richtungen stoßenden, sich sehr schnell bewegenden Teilchen bestehe und sich, begrenzt durch andere Wirbel, auf sphärischen Oberflächen um das Zentrum der Erde bewege. Die wirkenden Kräfte der Erdanziehung versteht er als eine Folge dieser rotierenden Äthermaterie, die größere Teilchen zum Erdzentrum hin abdränge [21].

Eine ähnliche, die Newtonsche Gravitationstheorie ebenfalls vermeidende Äther-W. wird von G. W. Leibniz formuliert. Leibniz verteidigt die Hypothese eines Äthers, der sämtliche Erscheinungen der Natur bedinge – von der Gravitation über die Propagation und Refraktion des Lichts und über die Kohäsion und Elastizität der Körper bis hin zu den chemischen und biologischen Prozessen [22]. Er versteht den zirkulierenden Äther als aktives Prinzip, während alle übrige Materie passiv sei. Die Cartesische Annahme verabschiedet er später zugunsten einer Theorie kraftbegabter Körper [23]. In der Spätzeit formuliert Leibniz noch einmal eine W.: Er leitet mit Hilfe seiner Infinitesimalrechnung (s.d.) und gestützt auf Huygens' Theorie der Zentrifugalkraft Keplers Planetenbahnen aus der Ätherhypothese ab. Für um ein Zentrum bewegte Ätherwirbel lassen sich unendlich viele konzentrische Kreise unterscheiden, deren Geschwindigkeit proportional zur Sonnennähe anwächst. Die von diesen «orbes fluidas deferentes» [24] bewegten Planeten haben also eine Geschwindigkeit, die zur Entfernung vom Bewegungszentrum umgekehrt proportional ist. Dieses Gesetz nennt er «Circulatio Harmonica» [25].

Ebenfalls in kritischer Auseinandersetzung mit Newton kommt Joh. I Bernoulli zu einer W., die er bes. in zwei Preisschriften der Pariser Académie Royale des Sciences entwickelt [26]. In einer von seinen Söhnen Daniel und Joh. II Bernoulli verfaßten Abhandlung wird die Flüssigkeit der Luft auf ständige Impulse der feinen Äthermaterie zurückgeführt [27]. Sie soll auch für den Spannungs- oder ständigen Schwingungszustand der aus Fasern bestehenden Festkörper verantwortlich sein [28]. In Magneten wird eine mit den Schwingungen der Fasern harmonierende, nicht elastische Magnetflüssigkeit angenommen, die in beide Richtungen fließe und sich bei Austritt aus dem Magneten nicht mit dem umgebenden elastischen Äther verbinde, wodurch sich um jeden magnetischen Körper ein doppelter Wirbel ausbilde [29].

Den letzten originellen und einflußreichen Versuch, gegen Newtons Gravitationstheorie eine mathematische W. der Planetenbewegung aufzustellen, unternimmt in der Mitte des 18. Jh. L. Euler (‹Theoria motuum planetarum et cometarum›, 1744). In der ‹Nova theoria magnetis› (1744) erklärt er die Gravitation mechanistisch durch die Interaktion einer feinen, aus der Erde ausströmenden Magnetflüssigkeit mit der umgebenden rückstoßenden Äthermaterie [30]. Noch in seinen populären ‹Lettres a une Princesse d'Allemagne› wendet er sich gegen Newtons Erklärung der Gravitation und führt die Schwere der Körper auf die durch ätherische Materie bedingten Impulse zurück [31]. Aus der Existenz einer subtilen, aus unzähligen Wirbeln zusammengesetzten elastischen Äthermaterie erklärt er die Phänomene des Lichts und der visuellen Wahrnehmung [32], der Elektrizität [33] und des Magnetismus, der durch eine vom Äther unterschiedene, noch subtilere Materie verursacht sein soll [34].

In der Kosmogonie (s.d.) I. Kants werden elementarische, einander rückstoßende Partikel [35] in der Nähe eines massiven Zentralkörpers (der Sonne) angezogen, wodurch sich große Wirbel bilden, deren Bewegungen sich schließlich zu parallelen Kreisumläufen ausgleichen [36]. Kant betrachtet analog die Milchstraße als ein großes System von Fixsternen und geht davon aus, daß die elliptischen Orion- und Andromedanebel Galaxien nach Art unserer Milchstraße darstellen und daß die evolutionär entstandene kosmische Ordnung wieder ins Chaos münden werde («Kant-Laplacesche Theorie»).

Mit der Durchsetzung des Newtonschen Programms der Fernwirkungskräfte werden W.n im 19. Jh. bedeutungslos. Der Begriff des Äthers (s.d.) tritt zunehmend hinter den des Feldes [37] zurück, wird dabei aber wichtig für die Ausbildung des letzteren [38]. Mit A. Einsteins

Allgemeiner Relativitätstheorie (s.d.) kann diese Entwicklung als abgeschlossen und die Möglichkeit einer W. im Sinne des traditionellen Mechanismus als ausgeschlossen gelten.

Anmerkungen. [1] Anaxagoras: VS 59, B 9. 12f. – [2] Leukipp: VS 67, A 24 (Diels/Kranz 2, 78, 5); Demokrit: VS 68, A 67 (a.O. 101, 5); B 167. 164; vgl. Diog. Laert.: Vitae IX, 6. 31-33 (Leukipp); IX, 7. 44 (Demokrit); X, 73. 76f. 88-91 (Epikur); vgl. J. Ferguson: ΔΙΝΟΣ. Phronesis 16 (1971) 97-115, hier: 104-106. – [3] W. Gilbert: De magnete (1600). – [4] J. Kepler: Astronomia nova 34. 58 (1609). Ges. Werke, hg. W. von Dyck/M. Caspar 3 (1937) 242f. 350. – [5] Vgl. V. Bialas: Joh. Kepler, in: K. von Meÿenn (Hg.): Die großen Physiker 1 (1997) 157-169, hier: 164f. – [6] R. Descartes: Principia philos. III, §§ 46-48 (1644). Oeuvr., hg. Ch. Adam/P. Tannery 8/1 (Paris 1973) 100-104. – [7] §§ 48-52, a.O. 103-105. – [8] § 54, a.O. 107f. – [9] §§ 94-98, a.O. 147-150. – [10] §§ 115-120. 126f. 146, a.O. 162-170. 174-178. 193f. – [11] §§ 24-31, a.O. 89-93. – [12] §§ 33-35. 147f., a.O. 33-35. 196f. – [13] IV, § 23, a.O. 213f. – [14] I. Newton: Philosophiae naturalis principia math. II (London 1687, ^{3}1727); dtsch.: Die math. Prinzipien der Physik, hg. V. Schüller (1999) 375f.; vgl. B. le B. de Fontenelle: Théorie des tourbillons cartésiens, avec des réflexions sur l'attraction (Paris 1729). Oeuvr. compl., hg. G.-B. Depping 1 (Genf 1968) 607-614. – [15] III, a.O. 382ff. – [16] On nature's obvious laws and processes in vegetation [ca. 1672], in: B. J. T. Dobbs: Alchemical death & resurrection: The significance of alchemy in the age of Newton (Washington 1990); Opticks (1717, ^{2}1717); dtsch.: Optik oder Abh. über Spiegelungen, Brechungen, Beugungen und Farben des Lichts, hg. W. Abendroth (1983). – [17] Vgl. B. J. T. Dobbs: The Janus faces of genius. The role of alchemy in Newton's thought (Cambridge 1991). – [18] Vgl. A. Koyré: Newtonian studies (Chicago 1965) 139-148 (Appendix B). – [19] Ch. Huygens: Disc. de la cause de la pesanteur (1690). Oeuvr. compl., hg. Soc. Hollandaise des Sciences 21 (Den Haag 1944) 443-499. – [20] a.O. 472ff. – [21] Vgl. E. J. Aiton: The vortex theory of planetary motions (London/New York 1972) 76-85. – [22] G. W. Leibniz: Hypothesis physica nova. Theoria motus concreti [1670/71?]. Akad.-A. VI/2 (1966) 221-257. – [23] Vgl. Art. ‹Kraft II.›. Hist. Wb. Philos. 4 (1976) 1180-1184, bes. 1181f. – [24] Tentamen de motuum coelestium causis (1689). Math. Schr., hg. C. I. Gerhardt 6 (1860, ND 1971) 149. – [25] a.O. 149ff. – [26] Joh. I Bernoulli: Nouvelles pensées sur le système de M. Descartes (1730). Receuil des pièces qui ont remporté les prix de l'Acad. Royale des Sci. 2 (Paris 1752). Op. omn. 3 (Lausanne/Genf 1727) 133-173; Essai d'une nouvelle physique céleste (1732/34), a.O. 3 (Paris 1752) 263f.; vgl. Aiton, a.O. [21] 214-219. 228-235. – [27] D. Bernoulli/Joh. II Bernoulli: Nouveaux principes de mechanique et de physique, tendans a expliquer la nature & les propriétés de l'aiman (1746). Pièces qui ont remporté le prix de l'Acad. Royale des Sci., en 1743 et 1746 (Paris 1748) 116-144, hier: 121. – [28] a.O. 123. – [29] 130; vgl. F. Moiso: Magnetismus, Elektrizität, Galvanismus, in: F. W. J. Schelling: Erg.bd. zu 5-9: Wiss.hist. Bericht zu Schellings Naturphilos. Schr. 1797-1800. Akad.-A. (1994) 177-180. – [30] a.O. 176. – [31] L. Euler: Lettres a une Princesse d'Allemagne, sur différentes questions de physique et de philos. [1760-62] (St. Petersburg 1768-72); dtsch.: Br. an eine dtsch. Prinzessin über verschiedene Gegenstände aus der Physik und Philos. (1986) 60f. (Br. 54); 63f. (Br. 58). – [32] 21-25 (Br. 17-20). 153-155 (Br. 133f.). – [33] 159-163 (Br. 138-141). – [34] 216f. (Br. 176). – [35] Vgl. Art. ‹Repulsion/Attraktion›. Hist. Wb. Philos. 8 (1992) 884-891, hier: 888. – [36] I. Kant: Allg. Naturgeschichte und Theorie des Himmels (1755). Akad.-A. 1, 265f. – [37] Vgl. Art. ‹Feld; Feldtheorie I.›. Hist. Wb. Philos. 2 (1972) 923-926. – [38] Vgl. G. N. Cantor/M. J. S. Hodge (Hg.): Conceptions of ether. Studies in the hist. of ether theories 1740-1900 (London/New York 1972).

Literaturhinweise. J. Ferguson s. Anm. [2]. – E. J. Aiton s. Anm. [21]. – G. N. Cantor/M. J. S. Hodge (Hg.) s. Anm. [38].

M. Boenke

Wirken Gottes (griech. ἐνέργεια τοῦ θεοῦ; lat. operatio Dei; engl. God's acts, divine action; frz. l'action de Dieu; ital. l'opera di Dio). ‹W.G.› ist ein zentraler Begriff der christlich-dogmatischen Gotteslehre zur Bestimmung des Gott-Welt-Verhältnisses, der in unterschiedlichen Themenbereichen erörtert wird (Schöpfung und Erhaltung [1], Heils-, Geschichts- und Vollendungshandeln Gottes [2]). Die grundlegenden Begriffsbestimmungen sind davon abhängig, ob das W.G. als Allwirksamkeit oder als Alleinwirksamkeit Gottes aufgefaßt wird. In der Neuzeit tritt vor allem in Auseinandersetzung mit den modernen Naturwissenschaften die Frage in den Vordergrund, wie ein W.G. angesichts einer naturwissenschaftlich versteh- und erklärbaren Welt denkbar bzw. mit dieser vereinbar sein soll.

Für die biblischen Schriften ist mit der Gottesvorstellung untrennbar das W.G. verbunden [3]. Nach dem AT offenbart sich das W.G. in der Erschaffung der Welt [4] und in seinem Walten in der Geschichte [5]. Leitend für die Begriffsvorstellung ist ein Tun, Handeln, Arbeiten oder Leisten Gottes, welches dieser mit seinen Händen selbst vollbringt [6]. In 1. Kor. 12, 6 schreibt Paulus von Gott, ὁ ἐνεργῶν τὰ πάντα ἐν πᾶσιν (‹Vulgata›: «operatur omnia in omnibus»; M. Luther: «der da wirket alles in allen»). Inbegriff des W.G. ist für das NT das Heilswerk Gottes in Jesus Christus [7] sowie die 'Erbauung' der Gemeinde, welche der Erschaffung der Welt entspricht.

Wie im NT, so wird seit dem frühen Griechentum der Begriff ἐνέργεια für das wirksame Eingreifen von überirdischen Wesen gebraucht [8]. Das Zustandekommen des Normalen, Regelmäßigen sowie der Ordnungen des Kosmos gründet für die Griechen in dem Wirken der Götter [9]. Die sich formierende christliche Theologie nimmt die biblische Grundanschauung vom W.G. auf und expliziert sie mit begrifflichen Mitteln der griechischen Philosophie, insbesondere des mittleren Platonismus, vor allem in einem kosmologischen Kontext. Tatian, Theophilos von Antiocheia und andere Apologeten betonen mit dem jüdischen Hellenismus [10], daß Gott durch Rückschluß aus seinen Werken erkannt werden kann, und verbinden das W.G. mit der gesetzmäßigen Ordnung des Kosmos [11]. Irenäus' Bestimmung des W.G. als einer immerwährenden (παντὸς χρόνου καὶ τόπου καὶ αἰῶνος) Ursache des Schaffens (ποιητική) steht in einem heilsgeschichtlichen Kontext [12]. In der griechischen Patristik wird die Einheit des W.G. in Schöpfung und Erlösung zur Grundlage für die Behauptung der Wesenseinheit der drei göttlichen Personen [13]. Leitend ist hierbei ein Verständnis von Wirken als einem natürlichen Kausalverhältnis [14].

Unter Aufnahme neuplatonischer Motive bestimmt Augustin das W.G. als ein immerwährendes, welches zugleich Ruhe ist [15]. Selbst zeitlos, wirkt Gott «zeitliches Schauen und die Zeit selbst und die Ruhe am Ende der Zeit» («et tamen facis et visiones temporales, et ipsa tempora, et quietem ex tempore») [16]. Infolge seiner Allmacht tut Gott, «was er will» [17], und wirkt in seinem Gnadenhandeln «ohne uns» und «mit uns» («nobiscum cooperatur») [18].

Petrus Lombardus unterscheidet mit Alcuinus [19] vier Weisen des W.G. und bezieht es auf die Schöpfungstätigkeit Gottes [20]. In Weiterentwicklung der aristotelischen Unterscheidung von ἐνέργεια und δύναμις sowie in Kritik an Al-Ghazālīs Lehre von der Alleinwirksamkeit Gottes bestimmt Thomas von Aquin Gott als reinen Akt, dem im höchsten Maße die aktive Potenz («potentiam activam») als unendliche Macht zukommt [21]. Er wirkt «in allem Wirkenden» («in omni operante»), und zwar nicht bloß als «Ziel» von allem und als «das erste Wirkende» («primum agens») sowie als Erhalter der Formen und Kräfte der Dinge, sondern auch, sofern er «sie zum Wirken hinwendet» («applicat eas ad agendum») [22]. Im Gegensatz zu Thomas betonen JOHANNES DUNS SCOTUS und WILHELM VON OCKHAM mit einer stärker voluntativen Fassung des Gottesgedankens die Kontingenz des W.G. [23], und G. BIEL faßt das W.G. im Sinne einer Alleinwirksamkeit Gottes. Hieraus resultiert ein tendenzieller Occasionalismus, nach dem nicht die endlichen Ursachen wirken, sondern nur Gott selbst mit Anschluß an ihr Vorhandensein [24].

Grundlegend für M. LUTHERS Verständnis des W.G. ist der Gedanke einer Alleinwirksamkeit, nach der Gott «alles in allen» wirkt («operatur omnia in omnibus») [25]. Gottes Allmacht ist für Luther nicht nur das Vermögen der Allwirksamkeit im Sinne der «potentia absoluta» (s.d.), sondern aktuale Allwirksamkeit [26]. In der Konsequenz dieses Grundgedankens liegt es, daß Luther davon reden kann, Gott wirke «notwendigerweise (necessario) auch im Satan und im Gottlosen» [27]. Er unterscheidet jedoch schon früh, und zwar durchaus in der Konsequenz der Anschauung der Alleinwirksamkeit Gottes, in dem Begriff des «opus Dei» ein zweifaches W.G. [28]. Die Unterscheidung von «opera Dei» und «opera manuum Dei» [29] besagt, daß Gott in manchen seiner Werke mit und durch die Menschen wirkt, und zwar ohne Rücksicht auf ihren Heilsstand, in anderen Werken aber, nämlich in Schöpfung und Erlösung, allein wirkt. Auch H. ZWINGLI und J. CALVIN verstehen das W.G. als Alleinwirksamkeit Gottes [30]. Für Calvin ist das W.G. eines und unteilbar. Gott wirkt alles Geschehen nach seinem «decretum aeternum» [31]. Dieses Alleinwirken Gottes geschieht durch den Heiligen Geist, denn dieser ist die «Hand Gottes, durch die er seine Macht ausübt» («Dei manus, qua suam potentiam exercet») [32].

Die altlutherischen Dogmatiker thematisieren das W.G. im Anschluß an PH. MELANCHTHON und unter Umbildung von Luthers Grundanschauung von der Alleinwirksamkeit Gottes durch Rückgriff auf die scholastische Unterscheidung einer doppelten Notwendigkeit [33] im Rahmen der Lehre der Vorsehung (s.d.) [34]. Hierin macht sich nicht nur der Einfluß der sich herausbildenden Naturwissenschaften geltend, sondern auch das Interesse der altlutherischen Dogmatiker, im Gegensatz zur reformierten Lehre von dem «concursus praevius» («vorangehenden Zusammenwirken»), nach der aufgrund des göttlichen Vorherwissens (s.d.) alles mit absoluter Notwendigkeit geschieht [35], die göttliche Allwirksamkeit mit der Eigenwirksamkeit der menschlichen Freiheit in Einklang zu bringen [36].

In seinen Schriften zum Atheismusstreit 1798/99 kritisiert J. G. FICHTE im Problemhorizont der kritischen Transzendentalphilosophie Kants die Vorstellung eines extramundanen W.G. [37]. Zwar behält auch der späte Fichte diese Kritik bei, aber die in den späten ‹Wissenschaftslehren› durchgeführte Selbstaufklärung des Denkens als Bild und Erscheinung des Absoluten führt ihn zu einer Bestimmung des Denkens als dem unmittelbaren Vollzug des göttlichen Lebens. Hierbei erfaßt sich das menschliche Leben «als das unmittelbare göttliche Wirken und Walten in ihm» [38]. Das W.G. besteht für Fichte «nicht gerade in der Beglückung ..., sondern in dem Ordnen, Veredeln und Würdigmachen des menschlichen Geschlechtes» [39]. Was «man wirklich Gott nennt», ist für F. W. J. SCHELLING ein Gott, der wirkt, «welcher Urheber seyn, der etwas anfangen kann» [40]. W.G. und Wesen Gottes fallen für den späten Schelling zusammen [41].

Einige protestantische Theologen des 19. Jh. thematisieren das W.G. im Anschluß an F. D. E. SCHLEIERMACHER [42] und im Interesse eines Ausgleichs mit dem naturwissenschaftlichen Weltbild als eine religiöse Deutungskategorie. So bestimmen H. LANG und F. A. B. NITZSCH das W.G. so, daß es dem Umfang nach mit dem Wirken des Naturzusammenhangs zusammenfällt [43]. Von kosmologischen und metaphysisch-theoretischen Voraussetzungen wird der Begriff des W.G. bei W. HERRMANN entkleidet. Durch das Ergriffensein von Gott geschieht nach Herrmann «in uns die Wandlung, daß uns die Welt ein Ausdruck seines Wirkens wird» [44].

Motive des deutschen Idealismus aufnehmend, bestimmt F. BRUNSTÄD Gott «als ursprüngliche unbedingt-synthetische Einheit». Dieser «wirkt nur in den Synthesen der Einzelursachen, aber er erhebt sich über alle bloße Notwendigkeit als deren Grund in der unbedingten Freiheit» [45]. Die lutherischen Theologen W. ELERT und P. ALTHAUS explizieren das W.G. in der Gegenläufigkeit der theologischen Kategorien ‹Gesetz› und ‹Evangelium›. Für ELERT fällt das Wesen Gottes mit seinem Wirken vollkommen zusammen [46]. Der aktualistisch verstandene Begriff der Allwirksamkeit Gottes meint nach ALTHAUS, daß «alles Wirkliche durch Gottes Willen und Wirken da ist» [47]. Daher ist «nichts in der Geschichte» vom W.G. auszunehmen [48]. Nach K. BARTH wirkt Gott nicht wie bei Luther in und mit dem Nichtigen, sondern gegen es. Das «opus alienum Dei ist Eifer, Zorn und Gericht: es gibt dem Nichtigen nicht Substanz und keine Fülle, sondern es verbietet und wehrt ihm gerade, solche anzunehmen» [49]. Das «opus alienum Dei» ist auf das «opus proprium Dei» ausgerichtet. Dieses geschieht in Jesus Christus, in dem sich Gott selbst dem Unwesen des Nichtigen aussetzt [50]. Im Rahmen seiner existentialen Interpretation der biblischen Botschaft sowie der mit dieser verbundenen Entmythologisierung interpretiert R. BULTMANN das W.G. als ein Handeln, das sich nicht «zwischen weltlichem Handeln oder weltlichen Ereignissen abspielt, sondern als eines, das sich in ihnen ereignet» [51]. Unter Aufnahme des Begriffs ‹Kontingenz› und in Auseinandersetzung mit den modernen Naturwissenschaften kommt dem Begriff ‹W.G.› eine zentrale Stellung in der Theologie W. PANNENBERGS zu [52]. Wie ein physikalisches Kraftfeld wirkt das kontingent aktuale Handeln Gottes, ebenso das Hervorbrechen von unableitbar Neuem wie die naturgesetzliche Anordnung regelhafter Prozesse. In den theologischen Entwürfen von E. HERMS, W. HÄRLE und CH. SCHWÖBEL werden die Begriffe ‹W.G.› bzw. ‹Handeln Gottes› geradezu zu theologischen Schlüsselbegriffen, die als Bedingung der Möglichkeit eines durch den christlichen Glauben passiv erschlossenen Wirklichkeitsverständnisses fungieren [53].

In der katholischen Theologie wird das W.G. zum Teil im Rahmen der thomistischen Unterscheidung von Erst- und Zweitursachen expliziert, um es mit der modernen Naturwissenschaft in Einklang zu bringen [54]. Im Ausgang von einem kommunikativen Handlungsbegriff bestimmt H. KESSLER das W.G.: Zwar wirkt Gott alles in allen, aber das Kriterium für die Erkenntnis des W.G. in der Geschichte ist «die Konformität mit Jesu Handeln des Sich-selbst-Überschreitens auf Gott und die anderen zu in uneingeschränkter und unbeschränkter Solidarität» [55].

In der angelsächsischen Theologie wird 1952 durch G. E. WRIGHTS Buch ‹God who acts› eine bis in die jüngste

Gegenwart reichende intensive Debatte über «Divine Action» angestoßen, die zunehmend die Frage der Vereinbarkeit der Rede von einem W.G. mit dem durch die modernen Naturwissenschaften beschriebenen Weltbild sowie weitausgreifende philosophische Fragen einbezieht [56]. A. FARRERS Formel «esse est operari» [57] betont die Aktivität des Wesens Gottes aufgrund erfahrbarer Wirkungen [58]. Das W.G. wird von Farrer als Theorie der «double agency» expliziert. Die Ereignisse in der Welt, Naturereignisse und menschliche Handlungen, sind nach dieser Theorie sowohl als Handeln Gottes als auch als Handeln endlicher Subjekte zu betrachten [59]. Mit dieser Theorie will Farrer die deistischen Implikationen einer Interpretation des W.G. als «general action» vermeiden. «If God acts in this world, he acts particularly» [60], und zwar in dem Sinne, daß er die endlichen Wirkkräfte auf ihr Ziel ausrichtet. Im Gegensatz zu Farrer interpretiert M. WILES das W.G. als «general action» [61]. Bei den Versuchen, das W.G. in der Natur zu konzeptionalisieren, spielt der Begriff der Kontingenz, wie er von den modernen Naturwissenschaften gefaßt wird, als Referenzrahmen eine entscheidende Rolle. Das W.G. wird als Generierung von Kontingenz gedeutet [62]. Weiterhin ist die Fassung der Kausalitätskategorie ein zentraler Problemkontext der Debatte um das W.G. in der Natur [63]. A. PEACOCKE konzipiert vor dem Hintergrund von Forschungen zu komplexen Systemen eine von ihm sogenannte «Von-oben-nach-unten Kausalität» («'Top-down' causation»), um das W.G. in der Welt auf eine Weise zu beschreiben, die nicht im Gegensatz zu den in der Welt beobachtbaren wirkenden Regelmäßigkeiten und Gesetzen steht [64]. Ebenso wie das Bewußtsein auf den Körper wirkt, so wird das W.G. von Peacocke gedacht als «the unifying, unitive source and centred influence on the world's activity» [65].

Anmerkungen. [1] Vgl. Art. ‹Schöpfung›. Hist. Wb. Philos. 8 (1992) 1389-1413. – [2] Vgl. Art. ‹Vorsehung›, a.O. 11 (2001) 1206-1218. – [3] Vgl. Art. ‹ἔργον, ἐργάζομαι›, in: G. KITTEL (Hg.): Theolog. Wb. zum NT 2 (1935) 631-653. – [4] Vgl. Ps. 33, 6. 9; 96, 5; Jes. 45, 12 u.ö. – [5] Vgl. Ex. 34, 10; Dt. 3, 24; 11, 3. 7; Ri. 2, 7. – [6] Jes. 5, 12; 28, 21; 45, 11. – [7] Vgl. Mtth. 11, 2; Joh. 5, 17. 20. 36; 7, 3. 21. – [8] Vgl. Art. ‹ἐνέργεια›, in: W. BAUER: Wb. zu den Schr. des NT ([5]1971) 525, hier weitere Belege; W. JAEGER: Die Theol. der frühen griech. Denker (1953). – [9] z.B. PLATON: Soph. 265 e. 265 c; Tim. 30 af.; vgl. auch: ARISTOTELES: Met. XII, 7, 1072 b; vgl. hierzu: Art. ‹Akt/Potenz›. Hist. Wb. Philos. 1 (1971) 134-142. – [10] z.B. Sap. 13. – [11] TATIAN: Or. adv. Graecos IV, 3. MPG 6, 813; THEOPHILOS VON ANT.: Ad Autolycum I, 3. 5f., a.O. 1028f. 1029-1033; vgl. MINUCIUS FELIX: Octavius 18, 3. MPL 3, 287ff.; vgl. W. PANNENBERG: Die Aufnahme des philos. Gottesbegriffs als dogmat. Problem der frühchristl. Theol. (1959), in: Grundfragen systemat. Theol. (1967) 298-308. – [12] IRENÄUS: Frg. 5. MPG 7, 1232 B. – [13] ATHANASIUS: Ep. ad Serapionem I. MPG 26, 596 A; BASILIUS: De Spiritu Sanctu. MPG 29, 101. 133 Bf.; GREGOR VON NAZIANZ: Or. theolog. IV. MPG 36, 116 C; GREGOR VON NYSSA: Ad Eustathium: De Sancta Trin. Opera, hg. W. JAEGER III, 1 (Leiden 1958) 11, 14f.; so auch bei: DIDYMUS: De Spiritu Sancto. MPG 39, 1050 A. 1062 C; vgl. insges.: D. WENDEBOURG: Geist oder Energie (1980). – [14] Vgl. GREGOR VON NYSSA: Frg. 14, 4. MPG 46, 1112; weitere Belege bei: G. W. H. LAMPE (Hg.): Art. ‹ἐνέργεια›. A Patristic Greek lex. (Oxford 1961) 470-473. – [15] Vgl. PLOTIN: Enn. VI, 8 (39) 16; DIONYSIUS AREOP.: De div. nominibus 9, 5. MPG 3, 912 D; so schon: Corpus hermet. VI, 1ff.; XI, 5. – [16] AUGUSTINUS: Conf. XIII, 37. MPL 32, 868. – [17] De civ. Dei V, 10. MPL 41, 152; vgl. V, 11, a.O. 153f. – [18] De gratia et libero arb. XVII, 33. MPL 44, 901. – [19] ALCUINUS: Interrogat. et respons. in Gen., Interr. 19. MPL 100, 519. – [20] PETRUS LOMBARDUS: Sent. 2., dist. 12, c. 6; Sent. in IV lib. distinctae, hg. Coll. S. Bonaventurae (Rom 1971) 388. – [21] THOMAS VON AQUIN: S. theol. I, 25, 2. – [22] S. theol. I, 105, 5; De pot. 3, 7. – [23] JOH. DUNS SCOTUS: Ordin. 1, dist. 8, p. 2, q. un. (24). Op. omn. 4 (Rom 1956) 325, 15f.; WILHELM VON OCKHAM: Quaest. in lib. 3 sent. (Report.), lib. 3, q. 6. Op. theol. 6, hg. F. E. KELLEY/G. J. ETZKORN (St. Bonaventure, N.Y. 1982) 178, 4-13; vgl. Art. ‹Kontingenz I.›. Hist. Wb. Philos. 4 (1976) 1027-1034. – [24] GABRIEL BIEL: IV lib. sent., dist. 1, q. 1 [notabile 3], in: Coll. circa 4 libr. sent. IV/1, hg. W. WERBECK/U. HOFMANN (1975) 15, 37-42; vgl. Art. ‹Occasionalismus›. Hist. Wb. Philos. 6 (1984) 1090f. – [25] M. LUTHER: De servo arb. (1525). Weim. Ausg., Werke [WA] 18, 732, 19; Das Magnificat verdeutschet und ausgelegt (1521). WA 7, 574, 29; vgl. hierzu: K. HOLL: Luther ([2]1923) 85. – [26] a.O. 718, 30. – [27] 709, 21f. – [28] Dictata sup. Ps. (1513-16). WA 4, 485, 12; WA 3, 154, 8. 11; vgl. hierzu: M. SEILS: Der Gedanke vom Zusammenwirken Gottes und des Menschen in Luthers Theol. (1962). – [29] WA 3, 152, 39; 153, 3f.; Die sieben Bußpsalmen (1517). WA 1, 215, 26; Die Weissagung Joh. Lichtenbergers deutsch zugericht (1527). WA 23, 8, 36ff.; vgl. Art. ‹Gottes Mummerei›. Hist. Wb. Philos. 3 (1974) 835. – [30] Vgl. A. BAUR: Zwinglis Theol. Ihr Werden und ihr System 2 (1889) 686-709; W. KRUSCHE: Das Wirken des Heiligen Geistes nach Calvin (1957). – [31] J. CALVIN: Instit. christ. religionis I, 16, 8 (1559). Corp. ref. 30 (1864) 151f. – [32] III, 1, 3, a.O. 396. – [33] Vgl. Art. ‹Notwendigkeit II.›. Hist. Wb. Philos. 6 (1984) 959ff. – [34] PH. MELANCHTHON: Initia doctr. physicae I. Corp. ref. 13 (1846) 207; weitere Belege bei: H. SCHMID: Die Dogmatik der evang.-luth. Kirche ([7]1893) 117-134; vgl. insges.: B. HÄGGLUND: De providentia. Zur Gotteslehre im frühen Luthertum. Z. Theol. Kirche 83 (1986) 356-369. – [35] Vgl. CALVIN: Instit. I, 16, 2; 17, 11. a.O. [31] 145f. 163f.; weitere Belege bei: H. HEPPE/E. BIZER: Die Dogmatik der evang.-reform. Kirche (1958) 199-223. – [36] Vgl. Art. ‹Concursus divinus›, in: Realencykl. für prot. Theol. und Kirche 4 ([3]1898) 262-267. – [37] J. G. FICHTE: Ueber den Grund unsers Glaubens an eine göttl. Weltregierung (1798). Akad.-A. I/5 (1977) 355. – [38] Ueber das Wesen des Gelehrten und seine Erscheinungen im Gebiete der Freiheit, 8. Vorles. (1805). Akad.-A. I/8 (1991) 122. – [39] a.O. 123. – [40] F. W. J. SCHELLING: Philos. der Offenbarung, 8. Vorles. (1841/42). Sämmtl. Werke, hg. K. F. A. SCHELLING (1856-61) II/3, 172. – [41] Die Weltalter [1813], a.O. I/8, 237. – [42] F. D. E. SCHLEIERMACHER: Über die Religion. Reden an die Gebildeten unter ihren Verächtern (1799) 56. 117ff. Krit. Ges.ausg. I/2 (1984) 214. 240f. – [43] H. LANG: Versuch einer christl. Dogmatik allen denkenden Christen dargeboten ([2]1868) 68; F. A. B. NITZSCH: Lehrb. der Evang. Dogmatik ([3]1896) 355. – [44] W. HERRMANN: Dogmatik (1925) 49. 50. – [45] F. BRUNSTÄD: Die Idee der Religion. Prinzipien der Religionsphilos. (1922) 266. – [46] W. ELERT: Der christl. Glaube. Grundlinien der luth. Dogmatik ([4]1956) 230. – [47] P. ALTHAUS: Die christl. Wahrheit. Lehrb. der Dogmatik 2 ([2]1949) 17. – [48] a.O. 109. – [49] K. BARTH: Die Kirchl. Dogmatik III/3 (Zürich 1950) 417. – [50] a.O. 418. – [51] R. BULTMANN: Jesus Christus und die Mythologie (1958), in: Glauben und Verstehen 4 (1965) 141-189, 173. – [52] W. PANNENBERG: Das W.G. und die Dynamik des Naturgeschehens, in: W. GRÄB (Hg.): Urknall oder Schöpfung? Zum Dialog von Naturwiss. und Theol. (1995) 139-152; Systemat. Theol. 2 (1991) 34. 79-96; so auch: J. MOLTMANN: Trinität und Reich Gottes. Zur Gotteslehre (1980) 227. – [53] W. HÄRLE/R. PREUL (Hg.): Marburger Jb. Theol. 1 (1987); W. HÄRLE: Dogmatik ([2]2000) 282-302; CH. SCHWÖBEL: Die Rede vom Handeln Gottes im christl. Glauben. Beiträge zu einem systemat.-theolog. Rekonstruktionsversuch, in: HÄRLE/PREUL (Hg.), a.O. 56-81; God: action and revelation (Kampen 1992). – [54] B. WEISSMAHR: G.W. in der Welt (1973) 187; kritisch hierzu: R. SCHULTE: Wie ist G.W. in Welt und Geschichte theolog. zu verstehen? in: T. SCHNEIDER/L. ULLRICH (Hg.): Vorsehung und Handeln Gottes (1988) 116-167. – [55] H. KESSLER: Der Begriff des Handelns Gottes. Überlegungen zu einer unverzichtbaren theolog. Kategorie, in: H.-U. VON BRACHEL/N. METTE (Hg.): Kommunikation und Solidarität (Fribourg 1985) 122. – [56] G. E. WRIGHT: God who acts. Bibl. theology as recital (London 1952); R. H. FULLER: The book of the acts of God (London 1957); vgl. hierzu: O. C. THOMAS (Hg.): God's activity in the world. The contemp. problem (Chico, Calif. 1983). – [57] Vgl. I. U. DALFERTH: Esse est operari. Die antischolast. Theol. A. Farrers und M. Luthers, in: Gott (1992) 95-127. – [58] A. FARRER: Faith and speculation. An essay in philos. theology (London 1967, ND 1988) 63. – [59] a.O.

159. – [60] 63. – [61] M. WILES: God's action in the world (London 1986) 29; vgl. auch: G. D. KAUFMAN: On the meaning of 'act of god'. Harvard theolog. Review 61 (1968) 175-201, hier: 191; M. GOULDER/J. HICK: Why believe in god? (London 1983) 73. – [62] Vgl. R. BERNHARDT: Was heißt Handeln Gottes? (1999) 290ff. – [63] I. T. RAMSEY: Models for divine activity (London 1973) 32ff.; J. B. COBB: Natural causality and divine action, in: THOMAS, a.O. [56] 101-116; V. WHITE: The fall of a sparrow. A concept of special divine action (Exeter 1985) 108. – [64] A. PEACOCKE: Theol. for a scient. age (Oxford 1990) 158; dtsch.: Gottes Wirken in der Welt. Theol. im Zeitalter der Naturwiss. (1998) 160f. – [65] a.O. 161/dtsch. 164f.

Literaturhinweise. P. GWYUNNE: Special divine action. Key issues in the contemp. debate (1965-1995) (Rom 1996). – R. BERNHARDT s. Anm. [62].

CH. DANZ

Wirklichkeit

1. *Abgrenzungen.* – Spätestens seit der zweiten Hälfte des 17. Jh. meint ‹wirklich› *umgangssprachlich* vor allem 'tatsächlich bestehend', und zwar regelmäßig im engeren Sinne handgreiflicher (körperlicher) Vorhandenheit, kann aber darüber hinaus auch die Bedeutung von ‹wahr(haftig)›, ‹eigentlich› (‹wesenhaft›), ‹berechtigt› oder ‹echt› annehmen. Ähnlich wie das häufig synonym gebrauchte ‹Realität› läßt sich ‹W.› auch universal verstehen und bezeichnet dann die *Totalität* dessen, was 'wirklich ist' [1]. – Zwischen ‹Realität› und ‹W.› jedoch differenzieren zu können, bildet eine Eigentümlichkeit des Deutschen, die weder im Englischen noch in den romanischen Sprachen ein vergleichbares Gegenstück hat und daher regelmäßig zu Konfusionen in der Übersetzung führt [2].

Die *philosophische* Bedeutung dieser Distinktion weist zurück auf eine Zweideutigkeit im Begriff ‹realitas› (s.d.), die sich an der Wende zum 18. Jh. bei G. W. LEIBNIZ und vor allem in der englischen Philosophie («reality of things») ankündigt [3]. Der Tendenz, ‹Realität› mit den vielfach synonym gebrauchten ‹Existenz›, ‹Dasein›, ‹W.› zu identifizieren, entspricht eine nominalistische, d.h. enge, am extramentalen Ding orientierte Auffassung des Objekts bzw. «objektiven Seins» [4]. Deren Problematik bestimmt neben der Diskussion um den Begriff ‹Geltung› (s.d.) auch die erkenntnistheoretische, zwischen Realismus und Antirealismus bzw. Idealismus strittige Frage um die Denkunabhängigkeit bzw. Erkennbarkeit einer W. 'an sich' [5]. Von dieser gnoseologischen ebenso wie von der ontologischen Fragestellung unterschieden, wenngleich mit ihr in bisweilen schwer zu entwirrender Weise verbunden, ist die Erörterung von ‹W.› im Rahmen der *Modallogik* (s.d.). Diese kennt freilich in ihrer klassischen, auf ARISTOTELES zurückgehenden Gestalt nur die Doppelalternative ‹possibile-impossibile› sowie ‹necessarium-contingens›, während sich die Dreiteilung ‹möglich›, ‹wirklich› und ‹notwendig› erst seit J. H. LAMBERT durchzusetzen beginnt [6]. Diese Entwicklung erklärt einerseits die Nähe von ‹W.› zu ‹Kontingenz› (s.d.), weist aber zum anderen auch hin auf eine gewisse Vernachlässigung von ‹W.› gegenüber ‹Möglichkeit› (s.d.), die jene an *Allgemeinheit* überragt, bzw. ‹Notwendigkeit› (s.d.), die den Grad höchster Gewißheit ausdrückt. Über dieses mangelnde Interesse an einer differenzierten Klärung des W.-Begriffs [7] darf auch die herausragende Bedeutung von ‹Energeia› (‹actus›, ‹actualitas›) in der von ARISTOTELES ausgehenden Gegenüberstellung von Akt/Potenz (s.d.) nicht hinwegtäuschen, die mit ihrem teleologischen Verständnis von W. als Verwirklichung eines Eidos nicht eigentlich in die Modallehre gehört, wenngleich sie (wie etwa bei G. W. F. HEGEL) immer wieder in diese hineinspielt.

Anmerkungen. [1] Vgl. Art. ‹Wirklich›. GRIMM 14/II (1960) 575-581; Art. ‹Wirklichkeit›, a.O. 582-586. – [2] Vgl. G. BAPTIST: ‹W.›. Zur Übersetzungsproblematik in den roman. Sprachen. Hegel-Studien 34 (1999) 85-98; Beispiel: J. L. AUSTIN: Sense and sensibilia (London 1962); dtsch.: Sinn und Sinnlichkeit, Kap. 7, übers. E. CASSIRER (1975) 83-102, bes. die Anm. 5 der Übersetzerin: a.O. 91. – [3] Vgl. Art. ‹Realitas 2.›. Hist. Wb. Philos. 8 (1992) 181-185, 182f. – [4] Vgl. Art. ‹Sein, objektives 4.›, a.O. 9 (1995) 251; vgl. auch: Art. ‹Objekt 6.›, a.O. 6 (1984) 1036ff. – [5] Vgl. M. WILLASCHEK (Hg.): Realismus (2000); Art. ‹Realismus II. 1.›. Hist. Wb. Philos. 8 (1992) 156-159. – [6] J. H. LAMBERT: Neues Organon 1 (1764) 89; vgl. Art. ‹Modalität (des Urteils)›. Hist. Wb. Philos. 6 (1984) 12-16. – [7] Beobachtet etwa durch N. HARTMANN: Logische und ontolog. W. (1914). Kleinere Schr. 3 (1958) 220-242, hier: 220.

2. *Von der Mystik bis vor Kant.* – Der prozeßhaften Konzeption (ebenso wie der vereinzelt belegten Verwendung von ‹W.› als Übersetzung von «operatio» [1]) entspricht der *mystische* Gebrauch: Wie «aller creâtûren wesen» «in irem wirken» liegt, so muß auch Gott im Sinne des actus purus gedacht werden: als reine «wúrklichkeit» [2]. Diese bewährt sich jedoch nicht so sehr in der Selbsterfassung des göttlichen Wesens und damit in der Einheit von essentia und scientia, sondern im schöpferischen Tätigsein: Auch in diesem Sinne ist Gott «würchlich» [3]. Dieses 'akthafte' Verständnis von ‹W.› bzw. ‹wirklich› [4] steht auch noch hinter dem Gedanken der mystisch-kontemplativen Entwirklichung [5]. Es setzt sich fort in Differenzierungen wie zwischen «würcklichem» («wirkendem») und «beschaulichem Leben» [6] oder «wurcklicher» (peccatum actuale) und habitueller Sünde [7], um schließlich in den Streit um die beständig «würkliche» Kraft (vis activa) einzumünden [8]. Die terminologische Weichenstellung nimmt CH. WOLFF vor: Definiert der Satz vom Widerspruch den Gegensatz vom Unmöglichen und Möglichen, so muß «noch etwas mehrers dazu kommen, wenn etwas seyn soll, wodurch das Mögliche seine Erfüllung erhält. Und diese Erfüllung des Möglichen ist eben dasjenige, was wir Würcklichkeit nennen» [9] («existentia» bzw. «actualitas» [10]). Die als «complementum possibilitatis» bzw. «essentiae» verstandene W. gründet im durchgängigen «Zusammenhange der Dinge» [11], daher letztlich – anti-spinozistisch [12] – in Gottes Weltenwahl, d.h. in seinem Willen [13], hat jedoch die «Kraft» zu ihrem Prinzip («Quelle») [14]. Diesen Sprachgebrauch reflektiert M. MENDELSSOHN: «Das Wort würklich seyn, wodurch man das Daseyn andeutet, giebt nicht ohne Grund zu verstehen, daß alles, was da ist, auch würklich seyn, d.i. etwas thun müsse» [15].

Anmerkungen. [1] Vgl. Art. ‹Wirklichkeit›. GRIMM 14/II (1960) 582. – [2] Vgl. J. BERNHART: Die philos. Mystik des MA (1922) 64-69. – [3] BERTHOLD VON CHIEMSEE: Tewtsche theologey, c. 22, 10 (1528), hg. W. REITHMEIER (1852) 156. – [4] Vgl. MEISTER ECKHART: Die rede der underscheidunge. Die dtsch. Werke, hg. J. QUINT 5 (1963) 291, 6f. – [5] Vgl. H. SEUSE: Dtsch. Schr., hg. K. BIHLMEYER (1907, ND 1961) 189, 19-21. – [6] Am Beispiel von Maria und Martha vgl. F. PFEIFFER (Hg.): Dtsch. Mystiker des 14. Jh. (1845/1857) 1, 179, 21 (HERMANN VON FRITSLAR); vgl. Art. ‹Vita activa/vita contemplativa›. Hist. Wb. Philos. 11 (2001) 1071-1075. – [7] «wirklich sund»: M. LUTHER: Kirchenpostille (1522). Weim. Ausg. 10, 1, 1 (1910, ND 1966) 511; vgl. Art. ‹Wirklich›, a.O. [1] 576; dort auch der Hinweis auf G. ZINZENDORF: Sämtl. neue Lieder (1773) 31 («wirklich sünde»). – [8] Vgl. auch: I. KANT: Ged. von der wahren Schätzung der lebend. Kräfte (1747). Akad.-A. 1, 18ff. – [9] CH. WOLFF: Vern. Ged. von Gott, der Welt und der Seele des Menschen [Dtsch. Met.] § 14 (1720, [11]1751). Ges. Werke, hg. J. ECOLE u.a. [GW] (1962ff.) I/2,

9. – [10] Philosophia prima § 174 (^{2}1736). GW II/3, 143. – [11] Dtsch. Met. § 572, a.O. [9] 350. – [12] Vgl. Wolffs Antwort auf den Spinozismusvorwurf (durch J. Lange): Deutliche Erläuterung des Unterscheides unter einer weisen Verknüpfung der Dinge und einer unumgänglichen Nothwendigkeit, bes. § 11 (1723). Ges. kl. philos. Schr. 4 (1739). GW I/21, 4 (1981) 81-83. – [13] Dtsch. Met. § 988, a.O. [9] 610. – [14] § 120, a.O. 62; vgl. § 115, a.O. 60. – [15] M. MENDELSSOHN: Phaedon oder über die Unsterblichkeit der Seele (1767), Anhang (^{3}1769). Ges. Schr. 3/1, hg. L. STRAUSS (1972) 144.

3. *W. und Empfindung: Crusius, Kant.* – Gegenüber Wolff reduziert C. A. CRUSIUS die Ontologie auf die «wirklich vorhandenen Dinge» [1], d.h. auf das, was nicht nur gedacht wird, sondern «auch ausserhalb der Gedanken irgendwo vorhanden ist». Dinge in diesem eigentlichen («engern») Sinne [2] aber haben zum «Kennzeichen der W.» zuletzt «Empfindung» [3]. Nicht dies, wohl aber die Tatsache, daß Crusius in weiterer Folge Raum («irgendwo») und «Zeit», dann auch «Causalität» bzw. «Kraft» als Bestimmungen der «Existenz» ansetzt [4], hat die Kritik KANTS herausgefordert [5]. Ihm zufolge muß «Sein» im Sinne der Kopula streng unterschieden werden vom «Sein» als «Dasein», «Existenz», «W.»: Nur hier, nicht dort wird die «Sache an und für sich selbst gesetzt». Diese «absolute Position» aber ist gerade kein (wie es später heißen wird: «reales» [6]) «Prädicat», keine «Determination» des Dinges mehr, also kein complementum [7]. Das ist zwar gegen den von Wolff wie A. G. BAUMGARTEN [8] formulierten Begriff von «Dasein» bzw. «W.» gerichtet, anfangs jedoch noch keineswegs gegen das Projekt eines (ontologischen) Gottesbeweises überhaupt – nur daß jetzt nicht auf die W. des Göttlichen, sondern auf die Göttlichkeit des Wirklichen geschlossen wird (J. H. TIEFTRUNK) [9]. Erst die kritische Philosophie stellt mit der Onto-Theologie auch die (klassische Form der) Metaphysik insgesamt in Frage. Denn was als Bedingung der Möglichkeit von Erfahrung in seiner «objektiven Realität» deduziert wird, ist zugleich auf den «empirischen Gebrauch», auf Erfahrung und deren (synthetische) Einheit «restringiert» [10]. Das gilt wie für alle Kategorien, so auch für die dem assertorischen Urteil zugeordnete W., die nun als Kategorie der Modalität eindeutig von der (zu den Qualitätskategorien gerechneten) Realität abgegrenzt ist [11]. Demgemäß ist wirklich, was «mit den materialen Bedingungen der Erfahrung ... zusammenhängt». «Empfindung» [12] bzw. der (den «Analogien der Erfahrung» entsprechend geregelte) Zusammenhang mit Wahrnehmung ist daher «der einzige Charakter der W.» [13]. Möglichkeit und W. zu unterscheiden, zeichnet dabei den intellectus ectypus im Gegensatz zum intellectus archetypus aus, ist in diesem Sinne also nur «subjectiv» gültig: «Wäre nämlich unser Verstand anschauend, so hätte er keine Gegenstände als das Wirkliche» [14]. Mit diesem Auseinandertreten von Sinnlichkeit und Verstand kann daher W. (im Sinne der positio absoluta, des Existenzoperators) innerhalb der (endlichen) Erkenntnis dem «Begriffe eines Dinges, (Realen)» nichts mehr hinzufügen [15]. Das ist der Sinn des berühmten Diktums: «Hundert wirkliche Thaler enthalten nicht das Mindeste mehr, als hundert mögliche» [16].

Anmerkungen. [1] Vgl. C. A. CRUSIUS: Entwurf der nothwendigen Vernunft-Wahrheiten § 9 (1745, ND 1964) 15f. – [2] § 11, a.O. 21. – [3] § 16, a.O. 28; vgl. § 56, a.O. 98. – [4] Vgl. §§ 46. 59, a.O. 73-75. 103-105. – [5] I. KANT: Der einzig mögl. Beweisgrund zu einer Demonstration des Daseyns Gottes (1763). Akad.-A. 2, 76. – [6] KrV A 598f./B 626f. – [7] a.O. [5] 72-74; Met. L$_2$ [Met. PÖLITZ] (1821). Akad.-A. 28/2.1, 554f. – [8] Vgl. A. BAUMGARTEN: Metaphysica § 55 (^{7}1779, ND 1963) 15f.: «Würkligkeit». – [9] Vgl. J. H. TIEFTRUNK: [Komm. zu:] I. Kant, Der einzig mögl. Beweisgr. ... I. Kant's Vermischte Schriften (1799) 2, 174. 242; vgl. H. COHEN: Die systemat. Begriffe in Kants vorkrit. Schriften (1873) 33. – [10] Vgl. KANT: KrV A 219/B 266f. – [11] Dazu: H. HOLZHEY: Das philos. Realitätsproblem, in: J. KOPPER/W. MARX (Hg.): 200 Jahre KrV (1981) 79-111. – [12] KANT: KrV A 218/B 266; vgl. L. H. JAKOB: Prüfung der Mendelssohnschen Morgenstunden (1786) 243f. – [13] KrV A 225f./B 272f. – [14] KU B 339-342 (§ 76 Anm.). – [15] KrV A 233f./B 286. – [16] KrV A 599/B 627.

4. *W. als Manifestation: Spinozismusstreit.* – Daß mitunter der (nicht relative bzw. prädikative, sondern absolute) Begriff des Seins mit dem der W. tendenziell verschmilzt, öffnet diesen für eine pantheistische Interpretation. Ausgangspunkt ist G. E. LESSINGS Rehabilitierung des trinitarischen Dogmas [1]. F. H. JACOBIS «Commentar» zu diesem Ansatz argumentiert ausdrücklich «nach Spinozistischen Ideen» und gibt so der Rezeption der Lessingschen Philosophie ihren entscheidenden Impuls: «Der Gott des Spinoza, ist das lautere Prinzipium der Würklichkeit in allem Würklichen, des Seyns in allem Daseyn, durchaus ohne Individualität, und schlechterdings unendlich». Als indifferente, beziehungslose Einheit verstanden, «muß die Gottheit aber schlechterdings der Würklichkeit entbehren, die nur im bestimmten Einzelnen sich ausgedrückt befinden kann» [2]. Der Unterschied zwischen W. bzw. Sein einerseits, dem Wirklichen bzw. Dasein andererseits wird (auch unter Aufnahme kabbalistisch-mystischer Motive) von Spinoza her als explicatio begriffen: als Ausdruck, Selbstoffenbarung (manifestatio sui) des (immanenten) Ensoph (s.d.). Daß diese Auslegung die Intention Spinozas geradewegs «umzukehren» scheint [3], hat ihre Attraktivität nicht schmälern können. J. G. HERDER ordnet sie ein in eine Ontologie der Kraft bzw. «Macht d.i. W. und Wirksamkeit», «wirkliche Wirksamkeit, wirksames Daseyn» [4]. «W.» (austauschbar mit «Realität», «thätiges Daseyn» [5]) «offenbaret» sich «als Macht» und wird als solche zum «Höchsten», was Gott, das «All», «seinen Geschöpfen» geben kann [6], präsent als «Gefühl» in «Selbstbewußtseyn, Selbstwirksamkeit» [7].

Anmerkungen. [1] G. E. LESSING: Die Erziehung des Menschengeschlechts (1780) § 73. Werke, hg. H. G. GÖPFERT 8 (1996) 505. – [2] F. H. JACOBI: Über die Lehre des Spinoza (1785). Werke, hg. K. HAMMACHER/W. JAESCHKE 1/1 (1998) 39; vgl. 22f. – [3] M. MENDELSSOHN: Erinnerungen an Herrn Jacobi, a.O. 180f. Ges. Schr., a.O. [15 zu 2.] 3/2 (1974) 206. – [4] J. G. HERDER: Gott (1787, ^{2}1800). Sämmtl. Werke, hg. B. SUPHAN (1877-1913) 16, 478f. – [5] a.O. 502. 536. – [6] 541; vgl. 536. 573. – [7] 574; vgl. 552.

5. *Seyn und W.: Fichte, Schelling.* – Indem der Idealismus die Kantische Begrenzung des Wissens auf Erscheinungen hinter sich läßt, kommt es zu einer neuen Unterscheidung des Begriffs ‹W.› nicht so sehr von ‹Realität› als vielmehr von ‹Sein›, das nun (erneut) zur Kategorie des Absoluten avanciert, während ‹W.› (wie die anderen Modalkategorien) nur noch als Bestimmung endlich-bedingter Existenz in Frage kommt. So insistiert schon die frühe Wissenschaftslehre J. G. FICHTES darauf, «absolutes Seyn und wirkliches Daseyn» sorgfältig voneinander zu unterscheiden, soll sich dieses aus jenem «erklären» lassen [1]. Das geschieht u.a. mit Blick auf die alltäglich ebenso zuverlässig vollzogene wie intersubjektiv abgestimmte Unterscheidung zwischen «W.» und «Nichtwirklichkeit», d.h. zwischen dem «wirklich Reellen» (der wahren «Thatsache» des «gegenwärtigen Erfahrens und Le-

bens») und dem «nicht wirklichen, bloß eingebildeten, und vorgebildeten» [2]. Fichte zeigt: Primäres Kennzeichen, «Charakter der W.», ist das Selbstvergessen [3], W. daher nicht außerhalb aller Subjektivität, sondern nur eine bestimmte Modalität ihrer selbst [4]. – Auch der frühe F. W. J. SCHELLING sucht «alles Setzen, alles Daseyn, alle W.» in dem absoluten, unbedingten, schlechthin einen Sein, dem absoluten Ich, zu begründen [5]. Das zwingt zu einer ausdrücklichen Differenzierung zwischen diesem «absoluten Seyn» einerseits und «jedem bedingten Existiren» («Daseyn, Existenz, W.») andererseits: «Seyn» drückt demnach «das reine, absolute Gesetztseyn aus, dagegen Daseyn schon etymologisch ein bedingtes, eingeschränktes Gesetztsein», «W.» aber «ein auf bestimmte Art, durch eine bestimmte Bedingung bedingtes Gesetztseyn». Insofern ist das Ich ebensowenig «wirklich», wie man von Gott «Daseyn» aussagen darf; wohl hat «die Welt der Erscheinungen» «Daseyn», «W.» aber nur jede «einzelne Erscheinung» in ihrem Zusammenhang [6]. Dementsprechend liegt das bloße, absolute Sein des Ich vor aller «Möglichkeit, W., Nothwendigkeit» [7]. Von daher müssen die «Formen der Modalität» von den «Kategorien ... der Relation, der Quantität und der Qualität» abgehoben werden [8] und markieren als Bestimmungen des endlichen Ich den Übergang von der theoretischen zur praktischen Philosophie [9], denn erst mit ihnen gibt es überhaupt so etwas wie ein «Sollen» (bzw. Dürfen) [10] sowie «Pflicht» und «Recht» [11].

Anmerkungen. [1] J. G. FICHTE: Grundlage der ges. Wiss.lehre (1794). Akad.-A. I/2, 410 (Anm.). – [2] Sonnenklarer Bericht ... (1801). Akad.-A. I/7, 196f. – [3] a.O. 198f. – [4] 203; vgl. ähnlich: a.O. [1] 373f. – [5] F. W. J. SCHELLING: Vom Ich als Princip der Philos. (1795). Sämmtl. Werke [SW], hg. K. F. A. SCHELLING (1856-61) I/1, 178. – [6] a.O. 209f.; vgl. auch: System der ges. Philos. § 291 (1804). SW I/6, 523. 529; mit Blick auf den ontolog. Gottesbeweis vgl. Philos. Briefe über Dogmatismus und Kriticismus (1795). SW I/1, 308. – [7] a.O. [5] 221; vgl. 232. – [8] a.O. 222. – [9] Besonders deutlich: System des transsc. Idealismus (1800). SW I/3, 515 und 527. – [10] a.O. [5] 233; vgl. auch: Über das absolute Identitäts-System (1802/03). SW I/5, 56. – [11] Neue Deduktion des Naturrechts ... §§ 64f. (1795). SW I/1, 259.

6. *Vernunft und W.: Hegel.* – Der von SCHELLING in seiner späteren Philosophie in Anspruch genommene 'expressive' Begriff von W. als «Actualisierung», «Offenbarung» usw. [1] liegt auch den Überlegungen HEGELS zugrunde [2]. Diese sind daher auch schnell als die große philosophische Alternative gegenüber Kants Kategorien der Modalität empfunden worden [3]. Tatsächlich findet sich bei Hegel die Polemik gegenüber Kants Modalbestimmungen von Anfang an [4], und zwar im Hinblick sowohl auf ihr Verhältnis untereinander [5] und ihre Stellung zu den übrigen Kategorien(-gruppen) [6] als auch nach ihrer inhaltlichen Bestimmtheit [7]. Wirkungsgeschichtlich bedeutsamer [8] als die nun allerdings auch bei Hegel keineswegs einheitliche [9] Logik der Modalbestimmungen waren indessen die programmatischen Äußerungen in der ‹Vorrede› zur ‹Rechtsphilosophie› von 1821 (bzw. 1820). Durch diese «einfachen Sätze», die Anlaß für zahlreiche Reformulierungsvorschläge werden sollten [10], wird der Begriff der W. verknüpft mit der Frage nach dem Verhältnis der Philosophie bes. zur politischen Situation ihrer Zeit: «Was vernünftig ist, das ist wirklich; und was wirklich ist, das ist vernünftig». Zwar ist der Begriff der W. für die Formulierung dieser der Philosophie wie dem gebildeten Bewußtsein gleichermaßen eigentümlichen Überzeugung [11] nicht zwingend: Philosophie widersetzt sich jedweder Form der «Seinsvermiesung» [12], schließlich ist das, «was ist» und was Philosophie daher zu «begreifen» hat, gar nichts anderes als «Vernunft» [13], W. daher auch «seyende Vernunft» [14]. Dennoch übernimmt der W.-Begriff hier eine nur ihn kennzeichnende Funktion. Dabei ist auseinanderzuhalten: 1) Negativ richtet sich die (dem Jüngling noch verschlossene [15]) These von der Vernünftigkeit der W. bzw. von der W. der Vernunft a) gegen die ontologische Abwertung des «Idealen» zur bloßen «Chimäre», vor allem aber zum bloßen «Sollen» [16] sowie b) gegen eine Reduktion von W. auf handgreifliche, sinnlich wahrnehmbare Realität; das wiederum ist – nach Hegel – ein akzeptabler Sinn der Kantischen Kritik am ontologischen Gottesbeweis [17]. Sich über diese W. zu «erheben», ist schon eine «praktische Forderung» des Sittlichen, liegt aber auch der Philosophie überhaupt zugrunde, wird also bereits mit der Anfangsbestimmung der Logik (dem «reinen Gedanken», dem «Sein als solchem») erreicht [18]. 2) Sowohl nach den (bloßen) Andeutungen der ‹Rechtsphilosophie› [19] als auch nach den Erläuterungen der (Berliner) ‹Enzyklopädie› muß Hegels These von der W. der Vernunft darüber hinaus auch terminologisch verstanden werden [20]. Hier ist zu unterscheiden: a) Als Bestimmung der Logik ist ‹W.› zunächst der übergreifende Titel des dritten und abschließenden Abschnitts der Wesens- und damit der objektiven Logik [21], durch den sich der Übergang zur subjektiven Logik oder Begriffslogik vollzieht. In diesem Sinne verstanden meint ‹W.› die Einheit von «Reflexion-in-sich» und «Reflexion-in-Anderes» bzw. «Innen» und «Außen»: «Die W. ist die Einheit des Wesens und der Existenz; in ihr hat das gestaltlose Wesen und die haltlose Erscheinung; – oder das bestimmungslose Bestehen und die bestandlose Mannichfaltigkeit ihre Wahrheit» [22]. In diesem weiteren (oft als «Wirksamkeit» [23] weithin rezipierten [24]) Sinn ist ‹W.› eine höhere, komplexere Bestimmung als ‹Existenz›, denn erst in jener, nicht in dieser ist die Äußerung bzw. Offenbarung des Wesens von diesem nicht mehr unterschieden; eben damit beansprucht Hegel zugleich, den aristotelischen Begriff der Energeia logisch-ontologisch eingeholt zu haben [25]. b) Dieser so verstandenen W. als (Selbst-)Manifestation bzw. -offenbarung [26] ordnet Hegel neben den kantischen Relationskategorien in allerdings unterschiedlicher Weise [27] auch die Modalitätsbestimmungen («die eigentliche W.») zu [28]. Innerhalb dieser wiederholt sich der Gegensatz von Innerem und Äußerem noch einmal, so daß «Möglichkeit» und «Zufälligkeit» als «Momente der W.» begreifbar werden: Jene als das «nur Innere der W.», diese als «die nur äußere W.». Aus ihrem wechselseitigen «Sichübersetzen» ineinander resultiert «die Notwendigkeit», d.h. die «entwickelte W.» [29], als deren vollständige Explikation dann die Relationskategorie ‹Wechselwirkung› (s.d.) gelten darf.

Anmerkungen. [1] F. W. J. SCHELLING: Br. an E. A. Eschenmayer (April 1812). SW I/8, 173; Die Weltalter (1813). SW I/8, 308. 306; vgl. auch: 221. 311. 315. – [2] Vgl. G. W. F. HEGEL: Enzykl. der philos. Wiss. § 136, Zus. (1830). Jub.ausg., hg. H. GLOCKNER (1927-40) 8, 309. – [3] Vgl. H. M. CHALYBÄUS: Entwurf eines Systems der Wiss.lehre (1846) 227-244, bes. 230-233; F. A. TRENDELENBURG: Log. Unters. ([3]1870) 2, 177-227, bes. 219ff. – [4] G. W. F. HEGEL: Differenz des Fichte'schen und Schelling'schen Systems der Philos. (1801). Akad.-A. 4, 5f. – [5] Vgl. Vorles. über die Gesch. der Philos. III. Jub.ausg. 19, 567. – [6] Wiss. der Logik I (1812/13). Akad.-A. 11, 42. 189f.; vgl. die Neubearb. von 1832. Akad.-A. 21, 67. 323f. – [7] Enzykl. § 143 Zus., a.O. [2] 322f. – [8] Inzwischen allerdings textkritisch problematisiert; vgl. die divergierenden Formulierungen in den

Nachschriften: Philos. des Rechts, hg. K.-H. ILTING (1983) 157 [Nachschr. WANNEMANN]; Philos. des Rechts (1819/20), hg. D. HENRICH (1983) 51. – [9] Auf solche Unterschiede ist schon früh aufmerksam gemacht worden, vgl. etwa: K. ROSENKRANZ: Wiss. der log. Idee 1 (1858) 427f. – [10] Vgl. CH. H. WEISSE: Grundzüge der Met. (1835) 449f.; die unterschiedlichen Lesarten reflektiert etwa: C. L. MICHELET: Das System der Philos. 1 (1876) 123f. – [11] G. W. F. HEGEL: Grundlinien der Philos. des Rechts (1821 [1820]). Jub.ausg. 7, 33. – [12] O. MARQUARD: Apologie des Zufälligen (1984), in: Apologie des Zufälligen (1986) 117-139, hier: 127. – [13] HEGEL, a.O. [11] 35. – [14] Enzykl. der philos. Wiss. § 6 (1830). Akad.-A. 20, 44. – [15] § 396, Zus., a.O. [2] 10, 104. – [16] a.O. [14] 45; vgl. Art. ‹Sollen I. 1.›. Hist. Wb. Philos. 9 (1995) 1026-1033. – [17] Wiss. der Logik II (1816). Akad.-A. 12, 128f.; Enzykl. § 51, a.O. [14] 91f.; Vorles. über die Gesch. der Philos. III [1822ff.]. Jub.ausg. 19, 585f. – [18] Wiss. der Logik I (1832). Akad.-A. 21, 76; vgl. auch: Enzykl. § 88, a.O. [14] 125f. – [19] Vgl. Grundlin. § 1, a.O. [11] 38f. – [20] So ausdrücklich: Enzykl. § 6, a.O. [14] 44f. – [21] Wiss. der Logik I, a.O. [6] 369-409; Enzykl. §§ 142-149, a.O. [14] 164-169. – [22] a.O. 369. – [23] Vgl. K. FISCHER: System der Logik und Metaphysik (²1865) 380-382; J. E. ERDMANN: Grundriss der Logik und Met. § 124 (1841, ⁴1863), hg. G. J. BOLLAND (Leiden 1901) 82. – [24] Vgl. etwa: ERDMANN, a.O. 81f.; vgl. ROSENKRANZ, a.O. [9] 426f. – [25] HEGEL: Enzykl. § 142, Zus., a.O. [2] 8, 321f.; vgl. mit Bezug auf die kategoriale Fassung etwa des «Geistes»: Enzykl. § 34 Zus., a.O. 108f. – [26] Vgl. Wiss. der Logik I, a.O. [6] 380; Enzykl. § 142, a.O. [14] 164; Enzykl. § 383, mit Zus., a.O. [2] 10, 33-35. – [27] Vgl. dazu: D. HENRICH: Hegels Theorie über den Zufall. Hegel im Kontext (³1981) 157-186; E. J. FLEISCHMANN: Die W. in Hegels Logik. Z. philos. Forsch. 18 (1964) 3-29; G. SCHMIDT: Das Spiel der Modalitäten und die Macht der Notwendigkeit, in: I. FETSCHER (Hg.): Hegel in der Sicht der neueren Forschung (1973) 188-206. – [28] HEGEL: Wiss. der Logik I, a.O. [6] 161; vgl. 381-392; Enzykl. §§ 143-147, a.O. [14] 164-167; vgl. auch die wechselnden Konzeptionen in den frühen Logikentwürfen von 1808ff. bzw. 1810/11: Jub.ausg., a.O. [2] 3, 179f. 127f.; diese Zuordnung der Modal- zu den Relationskategorien bes. bei WEISSE, a.O. [10] 420-468. – [29] Enzykl. § 145, mit Zus., a.O. [2] 8, 325ff.; § 147, a.O. 330f.

7. *Vernunft oder W.: Schelling, Kierkegaard, Feuerbach, Marx, Engels.* – Gegen HEGELS Identifikation des Wirklichen mit dem Vernünftigen erhebt sich auf breiter Front Kritik [1]. Regelmäßig steht dabei der Prozeß der «abstrakten» (rein logischen) Entwicklung des Begriffs zur «concreten» «Realität» (I. H. FICHTE) [2] bzw. das Verhältnis der Logik zur Realphilosophie, insbesondere zur Philosophie der Natur [3], zur Debatte. Ein zentrales Stichwort gibt der Kritik noch der späte SCHELLING: Jene Philosophie, die im Identitätssystem ihre gültige Formulierung, durch Hegel jedoch eine (einseitige) Gestalt erhalten hat, ist eine «rein negative Philosophie», in der «von dem, was wirklich existirt», nie die Rede sein kann [4]. Weil die «W.» nichts zum «Was», zum «Inhalt des Wirklichen» hinzutut, ist die «W.» streng zu unterscheiden von «dem Wirklichen»: Nur dieses ist der Vernunft zugänglich [5], während eine «positive Erklärung der W.» [6] stets auf «Erfahrung» zurückgreifen muß. Philosophie vollendet sich daher in einem «Empirismus», denn nur dieser hat Zugang nicht nur zur «wirklichen Natur, zum wirklichen Menschen, zum wirklichen Bewußtseyn» [7], sondern vor allem zum «wirklichen Gott» [8].

Aber erst bei S. KIERKEGAARD wird Schellings Hinwendung zum Wirklichen [9] zu einer Problematisierung der in der Logik entfalteten Vernunft überhaupt verschärft: Denn wie zur W. wesentlich der logisch nicht faßbare «Zufall» gehört, so darf umgekehrt die Logik der W. nicht vorgreifen [10]. Aber es ist nicht so sehr die W. überhaupt, auch nicht die «äußere Welt» [11], sondern eine ganz bestimmte W., welche die nur durch einen «Sprung» (s.d.) überwindbare Grenze von Vernunft, Logik, «interessenloser» «Abstraktion», «reinem Denken» markiert: «Der wirkliche Mensch» in seinem «Interesse» am «Existieren» [12]. Weil damit ‹W.› und ‹Interesse› gleichbedeutend werden [13], das unendliche Interesse am Existieren jedoch eine «Forderung des Ethischen» darstellt, so ist «die einzige W., die es für einen Existierenden gibt, seine eigene ethische» [14]: Nur intellektuell und ästhetisch steht daher die Möglichkeit höher als die W., nicht aber vom ethischen Standpunkt aus [15]. Über ihn geht noch einmal der «Glaube» hinaus: Dieser ist nicht (in erster Linie) an der je eigenen, sondern an der W. eines Anderen interessiert: des «Lehrers», also an «der W. Gottes». Weil aber auch hier «W. im Sinne von Existenz» immer Sache des «Einzelnen» ist, so ist die eigentliche Grenze der Logik die «W. Gottes» «als einzelner Mensch» [16].

Daß diese nach Hegel einsetzende Wende zur W. nicht nur als Zuwendung zum wirklichen Gott (Schelling) oder zur je eigenen Existenz (Kierkegaard) verstanden werden darf, verdankt sie vor allem dem Einfluß L. FEUERBACHS. Er proklamiert: «Der Anfang der Philosophie ist das Endliche, das Bestimmte, das Wirkliche» [17]. Das versteht sich einerseits als Rehabilitierung des vorphilosophischen Seinsverständnisses [18], andererseits als Heilung jenes Wirklichkeitsverlustes, an dem krankt, wer (neuplatonisch) an die Stelle einer «wirklichen Welt» ein imaginäres, intelligibles Universum der Gedanken setzt [19]. So kommt es zu einer Reformulierung der Transzendentalienlehre unter realistischen Bedingungen: «Nur, was wirklich, ist wahr» [20]. Feuerbach konkretisiert die Identität von W. und Endlichkeit zu der von W. und Sinnlichkeit [21]. Dabei meint solche W. keineswegs Ansichsein, sondern vitale Bedeutsamkeit [22] für ein wesentlich sinnliches Subjekt. Das hat eine doppelte Konsequenz: Einerseits avanciert «Liebe» zum Kriterium von «Sein», «Wahrheit», «W.» [23], andererseits ist (nicht das Vernünftige, sondern) das sinnlich-leibliche «Menschliche ... das Wahre und Wirkliche» [24]. Hier knüpft K. MARX an, deutet jedoch die Verkehrung von W. und Unwirklichkeit [25] als Resultat einer ökonomischen, durch die Herrschaft des Privateigentums ausgelösten Entwicklung, in welcher die «Lebensäußerung» und «Verwirklichung» des Menschen in seine «Lebensentäußerung» und «Entwirklichung» umgeschlagen ist [26]. Das spricht erstens gegen den Satz von der Vernünftigkeit des Wirklichen [27], der sich dialektisch transformieren läßt «in den andern: Alles was besteht, ist wert, daß es zugrunde geht» [28]. Und das erfordert zweitens in ideologiekritischer Wendung den Ausgang vom «wirklichen», d.h. «wirkenden», «tätigen», «produzierenden» Menschen und seinem materiellen, empirisch konstatierbaren Lebensprozeß [29].

Anmerkungen. [1] Darauf weist HEGEL noch selbst hin: Enzykl. § 6 (1830), a.O. [14 zu 6.] 44ff.; vgl. H. E. G. PAULUS: [Rez. zu:] G. W. F. Hegel, Grundlinien der Philos. des Rechts (1821), hier zit. nach: M. RIEDEL (Hg.): Materialien zu Hegels Rechtsphilos. (1975) 1, 53-66, hier: 58ff.; R. HAYM: Hegel und seine Zeit (1857, ²1927) 367f. – [2] Vgl. etwa: I. H. FICHTE: Grundzüge zum System der Philos. 2: Die Ontologie (1836, ND 1969) 7f. 281-289. – [3] Vgl. etwa: F. W. J. SCHELLING: Vorrede zu einer philos. Schrift des Herrn Victor Cousin (1834). SW I/10, 212f.; die (frühe) Diskussion ist aufgearbeitet bei B. BURKHARDT: Hegels ‹Wiss. der Logik› im Spannungsfeld der Kritik (1993). – [4] Zur Gesch. der neuern Philos. (1827). SW I/10, 125. – [5] Philos. der Offenbarung, 4. Vorles. (1841ff.). SW II/3, 60f.; vgl. auch: 60-73; 7. Vorles., a.O. 115. 119. – [6] Vorrede, a.O. [3] 216. – [7] Philos. der Offenb., 7. Vorles., a.O. [5] 133. – [8] 3. Vorles., a.O. 46; 7. Vorles., a.O. 141; 8. Vorles., a.O. 149-162. – [9] Vgl. S. KIERKE-

GAARD: Die Tagebücher, hg. H. GERDES (1962) 1, 273f. [Papirer III A 179] (22. Nov. 1841). – [10] Der Begriff Angst (1844). Samlede Værker, hg. A. B. DRACHMANN [SV] (Kopenhagen ²1920-36) 4, 282; Abschließende unwissenschaftl. Nachschr. (1846). SV 7, 289. – [11] Abschl. unwiss. Nachschr., a.O. 279. – [12] a.O. 257-259. – [13] 270; vgl. auch: Der Begriff Angst, a.O. [10] 190. 293. – [14] 271. – [15] 273-297. – [16] 281. – [17] L. FEUERBACH: Vorläufige Thesen zur Reform der Philos. (1842, ²1846). Ges. Werke, hg. W. SCHUFFENHAUER 9 (1970) 249f. – [18] Grundsätze der Philos. der Zukunft § 26 (1843, ²1846), a.O. 305. – [19] § 29, a.O. 310. – [20] § 31, a.O. 314. – [21] § 32, a.O. 316; § 48, a.O. 330. – [22] Vgl. § 15, a.O. 286. – [23] § 35, a.O. 318. – [24] § 50, a.O. 333. – [25] a.O. [17] 250. – [26] K. MARX: Ökonom.-philos. Manuskr. aus dem Jahre 1844. MEW, Erg.-Bd. 1, 539-541. – [27] Kritik der Hegelschen Rechtsphilos. (1843). MEW 1, 266. – [28] F. ENGELS: L. Feuerbach und der Ausgang der klass. dtsch. Philos. (1888). MEW 21, 266f. – [29] K. MARX/F. ENGELS: Die dtsch. Ideologie (1845/46). MEW 3, 26f. u.ö.; vgl. Art. ‹Ideologie II.›. Hist. Wb. Philos. 4 (1976) 164-173.

8. *Alles Wirkliche ist notwendig: A. Schopenhauer.* – Mit A. SCHOPENHAUERS Kritik an der Kantischen Kategorienlehre insgesamt wird auch deren Begriff von W. problematisch. Gleichwohl zeichnen sich die «Kategorien der Modalität» immerhin dadurch aus, daß sie den Urteilsformen tatsächlich entsprechen. Schopenhauer begreift sie indessen nicht als Stammbegriffe des Verstandes. «Die Begriffe des Möglichen, Wirklichen und Nothwendigen» leiten sich vielmehr «aus dem Satze vom Grunde» her [1]. Insofern dieser die «Welt der Vorstellung» und demgemäß auch (als «Gesetz der Kausalität») die «Materie» beherrscht, verdient sie (bzw. der «Inbegriff alles Materiellen») den Titel nicht der «Realität», sondern der «W.». Schließlich ist ihr «Seyn» «durch und durch Kausalität», «Wirken» [2]. Eine «wirkliche, d.i. wirkende Welt» außerhalb der durch totale Relativität ausgezeichneten Vorstellungswelt zu suchen ist also nicht falsch, sondern sinnlos [3]; «W.» und «Traum» sind daher nicht von außen, sondern nur im empirischen Vorgang des «Erwachens» unterscheidbar [4]. Doch zeigt die genauere Ableitung aus dem Satz vom Grunde, daß der «Begriff des Wirklichen» Produkt einer Abstraktion von eben diesen Kausalverhältnissen ist: In ihm wird der Gegenstand nur als «Wirkung» betrachtet, und zwar ohne Rücksicht auf eine «Ursache». «Da aber in der Natur Jedes aus einer Ursache hervorgeht; so ist jedes Wirkliche auch nothwendig» [5], so daß der ganze «Unterschied zwischen nothwendig, wirklich und möglich» letztlich nur abstrakt ist: «in der realen Welt ... fallen alle Drei in Eins zusammen» [6].

Anmerkungen. [1] A. SCHOPENHAUER: Die Welt als Wille und Vorst. I, Anhang: Die Kritik der Kantischen Philos. (1819, ³1859). Sämtl. Werke, hg. A. HÜBSCHER (1937-41, ³1972) 2, 549. – [2] I, § 4, a.O. 9f. – [3] § 5, a.O. 17. – [4] a.O. 19-22; vgl. auch: Parerga und Paralip. 1, Versuch über das Geistersehn (1850), a.O. 5, 244ff. – [5] a.O. [1] 549-551; vgl. 555. – [6] a.O. 554.

9. *Auszug aus der W.: 2. Hälfte des 19. Jh.* – Seit der 2. Hälfte des 19. Jh. wird der Begriff ‹W.› mit der allgemeinen Abkehr vom Idealismus verschiedentlich zum Schlagwort für positivistische und materialistische Strömungen. Bezeichnenderweise hat die Reaktion gegen eine solche «W.-Philosophie» (E. DÜHRING) [1] gerade das eingeleitet, was bis heute als «Auszug aus der W.» [2] diagnostiziert wird. Auslöser ist die mit der «Rückkehr zu Kant» eingeleitete Wende zur Erkenntnistheorie, und zwar zunächst unter sinnesphysiologischen Bedingungen: «Welt der Empfindung» und «Welt der W.» treten auseinander, diese ist nur noch aus jener erschließbar (H. HELMHOLTZ) [3], wird nicht durch den Menschen abgebildet, sondern mit Hilfe von «Fiktionen» verfälscht (H. VAIHINGER) [4], ist bestenfalls «Inbegriff der notwendigen, durch Sinneszwang gegebenen Erscheinungen», also «Produkt der Organisation der Gattung» (F. A. LANGE) [5]. F. NIETZSCHE feiert diesen Verlust einer an-sich-seienden W. als Ausdruck der spontan-schöpferischen Leistung des Menschen [6]: Zwischen W.en kann «gewählt» werden [7]! Das hat zwei Konsequenzen: Ist die grob materialistische Identifikation des «Realen» mit dem «Wirklichen» als bloßem «Stoff» [8] hinfällig geworden, dann wird auch (erstens) der Realismus einer 'eigentlichen W.' [9] problematisch: «Es giebt für uns keine 'W.'», insofern in aller (vermeintlichen) 'W.' immer schon verborgene «Schätzungen der Dinge» wirksam sind [10]. Das eröffnet (zweitens) die Möglichkeit zur «Kritik der 'W.'» [11], die vor allem einen Betrug durchschaut: die «'wirkliche W.'» [12].

Anmerkungen. [1] E. DÜHRING: W.-Philos. (1895); vgl. J. DUBOC: Jenseits vom Wirklichen (1896). – [2] Vgl. D. VAIHINGER: Auszug aus der W. (2000). – [3] H. HELMHOLTZ: Über das Sehen des Menschen (1855). Vortr. und Reden 1 (⁵1903) 85-117, hier: 115f. – [4] H. VAIHINGER: Die Philos. des Als Ob [1876-78] (1911, ⁹⁻¹⁰1927, ND 1986) pass. – [5] F. A. LANGE: Gesch. des Materialismus (²1873/75), hg. A. SCHMIDT (1974) 981f. – [6] Vgl. F. NIETZSCHE: Nachgel. Fragm., Sommer 1875 9[1]. Krit. Ges.ausg., hg. G. COLLI/M. MONTINARI (1967ff.) 4/1, 212; Frühjahr 1884 25[318], a.O. 7/2, 90; vgl. auch: Sept. 1870-Jan. 1871 5[78], a.O. 3/3, 114. – [7] Vgl. Menschliches, Allzumenschl. II, 114. 135 (1878, ²1886), a.O. 4/3, 62. 71. – [8] Über die Zukunft unserer Bildungsanstalten (1872), a.O. 3/2, 209. – [9] Nachgel. Fragm., Juni-Juli 1885 38[10], a.O. 7/3, 337. – [10] Die fröhl. Wiss. II, 57 (1882), a.O. 5/2, 97f. – [11] Nachgel. Fragm., Herbst 1887 10[19], a.O. 8/2, 131. – [12] Menschl., Allzumenschl. II, 32, a.O. [7] 30; vgl. auch die Kritik an den Fiktionen von Religion und Moral: Der Antichrist 15. 39 (1888), a.O. 6/3, 179f. 210.

10. *Unwirklichkeit: Bolzano, Lotze, Frege.* – Die Integration der W. in die (moderne) Logik verdankt sich B. BOLZANOS «Behauptung, daß es Wahrheiten an sich gibt». Dieses 'geben' meint jedoch keineswegs, daß solchen Wahrheiten «Sein oder Dasein (die Existenz)» [1] zukommt. Weil Bolzano ‹Sein›, ‹Dasein› und ‹W.› synonym gebraucht [2], haben Wahrheiten an sich «kein wirkliches Dasein» im Sinne raum-zeitlicher Bestimmtheit, wohl aber als «erkannte» oder «gedachte» [3]. Dieses Problem – Unwirklichkeit des Logischen an sich, seine W. in bezug auf das subjektive Gegebensein – kehrt in G. FREGES Konzept eines «dritten Reichs» des «Gedankens» wieder: Der Gedanke als eine zeitlos-unveränderliche Größe ist unwirklich, insofern ihm das fehlt, was naturhafte W. auszeichnet: «die Wechselwirkung». Dennoch sind Gedanken nicht gänzlich «unwirklich, aber ihre W. ist ganz anderer Art, als die der Dinge. Und ihr Wirken wird ausgelöst durch ein Tun der Denkenden, ohne das sie wirkungslos wären ... Und doch schafft der Denkende sie nicht, sondern muß sie nehmen, wie sie sind. Sie können wahr sein, ohne von einem Denkenden gefaßt zu werden, und sind auch dann nicht ganz unwirklich, wenigstens wenn sie gefaßt und dadurch in Wirksamkeit gesetzt werden können» [4]. Aber nicht Frege, sondern R. H. LOTZE führt für diese eigentümliche «Quasi-W.» oder «Pseudo-Existenz» idealer Gegenstände (A. MEINONG) [5] jene Begrifflichkeit ein, die dann vor allem in der Auseinandersetzung mit dem Psychologismus [6] zum Zuge kommt: die «Geltung». Dennoch ist bei LOTZE das, was gilt, zwar nicht seiend, deswegen aber doch nicht unwirklich. Denn unter ‹W.› will Lotze ausdrücklich in Übereinstimmung mit dem «Sprachgebrauch» ganz allgemein nur eine «Bejahung» oder «Position» verstehen,

so daß «existierende» Dinge, «bestehende» Ereignisse und Verhältnisse, aber auch ein als wahr «geltender» Satz durchaus «wirklich» sind [7].

Anmerkungen. [1] B. BOLZANO: Wiss.lehre § 30 (1837). Ges.ausg., hg. J. BERG u.a. (1969ff.) I/11, 1, 168. – [2] § 142, a.O. I/12, 1, 124f. – [3] Vgl. §§ 25f., a.O. [1] 137-141. – [4] Vgl. bes. G. FREGE: Der Gedanke (1918/19). Kl. Schr., hg. I. ANGELELLI (1967) 360-362; vgl. Art. ‹Reich, Drittes 2.›. Hist. Wb. Philos. 8 (1992) 499-502. – [5] A. MEINONG: Über Annahmen (1902). Ges.ausg. 4, 224. 226. 263f. 266. – [6] Vgl. etwa: TH. LIPPS: Grundtatsachen des Seelenlebens (1883) bes. 394ff. – [7] R. H. LOTZE: Logik 3, § 316 (1874, ²1880), hg. G. MISCH (1912) 511f.; mit ausdrücklicher Berufung auf diese Stelle vgl.: Metaphysik (1879, ²1884) 3.

11. *W. und Objektivität: Neukantianismus.* – Hieran hat vor allem der *Südwestdeutsche Neukantianismus* angeknüpft, um so Wahrheit nicht mehr im Rahmen einer Abbildtheorie (s.d.) der Erkenntnis, also aus der «Beziehung der Vorstellung zu einer absoluten W.» heraus zu verstehen (W. WINDELBAND) [1], sondern als «Norm des Geistes». Philosophie ist daher vor allem eines: Wissenschaft vom Wert (s.d.). Dieser läßt über Bolzano und Lotze hinaus das «‘Reich’ des Nichtwirklichen» nun auch positiv bestimmbar werden (H. RICKERT) [2]. – Eben damit zeigt sich «W.» in zweierlei Hinsicht als Problem: a) in ihrem Verhältnis zum Wert, b) aber auch wissenschaftstheoretisch und hier besonders in bezug zur «W.-Wissenschaft schlechthin»: zur Geschichtswissenschaft (G. SIMMEL) [3].

a) Vor allem Phänomenologie (Husserl) und Gegenstandstheorie (Meinong) zwingen H. RICKERT, den Wert (gegen Husserl wie Meinong) vom Idealen abzugrenzen [4]: Dieses ist im Unterschied zum Wert durchaus «wirklich», nämlich: «immanent». Rickert vertritt also keine «Zweiwirklichkeiten-» [5], sondern eine «Einwirklichkeitentheorie» («‘Monismus’ des Realen») [6], die den «W.-Begriff des Positivismus» aufnimmt, zugleich jedoch erkenntnistheoretisch ergänzt um die Subjektbezogenheit aller W. [7]: Noch vor aller Differenzierung in psychisches oder physisches Sein ist Wirkliches zunächst einmal erlebt, unmittelbar gegeben, «immanentes Objekt» eines Subjekts: «Bewußtseinsinhalt» [8]. Daß dieser jedoch «die Form der W.» erhält, ist eine Leistung nicht des Vorstellens, sondern der Erkenntnis, des Wissens, also des Urteils [9]: «wirklich» heißt mit Recht allein das, «was von Urteilen als wirklich bejaht werden soll». Daher ist streng zu unterscheiden «zwischen der Form ‘W.’ und dem ‘Wirklichen’ als dem Inhalt in dieser Form» [10]. Nicht jener Inhalt, wohl aber diese Form ist daher «transzendent», «Gegenstand der Erkenntnis»: «Wir erkennen daher Wirkliches gerade dadurch, daß wir Unwirkliches anerkennen» [11]. So tritt die Philosophie überhaupt als «Wertwissenschaft» den «W.-Wissenschaften» gegenüber [12], grenzt jedoch gerade deswegen auch an das, was bei WINDELBAND das «Heilige» war: an die «transzendente W.» [13], das «Ueberwirkliche», das als Antwort auf das Problem der «Wertverwirklichung» [14] konzipiert wird. Die Deutung, die B. BAUCH dem Problem solcher Wertverwirklichung gibt, macht deutlich, daß «Wahrheit, Wert und W.» Momente einer Entwicklung sind, in der die W. nur als «Übergang» (Rickert), als «‘Weg und Durchgang’ von ihrem λόγος-Grunde, den transzendentalen Bedingungen, zu ihrem λόγος-Ziele, den Werten», in den Blick kommt [15].

b) RICKERT ist es auch, der das Wertproblem für die Methodenlehre der Einzelwissenschaften fruchtbar macht. Weil «Begriff und W.» zu trennen sind, jener daher weder «Abbild» noch «Beschreibung» von der W. sein kann, ist das Problem der W. aus dieser Sicht das ihrer Irrationalität, und zwar aufgrund ihrer totalen Kontinuität wie Heterogenität gleichermaßen: «Alles fließt», aber «alles ist» auch «anders», W. daher «stetige Andersartigkeit», ein «heterogenes Kontinuum». «Macht über das Wirkliche» bekommen Wissenschaft und Begriff daher nur durch Prozeduren seiner Umformung und Vereinfachung, die an seiner «Unübersehbarkeit» und «Unerschöpflichkeit» indessen nichts zu ändern vermögen [16]. Gerade deswegen sind die historischen Wissenschaften auf den Begriff des Wertes (bzw. der Kultur) angewiesen: Nur in Beziehung auf ihn wird aus einem sinnlosen «Gewimmel» immer neuer «Andersartigkeiten», das alle W. als solche auszeichnet, eine qualitative, weil sinntragende, historische Individualität, die in Begriffen darstellbar, wissenschaftlich also beherrschbar ist [17].

Gegenüber den badischen Vertretern des Neukantianismus zeichnet sich die *Marburger Schule* anfangs durch eine stärkere Konzentration auf die Forschungssituation der modernen Physik aus. Vor diesem Hintergrund konzipiert P. NATORP die «Modalitätsstufen» ‹Möglichkeit›, ‹W.› und ‹Notwendigkeit› streng in bezug auf die wissenschaftliche Arbeit als: «Hypothese», experimentell festgestellte «Tatsache» sowie «Gesetz» [18]. Allerdings muß für eine solche zum «kritischen Idealismus» fortgebildete Transzendentalphilosophie der Versuch Kants, «W. auf den Zusammenhang mit der Empfindung» zu gründen [19], als Infragestellung des logischen Programms überhaupt erscheinen [20]. Gegen Kant rehabilitiert H. COHEN daher den «ontologischen Beweis», um «das Denken da flott zu machen, wo sonst nur bei der Empfindung Rettung schien». «Denken» («Begriff») erzeugt, ist «Ursprung», kennt daher nichts «Gegebenes», ihm läßt sich daher auch nichts (auch «Existenz» nicht) «hinzufügen», «beilegen»: Es gibt kein «Loch im Denken», «aus dem der Maulwurf der Empfindung hervorlugt» [21]. Muß im System der reinen Erkenntnis wohl «Empfindung» aufgegeben werden, so doch nicht deren «Anspruch» [22]. Was «Empfindung» nur «stammelt», das wird im «Urteil der W.» allererst zu sachgerechter «Aussprache» gebracht: als (kritische) «Kategorie» des «Einzelnen» [23]. Ist das «Einzelne» das eigentliche «Problem der W.», so wird dieses doch erst gelöst durch die «Größe»: Sie «ist die Kategorie, welche sich deckt mit der Kategorie des Einzelnen, mit der Kategorie der W.» [24]. Weil «Größe» das «Äquivalent» ist zur W., deren «Kriterium», gelingt es Cohen, die im Begriff der W. ausgesprochene allgemeine Problematik gegenüber der viel zu begrenzten Empfindung zurückzugewinnen, und zwar nicht nur für den Bereich der Natur bzw. der mathematischen Naturwissenschaften, sondern auch für die Geisteswissenschaften sowie die Ästhetik [25].

Daß unter der für den Neukantianismus kennzeichnenden erkenntniskritischen Perspektive (einzel-)wissenschaftlicher Objektivität W. jeden Charakter eines der methodologischen Besinnung vorausgehenden «Datums» verliert (R. HÖNIGSWALD) [26], stößt vielfach auf Protest. Wo er nicht sogar in reine «Mystik» umschlägt [27] oder zur «W.-Lehre» als «induktiver Metaphysik» fortschreitet (H. DRIESCH) [28], formiert sich solche Kritik (von Dilthey her) zum Gegensatz von «Wissenschaft und W.», die dem Menschen im unmittelbaren Willenserlebnis mit ‘unumstößlicher’ Gewißheit begegnet (M. FRISCHEISEN-KÖHLER) [29]. So muß der Neukantianismus sein Verhältnis zu Hegel klären [30]: Handelt es sich noch um kritischen oder bereits um absoluten Idealismus? Es ist – neben J. COHN [31] – vor allem E. CASSIRER, der klarstellt: «Vernunft» ist «‘alles Wirkliche’» nicht im Sinne «einer Gegebenheit», sondern «einer unendlichen Aufgabe», also ein «reines Sollen» [32], asymptotisches Ziel [33], in dem W. gerade nicht «ganz zurücktritt» (H. MAIER) [34], sondern sich in ihrer Unerschöpflichkeit je neu bekundet [35]. Die Reflexion auf die unterschiedlichen Objektivierungsleistungen verleiht dabei der von Kant herausgearbeiteten Fähigkeit des intellectus ectypus, zwischen W. und Möglichkeit zu unterscheiden, eine neue, umfassende Bedeutung: Menschliche Erkenntnis ist wesentlich symbolische Erkenntnis [36]; wo sie pathologisch gestört ist, wird nicht nur der «Unterschied zwischen W. und Möglichkeit unscharf», sondern beschränkt sich menschliche Existenz auf die «konkrete Sphäre, in der wirkliche Dinge stattfinden» [37]. Die Einsicht in die zahlreichen «Symbol-» und «Bildwelten», in denen der Mensch lebt, kehrt nun allerdings den Manifestationsbegriff von W. um: Wissenschaft und Kunst, Mythos und Religion sind demnach «nicht verschiedene Weisen, in denen sich ein an sich Wirkliches dem Geiste offenbart, sondern sie sind die Wege, die der Geist in seiner Objektivierung, d.h. in seiner Selbstoffenbarung verfolgt» [38].

Anmerkungen. [1] W. WINDELBAND: Immanuel Kant (1881), in: Präludien (1884, [9]1924) 1, 112-146, 132. – [2] H. RICKERT: Der Gegenstand der Erkenntnis (1891, [6]1928) 300f. – [3] G. SIMMEL: Die Probleme der Geschichtsphilos. (1892). Ges.ausg., hg. O. RAMMSTEDT (1989ff.) 2, 348f. – [4] Vgl. RICKERT, a.O. [2] 270f. – [5] 104f. – [6] a.O. VIIIf. [Vorwort zu [3]1915]; vgl. a.O. 425. – [7] 122f. – [8] 107. – [9] 148; vgl. 147-151. – [10] 204; mit Bezug auf Kants Beispiel der hundert Taler: 140. – [11] 218. – [12] 439. – [13] W. WINDELBAND: Das Heilige (1902), a.O. [1] 2, 295-332, 305. – [14] RICKERT, a.O. [2] 450f. – [15] B. BAUCH: Wahrheit, Wert und W. (1923) 465. – [16] H. RICKERT: Kulturwiss. und Naturwiss. (1898, [6/7]1926) 28-38: Kap. 5: «Begriff und W.». – [17] a.O. 78-101; sozialwissenschaftl. weitergeführt durch M. WEBER: Die ‘Objektivität’ sozialwissenschaftl. und sozialpolit. Erkenntnis (1904). Ges. Aufs. zur Wiss.lehre ([7]1988) 146-214, bes. 170f. 174. 190f. – [18] P. NATORP: Philosophie (1911, [3]1921) 56-58. – [19] H. COHEN: Logik der reinen Erkenntnis (1902, [2]1914). Werke, hg. H. HOLZHEY 6 (1977) 462. – [20] a.O. 477. – [21] 81. 475. – [22] Vgl. bes. 472f.; auch: 463f. 469 u.ö.; das hebt zu Recht W. MARX hervor in: Transz. Logik als Wiss.theorie (1977) 66ff. – [23] COHEN, a.O. [19] 469-473. – [24] a.O. 478f.; vgl. 484. – [25] 494f.; vgl. 495-501. – [26] Vgl. R. HÖNIGSWALD: Zur Wiss.theorie und -systematik. Kantstudien 17 (1912) 28-84, bes. 74f. 81f. – [27] W. WINDELBAND: Von der Mystik unserer Zeit (1910), a.O. [1] 1, 290-299, bes. 295f. – [28] H. DRIESCH: Wirklichkeitslehre (1917, [3]1930) bes. 32-51. – [29] M. FRISCHEISEN-KÖHLER: Wissenschaft und W. (1912); vgl. auch: Das Realitätsproblem (1912). – [30] Vgl. E. VON ASTER: Neukantianismus und Hegelianismus. Eine philos.geschichtl. Parallele. Festschr. Th. Lipps (1911) 1-25. – [31] J. COHN: W. als Aufgabe (1940), hg. J. VON KEMPSKI (1955). – [32] E. CASSIRER: Das Erkenntnisproblem in der Philos. und Wiss. der neueren Zeit 1-4 (1906-50/57), 3 ([2]1923, ND 1994) 367; vgl. 362-377; ähnlich: NATORP, a.O. [18] 58-60. – [33] Erkenntnistheorie nebst den Grenzfragen der Logik. Jb. Philos. 1 (1913) 1-59, 31f.; ND, in: Erkenntnis, Begriff, Kultur, hg. R. A. BAST (1993) 3-76, 42. – [34] So die Kritik bei: H. MAIER: Philos. der W. (1926/34) 1, 56; vgl. bes. 1-91. – [35] E. CASSIRER: Substanzbegriff und Funktionsbegriff (1910, ND 1980) 427; vgl. Philos. der symbol. Formen 1-3 (1923-29, [2]1953/54, ND 1988) 3, 557f. – [36] An essay on man (1944); dtsch.: Versuch über den Menschen (1990), hg. R. KAISER (1996) 92f. – [37] a.O. 93-95; im Anschluß an: K. GOLDSTEIN: Human nature in the light of psychopathology (Cambridge 1940) 49ff. – [38] CASSIRER: Philos. der symb. Formen, a.O. [35] 1, 9; vgl. 48.

12. *Vernunft und W.: Husserl.* – Die phänomenologische Forderung nach anschaulicher Gegebenheit der «Sachen selbst» [1] erschien insbesondere gegenüber dem Neukantianismus vielfach als «Wende», ja «Durchbruch zum realen Objekt». Tatsächlich wird mit E. HUSSERLS Ausweitung des Anschauungsbegriffs zugleich auch das, was sich originär geben läßt und in diesem Sinne wirklich ist, über den Bereich der Natur, der «realen W.» hinaus entschränkt. Diese für den vermeintlichen «platonisierenden Realismus» der ‹Logischen Untersuchungen› zentrale Differenzierung [2] tritt jedoch hinter einen anderen, für die transzendental fortgebildete Phänomenologie entscheidenden Aspekt der (Geltungs-)Vorgegebenheit zurück: «Die ‘W.’» (als objektiv «räumlich-zeitliche W.» des vorphilosophischen Lebens), «das sagt schon das Wort, finde ich ... als daseiende vor und nehme sie, wie sie sich mir gibt, auch als daseiende hin». Insofern dies nicht ohne weiteres für «einzelne Gegebenheiten», wohl aber für deren Gesamthorizont gilt, können W. und («immer daseiende») Welt bis zur Identität verschmelzen [3]. Solche Vorgegebenheit im Hinblick sowohl auf den einzelnen Gegenstand als auch auf die Welt zu problematisieren, ist die Leistung der (phänomenologischen) Reduktion (s.d.). Indem sie die Frage nach W. oder Unwirklichkeit «einklammert», ermöglicht sie nicht nur die umfassende Analyse der noetisch-noematischen Konstitution von (vor allem: Ding-)Gegenständlichkeiten, sondern auch die Klärung des Sinnes von ‹W.› (bzw. ‹Unwirklichkeit›). Insofern «‘wirklich-sein’ und ‘vernünftig ausweisbar sein’ in Korrelation» zueinander stehen [4], geschieht die Untersuchung der verschiedenen Seins- bzw. W.-Modalitäten [5] unter dem übergreifenden Titel «Vernunft und W.» [6]. Angesichts einer Vielzahl von Gegenstandsregionen erfordert diese Fragestellung daher eine ebensolche Mannigfaltigkeit dessen, was Husserl «Phänomenologie der Vernunft» nennt [7]. Hier zeigt sich vor allem eines: W. ist im Fall (mundanen) «transzendenten Seins» nicht einfach mit anschaulicher Gegebenheit identisch, sondern an prinzipiell unabschließbare Synthesen ausweisender Erfahrung gebunden, also im Unterschied zu (transzendentalem) «immanentem Sein» eine «Idee», nicht «absolute», sondern je nur «präsumptive W.» [8].

Während Husserls Untersuchungen zum Gegensatz von W. und Phantasie («W.-als-ob») [9] bzw. Positionalität und Quasi-Positionalität eine ganze Reihe von Studien zur Intentionalität der Vergegenwärtigung (s.d.) vorbereitet hat [10], stößt seine «Wendung ins Subjektive» (M. GEIGER) [11] von seiten der Münchener bzw. Göttinger Phänomenologie auf breite Ablehnung. Diese steht ganz im Zeichen einer «wirklichen W.» (H. CONRAD-MARTIUS) [12], d.h. der auf sich selbst stehenden und in sich selbst gründenden «Welt» [13].

Anmerkungen. [1] Vgl. Art. ‹Sache II.›. Hist. Wb. Philos. 8 (1992) 1096-1100, 1098f. – [2] E. HUSSERL: Ideen zu einer reinen Phän. und phänomenolog. Philos. 1, §§ 19. 22 (1913) 36. 40. Husserliana [Hua.] 3/1 (Den Haag 1976) 42. 47; vgl. auch: Die Idee der Phänomenologie (1907). Hua. 2 (1958) 75: «reale» bzw. «ideale W.». – [3] Ideen 1, § 30, a.O. 52f./60f.; Die Krisis der europ. Wiss. §§ 38-40 (1935/36). Hua. 6 (1954) 148-154. – [4] Ideen 1, § 115, a.O. 282/314. – [5] Vgl. § 145, a.O. 302f./336f.; Krisis § 40, a.O. [3] 152. – [6] Ideen 1, §§ 128-153, a.O. 265-323/295-359. – [7] § 152, a.O. 318f./354f. – [8] § 46, a.O. 86/98; vgl. auch: Cartes. Medit. 3 (1931). Hua. 1 ([2]1963) 91-99; dazu: K. AMERICKS: Husserl's realism. Philos. Review 86 (1977) 498-519. – [9] Vgl. §§ 109-114, a.O. 222-235/247-262; Cartes. Medit. 3, § 25, a.O. 93f. – [10] Vgl. etwa: E. FINK: Vergegenwärtigung und Bild. Beitr. zur Phänomenol. der Unwirklichkeit (1930), in: Studien zur Phänomenol. (Den Haag 1966) 1-78. – [11] Vgl. E. STRÖKER/P. JANSSEN: Phänomenolog. Philos. (1989) 118-140. – [12] H. CONRAD-MARTIUS: Die transz. und die ontolog. Phänomenologie (1958/59), in: Schr. zur Philos. 3 (1965) 393-402, bes. 397. – [13] Vgl. auch: E. STEIN: Husserls Phänomenologie und die Philos. des Hl. Thomas v. Aquino (1929), in: H. Noack (Hg.): Husserl (1973) 61-86, bes. 73; R. Ingarden: Über den transz. Idealismus bei E. Husserl, in: L. van Breda/J. Taminiaux (Hg.): Husserl et la pensée moderne (Den Haag 1959) 190-204; Der Streit um die Existenz der Welt (1964/65).

13. *Ontologie der W.* – Gegenüber der Phänomenologie hebt G. Jacoby in seiner ‹Allgemeinen Ontologie der W.› den Primat der wirklichen W. vor dem Subjekt hervor [1]: Wirkliches besteht «kraft seines Seins von uns unabhängig, subjektfrei objektiv an sich» [2]. Einen ähnlich umfassenden Begründungsanspruch [3] vertritt auch die Fundamentalontologie M. Heideggers. Dabei wird schon die frühe Einsicht, daß die psychologistische Urteilslehre «die logische ‘W.’» in ihrer ontologischen Eigenart überhaupt nicht kennt [4], zum Anlaß für die Frage, wie sich der «Gesamtbereich des ‘Seins’ in seine verschiedenen Wirklichkeitsweisen gliedern» läßt [5]. Die Aufgabe einer entsprechenden «kategorialen Charakteristik der Wirklichkeitsbereiche und die noch vorgängige erste Auseinanderhaltung derselben» [6] bereitet dabei die fundamentalontologische Scheidung von «Kategorien» (des Vorhandenen) und «Existenzialien» (des Daseins) vor: Nur jenen, nicht diesen ist W. «im traditionellen Sinne» [7], ja schon energeia [8] zuzurechnen. Entsprechendes trifft auch für Lotzes Begriff der «Geltung» zu: Denn als «W. (Sein) wahrer Sätze» ist auch sie der bloßen «Vorhandenheit» zuzurechnen [9]. Damit wird die Beziehung von Möglichkeit und W. doppelt bestimmbar: Nur als «modale Kategorie der Vorhandenheit» ist Möglichkeit «ontologisch niedriger als W. und Notwendigkeit», während sich existenzial dieses Verhältnis gerade umkehrt: Dasein ist «Seinkönnen», also «primär Möglichsein». Wohl von dieser «Möglichkeit als Existenzial» [10] gilt daher der Satz: «Höher als die W. steht die Möglichkeit» [11]. Diese Abwertung der W. setzt sich in der Spätphilosophie fort, wird jedoch nicht mehr im Horizont des geschichtlichen Daseins, sondern – mit Blick auf den Wandel der energeia erst zu actualitas, dann zu W. im Sinne wissenschaftlicher Meßbarkeit (M. Planck) – aus der Perspektive der Seinsgeschichte untermauert [12].

Eine großangelegte Modalanalyse (s.d.) der W. findet sich jedoch erst bei N. Hartmann. Im System der Ontologie ist dabei von vornherein einer Verwechslung von ‹Dasein› (im Unterschied zu ‹Sosein›), ‹Realität› (im Unterschied zu ‹Idealität›) und ‹W.› (im Gegensatz zu ‹Möglichkeit› und ‹Notwendigkeit›) durch die Unterscheidung von Seinsweisen, Seinsmomenten und den Seinsmodi vorgebeugt. Die Bedeutungsschwankungen des Begriffs ‹W.› [13] werden dabei zum Indiz für die sie kennzeichnende Unfaßbarkeit bzw. Irrationalität: Nicht als Mitte zwischen Möglichkeit und Notwendigkeit, sondern in ausgesprochener «Gegensatzstellung» zu beiden [14] zeichnet sich W. in allen vier von Hartmann unterschiedenen Sphären des (irrealen, d.h. logischen, idealen und gnoseologischen [15] und des realen [16]) Seins durch «Relationslosigkeit und Abgelöstheit» aus: «wirklich» ist, was «rein in sich selbst», «rein ‘durch Nichts’» ist, «‘Sein schlechthin’, das nicht weiter reduzierbar ist». Deswegen ist ‹W.› (bedingt auch die ‹Unwirklichkeit›) der einzige streng «‘reine’ Seinsmodus», während es sich bei den übrigen Modalkategorien um «basierte», «relationale Modi» handelt, die von sich selbst her, ihrem eigenen «Sinn» nach an Wirkliches zurückgebunden sind («modales Grundgesetz»). Dementsprechend gilt etwa: «Wenn *A* notwendig ist, so ist es ‘auf Grund von etwas’ notwendig ... Wenn *A* möglich ist, so ist es ‘vermöge gewisser Bedingungen’ möglich» [17].

Anmerkungen. [1] Vgl. G. Jacoby: Allg. Ontol. der W. (1925/55) 1, 12-17; 2, 956-963. – [2] a.O. 2, 954; vgl. Art. ‹Ontologie 3. c.›. Hist. Wb. Philos. 6 (1984) 1196. – [3] Vgl. bes. 2, 696-899. – [4] M. Heidegger: Die Lehre vom Urteil im Psychologismus (1914). Ges.ausg. [GA] (1975ff.) I/1, 161. – [5] a.O. 186. – [6] Die Kategorien- und Bedeutungslehre des Duns Scotus (1916), a.O. 211. – [7] Vgl. etwa: Die Grundprobleme der Phänomenol. [1927]. GA II/24, 153. – [8] Die Grundbegriffe der ant. Philos. [1926]. GA II/22, 180. – [9] Logik [1925/26]. GA II/21, 77; vgl. 62-88; vgl. auch: Sein und Zeit §§ 21. 33 (1927, [17]1993) 99. 155f. – [10] Sein und Zeit § 31, a.O. 143. – [11] § 7, a.O. 38. – [12] Vgl. Die Met. als Geschichte des Seins [1941], in: Nietzsche II (1961) 399-457; Wiss. und Besinnung [1953], in: Vorträge und Aufsätze (1954) 45-70, bes. 45-51. 56-58. – [13] Vgl. N. Hartmann: Möglichkeit und W. (1938, [3]1966) 49-51; vgl. zum Ganzen auch: a.O. [7 zu 1.]. – [14] Eine vergleichbare Sonderstellung der W. auch bei: P. Natorp: Philos. Systematik (1922/23), hg. H. Knittermeyer (1958) 83-128, bes. 111-113; auch: 133f. – [15] Hartmann, a.O. [13] 259-394. – [16] a.O. 95-258. – [17] 60-74.

14. *W. und Widerstand: Scheler, Jaspers.* – Daß W. in ihrer ‘Seinsautonomie’ und ‘Härte’ dem Menschen vor allem im leiblich-vitalen Erleben, Drang, Trieb als Widerstand (s.d.) begegnet, ist eine Einsicht, deren Wurzeln noch hinter W. Dilthey [1] auf die Frühphilosophie Schellings zurückreichen: «Quelle alles Wirklichen für uns» ist demnach «das ursprünglich Praktische in uns» [2]. In ausführlicher Auseinandersetzung mit Dilthey [3] hat M. Scheler diesen Gedanken anthropologisch fruchtbar gemacht: Ist W., das «‘Wirklichsein’ des Wirklichen ... uns nur in einem mit Angst verbundenen allgemeinen Widerstande bzw. einem Erlebnis des Widerstandes gegeben» [4], so zeichnet es den Menschen als «Geist» aus, eben diesen «W.-Eindruck» bzw. «W.-Charakter» von Dingen und Welt zurückweisen, «Wirklichsein» («Dasein») und «Wesen» also voneinander trennen zu können. Diese u.a. von M. Buber kritisierte These [5] bietet nicht nur die Möglichkeit, den Sinn der phänomenologischen Reduktion neu zu erläutern [6], sondern läßt sich auch für die Psychopathologie fruchtbar machen (und umgekehrt [7]): Weil «wirklich» das ist, «was wir leibhaft wahrnehmen», «was uns Widerstand leistet», an dem unser praktisches «Bedeuten» scheitert, lassen sich von hier aus Entfremdungserlebnisse, Sinnestäuschungen, aber auch die unterschiedlichen Formen etwa des Wahns (s.d.) verständlich machen [8]. Insbesondere im Rahmen der hier anknüpfenden leibphänomenologischen Anthropologie [9] bestätigt sich, was ebenfalls schon von Dilthey erkannt worden ist [10]: Daß «die menschliche W.» «die ursprüngliche Form der Realität» darstellt, «der gegenüber das tote Sein nur etwas Abgeleitetes ist» [11].

Anmerkungen. [1] Vgl. W. Dilthey: Beitr. zur Lösung der Frage vom Ursprung unseres Glaubens an die Realität der Außenwelt und seinem Recht (1890). Ges. Schr. 5 ([2]1957) 131; vgl. Art. ‹Realität der Außenwelt›. Hist. Wb. Philos. 8 (1992) 206-211. – [2] F. W. J. Schelling: Abh. zur Erläut. des Idealismus der Wiss.lehre (1796/97). SW I/1, 398. – [3] M. Scheler: Erkenntnis und Arbeit (1926). Ges. Werke (1954ff.) 8, 362-378. – [4] Die Stellung des Menschen im Kosmos (1928), a.O. 9, 16f. – [5] M. Buber: Das Problem des Menschen (1948, [5]1982) 144-146. – [6] Scheler, a.O. [4] 42-44; dazu: W. Henckmann: Max Schelers These: W. ist Widerstandserlebnis, in: R. Hüntelmann (Hg.): W. und Sinnerfahrung (1998) 140-174. – [7] O. Becker: Husserl und Descartes. Arch. Rechts- Soz.philos. 39 (1936/37) 616-621, hier: 618f.; R. Ingarden: Einf. in die Phänomenol. E. Husserls (1967). Ges. Werke 4, hg. G. Haeflige (1992) 259. – [8] K. Jaspers: Allg. Psychopathol. (1913, [9]1973) 79; vgl. 78ff. – [9]

Vgl. Th. Fuchs: Leib – Raum – Person (2000) bes. 111ff. – [10] Dilthey, a.O. [1] 110ff. 125. – [11] O. F. Bollnow: Das Wesen der Stimmungen (1941, 31956) 114; vgl. 112-131.

15. *Wirklichkeitsverlust und Wirklichkeitsgewinn. Tendenzen nach dem Zweiten Weltkrieg.* – Im Zuge einer um sich greifenden «Pathologisierung des Politischen» [1] kann der «Wirklichkeitsverlust» spätestens seit dem Ende des Zweiten Weltkriegs jedoch auch zur zeitdiagnostischen Kategorie avancieren [2]. Hintergrund für diese Diskussion sind vor allem die sich ausbreitende «Medienwirklichkeit» sowie die Herausbildung eines eigenständigen Typs der virtuellen Realität [3]. Jenseits der Frage, ob es sich dabei um ein «Verschwinden» (leibhaft erfahrener) W. [4] oder bloß um deren 'Verschwinde*l*n' [5] handelt, ermöglicht diese Entwicklung den pluralen Gebrauch von ‹W.› [6]: Fortan sind es «W.en, in denen wir leben» [7], «sub-universes» [8], «multiple realities» [9], eine Vielfalt von geschlossenen «Sinnbereichen», denen der Mensch jeweils einen «Wirklichkeitsakzent» verleihen kann [10]. Mit diesem 'Verlust der Einen W.', also einer W. in der «absoluten Bedeutung» des Wortes, zeigt sich W. als «gesellschaftliche Konstruktion», als W. in «Anführungsstrichen». Das ist (auch) philosophiekritisch gemeint und öffnet so das thematische Feld vor allem der Soziologie [11]. Denn diese kann unbefangener als Philosophie zur Kenntnis nehmen, was die moderne Kunst schon zu Beginn des 20. Jh. verkündet hat: das «ontologische Mißtrauensvotum» gegenüber der «vorfindbaren W.» [12]. Das verbindet sich [13] mit dem Gedankengut des «radikalen Konstruktivismus» [14] und der (Neuro-) Biologie [15]. Ob erfunden, konstruiert oder gar «phantomisiert» [16]: W. ist klärungsbedürftig geworden [17], vor allem aber labil, kostbar und bedarf angesichts einer weitgehend durchfiktionalisierten Welt gerade nicht mehr der Überwindung im Schein (s.d.), sondern muß überhaupt erst (wieder) erfahrbar werden [18]. Ein möglicher Ort: die Kunst, die gerade nicht mehr durch Fiktion, sondern «Antifiktion» bestimmt ist [19]; eine mögliche Weise, wie sich das «Wirklichwerden des Wirklichen» ereignet: Liebe [20].

Anmerkungen. [1] Vgl. Art. ‹Pathologie IV. 1.›. Hist. Wb. Philos. 7 (1989) 187-189. – [2] Vgl. die Kongreßakten: H. H. Walz (Hg.): W. heute (1958); darin u.a. auch: W. Weischedel: Die Frage nach der W., a.O. 67-88. – [3] Vgl. L. Ellrich: Zwischen 'wirklicher' und 'virtueller Realität'. Über die erstaunliche Wiederkehr des Realen im Virtuellen, in: C. Honegger u.a. (Hg.): Grenzenlose Gesellschaft 1 (1999) 397-411; Art. ‹Virtualität II.›. Hist. Wb. Philos. 11 (2001) 1066-1068. – [4] Th. Fuchs: Cinematograph. Anm. zum Verschwinden der W. (2002); Zeit-Diagnosen (2002) 191-210; von pädagog. Seite: H. von Hentig: Das allmähl. Verschwinden der W. (1985); 'aktualisiert': Der techn. Zivilisation gewachsen bleiben. Nachdenken über die Neuen Medien und das gar nicht mehr allmähl. Verschwinden der W. (2002). – [5] G. Gabriel: Grundprobleme der Erkenntnistheorie (21998) 191. – [6] W. Weischedel: W. und W.en (1960). – [7] H. Blumenberg: W.en, in denen wir leben (1981). – [8] Vgl. W. James: The principles of psychology (New York 1890) 2, 291ff. – [9] A. Schütz: On multiple realities (1945); dtsch.: Über die mannigfalt. W.en, in: Ges. Aufs. 1 (Den Haag 1971) 237-298. – [10] A. Schütz/Th. Luckmann: Strukturen der Lebenswelt (1979/84). – [11] P. L. Berger/Th. Luckmann: The social construction of reality (New York 1969); dtsch.: Die gesellschaftl. Konstruktion der W. (1969, 51977) bes. 1-20. – [12] A. Gehlen: Die Seele im techn. Zeitalter (1957) 51f. – [13] Deutlich etwa bei: H. Geisslinger: Die Imagination der W. (1992). – [14] Vgl. P. Watzlawick (Hg.): Die erfundene W. (1981). – [15] G. Roth: Das Gehirn und seine W. (1994). – [16] Vgl. G. Anders: Die Antiquiertheit des Menschen 1 (1956, 71994) bes. 142ff.; mit Blick auf die Literatur vgl. P. Heller: Phantasie und Phantomisierung. Merkur 103 (1956) 917-922. – [17] Vgl. Was heißt 'wirklich', hg. Bayer. Akad. der schönen Künste (2000). – [18] A. Janhsen-Vukićević: Dies. Hier. Jetzt. W.-Erfahrungen mit zeitgenöss. Kunst (2000) bes. 238ff. – [19] O. Marquard: Kunst als Antifiktion. Versuch über den Weg der W. ins Fiktive (1983), in: Aesthetica und Anaesthetica (1989) 82-99. – [20] R. Spaemann: Die Zweideutigkeit des Glücks (1990), in: Grenzen (2001) 95-107, 105.

T. Trappe

Wirkungsgeschichte. Der Begriff ‹W.› gehört zu den Grundtermini der philosophischen Hermeneutik H.-G. Gadamers. Er bezeichnet die unhintergehbare Abhängigkeit des Verstehens (s.d.) von der historischen Bedingtheit des Verstehenden, die aus der Zugehörigkeit zur Tradition resultiert. ‹W.› bezeichnet dieses unaufhebbare Hineinwirken der Überlieferung (s.d.) in die hermeneutische Situation des Interpreten, das zu einer Begrenzung des Verstehenshorizontes und damit auch zu einer Einschränkung des Spielraums der Interpretation führt. Die früheste Formulierung der Konzeption findet sich im Aufsatz ‹Das Problem der Geschichte in der neueren deutschen Philosophie› (1943): «Bedeutung erschließt sich nicht, wie Dilthey meint, im Abstand des Verstehens, sondern dadurch, daß wir selber in dem Wirkungszusammenhang der Geschichte stehen. Geschichtliches Verstehen ist selber immer Erfahrung von Wirkung und Weiterwirken. Seine Befangenheit bedeutet geradezu seine geschichtliche Wirkungskraft» [1].

Mit dem später eingeführten Begriff ‹W.› kritisiert Gadamer entschieden die «Naivität des sogenannten Historismus» bzw. des «historistischen Objektivismus» [2], der seine eigene Geschichtlichkeit und damit die Vorurteilshaftigkeit seines Verstehens vergißt und – vertrauend auf die Objektivität der Methodik seines forschenden Verfahrens – das «Phantom eines historischen Objektes» konstruiert, das «Gegenstand fortschreitender Forschung ist». Demgegenüber insistiert Gadamer darauf, daß der «wahre historische Gegenstand» kein Gegenstand ist, sondern vielmehr die Einheit des Eigenen und des Anderen des Eigenen, d.h. «ein Verhältnis, in dem die Wirklichkeit der Geschichte ebenso wie die Wirklichkeit des geschichtlichen Verstehens besteht». Eine ihrer Sache angemessene Hermeneutik (s.d.) hat daher im Verstehen nach Gadamer die «Wirklichkeit der Geschichte» aufzuweisen. Verstehen ist insofern «seinem Wesen nach ein wirkungsgeschichtlicher Vorgang» [3]. Dieses Postulat eines «Prinzips der Wirkungsgeschichte» [4] zielt nicht auf die Ergänzung der konkreten historischen Erforschung eines Werks durch Rezeptionsgeschichte [5], d.h. die Analyse des Wirkens dieses Werks in der Geschichte, sondern versteht sich vielmehr als Forderung theoretischer Art: Gegen die vermeintliche Unmittelbarkeit, mit der sich das historische Bewußtsein auf das Werk oder die Überlieferung richtet, soll ein Bewußtsein ausgebildet werden, «daß in allem Verstehen, ob man sich dessen ausdrücklich bewußt ist oder nicht, die Wirkung dieser W. am Werke ist», denn «sie bestimmt im voraus, was sich uns als fragwürdig und als Gegenstand der Forschung zeigt». Die Entwicklung dieses Bewußtseins bezeichnet Gadamer als «wirkungsgeschichtliches Bewußtsein» [6]. Dieses Bewußtsein, das er auch als «Bewußtsein der hermeneutischen *Situation*» bestimmt [7], ist «ein Moment des Vollzugs des Verstehens» und «schon im Gewinnen der rechten Frage wirksam» [8]. Das wirkungsgeschichtliche Bewußtsein ist damit keine «Modifikation des Selbstbewußtseins», sondern vielmehr «die Begrenzung des

Bewußtseins durch die W. ..., in der wir alle stehen» [9]; es ist insofern «mehr Sein als Bewußtsein» [10]. Die gewisse «Zweideutigkeit» in dem Begriff eines wirkungsgeschichtlichen Bewußtseins hat Gadamer selbst eingeräumt und – unter Hinweis auf seine Historismus-Kritik – gerechtfertigt; mit ihm sei einerseits «das im Gang der Geschichte erwirkte und durch die Geschichte bestimmte Bewußtsein» gemeint, andererseits aber auch «ein Bewußtsein dieses Erwirkt- und Bestimmtseins selber» [11].

Während das Konzept der W. in verschiedener Hinsicht Kritik erfuhr [12], ist es von der Rezeptionsästhetik zunächst positiv aufgenommen [13], später aber eher verworfen worden [14]. Auch in der Theorie der Geschichtswissenschaft wurde Gadamers Konzeption der W. aufgegriffen [15].

Im Kontext der konstruktiven Wissenschaftstheorie der Erlanger (und Konstanzer) Schule unterscheidet J. Mittelstrass zwischen der W., d.h. dem sozusagen naturwüchsigen Wirkungszusammenhang der faktischen historischen Entwicklung von wissenschaftlichen (oder philosophischen) Theorien, und der «Gründegeschichte», d.h. dem rekonstruierbaren Begründungszusammenhang bzw. der normativen oder kritischen Genese solcher Theorien [16].

Anmerkungen. [1] H.-G. Gadamer: Ges. Werke (1985ff.) [GW] 2, 27-36, zit. 34f. – [2] Wahrheit und Methode (1960). GW 1, 304. – [3] a.O. 305. – [4] 305-312. – [5] Vgl. Art. ‹Rezeptionsästhetik›. Hist. Wb. Philos. 8 (1992) 996-1004. – [6] 305f. – [7] 307. – [8] 306. – [9] Zwischen Phänomenologie und Dialektik (1985). GW 2, 3-23, zit. 11; vgl. Die Kontinuität der Geschichte und der Augenblick der Existenz (1965). GW 2, 133-145, bes. 142f. – [10] Rhetorik, Hermeneutik und Ideologiekritik (1967). GW 2, 232-250, zit. 247. – [11] Vorwort zur 2. Aufl. von ‹Wahrheit und Methode› (1965). GW 2, 437-448, zit. 444. – [12] Vgl. J. Habermas: Zur Logik der Sozialwiss. (1967) 172ff. – [13] Vgl. H. R. Jauss: Lit.gesch. als Provokation der Lit.wiss., in: Lit.gesch. als Provokation (1970) 144-207, hier: 185-188. – [14] Alterität und Modernität der mittelalterl. Lit. (1977) 11 (Anm. 2). – [15] Vgl. R. Koselleck: Historik und Hermeneutik, in: Zeitschichten (2000) 97-118, hier: 117; Die Zeiten der Geschichtsschreibung, a.O. 287-297, hier: 294. – [16] Vgl. J. Mittelstrass: Proleg. zu einer konstruktiven Theorie der Wiss.geschichte, in: Die Möglichkeit von Wissenschaft (1974) 106-144, bes. 140-144; Gründegeschichten und Wirkungsgeschichten, in: Ch. Demmerling/G. Gabriel/Th. Rentsch (Hg.): Vernunft und Lebenspraxis (1995) 10-31.

Literaturhinweise. E. Braun: Art. ‹Wirkungsgeschichte›, in: Wiss.theoret. Lexikon, hg. E. Braun/H. Radermacher (1978) 662-664. – J. Grondin: Hermeneut. Wahrheit? (1982) 143-149. – J. Mittelstrass: Art. ‹Wirkungsgeschichte›, in: Enzykl. Philos. und Wiss.theorie 4 (1996) 714f. – D. Teichert: Verstehen und W. (2000).

H.-U. Lessing

Wirkungsprinzip; **Prinzip der kleinsten Aktion** (engl. principle of least action; frz. principe de la moindre action). Ein allgemeines W. wird erstmals 1744 von P. L. M. de Maupertuis [1] und L. Euler formuliert [2]. Die Fassung von Maupertuis ist mathematisch vage und kommt über eine finite Darstellung nicht hinaus. Ihn interessiert vorrangig die inhaltliche Auslegung, während Euler sich eher auf die formale Darstellung des Prinzips beschränkt, die mathematisch durch die von ihm selbst wesentlich entwickelte Variationsrechnung bestimmt ist und das W. als Integralprinzip formuliert [3]. Das Prinzip besagt, daß die Natur für alle Veränderungen den jeweils kleinsten Aufwand bzw. die kleinste Wirkung wählt, um das Ziel der Veränderung zu erreichen. Wenn man die universelle Gültigkeit des W. behauptet, so drückt man die Gewißheit aus, daß für alle Veränderungen eine einschlägige Aufwandsgröße gefunden werden kann. Alles weitere ist eine formale Angelegenheit, die durch neue infinitesimale Techniken (bes. die Variationsrechnung) erledigt werden kann.

Dem W. in dieser allgemeinen (Maupertuisschen) Form gingen speziellere Extremalprinzipien (s.d.) voraus. Hervorzuheben ist das Fermatsche Prinzip (1657), das die Lichtausbreitung über den Weg der schnellsten Ankunft ermittelt [4]. Dieses Prinzip hat auch Maupertuis beeinflußt, der analoge mechanische Aussagen zu den optischen sucht. Der Cartesianischen Philosophie bleibt das Prinzip wegen der Interpretierbarkeit im Sinne einer Naturteleologie verdächtig [5]; C. Clerselier etwa bezeichnet es als «moralisches, aber keinesfalls physikalisches Gesetz» [6].

Bis zu Maupertuis hatte es allerdings kein Prinzip gegeben, das so viele spezielle Grundsätze enthielt (über das Gleichgewicht, die Stoßvorgänge, die Spiegelung und die Brechung des Lichtes). Der Anspruch auf universelle Gültigkeit, den Maupertuis für sein Prinzip behauptet, ist daher nicht ganz ungerechtfertigt, insbesondere auch deshalb, weil er meint, Stoßprozesse, die mechanistischem Denken zufolge Grundvorgänge des Naturgeschehens sind, damit vollständig erfassen zu können. Erste Kritik an diesem Anspruch kommt 1748 aus dem Leipziger Gottsched-Kreis [7]; eine Arbeit von J. S. Koenig [8], die Leibniz als den eigentlichen Urheber des Prinzips angibt, führt zu dem bekannten Skandal, in dem Euler den Akademiepräsidenten Maupertuis unterstützt [9], Voltaire in seiner Satire aber Maupertuis der Lächerlichkeit preisgibt und ihn wissenschaftlich ruiniert [10].

Diese Kontroverse trägt dazu bei, das W. nicht nur als universelles Naturgesetz, sondern auch als ein denkökonomisches Sparsamkeitsprinzip (s.d.) zu diskreditieren [11]. C. G. Jacobi schlägt in Weiterführung von J. L. Lagrange 1842 eine zeitfreie Fassung des W. vor, bemerkt aber zugleich, es sei «schwer [eine] metaphysische Ursache für das Prinzip zu finden»; S. Poisson und C. F. Gauss kehren sich vom W. ab [12]. In der Philosophie wird es von I. Kant lediglich als regulatives Prinzip betrachtet. J. F. Fries kritisiert ebenfalls überkommene metaphysische Interpretationen des W., sucht allerdings zu erhellen, warum es teleologisch verstanden werden kann [13].

Zu einer Neubewertung des W. kommt es erst in der 2. Hälfte des 19. Jh., nachdem dieses zuvor durch W. R. Hamilton mit Hilfe der kinetischen und potentiellen Energie weiter gefaßt [14] und die Erhaltung der Energie (s.d.) selbst als allgemeines Naturgesetz akzeptiert worden ist. Während M. Planck, H. von Helmholtz u.a. die Vereinheitlichungsfunktion des W. betonen [15] und A. Einstein, D. Hilbert u.a. seine fortdauernde Geltung auch in der Relativitätstheorie hervorheben [16], würdigt E. Mach die mit dem W. und der analytischen Mechanik generell einhergehende «großartige Leistung in bezug auf die Ökonomie des Denkens» [17] und erhebt es als ein Prinzip der Denkökonomie zu einer wissenschaftsleitenden Maxime [18]. Obwohl sich nicht alle derartigen Konzepte bewährten [19], gewinnt auch mit der Quantenmechanik (ab 1900) das Konzept der minimalen Aktion neue Bedeutung.

Da die grundlegenden Gleichungen, die physikalische Vorgänge in der klassischen Mechanik (Punkt- und Festkörpermechanik, Elastizitätstheorie, Hydro- und Aerodynamik), Optik, Relativitätstheorie, Quantenmechanik und Elektrodynamik beschreiben, als Differentialgleichungen eines entsprechenden Variationsproblems interpretiert werden können, hat man für die theoretische Fassung und Vereinheitlichung das W. als Richtschnur zu nutzen versucht [20], und auch außerhalb der mathematischen Physik gibt es in der Chemie und Biologie solche Versuche [21].

Anmerkungen. [1] P. L. M. DE MAUPERTUIS: Accord de différentes loix de la nature. Mém. de l'Acad. Royale des Sciences et Belles-lettres de Berlin [1744] (Paris 1748); Les loix du mouvement et du repos déduites d'un principe métaphys. Hist. de l'Acad. Royale des Sciences et Belles-lettres de Berlin (1748) principe général; R. THIELE: Maupertuis, in: A. KORS (Hg.): Encycl. of the enlightenment 3 (Oxford 2003) 40. – [2] L. EULER: Methodus inveniendi lineas curvas, Addit. II (1744). Op. omn. (1911ff.) I/24, 298-308; hierzu auch: A. I. SABRA: Theories of light from Descartes to Newton (Cambridge, Mass. 1981) 136-158. – [3] H. PULTE: Das Prinzip der kleinsten Wirkung (1989) 49-103. 132-150; R. THIELE: Euler und Maupertuis vor dem Horizont des teleolog. Denkens, in: M. FONTIUS/H. HOLZHEY (Hg.): Schweizer im Berlin des 18. Jh. (1996) 373-390. – [4] P. DE FERMAT: Br. an C. de la Chambre (Aug. 1657). Oeuvr. 2 (Paris 1894) 354; vgl. auch: 460. 486; K. WEINRICH: Die Lichtbrechung in den Theorien von Descartes und Fermat (1998). – [5] Vgl. Art. ‹Teleologie; teleologisch›. Hist. Wb. Philos. 10 (1998) 970-977; PULTE, a.O. [3] 50. – [6] C. CLERSELIER: Br. an Fermat (6. Mai 1662), in: FERMAT, a.O. [4] 105. – [7] ANON.: Rez. von Maupertuis' Les loix, a.O. [1]. Neuer Büchersaal 7 (1748) 99-117. – [8] J. S. KOENIG: De universali principio. Acta erud. 1751, in: EULER: Op. omn., a.O. [2] II/5, 303-324. – [9] L. EULER: Exposé concernant l'examen de la lettre de M. de Leibnitz (1752), a.O. 64-73; Harmonie entre les principes gén. de repos et de mouvement de M. de Maupertuis (1753), a.O. 152-176; Sur le principe de la moindre action (1753), a.O. 179-193; Examen de la dissertation de M. le Prof. Koenig (1753), a.O. 194-213. – [10] Maupertuisiana (1753) (anonym hg. Samml. von Streitschriften). – [11] Vgl. PULTE, a.O. [3] 252-265. – [12] C. G. JACOBI: Vorles. über Dynamik, hg. A. CLEBSCH (²1884) 45; vgl. PULTE, a.O. [3] 248-252; C. F. GAUSS: Über ein neues allg. Grundgesetz der Mechanik (1829). Werke, hg. E. J. SCHERING/F. KLEIN (1863-1933, ND 1981) 5, 26. – [13] I. KANT: KU B XXIXff.; J. F. FRIES: Die math. Naturphilos., nach philos. Methode bearb. (1822). Sämtl. Schr. 13 (1979) 537f.; vgl. 349-371. 402-405. – [14] W. R. HAMILTON: On a general method of expressing the paths of light and of the planets. Dublin Univ. Review (Nov. 1833) 795-826; On the application to dynamics of a general math. method previously applied to optics. Brit. Association Report (1834) 513-518; On a general method in dynamics. Philos. Transact. Royal Soc. (1834) 247-308; Second essay on a general method in dynamics, a.O. (1835) 95-144; vgl. W. THOMSON/P. G. TAIT: Treat. on natural philos. 1, §§ 318-322 (Cambridge 1867); dtsch.: Hb. der theoret. Physik 1 (1871) 258-268; Principles of mechanics and dynamics § 326 (Cambridge 1979). – [15] Vgl. Art. ‹Extremalprinzipien›. Hist. Wb. Philos. 2 (1972) 880-883, hier: 881. – [16] a.O. 881; D. HILBERT: Die Grundlagen der Physik (1. Mitteilung). Nachr. Kgl. Ges. der Wiss. zu Göttingen, math.-phys. Kl. (1915) 395-407; Die Grundlagen der Physik (2. Mitteilung), a.O. (1916) 53-76; A. EINSTEIN: Hamiltonsches Prinzip und allg. Relativitätstheorie. Sber. Preuss. Akad. Wiss. (1916) 1111-1116. – [17] E. MACH: Die Mechanik, hist.-krit. dargest. (1883, ¹⁰1988) 445; vgl. 359-375. 435-437. – [18] Die ökonom. Natur der physikal. Forschung (1882), in: Populärwiss. Vorträge (⁵1923) 217-244; vgl. Art. ‹Sparsamkeitsprinzip›. Hist. Wb. Philos. 9 (1995) 1300-1304; H. BREGER: Schwierigkeiten mit der Optimalität, in: A. HEINEKAMP/A. ROBINET (Hg.): Leibniz: le meilleur des mondes (1992); M. BORN: Ursache, Zweck und Ökonomie in den Naturgesetzen, in: Physik im Wandel meiner Zeit (1957, ⁴1966) 59-84. – [19] R. AVENARIUS: Philos. als Denken der Welt gemäß dem Princip des kleinsten Kraftmaßes (1876, ²1903); J. PETZOLD: Maxima, Minima und Ökonomie (1891); vgl. BORN, a.O. [18] 81; E. VON HARTMANN: Die Weltanschauung der mod. Physik (1902, ²1909) 96-108; K. SAPPER: Die Minimumprinzipien der Mechanik. Annalen Philos. philos. Kritik 8 (1929) 65-74. – [20] R. P. FEYNMAN: Space-time approach to non-relativistic quantum mechanics. Reviews modern Physics 20 (1948) 367-387; R. P. FEYNMAN/A. R. HIBBS: Quantum mechanics and path integrals (New York 1965); vgl. H. LÜBBIG: Das W. von Maupertuis und Feynmans Wegintegral der Quantenphase, in: H. HECHT (Hg.): P. L. M. de Maupertuis (1999) 505-524. – [21] W. YOURGRAU/S. MANDELSTAM: Variational principles in dynamics and quantum theory (New York 1952); I. PRIGOGINE: Introd. to thermodynamics of irreversible processes (Springfield 1955); C. LANCZOS: The variational principles of mechanics (Toronto 1966).

Literaturhinweise. A. KNESER: Das Prinzip der kleinen Wirkung (1928). – M. SCHRAMM: Natur ohne Sinn (Graz 1985). – H. PULTE s. Anm. [3] 271-297 (Lit.). – M. SCHRAMM: The creation of the principle of least action, in: M. STÖLTZNER/P. WEINGARTNER (Hg.): Formale Teleologie und Kausalität in der Physik. Formal teleology and causality in physics (2004) 99-114. – M. STÖLTZNER: Drei Ordnungen formaler Teleologie. Ansichten des Prinzips der kleinsten Wirkung, a.O. 199-240. – R. THIELE: Variationsrechnung und Wirkungsprinzipien. Die Tragweite extremalen Denkens bei Hilbert, a.O. 115-159.

R. THIELE

Wirkungsquantum (engl. quantum of action, Planck's constant; frz. quantum d'action). Mit dem Wirkungsprinzip (s.d.) macht P. L. M. DE MAUPERTUIS ab 1744 eine physikalische Größe bekannt, die er selber in Anlehnung an G. W. Leibniz als «quantité d'action» («Aktionsgröße») bezeichnet und als Produkt aus Masse, Geschwindigkeit und durchlaufener Wegstrecke eines bewegten Massenpunktes bestimmt [1]; im deutschen Sprachraum wird diese Größe später ‹Wirkung› genannt. Alle Lösungen der mechanischen Gleichungen, auch für sehr komplexe Systeme, sind nach dem Prinzip von Maupertuis dadurch charakterisiert, daß die Wirkung ein Minimum hat, im Vergleich zu ähnlichen Verläufen mit derselben Gesamtenergie. In der späteren Ausarbeitung der mathematischen Physik erweist sich dieses «Prinzip der kleinsten Wirkung», leicht modifiziert, als sehr allgemein und fruchtbar, obwohl sich eine (von Maupertuis und anderen vertretene) teleologische Interpretation nicht aufrechterhalten ließ. Die Bezeichnung ‹Wirkung› ist dabei ganz willkürlich; obwohl sie immer als unglücklich empfunden wurde, wird sie bis heute beibehalten.

M. PLANCK führt in Vorträgen der Jahre 1897 bis 1899 zwei neue fundamentale Naturkonstanten ein [2], die er als unerläßlich für ein Verständnis der Grundlagen der Thermodynamik ansieht [3]. Eine davon, das W., hat die Dimension einer Wirkung (Impuls · Weg bzw. Energie · Zeit) und den sehr kleinen Wert $6{,}626 \cdot 10^{-35}$ Joule · Sekunde. Planck betont schon in den ersten Veröffentlichungen den fundamentalen Charakter dieser Konstanten, die er später «Quantum» [4] und dann auch «W.» nennt [5]. Nach seiner Auffassung ist sie eine von fünf fundamentalen Naturkonstanten, aus denen alle anderen physikalischen Konstanten abgeleitet werden sollten. – In späteren Vorträgen vom Oktober bis Dezember 1900 stellt Planck dann eine neue Formel für die Strahlung des schwarzen Körpers vor, die als erste sehr gut zu den gemessenen Werten paßt und in der das W. eine entscheidende Rolle spielt [6]. In seinen Erinnerungen bezeichnet Planck diese Formel als eine zunächst nur «glücklich erratene Interpolationsformel» [7]. Im zweiten dieser Vorträge stellt er schon heraus, daß nach seiner Formel Energie vom elektromagnetischen Strahlungsfeld nur in bestimmten Mindestmengen abgegeben und aufgenommen werden kann, den Quanten. Die Größe dieser Quanten hängt von der Frequenz ν der Strahlung ab und dem W., das seit diesem Vortrag mit h bezeichnet wird; das heißt, es gilt die Plancksche Strahlungsformel $E = h \cdot \nu$. –

Planck ist sich bei seinem Vorschlag nicht bewußt, daß er damit einen Umsturz in den Grundlagen der Naturwissenschaft einleitet. Er weiß aber sehr wohl, daß seine Arbeiten, entgegen dem spezialistischen Anschein, sehr fundamentale physikalische Fragen berühren.

Die Entdeckung des W. ist nicht nur historisch der Ursprung der Quantenmechanik (s.d.), sondern das Problem, das Planck mit der Einführung des W. löste, nämlich das Versagen der klassischen Strahlungstheorie für den schwarzen Körper, die für abnehmende Wellenlänge eine beliebig große Strahlungsdichte impliziert («Ultraviolettkatastrophe») [8], erweist sich als fundamental für die weitere Entwicklung der Physik: Plancks Überlegungen zeigen nämlich, daß eine klassische Kontinuumsphysik überhaupt unmöglich ist [9]; P. EHRENFEST beweist darüber hinaus [10], daß es keine andere Lösung der Ultraviolettkatastrophe gibt als das W., wie Planck es eingeführt hat.

Anmerkungen. [1] P. L. M. DE MAUPERTUIS: Accord des différentes loix de la nature qui avoient jusqu'ici paru incompatibles. Mém. de l'Acad. Royale des Sciences et Belles-lettres de Berlin: «Principe de la moindre quantité de l'action» [1744] (1748) 417-426, hier: 420; vgl. H. PULTE: Das Prinzip der kleinsten Wirkung und die Kraftkonzeptionen der rationalen Mechanik (1989) 53. 56-64. – [2] Vgl. Art. ‹Naturkonstante›. Hist. Wb. Philos. 6 (1984) 531-533. – [3] M. PLANCK: Ueber irreversible Strahlungsvorgänge. Nach den Sber. der Kais. Akad. der Wiss. zu Berlin vom 4. 2. 1897, 8. 7. 1897, 16. 12. 1897, 7. 7. 1898, 18. 5. 1899 und nach einem auf der 71. Naturf.-Versamml. in München geh. Vorträge für die Annalen bearbeitet vom Verfasser. Annalen Physik 1 (1900) 69-122. – [4] Br. an H. A. Lorentz (16. 6. 1909), zit. nach: TH. S. KUHN: Black-body theory and the quantum discontinuity (Chicago/London 1978) 199. 305; vgl. 303f. (Archiv). – [5] Zur Gesch. der Auffindung des physikal. W. (1943), in: Vorträge und Erinnerungen (⁵1949, ND 1965) 15-27, hier: 27. – [6] Ueber eine Verbesserung der Wienschen Spectralgleichung, in: Verh. der Dtsch. Physikal. Gesellschaft 2 (1900) 202-204; Zur Theorie des Gesetzes der Energieverteilung im Normalspectrum, a.O. 237-245. – [7] Die Entstehung und bisherige Entwicklung der Quantentheorie (1920), in: Vortr. und Erinn., a.O. [5] 125-138, hier: 129. – [8] P. EHRENFEST: Welche Züge der Lichtquantenhypothese spielen in der Theorie der Wärmestrahlung eine wesentliche Rolle? Annalen Physik, 4. Folge, 36 (1911) 91-118; vgl. KUHN, a.O. [4] 152. – [9] Vgl. C. F. VON WEIZSÄCKER: Aufbau der Physik (1985) 287-295. – [10] EHRENFEST, a.O. [8].

Literaturhinweise. M. PLANCK s. Anm. [5]. – M. J. KLEIN: M. Planck and the beginnings of quantum theory. Arch. Hist. exact Sci. 1 (1962) 459-479. – A. HERMANN: Frühgesch. der Quantentheorie (1899-1913) (1969). – TH. S. KUHN s. Anm. [4].

M. DRIESCHNER

Wirkungszusammenhang, historischer. In Fortentwicklung seiner Theorie des psychischen Strukturzusammenhangs führt W. DILTHEY den Begriff ‹W.› in seiner Spätschrift ‹Der Aufbau der geschichtlichen Welt in den Geisteswissenschaften› [1] als «Grundbegriff der Geisteswissenschaften» ein [2]. Damit soll die strukturpsychologisch-anthropologische Verankerung der Geisteswissenschaften so vertieft werden, daß das Prinzip der dreigliedrigen psychischen Struktur, d.h. der Zusammenhang von Leistungen des Wirklichkeitsauffassens, Wertgebens und Zwecksetzens, nicht nur auf Individuen, sondern auch auf kollektive Gebilde wie Kultursysteme, Organisationen der Gesellschaft, auf Zeitalter und Epochen und schließlich auf die Universalgeschichte angewandt werden kann. Im Vordergrund des Interesses der Begriffsbildung steht weniger das «Zusammenwirken» der Individuen und Institutionen als vielmehr das «Erwirken» oder «Schaffen» [3] innerhalb der einzelnen Wirkungszusammenhänge. Es geht um «das Verständnis der geschichtlichen Welt als eines W., der in sich selbst zentriert ist, indem jeder einzelne in ihm enthaltene W. durch die Setzung von Werten und die Realisierung von Zwecken seinen Mittelpunkt in sich selber hat, alle aber strukturell zu einem Ganzen verbunden sind, in welchem aus der Bedeutsamkeit der einzelnen Teile der Sinn des Zusammenhanges der gesellschaftlich-geschichtlichen Welt entspringt» [4].

Schon vorher hatte Dilthey von einer «subjektiven und immanenten Zweckmäßigkeit» [5] des psychischen Strukturzusammenhanges gesprochen. Auch dies wird nun durch den Begriff des «immanent-teleologischen Charakters der geistigen Wirkungszusammenhänge» wieder aufgenommen. Häufiger freilich erscheint die Charakterisierung als «in sich selbst zentriert» [6].

Von Dilthey zwar nicht explizit nebeneinandergestellt, ergeben sich drei verschiedene Möglichkeiten, mit dem Begriff ‹W.› zu operieren: 1) Komplexe historische Gebilde können analysiert werden als Ineinandergreifen von Wirkungszusammenhängen verschiedener Größe, Provenienz und Wirkungsintensität. 2) Sie können einer vergleichend-morphologischen Betrachtung unterzogen und typologisch geordnet werden. Dilthey selbst hat dies mit den (den metaphysischen Systemen zugrundeliegenden) Weltanschauungen unternommen [7]. 3) Nach dem Paradigma der Biographie, die den W. der Individualexistenz zugleich als Bedeutungszusammenhang der einzelnen Lebensmomente darzustellen hat, in dem das Ganze sich als Einheit aufbaut, müssen auch übergreifende Wirkungszusammenhänge in ihrer «erwirkten» Kohärenz analysierbar sein. Während dies sich im Falle reiner Zweckzusammenhänge «von dem letzten Glied aus» [8] ergibt, bleibt die «immanente Teleologie» z.B. einer Epoche ohne identifizierbaren Träger eines ganzheitlichen Erwirkens und ist vielmehr «ein Zusammenhang zwischen den Tendenzen des Lebens selbst, der im Verlauf sich ausbildet» [9]. Die Glieder eines W. können so «in einer vom Erwirken unabhängigen Ordnung verknüpft» werden [10], indem im nachträglichen Verstehen «aus der Bedeutsamkeit der einzelnen Teile der Sinn des Zusammenhanges der gesellschaftlich-geschichtlichen Welt entspringt» [11].

Diesem Problem der vom bloßen Erwirken unabhängigen Kohärenz des W. als Bedeutungszusammenhang hat sich G. MISCH zugewandt und der Frage Vorrang eingeräumt, «wie die Vereinigung gerade des Heterogenen, das Hineinbilden fremder Mächte in die eigene Innerlichkeit eine entscheidende Rolle in der geschichtlichen Gestaltung spielt» [12]. H.-G. GADAMER und E. ROTHACKER betonen in verschiedener Weise die konkrete Teilhabe am W. der Geschichte, die jedem «Abstand des Verstehens» vorgeordnet ist [13].

Anmerkungen. [1] W. DILTHEY: Der Aufbau der geschichtl. Welt in den Geisteswiss.en (1910). Ges. Schr. 7 (²1958); vgl. Ideen über eine beschreib. und zerglied. Psychol. (1894). Ges. Schr. 5 (1924). – [2] Aufbau, a.O. 156. – [3] a.O. 154. – [4] 138. – [5] Ideen, a.O. [1] 215. – [6] Aufbau, a.O. [1] 153f. – [7] Die Typen der Weltanschauung und ihre Ausbildung in den metaphys. Systemen (1911). Ges. Schr. 8 (²1960) 75ff. – [8] Aufbau, a.O. [1] 249. – [9] a.O. 185. – [10] 239. – [11] 138. – [12] G. MISCH: Lebensphilos. und Phänomenol. (1931, 1967) 167. – [13] H.-G. GADAMER: Das Problem der Geschichte in der neueren dtsch. Philos. [1943]. Ges. Werke 2 (1986) 27-36, zit. 34; E. ROTHACKER: Einl. in die Geisteswiss. (1920) 270.

Literaturhinweis. O. F. BOLLNOW: Dilthey. Eine Einf. in seine Philos. (⁴1980).

F. RODI

Wirtschaftsethik. Während der Ausdruck ‹Wirtschaft› weitestgehend synonym mit ‹Ökonomie› (s.d.) [1] verwendet wird, hat sich für die Behandlung ethischer Fragen der Ökonomie der Terminus ‹W.› durchgesetzt. Die ethische Reflexion ökonomischer Fragen [2] reicht von ARISTOTELES [3] über das Zinsverbot bei THOMAS VON AQUIN [4] und M. LUTHER [5] bis zu A. SMITHS Konzeption der Wohlfahrt (s.d.) [6]. Auch die nicht primär ethisch motivierte Kapitalismuskritik von K. MARX [7] kann dieser Vorgeschichte der W. zugerechnet werden.

Mit M. WEBER beginnt im eigentlichen Sinne die W. Der Terminus stammt allerdings – als ein spezifisch deutscher, dem keine lateinischen, englischen oder griechischen Ausdrücke adäquat entsprechen – nicht von Weber selbst, sondern aus der Tradition der katholischen Sozialethik (s.d.). Zuerst verwendet wird er offenbar 1907 von I. SEIPEL [8]. Bei WEBER findet er sich erstmals 1916 [9]; später fügt er ihn auch in Neuauflagen der ‹Protestantischen Ethik› [10] ein. Webers Werk arbeitet vor allem die Beziehungen zwischen religiösen Überzeugungen in einer Gesellschaft (dem Wirtschafts*ethos*) und ihrer Leistungskraft heraus. Insbesondere sieht er das calvinistische Ethos als einen unter mehreren für den Aufstieg Europas verantwortlichen Faktoren an. Indem er die Interdependenz von Moral und Wirtschaft betont, leistet Weber einen wegweisenden Beitrag vor allem zur deskriptiven Seite der W.

Etwa gleichzeitig beginnt die katholische W., die sich auf päpstliche Enzykliken stützt [11]. H. PESCH konzipiert in dieser Tradition den «Solidarismus» als einen dritten Weg zwischen Kapitalismus und Sozialismus [12]. Pesch betont die prinzipielle Vereinbarkeit von Vernunft und Gemeinwohl: Was der praktischen Vernunft widerspreche, schädige auch das materielle Gemeinwohl. Die Vernunftprinzipien seien jedoch nicht statischer Natur, sondern müßten je nach geschichtlicher Lage konkretisiert werden. Praktisch bedeute dies, daß die Gesellschaft auf die Wirtschaft einwirken müsse. J. MESSNER [13] und O. VON NELL-BREUNING [14] bauen die katholische Sozialethik weiter aus und sehen das Gewinnprinzip als grundsätzlich gerechtfertigt an. Der Kapitalismus hat zwar soziale Schwächen, ist aber reformierbar.

Die evangelische Sozialethik geht auf O. BAUMGARTEN und G. WÜNSCH zurück: Nach BAUMGARTEN herrschen altruistische Motive zwar nicht in der Wirtschaft, wohl aber in der Ethik des persönlichen Lebens [15]. Das Profitstreben ist moralisch gut, zu fordern ist allerdings eine optimale Organisation der Eigeninteressen. WÜNSCH vertritt einen christlichen, humanitären Sozialismus, der den Kapitalismus nur als historische Episode ansieht [16]. Die evangelische Tradition wird fortgeführt von A. RICH [17], der die Differenz von Menschengerechtem und Sachgemäßem betont.

Nachdem die Diskussion um die W. für Jahrzehnte abflaut, regt sich in den 1970er Jahren – zuerst vor allem in den USA – neues Interesse. Dies läßt sich verstehen als Reaktion a) auf zahlreiche Skandale und b) auf die zunehmende Betonung sog. 'weicher' Faktoren wie moralischer und kommunikativer Fähigkeiten in der Managementtheorie [18]. In den USA führen diese Diskussionen zu einer Reihe von Fallstudien im Bereich der «business ethics», aber nur in Ansätzen zu einer Theoriebildung [19]. In der deutschsprachigen Diskussion dagegen bilden sich ab 1982 [20] mehrere theoretische Konzeptionen heraus. Man kann hier unterscheiden zwischen monistischen und dualistischen Konzeptionen:

Monistische Konzeptionen gehen von der prinzipiellen Vereinbarkeit von Ethik und Ökonomik, von Moral und Eigeninteresse aus. Eine solche Position wird vertreten von K. HOMANN [21], der die Bedingungen moderner Gesellschaften an den Anfang seiner Konzeption stellt. Die Akteure in solchen Gesellschaften sind aufgrund der dort vorherrschenden Dilemmastrukturen zum eigeninteressierten Handeln gezwungen. Um mit diesen Strukturen umgehen zu können, müssen sich die Akteure Regeln geben. Diese Regeln sind grundlegend von einzelnen Handlungen zu unterscheiden. Erstere müssen anreizkompatibel in Institutionen implementiert werden; nur so ist ihre Durchsetzung möglich. Homann betont, daß in der Begründung von Normen deren Implementierbarkeit immer schon mitgedacht sein muß. Daraus ergibt sich zum einen die Einbettung der W. in eine grundlegendere Konzeption von Normativität in der modernen Gesellschaft, zum anderen die Forderung an die Philosophie, mit den Sozialwissenschaften, insbesondere mit der Ökonomik, zusammenzuarbeiten. Eine monistische Position vertritt auch J. WIELAND [22]. Er verzichtet weitgehend auf den ethischen Begründungsdiskurs und baut seine Konzeption von W. als Management-Theorie auf. Darin wird die Bedeutung von Moral als Ressource für Unternehmen hervorgehoben.

Dualistische Positionen gehen demgegenüber von einem prinzipiellen Konflikt zwischen Ethik und Ökonomik bzw. Moral und Eigeninteresse aus. So hält etwa H. STEINMANN [23] das Gewinnprinzip für im Prinzip gerechtfertigt, in bestimmten Situationen müsse es aber eingeschränkt werden. Er betont die Bedeutung der Einzelfallentscheidung und Prozesse im Unternehmen. Auf der theoretischen Basis der Diskurstheorie sollen Dialoge als Lösungen für moralische Probleme in Unternehmen aufgebaut werden. P. ULRICH setzt ebenfalls bei der Diskursethik an, entwickelt aber eine grundlegend andere Konzeption von Ökonomik, die das Gewinnprinzip nicht nur situativ einschränken, sondern es durch andere, nicht auf dem Eigeninteresse basierende Prinzipien aufheben will [24]. P. KOSLOWSKI wiederum strebt die Aufhebung der W. in einer allgemeinen Theorie der Ethischen Ökonomie bzw. der Wirtschaftskultur an [25].

Der Ansatz von A. SEN schließlich liegt jenseits dieser Einteilung [26]. Sen bindet die W. an die Philosophie zurück, insbesondere an die aristotelische Lehre vom guten Leben als normativer Bestimmung des Menschen.

Anmerkungen. [1] Dazu insges.: J. BURKHARDT: Art. ‹Wirtschaft VII.›, in: O. BRUNNER/W. CONZE/R. KOSELLECK (Hg.): Geschichtl. Grundbegriffe 7 (1992) 577-581. – [2] K.-E. BORN: Die eth. Beurteilung des Geldwesens im Wandel der Gesch., in: H. HESSE/O. ISSING (Hg.): Geld und Moral (1994) 1-20. – [3] ARISTOTELES: Pol. I, 2ff.; vgl. Art. ‹Wert/Preis›; S. SCHOPPE: Kanonisches Zinsverbot und wirtschaftl. Entwicklung, in: G. GUTMANN/A. SCHÜLLER (Hg.): Ethik und Ordnungsfragen der Wirtschaft (1989) 157-174. – [4] THOMAS VON AQUIN: S. theol. II-II, 78; G. STEUER: Studien über die theoret. Grundlage der Zinslehre bei Thomas von Aquin (1936). – [5] M. LUTHER: Von Kaufshandlung und Wucher (1524). Weim. Ausg. (1888ff.) 15, 294-322. – [6] A. SMITH: An inquiry into the nature and causes of the wealth of nations (1776), hg. R. CAMPBELL/A. SKINNER (Oxford 1976); B. PRIDDAT: Arm und Reich. Zur Transformation der vorklass. in die klass. Ökonomie (St. Gallen 1990). – [7] K. MARX/F. ENGELS: Manifest der Kommunist. Partei [1848]. MEW 4, 465; K. MARX: Das Kapital I (1867). MEW 23, 1ff.; III, a.O. 25, 21ff.; E. WAIBL: Wirtschaft und Ethik 1 (1984/89) 377. – [8] I. SEIPEL: Die wirtschaftseth. Lehren der Kirchenväter (Wien 1907) 304. – [9] M. WEBER: Die W. der Weltreligionen. Arch. Sozialwiss. Sozialpolitik 41 (1916) 1-87. 335-421. 613-744; 42 (1916/17) 345-461. 687-814; 44 (1917/18) 52-138. 349-443.

601-626; 46 (1918/1919) 40-113. 311-366. 541-604; neu hg. H. SCHMIDT-GLINTZER (1991/98). – [10] Die protestant. Ethik und der Geist des Kapitalismus. Arch. Sozialwiss. Sozialpolitik 20 (1905) 1-54; 21 (1905) 1-110. – [11] LEO XIII.: Encyclica Rerum novarum (1891); dtsch.: Rundschreiben über die Arbeiterfrage, in: Die soz. Rundschreiben (1961) 1-82. – [12] H. PESCH: Lehrb. der Nationalökonomie (1905ff.). – [13] J. MESSNER: Sozialökonomik und Sozialethik. Studie zur Grundlegung einer systemat. W. (1927). – [14] O. VON NELL-BREUNING: Grundzüge der Börsenmoral (1928). – [15] O. BAUMGARTEN: Prakt. Sittenlehre (1921). – [16] G. WÜNSCH: Evangel. W. (1927); zum relig. Sozialismus vgl. Art. ‹Sozialismus 8.›. Hist. Wb. Philos. 9 (1995) 1199-1203. – [17] A. RICH: W. (1985/90). – [18] R. DEGEORGE: Unternehmensethik aus amerikan. Sicht, in: H. LENK/M. MARING (Hg.): Wirtschaft und Ethik (1992) 301-316. – [19] T. DONALDSON: Ethical issues in business. A philos. approach (Englewood Cliffs 1979). – [20] P. KOSLOWSKI: Ethik des Kapitalismus (1982). – [21] K. HOMANN: Vorteile und Anreize. Zur Grundlegung einer Ethik der Zukunft, hg. CH. LÜTGE (2002). – [22] J. WIELAND: Die Ethik der Governance (1999). – [23] H. STEINMANN/A. LÖHR: Grundlagen der Unternehmensethik (1991). – [24] P. ULRICH: Integrat. W. Grundlagen einer lebensdienl. Ökonomie (Bern 1997). – [25] P. KOSLOWSKI: Prinzipien der Eth. Ökonomie. Grundlegung der W. und der auf die Ökonomie bezogenen Ethik (1988). – [26] A. SEN: Development as freedom (Oxford 1999); dtsch.: Ökonomie für den Menschen. Wege zu Gerechtigkeit und Solidarität in der Marktwirtschaft (2000).

Literaturhinweise. E. WAIBL s. Anm. [7]. – K. HOMANN/F. BLOME-DREES: Wirtschafts- und Unternehmensethik (1992). – H. LENK/M. MARING s. Anm. [18]. – G. ENDERLE u.a. (Hg.): Lex. der W. (1993). – D. AUFDERHEIDE (Hg.): W. und Moralökonomik (1997). – P. ULRICH s. Anm. [24]. – H. LENK (Hg.): Technikethik und W. (1998). – W. KORFF u.a.: Hb. der W. (1999). – P. KOSLOWSKI (Hg.): W. – wo ist die Philos.? (2001). CH. LÜTGE

Wissen (griech. ἐπιστήμη; lat. scientia; engl. knowledge, science; frz. connaissance, savoir, science; ital. conoscenza, scienza)

I. – A. *Terminologie.* – Wissen bedeutet teils eine Fähigkeit, und zwar zum einen die Fähigkeit, einen Gegenstand so aufzufassen, wie er wirklich beschaffen ist, und zum anderen die Fähigkeit, mit den Gegenständen des W. erfolgreich umgehen zu können, teils den epistemischen Zustand, in dem man sich aufgrund der erfolgreichen Ausübung seiner Erkenntnisfähigkeit befindet, und teils auch den Inhalt, auf den eine erkennende Person sich dabei bezieht, sowie die Aussage, in der man das Ergebnis eines Erkenntnisvorgangs sprachlich zum Ausdruck bringt. W. zeichnet sich in subjektiver Hinsicht durch das Merkmal der Gewißheit und in objektiver Hinsicht durch das Merkmal der Wahrheit aus. In der Philosophie wird W. in erster Linie im Sinne bestimmter Fähigkeiten zur Rechtfertigung von Meinungen bzw. zur Erklärung von Tatsachen verstanden. In vorphilosophischen Auffassungen wird W. auch als eine besondere Zugangsweise zu bzw. Vertrautheit mit einem Sachverhalt verstanden. In der modernen Erkenntnistheorie tritt das propositionale Wissen in der Form wahrer, gerechtfertigter Meinungen in den Vordergrund.

Der Ausdruck ‹W.› geht etymologisch auf die indogermanische Sprachwurzel ‹vid› zurück, die mit Bedeutungen wie ‘sehen’ und ‘Licht’ verbunden ist und zahlreiche Wörter ausgebildet hat, die entweder ebenfalls soviel wie W. bedeuten – z.B. ‹Veda› (s.d.), οἶδα und εἰδέναι (abgeleitet von der indogermanischen Präteritalform ‹voida›; eigentlich: ‘gesehen haben’) – oder damit in einem so engen inhaltlichen Zusammenhang stehen – wie z.B. ‹videre› (‘sehen’, s.d.), ‹Evidenz› (s.d.) und ‹Idee› (s.d.) –, daß sie in den philosophischen Auseinandersetzungen um Natur, Umfang und Grenzen von W. als einer ausgezeichneten Form des Erkennens (s.d.) eine wichtige Rolle spielen. Dies ist um so bemerkenswerter, als das begriffliche Zentrum des komplexen, durch Ausdrücke wie ‹Gnosis› (s.d.), σοφία (‹Weisheit›, s.d.) oder ‹Phronesis› (s.d.) gebildeten Wortfeldes von ‹W.› in der Antike und im Mittelalter durch zwei Termini markiert wird, die nicht zu jener Wortfamilie gehören: ‹Episteme› (s.d.) und ‹scientia›.

Im Anschluß an Überlegungen bei den sogenannten Vorsokratikern (s.d.) sowie in kritischer Auseinandersetzung mit der Sophistik (s.d.) macht PLATON ἐπιστήμη zum zentralen Begriff der antiken Erkenntnistheorie. – Die Formen, Bedingungen und Grenzen von W. werden von der klassischen Antike bis in die frühe Neuzeit unter Gesichtspunkten thematisiert, die, gemessen an der modernen Unterscheidung zwischen Erkenntnis- und Wissenschaftstheorie, beiden Bereichen angehören. Wenn in Antike, Mittelalter und früher Neuzeit W. zum expliziten Gegenstand von Theorien wird, so ist damit in erster Linie eine wissenschaftliche Form der Erkenntnis gemeint; Gegenstand theoretischer Auseinandersetzung ist also zunächst das W. im Sinne von Wissenschaft (s.d.). Eine deutlich ausgearbeitete Unterscheidung zwischen W. im allgemeinen und Wissenschaft im engeren Sinne einer speziellen, institutionalisierten Form von W. ist vergleichsweise jung. Noch jünger ist die ausdrückliche philosophische Unterscheidung zwischen Wissenschaftstheorie (s.d.) und Erkenntnistheorie (s.d.). ‹Episteme› und ‹scientia› – bis ins 18. Jh. gilt dasselbe sogar für den Ausdruck ‹Wissenschaft› – können, je nach Kontext, ‘W.’ oder auch ‘Wissenschaft’ bedeuten, so daß beide deutschen Ausdrücke – ebenso wie engl. ‹knowledge› und ‹science› sowie frz. ‹connaissance›, ‹savoir› und ‹science› – als Übersetzungswörter in Betracht kommen. Eine präzise terminologische Unterscheidung dieser Begriffe ist für die Antike und das Mittelalter, zum Teil auch für die frühe Neuzeit nicht möglich, so daß sie begriffsgeschichtlich zusammen zu sehen sind. Die Behandlung der beiden Stichwörter erfolgt in unterschiedlicher Akzentsetzung: Unter ‹Wissen› wird in erster Linie der Zusammenhang zwischen vorwissenschaftlichem und – nach modernem Verständnis – wissenschaftlichem W. aufgezeigt, während unter ‹Wissenschaft› die Entwicklungslinien nachgezeichnet werden, die in die Richtung der modernen Auffassung von Wissenschaft weisen.

J. HARDY/S. MEIER-OESER

B. *Antike.* – 1. *Überblick.* – Soweit uns die Quellen Aufschluß geben, wird W. in der antiken Erkenntnistheorie sowohl in einem dispositionalen Sinne, d.h. im Sinne einer epistemischen Fähigkeit (δύναμις), als auch im Sinne eines entsprechenden epistemischen Zustands (ἕξις) thematisiert. PLATON und ARISTOTELES entwickeln unter der Bezeichnung ἐπιστήμη erstmals umfassende theoretische und metatheoretische Überlegungen zu Erwerb, Formen und Vermittlung von W. Unter ‹W.› (ἐπιστήμη) verstehen Platon und Aristoteles in erster Linie bestimmte Fähigkeiten der Begründung und Erklärung [1]. Antike Theorien des W. unterscheiden sich von modernen in verschiedener Hinsicht. In der klassischen Antike werden die Formen von W. mit Blick auf bestimmte Fähigkeiten und zugleich unter ontologischen Gesichtspunkten charakterisiert. Unterschiedliche Gegenstandsbereiche erfordern jeweils verschiedene Formen von W. [2]. W. wird in antiken Erkenntnistheorien nun vorrangig als dispositionales

W., d.h. im Sinne kognitiver Fähigkeiten aufgefaßt; propositionales W. wird daher stets nur im Zusammenhang eines dispositionalen W. thematisiert [3]. Die zeitgenössische Frage, ob wahre Meinungen, unabhängig von ihrer Herkunft von bestimmten Fähigkeiten, nach bestimmten Kriterien der Rechtfertigung als W. gelten können, ist der Antike fremd. Ein Grund dafür besteht darin, daß die Analyse und Beschreibung der Bedingungen und Möglichkeiten von W. bei Platon und Aristoteles auf eine in methodologischer und explanatorischer Hinsicht ausgezeichnete Erkenntnisform zielt, die nach Platons Auffassung den Status eines idealen, perfekten W. hat [4]. Als Vorbild fungiert das spezielle Können etablierter handwerklicher und wissenschaftlicher Disziplinen (τέχναι); sprachlich kommt dies in der Nähe von ἐπιστήμη und τέχνη zum Ausdruck [5], vor allem bei Platon, der beide Ausdrücke oftmals synonym gebraucht [6]. W. unterliegt bei Platon und Aristoteles hohen Anforderungen; es erfordert große Anstrengungen, wirkliches W. zu erwerben, und es ist schwierig, sich des Besitzes von W. wirklich sicher zu sein [7]. Ein Großteil der Fälle, die wir heute als W. betrachten, würde in der Antike deshalb lediglich als begründete Meinung aufgefaßt; ohne W., so heißt es in Platons ‹Staat›, sind auch «die besten Meinungen blind» [8]. Platon will W. und Meinung deshalb strikt unterschieden wissen, weil das W. dem Ziel dient, auf zuverlässige Weise das Handeln zu leiten [9]. Bei Aristoteles hat das wissenschaftliche W. die Aufgabe, den Wahrheitsgehalt der anerkannten Meinungen zu klären und abzusichern, um so die epistemische Qualität der Meinungen zu verbessern [10]. Auch in der *Stoa* (vgl. unten 6.) geht es um ein starkes (wissenschaftliches) W., das sich gegenüber dem vergleichsweise schwachen W. in der Form kataleptischer Vorstellungen durch eine unumstößliche Sicherheit auszeichnet [11], und auch dieses W. steht im Dienst der richtigen Lebensführung [12]. Bei EPIKUR und in der Stoa gerät dann jedoch auch die grundsätzliche Frage nach der Möglichkeit von W. in den Blick. Die Suche nach Kriterien für sicheres W. ist in dieser Periode, anders als in der klassischen Antike, geprägt durch die Auseinandersetzung mit skeptischen Fragen.

2. *Vorphilosophisch.* – Im frühgriechischen Epos wird W. unter dem Gesichtspunkt der Sicherheit und Verläßlichkeit thematisiert. Wirkliches W. erfordert einen direkten, täuschungsfreien Zugang zur Wirklichkeit. W. kann deshalb nur aus persönlicher Erfahrung hervorgehen; nur ein Augenzeuge kann wissen, was sich wirklich ereignet hat [13]. HOMER und HESIOD berufen sich deshalb auf die Musen, welche die Ereignisse kennen, während «wir nur den Bericht vernehmen und nichts wirklich wissen» [14]. Da die Musen jedoch keine Augenzeugen der Entstehung der Welt sind und sich auch die von Hesiod kritisierten Rhapsoden auf die Musen berufen, verkünden sie zuweilen auch Falsches [15]. So kommen im frühen griechischen Epos Erfahrungen der Täuschung und des scheinbaren W. und damit der Unsicherheit menschlicher Erkenntnisansprüche zum Ausdruck [16]. In ähnlicher Weise weist THUKYDIDES auf die problematische Verläßlichkeit von Augenzeugenberichten hin [17].

3. *Vorplatonisch.* – In den vorsokratischen Kosmologien gerät eine von der Wahrnehmung unabhängige Wissensquelle in den Blick; Herkunft und Entwicklung der Welt werden aus einem bestimmten Grundprinzip (ἀρχή) erklärt. Diese Kosmogonien gehen von Prinzipien und Erklärungen aus, die über das Beobachten der Phänomene nach dem Modell des Augenzeugen hinausgehen. Nach XENOPHANES kann die Erfahrung nicht zu einem sicheren (σαφές) W. führen. Mag es auch jemandem mit Glück gelingen, etwas «Wirkliches auszusprechen» (τετελεσμένον εἰπών), so könnte er selbst dies nicht wissen [18]. Über den Status der Vermutung (δόξα) gelangt man nicht hinaus. An die Stelle der Wahrheitsgewißheit tritt das Suchen (ζητεῖν). Deshalb ist es sinnvoll, sich um Einsicht zu bemühen, denn «mit der Zeit finden [die Menschen] suchend Besseres vor» [19]. Unter anderem gegen Xenophanes richtet sich HERAKLITS Kritik der (empirischen) Vielwisserei (πολυμαθίη), die keine Einsicht lehre [20].

Auch für PARMENIDES erlaubt die Erfahrung lediglich Meinungen. Sicheres W. ermöglicht nur der Bereich der Wahrheit (s.d.) oder «Evidenz» (ἀλήθεια), dem unveränderliche Sachverhalte angehören. Parmenides unterscheidet zwei Wege des Forschens; beide Wege beziehen sich auf einen bestimmten Gegenstandsbereich, und jedem Gegenstandsbereich entspricht eine von zwei möglichen Aussageformen. Parmenides unterscheidet Aussagen der Form «es ist» von Aussagen der Form «es ist nicht». Der «Weg der Überzeugung» bezieht sich auf die «Wahrheit», d.h. auf dasjenige, wovon man sagen kann, daß «es ist» [21]. Der entgegengesetzte Weg führt zu den «Meinungen der Sterblichen, in denen es keine verläßliche Wahrheit gibt» (βροτῶν δόξας, ταῖς οὐκ ἔνι πίστις ἀληθής) [22]. Die Gegenstände von Meinungen sind veränderlich, d.h., daß auf sie empirische Prädikate zutreffen, daß sie also eine bestimmte Eigenschaft in einer bestimmten Hinsicht haben, in einer anderen Hinsicht zugleich nicht haben können. In diesem Sinne kann man sich auf die veränderlichen Dinge mit Aussagen der Form «es ist nicht» beziehen [23]. Wahr (ἀληθής) können aber nur die Aussagen sein, die sich auf Gegenstände beziehen, die «ungeworden und ohne Vernichtung, ganz, einzig, ohne Schwanken und in sich vollendet» [24], d.h. in jeder Hinsicht unveränderlich sind. Auf solche Gegenstände beziehen sich Aussagen der Form «es ist», und es sind diese Gegenstände, die dem von der Wahrnehmung unabhängigen Erkennen (νοεῖν) zugänglich sind [25]. Die den beiden Bereichen jeweils zugeordneten Aussageformen «es ist» und «es ist nicht» (ἔστιν ἢ οὐκ ἔστιν) bilden ein kontradiktorisches Paar; auf einen Aussagegegenstand trifft entweder das eine oder aber das andere zu, und es gibt keinen dritten Weg [26]. Damit formuliert Parmenides der Sache nach das Prinzip des kontradiktorischen Gegensatzes und das Prinzip vom ausgeschlossenen Dritten. Beide logischen Prinzipien sind nun selber «unveränderlich» und bilden insofern ihrerseits den Grundstein des Bereichs der Wahrheit und damit zugleich die methodische Grundlage für jede Form der W.-Suche. Mit dieser Einsicht wird Parmenides zum Wegbereiter der Erkenntnistheorie.

Die Sophisten bestreiten die Möglichkeit falscher Meinungen und damit auch die erkenntnistheoretisch elementare Unterscheidung zwischen Meinung und W. [27]. PROTAGORAS vertritt die Auffassung, daß jede Sache stets genau so beschaffen ist, wie sie jemandem zu sein scheint, d.h., daß alle Meinungen wahr, Irrtümer und Täuschungen also ausgeschlossen sind [28]. An die Stelle der sokratischen W.-Suche tritt bei Protagoras die sophistische Rhetorik [29]. Da sich die Sophisten dabei scheinbar auch auf Parmenides berufen konnten, führt Platons Auseinandersetzung mit der Sophistik auch zu einer epistemologischen Präzisierung der eleatischen Ontologie [30].

4. *Platon; Akademie.* – Von Heraklit und Parmenides übernimmt PLATON – nach dem Bericht des ARISTOTELES

– den Gedanken, daß sicheres W. nur von unveränderlichen Sachverhalten möglich ist. Von Sokrates übernimmt er die Auseinandersetzung mit ethischen Fragen und den Gedanken, daß die Gegenstände von W. nur in Definitionen zu erfassen sind [31]. Für PLATONS Überlegungen zu den Formen von W. gelten drei konstitutive Merkmale: a) die praktische Ausrichtung, d.h. das generelle Ziel der W.-Suche, b) das spezielle, epistemische Ziel der W.-Suche, c) die Methode und damit auch die dramaturgische Form der W.-Suche. Das generelle Ziel der W.-Suche ist für Platon das richtige Handeln [32]. Zu wissen, wie man handeln soll, ist wiederum eine Voraussetzung für das gelungene Leben, für das menschliche Glück [33]. Wie dieses W. genau beschaffen ist und wie man es erwirbt, macht Platon in seinen Dialogen zum Thema.

In einem weiteren Sinne bedeutet der Ausdruck ἐπιστήμη bei Platon, der mit diesem Wort die Bedeutung von σοφία aufnimmt [34], die Fähigkeit einer Person, über ihre Auffassungen Rechenschaft geben zu können (λόγον διδόναι) [35]. Die Art und Weise der erforderlichen Rechtfertigung hängt nun, bei Platon wie im modernen Verständnis, vom jeweiligen Gegenstand ab [36]. In Platons Dialogen geht es um die Erörterung von 'Was-ist-X?'-Fragen. Den Gegenstand solcher Fragen bilden die in jeder Hinsicht unveränderlichen, folglich nicht der empirischen Welt angehörenden Ideen [37]; eine 'Was-ist-X?'-Frage beantworten zu können, heißt zu wissen, was eine Idee (s.d.) ist [38]. In einem engeren Sinne versteht Platon unter ‹W.› deshalb das Ideen-W. Über Ideen-W. verfügt man nach Platon genau dann, wenn man eine Idee zu definieren und diese Definition in dialektischen Erörterungen zu rechtfertigen vermag [39]. Die Methode der W.-Suche ist die Dialektik, die in Platons Frühwerk in der Form des sokratischen Elenchus (s.d.) auftritt [40]. Eine Meinung auf dialektische Weise zu prüfen bedeutet, Rechenschaft zu fordern und zu geben. Die Meinungsprüfung führt zunächst zu der – vom vermeintlichen W. befreienden – Einsicht, daß man eben nur über Meinungen verfügt [41]. Das Ideen-W. ist ein perfektes, kontextunabhängiges W.; wer über solches W. verfügt, könnte z.B. in jedem beliebigen Kontext entscheiden, ob eine bestimmte Handlung oder ein bestimmter Zustand gerecht ist oder nicht. Dieses W. können wir nach Platon nun aber «entweder niemals oder erst nach dem Tode erreichen» [42]. Die Rechenschaftgabe führt bestenfalls zu «sehr schwer zu widerlegenden» (δυσεξελεγκτότατος) Meinungen [43]. Das Ideen-W. ist für Platon allerdings auch eine notwendige Bedingung für das empirische W. [44]: Zu wissen, ob etwas unter das Prädikat *X* fällt, setzt für Platon voraus, zu wissen, was *X* ist. Deshalb kommt es darauf an, sich trotz der prinzipiellen Unerreichbarkeit perfekten W. um die Rechtfertigung der eigenen Meinungen zu bemühen und sich dem (perfekten) W. so weit wie möglich anzunähern. Das ist die Aufgabe der Philosophie; zu philosophieren heißt nicht, über W. zu verfügen, sondern sich um W. zu bemühen [45].

Den Weg zum Ideen-W. illustriert u.a. das Liniengleichnis, in dem vier Gegenstandsbereiche und entsprechend vier «Seelenzustände», d.h. vier kognitive Zustände bzw. Einstellungen unterschieden werden [46]. Die vier Gegenstandsbereiche unterscheiden sich hinsichtlich ihrer Bestimmbarkeit und Deutlichkeit, d.h. hinsichtlich ihrer Nähe bzw. Ferne zu den – ontologisch perfekten – Ideen [47]. Die Linie hat zwei Hauptabschnitte: Der untere repräsentiert den Bereich des Wahrnehmbaren (αἰσθητόν), zu dem die hergestellten Abbilder und die natürlichen Bilder gehören [48], der obere repräsentiert den Bereich des Denkbaren (νοητόν), zu dem die mathematischen Gegenstände (μαθηματικά) und die Ideen (εἴδη) gehören [49]. Dem oberen Abschnitt entspricht das W., zu dem die Einsicht (νόησις) und das (diskursive) Nachdenken (διάνοια) gehören, dem unteren entspricht die Meinung (δόξα), der Überzeugung (πίστις) und Vermutung (εἰκασία) angehören [50]. Die Linie repräsentiert einen möglichen Aufstieg zu einer jeweils höheren Erkenntnisform: Wie wir die Abbilder mit Blick auf die Originale zu betrachten haben, so sollten wir die wahrnehmbaren Einzeldinge mit Blick auf die unveränderlichen Strukturen auffassen [51]. Dies setzt nun voraus, das Erkenntnisinteresse umzukehren, die empirischen Dinge also im Blick auf die intelligiblen Gegenstände zu betrachten. In den einzelnen Künsten, die der διάνοια entsprechen, wird dieser Perspektivenwechsel eingeübt [52]. Die Künste befassen sich zwar mit der empirischen Welt, richten sich dabei aber auf die unveränderlichen Formen, die dem Wahrnehmbaren ontologisch zugrunde liegen [53].

Möglich ist die W.-Suche nun deshalb, weil Platon zufolge die Seele eines jeden Menschen grundsätzlich auf die Wahrheit ausgerichtet ist [54] und die Gesprächspartner in Platons Dialogen in der Tat über ein – freilich vergleichsweise defizitäres – Ideen-W. verfügen: Sie verfügen nämlich zum einen über zutreffende Meinungen über den jeweils gesuchten Gegenstand – weshalb sie zutreffende Beispiele, also einzelne Instanzen der gesuchten Idee nennen [55] – und zum anderen auch über ein W. von den formalen Eigenschaften der Ideen. In ihrer Funktion als hypothetische Ideenbestimmungen werden die Meinungen der Dialogpartner einerseits ausnahmslos widerlegt. Andererseits machen die Dialogpartner formal richtige Vorschläge, akzeptieren die Widerlegungen des Sokrates und korrigieren ihre Vorschläge entsprechend. Daraus folgt, daß Sokrates und seine einsichtigen Gesprächspartner über eine schwächere, formale Form des Ideen-W. durchaus verfügen, das sich aus den frühen und mittleren Dialogen rekonstruieren läßt: Wenn wir uns mit generellen Termini auf einzelne Dinge beziehen, dann beziehen wir uns mittelbar auf eine Idee. Die einzelnen Dinge, denen wir ein bestimmtes Prädikat zusprechen, sind unvollkommene Instanzen einer Idee. Eine Idee ist unveränderlich im strikten Sinn; sie verändert sich weder zeitlich noch räumlich, noch qualitativ. Wenn eine Idee im strikten Sinn unveränderlich ist, dann hat sie immer dieselben, endlich vielen Eigenschaften und ist Gegenstand einer Definition. Wenn wir alle definierenden Eigenschaften einer Idee kennen, verfügen wir über ein vollständiges inhaltliches Ideen-W. In diesem formalen Ideen-W. besteht das W. um das eigene Nicht-W. des fragenden Sokrates [56]. Die Gesprächspartner des Sokrates verfügen über dieses W. in einer intuitiven, nicht zur Rechenschaftsgabe fähigen Weise, und Sokrates bringt es ihnen in Erinnerung. Auch die Anamnesis (s.d.) führt, im Ausgang von der Einsicht in das eigene Nicht-W., zu einer Explikation bereits vorhandenen, jedoch potentiellen W. [57], das unter bestimmten zusätzlichen Annahmen auch für einen vom Körper unabhängigen W.-Erwerb der Seele und in diesem Sinne für die Unsterblichkeit (s.d.) der Seele zu sprechen scheint [58].

Die höchste Form von W. ist die Dialektik [59]. In methodischer Hinsicht ist auch die Dialektik eine Kunstfertigkeit (τέχνη), nämlich die Fähigkeit des dialektischen Fragens und Antwortens [60]. Während die Künste von nicht eigens thematisierten Voraussetzungen ausgehen, gibt die Dialektik – die sich auf die Wissensformen insgesamt sowie auf den Zusammenhang der Ideen bezieht [61] – auch über die Voraussetzungen des Erkennens Rechenschaft [62]. – In diesem Sinne ist im ‹Theaitet› das W. (ἐπιστήμη) selbst Gegenstand einer dialektischen Erörterung. Dort führt die Prüfung dreier Definitionsvorschläge zu einer Präzisierung dessen, was W. ist [63]. Zunächst erweist sich das Wahrnehmen dort als eine Form des Urteilens [64], das wahre Meinungen (Urteile) ermöglicht. Eine wahre Meinung bedarf jedoch zudem der Verbindung mit einem λόγος. Eine Meinung mit einem Logos verbinden zu können heißt, einen Gegenstand erklären zu können. Im dritten Definitionsvorschlag des ‹Theaitet› wird W. deshalb als «wahre Meinung mit Erklärung» (ἡ μετὰ λόγου ἀληθὴς δόξα) charakterisiert [65]. Das spezielle W. der Künste, das technische W., besteht dabei in der Fähigkeit, das Wesen (οὐσία) einer komplexen Sache, d.h. den Zusammenhang ihrer Elemente im Rückgriff auf die Kenntnis der Grundbausteine des jeweiligen Gegenstandsbereichs erklären zu können [66].

In diesem dritten Definitionsvorschlag wird oft der antike Vorläufer der modernen Analyse des W.-Begriffs erblickt, dem zufolge man über W. verfügt, wenn man über eine wahre, gerechtfertigte Meinung verfügt (vgl. unten Teil VI.). Diese Parallele trifft aber nur mit wichtigen Einschränkungen zu: Wahre, gerechtfertigte Meinungen sind bei Platon nur als Ergebnis entsprechender komplexer Fähigkeiten epistemisch relevant. Wahrheit ist eine notwendige Bedingung für W., ein 'falsches W.' ist begrifflich unmöglich [67]. Wahr – im epistemologisch relevanten Sinne – sind Meinungen für Platon genau dann, wenn sie «mit einem Logos verknüpft sind», also eine Erklärung zum Ausdruck bringen und in diesem Sinne gerechtfertigt sind. Mit anderen Worten: Erklärung bzw. Rechtfertigung impliziert Wahrheit [68]. Solche gerechtfertigten Meinungen sind das Ergebnis bestimmter Fähigkeiten; sie müssen durch wiederholte Übungen gefestigt werden, und zwar dadurch, daß man sich ihre Gründe in Erinnerung ruft (αἰτίας λογισμῷ) [69]. In dieser Hinsicht nimmt Platon die heutige erweiterte Standardanalyse von W. vorweg, der zufolge zwei Formen der Rechtfertigungsbedingung erfüllt sein müssen: Eine Person hält eine Meinung gerechtfertigterweise für wahr, a) wenn sie sich ihre Meinung in subjektiver Hinsicht auf rationale Weise gebildet hat – d.h., daß sie für ihre Meinung epistemisch verantwortlich ist, – und b) wenn die Meinung auch *tatsächlich* auf angemessenen Gründen beruht [70].

Faßt man die verschiedenen Charakterisierungen von W. zusammen, so besteht W. für Platon in einem weiteren Sinne in der Fähigkeit, Meinungen rechtfertigen und ihren inferentiellen Zusammenhang klären zu können [71]. Insbesondere besteht dieses W. in der für wissenschaftliche und handwerkliche Disziplinen (τέχναι) charakteristischen Kompetenz, die wechselseitigen Beziehungen zwischen den Elementen eines Gegenstandsbereichs [72] und damit auch die – ontologisch – richtigen und falschen Verknüpfungen zwischen diesen Elementen [73] bestimmen, mit Hilfe dieser Kenntnis einen Gegenstand definieren und erklären [74] und das so verstandene W. auch lehren zu können [75]. Dabei bezieht man sich im Ausgang von der Wahrnehmung der empirischen Dinge auf allgemeine, unveränderliche Sachverhalte [76]. ‹W.› (ἐπιστήμη) bedeutet bei Platon daher teils das perfekte Ideen-W., teils das für Menschen erreichbare W. [77]. Eine abschließende, nicht-zirkuläre Definition von ‹W.› gibt Platon nicht. Das spezifisch philosophische W. besteht für ihn in der epistemischen (und im platonischen Sinne 'erotischen') Einstellung, sich beständig um die Prüfung und Rechtfertigung der Meinungen im Blick auf die unveränderlichen Ideen zu üben [78]. – SPEUSIPP übernimmt von Platon die grundlegende ontologische Unterscheidung zwischen dem Bereich des Wahrnehmbaren (αἰσθητά) und demjenigen, was allein dem Denken zugänglich ist (νοητά). W. kann ihm zufolge aus dem Denken sowie aus der (diskursiven) Wahrnehmung (s.d.) hervorgehen [79]. Auch XENOKRATES soll verschiedene Erkenntnisformen in Entsprechung zu bestimmten ontologischen Stufen unterschieden haben; die Wahrnehmung bezieht sich auf die wahrnehmbare, die Meinung (δόξα) auf die zusammengesetzte (σύνθητος) und das W. (ἐπιστήμη) auf die intelligible Wirklichkeit (νοητὴ οὐσία) [80].

5. *Aristoteles.* – ARISTOTELES unterscheidet Kenntnisse (γνώσεις) in besonderer Weise nach den kognitiven Zuständen (ἕξεις), in denen sich wissende oder meinende Personen befinden, wenn sie sich auf bestimmte Erkenntnisgegenstände beziehen. Trotz seiner Kritik an Platons Ideenannahme [81] gibt es auch für Aristoteles W. im engeren Sinne nur von unveränderlichen Sachverhalten, die in dem Sinne notwendig sind, daß sie sich nicht anders verhalten können [82]. Über W. verfügt man dann, wenn man Sachverhalte zu erklären vermag, d.h., wenn man ihre Ursachen kennt [83]. Ursachen zu kennen heißt zugleich, das «To ti en einai» (s.d.), das «Was-es-heißt-dies-zu-sein» einer Sache zu kennen [84]. Für dieses W., das der wissenschaftlichen Erkenntnisweise entspricht, gebraucht Aristoteles den Ausdruck ἐπίστασθαι; das entsprechende Nomen ἐπιστήμη bezeichnet den kognitiven Zustand des Wissenden [85]. In allgemeiner, methodischer Hinsicht besteht W. für Aristoteles darin, die grundlegenden Elemente eines Gegenstandsbereiches zu kennen. Die Zergliederung eines Bereiches in seine Elemente ist die Analyse [86]. In einer Wissenschaft sucht man nach den (in kausaler Hinsicht) elementaren Ursachen für bekannte Tatsachen bzw. nach den entsprechenden (logisch) elementaren Prämissen, in denen die Ursachen genannt sind, welche die in den Konklusionen genannten Tatsachen erklären [87]. In den beiden ‹Analytiken› untersucht Aristoteles die theoretischen Elemente der wissenschaftlichen Arbeit [88].

W. in einem weiteren Sinne erwirbt man entweder durch Beweis (ἀπόδειξις) oder durch Induktion (ἐπαγωγή) [89]. In einem engeren Sinne versteht Aristoteles unter ‹W.› aber das bewiesene W., das auf deduktiver Begründung und auf der Kenntnis von Ursachen beruht [90]. Dieses apodeiktische (oder: demonstrative) W. ist Gegenstand der ‹Analytica posteriora›. Über dieses W. verfügt man genau dann, wenn man einen allgemeinen Sachverhalt mit Hilfe eines wissenschaftlichen Beweises zu erklären vermag [91]. An einen Beweis stellt Aristoteles zwei Anforderungen: Er hat die Form einer syllogistischen Deduktion und mindestens eine Prämisse, die eine Erklärung des in der Konklusion behaupteten Sachverhalts enthält [92]. Die erste syllogistische Schlußfigur ist dabei «im höchsten Grade wissenschaftlich» [93]. Die Prämissen deduktiver Argumente – die Prinzipien (ἀρχαί) [94] – sind allgemeine, nicht aus anderen Sätzen abgeleitete wahre Sätze, die relativ zu den Konklusionen «ursprünglich», «ursächlich» und «unvermittelt» sowie «vorrangig und bekannt» sind [95]. Das deduktive, erklärungskräftige W. nennt Aristoteles auch «schlechthin» (ἐπίστασθαι ἁπλῶς), im Unterschied zum W. auf sophistische (τὸν σοφιστικὸν τρόπον), d.h. vergleichsweise zufällige, nicht demonstrative Weise [96].

Mit Blick auf die in den Prinzipien formulierten Sachverhalte, die ihrerseits nicht Gegenstand apodeiktischen W. sein können, erörtert Aristoteles die Frage, wie die Prinzipien erkannt werden und welche Haltung ihrer Kenntnis entspricht [97]. Da die Kenntnis der Prinzipien genauer ist als diejenige der Konklusionen, kann ihre Kenntnis nicht «in uns verborgen sein»; wir könnten die Prinzipien nicht kennen, ohne dies auch explizit zu wissen [98]. Da jedes W. aus Vorkenntnissen hervorgeht, können die Prinzipien aber auch nicht voraussetzungslos erkannt werden [99]. Vielmehr werden sie in der Weise erkannt, daß man in der Wahrnehmung zunächst dauerhafte Eindrücke und Begriffe, somit die Erkenntnis des Allgemeinen ausbildet [100], die schließlich durch Erinnerung (μνήμη) und Erfahrung (ἐμπειρία) gefestigt wird [101]. Diese Methode ist die Induktion [102]. Da nur W. und Einsicht «immer wahr» sind [103], und die Prinzipien gegenüber den Konklusionen logisch elementar, selber jedoch nicht deduktiv gewonnen sind, kommt als das ihnen zugeordnete epistemische Vermögen nur die Einsicht (νοῦς) in Betracht [104]. – Das Ziel wissenschaftlicher Erkenntnis ist a) die Erkenntnis von Prinzipien, d.h. von allgemeinen, erklärungskräftigen Sätzen auf der Grundlage von Induktionen, b) mit deren Hilfe man möglichst viele spezielle Theoreme deduzieren kann, um dadurch c) Erklärungen für bekannte allgemeine Tatsachen zu finden und so auch das vorwissenschaftliche W. in Gestalt allgemein anerkannter Meinungen (ἔνδοξα) zu vertiefen [105]. Die wissenschaftliche Arbeit solle «zunächst die Phänomene sichten und zuerst die Schwierigkeiten durchgehen und sodann am besten alle anerkannten Meinungen», jedenfalls aber «die meisten oder die wichtigsten» prüfen, um die Probleme zu lösen und den Wahrheitsgehalt der Meinungen zu klären [106]. Diese Aufgabe können die Wissenschaften erfüllen, indem sie logische und explanatorische Kohärenz unter den anerkannten Meinungen herstellen, die Phänomene kausal erklären sowie die phänomenale Komplexität (logisch) reduzieren [107].

Aristoteles unterscheidet verschiedene Kriterien der Genauigkeit von Wissenschaften: Eine Wissenschaft ist um so genauer, je differenzierter sie Tatsachen zu erklären vermag, je geringer die Komplexität ihres Gegenstands ist und je geringer die Anzahl der Prinzipien ist, die sie in Anspruch nimmt [108]. Darüber hinaus gilt grundsätzlich, daß jeder Gegenstandsbereich eine jeweils angemessene Form von W. [109] und speziell einen bestimmten Grad an Genauigkeit erlaubt und erfordert [110]. Apodeiktisches W. im engeren Sinne kann es für Aristoteles zwar nur von Sachverhalten geben, die immer der Fall sind und in diesem Sinne notwendigerweise bestehen, so daß die entsprechende Behauptung immer wahr ist. In einer abgeschwächten Weise sind aber auch Ereignisse, die zwar nicht immer, also nicht notwendigerweise (ἀνάγκη), aber in der Regel (ὡς ἐπὶ τὸ πολύ) eintreten, mögliche Gegenstände von W. [111]. Zu diesen Gegenständen gehören der Bereich der Handlungen, mit dem sich Ethik und politische Philosophie beschäftigen, sowie die Methoden der Überzeugung in der öffentlichen Rede, mit denen sich die Rhetorik befaßt. Auch in apodeiktischen Wissenschaften spielen Deduktionen, die sich auf nicht-notwendige, aber regelhafte Ereignisse beziehen, eine Rolle; mit ihrer Hilfe können zum einen solche Ereignisse erklärt und zum anderen die Aussagen der praktischen Philosophie in der Form apodeiktischen W. dargestellt werden [112]. – Die genaueste und höchste Form von W. ist für Aristoteles die Metaphysik (s.d.), die Erste Philosophie (s.d.), da sie die Ursachen und die Prinzipien selbst untersucht [113]. – In der Ethik greift Aristoteles auf die Theorie des W. zurück [114], unterscheidet den Bereich der Praxis (s.d.) von dem der Poiesis (s.d.) und ordnet beiden bestimmte W.-Formen zu [115]. Die Fähigkeit, die das menschliche Handeln leitet, ist die Klugheit, die Phronesis (s.d.). Da sich das Handeln freilich stets auf Einzelfälle bezieht, ist die Klugheit nicht deduktiv-explanatorisch [116]. Sie ist aber auch keine Kunst (τέχνη), da sie sich nicht mit Artefakten befaßt [117]. Sie ist die zur festen Einstellung (Hexis, s.d.) ausgebildete Fähigkeit, mit Gründen gut zu handeln [118]. Obwohl Aristoteles – im Unterschied zu Platon – das menschenmögliche W. nicht an einem grundsätzlich unerreichbaren W. mißt, kennt auch er den Gedanken eines idealen, perfekten W., das «immer wahr» ist [119].

6. *Nachklassische Zeit*. – Epikureer und Stoiker thematisieren in erster Linie die Sicherheit und Dauerhaftigkeit kognitiver Zustände. Im Mittelpunkt ihrer Epistemologien steht das Wahrheitskriterium (s.d.). Für EPIKUR sind Wahrnehmung, Vorbegriffe und Gefühle Kriterien der Wahrheit [120]. Eine ausgezeichnete Rolle spricht Epikur der Wahrnehmung (s.d.) zu. Die Wahrnehmung läßt die Dinge in der Regel genau so erscheinen, wie sie sind, so daß sie wahre, evidente Eindrücke (Vorstellungen) in der Seele bewirkt. Irrtümer kommen erst durch die «von uns hinzugefügten Meinungen» zustande [121]. Die Wahrnehmung bietet deshalb die Gewähr für W. [122]. In der Form von 'Vorbegriffen' (προλήψεις) [123], die ebenfalls auf die Wahrnehmung zurückgehen [124], verfügen wir über sichere Vorkenntnisse, die der W.-Suche als Grundlage dienen [125].

Für die *Stoiker* ist eine bestimmte Art von Vorstellung, nämlich die wahre, kataleptische Vorstellung, möglicher Träger von W. [126]. Erkenntnisse (W. in einem vergleichsweise schwachen Sinne) resultieren aus der Zustimmung (s.d.) zu einer kataleptischen (erkenntnisgeeigneten) Vorstellung [127]. Diese Vorstellungen sind die notwendige, aber nicht hinreichende Bedingung für W. im engeren Sinne eines idealen W. Dieses W. ist nämlich an die zusätzliche Bedingung geknüpft, gegenüber allen Einwänden und Zweifeln resistent zu sein; «W. ist die sichere, durch Argumente nicht zu erschütternde Erkenntnis» (εἶναι τὴν ἐπιστήμην κατάληψιν ἀσφαλῆ καὶ ἀμετάπτωτον ὑπὸ λόγου) [128]. W. erfordert eine besondere Sicherheit der Zustimmung, über die nach Auffassung der Stoiker nur der Weise verfügt. Der stoische Weise zeichnet sich durch eine besondere Disposition aus: Mag er auch nicht alles wissen, so irrt er sich gleichwohl niemals. Denn weder gibt er einer Vorstellung eine schwache Zustimmung, d.h., er stimmt einer Vorstellung nicht zu, wenn er sich nicht unerschütterlich sicher ist, noch äußert er Meinungen [129], er enthält sich in diesen Fällen des Urteils [130]. Die kataleptische Vorstellung (mit Zustimmung) nimmt eine Zwischenposition ein: Sie ist die Form von Erkenntnis, die zwischen dem (perfekten) W. des Weisen und der bloßen Meinung liegt [131], wobei die Stoiker unter ‹Meinung› in erster Linie falsche Meinungen (Vorstellungen) verstehen, nämlich solche, die Resultat unsicherer (übereilter) Zustimmung sind [132]. W. im starken Sinne kommt jedoch erst durch die kontrollierte, täuschungsresistente Einstellung zustande, die es den Weisen ermöglicht, «ihr Leben in angemessener Weise führen und in allem gut handeln» zu können [133].

Die epistemologische Zuversicht der Stoiker stößt innerhalb der *Neuen Akademie* und bei den *Skeptikern* auf nachdrückliche Kritik [134]. Der Zweifel bezieht sich auf die Möglichkeit kataleptischer Vorstellungen und damit auf die Bedingung für sicheres W. Jeder Sachverhalt ist für die Skeptiker möglicher Gegenstand miteinander unvereinbarer Meinungen, die epistemisch gleichwertig sind. Deshalb streben die Skeptiker grundsätzlich die Urteilsenthaltung (Epoché, s.d.) an.

Im *Mittel- und Neuplatonismus* wird W. in erster Linie innerhalb der metaphysisch-theologischen Auffassung vom göttlichen Intellekt (νοῦς) thematisiert, wie sie etwa Philon von Alexandria, Alkinoos und Plotin vertreten haben, denen zufolge der göttliche Intellekt als Demiurg im Sinne von Platons ‹Timaios› die empirische Welt nach dem Muster der intelligiblen Welt gestaltet hat [135]. Plotin unterscheidet zwischen dem Einen, dem Intellekt als dem Abbild des Einen, und der Weltseele. Das noetische W. steht dem dianoetischen Denken gegenüber; beide Formen verhalten sich zueinander wie Urbild und Abbild [136]. Das dianoetische Denken ist Ausdruck des spontanen, tätigen Erkenntnisvermögens des Menschen [137]. Am noetischen Denken des Intellekts hingegen können wir nur rezeptiv teilhaben [138]. W. im Sinne einer ausgezeichneten Erkenntnisform kann nun lediglich durch den Intellekt erzielt werden, der alle intelligiblen Ideen umfaßt [139]. Das dianoetische, begriffliche Denken kann nur einzelne Inhalte erfassen und in Beziehung zueinander bringen und insofern eine Idee nur in einer defizitären Weise auffassen [140]. Das noetische Denken des Intellekts hingegen geschieht in zeitloser Ewigkeit [141], «abgetrennt» vom Empirischen; es erfaßt die Ideen in ihrer Gesamtheit in einer unmittelbaren und intuitiven, nicht begrifflichen Zugangsweise und stellt so die Gesamtheit des W. dar [142].

Anmerkungen. [1] Platon: Crat. 390 c 10f.; Resp. VII, 531 e. 534 b; V, 475 eff.; VI, 510 aff.; VII, 533 d; Meno 96 d; Theaet. 202 c; Aristoteles: Met. III, 2, 996 b 18-25; Eth. Nic. VI, 3, 1139 b 17. – [2] Phaedr. 247 cff.; Phileb. 56 aff. 58 a-59 d; Aristoteles: Eth. Nic. I, 1, 1094 b 11-1095 a 11; 6, 1098 a 20-33; 13, 1102 a 23-26; De an. I, 1, 402 a. – [3] Resp. Vf., 476 d-487 b; vgl. Laches 194 d-195 a; Charm. 165 c-e; Meno 90 c-e; Prot. 312 df.; Theaet. 144 e-145 a. 146 c-e. 178 b-e. 197 e-198 d. 202 c; Soph. 253 aff.; Aristoteles: Met. I, 1, 981 af.; Anal. post. I, 1, 71 af.; vgl. De an. II, 1, 412 a 9ff.; 2, 414 a 4-8; 5, 417 a 21-29; III, 6, 431 aff.; III, 9, 432 a 15ff. – [4] Apol. 20 dff.; Phaedr. 246 dff.; Parm. 134 a-d; Phileb. 59 b; Tim. 51 e. – [5] z.B. Theaet. 145 d 11-e 6; Aristoteles: Met. I, 1, 981 a 12-b 13; vgl. Art. ‹Technik A.›. Hist. Wb. Philos. 10 (1998) 940-942. – [6] Prot. 357 b 4ff.; Soph. 253 aff. 257 c 10-d 1; zu Platons Sprachgebrauch vgl. J. Lyons: Structural semantics. An analysis of part of the vocabulary of Plato (Oxford 1963). – [7] Resp. VI, 504 d-505 e. 506 c. 511 bff.; Parm. 135 d-137 b; Phileb. 59 bff.; Aristoteles: Anal. post. I, 9, 76 a 19-22; II, 19, 99 b 20ff.; Eth. Nic. VI, 3, 1139 b 33f. – [8] Resp. VI, 506 c. – [9] Laches 184 e; Charm. 171 eff. 173 b-174 a; Prot. 356 d-357 e. – [10] Aristoteles: Eth. Nic. VII, 1, 1145 b 2-7; vgl. Eth. Eud. I, 6, 1216 b 26-35; Phys. IV, 4, 211 a 7-11; Met. II, 1, 993. – [11] Joh. Stobaeus: Anthol. II, 111, 18-112, 8 (Frg. 41 G, in: A. A. Long/D. N. Sedley (Hg.): The Hell. philosophers 1-2 (Cambridge 1987, [2]1992); dtsch. [LS] (2000) 304f.; SVF 3, 548); vgl. Sextus Emp.: Adv. math. VII, 38 (FDS 324; SVF 2, 132); Cicero: Acad. pr. II, 47, 145 (LS 41 A; SVF 1, 66). – [12] Pap. Hercul. 1020, Coll. alt., X, 112ff., Col. IVn (LS 41 D 3; SVF 2, 131). – [13] Homer: Ilias II, 484-487; Od. VIII, 491; vgl. J. H. Lesher: Perceiving and knowing in the Iliad and Odyssey. Phronesis 26 (1981) 2-24; vgl. Platon: Theaet. 201 bf. – [14] a.O.; vgl. Ilias I, 1; Od. I, 1; Hesiod: Theog. I, 25. – [15] Hesiod, a.O. 27f. – [16] Vgl. E. Heitsch: Parmenides und die Anfänge der Erkenntniskritik und Logik (1979) 44ff. – [17] Thukydides: Hist. I, 20ff. – [18] Xenophanes: VS 21, B 34. – [19] B 18; vgl. E. Heitsch (Hg.): Xenophanes. Die Fragmente (1983) 137f. – [20] Heraklit: VS 22, B 40. – [21] Parmenides: VS 28, B 3; B 8, 34. – [22] B 1, 30. – [23] B 2. – [24] B 8, 4f. – [25] a.O. [21]; ähnlich noch: Aristoteles: De an. I, 3, 407 a 6f. – [26] B 2; B 8, 16. – [27] Platon: Theaet. 161 e. – [28] 152 eff. – [29] 167 b-d; vgl. Soph. 267 b-268 c. – [30] Soph. 236 c-237 b. 241 d-245 e. 254 c-259 b. 260 c. 263 d-264 b. – [31] Vgl. Aristoteles: Met. I, 5 987 aff. – [32] Platon: Laches 185 af.; Gorg. 467 a-e. 472 cf. 500 c; Apol. 38 af.; Symp. 205 a; Resp. II, 357 bf. – [33] Charm. 171 e 7-172 a 3. 173 d 1-9. 174 b 12; Euthyd. 281 b 2ff.; Apol. 36 cf. 38 a; Meno 88 c; Prot. 314 b. 345 b. 352 b. – [34] B. Snell: Die Ausdrücke für den Begriff des W. in der vorplaton. Philos. (1924) 87ff.; vgl. Platon: Theaet. 145 d 11-e 6; ferner: Art. ‹Weisheit›. – [35] Platon: Laches 187 df.; Charm. 165 b; Prot. 336 bf.; Gorg. 501 a; Meno 81 a; Phaedo 76 b; Resp. VI, 510 c; VII, 531 e. 533 bf. 534 b; Theaet. 201 c; vgl. Art. ‹Rechtfertigung I.›. Hist. Wb. Philos. 8 (1992) 251-265. – [36] Charm. 168 a-171 a; Resp. IV, 438 aff.; V, 477 bff. – [37] Phaedo 75 d. 78 d; vgl. G. Patzig: Platons Ideenlehre, kritisch betrachtet. Antike Abendland 16 (1970) 113-126. Ges. Schr. 3 (1996) 9-31. – [38] Meno 72 a 6-c 4; Resp. VI, 490 a 8-b 7; VII, 523 d 3ff. 524 c 11. 532 a 5-7. 534 b 3-6. 538 d 6-e 3. – [39] Resp. VII, 533 b 1-3. 534 b 3-6. – [40] Vgl. P. Stemmer: Platons Dialektik (1992) 72-127. – [41] Platon: Soph. 230 bff. – [42] Phaedo 66 e-67 a. 68 b. – [43] 85 c 7-d 2; vgl. dazu: Stemmer, a.O. [40] 150. 273. – [44] Euthyphr. 4 e; Laches 190 c; Hipp. maior 286 df.; Resp. V, 479 e; vgl. P. Stemmer: Das Rätsel vom Eunuchen und der Fledermaus. Platon über W. und Meinen in Pol. V. Philos. Jb. 92 (1985) 79-97. – [45] Symp. 210 e-211 e; Resp. VI, 500 c; Phaedr. 256 a-257 b; vgl. Art. ‹Philosophie I. B.›. Hist. Wb. Philos. 7 (1989) 576-582, bes. 578. – [46] Resp. VI, 509 c-511 e. – [47] 509 d. 511 e. – [48] 509 d-510 a. – [49] 510 b-511 b. – [50] 510 df. – [51] VI, 510 b-511 d. – [52] 510 bff. 511 bf.; VII, 517 b-518 d. 529 a-532 c. 533 d-534 a. – [53] VII, 521 d-526 e. 533 b-e; Theaet. 206 aff. 207 bf.; Phileb. 17 b-18 d. 55 d-57 d. – [54] 518 cf.; IX, 580 d-581 c; Phaedr. 249 b; Soph. 228 cf. – [55] z.B. Laches 190 e; Charm. 159 b; Theaet. 146 df. – [56] Vgl. Art. ‹Nichtwissen, sokratisches›. Hist. Wb. Philos. 6 (1984) 836-838. – [57] Meno 81 d. 84 af. 85 c-e; Phaedo 74 a-75 b; Phaedr. 249 bf. – [58] 85 b; Phaedo 73 a. 75 c-76 a; Phaedr. 245 c-249 c. – [59] Resp. VII, 532 a-533 d. 534 e; Phileb. 57 ef. – [60] 534 d 3-10; vgl. Crat. 390 c 10; dazu: J. Hardy: Der Dialektiker und die 'Richtigkeit der Bezeichnungen' in Platons Kratylos. Philologus 147 (2003) 205-225. – [61] VI, 511 bf.; VII, 533 c-534 e. 537 cf.; Soph. 253 b-e. – [62] 511 c; VII, 532 c-533 c. 534 b. – [63] Theaet. 145 eff. 147 e. 148 d. 210 a. – [64] 186 c-187 a. – [65] 201 e-202 c. 207 bff. 208 c. 209 a. – [66] Theaet. 207 a-208 a. – [67] Gorg. 454 d; Theaet. 187 b. – [68] Theaet. 202 b-d. 206 df. 209 a-e; J. Hardy: Platons Theorie des W. im ‹Theaitet› (2001) 286-301. – [69] Meno 98 a; vgl. 85 c; Phileb. 53 e. – [70] M. Williams: Problems of knowledge (Oxford 2001) 21ff. – [71] Resp. VII, 531 e. – [72] Theaet. 201 e-202 c. 206 aff. 207 b; Polit. 277 d-278 d; Phileb. 17 b-18 d. – [73] 202 bf. 206 af. 207 df.; Soph. 253 a-e; Polit. 278 bff. – [74] 202 cff. 207 c. – [75] Meno 87 c; Resp. VI, 500 d. – [76] Phaedo 74 aff. 76 df.; Resp. VII, 523 c-524 d; Phaedr. 249 b. – [77] z.B. Meno 85 cf.; Phaedo 74 bf.; Phaedr. 276 c-e; Theaet. 207 c; vgl. J. Hardy: Was wissen Sokrates und seine Gesprächspartner? Überleg. zu perfektem und menschl. W. bei Platon, in: M. van Ackeren (Hg.): Platon verstehen (2004) 236-261. – [78] Apol. 29 df.; Meno 86 bf.; Symp. 204 a; Phaedr. 246 d-250 a. 278 cff.; Parm. 135 c-136 e; Resp. VI, 500 c; Polit. 285 d. 287 a; zum philosophischen 'Eros' vgl. Lysis 218 af.; Symp. 204 aff.; Phaedr. 249 dff. – [79] Speusipp: Frg. 34, hg. M. Isnardi-Parente (Neapel 1980) 81. – [80] Xenokrates: Frg. 83, hg. M. Isnardi-Parente (Neapel 1982) 82. – [81] Aristoteles: Met. I, 9, 990 b-992 b; Anal. post. 77 a. – [82] Anal. post. I, 2, 71 b 9-12. b 19f.; I, 3, 73 a 21; 6, 74 b 5f.; 30, 87 b 20-22; 33, 89 a 33f.; Eth. Nic. VI, 3, 1139 b 19-24. – [83] Phys. I, 1, 184 a 10-16; II, 3; Met. V, 2. – [84] Met. VII, 17, 1041 a 27-29; 9, 1034 a 21-24; 6, 1031 b 6-8. – [85] Anal. post. I, 2, 71 b 13-16; 4, 73 a 21. – [86] Eth. Nic. III, 3, 1112 b 20-24. – [87] Anal. post. I, 2, 71 b 9-16; II, 1, 89 b 29-31. – [88] Top. VIII, 11, 162 a 11f.; Met. VII, 12, 1037 b 9; Eth. Nic. VI, 3, 1139 b 27. – [89] Met. III, 4, 1000 a 5-8; Anal. post. I, 1, 71 a 1-11; 3, 72 b 27ff. – [90] Met. I, 9, 992 b 30ff.; Anal. post. I, 1, 71 a 5-9; 18, 81 a 40; Eth. Nic. VI, 3, 1139 b 26ff. – [91] Anal. post. I, 1, 71 a 9-15. – [92] 2, 71 b 1-19; 13, 78 a 22-28; II, 11, 94 a 20-24; vgl. W. Detel: Anm. zu Anal. post. I, 2, in: Aristoteles: Anal. post., übers. und erl. W. Detel. Werke in dtsch. Übers., hg. H. Flashar 3, II/2 (1993) 61ff. – [93] 71 b 9-16. – [94] 14, 79 a 17f.; vgl. Anal. pr. I, 1, 24 b 22-26; 4, 26 b 28-30; vgl. Art. ‹Prinzip I. 3.›. Hist. Wb. Philos. 7 (1989) 1338-1341. – [95] 71 b 19-22. – [96] 71 b 10. – [97] 71 b 9ff. – [98] II, 19, 99 b 15-19. – [99] 99 b 25f. 100 a 10f. – [100] b 28f. –

[101] b 36-100 a 2; vgl. Art. ‹Empeiria›. Hist. Wb. Philos. 2 (1972) 453f. – [102] 100 a 2-7; zur Erfahrung vgl. Met. I, 1, 980 b 26-29; Anal. pr. I, 30, 46 a 18-23; vgl. PLATON: Phileb. 38 bff. 39 a; vgl. Art. ‹Induktion I. 1.›. Hist. Wb. Philos. 4 (1976) 323-326. – [103] I, 18, 81 b 2. 6f.; II, 19, 100 b 2f.; Eth. Nic. I, 7, 1098 b 3f.; VI, 3, 1139 b 28-31; vgl. das Beispiel in Phys. I, 2, 185 a 12ff. – [104] II, 19, 100 b 6f.; Eth. Nic. VI, 6, 1141 a 3-8; De an. III, 6, 430 a 26ff. – [105] 100 b 5-17; I, 3, 72 b 5ff. – [106] Vgl. DETEL: Einl. 6, a.O. [92] 3, II/1, 285-334; a.O. 3, II/2, 78-81. – [107] Eth. Nic. VII, 1, 1145 b 2-7; vgl. Eth. Eud. I, 6, 1216 b 26-35; Phys. IV, 4, 211 a 7-11; Met. II, 1, 993; Rhet. I, 1, 1355 a 14-17. – [108] De caelo III, 4, 303 a; Anal. post. I, 26ff., 87 a; Met. I, 2, 982 a. – [109] Eth. Nic. I, 1, 1094 b 25-27. – [110] 1094 b 12f. – [111] Met. VI, 2ff., 1027 aff.; Anal. post. I, 28ff., 87 bff.; Rhet. I, 2, 1357 a 22-1357 b 1; zum ὡς ἐπὶ τὸ πολύ vgl. Art. ‹Wahrscheinlichkeit II.›; zur Ethik vgl. G. ANAGNOSTOPOULOS: Aristotle on the goals and exactness of ethics (Berkeley 1994) 199-230; zur Rhetorik vgl. CH. RAPP: Einl., in: ARISTOTELES: Rhetorik, übers. und erl. CH. RAPP. Werke, a.O. [92] 4, I-II (2002) I, 378-384. – [112] Vgl. ANAGNOSTOPOULOS, a.O. 231-287. – [113] Met. I, 2, 982 a; vgl. III, 2, 996 b 26-997 a 15; vgl. Anal. post. I, 2, 72 a 14-24. – [114] Eth. Nic. VI, 3, 1139 b 31-35. – [115] 3f., 1140 a 1-5. – [116] 5, 1140 a 33-b 1f. – [117] 1140 b 3f. – [118] b 4-7. – [119] Anal. post. II, 19, 100 b 6-7; Eth. Nic. VI, 6, 1141 a 3-8; De an. III, 6, 430 a 26ff. – [120] EPIKUR nach DIOG. LAERT.: Vitae X, 31 (LS 16 B. 17 A). – [121] DIOG. LAERT., a.O. (LS 17 A). – [122] EPIKUR: Ep. ad Herod. 46-53 (LS 15 A). – [123] Vgl. Art. ‹Antizipation I.›. Hist. Wb. Philos. 1 (1971) 419-423. – [124] LUKREZ: De rerum nat. IV, 469-521 (LS 16 A). – [125] a.O. 469ff. (LS 16 A 3); vgl. DIOG. LAERT.: Vitae X, 32 (LS 15 F). – [126] Vgl. Art. ‹Katalepsis›. Hist. Wb. Philos. 4 (1976) 708-710; Art. ‹Phantasia I. 4.›, a.O. 7 (1989) 519-521. – [127] SVF 1, 67f.; LS 41 C; DIOG. LAERT.: Vitae VII, 46 (LS 40 C); SEXTUS EMP.: Adv. math. VII, 247-252 (LS 40 E). – [128] SVF 3, 112 (LS 41 H); CICERO: Acad. post. I, 11, 40f. (LS 40 B); vgl. 41 C 9. – [129] STOBAEUS: Anthol. II, 111, 18-112, 8 (LS 41 G; FDS 324); SEXTUS EMP.: Adv. math. VII, 38; CICERO: Acad. pr. II, 47, 145 (SVF 1, 66; LS 41 A). – [130] STOBAEUS, a.O. (LS 41 G; vgl. C 9f.). – [131] SEXTUS EMP.: Adv. math. VII, 151-157 (LS 41 C; vgl. SVF 1, 67-69). – [132] CICERO: Acad. pr. II, 47, 145 (LS 41 A). – [133] ANON.: LS 41 D 3; vgl. SVF 2, 131. – [134] Vgl. Art. ‹Skepsis; Skeptizismus I.›. Hist. Wb. Philos. 9 (1995) 938-950; vgl. Art. ‹Tropen, skeptische›, a.O. 10 (1998) 1523f. – [135] Vgl. Art. ‹Vernunft; Verstand II. A.›, a.O. 11 (2001) 749-754. – [136] PLOTIN: Enn. V, 1 (10), 3. – [137] V, 3 (49), 3. – [138] I, 1 (53), 7, 16f. 22-24. – [139] V, 1 (10), 8, 12. – [140] I, 2 (19), 3, 24-30; IV, 3 (27), 18. – [141] V, 3 (49), 3. – [142] V, 5 (32), 2.

Literaturhinweise. B. SNELL s. Anm. [34]. – R. SCHAERER: ΕΠΙΣΤΗΜΗ et ΔΟΞΑ. Et. sur les notions de connaissance et d'art d'Homère à Platon (Mâcon 1930). – W. BURKERT: Weisheit und Wissenschaft (1962). – M. MIGNUCCI: La teoria aristot. della scienza (Florenz 1965). – G. PATZIG s. Anm. [37]. – TH. EBERT: Meinung und W. in der Philos. Platons (1974). – J. BARNES: Aristotle's Posterior Analytics (Oxford 1975). – G. G. GRANGER: La théorie aristot. de la science (Paris 1976). – M. F. BURNYEAT: Examples in epistemology: Socrates, Theaetetus and G. E. Moore. Philosophy 52 (1977) 381-398. – E. HEITSCH: Parmenides und die Anfänge der Erkenntniskritik und Logik (1979). – M. SCHOFIELD/M. F. BURNYEAT/J. BARNES (Hg.): Doubt and dogmatism. Studies in hellenistic epistemology (Oxford 1980). – M. F. BURNYEAT: Aristotle on understanding knowledge, in: E. BERTI (Hg.): Aristotle on science. The Posterior Analytics (Padua 1981) 97-139. – G. PATZIG: Erkenntnisgründe, Realgründe und Erklärungen (zu Anal. post. A 13), in: BERTI (Hg.), a.O. 141-156. Ges. Schr. 3 (1996) 125-140. – W. WIELAND: Platon und die Formen des W. (1982, [2]1999). – M. FREDE: Stoics and sceptics on clear and distinct impressions, in: M. BURNYEAT (Hg.): The sceptical trad. (Berkeley 1983) 65-93. – P. STEMMER s. Anm. [44]. – A. A. LONG/D. N. SEDLEY (Hg.) s. Anm. [11]. – A. SCHMITT: Zur Erkenntnistheorie bei Platon und Descartes. Antike Abendland 35 (1989) 54-82. – G. FINE: Knowledge and belief in Rep. V-VII, in: S. EVERSON (Hg.): Epistemology (Cambridge 1990) 85-115. – G. STRIKER: The problem of the criterion, a.O. 143-160. – M. F. BURNYEAT: The Theaet. of Plato (Cambridge, Ind. 1990). – J. ANNAS: Hellenistic philos. of mind (Berkeley 1992). – C. D. C. REEVE: Practices of reason. Aristotle's 'Nic. Ethics' (Oxford 1992). – G. ANAGNOSTOPOULOS s. Anm. [111]. – E. HEITSCH: Erkenntnis und Lebensführung. Eine platon. Aporie. Abh. Akad. Mainz, H. 9 (1994). Ges. Werke 2 (2004) 289-338. – N. BLÖSSNER: Dialogform und Argument. Studien zu Platons ‹Politeia› (1997). – M. BURNYEAT/M. FREDE: The original sceptics: A controversy (Cambridge, Ind. 1997). – J. LEAR: Aristotle. The desire to understand (Cambridge 1998). – W. KULLMANN: Aristoteles und die moderne Wissenschaft (1998). – J. HARDY s. Anm. [68].

J. HARDY

II. *Mittelalter*. – 1. *Die Grundlagen*. – Die Komplexität und Vieldeutigkeit, in der sich das Wortfeld von ‹W.› dem mittelalterlichen Blick auf die Spätantike präsentiert, wird bei KLEMENS VON ALEXANDRIEN deutlich, der die ἐπιστήμη, sofern sie, in Anlehnung an die stoische Definition, als eine ἕξις (Hexis, s.d.) verstanden wird, aus der eine durch Argumente unwiderlegbare Katalepsis (s.d.) hervorgeht, als Oberbegriff für die verschiedenen W.-Formen von εἴδησις als dem W. des Allgemeinen, σύνεσις als dem vergleichenden W., νόησις als dem W. intelligibler Gegenstände und γνῶσις (Gnosis, s.d.) als dem W. der Dinge in sich selbst darstellt [1]. Dort, wo er sie in Anlehnung an die Aristotelische Definition durch das Moment der Bestätigung durch beweiskräftige Schlußfolgerung charakterisiert, wird sie neben νόησις, Glauben (πίστις), wahrer Meinung (δόξα ὀρθή) u.a. als eine der vielfältigen Arten der Phronesis (s.d.) präsentiert [2].

Mit der von AUGUSTINUS unternommenen kritischen Integration antiker Philosophie in die christliche Lehre gewinnt die Frage nach dem Verhältnis von «scientia» (W./Wissenschaft) zum Glauben und zur Weisheit (s.d.) zentrale Bedeutung. Insofern der Glaube als ein «mit Zustimmung denken» («cum assensione cogitare» [3]) verstanden wird und somit der subjektiven Seite der stoischen Katalepsis ähnelt, liegt es nahe, in ihm die Voraussetzung für, zumindest aber keinen Gegensatz zum W. zu sehen, sondern beides als sich wechselseitig begründend aufzufassen [4], wie es schon KLEMENS VON ALEXANDRIEN sagt: «Kein W. ohne Glauben, kein Glauben ohne W.» (οὔτε ἡ γνῶσις ἄνευ πίστεως οὔθ' ἡ πίστις ἄνευ γνώσεως) [5]. Während AUGUSTINUS in ‹De magistro› noch die Abhebung des W. von jeder Form zeichenhafter Vermittlung betont [6], revidiert er, dem Überlieferungscharakter der christlichen Glaubenslehre Rechnung tragend, später in ‹De trinitate› diese Auffassung und erkennt das Zeugnis anderer («testimonium aliorum») ausdrücklich als W.-Quelle an: «Fern sei es, daß wir verneinen, das zu wissen, was wir aus dem Zeugnis anderer gelernt haben; denn andernfalls wüßten wir nicht, daß es den Ozean gibt, und nicht, daß es jene Länder und Städte gibt, von denen alle Welt spricht» («Absit ... ut scire nos negemus quae testimonio didicimus aliorum; alioquin esse nescimus oceanum; nescimus esse terras atque urbes quas celeberrima fama commendat») [7]. In den ‹Retractationes› wird dieses Verständnis von W. im Sinne eines auf verläßlichen Zeugnissen beruhenden Glaubens («nos dicere scire quod idoneis testibus credimus») als die dem gewöhnlichen Sprachgebrauch angemessenere und auch in der Hl. Schrift geübte Redeweise beschrieben. Wenngleich im eigentlichen Sinne W. allein die fest begründete Erkenntnis des Geistes ist («proprie quippe cum loquimur, id solum scire dicimus quod mentis firma ratione conprehendimus»), hält Augustinus jene Redeweise so lange für legitim, wie man sich des Unterschiedes beider bewußt ist («dum ... inter haec et illud quid distet intelligamus») [8]. Er modifiziert die alte, über CICERO und SENECA bekannte Definition der Weisheit als W. von den göttlichen und menschlichen Dingen («sapientia ... est, ut a veteribus philosophis definitum est, rerum divinarum et humanarum ... scientia») [9], indem er die «sapientia» den ersteren und die «scientia» den letzteren zuordnet [10] und beide in ihrer höchsten Form mit Christus selbst identifiziert: «Unser W. ist Christus, unsere Weisheit ist gleichfalls derselbe Christus» («Scientia ... nostra Christus est, sapientia quoque nostra idem Christus est») [11]. Dieser ist nach Augustinus jedoch nicht nur die höchste Form, sondern auch das letzte Ziel allen W., so daß jedes nicht auf dieses Ziel hingeordnete W. als illegitime «curiositas» (Neugierde, s.d.) kritisiert wird [12].

In der Formulierung ähnlich wie Augustinus definiert ISIDOR VON SEVILLA: «Scientia est, cum res aliqua certa ratione percipitur» [13], was von ALKUIN [14] und HRABANUS MAURUS wörtlich übernommen wird, wobei letzterer jedoch ausdrücklich das glaubwürdige Zeugnis anderer als zusätzliche W.-Grundlage anerkennt [15].

2. *Semantische Differenzierung*. – Die scholastische Epistemologie stellt sowohl die Mehrdeutigkeit wie die divergierenden Verwendungsweisen des Terminus ‹W.› von Anfang an in Rechnung. Wie HUGO VON ST. VIKTOR bemerkt, steht dieser einerseits für jede wissenschaftliche Disziplin («pro aliqua disciplinarum, sicut, cum dico dialecticam esse scientiam»), andererseits für jegliches W. oder jegliche Erkenntnis («pro qualibet cognitione, sicut cum dico scientiam habere eum qui scit aliquid») und Fertigkeit: «Wenn ich zu schwimmen weiß, habe ich W.» («si scio natare, scientiam habeo») [16]. Mit der Ausweitung der Aristoteleskenntnis im 12. Jh. kommt eine Bestimmung von W. in den Blick, die von den Augustinischen Vorgaben signifikant abweicht. Zum einen erscheint die Episteme oder Scientia als Ziel eines natürlichen menschlichen Strebens, was für die Legitimierung von W. und Wissenschaft gegenüber dem Augustinischen curiositas-Vorbehalt von Bedeutung ist. Zum anderen liegt in den ‹Analytica posteriora› ein formales Konzept von wissenschaftlichem W. vor, das wesentlich strengere Kriterien ansetzt und deutlich enger gefaßt ist als das Augustinische. Wohl nicht zuletzt aus diesen Differenzen erklärt sich die Sensibilität der mittelalterlichen Wissenschaftstheorie für divergierende Verwendungsweisen von ‹scientia›, wie sie sich bereits in ROBERT GROSSETESTES erstem lateinischen Kommentar zu den ‹Analytica posteriora› zeigt («non lateat nos quod scire dicitur communiter et proprie et magis et maxime proprie»), wenn er vier extensional differenzierte Auffassungsweisen von «scientia» präsentiert. So kann ‹W.› gebraucht werden: 1) allgemeinhin («communiter») für jede Erfassung einer Wahrheit («veritatis comprehensio»), 2) im eigentlichen Sinn («proprie») für die Erfassung der Wahrheit dessen, was sich zumeist auf ein und dieselbe Weise verhält («comprehensio veritatis eorum que semper vel frequentius uno modo se habent»); 3) im eigentlicheren Sinn («magis proprie») für die Erfassung der Wahrheit dessen, was sich immer auf ein und dieselbe Weise verhält («comprehensio veritatis eorum que semper uno modo se habent») und 4) im höchst eigentlichen Sinn («maxime proprie») für die Erfassung des Unveränderlichen durch Erfassung seiner Gründe («comprehensio eius quod inmutabiliter est per comprehensionem eius a quo illud habet esse inmutabile») [17]. Ähnliche, wenn auch in Details variierende Differenzierungen sind im MA und darüber hinaus fester Bestandteil der scholastischen Verständigung über den W.-Begriff [18]. Ist es mittels einer solchen semantischen Differenzierung einerseits möglich, das Augustinische und das Aristotelische Konzept von W. terminologisch miteinander zu vereinbaren [19], so kann mit ihr andererseits das testimoniale W. als uneigentliches aus der Epistemologie ausgeschlossen werden [20]. Akzentuiert GAETAN VON THIENE in diesem Rahmen den wissenschaftlichen Sonderstatus der «demonstratio propter quid» [21] und JOHANNES DORP den Unterschied von theoretischem und praktischem W. [22], so dient die semantische Differenzierung DOMINGO DE SOTO zur Klarstellung, daß auch die nicht mit mathematischer Strenge deduzierende «philosophia naturalis et moralis» ein W. im eigentlichen Sinne darstellt: «Wenn es auch innerhalb des Bereichs des eigentlichen W. Grade höherer oder geringerer Evidenz und Gewißheit geben mag» («Quamvis intra latitudinem propriae scientiae sint gradus maioris et minoris evidentiae et certitudinis») [23].

3. *W. und Glauben*. – Die unterschiedlichen Verwendungsweisen von ‹scientia› wurden bei der Erörterung epistemologischer Fragen stets berücksichtigt; so bei dem alten, sich vor dem Hintergrund der christlichen Theologie allerdings neu stellenden Problem, ob etwas zugleich gewußt und geglaubt werden könne [24]. In der Regel wird hier nur unter der Voraussetzung eine affirmative Antwort gegeben, daß man W. im weiten Sinn als intellektuellen Habitus versteht, der uns veranlaßt, dem zuzustimmen, was tatsächlich wahr ist [25]. Einig ist man sich dagegen, daß das Geglaubte als solches nicht Gegenstand des W. sein kann («impossibile est quod de eodem sit fides et scientia») [26]. Denn kann auch der Glaube – hier sind sich THOMAS VON AQUIN und R. DESCARTES einig – gewisser oder sicherer («certior») sein als alles W. [27], so impliziert letzteres nach JOHANNES DUNS SCOTUS die mit dem Glauben unverträgliche Evidenz des Gegenstandes («ad scientiam proprie dictam requiritur evidentia objecti; evidentia autem objecti repugnat fidei») [28] bzw. nach PETRUS VON CANDIA die Evidenz der Zustimmung; aber niemand kann einer Proposition zugleich mit und ohne Evidenz zustimmen («non est possibile alicui propositioni aliquem evidenter assentire cui inevidenter assentit») [29].

4. *Die Bestimmung von W.* – Für das W. im eigentlichsten Sinn werden die Aristotelischen Kriterien im allgemeinen anerkannt. ‹W.› besagt somit die Ursachenerkenntnis («cognoscere causam rei scitae») [30] von etwas, das notwendig ist, d.h., sich unmöglich anders verhalten kann («de quo simpliciter habetur scientia, oportet esse necessarium, scilicet quod non contingat aliter se habere») [31], wobei diese Kenntnis als demonstratives W. («scientia demonstrativa») aus wahren, ersten, selbst nicht mehr beweisbaren, sondern aus sich heraus offenkundigen Sätzen erfolgt («ex propositionibus primis et immediatis») [32]. Obwohl die ‹Analytica posteriora› die Grundlage der scholastischen Konzeption der «scientia» bilden, treten seit dem 14. Jh. zwei Bestimmungsmomente in den Vordergrund, die bei Aristoteles zumindest terminologisch keine Rolle spielten, jedoch für die epikureische und/oder stoische Epistemologie zentral waren: zum einen, besonders seit JOHANNES DUNS SCOTUS, das Moment der «evidentia» (Evidenz, s.d.), zum anderen, besonders seit WILHELM VON OCKHAM, das Moment des «assensus» (Zustimmung, s.d.).

DUNS SCOTUS legt den W.-Begriff («ratio scientiae») in vier Bestimmungsmomente auseinander. W. ist 1) eine sichere Erkenntnis («cognitio certa»), bezieht sich 2) auf notwendig Wahres («verum necessarium»), kann 3) aus einem zuvor evidenten Notwendigen Evidenz erlangen («natum est habere evidentiam ex necessario prius evidente»), wobei 4) die evidente Erkenntnis des Späteren durch einen syllogistischen Schluß verursacht ist («notitia evidentiae posterioris causata a priore per discursum syllogisticum») [33]. In OCKHAMS Analyse des W. ist das Moment der bloßen «notitia certa», weil es auch für die aus dem Zeugnis anderer gewonnene Überzeugung zutrifft, ausgeklammert, so daß das Moment der Evidenz zur Basisbestimmung von W. wird («scire est evidens comprehensio veritatis»); W. im strikten Sinn ist definiert als «notitia evidens veri necessarii, nata causari per praemissas applicatas ad ipsum per discursum syllogisticum» [34]. Weil die syllogistische Verursachung der Evidenz formales Kriterium von W. ist – ROBERT HOLCOT charakterisiert ‹W.› deshalb als konnotativen Terminus («terminus scire est terminus connotativus et supponit pro notitia conclusionis, sed connotat ipsam esse causatam per notitiam praemissarum») [35] –, scheidet das «per se notum» (s.d.) aus dessen Gegenstandsbereich aus. OCKHAM zieht daraus die Konsequenz, daß nur dasjenige wissenschaftlich wißbar ist, was auch bezweifelt werden kann: «propositio scibilis scientia proprie dicta est propositio necessaria, dubitabilis» [36].

Die formale Struktur des eigentlichen, wissenschaftlichen W. ergibt sich aus der Aristotelischen Bestimmung von W. als W. aus Gründen («scire dicimur unumquodque cum causam cognoscimus») [37]. ‹Scientia› besagt in diesem Sinn stets das über ein bloßes «W. daß» («scientia quia») hinausgehende «W. warum» («scientia propter quid»). Es ist abgeleitetes, genauer: aus ontisch Abgeleitetem abgeleitetes W. («scientia ... est conclusionis ex causis inferioribus»), insofern es begründend auf die nächstliegenden, nicht aber auf die ersten Ursachen zurückgeht («scire propter quid resolutum in proximam causam pertinet ad scientiam simpliciter, sed reductum in primam causam pertinet ad sapientiam») [38], und unterscheidet sich dadurch sowohl von der Einsicht («intellectus») als dem «habitus primorum principiorum demonstrationis», als auch von der Weisheit, welche die ersten Ursachen betrachtet («sapientia ... considerat causas primas») [39]. Beruht auf dem Eingebundensein des W. in einen diskursiven Begründungszusammenhang einerseits seine epistemische Dignität, so ist es andererseits gerade dieses Kriterium für W. im eigentlichsten Sinne, an dem sich die Unvollkommenheit menschlichen W. festmacht. Gelten nach DUNS SCOTUS die übrigen Bestimmungsmomente («cognitio certa, et necessaria, et per obiectum per se evidens») auch für das göttliche W., so impliziert die Diskursivität eine Unvollkommenheit («causatio scientiae per discursum a causa ad scitum, includit imperfectionem»), die eine Anwendung auf dasselbe verbietet [40]. Daraus ergibt sich ein deutliches Spannungsverhältnis zwischen dem 'eigentlichsten' und dem höchsten W.: Für letzteres gelten genau jene Kriterien nicht, die das erstere wesentlich bestimmen, wie die Festlegung auf das Unveränderliche, Notwendige («scientia nostra solum est necessariorum; sed scientia Dei ... cognoscit etiam contingentia») [41] und Allgemeine («Intellectus ... dei et scientia divina primo sunt de particulari») [42].

Eine Differenzierung unterschiedlicher W.-Formen war vorher insbesondere im Neuplatonismus zu finden. PROKLOS unterscheidet zwischen dem zur Schau der Ideen unfähigen diskursiven «W. in uns» (ἡ παρ' ἡμῖν ἐπιστήμη) und dem göttlichen W. an sich als der einen und vollständigen Form des W. (τὸ ἓν καὶ ὅλον τῆς ἐπιστήμης εἶδος) [43]. Mit dem auf die ‹Elementatio theologiae› von Proklos zurückgehenden ps.-aristotelischen ‹Liber de causis› wird die neuplatonische Idee einer Hierarchie von W.-Formen, an deren Spitze das göttliche W. steht, im lateinischen Westen rezipiert («scientia ... divina ... est supra scientiam intelligentiae et scientiam animae») [44]. Wird dieses vollkommene W. als das eigentliche verstanden, scheint es sich zu verbieten, dem Menschen überhaupt W. zuzuschreiben («accipiendo scientiam proprie et perfecte, haec scientia in se pe[r]fecta est, immo perfectissima ... homini tamen viatori ... non est scientia») [45]. Zumindest aber ist, ähnlich wie bei Proklos, zu differenzieren zwischen einem «W. in uns» («scientia in nobis») und einem «W. in sich» («scientia in se»). Das speziell in theologischem Kontext als Distinktion von «theologia in se» und «theologia in nobis» diskutierte Lehrstück verallgemeinert JOHANNES DUNS SCOTUS zu einer für alle Gegenstände geltenden Unterscheidung, wobei er die als Grenzideal gemeinte «scientia in se» definiert als jenes W., welches ein einer Sache angemessener Intellekt von dieser nach Maßgabe ihrer Eignung, sich ihm zu manifestieren, haben kann («scientia in se est illa quae nata est haberi de obiecto eius secundum quod obiectum natum est manifestare se intellectui proportionato») [46].

5. *Der Gegenstand des W.* – Neben den Fragen nach der Kompossibilität von W. und Glaube, dem Status der Theologie als Wissenschaft oder der Einheit der bzw. einer Wissenschaft («unitas scientiae») [47] bildet die Frage nach dem Gegenstand von W. bzw. Wissenschaft («obiectum scientiae») eines der zentralen Themen scholastischer Wissenschaftstheorie. Sie kann in mehrere Richtungen akzentuiert werden. Zum einen ist damit die Aristotelische Festlegung des W. auf die Erkenntnis des Notwendigen, Allgemeinen und Unveränderlichen thematisiert. Nach zunächst verbreitetem Verständnis schließt diese Auffassung das Kontingente, Besondere und Veränderliche nicht aus dem Gegenstandsbereich des W. aus, sondern bestimmt lediglich die Weise, in der es erkannt wird. So wird, wie schon AVERROES betont, das Besondere nach Art eines vom Intellekt qua Abstraktion gebildeten Allgemeinen gewußt («scientia ... est scientia particularium modo universali, quem facit intellectus in particularibus, cum abstrahit ab eis naturam unam communem») [48] und das Kontingente, wie THOMAS VON AQUIN bemerkt, insofern in ihm Notwendiges angetroffen wird («secundum quod in eis aliquid necessitatis invenitur») [49]. WILHELM VON OCKHAM, der darauf insistiert, daß es vom Kontingenten kein W. im eigentlichen Sinn gibt [50], lehnt derartige Unterscheidungen von Betrachtungsweisen als «Eselsgeschwätz» («asinine dictum») [51] ab («distinctiones, quibus distinguitur quod res ... mutabiles possunt considerari sic vel sic, et quod uno modo ... sunt contingentes, alio modo necessariae, nihil valent. Nam eadem facilitate dicerem quod homo si consideretur sic, est asinus, si aliter, est bos») [52]. W. von Kontingentem kann es nach Ockham nur im Rückgang auf hypothetische Sätze geben (z.B. «Wenn ein Mensch existiert, dann ist er ein vernünftiges Lebewesen») [53].

Damit ist eine logisch-semantische Sichtweise eingenommen, wie sie insbesondere im 14. Jh. bei der Erörterung der anders akzentuierten, grundsätzlicheren Frage nach dem Gegenstand von W. zum Tragen kommt, die zu klären versucht, was eigentlich dasjenige ist, auf das sich W. bzw. Wissenschaft bezieht – und mit der Beantwortung derselben zugleich die Bedeutung des Ausdrucks ‹W.› bestimmt. Drei Positionen lassen sich im Wesentlichen unterscheiden [54]. Nach diesen gelten als Gegenstand des W. entweder a) die Dinge, b) Sätze über Dinge oder c) der propositionale Gehalt solcher Sätze.

a) Nach thomistischer Auffassung ist der Gegenstand einer Wissenschaft dasjenige, auf das sich die in ihr getroffenen Feststellungen beziehen («illud est subiectum in aliqua scientia cui attribuuntur omnia determinata in illa scientia») [55] bzw. was von ihr vorrangig betrachtet wird («Subiectum ... seu obiectum scientiae est illud, de quo per se primo, et principaliter considerat scientia») [56] oder auf dessen Erkenntnis sie in erster Linie abzielt («Subiectum est illud ... cuius notitia principaliter intenditur») [57]. Für THOMAS VON AQUIN, der davon ausgeht, daß sich die Wissenschaften auf das beziehen, was vom Intellekt erkannt wird («scientiae sunt de his quae intellectus intelligit»), zielt die Frage nach dem Gegenstand von W. (bzw. Wissenschaft) noch auf die Alternative, ob es sich dabei um die Sache bzw. die Wesenheit bzw. Washeit (s.d.) der Sache oder um das mentale Erkenntnisbild derselben (Species, s.d.) handelt; er entscheidet sich für ersteres («species intelligibilis non est objectum intellectus, sed quidditas rei intellectae») [58]. Im 14. Jh. vertritt WALTER CHATTON gegenüber Ockham die These, daß der W.-Akt ausschließlich die äußere Sache zum Gegenstand hat («actus sciendi ... habet rem extra pro obiecto») [59].

b) Dort, wo bei der Bestimmung des W.-Gegenstandes nicht vom Begriff der «intellectio», sondern, wie bei WILHELM VON OCKHAM [60], JOHANNES BURIDAN («Scientia ... est assensus propositionis adaequatus») [61] oder ALBERT VON SACHSEN [62], von dem des «assensus» ausgegangen wird, stellt sich die Sache anders dar: Zustimmung (s.d.) richtet sich nicht auf Dinge, sondern auf Sätze: «scientia non est conclusio scita ... scientia est quidam assensus ... quo aliquis assentit ipsi conclusioni» [63]. Insofern ist nach OCKHAM der Gegenstand des W. der bewiesene Schlußsatz eines Syllogismus («conclusio demonstrata») [64]. Damit schließt er jedoch nicht die Dinge aus dem Gegenstandsbereich des W. aus, denn er betont mehrfach, daß sich W. nur insofern auf Sätze bezieht, als die Termini dieser Sätze für wirklich Existierendes supponieren [65].

c) Daß das Objekt des W. weder die Sache selbst noch die von ihr ausgesagte «propositio», sondern der propositionale Gehalt («dictum») der über die Sache getroffenen Aussage ist, scheint bereits von JOHANNES DUNS SCOTUS nahegelegt worden zu sein («scientia est necessarii dicti de contingente») [66]. Ausführlich wird diese Auffassung jedoch erst von WILLIAM CRATHORN [67], ADAM WODEHAM [68] und GREGOR VON RIMINI [69] entwickelt, für die das – später unter dem Namen «complexe significabile» (s.d.) äußerst umstrittene – Totalobjekt oder Gesamtsignifikat des Schlußsatzes («significatum totale conclusionis») den Gegenstand des W. und der Zustimmung bildet.

Wenn mit Bezug auf Ockham vielfach von einer «Propositionalisierung der Wissenschaft» gesprochen wird oder sogar davon, daß Wissenschaft bei Ockham zu einem «linguistic system» werde [70], so ist das zwar insoweit richtig, als besonders – wenn auch nicht zuerst – bei OCKHAM die «propositio» [71] zentrale Bedeutung für die Bestimmung von W. erlangt. Gleichwohl ist zu beachten, daß das, was Ockham «scientia» nennt, genaugenommen eben nicht die «propositio», sondern vielmehr der auf diese als das «obiectum scientiae» (Gegenstand des W. bzw. der Wissenschaft) bezogene Akt oder Habitus der Zustimmung («assensus») ist.

Eine Gleichsetzung von W. («scientia») und Satz («propositio») findet sich dagegen, mit jeweils anderer Begründung, bei ROBERT HOLCOT, WILLIAM CRATHORN und GREGOR VON RIMINI: HOLCOT setzt W. und Gewußtes gleich («idem est scientia et scitum») und versteht darunter die sprachfreie «propositio mentalis» (Aussage des Geistes) [72]; sein Kontrahent WILLIAM CRATHORN versteht darunter den konkreten sprachlichen Satz bzw. dessen mentale Repräsentation [73], und GREGOR VON RIMINI faßt, ebenfalls im Gegensatz zu Ockham, den Akt der Zustimmung und die «propositio mentalis» zum Akt des W. zusammen [74].

Anmerkungen. [1] CLEMENS ALEX.: Strom. II, 17, hg. O. STÄHLIN/L. FRÜCHTEL. GCS 52, 152f. – [2] Strom. VI, 17, a.O. 511, 25ff. – [3] AUGUSTINUS: De praed. sanct. 2, 5. MPL 44, 963. – [4] Vgl. Art. ‹Erkennen; Erkenntnis I.›. Hist. Wb. Philos. 2 (1972) 649f.; vgl. E. STIGLMAYR: Der Wissenschaftsbegriff in der christl. Philos. 1 (Wien 1979) bes. 225; A. SCHÖPF: Wahrheit und W. Die Begründung der Erkenntnis bei Augustin (1965). – [5] CLEMENS ALEX.: Strom. V, 1, a.O. [1] 326. – [6] AUGUSTINUS: De magistro XI, 37. CCSL 29, 194f. – [7] De trin. XV, 12, 21. CCSL 50 A, 493. – [8] Retract. I, 14, 3. CCSL 57, 43; vgl. D. SOTO: In libros poster. Arist. (Venedig 1574) 89. – [9] CICERO: De off. II, 2, 5; SENECA: Ad Lucilium ep. mor. XIV, 89, 4f. – [10] AUGUSTINUS: De trin. XII, 15, 25. CCSL 50, 379; XIV, 1, 3. CCSL 50 A, 423f. – [11] De trin. XIII, 19, 24. CCSL 50 A, 416; vgl. G. MADEC: Christus, scientia et sapientia nostra. Le principe de cohérence de la doctr. august. Rech. Augustin. 10 (1975) 77-85. – [12] De trin. XIV, 1, 3, a.O. 424. – [13] ISIDOR VON SEVILLA: Etymol. II, 24, 1. – [14] ALKUIN: De dial. MPL 101, 952 B. – [15] HRABANUS MAURUS: De universo XV. MPL 111, 416 B. – [16] HUGO VON ST. VIKTOR: Didascalicon II, 30. Fontes Christ. 27 (1997) 221, 4. – [17] ROBERTUS GROSSETESTE: Comment. in Post. anal. libros, hg. P. ROSSI (Florenz 1981) 99; vgl. W. BURLEY: Quaest. super lib. Posterior., hg. M. C. SOMMERS (Toronto 2000) 88f. – [18] Vgl. noch: R. GOCLENIUS: Lex. philos. (1613, ND 1964) 1010 b-1011 a. – [19] vgl. HEINRICH VON GENT: Summa quaest. ordin. 1, a. 6, q. 1 in corp. [1276-92] (Paris 1520, ND New York 1953) fol. 42. – [20] WILHELM VON OCKHAM: Expos. in lib. Phys. Arist., prol. § 2. Op. philos., hg. V. RICHTER/G. LEIBOLD (St. Bonaventure, N.Y. 1974ff.) 4, 5f.; vgl. SOTO, a.O. [8] 89; EUSTACHIUS A SANCTO PAULO: Summa philos. (Paris 1619) 7. – [21] GAIETAN VON THIENE: Expos. tract. hentisberi de scire et dubitare (Venedig 1483) fol. b 2ᵛa. – [22] J. DORP: Perutile compendium totius logicae Joannis Buridani (Venedig 1499) fol. u 6ᵛb. – [23] SOTO, a.O. [8] 96. – [24] Vgl. M. GRABMANN: De quaestione ‹Utrum aliquid possit esse simul creditum et scitum› inter scholas Augustinismi et Arist.-thom. medii aevii agitata. Acta Hebd. aug.-thom. (Turin 1931) 110-139; S. F. BROWN: Peter of Candia on believing and knowing. Franciscan Studies 54 (1994-97) 251-276. – [25] Vgl. JOH. DUNS SCOTUS: 3 Sent., d. 24. Op. omn. [ed. Vivès] (Paris 1891-95) 15, 45; Report. Paris. 3, d. 24, a.O. 23, 454; vgl. ALBERTUS MAGNUS: Comm. in 3 Sent., d. 24, a. 9. Op. omn., hg. A. BORGNET 28 (Paris 1894) 467; BONAVENTURA: Comm. in 3 Sent., d. 24, a. 2, q. 3. Op. omn. 3 (Quaracchi 1887) 523. – [26] THOMAS AQU.: Quaest. disp. de veritate, q. 14, a. 9, resp. – [27] Super Evang. Joannis IV, 5. Op. omn. [ed. Vivès] (Paris 1845ff.) 19, 824; vgl. R. DESCARTES: Regulae III. Oeuvr., hg. CH. ADAM/P. TANNERY (Paris 1897-1913) 10, 370. – [28] DUNS SCOTUS: Report. Paris. 3, d. 24, a.O. [25] 457. – [29] BROWN, a.O. [24] 267f.; vgl. P. TARTARETUS: Expos. super textu log. Arist. (Lyon o.J. [ca. 1500]) fol. 97ᵛa-98ʳb. – [30] THOMAS AQU.: In Anal. post. I, 4, 5, hg. R. M. SPIAZZI (Turin 1964) 161. – [31] I, 4, 7, a.O. – [32] 4, 10, a.O. 162. – [33] DUNS SCOTUS: Report. Paris., prol., q. 1, a. 1, a.O. [25] 22, 7f.; Ord., prol., p. 4, q. 1f., n. 208. Op. omn. [ed. Vat.] (Rom 1950ff.) 1, 141; vgl. PETRUS TARTARETUS, a.O. [29] fol. 1ᵛ. – [34] WILHELM VON OCKHAM: 1 Sent., prol., q. 2. Op. theol. (St. Bonaventure, N.Y. 1967ff.) 1, 87f. – [35] R. HOLCOT: Quaest. quodl., zit. nach: F. HOFFMANN: Der Satz als Zeichen der theolog. Aussage bei Holcot, Crathorn und Gregor von Rimini. Miscellanea mediaev. 8 (1971) 296-313, bes. 301. – [36] OCKHAM, a.O. [34] 76-79. 81f.; vgl. dagegen: WILLIAM CRATHORN: Quäst. zum ersten Sentenzenbuch, hg. F. HOFFMANN (1988) 271f. – [37] THOMAS AQU.: S. c. gent. I, 49. – [38] JOH. DE ORIA: Summulae. Op. logica, hg. V. MUÑOZ DELGADO (Madrid 1990) 2, 55. – [39] THOMAS AQU.: In lib. Met. I, 1, n. 34, hg. R. M. SPIAZZI (Turin 1964) 11; vgl. OCKHAM: 1 Sent., prol., q. 8, a.O. [34] 222f. – [40] DUNS SCOTUS: Lectura, prol., p. 3, q. 1, n. 107. Op. omn. [ed. Vat.], a.O. [33] 16, 39; Ord., a.O. [33] 141f. – [41] ALEXANDER VON HALES: Summa theol. I, 2, tract. 5, sect. I, q. un., cap. 4, n. 171 (Quaracchi 1924) 1, 254. – [42] ALBERTUS MAGNUS: De quindecim problematibus, probl. 10 (1270). Les philosophes belges 7 (1908) 27-52, 47. – [43] Proklos: In Parm., hg. V. Cousin (Paris 1864, ND 1962) 948. – [44] Ps.-Aristoteles: Liber de causis VIII, 88; vgl. Thomas Aqu.: In Lib. de causis, lect. 9. Op. omn. [ed. Vivès], a.O. [27] 26, 536ff. – [45] Wilhelm von Ware: 1 Sent., prol., q. 3. Cod. Vindob. 1438, fol. 5^{v}a, zit. nach: Ockham, a.O. [34] 193 (Anm. 3). – [46] Duns Scotus: Ord., prol., p. 3, q. 1-3, n. 141, a.O. [33] 95; vgl. L. Honnefelder: Scientia in se – scientia in nobis. Zur philos. Bedeutung einer wiss.theoret. Unterscheidung, in: I. Craemer-Ruegenberg/A. Speer (Hg.): Scientia und ars im Hoch- und Spätmittelalter (1994) 204-214; R. Hofmeister-Pich: Der Begriff der wissenschaftl. Erkenntnis nach Joh. Duns Scotus. Diss. Bonn (2001) 37-45. – [47] Vgl. Art. ‹Wissenschaft I.›. – [48] Averroes: Destructio destructionum philos. Algazelis, disp. I, in: Arist. op. cum Averrois comm. (Venedig 1562-1574, ND 1962) 9, fol. 36 G. – [49] Thomas Aqu.: S. theol. I, 86, 3, concl. – [50] Ockham: In Phys. prol. § 4, a.O. [20] 12f. – [51] a.O. 13. – [52] a.O. – [53] Summa log. III-2, 5. Op. philos., a.O. [20] 1, 513. – [54] Vgl. G. Gál: Adam of Wodeham's question on the ‹Complexe significabile› as the immediate object of scient. knowledge. Franciscan Studies 37 (1977) 66-102; E. Karger: William of Ockham, Walter Chatton and Adam Wodeham on the objects of knowledge and belief. Vivarium 33 (1995) 171-196; K. Tachau: Wodeham, Crathorn and Holcot: The development of the complexe significabile, in: L. M. de Rijk/H. A. G. Braakhuis (Hg.): Logos and pragma. Festschr. G. Nuchelmans (Nimwegen 1987) 161-187; D. Perler: Einl., in: D. Perler (Hg.): Satztheorien. Texte zur Sprachphilos. und Wissenschaftstheorie im 14. Jh. (1990) 1-50; H. Weidemann: Sache, Satz und Sachverhalt: Zur Diskussion über das Objekt des W. im Spätmittelalter. Vivarium 29 (1991) 129-147. – [55] Aegidius Rom.: In artem veterem (Venedig 1507, ND 1968) fol. 3^{v}. – [56] Joh. von Neapel: Quaest. variae, q. 20 (Neapel 1618) 173. – [57] Heinrich von Gent: Summa quaest. ordin., a. 19, q. 2 (Paris 1520; ND 1953) 1, fol. 116^{v}. – [58] Thomas Aqu.: In De an. III, 8. Op. omn., a.O. [27] 24, 163. – [59] Walter Chatton: Lect. in primum lib. Sent., prol., q. 1, a. 1. – [60] Ockham: Quodl. 5, q. 6. Op. theol., a.O. [34] 9, 501f. – [61] Joh. Buridan: Perutile comp. totius log., tr. 8 (Venedig 1499) fol. u 6^{r}b; vgl. T. K. Scott jr.: John Buridan on the objects of demonstrative science. Speculum 40 (1965) 654-673. – [62] Albert von Sachsen: Quaest. subt. super lib. post., q. 33 (Venedig o.J., ND 1986) fol. 23^{r}b. – [63] fol. 23^{v}a; vgl. q. 2, a.O. fol. 2^{v}b. – [64] Ockham: Summa log. I, 30. Op. philos., a.O. [20] 92f. – [65] Vgl. 1 Sent., dist. 2, q. 4. Op. theol., a.O. [34] 2, 134. 136; 1 Sent., d. 27, q. 3, a.O. 4, 255. – [66] Duns Scotus: Ord., prol., p. 5, q. 1f., n. 350, a.O. [33] 227; vgl. dazu: O. Boulnois: Duns Scot: La rigueur de la charité (Paris 1998) 118. – [67] Crathorn, a.O. [36] 269f. 284f. – [68] Adam Wodeham: Lect. secunda in lib. primum Sent., d. 1, q. 1. – [69] Gregor von Rimini: Lect. super prim. et sec. Sent., prol., q. 1, a. 1, hg. A. D. Trapp/V. Marcolino (1979ff.) 1, 8f.; vgl. W. Eckermann: Wort und Wirklichkeit. Das Sprachverständnis in der Theol. Gregors von Rimini und sein Weiterwirken in der Augustinerschule (1978) 65-70. – [70] I. Mirabell-Guerin: Rational science and real science in William of Ockham, in: M. Asztalos/J. E. Murdoch/I. Niiniluoto (Hg.): Knowledge and the sciences in medieval philos. Proc. 8th int. Congr. medieval Philos. (Helsinki 1990) 3, 134-143, hier: 137. – [71] Vgl. Art. ‹Proposition›. Hist. Wb. Philos. 7 (1989) 1508-1525. – [72] W. J. Courtenay: A revised text of Robert Holcot's quodlibetal dispute on whether God is able to know more than he knows. Arch. Gesch. Philos. 53 (1971) 1-21, 5. 18. – [73] Crathorn, a.O. [36] 284f.; vgl. dagegen: Robert Holcot: Conferentiae, hg. F. Hoffmann (1993) 69. – [74] Gregor von Rimini, a.O. [69] 39.

Literaturhinweise. M. Grabmann: Augustins Lehre von Glauben und W. und ihr Einfluß auf das mittelalterl. Denken, in: Grabmann/J. Mausbach (Hg.): Aurelius Augustinus. Festschr. der Görres-Ges. zum 1500. Todestage des hl. Augustinus (1930) 87-110. – R. Lorenz: Die Wissenschaftslehre Augustins. Z. Kirchengesch. 67 (1955/56) 29-60. 213-51. – A. Diemer: Der W.-Begriff in hist. und systemat. Zusammenhang, in: A. Diemer (Hg.): Der Wissenschaftsbegriff. Hist. und systemat. Unters. (1970) 3-20. – H. Schipperges: Zum W.-Begriff im arab. MA, a.O. 21-29. – F. Rosenthal: Knowledge triumphant. The concept of knowledge in medieval Islam (Leiden 1970). – U. Köpf: Die Anfänge der theol. Wissenschaftstheorie im 13. Jh. (1974). – J. P. Beckmann: Wilh. von Ockham. Die Philos. unter dem Anspruch strenger Wissenschaftlichkeit, in: W. Kluxen (Hg.): Thomas von Aquin im philos. Gespräch (1975) 245-55; 'Scientia proprie dicta': Zur wiss.theoret. Grundlegung der Philos. bei Wilh. von Ockham, in: W. Kluxen (Hg.): Sprache und Erk. im MA (1981) 637-47. – C. Knudsen: Walter Chattons Kritik an Wilh. von Ockhams Wissenschaftslehre (1976). – E. Serene: Demonstrative science, in: N. Kretzmann/A. Kenny/J. Pinborg (Hg.): The Cambridge hist. of later medieval philos. (Cambridge 1982) 496-517. – J. Pinborg: Diskussionen um die W.-Theorie an der Artistenfakultät, in: S. Ebbesen (Hg.): Medieval semantics. Sel. studies on medieval log. and grammar (London 1984) 240-68. – S. P. Marrone: Truth and scient. knowledge in the thought of Henry of Ghent (Cambridge, Mass. 1985); Concepts of science among Parisian theologians in the 13th cent., in: M. Asztalos/J. E. Murdoch/I. Niiniluoto (Hg.) s. Anm. [70] 1, 124-33. – T. Gregory: Forme di conoscenza e ideali di sapere nella cultura medievale, a.O. 10-71. – O. Grassi: The object of scient. knowledge in some authors of the 14th cent., a.O. 2, 180-189. – D. Perler s. Anm. [54]. – H. Weidemann s. Anm. [54]. – E. Stump: Aquinas on the foundations of knowledge, in: R. Bosley (Hg.): Arist. and his medieval interpreters. Canadian J. Philos., Suppl. 17 (1992) 125-158. – A. Speer: The certainty and scope of knowledge. Bonaventure's Disputed Questions on the knowledge of christ. Medieval Philos. Theol. 3 (1993) 35-61; Von der Wissenschaft zur Weisheit. Philos. im Übergang bei Bonaventura, in: T. Borsche/J. Kreuzer (Hg.): Weisheit und Wissenschaft [Schr. der Académie du Midi 2] (1995) 115-127. – I. Craemer-Ruegenberg/A. Speer s. Anm. [46]. – M. Dreyer: More Mathematicorum. Rezeption und Transformation der ant. Gestalten wissenschaftl. W. im 12. Jh. (1996); Wissenschaft als Satzsystem. Die 'Theoremata' des Joh. Duns Scotus und die Entwickl. des kategorisch-deduktiven Wissenschaftsbegriffs, in: L. Honnefelder/M. Dreyer/R. Wood (Hg.): John Duns Scotus – Metaphysics and ethics (Leiden 1996) 87-105. – M. Fuchs: Zeichen und W. Das Verhältnis der Zeichentheorie zur Theorie des W. und der Wissenschaften im 13. Jh. (1999). – R. Hofmeister-Pich s. Anm. [46]. – R. Berndt/M. Lutz-Bachmann u.a. (Hg.): 'Scientia' und 'Disciplina' im 12. und 13. Jh. W.-Theorie und Wissenschaftspraxis im Wandel (2001).

S. Meier-Oeser

III. *Renaissance.* – 1. *Platonismus und Humanismus.* – Im Zentrum der humanistischen Kritik an der scholastischen Philosophie steht zumeist deren Terminologie. So empfiehlt M. Nizolio, den Namen ‹scientia› «in einem ganz anderen Sinn» zu gebrauchen, «als die Dialektiker und Pseudophilosophen» [1]. Er unterscheidet – allerdings ähnlich wie die älteren und zeitgenössischen Dialektiker selbst – drei Weisen des Verständnisses von ‹scientia›. Gilt W. im generellen Verständnis (κοινῶς) als die «Erkenntnis (cognitio) eines oder mehrerer ... Dinge», so ist das W. im eigentlichen Sinne (κυρίως) das «Erfassen eines oder mehrerer Dinge, die wissenswert, schwierig zu erkennen und den gewöhnlichen Menschen unbekannt sind» [2]. Beide Verwendungsweisen sind dadurch legitimiert, daß sie sowohl von den klassischen Autoren als auch «vom Volk oft gebraucht werden» [3]. Die noch engere, eigentümliche Weise (ἰδίως), in der die Dialektiker von einem nur durch syllogistisches Beweisverfahren zu erlangenden W. sprechen, «das sich auf allgemeine, notwendige und ewige Dinge bezieht, die niemals zerstört oder in irgendeiner Hinsicht verändert werden können» [4], sei dagegen abzulehnen, «weil sie nicht nur mit der Wahrheit, sondern auch mit dem allgemeinen Sprachgebrauch im Widerspruch steht» [5].

Auch die spekulativen Entwürfe in der Tradition des Platonismus waren kritisch gegenüber den W.-Konzeptionen der mittelalterlichen Scholastik. Nikolaus von Kues macht die Einsicht in die Unwissenheit (s.d.) oder das Nicht-W. zum Ausgangspunkt seiner Philosophie: «desideramus scire nos ignorare» («wir sehnen uns danach, zu wissen, daß wir nicht wissen») [6]. Für den Menschen gibt es kein präzises Wissen [7], sondern nur Mutmaßung («coniectura») und die Reflexion auf die Struktur des Geistes. Jenes allen Menschen eigene Verlangen nach W., das von Aristoteles am Anfang seiner ‹Metaphysik› erwähnt wird, findet nach Nikolaus seine Befriedigung erst in der «felicitas ultima» der intellektuellen Schau Gottes («Felicitas enim ultima, quae est visio intellectualis ipsius cunctipotentis, est adimpletio illius desiderii nostri quo omnes scire desideramus») [8].

In der Fortführung dieser Lehre, verbunden mit einer Stufenontologie der Schöpfung, die mit der Steigerung von «esse», «vivere», «sentire» und «intellegere» (Sein, Leben, Empfinden, Verstehen) operiert, konstruiert CH. DE BOVELLES 1510 die Komplementarität von Welt und Mensch bzw. «mens» (Geist): «Die Welt ist das Größte an Substanz, das Kleinste an W. Der Mensch ist an W. das Bedeutendste, an Substanz das Geringste. Beides befindet sich in beidem; beides kann beides aufnehmen» («Mundus maximus substantia, scientia nullus. Homo scientia amplissimus, substantia pusillus. Uterque stat in utroque; uterque utriusque capax») [9]. Ist die Welt der «Habitus und Ort aller Substanzen» und die Substanz des Geistes («substantia mentis»), so ist die «mens» «der Habitus und die wahre Wohnstatt aller Gründe und Wissenschaften» («habitus et vera mansio omnium rationum et scientiarum») und die «scientia mundi» [10]. Mit dem Beginn des universalwissenschaftlichen Enzyklopädismus im Anschluß an die Methoden-Debatten in der Mitte des 16. Jh. greift C. GEMMA den plotinischen, durch Ficino vermittelten Gedanken des Intellektes als Kreis auf und konzipiert von dort her die Vollständigkeit des W. als Kreis (s.d.) mit der göttlichen Einheit als Zentrum, den die menschliche Vernunft in sich nachzuvollziehen habe [11]. Bis zur Pansophie (s.d.) von J. A. COMENIUS und zur ‹Ars magna sciendi› von A. KIRCHER bleibt diese Vorstellung eines universellen W. («scientia universalis») aktuell [12]. Analogiebildung und Kombination sind in diesen Entwürfen die Grundoperationen im mentalen Habitus des W.

2. *Aristotelismus.* – In den Kommentierungen von Anal. post. I, 2 und Eth. Nic. VI, 3 werden die Bestimmungen des W. durch demonstrative Schlußsätze und als mentaler Habitus ausführlich debattiert und weitergeführt. R. GOCLENIUS verzeichnet in seinem ‹Lexikon› den «habitus, quem per demonstrationem acquirimus» («Disposition, die wir durch Beweis erlangen»), als eigentliche «scientia», einen beliebigen «habitus intellectivus» dagegen als uneigentliche «scientia» [13]. Die Bestimmung als Habitus erhielt eine neue Bedeutung vor dem Hintergrund der vor allem im Anschluß an P. RAMUS erfolgenden intensiven Erörterungen der wissenschaftlichen Methodik und des Status der Wissenschaften. Denn zum einen mußte zwischen der Verankerung des W. im Intellekt und der reinen Methode unterschieden werden, zum anderen zwischen «scientia» und «ars». Es drohte die Spaltung des Wissenschaftsbegriffs in (kontemplative) «scientia» und (anwendungsorientierte) «ars» [14]. Die Frage der Einheitlichkeit des Habitus bei unterschiedlichen Formen des W. diskutiert F. SUÁREZ [15]. Die «modi» des W. wurden noch bis ins 17. Jh. diskutiert [16]; GOCLENIUS verzeichnet zahlreiche Differenzierungen (z.B. potentielles W. vs. vollkommenes W., konfuses W. vs. distinktes W. usw.). J. ZABARELLA macht 1578 den entscheidenden Vorstoß, die Einteilung der Wissenschaften, verschränkt mit Vermögenspsychologie und Methodenlehre, neu zu bestimmen, indem er die Disziplinen, ihren jeweiligen Gegenständen entsprechend, verschiedenen «habitus mentis» zuordnet: kontemplative Wissenschaften, die sich mit ewigen Dingen beschäftigen, dem «habitus» der «scientia»; praktische Wissenschaften, die Tugenden und Laster behandeln, dem «habitus» der «prudentia». Methode wurde an logisches W. als «habitus instrumentalis» («ars») gebunden. Die Disziplinen werden also als W.- und Verhaltensformen, nicht als Methoden definiert [17]. Wichtig wird hier auch das Problem der Hierarchie des W. So betont z.B. F. PENDASIO, in den Wissenschaften gebe es Grade: So wie die eine der anderen in der Dignität des Gegenstandes oder in der Gewißheit des Beweises voraus sei («excellit vel nobilitate subiecti, vel certitudine demonstrationis»), so sei sie auch nobler als die andere [18]. Für G. FRACASTORO bemißt sich die Dignität einer Wissenschaft nach den drei Kriterien: Grad der Gewißheit, Nobilität des Gegenstandes und Umfang des Gegenstandsbereichs. Ist die Mathematik durch das erste und die Theologie durch das zweite ausgezeichnet, so bestehen bei beiden Defizite hinsichtlich der jeweils anderen Kriterien. Allein die «philosophia naturalis» erfüllt alle drei Kriterien im hohen Maße, so daß sie als «scientiarum ... maxima ... atque homine praecipue digna» gelten kann [19]. Dies hat Relevanz bis hin zu G. GALILEI, der darlegt, daß der Maßstab des W. in doppeltem Sinne verstanden werden kann, je nachdem man das W. in intensiver oder in extensiver Bedeutung versteht. Extensiv, von der Vielheit des Wißbaren gesehen, ist der menschliche Verstand ein Nichts; doch intensiv, vom Grund des W. und seiner Gewißheit her, kann der Mensch in der Erkenntnis notwendiger mathematischer Wahrheiten sogar dem göttlichen Intellekt gleichkommen. Dieses W. hilft ihm dann, die Erfahrung zu strukturieren [20]. Auf Zabarellas Unterscheidungen berufen sich auch die Entwürfe von systematischen W.-Ordnungen, die vornehmlich in Deutschland in den Jahren um 1600 entstehen. Für C. TIMPLER etwa, der als Gegenstand der Metaphysik alles Erkennbare («intelligibile») bestimmt, sind Einzelwissenschaften «scientiae» nur insofern, als sie an mentale Dispositionen zurückgebunden sind. Physik etwa ist für ihn eine Wissenschaft, «insofern man W. als einen intellektuellen Habitus versteht, d.h. als sichere Kenntnis von Lehrsätzen (notitia certa praeceptorum), die ein zusammenhängendes System ausmachen (integrum systema constituentium), aber keine Wissenschaft, insofern man diese als das System von Lehrsätzen begreift, die methodisch angeordnet sind» [21]. Auch die W.-Ordnungen, die auf dem Lullismus als der Kunst, «de omni scibili» zu handeln (etwa J. H. ALSTED), basieren, gehen von einer komplexen Reflexion über die Verankerung des W. im Habitus des vom Sündenfall getrübten menschlichen Geistes aus [22].

3. *Aristoteleskritik; empirische Wissenschaft; Skepsis.* – Die aristotelischen Grundlagen der Bestimmung von W. bleiben nicht unwidersprochen. So bestreitet P. RAMUS 1543, daß W. immer auf einem demonstrativen Syllogismus beruhen müsse: «potest enim omnis scientia, omnisque disciplina solis definitionibus, divisionibus, exemplis, sine ullo perfecto syllogismo haberi» («es kann nämlich jedes W. und jede Disziplin allein aus Definitionen, Unterteilungen, Beispielen, ohne irgendeinen vollständigen Syllogismus bestehen») [23]. F. SÁNCHEZ fragt: «Quid habitus? Mirus scio quam quid scientia» («Was ist ein Habitus? Das scheint mir noch wunderlicher als was W. ist»). Für ihn ist faktisches W. nichts weiter als ein unbedachtes Vertrauen, verbunden mit jeder Art von Unwissenheit («temeraria fiducia cum omnimoda ignorantia con-

iuncta») [24]. Sein Werk ‹Quod nihil scitur› (1581) bildet den Höhepunkt einer kritischen Reflexion auf den Begriff des W. Was Sánchez zu seiner Diatribe gegen Aristoteles motiviert, ist vor allem die Erfahrung der empirischen Naturwissenschaften und der Galenischen Medizin, zwar einen W.-Trieb («velle scire») anzutreffen, aber nie vollständiges W.; Sánchez' normativer Begriff von W. als «cognitio perfecta rerum» («vollkommene Kenntnis der Dinge») [25] ist denn auch so hoch angesetzt, daß dieses W. nicht erreicht wird; erreichbar ist uns nur begrenztes, unvollständiges W. von partikularen, uns in der Erfahrung gegenwärtigen Dingen. Diese Skepsis trifft zusammen nicht nur mit den Tradierungen der «docta ignorantia» [26], sondern auch mit der seit GF. PICO DELLA MIRANDOLA anhebenden Rezeption des antiken Pyrrhonismus (s.d.). M. DE MONTAIGNE und P. CHARRON sind die Hauptautoren, die Skepsis gegenüber menschlichen W.-Möglichkeiten, auch in praktischen und gesellschaftlichen Hinsichten, artikuliert haben. Diese W.-Skepsis konnte oft mit einem Glauben an geoffenbarte Wahrheiten zusammengehen [27].

4. *W. im Urstand; göttliches W.* – Die theologische oder die vom prisca-theologia-Denken affizierte Tradition hat zuweilen die vorsintflutliche «sapientia Adami» auch als «scientia Adami» verstanden, als das vollkommene W. von der ganzen Schöpfung und als Korrelat zur «lingua Adami», der Ursprache (s.d.). Insbesondere zur Zeit des polyhistorischen Enzyklopädismus im 17. Jh. sind solche Vorstellungen verbreitet [28]. – Ganz anderen Stellenwert haben die philosophisch-theologischen Reflexionen über das göttliche W., die «scientia divina». Hier ist vor allem seit dem späten 16. Jh., insbesondere seit L. MOLINA, die «scientia media» (s.d.) in den Vordergrund der Debatten gerückt.

5. *Anfänge der 'Neuen Wissenschaft'.* – Aus den aristoteleskritischen und empirischen Tendenzen der Renaissance ergeben sich seit der zweiten Hälfte des 16. Jh. neue Ansätze, W. konsequent auf sinnliche Erkenntnis zu gründen. B. TELESIO versucht, selbst mathematisches W. auf Sinnlichkeit zurückzuführen; von dieser Basis ausgehend verbindet T. CAMPANELLA Sensualismus und Metaphysik auf engste Weise. Unter Rückgriff auf die alte etymologische Herleitung der «sapientia» (Weisheit) von «sapere» (schmecken) [29] im Sinne der unmittelbaren Wahrnehmung einer Sache, wie sie ist («sapere esse rem percipere sicuti est»), stellt Campanella die «sapientia» als ein partikulares W. im Sinne eines Schmeckens einer Sache bzw. eines Teils derselben durch die Wahrnehmung («perceptionis rei sapor») der «scientia» gegenüber, die das universelle W. im Sinne eines Schmeckens des Ganzen und der ihm ähnlichen Dinge ist, die wir durch jenen Teil spüren, den wir wahrnehmen («totius, et similium quae per illam partem sentimus»); denn der Geist funktioniert als ein «discursus mentalis», der von Ähnlichem zu Ähnlichem voranschreitet [30]. – Bei F. BACON scheint sich erstmals die moderne Auffassung von W. als Macht über die Natur auszudrücken. Allerdings ist diese praktizistische Wendung in der alttestamentlich verkündeten Herrschaft des Menschen über die Schöpfung begründet. Der Mensch war im Paradies durch seine Benennungen Herrscher über die Geschöpfe, und diese im Sündenfall verlorene Macht gilt es wiederzugewinnen. So heißt es, die wahren Dinge seien «a restitution and reinvesting (in great part) of man to the sovereignty and power (for whensoever he shall be able to call the creatures by their true names he shall again command them) which he had in his first state of creation» [31]. Später lautet die Formulierung: «Human knowledge and human power meet in one», bzw. «Scientia et potentia humana in idem coincidunt». Denn das, was in theoretischer Hinsicht als Erklärungsgrund fungiert, wird in operativer Hinsicht zur Handlungsregel («quod in contemplatione instar causae est, id in operatione instar regulae est») [32]. Aufgabe der Philosophie ist es, die Hindernisse des W. aufzudecken und methodische Regeln für gemeinschaftliches experimentelles Forschen zu geben. Die Utopie der Restitution bezieht sich also nicht auf die Wiedergewinnung einer unmittelbaren «scientia Adami» – wie bei manchen Mystikern oder Alchemisten –, sondern auf die Annäherung an sie und ihren Herrschaftsaspekt.

Anmerkungen. [1] M. NIZOLIO: De veris principiis et vera ratione philosophandi contra pseudophilosophos libri 4 III, 1, 1 (Parma 1553); Vier Bücher über die wahren Prinzipien, dtsch. K. THIEME (1980) 261. – [2] a.O. 262. – [3] 264. – [4] 263; vgl. Anhang: Wissen (scientia), a.O. 462. – [5] 264. – [6] NIKOLAUS VON KUES: De docta ignorantia I, 1, n. 4; vgl. Art. ‹Docta ignorantia›. Hist. Wb. Philos. 2 (1972) 273f.; K. FLASCH: Nikolaus von Kues. Gesch. einer Entwickl. (1998) 97ff. – [7] Vgl. Art. ‹Praecisio II.›. Hist. Wb. Philos. 7 (1989) 1215f. – [8] NIKOLAUS VON KUES: De possest, n. 38. Akad.-A. 11/2, 45f.; vgl. Art. ‹Visio›. Hist. Wb. Philos. 11 (2001) 1068-1071. – [9] C. BOVILLUS: De sapiente / Le livre du sage, cap. 19 (Paris 1510), hg. P. MAGNARD (Paris 1982) 152. – [10] Lib. propriae rationis, lib. 1, n. 10f. (Paris 1523). – [11] C. GEMMA: Ars cyclognomica (Antwerpen 1569); vgl. PLOTIN: Enn. V, 1 (10), 7. – [12] Vgl. TH. LEINKAUF: Mundus combinatus (1993). – [13] R. GOCLENIUS: Lex. philos. (1613) 1009-1015. – [14] W. SCHMIDT-BIGGEMANN: Topica universalis. Eine Modellgesch. humanist. und barocker Wissenschaft (1983) 67ff. – [15] F. SUÁREZ: Disp. metaphys. XLIV, n. 57ff. (1597). Op. omn., hg. C. BERTON (Paris 1856ff., ND 1965) 26, 712ff. – [16] z.B. J. JUNGIUS: Gymnasmatum de modo sciendi physico (Hamburg 1642); H. WIEDEBURG: De modo sciendi (Helmstedt 1678). – [17] J. ZABARELLA: De methodis (1578). Op. logica (Köln 1597, ND 1966) 133-334; vgl. A. POPPI: La dottr. della scienza in G. Zabarella (Padua 1972); H. MIKKELI: An Aristot. response to Renaissance humanism (Helsinki 1992). – [18] F. PENDASIO: BU Padua Ms. 1264, 58; vgl. L. OLIVIERI: Certezza e gerarchia del sapere (Padua 1983). – [19] G. FRACASTORO: Turrius sive de intellectione dialogus (1555). Opera (Venedig 1585) 121. – [20] G. GALILEI: Dialogo sopra i due massimi sistemi del mondo (1632). Opere [Ed. Naz.] (Florenz 1968) 7, 129ff. – [21] C. TIMPLER: Physicae seu philos. naturalis systema methodicum (Hanau 1605) 5. – [22] TH. LEINKAUF: Scientia universalis, memoria und status corruptionis, in: J. J. BERNS/W. NEUBER (Hg.): Ars memorativa (1993) 1-34; vgl. Art. ‹Philosophie III. C.›. Hist. Wb. Philos. 7 (1989) 669f. – [23] P. RAMUS: Animadv. Aristotelicae (Paris 1548) 186. – [24] F. SÁNCHEZ: De divinatione per somnium, ad Aristotelem [ca. 1585] (1636). Op. philos., hg. J. DE CARVALHO (Coimbra 1957) 91. – [25] Quod nihil scitur, a.O. 15. – [26] Vgl. Art. ‹Docta ignorantia›, a.O. [6]; ‹Unwissenheit›, a.O. 11 (2001) 343ff. – [27] Vgl. Art. ‹Skepsis; Skeptizismus II.›, a.O. 9 (1995) 950-974. – [28] Vgl. Art. ‹Vorsintflutlich›, a.O. 11 (2001) 1218-1222; kritisch: J. W. FEUERLEIN: De Adami logica, metaphysica, mathesi, philosophia practica, et libris (Altdorf 1717). – [29] ISIDOR VON SEVILLA: Etymol. X, 240. – [30] T. CAMPANELLA: Universalis philos. seu Metaphysica (Paris 1638) I, 2, 1. – [31] F. BACON: Valerius Terminus or the interpretation of nature (1603). The works, hg. J. SPEDDING/R. L. ELLIS/D. D. HEATH (London 1857-74, ND 1961-63) 3, 222. – [32] Novum organum I, Aphor. 3 (1620), a.O. 1, 157; engl., a.O. 4, 47; vgl. G. SCHMIDT: Ist W. Macht? Kantstudien 58 (1967) 481-498.

Literaturhinweise. W. SCHMIDT-BIGGEMANN s. Anm. [14]. – R. H. POPKIN: Theories of knowledge, in: CH. B. SCHMITT u.a. (Hg.): Cambridge hist. of Renaissance philos. (Cambridge 1988) 668-684. – D. R. KELLEY/R. H. POPKIN (Hg.): The shapes of knowledge from the Renaissance to the Enlightenment (Dordrecht 1991). – TH. LEINKAUF s. Anm. [12]. M. MULSOW

IV. *Frühe Neuzeit.* – Wenn R. DESCARTES in den ‹Regulae ad directionem ingenii› W. als «sichere und evidente Erkenntnis» definiert («scientia est cognitio certa et evidens») [1], so vertritt er damit eine Auffassung, wie sie ihm von seinen scholastischen Lehrern in La Flèche her bekannt gewesen sein dürfte. Denn auch F. TOLETUS bestimmt in seiner damals als Lehrbuch gebräuchlichen ‹Logik› «scientia» als «cognitio ... certa, et evidens» und fügt erläuternd an: «Sicher, um die Meinung auszuschließen, die nicht sicher ist; evident, um den Glauben auszuschließen, der, mag er auch sicher sein, gleichwohl dunkel ist» («Certa ad excludendam opinionem, quae non est certa; Evidens ad excludendam fidem, quae licet certa sit, est tamen obscura») [2]. Nicht anders erklärt DESCARTES in diesem Zusammenhang, daß die göttlich geoffenbarten Lehren zwar sicherer als alles W. («omni cognitione certiora») seien, der Glaube aber, weil auf Dunkles bezogen («fides ... est de obscuris»), nicht als W. gelten könne [3]. Was ihn von der scholastischen Tradition unterscheidet, ist zum einen die in Annäherung an die Augustinische Position erfolgende stärkere Gewichtung des «intuitus mentis» («Einsicht des Geistes»). Intellektuelle Intuition (s.d.) und Deduktion (s.d.) sind die beiden sichersten – und einzigen – Wege zur Erlangung von W. («nullam scientiam haberi posse, nisi per mentis intuitum vel deductionem») [4]. Zum anderen ist es das größere Vertrauen in das «lumen naturale» (s.d.) der Vernunft, das zur korrekten Durchführung der Deduktion nicht der Hilfsmittel der aristotelisch-scholastischen Logik bedarf.

Descartes' spätere Bemühungen um die Begründung sicheren W. beziehen sich im wesentlichen auf das stoische Kriterium, dem zufolge einer Erkenntnis nur dann W.-Status zukommt, wenn sie durch keinerlei Argumente zweifelhaft gemacht werden kann. Auch Descartes definiert W. als begründete Überzeugung («persuasio»), die niemals durch stärkere Gründe erschüttert werden kann («persuasio a ratione tam forti, ut nulla unquam fortiore concuti possit») [5]. Hieraus erklärt sich, warum «die Gewißheit und die Wahrheit jeden W. einzig von der Erkenntnis des wahren Gottes abhängt» («omnis scientiae certitudinem et veritatem ab una veri Dei cognitione pendere») [6]. Denn erst wenn die Gewißheit besteht, «Deus non est fallax» [7], läßt sich das alle Erkenntnisgewißheit bedrohende Argument des Täuschergottes abweisen. Genau diese Gewißheit hat der Atheist nicht. Zwar kann er, wie Descartes ausführt, geometrische Wahrheiten intuitiv erkennen, es gilt jedoch, «daß diese seine Erkenntnis kein wahres W. ist (istam ejus cognitionem non esse veram scientiam), weil doch wohl keine Erkenntnis, die zweifelhaft gemacht werden kann, ein W. genannt werden darf» [8].

Ausgehend von einem epikureisch beeinflußten, skeptischen Sensualismus, betont P. GASSENDI, daß die Konsequenz der Aristotelischen Konzeption von W. als «sichere, evidente und durch einen notwendigen Grund oder Beweis erlangte Erkenntnis irgendeiner Sache» («alicuius rei certa, evidens et per necessariam causam seu demonstrationem habita notitia») nur lauten könne: «Daß es kein W. gibt, und besonders kein Aristotelisches» («Quod nulla sit scientia, et maxime Aristotelea») [9]. Von W. läßt sich lediglich im Sinne eines Erfahrungs-W. von erscheinenden Dingen oder Sachverhalten («admittere posses appellandam Scientiam esse notitiam quandam experimentalem et rerum apparentium») bzw. von der Faktizität subjektiver Sinnesempfindungen sprechen («scire mel mihi potius videri dulce, quam amarum»; «ich weiß, daß Honig mir eher süß als bitter erscheint») [10]. Von hier aus läßt sich jedoch kein Schluß auf die tatsächliche Beschaffenheit oder die Natur der Dinge ziehen. Wegen der Unerkennbarkeit des Wesens der Dinge basiert die «philosophia naturalis» nicht auf Schlüssen aus Gründen, sondern auf Schlüssen aus Zeichen [11]. Wo Evidenz als entscheidendes W.-Kriterium gilt, besteht kein Grund für eine Festlegung von W. auf die Erkenntnis von Allgemeinem und Notwendigem. DESCARTES hatte in den ‹Regulae› betont, daß der Bereich des intuitiv Erkennbaren und damit evident Wißbaren weitaus größer sei als gemeinhin angenommen. Er enthalte – was für seine ‹Meditationes› bedeutsam wird – u.a. auch kontingente Tatsachenwahrheiten («Unusquisque animo potest intueri, se existere, se cogitare») [12]. Wird Evidenz gar als sinnliche Evidenz verstanden, weitet sich dieser Bereich noch stärker. F. BERNIER meint, wenn «science n'est ... autre chose que l'intelligence certaine et evidente qu'on a d'une chose» [13], verbiete sich die alte Frage, «si la connoissance des singuliers peut estre dite science», da feststehe, «qu'il y a beaucoup de singuliers dont nous avons une connoissance evidente, et certaine» [14]. Insofern sei der Versuch, W. auf W. von Allgemeinem festzulegen, «sans aucun fondement» [15].

TH. HOBBES differenziert im Lateinischen zwischen «scientia» als der Erkenntnis, die sich auf aus wahren Prinzipien abgeleitete allgemeine Sätze bezieht, und der sich auf Tatsachenwahrheit («veritas facti») beziehenden «cognitio» [16]. Im Englischen entspreche dem die Unterscheidung von «conditional knowledge» und «absolute knowledge». Während «sense and memory are but knowledge of fact», sei «science ... the knowledge of consequences». W. («science») basiere auf Sprache, genauer auf den drei Fähigkeiten der Einsetzung von Namen («imposing of names»), der Bildung von Aussagen («assertions made by connexion of one of them to another») und der Verbindung derselben zu Syllogismen, und bleibe als «knowledge of all the consequences of names appertaining to the subject in hand» [17] letztlich auf Sprache begrenzt. Denn «science» könne nie mehr sein als «conditional knowledge, or knowledge of the consequence of words», weshalb «no discourse whatsoever, can end in absolute knowledge of fact» [18]. Ganz andere Konsequenzen ergeben sich in realistischer Perspektive aus den traditionellen Bestimmungsmomenten des W. So folgt nach J. NORRIS aus dem Grundsatz, daß das «Object of Science ... necessary and immutable» sein müsse: «things in their Natural state cannot be admitted as the Objects of Science. Therefore Science must be of things as they are in their Ideal or Intelligible State». Insofern sei W. nur unter Annahme der Existenz einer «Intelligible World» denkbar («there is such an Ideal state of things, or else there is no such thing as Science») [19].

B. SPINOZA übersetzt die scholastische Distinktion der vier Verständnisweisen von W. (vgl. oben II. 4.) in eine Differenzierung von Weisen der «perceptio» («Erfassung») und unterscheidet 1) jene, die wir vom Hörensagen haben («ex auditu»), 2) jene, die wir durch unbestimmte Erfahrung haben («ab experientia vaga»), 3) jene, wo das Wesen einer Sache aus einer anderen Sache erschlossen wird, aber nicht adäquat («ubi essentia rei ex alia re concluditur, sed non adaequate»), und 4) jene, wo eine Sache allein aus ihrem Wesen oder der Erkenntnis ihrer nächsten Ursache begriffen wird («ubi res percipitur per solam suam essentiam, vel per cognitionem suae proximae causae») [20]. Allein die letzte Weise erfaßt ohne Gefahr eines Irrtums das Wesen der Sache

(«Solus quartus modus comprehendit essentiam rei adaequatam, et absque erroris periculo») [21].

Auch für G. W. LEIBNIZ, der im logischen Kontext das W. traditionell als Erkenntnis einer Wahrheit durch sichere Beweise («cognitio veritatis per probationes certas») definiert [22], ist der Begriff der «perceptio» bestimmend für sein Verständnis des W. im Rahmen der Erkenntnistheorie. Er impliziert die Aufhebung des strikten Gegensatzes von Glauben und W. Glauben ist ein verworrenes W. und verhält sich zum W. wie das Empfinden zur Perzeption (s.d.): «Videntur sentire et percipere se habere ut credere et scire» [23]. Die Übersetzung des philosophischen Diskurses aus dem Lateinischen in die modernen Sprachen führt vielfach zu einer Verschleifung der begrifflichen Abgrenzung von W., Wissenschaft und Erkenntnis. Nach J. LOCKE kann sich Erkenntnis bzw. W. («knowledge») unmittelbar nur auf unsere Ideen beziehen, so daß er propositionales W. als «perception of the connexion and agreement, or disagreement and repugnancy of any of our Ideas» definiert [24]. Während er selbst unter Verwendung des Terminus ‹knowledge› Lehrstücke behandelt, die traditionell am Terminus ‹scientia› festgemacht waren (unterschiedliche Auffassungsweisen, Einteilung in «actual» und «habitual knowledge», Unterscheidung von W. und Meinung usw.), gebraucht LEIBNIZ dafür in den ‹Nouveaux Essais› den Ausdruck ‹connoissance›. Aus den unterschiedlichen Bedeutungsnuancen der jeweils verwendeten Termini erklärt sich u.a., warum LOCKE «knowledge» von «opinion» unterscheidet, während LEIBNIZ in seiner Antwort darauf hinweist, «L'opinion, fondée dans le vraisemblable, merite peut être aussi le nom de connoissance» [25]. Bereits im scholastischen Diskurs konnten die durch Regularität oder Häufigkeit des Eintretens ausgezeichneten Ereignisse Gegenstand von W. im eigentlichen – wenn auch nicht im eigentlichsten – Sinne sein. Auch Leibniz fordert eine spezielle Wissenschaft oder Kunst, die das Wahrscheinliche unter dem quantitativen Aspekt der Häufigkeit betrachtet und in den Bereich des W. einholt, statt es als bloß 'probabel' im Sinne der Aristotelischen Dialektik dem W. entgegenzusetzen. Die «art d'estimer les verisimilitudes» hält er für «plus utile qu'une bonne partie de nos sciences demonstratives» [26]. Aufgrund der Einschätzung, daß der Bereich des menschlichen W. («knowledge») eng begrenzt («very narrow») sei, wohingegen «most of the propositions we think, reason, discours, nay act upon, are such, as we cannot have undoubted knowledge of their truth» [27], ist der Begriff der Wahrscheinlichkeit auch für LOCKES Epistemologie von zentraler Bedeutung.

Nach D. HUME, der W. («knowledge») als «assurance arising from the comparison of ideas» definiert [28], erweisen sich bei kritischer, die Unsicherheit der sinnlichen Ideen berücksichtigender Prüfung [29] «algebra and arithmetic as the only sciences, in which we can carry on a chain of reasoning to any degree of intricacy, and yet preserve a perfect exactness and certainty» [30]. Wird im weiteren auch die «inconstancy of our mental powers» in Rechnung gestellt, ergibt sich sogar, daß «all knowledge degenerates into probability» [31].

Scientia oder W. im Sinne einer Verstandesdisposition – im 18. Jh. ist hierfür noch der Ausdruck ‹Wissenschaft› geläufig – ist nach CH. WOLFF die «Fertigkeit des Verstandes, alles, was man behauptet, aus unwidersprechlichen Gründen unumstößlich darzuthun» [32]. Hierfür ist nach A. G. BAUMGARTEN eine dreifache distinkte Erkenntnis erforderlich, nämlich 1) die Erkenntnis der Prinzipien («principia»), 2) des aus ihnen Abgeleiteten («principiata») und 3) der Verbindung von beidem. Dies gilt auch für die göttliche Erkenntnis als der «summa scientia» [33]. J. G. DARJES unterscheidet zwischen dem subjektiven Verständnis von «scientia» im Sinne des «habitus demonstrandi» und dem objektiven Verständnis im Sinne der «bewiesenen Erkenntnis» («scientia, quatenus obiective sumitur, cognitio demonstrata. Quatenus vero terminus scientiae subiective sumitur, ipse habitus demonstrandi a Philosophi vocatur scientia») [34]. Gegenüber einem solchen rationalistischen Konzept versteht der Sensualismus unter ‹W.› die durch wiederholte präzise Erfahrung gewonnene Gewißheit: «Sçavoir, c'est être assûré par des expériences réiterées et faites avec précision, des idées, des sensations, des effets qu' un objet peut produire sur nous-mêmes ou sur les autres. Toute science ne peut être fondée que sur la vérité, et la vérité elle-même ne se fonde que sur le rapport constant et fidèle de nos sens» [35].

Anmerkungen. [1] R. DESCARTES: Regulae 2 [ca. 1620-28]. Oeuvr., hg. CH. ADAM/P. TANNERY [AT] (Paris 1897-1913, 1964ff.) 10, 362. – [2] F. TOLETUS: Comm. in univ. Arist. log. Op. omn. philos. (Köln 1616, ND 1985) 8 b; vgl. E. A STO. PAULO: Summa philos. 1 (Paris 1609) 7. – [3] DESCARTES: Reg. 3, a.O. [1] 370. – [4] Reg. 4, a.O. 372. – [5] Br. an H. Regius (24. Mai 1640). AT 3, 65. – [6] Medit. de prima philos. 5, 16 (1641). AT 7, 71. – [7] a.O. [5]. – [8] Sec. respons. (1642). AT 7, 141. – [9] P. GASSENDI: Exercit. paradox. adv. Arist. II, 6, 1 (1624). Op. omn. (Lyon 1658, ND 1964) 3, 192. – [10] a.O. – [11] Vgl. R. TACK: Unters. zum Philos.- und Wissenschaftsbegriff bei P. Gassendi (1974); W. DETEL: Scientia rerum natura occultarum (1978) 54f. – [12] DESCARTES: Reg. 3, a.O. [1] 368. – [13] F. BERNIER: Abrégé de la philos. de M. Gassendi (Paris 1684) 1, 146f. – [14] a.O. 362. – [15] 363. – [16] TH. HOBBES: De homine X, 4 (1658). Op. lat., hg. W. MOLESWORTH (1839-45, ND 1961) 2, 92. – [17] Leviathan I, 5 (1651). Engl. works, hg. W. MOLESWORTH (London 1839-45, ND 1962-66) 3, 35. – [18] Lev. I, 7, a.O. 52f. – [19] J. NORRIS: An essay towards the theory of the ideal or intelligible world (London 1701, ND 1974) 130f. – [20] B. SPINOZA: Tract. de intellectus emend. (1677). Opera, hg. C. GEBHARDT (1924-87) 2, 10. – [21] a.O. 13. – [22] G. W. LEIBNIZ: Table de déf. (Phil. VII D 11, 2, f. 42), in: Opusc. et fragm. inéd., hg. L. COUTURAT (Paris 1903, ND 1988) 496. – [23] Termini simpl. (Phil. VII B 3, 19f.) [1680-86?], in: Textes inéd., hg. G. GRUA (Paris 1948) 2, 543; vgl. Y. BELAVAL: Le probl. de l'erreur chez Leibniz. Z. philos. Forsch. 20 (1966) 381-395, bes. 384. – [24] J. LOCKE: An essay conc. human underst. IV, 1, § 2 (1690), hg. P. H. NIDDITCH (Oxford 1975) 525. – [25] G. W. LEIBNIZ: Nouv. essais sur l'entend. humain IV, 2, § 14 [1704] (1765). Akad.-A. VI/6 (1962) 372. – [26] a.O. 373; vgl. Art. ‹Wahrscheinlichkeit IV. B. 1.›; ‹Wahrheitsähnlichkeit›. – [27] LOCKE: Essay IV, 15, a.O. [24] 654f. – [28] D. HUME: A treat. of human nature I, 3, sect. 11 (1739-40), hg. L. A. SELBY-BIGGE (Oxford ²1978) 124. – [29] I, 3, sect. 1, a.O. 69-71. – [30] a.O. 71. – [31] I, 4, sect. 1, a.O. 180. – [32] CH. WOLFF: Vern. Gedancken von den Kräfften des menschl. Verstandes [Dtsch. Logik], Vorbericht § 2 (1712, ¹⁴1754). Ges. Werke I/1 (1978) 115; vgl. J. H./L. S. FORMEY: La belle Wolfienne (Den Haag 1743-53); ND, in: WOLFF: Ges. Werke, a.O. III/16, 1 (1983) 3, 38f. – [33] A. G. BAUMGARTEN: Met. § 873 (Halle 1739, ⁷1779, ND 1963) 355f. – [34] J. G. DARJES: Introd. in artem inveniendi § 159 (Jena 1742) 152. – [35] P.-H. TH. D'HOLBACH: Système de la nature (Amsterdam [Londres] 1771). Oeuvr. 2 (Paris 1999) 140.

S. MEIER-OESER

V. *Von Kant bis zum Nachidealismus.* – I. KANT eröffnet einen neuen Abschnitt der Begriffsgeschichte von ‹W.› insofern, als bei ihm neben der Abgrenzung des W. von anderen Bewußtseinszuständen das Problem der Begründung des W. im Blick auf die Möglichkeit eines W. des Grundes des W. in den Vordergrund tritt. Die Vernunft zielt, Kant zufolge, auf «das Allgemeine der Bedingungen des Denkens» und hat es in letzter Konsequenz mit derjenigen Bedingung zu tun, die «selbst unbedingt ist» [1]. Dieser Vernunftgebrauch in Ansehung des Unbedingten unterliegt jedoch der transzendentalen Dialektik, die zu einer Begrenzung des objektive Gültigkeit beanspruchenden W. führt. Das Problem des W. des Unbedingten (s.d.) oder eines absoluten W. steht daher in der Zeit nach Kant im Mittelpunkt der Erörterungen.

1. *Kant und die unmittelbaren kritischen Reaktionen auf Kant.* – Die Frage nach dem W. («Was kann ich wissen?») gehört für Kant zu den Grundfragen der Vernunft [2]. Im Unterschied zu Meinen und Glauben als unzureichenden Formen des Fürwahrhaltens (s.d.) bezeichnet ‹W.› «das sowohl subjectiv als objectiv zureichende Fürwahrhalten», wobei Kant diese traditionelle Bestimmung nicht für weiter erläuterungsbedürftig hält [3]. Entsprechend heißt es in der ‹Logik›, das W. sei «ein apodiktisches Urtheilen», denn was ich weiß, halte ich «für apodiktisch gewiß, d.i. für allgemein und objectiv nothwendig (für Alle geltend), gesetzt auch, daß der Gegenstand selbst, auf den sich dieses gewisse Fürwahrhalten bezieht, eine bloß empirische Wahrheit wäre» [4]. ‹W.› bezeichnet entweder eine empirische oder eine rationale Gewißheit, wobei letztere entweder intuitiv bzw. evident (Mathematik) oder diskursiv (Philosophie) sein kann [5]. Während die bloß empirische Gewißheit nur eine assertorische ist und damit dem Modus des Glaubens entspricht, ist die rationale durch das mit ihr verbundene Bewußtsein der Notwendigkeit apodiktisch, kann aber zugleich auch empirisch sein, «sofern wir nämlich einen empirisch gewissen Satz aus Principien a priori erkennen» [6]. Diesem positiven W. steht ein W. des Nichtwissens bzw. der Grenzen des W. zur Seite [7]. In dieser Begrenzung erblickt Kant eine wesentliche Leistung seiner Vernunftkritik; da die Grundsätze der Vernunft «bloß auf Gegenstände möglicher Erfahrung reichen», könne es kein W. von Gott, Freiheit und Unsterblichkeit geben: «Ich mußte also das W. aufheben, um zum Glauben Platz zu bekommen» [8]. Ein absolutes W. als W. des Absoluten ist mit dieser Grenzziehung ausgeschlossen.

In den unmittelbaren kritischen Reaktionen auf Kant lassen sich typisierend zwei Positionen unterscheiden. Die erste folgt Kant zwar in der Begrenzung des W., kritisiert jedoch dessen Isolierung gegenüber den anderen Formen des Fürwahrhaltens und namentlich gegenüber dem Glauben [9]. J. G. HAMANN, der das Nichtwissen in der Gestalt des Sokrates positiv herausgestellt hatte [10], kommt mit Kant in der Skepsis gegenüber einem absoluten W. grundsätzlich überein, wirft ihm aber vor, die Reichweite der Vernunft immer schon im voraus wissen zu wollen und dadurch die Vernunft auf sich selbst zu beschränken und sie gegenüber dem Neuen und insbesondere der Anrede Gottes unempfänglich zu machen [11]. Auch J. G. HERDER kritisiert, daß Kant die Vernunft isoliere; Meinen, Glauben und W. seien «keine drei Stufen, sondern Arten des Fürwahrhaltens»; Spezifikum des W. sei hierbei das genaue Unterscheiden [12]. Mit Hamann [13] betrachtet Herder dabei den Glauben als «die Basis aller unsrer Urteile, unsres Erkennens, Handelns und Genießens» [14]. In dieser Hinsicht kommt Herder auch mit F. H. JACOBI überein, der den Glauben als Grundlage des objektiven W. der Realität ansieht: «Durch den Glauben wissen wir, daß wir einen Körper haben, und daß außer uns andre Körper und andre denkende Wesen vorhanden sind» [15]. Mit der Isolierung des W. vom Glauben verfalle Kant daher in eine «durchgängige absolute Unwissenheit» [16].

Eine zweite Position läßt sich dadurch charakterisieren, daß in ihr, bei weitgehender Anerkennung der Resultate der Vernunftkritik, Defizite Kants hinsichtlich der Begründung des W. ausgemacht werden. Programmatisch wird dies von K. L. REINHOLD formuliert, wenn er feststellt, es fehle «jeder bisherigen Philosophie», selbst der Kantischen, «an nichts geringerem, als an einem Fundamente». Diese Überzeugung, daß ein «Fundament des philosophischen W.» erst zu schaffen sei, sei selbst «kein bloßes Meynen, sondern eigentliches ... W.» [17]. Das gesuchte Fundament könne nicht bewiesen und erklärt werden, sondern müsse unmittelbar durch sich selbst bestimmt und einleuchtend sein [18]. Sofern W. Bewußtsein (s.d.) ist, findet sich dieses Fundament «durch bloße Reflexion über die Thatsache des Bewußtseyns, das heißt, durch Vergleichung desjenigen, was im Bewußtseyn vorgeht»; hieraus «wissen wir: daß die Vorstellung im Bewußtseyn durch das Subjekt vom Objekt und Subjekt unterschieden, und auf beyde bezogen werde» [19]. Dieser «Satz des Bewußtseins» ist ein selbstexplikatives W. insofern, als er durch diejenige vergleichende Reflexion (Unterscheiden und Beziehen) zustande kommt, die er beschreibt. – Auch S. MAIMON versucht im kritischen Anschluß an Kant eine weitergehende Bestimmung des W. überhaupt zu geben; hierbei bestimmt er wohl als erster das W. prozedural, indem er das «unbestimmte Bewußtseyn» oder «Bewußtseyn überhaupt» mit der «Handlung des W. überhaupt» identifiziert [20]. Im Unterschied zu Reinhold sieht Maimon bei Kant in dem Fehlen eines höchsten Prinzips jedoch keinen Mangel, denn als «Wissenschaft von der Möglichkeit einer Wissenschaft überhaupt» müßten die Prinzipien der Philosophie wie bei jeder anderen Wissenschaft von ihr selbst verschieden sein [21]. Das Bewußtsein oder W. überhaupt als «der allgemeinste Gattungsbegriff im Erkenntnißvermögen» müsse daher, «seiner Natur nach, unbestimmt bleiben» [22]. An anderer Stelle bezeichnet Maimon das «W. überhaupt» als die «allgemeine Funktion unsers Erkenntnißvermögens, ohne welche alle übrige Funktionen ... unmöglich sind»; es sei eine «einfache, sich auf alle Gegenstände beziehende Handlung» vor aller Unterscheidung von Subjekt und Objekt, weshalb es dafür auch keinen adäquaten Ausdruck gebe [23].

2. *Der Streit um die Prinzipien des W. und die Möglichkeit eines absoluten W.* – Gegen Reinholds Versuch, das philosophische W. aus *einem* Prinzip zu begründen, erhebt sich von unterschiedlichen Positionen aus Widerspruch [24]. Wirkungsmächtig ist besonders G. E. SCHULZES anonym veröffentlichte Verteidigung des Skeptizismus (‹Aenesidemus›) als einer «kunstmäßigen und scientifischen Unwissenheit» [25], die sich gegen das «eingebildete W.» des Dogmatikers richte [26]. Demgemäß hat Schulze später das W. als «den Besitz einer über alle Zweifel erhabenen Einsicht von den zu jeder Erkenntniß, als solcher, wesentlich gehörigen Bestimmungen» bezeichnet [27]. Ein W. ist dann gegeben, «wenn das Gegentheil des Urtheils nicht gedacht werden kann» [28]. – In seiner Kritik des ‹Aenesidemus› spricht J. G. FICHTE einen solchen Status dem «Satz des Bewußtseins» zu, allerdings müsse der oberste Grundsatz der Philosophie als Wissenschaft keine Tatsache, sondern eine «Tathandlung» sein, womit Fichte Maimons Bestimmung des W. aufgreift [29]. Realisiert hat Fichte dieses Programm in seiner ‹Wissenschaftslehre› (s.d.), die den Begriff des W. überhaupt zum Zentralbegriff der Philosophie macht: «Wir haben den absolutersten, schlechthin unbedingten Grundsaz alles menschlichen W. aufzusuchen» [30].

Grundlage des W. ist eine «Thathandlung», in der das Ich «ursprünglich schlechthin sein eignes Seyn» setzt [31]. W. ist demnach bestimmt durch eine in der Spontaneität (s.d.) des Ich liegende absolute Selbstbezüglichkeit oder nichtrelationale Identität, die im obersten, schlechthin unbedingten Grundsatz der Wissenschaftslehre ausgedrückt wird. «Auf ihn gründet sich alles W., und ohne ihn wäre überhaupt kein W. möglich; er aber gründet sich auf kein anderes W., sondern er ist der Satz des W. schlechthin. ... Er begleitet alles W., ist in allen W. enthalten, und alles W. setzt ihn voraus» [32]. Die absolute Identität des obersten Grundsatzes des W. verbürgt die Identität des menschlichen W. überhaupt, nämlich seinen systematischen Charakter, der einen prinzipiellen Abschluß des W. in sich ermöglicht. Die Wissenschaftslehre «erschöpft» das «menschliche W. überhaupt» zwar nicht seinen Graden nach – denn in dieser Hinsicht ist es unendlich –, aber «der Art nach ist es durch seine Gesetze vollständig bestimmt» [33]. Gleichwohl begründet dieser «absolute Grundsaz alles W.» [34], wie Fichtes Spinoza-Kritik in diesem Zusammenhang deutlich macht, kein absolutes W. als W. des Absoluten, das über die Grenze des Ich hinausginge [35]. – In späteren Fassungen der ‹Wissenschaftslehre› hat Fichte die These vertreten, daß sich unser W. «nicht hinreichend aus sich selbst, sondern nur aus einem Grund erklären läßt, der dem W. gegenüber nicht nur vorgängig, sondern ihm auch unzugänglich ist» [36]. Nach einer Formulierung von 1806 ist das «reale Leben des W. ..., in seiner Wurzel, das innere Seyn, und Wesen des Absoluten selber» [37]. Das W. als Äußerung des Absoluten oder Gottes ist «Bild oder Schema» [38], daher aber kein W. des Absoluten selbst.

Mit seinen späten Positionen nähert sich Fichte einer 'spinozistischen' Lesart der Wissenschaftslehre an, die in den unmittelbaren Reaktionen dominiert hatte. So bezeichnet F. W. J. SCHELLING 1795 das Ich als das «Unbedingte im menschlichen W.», das durch seine Unmittelbarkeit (s.d.) gerade das von Spinoza gesuchte Prinzip sei [39]. Dieses werde zugänglich in einer «völlig thätigen» und «eben deßwegen produktiven und unmittelbaren» Anschauung, in der «unser W. ursprünglich und durch ein Ideal und Real zugleich ist» [40]. Darauf, daß «das absolut-Ideale das absolut-Reale» sei, beruhe die «Indifferenz des absoluten W. mit dem Absoluten selbst» [41]. Das absolute W. bezeichnet eine «reine Identität» überhaupt jenseits der Trennung des Objektiven und Subjektiven [42], weshalb es auch nicht mehr im Ich verortet wird; aufgrund dieser reinen (relationslosen) Identität ist das absolute W. aber auch nicht der begrifflichen Reflexion zugänglich, sondern nur der (intellektuellen) Anschauung. Diese Position behält Schelling prinzipiell auch in seinen späteren Texten bei: «Nicht ich weiß, sondern nur das All weiß in mir, wenn das W., das ich das meinige nenne, ein wirkliches, ein wahres W. ist» [43].

NOVALIS dagegen sieht W. grundsätzlich als relational an: «W. ... ist eine Beziehung auf das Seyn, im bestimmten Seyn überhaupt nemlich im Ich. ... D[as] Bewußtseyn ist die Sfäre des W. Beym Fühlen kann es nur mediat vorkommen» [44]. In dieser Bestimmung ist W. ein «Seyn außer dem Seyn, das doch im Seyn ist», nämlich wie das Bewußtsein überhaupt «ein Bild des Seyns im Seyn» [45]. Das W. bedarf daher der Ergänzung durch den Glauben, dessen Modus das Fühlen ist: «der Erfolg des W. beruht auf der Macht des Glaubens – In allem W. ist Glauben» [46]. Die Philosophie, die W. und Wissenschaft begründet, reicht daher auch an das Unbedingte oder Absolute selbst nicht heran.

Anders als Novalis bestimmt F. SCHLEGEL das Verhältnis von Glauben und W.: Glauben enthalte immer «etwas Ungewisses» und sei «das Mittlere» zwischen W. und Nichtwissen, weshalb er auch nicht «das erste und letzte» der Philosophie sein könne, diese sei vielmehr «schlechthin ein W.», und zwar ein «W. von ganz eigener Art, ein unendliches W.», welches «nicht bewiesen» werden könne, sondern nur der intellektuellen Anschauung als dem «Bewußtseyn von dem Bewußtseyn des Unendlichen» zugänglich sei [47]. Zwar sei das W. kein W. Gottes oder des Absoluten selbst, aber die «Ueberzeugung vom Sein Gottes» sei «W. (Transcendentes) und nicht Glaube» [48]. In seinen späteren Überlegungen hat Schlegel das W. dagegen an den Glauben gebunden: «Aus der doppelten Art des Glaubens entsteht das W.; das sich selbst beschränkende Denken ist Weisheit oder Verstand; der erst durch die Liebe und d[en] Glauben entsteht – und das einzige Werkzeug d[er] Wahrheit ist, wie Offenbarung die einzige Quelle» [49].

Für F. BOUTERWEK bezieht sich W. notwendig auf das Sein, weshalb auch dem Denken ein W. vorausgesetzt sein müsse, «auf dessen Principien wir alles Denken als wahr oder unwahr beziehen und es dadurch begründen». Die Suche nach dem «letzten Grund des W.» konvergiert daher mit der nach dem Absoluten [50]. Da unser W. jedoch nicht über die «absolute Reflexion», die Unterscheidung von Subjekt und Objekt, hinauskönne [51], bleibt es für Bouterwek im Endlichen und wird kein absolutes W.

Ähnlich argumentiert F. D. E. SCHLEIERMACHER, für den W. und Sein notwendig aufeinander bezogen sind: «W. und Sein giebt es für uns nur in Beziehung auf einander. Das Sein ist das Gewußte, und das W. weiß um das Seiende» [52]. Das «höchste W.» als «der schlechthin einfache Ausdruck des ihm gleichen höchsten Seins» [53] ist daher in unserem Bewußtsein «nur als der innere Grund und Quell alles andern W.», nicht aber «unmittelbar» an und für sich [54]. Näher ist W. dasjenige «Denken ..., welches a. vorgestellt wird mit der Nothwendigkeit daß es von allen Denkensfähigen auf dieselbe Weise producirt werde; und welches b. vorgestellt wird als einem Sein, dem darin gedachten, entsprechend» [55]. Aufgrund dieser unhintergehbaren Relationalität des W. kann auch für Schleiermacher die absolute Identität nicht als W. vollzogen werden.

3. *Absolutes W. (Hegel).* – Trotz unterschiedlicher Akzentuierungen im Begriff des W. und Situierungen des W. gegenüber anderen Formen des Fürwahrhaltens kommen die hier exemplarisch betrachteten Positionen der nachkantischen Philosophie darin überein, das W. zu beschränken und die Möglichkeit eines absoluten W. zu leugnen. Für G. W. F. HEGEL beruht dieses Leugnen auf unzureichenden Voraussetzungen; zwar sei im W. «zum Theil die Trennung» von Subjekt und Objekt gesetzt, was das W. zu einem Endlichen mache, aber «jedes W.» sei «zugleich eine Identität» und damit, wie das «Absolute selbst ... Identität der Identität und der Nichtidentität» [56]. Obwohl diese widersprüchliche Einheit für den frühen Jenaer Hegel noch nicht begrifflich vollziehbar ist, grenzt er sich damit gegenüber Kant, Fichte und Jacobi ab, welche die Vernunft «wieder zur Magd eines Glaubens» machten [57].

Die Möglichkeit und den Begriff eines absoluten W. hat Hegel dann in der ‹Phänomenologie des Geistes› expliziert. Das «W. im Allgemeinen» sei das «reine Selbsterkennen im absoluten Andersseyn» [58]. Die für das W. konstitutive Trennung wird somit als Selbstunterscheidung gefaßt, so daß «Begriff und Gegenstand, für ein anderes, und an sich selbst seyn, in das W. ... selbst fallen» [59]. Dies bedeutet zum einen, daß das W. nur in der systematischen Totalität der Unterschiede wirklich ist [60], und zweitens, daß diese Totalität sich in einer «dialektischen Bewegung» darstellt, «welche das Bewußtseyn an ihm selbst, sowohl an seinem W., als an seinem Gegenstande ausübt» und in welcher sich ihm «in der Veränderung des W. ... auch der Gegenstand selbst» ändert [61]. Die Bewegung des W. im Ganzen ist daher das Sichselbsterfassen des W. als Geist (s.d.) oder das absolute W. Die «letzte Gestalt des Geistes, der Geist, der seinem vollständigen und wahren Inhalte zugleich die Form des Selbsts gibt, und dadurch seinen Begriff ebenso realisirt als er in dieser Realisirung in seinem Begriffe bleibt, ist das absolute W.; es ist der sich in Geistgestalt wissende Geist oder das begreiffende W.» [62]. Dieses absolute oder «reine W.» bildet den Anfang der ‹Wissenschaft der Logik› [63]; demgemäß hat die Logik «als die Wissenschaft des reinen Denkens ... zu ihrem Elemente diese Einheit des Subjectiven und Objectiven, welche absolutes W. ist» [64]. Das «reine W.» als «Prinzip» der Logik sei die «concrete lebendige Einheit», worin «das Seyn als reiner Begriff an sich selbst, und der reine Begriff als das wahrhafte Seyn gewußt wird» [65]. Das reine oder absolute W. erfüllt sich daher auch im absoluten Begriff.

4. *Kritik des absoluten W.* – Möglichkeit, Status und Anspruch dieser Konzeption des absoluten W. sind seit Hegels Zeiten umstritten, wobei vor allem die religionsphilosophischen Konsequenzen im Mittelpunkt stehen [66]. Je nach Position gilt es als Beleg a) für die Hypertrophie menschlich-endlichen W. oder b) dafür, daß Hegels Philosophie säkulare Theologie sei. Jenseits dieser zum Vorurteil verfestigten Alternative ist der Versuch gemacht worden, das absolute W. als eine «integrale Theorie geistigen Lebens» zu interpretieren, die ihrem eigenen Anspruch nach geschichtlich fundiert sei [67].

Zu den grundlegenden Einwänden gegen Hegels Theorie des absoluten W. gehört die Bestreitung ihrer identitätsphilosophischen Prämissen: Sie sei «lediglich eine Lehre vom W. des Seins. Denn alles mögliche W. steht unter der Bedingung der ... ausnahmslosen Trennung der Momente der Subjektivität und Objektivität» [68]. Bereits 1829 hatte C. F. GÖSCHEL in diesem Sinne das W. als das «Negative», «Formale» und «Subjective» dem Glauben als dem «Positiven», «Realen» und «Objectiven» entgegengestellt [69]. Und auch von einer ganz anderen Position aus bezeichnet L. FEUERBACH das «W. des Menschen» als etwas, «welches den Dingen nachfolgt als Abbild derselben» [70]. Im gleichen Sinne argumentieren K. MARX und F. ENGELS, wenn sie das absolute W. als eines ansehen, das «von keiner gegenständlichen Welt mehr geniert wird» [71]. Das absolute W. gibt, Marx zufolge, vor, «als W. ... unmittelbar das andere seiner selbst, Sinnlichkeit, Wirklichkeit, Leben zu sein» [72]. Demgegenüber sei die dialektische Bewegung des W., die «Arbeit des Geistes», als das gegenständliche, «wirkliche, thätige Verhalten des Menschen», als wirkliche Arbeit zu dechiffrieren [73].

Diese im Rahmen der Konzepte einer Philosophie der Tat bzw. 'Verwirklichung der Philosophie' (s.d.) vollzogene Bestimmung des W. als Moment von Praxis, wie es auch in der ‹11. Feuerbach-These› zum Ausdruck kommt [74], signalisiert eine Verschiebung im Verständnis von W., das nun vor allem im Verhältnis zum Wollen und Handeln und damit zur menschlich-geschichtlichen Wirklichkeit bestimmt wird. Bereits für A. SCHOPENHAUER, der W. als abstrakte Erkenntnis begreift [75], ist es das «Ende und Ziel alles W. ..., daß der Intellekt alle Aeußerungen des Willens ... in die abstrakte Erkenntniß aufgenommen habe» [76]. Für S. KIERKEGAARD ist das Ethische ein W., das «jeder Mensch ... in jedem Augenblick verwirklichen soll» [77]; das Ethische verhält sich dadurch «gleichgültig zum W., d.h., es nimmt an, daß jeder Mensch es weiß» [78]. Während das W. sonst immer ein W. von etwas ist oder Selbsterkenntnis (s.d.) [79], ist der Gegenstand hier in der Unmittelbarkeit des zu verwirklichenden ethischen W. verschwunden [80].

Eine weitergehende Depotenzierung des W. erfolgt bei F. NIETZSCHE: «Unser W. ist die abgeschwächteste Form unseres Trieblebens; deshalb gegen die starken Triebe so ohnmächtig» [81]. Die komplexe Verhältnisbestimmung von Leben und Bewußtsein, Lebenszusammenhang und W.-Vollzug wird auch für die Erkenntnistheorie der Geisteswissenschaften (W. DILTHEY) [82] wie für die Lebensphilosophie [83] und die Phänomenologie [84] zu einem wichtigen Thema. Auf Nietzsche greift später noch M. FOUCAULTS machttheoretische Perspektivierung des W. zurück (s. unten Teil VII.).

Anmerkungen. [1] I. KANT: KrV A 396f.; vgl. auch: Art. ‹Absolut; Absolute, das›. Hist. Wb. Philos. 1 (1971) 19ff. – [2] KrV B 833. – [3] B 850. – [4] Logik JÄSCHE, Einl. IX (1800). Akad.-A. 9, 66. – [5] a.O. 70f. – [6] 71. – [7] Einl. VI, a.O. 44f.; vgl. Art. ‹Unwissenheit›. Hist. Wb. Philos. 11 (2001) 341-348, bes. 345f. – [8] KrV B XXX. – [9] Vgl. hierzu auch: Art. ‹Glauben und W.›. Hist. Wb. Philos. 3 (1974) 646ff. – [10] J. G. HAMANN: Sokratische Denkwürdigkeiten (1759). – [11] Vgl. O. BAYER: Hamanns Metakritik Kants (2002) 140f. – [12] J. G. HERDER: Eine Metakritik zur Kritik der reinen Vernunft, 2. Teil: Vernunft und Sprache 14, 7 (1799). Werke 8: Schr. zur Lit. und Philos. 1792-1800, hg. H. D. IRMSCHER (1998) 585. – [13] J. G. HAMANN: Sokrat. Denkwürdigkeiten (1759). Sämtl. Werke, hg. J. NADLER (1949-57) 2, 73f. – [14] J. G. HERDER: Über W., Ahnen, Wünschen, Hoffen und Glauben (1797). Werke, a.O. [12] 301. – [15] F. H. JACOBI: Über die Lehre des Spinoza ... (1785). Werke, hg. K. HAMMACHER/W. JAESCHKE 1/1 (1999) 116. – [16] D. Hume über den Glauben ..., Beylage: Ueber den transscendentalen Idealismus (1787, ²1815). Werke 2, hg. F. ROTH/F. KÖPPEN (1815) 310. – [17] K. L. REINHOLD: Ueber das Fundament des philos. W. (1791) 3. – [18] a.O. 83. – [19] 78; vgl. bereits: Versuch einer neuen Theorie des menschl. Vorstellungsvermögens (1789) 235. – [20] S. MAIMON: Versuch einer neuen Logik ... (1794). Ges. Werke, hg. V. VERRA (1970) 5, 301f. – [21] a.O. 447f. – [22] 459. – [23] Die Kathegorien des Aristoteles (1794), a.O. 6, 111f. – [24] Vgl. D. HENRICH: Konstellationen (1991). – [25] G. E. SCHULZE: Aenesidemus (1792), hg. M. FRANK (1996) 26. – [26] a.O. 280. – [27] Die Hauptmomente der skept. Denkart über die menschl. Erkenntniß § 5. Neues Museum der Philos. und Lit., hg. F. BOUTERWEK 3, 2 (1805) 3-57, 4f. – [28] Ueber die menschl. Erkenntnis (1832) 165ff. – [29] J. G. FICHTE: Rezension: Aenesidemus (1794). Akad.-A. I/2, 46. – [30] Grundlage der ges. Wissenschaftslehre (1794). Akad.-A. I/2, 255. – [31] a.O. 261. – [32] Ueber den Begriff der Wissenschaftslehre (1794). Akad.-A. I/2, 121. – [33] a.O. 129f. – [34] a.O. [30] 262. – [35] 263f.; vgl. auch zum Folgenden: L. HÜHN: Fichte und Schelling oder: Über die Grenze des menschl. W. (1994). – [36] J. STOLZENBERG: Absolutes W. und Sein. Zu Fichtes Wissenschaftslehre von 1801/02. Fichte-Studien 12 (1997) 307-322, 307; vgl. W. JANKE: Das W. ist an sich die absolute Existenz. Perspektiven Philos. 22 (1996) 189-230. – [37] J. G. FICHTE: Die Anweisung zum seligen Leben ... (1806). Akad.-A. I/9, 89. – [38] Die Wissenschaftslehre in ihrem allg. Umrisse § 1 (1810). Sämmtl. Werke, hg. I. H. FICHTE (1845/46, ND 1965) 2, 696; vgl. Wissenschaftslehre (1810). Akad.-A. II/11, 378f. – [39] Vgl. F. W. J. SCHELLING: Vom Ich als Princip der Philos. oder über das Unbedingte im menschl. W. (1795). Sämmtl. Werke, hg. K. F. A. SCHELLING (1856-61) I/1, 155; vgl. Br. an G. W. F. Hegel (4. 2. 1795), in: G. W. F. HEGEL: Briefe, hg. J. HOFFMEISTER (1969) 1, 22. – [40] Abh. zur Erläuterung des Idealismus der Wissenschaftslehre (1796/97), a.O. 379. – [41] Ideen zu einer Philos. der Natur (1797, ²1803), a.O. I/2, 59. – [42] a.O. 62; System des transsc. Idealismus § 1 (1800), a.O. I/3, 339. – [43] System der ges. Philos. (1804), a.O. I/6, 140; vgl. Art. ‹Urwissen›. Hist. Wb. Philos. 11 (2001) 485f. – [44] NOVALIS (F. VON HARDENBERG): Fichte-Studien, Bemerkungen 2 [1795/96]. Schr., hg. P. KLUCKHOHN/R. SAMUEL 2 (³1981) 105. – [45] a.O. 106. – [46] Teplitzer Fragmente 25 [1798], a.O. 599. – [47] F. SCHLEGEL: Transcendentalphilos. [1800-01]. Krit. Ausg., hg. E. BEHLER (1958ff.) 12, 24. – [48] Philos. Lehrjahre, Fragm. 849 [1796-1806], a.O. 18, 99. – [49] Fragm. 155, a.O. 19, 220. – [50] F. BOUTERWEK: Idee einer Apodiktik (1799, ND 1968) 1, 27. – [51] a.O. 2, 298. – [52] F. D. E. SCHLEIERMACHER: Einl. (1816/17), in: Ethik (1812/13), hg. H.-J. BIRKNER (1981) 192. – [53] a.O. 194. – [54] 196. – [55] Vorles. über die Dialektik [1811ff.]. Krit. Ges.ausg. II/10, hg. A. ARNDT (2002) 1, 90. – [56] G. W. F. HEGEL: Differenz des Fichte'schen und Schelling'schen Systems der Philos. (1801). Akad.-A. 4, 63f. – [57] Glauben und W. (1802), a.O. 316. – [58] Phänomenol. des Geistes (1807). Akad.-A. 9, 22. – [59] a.O. 59. – [60] Vgl. 21: «daß das W. nur als Wissenschaft oder als System wirklich ist, und dargestellt werden kann». – [61] 60. – [62] 427. – [63] Wissenschaft der Logik I: Die objective Logik (1812/1813). Akad.-A. 11, 33. – [64] a.O. 30. – [65] Wissenschaft der Logik I: Die Lehre vom Sein (1832). Akad.-A. 21, 45. – [66] E. CORETH: Zu Hegels absolutem W. Aquinas 24 (1981) 213-244, 227: Das «im letzten entscheidende Problem, das sich vom 'absoluten W.' her stellt, ist die Frage nach Hegels Gottesbegriff». – [67] W. JAESCHKE: Das absolute W. Hegel-Jb. (2001) 286-295, 293f. – [68] B. BURKHARDT: Hegels ‹Wissenschaft der Logik› im Spannungsfeld der Kritik (1993) 321. – [69] ANON. (C. F. GÖSCHEL): Aphorismen über Nichtwissen und absolutes W. (1829) 143. – [70] L. FEUERBACH: Grundsätze der Philos. der Zukunft (1843). Ges. Werke, hg. W. SCHUFFENHAUER 9 (1970) 278. – [71] K. MARX/F. ENGELS: Die heilige Familie (1845). MEW 2, 203. – [72] K. MARX: Ökon.-philos. Ms., Heft III [1844]. MEGA² I/2, 411. – [73] a.O. 404f. – [74] Thesen über Feuerbach 11 [1845]. MEW 3, 7. – [75] A. SCHOPENHAUER: Die Welt als Wille und Vorst. I, 1, § 10 (1819, ²1844). Sämtl. Werke 2, hg. A. HÜBSCHER (²1949) 60. – [76] Neue Paralipomena IV, § 102. Handschriftl. Nachl., hg. E. GRISEBACH 4 (1892) 95. – [77] S. KIERKEGAARD: Die Dialektik der eth. und der eth.-relig. Mitteilung [1847], hg. T. HAGEMANN (1997) 23. – [78] a.O. 19. – [79] 22. – [80] 24; vgl. Art. ‹Mitteilung; Mitteilbarkeit; indirekte Mitteilung 2.›. Hist. Wb. Philos. 5 (1980) 1426ff. – [81] F. NIETZSCHE: Nachgel. Frg., Anfang 1880-Frühjahr 1881 6[64]. Krit. Ges.ausg., hg. G. COLLI/M. MONTINARI (1967ff.) 5/1, 540. – [82] Vgl. auch: Art. ‹Bewußtseinsstellung›. Hist. Wb. Philos. 1 (1971) 902f.; ‹Erleben; Erlebnis›, a.O. 2 (1972) 702-711; ‹Lebendigkeit›, a.O. 5 (1980) 107-110. – [83] H. BERGSON: L'évolution créatrice (Paris 1907, ⁵1909) 191ff.; vgl. Art. ‹Elan vital›. Hist. Wb. Philos. 2 (1972) 437. – [84] Vgl. Art. ‹Vorwissenschaftlich; Vortheoretisch›. Hist. Wb. Philos. 11 (2001) 1273-1276.

A. ARNDT

VI. *19. und 20. Jh.* – In der Erkenntnistheorie des 19. und frühen 20. Jh. tritt der W.-Begriff hinter die Begriffe ‹Erkenntnis› (s.d.) bzw. ‹Wissenschaft› (s.d.) zurück. So stellt etwa W. WINDELBAND dem «Meinen und Glauben» das «Erkennen und W.» gegenüber, wobei eine Differenzierung von «Erkennen» und «W.» nicht mehr vorgenommen wird [1]. Die Bevorzugung der Begriffe ‹Erkenntnis› und ‹Wissenschaft› mag sich dem Umstand verdanken, daß sich in Absetzung von Hegels Konzeption des «absoluten W.» ‹W.› als Kernbegriff für eine neu zu schaffende Grundlagenwissenschaft nicht mehr vorrangig anbietet. Zu dieser Vermutung paßt auch R. SEYDELS Einschätzung der nachkantischen erkenntnistheoretischen Bestrebungen als «Wissenschaft von den Wissenschaften» [2]. W. wird insbesondere im Neukantianismus mit Wissenschaft als begründetem W. [3] – und zwar durchaus auch im Sinne der positiv vorfindlichen Wissenschaften – in Verbindung gebracht, wobei der Begriff ‹W.› nicht mehr eigens als zentrales Problem angesprochen wird; es stellt sich hier vielmehr die Frage nach einer Wissenschaftskunde oder Wissenschaftstheorie [4]. Mit der Orientierung an den Wissenschaften geht vielfach auch eine Betonung der Praxis einher: So wird ‹W.› einerseits vor dem Hintergrund der Zweckmäßigkeit thematisiert und andererseits lediglich in bezug auf die jeweils als wissenschaftlich erachteten Methoden der Wissenschaften – etwa die stetige Überprüfung – bestimmt. Hierbei spielt auch das W. als Bekanntschaft, als Kennen oder als habituelles W. eine zunehmende Rolle. Dem entspricht in der hermeneutischen Tradition eine Hinwendung zum «sittlichen W.», das gerade auch in bezug auf die Befähigung zum Handeln verstanden wird.

In der zweiten Hälfte des 20. Jh. gewinnt der W.-Begriff dann wieder eine stärkere Bedeutung, vornehmlich vor dem Hintergrund der Problematisierung von Rechtfertigung und Begründung, insbesondere in Auseinandersetzung mit dem Skeptizismus bzw. der Möglichkeit fundamentalen Irrtums. Hierbei ist zu beachten, daß in der anglo-amerikanischen Verwendung des Begriffs ‹knowledge› nicht zwischen W. und Erkenntnis differenziert wird.

1. J. F. FRIES bestimmt W. als «vollständige Gewissheit» [5] und vertritt die Auffassung, daß «W. ... zur vollständigen Gewissheit» [6] führe. Sie ist als eine von drei «Ueberzeugungsweisen» [7] zu unterscheiden vom Glauben und 'Ahnden' bzw. Meinen; letztere sind im Vergleich zum W. unter dem Aspekt der Gewißheit nur «mangelhafte» [8] Zustände. Fries differenziert sodann näher sowohl genetisch als auch systematisch zwischen verschiedenen Arten von W., wobei er Kants Dualismus von apodiktischem, notwendigem W. und empirischem bzw. historischem W. besonders betont. Apodiktisches W. entsteht durch Konstruktion mit Hilfe mathematischer Begrifflichkeit oder durch Verstandestätigkeit im Sinne eines philosophischen Umgangs mit Begriffen [9]. Damit korrespondiert auch Fries' Umgang mit dem Begriff der Erkenntnis bzw. die Kontrastierung von empirischer und apriorischer Erkenntnis [10], wie überhaupt W. und Erkenntnis auch in untergeordneten Unterscheidungen nicht scharf getrennt werden [11]. Philosophisches W. stellt im Unterschied zur mathematischen Konstruktion keine neuen Tatbestände dar, sondern ist eine in gedanklicher Anstrengung gewonnene Sammlung präzisierter Überzeugungen, deren Rohform bereits im «gemeinen W. und Denken» [12] vorliegt. Historisches W. speist sich aus der Anschauung bzw. der Sinnestätigkeit [13], aus der durch Anwendung von Begriffen jenes W. wird, wie es in den Naturwissenschaften entsteht, wo das anschaulich Gegebene allgemeinen Regeln zugeordnet und diesen gemäß erklärt wird. Dieser Hierarchie entspricht die Voraussetzungshaftigkeit mathematischen (auch mathematisch-naturwissenschaftlichen) und philosophischen W. Die Empirie läßt sich «populär mittheilen» [14], philosophisches W. nur von dem, der einschlägiges W. besitzt; mathematisches W. muß selbsttätig in einem Bildungsgang erworben werden. Die Entstehung «höheren W.» ist die «Sache eines Standes, das der Gelehrten ... Nur für den kann sie statt finden, der selbstthätig zu Denken gelernt hat und es noch thut» [15].

B. BOLZANO definiert ‹W.› als Disposition (s.d.): «Das scheinet es auch zu seyn, was die Redensart, man sey sich einer Vorstellung bewußt, oder man wisse, daß man sie habe, ausdrücken will. Denn wenn wir Jemand ein W., nämlich das W. der Wahrheit *A* beilegen: so wollen wir damit keineswegs sagen, daß er das Urtheil *A* in eben dem Augenblicke, wo wir ihm diese Beschaffenheit des W. zuschreiben, fälle; sondern es genügt uns, wenn er dieß

Urtheil nur schon irgend einmal gefällt hat, und gegenwärtig nichts als eines äußeren Anlasses bedarf, um es zu wiederholen. Somit ist es nicht das wirkliche Fällen des Urtheils *A*, sondern nur eine gewisse Fähigkeit, dasselbe zu fällen, was wir das W. der Wahrheit *A* nennen» [16]. Für diese Fähigkeit ist es erforderlich, eine Vorstellung von eben der Vorstellung, über die das Urteil gefällt werden soll, zu haben. ‹W.› wird also als ein reflexiver Begriff bestimmt, in dem das Selbstwissen von den eigenen Vorstellungen grundlegender Bestandteil ist: «Wer also eine gewisse Vorstellung *a* nur schlechtweg, nicht aber auch eine Vorstellung von dieser Vorstellung hätte, der könnte eben darum auch das Urtheil, daß er die Vorstellung *a* habe, nicht fällen» [17]. Daraus folgt für ihn allerdings nicht die Notwendigkeit, eine besondere Theorie des Selbstbewußtseins zu vertreten: Es kennzeichnet gerade das Bewußtsein überhaupt, daß es «das W. oder Erkennen einer Wahrheit sey» [18]. Die gesamte Summe menschlichen W. ist ihm nur ein verschwindender Teilbereich im «ganz unermeßlichen Gebiete aller Wahrheiten, die es an sich gibt» [19] und von dem die größten Teile nicht nur unbekannt bleiben müssen, sondern vieles auch gar nicht wissenswert ist. Ziel der «Wissenschaftslehre» (s.d.) ist es daher, «das gesammte Gebiet des menschlichen W., oder vielmehr jenes der Wahrheit überhaupt» [20], nach Zwecken aufzuteilen und die Auswahl des Wissenswürdigen zu erleichtern.

F. Brentano unterscheidet zwischen aktuellem und habituellem W. (zu ‹W.› als ‹habitus› bzw. ‹hexis› vgl. oben II.), wobei er unter letzterem den «Glauben an die Wissenschaft» versteht, ohne den es gar nicht möglich sei, «einen wissenschaftlichen Bau aufzuführen» [21]. Mit «habituellem W.» bezeichnet Brentano nicht nur die nicht erneut überprüften Glieder der Kette einer Schlußfolgerung einer bestimmten Wissenschaft, sondern er spricht mit diesem Begriff gerade die Arbeitsteilung sowohl innerhalb einer Wissenschaft als auch verschiedener Wissenschaften untereinander an: «die Erkenntnis, die einer erlangt, [erweist sich] dem späteren Denken anderer [förderlich]. Es kann dies geschehen, indem einer dem anderen den Weg weist, den er selbst gegangen ist. Er teilt ihm den gefundenen Beweis und so das ganze W. mit, das der andere auf diese Weise mit relativ geringer Mühe erlangt» [22]. Doch ist für das habituelle W. die Kenntnis des wissenschaftlichen Vorgehens nicht erforderlich: «Eine populäre Darstellung der Ergebnisse astronomischer Forschung gibt auch denen, welchen die mathematischen Berechnungen und teleskopischen Beobachtungen gleich fremd geblieben sind, über die Rätsel des Himmels Aufschluß» [23]. Indem Brentano das habituelle W. als «Vertrauen auf ein fremdes W.», als gläubige Teilnahme an der Wissenschaft [24] dem aktuellen W. beinahe gleichstellt, eröffnet er eine 'reliabilistische' Perspektive auf W., die sich deutlich an dem tatsächlichen Wissenschaftsvollzug orientiert (vgl. unten 7.).

Während Bolzano und Brentano – orientiert an der wissenschaftlichen Praxis – W. auch vor dem Hintergrund der Zweckmäßigkeit betrachten, bringt W. Wundt ‹W.› in Zusammenhang mit ‹Evidenz› (s.d.) und ‹Gewißheit› (s.d.), indem er versucht, die «Beziehung, in welcher der Begriff der Evidenz zu dem des W. und der Gewißheit steht», durch eine «Untersuchung der allgemeinen Erkenntnisprobleme» [25] zu klären. Zunächst unterscheidet er ‹Glauben›, ‹Meinung›, ‹Vermutung› und ‹W.› und gibt folgende Nominaldefinition: «Das subjektive Fürwahrhalten nennen wir Glauben, das objektive bezeichnen wir als Meinung oder, sofern es sich auf Zukünftiges bezieht, als Vermutung. Aus Meinung und Vermutung entsteht endlich, sobald sich mit ihnen die Überzeugung ihrer tatsächlichen Wahrheit verbindet, das W.» [26]. «Objektives Fürwahrhalten» meint das Stützen auf objektive Gründe oder Zeugnisse (Tatsachen). Als Kriterium für W. (allerdings auch für festen Glauben) nennt er «die Sicherheit der Überzeugung», wobei «W. die Überzeugung einschließt, daß künftige Erkenntnisse das Urteil nicht umstoßen könnten» [27]. Wundt unterscheidet zwischen unmittelbarer und mittelbarer Gewißheit, wobei «alle objektive Gewißheit mittelbarer Natur» ist, die unmittelbare «subjektive Gewißheit führt niemals über das erkennende Subjekt hinaus» [28]. Gewißheit in der wissenschaftlichen Forschung wird auch für ihn durch stete Kontrolle und Bewährung der Resultate erlangt [29]. Objektive Gewißheit wird für ihn damit zu einem Grenzfall der Wahrscheinlichkeit (s.d.), der in der tatsächlichen wissenschaftlichen Forschung durch stete Berichtigung der Wahrnehmung erreicht wird.

H. Rickert gibt keine Definition oder Füllung des W.-Begriffs, er grenzt lediglich W. von bloßem Glauben ab und fordert, daß sich die theoretische Philosophie den «Wahrheiten der Wissenschaften» oder den «wahren Sätzen der Wissenschaften» in einer «Wissenschaftslehre» widmen müsse [30] – dies ist wohl als Anzeichen einer 'Überformung' des Begriffs ‹W.› durch ‹Wissenschaft› im Neukantianismus zu werten. B. Bauch unterscheidet zwischen ‹W.› und ‹Erkennen›, wobei ‹W.›, das «ganz allgemein den Besitz oder das Haben von Kenntnissen ... bezeichne» [31], als wesentlich passive, «bloß aufnehmende Tätigkeit» gekennzeichnet wird, wohingegen ‹Erkennen› eine «eigene innere Aktivität und Lebendigkeit der Selbsttätigkeit» meine [32].

2. Ähnlich wie Fries schließt sich auch H. von Helmholtz Kant an, wenn er die Abhängigkeit des W. sowohl von Erfahrung wie von Formen der Anschauung betont [33]. Allerdings ist bei Helmholtz der vorrangig erläuternde Begriff der der Vorstellung. Diese wird als mentale Modellierung gedacht: Etwas zu wissen bedeute, über die «richtig gebildeten Vorstellungen» [34] zu verfügen, die «uns genügende Anweisungen über die Folgen unserer Handlungen der Außenwelt gegenüber geben und uns richtige Schlüsse über die zu erwartenden Veränderungen derselben ziehen lassen» [35]. W. über die Außenwelt ist also nur gewährleistet durch den praktischen Vollzug von Handlungen und Wissenschaften. E. Haeckel versteht die Verknüpfung von Vorstellung und Realität evolutionistisch und sieht hierdurch ein W. über die 'Realität' begründet [36]. Dieser Gedanke kehrt in der neueren evolutionären Erkenntnistheorie wieder [37]. Er betrifft aber weniger den Begriff des W. selbst als vielmehr das Objekt des W., nämlich die Frage, ob es ein W. von der 'Realität der Außenwelt' (s.d.) geben könne.

E. Mach betont in Humescher Tradition den grundsätzlich fallibilistischen Charakter der Erfahrung, wobei er die Rolle der Gewohnheit bei der Bildung von Erkenntnissen selbst im Falle mathematischen W. hervorhebt [38]. Der W.-Begriff selbst spielt bei Mach keine prominente Rolle; dies mag damit zusammenhängen, daß er schon unter Erkenntnis ein «uns unmittelbar oder doch mittelbar biologisch förderndes psychisches Erlebnis» versteht; es sind «dieselben psychischen Funktionen, nach denselben Regeln ablaufend ..., welche einmal zur Erkenntnis, das andere Mal zum Irrtum führen» [39]. Der Schutz vor Irrtum, der durch «sorgfältige, allseitige Prüfung» [40] geleistet werden kann, ist vor diesem Hintergrund entscheidender als die Auszeichnung von W.

3. Auch für E. HUSSERL verbindet sich der Begriff ‹W.› – der ausdrücklich mit ‹Erkenntnis› gleichgesetzt wird [41] – eng mit ‹Wissenschaft›, wobei für Husserl zum «Wesen der Wissenschaft ... die Einheit des Begründungszusammenhanges» in Form einer Theorie gehört [42]. Das W. «im engsten und strengsten Sinne» erfordert eine besondere Weise des Gegebenseins, «die Evidenz, ... daß ist, was wir anerkannt, oder nicht ist, was wir verworfen haben» [43]. In einem weiteren, «aber doch nicht ganz laxen Sinne» ist W. vom «grundlosen Meinen» verschieden, indem ein W. auch dann noch beansprucht wird, wenn der Beweis z.B. vergessen worden ist [44]. Später wird die Verknüpfung des W.-Begriffs im engeren Verständnis mit dem Evidenz-Begriff systematisch in eine Transzendentalphilosophie überführt, die die Feststellung von Evidenz zur offenen Aufgabe macht, was in historischer Perspektive bedeutet, daß neben dem alltäglichen Urteilen auch Wissenschaft sich in einer Folge von «Approximationen» [45] an den strengen W.-Begriff entfaltet.

4. Auf seiten der Hermeneutik unternimmt W. DILTHEY eine historische Rekonstruktion des W.-Begriffs, beginnend mit den griechischen Anfängen [46]. Die für seine Konzeption wichtigen Bestimmungen ergeben sich aber wissenschaftsphilosophisch. Die zentrale Aufgabe erblickt Dilthey darin, die «Natur des W.» für das spezifische Gebiet der Geisteswissenschaften aufzuklären und eine Alternative zu der aus der «meist in naturwissenschaftlichen Beschäftigungen erwachsenen Begriffsbestimmung des W.» [47] zu formulieren. Nichtsdestoweniger verbindet sich die Konzeption eines besonderen geisteswissenschaftlichen W. mit dem Anspruch eines reflexionsgestifteten «objektiven W. von der geschichtlichen Welt» [48], das seinen Ausgang von allgemeinen Lebensbezügen nimmt. Diese werden «in der Lebenserfahrung durch ein der Induktion äquivalentes Verfahren zu allgemeinem W. erhoben» [49]. Die Einbettung von W. in den Lebensvollzug bildet dann auch ein Thema M. SCHELERS [50], das von M. HEIDEGGER aufgenommen wird. Bei Heidegger – wie später auch in H.-G. GADAMERS Anknüpfung an Diltheys wissenschaftsphilosophisches Projekt – wird allerdings Diltheys Objektivismus aufgegeben. HEIDEGGERS Analyse zielt nicht auf den Rechtfertigungsprozeß von W.-Ansprüchen, sondern beschreibt W. als Teil des Daseins, das je «verstanden bzw. nicht verstanden hat, so oder so zu sein» [51]. W. als Verstehen «gehört zum Sein» [52]. W. kann als alltägliche Selbstverständlichkeit durch Neugier entstehen; diese «besorgt ein W., aber lediglich um gewußt zu haben» [53]. W. im Dasein ist keine Angelegenheit isolierter Subjekte. Es schließt u.a. Situationen des Sichmitteilens bzw. Hörensagens ein, so daß auch das aus «solchem Hörensagen erwachsende W.» in seinem Recht ist, «immer noch das Seiende selbst meint» [54]. GADAMER unterscheidet zwischen theoretischem W., dem «W. der Wissenschaft», das «W. vom Unveränderlichen» ist und «jeder lernen» [55] kann, sowie «sittlichem W.», in dem jeder von dem, was er weiß, unmittelbar betroffen ist. Aus diesem erwachsen die Geisteswissenschaften: Sie streben moralisches W. an, in dem der Mensch sich «als ein Handelnder» begreift [56]. Dieses W. des Menschen vom Menschen will «nicht feststellen, was ist», es soll «sein Tun leiten» [57]. Es enthält «die Aufgabe der Anwendung in sich» [58]; dies verweist wiederum auf den Traditionsbegriff der philosophischen Hermeneutik.

5. In L. WITTGENSTEINS späten Aufzeichnungen finden sich diverse Überlegungen zum W.-Begriff, vornehmlich in Auseinandersetzung mit G. E. MOORE [59]. Das Verhältnis von Glauben und W. bestimmt WITTGENSTEIN anhand der Faktizität des verbalen Gebrauchs: «Man kann sagen ‘Er glaubt es, aber es ist nicht so’, nicht aber ‘Er weiß es, aber es ist nicht so’» [60]. Diese Differenz verdankt sich nicht unterschiedlichen mentalen Zuständen: «Zu meinen, den Worten ‘glauben’ und ‘wissen’ müßten verschiedene Zustände entsprechen, wäre so, als glaubte man, dem Worte ‘ich’ und dem Namen ‘Ludwig’ müßten verschiedene Menschen entsprechen, weil die Begriffe verschieden sind» [61]. Vielmehr liegt im Gebrauch des W.-Begriffs eine Art Versprechen an andere: «‘ich weiß ...’ sagt man, wenn man bereit ist, zwingende Gründe zu geben. ‘Ich weiß’ bezieht sich auf eine Möglichkeit des Dartuns der Wahrheit» [62]. Dies stellt eine Abkehr von der internalistischen cartesianischen Tradition dar, indem der W.-Begriff von einer privaten, eigenpsychischen Einschätzung gelöst und die epistemische Bewertung an die Gemeinschaft der Betrachter überantwortet wird. Zugleich trennt Wittgenstein W. und Gewißheit; W. resultiert nicht aus Gewißheit, sondern die «Gewißheit ist gleichsam ein Ton, in dem man den Tatbestand feststellt, aber man schließt nicht aus dem Ton darauf, daß er berechtigt ist» [63]. Wittgensteins Auffassung mündet in transzendentalphilosophische Überlegungen, was sie nicht nur vom kriterienbezogenen Externalismus der Gegenwart, etwa dem Reliabilismus (vgl. unten 7.) abhebt, sondern auch eine Rehabilitierung des Glaubensbegriffs mit sich bringt. In kritischer Abkehr von «wissenschaftlicher Weltvergewisserung» stellt Wittgenstein den Glauben als unbegründete bzw. unbeweisbare Gewißheit [64] über das W.: «Wir wissen, daß die Erde rund ist. Wir haben uns endgültig davon überzeugt, daß sie rund ist. Bei dieser Ansicht werden wir verharren, es sei denn, daß sich unsere ganze Naturanschauung ändert. ‘Wie weißt du das?’ – ‘Ich glaube es’» [65]. Wittgenstein bettet die Rechtfertigung von W.-Ansprüchen damit in Lebensformen ein, die selbst nicht mehr gerechtfertigt werden können, so daß eine Auszeichnung als W. nur eine Binnenregelung in den Grenzen eines Glaubenssystems ist [66].

Auch die Unterscheidung zwischen W. in der Art des Kennens von etwas («knowledge by acquaintance») und W. über etwas («knowledge by description»), gemeinhin mit Arbeiten von B. RUSSELL [67] und W. JAMES [68] verbunden, betont das Primat eines nicht weiter begründbaren W., wobei Kenntnis von bzw. Bekanntschaft mit Objekten als vorgängig, als eine Art Basis des beschreibenden W. angesehen wird. Die Unterscheidung geht tatsächlich bereits auf J. GROTE und H. VON HELMHOLTZ zurück. GROTE erläutert: «Our knowledge be contemplated in either of two ways ... we know a thing, a man, etc.; or we may use it thus: we know such and such things about the thing, the man, etc.» [69]. HELMHOLTZ stellt analog dem «begrifflichen» W. das Kennen von Dingen gegenüber, welches «den allerhöchsten Grad von Bestimmtheit» [70] aufweisen könne. Anders als Helmholtz bestimmt M. SCHLICK das Kennen (im Anschluß an A. RIEHL) auch als «unmittelbares W.». Aus der Sicht der Wissenschaft stellt er aber – in Abwehr des Intuitionismus H. BERGSONS – das begriffliche Erkennen über das intuitive W. [71]. In der gegenwärtigen Erkenntnistheorie wird die Möglichkeit unbegrifflichen W. in Verbindung mit der Frage nach Formen nicht-propositionalen Erkennens wieder zunehmend diskutiert [72]. Dabei wird der Begriff des Kennens (W. durch Bekanntschaft) auch für sprachliche und bildliche «Vergegenwärtigungen» in Anspruch genommen [73].

Eine andere wichtige Unterscheidung ist die wissenschaftstheoretische zwischen explizierbarem und implizitem (stillem) W. Im Gegenzug zur Vorstellung der politisch-sozialen Steuerbarkeit des wissenschaftlichen Fortschritts hat M. POLANYI die Konzeption des «tacit knowledge» vertreten, derzufolge in jeden offenkundigen Versuch des W.-Erwerbs subsidiäres W. eingeht, das sich nicht darstellen läßt [74]. Die von Polanyi angegebenen Beispiele impliziten W. verweisen durchgängig auf die durch alltagssprachliche Phänomene motivierte Entgegensetzung von 'W., wie ...' oder Können («to know how») und 'W., daß ...' («to know that») bei G. RYLE [75].

Im Rahmen der Diskussion innerhalb der Ordinary Language Philosophy (s.d.) unterscheidet N. MALCOLM zwischen W. im schwachen («weak», «lax») und im strengen («strong») Sinn. «When I use 'know' in the weak sense I am prepared to let an investigation ... determine whether the something that I claim to know is true or false. When I use 'know' in the strong sense I ... do not admit that my proposition could turn out to be false» [76]. Strenges W. bezieht sich hierbei explizit nicht nur auf ein W. a priori, sondern auch auf empirisches W. [77]. J. HINTIKKA greift diese Unterscheidung auf, hebt aber in seiner Analyse der logischen Form von W.-Aussagen hervor, daß nur strenges W. im ursprünglichen oder vollständigen Sinne W. sei («'primary' or 'full' sense of the word») [78]; der im alltäglichen Sprachgebrauch häufiger anzutreffende schwächere Sinn «means little more than 'is aware' or 'rightly believes'» [79]. Hintikkas Untersuchung hat den Anstoß zur Ausarbeitung einer eigenen Disziplin der Logik des W. (und Glaubens) als sogenannter epistemischer Logik gegeben [80].

6. Der nachhaltigste Anstoß in der neueren Diskussion des W.-Begriffs verdankt sich einem Artikel von E. GETTIER [81] und besteht aus einer Familie beispielhafter Infragestellungen der traditionellen Annahme, jede hinreichende Bestimmung von W. sei aus genau drei Komponenten aufgebaut: einem Begriff der Überzeugung sowie Konzepten von Wahrheit und Rechtfertigung. In den typischen 'Gettier-Beispielen' wird dabei gerade die Komponente der Rechtfertigung [82] problematisiert: Ein epistemisches Subjekt verfügt über wahre Überzeugungen und hat auch Gründe für diese Überzeugungen, allerdings stehen diese Gründe in keinem Zusammenhang mit der Wahrheit der Überzeugungen. Die meisten Versuche, den W.-Begriff gegen derartige Beispiele zu verteidigen, zielen darauf, eine verdeckte vierte Komponente explizit zu machen oder aber Mißgriffe in der Formulierung aufzudecken [83], was wiederum verbesserte Fassungen nahegelegt hat [84]. Eine vierte Komponente führt z.B. die kausale Auffassung des W. ein. Es soll gelten, daß eine Person A nur weiß, daß p, wenn die Überzeugung, daß p, durch einen bestehenden Tatbestand verursacht wird [85]. Daneben stehen Versuche, Problematisierungen des Gettier-Typs durch eine tiefer ansetzende Analyse der drei traditionellen Komponenten, speziell des Rechtfertigungsbegriffes, zu entgehen. So ist die Strategie von K. LEHRER und T. PAXSON auf den Umstand konzentriert, daß die vermeintlich guten Gründe bei genauer Betrachtung nicht ausreichen und bessere in Erfahrung hätten gebracht werden können [86]. Diese Klausel läßt sich auch – statt als Präzisierung der Rechtfertigungskomponente des W.-Begriffes verstanden zu werden – als eine vierte Bestimmung einstufen («defeasibility condition of knowledge»).

Die 'kausalistische' Ergänzung und die 'defeasibility'-Bedingung gehören in den Kontext des Reliabilismus und Kohärentismus, wohingegen die Replik des Fundamentalismus u.a. darauf zielt, daß es für die einzelnen propositionalen Elemente der Gettier-Argumentation keine hinreichende Evidenzgrundlage gebe [87]. Die kritizistische Parallelbildung zum Fundamentalismus, der zufolge den basalen Annahmen, mit denen sich höherstufige W.-Ansprüche problematisieren und ex negativo ausweisen lassen sollen, Konventionscharakter zugesprochen wird, setzt W.-Ansprüche pragmatischer Beliebigkeit aus. In der bekanntesten Variante wird der W.-Begriff allerdings in K. R. POPPERS Drei-Welten-Lehre so gefaßt, daß personales Vorliegen von Überzeugungen kein wesentliches Moment von W. bildet [88]. Eine Verbesserung des fundamentalistischen Ansatzes wird durch eine Integration von Kohärenzforderungen erzielt.

7. Die Möglichkeiten basalen Irrtums und zufällig zutreffender, ausweisbarer Überzeugungen, die kein W. sind, sowie die Einsicht in die Unaufhebbarkeit testimonialer Verhältnisse haben neue erkenntnistheoretische Ansätze (A. I. GOLDMAN, E. SOSA u.a.) nahegelegt, die unter dem Dachbegriff ‹Reliabilismus› zusammengefaßt werden [89]. Spuren davon finden sich bereits in zahlreichen Formulierungen älterer Autoren, speziell im Blick auf die Verläßlichkeit von Sinnesorganen [90] und Instrumenten [91] sowie auf die Abhängigkeit des W.-Erwerbs von einer begünstigenden Kultur [92]. Der Reliabilismus sieht die Rechtfertigung von Überzeugungen nicht als eine Angelegenheit systematischer Zusammenhänge synchroner Instanzen, sondern als Ergebnis einer gewährleistenden Vorgeschichte [93]. Eine moderne Präzisierung liegt in der Konzeption der relevanten Alternative (F. DRETSKE, A. GOLDMAN): «a person knows that p ..., only if the actual state of affairs in which p is true is distinguishable or discriminable by him from a relevant possible state of affairs in which p is false» [94]. Mit der Betonung von wissensbegünstigenden Tugenden schlägt der Reliabilismus die Brücke zur neo-aristotelischen Tugendepistemologie; dieser zufolge bezieht sich epistemische Rechtfertigung auf «intellectual virtues, ... stable dispositions for belief acquisition, through their greater contribution towards getting us to the truth» [95]; gegenläufig gedacht, sind W. jene Überzeugungen, die «issue from the responsible inquiries of virtuous inquirers» [96]. In reliabilistischer Perspektive ergibt sich eine selbstverständliche Anbindung des W.-Begriffs an wissenschaftliche Befunde. Die Bestimmung der Verläßlichkeit der zu untersuchenden Prozesse fällt hierbei z.T. in den Bereich der einschlägigen Sozialwissenschaften [97], vor allem aber in den der Kognitionspsychologie bzw. den einer kognitionswissenschaftlich verpflichteten Erkenntnistheorie. Nicht W. schlechthin stellt einen vorzüglichen kognitiven Zustand dar, sondern solches, das schnell verfügbar, im Blick auf vorhandene Fragestellungen relevant, effizient zu erwerben und anderweitig ausgezeichnet ist [98].

8. Ausgehend von W. V. O. QUINE, der mit seiner Theorie der radikalen Übersetzung eine Verbindung von semantischen und erkenntnistheoretischen Fragen anstrebt und nicht den W.-Begriff, sondern lediglich das Verhältnis von Rechtfertigung in Form von Belegen zu wissenschaftlichen sowie alltäglichen Theorien analysiert [99], ist D. DAVIDSON bemüht, W. als eine grundlegende Bedingung für das Haben von Überzeugungen überhaupt sowie für das wechselseitige Interpretieren und den Umgang mit der externen Welt innerhalb einer sozialen Grundsituation, der von ihm so genannten Triangulation, herauszuarbeiten. In dieser Perspektive geht es nicht mehr darum, eine inhaltliche Füllung oder eine De-

finition des W.-Begriffs anzugeben, sondern vielmehr darum, die funktionale Rolle objektiv wahrer Überzeugungen im Rahmen eines Interpretationsmodells zu unterstreichen. Nach Davidson sind Überzeugungen selbst schon intrinsisch veridisch, d.h., sie haben die Tendenz, W. zu sein, denn vor dem Hintergrund, daß wir Überzeugungen anderer nur ermitteln können, indem wir ihre Sprach- und sonstigen Handlungen interpretieren, muß vorausgesetzt werden, daß ein gegebenes epistemisches Subjekt sowohl über W. von den eigenen Bewußtseinszuständen als auch über W. von den Bewußtseinszuständen Anderer und über W. von der Außenwelt verfügt [100]. Dieser Ansatz weist über kohärentistische und fundamentalistische Konzepte hinaus und bringt die analytische Erkenntnistheorie in eine deutliche Nähe zu Heidegger und Gadamer, wobei allerdings stärker am Objektivitätsanspruch festgehalten wird und die geschichtliche Perspektive der hermeneutischen Analysen zu Gunsten externalistischer Aspekte eingeschränkt bleibt.

Anmerkungen. [1] Vgl. W. Windelband: Die Prinzipien der Logik, in: A. Ruge (Hg.): Encycl. der Philos. Wissenschaften 1: Logik (1912) 1-60, 10f. – [2] R. Seydel: Zur Gesch. des Wortes 'Erkenntnistheorie'. Philos. Mh. 12 (1876) 188f. – [3] B. Bauch: Wahrheit, Wert und Wirklichkeit (1923) 1. – [4] K. Ch. Köhnke: Entstehung und Aufstieg des Neukantianismus (1986) 37. – [5] J. F. Fries: System der Philos. als evidente Wissenschaft (1804). Sämtl. Schr., hg. G. König/L. Geldsetzer I/3 (1968) 183. – [6] Neue oder anthropolog. Kritik der Vernunft 2 (1831), a.O. I/5 (1967) 110. – [7] Hb. der psychischen Anthropologie (1837), a.O. I/1 (1982) 107. – [8] a.O. [6]. – [9] Vgl. a.O. [5] 30f. – [10] Vgl. Allg. Übersicht der empir. Erkenntnisse des Gemütes (1798), a.O. I/2 (1982) 474. – [11] Grundriß der Logik (1827), a.O. I/7 (1971) 108. – [12] System, a.O. [5] 34f. – [13] a.O. 282. – [14] Logik, a.O. [11]. – [15] Politik oder philos. Staatslehre (1848), a.O. II/3 (1970) 86. – [16] B. Bolzano: Wissenschaftslehre § 280 (1837). – [17] a.O. – [18] § 305. – [19] § 1. – [20] a.O. – [21] F. Brentano: Religion und Philos. (1904-12, 1954) 13. – [22] a.O. – [23] 15. – [24] 14. – [25] W. Wundt: Logik 1-3 (1880-83), 1 (^{4}1919) 85. – [26] a.O. 395. – [27] a.O. – [28] 405. – [29] 412. – [30] Vgl. H. Rickert: Allg. Grundlegung der Philos. (1921) 344. – [31] B. Bauch: Systemat. Selbstdarstellung, in: H. Schwarz (Hg.): Dtsch. systemat. Philos. nach ihren Gestaltern 1 (1931) 227-279. – [32] a.O. 232; F. von Kutschera: Grundfragen der Erkenntnistheorie (1982) 9-15. – [33] Vgl. H. von Helmholtz: Hb. der Physiolog. Optik (1867, ^{2}1896) 590. – [34] a.O. – [35] ebda. – [36] Vgl. E. Haeckel: Die Welträtsel 16: W. und Glauben (1899, ^{11}1919) 371-388, 371ff. – [37] E.-M. Engels: Erkenntnis als Anpassung (1989) 163; G. Vollmer: Was können wir wissen? Die Erkenntnis der Natur 2 (1986) 164; vgl. a.O. 1 (1985) 1. – [38] Vgl. E. Mach: Erkenntnis und Irrtum (1905, ^{2}1906) 198. – [39] a.O. 125. – [40] a.O. – [41] E. Husserl: Log. Unters. I, § 6 (1900, ^{2}1913) 14. Husserliana 18 (1975) 29. – [42] a.O. 15/30. – [43] 13/28. – [44] 13/29. – [45] Cartes. Medit. I, § 5 [1931]. Husserliana 1 (1950) 53. – [46] W. Dilthey: Einl. in die Geisteswiss. 1 (1883). Ges. Schr. 1 (1922). – [47] a.O. 5. – [48] Der Aufbau der geschichtl. Welt in den Geisteswiss. (1910), a.O. 7 (1926) 88. – [49] a.O. 134. – [50] M. Scheler: Die Wissensformen und die Gesellschaft (1926). Ges. Werke 8 (1960). – [51] M. Heidegger: Sein und Zeit § 31 (1927, ^{16}1986) 144. – [52] a.O. – [53] § 36, a.O. 172. – [54] § 33, a.O. 155. – [55] H.-G. Gadamer: Wahrheit und Methode (1960) 297. Ges. Werke 1 (1986) 319. – [56] a.O. 298/320. – [57] a.O. – [58] ebda. – [59] G. E. Moore: A defence of common sense (1925); Proof of an external world (1939). Philos. papers (London 1959) 32-59. 127-150. – [60] L. Wittgenstein: Über Gewißheit § 42 [1949-51], hg. G. E. M. Anscombe/G. H. von Wright (Oxford 1969). Werkausg. 8 (^{5}1994) 128. – [61] a.O. – [62] § 243, a.O. 168. – [63] § 30, a.O. 125. – [64] G. Gabriel: Grundprobleme der Erkenntnistheorie (1993) 175. – [65] Wittgenstein, a.O. [60] § 291, a.O. 177. – [66] Gabriel, a.O. [64] 174ff. – [67] B. Russell: Knowledge by acquaintance and knowledge by description. Proc. Aristot. Soc. 11 (1910/11) 108-128. – [68] W. James: The meaning of truth (New York 1911) 11f. – [69] J. Grote: Exploratio philosophica (Bristol 1865) 60. – [70] H. von Helmholtz: Die neueren Fortschritte in der Theorie des Sehens (1868), in: Vorträge und Reden 1-2 (^{5}1903) 1, 265-365, bes. 358f. – [71] M. Schlick: Allg. Erkenntnislehre (1918) 69. – [72] Vgl. Art. ‹Unbegrifflichkeit II.›. Hist. Wb. Philos. 11 (2001) 117f. – [73] Vgl. G. Gabriel: Zwischen Wissenschaft und Dichtung. Nicht-propositionale Vergegenwärtigungen in der Philos. Dtsch. Z. Philos. 53 (2003) 415-425. – [74] M. Polanyi: Personal knowledge (London 1958). – [75] G. Ryle: Knowing how and knowing that. Proc. Aristot. Soc. 46 (1945/46) 1-16. – [76] N. Malcolm: Knowledge and belief (1952), in: A. Ph. Griffiths (Hg.): Knowledge and belief (Oxford 1967) 69-81, 74. – [77] a.O. 81. – [78] J. Hintikka: Knowledge and belief (Ithaca 1962) 19. – [79] a.O. 18. – [80] Vgl. Art. ‹Modallogik 4.›. Hist. Wb. Philos. 6 (1984) 36-39. – [81] E. Gettier: Is justified true belief knowledge? Analysis 23 (1963) 121-123. – [82] Art. ‹Rechtfertigung III.›. Hist. Wb. Philos. 8 (1992) 256-259. – [83] R. Feldmann: An alleged defect in Gettier counter-examples. Australasian J. Philos. 52 (1974) 68f. – [84] K. Lehrer: Theory of knowledge (Boulder 1990). – [85] A. Goldman: A causal theory of knowing. J. Philos. 64 (1967) 357-372. – [86] K. Lehrer/T. Paxson: Knowledge: Undefeated justified true belief. J. Philos. 66 (1969) 225-237. – [87] R. Chisholm: Theory of knowledge (Englewood Cliffs 1977); vgl. Art. ‹Rechtfertigung III.›, a.O. [82] 257f. – [88] K. R. Popper: Objective knowledge (Oxford 1973). – [89] Vgl. U. Charpa: W. und Handeln (2001). – [90] Vgl. H. von Helmholtz: Goethes Vorahnung kommender naturwissenschaftl. Ideen (1892), a.O. [70] 2, 335-361, bes. 338. – [91] M. Schleiden: Methodolog. Einl. zu den Grundzügen der wissenschaftl. Botanik (^{4}1861), in: Wissenschaftsphilos. Schr., hg. U. Charpa (1989) 45-196. – [92] H. von Helmholtz: Ueber das Verhältnis der Naturwiss. zur Gesammtheit der Wissenschaften (1862), a.O. [70] 1, 157-185, bes. 166f. – [93] F. P. Ramsey: Knowledge, in: The foundations of mathematics (Cambridge 1931) 258f. – [94] A. I. Goldman: Discrimination and perceptual knowledge. J. Philos. 73 (1976) 771-791. – [95] E. Sosa: The raft and the pyramid: Coherence versus foundations in the theory of knowledge (1980), in: Knowledge in perspective (Cambridge 1991) 165-191, 189. – [96] C. Hookway: Cognitive virtues and epistemic evaluations. Int. J. philos. Studies 2 (1994) 211-227, 211. – [97] F. Schmitt (Hg.): Socializing epistemology (Lanham 1994); A. I. Goldman: Knowledge in a social world (Oxford 1999). – [98] A. I. Goldman: Epistemology and cognition (Cambridge, Mass. 1986) 122-141; P. Thagard: Collaborative knowledge. Nous 31 (1997) 242-261. – [99] Vgl. W. V. O. Quine: Word and object (Cambridge, Mass. 1960); Pursuit of truth (Cambridge, Mass. 1990). – [100] Vgl. D. Davidson: Three varieties of knowledge, in: A. J. Ayer memorial essays: Royal Inst. of Philos., Suppl. 30 (1991) 153-166.

Literaturhinweise. A. Ph. Griffiths (Hg.) s. Anm. [76]. – K. Ch. Köhnke s. Anm. [4]. – P. Bieri (Hg.): Analyt. Philos. der Erkenntnis (1987). – E. Craig: Was wir wissen können. Pragmat. Unters. zum W.-Begriff (1993). – E. Brendel: Wahrheit und W. (1999). – E. Sosa/J. Kim (Hg.): Epistemology. An anthology (Oxford 2000). – U. Charpa s. Anm. [89]. – Th. Grundmann (Hg.): Erkenntnistheorie. Positionen zwischen Tradition und Gegenwart (2001). – G. Ernst: Das Problem des W. (2002).

M. Anacker

VII. – In der Tradition der *französischen Epistemologie*, die sich im 20. Jh. durch die methodische Orientierung am Strukturalismus (s.d.) ausprägt, werden Genese und historischer Wandel nicht nur von Wissenschaften untersucht, sondern von ganzen epistemischen Feldern. G. Bachelard arbeitet mit einem sich erweiternden, prozessualen Begriff des W., der allgemeiner 'historische Praxis' meint. Die Philosophie der Wissenschaften verenge sich «auf die beiden Extreme des W.» («aux deux extrémités du savoir»): auf das Studium allzu allgemeiner Prinzipien durch die Philosophie und auf die Untersuchung der allzu partikulären Ergebnisse durch die Wissenschaftler [1]. Ein induktiv vom historischen Befund in seiner ganzen Breite ausgehender «surrationalisme» [2] soll dieses rationalistische Schema in der epistemologischen Untersuchung öffnen. Eine Geschichte 'der' Wissenschaften kann die Epistemologie, so G. Canguilhem, überhaupt nur in dem Sinne sein, daß sie die konkrete Unterteilung 'der' Wissenschaften «unbestimmt global» handhabe. Es gehe – im Rückgriff auf eine Formulierung von M. Serres – darum, eine Geschichte der Wissenschaften zu entfalten als Geschichte «de 'la coulée générale du savoir comme tel, et non désintégré'»; nur so werde das W. als Formation («comme formation») in bezug zu anderen Formationen der allgemeinen Geschichte gesetzt [3].

Vor diesem Hintergrund hat M. Foucault den W.-Begriff in eine allgemeine Theorie der historischen Analyse von «Aussagen» bzw. «Diskursen» aufgenommen und ihn machttheoretisch perspektiviert und radikalisiert. Die Geschichte als solche basiert nach Foucault bereits auf jener Differenz von Sinn und Un-Sinn, mittels deren sie sich – als Positivität, als Diskurs – etabliert. Jedes diskursive W. ist ineins Resultat *und* Praxis einer Zurückweisung («refus»). Foucault setzt dagegen paradigmatisch das Konzept einer Geschichte des Wahnsinns (s.d.) «avant toute capture par le savoir» [4]. Mit ‹L'archéologie du savoir› bestimmt er seine Vorgehensweise näher: Die Menge von in einer diskursiven Praxis («pratique discursive») regelmäßig gebildeten und für die Konstitution einer Wissenschaft unerläßlichen Elementen könne man ‹W.› nennen: «Au lieu de parcourir l'axe conscience-connaissance-science (qui ne peut être affranchi de l'index de la subjectivité), l'archéologie parcourt l'axe pratique discursive-savoir-science» [5]. Im «Raum» eines W. macht die historische Analyse Subjekte, Ordnungsmuster für Aussagen, Begriffe sowie Aneignungsformen aus. Die Wissenschaften sind nicht mit dem W. identisch; sie «apparaissent dans l'élément d'une formation discursive et sur fond de savoir» [6]. Damit bricht Foucault mit der Perspektive der Epistemologie. Was die Archäologie zu beschreiben versucht, ist nicht die Wissenschaft in ihrer spezifischen Struktur, sondern der andersartige Bereich des W. («mais le domaine, bien différent, du savoir») [7]. Auch das «savoir politique» einer Zeit [8] kann somit Gegenstand der archäologischen Analyse sein. Namentlich die Disziplinierungsverfahren einer Zeit, körperliche Erziehungs- und Unterwerfungstechniken, beinhalten ein W. vom Körper, das nicht mit der Wissenschaft von seinen Funktionen identisch ist. Institutionen wie Kliniken, Gefängnisse, Schulen oder das Militär implizieren – jeweils epochentypisch – eine ganze politische Ökonomie des Körpers («'économie politique' du corps») [9].

In ‹Surveiller et punir›, der Untersuchung zur Entstehung des Gefängnisses, prägt Foucault das Doppelwort «pouvoir-savoir» («Macht-W.»), um zu kennzeichnen, daß Macht und W. einander unmittelbar einschließen, «qu'il n'y a pas de relation de pouvoir sans constitution corrélative d'un champ de savoir, ni de savoir qui ne suppose et ne constitue en même temps des relations de pouvoir. ... le pouvoir-savoir, les processus et les luttes qui le traversent et dont il est constitué, qui déterminent les formes et les domaines possibles de la connaissance» [10]. In der Analyse solcher Macht/W.-Komplexe liegt der Akzent auf deren dynamischem Charakter. Macht-Verteilungsformen und Aneignungsformen von W. fungieren in Form beweglicher sogenannter «Dispositive» zusammen: «Die Beziehungen des Macht-W. (pouvoir-savoir) sind nicht feste Verteilungsformen (formes données de répartition), sondern Transformationsmatrizen (matrices de transformations)» [11].

Foucaults machthistorische Wendung des W.-Begriffs setzt bewußt Praktiken, Institutionen und Theorien auf ein und dieselbe Analyseebene, um die jeweils singuläre Strukturiertheit eines «konstitutiven historischen W.» zu erschließen, das in zusammenhängender Form eine – vergangene – Epoche durchzieht. Denn Macht sorgt sowohl für explizite als auch für implizite Strukturen. Namentlich für die macht- und körpertheoretisch orientierte Philosophie und Geschichtsschreibung ist dieser Neueinsatz bedeutsam geworden. Auf die moderne Soziologie, schwankend zwischen sozialphänomenologischer Wissenssoziologie (s.d.) und funktionalistischer Wissenschaftssoziologie (s.d.), haben Foucaults Arbeiten bisher weniger gewirkt.

Anmerkungen. [1] G. Bachelard: La philos. du non (Paris 1940, ²1949) 4; dtsch.: Die Philos. des Nein (1980) 19. – [2] a.O. frz. 138/dtsch. 158. – [3] G. Canguilhem: Le rôle de l'épistémologie dans l'historiographie scient. contemp. (1976), in: Idéologie et rationalité dans l'hist. des sciences de la vie (Paris 1977) 11-29, 28; dtsch.: Die Rolle der Epistemologie in der heutigen Historiographie der Wissenschaften, in: Wissenschaftsgeschichte und Epistemologie. Ges. Aufsätze (1979) 38-58, 54; M. Serres: Les sciences, in: J. LeGoff/P. Nora (Hg.): Faire de l'hist. 2: Nouv. approches (Paris 1974) 203-228, 204. – [4] M. Foucault: Préf., zu: Folie et déraison (1961), in: Dits et écrits 1 1954-1969 (Paris 1994) 159-167, 164; dtsch.: Schr. 1 (2001) 223-234, 229. – [5] L'archéologie du savoir (Paris 1969) 238f.; dtsch.: Archäologie des W. (1981) 259f. – [6] a.O. 240/dtsch. 262. – [7] 255/278. – [8] 254/277. – [9] Surveiller et punir (Paris 1976) 31. 30; dtsch.: Überwachen und Strafen (1976) 37. 36. – [10] 32/39f. – [11] Hist. de la sexualité 1: La volonté de savoir (Paris 1976) 131; dtsch.: Der Wille zum W. Sexualität und Wahrheit 1 (1977) 120.

P. Gehring

Wissenschaft (griech. ἐπιστήμη; lat. scientia; engl./frz. science; ital. scienza)

I. *Der klassische Wissenschaftsbegriff. Antike bis 19. Jh.* – 1. *Zur Terminologie.* – Die Geschichte des W.-Begriffs führt auf ein komplexes Wortfeld zurück, in dessen Zentrum die Termini ἐπιστήμη und ‹scientia› stehen, die ebenso 'W.' wie 'Wissen' (s.d.) bedeuten können. Dabei handelt es sich zunächst vorrangig um erkenntnisanthropologische Kategorien der Beschreibung psychischer Haltungen (habitus) [1], so daß ursprünglich die Bedeutung 'wissenschaftliches Wissen' im Vordergrund steht. Erst allmählich treten in ihrem Gebrauch jene über die subjektive Bestimmung als theoretischer Habitus hinausweisenden, objektiven Konnotationen stärker in den Vordergrund, wie sie den modernen W.-Begriff kennzeichnen, dem gemäß W. ein «Gesamt von Aussagen spezifischer Charakterisierung und Begründung über einen spezifischen Bereich» [2] ist oder «aus einer Vielzahl unterschiedlicher, aber miteinander verbundener Praktiken und Tätigkeitsformen, die alle dem gemeinsamen Ziel dienen, allgemeine Merkmale und gesetzmäßige Beziehungen ... zu benennen», besteht [3]. Entscheidend für die Herausbildung eines solchen objektiven Verständnisses ist der pädagogische Zusammenhang, in dem die W. von vornherein steht [4]. Deutlich zeigt sich dies daran, daß für jene Bedeutungsaspekte von ἐπιστήμη oder ‹scientia›, die mehr in Richtung von ‹W.› weisen, die Ausdrücke ‹Mathema› (s.d.) und τέχνη [5] sowie ‹disciplina› und ‹doctrina› [6] gebräuchlich sind.

2. *Antike.* – Grundlegend für die Entstehung und Entwicklung des W.-Begriffs sind – trotz bedeutender Vorleistungen durch Platon – die ‹Analytica posteriora› des Aristoteles, in denen erstmals eine detaillierte Theorie

der formalen Bedingungen für wissenschaftliches Wissen entworfen wird. Ist bei PLATON und in der platonischen Tradition die Episteme (s.d.), zumindest in ihrer höchsten Form, der Dialektik (s.d.), als eine noetische, durch Voraussetzungslosigkeit (s.d.) ausgezeichnete Form unmittelbarer Erkenntnis (s.d.) konzipiert, so ist das zentrale Bestimmungsmoment des wissenschaftlichen Wissens nach ARISTOTELES dessen deduktive Begründbarkeit. Zur Kennzeichnung dieses formalen Merkmals des von Aristoteles ausgearbeiteten W.-Konzepts hat A. DIEMER den vielfach aufgegriffenen Ausdruck ‹Ex-Struktur› geprägt. Das Gemeinsame, «das sich durch alle einzelnen Phasen und Variationen» der W.-Konzeptionen «identisch durchhält», ist die «Ex-struktur». Denn «gleichgültig, wie man W. konzipiert und definiert, wesentlich ist dabei immer, daß Mittelbarkeiten, Ableitungen, Begründungen oder dergleichen vorliegen», also etwas 'aus' (ex) etwas anderem begründet oder abgeleitet wird [7].

Von der Stoa wird erstmals der gerade für das neuzeitliche W.-Verständnis grundlegende Terminus ‹System› (s.d.) zur Definition von Kunst oder W. verwendet, die im Gegensatz zum theoretisch ausgerichteten aristotelischen Wissenschaftsideal [8] eine eher praktische Orientierung aufweist. So ist nach der in der Spätantike vielzitierten stoischen Bestimmung das Ganze einer Kunst oder W. (τέχνη) – bei STOBAEUS ist von ἐπιστήμη die Rede – ein «System von Erkenntnissen, welche zu einem bestimmten, für die Menschen im täglichen Leben förderlichen Ziel gemeinsam eingeübt worden sind» [9]. Eine als wissenschaftliches Wissen ausgezeichnete Erkenntnis impliziert, im Unterschied zur bloßen Katalepsis (s.d.), die Kohärenz des Systems, dessen Teil sie ist. Dabei ist jedoch zu berücksichtigen, daß nach stoischer Auffassung die ἐπιστήμη, ebenso wie die damit gleichgesetzte Wahrheit (s.d.), nicht als abstraktes System von Sätzen oder Aussagegehalten verstanden wird, sondern als ein komplexer, kohärenter Zustand des körperlichen Zentralorgans (Hegemonikon, s.d.) des Weisen; dieser Zustand wird allerdings explizit als propositionales Wissen («ein alles Wahre aussagendes Wissen») beschrieben und somit auf unkörperliche Gehalte bezogen [10].

3. *Mittelalter.* – Im MA besagt ‹scientia› zunächst soviel wie ‹doctrina› und ‹disciplina›; auf letztere führt ISIDOR VON SEVILLA den Terminus sogar etymologisch zurück («Disciplina a discendo nomen accepit: unde et scientia dici potest. Nam scire dictum a discere, quia nemo nostrum scit, nisi qui discit») [11]. Daher erscheint AUGUSTINUS' berühmtes Diktum: «Omnis doctrina vel rerum est vel signorum, sed res per signa discuntur» («Jede Lehre handelt von Dingen oder von Zeichen, aber die Dinge werden durch die Zeichen gelernt») [12] verschiedentlich auch in der Form «Omnis scientia ...» [13]. Insofern fungiert ‹scientia› zunächst als allgemeiner Name für die Artes liberales (s.d.), insbesondere für die vier mathematischen Disziplinen des Quadrivium (s.d.).

Mit der im 12. Jh. einsetzenden lateinischen Rezeption der im arabischen Raum spätestens seit dem 10. Jh. bekannten [14] ‹Analytica posteriora› [15] wird ‹scientia› zum Äquivalent des Aristotelischen Begriffs ‹episteme› und tritt damit an die Stelle von ‹ars›, womit sich ein tiefgreifender Wandel im Bildungsverständnis des MA vollzieht [16]. Unter expliziter Bezugnahme auf das Aristotelische Ideal der Theorie (s.d.), faktisch aber Aristoteles mit Augustinus kurzschließend, betont THOMAS VON AQUIN, daß alle W.en und Künste letztlich auf das eine Ziel der Vervollkommnung oder Glückseligkeit des Menschen ausgerichtet sind («omnes autem scientiae et artes ordinantur in unum, scilicet ad hominis perfectionem, quae est eius beatitudo») [17]. Das Wissen als das eigentümliche Geschäft des Menschen («scire est proprium opus hominis») bildet nach JOHANNES DACUS die höchste in dieser Welt mögliche Vollkommenheit («summa et ultima perfectio ..., que est possibilis in materiis») [18]; dabei bezeichnen «scientia, sapientia, philosophia, doctrina, disciplina, ars, methodus et facultas» der Sache nach dasselbe und konnotieren jeweils nur, bestimmte Aspekte betonend, eine gedankliche Unterscheidung («idem in re nominant solum differens ratione») [19]. Die «wissenschaftliche Vervollkommnung der Seele» («perfectio scientialis animae»), auf die jede W. und jedes Wissen hingeordnet ist («omnis ... scientia ad hoc, ut animam perficiat, ordinatur») [20], ist das Resultat der Wissensbemühungen: Das Wissen ist die natürliche Vollkommenheit des Intellekts («sicut forma est perfectio materiae, ita scientia est perfectio intellectus») [21]. JOHANN BURIDAN leitet daraus den Schluß ab, daß jede «scientia», unabhängig davon, ob sie praktisch oder spekulativ ist, als gut, ehrenvoll, angenehm und nützlich gelten kann: «omnis scientia est bona, honorabilis, delectabilis et utilis» [22].

Solange die Philosophie als oberste W. oder Inbegriff des menschlichen Wissens gilt, können die Termini ‹philosophia› und ‹scientia› bedeutungsgleich verwendet werden. Daher erscheint die wissenschaftstheoretisch zentrale Thematik der W.-Klassifikation [23] bis ins frühe 19. Jh. in Form einer Einteilung der Philosophie [24]. Im Mittelpunkt der wissenschaftstheoretischen Diskussionen des 13. und 14. Jh. stehen vor allem a) das Problem der Vereinbarkeit des Aristotelischen W.-Begriffs mit den Bestimmungen der Theologie, b) das Problem der Einheit der W. und c) die Frage nach dem Gegenstand von Wissen oder W. [25].

a) *Theologie und Aristotelischer W.-Begriff.* – Ausgangs- und Mittelpunkt der scholastischen Theorie der W. ist zunächst die Frage nach der Möglichkeit von Theologie als W. [26]. Die in diesem Zusammenhang entwickelten Konzeptionen sind jedoch weit über den theologischen Bereich hinaus relevant. Die sich seit dem 12. Jh. abzeichnenden Bemühungen um eine Begründung der Theologie als deduktive W. erfolgen zum einen in formaler Anlehnung an den ‹Liber de causis› [27], der noch als methodologisches Vorbild für die sich im 13. und 14. Jh. herausbildende Literaturgattung der Theoremata-Traktate dient [28]. Zum anderen wirkt das aristotelische W.-Konzept, zunächst indirekt, durch den Vorbildcharakter der in kategorisch-deduktiver Form angelegten Boethianischen Schrift ‹De hebdomadibus› und deren Kommentierung in der Schule von Chartres [29]. Besonders seit den 30er und 40er Jahren des 13. Jh. wird das spannungsreiche Verhältnis der Theologie zum aristotelischen Konzept der demonstrativen W. zu einem intensiv diskutierten Thema [30]. Denn während die Theologie – zumal im Einflußbereich des Platonismus – als die über alle menschliche W. erhabene Weisheit («sapientia super omnes scientias humanas») [31] als höchste Form der W. erscheint und daher als «sapientialis scientia» zugleich «verissime et propriissime scientia» («W. im wahrsten und eigentlichsten Sinn») ist [32], erfüllt sie nicht die Aristotelische Bedingung, daß die Prinzipien einer W. besser bekannt sein müssen als die aus ihnen abgeleiteten Konklusionen [33]. THOMAS VON AQUIN versucht das Problem mit Mitteln der Aristotelischen Theorie der W. zu lösen. Ist nach Aristoteles z.B. die Harmonik, indem sie ihre Prinzipien von der Arithmetik hernimmt, eine der Arithmetik untergeordnete W. [34], so erhält nach Thomas die

Theologie ihre Prinzipien, die Glaubenssätze, qua Offenbarung von der «scientia Dei et beatorum» («dem Wissen bzw. der W. Gottes und der Seligen») als der ihr übergeordneten W. [35]. Das blieb nicht lange unwidersprochen [36]. Denn ein solches Konzept der Theologie als «scientia subalternata» bedarf des Rekurses auf das hinsichtlich seiner Wissenschaftstauglichkeit umstrittene Zeugnis anderer [37]. Gottfried von Fontaines erklärt generell, daß sich aus geglaubten oder vermeinten Prinzipien kein sicheres Wissen ableiten läßt («ex principiis creditis vel opinatis non acquiritur certa scientia de conclusione») [38]. Am schärfsten polemisiert Wilhelm von Ockham diesbezüglich gegen Thomas, wenn er, die strikte Unterscheidung von Glauben und W. anmahnend, betont, es sei «leeres Geschwätz, wenn man sagt: Ich weiß gewisse Schlußsätze, weil du die Prinzipien weißt, denen ich Glauben schenke, weil du sie mir sagst. Und deshalb ist es kindisch (puerilis) zu sagen: Ich weiß die Schlußsätze der Theologie, weil Gott die Prinzipien weiß, denen ich glaube, weil er sie offenbart» [39].

b) *Einheit der W.* – Was in den Debatten über die «unitas scientiae» («Einheit der W.») thematisiert wird, ist nicht die Einheit oder Totalität des «orbis doctrinarum», wie sie bereits, viel spätere enzyklopädische W.-Modelle vorwegnehmend, Roger Bacon betont, nach dem alle W.en integrale Teile des organischen Ganzen der «sapientia totalis» sind [40]. Es geht vielmehr um das sich vor dem Hintergrund der Aristotelischen Bestimmung des Wissens als «habitus conclusionis» aufdrängende Problem der Einheit jeder zwangsläufig eine Vielzahl von Schlußfolgerungen enthaltenden W. («multae conclusiones pertinent ad unam scientiam totam») [41]. In dieser Frage, mit der zugleich das Verhältnis der beiden Bedeutungen von ‹scientia› als erkenntnispsychologischer und disziplinentheoretischer Kategorie angesprochen ist, geht es auch um den ontologischen Status von W. Um ‹W.› (‹scientia›) terminologisch von ‹scientia› im Sinne des sich unmittelbar auf eine einzige Konklusion beziehenden Habitus abzuheben, spricht auch Bonaventura von einer «scientia tota» («Illud ... subiectum est in scientia, de quo et de cuius proprietatibus est scientia tota») [42]. Nach Thomas besteht die «unitas scientiae» in der Einheit eines sich auf eine «multiplicitas ... ordinata ad aliquid unum» beziehenden Habitus, welcher im fortschreitenden Prozeß der Deduktion und des Erkenntniszuwachses intensiv wie extensiv vervollkommnet wird. Insofern gründet die Einheit der W. jeweils in der Einheit des wissenschaftlichen Gegenstandes [43]. Für Heinrich von Gent basiert die Einheit einer W. dagegen nicht präzis auf dem Gegenstand, sondern auf der einheitlichen Betrachtungsweise desselben («scientia ... dicitur una ... propter unitatem rationis et modi considerandi circa subiectum unum») [44]. Johannes Duns Scotus erkennt zwar an, daß sich jeder Habitus «formaliter» nur auf eine Konklusion bezieht, weshalb mit der Vervielfältigung der Habitus auch das Wißbare und somit die W. vervielfältigt wird («quot scibilia tot scientiae»); «virtualiter» jedoch kann sich ein Habitus auf viele in einem Satz virtuell enthaltene Konklusionen beziehen und somit die Einheit der W. gewahrt bleiben [45]. Johannes Canonicus schließt sich Scotus an und wendet sich gegen Petrus Aureolis These, die Einheit einer W. sei die «numerische Einheit einer gewissen Totalität, die aus den Verbindungen der sich auf verschiedene Konklusionen beziehenden kognitiven Akte resultiert» («unitas scientiae est unitas numeralis cuiusdam totalitatis resultans ex coniunctiones particularium habituum respicientium diversas conclusiones») [46]. Wilhelm von Ockham gibt dagegen das Konzept der numerischen Einheit einer W. auf. Der Terminus ‹scientia› bezeichnet entweder «eine subjektiv in der Seele existierende Qualität» («quaedam qualitas subiective existens in anima») – und dient so als erkenntnispsychologische Kategorie zur Beschreibung des auf einen Satz bezogenen Aktes oder Habitus des Wissens bzw. der Zustimmung – oder aber eine «Ansammlung einiger solcher die Seele bestimmender Qualitäten» («collectio aliquarum talium qualitatum animam informantium») [47]. In diesem disziplinentheoretisch relevanten Sinn, der vorliegt, wenn ‹scientia› für eine bestimmte W. wie Metaphysik oder Naturphilosophie steht, ist W. «auf keine andere Weise eine Einheit, als eine Stadt, ein Volk oder ... die Welt eine Einheit genannt werden» («Nec est aliter una, nisi sicut civitas una vel populus unus ... vel sicut mundus dicitur unus») [48]. Denn sie umfaßt viele bisweilen höchst verschiedene, wenn auch aufeinanderbezogene Tätigkeiten oder Verhaltensweisen wie die Erkenntnis der Termini und Sätze, die Widerlegung von Irrtümern und Lösung von Scheinargumenten sowie notwendige Einteilungen und Definitionen («scientia ista non est una numero, sed continet multos habitus non tantum specie sed etiam frequenter genere distinctos ordinem tamen aliquam inter se habentes, propter quem ordinem specialem») [49]. W. ist damit nicht mehr eine ontologisch oder über ihren Inhalt bestimmbare Einheit, sondern ein Aggregat funktional und methodisch aufeinanderbezogener spezifischer Operationen [50]. Wie die meisten wissenschaftsbezogenen Fragestellungen des MA geht auch die nach der «unitas scientiae» in die logischen und metaphysischen Lehrbücher des 17. Jh. ein, wo sie mitunter ausführlicher erörtert wird als im MA selbst [51]. Hatten Thomas von Aquin und Bonaventura von «scientia tota» gesprochen, wenn es darum ging, den Sinn des mehrdeutigen Ausdrucks ‹scientia› in Richtung auf ‹W.› zu lenken, so setzt sich später dafür die Bezeichnung «scientia totalis» durch [52]. Im Französischen spricht Scipion du Pleix diesbezüglich von der «science universelle», die, auch als «science habituelle» bezeichnet, von der «science singulière» oder «actuelle» unterschieden wird: «La Science ... universelle ou Habituelle est ... composée d'un grand nombre de Sciences Actuelles, tendantes à mesmes subjet ainsi qu'une habitude de plusieurs et fréquentes actions: comme la Physique, Métaphysique, et Mathématique» [53].

c) *Mathematische und 'experimentelle' Fundierung der W.* – Um die Mitte des 13. Jh. werden vereinzelt, gerade im Kontext der intensiveren Aristotelesrezeption, W.-Modelle entworfen, die mit der Betonung der mathematischen und 'experimentellen' Fundierung von W. jene Momente in den Vordergrund stellen, die in der frühen Neuzeit gegen das W.-Verständnis der aristotelisch-scholastischen Tradition ausgespielt werden. So betont Robert Grosseteste in seinem Kommentar zu den ‹Analytica posteriora›, daß es Wissen und Beweis im eigentlichen Sinn nur in der Mathematik geben könne («In solis ... mathematicis est scientia et demonstratio maxime et principaliter dicta») [54]. Auch nach Roger Bacon gewährleistet allein die mathematische Fundierung der Erkenntnis die Erlangung von Gewißheit in den übrigen W.en («si in aliis scientiis debemus venire in certitudinem sine dubitatione ..., oportet ut fundamenta cognitionis in mathematica ponamus») [55]. Als Gegenmodell zu der, wie er meint, rein 'narrativen' Naturphilosophie seiner Zeitgenossen, die «erzählt und argumentiert, aber nicht erfährt» («narrat et arguit, sed non experitur») [56], entwirft Bacon zugleich das Programm einer «scientia experimentalis» [57]. Bereits in der Physik des 14. Jh. lassen sich Ansätze zu einer Mathematisierung des Bewegungs- und Kraftbegriffs antreffen [58], so z.B. bei RICHARD SWINESHEAD (SUISSET) oder NICOLE ORESME, der mit seiner Theorie der «latitudines formarum» eine graphische Darstellung der Qualitäten und ihrer Veränderung entwickelt [59]. Auch wenn umstritten ist, wieweit die Betonung der wissenschaftlichen Funktion des «experimentum» bei Grosseteste und Bacon in die Richtung des modernen Verständnisses von ‹Experiment› (s.d.) geht [60], führt von hier aus, über NICOLAUS CUSANUS' Schrift ‹De staticis experimentis›, ein direkter Weg zum erstmaligen Gebrauch des englischen Terminus «experimentall Science» bei J. DEE, der sich auf Bacon und Cusanus beruft [61].

4. *Neuzeit.* – a) *Experienz und Mathematik.* – In deutlicher Form zeichnet sich bei LEONARDO DA VINCI die für das neuzeitliche Verständnis von W. charakteristische Verbindung von Mathematik und Experienz sowie die Ausrichtung der W. auf Praxis ab («La scienza è il capitano, e la pratica sono i soldati») [62]. ‹W.› benennt nach Leonardo einen «mentalen Diskurs, der bei seinen Prinzipien anhebt, über welche hinaus in der Natur nichts anderes mehr ausfindig gemacht werden kann, das noch wieder einen Teil dieser W. ausmachte («Scienza è detto quel discorso mentale il quale ha origine da' suoi principî, de' quali in natura null' altra cosa si può trovare che sia parte di essa scienza») [63]. Kann als «wahre W.» nur jene menschliche Forschung gelten, die mit mathematischen Beweisen operiert («Nessuna umana investigazione si può dimandare vera scienza, se essa non passa per le matematiche dimostrazioni»), so bestreitet Leonardo, daß «die W.en, die vom Anfang bis zum Ende im Geiste bleiben, Wahrheit haben», da in einem reinen Mentaldiskurs «die Erfahrung nicht vorkommt, ohne die es keine Gewißheit gibt» («che le scienze, che principiano e finiscono nella mente, abbiano verità, questo ... si nega per molte ragioni; e prima, che in tali discorsi mentali non accade esperienza, senza la quale nulla dà di sé certezza») [64].

Im Zentrum der frühneuzeitlichen Diskussionen über den W.-Begriff stehen Fragen der wissenschaftlichen Methode [65]. Impliziert das Verständnis von Philosophie als W. traditionell eine Konzeption von Erster Philosophie bzw. Metaphysik als Grundwissenschaft (s.d.), so gerät dieser Anspruch vor dem Hintergrund des W.-Fortschritts und der zunehmenden Verselbständigung der Physik zwangsläufig in «Spannungsverhältnisse, die sich aus einer zweifachen gegenläufigen Neubegründung des W.-Begriffs ergeben» [66], zumal hier noch keine scharfe terminologische Differenzierung von ‹scientia naturalis› und ‹philosophia naturalis›, von ‹Naturwissenschaft› (s.d.) und ‹Naturphilosophie› [67] vorliegt. In methodologischer Rücksicht stehen sich Ansätze gegenüber, die als grundlegende wissenschaftliche Methode entweder stärker ein rationalistisch-deduktives (P. RAMUS) oder ein empirisch-induktives (F. BACON) Verfahren fordern. In prinzipientheoretischer Rücksicht ist dagegen umstritten, ob der Ausgangspunkt der W. in einfachen Begriffen bzw. angeborenen Ideen (R. DESCARTES) oder in der sinnlichen Erfahrung (G. GALILEI, I. NEWTON) bzw. in einfachen Sinnesempfindungen (J. LOCKE) liegt. Eng verbunden mit diesen Fragestellungen ist die Bestimmung der wissenschaftlichen Funktion von Observation (s.d.), Experiment (s.d.) und mathematischer Messung bzw. Beschreibung der physischen Phänomene.

F. BACON betont die Notwendigkeit einer «vollkommenen Rekonstruktion der W.en» («scientiarum et artium atque omnis humanae doctrinae in universum Instauratio») [68]. G. GALILEI vertritt, ebenso wie I. NEWTON, die resolutiv-kompositive Methode, der gemäß, ausgehend «per via dei sensi, dell'esperienza e delle osservazzione» [69], Gesetze formuliert und diese am konkreten Experiment überprüft werden sollen [70]. Bei Galilei und Newton wird bereits deutlich, daß das Kernstück der sich im 17. Jh. formierenden neuen physikalischen W. das mathematisch formulierte und durch die Erfahrung bewährte Naturgesetz (s.d.) ist [71]. Aufgrund der Weite des Philosophiebegriffs, der vielfach bis ins 18. Jh. mit ‹scientia› identisch verwendet wird, entwickelt sich das neuzeitliche Projekt der experimentellen Naturwissenschaft zu erheblichen Teilen unter dem Namen der «experimental philosophy» oder «Experimentalphilosophie» (s.d.) [72].

b) *Universalistische W.-Konzeptionen.* – Das 17. Jh. übernimmt vielfach die im 16. Jh. formulierten universalistischen W.-Konzeptionen [73] und verbindet diese mit dem Ideal der mathematischen Rationalität und des Kalküls. R. DESCARTES nutzt die unterschiedlichen Konnotationen von ‹Wissen› und ‹W.›, wie sie mit dem Terminus ‹scientia› im Singular bzw. Plural verbunden sind, um zu betonen, daß alle W.en nichts anderes sind als das (eine) menschliche Wissen («scientiae omnes nihil aliud ... [sunt] quam humana scientia») [74]. Für diese «sapientia universalis» entwirft er in den ‹Regulae› unter Berufung auf das Konzept der «Mathesis universalis» (s.d.) die Grundlinien einer Methode, mit welcher die Verfahrensweisen und die Gewißheit der Algebra und Arithmetik auf außermathematische Zusammenhänge übertragbar gemacht werden sollen. In Anlehnung an die methodologischen Prinzipien Descartes' präsentiert E. W. VON TSCHIRNHAUS eine «ars investigandi», die als «via regia seu ars universalis ad omnes scientias et artes» die allgemeinste W. bildet («Hac etenim scientiâ, quandoquidem ea se ad omnia, quae mens humana scire potest, extendit, nulla universalior dari potest») [75]. G. W. LEIBNIZ, der gegenüber den vielfältigen W.-Einteilungen die Einheit aller W.en betont («Non multum interest quomodo Scientias partiaris, sunt enim corpus continuum quemadmodum Oceanus») [76], entwickelt unter dem Namen «Scientia generalis» (s.d.), der, aus der Tradition der lullistischen Philosophie stammend [77], schon bei seinem Lehrer E. WEIGEL das höchste menschliche Gut benennt [78], das Programm einer «Encyclopédie demonstrative», die für alle W.en einen «calcul aussi exact et aussi simple, que celuy de l'Arithmetique et de l'Algebre» bereitstellen soll [79].

Mit der Kritik an den «pretended syllogistical reasonings, which may be found in every other branch of learning, except the sciences of quantity and number», verengt sich für D. HUME der Bereich des im strengen Sinne Beweis- und Wißbaren auf die mathematischen Gegenstände, die «only objects of the abstract science» bzw. die «only proper objects of knowledge and demonstration» [80]. Wo jedoch, wie hier, die «syllogistical reasonings» als wissenschaftlich unbrauchbar und die mathematischen Prinzipien als heuristisch unfruchtbar angesehen werden, bedarf es eines neuen Fundaments der W.; dieses bildet nach Hume die «science of man», die «only solid foundation for the other sciences»: «In pretending, therefore, to explain the principles of human nature, we in effect propose a complete system of the sciences, built on a foundation almost entirely new, and the only one upon which they can stand with any security» [81].

c) *Theorie und Praxis.* – Die in der ‹Nikomachischen Ethik› des ARISTOTELES grundgelegte Verbindung von W. und Theorie [82], wie sie, für das MA mit wenigen Ausnahmen (ROGER BACON) verbindlich, noch D. GORLAEUS betont («scientia non habet alium finem quam scire») [83], wird durch die im 17. Jh. vorangetriebene Umwertung von Theorie und Praxis [84] zunehmend in Frage gestellt. Die frühneuzeitliche Praxisemphase, wie sie im Anschluß an F. BACON etwa auch bei TH. HOBBES deutlich wird («Scientia propter potentiam; ... omnis ... speculatio, actionis vel operis alicuius gratia instituta est») [85], führt vielfach zur Tabuisierung einer um ihrer selbst willen betriebenen theoretischen W. [86]. Diese Tendenz zeigt sich deutlich bei J. A. COMENIUS, der das Wissen um den Nutzen einer Sache als den «höchsten Grad der W. und den Gipfel der Weisheit» bestimmt («Scire ad quid res adhibendae sit est summus Scientiae gradus ..., Supremus est Sapientiae apex») [87]. G. W. LEIBNIZ gehört zu jenen, die sich gegen die einseitige Hervorhebung des praktizistischen W.-Ideals wenden. Dem Versuch, die «scientia practica» gegen die «scientia speculativa» auszuspielen, hält er entgegen, «daß jede W. umso praktischer ist, je spekulativer sie ist» («omnem scientiam, quanto magis est speculativa, tanto magis esse practicam») [88]; er kontert Bacons Ausrichtung der W. auf Macht mit dem Hinweis auf den alten Topos von ihrem Nutzen für die «Vervollkommnung des Geistes» («Quanquam ... omnis scientia potentiam in externa quoque augeat ..., est tamen alius ejus usus ..., ipsa scilicet perfectio mentis»; «Wenngleich jede W. die Macht über die äußeren Dinge erweitert, so hat sie doch noch einen anderen Nutzen, nämlich die Vervollkommnung des Geistes») [89]. Das aristotelische, theorieorientierte W.-Verständnis erscheint noch 1752 – unter direkter Zurückweisung der stoischen, praxisorientierten Definition von W. als τέχνη – in der 7. Auflage von E. CHAMBERS' ‹Cyclopaedia›: «Science is ... particularly used for a formed system of any branch of knowledge; comprehending the doctrine, reason, and theory of the thing, without any immediate application thereof to any uses or offices of life» [90]. Repräsentativ für das generelle W.-Verständnis jener Zeit ist diese Definition jedoch nicht mehr.

d) *Neuzeitliche W. und Logik.* – Bildete die syllogistische Logik in der aristotelischen Tradition das Kernstück der Theorie der W., so wird ihr von den Repräsentanten der neuen Naturwissenschaft – wenn überhaupt – nur noch eine beschränkte methodische Funktion zuerkannt [91], indem sie gegenüber der vorrangig auf Begründung zielenden aristotelischen W.-Konzeption das Moment der Invention und Entdeckung neuer Wahrheiten in den Vordergrund stellen [92]. Sind noch für J. ZABARELLA alle Einzelwissenschaften das unmittelbare Produkt der angewandten Logik («applicata [sc. logica] scientiam parit») [93], kritisiert F. BACON, der die W.en als «Methoden zur Erfindung neuer Werke» («modi inveniendi ... novorum operum») begreift [94], sowohl das axiomatisch-deduktive W.-Konzept der aristotelischen Tradition («[Aristoteles] philosophiam naturalem dialectica sua corrupit») [95] als auch jedes lediglich auf die Disposition des bereits Gefundenen ausgerichtete Verständnis von W. («scientiae ..., quas nunc habemus, nihil aliud sunt quam quaedam concinnationes rerum antea inventarum») [96]. In der Kritik an der heuristischen Unfruchtbarkeit der syllogistischen Logik sind sich R. DESCARTES [97] und J. LOCKE [98] einig, wobei Locke den Unterschied «between the method of raising any science and that of teaching it» herausstellt und betont, daß die logischen Prinzipien («Maxims») «are not of use to help men forward in the advancement of sciences», sondern lediglich eine didaktische Funktion haben [99]. Die auf die Syllogistik bezogene Logikkritik verliert jedoch in dem Maße an Bedeutung, wie sich das Verständnis von Gegenstand und Aufgaben der Logik über G. W. LEIBNIZ, J. H. LAMBERT bis hin zu B. BOLZANO zu einer universellen Theorie des formalen Schließens erweitert und die Logik, als Methodenlehre der W.en, schließlich selbst zur «Wissenschaftslehre» (s.d.) wird [100].

e) *W. als System von Sätzen.* – Im Anschluß an P. RAMUS [101] und unter Rückgriff auf die stoische Definition der τέχνη (Kunst) wird der Begriff ‹System› (s.d.) um 1600 zu einer zentralen Kategorie der wissenschaftstheoretischen Diskussion [102]. Stoisches Erbe ist wirksam, wenn dort, wo zwischen «ars» und «scientia» differenziert wird, der Terminus ‹systema› der ars assoziiert wird, wie bei B. KECKERMANN, der den Systembegriff auf die praktisch-operativen, nicht aber auf die theoretischen Disziplinen anwendet [103]. Auch bei C. TIMPLER ist der Begriff des Systems stärker mit dem der «ars» verbunden, während ‹scientia› eher auf den Habitus verweist. Anders als bei Keckermann stehen ‹ars› und ‹scientia› jedoch nicht für unterschiedliche W.-Typen, sondern für unterschiedliche Aspekte einer jeden wissenschaftlichen Disziplin: «Metaphysicam ... esse ... simul artem et scientiam. Artem quidem quatenus sumitur vel pro systemate vel pro notitia certorum praeceptorum methodice dispositorum ... Scientiam vero quatenus haec vox accipitur vel pro qualibet doctrina scibili, vel pro quolibet habitu intellectuali» («Die Metaphysik ist sowohl Kunst wie W. Kunst, insofern sie als System oder Kenntnis gewisser methodisch geordneter Regeln verstanden wird, W. dagegen, insofern mit diesem Ausdruck entweder irgendeine wißbare Lehre oder irgendein intellektueller Habitus gemeint ist») [104]. Mit der für alle «artes liberales» geltenden Differenzierung zwischen der «ars interna» als der «ars habitualis seu concepta» und der «ars externa» als der «ars systematica seu enunciata» bzw. der «disciplina, quae verbis vel prolatis traditur vel scriptis comprehenditur», wird vom subjektiven Wissensvollzug der – nun als objektives System von Sätzen beschreibbare – lehr- und lernbare Gehalt («doctrina», «disciplina») abgehoben. In diesem Sinne heißt es auch bei CH. WOLFF: «Veritates universales seu propositiones universales inter se connexae systema doctrinarum constituunt» («Die miteinander verbundenen allgemeinen Wahrheiten oder allgemeinen Sätze bilden ein System von Lehrinhalten») [105].

Ist es im 17. Jh. die «doctrina» bzw. «disciplina» (und nicht die noch stärker auf den Wissenshabitus bezogene «scientia»), die als System beschrieben wird, so verbinden sich im Laufe des 18. Jh. die Begriffe ‹System› und ‹W.›. Voraussetzung dafür ist eine sich zu jener Zeit am Terminus ‹W.› vollziehende semantische Verschiebung, durch welche dieser allererst jene objektive Bedeutung annimmt, die ihn im 19. Jh. charakterisiert. Daß es sich hierbei um einen komplexen *begrifflichen* Prozeß handelt, wird daran deutlich, daß auch das Vorliegen der beiden Ausdrücke ‹Wissen› und ‹W.› zunächst noch keine inhaltliche Unterscheidung impliziert. Denn im Deutschen wird ‹W.› für lange Zeit bedeutungsgleich mit ‹Wissen› verwendet [106]. So ist im 18. Jh. die subjektive Bedeutung von ‹W.› zunächst noch deutlich präsent, wenn etwa J. L. ZIMMERMANN W. als mentalen «Abdruck von dem Zusammenhange unter denen Dingen» beschreibt [107], CH. WOLFF die W. als «eine Fertigkeit des Verstandes, alles, was man behauptet, aus unwidersprechlichen Gründen unumstößlich darzuthun», charakterisiert [108] oder H. S. REIMARUS definiert: «W. ist eine Einsicht in den Zusammenhang der Wahrheiten, die aus unleugbaren allgemeinen Grundsätzen durch unzertrennte Verbindung der Schlüsse bewiesen werden» [109]. Eine Verlagerung hin zum objektiven Verständnis zeichnet sich allerdings dort ab, wo W. nicht als eine auf einen «Zusammenhang», sei es von Dingen oder Wahrheiten, bezogene Einsicht oder Fertigkeit, sondern selbst als Gesamtheit, «Inbegriff» oder «System» von Erkenntnissen, Beobachtungen, Regeln oder Sätzen verstanden wird. So charakterisiert etwa I. WATTS W. als «whole body of a regular or methodological observation ... concerning any object of speculation» [110]. Nach J. LE R. D'ALEMBERT ist W. («science») ein «système de regles ou de faits relatifs à un certain objet» [111]. J. H. LAMBERT spricht von der W. als dem «System oder Reich der Wahrheit» bzw. dem «System aller Begriffe, Sätze und Verhältnisse, die nur immer möglich sind» [112]. In diesem formalen Sinn ist W. nach I. KANT «der Inbegriff einer Erkenntniß als System» [113] (vgl. unten: II.) und für J. G. FICHTE explizit ein System von Sätzen [114].

W. T. KRUG verzeichnet noch beide Seiten des W.-Begriffs, wenn er W. «in materialer Bedeutung», d.h. als «das Wissen oder die allgemeingültige Erkenntnis selbst», von seiner «formalen» Bedeutung als «ein nach logischen Regeln geordneter Inbegriff von Lehrsätzen» unterscheidet [115]. Ein deutliches Zeugnis für die begriffliche Verschiebung findet sich im frühen 19. Jh. in J. CH. ADELUNGS Feststellung, der Terminus ‹W.›, verstanden als «Zustand, da man etwas weiß, Kenntnis ... davon hat», fange «in dieser Bedeutung an, im Hochdeutschen zu veralten». Wie er weiter bemerkt, kommt auch der Gebrauch im Sinne von «Inbegriff dessen, was man im engeren Verstande weiß, ... wenig mehr vor. ... Am häufigsten gebraucht man das Wort noch ... objektive, von dem Inbegriffe in einander gegründeter allgemeiner Wahrheiten» [116]. Schon bald nachdem im Deutschen die Bedeutungen von ‹Wissen› und ‹W.› sich derart sprachlich voneinander getrennt haben, wird philosophisch die Forderung nach der Einheit von beidem erhoben [117].

War es hinsichtlich der einzelnen Disziplinen seit jeher möglich, sie als etwas zu verstehen, das man «treibt» und nach dem man entsprechend – z.B. als «mathematicus» oder «physicus» – benannt werden kann, scheint eine analoge Wortbildung hinsichtlich der Ausdrücke ‹scientia› und ‹W.› erst spät, als Folge institutioneller Veränderung der W.-Organisation, erfolgt zu sein. Wird im Englischen die Bezeichnung ‹scientist› wohl erst durch W. WHEWELL eingeführt (vgl. unten: III. 4. a), so hat sich auch der Name «Wissenschafter» (ein früher Beleg findet sich bereits bei J. JUNGIUS [118]) für jemanden, «der eine W. treibt, sich mit den W.en beschäftigt» [119], erst im 18. Jh. durchgesetzt – die heute gebräuchliche Form ‹Wissenschaftler› bezeichnet noch im frühen 19. Jh. einen «Wissenschafter ... in verkleinelndem und verächtlichem ... Verstande» [120].

f) *W. als gut gebildete Sprache.* – Im Zuge der intensiven, kritischen Rezeption der Philosophie E. B. DE CONDILLACS im Umkreis der Schule der 'Ideologie' (s.d.) wird im frühen 19. Jh. dessen auf der Annahme der Identität von Sprache – verstanden im allgemeinen Sinn als Zeichensystem – und analytischer Methode («Toute langue est une méthode analytique et toute méthode analytique est une langue») [121] basierende These, daß eine W. nichts anderes sei als eine gut gebildete Sprache («une langue bien faite») [122], zu einem vieldiskutierten Thema. Während gerade die konservativen Spiritualisten sie im Rahmen ihrer Lehre vom göttlichen Sprachursprung aufgreifen [123], wird sie von A.-L.-C. DESTUTT DE TRACY, J. M. DEGÉRANDO und der Mehrzahl der Autoren als eine «maxime trop absolue» abgelehnt [124]. J. FEARN, der Condillac vorwirft, er habe «science» mit «notation of that science» verwechselt [125], betont: «A Science or Analytical Method consists in a Rule; by the observing of which, One Truth, or Series of Truths, of relation, results in the indication of another, as a necessary conclusion»; Sprache dagegen «is not a rule regarding Any Truth» [126]. J. S. MILL sieht später in Condillacs These, die darauf hinauslaufe, «that the one sufficient rule for discovering the nature and properties of objects is to name them properly», den Kulminationspunkt des «Nominalist view» [127]. Zumeist wendet sich die Kritik allerdings lediglich gegen eine strikte Gleichsetzung von W. und Sprache. So betont J. PH. DAMIRON, auf den B. BOLZANO in seiner ‹Wissenschaftslehre› zustimmend verweist: «s'il est vrai que la science ne soit pas seulement une langue, il est vrai aussi que sans une langue la science ne serait pas» [128]. Der Zusammenhang von Sprache bzw. Zeichen und W. ist für Bolzano insofern von Bedeutung, als er sowohl die Idee der «Summe des ganzen menschlichen Wissens» als auch den Begriff einer jeden jeweils einen Teilbereich desselben ausmachenden W. von ihrer sprachlichen Darstellbarkeit her konzipiert. So versteht er unter dem Ausdruck ‹W.› «jeden Inbegriff von Wahrheiten einer gewissen Art, der so beschaffen ist, daß der uns bekannte und merkwürdige Theil derselben verdient, ... in einem eigenen Buche vorgetragen zu werden» [129].

Anmerkungen. [1] Vgl. Art. ‹Hexis (habitus)›. Hist. Wb. Philos. 3 (1974) 1120-1123. – [2] A. DIEMER: Zur Grundlegung eines allg. Wiss.begriffs. Z. allg. Wiss.theorie 1 (1970) 209-227, bes. 226. – [3] U. J. JENSEN: Art. ‹Wissenschaft›, in: H. J. SANDKÜHLER (Hg.): Europ. Enzykl. zu Philos. und Wiss. 1-4 (1990) 4, 911-921, 911; vgl. H. TETENS: Art. ‹Wissenschaft›, in: H. J. SANDKÜHLER (Hg.): Enzykl. Philos. (1999) 1763-1773, 1764. – [4] A. DIEMER: Der Wiss.begriff in hist. und systemat. Zusammenhang, in: A. DIEMER (Hg.): Der Wiss.begriff. Hist. und systemat. Unters. (1970) 3-20, bes. 5. – [5] Vgl. Art. ‹Technik A.›. Hist. Wb. Philos. 10 (1998) 940-942. – [6] Vgl. Art. ‹Disciplina; doctrina›, a.O. 2 (1972) 256. – [7] DIEMER, a.O. [4] 5. – [8] Vgl. Art. ‹Theorie›. Hist. Wb. Philos. 10 (1998) 1128. – [9] ZENON bei OLYMPIODOR: In Plat. Gorg. 12, 1 [FDS Frg. 392; vgl. FDS Frg. 393-415]; vgl. JOH. STOBAEUS: Eclogae II, 7, 5 [FDS Frg. 385; A. A. LONG/D. N. SEDLEY: The hell. philosophers, Frg. 41 H (Cambridge [2]1992); dtsch. (2000) 305]. – [10] SEXTUS EMP.: Adv. math. VII, 38f. [FDS Frg. 324]. – [11] ISIDOR VON SEVILLA: Etymol. I, 1, 1. – [12] AUGUSTINUS: De doctr. christ. I, 2. CCSL 32 (1962) 7. – [13] Vgl. BONAVENTURA: 1 Sent., Quaest. prooem., q. 1. Op. omn. 1 (Quaracchi 1882) 6; PS.-ROBERT KILWARDBY: The comm. on ‹Priscian Maior› ascribed to R. Kilwardby, hg. K. M. FREDBORG u.a. Cah. Inst. MA greque et latin 15 (1975) 1-179, hier: 1; vgl. noch: P. NICOLE: Essais de morale (Paris 1701) 1, 29. – [14] Vgl. M. E. MARMURA: The fortuna of the ‹Posterior Analytics› in the Arabic MA, in: M. ASZTALOS/J. E. MURDOCH/I. NIINILUOTO (Hg.): Knowledge and the sciences in medieval philos. Proc. of the 8th int. congr. of medieval philos. (Helsinki 1990) 1, 85-103; vgl. H. SCHIPPERGES: Zum Wiss.begriff im arab. MA, in: DIEMER (Hg.), a.O. [4] 21-29. – [15] Vgl. L. M. DE RIJK: The ‹Posterior Analytics› in the latin west, in: ASZTALOS u.a. (Hg.), a.O. 1, 104-127. – [16] Vgl. A. SPEER: Art. ‹Wissen, Wissenschaft›, in: Lex. des MA 9 (1998) 260-262; I. CRAEMER-RUEGENBERG/A. SPEER (Hg.): Scientia und Ars im Hoch- und Spät-MA (1994); W. KLUXEN: Der Begriff der Wiss., in: Die Renaiss. der Wiss. im 12. Jh., hg. P. WEIMAR (Zürich 1981) 273-293. – [17] THOMAS AQU.: In lib. met., prooem. Op. omn. 24, hg. S. E. FRETTÉ (Paris 1875) 333 a. – [18] JOH. DACUS: Divisio scientie. Opera 1/1, hg. A. OTTO (Kopenhagen 1955) 4. – [19] a.O. 5. – [20] JACOBUS VON LÜTTICH: Speculum musicae, hg. R. BRAGARD. Corpus scriptorum de musica 3, 1 (Rom 1955) 16. – [21] JOH. BURIDAN: Tract. de anima, hg. B. PATAR (Löwen 1991) 181. – [22] a.O. 182. – [23] Vgl. Art. ‹Scientia sermocinalis/realis›. Hist. Wb. Philos. 8 (1992) 1508-1516; J. H. J. SCHNEIDER: Scientia sermocinalis/realis. Anm. zum Wiss.begriff im MA und in der Neuzeit. Arch. Begriffsgesch. 35 (1992) 54-92; Wiss.einteilung und institutionelle Folgen, in M. J. F. M. HOENEN/J. H. J. SCHNEIDER/G. WIELAND (Hg.): Philos. and learning. Universities in the MA (Leiden u.a. 1995) 63-121; IWAKUMA YUKIO: The division of philos. and the place of the trivium from the 9th to the mid-12th cent., in: S. EBBESEN/R. L. FRIEDMAN (Hg.): Medieval analyses in language and cognition (Kopenhagen 1999) 165-189. – [24] Vgl. Art. ‹Philosophie I. F.; II. E. 1.; IV. F.›. Hist. Wb. Philos. 7 (1989) 599-607. 633-641. 731-742. – [25] Vgl. Art. ‹Wissen II. 5.›. – [26] Vgl. Art. ‹Theologie B.›, a.O. 10 (1998) 1085f. – [27] Vgl. CH. LOHR: The Pseudo-Aristotelian ‹Liber de causis› and latin theories of science in the 12th and 13th cent., in: J. KRAYE u.a. (Hg.): Pseudo-Aristotle in the MA (London 1986) 53-62. – [28] Vgl. Art. ‹Theorem 2.›. Hist. Wb. Philos. 10 (1998) 1126. – [29] Vgl. M. DREYER: More Mathematicorum. Rezeption und Transformation der ant. Gestalten wissenschaftl. Wissens im 12. Jh. (1996); Wiss. als Satzsystem, in: L. HONNEFELDER/M. DREYER/R. WOOD (Hg.): John Duns Scotus – Metaphysics and ethics (Leiden 1996) 87-105. – [30] Vgl. M.-D. CHENU: La théol. comme science au 13e s. (Paris 31957); U. KÖPF: Die Anfänge der theol. Wiss.theorie im 13. Jh. (1974); L. SILEO: Teoria della scienza teol. Quaest. de scientia theol. di Odo Rigaldi e altri testi inediti (Rom 1984); T. GREGORY: Forme di conoscenza e ideali di sapere nella cultura medievale, in: ASZTALOS u.a. (Hg.), a.O. [14] 1, 10-71, bes. 46ff. – [31] HEINRICH VON GENT: Summa quaest. ordin. 1, a. 6, q. 2, in corp. [1276-92] (Paris 1520, ND 1953) fol. 44r. – [32] BERTHOLD VON MOOSBURG: Expos. sup. Elementationem theol. Procli, hg. M. R. PAGNONI STURLESE/L. STURLESE (1984) 69. – [33] ARISTOTELES: Anal. post. I, 2, 72 a 25-29. – [34] 13, 78 b 35-79 a 2; vgl. R. D. MCKIRHAN Jr.: Aristotle's subordinate sciences. Brit. J. Hist. Sci. 11 (1978) 197-220. – [35] THOMAS AQU.: S. theol. I, 1, 2. – [36] Vgl. GREGORY, a.O. [30] bes. 48ff.; S. BROWN: Henry of Ghent's critique of Aquinas' subalternation theory and the early thomist response, in: ASZTALOS u.a. (Hg.), a.O. [14] 3, 337-345; R. A. LEE: Peter Aureoli as critic of Aquinas on the subalternate character of the science of theology. Franciscan Studies 55 (1998) 121-136. – [37] Vgl. Art. ‹Zeuge; Zeugnis›; ‹Wissen II. 1. 3.›. – [38] GOTTFRIED VON FONTAINES: Quodl. IV, q. 10, in: M. DE WULF/A. PELZER (Hg.): Les quatres premiers Quodlibets de Godefroid de Fontaines (Löwen/Paris 1904) 261. – [39] WILHELM VON OCKHAM: Script. in lib. I Sent. ord., Prol., q. 7. Op. theol. 1, hg. G. GÁL/S. BROWN (St. Bonaventure, N.Y. 1967) 199; zur spätmittelalterl. Diskussion vgl. S. J. LIVESEY: William of Ockham, the subalternate sciences, and Aristotle's theory of metabasis. Brit. J. Hist. Sci. 18 (1985) 127-145; John of Reading on the subalternation of the science, in: ASZTALOS u.a. (Hg.), a.O. [14] 2, 89-96; Theol. and science in the 14th cent.: Three questions on the unity and subalternation of the science from John of Reading's comment. on the sentences (Leiden 1989) bes. 20-53. – [40] ROGER BACON: Opus tertium. Op. quaedam hactenus ined., hg. J. S. BREWER 1 (London 1859) 65. – [41] THOMAS AQU.: S. theol. I-II, 54, 4, arg. 3. – [42] BONAVENTURA, a.O. [13]. – [43] THOMAS AQU.: S. theol. I-II, 54, 4c; vgl. A. MAURER: The unity of a sci.: St. Thomas and the nominalists, in: A. MAURER (Hg.): St. Thomas Aquinas 1274-1974. Commemorative studies (Toronto 1974) 2, 269-291. – [44] HEINRICH VON GENT: Quodl. IX, q. 4, in corp., hg. R. MACKEN. Op. omn. 13 (Löwen 1983) 94. – [45] JOH. DUNS SCOTUS: Quaest. sup. libros Met. Arist. VI, q. 1. Op. philos. 3, hg. R. ANDREWS u.a. (St. Bonaventure, N.Y. 1997) 15, n. 40; A. ZIMMERMANN: Ontol. oder Met.? Die Diskussion über den Gegenstand der Met. im 13. und 14. Jh. (Leiden/Köln 1965) 252f.; U. G. LEINSLE: Die Einheit der Wiss. nach Joh. Duns Scotus. Wiss. Weisheit 42 (1979) 157-176; vgl. R. HOFMEISTER-PICH: Der Begriff der wissenschaftl. Erkenntnis nach Joh. Duns Scotus. Diss. Bonn (2001). – [46] J. CANONICUS: Quest. sup. VIII lib. Phys. Arist. (Venedig 1520) fol. 2 b. – [47] WILHELM VON OCKHAM: Expos. sup. VIII lib. Phys., prol. Op. philos. 4, hg. V. RICHTER (St. Bonaventure, N.Y. 1985) 4f. – [48] a.O. 7; zur Analogie von Wiss. und populus vgl. SEXTUS EMP.: Adv. math. VII, 41 [FDS Frg. 324]; vgl. A. MAURER: Ockham's conception of the unity of science. Mediaeval Studies 20 (1958) 98-112; U. G. LEINSLE: Die Einheit der Wiss. nach Wilhelm von Ockham. Wiss. Weisheit 43 (1980) 107-129. – [49] WILHELM VON OCKHAM: Script. in lib. I Sent. ord., Prol., q. 1, a.O. [39] 8f. – [50] Vgl. R. IMBACH: Der Begriff der Wiss., in: R. IMBACH (Hg.): Wilhelm von Ockham. Texte zur Theorie der Erk. und der Wiss. (1984) 180-187. – [51] Vgl. F. TOLETUS: Comm. in univ. Arist. log. (Köln 1614, ND 1985) 10-12; F. SUÁREZ: Disp. metaphys. 44 (1597), hg. C. BERTON (Paris 1866, ND 1965) 2, 712-717; Conimbricenses: Comm. in univ. Arist. dial. (Köln 1607, ND 1976) 2, 675-682; M. SMIGLECIUS: Logica (Oxford 21634) 685-701; zur Diskussion in der protestant. Schulphilos. (z.B. H. CONRING) vgl. K. ESCHWEILER: Die Philos. der span. Spätscholastik auf den dtsch. Universitäten des 17. Jh. Spanische Forschung der Görres-Ges. 1 (1928) 251-325, bes. 307ff. – [52] Vgl. Conimbricenses, a.O. 2, 666-680; SMIGLECIUS, a.O. 685-727; vgl. J. JUNGIUS: Log. Hamburgensis IV, 16, §§ 4-6, hg. R. W. MEYER (1957) 240. – [53] SCIPION DU PLEIX: Logique ou art de discourir et raisonner (Paris 1607) 273. – [54] ROBERT GROSSETESTE: Comm. in Post. anal. lib., hg. P. ROSSI (Florenz 1981) 178f. – [55] ROGER BACON: Opus maius, hg. J. H. BRIDGES (Oxford 1897) 1, 106. – [56] Part of the Opus tertium, hg. A. G. LITTLE (Aberdeen 1912) 44. – [57] Opus maius, a.O. [55] 2, 172; vgl. N. W. FISHER/ S. UNGURU: Experimental science and mathematics in Roger Bacon's thought. Traditio 27 (1971) 353-378. – [58] Vgl. Art. ‹Mechanik II.›. Hist. Wb. Philos. 5 (1980) 953. – [59] Vgl. Art. ‹Qualität II. 2.›, a.O. 7 (1989) 1757f. – [60] Vgl. A. C. CROMBIE: Robert Grosseteste and the origins of experimental science 1100-1700 (Oxford 1962); J. HACKETT: Scientia experimentalis: from Robert Grosseteste to Roger Bacon, in: J. MCEVOY (Hg.): Robert Grosseteste: new perspectives on his thought and scholarship (Steenbrugge/Den Haag 1995) 89-119; K. HEDWIG: Roger Bacon – Scientia experimentalis, in: TH. KOBUSCH (Hg.): Philosophen des MA (2000) 140-151. – [61] J. DEE: Vorwort zu H. BILLINGSLEYS Übers. von EUCLID: The elements of geometry (London 1570) fol. A 3v; S. MEIER-OESER: Die Präsenz des Vergessenen (1987) 181ff. – [62] LEONARDO DA VINCI: Cod. Atlanticus 86r. – [63] Trattato della pittura § 1. – [64] a.O. – [65] Vgl. Art. ‹Methode V. 1.›. Hist. Wb. Philos. 5 (1980) 1313-1323; Art. ‹Methode, analytische/synthetische›, a.O. 1332-1336. – [66] Vgl. Art. ‹Metaphysik IV.›, a.O. 1238-1241. – [67] Vgl. Art. ‹Naturphilosophie III. IV.›, a.O. 6 (1984) 545-548. – [68] F. BACON: Novum organum, Prooem. (1620). The works, hg. J. SPEDDING/R. L. ELLIS/D. D. HEATH 1 (London 1858) 121. – [69] G. GALILEI: Dialogo. Opere [Ed. naz.] (Florenz 1890-1909, ND 1968) 7, 75. – [70] Vgl. Art. ‹Observatio; Beobachtung›. Hist. Wb. Philos. 6 (1984) 1074f.; Art. ‹Invention; Erfindung; Entdeckung›, a.O. 4 (1976) 558; Art. ‹Physik B. 1.›, a.O. 7 (1989) 939f. – [71] Vgl. Art. ‹Kausalgesetz›, a.O. 4 (1976) 789-798, 793. – [72] Vgl. Art. ‹Philosophie IV. 4.›, a.O. 7 (1989) 688ff. – [73] Vgl. Art. ‹Pansophie›, a.O. 56-59; vgl. TH. LEINKAUF: Wissen und Universalität. Zur Struktur der scientia universalis in der Frühen Neuzeit. Perspektiven Philos., Neues Jb. 29 (2003) 81-103. – [74] R. DESCARTES: Regulae ad directionem ingenii, regula I, 1 [1628]. Oeuvr., hg. CH. ADAM/P. TANNERY (Paris 1897-1913) 10, 360. – [75] E. W. VON TSCHIRNHAUS: Medicina mentis, sive tentamina genuinae logicae, ubi disseritur de methodo detegendi incognitas veritates (Leipzig 1695) 23. – [76] G. W. LEIBNIZ: Introd. ad encyclop. arcanam [1679], in: Opusc. et fragm. inéd., hg. L. COUTURAT (Paris 1903, ND 1988) 512. – [77] Vgl. Art. ‹Philosophie III. C. (Lullistische Philos.)›. Hist. Wb. Philos. 7 (1989) 668-671. – [78] E. WEIGEL: Analysis Aristotelicae ex Euclide restituta, Prooem. § 1 (Jena 1658). – [79] G. W. LEIBNIZ: [Préceptes pour avancer les sciences, 1686?]. Die Philos. Schr., hg. C. I. GERHARDT (1875-90) 7, 168. – [80] D. HUME: An enqu. conc. the human underst. (1748). The philos. works, hg. T. H. GREEN/T. H. GROSE (London 21882-86, ND 1964) 4, 133. – [81] A treat. of human nature, Introd. (1739/40), a.O. 1, 306f. – [82] Vgl. Art. ‹Theorie I. A.›. Hist. Wb. Philos. 10 (1998) 1128f. – [83] D. GORLAEUS: Exercitationes philos. (Leiden 1620) 10. – [84] Art. ‹Theorie I. D.›, a.O. [82] 1135f. – [85] TH. HOBBES: De corpore I, 1, 6 (1655). Op. philos. lat., hg. W. MOLESWORTH (London 1839-45, ND 1966) 1, 6. – [86] Vgl. W. HÜBENER: Der Praxisbegriff der aristot. Tradition und der Praktizismus der Prämoderne, in: Zum Geist der Prämoderne (1985) 25-41, hier: 35f. – [87] J. A. COMENIUS: De rerum humanarum emendatione consultatio catholica [1642-1670] (Prag 1966) 1, 758, n. 5. – [88] G. W. LEIBNIZ: Br. an J. Grœning (24. Dez. 1696), in: Textes inéd., hg. G. GRUA

(Paris 1948) 2, 662. – [89] LH XXXVII, vol. III, Bl. 1^r, zit. nach: HÜBENER, a.O. [86] 40f. – [90] E. CHAMBERS: Cyclopaedia (London ^{7}1752) s.v. ‹Science›. – [91] Vgl. Art. ‹Logik IV.›. Hist. Wb. Philos. 5 (1980) 375-378, 375f. – [92] Vgl. Art. ‹Invention; Erfindung; Entdeckung III. 2f.›, a.O. 4 (1976) 555-561. – [93] I. ZABARELLA: De nat. log. I, 5. Op. logica, hg. W. RISSE (1966) 10; vgl. U. G. LEINSLE: Das Ding und die Methode (1985) 45. – [94] BACON: Nov. org. I, Aph. 8, a.O. [68] 158. – [95] Aph. 63, a.O. 173. – [96] a.O. [94]. – [97] DESCARTES: Reg. X, a.O. [74] 405f. – [98] J. LOCKE: An essay conc. human underst. IV, 17, § 6 (1690), hg. P. H. NIDDITCH (Oxford 1975) 679. – [99] 7, § 11, a.O. 599. – [100] a.O. [91] 375ff. – [101] Vgl. Art. ‹Ramismus; Semiramismus›, a.O. 8 (1992) 15-17. – [102] Vgl. A. VON DER STEIN: System als Wiss.kriterium, in: DIEMER (Hg.), a.O. [4] 99-107; T. BORSCHE: Die artist. Transformation der Wiss. Begriffsgeschichtl. Übergänge in der frühen Neuzeit, in: G. SCHRÖDER u.a. (Hg.): Anamorphosen der Rhetorik. Die Wahrheitsspiele der Renaiss. (1997) 53-69. – [103] Vgl. Art. ‹System II. 2. c)›. Hist. Wb. Philos. 10 (1998) 827f. – [104] C. TIMPLER: Metaphysicae systema methodicum. Technologia seu tract. gen., de natura et differentiis artium liberalium, 3 [vor lib. I] (Hannover 1606). – [105] CH. WOLFF: De differentia intellectus systematici et non systematici (1729), in: Horae subsecivae Marburgenses 1-3 (1729-41) 1, 3. Ges. Werke, hg. J. ECOLE u.a. II/34, 1 (1983) bes. 109. – [106] Vgl. W. BUMANN: Der Begriff der Wiss. im dtsch. Sprach- und Denkraum, in: DIEMER (Hg.), a.O. [4] 76-89. – [107] J. L. ZIMMERMANN: Natürliche Erkentniß Gottes, der Welt und des Menschen (Jena 1730) 106. – [108] CH. WOLFF: Vern. Ged. von den Kräften des menschl. Verstandes [Dtsch. Logik] § 2 (1712, ^{14}1754), a.O. [105] I/1 (^{2}1978) 115. – [109] H. S. REIMARUS: Vernunftlehre § 233 (^{3}1766, ND 1979) 247. – [110] I. WATTS: Logic 2, 2, § 9 (London 1725). – [111] J. LE R. D'ALEMBERT: Encyclopédie. Discours prél. (1751), hg. F. PICAVET (Paris 1894) 138. – [112] J. H. LAMBERT: Neues Organon § 160 (1764). – [113] I. KANT: Logik, hg. G. B. JÄSCHE (1800). Akad.-A. 9, 72; vgl. KrV B 860. – [114] J. G. FICHTE: Ueber den Begriff der Wiss.lehre 1 (^{2}1798). Akad.-A. I/2, 112ff. – [115] W. T. KRUG: Allg. Handwb. der philos. Wiss. 4 (^{2}1834) 529. – [116] J. CH. ADELUNG: Gramm.-krit. Wb. der hochdtsch. Mundart, 4. Teil (Wien 1811) 1582; vgl. J. H. CAMPE: Wb. der dtsch. Sprache 5 (1811) 746f.; J. J. ESCHENBURG: Lehrb. der Wiss.-Kunde (^{3}1809) 4. – [117] Vgl. G. W. F. HEGEL: Phänomenol. des Geistes (1807). Akad.-A. 9 (1980) 11; Art. ‹Wissenschaft II.›. – [118] Vgl. H. KANGRO: J. Jungius' Experimente und Gedanken zur Begründung der Chemie als W. (1968) 102f. – [119] CAMPE, a.O. [116] 747. – [120] a.O. – [121] E. B. DE CONDILLAC: La langue des calculs. Oeuvr., hg. G. ARNOUX/ R. MOUSNIER 23 (Paris 1798) 1. – [122] La logique II, 5. Oeuvr. philos., hg. G. LE ROY 1-3 (Paris 1946-51) 2, 419 a. – [123] L. DE BONALD: Législation primitive (Paris 1802) 42f.; vgl. L. BAUTAIN: L'esprit humain et ses facultés (Paris ^{2}1859) 2, 179. – [124] J. M. DEGÉRANDO: Des signes et de l'art de penser considérés dans leurs rapports mutuels 1 (Paris 1800) XXI; vgl. A.-L.-C. DESTUTT DE TRACY: Eléments d'idéologie 3 (Paris 1805) 503. – [125] J. FEARN: Anti-Tooke 1 (London 1824, ND 1972) 20. – [126] a.O. 21. – [127] J. S. MILL: A system of logic, ratiocinative and inductive II, 2, 2 (1843). Coll. works, hg. J. M. ROBSON 7 (Toronto 1974) 176. – [128] J. PH. DAMIRON: Cours de philos. (Paris 1831-36) 1, 372; vgl. B. BOLZANO: Wiss.lehre § 285 (1837). Ges.ausg., hg. J. BERG I/13, 1 (1989) 96. – [129] BOLZANO: Wiss.lehre, Einl. § 1, a.O. I/11, 1 (1985) 33f.; vgl. §§ 393ff., a.O. I/14, 1 (1994) 30ff.

Literaturhinweise. A. DIEMER s. Anm. [4]. – U. KÖPF s. Anm. [30]. – R. IMBACH s. Anm. [50]. – M. ASZTALOS/J. E. MURDOCH/I. NIINILUOTO s. Anm. [14]. – I. CRAEMER-RUEGENBERG/A. SPEER (Hg.) s. Anm. [16].

S. MEIER-OESER

II. *Übergänge. W.-Konzeptionen im Idealismus und Nachidealismus.* – Auch den philosophischen W.-Begriffen von KANT bis HEGEL dient – bei allen Differenzen – die von ARISTOTELES formierte «klassische W.-Konzeption» [1] als Leitfaden. W. wird als Erkenntnis aus Prinzipien bzw. Grundsätzen begriffen [2]. Sie wird als kategorisch-deduktives System von Erkenntnissen gefaßt, das in kürzester Form durch die Bestimmungen der «'Allgemeinheit', 'Notwendigkeit' und 'Wahrheit'» [3] charakterisiert werden kann (1.). In der Denkbewegung der idealistischen Systemformationen behauptet sich Philosophie selbst als eigentliche, fundamentale W., entwirft sich, mit SCHELLING zu sprechen, als «W. aller W.en» [4] (2.). Mit dem Ende der idealistischen Systeme zeigt sich auch innerphilosophisch ein markanter Funktions- und Strukturwandel der W. (3.), der sich in einer Reihe von terminologischen Neudispositionen niederschlägt (4.) und zur Etablierung eines modernen Begriffs von W. führt (vgl. unten: III.).

1. In wirkmächtiger Weise entfaltet I. KANT seinen W.-Begriff in der Vorrede zu den ‹Metaphysischen Anfangsgründen der Naturwissenschaft› [5]. Was W. zur W. macht, ist zunächst, daß das «nach Principien geordnete Ganze der Erkenntniß» systematisch und damit kein bloßes «Aggregat» ist [6]. Die unter der Idee eines Ganzen mögliche Systematizität [7] macht das eigentlich «Scientifische» der Erkenntnis aus [8]. Jede W. ist nach Kant ein System für sich und hat «in der Encyclopädie aller W.en ihre bestimmte Stelle» [9]. Eine W. kann nun «rational» und nicht nur «historisch» sein, «wenn die Verknüpfung der Erkenntniß in diesem System ein Zusammenhang von Gründen und Folgen ist» [10]. «Eigentliche W.» behandelt ihren Gegenstand «gänzlich nach Principien a priori», «uneigentliche W.» nach «Erfahrungsgesetzen»: «Eigentliche W. kann nur diejenige genannt werden, deren Gewißheit apodiktisch» [11] und nicht, wie die empirische Gewißheit, bloß assertorisch ist. Prätendiert Kant, eine transzendentalphilosophische Grundlegung der Naturwissenschaften (s.d.) zu leisten, so läßt er sich zugleich einen normativen Begriff von W. durch die mathematisierbare zeitgenössische Physik und deren methodischen Erkenntnisfortschritt vorgeben.

G. W. F. HEGEL, der die «wissenschaftliche Erkenntnis der Wahrheit» [12] als Grundintention seiner philosophischen Bemühungen versteht, will auch die Kriterien von Wissenschaftlichkeit ganz aus der phänomenologischen Selbstreflexion des Geistes, d.h. aus dem Sich-selbst-Erfassen des Wissens als Geist (s.d.), gewinnen. W. ist für ihn «begreifende Erkenntnis des absoluten Geistes», sie ist die «Wirklichkeit» und das «Reich», das dieser «sich in seinem eigenen Elemente erbaut» [13]. Wenn Hegel auf den begrifflichen Status wissenschaftlichen Wissens abhebt [14], folgt er aristotelischer Lehre, wonach W. ein Wissen des Allgemeinen ist. Empirie zum Prinzip der W. machen heißt für Hegel, auf wahre Wissenschaftlichkeit zu verzichten (die «Erfahrungswissenschaften» werden in der Jenaer Zeit noch als «sogenannte Wissenschaften» [15] bezeichnet). Wissenschaftliches Wissen ist – in Korrespondenz zur aristotelischen Lehre von der Ursachenerkenntnis – beweisendes und bewiesenes Wissen. Aus unserer Kenntnis soll im strengen Sinne 'Erkenntnis' [16] werden. Aus der Idee einer vollständig apodeiktischen W. ergibt sich auch für Hegel, daß W. nur als System möglich ist [17]: «Die wahre Gestalt, in welcher die Wahrheit existiert, kann allein das wissenschaftliche System derselben sein» [18]. Es kann für Hegel letztlich nur ein (alle anderen Systeme integrierendes) System und nur eine W. geben, weil es nur eine Wahrheit gibt. Das Ganze der W.en stellt sich modellhaft dar als ein seine Voraussetzungen begründend einholender «Kreis von Kreisen» [19].

2. In unterschiedlicher Weise erheben die idealistischen Theoretiker für die Philosophie den alten Anspruch einer Fundamental- und Universalwissenschaft. J. G. FICHTE arbeitet die Philosophie zu einer Wissenschaftslehre (s.d.) im Sinne einer rein apriorischen Fun-

damentalphilosophie (s.d.) aus [20]. Für den frühen F. W. J. SCHELLING ist die Philosophie die «absolute W.» bzw. «W. des Absoluten», und es erfolgt auch die Systematisierung der W.en vom Absoluten her [21]. Die Philosophie entlehnt die Prinzipien des Wissens nicht von anderen W.en, hat das Wissen selbst zum Objekt und kann demzufolge keine untergeordnete W. sein. Später wird sie von Schelling als W. des Urwissens (s.d.) verstanden, somit als der «Eingang zu aller Wissenschaftlichkeit» [22]. HEGELS ‹W. der Logik› versteht sich ebenfalls als Fundamentalwissenschaft. Sie ist als Theorie des spekulativen Denkens «reine W.» [23], die zugleich genetisch wie apriorisch verfahren soll. Wissenschaftskritisch entfaltet demgegenüber F. H. JACOBI seine erkenntnistheoretische Position, wonach das Wissen im Glauben begründet ist. Die W. sei nur «Wissen aus der zweyten» Hand, sie erfasse in ihrer Begrenztheit das eigentlich Lebenswichtige nicht und organisiere nur unsere Unwissenheit (s.d.) [24].

3. Nachidealistisch findet die Hegelsche Konzeption 'absoluter W.' [25] keine längerfristige Akzeptanz mehr. Die Uneinlösbarkeit des apriorischen Anspruches der ‹Wissenschaft der Logik› [26] wie die Überordnung einer spekulativen Naturphilosophie (s.d.) über die empirische Naturwissenschaft erfahren scharfe Kritik. Der Widerspruch zwischen der Historizität des geltenden W.-Systems und seinem Letztbegründungsanspruch kann nicht aufgelöst werden. Die Konzeption eines allumfassenden und abschließenden Systems der Erkenntnis wird aufgegeben oder privatisiert sich in der Philosophie der Weltanschauungen (s.d.). Daß von der systematischen «Architektonik des idealistischen Zeitalters ... gar Nichts übrig bleiben» kann, betont bereits J. F. HERBART. Dieser betraut die Philosophie mit der Aufgabe analytischer Begriffsklärung und schreibt ihr – angesichts des Diversifikationsprozesses der W.en – die Funktion einer 'Zentralwissenschaft' zu, in welcher «sich alle übrigen W.en gleichsam begegnen, um sich untereinander zu verknüpfen»: «Denn in ihr werden die Hauptbegriffe aller W.en und die Mittelpuncte aller Meinungskreise zur Untersuchung gezogen» [27].

Dort, wo nach Hegel an Systematizität als grundlegendem W.-Kriterium festgehalten wird, geschieht dies weitgehend mit Rückgriff auf Kant: Das System erscheint als regulative Idee, die post festum versuchten Systematisierungen als 'Zwischenergebnisse'. In diesem Sinne wendet sich H. LOTZE – zwischen Spekulation und moderner Naturwissenschaft vermittelnd – einerseits gegen den idealistischen Anspruch «einer kategorischen Emanation alles Denkbaren und Wirklichen», indem er betont: «die Form der W. wird wesentlich hypothetisch» [28]. Andererseits hält er aber mit Bezug auf Hegel noch an der Idee fest, daß es «das höchste und nicht schlechthin unerreichbare Ziel der W.» sei, «den Weltlauf zu verstehen und ihn nicht blos zu berechnen» [29].

Die Philosophie war in der europäischen Tradition der klassische Ort, an dem die W.en sich ein wissenschaftliches Bewußtsein ihrer selbst bilden konnten. Galt sie als Garant der Einheit der W.en und auch als universitärer Ort dieser Einheit, so führt die Ausgliederung der sich ausdifferenzierenden Einzelwissenschaften aus der Philosophie dazu, daß diese die Funktion einer integrativen Metawissenschaft auch wissenschaftsorganisatorisch verliert. Tatsächlich büßt die Schulphilosophie mit dem «Auswanderungsprozeß der W.en aus der Philosophie» [30] im Verlauf des 19. Jh. diesen Status weitgehend ein und restituiert sich selbst weithin als eine Fachwissenschaft im Kanon der Geisteswissenschaften (s.d.).

Andere Wege schlagen die großen philosophischen 'Einzelgänger' des 19. Jh. ein. Der Ethiker S. KIERKEGAARD etwa wendet sich (sichtbar schon im Titel seines späten Hauptwerkes ‹Abschließende unwissenschaftliche Nachschrift›) dezidiert vom Objektivitätsideal der W. ab [31], geht es ihm doch darum aufzuzeigen, welche Bedeutung der subjektiven Aneignung des eigenen Lebens, der eigenen Existenz zukommt. Daß der «wissenschaftlich idealistische Standpunkt ... nie in das Leben einfließen» kann, hatte beispielsweise J. G. FICHTE unmißverständlich ausgesprochen [32]. Bereits der frühe K. MARX, der den antispekulativen W.-Impuls [33] Kierkegaards teilt und eine neue Form menschlicher Gattungsreflexion intendiert, begreift W. als Moment gesellschaftlicher Praxis. Er konstatiert mit Blick auf den Zusammenschluß von W., Technik und Verwertung, was H. PLESSNER später die «Industrialisierung der W.» [34] nennt: «Die Naturwissenschaften haben eine enorme Thätigkeit entwickelt und sich ein stets wachsendes Material angeeignet. Die Philosophie ist ihnen indessen ebenso fremd geblieben, wie sie der Philosophie fremd blieben. Die momentane Vereinigung war nur eine phantastische Illusion» [35]. F. ENGELS vertritt die These, daß die Philosophie als «W. vom Gesamtzusammenhang» überflüssig wird, «sobald an jede einzelne W. die Forderung herantritt, über ihre Stellung im Gesamtzusammenhang der Dinge ... sich klarzuwerden» [36]. F. NIETZSCHE, der die «Emancipation» der Einzelwissenschaften «von der Philosophie» [37] genau beobachtet, changiert in seinem Selbstverständnis zwischen ästhetischer und (natur)wissenschaftlicher Weltauffassung. Mit der Idee einer «fröhlichen W.» greift er nicht nur auf Formen der Dichtung zurück, sondern trifft sich auch mit jenem frühromantischen Universalismus, der W. und Kunst in einer progressiven Universalpoesie (s.d.) vereinigen will [38]. Daß die Vereinigung von W. und Kunst eine avancierte Form von Rationalität liefern solle, war auch die Überzeugung von Denkern wie J. W. GOETHE und C. G. CARUS [39]. Nietzsche bleibt beim Vergleich von Philosophie und W., wie F. HÖLDERLIN, der Verwandtschaft der Philosophie mit Kunst und Religion eingedenk. Wissenschaftskritisch stellt er fest, «dass es immer noch ein metaphysischer Glaube ist, auf dem unser Glaube an die W. ruht»: auf dem Glauben, «dass die Wahrheit göttlich ist» [40].

4. Erfolgte die Differenzierung von ‹Gelehrsamkeit› und ‹W.› in der zweiten Hälfte des 18. Jh. entlang der Trennlinie von ‹Historie› (s.d.) und ‹Philosophie›, wurde ‹Gelehrsamkeit› damit nur noch mit historischer Erkenntnis konnotiert, so wird auch dieses Verständnis seit dem späten 18. Jh. durch das neue Konzept von W. als einem unabschließbaren Forschungsprozeß abgelöst. Das Wissenschaftlerideal des «philosophe» [41] und des Gelehrten machen dem des Forschers Platz. Im 19. Jh., in dem der Forschung eine konstitutive Fundierungsfunktion für die W. zuwächst, etabliert sich auch der Terminus ‹Forschung› (engl. ‹research›, ‹investigation›; frz. ‹recherche›, ‹investigation›) [42]. Ein Einstellungswandel wissenschaftlichen Handelns zeigt sich in der Hochschätzung, die die prospektiv ausgerichtete methodische Wissensvermehrung gewinnt. Die Hierarchie von (apriorischer) Vernunft- und (empirischer) Faktenerkenntnis wird nach und nach aufgehoben [43]. Die Explikation der erfahrungswissenschaftlichen Erkenntnis ist unabhängig vom Begriff der Weisheit (s.d.), an dem das aufklärerische Vernunftverständnis sich wesentlich orientiert hatte. Es ist W. VON HUMBOLDT, der das Ethos verzeitlichter W. vertritt und deren modernen Infinitismus als «etwas noch

nicht ganz Gefundenes und nie ganz Aufzufindendes» artikuliert. Die noch als Organon idealistischer Bildung (s.d.) begriffene und nach Humboldt aus der «Tiefe des Geistes» herausgeschaffene W. ist «unablässig ... zu suchen» [44].

Galten ‹Philosophie› und begründungsorientierte ‹W.› in der europäischen Überlieferung bis zum Ende der idealistischen Systeme weitgehend als synonym, so treten die Begriffe nun auseinander. Es sind die Naturwissenschaften (s.d.), die ein Modell starker Anziehungskraft bilden und jetzt häufig mit ‹W.› überhaupt identifiziert werden. Die Wissenschaftlichkeit der Philosophie selbst wird in neuer Weise fraglich [45]. Wo am Anspruch der Wissenschaftlichkeit festgehalten wird, wird – wie etwa bei F. BRENTANO – die «wahre Methode» der Philosophie als die der Naturwissenschaft bestimmt («Vera philosophiae methodus nulla alia nisi scientiae naturalis est») [46].

Im Auseinandertreten von ‹Philosophie› und ‹W.› liegt zweifellos die Gefahr, daß – mit modernen Begriffen gesprochen – «Verfügungs-» und «Orientierungswissen» voneinander entkoppelt werden [47]. Im Verlust des philosophischen «Definitionsmonopols für 'Wissenschaftlichkeit'» [48] liegt aber auch die Chance einer vertieften Verhältnisbestimmung von ‹Philosophie› und ‹W.› wie zugleich die Aufgabe, W. aus dem Horizont möglicher Erkenntnis auf neue Weise verständlich zu machen. Dazu bedarf es nun aber eines (erweiterten) Begriffs des Erkennens, der die geltende W. transzendiert [49] und diese nicht als alleinigen Ort von Erkenntnis beansprucht [50].

Anmerkungen. [1] Vgl. A. DIEMER: Die Begründung des Wissenschaftscharakters der Wiss. im 19. Jh. – Die Wiss.theorie zwischen klass. und mod. Wiss.konzeption, in: A. DIEMER (Hg.): Beiträge zur Entwickl. der Wiss.theorie im 19. Jh. (1968) 3-62, bes. 24-35. 61f.; vgl. ARISTOTELES: Met. I, 1, 980 a 21ff.; Eth. Nic. VI, 3, 1139 b. – [2] Vgl. auch: Art. ‹Wissen V.›. – [3] H. SCHNÄDELBACH: Philos. in Deutschland 1831-1933 (1983) 88-137, 107; vgl. C. CH. E. SCHMID: Allg. Encyklopädie ... (1810) 18f. 24f. – [4] F. W. J. SCHELLING: Vorles. über die Methode des akad. Studiums, 1. Vorles. (1803). Sämmtl. Werke, hg. K. F. A. SCHELLING (1856-61) I/5, 214; vgl. Philos. der Mythologie ..., 24. Vorles. [1847-52], a.O. II/1, 561; W. T. KRUG: Hb. der Philos. 1, § 5 (1820) 5f.; Art. ‹Wissenschaft der Wissenschaften›. – [5] Vgl. P. PLAASS: Kants Theorie der Naturwiss. (1965); K. POLLOK: Kants ‹Metaphysische Anfangsgründe der Wiss.›: ein Komm. (2001). – [6] I. KANT: Met. Anfangsgründe der Naturwiss., Vorrede (1786). Akad.-A. 4, 467; KrV B 860. – [7] Vgl. Art. ‹System 6ff.›. Hist. Wb. Philos. 10 (1998) 836ff. – [8] Vgl. I. KANT: KrV B 860ff.; Art. ‹Architektonik; architektonisch›. Hist. Wb. Philos. 1 (1971) 502-504. – [9] KU B 364 (§ 79). – [10] Met. Anfangsgr., a.O. [6] 468. – [11] a.O. – [12] G. W. F. HEGEL: Enzykl. der philos. Wiss., Vorrede (1830). Akad.-A. 20 (1992) 5; vgl. H. SCHNÄDELBACH: Philos. als spekulat. Wiss., in: H. DRÜE u.a. (Hg.): Hegels ‹Enzykl. der philos. Wiss.› (1830). Ein Komm. zum Systemgrundriß (2000) 21-86, 22ff. – [13] Philos. Enzykl. für die Oberklasse § 208 (1808ff.). Werke, hg. E. MOLDENHAUER/K. M. MICHEL 4 (1986) 69; vgl. Phän. des Geistes, Vorrede (1807). Akad.-A. 9 (1980) 22. – [14] Vgl. Phän. des Geistes, a.O. 12. – [15] Vgl. Über die wiss. Behandlungsarten des Naturrechts ... (1802). Akad.-A. 4 (1968) 417ff.; zur späteren Integration der empir. und spekulat. Wiss. auch: Vorles. über die Gesch. der Philos. 4 [1825/26]. Vorles. 9, hg. P. GARNIRON/W. JAESCHKE (1986) 75ff. – [16] Vgl. Phän. des Geistes, a.O. [13] 26f.; zur Intention einer intersubjektiven Darstellung vgl. a.O. 15f. – [17] Vgl. Enzykl. § 14, a.O. [12] 56. – [18] Phän. des Geistes, a.O. [13] 11. – [19] Enzykl. § 15, a.O. [12] 56. – [20] Vgl. J. G. FICHTE: Ueber den Begriff der Wiss.lehre (1794, ²1798). Akad.-A. I/2 (1965) 112ff.; auch: Art. ‹Grundwissenschaft›. Hist. Wb. Philos. 3 (1974) 925-929. – [21] F. W. J. SCHELLING: Ideen zu einer Philos. der Natur (1797, ³1803), a.O. [4] I/2, 58f. 66. – [22] Vorles. über die Methode des akad. Studiums, 1. Vorles., a.O. [4] 215; 7. Vorles., a.O. 280ff.; 2. Vorles., a.O. 237f. – [23] Vgl. G. W. F. HEGEL: Wiss. der Logik 1 (1812/13). Akad.-A. 11 (1978) 7f. 15ff. – [24] F. H. JACOBI: David Hume (1787, ²1815). Werke, hg. F. ROTH (1812-25) 2, 60; Jacobi an Fichte (1799), a.O. 3, 29; Ueber das Unternehmen des Kriticismus (1801), a.O. 3, 44f.; Von den Göttlichen Dingen (1811, ²1816), a.O. 3, 305f.; vgl. Art. ‹Glauben und Wissen›. Hist. Wb. Philos. 3 (1974) 646-655. – [25] Zum Hegelschen Verständnis des «absoluten Wissens» vgl. auch: Art. ‹Wissen V.›. – [26] Vgl. auch: Art. ‹Voraussetzungslosigkeit 4.-6.›. Hist. Wb. Philos. 11 (2001) 1169ff. – [27] J. F. HERBART: Kurze Encykl. der Philos. (1831). Sämtl. Werke, hg. K. KEHRBACH/O. FLÜGEL (1887-1912, ND 1964) 9, 325. 25; Lehrb. zur Einl. in die Philos. (1813), a.O. 4, 53; vgl. 29. 38f. 44f.; Ueber philos. Studium (1807), a.O. 2, 234. 291. 293. – [28] H. LOTZE: System der Philos. I: Logik § 145 (1874), hg. G. MISCH (1912)/G. GABRIEL (1989) 176. – [29] § 365, a.O. 608. – [30] H. M. BAUMGARTNER: Art. ‹Wissenschaft›, in: H. KRINGS u.a. (Hg.): Hb. philos. Grundbegriffe 6 (1974) 1740-1764, 1741; vgl. K. ROSENKRANZ: Wiss. der log. Idee 1 (1858) 3f. – [31] S. KIERKEGAARD: Abschl. unwiss. Nachschr. zu den Philos. Brocken (1846). Ges. Werke, hg. E. HIRSCH 16, 1/2 (1958). – [32] J. G. FICHTE: Br. an K. W. F. Schlegel (16. Aug. 1800). Akad.-A. III/4 (1973) 282ff., 283. – [33] Zur Herabstufung der Spekulation vgl. Art. ‹Spekulation 4. und 5.›. Hist. Wb. Philos. 9 (1995) 1365-1372. – [34] Vgl. H. PLESSNER: Zur Soziologie der mod. Forschung und ihrer Organisation in der dtsch. Univ. (1924). Ges. Schr. 10 (1985) 17; vgl. 13ff. – [35] Vgl. K. MARX: Ökon.-philos. Ms., H. III [1844]. MEGA I/2 (1982) 271f. – [36] F. ENGELS: Die Entwicklung des Sozialismus (1880). MEW 19, 207. – [37] F. NIETZSCHE: Jenseits von Gut und Böse 6, 204 (1886). Krit. Ges.ausg., hg. G. COLLI/M. MONTINARI (1967ff.) 6/2, 133. 135; zur Wiss.kritik Nietzsches vgl. auch: R. LÖW: Die Aktualität von Nietzsches Wiss.kritik. Merkur 38 (1984) 399-409; B. E. BABICH: Nietzsches' philos. of science (New York 1994). – [38] Vgl. Art. ‹Wissenschaft, fröhliche›. – [39] Vgl. J. W. GOETHE: Mat. zur Gesch. der Farbenlehre. Hamb. Ausg., hg. E. TRUNZ 14 (1994) 41; C. G. CARUS: Psyche (1846), hg. R. MARX (1941) 2, 269. – [40] F. NIETZSCHE: Die fröhl. Wiss. 5, 344 (1882), a.O. 5/2, 259. – [41] Vgl. Art. ‹Philosophie IV. C.›. Hist. Wb. Philos. 7 (1989) 698-709; J. MITTELSTRASS: Neuzeit und Aufklärung. Studien zur Entstehung der neuzeitl. Wiss.en (1970) 97ff. – [42] Vgl. A. DIEMER (Hg.): Konzeption und Begriff der Forschung in den Wiss. des 19. Jh. (1978). – [43] Vgl. etwa: A. VON HUMBOLDT: Kosmos. Entwurf einer physischen Weltbeschreibung 1 (1845) 31ff.; zur Position des spekulativen Idealismus: I. H. FICHTE: Grundzüge zum Systeme der Philos., 3. Abt. (1846) VI. – [44] W. VON HUMBOLDT: Über die innere und äussere Organisation der höheren wiss. Anstalten in Berlin [1810?]. Akad.-A. 10 (1903, ND 1968) 253. – [45] Vgl. Art. ‹Philosophie D. 1.-6.›. Hist. Wb. Philos. 7 (1989) 714-731; Art. ‹Szientismus›, a.O. 10 (1998) 872-876. – [46] F. BRENTANO: Die Habilitationsthesen 4 (1866), in: Über die Zukunft der Philos. (Wien 1893), hg. O. KRAUS (1929, ND 1968) 136; vgl. Über die Gründe der Entmutigung auf philos. Gebiete (1874), a.O. 83-100. – [47] Vgl. J. MITTELSTRASS: Glanz und Elend der Geisteswiss. (1989) 18-22; zum vormodernen synonymen Gebrauch von ‹W.› und ‹Philosophie›: Das prakt. Fundament der Wiss. und die Aufgabe der Philos., in: F. KAMBARTEL/J. MITTELSTRASS: Zum normativen Fundament der Wiss. (1973) 1-69, 21ff. – [48] SCHNÄDELBACH, a.O. [3] 88. – [49] Vgl. J. HABERMAS: Erkenntnis und Interesse (1968, ⁵1979) 11ff. – [50] Zur modernen Erweiterung des Erkenntnis-Begriffs auch auf Formen 'nicht-propositionaler' Erkenntnis vgl. Art. ‹Wahrheit, ästhetische; Wahrheit der Kunst›.

Literaturhinweise. A. DIEMER (Hg.) s. Anm. [1]. – J. SIMON: Begriff und Beispiel. Zur Aporie einer Philosophie und Systematik der Wiss., dargest. am Wiss.begriff Kants. Kantstudien 62 (1971) 269-297. – CH. GÖGELEIN: Zu Goethes Begriff von Wiss. (1972). – W. LEPENIES: Das Ende der Naturgesch. Wandel kultureller Selbstverständlichkeiten in den Wiss. des 18. und 19. Jh. (1976). – A. DIEMER (Hg.) s. Anm. [42]. – R. STICHWEH: Ausdifferenzierung der Wiss. – Eine Analyse am dtsch. Beispiel (1982). – H. SCHNÄDELBACH s. Anm. [3]. – J. SIMON: Hegels idealist. Wiss.begriff, in: W. MARX (Hg.): Zur Selbstbegründung der Philos. seit Kant (1987) 27-49. – A. DIEMER/G. KÖNIG: Was ist Wiss.? in: A. HERMANN/CH. SCHÖNBECK (Hg.): Technik und Wiss. (1991) 3-28. – I. HÜBNER: Wiss.begriff und Theologieverständnis. Eine Unters. zu Schleiermachers Dialektik (1997).

H. HÜHN

III. *Ausbildung moderner W.-Begriffe im 19. und 20. Jh.* – 1. *Allgemeine Entwicklungstendenzen.* – Die Auflösung des klassischen und die Etablierung eines modernen Begriffs von W. in weiten Teilen der Philosophie und der W.en beginnt im wesentlichen im zweiten Drittel des 19. Jh. Ist der moderne Begriff in erster Näherung dadurch beschreibbar, daß W. nur noch als ein konditional formuliertes, hypothetisch-deduktiv organisiertes System von Propositionen über einen begrenzten Erfahrungs- und Gegenstandsbereich aufgefaßt, also der Anspruch auf strenge Allgemeinheit, unbedingte Notwendigkeit und absolute Wahrheit aufgegeben wird, kann der ihn herbeiführende Prozeß schlaglichtartig durch Momente wie «Reflexionscharakter, Positivierung, Entmetaphysierung, Autonomisierung, Operationalisierung, Problematisierung, Konditionalisierung, Hypothetisierung, Propositionalisierung, Intersubjektivierung und abstrahierende Theoretisierung» gekennzeichnet werden [1]. Mit diesem Prozeß geht tendenziell eine Ausweitung des Begriffs von W. einher, wie etwa die Etablierung der Biologie (s.d.) oder der Psychologie (s.d.) als eigenständige W. belegt. Zudem bringt es die wachsende Bedeutung der Naturwissenschaften (s.d.) mit sich, daß deren W.-Verständnis zum weithin akzeptierten Leitideal wird, was selbst Abgrenzungsbemühungen, wie sie in der Ausbildung des Begriffs ‹Geisteswissenschaften› (s.d.) in Deutschland besonders prägnant zum Ausdruck kommen, ihren Stempel aufdrückt: Disziplinen wie die Geschichte [2], die Philologie [3] oder die sog. 'schönen Wissenschaften' – eine charakteristischerweise bald unüblich werdende Bezeichnung [4] – sowie später die Kunstphilosophie oder Kunstwissenschaft [5] haben sich gegen die Naturwissenschaften als W. zu behaupten und entwickeln eigene Metatheorien, so etwa die Geschichte in Form der Historik (s.d.); zur weithin akzeptierten Grundlage der historischen Geisteswissenschaften wird die Hermeneutik (s.d.). Infolge dieser Entwicklungen gewinnen einzelwissenschaftliche Bestimmungen von W. an Gewicht, was neben anderem zu einer Pluralisierung der Begriffe von W. führt, wie in den zahlreichen Ansätzen des 19. Jh. und frühen 20. Jh. zur Klassifikation der W.en besonders augenfällig wird [6].

Anmerkungen. [1] A. Diemer/G. König: Was ist W.?, in: A. Hermann/Ch. Schönbeck (Hg.): Technik und W. (1991) 3-28, 5; vgl. A. Diemer: Die Begründung ..., a.O. [1 zu II.] 36. – [2] Vgl. Art. ‹Geschichte III.-VI.›. Hist. Wb. Philos. 3 (1974) 352-398, bes. 356. 368f. 372. 375f. 381. – [3] Vgl. Art. ‹Philologie›, a.O. 7 (1989) 552-572, bes. 563-567. – [4] Vgl. Art. ‹Wissenschaften, schöne›. – [5] Art. ‹Kunstphilosophie; Kunstgeschichte; Kunstwissenschaft›. Hist. Wb. Philos. 4 (1976) 1449-1458, bes. 1455. – [6] Vgl. bes. J. Bentham: Essay on the nomenclature and classification (1829). Works, hg. J. Browning 8 (Edinburgh 1843, ND New York 1976) 63-128; A. Comte: Cours de philos. positive 1-6 (Paris 1830-1842), hg. M. Serres u.a. (Paris 1975); A.-M. Ampère: Essai sur la philos. des sciences, ou exposition analytique d'une classification naturelle de toutes les connaissances humaines (Paris 1834, ND Brüssel 1966); A.-A. Cournot: Essai sur les fondements de nos connaissances et sur les caractères de la critique philos. (Paris 1851); H. Spencer: The classification of the sciences. With a postscript, replying to criticisms (1864, [3]1871), in: Essays: Scientific, political, and speculative 3 (London 1878) 1-56; W. Wundt: Ueber die Eintheilung der Wiss., in: W. Wundt (Hg.): Philos. Studien 5 (1889) 1-55, bes. 37f. 43f. 47; G. Goblot: Essai sur la classification des sciences (Paris 1898); E. C. Richardson: Classification, theoretical and practical (New York 1901); C. Stumpf: Zur Einteilung der Wiss. [Philos.-hist. Abh. Kgl. Preuss. Akad. Wiss.] (1906) 1-94.

2. *Aprioristische Tradition einschließlich Neukantianismus.* – a) J. F. Fries hält an dem engen Zusammenhang von W. und System, wie er von Kant formuliert worden war, fest: «Die Erkenntnis aus Principien ist W., und die höchste logische Form der Unterordnung alles Besondern unter sein Princip ist System» [1]. Da der Systembegriff wesentlich die logische Form der Erkenntnis bezeichnet, kann Fries «logisch vollständige Erkenntniß» bzw. ein «angeordnetes Ganzes der Erkenntniß» auch dahingehend bestimmen, daß es «seiner Form nach ein System ..., seinem Gehalt nach eine W.» heiße [2]. Weil «jede W. ein System von Begriffen, und ein System von Urtheilen» hat, können sich zwar je nach Stand und Art der Begriffsbildungen ganz verschiedene W.en ergeben, die logische Form von W. (im «vollendeten System») ist dabei jedoch durch die verschiedenen Urteilsformen eindeutig bestimmt: «Dem ganzen System aller W.en liegen drey einfache systematische Formen, des kategorischen, hypothetischen, und konjunktiven Systems zu Grunde» [3]. Formal, d.h. gemäß seiner angewandten Logik und wissenschaftlichen Architektonik, unterscheidet Fries daher grundsätzlich folgende Typen: «Eine W. heißt philosophisch, wenn ihr System kategorisch ist, sie heißt mathematisch, wenn ihr System hypothetisch ist, und historisch, wenn ihr System disjunktiv» (resp. konjunktiv) ist [4]. Der apodiktische Charakter der Philosophie und Mathematik begründet keinen objektiven Gewißheitsvorrang gegenüber dem empirischen Charakter der Historie, sondern nur einen Unterschied der subjektiven Gültigkeit: «Historische nur erzählende W.en, wie Geschichte und Naturbeschreibung, stehen in gleichem Rang der Gewißheit in Beziehung auf objective Gültigkeit neben Mathematik und Philosophie» [5].

Ist W. per definitionem immer System, so ist Theorie das Ideal von W., in dem empirische Empfindungen (Historie), innere Anschauung (Mathematik) und begriffliche Erkenntnis (Philosophie) in der Erklärung des Einzelnen aus dem Allgemeinen ineinanderlaufen: «Das logische Ganze unsrer Erkenntnis ist die Vereinigung dieser drey Formen, d.h. Theorie» [6]. Neben dieser dreifachen formalen bzw. logischen Unterscheidung von W. kennt Fries auch eine vollständige erkenntnistheoretische Unterscheidung aller W.en in empirische bzw. «Wahrnehmungswissenschaften» (wie z.B. Geschichte und Geographie) und «Vernunftwissenschaften», d.h. Philosophie und Mathematik [7]. Diese zerfallen noch einmal in «reine und angewandte», wobei «reine Vernunftwissenschaften» nur «reine Erkenntnisse a priori» enthalten, «angewandte Vernunftwissenschaften» bzw. «theoretische Wissenschaften» oder auch «Erklärungswissenschaften» Einzeltatsachen aus notwendigen Gesetzen erklären, sich also neben Erkenntnis a priori auch auf Empirisches beziehen müssen [8]. Ist Fries' Begriff von W. aufgrund der von ihm vorgenommenen 'Methodisierung' und 'Empirisierung' des Kantischen Apriorismus erheblich weiter als derjenige Kants [9], so bleibt er doch Kants Bestimmung 'eigentlicher' W. aus den ‹Metaphysischen Anfangsgründen der Naturwissenschaft› (vgl. oben: II.) und dessen Auffassung, daß Mathematik für W. konstitutiv sei, verpflichtet; er sieht hierin sogar den wichtigsten Demarkationspunkt gegenüber den W.-Auffassungen der idealistischen Systeme [10]. In Übereinstimmung mit Kant betont Fries, «daß alle menschliche W. Naturwissenschaft sey» [11] und daß bisher die «einzige vollständig wissenschaftliche Erkenntniß» bezüglich der «Welt der Gestalten und deren Bewegungen» erreicht sei [12]. Fries betont immer wieder den Primat von

W. bzw. Theorie als Idealform menschlicher Erkenntnis, macht aber auf der anderen Seite – und besonders mit Blick auf die Philosophie als W. [13] – auch deutlich, daß dieses Ideal bisher kaum realisiert und jedenfalls vollständig nicht realisierbar sei; «der Mittelpunkt unsrer Ueberzeugungen von der nothwendigen Einheit in den Dingen» liege «über alle W. hinaus in Glaube und Ahndung» [14].

b) Die *Friessche* [15] sowie die *Neue Friessche Schule* [16] führen die Empirisierung und Methodisierung des Kantischen W.-Begriffes weiter. Der Botaniker M. J. SCHLEIDEN läßt dies bereits im Titel seines Hauptwerks [17] erkennen, das sich gegen Schellings und Hegels Dogmatismus («ein Erbstück des Mittelalters») wendet. Er macht geltend, «daß eine W. doch erst da sein muß, ehe man sie systematisch vorträgt. Wir haben bis jetzt in der Botanik noch nichts als einige Versuche, zu W. zu gelangen, und die lassen sich gar nicht dogmatisch behandeln» [18]. Gegen diesen «philosophischen Irrweg» [19] setzt er mit Berufung auf Fries die Methode der rationellen (also auf apriorische Erkenntnis zugreifende) Induktion [20], die die Erfahrung ernst nimmt, aber am Systemcharakter von W. [21] festhält.

Auch E. F. APELT betont diesen Charakter [22] und akzentuiert Fries' wiederholte Kritik an Kants mangelnder Abgrenzung von Verstandesbegriffen und Vernunftideen dahingehend, daß Kant zwischen dem logischen «Ideal der Architektonik menschlicher W.» als einem einheitsstiftenden «Absoluten, aber eben darum jenseits aller W.» liegenden, und Fries' Verständnis von Vollständigkeit, die in der konkreten wissenschaftlichen Theorie qua Induktion erreichbar sei, nicht unterscheide [23]. «Theorie» und «theoretische W.» sind Apelt dabei synonym [24], nämlich «W., in der die Thatsachen in ihrer Unterordnung unter nothwendige Gesetze erkannt werden und ihr Zusammenhang aus diesen erklärt wird» [25]. In Weiterführung von Fries, aber auch von W. WHEWELL (vgl. unten: 4. a) [26], entwickelt APELT die empirische und rationelle Induktion als eine Methode, die die erreichbare «Einheit der Wissenschaften» herbeiführen soll [27]. Die hier selbst im Anspruch auf Einheit bereits deutlich werdende Pluralisierung von W. zeigt sich auch darin, daß er die (eine) «Naturwissenschaft» in zwei große Klassen von Einzelwissenschaften, nämlich «die W. vom Geiste, anthropologische Wissenschaften», und «die W. von der Körperwelt, physikalische Wissenschaften», untergliedert [28].

Über L. NELSON, K. GRELLING, J. KRAFT, P. BERNAYS u.a. blieb die Kant-Friessche Tradition auch in Diskussionen des W.-Begriffs im frühen 20. Jh. präsent, wenngleich von recht beschränktem Einfluß – so etwa in der Auseinandersetzung mit dem Positivismus bzw. Phänomenalismus (vgl. unten: 3. d) [29] und «der sogenannten neukantischen Schule» [30] (vgl. unten: c), in der Diskussion um den Wissenschaftsstatus der Geisteswissenschaften [31], insbesondere auch den der Philosophie selbst [32], in der metamathematischen Diskussion bei und im Anschluß an D. HILBERT [33], in der Grundlagendiskussion der Physik [34] sowie im frühen Kritischen Rationalismus K. R. POPPERS (vgl. unten: 9.).

c) Auch bezüglich des äußerst heterogenen *Neukantianismus* (s.d.) und seines Umkreises kann von einer Methodisierung und Empirisierung wie auch von einer Pluralisierung der Kantischen W.-Auffassung gesprochen werden. Vorbereiter ist hier vor allem F. A. TRENDELENBURG, der den Einzelwissenschaften zwar die «Logik und Metaphysik als grundlegende W.» [35] überordnet (und damit für die Ausbildung der Wissenschaftstheorie (s.d.) als eigenständiger philosophischer Disziplin wichtig wird), dabei aber der Logik die Aufgabe zuweist, zunächst die spezifischen Methoden der Einzelwissenschaften beobachtend und vergleichend festzustellen, d.h., als Gegenstand eigener Theoriebildung vorauszusetzen [36], um von ihnen aus das Denken zu bestimmen, wobei die Notwendigkeit wissenschaftlicher Erkenntnis der Orientierungspunkt bleibt: «Wenn wir den Weg, Nothwendigkeit zu erzeugen, oder den Weg, die Erkenntniss dem Nothwendigen anzunähern und den Grad der Annäherung an die Nothwendigkeit zu ermessen, Methode nennen, so macht die Methode die W. zur W.»; in diesem Sinne führe «jede W. auf die Logik, auf die Untersuchung des Denkens, das erkennend W.en erzeugt» [37]. Die von Trendelenburg mit initiierte Reform der Logik trägt neben einer 'Autonomisierung' der Erkenntnistheorie (s.d.) wesentlich dazu bei, daß im Neukantianismus das 'Systemdenken' in bezug auf W. zurücktritt. In psychologisch orientierten Logiken wie denen von CH. SIGWART [38] und W. WUNDT wird die Bedeutung der «Methodenlehre» bzw. Methodologie (s.d.) betont und dabei die Typik der Einzelwissenschaften sowie die Eigenständigkeit der W.-Bereiche Natur- bzw. 'exakte W.en' einerseits und der Geisteswissenschaften andererseits durch die Ausweisung je eigener 'Logiken' unterstrichen [39].

Für den Neukantianismus wird die – auch gegen W. DILTHEY [40] gerichtete – Differenzierung W. WINDELBANDS von Natur- und Geisteswissenschaften nach dem «formalen Charakter ihrer Erkenntnisziele» wichtig [41]; jene sind demnach als «nomothetische» oder «Gesetzeswissenschaften», diese als «idiographische» oder «Ereigniswissenschaften» anzusprechen [42]. H. RICKERT übernimmt diese methodologische Rahmung im wesentlichen, akzentuiert dabei aber die individualisierende Methode der Geisteswissenschaften stärker werttheoretisch [43] und stellt daher den Naturwissenschaften die «historischen Kulturwissenschaften» [44] gegenüber.

Der W.-Begriff des Marburger Neukantianismus orientiert sich demgegenüber [45] vor allem an der Mathematik [46] und den sog. 'exakten', d.h. mathematischen W.en [47] im allgemeinen, wobei die «durchgreifende Bedeutung der Mathematik» selbst den W.-Status der Geisteswissenschaften noch mitbestimmen soll [48]. H. COHEN identifiziert geradezu Erfahrung mit der Erkenntnis der mathematischen Naturwissenschaften [49] und sieht in ihr ein objektives «Factum, welches in der W. sich vollzogen hat und auf gegebenen Grundlagen sich zu vollziehen fortfährt» [50]. «Die W. geht der Logik und deren Ergänzung vorauf» [51], so daß die eigentliche Aufgabe der Erkenntniskritik im Sinne einer transzendentalen Logik [52] nicht in der Analyse der Konstitution der W. und ihrer Gegenstände, sondern in der Geltungsbegründung und -erklärung ihrer Aussagen liegt. Philosophie als Erkenntniskritik ist stets auf W. zu beziehen, hat aber gleichwohl eine von der W. wohlunterschiedene Aufgabe: «was die W. zur W. macht, welche Bedingungen ihrer Gewißheit sie voraussetzt, von welchen Grundsätzen ihre Wirklichkeit nach ihrem angenommenen Werthe als W. ermöglicht wird – das ist die natürliche Frage aller Philosophie, das ist das Problem der in Kant reif gewordenen Philosophie» [53]. Wie zuvor bei L. NELSON und wie bei J. VOLKELT, J. REHMKE und später auch bei P. NATORP, H. RICKERT u.a. nimmt die Frage der Voraussetzungslosigkeit (s.d.) von W. und Philosophie bei COHEN einen wichtigen Platz ein. P. NATORP übernimmt in seinem Werk ‹Die logischen Grundlagen der exakten

W.en› zunächst Cohens Ausgangspunkt («'Faktum' der W.») [54], kommt aber in seiner intensiven Auseinandersetzung mit dem Positivismus (vgl. unten: 3. b-d) wie auch mit der aktuellen Grundlagendiskussion der mathematischen W.en zu einer 'dynamischen' Auffassung von W. als «Wissen-schaffen» [55], bei der die Logik die W. nicht als abgeschlossenes Ganzes, sondern als offenen Prozeß behandelt, dessen Entwicklungsgesetze sie sogar noch zu bestimmen hat [56]. So kann Natorp schließlich gegen Cohen konstatieren: «Der Fortgang, die Methode ist alles ... Also darf das 'Faktum' der W. nur als 'Fieri' verstanden werden» [57]. Auch für E. Cassirer gilt: «das 'Faktum' der W. ist und bleibt ... seiner Natur nach ein geschichtlich sich entwickelndes Faktum» [58], wobei er durch die Analyse der Bedingungen der Möglichkeit von W.-Entwicklungen letzte 'Invarianten' wissenschaftlicher Erfahrung aufzudecken und so dem Kantischen Systemgedanken in einem 'dynamisierten' Sinne Rechnung zu tragen sucht.

Im gleichen Jahr wie Natorps ‹Grundlagen› erscheint mit Cassirers ‹Substanzbegriff und Funktionsbegriff› das zweite wissenschaftstheoretische Hauptwerk der Marburger Schule. Cassirer weist hier die – bereits von Cohen mit Blick auf Kant konstatierte – «Relativierung der Substanz» [59] historisch am Übergang von subsumierenden und klassifizierenden «Dingbegriffen» zu nebenordnenden und gesetzesstiftenden «Relationsbegriffen» an zentralen Konzepten der Mathematik und Naturwissenschaften nach [60] und argumentiert auch systematisch für die Allgemeinheit eines dem «Ideal des wissenschaftlichen Begriffs» gemäßen «Reihenprinzips» [61]. Geht bereits hiermit eine 'Symbolisierung' wissenschaftlicher Erkenntnis einher, behandelt Cassirer später [62] W. als eines unter mehreren Symbolsystemen (wie Mythos, Religion und Kunst), die nicht aufeinander zurückführbar sind. Mit ihren sprachlichen und kulturellen Bindungen büßt W. bei Cassirer jene erkenntnistheoretische Privilegierung ein, die ihr bei Cohen und Natorp als 'Faktum' noch zukommt, behält jedoch in den Symbolisierungen der «reinen W.» (bes. der Logik und Mathematik) einen 'reflexiven Vorrang' insofern, als hier erst der Geist sich «wahrhaft als das entdeckt, was das Prinzip, was den Anfang der Bewegung in sich selbst hat» [63]. Gerade in den Naturwissenschaften wird mit dieser Reflexion die Loslösung vom Naturgegebenen bewußt. Sie gelten daher Cassirer in der Entwicklung der Menschheit als «letzte Stufe ihrer geistigen Entwicklung»: «Es gibt heute keine andere Macht, die mit der des naturwissenschaftlichen Denkens verglichen werden kann. Die Naturwissenschaft gilt als Gipfel und Vollendung aller menschlichen Bestrebungen, als das Schlußkapitel in der Geschichte der Menschheit und das wichtigste Thema der europäischen Philosophie» [64].

d) 'Empirisierung' und 'Hypothetisierung' des W.-Begriffs auch in der aprioristischen Tradition werden besonders deutlich in jener stark wissenschaftsorientierten Philosophie, die zwar dem Neukantianismus im weiteren Sinne zugerechnet wurde und wird, dabei aber außerhalb seiner 'schulphilosophischen' Ausbildung blieb. Wirkungsmächtig ist hier vor allem H. von Helmholtz, in dessen Werk die 'Modernisierung' des klassischen W.-Begriffes exemplarisch aufweisbar ist: Von den «beschreibenden Naturwissenschaften» [65], die in ihrer Sammlung und Ordnung von Tatsachen dem entsprechen, was Helmholtz an anderer Stelle als bloßes «Wissen» bezeichnet [66], ist eigentliche, auf Gesetzeserkenntnis beruhende W. zu unterscheiden: «Es ist nicht genug, die Thatsachen zu kennen; W. entsteht erst, wenn sich ihr Gesetz und ihre Ursachen enthüllen» [67]. Der frühe, stark von Kant beeinflußte Mechanismus [68], der sich in der Unterscheidung eines empirischen bzw. «experimentellen Theils» und eines apriorischen bzw. «theoretischen Theils» der physikalischen W.en manifestiert [69] und später noch in der These fortwirkt, daß «das Endziel der Naturwissenschaften ist, ... sich in Mechanik aufzulösen» [70], tritt etwa ab 1870 zurück. Helmholtz betont nunmehr nicht nur die Enge des Anwendungsbereichs der mathematischen Physik als «vollendeter W.» [71], sondern auch, daß sie eine «reine Erfahrungswissenschaft ist; dass sie keine anderen Principien zu befolgen hat, als die experimentelle Physik» [72]. In der Folge nähert er sich G. R. Kirchhoffs Deskriptionismus an, den er 'gesetzestheoretisch' umdeutet [73], und bestimmt in durchaus empiristischer Weise «echte W. ... als eine methodisch und absichtlich vervollständigte und gesäuberte Erfahrung» [74]. Experimente sind Helmholtz «die eigentliche Basis der W.» [75]. Unfruchtbaren, «angeblichen Deductionen a priori» [76] stellt er die induktive Methode als primäres Verfahren der W. gegenüber [77]. Helmholtz' Bestimmungen von W. sind bis weit ins 20. Jh. hinein äußerst einflußreich geblieben; die bei ihm erkennbare Auflösung des klassischen W.-Begriffs ist für die mathematischen Naturwissenschaften des 19. Jh. allgemein charakteristisch.

Anmerkungen. [1] J. F. Fries: Neue oder anthropolog. Kritik der Vernunft 1 (1807, ²1828). Sämtl. Schr., hg. G. König/L. Geldsetzer 4 (1967) 292; vgl. 88; vgl.: System der Philos. als evidente W., Einl. (1804), a.O. 3 (1968) 25f. – [2] Grundriß der Logik (1827), a.O. 7 (1971) 87. – [3] Kritik, a.O. [1] 292f. – [4] System, a.O. [1] 172; vgl. Kritik, a.O. 293f. 14f.; vgl. Neue Kritik der Vernunft [Selbstrezension] (1808), a.O. 4 (1967) 7-21, hier: 14f. – [5] System der Logik (1837), a.O. 7 (1971) 540. – [6] Kritik, a.O. [1] 419; vgl. System, a.O. [1] 25f.; vgl. auch: Art. ‹Theorie I.›. Hist. Wb. Philos. 10 (1998) 1128-1146, bes. 1141f. – [7] a.O. [5] 415f.; vgl. a.O. [2] 100f. – [8] a.O. 416f.; vgl. 414f.; a.O. [2] 146f.; System der Metaphysik (1824), a.O. 8 (1970) 28. 158f. – [9] Vgl. H. Pulte: Kant, Fries and the expanding universe of science, in: M. Friedman/A. Nordmann (Hg.): Kant and the exact sciences (Cambridge, Mass. 2004). – [10] J. F. Fries: Die math. Naturphilos. nach philos. Methode bearb. (1822), a.O. [1] 13 (1979) 1-32 (Einl.); vgl. hierzu: G. König/L. Geldsetzer: Vorbem., a.O. 17*-94*, bes. 20*ff. – [11] a.O. 1; vgl. Art. ‹Naturwissenschaften›. Hist. Wb. Philos. 6 (1984) 641-650, bes. 646. – [12] 3. – [13] Vgl. Reinhold, Fichte und Schelling, Anhang I (1803, ²1824), a.O. 24 (1978) 371. – [14] Hb. der Religionsphilos. und philos. Aesthetik § 61 (1832), a.O. 12 (1970) 48; vgl. Wissen, Glaube und Ahndung (1805) 61-76, a.O. 3 (1968) 489-504; vgl. auch: Art. ‹Ahnung›. Hist. Wb. Philos. 1 (1971) 115-117, 116; Art. ‹Wahrheitsgefühl; Wahrheitssinn›. – [15] Vgl. Abh. der Fries'schen Schule 1-2 (1847/49, ND 1964). – [16] Vgl. Abh. der Fries'schen Schule, NF 1-4, hg. G. Hessenberg/K. Kaiser/L. Nelson, NF 5-6, hg. O. Meyerhof/F. Oppenheimer/M. Specht (1906-37). – [17] M. J. Schleiden: Grundzüge der wiss. Botanik nebst einer methodolog. Einl. als Anleitung zum Studium der Pflanze (1842) bzw. Die Botanik als inductive W. behandelt (²1845); beide Aufl. in zwei Teilen (⁴1861); ND der ‹Methodolog. Einl.› der 4. Aufl., in: M. J. Schleiden: Wissenschaftsphilos. Schr. mit kommentierenden Texten von J. F. Fries, Ch. G. Nees von Esenbeck und G. Buchdahl, hg. U. Charpa (1989) 45-196. – [18] Methodolog. Einl., a.O. 66. – [19] a.O. 62. – [20] Vgl. etwa: 50f. 61f. – [21] Vgl. 76f. – [22] E. F. Apelt: Die Theorie der Induction (1854) 166f. 65; Metaphysik (1857), hg. R. Otto (1910) 471. – [23] a.O. 167. – [24] 168. – [25] 65. – [26] 178ff. – [27] 169. – [28] Über Begriff und Aufgabe der Naturphilos. (1842/43), in: Abh. der Fries'schen Schule, NF 1 (1906), a.O. [16] 89-134, 124; vgl. M. J. Schleiden: Über die Anthropologie als Grundlage für alle übrigen Wiss., wie überhaupt für alle Menschenbildung, in: Westermann's Jb. der Illustrierten Deutschen Monatshefte 11 (1861/62) 49-58, bes. 57f. – [29] L. Nelson: Ist metaphysikfreie Naturwiss. möglich?, in: Abh., NF 2 (1908), a.O. [16] 241-299; Über die Unhaltbarkeit des wiss. Positivismus in der Philos. (1914). Ges. Schr., hg. P. Bernays u.a. 1 (1970) 199-206. – [30] Die sog. neukantische Schule in der gegenwärtigen Philos. (1914), a.O. 207-217, bes. 215f. – [31] J. Kraft: Die Unmöglichkeit der Geisteswiss. (1934, ^{2}1957); Das Problem der Geisteswiss. Erkenntnis 6 (1936) 211-222. – [32] Philos. als W. und als Weltanschauung, in: Abh., NF 5 (1933), a.O. [16] 421-448. – [33] Vgl. V. Peckhaus: Hilbertprogramm und Kritische Philos. (1990) bes. 123-195. 245-283 (Lit.). – [34] Vgl. P. Bernays: Die Grundgedanken der Fries'schen Philos. in ihrem Verhältnis zum heutigen Stand der W., in: Abh., NF 5 (1933), a.O. [16] 97-113; G. Hermann: Die naturphilos. Grundlagen der Quantenmechanik 6 (1937), a.O. 69-151; A. Kratzer: Wissenschaftstheoret. Betrachtungen zur Atomphysik, a.O. 291-308; G. Hermann: Über die Grundlagen physikal. Aussagen in den älteren und den modernen Theorien, a.O. 309-396. – [35] F. A. Trendelenburg: Log. Untersuchungen 1-2 (1840, ^{3}1870, ND 1964) 1, 4. – [36] Vgl. Art. ‹Logik IV.›. Hist. Wb. Philos. 5 (1980) 375-378. – [37] a.O. [35] 10. – [38] Ch. Sigwart: Logik 1-2 (1873/1878, ^{5}1924), bes. 2: Die Methodenlehre. – [39] W. Wundt: Logik. Eine Unters. der Principien der Erkenntnis und der Methoden wiss. Forschung 1-2 (1880/83), 1-3 (^{4}1919-1921), bes. 2: Logik der exakten Wiss. (einschließlich Logik der Mathematik, Logik der Physik, Logik der Chemie und Logik der Biologie); 3: Logik der Geisteswiss. (einschließlich Logik der Geschichtswiss., Logik der Gesellschaftswiss. sowie: Die Methoden der Philos.). – [40] Vgl. W. Dilthey: Einl. in die Geisteswiss. (1883). Ges. Schr. 1 (1966) bes. 3ff.; Beiträge zum Studium der Individualität I: Naturwiss. und Geisteswiss. [1895], a.O. 5 (1964) 248ff. – [41] W. Windelband: Geschichte und Naturwiss. (1894), in: Präludien. Aufsätze und Reden zur Einf. in die Philos. 2 (^{3}1907, ^{6}1919) 136-160, bes. 144. – [42] a.O. 145; vgl. Art. ‹Nomothetisch/idiographisch›. Hist. Wb. Philos. 6 (1984) 896f. – [43] H. Rickert: Kulturwiss. und Naturwiss. (1899, ^{3}1915) 90; vgl. auch: Die Grenzen der naturwiss. Begriffsbildung. Eine log. Einl. in die hist. Wiss. (1902, ^{3}1921) bes. 137ff. – [44] Grenzen, a.O. bes. 22f. 389-404. – [45] Vgl. aber in der Tradition der Südwestdeutschen Schule das (um Vermittlung beider Richtungen bemühte) Werk von B. Bauch: Studien zur Philos. der exacten Wiss. (1911) bes. 6ff. – [46] Vgl. insbes. H. Cohen: Das Prinzip der Infinitesimal-Methode und seine Geschichte (1883). Werke 5 (1984) bes. 4-8. – [47] Vgl. P. Natorp: Die log. Grundlagen der exakten Wiss. (1910, ^{3}1923) bes. 1-4. – [48] Vgl. H. Cohen: Logik der reinen Erkenntnis (1902, ^{2}1914). Werke 6/1 (1977) 42-45, bes. 43. – [49] Kants Begründung der Ethik (1877, ^{2}1910), a.O. 2 (2001) 31-34; vgl. auch: P. Schulthess: Einl. zu Cohen: Werke 5, a.O. [46] 7*-46*, hier: 11*. – [50] a.O. [46] 5. – [51] a.O. – [52] Vgl. 7. – [53] a.O.; vgl. Kants Theorie der Erfahrung (1871, ^{3}1918). Werke 1/1 (1987) 733f. – [54] Natorp, a.O. [47] 10. – [55] a.O. 10f. 415. – [56] 10ff. – [57] 14. – [58] E. Cassirer: Das Erkenntnisproblem in der Philos. und Wiss. der neueren Zeit 1 (1906, ^{3}1922, ND 1994) 18. – [59] Cohen, a.O. [48] 18. – [60] E. Cassirer: Substanzbegriff und Funktionsbegriff (1910, ^{7}1994) 35-310 (Kap. 2-4). – [61] a.O. 25f. – [62] Philos. der symbol. Formen 1-3 (1923-1929, ^{10}1994), 3: Phänomenologie der Erkenntnis. – [63] a.O. 398. – [64] An essay on man (New Haven 1944); dtsch.: Was ist der Mensch? Versuch einer Philos. der menschl. Kultur (1960) 263. – [65] H. von Helmholtz: Ueber Goethe's naturwiss. Arbeiten (1853), in: Vorträge und Reden 1-2 (^{5}1903) 1, 23-45, hier: 25f. – [66] Ueber das Verhältniss der Naturwiss. zur Gesammtheit der Wiss. (1862), a.O. 1, 157-185, 169. – [67] a.O. 169. – [68] Ueber die Erhaltung der Kraft (1847) [Ostwald's Klassiker der exacten Wiss.en 1] (1889) 7. – [69] a.O. 3f. – [70] Ueber das Ziel und die Fortschritte der Naturwiss. (1869), a.O. [65] 1, 367-398, hier: 379. – [71] Antwortrede geh. beim Empfang der Graefe-Medaille zu Heidelberg (1886), a.O. 2, 311-320, hier: 318. – [72] Zum Gedächtniss an Gustav Magnus (1871), a.O. 2, 33-51, hier: 45. – [73] G. R. Kirchhoff: Vorles. über Mechanik (1876, ^{4}1897) 1; vgl. H. von Helmholtz: Einl. zu den Vorles. über theoret. Physik (1893), hg. A. König/C. Runge (1922) 13; Die Thatsachen in der Wahrnehmung (1878), in: Vorträge, a.O. [65] 2, 213-247, hier: 242. – [74] Helmholtz: Einl., a.O. 20. – [75] Das Denken in der Medicin (1877), a.O. [65] 2, 165-190, hier: 180. – [76] Ueber das Streben nach Popularisirung der Wiss. (1874), a.O. 2, 422-434, hier: 432. – [77] a.O. [75] 183; Goethe's Vorahnung kommender naturwiss. Ideen (1892), a.O. 2, 337-361, hier: 338f.

3. *Empiristische und positivistische Tradition einschließlich Empiriokritizismus.* – a) Der Begriff der W. (science) in der britischen Tradition bleibt – abgesehen von einigen wichtigen Ausnahmen (vgl. unten: 4. a) – zunächst vom Induktivismus bzw. Induktionismus (s.d.) eines F. Bacon geprägt, löst sich jedoch im späteren 19. Jh. aus wissenschaftstheoretischen und wissenschaftsimmanenten Gründen aus dieser Engführung und gibt der deduktiven Methode wie der theoretischen Spekulation generell größeren Raum [1]. J. Herschels Werk ‹A Preliminary Discourse on the Study of Natural Philosophy›, das ausdrücklich an Bacon anschließt [2], dominiert die ältere Tradition für geraume Zeit und wird vielfach als für den britischen Empirismus des 19. Jh. modellhafte Darstellung von W. und ihrer Methodologie verstanden [3]. Leitend für Herschel ist die Unterscheidung von «abstrakter W.» als allgemeiner Gründekenntnis und «natürlicher W.» als allgemeiner Ursachenkenntnis: «The knowledge of reasons and their conclusions constitutes abstract, that of cause and their effects, and of the laws of nature, natural science» [4]. Wie etwa auch D. Hume führt Herschel beide W.en auf verschiedene Erkenntnisquellen zurück: jene auf Vernunft in einem weiten Sinne («memory, thought and reason»), diese auf äußere Erfahrung («observation» and «experiment») [5], die als gänzlich theoriefrei konzipiert wird. Die apriorischen «abstract sciences» Logik und Mathematik sind auch bei Herschel durch besondere Erkenntnissicherheit ausgezeichnet [6] und bringen notwendige Wahrheiten hervor [7], während das Erfahrungswissen über die Natur gewöhnlich vorläufig und fehlbar ist [8]. Gleichwohl bleibt Herschel in seinen methodologischen Ausführungen zu den auf Gesetzes- und Ursachenkenntnis ausgerichteten «physical sciences» [9] auch hier einem klassischen W.-Begriff verhaftet, wenn er durch Induktion als abstrahierenden und (im Newtonschen Sinne) analysierenden [10] Prozeß für die Grundgesetze der Dynamik («the head of all the sciences») axiomatische Sicherheit beansprucht [11]: In der Tradition des Baconschen Programms kann er Gesetze noch als vorurteils- bzw. theoriefreie Klassifikation von Beobachtungen («general facts») verstehen, deren sukzessive Verallgemeinerung zu einer infalliblen W. von der Natur führt: «till at length, by continuing the process, we arrive at axioms of the highest degree of generality of which science is capable» [12]. Herschels W.-Begriff wird in der Folge einflußreich nicht nur für W. Whewell und den späteren Positivismus eines J. S. Mill, sondern auch für Wissenschaftler wie M. Faraday, Ch. Babbage und J. C. Maxwell. Ch. Darwin, der seine Evolutionstheorie zunächst unter Herschels Begriff von W. zu subsumieren sucht [13], entwickelt aber im Zuge der Kritik dieser Theorie durch Herschel, Whewell und andere eine eigenständige, insbesondere nicht-induktivistische W.-Auffassung.

b) In A. Comtes Grundlegung des Positivismus (s.d.) dient «wirkliche W.» («science réelle») nicht nur der Abgrenzung vom «Mystizismus», zu dem eine (rein intellektuell zu verstehende) «Einbildungskraft» («imagination») ohne genügende «Beobachtung» («observation») führt, sondern auch der Absetzung vom älteren «Empirismus», bei dem eine einseitige Leitung durch die Beobachtung zu einer «unfruchtbaren Anhäufung zusammenhangloser Fakten» führt [14]. Nach Comtes Drei-Stadien-Gesetz (s.d.) ist die positive W. nach Theologie und

Metaphysik als dritte und höchste Form der Naturerklärung aufzufassen [15]. In seiner streng hierarchischen W.-Klassifikation [16] steht die Mathematik als «Anfangswissenschaft» («science initiale») mit ihren Zweigen Arithmetik, Geometrie und Mechanik an oberster Stelle und bildet «den wahren Ursprung des ganzen Wissenschaftssystems» [17]. Mit abnehmender Allgemeinheit ihrer Aussagen und zunehmender Komplexität ihrer Gegenstände folgen der Mathematik als weitere unter den «sechs Grundwissenschaften» («six sciences fondamentales») die Astronomie, die Physik, die Chemie, die Biologie und die Soziologie nach; diese stellt nach Comte «das einzig wesentliche Ziel der gesamten positiven Philosophie» dar [18].

K. Twesten überträgt Comtes Drei-Stadien-Gesetz auch auf die Philosophie, unter der er «jede wirklich universelle Theorie» faßt; er will daher «drei Arten der Philosophie» unterscheiden, die theologische, die metaphysische und die der exakten W. [19]. Der starke Einfluß des Positivismus von Comte im allgemeinen und seiner W.-Auffassung im besonderen erstreckt sich auf die wichtigsten philosophischen Strömungen des 19. Jh., wobei insbesondere die metaphysikkritische Ausrichtung seines Begriffs von W. große Resonanz findet [20]. Er wird aber – ungeachtet der Orientierung Comtes am Ideal der 'exakten W.' – weniger über die Theorien der Mathematik und Naturwissenschaften als über die der Soziologie (s.d.) und deren Nachbardisziplinen (wie der Rechtswissenschaft) vermittelt und für diese bedeutsam.

c) Für die weitere Ausbildung des positivistischen W.-Begriffs ist besonders die britische Tradition wichtig, wobei, wie vor allem im Werk J. S. Mills deutlich wird, an Comtes Positivismus [21] und auch an den älteren Induktivismus Herschels [22] angeknüpft und eine Abgrenzung von stärker 'theoriegeleiteten' W.-Auffassungen wie der Whewells gesucht wird [23]. Gegen H. Spencer [24] verteidigt Mill Comtes Klassifikation der W.en [25], gegen Comte jedoch betont er die Wichtigkeit einer von der Biologie unabhängigen Psychologie als W. («the science of Psychology») [26] und besonders die Eigenständigkeit einer politischen Ökonomie («a distinct branch of science») [27], die Mill nach dem Modell der Newtonschen Mechanik als eine deduktiv aufgebaute W. etablieren möchte. Eine normative, etwa von der Logik bereitgestellte allgemeine Definition von W. kann es nach Mills Logik nicht geben [28], sondern nur eine deskriptive, die vorläufig bleibt und sich notwendigerweise mit dem Bestand wahrer und allgemeiner Tatsachenaussagen verändert («the definition of a science must necessarily be progressive and provisional») [29]. W. bildet auf induktivem Wege solche Aussagen gleichsam auf Vorrat («for record») und wendet sie bei Bedarf – insbesondere für Zwecke der Voraussage (s.d.) – deduktiv an, wobei eine Abgrenzung zur Praxis des nichtwissenschaftlichen Alltags («practical life») nur durch den graduellen (und daher verläßlicheren) Charakter der wissenschaftlichen Induktion angebbar ist [30]. Die Methoden der Naturwissenschaften im engeren Sinne («physical sciences») sind grundsätzlich auf die Humanwissenschaften («moral sciences») übertragbar [31]. Dabei ist jedoch zu beachten, daß Moralität als solche nicht W., sondern Kunst ist («Morality not a Science, but an Art») [32]. Die von Mill vertretene Auffassung, auch die Mathematik (einschließlich der Arithmetik) sei als eine empirische W. aufzufassen [33], findet starke Zustimmung, so etwa bei W. K. Clifford [34], wird jedoch von Befürwortern einer apriorischen Mathematikbegründung scharf zurückgewiesen [35]. Generell betont der britische Positivismus am Ausgang des 19. Jh. die deskriptive gegenüber der explanativen Funktion von W. [36], die lebenspraktische Bedeutung der W. [37] sowie die universelle Anwendbarkeit der wissenschaftlichen Methode: «There are no scientific subjects. The subject of science is the human universe; that is to say, everything that is, or has been, or may be related to man» [38].

d) Diese Elemente finden sich – z.T. in radikalisierter Form – auch im eng verwandten, am Ausgang des 19. Jh. besonders für die Theorie der Naturwissenschaften einflußreichen Empiriokritizismus (s.d.). Mit E. Mach [39] faßt R. Avenarius alle W. als eine Verstandesleistung auf, die eine Vielzahl von Erfahrungen in theoretischer Form unter dem Prinzip der Denkökonomie (s.d.) komprimiert [40]. Gerade «die eine W., die sich so stolz die 'W. der Wissenschaften' genannt hat, ... die Philosophie» [41], unterliegt, da sie – anders als die Einzelwissenschaften – «die wissenschaftliche Erfassung der Gesammtheit als ... eigenthümliche Aufgabe» zum Ziel hat [42], dem «Princip des kleinsten Kraftmasses» als dem «Grund aller theoretischen Apperceptionen, alles Triebes zu begreifen und aller begreifenden W.en» [43]. Mach unterscheidet in der progressiven Entwicklung einer W. die experimentelle, die deduktive und die formelle Stufe [44] und bildet für jede Stufe einen Begriff von W. aus. Generell kann W. auch bei ihm auf keiner dieser Stufen über die 'reine Erfahrung' im Sinne der Konstatierung von Wahrnehmungstatsachen hinausgehen: «Die W. schafft nicht eine Tatsache aus der anderen, sie ordnet aber die bekannten» [45]. Die Höherentwicklung von W. ist also lediglich durch eine immer verbesserte Darstellung der Tatsachen im Sinne einer Steigerung der Einfachheit und Ökonomie gekennzeichnet [46] und wird dann erreicht, wenn Wahrnehmungskomplexe auf funktionale Beziehungen zwischen möglichst wenigen gleichartigen Wahrnehmungselementen zurückgeführt werden können [47]. Entsteht in diesem Sinne «W. ... immer durch einen Anpassungsprozeß der Gedanken an ein bestimmtes Erfahrungsgebiet» [48], so gewinnt mit ihrer fortschreitenden Entwicklung auch die Anpassung an bereits ausgebildete wissenschaftliche Gedanken an Gewicht, so daß Mach evolutionistisch konstatieren kann: «In kürzester Art ausgedrückt erscheint ... als Aufgabe der wissenschaftlichen Erkenntnis: Die Anpassung der Gedanken an die Tatsachen und die Anpassung der Gedanken aneinander» [49]. Bereits H. Kleinpeter macht darauf aufmerksam, daß durch Machs Phänomenalismus (s.d.) eine «ganz neue Definition von 'W.'» gegeben wird, «die ganz wesentlich von allen früheren Begriffsbestimmungen abweicht und vor ihnen eben den Umstand voraus hat, daß sie unserem Streben ein erreichbares Ziel setzt» [50]. Mit Mach erreicht die Auflösung des klassischen W.-Begriffs innerhalb des Empirismus einen gewissen Abschluß: W. begegnet bei ihm nicht als eine Leistung allgemeinbegrifflicher und -gesetzlicher Erfahrungssystematisierung oder gar -konstituierung, sondern als ein 'Kompensationsinstrument' für das Unvermögen unseres Geistes, alles erfahrbare Einzelne zu erfassen [51]: Denn «wenn uns alle einzelnen Tatsachen, alle einzelnen Erscheinungen unmittelbar zugänglich wären ..., so wäre nie eine W. entstanden» [52]. Gäbe es also – in Analogie zum heute sog. 'Laplaceschen Dämon' [53] – einen 'Machschen Dämon', der über ein solches Vermögen verfügte, so ließe sich von diesem sagen: «Ein 'Machscher Dämon' benötigte keine W.» [54].

Anmerkungen. [1] Vgl. E. BELLONE: Il mondo di carta: Ricerche sulla seconda rivoluzione scientifica (Mailand 1976); engl.: A world on paper (Cambridge, Mass. 1980) 79ff. – [2] J. HERSCHEL: A preliminary discourse on the study of natural philos. (London 1830) 72. 104f. 114. 181ff. – [3] Vgl. etwa: W. MINTO: Logic, inductive and deductive (London 1893) 257; P. CAWS: Art. ‹Scientific method›, in: P. EDWARDS (Hg.): The encycl. of philos. 7 (London 1967) 339-343, hier: 339 . – [4] HERSCHEL, a.O. [2] 18. – [5] a.O. 18. 76. – [6] 19f. – [7] 19. 75. – [8] Vgl. 91ff. – [9] Vgl. 13f. 75ff. – [10] Vgl. 85ff. – [11] 96. – [12] 102; vgl. 96. – [13] CH. DARWIN: On the origin of species by means of natural selection, or the preservation of favoured races in the struggle for life (London 1859, ND Cambridge, Mass. 1964) 1. – [14] A. COMTE: Discours sur l'esprit positif (Paris 1844); dtsch.: Rede über den Geist des Positivismus (1915), hg. I. FETSCHER (1979) 32/33; vgl. Art. ‹Observatio; Beobachtung›. Hist. Wb. Philos. 6 (1984) 1072-1081, 1078. – [15] Opuscule fondamental (1822), in: Système de politique positive ou traité de sociologie instituant la religion de l'humanité 4 (Paris 1851-54, [4]1912) 4, 77. – [16] Cours, a.O. [6 zu 1.] 44ff. 83ff. – [17] Discours, a.O. [14] 208/209. – [18] a.O. – [19] ANON. [K. TWESTEN]: Lehre und Schriften A. Comte's, in: Preußische Jahrbücher, hg. R. HAYM 4 (1859) 279-307, hier: 281; vgl. G. KÖNIG: Der Begriff des Exakten (1966) 88. 130. – [20] Vgl. Art. ‹Metaphysikkritik II. 2.›. Hist. Wb. Philos. 5 (1980) 1291. – [21] Vgl. J. S. MILL: Auguste Comte and positivism (London 1865, ND Bristol 1993). – [22] Vgl. A system of logic, ratiocinative and inductive 1-2 (London 1843, [8]1872). Coll. works, hg. J. M. ROBSON 7-8 (Toronto/Buffalo 1973/74) bes. 7, 414ff. – [23] Vgl. a.O. 236ff. 287ff. – [24] Vgl. SPENCER, a.O. [6 zu 1.] 43f. – [25] MILL, a.O. [21] 41ff. – [26] a.O. 63. – [27] a.O. [22] 901. – [28] a.O. 3f. – [29] 140. – [30] 287 (Anm.). – [31] Vgl. 943f. – [32] 943. – [33] Vgl. 290ff. 609ff. – [34] W. K. CLIFFORD: The common sense of the exact sciences, hg. K. PEARSON (New York 1885, London [4]1898, ND New York 1955) bes. 43ff.; vgl. K. PEARSON: The grammar of science (London 1892, [2]1900) bes. 518-520. – [35] Vgl. etwa: G. FREGE: Die Grundlagen der Arithmetik (1884), hg. CH. THIEL (1986) bes. 19ff. 36ff. – [36] Vgl. CLIFFORD, a.O. [34] 1ff. 115ff.; vgl. dagegen noch: W. S. JEVONS: The principles of science (London 1883) 532ff. – [37] On the aims and instruments of scientific thought (1872), in: Lectures and essays, hg. L. STEPHEN/F. POLLOCK (London [2]1886) 85-109. – [38] a.O. 86; vgl. auch: PEARSON, a.O. [34] 12ff. 24ff. – [39] Vgl. E. MACH: Die Analyse der Empfindungen und das Verhältnis des Physischen zum Psychischen, Kap. 3 (1886, [9]1922; ND 1991) 38-46, bes. 40f. – [40] R. AVENARIUS: Philos. als Denken der Welt gemäss dem Princip des kleinsten Kraftmasses (1876) bes. 16ff. 32ff.; vgl. E. MACH: Die ökonom. Natur der physikal. Forschung (1882), in: Populär-wiss. Vorles. (1896, [5]1923, ND Wien 1987) 217-244, bes. 222ff. 242ff.; Die Leitgedanken meiner naturwiss. Erkenntnislehre und ihre Aufnahme durch die Zeitgenossen. Physikal. Z. 11 (1910) 599-606, bes. 600ff. – [41] a.O. 16. – [42] 20. – [43] 17; vgl. 21. – [44] E. MACH: Die Mechanik. Hist.-krit. dargest. (1883, [9]1933, ND 1982) 409. – [45] Die ökonom. Natur, a.O. [40] 242. – [46] Vgl. a.O. 238; vgl. Erkenntnis und Irrtum (1905, [5]1926, ND 1980) 179. – [47] a.O. [39] 13ff.; vgl. Erkenntnis, a.O. 179. – [48] a.O. 25. – [49] Die Leitged., a.O. [40] 600. – [50] H. KLEINPETER: Über Ernst Mach's und Heinrich Hertz' prinzipielle Auffassung der Physik. Arch. systemat. Philos. 5 (1898) 159-184, hier: 184. – [51] Vgl. E. CASSIRER: Das Erkenntnisproblem in der Philos. und Wiss. der neueren Zeit 4 (1957, ND 1994) 115. – [52] E. MACH: Die Geschichte und die Wurzel des Satzes von der Erhaltung der Arbeit (1871, [2]1909) 31. – [53] Vgl. Art. ‹Geist, Laplacescher›. Hist. Wb. Philos. 3 (1974) 206; ‹Voraussage; Vorhersage; Prognose›, a.O. 11 (2001) 1150. – [54] G. KÖNIG: Der W.-Begriff bei Helmholtz und Mach, in: DIEMER (Hg.), a.O. [1 zu II.] 90-113, 110.

4. *Vermittelnde Positionen einschließlich Konventionalismus.* – Gleichsam 'zwischen' aprioristischer und empiristischer Traditionslinie sind verschiedene, untereinander recht heterogene Auffassungen von W. zu verorten, die zwar mit jener die Bedeutung der Theorie für W. betonen, diese aber mit der Empirie in ein 'Gleichgewicht' zu bringen suchen und dabei auf apodiktische Wahrheitsansprüche für W. ganz oder weitestgehend verzichten [1].

a) W. WHEWELL spielt offenbar – bei aller sonstigen Abgrenzung – auf F. Bacons Begriff der Interpretation (s.d.) an, wenn er konstatiert: «Man is the Interpreter of Nature, and Science is the right Interpretation» [2]. In seinem Versuch, den von Bacon inaugurierten Induktivismus mit einem kantianischen Apriorismus wissenschaftstheoretisch in Einklang zu bringen, unterscheidet er «two principal processes by which science is constructed», nämlich die Explikation von Begriffen («Explication of Conceptions») und die Sammlung von Tatsachen («Colligation of Facts») [3]. W. bildet sich als besondere Form von Erkenntnis bzw. Wissen («knowledge») durch systematische Anwendung beider Verfahren aus: «When our conceptions are clear and distinct, when our facts are certain and sufficiently numerous, and when the conceptions, being suited to the nature of the facts, are applied to them so as to produce an exact and universal accordance, we attain knowledge of a precise and comprehensive kind, which we may term Science» [4]. Da es für Whewell keine Tatsachen ohne Theorie gibt, wird wissenschaftlicher Fortschritt primär nicht durch die Sammlung von Fakten, sondern durch die Anwendung grundlegender wissenschaftsleitender Ideen («fundamental ideas») erzielt [5]. Ihre nähere Bestimmung erfolgt in starker Bezugnahme auf Kant [6] und führt Whewell zur Einteilung der reinen W.en («Pure Sciences») bzw. formalen W.en («Formal Sciences») nach den jeweils zur Anwendung kommenden Ideen [7]. Diese W.en verfahren deduktiv und sind von keiner Induktion abhängig [8], ihre Ideen kommen jedoch in den induktiven W.en als 'leitende Prämissen' zur Anwendung [9]. W. überhaupt – sowohl in 'reiner' als auch in 'induktiver' Form – will Whewell von den Künsten («Arts») strikt unterschieden wissen: «Art and Science differ. The object of Science is Knowledge, the objects of Art, are Works. In Art, truth is a means to an end; in Science, it is the only end. Hence the Practical Arts are not to be classed among the Sciences» [10].

Whewells Bestimmung von W. konnte sich in Auseinandersetzung mit Mill [11] in England gegenüber einer weitgehend empiristisch gebliebenen W.-Auffassung nicht durchsetzen, hat aber gleichwohl in verschiedener Hinsicht weitergewirkt. Dies gilt insbesondere für die enge Verbindung von Wissenschaftsgeschichte und Wissenschaftstheorie (s.d.) sowie deren Implikationen für ein adäquates Verständnis von W. selbst [12] und die Hervorhebung der Bedeutung wissenschaftlicher Fachsprache («technical terms») für die W.-Entwicklung [13]. Whewell war es auch, der – vermutlich unabhängig von dem im Französischen wohl 1792 von J.-P. MARAT erstmals gebrauchten Adjektiv «scientifique» [14] – in die englische Sprache die Bezeichnung «scientist» für den systematischen Naturforscher einführte [15]. Er zielt damit in Analogie zu 'Künstler' («artist») [16] auf einen neuen Sammelnamen für eine Reihe bereits spezialisierter und ausdifferenzierter Professionen ab («The tendency of the sciences has long been an increasing proclivity to separation and dismemberment» [17]). Whewells Vorschlag findet nach kontroverser Diskussion [18] rasch Eingang in den englischen Sprachgebrauch [19].

b) Andere 'vermittelnde' Auffassungen von W. werden in der zweiten Hälfte des 19. Jh. wichtig. So verbindet in Frankreich C. BERNARD Elemente des älteren, von Comte geprägten Positivismus und eines gemäßigten Apriorismus [20]. Bernard arbeitet u.a. in forschungspraktisch relevanter Weise die Auffassung aus, daß W. zwar nur auf der Basis von Tatsachen («faits») entwickelt werden könne [21], bei deren Erwerb aber nicht voraussetzungslos verfahre, sondern in ihren Beobachtungen und vor allem Experimenten stets durch vorgefaßte theoretische Überzeugungen («idées») geleitet werde («L'idée ... est le mobile de tout raisonnement, en science comme ailleurs») [22]. Sein Werk hat über die Medizin hinaus gewirkt und insbesondere im späteren Positivismus eine kritischere Haltung zur W. befördert. Wie Whewell wendet sich in England auch W. S. JEVONS gegen Mills einseitig-positivistisches Verständnis von W. [23]. W. («science») entsteht für ihn durch eine «discovery of Identity amidst Diversity» [24], ist also nicht induktiv im Sinne einer bloßen empirischen Datenerhebung *vor* der Theoriebildung, sondern von vornherein in ihren Vergleichungen und Klassifikationen theoretisch orientiert: «Accordingly, the value of classification is co-extensive with the value of science and general reasoning» [25]. Ähnlich wie bei Avenarius und Mach haben dabei Klassifikationen der W. eine denkökonomische Funktion [26]. Da sie unter verschiedenen, grundsätzlich gleichberechtigten theoretischen Gesichtspunkten vorgenommen werden können, wendet Jevons sich gegen die in der älteren Tradition der Wissenschaftsklassifikation u.a. von A.-M. AMPÈRE [27] vertretene Vorstellung einer ausgezeichneten bzw. 'natürlichen' Klassifikation [28] und nähert sich somit der modernen Auffassung, daß der gleiche Objektbereich durch ganz verschiedene, grundsätzlich nicht voreinander ausgezeichnete wissenschaftliche Systeme darstellbar ist. In der Theorie der Physik des ausgehenden 19. Jh. findet man verwandte Auffassungen u.a. bei L. BOLTZMANN und H. HERTZ, die dort jedoch primär am Begriff der Theorie (s.d.) entwickelt werden.

Im Pragmatismus (s.d.) von CH. S. PEIRCE rückt der Handlungs- und Prozeßcharakter von W. in den Vordergrund: «it is necessary to consider science as living, and therefore not as knowledge already acquired but as the concrete life of the men who are working to find out the truth» [29]. Peirce versteht W. als ein zwar grundsätzlich fehlbares, aber auch sich selbst korrigierendes, unbegrenzt fortschreitendes und wahrheitsapproximierendes Unternehmen. Richtet er sich damit auch gegen den am Ausgang des 19. Jh. verbreiteten 'fin-de-siècle-Pessimismus' bezüglich eines möglichen Endes der naturwissenschaftlichen Entwicklung [30], so entfaltet seine durchaus modern zu nennende Auffassung von W. ihre volle Wirkung doch erst im späteren 20. Jh.

c) Neben Philosophen und Wissenschaftlern wie A.-A. COURNOT [31], P. BOUTROUX [32], E. MEYERSON [33], G. MILHAUD [34] und E. GOBLOT [35] kann man mit Einschränkungen bereits C. BERNARD einer als «Critique de la Science» bezeichneten Strömung zurechnen [36], die den Positivismus Comtes durch eine neue wissenschaftliche Philosophie zu transformieren trachtet und dabei teils direkt auf das Werk Kants, teils auf dessen Vermittlung durch CH. RENOUVIER Bezug nimmt [37]. Gegenüber Comte betont sie generell die aktive und gestaltende Rolle des menschlichen Geistes für die W. [38]. Aus ihr geht die für die weitere Ausbildung des W.-Begriffes wohl einflußreichste wissenschaftstheoretische Richtung am Ausgang des 19. Jh., der Konventionalismus (s.d.), hervor. Orientiert an der Grundlagenentwicklung der Geometrie und der mathematischen Physik, bleibt dessen W.-Verständnis zunächst bei P. DUHEM und H. POINCARÉ deduktivistisch geprägt, wobei jedoch die ersten Sätze einer W. nach Poincaré weder empirische Verallgemeinerungen noch synthetische Prinzipien a priori im Sinne Kants, sondern freie (aber nicht beliebige) Setzungen des menschlichen Verstandes sind, die unter pragmatischen Gesichtspunkten und solchen der empirischen Relevanz gewählt werden [39]. Die Veränderbarkeit der Konventionen und somit die Möglichkeit unterschiedlich strukturierter und sprachlich verfaßter, dabei empirisch gleichwertiger W.en über einen Erfahrungsbereich wird durch die pragmatische Forderung nach Einfachheit («pour que la science soit possible, il faut s'arrêter quand on a trouvé la simplicité») [40] eingeschränkt, aber nicht grundsätzlich unmöglich gemacht. Erweist sich Poincaré insofern als entschiedener 'Modernisierer' des Kantischen Apriorismus, vertritt er zugleich mit Kant die Auffassung, daß auch die W. nie zur Erkenntnis eines «Dinges an sich» gelangen kann: «nicht nur die W. kann uns die Natur der Dinge nicht kennen lehren, sondern nichts ist imstande, sie uns kennen zu lehren, und wenn ein Gott sie kennt, so würde er keine Worte finden, um sie auszudrücken» [41]. Die Objektivität der W. besteht allein in der Gesetzmäßigkeit der Beziehungen («Die W. ist ... ein System von Beziehungen» [42]) und deren Invarianten. DUHEM betont gegenüber Poincaré u.a. die Einschränkungen bei der Wahl wissenschaftskonstitutiver Prinzipien bzw. Hypothesen nicht nur durch die systematische Forderung nach Einfachheit, sondern auch durch historische Determinanten [43]. Des weiteren sucht er innerhalb von W. zwischen deskriptiven Teilen und 'metaphysisch imprägnierten' erklärenden Teilen zu unterscheiden. Während diese bei Theorieablösungen untergehen, bleiben jene «fast vollständig» erhalten und verschaffen so «der W. Beständigkeit des Lebens und des Fortschritts» [44]. Besonders einflußreich für das W.-Verständnis des 20. Jh., hier besonders für den logischen Empirismus und die neuere analytische Philosophie, wurde Duhems These (heute oft auch 'Duhem-Quine-These' genannt), daß es nicht möglich sei, isolierte Teile wissenschaftlicher Theorien der empirischen Überprüfung zu unterwerfen. Zur Veranschaulichung seines wissenschaftstheoretischen Holismus verwendet Duhem die Metapher des Organismus: «la science physique, c'est un système que l'on doit prendre tout entier; c'est un organisme dont on ne peut faire fonctionner une partie sans que les parties les plus éloignées de celle-là entrent en jeu, les unes plus, les autres moins» [45]. Eine Radikalisierung des Konventionalismus nimmt E. LE ROY vor [46]. Danach konstituiert sich W. weitgehend erfahrungsunabhängig durch Konventionen, die nicht dem Anspruch auf Wahrheit unterworfen sind, sondern lediglich auf Erfolg in der Praxis abzielen. Damit ruft er u.a. POINCARÉS Replik «von der W. und für die W.» hervor [47], der allgemein gegen die Nivellierung von W. und Alltagserfahrung konstatiert: «Der Unwissendste lebt heute in einer durch die W. gestalteten Umgebung und empfängt unbewußt ihren Einfluß. Die W. ist es, die seinen Träumen die Form gibt, die in anderen Jahrhunderten eine ganz andere gewesen wäre» [48].

Anmerkungen. [1] Vgl. Art. ‹Theorie I.›. Hist. Wb. Philos. 11 (2001) 1128-1148, hier: 1141-1143. – [2] W. WHEWELL: The philos. of the inductive sciences 1-2 (London 1840, ²1847, ND 1967) 1, 37; vgl. 10ff.; 2, 443 (Aph. I). – [3] a.O. 2, 3-5. – [4] a.O. 3. – [5] Vgl. 71ff. 139ff. – [6] Vgl. C. J. DUCASSE: W. Whewell's philos. of scient. discovery, in: E. H. MADDEN (Hg.): Theories of scient. method: The renaissance through the 19th cent. (Seattle 1960) 183-217, hier: 183f. – [7] WHEWELL, a.O. [2] 1, bes. 78-81. 82-163 (Book II). – [8] Vgl. a.O. 83. – [9] Vgl. 2, 74ff. 472ff. – [10] 471; vgl. 106ff. – [11] G. BUCHDAHL: Deductivist versus inductivist approaches in the philos. of science as illustrated by some controversies between Whewell and Mill, in: M. FISCH/S. SCHAFFER (Hg.): W. Whewell. A composite portrait (Oxford 1991) 311-344. – [12] W. WHEWELL: The hist. of the inductive sciences, from the earliest to the present time 1-3 (London 1837, ^{3}1857, ND 1967); The influence of the hist. of science upon intellectual education (London 1854); On the philos. of discovery (London 1856). – [13] a.O. [2] bes. 1, 481ff.; 2, 479ff. 492ff. 549ff. – [14] Dict. étymolog. et hist. de la langue franç. (Paris 1996) 719. – [15] ANON. [W. WHEWELL]: Mrs. Sommerville on the connection of the sciences. Quarterly Review 51 (1834) 54-68, hier: 59; zur Autorschaft vgl. S. ROSS: Scientist: The story of a word. Annals Science 18 (1962) 65-85, hier: 71. – [16] a.O. 59. – [17] 58. – [18] Vgl. ROSS, a.O. [15] 70ff. – [19] Vgl. etwa: Webster's complete dict. of the Engl. language (London 1864) 1180. – [20] C. BERNARD: Introd. à l'étude de la médecine expérim. (Paris 1865, ND 1943). – [21] a.O. 11-45. – [22] 45-85, bes. 63. – [23] W. S. JEVONS: J. S. Mill's philosophy tested (1877-1879), in: Pure logic and other minor works, hg. R. ADAMS/H. A. JEVONS (New York 1890) 199-294. – [24] a.O. [36 zu 3.] 1. – [25] a.O. 674. – [26] Vgl. 674. – [27] Vgl. AMPÈRE, a.O. [6 zu 1.] 9. – [28] JEVONS, a.O. [36 zu 3.] 679f. – [29] CH. S. PEIRCE: Science (1902). Coll. papers 7, hg. A. W. BURKS (Cambridge 1958) 37-43, hier: 38; vgl. What is science? [ch. 2 of the 'Minute Logic'] (1902), in: Essays in the philos. of science, hg. V. THOMAS (New York 1957) 189-194, hier: 189. – [30] Vgl. N. RESCHER: Peirce's philos. of science (Notre Dame/London 1978) bes. 1-39 (ch. 1f.). – [31] Vgl. bes. COURNOT, a.O. [6 zu 1.] sowie: Des méthodes dans les sciences de raisonnement (Paris 1865); Matérialisme, vitalisme, rationalisme: études sur l'emploi des données de la science en philos. (Paris 1872). – [32] Vgl. bes. P. BOUTROUX: L'idéal scient. des mathématiciens dans l'antiquité et dans les temps modernes (Paris 1920); dtsch.: Das Wissenschaftsideal der Mathematiker (1927, ND 1968). – [33] Vgl. E. MEYERSON: Identité et realité (Paris 1908, ^{3}1926); dtsch.: Identität und Wirklichkeit (1930); De l'explication dans les sciences 1-2 (Paris 1921); Réel et déterminisme dans la physique quantique (Paris 1933). – [34] Vgl. G. MILHAUD: La science rationnelle. Rev. Mét. Morale 4 (1896) 280-302; Le positivisme et le progrès de l'esprit. Etudes critiques sur A. Comte (Paris 1902). – [35] Vgl. GOBLOT, a.O. [6 zu 1.]; Traité de logique (Paris 1918, ^{9}1952). – [36] Vgl. I. BENRUBI: Philos. Hauptströmungen der Gegenwart in Frankreich (1928) 184-261; vgl. auch: Art. ‹Wissenschaftskritik›. – [37] Vgl. a.O. 183f. – [38] MILHAUD: La science rat., a.O. [34] 301. – [39] H. POINCARÉ: La science et l'hypothèse (Paris 1902, ND 1914) 2; dtsch.: W. und Hypothese (1914) XIV. – [40] a.O. 176; dtsch. 150. – [41] La valeur de la science (Paris 1905); dtsch.: Der Wert der W. (1906, ^{2}1910) 201. – [42] a.O. 200. – [43] Vgl. P. DUHEM: La théorie physique, son objet et sa structure 11, §§ 2f. (Paris 1906); dtsch.: Ziel und Struktur der physikal. Theorien (1908, ND 1978) 296-348. – [44] a.O. 3, § 1; dtsch. 38. – [45] 11, § 2; dtsch. 249; vgl. Art. ‹Widerlegung›. – [46] E. LE ROY: Science et philosophie. Rev. Mét. Morale 7 (1899) 375-425. 503-562. 708-731; 8 (1900) 37-72; Un positivisme nouveau, a.O. 9 (1901) 138-153. – [47] Vgl. POINCARÉ: La valeur, a.O. [41] 159-186. – [48] a.O. VII.

5. *Hauptentwicklungsmomente des 20. Jh.* – Trotz der Selbstbeschränkung des Anspruchs auf Lösung der 'Welträtsel' (s.d.) durch ein 'Ignoramus – ignorabimus' (s.d.) ist bereits früh vom 19. Jh. als dem «naturwissenschaftlichen Zeitalter» [1], als einer Periode des «Übergangs aus dem philosophischen in das naturwissenschaftliche Zeitalter» [2], als dem «Jahrhundert der mechanischen Naturauffassung» [3] oder auch als dem «Jahrhundert der Naturwissenschaft» [4] die Rede. Eine dergestalt sichtbar werdende Prävalenz der Naturwissenschaften ist im späteren 20. Jh. nicht mehr anzutreffen; vielmehr ist die weitere Entwicklung des W.-Begriffes durch Ausdehnung auf bis dahin nicht als W. angesehene Wissensbereiche und eine weitere Pluralisierung der Begriffe von W. gekennzeichnet. Dennoch bleibt – bei aller 'Modernisierung' des W.-Begriffs im Verlaufe des 19. Jh. – noch im frühen 20. Jh. ein (gewöhnlich nicht mehr näher präzisierter) Systemcharakter von W. allgemein präsent [5]. So ist etwa noch G. FREGE in bezug auf sein Verständnis von W. Traditionalist, wenn er mit Blick auf die Mathematik als deren Leitideal konstatiert: «Man muss immer unterscheiden zwischen der Geschichte und dem System der W. ... Nur im Systeme vollendet sich die W.» [6]. Auch wenn – wie in der Phänomenologie (vgl. unten: 6.) und z.T. im logischen Empirismus (vgl. unten: 7.) – die Forderung nach dem Systemcharakter von W. in modifizierter Form weiter mitgeführt wird, tritt diese später generell zurück und öffnet anderen Bestimmungen den Weg. So rückt etwa der bereits von PEIRCE artikulierte Praxisbezug und Handlungscharakter von W. (vgl. unten: 8.), später auch verstärkt die soziale und kulturelle Bedingtheit sowie die institutionelle Verfaßtheit von W. wie auch die – bereits von Whewell, Mach, Duhem u.a. anerkannte – historische Bedingtheit und Veränderbarkeit von W. in den Vordergrund (vgl. bes. unten: 10.). Nicht nur die Notwendigkeitsbedingung für W. (vgl. oben: 1.) wird aufgegeben, sondern oft wird dann auch die Wahrheitsbedingung problematisiert (vgl. bes. unten: 9.). Schließlich weicht auch die im späten 19. und frühen 20. Jh. noch weitgehend anerkannte Auffassung, W. sei in ihrer Entwicklung durch einen stetigen und kumulativen Fortschritt gekennzeichnet, mit den radikalen Umbrüchen in den 'Leitwissenschaften' Physik (s.d.), hier insbesondere der Relativitätstheorie (s.d.) und der Quantenmechanik (s.d.), und Mathematik (s.d.), deren Grundlagenstreit (s.d.) noch nicht überwunden scheint, einer eher die Transformationen und Brüche [7] von W.-Entwicklung betonenden Auffassung.

Anmerkungen. [1] W. VON SIEMENS: Das naturwiss. Zeitalter (1886). – [2] R. VIRCHOW: Die Gründung der Berliner Univ. und der Übergang aus dem philos. in das naturwiss. Zeitalter (1893). – [3] L. BOLTZMANN: Der zweite Hauptsatz der mechan. Wärmetheorie (1886), in: Populäre Schr. (1905) 25-50, hier: 28. – [4] E. HAECKEL: Die Welträtsel (1899, ^{11}1919, ND 1960) 5. – [5] Vgl. etwa: J. M. BALDWIN (Hg.): Dict. of philos. and psychology (1901, ^{2}1960) 499f. (Art. ‹science›); Art. ‹Wissenschaft›, in: KIRCHNER'S Wb. der Philos. Grundbegriffe (^{5}1907) 695; Art. ‹Science›, in: Dict. de l'Acad. Franç. 2 (Paris 1935) 567. – [6] G. FREGE: Logik in der Math. (1914), in: Nachgel. Schr., hg. H. HERMES/F. KAMBARTEL/F. KAULBACH (^{2}1982) 219-270, hier: 261. – [7] Vgl. hierzu neben der 'New Philosophy of Science' (vgl. unten: 10.) die franz. Tradition in Anschluß an G. BACHELARD: La formation de l'esprit scient. (Paris 1938); vgl. D. LECOURT: Pour une critique de l'épistémologie. Bachelard, Canguilhem, Foucault (Paris 1972); dtsch.: Kritik der W.-Theorie. Marxismus und Epistemologie (Bachelard, Canguilhem, Foucault) (1975).

6. *Phänomenologie und hermeneutische Tradition.* – a) Die von E. HUSSERL ausgerufene neue Phänomenologie (s.d.) erneuert im Anschluß an F. BRENTANOS Evidenzphilosophie den Anspruch, «Philosophie als strenge W.» begründen zu können [1]. HUSSERL sucht es dabei als ein «Vorurteil» zu erweisen, daß «sich strenge W. nur als positive W. und eine wissenschaftliche Philosophie nur als auf solche W. fundierte» denken lasse [2]. Allgemein geht es ihm nicht nur um eine neue, phänomenologische Grundlegung von Philosophie als W., sondern von W. überhaupt. Die erforderliche allgemeine Grundlegung von W. kann weder von der bisherigen Philosophie erwartet werden [3], noch kann sie dem Vorbild der Naturwissenschaften folgen («Alle Naturwissenschaft ist ihren Ausgangspunkten nach naiv» [4], allerdings auch «in ihrer Art sehr kritisch» [5]). Sie kann jedoch auch nicht gegen die faktisch bereits vorhandene W. als «stärkster Realität» der Zeit [6] gewonnen werden, zumal an der «objektiven Wahrheit bzw. objektiv begründeten Wahrscheinlichkeit», die ihr in Gestalt der Mathematik und Naturwissenschaften zukommt und nur für die «nicht gewordene, sondern werdende W.» noch Meinungsspielräume beläßt [7], kein Zweifel bestehen kann. Vielmehr

gehe es darum, «in eins das lebendig-tätige Vertrauen auf die W. und zugleich ihren wirklichen Anfang zu gewinnen» [8]. Husserl sucht diese Zielsetzung durch ein «Wesensstudium des Bewußtseins» bzw. eine Wesensschau (s.d.) einzulösen. Die Ausarbeitung und starke Ausdifferenzierung eines entsprechenden phänomenologischen Begriffs von W. in enger Bezugnahme auf die Mathematik [9], insbesondere die zeitgenössische Mengenlehre (s.d.) [10], beginnt Husserl bereits mit den ‹Logischen Untersuchungen› [11] und führt sie u.a. in den ‹Cartesianischen Meditationen› unter dem «allgemeinen Ziel absoluter Wissenschaftsbegründung» [12] und dann besonders in der späten ‹Krisis›-Schrift fort [13]. Zentral für seine Bemühungen erscheint dabei die Frage, wie der für eine 'absolute' Begründung von W. erforderliche Nachweis einer apriorischen Verfassung der Subjektivität und der phänomenologische Rückgang «zu den Sachen selbst» miteinander so in Einklang zu bringen sind, daß zum einen die Einzelwissenschaften unter verschiedene apriorische Formen gebracht und somit 'systematisch' werden können, zugleich aber in einer fundamentaleren und intuitiven 'eidetischen W.' nochmals zu einer höheren Einheit zu bringen sind [14]: «Diese totale W. vom Apriori wäre dann das Fundament für echte Tatsachenwissenschaften ..., eine universale W. vom tatsächlich Seienden aus absoluter Begründung» [15]. Der häufig anzutreffende Plural ‹W.en› mündet bei Husserl regelmäßig dann in den Singular ‹W.›, wenn er auf 'strenge Wissenschaftlichkeit' abzielt, deren Inbegriff eben die Philosophie ist [16]. In seinen späten Schriften hat Husserl die angestrebte Einheit in der Lebenswelt (s.d.) aufzuweisen gesucht. Zielt sein Ansatz auch hier auf eine neue Begründung eines durchaus klassisch zu nennenden W.-Begriffes, weist doch die Fundierung in der «Lebenswelt als Sinnfundament der W.en» deutlich auf W. als eine grundsätzliche soziale und kulturelle Erscheinungsform hin, wie im Anschluß an Husserl besonders bei A. SCHÜTZ deutlich wird [17].

b) In der Entwicklung des W.-Begriffes M. HEIDEGGERS lassen sich eine stark von Husserl beeinflußte «logisch-wissenschaftstheoretische», eine bereits deutlich 'wissenschaftsdistanzierte' «transzendental-existenzialontologische» und eine ausgesprochen wissenschaftskritische «transzendental-historische» Phase unterscheiden [18]. Wie Husserl versteht er zunächst auch die Philosophie als eine W., deren Wissenschaftscharakter fragwürdig geworden ist [19]. Die in seiner Habilitationsschrift sich erst andeutende Kritik an W. verdichtet Heidegger in ‹Sein und Zeit› zu einem «existenzialen Begriff der W.», der sich vom «logischen Begriff» (W. als ein «Begründungszusammenhang wahrer, das ist gültiger Sätze») [20] dadurch unterscheidet, daß er W. «als Weise der Existenz und damit als Modus des In-der-Welt-seins, der Seiendes bzw. Sein entdeckt», versteht [21]. W. erweist sich jetzt in ihrem Bezug auf das bloß 'Vorhandene' (im Unterschied zum 'Zuhandenen') gleichsam als 'defizienter Modus' des Daseins [22]. Begegnet auch später W. durchaus noch in einem positiven Sinne als wesentliche Möglichkeit des Menschseins [23], so wird andererseits und vor allem dem (früher betonten) 'Methodenbewußtsein' der W. jetzt der 'Ernst' philosophischer Daseinserfassung vorgehalten: «Daher erreicht keine Strenge einer W. den Ernst der Metaphysik. Die Philosophie kann nie am Maßstab der Idee der W. gemessen werden» [24]. Heideggers W.-Auffassung ist jetzt der des logischen Empirismus diametral entgegengesetzt und wird u.a. von R. CARNAP (vgl. unten: 7.) scharf kritisiert. In den späteren Schriften erfährt die W. in ihrem 'Wesenszusammenhang' mit der Technik (s.d.) eine weitere kritische Umdeutung, die HEIDEGGER auf das bekannte Diktum bringt: «Die W. denkt nicht» [25]. Dessen Rezeption läßt gewöhnlich außer acht, daß damit «kein Vorwurf, sondern ... nur eine Feststellung der inneren Struktur der W.» [26] zum Ausdruck gebracht ist: «zu ihrem Wesen gehört, daß sie einerseits auf das, was die Philosophie denkt, angewiesen ist, andererseits selbst aber diese zu-Denkende vergißt und nicht beachtet» [27].

c) Husserls und Heideggers W.-Auffassungen übten besonders in Frankreich eine starke Wirkung aus, so u.a. auf M. MERLEAU-PONTY [28]. Für die Entwicklung eines phänomenologischen Begriffs von W. in Deutschland sind daneben besonders N. HARTMANN und H.-G. GADAMER wichtig geworden. Der von Husserl und maßgeblich auch vom Neukantianismus Cohens und Natorps beeinflußte HARTMANN versucht, auf der Grundlage seiner Schichtenlehre (s.d.) und der Methode der Kategorienanalyse (s.d.) die «alte Aufgabe der Naturphilosophie» der Einheitsstiftung erneut anzugehen [29]. Eine wichtige Rolle mißt er dabei den «Organologischen Kategorien» [30] und der für den Bereich des Organischen besonders angebrachten Kritik der traditionellen Teleologie (s.d.) bei [31]. Nach Hartmann kann eine vollständige Erfassung der subjektunabhängigen Naturrealität von den Naturwissenschaften nicht erreicht werden, wohl aber deren fortwährende Verbesserung [32].

d) GADAMER wendet sich gegen einen methodologischen Vormachtsanspruch der exakten W.en. Er kritisiert aber auch den (von ihm bei Dilthey konstatierten) Versuch, die Geisteswissenschaften vom Vorbild der Naturwissenschaften mit untauglichen, nämlich wiederum methodologischen Mitteln abzusetzen: «was man in der modernen W. Methode nennt, ist überall ein und dasselbe und prägt sich in den Naturwissenschaften nur besonders vorbildlich aus. Es gibt keine eigene Methode der Geisteswissenschaften» [33]. Gegen Dilthey richtet sich auch der Vorwurf, die «Gewißheit der W.» als Vollendung einer «Lebensgewißheit» zu verstehen [34]; als solche sei sie dessen Ausgang «vom Leben» [35] fremd. In der Ausbildung einer Hermeneutik (s.d.), die den Geisteswissenschaften ihr Eigenrecht zurückgeben soll, betont Gadamer die Geschichtlichkeit des Verstehens. Der von ihm erhobene Universalitätsanspruch der Hermeneutik wird u.a. von J. HABERMAS und K.-O. APEL kritisiert und führt zu einer ausgedehnten Diskussion über den W.-Status der Hermeneutik, in deren Mittelpunkt der Begriff des Verstehens (s.d.) steht [36].

Anmerkungen. [1] E. HUSSERL: Philos. als strenge Wiss. (1910/11). Husserliana [Hua.] 25 (Dordrecht u.a. 1987) 3-62, bes. 3f. – [2] a.O. 11. – [3] 4. – [4] 13f. – [5] a.O. 14. – [6] 60. – [7] 5. – [8] 11. – [9] Vgl. hierzu: J. P. MILLER: Numbers in presence and absence. A study of Husserl's philos. of mathematics (Den Haag u.a. 1982); R. SCHMIT: Husserls Philos. der Math. (1981). – [10] Vgl. hierzu: A. DIEMER: Die Phänomenol. und die Idee der Philos. als strenge Wiss. Z. philos. Forsch. 13 (1959) 243-262, bes. 244f. – [11] E. HUSSERL: Log. Unters. 1-2 (1900/01, 21913-21). Hua. 18f. (Den Haag 1975/84). – [12] Cartes. Medit. 1, § 3 (1929). Hua. 1 (1950) 49. – [13] Die Krisis der europ. Wiss. und die transz. Phänomenol. (1936). Hua. 6 (1954). – [14] Vgl. DIEMER, a.O. [10] 245ff. – [15] HUSSERL: Cartes. Medit. § 64, a.O. [12] 181. – [16] Vgl. hierzu: E. W. ORTH: E. Husserls Krisis der Europ. Wiss. und die transz. Phänomenol.: Vernunft und Kultur (1999) bes. 15f. 39ff. – [17] A. SCHÜTZ: Der sinnhafte Aufbau der sozialen Welt (Wien 1932). – [18] Nach R. A. BAST: Der Wiss.begriff M. Heideggers im Zus. seiner Philos. (1986) XIf. – [19] M. HEIDEGGER: Die Kategorien- und Bedeutungslehre des Duns Scotus (1916), in: Frühe Schr. (1972) 137; zu Heideggers klassischem Begriff von W. in dieser Zeit vgl. auch: Der Zeitbegriff in der Geschichtswiss. (1916), a.O. 355-375, bes. 358f. – [20] Sein und Zeit § 69 b (1927, [8]1957) 357; vgl. § 4, a.O. 11. – [21] a.O. 357. – [22] § 4, a.O. 13; vgl. Art. ‹Zuhandenheit/Vorhandenheit›. – [23] Was ist Metaphysik? (1929, [8]1960) 40, in: Wegmarken (1967) 1-19, 17f. – [24] a.O. 41/18. – [25] Was heißt Denken? (1954, [3]1971) 4. – [26] Martin Heidegger im Gespräch, hg. R. WISSER (1970) 72. – [27] a.O. – [28] Vgl. B. WALDENFELS: Phänomenol. in Frankreich (1987, [2]1998) bes. 151ff. – [29] N. HARTMANN: Philos. der Natur. Abriß der speziellen Kategorienlehre (1950) bes. 4. – [30] Vgl. a.O. 512-666. – [31] Vgl. bereits: Philos. Grundfragen der Biologie (1912) 87ff.; Teleolog. Denken (1951). – [32] 262. – [33] H.-G. GADAMER: Wahrheit und Methode. Grundzüge einer philos. Hermeneutik (1960, [4]1975) 5. – [34] a.O. 225. – [35] 222. – [36] K.-O. APEL/J. HABERMAS (Hg.): Hermeneutik und Ideologiekritik (1971), darin auch: J. HABERMAS: Der Universalitätsanspruch der Hermeneutik, a.O. 120-159.

7. *Logischer Empirismus und neuere analytische Philosophie.* – a) Der Begriff ‹W.› ist im logischen Empirismus [1] bzw. Neopositivismus von grundlegender Bedeutung, wenngleich sich seine Verwendung in der Bezugnahme auf den Empiriokritizismus, den Konventionalismus und auch den Neukantianismus sowie in der Abgrenzung zu 'metaphysikverdächtigen' philosophischen Richtungen, besonders der phänomenologischen Tradition, als recht uneinheitlich darstellt. Charakteristisch erscheint aber die Bestimmung O. NEURATHS: «Die modernen Wissenschaftler werden durch folgendes gekennzeichnet: irdischer Sinn, der Ruf nach empirischer Kontrolle und die systematische Verwendung der Logik und Mathematik» [2]. Für die Herausbildung des logischen Empirismus, insbesondere für die Formulierung von dessen Sinnkriterien (s.d.), ist L. WITTGENSTEINS ‹Tractatus› von Einfluß gewesen. Sätze wie «die Gesamtheit der wahren Sätze ist die gesamte Naturwissenschaft (Gesamtheit der Naturwissenschaften)» [3] konnten im Sinne des Physikalismus (s.d.) und der wissenschaftlichen Weltauffassung des Wiener Kreises (s.d.) mißverstanden werden.

b) M. SCHLICK läßt in seiner wohl frühesten Bestimmung von W. noch deutlich sowohl neukantianische als auch lebensphilosophische Einflüsse erkennen, wenn er den «Willen zur Wahrheit» als «Wurzel» der W. bestimmt und mit Blick auf Nietzsches ‹Fröhliche W.› hinzufügt, daß «der Kern aller reinen W. Spiel ist» [4]. Schlick betont die Gemeinsamkeit der Urteilsbildung der «täglichen Lebenserfahrung» und der «W.en» im Ziel der Wahrheit [5]. Ein Unterschied bestehe lediglich darin, daß W. den Erkenntnisprozeß methodisch regle und dies in ihren verschiedenen Zweigen auf verschiedene Weisen tue [6]. Das der W. allgemeine Wahrheitsstreben sucht Schlick näherhin dadurch zu charakterisieren, daß in ihr das «System der Tatsachen» und das «System der Urteile» in «immer neuen Punkten ... zur Deckung gebracht werden» [7], wobei – wie bei Mach – Einfachheits- bzw. Ökonomiegesichtspunkte leitend sind [8]. In seiner Zeichentheorie adaptiert er die konventionalistische Sichtweise, daß ein Tatsachensystem auf verschiedene wahre Weisen repräsentiert werden kann [9]. Bereits früh wendet sich Schlick dagegen, der Philosophie jenseits der W. «spezifische Erkenntnismittel» zuzuerkennen und so zu einer W. zu machen, «die neben oder vielmehr über anderen W.en steht. ... Jede W. birgt wohl das Philosophische in sich als eigentliches Lebensprinzip, der Philosoph aber ist der Schatzgräber, der es ans Tageslicht bringt und läutert» [10]. Die bereits hier sich andeutende Restringierung der Aufgabe der Philosophie auf die 'Läuterung' der W.-Sprache wird dann später leitend für das Philosophieverständnis des Wiener Kreises [11]. Auch Schlick akzentuiert sie unter dem Einfluß von L. WITTGENSTEIN und R. CARNAP («Durch die Philosophie werden Sätze geklärt, durch die W.en verifiziert» [12]), geht jedoch auch später nicht so weit, der Philosophie als Tätigkeit [13] jede Sinnfunktion abzusprechen; vielmehr gilt: «die philosophische Tätigkeit der Sinngebung ist ... das Alpha und Omega der wissenschaftlichen Erkenntnis» [14]. Sind die Sätze der W. von denen der Philosophie auch durch das Kriterium der Verifizierbarkeit unterschieden, bleibt doch vollständige Verifikation unerreichbar. SCHLICK akzentuiert in dieser Hinsicht klar eine moderne Auffassung von W. («Alle Sätze der W. ... sind samt und sonders Hypothesen, sobald man sie vom Gesichtspunkt ihres Wahrheitswertes, ihrer Gültigkeit betrachtet» [15]). Modern erscheint auch, daß der in seiner W.-Bestimmung noch mitgeführte Systembegriff keine 'Prinzipienbestimmung' im traditionellen Sinne mehr kennt: Schlick will nämlich der W. nicht vorschreiben, ob sie als ihr Fundament «die allgemeinsten Sätze der W.» (d.h. die Axiome im Sinne des klassischen W.-Begriffs) oder die «allerspeziellsten Sätze» (d.h. singuläre empirische Aussagen als Basis der W. im traditionellen Induktivismus) ansehen möchte («An sich gibt es ja in einem abstrakten Satzsystem kein Prius und Posterius») [16]. Zwar sind die (von ihm so genannten) Konstatierungen «unerschütterliche Berührungspunkte von Erkenntnis und Wirklichkeit» und «die einzigen synthetischen Sätze, die keine Hypothesen sind» [17], aber letztlich sind sie doch keine Sätze der W. selbst, weil sie im System der W. eine andere Bedeutung haben als in ihrer 'Verifikationsbehauptung' für den einzelnen Beobachtungssatz [18]. Zu keiner Zeit hat Schlick einen Szientismus (s.d.) vertreten, wie er den Vertretern des Wiener Kreises oft undifferenziert nachgesagt wurde: «die W. ist nicht die ganze Welt. Das Universum der formulierten Gedanken ist nicht das ganze Universum» [19].

c) Selbst CARNAPS These von der 'Unbegrenztheit' der W. erhebt keinen universellen Erklärungsanspruch: «Die W., das System begrifflicher Erkenntnis, hat keine Grenzen. Das soll nicht heißen: es gibt nichts außerhalb der W., sie ist allumfassend. Das Gesamtgebiet des Lebens hat noch viele Dimensionen außer der W.; aber die W. stößt innerhalb ihrer Dimension an keine Schranke» [20]. Wenngleich in Carnaps Werk trotz aller Bedeutung von W. eine explizite Definition des Begriffes ‹W.› fehlt, hat er mit seinem zunächst am Empiriokritizismus Machs und Avenarius' orientierten Konstitutionssystem (s.d.), das auf den eigenpsychischen Elementarerlebnissen (s.d.) aufbaut, das W.-Verständnis des logischen Empirismus maßgeblich beeinflußt [21]. Nach diesem System kann es «nur ein Gebiet von Gegenständen und daher nur eine W.» geben [22], die auch als «Gesamtwissenschaft» [23] bezeichnet wird und aus der einzelne W.en durch Einordnung als «Zweige» hervorgehen [24]. Carnap hat später seine 'phänomenalistische' Konstruktion einer W.-Sprache [25] zugunsten einer 'physikalistischen' «Universalsprache der W.» aufgegeben [26] und dabei – eine Formulierung NEURATHS aufnehmend [27] – auf die Physik die Bezeichnung «Einheitswissenschaft» angewandt [28].

Eine Philosophie, die «von allen unwissenschaftlichen Bestandteilen gereinigt» [29] bzw. metaphysikfrei [30] ist und nur noch syntaktische Analyse der W.-Sprache sein soll, behandelt CARNAP unter der Bezeichnung «Wissenschaftslogik» (s.d.). Um die wichtigste syntaktisch begründete Unterscheidung innerhalb der Einzelwissenschaften (beruhend auf der Dichotomie von analytischen und synthetischen Sätzen) begrifflich zu fassen, greift er auf die älteren Bezeichnungen «Formalwissenschaft (Logik, einschließlich Mathematik)» und «Realwissenschaft (die Gesamtheit der Tatsachenwissenschaften: Physik, Biologie, Psychologie, Soziologie, Geschichte usw.)» [31] zurück: «Der Unterschied zwischen Formalwissenschaft und Realwissenschaft besteht nun darin, daß die erstere nur analytische, die zweite synthetische Sätze enthält» [32]. Da die Formalwissenschaft über keine eigenen Gegenstände verfügt, verändert ihre Anwendung in der Realwissenschaft letztere nicht in ihrem Inhalt, so daß von der strikten Unterscheidung beider «die Einheit der W. unberührt» bleibt [33].

d) NEURATH unterstützt Carnaps Ausarbeitung des Konstitutionssystems und dessen Betonung der sprachlichen Verfaßtheit von W.: «Die Sprache ist für die W. wesentlich, innerhalb der Sprache spielen sich alle Umformungen der W. ab» [34]. Er distanziert sich allerdings auch von Carnaps enger Bezugnahme auf die Naturwissenschaften, bes. die Physik, und von der Ausblendung der Sozialwissenschaften [35]. Generell betont er stärker als andere Vertreter des logischen Empirismus das Provisorische, die historische Wandelbarkeit und die soziale Bedingtheit von W. [36]. Neuraths immer wiederkehrendes und auch für den logischen Empirismus insgesamt zentral gewordenes Thema [37], das der Einheitswissenschaft (s.d.) und des Physikalismus (s.d.), wird denn auch nicht im Sinne eines explanativen oder gar ontologischen Reduktionismus bearbeitet, sondern in einem begrifflichen Sinne, der alles Beobachtbare durch raum-zeitliche Ordnungsfeststellungen artikulieren möchte: «Es ist die physikalistische Sprache, die Einheitssprache, das Um und Auf aller W.en» [38]. Anders als Schlick und Carnap lehnt Neurath für seinen weiteren Begriff von W. die Bezeichnung ‹System› ab und spricht lieber vom «Mosaik der W.» und (bevorzugt) von der W. als einer «Enzyklopädie»: «Man muß den Fehler vermeiden, ‘DAS’ System als Modell der W. antizipieren zu wollen. Man kann von der ‘Enzyklopädie’ als Modell ausgehen, und nun zusehen, wie viel man an Verknüpfung und logischer Konstruktion, Eliminierung von Widersprüchen und Unklarheiten erreichen kann» [39]. Neuraths W.-Begriff weist in Teilen bereits voraus auf den der New Philosophy of Science (vgl. unten: 10.), stellt aber mit der Betonung des holistischen Charakters von W. [40] auch eine wichtige ‘Brücke’ zwischen Duhems Konventionalismus und der späteren analytischen Philosophie eines Quine dar. Und nicht nur mit Schlick, sondern auch mit diesen beiden späteren Richtungen stimmt Neurath darin überein, daß es kein ‘fundamentum inconcussum’ der W. gibt: «Es gibt kein Mittel, um endgültig gesicherte saubere Protokollsätze zum Ausgangspunkt der W.en zu machen. Es gibt keine tabula rasa. Wie Schiffer sind wir, die ihr Schiff auf offener See umbauen müssen, ohne es jemals in einem Dock zerlegen und aus besten Bestandteilen neu errichten zu können» [41].

e) Die bereits bei Neurath erkennbare Ausweitung des Begriffs von W. setzt sich in der neueren analytischen Philosophie fort, wobei zwischen W. und Theorie [42] häufig nicht unterschieden wird. Generell wird auch zwischen ‹W.› und ‹Wissen› bzw. ‹Erkenntnis› keine scharfe Abgrenzung mehr gesucht. Zu einer für die analytische Tradition verbindlichen Neubestimmung von ‹W.› ist es bisher nicht gekommen. W. V. O. QUINE teilt bei aller Kritik am logischen Empirismus Neuraths holistische Auffassung von W. [43]. In der Methode der W. (als «Weg zur Wahrheit» [44]) sieht er trotz ihrer grundsätzlichen Fehlbarkeit einen Vorrang derselben begründet («W. ist nichts weiter als eine höchst ausgefeilte Form des ‘gemeinen Menschenverstandes’ und an den unterschiedlichsten Stellen in unterschiedlichem Maße fehlbar. Sie kann jederzeit einmal aufgrund künftiger wissenschaftlicher Entdeckungen berichtigt werden müssen, doch bietet sich uns eben schlicht und einfach keine alternative Zugangsmöglichkeit zur Wahrheit» [45]). H. PUTNAM geht auf den Begriff ‹W.› vorwiegend im Kontext der Realismusproblematik [46] ein. In der ‘Konvergenz’ wissenschaftlichen Wissens sieht er eine wichtige Stütze für seine Variante eines wissenschaftlichen Realismus [47]. Am weitesten vom W.-Verständnis des logischen Empirismus entfernt sich N. GOODMAN: W. begegnet bei ihm als eine von verschiedenen Arten von Symbolisierungssystemen (wie Malerei, Literatur, Musik usw.), die der Weltrepräsentation und -erkenntnis dienen [48]. Eine Vorrangstellung kommt der W. bei ihm nicht mehr zu: «Interesseloses Forschen umfaßt wissenschaftliche und ästhetische Erfahrung gleichermaßen» [49].

Anmerkungen. [1] Vgl. Art. ‹Empirismus, logischer›. Hist. Wb. Philos. 2 (1972) 478. – [2] O. NEURATH: Wege der wiss. Weltauffassung (1930/31). Ges. philos. und methodolog. Schr., hg. R. HALLER/H. RUTT 1-2 (Wien 1981) 1, 371-385, hier: 378. – [3] L. WITTGENSTEIN: Tractatus logico-philos. (1921) 4.11. – [4] M. SCHLICK: Lebensweisheit. Versuch einer Glückseligkeitslehre (1908) 154; zu Schlicks Bezug auf den Neukantianismus vgl. bes. die Rez. von P. Natorp: Die log. Grundl. der exakt. Wiss.en. Vjschr. wiss. Philos. Soziol. 35, NF 10 (1911) 254-260. – [5] Das Wesen der Wahrheit nach der mod. Logik (1910), in: Philos. Logik, hg. B. PHILIPPI (1986) 31-109, hier: 99; vgl. 95f. – [6] a.O. 99f.; sowie: Die Grenze der naturwiss. und philos. Begriffsbildung (1910), a.O. 11-30, bes. 11ff. 17ff. – [7] 98f. – [8] Vgl. etwa: Die Grenze, a.O. [6] 15; sowie: Allg. Erkenntnislehre (1918, 21925, ND 1979) 441. – [9] Die philos. Bedeutung des Relativitätsprinzips. Z. Philos. philos. Kritik 159 (1915) 129-175, hier: 149f. – [10] a.O. 148. – [11] Vgl. hierzu: Wiss. Weltauffassung. Der Wiener Kreis, hg. Verein E. Mach (Wien 1929), ND, in: NEURATH: Schr., a.O. [2] 1, 299-336, bes. 314. – [12] M. SCHLICK: Die Wende der Philos. Erkenntnis 1 (1930) 4-11, hier: 8. – [13] Vgl. WITTGENSTEIN, a.O. [3] 4.112. – [14] SCHLICK, a.O. [12] 8. – [15] Über das Fundament der Erkenntnis. Erkenntnis 4 (1934) 79-99, hier: 98. – [16] a.O. 98. – [17] a.O. – [18] 98f. – [19] Facts and propositions (1935); dtsch.: Tatsachen und Aussagen, in: Philos. Logik, a.O. [5] 223-229, hier: 227. – [20] R. CARNAP: Der log. Aufbau der Welt (1928, 21961, ND 1998) 253f. – [21] Vgl. Wiss. Weltauffassung, a.O. [11] 305 (Verwerfung unlösbarer Rätsel). 307f. (Konstitutionssystem). – [22] a.O. [20] 4. – [23] a.O. 252. – [24] a.O. – [25] Vgl. Art. ‹Sprache, phänomenale›. Hist. Wb. Philos. 9 (1995) 1506. – [26] Die physikal. Sprache als Universalsprache der Wiss. Erkenntnis 2 (1931) 432-465; vgl. Art. ‹Physikalismus›. Hist. Wb. Philos. 7 (1989) 947f. – [27] Vgl. O. NEURATH: Physikalismus: Die Philos. des Wiener Kreises (1931), in: Schr., a.O. [2] 1, 413-416, bes. 415; Physikalismus (1931), a.O. 1, 417-421, bes. 419; Soziologie im Physikalismus (1931), a.O. 2 (1981) 533-562, bes. 534; vgl. zur Begriffseinführung auch: R. CARNAP: Log. Syntax der Sprache (1934, 21968) 249. – [28] CARNAP, a.O. [26] 465; vgl. 452. 462. – [29] Log. Syntax, a.O. [27] 205. – [30] Vgl. a.O. 206; hierzu auch: Überwindung der Metaphysik durch log. Analyse der Sprache. Erkenntnis 2 (1931) 219-241, bes. 219f. 224ff. 229ff. 238ff. – [31] Formalwiss. und Realwiss. Erkenntnis 5 (1935) 30-36, hier: 30. – [32] a.O. 32. – [33] 36. – [34] NEURATH: Physikalismus, a.O. [27] 419. – [35] Rez. von R. Carnap: Der log. Aufbau der Welt (1928), in: Schr., a.O. [2] 1, 295-297, bes. 296. – [36] a.O. [2] bes. 384f. – [37] Vgl. R. HEGSELMANN: Einheitswiss. – das positive Paradigma des Log. Empirismus, in: J. SCHULTE/B. MCGUINNESS (Hg.): Einheitswiss. (1992) 7-23. – [38] NEURATH: Soziol. im Physikalismus, a.O. [27] 542. – [39] Die neue Enzyklopädie (1937), als Teil von: Zur Enzyklopädie der Einheitswiss. (1937), in: SCHULTE/MCGUINNESS (Hg.), a.O. [37] 200-243, hier: 203-214, bes. 208; vgl. auch: Schr. 2, a.O. [2] (zahlreiche Beiträge zur ‘Einheitswiss.’). – [40] Einheitswiss. und Psychol.

(1933), in: Schr., a.O. [2] 2, 587-610, bes. 593f. – [41] Protokollsätze (1932/33), a.O. 2, 577-585, hier: 579; vgl. W. V. O. QUINE: Word and object (Cambridge, Mass. 1960); dtsch.: Wort und Gegenstand (1980) 5. – [42] Vgl. Art. ‹Theorie II.›. Hist. Wb. Philos. 10 (1998) 1146-1154, bes. 1148. – [43] W. V. O. QUINE: Two dogmas of empiricism (1951), in: From a logical point of view (Cambridge, Mass. 1953, ²1961, ND 1980) 20-46, bes. 42-46. – [44] a.O. [41] dtsch. 55. – [45] What I believe (1984); dtsch.: Was ich glaube, in: Unterwegs zur Wahrheit (1995) 151-161, hier: 158. – [46] Vgl. Art. ‹Realismus III.›. Hist. Wb. Philos. 8 (1992) 162-169, bes. 166f. – [47] Vgl. H. PUTNAM: What is realism? (1975/76); dtsch., in: Von einem realist. Standpunkt (1993) 78-99, bes. 79ff. – [48] Vgl. N. GOODMAN: Languages of art (Indianapolis 1968, ²1976); dtsch.: Sprachen der Kunst (1997) bes. 223ff. 242f. – [49] a.O. 223; Art. ‹Wahrheit, ästhetische; Wahrheit der Kunst›.

8. *Operationalismus und Konstruktivismus.* – a) Der Operationalismus (s.d.) in der Tradition P. W. BRIDGMANS weist in seinem Bemühen, von der Praxis der W. her die Ausbildung ihrer Grundbegriffe zu beschreiben und als (empirisch) sinnvoll auszuweisen, Bezüge zu Peirces Pragmatismus wie auch zum logischen Empirismus auf. Insofern in einer 'operationalen Definition' die Bedeutung eines Begriffes mit der Menge der bei seinem Gebrauch feststellbaren Operationen (bes. Messungen) identifiziert wird [1], ist W. in ihrer Begriffs- und Theoriebildung durch ihre beobachtbaren Handlungen (Operationen) bestimmt. Daß in diesem Sinne «Bedeutungen verfahrensabhängig oder operationell» [2] sind, rückt Bridgmans Verständnis der theoretischen Begriffe einer W. in die Nähe Carnaps [3]. Bridgman konstatiert allerdings mit Blick auf die Praxis deutlich, daß die «operationelle Analyse» nicht mit «vollständiger Strenge» durchgeführt und daher keine «vollkommene Sicherheit» gewährleisten kann [4]. In der «new vision of science» [5], die er durch Relativitätstheorie und Quantenmechanik herbeigeführt sieht, findet er eine wichtige Bestätigung seines operationalistischen Ansatzes. In späteren Arbeiten hat er diesen Ansatz durch Hinzunahme von «verbalen Operationen» [6] wesentlich erweitert und dabei dessen sinnkritische Intention aufgegeben [7]. Tatsächlich ist der Operationalismus in den Naturwissenschaften selbst vielfach als Explikation der ohnehin gängigen W.-Auffassung verstanden worden; er gab jedoch wichtige Impulse für eine methodologische Neuorientierung der Psychologie (man vergleiche etwa Bridgmans Beispiel: «Intelligenz ist das, was ein Intelligenztest testet» [8]) sowie für die Sozialwissenschaften [9].

b) Der Operationalismus bzw. Operativismus (s.d.) H. DINGLERS nimmt seinen Ausgang ebenfalls bei der «exakten W.»; er meint damit «diejenigen W.en, welche die Forderung aufstellen, daß ihre Aussagen vollständig begründet werden sollten» [10]. Im Unterschied zu Bridgman zielt Dingler allerdings auf eine normative, in 'vorwissenschaftlichen' Handlungen bzw. Praxen wurzelnde W.-Begründung. Um dabei einen unendlichen Regreß in der Reihe allgemeiner Sätze zu vermeiden, verfolgt Dingler einen 'dezisionistischen' bzw. 'voluntaristischen' Ansatz [11]: Am Anfang der intendierten «vollständigen» oder «absoluten» Begründung steht für ihn «die freie Selbstentschließung, d.h. der sogenannte Wille ... Eine andere derartige vollbegründete W. ist unmöglich» [12]. Konkretisiert wird die bewußte Willensentscheidung vor jeder W. als eine Entscheidung zur methodischen Ordnung und zum System, durch die W. erst als Sonderform aus der Alltagserfahrung herausgehoben wird. Der Gedanke der Letztbegründung (s.d.) von W. wie auch der aktiven Naturbeherrschung durch W. ist dabei von Anfang an leitend [13]. Von einer «echten W.» spricht Dingler daher auch dann, wenn sie das Kennzeichen «absoluter Sicherheit» trägt [14]; Dingler gebraucht für diese (als der «vollbegründeten W.») auch die Bezeichnung «s-W.» [15]. Aber auch nicht voll, sondern nur eingeschränkt begründbare W. steht von vornherein unter dem Ziel möglichst vollständiger Begründung, denn W. schlechthin ist «die Gesamtheit begründeter Allgemeinaussagen» [16]. Zur Einlösung des Begründungsanspruchs versucht Dingler, mit Hilfe von Prinzipien der pragmatischen bzw. methodologischen Ordnung sowie der Eindeutigkeit u.a. 'Handlungsaprioris' bzw. 'materiale Aprioris' oder 'Meßaprioris' für die verschiedenen exakten W.en wie Geometrie, Arithmetik und Physik auszuweisen, und unternimmt insofern, wie P. LORENZEN später herausstellt [17], den Versuch einer Neubegründung des Kantischen Programms. Von Lorenzen wurde sein Ansatz vor allem in der Logikbegründung und -ausarbeitung fruchtbar weitergeführt [18], während die operative Begründung der Physik in der sog. Protophysik (s.d.) nicht nur starken methodologischen Einwänden ausgesetzt ist, sondern auch – wie bereits bei Dingler – dem Bereich der klassischen Physik verhaftet bleibt und auch diese längst nicht 'voll' begründen kann [19].

Mit dem Anspruch auf Eindeutigkeit, Letztbegründung und Systemhaftigkeit von W. [20] kann Dinglers Variante des Operationalismus als letzter beachtlicher Versuch von philosophischer Seite verstanden werden, einen klassischen W.-Begriff auf neuer Grundlage zu restituieren. Dieser wird jedoch nicht nur aufgrund seines Anspruchs auf Letztbegründung zurückgewiesen, sondern auch aufgrund seines mittlerweile als wissenschaftsfern und geradezu irreal eingeschätzten Charakters («metascience of science fiction») [21].

In der Weiterführung von Dinglers Lehre durch den Konstruktivismus [22] der Erlanger Schule wird dagegen zunächst auch dessen absoluter Begründungsanspruch perpetuiert. Später wird dieser Anspruch durch eine gewisse Historisierung auf der Grundlage der Unterscheidung von normativer und faktischer Genese [23] abgeschwächt [24] oder aus methodologischen Gründen aufgegeben, ohne dabei von den «wissenschaftskonstituierenden Einsichten» Dinglers abzugehen [25]. Besonders die analytische Philosophie hat solche Einsichten in Abrede gestellt und dem Operationalismus bzw. Konstruktivismus einen unzureichenden Begriff von W. vorgeworfen und vice versa [26].

Anmerkungen. [1] Vgl. P. W. BRIDGMAN: The logic of modern physics (New York 1927, ²1961) 5; mit Bezug auf A. Einsteins Relativitätstheorie, a.O. 2; vgl. Art. ‹Definition, operationale›. Hist. Wb. Philos. 2 (1972) 43. – [2] Operational analysis (1938); dtsch., in: Physikal. Forschung und soziale Verantwortung (1954) 5-25, hier: 8. – [3] Vgl. P. FRANK: Modern science and its philosophy (Cambridge 1950) 44. – [4] BRIDGMAN, a.O. [2] 17f. – [5] The new vision of science (1929); dtsch.: Das neue Weltbild der Wiss., in: Phys. Forsch., a.O. [2] 34-53. – [6] Vgl. etwa: a.O. [2] 16ff. – [7] Vgl. J. KLÜVER: Operationalismus. Kritik und Gesch. einer Philos. der exakten Wiss. (1971) 146. – [8] P. W. BRIDGMAN: Some general principles of operational analysis (1945); dtsch., in: Phys. Forsch., a.O. [2] 26-33, 26; vgl. 32f. – [9] Vgl. Art. ‹Operationalismus II.›. Hist. Wb. Philos. 6 (1984) 1218-1222, bes. 1218f.; KLÜVER, a.O. [7] 157f. – [10] H. DINGLER: Aufbau der exakten Fundamentalwiss. (1943), hg. P. LORENZEN (1964) 13; vgl. zur 'exakten Wiss.' bereits: Grundlinien einer Kritik der exakten Wiss., insbes. der math. (1907); Grenzen und Ziele der Wiss. (1910); Die Grundlagen der angewandten Geometrie (1911). – [11] Der Zusammenbruch der Wiss. und der Primat der Philos. (1926, ²1931) 72ff. – [12] Aufbau, a.O. [10] 24. – [13] Über die letzte Wurzel der exakten Naturwiss. (1942), in:

Aufsätze zur Methodik, hg. U. WEISS (1987) 85-115, hier: 86. – [14] a.O. 87. – [15] Aufbau, a.O. [10] bes. 28f. 33f. – [16] a.O. 28. – [17] P. LORENZEN: Vorwort zu DINGLER: Aufbau, a.O. [10] 9-11, hier: 10. – [18] Vgl. Art. ‹Konstruktion IV.›. Hist. Wb. Philos. 4 (1976) 1015-1019, bes. 1016f.; Art. ‹Logik, dialogische›, a.O. 5 (1980) 402-411. – [19] Vgl. J. WILLER: Relativitätstheorie und method. Philos., in: P. JANICH (Hg.): Entwicklung der method. Philos. (1992) 240-256. – [20] Vgl. H. DINGLER: Das System. Das philos.-rationale Grundproblem und die exakte Methode der Philos. (1930) bes. 19ff. – [21] W. STEGMÜLLER: Probleme und Resultate der Wiss.theorie und analyt. Philos. IV/1 (1973) 26. – [22] Vgl. Art. ‹Wissenschaftskritik›; Art. ‹Wissenschaftstheorie›. – [23] Vgl. P. LORENZEN: Normative logic and ethics (1969) 84ff. – [24] F. KAMBARTEL: Wie abhängig ist die Physik von Erfahrung und Geschichte? Zur method. Ordnung apriorischer und empir. Elemente in der Naturwiss. (1974), in: Theorie und Begründung (1976) 151-171. – [25] J. MITTELSTRASS: Wider den Dingler-Komplex, in: Die Möglichkeit von Wiss. (1974) 84-105, hier: 101; vgl. hierzu auch neuerdings den Verzicht auf absolute Begründung oder Rechtfertigung im 'Nachfolgeprojekt' des Konstruktivismus: D. HARTMANN/P. JANICH: Method. Kulturalismus, in: D. HARTMANN/P. JANICH (Hg.): Method. Kulturalismus (1996) 9-69, bes. 14. – [26] Vgl. H. WOHLRAPP: Analyt. versus konstrukt. Wiss.begriff. Z. Allg. Wiss.theorie 6 (1975) 252-275.

9. *Kritischer Rationalismus.* – a) K. R. POPPER kritisiert bereits früh die Auffassung, «daß Ergebnisse die W. charakterisieren, nicht aber ihre Methode» [1]. Läßt diese Hochschätzung der Methode generell noch seine Nähe zum logischen Empirismus erkennen, machen Poppers nähere Ausführungen hierzu doch auch bereits den Abstand zu dieser Richtung deutlich. In der Bestimmung des Verhältnisses von W. und Metaphysik ersetzt er das Sinnkriterium (s.d.) durch ein «Abgrenzungskriterium»: «Ein empirisch-wissenschaftliches System muß an der Erfahrung scheitern können» [2]. Sätze der Metaphysik gehören nach diesem Kriterium nicht der W. an, sind aber – anders als bei Wittgenstein und den meisten Vertretern des Wiener Kreises – darum noch nicht sinnlos; tatsächlich können sie nach Poppers Auffassung für die Entwicklung von W. sogar äußerst fruchtbar sein [3]. Nicht die Methode der Verifikation (s.d.), sondern der Falsifikation (s.d.) [4] bestimmt die W., und nicht durch Induktion, sondern durch «Versuch und Irrtum» (s.d.) schreitet sie voran. Hieraus ergibt sich ein konsequenter Fallibilismus (s.d.), der sich auch in einer scharfen Abgrenzung vom klassischen W.-Begriff und dessen Wahrheitsforderung manifestiert: «Unsere W. ist kein System von gesicherten Sätzen, auch kein System, das in stetem Fortschritt einem Zustand der Endgültigkeit zustrebt. Unsere W. ist kein Wissen [epistémé]: weder Wahrheit noch Wahrscheinlichkeit kann sie erreichen» [5]. ‹Wahrheit› wird damit aber in seiner W.-Konzeption nicht zu einem überflüssigen Begriff, sondern bleibt als 'regulatives Ideal' Ziel der W. Popper hat seine Untersuchungen zum Verhältnis von W. und Wahrheit bzw. W.-Fortschritt und Wahrheitsannäherung ab 1960 mit Hilfe der Begriffe ‹verisimilitude› bzw. ‹Wahrheitsähnlichkeit› (s.d.) zu präzisieren gesucht. Ab dieser Zeit entwickelt er auch eine 'evolutionäre' Auffassung von Wissens- und W.-Wachstum [6], die Bezüge u.a. zu E. Mach aufweist [7]. Letztlich wurzelt nach dieser Auffassung selbst die «kritische Methode» der W. in der biologischen Entwicklung [8].

b) Poppers Begriff von W., insbesondere seine entschiedene Kritik an der Wahrheitsbedingung der klassischen W.-Auffassung, hat das W.-Verständnis der zweiten Hälfte des 20. Jh. über die Philosophie hinaus maßgeblich beeinflußt [9]. In Deutschland wurde insbesondere seine und H. ALBERTS Auseinandersetzung mit Vertretern der Kritischen Theorie im (mißverständlich so genannten) 'Positivismusstreit' [10] für den W.-Begriff der Sozialwissenschaften bedeutsam. Eine Schule im engeren Sinne, die seinen Begriff von W. weiterentwickelt hätte, bildete sich nicht aus [11]. Die wohl wichtigste Weiterführung leistet I. LAKATOS [12]: Er sucht Poppers methodologische «Regeln des Wissenschaftsspiels» [13] und dessen Abgrenzungskriterium unter Berücksichtigung des Gedankens der Falsifikation (und damit der Rationalität von W. im Sinne Poppers) in einem «quasi-empirischen Vorgehen» [14] so zu modifizieren und gleichsam zu 'dynamisieren', daß sie mit der W.-Entwicklung, wie sie die Geschichte der W. zeigt, in Einklang stehen. Damit will er insbesondere auch Einwänden von seiten der New Philosophy of Science (vgl. unten: 10.) bezüglich des ahistorischen Charakters des kritisch-rationalistischen Begriffs von W. entgegentreten [15]. Eine der wichtigsten Änderungen sieht Lakatos in der für wissenschaftliche Forschungsprogramme konstitutiven und kontinuitätsstiftenden Rolle metaphysischer Leitannahmen [16]: «Für den Falsifikationismus ist eine unwiderlegbare 'Metaphysik' ein externer intellektueller Einfluß, bei mir ist sie ein lebenswichtiger Teil der rationalen Rekonstruktion der W.» [17].

Anmerkungen. [1] K. R. POPPER: Die beiden Grundprobleme der Erkenntnistheorie [1930-33] (1979, [2]1994) 133; vgl. Art. ‹Rationalismus, Kritischer›. Hist. Wb. Philos. 8 (1992) 49-52, 49f. – [2] Logik der Forschung (1934, [7]1982) 15. – [3] a.O. 12f. 222f. – [4] Vgl. Art. ‹Widerlegung›. – [5] POPPER, a.O. [2] 223. – [6] Evolution and the tree of knowledge (1961); dtsch., in: Objektive Erkenntnis (1972, [4]1984) 268-296. – [7] Vgl. K. BAYERTZ: W.-Entwicklung als Evolution? Evolutionäre Konzeptionen wiss. Wandels bei E. Mach, K. Popper und S. Toulmin. Z. allg. Wiss.theorie 18 (1987) 61-87. – [8] K. R. POPPER: Two faces of common sense: An argument for commonsense realism and against the commonsense theory of knowledge (1970); dtsch. in: Obj. Erk., a.O. [6] 32-108, hier: 71. – [9] Vgl. etwa: M. BUNGE (Hg.): The critical approach to science and philosophy. Essays in hon. of K. R. Popper (Glencoe, Ill. u.a. 1964); P. A. SCHILPP (Hg.): The philos. of K. Popper 1-2 (LaSalle, Ill. 1974). – [10] Vgl. Art. ‹Positivismus›. Hist. Wb. Philos. 7 (1989) 1118-1122, bes. 1121f. – [11] Für wichtige Vertreter und neuere Lit. vgl. Art. ‹Rationalismus, Kritischer›, a.O. [1] 52. – [12] Vgl. I. LAKATOS: Falsification and the methodology of scient. research programs (1970); dtsch., in: Philos. Schr., hg. J. WORRALL/G. CURRIE 1 (1982) 7-107. – [13] Popper on demarcation and induction (1971); dtsch., a.O. 149-179, hier: 150ff. – [14] a.O. 164. – [15] Zu dieser Diskussion vgl.: I. LAKATOS/A. MUSGRAVE (Hg.): Criticism and the growth of knowledge (London 1970); dtsch.: Kritik und Erkenntnisfortschritt (1974). – [16] Vgl. LAKATOS, a.O. [12] bes. 93ff. – [17] History of science and its rational reconstructions (1970); dtsch., a.O. [12] 108-143, hier: 121.

10. *New Philosophy of Science und andere neuere Entwicklungen.* – a) Von den 1960er Jahren an gewinnt mit dem Niedergang des (zu dieser Zeit bereits 'alten') logischen Empirismus [1] neben dem Kritischen Rationalismus die sog. 'New Philosophy of Science' [2] für eine Neubestimmung von W. an Bedeutung. Von den genannten Richtungen unterscheidet sie sich dadurch, daß sie W. nicht durch logische Analyse ihrer propositional und systemhaft gefaßten Ergebnisse bzw. durch einheitliche methodologische Standards bestimmen möchte, sondern als einen historischen Prozeß versteht, der nicht nur durch innerwissenschaftliche Entwicklungsdeterminanten, sondern auch durch soziale und kulturelle Einflüsse, vor allem aber durch übergreifende, weder logisch noch methodologisch fixierbare theoretische Orientierungen (Denkstile, Themata, Ideale der Naturordnung, Paradigmen usw.) geregelt wird [3]. Abgelehnt werden daher ein-

förmige Zielbestimmungen von W. [4] ebenso wie Methodenmonismen [5] und die empiristische Überbetonung von Sinneswahrnehmungen bzw. 'Daten' [6]. Mit der Ablehnung endgültiger Wahrheitsansprüche für die W., die diese Richtung mit dem Kritischen Rationalismus eint, geht eine ausgedehnte systematische und historiographische Diskussion über die Möglichkeit einher, wissenschaftlichen Fortschritt überhaupt noch auszuweisen [7]. Besonders einflußreich für den Begriff der W. wird TH. S. KUHNS Unterscheidung von «normal science» und «extraordinary science» («normale» und «außerordentliche W.») sowie seine von L. FLECK beeinflußte Verwendung des Begriffs «scientific community» (s.d.) [8]. Starke Beachtung findet auch P. K. FEYERABENDS Radikalisierung der W.-Analyse der New Philosophy of Science («Science is an essentially anarchistic enterprise» [9]), die mit einem Verzicht auf jegliche Abgrenzung von W. und anderen Lebens- und Erkenntnisformen (und selbst dem Mythos) einhergeht und in einer scharfen Kritik von W. als dogmatisch und ideologisch befrachteter, demokratiefeindlicher Institution gipfelt [10]. Auch unabhängig von dieser radikalen Auffassung besteht weitgehend Übereinstimmung darin, daß das mittlerweile als offen und autonom verstandene «Spiel W.» [11] zu sehr verschiedenen, den jeweiligen Kontexten und Erfordernissen angepaßten 'Regelauslegungen' fähig ist: «Die Annahme, daß es einen einzigen W.-Begriff gebe, an den sich die verschiedenen Zweige des Wissens in stärkerem oder geringerem Maße annähern, scheint nicht länger plausibel» [12].

b) Arbeitet die Philosophie und W.-Theorie des 20. Jh. so neben bzw. nach dem Aussage- und Systemcharakter (W. als Resultat), der pragmatischen Bestimmung von W. (W. als Handlung), der methodologischen Regelhaftigkeit (W. als Regelbefolgung), der historischen Bedingtheit und Veränderbarkeit (W. als Prozeß) auch die Bestimmung und Wirkung der W. als gesellschaftlicher Institution [13] heraus, wird in der neueren Diskussion als Desiderat von W. besonders deren Wertorientierung gesehen und eine Wissenschaftsethik (s.d.) etabliert. Bereits G. PICHT verortet die fehlende Verantwortungsfähigkeit darin, daß W. «im Zuge ihrer Emanzipation von der Philosophie jene Bereiche möglicher wissenschaftlicher Erkenntnis aus dem Auge verloren hat, die erst sichtbar werden, wenn die W. ihre eigenen Weltbezüge zum Gegenstand wissenschaftlicher Erkenntnis macht. Von der Philosophie hat sich die W. emanzipiert, aber die Probleme der Philosophie ist sie nicht losgeworden» [14].

Anmerkungen. [1] Vgl. etwa: S. SARKAR (Hg.): Decline and obsolescence of log. empiricism. Carnap vs. Quine and the critics (New York/London 1996); dagegen auch: M. FRIEDMAN: Reconsidering log. positivism (Cambridge 1999). – [2] Vgl. TH. KISIEL: New philosophies of science in the USA. Z. Allg. Wiss.theorie 5 (1974) 138-191, bes. 145ff. – [3] Vgl. Art. ‹Theorie II. 4.›. Hist. Wb. Philos. 10 (1998) 1149f. – [4] S. E. TOULMIN: Foresight and understanding. An enquiry into the aims of science (London 1961) 115. – [5] TH. S. KUHN: The structure of scient. revolutions (1962, [3]1996) 147. – [6] N. R. HANSON: Patterns of discovery. An inquiry into the conceptual foundations of science (Cambridge 1958, ND 1965) 30. – [7] Vgl. LAKATOS/MUSGRAVE, a.O. [15 zu 9.]; W. DIETRICH (Hg.): Theorien der Wiss.geschichte. Beiträge zur diachronen Wiss.theorie (1974); L. LAUDAN: Progress and its problems (Berkeley 1977); N. RESCHER: Scient. progress (Pittsburgh 1978); G. RADNITZKY (Hg.): Fortschritt und Rationalität der Wiss. (1980). – [8] KUHN, a.O. [5]; vgl. L. FLECK: Entstehung und Entwicklung einer wiss. Tatsache. Einf. in die Lehre vom Denkstil und Denkkollektiv (1935), hg. L. SCHÄFER/TH. SCHNELLE (1980); vgl. Art. ‹Revolution, wissenschaftliche›. Hist. Wb. Philos. 8 (1992) 990-996, bes. 990f.; vgl. auch: Art. ‹Paradigma›, a.O. 7 (1989) 74-81, bes. 79f. – [9] P. K. FEYERABEND: Against method. Outline of an anarchistic theory of knowledge (London 1975) 17. – [10] a.O. 295ff.; Erkenntnis für freie Menschen (1980, [2]1981) bes. 113ff. – [11] POPPER, a.O. [2 zu 9.] 26. – [12] E. MCMULLIN: Art. ‹Wissenschaft, Geschichte der›, in: J. SPECK (Hg.): Hb. wiss.theoret. Grundbegriffe 3 (1980) 737-745, hier: 745. – [13] Vgl. Art. ‹Wissenschaftsforschung›; Art. ‹Wissenschaftssoziologie›. – [14] G. PICHT: Struktur und Verantwortung der Wiss. im 20. Jh. (1958), in: Wahrheit, Vernunft, Verantwortung. Philos. Studien (1969) 343-372, hier: 371; vgl. auch: Art. ‹Wissenschaft II. 4.›.

Literaturhinweise. – Zu 1.: E. LITTRÉ: La science au point de vue philos. (Paris 1873, [4]1876). – R. FLINT: Philosophy as scientia scientiarum and a history of classifications of the sciences (New York 1912). – B. M. KEDROW: Klassifizierung der Wiss. 1-2 [Moskau 1961] (Berlin-Ost 1975). – A. DIEMER: System und Klassifikation in Wiss. und Dokumentation (1968). – R. ROCHHAUSEN (Hg.): Die Klassifikation der Wiss. als philosophisches Problem (Berlin-Ost 1968). – A. DIEMER (Hg.) s. Anm. [1 zu II.]. – A. DIEMER/G. KÖNIG s. Anm. [1 zu 1.]. – H. PULTE: Axiomatik und Empirie. Eine wiss.theoriegeschichtl. Unters. zur math. Naturphilos. von Newton bis Neumann (2004). – *Zu 2.:* W. FLACH/H. HOLZHEY (Hg.): Erkenntnistheorie und Logik im Neukantianismus (1980). – TH. GLASMACHER: Fries-Apelt-Schleiden. Verzeichnis der Primär- und Sekundärlit. 1798-1988 (1989). – G. SCHIEMANN: Wahrheitsgewißheitsverlust. H. von Helmholtz' Mechanismus im Anbruch der Moderne (1997). – W. HOGREBE/K. HERRMANN (Hg.): J. F. Fries (1999). – K.-N. IHMIG: Grundzüge einer Philos. der Wiss. bei E. Cassirer (2001). – *Zu 3.:* W. F. CANNON: J. Herschel and the idea of science. J. Hist. Ideas 22 (1961) 215-239. – G. KÖNIG s. Anm. [54 zu 3.]. – G. BASALLA/W. COLEMAN (Hg.): Victorian science. A self-portrait from the presidential addresses of the Brit. ass. for the advancement of science (Garden City/New York 1970) 399ff. – J. BLÜHDORN/J. RITTER (Hg.): Positivismus im 19. Jh. (1971). – R. N. GIERE/R. S. WESTFALL (Hg.): Foundations of scient. method. The 19th cent. (Bloomington/London 1974). – *Zu 4.:* W. DIEDERICH: Konventionalität in der Physik (1974). – N. RESCHER s. Anm. [30 zu 4.]. – J. GIEDYMIN: Science and convention. Essays on H. Poincaré's philos. of science and the conventionalist tradition (Oxford 1982). – M. FISCH/S. SCHAFFER (Hg.) s. Anm. [11 zu 4.]. – *Zu 5.:* E. DU BOIS-REYMOND: Über die Grenzen des Naturerkennens (1872, [9]1903, ND 1961). – A. DIEMER: Was heißt Wiss.? (1964). – R. WOHLGENANNT: Was ist Wiss.? (1969). – *Zu 6.:* A. DIEMER s. Anm. [10 zu 6.]. – R. A. BAST s. Anm. [18 zu 6.]. – CH. W. HARVEY: Husserl's phenomenology and the foundations of natural science (Athen 1989). – E. W. ORTH s. Anm. [16 zu 6.]. – *Zu 7.:* H. HAEBERLI: Der Begriff der Wiss. im log. Positivismus (1955). – P. ACHINSTEIN: Concepts of science (Baltimore/London 1968). – J. SCHULTE/B. MCGUINNESS (Hg.) s. Anm. [37 zu 7.]. – R. HALLER: Neopositivismus (1993). – R. N. GIERE/A. W. RICHARDSON: Origins of log. empiricism (Minneapolis 1997). – *Zu 8.:* K. HOLZKAMP: Wiss. als Handlung (1969). – J. KLÜVER s. Anm. [7 zu 8.]. – *Zu 9.:* A. MUSGRAVE: Common sense, science and scepticism (Cambridge 1993). – H. KEUTH: Die Philos. K. Poppers (2000). – *Zu 10.:* TH. KISIEL s. Anm. [2 zu 10.]. – W. DIEDERICH (Hg.): Theorien der Wiss.geschichte (1974).

H. PULTE

Wissenschaft der Wissenschaften. Um ca. 400 n.Chr. berichtet ISIDORUS PELUSIOTA: «Verschiedene Philosophen definierten, daß die Philosophie die Kunst der Künste und die Wissenschaft der Wissenschaften sei» (τέχνη τεχνῶν καὶ ἐπιστήμη ἐπιστημῶν) [1]. Diese hinsichtlich ihres Ursprungs noch ungeklärte Formel wird von den alexandrinischen Neuplatonikern (AMMONIUS, ELIAS u.a.) Aristoteles zugeschrieben [2], ist aber im ‹Corpus Aristotelicum› nicht nachweisbar [3]. Sie ist evaluativ gemeint, verweist also nicht auf den Gegenstandsbezug, sondern auf die herausragende Stellung der Philosophie. Als Ehrentitel derselben ist sie in der Form «ars artium et disciplina disciplinarum» in der lateinischen Spätantike (MA-

CROBIUS, CASSIODOR) geläufig [4], wird aber bereits früh auch für andere Disziplinen und Wissensbereiche in Anspruch genommen; so etwa von Ps.-AUGUSTINUS für die Hl. Schrift [5] oder von GREGOR VON NAZIANZ («Ars quaedam artium et scientia scientiarum mihi esse videtur hominem regere») [6] und GREGOR DEM GROSSEN («ars est artium regimen animarum») [7] zur Charakterisierung dessen, was später 'Pastoraltheologie' heißt. Es sind genau diese Formulierungen, die, ins Politische gewendet, noch im 17. und 18. Jh. bei D. SAAVEDRA («El arte de reinar ... Sciencia es de las sciencias») [8] und B. FEIJOO («justamente se llama Arte de Artes, y Ciencia de las Ciencias: Ars Artium, et Scientia Scientiarum hominem regere») [9] das Muster für die Würdigung der Regierungskunst als W.d.W. bilden. Folgenreicher freilich war, daß AUGUSTINUS von der «dialectica» als der «disciplina disciplinarum» gesprochen hatte [10]. Zwar ist die Formel auch im Mittelalter noch verschiedentlich (z.B. bei ISIDOR VON SEVILLA und HUGO VON ST. VICTOR) als Kennzeichnung der Philosophie anzutreffen [11]; sie wird jedoch seit dem 12. Jh. zunehmend als Charakterisierung der Logik bzw. Dialektik verwendet [12].

Insbesondere seit der zweiten Hälfte des 13. Jh. ist die Formel in der terministischen Logik der Petrus-Hispanus-Schule gebräuchlich. Während es bei PETRUS HISPANUS selbst ursprünglich wohl nur hieß: «Dialectica est ars ad omnium methodorum principia viam habens» [13], ist in den meisten Handschriften, fast allen Kommentaren sowie in sämtlichen Frühdrucken diese Definition mit der genannten Formel verbunden: «Dialectica est ars artium, scientia scientiarum, ad omnium methodorum principia viam habens» [14]. Zwar konnotiert auch hier die Formel «ars artium ...» zunächst die «excellentia» der Logik, wie ROBERTUS ANGLICUS, der die Bestimmung der «dialectica» als «scientiarum scientia» auf AVERROES zurückführt [15], erläutert («Per hoc quod dicit [sc. Petrus Hispanus] ars artium denotat excellentiam ..., quia omnis genitivus pluralis reflexus super nominativum denotat excellentiam») [16]. Diese ist jedoch nicht nur als bloßes Herausgehobensein oder größere Nobilität hinsichtlich der übrigen Wissenschaften zu verstehen; denn so käme, wie JOHANNES BURIDANUS meint, die Auszeichnung ‹W.d.W.› eher der Metaphysik zu («metaphysica verius quam logica debet dici scientia scientiarum») [17]. Vielmehr verweist sie nach ROBERTUS ANGLICUS auf ein spezifisches, funktionales Verhältnis der Logik zu allen übrigen Wissenschaften («dico ars artium per excellentiam non quod sit nobilior aliis scientiis, sed quia prebet modum aliis scientiis vel deservit aliis scientiis») [18]. Diese Funktion als allgemeine methodologische Grundlagendisziplin betont auch BURIDAN, der gleichwohl zwischen den beiden Teilen der Formel «ars artium et scientia scientiarum» differenziert und für die Logik nur ersteren gelten läßt («merito dialectica et logica dicitur ars artium, secundum quandam excellentiam eius ad alias artes, scilicet secundum utilitatem et communitatem in applicatione eius ad omnes alias artes et scientias») [19]. In der bis ins frühe 16. Jh. fortbestehenden ‹Summulae›-Tradition werden zumeist aber beide Seiten für die Logik in Anspruch genommen.

Es ist dies jedoch ein Anspruch, den im Mittelalter und in der frühen Neuzeit noch andere Disziplinen geltend machen. Kandidaten sind nicht nur das Kanonische Recht [20], die Rhetorik bzw. Ars dictaminis [21] und die Musik («musica est ars artium, scientia scientiarum, per quam insani sanantur, daemonia fugantur, dii quoque placantur») [22]; als «scientia scientiarum» begreift sich auch die in den Zusammenhang der magischen Künste gehörende Ars notoria [23], die nach R. TURNER auf Salomon zurückgehen soll, der als «greatest Master of the Notory Art, comprehendeth divers Arts under the Notion thereof. Therefore he calleth this a Notory Art, because it should be the Art of Arts, and Science of Sciences; which comprehendeth in it self all Arts and Sciences» [24].

Auf einer anderen Ebene zwar, aber durchaus in gedanklichem und historischem Zusammenhang steht hinter der sich hier formulierenden Vorstellung eines komprehensiven Universalwissens die Idee des im «verbum divinum» – das schon THOMAS VON AQUIN an einer Stelle «omnium scientiarum scientia» nennt [25] – personifizierten göttlichen Wissens. Die Kenntnis dieses göttlichen Worts als des göttlichen Wissens, durch das die Welt erschaffen wurde, wäre nach NICOLAUS CUSANUS zugleich die Kenntnis Gottes und des Universums («scientia dei qua mundum creavit ... est verbi dei notitia, quia verbum dei est conceptus sui et universi») und daher die höchste Form allen Wissens und «scientia scientiarum» [26].

Sie bildet das Muster für jene besonders vom enzyklopädischen Lullismus propagierte [27], alle Einzelwissenschaften umfassende Universalwissenschaft («intellectus quaerit universalem scientiam, quae ... omnes comprehendat particulares ... scientias») [28]. Eine so aufgefaßte enzyklopädische Wissenschaft ist, wie S. IZQUIERDO betont, nicht nur bloßes Aggregat aller Wissenschaften, sondern eine eigenständige Disziplin, die in ihrer Universalität alle menschlichen Wissenschaften – und damit auch sich selbst – umfaßt, derart, daß sie als Wissenschaft von der Wissenschaft bzw. von dem Wissen und dem Wißbaren im allgemeinen die menschliche Wissenschaft bzw. das menschliche Wissen schlechthin zu ihrem Gegenstand hat («Suppono ... Encyclopaediam ... non in aggregato omnium scientiarum ... sed in speciali quadam scientia consistere ob summam suam universalitatem omnes omnino scientias humanas atque adeo et se ipsam suo ambitu complectente: ea autem est scientia de scientia, de scibilique in universum, id est, scientia habens pro obiecto scientiam humanam») [29]. Zumindest in dieser allgemeinen Bestimmung und Ausrichtung trägt sie deutliche Züge der von J. G. FICHTE konzipierten Wissenschaftslehre als einer «W.d.W.» [30], die ihrem eigenen Anspruch nach «das ganze Gebiet des menschlichen Wissens vollkommen erschöpft» [31].

Gegenüber einer solchen 'komprehensiven' Variante des Konzepts einer W.d.W. wird bei CH. S. PEIRCE wiederum die 'methodologische' Variante hervorgehoben. Unter ausdrücklichem Rekurs auf die in der Petrus-Hispanus-Tradition gebräuchliche Bestimmung der Logik als «ars artium et scientia scientiarum, ad omnium aliarum scientiarum methodorum principia viam habens», bezeichnet es Peirce als die «true and worthy idea» der Logik, «art of devising methods of research, – the method of methods» zu sein [32]. Die beiden Varianten von komprehensiver bzw. epistemischer und methodologischer W.d.W. werden im 19. und 20. Jh. auch in verschiedenen anderen Konzeptionen von Wissenschaftslehre (s.d.), Wissenschaftsforschung (s.d.) bzw. Wissenschaftswissenschaft und Wissenschaftstheorie (s.d.) mitgeführt.

Anmerkungen. [1] ISIDORUS PELUS.: Ep. V, 558. MPG 78, 1637. – [2] Vgl. AMMONIUS: In Porph. Isag., hg. A. BUSSE. CAG 4/3 (1891) 6, 26; ELIAS: In Porph. Isag., hg. A. BUSSE. CAG 18/1 (1900) 8, 11f. – [3] A. GRAESER: Zenon von Kition (1975) 11. – [4] MACROBIUS: Saturnalia I, 24, 21; VII, 15, 14; CASSIODORUS: Institut. II, 3, 5. – [5] Ps.-AUGUSTINUS: Ad fratres in eremo. MPL 40, 1306 (sermo 38). – [6] GREGOR VON NAZIANZ: Sermo apologet.

(de sacerdotio). MPG 35, 425 A. – [7] GREGOR DER GROSSE: Regula pastoralis I, 1. MPL 77, 13. – [8] D. SAAVEDRA FAJARDO: Idea de un príncipe político-cristiano representada en cien empresas, empresa 5 (Mailand 1640); es folgt ein expliziter Verweis auf Gregor von Nazianz. – [9] B. JERÓNIMO FEIJOO: Cartas eruditas y curiosas, t. 5, p. X (Madrid 1777). – [10] AUGUSTINUS: De ordine II, 13, n. 18. CCSL 29 (1977) 128, 5-11. – [11] ISIDOR VON SEVILLA: Etym. II, 14, 9; HUGO VON ST. VICTOR: Didascalicon II. MPL 176, 751 B. – [12] Vgl. Logica cum sit nostra, in: L. M. DE RIJK (Hg.): Logica modernorum. A contrib. to the hist. of early terminist logic (Assen 1962-69) 2/1, 417, 24f.; Logica ut dicit, a.O. 379, 16-18; Introd. parisienses, a.O. 357, 7-8. – [13] PETRUS HISP.: Summulae log., hg. L. M. DE RIJK (Assen 1972) 1. – [14] Vgl. z.B. ROGER BACON: Summulae dialecticae, in: A. DE LIBERA: Les Summulae dialecticae [Beitr. zur Gesch. der Philos. und Theol. des MA, NF 53] (1986) 174; J. DORP: Perutile Compendium totius logicae (Venedig 1499) fol. a 2ʳa; Ps.-MARSILIUS VON INGHEN: Commentum in primum et quartum tractatum (Hagenau 1495, ND 1967) fol. 2; N. D'ORBELLIS: Expos. sup. textu Petri Hispani (Venedig 1500) fol. a 3ᵛ; J. DE MONTE: Summulae (Paris 1500) fol. a 3ᵛa. – [15] ROBERTUS ANGL.: Komment. zu den Summule des P. Hispanus, in: L. M. DE RIJK: On the genuine text of Peter of Spain's summule logicales. Vivarium 7 (1969) 8-61, hier: 12. – [16] a.O. 27; vgl. JOH. DE ORIA: Summularum vol. sec., hg. V. MUÑOZ DELGADO (Madrid 1990) 59. – [17] JOH. BURIDANUS: Summulae I, 1, 1. – [18] ROBERTUS ANGL., a.O. [15] 27. – [19] BURIDANUS, a.O. [17]. – [20] HEINRICH VON SEGUSIO [HOSTIENSIS]: Summa super titulis Decretalium (Venedig 1605) 7. – [21] THOMAS VON CAPUA: Ars dictaminis, hg. E. HELLER. Sber. Heidelb. Akad. Wiss., phil.-hist. Kl. 1928/29, 4. Abh. (1929) 44. – [22] ADAM VON FULDA (15. Jh.): Musica, pars prima, in: Script. eccles. de mus. sacra potissimum, hg. M. GERBERT (1784, ND 1963) 3, 329-341, hier: 334. – [23] Vgl. z.B. MS Bayerische Staatsbibliothek Clm 276 (14. Jh.) fol. 26ʳ. – [24] R. TURNER: Praef. zu: The notory art of Solomon, shewing the cabbalistical key of: Magical operations, the liberal sciences, divine revelation, and the art of memory (London 1657). – [25] THOMAS VON AQUIN: Sup. evang. Johannis IV, 4, 3. – [26] NICOLAUS CUS.: De possest, n. 38. Op. omn. 11/2 (1973) 46. – [27] Vgl. Art. ‹Philosophie III. C.›. Hist. Wb. Philos. 7 (1989) 668-671. – [28] P. SANCHEZ: Generalis et admirabilis methodus ad omnes scientias facilius et scitius addiscendas (Tarassona ²1619) 2b. – [29] S. IZQUIERDO: Pharus scientiarum, ubi ... scientia de scientia ob summam universalitatem utilissima scientificisque jucundissima scientifica methodo exhibetur (Lyon 1659) fol. e 2ᵛ. – [30] J. G. FICHTE: Ueber den Begriff der Wiss.lehre, 1. Abschn., § 1 (1794). Akad.-A. I/2 (1965) 117. – [31] 2. Abschn. § 3, a.O. 128. – [32] CH. S. PEIRCE: Introductory lecture on the study of logic (1882). Coll. papers 7.59.

S. MEIER-OESER

Wissenschaft, fröhliche. ‹Die f.W.› oder ‹La gaya scienza› ist der Titel einer Sammlung von Aphorismen F. NIETZSCHES. In der Vorrede zur zweiten Ausgabe beschreibt Nietzsche die f.W. als das Resultat der «Genesung» [1] von jener Krankheit, die er «Romantik» [2] nennt. Aber diese Krankheit hat für Nietzsche Erkenntniswert: «Erst der grosse Schmerz, jener lange langsame Schmerz, der sich Zeit nimmt, ... zwingt uns Philosophen, in unsre letzte Tiefe zu steigen und alles Vertrauen, alles Gutmüthige, ... wohinein wir vielleicht vordem unsre Menschlichkeit gesetzt haben, von uns zu thun. Ich zweifle, ob ein solcher Schmerz 'verbessert' –; aber ich weiss, dass er uns vertieft» [3]. Denn das «Vertrauen zum Leben ist dahin: das Leben selbst wurde zum Problem» [4]. Nietzsches f.W. ist ein Paradox: Alles dreht sich um «die grosse Gesundheit», deren «wir Frühgeburten einer noch unbewiesenen Zukunft» [5] bedürfen, aber es bleibt «die grosse Frage offen, ob wir der Erkrankung entbehren könnten» und «ob nicht der alleinige Wille zur Gesundheit ein Vorurtheil, eine Feigheit und vielleicht ein Stück feinster Barbarei und Rückständigkeit sei» [6].

Nietzsche stellt sein Projekt einer f.W. in die Tradition der «gaya scienza» bzw. «gay saber» der provenzalischen Troubadours, deren Dichtung schon J. G. HERDER unter dem Namen der «frölichen Wißenschaft» emphatisch begrüßt [7]. «Fröhliche Wissenschaft» verweist bei Nietzsche «auf die Lust der wahren Erkenntnis im Sinne einer rechtmäßigen und wohltätigen Weisheit» [8]. Und umgekehrt wirbt er für seine Lebenslehre mit dem Tanzlied ‹An den Mistral›: «Frei – sei unsre Kunst geheissen, / Fröhlich – unsre Wissenschaft!» [9]

In Abhebung von Nietzsche faßt TH. W. ADORNO seine ‹Minima Moralia› und ihre «Reflexionen aus dem beschädigten Leben» als «traurige Wissenschaft»: «Der Blick aufs Leben», so Adornos Diagnose, sei «übergegangen in die Ideologie, die darüber betrügt, daß es keines mehr gibt» [10]. Angesichts einer Philosophie, welche «die Traurigkeit zum totalen Programm» erhebt, optiert O. MARQUARD für «Exile der Heiterkeit» [11].

Anmerkungen. [1] F. NIETZSCHE: Die fröhliche Wissenschaft, Vorwort zur zweiten Ausg. 1 (1886). Krit. Ges.ausg., hg. G. COLLI/M. MONTINARI (1967ff.) 5/2, 13. – [2] a.O. 14. – [3] 3, a.O. 18. – [4] a.O. – [5] V, 382, a.O. 317. – [6] III, 120, a.O. 155. – [7] J. G. HERDER: Briefe zu Beförderung der Humanität, 85. Br. (1796). Sämmtl. Werke, hg. B. SUPHAN (1877-1913, ND 1967-68) 18, 37. – [8] Vgl. T. BORSCHE: Vom romant. Traum einer f.W. Nietzsche-Stud. 23 (1994) 175-199, 189; Fröhl. Wiss. freier Geister – eine Philos. der Zukunft? in: M. DJURIĆ (Hg.): Nietzsches Begriff der Philos. (1990) 53-72. – [9] NIETZSCHE: Die fröhl. Wiss., Anhang: Lieder des Prinzen Vogelfrei (1887), a.O. [1] 334. – [10] TH. W. ADORNO: Minima moralia, Zueignung (1962). Ges. Schr. 4 (1980) 13. – [11] O. MARQUARD: Exile der Heiterkeit (1976), in: Aesthetica und Anaesthetica (1989) 47-63, 47; vgl. Art. ‹Heiterkeit; das Heitere›. Hist. Wb. Philos. 3 (1974) 1039-1043.

P. PROBST

Wissenschaft, Schönheit der. Im Gegensatz zum Begriff ‹schöne Wissenschaft›, der seit dem 17. Jh. zur Bezeichnung vor allem ästhetischer Disziplinen oder Kunstarten verwendet wurde und bei dem der Terminus ‹Wissenschaft› lediglich allgemein für eine Kenntnis oder Disposition steht [1], meint der Ausdruck ‹Schönheit der Wissenschaft› [Sch.d.W.] die ästhetischen Qualitäten, die den Wissenschaften im engeren und auch noch heutigen Sinne zugesprochen werden. Zur Kennzeichnung der Disziplin, welche die Sch.d.W. untersucht, wurde der Terminus ‹Wissenschaftsästhetik› eingeführt [2]. Um sie vom Kunst- und Naturschönen zu unterscheiden und ihren Bezug auf wahrheitsfähige Gebilde zu unterstreichen, ist für die Sch.d.W. auch der Begriff ‹veritative Schönheit› vorgeschlagen worden [3]. Dieser Begriff verknüpft die Diskussion um die Sch.d.W. zugleich mit derjenigen um die Wahrheit der Kunst [4].

Eine historische Einordnung des Ausdrucks ‹Sch.d.W.› hat zu berücksichtigen, daß der Begriff ‹Schönheit› oftmals auch direkt durch diejenigen Attribute ersetzt wird, die Schönheit definieren sollen. Außerdem werden die Sch.d.W. und ihre Attribute häufig auch auf bestimmte Teilaspekte von Wissenschaft bezogen, wie Theorien, Probleme usw. Die Frage, wann die Sch.d.W. eine Rolle zu spielen beginnt, hängt von einer Entscheidung darüber ab, wann man die Geschichte der Wissenschaften beginnen läßt.

Unter diesen Voraussetzungen setzt die Rede von einer Sch.d.W. mit den ästhetischen Attribuierungen ein, die in der Antike auf die Mathematik gerichtet wurden und die von dort aus auch Einfluß auf die Kosmologie gewannen. So gehen PYTHAGORAS und seine Schule davon aus, daß die rationalen Zahlen eine innere 'Harmonie' (s.d.) besitzen, die sich in der Ordnung des Weltganzen widerspiegelt und die die Abstände der Himmelskörper von der Erde bestimmten Musikintervallen entsprechen läßt [5]. Für PLATON wird die Sch.d.W. ebenfalls zu einem wichtigen Argument, denn er erklärt die fünf regelmäßigen Polyeder deshalb zu den Grundbestandteilen der Welt, weil diese geometrischen Formen ob ihrer Symmetrie (s.d.) und Einfachheit die «schönsten Körper» repräsentierten [6]. Auch nach ARISTOTELES «sind diejenigen im Irrtum, welche behaupten, die mathematischen Wissenschaften handelten nicht von dem Schönen» [7]. «Ihre Begriffe und Beweise handeln nämlich sehr wohl davon; denn wenn sie das Schöne zwar nicht nennen, aber dessen Werke und Verhältnisse nachweisen, so kann man nicht sagen, daß sie nicht davon handelten. Die hauptsächlichsten Formen aber des Schönen sind Ordnung und Ebenmaß und Bestimmtheit, was ja am meisten die mathematischen Wissenschaften zum Gegenstand ihrer Beweise haben» [8]. PLOTIN lehnt es zwar ab, ‹Schönheit› durch ‹Symmetrie› zu definieren, weil das Schöne dadurch auf etwas Zusammengesetztes festgelegt sei, so daß Einfaches nicht mehr schön sein könne, gleichwohl räumt auch er die Möglichkeit ein, die Sch.d.W. auf Symmetrie zu gründen, wenn er fragt: «was kann man unter Symmetrie bei schönen Beschäftigungen, Gesetzen, Kenntnissen, Wissenschaften denn überhaupt noch verstehen?» [9]

Die Sch.d.W. spielt dann erst wieder mit Beginn der frühen Neuzeit eine wesentliche Rolle. So begründet N. KOPERNIKUS die Richtigkeit des heliozentrischen Weltbilds unter anderem auch aus Symmetrieerwägungen heraus [10], während J. KEPLER mit Rückgriff auf die Pythagoreer in erster Linie Aspekte mathematischer Harmonie bei der Berechnung der Planetenbahnen betont [11]. Auch G. GALILEI unterstellt der Wissenschaft ästhetische Qualitäten, wie sie beispielsweise in der «bella struttura» einer Beweisführung zum Ausdruck kämen [12]. G. W. LEIBNIZ greift solche wissenschaftlichen Zeugnisse philosophisch auf, wenn er ein vermeintliches «theorema pulchrum» der mathematisch-physikalischen Wissenschaften lobend hervorhebt [13] und auch in Hinblick auf seine eigenen Arbeiten erklärt: «Je ne cherche presque plus rien en Geometrie, que l'art de trouver d'abord les belles constructions» [14]. Für F. HUTCHESON ist die Sch.d.W. insofern ein eigenständiges Phänomen, als sie nicht mit der Schönheit der empirischen Gegenstände, von denen die Wissenschaften handeln, verwechselt werden darf [15]. Nach I. KANT gibt es keine «schöne Wissenschaft, sondern nur schöne Kunst» [16]. Für ihn ist «eine Wissenschaft, die als solche schön sein soll, ein Unding. Denn wenn man in ihr als Wissenschaft nach Gründen und Beweisen fragte, so würde man durch geschmackvolle Aussprüche (Bonmots) abgefertigt» [17]. Trotzdem spricht auch Kant von einer erwünschten «Eleganz der Geometrie» [18].

F. NIETZSCHE verbindet die Forderung, «die Wissenschaft unter der Optik des Künstlers zu sehn» [19], mit der Erwartung, daß «vielleicht ein Zeitalter anhebt, das die mächtigste Schönheit gerade in den 'wilden, hässlichen' Teilen der Wissenschaft entdeckt» [20]. Im Logischen Empirismus und stärker noch im Kritischen Rationalismus wird der Sch.d.W. zwar ein Nutzen für die Heuristik zuerkannt, ihr Wert für Geltungsfragen jedoch bestritten [21]. P. FEYERABEND macht Tendenzen einiger neuerer Wissenschaftsphilosophien deutlich, wenn er die Gattungsunterschiede von Wissenschaft und Kunst aufgrund der Sch.d.W. in Frage stellt und behauptet, «daß die Wissenschaften Künste sind» [22].

Anmerkungen. [1] Vgl. Art. ‹Wissenschaften, schöne›. – [2] G. KÖNIG: Das Problem einer modellhaften Orientierung, in: L. HARDÖRFER (Hg.): Wissenschaftstheorie in der Lehrerfortbildung 1 (²1979) 91. – [3] H. WILLE: Was heißt Wissenschaftsästhetik? (2004). – [4] Vgl. Art. ‹Wahrheit, ästhetische; Wahrheit der Kunst›. – [5] PYTHAGORAS: VS 58, B 4. – [6] PLATON: Tim. 53 c-55 c. – [7] ARISTOTELES: Met. XIII, 3, 1078 a 33f. – [8] 1078 a 34-b 2. – [9] PLOTIN: Enn. I, 6 (1), 7, 42-44; vgl. Art. ‹Schöne, das I.›. Hist. Wb. Philos. 8 (1992) 1343-1351, 1348f. – [10] N. KOPERNIKUS: De revolutionibus orbium coelestium I, c. 10 (1543), hg. H. G. ZEKL (1990) 125-139. – [11] J. KEPLER: Harmonices mundi (1619). Ges. Werke, hg. M. CASPAR (1940) 6. – [12] G. GALILEI: Discorsi e dimostrazioni matematiche (1638). Opere (Mailand 1811) 8, 56. – [13] G. W. LEIBNIZ: De vera methodo philosophiae et theologiae ac de natura corporis [1673-75?]. Akad.-A. VI/3, 155. – [14] Br. an J. Gallois (19. Dez. 1678). Akad.-A. III/2, 566. – [15] F. HUTCHESON: An inquiry conc. beauty, order, harmony, design I, sect. III (1725), hg. P. KIVY (Den Haag 1973) 48-54. – [16] I. KANT: KU B 177 (§ 44). – [17] a.O. – [18] Über eine Entdeckung, nach der alle neue Kritik der reinen Vernunft durch eine ältere entbehrlich gemacht werden soll (1790). Akad.-A. 8, 192. – [19] F. NIETZSCHE: Die Geburt der Tragödie 2 (1872). Krit. Ges.ausg., hg. G. COLLI/M. MONTINARI (1967ff.) 3/1, 8. – [20] Morgenröthe V, 427 (1881/87), a.O. 3/1, 267. – [21] Vgl. K. R. POPPER: Auf der Suche nach einer besseren Welt (1984, ⁹1997) 199f. 264. – [22] P. FEYERABEND: Wiss. als Kunst (1984) 78.

Literaturhinweise. J. WECHSLER: On aesthetics in science (Boston/Basel ³1988). – S. CHANDRASEKHAR: Truth and beauty (Chicago/London 1990). – G. GABRIEL: Zwischen Logik und Lit. (1991). – G. SCHOLTZ: Zwischen Wissenschaftsanspruch und Orientierungsbedürfnis (1991) 269-292. – E. P. FISCHER: Das Schöne und das Biest (1997). – J. W. MCALLISTER: Beauty and revolution in science (Ithaca/London 1999).

H. WILLE

Wissenschaften, schöne. ‹Schöne Wissenschaften› [sch.W.] ist ein klassifikatorischer Begriff sowohl der Wissenschaftssystematik als auch der Ästhetik und der Literaturtheorie des 18. Jh. Schon manchen Zeitgenossen gilt ‹sch.W.› als «verworrener Begriff» [1].

Im 17. Jh. wird der Ausdruck ‹sch.W.› noch nicht in eindeutig klassifikatorischer Absicht gebraucht. M. OPITZ und J. RIST sprechen, auf Künste wie die Maler-, Tanz- und besonders die Dichtkunst bezogen, von «schöner Wissenschaft» [2], wobei das Wort ‹schön› noch im eigentlichen Sinne bzw. evaluativ gemeint ist: Die sch.W. sind auch die «fürtrefflichen» oder «rühmlichsten» Wissenschaften [3]. Von «Wissenschaft» ist in den gegebenen Fällen die Rede, weil der Künstler um die Regeln seiner Kunst weiß: Der Dichter z.B. ist ein «poeta doctus» [4]; er kennt die «ars poetica». Ähnlich unspezifisch ist der Wortgebrauch auch noch bei dem 'Hof-Philosophen' CH. THOMASIUS, für den – gegen Ende des 17. Jh. – die sch.W. die mit «bel esprit» betriebenen Wissenschaften sind, die den Endpunkt eines Kontinuums bilden, an dessen anderem Ende die pedantisch betriebenen Wissenschaften stehen [5]. Diesem stiltypologischen Begriff entsprechend können auch die sog. höheren oder Fakultätswissenschaften (Theologie, Jurisprudenz, Medizin) «schöne oder galante Wissenschaften» [6] sein.

Im ersten Drittel des 18. Jh. kommt der *wissenschaftsklassifikatorische* oder auch *pädagogische Gebrauch* des Ausdrucks ‹sch.W.› auf. So stellt J. F. BERTRAM 1725 die sch.W. den höheren oder Fakultätswissenschaften gegenüber. Schon der Titel ‹Summarische Einleitung in die so genannte Schöne Wissenschaften Oder Litteras humaniores› [7] zeigt an, daß die sch.W. jetzt nicht mehr die «rühmlichen» oder die «galant» betriebenen Wissenschaften sind, sondern die im Schulbetrieb des frühen 18. Jh. üblichen humanistisch-philologischen Fächer: Philologie einschließlich Grammatik, Rhetorik, Poetik; Historie einschließlich etwa Mythologie und Geographie. Die sch.W. sind zwar notwendige, aber auch bloß propädeutische Mittel der Höheren Wissenschaften [8]; zu letzteren zählt nunmehr übrigens auch die Philosophie [9]. Der wissenschaftsklassifikatorische Gebrauch von ‹sch.W.› tritt im zweiten Drittel des 18. Jh. zurück, wird allerdings später durch J. G. Herder noch einmal wiederbelebt: Herder wendet sich gegen diejenigen, die die sch.W. den höheren oder ernsthaften Wissenschaften gegenüberstellen; mit Rücksicht auf die Zielsetzung, nämlich die Bildung zur Humanität, müßten gerade auch die humanistisch-philologischen Fächer ernsthaft und gründlich betrieben werden [10]. Die sch.W. sind die «bildenden Wissenschaften», die unter Voraussetzung eines relativ allgemeinen pädagogisch orientierten Begriffs von «schön» («Was unsre Seelenkräfte bildet, ist schön» [11]) eben auch «sch.W.» heißen können.

Im zweiten Drittel des 18. Jh. dominiert zunächst der *ästhetische Gebrauch* des Ausdrucks ‹sch.W.›. Bei G. F. Meier gehören zu den sch.W. Dicht- und Redekunst, Musik, Malerei und andere Künste mehr, etwa auch die Tanzkunst [12]. Diese 'ästhetischen Disziplinen' sind sowohl Wissenschaften als auch Künste: Jeder, der in diesen Disziplinen tätig ist, muß Wissen vom Schönen bzw. von den «Regeln des schönen Denkens» [13] haben, und er muß diese Regeln des schönen Denkens anwenden können. Da er die Regeln des Schönen nur als «schöner Geist» (oder sinnlich) und nicht als Philosoph (oder vernünftig) erkennt, sind die sch.W. «von den höheren Wissenschaften unterschieden» [14]. – Der ästhetische Gebrauch von «sch.W.» findet sich bis in die 1760er Jahre hinein bei Ästhetikern, die an Meier anschließen, z.B. bei J. G. Lindner: «In so fern sie [sc. die schönen Künste] Theorien oder Regeln ihrer Kunstwerke haben, heißen sie sch.W., zum Unterschied der abstracten ... Wissenschaften» [15]. – Hinsichtlich der betreffenden Fächer ist bemerkenswert, daß Philologie und Historie bei der Begründung der Fächereinteilung im Prinzip des «schönen Denkens» aus dem Kanon der «schönen Künste und Wissenschaften» herausfallen [16].

Vor allem durch M. Mendelssohn kommt im Laufe des zweiten Jahrhundertdrittels eine Gebrauchsweise von ‹sch.W.› ins Spiel, die man den *literarischen Gebrauch* nennen könnte. Anders als für Meier sind für Mendelssohn «sch.W.» und «schöne Künste» nicht mehr wechselweise verwendbar bzw. extensional gleich. Vielmehr gebraucht Mendelssohn diese Ausdrücke zur «Eintheilung der schönen Künste [= der Kunstarten] in ihre besondern Klassen» [17]. Wichtigster Einteilungsgrund ist das Darstellungsmittel: Die sch.W., nämlich «die Dichtkunst und Beredsamkeit» [18], bedienen sich willkürlicher, die schönen Künste (Malerei, Bildhauerkunst, Baukunst, Musik und Tanzkunst) natürlicher Zeichen [19]. Mendelssohn folgt in seiner dichotomischen Einteilung ausdrücklich der französischen Unterscheidung von «belles lettres» und «beaux arts» [20].

Die Gleichsetzung von Dicht- und Redekunst mit den sch.W. bleibt für einige Jahrzehnte bestimmend; man findet sie noch bei J. A. Eberhard [21] und J. J. Eschenburg [22]. – Vergleicht man die 'literarische Einschränkung' der sch.W. auf Dicht- und Redekunst mit dem humanistisch-philologischen Fächerkanon, zeigt sich: Von den «litterae» oder «studia humaniora» bleiben allein Dicht- und Redekunst als sch.W. übrig. In Frankreich gibt es, auf den Ausdruck «belles lettres» bezogen, eine analoge Einschränkung: «On appelle les lettres humaines, ou les belles lettres, la reconnaissance des poètes et des orateurs» [23].

Im letzten Drittel des 18. Jh. verschwindet der Ausdruck ‹sch.W.› aus dem Sprachgebrauch [24], weil sich die Auffassungen von Kunst und 'Wissenschaft' derart verändern, daß man sie nicht mehr miteinander verknüpfen kann. Bereits J. G. Sulzer weist darauf hin, daß die Schönen Künste keine Wissenschaften sind. Sulzer schreibt den Wissenschaften die «Ausspähung der Wahrheit» zu, den schönen Künsten hingegen die «Verschönerung der Wahrheit» [25]. Entschiedener ist die Zurückweisung des ästhetischen und literarischen Gebrauchs von ‹sch.W.› auf seiten der sog. Genieästhetik: Das Leitbild etwa des Dichters ist nun nicht mehr der «poeta doctus», sondern das Genie, das nicht – oder jedenfalls nicht bewußt – nach Regeln verfährt und also nicht weiß, wie das literarische Werk gemacht wird («Je ne sais quoi») [26]. Am entschiedensten äußert sich I. Kant, wenn er sagt: «eine Wissenschaft, die als solche schön sein soll, ist ein Unding» [27]. Wer von ‹sch.W.› spricht, verwechselt Kant zufolge Dicht- und Redekunst mit der Philologie als der Wissenschaft, die mit Werken der Dicht- und Redekunst befaßt ist [28]. Kant schließt terminologisch an Sulzer [29] an, wenn er, an der «Art des Ausdrucks» als wesentlichem Einteilungsgrund der schönen Künste orientiert, Dicht- und Redekunst unter dem neuen Titel «redende Künste» zusammenfaßt [30]. – Bereits kurz nach 1800 ist der Ausdruck ‹sch.W.› obsolet: «Schöne Wissenschaften wird nicht mehr gesagt», stellt G. W. F. Hegel fest [31].

Anmerkungen. [1] J. G. Herder: Kalligone (1800). Sämmtl. Werke, hg. B. Suphan [SW] (1877-1913) 22, 301. – [2] M. Opitz: Teutsche Poemata (1624), hg. G. Witkowski (1902) 141. – [3] J. Rist: Die alleredelste Belustigung (1666). Sämtl. Werke, hg. E. Mannack 5 (1974) 349f. 359. 381. – [4] Vgl. G. E. Grimm: Literatur und Gelehrtentum in Deutschland (1983) 94f. 118. – [5] Ch. Thomasius: Discours, Welcher Gestalt man denen Frantzosen ... nachahmen solle (1687), in: Kl. dtsch. Schr. (ND 1983) 86. – [6] J. A. Fabricius: Abriß einer allg. Historie der Gelehrsamkeit 1 (1752) 202. – [7] J. F. Bertram: Summarische Einl. ... (1725). – [8] Vgl. a.O. 51f. – [9] 52. – [10] J. G. Herder: Über den Einfluß der schönen in die höhern Wiss.en (1779). SW 9, 304. – [11] Vom Begriff der sch.W. insonderheit für die Jugend (1782). SW 30, 77. – [12] G. F. Meier: Betrachtungen über den ersten Grundsatz aller schönen Künste und Wiss.en (1757) 50f. – [13] Anfangs-Gründe aller sch.W. 1 (1748) 69. – [14] a.O. – [15] J. G. Lindner: Lehrb. der sch.W., insonderheit der Prosa und Poesie (1767) 15. – [16] Vgl. W. Strube: Die Gesch. des Begriffs ‹sch.W.›. Arch. Begriffsgesch. 33 (1990) 136-216, 159. – [17] M. Mendelssohn: Ueber die Hauptgrundsätze der schönen Künste und Wiss.en (1771). Jub.ausg. 1 (1929, ND 1971) 425-452, hier: 436. – [18] a.O. 437. – [19] Vgl. 438. – [20] 437. – [21] J. A. Eberhard: Theorie der schönen Künste und Wiss.en (1783, [3]1790) 7. – [22] J. J. Eschenburg: Entwurf einer Theorie und Lit. der sch.W. ([3]1805) 5. – [23] Art. ‹Lettres›, in: Dict. de Trevoux 4 (Nancy 1740) 643. – [24] Anders bei «belles lettres», vgl. K. Barck/J. Heininger/D. Kliche: Art. ‹Ästhetik/ästhetisch›, in: K. Barck u.a. (Hg.): Ästhet. Grundbegriffe 1 (2000) 308-400, 328. – [25] Vgl. J. G. Sulzer: Gedanken über den Ursprung und die verschiedenen Bestimmungen der Wiss.en und schönen Künste (1757). Vermischte Schr. 2 (1781) 127. – [26] Zum Verhältnis Regel-Genie vgl. K. Gerth: Studien zu Gerstenbergs Poetik (1960) 79f. 133; zum Verhältnis Regelästhetik-Gefühlsästhetik vgl. R. Rosenberg: Art. ‹Literarisch/Literatur›, in: K. Barck u.a. (Hg.), a.O. [24] 3 (2001) 665-693, 668f.; vgl. Art. ‹Je ne sais quoi›. Hist. Wb. Philos. 4 (1976) 640-644. – [27] I. Kant: KU B 177 (§ 44). – [28] a.O. – [29] J. G. Sulzer: Allg. Theorie der Schönen Künste 3 (²1779) 75 (Art. ‹Künste; Schöne Künste›). – [30] I. KANT: KU B 205 (§ 51). – [31] G. W. F. HEGEL: Jenaer Notizenbuch 60 [1803/06]. Akad.-A. 5 (1998) 501.

Literaturhinweise. U. RICKEN: Zur Bezeichnungsgesch. des Lit.begriffs im 18. Jh., in: Geschichte und Funktion der Lit.geschichtsschreibung. Sber. Akad. Wiss.en DDR (1982) 173-182. – K. WEIMAR: Gesch. der dtsch. Lit.wiss. (1989). – W. STRUBE s. Anm. [16].

W. STRUBE

Wissenschaftsethik (engl. ethics of science; frz. éthique des sciences)

1. *W. als Ethik der Forschung.* – Begriff und Inhalt der W. konstituieren sich im Prozeß der Entfaltung der 'angewandten Ethik' [1] bzw. der Bereichsethiken, wie sie sich etwa ab 1970 in Amerika [2] und in der Folge weltweit [3] als Bindeglied zwischen philosophischer Ethik und normativer Selbstreflexion innerhalb der Institutionen bestimmter sozial relevanter Handlungsfelder herausgebildet haben [4]. Anknüpfungspunkte für die so entstandenen Disziplinen wie Bioethik, Wirtschaftsethik (s.d.) oder Medienethik bildeten die 'standesethischen' Kodizes und Selbstverpflichtungen, die man bis zum Hippokratischen Eid der Ärzte zurückverfolgen kann und die als «medizinische Ethik», «Unternehmensethik» oder «journalistische Ethik» schon lange zuvor Bestandteil der wissenschaftlichen Kultur nicht nur der westlichen Gesellschaften gewesen waren [5]. Aus wissenschaftssoziologischer Perspektive hat R. K. MERTON 1949 das «Ethos der Wissenschaft» («ethos of science») als einen Pflichtenkatalog der wissenschaftlich Forschenden rekonstruiert [6]. Die akademische Diskussion der wissenschaftsethischen Grundfragen, die ihre Vorläufer in der moraltheologischen Kasuistik hat [7], entwickelte sich seit Ende der 1950er Jahre [8] zu einer eigenen Bereichsethik mit normativ-wissenschaftskritischer Intention, als deren Kennzeichnung der Begriff W. seine systematisch präzisierte Form erhalten hat [9].

Den für die Begründung wissenschaftsethischer Fragestellungen in der philosophischen Tradition ebenso wie für ihre Verankerung im öffentlichen Bewußtsein wichtigsten Schritt hat H. JONAS zunächst mit seinem ‹Prinzip Verantwortung› [10] und dann mit seinen handlungsfeldbezogenen Einzelanalysen in ‹Technik, Medizin und Ethik› [11] getan. Insofern erlangt der Begriff ‹W.› erst vor dem Hintergrund der Neubestimmung des wissenschaftlichen Ethos in der Technologie- und Zivilisationsskepsis des späten 20. Jh. eine präzise Fassung. Es käme angesichts der Bedeutung, die für die Ausbildung, Vermittlung und Kontrolle der sozialen Standards auf den verschiedenen Handlungsfeldern über ihre jeweiligen Grenzen hinweg dem Wissenschaftssystem zukommt, einer programmatischen Neubestimmung und theoretischen Überforderung des gesamten Paradigmas der 'angewandten Ethik' gleich, wenn man den Begriff ‹W.› als Kennzeichnung für die allgemeine normative Reflexion auf die Bedeutung der Wissenschaften für das individuelle und soziale Leben des Menschen ausdehnen würde. Die klassischen philosophischen Entwürfe der affirmativen wie auch der kritischen ethischen Beurteilung des wissenschaftlichen Fortschritts und des wissenschaftlichen Berufs von F. BACON [12] und R. DESCARTES [13] über J.-J. ROUSSEAU [14], I. KANT [15] und F. D. E. SCHLEIERMACHER [16] bis zu M. WEBER [17], K. JASPERS [18] und J. HABERMAS [19] unter den Begriff ‹W.› zu subsumieren, wäre daher problematisch [20]. So bietet es sich als sinnvollste Strategie an, W. vom Begriff der Forschung her zu definieren und sie als dasjenige Gebiet der angewandten Ethik zu bestimmen, in dem die spezifische ethische Verantwortung der Forschenden und der Forschergemeinschaften thematisiert wird [21].

2. *Wissenschafts- und Forschungsethos.* – Das Wissenschaftsethos ergibt sich aus der Natur des wissenschaftlichen Denkens und Handelns als der methodischen Suche nach allgemein verbindlicher, allgemein überprüfbarer und daher notwendigerweise auch allgemein zugänglicher Wahrheit [22]. Insofern wissenschaftliche von nichtwissenschaftlichen Aussagen letztlich nicht auf der inhaltlichen Ebene, sondern nur in bezug auf die Maßstäbe ihrer Überprüfung abgegrenzt werden können [23], kommt diesem auf Wahrheit gerichteten Ethos bis hin zu den durch dieses implizierten Forschertugenden [24] fundamentale Bedeutung nicht etwa nur für die praktische Anwendung, sondern auch für die theoretische Fundierung gelingender Forschung zu. Zu den Hauptinhalten des Wissenschaftsethos gehören die Konsequenzen aus der Einsicht in den prinzipiell hypothetischen Charakter empirischer Theorien, also die vorbehaltlose Prüfung gewonnener Ergebnisse und ihrer methodischen Verallgemeinerung sowie die Sicherung ihrer intersubjektiven Nachprüfbarkeit und methodischen wie sprachlichen Nachvollziehbarkeit [25], der Respekt vor geistigem Eigentum sowie die kritische und ideologiefreie Stellungnahme zu vorliegenden Forschungsergebnissen [26]. – Zu diesen gebotenen normativen Maßstäben der Einstellung des Wissenschaftlers gegenüber seiner Forschung treten aber auch diejenigen der Verantwortung für die Folgen hinzu, die sie für Natur, Kultur und Gesellschaft hat [27]. JONAS [28] und R. SPAEMANN [29] haben das aus dieser Einsicht hervorgehende Prinzip des verantwortungsethischen Umgangs mit den Möglichkeiten der Wissenschaft formuliert, daß die Verantwortung des Wissenschaftlers für die Wirkungen der eigenen Forschung auch die Verpflichtung ihr gegenüber begrenzt.

3. *Verantwortung der Forschung.* – Als Form der angewandten Ethik findet die W. ihre Ergebnisse primär vermöge der ethischen Beurteilung konkreter Konflikt- und Störungslagen, in welche der direkte Umgang der Forschenden mit ihren Methoden und Ergebnissen hineinführt. Dazu gehören im naturwissenschaftlich-medizinischen Bereich besonders die Probleme der Rechtfertigung für den Forschungszwecken dienenden Eingriff in die leibliche und seelische Integrität von Personen, aber auch für die Verwendung von Tieren als Versuchsobjekte und Lieferanten von Forschungsmaterial [30], in der sozialwissenschaftlichen Forschung der Respekt vor der Privatsphäre befragter Personen, ihre Information über die Reichweite und mögliche Folgen der Forschungsergebnisse sowie der Schutz gewonnener Daten vor Mißbrauch und vor ihrer Verwendung zum Nachteil der Betroffenen. Zur Wahrheit ist der Forschende nicht nur theoretisch, sondern auch in Form der Wahrhaftigkeit gegenüber den öffentlichen und privaten Institutionen verpflichtet, die er zur Erlangung seiner Forschungsressourcen benötigt, ferner in Form der Fairneß gegenüber den auf seinem Gebiet tätigen Kollegen und Konkurrenten [31]. Wissenschaftliches Fehlverhalten, insbesondere Unredlichkeit im Umgang mit Forschungsergebnissen, Quellenangaben und Finanzierungsressourcen, ist zu einem intensiv bearbeiteten Handlungsfeld akademischer wie öffentlicher Wissenschaftskontrolle geworden und hat die Erarbeitung und Standardisierung umfangreicher Verhaltensrichtlinien notwendig gemacht [32].

Anmerkungen. [1] Vgl. The Monist 67, 4 (1984) Themenheft: Applied ethics; R. M. Fox/J. P. De Marco (Hg.): New directions in ethics. The challenge of applied ethics (New York/London 1986); E. D. Pellegrino: Einl., in: H.-M. Sass (Hg.): Bioethik in den USA. Methoden, Themen, Positionen. Mit bes. Berücksichtigung der Problemstellungen in der BRD (1988) 1-18. – [2] Wichtige wissenschaftliche Organe, mit denen die Institutionalisierung verbunden ist: Hastings center report (seit 1971); J. medical Ethics (seit 1975); Bioethics (seit 1987); J. Medicine Philosophy (1975); in Deutschland: Ethik in der Medizin (seit 1989). – [3] Zur Entwicklung in Deutschland: H. M. Baumgartner: Bedarf es einer Ethik der Wiss.? in: H. M. Baumgartner/ W. Becker (Hg.): Grenzen der Ethik (1994) 89-105; vgl. W. Schweidler: Global bioethics initiatives – From a europ. perspective, in: A. B. A. Majeed (Hg.): Bioethics. Ethics in the biotechnology century (Kuala Lumpur 2002) 17-46; J. Hughes/D. Keown: Buddhism and medical ethics: A bibliogr. introduction. J. Buddhist Ethics 2 (1995) 105-124. – [4] Zum Begriffsfeld und der Entstehungsgesch. der Disziplin vgl. B. H. F. Taureck: Ethikkrise – Krisenethik. Analysen, Texte, Modelle (1992) 157ff. – [5] Vgl. etwa den Islamic code of medical ethics – Kuwait document, in: W. T. Reich (Hg.): Encycl. of bioethics 5 (New York 1995) App. 2705-2708; The oath of a muslim physician, given by the ‹Islamic medical association of North America› 1977, a.O. 2704. – [6] R. K. Merton: Science and technology in a democratic order (1942); späterer Titel: Science and democratic social structure, in: Social theory and social structure (Glencoe/London 1957); dtsch.: Wissenschaft und demokrat. Sozialstruktur, in: P. Weingart (Hg.): Wiss.soziologie 1-2 (1972, 1974) 1, 45-59. – [7] W. Korff: Kernenergie und Moraltheologie (1979) 12-40; zur Medizinethik vgl. Art. ‹Triage›. Hist. Wb. Philos. 10 (1998) 1478f. – [8] H. K. Beecher: Experimentation in man (Springfield 1958); M. Born: Physics and politics. Bull. atomic Scientist 16/6 (1960) 194-200; W. Heitler: Ethics of the scient. age, a.O. 20/8 (1964) 21-23; C. E. Reagan: Ethics for scient. researchers (Springfield, Ill. ²1971); H. Lenk: Pragmat. Vernunft. Philos. zwischen Wiss. und Praxis (1979); Daedalus 107, 2 (1978) Themenheft: Limits of scient. inquiry (New York 1979); R. L. Penslar: Research ethics (Indiana Univ. Press 1995). – [9] E. Ströker (Hg.): Ethik der Wiss.? Philos. Fragen (1984); H. M. Baumgartner/H. Staudinger (Hg.): Entmoralisierung der Wiss.? Physik und Chemie (1985); H. Lenk (Hg.): Wiss. und Ethik (1991). – [10] H. Jonas: Das Prinzip Verantwortung. Versuch einer Ethik für die technolog. Zivilisation (1979). – [11] Technik, Medizin und Ethik. Zur Praxis des Prinzips Verantwortung (1985); vgl. Art. ‹Verantwortung›. Hist. Wb. Philos. 11 (2001) 566-575, bes. 570f. – [12] F. Bacon: Novum organum I, 129 (1620). The works, hg. J. Spedding u.a. (London 1857-74, ND 1961-63) 1, 221-223. – [13] R. Descartes: Disc. de la méthode VI (1637). Oeuvr., hg. Ch. Adam/P. Tannery 6 (Paris 1897-1913) 60-78; vgl. dazu: R. Spaemann: Praktische Gewißheit. Descartes' provisorische Moral (1964), in: Zur Kritik der polit. Utopie (1977) 41-76. – [14] J.-J. Rousseau: Disc. sur cette question ...: Si le rétablissement des sciences et des arts a contribué à épurer les mœurs (1750). Oeuvr. compl., hg. B. Gagnebin/ M. Raymond 3 (Paris 1964) 6-30. – [15] Vgl. I. Kant: KrV B 879. – [16] F. D. E. Schleiermacher: Über den Unterschied zwischen Naturgesetz und Sittengesetz (1825). Krit. Ges.ausg. I/11 (2002) 429-451, hier: 431ff. – [17] M. Weber: Wiss. als Beruf (1919), in: Ges. Aufs. zur Wiss.lehre (³1968) 582-613; vgl. Art. ‹Verantwortungsethik›. Hist. Wb. Philos. 11 (2001) 575f. – [18] K. Jaspers: Philosophie 1: Philos. Weltorientierung (1931) bes. 85-239 (Kap. 2-4); Wahrheit und Wiss. (1960); Die Atombombe und die Zukunft des Menschen (1957). – [19] J. Habermas: Technik und Wiss. als 'Ideologie' (1968, ¹⁴1989). – [20] Vgl. O. Höffe: Art. ‹W.›, in: Lex. der Ethik (1977, ²1980) 278-280. – [21] W. Ch. Zimmerli: Wandelt sich die Verantwortung mit dem techn. Wandel? in: H. Lenk/G. Ropohl (Hg.): Technik und Ethik (1987) 107; vgl. dazu auch: J. Nida-Rümelin: W., in: J. Nida-Rümelin (Hg.): Angewandte Ethik (1996) 778-805, bes. 799. – [22] Zur Abschwächung der Wahrheitsverpflichtung zum 'Prinzip des Gemeinbesitzes wissenschaftlichen Wissens' vgl. Nida-Rümelin, a.O. 781ff. – [23] Vgl. C.-G. Hempel: Problems and changes in the empiricist criterion of meaning (1950); dtsch.: Probleme und Modifikationen des empirist. Sinnkriteriums, in: J. Sinnreich (Hg.): Zur Philos. der idealen Sprache (1972) 104-125; W. Stegmüller: Metaphysik, Skepsis, Wiss. (1954, ²1969). – [24] Vgl. U. Charpa: Wissen und Handeln. Grundzüge einer Forschungstheorie (2001) 39-87. – [25] Zum Verhältnis von wissenschaftlicher Vernunft und Öffentlichkeit vgl. I. Kant: KrV B 766ff. 781ff. – [26] Vgl. Art. ‹Voraussetzungslosigkeit›. Hist. Wb. Philos. 11 (2001) 1166-1180. – [27] Vgl. auch: Art. ‹Weltverantwortung›. – [28] Jonas, a.O. [10]. – [29] R. Spaemann: Glück und Wohlwollen. Versuch über Ethik (1989); Grenzen. Zur eth. Dimension des Handelns (2001). – [30] J. Nida-Rümelin/D. von der Pfordten: Tierethik I-II, in: Nida-Rümelin, a.O. [21] 459-509. – [31] Vgl. R. K. Merton: Priorities in scient. discovery: A chapter in the sociology of science (1957); dtsch.: Prioritätsstreitigkeiten in der Wiss., in: Entwicklung und Wandel von Forschungsinteressen (1985) 258-300. – [32] P. Medawar: Is the scient. paper a fraud? The listener (12. Sept. 1963); W. Broad/N. Wade: Betrayers of the truth: Fraud and deceit in the halls of science (New York 1982); F. Di Trocchio: Le bugie della scienza (Mailand 1993); dtsch.: Der große Schwindel. Betrug und Fälschung in der Wiss. (1994); M. Finetti/A. Himmelrath: Betrug und Fälschung in der dtsch. Wiss. (1998); zur rechtlichen Beurteilung: A. Heldrich: Freiheit der Wiss. – Freiheit zum Irrtum? Haftung für Fehlleistungen in der Forschung [Schr.reihe der jurist. Studienges. Karlsruhe 179] (1987).

W. Schweidler

Wissenschaftsforschung; Wissenschaftswissenschaft (engl. science studies bzw. [social] studies of science, science of science; frz. recherche sur la science bzw. recherche sur recherche, science de la science). Der Begriff ‹Wissenschaftsforschung› (Wf.) wird gewöhnlich synonym mit dem älteren Terminus ‹Wissenschaft der Wissenschaft› bzw. ‹Wissenschaftswissenschaft› (Ww.) gebraucht und bezeichnet eine «empirische Metawissenschaft» [1] mit Anspruch auf Integration anderer metawissenschaftlicher Disziplinen.

1. Wenngleich bereits die Ww. in diesem *modernen* Sinne Vorläufer im 18. und 19. Jh. hat [2], kommt es zu einer terminologischen Verwendung von ‹Ww.› doch erst im Anschluß an M. Ossowska und S. Ossowski, die 1936 eine neue «Wissenschaft von der Wissenschaft» («science of science») einfordern und programmatisch entwickeln [3]. In expliziter Absetzung von der antiken und mittelalterlichen [4], in logisch-methodologischer Akzentuierung auch noch im 20. Jh. anzutreffenden [5] Bestimmung der Philosophie als «scientia scientiarum» [6] wie auch von einer philosophischen Wissenschaftslehre (s.d.) Fichtescher oder Bolzanoscher Provenienz [7] soll sie die bis dahin getrennten Disziplinen «Philosophie der Wissenschaft», «Psychologie der Wissenschaft», Wissenschaftssoziologie (s.d.) und Wissenssoziologie (s.d.) umfassen [8], daneben aber auch «praktische und organisatorische» Probleme (Wissenschaftspolitik) sowie «historische Probleme» behandeln [9]. Arbeiten von R. K. Merton und besonders von J. D. Bernal können als frühe und einflußreiche Einlösungsversuche dieses Programms angesehen werden [10]. Besonders Bernals marxistisch orientierte Überlegungen zur Wissenschaftssteuerung stoßen jedoch nach dem Zweiten Weltkrieg auf starke Ablehnung [11]. Erst Anfang der 1960er Jahre etabliert sich dann unter veränderten politischen Bedingungen die Ww. institutionell, wobei in den Ländern Osteuropas ihre Funktion für politische Wissenschaftsplanung im Vordergrund steht [12]. ‹Ww.› wird hier häufig auch synonym mit ‹Wissenschaftstheorie› (s.d.), ‹Wissenschaftslehre› wie auch mit ‹Wissenschaftskunde› gebraucht [13]. Im Westen tritt neben der planerischen zunehmend eine *wissenschaftskritische* Intention von Ww. hervor [14]. Für die methodische Entwicklung und das

Selbstverständnis der Ww. werden – ausgehend vor allem von den Arbeiten von D. J. DE SOLLA PRICE [15] – statistische Untersuchungen, d.h. szientiometrische und bibliometrische Erhebungen zu einzelnen Wissenschaftsepochen, -disziplinen und 'scientific communities' (s.d.), wichtig [16].

2. Neben ‹Ww.› wird im deutschsprachigen Raum von den 1970er Jahren an zunehmend auch von ‹Wf.› gesprochen, wobei sich dieser Begriff, ohne daß er eine systematische Abgrenzung zu ‹Ww.› implizierte, durchsetzt. So gibt etwa eine «Projektgruppe Ww.» ein «Memorandum zur Förderung der Wf.» heraus, wobei das Programm von OSSOWSKA und OSSOWSKI u.a. um die «Ethik der Wissenschaft» und den Bereich «Technologietransfer» ergänzt wird [17]. Dabei sei ihre «kritische Reflexion auf die Stellung der Wissenschaft in unserer Gesellschaft» [18] von der Prämisse geleitet, «daß Wissenschaft nicht allein mit dem Verweis auf Erkenntniserweiterung gesellschaftlich legitimiert ist, sondern mit dem Beitrag solcher Erkenntnisse zur Realisation außerwissenschaftlicher, primär sozial- und gesellschaftspolitischer Ziele» [19]. Leitend für die Wf. solle zum einen eine «Fokussierung auf Wissenschaftsentwicklung» [20], zum anderen auf «Steuerbarkeit» sein [21]; erstere führt im Zuge der Historisierung des Wissenschaftsverständnisses auch bald zu einer eigenen «historischen Wf.» [22].

Der Anspruch auf Kritik und gesellschaftliche Legitimation von Wissenschaft wirft methodologische Fragen (etwa nach der Unterscheidbarkeit 'interner' und 'externer' Wissenschaftsdeterminanten) [23], aber auch Fragen zur Wissenschaftsentwicklung (etwa nach der Geltung bzw. möglichen Reichweite der sog. 'Finalisierungsthese') [24] auf, deren Beantwortung weitgehend kontrovers bleibt [25], so daß eine (selbst-)kritische Zwischenbilanz lauten konnte: «Die Wf. ist jung, hypothesenreich, ergebnisarm und paradigmenlos» [26]. Von seiten einer methodologisch und normativ orientierten Wissenschaftstheorie wird ihr hauptsächlich entgegengehalten, über keinen eigenen Wissenschaftsbegriff zu verfügen und daher ihre eigenen Ansprüche nicht rechtfertigen zu können [27].

3. In der «'neueren' Wf.» [28] der letzten drei Jahrzehnte treten neben 'makrostrukturelle' Untersuchungen, die der traditionellen Wissenschaftssoziologie nahestehen, verstärkt 'mikrosoziologische' Arbeiten mit deutlichen Bezügen zur älteren Wissenssoziologie. Sie behandeln die Genese wissenschaftlichen Wissens 'lokal', d.h., sie richten sich auf soziale Interessen, Forschungspraktiken und kognitive Einstellungen relativ eng umrissener «scientific communities». Im Kontext der angloamerikanischen «science studies» bzw. «science and technology studies» wird dabei besonders das sog. «Strong Programme» einer Gruppe um D. BLOOR einflußreich [29]. Daneben finden in letzter Zeit sog. 'Laborstudien' starke Beachtung, die sich besonders der mikrosoziologischen Analyse von Experimentalpraktiken und -kontexten widmen [30]. Die beiden Richtungen gemeinsamen Tendenzen, wissenschaftliche Erkenntnis und wissenschaftliche Tatsachen («facts») ausnahmslos als «sozial konstruiert» [31] auszuweisen und der Wissenschaft einen privilegierten Wahrheitsanspruch wie auch einen Fortschrittscharakter abzusprechen, werden äußerst kontrovers diskutiert [32]. Auch ist bis heute umstritten, ob die Wf. in der Vielzahl ihrer Gegenstandsbereiche, Methoden und Forschungsinteressen eine einheitliche Metadisziplin darstellt: «Eine der charakteristischen Eigenschaften der zeitgenössischen Wf. ist ihre theoretische und methodologische Diversität und Fragmentiertheit» [33].

Anmerkungen. [1] L. KRÜGER: Philos. Aspekte der Wf., in: N. STEHR/R. KÖNIG (Hg.): Wissenschaftssoziologie (1975) 515-525, hier: 520. – [2] Vgl. U. FELT/H. NOWOTNY/K. TASCHWER: Wf. Eine Einf. (1995) 22-28. – [3] M. OSSOWSKA/S. OSSOWSKI: The science of science. Organon 1/1 (1936) 1-12, zit. nach: ND, in: Minerva: A review of science, learning and policy 3/1 (1964) 72-82, hier: 72f.; dtsch.: Die Wiss. von der Wiss., in: H. KRAUCH/W. KUNZ/H. RITTEL (Hg.): Forschungsplanung. Eine Studie über Ziele und Strukturen amerikan. Forschungsinstitute (1966) 11-21, hier: 11f. – [4] Vgl. Art. ‹Wissenschaft der Wissenschaften›. – [5] Vgl. R. FLINT: Philos. as scientia scientiarum and a hist. of classifications of the sciences (Edinburgh 1904, ND High Wycombe 1972); T. KOTARBIŃSKI: Elementy teorii poznania, logiki formalnej i metodologii nauk (Lwów 1929, ND Warschau 1947). – [6] OSSOWSKA/OSSOWSKI, a.O. [3] 76; dtsch. 15, mit Bezug auf KOTARBINSKI, a.O. [5]. – [7] a.O. – [8] 74f.; dtsch. 13f. – [9] 75f.; dtsch. 14f. – [10] R. K. MERTON: Science, technology and society in 17th-cent. England (New Jersey 1938, ND 1970); J. D. BERNAL: The social function of science (1939, ND Cambridge, Mass. 1967); vgl. wenig später: E. ZILSEL: The sociolog. roots of science. Amer. J. Sociology 47 (1942) 245-279; dtsch.: Die sozialen Ursprünge der neuzeitl. Wiss., in: W. KROHN (Hg.): Die sozialen Ursprünge der neuzeitl. Wiss. (1976) 49-65. – [11] Vgl. FELT/NOWOTNY/TASCHWER, a.O. [2] 25f. – [12] G. M. DOBROV: Ww. Einf. in die Allg. Ww. [Kiew 1966], hg. G. LOTZ (Berlin-Ost 1969); G. LOTZ: Vorwort des Hg., in: DOBROV, a.O. VII-LV, bes.: XLV-LV (Lit.); vgl. auch: H. GRENIEWSKI: Einf. in die allg. Wiss. der Wiss. (Berlin-Ost 1966). – [13] Vgl. etwa: F. FIEDLER: Die Wiss. als Gegenstand der Wiss. Dtsch. Z. Philos. 16 (1968) 558-570, bes. 558-560. 567-570 (Lit.). – [14] FELT/NOWOTNY/TASCHWER, a.O. [2] 27f.; vgl. Art. ‹Wissenschaftskritik›. – [15] D. J. DE SOLLA PRICE: Science since Babylon (Yale 1961); Little science, big science (New York 1963) bes. 3-29; dtsch.: Little science, Big science. Von der Studierstube zur Großforschung (1974) bes. 13-42 (‹Prolog zu einer Ww.›); The science of science, in: M. GOLDSMITH/A. MACKAY (Hg.): The science of science (New York 1964, 21966) 244-261. – [16] Vgl. etwa: M. GOLDSMITH: The science of science foundation. Nature 205 (1965) 10; vgl. J. D. BERNAL/A. L. MACKAY: Towards a science of science. Organon 3 (1966) 9-17, bes. 12. 14f.; S. DEDIJER: The science of science: A programme and a plea. Minerva 4 (1966) 489-504. – [17] Projektgruppe Ww. (H. BAITSCH/TH. M. FLIEDNER/J. B. KREUTZKAM/I. S. SPIEGEL-RÖSING): Memorandum zur Förderung der Wf. in der BRD (1973) 13f. – [18] a.O. 3. – [19] 7. – [20] 16-26, bes. 16. – [21] 16-28, bes. 16. – [22] C. BURRICHTER: Wiss.gesch. oder hist. Wf.? in: Die Bedeutung der Wiss.gesch. für die Wiss.theorie. Studia leibn., Sh. 6 (1977) 152-164; Aufgaben und Funktionen einer hist. Wf., in: C. BURRICHTER (Hg.): Grundlegung der hist. Wf. (1979) 7-21, hier: 7f. 17-21; kritisch hierzu: J. MITTELSTRASS: Theorie und Empirie der Wf., a.O. 71-106, hier: 91-100; vgl. auch: H. POSER/C. BURRICHTER (Hg.): Die geschichtl. Perspektive in den Disziplinen der Wf. (1988). – [23] Vgl. W. KROHN: 'Intern-extern', 'sozial-kognitiv'. Zur Solidität einiger Grundbegriffe der Wf., in: BURRICHTER (Hg.), a.O. 123-148. – [24] G. BÖHME/W. VAN DEN DAELE/W. KROHN: Alternativen in der Wiss. Z. Soziol. 1 (1972) 302-316; Die Finalisierung der Wiss., a.O. 2 (1973) 128-144; Experimentelle Philos. (1979); W. VAN DEN DAELE/W. KROHN: Theorie und Strategie – zur Steuerbarkeit wiss. Entwicklung, in: P. WEINGART (Hg.): Wf. (1975) 213-254. – [25] Vgl. K. HÜBNER/N. LOBKOWICZ/H. LÜBBE/G. RADNITZKY (Hg.): Die polit. Herausforderung der Wiss. Gegen eine ideologisch verplante Forschung (1976); G. RADNITZKY: Prinzipielle Problemstellungen der Forschungspolitik. Z. allg. Wiss.theorie 7 (1976) 367-403; vgl. dagegen: W. SCHÄFER: Zur Frage der prakt. Orientierung des theoret. Diskurses. Ein Plädoyer gegen drei Denkverbote der Antifinalistischen Wf., in: CH. HUBIG/W. VON RAHDEN (Hg.): Konsequenzen krit. Wiss.theorie (1978) 81-110; CH. HUBIG: Das Defizit der Finalisierungsdebatte und eine pragmat. Alternative, a.O. 111-138; G. ANDERSSON: Freiheit oder Finalisierung der Forschung? in: HÜBNER/LOBKOWICZ/LÜBBE/RADNITZKY (Hg.), a.O. 66-76. – [26] W. SCHÄFER: Normative Finalisierung, in: G. BÖHME u.a. (Hg.): Die gesellschaftl. Orientierung des wiss. Fortschritts [Starnberger Studien 1] (1978) 377-415, hier: 379. – [27] MITTELSTRASS, a.O. [22] 77. 74; vgl. auch: C. F. GETHMANN: Wf.? Zur philos. Kritik der nach-Kuhnschen Reflexionswiss., in: P. JANICH (Hg.): Wiss.theorie und Wf. (1981) 9-38; Wf. Auf Wiedervorlage, in: C. BURRICHTER (Hg.): Theorie und Praxis der Wf. (1985) 13-49; J. MITTELSTRASS: Die Philos. der Wiss.theorie. Über das Verhältnis von Wiss.theorie, Wf. und Wiss.ethik. Z. Allg. Wiss.theorie 19 (1988) 308-327. – [28] Vgl. FELT/NOWOTNY/TASCHWER, a.O. [2] 114-148 (Kap. 5), hier: 114f. – [29] D. BLOOR: Knowledge and social imagery (London 1976, Chicago ²1991) bes. 7f.; vgl. B. BARNES: Scient. knowledge and sociolog. theory (London 1974); B. BARNES/D. BLOOR/J. HENRY: Scient. knowledge. A sociolog. analysis (Chicago 1996); S. SHAPIN: Hist. of science and its sociolog. reconstructions. Hist. Science 20 (1982) 157-211; A social hist. of truth. Civility and science in 17th-cent. England (Chicago/London 1994); H. M. COLLINS/T. PINCH: The golem. What everyone should know about science (Cambridge 1993). – [30] K. KNORR-CETINA: The manufacture of knowledge. An essay on the constructivist and contextual nature of science (Oxford 1981); dtsch.: Die Fabrikation von Erkenntnis. Zur Anthropologie der Naturwiss. (1991); vgl. B. LATOUR/S. WOOLGAR: Laboratory life. The (social) construction of scient. facts (Beverly Hills 1979, ²1986); B. LATOUR: Science in action. How to follow scientists and engineers through society (Cambridge, Mass. 1987, ⁶1994); M. LYNCH: Arts and artifact in laboratory science (London 1985); M. LYNCH/S. WOOLGAR (Hg.): Representation in scient. practice (Cambridge, Mass. 1988). – [31] Vgl. I. HACKING: The social construction of what? (Cambridge, Mass. 1999); dtsch.: Was heißt 'soziale Konstruktion'? (1999, ³2002). – [32] Vgl. A. SOKAL/J. BRICMONT: Fashionable nonsense. Postmodern intellectuals' abuse of science (New York 1998); dtsch.: Eleganter Unsinn. Wie die Denker der Postmoderne die Wiss. mißbrauchen (1999). – [33] FELT/NOWOTNY/TASCHWER, a.O. [2] 114.

Literaturhinweise. I. SPIEGEL-RÖSING: Wiss.entwicklung und Wiss.steuerung. Einf. und Material zur Wf. (1973) (Lit.). – P. WEINGART (Hg.) s. Anm. [24]. – I. SPIEGEL-RÖSING/D. J. DE SOLLA PRICE (Hg.): Science, technology and society (London/Beverly Hills 1977). – J. ZIMAN: An introd. to science studies (Cambridge u.a. 1984). – H. POSER/C. BURRICHTER (Hg.) s. Anm. [22]. – U. FELT/H. NOWOTNY/K. TASCHWER s. Anm. [2]. – M. BIAGIOLI: The science studies reader (New York/London 1999). – P. BOURDIEU: Science de la science et réflexivité (Paris 2001).

H. PULTE

Wissenschaftskritik (frz. critique de la science). Die W. tritt in der abendländischen Geschichte in einer Vielzahl von Gestalten auf. Als Kritik an der wissenschaftlichen Erkenntnis, an ihrer Möglichkeit, Reichweite, Verläßlichkeit oder Fruchtbarkeit ist sie weder an eine bestimmte Form von Wissenschaft noch an einen bestimmten Wissenschaftsbegriff gebunden. Der Sache nach ist W. so alt wie Wissenschaft selbst und eng mit ihr verbunden, der Terminus ‹W.› ist aber selbst in der zweiten Hälfte des 19. Jh. noch selten und etabliert sich erst im 20. Jh. Wichtige Vertreter wissenschaftskritischer Haltungen im 20. Jh. wie etwa M. HEIDEGGER [1] oder L. WITTGENSTEIN [2] kommen ohne ihn aus.

Die moderne W. formiert sich im Anschluß an die Kantische Vernunftkritik wie an die Tradition der Sprachkritik (s.d.). Das nachidealistische Auseinandertreten von Philosophie und Wissenschaft [3] führt zu einer Neubestimmung der Philosophie als Kritik (s.d.), die auch die W. prägt. Philosophie als W., als Kritik am Szientismus (s.d.) verschmilzt im 20. Jh. vielfach mit Formen der Fortschritts-, Gesellschafts-, Kultur- und Zeitkritik.

1. Im Umbruch vom 19. zum 20. Jh. konturiert sich in Auseinandersetzung mit den Beschränkungen, die der Comtesche Positivismus (s.d.) den Wissenschaften auferlegt, eine Strömung der französischen Wissenschaftsphilosophie unter dem Namen «Critique de la science» oder «Nouvelle critique des sciences», zu der Autoren wie A.-A. COURNOT, E. BOUTROUX, H. POINCARÉ, P. DUHEM, J. WILBOIS, G. MILHAUD und E. LE ROY gehören. Deren Ausrichtung faßt Le Roy in zwei Thesen zusammen: «1° La nouvelle critique est une réaction contre l'ancien positivisme, trop simpliste, trop utilitaire, trop encombré de principes a priori. 2° La nouvelle critique est le point de départ d'un positivisme nouveau, plus réaliste et plus confiant dans les pouvoirs de l'esprit que le premier» [4]. Die kritische Arbeit («travail critique») richtet sich hier auf die Theoriebildung der Wissenschaften, auf die Rolle von Gesetzen und Tatsachen [5] und – sehr deutlich bei WILBOIS – auf die Betonung der Rolle der je spezifischen Methode einer Wissenschaft für deren Bestimmung [6]. In POINCARÉS pragmatischer und konventionalistischer Perspektive zielt die W. darüber hinaus auf die Reichweite und die Grenzen wissenschaftlicher Erkenntnis: Indem er die Rolle der Zweckmäßigkeit bei der Hypothesenbildung hervorhebt, schränkt er den Wahrheitsanspruch der Wissenschaften radikal ein [7].

2. Auch begriffsgeschichtlich wirkmächtig wird E. HUSSERLS W. Sie ist einerseits eine Verteidigung lebensweltlicher Ansprüche gegen eine weltanschauliche Verwissenschaftlichung (s.d.), andererseits aber auch Kritik an einem objektwissenschaftlichen Programm, das die Erkenntnisfunktion der Subjektivität nicht zu ihrem «theoretischen Recht» kommen läßt. Die Orientierung der «ganzen Weltanschauung» an den Wissenschaften hat nach Husserl zu einer Abkehr von den für das «Menschentum» entscheidenden Fragen geführt. Dies manifestiere sich auch durch ein «Zutagetreten von rätselhaften, unauflöslichen Unverständlichkeiten der modernen, selbst der mathematischen Wissenschaften». Die Fragen nach dem Sinn des menschlichen Daseins, nach der Vernünftigkeit menschlichen Handelns fallen aus dem Zuständigkeitsbereich der Wissenschaften und drohen aufgrund der einseitigen Orientierung an den Wissenschaften keiner vernünftigen Beantwortung mehr fähig zu sein [8]. «Radikale W.» ist nach Husserl «eine Kritik am Laufe der ganzen Philosophiegeschichte (welche die Geschichte aller Wissenschaften und den historischen Ursprung der Idee positiver Wissenschaft selbst umspannt) und an der heutigen Gestalt der Wissenschaften – mit ihren hoffnungslosen philosophischen Annexen» [9].

3. In der Perspektive der Kritischen Theorie tritt W. im weiten Horizont der Kritik abendländischer Geschichtsentwicklung besonders als Kritik an einer technologisierten, nutzenorientierten gegenwärtigen Gesellschaft sowie als Ideologiekritik und Kritik der am Empirismus und Positivismus ausgerichteten Wissenschafts- und Erkenntnistheorien auf. Im Anschluß an M. HORKHEIMER und TH. W. ADORNO fokussiert H. MARCUSE die W. in der Kritik am eindimensionalen Vernunftbegriff der «advanced industrial society» [10]. An M. HEIDEGGER wie an die Kritische Theorie schließt die 'postmoderne' W. an. M. FOUCAULT hebt den Zusammenhang von Wissenschaft, Macht und gesellschaftlichen Unterdrückungsmechanismen hervor [11]. Kritik an einem rein rationalen Verständnis der Wissenschaften ist aber auch in der Tradition des Kritischen Rationalismus [12] selbst entwickelt worden, am radikalsten bei P. K. FEYERABEND, der die Demokratisierung der Wissenschaften fordert [13].

4. Die «Konstruktive Wissenschaftstheorie» sieht sich, ausgehend von P. LORENZENS Bemühungen um ein konstruktives Fundament der Mathematik [14], selbst primär als konstruktive W., wobei die Kritik sich zum einen in

Abgrenzung vom Kritischen Rationalismus auf eine Rückbesinnung der sprachkritisch orientierten Ansätze zur Wissenschaftsbegründung in der analytischen Philosophie bezieht, zum anderen sich aber auch als «Szientismuskritik ... auf methodische Alternativen, nämlich schrittweise gerechtfertigte Wissenschafts- und Sprachkonstruktionen stützt» [15]. Mit diesem Programm verfolgt sie drei Absichten: 1. die «kritische Beurteilung des faktischen Zustands der Wissenschaften», 2. die Erarbeitung der «methodischen Grundlagen für eine wissenschaftstheoretische Reform» und 3. «die Ausarbeitung von Alternativen zu etablierter Wissenschaftspraxis» [16].

In der neueren Diskussion findet man vor allem den Versuch, die verschiedenen Aspekte der W. zu verbinden, um das Verhältnis von Wissenschaft, Mensch und Gesellschaft neu zu bestimmen [17]. Im Anschluß an den methodischen Konstruktivismus wird es auch im «methodischen Kulturalismus» [18] als ein «Defizit der Wissenschaftstheorie» angesehen, das Kulturprodukt Wissenschaft nicht als Handlung zu verstehen und darum deren normativen Charakter nicht erfassen zu können. Wissenschaftstheorie müsse, um diesen Aspekt zu berücksichtigen, zur W. werden [19].

Anmerkungen. [1] Vgl. Art. ‹Wissenschaft III. 6. b)›; K. Gründer: M. Heideggers W. in ihren geschichtl. Zusammenhängen. Arch. Philos. 11 (1962) 312-335. – [2] Vgl. L. Wittgenstein: Tractatus logico-philosophicus (1921) 4.11; Vermischte Bemerkungen (1977) 19. – [3] Vgl. Art. ‹Wissenschaft II.›. – [4] E. Le Roy: Un positivisme nouveau. Rev. Mét. Morale 9 (1901) 138-153, 140. – [5] a.O. 142f. – [6] Vgl. J. Wilbois: La méthode des sciences physiques, a.O. 7 (1899) 579-615, 596f.; Art. ‹Wissenschaftstheorie›. – [7] Vgl. I. Benrubi: Philos. Strömungen der Gegenwart in Frankreich (1928) 202f. – [8] Vgl. E. Husserl: Die Krisis der europ. Wiss. und die transz. Philos. § 2 (1936). Husserliana 6 (Den Haag 1962) 3f. – [9] Erste Philos., Zweiter Teil: Theorie der phänomenolog. Reduktion (1923/24), a.O. 8 (Den Haag 1959) 28. – [10] H. Marcuse: The one-dimensional man. Studies in the ideology of advanced industrial society (Boston [2]1964) 172; zur gesellschaftspolit. Kritik an der Wiss. vgl. schon: M. Horkheimer: Bem. über Wiss. und Krise. Z. Sozialforsch. 1 (1932) 1-7. – [11] Vgl. Art. ‹Wissen VII.›. – [12] Vgl. Art. ‹Rationalismus, Kritischer›. Hist. Wb. Philos. 8 (1992) 49-52. – [13] Vgl. P. K. Feyerabend: Science in a free society (London 1978); dtsch.: Erkenntnis für freie Menschen (1979). – [14] P. Janich/F. Kambartel/J. Mittelstrass: Wiss.theorie als W. (1974) 20. – [15] a.O. – [16] 21. – [17] Vgl. H. Heuermann: W. Konzepte, Positionen, Probleme (2000) 12. – [18] Vgl. D. Hartmann/P. Janich: Die kulturalist. Wende. Zur Orientierung des philos. Selbstverständnisses (1998). – [19] Vgl. M. Weingarten: Wiss.theorie als W. Beiträge zur kulturalist. Wende in der Philos. (1998).

Literaturhinweis. H. Heuermann s. Anm. [17].

M. Anacker

Wissenschaftslehre. Der Ausdruck ‹W.› wird 1794 von J. G. Fichte als Bezeichnung für die «Wissenschaft von einer Wissenschaft überhaupt» eingeführt, die zeigen soll, daß die Philosophie die empirische Erkenntnis in der Naturwissenschaft begründen könne [1]. Die Disziplinen Erkenntnistheorie (s.d.) und Wissenschaftstheorie (s.d.), mit denen sich die W. aus heutiger Sicht zumindest teilweise überschneidet, sind damals noch nicht geläufig. Allerdings gibt es mit der W. vergleichbare Unternehmungen, die unter Titeln wie ‹Fundamentalphilosophie› [2] oder ‹Apodiktik› [3] auftreten.

Bis 1804 konzipiert Fichte die W. als philosophische Deduktion der «Grundsätze aller möglichen Wissenschaften» [4]. Dabei treten ein epistemischer Aspekt, dem zufolge die Deduktion von einem absolut gewissen obersten «Grundsatz» [5] ausgehen soll, und ein praktisches Moment in den Vordergrund, dem zufolge etwas 'ableiten' bedeutet, auf «diejenigen bestimmten Handlungen des menschlichen Geistes» zu reflektieren, «die er ... gezwungen und nothwendig vollbringt» [6]. Aus der Dialektik des Ich mit dem Nicht-Ich als dem ihm entgegengesetzten, aber ebenso unhintergehbaren objektiven Gehalt des Wissens soll die W. im einzelnen nun Kategorien, Anschauungsformen und Lehrsätze deduzieren, welche Strukturen der Erfahrung bestimmen. Die einzelnen Grundsätze der jeweiligen Wissenschaften sollen für Fichte nicht unmittelbar aus der W. deduziert werden, vielmehr «müßte im Grundsatze einer besondern Wissenschaft eine Handlung, die die W. frei gelassen hätte, bestimmt werden» [7]. Ab 1804 gibt Fichte den Anspruch einer Deduktion der Wissenschaften auf. Er bestimmt Wissen jetzt als «Bild» des Absoluten und die W. als die philosophische «Bildung» dieses Wissens im Ausgang von den Prinzipien der einzelnen Wissenschaften [8]. F. W. J. Schelling faßt die W. als primär theoretische Disziplin auf, deren Aufgabe es sei, «die absolute Uebereinstimmung des Gegenstandes und der Vorstellung, des Seyns und Erkennens zu erklären» [9].

Bald nach ihrem Erscheinen setzt die kritische Rezeption der W. Fichtes ein. Neben I. Kant [10] und F. H. Jacobi, der den Nihilismus-Verdacht formuliert [11], sind dabei vor allem Autoren zu erwähnen, die wie Ch. G. Bardili [12] und später K. L. Reinhold [13] die Identifikation von Form und Inhalt des Wissens im Prinzip des Ich kritisieren. An Fichte anknüpfende Ausarbeitungen der W. sind selten. Ein Fichte-Schüler wie J. B. Schad verschafft sich mit seiner eigenen W. nur ein Kompendium als Grundlage für seine Vorlesungen [14]. Während Bardili den Versuch, aus der Vorstellung des Ich «die Realität der Erkenntniß ... herauszuklauben» [15], zurückweist, umgehen Autoren wie A. D. Twesten [16] und F. Calker [17] die Schwierigkeiten, indem sie den Begriff ‹W.› zunehmend mit ‹Logik›, zum Teil auch spezieller mit ‹Methodenlehre› gleichsetzen, eine Identifikation, die Fichte ausdrücklich ablehnt, weil «die Logik allen Wissenschaften bloss und allein die Form ... geben solle», während in der W. «der Gehalt von der Form nie getrennt» sei [18]. J. F. Fries macht dagegen geltend, daß Fichtes W. gerade auf der Verwechslung der synthetischen Verbindung «alles unsers Wissens zu einem Ganzen» und der «logischen Form einer philosophischen Wissenschaft», d.h. dem analytischen «System von Urtheilen», beruhe [19].

Für B. Bolzano, der sich ausdrücklich gegen Fichte abgrenzt, ist die W. der «Inbegriff aller derjenigen Regeln, nach denen wir bei dem Geschäfte der Abtheilung des gesammten Gebietes der Wahrheit in einzelne Wissenschaften ... vorgehen» müssen [20]. Sie soll eine zweckmäßige Einteilung der «Summe des ganzen menschlichen Wissens» liefern [21]. Fichte, bei dem «die transcendentale Logik auch in der W. vorkomme», überfordere die W. mit einer heuristischen Aufgabe, indem sie hinreichende Prinzipien der Erkenntniserweiterung aufstellen müsse [22]. Ferner macht Bolzano 'Sätze an sich' zum Inhalt der W., um der Vermischung der «Thätigkeit eines denkenden Wesens» mit Form und Gehalt der Sätze – wie bei Fichte – entgegenzuwirken [23].

Um die Mitte des 19. Jh. wird der Begriff ‹W.› nur noch selten verwendet, so von H. M. Chalybäus, der versucht, von der «durchaus historiosophischen» Philosophie Hegels auf die rein geltungstheoretische W. Fichtes zurückzugehen [24]. Ferner übernimmt K. FISCHER Fichtes Anspruch, die Logik und die Erfahrungswissenschaften durch die W. zu begründen, wobei er inhaltlich – vor allem bei der Bestimmung der Kategorien – allerdings stärker an Hegel anknüpft [25]. Die historische Bedeutung vor allem der W. Fichtes wird unterschiedlich bewertet. W. WUNDT betrachtet Fichtes deduktive W. als «ein Ding der Unmöglichkeit» und reserviert den Ausdruck für die induktive «Gewinnung einer Weltanschauung» aus den Ergebnissen der «Einzelwissenschaften» [26]. Im Umkreis des Neukantianismus wird jedoch Fichtes W. gelegentlich als Höhepunkt in der Geschichte des «Erkenntnisproblems» betrachtet [27]. Zum Teil werden jetzt auch frühere Erkenntnislehren, vor allem diejenige Platons, als ‹W.› bezeichnet [28]. ‹W.› wird nun mit ‹Erkenntnistheorie› gleichgesetzt [29]. Auch E. HUSSERL verwendet den Ausdruck ‹W.› in diesem Sinne für den Versuch, «im Wissen über das unmittelbar Evidente ... hinauszukommen» [30]. Für O. LIEBMANN korrespondieren die Wissenschaften verschiedenen, «dem menschlichen Geistestypus inhärenten Arten des Erkennens», die von der W. zueinander in ein Verhältnis gesetzt werden sollen [31].

‹W.› ist gelegentlich gemeinsamer Oberbegriff für ‹Wissenschaftstheorie der Natur- und Geisteswissenschaften›. So urteilt B. BAUCH, daß «Kants wissenschaftstheoretische Fragestellung noch nicht die Fragestellung der ganzen W. ist», weil Kant sich einseitig auf die Erkenntnis physikalischer Sachverhalte konzentriere [32]. Die Verwendung des Ausdrucks ‹W.› beim frühen R. CARNAP geht wohl auf Bauch zurück [33]. Im Kontext des logischen Empirismus und des kritischen Rationalismus wird ‹W.› seit den 1920er Jahren auch mit ‹Wissenschaftstheorie› gleichgesetzt [34]. Für K. LEWIN soll die W. den «Zusammenhangswert» zwischen Wissenschaften als Satzgefügen ermitteln [35]. Sie kann weder Transzendentalphilosophie oder Methodologie der Erkenntniserweiterung wie bei Fichte noch «normative Disziplin» wie bei Bolzano oder Erkenntnistheorie als «Lehre vom Forschen als solchem» wie in Neukantianismus und Phänomenologie sein [36]. Als «allgemeine W.» ist sie für Lewin Wissenschaft vom Verhältnis der «Wissenschaftsganzheiten» zueinander und vom Prozeß ihrer Differenzierung; die «spezielle W.» untersucht die Disziplinen und ihre Geschichte [37].

Die Bezeichnung von M. WEBERS Aufsätzen «zur Logik und Methodik der Sozialwissenschaften» als ‹W.› ist, wie der Herausgeber weiß, lediglich eine späte Reminiszenz Marianne Webers an Fichte [38]. Aber gerade im Bereich der Wissenschaftstheorie der Sozialwissenschaften hält dieser Sprachgebrauch sich lange [39]. Dabei kommt es bei J. MEURERS zu einer soziologischen Zuspitzung der W. auf «die prinzipielle Frage, welche Rolle Wissenschaft in der heutigen Gesellschaft spielen darf und soll» [40].

Anmerkungen. [1] J. G. FICHTE: Ueber den Begriff der W. oder der sog. Philosophie (1794). Akad.-A., hg. R. LAUTH u.a. I/2 (1965) 118. – [2] W. T. KRUG: Fundamentalphilos. (1803, ND 1968); vgl. Art. ‹Fundamentalphilosophie›. Hist. Wb. Philos. 2 (1972) 1134f. – [3] F. BOUTERWEK: Idee einer Apodiktik 1-2 (1799); Die Apodiktik oder allg. Wahrheits- und W. (²1820). – [4] FICHTE, a.O. [1] 120. – [5] a.O. 115. – [6] 134. – [7] a.O. – [8] Die W. (1812). Nachgel. Werke, hg. I. H. FICHTE 2 (1834, ND 1962) 320; vgl. Art. ‹Wissen V.›. – [9] F. W. J. SCHELLING: Abh. zur Erläut. des Idealismus der W. (1796f.). Sämmtl. Werke, hg. K. F. A. SCHELLING (1856-61) I/1, 365. – [10] I. KANT: Br. an J. H. Tieftrunk (5. 4. 1798). Akad.-A. 12, 240f. – [11] F. H. JACOBI: Br. an J. G. Fichte (3.-21. März 1799), in: FICHTE, a.O. [1] III/3 (1972) 238. 241. – [12] CH. G. BARDILI: Grundriß der ersten Logik (1800). – [13] K. L. REINHOLD: Beyträge zur leichtern Übersicht des Zustandes der Philos. beym Anfange des 19. Jh. 3 (1802) 181. – [14] J. B. SCHAD: Grundriß der W. (1800). – [15] BARDILI, a.O. [12] XI. – [16] A. D. TWESTEN: Die Logik, insbes. die Analytik (1825). – [17] F. CALKER: Denklehre oder Logik und Dialektik § 168 (1822) 459f.; G. E. SCHULZE: Grundsätze der allg. Logik (1802, ⁴1822) XI. 161-263; J. VON KRIES: Logik. Grundzüge einer krit. und formalen Urteilslehre (1916) 493-656. – [18] FICHTE, a.O. [1] 137. – [19] J. F. FRIES: Reinhold, Fichte und Schelling (1803, ²1824). Sämtl. Schr., hg. G. KÖNIG/L. GELDSETZER 24 (1978) 80; vgl. Die Gesch. der Philos. 2 (1840), a.O. 19 (1969) 642-671. – [20] B. BOLZANO: W. (1837). Ges.ausg., hg. J. BERG 11/1 (1985) 36. – [21] a.O. 33. – [22] 62. – [23] 108. – [24] H. M. CHALYBÄUS: Entwurf eines Systems der W. (1846) 64. – [25] K. FISCHER: Logik und Met. oder W. (1852), hg. H.-G. GADAMER (1998) 19. 21. 27. – [26] W. WUNDT: Logik 3 (1908, ⁴1921) 678. – [27] Vgl. E. CASSIRER: Das Erkenntnisproblem in der Philos. und Wiss. der neueren Zeit 3 (1920). Ges. Werke, hg. B. RECKI 4 (2000) 192. – [28] Vgl. W. WINDELBAND: Platon (1900, ²1920) 65; B. BAUCH: Wahrheit, Wert, Wirklichkeit (1923) 21. – [29] Vgl. A. RIEHL: Der philos. Kritizismus. Gesch. und System. Zur Wiss.theorie und Met. 3 (²1926) 15; O. KÜLPE: Die Philos. der Gegenwart in Deutschland (1902, ⁴1908) 7; vgl. Art. ‹Erkenntnistheorie; Erkenntnislehre; Erkenntniskritik›. Hist. Wb. Philos. 2 (1972) 683-690. – [30] E. HUSSERL: Log. Unters. I, § 6 (1900, ²1913) 16. Husserliana 18 (Den Haag 1975) 32. – [31] O. LIEBMANN: Die Klimax der Theorien. Eine Unters. aus dem Bereich der allg. W. (1884, ²1914) 7; H. MAIER: Logik und Erkenntnistheorie, in: B. ERDMANN/W. WINDELBAND u.a. (Hg.): Philos. Abh. Ch. Sigwart zu seinem 70. Geb. (1900) 219-248, 248. – [32] BAUCH, a.O. [28] 25. – [33] R. CARNAP: Der Raum. Ein Beitrag zur W. (1922); vgl. Formalwiss. und Realwiss. Erkenntnis 5 (1935) 30-37, 30; Log. Syntax der Sprache (1934, ²1968) 205; zu Carnaps Abgrenzung von W. und Wiss.logik vgl. G. KÖNIG: Was heißt Wiss.theorie? (1971) 37f. – [34] Vgl. P. OPPENHEIM: Die natürl. Ordnung der Wiss.en. Grundgesetze der vergleichenden W. (1926) 2, 281; R. HÖNIGSWALD: Grundprobleme der W. Über die Struktur der Physik, Kausalität (1940), in: Schr. aus dem Nachl., hg. G. WOLANDT/H. SCHMIDT 5 (1965); A. WELLMER: Methodologie als Erkenntnistheorie. Zur W. Karl R. Poppers (1967); K. HOLZKAMP: Wiss. als Handlung. Versuch einer neuen Grundlegung der W. (1967); R. SCHAEFFLER: Glaubensreflexion und W. Thesen zur Wiss.theorie und Wiss.geschichte der Theologie (1980). – [35] K. LEWIN: W. (1925-28). Werkausg., hg. C. F. GRAUMANN 2 (1983) 329. – [36] Über Idee und Aufgabe der vergleichenden W. (1925), a.O. 1 (1981) 50. 53. 74. – [37] a.O. 75. – [38] M. WEBER: Ges. Aufsätze zur W., hg. J. WINCKELMANN (⁷1988) IX. – [39] Vgl. G. WEIPPERT: Aufsätze zur W. 1-2 (1966f.). – [40] J. MEURERS: Kleine W. (1970) 8.

Literaturhinweise. P. ROSSI (Hg.): Bolzano's W. 1837-1987 (Florenz 1992). – W. H. SCHRADER (Hg.): Die Grundlage der gesammten W. von 1794/95 und der transzendentale Standpunkt. 200 Jahre W. (Amsterdam 1997).

T. VAN ZANTWIJK

Wissenschaftslogik (engl. logic of science; frz. logique de la science). Der Begriff ‹W.› ist zum ersten Mal wohl 1932 in Beiträgen von E. ZILSEL und R. CARNAP zur Debatte um den Protokollsatz (s.d.) nachweisbar und wird von Carnap ab 1934 in einer Reihe von Beiträgen weiter verwendet [1]. Der hierfür in der englischen Übersetzung gebräuchliche Terminus ‹Logic of Science› [2] verweist dagegen auf eine ältere Begriffsgeschichte: Bereits 1837 betont W. WHEWELL mit Bezug auf die Mechanik die Notwendigkeit, die der Induktion (s.d.) eigentümlichen Regeln des Schließens von besonderen Tatsachen auf allgemeine Wahrheiten in einer neuen «Logik der Induktion» zu etablieren («the Logic of Induction has not yet been constructed») [3], wobei er den begründungstheoretischen Anspruch der induktiven und der deduktiven Logik parallelisiert [4]. J. S. MILL diskutiert diesen Anspruch kritisch, wobei er allgemein von «Dr. Whewell's theory of the logic of science» spricht [5]. Dabei betont Mill noch, daß es keine genuine W. gebe, vielmehr wäre «a complete logic of the sciences would be also a complete logic of practical business and common life» [6]. Ab 1865 verwendet dann CH. S. PEIRCE den Begriff für eine Methodologie der Wissenschaften [7]. Peirce analysiert u.a., wie wir zu Überzeugungen und klaren Ideen gelangen, entwickelt eine Wahrscheinlichkeitstheorie und untersucht die Schlußverfahren Deduktion, Induktion und Hypothesis (später: Abduktion, s.d.) als Methoden zur Erlangung wahrer Überzeugungen in den Wissenschaften.

Auch im deutschen Sprachraum wurde der Terminus ‹Logik der Wissenschaften› als Bezeichnung für eine Methodenlehre verwendet. So behandelt W. WUNDT unter den Titeln «Logik der exakten Wissenschaften» und «Logik der Geisteswissenschaften» detailliert die besonderen Methoden der verschiedenen Einzelwissenschaften [8]. Kritisch dazu äußert sich B. ERDMANN: Eine allgemeine Methodenlehre, die als Teil der Logik gelten könne, dürfe nur die allen Wissenschaften gemeinsamen Methoden zum Gegenstand haben. «Es gibt keine Logik der Einzelwissenschaften», «die Ausdrücke 'Logik der Mathematik, der Natur- und der Geisteswissenschaften' bleiben irreführend» [9].

In P. NATORPS Verständnis verbindet sich die Auffassung von einer Logik der Wissenschaft als einer allgemeinen Methodenlehre mit der an Kant anknüpfenden Aufgabenstellung, die Gültigkeit der letzten Voraussetzungen der Wissenschaften sicherzustellen. Während das Denken in den Wissenschaften auf einen besonderen Gegenstand gerichtet sei, frage die Logik nach den Gesetzen, «wonach dieser und überhaupt ein Gegenstand der Wissenschaft sich zum Gegenstand erst gestaltet». Das «nicht mehr bloß voraussetzlich Gültige», dessen Bestimmung Aufgabe der Logik sei, sei jedoch nicht als Erkenntnis eines vermeintlich gegebenen letzten Gegenstandes zu verstehen, sondern als das Gesetz eines Prozesses, welches die Richtung des nie abschließbaren Ganges der Erkenntnis ins Unendliche vorausbestimme. W. habe damit die Aufgabe, die «Gesetze des Wissenschaffens» aufzuweisen. Mit dieser «genetischen Ansicht der Erkenntnis» geht die Vorrangstellung der Synthesis gegenüber der Analysis und die Ablehnung der formalistischen Auffassung von Logik einher [10].

Die Verwendung des Begriffs ‹Logik der Wissenschaft›, insofern damit eine starke Orientierung an Methodenfragen verbunden ist, findet in K. R. POPPERS Begriff ‹Logik der Forschung› eine Fortsetzung [11]. Dagegen stellt CARNAPS Begriff der W. einen Bruch mit der Tradition dar: Wenngleich sich bei Carnap immer noch eine explizite Gleichsetzung von ‹W.› und ‹logische Methodologie› findet, ist das Ziel nicht mehr die Untersuchung von Methoden zur Gewinnung wissenschaftlicher Erkenntnisse, sondern die logische Untersuchung der Wissenschaft auf der Grundlage einer Rekonstruktion ihrer Sätze in einer formalen Kunstsprache.

Da nach Carnaps ursprünglicher Auffassung die logischen Eigenschaften der Sprache nur von ihrer syntaktischen Struktur abhängen, nicht jedoch von Sinn und Bedeutung ihrer Sätze und Zeichen, wird die Logik zu einem Teil der Syntax. Und da Wissenschaft als die Gesamtheit der anerkannten Sätze aufgefaßt wird, ergibt sich das Resultat: «W. (logische Methodologie) ist nichts anderes als Syntax der Wissenschaftssprache» [12]. Dem Nachweis dieser These dient die Unterscheidung zwischen Objektsätzen, die sich auf Objekte wie Zahlen oder raum-zeitliche Gegenstände beziehen, und syntaktischen Sätzen, die über Eigenschaften und Beziehungen sprachlicher Ausdrücke reden. Wie Carnap zu zeigen versucht, sind alle legitimen Sätze der W., die in ihrer üblichen Formulierung in der «inhaltlichen Redeweise» den Anschein erwecken, sich auf Objekte zu beziehen, nur Pseudo-Objektsätze, da sie in Sätze der «formalen Redeweise» übersetzt werden können, die nur von formalen Eigenschaften von Sprachgebilden reden. Und das gleiche gelte von Sätzen, welche von der Bedeutung von Wörtern oder dem Sinn von Sätzen zu reden scheinen [13].

Carnap verbindet seine Charakterisierung der W. mit der weitreichenden These, daß es außer den Objektsätzen der empirischen Wissenschaften und den syntaktischen Sätzen der W. überhaupt keine weiteren sinnvollen Sätze gibt. Die Übersetzbarkeit in die formale Redeweise tritt damit als Sinnkriterium (s.d.) für die Sätze der W. neben das für Objektsätze geltende Kriterium der Verifikation (s.d.). Damit wird insbesondere der Anspruch der mit Metaphysik identifizierten traditionellen Philosophie zurückgewiesen, eine Disziplin mit einem eigenen, nicht-empirischen Gegenstandsbereich zu sein. An die Stelle «des unentwirrbaren Problemgemenges, das man Philosophie nennt, tritt die W.». Und aufgrund der Identifikation von W. mit Syntax folgt: «all theses and questions of philosophy (in our sense of the word) belong to logical syntax. The method of logical syntax, that is, the analysis of the formal structure of language as a system of rules, is the only method of philosophy» [14].

Die Methode der logischen Syntax besteht dabei in der Entwicklung der analytischen Konsequenzen aus den syntaktischen Regeln (Form- und Umformungsregeln) der betreffenden Sprache. Strenggenommen besteht damit die gesamte Syntax einer Sprache aus Definitionen und aus (auf den Definitionen beruhenden) analytischen Sätzen [15]. Syntaktische Sätze können dabei als Behauptungen über die Syntax bestimmter vorgegebener Sprachen oder als Vorschläge für die Aufstellung neuer Sprachen gemeint sein. Im zweiten Fall handelt es sich um konventionelle Festsetzungen, die nicht wahr oder falsch, sondern nur mehr oder weniger brauchbar für vorgegebene Zwecke sind. Diese im ‹Toleranzprinzip› (s.d.) ausgedrückte Auffassung von W. verbindet Carnap mit POPPERS konventionalistischer Auffassung seiner Methodenlehre [16]. Trotz ihres konventionellen Charakters kann W. nach CARNAP nicht losgelöst von der empirischen Wissenschaft betrieben werden. Auch wenn ein Vorschlag zu einer syntaktischen Neugestaltung prinzipiell gesehen eine frei wählbare Festsetzung ist, muß diese in Anlehnung an den tatsächlichen Sprachgebrauch in praktisch brauchbarer und fruchtbarer Weise getroffen werden [17]. An dieser Stelle nimmt Carnap bereits seine spätere Methode der Explikation (s.d.) vorweg.

Wenngleich Carnap zeitlebens die Thesen aufrechterhält, daß W. der einzig sinnvolle «Restbestand» der Philosophie sei und aus einer logischen Analyse der Wissenschaftssprache zu bestehen habe, so revidiert er später die Auffassung, daß sich diese in einer syntaktischen Untersuchung erschöpfe. Während er die Pragmatik zunächst noch als empirisch-behavioristische Ergänzung zur W. auffaßt, wird die Semantik unter dem Einfluß von A. TARSKI von ihm bald als unverzichtbarer Teil derselben anerkannt [18]. Erst später akzeptiert CARNAP auch die Pragmatik als sprachlogische Teildisziplin [19].

Obwohl Carnaps durch den Begriff ‹W.› bezeichnetes Programm einer Analyse der Wissenschaftssprache einflußreich blieb, hat sich seine enge terminologische Bestimmung von ‹W.› nicht durchgesetzt: Spätere Autoren verwenden den Begriff gewöhnlich wieder synonym mit ‹Wissenschaftstheorie› (s.d.) oder ‹Methodologie› (s.d.) [20]. Maßgeblich dafür dürften diejenigen Gründe sein, die für die Problematisierung des logisch-empiristischen Paradigmas im ganzen zu benennen sind: die (bereits immanent artikulierte) Kritik am engen empiristischen Sinnkriterium für Objektsätze [21], die Destruierung der für die Unterscheidung von Objektsätzen und Sätzen der W. unabdingbaren Dichotomie zwischen analytischen und synthetischen Sätzen [22] sowie die wachsende Kritik an der Unterscheidung von Entdeckungs- und Begründungszusammenhang innerhalb der sog. 'New Philosophy of Science' [23]. Eine Kritik an der Carnapschen W. aus der Sicht einer an Kant und Peirce orientierten transzendentalen Sprachpragmatik findet sich bei K.-O. APEL [24].

Anmerkungen. [1] E. ZILSEL: Bem. zur W. Erkenntnis 3 (1932/33) 143-161; R. CARNAP: Erwiderung auf die vorstehenden Aufsätze von E. Zilsel und K. Duncker, a.O. 177-188; Über Protokollsätze, a.O. 215-228; Die Aufgabe der W. (Wien 1934); Die log. Syntax der Sprache (Wien 1934, [2]1968) 7. 205-210. 259ff.; Von der Erkenntnistheorie zur W., in: Actes du congr. int. de philos. scient. 1: Philos. scient. et empirisme log. (Paris 1936) 36-41. – [2] CARNAP: The log. syntax of language (London 1937) 7. 279-284. 331ff.; On the character of philos. problems. Philos. Sci. 1 (1934) 5-19; ND, in: Philos. Sci. 51 (1984) 5-19. – [3] W. WHEWELL: Remarks on math. reasoning and on the logic of induction. From the mechanical Euclid (1837), in: The philos. of the inductive sci. 2 (1840, [2]1847) 595-623, 616. – [4] The philos. of the induct. sci., a.O. 51. 74. 87-89. 92f. 469f. – [5] J. S. MILL: A system of logic ratiocinative and inductive III, 2, § 5 (London 1843, [3]1868) 1, 352; dtsch.: System der deduct. und induct. Logik 2 ([10]1879) 360. – [6] III, 1, § 2, a.O. 328; vgl. II, 3, § 5, a.O. 228; dtsch. 334; vgl. 239. – [7] CH. S. PEIRCE: The logic of sci. Harvard lect. (1865). Writings, hg. M. H. FISCH 1: 1857-1866 (Bloomington 1982) 162-302; The logic of sci. or, induction and hypothesis. Lowell lect. (1866), a.O. 358-504; Illustrations of the logic of sci. (1877/78). Writings, hg. CH. J. W. KLOESEL 3: 1872-1878 (Bloomington 1986) 242-338. – [8] W. WUNDT: Logik. Eine Unters. der Prinzipien der Erkenntnis und der Methoden wissenschaftl. Forschung 1-2 (1880/83), 1-3 ([4]1919-21). – [9] B. ERDMANN: Logik. Log. Elementarlehre ([3]1923) 52. – [10] P. NATORP: Die log. Grundlagen der exakten Wiss.en (1910) 10-16. – [11] K. R. POPPER: Logik der Forschung (1934, [9]1989) 22-28, bes. 27f. – [12] CARNAP: Die log. Syntax, a.O. [1] 7. – [13] a.O. 207-243. – [14] 205; Philosophy and log. syntax (London 1935) 99. – [15] Die Aufgabe, a.O. [1] 7-12. – [16] POPPER, a.O. [11] 25f. – [17] CARNAP: Die log. Syntax, a.O. [1] 226. 259f. – [18] Found. of logic and math. (Chicago 1939) 6; Introd. to semantics (Cambridge, Mass. 1948) 8-11. 250. – [19] Die log. Syntax, a.O. [1] VII (Vorwort zu [2]1968); On some concepts of pragmatics. Philos. Studies 6 (1955) 85-91. – [20] Vgl. etwa: R. KÖHLER: Theoret. Systeme der Betriebswirtschaftslehre im Lichte der neueren W. (1966) V: neben CARNAP werden auch POPPER und H. ALBERT als Schöpfer einer W. in Anspruch genommen; für weitere Vorkommen vgl. P. F. LAZARSFELD: Philos. of sci. and empirical social research, in: E. NAGEL/P. SUPPES/A. TARSKI (Hg.): Logic, methodology, and philos. of sci. (Stanford 1962) 463-473; dtsch.: W. und empir. Sozialforschung, in: E. TOPITSCH (Hg.): Logik der Sozialwiss.en (1980, [12]1993) 37-49; W. L. WALLACE: The logic of sci. (New York 1971); J. ZELENÝ: Die W. bei Marx und ‹Das Kapital› (1973); T. SARRAZIN: Ökonomie und Logik der hist. Erklärung. Zur W. der New Economic History (1974); CH. HUBIG: Dialektik und W. Eine sprachphilos.-handlungstheoret. Analyse (1978); F.-J. CLAUSS: W. und Sozialökonomie. Über die formalist. Degeneration einer Wiss. (1981). – [21] C. G. HEMPEL: Problems and changes in the empiricist theory of meaning. Rev. int. Philos. 11 (1950) 41-63; The concept of cognitive significance: A reconsideration. Proc. amer. Acad. Arts Sci. 80 (1951) 61-77. – [22] W. V. O. QUINE: Two Dogmas of empiricism. Philos. Review 60 (1951) 20-43. – [23] S. TOULMIN: The philos. of sci. (London 1953); N. R. HANSON: Patterns of discovery (Cambridge 1958); TH. S. KUHN: The structure of scient. revolutions (Chicago 1962); vgl. Art. ‹Theorie II.›. Hist. Wb. Philos. 10 (1998) 1146-1154, bes. 1152-1154 (Lit.). – [24] K.-O. APEL: Zur Idee einer transz. Sprachpragmatik. Die Dreistelligkeit der Zeichenrelation und die «abstractive fallacy» in den Grundlagen der klass. Transz.philos. und der sprachanalyt. W., in: J. SIMON (Hg.): Aspekte und Probleme der Sprachphilos. (1974) 283-326; Der semiot. Pragmatismus von Ch. S. Peirce und die «abstractive fallacy» in den Grundlagen der Kantschen Erkenntnistheorie und der Carnapschen W., in: A. J. BUCHER/H. DRÜE/TH. M. SEEBOHM (Hg.): Bewußt sein (1975) 49-58.

C. KLEIN

Wissenschaftssoziologie (engl. sociology of science; frz. sociologie de la science). Die W. als ein Zweig der Wissenschaftsforschung (s.d.) ist unter der Fragestellung entstanden, wie in einer Gesellschaft 'gesichertes Wissen' entstehen kann. Parallel zur Wissenssoziologie (s.d.) geht es um die Frage, wie das Wissen produziert wird und den Status sozialer Fakten erlangt. In der W. wird diese Frage zugespitzt auf die Entstehungs- und Akzeptanzbedingungen desjenigen Wissens, das als 'gesichert' bzw. als 'wahr' gilt. Als Begründer der funktionalistischen (auch: institutionalistischen) W. gilt R. K. MERTON, der nach den funktionalen sozialen Bedingungen der Wissenschaft fragt und aus den realen historischen Entstehungsbedingungen ein Normensystem («scientific ethos») destilliert [1]. Die Merton-Schule konzentriert ihr Interesse auf die wissenschaftsinternen sozialen Strukturen und Prozesse (z.B. die Genese und Wirkung wissenschaftlicher Reputation) [2].

Unter dem Einfluß von TH. S. KUHNS ‹Struktur wissenschaftlicher Revolutionen› [3] und der Wende in der Wissenschaftsphilosophie zur 'naturalisierten' Erkenntnistheorie nimmt die W. eine wissenssoziologische Orientierung ein. Zunächst ist dies das Konzept einer 'kognitiven' W., die soziale Normen und Paradigmen als gleichermaßen handlungsorientierend versteht und damit die Undifferenziertheit des Mertonschen Ethos gegenüber den spezifischen Inhalten der Wissenschaft überwinden will [4].

D. BLOORS «strong programme» und daran anschließende Arbeiten folgen K. Mannheims Wissenssoziologie, indem sie soziale Interessen als Erklärungsfaktoren für die Geltung von 'wahrem' und 'falschem' Wissen verantwortlich zu machen suchen [5]. Dieser Ansatz kann insofern als gescheitert gelten, als weder der Interessenbegriff theoretisch geklärt und ausreichend differenziert noch die kausale Beziehung zu wissenschaftlichen Inhalten belegbar ist.

Theoretische Unterdeterminiertheit und Theorieabhängigkeit von Beobachtungen verweisen auf die Rolle der Forscher. In mikrosoziologischen Analysen des Labors (sog. Laborstudien) wird die soziale Konstruktion wissenschaftlicher Tatsachen betrachtet [6]. So rücken die materiellen und kontextuellen Bedingungen der Erzeugung von Fakten, schließlich auch die Wechselbeziehungen zwischen Theorie, Beobachtung und Instrumenten ins Zentrum [7]. Diese Hinwendung zur Praxis des Forschungsprozesses hat maßgeblich zur Korrektur der rationalistischen Wissenschaftsauffassung beigetragen.

Institutionalistische (Merton) und wissenssoziologische W. stehen seit den 1970er Jahren in einem Spannungsverhältnis. Die vorrangige Orientierung gilt der

'Soziologisierung' der Erkenntnistheorie, die erfolgsbedingt an Bedeutung verloren hat, so daß makrosoziologische Fragen wieder an Interesse gewinnen. Es geht um die gesellschaftliche Verteilung und die Folgen wissenschaftlichen Wissens und Nichtwissens, die institutionelle Verlagerung und damit die Veränderung der Steuerungsmechanismen der Wissensproduktion (Selbststeuerung vs. Fremdsteuerung) sowie um die Kopplungen des Wissenschaftssystems mit anderen gesellschaftlichen Funktionssystemen (Politik, Wirtschaft, Medien) und die Folgen für die Geltung wissenschaftlichen Wissens [8]. Diese Ansätze stehen nicht im Gegensatz zu den wissenssoziologischen Mikrostudien, sondern ergänzen sie.

Die W. ist organisatorisch seit langem in eine vorwiegend sozialwissenschaftlich orientierte, interdisziplinäre Wissenschaftsforschung eingebettet.

Anmerkungen. [1] R. K. MERTON: Sci. and technology in a democratic order. J. legal polit. Sociology 1 (1942/72) 115-126. – [2] N. W. STORER: The social system of sci. (New York 1966). – [3] Vgl. Art. ‹Revolution, wissenschaftliche›. Hist. Wb. Philos. 8 (1992) 990-996. – [4] P. WEINGART: On a sociolog. theory of scient. change, in: R. WHITLEY (Hg.): Social processes of scient. development (London 1974) 45-68; R. WHITLEY: The intellectual and social organisation of the sci. (Oxford 1984). – [5] D. BLOOR: Knowledge and social imagery (London 1976). – [6] B. LATOUR/S. WOOLGAR: Laboratory life: The social construction of scient. facts (Princeton 1979); K. KNORR-CETINA: Die Fabrikation von Erkenntnis (1984). – [7] A. PICKERING: Living in the material world: On realism and experimental practice, in: D. GOLDING u.a. (Hg.): The uses of experiment. Studies in the natural sci. (Cambridge 1989). – [8] N. LUHMANN: Die Wiss. der Gesellschaft (1990); P. WEINGART: Die Stunde der Wahrheit? (2001).

P. WEINGART

Wissenschaftstheorie; Wissenschaftsphilosophie (engl. philosophy of science; frz. philosophie des sciences)

1. ‹Wissenschaftstheorie› [Wth.] bzw. ‹Wissenschaftsphilosophie› [Wph.] im allgemeinsten Sinne sind Benennungen für die theoretische Reflexion auf Grundlagen, Methoden und Zielsetzungen (z.T. auch bezogen auf die historische Entwicklung und die Anwendung von Wissenschaft in ihrer Gesamtheit oder auf Einzelwissenschaften). Während sich eine solche Reflexion auf Wissenschaft als Ganzes bis auf Aristoteles' ‹Analytica posteriora› zurückverfolgen und in der theoretischen Philosophie seitdem fast durchgehend nachweisen läßt [1], kommt es zu den Begriffsverbindungen ‹Wth.› bzw. ‹Wph.› offenbar erst in der zweiten Hälfte des 18. Jh., in der sich auch verwandte Ausdrücke wie ‹Philosophie der Philosophie› (s.d.), ‹Wissenschaftskunde› [2] oder ‹Wissenschaftslehre› (s.d.) ausbilden und Untersuchungen zu einer eigenen Logik [3], einer Architektonik (s.d.), einer Enzyklopädie [4] oder einer Methodologie [5] der Wissenschaften in allgemeiner Absicht auftreten: Erst nachdem Wissenschaft sich ab der frühen Neuzeit aufgrund ihrer spezifischen Erkenntnisinteressen, Methoden und Ziele von der Philosophie auszudifferenzieren beginnt und eigene Institutionen etabliert, gewinnt sie eine 'Gegenständlichkeit', die einer eigenen theoretischen (ordnenden, analysierenden, begründenden, kritisierenden) Reflexion auf Wissenschaft als selbst schon theoretischem Tun fähig und bedürftig erscheint.

2. Dies trifft auf die Ausbildung des Kompositums ‹Wth.› bzw. des Ausdrucks ‹Theorie der Wissenschaft› als Bezeichnung für eine spezifisch metatheoretische Tätigkeit zu, wobei neben dem älteren Verständnis von Theorie als 'geistiger Schau' eines bestimmten Gegenstandsbereiches auch das spätestens seit I. KANT dominierende Verständnis von Theorie als Reflexion auf eine bestimmte Praxis [6] bedeutsam ist. Die Begriffe ‹Theorie› und ‹Philosophie› werden – wohl in Absetzung von der wissenschaftlichen Praxis selbst – bereits von der Mitte des 18. Jh. an zunehmend auf die «schönen Wissenschaften» angewandt [7]. Der Kantianer C. CH. E. SCHMID dürfte aber im Jahre 1794 der erste gewesen sein, der in dezidiert allgemeiner und grundlagenorientierter Absicht von einer «Theorie der Wissenschaft» überhaupt spricht [8]. Schmid setzt Wissenschaft als System im Sinne Kants [9] als gegeben voraus und bestimmt die Theorie der Wissenschaft allgemein als die «Wissenschaft von den Regeln der Wissenschaft» [10], wobei sein Interesse auf den reinen, apriorischen Teil gerichtet ist, der im wesentlichen die «Vollständigkeit oder Allgemeinheit», «reine Wahrheit», «Unveränderlichkeit», «Gründlichkeit», «systematische Einheit» und «Notwendigkeit» der Wissenschaft sicherstellen soll [11]. Daneben kennt Schmid aber auch eine «angewandte Theorie der Wissenschaft» im Sinne einer auf Einzelwissenschaften, deren Besonderheiten und (z.T. kontingente) Anwendungsbedingungen abzielenden Wissenschaftspragmatik [12]. Trotz dieser Ansätze ist sein Beitrag primär als Programm einer im einzelnen erst noch auszuarbeitenden Wth. zu verstehen [13]. In wesentlich vagerer und ganz auf die Zukunft verweisender Form wird zeitgleich auch in den Pariser Ecoles normales der Ruf nach einer Theorie der Wissenschaften und Künste («la théorie des sciences et des arts») laut [14].

Früher als von einer ‹Theorie› ist von einer allgemeinen ‹Philosophie› der Wissenschaften die Rede. J. LE R. D'ALEMBERT weist, ohne den Ausdruck zu gebrauchen, der Philosophie faktisch die Rolle einer Metatheorie zu: Sie soll über dem «Labyrinth» des Wissens stehen und «von einem überlegenen Standpunkt aus gleichzeitig die hauptsächlichen Künste und Wissenschaften erfassen können» [15]. Die Systematisierung und methodologische Reflexion der einzelnen Disziplinen versteht er als eine zentrale Aufgabe der Philosophie [16]. D. DIDEROT spricht dann explizit von einer «Philosophie des sciences» [17]. Richtig verstanden und ausgedrückt, haben nach Diderot aber alle Wissenschaften und Künste ihre eigene Philosophie («toutes les sciences, tous les arts ont-ils leur philosophie»), und deren Aufgabe ist es, den Einzelwissenschaften Gründewissen bereitzustellen und dieses sprachlich adäquat darzustellen: «Decouvrir ces raisons & les assigner, c'est donc donner la Philosophie des sciences susdites» [18].

3. Trotz dieser frühen und einschlägigen Verwendung finden die Bezeichnungen ‹philosophie des sciences› bzw. ‹philosophie de la science› und deren englische und deutsche Äquivalente zunächst keine Verbreitung. Wenn vom Ende des 18. Jh. an ‹Philosophie› auf den Bereich der Wissenschaften als solchen angewandt wird, geschieht dies nicht in bezug auf die (eine) Wissenschaft oder die Wissenschaften in ihrer Gesamtheit, sondern in bezug auf die verschiedenen Einzelwissenschaften. So scheint 1795 J. F. FRIES [19] – noch vor NOVALIS [20], K. CH. F. KRAUSE [21], J.-M. H. DE WRONSKI [22] und anderen [23] – der erste zu sein, der die Notwendigkeit einer «Philosophie der Mathematik» betont, die er später auch als «eigene Wissenschaft, Mathesis prima» unter dem Leitproblem: «woher kommt uns die mathematische Erkenntniß und welche Ansprüche hat sie im ganzen System der menschlichen Ueberzeugungen zu machen?»

näher ausführt [24]. Fast zeitgleich begegnen in Reflexion auf die Naturwissenschaften auch ‹Beyträge zur Philosophie der Physik und Chemie› [25], später auch eine ‹Philosophische Physik› [26] und sogar – mehr als ein halbes Jahrhundert vor W. Wundt [27] und W. Ostwald [28] – eine eigene ‹Philosophie der Chemie› [29], die sich ausdrücklich gegen philosophische Ansprüche von seiten der Chemie selber abzusetzen sucht [30]. Eine ‹Philosophie der Medizin› verfaßt schon 1808 J. Ch. A. Grohmann [31]. G. R. Treviranus dagegen behandelt 1802 die neue Disziplin Biologie (s.d.), deren (von ihm mitgeprägte) Bezeichnung ja dem Wortursprung nach ihrerseits bereits eine begrifflich-systematische Ordnung des Lebendigen leisten soll, noch als der Philosophie neben- und nicht (als deren Gegenstand) nachgeordnet [32]. In den Geisteswissenschaften begegnen Bezeichnungen für einzelwissenschaftlich orientierte Metatheorien teils in Umdeutungen bereits vorhandener Begriffe (wie im Falle von ‹Hermeneutik› und ‹Historik›), teils unter den Begriffen ‹Theorie›, ‹Methodologie› oder auch ‹Wissenschaftslehre› [33]. Von einer «Logik der Geisteswissenschaften» ist im Deutschen offenbar erst im Anschluß an J. S. Mills Ausdehnung seiner – an den Naturwissenschaften entwickelten – Methodenlehre auf die «moral sciences» die Rede [34].

4. Ein allgemeiner, die Einzelwissenschaften übergreifender Begriff von Wph. findet erst vom zweiten Drittel des 19. Jh. an häufiger Verwendung. Als Vorläufer kann hier A. Comte angesehen werden, der – ausgehend von Plänen für eine Philosophie der Mathematiken («la philosophie des mathématiques») unter Einbeziehung ihrer Wechselwirkungen mit anderen 'positiven' Wissenschaften [35] – um 1819 die Notwendigkeit einer allgemeinen Wph. konstatiert («Nécessité de la philosophie des sciences, en général») [36]. Offenbar anknüpfend an C.-H. Saint-Simon, entwickelt Comte die – später in modifizierter Form näher ausgeführte – Vorstellung, unter dem Einfluß einer Verwissenschaftlichung der Politik könne sich eine solche Wechselwirkung zwischen den Einzelwissenschaften, ihren jeweiligen Philosophien («les philosophies particulières») und der allgemeinen Philosophie («la philosophie générale») einstellen, daß schließlich in einer künftigen, wahrhaft wissenschaftlichen Epoche («la véritable époque scientifique») die allgemeine Philosophie selbst zur positiven Wissenschaft werde [37]. Gegenüber dieser vorwiegend geschichtsphilosophisch motivierten und recht vage bleibenden Forderung nach einer allgemeinen Wph. ist der wenig später erscheinende ‹Essai sur la Philosophie des Sciences› A.-M. Ampères von einem spezifischen systematischen Interesse an der Naturwissenschaft («la physique générale») geleitet: Ampère geht es einmal um ihre Definition und Abgrenzung [38], zum anderen um eine adäquate Klassifizierung ihrer Einzeldisziplinen im Kontext aller Wissenschaften [39]. Die Grundunterscheidung von Naturwissenschaften («les sciences cosmologiques») und Geisteswissenschaften («les sciences noologiques») bleibt, wie sein Bemühen um den Aufweis einer 'natürlichen Klassifikation' insgesamt, im wesentlichen eine gegenstandsorientierte, wenngleich er den Anspruch erhebt, auch forschungsleitende theoretische Gesichtspunkte zu berücksichtigen [40]. Ein solcher Anspruch wird dann nicht nur erhoben, sondern auch eingelöst in W. Whewells Werk, das als wegweisend für die weitere Wph. der Naturwissenschaften gelten kann. Ausgehend von einer reichen Geschichte wissenschaftlicher Entdeckungen heißt es: «we shall have a Philosophy of Science, such as our times may naturally hope for: – we shall have the New Organon of Bacon, renovated according to our advanced intellectual position and office» [41]. Whewell möchte das Programm einer neuen Wph. vorstellen, ohne zu beanspruchen, bereits über die ersten Schritte hinausgehen zu können: «The Philosophy of Science ... would imply nothing less than a complete insight into the essence and conditions of all real knowledge, and an exposition of the best methods for the discovery of new truths» [42]. Wie Ampère orientiert sich auch Whewell auf seinem Weg zunächst an den Naturwissenschaften («physical sciences») [43], setzt diese aber bereits als 'historische Formationen', d.h. in ihrer (bes. methodologisch bestimmten) Ausdifferenzierung, voraus und will von deren Analyse zu einer allgemeinen, alle Wissenschaften umspannenden Wph. gelangen [44]. Seine enge Bezugnahme der Wph. auf die Wissenschaftsgeschichte wird nicht nur für nachfolgende Entwürfe des 19. Jh. (wie etwa die E. Machs und P. Duhems), sondern auch für die Wph. des späteren 20. Jh. einflußreich. Ebenso wird die starke methodologische Orientierung seines Werkes vorbildhaft für spätere Untersuchungen. Whewell selbst sieht dabei die erkenntnistheoretische Prämisse seines Versuchs, zwischen einem traditionellen, rationalistisch gefärbten Deduktivismus und einem ebenso einseitigen Induktivismus zu vermitteln [45], geradezu als konstitutiv für Wph. überhaupt an: «The antithesis of Sense and Ideas is the foundation of the Philosophy of Science» [46].

Nimmt man Schmid aus, kommt es unter der Bezeichnung ‹Wth.› erst in der zweiten Hälfte des 19. Jh. zu einer annähernd vergleichbaren Systematisierungsleistung. F. A. Trendelenburg, der ähnlich wie Whewell eine spezifische, methodologisch zu fassende Eigenständigkeit der Einzelwissenschaften anerkennt [47], spricht ab 1861 von einer «Theorie der Wissenschaft», die Metaphysik und Logik einschließt [48]: «Erst aus beiden Beziehungen lässt sich die innere Möglichkeit des Wissens verstehen» [49]. Sein Schüler E. Dühring führt – wohl zuerst 1875 – die Verkürzung ‹Wth.› ein und nimmt sie 1878 in den Titel seiner Abhandlung ‹Logik und Wth.› auf, in der er die «Vollendung der Logik in einer umfassenden Wth.» propagiert [50]. Neben dem bereits für Ampères Wph. leitenden klassifikatorischen Interesse macht Dühring u.a. auch spezifische Eigenschaften von Wissenschaft wie deren Exaktheit, Mitteilungs- und Aneignungsform geltend, um sie als eigentümlichen Gegenstand der Wth. auszuweisen [51].

5. Liegen somit bereits deutlich vor dem Ende des 19. Jh. geschlossene und Allgemeinheit beanspruchende Abhandlungen unter den Begriffen ‹Wph.› bzw. ‹Wth.› vor, bleiben diese als Bezeichnungen für allgemeine Metatheorien doch über die Jahrhundertwende hinaus uneinheitlich. In Frankreich bildet sich eine von Kant beeinflußte Richtung unter der Bezeichnung «critique de la science» aus [52]. Ansonsten werden neben ‹Wph.› [53] und ‹Wth.› [54] vornehmlich ‹Logik der ...›, ‹Methodologie der ...› und ‹Erkenntnistheorie der ...› – auch in Kombination miteinander – verwendet [55]. In die philosophischen Lexika der Zeit findet wohl der traditionsreichere Begriff ‹Wissenschaftslehre› (s.d.) Eingang, nicht aber ‹Wph.› oder ‹Wth.› [56]. E. Husserl, der auf der Grundlage einer formalen Ontologie eine normative Wth. zu entwickeln sucht [57], um den in der frühen Neuzeit verlorengegangenen Zusammenhang von Logik (als «Fackelträgerin der Methode») und Wissenschaft [58] wiederzugewinnen («Logik als Wth.» [59]), bildet mit diesem Programm keine terminologische Verwendung von

‹Wth.› aus. Auch Wissenschaftler-Philosophen wie H. VON HELMHOLTZ, L. BOLTZMANN, H. POINCARÉ, P. DUHEM oder D. HILBERT, die vom späteren 19. Jh. an die metatheoretische Entwicklung ihrer Fachdisziplinen wesentlich bestimmen [60], fassen ihre diesbezüglichen – z.T. explizit 'anti-philosophisch' verstandenen – Reflexionen nicht unter die Begriffe ‹Wth.› oder ‹Wph.›. Dies gilt insbesondere auch für E. MACH, der 1895 in Wien den ersten Lehrstuhl für «Philosophie, insbesondere Geschichte und Theorie der induktiven Wissenschaften» einnimmt und somit Wth. bzw. Wph. erstmals auch institutionell innerhalb der Philosophie repräsentiert [61]. H. DINGLER, der sich vielfach auf Mach bezieht, bezeichnet seine Grundlagen- und Methodenreflexionen zu den 'exakten Wissenschaften' zwar regelmäßig als «Wth.» [62], spricht daneben aber auch von einer «Wissenschaftslehre» [63].

6. Ein weitgehend, wenn auch nicht durchgängig nachweisbarer Zug des mit dem Wiener Kreis (s.d.) sich formierenden logischen Empirismus ist die «Reduktion der Philosophie auf Wth.» [64]. Allerdings kommt dieser Zug zunächst nicht in einer einheitlichen 'metatheoretischen Begrifflichkeit' zum Ausdruck. R. CARNAP verwendet für sein Programm einer syntaktischen Analyse der Wissenschaftssprache den Terminus ‹Wissenschaftslogik› (s.d.). Andere Vertreter der Richtung wie K. LEWIN, V. KRAFT oder P. OPPENHEIM greifen auf den älteren Begriff ‹Wissenschaftslehre› (s.d.) zurück, der in der Zeit vielfach synonym mit ‹Wth.› gebraucht wird. Auch K. R. POPPER bevorzugt zunächst «Wissenschaftslehre» als Ausdruck für eine wesentlich methodologisch geprägte «philosophische Wissenschaft» [65] und verwendet erst später die Ausdrücke «theory of science» bzw. «Wth.» [66] und «philosophy of science» [67]. Als pragmatischer und wohl auch 'durchsetzungsbegünstigender' Vorzug von ‹Wth.› gegenüber ‹Wissenschaftslehre› erweist sich die Möglichkeit der Adjektivbildung ‹wissenschaftstheoretisch› [68]. O. NEURATH, der eine eigene «Theorie der Sozialwissenschaften» etablieren will [69], kritisiert in seinen diesbezüglichen Überlegungen zur Wissenschaftssystematik W. Wundts Festhalten am «heute so vieldeutigen Namen 'Logik'» [70]. Vor den Begriffen ‹Logik› und bes. ‹Wissenschaftslehre› [71] gibt er dem Begriff ‹Theorie› den Vorzug: «So wie wir Theorien brauchen, um die Dinge zu ordnen, so brauchen wir Theorien, um die Theorien zu ordnen» [72].

7. Erst im Zuge der Internationalisierung und Emigration des Wiener Kreises sowie der akademischen und publikatorischen Institutionalisierung einer Philosophy of Science im angloamerikanischen Raum [73] scheint es zu einer gewissen Vereinheitlichung unter eben dieser 'Dachbezeichnung' zu kommen. Diese schließt zunächst u.a. noch die Science of Science bzw. Sociology of Science ein, die sich bald ausdifferenzieren [74]. Bei aller Unterschiedlichkeit einzelner Teilströmungen [75] ist das einigende Band der Philosophy of Science im engeren Sinne dann ihre logisch-sprachanalytische Orientierung («Modern philosophy of science, thus construed, is a specialized part of analytical philosophy») [76]. Als 'harten theoretischen Kern' dieser Richtung kann man die Zweistufenkonzeption wissenschaftlicher Theorien [77] und die Theorie der deduktiv-nomologischen Erklärung auffassen [78]. Wenngleich gegen diese Engführung ein reichhaltigerer Begriff von Metatheorie geltend gemacht wird («Metascience should be, not only theory of theories, but also theory of acts» [79]), der neben Logik und Sprachanalyse sowie Methodologie auch die Psychologie, Soziologie und Geschichte der Wissenschaften zu integrieren sucht [80], bleibt die 'analytische Prägung' – und mit ihr zunächst auch eine Prävalenz der Naturwissenschaften (sciences) – erhalten.

Im deutschsprachigen Bereich bildet sich eine Konzeption «allgemeiner Wth.» aus, die unter Einbeziehung der angelsächsischen Philosophy of Science, aber auch der hermeneutischen Diskussion in der Theorie der Geisteswissenschaften (s.d.) das «systematische Anliegen, Wth. der Natur-, Sozial- und Geisteswissenschaften gleichermaßen zu betreiben», verfolgt [81]. Impliziert diese ihrer Idee nach neben der logischen und methodologischen Analyse der Wissenschaften auch deren Ontologie, Erkenntnistheorie und Metaphysik wie auch die Bereiche Wissenschaftspsychologie, -soziologie und -geschichte [82], bleibt doch das Verständnis von Wth. bis heute weitgehend von ihren logischen und methodologischen, in den letzten Jahrzehnten auch wieder von ihren historischen Analysen bestimmt. Unter den Naturwissenschaften tritt in neuerer Zeit die Physik als traditionelle 'Leitdisziplin' hinter die Biologie zurück, wodurch sich wichtige Berührungspunkte zwischen Wth. und der Philosophie des Geistes ergeben [83]. ‹Wph.› und ‹Wth.› werden in der deutschsprachigen Diskussion mittlerweile weitgehend synonym gebraucht.

8. In der jüngeren wissenschaftstheoretischen Diskussion ist – einem Vorschlag D. SHAPERES folgend [84] – die Bezeichnung ‹New Philosophy of Science› für eine wissenschaftsphilosophische Richtung geprägt worden, die gegen die ältere, logisch-methodologisch orientierte Philosophy of Science unter anderem [85] wieder – hierin durchaus an Comte, Whewell, Mach und Duhem anknüpfend – die Bedeutung wissenschaftshistorischer Untersuchungen für die Wph. betont. Über die New Philosophy of Science hinaus einflußreich wird hier insbesondere TH. S. KUHN [86]. I. LAKATOS bringt die inzwischen erfolgte 'Historisierung' der Wth. auf den 'Kantischen' Nenner: «Wph. ohne Wissenschaftsgeschichte ist leer, Wissenschaftsgeschichte ohne Wph. ist blind» [87].

Anmerkungen. [1] Bibl. dazu vgl. L. LAUDAN: Theories of scient. method from Plato to Mach: A bibliogr. review. Hist. Science 7 (1968) 1-63; J.-D. ROBERT: Philos. et science. Philos. and science. Eléments de bibliogr. (Paris 1968); Philos. et science. Philos. des sciences. Eléments de bibliogr. [Suppl. zu 1968]. Arch. Philosophie 33 (1970) 111-127. 295-324; G. KÖNIG: Allg. Bibliogr. zur Wth., in: H. ROMBACH: Wth. 2: Struktur und Methode der Wiss. (1974) 139-186. – [2] Vorbericht: J. J. ESCHENBURG: Lehrbuch der Wissenschaftskunde «Unterricht über die Gegenstände, über den Umfang und die Geschichte der Wiss.» (1792). – [3] Vgl. bereits: A. L. LAVOISIER: Mém. sur la nécessité de réformer et de perfectionner la nomenclature de la chimie (1787). Oeuvr. 5 (Paris 1892, ND 1965) 354-378, bes. 362: «Logique des sciences». – [4] Vgl. etwa: J. G. BUHLE: Grundzüge einer allg. Enzykl. der Wiss. (1790). – [5] Vgl. etwa: C. A. SCHALLER: Enzykl. und Methodologie der Wiss. (1812). – [6] Vgl. Art. ‹Theorie I.›. Hist. Wb. Philos. 10 (1998) 1128-1146, bes. 1136f. – [7] Vgl. etwa: J. F. RIEDEL: Theorie der schönen Künste und Wiss. (1767, [2]1774); J. N. EYRING (Hg.): Annalen der Philos. der schönen Wiss. und Künste (1778ff.); J. J. ESCHENBURG: Entwurf einer Theorie und Lit. der schönen Künste und Wiss. (1783, [2]1789); vgl. hierzu näher: A. DIEMER: Die Begründung des Wissenschaftscharakters der Wiss. im 19. Jh. – die Wth. zwischen klass. und mod. Wiss.konzeption, in: A. DIEMER (Hg.): Beiträge zur Entwicklung der Wth. im 19. Jh. (1968) 3-62, hier: 11. – [8] C. CH. E. SCHMID: Erste Linien einer reinen Theorie der Wiss. Philos. Journal für Moralität, Religion und Menschenwohl 3 (3) (1794) 348-362; ND, in: DIEMER (Hg.), a.O. 229-234; vgl. DIEMER, a.O. 12. – [9] SCHMID, a.O. 353; zu Kant vgl. Art. ‹Wissenschaft II.›. – [10] a.O. 349. – [11] Vgl. 349f. – [12] Vgl. 349. 361f. – [13] Vgl. 362. – [14] Vgl. Séances des Ecoles Normales, recueillies par des sténographes et revues par les professeurs (Paris 1794) VI. – [15] J. le R. d'Alembert: Disc. prél. de l'Encycl. (1751), frz.-dtsch., hg. E. Köhler (1955) 84/85. – [16] Vgl. a.O. 84ff. 108ff. – [17] D. Diderot: Art. ‹Philosophie›, in: D. Diderot/J. le R. d'Alembert: Encycl., ou Dict. raisonné des sciences, des arts et des métiers 12 (1765) 511-515, hier: 512. – [18] a.O. 512. – [19] J. F. Fries: Plan (1795) [unveröff.; erscheint in: Sämtl. Schr., hg. G. König/L. Geldsetzer Erg.bd.]; vgl. H. Pulte: «... sondern Empirismus und Speculation sich verbinden sollen». Historiograph. Überlegungen zur bisherigen Rezeption des wiss.theoret. Werkes von J. F. Fries und einige Gründe für dessen Neubewertung, in: W. Hogrebe/K. Herrmann (Hg.): J. F. Fries. Philosoph, Naturwissenschaftler und Mathematiker (1999) 57-94, hier: 74. – [20] Novalis: Allg. Brouillon, Nr. 487 (1798). Schr., hg. P. Kluckhohn/R. Samuel 3 (^{3}1983) 346f. – [21] K. Ch. F. Krause: Grundlage eines philos. Systems der Math. (1804). – [22] J.-M. H. de Wronski: Introd. à la philos. des math., et technie de l'algorithmie (Paris 1811). – [23] Für einen Überblick vgl. G. König/L. Geldsetzer: Vorbem. zu: J. F. Fries: Sämtl. Schr., hg. G. König/L. Geldsetzer 13 (1979) 17*-94*, bes. 41*ff. – [24] J. F. Fries: Die math. Naturphilos. nach philos. Methode bearb. Ein Versuch (1822), a.O. 13, 35. – [25] H. F. Link: Beyträge zur Philos. der Physik und Chemie 1, 3 [Beyträge zur Physik und Chemie] (1797). – [26] F. Fischer: Von der Natur und dem Leben der Körperwelt, oder Philos. Physik (1832). – [27] Vgl. W. Wundt: Logik. Eine Unters. der Principien der Erkenntnis und der Methoden wiss. Forschung 1-2 (1880/83), 1-3 (^{4}1919-21) 2: «Logik der exakten Wiss.» enthält auch eine «Logik der Chemie» (Kap. 3). – [28] Vgl. W. Ostwald: Vorles. über Naturphilos. (1902); Prinzipien der Chemie (1907). – [29] C. J. B. Karsten: Philos. der Chemie (1843). – [30] Vgl. a.O. III-V. – [31] J. Ch. A. Grohmann: Philos. der Medizin (1808). – [32] G. R. Treviranus: Biologie oder Philos. der lebenden Natur für Naturforscher und Ärzte 1-6 (1802-1822). – [33] Vgl. Art. ‹Historik; ars historica›. Hist. Wb. Philos. 3 (1974) 1132-1137, bes. 1133f.; Art. ‹Hermeneutik›, a.O. 1061-1073, bes. 1064f.; Art. ‹Philologie›, a.O. 7 (1989) 552-572, bes. 561ff.; zur Historik auch: H. W. Blanke/D. Fleischer/J. Rüsen: Historik als akad. Praxis. Dilthey-Jb. Philos. Gesch. Geisteswiss. 1 (1983) 182-255. – [34] J. S. Mill: A system of logic, ratiocinative and inductive 1-2 (London 1843, ^{8}1872). Coll. works 7-8, hg. J. M. Robson (Toronto/Buffalo 1973/1974) 8, 831-952: Book 6: ‹On the logic of moral sciences›; dtsch.: System der deduct. und der induct. Logik 2 (1849, ^{2}1862/63) 435-586: 6. Buch: ‹Von der Logik der Geisteswiss.›. – [35] A. Comte: Essais sur quelques points de la philos. des math. (1818/19), in: Ecrits de jeunesse, 1816-1828, hg. P. E. de Berrêdo Carneiro/P. Arnaud (Paris 1970) 491-505, bes. 494f. – [36] Essais sur la philos. des math. (1819/20), a.O. 507-541, hier: 507. – [37] a.O. 540; vgl. Cours de philos. positive 1-6 (Paris 1830-1842), hg. M. Serres u.a. (Paris 1975) 1-19: Leçon 1 (1830). – [38] A.-M. Ampère: Essai sur la philos. des sciences, ou Exposition analytique d'une classification naturelle de toutes les connaissances humaines 1-2 (Paris 1834/43, ^{2}1856) 1, V. – [39] a.O. VI. – [40] VI («à la nature des objets» bzw. «aux divers points de vue sous lesquels on considère ces objets»). – [41] W. Whewell: The philos. of the inductive sciences 1-2 (London 1840, ^{2}1847, ND 1967) 1, VI. – [42] a.O. 1. – [43] VII; vgl. 8. – [44] 2. – [45] Vgl. Art. ‹Wissenschaft III. 4. a)›. – [46] Whewell, a.O. 2, 443. – [47] Vgl. Art. ‹Wissenschaft III. 2. c)›. – [48] Vgl. F. A. Trendelenburg: Log. Unters. 1-2 (1840, ^{3}1870, ND 1964) 11; vgl. 4. – [49] a.O. 11. – [50] E. Dühring: Logik und Wth. (1878) 7; vgl. Cursus der Philos. als streng wiss. Weltanschauung und Lebensgestaltung (1875) IIIf. («Logik und Wth.»). – [51] Vgl. a.O. 7f. – [52] Vgl. Art. ‹Wissenschaftskritik›. – [53] Vgl. etwa: C. Lewes: Comte's philos. of science (London 1853); J. Boussinesq: Etude sur divers points de la philos. des sciences (Paris 1880); F. Schultze: Philos. der Naturwiss. 1-2 (1882); A. Lalande: Leçons sur la philos. des sciences (Paris 1893). – [54] Wie bei Dühring früh in der Verbindung mit ‹Logik› bei J. Duval-Jouve: Traité de logique, ou Essai sur la théorie des sciences (Paris 1844); vgl. auch: L. Bordeau: Théorie des sciences 1-2 (Paris 1882); W. Ostwald: Zur Theorie der Wiss. (1904), in: Annalen der Naturphilos. 4 (1905) 1-27. – [55] Vgl. Laudan, Robert und König, a.O. [1] (Belege). – [56] Vgl. Kirchner's Wb. der Philos. Grundbegriffe, neubearb. C. Michaelis (^{5}1907) 695; Eisler^3 3 (1910) 1862f.; K. Clauberg/W. Dubislav (Hg.): Systemat. Wb. der Philos. (1923) 543. – [57] Vgl. E. Husserl: Formale und transz. Logik § 103 (1929). Husserliana 17 (Den Haag 1974) 278f. – [58] Einl., a.O. 6f. – [59] a.O. 14. 238 (§ 93c); vgl. 182 (§ 67). – [60] Vgl. E. N. Hiebert: The scientist as philosopher of science, in: NTM: Schr.reihe zur Gesch. der Naturwiss., Technik und Medizin 24 (1987) 7-17. – [61] Vgl. J. T. Blackmore: E. Mach (Berkeley u.a. 1972) 145-179 (ch. 11f.). – [62] Vgl. etwa: H. Dingler: Grundlagen der Naturphilos. (1913) 95; Der Zusammenbruch der Wiss. und der Primat der Philos. (1926) 209. – [63] Physik und Hypothese. Versuch einer indukt. Wiss.lehre (1921). – [64] H.-J. Dahms: Versuch einer Charakterisierung des Wiener Kreises, in: Philos., Wiss., Aufklärung. Beitr. zur Gesch. und Wirkung des Wiener Kreises (1985) 1-29, hier: 8. – [65] Vgl. etwa: K. R. Popper: Die beiden Grundprobleme der Erkenntnistheorie [1930-1933], hg. T. Eggers Hansen (1979, ^{2}1994) 385f.; vgl. Logik der Forschung (1935, ^{7}1982) 24ff. – [66] Two faces of common sense: An argument for commonsense realism and against the commonsense theory of knowledge (1970), in: Objective knowledge (Oxford 1972, ND 1974) 32-105, hier: 58 («theory of science»); dtsch.: Zwei Seiten des Alltagsverstandes ..., in: Objektive Erkenntnis (1993) 32-108, hier: 59 («Wth.»). – [67] Philosophy of science: A personal report (1957), in: S. Sarkag (Hg.): Decline and obsolescence of log. empiricism (New York/London 1996) 237-273. – [68] Vgl. etwa: V. Kraft: Die Grundformen der wiss. Methoden (Wien/Leipzig 1925) 31. 86. – [69] O. Neurath: Zur Theorie der Sozialwiss. (1910). Ges. philos. und methodolog. Schr., hg. R. Haller/H. Rutte 1 (1981) 23-46. – [70] a.O. 25. – [71] Zur Klassifikation von Hypothesensystemen (Mit bes. Berücksichtigung der Optik) (1914), a.O. 85-101, bes. 85. – [72] a.O. 101. – [73] Vgl. G. König: Der Wiss.begriff der Philos. of Science, in: A. Diemer (Hg.): Der Wiss.begriff (1970) 108-127, bes. 109ff. – [74] Vgl. M. Brodbeck: The nature and function of the philos. of science, in: H. Feigl/M. Brodbeck (Hg.): Readings in the philos. of science (New York 1953) 3-7, bes. 3f.; vgl. Art. ‹Wissenschaftsforschung›; Art. ‹Wissenschaftssoziologie›. – [75] a.O. 3. – [76] 5; vgl. 7. – [77] Vgl. Art. ‹Theorie II.›. Hist. Wb. Philos. 10 (1998) 1146-1154, bes. 1147f. – [78] Vgl. a.O.; sowie Art. ‹Erklären; Erklärung II.›, a.O. 2 (1972) 693-701, bes. 694ff. – [79] M. Bunge: Metascientific queries (Springfield, Ill. 1959) 12. – [80] Vgl. König, a.O. [73] 117ff.; vgl. Art. ‹Metascience›. Hist. Wb. Philos. 5 (1980) 1300f. – [81] Z. allg. Wth./J. gen. Philos. Science 1 (1970) 1: «Geleitwort der Herausgeber» zur Neugründung dieser Zeitschrift; vgl. A. Diemer: Zur Grundlegung eines allg. Wiss.begriffes, a.O. 209-227. – [82] Vgl. G. König: Was heißt Wth.? (1971) 40ff. – [83] Vgl. M. Carrier: Art. ‹Wth.›, in: J. Mittelstrass (Hg.): Enzykl. Philos. und Wth. 4 (1996) 738-745. – [84] D. Shapere: Meaning and scient. change, in: Univ. of Pittsburgh series in the philos. of science 3 (1966) 48-50; vgl. Th. Kisiel: New philos. of science in the USA. Z. allg. Wth./J. gen. Philos. Science 5 (1974) 138-191, bes. 145ff. – [85] Vgl. Art. ‹Wissenschaft III. 10.›. – [86] Vgl. Art. ‹Revolution, wissenschaftliche›. Hist. Wb. Philos. 8 (1992) 990-992. – [87] I. Lakatos: Hist. of science and its rational reconstructions (1970); dtsch.: Die Geschichte der Wiss. und ihre rationalen Rekonstruktionen, in: Philos. Schr., hg. J. Worrall/G. Currie (1982) 108-143, hier: 108.

Literaturhinweise. W. Whewell s. Anm. [41]. – J. Duval-Jouve s. Anm. [54]. – E. Dühring s. Anm. [50]. – L. Liard: Les logiciens anglais contemp. (Paris 1878). – F. S. C. Northrop: The logic of the sciences and the humanities (Westport 1893, ND 1979). – N. R. Campbell: Foundations of science. The philos. of theory and experiment (New York 1919, ND 1957). – W. Szumowski: La philos. de la médecine, son histoire, son essence, sa dénomination et sa définition. Arch. int. Hist. Sciences 28 (Paris 1949). – H. Feigl/M. Brodbeck (Hg.) s. Anm. [74]. – S. Toulmin: Einf. in die Philos. der Wiss. (1953). – G. Bergmann: Philos. of science (Madison 1957, ^{3}1966). – P. Frank: Philos. of science. The link between science and philos. (Englewood Cliffs 1957, ND 1974). – A. Danto/S. Morgenbesser (Hg.): Philos. of science (New York 1960). – E. H. Madden (Hg.): Theories of scient. method: The renaissance through the 19th cent. (Seattle 1960). – D. J. O'Connor (Hg.): A crit. history of western philos. (New York 1964). – A. Diemer (Hg.) s. Anm. [7]; System und Klassifikation in Wiss. und Dokumentation (1968). – L. Laudan s. Anm. [1]. – J.-D. Robert s. Anm. [1]. – J. J. Kockelmans

(Hg.): Philos. of science. The hist. background (New York 1968). – R. CARNAP: Einf. in die Philos. der Naturwiss. (1969, ND 1986). – G. BUCHDAHL: Metaphysics and the philos. of science. The class. origins. Descartes to Kant (Oxford 1969). – H. SEIFFERT: Einf. in die Wth. 1-4 (1969-1997). – W. STEGMÜLLER: Probleme und Resultate der Wth. und Analyt. Philos. 1-4 (1969-83, ²1984-86). – L. KRÜGER (Hg.): Erkenntnisprobleme der Naturwiss. Texte zur Einf. in die Philos. der Wiss. (1970). – G. KÖNIG s. Anm. [82]. – R. HARRÉ: The philos. of science. An introd. survey (Oxford 1972, ND 1986). – W. DIEDERICH (Hg.): Theorien der Wiss.geschichte. Beiträge zur diachronen Wth. (1974). – C. G. HEMPEL: Philos. der Naturwiss. (1974). – F. SUPPE (Hg.): The structure of scient. theories (Urbana 1974). – J. LOSEE: Wth. Eine hist. Einf. (1977). – W. MARX: Transz. Logik als Wth. Systemat.-krit. Unters. zur philos. Grundlegungsproblematik in Cohens ‹Logik der reinen Erkenntnis› (1977). – P. D. ASQUITH/H. E. KYBURG (Hg.): Current research in philos. of science (East Lansing 1979). – E. OESER: Wth. als Rekonstruktion der Wiss.geschichte 1-2 (1979). – W. STEGMÜLLER: Neue Wege der Wph. (1980). – P. HOYNINGEN-HUENE/G. HIRSCH (Hg.): Wozu Wph.? Positionen und Fragen zur gegenwärt. Wph. (1988). – H. SEIFFERT/G. RADNITZKY (Hg.): Handlex. zur Wth. (1989, ND 1992, ²1994). – R. BOYD u.a. (Hg.): The philos. of science (Cambridge, Mass. 1991, ND 1992). – K. LAMBERT/G. G. BRITTAN: Eine Einf. in die Wph. (1991). – D. LAMB (Hg.): New horizons in the philos. of science (Aldershot u.a. 1992). – M. H. SALMON u.a.: Introd. to the philos. of science (Englewood Cliffs 1992, ND 1999). – D. GILLES: Philos. of science in the 20th cent. Four central themes (Cambridge, Mass. 1993). – U. CHARPA: Philos. Wiss.historie: Grundsatzfragen/Verlaufsmodelle (1995). – M. CARRIER s. Anm. [83]. – N. RESCHER: Studien zur naturwiss. Erkenntnislehre (1996). – B. GOWER: Scient. method. An hist. and philos. introd. (London 1997). – M. CURD/J. A. COVER (Hg.): Philos. of science. The central issues (New York 1998). – A. ROSENBERG: Philos. of science. A contemp. introd. (London 2000). – K. ZEIDLER: Prolegomena zur Wth. (2000). – H. POSER: Wth. Eine philos. Einf. (2001). – Y. BALASHOV/A. ROSENBERG (Hg.): Philos. of science. Contemp. readings (London/New York 2002). – J. LADYMAN: Understanding philos. of science (London 2002).

H. PULTE

Wissenssoziologie (engl. sociology of knowledge; frz. sociologie de la connaissance; ital. sociologia della conoscenza). ‹W.› wird seit den 1920er Jahren eine heterogene soziologische Forschungstradition genannt, die sich mit den wechselseitigen Bedingungen von sozialen Prozessen und Strukturen einerseits, der Genese, dem Wandel und der Differenzierung von Wissensformen andererseits befaßt. Die theoretischen Positionen unterscheiden sich in ihren Erkenntniszielen, ihrer Konzeption der sozialen und der Wissensfaktoren, ihren erkenntnistheoretischen Implikationen und in ihrem Verständnis der W., das zwischen einer engeren Soziologie der Erkenntnis [1] und einer weiteren Soziologie der Kultur oszillieren kann. Den Positionen ist gemeinsam, daß sie ihrerseits wissenssoziologisch als Problematisierungen der sozialen Entwicklung von Wissensformen aufgefaßt werden können.

1. *Klassische W.* – Der Sache nach finden sich wissenssoziologische Reflexionen in den Ideologienlehren und der Religionskritik der Aufklärungsphilosophie, in der Basis-Überbau-These von K. MARX, in der positiven Philosophie von A. COMTE, aber auch in den Überlegungen von E. DURKHEIM und M. MAUSS über den sozialen Ursprung von Wissenskategorien [2]. Ihre klassische Gestalt wie auch ihre Bezeichnung findet die W. in der deutschen Soziologie der 1920er Jahre, insbesondere bei M. SCHELER [3] und K. MANNHEIM [4]. Im Zentrum steht das Problem, wie Wissen sozialen Gruppen zugerechnet werden kann. Kontrovers ist insbesondere das Problem des Einflusses sozialer Faktoren auf Wissensfaktoren. Die gemäßigte W. von SCHELER billigt den sozialen Realfaktoren nur eine Selektionsfunktion für die als Idealfaktoren begriffenen Wissensinhalte zu [5], während die radikale Version von MANNHEIM mit ihrem universalen Ideologiebegriff die 'Seinsverbundenheit' (s.d.) eines jeglichen Wissens als Ausdruck bestimmter sozialer Konstellationen konstatiert [6].

2. *Sozialphänomenologische W.* – Eine Verschiebung der Fragestellung auf die konstitutive Bedeutung von Wissen für soziale Formen findet bei A. SCHÜTZ statt. Wissen fungiert als Integrations- und Differenzierungsprinzip unterschiedlicher sozialer Welten. Das vornehmliche Interesse gilt der Struktur des durch eine «natürliche Weltanschauung» [7] charakterisierten Alltagswissens. Wissen wird als typisiertes und idealisiertes Wissen bestimmt, welches sich in Abhängigkeit von problembezogenen Relevanzstrukturen in Wissensroutinen und Wissensvorräten institutionalisiert [8]. Diese Argumentation wird in den Analysen von P. L. BERGER und TH. LUCKMANN über die «gesellschaftliche Konstruktion der Wirklichkeit» [9] fortgeführt. Die von Schütz herausgestellten Eigenschaften des Wissens werden in die beiden korrespondierenden Funktionsbestimmungen der sozialen Konstruktion von Wissen und der sozialen Konstruktion durch Wissen überführt.

3. *W. des wissenschaftlichen Wissens.* – Neben dem Alltags- wird das wissenschaftliche Wissen Gegenstand der W., wobei besonders die wissenschaftstheoretische Auffassung von einer spezifischen Rationalität und immanenten Entwicklungslogik der Wissenschaft kritisiert wird. Im «strong programme» [10] der Wissenschaftssoziologie (s.d.) wird die Zuständigkeit der W. symmetrisch auch für das als wahr anerkannte Wissen beansprucht.

4. *Neuere Entwicklungen der W.* – Wissenssoziologische Fragestellungen werden zunehmend in den unterschiedlichen Theorieprogrammen der Soziologie berücksichtigt, ohne daß dies zu einer stärkeren thematischen oder begrifflichen Integration der W. führt. P. BOURDIEU untersucht die «doxa» [11] spezifischer sozialer Praxisfelder. Die Systemtheorie von N. LUHMANN analysiert auf der Basis eines konstruktivistischen Wissensbegriffs den Wandel sozialer Semantiken in Abhängigkeit von gesellschaftlichen Differenzierungsformen [12]. Die hermeneutische W. rekonstruiert in der Tradition von Schütz die Formen des sprachlich und kommunikativ erzeugten Alltagswissens [13]. Andere Positionen fordern eine kultursoziologische [14], pragmatische [15] oder historische [16] Neuorientierung der W. Ebenso wird eine Integration von W. und philosophischer Epistemologie [17] bzw. von W. und Diskurstheorie [18] angestrebt. Eine neue gesellschaftstheoretische Relevanz erhält die W. in den Analysen zur «Wissensgesellschaft» [19], die die zunehmende Wissensabhängigkeit der gesellschaftlichen Reproduktion betonen.

Anmerkungen. [1] So schon: W. JERUSALEM: Soziologie des Erkennens. Die Zukunft 67 (Mai) (1909) 236-246. – [2] Vgl. K. LENK (Hg.): Ideologiekritik und W. (1961). – [3] M. SCHELER: Probleme einer Soziologie des Wissens, in: M. SCHELER (Hg.): Versuche zu einer Soziologie des Wissens (1924) 3-146, in: Die Wissensformen und die Gesellschaft (1926). Ges. Werke [GW] 8 (²1960) 15-190. – [4] K. MANNHEIM: Das Problem einer Soziologie des Wissens. Arch. Sozialwiss. Sozialpolit. 53 (1925) 577-652; ND, in: W., hg. K. H. WOLFF (1964) 308-387. – [5] SCHELER, a.O. [3] (1924) 8-11 GW 8, 19-24. – [6] K. MANNHEIM: W., in: A. VIERKANDT (Hg.): Handwb. der Soziologie (1931) 659-680; ND, in: Ideologie und Utopie (³1952, ⁸1995) 227-267. – [7] A. SCHÜTZ/TH. LUCKMANN: Strukturen der Lebenswelt 1 (1979) 25. – [8]

a.O. 133-223. – [9] P. L. BERGER/TH. LUCKMANN: The social construction of reality (Garden City 1966); dtsch.: Die gesellschaftl. Konstruktion der Wirklichkeit (1969). – [10] D. BLOOR: Knowledge and social imagery (London 1976) 1-19. – [11] P. BOURDIEU: Méditations pascaliennes (Paris 1997); dtsch.: Meditationen (2001). – [12] N. LUHMANN: Gesellschaftsstruktur und Semantik 1-4 (1980-1995). – [13] Vgl. R. HITZLER u.a. (Hg.): Hermeneutische W. (2000). – [14] Vgl. E. D. MCCARTHY: Knowledge as culture: The new sociology of knowledge (London 1996). – [15] Vgl. A. SWIDLER/J. ARDITI: The new sociology of knowledge. Ann. Review Sociol. 20 (1994) 305-329. – [16] Vgl. M. R. SOMERS: Where is sociology after the hist. turn? Knowledge cultures, narrativity, and hist. epistemologies, in: T. J. MCDONALD (Hg.): The hist. turn in the human sci. (Ann Arbor 1996) 53-90. – [17] Vgl. S. FULLER: Social epistemology (Bloomington 1988); F. SCHMITT (Hg.): Socializing epistemology (Lanham 1994). – [18] Vgl. R. KELLER: Wissenssoziolog. Diskursanalyse, in: R. KELLER u.a. (Hg.): Hb. Sozialwissenschaftl. Diskursanalyse (2001) 113-143. – [19] Erstmalig findet sich die Bezeichnung ‹Wissensgesellschaft› bzw. ‹Knowledgeable Society› bei: R. E. LANE: The decline of politics and ideology in a knowledgeable society. Amer. sociolog. Review 31 (1966) 649-662.

Literaturhinweise. – Zur W. allg.: M. KRUEGER: W. (1981). – H. KUKLICK: The sociology of knowledge: Retrospect and prospect. Ann. Review Sociol. 9 (1983) 287-310. – S. MAASEN: W. (1999). – *Zur klassischen W.:* E. DURKHEIM/M. MAUSS: De quelques formes primit. de classification. L'année sociolog. 6 (1901/02) 1-72. – M. HORKHEIMER: Ein neuer Ideologiebegriff? Arch. Gesch. Sozialismus Arbeiterbewegung, hg. C. GRÜNBERG 15 (1930) 1-34. – K. LENK s. Anm. [2]. – E. R. FUHRMAN: The sociology of knowledge in America 1883-1915 (Charlottesville 1979). – V. MEJA/N. STEHR (Hg.): Der Streit um die W. 1-2 (1982). – *Zur W. wissenschaftlichen Wissens:* B. HEINTZ: Wissenschaft im Kontext. Neuere Entwicklungstendenzen der Wissenschaftssoziologie. Kölner Z. Soziol. Sozialpsychol. 45 (1993) 528-552. – *Zu neueren Entwicklungen:* N. STEHR: Knowledge societies (London 1994). R. SCHÜTZEICHEL

Witz (lat. ingenium; engl. wit; frz. esprit). Das Wort ‹W.› gehört ursprünglich zum Wortfeld ‹Wissen› und meint insbesondere das Vermögen des Verstandes. Einbezogen ist dabei der lebenspraktische Aspekt der Klugheit [1]. Erhalten hat sich diese Bedeutung in Ausdrücken wie ‹Mutterwitz› und ‹Aberwitz›. In diesem Sinne kann jemand W. ‘haben’, oder es kann ihm an W. ‘fehlen’. Einen späten Beleg für diese Verwendung gibt E. DU BOIS-REYMOND, wenn er mit Blick auf die Naturerkenntnis von einer «Grenze unseres W.» spricht [2]. Das heute verbreitete Verständnis des W. als Textgattung [3], für die ursprünglich die Bezeichnung ‹Scherz› üblich war, ist eine späte Entwicklung, die sich erst im 19. Jh. durchsetzt. Der Zusammenhang ergibt sich dadurch, daß *die* Scherze oder W.e als Produkte *des* W. gelten – so bei G. F. MEIER, der aber noch abgrenzend betont: «Es kan jemand sehr vielen W. in seinen Reden blicken lassen, er kan die artigsten Einfälle vortragen, darüber sich seine Zuhörer in einem hohen Grade belustigen, und man wird deswegen nicht sagen können, daß er schertze» [4].

Die Einengung des Begriffs und die Gleichsetzung von ‹W.› und ‹Scherz› ließ die philosophisch relevante Begriffsgeschichte in Vergessenheit geraten. Diese schreibt in der Zeit der Aufklärung die Geschichte von ‹Ingenium› (s.d.) fort und stellt den W. in den Kontext von ‹Invention› [5] und ‹Genie› (s.d.). Der W. wird dabei meistens als das Vermögen zur Entdeckung von Ähnlichkeiten bestimmt und von dem Scharfsinn (s.d.) als dem Vermögen zur Feststellung von Verschiedenheiten abgehoben. Teilweise wird er aber auch, der spanischen und italienischen Tradition der ‹agudeza› bzw. ‹acutezza› Rechnung tragend, mit dem Scharfsinn verbunden gedacht. Die Begriffsgeschichte von ‹W.› beginnt im deutschen Sprachraum damit, daß CH. WOLFF den Ausdruck als Übersetzung für den lateinischen Terminus ‹ingenium› verwendet. Dabei folgt er der älteren englischen Tradition, in der ‹wit› bereits seit der zweiten Hälfte des 16. Jh. als Übersetzung für ‹ingenium› gebräuchlich wird [6].

Anders als der deutsche Rationalismus betont die englische empiristische Tradition von Anfang an stärker die literarisch-ästhetische Komponente der Phantasie (Einbildungskraft) und steht damit dem französischen Verständnis von ‹esprit› als eher künstlerischem Vermögen näher. Englisch ‹wit› wird, der lateinischen Tradition von ‹ingenium› folgend, vornehmlich in der Rhetorik verortet. Im Gefolge der sich vollziehenden Trennung von Logik und Rhetorik hat dies negative Konsequenzen für die Beurteilung des W. als Erkenntnisvermögen, die mit einer Verschiebung der Bedeutung von ‘Verstand’ zu ‘Einbildungskraft’ einhergehen. ‘Spielerischer’ W. der Einbildungskraft [7] und ‘gesunder’ Verstand als Urteilskraft (s.d.) werden zu Gegensätzen. Diese Entwicklung, die sich bei TH. HOBBES andeutet, ist bei J. LOCKE bereits vollzogen. So steht ‹W.› bei HOBBES teilweise noch als Oberbegriff für die poetisch-rhetorische Einbildungskraft («fancy»), «from whence proceed those grateful similies, metaphors, and other tropes», und den logisch-unterscheidenden Verstand («judgment»): «both fancy and judgment are commonly comprehended under the name of wit, which seemeth to be a tenuity and agility of spirits» [8]. Die Klammer bildet dabei das Verständnis, daß der W. ganz allgemein Vergleiche ermögliche und dabei sowohl Ähnlichkeiten als auch Verschiedenheiten ausmache. Später unterscheidet Hobbes einen weiteren von einem engeren Gebrauch von ‹wit›. Danach ist «good wit» zum einen der Inbegriff intellektueller Vorzüge («intellectual virtues») überhaupt und zum anderen identisch mit der Einbildungskraft («good fancy»), die dann dem unterscheidenden Scharfsinn («good judgment») gegenübergestellt wird. Während der bloße W., «fancy, without the help of judgment», keinen Vorzug darstelle, sondern im Übermaß sogar eine Form des Wahnsinns («kind of madness», nämlich als assoziative Ideenflucht) sei, komme der Scharfsinn auch ohne Einbildungskraft aus [9]. Im Sinne des weiten Begriffs von W. als Oberbegriff aller intellektuellen Vorzüge kann Hobbes dann normativ bestimmen: «Judgment therefore without fancy is wit, but fancy without judgment, not» [10].

Die Forderung, den W. durch den Scharfsinn kontrollieren zu lassen, geht auf QUINTILIANS Auffassung des Verhältnisses von ‹ingenium› und ‹iudicium› zurück [11]. Sie wird von deutschen Autoren bis hin zu Kant übernommen. Gleichwohl konstatiert bereits HOBBES die faktische Tendenz, einzig die Einbildungskraft zum Kern des W. zu erklären: «For men more generally affect and admire fancy than they do either judgment, or reason, or memory, or any other intellectual virtue, and for the pleasantness of it, give to it alone the name of wit, accounting reason and judgment but for dull entertainment» [12]. LOCKE zieht hieraus die Konsequenz, den W. einseitig der Einbildungskraft zuzuweisen. Seine Hobbes folgende Gegenüberstellung von Ähnlichkeiten bemerkendem «wit» und Unterschiede suchendem «judgment» nimmt zwar die spätere deutsche Unterscheidung von ‹W.› und ‹Scharfsinn› vorweg, wertet den W. aber erkenntnistheoretisch ab. Locke geht so weit zu behaupten, daß ein Reichtum an W. häufig geradezu mit einem Mangel an Scharfsinn («judgment») einhergehe: «for wit lying most in the assemblage of ideas, and putting those together with quickness and variety, wherein can be found any resemblance or congruity, thereby to make up pleasant pictures and agreeable visions in the fancy» [13]. Indem Locke den W. schließlich als Vermögen des bildlichen und sprachspielerischen Ausdrucks («figurative speeches and allusion in language»), also des poetisch-rhetorischen Redeschmucks («ornatus»), charakterisiert, billigt er ihm allenfalls einen Unterhaltungswert zu. Außerhalb dieses Kontextes beurteilt er die bildliche Rede als «abuse of language»; demgemäß fällt der W. in seiner Zuordnung zur Rhetorik dem Verdacht anheim, ein Vermögen des Irrtums und der Täuschung («error and deceit») zu sein [14]. Demgegenüber verteidigt insbesondere A. Pope den Erkenntniswert des W., den er in erneuertem Anschluß an Quintilian in die Tradition der Inventio stellt und in ein komplementäres Verhältnis zum Scharfsinn rückt: «For Wit and Judgement often are at strife, Tho' meant each other's Aid, like Man and Wife» [15].

Ch. Wolff bestimmt den W. wie Locke als «Leichtigkeit die Aehnlichkeiten wahrzunehmen». Er wertet ihn aber positiv als inventives Erkenntnisvermögen, indem er betont, daß «zum Erfinden» außer «der Kunst zu schliessen» auch W. gehöre [16]. Voraussetzungen des W. sind «Scharfsinnigkeit», Verborgenes «deutlich» vorzustellen, «Einbildungskraft», Neues vorzustellen, und «Gedächtnis», viel zu «behalten» und sich leicht darauf zu «besinnen» [17]. Während Wolff den Scharfsinn noch zur Bedingung des W. macht, stellt der Wolff-Schüler A. G. Baumgarten beide Vermögen einander gegenüber. Danach läßt der «W. in engerer Bedeutung» («ingenium strictius dictum») Ähnlichkeiten im Verschiedenen, der Scharfsinn oder die «Scharfsinnigkeit» («acumen») Verschiedenheiten im Ähnlichen erkennen [18]. Die Verbindung beider Vermögen, den scharfsinnigen W. («acutum ingenium»), bestimmt Baumgarten als «perspicacia», als «artige oder feine Einsicht» in Zusammenhänge. Die Betonung der Unabhängigkeit des W. vom Scharfsinn steht bei Baumgarten in Verbindung mit seinem Bemühen, die Ästhetik als gleichberechtigte 'Schwester'-Disziplin der Logik zu etablieren.

Während der W. bei Wolff so weit gefaßt wird, daß er nicht nur der «Rednerkunst» und «Poesie», sondern auch der «Kunst zu erfinden», also der Heuristik oder «ars inveniendi» der wissenschaftlichen Erkenntnis, zugute kommt [19], hebt J. Ch. Gottsched besonders die Beziehung zur Dichtkunst hervor, indem er den «lebhaften W.» als Erklärung für das «Göttliche in der Poesie», das Horazische «ingenium et mens divinior», anführt [20]; «der W. oder der Geist» sei es, der «die poetische Art zu denken von der prosaischen unterscheidet». Allerdings vergißt auch Gottsched nicht, die Verbindung von Scharfsinnigkeit, Gedächtnis und Einbildungskraft als notwendige Bedingung des W. anzuführen. Nur wenn der Scharfsinn die unterschiedlichsten Eigenschaften einer Sache wahrgenommen und das Gedächtnis sie bewahrt hat, verfügt die Einbildungskraft über eine «Menge von Gedanken», die sie im Blick auf «nur die geringste Aehnlichkeit» mit neuen Sachen wieder hervorbringen kann [21].

Mit der Gleichsetzung von ‹W.› und ‹Geist› sowie der zusammenfassenden Charakterisierung des W. als Vermögen der dichterischen «Einfälle» [22] stellt Gottsched die Verbindung zur französischen Tradition von ‹esprit› her, die durch Ch. Wernickes Übersetzung von ‹esprit› als ‹W.› angeregt wurde [23]. Wernicke selbst reagiert dabei auf D. Bouhours, der die Frage aufgeworfen hatte, ob ein Deutscher auch «bel esprit» (s.d.) haben könne [24]. Der ursprüngliche Zusammenhang zwischen W. und verstandesmäßiger Klugheit wird bereits bei Wernicke gelöst. In seinem Kommentar zu einem Epigramm mit der charakteristischen Überschrift ‹Ingeniosa necessitas› und der Schlußzeile «Denn W. macht selten klug, die Tugend selten reich» rechtfertigt er die Abweichung von dem noch gegenwärtigen älteren Sprachgebrauch (im Sinne verstandesmäßiger Klugheit): «Der W. bestehet in einer gewissen Hitze und Lebhaftigkeit des Gehirns, welche der Klugheit zuwider ist, indem dieselbe langsam und bedachtsam zu Werck gehet» [25]. Die polemische Frage Bouhours' bewegt die deutschen Gemüter von Thomasius bis Lessing. Während Ch. Thomasius einen Menschen mit «bel esprit» dahingehend charakterisiert, daß er ein «verständiger ... Kopff» sei [26], und für ‹esprit› noch ‹Geist› verwendet [27], übersetzt Gottsched ‹esprit› mit ‹W.› [28]. Auffällig ist, daß Gottsched in seiner Zurückweisung der «Lästersucht und Eitelkeit, die den Franzosen besonders eigen sind», neben Werken deutscher «Poeten und Redner» (der lateinischen Sprache) insbesondere «Erfindungen des deutschen W.», wie die Buchdruckerei, und «Entdeckungen», wie die elliptische Gestalt der Planetenbahnen, als Belege anführt, also Exempel technischer und wissenschaftlicher Inventio [29].

Für die Terminologiegeschichte bedeutsam ist der Umstand, daß Gottsched den Ausdruck ‹Genie› als Ersatz für ‹W.› ablehnt, dabei aber betont: «Wir sind nur wider das Wort, und nicht wider die Sache; die sonst das kluge Deutschland durch Geist und W. auszudrücken pflegte, welche schönen Wörter man itzo, vor dem lieben Genie, unter das alte Eisen werfen will» [30]. Den Anlaß gab die u.a. von F. G. Klopstock vorgenommene Entgegensetzung von ‹Genie› und ‹W.›, nach der letzterer lediglich für den Redeschmuck zuständig ist: «Die höhere Poesie ist ein Werk des Genies; und sie soll nur selten einige Züge des W., zum Ausmalen, anwenden» [31]. Dabei gesteht Klopstock durchaus zu, daß es «Werke des W.» gebe, die «Meisterstücke» sind [32]. Gleichwohl führt die Unterscheidung zwischen 'bloßem' W. und wahrem Genie zumindest in der Dichtungstheorie zu einer Abwertung des W. Im Unterschied zum Genie, so G. E. Lessing, gehe der W. «nicht auf das ineinander Gegründete», sondern stelle nur assoziativ verwirrende Verbindungen zwischen zusammenhanglosen Begebenheiten her [33]. Demgemäß formuliert er pointiert – und nicht ohne W.: «das Genie liebt Einfalt; der W., Verwicklung» [34]. Lessing dient die Unterscheidung auch zur Abwehr des französischen Einflusses in der deutschen Literatur. Unabhängig davon wird in der nachfolgenden Genie-Debatte auf sie häufig zurückgegriffen. So betont noch J. W. Goethe, daß nur der Dilettant glaube, «mit dem W. an die Poesie zu reichen» [35], und F. Schiller gibt die Begründung: «Denn der W. hat mit dem Schönen / Mit dem Hohen nichts gemein!» [36]

I. Kant folgt in seiner Auffassung des W., die er vornehmlich in der ‹Anthropologie› mit Bezug auf die ‹Psychologia empirica› seiner rationalistischen Vorgänger entwickelt, eher Wolff als Baumgarten. Indem er ‹W.› und ‹Scharfsinn› nicht einander gegenüberstellt, sondern das Bemerken von «kleinsten Ähnlichkeiten oder Unähnlichkeiten» zusammengenommen als Scharfsinn bestimmt, gilt wie bei Wolff: «die Scharfsinnigkeit ... kommt auch dem Witze zu» [37]. Überdies bildet Kant das Gegensatzpaar ‹W.› und ‹Urteilskraft› und schließt sich damit terminologisch der englischen Unterscheidung zwischen ‹wit› und ‹judgment› an: «So wie das Vermögen zum Allgemeinen (der Regel) das Besondere auszufinden Urtheilskraft, so ist dasjenige zum Besondern das Allgemeine auszudenken der W. (ingenium)» [38]. Damit entspricht das Verhältnis zwischen Urteilskraft und W. (in der ‹Anthropologie›) demjenigen zwischen bestimmender und reflektierender Urteilskraft (in der KU); die reflektierende Urteilskraft ist das transzendentalphilosophische Substitut des W. [39]. Wie schon Locke begegnet Kant dem W. mit ambivalentem Mißtrauen. Einerseits gesteht er zu: «Es ist angenehm, beliebt und aufmunternd, Ähnlichkeiten unter ungleichartigen Dingen aufzufinden und so, was der W. thut, für den Verstand Stoff zu geben, um seine Begriffe allgemein zu machen» [40]. Andererseits gibt er zu bedenken: «W. hascht nach Einfällen; Urtheilskraft strebt nach Einsichten» [41]. Den unkontrollierten, leichten W. sieht Kant in der Gefahr der Seichtigkeit, für die Bonmots und Wortspiele als Beispiele angeführt werden. Wem es an W. mangele, der sei zwar «der stumpfe Kopf (obtusum caput)», er könne aber, «wo es auf Verstand und Vernunft ankommt, ein sehr guter Kopf sein; nur muß man ihm nicht zumuthen, den Poeten zu spielen». Umgekehrt ist der W. ohne Urteilskraft aber nichts als «Albernheit» [42]. Letztlich geht es auch Kant – wie bereits Baumgarten – um ein ausgewogenes Verhältnis von W. und Scharfsinn (bzw. Urteilskraft) in der «perspicacia» [43].

In der Jenaer Frühromantik und deren Konzeption einer «Universalpoesie» (s.d.) als einer Einheitswissenschaft von Kunst, Wissenschaft und Philosophie aus dem Geiste der Poesie kommt dem W. eine programmatische Schlüsselfunktion zu, die F. SCHLEGEL so faßt: «Alles ist W. und überall ist W.» [44]. Das Verhältnis von Verstand und Einbildungskraft ist hier zugunsten der letzteren verschoben. Der W. ist vom «Finder» (so G. CH. LICHTENBERG) [45] im Sinne der objektbezogenen Ars inveniendi zu einem Erfinder im Sinne der Imaginatio geworden. Die Ähnlichkeiten werden nicht gefunden, sondern gemacht: «Der W. ist schöpferisch – er macht Ähnlichkeiten», heißt es bei NOVALIS [46]. Dieses schöpferische Moment der Herstellung von assoziativen Beziehungen unterstreicht JEAN PAUL mit seiner Bemerkung, der W. sei «der verkleidete Priester, der jedes Paar kopuliert» [47]. Im Gefolge dieser Zuspitzung des W. auf den witzigen Einfall (s.d.), die Pointe [48], vollzieht sich der Übergang zum W. als Scherz. In diesem Sinne bestimmt K. FISCHER den W. als «spielendes Urtheil», das einen «komischen Contrast» erzeugt, indem es «überraschende Verbindungen» herstellt, die Unvereinbares vereinbaren [49].

Auf dieses Verständnis bezieht sich noch S. FREUD, dessen Interesse in psychoanalytischer Absicht vor allem dem «tendenziösen» W. aggressiver oder libidinöser Art gilt [50]. Die Funktion dieses W. bestehe darin, durch die «Beseitigung von Hemmungen» Lust auszulösen, die sich dann im befreienden Lachen äußert [51]. In seinen Analysen greift Freud auf die traditionelle Lehre von den Seelenvermögen zurück (er selbst spricht von «seelischen Dispositionen» [52]), wenn er den W. allgemein als Fertigkeit charakterisiert, «Ähnlichkeiten zwischen Unähnlichem, also versteckte Ähnlichkeiten zu finden» [53]. Die «Eignung zur witzigen Produktion» weist Freud dem «Unbewußten» zu [54], einer Region, die im Rationalismus der 'dunklen' und 'verworrenen' Erkenntnis vorbehalten war [55]. Charakteristisch für die seelische «Witzarbeit» sind nach Freud die Mechanismen der Verschiebung (s.d.), Verdichtung und der indirekten Darstellung.

Das methodologische Verständnis des W. im Sinne eines Vermögens der Erkenntnisheuristik, die den Bereich der wissenschaftlichen Forschung einbezieht, bleibt auch noch im 19. Jh. in der Kant-Tradition erhalten. Insbesondere J. F. FRIES hat diese Deutung in seiner Kritik an Reinhold, Fichte und Schelling artikuliert, mit der er vor allem die romantische Naturphilosophie trifft. Fries unterscheidet geradezu «Philosophen des W.» und «Philosophen des Scharfsinns» danach, ob sie das Aufsuchen von Ähnlichkeiten oder von Unterschieden in den Mittelpunkt ihrer Methode stellen [56]. Er selbst stellt sich auf die Seite des Scharfsinns, gilt ihm dieser doch «für die Ausbildung der Wissenschaften weit mehr als die witzige Vergleichung, die sich in Geschichte und Naturlehre nur mit oberflächlichem Geschwätz hören läßt» [57]. Letztlich gesteht Fries aber zu, daß auch der Scharfsinn ohne W. «kleinlich», also spitzfindig, sei und fordert, beide dürften «nie ohne einander seyn» [58]. Wenn Fries dem Scharfsinn den Vorrang einräumt, so geschieht dies eher in Abwehr der Überbetonung des W. durch die Romantiker, deren gesellige W.-Kultur auch G. W. F. HEGEL als «Willkür und Subjektivität bloßer Einfälle» kritisiert hat [59]. Mit deutlichem Zeitbezug bemerkt FRIES: «Dürre Unterscheidungskunst verdarb uns so oft die Wissenschaft, verwilderte Witzspiele aber die Dichtung und die Wissenschaft zusammen» [60]. Kant folgend, ordnet er W. und Scharfsinn der reflektierenden Urteilskraft zu, deren Tätigkeit gerade «im Vergleichen und Unterscheiden» liege [61]. J. G. FICHTE liefert im nachhinein gleichsam eine Bestätigung für die Zuordnung seiner Darstellungsform zur «Philosophie des W.», indem er den W. als dasjenige Vermögen faßt, das im Unterschied zur «methodischen Mittheilung» des diskursiven Arguments «die Mittheilung der tiefen, d.h. der in der Region der Ideen liegenden Wahrheit, in ihrer unmittelbaren Anschaulichkeit» ermöglicht [62]. Damit rückt der W. bei Fichte in die Nähe des Vermögens der intellektuellen Anschauung. Im Unterschied zu diesem «positiven W.» nennt Fichte den «negativen W.» als «Quelle des Lächerlichen» (s.d.) und spricht damit die Verbindung zwischen W. und Scherz an [63]. So auch C. G. CARUS, der W. als «ein geistiges Vermögen» bestimmt, das «unter Mitwirkung der Phantasie», wie es in Anlehnung an Jean Paul heißt, «unerwartete Ähnlichkeiten verschiedener Vorstellungen, Begriffe oder Begehrungen» zusammenfasse, «und zwar in der Richtung gegen das Lächerliche» [64].

Bedingt wohl auch durch die von J. F. HERBART eingeleitete prinzipielle Kritik an der Vermögenslehre, setzt sich in der Folgezeit der Sprachgebrauch von ‹W.› im Sinne von ‹Scherz› allmählich auf ganzer Linie durch. Zwar anerkennt noch H. VON HELMHOLTZ den heuristischen Wert des W. für die Naturforschung [65], ansonsten geht dieses Thema aber – ohne Nennung des Ausdrucks ‹W.› – in psychologische Theorien der Kreativität und in methodologische Überlegungen zur Bedeutung von Analogien und Hypothesenbildung ein. So bestimmt W. WUNDT das «erfinderische Talent» als «induktive Anlage im Verein mit der kombinierenden Phantasie» [66]. E. MACH betont in ‹Die Ähnlichkeit und die Analogie als Leitmotiv der Forschung› die Bedeutung der Fähigkeit, «in weit Abliegendem noch Gemeinsames» [67] zu entdecken, und noch K. R. POPPER und I. LAKATOS appellieren mit ihrer Forderung nach «kühner» Hypothesenbildung der Sache nach an die inventive Kraft des W. [68]. Wo im 20. Jh. überhaupt noch von ‹W.› in einem relevanten philosophischen Sinne die Rede ist, ist die Pointe einer kategorialen Unterscheidung gemeint. In diesem

Sinne spricht L. WITTGENSTEIN von «grammatischem W.» [69] und meint sogar, daß ein gutes philosophisches Werk vollständig aus W.en bestehen könne, ohne scherzhaft zu sein [70].

Im Spannungsfeld zwischen Logik und Rhetorik stellt sich die verschlungene Geschichte des Begriffs ‹W.› (im Vergleich mit derjenigen von ‹Scharfsinn›) als ein Lehrstück in der andauernden Auseinandersetzung zwischen ästhetischer und wissenschaftlicher Weltauffassung dar. In Verbindung mit einer Analyse der Erkenntnisleistungen des W. in Metapher, Wortspiel, Rätsel, Beispiel, Sprichwort, Induktion u.a. könnte deutlich werden, daß eine Lösung dieses Konflikts in einer Komplementarität von analogischem und logischem Denken zu finden ist [71].

Anmerkungen. [1] Vgl. Art. ‹Witz›. GRIMM 14/II (1960) 861-888. – [2] E. DU BOIS-REYMOND: Grenzen der Naturerkenntnis (1873, ^{12}1916) 28. – [3] Vgl. dazu im einzelnen: L. RÖHRICH: Der W. Figuren, Formen, Funktionen (1977); zur antiken Vorgeschichte vgl. auch: Art. ‹Lächerliche (das)›. Hist. Wb. Philos. 5 (1980) 1-8; zur antiken Terminologie: G. LUCK: Art. ‹Humor›. RAC 16, 753-773, 753-757. – [4] G. F. MEIER: Gedancken von Schertzen § 21 (1744), in: Frühe Schr. zur ästhet. Erziehung der Deutschen, hg. H.-J. KERTSCHER/G. SCHENK 1 (1999) 71-105, 83. – [5] Vgl. Art. ‹Invention; Erfindung; Entdeckung›. Hist. Wb. Philos. 4 (1976) 544-574, bes. 548-552. – [6] Vgl. Art. ‹ingenuity›. The Oxford Engl. dict. 7 (1989) 958; C. S. LEWIS: Studies in words (Cambridge ^{2}1967) 86-110, 94ff. – [7] Vgl. Art. ‹Einbildung; Einbildungskraft›. Hist. Wb. Philos. 2 (1972) 346-358. – [8] TH. HOBBES: Human nature 10, § 4 [1640] (1650). The Engl. works, hg. W. MOLESWORTH (1839-45, ND 1994) 4, 55f. – [9] Leviathan I, 8 (1651), a.O. 3, 56ff. – [10] a.O. 60. – [11] Vgl. QUINTILIAN: Instit. orat. VIII, 3, 56; X, 1, 130. – [12] TH. HOBBES: Conc. the virtues of an heroic poem [Einl. zu: The Iliads and Odysses of Homer], a.O. [8] 10, V. – [13] J. LOCKE: An ess. conc. human underst. II, 11, § 2 (1689). Works (London 1823, ND 1963) 1, 145. – [14] III, 10, § 34, a.O. 2, 288f. – [15] A. POPE: An ess. on criticism (London 1711) v. 82f. – [16] CH. WOLFF: Vernünfftige Gedancken von Gott, der Welt und der Seele des Menschen [Dtsch. Metaphysik] § 366 (1720, ^{11}1751). Ges. Werke I/2 (1983) 223. – [17] §§ 858ff., a.O. 532f. – [18] A. G. BAUMGARTEN: Metaphysica §§ 572f. (1739, ^{7}1779, ND 1982) 203ff. – [19] WOLFF: Dtsch. Met. § 861, a.O. [16] 533f. – [20] J. CH. GOTTSCHED: Versuch einer Critischen Dichtkunst (^{4}1751) 102. – [21] a.O. 351; ferner: a.O. 102f. – [22] a.O. – [23] CH. WERNICKE: Epigramme (1697), hg. R. PECHEL (1909) 260f. – [24] D. BOUHOURS: Entretiens d'Ariste et d'Eugène (1671), hg. R. RADOUANT (Paris 1920) 180f. – [25] WERNICKE, a.O. [23] 145. – [26] CH. THOMASIUS: Von Nachahmung der Franzosen (1687, 1701), hg. A. SAUER (1894) 7. – [27] a.O. 31. – [28] So in der Anm. zum Art. ‹Bouhours› in der dtsch. Ausg. von P. BAYLES ‹Dictionnaire›: Hist. und Crit. Wörterbuch, übers. J. CH. GOTTSCHED 1 (1741, ND 1997) 645 A. – [29] a.O. 645 B. – [30] J. CH. GOTTSCHED: Das Neueste aus der anmuthigen Gelehrsamkeit 10 (1760) 674. – [31] F. G. KLOPSTOCK: Von der heiligen Poesie (1760). Sämtl. Werke 10 (1855) 226. – [32] a.O. – [33] G. E. LESSING: Hamburg. Dramaturgie, 30. Stück (1767-69). Sämtl. Schr., hg. K. LACHMANN/F. MUNCKER (1886-1924, ND 1968) 9, 307ff., hier: 308. – [34] a.O. 309; zu Lessings letztlich ambivalenter Einstellung zum W. vgl. J. SCHMIDT: Die Gesch. des Genie-Gedankens in der dtsch. Lit., Philos. und Politik: 1750-1945 1 (1985) 87ff. – [35] In den mit F. SCHILLER entworfenen Übersichten ‹Über den Dilettantismus› (1797), in: J. W. GOETHE: Werke. Sophien-Ausg. I/47 (1896) 314. – [36] F. SCHILLER: [Deutsche Grösse] [1801?]. Werke. Nat.ausg. (1943ff.) 2/I, 434. – [37] I. KANT: Anthropol. in pragmat. Hinsicht § 44 (1798, ^{2}1800). Akad.-A. 7, 201; vgl. auch: Art. ‹Urteil, vorläufiges›. Hist. Wb. Philos. 11 (2001) 473-479. – [38] a.O. – [39] Vgl. G. GABRIEL: Der 'W.' der reflektierenden Urteilskraft, in F. RODI (Hg.): Urteilskraft und Heuristik in den Wiss.en (2003) 197-210. – [40] KANT: Anthr. § 55, a.O. [37] 221. – [41] a.O. – [42] § 46, a.O. 204. – [43] § 55, a.O. 221. – [44] F. SCHLEGEL: Fragm. zur Lit. und Poesie, Erster Teil, Nr. 787 [1797]. Krit. Ausg. 16, hg. H. EICHNER (1981) 153. – [45] So G. CH. LICHTENBERG: Sudelbücher J 1620 [1791]. Schr. und Briefe, hg. W. PROMIES 2 (^{2}1975) 297. – [46] NOVALIS: Das Allg. Brouillon, Nr. 732 [1798]. Schr., hg. P. KLUCKHOHN/R. SAMUEL 3 (^{3}1983) 410. – [47] JEAN PAUL: Vorschule der Aesthetik II, 9, § 44 (1804). Werke, hg. N. MILLER 5 (^{4}1980) 173; vgl. bes. §§ 42ff., a.O. 169ff.; Art. ‹Humor›. Hist. Wb. Philos. 3 (1974) 1232-1234. – [48] Zum begriffsgeschichtl. Zusammenhang zwischen Pointe und W. vgl. R. MÜLLER: Theorie der Pointe (2003) bes. 66-80. – [49] Vgl. K. FISCHER: Ueber die Entstehung und die Entwicklungsformen des W. (1871) 31ff.; (^{2}1889, ND 1996) 44ff.; Art. ‹Komische (das); Lachen (das)›. Hist. Wb. Philos. 4 (1976) 889-893. – [50] S. FREUD: Der W. und seine Beziehung zum Unbewußten (1905). Ges. Werke, hg. A. FREUD u.a. 6 (^{7}1987) 105; kritisch zu dieser Engführung vgl. W. PREISENDANZ: Über den W. (1970) 16. – [51] a.O. 150f. – [52] 203. – [53] 7. – [54] 203. – [55] Vgl. Art. ‹Verworrenheit›. Hist. Wb. Philos. 11 (2001) 1014-1020. – [56] J. F. FRIES: Reinhold, Fichte und Schelling (1803, ^{2}1824). Sämtl. Schr., hg. G. KÖNIG/L. GELDSETZER (1967ff.) 24, 361f. – [57] System der Logik (1811, ^{3}1837), a.O. 7, 434. – [58] a.O. – [59] G. W. F. HEGEL: Vorles. über die Ästhetik 1 [1817/18ff.]. Jub.ausg., hg. H. GLOCKNER (1927-40) 12, 396. – [60] J. F. FRIES: Handbuch der Psychischen Anthropologie oder der Lehre von der Natur des menschlichen Geistes 1 (^{2}1837), a.O. [56] 1, 192. – [61] a.O. [57]. – [62] J. G. FICHTE: Die Grundzüge des gegenwärt. Zeitalters (1804/05). Akad.-A. I/8 (1991) 250f. – [63] a.O. 251. – [64] C. G. CARUS: Vorles. über Psychol. [1829/30] (1831, ND 1958) 436; vgl. JEAN PAUL: Vorschule ... § 43, a.O. [47] 171ff. – [65] H. VON HELMHOLTZ: Das Denken in der Medicin (1877), in: Vorträge und Reden 2 (^{4}1896) 165-190, 184f.; Ueber das Streben nach Popularisirung der Wiss. (1874), a.O. 422-434, 431. – [66] W. WUNDT: Grundzüge der physiolog. Psychol. 3 (1873/74, ^{6}1911) 611. – [67] E. MACH: Erkenntnis und Irrtum (1905, ^{3}1917) 220-231, hier: 224. – [68] Vgl. Art. ‹Verwegenheit; Kühnheit III.›. Hist. Wb. Philos. 11 (2001) 1000-1002. – [69] L. WITTGENSTEIN: Philos. Unters. I, § 111 [1935-45]. Schr. 1 (1960) 343. – [70] Nach N. MALCOLM: Ludwig Wittgenstein. A memoir (Oxford 1978) 29. – [71] Vgl. G. GABRIEL: Logik und Rhetorik der Erkenntnis (1997).

Literaturhinweise. A. BAEUMLER: Das Irrationalitätsproblem in der Ästhetik und Logik des 18. Jh. bis zur Kritik der Urteilskraft (1923, ^{2}1967, ND 1974). – P. BÖCKMANN: Das Formprinzip des W. in der Frühzeit der dtsch. Aufklärung. Jb. des Freien Dtsch. Hochstifts (1932/33) 52-130; ND, in: Formgesch. der deutschen Dichtung 1 (1949, ^{3}1967) 471-552. – W. SCHMIDT-HIDDING (Hg.): Europ. Schlüsselwörter 1: Humor und W. (1963). – J. NEUBAUER: Symbolismus und symbol. Logik (1978).– O. F. BEST: Der W. als Erkenntniskraft und Formprinzip (1989).

G. GABRIEL

Wo; Wann (griech. ποῦ, ποτέ, auch πότε; lat. ubi, quando; arab. ayna, matā; engl. where, when; frz. où, quand)

I. – ARISTOTELES bezeichnet im Rahmen der Kategorienaufzählung mit ποῦ und ποτέ das jeweilige örtliche bzw. zeitliche Sein eines Seienden und führt als Beispiele die Orts- bzw. Zeitadverbiale 'im Lyzeum', 'auf dem Marktplatz', 'gestern' und 'voriges Jahr' an [1]. Betont wird der geringe ontische Status beider kategorialer Seinsweisen: Das ποῦ einer Substanz kann nicht ihre Artdifferenz bilden, ein als unveränderlich gesetztes Seiendes wie das Dreieck unterliegt in seinen Eigenschaften nicht dem ποτέ, und die schlechthinnige Möglichkeit eines Seienden geht seiner zeit- und ortsabhängigen Möglichkeit voran [2].

Umstritten ist im Peripatos der Kaiserzeit, aber auch in den anderen Schulen, besonders die Selbständigkeit der Kategorien ποῦ und ποτέ gegenüber den bei Aristoteles unter die Kategorie der Quantität fallenden Größen Ort (τόπος) und Zeit (χρόνος). ANDRONIKOS VON RHODOS richtet für Ort und Zeit je eigenständige Kategorien ein und ordnet ihnen ποῦ bzw. ποτέ als ontologisch nachrangig unter [3]. HERMINOS unterscheidet hingegen zwischen Orts- bzw. Zeitbezogenheit (‹Wo/Wann›) und Quantität selbst (Ort/Zeit) [4].

Die Defizienz- bzw. Redundanzvorwürfe, die andere Schulen gegen die Kategorienlehre erheben, treffen auch die Kategorien ‹Wo/Wann›: Aus der grammatikalischen Perspektive des Stoikers KORNUTOS finden sich in ihnen nicht alle Orts- und Zeitadverbiale [5]. Für PLOTIN beschreibt die mögliche Interpretation von ‹Wo/Wann› als einer bestimmten Art von Ort/Zeit oder als des Inseins in Ort/Zeit (τὸ ἐν τόπῳ, τὸ ἐν χρόνῳ) eher eine Verbindung zweier oder mehrerer Kategorien; überdies könnte dann auch beliebigen anderen Formen des Inseins (ἄλλο ἐν ἄλλῳ) ein kategorialer Status zugesprochen werden [6]. In dem Entwurf seiner Lehre von den Seinsklassen ordnet Plotin letztlich das ‹Wo/Wann› dem Ort bzw. der Zeit ontologisch unter, die bei ihm keine quantitativen Größen sind, sondern der Kategorie der Relation zugehören [7].

Demgegenüber ist die Kategorienexegese der neuplatonischen Aristoteleskommentatoren auch in bezug auf die Kategorien ‹Wo/Wann› apologetisch gehalten: PORPHYR und JAMBLICH konstruieren eine Hierarchie der Kategorien: ‹Wo/Wann› «bestehen neben und mit» (ἐπισυνίσταται) der Kategorie der Quantität und der unter sie fallenden Ort/Zeit, ohne gleichfalls quantitative Größen zu sein. Unter ‹Wo/Wann› fallen alle Differenzierungen des Ortes/der Zeit; diese werden von dem Seienden prädiziert, das sich an einem Ort/in der Zeit befindet [8]. AMMONIOS definiert ‹Wo/Wann› als Indikatoren von Ort/Zeit (δηλωτικὰ τόπου/χρόνου) eines Gegenstandes und teilt beide Kategorien jeweils in Arten ein (oben, unten, rechts, links, vorne, hinten bzw. vergangen, gegenwärtig, zukünftig) [9]. JOHANNES PHILOPONOS rechtfertigt in einer Antizipation des mittelalterlichen «ubi circumscriptivum» die Dihairese des Wo in sechs Arten im Ausgang von der Definition des Ortes in der Aristotelischen ‹Physik› mit der je doppelten Begrenztheit der drei Dimensionen des Körpers, den der Ort umfaßt [10]. SIMPLIKIOS löst im Anschluß an Jamblich das von Plotin aufgeworfene Problem des Inseins: Die Kategorien ‹Wo/Wann› bezeichnen nicht das Insein in Ort/Zeit, sondern das nicht reziproke und daher kategorial nicht relative Verhältnis (μὴ ἀντιστρέφουσα σχέσις) zwischen dem an einem Ort/in der Zeit Seienden und dem Ort/der Zeit [11]. Gegen Jamblich beschränkt Simplikios die Kategorien ‹Wo/Wann› auf den Bereich des Sinnfälligen [12].

In der lateinischen Literatur werden die Kategorien ποῦ/ποτέ mit ubi/quando, in der arabischen mit ayna/matā übersetzt [13]. Zentral für das Mittelalter ist die Frage, inwieweit ‹Wo/Wann› auch von geistigem und göttlichem Sein ausgesagt werden können. Für BOETHIUS wird durch das Wo beim Menschen angezeigt, wie er und weiteres Zugrundeliegendes durch andere (benachbarte) Dinge eine lokale Formung erhalten, bei Gott, daß er ubiquitär («ubique») ist; das Wann sagt im menschlichen Bereich u.a. das laufende Jetzt («nunc currens»), bei Gott das permanente Jetzt («nunc permanens») aus [14]. Nach JOHANNES SCOTUS ERIUGENAS Paraphrase des MAXIMUS CONFESSOR wird alles, was sein Sein in irgendeiner Weise besitzt, zuerst und zugleich in den Kategorien ‹Wo/Wann› erkannt: Denn im Unterschied zum überseienden Gott unterliegt alles bestimmte Seiende dem Wo-Sein («ubi esse») durch naturgemäße Lage und Begrenzung sowie dem Wann-Sein («quando esse») durch einen zeitlichen Anfang [15].

Im Anschluß an die Lösung des Simplikios bezeichnen für AL-FĀRĀBĪ die Kategorien ‹Wo/Wann› die nicht reziproken und daher kategorial nicht relativen Verknüpfungen (nisba) zwischen *X* und Ort bzw. Zeit: Das Wo bedeutet den Bezug eines Körpers zu einem bestimmten Ort, seinem spezifischen Ort oder zu mehreren inklusiv geordneten allgemeinen Orten, das Wann den Bezug eines Ereignisses zu der sein Sein begleitenden Zeit [16]. AVICENNA unterscheidet zwischen einem primären eigentlichen Wo eines Gegenstandes und einem sekundären uneigentlichen Wo; das Wann eines Ereignisses ist entweder koinzidierend oder umfassend (*X* fand im Jahre *Y* statt); das primäre eigentliche Wo kann nur von *einem* Gegenstand, das koinzidierende Wann von vielen Ereignissen gelten [17].

Für PETRUS ABAELARDUS gehen die Kategorien ‹Wo/Wann› im Sinne des «An-einem-Orte-/In-der-Zeit-Seins» («esse in loco/in tempore») aus dem «Haften» («adiacentia» bzw. «adhaerentia») von Ort/Zeit an einer Substanz hervor [18]; er unterscheidet ein quantitatives Wo von einem substantiellen Wo; jenes benennt das Sein eines Körpers an einem ihn umschreibenden und bewegungsinvarianten Orte («secundum circumscriptionem»), dieses das Enthaltensein («continentia») in einem Orte [19]; ferner kennt er ein Wann in eigentlicher Bedeutung, das sich auf die Dinge bezieht, an denen die Zeit haftet, und ein Wann in uneigentlicher Bedeutung, das die reine Existenz meint und auch auf all das anwendbar ist, von dem das In-der-Zeit-Sein gar nicht ausgesagt wird (z.B. die Zeiten selbst und die göttlichen Personen) [20]. Der ANONYMUS des ‹Liber sex principiorum› entwickelt in einer realistischen Deutung unter Verwendung der Definition des Ortes in der Aristotelischen ‹Physik› die für das folgende MA maßgebliche Bestimmung des Wo als der Umschreibung eines Körpers, die von der «Umschreibung durch den Ort ausgeht» («circumscriptio corporis a loci circumscriptione procedens»); der Ort ist in demjenigen, was umfaßt und umschreibt, das Wo in dem, was umschrieben und umfaßt wird [21]. Das Wann bestimmt er im Sinne der «adiacentia temporis» als Wirkung («effectus») der Zeit auf dasjenige, was sich in ihr befindet; nach der Zeit wird etwas gemessen, nach dem Wann wird jedoch nicht gemessen, sondern Zeitlichkeit und Variabilität von etwas ausgesagt [22]. ALBERTUS MAGNUS unterscheidet zwischen der aktiven Umschreibung («circumscriptio») durch den enthaltenden Körper und der passiven Umschreibung des Umschriebenen, aus denen er eine dritte Form der Umschreibung hervorgehen sieht, die «Bemessung des an einem Orte Befindlichen nach seinem Orte» («commensuratio locati ad locum»); diese Bemessung bestimmt er als das Wo, von dem das kategoriale Wo ausgesagt wird [23]; jeder physikalische Körper befindet sich an seinem 'eigentümlichen' oder 'natürlichen' Wo («ubi proprium/naturale») in Ruhe [24]. Das Wann resultiert aus der Messung eines Gegenstandes nach einem Maßstab der Dauer (Ewigkeit, Zeit) [25], wobei das «quando aeternitatis» und das «quando temporis» zueinander in einem proportionalen Urbild-Abbild-Verhältnis stehen [26]. Die als «genera generalissima» aufgefaßten beiden Kategorien unterzieht ROGER BACON einer eingehenden Dihairese: Das Wo zerfällt in vier «species» («ad locum», «in loco», «per locum», «de loco»), die je wiederum «species» (z.B. «ad/in/per/de civitate[m]») bzw. Individuen (z.B. «ad/in/per/de Roma[m]») enthalten. Das Wann zerfällt analog («esse/fuisse/fore in tempore»; dann z.B. «esse/fuisse/fore in die»; dann z.B. «esse/fuisse/fore in hoc die») [27]. Nach THOMAS VON

AQUIN wird in den Kategorien ‹Wo/Wann› etwas denominativ («per modum alicuius denominationis») gemäß den externen Maßstäben («exteriores mensurae») Ort/Zeit ausgesagt [28]. Gottes Wo ist ubiquitär, das der Engel und der anderen geschaffenen geistigen Entitäten nach ihrem Akt definitiv («definitive per operationem»), das der Körper zirkumskriptiv [29]. Thomas kennt das Wo und das Wann auch in der Ethik: Weniger im Anschluß an die Aristotelische Kategorienlehre als vielmehr in Rückgriff auf Ciceros Rhetorik zählt er Wo/Wann zu den sieben Umständen («circumstantiae») menschlicher Handlungen [30]. AEGIDIUS ROMANUS verbindet in seiner Theorie des Wann die physikalisch interpretierte Terminologie des ‹Liber sex principiorum› mit der logischen des Simplikios: ‹Wann› kategorisiert die Wirkung («effectus») der Zeit als Dauer («duratio») im Sinne der endlichen Sukzession einer sublunaren Bewegung und zugleich das nicht reziproke Verhältnis («habitudo») der bewegten Sache zur Zeit als eine die Bewegung meßbar machende Dauer [31]. JOHANNES DUNS SCOTUS vertritt den realen Unterschied der Kategorien im allgemeinen und zwischen ‹Wo/Wann› und ‹Ort/Zeit› im speziellen: Diese verhalten sich zu jenen wie Ursache zu Wirkung [32]. ‹Wo› als passive Umschreibung eines Körpers durch die aktive Umschreibung des Ortes ist eine Beziehung, die zu einem Körper von außen hinzutritt («respectus extrinsecus adveniens»); ein und derselbe Körper kann somit in Hinblick auf verschiedene Grenzen («termini») zugleich verschiedene Wo haben [33]. Die Anwesenheit des Leibes Christi in der Eucharistie wird mit Hilfe des Wo im Sinne des «respectus extrinsecus adveniens» erklärt, als uneigentliche lokale Veränderung («mutatio»), die unter Entstehung eines neuen Wo das frühere Wo im Himmel unberührt läßt [34].

Der Nominalismus wendet sich gegen die seit Simplikios dominante Tradition, die ‹Wo/Wann› durch die Relationierung des am Orte/in der Zeit Seienden und Ort/Zeit bestimmt: Nach WILHELM VON OCKHAM bedeuten die Kategorien ‹Wo/Wann› nichts, was von den «res absolutae», Substanz und Qualität, unterschieden wäre; es handelt sich vielmehr um dieselben «res», die jedoch nicht nominell, sondern nur adverbiell (durch Ort-/Zeitadverbiale) bezeichnet werden; demgemäß sind die beiden Kategorien auch keine höchsten Prädikationsklassen im Sinne einer «ubitas/quandalitas», in denen das Allgemeinere vom weniger Allgemeinen ausgesagt würde [35]. Mit einer eingehenden sprachlichen Analyse richtet sich JOHANNES BURIDANUS gegen die realistische Bestimmung der Kategorie ‹Wann› im ‹Liber sex principiorum›: Terme dieser Kategorie bezeichnen bestimmte Zeitabschnitte und deren Distanz zur Gegenwart unter Konnotierung der Zugehörigkeit dieser Zeitabschnitte zu Dingen; sie supponieren als Bestimmung des Prädikates für dasselbe wie das Subjekt des Satzes; es finden sich in dieser Kategorie quaesitive («quando»), prädikative («aliquando»), distributive («quandocumque») und relative («tunc») Terme. Für die Kategorie ‹Wo› gelte im wesentlichen Analoges [36].

Gegen die nominalistische Leugnung der Realität des Wo und die Lehrmeinung der konstitutiven extrinsischen Beziehung wendet sich das Jesuitenkolleg aus Coimbra: Vielmehr ist das Wo eine formale Bestimmung des Seins («ratio formalis essendi») der lokalisierten Sache [37]. Im Anschluß an Aegidius Romanus wird das Wann als die einer geschaffenen Sache intrinsische Dauerhaftigkeit bestimmt [38]. L. DE MOLINA identifiziert darüber hinaus die intrinsische Dauerhaftigkeit einer Sache (im Sinne der Permanenz) mit ihrer Existenz, die er damit der Kategorie des Wann zuordnet [39]. F. SUÁREZ betont hingegen den die Kategorien transzendierenden Charakter und die Analogizität der Existenz. Die Kategorie ‹Wann› enthält alle Arten geschaffener Dauerhaftigkeit («durationes creatae») [40]. Im Anschluß an die Schule von Coimbra behauptet Suárez, daß das Formale der Kategorie ‹Wo› einen realen und intrinsischen Modus der Sache darstellt, von der das Wo ausgesagt wird, und betont die Unabhängigkeit des Wo von allem Extrinsischen; vielmehr ist das Wo notwendige Bedingung für die realen Relationen eines Körpers [41]. Die Gegenposition vertritt der Thomist JOHANNES VON S. THOMAS, der das Wo durch die Abhängigkeit von einer äußeren Umgebung, Distanz oder Nähe bestimmt sieht [42]. Ebenso wendet er sich gegen die Deutung des Wann als Kategorie der Existenz im Sinne der intrinsischen Dauer und befürwortet die extrinsische Bestimmung des ‹Liber sex principiorum› [43]. Die Scotisten M. MASTRIUS und B. BELLUTUS systematisieren den Begriff des Wo, das als eine zu Ort und Sache hinzutretende modale Entität gedeutet wird, anhand der Ergebnisse der Tradition: Das überkategoriale «ubi immensivum» oder «indefinitum» kommt Gott zu; die Kategorie «ubi» zerfällt in das auf das Körperliche bezogene «ubi circumscriptivum» und das auf die geistigen Entitäten bezogene «ubi incircumscriptivum» oder «definitivum»; das «ubi circumscriptivum» zerfällt in das «ubi penetrabile» (aller Substanzen und Akzidenzien mit Ausnahme der Quantität) bzw. «impenetrabile» (der reinen Quantität), das «ubi definitivum» in das «ubi naturale» (der geistigen Entitäten mit bestimmtem Ort) und das «ubi supernaturale» oder «sacramentale» (der Engel und Christi in der Eucharistie) [44]. Das gleichfalls zur Sache extrinsisch hinzukommende Wann wird als Koexistenz der Sache, insofern sie gemessen wird, und der Zeit, insofern sie Maß ist, sowohl von den «successiva» als auch von den «permanentia» und sogar den unsterblichen Substanzen ausgesagt [45].

Mit der Spätscholastik endet die systematische Diskussion um die beiden Kategorien ‹Wo/Wann›, von der sich zumeist nur noch Reste in recht heterogenen, oft abwertenden, seltener originellen Kontexten finden wie bei S. PUFENDORF, der in Analogie zu den auf den physikalischen Ort bzw. die physikalische Zeit bezogenen Kategorien ‹Wo/Wann› ein moralisches Wo (natürlicher und gesellschaftlicher Stand einer Person) bzw. ein moralisches Wann (Stand nach dem Lebensalter der Person) bildet [46], und bei W. HAMILTON, der die Kategorien ‹Wo/Wann› als Relationen zwischen zwei Dingen im Raume bzw. in der Zeit bestimmt [47].

F. HUTCHESON kritisiert hingegen sowohl die sublimen scholastischen Einteilungen von ‹Wo/Wann› als «sinnlose Rede», die keinen Wissenszuwachs bringen, als auch überhaupt die verdunkelnde Verwendung von ‹Wo/Wann› für die deutlicheren Nomina «tempus» und «spatium» [48]. I. KANT bezeichnet vor dem Hintergrund seines Verständnisses der Kategorien als reiner Verstandesbegriffe die Aristotelischen Kategorien ‹Wo/Wann› als «modi der reinen Sinnlichkeit» [49].

Die Diskussion über den Ursprung der Kategorien am Ende des 19. und zu Beginn des 20. Jh. befaßt sich auch mit ‹Wo/Wann›: A. TRENDELENBURG und nach ihm W. WUNDT führen die Kategorieneinteilung im allgemeinen auf grammatikalische Unterschiede zurück und die Kategorien ‹Wo/Wann› auf die Adverbien des Ortes und der Zeit [50]; O. APELT hingegen sieht in der Aristotelischen Unterscheidung zwischen den 'reinanschaulichen' Größen Raum/Zeit und den Kategorien ‹Wo/Wann› einen Anhaltspunkt für die Herkunft der Kategorien aus dem Urteil, also für ihren logischen Ursprung [51], während die Unterscheidung nach P. Natorp zeigt, daß es sich bei den Kategorien um letzte Abstraktionen von den Sinnendingen handelt [52].

Originelle Beiträge im 20. Jh. liefern F. Brentano, der in seiner Überarbeitung der Aristotelischen Kategorienlehre ein substantielles ‹Wo/Wann› von einem extrinsisch denominativen ‹Wo/Wann› unterscheidet [53], und der Neuthomist J. Gredt, der als Oberbegriff ein transzendentales «ubi» ansetzt, das in das prädikamentale «ubi circumscriptivum» als ausgedehnte Präsenz an einem Orte und das «ubi non circumscriptivum» als unausgedehnte Präsenz an einem Orte zerfällt [54]. Wie das prädikamentale «ubi» im Sinne der Nebeneinanderordnung der Körper Fundament für die Relationen der Entfernung («distantia») bzw. Nähe («indistantia») ist, so ist das «quando» im Sinne der Nacheinanderordnung («successio») der Körper Fundament für die Relationen der Gleich-, Vor- und Nachzeitigkeit [55].

Anmerkungen. [1] Aristoteles: Cat. 4, 1 b 25-2 a 2; 9, 11 b 10-15; Top. I, 9, 103 b 20-27; Met. VI, 2, 1026 a 33-b 1; in Met. V, 7, 1017 a 24-27 steht das Interrogativum πότε anstelle des Indefinitums ποτέ. – [2] Top. VI, 6, 144 b 31-145 a 2; Met. IX, 10, 1052 a 4-11; Top. II, 11, 115 b 11-14; vgl. A. Trendelenburg: Gesch. der Kategorienlehre (1846, ND 1979) 142-144. – [3] Cat. 6, 4 b 20-25; Andronicus Rhod., in: Simplicius: In Cat., hg. K. Kalbfleisch. CAG 8 (1907) 134, 5-7; 347, 6-12; vgl. Ps.-Archytas: Περὶ τοῦ καθόλου λόγου, in: Über die Kategorien, hg. Th. A. Szlezák (1972) 34, 29-36, 1; 36, 13-16; 42, 10-14; 48, 5-50, 16; vgl. den Stellenkommentar: a.O. 126-128. – [4] Herminus, in: Porphyrius: In Cat., hg. A. Busse. CAG 4/1 (1887) 107, 1-30, bes. 25-30. – [5] Cornutus, in: Simplicius, a.O. [3] 359, 1-6. – [6] Plotin: Enn. VI, 1 (42), 13f. – [7] Enn. VI, 3 (44), 3, 17-29; VI, 1 (42), 4f.; VI, 3 (44), 11, 6-10; vgl. den Komm. von R. Beutler/W. Theiler, in: Plotin: Schriften, übers. R. Harder IV b (1967) 484f. und app. crit. Opera, hg. P. Henry/H.-R. Schwyzer 3 (Brüssel/Leiden 1973) 91 (ad l. 22. 28). – [8] Porphyrius/Iamblichus, in: Simplicius, a.O. [3] 297, 23-298, 9; vgl. Porphyrius, a.O. [4] 142, 9-14. – [9] Ammonius: In Cat., hg. A. Busse. CAG 4/4 (1895) 93, 2-4; app. crit., a.O. 92f. (ad l. 22). – [10] Joh. Philoponus: In Cat., hg. A. Busse. CAG 13/1 (1898) 164, 22-165, 17; vgl. Aristoteles: Phys. IV, 4, 212 a 5-7. – [11] Simplicius, a.O. [3] 359, 33-360, 21; vgl. für Iamblichus, a.O. 345, 15-17; 346, 35-347, 4. – [12] Iamblichus, in: Simplicius, a.O. 361, 7-364, 6, bes. 362, 4-16; 363, 9-14; 363, 31-364, 5; Simplicius, a.O. 364, 7-15. – [13] z.B. Quintilian: Instit. orat. III, 6, 23, 1-25, 1; Marius Victorinus: Explan. in Rhet. M. T. Ciceronis I, 9, in: Rhet. lat. minores, hg. C. Halm (1863, ND 1964) 183, 32-38; Anon.: Paraphrasis Themistiana §§ 145f., in: Aristoteles latinus I, 1-5, hg. L. Minio-Paluello (Brüssel/Paris 1961) 167, 16-24; Version arabe des Cat. 159v. 172v, in: K. Georr: Les Cat. d'Arist. dans leurs versions Syro-Arabes (Beirut 1948) 321. 346. – [14] Boethius: De sancta trinitate IV, bes. 216-248; De consol. philos., hg. C. Moreschini (2000) 173-177, bes. 175f.; vgl. zum folgenden auch: Art. ‹Zeit III. A.›. – [15] Joh. Scotus Eriug.: Maximi Conf. Ambigua ad Iohannem iuxta Iohannis Scotti Eriug. latinam interpretationem VI, 1418-1452, hg. E. Jeauneau. CCSG 18 (Turnhout/Löwen 1988) 93f.; vgl. Maximus Conf.: Ambiguorum liber. MPG 91, 1180 A-1181 A. – [16] Al-Fārābī: Kitāb al-Ḥurūf. Alfarabi's Book of letters, hg. M. Mahdi (Beirut 1969) 62, 1-63, 5; 88, 14-91, 11; Kitāb Qāṭāghūriyās ay al-Maqūlāt. Al-Manṭiqiyyāt li-l-Fārābī. Al-Muğallad al-awwal: An Nuṣūṣ al-manṭiqiyya, hg. M. Taqī Dāniš-Pažūh (Qum 1408/1987) 46-82, hier: 60, 1-64, 5. – [17] Ibn Sīnā: Kitāb aš-Šifā': Al-Manṭiq 2: Al-Maqūlāt, Maqāla 6, Faṣl 5, hg. I. Madkūr u.a. (Kairo 1378/1959) 228-233. – [18] Petrus Abaelardus: Dialectica, tr. I, vol. II, l. III, 2f., hg. L. M. de Rijk (Assen 1956) 77, 9-11; 78, 36-79, 1. – [19] l. III, 3, a.O. 79, 3-33. – [20] 2, a.O. 77, 11-18. – [21] Anon.: Liber sex principiorum 48, in: Aristoteles lat. I, 6-7, hg. L. Minio-Paluello (Brüssel/Paris 1966) 45, 8-12; vgl. Aristoteles: Phys. IV, 4, 212 a 5-7; 212 a 20f. – [22] 33f. 42, a.O. 42, 1-9; 43, 20-44, 3. – [23] Albertus Magnus: Liber de sex principiis V, c. 1. Op. omn., hg. A. Borgnet (Paris 1890-99) 1, 344 a-b. – [24] Physica III, tr. 2, c. 8; IV, tr. 2, c. 5. Op. omn. 4/1, hg. P. Hossfeld (1987) 185, 11-20; 240, 38-53; V, tr. 1, c. 9, a.O. 4/2 (1993) 420, 32-65. – [25] Lib. de sex princ. IV, c. 1, a.O. [23] 334 a. – [26] c. 3, a.O. 339 a (gegen Boethius). – [27] Roger Bacon: Sumule dialectices f. 54, a. 2. Opera hactenus ined. 15, hg. R. Steele (Oxford 1940) 231. – [28] Thomas Aqu.: In octo libr. Phys. Arist. expos. III, lect. 5, hg. P. M. Maggiòlo (Turin/Rom 1954) 158f. (n. 322); vgl. Ps.-Thomas: Totius logicae summa V, c. 13. 15f., in: Thomas Aqu.: Op. omn. 28, hg. S. E. Fretté (Paris 1875) 102 a. 103 b-104 b. – [29] In 4 libr. Sent. I, d. 37, q. 2f. Op. omn., hg. R. Busa 1 (1980) 96 b-98 c; vgl. hingegen: S. theol. III, 76, 5. – [30] S. theol. I-II, 7, 2f.; In 4 libr. Sent. IV, d. 16, q. 3, a. 1, a.O. 523 c-524 c; vgl. Cicero: De inventione I, 24-27, hg. E. Stroebel (1915, ND 1965) 31 b-36 b; vgl. Art. ‹Circumstantia›. Hist. Wb. Philos. 1 (1971) 1019-1022. – [31] Aegidius Rom.: De mensura angelorum 2-4 (Venedig 1503, ND 1968) fol. 38rb-50ra; vgl. P. Porro: Forme e modelli di durata nel pensiero medievale (Löwen 1996) 422-445. – [32] Joh. Duns Scotus: Quaest. sup. libr. Met. Arist. V, q. 6, bes. 94. 96. 98. 135. 162. Op. philos. 3, hg. G. J. Etzkorn (St. Bonaventure, N.Y. 1997) 451-487, bes. 468f. 478. 485. – [33] Report. Paris. IV, d. 10, q. 3, 13f. Op. omn., hg. L. Wadding (Lyon 1639, ND 1968f.) 11/2, 639 b-640 a. – [34] Quaest. in libr. 4 Sent. IV, d. 10, q. 1, 9-11, a.O. 8, 501f.; zur Möglichkeit eines mehrfachen Wo der Engel vgl. Lectura II, d. 2, p. 2, q. 3f. Op. omn., hg. P. L. Modrić (Rom 1950ff.) 18, 170-175 (n. 230-249). – [35] Wilhelm von Ockham: Summa log. I, 59f. Op. philos. 1, hg. P. Boehner/G. Gál/S. Brown (St. Bonaventure, N.Y. 1974) 188-191; Quodl. VII, q. 5f. Op. theol. 9, hg. J. C. Wey (St. Bonaventure, N.Y. 1980) 714-723; vgl. auch: Summa log. I, c. 41, a.O. 114; vgl. dagegen: Walter Chatton: Report. sup. Sent. I, d. 30, q. 3, 20-23. 43. 47-51. 77-79. 81f., hg. J. C. Wey/G. J. Etzkorn (Toronto 2002) 263f. 268f. 273f.; Richard von Campsall: Logica c. Ockham 46f. The works 2, hg. E. A. Synan (Toronto 1982) 325-341; Anon.: Logica 'ad Rudium' I, 2, 86-89, hg. L. M. de Rijk (Nimwegen 1981) 45. – [36] Joh. Buridanus: Summulae III, 7, 1f., in: Summulae in praedicamenta, hg. E. P. Bos (Nimwegen 1994) 85-90. – [37] Comm. Coll. Conimbricensis In universam dialecticam Arist.: In praedicamenta Arist. 9, q. 2, a. 1 (Köln 1607, ND 1976) 520-524. – [38] q. 3, a. 1, a.O. 527-530; vgl. Porro, a.O. [31] 459-461. – [39] L. de Molina: Comm. in primam Divi Thomae partem 3, a. 4, disp. 2 (Lyon 1622) 49 b A-52 a A; vgl. Porro, a.O. 461-469. – [40] F. Suárez: Disput. metaph. 31, sect. 7, 1f.; 50, sect. 12, 22-25 (1597). Op. omn., hg. C. Berton 26 (Paris 1866) 250 b-251 b. 971 b-972 b; vgl. Porro, a.O. 471-480. – [41] 51, sect. 1, 13f., a.O. 975 b-976 a. – [42] Joh. a S. Thoma: Cursus philos. thomisticus I: Logica 2, q. 19, a. 3 (Paris 1883) 547 b-551 b, bes. 549 a. – [43] a. 4, a.O. 552 a-554 b, bes. 552 a-b. – [44] M. Mastrius/B. Bellutus: Disput. in Arist. logicam 8, q. 12, a. 2, n. 204f. 209-211, in: Philos. ad mentem Scoti cursus integer 1 (Venedig 1678) 327 a-b. 331 a-b; für die Tradition vgl. z.B. Joh. de Ripa: I Sent., dist. 37, hg. A. Combes u.a. Traditio 23 (1967) 191-267, hier: a. 1, a.O. 215-240, wo bereits streng terminologisch dem «ubi diffinitivum» das «ubi circumscriptivum» entgegengesetzt wird. – [45] n. 217f. 220, a.O. 333 b. 334 a-b. – [46] S. Pufendorf: De jure naturae et gentium I, 1, bes. §§ 6-10 (1672, 21684, 1688). Ges. Werke 4/1, hg. F. Böhling (1998) 13-25, bes. 15-18; vgl. Th. Kobusch: Die Entdeckung der Person (1993) 71-82, bes. 75. – [47] W. Hamilton: Lect. on logic 11, in: Lect. on met. and logic 3, hg. H. L. Mansel/J. Veitch (Edinburgh/London 21866, ND 1969) 200. – [48] F. Hutcheson: Synopsis metaphys., ontologiam et pneumatologiam complectens I, c. 3, n. 4 (Glasgow 21744) 21f. Coll. works 7, hg. B. Fabian (1971) 231f. – [49] I. Kant: KrV A 81/B 107. – [50] Trendelenburg, a.O. [2] 22-33; W. Wundt: Logik 1: Allg. Logik und Erkenntnistheorie (1880, 41919) 113f.; vgl. auch: E. von Hartmann: Gesch. der Met. 1 (1899). Ausgew. Werke 11 (1899) 48f. – [51] O. Apelt: Beitr. zur Gesch. der griech. Philos. (1891, ND 1975) 153-155. – [52] P. Natorp: Die log. Grundlagen der exakten Wiss.en (1921) 267. – [53] F. Brentano: Kategorienlehre III, 1 (1916), hg. A. Kastil (1933) 212f. – [54] J. Gredt: Elementa philosophiae Arist.-Thomist. (1899) Logica 2, c. 2, a. 3, § 6; Philos. naturalis A, c. 2, q. 3, § 1, hg. E. Zenzen (Barcelona 131961) 1, 182 (n. 195f.). 273f. (n. 312-314). – [55] Logica § 7, a.O. 183 (n. 199f.).

Literaturhinweise. E. GRANT: The concept of 'ubi' in mediev. and renaiss. discussions of place. Manuscripta 20 (1976) 71-80. – P. HOFFMANN: Les cat. ποῦ et ποτέ chez Arist. et Simplicius, in: P. AUBENQUE (Hg.): Concepts et cat. dans la pensée ant. (Paris 1980) 217-245. – P. MORAUX: Der Aristotelismus bei den Griechen 1 (1973) 105f. 111-113. 161f.; 2 (1984) 371f. 522f. 597f. 612. 617f. 698. – P. PORRO s. Anm. [31] 385-483. TH. WELT

II. – In der *Phänomenologie* und neueren *Sprachphilosophie* werden die Bestimmungen des Wo und Wann als Raum-Zeit-Deiktika im Rahmen einer allgemeinen Theorie der Indikatoren (s.d.) behandelt. Die Problematik solcher Termini hatte schon G. W. F. HEGEL erkannt [1]. Die auf das Subjekt bezogenen Orts- und Zeitangaben «hier, dort, oben, unten, bzw. jetzt, gestern, morgen, nachher» gehören für E. HUSSERL zu den «wesentlich okkasionellen Ausdrücken», deren Bedeutung mit der jeweiligen Äußerungssituation wechselt [2]. In der ideal- bzw. wissenschaftssprachlich orientierten Richtung der Analytischen Philosophie herrscht die Neigung vor, solche kontextabhängigen Ausdrücke durch objektive Angaben zu ersetzen. So war etwa G. FREGE der Auffassung, daß die explizite Orts- und Zeitbestimmung zum «vollständigen Ausdruck» des «Gedankens» gehört [3]. In ähnlicher Weise plädiert W. V. O. Quine im Falle der «eternal sentences» dafür, auf Indikatoren als Quelle von Wahrheitswertverschiebungen zu verzichten [4]. Demgegenüber hat bereits B. RUSSELL darauf hingewiesen, daß sich Indexikalität im Bereich des Empirischen nie vollständig vermeiden läßt. Dementsprechend versucht er, die «egocentric particulars» «here» und «now» im Rekurs auf «this» zu definieren [5]. So hat denn auch K. BÜHLER Russell ausdrücklich von dem Vorwurf ausgenommen, den er im übrigen gegen die Reduktionsabsichten der «modernen Logistik» richtet. Derartigen Versuchen liegt nach seiner Auffassung eine radikale Verkennung der orientierenden Funktion als «Wegweiser» zugrunde, die die «Zeigwörter» «hier» und «jetzt» in der «Umgangssprache» erfüllen [6]. In Übereinstimmung hiermit ist in neueren sprachphilosophischen Untersuchungen die unersetzbare Rolle indexikalischer Ausdrücke hervorgehoben worden [7]. Im Anschluß an P. F. STRAWSON betont etwa E. TUGENDHAT den Beitrag, den raumzeitlich lokalisierende singuläre Termini bei der identifizierenden Bezugnahme auf Einzelgegenstände leisten [8].

Anmerkungen. [1] Zu gegensätzlichen Interpretationsversuchen vgl. W. BECKER: Hegels Phän. des Geistes (1971) 19-29; R. C. SOLOMON: In the spirit of Hegel. A study of G. W. F. Hegel's Phen. of spirit (New York/Oxford 1983) 324ff. – [2] E. HUSSERL: Log. Unters. II/1, § 26 (²1913) 84f. – [3] G. FREGE: Der Gedanke, in: Beiträge zur Philos. des dtsch. Idealismus 1 (1918) 64. – [4] W. V. O. QUINE: Word and object § 47 (Cambridge, Mass. 1960) 227f. – [5] B. RUSSELL: Human knowledge (London 1948) 84-93. – [6] K. BÜHLER: Sprachtheorie (1934) 102ff.; vgl. auch: Art. ‹Zeigen›. – [7] Vgl. hierzu: W. KÜNNE/E. SOSA: Deixis und Selbstbezug, in: M. DASCAL u.a. (Hg.): Sprachphilos. Ein int. Hb. zeitgenöss. Forschung 2 (1996) 1152-1175. – [8] E. TUGENDHAT: Vorles. zur Einf. in die sprachanalyt. Philos. (1976) 391ff.

S. SCHLOTTER

Wohlfahrt; Wohlfahrtsstaat (engl. welfare, welfare state) I. – Der Terminus ‹Wohlfahrt› [W.] – vor allem in der politischen Zuspitzung auf die Selbstverpflichtung des Wohlfahrtsstaates/Sozialstaates zur umfassenden Daseinsvorsorge für alle Bürger (Versorgung bei Krankheit, Arbeitslosigkeit und Alter) – ist eine verspätete Neuschöpfung. Im Zeichen der bürgerlichen Emanzipation hatte man im 19. Jh. zunächst gemeint, sich gegen die sozialpolitische Bevormundung des aufgeklärten Absolutismus abgrenzen zu müssen und die Beförderung der allgemeinen W. als Staatszweck ausdrücklich zurückgewiesen. Unter dem Eindruck des anhaltenden Massenelends und der strukturellen und konjunkturellen Risiken des 'freien' Arbeitsmarktes wurden am Ende des 19. Jh. die alten Aufgaben der Armenpflege unter dem Stichwort der «Wohlfahrtspflege» gleichsam neu entdeckt. Daraus ist, endgültig erst seit dem Ende des Zweiten Weltkriegs, der moderne Wohlfahrts- oder Sozialstaat (s.d.) erwachsen (im Deutschen ist die Bezeichnung ‹Sozialstaat› üblicher).

Aus mhd. ‹wol farn› im Sinne von 'glücklich leben', 'gedeihen' (als Abschiedsformel: 'var wol', engl. 'fare well', 'lebe wohl') bilden sich im 14. und 15. Jh. Substantive wie ‹das wolvarn›, ‹die wolvart› (‹Wohlergehen›), die zunächst in niederdeutschen Quellen und seit M. LUTHERS Bibelübersetzung als ‹wolfart› (Dan. 25, 8; Ps. 106, 5) in der nhd. Literatursprache belegt sind [1]. Aus dem zunächst privaten Bezug (Heil, Glück, Gesundheit) erwächst in der politischen Literatur des 17. und 18. Jh. die öffentliche Bestimmung: W. als 'Beförderung des allgemeinen Besten' (salus publica). Als ausdrücklicher Staatszweck, der über die klassischen Funktionen der Rechtspflege und Friedenssicherung hinausgeht, erscheint die Sorge um die 'allgemeine W.' vor allem in der Verwaltungslehre, der Wissenschaft von der guten Polizei (s.d.) des deutschen Territorialstaates des 17. und 18. Jh. und im Kameralismus. Für V. L. VON SECKENDORFF zeigt sich W. «in guter Nahrung und Vermehrung der leute / und ihres Vermögens / Handels und Wandels» [2]. Aber auch der «seelen-wohlstand» der Untertanen obliegt dem Staate. Die begrifflichen Grenzen sind hier fließend, sowohl in politischer («Gemeinwohl») und ökonomischer («Wohlstand») als auch in karitativer («Wohltätigkeit») und ethisch-moralischer Hinsicht («Glückseligkeit»). CH. WOLFF leitet aus der Beförderung der W. der Einzelnen zugleich die 'öffentliche' W. ab: «Die W. eines Staates aber (salus civitatis) besteht in dem Genuß des hinlänglichen Lebensunterhalts, der Ruhe und der Sicherheit. Insoweit nun dieses zu erhalten stehet, wird es das gemeine Beste (bonum publicum) genannt» [3]. Ähnlich sieht J. H. G. VON JUSTI die Sorgepflicht des Staates komplementär zum W.-Recht des Bürgers: Es komme darauf an, «die Wohlfahrth der einzeln Familien mit dem gemeinschaftlichen Besten, oder der Glückseligkeit des gesammten Staates» zu vermitteln [4]. Das 19. Jh. bricht mit dieser Vorstellung, die nun als wohlfahrtspolitische Zumutung, als Einschränkung der bürgerlichen Freiheit und unzulässige Ausweitung der staatlichen Kompetenzen zurückgewiesen wird. So heißt es bereits bei W. VON HUMBOLDT: «der Staat enthalte sich aller Sorgfalt für den positiven Wohlstand der Bürger, und gehe keinen Schritt weiter, als zu ihrer Sicherstellung gegen sich selbst, und gegen auswärtige Feinde nothwendig ist» [5].

Anmerkungen. [1] M. RASSEM: Art. ‹Wohlfahrt, Wohltat, Wohltätigkeit, Caritas›, in: O. BRUNNER/W. CONZE/R. KOSELLECK (Hg.): Geschichtl. Grundbegr. 7 (1992) 595-636, 609f. – [2] V. L. VON SECKENDORFF: Teutscher Fürsten-Stat II, 8, 2 (1665). – [3] CH. WOLFF: Grundsätze des Natur- und Völkerrechts § 972 (1754). Ges. Werke I/19, hg. M. THOMANN (1980) 696f. – [4] J. H. G. VON JUSTI: Die Grundfeste zu der Macht und Glückseligkeit der Staaten I, § 8 (1760/61). – [5] W. VON HUMBOLDT: Ideen zu einem Versuch, die Gränzen der Wirksamkeit des Staates zu bestimmen [1792] (1851). Akad.-A., hg. A. LEITZMANN 1-17 (1903-36, ND 1967f.) 1, 129.

TH. SOKOLL

II. – Auf das Hoch der vormodernen Thematisierung der W. folgt ein Tief im 19. Jh. Die Erfahrungen des Pauperismus (s.d.) und der Entstehung eines gewerblichen Proletariats werden seit dem Vormärz unter den Stichwörtern ‹Soziale Frage› (s.d.), ‹soziale Bewegung› und ‹Sozialpolitik› (s.d.) breit diskutiert, wobei Konzepte und Reformvorschläge zwischen Frankreich, Belgien, England und den deutschen Staaten zirkulieren [1].

Während ‹W.› im Sinne von ‹Gemeinwohl› (s.d.) oder ‹welfare of the state› im 19. Jh. gebräuchlich bleibt, verengt sich seine Bedeutung zwischen ca. 1880 und 1918 innerhalb speziellerer sozialpolitischer Diskurse: ‹W.-Einrichtungen für Arbeiter› (usw.) wird eine typische Bezeichnung. Durch die Fortentwicklung des Armenwesens zur Sozialfürsorge, die durch den Ersten Weltkrieg und die Weimarer Republik entscheidend gefördert wird, etabliert sich dieser Gebrauch von ‹W.› in der Zwischenkriegszeit und ist in vereinzelten Komposita wie ‹W.-Verbände› bis heute lebendig geblieben [2]. Von der langen staatstheoretischen Tradition hat sich im späteren 20. Jh. nur eine wirtschaftswissenschaftliche und z.T. moralphilosophische Terminologie (‹welfare economics›) erhalten. Seinen Siegeszug macht ‹W.› dagegen in der Bezeichnung ‹Wohlfahrtsstaat›.

‹Wohlfahrtsstaat› kommt erst am Ende des 19. Jh. auf und korrespondiert dann bereits mit ‹Sozialstaat› (s.d.). Der Kathedersozialist A. WAGNER diagnostiziert noch vor der Gründung der Bismarckschen Sozialversicherungen ein Wachstum der Staatsaufgaben und den Übergang «zum Cultur- und Wohlfahrtsstaat» [3]. Ausschließlich retrospektiv verwendet dagegen M. WEBER den Begriff, indem er das preußische Allgemeine Landrecht als «klassisches Denkmal des modernen 'Wohlfahrtsstaates'» und diesen als «die Legende des Patrimonialismus» bezeichnet [4].

Dem 20. Jh. fehlen im deutschsprachigen Raum eine Theoriebildung und eine normative Programmatik, die das politische Projekt ‹Wohlfahrtsstaat› mit seinen Rückwirkungen auf die Gesellschaft leiten und erklären würden. Die wenigen Versuche arbeiten nicht mit den Begriffen ‹W.› oder ‹Wohlfahrtsstaat›, sondern eher mit ‹Sozialpolitik› (wie E. HEIMANN 1929) oder ‹Daseinsvorsorge›, die der Staatsrechtler E. FORSTHOFF (1938) zu den Aufgaben des totalitären Staates zählt, später aber auch zu den Aufgaben der Bundesrepublik.

Umgekehrt konnten die vormodernen oder jakobinischen Konnotationen der Rede vom Versorgungsstaat gegen den Ausbau des Weimarer Sozialstaats gewendet werden, so durch den Reichskanzler F. VON PAPEN 1932 [5]. Am anderen Pol des politischen Spektrums charakterisieren 1944 TH. W. ADORNO und M. HORKHEIMER in ihrer Analyse der Kulturindustrie die «positive und negative Fürsorge für die Verwalteten» sarkastisch als «eine Art Wohlfahrtsstaat auf höherer Stufenleiter», in dem Experten für «seelische Winterhilfe» sorgen [6]. Auch in der frühen Bundesrepublik spricht man vom Wohlfahrtsstaat, wenn man vor einem Staat mit allzu großer Zuständigkeit warnen will. Sogar innerhalb der Beratungen der von K. Adenauer entscheidend geförderten Rentenreform von 1957 ist die Abwehrrhetorik gegen den «Wohlfahrtsstaat» als «Versorgungsstaat» lebendig. Dagegen wirbt der damalige Arbeitsminister TH. BLANK in einer Rede von 1958 für die Vermittlung der aktuellen Politik der Sozialreform mit der Semantik des «Wohlfahrtsstaats» [7].

Allerdings eröffnet sich zur gleichen Zeit eine neue Perspektive, die durch den energischen Ausbau des Welfare State (der Ausdruck ist seit den 1940er Jahren belegt) in Großbritannien sowie in Skandinavien ausgelöst und vor allem durch die Sozialwissenschaften aufgenommen wird. Auch in Frankreich wird der lange staatskritische Gebrauch von ‹état-providence› unter dem Eindruck der Sozialgesetzgebung der unmittelbaren Nachkriegszeit positiv gewendet [8]. In der Systemkonkurrenz und unter dem Eindruck von Keynesianismus und Social Engineering finden die liberalen Stimmen gegen den übermächtigen Staat weniger Gehör.

Wenn Sozial- und Wirtschaftswissenschaftler ‹Wohlfahrtsstaat› als neutralen Sammelbegriff verwenden, dann interessieren sie solche Tendenzen, die den Nationalstaat übergreifen, und vor allem das Leistungsprofil der Staatstätigkeit. Noch deutlicher wird dies, wenn von ‹Wohlfahrtsproduktion› und den an ihr beteiligten Akteuren (Familie, Markt, Verbände, Staat) gesprochen wird [9]. Auch in der Nachkriegszeit wird das konzeptuelle Profil stärker von den Kritikern und Angreifern als von seinen Befürwortern geprägt. In den 1970er und 1980er Jahren steht der Wohlfahrts- oder Sozialstaat im Kreuzfeuer antikapitalistischer Kritik [10], einem grünalternativen Unbehagen an Expertenherrschaft und Paternalismus, das sich in J. HABERMAS' Konzept der «Kolonialisierung der Lebenswelt» [11] wiedererkennt, und der feministischen Infragestellung seiner familiären und ökonomischen Voraussetzungen. Seit der Mitte der 1970er Jahre kommen immer häufigere Warnungen vor den Grenzen der Finanzierbarkeit hinzu. In den 1980er Jahren verschärft sich im Gefolge der britischen und amerikanischen Politikexperimente die neo-liberale Fundamentalkritik, die immer stärker auf die Legitimität und die Selbstüberforderung des Wohlfahrtsstaats insgesamt zielt. Dennoch steht im Banne der strukturellen Herausforderungen (demographische Alterung, Krise der Arbeitsgesellschaft, Erosion des Nationalstaats) ein «reflexives Verhältnis» des Wohlfahrtsstaats zu sich selbst [12] ebenso aus wie eine «politische Formel, die an die Stelle der Wohlfahrtsstaatsformel treten könnte» [13].

Anmerkungen. [1] F.-X. KAUFMANN: Sozialpolit. Denken. Die dtsch. Tradition (2003). – [2] RASSEM, a.O. [1 zu I.] 632ff. – [3] A. WAGNER: Allg. oder theoret. Volkswirtschaftslehre 1 (²1879) 304. – [4] M. WEBER: Wirtschaft und Gesellschaft (1922, ⁵1972) 494; vgl. 611. 645. 652. – [5] G. A. RITTER: Der Sozialstaat. Entstehung und Entwicklung im int. Vergleich (²1991) 4f. – [6] M. HORKHEIMER/TH. W. ADORNO: Dialektik der Aufklärung (1947), in: TH. W. ADORNO: Ges. Schr., hg. R. TIEDEMANN (1970-86) 3, 173. – [7] TH. BLANK: Die Freiheit im Wohlfahrtsstaat, in: Bulletin des Presse- und Informationsamtes der Bundesregierung 171 (1958). – [8] F.-X. MERRIEN: L'état-providence (Paris 1997) 7f. – [9] W. ZAPF: Wohlfahrtsstaat und Wohlfahrtsproduktion, in: L. ALBERTIN/W. LINK (Hg.): Polit. Parteien auf dem Weg zur parlamentar. Demokratie (1981) 379-400. – [10] W.-D. NARR/C. OFFE (Hg.): Wohlfahrtsstaat und Massenloyalität (1975). – [11] J. HABERMAS: Theorie des kommunikat. Handelns 2 (1981). – [12] N. LUHMANN: Polit. Theorie im Wohlfahrtsstaat (1981) 155f. – [13] Metamorphosen des Staates, in: Gesellschaftsstruktur und Semantik 4 (1995) 101-137, 115.

Literaturhinweise. H. MAIER: Die ältere dtsch. Staats- und Verwaltungslehre (²1980). – C. SACHSSE/F. TENNSTEDT: Gesch. der Armenfürsorge in Deutschland 1-3 (1980-92). – K. TRIBE: Governing economy. The reformation of German economic discourse, 1750-1840 (Cambridge 1988); Strategies of econ. order. German econ. discourse, 1750-1950 (Cambridge 1995). – G. A. RITTER s. Anm. [5]. – P. THANE: Foundations of the welfare state (London ²1996). – F.-X. KAUFMANN: Varianten des Wohlfahrtsstaats. Der dtsch. Sozialstaat im int. Vergleich (2003). – S. LESSENICH (Hg.): Wohlfahrtsstaatl. Grundbegriffe. Hist. und aktuelle Diskurse (2003).

CH. CONRAD

Wohlgefallen, interesseloses (engl. disinterestedness; disinterested pleasure; frz. plaisir sans intérêt; désintéressé). Das Kompositum ‹i.W.› ist konstitutiv für die Ästhetik, wie sie sich als eigenständige theoretische Disziplin am Anfang des 18. Jh. zu formieren beginnt und die Erkenntnis des Schönen auf das Gefühl (der Lust) [1] bzw. auf das Gefallen [2] zu gründen sucht. Parallel zum Begriff ‹Interesse›, der gegen Ende des 17. Jh. in Frankreich in die poetologische Diskussion über die affektive Teilnahme des Zuschauers am dramatischen Geschehen eingeht [3], avanciert ‹Interesselosigkeit› zum zentralen Terminus, um den besonderen Gemütszustand in der ästhetischen Kontemplation zu bestimmen, der zugleich Grundlage einer adäquaten Beurteilung des Schönen sein kann [4].

Vorbereitet wird die Konzeption der ästhetischen Erfahrung als i.W. in Frankreich durch den quietistischen Gedanken des «amour désintéressé» [5], der selbstlosen Gottesliebe, den Père André in die ästhetische Sphäre überführt [6] und den Ch. Batteux für seine Analyse des Geschmacks fruchtbar macht: «Pour que les objets plaisent à notre esprit, il suffit qu'ils soient parfaits en eux-mêmes. Il les envisage sans intérêt» [7]. Doch als ihr eigentlicher Begründer gilt A. A. C. Lord Shaftesbury [8]: Er verwendet den Begriff ‹disinterested› im Kontext seiner Moralphilosophie, um gegen Hobbes an einer genuinen Neigung des Menschen zum Wohl der Gattung festzuhalten, die sich von der Selbstbezüglichkeit anderer Affekte unterscheidet [9]. Ihr Prinzip ist der «moral sense», der auf eine Ausgeglichenheit von Bestrebungen im eigenen und allgemeinen Interesse spontan mit W. reagiert; als ‹uninteressiert› bezeichnet Shaftesbury das W. deswegen, weil es sich – losgelöst «from everything worldly, sensual, or meanly interested» und darin der enthusiastischen Gottesliebe ähnlich – an die 'schöne Form' der Seele knüpft, die die harmonische Ordnung des Kosmos widerspiegelt [10]. Im Kern enthält seine Lehre vom moralischen Sinn also auch eine der ästhetischen Erfahrung, die F. Hutcheson ausdifferenziert und zu einer (allerdings 'sensualistischen') Theorie von einem eigenständigen «sense of beauty» fortentwickelt, der ästhetische Qualitäten ohne die Vermittlung eines theoretischen oder praktischen Interesses als angenehm wahrnimmt [11]. D. Hume nimmt zwar nicht den Begriff, wohl aber in wirkmächtiger Weise das Motiv der Interesselosigkeit auf, wenn er in der Frage nach der Allgemeingültigkeit von Geschmacksurteilen eine von aller persönlichen Affiziertheit absehende, unparteiliche Beurteilungsperspektive zu deren (idealer) Voraussetzung erklärt; 'uninteressiert' urteilt ihm zufolge nur der erfahrene Kritiker, der einen übergeordneten Standpunkt der Wahrnehmung einzunehmen versteht [12].

Zwar ist in Deutschland schon bei G. W. Leibniz die Idee des i.W. präsent («C'est ainsi que la contemplation des belles choses est agreable par elle même, et qu'un tableau de Raphael touche celuy qui le regarde avec des yeux éclairés, quoyqu'il n'en tire aucun profit» [13]), doch wird der Terminus selbst von F. J. Riedel geprägt, der – angeregt insbesondere durch die englische «sense of beauty»-Tradition – von einem eigenständigen ästhetischen Gemütsvermögen neben dem Erkennen und Begehren ausgeht, das ohne weitere Absichten und ohne Besitzverlangen Vergnügen am Objekt empfindet: «Fragt man nach dem Probierstein der Schönheit, so ist dieser das aus der Schönheit entspringende und an sich unintereßirte W.» [14]. M. Mendelssohn folgt ihm in dieser Dreiteilung der Vermögen, doch spricht er, um deren charakteristische Wirkung in der Seele zu beschreiben, von «ruhigem W.», mit dem das «Billigungsvermögen» auf die Schönheit von Natur und Kunst reagiere [15]. Unter dem Einfluß von Mendelssohns Vollkommenheitsgedanken entwirft K. Ph. Moritz eine Theorie des Kunstwerks als etwas «in sich selbst Vollendetes, das also ein Ganzes ausmacht» und aus diesem objektiven Grund «ein höheres und uneigennütziges Vergnügen» [16] gewährt – ein W., das Züge auch religiöser Erfahrung trägt, wenn Moritz es als «das süße Staunen, das angenehme Vergessen unsrer selbst» charakterisiert [17].

I. Kant rekurriert in seiner Geschmackslehre auf Riedels Terminologie wie auch auf die der englischen Empfindsamkeit, doch setzt er sich der Sache nach von ihnen ab, wenn er das ästhetische W. ganz aus seiner Beziehung auf die Sinnlichkeit löst und es transzendental begründet [18]: Das W. am Schönen ist im Unterschied zu demjenigen am Angenehmen und Guten eine Lust «ohne alles Interesse» [19], d.h. gänzlich «rein» und frei von jeglicher «Beimischung der Reize und Rührungen» [20]. Folglich knüpft es sich an gar keine bestimmte (materiale) Beschaffenheit des Objekts, sondern ist das «Bewußtsein der bloß formalen Zweckmäßigkeit im Spiele der Erkenntnißkräfte des Subjects bei einer Vorstellung, wodurch ein Gegenstand gegeben wird» [21], d.h. der Harmonie von Verstand und Einbildungskraft. Solcherart «uninteressiert», ist das W. prinzipiell kein Modus empfangenden Genießens, sondern der Zustand freier, unbestimmter Gemütstätigkeit und darf insofern den Anspruch auf subjektive Allgemeingültigkeit erheben [22].

F. Schiller, der den Kantischen Autonomiegedanken direkt aufgreift und die ästhetische Kontemplation ebenfalls auf ein «freyes W.» gründet, das «ohne alle Rücksicht auf Besitz, aus der bloßen Reflexion über die Erscheinungsweise» des Schönen entspringt [23], will den Gedanken des Interesses am Stofflichen gleichwohl nicht preisgeben und prägt die an sich paradoxe Formel vom «uninteressirten Interesse» [24]. J. G. Herder hält Kants Rede vom i.W., die letztlich für die Vorstellung einer entsinnlichten ästhetischen Erfahrung stehe, schlicht für falsch: «denn nichts kann ohne Interesse gefallen, und die Schönheit hat für den Empfindenden gerade das höchste Interesse» [25]. Anders A. Schopenhauer, der Kants Auffassung vom uninteressierten W. folgt, es aber als einen Zustand der Willenlosigkeit bestimmt, in dem das Subjekt für den Augenblick «schmerzlos» ist und «rein objektiv» die Dinge erkennt [26].

Mit dem sich wandelnden Selbstverständnis der Ästhetik seit dem 19. Jh. verliert der Begriff an Bedeutung [27]. Zwar greifen Vertreter der «aesthetic attitude»-Ästhetik (J. Stolnitz) auf den Terminus ‹disinterested› zurück als Bezeichnung für die spezifische Distanziertheit der ästhetischen Einstellung [28] und sehen in Shaftesbury einen ihrer Vorläufer, doch wird von seiten der analytischen Ästhetik (G. Dickie) bezweifelt, ob man überhaupt sinnvoll von einer ästhetischen Einstellung im Sinne einer 'Interesselosigkeit' sprechen könne [29]. Auch für die psychologische Ästhetik, die die besonderen Prozesse des ästhetischen Erlebens untersucht, wird der Begriff obsolet: «Es haben sich sehr viel kompliziertere und dynamischere Vorgänge ergeben, als mit der alten Bestimmung des i.W. oder des reinen Anschauungswertes mit Forderungscharakter gedeckt werden kann» [30]. Die marxistische Ästhetik vermag im i.W. ohnehin nur ein Signum für die Entfremdung des Subjekts zu erkennen [31], während P. Bourdieu seine soziale Bedingtheit herausstellt: Es kennzeichne die kulturelle Einstellung der bürgerlichen Klasse und deren Anspruch, sich von der 'vulgären Sinnlichkeit' der Angehörigen unterer Schichten unterscheiden und distanzieren zu wollen [32]. Gleichwohl spielt das i.W. auch in der gegenwärtigen Ästhetik eine wichtige Rolle. Bei aller kontroversen Beurteilung der Struktur wie der Bedeutung der ästhetischen Erfahrung wird deren Eigenart gerade darin gesehen, daß die Betrachtung eines Gegenstandes hier für sich selbst lohnend ist und nicht im Dienst unmittelbarer Zielsetzungen steht.

Anmerkungen. [1] Vgl. Art. ‹Gefühl›. Hist. Wb. Philos. 3 (1974) 82-96, bes. 83-89. – [2] Vgl. Art. ‹Gefallen; W.›, a.O. 75-79. – [3] Vgl. Art. ‹Interesse›, a.O. 4 (1976) 479-494, 483f.; K. Wölfel: Art. ‹Interesse/interessant›, in: K. Barck u.a. (Hg.): Ästhet. Grundbegriffe 3 (2001) 138-174, 140ff. – [4] Vgl. auch: Art. ‹Geschmack›, a.O. [1] 444-456, bes. 452ff.; ‹Urteil, ästhetisches›, a.O. 11 (2001) 462-465; ‹Wahrnehmung VIII. 2.›; zur Entstehung der zwei ästhet. Traditionen der Interessiertheit und der Interesselosigkeit vgl. K. Stierle: Diderots Begriff des 'Interessanten'. Arch. Begriffsgesch. 23 (1979) 55-76, bes. 55-66. – [5] Vgl. Art. ‹Désintéressement›. Hist. Wb. Philos. 2 (1972) 131f. – [6] Y.-M. André: Essai sur le beau (1741). Oeuvr. philos., hg. V. Cousin (Paris 1843, ND Genf 1969) 175; vgl. hierzu: Stierle, a.O. [4] 68. – [7] Ch. Batteux: Les beaux arts réduits à un même principe (1746) 92f. 90. – [8] Vgl. J. Stolnitz: On the significance of Lord Shaftesbury in modern aesthetic theory. The philos. Quart. 11 (1961) 97-113; P. Mortensen: Shaftesbury and the morality of art appreciation. J. Hist. Ideas 55 (1994) 631-650, bes. 631-639; Wölfel, a.O. [3] 152ff. – [9] A. A. C. Lord Shaftesbury: An inquiry conc. virtue, or merit I, 2, 3 (1699). Stand. ed., hg. G. Hemmerich/W. Benda/U. Schödlbauer 2/2 (1984) 68. – [10] The moralists 2, 3 (1709), a.O. 2/1 (1987) 144. – [11] Vgl. F. Hutcheson: Inquiry into the original of our ideas of beauty and virtue 1: Inquiry conc. beauty, order, harmony, design 1, 13-15 (1725). Works, hg. B. Fabian 1 (1971) 10ff. – [12] Vgl. Art. ‹Unparteilichkeit›. Hist. Wb. Philos. 11 (2001) 252-257, 253. – [13] G. W. Leibniz: Br. an die Churfürstin Sophie [o.J.]. Philos. Schr., hg. C. I. Gerhardt 7 (1890, ND 1961) 549; vgl. hierzu: E. Cassirer: Leibniz' System in seinen wissenschaftl. Grundlagen (1901). Ges. Werke, hg. B. Recki 1 (1998) 414. – [14] F. J. Riedel: Theorie der schönen Künste und Wiss. (1767, ²1774) 34f.; vgl. Wölfel, a.O. [3] 154. – [15] M. Mendelssohn: Morgenstunden, oder Vorles. über das Dasein Gottes 7 (1785). Jub.ausg. 3/2 (1974) 61f. – [16] K. Ph. Moritz: Versuch einer Vereinigung aller schönen Künste und Wiss. unter dem Begriff des in sich selbst Vollendeten (1785). Werke, hg. H. Hollmer/A. Meier (1997) 2, 943f. – [17] a.O. 945; vgl. M. Woodmansee: The interests in disinterestedness: K. Ph. Moritz and the emergence of the theory of aesthetic autonomy in 18th-cent. Germany. Modern Language Quart. 45 (1984) 22-47, 31ff. – [18] Vgl. hierzu ausführlich: W. Strube: 'Interesselosigkeit'. Zur Geschichte eines Grundbegriffs der Ästhetik. Arch. Begriffsgesch. 23 (1979) 148-174; außerdem: Art. ‹Gefallen; W.›, a.O. [2] 77. – [19] I. Kant: KU B 16 (§ 5); vgl. Art. ‹Lust; Freude›. Hist. Wb. Philos. 5 (1980) 552-564, 559. – [20] KU B 38 (§ 13). – [21] KU B 37 (§ 12). – [22] a.O. [19]. – [23] F. Schiller: Ueber das Erhabene [um 1795]. Nat.ausg. 21 (1963) 41. – [24] Br. an Ch. G. Körner (21. 9. 1795). Nat.ausg. 28 (1969) 60; vgl. Wölfel, a.O. [3] 159. – [25] J. G. Herder: Kalligone. Vom Angenehmen und Schönen 1, 2 (1800). Werke, hg. B. Suphan 22 (1880) 38. – [26] A. Schopenhauer: Die Welt als Wille und Vorst. I, 3, § 38 (1818). Sämtl. Werke, hg. A. Hübscher 2 (1949) 231. – [27] Vgl. hierzu: Wölfel, a.O. [3] 165-168, mit Belegen. – [28] J. Stolnitz: On the origin of 'aesthetic disinterestedness'. J. Aesthetics Art Criticism 20 (1961) 131-144. – [29] G. Dickie: The myth of the aesthetic attitude. Amer. philos. Quart. 1 (1964) 56-65; Taste and attitude: the origin of the aesthetic. Theoria 39 (1973) 153-170. – [30] J. von Allesch: Zum alten Problem des ästhet. Gegenstandes, in: R. Mühlher/J. Fischl (Hg.): Gestalt und Wirklichkeit. Festgabe W. Weinhandl (1967) 145-171, 160. – [31] Vgl. Art. ‹Interesse›, a.O. [3] 490. – [32] P. Bourdieu: La distinction. Critique social du jugement (Paris 1979) 42; dtsch.: Die feinen Unterschiede. Kritik der gesellschaftl. Urteilskraft (⁹1997) 82; vgl. auch: Méditations pascaliennes (Paris 1997) 88ff.; dtsch.: Meditationen. Zur Kritik der scholast. Vernunft (2001) 94ff.; aber: G. Lukács: Die Eigenart des Ästhetischen (1963). Ges.ausg. 11 (1993) 656.

Literaturhinweise. J. Stolnitz s. Anm. [28]. – K. Stierle s. Anm. [4]. – W. Strube s. Anm. [18]. – M. Woodmansee s. Anm. [17]. – D. Lories: Du désintéressement et du sens commun. Réfl. sur Shaftesbury et Kant. Et. phénomenolog. 9/10 (1989) 189-217. – E. A. Bohls: Disinterestedness and the denial of the particular: Locke, Adam Smith, and the subject of aesthetics, in: P. Mattick (Hg.): 18th-cent. aesthetics and the reconstruction of art (Cambridge 1993) 16-51. – P. Guyer: The dialectic of disinterestedness: I. 18th-cent. aesthetics; II. Kant and Schiller on interest in disinterestedness. Kant and the experience of freedom. Essays on aesthetics and morality (Cambridge 1993) 48-93. 94-130. – B. Vandenabeele: On the notion of 'Desinterestedness': Kant, Lyotard, and Schopenhauer. J. Hist. Ideas 62 (2001) 705-720. – M. Rind: The concept of desinterestedness in 18th-cent. Brit. aesthetics. J. Hist. Philos. 40 (2002) 67-87.

A. von der Lühe

Wohlordnungssatz (engl. well-ordering theorem), auch ‹Zermeloscher W.›. Das von G. Cantor 1883 im Zusammenhang mit Untersuchungen zur Mächtigkeit des Kontinuums [1] formulierte *Wohlordnungsprinzip* besagt, «daß es immer möglich ist, jede *wohldefinierte* Menge in die *Form* einer *wohlgeordneten* Menge zu bringen» [2]. Eine Menge M heißt durch eine zweistellige Ordnungsrelation ϱ wohlgeordnet, wenn ϱ (1) nicht reflexiv ist, (2) transitiv ist und (3) konnex ist, für je zwei Elemente x und y also stets $x \varrho y$ oder $x = y$ oder $y \varrho x$ gilt (x und y sind also *vergleichbar*), mit der zusätzlichen Eigenschaft (4), daß jede nicht-leere Teilmenge M' von M ein kleinstes Element x bezüglich ϱ besitzt [3].

Cantor faßte das Wohlordnungsprinzip zunächst als evidentes, «grundlegendes Denkgesetz» auf [4], kam später jedoch zu der Überzeugung, daß es eines Beweises bedürftig sei [5]. Die Lösung des *Wohlordnungsproblems*, die Beantwortung der Frage also, ob jede Menge wohlgeordnet werden kann, präsentierte D. Hilbert 1900 als wichtiges Desiderat der Mathematik. Hilbert erklärte einen «direkten Beweis» der Vermutung Cantors für «höchst wünschenswert, ... etwa durch wirkliche Angabe einer solchen Ordnung der Zahlen, bei welcher in jedem Teilsystem eine früheste Zahl aufgewiesen werden kann» [6]. Eine Wohlordnung der reellen Zahlen konnte allerdings bis heute nicht angegeben werden. Gleichwohl bewies E. Zermelo 1904 die Cantorsche Vermutung unter Verwendung des heftig umstrittenen (und mit dem Wohlordnungsprinzip äquivalenten) Auswahlprinzips und etablierte damit den W. [7].

Anmerkungen. [1] Art. ‹Kontinuum, Kontinuität IV.›. Hist. Wb. Philos. 4 (1976) 1057-1062, bes. 1062. – [2] G. Cantor: Grundlagen einer allg. Mannigfaltigkeitslehre (1883), in: Ges. Abh. (1932, ND 1962) 165-209, hier: 169; vgl. Art. ‹Mengenlehre 11.›. Hist. Wb. Philos. 5 (1980) 1051-1053, bes. 1051. – [3] H.-D. Ebbinghaus: Einf. in die Mengenlehre (1979, ³1994) 58. 93f.; vgl. die Definitionen Cantors, a.O. [2] 168 und in: Beiträge zur Begründung der transfiniten Mengenlehre (1895), a.O. [2] 282-356, hier: 312; vgl. Art. ‹Ordnung IV.›. Hist. Wb. Philos. 6 (1984) 1303-1308, bes. 1308. – [4] Cantor, a.O. [2] 169. – [5] G. H. Moore: Zermelo's axiom of choice. Its origins, development, and influence (New York u.a. 1982) 39-64. – [6] D. Hilbert: Mathemat. Probleme [Vortrag, Paris 1900]. Arch. Math. Physik 1 (1901) 213-237; ND, in: Ges. Abh. 3 (1970) 290-329, hier: 299. – [7] E. Zermelo: Beweis, daß jede Menge wohlgeordnet werden kann. Math. Annalen 59 (1904) 514-516; Neuer Beweis für die Möglichkeit einer Wohlordnung, a.O. 65 (1908) 107-128; zum Streit um das Auswahlprinzip vgl. vor allem Moore, a.O. [5] 85-141 (ch. 2). 142-195 (ch. 3); vgl. H. Rubin/J. E. Rubin: Equivalents of the axiom of choice 2 (Amsterdam u.a. 1985) 1-6 (§ 1).

Literaturhinweise. P. Bernays/A. A. Fraenkel: Axiomatic set theory (Amsterdam 1958, [2]1968) 114-129. – T. J. Jech: About the axiom of choice, in: J. Barwise (Hg.): Handbook of mathemat. logic (Amsterdam u.a. 1977, [5]1989) 345-370. – G. H. Moore s. Anm. [5]. V. Peckhaus

Wohlwollen (griech. εὔνοια; lat. benevolentia; engl. benevolence; frz. bienveillance). Der Begriff ‹W.› ist im Griechischen seit dem 5. Jh. v.Chr. belegt [1] und bedeutet nach der klassischen Definition des Aristoteles, einem anderen um seiner selbst willen Gutes zu wünschen (βούλεσθαι τἀγαθὰ ἐκείνου ἕνεκα) [2]. Im deutschen Sprachraum tritt er («ein wol willen») erstmals im 16. Jh. auf [3]. In philosophischer Hinsicht erlangt ‹W.› vor allem Bedeutung in der Diskussion der englischen und schottischen Ethik des 17. und 18. Jh. [4] über den Fragenkomplex, ob die Moralität sich auf Rationalität oder auf Emotionalität gründet und ob Egoismus oder Altruismus (s.d.) die Triebfeder der Moral darstellt.

1. Die rhetorische Tradition kennt εὔνοια in vielfältiger Weise als Herrschertugend bzw. als politische Tugend [5], die vorsokratische und auch die platonische Philosophie als Ausdruck der vorbildlichen Gesinnung des Bürgers dem Staat gegenüber [6] und überhaupt echter zwischenmenschlicher Zuneigung (im Gegensatz zur κολακεία, Liebedienerei) [7], schließlich als Voraussetzung für ein sokratisches bzw. philosophisches Gespräch, d.h. als gewünschte Einstellung gegenüber Kritik [8]. Erst Aristoteles verwendet ‹W.› terminologisch, zum einen als Begriff der Rhetorik, da das W. dem Redner Glaubwürdigkeit verleiht [9], vor allem jedoch als Begriff der Ethik in seinen Ausführungen über die Freundschaft (s.d.): Danach hat das W. zwar etwas von einem «freundschaftlichen Verhältnis» (φιλικῷ ... ἔοικεν) [10], stellt aber nur eine notwendige Bedingung für echte Freundschaft dar, zu der noch die Gegenseitigkeit des W. [11], das enge Zusammenleben [12] und die Umsetzung des wohlwollenden Wunsches in die Tat [13] treten müssen, so daß Aristoteles das W. als «passive Freundschaft» (ἀργὴν ... φιλίαν) [14] und als «Anfang» der Freundschaft bezeichnen kann: «Denn jeder Freund ist wohlwollend, aber nicht jeder Wohlwollende ist ein Freund» (ὁ μὲν γὰρ φίλος πᾶς εὔνους, ὁ δ' εὔνους οὐ πᾶς φίλος) [15]. Auch von der Liebe (s.d.) unterscheidet Aristoteles das W., weil dieses aus dem Erlebnis des Augenblicks entsteht (ἐκ προσπαίου) und seine Zuneigung oberflächlich (ἐπιπολαίως) bleibt [16].

Die ältere Stoa (Andronikos von Rhodos [17]) definiert εὔνοια im Sinne des Aristoteles und zählt sie als Unterart der βούλησις, des vernunftgemäßen Strebens, zu den εὐπάθειαι, d.h. den erwünschten und dem Weisen vorbehaltenen Gemütszuständen, die ihren Äußerungen vor allem Kraft und Beständigkeit verleihen [18]. Auch Cicero sieht in Dauer («stabilitas») und Beständigkeit («constantia») [19] den Prüfstein für den Anteil des W. («benevolentia») an der Wohltat und der aus ihr entstehenden moralischen Verpflichtung [20]. Neben dem Erwerb von Vertrauen (s.d.) und Bewunderung («admiratio») sei der Erwerb des W. der am ehesten geeignete Weg, Ruhm und dauerhaften politischen Einfluß zu erlangen [21], weil es so vielen wie möglich Nutzen bringen möchte («quod prodesse vult plurimis») [22]. Dabei ist das W. nicht durch Geldgeschenke [23], sondern durch eigenes tugendhaftes Verhalten zu gewinnen, da diesem gegenüber niemand sein eigenes W. verweigern kann [24]. Diese Notwendigkeit bildet auch die Grundlage von Ciceros Freundschaftsphilosophie: «Guten kommt unter Guten zwangsläufig W. zu, und das ist die von der Natur geschaffene Quelle der Freundschaft» [25]. Da eine Freundschaft ohne W. unmöglich ist [26] und das Leben ohne Liebe und W./Zuneigung jeder Freude entbehrt [27], faßt Cicero das W. als Fundament jeder Art von Gemeinschaft [28].

Nur der weise Mensch kann nach Seneca echte Dankbarkeit (s.d.) gegenüber Wohltätern zeigen, da er auch bei Feindseligkeiten seine Gesinnung beibehält [29]. Die jüngere Stoa weiß auch um die problematische Beziehung zwischen W. und Selbstliebe: «Wer ist wohlwollender (εὐνούστερον) und steht dir näher als du selbst?» [30] Im «W. gegenüber dem (stammverwandten) Mitmenschen» (εὔνοια πρὸς τὸ ὁμοφῦλον) sieht Mark Aurel schließlich das den Menschen eigentümliche und eben deshalb Freude (εὐφροσύνη) bringende Verhalten [31].

2. Begrifflich nimmt ‹W.› im christlich-theologischen Kontext zunächst keine relevante Position ein [32], obwohl Clemens von Alexandrien die Attribute des platonischen Weisen, zu denen auch das W. gehört [33], auf Gott überträgt [34]. Zur Bezeichnung des göttlichen W. aber wird im Mittelalter häufiger ‹benignitas› [35] (‹Güte›, s.d.) verwendet. So spricht nur der frühe Augustinus, obwohl die antike Freundesliebe und die christliche Nächstenliebe (s.d.) zentrale Punkte seiner Ethik bilden [36], von einem darin ausgedrückten wohlwollenden Verhältnis zu allen Menschen [37] und weicht mit dieser Bestimmung von der appetitus-zentrierten Ethik seiner sonstigen Schriften ab [38]. Jedoch entspringt dem W. der in der Augustinischen Philosophie bedeutendere gute Wille [39], wie der böse Wille dem Übelwollen innewohnt («sicut in benivolentia bona voluntas, sic in malivolentia mala voluntas est») [40].

Richard von St. Viktor sieht in der «Tugend des höchsten W.» («virtus benevolentiae summae») [41] einen Beleg für die göttliche Trinität: Zum einen ist es eine Folge seines W., daß Gott «die Fülle der göttlichen Herrlichkeit» («divinae gloriae plenitudo») (mit-)teilen *will*, weshalb eine Mehrheit von Personen in der göttlichen Natur anzunehmen ist [42], zum anderen entsteht aus dem W. der Wunsch, der Geliebte möge auch von einem dritten «Mitgeliebten» («condilectum») geliebt werden, woraus die göttliche Dreipersönlichkeit folgt [43].

Sowohl Albertus Magnus als auch Thomas von Aquin übernehmen die aristotelische Vorstellung des W. als Anfang der Freundschaft, zu dem noch «ein gewisses gegenseitiges Lieben» («quaedam mutua amatio») hinzutreten muß, das «in irgendeiner Gemeinsamkeit gründet» («fundatur super aliqua communicatione») [44]. Einflußreich ist die Unterscheidung von Begehrensliebe («amor concupiscientiae») und Freundesliebe («amor benevolentiae vel amicitiae») [45], die ihren Gegenstand schlechthin und an sich liebt («simpliciter et per se») [46]. Auch vom Lieben als Akt der Gottesliebe («actus caritatis») unterscheidet Thomas den «einfachen Willensakt» («simplex actus voluntatis») des W., da diesem die «unio affectus» fehlt: die Vereinigung mit dem Geliebten im Verlangen, die der Liebe eigen ist [47]. Bonaventura lehrt eine dreifache Anbetung («latria») Gottes durch Ehrfurcht und Anbetung («reverentia et adoratio»), W. und Dankbarkeit («benevolentia et gratiarum actio») und gegenseitiges Wohlgefallen («complacentia»), wobei sich durch die Haltung des W. das Herz weitet und dehnt, öffnet und verströmt («dilatur sive extenditur, ... aperitur, ... effunditur») [48].

3. R. DESCARTES und B. SPINOZA sehen im W. eine Folgeerscheinung des Mitleids (s.d.): «W. ist die Begierde, dem wohlzutun, den wir bemitleiden» («Benevolentia est Cupiditas benefaciendi ei, cujus nos miseret») [49] – eine Auffassung, der sich später auch J.-J. ROUSSEAU anschließt: «La Bienveillance et l'amitié même sont, à le bien prendre, des productions d'une pitié constante, fixée sur un objet particulier» [50]. G. W. LEIBNIZ unterscheidet in seinen Ausführungen über die Liebe – wie die Okkasionalisten A. GEULINCX und N. MALEBRANCHE – in der Tradition des Mittelalters «l'amour ... de Concupiscence» und «l'amour de bienveillance», wobei die erste auf unsere, die zweite auf die Lust des anderen abzielt, jedoch so, daß sie die unsrige macht oder vielmehr ausmacht [51]. Die «caritas» wiederum bezeichnet LEIBNIZ als universelles W. («benevolentia universalis») [52], das zur Weisheit führt [53].

Während S. PUFENDORF das W. als einen «höheren Grad der Menschlichkeit» («sublimior gradus humanitatis») [54] auffaßt, durch die der Staat den Zustand der «tierischen Rohheit» («feritas») überwindet [55], behauptet TH. HOBBES, der Ursprung aller großen und dauernden Verbindungen der Menschen habe nicht in gegenseitigem W., sondern in gegenseitiger Furcht («non a mutua hominum benevolentia, sed a mutuo metu») bestanden [56].

4. Gegen Hobbes' philosophischen Egoismus wendet A. A. C. Lord SHAFTESBURY ein, daß die Menschen natürlicherweise unmittelbar aufeinander bezogen sind in Liebe, Zuneigung und W. («Goodwill») [57]. Es ist aber der auf einen ursprünglich friedlichen Naturzustand (s.d.) der Menschheit insistierende R. CUMBERLAND, der den Begriff des «W.» zu einem Terminus der moral-sense-Philosophie macht, indem er das Konzept der «maxima benevolentia» zum «Quell aller Naturgesetze» («omnium Legum Naturalium parente») erklärt: «Das größte W. der einzelnen rational Handelnden gegen alle bildet den glücklichsten Zustand jedes Einzelnen, und aller Wohlwollenden, soweit dies in ihrer Macht liegt; ... Und daher ist das Allgemeinwohl das höchste Gesetz» [58]. Die zuverlässigste Sicherung des eigenen Glücks besteht nach Cumberland in der beständigen Suche nach dem Glück aller – im Rahmen der eigenen Möglichkeiten – durch Überführung in den Zustand der Freundschaft und anschließend einer bürgerlichen oder religiösen Gemeinschaft, der dann durch dasselbe W. bewahrt wird [59].

In Frankreich werden die moral-sense-Theorien meist deutlich abgelehnt: So führt C. A. HELVETIUS den «sens moral» auf das nur am eigenen Nutzen orientierte W. zurück: «et cette bienveillance est toujours en lui proportionnée à l'utilité dont ils lui sont. ... la bienveillance pour les autres est donc l'effet de l'amour de nous-mêmes» [60]. Vor allem aber gegen B. DE MANDEVILLE, der das W. als «empty sound only» [61] oder eine Form des «self-liking» (Selbstgefallen) [62] bezeichnet, verteidigt F. HUTCHESON die von Shaftesbury inaugurierte moral-sense-Philosophie und deren Annahme uneigennütziger Affekte. Dabei unterscheidet er «Love of Complacence or Esteem, and Love of Benevolence» [63]. Das der gesamten Menschheit als ein Affekt ursprünglich innewohnende W. gegenüber «rational Agents» [64] ist definiert als «the Desire of the Happiness of another» [65]. Mit Wohlgefallen reagiert der sich auf interesseloses W. gründende Moralsinn [66] auf die «Perception of moral Excellence» [67], für die das W. des Handelnden das einzige Kriterium ist [68], und motiviert zur Nachahmung [69]. Zwar widersprechen sich Selbstliebe und W. nicht – «while we are intending only the Good of others, we undesignedly promote our own greatest private Good» [70] – , doch läßt sich W. nicht aus der Selbstliebe ableiten, wie Hutcheson bei der Widerlegung von de Mandevilles Argumenten betont [71].

J. BUTLER nimmt zwar eine ausdrückliche Gegenposition zu Hobbes ein [72], widerspricht aber auch Hutcheson, indem er den natürlichen, aber vernunftlosen und möglicherweise sogar schädlichen Affekt des W. [73] dem Prinzip der Selbstliebe unterordnet [74] und an den Anfang einer Entwicklung zur «real benevolence» stellt [75]. Erst als ein von der Vernunft geleitetes, vom Gewissen («conscience») gebilligtes und damit gefestigtes Prinzip [76], also als «settled reasonable principle of benevolence» [77], ist es «that most excellent of all virtuous principles» [78] und enthält die «sum of virtue» [79]. Das Prinzip «benevolence» und die «reasonable self-love» sind als «general affections» [80] nicht nur ebenbürtig, sondern – obgleich verschieden voneinander – «so perfectly coincident, that the greatest satisfactions to ourselves depend upon our having benevolence in a due degree» [81]. Zwar richtet sich W. im Gegensatz zu den «particular affections» auf das allgemeine Wohl der anderen und die Liebe zu ihnen [82], kann sich aber, «as man is limited in his capacity», nur auf einen begrenzten Kreis erstrecken (*Nächsten*liebe) – die «absolute benevolence», «love to the whole universe», bleibt Gott vorbehalten [83].

Obwohl auch D. HUME den Menschen die Möglichkeit universellen W. abspricht [84], kann doch das Vorhandensein eines allgemeinen W. als «instinct originally implanted in our natures» [85], ermöglicht durch «extensive sympathy» [86], weder geleugnet [87] noch weiter erklärt werden («perfectly unaccountable» [88]): Es handelt sich um ein kontingentes Faktum der menschlichen Natur [89], eine den Willen beeinflussende «calm passion», «more known by their effects than by the immediate feeling or sensation» [90]. Die Annahme eines uninteressierten W. ist daher einfacher und «more conformable to the analogy of nature» als eine Rückführung auf das Prinzip der Selbstliebe [91]. Als Grundlage der «social virtues» [92], «conjoin'd with love» und deshalb zu verstehen als ein aktives «desire ... of the happiness of another» [93], beruht der Wert des W. auf seiner Nützlichkeit [94] und «the very softness and tenderness of the sentiment ... which enters into a warm attachment of love and friendship ... and gives us the purest and most satisfactory enjoyment»: «Hence even its weaknesses are virtuous and amiable» [95].

R. PRICE [96] argumentiert, daß Handlungen, die nicht auf der Grundlage von «rational benevolence», sondern von «instinctive benevolence» geschehen, nicht tugendhaft sein können [97]. An der Lehre Hutchesons kritisiert A. SMITH, das W. könne nicht «the whole of virtue» sein, während die an der Nützlichkeit orientierte Tugendlehre Humes dem Sonderstatus des W. nicht gerecht werde [98]. Durch die Verbindung von christlicher Liebesethik mit der stoischen Ethik der Selbstkontrolle gelangt Smith zu einer Tugendlehre, an deren Spitze die Tugenden der Klugheit («perfect prudence»), der Gerechtigkeit («strict justice») und des W. («proper benevolence») bzw. der Wohltätigkeit («beneficence») stehen: «the first of those three virtues is originally recommended to us by our selfish, the other two by our benevolent affections» [99], wobei unser Hang, mit den wohlwollenden Handlungen zu sympathisieren, auf der durch sie hervorgerufenen «double sympathy» beruht: «We enter into the satisfaction both of the person who feels them, and of the person who is the object of them» [100]. So kann Smith auch das gegenüber der eigenen Familie bzw. Nation stärker empfundene W. erklären, da das Wohlergehen anderer «upon account of our own connexion with it» auf uns selbst zurückstrahlt [101]. Trotzdem ist die zumindest gedankliche Annahme eines universellen W. notwendig: «We cannot form the idea of any innocent and sensible being, whose happiness we should not desire» [102].

Obwohl I. KANT in seiner Pflichtethik nicht nur die Verbindung zwischen W. und Mitleid ablehnt [103], sondern das moralische Gefühl vollständig aus der Sittenlehre verbannt [104] und statt dessen dem «guten Willen» den Rang des moralischen Bewertungskriteriums verleiht, äußert auch er die Hoffnung auf eine Besserung der Menschheit durch «uneigennütziges W.» [105]. Kant faßt die «Maxime des W.» als «praktische Menschenliebe» [106], also als «ein thätiges, praktisches W., sich das Wohl und Heil des Anderen zum Zweck zu machen» [107], das somit «das Wohlthun zur Folge hat» [108]. Die Maxime des W. ist daher nicht bloß Freundespflicht [109], sondern schließt als «aller Menschen Pflicht gegeneinander» [110], bzw. weithin verpflichtendes Gebot («late obligantis») [111], auch die eigene Person «nach dem Princip der Gleichheit wie alle Andere neben mir mit ein und erlaubt es dir dir selbst wohlzuwollen, unter der Bedingung, daß du auch jedem Anderen wohl willst» [112].

5. J. F. HERBART bemängelt an der Moralphilosophie seiner Zeit, vor allem der Kantischen, daß das W. «keinen, seiner Würde angemessenen, Platz mehr findet, ... obwohl dieses allein als gütig zu denken ist» [113] und es zu «den ursprünglichen praktischen Ideen», also «zu den Grundbestimmungen der Tugend» gehört [114]. Die Idee des W. bezeichnet nach Herbart ein Verhältnis zwischen dem nur «vorgestellten fremden und dem eignen Willen» [115], der «unmittelbar und ohne Motiv» [116] das Wohl des fremden Willens zum Gegenstand hat [117]. Das W. darf nicht mit der «Sympathie, als Mitleid oder Mitfreude» [118], verwechselt werden, wie es Herbart etwa F. D. E. SCHLEIERMACHER vorwirft [119], da diese die Empfindung des anderen nur als eigene nachahmt und ihr durch diese Verhältnislosigkeit «die Bedingung des Beyfalls» fehlt [120]. (Trotzdem stellt A. SCHOPENHAUER wenig später das Mitleid, «welches das fremde Wohl will», als die «allein ächte moralische Triebfeder» auf [121]). Erwidert werden kann nach HERBART das W. nur durch W., jedoch nicht als «motivirtes W.» [122], sondern als «ursprüngliche Gabe», der «wiederum Dank gebührt; ein Dank, den es schon besitzt, in der Gesinnung des ersten Wohlwollenden; so, daß jetzt die Idee nicht nur realisirt, sondern durch vervielfachte Wiederstrahlung ohne Ende von neuem hervorzuleuchten scheint» [123]. Als Idee für ein gesellschaftliches Ganzes bildet das W. in Herbarts Betrachtung der «abgeleiteten Ideen» [124] den «Geist des Verwaltungssystemes» [125].

Nach der Rehabilitierung des Begriffs ‹W.› für die Ethik wird neben Herbarts Bestimmungen über die Beziehung des W. zur Dankbarkeit und Sympathie vor allem die Möglichkeit der tätigen Umsetzung des W. in die Wohltat diskutiert [126]: «Aber das effective W. ist selber schon Wohlthat, und zwar im Princip oder die centrale Wohlthat, folglich die grösste, welche ein selbstisches oder freies Wesen einem anderen erzeigen kann, und ohne welches alle anderen Wohlthaten keine sind» (F. X. VON BAADER) [127].

Die im Verständnis des W. bereits bei Cumberland, Hutcheson, vor allem aber bei Hume eine Rolle spielenden Elemente des Utilitarismus (s.d.) entwickelt J. BENTHAM weiter: «For the dictates of utility are neither more nor less than the dictates of the most extensive and enlightened (that is well-advised) benevolence» [128]. Diese «Kultivierung des W.» kann erreicht werden, indem sich das «Gefühl des W.» und die «love of reputation» gegenseitig verstärken [129]. Denn das Streben nach dem Glück der Anderen erzeugt «a stock of sympathy and good reputation», «ready upon occasion to be brought into action for your advantage» («Positive effective benevolence») [130].

Zwar stimmt der «Common Sense» nach H. SIDGWICK in der Auffassung des W. als «pursuit of happiness» [131] weitgehend mit der utilitaristischen Sicht überein [132], gelangt aber nur zu einer Aufzählung einzelner «duties of benevolence», die Sidgwick von den «duties of Justice» trennt («the special function of Benevolence begins where Justice ends» [133]), und nicht zu den Prinzipien oder einer genauen Abgrenzung des Gebiets dieser Pflichten [134]. Von den beiden «self-evident» «rational intuitions» bzw. Axiomen der Gleichwertigkeit des Guten jedes einzelnen Individuums zum einen und der Verpflichtung zum Streben nach dem allgemeinen Guten zum anderen schließt Sidgwick auf das Prinzip oder die Maxime des W. («each one is morally bound to regard the good of any other individual as much as his own») [135]. Dieses auf der unbezweifelbaren Intuition der praktischen Vernunft [136] basierende Prinzip dient dem «Universalistic Hedonism» des Utilitarismus als notwendige rationale Grundlage [137] und zur Argumentation gegen einen «Egoistic Hedonism» [138], was zu heftigem Widerspruch von TH. H. GREEN und F. H. BRADLEY führt, die in ihrer idealistischen Ethik das hedonistische Kalkül des Utilitarismus ablehnen [139].

6. W. DILTHEY kritisiert die Kantische Ethik wegen ihres Widerspruchs «mit der lebendigen Welt» («Ein W., welches nur um der praktischen Vernunft willen wohltut, ist ein Idealbild einer anderen Welt») [140] und zählt das W. zu den «praktischen Synthesen a priori», also jenen Synthesen, die die «unveränderliche Organisation des moralischen Bewußtseins bilden» [141]. Das W. «in seiner vollen und ganzen Verwirklichung» trifft «den anderen als Person, nach seinem unbedingten Werte» [142], und bringt den Willen «durch das Wohl des anderen ganz unmittelbar und nur durch dieses mit der Welt der Werte in Beziehung» [143]. Der Synthese des W., die uns also «von der Enge» befreit, «in welcher uns das Bewußtsein des Eigenwertes erhält» [144], kommt eine «dem gesamten Denken» beiwohnende «Allgemeinheit» als «Form der Verpflichtung» zu, die «jenseits des moralischen Urteils» liegt [145] und Ausdruck ist «einer Notwendigkeit, welche in der Empfindung wurzelt», ein «Nicht-anders-Können» [146].

Zwar verurteilt F. NIETZSCHE das W. als eine Eigenschaft des Herdenmenschen [147], doch habe das W., die «fortwährende Bethätigung der Menschlichkeit», «viel mächtiger an der Cultur gebaut, als jene viel berühmteren Aeusserungen desselben, die man Mitleiden, Barmherzigkeit und Aufopferung nennt»: «Die Summe dieser geringen Dosen ist ... gewaltig, ihre gesammte Kraft gehört zu den stärksten Kräften» [148]. Nietzsche unterscheidet das W. des Schwächeren, «der Function werden möchte», als «Unterwerfungstrieb», und das W. des Stärkeren, «der Etwas zu seiner Function umbilden will», als «Aneignungstrieb» [149]. Im Gegensatz zum «Wehethun», das sich gegen Personen richtet, «denen wir unsere Macht erst fühlbar machen müssen», übt man durch das W. «seine Macht ... aus ... an Solchen, die irgendwie schon von uns abhängen ...; wir wollen ihre Macht mehren, weil wir so die unsere mehren» [150].

7. Der begrifflichen Differenzierung von Liebe, Mitgefühl und W. widmen sich M. SCHELER [151] und D. VON HILDEBRAND, der in der «intentio benevolentiae» einen vom «allgemeinen W.» zu trennenden «Wesenszug» der Liebe sieht [152]. In der ersten Hälfte des 20. Jh. ist ‹W.› weniger in der Philosophie terminologisch als in der Entwicklungspsychologie, die vor allem seinen reaktiven Charakter hervorhebt (L. KLAGES, PH. LERSCH [153]), und seit den 1960er Jahren im Zusammenhang mit dem «Altruismusparadox» in den Sozialwissenschaften [154]. Stark diskutiert wird auch die Möglichkeit einer sog. «Stufe 6» der Moralentwicklung, in der nach L. KOHLBERG W. und Gerechtigkeit «in dem Prinzip der Achtung vor Personen miteinander koordiniert werden» [155]; hiervon grenzt J. HABERMAS sein Prinzip der Solidarität ab [156].

Vertreter einer analytischen Ethik wie W. K. FRANKENA sehen in den Prinzipien der Gerechtigkeit und des W. «prima facie gültige Prinzipien sittlicher Verpflichtung», durch die angemessene moralische Entscheidungen getroffen werden können [157]. Nach J. RAWLS hingegen ist es nutzlos, den Menschen im Urzustand eine wohlwollende Gesinnung zu unterstellen, da das W. eine «second-order notion» darstellt und somit schon eine Entscheidung über den Inhalt des zu fördernden Guten voraussetzt: «If the claims of these goods clash, benevolence is at a loss as to how to proceed» [158]. Das in der analytischen Philosophie vieldiskutierte hermeneutische «principle of charity» [159] wird im Deutschen häufig mit «Prinzip des W.» bzw. «der wohlwollenden Interpretation» übersetzt [160].

8. In der «Selbsttranszendenz» [161] erkennt R. SPAEMANN das Wesen des W. und damit des Sittlichen [162], durch die «das zur Vernunft erwachte Leben» [163] den «im Trieb gründenden Funktionalismus» [164] überwindet und zur «ontologischen Affirmation» [165] bzw. «Anerkennung» [166] der Wirklichkeit des Anderen und seines «Selbstseins» gelangt: «Nur Seiendes, das den Charakter von Selbstsein hat, ist möglicher Gegenstand des W., und nur für W. enthüllt sich Selbstsein» [167]. Im Gegensatz zum Freudschen Konzept des Realitätsprinzips zeigt sich im W. die Wirklichkeit dem Menschen nicht als «das primär Feindliche, sondern [als] das, wonach ihn unbedingt verlangt» [168], nämlich «als sie selbst und das heißt: in freundlichem Licht» [169].

Anmerkungen. [1] AISCHYLOS: Suppl. 940; Septem c. Thebas 1007. – [2] ARISTOTELES: Eth. Nic. VIII, 2, 1155 b 32ff. – [3] V. BOLTZ: Terenz deutsch (1539) 26 B; J. FRISIUS: Dict. Latinogermanicum (1556) 162 B, zit. nach: Art. ‹Wohl›. GRIMM 14/2 (1960) 1025-1072, 1051f.; vgl. TRÜBNERS Dtsch. Wb., hg. W. MITZKA 8 (1957) 241. – [4] Vgl. zum Einfluß auch auf die Lit. dieser Zeit W. E. ALDERMAN: Shaftesbury and the doctrine of benevolence in the 18th cent. Transact. Wisconsin Acad. Sciences, Arts, Letters 26 (Madison, Wisc. 1931) 139-159. – [5] ISOKRATES: Archid. § 59; Eir. 139f.; vgl. J. DE ROMILLY: Eunoia in Isocrates or the polit. importance of creating good will. J. Hellenic Studies 78 (1958) 92-101; zu DEMOSTHENES vgl. A. D. SCHAEFER: Demosthenes I (1856, 21885) 1, 24; vgl. auch: PHILO ALEX.: De vita Moisis I, 148; II, 291; vgl. in der chines. Philos. die Begriffe ‹zhong›: H. ROETZ: Konfuzius (21998) bes. 77f. 86; Die chines. Ethik der Achsenzeit (1992) 217-241; ‹jen›: FUNG YU-LAN: A hist. of Chinese philos. (Princeton 1952) pass. – [6] GORGIAS: VS 82, B 11a (3); griech./dtsch., in: Reden, Fragmente und Testimonien, hg. TH. BUCHHEIM (1989) 16f.; PLATON: Resp. V, 470 a 1; Leg. I, 642 b 2-643 a 1. – [7] DEMOKRIT: VS 68, B 268. – [8] PLATON: Gorg. 486 e 6-487 a 3; Leg. I, 635 b 1; Protag. 337 b 1. – [9] Vgl. Art. ‹Benevolentia›, in: G. UEDING (Hg.): Hist. Wb. der Rhet. 1 (1992) 1439-1441; ARISTOTELES: Rhet. II, 1, 1378 a 6-16. – [10] ARISTOTELES: Eth. Nic. IX, 5, 1166 b 30f. – [11] VIII, 2, 1155 b 32ff. – [12] 5, 1157 b 18; IX, 5, 1167 a 10ff. – [13] 1167 a 8ff.; Eth. Eud. VII, 7, 1241 a 1-15. – [14] 1167 a 11. – [15] Eth. Eud. VII, 7, 1241 a 1-15; vgl. Eth. Nic. 1167 a 3f. – [16] Eth. Nic. IX, 5, 1166 b 30-1167 a 21. – [17] ANDRONICUS RHOD.: SVF 3, 432; DIOG. LAERT.: Vitae VII, 115; vgl. auch: PHILO ALEX.: De plantatione 106; zu Philons Verwendung von εὔνοια: H. SCHMIDT: Die Anthropol. Philons von Alexandreia (1933) 100. – [18] a.O.; vgl. A. BONHOEFFER: Epictet und die Stoa (1890, ND 1968) 299. – [19] CICERO: De off. I, 15, 47; vgl. BONHOEFFER, a.O. 285. – [20] a.O. 15, 49. – [21] II, 7, 23; 8, 29; vgl. Laelius de amicitia 17, 61. – [22] a.O. 11, 38. – [23] 15, 53; 6, 21f. – [24] 9, 32; 6, 21f. – [25] 14, 50; 9, 32. – [26] 5, 19. – [27] 27, 102; 6, 22; vgl. 14, 49. – [28] 7, 23. – [29] SENECA: Ep. mor. 81, 25. – [30] EPIKTET: Diatr. IV, 6, 7; vgl. auch: ARISTOTELES: Eth. Nic. IX, 8, 1168 a 28ff. – [31] MARCUS AURELIUS: Ad se ipsum VIII, 26. – [32] Vgl. Art. ‹εὐνοέω, εὔνοια›, in: G. KITTEL (Hg.): Theol. Wb. zum NT 4 (1942) 968ff. – [33] PLATON: Gorg. 486 e 6-487 a 3. – [34] CLEMENS ALEX.: Paedag. I, 11. MPG 8, 365 C; vgl. Strom. II, 6, a.O. 964 B. – [35] Vgl. z.B. M. PERKAMS: Liebe als Zentralbegriff der Ethik nach Peter Abaelard (2001) 33-38. – [36] Vgl. Art. ‹Liebe II. 2.›. Hist. Wb. Philos. 5 (1980) 296-299. – [37] AUGUSTINUS: De vera relig. XLVII, 90f. CCSL 32, 246f.; vgl. J. BRECHTKEN: Augustinus Doctor Caritatis (1975) 145ff. – [38] Vgl. Art. ‹Streben 2.›. Hist. Wb. Philos. 10 (1998) 270-275, 274. – [39] Vgl. Art. ‹Wille, guter›. – [40] AUGUSTINUS: De bapt. c. Donat. 4, 7. CSEL 51, 234. – [41] RICHARD VON ST. VIKTOR: De trin. 3, c. 19, hg. J. RIBAILLIER (Paris 1958) 154. – [42] c. 4, a.O. 138f.; vgl. ULRICH VON STRASSBURG: De summo bono II, tr. 3, c. 8, hg. A. DE LIBERA (1987) 82. – [43] c. 15, a.O. 150f. – [44] THOMAS AQU.: S. theol. II-II, 23, 1; vgl. In Eth. Nic. VIII, c. 2, lect. 2, n. 1559ff.; ALBERTUS MAGN.: Sup. Ethica IX, lect. 6. Op. omn. 14/2, hg. W. KÜBEL (1987) 674ff. – [45] Vgl. schon: De div. nom., c. 4, lect. 9, n. 404; S. theol. I-II, 27, 3; zur Vorgeschichte dieses Begriffs vgl. R. EGENTER: Gottesfreundschaft (1928) 91f. 135ff.; Art. ‹Liebe II. 4.›. Hist. Wb. Philos. 5 (1980) 301f. – [46] S. theol. I-II, 26, 4. – [47] S. theol. II-II, 27, 2; vgl. J. PIEPER: Über die Liebe (1972) 77-80. – [48] BONAVENTURA: De tripl. via II, 4-7. Op. omn. (1882ff.) 8, 8f.; vgl. De perf. vitae VI, 9f., a.O. 123. – [49] B. SPINOZA: Ethica III, def. 35 (1677). Opera, hg. C. GEBHARDT (1924-87) 2, 200; vgl. prop. 27, schol., a.O. 161; R. DESCARTES: Passions de l'âme III, 185 (1648). Oeuvr., hg. CH. ADAM/P. TANNERY (Paris 1897-1913, NA 1964-76) 11, 469. – [50] J.-J. ROUSSEAU: Discours sur l'orig. de l'inégalité (1755). Oeuvr. compl., hg. B. GAGNEBIN/M. RAYMOND (1959ff.) 3, 155. – [51] G. W. LEIBNIZ: Nouv. essais sur l'entend. humain II, 20, §§ 4f. [1704] (1765). Akad.-A. VI/6 (1962) 163; vgl. A. GEULINCX: Ethik, tr. I, c. 1 (1665). Sämtl. Schr., hg. H. J. DE VLEESCHAUWER (1965ff.) 3, 12f. – [52] Br. an P. Coste (4. 7. 1706), Beilage: Vorrede zum Codex Iuris Gentium Diplomaticus. Die philos. Schr., hg. C. I. GERHARDT (1875-90, ND 1960f.) 3, 387; vgl. Br. an N. Malebranche (März 1699), a.O. 1, 357; Br. an C. Nicaise (August 1697), Beilage, a.O. 2, 577. – [53] Praecognita ad encycl. sive scientiam univ. [1680], a.O. 7, 47; vgl. Art. ‹Gerechtigkeit II. 1.›. Hist. Wb. Philos. 3 (1974) 334f. – [54] S. PUFENDORF: De officio hominis et civis iuxta legem naturalem I, 8, § 5 (1673). Ges. Werke 2, hg. G. HARTUNG (1997) 37, 24. – [55] II, 1, § 9, a.O. 63, 1f. – [56] TH. HOBBES: De cive 1, § 2 (1642). Op. lat., hg. W. MOLESWORTH (1839-45, ND 1961) 2, 161. – [57] A. A. C. Lord SHAFTESBURY: An inquiry conc. virtue II, 2, 1 (1699). Stand. ed., hg. G. EMMERICH u.a. (1981ff.) 2/2, 183. – [58] R. CUMBERLAND: De legibus naturae I, 4 (21683) 4. – [59] 33, a.O. 63. – [60] C. A. HELVÉTIUS: De l'homme V, 3 (1773). Oeuvr. compl. (Paris 1795, ND 1967) 9, 138f.; vgl. P.-H. TH. D'HOLBACH: La morale univ. I, 6 (1776, ND 1970) 26. – [61] B. DE MANDEVILLE: The fable of the bees II, 1 (1729), hg. F. B. KAYE (1924, ND 1988) 30. – [62] Vgl. Art. ‹Selbstliebe II.›. Hist. Wb. Philos. 9 (1995) 476-487. 478. – [63] F. HUTCHESON: An inquiry into the original of our ideas of beauty and virtue II, sect. II, 2 (London 1725). Coll. works [CW] (1969ff.) 1, 127; vgl. Art. ‹Liebe III. 3.›. Hist. Wb. Philos. 5 (1980) 307-310. – [64] Inqu. II, sect. II, 4 (31729) 142f. – [65] II, 2, a.O. 134. – [66] II, III, 3. CW 1, 156. – [67] I, 1, a.O. 108. – [68] IV, 2, a.O. 180f. – [69] III, 14, a.O. 175. – [70] I, 8, a.O. 124. – [71] Inqu. II, II, 4 (31729) 137-151; vgl. Art. ‹Selbstliebe II.›, a.O. [62]. – [72] J. BUTLER: Sermons I, § 4 (Anm.) (1726). Works, hg. W. E. GLADSTONE (Oxford 1897) 2, 31ff. – [73] Diss. of the nature of virtue § 15, a.O. 1, 336f. – [74]

Serm. XI, § 20, a.O. 2, 173. – [75] Vgl. B. VON ECKARDT: Ethik der Selbstliebe (1980) 214-242. – [76] BUTLER: Serm. I, § 8, a.O. [72] 36; vgl. Art. ‹Gewissen›. Hist. Wb. Philos. 3 (1974) 574-592, 584-586. – [77] Serm. V, § 10, a.O. 2, 88. – [78] Diss. of the nature of virtue § 16, a.O. 1, 337f. – [79] Serm. XII, § 19, a.O. 2, 188f. – [80] § 8, a.O. 181f.; zu Butlers begriffl. Inkonsistenz vgl. T. A. ROBERTS: The concept of benevolence (London 1973) 47-56. – [81] Serm. I, § 5, a.O. 2, 33; vgl. dagegen auch: W. GODWIN: Enquiry conc. polit. justice (1793), hg. K. C. CARTER (Oxford 1971) bes. 179ff. – [82] § 4, a.O. 31ff. – [83] Serm. XII, § 2, a.O. 2, 176f.; vgl. jedoch: Analogy of religion I, 3, § 3, a.O. 1, 54f.; ähnlich: H. HOME Lord KAMES: Essays on the principles of morality and nat. relig. II, 5 (^{2}1758, ND 1976) 60f.; S. CLARKE: Discourse upon nat. relig. (1706). The works (London 1738, ND New York 1978) 2, 621f.; vgl. auch: G. TURNBULL: The principles of moral philos. II (1740, ND 1976) 355f. – [84] D. HUME: A treat. of human nature III, 2, 1 (1739), hg. L. A. SELBY-BIGGE/P. H. NIDDITCH (Oxford ^{2}1978) 481; vgl. Dialogues conc. nat. relig. 10, hg. J. V. PRICE (Oxford 1976) 226ff. – [85] Treat. II, 3, 3, a.O. 417. – [86] III, 3, 1, a.O. 586; vgl. Art. ‹Sympathie II.›. Hist. Wb. Philos. 10 (1998) 756-762, 757. – [87] Enquiry conc. the principles of morals, App. II (1777), hg. L. A. SELBY-BIGGE/P. H. NIDDITCH (Oxford ^{3}1975) 300. – [88] Treat. II, 3, 9, a.O. [84] 439. – [89] 2, 6, a.O. 368. – [90] 3, 3, a.O. 417. – [91] Enqu., App. II, a.O. [87] 301. – [92] Enqu. IX, 9, a.O. 270ff.; II, 1, a.O. 177. – [93] Treat. II, 2, 6, a.O. [84] 367f.; 9, a.O. 382; vgl. Art. ‹Liebe III. 3.›, a.O. [63] 309. – [94] Enqu. II, 2, a.O. [87] 178ff. – [95] VII, a.O. 257; Treat. III, 3, 3, a.O. [84] 605; vgl. dagegen: J. F. W. JERUSALEM: Betrachtungen über die vornehmsten Wahrheiten der Religion (1768ff.) 1, 306ff.; J. G. BUHLE: Lb. der Gesch. der Philos. (1796ff.) 7, 416-420. – [96] R. PRICE: A review of the principal questions in morals 7 (London 1757, ^{3}1787, ND New York 1974) 218-226. 278-285. – [97] 8, a.O. 323ff.; vgl. schon: J. BALGUY: The foundation of moral goodness I (1728, ^{4}1734), zit. nach: British moralists, hg. L. A. SELBY-BIGGE (1897) 2, 82, n. 555; TH. REID: Essays on the active powers of man III, 2, 4 (1768). Philos. works, hg. W. HAMILTON (Edinburgh ^{8}1895, ND 1967) 2, 560ff. – [98] A. SMITH: Theory of moral sentiments VII, 2, 3 (1759), hg. D. D. RAPHAEL/A. L. MACFIE (Oxford 1974) 300ff. – [99] VI, 3, a.O. 237; VI, concl., a.O. 262. – [100] I, 2, 4, a.O. 39. – [101] VI, 2, 2, a.O. 227. – [102] VI, 2, 3, a.O. 235; vgl. jedoch: The wealth of nations I, 2, 2 (1776). Works (1811f., ND 1963) 2, 19-25, bes. 21f. – [103] I. KANT: Met. der Sitten II: Tugendlehre (1797). Akad.-A. 6, 457 (§ 34). – [104] KpV A 67; Grundleg. zur Met. der Sitten (1785, ^{2}1786). Akad.-A. 4, 442; vgl. jedoch den vorkrit. Kant: Beobachtungen über das Gefühl des Schönen und Erhabenen (1764). Akad.-A. 2, 216 («allgemeine Wohlgewogenheit»). – [105] Über den Gemeinspruch: Das mag in der Theorie richtig sein ... (1793). Akad.-A. 8, 309. – [106] a.O. [103] 450 (§ 27); vgl. Art. ‹Nächstenliebe›. Hist. Wb. Philos. 6 (1984) 353-356. – [107] a.O. 452 (§ 28). – [108] a.O. 449 (§ 25); vgl. Art. ‹Dankbarkeit›. Hist. Wb. Philos. 2 (1972) 9-11, 10. – [109] a.O. 469f. (§ 46); vgl. Art. ‹Freundschaft III. 2.›. Hist. Wb. Philos. 2 (1972) 1111-1113, 1112. – [110] a.O. 450 (§ 27). – [111] Opus post., hg. A. BUCHENAU (1936/38) 2, 50. – [112] a.O. [103] 451 (§ 27); vgl. auch: C. DAUB: Predigten nach kantischen Grundsätzen (1794) 49f. – [113] J. F. HERBART: Bem. über die Ursachen, welche das Einverständniss über die ersten Gründe der prakt. Philos. erschweren (1812). Sämtl. Werke, hg. K. KEHRBACH (1887ff.) 3, 228. – [114] Über meinen Streit mit der Modephilos. dieser Zeit (1814), a.O. 3, 343; vgl. Allg. Pädagogik aus dem Zweck der Erziehung abgeleitet (1806), a.O. 2, 28. – [115] Allg. pract. Philos. (1808), a.O. 2, 361; vgl. auch die Kritik H. LOTZEs an der Ethik der Herbartschule: Rez. von: G. HARTENSTEIN: Die Grundbegriffe der eth. Wissenschaften (1844), in: Kl. Schr., hg. D. PEIPERS 1 (1885) 268-290, bes. 280-282. – [116] a.O. 363. – [117] 361. – [118] 362. – [119] Analyt. Betrachtung des Naturrechts und der Moral (1836), a.O. 10, 338f.; vgl. F. D. E. SCHLEIERMACHER: Grundlinien einer Kritik der bisherigen Sittenlehre I, 2 (1803). Werke, hg. O. BRAUN/J. BAUER (^{2}1927f., ND 1967) 1, 83f. – [120] Allg. Pädag., a.O. [114] 362; vgl. Art. ‹Mitleid›. Hist. Wb. Philos. 5 (1980) 1410-1416, 1414. – [121] A. SCHOPENHAUER: Preisschr. über das Fundament der Moral § 16 (1840). Sämtl. Werke, hg. A. HÜBSCHER (1937ff.) 4, 205ff. – [122] HERBART: Allg. Pädag., a.O. [114] 375f. – [123] a.O. 376. – [124] 385-408. – [125] 397ff. – [126] Vgl. G. HARTENSTEIN: Die Grundbegriffe der eth. Wissenschaften (1844) 184-191. 474-483; W. M. L. DE WETTE: Vorles. über die Sittenlehre, 14. Vorles. (1823/24) II/2, 74-113; H. M. CHALYBÄUS: System der speculat. Ethik § 246 (1850) 2, 461-466. – [127] F. X. VON BAADER: Vierzig Sätze aus einer relig. Erotik, Satz 15 (1831). Sämtl. Werke, hg. F. HOFFMANN u.a. (1851ff., ND 1963) I/4, 189. – [128] J. BENTHAM: An introd. to the principles of morals and legislation 10, § 4 (1789). Works, hg. J. BOWRING (1838-43) 1, 56f.; vgl. 11, a.O. 62. – [129] a.O.; vgl. Principles of penal law III, 16, a.O. 561-563. – [130] Deontology [1821] (1834). Coll. works, hg. J. H. BURNS/J. R. DINWIDDY (Oxford 1961ff.) 278; vgl. auch: A. ROSMINI: Filosofia del diritto 2 (1865); engl.: The philos. of right 6, n. 1965 (Durham 1996) 157f. – [131] H. SIDGWICK: The methods of ethics III, 4, § 1 (London 1874, ^{7}1907) 240. – [132] IV, 5, § 2, a.O. 483; vgl. 3, § 3, a.O. 430. – [133] III, 4, § 2, a.O. 242. – [134] a.O. 238-263. – [135] 382; vgl. J. B. SCHNEEWIND: Sidgwick's ethics and Victorian moral philos. (Oxford 1977) 286-309. – [136] III, 14, § 4, a.O. 400. – [137] IV, [Schlußkap.] § 1, a.O. 496f.; 3, § 3, a.O. 430-439. – [138] a.O. 496-509. – [139] Vgl. z.B. F. H. BRADLEY: Mr. Sidgwick's hedonism (1877), in: Coll. essays (Oxford 1935, ND 1965) 71-128, bes. 99-101; Pleasure for pleasure's sake, in: Eth. studies (Oxford 1876, ^{2}1927) 85-141; TH. H. GREEN: Prolegomena to ethics III, 4, §§ 219-239; IV, 4, §§ 352-382 (Oxford ^{2}1884) 233-256. 391-427. – [140] W. DILTHEY: Versuch einer Analyse des moral. Bewusstseins (1864). Ges. Schr. (1913ff.) 6, 17. – [141] a.O. 44. – [142] 46. – [143] 44. – [144] System der Ethik [1890], a.O. 10, 70. – [145] a.O. [140] 22. – [146] a.O. 26f.; vgl. die unveränderte Auffassung in späteren Schriften: Grundlinien eines Systems der Pädag. [1884], a.O. 225ff.; System der Ethik [1890], a.O. 10, 107-112. – [147] F. NIETZSCHE: Jenseits von Gut und Böse V, 199 [1886]. Krit. Ges.ausg., hg. G. COLLI/M. MONTINARI (1967ff.) 6/2, 122. – [148] Menschliches, Allzumenschliches I, 49 (1878), a.O. 4/2, 67f. – [149] Die fröhl. Wiss. III, 118 (1887), a.O. 5/2, 154; vgl. jedoch: III, 192, a.O. 182. – [150] I, 13, a.O. 58; vgl. dazu: L. KLAGES: Die psycholog. Errungenschaften Nietzsches [1920]. Sämtl. Werke, hg. E. FRAUCHIGER u.a. (1964ff.) 5, 107ff. – [151] Vgl. M. SCHELER: Wesen und Formen der Sympathie (1912). Ges. Werke (1954ff.) 7, 175. 145f.; Das Ressentiment im Aufbau der Moralen (1915), a.O. 3, 74. 78. – [152] D. VON HILDEBRAND: Das Wesen der Liebe. Ges. Werke (1971ff.) 3, 80; vgl. 318. 353-360, bes. 358; Met. der Gemeinschaft (1930, ^{2}1955), a.O. 4, 38. 42-65. – [153] L. KLAGES: Die Grundlagen der Charakterkunde [1905-07], a.O. [150] 5, 405. 410; PH. LERSCH: Aufbau der Person (1938, ^{9}1964) 180f. – [154] Vgl. dazu: H. HARBACH: Altruismus und Moral (1992) 7. – [155] L. KOHLBERG/D. R. BOYD/C. LEVINE: Die Wiederkehr der sechsten Stufe: Gerechtigkeit, W. und der Standpunkt der Moral, in: W. EDELSTEIN/G. NUNNER-WINKLER: Zur Bestimmung der Moral (1986) 205-240, 209; vgl. L. KOHLBERG: Die Psychol. der Moralentwicklung, hg. W. ALTHOF (1995); G. SPIELTHENNER: Psycholog. Beiträge zur Ethik 2 (1996) 127-188, bes. 138-141. – [156] J. HABERMAS: Gerechtigkeit und Solidarität (1984), in: Erläut. zur Diskursethik (1991) 67f.; vgl. Art. ‹Solidarität 4.›. Hist. Wb. Philos. 9 (1995) 1009f. – [157] W. K. FRANKENA: Ethics (Englewood Cliffs 1963); dtsch.: Analyt. Ethik (1972) 64-71; vgl. W. KULLMANN: Prinzip Verantwortung versus Diskursethik, in: D. BÖHLER (Hg.): Ethik für die Zukunft (1994) 277-302, 288ff. – [158] J. RAWLS: A theory of justice I, 3, 30 (1971) 191; dtsch.: Eine Theorie der Gerechtigkeit (1975) 218f. – [159] Vgl. R. FELDMAN: Art. ‹Charity, principle of›, in: E. CRAIG (Hg.): Routledge encycl. of philos. (London/New York 1998) 2, 282-285; O. R. SCHOLZ: Verstehen und Rationalität (^{2}2001) 88ff. 195ff. – [160] Vgl. W. KÜNNE: Prinzipien der wohlwollenden Interpretation, in: Intentionalität und Verstehen, hg. Forum für Philos. Bad Homburg (1990) 212-236. – [161] R. SPAEMANN: Glück und W. (1989) 122. – [162] Vgl. a.O. 139. – [163] 138. – [164] 130. – [165] 133. – [166] 241. – [167] 132ff., zit. 135. – [168] 140. – [169] 138.

Literaturhinweise. L. A. SELBY-BIGGE (Hg.): Brit. moralists 1-2 s. Anm. [97]. – D. D. RAPHAEL: British moralists 1-2 (Oxford 1969). – T. A. ROBERTS s. Anm. [80]. – N. RESCHER: Unselfishness (Pittsburgh 1975). – R. B. BRANDT: The psychol. of benevolence and its implications for philos. J. Philos. 73 (1976) 429-453. – J. B. SCHNEEWIND s. Anm. [135]. – W. EDELSTEIN/G. NUNNER-WINKLER (Hg.) s. Anm. [155]. – H. HARBACH s. Anm. [154].

J. WISSING

Wohnen (engl. dwelling). Das elementare Nachdenken über das W. im Sinne eines Sich-Niederlassens, Bleibens und Ruhens an einem geschützten Ort ist so alt wie die menschliche Kultur selbst. Es manifestiert nicht nur die Beziehung zur jeweiligen Umwelt, sondern darüber hinaus das menschliche Weltverhältnis im ganzen. ‹Haus› (griech. οἶκος, οἰκία; lat. ‹domus›, ‹domicilium›) und ‹Wohnstatt› wie auch die Tätigkeit des W. selbst (lat. ‹habitare›) sind Bildspender für von Metaphern getragene lebensweltliche, ethische und religiöse Reflexionen [1]. Als architekturtheoretischer und philosophischer Begriff macht ‹W.› erst im 20. Jh. Epoche.

1. Von *architekturtheoretischer* Seite wird das W. im Zuge der gesellschaftlichen und umweltlichen Veränderungen im 19. Jh. (wie Industrialisierung, Landflucht und Städtewachstum) als Kritik an der Wilhelminischen Mietskasernenstadt und ihrer Wohnarchitektur thematisiert. Ebenso wie Wohnungsnot und hygienische Risiken nehmen theoretisch interessierte Architekten die räumliche Trennung von Erwerbsarbeit und W. zum Anlaß, sich mit dem «privaten, bürgerlichen» W. und seinen zukünftigen Standards zu befassen, nachdem dieses andere Wohnweisen (z.B. halböffentliche) erfolgreich verdrängen konnte [2]. Gerade im Wohnbereich soll ein 'neuer Mensch' erzogen werden, indem man ihn mit 'bedürfnisgerechtem' Wohnraum ausstattet. «Mit Vernunft wohnen, bewußt an der Rationalisierung, Vereinfachung, Vermenschlichung unseres W. arbeiten», lautet die Losung des Architekturkritikers A. Behne [3]. «Licht», «Luft» und «Auslaufmöglichkeit» (W. Gropius) sind die Mindeststandards, an denen man sich dabei orientieren will [4]. Wohnungsbau, -ausstattung und -organisation werden die vorrangigen Themenfelder. Im Kampf der Moderne gegen das traditionelle W. rücken Technik und Wirtschaftlichkeit in die Mitte der Auseinandersetzung [5]. Die Unterstützer sind davon überzeugt, daß es das richtige W. gibt, zu dem man den Menschen «erziehen» oder gar «befreien» soll [6]. Für das städtische Proletariat bedeutet das «Wohnenkönnen» schon einen Luxus [7]. «W. lernen» (A. Loos) [8] soll aber auch die «Bourgeoisie», was ein Aufgeben der «schlechten» Ansprüche und Gewohnheiten des «Durchschnittsmieters» [9] zugunsten einer reformierten Organisation des privaten Lebens mit anerzogenem Sinn für Sachlichkeit und Zweck erfordert [10]. Ästhetische oder gestalterische Fragen erscheinen nachrangig gegenüber der Zweckmäßigkeit, Technik und Wirtschaftlichkeit des Bauens [11]. Die Bedeutung des Themas ‹W.› im emphatischen Sinn tritt gegenüber dem «Problem der Behausung» zurück, ist es erst einmal in isolierte Tätigkeitsbestandteile aufgelöst und zu wissenschaftlich beschreibbaren Wohnfunktionen wie «wohnen, schlafen, kochen, essen, baden» elementarisiert worden [12]. Ratgeber des Architekten sind die Hygieniker, Soziologen, Biologen und Statistiker. Das «neue» Entwerfen und Bauen fußt nun auf «exakt wissenschaftlichen Methoden» [13]; obwohl es nicht stilbildend sein wollte, begründet es dennoch einen Stil. Behne, der 1927 das Buch ‹Neues W. – neues Bauen› veröffentlicht, befindet, daß «das Bauen vom W., das heißt vom Menschen, abhängig ist» [14]. Gegenüber der rigiden Anwendung von Typisierung, Standardisierung und Normierung verlangt er, eine architektonische «Grundform zu finden, die unserem Lebensgefühl entspricht», und fordert die Architekten auf, «über gutes und richtiges Leben nachzudenken» [15]. Es stehe dem Architekten zu, «bessere Wohnsitten heranbilden zu helfen» [16]. Den «neuen», «modernen» Menschen, von dem schon Loos spricht, beschreibt Behne mit den Eigenschaften «Offenheit, Vertrauen, Einfachheit». Das neue Bauen und W. habe dieser «neuen solidarischen Lebenshaltung» zu entsprechen [17].

2. Parallel dazu entwickelt sich die *philosophisch* orientierte Diskussion [18]. Die «erste und unmittelbarste Beziehung, die der Mensch zum Raum überhaupt hat», nennt P. Tillich das «W.» [19]. Der Unendlichkeit des Kosmos steht der begrenzte menschliche Wohnraum gegenüber. Die moderne «technische Stadt» vereinigt nach Tillich den «Gedanken der Seinsbeherrschung mit dem der Einwohnung ins Sein» bzw. «der Einwohnung des Menschen in die Erde» [20]. Die technische Stadt selbst konfrontiere uns mit der Frage nach dem W.: «Wir wohnen nicht, um zu wohnen, sondern wir wohnen, um zu leben» [21]. W. Benjamin betont, daß es für die Bewohner der modernen, durch Stahl und Glas gestalteten Räume schwer werde, überhaupt Gewohnheiten (s.d.) anzunehmen und «Spuren zu hinterlassen». Das «W. im alten Sinne», an dessen erster Stelle die Geborgenheit stehe, gehe über in ein «spurlos wohnen» [22]. E. Bloch faßt die Raumkultur «wider den gewohnten Zusammenhang» als Leere auf. Sie schaffe Wohnräume, in die man sich nicht einleben kann: «Kaum noch ist möglich oder nötig, recht zu wohnen. ... Die Möbel verschwinden, lösen sich in ihren bloßen Zweck auf, gehen an die Wand» [23]. Mit dieser Kritik kommen die Wohnenden und ihr «Beharrungsvermögen» in den Blickpunkt der Theorie. In den folgenden Jahrzehnten wird das W. vermehrt unter anthropologischen Gesichtspunkten diskutiert. Heute wird es mit der Wahl eines Lebensstils in Verbindung gebracht, wofür die Architektur nur mehr das passende Produkt bereitstellt [24].

Zentrale Bedeutung erlangt der Themenkreis im Denken M. Heideggers. Bereits in ‹Sein und Zeit› (1927) wird die Rede vom W. zur Explikation des «In-Seins» (s.d.) verwendet. «In» verweise auf «inan-» im Sinne von «wohnen, habitare, sich aufhalten»; «sein», als Existenzial verstanden, bedeute «wohnen bei ..., vertraut sein mit» [25]. Später begreift Heidegger die Bedeutung des W. und seines Maßes sowohl vom Bauen als auch vom Dichten her. Im Wort ‹Bauen› sei das W. als Grundzug des Menschseins gedacht. Die «technisch beherrschbare Natur der Wissenschaft» habe sich aber von der «natürlichen Natur des gewohnten, gleichfalls geschichtlich bestimmten W. des Menschen» abgesetzt und entfernt [26]. Das «bloße Leben, das man lebt», sei «noch kein W.» [27]. Um dessen Wesen zu erfassen, geht Heidegger der Wortgeschichte nach und kommt dabei zu dem Ergebnis: «Der Grundzug des W.» sei ein «Schonen» [28]. Menschsein wird nun als «Aufenthalt» [29] der Sterblichen auf der Erde gedacht. Als Mensch auf der Erde sein, heißt im «Geviert» (s.d.) bzw. in der «Vierung» (s.d.) bei Dingen und Orten sein [30], heißt ‹wohnen›. Die Weise dieses W. sei das Schonen des «Gevierts». Von solchem W. her werde erst das herstellende Bauen verständlich: «Nur wenn wir das W. vermögen, können wir bauen» [31]. Deshalb gehöre das Bauen in das W., von dem es «sein Wesen empfängt» [32]. Ein Verständnis des «dichterischen W.» entwickelt Heidegger ausgehend von F. Hölderlins Wort «... dichterisch wohnet der Mensch ...» [33]. Das Wort bleibe im heutigen Weltalter «unerfüllt eine einzige große Täuschung». Das Undichterische des W. liege im Unvermögen des rechnenden Menschen, Maß zu nehmen [34].

In der Phänomenologie M. Merleau-Pontys wird die Bindung des leiblich existierenden Menschen an das Ich, an Welt und Mitwelt als Ein-wohnen («habiter») gefaßt. Der menschliche Leib ist nicht im Raum, vielmehr bewohnt er die Welt, Raum und Zeit [35]. Die leibliche und sprachliche Erfahrung erschließe die Welt als Sinn, der sie bewohnt [36]. In Abhebung von Heidegger deutet E. LEVINAS das «Geschehen des W.» («habitation»). «Jede Betrachtung von Gegenständen» ereigne «sich im Ausgang von einer Bleibe» («demeur») [37]. Der Mensch finde sich nicht in die Welt geworfen und verlassen wieder, denn die Bleibe liege noch 'vor' der Welt. Die primäre Veranschaulichung der Welt erfährt das Subjekt durch das W., durch die Intimität und Isolierung eines Hauses, das die menschliche Subjektivität als Sammlung und Bei-sich-Bleiben erweckt und konkretisiert [38].

O. F. BOLLNOW greift sowohl auf Heidegger als auch auf Merleau-Ponty zurück, wenn er das W. als «wahre Form des menschlichen Lebens im Raum» [39] interpretiert. Dem «dichterischen W.» stellt W. MARX ein mitmenschliches «W. in den Maßen» [40] gegenüber. Nach H.-G. GADAMER droht die «Unbewohnbarkeit unserer heimatlichen Erde» vor allem von der modernen Technik und dem rechnenden Planen. Jeder Mensch, so Gadamer im Rekurs auf Hölderlin und in Abgrenzung von W. Marx, wohne «dichterisch». Menschliches W. sei ein Sich-Einhausen in ein «Wohnliches», worin der Mensch «anderen etwas ist und Nähe spürt» [41]. Ebenfalls im Anschluß an Heidegger interpretiert W. BIEMEL das W. als Entsprechung des Ethos (s.d.). Der dem Wesen des W. gerecht werdende «Aufenthalt» entspreche dem Verhalten des Menschen zum Seienden in der Erfahrung der Nähe [42].

In den 1990er Jahren beginnt eine erneute und bis heute andauernde Auseinandersetzung mit Heideggers Auslegung des W. und Bauens. B. BIELLA interpretiert das «Schonen des Gevierts» unter ökologischen und partizipativen Gesichtspunkten für das «alltägliche» Bauen und W. [43]. Die Diskussion um die Bedeutung des W. wird architekturwissenschaftlich bzw. architekturphänomenologisch und -hermeneutisch besonders in der Interpretation von Heideggers Vortrag vor Architekten und Bau-Künstlern anläßlich des «Darmstädter Gesprächs» geführt [44].

Anmerkungen. [1] Vgl. paradigmatisch: F. OHLY: Art. ‹Haus III. (Metapher)›. RAC 13 (1986) 905-1063. – [2] Vgl. H. P. BAHRDT: Umwelterfahrung (1974) 205-219. – [3] Vgl. A. BEHNE: Wege zu einer besseren Wohnkultur (1927), in: K. HARTMANN (Hg.): Trotzdem modern. Die wichtigsten Texte zur Architektur in Deutschland 1919-1933 (1994) 359-361, 360. – [4] Vgl. W. GROPIUS: Flach-, Mittel- oder Hochhaus? (1931), in: Ausgew. Schr., hg. H. PROBST/C. SCHÄDLICH (1987) 123-130, 124. – [5] H. MEYER: Die neue Welt (1926), in: HARTMANN (Hg.), a.O. [3] 345. – [6] Vgl. S. GIEDION: Befreites Wohnen (1929), in: CIAM. Int. Kongresse für Neues Bauen. Dokumente 1928-1939 (1979) 38-39. – [7] Vgl. M. DE MICHELIS: Trübe Transparenzen. Freibeuter 22 (1984) 55-63, 56. – [8] Vgl. A. LOOS: W. lernen! (1921), in: Trotzdem. 1900-1930 (1988) 165-169. – [9] Vgl. A. BEHNE: Architekt und Mieter (1926), in: HARTMANN (Hg.), a.O. [3] 356-359, 357f. – [10] Vgl. Loos, a.O. [8] 165. – [11] E. MAY: Die Wohnung für das Existenzminimum (1930), in: CIAM, a.O. [6] 40-41, 41. – [12] Vgl. W. GROPIUS: bauen und wohnen (1928), a.O. [4] 116f. – [13] Vgl. MAY, a.O. [11] 40f. – [14] Vgl. A. BEHNE: Neues W. – neues Bauen (1927), in: HARTMANN (Hg.), a.O. [3] 337. – [15] Vgl. Wege, a.O. [3] 360. – [16] 357. – [17] a.O. – [18] Vgl. im Kontext der Entfremdungskritik: F. ENGELS: Zur Wohnungsfrage (1872/73). MEW 18, 209-287. – [19] Vgl. P. TILLICH: Das W., der Raum und die Zeit (1933). Ges. Werke 9 (1967) 328. – [20] Die techn. Stadt als Symbol (1928), a.O. 309f. – [21] a.O. 311. – [22] Vgl. W. BENJAMIN: Kurze Schatten II. Ges. Schr., hg. R. TIEDEMANN/H. SCHWEPPENHÄUSER (1972-89) 4/1, 428. – [23] Vgl. E. BLOCH: Erbschaft dieser Zeit (1935). Ges.ausg. 4 (1962) 228. – [24] Vgl. I. FLAGGE (Hg.): Geschichte des W. Von 1945 bis heute. Aufbau, Neubau, Umbau (1999). – [25] M. HEIDEGGER: Sein und Zeit § 12 (1927, [15]1984) 54. Ges.ausg. I/2 (1977) 73. – [26] Hebel – der Hausfreund (1957) 30. Ges.ausg. I/13 (1983) 146. – [27] a.O. 32/147. – [28] Bauen W. Denken (1952). Ges.ausg. I/7 (2000) 151. – [29] a.O.; vgl. zur Übersetzung des griechischen Begriffs ἦθος durch «Aufenthalt, Ort des W.»: Br. über den Humanismus (1946), in: Platons Lehre von der Wahrheit. Mit einem Br. über den Humanismus (1947, [2]1954) 106. Ges.ausg. I/9 (1976) 354. – [30] a.O. [28] 159f. – [31] a.O. 162. – [32] a.O. – [33] F. HÖLDERLIN: In lieblicher Bläue. Sämtl. Werke, hg. F. BEISSNER 2/1 (1951) 372; vgl. M. HEIDEGGER: '... dichterisch wohnet der Mensch ...' [1951], in: Vorträge und Aufsätze (1954) 187-204. Ges.ausg. I/7, 189-208. – [34] HEIDEGGER: Das W. des Menschen [1970]. Ges.ausg. I/13, 219. – [35] M. MERLEAU-PONTY: Phénoménologie de la perception (Paris 1945) 162-164; dtsch.: Phänomenol. der Wahrnehmung § 20 (1966) 169; vgl. B. WALDENFELS: Leibliches W. im Raum, in: G. SCHRÖDER/H. BREUNINGER (Hg.): Kulturtheorien der Gegenwart (2001) 179-201. – [36] a.O. 224f.; dtsch. 228 (§ 37). – [37] E. LEVINAS: Totalité et infini. Essai sur l'exteriorité (Den Haag 1961) 126; dtsch.: Das Geschehen des W., in: Totalität und Unendlichkeit. Versuch über die Exteriorität (1987) 218; vgl. L. VANDER KERKEN: Een filosofie van het wonen (Antwerpen 1965, Amsterdam 1982). – [38] a.O. 127; dtsch. 220. – [39] O. F. BOLLNOW: Mensch und Raum (1963) 309. 125ff. – [40] W. MARX: Gibt es auf Erden ein Maß? (1983, 1986) 46ff. 60. 68. – [41] H.-G. GADAMER: Gibt es auf Erden ein Maß? (W. Marx). Philos. Rdsch. 31 (1984) 161-177. Ges. Werke 3 (1987) 348. – [42] W. BIEMEL: Ein Interview. Concordia. Int. Z. Philos. 16 (1989) 2-14, bes. 12 ('Martin Heidegger'). – [43] Vgl. B. BIELLA: Eine Spur ins W. legen. Entwurf einer Philos. des W. mit Heidegger und über Heidegger hinaus (1998). – [44] Vgl. U. CONRADS (Hg.): Mensch und Raum: Das Darmstädter Gespräch (1951, ND 1991); vgl. H. WIELENS (Hg.): Bauen W. Denken. M. Heidegger inspiriert Künstler (1994); E. FÜHR (Hg.): Bauen und W. M. Heideggers Grundlegung einer Phänomenol. der Architektur (2000); zur architekturhermeneutischen Wohnforschung: A. HAHN: W. als Erfahrung. Reflexionen und empirisch-soziolog. Unters. zur Pragmatik des W. (1997); Über das Beschreiben der Wohndinge, in: E. FÜHR u.a. (Hg.): Architektur – Sprache. Buchstäblichkeit, Versprachlichung, Interpretation (1998) 97-122.

Literaturhinweise. W. BIEMEL: Maß und Maßlosigkeit der Sterblichen, in: W. BRÜSTLE/L. SIEP (Hg.): Sterblichkeitserfahrung und Ethikbegründung. Ein Koll. für Werner Marx (1988) 22-37. – G. KÄHLER (Hg.): Geschichte des W. 1918-1945. Reform, Reaktion, Zerstörung (1996). A. HAHN

Wollust (griech. τρυφή, ἡδονή; lat. voluptas; engl. voluptuousness; frz. volupté)

1. In der *Antike* umfaßt W. sowohl die angenehmen Empfindungen beim Genuß (s.d.) eines Guts als auch die Begierde [1], dieses zu erlangen (lat. cupiditas voluptatis). Im Anschluß an die differenzierten Ausführungen über die ἡδονή bei PLATON [2] und ARISTOTELES [3] lehrt EPIKUR, daß es natürliche und notwendige Begierden wie die der Befriedigung körperlicher Bedürfnisse, z.B. von Hunger und Durst, gibt, weiterhin natürliche, aber nicht notwendige Begierden wie die Sexualität und schließlich unnatürliche und nicht-notwendige Begierden, die «leerem Wahn» entspringen, so etwa sexuelle Ausschweifungen, Prunksucht usw. [4].

In der römischen Rezeption wird Epikurs Lehre von der W. kontrovers aufgenommen: CICERO verkürzt sie auf eine Apologie der körperlichen Lust als «voluptas corporis» bzw. «corporea voluptas» und holt zu einer umfassenden Kritik aus [5]. Im Anschluß an PLATONS Ausspruch von der Lust als stärkstem Köder des Schlechten [6] beschreibt CICERO die W. als «eine Feindin der Vernunft ..., sie blendet sozusagen die Augen des Geistes und hat keine Verbindung mit der Tugend» [7]. Epikur wird mit einer solchen «voluptas Epicuri» identifiziert und in Verruf gebracht («porcus Epicuri»). – Demgegenüber nimmt SENECA Epikur und dessen Schüler in Schutz. Zu Recht weist er darauf hin, daß Epikur selber einen natur- und vernunftgemäßen Umgang mit der W. fordere, also ihre Verbindung mit Tugend anstrebe [8].

Die Diskussion, was unter ‹W.› zu verstehen und wie sie zu bewerten sei, setzt sich in der *Spätantike* und im Christentum fort. Für AUGUSTINUS ist «voluptas» der Höhepunkt der sexuellen «libido», «mit der keine andere körperliche Lust zu vergleichen ist» [9]. Doch reicht im *Mittelalter* das Bedeutungsspektrum des Terminus vom neutralen Verständnis im Sinne von ‹Lust›, ‹Freude›, ‹Genuß› über die psychologische Bedeutung ‹Lustgefühl› bis hin zum sinnlich-erotischen Begehren [10].

2. Die italienische *Renaissance* strebt einen Ausgleich zwischen Epikureismus und christlicher «honestas» an. Repräsentativ dafür sind L. VALLA (‹De voluptate› 1431) [11] oder M. FICINO (‹De voluptate› 1457), von denen sich bis zur Mitte des 18. Jh. ein breiter Strom neo-epikureischer Schriften zur W. herleitet [12]. Für VALLA gibt es kein Gut außerhalb der W. («affirmo ut nihil aliud praeter hanc [voluptatem] bonum esse contendam») [13]. Das mit allen Sinnen und Seelenkräften gelebte Leben sei das einzige Gut («unicum bonum») des Menschen, weil es eine beständige Begegnung und Verflechtung mit den Objekten der Begierde darstelle, die insofern nicht schlecht sein können, als sie durch die göttliche Providenz auf das Wohl des Menschen bezogen sind. Eine differenzierte Auffassung des Epikureismus zeigt sich auch bei M. DE MONTAIGNE, wenn er die «volupté» provokant als Vollendung der Tugend («vertu») bestimmt: Insofern sie vergeistigte Lebenssinnlichkeit ist, verhilft sie dem Menschen zur Gelassenheit in der Gewißheit der eigenen Sterblichkeit [14].

Dieser verfeinerte Epikureismus wird in der *Neuzeit* bis ins 18. Jh. virulent bleiben [15]. Im deutschen Bereich steht er zunächst allerdings in Spannung zu einer Polarisierung zwischen körperlicher und geistiger W. So wendet sich M. LUTHER zwar gegen die stoische «impassibilitas», doch sagt er den schlechten W.-Affekten den Krieg an. In seiner Bibelübersetzung von Jak. 4, 1 heißt es u.a.: «Wo her kompt streit und krieg unter euch? Kompts nicht daher, aus ewren wollüsten, die da streiten in ewren Gliedern?» [16] Andererseits setzt Luther von der körperlichen die geistige W. ab, die ihm als Erweis göttlicher Gnade gilt: «Wie thewr ist deine güte, Gott, Das Menschen Kinder unter dem schatten deiner flügel trawen. Sie werden truncken von den reichen Gütern deines Hauses, Und du trenckest sie mit wollust, als mit einem strom» (Ps. 36, 8-9).

Kirchenlieder, Predigten und geistliche Dichtungen knüpfen an diesen Dualismus an, ebenso die für den Schul- und Universitätsgebrauch bestimmten Ethiken. So behauptet CH. THOMASIUS, der wohl einflußreichste W.-Theoretiker in der deutschen Frühaufklärung, «daß wir uns nicht einbilden können / daß jemahlen ein Philosophus mit Ernst die größte Glückseligkeit in einer viehischen Liebe der W. gesuchet habe / ob man schon dieses dem Epicuro und Aristippo beymisset» [17]. Für Thomasius besteht die Glückseligkeit allein in der vernünftigen Liebe zu anderen Menschen. Diese «vernünftige Liebe der W.» ist durch «Mässigkeit und Sparsamkeit» gekennzeichnet [18]. Jene W. hingegen, bei der der Mensch «auff die Vereinigung seines Leibes mit dem Leibe anderer Menschen hauptsächlich sein absehen hat», ohne daß damit eine Vereinigung des Willens und der Seelen verbunden ist [19], nennt Thomasius «unvernünftige Liebe». Neben Ehrgeiz und Geldgeiz stelle sie – so Thomasius ganz in Übereinstimmung mit Platon [20] – eines der drei Hauptlaster des Menschen dar [21].

Gegenüber dieser Bedeutungsvielfalt des Begriffs wird ‹W.› in der deutschen galanten Dichtung zwischen 1680 und 1730 mehr und mehr auf ‹Sexualität› eingeschränkt [22]. D. C. VON LOHENSTEIN, CH. HOFMANN VON HOFMANNSWALDAU, B. NEUKIRCH u.a. überbieten entsprechende Beschreibungen der italienischen und französischen Literatur, wobei sie allerdings zum kontrollierten Umgang mit der W. anleiten wollen [23]. «Die W. bleibet doch der Zucker dieser Zeit», heißt es in HOFMANNSWALDAUS Gedicht ‹Die Wollust› (postum 1679/80).

3. Die intensive Diskussion über die W. in der *Aufklärung* erhält wesentliche Anstöße durch die französischen Materialisten. Von den Autoren der 'Libertinage érudit' [24] bis hin zu den Enzyklopädisten und dem Marquis DE SADE setzt sich hier eine immer vehementere Apologie der körperlichen W. durch. Der Name Epikurs dient dabei als Erkennungszeichen. Der Arzt und Philosoph J. O. DE LA METTRIE widmet der W. eine eigene Abhandlung ‹L'école de la volupté› (1746), in der er die Freuden der Sinne und der Sexualität enthusiastisch feiert. Allerdings meint er damit, ähnlich wie schon Epikur, keineswegs nur körperliche Freuden. Im Unterschied zu den einfachen Genüssen («plaisirs») zeichne sich die «volupté» durch eine längere Dauer und größere Intensität aus, darüber hinaus durch die Mitwirkung von Einbildungskraft, Leidenschaft und Zärtlichkeit. Die körperliche Maschine des Menschen («l'homme machine») werde dadurch über die Grenzen ihres natürlichen Mechanismus hinaus getrieben («l'homme plus que machine») [25].

Die Enzyklopädisten rehabilitieren ihrerseits Epikurs Lehre von der W. als Inbegriff menschlicher Glückseligkeit, sofern man darunter ein mit Vernunft und Tugend in Einklang stehendes gutes Leben versteht [26]. D. DIDEROT legt in seinem Artikel ‹Epicuréisme› dem griechischen Philosophen eine Verteidigung der W. in den Mund [27]. Der Marquis DE SADE wird diese Voraussetzungen einer Apologie der W. und der Sexualität radikalisieren. Gegenüber dem Amoralismus La Mettries malt er einen Immoralismus aus, der auf die Überschreitung der jeweils geltenden Gesetze zielt, auf Verbrechen, Gewaltsamkeit und Grausamkeit als Stimulantien des Genusses [28].

Bezeichnend für die u.a. an der Bewertung von Epikur und der körperlichen W. sich entzweiende Aufklärung in Deutschland und Frankreich ist die Polemik von A. VON HALLER gegen das zeitgenössische Freigeistertum, wie es vor allem am preußischen Hof von Friedrich II. gepflegt wird. Die Verdammung der W. als eines asozialen und die Dekadenz von Staat und Gesellschaft herbeiführenden Triebes ist einer der Hauptartikel von Hallers Diatribe [29]. Ganz in diesem Sinne polemisiert der junge G. E. LESSING gegen Ovids ‹Liebeskunst›, denn diese lehre «die W., jene sinnliche, die ohne Zärtlichkeit des Herzens vom Genuß zum Genusse schweift, und selbst in dem Genusse schmachtet» [30]. Ovid ist für Lessing kein «Führer der schamhaftesten Jugend», vielmehr ein «Verleiter zu den unsaubersten Ausschweifungen». I. KANT wird zwar Epikur im Sinne von Seneca in Schutz nehmen, doch polemisiert er seinerseits gegen eine hedonistische Ausdeutung von Epikurs Theorien, «wie sie viele, durch den Ausdruck W. für Zufriedenheit verleitet», vorbrächten, um ihre Ausschweifungen zu bemänteln [31]. Ähnlich wie schon CH.-L. DE MONTESQUIEU [32] spricht KANT mit Blick auf die orientalischen Despoten abschätzig von den «Wollüstlingen des Orients» und deren raffinierten Genüssen [33] – ein Topos des europäischen Orientalismus, der zumal im 19. Jh. verbreitet ist.

4. In der zweiten Hälfte des 18. Jh. wird die sinnlich-sexuelle W. im deutschen Kulturbereich – im Unterschied zum französischen – mehr und mehr zugunsten einer überschwenglich-spirituellen W. verdrängt, etwa in den Schriften von CH. M. WIELAND, W. HEINSE und JEAN PAUL. Der Ächtung oder Geringschätzung der rein körperlichen W. steht der Lobpreis der Seelen-W. gegenüber [34]. Spätromantiker wie J. VON EICHENDORFF werden die W.-Darstellungen von Wieland, Heinse u.a. demgegenüber verächtlich als «völlig dissoluten, atheistischen und sittenlosen 'Seelenpriapismus'» bezeichnen, wo «W. und Andacht als Schwesterkinder poetisch gefeiert» werden [35].

NOVALIS versucht diese Polarisierung körperlicher und überschwenglich geistiger W. mit seiner «Theorie der W.» zu überwinden. Im Sinne sinnlich-geistiger Sympathie erscheint W. als eine auf die Totalität aller menschlichen Funktionen zielende Schaffenslust [36]. In Überbietung des Sprachgebrauchs herrenhutischer Mystik wird sie nahezu identisch mit der «himmlischen W.» [37]. Auch J. W. GOETHE kennt diesen durch Pietismus und Mystik geprägten Begriff geistiger W. [38]. Im Anschluß an J. von Hammers Hafis-Übersetzung postuliert er in seinem ‹West-östlichen Divan› – näher an Epikurs Ausgleich von W. und Tugend – die «reine W. edler Handlung», der man sich auch im Umgang mit erotisch verfänglichen Materien «mit frohem Muth ... überlassen» solle, sofern man nur «Schlangengift und Theriak zu sondern» verstünde [39].

Der Begriff geistiger W. wird im Laufe des *19. Jh.* mehr und mehr mit naturphilosophischen und materialistischen Prämissen verschmolzen, auf provokant-blasphemische Weise bei Materialisten wie G. BÜCHNER [40] und H. HEINE [41]. L. FEUERBACH polemisiert gegen die Dämonisierung der Lust durch ein spiritualistisches Christentum. Dagegen bietet er eine materialistische Naturphilosophie auf, die einen eigenen Begriff der W. exponiert [42].

Auch F. NIETZSCHE rehabilitiert die W. gegen ihre platonisch-christliche Diffamierung als Äußerung von vitaler Kraftentfaltung, zusammen mit anderen verfemten Leidenschaften [43]. Sein Résumé steht noch einmal im Kontext einer Verteidigung des Epikur: «W.: für die freien Herzen unschuldig und frei, das Garten-Glück der Erde, aller Zukunft Dankes-Überschwang an das Jetzt. ... W.: das große Gleichnis-Glück für höheres Glück und höchste Hoffnung» [44].

5. Von Nietzsche leitet sich im *20. Jh.* in Deutschland und Frankreich eine Umwertung der W. gegen ihre traditionelle Verurteilung her, namentlich durch F. WEDEKIND, H. MANN, B. BRECHT und TH. W. ADORNO [45] bzw. durch A. ARTAUD, G. BATAILLE, P. KLOSSOWSKI, R. BARTHES, M. FOUCAULT und G. DELEUZE. Besonders bei französischen Autoren wird die W. zur verfemten, zugleich aber sprengenden Kraft. In diesem Zusammenhang wird allerdings überwiegend nicht der durch den Epikureismus des 18. Jh. markierte Begriff der «volupté» verwendet, sondern vielmehr Ausdrücke wie «plaisir», «jouissance» und «désir». Unverkennbar ist das Bestreben, sich von einer verkürzten materialistischen Auslegung der W. als körperlicher Lust abzusetzen. So spricht etwa BARTHES sowohl in seinen Arbeiten über de Sade wie in seinen ‹Fragments d'un discours amoureux› (1977) von «jouissance» bzw. «plaisir», während er «volupté» meidet [46]. In ähnlichem Sinne gebraucht FOUCAULT die Begriffe «Genuß» («jouissance») und «Lüste» («plaisirs»), selten aber «W.» («volupté»). In seiner ‹Histoire de la sexualité› wird die W. noch weiter an den Rand gedrängt, im selben Maße wie die ästhetisch und ethisch begründete Sorge um sich selbst und damit das Selbstverhältnis der Subjektivität als Bedingungsrahmen der Geschichte der Sexualität seit der Antike in den Vordergrund tritt. In diesem Kontext ruft er Senecas Wertschätzung von «gaudium» und «laetitia» in Erinnerung, Begriffe, die dem entgegengesetzt seien, was unter ‹voluptas› verstanden worden sei [47].

Es scheint, als ob der Begriff der W. durch epikureische, materialistische und christlich-spiritualistische Sedimentationen (die «Transcendente W. der Schwärmer» [48]) in einem Maße historisch belastet ist, daß Autoren des 20. Jh. es eher vorziehen, diesen Begriff zu vermeiden. Wenn sie ihn dennoch verwenden, dann in spielerischem Umgang mit den Traditionsbeständen. So etwa TH. MANN, der in ‹Lotte in Weimar› den ins morgendlich-erotische Tagträumen vertieften Goethe einen Vers von Schiller («W. ward dem Wurm gegeben») variieren läßt: «Kuß ist Glück, Zeugung W., Gott gab sie dem Wurme» [49].

Anmerkungen. [1] Vgl. Art. ‹Begehren; Begierde›. Hist. Wb. Philos. 1 (1971) 777-780. – [2] PLATON: Phileb. 12 a 7; 20 c 1; Protag. 356 a-357 e; vgl. auch: Art. ‹Lust; Freude›. Hist. Wb. Philos. 5 (1980) 552-564, 552. – [3] ARISTOTELES: Eth. Nic. VII, 12-15; X, 1-5. – [4] EPIKUR: Ratae sent. 29 (DIOG. LAERT.: Vitae X, 132); vgl. hierzu: R. HIRZEL: Unters. zu Ciceros philos. Schriften (1877) 1, 136. – [5] CICERO: De fin. I. II; vgl. Cato maior de senectute 12, 13; De off. I, 29f., 102ff. – [6] PLATON: Tim. 69 d. – [7] De sen. 13, 44; vgl. De off. I, 30, 106. – [8] SENECA: De vita beata 13. – [9] Vgl. AUGUSTINUS: De civ. Dei 14, 9, 16. – [10] Vgl. Art. ‹Konkupiszenz›. Hist. Wb. Philos. 4 (1976) 968-970; M. REININGER: Art. ‹W.›, in: Lex. des MA 9 (1998) 323f. – [11] L. VALLA: De voluptate (1431); umgearb. später ersch. u.d.T.: De vero falsoque bono (Löwen 1493); vgl. K. FLASCH: Das philos. Denken im MA ([2]2000) 591. – [12] Vgl. E. GARIN: Ricerche sull'Epicureismo del Quattrocento, in: La cultura filos. del Rinascimento (Florenz 1979) 72-92; M. DE PANIZZA LORCH: The Epicurean in Lorenzo Valla's 'On pleasure', in: M. J. OSLER (Hg.): Atoms, pneuma, and tranquillity. Epicurean and stoic themes in the european thought (Cambridge 1991) 89-114. – [13] Zit. nach: DE PANIZZA LORCH, a.O. 92. – [14] M. DE MONTAIGNE: Essais I, 20 (1580/87). Oeuvr., hg. A. THIBAUDET/M. RAT (Paris 1962) 80f. – [15] Vgl. B. PLATYNA: Von der Eerlichen zimlichen, auch erlaubten Wolust des leibs, Sich inn essen, trincken, kürtzweil ... mit dancksagung zu gebrauchen mügen ... (Augsburg 1542, ND 1980); F. NOBILI: De vera et falsa voluptate libri duo (1604); N. JOSSIUS: De voluptate et dolore (Frankfurt 1603); vgl. auch eine akad. Festrede an der Georgia Augusta zu Göttingen im 18. Jh. von CH. KORTHOLD: De voluptate, quam angeli divini ex nativitate Iesu Christi ceperunt (1746). – [16] Vgl. die Übers. zu 2. Petr. 2, 13. – [17] CH. THOMASIUS: Von der Kunst Vernünfftig und Tugendhafft zu lieben. ... Einl. zur Sitten=Lehre (1692, ND 1968) 1, 189f. – [18] a.O. 2, 166. – [19] 1, 169f. – [20] Vgl. PLATON: Phaedo 68 c-69 c. – [21] THOMASIUS, a.O. [17] 183-219; vgl. H.-J. SCHINGS: Melancholie und Aufklärung (1977) 41-47; vgl. Art. ‹Wollust›, in: J. H. ZEDLER: Großes vollst. Univ.-Lex. aller Wiss.en und Künste (1732-54, ND 1998) 58, 1422-1440, bes. 1415-1426. – [22] Vgl. J. KIERMEIER-DEBRE/F. F. VOGEL (Hg.): Die Entdeckung der W. – Erotische Dichtung des Barock (1995). – [23] Vgl. R. MEYER-KALKUS: W. und Grausamkeit. Affekttheorie und Affektdarstellung in Lohensteins Dramatik am Beispiel von 'Agrippina' (1986). – [24] Vgl. F. LA MOTHE LE VAYER/CH. MARGOTELLE DE ST. EVREMONT u.a. in: A. ADAM (Hg.): Les Libertins au 17ème s. (Paris 1964) 229f. – [25] J. O. DE LA METTRIE: L'école de la volupté (1746); vgl. hierzu: U. P. JAUCH: Jenseits der Maschine. Philos., Ironie und Ästhetik bei J. O. de La Mettrie (1998) 400-431; C. MORILHAT: La Mettrie. Un matérialisme radical (Paris 1997) 103-112. – [26] D. DIDEROT: Art. ‹Epicuréisme›, in: J. LE R. D'ALEMBERT/D. DIDEROT: Encycl. des sciences, des arts et des métiers (Paris 1751-74) 5, 779ff. – [27] a.O. 783; vgl. Art. ‹Volupté›, a.O. 17, 457ff. – [28] Vgl. hierzu: W. SCHRÖDER: Moralischer Nihilismus (2002) 129ff.; Art. ‹Wildheit; Grausamkeit; Rohheit›; R. BARTHES: Sade, Fourier, Loyola (Paris 1971) 173. – [29] A. VON HALLER: Vorrede zur Prüfung der Secte die an allem zweifelt (1751), in: Samml. kleiner Hallerischer Schr. 1 (Bern [2]1772) 3-46, bes. 13. 16. 20; vgl. im selben hofkritischen Sinne eine Bemerkung im Art. ‹W.›, in: ZEDLER, a.O. [21] 1429. – [30] G. E. LESSING: Das Neueste aus dem Reiche des Witzes. Monat October 1751. Sämtl. Werke, hg. K. LACHMANN/F. MUNCKER (1889) 4, 451: eine Bemerkung, an die J. W. GOETHE: Faust I, 3249f. anschließen wird; vgl. hierzu: A. SCHÖNE: J. W. Goethes Faust. Kommentare (1994) 316. – [31] I. KANT: KpV A 208. – [32] CH.-L. DE MONTESQUIEU: L'esprit des lois XV, 12 (1748), hg. L. VERSINI (Paris 1973) 270. – [33] I. KANT: KU B 125. – [34] Vgl. dazu ironisch: G. CH. LICHTENBERG: Sudelbücher, Heft B 322 [1768-71]. Schr. und Br., hg. W. PROMIES (1968) 1, 131; vgl. Sudelbücher B 41, a.O. 58. – [35] J. VON EICHENDORFF: Gesch. der poet. Lit. in Deutschland (1857). Werke, hg. W. FRÜHWALD u.a. (1990) 812. – [36] NOVALIS: Das Allg. Brouillon, Nr. 797 [1798/99]. Schr., hg. P. KLUCKHOHN/R. SAMUEL 3 ([3]1983) 425. – [37] Die Christenheit oder Europa [1799], a.O. 520; vgl. Fragmente und Studien 1799-1800, Nr. 90, a.O. 568. – [38] J. W. GOETHE: Faust, Frühe Fassung ['Urfaust'], Kerker [1773ff.]. Hamb. Ausg., hg. E. TRUNZ 3 ([11]1989) 419. – [39] Fetwa, in: West-östl. Divan (1819), a.O. 2, 22; vgl. auch den Komm. des Hg.: a.O. 587ff. – [40] G. BÜCHNER: Dantons Tod I, 6 (1835). Sämtl. Werke, hg. W. R. LEHMANN 1 (1967) 30. – [41] H. HEINE: Die romant. Schule 1 (1836). Hist.-krit. Ges.ausg., hg. M. WINDFUHR 8/1 (1979) 125-164, pass. – [42] L. FEUERBACH: Das Wesen des Christentums (1841). Ges. Werke, hg. W. SCHUFFENHAUER (1973) 5, 546. – [43] F. NIETZSCHE: Also sprach Zarathustra (1883-85). Krit. Ges.ausg., hg. G. COLLI/M. MONTINARI (1967ff.) 6/1, 232. – [44] a.O. 233; vgl. Jenseits von Gut und Böse § 229 (1886), a.O. 6/2, 172. – [45] TH. W. ADORNO: Minima moralia § 55 (1951). Ges. Schr., hg. R. TIEDEMANN 4 ([2]1996) 101f. – [46] Vgl. R. BARTHES: Le plaisir du texte (Paris 1973) 10. 33ff. – [47] M. FOUCAULT: Hist. de la sexualité 3: Le souci de soi (Paris 1984) 83f.; vgl. Art. ‹Selbstsorge›. Hist. Wb. Philos. 9 (1995) 528-535. – [48] NOVALIS: Allg. Brouillon, Nr. 958, a.O. [36] 451. – [49] TH. MANN: Lotte in Weimar (1939). Ges. Werke, hg. P. DE MENDELSSOHN 7 (1982) 289.

Literaturhinweise. R. MEYER-KALKUS s. Anm. [23]. – R. DARNTON: Denkende W. (1996). – C. MORILHAT s. Anm. [25]. – U. P. JAUCH s. Anm. [25]. – T. WALTER: Unkeuschheit und Werke der Liebe. Diskurse über Sexualität am Beginn der Neuzeit in Deutschland (1998). R. MEYER-KALKUS

Wort (engl. word; frz. mot)

I. – «Mit Wörtern Wörter zu behandeln» («verbis de verbis agere»), bemerkt AUGUSTINUS, «ist genauso verwickelt wie ein Verflechten und Reiben der Finger mit den Fingern: bis auf den, der es selber tut, kann einer kaum unterscheiden, welche Finger jucken und welche den juckenden helfen wollen» [1]. Tatsächlich findet sich nicht zufällig bei kaum einem Gegenstandsbereich ein solches Maß an terminologischer und begrifflicher Verworrenheit wie gerade hier, wo Sprache sich auf sich selbst bezieht. So gilt es in der gegenwärtigen Linguistik als weithin anerkannte Tatsache, daß «bis auf den heutigen Tag keine allgemein akzeptierte Definition des Wortbegriffs gelungen» ist [2]; was in erster Linie damit zu tun hat, daß es einen solchen einheitlichen *Begriff* ‹W.› angesichts der verschiedenen möglichen Perspektiven auf die Elemente sprachlicher Zeichensysteme gar nicht gibt. Für die Begriffsgeschichte ist daher alles andere als selbstverständlich, was Gegenstand der Geschichte ist, die sie unter diesem Lemma zu behandeln hat.

1. Geht man aus von einem provisorischen, der Alltagssprache entlehnten Verständnis des Terminus ‹W.›, das diesen funktional dadurch charakterisiert, daß er das durch ihn Bezeichnete abgrenzt gegenüber dem nichtsignifikativen Sprachlaut auf der einen und gegenüber der Rede oder dem Satz (s.d.) auf der anderen Seite und daß er als Gattungsname für sämtliche, jeweils mit anderen Termini bezeichnete Wortarten oder Redeteile (Nomen, Verb, Artikel, Präposition usw.) fungieren kann, so ergeben sich erhebliche Schwierigkeiten, dem so charakterisierten W.-Begriff präzis entsprechende griechische und lateinische Termini zuzuordnen. Diese Schwierigkeiten resultieren generell aus dem uneinheitlichen Gebrauch der hierfür in Frage kommenden Termini sowie speziell daraus, daß jene Termini, die zwar in bestimmten Kontexten diesem intensional entsprechend verwendet werden (und insofern das Vorhandensein des *Begriffs* ‹W.› im Griechischen und Lateinischen bezeugen), vielfach gerade in einem terminologisch präzisen Gebrauch anders bestimmt sind. So können sie entweder a) extensional weiter oder b) extensional enger sein als ‹W.› oder aber c) die Abgrenzung zur Rede unbestimmt lassen.

a) Extensional weiter als ‹W.› (und damit die Abgrenzung gegenüber dem Laut vernachlässigend) sind jene Termini wie φωνή, ‹vox› oder λέξις (in stoischem Verständnis), die allgemein den stimmlichen bzw. den artikulierten stimmlichen Laut bezeichnen [3], gleichwohl aber dem Ausdruck ‹W.› entsprechend verwendet werden können, so z.B. wenn DIONYSIUS THRAX die λέξις als «kleinsten Teil einer gefügten Rede» (λέξις ἐστὶ μέρος ἐλάχιστον τοῦ κατὰ σύνταξιν λόγου) definiert [4] oder BOETHIUS ‹vox› im Sinne von 'sprachlicher Ausdruck' als einen Laut mit Bezeichnungsabsicht («sonus cum quadam imaginatione significandi») versteht [5].

b) Extensional enger als ‹W.› dagegen sind jene Termini wie ὄνομα [6] und ‹verbum›, die im terminologischen Sinn nicht das W. im allgemeinen, sondern die Redeteile Nomen und Verb bezeichnen. Denn obwohl seit PLATON der Ausdruck ὄνομα zur Bezeichnung des Nomens bzw. des Subjekts, im Unterschied zum Verb (ῥῆμα) bzw. Prädikat, gebräuchlich ist, kann er auch weiterhin als Gattungsname für jeden sprachlichen Ausdruck verwendet werden, insofern für ihn gilt, daß er Eines (ἓν σημαίνει) [7] oder etwas (τὶ σημαίνει) bezeichnet [8].

Korrespondiert im Griechischen der vorrangig verwendete generische Ausdruck für das W. im allgemeinen (ὄνομα) demjenigen für das Nomen, so im Lateinischen dem für das Verb, wenn etwa VARRO das «verbum» in genereller Bedeutung als kleinstes Element der Rede («orationis vocalis partem, quae sit indivisa et minima») definiert [9] oder AUGUSTINUS das Sprechen als Äußern von «verba» bestimmt («nihil aliud est loqui quam verba promere») [10]. Dieselbe Ambiguität weist auch der lateinische Terminus ‹vocabulum› auf, insofern er nicht nur generisch, sondern auch – so etwa von VARRO – zur Übersetzung des als Redeteil verstandenen Terminus ὄνομα gebraucht wird («Aristoteles duas partes orationis esse dicit, vocabula et verba») [11]. QUINTILIAN, der auf die Zweideutigkeit von ‹verbum› hinweist («Verba nunc generaliter accipi volo, nam duplex eorum intellectus est, alter qui omnia per quae sermo nectitur significat ... alter in quo est una pars orationis»), berichtet, daß man zur Vermeidung dieser Ambiguität verschiedentlich auf die Termini «vox», «locutio» und «dictio» ausgewichen sei («quidam dicere maluerunt voces, locutiones, dictiones») [12].

Aber auch mit den letztgenannten Ausdrücken ist nicht ohne weiteres terminologische Eindeutigkeit hergestellt:

c) Eine klare Abgrenzung des W. gegenüber der Rede oder dem Satz, wie sie heute zumindest bei jenem ‹W.› mitgehört wird, dessen Plural ‹Wörter› und nicht ‹Worte› lautet, ist zunächst weder durch λέξις, λόγος oder φάσις noch durch ‹dictio› oder einen der anderen als antike Gegenstücke zu ‹W.› in Frage kommenden Termini gegeben, da diese stets auch oder sogar vorrangig die Rede im Unterschied zum W. bedeuten können. Gleichwohl sind es genau diese Termini, auf die sich die verschiedenen Versuche der Gewinnung eines einfachen sprachlichen Ausdrucks zur Bezeichnung des W. als eines einfachen sprachlichen Ausdrucks beziehen. War es bei Dionysius Thrax die λέξις, so ist es bei Xenokrates und in der Stoa der von der λέξις abgehobene λόγος [13]. Bei Aristoteles ist es dagegen die vom λόγος (hier im Sinne von 'Satz') unterschiedene φάσις [14].

Während Augustinus' Unterscheidung von «verbum» und «dictio» sowie die terminologische Festlegung des zweiten Ausdrucks als Name für das signifikative oder genauer: das etwas anderes als sich selbst bezeichnende W. («Cum ... verbum procedit non propter se sed propter aliud aliquid significandum, 'dictio' vocatur») auf die stoische Semantik zurückverweist, entwickelt Boethius seinen Terminus «dictio» von der Aristotelischen φάσις her. Als Übersetzung derselben schlägt er «dictio» im Sinne von 'signifikativer Laut' als terminologische Alternative für «vox» vor und hebt diese sowohl von der «locutio», die, als Übersetzung von λέξις, auch den nichtsignifikativen artikulierten Laut kennzeichnet, wie von der «oratio» (λόγος) ab [15]. Indem diese auch von Priscian aufgegriffene terminologische Bestimmung der «dictio» im Sinne eines einfachen sprachlichen Ausdrucks oder Redeteils («pars minima orationis constructae») [16] sich später durchgesetzt hat, ist in der Logik und Grammatik des Mittelalters erstmals ein allgemein und weitgehend einheitlich verwendeter Terminus gegeben, der die oben am provisorischen W.-Begriff unterschiedenen Kriterien erfüllt.

Das Fehlen eines entsprechenden, eindeutig das W. als solches benennenden Ausdrucks in der griechischen Semantik, die das, wofür der so als einfacher signifikativer sprachlicher Ausdruck verstandene Name ‹W.› steht, entweder durch eine nähere Differenzierung des Lautes (φωνὴ σημαντική; «vox significativa») [17] oder vom λόγος her als Redeteil (μέρος λόγου, «pars orationis») kennzeichnet, ist insofern bemerkenswert, als diese zumeist als eine vorrangig auf die Signifikation der einfachen Wörter konzentrierte W.-Semantik gilt – und kann eventuell als Argument zugunsten der neuerdings vertretenen These gewertet werden, daß sowohl für Aristoteles wie für Platon und die Stoa «the primary signifier is the sentence, and individual words are considered only secondarily, in so far as they contribute to the sentence's function» [18].

In den logischen und grammatischen Schriften der lateinischen Tradition des Mittelalters und der frühen Neuzeit werden die einfachen sprachlichen Ausdrücke zumeist durch die Termini ‹vox› und ‹dictio› – sowie speziell im logischen Kontext durch den Terminus ‹terminus› (s.d.) – bezeichnet, die den Bereich all dessen markieren, was als Redeteil («pars orationis») gelten kann. Seitens der Grammatica speculativa [19] wird dagegen die formale bzw. intensionale Differenz zwischen den extensional einander entsprechenden Termini ‹W.› («dictio») und ‹Redeteil› («pars orationis») hervorgehoben. Während die «dictio» präzis durch die ihr qua Einsetzungsakt («impositio») verliehene Signifikation (s.d.) gekennzeichnet ist, wird sie erst durch die zusätzliche Verleihung einer spezifischen Mitbedeutung («consignificatio») bzw. einer grammatikalisch spezifizierten Bezeichnungsweise («modus significandi», s.d.) zu einem Redeteil: «Dictio est vox habens rationem significandi aliquid ... Pars ... orationis idem significat, cum hoc tamen habet modum significandi» («Ein W. ist ein sprachlicher Ausdruck, der etwas bezeichnet ... 'Redeteil' bedeutet dasselbe, impliziert aber zusätzlich eine Bezeichnungsweise») [20].

Neben den Bedeutungsaspekten von ‹W.› und ‹Rede› ist der Terminus ‹Logos› (s.d.) bekanntlich auch durch jene andere, nicht minder fundamentale semantische Alternative von ‹W.› bzw. ‹Rede› und ‹Vernunft› gekennzeichnet. Die Vernunft bildet die Grundlage für die verbreitete Konzeption des Denkens als inneres W. und innere Rede [21] sowie für die Theorie des «verbum mentis» (s.d.), durch welche sich weitere Perspektiven auf den Begriff ‹W.› und auf das Thema des Verhältnisses von Sprache und Denken eröffnen.

2. In der *Neuzeit* bildet die Bestimmung der erkenntnislogischen Funktion der Wörter das zentrale Thema der philosophischen Reflexionen über Sprache [22].

Die einschlägigen W.-Definitionen des 17. und 18. Jh. rekurrieren auf die beiden seit der Antike dem W.-Begriff traditionell zugewiesenen Momente der Artikuliertheit und Bedeutungshaltigkeit, so daß sie auf der Grundlage der damals vorherrschenden intensionalistischen Semantik [23] die Wörter charakterisieren als stimmlich artikulierte Zeichen der Gedanken («l'on peut définir les mots, des sons distincts et articulés, dont les hommes ont fait des signes pour signifier leurs pensées» [24]), der Ideen («Vocabulum est vox articulata, ideam humanae mentis aliquam exprimens» [25]), der Begriffe («Ein W. ist ein Laut, der einen Begriff bezeichnet» [26]), der Vorstellungen («Ein W., d.i. ein hörbarer Ausdruck einer Vorstellung» [27]) oder allgemein einer inneren Tätigkeit («W. ist ein gegliederter oder articulierter Ton zur Bezeichnung irgend einer innern Thätigkeit» [28]). Dabei stellt sich zunehmend die Frage, ob die Wörter die Gedanken, Begriffe usw. lediglich bezeichnen oder ob – und in welchem Maße – sie diese allererst konstituieren. Insbesondere (aber nicht nur) dort, wo letzteres zugestanden wird, erscheint das W. als «Einheit von Laut und Begriff» [29].

Mit Blick auf den Zusammenhang von Sprache und Denken kennzeichnet W. von Humboldt das «einfache W.» als das «wahre Individuum in der Sprache. Denn es enthält vollständig die ganze Verstandeshandlung der Sprache, denn es ist ... selbst die Form, in welcher der Geist das in seine Subjektivitaet verwandelte Object wieder, als solches, aus sich hinausstellt» [30]. Das so als untrennbare Einheit von Laut und Begriff verstandene W. grenzt Humboldt terminologisch scharf von ‹Zeichen› (s.d.) und ‹Symbol› (s.d.) ab [31]. In Abkehr vom emphatischen W.-Begriff der romantischen Sprachphilosophie wird das W. in der historisch-vergleichenden Sprachwissenschaft des 19. Jh. im wesentlichen als Lautphänomen thematisiert, was wiederum eine sprachphilosophisch und sprachpsychologisch orientierte Kritik hervorruft, von der gerade jene Aspekte des W. ins Zentrum gerückt werden, die es als Gedanken oder intentionalen Akt beschreibbar machen. So betont etwa A. E. Chaignet in Absetzung von jener üblichen «répresentation ... très-grossière et très-fausse», die das W. («mot») als «ce squelette décharné, sans mouvement et sans vie, que nous en présente l'écriture» konzipiert: «Le mot ... est une pensée, qui ne se conçoit que comme la pensée d'un esprit pensant, c'est-à-dire vivant». Als ein «être mixte, sensible et intelligent, le mot est vivant» [32]. Für F. M. MÜLLER gilt: «A word is not a mere sound to be written down or to be repeated by parrots, but a spoken and living sound; it is originally an act which ... ceases to be what it is as soon as its intention is wanting» [33].

Auch F. DE SAUSSURE stößt sich ab von der historisch-vergleichenden Sprachforschung. Wegen des Ungenügens des üblichen Gebrauchs des W.- und Zeichen-Begriffs für eine semiologische Betrachtung der Sprache führt er, den Terminus «mot» als Ausdruck für die Lautseite («signifiant») jedoch beibehaltend, seinen Begriff des linguistischen Zeichens («signe») ein: «Nous appelons signe la combinaison du concept et de l'image acoustique: mais dans l'usage courant ce terme désigne généralement l'image acoustique seule, par exemple un mot (arbor, etc.)» («Ich nenne die Verbindung der Vorstellung mit dem Lautbild das Zeichen; dem üblichen Gebrauch nach aber bezeichnet dieser Terminus im allgemeinen das Lautbild allein, z.B. ein W. ...») [34]. Das so als Einheit von «signifiant/signifié» (s.d.) bestimmte «signe» entspricht im Grunde jedoch nur jener Konzeption des W. als Einheit von Laut und Begriff, welche zuvor gegen den (von de Saussure beibehaltenen) Gebrauch des Terminus ‹W.› im Sinne eines bloßen Lautes ins Feld geführt worden war: «Was wir Denken zu nennen gewohnt sind, ist nur der Revers einer Münze, deren Vorderseite artikulierter Laut heißt, während die kursierende Münze weder Denken noch Laut, sondern eine unteilbare Einheit, nämlich das W. ist» [35].

Nicht nur die Konzeption des W. als (bloßer) artikulierter Laut, auch dessen Abgrenzung gegenüber der Rede und die damit verbundene Auffassung vom W. als der primären sprachlichen Bedeutungseinheit werden im 19. Jh. verschiedentlich problematisiert. Der Angriff auf die strikte Opposition von Rede oder Satz und W. erfolgt, verbunden mit der These, daß in semantischer Rücksicht der Satz und nicht das W. historische Priorität besitzt, zunächst aus sprachgenetischer Perspektive. So bemerkt schon J. BURNET (Lord Monboddo): «if by words are meant what are commonly called parts of speech, no words at all were first invented; but the first articulated sounds ... denoted whole sentences» [36]. F. G. BERGMANN leitet, ähnlich wie J. N. MADVIG [37], daraus die These ab: «Die Sprache beginnt also nicht mit dem W., sondern mit dem Satz. Ein W. für sich allein sagt nämlich gar nichts» («Lingua igitur non a vocabulo sed a propositione incipit. Vocabulum enim per se solum nil dicit»); und wenn auch der Mensch zunächst einen einzelnen Laut von sich gab, dann nicht als W. sondern als Satz («hanc non tanquam vocabulum, sed tanquam propositionem eloquitur») [38], so daß, wie es bei F. M. MÜLLER heißt: «Every word [is] originally a sentence» [39].

Bei B. H. SMART wird die Opposition in umgekehrter Richtung unterlaufen, indem er nicht das W. als Satz, sondern Sätze – sowie jede beliebig komplexe Bedeutungsganzheit – als ein singuläres W. auffaßt. Es ist «kein Teil [einer Mitteilung] so zu betrachten, als hätte er seine eigene Bedeutung; vielmehr ist jedes W. für einen Satz das, was jede Silbe für jedes W. ist; jeder Abschnitt ist für sein Kapitel das, was jeder Satz für seinen Abschnitt ist, etc.» [40]. Für derartige Bedeutungsganzheiten verwendet er unter Hinweis auf die traditionelle Bezeichnung der Hl. Schrift als «Wort Gottes», den durch Majuskeln graphisch ausgezeichneten Namen «WORT». Ein solches «ist selbst dann, wenn es sich über eine Rede, eine Abhandlung ... etc. erstreckt, hinsichtlich der Bedeutung, die durch es als ganzes übermittelt wird, so völlig unteilbar wie ein W., das nur aus einer einzigen Silbe besteht» [41].

Daß nicht nur historisch, sondern prinzipiell eher der Satz als das W. die primäre semantische Einheit darstellt, findet sich insbesondere in G. FREGES Kontextprinzip («Nur im Zusammenhange eines Satzes bedeuten die Wörter etwas» [42]), aber auch bereits vorher ausgesprochen. Was insofern nicht verwunderlich ist, als ein solche Auffassung überall dort nahe liegt, wo die Funktion oder Natur der Sprache in dem allein über die Formulierung von Aussagen möglichen Ausdrücken von Gedanken und nicht im bloßen Benennen gesehen wird: «Weil die Sprache dazu verwendet wird, Gedanken zu offenbaren, besteht ihre ganze Natur nicht in einzelnen für sich betrachteten Wörtern, sondern allein im Satz» («Cum linguae usus in eo sit, ut mentem patefaciat, ejus natura tota non in vocabulis singulatim consideratis, sed in propositione solummodo continetur») [43]. Entsprechend meint J. H. JACKSON, der Begründer der englischen Neurologie: «To speak is not simply to utter words, it is to propositionise. ... Single words are meaningless, and so is any unrelated succession of words. The unit of speech is a proposition» [44].

3. Daß dem oben provisorisch vorausgesetzten, auf den ersten Blick als unproblematisch erscheinenden alltagssprachlichen W.-Begriff ein erhebliches Maß an Vagheit und Unklarheit zukommt, wird bereits deutlich, wenn man diesen mit so einfachen Operationen wie dem Zählen von Wörtern konfrontiert: Dem Zählen der Wörter des Wortschatzes einer bestimmten Sprache und dem der Wörter auf einer bestimmten Buchseite liegen offenbar verschiedene W.-Begriffe zugrunde [45]. Aber auch schon das Zählen von W.-token steht vor grundsätzlichen Schwierigkeiten: Handelt es sich z.B. bei ‹gehen› und ‹ging›, bei ‹ist gegangen› sowie bei ‹table› (‹Tisch›) und ‹table› (‹Tafel›) jeweils um ein W. oder zwei Wörter? Wird das, was im Deutschen durch ‹Triumphbogen› bezeichnet wird, im Französischen durch drei Wörter (‹arc de triomphe›) bezeichnet?

Ohne auf den Terminus ‹W.› ganz verzichten zu können, wird dessen sich hier abzeichnende Mehrdeutigkeit in der neueren *Linguistik* dadurch zu vermeiden versucht, daß zum einen unterschieden wird zwischen dem W. als type und token und zum anderen differenziert wird zwischen 1) dem «syntaktischen W.» als der spezifischen grammatischen Ausprägung (Flexionsform) eines lexikalischen W., 2) der «Wortform» als der signifiant-Seite eines syntaktischen W. und 3) dem «Lexem» (auch «Paradigma» oder «lexikalisches W.») als der Menge verschiedener syntaktischer Wörter bzw. der Grundwortform in Unterscheidung von ihren Varianten in einem Flexionsparadigma (z.B. geh-en, geh-e, geh-st) [46]. Terminologische Einheitlichkeit ist allerdings auch bei diesen Differenzierungen nicht gegeben [47]. S. M. LAMB unterscheidet zwischen «morphological word», «lexical word» bzw. «lexeme» und «semantic word» bzw. «sememe» [48]. Nach dieser Unterscheidung sind ‹table› und ‹tables› zwei unterschiedliche morphologische Wörter, aber nur zwei Formen desselben lexikalischen W., wohingegen das W. ‹table› in den beiden Sätzen 'the book is on the table' und 'the table [Bildtafel] is in the book' zwei verschiedene semantische Wörter sind, die demselben lexikalischen W. entsprechen. A. PENTTILÄ verwendet dagegen für diese Unterscheidung die Termini «observable word» (= «lexeme»), «word» (= «semantic word») und «wordform» (= «morphological word») [49]. In der Absicht, «die Antwort auf die alte Frage, was ein W. sei, zu geben» [50] und gleichzeitig die insbesondere beim Reden über Wörter – verbis de verbis agere – drohende «Wortmetaphysik» zu vermeiden, haben U. SAARNIO und A. PENTTILÄ eine «logische Typentheorie der Wörter» entwickelt [51].

Anmerkungen. [1] AUGUSTINUS: De mag. V, 14. CCSL 29 (Turnhout 1970) 171f. – [2] W. WELTE: Moderne Linguistik: Terminologie 2 (1974) 731. – [3] Vgl. Art. ‹Stimme 2.›. Hist. Wb. Philos. 10 (1998) 161-164; vgl. Art. ‹Stoa; Stoizismus 1.›, a.O. 177-180. – [4] DIONYSIUS THRAX: Ars gramm., hg. G. UHLIG. Grammatici graeci I/1 (1883) 22; vgl. Z. TELEGDI: Zur Herausbildung des Begriffs 'Sprachliches Zeichen' und zur stoischen Sprachlehre. Acta Linguistica Academiae Hungaricae 26 (1976) 267-305, hier: 275. – [5] BOETHIUS: Comm. in Peri hermeneias, sec. ed., hg. C. MEISER (1880) 4. – [6] Vgl. Art. ‹Name I.›. Hist. Wb. Philos. 6 (1984) 364-377. – [7] ARISTOTELES: De int. 3, 16 b 19; Soph. el. 1, 165 a 13f.; Met. IV, 4, 1006 a 29-1007 b 18. – [8] GALEN: De captionibus, in: Galen on language and ambiguity, hg. übers. R. B. EDLOW (Leiden 1977) 98, 6f.; vgl. Art. ‹Name›, a.O. [6] 373f. – [9] T. VARRO: De lingua latina X, 4. – [10] AUGUSTINUS: De mag. I, 1, a.O. [1] 157. – [11] VARRO, a.O. [9] VIII, 4. – [12] QUINTILIAN: Instit. orat. I, 5, 2. – [13] Vgl. Art. ‹Stimme 2.›, a.O. [3] 163. – [14] ARISTOTELES: De int. 4, 16 b 27; 5, 17 a 17; an anderen Stellen verwendet Aristoteles diesen Terminus jedoch auch im Sinne von 'Aussage', vgl. Met. IV, 6, 1011 b 13; XI, 5, 1062 a 7. – [15] BOETHIUS, a.O. [5] 5. – [16] PRISCIAN: Instit. gramm. II, 14. Grammatici lat., hg. H. KEIL 2 (1855, ND 1981) 53. – [17] Vgl. T. BORSCHE: Macht und Ohnmacht der Wörter, in: B. MOJSISCH (Hg.): Sprachphilos. in Antike und MA (Amsterdam 1986) 121-161, hier: 130. – [18] D. SEDLEY: Aristotle's De int. and ancient semantic, in: G. MANETTI (Hg.): Knowledge through signs (Amsterdam 1996) 87-108, hier: 87f. – [19] Vgl. Art. ‹Grammatik I. 2.›. Hist. Wb. Philos. 3 (1974) 847-849. – [20] MARTINUS DE DACIA: Modi significandi, hg. H. ROOS. Corpus philos. Danic. medii aevi 2 (Kopenhagen 1961) 8f. – [21] Vgl. Art. ‹Wort, inneres; Rede, innere›. – [22] Vgl. Art. ‹Sprache III.›. Hist. Wb. Philos. 9 (1995) 1468ff. – [23] Vgl. Art. ‹Signifikation C.›, a.O. 785-788. – [24] A. ARNAULD/C. LANCELOT: Grammaire gén. et rais. ou La grammaire de Port-Royal (1660), hg. H. E. BREKLE (1966) 27. – [25] I. G. CANZ: Philos. fundamentalis § 2966 (1742) 457; vgl. J. LOCKE: An essay conc. human underst. III, 2, § 1 (1690). The works 2 (London 1823, ND 1963) 161. – [26] W. VON HUMBOLDT: Grundzüge des allg. Sprachtypus (1824-26). Akad.-A. 5, hg. A. LEITZMANN (1906) 410. – [27] J. CH. ADELUNG: Umständliches Lehrgebäude der Deutschen Sprache (Leipzig 1782, ND 1971) 123. – [28] W. T. KRUG: Art. ‹W.›, in: Allg. Handwb. der philos. Wiss.en 4 (^{2}1834) 545. – [29] K. F. BECKER: Organism der Sprache (^{2}1841) 24; vgl. die Kritik von H. STEINTHAL: Grammatik, Logik und Psychol. (1855) 59. – [30] VON HUMBOLDT, a.O. [26]. – [31] a.O. 427-429. – [32] A. E. CHAIGNET: La philos. de la sci. du langage (Paris 1875) 48. – [33] F. M. MÜLLER: The science of thought (London 1887) 30. – [34] F. DE SAUSSURE: Cours de lingu. gén. I, § 1 (1916), hg. R. ENGLER (1968) 149f. – [35] F. M. MÜLLER: Das Denken im Licht der Sprache (1888) 501; vgl. a.O. [33] 549. – [36] J. BURNET: Of the origin and progress of language 1 (Edinburgh ^{2}1784) 575. – [37] J. N. MADVIG: Første Stykke af en Afhandling om Sprogets Væsen, Udvikling og Liv (1842); dtsch.: Ueber Wesen, Entwickelung und Leben der Sprache (1875), in: Sprachtheoret. Abh., hg. K. F. JOHANSEN (Kopenhagen 1971) 81-116, hier: 85. – [38] F. G. BERGMANN: De linguarum origine atque natura diss. philos. (Straßburg 1839) 26; vgl. MÜLLER, a.O. [33] 245. – [39] MÜLLER, a.O. 249. – [40] B. H. SMART: Outlines of sematology (1831); dtsch.: Grundzüge der Sematologie, in: Grundlagen der Zeichentheorie: Grammatik, Logik, Rhetorik, hg. A. ESCHBACH (1978) 37-109, hier: 53. – [41] a.O. 108. – [42] G. FREGE: Grundlagen der Arithmetik § 62 (1884) 73; vgl. X. 71. – [43] BERGMANN, a.O. [38] 8. – [44] J. H. JACKSON: On affections of speech from disease of the brain (1878). Sel. writings, hg. J. TAYLOR 2 (London 1958) 159f.; vgl. A. PENNISI: Pathologies et philosophies du langage. Hist. Epistemol. Langage 14 (1992) 175-201. – [45] Vgl. Art. ‹Type and token›. Hist. Wb. Philos. 10 (1998) 1580-1582. – [46] Vgl. A. LINKE/M. NUSSBAUM/P. R. PORTMANN: Studienbuch Linguistik (^{3}1996) 56f.; vgl. W. ABRAHAM: Terminologie zur neueren Linguistik (^{2}1988) 997. – [47] Vgl. J. LYONS: Introd. to theoret. linguistics (Cambridge 1968) 199ff. – [48] S. M. LAMB: Lexicology and semantics, in: A. A. HILL (Hg.): Linguistics today (New York 1969) 40-50, hier: 40f.; vgl. Art. ‹Sem; Semem›. Hist. Wb. Philos. 9 (1995) 580f. – [49] A. PENTTILÄ: The word. Linguistics 88 (1972) 32-37. – [50] A. PENTTILÄ/U. SAARNIO: Einige grundlegende Tatsachen zur Worttheorie. Erkenntnis 4 (1934) 28-45. 139-159, hier: 139. – [51] a.O. 153.

S. MEIER-OESER

II. *Theologie.* – 1. Der Begriff des W. ist theologisch dadurch qualifiziert, daß es mit Gott spezifisch in Verbindung gebracht wird: als ‹Wort Gottes›. Altes und Neues Testament beziehen sich grundlegend auf den im Glauben erschlossenen Sachverhalt, daß der ewige Gott ein sich im W. dem Menschen offenbarender, ihn in der Geschichte anredender Gott ist. Weil Gott in seinem W., dem Logos (s.d.), selber lebendig gegenwärtig ist, darum muß es auch verkündigt, d.h. weitergesprochen werden. Schon biblisch gilt: «Der Begriff des Wortes Gottes ist ... so gut wie ausschließlich dadurch charakterisiert, daß es in menschlicher Rede an den Menschen ergeht» [1].

2. Die biblische Rede vom Wort Gottes (hebr. d^{e}ḇar JHWH; griech. λόγος τοῦ θεοῦ; lat. verbum dei) hat in der Theologie Nachdenken über das Verhältnis von Menschenwort und Gotteswort ausgelöst [2]. Zu den geschichtlich einflußreichsten gehören die Überlegungen AUGUSTINS zum Thema. Er entwickelt in ‹De magistro› unter platonischem Einfluß [3] eine spiritualistische Sprachphilosophie, vor allem durch den Begriff ‹inneres W.› (λόγος ἐνδιάθετος, ‹verbum cordis›) [4] bestimmt, der, seit Philon bekannt, in der Patristik vorkommt. Dieses Konzept erklärt die Erkenntnis der Wahrheit, weil es auf den innertrinitarischen Logos («verbum aeternum») zurückzubeziehen ist [5]. Dabei verschiebt sich die Gewichtung: «verbum» ist eigentlich das innere W., das äußere nur «vox» bzw. «corporale signum»: «Das W. gilt auch ohne Laut: Der Laut ist ohne W. gehaltlos» («verbum valet plurimum et sine voce: vox inanis est sine verbo») [6]; so hat das Hören nur mit dem Laut zu tun. Das äußerliche Erklingen ist vergängliches Zeichen der inneren Wahrheit: «Das W., das äußerlich erklingt, ist Zeichen des W., das innerlich deutlich ist, dem die Bezeichnung W. mehr zukommt» («verbum quod foris sonat signum est verbi quod intus lucet cui magis verbi competit nomen») [7]. In der Alternative einer Perzeption «durch Wahrnehmung des Körpers oder durch den Geist» («sensu corporis aut mente») ist der Geist («mens») vorrangig, weil Christus, als die Wahrheit («veritas») selber, «innerlich lehrt» («intus docet») und der Hörer «innerlich Schüler der Wahrheit, äußerlich Richter ... von ihrer Rede ist» («intus est discipulus veritatis, foris iudex ... ipsius locutionis») [8]. Weil das W. als Zeichen («signum») auf ein vorausgehendes Wissen der Sache angewiesen ist, hat das intelligible 'Sehen' Vorrang [9]: «Wenn er mit jenem verborgenen und einfachen Auge sieht, versteht er, was ich sage, durch seine Betrachtung, nicht durch meine W.e» («Si et ipse illo secreto ac simplici oculo videt, novit quod dico sua contemplatione, non verbis meis») [10]. Das modifiziert den Begriff des Glaubens entscheidend: «Jedoch den Glauben selbst schauen wir in uns, wann er in uns ist» («ipsam tamen fidem quando inest in nobis videmus in nobis») [11]. Während später H. ZWINGLI sich diesem Spiritualismus anschließt, weicht M. LUTHER genau im Verständnis von Röm. 10, 17 von Augustinus ab, der den Glauben unsprachlich faßt [12]: «Der Glaube, ...

obschon er aus dem Hören in uns hervorgebracht ist, gehört dennoch nicht zu diesem körperlichen Sinn, der Hören genannt wird, ... da ja dies eine Sache des Herzens ist, nicht des Körpers» («fides ... quamvis ex auditu in nobis facta sit, non tamen ad eum sensum corporis pertinet qui appellatur auditus ... quoniam cordis est res ista non corporis») [13].

Die Lehre vom Verbum mentis (s.d.) wird bei THOMAS VON AQUIN enger mit äußeren W.en verbunden: Das «lautliche W.» («verbum vocis») dient der Bezeichnung des inneren W.: «Laute werden mittels des Begriffs des Verstandes auf die zu bezeichnenden Dinge bezogen» («Voces referuntur ad res significandas mediante conceptione intellectus») [14]; auch betont Thomas die Verbalität der Offenbarung [15]. Steht schon bei Augustin, Thomas, Meister Eckhart die W.-Spekulation in engstem Zusammenhang mit der Lehre von der Zeugung des ewigen W. in Gott [16], so hat insbesondere BONAVENTURA eine Analogisierung jenes innertrinitarischen Hervorgangs mit der Rede vorgenommen: Wie das W. in Gott dessen Selbstausdruck und ebenbildlicher Spiegel seiner Selbsterkenntnis [17] ist, so bildet sich auch im sprachlichen W. das Zusammenspiel von «cognitio», «conceptio» und «expressio» ab: «Das W. aber ist nichts anderes als die ausgedrückte oder ausdrückende Ähnlichkeit, erfaßt durch die Kraft eines vernünftigen Geistes. Dieser sieht einem solchen W. gemäß sich oder anderes» («Verbum autem non est aliud quam similitudo expressa et expressiva, concepta vi spiritus intelligentis, secundum quod se vel alia intuetur») [18].

3. In M. LUTHERS bibeltheologischem Denken gewinnt das sprachliche W. als Wort Gottes eine neue und einzigartige Bedeutung. Der christliche Gottesglaube wird exklusiv am «deus verbosus» («wortreichen Gott») [19] ausgerichtet: «Niemals nämlich hat Gott gehandelt oder handelt mit Menschen anders als durch das W. der Verheißung» («Neque enim deus ... aliter cum hominibus unquam egit aut agit quam verbo promissionis») [20]. In solcher W.-Bezogenheit ist die reformatorische Auszeichnung des Glaubens begründet. Die «fides ex auditu» («Glaube aus dem Hören», Röm. 10, 17) hat es wesentlich mit dem «deus loquens» («redenden Gott») zu tun [21]. Der gewißheitschaffende Heilssinn des Evangeliums «pro me» («für mich») gründet darin, daß der allgegenwärtige Gott im anredenden W. «dir da» sein will [22]. Die worttheologische Grunderfahrung ist die der gnädigen Kondeszendenz (s.d.) Gottes selbst ins W.: «das er sich heruntersencket ... und uns in unserer menschlichen sprache» anbietet, unser Gott zu sein [23]. Im Hauch des menschlichen W. ist Gott selbst mit seinem Sein gegenwärtig und die ewige göttliche Macht im vergänglichen Schall einer Stimme wirksam [24]. Der uneinholbare Vorrang des «äußerlichen, leiblichen W.» wird ebenso theologisch wie sprachlich begriffen, der «natur des worts» gemäß und bis in das Verhältnis von Stimme und Atem konkretisiert [25]. Luther gelangt, in Abwehr eines schwärmerischen Dualismus von Innerem (sog. 'inneres W.' [26]) und Äußerem, zu einem sprachbezogenen Verständnis von Geist als im Selbstunterschied des W. zu sich kommend und so worthaft verfaßt: «Der Geist nämlich ist das Wort Gottes» («spiritus enim est verbum dei») [27]. Als «reiner Geist» aufgefaßt, verkehrt dieser sich, unter Mißachtung des W., ins Fleischliche [28]. Auch die Sakramente mit ihren sinnlichen Elementen können als durch das göttliche W. konstituiert begriffen werden (Eph. 5, 26); sie sind «verbum visibile», weil das W. selbst schon «sacramentum audibile» ist [29]. Die Einsetzungsworte des Abendmahls (1. Kor. 11, 23-26) versteht Luther als vollmächtiges Schöpfungswort, das Elemente und Christi leibliche Gegenwart in (eschatologischen) Metaphern definitiv zusammenspricht [30]. Überhaupt zielt die Menschwerdung des W. eschatologisch auf die Wortwerdung des Fleisches [31], und Gottes anredendes W. hat als Auferstehungsmacht ewige Bedeutung [32]. Wird der Gottesdienst ganz durch das mit dem Menschen in seiner eigenen Sprache redende W. bestimmt, so ist die Kirche überhaupt als «congregatio sanctorum» («Gemeinschaft der Heiligen») nichts anderes als «creatura verbi» («Geschöpf des W.») [33]. Indem ‹Wort Gottes› kein uneigentlicher Ausdruck, sondern sprachlich von dem im Menschenwort sich vernehmbar machenden Gott zu verstehen ist, ist das geschriebene oder gehörte biblische W. Ort unmittelbarer Gottesbegegnung. Daher ist für Luther grundsätzlich nur ein wörtliches Verständnis der Schrift theologisch legitim [34]. Im W. der Heiligen Schrift kann Gottes eigenes W. erfahren werden. Zugleich bildet die Rede der Schrift die Struktur göttlichen Handelns ab [35], und das Wort Gottes begegnet konzentriert im Widerspruch zwischen Gesetz und Evangelium, ist also im Grund überall christozentrisches W. und zielt auf die Rechtfertigung [36]. Bringt Luther das (immer auch) menschliche W. in engste Nähe zu Gottes eigenem Sein [37], so muß er die Sprache selber im göttlichen Leben begründen. Dem dient ein Verständnis der immanenten Trinität als selber sprachlich verfaßt, d.h. als innergöttliches Gespräch [38].

4. In den Bahnen lutherischer W.-Theologie [39] denkt im 18. Jh. J. G. HAMANN seine Erfahrung Gottes im Menschenwort der Bibel in höchst origineller Weise weiter. Er begreift Gottes Gegenwart in der Sprache ganz von der Kondeszendenz her: «Gott ein Schriftsteller!» [40], vergleichbar mit Schöpfung und Inkarnation. Daher wird ihm die Bibel zum 'Wörterbuch' und zur 'Sprachkunst' schlechthin, wie umgekehrt jedes Buch zur Bibel [41]. Denn «Reden ist Übersetzen – aus einer Engelsprache in eine Menschensprache» [42]. Damit verbindet sich eine eschatologische Auffassung von Schöpfung als sprachlich-literarischem Handeln: «Der Poet am Anfange der Tage ist derselbe mit dem Dieb am Ende der Tage», ebenso wie von ihr als Anrede [43]. Hamann wird von der Sprache her zum Kritiker der Aufklärung; insbesondere in einer Metakritik Kants, gegen dessen sprachfreien Purismus bzw. unsprachliche Scheidung von Apriori und Aposteriori [44] er die christologisch gedachte Zweinaturenlehre (s.d.) des W. bzw. das «Sakrament der Sprache» [45] ausspielt. Vom Bibelwort aus wird er zum wirkungsreichen Sprachdenker: «Vernunft ist Sprache Λογος», und folgt darin eigenwillig Luther: «die Gebärmutter der Sprache, welche die DEIPARA unserer Vernunft ist» [46]. Dieses Sprachdenken wird durch Hamanns Schüler J. G. HERDER wirksam, auf dessen Preisschrift ‹Über den Ursprung der Sprache› (1772) HAMANN antwortet: «Jede Erscheinung der Natur war ein W., – das Zeichen, Sinnbild und Unterpfand einer neuen, geheimen, unaussprechlichen, aber desto innigern Vereinigung, Mittheilung und Gemeinschaft göttlicher Energien und Ideen. Alles, was der Mensch am Anfang hörte, mit Augen sah, beschaute und seine Hände betasteten, war ein lebendiges W.; denn Gott war das Wort. Mit diesem Worte im Mund und im Herzen war der Ursprung der Sprache so natürlich, so nahe und leicht, wie ein Kinderspiel» [47].

5. Während bei G. W. F. HEGEL die Sprache philosophische Beachtung findet und das «W. der Versöhnung»

als der höchste Fall sprachlicher Anerkennung im absoluten Geist gelten kann [48], tritt in der für das 19. Jh. klassischen Bewußtseinstheologie F. D. E. SCHLEIERMACHERS die Rolle des W. und des Wortes Gottes deutlich zurück [49]. Dafür findet die Sprache in Gestalt der Hermeneutik (s.d.) von Texten methodisch reflektierte Aufmerksamkeit, was über W. DILTHEY, M. HEIDEGGER und H.-G. GADAMER für die moderne Theologie von Bedeutung wird.

Mit scharfer Abkehr von aller Theologie Schleiermacherscher Prägung verbindet sich in der Dialektischen Theologie [50] nach dem Ersten Weltkrieg eine entschiedene Thematisierung des Wortes Gottes als der eigentlichen Sache der Theologie; dies geschieht bei E. BRUNNER unter Rückgriff auf Hamann [51]. Als der eigentliche Erneuerer reformatorischer W.-Theologie gilt K. BARTH; freilich betont er von Anfang an als antilutherischen Vorbehalt eine «letzte Distanz» gegenüber der Einheit von Gottes- und Menschenwort [52]. Seine ‹Kirchliche Dogmatik› setzt programmatisch mit der «Lehre vom Wort Gottes» ein [53] und versteht sich als wissenschaftliche Selbstprüfung der Rede von Gott in der christlichen Kirche, geht also von der W.-Verkündigung aus [54]. Ohne Anknüpfungspunkt für seine Offenbarungstheologie (s.d.) entwirft Barth aber W.-Theologie unter programmatischer Absehung von der menschlichen Sprache. In durchzuhaltender Distanz zum Menschenwort zielt sie auf Gottes «Selbstwort» als ein sich selbst begründendes Ineffabile [55]. Nur wenn die Selbstoffenbarung (s.d.) Gottes als unaufhebbar in sich geschlossene Handlung gegen alle Vermittlung zur Geltung gebracht wird, läßt sich die Freiheit Gottes darin [56] theologisch wahren, in der er auch «Herr der Wörtlichkeit seines W.» bleibt [57]. Im unaufhebbaren Gegenüber zu Gottes eigenem W. [58], das sie nur «repräsentieren» kann – wie ein Herold einen Abwesenden –, ist die Heilige Schrift nicht selber Offenbarung, sondern nur «Hinweis» und «Erinnerung» daran, bezeugt sie bloß, ebenso wie die Verkündigung ihr lediglich «dienen», auf sie allenfalls «hinweisen» bzw. erst «Verheißung» des eigenen, bevorstehenden Wortes Gottes sein kann [59]. Gottes Herrschaft bringt sich so im uneinholbaren qualitativen Unterschied zum Menschen [60] zur Geltung. Diese autoritäre und diastatische W.-Theologie findet früh die wenig beachtete Kritik von TH. SIEGFRIED [61].

6. Gleichzeitig wird von jüdischen Denkern das W. in religionsphilosophischer Bedeutung betont, so im Zusammenhang einer Ich-Du-Philosophie bei M. BUBER und F. ROSENZWEIG [62]. Bubers Personalismus (s.d.) der beiden Grundworte «Ich-Du» und «Ich-Es» gewinnt, zusammen mit den unter Rückgriff auf Hamann entworfenen pneumatologischen Fragmenten F. EBNERS [63], Bedeutung für die Theologie F. GOGARTENS, der sich, von der «Wortlichkeit» menschlichen Daseins ausgehend, Luthers Theologie aneignen kann [64]. Vor Buber hatte in den Bahnen von Hamann und Humboldt W. BENJAMIN (mit Bezug auf Gen. 1f.) eine Metaphysik der Sprache skizziert; er gewinnt nach dem Zweiten Weltkrieg an Einfluß [65].

Im Anschluß an die «existentiale Interpretation» des Neuen Testaments bei R. BULTMANN [66] kommt es nach 1945 zu einer hermeneutischen Wende der Theologie, die sich als Hermeneutik der biblischen Sprache begreift (G. EBELING, E. FUCHS) [67], indem sie von der Sprachlichkeit des Menschen aus Gottes «zur Sprache Kommen» bedenkt: «Das Zusammensein Gottes und des Menschen ist ein sprachliches Zusammensein, ein Zusammensein im W.» [68]. Dabei ist man besonders auf «Gott als W. unserer Sprache» aufmerksam [69].

7. Die neuere theologische Entwicklung hat sich in eine von der analytischen Philosophie (Ordinary Language Philosophy, s.d.) [70] beeinflußte und eine mehr literaturwissenschaftlich orientierte Richtung geteilt. In sprachanalytischer Perspektive wird u.a. der besondere Status des W. ‹Gott› untersucht, z.B. bei J. T. RAMSEY («key-word») und J. HICK [71], oder der performative Charakter religiöser Rede [72]. Die rhetorisch-poetologische Richtung befaßt sich mit der Rolle der Metaphorik in religiöser Sprache [73], wobei die Metapher als Grundvorgang der Sprache aufgefaßt und das Wort Gottes von der «absoluten Metapher» aus gedacht werden soll [74]. Das spezifisch theologische Verständnis biblischer Metaphern als eigentlicher Rede kann sich auf Luther berufen [75].

Anmerkungen. [1] R. BULTMANN: Der Begriff des Wortes Gottes im NT, in: Glauben und Verstehen 1 (1964) 268-293, hier: 280. – [2] R. GÖGLER: Zur Theol. des bibl. Wortes bei Origenes (1963); Z. ALZECHY: Die Theol. des Wortes Gottes bei den mittelalterl. Theologen. Gregorianum 39 (1958) 658-705. – [3] PLATON: Crat. 439 a 5ff. – [4] Vgl. Art. ‹Wort, inneres; Rede, innere›; ferner: PLOTIN: Enn. I, 2 (19), 3; TERTULLIAN: De test. anim. VI, 3. CSEL 20, 142; HIERONYMUS: Ep. 98, 20. CSEL 55, 206. – [5] H.-G. GADAMER: Wahrheit und Methode ([4]1975) 397f.; AUGUSTINUS: De trin. IX, 12, 17f. CCSL 50 (1968) 308-310. – [6] AUGUSTINUS: Serm. 288, 3. MPL 38, 1304; De trin. IX, 7, 12-12, 18; XV, 11, 20. CCSL 50, 303-310; CCSL 50a (1968) 486-489; vgl. ANSELM VON CANTERBURY: Monolog. 10. Op. omn., hg. F. S. SCHMITT (1938-61) I/1, 24f. – [7] Confess. XI, 6, 8f. CCSL 27 (1981) 198f.; De trin. XV, 11, 20. CCSL 50a, 486f. – [8] De mag. 11, 38; 12, 39; 12, 41. CCSL 29 (1970) 195-197. 199; Serm. 187, 3. MPL 38, 1002; In evang. Joh. tract. 1, 8. CCSL 36 (1954) 36, 4f. – [9] U. DUCHROW: Sprachverständnis und bibl. Hören bei Augustin (1965) 122-136. 16. 64-66. 80f. – [10] AUGUSTINUS: De mag. 12, 40. CCSL 29, 197f. – [11] DUCHROW, a.O. [9] 109-118; AUGUSTINUS: De trin. XIII, 1, 3. CCSL 50a, 383; vgl. Ep. 147, 11. CSEL 44 (1904) 284f. – [12] AUGUSTINUS: De trin. XV, 12, 22 («verbum linguae nullius»); 27, 50; 10, 19. CCSL 50a, 493f. 531-533. 485f.; vgl. K. FLASCH: Augustin (1980) 121-126. – [13] De trin. XIII, 2, 5. CCSL 50a, 385-387; vgl. DUCHROW, a.O. [9] 117 A. 66. – [14] THOMAS VON AQUIN: S. theol. I, 13, 1; vgl. S. c. gent. IV, 11, ed. MARIETTI (Turin [3]1890) 434f.; De pot. Dei VIII, 1, resp.; Quaest. disp. I, ed. MARIETTI (Turin [5]1927) 252. – [15] S. theol. I, 34, 1. – [16] Zur Inkarnation als Inverbation vgl. AUGUSTINUS: De trin. XV, 10, 19-11, 21. CCSL 50a, 485-490; Tract. in evang. Joh. 1. CCSL 36 (1954) 1-11; THOMAS VON AQUIN: Sup. Evang. S. Joh. lect., ed. MARIETTI (Turin [6]1972) 7-15; vgl. De verit. IV; De nat. verbi int., in: Opusc. omn., hg. P. MANDONNET 5 (Paris 1927) 368-379, mit S. theol. I, 34; MEISTER ECKHART: Expos. sup. Evang. sec. Joh. I. Die lat. Werke 3, hg. K. CHRIST/J. KOCH (1936) 5-50; Zur philos. Innovation vgl. GADAMER, a.O. [5] 396. 405. – [17] BONAVENTURA: In Hexaem. III, 4. Op. omn. 1-8 (Quaracchi 1882-98) 5, 343; Breviloqu. 1, 3, 8, a.O. 5, 212; De tripl. via III, 7, 11, a.O. 8, 16. – [18] 1 Sent. 27, 2, un. 3, a.O. 1, 487f.; vgl. un. 1, a.O. 482; 32, 1, 1, arg. 5, a.O. 557; In Hexaem. I, 13, a.O. 5, 331. – [19] M. LUTHER: Promotionsdisputation H. Schmedenstede (1542). Werke. Weim. Ausg. [WA] 39/II, 199, 5. – [20] De captivitate Babylonica ecclesiae (1520). WA 6, 516, 30f.; 514, 21f. – [21] In Ep. S. Pauli ad Galatas comm. (1531). WA 40/I, 361, 1f.; a.O. [19]. WA 39/II, 199, 7f. – [22] Daß diese Worte Christi noch fest stehen (1527). WA 23, 149ff. – [23] Eine einfältige Weise zu beten (1535). WA 38, 365, 11f. 16f.; vgl. Vom Abendmahl Christi, Bekenntnis (1528). WA 26, 285, 17f. – [24] Pr. Joh. 1, 1-14 (1524). WA 17/II, 316, 1-6; Pr. 1. Petr. 1 (1523). WA 12, 300, 28-31; Von der Freiheit eines Christenmenschen (1520). WA 7, 22, 12-14. 24, 24f.; Pr. Joh. 1, 1-14 (1522). WA 10/I, 1, 188, 7f.; 192, 3-7; Pr. Lk. 1, 12ff. (1528). WA 27, 76, 28; Wider die himml. Propheten (1525). WA 18, 187, 37-188, 8. – [25] Serm. 1. Stg. n. Ostern (1523). WA 12, 518, 36f.; Wider die himml. Propheten (1525). WA 18, 136, 9-18; Schmalkaldische Artikel (1537). WA 50, 245, 1-34; Serm. Joh. 8, 46-51 (1523). WA 12, 454, 18-20; Pr.

Lk. 1, 26ff. (1521). WA 9, 633, 5-10. – [26] E. Metzke: Sakrament und Metaphysik, in: Coincidentia oppositorum (1961) 158-204. – [27] Luther: Dictata sup. Psalterium (1513-16). WA 4, 10, 11; Pr. Lk. 1, 26ff. (1524). WA 15, 480, 3; De servo arbitrio (1525). WA 18, 695, 28-30; Vom Abendmahl Christi (1528). WA 26, 506, 7-11. – [28] Vom Abendmahl, a.O. 466, 19f. – [29] Der kleine Katechismus (1529). WA 30/I, 381, 7-11; Großer Katechismus (1529). WA 30/I, 213, 28-33; De capt. Babyl., a.O. [20] 530, 25-31. – [30] Vom Abendmahl, a.O. [27] 283, 1-7; 443, 27-32; vgl. J. Ringleben: Luther zur Metapher. Z. Theol. Kirche 94 (1997) 336-369. – [31] Vorles. über den Römerbrief (1515/16). WA 56, 330, 1-3. – [32] Genesis-Vorles. (1535-45). WA 43, 481, 32-35. – [33] Pr. Lk. 14, 1ff. (1544). WA 49, 588, 16-18; Schmalkald. Art., a.O. [25] 249, 24-250, 12; vgl. Resolutiones ... Lipsiae disputatis (1519). WA 2, 430, 6f.; 111, 4-7; Assertio omnium articulorum (1520). WA 7, 130, 29f.; Pr. Matth. 28, 10ff. (1525). WA 17/I, 99, 4-7; Genesis-Vorles. (1535-45). WA 42, 334, 12; Br. an L. Spengler (28. 8. 1530). Briefwechsel. WA 5, 591, 55-57. – [34] Vom Abendmahl, a.O. [27] 445, 21-23. – [35] a.O. 382, 25-383, 3. – [36] Von der Freiheit, a.O. [24] 23, 29-24, 21; Vom Abendmahl, a.O. [27] 263, 22-26; Enarr. Psalmorum LI et CXXX (1538). WA 40/II, 328, 1f. – [37] Pr. 1. Petr. 1 (1523). WA 12, 300, 22f.; Pr. Joh. 1, 1-14 (1522). WA 10/I, 1, 192, 7; Von den letzten Worten Davids (1543). WA 54, 56, 19f. – [38] Das 16. Kap. S. Joh. gepredigt und ausgelegt (1538). WA 46, 59, 31-37; Auslegung des 1. und 2. Kap. Joh. (1537/38), a.O. 547, 6f. 544, 3-5; vgl. Pr. Joh. 1, 1 (1514). WA 1, 20-29; Pr. Joh. 1, 1-14 (1522). WA 10/I, 1, 180-247; A. Beutel: In dem Anfang war das Wort (1991). – [39] J. G. Hamann: Ein fliegender Brief (1786-88). Sämtl. Werke, hg. J. Nadler 1-6 [SW] (Wien 1949-57) 3, 407, 16-18. – [40] Über die Auslegung der Heiligen Schrift (o.J.). SW 1, 5; vgl. Br. an J. G. Lindner (9. 8. 1759). Br.wechsel, hg. W. Ziesemer/A. Henkel 1-7 [BW] (1955-79) 1, 393f. – [41] Tagebuch eines Christen (1758/59). SW 1, 243, 18; Br. an J. G. Lindner (21. 3. 1759). BW 1, 309, 11. – [42] Aesthetica in nuce (1762). SW 2, 199, 4f. – [43] a.O. 206, 20f.; vgl. 2. Kor. 4, 6; Apk. 16, 15; a.O. 198, 29-32; O. Bayer: Schöpfung als Anrede (²1990). – [44] Metakritik über den Purismum der Vernunft (1783/84). SW 3, 281-289; vgl. O. Bayer (B. Glaede/U. Moustakas): Vernunft ist Sprache. Hamanns Metakritik Kants. Ein Kommentar (2002). – [45] Des Ritters von Rosencreuz letzte Willensmeynung über den göttl. und menschl. Ursprung der Sprache (1770 [1772]). SW 3, 27, 11-14; Metakritik, a.O. 287, 17-19; 289, 21f. – [46] Br. an J. G. Herder (6./8. 8. 1784). BW 5, 177, 18; Zwey Scherflein zur neusten Deutschen Litteratur (1780). SW 3, 239, 23f.; Metakritik, a.O. 286, 1f.; vgl. Luther: Resolut., a.O. [33] 430, 9; Scholia in librum Gen. (1519-21). WA 9, 400, 31; Praelect. in prophetas minores (Zephania, 1525). WA 13, 478, 12f. – [47] Des Ritters von Rosencreuz, a.O. [45] 32, 21-28. – [48] G. W. F. Hegel: Phänomenol. des Geistes (1807). Akad.-A. 9 (1980) 361. – [49] F. D. E. Schleiermacher: Der christl. Glaube §§ 133-135 (1821f., ²1830/31), hg. M. Redeker 1-2 (⁷1960) 2, 308-318. – [50] Vgl. Art. ‹Theologie, Dialektische›. Hist. Wb. Philos. 10 (1998) 1099-1101. – [51] E. Brunner: Die Mystik und das Wort (1924). – [52] K. Barth: Das Wort Gottes als Aufgabe der Theol. (1922), in: Das Wort Gottes und die Theol. (1924) 178. – [53] K. Barth: Die kirchl. Dogmatik I/1-2 (1932/38); vgl. Die christl. Dogmatik im Entwurf: Die Lehre vom Worte Gottes §§ 3-8 (1927). – [54] Die kirchl. Dogm. I/1, 1; Die christl. Dogm. § 3. – [55] Kirchl. Dogm. I/1, a.O. 52. 58f. u.ö. – [56] a.O. 41; zum Bild vom Kreis vgl. a.O. 322. 372. – [57] 143. – [58] 61f. – [59] 59f. 73. 112. 52. 114. 94. 101. 114. 52f. 56. 68. – [60] 323. 88. 426. 512. – [61] Th. Siegfried: Das Wort und die Existenz 1-3 (1930-33). – [62] M. Buber: Ich und Du (1923); F. Rosenzweig: Der Stern der Erlösung (1921); vgl. Art. ‹Du›. Hist. Wb. Philos. 2 (1972) 295-297. – [63] F. Ebner: Das Wort und die geistigen Realitäten (1921). – [64] F. Gogarten: Von Glauben und Offenbarung (1923); Der Mensch zwischen Gott und Welt (1952) 234-316; Luthers Theol. (1967). – [65] W. Benjamin: Über Sprache überhaupt und über die Sprache des Menschen (1916). Ges. Schr., hg. R. Tiedemann/H. Schweppenhäuser 2/1 (1991) 140-157; Th. Regehly (Hg.): Namen, Texte, Stimmen. W. Benjamins Sprachphilos. (1993). – [66] Bultmann, a.O. [1] 268-293. – [67] G. Ebeling: Gott und Wort, in: Wort und Glaube 2 (1969) 396-432; E. Fuchs: Hermeneutik (³1963). – [68] Dogmatik des christl. Glaubens 1 (1979) 260. – [69] E. Jüngel: Gott – als Wort unserer Sprache (1969), in: Unterwegs zur Sache (1972) 80-104; R. Bultmann: Welchen Sinn hat es, von Gott zu reden? (1925), in: Glauben und Verstehen 1 (1964) 26-37; Ebeling, a.O. [67] 408-420; K. Rahner: Meditation über das Wort ‹Gott› (1973), in: Grundkurs des Glaubens (1976) 54-61; T. Rendtorff: Gott – ein Wort unserer Sprache? (1972). – [70] J. Track: Sprachkrit. Untersuchungen zum christl. Reden von Gott (1977); I. U. Dalferth: Relig. Rede von Gott (1981). – [71] J. Hick: Religious language (1957); Religious faith as experiencing-as, in: G. N. A. Vesey (Hg.): Talk of God (London 1969) 20-35; vgl. A. Jeffner: The study of religious language (1972); R. Leuze: Gotteslehre (1988) 18-28. – [72] Vgl. Art. ‹Performativ›. Hist. Wb. Philos. 7 (1989) 253-255; Art. ‹Sprechakt›, a.O. 9 (1995) 1536-1541; A. Schulte: Relig. Rede als Sprachhandlung (1992). – [73] P. Ricœur/E. Jüngel: Metapher. Zur Hermeneutik relig. Sprache (1974); M. Buntfuss: Tradition und Innovation. Die Funktion der Metapher in der theolog. Theoriesprache (1997). – [74] H. Blumenberg: Paradigmen zu einer Metaphorologie (1960). – [75] Ringleben, a.O. [30].

Literaturhinweise. – *Zu 2.:* K. Kuypers: Der Zeichen- und Wortbegriff im Denken Augustins (1934). – H. Paissac: Théologie du verbe: S. Augustin et S. Thomas (Paris 1951). – A. Gerken: Theol. des Wortes. Das Verhältnis von Schöpfung und Inkarnation bei Bonaventura (1963). – A. Schindler: Wort und Analogie in Augustins Trinitätslehre (1965). – B. J. F. Lonergan: Verbum. Word and idea in Aquinas (Notre Dame, Ind. 1967). – O. H. Pesch: Theol. des Wortes bei Thomas von Aquin. Z. Theol. Kirche 66 (1969) 437-465. – W. Beierwaltes: Zu Augustins Met. der Sprache. Augustinian Studies 2 (1971) 179-197. – W. D. Johnson: ‹Verbum› in the early Augustine. Rech. Augustin. 8 (1972) 25-53. – W. Schachten: Intellectus Verbi. Die Erkenntnis im Mitvollzug des Wortes nach Bonaventura (1973). – E. Winkler: Wort Gottes und Hermeneutik bei Meister Eckhart, in: U. Kern (Hg.): Freiheit und Gelassenheit (1980) 169-182. – D. Pintaric: Sprache und Trinität (1983). – *Zu 3.:* H. Bornkamm: Äußeres und inneres Wort in der reformator. Theologie. Dtsch. Theol. 3 (1931) 30-45. – P. Meinhold: Luthers Sprachphilos. (1958). – P. Althaus: Das Wort Gottes und der Glaube (1959). – E. Kinder: Was bedeutet 'Wort Gottes' nach dem Verständnis der Reformation? Kerygma Dogma 2 (1966) 14-26. – K. Haendler: Wort und Glaube bei Melanchthon (1968). – M. Schoch: Verbi divini ministerium 1: Verbum. Sprache und Wirklichkeit (1968). – W. Führer: Das Wort Gottes in Luthers Theol. (1984). – B. Hägglund: M. Luther über die Sprache. Neue Z. systemat. Theol. Relig.philos. 26 (1984) 1-12. – *Zu 4.:* F. Blanke: Gottessprache und Menschensprache bei J. G. Hamann (1930), in: Hamann-Studien (1956) 83-97. – M. Seils: Wirklichkeit und Wort bei J. G. Hamann (1961). – G. Baudler: «Im Worte sehen». Das Sprachdenken J. G. Hamanns (1970). – G. Wohlfart: Denken und Sprache (1984) 119-165. – O. Bayer: Vernunft ist Sprache. Kerygma Dogma 32 (1986) 278-292. – E. Büchsel: Bibl. Zeugnis und Sprachgestalt bei J. G. Hamann (1988). – J. Ringleben: Gott als Schriftsteller, in: B. Gajek (Hg.): J. G. Hamann. Autor und Autorschaft (1996) 215-275. – *Zu 5.:* K. Barth: Das Wort Gottes und die Theol. (1924). – J. Simon: Das Problem der Sprache bei Hegel (1957). – Th. Bodammer: Hegels Deutung der Sprache (1969). – A. Denecke: Gottes Wort als Menschenw. K. Barths Predigtpraxis (1989). – Ch. Danz: Im Anfang war das Wort. Zur Interpret. des Joh.-Prologs bei Schelling und Fichte. Fichte-Stud. 8 (1995) 21-39. – U. Körtner: Schriftwerdung des Wortes und Wortwerdung der Schrift. Die Schriftlehre K. Barths. Z. dialekt. Theol. 15 (1999) 107-130. – *Zu 6. und 7.:* F. Mauthner: Art. ‹Gott› und ‹Gotteswort›, in: Wb. der Philos. 1-3 (²1924, ND 1997) 2, 5-19. 19-23. – W. Vollrath: Das Problem des Wortes (1925). – W. Schneemelcher (Hg.): Das Problem der Sprache in Theol. und Kirche (1959). – H. Noack: Sprache und Offenbarung (1960). – G. Söhngen: Analogie und Metapher (1962). – K. Rahner: Hörer des Wortes (1963). – R. Bring: Das göttl. Wort (1964). – G. Ebeling: Einf. in theolog. Sprachlehre (1971). – Th. Goebel: Wort Gottes als Auftrag (1972). – I. U. Dalferth (Hg.): Sprachlogik des Glaubens (1974). – O. Bayer: Poet. Theol., in: U. Körtner (Hg.): Poetolog. Theol. (1999) 21-46. – U. Körtner: Theol. des Wortes Gottes (2001).

J. Ringleben

Wort, inneres; Rede, innere (engl. inner/internal speech; frz. parole intérieure, langage intérieur). An der Begriffsgeschichte von ‹i.W.› und ‹i.R.› zeigt sich die historische Entwicklung der Auffassungen über die sprachliche Verfaßtheit bzw. die Sprachabhängigkeit des menschlichen Denkens.

1. *Antike.* – Die Beschreibung des Denkens in Kategorien der Sprachlichkeit hat eine mindestens bis zu PLATONS Bestimmung der διάνοια als «innerer Dialog der Seele mit sich selbst» (ἐντὸς τῆς ψυχῆς πρὸς αὑτὴν διάλογος) [1] zurückreichende Tradition. Auch ARISTOTELES unterscheidet zwischen äußerer Rede (ἔξω λόγος) und dem «Logos in der Seele» (λόγος ἐν τῇ ψυχῇ) [2]. Während Platon über eine allgemein gehaltene Parallelisierung des abwägenden Denkens mit sprachlichen Akten des Fragens, Affirmierens oder Negierens nicht hinausgeht, zeichnet sich in Aristoteles' kurzen Andeutungen bereits die Einführung logischer Verhältnisse in die i.R. ab, so daß diese als der eigentliche Ort des Beweises erscheint [3].

Historisch wirksam geworden ist vor allem die zumeist der *Stoa* zugeschriebene Unterscheidung von innerem und geäußertem Logos (λόγος ἐνδιάθετος – λόγος προφορικός) [4]. Erstmals terminologisch belegt ist das Begriffspaar bei PHILON VON ALEXANDRIEN [5], es wird aber, nachdem noch SEXTUS EMPIRICUS es allgemein als Lehrstück der Dogmatiker [6] referiert, erst von PORPHYRIUS [7] explizit der Stoa zugeschrieben. Zwar entspricht die Unterscheidung «zweifellos ... den Anschauungen der alten Stoa» [8], sie stellt jedoch, wenn sie nicht sogar auf die Akademiker [9] oder Peripatetiker [10] des 2. Jh. v.Chr. zurückgeht, zumindest keine exklusiv stoische Distinktion dar, sondern hat als allgemeines Bildungsgut «in der späten Antike eine ungeheure Verbreitung gefunden» [11].

Während das Begriffspaar im frühchristlichen Bereich in vielfältiger Weise für die theologische und literarische Exegese, insbesondere für die gleichnishafte Erklärung des «verbum divinum» genutzt wurde [12], steht der λόγος ἐνδιάθετος im philosophischen Kontext für das Vermögen der Erfassung oder Herstellung logischer Zusammenhänge im weitesten Sinne [13]. PLOTIN operiert mit einer ähnlichen terminologischen Unterscheidung, wenn er von λόγος ἐν ψυχῇ und λόγος ἐν προφορᾷ spricht [14].

Die unter Hinzunahme der Schrift zu einer Trichotomie erweiterte Differenzierung des λόγος geht bei PORPHYRIUS, AMMONIUS u.a. vielfach in die spätantiken Kommentare zum Aristotelischen ‹Organon› ein [15]. Von hier greift sie BOETHIUS auf und vermittelt die Idee einer «triplex oratio», einer dreifachen, geschriebenen, gesprochenen und mentalen Rede der lateinischen Tradition («Porphyrius ... tres posuit orationes, unam quae litteris contineretur, secundam quae verbis ac nominibus personaret, tertiam quae mentis evolveret intellectus») [16].

Für diese nicht weniger bedeutend ist ein zweiter, weitgehend unabhängiger Überlieferungsstrang, der im wesentlichen über AUGUSTINUS vermittelt ist, welcher ebenfalls zwischen dem äußeren Wort («verbum quod foris sonat») [17] und dem Gedanken («cogitatio») als einem Wort des Geistes («verbum mentis») (s.d.) unterscheidet. Ist bereits für den gesamten Bereich der griechischen Philosophie eine Interpretation der i.R. wahrscheinlich, die diese nicht mit irgendeiner idiomatischen Sprache gleichsetzt und sie entsprechend als nicht nationalsprachlich differenziert betrachtet, so findet sich wohl erst bei Augustinus die ausdrückliche Betonung, daß das i.W. «weder griechisch noch lateinisch, noch irgendeiner anderen Sprache angehört» («nec graecum est nec latinum, nec linguae alicuius alterius») [18]. Auch Augustinus differenziert, unter Ausklammerung der Schrift als eines bloß sekundären Zeichenmediums, drei Formen des «verbum». Neben dem gesprochenen Wort unterscheidet er – im Unterschied zum porphyrianisch-boethianischen Modell – erstmals zwei Formen des i.W.: zum einen die in der «imaginatio» angesiedelten Lautvorstellungen oder Lautbilder («imagines sonorum») [19] und zum anderen die «verba nullius linguae» («Worte keiner Sprache») [20], in denen sich das eigentliche Denken in Form einer i.R. («locutio interior») [21] vollzieht.

2. *Mittelalter und scholastische Tradition.* – Die lateinische Rezeption der beiden Traditionsstränge des Begriffes ‹i.W.› bzw. ‹i.R.› hat ein umfangreiches Spektrum an terminologischen Varianten hervorgebracht. Bisweilen begegnen hier griechisch-lateinische Mischformen wie «logos fixus in mente» [22] bzw. «logos interior» [23] oder «verbum ἐνδιάθετον» [24] bzw. «sermo ἐνδιάθετος» [25]. An diesen zeigt sich bereits, daß aufgrund der Indifferenz des griechischen Terminus λόγος gegenüber den Bedeutungen von ‹Wort› und ‹Rede› [26] das Konzept eines «inneren Logos» im Lateinischen sowohl durch eine nähere Bestimmung von ‹verbum› wie durch eine solche der verschiedenen Ausdrücke für ‹Rede› wiedergegeben werden kann. So wird zum einen im Anschluß an Augustinus' Konzeption des geistigen Begriffs als eines «verbum cordis» jenes Wort näher qualifiziert als «innerlich» («verbum intrinsecum» [27], «verbum interius» [28]), «mental» («verbum mentale»; «verbum mentis», s.d.) oder «intelligibel» («verbum intelligibile» [29]; «verbum intellectuale» [30]). Zum anderen finden sich analoge Qualifizierungen der zur Bezeichnung von Rede in Frage kommenden Termini «oratio» («oratio in mente» [31], «oratio mentalis» [32], «oratio intellectualis» [33]), «locutio» («locutio interior» [34], «locutio intrinseca» [35], «locutio mentis» [36], «locutio intellectualis» [37]), «sermo» («sermo interius dispositus» [38], «sermo internus» [39], «sermo in mente» [40], «sermo in anima fixus» [41]; «sermo intelligibilis» [42]) oder «enuntiatio» («enuntiatio in mente» [43]).

Wurde das Konzept des inneren Logos als inneres, geistiges Wort («verbum mentis») über Augustinus zu einem zentralen Terminus der scholastischen Theorien der inkomplexen geistigen Erkenntnis und mentalen Repräsentation, so wurde es, insbesondere über die Rezeption des Boethianischen Lehrstücks der «triplex oratio», als i.R. zum Ausgangspunkt für die scholastischen Theorien der komplexen geistigen Erkenntnis und der Struktur des Mentaldiskurses. Während die Unterscheidung von λόγος ἐνδιάθετος und λόγος προφορικός in der doppelten Bedeutung des griechischen Ausdrucks λόγος gründet und somit in beiden Fällen die Eigentlichkeit der Bezeichnung bewahrt bleibt – wobei allerdings mitunter schwer oder überhaupt nicht zu entscheiden ist, inwiefern der Ausdruck λόγος ἐνδιάθετος im Einzelfall tatsächlich Sprachlichkeit impliziert –, besitzt die lateinische Adaptation genaugenommen solange metaphorischen Charakter, wie mit Augustinus davon ausgegangen wird, daß die i.W.e «verba nullius linguae» sind, es sich bei den Elementen der i.R. also um transidiomatische Termini [44] handelt. Und dies ist in der scholastischen Tradition bis auf wenige Ausnahmen durchgängig der Fall, so daß hier die paradoxe Situation vorliegt, daß «linguistische» Begrifflichkeit (‹verbum›, ‹locutio›, ‹oratio›, ‹sermo› usw.) zur Beschreibung eines Bereiches verwendet wird, dessen Sprachfreiheit im selben Moment mit Nachdruck behauptet wird.

Für Augustinus und die augustinische Tradition des Mittelalters stellt sich auf der Grundlage der theologischen verbum-Spekulation der metaphorische Charakter dieser Redeweise jedoch nicht als ein solcher dar. Vielmehr gilt gerade das i.W., der geistige Begriff, als Wort im eigentlichsten Sinne («maxime proprium et principale verbum») [45]. Nicht also ist nach dieser Auffassung die Applikation von linguistischer Terminologie auf die Mentalsphäre eine bloß metaphorische Übertragung, sondern umgekehrt: Die äußere Rede verdient überhaupt erst aufgrund ihres signifikativen oder subordinativen Bezuges zur «oratio mentalis» eine solche genannt zu werden («nec oratio vocalis dicitur oratio nisi quia significat orationem mentalem») [46]. Rede im eigentlichen Sinn ist die «locutio mentis». Diese aber vollzieht sich, wie ANSELM VON CANTERBURY, das Augustinische «verbum mentis» mit der Aristotelischen Bestimmung der geistigen Begriffe verbindend, feststellt, in «natürlichen und bei allen Völkern identischen Wörtern» («verba ... naturalia ... et apud omnes gentes eadem») [47], welche zugleich «Ähnlichkeiten und Abbilder der Dinge» («similitudines et imagines rerum») sind [48].

Eine Sonderposition hinsichtlich der Beschreibung der i.R. vertritt Ps.-ROBERT KILWARDBY. Der «sermo interior» wird, wie er unter Berufung auf JOHANNES DAMASCENUS ausführt, durch die diskursive Bewegung der «phronesis» oder «excogitatio» konstituiert [49]. Anders als in der gesamten älteren Tradition ist die i.R. nach Ps.-KILWARDBY jedoch nicht unabhängig und abgehoben von jeder Sprache. Zwar unterscheidet er mit Augustinus den als «intellectus», «similitudo rei» oder «intentio significabilis» bezeichneten geistigen Begriff der Sache von der «intentio vocis», dem Begriff des konkreten sprachlichen Ausdrucks. Die i.R. vollzieht sich jedoch nicht allein im Medium des sprachfreien «intellectus», sondern umfaßt zugleich den Sachbegriff wie den Begriff des sprachlichen Ausdrucks [50]. Der metaphorische Charakter der 'inneren' oder 'geistigen Rede' ist damit, ohne daß jedoch die Ebene der «intentio significabilis» ausfällt, zurückgenommen. Denn die i.R. ist für Ps.-Kilwardby nur als Komplexion der geistigen Begriffe und der gedachten sprachlichen Ausdrücke konzipierbar.

Bereits bei PETER ABAELARD und ROGER BACON findet sich, wenn auch beiläufig, die Beschreibung des Denkens als eine Art mentalen Sprechens («propositio mentalis» [51]; «locutio in mente» [52]). Eine ausgearbeitete Theorie der mentalen Sprache, der eine eigene, natürliche, transidiomatische Mentalgrammatik zugrunde liegt, hat jedoch erst WILHELM VON OCKHAM vorgelegt. Er verbindet dabei die augustinische Auffassung von der Präeminenz des geistigen Sprechens mit dem porphyrianisch-boethianischen Lehrstück der «triplex oratio». Rede im eminenten Sinne ist aus den «verba nullius linguae» [53] bzw. «nullius idiomatis» [54] gebildete geistige Rede («oratio mentalis»). Die aus der Parallelisierung der drei Arten von Rede sich nahelegende Annahme der prinzipiellen Korrespondenz von Vokal- und Mentalsprache erlaubt es Ockham, das theoretische und terminologische Instrumentarium der terministischen Logik [55] auf die Beschreibung der i.R. anzuwenden [56] – wenngleich nicht jede i.R. sich durch eine äußere ausdrücken läßt («multi frequenter formant interius propositiones quas tamen propter defectum idiomatis exprimere nesciunt») [57]. Zwar gibt es verschiedene Abweichungen der Mentalgrammatik von der Struktur der gesprochenen (lateinischen) Sprache, indem all jene Elemente der Vokalsprache, die sich nur auf die «congruitas orationis» oder den «ornatus sermonis» beziehen, aber keine Relevanz für die «necessitas significationis» besitzen, von der «oratio mentalis» ausgeschlossen werden, so daß es in ihr z.B. weder Synonyme noch die Unterscheidung grammatischer Genera gibt. Insgesamt jedoch ist die Struktur des – sprachfreien – Denkens in Termini der Sprachlichkeit beschreibbar: «loqui mentaliter non est nisi cogitare actualiter» [58].

Obwohl eine solche Konzeption der i.R. auf die spätscholastische Logik einen nachhaltigen Einfluß ausgeübt hat, haben bereits viele Zeitgenossen auf die mit ihr verbundenen grundsätzlichen Schwierigkeiten hingewiesen. Zum einen auf das Problem, wie die geistigen Begriffe zugleich Ähnlichkeiten der Dinge («similitudines rerum») und Elemente von mentalen Propositionen sein können, bzw. generell, wie sich Sätze aus Bildern herstellen lassen sollen. So bestreitet HUGH LAWTON, daß mentale Ähnlichkeiten logische Funktionen, wie das Supponieren für eine Sache innerhalb einer Proposition, erfüllen können: «Keine Ähnlichkeit, die subjektiv in der Seele ist, kann für irgendeine Sache supponieren. Also kann keine solche Ähnlichkeit Teil eines Satzes sein» («Nulla similitudo, quae est subiective in anima, potest supponere pro aliqua re. Igitur nulla talis similitudo potest esse pars propositionis») [59]. WILLIAM CRATHORNS Kritik an Ockhams Theorie der natürlichen Mentalsprache basiert auf der Überzeugung, daß Mentalsätze nicht aus als Ähnlichkeiten der Dinge aufgefaßten Mentaltermini bestehen können («nulla propositio mentalis ... fit ex terminis mentalibus, quae sunt similitudines rerum») [60]. Ihm zufolge kann von mentalen Sätzen nur dann sinnvoll die Rede sein, wenn davon ausgegangen wird, daß diese aus den Ähnlichkeiten der sprachlichen Ausdrücke («imagines vocis») gebildet werden – mit der Konsequenz, daß eine abstrakte Erkenntnis des Allgemeinen auf dem Gebrauch konventioneller Sprache basiert [61]. Eine weitere Schwierigkeit, auf die insbesondere GREGOR VON RIMINI aufmerksam gemacht hat: «ob die mentale Aussage wesensmäßig aus gewissen einfachen Teilbegriffen zusammengesetzt ist, von denen der eine das Subjekt und der andere das Prädikat ist, oder ob sie ein nicht aus solchen Teilbegriffen bestehender Akt ist» («utrum ipsa enuntiatio mentalis sit essentialiter composita ex partialibus notitiis quibusdam simplicibus, quarum una sit subiectum et alia praedicatum, an vero sit actus non ex talibus partibus constitutus») [62] und die bis ins 17. Jh. hinein intensiv diskutiert wurde [63], bestand darin, daß die Übertragung der für die Vokalsprache konstitutiven linearen und kompositiven Struktur auf die «oratio mentalis» mit der unterstellten Einfachheit («simplicitas») des Geistes und seiner Akte unvereinbar zu sein schien [64].

Ist Ockham von der boethianischen Dreiteilung der «oratio» ausgegangen, so findet später gerade die in der augustinischen Trichotomie entwickelte Binnendifferenzierung des inneren Sprechens in eine Sphäre der «cogitatio rei» («verbum mentis», «conceptus rei») und eine der «cogitatio vocis» stärkere Berücksichtigung. GREGOR VON RIMINI setzt die im Geiste gedachten Vokalzeichen als ein eigenes «genus enuntiationum mentalium» [65] an. Dadurch tritt – wie schon bei Ps.-Kilwardby – die idiomatische Sprache, die als innerlich rememorierte Sprache bei Augustinus und Anselm noch auf der Ebene der «imaginatio» angesiedelt war, in den Bereich des Geistes. PIERRE D'AILLY, der auch noch die Schriftzeichen konzeptualisiert, wertet, mit nachhaltigem Einfluß auf die scholastische Logik um 1500, den «conceptus vocis vel scripturae» als einen eigenen «terminus mentalis» – wenn auch nur im uneigentlichen Sinne. Zwischen diesem mentalen Konzept des stimmlichen oder schriftlichen Zeichens und dem eigentlichen Mentalterminus, dem mentalen Sachbegriff, besteht ihm zufolge kraft Gewohnheit eine so enge wechselseitige Verbindung («colligantia seu mutua concomitantia»), daß bei der Bewirkung des einen unmittelbar auch die des anderen erfolgt («uno conceptu moto per obiectum suum ... statim movetur alius conceptus») [66]. Die Parallelität der inneren Sprach- und Denkoperationen, mit der die Prozesse des Sprechens und Verstehens, d.h. die Übersetzung geistiger Konzepte in Laute und umgekehrt, erklärt werden sollen, impliziert allerdings noch keinen Einfluß der Sprache auf das Denken. Denn die einfachen Elemente der Mentalsprache bleiben, auch wenn sie stets den Elementen einer Vokalsprache zugeordnet sind, als Ähnlichkeiten der Dinge in einem unmittelbaren Bezug zu denselben und in diesem Sachbezug von den sie lediglich begleitenden Wörtern gleichsam unbehelligt.

Vermutlich erstmals innerhalb der scholastischen Tradition weist D. Báñez im späten 16. Jh. darauf hin, daß die Struktur des Mentaldiskurses gemäß der unterschiedlichen Syntax der Nationalsprachen variieren kann. Während die einfachen Begriffe bei allen Menschen identisch sind, gilt dies für die «compositiones mentales» nicht, so daß, wie er mit Hinweis auf das Baskische betont, den verschiedenen Nationalsprachen jeweils eine eigentümliche Mentalphraseologie korrespondiert, die dazu führt, daß dieselben Tatsachen nicht nur jeweils unterschiedlich ausgedrückt, sondern auch unterschiedlich konzipiert werden: «so, wie hinsichtlich der sprachlichen Ausdrücke eine Verschiedenheit der Einsetzung angetroffen wird, so gibt es entsprechend bei den verschiedenen Nationen und Sprachen eine unterschiedliche Komposition der mentalen Reden. Denn es gibt bei den einzelnen Nationen und Sprachen je eigentümliche Mentalphrasen und differierende Weisen, dieselben Wahrheiten auszudrücken und zu begreifen» («sicut in vocibus differentia impositionis invenitur, sic etiam mentalium orationum compositio varia in diversis nationibus et linguis correspondet. Sunt enim propriae mentales phrases singulis nationibus et linguis, et differentes modi dicendi, et concipiendi easdem veritates») [67].

3. *Neuzeit.* – Die von Pierre d'Ailly in die Diskussion eingeführte gewohnheitsmäßige Verbindung der beiden Arten der i.R. bzw. von Denken und Sprechen, die im 17. Jh. bisweilen als so eng angesehen wird, daß eine Trennung von beidem kaum mehr möglich zu sein scheint («conceptus rerum a conceptibus verborum vix unquam separare possumus») [68], ist genau der Punkt, an dem auch ein Einfluß von diesem auf jenes festgemacht werden kann. Da man im 17. Jh. jedoch im allgemeinen von dem prinzipiellen Primat des Denkens gegenüber der Sprache ausgeht, wird die nun bemerkte faktische Verkettung von beidem überwiegend kritisch und, wie etwa bei F. Bacon und B. Spinoza, als eine Art schlechte Gewohnheit betrachtet [69]. Die Wörter beginnen hiermit aus der bloßen Parallelisierung zum Denken auszuscheren und in den unmittelbaren Sachbezug der Gedanken selbst einzudringen, indem sie nun auch, wie G. W. Leibniz sagt, «im innerlichen Selbst-Gespräch ... an die Stelle der Sache» treten [70]: «Omnis Ratiocinatio nostra nihil aliud est quam characterum connexio et substitutio» [71]. Das Lehrstück von der konstitutiven Funktion sinnlicher Zeichen für die menschliche Erkenntnis ist historisch wirksam geworden unter dem von Leibniz geprägten Begriff der «cognitio symbolica» [72].

Während der Cartesianismus diesen Einfluß zumeist als Deformation bewertet und die strikte Trennung der äußeren und i.R. bzw. der «conceptus rerum» und «conceptus vocum» postuliert («sermo internus et externus, sive ratio et oratio, sunt res distinctissimae. ... rerum et vocum conceptus confundi soliti, ut ab errore liberemur, omnino distinguendi sint»; «innere und äußere Rede, oder Verstand und Sprache, sind höchst unterschiedliche Dinge. ... Die Begriffe der Dinge und der Wörter, welche miteinander verwechselt zu werden pflegen, müssen, damit wir vom Irrtum befreit werden, gänzlich voneinander unterschieden werden») [73], erkennen Th. Hobbes [74] und J. Locke [75] in den Wörtern ein notwendiges Hilfsmittel zur «Fixierung» und Wiedererinnerung der zunächst sprachunabhängig gebildeten Konzepte. Das Denken wird zwar – je nachdem – von der Sprache partiell behindert oder befördert. Doch sowohl Hobbes («by the ratiocination of our mind, we add and subtract in our silent thoughts, without the use of words») [76] wie Locke [77] operieren noch mit dem Konzept einer nicht an sprachliche Ausdrücke gebundenen «mental proposition» [78].

Für E. B. de Condillac ist es genau diese Annahme, die Locke die Einsicht in die konstitutive Funktion der Sprache für das Denken verstellt hat («Voilà ce qui a empêché Locke de découvrir combien les signes sont nécessaires à l'exercise des opérations de l'ame. Il suppose que l'esprit fait des propositions mentales dans lesquelles il joint ou sépare les idées sans l'intervention des mots») [79]. Auch nach Ch. Bonnet wird das Denken notwendig begleitet und getragen von einer inneren, lautlosen Artikulation der die Gedanken ausdrückenden Wörter («Nous ne saurions penser à quelque sujet ... que nous ne prononcions intérieurement, mais très foiblement, les mots qui expriment ces idées») [80].

Hat der Rekurs auf die Unterscheidung von λόγος ἐνδιάθετος und λόγος προφορικός bzw. von äußerer und i.R., der seit dem 17. Jh. bei Autoren wie A. Bursius [81], F. Burgersdijk [82], J. Jungius [83], P. Gassendi [84], J. Clauberg [85], L. Meyer [86], J. von Felde [87] oder J. Wallis [88] häufig anzutreffen ist, in der Regel die Funktion, die i.R. («Saying Interiourly») als einen rationalen Diskurs in Form sprachunabhängiger «Mental Propositions» zu beschreiben [89] oder zu fordern [90], so beruft sich Ch. Thomasius auf das Begriffspaar [91], um die – nun nicht mehr metaphorisch gemeinte – These zu vertreten, «daß die Gedancken in einer innerlichen Rede bestehen» [92]; Ch. Wolff sagt: «Wir sprechen lautlos mit uns selbst, wenn wir über Sachen nachdenken wollen» («nos tacite nobismetipsis loqui, quando de rebus cogitare intendimus») [93]. Denken vollzieht sich in konventioneller Sprache. Bereits die deskriptive Definition, die Thomasius der «cogitatio» zukommen läßt, legt diese auf Sprachlichkeit fest: «Cogitatio est actus mentis, quo homo vel mens in cerebro ... alquid per modum discursus et orationis verbis constantis vel affirmat vel negat vel quaerit» [94]; in der deutschen Fassung: «Der Gedancke ist eine solche Verrichtung des Gemüths, im Gehirn, wodurch der Mensch ... etwas durch einen Discurs oder aus Worten bestehende Redens=Art vorbringet, bejahet oder verneinet» [95]. Eine die Ausdrucksmöglichkeiten der konventionellen Sprachen übersteigende i.R., wie sie zeitgleich etwa M. Engelman in seiner ‹Dissertatio de sublimitate sermonis interni› vertritt («nos multa clare atque evidenter satis animo percipere, quae accurate verbis eloqui atque exponere nequeamus»; «wir erfassen vieles klar und hinreichend evident, was wir nicht akkurat in Worten aussprechen und darstellen können») [96], ist für THOMASIUS undenkbar [97]: Wer nicht in Sätzen denkt, «siehet die Sache an, wie die Kuhe ein neu Thor» [98].

Ähnlich heißt es bei J. G. HERDER: «Der Mensch gaffet so lange Bilder und Farben, bis er spricht, bis er, inwendig in seiner Seele, nennet». Die ihn hierzu befähigende «göttliche Bezeichnungsgabe» nennt Herder das «i.W.» oder die «innere Sprache». Für ihn sind «Vernunft und Wort nur Ein Begriff, Eine Sache: λογος» [99]. Auch der von Herder ob seiner Sprachvergessenheit gescholtene I. KANT konstatiert in der ‹Anthropologie› von 1798 einen Zusammenhang von Denken und Sprache, «diesem größten Mittel, sich selbst und andere zu verstehen». Dabei beruft er sich für seine These «Denken ist Reden mit sich selbst» allerdings nicht auf Platon und die abendländische Tradition, sondern zitiert «die Indianer auf Otaheite», welche «das Denken: die Sprache im Bauch» nennen [100]. Dadurch, «daß also das Denken im menschlichen Bewußtsein ein ... Benennen, Sprechen, Reden sein müsse», scheint für K. L. REINHOLD «der 'Zusammenhang' des Denkens mit dem Sprechen völlig einleuchtend und ausgemacht zu sein» [101].

Auch für W. VON HUMBOLDT sind «die intellectuelle Thätigkeit ... und die Sprache ... Eins und unzertrennlich von einander» [102]. Nach F. D. E. SCHLEIERMACHER wird «das Denken ... durch i.R. fertig, und insofern ist die Rede nur der gewordene Gedanke selbst» [103]. Daher gilt für ihn: «Denken und Sprechen ist so eins, daß man es nur als Inneres und Äußeres unterscheiden kann, ja auch innerlich ist jeder Gedanke schon Wort» [104]. In derselben Weise betont auch F. SCHLEGEL, daß «das Denken selbst nur ein innerliches Reden» ist [105]. Damit sagt er zwar wörtlich dasselbe, was ca. 200 Jahre zuvor P. HURTADO DE MENDOZA, die scholastische Auffassung zum Ausdruck bringend, formulierte: «dicere intra se, et cogitare sunt idem» [106]. Gemeint ist damit nun aber, indem die i.R. nicht mehr als aus transidiomatischen natürlichen Zeichen, sondern aus Worten einer konventionellen Sprache bestehend gedacht wird, ganz etwas anderes (womit immerhin deutlich wird, daß dasselbe sagen und dasselbe denken zweierlei ist).

Der Topos der «parole intérieure» hat im Frankreich des 19. Jh. besonders über A. DE RIVAROL Verbreitung gefunden, der die Korrelation von ‹parole› und ‹pensée› auf die später häufig wiederholte oder imitierte Formel bringt: «si la parole est une pensée qui se manifeste, il faut que la pensée soit une parole intérieure et cachée. L'homme qui parle est donc l'homme qui pense tout haut» [107]. Das Thema des Verhältnisses von Denken und Sprach- bzw. Zeichengebrauch war hier in der Nachfolge von und Auseinandersetzung mit CONDILLACS Sensualismus besonders im Umkreis der Schule der 'Ideologie' (s.d.) ins Zentrum der philosophischen Diskussion getreten. Während Condillacs vermeintlich zu weitgehende Betonung der kognitiven Funktion von Sprache («les mots nous sont absolument nécessaires pour nous faire des idées de toutes espèces») [108] von der Mehrzahl der Ideologen relativiert wird, indem sie entweder, wie etwa A.-L.-C. DESTUTT DE TRACY, die Existenz sprachvorgängiger Ideen einräumen («Il ne faut pas se persuader ... qu'ils [sc. les signes] nous sont absolument nécessaires pour penser, car si nous n'avions pas eu d'idées auparavant nous n'aurions jamais créé des signes») [109] oder, wie P. LAROMIGUIÈRE, hinter der idiomatisch gebundenen «parole intérieure» eine natürliche und angeborene «langue du raisonnement» [110] annehmen («il existe chez tous les peuples une langue toujours présente, et qui toujours semble se cacher. Cette langue est distincte de toutes les autres; et cependant elle les pénètre toutes pour leur communiquer la vie») [111], geht L.-G.-A. DE BONALD, eine dezidiert antisensualistische Position vertretend, noch über Condillac hinaus, indem er das Denken als «parole intérieure, dont la parole extérieure n'est que la répétition, et, pour ainsi dire, l'écho» charakterisiert [112] und die strikte Identität von Vernunft und Rede – aus der er die Notwendigkeit der göttlichen Sprachinstitution ableitet – behauptet: «l'homme pense sa parole avant de parler sa pensée» [113]. Eine ähnlich strikte Gleichsetzung von Denken und Sprechen findet sich später u.a. in N. J. B. TOUSSAINTS These von der «connexion intime qu'il y a entre penser et parler» bzw. der «identité des idées et des mots» [114] sowie in L. PION D'ARDONNES Betonung der «inséparabilité de la pensée et de l'expression» [115], der zufolge «aucune pensée n'existe en dehors de l'emploi du mot ou d'une phrase» [116], so daß es unmöglich sei «de penser autrement que dans une langue déterminée» [117]. Aber auch dort, wo eine solche Reduktion des Denkens auf die i.R. nicht übernommen wird, bleibt der Topos präsent.

Für manche Autoren ist die i.R. mehr als nur eine psychische Reproduktion von Lautvorstellungen. So beschreibt J. F. HERBART das «stille Denken» als ein «großentheils merklich ... zurückgehaltenes Sprechen», wobei «wirklich ein Handeln dabei vorgeht, welches für die Seele schon ein äußeres Handeln ist; nämlich ein Anregen der Nerven, welche die Sprachorgane regieren; nur nicht stark genug, um die Muskeln zu bewegen» [118]. B. BOLZANO nennt das «Sprechen mit sich selbst» jene «fast immer» vorliegende gewohnheitsmäßige Begleitung der Gedanken durch die «bloße Vorstellung» der Wörter oder die «Hervorbringung nur einiger jener Veränderungen in unserm Körper ..., die ihrer vollständigen Darstellung vorhergehen müßten» [119]. Von einer erklärtermaßen monistischen Position ausgehend, reduziert M. MÜLLER, für den λόγος ἐνδιάθετος und λόγος προφορικός nur «two sides of the same thing» sind [120], die i.R. auf eine sympathetische Bewegung gewisser Muskeln. Durch Übung und Gewohnheit entsteht aus ihnen «a kind of algebra of language», von der die Wörter «in so abbreviated a form and in such compact and habitual clusters» generiert werden, «that nothing seems more quick than this so-called thought»; weswegen sogar «the new name which is often given to it, namely thought without language, seems almost justified». Müller bezweifelt, «whether a truer name for this inaudible speaking and thinking can be found» als jene schon von Kant bemühte «Polynesian expression 'speaking in the stomach'» [121].

Aber auch die traditionellen Varianten des Verständnisses der i.R. sind weiterhin in der Diskussion. So korrespondiert bei A. LEMOINE die «parole mentale» als inneres lautloses Sprechen («elle a son timbre et ses intonations comme la parole réelle et extérieure») [122] dem, was Augustinus die «imaginatio vocis» nannte und die Scholastiker seit Gregor von Rimini als die «oratio mentalis» im uneigentlichen Sinne verstanden haben. Zwar erkennt Lemoine die faktische Verbindung von Denken und i.R. an; er bestreitet jedoch die strikte Notwendigkeit sowie, gegen DE BONALD, den göttlichen Ursprung einer solchen: «L'homme ... pense rarement sans parler mentalement sa pensée ...; mais cette ... fusion de la pensée et de la parole n'est chez l'homme qu'une habitude acquise et invétérée» [123]. Im Sinne des Augustinischen «verbum mentis» erscheint sie dagegen bei A. E. CHAIGNET, der die Idee als die «essence du mot interne» [124] betrachtet, welches charakterisiert ist als «mot intérieur, idéal, mental, forme intelligible de l'idée, dont le mot parlé, προφορικός n'est que la forme sensible. Le vrai verbe est esprit; le verbe sensible en est l'incarnation» [125]. Sich gegen die vorherrschende «école du muscle» wendend, nach der die «parole intérieure devient une image musculaire-tactile» [126], beschreibt V. EGGER die i.R. als eine «parole mentale ... étrangère au monde physique, un simple état du moi, un fait psychique» [127]. Ihm zufolge ist die «parole intérieure» eine Art Privatsprache («il suffit que nous soyons compris de nous-mêmes»), die folglich nicht das treue Abbild der «langage audible» zu sein braucht, sondern sich dem eigenen Denken anzupassen hat («nous pouvons parler ... très vite, peu distinctement, abréger les phrases, remplacer les tournures et les expressions usuelles, ... modifier la syntaxe ... Le langage intérieur est notre chose; nous en usons à notre fantaisie; le plus adéquat à notre pensée ... est le meilleur» [128]. G. BALLET stellt der «parole intérieure» als der «succession ... des images verbales auditives» im Geist [129] eine davon zu unterscheidende, umfassendere «langage intérieur» gegenüber: «Le langage intérieur comprend à la fois les représentations auditives, visuelles et motrices, tandis que la 'parole intérieure' désigne seulement l'audition mentale verbale» [130]. Gegen Ende des 19. Jh. ist die i.R., für die E. MORSELLI den Terminus ‹Endophasie› («endofasia») eingeführt hat [131], als festes Thema der Sprachpsychologie etabliert [132], und die «Frage ... nach der Beschaffenheit der Wortvorstellungen hat schon nachgerade fast eine ganze kleine Literatur geschaffen» [133].

Insofern ist es nicht verwunderlich, daß auch F. DE SAUSSURE sich auf den «langage intérieur» beruft, um den psychischen Charakter der in seine Konzeption des Zeichens eingehenden «image acoustique» kenntlich zu machen: «Une manière simple de voir le caractère psychique de nos images acoustiques, c'est d'observer sur soi le langage intérieur: nous pouvons construire un discours intérieurement, ou entendre intérieurement» [134].

Das Thema der i.R. wird im Anschluß an L. S. WYGOTSKI von seiten der sowjetischen Sprachpsychologie (A. N. SOKOLOV; A. A. LEONT'EV u.a. [135]) aufgegriffen und fortgeführt. Während WYGOTSKI die i.R. bei den «französischen Autoren» des späten 19. Jh. auf die bloße Reproduktion der Wortvorstellungen reduziert sieht, betrachtet er die innere Sprache (in englischer Übersetzung: «inner speech») als «besondere innere Ebene des sprachlichen Denkens, ... die die dynamische Beziehung zwischen dem Gedanken und dem Wort herstellt» [136]. In formaler Rücksicht ist die innere Sprache, die das Resultat einer von phonetischen wie syntaktischen Transformationen begleiteten Internalisierung der äußeren Rede darstellt, «dynamisch, inkonstant und fluktuierend und erscheint zwischen den geformteren und stabileren extremen Polen des sprachlichen Denkens – zwischen dem Wort und dem Gedanken» [137]. Dabei ist die «innere Sprache ... genau genommen eine fast wortlose Sprache» [138] und «in beträchtlichem Maße ein Denken mit reinen Bedeutungen» [139].

Die Frage, ob und inwiefern «das Denken eine Art Sprache» ist [140], spielt auch bei L. WITTGENSTEIN eine wichtige Rolle. Ihm zufolge gibt es ein Denken weder vor der Rede («In the process of thinking, the thought does not appear first, to be translated subsequently by us into words or other symbols. There is not something which exists before it's put into words or imagery») [141] noch neben derselben («Wenn ich in der Sprache denke, so schweben mir nicht neben dem sprachlichen Ausdruck noch 'Bedeutungen' vor; sondern die Sprache selbst ist das Vehikel des Denkens») [142]. Insofern besteht zwischen i.R. und äußerer Rede, zwischen inneren und äußeren Symbolen, kein wesentlicher Unterschied. Denn Gedanke, «visual image, sentence on paper, spoken sentence, picture – all are on exactly the same level» [143]. «Denken ist kein unkörperlicher Vorgang, ... den man vom Reden ablösen könnte» [144], es ist «Sprechen in der Vorstellung, sozusagen ein 'Kopfsprechen'» [145].

Wittgenstein wirft Augustinus vor, er beschreibe «das Lernen der menschlichen Sprache so, als käme das Kind in ein fremdes Land und verstehe die Sprache des Landes nicht; das heißt: so als habe es bereits eine Sprache, nur nicht diese. Oder auch: als könne das Kind schon denken, nur noch nicht sprechen» [146]. Demgegenüber betonen Vertreter der kognitiven Psychologie und Linguistik wie J. A. FODOR: «Augustine was precisely and demonstrably right and that he was is prerequisite to any serious attempts to understand how first languages are learned» [147]. Denn wenn das Erlernen einer Sprache das Erlernen der Bestimmung der Extension der Prädikate derselben involviert und dieses darin besteht, zu lernen, daß sie unter gewisse Wahrheitsregeln fallen, ein solches Lernen aber wiederum nur möglich ist, wenn man bereits über eine Sprache verfügt, in der sowohl die Prädikate wie die Regeln repräsentiert werden können, dann folgt, so Fodor: «one cannot learn a first language unless one already has one» [148]. Dabei muß zur Vermeidung eines infiniten Regresses angenommen werden, daß diese «language of thought», die er in kritischer Absetzung von Wygotsky als «central code», «central computing language» [149] sowie als «medium for the computations underlying cognitive processes» beschreibt, selbst nicht erlernt, sondern angeboren («innate») ist [150]. Die «language of thought», die einen zentralen Bereich des umfassenderen Problems mentaler Repräsentationen [151] bzw. der «representational theory of mind» markiert, ist – auch unter den alternativen Benennungen «Mentalese» [152] oder «Brainese» [153] – bis in die jüngste Gegenwart hinein Gegenstand äußerst kontrovers geführter Diskussionen.

Anmerkungen. [1] PLATON: Soph. 263 e 2-4; vgl. Theaet. 189 e-190 a; Phileb. 38 c-39 a. – [2] Vgl. ARISTOTELES: Anal. post. I, 10, 76 b 24; Met. IV, 5, 1009 a 20; vgl. Cat. 6, 4 b 34. – [3] C. PANACCIO: Le discours intérieur de Platon à Guillaume d'Ockham (Paris 1999) 34-41. – [4] Vgl. Art. ‹Stimme›. Hist. Wb. Philos. 10 (1998) 163-165; vgl. M. HEINZE: Die Lehre vom Logos in der griech. Philos. (1872) 140ff.; M. MÜHL: Der λόγος ἐνδιάθετος und προφορικός von der älteren Stoa bis zur Synode von Sirmium 351. Arch. Begriffsgesch. 7 (1962) 7-56; FDS 528ff. – [5] PHILO ALEX.: De Abrah. 83 (FDS 534); vgl. De spec. legibus IV, 69; De vita Moisis II, 127-129; weitere Stellenbelege bei PANACCIO, a.O. [3] 66. – [6] SEXTUS EMP.: Adv. math. VIII, 275 (FDS 529). – [7] PORPHYRIUS: De absentia III, 2 (FDS 529 A). – [8] M. POHLENZ: Die Begründ. der abendländ. Sprachlehre durch die Stoa, Anhang: λόγος ἐνδιάθετος und λόγος προφορικός (1939), in: Kl. Schr. 1, hg. H. DÖRRIE (1965) 79-86, hier: 83; vgl. C. CHIESA: Le problème du langage intérieur chez les stoïciens. Rev. int. Philos. 197 (1991) 301-21. – [9] POHLENZ, a.O. 85. – [10] PANACCIO, a.O. [3] 91. – [11] POHLENZ, a.O. [8] 79. – [12] Vgl. MÜHL, a.O. [4]; PANACCIO, a.O. [3] 94-108. – [13] Vgl. PANACCIO, a.O. [3] 91f. – [14] PLOTIN: Enn. I, 2 (19), 3; V, 1 (10), 3; vgl. J. H. HEISER: Logos and language in the philos. of Plotinus (Lewiston, N.Y. 1991). – [15] vgl. PORPHYRIUS: In Arist. Cat. comm. CAG 4/1, 64, 28-30; 101, 26-28; AMMONIUS: In Arist. De int.

CAG 4/5, 22, 13-21; 23, 12-15; JOH. PHILOPONUS: In Anal. post. CAG 13/3, 130f.; OLYMPIODOR: In Cat. CAG 12/1, 87; SIMPLICIUS: In Arist. Cat. CAG 13/1, 29; In Arist. Cat., a.O. 183, 20-22; 191, 14; DAVID: In Porph. Isag. CAG 18/2, 211, 20-22. – [16] BOETHIUS: In lib. Peri herm. Arist., sec. ed., hg. C. MEISER (1880) 36, 10ff.; vgl. 42, 15f.; vgl. S. MEIER-OESER: Die Spur des Zeichens (1997) 40f. – [17] AUGUSTINUS: De trin. XV, 11, 20, 1. CCSL 50 a, 486. – [18] 10, 19, 76ff., a.O. 486. – [19] XI, 10, 19, 65, a.O. 485. – [20] XV, 14, 24, 32ff., a.O. 497. – [21] 10, 18, 58, a.O. 485. – [22] AL-FĀRĀBĪ: De scientiis, lat. GERHARD VON CREMONA, hg. A. G. PALENCIA: Catálogo de las ciencias (Madrid 1932) 136. – [23] DOMINICUS GUNDISSALINUS: De divisione philos., hg. L. BAUR. Beitr. zur Gesch. der Philos. und Theol. des MA 4/2 (1903) 78; VINZENZ VON BEAUVAIS: Speculum doctrinale III, 2 (Douai 1624) 212. – [24] AMBROSIUS VON MAILAND: De fide ad Gratianum IV, 7. CSEL 78, 182. – [25] JOH. DAMASCENUS: De fide orthodoxa. Versions of Burgundio and Cerbanus, hg. E. M. BUYTAERT (St. Bonaventure, N.Y. 1955) 135; AMMONIUS: Comm. sur le Peri herm. d'Arist. Trad. de GUILLAUME DE MOERBEKE, hg. G. VERBEKE. Corpus lat. Comm. in Arist. graec. 2 (Löwen/Paris 1961) 42. – [26] Vgl. Art. ‹Wort I.›. – [27] HUGO VON ST. VIKTOR: De sacram. 2, XVIII, 19. MPL 176, 616 B. – [28] THOMAS VON AQUIN: De veritate, q. 4, a. 1, ad 1. ed. Leon. 22/1, 2 (Rom 1970) 120. – [29] BONAVENTURA: In 1 Sent., d. 27, pars 2, q. 4. Op. omn. (Quaracchi 1882) 489; RICHARD VON MIDDLETON: In 1 Sent., d. 17, a. 2, q. 1 (Brescia 1591) 1, 248. – [30] PETER ABAELARD: Introd. ad theol. I, 11. MPL 178, 996; WILHELM VON AUVERGNE: De universo I, 20. Op. omn. 1 (Paris 1674, ND 1963) 613 b. – [31] ROGER BACON: Summa de sophismatibus et distinctionibus, hg. R. STEELE (Oxford 1937) 180; PETRUS VON AUVERGNE: Quaest. super praed., q. 28, hg. R. ANDREWS. Cah. de l'Inst. du MA grec et latin 55 (1987) 47; MARTINUS DE DACIA: Quaest. sup. lib. praed., q. 25, hg. H. ROOS. Opera (Kopenhagen 1961) 188; vgl. Art. ‹Sprache›. Hist. Wb. Philos. 9 (1995) 1437-1495, hier: 1455ff. – [32] AMMONIUS/WILHELM VON MOERBEKE, a.O. [25] 455. 479; WALTER BURLEIGH: Quaest. in lib. Periherm., hg. S. BROWN. Franciscan Studies 34 (1974) 248; JOH. BURIDAN: Summulae dial., tract. VII, hg. S. EBBESEN, in: J. PINBORG (Hg.): The logic of J. Buridan (Kopenhagen 1976) 139-158, 156; NICOLAUS TINCTOR: Dicta sup. Summ. Petri Hyspani (Reutlingen 1486) fol. B 4[r]b; JOH. LALEMANDET: Cursus philos. (Lyon 1656) 229ff.; vgl. W. HÜBENER: «Oratio mentalis» und «oratio vocalis» in der Philos. des 14. Jh. Misc. mediaev. 13/1 (1981) 488-497. – [33] PETER ABAELARD: Glossae in Cat., in: Scritti filos., hg. M. DAL PRA (Rom 1954) 66. – [34] AUGUSTINUS: De trin. XV, 10, 18, a.O. [17] 485; AVICENNA: Logyca. Op. philos. (Venedig 1508, ND 1961) fol. 3[r]a. – [35] RICHARD VON ST. VIKTOR: De trin. VI, c. 12, hg. J. RIBAILLIER (Paris 1958) 242f. – [36] ANSELM VON CANTERBURY: Monolog. 10. Op. omn. 1, hg. F. S. SCHMITT (1938, ND 1968) 24. – [37] WILHELM VON AUVERGNE, a.O. [30] 614. – [38] JEAN DE LA ROCHELLE: Summa de anima, hg. J. G. BOUGEROL (Paris 1995) 204f.; vgl. ALBERTUS MAGNUS: Summa de creaturis II, q. 25, a. 2. Op. omn. 35, hg. S. C. A. BORGNET (Paris 1896) 244-247; Ps.-ROBERT KILWARDBY: Comment. sup. Priscianum maiorem, hg. K. M. FREDBORG u.a. Cah. de l'Inst. du MA grec et latin 15 (1975) 59f. – [39] PETRUS HISPANUS: Sci. libri de anima, tract. 11, c. 10, hg. M. A. ALONSO (Barcelona 1961) 463-65; Conimbricenses: Comment. in universam Arist. dial. (Köln 1607, ND 1976) 2, 134ff. – [40] Ps.-ROBERT KILWARDBY, a.O. [38] 10; JOH. DACUS: Summa grammatica, hg. A. OTTO (Kopenhagen 1955) 180. – [41] DOMINICUS GUNDISS., a.O. [23] 79, 11f. – [42] WILHELM VON AUXERRE: Summa aurea II, t. 1, tr. IX, c. 3, q. 5, hg. J. RIBAILLIER. Specilegium Bonavent. 17 (Paris/Grottaferrata 1982) 266; PHILIPPUS CANCELLARIUS: Summa de bono, hg. N. WICKI (Bern 1985) 1, 427-433. – [43] JOH. DUNS SCOTUS: In primum libr. Periherm. quaest., q. 1. Op. omn., hg. L. WADDING 1 (Lyon 1639, ND 1968) 186; WALTER BURLEIGH, a.O. [32]; RICHARD OF CAMPSALL: Quaest. sup. prim. lib. Pr. anal., q. 2. The works, hg. E. SYNAN (Toronto 1968) 1, 50-68; PAULUS VENETUS: Logica magna (Venedig 1499) fol. 101[r]a; J. B. DE BENEDICTIS: Philos. peripat., t. 1: Logica (Neapel 1688) 534ff. – [44] Vgl. Art. ‹Terminus›. Hist. Wb. Philos. 10 (1998) 1013-1020. – [45] ANSELM VON CANT., a.O. [36] 25; vgl. DURANDUS A SANCTO PORCIANO: In 1 Sent., d. 27, q. 2, a. 7 (Venedig 1571, ND Ridgewood 1964) fol. 77. – [46] JOH. BURIDANUS: Summulae, tract. 1, hg. J. PINBORG, in: J. PINBORG (Hg.), a.O. [32] 71-90, hier: 84; vgl. P. HURTADO DE MENDOZA: Disp. de universa philos. (Lyon 1617) 781. – [47] ANSELM VON CANT., a.O. [36] 25. – [48] a.O. 48. – [49] Ps.-ROBERT KILWARDBY, a.O. [38] 58; vgl. JOH. DAMASCENUS: De fide orthodoxa II, c. 22. MPG 94, 943 A. – [50] Ps.-ROBERT KILWARDBY, a.O. [38] 59. – [51] ROGER BACON: Summa grammatica. Op. hactenus ined., fasc. 15, hg. R. STEELE (Oxford 1940) 64. – [52] PETER ABAELARD: Theol. christ. I, 20. CCSL 12 (Turnhout 1969) 79f. – [53] WILHELM VON OCKHAM: Summa log. I, 1. Op. philos. 1 (St. Bonaventure, N.Y. 1974) 7. – [54] Script. in lib. primum Sent. Op. theol. 2 (St. Bonaventure, N.Y. 1970) 136. – [55] Vgl. Art. ‹Terminus›, a.O. [44]. – [56] Vgl. WILHELM VON OCKHAM: Summa log. I, 3, a.O. [53] 11ff.; zu den Übereinstimmungen und Abweichungen von ‹oratio mentalis› und ‹oratio vocalis› vgl. bes.: Quodl. V, q. 8. Op. theol. 9 (St. Bonaventure, N.Y. 1980) 508ff.; vgl. W. HÜBENER: Der theol.-philos. Konservativismus des Jean Gerson. Miscell. Mediaev. 9 (1974) 171-200, hier: 186f.; a.O. [32] 490f.; PANACCIO, a.O. [3] 265-272. – [57] Summa log. I, 15, a.O. 42. – [58] Quodl. I, q. 6, a.O. 37. – [59] HUGH LAWTON, in: WILLIAM CRATHORN: Quäst. zum ersten Sentenzenbuch, hg. F. HOFFMANN. Beitr. zur Gesch. der Philos. und Theol. des MA 29 (1988) 174; vgl. H. G. GELBER: I cannot tell a lie: Hugh Lawton's critique of William of Ockham on mental language. Franciscan Studies 44 (1984) 141-179. – [60] WILLIAM CRATHORN, a.O. 158; vgl. 201. – [61] a.O. – [62] GREGOR VON RIMINI: Lectura sup. prim. et sec. Sent., hg. D. TRAPP/V. MARCOLINO (1981) 33ff. – [63] Vgl. G. NUCHELMANS: Late-scholast. and humanist theories of the proposition (Amsterdam u.a. 1980) 94ff.; E. J. ASHWORTH: Mental language and the unity of propositions. Franciscan Studies 41 (1981) 61-96; The structure of mental language. Vivarium 20 (1982) 59-83. – [64] Vgl. Art. ‹Terminus›, a.O. [44] 1014f. – [65] GREGOR VON RIMINI, a.O. [62] 30. – [66] PIERRE D'AILLY: 1. Sent., q. 3, a. 1, hg. L. KACZMAREK: ‹Notitia› bei PETER VON AILLY, in: O. PLUTA (Hg.): Die Philos. im 14. und 15. Jh. (Amsterdam 1988) 385-420, hier: 403f. – [67] D. BÁÑEZ: Instit. minores dial. (1599, Bologna 1631) 25f. – [68] J. CLAUBERG: Corporis et animae conjunctio, c. 36, § 3. Op. omn. philos. (Amsterdam 1691, ND 1968) 240; vgl. A. ARNAULD/P. NICOLE: La logique ou l'art de penser (1662, [5]1683), hg. P. CLAIR/F. GIRBAL (Paris 1965) 38. – [69] F. BACON: Novum organum. The works, hg. J. SPEDDING u.a. (London 1857-74, ND 1961-63) 1, 164. 170f.; B. SPINOZA: Tract. de intell. emendatione (1677). Opera, hg. C. GEBHARDT (1925-89) 2, 33. – [70] G. W. LEIBNIZ: Unvorgreiffliche Gedancken, betreffend die Ausübung und Verbesserung der Teutschen Sprache § 5 [1697], in: Collect. etymologica (Hannover 1717) 257; ND, in: Hauptschr. zur Grundleg. der Philos., hg. E. CASSIRER (1904-06, ND 1996) 2, 520. – [71] Die philos. Schr. 7 (Einl.), hg. C. I. GERHARDT (1890, ND 1961) 31; vgl. M. DASCAL: Quelques fonctions des signes chez Leibniz et ses contemporains, in: Akten des 2. int. Leibniz-Kongr. 2. Studia leibn., Suppl. (1975) 239-255; La sémiologie de Leibniz (Paris 1978) 134-171. – [72] Vgl. Art. ‹Symbol›. Hist. Wb. Philos. 10 (1998) 710-739, hier: 718f. – [73] J. CLAUBERG: Log. vetus et nova (1754), a.O. [68] 44. – [74] TH. HOBBES: Elem. philos. sectio prima De corpore I, 2 (1655). Op. philos. lat., hg. W. MOLESWORTH (London 1839-45, ND 1961) 1, 13f. – [75] J. LOCKE: An essay conc. human underst. III, 5, §§ 3f. 11 (1690), hg. P. H. NIDDITCH (Oxford 1975) 429. 435. – [76] HOBBES, a.O. [74] 3; vgl. W. HÜBENER: Ist Th. Hobbes Ultranominalist gewesen? Studia leibn. 9 (1977) 77-100. – [77] LOCKE: Ess. III, 5, § 15; IV, 5, §§ 1-4, a.O. [75] 437. 574f. – [78] Vgl. M. DASCAL: Leibniz, Hobbes, Locke and Descartes on signs, memory, and reasoning, in: Leibniz, language, signs and thought (Amsterdam/Philadelphia 1987) 31-45, hier: 34f. – [79] E. B. DE CONDILLAC: Traité de l'art de penser (1775). Oeuvr. philos., hg. G. LE ROY (Paris 1946-51) 1, 738 a. – [80] CH. BONNET: Essai de psychol. (London 1755, ND 1978) 45f. – [81] A. BURSIUS: Dial. Ciceronis (Samosci 1604) 114ff. – [82] F. BURGERSDIJK: Instit. log. lib. duo (Leiden 1626) 1f. – [83] J. JUNGIUS: Log. Hamburgensis, hg. R. W. MEYER (1957) 4. – [84] P. GASSENDI: Syntagma philos. Op. omn. (Lyon 1658, ND 1964) 31 a-b. – [85] CLAUBERG, a.O. [73] 111. – [86] L. MEYER: Philos. S. Scripturae interpres (Amsterdam 1666) 4. – [87] J. VON FELDE: Tract. de sci. interpretandi (Helmstedt 1689) 4ff. – [88] J. WALLIS: Logica I, 1. Op. math. (Oxford 1699, ND 1972) 3, 87. – [89] J. SERGEANT: The method to sci. (London 1696) 114. 117. – [90] J. DE RAEY: Cogitata de interpret. (Amsterdam 1692) 30. – [91] CH. THOMASIUS: Instit. jurisprud. div. (Halle [7]1730, ND 1963) 83. – [92] Einl. zur

Vernunftlehre (Halle 1691, ND 1968) 290; vgl. Einl. zur Sittenlehre (Halle 1692, ND 1968) 89f. – [93] CH. WOLFF: Psychol. empirica § 284 (1738). Ges. Werke, hg. J. ECOLE II/5 (1968) 202. – [94] CH. THOMASIUS: Introd. ad philos. aulicam (Halle 1688, [2]1702) 80. – [95] Einl. zur Hof-Philos. (Halle 1710) 99f. – [96] M. ENGELMAN: (praes.)/S. M. FRÖLING (resp.): De sublimitate sermonis interni diss. (Uppsala 1710) 12. – [97] THOMASIUS, a.O. [94] 81; vgl. Fundamenta jur. nat. et gent. ex sensu communi deducta (Halle 1705, ND 1979) 36. – [98] a.O. 36f. – [99] J. G. HERDER: Vom Erkennen und Empfinden der menschl. Seele (1778). Sämmtl. Werke, hg. B. SUPHAN (1877-1913, ND 1967f.) 8, 197. – [100] I. KANT: Anthropol. in pragmat. Hinsicht I, § 39 (1798). Akad.-A. 7, 192. – [101] K. L. REINHOLD: Grundleg. einer Synonymik (1812) 1. – [102] W. VON HUMBOLDT: Ueber die Verschiedenheit des menschl. Sprachbaues und ihren Einfluss auf die geist. Entwicklung des Menschengeschlechts [1830-35]. Akad.-A., hg. A. LEITZMANN u.a. (1903-36) 7, 53. – [103] F. D. E. SCHLEIERMACHER: Hermeneutik; kompendienartige Darst. von 1819, hg. H. KIMMERLE (1959) 80. – [104] Dialektik, hg. I. HALPERN (1903) 86. – [105] F. SCHLEGEL: Philos. der Sprache und des Wortes (1828/29). Krit. Ausg., hg. E. BEHLER (1958ff.) 10, 350. – [106] HURTADO DE MENDOZA, a.O. [46]. – [107] A. DE RIVAROL: De l'universalité de la langue franç. (1793, Berlin/Paris 1874) 19; vgl. L.-G.-A. DE BONALD: Législation primitive (Paris 1802) 241f.; G. BALLET: Le langage intérieur (Paris [2]1888) 17; H. STEINTHAL: Abriss der Sprachwiss. 1 ([2]1881, ND 1972) 47f.; G. RUNZE: Sprache und Relig. (1889) 2. – [108] E. B. DE CONDILLAC: La logique (1780), a.O. [79] 2, 396 b. – [109] A.-L.-C. DESTUTT DE TRACY: Eléments d'idéologie 1-5 (Paris 1801-15) 1, 66. – [110] P. LAROMIGUIÈRE: Discours sur la langue du raisonnement (1811), in: Leçons de philos. 1 (Paris 1823) 30. 45. – [111] a.O. 27f. – [112] DE BONALD, a.O. [107] 41; vgl. E. GÉRUZEZ: Cours de philos. (Paris [4]1843) 137. – [113] DE BONALD, a.O. 40; vgl. 242; Essai analyt. sur les lois nat. de l'ordre social (Paris 1800) 47; vgl. L. E. M. BAUTAIN: L'esprit humain et ses facultés (Paris [2]1859) 2, 168. 173; J. J. S. DE CARDAILLAC: Etudes élément. de philos. (Paris 1830) 2, 189-391; ausführliches Referat bei: V. EGGER: La parole intérieure (Paris 1904) 43-56. – [114] N. J. B. TOUSSAINT: De la nécessité des signes pour la formation des idées (1827) 86. – [115] L. PION D'ARDONNE: La philos. de l'expression (Grenoble 1871) 59. – [116] a.O. 60. – [117] 61. – [118] J. F. HERBART: Bem. über die Bildung und Entwickelung der Vorstellungsreihen (1839). Sämtl. Werke, hg. K. KEHRBACH/O. FLÜGEL 11 (1906, ND 1964) 146f.; vgl. STEINTHAL, a.O. [107] 47ff. – [119] B. BOLZANO: Wiss.lehre § 285 (1837). Ges.ausg. I/13, 1 (1989) 90. – [120] M. MÜLLER: Sci. of thought (London 1887) 36. – [121] a.O. 58. – [122] A. LEMOINE: De la physiognomie de la parole (Paris 1865) 169. – [123] a.O. 176. – [124] A. E. CHAIGNET: Philos. de la sci. du langage (Paris 1875) 49. – [125] a.O. 12. – [126] EGGER, a.O. [113] 59. – [127] a.O. 3. – [128] 71. – [129] BALLET, a.O. [107] 16. – [130] a.O. 18. – [131] E. MORSELLI: Manuale di semejotica delle malattie mentali (Neapel u.a. 1885) 2, 320. – [132] Vgl. F. PAULHAN: Le langage intérieur et la pensée. Rev. philos. France Etr. 11/1 (1886) 26-58; S. STRICKER: De la parole et des sons intérieurs. Rev. philos. France Etr. 11/2 (1886) 1-29; A. NETTER: La parole intérieure et l'âme (Paris 1892); weitere Nachweise bei: EGGER, a.O. [113] 58ff. – [133] E. MARTINAK: Zur Psychol. des Sprachlebens (1898), in: Psycholog. und pädagog. Abh., hg. E. MALLY/O. TUMLIRZ (Graz 1929) 120-144, bes. 126f. – [134] F. DE SAUSSURE: Cours de linguistique gén. (1916), hg. R. ENGLER (1968) 149, D 187. 1100f. – [135] A. A. LEONT'EV: Inner speech and the processes of grammat. generation of utterances. Soviet Psychol. 7 (1969) 11-16; A. N. SOKOLOV: Internal speech and thought. Int. J. Psychology/J. int. Psychologie 6 (1971) 79-92; vgl. H. HÖRMANN: Meinen und Verstehen ([4]1994) 283-309; E. HOLENSTEIN: Die Rede von der 'i.R.', in: Von der Hintergehbarkeit der Sprache (1980) 122-32. – [136] L. S. WYGOTSKI: Denken und Sprechen [russ. Moskau 1934] ([5]1969) 349. – [137] a.O. 350. – [138] 342. – [139] 350. – [140] L. WITTGENSTEIN: Notizbücher 1914-16: 9. 19. 1916, hg. G. H. VON WRIGHT/G. E. M. ANSCOMBE (Oxford [2]1979) 82; dagegen: Bem. über die Philos. der Psychol./Remarks on the foundations of psychol. II, § 7, hg. G. H. VON WRIGHT/H. NYMAN (Oxford 1980) 3. Werkausg. 7 ([5]1991) 221. – [141] Lecture C IX (1931), in: Wittgenstein's lectures. Cambridge 1930-32, hg. J. KING/D. LEE (Oxford 1980). – [142] Philos. Unters. I, § 329 [1935-45]. Schr. 1 (1960) 411. – [143] a.O. [141]. – [144] § 339, a.O. [142] 413. – [145] Philos. der Psychol. II, § 9, a.O. [140]. – [146] § 32, a.O. [142] 305. – [147] J. A. FODOR: The language of thought (Hassocks 1976) 64. – [148] a.O. – [149] Some reflections on L. S. Vygotsky's 'Thought and language'. Cognition 1 (1972) 83-95, hier: 85. – [150] a.O. [147] 65. – [151] Vgl. Art. ‹Repräsentation›. Hist. Wb. Philos. 8 (1992) 831-834. – [152] J. A. FODOR: The Elm and the expert. Mentalese and its semantics (Cambridge, Mass. 1995); S. SCHIFFER: Does mentalese have a compositional semantics? in: B. LOEWER/G. REY (Hg.): Meaning in mind: Fodor and his critics (Oxford 1991) 181-199. – [153] K. STERELNY: Mental representation: What language is brainese? Philos. Studies 43 (1983) 365-382.

Literaturhinweise. M. POHLENZ s. Anm. [8]. – M. MÜHL s. Anm. [4]. – W. HÜBENER s. Anm. [56] und [32]. – E. P. BOS: Mental verbs in terminist logic. Vivarium 16 (1978) 56-69. – E. J. ASHWORTH s. Anm. [63]. – H. G. GELBER s. Anm. [59]. – J. C. MALONEY: The mundane matter of the mental language (Cambridge 1989). – C. G. NORMORE: Ockham on mental language, in: J. C. SMITH (Hg.): Histor. foundations of cognitive sci. (Dordrecht 1990) 53-70. – C. CHIESA s. Anm. [8]; Le problème du langage intérieur dans la philos. ant. de Platon à Porphyre. Hist. Epistémologie langage 14/2 (1992) 15-30. – C. PANACCIO: From mental word to mental language. Philos. Topics 20 (1992) 125-147; Le langage mental en discussion: 1320-1335. Les Et. philos. 3 (1996) 323-339; Angel's talk, mental language and the transparency of the mind, in: C. MARMO (Hg.): Vestigia, imagines, verba. Semiotics and logic in medieval theological texts (Turnhout 1997) 323-335; Grammar and mental language in the Ps.-Kilwardby. Historisk-filosofiske Meddelelser 77 (1999) 387-413; s. Anm. [3] (grundlegend). – E. KARGER: Mental sentences according to Burley and to early Ockham. Vivarium 34 (1996) 192-230. – A. MAIERÙ: Il linguaggio mentale tra logica e grammatica nel medioevo: il contesto di Ockham, in: C. GUETTI/R. PUJIA (Hg.): Momenti di storia della logica e di storia della filosofia. Atti del Conv. naz., Roma, 9-11 nov. 1994 (Rom 1996) 69-94. – M. LENZ: Mentale Sätze. Wilh. von Ockhams These zur Sprachlichkeit des Denkens (2003).

S. MEIER-OESER

Wortstreit. Der philosophische Gebrauch des deutschen Ausdrucks geht auf CH. WOLFF zurück. Dieser verwendet ‹Wort-Streit› in seiner ‹Deutschen Logik› als Übersetzung des Terminus ‹logomachia›, den er, der Tradition folgend, in seiner lateinischen ‹Logica› benutzt [1]. In der Folgezeit bleibt neben ‹W.› auch das Fremdwort ‹Logomachie› (s.d.) in Gebrauch. Den W. führt Wolff in der üblichen Weise auf die Ambiguität (s.d.) des Wortgebrauchs zurück, die ihrerseits auf der Vagheit (s.d.) der Bedeutung beruhen kann, indem die Streitenden «die Bedeutung der Wörter nicht durch deutliche Begriffe in richtige Schrancken einschliessen, sondern einer diesen, ein anderer einen andern, ja oft einer bald diesen, bald einen andern undeutlichen Begriff mit einem Worte verknüpffet» [2]. Die Undeutlichkeit, die gemäß der rationalistischen Terminologie auf die Verworrenheit (s.d.) der Begriffe hinausläuft, bedingt, daß unterschiedliche Merkmale des Begriffs als Kernbedeutungen der entsprechenden Wörter herausgegriffen werden. Der W. ist demgemäß dadurch zu vermeiden, «daß die in dem Satze vorkommende Wörter erkläret werden» [3], d.h., ihre Bedeutungen durch Definitionen (s.d.) bestimmt werden. Bemerkenswert ist, daß Wolff dabei der Auffassung der Definitionen als willkürlicher Bedeutungsfestsetzungen nicht folgt, sondern den faktischen Sprachgebrauch berücksichtigt wissen will: «Wie denn überhaupt nöthig ist, daß, wenn man die eigentliche Bedeutung der Wörter finden will, man sich einige Fälle vorstellet, in welchen das Wort gebraucht wird, und dabey auf alles genau acht giebt, was uns selbiges zu brauchen veranlasset» [4]. In diesem Sinne unterscheidet G. F. MEIER ausdrücklich zwischen W. und nützlichen «Streitigkeiten über Worte», verstanden als «philologische» Kontroversen über die «Abstammung» und die «Regeln des Gebrauchs der Worte» [5]. Der zu vermeidende W. besteht für Wolff und Meier darin, daß mit denselben Worten über in der Sache Verschiedenes gestritten wird, «weil man einander nicht versteht» [6]. In der Tradition gilt solcher W. im allgemeinen als auflösbar. Eine Ausnahme stellt die sich als Kampf gegen die «Logokratie», die «Macht der Worte» [7], verstehende radikale Sprachskepsis dar, wie sie exemplarisch F. MAUTHNER vertreten hat. Da die Menschen einander gar nicht verstehen könnten, weil jedes Wort «bei verschiedenen Menschen verschiedene Vorstellungen» erwecke, sei der W. unvermeidbar: «Leute mit verschiedenen Sprachen müssen eben streiten, wenn sie so dumm sind, miteinander sprechen zu wollen» [8].

Die Tradition spricht insbesondere auch dann von einem W., wenn der Streit gar nicht über Sachen, sondern bloß über Wörter geht, einzig mit dem Ziel, daß man – wie J. LOCKE in seiner Kritik an der Disputationskunst meint – im Streit das letzte Wort («the last word in the dispute») behält [9]. Nicht bedacht bleibt hier, daß der W. auch im Interesse einer Sache unvermeidlich werden kann. So hat in der neueren Sprachphilosophie W. B. GALLIE für Bereiche wie Ästhetik, politische Philosophie, Philosophie der Geschichte und Philosophie der Religion geltend gemacht, daß wir es hier mit prinzipiell «umstrittenen» («contested») Begriffen zu tun haben, sofern deren Gebrauch mit einem «head-on conflict of interests or tastes or attitudes» verbunden ist. In diesen Fällen ist der W. unvermeidbar, weil der richtige Gebrauch solcher Begriffe «inevitably involves endless disputes about their proper uses» [10]. Ambiguität und Vagheit, die die Tradition für W. verantwortlich gemacht hatte und deshalb behoben sehen wollte, gelten auch als – nun allerdings unvermeidliche – Kennzeichen «umstrittener» Begriffe, weil sich deren Verwendung interessenabhängig ändern kann [11]. Die Verwendungsstrategien, die mit solchen Begriffen verbunden sind, lassen sich teilweise als «persuasive Definitionen» im Sinne von CH. L. STEVENSON beschreiben. Dies sind Definitionen, deren Definiendum neben einer deskriptiven (wertneutralen) eine stark emotive (wertende) Bedeutungskomponente besitzt und deren Definiens die emotive Bedeutung beibehält, die deskriptive aber verändert, um so interessegeleitet die Wertung auf den neuen Inhalt zu übertragen [12].

Wie die Wissenschaftsgeschichte zeigt, lassen sich auch Beispiele für W. in den exakten Wissenschaften finden, dann nämlich, wenn in Auseinandersetzungen um die kategorialen Grundbegriffe einer Disziplin wissenschaftspolitische Interessen auf dem Spiele stehen. So macht G. FREGE, obwohl er in der Definitionstheorie entschieden die Willkürlichkeitsthese vertritt, seinem Kontrahenten D. HILBERT in der Diskussion über die Grundlagen der Geometrie den Gebrauch der Termini ‹Definition› und ‹Axiom› für dessen Auffassung der impliziten Definitionen als Definitionen durch Axiome [13] streitig, indem er betont, daß seine eigene «Gebrauchsweise» dieser Wörter «die althergebrachte und zugleich die zweckmäßigste» sei [14]. Ein W. dieser Art läßt sich vor allem in Zeiten wissenschaftlicher Revolutionen feststellen, wenn Vertreter der neuen Auffassung alten Termini neue Inhalte zu geben versuchen.

Eine Rechtfertigung des W. als Streit *um* Worte ist vor allem im Rahmen der Analyse *politischer* Sprache erfolgt. So hat H. LÜBBE im Anschluß an die rhetorische Tradition betont, daß der W. im «esoterischen» Diskurs, wie insbesondere dem der exakten Wissenschaften, vermeidbar sei, nicht aber in Sprache, die für eine «politisch relevante Öffentlichkeit» bestimmt ist. Hier gehorche es «zwingender politischer Logik», daß man sich «wechselseitig die Legitimität des Anspruchs auf den Gebrauch zentraler politischer Vokabeln streitig macht», wie z.B. bei Wörtern wie ‹Freiheit› und ‹Demokratie› [15]. Der W. ist dabei Anzeichen dafür, daß an den Wörtern etwas liegt, und zwar mit Blick auf deren emotive Wirkung. Semantisch positiv besetzte Ausdrücke will man als Bezeichnungen für die eigene Sache in Anspruch nehmen; bestimmte Sachverhalte beschreibt man, je nach politischem Standpunkt, mit positiv oder negativ konnotierten Vokabeln (‹Radikalenerlaß› vs. ‹Berufsverbot›). Detaillierte Analysen zur «politischen Semantik» sind inzwischen von linguistischer, geschichtswissenschaftlicher, soziologischer und politologischer Seite vorgelegt worden [16]. Besonders ergiebig ist hier das Vokabular des 'kalten Krieges', der gerade insofern 'kalt' geblieben ist, als er sich auf ideologische Auseinandersetzungen beschränkte, in denen der W. eine zentrale Rolle spielte.

Anmerkungen. [1] CH. WOLFF: Philosophia rationalis sive Logica III, §§ 1029f. (1728, [3]1740). Ges. Werke, hg. J. ECOLE u.a. II/1, 3 (1983) 739. – [2] Vern. Gedancken von den Kräfften des menschl. Verstandes ... [Dtsch. Logik] 2, § 15 (1713, [14]1754), a.O. I/1 (1965) 155. – [3] 15, § 3, a.O. 242. – [4] 2, § 16, a.O. 155. – [5] G. F. MEIER: Vernunftlehre § 555 (1752, ND 1997) 614f. – [6] a.O. – [7] F. MAUTHNER: Art. ‹Logokratie›, in: Wörterbuch der Philos. 2 (1910/11, [2]1924) 305-307; vgl. auch: Art. ‹Sprachkritik›. Hist. Wb. Philos. 9 (1995) 1508-1514. – [8] Beiträge zu einer Kritik der Sprache 1 (1901) 54. – [9] J. LOCKE: An essay conc. human understanding III, 10, § 7 (1689). The works (1823, ND 1963) 2, 272. – [10] W. B. GALLIE: Essentially contested concepts. Proc. Arist. Soc. 56 (1955/56) 167-198; ND, in: M. BLACK (Hg.): The importance of language (Englewood Cliffs, N.J. 1962) 121-146, 122f. – [11] a.O. 125 (Anm. 1). – [12] CH. L. STEVENSON: Ethics and language (New Haven/London 1944) 210. – [13] Vgl. Art. ‹Definition II. 2.-3.›. Hist. Wb. Philos. 2 (1972) 37ff. – [14] G. FREGE: Über die Grundlagen der Geometrie. Jahresber. dtsch. Mathematiker-Vereinigung 12 (1903) 319-324, 321. – [15] H. LÜBBE: Der Streit um Worte. Sprache und Politik (1967) 32; vgl. Wortgebrauchspolitik, in: C. DUTT (Hg.): Herausforderungen der Begriffsgeschichte (2003) 65-80. – [16] Vgl. etwa: W. DIECKMANN: Sprache in der Politik (1969); J. KLEIN: Wortschatz, Wortkampf, Wortfelder in der Politik, in: J. KLEIN (Hg.): Polit. Semantik (1989) 3-50; G. STÖTZEL: Semant. Kämpfe im öffentl. Sprachgebrauch, in: G. STICKEL (Hg.): Dtsch. Gegenwartssprache (1990) 45-65; G. STÖTZEL/M. WENGELER (Hg.): Kontroverse Begriffe: Gesch. des öffentl. Sprachgebrauchs in der BRD (1995).

G. GABRIEL

Wunder (engl. miracle, prodigy, marvel; frz. miracle, prodige, merveille; ital. miracolo, prodigio, meraviglia)

A. *Philosophie.* – Dem deutschen Ausdruck ‹W.› entspricht in den alten Sprachen ein umfangreiches Wortfeld (vgl. unten: 1.), das ein breites Spektrum von seltenen, ungewöhnlichen, Verwunderung oder Staunen (s.d.) erregenden Phänomenen bezeichnet, bei denen es sich um Handlungen von Göttern, Dämonen oder W.-Tätern, Ereignisse oder Dinge handeln kann. Erst allmählich setzt sich ein philosophisch reflektierter W.-Begriff durch, der für Ereignisse reserviert ist, die zum einen nicht mit den Naturgesetzen im Einklang stehen und zum anderen Gott (oder einen von diesem autorisierten Menschen) zum Urheber haben. Diese Merkmale bilden den Kern des W.-Begriffs, der bis ins Zeitalter Kants von Philosophen und Theologen gleichermaßen verwendet wird. Von diesem W.-Begriff der philosophisch-theologischen

Tradition hebt sich das W.-Verständnis der neueren Theologie bewußt ab (vgl. unten: B.).

1. *Vorchristliche Antike.* – Im Griechischen ist das einschlägige Vokabular in seinen Ausdifferenzierungen und den jeweiligen Bedeutungsnuancierungen bereits bei HOMER zu fassen. Als «W.» (θαῦμα) kann ein außergewöhnliches Ding oder Lebewesen (etwa eine über die Maßen schöne Frau [1], ein Ungeheuer wie der Kyklop Polyphem [2]) oder ein staunenerregendes Ereignis, aber auch die 'Verwunderung', die diese auslösen, bezeichnet werden (θαῦμά μ' ἔχει: «Staunen befällt mich» [3]). Ein τέρας (auch σῆμα [4]) ist ein W., mit dem ein Gott den Menschen ein Zeichen (z.B. Donner oder Regenbogen) [5] gibt. So wird der blitzeschleudernde Göttervater als Ζεὺς τεράστιος [6] angesprochen. Mit πέλωρ/πέλωρον werden W.-Dinge und Ungeheuer (z.B. die Skylla, der Kopf der Gorgo Medusa oder ein von Zeus gesandter versteinerter Drache) [7] bezeichnet. W. sind, wie die Episode über das Wunderkraut Moly in der ‹Odyssee› illustriert, außergewöhnliche Phänomene, die aber im Rahmen des Natürlichen verbleiben, auch wenn sie sich dem Wirken der Götter verdanken, die «alles können» [8].

In der Philosophie der vorchristlichen Antike herrscht dieser Wortgebrauch vor: W. sind außerordentliche Naturphänomene und -ereignisse. Gemeint sind entweder natürlich entstandene, aber unerklärliche Phänomene oder staunenerregende Zeichen, die die Götter den Menschen schicken (τέρας πέμπειν) [9]. Die göttliche Urheberschaft ist jedoch kein notwendiges Merkmal des W.-Begriffs. Fremd ist dieser Zeit auch die Idee einer Verletzung der naturgesetzlichen Ordnung durch das W. Dies zeigen die Beispiele, auf die PLATON sich bezieht, wenn er von den «W.» (τεθαυματουργημένα) spricht, die wir in der Natur beobachten: die Anziehungskraft des Bernsteins und des Magneten [10]. ARISTOTELES verwendet in seinen biologischen Schriften dasselbe Wort, das seit Homer für die von den Göttern gewirkten W. gebräuchlich ist (τέρας, auch τὸ τερατῶδες), als Terminus technicus für deformierte Lebewesen, Mißgeburten und Monstren. Wenngleich solche τέρατα wie z.B. «W.-Hühnchen» (νεοττοὶ ... τερατώδεις) mit vier Flügeln und Beinen [11] 'natürlich' (ohne göttliche Intervention) entstehen, nennt Aristoteles ihr Vorkommen «naturwidrig» (παρὰ φύσιν) [12]. Dabei hat er nicht eine Verletzung von Naturgesetzen durch diese 'W.-Dinge' im Auge, wie ihn die mittelalterliche Rezeption versteht (vgl. unten: 2.). Das nicht Naturgemäße des Monströs-Wunderbaren besteht nach Aristoteles in der Abweichung von dem, was «meistens» geschieht (ὡς ἐπὶ τὸ πολύ) [13], also in der geringen statistischen Wahrscheinlichkeit seines Auftretens. Es ist jedoch, auch wenn es «dieser besonderen [statistischen] Ordnung zuwiderläuft (παρὰ τὴν τάξιν ... ταύτην)», «in gewisser Weise naturgemäß (κατὰ φύσιν)», denn es tritt nicht «zufällig» auf [14].

Häufig begegnet auch in philosophischen Texten eine Variante des alltagssprachlichen Wortgebrauchs, nämlich die Verwendung der Ausdrücke θαῦμα, τέρας und deren Ableitungen für betrügerische Machenschaften [15], so wenn PLATON einen «sophistischen Trick» als σοφιστικῆς δυνάμεως θαῦμα [16] bezeichnet. An anderen Stellen ist die Bedeutung der Entsprechungen zu ‹W.› an ‹Absurdität› angenähert (θαυμάσιον ... καὶ ἄλογον) [17].

Ein einschlägiges literarisches Genre bildet sich seit dem Hellenismus (KALLIMACHOS [18]) heraus: Von rund 40 'W.-Schriftstellern' (Paradoxographen) sind z.T. umfangreiche Bruchstücke überliefert [19]. Neben populären Texten wie dem Buch ‹Über die W.› (Περὶ θαυμασίων) des PHLEGON VON TRALLEIS [20] oder der ‹Sammlung wunderbarer Geschichten› (Ἱστορίων παραδόξων συναγωγή) des ANTIGONOS VON KARYSTOS (3. Jh. v.Chr.) [21] sind darunter auch Texte, die kanonischen Philosophen zugeschrieben wurden, bes. die wohl aus dem 3. Jh. v.Chr. stammende ps.-aristotelische Schrift ‹Mirabilia› (Περὶ θαυμασίων ἀκουσμάτων: ‹Über Dinge, die erstaunlich zu hören sind›) [22]. – In der antiken Historiographie nannte man eine auf das Spektakuläre zielende Darstellungsweise «W.-Geschichtsschreibung» (τερατεία [23]). Das genaue Eintreffen einer Weissagung (προρρήσεως ἀκρίβεια [24]) gilt auch außerhalb der jüdisch-christlichen Vorstellungswelt als W.

Die spätantike Mentalität ist durch eine zunehmende W.-Gläubigkeit geprägt [25]. Krasse W., von denen in der vorchristlichen Kultur selten die Rede war, finden nun Glauben, wie etwa die Totenerweckungen, die in der Spätantike dem Apollonios von Tyana zugeschrieben werden [26]. Die W.-Gläubigkeit dringt schließlich auch in die Philosophie ein. Selbst unter Philosophen gilt wundertätiges Wirken als Auszeichnung, was etwa IAMBLICHOS mit seinen Berichten über die «W.» (θαυμαστὰ ἔργα [27]) des Pythagoras (ähnlich DIOGENES LAERTIOS über Empedokles [28]) illustriert. LUKIAN VON SAMOSATA, der die religiöse Szenerie der Kaiserzeit mit spöttischer Skepsis beobachtet und kommentiert, steht demgegenüber weitgehend isoliert da. In seinem Vokabular heißt «W. wirken» (θαυματοποιεῖν) geradewegs 'betrügerische Machenschaften treiben' [29].

Für CICERO besteht das Wesen des W. nicht in seinem Kontrast zur Naturordnung, sondern in seiner divinatorischen Funktion. Diese trete auch in der Etymologie der einzelnen Termini zutage, mit denen im Lateinischen die verschiedenen Formen des W. bezeichnet werden: Die W. heißen «ostenta monstra portenta prodigia», weil durch sie den Menschen von den Göttern kommende Ereignisse «angezeigt, angedeutet, angekündigt und vorhergesagt werden» («ostendi monstrari portendi praedici») [30].

Anmerkungen. [1] HOMER: Od. XI, 287. – [2] Od. IX, 190. – [3] Od. X, 326. – [4] Ilias II, 308. – [5] Od. XX, 101; Ilias XI, 28; HERODOT: Hist. IV, 28; sein Beispiel: ein Wintergewitter; vgl. A. H. MCDONALD: Herodotus on the miraculous, in: C. F. D. MOULE (Hg.): Miracles (London 1965) 81-92. – [6] LUKIAN VON SAMOSATA: Timon 41: Asklepios und Sarapis heißen θαυμαστός; AELIUS ARISTIDES: Orat. 49, 46. – [7] HOMER: Od. XII, 87; Ilias V, 741; II, 321. – [8] Od. X, 302ff.; vgl. M.-M. ROSS: Natur erfahren und W. wirken. Odysseus und die Pflanze Moly, in: J. ZIMMERMANN (Hg.): Ästh. und Naturerfahrung (1996) 149-159. – [9] XENOPHON: Memorab. I, 4, 15. – [10] PLATON: Tim. 80 c. – [11] ARISTOTELES: De gen. anim. IV, 4, 770 a 20. – [12] a.O. 770 b 5. 9f.; Hist. anim. I, 17, 496 b 18. – [13] 770 b 10f. – [14] 770 b 14-17. – [15] ARISTOPHANES: Lysistr. 762; H. G. LIDDELL/R. SCOTT (Hg.): Greek-Engl. lex. s.v. θαῦμα und τέρας, jeweils mit den Ableit. – [16] PLATON: Soph. 233 a. – [17] PLATON: Gorg. 496 a; vgl. Theaet. 163 d; Hipp. maior 283 c; vgl. auch die pejorativ getönte Verwendung von θαυματουργία im Sinne von 'Puppenspiel' in PLATON: Leg. II, 670 a. – [18] A. GIANNINI: Da Omero a Callimaco: motivi e forme del meraviglioso. Rendiconti Istit. Lombardo, Cl. lettere, Scienze morali e stor. 97 (1963) 247-266. – [19] A. GIANNINI (Hg.): Paradoxographorum Graecorum reliquiae (Mailand 1966). – [20] PHLEGON VON TRALLEIS, in: GIANNINI (Hg.), a.O. 169-219; dtsch.: Das Buch der W., hg. und übers. K. BRODERSEN (2002). – [21] ANTIGONOS VON KARYSTOS, a.O. 32-109. – [22] Ps.-ARISTOTELES: Mirabilia (De mirabilibus auscultationibus) [BEKKER 830 a-847 b]. – [23] E. PLÜMACHER: Τερατεία. Fiktion und W. in der hellenist.-röm. Gesch.schreibung und in der Apostelgesch. Z. neutest. Wiss. 89 (1998) 66-90. – [24] AELIUS ARISTIDES: Orat. 51, 18. – [25] G. DELLING (Hg.): Antike

W.-Texte (²1960); R. REITZENSTEIN: Antike W.-Erzählungen (²1967); W. SPEYER: Der numinose Mensch als Wundertäter. Kairos NF 2 (1984) 129-153; A. STRAMAGLIA: Res inauditae, incredulae. Storie di fantasmi nel mondo greco-latino (Bari 1999). – [26] PHILOSTRATOS: Vita Apollonii 4, 45. Opera, hg. C. L. KAYSER 1 (1870, ND 1964) 163f. – [27] IAMBLICHOS: De vita Pythagorica 28, 134, hg. L. DEUBNER/U. KLEIN (²1975) 76; ähnlich: PORPHYRIOS: Vita Pythagorae 28. Opusc. select., hg. A. NAUCK (1886) 32; vgl. E. R. DODDS: The Greeks and the irrat. (Berkeley/Los Angeles 1951) 144f. – [28] DIOGENES LAERTIOS: De vitis philos. VIII, 60f. – [29] LUKIAN: De morte Peregrini 17. – [30] CICERO: De nat. deorum II, 3, 7.

2. *Patristik und Mittelalter.* – Der philosophische W.-Begriff mit seinen bis heute wesentlichen Merkmalen – göttliche Urheberschaft und Verletzung der naturgesetzlichen Ordnung – wurde von Theologen der Patristik geprägt. Durch die *biblischen* (vgl. unten: B.) W.-Berichte von Sonnenstillständen, Totenerweckungen usw. war ihnen die Vorstellung einer Schöpfungsordnung vorgegeben, die einerseits durch den Schöpfergott naturgesetzlich geregelt («ratis legibus fixisque firmatum») [1] ist, andererseits aber durch diesen suspendiert werden kann.

Von W. ist zwar in vielen Zusammenhängen die Rede – Reliquien, Heilige [2], aber auch Häretiker [3] wirken W. –, im Zentrum aber stehen die W. der Boten Gottes im AT und Jesu, deren «opera ... miranda», so LAKTANZ, «Beweise göttlicher Kraft» («caelestis indicia virtutis») [4] sind. Neben den sog. Weissagungen (s.d.) des AT auf Jesus ist unter Hinweis auf die «wunderbaren Krafttaten» (τεραστίους δυνάμεις) Jesu der stärkste «Beweis» (ἀπόδειξις) seiner Göttlichkeit und also der Wahrheit des Christentums zu führen [5]. Durch die W. Jesu, die den Rahmen der Naturordnung sprengen [6] und doch real «geschehen sind» (γεγονέναι) [7], wollte Gott die für die Menschen heilsame Lehre (λόγον) des Evangeliums «bestätigen» (συστῆναι) [8].

Die Probleme, die sich für Naturphilosophie und Metaphysik aus dem W.-Glauben ergeben, werden von AUGUSTINUS ausführlich und in für die Folgezeit maßgeblicher Weise erörtert [9]. Indem Gott die Naturordnung bisweilen durch W. durchbrach, also etwa die Sonne stillstehen ließ (Jos. 10, 13), hat er nur scheinbar gegen die Naturordnung («contra naturam») verstoßen. Tatsächlich hat er lediglich die «Regeln der Astronomen gestört» («canones astrologorum turbavit») [10], d.h.: Ein W. verletzt nicht die Gesetzmäßigkeiten der Natur überhaupt, sondern lediglich diejenigen «der Natur, wie sie uns bekannt ist» («portentum ergo fit non contra naturam, sed contra quam est nota natura») [11]. Sowohl die naturgesetzlich («legibus fixis») [12] geregelte Ordnung der Welt als auch die W. gründen im Willen Gottes («Dei voluntate») [13], dem jeder Eingriff in die von ihm geschaffene Natur möglich ist. Ihm steht frei zu tun, «was auch immer er will» («quidquid voluerit»). Er handelt, wenn er W. («monstra», «ostenta», «portenta», «prodigia») [14] wirkt, «ohne sich durch ein Naturgesetz Vorschriften machen zu lassen» («nulla praescribente lege naturae») [15].

Konturiert wird der Begriff des W. durch die Klarstellungen, zu denen die Kirchenväter sich genötigt sehen, um einerseits Zweifel an den W. Jesu zurückzuweisen und andererseits diese von den W. abzugrenzen, auf die die konkurrierenden Religionen sich berufen. In der spätantiken Welt werden die biblischen W.-Berichte keineswegs mit einhelliger Aufgeschlossenheit aufgenommen [16]. Widerspruch artikulieren vor allem der Plotin-Schüler PORPHYRIOS [17] und der Platoniker KELSOS. Die «Wunderwerke» (ἔργα θαυμαστά), von denen die Schriften der Juden und Christen berichten, sind nach Kelsos entweder betrügerische Zauberkunststücke (γοήτεια) [18] oder Erdichtungen, die durch keinen «glaubwürdigen Zeugen» (ἀξιόχρεως μάρτυς) [19] verbürgt sind. Suspekt sind die biblischen W.-Berichte auch aufgrund der frappierenden Parallelen in anderen Religionen. So erinnern W. wie die Jungfrauengeburt an griechische Mythen (μῦθοι), etwa von Danae oder Antiope [20]. Kelsos nimmt einen der wichtigsten philosophischen Einwände der neuzeitlichen W.-Kritik vorweg, wenn er gegen die Idee einer Störung des kosmischen Ordnungsgefüges durch W. geltend macht: «Wenn du von den Dingen hier auch nur das Geringste verändern würdest, so wird dir alles umstürzen und zugrunde gehen» [21]. Gegen den Vorwurf, Jesu W. seien betrügerische Erdichtungen seiner Anhänger, versuchen die Kirchenväter deren Historizität außer Zweifel zu setzen: Die W. Jesu waren reale Taten, «wahrhafte Werke» (ἔργα ... ἀληθῆ) [22]. Ein jedes von ihnen ist durch einen glaubwürdigen (πιστός) Zeugen verbürgt [23]. Jesus war kein Magier [24]; er wirkte ohne den Beistand dämonischer Macht («daemoniaca ... potentia») [25]. In der Auseinandersetzung mit den antichristlichen Autoren werden auch grundsätzliche Einwände gegen das W. erörtert. So greift AUGUSTINUS das Argument auf, der Glaube an W. sei unvernünftig, weil diese als solche unerklärliche Ereignisse seien. Tatsächlich können wir, so räumt er ein, für die «miracula» keine Erklärung geben («rationem ... reddere»). Sie übersteigen die «Kräfte des menschlichen Geistes» («vires mentis humanae»). Da es aber auch in der alltäglich erfahrenen natürlichen Welt viele «res mirabiles» gibt, deren Existenz außer Zweifel steht, obwohl sie unerklärlich sind, sind die Heiden nicht berechtigt, die in der Heiligen Schrift berichteten W.-Ereignisse als unglaubwürdig («res incredibiles») zurückzuweisen [26].

Im *Mittelalter* bleibt das W. Thema von Theologie und Philosophie und ist zugleich ein sozusagen alltägliches kulturelles Phänomen. Auch in Bereichen außerhalb der im engeren Sinne religiösen Sphäre [27] ist es – von der Magie bis zu den wunderbaren Skrofeln-Heilungen der Könige von Frankreich («rois thaumaturges») [28] – anzutreffen. Das Problem, die Möglichkeit der W. verständlich zu machen, stellt sich der christlichen, islamischen [29] wie jüdischen Theologie [30]. Von besonderer Dringlichkeit ist es im Rahmen einer an Aristoteles anschließenden Metaphysik. MOSES MAIMONIDES, der die Möglichkeit der W. einräumt [31], ist zugleich bestrebt, ihr tatsächliches Vorkommen angesichts der Vollkommenheit der Schöpfungsordnung [32] – bevorzugt durch allegorische Ausdeutung – zu minimieren. Die lateinische Aristotelesrezeption entnimmt den biologischen Schriften des Stagiriten die Definition des Monströs-Wunderbaren (τέρας) als Abweichung vom gewöhnlichen Naturlauf (παρὰ φύσιν; WILHELM VON MOERBEKE: «preter naturam» [33]) und macht diese zum Kennzeichen des von Gott und seinen Bevollmächtigten gewirkten «miraculum» [34]. So definiert THOMAS VON AQUIN W. als Ereignisse «außerhalb der Naturordnung» («aliquid dicitur esse miraculum, quod fit praeter ordinem totius naturae» [35]; ausführlicher: «miraculum proprie dicitur, quod fit praeter ordinem totius naturae creatae, sub quo ordine continetur omnis virtus creaturae» [36]). Urheber des W., das die natürliche Kraft der Natur übersteigt («excedit facultatem naturae») [37], ist Gott allein («solus deus facit miracula») [38]. Er wirkt es frei, weil er es will («ex simplici voluntate») [39]. Zauberer tun keine echten W., sondern nur Lügen-W. («prodigia mendacia» [40], «miracula

... quoad nos») [41]. Um das W. in seine Naturphilosophie zu integrieren, greift Thomas auf Aristoteles' Begriff einer statistischen Regularität (ὡς ἐπὶ τὸ πολύ) [42] zurück: Das W. ist kein Verstoß gegen die Naturordnung schlechthin, sondern eine Abweichung von dem, «was häufig, aber nicht überall und immer zu geschehen pflegt» («quod in rebus frequenter accidere solet, non autem ubique vel ... semper») [43]. Nichts, was Gott wirkt, ist «gewaltsam und naturwidrig» («violentum aut contra naturam») [44]. Dies gilt auch für die äußersten der verschiedenen Grade der Abweichung («diversi ... gradus») [45] vom Naturlauf, also etwa für die Umkehrung der Laufrichtung der Sonne [46].

Die Lehre vom W. wird nicht nur in der katholischen, sondern auch in der protestantischen Schulphilosophie weitertradiert. Dabei wird – naheliegend in einer Zeit, in der die Natur Außergewöhnliches und Staunenerregendes im Übermaß bietet – auf eine Unterscheidung besonderer Wert gelegt: Das W. («miraculum») ist als «opus Dei extraordinarium» von dem Wunderbaren («mirabile») zu unterscheiden [47]: «non omne ... mirabile est miraculum» [48]. Was das von Gott gewirkte «miraculum» angeht, bleibt die thomistische Definition für die vom Katholizismus geprägte Philosophie bis ins 20. Jh., im protestantischen Raum bis ins 18. Jh. [49] verbindlich.

Anmerkungen. [1] AUGUSTINUS: De civ. Dei XXI, 8. CCSL 48, 771; vgl. R. M. GRANT: Miracles and natural law in Graeco-Roman and early Christian thought (Amsterdam 1952). – [2] GREGORIUS MAGNUS: Dial. de vita et miraculis patrum Italicorum. MPL 77, 149-432; EUSEBIUS: Hist. eccl. VI, 9, 1. MPG 20, 537 C. – [3] LEO BYZANTIUS: Contra monophysitas. MPG 86, 1896 Cf. – [4] LAKTANZ: Div. instit. IV, 15. MPL 6, 490 Bf. – [5] ORIGENES: C. Celsum I, 2. MPG 11, 655 B. – [6] GREGOR VON NYSSA: Orat. catech. 24. MPG 45, 63 C. – [7] ORIGENES, a.O. [5]. – [8] III, 28, a.O. 956 A; vgl. G. W. H. LAMPE: Miracles and early Christian apologetics, in: MOULE, a.O. [5 zu 1.] 203-218. – [9] AUGUSTINUS, a.O. [1] 770ff.; L. TANGANAGBA: Miracle comme 'argumentum fidei' chez Saint Augustin (2002). – [10] a.O. 771; vgl. auch: In Ioh. evang. XXIV, 1. MPL 35, 1593: «praeter usitatum cursum ordinemque naturae». – [11] a.O. – [12] ebda. – [13] ebda. – [14] 773. – [15] a.O. – [16] H. REMUS: Pagan-Christ. conflict over miracles (Cambridge, Mass. 1983); J. C. CAVADINI (Hg.): Miracles in Jewish and Christ. antiquity (Notre Dame 1999). – [17] PORPHYRIOS: Adv. Christianos, frg. 4, in: A. VON HARNACK (Hg.): Porphyrius, 'Gegen die Christen'. Abh. der Königl. Preuß. Akad. der Wiss., Phil.-hist. Kl. 1916 (1916) 46f. – [18] KELSOS: Ἀληθὴς λόγος I, 67, hg. R. BADER (1940) 60; I, 6, a.O. 41; vgl. F. MOSETTO: I miracoli evangelici nel dibattito tra Celso e Origene (Rom 1986). – [19] I, 41, a.O. 55. – [20] 37, a.O. 54. – [21] IV, 5, a.O. 104. – [22] EUSEBIUS: Hist. eccl. IV, 3, 2. MPG 20, 308 B. – [23] a.O. – [24] ARNOBIUS: Adv. nat. I, 43. MPL 5, 774 A. – [25] LAKTANZ, a.O. [4] 492 B. – [26] AUGUSTINUS: De civ. Dei XXI, 5. CCSL 48, 764f. – [27] B. WARD: Miracles and the medieval mind (London 1982, Aldershot ²1987); F. WAGNER: Art. ‹Mirakel›, in: Lex. des MA 6 (1999) 656-659; M. HEINZELMANN u.a. (Hg.): Mirakel im MA (2002). – [28] M. BLOCH: Les rois thaumaturges (Straßburg 1924, Paris 1993); dtsch. Die wundertätigen Könige (1998). – [29] R. GRAMLICH: Die W. der Freunde Gottes. Theol. und Ersch.formen des islam. Heiligen-W. (1987). – [30] H.-J. BECKER: Earthquakes, insects, miracles and the order of nature, in: P. SCHÄFER (Hg.): The Talmud Yerushalmi and Graeco-Roman culture (1998) 387-396. – [31] MOSES MAIMONIDES: More nebuchim II, 25; vgl. A. J. REINES: Maimonides' conc. of miracles. Hebrew Union Coll. Annual 45 (1974) 243-285; vgl. auch: JEHUDA HALEVI: Kusari I, 67, übers. H. HIRSCHFELD (1885, ND 2000) 21; H. A. WOLFSON: Judah Hallevi on causality and miracles, in: Studies of hist. of philos. and relig. 2 (Cambridge, Mass. 1977) 415-432; N. M. SAMUELSON: Halevi and Rosenzweig on miracles, in: D. R. BLUMENTHAL (Hg.): Approaches to Judaism in medieval times (Chico 1984) 157-174; H. KREISEL: Miracles in mediev. Jewish philos. Jewish quart. Review 75 (1984) 99-133; D. COHN-SHERBOK (Hg.): Divine intervention and miracles in Jewish theology (Levinston u.a. 1996). – [32] MOSES MAIMONIDES: More nebuchim III, 25. – [33] ARISTOTELES: De gen. anim., übers. WILHELM VON MOERBEKE. ARISTOTELES latinus XVII/2, 5, hg. H. J. DROSSAART LULOFS (Brügge/Paris 1966) 135 (De gen. anim. 770 a). – [34] THOMAS VON AQUIN: S. theol. I, 110, 4; S. c. gent. III, 99-102; WILHELM VON MOERBEKE (ARISTOTELES lat., a.O. 135) übersetzt τέρας allerdings mit «monstrum». – [35] S. theol., a.O. – [36] I, 114, 4; In 4 lib. sent., dist. 18. – [37] I, 105, 8. – [38] I, 110, 4. – [39] S. c. gent. III, 98. – [40] S. theol. I, 114, 4; vgl. 2 Thess. 2, 9. – [41] I, 110, 4. – [42] ARISTOTELES: De gen. anim. IV, 4, 770 b 10f. – [43] THOMAS VON AQUIN: S. c. gent. III, 99. – [44] a.O. 100. – [45] 101. – [46] a.O. – [47] R. GOCLENIUS: Lex. philos. (1613) 686f.; J. MICRAELIUS: Lex. philos. (²1662) 780f. – [48] J. ALTENSTAIG/J. TYTZ: Lex. theolog. (1619, ND 1974) 552f. – [49] J. F. BUDDE: Inst. theol. dogm. II, 1, 28 (1724) 306f.

3. *Neuzeit.* – Ein konsequenter Bruch mit den W.-Vorstellungen der theologisch-philosophischen Tradition ist in Naturphilosophie und -wissenschaft der Neuzeit zunächst nicht zu beobachten. Im Gegenteil werden «Natur-W.» [1] nicht nur von Vertretern einer natürlichen Magie (s.d.) unbefangen als reale Gegebenheiten aufgefaßt [2]. Zudem ist der W.-Glaube keineswegs auf religiös geprägte Milieus beschränkt. Dort ist zwar keine prinzipielle W.-Skepsis, wohl aber ein ausgeprägtes Mißtrauen gegenüber konkreten mirakulösen Phänomenen anzutreffen. Nicht nur auf der protestantischen, sondern (trotz des Glaubens an die anhaltende W.-Wirksamkeit in der Kirche) auch auf der katholischen Seite weiß man, daß mit in betrügerischer Absicht («deceptio») vorgespiegelten «Schein.-W.» («prodigia mendacia») zu rechnen ist [3], und billigt bzw. fördert die Eindämmung der 'abergläubischen' [4] W.-Sucht [5].

Entgegen dem Gemeinplatz, wonach in der neuzeitlichen W.-Debatte der «obvious conflict» zwischen der religiösen Weltsicht und dem «mechanical world view» aufbreche [6], sind es nicht die sich in der Philosophie der Renaissance regenden antireligiösen Strömungen, denen der Rationalisierungsschub zugute zu halten ist, durch den die Überwindung des W.-Glaubens erreicht wurde. Welch hemmungslose W.-Gläubigkeit auch Autoren abseits oder am Rande des christlichen Spektrums eigen sein kann, illustrieren die zahllosen «prodigia» (Monstergeburten; Lykanthropie; Parthenogenese bei Menschen) [7], auf die sich J. BODIN in seinem ‹Colloquium heptaplomeres›, einer Inkunabel der neuzeitlichen Religionskritik, ohne den Anflug eines Zweifels beruft. Ein ebenso vormoderner Begriff der Natur und ihrer mirakulösen Kräfte steht im Hintergrund von L. VANINIS (durch P. POMPONAZZI [8] angeregtem) Versuch einer Erklärung der biblischen W. aus «natürlichen Ursachen» («ad naturales causas illa omnia reducam») [9]. Dies zeigt sich an der Durchführung des Nachweises, daß es sich bei den von den Religionsstiftern in Anspruch genommenen «W.» tatsächlich um W. handelt, «die durch die Kraft der Himmelskörper hervorgerufen wurden» («coelestium corporum vi miracula fiunt») [10].

Der Naturforscher und Theologe M. MERSENNE vereint in seiner Person das doppelte Interesse, dem sich die Verabschiedung des Glaubens an eine wunderwirkende Natur (einer «boîte à miracles» [11]) durch das mechanistische Weltbild verdankt: Ein strenger Naturgesetzbegriff erlaubte es, das allein von Gott gewirkte übernatürliche «miraculum» von den natürlichen «prodigia» zu unterscheiden und letztere mitsamt den «forces occultes du Cosmos» ins Reich des Aberglaubens abzuschieben [12]. Hierin kommt zugleich als ein Motiv die Absicht zum Vorschein, der als neopagan verdächtigten Renaissancenaturphilosophie à la Vanini [13] und ihren Ausläufern im 17. Jh. [14] den begrifflichen Boden unter den Füßen wegzuziehen. In der Ablehnung der Vorstellung einer 'dädalischen' Natur (πολυδαίδαλος φύσις, F. GARASSE) [15], die, ohne mechanischen Gesetzen unterworfen zu sein, alle nur erdenklichen «miracula» und «prodigia» frei wirken kann, und damit im Bemühen um eine «élimination du merveilleux» sind Theologie und mechanistische Naturwissenschaft einig [16].

Im übrigen geht die sich formierende empirische Naturwissenschaft der frühen Neuzeit keineswegs mit einer Ignorierung oder Verdrängung von Phänomenen des Wunderbaren einher. Im Gegenteil fordert F. BACON die naturgeschichtliche Erfassung der W. («history of Marvels»). Neben der Beschreibung der regulären Geschöpfe und der künstlich hergestellten Dinge («history of Creatures» bzw. «of Arts») ist sie Teil der dreigliedrigen Naturbeschreibung («natural history»). Ihre Aufgabe ist zum einen die «collection of the Heteroclites and Irregulars of nature», also die Registrierung und Systematisierung der «wonders of nature», und zum anderen ihre Erklärung, d.h. Zurückführung auf natürliche Ursachen. Auch «superstitious narrations of sorceries, witchcrafts, dreams, divinations» muß sie, wenn «clear evidence of the fact» vorliegt, ihre Aufmerksamkeit schenken. Denn wir wissen nicht, welche dieser (vorgeblichen) Phänomene «participate of natural causes». Die Erforschung der W. dient also der fortschreitenden Naturerkenntnis («further disclosing of nature») und der Eindämmung von Aberglaube und populären Irrtümern («rejection of fables and popular errors») [17]. Wie später R. BOYLE mit seinen ‹Strange reports› [18] ist auch BACON hiermit ein Nachzügler der ps.-aristotelischen ‹Mirabilien›-Sammlung [19].

Die meisten Vertreter der rationalistischen Metaphysik des 17. Jh. lassen Raum für die Annahme der Möglichkeit von gottgewirkten W.n. Häufig wird jedoch (im Sinne von R. DESCARTES' Wort von dem «miracle de la creation» [20]) die Einschränkung vorgenommen, die die naturgesetzliche Ordnung allererst in Kraft setzende Schöpfung sei das einzige tatsächlich von Gott gewirkte W.: «[Dieu] n'a jamais fait qu'un seul miracle et ... il n'en fera jamais d'autre: c'est la création de l'univers» [21]. TH. HOBBES relativiert den objektiv-faktischen Charakter des W., indem er es von der Einschätzung des jeweiligen Beobachters abhängig macht («the same thing may be a miracle to one and not to another»). Was die zwischen den christlichen Konfessionen umstrittene Transsubstantiation (s.d.) angeht, behält er das Urteil über deren W.-Charakter dem Souverän vor [22].

Als der wichtigste Anreger der im späten 17. Jh. anhebenden 'großen Kontroverse' [23] über das W. muß B. SPINOZA [24] gelten. Die tragende Säule seiner W.-Kritik ist der harte Determinismus seiner Metaphysik: In der unverletzlichen Ordnung der Natur («fixus atque immutabilis ordo») [25], deren Gesetze mit den «Ratschlüssen Gottes» («decreta Dei») identisch sind, ist kein Ereignis möglich, «das nicht aus ihren Gesetzen folgt» («quod ex ejus legibus non sequitur») [26]. Es gibt also keine realen Ereignisse, auf die der Begriff des W. im Sinne einer Verletzung von Naturgesetzen zutrifft. Daraus «folgt, daß das Wort 'W.' allein in bezug auf die Meinungen der Menschen verstanden werden kann und nichts anderes bezeichnet als ein Werk, dessen natürliche Ursache wir» – genauer: die antiken Beobachter und besonders die biblischen Erzähler – «nicht erklären können» [27]. Dem modernen Betrachter dagegen ist es in vielen Fällen möglich, die vorgeblichen W. «durch natürliche Ursachen zu erklären» («per causas naturales explicare») [28]. Für die Auslegung der vielen Bibelstellen, die von W.n erzählen, folgt daraus, daß die berichteten Ereignisse sich «auf natürliche Weise zugetragen haben» («id quod revera contigit, naturaliter contigisse») [29]. Die mangelnde exegetische Plausibilität dieser pauschalen 'Naturalisierung' der biblischen W. zeigt sich drastisch in Spinozas Rat, wie zu verfahren ist, wenn sich ein biblischer W.-Bericht der natürlichen Erklärung widersetzt: In diesem Falle müsse angenommen werden, daß die betreffende Stelle «von Frevlerhänden (a sacrilegis) in die Heilige Schrift eingefügt worden ist» [30]. Eine weitere Ausnahme von der natürlichen W.-Erklärung macht Spinoza bezüglich der Auferstehung Jesu, die er allegorisch («allegorice») ausgelegt sehen will [31].

In der apologetischen Literatur [32] wird von dem W.-Beweis für die Wahrheit des Christentums Gebrauch gemacht, seine Schlagkraft aber unterschiedlich eingeschätzt. In seiner Summe gegen die Atheisten und Materialisten bekräftigt R. CUDWORTH (vor allem gegen Spinoza) nicht allein Gottes W., sondern auch die von «geschaffenen Geistern, Engeln oder Dämonen», und findet in der Glossolalie ein der Beobachtung leicht zugängliches Beispiel [33]. In B. PASCALS [34] Verteidigung des Christentums ist der W.-Beweis eine tragende Säule. Dem geläufigen Gedanken, daß die W. das «fondement de la religion» sind [35], gibt er unter Berufung auf Augustinus eine unerhörte Zuspitzung: «Je ne serais pas chrétien sans les miracles» [36]. Überdies sind es die W., die im Streit zwischen den Religionen, ja sogar zwischen den verschiedenen Konfessionen entscheiden [37]. Auch J. LOCKE betrachtet in seinem ‹Discourse of miracles› die W. als die «basis on which divine mission is always established». Ungeklärt bleibt, wie Locke angesichts seines subjektiven W.-Begriffs («a sensible operation, which, being above the comprehension of the spectator, and in his opinion contrary to the established course of nature, is taken by him to be divine») [38] behaupten kann, W. seien die «foundation on which the believers of any divine revelation must ultimately bottom their faith» [39]. Die einschlägigen epistemologischen Probleme erörtert Locke im ‹Essay›, wo er zeigt, daß im Falle hinreichender Bezeugung die Zustimmung («Assent to a fair Testimony») zu W.-Berichten gerechtfertigt ist, mehr noch: Glaubwürdige W. vermögen bestimmten «Wahrheiten» – Locke denkt an religiöse Lehren – Glaubwürdigkeit zu verleihen: «Miracles, which well attested, do not only find Credit themselves; but give it also to other Truths, which need such Confirmation» [40]. CUDWORTH stellt dem W.-Beweis den sog. Weissagungsbeweis an die Seite, der «of equal, if not greater force» sei [41]. Andere wie R. BOYLE heben einen besonderen Vorzug («a peculiar advantage») [42] des Weissagungsbeweises hervor, der nicht durch die für den W.-Beweis typischen Probleme der Zeugnisevaluierung belastet sei. Denn im Falle der Erfüllung von Prophetien ist uns ein direktes, von Augenzeugenberichten unabhängiges Urteil möglich. Wir haben es, so ergänzt A. A. SYKES, hier insofern mit dem Sonderfall eines W. zu tun: mit einem außerordentlichen Ereignis der Vergangenheit, das gleichwohl jederzeit überprüfbar ist, also mit einem «stehenden W.»: «Prophecy is like a standing miracle of which we ourselves are certain judges» [43].

Im Zentrum von G. W. LEIBNIZ' vielfältigen Reflexionen über das W. steht die Klärung und Verteidigung eines starken W.-Begriffs (ein W. verletzt die naturgesetzliche Ordnung, «la nature des choses») [44] und zugleich das

Bemühen, dessen Vereinbarkeit mit der Annahme einer gesetzlich strukturierten Wirklichkeit aufzuzeigen. Einen subjektiven W.-Begriff (z.B. denjenigen von Locke) lehnt Leibniz ab. Denn würde das Ungewöhnliche («non-usuel») oder die Seltenheit ein Ereignis zu einem W. machen, wäre die «difference interne reelle» zwischen dem W. und dem Natürlichen aufgehoben: «tout sera egalement naturel, ou tout sera egalement miraculeux» [45]. Ein W. ist vielmehr die Aktion eines Geschöpfs, die nicht natürlich erklärt werden kann («qu'on ne ... sauroit expliquer par les natures des choses creées») [46], dies nicht wegen der Beschränktheit unserer Naturerkenntnis, sondern deshalb, weil ein W. «alle Kräfte geschaffener Wesen übersteigt» [47]. Allerdings ist das W. nicht prinzipiell unerklärlich, sondern «ce qui n'est explicable que par les forces de la substance infinie» [48], d.h.: Eine Erklärung ist unter Rekurs auf die Intervention Gottes möglich. Als Ereignisse, die im Rahmen des von Gott gesetzten, den Naturgesetzen übergeordneten «ordre general» [49] erfolgen, sprengen die W. die Idee eines durch Gesetze strukturierten Universums nicht: Die W. «sont tousjours conformes à la loy universelle de l'ordre general, quoyqu'ils soyent au dessus des maximes subalternes» [50]. Fraglich ist allerdings, wie die Vorstellung einer göttlichen Intervention durch ein W. mit Leibniz' Begriff der individuellen Substanz in Einklang zu bringen ist, da «alles, was dieser widerfährt, bereits in ihrem Begriff enthalten ist» («déja compris virtuellement dans sa nature ou notion») [51], jede Substanz also «ausschließlich durch ihre eigene Kraft agiert» («chaque substance corporelle n'agit que par sa propre force et n'en reçoit jamais d'ailleurs») [52].

In der Religionsphilosophie der Aufklärung ist das W. eines der Hauptthemen und zugleich einer der wichtigsten Anstöße für die Theorieentwicklung [53]. Einflußreich ist neben Spinoza vor allem die britische Diskussion über die biblischen W., bes. die Taten Jesu und seine Auferstehung (TH. WOOLSTON, TH. CHUBB und P. ANNET) [54]. Sie strahlt auch nach Deutschland aus [55]; weite Verbreitung erfährt auf dem Kontinent auch CH. BLOUNTS kommentierte Übersetzung [56] von Philostratos' spätantiker Vita des W.-Täters Apollonius von Tyana. Während TH. WOOLSTON die biblischen W.-Geschichten als allegorisch auszulegende Gleichnis- und Lehrgeschichten versteht und würdigt, können die Enzyklopädisten des Holbach-Kreises [57] und andere radikale Religionskritiker [58] in den W. nur betrügerische [59] Machenschaften erblicken. Eine Religion, die sich auf W. stützt, wird durch sie nicht beglaubigt, sondern verdächtig gemacht [60].

Als Vertreter einer gemäßigten Religionsphilosophie greift CH. WOLFF [61] Anregungen seines Lehrers Leibniz auf, indem er das W. mit dem manuellen Stellen eines Uhrzeigers und natürliche Ereignisse mit dessen regulärer Bewegung durch ein Uhrwerk vergleicht [62]; er setzt aber auch eigene Akzente. Die Welt (d.h. «die Reihe der miteinander verknüpften gleichzeitigen und aufeinander folgenden endlichen Dinge») [63] ist nach einem W. (auch wenn durch dieses nur ein einziges Element dieser Reihe geändert wird) nicht mehr dieselbe Welt, die sie ohne den Eintritt des W. gewesen wäre [64], schlimmer noch: Sie unterscheidet sich durch das W.-Ereignis von der Welt, die Gott als die beste geschaffen hat. Der ursprüngliche, durch das W. veränderte Zustand der Welt (genauer: die ursprüngliche «series rerum», also die ursprüngliche Welt selbst) muß nach einem W. deshalb (Wolff zieht hier die Konsequenz aus Leibniz' Optimismus [65]) durch ein weiteres W. wiederhergestellt werden. Somit zieht jedes W. ein weiteres W. – ein «Wiederherstellungs-W.» («miraculum restitutionis») [66] – nach sich: Die «Unordnung, welche durch ein W.-Werck in der Natur angerichtet worden», kann nämlich «nicht anders als durch ein neues W.-Werck wieder ... gehoben werden» [67]. J. CH. GOTTSCHED hat diesen Gedanken weitergedacht: Mit der Restitution des Status ante in der Dingwelt ist es nämlich nicht getan. Es müssen auch noch die mentalen Spuren des W.-Ereignisses beseitigt, also «das Andenken eines solchen W. ... vertilget werden, damit nicht die geringste Spur davon übrig sey» [68]. Wenn Gott nun aber, um ein W. zu wirken, seiner Schöpfung deren zwei (bzw. nach Gottsched drei) zumuten muß, ist das Sparsamkeitsprinzip (s.d.) verletzt, dem zufolge Gott die einfachsten Mittel zum Erreichen seiner Ziele wählt. Was also konform mit den Naturgesetzen («naturaliter») bewerkstelligt werden kann, «das wird Gott nicht auf übernatürliche Weise, also durch ein W., bewirken» [69]. Er wird demnach überflüssige W. («miracula superflua») [70] vermeiden, und so wird nur selten der Fall eintreten, daß Gott durch ein W. in den Lauf der Natur eingreift. Zu derselben Konsequenz gelangt auch der vorkritische KANT, der aus dem Sparsamkeitsprinzip und der «Vollkommenheit und Wohlgereimtheit» der Welt schließt, daß «W. ... in einer solchen Ordnung entweder gar nicht oder nur selten nöthig» sind [71]. – Den Bedenken der Theologen gegen die wolffianische Theorie des W. [72] geben etliche Schriften Nahrung [73], vor allem J. L. SCHMIDTS sog. ‹Wertheimer Bibel›, eine freie Pentateuch-Übersetzung [74], in deren Kommentar mit der völligen Elimination des Wunderbaren die exegetischen Konsequenzen aus Wolffs metaphysischem Ansatz gezogen werden. Die wolffianischen Reserven gegenüber dem W. zeitigen auch in der Ästhetik Folgen [75]. So ist GOTTSCHED bemüht, das «Wunderbare in der Poesie» einzudämmen, da es der Norm der «poetischen Wahrscheinlichkeit» widerspricht [76]. Es ist das Signum der Dichtung vergangener Epochen (Tasso; Milton), aber «die Welt ist nunmehr viel aufgeklärter» [77].

D. HUME widmet dem W.-Problem einen eigenen Abschnitt seiner ‹Enquiry concerning human understanding› (‹X. Of miracles›) [78], dessen Kern ein Argument bildet, mit dem er eine «dauerhafte Schranke gegen jeglichen Aberglauben» («everlasting check to all kinds of superstitious delusion») [79] errichtet zu haben glaubt. Der systematische Ort seiner Erörterungen – und vor allem deshalb werden sie bis heute kontrovers diskutiert – ist indessen nicht die Religionsphilosophie, sondern die Erkenntnistheorie. Es geht um das grundsätzliche Problem, Kriterien der Verläßlichkeit jener Erkenntnis («species of reasoning») zu finden, deren Quelle Zeugnisse und Augenzeugenberichte («testimony of men, and the reports of eye-witnesses») sind [80]. Da W. – zumal die biblischen – kein Gegenstand direkter Beobachtung, sondern nur vermittelt durch W.-Berichte zugänglich sind, handelt es sich hierbei um einen Sonderfall des Problems des Informationserwerbs durch Zeugnisse. Hume definiert das W. als «Verletzung von Naturgesetzen» («a violation of the laws of nature») [81], die ihren Ursprung in einer besonderen Willensentscheidung Gottes («a particular volition of the Deity, or by the interposition of some invisible agent») hat [82]. Humes Beispiel ist eine Erweckung von den Toten [83]. Ein solches W. im eigentlichen Sinne («miracle») unterscheidet er von dem «marvel» [84], dem Außergewöhnlichen und Wunderbaren im schwächeren Sinn («extraordinary and marvellous»), das «has seldom fallen under our observation» [85]. Bereits Berichte über Ereignisse, die lediglich außergewöhnlich («only marvellous») sind, erfordern «a pretty strong testimony» [86], damit ihnen Glauben geschenkt werden kann; Humes Beispiel hier ist die geringe Glaubwürdigkeit, die Berichte über Frost und Eis für Bewohner tropischer Länder, etwa einen «Indian prince» [87], unmittelbar besitzen. Der Versuch, die Glaubwürdigkeit von Zeugnissen über W. zu erhärten, ist aussichtslos. Dies ist der Kern des auch bei anderen Autoren anzutreffenden [88], von Hume als «general maxim» ausgezeichneten Hauptarguments: «no testimony is sufficient to establish a miracle, unless the testimony be of such a kind, that its falsehood would be more miraculous than the fact, which it endeavours to establish» [89]. Aber selbst wenn dieses der Fall ist, ergibt sich eine Verminderung der Beweiskraft des Argumentes pro um diejenige des Argumentes contra, also eine «mutual destruction of arguments» [90].

Gegen Humes bis heute umstrittene Erörterung des W.-Problems [91] haben bereits Zeitgenossen schwerwiegende Einwände erhoben. Insbesondere erregt Anstoß, daß Hume sein Argument gegen die W. «Beweis» («proof») nennt und damit als unkorrigierbar auszeichnet. Denn als «proofs» bezeichnet Hume (im Unterschied von Wahrscheinlichkeitsargumenten, «probabilities» [92]) solche Argumente, deren empirische Basis «keinen Raum für Zweifel oder Widerspruch läßt» («such arguments from experience as leave no room for doubt or opposition») [93]. Nun beruhen die von einem W. verletzten Naturgesetze auf einer «invariable experience» [94]: «There must ... be a uniform experience against every miraculous event» [95]. Deshalb läßt sich ein Gegenbeweis gegen jede Behauptung eines W.-Ereignisses führen: «as a uniform experience amounts to a proof, there is here a ... full proof ... against the existence of any miracle» [96]. (In einem späteren Brief scheint Hume allerdings, wenngleich nur als «fiction or supposition», die Möglichkeit eines «testimony for a particular miracle, which might ... amount to a full proof of it», einzuräumen [97]). Humes fundamentaler Irrtum besteht, so R. PRICE, in der Annahme, ein 'Beweis' lasse sich induktiv absichern: «the greatest uniformity and frequency of experience will not offer a proper proof, that an event will happen in a future trial» [98]. Die Humes W.-Argument zugrundeliegende Annahme ist insofern von erheblicher Tragweite, als durch sie die tatsächliche Verfahrensweise der empirischen Wissenschaften grob verzerrt wird. Sie besagt ja, daß es nicht möglich ist, auf der Grundlage gleichförmiger Erfahrung gewonnene Gesetzesaussagen aufgrund von abweichenden empirischen Daten zu revidieren. Würde die im W.-Kapitel der ‹Enquiry› skizzierte Methodologie befolgt, hätte dies die «stultification of scientific inquiry» [99] zur Folge. Diese Mißlichkeit wird auch von Verteidigern Humes gesehen. J. S. MILL sucht sie zu beheben, indem er Humes «proof» in abgeschwächter Form reformuliert: Hume konstatiere lediglich «an antecedent improbability in every miracle». Sein Argument liefere also keinen Beweis gegen das Vorkommen von W.n, sondern begründe eine «general presumption against any supposition of divine agency not operating through general laws» [100].

Auch wenn Hume heute weithin als der paradigmatische W.-Kritiker der Aufklärung gilt, sind die Defizite seines Arguments durchaus nicht repräsentativ für die antichristliche Religionsphilosophie der Epoche. Der überragende kontinentale Bibelkritiker, H. S. REIMARUS, berührt sich in seiner im Auszug von Lessing (‹Wolfenbütteler Fragmente›) publizierten ‹Apologie› [101] zwar in mancher Hinsicht mit dem Humeschen Ansatz. So wählt Reimarus einen ähnlichen methodischen Ausgangspunkt, indem er den Fokus von der Erörterung der metaphysischen bzw. physikalischen Möglichkeit der W. hin zur Evaluation der Zeugnisse verlagert, die von ihnen berichten. Denn «wir, die wir nicht dabey gewesen sind», müssen uns die «Erzehlungen und Nachrichten von Factis ansehen». Es stellt sich nicht die Frage, «ob Gott Wunder thun ... könne; sondern ob er sie wirklich gethan». Dies «können wir nicht anders als durch Zeugniß und Erzehlung anderer Menschen wissen» [102]. G. E. LESSING wird diesen Gedanken später aufgreifen, wenn er von dem «breiten garstigen Graben» [103] spricht, der den Begutachter eines W.-Berichts von den berichteten Ereignissen trennt: «Ein anderes sind W., die ich mit meinen eigenen Augen sehe ..., ein anderes sind W., von denen ich nur historisch weiß, daß sie andere wollen gesehen ... haben. Nachrichten von W. sind nicht W.» [104]. Überdies betont auch REIMARUS in auffälligem Gleichklang mit Humes «check», man werde «stärkere Beweise ... billig von dem Übernatürlichen fordern; und, wenn die nicht da sind, so bekommt die Wahrscheinlichkeit des Natürlichen ein unendliches Übergewicht» [105]. Entscheidend ist jedoch, daß Reimarus die W.-Kritik mit Hilfe eines umfangreichen Katalogs von «Merkmaalen wahrer oder falscher Wunder» [106] als Prüfung der konkreten Auskünfte des Bibeltextes durchführt. Dabei sind es immer wieder der «Wiederspruch der Augenzeugen» und «der innere Wiederspruch in der Erzehlung» [107], die es verbieten, diesen Glaubwürdigkeit zu attestieren. In manchen Fällen ist der W.-Bericht aufgrund der «Unmöglichkeit» des berichteten Ereignisses selbst [108] zu verwerfen, wie Reimarus es in seiner klassischen Analyse des biblischen Berichtes (2. Mos. 13, 17ff.) über den «Durchgang der Israeliten durchs Rohte Meer» minutiös nachweist [109]. Ein weiteres Argument zielt auf die unberechtigte Unterstellung eines Zusammenhangs zwischen der Faktizität von W. und der Wahrheit eines religiösen Lehrgebäudes: Auch «W., die an sich wahr wären, würden doch die Glaubenslehren nicht beweisen» [110]: Wenn «der Teufel» – das gleiche gilt für die W. der Heiden und «falscher Propheten» [111] – «auch übernatürliche Wirkungen hervorbringen [kann], so hört aller Beweis der Göttlichkeit einer Religion aus W. auf» [112]. Der Ertrag von Reimarus' Analysen ist kein prinzipielles Verdikt über die Möglichkeit von W.n, wohl aber ein philologisch fundierter Schlag gegen die jüdisch-christliche Religion: Die W. Jesu sind wie die der alttestamentlichen Thaumaturgen «Spukereyen», die «auf die Rechnung des Aberglaubens und der Leichtgläubigkeit damaliger Zeiten geschrieben werden» müssen [113]; für das Zentral-W. des Christentums, Jesu vorgebliche Auferstehung, drängt sich die Erklärung auf, daß die Jünger seinen Leichnam aus dem Grab gestohlen haben [114].

In der zweiten Hälfte des 18. Jh. findet Reimarus' Feststellung, «nachgerade [fingen] die Herrn Theologi selbst an», sich der W., «solcher Ungeheuer, welche die gantze Natur umkehren, zu schämen» [115], eindrückliche Bestätigungen in der Neologie und anderen rationalistischen Strömungen, die vom traditionellen W.-Glauben zunehmend abrücken und einer Reduktion des Wunderbaren auf natürliche Phänomene zuneigen. Solche Versuche machen vereinzelt selbst vor der Auferstehung Jesu, die von K. H. VENTURINI als Scheintod interpretiert wird [116], nicht halt.

I. KANT definiert in seiner ‹Religionsschrift› W. als «Begebenheiten in der Welt ..., von deren Ursache uns die Wirkungsgesetze schlechthin unbekannt sind und bleiben müssen», und unterteilt sie in «theistische» (von Gott gewirkte) und «dämonische» W., deren Urheber entweder Engel («agathodämonische» W.) oder böse Geister («kakodämonische» W.) sind [117]. In religionsgeschichtlicher Perspektive sind die W. als Mittel der «Introduction» der wahren Religion [118] (ähnlich später G. W. F. HEGEL [119]) zu würdigen. Im Gegensatz zu dem traditionellen «auf Beweise durch W. gegründeten Glauben» [120] ist das W. für die dem Zeitalter der Aufklärung angemessene «moralische Religion» jedoch «entbehrlich» [121]. Es verrät sogar «einen sträflichen Grad moralischen Unglaubens, wenn man den Vorschriften der Pflicht ... anders nicht hinreichende Autorität zugestehen will, als wenn sie noch dazu durch W. beglaubigt werden» [122]. Erkenntnisse sind aus W.-Berichten nicht zu gewinnen, vielmehr wird durch sie «die Vernunft wie gelähmt, indem sie dadurch in ihrem Geschäfte nach bekannten Gesetzen aufgehalten, durch kein neues aber belehrt wird» [123]. Während KANT in den ‹Losen Blättern› die Historizität von W.n bestreitet (W. sind «nicht Facta, sondern übernatürliche Deutungen von Factis» [124]), läßt seine ‹Religionsschrift› eine gewisse Distanz von der Religionskritik seiner Zeit erkennen: Da «die wahre Religion einmal da ist», kann es «nichts fruchten, jene Erzählungen» von W.-Ereignissen «jetzt zu bestreiten» [125]. – In seiner ‹Anthropologie› bezieht sich Kant auf den Niedergang des W.-Glaubens als Indikator für den Fortschritt der Aufklärung: Vieles von dem, was früher auch von den Gelehrten als übernatürliche Durchbrechung der Naturordnung angesehen wurde, gelte inzwischen nur mehr «dem erschrockenen großen Haufen» als «W.-Zeichen» [126].

Im 19. Jh. verliert das W. zunehmend das Interesse der religiös nicht gebundenen Philosophie, sofern es nicht von den philosophischen Opponenten des Christentums (L. FEUERBACH [127], A. SCHOPENHAUER [128]) einer Kritik unterzogen wird, deren Einwände sich weitgehend in dem von den Debatten der Aufklärungsepoche abgesteckten Rahmen halten. Allerdings fehlt es an Versuchen einer rationalen Rechtfertigung des W.-Glaubens auch in der gegenwärtigen Philosophie, besonders im angelsächsischen Raum [129], nicht. Zumeist wird das W. jedoch thematisiert, um entweder das Scheitern einer Begründung des Theismus vorzuführen oder um (ohne Bezug auf religionsphilosophische Fragen) epistemologische Probleme zu erörtern [130]. Auffällig ist dabei die häufige Bezugnahme auf Beiträge zur W.-Debatte der Aufklärung, allen voran auf die ‹Enquiry› Humes. Der dort mit kaustischer Ironie geäußerte Gedanke, ohne ein W. sei es überhaupt nicht möglich, daß «any reasonable person» an die widervernünftige christliche Religion glaube [131], stand zudem Pate bei der Titelwahl des wohl wichtigsten Beitrages zur heutigen Diskussion, J. L. MACKIES ‹The miracle of theism› [132].

Anmerkungen. [1] G. B. DELLA PORTA: Magiae naturalis, sive de miraculis rerum naturalium libri tres (Neapel 1558 u.ö.); L. LEMNIUS: De miraculis occultis naturae (Antwerpen 1574 u.ö.). – [2] J. CÉARD: La nature et les prodiges. L'insolite au 16e s., en France (Genf 1977). – [3] ALTENSTAIG/TYTZ, a.O. [48 zu 2.] 554f. – [4] Art. ‹Superstition›. Hist. Wb. Philos. 10 (1998) 633ff. – [5] R. HABERMAS: Wallfahrt und Aufruhr. Zur Gesch. des W.-Glaubens in der frühen Neuzeit (1991). – [6] R. S. WESTFALL: Science and relig. in 17th-cent. England (New Haven 1958) 96; dagegen: R. M. BURNS: The great debate on miracles. From J. Glanvill to D. Hume (Lewisburg u.a. 1981) bes. 247-251. – [7] J. BODIN: Colloquium heptaplomeres de rerum sublimium arcanis abditis, hg. L. NOACK (1857) 22. 57. 6. – [8] P. POMPONAZZI: De naturalium effectuum causis sive de incantationibus, cap. 6 (Basel 1567) 81f. – [9] L. [G. C.] VANINI: De admirandis naturae (Paris 1616) 367. – [10] a.O. 390. – [11] L. FEBVRE: Aux origines de l'esprit moderne: Libertinisme, naturalisme, mécanisme, in: Au cœur relig. du 16e s. (Paris 1957) 337-358, zit. 351. – [12] R. LENOBLE: Mersenne ou la naissance du mécanisme (Paris 21971) 6f. – [13] Zu Mersennes Vanini-Kritik vgl. LENOBLE, a.O. 109-167; W. L. HINE: M. Mersenne: Renaissance naturalism and Renaissance magic, in: B. VICKERS (Hg.): Occult and scientific mentalities in the Renaissance (Cambridge u.a. 1984) 165-176. – [14] ANON.: Theophrastus redivivus, hg. G. CANZIANI/G. PAGANINI (Florenz 1981/82) 385f. – [15] F. GARASSE: La doctrine curieuse des beaux esprits de ce temps (Paris 1623) 696: nach STOBAIOS: Ecl. I, 2, 39, 94ff.; vgl. auch LUKREZ' Formel «natura daedala rerum»: De rerum nat. V, 234. – [16] LENOBLE, a.O. [12] 6f. – [17] F. BACON: Of the advancement of learning (1623). The works, hg. J. SPEDDING/R. L. ELLIS/D. D. HEATH 3 (London 1857) 330f. – [18] R. BOYLE: Strange reports. The works, hg. TH. BIRCH (London 1772, ND 1966) 5, 604-609. – [19] BACON, a.O. [17] 331. – [20] R. DESCARTES: Disc. de la méth. V, 3 (1637). Oeuvr., hg. CH. ADAM/P. TANNERY (Paris 1897-1913) 6, 45. – [21] ANON. [R. CHALLE]: Difficultés sur la religion proposées au père Malebranche, hg. F. DELOFFRE/M. MENEMENCIOGLU (Oxford 1982) 214. – [22] TH. HOBBES: Leviathan, ch. 37 (1651). The Engl. works, hg. W. MOLESWORTH (London 1839-45) 3, 427-437; Op. lat., hg. W. MOLESWORTH (London 1839-45) 3, 313ff. – [23] BURNS, a.O. [6]. – [24] B. SPINOZA: Tract. theol.-pol., cap. 6 (1670): De miraculis, hg. G. GAWLICK/F. NIEWÖHNER (1979) 188ff. – [25] a.O. 188. – [26] 192. – [27] 194. – [28] Ep. 75 an H. Oldenburg (1675/76). Opera, hg. C. GEBHARDT (1925-87) 4, 315; vgl. auch: I. DE LA PEYRÈRE: Syst. theol. ex Praeadamitarum hypothesi, lib. 4, c. 5f. (1655) 175ff. – [29] a.O. 210. – [30] 214. – [31] Ep. 78 an H. Oldenburg (7. 2. 1676), a.O. [28] 328. – [32] P. HARRISON: Prophecy, early modern apologetics, and Hume's argument against miracles. J. Hist. Ideas 60 (1999) 241-256. – [33] R. CUDWORTH: The true intellectual system of the universe (London 1678) 706f. – [34] B. PASCAL: Pensées 803-856. Oeuvr., hg. L. BRUNSCHVICG 14 (Paris 1904, ND 1965) 241-292. – [35] 826, a.O. 257ff. – [36] 812, a.O. 246; vgl. AUGUSTINUS: De civ. Dei XXII, 9. – [37] 841, a.O. 271ff. – [38] J. LOCKE: Disc. of miracles (1702). The works 9 (London 1823, ND 1963) 256; vgl. The reasonableness of Christianity (1695), a.O. 7, 18f.; Paraphrases of St. Paul's epistles, hg. A. WAINWRIGHT (1987) 172. 237. – [39] a.O. 264. – [40] An essay conc. human underst. IV, 16, 13 (1690), hg. P. H. NIDDITCH (1975) 667. – [41] CUDWORTH, a.O. [33] 715. – [42] R. BOYLE: The Christian virtuoso (1690), a.O. [18] 535f. – [43] A. A. SYKES: A brief disc. conc. the credibility of miracles and revelation (London 1742) 43f. – [44] G. W. LEIBNIZ: Disc. de métaphysique § 7 [1686]. Die philos. Schr., hg. C. I. GERHARDT [GP] (1875-90, ND 1965) 4, 432. – [45] 5. Schr. an Clarke § 110 (zu § 43) (18. Aug. 1716). GP 7, 416f. – [46] Ess. de Théod. II, § 207 (1710). GP 6, 241. – [47] 5. Schr. ... § 107 (zu § 42), a.O. [45] 416. – [48] § 112 (zu § 43), a.O. 417. – [49] Disc. de mét. § 16, a.O. [44] 441. – [50] a.O. – [51] § 13, a.O. 437. – [52] Br. an Th. Burnett (1699). GP 3, 260. – [53] BURNS, a.O. [6]; H. J. HILLERBRAND: The historicity of miracles: The early 18th cent. debate among Woolston, Annet, Sherlock, and West. Studies Religion 3 (1973/74) 132-151; P. HARRISON: Newtonian science, miracles, and the laws of nature. J. Hist. Ideas 56 (1995) 531-553. – [54] TH. WOOLSTON: Disc. on the miracles of our saviour (London 1727-29, ND New York 1979); TH. CHUBB: Disc. on miracles (London 1741); TH. SHERLOCK: Tryal of the witnesses of the resurrection of Jesus (1728, London 111743); P. ANNET: The resurrection of Jesus considered (1744). – [55] J. A. FABRICIUS: Delectus argumentorum ... adv. Atheos, Epicureos, deistas ... (1725) 693-710; J. A. TRINIUS: Freydenker-Lexicon (1759-65, ND Turin 1966) 831-841; zur dtsch. Diskussion vgl. J. G. WALCH: Philos. Lex. (41775, ND 1968) 1629-1653 (Art. ‹Wunder›). – [56] CH. BLOUNT (Übers.): The two first books of Philostratus, conc. the life of Apollonius Tyaneus, ... together with philological notes upon each chapter (London 1680); Vie d'Apollonius de Tyane avec les comm. données par Ch. Blount ... Le tout traduit en François [par CASTILLON] (Amsterdam 1729); vgl. auch schon: BODIN, a.O. [7] 252; VANINI, a.O.

[9] 452; vgl. auch: J. Meslier: Mémoire. Oeuvr. compl., hg. R. Desné/J. Deprun/A. Soboul (Paris 1970-72) 1, 94. 99 u.ö.; Voltaire: Extrait des Sentiments de Jean Meslier, in: Meslier: Oeuvr. compl. 3, 436. – [57] Anon.: La fausseté des miracles des deux testamens ('Londres' 1775). – [58] W. Schröder: Ursprünge des Atheismus (1998) 129ff. 268ff. – [59] Anon.: Traité des trois imposteurs, hg. W. Schröder ([2]1994) 58ff.; Anon. [J. J. Müller]: De tribus impostoribus, hg. W. Schröder (1999) 114ff. – [60] Anon.: Theophr. rediv., a.O. [14] 148. – [61] Ch. Wolff: Cosmologia generalis §§ 510ff. (1731, [2]1737). Ges. Werke, hg. J. Ecole u.a. II/4 (1964) 412ff.; Vern. Ged. Von Gott, Der Welt und der Seele des Menschen, Auch aller Dinge überhaupt [Dtsch. Metaphysik] §§ 633ff. (1720, [9]1751), a.O. I/2, hg. Ch. A. Corr (1983) 386ff.; Der Vern. Ged. Von Gott ... Anderer Theil § 236 ([4]1740), a.O. I/3 (1983) 403-407. – [62] Cosmol. § 534, a.O. 417f. – [63] § 48, a.O. 44. – [64] § 531, a.O. 412. – [65] G. Brown: Miracle in the best of all possible worlds. Hist. Philos. Quart. 12 (1995) 19-39. – [66] Wolff: Cosmol. § 575, a.O. [61] 445f. – [67] Dtsch. Met. § 639, a.O. [61] 390. – [68] J. Ch. Gottsched: Erste Gründe der ges. Weltweisheit I, § 414 (1733/34, [7]1762) 1, 272. – [69] Wolff: Theologia naturalis I, 3, § 489 (1739), a.O. [61] II/7, 1 (1978) 452f. – [70] a.O. – [71] I. Kant: Der einzige und mögl. Beweisgrund (1763). Akad.-A. 2, 108. 111f. – [72] J. Lange: Bescheidene und ausführl. Entdeckung der falschen und schädlichen Philos. in dem Wolffian. Systemate Metaphysico (1724) 333ff.; Walch, a.O. [55] 1645ff. – [73] Anon. [C. A. Gebhardi?; Ch. Mylius?]: Vernunftmäßige Betrachtung derer übernatürl. Begebenheiten (1743). – [74] J. L. Schmidt (Übers.): Die göttl. Schriften vor den Zeiten des Messie Jesus ... nach einer freyen Ubersetzung welche durch und durch mit Anm. erläutert und bestätigt wird (Wertheim 1735); P. Stemmer: Weissagung und Kritik. Eine Studie zur Hermeneutik bei H. S. Reimarus (1983) 92-146; P. S. Spalding: Seize the book, jail the author: J. L. Schmidt (Lafayette 1998). – [75] Vgl. Art. ‹Wunderbare, das›. – [76] J. Ch. Gottsched: Versuch einer crit. Dichtkunst vor die Deutschen V (1729, [4]1751, ND 1963) 170-197; vgl. Art. ‹Wahrscheinlichkeit (ästhetisch)›. – [77] a.O. 183. – [78] D. Hume: An enquiry conc. human underst., sect. X (1748), hg. L. A. Selby-Bigge/P. H. Nidditch ([3]1975) 109-131; A. Flew: Hume's philos. of belief (New York 1961) 166ff.; J. C. A. Gaskin: Hume's philos. of relig. (London [2]1988) 135ff.; D. Wootton: Hume's ‹Of miracles›: Probability and irreligion, in: M. A. Stewart (Hg.): Studies in the philos. of the enlightenment (Oxford 1990) 191-229. – [79] Enqu. X, 1, 86, a.O. 110. – [80] 88, a.O. 111; vgl. Art. ‹Zeuge; Zeugnis›. – [81] 90, a.O. 114. – [82] 90 (Anm.), a.O. 115. – [83] a.O. – [84] 89, a.O. 113f.; vgl. Hist. of England, in: D. F. Norton/R. H. Popkin (Hg.): David Hume: Philos. historian (Indianapolis 1965) 128; S. Buckle: Marvels, miracles and mundane order: Hume's critique of relig. in ‹An enqu. conc. human underst.›. Australasian J. Philos. 79 (2001) 1-31. – [85] a.O. 113. – [86] 90, a.O. 114. – [87] 89, a.O. 113f.; ein ähnliches Beispiel bei Locke: Ess. IV, 15, 5, a.O. [40] 656f.; Sherlock, a.O. [54] 60. – [88] Annet, a.O. [54] 63; vgl. J. Earman: Hume's abject failure. The argument against miracles (Oxford 2000) 42. – [89] Hume: Enqu. X, 1, 91, a.O. [78] 115f. – [90] a.O. 116. – [91] J. Houston: Reported miracles: a critique of Hume (Cambridge 1994); Earman, a.O. [88]; A. Hájek: In defense of Hume's balancing of probabilities in the miracle argument. Southwestern philos. Review 11 (1995) 111-118; zur älteren Diskussion: S. Tweyman (Hg.): Hume on miracles (Bristol 1996); G. Gawlick/L. Kreimendahl: Hume in der dtsch. Aufklärung (1987) 144-154. – [92] Hume: Enqu. VI, 46, a.O. [78] 56; vgl. Br. an H. Blair [1761], in: The letters, hg. J. Y. T. Greig 1 (Oxford 1932) 350. – [93] a.O. – [94] a.O. 350. – [95] Enqu. X, 1, 90, a.O. [78] 115. – [96] a.O. 115. – [97] Br. an Blair, a.O. [92] 349f. – [98] R. Price: Four dissertations (London [2]1768) 392f.; vgl. Earman, a.O. [88] 39. 157ff. – [99] Earman, a.O. 30ff. – [100] J. S. Mill: A system of logic III, 25, 2 (1843), hg. J. M. Robson (Toronto 1974) 622-626, zit. 626; vgl. Art. ‹Vermutung II.›. Hist. Wb. Philos. 11 (2001) 732-740. – [101] H. S. Reimarus: Apologie oder Schutzschrift für die vernünftigen Verehrer Gottes, hg. G. Alexander (1972) bes. 1, 188ff.; 2, 371ff. – [102] a.O. 2, 375. – [103] G. E. Lessing: Ueber den Beweis des Geistes und der Kraft (1777). Sämtl. Schr., hg. K. Lachmann/A. Muncker 13 (1897) 7. – [104] a.O. 3. – [105] Reimarus, a.O. [101] 2, 200. – [106] a.O. 2, 376ff. – [107] 1, 190. – [108] 327. – [109] 299-326. – [110] 189. – [111] a.O. – [112] 2, 385. – [113] 130ff. 157ff., zit. 157. – [114] 202; vgl. Justinus Martyr: Dial. cum Tryph. Iudaeo 108; Tertullian: Apol. 21; De spect. 30. – [115] 1, 494. – [116] K. H. Venturini: Natürl. Gesch. des großen Propheten von Nazareth (Kopenhagen [2]1806) 199-209. – [117] I. Kant: Die Relig. innerh. der Grenzen der bloßen Vern. (1793). Akad.-A. 6, 86. – [118] a.O. 84; vgl. auch: 129. – [119] G. W. F. Hegel: Vorles. über die Philos. der Relig. (1832). Jub.ausg., hg. H. Glockner (1927-40) 16, 200f. 323. – [120] Kant, a.O. [117] 63. – [121] a.O. 84; vgl. auch: 129. – [122] 84. – [123] a.O. – [124] Refl. zur Anthropol., Refl. 454. Akad.-A. 15, 187. – [125] a.O. [117] 84. – [126] Anthropol. in pragmat. Hinsicht (1798). Akad.-A. 7, 194. – [127] L. Feuerbach: Über das W. (1839). Werke, hg. E. Thies (1975) 2, 218-260. – [128] A. Schopenhauer: Die Welt als Wille und Vorstellung I, 1, § 6 (1819, [2]1844). Sämtl. Werke, hg. A. Hübscher ([2]1949) 2, 26; Parerga und Paralipomena II, 15: Über Relig. § 179 (1851), a.O. 6 ([2]1947) 408. – [129] R. Swinburne: Miracles (New York 1989); D./R. Basinger: Philos. and miracles: the contemp. debate (Lewiston 1986). – [130] Earman, a.O. [88]. – [131] Hume: Enqu. X, 2, 101, a.O. [78] 131. – [132] J. L. Mackie: The miracle of theism. Arguments for and against the existence of god (Oxford 1982) 13-29; vgl. R. Otte: Mackie's treatment of miracles. Int. J. Philos. 39 (1996) 151-158; R. Swinburne: Mackie, induction, and god. Relig. Studies 19 (1983) 385-391.

B. *Theologie*. – Die theologischen Reflexionen über das W. sind bis ins 18. Jh. nicht von denen der Philosophie (vgl. oben: A.) zu trennen. Seither hat die (kontinentale) Philosophie das W. zunehmend aus dem Fundus ihrer Gegenstände ausgeschieden. Parallel dazu kommt es zu vielfältigen Versuchen, einen eigenständigen, genuin theologischen W.-Begriff zu entwickeln.

Die Erzählungen der Bibel ergeben ein facettenreiches Bild von dem außergewöhnlichen Eingreifen Gottes in den Naturlauf. Die im sog. AT verwendeten Ausdrücke (neben anderen [1] vor allem die Wendung «Zeichen und W.» [2]; in der ‹Septuaginta› wird das hebr. ‹'ôt› [Zeichen] zumeist mit σημεῖον, ‹môpeṯ› [W.] mit τέρας wiedergegeben; Ps. 104 [105], 27) bezeichnen zum einen Machterweise Gottes, etwa die W.-Zeichen, mit denen Moses und Aaron die Freilassung Israels aus Ägypten erwirken wollen, speziell die über die Ägypter verhängten Plagen (2. Mos. 7ff.). Zum anderen wirken Propheten W. im Auftrag Gottes zur Bekräftigung ihrer Botschaft (2. Kön. 23, 16f.). Das gleiche tun allerdings falsche Propheten, um die Menschen durch «Zeichen und W.» (5. Mos. 13, 1-6) zum Götzendienst zu verführen; auch im NT wird vor den «Lügenzeichen und Schein-W.» (2. Thess. 2, 9) des Antichrist wie von Pseudo-Propheten und -Messiassen (Mtth. 24, 24; Mk. 13, 22) gewarnt. Das NT [3] berichtet von etwa 30 «Zeichen und W.» (σημεῖα καὶ τέρατα), «Krafttaten» (δυνάμεις: Mtth. 11, 20ff.) und «W. (θαυμάσια/mirabilia), die er [Jesus] wirkte» (Mtth. 21, 15). Jesus warnt zwar gelegentlich vor einer Fixierung auf seine W.-Tätigkeit: «Wenn ihr nicht Zeichen und W. seht, glaubt ihr nicht» (Joh. 4, 48). Gleichwohl sind die W. ein wichtiges Mittel, durch das die Menschen zum Glauben bewegt werden. Wer sie nicht als Zeichen erkennt und ungläubig bleibt, legt damit eine schwere Verstockung (s.d.) an den Tag und lädt große Schuld auf sich (Joh. 12, 38ff.; 15, 24). Neben spektakulären, aber einer 'natürlichen' Erklärung sich nicht grundsätzlich entziehenden Krankenheilungen und Dämonenaustreibungen stehen Taten und Ereignisse, die den Rahmen der Naturordnung eindeutig sprengen: die Totenerweckungen, vor allem die im NT nicht ausdrücklich «W.» genannte Auferstehung Jesu selbst. Sie sind die paradigmatischen Fälle des bis in die frühe Neuzeit hinein den Theologen und der Mehrheit der Philosophen gemeinsamen W.-Begriffs.

Im Gefolge der W.-Kritik der Aufklärung kommt es zur Abkehr von dem traditionellen, bis dahin Theologie und Philosophie gemeinsamen W.-Begriff. Zwei seiner Elemente sind von diesem Prozeß besonders betroffen: Eine Verletzung der Naturgesetze durch Gottes Eingriffe wird entweder in umgedeuteter Form oder allein im Hinblick auf als unverzichtbar geltende W. wie die Auferstehung Jesu angenommen, gelegentlich sogar ganz bestritten. Die Faktizität der biblischen W. wird (sofern nicht geradeheraus geleugnet) zum Gegenstand einer eindeutige Festlegungen vermeidenden Exegese. Zu diesen Modifikationen und Aushöhlungen des W.-Begriffs kommt es zunächst nur in der evangelischen Theologie.

Auf katholischer Seite [4] bekräftigt das I. Vatikanische Konzil, daß die «zahlreichen und augenscheinlichen» («multa et manifestissima») W. «vollkommen gewisse Zeichen der göttlichen Offenbarung» («divinae revelationis signa ... certissima») sind [5], die überdies, so ergänzt der Antimodernisten-Eid von 1910, «dem Geist der heutigen Zeit vorzüglich angepaßt» («maxime accommodata») sind [6]. Entgegen der protestantischen Überzeugung, es sei «nu nicht mehr not wunderwerck zu thun» (M. LUTHER [7], ähnlich J. CALVIN [8]), nachdem die «Mirakel» im apostolischen Zeitalter dazu gedient hatten, «das wir den wahrhafftigen Gott erkennen» [9], hält die katholische Kirche an der Lehre von der anhaltenden W.-Wirksamkeit fest. So wird für eine Beatifikation auch heute noch die zuverlässig belegte W.-Tätigkeit des Kandidaten verlangt [10] und bei als hinreichend anerkannter Bezeugung anerkannt [11]. Allerdings hat auch die Einsicht Raum gegriffen, daß das W., einst – mit J. W. GOETHES Worten – «des Glaubens liebstes Kind», «ein Sorgenkind geworden ist» [12].

Die neuere evangelische Theologie hat eine unüberschaubare Vielfalt von W.-Auffassungen hervorgebracht. Von der katholischen Lehre unterscheidet sie sich einerseits durch die Vehemenz und die Ergebnisoffenheit der Diskussionen insbesondere über die Auslegung der biblischen W.-Erzählungen und deren Bedeutung für den Glauben. Andererseits ist sie es, die zuerst (und lange Zeit allein; die katholische Theologie schließt in dieser Hinsicht erst im späten 20. Jh. auf) die konsequente Abkehr von der traditionellen Sicht des W. vollzieht: Das W. wird nicht mehr wie bis dahin mit naturphilosophischen Kategorien (als Verletzung von Naturgesetzen) beschrieben, und seine Faktizität nicht mehr in dem geläufigen Sinne (als reales Ereignis in der raumzeitlichen Welt) aufgefaßt. Das einflußreichste Vorbild für die Unentschlossenheit vieler Theologen in der W.-Frage dürfte F. D. E. SCHLEIERMACHER in seiner ‹Glaubenslehre› gegeben haben [13]. Einerseits gibt er die Vorstellung einer «absoluten Aufhebung des Naturzusammenhanges durch W.» [14] preis und rückt die (nicht «zu den ursprünglichen Elementen des Glaubens an Christum gehörige» [15]) Auferstehung Jesu in den Hintergrund. Andererseits wendet er sich dagegen, «des Wunderbaren wegen» dieses zentrale W. des Christentums nicht «als buchstäbliche Tatsache anzunehmen» [16]. Mit seiner Deutung der W. als Mythen steht D. F. STRAUSS in der Theologie des 19. Jh. weitgehend allein da [17]. Vor allem die Auferstehung Jesu ist ihm «ein welthistorischer Humbug» [18], der allerdings nicht durch Betrug, sondern «auf dem Wege des Gemüthes, der Einbildungskraft und des aufgeregten Nervenlebens» [19], also durch «Selbsttäuschung» der Jünger zustande gekommen ist [20].

Zu Beginn des 20. Jh. kann R. SEEBERG im Rückblick auf die Theologiegeschichte resümieren: «Das W. war einst die Grundlage aller Apologetik, es wurde dann zu einer apologetischen Krücke, und heute kann man es nicht selten als ein Kreuz der Apologetik bezeichnen» [21]. Auch wenn in der Theologie des 20. Jh. [22] die Faktizität der W. Jesu, zumindest ein «Grundstock von historisch sicheren W.-Taten Jesu» [23], von einigen Autoren nach wie vor behauptet wird, stehen Bemühungen im Vordergrund, durch Modifikationen des W.-Begriffs den Konflikt zwischen Offenbarungstext und Theologie einerseits und Naturwissenschaft andererseits zu mildern. So ist nach R. BULTMANN der «Gedanke des W. als Mirakel ... für uns heute unmöglich geworden, weil wir das Naturgeschehen als gesetzliches Geschehen verstehen» [24]. Erblicke man im «W.» jedoch «Gottes Tun im Unterschied vom Weltgeschehen» [25], so könne man am «W.-Begriff noch festhalten, wenn der Mirakelgedanke preisgegeben ist» [26]; strenggenommen allerdings gebe es «nur ein W.: das der Offenbarung» [27]. In der Bibelexegese werden die W. vor allem durch die sog. formgeschichtliche Deutung [28] enthistorisiert: Weist eine biblische W.-Geschichte bestimmte gattungsspezifische Erzählformen oder auf Einwirkungen des AT zurückzuführende Charakteristika auf, wird sie als 'Produkt nachösterlicher Christologie', also als unhistorisch eingestuft [29] oder als «symbolische Handlung» [30] aufgefaßt.

Gleichzeitig mit der im späten 20. Jh. grassierenden W.-Sucht (Esoterik, 'New Age' usw.) [31] und in merkwürdigem Kontrast zu ihr wird innerhalb der evangelischen Theologie die letzte schmerzhafte Konsequenz in bezug auf das tragende W. des Christentums von G. LÜDEMANN gezogen, der die Auferstehung Jesu [32] von den Toten explizit leugnet: «Der Leichnam Jesu ist ... verwest» [33]. Ungeachtet der offensichtlichen Verwegenheit dieser These handelt es sich bei der Leugnung der Auferstehung Jesu um eine Applikation eben jenes W.-Begriffs, der unterhalb der Schwelle einer solchen Extremposition bei neueren Exegeten weithin üblich ist und oft auch unumwunden artikuliert wird: «Ausnahmslos schildern die W.-Geschichten keinen historischen Verlauf von so und so Passiertem» [34]; das NT enthält Erzählungen, die Vorbilder des AT «grotesk überbieten» [35]. Vor diesem Hintergrund kam es zu dem nicht alltäglichen Vorgang, daß von philosophischer Seite (M. DUMMETT) Einspruch gegen die theologische Exegese erhoben wurde: Eine christliche Theologie, die das im Offenbarungstext mit klaren Worten berichtete und als fundamental («Ist Christus aber nicht auferstanden, so ist euer Glaube nichtig»; 1. Kor. 15, 17) ausgezeichnete W. des leeren Grabes ins Zwielicht rückt oder gar leugnet, verliert ihre Glaubwürdigkeit [36].

Anmerkungen. [1] Vgl. Art. ‹Wunder II.›. LThK[3] 10 (2001) 1311-1313. – [2] Art. ‹môpet› und Art. ‹'ôt›, in: Theol. Wb. zum AT, hg. G. J. BOTTERWECK/H. RINGGREN/H. J. FABRY (1982ff.) 4, 751-759; 1, 182-205. – [3] G. BERTRAM: Art. ϑαῦμα κτλ, in: Theol. Wb. NT, hg. R. KITTEL (1933-79) 3, 27-42; K. H. RENGSTORF: Art. σημεῖον κτλ, a.O. 7 (1964) 199-268; Art. τέρας κτλ, a.O. 8, 113-127; A. SUHL (Hg.): Der W.-Begriff im NT (1980); W. KAHL: New Test. mir. stories in their relig.-hist. setting (1994). – [4] R. LATOURNELLE: Art. ‹Miracle›, in: Dict. de la spiritualité, hg. M. VILLER u.a. 10 (1980) 1274-1286. – [5] H. DENZINGER/A. SCHÖNMETZER (Hg.): Enchirid. symbol. *3009 [†1790]. ([36]1976) 589; vgl. auch: *3034 [†1813], a.O. 594. – [6] *3539 [†2145], a.O. 668; vgl. A. VAN HOVE: La doctr. du miracle chez S. Thomas et son accord avec les principes de la recherche scient. (Brügge/Paris 1927); vgl. die Enzykl. ‹Humani generis› (1950), in: DENZINGER/SCHÖNMETZER (Hg.), a.O. 773: *3876 (†2305). – [7] M. LUTHER: Das XVI. Kap. S. Johannis gepred. und ausgel. Weim. Ausg. 46 (1912, ND 1967) 62f.; Annot. in aliquot cap. Matth. (1538), a.O.

38 (1912, ND 1964) 601. – [8] J. CALVIN: Instit. relig. christ. IV, 19 (1557), hg. G. BAUM/E. CUNITZ/E. REUSS (1864) 2, 1069f. – [9] M. LUTHER: Pred. über 2 Mose (1524). Weim. Ausg. 16 (1904, ND 1964) 103. – [10] Cod. iuris canonici, c. 2115. 2117. 2138. – [11] Zu einem Beispiel aus jüngster Zeit vgl. Acta Apostolicae Sedis 93 (2001) 181f. – [12] H. FRIES: Fundamentaltheologie (1985) 277; J. W. GOETHE: Faust I, Vers 766. – [13] F. LOMMATZSCH: Schleiermachers Lehre vom W. (1872). – [14] F. D. E. SCHLEIERMACHER: Der christl. Glaube 1, § 47, 1 (1821/22, [2]1830/31), hg. M. REDEKER ([7]1960) 1, 237; vgl. W. PANNENBERG: Syst. Theol. 2 (1991) 62. – [15] Der christl. Glaube 2, § 99, 2, a.O. 2, 84. – [16] a.O. – [17] D. F. STRAUSS: Das Leben Jesu für das dtsch. Volk bearb. §§ 46-50. 97 ([3]1874) 287-318. 601-611. – [18] Der alte und der neue Glaube ([8]1875) 72f. – [19] a.O. [17] 318 (§ 50). – [20] a.O. [18]. – [21] R. SEEBERG: Art. ‹Wunder›, in: Realenzykl. für prot. Theol. und Kirche 21 ([3]1908) 562. – [22] Vgl. bes. B. BRON: Das W. Das theol. W.-Verständnis im Horizont des neuzeitl. Natur- und Geschichtsbegriffs (1975) 118-225; U. FORELL: W.-Begriffe und log. Analyse (1967). – [23] FRIES, a.O. [12] 277. – [24] R. BULTMANN: Zur Frage des W., in: Glauben und Verstehen 1 (1961) 214-228, zit. 214; vgl. aber: Jesus (1926) 159; P. R. ARENDT: Der Begriff des W., bes. im Hinblick auf Bultmann und Kierkegaard. Neue Z. syst. Theol. Relig.philos. 12 (1970) 146-164; U. FORELL: W. und Nichtobjektivierbarkeit bei Bultmann. Neue Z. syst. Theol. Relig.philos. 8 (1966) 327-360. – [25] Zur Frage des W., a.O. 217. – [26] a.O. – [27] 221; vgl. auch die Unterscheidung der W. Jesu von «Allmachtsmirakeln» bei K. BARTH: Die kirchl. Dogmatik 4/2 (1955) 263. – [28] M. ALBERTZ: Zur Formgesch. der Auferstehungsberichte (1922); R. BULTMANN: Gesch. der synopt. Trad. ([2]1931) 311. – [29] R. PESCH: Jesu eigene Taten? Ein Beitrag zur W.-Frage (1970); krit. dazu: F. MUSSNER: Ipsissima facta Jesu? Theolog. Rev. 68 (1972) 177-185. – [30] G. THEISSEN: Urchr. W.-Geschichten ([6]1990). – [31] U. LINSE: Geisterseher und W.-Wirker. Heilssuche im Industriezeitalter (1996). – [32] P. HOFFMANN (Hg.): Zur neutest. Überlieferung der Auferstehung Jesu (1988). – [33] G. LÜDEMANN: Die Auferstehung Jesu (1994) 198; Der große Betrug (1998) 11. 20f. – [34] PESCH, a.O. [29] 143. – [35] O. BÖCHER: Art. ‹Wunder›, in: Evangel. Kirchenlex., hg. E. FAHLBUSCH u.a. ([3]1996) 4, 1337. – [36] M. DUMMETT: Biblische Exegese und Auferstehung. Int. kath. Z. Communio 13 (1989) 271-283; R. SWINBURNE: The resurrection of God incarnate (Oxford 2003).

Literaturhinweise. R. M. GRANT: Miracles and natural law in graeco-roman and early Christian thought (Amsterdam 1952). – J. KING-FARLOW: Miracles. Int. Philos. Quart. 2 (1962) 265-294. – A. GIANNINI s. Anm. [18 zu A. 1.]. – C. F. D. MOULE (Hg.) s. Anm. [5 zu A. 1.] 235ff.: «Excursus I. The vocabulary of miracle». – B. BRON s. Anm. [22 zu B.]. – R. M. BURNS s. Anm. [6 zu A. 3.]. – D./R. BASINGER s. Anm. [129 zu A. 3.]. – J. JOUANNA: Le statut du thauma chez les medecins de la collection hippocratique, in: A. THIVEL (Hg.): Le miracle grec (Nizza 1992) 237-254. – W. WEISS: Zeichen und W. Eine Stud. zur Sprachtrad. und ihrer Verwendung im NT (1995). – B. KOLLMANN: Jesus und die Christen als W.-Täter (1996). – A. STRAMAGLIA: Res inauditae, incredulae. Storie di fantasmi nel mondo greco-latino (Bari 1999). – J. EARMAN s. Anm. [88 zu A. 3.].

W. SCHRÖDER

Wunderbare, das; Phantastische, das (griech. ϑαυμαστόν; lat. [ad]mirabile, [ad]mirandum, miracul[os]um; engl. marvel[l]ous, wonderful; frz. merveilleux, admirable; ital. [am]mirabile, meraviglioso, miraculoso). In enger Verflechtung mit der erkenntnistheoretischen, psychologischen und religiösen Bedeutung des W. als des Außerordentlichen, Erstaunlichen, Ungewöhnlichen, (Be-)Wundernswerten oder Übernatürlichen [1], die zumeist im Kontext der Terminologie von ‹Staunen› (s.d.) bzw. ‹Wunder› (s.d.) begegnet, bildet sich die *poetologische Tradition* des Begriffsgebrauchs heraus. Wegbereitend für die Auffassung des W. als ästhetischer Kategorie ist a) die ‹Poetik› des ARISTOTELES, dessen Mimesis-Forderung trotz ihrer Orientierung am Wahrscheinlichen das Erstaunliche (ϑαυμαστόν) in der Gestalt des Überraschenden bejaht [2], insofern es als Mittel zur Verstärkung der zu erregenden kathartischen Affekte 'Furcht und Mitleid' (s.d.) dient [3]; b) die Unterscheidung zwischen dem 'wahren', christlichen W. («miraculum») und dem 'falschen', weil von Menschen erfundenen, heidnischen W. («mirabile») bei THOMAS VON AQUIN [4], in deren Folge das W. sich von religiösen Voraussetzungen ablöst und dann als ein eigenwertiges Produkt dichterischen Schaffens in den Blick rücken kann.

1. Bereits zu Beginn des 15. Jh. schreibt C. SALUTATI der Poesie die unersetzliche Leistung zu, im vordergründig Unwahren die sonst unsagbare Wahrheit auszudrücken: Poetische Wahrheit [5], die auch nicht-christlich sein kann, offenbare sich tieferem Verständnis als eine «wunderbare Wahrheit» («mira veritas») dort, wo oberflächlich alles nur Unwahrheit zu sein scheint [6]. J. C. SCALIGER hingegen, dessen ‹Poetices libri septem› maßgebend für die poetologische Diskussion des W. im 16. Jh. sind, sucht im W. fiktiver Geschichten weder Wahrheit noch Erkenntnis, sondern gefällige Affekterregung durch den Reiz des Neuen: «Falsa ... delectant: quia admirabilia ... At quare delectant admirabilia? Quia movent. Cur movent? Quoniam nova» («Erdichtungen gefallen, weil sie wunderbar sind ... Weshalb aber gefallen wunderbare Erdichtungen? Weil sie bewegen. Warum bewegen sie? Weil sie neu sind») [7]. Für das Ideal des «poeta rhetor» eintretend, propagiert er die «mira novitas», deren flüchtige Vergnüglichkeit den Gegenpol zur bleibenden Erkenntnis der «mira veritas» bildet.

Wirkmächtig ist ebenfalls L. CASTELVETROS Kommentar zur Aristotelischen ‹Poetik›, wenn er das W. zur überragenden poetischen Essenz aufwertet und darüber hinaus eine im wesentlichen hedonistische Interpretation des kanonischen Grundtextes bietet: Da die Dichtung vergnügen soll und das W. Vergnügen bereitet, soll die Dichtung aus W. bestehen [8]. Die Quintessenz solcher meraviglia-Poetik apostrophiert sein Zeitgenosse A. S. MINTURNO als Gemeinplatz: «Ma chi non sà il fine della poesia esser la meraviglia» [9]. G. MARINOS berühmtes «È del poeta il fin la meraviglia» [10] bezeugt nur, was allgemein geschieht: Die Poetik des 17. Jh. bezieht ihren Schlüsselbegriff von ihren Vorgängern. Neu ist im Barock, daß sie sich dem Begriff des W. hemmungslos verschreibt: Während CASTELVETRO noch dessen Stimmigkeit und MINTURNO dessen Wahrscheinlichkeit fordert, zielt MARINO auf den größtmöglichen Effekt. Diese Tendenzen setzt F. PATRIZI, der aus den religiösen und erkenntnistheoretischen Implikationen des W. der Dichtkunst Gleichrangigkeit mit Theologie und Philosophie abzuleiten sucht [11], ebenso fort wie E. TESAURO [12]. Das «mirabile» wird zum manieristischen Stilmittel, das, ohne Erkenntnis zu vermitteln, der Langeweile entgegenwirken soll [13].

Die dadurch eingeleitete Lockerung im Abhängigkeitsverhältnis von Dichtung/Dichtungstheorie und Theologie wird beschleunigt durch die rationalistische Philosophie, die zunehmend den Phänomenen das W. zu nehmen sucht. Wie einst der religiöse, so ist es nun der rationalistische Erkenntnis- und Wahrheitsbegriff, der über das W. richtet. Im 17. Jh. sind es vor allem P. CORNEILLE und N. BOILEAU-DESPRÉAUX, die hierauf ihre klassizistischen Dichtungstheorien gründen: Während CORNEILLE mit einer moraldidaktischen Umdeutung der aristotelischen Katharsislehre das W. in Bedeutungsnähe zum Erhabenen (s.d.) rückt [14], erachtet BOILEAU das «merveilleux» als vereinbar mit der «raison», wenn es, auf bedeutungslose Spielerei reduziert, als reines «ornement» dient [15]. Dadurch schränkt er das W. gegenüber der barocken meraviglia-Poetik sowohl quantitativ als auch qualitativ ein auf das Schickliche und auf das Vergnügen, unter Verzicht auf poetische Erkenntnisvermittlung. Das 'unvernünftige' W. ist somit dort gestattet, wo es zur Erziehung (durch das Vorbildliche) und zur Unterhaltung (im vernunftfreien Raum) beiträgt. In diese Linie fügt sich B. LE BOVIER DE FONTENELLE ein mit seiner rationalen Revision des «merveilleux», das er auf Betrug oder Faulheit der Vernunft zurückführt [16]. Anstelle des «poeta vates» wünscht er sich den «poëte philosophe», der das Gegenteil von Marinos bekannter Maxime vertritt.

Es ist nur konsequent, wenn sich J. CH. GOTTSCHED in seinem ‹Versuch einer Critischen Dichtkunst› auf ihn beruft. Als Anhänger der Leibniz-Wolffschen Philosophie mißt er Dichtung und poetisches Schaffen am Maßstab der Vernunft. In Anlehnung an den französischen Klassizismus und dessen streng rationalistische Auffassung des «merveilleux» [17] rückt er das W. ins Zentrum seiner Poetik, als deren poetische Grundkategorie der «Witz» (s.d.) fungiert, kontrolliert durch die «Urteilskraft» (s.d.): «Das W. muß noch allezeit in den Schrancken der Natur bleiben» [18], d.h. ein Extremfall der Wirklichkeit, noch im Bereich des «Möglichen»; es muß wahrscheinlich sein, um glaubwürdig und so «moralisch» wirken zu können.

Gottscheds im Grunde philosophisch ausgelegter Nachahmungspoetik widerstreiten die Schweizer J. J. BODMER und J. J. BREITINGER mit einer psychologisch fundierten Wirkungspoetik. Poesie als «poetische Mahlerey» verleihe dem W. eine reizvoll schmückende Sinnfälligkeit, mit der es als «äusserste Staffel des Neuen» [19] moralisch indifferent ästhetisches Vergnügen bereite. Die poetologisch zentrale Dichotomie von W. und Wahrscheinlichem relativieren sie, indem sie das W., das «dem ersten Anscheine nach unsren gewöhnlichen Begriffen von dem Wesen der Dinge, von den Kräften, Gesetzen und dem Laufe der Natur und allen vormahls erkannten Wahrheiten» widerspricht [20], auf die subjektive Disposition des Gemüts zurückführen. Quelle hierfür sei eine starke Einbildungskraft (s.d.) als poetisch maßgebende Kraft des Gemüts – beim produzierenden wie beim rezipierenden Subjekt. Damit befreien Bodmer und Breitinger, durch J. Addison und durch sensualistische Theorien (J. Locke, J. B. Dubos) beeinflußt, die «imaginatio» vom Supremat der «ratio» so weit, daß sie ihr in «möglichen Welten» ein genuines Tätigkeitsfeld zugestehen [21]. Diese Lizenz gilt freilich nur für ein W. «als ein vermummetes Wahrscheinliches» [22]. Da das W. den wirkungsästhetischen Zweck hat, starke, über das gewöhnliche Niveau hinausgehende Affekte hervorzurufen, steht es in innerer Verbindung zum Erhabenen und so im Horizont des Großen, Göttlichen, Außerordentlichen und Leidenschaftlichen [23]. Mit ihrer Konzeption des W. gehören Bodmer und Breitinger zu den Wegbereitern des deutschen Genie-Gedankens [24].

A. G. BAUMGARTENS wirkungspoetische Definition des Aristotelischen θαυμαστόν ist exakter als die der Schweizer, mit denen er jedoch grundsätzlich übereinstimmt, wenn er behauptet: «Repraesentationes, in quibus mirabilia, magis poeticae, quam in quibus non sunt» («Vorstellungen, in denen W. enthalten ist, sind poetischer als solche, in denen es nicht vorkommt») [25]. Für das Publikum büßt das W. seinen Status der Übernatürlichkeit in dem Umfange ein, wie es durch die Kunstfertigkeit des Poeten eine eigene poetische Wirklichkeit gewinnt. So verlangt denn auch J. G. SULZER vom Dichter weniger Einbildungskraft als vielmehr eine außerordentliche «Kenntniss der würklichen, körperlichen und sittlichen Welt», um überhaupt das «ächte W.» hervorbringen zu können [26]. L. TIECK demonstriert das an Shakespeares ‹The Tempest›: «Das W. wird uns jetzt gewöhnlich und natürlich: weil wir von der wirklichen Welt gänzlich abgeschnitten sind» [27]. Als einheitliche Traumwelt, die in ihrer detailreichen Darstellung kontinuierlich affiziert, werde es «psychologisch richtig» dargeboten, unterstützt durch das Komische und die Musik [28].

Nachahmungspoetische Vorbehalte der geschilderten Art erachtet G. E. LESSING als unbegründet [29]. Er hebt die deutsche Diskussion des W. auf eine neue Ebene. Das Aristotelische πρὸς τὴν ποίησιν aufgreifend, preist er Shakespeare als Genie, dessen es bedürfe, um W. zu erdichten, allerdings nicht mehr im Sinne einer 'möglichen Welt', sondern einer «andern Welt», mit eigener Wirklichkeit. In Lessings «Welt des Genies» gewinnt das W. ästhetische Eigengesetzlichkeit, es «darf nur im Sujet selbst liegen. Die Funktion des Dichters ist die psychologische Vernichtung dieses W.» [30]. Damit geht die poetische Vernichtung des W. als eines Skandalons der Dichtungstheorie einher. Dieser von Lessing theoretisch herbeigeführten Verharmlosung des W. als einer poetologischen Kategorie korrespondiert eine praktische, die in CH. M. WIELANDS Neubewertung des W. als einer poetischen Kategorie ihren Höhepunkt erreicht, herbeigeführt in durchgängiger Psychologisierung der Dichtung [31]. Den Rahmen liefert eine poetische Lizenz, die gemäß J. DRYDEN und H. FIELDING «the Fairy way of writing» ermöglicht, der in eine Phantasiewelt mythischen, märchenhaften Charakters führt [32].

2. Aus dieser Wunderbarkeit der fiktiven Welt kommt im Umkreis der deutschen Romantik und unter dem unmittelbaren Einfluß der idealistischen Philosophie das Phantastische als eine neue ästhetische Kategorie auf, und zwar dort, wo das W., «als Dämmerungsschmetterling» (JEAN PAUL) [33] der romantischen Fragmenttheorie unterworfen, nur noch angedeutet wird [34]. Der Begriff ist alles andere als eindeutig definiert [35]. Zurückzuführen auf griech. φανταστικός bzw. lat. ‹phantasticus› («auf Vorstellung beruhend» [36]), wird er im 19. Jh. zunächst pejorativ konnotiert: «Phantastisch im weitern Sinn ist alles das, was als Produkt einer ungezügelten Phantasie den logischen Normen widerspricht, maßlos, ungeheuerlich, unwahrscheinlich erscheint» [37]. In dieser Bedeutung übersetzt J.-J. AMPÈRE in ‹Le Globe› (1828) E. T. A. HOFFMANNS ‹Fantasiestücke› fälschlich mit «contes fantastiques» [38]. Bereits 1827 spricht W. SCOTT mit Blick auf Hoffmann und Chamisso von «the fantastic» als literarischem Genre [39], allerdings bleibt diese Rede ohne Breitenwirkung. Während ‹phantastisch› als literaturwissenschaftliche Bezeichnung in deutschen Lexika bis Mitte der 1960er Jahre nahezu unbekannt bleibt (entsprechend das engl. ‹fantastic›, weil es im anglo-amerikanischen Sprachbereich keine terminologisch-kategorialen Entsprechungen zum frz. ‹le fantastique› gibt [40]), findet sich in einer französischen Enzyklopädie des ausgehenden 19. Jh. bereits dessen klassische Definition: «genre littéraire où la vérité se mêle à la fiction, le détail de la vie ordinaire aux imaginations les plus surnaturelles ... Le fantastique est une forme du merveilleux que l'on a cherché à renouveler dans la littérature en lui donnant des bases psychologiques» [41]. An dieser Kennzeichnung des Phantastischen als eines literarischen Genres einerseits und als einer ästhetischen Kategorie im Sinne einer modernisierten, d.h. «psychologisch

fundierten Form des W.» [42] andererseits hat sich seither nichts geändert.

Sachlich begründet wird das Phantastische im Werk E. T. A. Hoffmanns, wo auf der Ebene der erzählten Welt in eine realistische Ausgangssituation Übernatürliches einbricht. Dabei schwankt dessen Realitätsstatus zwischen den Polen des Realistischen und des Übernatürlichen. In dieser Ambiguierung liegt das entscheidende Differenzmerkmal des Phantastischen im Verhältnis zu den affinen Phänomenen des W. und des Unheimlichen (s.d.) [43]. So nennt Ch. Nodier, der seit 1830 wesentlich zur Popularisierung des Begriffes beiträgt, alles «fantastique», was in der fiktiven Welt erzählender Literatur die Naturgesetze verletzt [44]. Er inauguriert damit ein umfassendes Begriffsverständnis, das sich großer Beliebtheit erfreut, wegen seiner Allgemeinheit aber einer exakten Begriffsbestimmung entgegensteht. Noch an Th. W. Adornos Bestimmung läßt sich das exemplarisch erkennen: «Phantastische Kunst» stellt «ein Nichtseiendes als seiend vor ... Der Effekt ist die Präsentation eines Nichtempirischen, als wäre es empirisch» [45]. Solche distanzierten Bestimmungen sind der Künstlerästhetik vor allem des Surrealismus (s.d.) fremd, der die Überbietung des Realen durch das W. derart entgrenzt, daß in seiner Optik Realität und Surrealität paradox zu konvergieren scheinen. Bewunderungswürdig am Phantastischen sei, so versichert A. Breton bereits im ersten ‹Manifest›, daß es nichts Phantastisches mehr gebe: «es gibt nur noch Wirkliches» («il n'y a que le réel») [46]. Dem Anspruch nach wird damit die herkömmliche Entgegensetzung von Wahrscheinlichem und Wirklichem vollends hinfällig. Die von der surrealistischen Praxis erhoffte Umwandlung des «merveilleux» in ein allgegenwärtiges «merveilleux quotidien» [47] gibt eine Perspektive vor, die auch außerhalb der Gruppe und sogar über die Grenzen der Kunst hinaus Bestand haben soll.

Für die begriffliche Unschärfe, mit der die Diskussion des Phantastischen im 20. Jh. noch immer geführt wurde und bis heute geführt wird, ist bezeichnend, daß der wirkungsmächtigste Beiträger, der Strukturalist T. Todorov, das Phantastische zwar als Genre bezeichnet, es tatsächlich aber als ästhetische Kategorie definiert [48]. Er bestimmt die Ambiguierung aus der Rezeptionsperspektive, die den Leser zwischen konkurrierenden Erklärungsangeboten im Unklaren läßt, so daß er zwangsläufig zögert, das Geschehen rational oder übernatürlich aufzulösen: «Le fantastique, c'est l'hésitation éprouvée par un être qui ne connaît que les lois naturelles, face à un événement en apparence surnaturel» [49]. Todorov, der sich bei dieser «Unschlüssigkeit» auf den russischen Philosophen Solowjew bezieht – er hätte auch G. de Maupassant anführen können [50] –, erachtet als wesentliche Voraussetzung der «hésitation du lecteur» [51], daß in der Regel ein Ich-Erzähler die Vermittlungsinstanz repräsentiert, der selbst vom Übernatürlichen affiziert ist. Todorov begrenzt die identifikatorische Perspektive der «hésitation» fundamental: Überwiegt im Widerstreit der diskrepanten Realitäten das rationale Erklärungsangebot, so tendiert das Phantastische zum Unheimlichen («étrange»); herrscht hingegen das Übernatürliche vor, dann neigt es zum W. («merveilleux») [52]. Im «reinen W.» («merveilleux pur») werde die natürliche Ordnung unserer Welt aufgehoben (z.B. im Märchen), während im «reinen Unheimlichen» («étrange pur») diese Ordnung intakt bleibe [53], sich aber Begebenheiten ereignen, die zwar naturgesetzlich zu erklären, «jedoch auf die eine oder andere Weise unglaublich, außergewöhnlich, schockierend, einzigartig, beunruhigend oder unerhört sind» [54]. Von einer Minderheit (darunter S. Lem [55]) kritisiert, dient Todorovs Position in der Forschung vielfach als Ausgangspunkt weiterer Überlegungen, das Phantastische psychoanalytisch bzw. anthropologisch zu deuten. Für die phantastische Ambiguierung seien textimmanente Vermittlungsinstanzen zureichend [56], argumentiert M. Wünsch, und nur wenn die Struktur des Phantastischen «dominant» ist, könne das entsprechende Genre als «fantastische Literatur» bezeichnet werden [57].

Die Bestimmung des Phantastischen als ästhetische Kategorie impliziert zwar, daß der Begriff auf Zeichensysteme außerhalb narrativer Medien übertragen werden kann. In Ermangelung einer entsprechend operablen Begriffsbestimmung wird ‹das Phantastische› bislang jedoch jenseits epischer und dramatischer Kunstformen lediglich metaphorisch gebraucht.

Anmerkungen. [1] Vgl. Art. ‹Supranatural; Supranaturalismus›. Hist. Wb. Philos. 10 (1998) 670-677. – [2] Aristoteles: Poet. 24, 1460 a 17; vgl. auch: Rhet. I, 11, 1371 a 31-b 5; III, 2, 1404 b 11f.; vgl. Art. ‹Nachahmung der Natur›. Hist. Wb. Philos. 6 (1984) 337-341. – [3] Vgl. Poet. 9, 1452 a 3-5; 24, 1460 a 11-14. – [4] Thomas von Aquin: Quaest. disp. de potentia 8, q. 6, a. 2. Op. omn., hg. R. Busa (1980) 3, 231f.; vgl. hierzu: H. R. Jauss: Entstehung und Strukturwandel der allegor. Dichtung, in: H. R. Jauss/E. Köhler (Hg.): Grundriß der roman. Literaturen des MA (1968) 6/1, 147f.; Ästhet. Erfahrung und lit. Hermeneutik (1984) 300; vgl. a.O. 304. – [5] Vgl. Art. ‹Wahrheit, ästhetische; Wahrheit der Kunst›. – [6] Vgl. C. Salutati: Epistola – fra Giovanni da Samminiato (25. Jan. 1405 oder 1406), in: Epistolario 4, 14, hg. F. Novati (Rom 1905) 170-205; vgl. zur Tradition auch: E. R. Curtius: Europ. Lit. und latein. MA (1965) 221-234. – [7] J. C. Scaliger: De subtilitate (Paris 1557) 396. – [8] Vgl. L. Castelvetro: Poetica d'Arist. vulgarizzata, et sposta (Wien 1570) 131. 304. 306. pass. – [9] A. S. Minturno: L'arte poetica (Venedig 1563) 120; vgl. auch: L. Castelvetro: Poetica d'Aristotele (Wien 1570); zu Minturno vgl. M. T. Herrick: Some neglected sources of admiratio. Modern Language Notes 62 (1947) 222-226. – [10] G. Marino: Il poeta e la meraviglia (1608), in: Poesie varie, hg. B. Croce (Bari 1913) 395. – [11] Vgl. F. Patrizi: Della poetica (1586), hg. D. Aguzzi (Florenz 1969) 2, 258. 262. 344. – [12] E. Tesauro: Il cannocchiale aristotelico (Turin 1654, ^{5}1670, ND 1968) 266ff. 446ff. 490ff. pass. – [13] Vgl. dagegen in Deutschland M. Opitz, der, vom hohen poetischen Stellenwert des W. überzeugt, es mittels Allegorese glaubenskonform christianisiert: Buch von der Deutschen Poetery V, Bl. D II (1624). Stud.ausg., hg. H. Jaumann (2002) 29f.; vgl. III, Bl. B IIII^v; II, Bl. B I^v, a.O. 19f. 14f. – [14] Vgl. P. Corneille: Nicomède (1651). Oeuvr. compl., hg. A. Stegmann (Paris 1963) 520f. – [15] N. Boileau-Despréaux: Traité du sublime, ou du merveilleux dans les discours, trad. du grec de Longin (1674). Oeuvr. compl., hg. F. Escal (Paris 1966) 333-440; vgl. auch: R. le Bossu: Traité du poëme épique 1, 8 (Paris 1675) 340-345: «De l'Admirable». – [16] Vgl. B. le Bovier de Fontenelle: Hist. des oracles (1686), hg. L. Maigron (Paris 1908) 29; vgl. auch: De l'origine des fables (1724), in: Textes choisis, hg. M. Roelens (Paris 1966) 223-238. – [17] Vgl. Art. ‹Merveilleux›, in: P. E. Knabe: Schlüsselbegriffe des kunsttheoret. Denkens in Frankreich von der Spätklassik bis zum Ende der Aufklärung (1972) 377-380. – [18] J. Ch. Gottsched: Versuch einer Critischen Dichtkunst vor die Deutschen (1730) 157f. – [19] J. J. Breitinger: Critische Dichtkunst Worinnen Die Poetische Mahlerey in Absicht auf die Erfindung Im Grunde untersuchet und mit Beyspielen aus den berühmtesten Alten und Neuern erläutert wird (1740, ND 1966) 1, 130. – [20] a.O. 130f.; vgl. Art. ‹Wahrscheinlichkeit (ästhetisch)›. – [21] J. J. Bodmer: Critische Abhandlung von dem Wunderbaren in der Poesie (1740, ND 1966); Crit. Betrachtungen über die Poetischen Gemählde Der Dichter (1741, ND 1971). – [22] Breitinger, a.O. [19] 132. – [23] Vgl. hierzu: M. K. Torbruegge: J. H. Füssli und 'Bodmer-Longinus'. Das W. und das Erhabene. Dtsch. Vjschr. 46 (1972) 161-185. – [24] Vgl. Art. ‹Genie›. Hist. Wb. Philos. 3 (1974) 279-309, bes. 281; J. Schmidt: Die Geschichte des Genie-Gedankens 1750-1945 (1985) 1, 47-60. – [25]

A. G. BAUMGARTEN: Meditationes philos. de nonnullis ad poema pertinentibus § 45 (Halle 1735) 19. – [26] J. G. SULZER: Art. ‹Wunderbar›, in: Allg. Theorie der Schoenen Kuenste 2 (1774) 1279f.; (²1794, ND 1994) 4, 744ff. – [27] L. TIECK: Ueber Shakspeare's Behandlung des Wunderbaren, in: Der Sturm. Ein Schauspiel von Shakspear (1796) 1-44, 10. – [28] a.O. 42. 38f. – [29] G. E. LESSING: G. E. Lessings Fabeln (1759). Abhandlung II. Werke, hg. H. G. GÖPFERT 5 (1973) 385ff. – [30] M. KOMMERELL: Lessing und Aristoteles (³1960) 230. – [31] Vgl. CH. M. WIELAND: Die Abenteuer des Don Sylvio von Rosalva (1764); Die Geschichte des Agathon (1766/67); Oberon (1780). – [32] Zu Drydens Terminologie des W. vgl. H. J. JENSEN: A glossary of J. Drydens crit. terms (Minneapolis 1969) 20f. (‹admirable›; ‹admiration›; ‹admire›); H. FIELDING: The hist. of Tom Jones 8, 1: A wonderful long ch. conc. the marvellous (1749). – [33] JEAN PAUL: Vorschule der Ästhetik § 5 (1804). Werke, hg. N. MILLER (1963) 5, 45. – [34] Vgl. S. M. SCHRÖDER: Lit. Spuk. Skandinav. Phantastik im Zeitalter des Nordischen Idealismus (1994) 75. – [35] Vgl. U. DURST: Theorie der phantast. Lit. (2001) 21: «Die terminologische Anarchie lähmt die Forschung»; vgl. Art. ‹Phantastisch/Phantastik›, in: K. BARCK u.a. (Hg.): Ästhet. Grundbegriffe 4 (2002) 798-814. – [36] Vgl. Art. ‹Phantastisch›. GRIMM 7 (1889) 1825. – [37] Art. ‹Phantast›. MEYERS Konversations-Lexikon (⁵1896) 13, 824. – [38] J.-J. AMPÈRE: Rez. ‹Aus Hoffmanns Leben und Nachlass› (J. HITZIG). Le Globe VI (2. Aug. 1828) 588. – [39] W. SCOTT: On the supernatural in fictitious composition; and particularly on the works of Ernest Theodore William Hoffmann, in: J. WILLIAMS (Hg.): On novelists and fiction (1968) 312-353, zit. 326; vgl. auch: SCHRÖDER, a.O. [34] 48. – [40] Das «genre littéraire» begegnet hier mehr oder minder verengt in Gattungen wie ‹Schauerroman›, ‹Gespenstergeschichte›, ‹gothic novel›, ‹ghost story› und ‹romance›. – [41] Art. ‹fantastique›, in: A. BERTHELOT u.a. (Hg.): La grande encycl., inventaire raisonné des sciences, des lettres et des arts (1886-1902) 16, 1198. – [42] R. JEHMLICH: Phantastik – Science Fiction – Utopie: Begriffsgeschichte und Begriffsabgrenzung, in: CH. W. THOMSEN/J. M. FISCHER (Hg.): Phantastik in Lit. und Kunst (1980) 11-33, 13. – [43] Vgl. M. WÜNSCH: Die Fantast. Lit. der Frühen Moderne (1890-1930) (1991) 13. – [44] Vgl. CH. NODIER: Du fantastique en litt., in: Contes fantastiques (1861) 5-30. – [45] TH. W. ADORNO: Ästhet. Theorie (1970). Ges. Schr., hg. G. ADORNO/R. TIEDEMANN 7 (1979) 36. – [46] A. BRETON: Manifestes du surréalisme (1924, Paris 1973) 25; dtsch.: Die Manifeste des Surrealismus (1977) 19. – [47] L. ARAGON: Le paysan de Paris (Paris 1926, ¹¹1945) 14; vgl. K. BARCK (Hg.): Surrealismus in Paris 1919-1939. Ein Lesebuch (1986) 732ff. – [48] T. TODOROV: Introd. à la litt. fantastique (1970); zur begriffl. Problematik vgl. SCHRÖDER, a.O. [34] 85f. – [49] TODOROV, a.O. 29. – [50] Vgl. G. DE MAUPASSANT: Le fantastique (1883), in: Chroniques (1980) 2, 256-260. – [51] TODOROV, a.O. [48] 36. – [52] a.O. 29. – [53] 49-60. – [54] Einf. in die fantast. Lit. (1972) 45. – [55] Vgl. S. LEM: Tzvetan Todorovs Theorie des Phantastischen (1973), in: R. ZONDERGELD (Hg.): Phaïcon 1: Almanach der phantast. Lit. (1974) 92-122. – [56] WÜNSCH, a.O. [43] 35f. – [57] a.O. 13. 68.

Literaturhinweis. K. H. STAHL: Das W. als Problem und Gegenstand der dtsch. Poetik des 17. und 18. Jh. (1975).

K. H. STAHL

Wunsch (engl. desire, pro-attitude, want, wish; frz. désir)

I. – 1. Unter dem W. nach einem Objekt wird eine positive Einstellung gegenüber diesem Objekt verstanden, wobei nähere Bestimmungen teils wechseln, teils ausbleiben. Oft ist ein Unterschied zu Begehren (s.d.), Conatus (s.d.) und Streben (s.d.) weder sprachlich noch sachlich auszumachen. Insbesondere wird in der angelsächsischen Diskussion fast alles unter dem einen Terminus ‹desire› verhandelt; das Wort ‹wish› und das Kunstwort ‹pro-attitude› [1] erscheinen vergleichsweise selten.

Ohne daß es zu einem Bruch mit der Tradition der Begehrens- und Strebensbegriffe käme, erfährt der W.-Begriff durch Tendenzen, das Wünschen als die zur Begründung oder Erklärung menschlichen Handelns maßgebliche subjektive Einstellung zu etablieren, eine eigene Färbung. Wünsche sollen als selbst nicht weiter rechtfertigbare Bausteine für rationales Handeln, Wert, Glück, Gerechtigkeit und Moral dienen. Diese Tendenzen werden heute lose als ‹humesch› bezeichnet. Die Zurückführung auf D. HUME ist problematisch, denn zum einen findet Hume manches vor. So werden begriffliche Verbindungen zwischen dem Guten und dem Streben spätestens seit PLATON diskutiert [2], und schon nach ARISTOTELES befaßt sich praktisches Überlegen nicht mit Zielen, sondern mit Mitteln [3]. TH. HOBBES analysiert «gut» als «gewünscht» [4], und auch für ihn sind die «thoughts ... to the desires, as scouts and spies, to range abroad, and find the way to the things desired» [5]. Ebenfalls vor Hume schreibt F. HUTCHESON, daß beim rationalen Handeln «desires» und damit Instinkt und Affekt das letzte Wort haben [6]. Zum andern finden sich nicht alle betreffenden Ansichten bei HUME, der den «desires» unter den «affects» und «passions» auch keine herausgehobene Bedeutung beimißt. Dennoch sticht Hume hervor. «Reason», so sein radikales Diktum, «is, and ought only to be the slave of the passions ... 'Tis not contrary to reason to prefer the destruction of the whole world to the scratching of my finger» [7].

Die meisten W.-Begriffe gehören, wie vor ihnen die meisten Begehrens- und Strebensbegriffe, mindestens einer von zwei Linien an, der behavioral-erklärenden oder der phänomenalen. Die behavioral-erklärende Linie konzeptualisiert Wünsche als Handlungsdispositionen oder -ursachen; insofern ähneln dem W. Motiv (s.d.), Neigung (s.d.), Trieb (s.d.) und Wille (s.d.). Die phänomenale Linie faßt Wünsche als bewußte Zustände oder Vorgänge auf, zum Beispiel als ein angenehmes oder unangenehmes Berührtsein durch das Denken an das Objekt; insofern ähneln dem W. Affekt (s.d.), Gefühl (s.d.), Liebe (s.d.), Verlangen (s.d.) und Wert (s.d.). Die phänomenale Linie ist auch alltagssprachlich dominant; so bestimmt etwa das ‹Oxford English Dictionary› sowohl «desire» als auch «wish» primär als ein «feeling» [8]. Allerdings gehören viele Autoren beiden Linien an, etwa indem sie Wünsche als handlungsverursachende Affekte begreifen. Auch kann bei Verwendung eines W.-Begriffs aus nur einer der Linien anerkannt werden, daß bei Wünschen Merkmale aus der anderen Linie faktisch vorliegen.

2. TH. HOBBES betrachtet Bewegungen im Kopf, die sich im Herzen fortsetzen. Fördert eine solche Bewegung die vitale Bewegung, so heißt sie «pleasure» und ist eine «solicitation or provocation ... to draw near to the thing that pleaseth ...; and this solicitation is the endeavour or internal beginning of animal motion, which ... is called appetite». Dabei sind «pleasure, love, and appetite, which is also called desire, ... divers names for divers considerations of the same thing» [9]. J. LOCKE definiert: «The uneasiness a Man finds in himself upon the absence of any thing, whose present enjoyment carries the Idea of Delight with it, is that we call Desire» [10]. Als solche «uneasiness» gehört «desire» zu den «affections» [11]. Es ist der einzige Antrieb zu menschlichem Handeln [12]; allerdings hat der Geist «a power to suspend the execution and satisfaction of any of its desires» [13]. Das «desire» ist scharf vom Wollen zu trennen; dieses ist ein Vorgang eigener Art, erstreckt sich nur auf das Handeln und verursacht es unmittelbar [14].

Nach F. HUTCHESON ist «desire» ein Affekt [15] und «distinct from all sensation, perception, or judgement» [16]; es ist an sich «calm» [17], wird aber oft von «uneasiness» oder Turbulenzen begleitet [18]. «Desire» und «aversion» sind die beiden «calm primary motions of the Will» [19] und «directly incline the Mind to Action or Volition of Motion» [20]. Die «original», «ultimate» oder «primary Desires» zielen auf angenehme Empfindungen entweder des Wünschenden (der Fall ist «selfish») oder anderer Personen («Publick or Benevolent Desires») [21]. Zu ihnen gesellen sich «subordinate» oder «secondary Desires of every thing imagined useful to gratify any of the primary Desires» [22].

Bei D. HUME selbst ist die Begrifflichkeit der Wünsche und Leidenschaften von seinen einflußreichen Thesen darüber, wie Leidenschaften zur Vernunft stehen, noch kaum geprägt. Er würdigt «desire» keiner Definition. «Desire» wird in der Regel von Ideen verursacht [23] und zählt zu den «direct passions», also zu denjenigen «impressions, which arise from good and evil most naturally, and with the least preparation» [24]. Wie alle Leidenschaften gründet es auf Lust und Schmerz [25] und beeinflußt das Wollen und Handeln [26]. Es gibt «desires», die eher nach ihren Wirkungen als ihrem Gefühlsanteil zu individuieren wären [27]. TH. REID schreibt dem Urteilen eine aktivere Rolle zu als Hume [28], zählt aber «appetites» und «desires» ebenfalls zu denjenigen «principles of action», die den Willen beeinflussen, ohne ein Urteilen zu erfordern [29]. «Desires» unterscheiden sich von «appetites», indem sie beständig sind und nicht unangenehm zu sein brauchen [30]. Vom Wollen unterscheiden sie sich durch die Bandbreite ihrer möglichen Objekte, darunter selbst Unmögliches wie eine Reise zum Jupiter [31]. J. BEATTIE sieht «desire and aversion», wie jede «passion», als «commotion of the soul, attended with pleasure and pain, affecting both the mind and the body, and arising from the view of something which is, or appears to be, good or evil» [32].

In Deutschland stellt sich I. KANT der humeschen Denkungsart entgegen. Zwar ist auch für ihn mit jedem Begehren und daher auch mit dem Wünschen Lust oder Unlust verbunden [33], ohne daß es jedoch durch sie verursacht oder bestimmt sein müßte [34]. Begehren braucht also nicht sinnliches Begehren (Begierde) zu sein [35]. Vielmehr kann es aus der Vernunft heraus bestimmt sein [36]; man kann wünschen, der Neigungen «entledigt und allein der gesetzgebenden Vernunft unterworfen zu sein» [37]. In dem Sinne gibt es auch «moralische Wünsche» [38]. Zudem verschafft Kant der speziellen Bedeutung vom Wünschen als bloßem Wünschen Resonanz. Er definiert den W. als das «Begehren ohne Kraftanwendung zu Hervorbringung des Objects» [39]. Die Bestimmung, daß das Wünschen nicht zum Wollen oder Handeln vordringt, übernehmen J. G. FICHTE, W. WUNDT, CH. SIGWART, M. HEIDEGGER und zahlreiche weitere Autoren [40].

Das 19. Jh. befaßt sich besonders mit der Innenansicht der Wünsche. Für A. SCHOPENHAUER ist der W., «seiner Natur nach, Schmerz» [41]; wir fühlen ihn, «wie wir Hunger und Durst fühlen» [42]. Er stellt sich «ohne Überlegung» als «nothwendige Folge des gegenwärthigen Eindrucks» dar [43]. Und «wenn gleich jede erlangte Befriedigung, soviel sie auch verhieß, uns doch nicht befriedigt», kommt es «zu immer neuen Wünschen» [44]. «So liegt das Subjekt des Wollens beständig auf dem drehenden Rade des Ixion, schöpft immer im Sieb der Danaiden, ist der ewig schmachtende Tantalus» [45]. H. SPENCER charakterisiert «desires» als «ideal feelings that arise when the real feelings to which they correspond have not been experienced for some time» [46]. A. BAIN vertritt eine ähnliche Theorie: «Desire is a mixed property. A pleasure is present to the mind as an idea; the idea, however, falls short of the original; the consciousness of this inferiority is painful» [47]. J. BENTHAM erneuert und radikalisiert das Hobbessche Plädoyer für Gleichsetzungen. Er erklärt «desire», «wish», «appetite», «liking», «inclination», «affection», «love» und neun weitere Termini zu Synonymen [48]. J. MILL hält die Termini «idea of a pleasure» und «desire» für gleichbedeutend; «the thing named, the state of consciousness, is one and the same». Da die Idee einer angenehmen Empfindung bloß ein Wiederbeleben dieser Empfindung ist, ist auch das als eine solche Idee begriffene «desire» angenehm [49]. Sein Sohn J. S. MILL folgt ihm: «to desire anything, except in proportion as the idea of it is pleasant, is a physical and metaphysical impossibility» [50].

Auch F. BRENTANO begreift das Konative als das Emotionale, rechnet jedenfalls alles Begehren, Streben, Wollen und Wünschen zusammen mit den Gefühlen derselben Grundklasse psychischer Phänomene zu, der Klasse des «Liebens und Hassens» [51]. CH. VON EHRENFELS' Theorie des Begehrens und Wünschens als eines erfreulichen Vorstellens mündet in die Bestimmung: «Wenn ich ein Objekt als wirklich oder als nichtwirklich vorstelle, und hierin gegenüber der schlechthinnigen Vorstellung des Objektes eine Glücksförderung beruht, so liegt im ersten Fall ein verlangender, im zweiten ein verabscheuender W. vor» [52]. Ähnlich besteht für M. SCHLICK das «Wünschen ... einfach darin, daß die Vorstellung des Ziels lustgefärbt ist» [53]. Verwandte Bestimmungen finden sich bei TH. ZIEHEN, K. DUNCKER, J. KIM, R. B. BRANDT und J. C. B. GOSLING [54]. Manche Vertreter phänomenal-hedonischer Explikationen erläutern, daß das Desideratum selbst weder hedonisch noch phänomenal zu sein braucht; die freudige Vorstellung braucht keine Vorstellung von Freude zu sein [55]. Des weiteren werden in der Regel das lustvolle Imaginieren des Objekts und das leidvolle Imaginieren seiner Absenz als äquivalent behandelt; man folgt R. DESCARTES' Vorschlag [56] und betrachtet beides als ein Wünschen oder Begehren.

Die phänomenale Charakterisierung des Wünschens, Begehrens und Strebens fällt nicht immer hedonisch aus. S. WITASEK gesteht zu, daß ein «Phantasielustgefühl ... in größerer oder geringerer Intensität in jedem Wünschen, Verlangen kurz jedem Begehren enthalten ist», sieht aber auch ein Moment, das man «nur metaphorisch als eine Art von Entwicklung gegen den gewünschten Gegenstand hin, als ein geistiges sich nach ihm hin Bewegen bezeichnen kann»; Theorien vom Begehren als lust- oder schmerzhaftem Fühlen bleiben daher «gerade die Hauptsache schuldig» [57]. A. PFÄNDER teilt diese Kritik [58]; er weist auf das «eigenartige Moment des Drängens oder der inneren Tendenz» hin und bezeichnet es zeitweilig, TH. LIPPS folgend, als «Strebungsgefühl» [59]. Ein Bewußtseinszustand sui generis scheint auch W. JAMES vorzuschweben: «Desire, wish, will, are states of mind which everyone knows, and which no definition can make plainer» [60].

Wo sich das 20. Jh. an der Operationalisierung des Geistes versucht, wird auch das Wünschen entphänomenalisiert, behavioralisiert, funktionalisiert, reduziert, instrumentalisiert oder gar eliminiert. Die Sicht auf das Wünschen korreliert in der Regel mit der auf das Erklären, wobei viele Autoren ihren W.-Begriff auf das intentionale Erklären von Handlungen hinordnen, das u.a. von M. WEBER, C. G. HEMPEL, D. DAVIDSON, G. H. VON WRIGHT und M. SMITH verteidigt wird [61]. Besonderen Einfluß gewinnt L. WITTGENSTEINS Warnung vor dem Appell an private geistige Vorgänge. Bereits Wittgenstein selbst spezifiziert diese Warnung für das Wünschen. Er äußert sich skeptisch zu Theorien vom Wünschen als einem Fühlen und rückt die Rede von befriedigten und unbefriedigten Wünschen in die Nähe des Metaphorischen [62]. Wünsche kommen oft gar nicht vor: «Wenn ich meinen Arm hebe, so habe ich nicht gewünscht, er möge sich heben. Die willkürliche Handlung schließt diesen W. aus» [63]. Zwar sind wir darauf abgerichtet, «unter bestimmten Umständen Wunschäußerungen von uns zu geben», doch ist der W. selbst kein solcher Umstand [64]. Ähnlich sieht es G. RYLE; er bestreitet ebenfalls, daß Wünsche innere Episoden sind. Wörter wie «want» und «desire» stehen teils für Motive («motives», «inclinations»), teils für Erregungen («agitations», «temporary moods») [65]. In beiden Fällen bezeichnen sie nicht etwa Ereignisse oder Zustände, sondern Dispositionen; und zwar nicht «tendencies to have feelings», sondern «behaviour-trends» [66]. Bestimmungen, die sich am Verhalten orientieren, finden sich auch bei G. E. M. ANSCOMBE, C. TAYLOR, B. F. SKINNER, S. HAMPSHIRE und R. B. BRANDT [67]. Rein instrumentell rechtfertigt D. C. DENNETT die Rede von Wünschen und Meinungen. Daß wir unsere Mitmenschen als tendentiell rationale Prozessoren ihrer Einstellungen ansehen, beschert uns prognostischen Erfolg – unabhängig davon, ob diese Einstellungen «wirklich» vorliegen [68]. «Desires» sind «calculation-bound entities or logical constructs» [69]. Noch einen Schritt weiter geht der Eliminativismus. Bereits B. RUSSELL hofft, daß das Reden von Wünschen bald ein Ende nehmen kann [70]. W. V. O. QUINE zählt Einstellungen nicht zum Inventar des Universums [71], und auch nach P. CHURCHLAND gibt es «desires» ebensowenig wie kristallene Himmelssphären [72]; wohl gibt es «vectors of activation levels across a large population of neurons» [73].

Kausale W.-Theorien wollen dem wissenschaftlichen Erklären auf andere Weise dienen. B. RUSSELL will unter «desire», solange es jenes Terminus noch bedarf, ein mentales Ereignis verstanden wissen, das einen Verhaltenszyklus auslöst; grob gesprochen ist der Sachverhalt, bei dessen Realisierung der Zyklus endet und der Organismus zur Ruhe kommt, der Inhalt des W. [74]. Mit demselben Gedanken tritt D. M. ARMSTRONG rein behavioralen Vorschlägen entgegen. «Although mind is not behaviour, it is the cause of behaviour», so Armstrong [75]; «the concept of a mental state essentially involves, and is exhausted by, the concept of a state that is apt to be the cause of certain effects or apt to be the effect of certain causes» [76]. Das gilt auch für Einstellungen. «When I have a desire to go out and have a drink I am in a certain mental state ... that is ... a cause apt for initiating and sustaining a certain line of conduct: the whole process of going out and getting a drink.» In diesem Sinne unterscheiden sich «desire» und «will» nicht voneinander. Die Wirkung kann allerdings durch andere Ursachen verhindert werden, auch durch Überzeugungen von der Unerreichbarkeit bestimmter Sachverhalte [77]. Über eine Ähnlichkeitsklausel soll selbst in diesem Rahmen wieder Raum für Wünsche ohne handlungsverursachendes Potential geschaffen werden: «'idle' wants and wishes are states that resemble the action-producing or potentially action-producing states, but which themselves are not even potentially action-producing» [78]. Das subtilste kausale Bild entwirft F. DRETSKE, der einen W. als eine Art Rezeptivität für die Modifikation von Verhalten betrachtet; der W. nach einem Ereignis ist derjenige innere Zustand, der dafür verantwortlich ist, daß Ereignisse desselben Typs die Wahrscheinlichkeit von Verhalten, durch das Ereignisse jenes Typs hervorgebracht werden, erhöhen. Wünsche sind dasjenige im Organismus, was ihre Inhalte zu Ursachen von solche Inhalte bewirkendem Verhalten macht [79].

Wie die explanatorische Rolle so wird gelegentlich auch die normative Rolle dem Wünschen nicht nur zugeschrieben, sondern bereits zu seiner Definition herangezogen. Nach A. KENNY sind «desires», «wants» und «wishes» innere, imperativische Sprechakte [80]. «A wish that *p* were the case could be regarded as a mental utterance of the wish 'Would that *p* were the case!'» [81]. Beispielsweise bedeute «The Kaiser wanted God to punish England» in etwa dasselbe wie «The Kaiser said in his heart 'God punish England!'» [82]. Weil der Begriff des Imperativs den des W. oder der Optativität bereits vorauszusetzen scheint [83] und nach Kenny das innere Sprechen keiner Sätze bedarf [84], unterliegt dieser Ansatz dem Druck, zur Explikation des Wünschens statt auf optativische Sätze sogleich auf die Optativität von Einstellungen zu referieren. Nutzt man zu diesem Zweck die von G. E. M. ANSCOMBE thematisierte und später von J. SEARLE so getaufte «Paßrichtung» («direction of fit») [85], so ergibt sich: Wünschen und Glauben unterscheidet voneinander, daß sich die Welt nach dem Wünschen, umgekehrt das Glauben nach der Welt richten soll [86]. Da ‹Paßrichtung› offenkundig ein normativer Begriff ist, entsteht eine Sicht, nach der sich das Wünschen im Kern nicht analysieren läßt. Der praktisch-normierende Weltbezug wird zum begrifflichen Primitivum.

Das humesche Programm erfährt ab der Mitte des 20. Jh. einen Schub durch die Entscheidungstheorie (s.d.). J. VON NEUMANN und O. MORGENSTERN zeigen 1947, daß ein von ihnen axiomatisch charakterisiertes rationales Präferieren die Nutzenfunktion des Handelnden in für die Theorie hinreichend eindeutiger Weise bestimmt [87]. Damit wird eine metrisierte Version von wunschbasierter Rationalität zum methodologischen Paradigma der Geistes- und Sozialwissenschaften. Auch die Gleichsetzung von W.-Erfüllung bzw. Präferenzbefriedigung mit subjektiver Wohlfahrt oder «utility», die schon H. SIDGWICK in Betracht gezogen hatte, wird verfestigt [88]. Indem die subjektiven Nutzenfunktionen in sogenannten sozialen Wohlfahrtsfunktionen verarbeitet werden [89], zum Beispiel im Präferenzutilitarismus von R. M. HARE und P. SINGER [90], erscheint W.-Erfüllung zugleich als das Distribuendum der distributiven Gerechtigkeit. So wird das materialethische Programm ausgeführt, das W. JAMES formuliert hatte: «The only possible reason there can be why any phenomenon ought to exist is that such a phenomenon actually is desired» [91].

Auch außerhalb der Neumann-Morgensternschen Theorie führt der Gedanke, daß Wünsche Handlungen rechtfertigen, zu anspruchsvollen W.-Begriffen, die teils bereits als Begriffe des Wertens oder des rationalen Wünschens auftreten. Dabei verschwimmen die Grenzen des Humeanismus; insofern bereinigte oder veredelte Wünsche in der praktischen Vernunft zum Einsatz kommen, haben Wünsche als solche nicht mehr das letzte Wort. Idealisierend verfährt durch ihre Konsistenzbedingungen schon die Logik des Wünschens und Präferierens, wie sie von G. H. VON WRIGHT begründet und von S. O. HANSSON vorangetrieben wird [92]. Weitergehende Bedingungen verficht R. B. BRANDT. Er nennt ein «desire» rational, wenn es eine «cognitive psychotherapy» bestünde, einen Prozeß «of confronting desires with relevant information, by repeatedly representing it, in an ideally vivid way, and at an appropriate time» [93]; die Feuerprobe ist «maximal criticism and correction by facts and logic» [94]. H. G. FRANKFURT und CH. M. KORSGAARD entwickeln die These, daß ein W. durch höherstufige Einstellungen gestützt sein muß, um authentisch oder normativ maßgeblich zu sein [95]. Entsprechend wird in der Werttheorie die These, daß Werte oder Werturteile mit Wünschen korrelieren [96], modifiziert; Werte werden als die Wünsche betrachtet, die man unter bestimmten Bedingungen hegen [97] oder zu hegen wünschen [98] würde.

Anmerkungen. [1] A. C. EWING: A suggested non-naturalistic analysis of good. Mind NS 48 (1939) 1-22, 8; Terminus wieder eingeführt von P. H. NOWELL-SMITH: Ethics (London 1954) 105-121. – [2] Vgl. Art. ‹Gut; das Gute; das Gut›. Hist. Wb. Philos. 3 (1974) 937-972, 941. 943. 952. – [3] ARISTOTELES: Eth. Nic. III, 5, 1112 b; vgl. Art. ‹Phronesis 3.›, a.O. 7 (1989) 935. – [4] TH. HOBBES: Leviathan 6 (1651). The Engl. works, hg. W. MOLESWORTH (London 1839-45) 3, 41; De homine 11, 4 (1658). Op. lat., hg. W. MOLESWORTH (London 1839-45) 2, 96; vgl. Human nature VII, 3 [1640] (1650). The Engl. works, a.O. 4, 32; Art. ‹Gut; das Gute; das Gut IV. 1.›, a.O. [2] 960f. – [5] Lev. 8, a.O. 61. – [6] F. HUTCHESON: An essay on the nature and conduct of the passions II, 1. 5 (1728). Coll. works 1-7 (London 1725-1756, ND 1969-71) 2, 216-218. 223f. 286. – [7] D. HUME: A treat. of human nature II, 3, 3 (1739/40). The philos. works, hg. T. H. GREEN/T. H. GROSE 1-4 (London 1874/75, ND [2]1992) 2, 195. – [8] Oxford Engl. dict. ([2]1989): Einträge ‹desire› und ‹wish›. – [9] HOBBES: Human nat. VII, 1f., a.O. [4] 31f.; vgl. Lev. 6, a.O. [4] 38-51; De hom. 11, 1-3, a.O. [4] 94-96. – [10] J. LOCKE: An essay conc. human understanding II, 20, § 6 (1690, [4]1700), hg. P. H. NIDDITCH (Oxford 1975) 230; vgl. Ess. II, 21, §§ 31f. 45, a.O. 250f. 261f.; Essays on the law of nature [Eintrag 16. 7. 1676] (Oxford 1954) 269. – [11] Ess. II, 21, § 30, a.O. 249. – [12] 20, § 6, a.O. 230f.; 21, §§ 29. 31. 33-39. 46. 71, a.O. 249-257. 262f. 282f. – [13] 21, § 47, a.O. 263f.; vgl. § 52, a.O. 266f. – [14] § 30, a.O. 249f. – [15] HUTCHESON: Ess. I, 2, 1, a.O. [6] 2, 27f. – [16] System of moral philos. I, 1, 5 (1755). Coll. works, a.O. 5, 7. – [17] Ess. I, 2, 1f., a.O. 2, 28-30. – [18] 2, 1-7, a.O. 2, 28-57; Short introd. to moral philos. I, 1, 6 (1747), a.O. 4, 8-10; Syst. of moral philos. I, 1, 7, a.O. 5, 11-13. – [19] Short introd. I, 1, 5, a.O. 4, 8. – [20] Ess. I, 2, 1, a.O. 2, 27. – [21] 1, 2, a.O. 2, 8; 1, 3, a.O. 13. 21. – [22] 1, 2, a.O. 8; 1, 3, a.O. 20. – [23] HUME: Treat. I, 1, 2, a.O. [7] 1, 317. – [24] II, 3, 9, a.O. 2, 214. – [25] a.O. 214-216; III, 3, 1, a.O. 334f. – [26] II, 3, 3, a.O. 193-197. – [27] a.O. 193-197; vgl. II, 1, 2, a.O. 77-79. – [28] TH. REID: Essays on the active powers of the human mind III, 3 (1788). Philos. works (Edinburgh [8]1895) 2, 579-599. – [29] III, 2, 1, a.O. 551. – [30] III, 2, a.O. 554; vgl. D. STEWART: The outlines of moral philos. 2, §§ 113-119 (1793). Coll. works 6 (London 1855) 4f. – [31] III, 1, a.O. 532. – [32] J. BEATTIE: Elements of moral science 1, § 279 (Edinburgh 1790). The philos. and crit. works 3, hg. B. FABIAN (1974) 237. – [33] I. KANT: Die Met. der Sitten I: Rechtslehre (1797). Akad.-A. 6, 211f. – [34] a.O.; vgl. KpV A 15 (Anm.). – [35] Grundleg. zur Met. der Sitten (1785). Akad.-A. 4, 454; Rechtslehre, a.O. 6, 212. – [36] Rechtslehre, a.O. 212f. – [37] KpV A 213; vgl. Grundleg., a.O. [35] 454; Rechtslehre, a.O. 213. – [38] KpV A 207; vgl. Die Relig. innerhalb der Grenzen der bloßen Vernunft (1793). Akad.-A. 6, 197 (Anm.). – [39] Anthropol. in pragm. Hinsicht § 73 (1798). Akad.-A. 7, 251; KU B XXII (Anm.); vgl. Rechtslehre, a.O. [33] 213. 356f.; ‹Hagen 21›, in: Metaphys. Anfangsgründe der Rechtslehre, hg. B. LUDWIG ([2]1998) XLII-XLV. – [40] J. CH. HOFFBAUER: Grundriß der Erfahrungs-Seelenlehre (1791, [2]1810) 80; Naturlehre der Seele (1796) 311; J. G. FICHTE: Versuch einer Critik aller Offenbarung § 14 (1792, [2]1793). Akad.-A. I/1 (1977) 105; W. VOLKMANN: Lehrb. der Psychologie (1856, [2]1876) 2, 442; A. BAIN: Mental and moral science. A compendium of psychology and ethics (London 1868, [3]1884) 366; The emotions and the will (London 1859) 480; W. WUNDT: Grundzüge der physiol. Psychol. (1874, [6]1911) 3, 225. 227; CH. SIGWART: Der Begriff des Wollens und sein Verhältniß zum Begriff der Ursache (1879), in: Kl. Schr. (1881) 2, 115-211, 149f.; CH. VON EHRENFELS: Von der Werttheorie zum Motivationsgesetze (1896), in: Philos. Schr. 1 (1982) 167-180, 180; Über Fühlen und Wollen § 17 (1887), a.O. 3 (1988) 70; W. JAMES: The principles of psychology 26 (1890, Cambridge, Mass. 1981) 1098; J. REHMKE: Lehrb. der Allg. Psychologie (1894, [2]1905) 504. 522; M. HEIDEGGER: Sein und Zeit § 41 (1927, [14]1977) 195f.; H. HÖFFDING: Psychologie in Umrissen (1901) 433f. – [41] A. SCHOPENHAUER: Die Welt als Wille und Vorstellung [WWV] I, 4, § 57 (1819, [3]1859). Sämtl. Werke, hg. A. HÜBSCHER ([4]1988) 2, 370; vgl. §§ 58. 65, a.O. 376. 430. – [42] WWV II, 4, Kap. 46 (1844, [3]1859), a.O. 3, 659. – [43] WWV I, 4, § 55, a.O. 2, 354. – [44] § 57, a.O. 375f.; vgl. § 68, a.O. 461. – [45] WWV I, 3, § 38, a.O. 231. – [46] H. SPENCER: The principles of psychology 1, § 50 (1855, [3]1890). The works 4 (1966) 126. – [47] BAIN, a.O. [40] 219; vgl. 366-371; The emotions and the will, a.O. [40] 480-482. – [48] J. BENTHAM: A table of the springs of action (1815). Coll. works (Oxford 1983) 92. – [49] J. MILL: Analysis of the phenomena of the human mind 2 (1829, London [2]1878) 191f. – [50] J. S. MILL: Utilitarianism 4 (1861). Coll. works, hg. J. M. ROBSON u.a. 10 (Toronto 1969) 238. – [51] F. BRENTANO: Psychologie vom empir. Standpunkt 2 (1874, [2]1911), hg. O. KRAUS (1925) 83-124; zum Wünschen bes.: a.O. 87 (Anm.). – [52] EHRENFELS: Über Fühlen § 18, a.O. [40] 70; vgl. System der Werttheorie 1, § 79 (1897/98). Philos. Schr., a.O. [40] 1, 386. – [53] M. SCHLICK: Fragen der Ethik (1930), hg. R. HEGSELMANN (1984) 96; vgl. a.O. 78-92, bes. 89f. – [54] TH. ZIEHEN: Leitfaden der Physiolog. Psychol. (1891, [10]1914) 445; K. DUNCKER: On pleasure, emotion, and striving. Philos. phenomenolog. Res. 1 (1941) 391-430, 424f.; J. KIM/R. B. BRANDT: Wants as explanations of actions. J. Philos. 60 (1963) 425-435; J. C. B. GOSLING: Pleasure and desire (Oxford 1969) 97. – [55] z.B. EHRENFELS: Syst. der Werttheorie 1, § 9, a.O. [52] 233-241; ZIEHEN, a.O. 446; GOSLING, a.O. 97. 124; SCHLICK, a.O. [53] 86-89. – [56] R. DESCARTES: Les passions de l'âme 87 (1649). Oeuvr., hg. CH. ADAM/P. TANNERY (Paris 1897-1913) 11, 393. – [57] S. WITASEK: Grundlinien der Psychologie (1908) 351. 354. – [58] A. PFÄNDER: Phänomenologie des Wollens (1900) 37-70. – [59] a.O. 61f.; Einf. in die Psychol. (1904) 257; TH. LIPPS: Vom Fühlen, Denken, Wollen (1902, [2]1907) 19-22. 25f.; Leitfaden der Psychol. (1903, [3]1909) 258-260. – [60] JAMES, a.O. [40] 1098. – [61] M. WEBER: Über einige Kategorien der verstehenden Soziol. (1913), in: Ges. Aufs. zur Wiss.lehre ([7]1988) 427-474; Wirtschaft und Gesellschaft ([2]1925) 1-12; C. G. HEMPEL: Rational action. Proc. Addr. Amer. philos. Ass. 35 (1961/62) 5-23; D. DAVIDSON: Actions, reasons, and causes (1963), in: Essays on actions and events (Oxford 1980) 3-19; KIM/BRANDT, a.O. [54]; M. SMITH: The moral problem (Oxford 1994) 92-129. – [62] L. WITTGENSTEIN: Philos. Unters. I, §§ 438-440 [1939-45]. Schr. 1 (1960) 436f.; vgl. § 437, a.O. 436. – [63] § 616, a.O. 471; vgl. §§ 614f., a.O. 470f. – [64] § 441, a.O. 437. – [65] G. RYLE: The concept of mind (1949, Harmondsworth 1963) 95. – [66] a.O. 85f. 94. 96f. 102f. 105-108. 111. 137. – [67] G. E. M. ANSCOMBE: Intention (Oxford 1957, [2]1963) 67f.; CH. TAYLOR: The explanation of behaviour (London 1964) 38. 49-53; B. F. SKINNER: Beyond freedom and dignity (New York 1972) 37; S. HAMPSHIRE: Freedom of the individual (London 1975) 36; R. B. BRANDT: A theory of the good and the right (Oxford 1979) 26. – [68] D. C. DENNETT: True believers (1981), in: The intentional stance (Cambridge, Mass. 1987) 13-42, bes. 17-22; Three kinds of intentional psychology (1981), a.O. 43-81, bes. 49; Conditions of personhood (1976), in: Brainstorms (Hassocks 1979) 267-285, bes. 285. – [69] Three kinds, a.O. 53. – [70] B. RUSSELL: Analysis of mind (London 1921) 64. – [71] W. V. O. QUINE: Word and object (Cambridge, Mass. 1960) 221. – [72] P. M. CHURCHLAND: On the ontological status of intentional states. Behavioral and brain sciences 11 (1988) 507f. – [73] The engine of reason, the seat of the soul (Cambridge, Mass. 1995) 182. – [74] RUSSELL, a.O. [70] 75. 65f. – [75] D. M. ARMSTRONG: A materialist theory of the mind (London 1968) 82. – [76] The nature of mind (Brighton 1981) 20. – [77] a.O. [75] 151-154, zit. 152; vgl. Nature of mind, a.O. 21-23. – [78] a.O. 156. – [79] F. DRETSKE: Explaining behavior (Cambridge, Mass. 1988) 109-115. 127-131. 146-150. – [80] A. KENNY: Action, emotion and will (London 1963) 202-239; Will, freedom and power (Oxford 1975) 29-45. – [81] Will, a.O. 30. – [82] Action, a.O. [80] 207-210. – [83] a.O. 220-222. – [84] 204. – [85] ANSCOMBE, a.O. [67] 56f.; KENNY, a.O. 216f.; J. R. SEARLE: A taxonomy of illocutionary acts (1975), in: Expression and meaning (Cambridge 1979) 1-29, 3f. – [86] M. DE B. PLATTS: Ways of meaning (London 1979) 256f. – [87] J. VON NEUMANN/O. MORGENSTERN: Theory of games and economic behavior (1944, Princeton, N.J. [2]1947) 15-31. 617-632; transparenter: R. D. Luce/H. Raiffa: Games and decisions (New York 1957) 12-38. – [88] H. Sidgwick: The methods of ethics (1874, London [7]1907) 109-113; D. Gauthier: Morals by agreement (Oxford 1986) 21-59; Diskussion in: D. Parfit: Reasons and persons (Oxford 1984) 493-502. – [89] A. K. Sen: Collective choice and social welfare (San Francisco 1970); Choice, welfare, and measurement (Oxford 1982); vgl. Gauthier: Morals, a.O. 113-156. – [90] R. M. Hare: Moral thinking (Oxford 1981) 87-168; P. Singer: Practical ethics (1979, Cambridge [2]1993). – [91] W. James: The moral philosopher and the moral life 2 (1891), in: The will to believe (1897). Works 6 (Cambridge, Mass. 1979) 149; vgl. Are we automata? (1879), in: Essays in Psychol. Works 13 (1983) 57. – [92] G. H. von Wright: The logic of preference (Edinburgh 1963); The logic of preference reconsidered. Theory and decision 3 (1972) 140-167; S. O. Hansson: The structure and value of norms (Cambridge 2001) 15-126. – [93] Brandt, a.O. [67] 113. – [94] a.O. 10. – [95] H. G. Frankfurt: The importance of what we care about (Cambridge 1988); Ch. M. Korsgaard: The sources of normativity (Cambridge 1996) 90-130. 238-242. – [96] Vgl. Art. ‹Wert II. IV. und V.›; Art. ‹Gut; das Gute; das Gut›, a.O. [2] 971; D. Davidson: How is weakness of the will possible? (1970), in: Essays, a.O. [61] 21-42, 23. 26f.; Intending (1978), in: Essays, a.O. 83-102, 86. – [97] Vgl. Art. ‹Wert III. A. 2. und V.›; J. Rawls: A theory of justice §§ 63f. (Oxford 1972) 407-427; M. Smith: The moral problem (Oxford 1994) 151-177. – [98] Vgl. Art. ‹Wert VI.›; D. Lewis: Dispositional theories of value. Arist. Soc. Suppl. 63 (1989) 113-137; die Idee zuvor verworfen von: G. E. Moore: Principia Ethica § 13 (Cambridge 1903) 15f.

Literaturhinweise. W. Stegmüller: Probleme und Resultate der Wiss.theorie und Analyt. Philos. I: Erklärung, Begründung, Kausalität ([2]1983) 389-500. 651-676. – J. Marks (Hg.): Ways of desire (Chicago 1986). – A. Kusser: Dimensionen der Kritik von Wünschen (1989). – D. Egonsson: Interests, utilitarianism and moral standing (Lund 1990). – G. Seebass: Wollen (1993). – G. F. Schüler: Desire (Cambridge, Mass. 1995). – S. James: Passion and action (Oxford 1997). – Ch. Fehige/U. Wessels (Hg.): Preferences (1998) [mit Bibl.]. – U. Heuer: Gründe und Motive (2001). – E. Millgram (Hg.): Varieties of practical reasoning (Cambridge, Mass. 2001). – J. Schälike: Wünsche, Werte und Moral (2002).

Ch. Fehige

II. – Der *psychoanalytische* Begriff des W. wird als intentionale Bezeichnung für jene meist unbewußten Regungen verwendet, in denen die Psychoanalyse die Eigenart des menschlichen Verlangens (s.d.) sieht. Im Gegensatz zu den bewußten Intentionen des Subjektes umfaßt der W. vor allem auch jene unbewußten infantilen Triebregungen, die dessen bewußter Verfügung entzogen sind. Im Gegensatz zum instinktregulierten biologischen Bedürfnis (s.d.) jedoch ist der W. als Ausdruck des unbewußten Begehrens an einen Prozeß der Symbolisierung und Artikulation geknüpft und kennt insofern keine spezifische äußere Befriedigung. Diese unterschiedlichen Bedeutungsakzentuierungen spiegeln sich auch in der unterschiedlich gehandhabten englischen Übersetzung wider (engl. ‹desire› bzw. ‹wish›).

Zwar deutet S. Freud in seinem Werk verschiedentlich Beziehungen zu philosophischen (z.B. Empedokles, Plotin, A. Schopenhauer, F. Nietzsche) und einzelwissenschaftlichen Konzepten (z.B. G. Th. Fechner, W. Griesinger) an, jedoch begegnet der W.-Begriff bereits am Übergang von seinem frühen, neurophysiologischen Funktionsmodell der Psyche zur Ausformulierung der eigentlichen psychoanalytischen Theorie. Versteht er unter ‹W.› zunächst einen quantitativen neuronalen Besetzungszustand, der zur halluzinatorischen Wiederbelebung eines befriedigenden Erinnerungsbildes führt [1], so beschreibt er in der ‹Traumdeutung› («Der Traum ist eine Wunscherfüllung») [2] die komplexen Vorgänge der Verdichtung, Verschiebung (s.d.) und Zensur [3], welche die zugrundeliegenden W.-Regungen in sprachanaloger Weise umformen und symbolisieren. Traum, Fehlleistung und neurotisches Symptom erweisen sich damit als entstellte Erfüllungen verdrängter Wünsche. Indem Freud miteinander konfligierende W.-Regungen unterschiedlichen psychischen Systemen zuweist, erscheint der W. nun stets im Rahmen eines W.-Abwehr-Konfliktes.

In seiner theoretischen Arbeit ‹Über die zwei Prinzipien des psychischen Geschehens› [4] kommt Freud teilweise auf seine früheren Überlegungen zurück und unterscheidet das die halluzinatorische W.-Befriedigung bewirkende Lustprinzip (s.d.) vom Realitätsprinzip (s.d.), welches die Wünsche unter Aufgabe unmittelbarer Befriedigung durch die Vermittlung von Denkprozessen und zielgerichtetem Handeln an die Realität heranführt. Bewußtsein, Urteilsbildung und Gedächtnis sowie die Entstehung von Objektbeziehungen sind damit an die Tolerierung von Mangelzuständen gebunden, während Wachtraum (s.d.) und Phantasie teilweise unter der Herrschaft des Lustprinzips verbleiben.

In seiner Narzißmus-Studie [5] dehnt Freud den W.-Begriff auf bestimmte Ich-Zustände im Gegensatz zur libidinösen Objektbesetzung aus, wobei er im Ich-Ideal die Grundlage für das spätere Über-Ich sieht. Während die metapsychologischen Schriften des Jahres 1915 den Dualismus von Ich- und Sexualtrieben noch beibehalten, wird das W.-Konzept in Freuds Spätwerk vor allem durch die Einführung der Strukturtheorie [6] und das Konzept des Todestriebes (s.d.) modifiziert. Wünsche können nun sowohl vom Es als dem Reservoir der libidinösen Regungen wie auch vom Ich und vom Über-Ich ausgehen. Darüber hinaus erkennt Freud eine grundlegende Destruktionsbereitschaft im Sinne einer Tendenz an, in einen Zustand der Ungetrenntheit, der Leblosigkeit und Endlosigkeit zurückzukehren [7].

In der Nachfolge Freuds wird der W.-Begriff teilweise erweitert und differenziert, teilweise rückt er aus dem Zentrum des Interesses oder wird in andere Konzepte transformiert. Während sich ichpsychologisch orientierte Autoren wie H. Hartmann [8] zunächst auf die adaptiven Funktionen des Ich konzentrieren und diesen eine relative Autonomie gegenüber den in ihrer biologischen Triebbestimmtheit gesehenen unbewußten W.-Regungen zuerkennen, rücken M. Mahler [9] und E. Jacobson [10] die Entwicklung der Objektbeziehungen und des frühen Individuationsprozesses in den Vordergrund. Diese Ansätze werden in neuerer Zeit vor allem durch die Bindungstheorie [11] und die psychoanalytische Säuglingsforschung [12] im Sinne einer frühen intersubjektiven Matrix weitergeführt, aus der heraus sich die Bedeutung von Wünschen differenziert. Parallel hierzu wird von der Selbstpsychologie H. Kohuts [13] die Bedeutung der narzißtischen Regulation für den W. nach Selbstkohärenz thematisiert.

In Fortführung der Arbeiten K. Abrahams wird bei M. Klein und ihren Schülern Freuds W.-Begriff weitgehend durch das Konzept der unbewußten Phantasie ersetzt [14]. Nach Klein bestehen Objektbeziehungen als Ausdruck von Trieb-Wünschen von Anfang an. Anders als in Freuds Vorstellung vom wunscherfüllenden Charakter bewußter Phantasien werden bei Klein unbewußte Phantasien zur Grundlage der psychischen Realität schlechthin. Neben libidinösen Wünschen im engeren Sinn werden hier auch primitive destruktive Regungen wie Neid, Gier, Wünsche nach Allmacht und Kontrolle sowie im Zusammenhang mit der depressiven Position Wiedergutmachungsbestrebungen [15] thematisiert. In Weiterentwicklung dieser Ansätze analysiert W. R. Bion [16] die Bedeutung des aufnehmenden mütterlichen Verstehens («containment») für die Entwicklung des kindlichen W. nach Erkennenwollen («knowledge») und untersucht H. Segal [17] die Beziehungen zwischen Traum, Phantasie und Symbolbildung. In Abgrenzung von Freud und unabhängig von Klein betont auch W. R. D. Fairbairns Objektbeziehungstheorie die primäre Objektbezogenheit menschlicher Wünsche [18], während D. W. Winnicott [19] mit dem intermediären Raum des kindlichen Spiels einen eigenständigen Übergangsbereich schöpferischer Symbolbildung konzipiert.

In Frankreich ist die Auslegung des Freudschen W.-Begriffes eng mit dem Namen J. Lacans und dessen Bezugnahme auf Positionen der strukturalen Linguistik sowie auf die Hegel-Rezeption A. Kojèves verbunden. Lacan unterscheidet zwischen dem biologisch vermittelten Bedürfnis («besoin»), dem imaginären Anspruch auf Liebe («demande») sowie dem prinzipiell unabschließbaren Begehren («désir»), welches der Vermittlung durch die symbolische Ordnung der Sprache und der Anerkennung durch das Begehren des Anderen bedarf. In diesem Sinne spricht er von einer «subversion du sujet» und einer «dialectique du désir» im Freudschen Unbewußten [20].

Lacans Interpretation des Freudschen W.-Begriffes hat nicht zuletzt wegen ihrer Nähe zu bestimmten phänomenologischen Positionen (J.-P. Sartre, M. Merleau-Ponty, E. Levinas) besonders im französischen Sprachraum in die philosophische Auseinandersetzung hineingewirkt. P. Ricœur sieht den «discours mixte» der Freudschen Theorie jenseits der Alternative Motiv-Ursache durch einen besonderen Seinstyp reguliert, den er «sémantique du désir» nennt [21]. J. Derrida entwickelt seine Kritik des Logozentrismus z.T. in Auseinandersetzung mit Freuds W.-Konzept [22]. Die Anti-Ödipus-Theoretiker G. Deleuze und F. Guattari wenden sich mit dem Begriff der «Wunschmaschinen» («machines désirantes») gegen die paternale Restriktion des W. durch die Ordnung des Symbols [23].

Vor allem im Umfeld der Frankfurter Schule werden Ansätze wie derjenige von H. Marcuse [24] entwickelt, welche die Freudsche Einsicht in die Dynamik des W. mit der Analyse repressiver gesellschaftlicher Strukturen zusammenführen [25].

Anmerkungen. [1] Vgl. S. Freud: Entwurf einer Psychologie (1895). Ges. Werke, hg. A. Freud u.a. [GW] (London 1940-87) Nachtr.bd. (1987) 412. 414f. 420ff. 460. – [2] Vgl. Die Traumdeutung (1900). GW 2/3, 127ff. 555ff. – [3] Vgl. Art. ‹Zensur II.›. – [4] S. Freud: Formulierungen über die zwei Prinzipien des psychischen Geschehens (1911). GW 8, 229-238. – [5] Zur Einführung des Narzissmus (1914). GW 10, 137-170. – [6] Das Ich und das Es (1923). GW 13, 235-289. – [7] Vgl. Die endliche und die unendliche Analyse (1937). GW 16, 90ff. – [8] H. Hartmann: Ichpsychologie und Anpassungsproblem. Int. Z. Psychoanal. 24 (1939) 62-135. – [9] M. Mahler/F. Pine/A. Bergmann: The psychological birth of the human infant: symbiosis and individuation (New York 1975). – [10] E. Jacobson: The self and the object world (New York 1964). – [11] Vgl. J. Bowlby: Attachment and loss 1-2 (London 1969, 1973); P. Fonagy: Attachment theory and psychoanalysis (New York 2001). – [12] D. N. Stern: The interpersonal world of the infant (New York 1985). – [13] H. Kohut: The analysis of the self (New York 1971). – [14] Vgl. M. Klein: Liebe, Schuldgefühl und Wiedergutmachung (1937). Ges. Schr., hg. R. Cycon/H. Erb 1/2 (1995-2000) 109f.; S. Isaacs: The nature and function of phantasy. Int. J. Psycho-Analysis 29 (1948) 73-97; vgl. auch: Art. ‹Urszene›. Hist. Wb. Philos. 11 (2001) 428-430. – [15] Vgl. auch: Art. ‹Wiedergutmachung›. – [16] W. R. Bion: Learning from experience (London 1962); vgl. Notes on memory and desire. Psycho-Analytic Forum 2 (1967) 272f. 279f. – [17] H. Segal: Dream, phantasy and art (London/New York 1991). – [18] W. R. D. Fairbairn: Object-relationships and dynamic structure. Int. J. Psycho-Analysis 27 (1946) 30-37. – [19] D. W. Winnicott: Playing and reality (London 1971). – [20] J. Lacan: Subversion du sujet et dialectique du désir dans l'inconscient freudien. Ecrits 2 (Paris 1966) 793-827. – [21] P. Ricœur: De l'interprétation (Paris 1965) 75. 16; dtsch.: Die Interpretation (^{4}1999) 79f. 18f. – [22] Vgl. J. Derrida: L'écriture et la différence (Paris 1967) 293-340. – [23] G. Deleuze/F. Guattari: L'Anti-Oedipe. Capitalisme et schizophrénie 1 (Paris 1972); vgl. auch: J.-F. Lyotard: Economie libidinale (Paris 1974). – [24] H. Marcuse: Eros and civilisation (Boston 1955); dtsch.: Triebstruktur und Gesellschaft (1969). – [25] Vgl. A. Schöpf: Sigmund Freud (1984) 190ff.

Literaturhinweise. W. A. Schelling: Sprache, Bedeutung und W. (1978). – W. Loch: Triebe und Objekte. Bem. zu den Ursprüngen der emotionalen Objektwelt. Jb. Psychoanal. 12 (1981) 54-81. – A. Schöpf (Hg.): Bedürfnis, W., Begehren (1987). – H. Weiss: W. und Intersubjektivität in der Psychoanalyse, in: R. Marx/G. Stebner (Hg.): Ich und der Andere (1996) 311-333.

H. Weiss

Würde (lat. dignitas; engl. dignity; frz. dignité)

1. Seit der *römischen Antike* hat der Begriff ‹W.› eine anthropologische und eine politische Dimension: Als Menschenwürde (s.d.) im Sinne einer «Vorrangstellung und W.» («excellentia et dignitas») der menschlichen Natur gegenüber dem Tier findet sie sich bereits bei Cicero [1], der auch den politischen Begriff der «dignitas» maßgeblich geprägt hat. Dieser ist durch seine Bezogenheit auf die Res publica charakterisiert: W. eignet zuerst dem Staat, was gängige Wendungen wie «dignitas rei publicae», «dignitas populi Romani» oder «dignitas imperii» belegen. Der Begriff dient der Abgrenzung gegenüber anderen Staaten nach außen sowie der römischen Staatsbürger untereinander; nach innen bringt er Stufungen in gesellschaftlichem Rang und Ansehen, Grade an W. («dignitatis gradus») [2] zum Ausdruck. «Dignitas» ist vorzüglich mit der Nobilität, dem erblichen Adel, verbunden. «Die Gleichheit selbst ist ungleich, wenn sie keine Abstufungen der W. kennt», schreibt Cicero («ipsa aequabilitas est iniqua, cum habet nullos gradus dignitatis») [3]. Die römische W. ist eine W. der Würdigkeiten und als solche steigerungs- und minderungsfähig; man kann ihrer sogar verlustig gehen. Wo ein politisches Leben im Staate zu führen versagt ist, bleibt, wie im Falle von Ciceros Verbannung, allein das in öffentlichen Monumenten festgehaltene Zeugnis eigener W. und eigenen Ranges («testimonium dignitatis») [4]. Als integrales Moment des politischen Selbstverständnisses verbindet sich W. mit einer gewissen Sittlichkeit – W. zeigt sich etwa in der vernunftgemäßen Beherrschung der Leidenschaften, in der Wahrung des rechten Maßes [5]. Sie manifestiert sich aber auch in einem entsprechenden Auftreten [6], wird in Kunst und Architektur repräsentiert [7], bekundet sich in Geschichtsschreibung, Poesie und Rhetorik. So hat ein Redner – nach Cicero – W. und Anmut zu vereinigen («agere cum dignitate et venustate») [8]. Während der römischen Kaiserzeit ist «dignitas» lediglich noch Titel für die politische Ämterlaufbahn [9], und in der Spätantike fungiert «Notitia dignitatum» nur mehr als Bezeichnung für militärische und politische Dienstränge und Gehaltsstufen [10].

2. Die im *Mittelalter* mit dem W.-Begriff verknüpfte politische Theologie hat nur sehr entfernt etwas mit dem W.-Begriff der klassisch-römischen Antike zu tun. Ihr zentraler Gedanke – die W. sei unsterblich – revidiert ge-

radezu ein Grundmoment des Ciceronischen W.-Konzepts. Der Grundsatz «dignitas numquam perit» (DAMASUS) bzw. «dignitas non moritur», von römischen Kanonisten des 13. und 14. Jh. formuliert, läßt das Papsttum und bald dann auch das Königtum als eine von Kontingenzen wie auch von dem Tod nicht zu erschütternde Institution erscheinen: Der Amtsinhaber und Träger der W. mag vergänglich sein, Amt und W. bestehen auf immer [11].

Der theologische W.-Begriff gründet seit der Patristik im Gedanken der Vollkommenheit der Schöpfung. Dem Menschen eignet aufgrund seiner Gottebenbildlichkeit (s.d.) im Zustand vor dem Sündenfall besondere W., die es durch die Erlösung wiederzuerlangen gilt. W. ist durch die Vernunfttätigkeit und die Willensfreiheit gegeben [12]. Im Mittelalter und in der Renaissance wird thematisiert, welche W. der Frau – bei gänzlich abgesprochener oder nur eingeschränkt zugestandener Vernunft – zukommen kann. Verfechter und Verteidiger der «W. der Frau» [13] konnten, wie AGRIPPA VON NETTESHEIM («beiden ist angeborn eine gleiche freiheyt der würde») [14] und zu Beginn des 17. Jh. prominent M. DE GOURNAY, theologisch für die gleiche W. («la meme dignité») von Männern und Frauen argumentieren [15]. Das hinderte noch zwei Jahrhunderte später nicht, die «weibliche» W. in der Unterordnung unter den Mann zu sehen [16]. Während im Protestantismus der an die Freiheit geknüpfte W.-Begriff, wie er auch in G. PICO DELLA MIRANDOLAS ‹De hominis dignitate› entwickelt ist, abgelehnt und deshalb kaum verwendet wird [17], bleibt er in der katholischen Welt bis in die heutige Zeit hinein prominent. In präzisem Widerspruch zur Tradition römischen Denkens und in strikt theologischer Absicht verbindet M. LUTHER der W.-Begriff mit dem Gleichheitsgedanken: Die Auszeichnung christlicher W. und Würdigkeit («altitudo dignitatis Christianae») [18] sieht er in der gleichen Teilhabe aller Glaubenden am königlichen und priesterlichen Amt Christi; sie begründet nach reformatorischer Erkenntnis das «allgemeine Priestertum aller Glaubenden» [19].

3. S. PUFENDORFS Konzeption der W. der «moralischen Person» [20], die auf der Ontologie des moralischen Seins der Scholastiker basiert [21], kehrt wieder in I. KANTS Begriff einer jedem Menschen als sittlichem Vernunftwesen zukommenden W. Dieses Verständnis scheint, in der Optik einer transzendentalphilosophisch gewendeten Zwei-Welten-Lehre, der kanonistischen Unterscheidung zwischen einer «persona personalis» und einer «persona idealis» zu entsprechen. Es steht gegen die etwa in der alten Formel «Amt und W.(n)» zum Ausdruck kommende Beziehung des W.-Begriffs auf das mit einem Amt verbundene Ansehen [22], auch gegen die bei TH. HOBBES begegnende Ineinssetzung von W. mit dem «öffentlichen Wert eines Menschen» [23] und noch gegen die in Art. 6 der ‹Déclaration des droits de l'homme et du citoyen› von 1789 vorkommende pluralische Verwendung des W.-Begriffs («tous les citoyens ... sont également admissibles à toutes dignités») [24]. KANT geht es in Anverwandlung des reformatorischen Impetus um die eine und gleiche W., verstanden als schlechthin «unverlierbare» Auszeichnung des (moralischen) Menschen als «homo noumenon» [25]. In seiner W. ist der Mensch «Zweck an sich selbst» [26]. Als «dignitas interna» [27] hat sie «nicht bloß einen relativen Werth, d.i. einen Preis, sondern einen innern Werth» [28] oder «absoluten Werth» [29]. Die Autonomie begründet die «Würdigkeit eines jeden vernünftigen Subjects, ein gesetzgebendes Glied im Reiche der Zwecke zu sein» [30], und führt von der Moralphilosophie ins Feld der Religion. Den Pädagogen gibt er den Rat, der Mensch müsse «Selbstschätzung und innere W. statt der Meinung des Menschen, – innern Werth der Handlung und des Thuns statt der Worte und Gemüthsbewegung» setzen [31]. – An diese 'Internalisierung' des W.-Begriffs knüpft F. SCHILLER an: W. ist, als «W. der menschlichen Bildung» [32], Ausdruck eines menschlichen Selbstverhältnisses, das das Sinnliche dem Sittlichen unterordnet, ohne jenes allerdings zu verbergen oder zu bezwingen [33]. Dabei rezipiert Schiller, in Abkehr von Kant, ein wichtiges Moment des römischen W.-Begriffs, wenn er W. in einen Ausgleich mit Anmut zu bringen sucht: Anmut erhalte von der W. ihre «Beglaubigung», W. von der Anmut ihren «Werth» [34]. Mit der Charakterisierung, das religiöse Bewußtsein fungiere schon immer als Wahrheit und die Religion als W. der Völker, aktualisiert G. W. F. HEGEL auf seine Weise wiederum eher die traditionelle politische Bedeutung des W.-Begriffs [35].

4. Ist die nach-kantische philosophische Debatte – in affirmativem oder kritischem Anschluß an Kant – weitgehend von dessen Begriff der Menschenwürde bestimmt, so trifft man im ausgehenden 19. und 20. Jh. vereinzelt auch auf Autoren, die in ihrer Verwendung des W.-Konzepts mit differierenden Akzentsetzungen an Facetten der römischen «dignitas» erinnern. So unterscheidet etwa F. TÖNNIES verschiedene Stufen von W., die, «aus der Einheit einer Gemeinschaft abgeleitet», als zugleich «verbunden» vorgestellt werden [36]. Der frühe, dem Neukantianismus nahestehende C. SCHMITT sieht die «überpersönliche Dignität» des Staates in seiner Wertbezogenheit und der Wertintentionalität seiner Akte begründet [37]. Die W. des Staates bestehe «in der Ausschließlichkeit, mit der er vom Recht umfaßt und ergriffen ist»; sie erfordere die «Hingabe» des Einzelnen an die überindividuelle Gesetzlichkeit des Staates [38]. In späteren Arbeiten spricht Schmitt, für den «starken» Staat votierend, von der «W. des Staates und der nationalen Einheit», die gegenüber einem «Pluralismus ökonomischer Interessen» zu bewahren bzw. durchzusetzen sei [39]. Die bei H. ARENDT begegnende Wendung von der «W. des Politischen» [40] zielt in anderer Weise auf die Präsenz eines Raums der Freiheit als einer öffentlichen und mithin genuin politischen Freiheit, die Arendt in der antiken Polis wie in den politischen Revolutionen der Neuzeit, vor allem der amerikanischen Revolution, maßgeblich verwirklicht findet. Den spezifisch neuzeitlichen Begriff der W. (des Menschen) sucht CH. TAYLOR an die demokratische Gesellschaft zurückzubinden und deutet ihn deshalb als «Bürgerwürde» («citizen dignity») [41]. Daß die Institutionen einer Gesellschaft «den ihrer Autorität unterstehenden Menschen Achtung entgegenbringen» bzw. diese «nicht demütigen», ist nach A. MARGALIT Ausweis einer «Politik der W.» [42].

5. Neben einer ausschließlich dem Menschen vorbehaltenen W. findet sich W. als in Gott gegründete Auszeichnung der gesamten Schöpfung. Unprogrammatisch heißt es beim frühen KANT, daß «die Natur uns würdiger, als sie gemeiniglich angesehen wird», erscheint, dadurch, daß «die Wesen aller Dinge ... lauter gewechselte Beziehungen und lauter Harmonie zeigen, weil ihre Eigenschaften in einem einzigen höchsten Verstande ihre Quelle haben» [43]. Für K. CH. F. KRAUSE ist «das Leben Gottes ein Organismus», so daß «alle endlichen Wesen ... die göttliche Wesenheit» im «Ebenbilde» darstellen [44]. «Jedes Naturgebilde» darf nur «der Wesenheit und W. der Natur gemäss» gebraucht werden [45], und auch «das Reich der Thiere» ist ein «ansich Würdiges und Schönes» [46]. Be-

reits der dänische Philosoph und Pietist L. Smith verfolgt mit der «absoluten und relativen W.» der Tiere diese Idee. Erstere eignet Tieren als «lebendigen, empfindenden, intellektuellen Wesen», die dazu bestimmt seien, «glücklich zu seyn»; letztere kommt ihnen als «auf mancherley Weise willkührlich mitwürkende Substanzen zu dem großen Ziel der Vollkommenheit» zu, «welches der Unendliche für alle seine Geschöpfe bestimmte» [47].

6. Mit Aussagen wie diesen untermauern im 19. Jh. Tierrechtler ihre Forderungen [48]. Die «Pflichten gegen die Natur» halten dazu an, Tiere im Einklang mit der «W. der menschlichen Natur» zu behandeln [49]. Das Argument zielt nicht (wie noch bei Kant [50]) darauf, daß sich die Art der Umgehensweise mit Tieren auf die mit Menschen auswirke, sondern auf das «Mitgefühl mit der lebendigen Creatur», das «Gefühl unsrer, auf der Einheit des Naturlebens beruhenden Verwandtschaft mit derselben» und darauf, «daß alles Leben auch Zweck an sich selber ist» [51]. Da «Menschen- und Thierseele nur gradweise verschieden seien», rettet – nach Krause – Kants Sittenlehre nur «anscheinend die moralische W. des Menschen gegen ... naturwissenschaftlichen Materialismus» [52]. Auch im 20. Jh. sind Tiere für Ethiker wie P. Singer und T. Regan «independent sentient beings» und nicht «means to human ends»; jedoch stützen sie sich auf J. Bentham und nicht auf den W.-Begriff [53].

7. Im ausgehenden 20. Jh. veranlaßt eine «Philosophie der ökologischen Krise», sowohl Menschen als auch Tieren und Pflanzen W. zuzuschreiben. So besitzen «das empfindende Tier – und erst recht Ökosysteme – eine ontologische Dignität» [54]. H. Jonas sieht die «neuentdeckte Schicksalsgemeinschaft von Mensch und Natur» durch Forschungen der Wissenschaft in den Mittelpunkt gerückt. Sie habe die Natur zur «Indifferenz von Notwendigkeit und Zufall reduziert und aller W. von Zwecken entkleidet». Deshalb müsse man die «W. der Natur» wiederentdecken, ihre «Eigenwürde, die der Willkür unserer Macht entgegensteht» [55]. Mit dem Begriff einer «W. der Kreatur», wie er seit 1992 neben der Menschenwürde in der Schweizer Verfassung steht [56], wird der W.-Begriff auf die gesamte organische Natur ausgeweitet, in anderen Entwürfen außerdem auf die anorganische Natur [57]. Auch in Deutschland hat das Tierschutzgesetz die «geschöpfliche W.» anerkannt [58]. Ihren Ursprung haben diese Begrifflichkeiten im biblischen Schöpfungsbericht. Der «Akt der Schöpfung», so der Theologe K. Barth, ist «die Offenbarung der Herrlichkeit Gottes, durch die er dem Geschöpf Sinn und Notwendigkeit gibt». Bereits Tiere hätten Anteil am «Segen, den Gott der Kreatur mitgab» [59]; Tiere vergessen ihre «tierische Art, ihre W., aber auch ihre Grenze nicht» und fragen den Menschen nach seiner Grenze [60].

8. Durch Wendungen wie «W. der Natur» und «W. der Kreatur» – die teils in Abgrenzung zur Menschenwürde, teils diese einschließend gebraucht werden – tendiert der W.-Begriff in der aktuellen ethischen Diskussion einerseits dazu, die Vorrangstellung des Menschen zu relativieren. Menschliches Selbstbewußtsein und moralische Autonomie des Menschen werden zu partikularen «Hervorbringungen der Natur», in der auch die «nichtmenschlichen natürlichen Wesen» als «Manifestationen der Natur» Eigenständigkeit haben sollen [61]. Diskutiert wird andererseits die Ausweitung der W. des Menschen, seit durch Verfassungsrechtsprechung bereits das «werdende menschliche Leben», beginnend mit der Verschmelzung humaner Keimzellen, Grundrechtsschutz genießt. Juristisch ist die Frage, ob Embryonen eine indirekte oder auch direkte W. im Sinne des Art. 1 GG zukommt, umstritten [62].

Anmerkungen. [1] Cicero: De off. I, 30, 105f. – [2] De re publ. I, 27, 43. – [3] a.O. – [4] Pro P. Sestio 128; vgl. De off. III, 1, 2. – [5] De off. I, 39, 141; vgl. Sallust: Cat. 51, 1. – [6] Vgl. Ep. ad Att. XIV, 7, 2. – [7] De off. I, 39, 138; Ep. ad Quintum fratrem III, 1, 1. – [8] De oratore I, 142; vgl. 60; III, 178. – [9] Vgl. Tacitus: Hist. I, 1. – [10] O. Seeck (Hg.): Notitia dignitatum (1876). – [11] Vgl. E. H. Kantorowicz: The king's two bodies. A study in mediaeval political theology (1957) 385f. – [12] Vgl. P. Kondylis: Art. ‹Würde II. 'Dignitas' in der mittelalterl. Theologie›, in: O. Brunner/W. Conze/R. Koselleck (Hg.): Geschichtl. Grundbegr. 7 (1997) 645-651. – [13] S. Speroni: Della dignità delle donne (1595). – [14] Agrippa von Nettesheim: Declamatio de nobilitate et praecellentia foeminei sexus [1509] (Antwerpen 1527), auszugsweise dtsch.: Vom Adel und Fürtreffen Weiblichen Geschlechts (1540) 1, ND, hg. J. Jungmayr, in: E. Gössmann (Hg.): Archiv für philosophie- und theologiegeschichtliche Frauenforschung 4 (1988) 53-95, 58. – [15] M. de Gournay: Egalité des hommes et des femmes (1622), hg. C. Venesoen (Genf 1993) 40; für den heutigen theol. Status im Katholizismus vgl. Johannes Paul II.: Ep. apostol. de dignitate et vocatione mulieris (1988). – [16] J. G. Fichte: Grundlage des Naturrechts, 1. Anh.: Grundriß des Familienrechts §§ 2ff. (1797). Akad.-A. I/4 (1970) 97ff.; vgl. Art. ‹Weiblich/männlich III.›. – [17] Vgl. Kondylis: Art. ‹Würde IV. 'Dignitas hominis' in Renaissance und Reformation›, a.O. [12] 658-662, 661f. – [18] M. Luther: Tract. de libertate christiana (1520). Weim. Ausg. 7, 57, 37. – [19] Von der Freyheyt eynisz Christen menschen, a.O. 26, 32-30, 10. – [20] S. Pufendorf: De iure nat. et gent. I, 1, §§ 22f. (1672, 1688). Ges. Werke 4, hg. F. Böhling (1998) 25. – [21] Vgl. Th. Kobusch: Die Entdeckung der Person. Metaphysik der Freiheit und modernes Menschenbild (1993) 257; vgl. Art. ‹Sein, moralisches›. Hist. Wb. Philos. 9 (1995) 237-247. – [22] Vgl. Art. ‹Würde›. Grimm 14/II (1960) 2060-2088, 2063. – [23] Th. Hobbes: Leviathan I, 10 (1651), in: The Engl. works, hg. W. Molesworth 3 (London 1839, ND 1966) 76. – [24] Vgl. F. Hartung/G. Commichau/R. Murphy (Hg.): Die Entwicklung der Menschen- und Bürgerrechte von 1776 bis zur Gegenwart ([6]1997) 74. – [25] I. Kant: Met. der Sitten II: Tugendlehre. Eth. Elementarlehre § 11 (1797). Akad.-A. 6, 434f. – [26] a.O. 435. – [27] 436. – [28] Grundleg. zur Met. der Sitten (1785). Akad.-A. 4, 435. – [29] a.O. 428. 439. – [30] 436. 439. – [31] Pädagogik [1803]. Akad.-A. 9, 493. – [32] F. Schiller: Ueber Anmuth und W. (1793). Nat.ausg. 20, hg. B. von Wiese (1962) 294. – [33] a.O. 297. 300. 306f. – [34] 300. – [35] G. W. F. Hegel: Vorles. über die Philos. der Religion, Einl. (1824). Vorles. 3/1, hg. W. Jaeschke (1983) 32. – [36] F. Tönnies: Gemeinschaft und Gesellschaft. Grundbegriffe der reinen Soziologie (1887, [8]1935, ND 1991) 14ff. – [37] C. Schmitt: Der Wert des Staates und die Bedeut. des Einzelnen (1914) 85. – [38] a.O. 54. 85. 93. – [39] Positionen und Begriffe im Kampf mit Weimar – Genf – Versailles 1923-1939 (1940, ND 1994) 125. – [40] H. Arendt: Über die Revolution (1965, [3]1986) 304. – [41] Ch. Taylor: The ethics of authenticity (Cambridge, Mass./London 1992) 46. – [42] A. Margalit: The decent society (Cambridge, Mass. 1996); dtsch.: Politik der W. Über Achtung und Verachtung (1999) 20. 15; vgl. 73: W. als «die nach außen sichtbare Gestalt der Selbstachtung». – [43] I. Kant: Allg. Naturgesch. und Theorie des Himmels (1755). Akad.-A. 1, 332. – [44] K. Ch. F. Krause: Lebenlehre (1843), hg. P. Hohlfeld/A. Wünsche ([2]1904) 69. 62. – [45] Das System der Rechtsphilos., hg. K. D. A. Röder (1874) 444. – [46] a.O. 160. – [47] L. Smith: Versuch eines vollständ. Lehrgebäudes der Natur und Bestimmung der Thiere und der Pflichten des Menschen gegen die Thiere (Kopenhagen [2]1793) 331f. – [48] I. Bregenzer: Thier-Ethik (1894) 210; K. Ch. F. Krause: Grundl. des Naturrechts 1 (1803), hg. G. Mollat ([2]1890) 36; vgl. auch: Art. ‹Tierrecht›. Hist. Wb. Philos. 10 (1998) 1217-1221. – [49] H. Martensen: Die Christl. Ethik 1 (1879) 333. – [50] Kant, a.O. [25] 443 (§ 17). – [51] Martensen, a.O. [49] 337. 334. – [52] J. Duboc: Hundert Jahre Zeitgeist in Deutschland (1889) 21. 221. – [53] P. Singer: Animal liberation (Wellingborough 1975, 1983) VIII; vgl. T. Regan: The case for animal rights (Berkeley/Los Angeles 1983). – [54] V. Hösle: Philos. der ökolog. Krise (1991, [2]1994) 124. – [55] H. Jonas: Das Prinzip Verantwortung (1979, 1989)

246. 29. – [56] P. SALADIN: 'W. der Kreatur' als Rechtsbegriff, in: J. NIDA-RÜMELIN/D. VON DER PFORDTEN (Hg.): Ökolog. Ethik und Rechtstheorie (1995) 365-369, 367. – [57] K. MEYER-ABICH: Prakt. Naturphilos. (1997) 427. 423f. – [58] G. M. TEUTSCH: Geschöpfl. W., in: Lex. der Tierschutzethik (1987) 70. – [59] K. BARTH: Kirchl. Dogmatik III/1 (1945, ²1947) 260. 189. – [60] a.O. 170. 198. – [61] B. SITTER-LIVER: W. der Kreatur: Grundleg., Bedeutung und Funktion eines neuen Verfassungsprinzips, in: NIDA-RÜMELIN/VON DER PFORDTEN (Hg.), a.O. [56] 355-364, 360. – [62] Vgl. die kontroverse Einschätzung des Sachverhalts etwa bei H. HOFMANN: Verfassungsrechtl. Perspektiven (1995) 125f. 403f. einerseits und J. ISENSEE, in: O. HÖFFE/L. HONNEFELDER/J. ISENSEE/P. KIRCHHOF: Gentechnik und Menschenwürde (2002) 37-77, bes. 62ff., andererseits.

Literaturhinweise. W. DÜRIG: Art. ‹Dignitas›, in: Reallex. für Antike und Christentum 3 (1957) 1024-1035. – R. KLEIN (Hg.): Das Staatsdenken der Römer (1966, ³1980). – V. PÖSCHL: Der Begriff der W. im ant. Rom und später (1989). – V. PÖSCHL/P. KONDYLIS: Art. ‹W.›, in: BRUNNER/CONZE/KOSELLECK (Hg.) s. Anm. [12] 637-677. – R. SPAEMANN: Tierschutz und Menschenwürde, in: Grenzen. Zur ethischen Dimension des Handelns (2001) 467-476. – H. BARANZKE: W. der Kreatur? Die Idee der W. im Horizont der Bioethik (2002). – E. PICKER: Menschenwürde und Menschenleben (2002). – V. GERHARDT: Die angeborene W. des Menschen. Aufsätze zur Biopolitik (2004). – M. KETTNER (Hg.): Biomedizin und Menschenwürde (2004).

A. GROSSMANN

Wurzelwort; **Stammwort**; **Urwort**. Mit den Bezeichnungen ‹Wurzelwort› [W.] (engl. ‹root-word›; frz. ‹mot radical›; auch einfach: ‹Wurzel›, ‹radix›, ‹root›, ‹racine›), ‹Stammwort› und ‹Urwort› (πρῶτον ὄνομα, lat. ‹verbum primigenium›; engl. ‹primitive›) sind zwei lexikographische Aspekte angesprochen, deren Verhältnis im Laufe der Geschichte kontrovers diskutiert wurde: 1) der genetische Aspekt im Sinne eines ältesten, ursprünglichen Wortes und 2) der syntaktische Aspekt im Sinne eines einfachen, nicht weiter analysierbaren oder ableitbaren Sprachelements bzw. Elementarwortes. Der Identifikation beider Aspekte liegt die Vorstellung zugrunde, daß die etymologische Analyse sprachlicher Ausdrücke zu letzten Elementen führt, die aus historischer Sicht die ersten Urwörter bilden, aus welchen, als Wurzel- oder Stammwörtern, sich alle Wörter der entsprechenden Sprache oder Sprachfamilie ableiten lassen.

Den literarischen Ursprungsort der philosophischen Debatten über den Komplex von ‹W.›, ‹Stammwort› und ‹Urwort› bildet PLATONS Dialog ‹Kratylos›, in welchem – wohl als Reflex auf Thesen der älteren Sophistik – die Ausgangsfrage nach der «Richtigkeit der Namen» (ὀρθότης ὀνομάτων) zugespitzt wird auf die Frage nach dem Grund der Signifikation der «ersten Namen» (πρῶτα ὀνόματα), d.h. der nicht weiter analysierbaren oder aus anderen Wörtern herleitbaren «Elementarwörter» (στοιχεῖα) [1].

Nach der Auffassung der *Stoa*, von der, hierfür vielfach kritisiert und verspottet, diese Thematik wieder aufgegriffen wird, haben die Urwörter (πρῶται φωναί) bzw., mit einem Ausdruck AUGUSTINS, die «cunabula verborum» [2], ihre Bedeutung nicht durch Konvention, sondern entweder durch lautliche Nachahmung akustischer Eigenschaften (Onomatopöie, s.d.) oder durch lautliche Darstellung des mit der Wahrnehmung einer Sache verbundenen psychischen Eindrucks [3].

VARRO charakterisiert die «verba primigenia» als jene, welche nicht von irgendeinem Wort abstammen, sondern ihre eigenen Wurzeln haben («non sunt ab aliquo verbo, sed suas habent radices») [4], und führt aus, daß sich bereits aus einem – von einigen älteren Grammatikern als historisch gegeben angenommenen – Bestand von weniger als tausend «primitiva et primigenia verba» nach den Regeln der Grammatik eine unermeßliche Vielzahl von abgeleiteten Wörtern generieren läßt [5]. Daß der Wortschatz der verschiedenen Sprachen tatsächlich auf einer Anzahl von jeweils durchschnittlich ca. 1000 Wörtern basiert, gilt im späteren 19. Jh. als empirisch bestätigte Tatsache [6].

In der zweiten Hälfte des 13. Jh. beschreibt ROGER BACON eine solche Sprachkonstituierung («compositio linguae alicuius idiomatis») als ein nach den Prinzipien der Einsetzungskunst («ars imponendi») geregeltes Verfahren. Auf der Grundlage einer kombinatorischen Analyse der Verknüpfungsmöglichkeiten mehrerer Buchstaben zu einsilbigen Grundwörtern, den «primitivae dictiones», sowie dieser zu mehrsilbigen Wörtern sind die primären Ausdrücke den primären Sachen und die sekundären, d.h. die abgeleiteten Ausdrücke den sekundären Sachen gemäß einzusetzen («primae voces imponantur primis rebus et secundae scilicet derivativae imponantur rebus secundis»); allerdings seien nur sehr wenige Sprachen, wie etwa das Angelsächsische, «omnino secundum artem» eingerichtet [7]. Das Verhältnis zwischen «dictio primitiva» und «derivativa» verweist dabei nicht auf ein historisch-genetisches, sondern auf ein grammatisches Ableitungsverhältnis, in dem sich gleichwohl eine Differenz der Sachen bzw., nach der «grammatica speculativa», der Verständnisweisen («modi intelligendi») widerspiegelt [8].

Die Grammatik der frühen Neuzeit übernimmt die Bezeichnungen ‹radix› bzw. ‹vox primitiva›. Bei LAURENTIUS ALBERTUS heißt es: «Ein ursprüngliches Wort leitet sich nicht von einem anderen ab, sondern besteht für sich und ist die erste Wurzel und der Ursprung der Derivativa» («Primitiva ab alia non descendit, sed per se existit et derivativorum ... prima radix et origo est») [9].

Besondere Aufmerksamkeit erlangen die Stamm- oder Wurzelwörter – nun als vermeintliche Urwörter – seit der Mitte des 17. Jh. im Rahmen der Theorie der Natursprache (s.d.) von seiten der nationalsprachlichen Bewegung. Die Aufwertung der deutschen Sprache erfolgt in erster Linie mit Blick auf die angeblich zahlreich in ihr erhaltenen «alten Ertz=Stammwörter» [10]. 1644 fordert im Umkreis der ‹Fruchtbringenden Gesellschaft› G. PH. HARSDÖRFFER, «daß man alle Stammwörter in ein vollständiges Wortbuch samle» [11]. Eingelöst wird diese Forderung später von K. VON STIELER, P. PENAVAEREUS u.a. [12]. J. G. SCHOTTELIUS, der die «Wurtzel- oder Stammwörter» als «das Fundament, die Ekk- und Grundsteine» sowie als «das erste und letzte im Sprachwesen» betrachtet [13], formuliert fünf Kriterien ihrer Vollkommenheit [14]. In ähnlicher Weise gilt noch J. H. LAMBERT eine Sprache als um so «vollkommener, je mehr sie Möglichkeiten enthält, aus ihren Wurzelwörtern Wörter von jeder beliebigen Bedeutung zusammenzusetzen und abzuleiten, dergestalt, daß man aus der Struktur des neuen Wortes seine Bedeutung verstehen könne» [15]. Dadurch, daß so «aus einem einzigen Wurzelwort eine ganze Klasse von Wörtern zugleich und auf eine fast bloß charakteristische Art gebildet werden kann» [16], nähert sie sich, soweit das überhaupt bei einer natürlichen Sprache möglich ist, deren «einfachste Zeichen, oder die Wurzelwörter, Primitiva, Radices, zusammengesetzte Ganze vorstellen» [17], dem Ideal einer «Characteristica universalis» (s.d.). Auch G. W. LEIBNIZ, nach dem «die Wort nicht eben so willkührlich und von ohngefehr herfürkommen, als eynige vermeynen» [18], betont, mehrfach auf die «mots radicaux» verweisend [19]: «weil die Teutsche Sprache vor vielen andern dem Ursprung sich zu nähern scheinet, so sind auch die Grund-Wurzeln in derselben desto besser zu erkennen» [20].

In den Sprach- und besonders in den Sprachursprungstheorien des 18. Jh. bleibt der Komplex von ‹W.›, ‹Stammwort› und ‹Urwort› ein vieldiskutiertes Thema [21]. Dabei artikuliert sich verschiedentlich Kritik an der von der Sprachtheorie des Barock angenommenen Natürlichkeit der Wurzelwörter und deren Interpretation als Urwörter. J. HARRIS betont, daß es – die Existenz der Wurzelwörter («primitives») vorausgesetzt – zwar leicht sei, «to follow the Connection and Subordination of Nature, in the Just deduction of Derivatives and Compounds», jedoch der Nachweis einer «natural connection» zwischen jenen «primitives» und den Sachen vielfach auf unüberwindliche Schwierigkeiten stoße [22]. J. H. LAMBERT meint aufgrund derselben Einschätzung: «Wir können daher die ... Wurzelwörter der Sprachen, nicht wohl anders, als willkürliche Zeichen der Sachen und Begriffe ansehen» [23]. Gegen die Gleichsetzung von ‹W.› und ‹Urwort› spricht sich J. BURNET (Lord Monboddo) aus. In einer ausgebildeten Sprache ließen sich die «radical words» zwar in gewissem Sinn als «first words» oder «primitives» kennzeichnen: «But such words are far from being the first invented words: For the barbarous languages, having no composition or derivation, can have no roots; but they belong to artificial languages, and are the inventions of the grammatical art» [24].

Nach dem Obsoletwerden des Konzeptes einer singulären Ursprache (s.d.) erlebt das Thema der Wurzelwörter innerhalb der historisch-vergleichenden Sprachwissenschaft und Indogermanistik des 19. Jh. (F. SCHLEGEL, F. BOPP, W. VON HUMBOLDT u.a.) eine neuerliche Konjunktur durch die Entdeckung, daß sich, «wenn man das Sanskrit, die Persische, Griechische, Lateinische, die Germanischen und Slawischen Sprachen, sie mit einander vergleichend, betrachtet», die Laute «vieler Wurzeln, ... nach aufzufindenden Gesetzen, auf einander zurückführen» lassen [25]. Das aus sprachphilosophischer Sicht empfundene Ungenügen an der diesem Programm verpflichteten Flut empirischer Sprachbetrachtungen formuliert sich gegen Ende des Jahrhunderts u.a. bei L. NOIRÉ. In scharfer Form kritisiert er die «Dürftigkeit des letzten Resultats, das die Sprachforschung aus ihren ungeheuren, mit Riesenfleiß zusammengetragenen Vorräten zu ziehen vermochte», welches laute: «Alle Worte sind aus letzten Elementen von beschränkter Zahl hervorgegangen, den Wurzeln oder einsilbigen Lauttypen. Deren erste, ursprünglichste Bedeutung war eine Tätigkeit» [26]. Worauf es ankomme, sei vielmehr jene Frage nach den sich daraus für die historische Rekonstruktion des Denkens ergebenden Konsequenzen, die auch F. M. MÜLLER als «the most important of all questions» bezeichnet [27]. Im Versuch, die sprachwissenschaftlichen Erkenntnisse hinsichtlich der Wurzeln («roots») für die «science of thought» fruchtbar zu machen, kommt er auf der Grundlage des vom indischen Grammatiker PÂNINI (5.[?] Jh. v.Chr.) ausgebreiteten Materials zu der Überzeugung: «There is no sentence in English of which every word cannot be traced back to the 800 roots, and every thought to the 121 fundamental concepts which remained after a careful sifting of the materials supplied to us by Pânini» [28].

Mit dem zurückgehenden Interesse an einer diachronen Sprachbetrachtung und der Anathematisierung der Frage nach dem Sprachursprung verändert sich gegen Ende des Jahrhunderts auch innerhalb der Sprachwissenschaft die Einstellung zum Themenkomplex von ‹W.›, ‹Stammwort› und ‹Urwort›. So bemerkt W. WUNDT 1900, daß aufgrund der «unüberwindlichen Schwierigkeiten», die der Annahme, daß die «Wurzeln ursprüngliche Wörter» oder «Urwörter» [29] sind, entgegenstehen [30], «in der neueren Sprachwissenschaft allmählich in bezug auf die 'Wurzelfrage' ein zwiespältiger Zustand eingetreten» sei: «Die Wurzeln beginnen eine Art 'verschämter' Existenz zu führen ... Man bedient sich ihrer, um den gemeinsamen Ursprung einer Wortsippe aufzuzeigen ... Aber die Frage nach ihrer realen Existenz bleibt in der Regel unberührt» [31]. Nach Wundt wäre es angemessener, anstatt das «irreführende Bild» der Wurzeln zu verwenden, von «Elementen» zu sprechen: «Die Wurzeln sind Wortelemente, letzte Bestandtheile, zu denen die Wortanalyse führt, die aber unmittelbar nur in den aus solchen Elementen zusammengesetzten Wortgebilden nachweisbar sind» [32]. «Die negative Definition – daß nämlich eine Wurzel das sei, was sich nicht weiter erklären läßt», sollte uns, so F. MAUTHNER in seiner kritischen Auseinandersetzung mit der Tradition, «im Gebrauche des Wortes vorsichtig machen» [33]. Gleichwohl hat sich bis in die gegenwärtige Linguistik – gerade aufgrund der vollständigen Ausblendung der Thematik der Identität von ‹W.› und ‹Urwort› – die ‹Wurzel›-Terminologie (‹root›, ‹rootword›, ‹mots radicaux›) gehalten.

Hatte J. W. GOETHE die dichterische Rede von den Urworten im Sinne der 'heiligen' Worte (ἱεροὶ λόγοι) populär gemacht [34], so verbindet sich mit dem Begriff 1884 eine spezielle Beobachtung bei K. ABEL. Abel meint feststellen zu können, daß sich besonders in den frühen Sprachen eine größere Anzahl von Wörtern finde, die jeweils mit oppositionellen Bedeutungen belegt sind (Beispiele für die lateinische Sprache: ‹altus›: ‹hoch› und ‹tief›; ‹sacer›: ‹heilig› und ‹verflucht›), woraus er die These vom «Gegensinn der Urworte» ableitet [35]. Sie wird insofern auch für die psychoanalytische Traumtheorie von Bedeutung, als S. FREUD mit ihrer Hilfe das «Zusammenfallen der Gegensätze bei der Traumarbeit» analysieren kann [36].

Anmerkungen. [1] PLATON: Crat. 422 b 6; vgl. Art. ‹Name I. 2.›. Hist. Wb. Philos. 6 (1984) 366-369; Art. ‹Stoicheion›, a.O. 10 (1998) 197-200. – [2] AUGUSTINUS: De dialectica 6, hg. D. JACKSON (Dordrecht/Boston 1975) 94. – [3] Vgl. FDS 639-680. 560-562; K. BARWICK: Probleme der stoischen Sprachlehre und Rhetorik (1957) 29-33. 58-79. – [4] VARRO: De lingua lat. VI, 37. – [5] a.O. 36f. – [6] Vgl. A. F. POTT: Etymolog. Forsch. (²1867) 103; vgl. F. M. MÜLLER: Science of thought (London 1887) 331ff. – [7] ROGER BACON: De signis IV, 3, 156, hg. K. M. FREDBORG/L. NIELSEN/J. PINBORG: An unedited part of R. Bacon's 'Opus maius'. Traditio 34 (1978) 75-136, hier: 131. – [8] Vgl. MARTINUS DE DACIA: Modi significandi, c. 23. Opera, hg. H. ROOS. Corpus philos. Danic. medii aevi 2 (Kopenhagen 1961) 34; vgl. Art. ‹Grammatik I. 2.›. Hist. Wb. Philos. 3 (1974) 847-849; Art. ‹Primitiv; der bzw. das Primitive›, a.O. 7 (1989) 1315-1320, bes. 1315f. – [9] L. ALBERTUS: Teutsch Grammatick oder SprachKunst (Augsburg 1573), hg. C. MÜLLER-FRAUREUTH (Straßburg 1895) 66f.; Zusammenstellungen einschlägiger Definitionen finden sich bei: S. BARBARIĆ: Zur grammat. Terminologie von J. G. Schottel und K. Stieler (Bern u.a. 1981) 1184f. und K. GÜTZLAFF: Von der Fügung Teutscher Stammwörter. Die Wortbildung in J. G. Schottelius' ‹Ausführlicher Arbeit von der Teutschen Haubtsprache› (1989) 120f. – [10] PH. VON ZESEN: Hooch-Deutsche Spraach-Übung (Hamburg 1643) 37. – [11] Vgl. A. GARDT: Sprachreflexion in Barock und Frühaufklärung (1994) bes. 160ff., hier: 161. – [12] K. VON STIELER: Der teutschen Sprache Stammbaum und Fortwachs oder teutscher Sprachschatz, worinnen alle und Jede teutsche Wurzeln und Stammwörter ... befindlich (Nürnberg 1691); P. PENAVAEREUS: Der Garten der teutschen Stamm-Wörter (o.O. 1700). – [13] J. G. SCHOTTELIUS: Ausführl. Arbeit von der Teutschen Haubtsprache (Braunschweig 1663, ND 1967) 1276. – [14] a.O. 50f.; Vgl. G. M. NEUHAUS: J. G. Schottelius. Die Stammwörter der Teutschen Sprache ... Eine Unters. zur frühneuhochdtsch. Lexikol. (1991). – [15] J. H. LAMBERT: Neues Organon 2, § 129 (1764, ND 1965) 2, 76. – [16] a.O. § 253. – [17] § 128. – [18] G. W. LEIBNIZ: Unvorgreiffliche Gedancken, betreffend die Ausübung und Verbesserung der Teutschen Sprache § 50 [1697], in: Collect. etymologica (1717, ND 1970) 2, 283; in: Hauptschr. zur Grundleg. der Philos., hg. E. CASSIRER (1904-06, ND 1996) 2, 536. – [19] Vgl. Nouv. essais sur l'entend. humain III, 2, § 1 [1703-05] (1765). Akad.-A. VI/6 (1962) 281. – [20] a.O. [18]; vgl. A. HEINEKAMP: Sprache und Wirklichkeit nach Leibniz, in: H. PARRET (Hg.): Hist. of linguistic thought and contemp. linguistics (1976) 518-570, bes. 540-545. – [21] Vgl. z.B. CH. DE BROSSES: Traité de la formation mécanique des langues 2, ch. 14 (Paris 1765) 313-417; J. G. HERDER: Abh. über den Ursprung der Sprache (1772). Sämmtl. Werke, hg. B. SUPHAN (1877-1913) 5, 70ff.; A.-L.-C. DESTUTT DE TRACY: Eléments d'idéologie 2: Grammaire (Paris 1803) 117f. – [22] J. HARRIS: Hermes, or A philos. inquiry conc. univ. grammar (London 1765, ND 1976) 337. – [23] LAMBERT, a.O. [15] 14 (§ 20). – [24] J. BURNET: Of the origin and progress of language 1 (Edinburgh [2]1784) 577; vgl. A. F. BERNHARDI: Anfangsgründe der Sprachwiss. (1805, ND 1990) 106. – [25] W. VON HUMBOLDT: Ueber die Verschiedenheit des menschl. Sprachbaues § 128 [1827-39]. Akad.-A., hg. A. LEITZMANN u.a. (1903-36) 6, 267f. – [26] L. NOIRÉ: Logos – Ursprung und Wesen der Begriffe (1885, ND 1989) IV; vgl. VI. – [27] MÜLLER, a.O. [6] 256. – [28] a.O. 417. – [29] W. WUNDT: Völkerpsychol. 1: Die Sprache (1900) 557. – [30] a.O. 554ff., hier: 555. – [31] 556. – [32] 559. – [33] F. MAUTHNER: Beitr. zu einer Kritik der Sprache (1901-02, [3]1923) 2, 222-248, hier: 222. – [34] J. W. GOETHE: Urworte orphisch (1817). Hamb. Ausg., hg. E. TRUNZ 1 ([11]1978) 359f. – [35] K. ABEL: Über den Gegensinn der Urworte (Leipzig 1884). – [36] Vgl. S. FREUD: Über den Gegensinn der Urworte (1910). Ges. Werke, hg. A. FREUD u.a. (London 1940-87) 10, bes. 221; vgl. auch: Art. ‹Verschiebung; Verdichtung›. Hist. Wb. Philos. 11 (2001) 875-879; auch M. HEIDEGGER macht von Abels These Gebrauch im Kontext des Versuchs, die Griechen «griechischer» zu denken, vgl. hierzu: W. BEIERWALTES: Heideggers Rückgang zu den Griechen. Sber. Bayer. Akad. Wiss., Phil.-hist. Kl., H. 1 (1995) 5-30.

S. MEIER-OESER

Wu Wei ist eine häufig belegte Maxime verschiedener Vertreter und Richtungen der klassischen chinesischen Philosophie. Die Syntax des Ausdrucks ist mehrdeutig – ‹Wu› wird sowohl als Adverb ('nicht') wie auch als Verb ('zum Verschwinden bringen') interpretiert, während ‹Wei› 'machen' oder 'handeln', aber auch 'für etwas sein' bedeuten kann. Als Maxime läßt sich ‹Wu Wei› entsprechend mit 'Inaktivität', 'Zweckfreiheit', 'Handlungsenthaltung' oder 'Stillstellung des Handelns' wiedergeben.

Der möglicherweise früheste Beleg findet sich in den ‹Gesammelten Worten› (‹Lun Yü›) des Konfuzius (551-479), wo ‹Wu Wei› als Attribut des Urherrschers Shun genannt ist [1]. ‹Wu Wei› steht hier für eine Herrschaft durch stille moralische Ausstrahlung statt durch geschäftige Regierung und somit für ein politisches Ideal des Frühkonfuzianismus (das allerdings nicht von allen Anhängern der Schule geteilt wird). Zu besonderer Prominenz und systematischer Bedeutung ist ‹Wu Wei› allerdings erst durch den Taoismus gelangt, in dessen Philosophie es zum zentralen Verbindungsglied zwischen Ontologie und Ethik wird [2].

Der Taoismus postuliert einen normativen Bereich jenseits des spezifisch Menschlichen, der von jedem Telos und jeder Intentionalität frei und gerade darin «von höchster Richtigkeit» (Chih Cheng) ist. Das natürliche Sein geht seinen beständigen invarianten Gang (Ch'ang) und ist mit dem Verhalten des Menschen durch kein sympathetisches Band verkoppelt. Sowohl dem Tao (s.d.) als auch «Himmel und Erde», den großen, als aus dem Tao hervorgehend oder mit ihm identisch gedachten Einheiten der Natur, wird eine absolute Freiheit von Zwecken zugeschrieben; sie sind 'inaktiv' bzw. 'ohne Tun' (Wu Wei), kennen also nur das Geschehenlassen und nicht den steuernden Eingriff [3].

In das sich selbst genügende zweckfreie Geschehen ist ursprünglich auch der Mensch instinkthaft eingebunden: Für die frühe Geschichte wird nach dem Muster der frühen Ontogenese die Abwesenheit von Kalkül, Technik und Manipulation postuliert. Erst mit der Weckung des Intellekts kommt eine Berechnung in die Welt, die schließlich alles Natürliche durch das absichtsvolle Aufzwingen eines menschlichen Maßes zerstört. Die taoistische Antwort ist die Rückkehr zur noch 'unzerteilten' Ursprünglichkeit durch Mystik und Mimesis, womit Wu Wei aus einer Eigenschaft des Seins zu einer für den Menschen gültigen Maxime einer Ethik des Lassens wird. Daß zu Mystik und Mimesis der Versuch einer planvollen Destruktion der Kultur hinzutritt, zeigt aber, daß dieses Programm selbst unweigerlich im Modus des 'Handelns' (Wei) bzw. des Herstellens steht, nachdem einmal die Differenz an die Stelle der Einheit getreten ist. Auf dieser Stufe ist ‹Wu Wei› am ehesten aktivisch als 'Zum-Verschwinden-Bringen des Handelns' zu verstehen. Zugleich entwickelt der Taoismus den Wu-Wei-Gedanken zu einer dialektischen Handlungsanweisung: Gerade durch das Nicht-Tun soll doch 'alles getan' werden.

Die hier sich andeutende strategische Komponente der Wu-Wei-Idee ist für die dritte Hauptrichtung des klassischen chinesischen normativen Diskurses entscheidend: Für die Law-and-order-Schule der 'Legisten' (chines.: Fa-chia) kennzeichnet ‹Wu Wei› das Verhalten des aufgeklärten Herrschers als des lautlosen Überwachers eines Systems, das sich über die Lenkung des menschlichen Egoismus durch automatisch wirkende Sanktionen selbst steuert. Auch hier findet sich die Assoziation mit dem Tao: Die künstliche Einrichtung des politischen Systems als reines Geschehen in Form zweiter Natur folgt dem taoistischen Modell des Selbstlaufs [4].

Frühe chinesische Übersetzungen buddhistischer Texte benutzen den Terminus mißverständlich für die Wiedergabe von ‹Nirwana› (s.d.). In der neueren westlichen Philosophie ist ‹Wu Wei› gelegentlich thematisiert worden, so bei K. JASPERS [5] und ausführlich bei A. SCHWEITZER [6]. Bemerkenswerte Parallelen zum Taoismus finden sich bei J.-J. ROUSSEAU, insbesondere in der pädagogischen Maxime, «durch Nichtstun alles zu tun» [7]. Als eine Offenbarung gilt Wu Wei der Jugendbewegung und verwandten Strömungen nach dem Ersten Weltkrieg [8].

Anmerkungen. [1] Lun Yü XV, 4, in: R. WILHELM: Kungfutse. Gespräche. Lun Yü (1977) 154. – [2] Vgl. zum Folgenden allgemein: H. ROETZ: Mensch und Natur im alten China (1984) § 20; Die chines. Ethik der Achsenzeit (1992) 393-408. – [3] Chuangtzu 8. 11. 18. 25; vgl. ROETZ: Mensch, a.O. 245-247. – [4] ROETZ: Ethik, a.O. [2] 416. – [5] K. JASPERS: Lao-tse. Nagarjuna. Zwei asiat. Metaphysiker (1978). – [6] A. SCHWEITZER: Gesch. des chines. Denkens, aus dem Nachl. hg. B. KAEMPF/J. ZÜRCHER (2002) Index: Einträge ‹Nicht-Handeln› und ‹Tätigkeit›. – [7] J.-J. ROUSSEAU: Emile II (1762). Oeuvr. compl., hg. B. GAGNEBIN/M. RAYMOND 4 (Paris 1969) 362; dtsch., hg. L. SCHMIDTS ([6]1983) 104. – [8] A. REICHWEIN: China und Europa (1923) 10-11.

Literaturhinweise. J. J. L. DUYVENDAK: The philos. of Wu Wei. Asiat. Stud. 3-4 (1947) 81-102. – H. G. CREEL: On the origin of Wu-wei, in: H. G. CREEL: What is Taoism? (Chicago 1970) 48-78. – D. LOY: Wei-wu-wei: Nondual action. Philosophy East West 35 (1985) 73-87. – LIU XIAOGAN: Wuwei (non-action): From Laozi to Huainanzi. Taoist Resources 3 (1991) 1, 41-56. – R. T. AMES: The art of rulership. A study of ancient Chinese polit. thought (Albany 1994). – A. FOX: Reflex and reflectivity: Wu-wei in the Zhuangzi. Asian Philosophy 6 (1996) 59-72. – M. CSIKSZENTMIHALYI/P. J. IVANHOE (Hg.): Religious and philos. aspects of the Laozi (Albany 1999). – R. GASSMANN: Wo ein Wu ist, ist auch ein Wei. Oriens Extremus 42 (2000/01) 19-40.

H. ROETZ

X. Die Verwendung von Buchstaben als Variablen (s.d.) für Begriffswörter bzw. für geometrische Größen geht auf eine antike Tradition zurück. Aus der mittelalterlichen arabischen Mathematik gelangt das Zeichen *x* oder *X* (Anlaut und Abkürzung von ‹šai'› 'Ding', 'Sache') vermutlich über das Italienische zu R. DESCARTES [1].

1. *Mathematischer Gebrauch.* – Bereits um 1600 verwendet F. VIÈTE in der Gleichungslehre systematisch die Buchstabenrechnung; der Gebrauch der Buchstaben ist jedoch uneinheitlich. R. DESCARTES benutzt in seiner Abhandlung ‹La Géométrie› (1637) ohne weitere Begründung die ersten Buchstaben des lateinischen Alphabets für bekannte, die letzten Buchstaben für unbekannte Größen, wobei er *x* den Vorzug vor *y* und *z* gibt [2]. Seine Notation, an die er sich selbst noch nicht streng hält, setzt sich allgemein durch. Im 2. Buch von ‹La Géométrie› (‹De la nature des lignes courbes›), in dem Descartes die Analytische Geometrie begründet, gebraucht er das Zeichen *x* auch für die eine Achse eines rechtwinkligen Koordinatensystems, deren andere er mit *y* bezeichnet [3]. *X* und *y* fungieren hier als Zuordnungsgrößen, durch die geometrische Figuren in algebraische Gleichungen transformiert werden können, indem jedem Punkt einer geometrischen Figur ein Zahlenpaar zugeordnet wird. Darin war ihm im 14. Jh. NICOLAUS VON ORESME mit seiner «Mathematica de latitudinibus formarum» vorausgegangen, dem Konzept einander senkrecht zugeordneter «Formlatituden», die «mathematisch zu erfinden» («mathematice fingere») oder zu «imaginieren» («imaginari») seien [4]. DESCARTES betrachtet die Punkte der (wohlbekannten) geometrischen Figuren dabei als «unbestimmte und unbekannte Größen» («quantités indéterminées et inconnues»), die, in Bestimmungsgleichungen eingesetzt, algebraisch berechenbar werden [5]. Die Figuren lassen sich dadurch willkürlich variieren; aus bekannten algebraischen Größen können bisher unbekannte, nicht mit Zirkel und Lineal konstruierbare geometrische Figuren erzeugt werden. Das Verfahren der Transformation verschiedener Arten von Zeichen geht in den ‹Discours de la méthode› ein, den Descartes der Schrift ‹La Géométrie› und weiteren wissenschaftlichen ‹Essais› vorausschickt [6]. Es setzt keinen Bezug der Zeichen auf einen externen Gegenstand voraus; damit wird der metaphysikkritische Gebrauch des Zeichens *x* eröffnet.

2. *Metaphysikkritischer Gebrauch.* – I. KANT gebraucht *x* philosophisch als Zeichen für das notwendig Unerkennbare im Erkennen. Soll die Frage beantwortet werden, wie ein Bewußtsein, das auf seine eigenen Vorstellungen beschränkt ist, zu «synthetischen Urteilen» über Gegenstände kommen kann, die seine Begriffe erweitern, muß man, so Kant, «außer dem Begriffe des Subjects noch etwas anderes (*X*) haben ..., worauf sich der Verstand stützt, um ein Prädicat, das in jenem Begriffe nicht liegt, doch als dazu gehörig zu erkennen». Bei Erfahrungsurteilen ist dies «die vollständige Erfahrung von dem Gegenstande» [7]. Sofern Erfahrungen nicht ausreichen, um «sagen» zu können, daß in «dem, was geschieht», etwas Ursache eines anderen ist, muß «das Unbekannte = *x*, worauf sich der Verstand stützt, wenn er außer dem Begriff von *A* ein demselben fremdes Prädicat *B* aufzufinden glaubt, welches er gleichwohl damit verknüpft zu sein erachtet» [8], der «der Erkenntniß correspondirende, mithin auch davon unterschiedene, Gegenstand» jenseits meines Bewußtseins sein. Er kann dann jedoch «nur als etwas überhaupt = *X* ... gedacht werden, weil wir außer unserer Erkenntniß doch nichts haben, welches wir dieser Erkenntniß als correspondirend gegenübersetzen könnten» [9]. Als «ein Etwas = *x*, wovon wir gar nichts wissen, noch überhaupt (nach der jetzigen Einrichtung unseres Verstandes) wissen können», ist er ein «transcendentales Object» [10]. Dessen «Einheit» ist dann allein «die formale Einheit des Bewußtseins in der Synthesis des Mannigfaltigen der Vorstellungen» [11]. Sie tritt als «Correlatum» für die «Vorstellung vom Gegenstande = *X*» auf [12]. Da wir jedoch von dieser Einheit ebenfalls nur eine Vorstellung haben, ist die «Natur unseres denkenden Wesens» an sich selbst ein ebenso unbekanntes *X*. In Korrelation zum transzendentalen Objekt = *X* ist sie das transzendentale Subjekt = *X*, «die einfache und für sich selbst an Inhalt gänzlich leere Vorstellung: Ich; von der man nicht einmal sagen kann, daß sie ein Begriff sei, sondern ein bloßes Bewußtsein, das alle Begriffe begleitet. Durch dieses Ich oder Er oder Es (das Ding), welches denkt, wird nun nichts weiter, als ein transcendentales Subject der Gedanken vorgestellt = *X*, welches nur durch die Gedanken, die seine Prädicate sind, erkannt wird und wovon wir abgesondert niemals den mindesten Begriff haben können, um welches wir uns daher in einem beständigen Cirkel herumdrehen» [13]. Das Erkennen ist nach Kant so die Beziehung eines *X* zu einem *X*. Es ist eine Mitte von Extremen, die selbst nicht Gegenstand dieses Erkennens sind, aber angenommen werden müssen, um es denkbar zu machen, und dabei als notwendig unerkennbar hingenommen werden müssen. – Im Anschluß an Kant wird das Zeichen *x* auch von anderen Ansätzen aus metaphysik- und erkenntniskritisch gebraucht [14]. S. KIERKEGAARD erweitert die Kritik auf die wissenschaftlich-philosophische Schriftstellerei, bei der sich der Autor als transzendentales Subjekt der Gedanken zu geben sucht: «was ist denn in unsern Zeiten ein Schriftsteller? Es ist, oft sogar wenn er namentlich bekannt ist, ein *X*, ein unpersönliches Etwas, das vermittelst

des Drucks sich abstrakt an Tausende und aber Tausende wendet, aber selber ungesehen ist, ungekannt, so versteckt, so anonym, so unpersönlich wie möglich lebend» [15]. Bei F. M. DOSTOJEWSKI wird das an Inhalt gänzlich leere *X* des Ich zum bloßen Gespenst. Er läßt Iwan Karamasow von einem philosophierenden Teufel träumen und diesen sagen: «Ich bin das *x* in einer unbestimmten Gleichung, ich bin eine Art Gespenst des Lebens, das alle Enden und Anfänge verlor, und sogar selber habe ich endlich vergessen, wie man mich nennen soll» [16].

3. *Heuristischer Gebrauch.* – F. NIETZSCHE pointiert zunächst Kants Kritik. Er rehabilitiert mit Kant den Schein, will in ihm nicht mehr den «Gegensatz irgend eines Wesens» sehen, von dem man nichts wissen kann, und darum auch nicht eine «todte Maske, die man einem unbekannten *X* aufsetzen und auch wohl abnehmen könnte!» [17]. In immer neuen Anläufen entlarvt er die «Mythologie des Subjekt-Begriffs» und die «Mythologie des Causalitäts-Begriffs» [18]. Zu «leben» heißt für ihn, «nicht so thöricht» zu sein, «die Wahrheit, in diesem Falle das *x*, höher zu schätzen, als den Schein» [19]. Dann kennzeichnet er mit dem Zeichen *x* die Moderne überhaupt – «Seit Copernikus rollt der Mensch aus dem Centrum ins *x*» [20] – und findet schließlich in demselben *x* «ein neues Glück». Zwar sei «das Leben selbst ... zum Problem» geworden. Aber: «Erst der grosse Schmerz ist der letzte Befreier des Geistes, als der Lehrmeister des grossen Verdachtes, der aus jedem *U* ein *X* macht, ein ächtes rechtes *X*, das heisst den vorletzten Buchstaben vor dem letzten». Bei «geistigeren, vergeistigteren Menschen» übersteigt nun der «Reiz alles Problematischen» die Suche nach einer 'letzten' Wahrheit; «die Freude am *X*» schlägt «wie eine helle Gluth über alle Noth des Problematischen, über alle Gefahr der Unsicherheit» zusammen [21]. Die Metaphysik hat daher nicht nur verdüsternd, sondern auch befreiend auf das Leben gewirkt. Denn daß wir so lange «ein *x* zur Kritik der 'bekannten Welt' gemacht» haben, könnte uns nun «exakt umgekehrt» zur «Besonnenheit» bringen: Jene unbekannte, andere, wahre «Welt *x* könnte langweiliger, unmenschlicher und unwürdiger in jedem Sinne sein als diese Welt», die wir kennen. Sie könnte uns «Lust machen zu dieser Welt» und ihren «Werth» erst recht schätzen lassen [22]. Die «*X*-Welt» fungiert dann wie ein Cartesisches Koordinatensystem: Sie macht die bekannte Welt transformierbar [23]. Im Anschluß an Nietzsche führt F. HAUSDORFF, der Begründer der mengentheoretischen Topologie, unter dem Pseudonym P. MONGRÉ die metaphysik- und erkenntniskritische Transformation der bekannten Welt in mögliche unbekannte Welten mit mathematischen Verfahren durch und kommt zum Ergebnis eines «transcendenten Nihilismus» [24].

4. *Bildlicher Gebrauch.* – E. JÜNGER sieht im Nihilismus eine Linie, die es zu überqueren, also zu durchkreuzen gelte [25]. M. HEIDEGGER hält diese «Überquerung» und «Durchkreuzung» für fraglich und stellt ihr die «kreuzweise Durchstreichung» des Seins entgegen. Er geht dabei vom metaphysikkritischen zu einem bildlichen Gebrauch von *x* über. Das Sein ist an die «Sage» des Seins, eine «Sage des Denkens» [26], gebunden, als gesagtes scheint es aber zu einem Seienden zu werden, das 'es gibt'. Heidegger zeichnet darum über das Wort ‹Sein› ein *x*, sagt es also und streicht es zugleich durch. Das *x* als Kreuz soll jedoch «kein bloß negatives Zeichen» sein. Es «zeigt vielmehr in die vier Gegenden des Gevierts und deren Versammlung im Ort der Durchkreuzung». Es bezeichnet die Zusammengehörigkeit von «Erde» und «Himmel», «Göttlichem» und «Sterblichem» im Menschen und in seinem Verstehen von Sein, das nur in diesem Geviert, dem *x*, zu orten ist [27]. – Unabhängig von Heidegger und Jünger betrachtet der Mathematiker G. SPENCER BROWN jede «Form» als «Linie», die eine Unterscheidung auf der einen Seite von einem Nicht-Unterschiedenen auf der anderen unterscheidet. Danach erzeugt jede Unterscheidung ein Nicht-Unterschiedenes, das nur paradox durch ein «unwritten cross» in einem «unmarked space» zu bezeichnen ist, einem «Kreuz», das das notwendig Unbekannte wiederum zugleich bezeichnet und löscht, an- und durchstreicht [28]. N. LUHMANN macht dieses *x*-Konzept der Unterscheidung zu einem Ausgangspunkt seiner Theorie sozialer Systeme [29].

5. *Ethischer Gebrauch.* – E. LEVINAS beschreibt den Kontakt mit Derrida als Freude einer Berührung («contact») im Herzen eines Chiasmus [30]. Die rhetorische Figur des Chiasmus, einer Ordnung über Kreuz, artikuliert Antithesen in Entsprechungen. Sie ist nach dem Buchstabenbild des griechischen χ benannt [31]. Unter Philosophen ist, so Levinas, das Kreuzen über den Weg bzw. auf dem Weg des anderen («le croiser sur son chemin») vermutlich die einzige Art von Begegnung [32]. J. DERRIDA bekundet seinerseits vielfaches Interesse für «die Form dieses Chiasmus, dieses *X*». Es interessiere «nicht als Symbol für das Unbekannte, sondern weil man da, wie es ‹La dissémination› herausstreicht, eine Art Gabelung («fourche») findet – es handelt sich um die Reihe Wegkreuzung («carrefour»), quadrifurcum, Gitter («grille»), Geflecht («claie»), Schlüssel («clé») usw. –, die übrigens ungleich ist, weil eine ihrer Spitzen weiter reicht als die andere: Sie ist ein Bild der doppelten Geste und des Überkreuzens» [33]. Derrida versteht seine «Dekonstruktion» in diesem Sinn als immer neue Durchkreuzung des Denkens anderer mit dem Ziel, Unbekanntes und notwendig Unerkennbares darin freizulegen. Er exponiert sie als Gerechtigkeit und die Gerechtigkeit als undekonstruierbares *X*. Danach gibt es die Gerechtigkeit, ohne daß sie sich allgemein bestimmen ließe. Sie ist überall dort möglich, wo man ihr *X* ersetzen, übersetzen, festsetzen kann, wo das Recht, das in seiner Allgemeinheit niemals dem einzelnen Fall gerecht werden kann, auf den einzelnen Fall hin dekonstruiert wird: «la déconstruction est possible, comme impossible, dans la mesure (là) où 'il y a *X*' (indéconstructible), donc dans la mesure (là) 'il y a' (l'indéconstructible)» [34].

Anmerkungen. [1] Vgl. Art. ‹X›. GRIMM 14/II (1960) 2559-2564, hier: 2561. – [2] F. CAJORI: A hist. of mathemat. notations 1-2 (London 1928-30) 1, 381; vgl. auch: 205-208. 226-229. 379-384. – [3] R. DESCARTES: Discours de la méthode ... plus la dioptrique, les météores et la géométrie: La géométrie 2 (1637). Oeuvr., hg. CH. ADAM/P. TANNERY 6 (Paris 1982) 391ff. – [4] NICOLE ORESME and the medieval geometry of qualities and motions. A treat. on the uniformity and difformity of intensities known as Tractatus de configurationibus qualitatum et motuum, hg. M. CLAGETT I, 1 (Madison u.a. 1968) 3-12; vgl. A. MAIER: Die Mathematik der Formlatituden, in: An der Grenze von Scholastik und Naturwiss. (Rom [2]1952). – [5] DESCARTES, a.O. [3] 384ff. – [6] Vgl. zur Entstehung von Descartes' Methodenkonzeption aus der Arbeit an den ‹Essais›: E. DENISSOFF: Descartes, premier théoricien de la physique math. Trois essais sur le ‹Discours de la méthode› (Paris/Löwen 1970) 11-37. – [7] I. KANT: KrV A 8. – [8] B 13. – [9] A 104. – [10] A 250. – [11] A 105. – [12] A 250. 105. – [13] A 345f./B 403f. – [14] Vgl. z.B. J. G. HAMANN: Metakritik über den Purismum der Vernunft (1784). Sämtl. Werke, hg. J. NADLER 3 (Wien 1951) 285; L. WITTGENSTEIN: Tract. logico-philos. (1921) 4.1272. – [15] S. KIERKEGAARD: Der Gesichtspunkt für meine Wirksamkeit als Schriftsteller (1848/1859), in: Die Schr. über sich selbst. Ges. Werke, hg. E. HIRSCH/H. GERDES 33 (1960) 52. – [16] F. M. DOSTOJEWSKI: Die

Brüder Karamasow (1879-80), übers. K. Nötzel (1986) 1096. – [17] F. Nietzsche: Die fröhl. Wissenschaft I, 54 (1882). Krit. Ges.ausg., hg. G. Colli/M. Montinari (1967ff.) 5/2, 91. – [18] Nachgel. Frg., Herbst 1885-Herbst 1886 2[78], a.O. 8/1, 96f. – [19] Nachgel. Frg., Aug.-Sept. 1885 40[39], a.O. 7/3, 381; vgl. Herbst 1885-Herbst 1886 2[87], a.O. 8/1, 102f. – [20] Nachgel. Frg., Herbst 1885-Herbst 1886 2[127], a.O. 8/1, 125; vgl. Zur Genealogie der Moral III, 25 (1887), a.O. 6/2, 422. – [21] Die fröhl. Wiss., Vorrede 3, a.O. [17] 18f. – [22] Nachgel. Frg., Frühjahr 1888 14[168], a.O. 8/3, 142-147 [Vorstufe zu ‹Götzen-Dämmerung, Wie die 'wahre Welt' endlich zur Fabel wurde›]. – [23] Vgl. die frühere Fassung des Gedankens in: Nachgel. Frg., Nov. 1882-Feb. 1883 4[180], a.O. 7/1, 166. – [24] P. Mongré: Das Chaos in kosmischer Auslese. Ein erkenntniskrit. Versuch (1898); zum «transcendenten *X*» vgl. 9. 54. 158. – [25] E. Jünger: Über die Linie (1950). Sämtl. Werke 7 (1980) 237-280. – [26] M. Heidegger: Zur Seinsfrage (1955), in: Wegmarken (1967) 213-253, hier: 252. – [27] a.O. 238f. 233; Heidegger verweist selbst auf die Vorträge: ‹Bauen Wohnen Denken› [1951], ‹Das Ding› [1950] und ‹... dichterisch wohnet der Mensch ...› [1951], in: Vorträge und Aufsätze (1954) 145-204, vgl. bes. 149ff. 178ff. – [28] G. Spencer Brown: Laws of form/Gesetze der Form (1969), übers. T. Wolf (1997) 5-7; vgl. N. Luhmann: Die Relig. der Gesellschaft (2000) 34. 37. – [29] Vgl. N. Luhmann: Soziale Systeme. Grundriß einer Allg. Theorie (1984) 114. – [30] E. Levinas: Tout autrement (sur la philos. de J. Derrida) (1973), in: Noms propres (Montpellier 1976) 72; dtsch.: Ganz anders – J. Derrida, in: Eigennamen. Meditationen über Sprache und Literatur, hg. F. P. Ingold (1988) 76. – [31] Vgl. Platon: Tim. 36 b. – [32] Levinas, a.O. [30]; vgl. zum Chiasmus im Werk Heideggers: D. Janicaud/J. F. Mattéi: La métaphysique à la limite. Cinq études sur Heidegger (Paris 1983) 54ff. – [33] J. Derrida: Positions (Paris 1972) 95; dtsch.: Positionen, übers. D. Schmidt (Graz/Wien 1986) 137f.; vgl. La dissémination, in: La dissémination (Paris 1972) 422-445; dtsch.: Dissemination, in: Dissemination, hg. P. Engelmann (Wien 1995) 392-414; zu weiteren Nachweisen vgl. S. Critchley: Überlegungen zu einer Ethik der Dekonstruktion, in: H.-D. Gondek/B. Waldenfels (Hg.): Einsätze des Denkens. Zur Philos. von J. Derrida (1997) 308-344, 315 (Anm. 13). – [34] Force de loi: le 'Fondement mystique de l'autorité' (Paris 1994) 35f.; dtsch.: Gesetzeskraft. Der 'mystische Grund der Autorität', übers. A. G. Düttmann (1991) 30f.

Literaturhinweise. N. Luhmann: Die Gesellschaft der Gesellschaft (1997) 174. 869 u.ö.: zu I. Kant; 45ff. 60ff. u.ö.: zu G. Spencer Brown; 41. 75 u.ö.: zu J. Derrida. – W. Stegmaier: Das Zeichen *X* in der Philos. der Moderne, in: W. Stegmaier (Hg.): Zeichen-Kunst. Zeichen und Interpretation 5 (1999) 231-256; Ein Mathematiker in der Landschaft Zarathustras. Felix Hausdorff als Philosoph. Nietzsche-Stud. 31 (2002) 195-240.

W. Stegmaier

Xenologie; **Wissenschaft vom Fremden**. Der auf das griechische Wort ξένον (‹fremd›) zurückgehende Terminus ‹X.›, analog zu Ausdrücken wie ‹Xenokratie›, ‹Xenophobie› oder neuerdings auch ‹Xenotransplantation›, ist jüngeren Datums. Dahinter verbirgt sich die Frage, wie ein Logos beschaffen sein müßte, der Fremdheit nicht erklärend oder verstehend überwindet, sondern Fremdem als solchem Raum gewährt, und zwar nicht nur philosophisch, sondern auch in Form einer 'Wissenschaft vom Fremden'. Wie wenig diese Frage sich von selbst versteht, zeigt sich daran, daß das Thema des Fremden in philosophischen Handbüchern bis in die Gegenwart hinein nur ein Randdasein fristet [1].

1. Im klassischen griechischen Denken tauchen die Begriffe ξένον oder ξενικόν nur in Grenzzonen auf. Verwandt dem ἀλλότριον (lat. ‹alienum›) als dem, was nicht dazu oder was anderen gehört, und in deutlichem Kontrast zu dem bloß ‹Anderen› oder ‹Verschiedenen› (ἕτερον, lat. ‹aliud›) bezeichnet ξένον den Status dessen, was 'von draußen' kommt (vgl. lat. ‹externum›, ‹extraneum› bzw. frz. ‹étranger›, engl. ‹stranger›) und was 'von fremder Art', also ungewohnt, auch unheimlich [2] ist (vgl. lat. ‹insolitum› bzw. frz. ‹étrange›, engl. ‹strange›). Im Gegensatz zum Einheimischen und Bodenständigen kommt Fremdes 1) 'aus einem anderen Land' wie der Gast, der unter dem Gesetz der Gastfreundschaft steht [3]; es kommt 2) 'aus einer anderen Welt' wie die im Platonischen ‹Symposion› als Fremde apostrophierte Diotima, wie der Fremde aus Elea im ‹Sophistes› oder wie Sokrates selbst, der sich vor Gericht wie ein Fremder aufführt, der die einheimische Redeweise nicht beherrscht [4]; es äußert sich 3) in einer vom herrschenden Sprachgebrauch 'abweichenden Redeweise' [5]. Dieses Abweichen (ἐξαλλάττειν), das sich von ἀλλάττειν (wörtlich: 'anders machen') herleitet, bot später den russischen Formalisten einen Anknüpfungspunkt für ihre Theorie der Verfremdung (s.d.) [6]. Fremdes, das auf solche Weise an den Grenzen von Polis, Dialog und Sprache haust, mag Unruhe auslösen, doch es ist nicht imstande, das Eigene (οἰκεῖον) zu unterwandern und das Gemeinsame (κοινόν) zu gefährden. Ein Kosmos, «dem nichts äußerlich ist» [7], ist eine Welt ohne Fremde. Fremdes beschränkt sich auf Ungewohntes, das noch nicht verständlich ist [8], oder auf das, was in sich unverständlich ist wie das vom Alogischen und Anomischen behaftete Barbarische.

Die Abwertung des Fremden wird abgemildert durch religiöse Visionen und Praktiken, in denen Welt und Leben sich selbst entrückt werden. Hierzu gehört im europäischen Bereich die gnostische Weltflucht, das jüdische Exilbewußtsein oder die christliche Gestalt des irdischen Pilgers, der als Bürger der Gottesstadt auf Erden im Fremdlingsstatus einer «civitas peregrina» oder «peregrinans» lebt [9] und dem in allmählicher Ablösung vom Boden der Heimat «die ganze Welt zur Fremde (exsilium)» wird [10].

2. Im Zuge der Neuzeit kommen die beiden tragenden Säulen des Eigenen und des Gemeinsamen ins Schwanken. Der cartesianische Rückzug auf das eigene Ich erzeugt die epistemische Dauerfrage nach dem Zugang zum fremden Ich und zum Fremdpsychischen (s.d.); begleitet wird sie von der praktischen Frage nach dem Vorrang von Eigen- oder Fremdinteresse. Selbstvergewisserung und Selbsterhaltung bauen an einer «Festung Ich» [11]. Die egozentrische Bewältigung des Fremden setzt voraus, daß Fremdes als Abwandlung des Eigenen behandelt wird. Andererseits bricht die Fremdheit in das Arkanum der Vernunft ein. Während I. Kant noch strikt auf einer Erkenntnis beharrt, «die mit nichts Fremdartigem vermischt ist» [12], setzt G. W. F. Hegel alles Eigene einem Prozeß des Fremdwerdens aus, doch die Entfremdung ist letzten Endes nur notwendiger Durchgang in einem Aneignungsprozeß, der darauf abzielt, «das Fremdseyn aufzuheben» und Welt und Gegenwart als «Eigenthum» zu entdecken [13]. Fremdheit reimt sich auf Entfremdung, Außen auf Entäußerung. Dies findet sein praktisch-revolutionäres Echo bei K. Marx und F. Engels in einer «Vernichtung der Fremdheit, mit der sich die Menschen zu ihrem eignen Produkt verhalten» [14]. Die egozentrische Aneignung wird überboten durch die logozentrische und praxeologische Aneignung dessen, was auf den Menschen zukommt.

3. Eine radikale Form des Fremden bahnt sich an, sobald Fremdheit in den Kern des Subjekts eindringt und Vernunft in Widerstreit mit sich selbst gerät. Man kann diesen Prozeß als eine bis heute andauernde Verfremdung der Moderne begreifen [15]. Dabei fehlt es nicht an

Abwehrmaßnahmen. Schon F. NIETZSCHE vermutet hinter dem «Bedürfniss nach Bekanntem» den Willen, «unter allem Fremden, Ungewöhnlichen, Fragwürdigen Etwas aufzudecken, das uns nicht mehr beunruhigt» [16]; er besteht darauf, daß wir uns «nothwendig fremd» sind und jeder «sich selbst der Fernste» ist [17]. Ernsthafte Versuche, dem Fremden als Fremdem gerecht zu werden, finden sich im Bereich der Hermeneutik und der Phänomenologie, allerdings oft in Form von Kompromissen, die zwischen einer genuinen und einer derivativen oder defizitären Art von Fremdheit hin und her schwanken. Die Hermeneutik geht seit Schleiermacher und Dilthey davon aus, daß alles Verstehen sich zwischen Fremdheit und Vertrautheit abspielt; doch dies schließt nicht aus, daß H.-G. GADAMER sie weiterhin in Hegelscher Manier dazu ausersieht, das Fremde verstehend zu überwinden und «im Fremden das Eigene zu erkennen, in ihm heimisch zu werden» [18]. Auch E. HUSSERLS Phänomenologie, in der «Fremderfahrung», «Fremdich» und «Fremdwelt» eine zentrale Rolle spielen [19], erweist sich als zwiespältig, gleichwohl eröffnet sie neue Wege. Husserl geht zwar vom Eigenen aus, um «mit den Mitteln dieses Eigenen» [20] Fremdes zu konstituieren, doch andererseits insistiert er auf dem paradoxen Charakter einer «Zugänglichkeit des original Unzugänglichen» [21], einer «Zugänglichkeit in der eigentlichen Unzugänglichkeit, im Modus der Unverständlichkeit» [22]. Fremdes ist da, indem es sich entzieht. Französische Phänomenologen haben dieses Thema in mannigfachen Variationen durchgespielt: als «leibhafte Abwesenheit» (J.-P. SARTRE), als «originäres Anderswo» (M. MERLEAU-PONTY), als «Nicht-Ort» und «Spur» (s.d.) des Anderen (E. LEVINAS), als unauffällige Gabe und unbedingte Gastlichkeit (J. DERRIDA) [23]. Im deutschen Sprachbereich kündigt sich ein ähnliches Umdenken an, nicht zufällig bei Autoren jüdischer Herkunft: so bei G. SIMMEL, der in seinem «Exkurs über den Fremden» die Gesellschaft aus der Sicht des «Gruppenfremden» und «potenziell Wandernden» anvisiert [24]; bei A. SCHÜTZ, der in den Figuren des Fremden und des Heimkehrers Prozesse des Fremdwerdens analysiert [25]; bei H. PLESSNER, für den «das Fremde nicht bloß ein Anderes» ist, sondern «das Eigene, Vertraute und Heimliche im Anderen und als das Andere», verwandt dem Unheimlichen bei Freud [26]; schließlich bei TH. W. ADORNO, der einen Zustand der Versöhnung umkreist, wo das Fremde «in der gewährten Nähe das Ferne und Verschiedene bleibt, jenseits des Heterogenen wie des Eigenen» [27].

Doch die Ausarbeitung einer Phänomenologie des Fremden geht über kasuelle Andeutungen hinaus. Da die Erfahrung des Fremden sich in verschiedenen Dimensionen ausbreitet, entstehen bestimmte Fremdheitszonen und Fremdheitsformen. So kann man, ausgehend von einem *invasiv-evasiven Fremdheitsereignis*, unterscheiden zwischen einer *ekstatischen Fremdheit*, in der das Selbst außer sich gerät, einer *duplikativen Fremdheit*, in der es sich im Anderen verdoppelt, einer *extraordinären Fremdheit*, in der das Ordnungsgeschehen über den Sinn- und Regelbestand hinausschießt, und einer *liminalen Fremdheit* jener Sphäre, aus der Ordnungen auftauchen, in die sie zurücksinken und der wir uns nur über Schwellen hinweg nähern [28]. Fremdheit ist nicht denkbar ohne eine Differenz von Drinnen und Draußen, die sich in variablen Grenzerfahrungen und Grenzziehungen manifestiert. An diesem Punkt trifft sich die Phänomenologie des Fremden mit jenem «penser du dehors», das in M. FOUCAULTS Ordnungs- und Diskursanalysen am Werk ist und das stets Elemente einer Fremdheitspolitik enthält. Bei all dem ist zu unterscheiden zwischen dem fungierenden Fremden, das auf latente Weise alle Phänomene tangiert, und seiner ausdrücklichen Thematisierung.

4. Damit geraten wir auf die Bahnen einer X., die mittels einer Art Paramethode das Fremde als solches erkundet. Hierbei kommt es ganz und gar auf das Wie an und nicht nur auf das Was. Eine veritable X. wird sich nicht begnügen mit einer aus Symbolen und Mythen erwachsenden «Theorie des Nebenbewußtseins», die vom eigenen Bewußtsein ausgeht und in einem «infiniten Seinsgrund» Halt sucht [29]. In einer Phänomenologie, die selbst als X. auftritt, geht das Paradox der Fremderfahrung über in eine allgemeine Verfremdung der Phänomene. Es schlägt sich nieder im Paradox einer Wissenschaft vom Fremden; denn Wissenschaft im hergebrachten Sinne würde sich und ihren Gegenstand zum Verschwinden bringen, je weiter sie fortschritte. Der Logos des Fremden würde das Phänomen des Fremden durch Logifizierung aufzehren [30].

So verstanden fällt der Ethnologie die Rolle einer Pionierwissenschaft zu, allerdings nur dann, wenn sie sich nicht auf Strukturen und Konstanten eines kulturell Universellen beschränkt, sondern sich auf die Differenzen eines kulturell Fremden einläßt, geleitet von jenem «Blick in die Ferne», den C. LÉVI-STRAUSS bei Rousseau vorgeprägt findet und der nach einer «technique du dépaysement» verlangt [31]. Letztere kommt der phänomenologischen Epoché (s.d.) nahe, wenn man diese nicht als Begründungs-, sondern als Verfremdungsverfahren einsetzt [32]. Die Wissenschaft vom Fremden wäre dann in einem doppelten Sinn zu verstehen als Wissenschaft, die in ihren Repräsentationen nicht nur vom Fremden handelt, sondern immer wieder vom Fremden ausgeht. Ein Logos, der Fremdes nicht zum Verstummen und Verschwinden bringt, entpuppt sich als antwortender Logos, der in seiner «Responsivität» anderswoher kommt und so die vertraute Sphäre von Sinngebung, Sinnauslegung, Regelbefolgung und medialer Darstellung überschreitet [33]. Er verweist auf eine «Antwortlichkeit», die es erlaubt, in Form eines Polylogs «Eigenes in der fremden Sprache und Fremdes in der eigenen zu sagen» [34]. Als Wissenschaft gabelt sich die Ethnologie in eine «Allo-ethnologie», die den Anderen bei den Anderen, und eine «Autoethnologie», die den Anderen bei uns selbst sucht [35]. Auch die kulturelle Fremdheit beginnt im eigenen Haus.

Eine Wissenschaft vom Fremden läßt sich nicht auf die Spezialdisziplin der Ethnologie einschränken. In Form von Ethnowissenschaften wie der Ethnopsychiatrie oder der Ethnomethodologie nistet sie sich in bestehenden Disziplinen ein. Sie findet ihren Widerhall in Disziplinen, die sich mit der individuellen oder kollektiven Frühgeschichte, mit Anomalien und Pathologien und schließlich mit dem Austausch zwischen Sprachen, Künsten und Religionen sowie mit den interkulturellen Aspekten von Philosophie und Wissenschaft befassen [36]. Für alle diese Aufgaben einer kulturwissenschaftlichen Fremdheitsforschung beginnt sich im Laufe der 1990er Jahre der Titel ‹X.› einzubürgern [37]. Doch ohne nachhaltige Verfremdung des Logos wäre die X. bestenfalls eine thematisch erweiterte Hermeneutik, schlimmerenfalls würde sie in einem kulturalistischen Allerlei enden, wo alles und somit nichts wirklich fremd wäre.

Anmerkungen. [1] Vgl. das ‹Vorwort› von G. BAPTIST zu B. WALDENFELS: Fenomenologia dell'estraneo (Mailand 2002). – [2] Vgl. ‹Unheimliche, das›. Hist. Wb. Philos. 11 (2001) 172-174. – [3] PLATON: Leg. XII, 949 a-953 e. – [4] Apol. 17 d. – [5] ARISTO-

TELES: Rhet. III, 2. – [6] A. A. HANSEN-LÖW: Der russ. Formalismus (1978) 24ff. – [7] ARISTOTELES: Phys. III, 6, 207 a 8. – [8] Met. II, 3, 995 a 1-3. – [9] AUGUSTINUS: De civ. Dei XVIII, 1, 3 und pass. – [10] HUGO VON ST. VIKTOR: Didascalicon III, 20. MPL 176, 778; vgl. Art. ‹Weltverachtung; Weltflucht›. – [11] R. MUSIL: Tagebücher, hg. A. FRISÉ 2 (1976) 1148. – [12] I. KANT: KrV A 11. – [13] G. W. F. HEGEL: Phänomenol. des Geistes (1807). Akad.-A. 9 (1980) 430; vgl. F. HÖLDERLIN: Br. an Böhlendorff (4. 12. 1801). Sämtl. Werke, hg. F. BEISSNER 6 (1954) 425ff. – [14] K. MARX/F. ENGELS: Die dtsch. Ideologie (1845). MEW 3, 35; vgl. Art. ‹Entfremdung›. Hist. Wb. Philos. 2 (1972) 509-525. – [15] Vgl. B. WALDENFELS: Verfremdung der Moderne (2001). – [16] F. NIETZSCHE: Die fröhl. Wissenschaft V, § 355. Krit. Ges.ausg., hg. G. COLLI/M. MONTINARI (1967ff.) 5/2, 276. – [17] Zur Genealogie der Moral 1 (1887), a.O. 6/2, 259f.; vgl. E. SCHEIFFELE: Das Eigene vom Fremden her 'hinterfragen', in: Y. SHIJICHIJI (Hg.): Begegnung mit dem 'Fremden' 2, Sekt. 1 (1991) 92-106. – [18] H.-G. GADAMER: Wahrheit und Methode ([2]1965) 11; vgl. 167; kritisch dazu: B. WALDENFELS: Vielstimmigkeit der Rede (1999) 67-87. – [19] Vgl. Art. ‹Fremderfahrung›. Hist. Wb. Philos. 2 (1972) 1102f.; ‹Fremdich›, a.O. 1103f.; ‹Fremdwelt›, a.O. 1104. – [20] E. HUSSERL: Cartes. Meditat. V, § 45 [1931]. Husserliana 1 (Den Haag [2]1963) 131. – [21] § 52, a.O. 144. – [22] Zur Phänomenol. der Intersubjektivität 3: 1929-1935, Beilage 48: Heimwelt als Welt der All-Zugänglichkeit. Fremdheit als Zugänglichkeit in der eigentlichen Unzugänglichkeit [10. 9. 1933]. Husserliana 15 (Den Haag 1973) 631. – [23] Vgl. B. WALDENFELS: Deutsch-Franz. Gedankengänge (1995); I. DÄRMANN: Fremdgehen: Phänomenolog. 'Schritte zum Anderen', in: H. MÜNKLER (Hg.): Die Herausforderung durch das Fremde (1998) 461-544. – [24] G. SIMMEL: Soziologie (1908). Ges.ausg., hg. O. RAMMSTEDT 11 (1992) 764-771. – [25] A. SCHÜTZ: The stranger (1944); The Homecomer (1945). Coll. papers 2, hg. A. BRODERSEN (Den Haag 1964); dtsch. (1972). – [26] H. PLESSNER: Macht und menschl. Natur (1931). Ges. Schr., hg. G. DUX u.a. 5 (1981) 193; vgl. Art. ‹Unheimliche, das›, a.O. [2]. – [27] TH. W. ADORNO: Negat. Dialektik (1966). Ges. Schr., hg. R. TIEDEMANN 6 (1973) 192. – [28] Vgl. B. WALDENFELS: Bruchlinien der Erfahrung (2002) 166-285. – [29] Vgl. M. DUALA-M'BEDY: Xenologie. Die Wissenschaft vom Fremden und die Verdrängung der Humanität in der Anthropologie (1977) 23-29. – [30] B. WALDENFELS: Phänomenologie als Xenologie. Das Paradox einer Wissenschaft vom Fremden [ital. 1992], in: Topographie des Fremden (1997) 85-109. – [31] C. LÉVI-STRAUSS: J.-J. Rousseau, fondateur des sciences de l'homme (1962), in: Anthropologie structurale deux (Paris 1973) 45-56, hier: 47; Les trois humanismes (1956), a.O. 319-322, hier: 320; dtsch. (1974). – [32] Vgl. B. WALDENFELS: Grenzen der Normalisierung (1998) 41-46: Verfremdung der Phänomene. – [33] Vgl. Antwortregister (1994). – [34] M. M. BACHTIN: Das Wort im Roman [russ. 1975], in: R. GRÜBEL (Hg.): Die Ästhetik des Wortes (1979) 154-300. – [35] M. AUGÉ: L'autre proche, in: M. SEGALEN (Hg.): L'autre et le semblable (Paris 1989) 19-33, hier: 19. – [36] Vgl. die Reihe: H. KIMMERLE/ R. A. MALL (Hg.): Studien zur interkulturellen Philos. (Amsterdam 1993ff.). – [37] Vgl. A. WIERLACHER (Hg.): Kulturthema Fremdheit. Leitbegriffe und Problemfelder kulturwissenschaftl. Fremdheitsforschung (1993).

Literaturhinweise. M. DUALA-M'BEDY s. Anm. [29]. – E. HOLENSTEIN: Menschl. Selbstverständnis (1985). – J. KRISTEVA: Etrangers à nous-mêmes (Paris 1988); dtsch. (1990). – B. WALDENFELS: Der Stachel des Fremden (1990). – K.-H. KOHL: Ethnologie; Die Wiss. vom kulturell Fremden (1993). – A. WIERLACHER (Hg.) s. Anm. [37]. – H. MÜNKLER/B. LADWIG (Hg.): Furcht und Faszination. Facetten der Fremdheit (1997). – B. WALDENFELS s. Anm. [30]. – I. DÄRMANN s. Anm. [23]. – Y. NAKAMURA: Xenosophie (2000). – B. WALDENFELS s. Anm. [15]. – B. JOSTES/J. TRABANT (Hg.): Fremdes in fremden Sprachen (2001). – I. DÄRMANN/CH. JAMME (Hg.): Fremderfahrung und Repräsentation (2002).

B. WALDENFELS

Y

Yin-Yang sind seit dem 4. Jh. v.Chr. bekannte chinesische Begriffe für die Bipolarität des Kosmos, wörtlich «Dunkel (Mond, weiblich)»-«Hell (Sonne, männlich)», nach den Emblemen ursprünglich «Wolke (Schattenseite)» und «Sonne (Sonnenseite)» im Bergland, dann Symbole für zwei kosmische Kräfte, die als Partner und Gegner abwechselnd herrschen und abtreten, aber gemeinsam im Wandel das Tao (s.d.) ausmachen. Sie bilden die wesentliche Grundstruktur des I Ging (s.d.). Hierin ist die chinesische Vorstellung von der zyklischen Dynamik der Welt ausgedrückt, die auf Urerfahrungen in einer vom Monsun beherrschten Umwelt zurückgehen mag. Harmonie als Zielvorstellung ist somit ein Vorgang, der als fließend, als stetig und rhythmisch sich wandelnd empfunden wird. Antithese und Übereinstimmung bedingen sich, Widersprüche und deren Lösung sind aufeinander angelegt [1], in Wechsel und bewegter Ruhe vollzieht sich der Weltengang. Ob Zyklus der Jahreszeiten, weiblicher Fruchtbarkeit oder dynastischer Herrschaft, alles findet in diesem Doppelbegriff seinen adäquaten Ausdruck. Yin und Yang bestimmen den Kalender, dienen der Deutung von Geschlecht, Körperfunktionen, politischer Herrschaft u.a., sie polarisieren die Welt der Werte und Begriffe. Das auf Wirksamkeit ausgehende chinesische Denken «bewegt sich in einer Welt von Symbolen, die aus Entsprechungen und Gegensätzen bestehen» [2]. ‹Yin› und ‹Yang› sind mit ‹Tao› Schlüsselbegriffe chinesischen Denkens. Eine eigene Yin-Yang-Schule der kosmologischen Spekulation bildete sich bereits im 4. Jh. v.Chr. und beeinflußte den Neokonfuzianismus (s.d.).

Anmerkungen. [1] Vgl. Mao Tse-tung: Über den Widerspruch, in: Ausgew. Werke 1 (Peking 1968) 365ff. – [2] M. Granet: La pensée chinoise (Paris 1934, ²1956); dtsch.: Das chines. Denken (1963) 108.

Literaturhinweise. J. Needham: Science and civilisation in China, 2: History of scient. thought (Cambridge 1956) 273-278. – H. Köster: Symbolik des chines. Universums (1958). – A. C. Graham: Yin-Yang and the nature of correlative thinking (Singapur 1986).

T. Grimm

Yoga

I. – ‹Y.› bezeichnet im Sanskrit, von der Verbalwurzel ‹yuj› ('Kräfte anspannen') abgeleitet, eine Vereinigung oder Versenkung, zunächst in Gestalt des 'klassischen' Y. der ‹Yogasūtras› des Patañjali. Im weiteren Sinne umschließt der Begriff eine Vielzahl von meditativen Methoden zur Erlangung des Heilszieles und findet sich als solcher in fast allen religiösen Systemen Indiens.

Die erste systematische und für die indische Tradition weithin gültige Abhandlung über den Y. ist das ‹Yogasūtra› des Patañjali (vielleicht 400 n.Chr.) in Verbindung mit dem frühesten Kommentar dazu, dem ‹Bhāṣya› des Vyāsa (ca. 500 n.Chr.). Im ‹Yogasūtra› lassen sich mehrere Meditationsstrukturen unterscheiden, die auf nicht mehr rekonstruierbare frühere Y.-Traditionen zurückgehen dürften, nämlich der Y. der «Stillegung» («nirodha») mit einer theistischen Unterart, ferner eine auf dem Begriff der «Versenkung» («samāpatti») beruhende Struktur und schließlich die «meditative Konzentration» («saṃyama»), in welcher der «achtgliedrige» («aṣṭānga») Y. kulminiert.

Der Y. geht davon aus, daß eine Grundbeschaffenheit des psychischen Organs seine «Beständigkeit» («sthiti») in der Wahrnehmung oder Rezeptivität ist. Diese ist zwar in unterschiedlichem Maße in allen Verfassungen des Geistes vorhanden, jedoch ist nur die im Zustand der Konzentration und in der völligen Stillegung aller psychischen Aktivität vorherrschende Rezeptivität als Y. im eigentlichen Sinne zu verstehen. In allen anderen Zuständen vollzieht sich, solange die fünf «Befleckungen» («kleśa») bestehen, ein sich immer wieder erneuernder Kreislauf aus Eindrücken vergangener Taten sowie gegenwärtigen psychischen Abläufen, der eine andauernde Aktivität des psychischen Organs bewirkt. ‹Y.› wird daher genauer als die Stillegung der Funktionen des psychischen Organs definiert, die durch die Sammlung des psychischen Organs auf einen Punkt erreicht werden soll. Dieser Zustand der Konzentration, der durch wiederholte Übung und Nicht-Begehren erlangt wird, führt zunächst zur «erkenntnishaften» Versenkung, d.h. zu einem Zustand, der noch von groben und feinen Vorstellungen, einem Glücksgefühl und schließlich der Empfindung 'ich bin' begleitet ist. Nur wenn alle psychischen Vorgänge schwinden, also dem Subjekt sogar die Erfahrung seiner eigenen Existenz entzogen wird, ist das «Bewußtsein» («citi») frei von der es sonst ununterbrochen bindenden Aktivität des psychischen Organs und ruht in seiner eigenen Natur. Diesen erlösungsgleichen Zustand der «Versenkung, in der nichts erkannt wird», erlangt man, indem dem psychischen Organ alle Objekte der Konzentration entzogen werden und der inhaltsleere Eindruck des Aufhörens aller psychischen Aktivität zur Stütze der Konzentration gemacht wird.

Als Alternative zu diesem Weg nennt Patañjali die Hingabe an Gott, der als allwissende, von Befleckungen und den Folgen früherer Taten freie Seele definiert wird und der nach Vyāsa durch einen Gnadenakt das Ergebnis der Versenkung erreichen läßt. Dieser abstrakt definierte Gott spielt im klassischen Y.-System sonst keine Rolle, und auch seine Beschreibung als «Lehrer der Alten» läßt ihn eher als «Urbild der emanzipierten Existenz» [1] erscheinen denn als im Zentrum der Praxis stehende Entität.

Anders als die vorher beschriebenen Meditationsstrukturen nennt der «achtgliedrige» Y. als Grundlagen der Meditation in seinen beiden ersten Gliedern («yama» und «niyama») eine Reihe ethischer Gebote, ferner die «Sitzhaltung» («āsana») und «Atemkontrolle» («prāṇāyāma») sowie das «Zurückziehen» der Sinneskräfte («pratyāhāra»). Die eigentliche Meditation zerfällt in drei Stufen, nämlich Konzentration auf einen «Ort» («dhāraṇā») und die allmähliche Festigung dieses Zustandes in den beiden letzten Gliedern, der «Meditation» («dhyāna») und der «Versenkung» («samādhi»). Mittelbares Ziel dieser Form des Y. ist die Erlangung übernatürlicher Kräfte («siddhi»), wobei das Meditationsobjekt nicht beliebig ist, sondern die zu erreichende Fähigkeit bestimmt. Obwohl die erlösungsvermittelnde «Versenkung ohne Keim» («nirbījasamādhi») das letzte Ziel auch dieser Praxis bildet, nimmt die Beschreibung der übernatürlichen Erkenntnisse und Fähigkeiten, wie etwa Präkognition oder Erkennen der Gedanken anderer, sehr großen Raum ein.

In anderen religiös-philosophischen Systemen Indiens, nämlich im Buddhismus, Jainismus sowie im theistischen Hinduismus, steht der Y. zum Teil unter gänzlich anderen philosophischen und theologischen Voraussetzungen. Im śivaitischen Tantrismus etwa wird neben anderen ein «sechsgliedriger» Y. gelehrt, der die beiden ersten Glieder sowie die «Sitzhaltung» des achtgliedrigen Y. nicht nennt, aber zusätzlich, als vorletztes Glied, manchmal auch als letztes, die «Reflexion» («tarka») lehrt. Der Weg zur Erlösung wird hier nicht wie im klassischen Y. angelehnt an das Sāṃkhya als Lösung der «Seele» («puruṣa», s.d.) von der Urmaterie verstanden, sondern als ein Aufsteigen in der nur dem Śivaismus eigenen Hierarchie der Realitätsstufen («tattva») oder als Vereinigung mit Śiva. Die Funktion des Y. im Erlösungsprozeß wird dort relativiert durch entweder als alternativ oder als komplementär konzipierte Wege zur Erlösung, wie etwa «Ritual» («kriyā») und «Erkenntnis» («jñāna»).

Ebenfalls im Śivaismus vollzieht sich eine weitere Entwicklung hin zum Haṭha-Y., einer Richtung, die körperliche Übungen stärker einbezieht und in der Erweckung der sog. «Kuṇḍalinī» gipfelt, einer psycho-physischen Kraft, welche durch den in der Wirbelsäule gelegenen 'Kanal' durch eine Reihe von Zentren («cakra») aufsteigt und sich mit der höchsten Gottheit Śiva vereinigt.

Anmerkung. [1] G. Oberhammer: Strukturen yogischer Meditation (Wien 1977).

Literaturhinweise. E. Frauwallner: Gesch. der ind. Philos. 1 (Salzburg 1953) 408-445. – G. Oberhammer s. Anm. [1].

J. Hanneder

II. – Im Zusammenhang mit den Berichten der Indienmissionare im 17. und 18. Jh. sowie mit wissenschaftlichen Forschungen um die Wende vom 18. zum 19. Jh. und Textpublikationen zu den indischen Weisheitslehren [1] tritt auch der (das) Y. und sein Adept, der Yogi[n]/Jogi, in den Gesichtskreis der europäischen Literaten und Philosophen ein. Griechische, römische und frühchristliche Autoren hatten ihr Interesse zunächst den indischen Weisen zugewandt, die als «Brahmanen» und «Gymnosophisten», d.h. 'nackte Weisen' [2], als «Bramines», «Brachmanes ... Gymnosophistes ou philosophes Indiens» [3] eingeführt wurden. J. G. Herder berichtet über die «Gymnosophisten und Talapoinen d.i. einsame Beschauer ... von den ältesten Zeiten her im Morgenlande» und ihrer «Sittenlehre ..., die insonderheit auf die Nichtigkeit aller Dinge, auf das ewige Umwandeln der Formen der Welt, auf die innere Qual der unersättlichen Begierden eines Menschenherzens und auf das Vergnügen einer reinen Seele so rührend und aufopfernd dringet» [4]. W. T. Krug weist auch auf «eine doppelte Lehre oder Lehrweise» hin, «eine niedere auf Raisonnement gegründete (Sanchya-Sastra)» («Sāmkhya», s.d.) «und eine höhere auf unmittelbare Anschauung der Wahrheit gegründete und auf Vereinigung mit dem Urwahren selbst abzweckende (Yoga-Sastra)» [5].

W. von Humboldt habe, so G. W. F. Hegel, über die «Yoga-Lehre» geschrieben, «daß in ihr ... dasjenige Nachdenken ... rege sei, welches ohne Raisonnement durch eine Vertiefung zur unmittelbaren Anschauung der Wahrheit, ja zur Vereinigung mit der Urwahrheit selber gelangen will» [6]. F. W. J. Schelling erörtert die Bedeutung des Wortes ‹Y.›: «Einheit» sei «das Vorherrschende im Begriff», nicht 'devotio', 'Andacht' oder 'Vertiefung'; es gebe «das deutsche Innigkeit ... des in-sich, in seiner Tiefe ...; es gibt eine ... Innigkeit, die auch im Handeln besteht, durch die allein der Widerspruch aufzulösen ist, in den der Mensch durch die Nothwendigkeit überhaupt zu handeln versetzt ist». Die «praktische Yogalehre» zeigt «den Ausgang. Der Mensch befreit sich von diesem Widerspruch, wenn er zwar handelt, aber als ob er nicht handelte, ... der wahre Yogi, d.h. der Eingeweihte dieser höheren Lehre, hat diesen Gegensatz [den Gegensatz von Handeln und Erkennen] überwunden, ... (die Yoga ist also Festhalten an dem Einen, nicht sich herauswerfen lassen in die getrennte Welt)». «Unification des menschlichen Wesens mit Gott, ist also auch ... der letzte Inhalt der Yogalehre» [7]. Die Brüder F. und A. W. Schlegel haben mit ihren indologischen Arbeiten tief auf europäische und deutsche Philosophen, Hegel und Schopenhauer zumal, eingewirkt; ein Strom indischer Weisheit ergießt sich in die Philosophie und wird (selektiv) positiv oder negativ für die je eigene Systematik in Anspruch genommen [8].

Hegel äußert sich kritisch über den Yogi, daß er «jenes zur leeren Abstraction gesteigerte, gewaltsam festgehaltene Denken» [9] sei, während A. Schopenhauer mit dem «Yogui oder Saniassi» (samnyāsin, weltentsagender Wanderasket) sympathisiert, «welcher methodisch sich zurechtsetzend, alle seine Sinne in sich zurückzieht, die ganze Welt vergißt und sich selbst dazu: was alsdann noch in seinem Bewußtsein übrig bleibt, ist das Urwesen. Nur daß die Sache leichter gesagt, als gethan ist» [10]. Nach E. von Hartmann steht der «nach der Einswerdung (Joga) Strebende (Jogi)» «unbewegt und schweigend, ohne zu sehen, zu hören, zu fühlen, zu wollen, zu denken, versunken in das leere Nichts seines inhaltlosen Bewußtseins und meint, auf diese Weise das ihm immanente Brahma aus dem maya-umstrickten in den maya-freien Zustand überzuführen». «Der Einsgewordene (Jogi) ist von allen Leiden der Welt erlöst und nimmt an der absoluten Seligkeit des mayafreien, ruhenden Brahma teil; diese Wonne ist ewig» [11].

Große Breitenwirkung hat H. von Keyserlings ‹Reisetagebuch eines Philosophen› (1919) auf die nach dem Ersten Weltkrieg an ihrer Kultur zweifelnden Deutschen, das sie mit Ostasiens Geisteswelt in nähere Beziehung brachte und Indienkenntnisse vermittelte. So kennzeichnet Keyserling als «Herz des Yogagedankens ... die Bestimmung des Menschen, über das Menschtum als Naturbestimmtheit hinauszugelangen», und schärft zugleich ein, daß Y. «an sich ein rein Technisches» sei, «gleich jeder anderen Gymnastik» und «mit jeder Gesinnung zusammen bestehen» [12] könne. Damit beginnt die Popularisierung einer Geheimlehre; Y. wird und ist bis heute Gymnastik und Therapie, ein Mittel zu Gesundheit, Wohlbefinden und Glück. Die «Lehren des Yoga» haben für O. SPENGLER die Würde «mächtiger Weltsysteme» und der «tragischen Moral einer Kultur» gegen jede «zivilisierte Ethik» [13]. M. SCHELER sieht zur selben Zeit die «Yogaphilosophie» als «metaphysischen Pessimismus ..., der das Leid im Grunde des Seins selbst verankert», und daher im «System des Yoga» die Aufhebung des Leidens «von innen, vom Zentrum des Lebens aus» durch Anwendung «spezifischer Techniken» [14] intendiert. Auch H. HESSE kommt mit ‹Siddhartha› der Geisteslage im Deutschland und Europa der Zwischenkriegszeit entgegen und führt – schon im Zweiten Weltkrieg – noch einmal eindringlich die Begegnung mit dem «Yogin», der «Yoga-Kraft» als «Geisteskraft» vor – «hinabgesunken in den Grund des Seienden, ins Geheimnis aller Dinge» [15].

Im Zweiten Weltkrieg stellt A. KOESTLER die Figur des Yogi und die des Politkommissars einander gegenüber. Dieser glaube an «die Wandlung von außen her ... durch Revolution», jener, «daß durch äußere Organisation gar nichts, durch die Bemühung des einzelnen von innen heraus jedoch alles verbessert werden kann». Beide Einstellungen geraten aber in Antinomien der Anwendung: «Dem Heiligen folgt der Revolutionär, dem Yogi der Kommissar». Aber weder die anti-individualistische «Kommissarethik» noch die quietistische «Yogi-Ethik», «weder der Heilige noch der Revolutionär kann uns retten, nur die Synthese dieser beiden» [16]. Für K. JASPERS gibt es dann ganz traditionell über Buddha vermittelt wieder «den Yoga (den Weg der Meditationsstufen)» [17]. In letzter Zeit ist das intellektuelle Interesse an Y. (außerhalb der Indologie und Religionswissenschaft) schwächer geworden und der Zen (s.d.) – im Anschluß an E. HERRIGEL und M. HEIDEGGER – mehr in das Blickfeld der Philosophie getreten. Aber was fehlt, ist nach wie vor «ein Philosophieren ..., das auf unmittelbarer Kenntnis von indischen und europäischen Quellen gründet» [18].

Anmerkungen. [1] W. HALBFASS: Indien und Europa. Perspektiven ihrer geistigen Begegnung (1981) 13-188. – [2] J. BRUCKER: Historia critica philosophiae (1742) 1, 192f.; vgl. Art. ‹Gymnosophisten›, in: Der Neue Pauly 5 (1998) 28f.; C. MUCKENSTURM-POULLE: Art. ‹Gymnosophistes›, in: R. GOULET (Hg.): Dict. des philosophes ant. 3 (Paris 2000) 494-496. – [3] P. BAYLE: Dict. hist. et crit. (1696, [6]1741) 1, 651-654 (Art. ‹Brachmanes›); 2, 550-552 (Art. ‹Gymnosophistes›); D. DIDEROT/J. LE R. D'ALEMBERT: Encycl. ou Dict. raisonné des sci., des arts et des métiers (Paris 1751-80) 5, 439-444. 445-446; 6, 846. – [4] J. G. HERDER: Ideen zur Philos. der Gesch. der Menschheit 11 (1787). Sämmtl. Werke, hg. B. SUPHAN (1877-1913, ND 1967f.) 14, 23f. – [5] W. T. KRUG: Allg. Handwb. der philos. Wiss. (1827ff.) 2, 455. – [6] G. W. F. HEGEL: Rez. von W. VON HUMBOLDT: Ueber die unter dem Nahmen ... (Berlin 1826), Erster Artikel, in: Jahrbücher für wiss. Kritik (Jan. 1827) Nr. 7/8, 51-63, hier: 62. Akad.-A. 16 (2001) 29f.; W. VON HUMBOLDT: Über die unter dem Namen Bhagavad-Gita bekannte Episode des Mahá-Bhárata [1825/26], in: Abh. der hist.-philol. Kl. der Kgl. Akad. der Wiss. zu Berlin (1828) 1-44. 45-64. Akad.-A., hg. A. LEITZMANN I/5 (1906, ND 1968) 190-232. 325-344. – [7] F. W. J. SCHELLLING: Philos. der Mythol. 2, 22. Vorles. [1842]. Sämmtl. Werke, hg. K. F. A. SCHELLING (1856-61) II/2, 488-490. – [8] Vgl. HALBFASS, a.O. [1] 90-103. – [9] HEGEL: Rez., a.O [6] Zweiter Artikel, in: Jahrbücher ... (Okt. 1827) Nr. 181-188, 1441-1492, hier: 1474. Akad.-A. 16, 59. – [10] A. SCHOPENHAUER: Parerga und Paralipomena II, 16: Einiges zur Sanskritlitteratur § 189 (1857). Sämtl. Werke, hg. A. HÜBSCHER 6 (1947) 426f. – [11] E. VON HARTMANN: Das relig. Bewußtsein im Stufengang seiner Entwicklung (1906) 294f.; zu F. Nietzsche vgl. HALBFASS, a.O. [1] 141-145. – [12] H. VON KEYSERLING: Das Reisetagebuch eines Philosophen 1-2 ([5]1921) 1, 334. 141; dazu: V. GANESHAN: Das Indienbild dtsch. Dichter um 1900 (1975) 234-284. – [13] O. SPENGLER: Der Untergang des Abendlandes 1: Umrisse einer Morphologie der Weltgeschichte 5, 14 (1922, ND 1973) 453f. – [14] M. SCHELER: Vom Sinn des Leidens (1916, [2]1923). Ges. Werke 6 ([3]1986) 54f. – [15] H. HESSE: Das Glasperlenspiel (1943). Ges. Werke (1970) 9, 572-574 (‹Indischer Lebenslauf›); Siddhartha. Eine indische Dichtung (1922). – [16] A. KOESTLER: Der Yogi und der Kommissar 1 (1942) 11f.; 2 (1944) 252. 273. 277; Der Yogi und der Kommissar. Auseinandersetzungen (1970). – [17] K. JASPERS: Die großen Philosophen 1 (1957, ND 1983) 143 (‹Buddha›). – [18] P. HACKER: Die Indologie zwischen Vergangenheit und Zukunft. Hochland 60 (1967/68) 150-157, 155; ND, in: Kleine Schr., hg. L. SCHMITHAUSEN (1978) 33-40, 38; vgl. auch: HALBFASS, a.O. [1] 7.

W. GOERDT

Yûgen (jap.; chines. you xuan, Schriftzeichen you 'verschleiert, undeutlich, [sinnlich] kaum perzipierbar', xuan 'ein rotgetöntes, tiefes Schwarz, Dunkelheit') ist ein zentraler deskriptiv-normativer Begriff der japanischen mittelalterlichen Kunst- und Literaturtheorie, der als Binom zunächst 'Dunkelheit', sodann in übertragenem Sinn 'undurchdringlich, tief Geheimnisvolles' bedeutet. – In frühen daoistischen Texten erscheint ‹xuan› auf die Tiefe und Ferne des Tao (s.d.), in buddhistischen Texten auf die Unergründlichkeit des Dharma (s.d.) bezogen [1]; im Sanron-Buddhismus, ab der Sui-Zeit im Tiantai-Buddhismus umschreibt es die Leere (Śūnyatā, s.d.), später im Zen (s.d.) das Nichts (wu) [2]. In Japan kommt das Binom ‹Y.› zum ersten Mal in einem buddhistischen Text, dem ‹Isshin kongô kaitaiketsu› des DENGYÔ DAISHI (Saichô, 767-822) vor [3]. Die Poetik des waka (der klassischen 31-silbigen Gedichtform) übernimmt ‹Y.› wohl aus dem Alltagsgebrauch, zunächst mit der Bedeutung 'schwer verständlich' bzw. 'nicht restlos (in Worten) erfaßt/erfaßbar'. Der früheste Beleg findet sich im chinesischen Vorwort des KI NO YOSHIMOCHI zur ersten kaiserlichen waka-Anthologie ‹Kokin wakashû› (905), als Umschreibung für einen altertümlichen Gedichtstil, mit der Konnotation 'mystisch' («der Gedanke ist in eine mystische Tiefe [Y.] getaucht») [4]. Zum komplexen Terminus technicus der Poetik wird ‹Y.› bei MIBU NO TADAMINE (868-965) [5]. Eine zentrale Rolle im poetologischen Diskurs erlangt ‹Y.› bei FUJIWARA NO SHUNZEI (1114-1204), der die Suggestionskraft des sprachlichen Ausdrucks, die chromatische «Aura der Wörter» (yojô) beschwört. Im Kontext weiterer verwandter normativer Begriffe – wie ‹en› (Anmut), ‹aware› (s.d.), ‹take› (Rang, Erhabenheit), ‹sabi› (s.d.), ‹kokoro-bososa› (wehmütige Einsamkeit) usw. – erhält ‹Y.› eine reichere Nuancierung: Es steht für geheimnisvolle Tiefe, Eleganz, Zweideutigkeit, Stille, Vergänglichkeit, Einsamkeit. Das Y.-Ideal entspricht dem Streben nach einem Überschuß lyrischer Empfindung, an der die Worte scheitern (dürfen), nach einer hintergründigen, schwebenden Stimmung, die das Gedicht umhüllt.

Die Erfahrung der Vergänglichkeit und die Bereitschaft zur kontemplativen Versenkung (durch Einflüsse mahāyānistischer Denkweisen verstärkt) schlagen sich im Konzept des Y. bei FUJIWARA NO TEIKA (Shunzeis Sohn, 1162-1241) nieder, der das Y.-Ideal in der bereits im Kokinshû-Vorwort des KI NO TSURAYUKI artikulierten Forderung nach Gefühlstiefe der Dichtung verankert. Teikas Y.-Konzept soll demnach in dialektischem Verhältnis zu ushin stehen, einer ins Transzendente gesteigerten verführerischen Anmut, wobei Y. das zentrifugale (zum Diffusen hin tendierende), ushin hingegen das zentripetale Moment in der ästhetischen Idealwelt des Dichters verkörpern [6].

Mehr Gewicht erlangt die im semantischen Spektrum bis dahin kaum beachtete, eigentlich oberflächlich-physische Komponente 'Eleganz' bei SHÔTETSU (1381-1459). Auch der erste Theoretiker des Kettengedichts (renga), NIJÔ YOSHIMOTO (1320-88), und der unter seinem Einfluß geformte große Dramatiker des Nô-Theaters, ZEAMI MOTOKIYO (1363-1443?), räumen einem diesseitig-extrovertierten Y.-Begriff den höchsten Stellenwert in ihrer Kunsttheorie ein. Besonders stark verändert sich der Y.-Begriff in Zeamis wiederholten Überlegungen zur Schauspielkunst, von einer sanft-anmutigen Stimmung zu einem komplexen, nuanciert eingesetzten Ideal des Schönen hin, in dem sanfte Anmut mit feiner Wehmut und hoher künstlerischer Strenge gepaart erscheinen. An der Seite von Konzepten wie ‹hana› ('Blüte') und ‹kurai› ('Rang, Erhabenheit') dominiert die Y.-Norm die Kunst des meisterhaften Schauspielers. Dieser hat die verführerische Anmut seiner Jugend in den ästhetischen Effekt seines reifen Bühnenspiels zu überführen (‹Nikyoku santai ningyôzu›, ‹Die zwei Weisen und drei Typen›). In der Orchestrierung des Begriffs bei Zeami scheint die visuell-auditive Ebene dominant zu sein («also ist der schöne und sanfte Stil der Y.-Stil») [7]. Zeami will alle Ebenen der Bühnenkunst von Y. durchdrungen wissen: Er postuliert jeweils ein Y. des menschlichen Körpers (der Gestalt des Schauspielers), der Worte, der Musik, des Tanzes, des Spiels, der Rollen (Y. der Dämonen im Nô) usw. sowie ein angeborenes bzw. ein durch Übung erlangtes Y. der Könnerschaft [8]. Diese Erweiterung und Verlagerung des Begriffsschwerpunkts hin zur konkret-positiven Norm – zum Ideal der 'eleganten Anmut', die durch farbenfrohe Pracht besticht – wird vom renga-Meister SHINKEI (1406-1475) bedauert. In der Tat leitet sie bereits den Untergang des mittelalterlichen Y.-Ideals ein.

In der Annäherung westlicher und östlicher Ästhetik stellt ÔNISHI YOSHINORI Y. als eine Variante des ‹Erhabenen› dar [9].

Anmerkungen. [1] Frühester Beleg im Baocanglun des Priesters Zhao, eines Schülers des Kumarajiva, vgl. O. BENL: Die Entwicklung der japan. Poetik bis zum 16. Jh. (1951) 27 (Anm. 1). – [2] J. KONISHI: Nihon bungeishi III, 2 (1) [Gesch. der jap. Lit.] (Tokio 1986). – [3] BENL, a.O. [1] 26-28. – [4] Kokin wakashû, chines. Vorwort, vgl. HISAMATSU SEN'ICHI: The vocabulary of Japanese aesthetics (Tokio 1963) 33. – [5] Wakatei jisshu [Die zehn Stile der Dichtung] [945] (Tokio 1934). – [6] KONISHI, a.O. [2] 210. – [7] Kakyô; dtsch.: H. BOHNER: Blumenspiegel (Tokio 1953). – [8] K. KOJIMA: Chûsei bungei no risôbi kara Zeami no yûgen e no shisaku [Betrachtungen: Vom Ideal des Schönen in der mittelalterl. Kunst und Lit. zum Y. bei Zeami], in: KOJIMA: Geinô bunka no fûshi [Stil und Form in den Künsten] (Tokio 1996) 142ff.; K. MITOMA: Zeami no yûgenkan no hensen [Wandlungen des Y.-Begriffs bei Zeami], in: Nô – Kenkyû to hyôron, Nr. 18 (Tokio 1991) 1-10, 2ff. – [9] ÔNISHI YOSHINORI: Yûgenron [Über Y.] (Tokio 1938); Yûgen to aware [Y. und Aware] (Tokio 1939); vgl. dazu: M. UEDA: Y. und das Erhabene: Ônishi Yoshinori's attempt to synthesize Japanese and Western aesthetics, in: TH. RIMER: Culture and identity (Princeton, N.J. 1990) 282-299.

Literaturhinweise. W. GUNDERT: Über den Begriff Y. bei Seami, in: Festgabe K. Florenz (1935) 21-30. – S. TANIYAMA: Yûgen (Tokio 1943). – A. NOSE: Yûgenron [Abh. über das Y.] (Tokio 1944). – HISAMATSU SEN'ICHI s. Anm. [4]. – A. T. TSUBAKI: An analysis and interpretation of Zeami's concept of 'Y.'. Diss. (Ann Arbor, Mich. 1967). – M. UEDA: Literary and art theories in Japan (Ann Arbor, Mich. 1967). – T. HAYASHIYA: Kodai chûsei geijutsuron [Kunsttheorien des Altertums und Mittelalters], in: Nihon shisô taikei 23 (Tokio 1973). – M. UEDA: Modern Japanese poets and the nature of lit. (Stanford, Calif. 1983). – T. KAMOSHIDA: Y. no sekai: Shintô no shinzui wo saguru [Die Welt des Y. Auf der Suche nach dem Wesen des Shintô] (Tokio 1986). – S. OWENS: Readings in Chinese literary thought (Cambridge, Mass. 1992). – M. TAKEDA: Yûgen: yôrei no chûshaku to kôsatsu [Y. – Annotierte und komment. Beispiele] (Tokio 1994). – A. THORNHILL III: Y. after Zeami, in: J. BRANDON (Hg.): Nô and Kyôgen in the contemp. world (Honolulu 1997) 36-64. – M. MARRA: Modern Japanese aesthetics. A reader (Honolulu 1999) 141-167: ch. 7: The creation of aesthetic categories. – T. OTABE: Representations of 'Japaneseness' in modern Japanese aesthetics, in: M. MARRA (Hg.): Japanese hermeneutics (Honolulu 2002) 153-162.

S. SCHOLZ-CIONCA

Z

Zahl; **Zählen** (griech. ἀριθμός, ἀριθμεῖν; lat. numerus, numerare; engl. number, to count; frz. nombre, nommer)

I. *Vorgeschichte und frühe Begriffsgeschichte.* – A. *Allgemeines: Zählen, Zählzeichen und leitende Z.-Begriffe.* – Die Begriffe des Zählens und der Z. haben sich in der Geschichte der menschlichen Kultur über lange Zeit hinweg gemeinsam und ohne deutliche Trennung entwickelt. Die Unterscheidung von Zählzeichen (Zahlzeichen, Ziffern) und Z.en bedeutet einen entscheidenden Schritt auf dem Weg zum modernen Z.-Begriff, wie ihn Mathematik, Philosophie der Mathematik und Mathematikdidaktik etwa in den Bezeichnungen ‹Zahlentheorie› (s.d.) und ‹Aufbau des Zahlensystems› voraussetzen. Der Unterschied konnte erst klar werden, als sich ein Begriff von Z.en als einer eigenen Sorte von Gegenständen theoretischer Betrachtung herausgebildet hatte. Während dies erst in historischer Zeit geschah, gehören Zählprozesse [1] zu den typisch menschlichen Kulturleistungen auch von Naturvölkern [2] bereits lange vor Entstehung der Schrift [3].

Die Regeln zur Bildung von Zählzeichen sind zwischen verschiedenen Kulturen und auch innerhalb ein und derselben Kultur zu verschiedenen Zeiten höchst unterschiedlich [4]. Die Notwendigkeit zur Erfassung immer größerer Objektmengen führte zunächst von den einfachen Strichlisten zu Notationen mit Bündelung von Zählstrichen (meist zu je 5 oder 10 Strichen) durch Zusatzzeichen oder – in Dezimalsystemen – zur Verwendung unterschiedlicher Zeichen für die verschiedenen Zehnerpotenzen; interessante Spezialfälle sind die Knotenschrift der peruanischen Indianer (Quipu) und ein aus Vorformen in der Antike entwickeltes, vor allem im 13.-15. Jh. von Zisterziensermönchen verwendetes Notationssystem, bei dem jede Z. von 1 bis 9999 durch ein einziges Zeichen dargestellt werden kann [5].

Wie allerdings der geringe Einfluß der verschiedenen Notationsweisen auf den Z.-Begriff belegt, war offenbar ihre operationale Funktion für das Rechnen (s.d.) wichtiger als die Darstellungsfunktion der Zählzeichen. Dies wird besonders deutlich bei der Einführung von Stellenwertsystemen (Positionssystemen), sei es das babylonische Sexagesimalsystem, das (auf den eigenen Kulturkreis beschränkt gebliebene) Vigesimalsystem der Maya oder das am weitesten verbreitete Dezimalsystem. Das Dual- oder Binärsystem wurde, obwohl bereits von G. W. Leibniz aufgrund chinesischer Vorbilder dargestellt und in der englischen Algebra der Logik im 19. Jh. wiederentdeckt, erst durch Anwendungen im 20. Jh. wirksam [6]. Der Siegeszug der Stellenwertsysteme hatte Folgen für den Status insbesondere der Null, der Brüche und der heute sog. irrationalen Z.en.

1. *Natürliche Z.en.* – Für alle Z.en-Arten grundlegend sind die natürlichen Z.en 1, 2, 3, ... = |, ||, |||, ..., welche die Elementenanzahl (Größe, Mächtigkeit) endlicher Mengen (vgl. unten: Abschn. III. 3. d) oder aber auch die Stelle eines Elements in einem geordneten System charakterisieren [7]. Während sich Strichlisten, welche die erstgenannte Funktion des Quantifizierens wahrnehmen, schon in prähistorischer Zeit (etwa um 30 000 v.Chr. bei sog. Mondkalendern [8]) finden, lassen sich Entstehung und Entwicklung qualitativer Aspekte des Z.-Begriffs zeitlich nicht annähernd weit zurückverfolgen. Die frühe Geschichte des Z.-Begriffs ist eine Geschichte der natürlichen Z.en. Diese Bezeichnung wird erst terminologisch, nachdem durch Zahlbereichserweiterungen (vgl. unten: Abschn. III. 3. b) eine Abgrenzung von anderen Z.en-Arten erforderlich wird: Noch im 18. Jh. und frühen 19. Jh. ist hier gewöhnlich von «Numerus integer» [9], von «whole Number, or Integer» [10], von «nombres entiers ... ou simplement nombres» [11], von «ganzen ... Z.en» als Z.en «schlechthin» [12] oder auch genauer von den positiven ganzen Z.en («numerum integrum positivum») [13] die Rede. Diese Bezeichnungen werden im Sprachgebrauch der Mathematik und Philosophie erst ab Mitte des 19. Jh. durch die Bezeichnung ‹natürliche Z.en› abgelöst [14], obwohl das Französische dieses Kompositum seit der Mitte des 17. Jh. kennt («les nombres naturels») [15]. Zwar ist der lateinische Ausdruck ‹numerus naturalis› schon bei Boethius belegt [16] und dadurch selbstverständlich im MA, er dient jedoch nicht der Abgrenzung gegenüber anderen, nicht-natürlichen Z.en, sondern bezeichnet ein Element der «natürlichen» Zahlenprogression n+1 («nam iuxta 1 solus est binarius naturaliter constitutus») [17], die als «natürliche Ordnung» («ordo naturalis») [18] der Zahlenreihe angesehen wird («naturalis dispositio numerorum») [19]. Die griechische Vorlage bei Nikomachos belegt noch bildlicher den «natürlichen Zahlenfluß» (ἐν τῷ φυσικῷ χύματι) [20].

2. *Kardinalzahlen/Ordinalzahlen.* – Für das Verständnis der historisch aufgetretenen Z.-Begriffe und Interpretationen von Aussagen über Z.en ist eine genaue Analyse der Zwecke und der Ausführungsmöglichkeiten von Zählhandlungen unerläßlich. Zweck einer Zählhandlung kann 1) die Erfassung der Vielfachheit diskreter, im allgemeinen unter einen gegebenen Begriff fallender Gegenstände (Anzahl) sein, aber auch 2) die genaue Positionierung einer Stelle in einem Beziehungsgefüge (eines Ortes in einem abstrakten Raum). Im ersten Falle läßt sich die erhaltene Z.en-Angabe als Antwort auf die Frage 'Wie viele?' verstehen. Z.en dieses Typs werden als ‹Kardinalzahlen› bezeichnet (in Übernahme der Bezeichnung der entsprechenden Klasse von Zahlwörtern). Der Ter-

minus ‹numerus cardinalis› ist schon in der Spätantike bei dem Grammatiker PRISCIAN belegt [21]. Seit dem 19. Jh. findet er in der Diskussion um die Begründung der Arithmetik (s.d.) und der Mengenlehre (s.d.) breite Verwendung.

Im zweiten Falle liefert die Zählhandlung, sofern ein lineares Beziehungsgefüge vorliegt, die Antwort auf die Frage 'Das Wievielte?' durch Angabe einer «Ordinalzahl» («numerus ordinalis») [22]. In beiden genannten Fällen gehört es zum Sinn der Zählhandlungen, nach jeweils endlich vielen Schritten abgeschlossen zu sein; dies ist eine «prinzipielle», d.h. methodische Forderung, die nicht als zeitliche Beschränkung etwa auf die Lebenszeit der zählenden Individuen o.ä. und damit als Einschränkung der über Zählprozesse und ihre Ergebnisse möglichen Aussagen mißverstanden werden darf. Die Rede von über das Endliche hinausführenden Zählprozessen ist daher bestenfalls metaphorisch zu verstehen und bedarf, wo sie sich auf mathematisch genauer bestimmbare Verhältnisse bezieht, jeweils einer ausdrücklichen Rechtfertigung und des Nachweises ihrer Angemessenheit. Unabhängig hiervon bleibt die enge Bindung des Z.-Begriffs an den Prozeß des Zählens – auch in der neueren Geschichte – fast durchgehend präsent. So konstatiert K. WEIERSTRASS noch am Ausgang des 19. Jh.: «Was aber Z. ist, machen wir uns klar, indem wir uns vergegenwärtigen, was wir tun, wenn wir zählen» [23].

B. *Antike*. – 1. *Z.-Begriff und Zahlenspekulation*. – Das griechische Wort ἀριθμός bezeichnet seit seiner frühen epischen Verwendung die Sammlung von gezählten Dingen. Dieser Hintergrund bleibt für die gesamte Antike präsent, insofern ἀριθμός in den späteren mathematischen Definitionen, im wesentlichen für Antike und MA (vgl. unten: Teil II) verbindlich, als «aus Einheiten zusammengesetzte Menge» (ἀριθμὸς τὸ ἐκ μονάδων συγκείμενον πλῆθος) [24] aufgefaßt wird. Den Variationen wie «Zusammensetzung aus Einheiten» (σύνθεσις μονάδων) [25], «Menge von Unteilbaren» (πλῆθος ἀδιαιρέτων) [26], eine «begrenzte Menge» (πλῆθος ὡρισμένον) [27] oder eine «Menge, durch Eins meßbar» (πλῆθος ἑνὶ μετρητόν) [28] liegen subtile und eher philosophisch als mathematisch weitreichende Unterschiede der Positionen zugrunde. Bei NIKOMACHOS im 2. Jh. n.Chr. stehen verschiedene Definitionen nebeneinander: «Die Z. ist eine begrenzte Vielheit oder eine geordnete Zusammensetzung von Einheiten (μονάδων σύστημα) oder eine aus Einheiten bestehende quantitative Anhäufung (ποσότητος χύμα ἐκ μονάδων συγκείμενον)» [29]. Die Rolle der Eins als Erstes und Maß-Einheit jeder Z. führt zu deren Problematisierung als Z. (vgl. unten: Abschn. B. 4.). Philosophisch ist eine Sonderstellung der 1 schon allein dadurch begründet, daß sie in der Tradition, die über das MA bis in die frühe Neuzeit reicht (vgl. unten: Teil II), Prinzip der Z. und der weiteren Zahlenreihe ist und deshalb nicht selbst Z. sein kann.

Im besonderen Interesse der Philosophen, besonders in der Schule PLATONS [30] und im Neuplatonismus [31], steht der Z.-Begriff als Paradigma einer Vermittlung zwischen Einheit [32] – hier nicht als Maß-Einheit – und Vielheit (s.d.). Ihm wurde deshalb eine ontologisch und gnoseologisch besondere Stellung eingeräumt. Von den ontologischen und erkenntnistheoretischen Reflexionen zweigt sich früh eine Zahlensymbolik ab, deren Wirkungsgeschichte von den Pythagoreern über die neuplatonische Zahlenspekulation, die allegorische Schriftdeutung in Spätantike und Mittelalter und die jüdische Mystik (Kabbala, s.d.) bis in die Esoterik der Gegenwart reicht. Die in frühen Schriftsystemen übliche Verwendung von Buchstaben auch als Zahlzeichen erlaubt es, Wörtern Z.en zuzuordnen und so z.B. Eigennamen mit Zahlenbedeutungen zu versehen, die Eigenschaften ihrer Träger signalisieren sollten. Philosophische Gedankengebäude legen die Zweiheit, die Trias (s.d.) oder die tetradische Konstruktionsmethode zugrunde, so z.B. auch, wenn noch I. KANT und N. HARTMANN 12 Urteilsformen bzw. Kategorien herleiten (und nicht etwa 11 oder 13).

2. Auf die *Pythagoreer* gehen die wichtigsten Impulse zurück, die zur Ausprägung des griechischen Z.-Begriffs führen. Die Einteilung der Z.en, die große Rolle der Erkenntnisfunktion der Z. sowie die Zahlenmystik nehmen in der pythagoreischen Theorie ihren Ausgang. Zumeist in Referaten, zunächst spärlich bei ARISTOTELES, dann in den arithmethischen Traktaten der Neopythagoreer des 2. Jh. n.Chr., THEON VON SMYRNA und NIKOMACHOS VON GERASA, sind die Definitionen, Einteilungen und Probleme des Z.-Begriffs überliefert und in arabischen Übersetzungen, vor allem aber in der eng an Nikomachos angelehnten ‹Institutio arithmetica› des BOETHIUS [33] dem MA weitergegeben worden.

Der dem PHILOLAOS zugeschriebene Satz, daß «alles Erkennbare eine Z. hat» (πάντα γα μὰν τὰ γιγνωσκόμενα ἀριθμὸν ἔχοντι) [34], wird ontologisch zugespitzt, daß alles Seiende aus Z.en bestehe [35], daß die Z.en die Prinzipien der Natur seien (πάσης τῆς φύσεως πρῶτοι) [36]. Dies hat vor allem auf die platonische Philosophie und auf die verschiedenen Ausprägungen der Zahlenmystik gewirkt.

Grundlegend für die antike Zahlenlehre ist die pythagoreische Einteilung der Z.en in gerade (ἄρτιον) und ungerade (πέρισσον) [37], die auf den Gegensatz von «begrenzt» und «unbegrenzt» bezogen wird [38]. Als das Definiens von ‹gerade› und ‹ungerade› gilt die Teilbarkeit in gleiche bzw. ungleiche Teile [39]. Durch Multiplikation bzw. Division entstehen weitere Differenzierungen wie «gerade-gerade», «gerade-ungerade» und «ungerade-gerade» Z.en [40]. Diese Einteilung macht nicht nur die Erfassung der Besonderheit von Primzahlen [41] möglich, sondern allgemeine Sätze der Arithmetik zu geraden und ungeraden Z.en, wie sie in EUKLIDS ‹Elementen› [42] als offensichtliches Einsprengsel altpythagoreischer Lehren vorliegen [43].

Als *besondere Z.en* werden vor allem a) Primzahlen, b) «vollkommene Z.en» und c) «befreundete Z.en» sowie d) die figurierten Z.en ausgemacht.

a) Die *«Primzahl»* und *«unzusammengesetzte Z.»* (πρῶτος καὶ ἀσύνθητος; «primus et incompositus») [44] ist bei EUKLID definiert als die Z., die nur mit der Einheit gemessen werden kann, im Gegensatz zur «zusammengesetzten» Z., die durch irgendeine Z. gemessen werden kann [45]. Die 2 wird von Euklid und ARISTOTELES als Primzahl angesehen, von den Neupythagoreern bis hin zu IAMBLICH nicht.

b) Die *«vollkommene Z.»* (τέλειος) definiert EUKLID [46] als eine Z., die die Summe ihrer echten Teiler ist (wie z.B. $6 = 1 + 2 + 3$; $28 = 1 + 2 + 4 + 7 + 14$). Er beweist auch bereits, daß für den Fall, daß eine Z. $p = 1 + 2 + 2^2 + \ldots 2^n$ eine Primzahl ist, die Z. $2^n p$ eine vollkommene Z. sein muß [47]. Die «über-vollkommene Z.» (ὑπερτελής, ὑπερτέλειος) ist definiert als Z., deren Summe der Teiler größer ist als die Z. selbst (z.B. $1 + 2 + 3 + 4 + 6 > 12$), bei der «mangelhaften Z.» (ἐλλιπής) ist die Teilersumme kleiner als sie selbst ($1 + 2 + 4 < 8$). NIKOMACHOS kennt vier vollkommene Z.en (6, 28, 496, 8182), sein Kommentator IAMBLICH stellt die – falsche – Vermutung an, daß bis ins Unendliche je eine weitere vollkommene Z. in der ersten (bis 10 000²) und den folgenden Myriaden vorkommen könnte. Im 17. Jh. sind erst die ersten neun vollkommenen Z.en von J. PRESTET durchgerechnet worden [48]. L. EULER konnte deren Vollkommenheit nachweisen und zudem zeigen, daß eine gerade vollkommene Z. stets die von Euklid angegebene Gestalt hat [49]. Bis heute ist ungeklärt, ob es auch ungerade vollkommene Z.en gibt [50]. Die Bestimmung aller vollkommenen Z.en gilt als «das älteste ungelöste mathematische Problem überhaupt» [51].

c) Als *«befreundete» Z.en* (φίλοι ἀριθμοί) [52] gelten Z.en, wenn jede die Summe aller Teiler der anderen ist (z.B. 220 und 284). Während noch R. DESCARTES und F. VAN SCHOOTEN nur drei solcher Paare ausmachen konnten, berechnete später L. EULER genau 62 (darunter zwei 'falsche') Paare «befreundeter Z.en» («numeri amicabiles») [53]. Auch diese Bezeichnung hat sich in der neueren Zahlentheorie erhalten [54].

d) Ein besonders einflußreicher Teil der pythagoreischen Zahlenlehre sind die *figurierten Z.en*, deren vollständigste Darstellung das 2. Buch (Kap. 6-12) der ‹Einführung› von NIKOMACHOS bietet. Diese Z.en sind außer durch die Anzahl der Punkte durch die Möglichkeit ihrer Anordnung zu bestimmten geometrischen Figuren definiert. Sie gehen auf die statt Zählstrichen verwendeten Steinchen zurück (ψῆφοι), die auch geometrische Eigenschaften wie Symmetrien, Formverhältnisse oder Anordnungen zutage treten lassen. So tritt etwa an einem Quadrat der Seitenlänge n die Eigenschaft anschaulich zutage, daß das Anlegen eines Gnomons, der $n + 1 + n$ Steinchen enthält, das nächstgrößere Quadrat ergibt:

○ ○ ○ ○

● ● ● ○

● ● ● ○

● ● ● ○

was unserem $n^2 + 2n + 1 = (n + 1)^2$ entspricht, oder am Zusammenlegen zweier Darstellungen derselben Dreieckszahl, daß zwei Dreieckszahlen mit der Basis n ein Rechteck mit den Seiten n und $n + 1$ bilden, so daß, in der modernen Formelsprache ausgedrückt, jedes der Dreiecke $n(n + 1)/2$ Steinchen enthält [55]. Von Gestalteigenschaften machen auch die überlieferten Inkommensurabilitätsbeweise mit Hilfe der Quadratdiagonalen oder der Fünfecksdiagonalen Gebrauch, die allerdings nicht von Z.en, sondern von Größenverhältnissen handeln.

Die figurierten Z.en werden nach ihrer linearen (γραμμικοὶ ἀριθμοί), flächenhaften («Flächenzahlen», ἐπίπεδοι ἀριθμοί) oder dreidimensionalen (στέρεοι ἀριθμοί) Darstellbarkeit eingeteilt, die sich «polygonal» (trigonal, hexagonal usw.) weiter differenzieren. Durch Addition oder Multiplikation können auf diese Weise besondere Z.en-Folgen (z.B. der «Dreieckszahlen»: $1 + 2 + 3 + ... + n$) dargestellt werden. Diese Zahlbezeichnungen sind gängig geworden und werden noch bei CH. WOLFF im 18. Jh. in seinem ‹Mathematischen Lexikon› als eigene Lemmata aufgeführt [56]. Es lag seit der Antike nahe, den figurierten Z.en wie der Tetraktys (1 + 2 + 3 + 4) oder der apokalyptischen Z. 666 (der Dreieckszahl zu 36) besondere, als geheimnisvoll angesehene Bedeutungen zuzuschreiben oder sie zur Zahlallegorese zu nutzen.

3. *Platon und seine Schule* nehmen in einigen Aspekten der Zahlenlehre pythagoreisches Lehrgut auf [57], wie z.B. die Entstehung der Z.en aus den entgegengesetzten Prinzipien, der Einheit [58] und der Dyas (s.d.) [59]. Die platonische Zahlenlehre hebt sich von den Vorgängern jedoch durch ihren Bezug zur Ideenlehre ab. ‹Z.› gibt es in der platonischen Theorie in vier verschiedenen Bedeutungen [60], zunächst als Anzahl wahrnehmbarer Gegenstände, dann als Idee dieser Z.: Z.en sind nicht als Abstraktion im Ausgang von zählbaren Mengen zu verstehen, sondern durch ihre Teilhabe (s.d.) an einer Idee bestimmt, hier also an der entsprechenden Z.-Idee [61]. Eine solche Z.-Idee hat alle Kennzeichen einer Idee (s.d.) und ist so – wie die Ideen anderer Gegenstände – «abgetrennt» von ihrem Gegenstand, eins und unteilbar und kann genausowenig Rechenoperationen zugrunde liegen oder Gegenstand der Mathematiker sein wie eine Pferd-Idee geritten werden kann. Die Z.en als die Gegenstände des Mathematikers – die «mathematischen Z.en», wie ARISTOTELES und die folgende Tradition sie nennen [62] – sind für PLATON ontologisch zwischen den Z.-Ideen und den wahrnehmbaren Gegenständen angesiedelt [63]. Hiervon zu unterscheiden ist der Gedanke der Mathematisierung des gesamten Ideen-Bereichs, der durch die Überlieferung Platon zugeschrieben wird: *Alle* Ideen sind in sich zahlhaft strukturiert [64], d.h. Ideenzahlen, die wiederum aus den Z.en eins bis zehn, der Dekas (s.d.) der Idealzahlen [65] generiert sind. Die Einheiten der Idealzahlen sind im Gegensatz zu denen der mathematischen Z.en nicht kombinierbar und vergleichbar (ἀσύμβλητος) [66]. Während die Z.-Ideen von der generellen Ideen-Kritik des ARISTOTELES im ersten Buch der ‹Metaphysik› betroffen sind, sind die Ideenzahlen und Idealzahlen als logisch nur widersprüchliche Kombination von Idee und Z. der eigentliche Zielpunkt der Kritik in den letzten beiden Büchern M und N [67]. Schon im Schülerkreis Platons formierten sich, wie Aristoteles ohne Namensnennung berichtet, entgegengesetzte Theorien: Im Gegensatz zu XENOKRATES [68] geht SPEUSIPP ausschließlich von mathematischen Z.en aus und leugnet die Ideen [69].

ARISTOTELES gibt durch seine Kritik einen Überblick über vorliegende Definitionen der Z. Für die Lösungen der Probleme läßt sich jedoch bei ihm selbst über die Destruktion anderer Theorien hinaus nur schwer eine eigene Theorie der Z. ausmachen. Z. wird der Kategorie der Quantität (s.d.) subsumiert und als «diskrete» (διωρισμένος) Größe behandelt [70]. Wirkmächtig wird seine Unterscheidung in den ‹Vorlesungen zur Physik› zwischen Anzahl und Zählzahl, d.h. einer gezählten Z. (ἀριθμούμενος ἀριθμός) und einer Z., mit der wir zählen (ᾧ ἀριθμοῦμεν) [71]. Eine kaum zu unterschätzende Wirkung weit über das MA hinaus hat die von Aristoteles im Rahmen seiner Analyse der Zeit [72] getroffene Behauptung der Abhängigkeit der Z. vom Zählen [73], die auch in der Antike nicht unwidersprochen bleibt [74].

4. *Euklid.* – Von EUKLIDS ‹Elementen› ist auch die Philosophie der Z. – nicht nur die Elementargeometrie – bis in die Neuzeit stark geprägt worden. Dort wird eine Theorie der stetigen Größen und ihrer Proportionen (s.d.) entwickelt, die nicht mit der Arithmetik als einer Theorie der diskreten Größen vermischt werden darf. Doch kann Euklid, indem er auf einer stetigen Strecke eine Einheitsstrecke auszeichnet, die ganzzahlig vervielfacht werden und bei hinreichender Vervielfachung die gegebene Strecke übertreffen kann, sie aber u.U. auch genau «mißt» (d.h. ausfüllt), in seiner Theorie der stetigen

Größen durch strukturgleiche Nachahmung oder Spiegelung auch die gewöhnliche Arithmetik entwickeln. Es bleibt aber der deutliche Unterschied, daß zwar genau wie zwei Z.en so auch zwei Größen zueinander addiert oder die kleinere von der größeren subtrahiert werden dürfen, aber anders als bei Z.en niemals zwei Größen miteinander multipliziert werden können (weder gleichartige wie «Strecke mal Strecke» noch ungleichartige wie «Strecke mal Fläche» usw.). Größen heißen «kommensurabel» (σύμμετρα μέγεθη), wenn sie von ein und derselben Strecke gemessen werden [75]; sie haben dann zueinander ein Verhältnis wie eine Z. zu einer Z. [76]. Entsprechend haben «inkommensurable» (ἄλογοι) Größen zueinander kein Verhältnis wie eine Z. zu einer Z. [77]. Das Verhältnis (λόγος, ratio) *a* : *b* zweier Z.en oder zweier Größen wird dabei nicht als neue Entität (etwa als «rationale Z.» oder Bruch) betrachtet, wie auch zwei Verhältnisse niemals im Sinne der Identität einander gleichgesetzt, sondern als im gleichen Verhältnis zueinander stehend (ἐν τῷ αὐτῷ λόγῳ), als einander «analog» (ἀνάλογον) [78] angesehen werden. Die Entdeckung inkommensurabler Größen in der Geometrie führte zu einer Systematisierung mittels figurierter Z.en («Rechteckzahlen» und «Quadratzahlen») wie schon der Bericht einer «Lehrstunde» in PLATONS ‹Theaitet› belegt [79]; Buch X der ‹Elemente› des EUKLID überliefert die Definitionen der «irrationalen» (ἄλογοι) Größen verbindlich für die Folgezeit.

Bei Euklid und den Philosophen gleichermaßen ist die *Rolle der 1* problematisch, der man den Status einer Z. gewöhnlich absprach, obwohl er ihr für die Formulierung mancher Definitionen und Sätze zuerkannt werden muß. Im Hintergrund dieser die Entwicklung eines theoretischen Z.-Begriffs begleitenden Unsicherheit steht möglicherweise das (euklidische) Nebeneinander von Stetigem und Diskretem. ARISTOTELES leugnet einerseits den Z.-Charakter der 1 ausdrücklich: «vernünftigerweise ist die Eins keine Z.» (εὐλόγως οὐκ ἔστι τὸ ἓν ἀριθμός) [80], läßt aber mit seiner Charakterisierung der Einheit als «das Kleinste» (ἡ ... μονὰς ἐλάχιστον) [81] offen, ob die 1 nur kleiner als jede Z. oder aber die kleinste Z. sein solle. Einer Klärung stand im Wege, daß zwischen ‹Eins› (ἕν) und ‹Einheit› (μόνας) weder begrifflich noch terminologisch hinreichend unterschieden wurde. Aristoteles setzt sie sogar explizit gleich (ἡ δὲ μονὰς ὅπερ ἕν τί ἐστιν) [82]. EUKLID definiert in Buch VII, Def. 1, die Einheit als das, «wonach jedes Ding eines genannt wird» (μονάς ἐστι, καθ' ἣν ἕκαστον τῶν ὄντων ἓν λέγεται) und in Def. 2 eine Z. als aus Einheiten zusammengesetzte Menge (ἐκ μονάδων συγκείμενον πλῆθος), was offenläßt, ob die Eins als Spezialfall gelten oder ausgeschlossen sein soll. Er setzt aber in Def. 4 auch fest, daß Größen ein Verhältnis zueinander haben, wenn sie vervielfältigt einander übertreffen können (was von der 1 ja gegenüber allen Z.en gilt), und erklärt in Def. 3, daß 'in einem Verhältnis stehen' immer von gleichartigen (homogenen) Größen ausgesagt wird (was die Gleichartigkeit der 1 mit den anderen Z.en impliziert). Es scheint, daß erst B. PASCAL diese Inkonsistenz deutlich kritisiert hat [83], obwohl auch Früheren aufgefallen sein muß, daß EUKLID die 1 für die allgemeine Geltung mancher arithmetischer Sätze als vollwertige Z. benötigt (z.B. für Satz IX, 36 über vollkommene Z.en; schon deren Definition [84] setzt ja die Homogenität der 1 mit den übrigen Z.en voraus). Eine Analyse und gründliche Kritik der tradierten Auffassungen von Einheit und Eins gibt erst G. FREGE [85].

Anmerkungen. [1] S. DEHAENE: Der Zahlensinn oder Warum wir rechnen können (1999); O.-H. KELLER: Das Zählen als angeborene Verhaltensweise. Sber. Sächs. Akad. Wiss. Leipzig, Math.-nat.wiss. Kl. 115, H. 5 (Berlin-Ost 1984). – [2] M. WERTHEIMER: Über das Denken der Naturvölker I: Z.en und Zahlgebilde. Zeitschr. Psychol. Physiol. Sinnesorgane I: Zeitschr. Psychol. 60 (1912) 321-378. – [3] P. DAMEROW/R. K. ENGLUND/H. J. NISSEN: Die Entstehung der Schrift. Spektrum Wiss. 2 (1988) 74-85, bes. 82f. – [4] Vgl. K. MENNINGER: Zahlwort und Ziffer. Eine Kulturgesch. der Z. 1-2 (²1958, ND 1979). – [5] Vgl. D. A. KING: The ciphers of the monks. A forgotten number-notation of the MA (2001). – [6] Vgl. MENNINGER, a.O. [4] 1, 22ff. – [7] Vgl. Art. ‹Anzahl/Ordnungszahl›. Hist. Wb. Philos. 1 (1971) 428f. – [8] A. MARSHACK: The roots of civilization (New York 1970) bes. 27-33; kritisch hierzu: W. SCHLOSSER/J. CIERNY: Sterne und Steine. Eine prakt. Astronomie der Vorzeit (1996) 71f. – [9] CH. WOLFF: Mathemat. Lexicon (1716). Ges. Werke, hg. J. ECOLE I/11 (1978) 953 (Art. ‹Numerus integer, eine ganze Z.›). – [10] CH. HUTTON: Mathemat. and philos. dict. 2 (London 1795, ND 1973) 166-168 (Art. ‹Number›), hier: 167. – [11] Vgl. D. DIDEROT/J. LE R. D'ALEMBERT (Hg.): Encyl., ou Dict. raisonné des sciences, des arts et des métiers 11 (Neuchâtel 1765) 202-209 (Art. ‹Nombre›), hier: 202. – [12] G. S. KLÜGEL: Mathemat. Wb. 5/2 (1831) 1053-1161 [Art. ‹Zahl (Numerus)›], hier: 1055. – [13] C. F. GAUSS: Disquisitiones arithmeticae § 293 (1801). Werke 1 (1870) 348. – [14] Vgl. etwa: B. BOLZANO: Paradoxien des Unendlichen § 15, hg. F. PŘIHONSKÝ(1851) 21; R. DEDEKIND: Was sind und was sollen die Z.en? § 6 (1888), in: Was sind und was sollen die Z.en? – Stetigkeit und Irrationale Z.en (1965) 17; vgl. Stetigkeit und Irrationale Z.en § 1, a.O. 5. – [15] DIDEROT/D'ALEMBERT (Hg.), a.O. [11]; vgl. Le Grande ROBERT (1994). – [16] BOETHIUS: Instit. arithm. I, 23, 6. – [17] I, 7, 4. – [18] 26, 2. – [19] 7, 5. – [20] NIKOMACHOS: Introd. arithm. I, 19, 6; vgl. IAMBLICH: In Nic. arithm. introd., hg. H. PISTELLI/U. KLEIN (1975) 22, 26; 12, 23: ἐν τῇ φυσικῇ τοῦ ἀριθμοῦ ἐκθέσει. – [21] PRISCIAN: De figuris numerorum V, 21, hg. H. KEIL (1860, ND 1961) 413. – [22] IV, 19, a.O. 412. – [23] K. WEIERSTRASS: Einl. in die Arithmetik I (o.J., unveröff.), zit. nach: G. MITTAG-LEFFLER: Die Z.: Einl. zur Theorie der analyt. Funktionen. Tohoku mathemat. J. 17 (1920) 157-209, hier: 157. – [24] EUKLID: Elem. VII, def. 2; vgl. VS 58, B 2 = ARISTOXENOS: Frg. 23, in: Die Schule des Arist., hg. F. WEHRLI 2 (²1967) 14. – [25] ARISTOTELES: Met. VII, 13, 1039 a 12. – [26] XIII, 9, 1085 b 22. – [27] IAMBLICH: In Nic. arithm. introd., a.O. [20] 10, 18. – [28] ARISTOTELES: Met. X, 6, 1057 a 3. – [29] NIKOMACHOS: Introd. arithmetica 13, 8, hg. R. HOCHE (1866); engl., hg. M. L. D'OOGE (1926, ND 1972); frz., hg. J. BERTHIER (Paris 1978); vgl. zur Stellung des Nikomachos insgesamt: G. RADKE: Die Theorie der Z. im Platonismus (2003), zu dieser Def. bes. 767ff. – [30] Vgl. A. METRY: Speusippos. Z. – Erkenntnis – Sein (Bern 2002) 30-46. – [31] PLOTIN: Enn. VI, 6 (34); vgl. CH. HORN: Plotin über Sein, Z. und Einheit (1995). – [32] Vgl. Art. ‹Eine (das); Einheit I.›. Hist. Wb. Philos. 2 (1972) 361-367; Art. ‹Monade; Monas I.›, a.O. 6 (1984) 114-117. – [33] Zu den Unterschieden vgl. D'OOGE, a.O. [29] 132-137. – [34] PHILOLAOS: VS 44, B 4; vgl. C. A. HUFFMAN: Philolaos of Croton (Cambridge 1993) 113-123 (Komm. des Frg.); vgl. 345-363. – [35] ARISTOTELES: Met. I, 5, 986 a 16; vgl. XIII, 6, 1080 b 16-18; Entgegnung: XIII, 8, 1083 b 11f.; XIV, 3, 1090 a 20ff. – [36] a.O. 986 a 1. – [37] PHILOLAOS: VS 44, B 5. – [38] ARISTOTELES: Phys. III, 4, 203 a 10-15. – [39] NIKOMACHOS: Introd. arithm. I, 7, 3f. – [40] I, 7; VIII, 3; vgl. PLATON: Parm. 143 d; EUKLID: Elem. VII, def. 8-10. – [41] I, 13. – [42] EUKLID: Elem. VII, def. 6-9; IX, 21-28; Primzahl: VII, def. 12; IX, 31-34. – [43] Vgl. B. L. VAN DER WAERDEN: Art. ‹Pythagoreische Wiss.›. RE 24 (1963) 277-300, hier: 282. – [44] Terminus bei NIKOMACHOS: Introd. arithm. I, 11, 1 und BOETHIUS: Instit. arithm. I, 13, 1, abgesetzt von «secundus et compositus». – [45] EUKLID: Elem. VII, def. 11. – [46] def. 23; vgl. die Herleitung bei NIKOMACHOS: Introd. arithm. I, 16, 1-4. – [47] IX, 36. – [48] J. PRESTET: Nouveaux elemens des mathematiques, ou principes generaux de toutes les sciences (Paris 1689) 154; vgl. L. E. DICKSON: Hist. of the theory of numbers 1-3 (Washington 1919, ND New York 1971) 1, 154f. – [49] L. EULER: De numeris amicabilibus [1749]. Op. omn. I/4 (1944) 353-365; vgl. DICKSON, a.O. 19. – [50] Vgl. H. HASSE: Vorles. über die Zahlentheorie (²1969) 34-38; P. J. MACCARTHY: Odd perfect numbers. Scripta mathematica 23 (1957) 43-47. – [51] W. SCHARLAU/

H. OPOLKA: Von Fermat bis Minkowski. Eine Vorles. über Zahlentheorie und ihre Entwickl. (1980) 5. – [52] IAMBLICH: In Nic. arithm. introd. 35, 1. – [53] L. EULER: De numeris amicabilibus (1750). Op. omn. II/1, hg. F. RUDIO (1915) 86-162; Vorwort des Hg.: a.O. XVI. – [54] Art. ‹Befreundete Z.en›, in: J. NAAS/H. L. SCHMIDT (Hg.): Mathemat. Wb. 1 (1961) 159. – [55] Mit diesen Mitteln war auch die Entdeckung der Inkommensurabilität möglich, vgl. H.-J. WASCHKIES: Eine neue Hypothese zur Entdeckung der inkommensurablen Größen durch die Griechen. Arch. Hist. exact Sci. 7 (1970/71) 325-353. – [56] WOLFF, a.O. [9] 958-967; zum math. Fortwirken vgl. DICKSON, a.O. [48] 2, 1-39. – [57] Vgl. die Forschung diskutierend: K. VON FRITZ: Art. ‹Pythagoreer›. RE 24 (1963) 209-268. – [58] Vgl. Art. ‹Eine, das; Einheit I.›, a.O. [32]. – [59] ARISTOTELES: Met. I, 6, 987 b 34; vgl. dazu: J. STENZEL: Z. und Gestalt bei Platon und Aristoteles (1929, ND 1959) 30ff.; J. J. CLEARY: Aristotle and mathematics (Leiden 1995) 365-377: The one as principle of number. – [60] Met. XIII, 6, 1080 b 11ff. – [61] PLATON: Phaedo 101 bf. – [62] ARISTOTELES: Met. XIII, 8, 1083 b 16. – [63] Vgl. PLATON: Resp. VI, 510 c; für die spätere Tradition vgl. I. MUELLER: Syrianus and the concept of math. number, in: G. BECHTLE/D. J. O'MEARA (Hg.): La philos. des math. de l'antiquité tardive (Fribourg 2000) 71-83. – [64] Vgl. dazu: K. GAISER: Platons ungeschriebene Lehre ([2]1968) 115-125. – [65] Vgl. dazu: H. SCHMITZ: Die Ideenlehre des Aristoteles 1-2 (1985) 2, 227-241. – [66] ARISTOTELES: Met. XIII, 6, 1080 b 9. – [67] Vgl. J. J. CLEARY: Aristotle's criticism of Plato's theory of form numbers, in: G. DAMSCHEN/R. ENSKAT/A. G. VIGO (Hg.): Platon und Aristoteles – sub ratione veritatis. Festschr. W. Wieland zum 70. Geb. (2003) 76-101. – [68] Vgl. ARISTOTELES: Met. XIII, 6, 1080 b 22f.; 8, 1083 b. – [69] 1, 1076 a-21f.; 8, 1083 b 20; XIV, 3, 1090 a 25ff.; vgl. SPEUSIPP: Frg. 73-88, hg. M. ISNARDI-PARENTE (Neapel 1980) 96-103. – [70] Cat. 6, 4 b 23. 31. – [71] Phys. IV, 11, 219 b 6f. – [72] Vgl. Art. ‹Zeit II. B. 2.›. – [73] ARISTOTELES: Phys. IV, 14, 223 a 21-29; vgl. J. ANNAS: Aristotle, number and time. Philos. Quart. 25 (1975) 97-113; dagegen: M. MIGNUCCI: Aristotle's arithmetic, in: A. GRAESER (Hg.): Math. and met. in Aristotle (Bern u.a. 1987) 175-211; vgl. auch: CLEARY, a.O. [67] 22ff. – [74] PLOTIN: Enn. III, 7 (45), 9, 78-84. – [75] EUKLID: Elem. X, def. 1. – [76] X, 5, prop. 3. – [77] X, 7, prop. 5; 8, prop. 6. – [78] VII, 1, prop. 1; X, 11, prop. 8. – [79] PLATON: Theaet. 147 d-148 b; zur Erklärung und mathematikhistorischen Einordnung dieser Stelle vgl. M. KRANZ: Das Wissen des Philosophen. Platons ‹Theaitet›, ‹Sophistes› und ‹Politikos›. Diss. Tübingen (1986) 4-7. 95-99. – [80] ARISTOTELES: Met. XIV, 1, 1088 a 4-6. – [81] Phys. III, 6, 206 b 32f. – [82] Met. III, 4, 1001 a 26f. – [83] B. PASCAL: De l'esprit géométrique 31 [1655] (1728). Oeuvr. compl., hg. J. MESNARD 3 (Paris 1991) 408; dtsch. Übers., in: J. P. SCHOBINGER: Blaise Pascals Reflexionen über die Geometrie im Allg. (Basel 1974) 68f. – [84] EUKLID, a.O. [46]. – [85] G. FREGE: Die Grundlagen der Arithmetik (1884); gegen Freges Deutung (a.O. § 29), Euklid unterscheide nicht Eins und Einheit, vgl. M. SCHMITZ: Die philos. Grundlegung der Arithmetik in der Def. der Z. unter Bezugnahme auf einen Vergleich von G. Freges Logizismus und plat. Philos., in: J. ALTHOFF/B. HERZHOFF/G. WÖHRLE (Hg.): Antike Nat.wiss. und ihre Rezeption 9 (1999) 69-102.

Literaturhinweise. TH. L. HEATH: A hist. of greek math. 1-2 (Oxford 1921). – R. L. GOODSTEIN: The arabic numerals, numbers and the def. of counting. Mathemat. Gazette 40 (1956) 114-129. – K. MENNINGER s. Anm. [4]. – A. SEIDENBERG: The ritual origin of counting. Arch. Hist. exact Sci. 2 (1962-1966) 1-40. – P. EGGER: Über die Z.en bei Aristoteles. Kantstudien 63 (1972) 143-162. – G. IFRAH: Histoire univ. des chiffres (Paris 1981); dtsch.: Universalgesch. der Z.en (1986, [2]1991, 1998). – M. CAVEING: La constitution du type mathémat. de l'idéalité dans la pensée grecque 1-3 (Lille 1982, NA 1994-98). – A. GRAESER (Hg.) s. Anm. [73]. – P. DAMEROW/R. K. ENGLUND/H. J. NISSEN: Die ersten Zahldarst. und die Entwicklung des Zahlbegriffs. Spektrum Wiss. 3 (1988) 46-55. – D. J. O'MEARA: Pythagoras revived: math. and philos. in late antiquity (Oxford 1989). – H.-J. WASCHKIES: Anfänge der Arithmetik im alten Orient und bei den Griechen (Amsterdam 1989). – P. PRITCHARD: Plato's philos. of math. (1995). – I. GRATTAN-GUINNESS: Numbers, magnitudes, ratios, and proportions in Euclid's ‹Elements›: How did he handle them? Historia mathemat. 23 (1996) 355-375. – H.-J. WASCHKIES: Mathemat. Schriftsteller, in: Grundriss der Gesch. der Philos., Die Philos. der Antike 2/1, hg. H. FLASHAR (Basel 1998) 365-453 (mit komment. Bibl.). – M. SCHMITZ s. Anm. [85]. – G. BECHTLE/D. J. O'MEARA (Hg.) s. Anm. [63]. – A. METRY s. Anm. [30]. – G. RADKE s. Anm. [29]. – J. J. CLEARY s. Anm. [67].

CH. THIEL/M. KRANZ

II. *Mittelalter und der Übergang zum allgemeineren Z.-Begriff der Renaissance.* – 1. *Der mathematische Begriff.* – Im Anschluß an die antiken Vorgaben wird die Z., als eine Spezies der diskreten Quantität (s.d.) [1], im MA und in der frühen Neuzeit definiert als eine aus «Einheiten zusammengesetzte Vielheit» («ex monadibus multitudo composita» [2]; «multitudine de unita composta» [3]), als «Versammlung von Einheiten» («unitatum collectio, vel ... multitudo ex unitatibus aggregata» [4]; «una congregazion de piu unita» [5]), als «kollektive Quantität diskreter Größen» («quantitas discretorum collectiva») [6] oder als eine «vom Einen ausgehende Vielheit» («ab uno progrediens multitudo») [7]. Indem die Z. als durch die Wiederholung der Einheit konstituiert betrachtet wird («in numero quo numeramus repetitio unitatum facit pluralitatem») [8], gilt sie als eine «durch die Eins gemessene Vielheit» («numerus est multitudo mensurata per unum») [9] bzw. als ein «durch sie, als ihrem einfachsten Teil, gemessenes Ganzes» («Est ... unitas numeri pars simplex quae aliquotiens repetita ipsum totum reddit et mensurat numerum») [10]. Wo der Begriff des «numerus» so definiert und von der «numeratio» als der von der Eins ausgehenden kontinuierlichen Zahlenprogression her verstanden wird («Numeratio numeralis est omnium numerorum ab unitate quantumlibet nullo interciso continua progressio, ut hic: I, II, III, IIII, V, VI, etc.») [11], bleibt er – wie vorher in der gesamten Antike – auf die ganzen Z.en > 1 festgelegt. Brüche werden nach wie vor nicht als Z.en, sondern als Verhältnisse von Z.en betrachtet.

Die aristotelische, über BOETHIUS [12] dem MA vertraute Unterscheidung zwischen der gezählten Z. («numerus quod numeratur») und der Z., durch welche gezählt wird («numerus quo numeramus») [13], wird im 13. Jh. im Rahmen der Erörterung des kategorialen Status der Z. weiter ausdifferenziert, wobei JOHANNES PAGUS sie zu der späterhin geläufigen Trichotomie von «numerus numeratus» (= «res numeratae»), «numerus numerans» (= «ipsa anima») und «numerus quo numeramus» erweitert. Allein die letztere fällt, als Z. im eigentlichen Sinne («binarius», «ternarius» usw.), unter die Kategorie der Quantität und ist näher charakterisiert als eine gewisse Natur, vermittelst welcher die als körperliche Zähl- bzw. Zeigegesten («nutus corporeus») oder als spezifische Bewegung der Seele («motus ipsius animae») vollzogene Zähloperation («operatio numerantis») sich auf die gezählten Dinge erstreckt («quaedam natura, qua mediante nutus corporeus transit supra res numeratas») [14]. In ähnlicher Weise erscheint der Akt des Zählens auch noch bei G. W. LEIBNIZ als ein «wiederholtes Dies»: «cum numeramus ... dicimus *hoc* (numerare enim est repetitum *hoc*)» [15].

2. *Philosophische Verwendungen.* – Die Unterscheidung mehrerer Verständnisweisen des Terminus ‹Z.› bildet die Grundlage dafür, daß etwa im Anschluß an ARISTOTELES die Zeit (s.d.) als «Z. der Bewegung» definiert oder die von Aristoteles erwähnte [16], wohl auf XENOKRATES zurückgehende, späterhin aber zumeist als authentische Lehre Platons aufgefaßte Beschreibung der Seele als «sich selbst bewegende Z.» («numerus se movens») [17] übernommen werden kann. Neben der bis in

die Neuzeit verbreiteten Tradition der Zahlensymbolik [18], die den einzelnen Z.en jeweils eine mystische Bedeutung zuschreibt [19], wird die Z. aufgrund der ihr qua Definition zugewiesenen formalen Struktur, die durch die grundlegenden metaphysischen Kategorien der Einheit und Vielheit gekennzeichnet ist, zu einem symbolischen Modell der Darstellung ontologischer Verhältnisse [20].

Weist der metaphysische Begriff der Z.en diesen in der platonischen Tradition den Status von Ideen zu («Numerus igitur res aeterna, intellegibilis, incorrupta cuncta, quae sunt, vi sua complectitur; totumque sub numerum venit») [21], so wird er in der von BOETHIUS überlieferten Bestimmung der Z. als dem «ersten Urbild der Dinge im Geist des Schöpfers» («principale in animo conditoris exemplar») im christlichen Bereich rezipierbar [22]. Aufgrund dieser exemplarischen Funktion im Geist des Schöpfers ist die in den Dingen angetroffene Z. nach BONAVENTURA die wichtigste zur Weisheit führende Spur («numerus est praecipuum in animo Conditoris exemplar et in rebus praecipuum vestigium ducens in Sapientiam») [23]. Unterstützung erhält diese Auffassung insbesondere durch ihre Verbindung mit der prominenten biblischen Sentenz (Sap. 11, 20), nach der Gott alle Dinge «nach Z., Gewicht und Maß» geschaffen hat («Deus omnia in numero, pondere et mensura constituit, et hoc principale exstitit exemplar in animo Conditoris») [24]. Bildet diese bereits in der Patristik die Grundlage für die Konzeption eines nach mathematischen Prinzipien geordneten Kosmos [25], so dient sie im MA [26] und in der frühen Neuzeit vielfach zur Legitimation einer quantifizierenden Naturbetrachtung («Deus, qui omnia in numero, mensura, pondere creavit Nobis Imagini Suae, ipsos quoque Numeros, Mensuras, pondera, impressit, ideo, ut numerando, mensurando, ponderando, omnium ejus operum artificii scrutari queamus») [27].

Unter intensivem Rückgriff auf die ältere Tradition der Zahlenspekulation werden die Konzeptionen der Z. («numerus») und des als Koinzidenz von Ausfaltung der Einheit und Einfaltung der Vielheit verstandenen Zählens («numerando ... unitatem explicas et pluralitatem in numeri alicuius unitatem complicas») [28] bei NIKOLAUS VON KUES zu grundlegenden Begriffen für die Beschreibung von göttlicher Weltschöpfung und menschlicher Erkenntnis sowie zum Fundament der Analogisierung von beidem. Cusanus überträgt die im Topos von der Z. als dem «primum rerum exemplar in animo conditoris» [29] zum Ausdruck gebrachte exemplarische Funktion der Z. hinsichtlich der erschaffenen Dinge auf ihre Funktion für die Konzeptionen des als «vivus numerus discretivus» [30] charakterisierten menschlichen Geistes («dico exemplar conceptionum nostrae mentis numerum esse») [31]. Ist die Z. in ontologischer Rücksicht die Grundlage der Vielheit, Verschiedenheit und Harmonie der Dinge («Sublato ... numero cessant rerum discretio, ordo, proportio, harmonia atque ipsa entium pluralitas») [32], so ist sie in gnoseologischer Rücksicht die Voraussetzung rationaler Erkenntnis («Sine numero enim nihil facere potest; neque assimilatio neque notio neque discretio neque mensuratio fieret numero non existente») [33]. Die Z. ist das in der Natur der Ratio selbst begründete Prinzip rationaler Tätigkeit («Rationalis fabricae naturale quoddam pullulans principium numerus est») und nichts anderes als die explizierte Ratio selbst («Nec est aliud numerus quam ratio explicata») [34], so daß aufgrund der Abbildhaftigkeit des endlichen gegenüber dem unendlichen Geist die Operationen des Zählens und Rechnens zum Modell für die göttliche Schöpfung werden («hoc ipsum est creatoris creare, quod est rationis ratiocinari seu numerare») [35].

3. *Übergänge zum neuzeitlichen Begriff der Z.* – Die von den antiken Definitionen der Z. implizierte und von ARISTOTELES explizit vertretene Auffassung, daß die Eins als das Prinzip der Z. selbst keine Z. ist, bleibt bis in die frühe Neuzeit in Geltung. Insofern bildet F. MAUROLICO zunächst eine Ausnahme, wenn er unter Hinweis auf die Selbstkonstitution der «unitas» und die traditionelle Parallelisierung der Z.en mit den geometrischen Begriffen von Punkt, Linie, Fläche und Körper meint: «Unitas est principium et constitutrix omnium numerorum constituens autem inprimus seipsam. Omnis ... numerus aut est unitas, quae respondet puncto: ... Aut est linearis, qui respondet linea, aut superficialis ... Aut solidus ... Sicut ... monas puncto: ita dias lineae: Trias superficiei, ac tetras solido assimilatur» [36]. Im 16. und frühen 17. Jh. wird vor dem Hintergrund der traditionellen Definition der Z. zumeist noch betont, daß die Eins zumindest keine Z. im eigentlichen Sinne ist («Numerum authores vocant multitudinem ex unitatibus conflatam. Itaque unitas ipsa licet pro numero habeatur, proprie tamen numerus non erit, sed omnium numerorum principium») [37] und der Z. das Moment der Einheit nur im Sinne eines «unum aggregatione» zukommt («Numerus proprie est Multitudo: Improprie Unitas. ... Etsi autem multitudo sit, est tamen unum ... appositione, seu aggregatione») [38].

Neben die dieser Auffassung zugrundeliegende formale Bestimmung der Z. als kollektiver Vielheit von Einheiten treten zunehmend solche, die auf ihre Funktion für das Zählen oder Rechnen abheben. So meint P. RAMUS, daß so, «wie die Einheit dasjenige genannt wird, nach dem jegliches ein eines genannt wird, eine Z. verstanden werden kann als das, wonach wir ein jedes zählen» («ut unitas dicitur secundum quam unumquodque unum dicitur, sic numerus intelligi potest, secundum quem unumquodque numeramus») [39]. Nach C. GEMMA besagt das Zählen soviel, wie den Wert einer beliebigen Z. durch entsprechende Zeichen auszudrücken («Numerare est cuiusvis propositi numeri valorem exprimere, atque etiam quemcumque datum numerum suis characteribus adsignare») [40].

Anmerkungen. [1] R. ANDREWS: Number in the category of quantity, in: R. TYÖRINOJA/A. INKERI LEHTINEN/D. FØLLESDAL (Hg.): Knowledge and the sciences in medieval philos. Proc. 8th int. Congress medieval Philos. (Helsinki 1990) 3, 13-18. – [2] CASSIODOR: Instit. divinarum II, 4. – [3] F. FELICIANO: Libro di arithmetica et geometria speculativa et praticale (Vinegia 1563) fol. A 2r. – [4] HIERONYMUS DE MORAVIA: Tract. de musica, c. 16, in: E. DE COUSSEMAKER (Hg.): Script. de musica medii aevi nova ser. (Paris 1864-76, ND 1963) 1, 36; vgl. J. FABER STAPULENSIS: Epitome in duos libros Arithmeticos divi S. Boecij (Paris 1496) fol. h 8r. – [5] P. BORGHI: La nobel opera de arithmetica (Venedig 1484) fol. 1v. – [6] JORDANUS NEMORARIUS: Arithmetica decem libris demonstrata (Paris 1496) fol. a 2r. – [7] ISIDOR VON SEVILLA: Liber numerorum. MPL 83, 179 B. – [8] BOETHIUS: De trin. 3, in: The theolog. tractates, hg. H. F. STEWART (London 1973) 14. – [9] THOMAS AQU.: S. theol. I, 11, 2, resp. – [10] JACOBUS LEODIENSIS: Speculum musicae, hg. R. BRAGARD. Corp. script. de musica 3/1 (Rom 1955) 3-142, hier: 95. – [11] W. ODINGTON: De speculatione musice, in: DE COUSSEMAKER (Hg.), a.O. [4] 185. – [12] BOETHIUS, a.O. [8]. – [13] Vgl. THOMAS AQU.: In libros Phys., lect. 17, n. 11. – [14] JOHANNES PAGUS: Rationes super Praedic., zit. nach: ANDREWS, a.O. [1] 15; zur Verbreitung dieser Dreiteilung vgl. a.O. 14-17. – [15] G. W. LEIBNIZ: Confessio philosophi [1672/73]. Akad.-A. VI/3 (1980) 147; dtsch., hg. O. SAAME (1967) 125. – [16] ARISTOTELES: De an. I, 2, 404 b 27-9. – [17] XENOKRATES: Frg. 60, hg. R. HEINZE (1892) 182ff.; vgl. J. TROUILLARD: Übereinstimmung der Definitionen der Seele bei Proklos, in: C. ZINTZEN (Hg.): Die Philos. des Neuplatonismus (1977) 307-330, bes. 316-327. – [18] Vgl. V. F. HOPPER: Medieval number symbolism. Its sources, meaning and influence on thought and expression (New York 1969); H. MEYER: Die Zahlenallegorese im MA (1975); H. LANGE (Hg.): Traités du XIIe s. sur la symbolique des nombres: Geoffrey d'Auxerre et Thibault de Langres. Cah. Inst. MA grec et latin 29 (1978); H. LANGE: Les données math. des traités du XIIe s. sur la symbolique des nombres, a.O. 32 (1979); ODON DE MORIMOND: Analetica numerorum et rerum in theographyam, hg. H. LANGE, a.O. 40 (1981); 58 (1989); 69 (1999); J. CLICHTOVEUS: De mystica numerorum significatione (Paris 1513); P. BUNGUS: Numerorum mysteria (Bergamo 1599, ND 1983); A. KIRCHER: Arithmologia sive De abditis numerorum mysteriis (Rom 1665). – [19] Vgl. Art. ‹Septenarius›. Hist. Wb. Philos. 9 (1995) 684f.; Art. ‹Tetraktys; Quaternarius›, a.O. 10 (1998) 1031f. – [20] Vgl. Art. ‹Eine, das; Einheit II.›. Hist. Wb. Philos. 2 (1972) 367-377; Art. ‹Monade; Monas I.›, a.O. 6 (1984) 114-117; Art. ‹Vielheit›, a.O. 11 (2001) 1050-1054. – [21] FAVONIUS EULOGIUS: Disputatio de somnio Scipionis, hg. A. HOLDER (1901) 2. – [22] BOETHIUS: De instit. arithmet. I, 2, hg. G. FRIEDLEIN (1867, ND 1966) 12; vgl. CLAREMBALDUS VON ARRAS: Tract. IV, n. 25, in: N. M. HÄRING: Life and works of Clarembald of Arras (Toronto 1965) 277; ALAIN DE LILLE: Sermo de trinitate. Textes inéd., hg. M.-TH. D'ALVERNY (Paris 1965) 255; W. ODINGTON: Summa de speculatione musicae, hg. F. F. HAMMOND. Corp. script. de musica 14 (Rom 1970) 44. – [23] BONAVENTURA: Itiner. II, 10. Op. omn. 5 (Quaracchi 1891) 302. – [24] PS.-BEDA: Musica quadrata seu mensurata. MPL 90, 924 D. – [25] I. PERI: Omnia mensura et numero et pondere disposuisti: Die Auslegung von Weisheit 11, 20 in der lat. Patristik, in: A. ZIMMERMANN (Hg.): Mensura. Maß, Z., Zahlensymbolik im MA. Miscell. mediaev. 16/1 (1983) 1-21. – [26] Vgl. A. MAIER: Metaphys. Hintergründe der spätscholast. Naturphilos. (Rom 1955) 69-71; M. MARKOWSKI: Numerus und mensura in der Krakauer Naturphilos. des 15. Jh., in: ZIMMERMANN (Hg.), a.O. 177-189. – [27] J. A. COMENIUS: De rerum humanarum emend. consultatio cath. [1642-70] (Prag 1966) 1, 566. – [28] NICOLAUS CUS.: De coniect. II, 1, n. 79, 2f. [um 1442]. Op. omn. 3 (1972) 77; vgl. Idiota de mente 15, n. 158, 4f. [1450], a.O. 5/2 (1983) 215; vgl. Art. ‹Complicatio/explicatio›. Hist. Wb. Philos. 1 (1971) 1026-1028; vgl. W. BREIDERT: Math. und symbol. Erkenntnis bei Nik. von Kues. Mitteil. Forsch.beitr. Cusanus-Ges. 12 (1977) 127-136. – [29] Idiota de mente 5, n. 94, 12f., a.O. 140. – [30] 7, n. 97, 11, a.O. 146. – [31] 5, n. 95, 3-7, a.O. 141. – [32] De docta ign. I, 5, n. 13 [1440]. Op. omn. 1 (1932) 12, 5f. – [33] Idiota de mente 5, n. 95, 3-7, a.O. [28] 141. – [34] De coniect. I, 2, n. 7, 3ff., a.O. [28] 11; vgl. AUGUSTINUS: De ord. II, 48. CSEL 33, 287. – [35] De dato patris luminum 3, n. 105 [um 1445-47]. Op. omn. 4 (1959) 78, 2f.; vgl. G. ROUSSEL (RUFFUS): Divi S. Boetii Arithm. ... declarata (Paris 1521) 11[r-v]. – [36] F. MAUROLYCUS: Arithm. libri duo (Venedig 1575) 2. – [37] C. GEMMA: Arithm. practicae methodus facilis (Lyon 1566) fol 5[r]; vgl. G. REISCH: Margarita philos., Tract. IV, c. 1 (1503, Basel 1517, ND 1973); P. RAMUS: Arithm. libri tres (Paris 1555) 11. – [38] R. GOCLENIUS: Lex. philos. (1613, ND 1964) 773 a. – [39] RAMUS, a.O. [37]. – [40] GEMMA, a.O. [37] fol. 3[v].

S. MEIER-OESER

III. *Neuzeit.* – 1. *Mathematische Entwicklungen bis zum frühen 19. Jh.* – a) Für die weitere Entwicklung kennzeichnend ist das Bemühen, einen Z.-Begriff zu gewinnen, welcher der im rechnerischen Umgang mit Brüchen, negativen und irrationalen Größen bereits gewonnenen Allgemeinheit Rechnung trägt. Symptomatisch für die Schwierigkeit, sich dabei von einer diskreten Z.-Auffassung, bei der Z.en durch Vervielfachung einer Einheit erzeugt werden, zu entfernen, ist M. STIFELS Diskussion der irrationalen Z.en (hier: bestimmter Wurzelausdrücke): Sie sind ihm «in Wahrheit existierende» Z.en im Kontext der Geometrie und zugleich nicht «wahre Z.en» im Versuch, ihr Verhältnis zu den rationalen Z.en zu bestimmen – ein solcher Versuch zeige nämlich, daß die irrationale Z. «unter einem Nebel der Unendlichkeit verborgen ist» [1].

Probleme bereitet auch die Integration der Null und der negativen Z.en in einen erweiterten Z.-Begriff: Die Akzeptanz der Null als Z. hängt allgemein ab von ihrer Rolle in Positionssystemen, wo die Stelle einer Ziffer innerhalb eines komplexen Zählzeichens angibt, zu welchem «Bündel» (d.h. in Dezimalsystemen: zu welcher Zehnerpotenz) sie gehört und wo daher das Fehlen von Einheiten einer bestimmten Zehnerpotenz an der fraglichen Stelle durch ein Lückenzeichen («O») angegeben werden muß. Dies ist ein Beispiel für die ganz allgemeine Erscheinung, daß ein Zeichen als Hilfsmittel für Berechnungen akzeptiert wird, ohne dadurch schon zum darstellenden Zeichen für Z.en irgendeiner Art zu werden. So findet sich «Null zusammengenommen mit Null ergibt Null» (οὐδὲν οὐδενὶ συντεθὲν οὐδὲν ποιεῖ) fast wörtlich schon bei NIKOMACHOS [2] in einer Art Rechenregel, wird aber im Sinn einer Definition ($0 := a - a$) erst im 17. Jh. als Z. und (was von diesem ontologischen Status noch einmal zu unterscheiden ist) auch als Lösung algebraischer Gleichungen akzeptiert. Ähnlich wird die Einführung negativer Z.en durch Rechnen mit einander entgegengesetzten Größen vorbereitet; z.B. werden in Rechenaufgaben Vermögen und Schulden gegeneinander abgewogen, aber Schulden gelten nicht als «negatives Vermögen», sondern erhalten als Schulden eine (positive) Maßzahl [3]. Treten bei einer abstrakten Aufgabe negative Lösungen auf, so wird die Aufgabe als falsch gestellt verworfen oder die Lösung als ἄτοπος schlicht nicht akzeptiert (so bei DIOPHANT) [4]. Auch diese antike Haltung gegenüber den negativen Z.en hält sich bis zur frühen Neuzeit durch: STIFEL rechnet zwar selbstverständlich mit negativen Z.en und nimmt sie auch als Gleichungslösungen hin, bezeichnet sie aber noch als «numeri ficti infra nihil» [5].

Bruchzahlen, bei denen die griechische Antike außer den von den Ägyptern übernommenen Stammbrüchen 1/2, 1/3 ... auch eine Vorform der allgemeinen Brüche im Sinne einer Zähler-Nenner-Notation kannte, aber nicht als eigentliche Z.en anerkannte (vgl. oben: Abschn. I. B. 4.), finden sich in Ansätzen, die der heutigen Notation und Verwendungsweise vergleichbar sind, erst kurz vor 1500. Bedeutsam wird die Ausdehnung des Stellenwertgedankens auf Brüche durch die schon im babylonischen Sexagesimalsystem vorweggenommene, im Abendland aber erst gegen Ende des 16. Jh. eingeführte und durch S. STEVIN [6] verbreitete Dezimalschreibweise, die – wenn auch noch ohne Nutzung der heutigen Komma-Notation – bereits unendliche Dezimalbrüche ins Auge faßt, allerdings nur rationale. Die Erweiterung auf im heutigen Sinne reelle Z.en folgt der Interpretation der zahlentheoretischen Bücher der Euklidischen ‹Elemente› als geometrische Algebra und führt im 17. Jh. zu einer geometrischen Bestimmung der Z. als Verhältnis zweier Strecken.

b) Diese Bezugnahme auf die geometrische Ausdehnung [7] wird ganz allgemein leitend für die Ausbildung eines allgemeineren, auch die irrationalen Z.en einschließenden kontinuierlichen Z.-Begriffs. So ordnet Stevin («Nombre est cela, par lequel s'explique la quantité de chascune chose») [8] nicht nur jeder Größe eine Z. zu, sondern erklärt die Z. auch zu dem, was das Kontinuierliche der Größe eigentlich ausmacht [9]. Systematisch entwickelt wird diese Vorstellung in der analytischen Geometrie von R. DESCARTES durch Festlegung von Rechenoperationen für Strecken, wodurch auch die Bestimmung der Z. als Verhältnis einer Strecke zu einer anderen, beliebig, aber fest gewählten Einheitsstrecke («l'unité») vorbereitet wird [10]. Mit Bezug u.a. auf Descartes gibt dann J. WALLIS eine entsprechende explizite Z.-Definition [11], die später u.a. von G. W. LEIBNIZ [12] und I. NEWTON [13] aufgegriffen wird, wobei die gegenüber dem alten, Euklidischen Z.-Begriff erreichte Allgemeinheit als wichtigster Vorzug herausgestellt wird: Die Neubestimmung der Z. als abstraktes Verhältnis zweier gleichartiger Größen umfaßt nicht nur ganze Z.en («Integer»), sondern auch gebrochene («Fractus») und irrationale Z.en («Surdus») [14]. Von mathematischer Seite einflußreich für die weitere Entwicklung des Z.-Begriffs wird – wenngleich hier zunächst der Begriff der Größe (s.d.) dominant bleibt – die Entwicklung der Infinitesimalrechnung (s.d.). Im 19. Jh. wird diese wichtig für die Ausbildung des allgemeinen Begriffs der reellen Z.en (vgl. unten: Abschn. 3. c).

c) Große begriffliche Schwierigkeiten bereitet es indes, Wurzeln aus negativen Z.en als neue Z.en anzuerkennen. G. CARDANO und R. BOMBELLI rechnen im 16. und beginnenden 17. Jh. mit Wurzeln aus negativen Z.en, erklären sie aber zu rein formalen Hilfsmitteln des Lösens von Gleichungen, die «sophistisch» sind und nicht wirklich Z.en darstellen [15]. DESCARTES betrachtet sie als imaginäre, d.h. als bloß eingebildete Größen und stellt sie den «reellen» Wurzeln von Z.en gegenüber («Au reste, tant les vrayes racines que les fausses ne sont pas tousiours reelles, mais quelquefois seulement imaginaires: c'est a dire qu'on peut bien tousiours en imaginer autant que i'ay dit en chasque Equation, mais qu'il n'y a quelquefois aucune quantité qui corresponde a celles qu'on imagine») [16]. Und G. W. LEIBNIZ sieht in ihnen «fast Amphibien zwischen Sein und Nichtsein» («pene inter Ens et non-Ens Amphibio») [17], obwohl er bereits wichtige Gleichheitsbeziehungen zwischen Termen mit Wurzeln negativer Z.en einerseits und Wurzeln positiver Z.en andererseits nachweisen kann [18]. L. EULER führt komplexe Z.en zwar nicht terminologisch, aber der Sache nach in der allgemeinen Form a + bi, d.h., $a + b\sqrt{-1}$, ein [19].

Euler führt ausgedehnte Rechnungen mit ihnen durch – so entwickelt er die (heute sog.) Eulersche Formel als Beziehung zwischen Exponentialfunktionen und trigonometrischen Funktionen [20] –, hält aber noch spät an der Bezeichnung «imaginär» fest und beschreibt sie auch noch als «unmögliche Z.en», weil sie zur Z. 0 in keine Größer-, Kleiner- oder Gleichheitsbeziehung gebracht werden können [21], d.h., gar keiner Vergleichung mit eigentlichen Z.en fähig sind. Ihre Anerkennung als echte Z.en wird durch geometrische Darstellungs- und Veranschaulichungsversuche im ausgehenden 17. und im 18. Jh. durch J. WALLIS [22], C. WESSEL [23] und J. R. ARGAND [24] vorbereitet, erfolgt aber im wesentlichen doch erst im 19. Jh.: C. F. GAUSS stellt sie – wohl motiviert durch seine Untersuchungen zum Fundamentalsatz der Algebra – ab 1796 allgemein als Punkte der Zahlenebene dar [25]. Er führt auch 1831 die Bezeichnung «numeri complexi» [26] bzw. «complexe Z.en» ein [27]. Die Auffassung, daß ihnen «das völlig gleiche Bürgerrecht» [28] wie den reellen Z.en eingeräumt werden muß, wird durch Lösbarkeitsforderungen der Arithmetik motiviert, aber auch durch die Möglichkeit, sie durch die Geometrie «sinnlich [zu] machen» [29]. Und Gauß betont auch, daß ihre «geheimnisvolle Dunkelheit» durch eine angemessene Begrifflichkeit früher hätte aufgehellt werden können: «Hätte man $+1, -1, \sqrt{-1}$ nicht positive, negative, imaginäre (oder gar unmögliche) Einheit, sondern etwa directe, inverse, laterale Einheit genannt, so hätte von einer solchen Dunkelheit kaum die Rede sein können» [30]. Zwar werden bis zur Mitte des 19. Jh. Bedenken bezüglich einer zureichenden Begründung der komplexen (bzw. oft noch synonym gebraucht: imaginären) Z.en erhoben – R. DEDEKIND etwa beklagt noch 1854 das Fehlen einer «vorwurfsfreien Theorie der imaginären ... Z.en» [31] –, doch setzt sich im Anschluß an GAUSS, befördert vor allem durch W. R. HAMILTON [32], die Auffassung durch, daß sie als Paare geordneter reeller Z.en eingeführt werden können und ihre Gesamtheit einen kommutativen Körper über dem der reellen Z.en (vgl. unten: Abschn. 4. d) bildet [33].

2. *Philosophische Bestimmungen bis zum frühen 19. Jh.* – a) Ein wichtiger Kontext der neuzeitlichen philosophischen Z.-Diskussion ist, auch beeinflußt von der Neubestimmung der Z. in der Mathematik (vgl. unten: Abschn. 3. c), ihr Verhältnis zur extensiven Größe (s.d.). Daneben werden naturphilosophische Interpretationen des Maßes [34] und des Vorgangs des Messens (s.d.) sowie die Meßbarmachung der Qualität als intensiver Größe durch die mathematische Physik wichtig. Für den Z.-Begriff einflußreiche philosophische Themen bleiben auch die Kategorie der Quantität, insbesondere im Hinblick auf deren Unterscheidung nach kontinuierlichen und diskreten Quantitäten [35], sowie – wichtig für philosophische Gotteslehren, aber auch für ein philosophisches Verständnis der neuen Infinitesimalrechnung (s.d.) – die Frage nach dem Verhältnis einer (grundsätzlich *endlich* konzipierten) Z. zur Unendlichkeit (s.d.).

b) ARISTOTELES' Bindung der Z. an Gegenstände [36] bleibt in diesen Diskussionen zunächst gewöhnlich präsent: Nach der Unterscheidung der Z. gezählter Dinge (numerus numeratus, materialis) und der Z., mit der sie gezählt werden (numerus numerans, formalis), diskutiert noch die sog. Barockscholastik mit ihren kodifizierten Unterscheidungen [37] die Frage, ob nur materielle oder auch spirituelle Gegenstände zählbar seien. Für deren Zählung muß dann eine eigene Sorte transzendentaler Z.en postuliert werden. Entgegen der von F. SUÁREZ [38] vertretenen und u.a. von J. LOCKE [39] und G. W. LEIBNIZ [40] aufgegriffenen Ansicht, daß Z.en kategorienübergreifende Prädikationsmöglichkeiten sind, weist B. SPINOZA darauf hin, daß die Zahlbildung nicht unterschiedslos auf bloß Existierendes, sondern nur auf 'Wesensgleiches' angewandt werde, vorgängig also eine Auswahl von Gegenständen gleicher Art stattfinden müsse («wir stellen die Dinge unter Z.en nur vor, nachdem sie auf ein gemeinsames Maass gebracht sind») [41]. Dieser Gedanke wird von G. FREGE aufgegriffen und in der neueren Sprachphilosophie unter dem Begriff ‹Sortal› (s.d.) weitergeführt.

c) Für DESCARTES kommt der Z. als reinem Begriff Objektivität zu, allerdings keine Existenz unabhängig von den Dingen: Neben «Dauer» und «Ordnung» ist sie «nichts Besonderes neben den ... Dingen» [42], sondern «Zustand des Denkens» («modus cogitandi») [43]; zugleich geht die «Z. in den Dingen selbst» aus «deren Unterschied» hervor [44]. Seiner wissenschaftstheoretischen Bevorzugung der Geometrie vor der Arithmetik (vgl. oben: Abschn. 1. b) korrespondiert einerseits ein erkenntnistheoretischer Vorrang der ausgedehnten Größe vor der Z., der sich u.a. darin manifestiert, daß Zahloperationen wie die Addition durch geometrische Veranschaulichung evident zu machen sind [45], andererseits aber auch ein ontologischer Vorrang, der in der Konstituierung der «res extensa» begründet ist [46].

d) Dagegen halten TH. HOBBES [47] und J. LOCKE («All Numeration being but still the adding of one Unite more») [48] an der traditionellen Z.-Bestimmung fest.

Die Einheit («Unity, or One») ist nach Locke nicht nur die einfachste, sondern auch die allgemeinste, in allen anderen Ideen vorhandene Idee [49]. Andere Z.en sind Modi dieser Einheit [50], so wie Längenausdehnungen Modi der Idee des Raumes darstellen [51]. Einen Vorrang der Z.en gegenüber jenen (wie auch anderen Ideenmodi) sieht Locke in ihrer Klarheit und Deutlichkeit («Clearness and Distinctness»); er begründet auch eine Überlegenheit von arithmetischen Beweisen gegenüber solchen der Geometrie [52]. Locke betont, daß bei größeren Z.en und auf sie bezogenen Rechenoperationen die Wahl geeigneter, unterscheidender Zahlwörter wichtig auch für die deutliche Ausbildung der entsprechenden Z.-Idee ist («distinct Names conduce to our well reckoning, or having useful Ideas of Numbers») [53]. Mit Bezug auf die mathematische Naturphilosophie, insbesondere auch diejenige I. NEWTONS [54], reiht Locke die Z. unter die primären Qualitäten ein [55].

e) Wie gegen die Unterscheidung von primären und sekundären Qualitäten überhaupt, opponiert im Anschluß G. BERKELEY insbesondere auch gegen die mit der Z. als primärer Qualität implizierte Abtrennung vom Geistigen: Daß «die Z. durchaus ein Produkt des Geistes» sei, erscheint ihm schon deshalb klar, weil die Zuordnung der Z.en zu den Dingen «relativ und vom menschlichen Verstand abhängig» ist; es wäre daher abwegig, der Z. «eine absolute Existenz außerhalb des Geistes» zuzuschreiben [56]. Die Arithmetik ist ihm daher eine reine Zeichenlehre, die den zweckmäßigen Gebrauch der Z.-Zeichen in bezug auf die Dinge untersucht – die Zeichen selber dürfen dabei nicht als Namen «abstrakter Ideen» mißverstanden werden, wo doch durch sie «nur Ideen von einzelnen Dingen in unserem Geist angeregt» werden können [57].

Mit Berkeley kritisiert auch D. HUME die Lockesche Abstraktionstheorie mathematischer Begriffsbildung [58]. In seiner einflußreich gewordenen Dichotomie von «matters of fact» und «relations of ideas» weist er die Zahlbeziehungen der zweiten Kategorie zu, d.h., sie sind «durch die reine Tätigkeit des Denkens zu entdecken, ohne von irgend einem Dasein in der Welt abhängig zu sein» [59].

f) I. KANT unternimmt dann in seiner ‹Kritik der reinen Vernunft› eine erneute Verknüpfung von Z. und Zählen durch den Begriff des Schemas (s.d.). So wie wir zur Herstellung eines Dreiecks (einer «Figur, die in drei geraden Linien eingeschlossen ist») [60] dem Schema folgen, drei gegebene gerade Strecken an je zweien ihrer Endpunkte zusammenzufügen, so stellen wir auch Z.-Zeichen schematisch her. Was nämlich Gestalten wie z.B. | | | | | oder ₒ°ₒ°ₒ zu Darstellungen (Kant sagt: «Bildern») der Z. 5 macht, ist ein Schema für ihre Herstellung oder Erzeugung, «die Vorstellung einer Methode, einem gewissen Begriffe gemäß eine Menge (z.E. Tausend) in einem Bilde vorzustellen» [61]. Genauer ist die Z. für Kant «eine Vorstellung ..., die die successive Addition von Einem zu Einem (gleichartigen) zusammenbefaßt» [62]. Das Schema zur Erzeugung irgendeines Z.-Zeichens kann also als Anweisung zur Wiederholung einer Handlung, die von einem Anfang ausgeht, verstanden werden [63]. Obgleich die Realisierungen eines solchen Handlungsschemas im allgemeinen im Raum erfolgen, so liegen doch diesem speziellen wie überhaupt jedem Handlungsschema Anfang, Wiederholung und Aufeinanderfolge zugrunde, so daß die Z. als «Schema der Größe» [64] für Kant aufs engste mit der Zeit (s.d.) verknüpft ist: Die Arithmetik bringt «ihre Zahlbegriffe durch successive Hinzusetzung der Einheiten in der Zeit zu Stande» [65]. Der Kantische Gedanke, jedes Z.-Zeichen als Ergebnis einer bestimmten Abfolge von Regelanwendungen aufzufassen, egal welche speziellen Figuren und Regeln gewählt werden, sofern nur die Eindeutigkeit des Anfangs und der Fortsetzung garantiert sind, wirkt in den konstruktivistischen Z.-Auffassungen von L. E. J. BROUWER über den frühen L. WITTGENSTEIN, H. DINGLER und P. LORENZEN bis in die Gegenwart nach.

3. *Ausbildung moderner Z.-Begriffe im späteren 19. Jh.* – a) Die Entwicklung des Z.-Begriffs ist allgemein durch eine – im 18. Jh. bei Philosophen unterschiedlicher Provenienz wie G. BERKELEY und I. KANT bereits bemerkbare – Loslösung der Frage ihrer Existenz von physischen Dingen und geometrischer Darstellbarkeit (wie im Falle der komplexen Z.en) gekennzeichnet; Z.en werden statt dessen zunehmend als Realisierungen bestimmter formaler Strukturen, operativer Regeln, axiomatischer Forderungen oder auch als Äquivalenzklassen bestimmter, analytisch formulierter Grenzwertprozesse verstanden. Maßgeblich für diese generelle Tendenz sind verschiedene innermathematische Entwicklungen und deren philosophische Reflexion: Wichtig erscheinen insbesondere die zunehmende Ausdehnung des Z.-Begriffs unter konsequenter Anwendung von Rechenoperationen und die Formulierung entsprechender Lösbarkeitsforderungen für Gleichungen (vgl. unten: Abschn. b), die durch die Rigorosierung der Analysis herbeigeführte Lösung des Z.-Begriffs vom (im 18. und frühen 19. Jh. dominierenden) Größenbegriff (vgl. unten: Abschn. c) und die mit der Begründung der Mengenlehre einhergehenden Z.-Bestimmungen (vgl. unten: Abschn. d).

b) *Zahlbereichserweiterungen.* – In der Arithmetik der Neuzeit werden, hierin formal vergleichbar mit dem Auftreten inkommensurabler Größen in der griechischen Mathematik (vgl. oben: Abschn. I. B. 4.), verschiedene Erweiterungen des Zahlbereichs durch die Wahrnehmung von Lücken bei der Ausführung von Umkehroperationen in dem jeweiligen Zahlbereich motiviert: Die Hinzunahme negativer Z.en zum Bereich der um die Null erweiterten Grundzahlen erlaubt die unbeschränkte Ausführung der Subtraktion, die bis dahin z.B. in der Form $2 - 3$ nicht möglich war. Die Hinzunahme nichtganzer rationaler Z.en ermöglicht die im Bereich der ganzen Z.en nicht ausführbare Berechnung etwa von 2/3, und irrationale Z.en erlauben das Ziehen dritter Wurzeln wie z.B. der $\sqrt[3]{2}$. Algebraisch entspricht diesen Berechnungsmöglichkeiten die Lösbarkeit von Gleichungen, im ersten Fall die Lösung der Gleichung $x + 3 = 2$, im zweiten Fall die Lösung der Gleichung $x \cdot 3 = 2$, im dritten die von $x^3 = 2$.

Der diesen Erweiterungen zugrundeliegende Wunsch, die Lösungen algebraischer Gleichungen immer allgemeineren Typs in ein und demselben Zahlbereich verfügbar zu haben, wird im 19. Jh. in Gestalt eines Leitgedankens solcher Erweiterungsschritte normativ gewendet: Nach einem schon in G. PEACOCKS «symbolischer Algebra» [66] nahegelegten und von H. HANKEL [67] und H. SCHUBERT [68] ausformulierten «Permanenzprinzip» sollen die im Ausgangsbereich einer Zahlbereichserweiterung gültigen Rechengesetze und Anordnungsbeziehungen auch für die Elemente des neu konstruierten Zahlbereichs (die neuen Z.en) Gültigkeit behalten. Dies läßt sich auch durchführen, wenn zunächst der Bereich $\mathbb{N}$ der Grundzahlen zum Bereich $\mathbb{Z}$ der ganzen Z.en, dann zum Bereich $\mathbb{Q}$ der rationalen Z.en erweitert wird, heute meist mittels des um 1830 von W. R. HAMILTON entdeckten

Hilfsmittels, ganze und rationale Z.en jeweils als Paare natürlicher Z.en darzustellen [69]. Hamilton bezieht sich mit seiner neuen «Algebra as the Science of Pure Time» als einer «Science properly so called; strict, pure and independent; deduced by valid reasonings from its own intuitive principles» [70] nicht nur auf I. NEWTON und J. L. LAGRANGE [71], sondern auch direkt auf KANTS Grundlegung der Arithmetik [72]: Der Begriff der Z. entsteht dadurch, daß in der Zeitordnung («order in time») eine Abfolge von Schritten («steps») zwischen Zeitmomenten («moments of time») gebildet wird, deren Verhältnisse als Z.en bestimmt werden [73]. Natürliche Z.en werden in der inneren Zeiterfahrung durch Aufzählung gleich großer Zeitschritte konstruiert, negative Z.en durch Umkehrung der Zeitordnung und die aus ihnen abgeleiteten Z.en (rationale und komplexe Z.en) durch geeignete Zahlpaare («step-couples», «number couples») [74]. Die Kontinuität der inneren Zeit soll, wie HAMILTON zeigen möchte, verbürgen, daß man auf dem Wege der Verhältnisbildung auch alle reellen Z.en erhalten kann [75].

Allgemein aber müssen bei einem solchen Verfahren, um $\mathbb{Q}$ zum Bereich $\mathbb{R}$ der reellen Z.en zu erweitern, die irrationalen Z.en entweder als obere oder untere Grenzen unendlicher Mengen rationaler Z.en (z.B. als Dedekindsche Schnitte) oder als Grenzwerte unendlicher Folgen, veranschaulicht als Markierungen auf der reellen Zahlgeraden, eingeführt werden. Sicherlich bestärkten solche Integrationsprobleme eine nichtgegenständliche, mentalistische Z.-Auffassung, wie sie in der Mathematik bereits zuvor von C. F. GAUSS, für den die Z. «bloss unsers Geistes Product» [76] und, wie «alle mathematischen Begriffszusammensetzungen, nur unsere eignen Geschöpfe sind» [77], artikuliert wird. Diese Auffassung ist noch bis zum psychologistischen Z.-Verständnis des frühen E. HUSSERL nachweisbar [78]. Die begriffliche Bestimmung der Z. wird jedoch stabilisiert, als die von der unbeschränkten Ausführbarkeit der üblichen Rechenoperationen und der Abgeschlossenheit der Verknüpfungen geleitete Erweiterungsfolge $\mathbb{N} \subset \mathbb{Z} \subset \mathbb{Q}$ um den Schritt zu einem Bereich $\mathbb{R}$ der reellen Z.en ergänzt wird, in dem jede Fundamentalfolge von Elementen einen Grenzwert in $\mathbb{R}$ selbst hat (Vollständigkeit, s.d.). Die nochmalige Erweiterung zu einem Zahlbereich, der diese Eigenschaften besitzt, ganz $\mathbb{R}$ umfaßt und ein Element i mit der Eigenschaft $i^2 = -1$ enthält, liefert dann den Bereich $\mathbb{C}$ der komplexen Z.en, deren jede in der Form $a + bi$, d.h., $a + b\sqrt{-1}$, oder nach HAMILTON als geordnetes Paar (a,b) reeller Z.en mit entsprechenden Verknüpfungen bzw. Rechengesetzen darstellbar ist (vgl. oben: Abschn. 1. c). Da $\mathbb{C}$ bis auf Isomorphie eindeutig bestimmt ist, findet die Folge $\mathbb{N} \subset \mathbb{Z} \subset \mathbb{Q} \subset \mathbb{R} \subset \mathbb{C}$ hier einen natürlichen Abschluß. Unter Lockerung der Forderungen des heuristischen Permanenzprinzips (z.B. durch Aufgabe des Kommutativitätsgesetzes) sind gleichwohl später noch umfassendere Zahlbereiche konstruiert und damit wiederum neue Z.-Arten eingeführt worden, die (zumindest temporär) wichtige Anwendungen gefunden haben (die sog. hyperkomplexen Z.en wie Quaternionen [79], Cayley-Z.en [80] und Clifford-Z.en [81]). Diese Entwicklung findet unter Benutzung nichtkonstruktiver Methoden der mathematischen Logik noch im 20. Jh. ihre Fortsetzung.

Für die spätere Zahlentheorie (s.d.) wichtig werden die idealen Z.en, die bei der Zerlegung komplexer Z.en mit Hilfe sog. idealer Primfaktoren auftreten. Buchstäblich wird der Terminus offenbar erstmals von E. KUMMER im Sinne einer «bildlichen Ausdrucksweise, aus der Chemie entnommen», gebraucht, um deutlich zu machen, daß diese Z.en gerade nicht real (vergleichbar den chemischen Elementen) darstellbar sind: «Die Primfactoren sind die Elemente, die *idealen* Primfactoren sind diejenigen Elemente welche nicht für sich darstellbar nur in Verbindung mit anderen vorkommen, äquivalente complexe ideale Z.en sind an sich dasselbe als äquivalente Gewichtsmengen der chemischen Stoffe. ... Kurz die ganze Begriffssphäre der Chemie stimmt auf eine eclatante Weise mit derjenigen zusammen in welcher sich die Lehre von den complexen Z.en bewegt» [82].

c) *Analysis und Ausbildung 'moderner' reeller Z.en.* – Die bereits von J. F. FRIES geforderte [83] und in Angriff genommene [84] Trennung eines allgemeinen Z.-Begriffs vom Größenbegriff gewinnt für die Analysis des 19. Jh. insofern grundlegende Bedeutung, als hier bei Grenzwertbildungen allgemein der Status des Limes, bei Ableitungsbildungen insbesondere der Status der unendlich kleinen Infinitesimalien (als Größe, Z., Zahlgröße oder Variable) kontrovers diskutiert wird. Die zunächst vielfach noch durch geometrische und physikalische Konnotationen geprägten Begriffsbildungen [85] beinhalten logische, insbesondere die Stetigkeit (s.d.) betreffende Inkonsistenzen, die Bemühungen um eine strengere Begründung der Analysis motivieren [86]. Diese führen im späteren 19. Jh. zu einer Arithmetisierung der Analysis, d.h. einer Grundlegung der Analysis in einer Theorie der reellen Z.en und deren Rückführung auf natürliche Z.en, sowie zu einer Arithmetisierung der Mathematik überhaupt. Als Wegbereiter dieses allgemeinen Arithmetisierungsprogramms kann M. OHM gelten, der gegenüber dem Größenbegriff geltend macht, daß die ganze Z. «der höhere Begriff ist, welcher das ganze Gebiet der Mathematik umfasst», und auch, daß nicht «Eigenschaften der Grössen ... das Wesen des mathematischen Kalküls ausmachen, sondern Eigenschaften der Operationen, welche letztere aus der Betrachtung der Z. mit Nothwendigkeit hervorgehen», wobei es die Analysis «nicht mit den Grössen zu thun» hat, sondern damit, «die allgemeinen Gesetze der Operationen zu fixieren» [87].

Bereits A.-L. CAUCHYS ‹Cours d'Analyse› (1821) enthält der Sache nach den Vorschlag, reelle Z.en als Grenzwerte rationaler Folgen einzuführen, indem er ein Grenzwertkriterium (das heute sog. Cauchysche Kriterium) anwendet, das ohne Angabe des Grenzwertes selbst auskommt [88]. Allerdings zeigt er nicht, daß umgekehrt jede reelle Z. als ein solcher Grenzwert darstellbar ist, d.h., er behandelt nicht die Vollständigkeit (s.d.) der so bestimmten Z.en [89]. Unter Voraussetzung desselben Kriteriums gibt B. BOLZANO schon 1817 einen (lückenhaften) Beweis des für die spätere Theorie der reellen Z.en wichtigen Zwischenwertsatzes [90]; mit Bezugnahme auf die Stetigkeitsdefinitionen von Ohm und Cauchy formuliert er 1830 auch den eng hiermit verwandten (und heute so genannten) 'Satz von Bolzano-Weierstrass' [91]. Neben seiner ausgedehnten Analyse des Z.-Begriffs in der ‹Wissenschaftslehre› [92] entwickelt Bolzano in der postum veröffentlichten ‹Reinen Zahlenlehre› ein Arithmetisierungsprogramm, in dem er rationale Z.en durch Anwendung endlich vieler sog. «rationaler Operationen» auf natürliche Z.en [93] und sog. «unendliche Z.-Begriffe» durch Anwendung unendlich vieler solcher Operationen definiert [94]. Für eine Teilklasse dieser unendlichen Z.-Begriffe, die sog. «meßbaren Zahlausdrücke», kann Bolzano einen Existenzbeweis in dem Sinne erbringen, daß sie sich in Folgen rationaler Z.en einschließen lassen, deren Differenz gegen 0 konvergiert

[95]. Die so eingeführten reellen Z.en stellen eine echte Erweiterung des Bereichs der rationalen Z.en (einschließlich unendlich kleiner und großer Z.en) dar, werden aber im beschriebenen Sinne an den rationalen Z.en 'gemessen'. Bolzano selbst unternimmt wichtige Vorarbeiten für den Nachweis, daß der erweiterte Bereich der reellen Z.en Körpereigenschaften hat, und beweist, daß dieser Körper angeordnet und vollständig ist [96]. Seine Zahlenlehre bleibt lange Zeit unbeachtet und wird – besonders in ihren Implikationen für die moderne Non-Standard-Analysis (vgl. unten: Abschn. 4. e) – noch heute kontrovers diskutiert [97], wobei Einigkeit darüber zu bestehen scheint, daß sie «eine systematische Darstellung des Aufbaus des Zahlensystems von den natürlichen bis zu den reellen Z.en ..., die zum ersten Mal rein arithmetisch erklärt werden», bietet [98]. K. WEIERSTRASS entwickelt ab 1863 [99] eine verwandte Theorie der reellen Z.en, die allerdings mit sparsameren Voraussetzungen (nämlich mit der Addition als einziger unendlicher Zahloperation) auskommt und leichter auf analytische Probleme anwendbar ist [100].

Mit CH. MÉRAY [101], R. DEDEKIND [102] und G. CANTOR [103] wird ein gewisser Abschluß dieser Entwicklungslinie erreicht: DEDEKIND («Ich sehe die ganze Arithmetik als eine notwendige oder wenigstens natürliche Folge des einfachsten arithmetischen Aktes, des Zählens an, und das Zählen selbst ist nichts anderes als die sukzessive Schöpfung der unendlichen Reihe der positiven ganzen Z.en» [104]) führt die reellen Z.en als Schnitte von Klassen rationaler Z.en A_1 und A_2 ein [105]. Er weist nach, daß die so erzeugte Zahlenmenge vollständig ist und Körpereigenschaften besitzt. So wie ihm «die negativen und gebrochenen rationalen Z.en durch eine freie Schöpfung hergestellt» sind [106], versteht er auch die reellen Z.en als freie Hervorbringungen: «Jedesmal nun, wenn ein Schnitt (A_1, A_2) vorliegt, welcher durch keine rationale Z. hervorgebracht wird, so *erschaffen* wir eine neue, *irrationale Z. a*, welche wir als durch diesen Schnitt (A_1, A_2) vollständig definiert ansehen; wir werden sagen, daß die Z. *a* diesem Schnitt entspricht oder daß sie diesen Schnitt hervorbringt. Es entspricht also von jetzt ab jedem bestimmten Schnitt eine und nur eine bestimmte rationale oder irrationale Z., und wir sehen zwei Z.en stets und nur dann als verschieden oder ungleich an, wenn sie wesentlich verschiedenen Schnitten entsprechen» [107]. MÉRAY und CANTOR definieren reelle Z.en als Grenzwerte von Folgen rationaler Z.en, deren Differenzen mit wachsenden Folgegliedern unendlich klein werden, den später sog. Fundamentalfolgen (bei CANTOR: «Fundamentalreihen» [108]). Da unterschiedliche solcher Reihen die gleiche Z. bestimmen können, werden reelle Z.en letztlich als Äquivalenzklassen von Cauchy-Folgen definiert [109]. Gegen DEDEKIND macht CANTOR für seinen Zugang eine größere Einfachheit und Natürlichkeit geltend, beurteilt aber auch den ontologischen Status der 'neuen' Z.en anders: Er hält nämlich dafür, «daß die irrationale Z. vermöge der ihr durch die Definitionen gegebenen Beschaffenheit eine ebenso bestimmte Realität in unserem Geiste hat wie die rationale, selbst wie die ganze rationale Z., und daß man sie nicht erst durch einen Grenzprozeß zu *gewinnen* braucht, sondern vielmehr im Gegenteil durch ihren *Besitz* von der Tunlichkeit und Evidenz der Grenzprozesse allgemein überzeugt wird» [110].

d) *Weitere mengentheoretische Ausarbeitung des Zahlbegriffs.* – Wenn CANTOR bereits 1872 beansprucht, seine neuartige Bestimmung der reellen Z.en trage «den Keim zu einer in sich notwendigen und absolut unendlichen Erweiterung in sich» [111], verweist er damit bereits auf die späteren Untersuchungen zur Theorie der transfiniten Z.en [112]. Mit Hilfe des Begriffs der Zuordnung (s.d.) bzw. der Abbildung kommt Cantor in seiner Mengenlehre (s.d.) zu einer Charakterisierung der Mächtigkeit von Mengen durch Kardinalzahlen [113], wobei er grundsätzlich unterscheidet: «Die Mengen mit endlicher Kardinalzahl heißen 'endliche Mengen', alle anderen wollen wir 'transfinite Mengen' und die ihnen zukommenden Kardinalzahlen 'transfinite Kardinalzahlen' nennen» [114]. Die kleinste transfinite Kardinalzahl oder Mächtigkeit der natürlichen Z.en (und auch der rationalen Z.en) nennt Cantor $\aleph_0$ (Alef-null) [115], die der – als überabzählbar nachgewiesenen [116] – reellen Z.en $\aleph_1$ (Alef-eins) [117]. Für die mathematische und philosophische Diskussion des Kontinuumbegriffs wurde die Frage wichtig, ob es eine Menge gibt, deren Mächtigkeit zwischen Alef-null und Alef-eins liegt [118].

Allgemein zeigt Cantor mit Hilfe seiner Theorie der Ordnungstypen: «Zu jeder transfiniten Kardinalzahl $\mathfrak{a}$ gibt es eine nach einheitlichem Gesetz aus ihr hervorgehende *nächstgrößere*; aber auch zu jeder unbegrenzt aufsteigenden wohlgeordneten Menge $\{ \mathfrak{a} \}$ von transfiniten Kardinalzahlen $\mathfrak{a}$ gibt es eine nächstgrößere, einheitlich daraus hervorgehende» [119]. Cantors philosophisch-theologische Interpretation [120] der mit seiner Potenzierung transfiniter Z.en verbundenen Restituierung aktualer Unendlichkeit (s.d.) in der Mathematik wurde in der weiteren Diskussion überwiegend kritisch beurteilt. Seine Theorie der Kardinalzahlen bzw. Mächtigkeiten gewann jedoch – trotz der später nachgewiesenen Antinomien – großen Einfluß auf die weitere Entwicklung.

Der Begriff ‹Kardinalzahl› ist allerdings auch zuvor schon für die Grundlegung der Arithmetik wichtig geworden, so z.B. bei E. SCHRÖDER [121]. Gewöhnlich schreibt man dabei eine Kardinalzahl nicht der Gruppe oder Menge der gezählten Gegenstände zu, sondern behandelt sie als eine Eigenschaft entweder des gegebenen Begriffs oder von etwas mit diesem Begriff eng Verbundenem, z.B. dem Umfang des Begriffs, d.h. der Menge der unter diesen Begriff fallenden Gegenstände. Daß das Zählergebnis unabhängig von der Reihenfolge der Zählschritte ist, gilt seit Schröder als beweisbedürftig; allerdings wurde Schröders eigener Beweisversuch von G. CANTOR, L. COUTURAT und anderen als zirkelhaft kritisiert [122].

e) G. FREGE hatte in Anknüpfung an das zeitgenössische Arithmetisierungsprogramm die dort als schon voll begründet und daher problemlos vorausgesetzten natürlichen Z.en (inkl. der Null) noch weiter «zurückführen», nämlich als bestimmte Begriffsumfänge erklären wollen. Er faßte dazu die Anzahl der unter einen Begriff $\Phi(\xi)$ fallenden Gegenstände als die Anzahl auf, die diesem Begriff zukommt, und definierte sie als den Umfang des Begriffs «gleichzahlig dem Begriff $\Phi(\xi)$» [123]. Da unter diesen Begriff nicht Gegenstände, sondern Begriffe fallen (nämlich genau diejenigen, die zu $\Phi(\xi)$ gleichzahlig sind, so daß sich die unter sie fallenden Gegenstände den unter $\Phi(\xi)$ fallenden umkehrbar eindeutig zuordnen lassen), handelt es sich bei den Anzahlen um Umfänge von Begriffen zweiter Stufe. Indem Frege mit logisch-mengentheoretischen Mitteln Begriffe $\Phi_0(\xi)$, $\Phi_1(\xi)$, $\Phi_2(\xi)$ ... definiert, unter die 0, 1, 2, ... Gegenstände fallen, konstruiert er ein logisch-mengentheoretisches Modell der Reihe der natürlichen Z.en. Seine Axiomatisierung dieses Verfahrens erweist sich allerdings durch die Ableitbarkeit der Zermelo-Russellschen Antinomie als widerspruchsvoll [124].

4. *Z.-Begriffe des 20. Jh.* – a) Gleichwohl ist Freges *logizistischer* Z.-Begriff [125] bis heute in der Diskussion geblieben. Er stößt freilich auf prinzipielle Grenzen von zweierlei Art: Erstens lassen sich durchaus verschiedenartige mengentheoretische Modelle von Axiomensystemen der Arithmetik konstruieren, so daß sich bestimmte Mengen als eindeutige Definientien für die einzelnen natürlichen Z.en gar nicht angeben lassen [126]; zweitens zeigt K. GÖDELS Unvollständigkeitssatz [127], daß sich in keinem Vollformalismus der Arithmetik alle Sätze der inhaltlichen Arithmetik herleiten lassen, so daß letztere samt dem ihr zugrundeliegenden konstruktiven Z.-Begriff unverzichtbar bleibt.

b) Dies gilt im gleichen Maße für den im 20. Jh. dominierenden *axiomatischen* Z.-Begriff, der für die Grundzahlen von R. DEDEKIND [128] vorbereitet, von G. PEANO [129] formalisiert und von D. HILBERT [130] auf die reellen Z.en erweitert wurde: Die aufgestellten Axiomensysteme liefern nur die Struktur der zu charakterisierenden Zahlenbereiche (im ersten Fall die einer Zahlenreihe, im zweiten die eines angeordneten stetigen Körpers), ihre Modelle müssen unabhängig konstruiert werden. Allgemein charakterisiert Hilbert sein Z.en-Verständnis so: «Wir denken ein System von Dingen; wir nennen diese Dinge Z.en und bezeichnen sie mit *a*, *b*, *c*, ... Wir denken diese Z.en in gewissen gegenseitigen Beziehungen, deren genaue und vollständige Beschreibung durch die folgenden Axiome geschieht» [131], worauf er Verknüpfungs-, Rechnungs-, Anordnungs- und Stetigkeits- bzw. Vollständigkeitsaxiome folgen läßt, die die reellen Z.en (bis auf Isomorphie) eindeutig bestimmen.

c) Wie der logizistische und axiomatische kann sich auch der *intuitionistische* Z.-Begriff [132] – wenngleich mit anderen Argumenten – auf Kants Grundlegung der Arithmetik berufen. Wie Kant und Hamilton bringt auch L. E. J. BROUWER den Z.-Begriff aufs engste mit dem inneren Zeiterleben zusammen: «mathematics is a languageless activity of the mind having its origin in the basic phenomenon of the perception of a move of time, which is the falling apart of a life moment into two distinct things ... If the two-ity thus born is divested of all quality, there remains the common substratum of all two-ities, the mental creation of the empty two-ity» [133], woraus die natürlichen Z.en durch Wiederholung gebildet werden. Jenseits der dergestalt intuitiv erfaßbaren Reihe der natürlichen Z.en und ihres Prinzips der Induktion sind – unter Verzicht auf den 'Satz vom ausgeschlossenen Dritten' (s.d.) – nur konstruierte Z.en erlaubt, womit insbesondere Cantors aktual unendliche Z.en aus der Mathematik auszuschließen wären [134].

d) Der *konstruktivistische* bzw. *operationalistische* Z.-Begriff [135] betont gegenüber der seit Locke und Leibniz gängigen Auffassung, daß alles diskret Gegebene auch gezählt werden kann, den bis dahin vernachlässigten Aspekt, daß wir auch mit Hilfe beliebiger Gegenstände zählen, d.h., sie als Zählzeichen auffassen können [136]. Dies bringt in den Blick, daß das Wesentliche an einer Zählhandlung die 1-1-Zuordnung zwischen den gezählten Dingen und den verwendeten Zählzeichen ist; entsprechend konnte die u.a. schon von D. HUME [137] bemerkte Erklärung der Anzahlgleichheit zweier endlicher Mengen durch die umkehrbar eindeutige Zuordenbarkeit ihrer Elemente als «Hume's Principle» [138] in der als Neofregeanismus oder Neologizismus bezeichneten Richtung im 20. Jh. eine Aufwertung erfahren. Es kann gezeigt werden, daß sich über ein Verständnis des Zählvorgangs als geregeltem Prozeß der Herstellung von Z.-Zeichen mit gewissen Konstruktionsvorschriften Z.en gewinnen lassen, die den Peano-Axiomen genügen [139].

e) Neben diesen wichtigsten unter den neueren philosophischen Ansätzen zum Verständnis des Z.-Begriffs sind in der *neueren Mathematikentwicklung* nicht nur eine Vielzahl von ganz neuartigen, auf die jüngere Zahlentheorie (s.d.) im engeren Sinne, aber ebenso auf die Algebra, die Analysis und die Topologie zurückgehende Ausdifferenzierungen des Begriffs zu konstatieren [140], sondern auch Weiterführungen älterer Ansätze mit neuen Methoden. So lassen sich nach J. H. CONWAY [141] die reellen Z.en durch eine Verallgemeinerung der Dedekindschen Schnitte (vgl. oben: Abschn. 3. c) mit Mitteln der Spieltheorie (s.d.) einführen [142]. Und eine auf C. SCHMIEDEN und D. LAUGWITZ [143] sowie A. ROBINSON [144] zurückgehende neuartige Infinitesimalrechnung (s.d.), die heute sog. Non-Standard-Analysis, nimmt eine Körpererweiterung der reellen Z.en unter Einschluß gewisser unendlich kleiner und großer Z.en vor, die die Recheneigenschaften der reellen Z.en weitgehend bewahrt, aber eine leistungsfähigere Begründung der Analysis ermöglicht [145]. Auch hier ist eine Anknüpfung an wesentlich ältere Entwicklungen, nämlich eine «Wiederaufnahme der Ideen und Methoden von Leibniz und Euler» [146], festzustellen. Trotz solcher Rückgriffe scheint es sich mit der Geschichte der Z.-Begriffe wie mit dem Verhältnis der algebraisch bestimmbaren irrationalen Z.en zur Gesamtheit der reellen Z.en zu verhalten: «Further irrational numbers eventually get picked out by independent methods, but we know ... that most of them must forever elude us» [147].

Anmerkungen. [1] M. STIFEL: Arithm. integra II, c. 1 (Nürnberg 1544). – [2] NIKOMACHOS: Introd. arithm. II, 6, 3. – [3] Vgl. etwa: H. WUSSING: Vorles. zur Gesch. der Math. (1979, ^{2}1989) 217. – [4] DIOPHANT: Arithmetica V. Opera omnia cum Graecis comm., hg. P. TANNERY 1-2 (1893-95) 1, 312. – [5] STIFEL, a.O. [1] 248^{v}f. – [6] S. STEVIN: De Thiende (Leiden 1585). – [7] Vgl. H. GERICKE: Gesch. des Z.-Begriffs (1970) 68-78. – [8] S. STEVIN: L'arithmetique (Leiden 1685) fol. 1^v. – [9] a.O.; vgl. GERICKE, a.O. [7] 70f. – [10] R. DESCARTES: La géométrie (1637). Oeuvr., hg. CH. ADAM/P. TANNERY (Paris 1897-1912, 1964-76) 3, 370. – [11] J. WALLIS: Mathesis univ. (1657). Op. mathemat. 1 (Oxford 1695, ND 1972) 26. – [12] G. W. LEIBNIZ: Initia rerum mathemat. metaphysica [1715]. Math. Schr., hg. C. I. GERHARDT (1849-63, ND 1971) 7, 24. – [13] I. NEWTON: Arithm. universalis (1707). Opera, hg. S. HORSLEY 1 (London 1779, ND 1964) 1-3. – [14] a.O. 2. – [15] G. CARDANO: Ars magna bzw. Regula falsorum proponendi. Opera 3-4 (Lyon 1663). – [16] DESCARTES, a.O. [10] 453f. – [17] Vgl. G. W. LEIBNIZ: Specimen novum analyseos pro scientia infiniti circa summa et quadraturas (1702). Math. Schr., a.O. [12] 5, 357. – [18] Br. an Ch. Huygens [um 1673], a.O. [12] 2, 12; vgl. hierzu: G. REMMERT: Komplexe Z.en, in: H. D. EBBINGHAUS/H. HERMES/F. HIRZEBRUCH u.a.: Z.en, Kap. 3 (^{2}1988) 45-78, hier: 48. – [19] Wohl zuerst bei: L. EULER: Rech. sur les racines imaginaires des équations (1749). Op. omn. I/6 (1921) 78-147. – [20] Introd. in analysin infinitorum (1748); dtsch.: Einl. in die Analysis des Unendlichen I, 8. Cap., § 138 (1885, ND 1983) 106. – [21] Vollst. Anleitung zur Algebra, Cap. 13, § 143 [russ. 1768] (1770, ND Leipzig o.J.) 60. – [22] J. WALLIS: De algebra tract. historicus et practicus, c. 66-68 (1685), a.O. [11] 2, 286ff. – [23] C. WESSEL: Om Direktionens analytiske Betegning. Det Kgl. Videnskabers Selskabs Skrifter 5, H. 3 [1797] (1799); frz.: Essai sur la représentation analyt. de la direction. Acad. Royale Sci. Lettres de Danmark (Kopenhagen 1898); vgl. auch: GERICKE, a.O. [7] 74-76 (Auszug). – [24] J. R. ARGAND: Essai sur une manière de représenter les quantités imaginaires dans les constructions géométr. (Paris 1806, ^{2}1874). – [25] Vgl. REMMERT, a.O. [18] 49f. – [26] C. F. GAUSS: Theoria residuorum biquadraticorum. Comm. secunda [1831] (1832). Werke 2 (1876) 102. –

[27] Selbstanzeige zur ‹Theoria resid. biquadr.› (1831), a.O. 171f. – [28] a.O. 171. – [29] Vgl. Br. an W. Bessel (18. Dez. 1811). Werke 8 (1900) 90; vgl. 103. – [30] a.O. [27] 178. – [31] R. Dedekind: Über Einführung neuer Funktionen in der Math. (1854). Ges. math. Werke 3 (1932) 434. – [32] W. R. Hamilton: Theory of conjugate functions, or algebraic couples, with a prelim. and element. essay on algebra as the science of pure time (1835). Math. papers 3 (Cambridge 1967) 3-96. – [33] Vgl. Remmert, a.O. [18] 53-55. – [34] Vgl. Art. ‹Maß III.›. Hist. Wb. Philos. 5 (1980) 823-825, bes. 824f. – [35] Vgl. Art. ‹Quantität III.›, a.O. 7 (1989) 1808-1818, bes. 1815f.; ‹Kontinuum II. III.›, a.O. 4 (1976) 1049-1057. – [36] Aristoteles: Met. XIV, 5, 1092 b 19f. – [37] Vgl. J. Micraelius: Lex. philos. (²1662, ND 1966) 897-905 (Art. ‹numerus›). – [38] F. Suárez: Disp. metaphys., sect. 41 (1597). – [39] J. Locke: An essay conc. human underst. II, 16, § 1 (1690), hg. P. H. Nidditch (Oxford 1975, ND 1979) 205: «the most universal Idea we have. For Number applies it self to Men, Angels, Actions, Thoughts, every thing that either doth exist, or can be imagined». – [40] G. W. Leibniz: Diss. de arte combinatoria (1666). Akad.-A. VI/1 (1930) 171. – [41] B. Spinoza: Br. an J. Jelles (2. Juni 1674), in: Br.wechsel, übers. C. Gebhardt (²1977) 209f.; zum Kontext und Adressaten vgl. G. Frege: Grundlagen der Arithmetik (1884), hg. Ch. Thiel (1986) 62. 163f. – [42] R. Descartes: Principia philosophiae I, 55 (1644), a.O. [10] 8/1, 26. – [43] 58, a.O. 27. – [44] 60, a.O. 28. – [45] Vgl. Regulae ad dir. ingenii 12 [1628] (1684), a.O. 10, 421f.; vgl. 14, a.O. 444-446. – [46] Vgl. Princ. philos. II, 8, a.O. [42] 44f. – [47] Th. Hobbes: De corpore II, c. 7, 7 (London 1655). Op. philos. lat., hg. W. Molesworth (London 1839-45, ND 1961) 1, 85f.; vgl. auch: Art. ‹Rechnen I.›. Hist. Wb. Philos. 8 (1992) 214-219, hier: 215f. – [48] Locke: Ess. II, 16, § 5, a.O. [39] 206. – [49] § 1, a.O. 205. – [50] §§ 1-4, a.O. 205f. – [51] 13, §§ 1-6, a.O. 166-169. – [52] 16, § 4, a.O. 205f. – [53] §§ 5-7, bes. § 6, a.O. 207. – [54] Ess., ‹The Epistle to the Reader›, a.O. 10; vgl. G. A. J. Rogers: Locke's essay and Newton's principia. J. Hist. Ideas 39 (1978) 217-232. – [55] Ess. II, 8, §§ 9. 22f., a.O. 135. 140f.; vgl. Art. ‹Qualität III.›. Hist. Wb. Philos. 7 (1989) 1766-1780, hier: 1770f. – [56] G. Berkeley: A treat. conc. the principles of human knowledge § 12 (1710); dtsch.: Eine Abh. über die Prinzipien der menschl. Erkenntnis (1869), neu hg. A. Klemmt (1979) 31. – [57] § 122, a.O. 95. – [58] D. Hume: An enqu. conc. human understanding XII, 1 (1748); dtsch.: Eine Unters. über den menschl. Verstand (1907), neu hg. J. Kulenkampff (1993) 180-182. – [59] IV, 1, a.O. 35. – [60] I. Kant: KrV B 744. – [61] B 179. – [62] B 182. – [63] Vgl. F. Kambartel: Erfahrung und Struktur (1968) 118. – [64] Kant: KrV B 182. – [65] Prolegomena § 10 (1783). Akad.-A. 4, 283. – [66] G. Peacock: A treat. on algebra (Cambridge 1830). – [67] H. Hankel: Theorie der complexen Zahlensysteme, insbes. der gemeinen imaginären Z.en und der Hamilton'schen Quaternionen (1867) 10-17. – [68] H. Schubert: Grundlagen der Arithmetik, in: Enzykl. der math. Wiss. I/A, 1 (1898) 1-27, bes. 11. – [69] Vgl. Hamilton, a.O. [32] bes. 3; zur Datierung vgl. Th. Hankins: Sir W. R. Hamilton (Baltimore/London 1980) 258-267. – [70] a.O. 5. – [71] Vgl. 5f. – [72] Vgl. etwa: Pref. to ‹Lectures on Quaternions› (1853), a.O. [32] 117f. (Anm., mit Rückblick auf seine frühen Arbeiten); vgl. auch: Hankins, a.O. [69] 268-275. – [73] Vgl. a.O. [32] 5-7. 9f. – [74] Vgl. a.O. 16ff. 76ff. – [75] Vgl. 51; kritisch hierzu: J. Mathews: W. R. Hamilton's paper of 1837 on the arithmetization of analysis. Arch. Hist. exact Sci. 19 (1978) 177-200. – [76] C. F. Gauss: Br. an W. Bessel (9. April 1830), a.O. [29] 201. – [77] Br. an W. Bessel (21. Nov. 1811). Werke 10/1 (1917) 363 (Anm., mit Bezug auf den Funktionsbegriff). – [78] E. Husserl: Philos. der Arithmetik (1891). Husserliana 12 (Den Haag 1970). – [79] Zuerst bei: W. R. Hamilton: Quaternions (1843), a.O. [32] 3, 104-106 (in Bd. 3 auch zahlreiche weitere Arbeiten); vgl. hierzu: M. Koecher/R. Remmert: Hamiltonsche Quaternionen, in: Ebbinghaus/Hermes/Hirzebruch u.a., a.O. [18] 155-181. – [80] Zurückgehend auf J. T. Graves und A. Cayley; vgl. W. R. Hamilton: Note, respecting the researches of J. T. Graves. Transact. Royal Irish Acad. (1848) 338-341; A. Cayley: Postscript on Quaternions (1845). Math. papers 1 (1889) 127; vgl. hierzu: M. Koecher/R. Remmert: Cayley-Z.en oder alternative Divisionsalgebren, in: Ebbinghaus/Hermes/Hirzebruch u.a., a.O. [18] 205-218. – [81] W. K. Clifford: Application of Grassmann's extensive Algebra (1878). Math. papers, hg. R. Tucker (1882, ND New York 1968) 266-276; vgl. auch: E. Scholz: Lineare Algebra im 19. Jh., in: E. Scholz (Hg.): Gesch. der Algebra (1990) 337-363, hier: 359f. – [82] E. Kummer: Br. an L. Kronecker (14. Juni 1846). Coll. papers, hg. A. Weil 1 (1975) 98f.; vgl. Zur Theorie der complexen Z.en (1847), a.O. 203. – [83] Vgl. J. F. Fries: Rez. von L. N. M. Carnot: Geometrie der Stellung (1808). Sämtl. Schr., hg. G. König/L. Geldsetzer 25 (1996) 312; vgl. G. Schubring: Philos. der Math. bei Fries, in: W. Hogrebe/K. Herrmann (Hg.): J. F. Fries. Philosoph, Naturwissenschaftler und Mathematiker (1999) 175-193, hier: 183f. – [84] Die mathemat. Naturphilos. nach philos. Methode bearb. (1822), a.O. 13 (1979) 80f.; vgl. a.O. 274-278. – [85] Vgl. Art. ‹Infinitesimalrechnung I.›. Hist. Wb. Philos. 4 (1976) 344-351, hier: 350. – [86] Zur diesbezüglichen Grundlagendiskussion vgl. die verschiedenen Beiträge in: G. König (Hg.): Konzepte des mathematisch Unendlichen im 19. Jh. (1990); D. Spalt (Hg.): Rechnen mit dem Unendlichen (1990). – [87] M. Ohm: Versuch eines vollkommen consequenten Systems der Math. I, Arithmetik und Algebra enthaltend (1822, ²1828) VIIf. – [88] A.-L. Cauchy: Cours d'analyse de l'Ecole Royale Polytechnique (1821). Oeuvr. compl. II/3 (Paris 1897) 120. – [89] Vgl. hierzu: P. Dugac: Grundlagen der Analysis, in: J. Dieudonné: Abrégé d'hist. des math. 1700-1900 (Paris 1978); dtsch.: Gesch. der Math. 1700-1900 (1985) 359-421, hier: 384. – [90] B. Bolzano: Rein analytischer Beweis des Lehrsatzes, daß zwischen je zwei Werthen, die ein entgegengesetztes Resultat gewähren, wenigstens eine reelle Wurzel der Gleichung liege (Prag 1817). Ostwalds Klassiker der exakten Wiss. 153 (1905). – [91] Functionenlehre [1830] (Prag 1930) 15. – [92] Wiss.lehre 1-4 (1837). Ges.ausg., hg. J. Berg I/11, 1ff. (1987ff.), bes. § 102, a.O. I/11, 3, 67-70; vgl. hierzu: J. Berg: Zur log. und mathemat. Ontologie. Geneseologie und Resultatismus in der Analyse der Grundlagen der Bolzanoschen Zahlenlehre, in: Spalt (Hg.), a.O. [86] 123-155, bes. 142ff. – [93] Reine Zahlenlehre (o.J.). Ges.ausg. II/A, 8 (1976) 78f. – [94] a.O. 100f. 110-115. – [95] 130. – [96] 119ff. 156ff.; vgl. Berg, a.O. [92] 151. – [97] Vgl. bes.: K. Rychlik (Hg.): Theorie der reellen Z.en in Bolzanos handschriftl. Nachlasse (Prag 1962) 5f. (Vorwort des Hg.); B. van Rootselaar: Bolzano's theory of real numbers. Arch. Hist. exact Sci. 2 (1962-66) 168-180; D. Laugwitz: Bem. zu Bolzanos Größenlehre, a.O. 398-409; D. Spalt: Die Unendlichkeiten bei B. Bolzano, in: König (Hg.), a.O. [86] 189-219; Berg, a.O. [92]. – [98] Gericke, a.O. [7] 101. – [99] Vgl. P. Dugac: Elém. d'analyse de K. Weierstrass. Arch. Hist. exact Sci. 10 (1973) 41-176, hier: 57. – [100] Zuerst veröff. von E. Kossak: K. Weierstrass: Die Elemente der Arithmetik, hg. E. Kossak (1872), nach einer Vorles. von Weierstrass aus dem WS 1865/66; vgl. dann: Einl. in die Theorie der analyt. Funktionen. Nachschr. der Vorles. Berlin 1878 von A. Hurwitz, hg. P. Ullrich (1988); vgl. hierzu auch: Dugac, a.O. [89] 389. – [101] Ch. Méray: Remarques nouvelles sur les points fondamentaux du calcul infinitésimal et sur la théorie du développement des fonctions en séries. Rev. Soc. Savantes 2/3 (1868) 133-138; Remarques sur la nature des quantités définies de servir de limites à des variables données, a.O. 2/4 (1869) 280-289. – [102] R. Dedekind: Stetigkeit und Irrationale Z.en (1872, ⁷1965) bes. § 4: «Schöpfung der irrationalen Z.en». – [103] G. Cantor: Über die Ausdehnung eines Satzes aus der Theorie der trigonometr. Reihen (1872), in: Ges. Abh. mathemat. und philos. Inhalts, hg. E. Zermelo (1932, ND 1990) 92-102; vgl. E. Heine: Die Elem. der Functionenlehre. J. reine angewandte Math. 74 (1872) 172-188. – [104] Dedekind, a.O. [102] 5. – [105] Vgl. a.O. 10. – [106] a.O. – [107] 13. – [108] Cantor, a.O. [103] 92f.; vgl.: Über unendliche lineare Punktmannigfaltigkeiten, Nr. 5: Grundlagen einer allg. Mannigfaltigkeitslehre (1883), in: Ges. Abh., a.O. 165-209, hier: 186. – [109] Grundlagen, a.O. 186f.; vgl. Dugac, a.O. [89] 394f. – [110] a.O. 187. – [111] Ausdehnung, a.O. [103] 95. – [112] Zu deren Entstehungsgeschichte vgl. J. Ferreirós: «What fermented in me for years»: Cantor's discovery of transfinite numbers. Historia mathemat. 22 (1995) 33-42. – [113] Vgl. bes.: G. Cantor: Mitteil. zur Lehre vom Transfiniten (1887/88), in: Ges. Abh., a.O. [103] 378-439, bes. 380ff.; Beiträge zur Begründung der transfiniten Mengenlehre (1895), a.O. 282-356, bes. 282. – [114] Beiträge, a.O. 292. – [115] a.O. 292f. – [116] Über eine Eigenschaft des Inbegriffs aller reellen algebraischen Zahlen (1874), a.O. 117f. – [117] Beiträge, a.O. [113] 331ff. – [118] Vgl. Art. ‹Kontinuum; Kontinuität IV.›. Hist. Wb. Philos. 4 (1976) 1057-1062, hier: 1062. – [119]

CANTOR: Beiträge, a.O. [113] 296. – [120] Vgl. bes.: Mitteil., a.O. [113], sowie: Über die verschiedenen Standpunkte in bezug auf das aktuelle Unendliche [1885] (1890), a.O. 370-377. – [121] E. SCHRÖDER: Lehrb. der Arithmetik und Algebra für Lehrer und Studirende I: Die sieben algebraischen Operationen (1873) bes. 13-16. – [122] Vgl. CANTOR: Mitteil., a.O. [113] 384; L. COUTURAT: De l'infini mathémat. (Paris 1896) 313. – [123] G. FREGE: Die Grundlagen der Arithmetik (1884) 79f. – [124] Vgl. Art. ‹Antinomie II.›. Hist. Wb. Philos. 1 (1971) 396-405. – [125] Vgl. Art. ‹Logizismus›, a.O. 5 (1980) 483f. – [126] P. BENACERRAF: What numbers could not be. Philos. Review 74 (1965) 47-73. – [127] Vgl. Art. ‹Vollständigkeit/Unvollständigkeit›. Hist. Wb. Philos. 11 (2001) 1136-1141. – [128] DEDEKIND, a.O. [102]; vgl. [14 zu I.]. – [129] G. PEANO: Sul concetto di numero. Rivista matemat. 1 (1891) 87-102. 256-267; vgl. Art. ‹Axiomensystem, Peanosches›. Hist. Wb. Philos. 1 (1971) 751f. – [130] D. HILBERT: Über den Z.-Begriff. Jahresber. Dtsch. Mathematiker-Vereinigung 8 (1900) 180-184. – [131] a.O. 181. – [132] Vgl. Art. ‹Intuitionismus III.›. Hist. Wb. Philos. 4 (1976) 543f. – [133] L. E. J. BROUWER: Points and spaces. Canadian J. Mathematics 6 (1954) 1-17, 2; vgl. bereits: Begründung der Mengenlehre unabhängig vom log. Satz vom ausgeschlossenen Dritten. Verh. Kon. Ned. Akad. Wetensch. I/12 ([8]1918/19) H. 5, 1-43; H. 7, 1-33. – [134] Vgl. A. S. TROELSTRA: Principles of intuitionism (Berlin u.a. 1969) 22ff. – [135] Vgl. Art. ‹Operativismus›. Hist. Wb. Philos. 6 (1984) 223f. – [136] H. SEIFFERT: Einf. in die Math. (1973) 27f. – [137] D. HUME: A treat. of human nature I, 3, 1 (1739/1740), hg. L. A. SELBY-BIGGE (Oxford [2]1978) 71. – [138] Vgl. etwa: G. BOOLOS: The consistency of Frege's Found. of arithm. (1987), in: W. DEMOPOULOS (Hg.): Frege's philos. of math. (Cambridge, Mass./London 1995, [2]1997) 211-233, hier: 221. – [139] Vgl. P. LORENZEN: Konstruktive Begründung der Math. Mathemat. Zeitschr. 53 (1950) 162-202; Differential und Integral. Eine konstruktive Einf. in die klass. Analysis (1965); CH. THIEL: Beweis der 'Peano-Axiome', in: D. VOLK (Hg.): Didaktik und Math.unterricht (1980) 160-167. – [140] Vgl. EBBINGHAUS/HERMES/HIRZEBRUCH u.a., a.O. [18]. – [141] J. H. CONWAY: On numbers and games (London 1976, [3]1979). – [142] Vgl. H. HERMES: Z.en und Spiele, in: EBBINGHAUS/HERMES/HIRZEBRUCH u.a., a.O. [18] 276-297. – [143] C. SCHMIEDEN/D. LAUGWITZ: Eine Erweiterung der Infinitesimalrechnung. Mathemat. Zeitschr. 69 (1958) 1-39; D. LAUGWITZ: Infinitesimalkalkül (1978). – [144] A. ROBINSON: Nonstandard analysis (Amsterdam 1966). – [145] Vgl. A. PRESTEL: Non-standard analysis, in: EBBINGHAUS/HERMES/HIRZEBRUCH u.a., a.O. [18] 256-275. – [146] Vgl. D. LAUGWITZ: Die Nichtstandard-Analysis: Eine Wiederaufnahme der Ideen und Methoden von Leibniz und Euler, in: Leonhard Euler 1707-1783 (Basel 1983) 185-197. – [147] W. V. O. QUINE: Quiddities. An intermittently philos. dict. (Cambridge, Mass. 1987) 45-48 (Art. ‹Discreteness›), hier: 46.

Literaturhinweise. L. KRONECKER: Ueber den Z.-Begriff, in: Philos. Aufsätze. E. Zeller zu seinem fünfzigjährigen Doctor-Jub. gewidmet (1887) 261-274. – H. VON HELMHOLTZ: Zählen und Messen erkenntnisstheoretisch betrachtet, a.O. 15-52. – T. DANTZIG: Number. The language of science (London 1930, [7]1965). – G. MARTIN: Klassische Ontologie der Zahl (1956). – F. KAMBARTEL: Log. Stellung und konstruktive Bedeutung mathemat. Permanenzprinzipien. Der Math.unterricht 7 (1961) 57-78. – C. J. SCRIBA: The concept of number (1968). – J. H. CONWAY s. Anm. [141 zu III.]. – B. ARTMANN: Der Z.-Begriff (1983). – G. FLEGG: Numbers. Their history and meaning (London 1983). – H. D. EBBINGHAUS/H. HERMES/F. HIRZEBRUCH u.a. s. Anm. [18 zu III.]. – CH. THIEL: Philosophie und Math. Eine Einf. in ihre Wechselwirkungen und in die Philos. der Math. (1995) Kap. 5. – J.-P. BELNA: La notion de nombre chez Dedekind, Cantor, Frege (Paris 1996).

CH. THIEL

Zahlentheorie (engl. number theory, theory of numbers; frz. théorie des nombres). Historisch entwickelt sich eine beweisorientierte Lehre von den Eigenschaften der ganzen und rationalen Zahlen, die (heute) sog. 'elementare Z.', aus mit dem Konzept Zahl (s.d.) verbundenen Fragestellungen, die mindestens bis zu den Babyloniern nachweisbar sind [1], «doch als selbständige und systematische Wissenschaft ist sie durchaus ein Werk der neueren Zeit» [2].

Zahlentheoretische Probleme der Antike, die hauptsächlich durch die ‹Elemente› des EUKLID und die ‹Arithmetik› des DIOPHANT überliefert sind, werden in der Neuzeit u.a. von P. DE FERMAT [3], L. EULER [4] und J. L. LAGRANGE [5] aufgegriffen. Im Anschluß hieran verwendet – unter dem Einfluß der Ausweitung und Pluralisierung des Theoriebegriffs [6] im Ausgang des 18. Jh. – erstmals A.-M. LEGENDRE den Begriff ‹Z.› sogar im Titel eines Buches. Da dieses jedoch dezidiert noch nicht als «traité complet», sondern als ein «essai qui fera connoître à-peu-près l'état actuel de la science» [7], konzipiert ist, läßt sich der Beginn einer systematischen Z. erst mit dem Erscheinen der ‹Disquisitiones Arithmeticae› [8] von C. F. GAUSS ansetzen [9], auf die wohl auch die noch bis ins beginnende 20. Jh. geläufige Benennung «höhere Arithmetik» [10] für Z. zurückgeht. Diese Abhandlung fixiert zum einen den Kanon der zu behandelnden Problemgebiete, liefert zum anderen – in einer Formulierung L. KRONECKERS – «zum ersten male eine vollkommen systematische Behandlung der Z.» und stellt «somit in der That das erste eigentliche wissenschaftliche Werk über die Arithmetik» dar [11] – über eine Disziplin also, die GAUSS selbst, gemäß der Überlieferung seines Biographen S. VON WALTERSHAUSEN, als «Königin der Mathematik» bezeichnet hatte [12].

Neben LEGENDRES 1830 dann ausgearbeiteter ‹Théorie des Nombres› [13] sind insbesondere P. G. LEJEUNE-DIRICHLETS ‹Vorlesungen über Z.› [14] einerseits für die Verbreitung der Gedanken von Gauß und andererseits für die Weiterentwicklung und Adaption von Methoden aus anderen mathematischen Teilgebieten im Verlauf des 19. Jh. von entscheidender Bedeutung [15]. Im ersten Drittel des 20. Jh. setzt sich dann die heute gebräuchliche (weder erschöpfende noch disjunkte) Klassifizierung zahlentheoretischer Disziplinen anhand der verwendeten Methode in 'analytische Z.', 'algebraische Z.' und 'Geometrie der Zahlen' (bzw. 'geometrische Z.') durch [16].

a) *Analytische Z.* – Zieht schon EULER sporadisch Hilfsmittel der Analysis zur Lösung zahlentheoretischer Probleme heran [17], so wird doch erst durch deren systematische Anwendung bei DIRICHLET die sog. 'analytische Z.' begründet [18]. Vorbereitet durch B. RIEMANNS Arbeiten und Vermutungen über Eigenschaften der (später) sog. 'Riemannschen Zetafunktion' [19], zeigt sich ihre außerordentliche Fruchtbarkeit insbesondere auch anhand der (voneinander unabhängigen) Auffindung des Beweises des sog. 'Primzahlsatzes' durch J. HADAMARD und CH.-J. DE LA VALLÉE-POUSSIN [20] im Jahr 1896 [21].

b) *Algebraische Z.* – An GAUSS und DIRICHLET anknüpfend, im Zuge von Untersuchungen zur Fermatgleichung und zu höheren Reziprozitätsgesetzen, studiert E. KUMMER algebraische Zahlkörper, führt das Konzept der idealen Zahlen ein [22] und trägt so wesentlich zur Entstehung der mit algebraischen Methoden und Begriffen arbeitenden 'algebraischen Z.' bei [23]. Diese wird zunächst von R. DEDEKIND [24] und L. KRONECKER [25] weiterentwickelt; D. HILBERT bearbeitet sie 1897 im sog. 'Zahlbericht' [26] mit «neuen, eleganten ... [und] weittragenden Methoden» [27], ergänzt sie um die «Theorie des Galoisschen Zahlkörpers» und faßt sie zu einer systematischen «Theorie der algebraischen Zahlkörper» zusammen [28], die H. HASSE noch 1932 als «Ausgangspunkt für jeden, der ... der modernen zahlentheoretischen Forschung auf ihre Höhen folgen will», bezeichnet [29].

c) *Geometrie der Zahlen.* – «Vor allem ergriffen ... [durch] die berühmten Briefe» [30] CH. HERMITES an C. G. JACOBI [31], kommt H. MINKOWSKI im Rahmen seiner Untersuchungen über das «Problem der Reduktion der quadratischen Formen» [32] zu «Studien über das dreidimensionale Zahlengitter und über entsprechende Gebilde in der Ebene», mithin zu «Untersuchungsmethoden, welche fortwährend durch geometrische Begriffe ihre Richtung angewiesen erhalten» [33]. In der 1896 erschienenen und HERMITE gewidmeten monographischen Fassung dieser Studien unter dem Titel ‹Geometrie der Zahlen› hat die 'geometrische Z.' ihre historische Wurzel [34]. D. HILBERT würdigt sie 1900 in seinem berühmten Pariser Vortrag als «Muster einer mit geometrischen Begriffen und Zeichen in strenger Weise operierenden arithmetischen Theorie» [35].

Im Verlauf des 20. Jh. stellt sich die Z. gleichzeitig als immer differenziertere und umfassendere Disziplin dar, in der zur Lösung der (Vielzahl der) noch vorhandenen Probleme [36] zum einen auf das bereits verfügbare Methodenarsenal nahezu sämtlicher mathematischer Teilgebiete und zum anderen auf gänzlich neuartige Entwicklungen zurückgegriffen wird. Ihre produktive Stärke zeigt sich insbesondere an A. WILES' 1995 veröffentlichtem – als gelungen geltendem – Beweis der sog. großen Fermat-Vermutung [37], in welchem das «klassische Problemfeld der Diophantischen Gleichungen ... mit algebraischer Geometrie, der Theorie allgemeiner L-Reihen und der Theorie der automorphen Funktionen bearbeitet» [38] wird.

Neben ihrer großen theoretisch-vereinheitlichenden Kraft gewinnt die Z. neuerdings durch Anwendung z.B. in der Kodierungstheorie, Kryptographie und Informatik [39] zunehmend auch an praktischer Bedeutung. So überrascht es nicht, daß heutige Mathematiker im Sinne von und mit Bezug auf Gauß' Bestimmung der Arithmetik auch die moderne Z. selbst gelegentlich noch als «Königin der Mathematik» bezeichnen [40].

Anmerkungen. [1] Vgl. A. WEIL: Number theory. An approach through history. From Hammurapi to Legendre (Boston 1984); dtsch.: Z. Ein Gang durch die Gesch. von Hammurapi bis Legendre (1992) 8f.; J. HØYRUP: Babylonian math., in: I. GRATTAN-GUINNESS (Hg.): Companion encycl. of the hist. and philos. of the mathemat. sciences 1 (London/New York 1994) 21-29, 23f. – [2] D. HILBERT: Die Theorie der algebraischen Zahlkörper (1897), in: Ges. Abh. 1-3 (1932-35, ND 1970), 1: Z. (1932) 63-363, 63. – [3] Vgl. WEIL, a.O. [1] bes. 125-131; H. M. EDWARDS: Fermat's last theorem. A genetic introd. to algebraic number theory (New York 1977) bes. 1-38; W. SCHARLAU/H. OPOLKA: Von Fermat bis Minkowski. Eine Vorles. über Z. und ihre Entwickl. (1980) bes. 6-16. – [4] Vgl. E. A. FELLMANN: L. Euler – Ein Essay über Leben und Werk, in: Leonhard Euler. Beiträge zu Leben und Werk, Gedenkbd. des Kt. Basel-Stadt (Basel 1983) 1-98, bes. 35-39; G. P. MATVIEVKAJA/H. P. OZIGOVA: Eulers Ms. zur Z., in: Leonhard Euler, a.O. 151-160; WEIL, a.O. 165-295, bes. 179-182; EDWARDS, a.O. [3] 39-58; SCHARLAU/OPOLKA, a.O. [3] 17-37. – [5] Vgl. WEIL, a.O. bes. 327ff.; SCHARLAU/OPOLKA, a.O. 38-71. – [6] Vgl. Art. ‹Theorie I.›. Hist. Wb. Philos. 10 (1998) 1128-1146, bes. 1136. – [7] A.-M. LEGENDRE: Essai sur la théorie des nombres (Paris 1798) IXf.; vgl. WEIL, a.O. [1] 336-351; SCHARLAU/OPOLKA, a.O. [3] 72-80. – [8] C. F. GAUSS: Disquisitiones arithmeticae (1801). Werke 1 (1863); vgl. O. ORE: Number theory and its history (New York 1948, ND 1988) 209-233. – [9] Vgl. F. KLEIN: Vorles. über die Entwickl. der Math. im 19. Jh. 1-2 (1926/27, ND 1979) 26. – [10] Vgl. Art. ‹Arithmetik›. Hist. Wb. Philos. 1 (1971) 517f. – [11] L. KRONECKER: Vorles. über Z. 1 (1901, ND 1978) 40. – [12] S. VON WALTERSHAUSEN: Gauß zum Gedächtnis (1856) 79. – [13] A.-M. LEGENDRE: Théorie des nombres 1-2 (Paris 1830, [4]1955). – [14] P. G. LEJEUNE-DIRICHLET: Vorles. über Z. (1863, [3]1879). – [15] Vgl. W. SCHWARZ: Zur Entwickl. einiger Gebiete der Z., insbes. im 19. Jh. Sber. Wiss. Ges. Joh. Wolfg. Goethe-Univ. Frankfurt a.M. 39/3 (2001) 69-123, 83f.; KLEIN, a.O. [9] 27. – [16] Vgl. E. LANDAU: Vorles. aus der Z. 1/1 (1927) V; G. H. HARDY/E. M. WRIGHT: An introd. to the theory of numbers (Oxford 1938); dtsch: Einf. in die Z. (1958) XV; G. J. WIRSCHING: Art. ‹Z.›, in: G. WALZ (Hg.): Lex. der Math. 5 (2002) 438-442, 440. 441. – [17] Vgl. SCHWARZ, a.O. [15] 79f. – [18] Vgl. KRONECKER, a.O. [11] 43; J. DIEUDONNÉ: Abrégé d'hist. des math. 1700-1900 (Paris 1978); dtsch.: Gesch. der Math. 1700-1900. Ein Abriß (1985) 278-292. – [19] Vgl. B. RIEMANN: Über die Anzahl der Primzahlen unter einer gegebenen Grösse (1859), in: Ges. math. Werke und wiss. Nachl., hg. R. DEDEKIND/H. WEBER ([2]1892, ND London 1990) 145-155; D. LAUGWITZ: B. Riemann. 1826-1866. Wendepunkte in der Auffassung der Math. (1996) 164-181. – [20] J. HADAMARD: Sur la distribution des zéros de la fonction $\zeta(s)$ et ses conséquences arithmét. Bull. Soc. mathémat. France 24 (1896) 199-220; CH.-J. DE LA VALLÉE-POUSSIN: Rech. analyt. sur la théorie des nombres premiers. Annales Soc. scient. Bruxelles 20 (1896) 183-256. 281-362. 363-397; vgl. SCHWARZ, a.O. [15] 96. – [21] Vgl. W. SCHWARZ: Gesch. der analyt. Z. seit 1890, in: G. FISCHER u.a. (Hg.): Ein Jahrhundert Math. 1890-1990. Festschr. zum Jubiläum der DMV (1990) 741-780; W. J. LEVEQUE (Hg.): Reviews in number theory 1-6 (Providence 1974) hier: 4, 83-93. 97-111. – [22] E. KUMMER: Br. an L. Kronecker (18. 10. 1845). Coll. papers, hg. A. WEIL 1 (1975) 94-98; vgl. A. WEIL: Introd., in: E. KUMMER: Coll. papers, a.O. 1-14, bes. 3-5. – [23] Vgl. SCHWARZ, a.O. [15] 100-104; I. STEWART: Algebraic number theory and Fermat's last theorem (Natick [3]2002) 1-6; DIEUDONNÉ, a.O. [18] 201-206. – [24] Vgl. R. DEDEKIND: Ueber die Theorie der ganzen algebraischen Zahlen. Suppl. XI zu: DIRICHLET, a.O. [14] 434-627. – [25] KRONECKER, a.O. [11]. – [26] Vgl. DIEUDONNÉ, a.O. [18] 225-234. – [27] H. HASSE: Zu Hilberts algebraisch-zahlentheoret. Arbeiten (1932), in: HILBERT: Ges. Abh., a.O. [2] 1, 528-535, 529. – [28] Vgl. HILBERT: Ges. Abh., a.O. 2: Der Galoissche Zahlkörper, 129-156. – [29] HASSE, a.O. [27]; vgl. J. NEUKIRCH: Algebraische Z., in: FISCHER u.a. (Hg.), a.O. [21] 587-628, bes. 587. 591f.; H. HASSE: Hist. of class field theory, in: J. CASSELS/A. FRÖHLICH (Hg.): Algebraic number theory (London/New York 1967) 266-271; LEVEQUE, a.O. [21] 5, 1-354. – [30] D. HILBERT: H. Minkowski. Gedächtnisrede, geh. in der öffentl. Sitzung der Kgl. Ges. der Wiss. zu Göttingen am 1. Mai 1909, in: Ges. Abh., a.O. [2] 3, 339-364, 343. – [31] CH. HERMITE: Extraits de lettres de Ch. Hermite à Jacobi sur différents objects de la théorie des nombres. J. reine angewandte Math. 40 (1850) 261-315. – [32] HILBERT, a.O. [30]. – [33] H. MINKOWSKI: Über Geometrie der Zahlen. Jahresbericht Dtsch. Mathematiker-Vereinigung 1 (1891) 64f. – [34] Geometrie der Zahlen (1896, ND New York 1953); vgl. SCHARLAU/OPOLKA, a.O. [3] 187-208. – [35] D. HILBERT: Mathemat. Probleme. Vortrag, geh. auf dem Int. Mathematikerkongr. zu Paris 1900, in: Ges. Abh., a.O. [2] 3, 290-329, 296; vgl. P. GRUBER: Zur Gesch. der Konvexgeometrie und der Geometrie der Zahlen, in: FISCHER u.a. (Hg.), a.O. [21] 421-455, bes. 432ff.; LEVEQUE, a.O. [21] 3, 1-78. – [36] Vgl. R. GUY: Unsolved problems in number theory (New York 1981, ND 1994); SCHWARZ, a.O. [15] 116. – [37] A. WILES: Modular elliptic curves and Fermat's last theorem. Annals Mathematics 141 (1995) 443-551. – [38] SCHWARZ, a.O. [15] 107. – [39] Vgl. G. FREI: Number theory, in: GRATTAN-GUINNESS (Hg.), a.O. [1] 806-827, 825; WIRSCHING, a.O. [16] 441. – [40] Vgl. z.B. den Titel: W. S. ANGLIN: The queen of mathematics. An introd. to number theory (Dordrecht 1995).

Literaturhinweise. L. E. DICKSON: Theory of numbers 1-3 (Washington 1919ff., ND New York 1971). – W. J. LEVEQUE s. Anm. [21] (Lit.). – A. WEIL s. Anm. [1]. – P. GRUBER s. Anm. [35]. – J. NEUKIRCH s. Anm. [29]. – W. SCHWARZ s. Anm. [21].

C. SECK

Zart; zärtlich (griech. ἁπαλός; lat. delicatus, tener; engl. delicate, tender; frz. délicat, tendre). Die Begriffe ‹zart› und ‹zärtlich› gehen auf die mhd. Verbalform ‹zarten›, d.h. 'liebkosen' durch körperliche Berührung, zurück [1]. Sie kennzeichnen eine sanfte Art des Umgangs mit Dingen oder beseelten Wesen, dessen Quelle das Gefühl der Rücksicht oder Zuneigung ist. Daneben kann ‹zart› auch eine objektive Bedeutung haben und als Gegenbegriff zu ‹grob›, ‹rauh› ebensosehr auf die feine materiale Textur von Dingen und Erzeugnissen bzw. auf die körperliche Konstitution – insbesondere auf Sinnesorgane – bezogen sein wie auf geistige Bereiche übertragen werden [2].

Philosophische Bedeutung hat das Attribut des Zarten unter dem Titel ‹Feinheit› oder ‹Subtilität› (s.d.) schon in der Antike, bes. aber in der Scholastik, und zwar als Qualität sowohl von Objekten als auch einer spezifischen Erkenntnisbeziehung. Mit B. GRACIÁNS Propagierung eines lebenspraktisch ausgerichteten, ingeniösen «Scharfsinns» (s.d.) [3], nicht zuletzt im Hinblick auf die feinen Verflechtungen der höfischen Welt, und B. PASCALS Unterscheidung von «esprit de géométrie» und «esprit de finesse» [4] deutet sich in der Frühen Neuzeit die Tendenz an, einem auf Empfindung gründenden Gespür für verborgene Zusammenhänge gegenüber dem diskursiven Denken verstärkt Geltung zu verschaffen: «il faut un sens bien délicat et bien net pour les sentir, et juger droit et juste selon ce sentiment» [5]. Bereits im 17. Jh. gewinnt dieses intuitive Unterscheidungsvermögen und mit ihm die Kategorie des Zarten/Zärtlichen über die höfisch-politische bzw. wissenschaftliche Sphäre hinaus auch innerhalb der Ästhetik und Ethik an Relevanz.

1. *‹Zart› als ästhetische Kategorie.* – D. BOUHOURS bemerkt die signifikante Ausdehnung des zeitgenössischen Begriffsgebrauchs von ‹délicat› und ‹délicatesse› von der sinnlichen auf die geistige Sphäre: «Quoy-que delicat, delicatesse, delicatement ayent toûjours esté en usage, on ne s'en est pas toûjours servi comme l'on s'en sert. Un esprit delicat, une raillerie delicate, une pensée delicate; ... Il a beaucoup de delicatesse dans l'esprit; il sçait toutes les delicatesses de la langue» [6]. Gehören die Begriffe ursprünglich in den Bereich der Eß- und Tafelkultur, so gebraucht Bouhours sie wohl erstmals im kunstästhetischen Sinne: «Zart» («delicat») nennt er jene kaum wahrnehmbaren Eigenschaften eines Werks [7], die ihm über alle Regelhaftigkeit hinaus eine geheimnisvolle Ausstrahlung («je ne sçay quel air tendre & gracieux») verleihen [8], wenn es etwa durch ungewöhnliche Metaphern oder brillante Wendungen den Kenner angenehm überrascht [9]. Neben ‹finesse› und ‹noblesse› steigt ‹délicatesse› in der Folge zu den wichtigsten ornement-Begriffen der französischen Klassik auf [10]. Im Verlauf des 18. Jh. wird das Zarte oftmals in den Horizont des Schönen (s.d.) gerückt und in Opposition zu den Bestimmungen des Erhabenen (s.d.) gestellt. Stellvertretend für viele sieht E. BURKE in der «delicacy» [11], der Kleinheit und Fragilität, die Bedingung der Schönheit, während das Erhabene unüberschaubar, rauh, wild und ungehobelt sein kann [12].

Der Zartheit des ästhetischen Gegenstandes korreliert die Zartheit des ästhetischen Empfindungsvermögens [13], dessen Art und Geltungsanspruch im Mittelpunkt der zeitgenössischen kunsttheoretischen Debatten nicht nur in Frankreich, sondern auch in England und Deutschland stehen. Vorprägend hatte schon F. PETRARCA die ästhetische Empfänglichkeit überhaupt unter dem Begriff der Zartheit thematisiert, wenn er sich selbst im Zusammenhang der Reflexion seiner zweckfreien Motive, den Mont Ventoux zu besteigen, ein «zartes Gemüt, das auf achtbaren Genuß aus ist» («delicatus animus honesteque delectationis appetens»), bescheinigt [14]. Seitdem die Termini ‹Geschmack› (s.d.) und ‹Empfindung› (s.d.) in ästhetischen Kontexten aufkommen, ist ihre Verbindung mit dem Begriff ‹zart› ubiquitär [15]. ‹Délicatesse›, ‹delicacy› oder ‹Zartgefühl› bezeichnen die Empfänglichkeit des Gemüts für gewisse Qualitäten eines Kunstwerks, die natürlicherweise geeignet sind, ein Gefallen hervorzurufen [16]. Dabei wird – in Analogie zum physiologischen Geschmack – dem ästhetischen Geschmack das Attribut ‹Zartheit› weniger als einer natürlichen Anlage zugesprochen, sondern vielmehr als einer perfektionierten, sicheren Urteilskraft [17].

2. *‹Zart› und ‹zärtlich› im Kontext zwischenmenschlicher Beziehungen.* – Seit der Antike werden das Zarte und die Zärtlichkeit als Elemente der Liebe (s.d.) angesehen: So ist in PLATONS ‹Symposion› für Agathon – anders als für Sokrates – die Zartheit (ἁπαλότητα) das entscheidende Wesensmerkmal des Eros, der deswegen auch nur «das Weichste der Weichsten» berührt, nämlich die Seele der Götter und Menschen, sofern sie nicht «hartsinnig» (σκληρὸν ἦθος) sind [18].

Auf die Zärtlichkeit des mütterlichen Umgangs mit dem Kind – Urtypus zärtlicher Zuwendung schlechthin – ist es wohl zurückzuführen, daß das Zarte traditionell vornehmlich der Sphäre des Weiblichen [19] zugeordnet wird und mit diesem Begriff sowohl die spezifische körperliche und seelische Verfassung als auch das Verhalten der Frau bezeichnet wird [20]. Daß die zarte Empfindung das weibliche Geschlecht vor dem männlichen auszeichne, ist besonders im 18. Jh., aber auch noch darüber hinaus, eine weitverbreitete Ansicht und wird nicht selten, wie etwa von W. HEINSE, sinnesphysiologisch begründet: «Sie [sc. die Frauen] haben viel zärtere und feinere Nerven, die leichter können erschüttert werden, und folglich auch ein feineres Gefühl» [21]. Was in dieser Zeit unter dem Titel ‹zart› bei der Frau vorwiegend geschätzt und als ein wesentlicher Faktor im Zivilisierungsprozeß angesehen wird [22], ist beim Mann jedoch dezidiert pejorativ konnotiert und meint dann 'schwächlich', 'weichlich' oder schlicht 'unmännlich'. So benutzt denn auch J. LOCKE in seinen Gedanken über die rechte Erziehung des jungen Gentleman den Terminus «tenderness» abwertend im Sinne von «Verzärtelung» und plädiert für eine Abhärtung des Leibes und Ausbildung von Seelenstärke [23].

Ungeachtet dessen steigen die Begriffe ‹zart›, ‹zärtlich› und ‹Zärtlichkeit› im 18. Jh. zu Schlagwörtern der geselligen Rokokokultur und der zeitgenössischen Literatur auf, in der «Empfindsamkeit» zum neuen anti-höfischen Bildungsideal von Frau und Mann und zum Kennzeichen der «schönen Seele» wird [24]. Philosophisch wirkmächtig entfaltet wird diese 'Ästhetik der Sitten' in der moral-sense-Theorie A. A. C. Lord SHAFTESBURYS, der das moralische Bewußtsein auf die Empfindung («sentiment») des Unterschieds von recht und unrecht zurückführt und diese als «tender thoughts» bestimmt [25]. Damit wendet sich Shaftesbury gegen die traditionelle Abwertung der Affekte zu bloß heftigen, rasenden, der Vernunft entgegenstehenden Gemütsbewegungen. Für ihn umfaßt der normative Begriff «tenderness» sowohl die lebhafte Empfänglichkeit des Gemüts für die gute Ordnung der Natur [26] als auch seine unmittelbare Empfindlichkeit bezüglich einer rechten Ausgewogenheit von selbstbezogenen und sozialen Affekten [27], die beide Grundlage einer instinktiven uneigennützigen Zuwendung zum Mitmenschen sind. Bei Shaftesbury wie bei seinen Nachfolgern fallen die Begriffe häufig im Sinnbezirk von ‹Sympathie› (s.d.), ‹Mitleid› (s.d.), ‹Wohlwollen› (s.d.), ‹Freundschaft› (s.d.) und ‹Menschenliebe›. A. Smith, der noch in der Tradition der moral-sense-Ethik steht und sie gleichzeitig kritisiert, unterscheidet zwischen einer natürlichen sozialen Sensibilität, die im Menschen aufgrund der Fähigkeit zur Sympathie angelegt sei, und ihrer gesteigerten, weil reflektierten Form: einer «exquisite and unexpected delicacy and tenderness», die allein Tugend genannt zu werden verdiene, aber nur von wenigen realisiert werde [28]. Zärtlichkeit ist für ihn gleichbedeutend mit sozialem Takt (s.d.), der im gesellschaftlichen Umgang erlernt wird.

Im Zuge der Rezeption der moral sense-Ethik erscheinen in Deutschland in der Mitte des 18. Jh. zahlreiche Abhandlungen, die die «moralische Zärtlichkeit» [29] zum Thema machen. Nicht selten fließt dabei auch die religiöse Bedeutung des Begriffs ein, der in der geistlichen Lyrik des 16. und 17. Jh. [30], aber auch im Umkreis der Pietisten [31] eine zentrale Rolle spielte. ‹Zärtlichkeit› rückt dann in die Nähe von ‹Barmherzigkeit›, die ihr Urbild in der «reinen Zärtlichkeit» Christi hat [32].

Auch in Frankreich wird schon früh die moralische Dimension des Begriffs «tendresse» hervorgehoben. M. de Scudéry entwirft 1654 in ihrem Roman ‹Clélie› eine «carte du tendre», eine metaphorische Seelendarstellung, in der unterschiedliche Regionen der Freundschafts- bzw. Liebesempfindungen bis zu ihrer innigsten Gestalt («tendresse») verzeichnet sind [33]. Ihre Zärtlichkeitsprogrammatik rückt bereits ab vom höfischen «amour galant» und weist den Weg zur empfindsam-individuellen Liebesauffassung. Bei den Moralisten gehört «délicatesse» zu den Bestimmungen des Interaktionsideals der «honnête gens», die die Leichtigkeit der Konversation beherrschen und in Gesellschaft zu gefallen verstehen [34].

Der philosophische Begriffsgebrauch im 18. Jh. knüpft weitgehend an die englische Tradition an: So steht in der ‹Encyclopédie› ‹tendresse› gleichbedeutend mit ‹sensibilité› (s.d.), wenn diese als eine «disposition tendre & délicate de l'ame, qui la rend facile à être émue, à être touchée» [35], gefaßt und Zärtlichkeit zum Signum des Zeitalters erklärt wird: «la délicatesse de ce siecle a renfermé ce mot [sc. tendresse] dans l'amour & dans l'amitié» [36]. Voltaire erkennt darin mehr noch den spezifischen Ausdruck abendländischer Zivilisiertheit, die nicht zuletzt auf den versittlichenden Einfluß der Weiblichkeit in der Gesellschaft zurückzuführen sei: «Les Orientaux n'ont point de délicatesse, parce que les femmes ne sont point admises dans la société» [37].

Analog zur Unterscheidung zwischen echter Empfindsamkeit und ihrer übertriebenen oder prätendierten Ausprägung («Empfindelei») wird die Zartheit aber auch differenziert gesehen und nicht selten als Zeichen verkappter Wollust (s.d.), nervlicher Schwäche oder auch Affektiertheit kritisiert. Schon die französischen Moralisten tadeln ein Zuviel an «délicatesse» als Schlaffheit [38]. Auch Ch. Thomasius hebt die negative Bedeutung von «zart und delicat» hervor, die Attribute einer dem Sinnlichen verhafteten, verwöhnten und lasterhaften Gesinnung sind; er hat dabei ebenfalls in erster Linie die höfischen Sitten im Visier: «Sich zart machen, oder zärtlich seyn, ist nichts anders, als zu erkennen zu geben, ... daß das Hertz starck an der Wollust hänge, und allbereit in einen hohen Grad darinnen verdorben sey» [39]. D. Hume sieht in der «delicacy of passion», einer extremen Beeindruckbarkeit des Gemüts durch Glück und Unglück, eher eine seelische Schwäche, der aber eine durch Kultivierung erworbene «delicacy of taste», d.h. eine «sensibility for all the tender and agreeable passions», heilend entgegenwirken könne, weil sie zur Seelenruhe, Liebe und Freundschaft tauglich mache [40].

Es ist diese Konzeption der Zartheit als Ergebnis fortschreitender Sozialisierung und Verfeinerung der Lebensart, gegen die J.-J. Rousseau vehement Einspruch erhebt. Im Kontext der Zivilisationskritik seines ‹Discours über die Wissenschaften und Künste› prangert er die von der Aufklärung so gepriesene Zartheit des Zeitalters, d.h. für ihn die Urbanität (s.d.) der Sitten, als «notre fausse délicatesse» an [41]; sie sei vielmehr ein Symptom wachsender Unaufrichtigkeit und damit ein Indiz für den moralischen Verfall. Mit seiner Geschichtsphilosophie, die er im ‹Discours sur l'origine et les fondements de l'inégalité parmi les hommes› entwickelt, versucht er nachzuweisen, daß eine authentische Zärtlichkeit («sentiment tendre et doux») [42] unter den Menschen nur im untergegangenen «goldenen Zeitalter» einer vorbürgerlichen Geselligkeit möglich war, in der die Individuen noch die glückliche Balance halten konnten zwischen innerer Unabhängigkeit und Orientierung an den Mitmenschen. Das im Zuge des Zivilisierungsprozesses geschichtlich erreichte Stadium der Zärtlichkeit ist für Rousseau dagegen geprägt durch eine Verweichlichung und Verweiblichung [43], die letztlich Ausdruck wechselseitiger Abhängigkeit, eines Bedürfnisses nach Luxus und eines Sinns für die äußere Anpassung an herrschende Konventionen sei. Freilich richtet sich Rousseaus Kritik gegen eine Entpolitisierung der Tugend; sein Standpunkt ist selbst noch derjenige der «délicatesse» [44], eines Zartgefühls jedoch, das sich selbst nur deswegen als ein echtes begreifen kann, weil es für die Ambivalenzen einer raffinierten Geselligkeit sensibel ist und Unbehagen an der Kultur verspürt.

Ähnlich leidenschaftlich wie Rousseau negiert F. Nietzsche einen moralischen Fortschritt seines Zeitalters und sieht in «unsrer dick wattirten Humanität» – wobei er die christliche Moral und die Mitleidsethik à la Schopenhauer im Auge hat – den Ausdruck eines «späten Daseins» [45], einer dekadenten, schwachen und lebensfeindlichen Zeit: «Wir modernen Menschen, sehr zart, sehr verletzlich und hundert Rücksichten gebend und nehmend, bilden uns in der That ein, diese zärtliche Menschlichkeit, die wir darstellen, diese erreichte Einmüthigkeit in der Schonung, in der Hülfsbereitschaft, im gegenseitigen Vertrauen sei ein positiver Fortschritt. ... Denken wir unsere Zartheit und Spätheit, unsre physiologische Alterung weg, so verlöre auch unsre Moral der 'Vermenschlichung' sofort ihren Werth» [46].

Für G. Simmel ist Nietzsches Forderung nach radikaler Überwindung der Zartheit bereits Wirklichkeit, allerdings nicht als Resultat eines Willens zum Leben, sondern im Sinne der durch die modernen ökonomischen Verhältnisse vermittelten Prädominanz der intellektuellen Kräfte, die zu einer «Abflachung des Gefühlslebens» und damit zur sozialen Indifferenz geführt hat. Wo Geld allenthalben als Zweck empfunden wird, sei der Mensch zum bloßen Mittel degradiert: «Gewiß hat die rein verstandesmäßige Behandlung der Menschen und Dinge etwas Grausames; aber sie hat dies nicht als positiven Impuls, sondern als einfache Unberührtheit ihrer bloß logischen Konsequenz durch Rücksichten, Gutmütigkeiten, Zartheiten» [47]. Im Niedergang des Zarten, der sich im Verlust des sozialen Taktgefühls manifestiere, erkennt auch TH. W. ADORNO das Symptom der Entfremdung, ja drohenden Unmöglichkeit zwischenmenschlicher Beziehungen innerhalb der kapitalistischen Gesellschaft: «Zartheit zwischen Menschen ist nichts anderes als das Bewußtsein von der Möglichkeit zweckfreier Beziehungen, das noch die Zweckverhafteten tröstlich streift; Erbteil alter Privilegien, das den privilegienlosen Stand verspricht» [48].

Das Moment der (Zweck-) Freiheit und somit den ethischen Grundzug der Zartheit/Zärtlichkeit stellt auch R. BARTHES heraus, wenn er «tendresse» als Möglichkeit einer Präsenz bestimmt, in der die Begierde ruht [49]. J. VON KEMPSKI findet in der «zärtlichen Strebung» das Paradigma der Bejahung des Anderen in seiner Eigenart (und damit das Gegenstück zum Ekel): «Sie nimmt ihn nicht nur hin, sondern sie bestätigt ihn, es liegen in ihr Positivität wie Aktivität, sie ist Aufhebung von Fremdheit, Vergewisserung von Realität» [50].

Jenseits moralphilosophischer Diskussionen wird die Zärtlichkeit in der *Psychoanalyse* bedacht, und zwar in ihrem Verhältnis zur Sexualität (s.d.): S. FREUD gebraucht den Begriff ‹Zärtlichkeit› im Gegensatz zu ‹Sinnlichkeit› und sieht in der Zärtlichkeit die «ältere» Form der Liebesbeziehung des Kindes, die sich «auf Grund der Interessen des Selbsterhaltungstriebes» bildet [51] und von Anfang an einen sexuellen Charakter hat. Die Errichtung des Primats der Genitalität als Endziel der Triebentwicklung im Verlauf der Pubertät führe jedoch zu einer Unterordnung der Zärtlichkeit unter die Sinnlichkeit.

3. *‹Zart› und ‹zärtlich› als Kennzeichnung einer Erkenntnishaltung.* – Bei J. W. GOETHE, in dessen Werk beide Termini einen herausragenden Stellenwert einnehmen und der ihren Gebrauch auf alle Gegenstandsbereiche ausdehnt [52], zeigt sich exemplarisch, daß ‹zart› auch als wissenschafts- und philosophiekritischer Begriff eingesetzt werden kann: Im Kontext seiner naturwissenschaftlichen Schriften wirbt Goethe für ein eigentümliches Gegenstands- und Weltverhältnis, das den Vertretern moderner Wissenschaftsauffassung – den «kricklichen Beobachtern und grilligen Theoristen» – abgehe: «Es gibt eine zarte Empirie, die sich mit dem Gegenstand innigst identisch macht, und dadurch zur eigentlichen Theorie wird» [53]. Goethe versteht darunter eine Aufmerksamkeit des Geistes nicht nur darauf, «wie die Phänomene erscheinen, sondern auch, wie sie erscheinen sollten», insofern der Geist sich die Dinge, über ihre wechselhafte und widersprüchliche Erscheinung hinausgehend, «in ihrer Allgemeinheit» bzw. Einheit darstellt [54].

Eine solche 'schöngeistige' Haltung, der «alles Faktische schon Theorie ist» [55], bleibt freilich, wie auch G. W. F. HEGELS Kant-Kritik zeigt [56], nicht unwidersprochen. Auf markante Weise distanziert sich W. JAMES, wohlvertraut mit Goethes Schriften, von der Weltanschauung des «zart-gesinnten» («tender-minded») Idealisten, der er diejenige des «zäh-gesinnten» («tough-minded») Empiristen gegenüberstellt [57]: Während die abstrakte, religiös orientierte System-Philosophie des Idealisten vor den Widersprüchlichkeiten, Grausamkeiten und der Wildheit, vor den «mere facts ... of our concrete universe» flieht [58] und in ihrer Feinsinnigkeit «remote and vacuous» bleibt [59], stellt sich der Empirist illusionslos und unsentimental der Wirklichkeit, «this actual world of finitive human lives» [60]; deswegen wird er von James favorisiert, wenngleich sein Pragmatismus selbst die Mitte zwischen diesen Extremen zu finden sucht.

Anmerkungen. [1] Vgl. Art. ‹Zart›. GRIMM 15 (1956) 283-297, 283; ‹Zärtlich›, a.O. 307; ‹Zärtlichkeit›, 307-311. – [2] a.O. 288f. – [3] B. GRACIÁN: Agudeza y arte de ingenio (1648). Obras compl., hg. A. DEL HOYO (1960) 229f. – [4] Vgl. Art. ‹Esprit de finesse/esprit de géométrie›. Hist. Wb. Philos. 2 (1972) 745f. – [5] B. PASCAL: Pensées 21 [405] (1670). Oeuvr. compl., hg. J. CHEVALIER (Paris 1954) 1092; vgl. ähnlich: F. DE LA ROCHEFOUCAULD: «la délicatesse [sc. de l'esprit] aperçoit les imperceptibles». Sentences et maximes de morale [Ms. Liancourt] 41 (1664). Oeuvr. compl., hg. L. MARTIN-CHAUFFIER (Paris 1994) 345. – [6] D. BOUHOURS: Les entretiens d'Ariste et d'Eugène (Amsterdam 1671) 93f. – [7] La manière de bien penser dans les ouvrages d'esprit (1687, Amsterdam 1692) 158. – [8] a.O. [6] 214; vgl. Art. ‹Je ne sais quoi›. Hist. Wb. Philos. 4 (1976) 640-644. – [9] Vgl. E. CASSIRER: Die Philos. der Aufklärung (1932, ND 1998) 400ff.; H. WIEGMANN: Utopie als Kategorie der Ästhetik: Zur Begriffsgesch. der Ästhetik und Poetik (1980) 59ff.; zu BOUHOURS' Unterscheidung zwischen «délicat» und «tendre» als zu starke, vordergründige Differenziertheit: a.O. [7] 212; ähnliche Definitionen gibt D. DIDEROTS Art. ‹Délicat›, in: D. DIDEROT/J. LE R. D'ALEMBERT (Hg.): Encycl., ou Dict. raisonné ... (Paris 1751-80) 4, 785. – [10] Vgl. P. E. KNABE: Art. ‹Délicatesse/délicat›, in: Schlüsselbegriffe des kunsttheoret. Denkens in Frankreich von der Spätklassik bis zum Ende der Aufklärung (1972) 156-164; Art. ‹Délicat/délicatesse›, in: E. SOURIAN: Vocab. d'esthét. (Paris 1990) 559; J. BARNOUW: The beginnings of 'aesthetics' and the Leibnizian conception of sensation, in: P. MATTICK Jr. (Hg.): 18th-cent. aesthetics and the reconstruction of art (Cambridge 1993) 52-95. – [11] E. BURKE: A philos. enquiry into the origins of our ideas of the sublime and the beautiful 3, 16 (1757). Works (London 1887, ND 1975) 1, 195f. – [12] 3, 27, a.O. 205f. – [13] Vgl. Art. ‹Wahrnehmung VIII.›. – [14] F. PETRARCA: Familiarum rerum libri 4, 1 (26. April 1336). Opere, hg. V. ROSSI 10 (Florenz 1968) 154. – [15] Vgl. exemplarisch: A. G. BAUMGARTEN: Metaphysica § 453 (1739, 71783) 214. – [16] Vgl. Art. ‹Gefallen; Wohlgefallen›. Hist. Wb. Philos. 3 (1974) 75-79; Art. ‹Wohlgefallen, interesseloses›. – [17] Vgl. exemplarisch: D. HUME: Of the standard of taste (1757). The philos. works, hg. TH. H. GREEN/TH. H. GROSE (London 1882, ND 1964) 3, 270. 272ff. – [18] PLATON: Symp. 195 c-196 a. – [19] Vgl. Art. ‹Weiblich/männlich›. – [20] Vgl. B./L. WACHINGER: Art. ‹Zärtlichkeit›. Frauenlexikon, hg. A. LISSNER/R. SÜSSMUTH/K. WALTER (1988) 1183-1188. – [21] W. HEINSE: Prosaische Aufsätze. Aus dem Thüringischen Zuschauer 1770. Sämmtl. Werke, hg. C. SCHÜDDEKOPF 1 (1913) 166. – [22] Vgl. M.-C. BARBAZZA/C. ROUSSEL: Art. ‹Dame›, in: A. MONTANDON (Hg.): Dict. raisonné de la politesse et du savoir-vivre du MA à nos jours (Paris 1995) 197-219. – [23] J. LOCKE: Some thoughts on education § 4 (1693). Works 9 (London 1823, ND 1963) 7. – [24] G. SAUDER: Empfindsamkeit (1974) 1, 193-210; Der zärtl. Klopstock, in: H. L. ARNOLD (Hg.): F. G. Klopstock (1981) 59-69; N. WEGMANN: Diskurse der Empfindsamkeit. Zur Gesch. eines Gefühls in der Lit. des 18. Jh. (1988) 40-54; vgl. auch: Art. ‹Zärtlich›. GRIMM, a.O. [1] 304; vgl. Art. ‹Seele, schöne; Seelenschönheit›. Hist. Wb. Philos. 9 (1995) 89-92. – [25] A. A. C. Lord SHAFTESBURY: Sensus communis: An essay on the freedom of wit and humour 4, 2 (1709, 1711). Stand. ed. I/3 (1992) 114. – [26] Vgl. Art. ‹Enthusiasmus›. Hist. Wb. Philos. 2 (1972) 525-528. – [27] Vgl. SHAFTESBURY: An inquiry conc. virtue, or merit II, 1, 1 (1699, 1711). Stand. ed. II/2 (1984) 148. – [28] A. SMITH: The theory of moral sentiments I, 1, 5 (1759). Works (Edinburgh 1811/12, ND 1963) 33. – [29] M. RINGELTAUBE: Von der Zärtlichkeit § 16 (1765) 89f., in: W. DOKTOR/G. SAUDER (Hg.): Empfindsamkeit. Theoret. und krit. Texte (1976) 23; CH. N. NAUMANN: Von der Zärtlichkeit 2 (1753) 8, in: SAUDER, a.O. [24] 2, 60. – [30] Vgl. Art. ‹Zart›. GRIMM, a.O. [1] 284. – [31] Vgl. exemplarisch: S. J. BAUMGARTEN: Unterricht vom rechtmäßigen Verhalten eines Christen, oder theolog. Moral § 262 (1738, 41750) 656; für die Tradition des Puritanismus vgl. R. SIBBES: Josiah's reformation 1: The tender heart (1629). Compl. works, hg. A. BALLOCH GROSART 6 (Edinburgh 1863) 31ff.; J. EDWARDS: Treat. conc. religious affections I, 2 (1746). Works, hg. E. HICKMAN (London 1834, ND Edinburgh/Carlisle, Penn. 1998) 243; vgl. außerdem: A. LANGEN: Der Wortschatz des Pietismus, Art. ‹Zärtlichkeit› (21968) 360f. – [32] Zu den Bemühungen im 20. Jh. um eine «Theologie der Zärtlichkeit» vgl. W. MÜLLER/K. BAUMGARTNER: Art. ‹Zärtlichkeit›. LThK3 10

(2001) 1385f. – [33] M. de Scudéry: Clélie. Histoire romaine 1 (Paris 1654-60) 394ff.; vgl. hierzu: J. S. Munro: Mlle de Scudéry and the carte de tendre (Durham 1966). – [34] Vgl. F. de La Rochefoucauld: Réfl. ou sentences et maximes morales: Réflexions morales 99 (1664, [5]1678), a.O. [5] 416; Réfl. diverses 4, a.O. 510; vgl. Art. ‹Honnête homme›. Hist. Wb. Philos. 3 (1974) 1186f. – [35] Art. ‹Sensibilité, (Morale)›, in: Diderot/d'Alembert (Hg.), a.O. [9] 15, 52; G. Girard differenziert zwischen aktiver «tendresse» und passiver «sensibilité»: «la tendresse est une sensibilité agissante»: Art. ‹Sensible. Tendre›, in: Synonymes françoises (Paris 1780) 2, 46-50, 48; vgl. auch: Art. ‹Amitié. Amour. Tendresse. Affection. Inclination›, a.O. 1, 41-45, 43. – [36] Art. ‹Tendre, tendrement, tendresse›, in: Diderot/d'Alembert (Hg.), a.O. 16, 130. – [37] Voltaire: Essai sur les mœurs et l'esprit des nations 82 (1769). Oeuvr. compl., hg. I. Moland 12 (Paris 1878) 62. – [38] Vgl. z.B. P. Charron: De la sagesse I, 37, 14 (1601, [2]1604), ND, hg. B. de Negroni (Paris 1986) 248; I, 25, 2, a.O. 181. – [39] Ch. Thomasius: Ausübung der Sittenlehre 9, §§ 34, 35 (1696). Ausgew. Werke, hg. W. Schneiders 11 (1999) 203; vgl. Art. ‹Wollust›. – [40] D. Hume: Of the delicacy of taste and passion (1742), a.O. [17] 3, 92f.; ähnlich I. Kant, für den Zartheit der Empfindung und Seelenstärke ebenfalls einander nicht ausschließen: Anthropol. in pragmat. Hinsicht 1, § 62 (1798). Akad.-A. 7, 235f. – [41] J.-J. Rousseau: Discours sur les sci. et les arts 2 (1750). Oeuvr. compl., hg. B. Gagnebin/M. Raymond 1-5 (Paris 1959-95) 3, 21. – [42] Discours sur l'origine et les fondemens de l'inégalité parmi les hommes (1755), a.O. 3, 169. – [43] a.O. [41] 22; vgl. auch: Dernière réponse [à Ch. Bordes] (1752), a.O. 72. – [44] Disc. 1, a.O. [41] 15. – [45] F. Nietzsche: Götzen-Dämmerung, Streifzüge eines Unzeitgemässen 37 (1889). Krit. Ges.ausg., hg. G. Colli/M. Montinari (1967ff.) 6/3, 131; vgl. Art. ‹Spät›. Hist. Wb. Philos. 9 (1995) 1304-1311. – [46] a.O. 130f. – [47] G. Simmel: Philos. des Geldes (1900). Ges.ausg., hg. O. Rammstedt 6 (1989) 595. 598. – [48] Th. W. Adorno: Minima moralia § 20 (1951). Ges. Schr. 4 (1980) 45; vgl. auch: § 16, a.O. 38ff. – [49] R. Barthes: Fragments d'un discours amoureux (1977). Oeuvr. compl., hg. E. Marty 1-3 (Paris 1993-95) 3, 669f.; dtsch.: Fragmente einer Sprache der Liebe (1984) 256f. – [50] J. von Kempski: Versuch über die Zärtlichkeit (1983). Schr., hg. A. Eschbach (1992) 3, 7-20, 19. – [51] S. Freud: Beiträge zur Psychologie des Liebeslebens 2 (1912). Ges. Werke, hg. A. Freud u.a. 8 (London 1945) 79ff.; vgl. Art. ‹Zärtlichkeit›, in: J. Laplanche/J.-B. Pontalis: Das Vokabular der Psychoanalyse 2 (1973) 639f. – [52] Vgl. hierzu: J. Hennig: Goethes Begriff ‹zart›. Arch. Begriffsgesch. 24 (1980) 77-102, 89. – [53] J. W. Goethe: Wilhelm Meisters Wanderjahre 2, 13: Betrachtungen im Sinne der Wanderer 127. 126 (1829). Hamb. Ausg., hg. E. Trunz ([8]1973) 8, 302. – [54] Zur Nat.wiss. im allgemeinen: Erfahrung und Wiss. (1798), a.O. 13, 23-25, 24; vgl. Art. ‹Urphänomen›. Hist. Wb. Philos. 11 (2001) 375-377. – [55] a.O. [53] 304 (Betr. 136). – [56] G. W. F. Hegel: Vorles. über die Beweise vom Daseyn Gottes 11 (1829). Jub.ausg., hg. H. Glockner 16 (1928) 450; Wiss. der Logik 1: Die objektive Logik (1812/13), a.O. 4 (1928) 289. – [57] W. James: Pragmatism 1 (1906, Cambridge, Mass./London 1975) 13. – [58] a.O. 18. – [59] 17. – [60] a.O.

Literaturhinweise. G. Sauder s. Anm. [24]. – J. Hennig s. Anm. [52]. – H. Wiegmann s. Anm. [9]. – J. Cremerius: Die Sprache der Zärtlichkeit. Psyche 37 (1983) 988-1015. – F. Hainz: Zärtlichkeit. Versuch einer Näherung auf den Spuren S. Freuds (1987). – K. Schneider-Henn: Art. ‹Zärtlichkeit›, in: W. Mertens/B. Waldvogel (Hg.): Hb. psychoanalyt. Grundbegriffe (2000) 811-815.

A. von der Lühe

Zeichen (griech. σῆμα, σημεῖον; lat. signum, nota; engl. sign; frz. signe)

I. *Antike bis Neuzeit.* – 1. *Antike.* – Die Ausdrücke σῆμα (im Epos), σημεῖον (in der Prosa) und ‹signum› dienen ebenso wie σύμβολον seit ältester Zeit als allgemeine Namen für die verschiedensten als Signale, Merkmale, Mahnmale, Vorzeichen usw. fungierenden Dinge, Ereignisse oder Handlungen [1]. Seit dem 5. Jh. v.Chr. ist eine Bedeutungserweiterung feststellbar, die möglicherweise durch Parmenides initiiert wurde, der erstmals σῆμα im Sinne eines begrifflichen Merkmals gebraucht [2]. In zunehmendem Maße kann ‹Z.› (σημεῖον) späterhin soviel wie 'Beweis' oder 'stützendes Argument' besagen [3]. Eine Verwendung von σημεῖον im Sinne von 'Sprachzeichen' scheint dagegen etwas jüngeren Datums zu sein und findet sich in expliziter Form wohl zuerst bei Platon [4], nach dem zueinander passende lautliche Z. (τὰ τῆς φωνῆς σημεῖα) eine Rede (λόγος) bilden [5].

Aristoteles hat in seinen logischen Schriften die Grundlagen der Theoriebildung über das Z. (σημεῖον) in seinen beiden Bedeutungen als sprachlicher Ausdruck und Anzeichen gelegt sowie deren spätere Entwicklung maßgeblich beeinflußt. Den Locus classicus der Theorie des Sprach-Z. bildet der Anfang der Schrift ‹Peri hermeneias›. Aristoteles verwendet hier den Terminus σημεῖον gleichbedeutend mit dem in diesem Verständnis neuen Begriff des σύμβολον [6], um die Verhältnisse zwischen den für die semantische Analyse von Sprache [7] grundlegenden vier Elementen des Geschriebenen (τὰ γραφόμενα), Gesprochenen (τὰ ἐν τῇ φωνῇ), der Gedanken oder Vorstellungen in der Seele (τὰ ἐν τῇ ψυχῇ παθήματα) sowie der äußeren Gegenstände zu bestimmen. Dabei charakterisiert er das Geschriebene als σύμβολον des Gesprochenen, das Gesprochene als σημεῖον und σύμβολον der Gedanken oder Vorstellungen in der Seele und diese als Ähnlichkeiten (ὁμοιώματα) der äußeren Gegenstände.

Wenngleich seine Ausführungen Spielraum für divergierende Interpretationen bieten [8], können sie als «common starting point for virtually all medieval theories of semantics» gelten [9]. Dabei ist der Umstand, daß Aristoteles hier den Begriff ‹Z.›, in einem offenbar unspezifischen Sinn, auf die sprachlichen Ausdrücke anwendet, erst im Rahmen der mittelalterlichen Sprachtheorie bedeutsam geworden. Denn in der philosophischen Fachterminologie der Antike bleibt das σημεῖον – alle überlieferten antiken Z.-Definitionen machen das deutlich – auf den Aspekt des Anzeichens festgelegt [10].

Das so verstandene Z. behandelt Aristoteles in den ‹Analytica priora› als Teil einer besonderen Variante des enthymematischen Syllogismus [11]. Nach der hier gegebenen Definition ist das Z. ein «beweisender Satz, ein notwendiger oder ein glaubhafter (πρότασις ἀποδεικτικὴ ἢ ἀναγκαία ἢ ἔνδοξος). Denn bei wessen Sein eine Sache ist oder bei wessen Eintreten sie früher eingetreten ist oder später eintreten wird, das ist ein Z., daß sie geschehen ist oder daß sie ist» [12]. Mit großem Einfluß auf die spätere Logik und Epistemologie hat Aristoteles die Z.-Schlüsse einer näheren Analyse unterzogen [13]. Die dabei zutage tretende – weitere – Doppelbedeutung von σημεῖον, nämlich einerseits generell als Oberbegriff für alle anzeigenden Z. und andererseits speziell als das vom sicheren oder notwendigen Z., dem τεκμήριον, unterschiedene bloß wahrscheinliche Z. [14], weist zurück auf einen medizinischen Hintergrund. Bereits Hippokrates hatte in seiner ‹Prognostik› gefordert, man müsse sich «klar werden bezüglich der sicheren Z. und der anderen Z.» (περὶ τῶν τεκμηρίων καὶ τῶν ἄλλων σημείων) [15].

Während die Lehre von den Z. in der aristotelischen Syllogistik eine eher marginale Rolle spielt, tritt sie in hellenistischer Zeit ins Zentrum der Logik. Aufgrund der unsicheren Quellenlage – die ausführlichste erhaltene Darstellung der stoischen Z.-Lehre ist die gegen sie geführte Polemik in den Schriften ‹Pyrrhoneion Hypotyposeis› und ‹Adversus mathematicos› des Sextus Empiri-

CUS – ist es nach wie vor umstritten, ob die bei Aristoteles grundgelegte Theorie bereits von dem Dialektiker PHILON [16] oder erst von den Stoikern (womöglich sogar erst in der Zeit nach CHRYSIPP [17]) weiter ausgebaut worden ist [18]. Die in der stoischen Tradition kanonisch gewordene Definition bestimmt das Z. als «die in einer wahren Implikation (ἐν ὑγιεῖ συνημμένῳ) vorangehende maßgebliche Aussage (ἀξίωμα προκαθηγούμενον), die den Nachsatz zu enthüllen vermag (ἐκκαλύπτικον τοῦ λήγοντος)» [19]. Ein adäquates Verständnis dieser Definition und der in ihr ausgedrückten Z.-Konzeption der Stoiker ist jedoch nur vor dem Hintergrund der von ihnen getroffenen Unterscheidung zwischen dem σημαῖνον als dem sprachlichen Signifikanten (Wort, Rede) und dem σημαινόμενον, dem Lekton (s.d.), als dem Bedeutungs- oder Aussagegehalt eines solchen möglich. Da das Z. (σημεῖον) nach stoischer Auffassung auf die Seite des Aussagegehaltes (σημαινόμενον bzw. λεκτόν) gehört, besagt die Definition, daß das Z. im eigentlichen, terminologischen Sinn weder ein Ding noch eine sprachliche oder gedankliche Aussage ist, sondern ein den Stoikern als unkörperlich geltender Aussagegehalt, d.h. ein vollständiges Lekton oder genauer: ein ἀξίωμα, das genau dann, wenn es als wahrer Vordersatz einer Implikation fungiert, in der auf ein nicht bereits von sich aus offenkundiges Wahres geschlossen wird, zu einem σημεῖον wird. Der Z.-Prozeß ist damit vollständig im Bereich der unkörperlichen Lekta angesiedelt. Denn auch das durch das so bestimmte Z. Enthüllte oder Angezeigte, das σημειωτόν, ist weder ein Ding oder Sachverhalt noch eine sprachliche oder gedankliche Aussage, sondern wiederum ein gewissen Sachverhalten korrespondierender Aussagegehalt (λεκτόν). So ist in der Implikation 'Wenn dieser am Herzen verwundet ist, wird dieser sterben' der Aussagegehalt des Vordersatzes nicht Z. des zukünftigen Todes, sondern Z. des gegenwärtigen Satzes über den zukünftigen Tod [20]. Mit der konsequenten Thematisierung des Z. auf der Ebene der Aussagegehalte sind im System der stoischen Logik das σημαῖνον und das σημεῖον und damit die Semantik (als Theorie der sprachlichen Bedeutung) und die Semiotik (als Theorie der Schlußfolgerung aus Z.) zugleich deutlich voneinander unterschieden und untrennbar miteinander verbunden [21].

Die um die Mitte des 1. Jh. v.Chr. entstandene Schrift Περὶ σημειώσεων (‹Über Zeichenschlüsse›) des PHILODEM VON GADARA dokumentiert die Kontroverse zwischen den Epikureern und Stoikern über die Grundlagen der Gültigkeit von Z.-Schlüssen [22]. Dabei weisen die Stoiker die epikureische Methode des Analogieschlusses als nicht beweiskräftig zurück und setzen ihr als einzig verläßliche Bestätigung der Gültigkeit eines Z.-Schlusses die Methode der Kontraposition oder Elimination (ἀνασκευή) entgegen, der zufolge eine Inferenz nur dann sicher ist, wenn aus der Negation des Folgesatzes unmittelbar die Negation des Vordersatzes folgt. Dem halten die Epikureer entgegen, daß die stoische Eliminationsmethode selbst von empirischen Voraussetzungen abhängt, die nur durch die Ähnlichkeitsmethode induktiv gesichert werden können [23]. Von seiten der pyrrhonischen Skepsis wird die Möglichkeit eines erkenntniserweiternden Z.-Schlusses und damit das anzeigende Z. (σημεῖον ἐνδεικτικόν) grundsätzlich geleugnet [24] und der Z.-Begriff auf das admonitive und rememorative Z. (σημεῖον ὑπομνηστικόν) reduziert, zu welchem SEXTUS EMPIRICUS auch das Sprach-Z. zählt [25].

Außerhalb der logischen Tradition hat das Z., verstanden als Indiz, einen festen Ort in der griechischen und lateinischen Rhetorik. Nach HERMAGORAS VON TEMNOS ist alles das ein Z., was in einem juristischen Tatsachenbeweis verwendet werden kann [26]. CICEROS Definition des Z. unterstreicht die Bedeutung des Z.-Schlusses für den forensischen Kontext, wenn er erklärt: «Z. ist, was in irgendeinen Sinn fällt und irgendetwas bezeichnet, das aus ihm zu folgen scheint und das entweder vorher gewesen ist oder gegenwärtig oder später erfolgt, und das dennoch eines weiteren Zeugnisses und einer gewichtigeren Bestätigung bedarf wie der Blutfleck, die Flucht, die Blässe, der Staub und ähnliches» («Signum est, quod sub sensum aliquem cadit et quiddam significat, quod ex ipso profectum videtur, quod aut ante fuerit aut in ipso negotio aut post sit consecutum et tamen indiget testimonii et gravioris confirmationis, ut cruor, fuga, pallor, pulvis, et quae hic sunt similia») [27]. Die hier angedeutete Beschränkung der Rhetorik auf das vom τεκμήριον unterschiedene, nicht sichere Indiz bestätigt sich bei QUINTILIAN, der zwischen notwendigen bzw. unwiderlegbaren Z. («signa necessaria», «signa insolubilia»), «quae aliter habere se non possunt, quae Graeci tecmeria vocant», und nicht notwendigen («signa non necessaria») unterscheidet und erstere aus dem Bereich der rhetorischen Kunst ausschließt («alyta semia ... mihi vix pertinere ad praecepta artis videntur; nam ubi est signum insolubile, ibi ne lis quidem est») [28].

2. *Die spätantiken Quellen der mittelalterlichen Z.-Theorie.* – AUGUSTINUS ist neben BOETHIUS die wichtigste Verbindungsstelle für die Vermittlung antiker und mittelalterlicher Z.-Theorien. Zugleich markiert er einen entscheidenden Wendepunkt in der Geschichte des Z.-Begriffs. Dabei kann von einer einheitlichen Konzeption des Z. bei AUGUSTINUS nicht die Rede sein. In seiner unvollendet gebliebenen Frühschrift ‹De dialectica› greift er massiv auf die hinsichtlich ihrer konkreten inhaltlichen Bestimmung vielfach modifizierte Begrifflichkeit der stoischen Sprachtheorie zurück [29]. Besonders deutlich zeigt sich die Differenz zur stoischen Lehre am Begriff des Z., das er, in Anlehnung an die lateinische Rhetoriktradition (Cicero) definiert als «etwas, das sich selbst dem Sinn und über sich hinaus etwas dem Geist zeigt» («Signum est quod et se ipsum sensui et praeter se aliquid animo ostendit») [30]. In dem wenig später entstandenen Dialog ‹De magistro› wird dem Z. die Fähigkeit zum 'Zeigen' der Dinge ausdrücklich abgesprochen («Non ... mihi rem, quam significat, ostendit verbum») [31] und seine epistemische Funktion – ähnlich wie in der skeptischen Tradition – auf die Ermahnung («admonere») und Erinnerung («commemorare») begrenzt [32]. In ‹De doctrina christiana› modifiziert Augustinus die Definition des Z. entsprechend, ohne jedoch die skeptische Position beizubehalten. Nun heißt es, gemäß der bis ins 13. Jh. als verbindlich angesehenen Definition: «Ein Z. ist ein Ding, das neben dem sinnlichen Eindruck, den es den Sinnen mitteilt, aus sich heraus etwas anderes in das Denken kommen läßt» («Signum est ... res praeter speciem, quam ingerit sensibus, aliud aliquid ex se faciens in cogitationem venire») [33]. Dabei wird den Z. eine grundlegende epistemische Funktion zugestanden. Denn sie erscheinen hier, zusammen mit den Dingen, als der Gegenstand und darüber hinaus als vermittelnde Instanz jeglichen Wissens: «Jede Lehre handelt von Dingen oder von Z., aber die Dinge werden durch die Z. gelernt» («Omnis doctrina vel rerum est vel signorum, sed res per signa discuntur») [34] – auch wenn, wie in der in ‹De trinitate› entfalteten Lehre vom «verbum mentis» (s.d.) deutlich wird, das Z. als etwas Sinnliches und Äußeres von der Sphäre des

Wissens und des geistigen Verständnisses selbst ausgeschlossen bleibt.

Was trotz aller internen Differenzen die Augustinische Z.-Theorie insgesamt kennzeichnet und sie, mit erheblichen Konsequenzen für die spätere Geschichte der Semiotik, von den älteren Konzeptionen abhebt, ist der Umstand, daß hier erstmals eine Definition des Z. gegeben wird, die ebenso die natürlichen Indizes wie die sprachlichen Z. zu umfassen beansprucht, indem sie eine allgemeine, für die Semantik (s.d.) ebenso wie für die Semiotik (s.d.) geltende Funktionsbestimmung des Z. formuliert. Die mit dieser Definition vorgenommene Verbindung der vormals getrennten Felder des Z. erfolgt unter deutlicher Prädominanz der sprachlichen Z. Augustinus' Unterscheidung von «signa data» («gegebenen Z.») und «signa naturalia» («natürlichen Z.») [35] bildet die Grundlage für die bis in die Neuzeit zentrale Einteilung der Z. in natürliche und willkürliche Z.

Wenngleich Boethius kaum explizit vom Z., sondern vielmehr von der Signifikation (s.d.) der sprachlichen Ausdrücke handelt [36], ist er neben Augustinus die wichtigste Quelle der mittelalterlichen Konzeption des Z. Dies erklärt sich daraus, daß im Anschluß an Augustinus die Semantik sprachlicher Z. ins Zentrum der Z.-Theorie tritt und Boethius mit seiner Übersetzung und Kommentierung von Teilen des Aristotelischen ‹Organon›, insbesondere der Schrift ‹Peri hermeneias›, die wichtigste – und lange Zeit einzige – Quelle für die mittelalterliche Kenntnis der Aristotelischen Semantik sowie ihrer spätantiken Kommentierungen bildet [37]. Dabei werden bei ihm einige bedeutsame terminologische und interpretatorische Vorentscheidungen getroffen. So vereinheitlicht er den Aristotelischen Sprachgebrauch, indem er σύμβολον und σημεῖον gleichermaßen mit «nota» wiedergibt, und übersetzt die Aristotelische Charakterisierung der Bezeichnungsweise der Wörter als κατὰ συνθήκην («gemäß Übereinkunft») mit «secundum placitum» [38]. Damit ist er im wesentlichen verantwortlich für die historisch wirksam gewordene Terminologie zur Bestimmung des willkürlichen Z. («signum ad placitum») [39] in Opposition zum «signum naturale».

Die am Anfang von ‹Peri hermeneias› erwähnten Elemente Schrift, Sprache, geistiger Begriff und äußere Sache thematisiert Boethius unter dem Namen «ordo orandi» («Ordnung des Redens») und legt dabei die Bezeichnungsrichtung der Elemente fest, die diesen bilden: Die Schrift bezeichnet die sprachlichen Ausdrücke, diese vornehmlich die Konzepte sowie in zweiter Linie die Dinge («[voces] principaliter ... intellectus, secundo vero loco res ... designant»), die Konzepte endlich sind «Bezeichnende der Dinge» («Intellectus vero ipsi ... rerum significativi sunt») [40]. Damit deutet sich bei Boethius bereits – in der lateinischen Tradition erstmalig – eine über die Aristotelische Textvorlage hinausgehende einheitliche Organisierung der Elemente des «ordo orandi» in der Begrifflichkeit des Z. an. Die in diesem Zusammenhang unter Hinweis auf Porphyrios getroffene Unterscheidung der «oratio» («Rede») in eine geschriebene, eine gesprochene und eine Rede des Intellekts («intellectus oratio») bildet zusammen mit Augustinus' Lehre vom «verbum mentis» die Grundlage für die im 14. Jh. entwickelte Konzeption der «oratio mentalis» [41].

3. *Mittelalter.* – a) *Entstehung der Z.-Theorie im Mittelalter.* – Die Rückbindung des sprachlichen Ausdrucks («vox») an den allgemeinen Begriff des Z. führt in der scholastischen Tradition zur Ausbildung der Z.-Theorie im Rahmen der Logik und Grammatik. Schon Peter Abaelard unterscheidet in seiner ‹Dialectica› zwischen solchen Z., die auf eine förmliche Einsetzung («institutio significandi») zurückgehen, und solchen, die aufgrund einer Ähnlichkeit («ex similitudine»), einer gewohnheitsbedingten Assoziation («secundum consuetudinem») oder irgendeines zwischen ihnen und anderen Dingen bestehenden Verhältnisses («secundum aliquam ... habitudinem») diese durch ihr eigenes Erkanntsein zur Erkenntnis kommen lassen [42]. Diese Unterscheidung bringt er terminologisch dadurch zum Ausdruck, daß er erstere, die Bedeutungsträger im eigentlichen Sinn, als «signifikative Z.» («signa significativa») von den bloß «bezeichnenden Z.» («signa significantia») abhebt [43].

Zu ersten umfangreichen zeichentheoretischen Erörterungen kommt es um die Mitte des 13. Jh. im Rahmen der Sakramentaltheologie [44] sowie der Ausarbeitung einer allgemeinen, Wissenschaftsstatus beanspruchenden Grammatik (s.d.). Ps.-Robert Kilwardby legt zwar in einer Reformulierung des Augustinischen Diktums das menschliche Wissen insgesamt auf Z. und Bezeichnetes fest («scientia omnis aut est de signis aut de rebus significatis») [45], betont daneben jedoch die Notwendigkeit einer eigenständigen Wissenschaft von den Z. («doctrina de signis»), die das Z. im allgemeinen und unter Abstraktion von seinen materiellen, zufälligen Bedingungen («sub ratione universalis abstracti a particularibus signis») zum Gegenstand hat [46].

Die schon in der Spätantike nachweisbare kategoriale Bestimmung des Z. als Relation ist auch im MA geläufig [47]. Kontrovers diskutiert wird jedoch die Frage, welcher der Teilaspekte des als dreistellige Relation konzipierten Z.-Begriffs ('jedes Z. ist Z. *von* etwas *für* jemanden') dem Z. wesentlich ist. Bonaventura stellt die Relation zum Signifikat in den Vordergrund: «Das Z. hat eine zweifache Beziehung: sowohl zu demjenigen, das es bezeichnet, als auch zu demjenigen, dem es bezeichnet, und die erste ist die wesentliche und kommt dem Z. immer aktual zu, die zweite aber hat es habituell; und aufgrund der ersten wird es ein Z. genannt» («Signum duplicem habet comparationem: et ad illud quod significat, et ad illud cui significat, et prima est essentialis et habet ipsam semper in actu, secundam autem habet in habitu; et a prima dicitur signum») [48]. Demgegenüber erklärt Roger Bacon den Bezug zum Z.-Rezipienten zur wesentlichen Relation des Z., denn, «könnte niemand etwas durch das Z. erfassen, wäre es unnütz und nichtig, ja es wäre gar kein Z.» («Signum est in praedicamento relationis et dicitur essentialiter ad illud cui significat ... Quia nisi posset aliquis concipere per signum, cassum esset et vanum, immo non erit signum») [49]. Bacon definiert das Z. als ein dem Sinn oder dem Intellekt Vorliegendes, das dem Intellekt etwas bezeichnet («illud quod oblatum sensui vel intellectui aliquid designat ipsi intellectui»), und setzt sich damit ausdrücklich von der geläufigen Augustinischen, das Z. auf sinnliche Wahrnehmbarkeit festlegenden Definition ab («non omne signum offertur sensui ut vulgata descriptio signi supponit, sed aliquod soli intellectui offertur») [50]. Anders als in der Logik und Semantik des 14. Jh. spielen die geistigen Begriffe als Mentalzeichen bei Bacon aber noch keine zentrale Rolle innerhalb der zeichentheoretischen Erörterungen. Bacon entwickelt, auch wenn die «intentio principalis» seiner zeichentheoretischen Analysen die Semantik der sprachlichen Ausdrücke ist, ein umfassendes und detailliertes System der Z.-Klassifikation [51], dessen beide Hauptklassen die «signa naturalia» («natürlichen Z.») und die «signa ordinata ab anima ad significandum» umfassen, wobei sich aus der Unterteilung des natürlichen Z. in solche des natürlichen Folgezusammenhanges und solche der Ähnlichkeit zwischen Z. und Bezeichnetem («Signum ... naturale oportet quod sit duobus modis: vel ex concomitantia naturali respectu sui signati, vel ex figuratione signi ad signatum») [52] eine Dreiheit der obersten Z.-Gattungen ergibt, die der von CH. S. PEIRCE in die moderne Semiotik eingeführten Trichotomie von «index», «icon» und «symbol» weitgehend entspricht.

b) *Die geistigen Begriffe als Z.* – Galten die mentalen Begriffe («passiones animae», «intellectus», «conceptus») traditionell als «similitudines rerum» («Ähnlichkeiten der Dinge»), so vollzieht sich um die Mitte des 13. Jh. eine konzeptionelle Verschiebung, die fundamentale Konsequenzen für die weitere Entwicklung der Z.-Theorie hat: Die Konzepte selbst werden – ohne hierdurch zunächst ihren Status als Ähnlichkeiten der Dinge zu verlieren – als Z. der Dinge bestimmt [53]. Führt dies einerseits zu einer Modifikation der nun vielfach als zu eng empfundenen Augustinischen Z.-Definition, so ist hiermit andererseits prinzipiell die Möglichkeit eröffnet, den Bezug der mentalen Begriffe zu den Dingen ohne Rekurs auf den Begriff der Ähnlichkeit zu konzipieren. Indem der Z.-Begriff jetzt ferner die zentrale Stelle des 'semantischen Dreiecks' besetzt, gewinnt er auch dadurch generell an Bedeutung, daß der Boethianische «ordo orandi» nun durchgängig im Begriff des Z. beschreibbar ist: «Schrift, Sprache, Begriffe und Dinge sind gemäß dem Begriff des Z. und Bezeichneten einander zugeordnet» («littere, voces, passiones anime et res sunt adinvicem ordinata secundum rationem signi et significati») [54]. Insofern die mentalen Begriffe mit den sprachlichen Ausdrücken in ihrem Z.-Status übereinkommen, kann, wo deren Ähnlichkeitscharakter gegenüber ihrem Z.-Charakter in den Hintergrund tritt, die «oratio mentalis» («geistige Rede») in enger Analogie zur Sprache konzipiert werden [55]. Hierdurch wird das besonders von Ockham ausgearbeitete Konzept einer mentalistischen Logik vorbereitet, die durch eine enge Verbindung von Logik und Erkenntnistheorie im Medium der Begrifflichkeit des Z. charakterisiert ist. Während dem Terminus ‹signum› in der Logik des 12. und frühen 13. Jh. noch keine tragende Rolle zukommt – er fungiert lediglich als Terminus technicus für die synkategorematischen Ausdrücke [56] –, gewinnt er im frühen 14. Jh., inbesondere durch WILHELM VON OCKHAM, eine zentrale Stellung innerhalb der Logik [57]. Dabei geht Ockham von einem speziell für die Belange der Logik zugeschärften Z.-Begriff aus, dem zufolge das logische Z. über die allgemeine Bestimmung von «signum» als etwas, «das etwas in die Erkenntnis kommen läßt» («quod aliquid facit in cognitionem venire») hinaus durch seine Eignung charakterisiert ist, für jenes zu supponieren oder – dies betrifft die Synkategoremata – einem so bestimmten Z. in einer Aussage beigefügt zu werden («natum est pro illo supponere vel tali addi in propositione») [58].

Anders als bei Ockham selbst ist der weiter gefaßte spätmittelalterliche Begriff des Z. getragen durch eine weitgehende Gleichsetzung von Signifikation und Repräsentation [59]. Die hiermit verbundene Charakterisierung des Z. durch die Funktion der Herstellung von mentaler oder intentionaler Präsenz des Gegenstandes begründet die beherrschende Stellung des «signum mentale» in der Logik um 1500. War bei Augustinus das Z. als etwas Äußeres von der Sphäre des Geistes ausgeschlossen, so erscheint das Mentalzeichen, der geistige Begriff, nun als das erste und eigentlichste, alle anderen erst ermöglichende Z.: «signum mentale est primum et principalissimum signum, sine quo voces et scripta significare non possunt» [60]. In dem Maße, wie die Gleichsetzung von Signifikation und Repräsentation seit dem frühen 16. Jh. als problematisch betrachtet wird [61], steht auch die Bestimmung der Konzepte als Z. wiederum zur Disposition. Die Debatten darüber reichen weit ins 17. und 18. Jh. [62].

4. *Frühneuzeitliche Schulphilosophie.* – a) *Scholastische Logik des 16. bis 18. Jh.* – Der theoretische Fundus der frühneuzeitlichen Lehre vom Z. ist im wesentlichen gebildet durch mittelalterliche Vorgaben. Sowohl die zentralen zeichentheoretischen Fragen als auch das Spektrum ihrer Beantwortung sowie das hierfür verwendete theoretische und terminologische Instrumentarium entstammen älteren Diskussionen. Eine Veränderung zeichnet sich allerdings insofern ab, als der Begriff des Z. im 17. Jh. in stärkerem Maße zu einem Thema eigener Geltung avanciert und die zeichentheoretische Darstellung im Rahmen der philosophischen Lehrbücher – die Systemstelle bildet in der Regel die Kommentierung der Aristotelischen Schrift ‹Peri hermeneias› – mitunter die Form und den Umfang in sich geschlossener Z.-Traktate annimmt [63]. Während in der Logik um 1500 das Verb ‹significare› den Einsatzpunkt der zeichentheoretischen Erörterungen markiert, steht im 17. Jh. das Substantiv ‹signum› im Zentrum. An die Stelle der spätmittelalterlichen Theorie der ‹significatio› tritt hier eine Philosophie des Z.

Nach den am weitesten verbreiteten Definitionen ist das Z. bestimmt als etwas, «das einem Erkenntnisvermögen etwas repräsentiert» («Signum est, quod potentiae cognoscenti aliquid repraesentat») [64] bzw. «uns zur Erkenntnis irgendeiner Sache kommen läßt» («Signum est id, quod facit nos in alicuius rei cognitionem venire») [65]. Daneben finden sich aber auch Definitionen, die das Z. in Anlehnung an das antike Verständnis des σημεῖον nicht auf die «simplex apprehensio», die einfache Gegenstandserfassung, sondern auf das «iudicium» als den logischen Ort der Wahrheit beziehen. Ein Z. ist, so verstanden, etwas, «das jemanden zur Erkenntnis irgendeiner Wahrheit führt» («Signum est, quod in alicuius veritatis cognitionem quempiam ducit») [66], bzw. ein die Existenz des Signifikats anzeigendes Argument («Omne signum est argumentum indicans existentiam signati») [67]. In der Regel ist damit bereits durch die Definition klargestellt, daß der Begriff des Z. die beiden Beziehungen auf das Signifikat einerseits und den Z.-Interpreten andererseits einschließt [68], so daß, wie noch S. ARANHA, einer der letzten bedeutenden scholastischen Z.-Theoretiker im 18. Jh., feststellt, das Wesen des Z. sich aus beiden Bezügen zusammensetzt («essentiam signi integrari ex duobus respectibus, uno ad rem significatam, altero ad potentiam, cui significat») [69].

Nach Auffassung einiger Thomisten wie F. DE ARAÚJO und JOH. A S. THOMA (J. POINSOT), von dem die differenzierteste und theoretisch anspruchsvollste Analyse des Z. vor dem Hintergrund der Relationentheorie stammt, sind beide Beziehungen zu einer einzigen, im Vollsinne dreistelligen Z.-Relation zusammengebunden, welche direkt auf das Signifikat und indirekt («in obliquo») auf das Erkenntnisvermögen zielt [70]. Das Phänomen des Z. ist als ein komplexes System von Relationen zu beschreiben. So bezieht sich das Z. als Ding auf die bezeichnete Sache in einer Relation der kausalen Abhängigkeit, Ähnlichkeit im weitesten Sinne oder der willkürlichen Einsetzung. Zugleich bezieht es sich als Ding nach Art eines das

Erkenntnisvermögen bewegenden Gegenstandes auf das Erkenntnisvermögen; doch ist das eben nicht die Relation, in der sich das Z. als Z. auf das Erkenntnisvermögen bezieht – denn etwas als Ding zu betrachten und etwas als Z. zu betrachten ist zweierlei. Diese Beziehung des Z. als Z. auf das Erkenntnisvermögen läßt sich nur indirekt über die direkte Relation des Z. als Z. auf das Bezeichnete konstruieren, die ihrerseits jedoch verschieden ist von der erstgenannten Beziehung, die das Z. als Ding auf die bezeichnete Sache hat. Denn diese Beziehung des Z. als Z. ist nicht die der kausalen Abhängigkeit, Ähnlichkeit oder der willkürlichen Zuordnung, sondern die der Stellvertretung («substitutio»). Da diese die bezeichnete Sache jedoch nicht einfach nur als das berührt, was sie an sich selbst ist, d.h. als Sache, sondern als ein dem Erkenntnisvermögen Repräsentierbares, ist in dieser Relation des Z. als Z. auf den bezeichneten Gegenstand als ein dem Erkenntnisvermögen Repräsentierbares je schon die indirekte Beziehung des Z. als Z. auf das Erkenntnisvermögen impliziert. Und genau in dieser dreistelligen Relation, mittels welcher sich das Z. als Z. direkt auf das Signifikat und indirekt auf das Erkenntnisvermögen bezieht, besteht nach Joh. a S. Thoma der Formalbegriff des Z., die «ratio formalis signi» [71]. Dort, wo das Z. speziell in seiner kommunikativen Funktion thematisiert wird, kann es, erweitert um den Bezug zum Z.-Sender, als vierstelliger Relationsausdruck interpretiert werden [72].

Neben der formalen Struktur und dem ontologischen Status der Z.-Relationen bildet insbesondere die Bestimmung der «conceptus» als Z. einen Hauptstreitpunkt. Dabei gilt der mentale Begriff als «signum formale», welches, ohne selbst als repräsentierendes Medium gegenständlich erkannt zu werden, das Signifikat intentional vergegenwärtigt [73]. Jedes andere Z., für welches gemäß der Augustinischen Z.-Definition gilt, daß es zur Ausübung seiner Z.-Funktion zunächst selbst erkannt sein muß, wird «signum instrumentale» genannt [74]. In der Terminologie des 17. Jh. ausgedrückt, steht also die Existenz des «signum formale» zur Debatte. Für jene überwiegend aus konservativen Kreisen des Thomismus und Augustinismus stammenden Autoren, die, wie D. Báñez, das «signum formale» ablehnen [75], wird in Übereinstimmung mit der Augustinischen Z.-Konzeption das Instrumentalzeichen zum Z. schlechthin. Die im Anschluß an Pierre d'Ailly von D. de Soto, P. Fonseca und anderen in Rücksicht auf das Instrumentalzeichen herausgearbeitete Beschreibung des Z. durch eine «duplex notitia» [76] wird hier zum Bestimmungsmerkmal für alle Z. So heißt es bei den Complutenses: «Jeglichem Z. entspricht eine doppelte Erkenntnis, die auch ‹notitia› genannt zu werden pflegt. Die erste ist die des Z. selbst, durch die nämlich das Z. erkannt wird ... Die zweite ist die, durch welche jene Sache erkannt wird, von der es ein Z. ist» («cuilibet signo respondeat duplex cognitio, quae solet appellari notitia. Prima est ipsius signi, qua scilicet signum cognoscitur ... Secunda est, qua cognoscitur res illa cuius est signum») [77].

Es ist gerade diese im scholastischen Diskurs selbst nicht vorherrschende Z.-Konzeption, die außerhalb derselben in der Neuzeit dominierend geworden ist. So lehnt sich die einflußreiche Z.-Definition der ‹Logik von Port-Royal› [78] eng an das duplex-notitia-Modell des Instrumentalzeichens an: «le signe enferme deux idées, l'une de la chose qui représente, l'autre de la chose représentée; & sa nature consiste à exciter la seconde par la premiere» [79]. Die spätere Wirksamkeit dieser Z.-Konzeption erklärt sich vor allem aus ihrer Vereinbarkeit mit der Theorie der Ideen- oder Vorstellungsassoziation [80], der gemäß etwa noch J. F. Fries bemerkt: «Z. heißt eine Vorstellung, wiefern mein Bewußtseyn durch sie auf eine andere, die bezeichnete, die Bedeutung des Z. geführt wird. Alle diese Bezeichnung beruht auf dem Gesetz der Association der Vorstellungen» [81].

b) *Protestantische Schulmetaphysik.* – Neben der Logik der katholischen Zweitscholastik bildet die protestantische Schulmetaphysik das zweite Zentrum der frühneuzeitlichen Z.-Theorie. Das fest in den metaphysischen Themenkanon integrierte Lehrstück «de signo et signato» bildet die historische Grundlage für die Behandlung des Z. im Rahmen der Metaphysik, wie sie sich, trotz erheblicher Modifikationen, besonders in der Wolffischen Schule bis ins späte 18. Jh. fortsetzt [82]. Die kontroverstheologische und konfessionelle Bedingtheit dieser Z.-Theorie, die in engem Bezug zum innerprotestantischen Abendmahlsstreit steht, schlägt sich bereits in der jeweils zugrunde gelegten Definition des Z. nieder. Während die Lutheraner das Z. allgemein als etwas bestimmen, «das dem Erkenntnisvermögen etwas darstellt» («quod potentiae cognoscenti aliquid repraesentat») [83], greifen die Calvinisten zumeist auf die Augustinische Definition zurück [84] oder bestimmen es explizit als «ens sensile, cognoscenti signatum significans» («ein sinnlich wahrnehmbares Seiendes, das dem Erkennenden ein Signifikat bezeichnet») [85], um so die lutherische Auffassung, wonach das aus den Elementen Brot und Wein und dem realpräsenten, aber unsichtbaren Leib Christi gebildete ganze Abendmahlssakrament («totum sacramentum») ein Z. ist, als mit dem Begriff des Z. unvereinbar zurückzuweisen [86].

5. *Neuzeit.* – Auch außerhalb der scholastischen Tradition besetzt der Begriff des Z. in der Neuzeit wichtige Systemstellen der philosophischen Diskurse, wenngleich hier eingehendere Reflexionen über die Natur und formale Struktur des Z. äußerst selten sind. Die Idee eines universalen Z.-Zusammenhanges prägt die hermetisch-platonische Naturphilosophie der frühen Neuzeit [87]. P. Gassendi rekurriert zur Begründung seines Programms einer rational geleiteten, empirischen, d.h. zeichenvermittelten, Naturerkenntnis auf Lehrstücke der epikureischen Z.-Theorie [88]. R. Descartes greift mehrfach – und mit nachhaltiger historischer Wirkung – auf das Modell der willkürlich eingesetzten Sprachzeichen zurück, um die Problematik des Leib-Seele-Dualismus qua Substitution physischer Kausal- durch Z.-Beziehungen in den Griff zu bekommen [89]. In der Fluchtlinie dieser Idee steht noch G. Berkeleys idealistischer Sensualismus, der jede Kausalbeziehung in eine Z.-Beziehung transformiert: «the connexion of ideas does not imply the relation of cause and effect, but only of a mark or sign with the thing signified. The fire which I see is not the cause of the pain I suffer upon my approaching it, but the mark that forewarns me of it. In like manner, the noise that I hear is not the effect of this or that motion or collision of the ambient bodies, but the sign thereof» [90]. Insofern sei die «doctrine of signs a point of great importance and general extent, which ... would cast no small light upon things, and afford a just and genuine solution of many difficulties» [91]. Das zeichentheoretische Kernstück von Berkeleys System, die Fundierung der perzeptiven Erkenntnis in der Grammatik einer von Gott eingesetzten «natural language», bildet, unter Ausschaltung des Idealismus, die Grundlage der Common-sense-Philosophie Th. Reids [92]. Die sinnlichen Wahrnehmungen

(«sensations») in ihrer «immense variety» fungieren nach Reid als Z. einer analogen Vielfalt der durch sie bezeichneten Dinge [93]. Bereits die einfache Wahrnehmung von Gegenstandseigenschaften ist als ein semiotischer Prozeß – und nur als ein solcher – zu verstehen. Denn sie basiert auf jener Klasse der aller Erfahrung voraufgehenden «natural signs ... which, though we never before had any notion or conception of the thing signified, do suggest it, ... as it were, by a natural kind of magic» [94].

Von anderen Voraussetzungen ausgehend, hatte zuvor bereits TH. HOBBES die Funktion der Z. (bzw. der zur erinnernden Vergegenwärtigung der Gedanken dienenden «notae» und der als Mittel zur Kommunikation derselben fungierenden «signa») für die rationale Erkenntnis hervorgehoben [95]. Der Z.-Begriff ist dabei ganz vom anzeigenden Z. her konzipiert: «Z. ... wird das Voraufgehende in Rücksicht eines Nachfolgenden oder das Nachfolgende in Rücksicht eines Voraufgehenden genannt, wann immer uns aus Erfahrung bekannt ist, daß dieses in gleicher Weise voraufgeht oder folgt» («Signa ... vocari solent antecedentia consequentium, et consequentia antecedentium, quoties plerumque ea simili modo praecedere et consequi experti sumus») [96]. Durch die Anwendung dieses Z.-Begriffs auf die Sprache ergibt sich eine Semantik, nach der auch der sprachliche Ausdruck dem Hörer ein Z. ist, das anzeigt, was für ein Gedanke beim Sprecher vorliegt («Nomen est vox humana arbitratu hominis adhibita, ... et ad alios prolata signum iis sit qualis cogitatio in ipso proferente praecessit vel non praecessit») [97].

Stärker noch als Hobbes und J. LOCKE [98] betont G. W. LEIBNIZ die erkenntnisfundierende Funktion der Z. Diese werden nicht nachträglich mit den in einem sprachfreien Denken entwickelten Ideen verbunden, sondern sind konstitutive Elemente des Mentaldiskurses. Zwar ist ein Denken ohne Wörter möglich, nicht jedoch ohne irgendwelche andere Z. («cogitationes fieri possunt sine vocabulis ... at non sine aliis signis») [99]. Leibniz' Konzept einer der intuitiven Erkenntnis gegenübergestellten, zeichenfundierten «cognitio symbolica» [100] – deren Perfektionierung er mit seinem Programm der «Characteristica universalis» (s.d.) verfolgt – erfährt im 18. Jh. eine breite Rezeption und wird, vermittelt insbesondere über CH. WOLFF und J. H. LAMBERT, zu einem vieldiskutierten Thema der Erkenntnislehre jener Zeit [101].

Nach der sakramentaltheologischen Orientierung der Z.-Theorie der Schulmetaphysik des 17. Jh. tritt im 18. Jh. der Kausalnexus der Dinge ins Zentrum der metaphysischen Erörterung des Z. Diese Perspektive legt eine Z.-Konzeption nahe, die wesentlich unter dem Paradigma des indexikalischen Z., des Anzeichens, steht. So präsentiert CH. WOLFF, der in seiner 1703 entstandenen ‹Disquisitio de loquela› noch mit der Z.-Definition der ‹Logik von Port-Royal› operiert («Vocamus ... signum, quicquid praeter ideam sui alterius adhuc rei ideam in mente nostra excitat») [102], in seiner Metaphysik eine Definition, die das Z. allein auf seine anzeigende Funktion festlegt: «Signum dicitur ens, ex quo alterius praesentia, vel adventus, vel praeteritio colligitur» [103] bzw. «ein Z. ist ein Ding, daraus ich ... erkennen kann, daß entweder etwas würklich an einem Orte vorhanden ist, oder daselbst gewesen, oder auch etwas daselbst entstehen werde» [104]. Wenngleich beide Definitionen, ohne daß ihre Heterogenität thematisiert wird, im Wolffianismus präsent bleiben [105], dominiert dort insgesamt die letztere Bestimmung des Z. als «medium cognoscendae alterius existentiae» [106] bzw. als «Mittel ..., die Würcklichkeit des andern zu erkennen» [107]. Diese wird, wie schon von Hobbes, auch auf die Sprachtheorie übertragen, so daß G. F. MEIER die Worte als Z. der Gedanken in eine Reihe mit den Anzeichen der Krankheit, des Wetters oder der «Gemüthsbeschaffenheit» stellt, denn, «wenn wir reden, so kann ein anderer aus unsern Worten erkennen, welche Vorstellungen in unserer Seele eben zu der Zeit würcklich sind» [108]. Es ist offenbar ein solcher Begriff des der bezeichneten Sache gegenüber rein äußerlichen Anzeichens, der im Blick ist, wenn die Charakterisierung der Wörter als Z. von J. G. HERDER («Wörter [sind] nicht bloß Z., sondern gleichsam die Hüllen ..., in welchen wir die Gedanken sehen») [109] und W. VON HUMBOLDT kritisiert wird, nach dem das Wort «dadurch gänzlich aus der Classe der Z. heraus[geht], dass [beim Z.] das Bezeichnete ein von seinem Z. unabhängiges Daseyn hat, [bei der Sprache] der Begriff aber erst seine Vollendung durch das Wort erhält, und beide nicht von einander getrennt werden können» [110].

Dabei hat das spätere 18. Jh., in dem der Z.-Begriff in verschiedenen Einzeldisziplinen wie der Ästhetik [111], Hermeneutik [112] und Sprachtheorie eine wichtige Rolle spielt, mit der für es kennzeichnenden entwicklungsgeschichtlichen Sichtweise noch eine andere Perspektive auf das Verhältnis Sprache und Denken, von Z.-Gebrauch und intellektueller Erkenntnis eröffnet. Über den Ansatz der «cognitio symbolica» hinausgehend, versucht E. B. DE CONDILLAC [113] zu zeigen, daß sich nicht allein der abstrakte Begriff als das Objekt intellektueller Erkenntnis, sondern auch das Subjekt – als ein intellektueller Erkenntnis fähiges Erkenntnissubjekt – dem Einfluß der Z. verdankt. Denn sind ihm zufolge alle unter dem Begriff der «pensée» zusammengefaßten höheren Erkenntnisoperationen nichts anderes als transformierte Sinnesempfindungen («sensations transformées»), so ist es – zumindest für den frühen Condillac – allein der Z.-Gebrauch, der diese Transformation bewirkt («l'usage des signes est la vraie cause des progrès de l'imagination, de la contemplation et de la mémoire») [114] sowie die Entwicklung der «sensations» zu «idées» gewährleistet: «l'usage des signes est le principe qui développe le germe de toutes nos idées» [115].

Condillacs Thesen bilden – insbesondere im Umkreis der Schule der Ideologie (s.d.) und ihrer Gegner – ein zentrales Kontroversthema der Erkenntnis- und Sprachtheorie des späten 18. und 19. Jh. Während G. CABANIS und D.-J. GARAT an der konstitutiven Funktion der Z. für das Denken festhalten, beschränkt A.-L.-C. DESTUTT DE TRACY ihre Funktion im wesentlichen auf die nachträgliche Fixation der Ideen und die Unterstützung des Gedächtnisses [116]. Eine substantielle Revision der Lehre Condillacs unternimmt J.-M. DEGÉRANDO, der meint, man habe «jusqu'ici toujours attribué aux signes trop ou trop peu d'influence» [117] und sei somit in der Folge Condillacs von einem Extrem ins andere gefallen [118]. Insgesamt zeichnet sich in diesen Debatten eine deutliche Tendenz zur Zurücknahme des Einflusses der Z. ab [119]. Es gibt jedoch Ausnahmen. So argumentiert N.-J. TOUSSAINT zugunsten der «prodigieuse puissance des signes» [120] und behauptet die völlige Identität von willkürlichem Z. und Idee. Locke, Condillac und die Ideologen irrten, wenn sie die Ideen in letzter Instanz auf die Sinnesempfindungen zurückzuführen versuchten, nicht sehend, «que les signes conventionnels sont eux-mêmes les idées, et non point seulement les symboles des idées; que hors des signes il n'y a plus d'idées, et que sans les signes il ne peut y en avoir, qu'en un mot le signe est toute l'idée» [121].

Der von Augustinus eingeführte allgemeine Z.-Begriff, der die natürlichen Indizes und die willkürlichen sprachlichen Ausdrücke, das antike σημεῖον und σημαῖνον, gleichermaßen als Arten der allgemeinen Gattung ‹Z.› bestimmt, verliert im 18. und 19. Jh. vielfach jene Selbstverständlichkeit, die ihm lange Zeit zukam. Mag er auch für Ch. S. Peirce und die an ihn anknüpfende moderne Form der Semiotik wiederum grundlegend sein – was sich historisch daraus erklärt, daß Peirce vielfach an die scholastische Z.-Theorie anknüpft –, so wird, aufs Ganze gesehen, im 18. und 19. Jh. nicht mehr von einem derart umfassenden Z.-Begriff ausgegangen. Diese Tendenz findet ihren Ausdruck in der expliziten Konstatierung der Äquivozität des Z.-Begriffs. So bemerkt B. Bolzano: «Das Wort Z. hat meines Erachtens zwei sehr unterschiedene Bedeutungen. Denn wenn wir den Rauch ein Z. des Feuers ... nennen ...: so verstehen wir unter dem Z. etwas ganz Anderes, als wenn wir von dem Worte: Gott, sagen, daß es in deutscher Sprache das Z. von dem Begriffe eines Wesens von unbedingter Wirklichkeit sey». Zwar hält er es für möglich, «einen Begriff, der diese beiden Bedeutungen umfaßte, auszudenken», er bestreitet jedoch, «daß auch dieser eine Bedeutung des Wortes Z. sey, und zwar die ursprüngliche, aus welcher jene beiden erst müßten abgeleitet werden» [122]. Bolzano, der in seiner ‹Wissenschaftslehre› ausführlich auf den Begriff des Z. eingeht [123] und dort im Rahmen der ‹Erfindungskunst› nach dem Vorbild einiger Logiken des 18. Jh. Regeln für den korrekten Z.-Gebrauch formuliert [124], bewertet die Funktion der sprachlichen Z. für das Denken in einer Weise, die weitgehend dem entspricht, was für die Dezennien um die Jahrhundertmitte als üblich gelten kann. Vorstellungen oder Begriffe sind selbst nicht Z. der Dinge [125]; das Denken ist dem Z. vorgängig, da der «Gebrauch der Z. selbst schon ein Denken ohne Z.» voraussetzt [126]. Doch auch dort, wo der genetische Primat des Denkens vor dem Z.-Gebrauch vertreten wird, ist die konstitutive Funktion der Z. für den Fortschritt der intellektuellen Erkenntnis und der Wissenschaften unbestritten. Die seit dem 18. und besonders im 19. Jh. sich zunehmend ausbreitende Überzeugung, «que l'homme tout entière, c'est-à-dire la raison et le génie, ... consistent uniquement dans l'art des signes» [127], daß also «der fortschreitende menschliche Geist ... keiner wirklichen Sache so viel [verdankt] als dem Z. der Sachen» [128], führt zu intensiven Bemühungen um die Entwicklung verschiedener künstlicher Z.-Systeme [129] sowie zu einem stärker werdenden Interesse an der – erneuten – expliziten Thematisierung des Z.-Begriffs [130].

Anmerkungen. [1] Vgl. die Art.: Σημεῖα. RE II/4 (1923) 1331-1341; ‹Signa›, a.O. 2325-2347; ‹Signum›, a.O. 2361-2455; E. Pellizer: Sign conceptions in pre-classical Greece, in: R. Posner/K. Robering/Th. A. Sebeok (Hg.): Semiotik. Ein Hb. zu den zeichentheoret. Grundlagen von Natur und Kultur 1-3 (1997-2002) 1, 831-836. – [2] Vgl. Parmenides: VS 28, B 8, 2. 55; 10, 10; vgl. W. Detel: Z. bei Parmenides. Zeitschr. Semiotik 4 (1982) 221-239. – [3] Vgl. Melissos: VS 30, B 8; Archytas von Tarent: VS 47, B 1 (DK 1, 434, 12); Gorgias: VS 82, B 11a, 30f. (DK 2, 302, 4); vgl. Detel, a.O. 222; Platon: Theaet. 153 a. – [4] Zu Platon vgl. G. Manetti: Le teorie del segno nell'antichità classica (Mailand 1987) 80-103; P. Schmitter: Das Wort als sprachl. Z. bei Platon und de Saussure, in: H. Beckers/H. Schwarz (Hg.): Gedenkschr. J. Trier (Wien 1975) 45-62. – [5] Platon: Soph. 262 d-e, vgl. auch: Gorgias von Leontinoi: Reden, Fragmente und Testimonien, Frg. 3, 21f., hg. Th. Buchheim (1989) 50f.; vgl. M. Fuchs: Z. und Wissen (1999) 32f. – [6] Aristoteles: De int. 1, 16 a 3-8; vgl. Art. ‹Symbol I. 4.›. Hist. Wb. Philos. (1998) 712f. – [7] Vgl. Art. ‹Sprache I. 1. c.›. Hist. Wb. Philos. 9 (1995) 1445f. – [8] Vgl. E. Montanari: La sezione linguist. del Peri herm. di Arist. (Florenz 1984-88); D. Di Cesare: La semantica nella filos. greca (Rom 1980) 160-204; D. Sedley: Aristotle's De int. and ancient semantic, in: G. Manetti (Hg.): Knowledge through signs (Amsterdam 1996) 87-108; vgl. Art. ‹Signifikation›. Hist. Wb. Philos. 9 (1995) 759-795. – [9] J. Magee: Boethius on signification and mind (Leiden 1989) 8. – [10] T. Borsche: Was etwas ist (1990) 145. – [11] Vgl. Art. ‹Enthymem›. Hist. Wb. Philos. 2 (1972) 528f. – [12] Aristoteles: Anal. pr. II, 27, 70 a 6-9. – [13] Vgl. H. Weidemann: Arist. über Schlüsse aus Z. (Rhet. I, 2, 1357 b 1-25), in: R. Claussen/R. Daube-Schackat (Hg.): Gedankenzeichen. Festschr. K. Oehler zum 60. Geb. (1988) 27-34; Arist. on inference from signs. Phronesis 34 (1989) 343-351; K. Oehler: Die Anfänge der Relationenlogik und der Zeichenschluß bei Arist. Zeitschr. Semiotik 4 (1982) 259-66. – [14] Aristoteles: Anal. pr. II, 27, 70 b 1-6; vgl. Rhet. I, 2, 1357 b 10-21. – [15] Hippokrates: Prognost. 25, in: B. Alexanderson: Die hippokrat. Schrift Prognostikon (Göteborg 1963) 230; vgl. Art. ‹Symptom I.›. Hist. Wb. Philos. 10 (1998) 763; V. Langholf: Zeichenkonzeptionen in der Medizin der griech. und röm. Antike, in: Posner/Robering/Sebeok (Hg.), a.O. [1] 912-921; Th. A. Sebeok: Symptome, systematisch und historisch. Zeitschr. Semiotik 6 (1984) 37-45, hier: 43; Manetti, a.O. [4] 57-79. – [16] Vgl. Th. Ebert: The origin of the Stoic theory of signs in Sextus Empiricus. Oxford Studies in ancient Philos. 5 (1987) 83-126; Dialektiker und frühe Stoiker bei Sextus Empiricus (1991). – [17] Vgl. G. Weltring: Das σημεῖον in der aristot., stoischen, epikureischen und skept. Philos. Diss. Bonn (1910) 43f.; Ph. H. de Lacy: Hellenistic semiotics. Semiotica 80 (1990) 299-310, hier: 301f. – [18] Zur Früh- bzw. Spätdatierung vgl. Fuchs, a.O. [5] 62f. – [19] Sextus Emp.: Pyrrhon. instit. II, 104-107. FDS, Frg. 1030; vgl. Adv. math. VIII, 245. FDS, Frg. 1029; vgl. [Galen:] Hist. philos. 9. FDS, Frg. 1027. – [20] Vgl. Adv. math. VIII, 255. FDS, Frg. 1029. – [21] S. Meier-Oeser: The stoic theory of sign and signification, in: H. Narang (Hg.): Semiotics of language, lit. and cinema (Neu Delhi 2000) 13-24. – [22] Vgl. Weltring, a.O. [17] 47ff.; vgl. Ph. H. de Lacy: Supplementary essays III-V, in: Ph. H./E. A. de Lacy: On methods of inference: A study in anc. empiricism (Philadelphia 1941, Neapel 1978) 165-230. – [23] de Lacy, a.O. 216f.; vgl. A. A. Long/D. N. Sedley: The hellenistic philosophers (Cambridge 1987); dtsch.: Frg. 42 G (2000) 311-313 (Philodemus: De signis 1-4, 13). – [24] Diog. Laert.: Vitae IX, 97; Sextus Emp.: Adv. math. VIII, 141ff.; Pyrrhon. instit. II, 97ff.; vgl. D. Glidden: Skeptic semiotics. Phronesis 28 (1983) 213-255. – [25] Sextus Emp.: Adv. math. VIII, 289f.; vgl. Pyrrhon. instit. II, 212; vgl. de Lacy, a.O. [22] 224; Fuchs, a.O. [5] 71f. – [26] Vgl. Hermagoras von Temnos: Frg. 8, hg. D. Matthes (1962) 15. – [27] Cicero: De invent. 1, 48. – [28] Quintilian: Instit. orat. V, 9, 1-9. – [29] Zum Verhältnis zur Stoa vgl. T. Borsche: Zeichentheorie im Übergang von den Stoikern zu Augustinus. Allg. Zeitschr. Philos. 19 (1994) 41-52; S. Meier-Oeser: Die Spur des Z. Das Z. und seine Funktion in der Philos. des MA und der Frühen Neuzeit (1997) 12f. – [30] Augustinus: De dial. V, hg. J. Pinborg (Dordrecht/Boston 1975) 86. 88. 90, zit. 86. – [31] De magistro X, 33. CCSL 29 (Turnhout 1952) 192. – [32] XI, 36, a.O. 194. – [33] De doctr. christ. II, 1. CCSL 32 (1962) 32. – [34] I, 2, a.O. 7. – [35] II, 2f., a.O. 194; vgl. Meier-Oeser, a.O. [29] 25-30. – [36] Vgl. Magee, a.O. [9] 61ff. – [37] Zur Semantik bei Boethius vgl. K. Berka: Die Semantik des Boethius. Helikon 8 (1968) 454-459; H. Arens: Aristotle's theory of language and its tradition (Amsterdam/Philadelphia 1984) 205-230. – [38] Boethius: In lib. Arist. Peri herm., sec. ed., hg. C. Meiser (1880) 52, 28f.; zur Boethian. Übers. von De int. I, 16 a 3-6, vgl. J. Magee: Boethius (1989) 49-63. – [39] Vgl. J. Engels: Origine, sens et survie du terme boécien 'secundum placitum'. Vivarium 1 (1963) 87-114. – [40] Boethius, a.O. [38] 24. – [41] Vgl. Art. ‹Wort, inneres; Rede, innere›. – [42] Petrus Abael.: Dial., hg. L. M. de Rijk (Assen 1956) 111; vgl. J. Jolivet: Arts du langage et théologie chez Abélard (Paris 1982) 62ff. – [43] Logica ‹Ingredientibus›. Glossae super Peri ermenias, in: Philos. Schr., hg. B. Geyer (1927) 336ff.; vgl. Meier-Oeser, a.O. [29] 43ff. – [44] Vgl. I. Rosier: La parole comme acte (Paris 1994) 112ff. – [45] Ps.-Robert Kilwardby: The comm. on ‹Priscian Maior› ascribed to R. Kilwardby, hg. K. M. Fredborg u.a. Cah. Instit. MA grec et latin 15 (1975) 1. – [46] a.O. 4. – [47] Sextus Emp.: Adv. math. VIII, 164; Pyrrhon. instit. II, 117ff.; vgl. L. M. de Rijk (Hg.): Logica modernorum II/2 (Assen 1967) 710. – [48]

Bonaventura: 4 Sent., d. 1, p. 1, art. un., q. 2, ad 3. Op. omn. 4 (Quaracchi 1889) 15. – [49] Roger Bacon: De signis I, 1, hg. K. M. Fredborg/L. Nielsen/J. Pinborg. Traditio 34 (1978) 75-136, hier: 81. – [50] I, 2, a.O. 82. – [51] Vgl. K. Howell: Two aspects of Roger Bacon's semiotic theory in De signis. Semiotica 63 (1987) 73-81, hier: 76ff.; U. Eco u.a.: On animal language in the medieval classification of signs, in U. Eco/C. Marmo (Hg.): On the medieval theory of signs (Amsterdam/Philadelphia 1989) 3-41, hier: 17ff.; Meier-Oeser, a.O. [29] 54-59; Fuchs, a.O. [5] 107-115. – [52] Roger Bacon: Compendium studii theol., hg. Th. S. Maloney (Leiden 1988) 56. – [53] Vgl. Ps.-Robert Kilwardby, a.O. [45] 4; Roger Bacon, a.O. [50]; Lambert von Auxerre: Logica, hg. F. Alessio (Florenz 1971) 205; Nicolaus von Paris: Syncategoreumata, in: H. A. G. Braakhuis: De 13de eeuwse Tractaten over syncategorematische Termen (Meppel 1979) 2, 1; Aegidius Romanus: Expos. in artem veterem (Venedig 1507, ND 1968) fol. 47vb; vgl. J. Biard: Log. et théorie du signe au 14e s. (Paris 1989) 28; Meier-Oeser, a.O. [29] 77-86. – [54] A. Andreae: Scriptum in arte veteri (Venedig 1508) fol. 3va. – [55] Vgl. Art. ‹Wort, inneres; Rede, innere›. – [56] Vgl. Art. ‹Synkategorem›. Hist. Wb. Philos. 10 (1998) 789f. – [57] Vgl. Biard, a.O. [53] 102-125. – [58] Wilhelm von Ockham: Summa log. I, 1. Op. philos. 1, hg. Ph. Boehner u.a. (St. Bonaventure, N.Y. 1974) 9; vgl. L. Kaczmarek: Significatio in der Zeichen- und Sprachtheorie Ockhams, in: A. Eschbach/J. Trabant (Hg.): History of semiotics (Amsterdam/Philadelphia 1983) 87-104; A. Tabarroni: Mental signs and the theory of representation in Ockham, in: Eco/Marmo (Hg.), a.O. [51] 195-224, hier: 200ff. – [59] Vgl. Art. ‹Repräsentation I. 3.›. Hist. Wb. Philos. 8 (1992) 797-800; vgl. Art. ‹Signifikation B. 2.›, a.O. 9 (1995) 765-768. – [60] Florentius Diel: Modernorum summulae logicales (Speyer 1489) fol. a 5v. – [61] Vgl. Art. ‹Repräsentation›, a.O. [59]. – [62] Meier-Oeser, a.O. [29] 238-262. – [63] Vgl. In libros Arist. De int., in: Comm. Coll. Conimbricensis ... in universam dialecticam Aristotelis (Köln 1607, ND 1976) 2, 3-73; The Conimbricenses. Some questions on signs, hg./übers. J. P. Doyle (Milwaukee, Wisc. 2001); Joh. a S. Thoma: Ars log., in: Cursus philos. thomisticus 1, hg. B. Reiser (Rom 1948); Tract. de signis / The treatise of signs of John Poinsot, lat./engl. J. Deely (Berkeley, Calif. 1985); P. de Candamo: Opusculum de signis, notitiis et conceptibus (Valladolid 1697); S. Aranha: De signis, in: Disput. log. (Coimbra 21745). – [64] D. de Soto: Summulae (Salamanca 1554, ND 1980) fol. 2r; P. Fonseca: Instit. dial. (Köln 1572) 11; Conimbricenses, a.O. [63] 2. 7; P. Hurtado de Mendoza: Disp. de universa philos. (Lyon 1617) 8; S. de Lublino: In univ. Arist. log. quaest. (Köln 1620) 387; B. Tellez: Summa univ. philos. (Lissabon 1642) 77; J. Ioanniz et Echalaz: Philos. (Lyon 1654) 214 a; M. Cornaeus: Curriculum philos. peripateticae (Würzburg 1657) 172; B. Columbus: Novus cursus philos. (Lyon 1669) 11 b; Aranha, a.O. 240f. – [65] R. de Arriaga: Cursus philos. (Antwerpen 1632) 178 a; G. von Breisach: Cursus philos. (Köln 1699) 249. – [66] R. Lynceus: Universa philos. scholast. (Lyon 1654) 203 a. – [67] P. de Comitibus: Philos. rationalis (Ancona 21671) 495; vgl. A. Bursius: Dial. Ciceronis (Samosci 1604) 292. – [68] Vgl. de Lublino, a.O. [64]; de Arriaga, a.O. [65] 179 a; Tellez, a.O. [64] 80 a; Lynceus, a.O. [66] 205 a. – [69] Aranha, a.O. [63] 241. – [70] Vgl. F. Arav (Araújo): Comm. in univ. Arist. Met. tomus primus (Burgos/Salamanca 1617) 359 a; Joh. a S. Thoma: Ars log., a.O. [63] 664; vgl. M. Beuchot: La doctrina tomista clásica sobre el signo. Domingo de Soto, Francisco de Araújo y Juan de Santo Tomás. Crítica 12 (1980) 39-60, hier: 50f.; vgl. Meier-Oeser, a.O. [29] 213-235. – [71] Joh. a S. Thoma: Ars log., a.O. 646-648. – [72] Hurtado de Mendoza, a.O. [64] 145; F. de Oviedo: Integer cursus philos. (Lyon 1640) 140; Ioanniz et Echalaz, a.O. [64] 215 a. – [73] Vgl. Meier-Oeser, a.O. [29] 241-246. – [74] a.O. 246-248. – [75] D. Báñez: Instit. minoris dial. (1599, Bologna 1631) 28. – [76] Pierre d'Ailly: Tract. de anima 11, 5, in: O. Pluta: Die philos. Psychol. des Peter von Ailly, 2. Teil (Amsterdam 1987) 69; de Soto, a.O. [64] fol. 2v b; Fonseca, a.O. [64] 16f. – [77] Vgl. Complutenses: Disp. in Arist. dial. (Lyon 1668, ND 1977) 70. – [78] Zur Z.-Theorie der ‹Logique de Port-Royal› vgl. H. E. Brekle: Semiotik und linguist. Semantik in Port-Royal. Indogerman. Forsch. 69 (1964) 103-121; L. Marin: La critique du discours (1975); Un chapitre dans l'hist. de la théorie sémiotique: La théologie eucharistique dans ‹La Logique de Port-Royal›, in: Eschbach/Trabant (Hg.), a.O. [58] 127-144; P. Swiggers: La théorie du signe à Port-Royal. Semiotica 35 (1981) 267-85; Port-Royal. Autour du signe, in: K. D. Dutz/P. Schmitter (Hg.).: Geschichte und Geschichtsschreibung der Semiotik (1986) 119-131. – [79] A. Arnauld/P. Nicole: La logique ou l'art de penser I, 4 (1662, 51683), hg. P. Claire/F. Girbal (Paris 1965) 53. – [80] Vgl. Art. ‹Assoziation›. Hist. Wb. Philos. 1 (1971) 548-553. – [81] J. F. Fries: System der Logik § 89 (1837) 282. – [82] Vgl. Meier-Oeser, a.O. [29] 308-335. – [83] Ch. Scheibler: Metaphysica (Genf 31636) 365; J. Scharf: Metaphys. exemplaris (Wittenberg 41643) 234; A. Spengler: Exercit. metaphys. decima § 24 (Berlin 1649); A. Calovius: Scripta philos. (Lübeck 1651) 625; A. Fromm: Exercit. metaphys. (Stettin 1651) 367. – [84] B. Keckermann: Scientiae metaphys. compendiosum systema (1609, Hanau 1615) 88; F. Burgersdijk: Institut. metaphys. libri duo (Leiden 21642) 200; J. Maccovius: Metaphys. (Leiden 1645) 107. – [85] C. Timpler: Metaphys. systema methodicum libri V (Hanau 1606) 317. – [86] Vgl. J. Schultetus: Disput. metaphys. de signo et signato (Wittenberg 1659) fol. B 2rff.; vgl. Art. ‹Transsubstantiation›. Hist. Wb. Philos. 10 (1998) 1349-1358. – [87] Vgl. Art. ‹Signatur; Signaturenlehre›. Hist. Wb. Philos. 9 (1995) 750-754. – [88] P. Gassendi: De log. fine II, 1. 5. Op. omn. (Lyon 1658, ND 1658) 1, 69a. 80f.; vgl. W. Detel: Scientia rerum occultarum. Methodol. Studien zur Physik P. Gassendis (1978) 53f. – [89] Vgl. Meier-Oeser, a.O. [29] 354-362. – [90] G. Berkeley: Princ. of human knowledge I, 65 (1710, 21734). The works, hg. A. A. Luce/T. E. Jessop (London u.a. 1948-57) 2, 69. – [91] Alciphron (1732), a.O. 2/2, 306. – [92] Vgl. K. Lehrer: Th. Reid (London/New York 1989) 2; vgl. S. A. Grave: The scottish philos. of common sense (Oxford 1960) 150-161. – [93] Th. Reid: An inquiry into the human mind 4, sect. 1 (1764). Philos. works (1967) 1, 117a; vgl. Art. ‹Wahrnehmung IV.›. – [94] a.O. 122a. – [95] Th. Hobbes: De corpore I (1655). Op. philos. lat., hg. W. Molesworth (London 1839-45) 1, 13; vgl. M. Dascal: Leibniz, Hobbes, Locke and Descartes on signs, memory, and reasoning (Amsterdam/Philadelphia 1987) 32ff. – [96] a.O. 12. – [97] 14. – [98] Vgl. R. Widmaier: Die Idee des Z. bei Locke und Leibniz in ihren Unters. über den menschl. Verstand, in: Dutz/Schmitter (Hg.), a.O. [78] 133-150. – [99] G. W. Leibniz: Dialogus (1677). Philos. Schr., hg. C. I. Gerhardt (1875-90, ND 1960f.) 7, 191. – [100] Medit. de cognitione, veritate et ideis (1684), a.O. 4, 422f. – [101] Vgl. Art. ‹Symbol I. 5. b)›. Hist. Wb. Philos. 10 (1998) 717-720. – [102] Ch. Wolff: Disquisitio philos. de loquela § 7 (1703), in: Meletemata math.-philos. ... (1755). Ges. Werke, hg. J. Ecole u.a. II/35 (1974) 248; vgl. U. Ricken: Sprachtheorie und Weltanschauung in der europ. Aufklärung (1990) 216f. – [103] Philos. prima, sive Ontologia § 952 (1729, 21736), a.O. II/3 (1962) 688. – [104] Vern. Ged. von Gott, der Welt, und der Seele des Menschen [Dtsch. Metaphysik] § 292 (1720, 111751), a.O. I/2 (1983) 160. – [105] F. Ch. Baumeister: Institut. philos. rationalis § 123 (Lucca 1765) 1, 52; Institut. met. § 384 (Lucca 1765) 2, 177; A. Böhme: Log. (1749) 143; vgl. W. Roeder: Beitr. zur Lehre vom Z. in der dtsch. Philos. des 18. Jh. (1927) 20. – [106] A. G. Baumgarten: Metaphysica (Halle 1739, 71779, ND 1963) 107; vgl. G. H. Ch. Strack: Positiones generaliores de signis (Braunschweig 1751) 4. – [107] G. F. Meier: Metaphysik, erster Theil (Halle 1755) 441; vgl. J. P. Reusch: Systema metaphysicum § 300 (Jena 1735) 228; J. Ch. Gottsched: Erste Gründe der Gesamten Weltweisheit ... (Leipzig 1733, ND 1965) 159. – [108] Meier, a.O. [107] 446; vgl. J. E. Pfeiffer: Elementa hermeneut. univ. § 1 (Jena 1743). – [109] J. G. Herder: Ueber die neuere Deutsche Lit., Fragmente (1768). Sämmtl. Werke, hg. B. Suphan (1877-1913, ND 1967f.) 2, 12. – [110] W. von Humboldt: Grundzüge des allg. Sprachtypus [1824/26]. Ges. Schr., hg. A. Leitzmann u.a. (1903-36, ND 1967f.) 5, 428; J. Trabant: Apeliotes oder der Sinn der Sprache (1986) 69-83. – [111] U. Bayer: Lessings Z.-Begriff und Z.-Prozesse im ‹Laokoon› und ihre Analyse nach der modernen Semantik (1975); E. Böhm: Semiotische Analyse von Z.-Konzeptionen und 'Zeichenschönheit' bei J. A. Eberhard. Semiosis 21 (1981) 67-76; U. Frank: Die Semiotik als Abschluß der Ästhetik. A. G. Baumgartens Bestimmung der Semiotik als ästhet. Propädeutik. Zeitschr. Semiotik 1 (1979) 345-359; C. Hardenberg: G. E. Lessings Semiotik als Propädeutik einer Kunsttheorie, a.O. 361-376; V. A. Rudowski: The theory of signs in the 18th cent. J. Hist. Ideas 35 (1974) 683-690. – [112] P. Rusterholz: Semiotik und Hermeneutik, in: U. Nassen (Hg.):

Texthermeneutik (1979) 37-57. – [113] Vgl. G. PAGANINI: Signe, imagination et mémoires. De la psychol. de Wolff à l'Essai de Condillac. Rev. Sci. philos. théolog. 72 (1988) 287-300; P. TORT: Dialectique des signes chez Condillac, in: H. PARRET (Hg.): History of linguistic thought and contemp. linguistics (1976) 488-502; U. RICKEN: Les idéologues et la sensation transformée, in: W. BUSSE/J. TRABANT: Les idéologues. Sémiotique, théories et politique linguistique pendant la Révol. Franç. (Amsterdam/Philadelphia 1986) 19-44. – [114] E. B. DE CONDILLAC: Essai sur l'origine des connoissances humaines I, 2, 4, § 34 (Amsterdam 1746) 65. – [115] a.O. XXI. – [116] A.-L.-C. DESTUTT DE TRACY: Eléments d'idéologie 1 (Paris 1801, ND 1977) 272. – [117] J.-M. DEGÉRANDO: Des signes et l'art de penser, considérés dans leur rapport mutuels 1 (Paris 1800) XXII. – [118] a.O. XX. – [119] Vgl. RICKEN, a.O. [102] 98-104; M. DASCAL: Signs and cognitive process, in: ESCHBACH/TRABANT (Hg.), a.O. [58] 169-190; G. HASSLER: Positionen der Ideologen zur Rolle der Sprache im Erkenntnisprozeß. Beitr. roman. Philol. 20 (1981) 51-66. – [120] N.-J. TOUSSAINT: De la nécessité des signes (1827) 58. – [121] a.O. 56. – [122] B. BOLZANO: Wissenschaftslehre § 285 (1837), hg. J. BERG. Ges.ausg., hg. E. WINTER u.a. I/13, 1 (1989) 91. – [123] a.O. 84-100. – [124] §§ 334-344, a.O. 13, 2 (1990) 166-188; vgl. CH. A. CRUSIUS: Weg zur Gewißheit und Zuverlässigkeit der menschl. Erkenntnis §§ 207ff. (1747). – [125] Wiss.lehre § 52, a.O. I/11, 2 (1987) 43. – [126] a.O. [122] 96. – [127] F. THUROT: De l'entendement et de la raison (Paris 1830) 1, 175. – [128] A. TRENDELENBURG: Ueber Leibnizens Entwurf einer allg. Charakteristik, in: Hist. Beiträge zur Philos. 3 (1867) 1. – [129] Vgl. Art. ‹Begriffsschrift›. Hist. Wb. Philos. 1 (1971) 814; Art. ‹Ideographie›, a.O. 4 (1976) 157; Art. ‹Pasigraphie›, a.O. 7 (1989) 162-164. – [130] Vgl. E. SCHRÖDER: Über das Z. (Rektoratsrede TU Karlsruhe, 22. Nov. 1890); E. HUSSERL: Zur Logik der Z. (Semiotik) (1890). Husserliana 12 (Den Haag 1970) 340-373; E. MARTINAK: Psycholog. Unters. zur Bedeutungslehre (1901); R. GÄTSCHENBERGER: Grundzüge einer Psychologie des Z. (1901, ND 1987).

Literaturhinweise. G. WELTRING s. Anm. [17]. – R. HALLER: Unters. zum Bedeutungsproblem in der ant. und mittelalterl. Philos. Arch. Begriffsgesch. 7 (1962) 57-119. – B. D. JACKSON: The theory of signs in St. Augustine's De doctrina christiana. Rev. Et. Augustiniennes 15 (1969) 9-49. – L. BRIND'AMOUR/E. VANCE (Hg.): Archéologie du signe (Toronto 1973). – A. REY: Théories du signe et du sens (Paris 1973, 1976). – Z. TELEGDI: Zur Herausbildung des Begriffs ‹sprachliches Z.› und zur stoischen Sprachlehre. Acta Linguistica Acad. Hungaricae 26 (1976) 267-305. – M. DASCAL: La sémiologie de Leibniz (Paris 1978). – G. VERBEKE: La philos. du signe chez les stoïciens, in: Les stoïciens et leur logique. Actes du Coll. de Chantilly, 18.-22. sept. 1976 (Paris 1978) 401-424. – P. F. MUGNAI: Segno e linguaggio in G. Berkeley (Rom 1979). – H. POSER: Signum, notio und idea. Elemente der Leibnizschen Zeichentheorie. Zeitschr. Semiotik 1 (1979) 309-324. – M. BEUCHOT s. Anm. [70]. – A. MAIERÙ: 'Signum' dans la culture médiévale. Miscellanea mediaevalia 13, 1 (1981) 51-71. – H. RUEF: Augustin über Semiotik und Sprache (Bern 1981). – K. OEHLER s. Anm. [13]. – D. N. SEDLEY: On signs, in: J. BARNES (Hg.): Sci. and speculation. Studies in the hellenistic theory and practice (Cambridge 1982) 239-272. – D. GLIDDEN s. Anm. [24]. – TH. S. MALONEY: The semiotics of Roger Bacon: Mediaeval Studies 45 (1983) 120-154. – M. DASCAL: Leibniz, language, signs and thought (Amsterdam/Philadelphia 1987). – TH. EBERT s. Anm. [16]. – U. ECO/C. MARMO (Hg.) s. Anm. [51]. – I. ROSIER: Signes et sacrements. Thomas d'Aquin et la grammaire spéculative. Rev. Sci. philos. théolog. 74 (1990) 392-436. – E. J. ASHWORTH: Domingo de Soto (1494-1560) and the doctrine of signs, in: G. L. BURSILL-HALL/S. EBBESEN/E. F. K. KOERNER (Hg.): De ortu grammaticae: studies in medieval grammar and linguistic theory in memory of Jan Pinborg (Amsterdam/Philadelphia 1990) 35-48. – C. MARMO: Semiotica e linguaggio nella scolastica: Parigi, Bologna, Erfurt 1270-1330 (Rom 1994). – MEIER-OESER s. Anm. [29]. – R. POSNER/K. ROBERING/TH. A. SEBEOK (Hg.) s. Anm. [1]. – A. BÜHLER: 'Zeichen' bei Wolff, Baumgarten und Meier, in: M. L. BIANCHI (Hg.): Signum (Florenz 1999) 379-389. – M. FUCHS s. Anm. [5].

S. MEIER-OESER

II. *Peirce und das 20. Jh.* – 1. *Z. als Z.-Prozeß.* – Für CH. S. PEIRCE, den Begründer der modernen Form der semiotischen Z.-Philosophie, ist ein Z. («sign») «a Representamen with a mental Interpretant» [1], das wesentlich durch zwei Aspekte bestimmt wird. In struktureller Hinsicht ist das Z. eine genuine, nicht auflösbare, triadische Relation zwischen dem Representamen, dem Objekt des Z. und seinem Interpretanten. In prozessualer Hinsicht ist es eine nicht abbrechende Folge von Z.-Verweisungen. Danach ist ein Z. «anything which determines something else (its interpretant) to refer to an object to which itself refers (its object) in the same way, the interpretant becoming in turn a sign, and so on ad infinitum» [2]. Die Definition ist, wie Peirce zugesteht, zirkulär. Dies sei jedoch nicht zu umgehen, da das Definiendum ‹Z.› in Gestalt eines Z. für den Interpretanten im Definiens wiederauftreten müsse [3]. So handelt es sich bei der Peirceschen Z.-Definition eher um die Beschreibung eines rekursiven Algorithmus für die Generierung eines Z.-Prozesses oder der Semiose (s.d.). Käme die Folge der einander ablösenden Interpretanten zu einem Ende, bliebe nach Peirce das Z. unvollkommen. Ein vollkommenes («perfect») Z. würde voraussetzen, daß der Z.-Prozeß an die Bestimmung eines Interpretanten herankäme, «which would be the perfect Truth, the absolute Truth, and as such ... would be the very Universe». Ein solcher Interpretant wäre der letzte («ultimate») Interpretant jedes Z. [4]. Da dieser aber nur ein «being in futuro» haben könne, blieben die wirklich gebrauchten Z. unvollkommen [5].

Peirce klassifiziert die Z. nach Z.-Relationen. Das Z. selbst steht zu sich in einer unmittelbaren Relation. Seine Beziehung auf das Objekt müsse man unter den Aspekten eines unmittelbaren (monadischen) und eines dynamischen (dyadischen) Objekts betrachten und seine Beziehung zum Interpretanten dreifach differenzieren: in Hinsicht auf den unmittelbaren (monadischen), den dynamischen (dyadischen) und den logischen bzw. finalen (triadischen) Interpretanten. Danach ergeben sich sechs Möglichkeiten der Einteilung von Z. Peirce hat vor allem drei weiter ausgearbeitet, nämlich die Z.-Einteilung «gemäß der Modi ihres an sich selbst Seins», die Z.-Einteilung «gemäß der Natur ihrer Relationen zu ihren Dyadischen Objekten» und die Z.-Einteilung «aufgrund ihrer Beziehung zu ihren Triadischen Interpretanten» [6]. Die erste Einteilung führt auf die Unterscheidung von «Qualizeichen», «Sinzeichen» und «Legizeichen». Die Differenzierung zwischen Sin- und Legizeichen hat durch die schon von Peirce ihr gleichgestellte zwischen ‹Type and Token› (s.d.) Eingang in die semiotische Terminologie gefunden. Berühmt geworden ist die Peircesche Einteilung der Z. nach ihrer Relation zu den dyadischen (dynamischen) Objekten als Ikon, Index und Symbol (s.d.). In der dritten der genannten Z.-Einteilungen werden ‹Rhema›, ‹Dikent› (oder ‹Dicizeichen›) und ‹Argument› unterschieden. Hiervon hat besonders die Unterscheidung der Struktur des Arguments nach deduktiven, induktiven oder abduktiven Schlußformen nachhaltig auf die logische und semiotische Forschung im 20. Jh. gewirkt [7].

Ausgehend von Peirces Auffassung des Z. als Z.-Prozeß unternimmt CH. W. MORRIS eine verhaltensorientierte Bestimmung des Z.-Begriffs. Er erweitert die triadische Struktur des Z. durch Einbeziehung des zeichendeutenden Organismus und interpretiert den Z.-Begriff selbst durch Rückgriff auf das Reiz-Reaktions-Schema. Den Z.-Prozeß oder die Semiose faßt Morris als ein «mittelbar-Notiz-Nehmen-von» («mediated-taking-accountof») auf. Er unterscheidet darin vier voneinander abhängige Faktoren oder «relationale Eigenschaften»: den «Zeichenträger» («sign vehicle») als den Vermittler der Notiznahme, den «Interpreten» als den Akteur der Notiznahme, den «Interpretanten» als die Notiznahme selbst und das «Designat» als das, von dem Notiz genommen wird [8]. Ob das Designat einen wirklich existierenden Gegenstand bezeichnet und das Z. damit auch ein «Denotat» [9] hat, kann bei der Bestimmung des Z.-Begriffs offenbleiben. Konstitutiv für diese ist vielmehr das Verhalten des Organismus: «A sign arises when conduct is blocked». Es erlaubt, von handlungsrelevanten Aspekten, die nicht unmittelbar gegeben sind, mittelbar Notiz zu nehmen und so eine Strategie zu entwickeln, um die blockierte Handlung zu vollenden [10]. In einer späteren Z.-Definition, die jedoch umstritten blieb [11], ersetzt Morris den Bezug auf die mittelbare Notiznahme durch das Schema von Reiz und Reaktionsfolgen: «If anything, *A*, is a preparatory-stimulus which in the absence of stimulus-objects initiating response-sequences of a certain behavior-family causes a disposition in some organism to respond under certain conditions by response-sequences of this behavior-family, then *A* is a sign» [12].

2. *Idealsprachlicher vs. normalsprachlicher Z.-Gebrauch.* – Wie Peirce geht auch G. Frege von einer dreistelligen Z.-Relation aus, die für ihn jedoch in einer «regelmäßigen Verknüpfung zwischen dem Z., dessen Sinn und dessen Bedeutung» besteht. Unter der Bedeutung des Z. versteht Frege das Bezeichnete. Den Sinn des Z. nennt er das, «worin die Art des Gegebenseins enthalten ist» [13]. In «einer vollkommenen Sprache» müßte jedes Z. einen bestimmten Sinn und dieser wieder eine bestimmte Bedeutung haben, während gleiche Bedeutung durchaus in verschiedenem Sinn vorkommen kann, wie Frege mit seinem Beispiel der Venus zeigt, die sowohl als Morgenstern wie als Abendstern auftritt. Auch kann gleicher Sinn durch unterschiedliche Z., wie bei den Synonymen, ausgedrückt werden. Frege räumt jedoch ein, daß die Forderung einer eindeutigen Bedeutung des Z. erst «in einem vollkommenen Ganzen von Z.» einzulösen wäre. Die natürlichen Sprachen erfüllen sie «vielfach nicht». Man muß bei ihnen «zufrieden sein, wenn nur in demselben Zusammenhange dasselbe Wort immer denselben Sinn hat». Daß ein Z. einen Sinn hat, heißt aber noch nicht, daß es überhaupt eine Bedeutung hat, wie die Ausdrücke «der von der Erde am weitesten entfernte Himmelskörper» oder «die am wenigsten konvergente Reihe» zeigen [14]. Da es der Logik aber stets auf die Bedeutung der Z. ankommt, wählt er als Paradigma den Eigennamen (s.d.), der dadurch, daß er einen Gegenstand bezeichnet, immer auch eine Bedeutung hat. Diesem Z.-Begriff gemäß kann Frege auch den Behauptungssatz als einen Eigennamen ansehen, sofern dessen Sinn der in ihm ausgedrückte Gedanke ist und seine Bedeutung im Bezug auf die gegenständlich gefaßten Wahrheitswerte, das Wahre und das Falsche, besteht [15].

L. Wittgenstein kritisiert an Freges Z.-Begriff, daß durch ihn eine logisch bedeutsame Unterscheidung zwischen einfachen Z. (Namen) und Sätzen ignoriert werde. Denn nur ein Satzzeichen kann eine Sachlage beschreiben, und deshalb können auch nur Sätze, nicht Namen einen Sinn ausdrücken [16]. Im ‹Tractatus logico-philosophicus› teilt Wittgenstein mit Frege noch die Auffassung, daß das Z. im Hinblick auf eine vollkommene Sprache zu bestimmen sei, «die der logischen Grammatik – der logischen Syntax – gehorcht» [17]. In einer solchen Sprache hat das Z. seine Bedeutung in der Gesamtheit der Regeln, die für es gelten [18]. Damit wird der Rekurs auf den Gebrauch des Z. wesentlich. «Was in den Z. nicht zum Ausdruck kommt, das zeigt ihre Anwendung. Was die Z. verschlucken, das spricht ihre Anwendung aus» [19]. Und: «Wird ein Z. nicht gebraucht, so ist es bedeutungslos» [20]. Im ‹Tractatus› differenziert Wittgenstein zwischen ‹Z.› und ‹Symbol›. Man muß, «um das Symbol am Z. zu erkennen», «auf den sinnvollen Gebrauch achten» [21]. «Das Z. ist das sinnlich Wahrnehmbare am Symbol» [22]. Symbol ist dagegen das, was an einem Satz dessen Sinn charakterisiert [23], und das, wodurch ein Symbol bezeichnet, wird durch Regeln der logischen Syntax bestimmt [24]. Später hat Wittgenstein die Orientierung am Ideal einer logisch normierten Sprache aufgegeben und statt der logischen Grammatik die «Grammatik des Z.» untersucht [25]. In ihr wird der Gebrauch des Z. nur beschrieben, nicht erklärt [26]. Das Z., meint Wittgenstein nun, lebt im Gebrauch [27]. Im Umgang mit den Z. müsse man es mit dem Zeichengeben genug sein lassen und nicht versuchen, noch «hinter die Worte dringen» zu wollen [28]. «Über sich selbst führt uns kein Z. hinaus» [29]. Damit wird auch das Zeichenverstehen zu einem Umgang mit Z.: «Wenn man ... sagt: 'Wie soll ich wissen, was er meint, ich sehe ja nur seine Z.', so sage ich: 'Wie soll er wissen, was er meint, er hat ja auch nur seine Z.'» [30].

3. *Zeigecharakter des Z.* – E. Husserl thematisiert in seinem Z.-Begriff den intentionalen oder hinweisenden Charakter des Z. Nach seinem Entwurf zur Logik der Z. von 1890 kann Z. einer Sache oder eines Inhalts «alles und jedes sein, was sie auszeichnet, was geeignet ist, sie vor anderen zu unterscheiden, und woran wir sie dann wiederzuerkennen imstande sind». Das Wiedererkennen schließt für Husserl die besondere Aufmerksamkeit auf das hinweisende Verhältnis des Z. zum Bezeichneten ein, in welchem das Z. dazu bestimmt ist, unsere Gedanken auf die Sache «hinzulenken» [31]. In den ‹Logischen Untersuchungen› wird der Zeigecharakter des Z. in der Unterscheidung von Anzeichen und Ausdruck aufgenommen. «Anzeichen» nennt Husserl solche Gegenstände oder Sachverhalte, die zu der Sache, für die sie als Kenn- oder Merkzeichen oder ähnliches dienen, im Verhältnis der «Anzeige» stehen [32]. Sie zeigen den Bestand anderer Gegenstände oder Sachverhalte so an, «daß die Überzeugung von dem Sein der einen ... als Motiv (und zwar als ein nichteinsichtiges Motiv) erlebt wird für die Überzeugung oder Vermutung vom Sein der anderen» [33]. In dieser Motivierung «liegt das Wesen der Anzeige» [34]. Im Unterschied zur bloßen Anzeige ist die Motivierung bei den bedeutsamen Z. einsichtig. Husserl nennt sie «Ausdrücke», sofern durch sie eine Bedeutung oder ein Sinn «ausgedrückt» ist [35]. (In Abgrenzung zu Frege verwendet Husserl «Bedeutung» und «Sinn» als Synonyme [36].) In der «lebendigen Rede» erfüllen die Ausdrücke eine kommunikative, kundgebende Funktion, und insofern sind auch sie Anzeichen [37]. Im «einsamen Seelenleben» fungieren die bedeutsamen Z. durch ein «Hinzeigen» [38], in dem das Wort, das Zeichenhafte am Ausdruck, gegenüber dem Sinn «an sich gleichgültig» erscheint. Der «Ausdruck scheint so das Interesse von sich ab und auf den Sinn hinzulenken, auf diesen hinzuzeigen» [39]. So könne der Ausdruck im einsamen Seelenleben von der Anzeigefunktion entbunden und eine reine, zeichenfreie Bedeutung anvisiert werden. Hier wird später J. Derridas immanente Kritik des Husserlschen Z.-Begriffs ansetzen [40].

M. Heidegger geht über Husserl darin hinaus, daß er das Z. ganz auf das Zeigen (s.d.) zurückführt. Z. sind für

Heidegger «Zeuge, deren spezifischer Zeugcharakter im Zeigen besteht» [41]. Durch diese «bestimmte Dienlichkeit» lassen Z. «Zuhandenes begegnen, genauer, einen Zusammenhang desselben so zugänglich werden, daß der besorgende Umgang sich eine Orientierung gibt und sichert» [42]. Dabei zeigen die Z. «primär immer das, 'worin' man lebt, wobei das Besorgen sich aufhält, welche Bewandtnis es damit hat» [43]. Später schließt Heidegger an die Auffassung vom Z. als dem Zeigenden eine Kritik des auf die Bezeichnungsfunktion reduzierten Z.-Begriffs der abendländischen Philosophie an. Der Zeigecharakter kommt für Heidegger nun nicht nur dem Z., sondern der Sprache überhaupt zu, deren Wesen «die Sage als die Zeige» ist [44].

4. *Der differentielle Ursprung des Z.* – Philosophisch folgenreich wird F. DE SAUSSURES linguistische Perspektive auf das Z. De Saussure zeigt, daß am sprachlichen Z. nicht seine referentielle Beziehung zum Objekt, sondern sein Wert oder Stellenwert («valeur») im Sprachsystem wesentlich ist [45]. Die Sprache wird so als eine eigenständige Z.-Ordnung von der Ordnung der Dinge abgehoben [46]. Z. haben nur Bedeutung in einem «Geflecht ewig negativer Differenzen» («plexus de différences éternellement négatives») [47]. Ihr Wert ist bestimmt als Schnittpunkt zweier Achsen im Sprachsystem [48]. Auf der vertikalen Achse entstehen durch Artikulation Einteilungen der unbestimmten und gestaltlosen Masse sowohl des Lautmaterials als auch des Denkens, so daß ein Abschnitt der Lautmasse einer Vorstellung entspricht. Die Sprache schafft so «eine Form», aber «keine Substanz». Die Wahl des Einschnitts ist dabei arbiträr (s.d.), und die so bestimmten Werte sind «entièrement relatives» [49]. Auf der horizontalen Achse bedingen die durch die vertikalen Schnitte geformten Z. sich als Glieder des Sprachsystems gegenseitig, indem «la valeur de l'un ne résulte que de la présence simultanée des autres» [50]. Die Sprache («langue»), die in de Saussures Semiologie (s.d.) nur ein, wenn auch das wichtigste Z.-System darstellt, bildet so «un système de signes où il n'y a d'essentiel que l'union du sens et de l'image acoustique, et où les deux parties du signe sont également psychiques» [51]. Im Z. («signe») sind «image acoustique» und «sens» (oder «concept») [52] verbunden als das Bezeichnende und das Bezeichnete («signifiant/signifié», s.d.) [53]. Die Arbitrarität des Z. ist dann die Unmotiviertheit in diesem Verhältnis. Da weder natürliche Z. noch Symbole in diesem Sinne arbiträr sind, fallen sie für de Saussure nicht unter den Z.-Begriff [54]. Aus der Arbitrarität folgt, daß die Z. sich einer willkürlichen Veränderung durch die Mitglieder der Sprachgemeinschaft weitgehend entziehen und insofern unveränderlich sind [55], aber mit der Zeit einer Veränderung durch den bloßen Sprachgebrauch unterliegen können: «le signe est dans le cas de s'altérer parce qu'il se continue» [56]. Dabei ist jede Veränderung ein «déplacement du rapport 'total' entre signifiant et signifié» [57]. Indem die Erforschung der Sprache damit «eine ganz neue Seite des Z.» («tout un côté nouveau du signe») gezeigt hat [58], eröffne sie der Theorie der Z. einen neuen Horizont.

De Saussures Z.-Konzeption ist vielfach und unterschiedlich aufgenommen worden. L. HJELMSLEV unterscheidet Signifikant und Signifikat in der Sprache als Ausdrucks- und Inhaltsebene und differenziert beide nach Form und Substanz [59]. R. BARTHES entwickelt das Konzept des sprachlichen Z. zum «semiologischen» oder «Funktions-Zeichen» («fonction-signe») weiter. Dessen Ausdruckssubstanz liege nicht in der Bedeutung, sondern in einem «double mouvement», der aus der «sémantisation universelle des usages» resultiert: «dès qu'il y a société, tout usage est converti en signe de cet usage». Dieses Z. kann dann erneut zum «Gebrauchsgegenstand» («object d'usage») funktionalisiert werden. Es entstehen «les rapports du technique et du signifiant» [60]. E. BENVENISTE kritisiert de Saussures Grundsatz der Arbitrarität des Z. Sie werde von ihm nach außerhalb des sprachlichen Z. verbannt («relégué hors de la compréhension du signe linguistique»), da sie nicht das Verhältnis zwischen Ausdruck und Inhalt des Z., sondern die Beziehung zwischen Z. und Gegenstand betreffe [61]. Nach R. JAKOBSON, der die These vom differentiellen Ursprung des Z. durch seine Untersuchungen des Phonems bestätigt [62], ist die Arbitrarität «eine gewohnheitsmäßige, erlernte Kontiguität, die für alle Mitglieder der gegebenen Sprachgemeinschaft obligat ist» [63]. J. DERRIDA verwendet dagegen sowohl das Differenz- als auch das Arbitraritätsprinzip zur Dekonstruktion des Z.-Begriffs des Logozentrismus (s.d.). Kein Signifikat entkomme dem «jeu des renvois signifiants qui constitute le langage» [64]. Z. sind danach «Spuren» («traces») [65]. Die These von der Arbitrarität des Z. richtet Derrida gegen die Auffassung «de distinguer radicalement signe linguistique et signe graphique» [66]. Vielmehr sei die Schrift, die traditionell lediglich als Z. von Z. angesehen wurde, das Paradigma des Verweisungszusammenhangs von Z. auf Z. [67]. Sie beginne mit «einer ursprünglichen Spur oder Ur-Spur» («trace originaire ou architrace»), wobei ‹Ur-Spur› ein selbstdestruktiver Begriff sei, da ‹Spur› auf etwas verweise, dessen Spur sie sei: «il n'y a surtout pas de trace originaire» [68]. ‹Ur-Spur› oder ‹Ur-Schrift› ist so der Name für die Unmöglichkeit einer Bezeichnung des Ursprungs des Z.

5. *Allgemeine Semiotik und Philosophie des Z.* – In der Allgemeinen Semiotik U. ECOS wird das Z. selbst zum Gegenstand und zur «unità elementare» des Philosophierens [69]. Z. ist dann alles, was «on the grounds of a previously established social convention, can be taken as something standing for something else» [70]. Die soziale Konvention kann in einem «continuum semiosico» sehr streng bis ganz unbestimmt codiert sein. Aufgabe der Allgemeinen Semiotik ist es, in all diesen Codierungen «una struttura formale unica» aufzuspüren [71], in der die Z.-Interpretation sich als ein Vorgang formalen Schließens erweist. Das Z. ist dann eine «istruzione per l'interpretazione, meccanismo che conduce da uno stimolo iniziale a tutte le sue piú remote conseguenze illative» [72].

Gegen Ecos These, daß man auf definierbare Weise sagen könne, was Z. sind, wendet J. SIMON ein, daß eine allgemeine Wissenschaft vom Z. nicht möglich sei, «weil Z. keine besondere Art von Gegenständen sind und Verstehen keine besondere Art von Handlung neben anderen ist» [73]. Z. «ist das, was wir verstehen» [74]. Ein Z. wird dann verstanden, wenn nicht nach seiner Bedeutung gefragt wird. In diesem fraglosen Verstehen wird das Z. gar nicht als Z. bewußt. Fragt man nach seiner Bedeutung, ist die Antwort wieder ein Z. [75]. Die Bedeutung eines Z. ist damit das Z., «das wir als Antwort auf die Frage nach der Bedeutung verstehen. Es ist die Interpretation des Z.» [76]. Da man nicht sagen kann, «'wie' sich ein Z. auf Wirklichkeit bezieht», ist für die Philosophie des Z. «das Erste» nicht der ontologische Ausgangspunkt, sondern «das Mitgenommenwerden im Verstehen von Z.» [77].

Anmerkungen. [1] CH. S. PEIRCE: Elements of logic [1903]. Coll. papers [CP], hg. CH. HARTSHORNE/P. WEISS (Cambridge/

Mass. 1931-58) 2.274. – [2] CP 2.303; vgl. auch: Grundbegriffe der Semiotik und formalen Logik [1898-1902], in: Semiot. Schr., hg. CH. J. W. KLOESEL/H. PAPE 1-3 (1986-93, ND 2000) 1, 336-375, 375. – [3] Notizen zu Teilen von Humes ‹Traktat über die menschliche Natur› [MS 939, 1905], a.O. 2, 259-274, 271f. – [4] Καινὰ στοιχεῖα, in: The new elements of math. [MS 517, 1904], hg. C. EISELE (Den Haag/Paris 1976) 235-263, 239f.; dtsch.: Neue Elemente, in: Naturordnung und Zeichenprozeß, hg. H. PAPE (1991) 339-377, 345. – [5] Minute logic [MS 425 A, 1902], CP 2.92; dtsch.: Minutiöse Logik. Aus den Entwürfen zu einer Logik, in: Semiot. Schr., a.O. [2] 1, 376-408, 390. – [6] Notizen, a.O. [3] 2, 272. – [7] Vgl. Art. ‹Abduktion›. Hist. Wb. Philos. 1 (1971) 3f. – [8] CH. W. MORRIS: Foundations of the theory of signs (Chicago 1938) 1-59, 3f.; dtsch.: Grundlagen der Z.-Theorie, in: R. POSNER (Hg.): Grundlagen der Z.-Theorie. Ästhetik der Z.-Theorie (1988) 17-88, 20f. – [9] a.O. 5; dtsch. 22. – [10] Esthetics and the theory of signs (Den Haag 1939), in: Writings on the general theory of signs (Den Haag/Paris 1971) 415-433, 428f.; dtsch.: Ästhetik und Z.-Theorie, a.O. 91-118, 110f. – [11] Vgl. D. MÜNCH/R. POSNER: Morris, seine Vorgänger und Nachfolger, in: POSNER/ROBERING/SEBEOK (Hg.), a.O. [1 zu I.] 2, 2204-2232, 2221. – [12] CH. W. MORRIS: Signs, language, and behavior (New York 1946) 10; dtsch.: Z., Sprache und Verhalten (1973) 84. – [13] G. FREGE: Über Sinn und Bedeutung (1892). Zeitschr. Philos. philos. Kritik, NF 100 (1892) 25-50, 26; vgl. Art. ‹Sinn/Bedeutung›. Hist. Wb. Philos. 9 (1995) 808-815. – [14] a.O. 27f. – [15] 34; vgl. Art. ‹Wahrheitswert›. – [16] Vgl. L. WITTGENSTEIN: Tractatus logico-philosophicus (1921) 3.143-3.22. – [17] a.O. 3.325. – [18] Vgl. Wittgenstein und der Wiener Kreis [1929-32]. Werkausg. 1-8 (1989) 3, 150. – [19] Tr. log.-philos. 3.262. – [20] a.O. 3.328. – [21] 3.326. – [22] 3.32. – [23] Vgl. 3.31. – [24] Vgl. 3.344. – [25] Philos. Grammatik I, § 44 (1932-34). Werkausg., a.O. [18] 4, 87. – [26] Vgl. Philos. Unters. I, § 496 (1953), a.O. 1, 432. – [27] § 432, a.O. 416. – [28] § 503, a.O. 433. – [29] Philos. Gramm. I, § 71, a.O. [25] 114. – [30] Philos. Unters. I, § 504, a.O. [26] 434. – [31] HUSSERL, a.O. [130 zu I.] 341. – [32] Log. Unters. II/1, 1, § 2 (1901, [2]1913) (1980) 24. Husserliana 19/1 (Den Haag 1984) 31. – [33] a.O. 25/32. – [34] a.O. – [35] § 1, a.O. 23/30. – [36] § 15, a.O. 52f./58 – [37] Vgl. §§ 6f., a.O. 32f./39f. – [38] § 8, a.O. 35/41f. – [39] a.O. 35f./42. – [40] Vgl. J. DERRIDA: La voix et le phénomène: introd. au problème du signe dans la phénoménol. de Husserl (Paris 1967); dtsch.: Die Stimme und das Phänomen (1979). – [41] M. HEIDEGGER: Sein und Zeit § 17 (1927) 77. Ges.ausg. I/2 (1977) 103; vgl. Art. ‹Zeug›. – [42] a.O. 78f./106f.; vgl. Art. ‹Zuhandenheit/Vorhandenheit›. – [43] 80/107. – [44] Der Weg zur Sprache (1959), in: Unterwegs zur Sprache ([2]1960) 239-268, 254. Ges.ausg. I/12 (1985) 242. – [45] Vgl. Art. ‹Wert (linguistisch) II.›. – [46] F. DE SAUSSURE: Linguistik und Semiologie, hg. J. FEHR (1997) 145; vgl. J. FEHR: Saussure: Zwischen Linguistik und Semiologie. Ein einleit. Komm. (1997). – [47] Cours de linguistique gén., N 10 (1916), hg. R. ENGLER 1-3 (1967, ND 1989) 1, 264; dtsch., a.O. [46] 324. – [48] Vgl. N 23. 7, a.O. 259/dtsch. 403. – [49] Cours de lingu. gén., hg. CH. BALLY/A. SECHEHAYE/A. RIEDLINGER (Lausanne/Paris 1916, 1922) 157. – [50] a.O. 159. – [51] 32. – [52] 98. – [53] 99. – [54] 100f. – [55] 105. – [56] 108f. – [57] Cours N 23. 6, a.O. [47] 1, 170; dtsch. 396. – [58] N 10, a.O. 1, 169/dtsch. 326. – [59] Vgl. L. HJELMSLEV: Omkring sprogteoriens grundlæggelse (Kopenhagen 1943). – [60] R. BARTHES: Eléments de sémiologie II.1.4 (1965). Oeuvr. compl. (Paris 1993) 1, 1465-1524, 1487f.; dtsch.: Elemente der Semiologie (1981) 35f. – [61] E. BENVENISTE: Nature du signe linguistique (1939), in: Problèmes de linguistique gén. (Paris 1966) 49-55, 53; dtsch.: Zur Natur des sprachlichen Z., in: Probleme der allg. Sprachwiss. (Paris 1972) (1974) 65f. – [62] Vgl. R. JAKOBSON: Die eigenartige Zeichenstruktur des Phonems (1939), in: Semiotik. Ausgew. Texte 1919-1982, hg. E. HOLENSTEIN (1992) 139-181, 164ff.; vgl. Art. ‹Phonologie; Phonem›. Hist. Wb. Philos. 7 (1989) 927-931. – [63] Z. und System der Sprache (1962), a.O. 427-436, 428. – [64] J. DERRIDA: De la grammatologie (Paris 1967) 16; vgl. Art. ‹Signifiant/signifié II.›. Hist. Wb. Philos. 9 (1995) 756-759, 758. – [65] Sémiologie et grammatologie. Entretien avec Julia Kristeva. Positions (Paris 1972) 25-50, 37; dtsch.: Semiologie und Grammatologie (1968, Graz/Wien 1986) 52-82, 66; vgl. Art. ‹Spur›. Hist. Wb. Philos. 9 (1995) 1550-1558, hier: 1555f. – [66] De la gramm., a.O. [64] 65. – [67] Vgl. a.O. 63; vgl. Art. ‹Schrift II.›. Hist. Wb. Philos. 8 (1992) 1429-1431. – [68] 90. – [69] Vgl. U. ECO: Il segno (Mailand 1973) 20; dtsch.: Z. Eine Einf. in einen Begriff und seine Geschichte (1977) 23. – [70] A theory of semiotics (Bloomington/London 1976) 16; dtsch.: Semiotik. Entwurf einer Theorie der Z. (1991) 38. – [71] Semiotica e filos. del linguaggio (Turin 1984) 51; dtsch.: Semiotik und Philos. der Sprache (1985) 65f. – [72] a.O. 22; dtsch. 47. – [73] J. SIMON: Philos. des Z. (1989) 19. – [74] a.O. 39. – [75] 41. – [76] 39. – [77] Vgl. 60. 18.

Literaturhinweise. – *Allgemeines:* G. K. OGDEN/I. A. RICHARDS: The meaning of meaning (London 1923). – M. BENSE: Semiotik. Allg. Theorie der Z. (1967). – E. WALTHER: Allg. Zeichenlehre. Einf. in die Grundlagen der Semiotik (1974). – J. TRABANT: Z., in: K. KANZOG/A. MASSER (Hg.): Reallex. der dtsch. Lit.gesch. 4 (1984) 965-976; Elemente der Semiotik (1996). – TH. A. SEBEOK: Signs. An introd. to semiotics (Toronto u.a. 1994). – R. KELLER: Zeichentheorie: zu einer Theorie semiotischen Wissens (1995). – R. POSNER/K. ROBERING/TH. A. SEBEOK (Hg.) s. Anm. [1 zu I.] 2 (1998). – C. STETTER: Schrift und Sprache (1999). – U. WIRTH (Hg.): Die Welt als Z. und Hypothese (2000). – *Zu 1.:* A. W. BURKS: Icon, index, and symbol. Philos. phenomenolog. Res. 9 (1949) 673-689. – D. GREENLEE: Peirce's concept of sign (Den Haag/Paris 1973). – A. ESCHBACH (Hg.): Z. über Z. über Z. Fünfzehn Studien über Ch. W. Morris (1977). – K. OEHLER: Idee und Grundriß der Peirceschen Semiotik, in: M. KRAMPEN u.a. (Hg.): Die Welt als Z. – Klassiker der mod. Semiotik (1981) 15-49. – C. STETTER: Peirces semiot. Schemata, in: ESCHBACH/TRABANT (Hg.) s. Anm. [58 zu I.] 277-310. – K. DUTZ: Die Semiotiken des Ch. W. Morris und ihre Rezeption, in: K. DUTZ/H. J. WULFF (Hg.): Kommunikation, Funktion und Z.-Theorie (1983) 47-109. – H. PAPE: Erfahrung und Wirklichkeit als Zeichenprozeß. Ch. S. Peirces Entwurf einer Spekulativen Grammatik des Seins (1989); Peirce and his followers (1998), in: POSNER/ROBERING/SEBEOK (Hg.) s. Anm. [1 zu I.] 2 (1998) 2016-2040. – G. SCHÖNRICH: Zeichenhandeln. Unters. zum Begriff einer semiot. Vernunft im Ausgang von Ch. S. Peirce (1990). – V. M. COLAPIETRO/T. M. OLSHEWSKY: Peirce's doctrine of sign (1996). – D. MÜNCH/R. POSNER s. Anm. [11]. – *Zu 2.:* R. CARNAP: Der log. Aufbau der Welt (1928). – CH. THIEL: Sinn und Bedeutung in der Logik G. Freges (1965). – D. WIGGINS: Frege's problem of the morning star and the evening star (1976), in: M. SCHIRN (Hg.): Studien zu Frege 2 (1976) 221-255. – W. CARL: Freges Theorie des Sinns und der Bedeutung von Namen, in: Begriffsschrift. Jenaer Frege-Konferenz (1979) 70-82. – E. RUNGGALDIER: Z. und Bezeichnetes (1985). – R. STUHLMANN-LAEISZ: Warum sind ein Z., sein Sinn und seine Bedeutung paarweise verschieden? in: W. STELZNER (Hg.): Philos. und Logik. Frege-Koll. Jena 1989/1991 (1993) 57-64. – W. STEGMAIER: Zwischen Kulturen. Orientierung in Z. nach Wittgenstein (2001), in: W. LÜTTERFELDS/D. SALEHI (Hg.): Wittgenstein-Studien 3 (2001) 53-67. – *Zu 3.:* M. HEIDEGGER: Das Wort. Die Bedeutung der Wörter (1944), in: Zur philos. Aktualität Heideggers 3, hg. D. PAPENFUSS/O. PÖGGELER (1989) 13-16. – J. DERRIDA s. Anm. [40]. – N. SCHMUCK: Die Z.-Theorie E. Husserls. Kodikas 2 (1980) 389-399. – R. BERNET: Husserl's theory of signs revisited (1988), in: R. SOKOLOWSKI (Hg.): E. Husserl and the phenomenological trad. (Washington 1988) 1-24. – A. SCHEFFCZYK: Vom Z. des Wesens zum Wesen des Z. Husserls und Heideggers semiot. Philos. Zeitschr. Semiotik 3 (1988) 229-259. – D. MÜNCH: Intention und Z. Unters. zu F. Brentano und zu E. Husserls Frühwerk (1993). – S. B. ROSENTHAL: Phenomenolog. semiotics (1998), in: POSNER/ROBERING/SEBEOK (Hg.) s. Anm. [1 zu I.] 2 (1998) 2096-2112. – *Zu 4.:* C. BALLY: Qu'est-ce qu'un signe? (1939), in: R. GODEL (Hg.): A Geneva school reader in linguistics (Bloomington 1969) 87-100. – R. ENGLER: Théorie et critique d'un principe saussurien: l'arbitraire du signe. Cah. F. de Saussure 19 (1962) 5-66. – J. DERRIDA: L'écriture et la différence (Paris 1967). – E. F. K. KOERNER: Contrib. au débat post-saussurien sur le signe linguist. (Den Haag 1972). – P. WUNDERLI: Saussure-Studien (1981). – J. TRABANT: Louis Hjelmslev: Glossematik als allg. Semiotik, in: M. KRAMPEN u.a. (Hg.): Die Welt als Z. (1981) 143-172. – L. JÄGER/C. STETTER (Hg.): Z. und Verstehen. Akten des Aachener Saussure-Koll. 1983 (1986). – A. ESCHBACH: Signifiant und Signifié. Einige Bem. zu einer relationslog. Interpretation des Z.-Begriffs bei F. de Saussure, in: Akten, a.O. 97-108. – J. FEHR: Die Theorie des Z. bei Saussure und Derrida oder J. Derridas Saussure-Lektüre. Cah. F. de Saussure 46 (1992) 35-54. – J.-C. HÖFLINGER: J. Derridas Husserl-Lektüren (1995). – J. LAGEMANN/K. GLOY: Dem Z. auf der Spur. Derrida. Eine Einf. (1998). – S. ROGGENBUCK: Saussure und Derrida (1998). – S. E. LARSEN: F. de Saussure und seine Nachfolger (1998), in: POSNER/ROBERING/SEBEOK (Hg.) s. Anm. [1 zu I.] 2 (1998) 2040-2073. – W. STEGMAIER: J. Derrida: De la Grammatologie, in: W. ERHART/H. JAUMANN (Hg.): Jahrhundertbücher. Große Theorien von Freud bis Luhmann (2000) 335-357. – *Zu 5.:* T. BORSCHE/W. STEGMAIER (Hg.): Zur Philos. des Z. (1992). – T. BORSCHE: Rechtszeichen, in: J. SIMON (Hg.): Distanz im Verstehen (1995) 239-259. – G. PRONI: The position of Eco (1998), in: POSNER/ROBERING/SEBEOK (Hg.) s. Anm. [1 zu I.] 2 (1998) 2311-2320. – J. SIMON: Von Z. zu Z. Zur Vermittlung von Unmittelbarkeit und Vermittlung des Verstehens, in: J. SIMON/W. STEGMAIER (Hg.): Fremde Vernunft (1998) 23-51; Z. und Lebensformen, in: W. STEGMAIER (Hg.): Kultur der Z. (2000) 34-60.

H. FRANK

Zeichnung (engl. design; frz. dessin; ital. disegno). Die Geschichte des Begriffs der Z. hat sich im Bereich der theoretischen Reflexion künstlerischer Darstellung entfaltet, außerdem in den Ingenieurswissenschaften, wenngleich ohne vergleichbare Differenziertheit [1]. Im Laufe der Entwicklung haben Begriffsverwendungen, sobald über sie Einigkeit herrschte, Übertragungen ermöglicht wie etwa in der französischen Klassik, als zeitweise der «dessein général» für die Poesie und deren «grands génies» in Anspruch genommen wurde [2]. Eine Sonderentwicklung nimmt der Anglizismus ‹design›: Der Begriff begleitet den Aufschwung der angewandten Kunst im 19. Jh. («art décoratif»; «art industriel») [3] und löst den bereits 1839 von C. H. TERNE in Umlauf gebrachten Begriff der «industriellen Formgebung» [4] allmählich ab. Der «industrial designer», von dem dann wohl erstmals N. B. GEDDES spricht [5] und der nach 1945 auch in Deutschland heimisch wird (W. BRAUN-FELDWEG [6]), befaßt sich mit der äußeren Gestaltung von Gebrauchsgegenständen. Inzwischen ist der Wortgebrauch inflationär [7]. Objekt von 'Design' ist alles und jedes, einschließlich Körpern, Informationen, Theorien, sofern es nur unter dem Aspekt des Entwurfes und der äußeren Gestaltung bzw. als Bestandteil öffentlicher Inszenierung begriffen werden kann.

Bereits C. CENNINI, dessen Traktat über die Malerei Ende des 14. Jh. zahlreiche Kunstausdrücke aus der Praxis des Ateliers zusammenträgt und terminologisch aufbereitet, rückt die Z. in den Mittelpunkt der Aufmerksamkeit. Z. («disegno») und Farbauftrag («colorire») bilden demnach die Basis der Kunst («el fondamento dell'arte» [8]). Der Zusatz: «molto disegno entro la tua testa» («vielerlei Z.en in deinem Kopf») [9] läßt erkennen, daß der Begriff nicht nur im engeren Sinne eine künstlerische Gattung oder auch ein Entwicklungsstadium derselben benennt, sondern den Entwurf des Werks, welches dem Künstler vorschwebt. Die damit in Kauf genommene Vielfalt des Begriffsgebrauchs, der die Arbeit mit dem Stift («le secours du crayon») [10] ebenso meint wie die Umrißskizze und den Bildentwurf, ist offenbar der Grund dafür, daß ein Kunsttheoretiker vom Rang L. B. ALBERTIS auf das Wort ‹disegno› weitgehend verzichtet [11]. Ungeachtet dessen setzt sich Cenninis Formel nun in ihrer vollen Emphase durch. Gleich zu Beginn seiner ‹Commentarii› steigert L. GHIBERTI den Stellenwert der Z. nochmals, wenn er sie zum Fundament und zur Theorie nicht nur der Malerei, sondern auch der Skulptur erklärt («el disgeno è il fondamento et teorica di queste due arti») [12]. Diese Erweiterung, mit der die Begriffsbedeutung endgültig die Grenzen der handwerklichen Praxis überwindet, ist folgenreich. Sie erlaubt nun die Anerkennung der Z. als «Wissenschaft», ja als «Gottheit», die, so LEONARDO DA VINCI, «alle sichtbaren Werke wiederholt, die der höchste Gott schuf» [13].

Da die Verbindung zur Welt des Ateliers in den emphatischen Bestimmungen erhalten bleibt, wird zwischen «Disegno esterno» bzw. «Disegno prattico» und «Disegno interno» bzw. «Disegno intellittiuo» unterschieden [14]. F. ZUCCARO nutzt das Forum der Ende des 16. Jh. in Rom gegründeten ‹Accademia del Disegno›, um auf der Basis dieser terminologischen Unterscheidung die Annäherung von «disegno» und «concetto» bzw. «idea» zu betreiben. Es entspricht der damit angebahnten Aufwertung künstlerischer Intuition, wenn Zuccaro den «disegno» – übrigens durchaus im Geiste des von den Renaissancekünstlern überaus geschätzten Platonischen ‹Timaios› [15] – als «simbolo naturale di Dio in noi» («natürliches Gottessymbol in uns») verstanden wissen will [16].

Während Zuccaro auf die Forcierung von Gegenbegrifflichkeiten verzichtet, kommt im Schatten dieser Aufwertung der ideelle Gegensatz von Z. und Farbgebung auf. Es entwickeln sich leidenschaftlich geführte Dispute zwischen den sog. 'Rubinisten', die das Primat der Farbe (s.d.) vertreten, und den 'Poussinisten', die den «esprit» exklusiv für den «dessin» beanspruchen. Die stets materialgebundene Farbe sei weniger edel als die Z., da nur diese den Geist zu heben vermag, heißt es dazu exemplarisch bei H. TESTELIN («qu'ainsi la couleur dépandant tout a fait de la matière, elle étoit par conséquent moins noble que la dessin, qui ne rélève que de l'esprit») [17].

Obgleich ihre Entstehung mittlerweile weit zurückliegt, bleibt die Formel Cenninis weiterhin richtungweisend. In der französischen Kunsttheorie der frühen Neuzeit gilt der «dessin» als Inbegriff künstlerischer Absicht und als Entwurf, darüber hinaus als «fondement de la Peinture» (R. DE PILES) [18]. In dieser Stellung wird der Begriff für sämtliche darstellenden Künste, einschließlich der Bildhauerei, der Architektur und der Gravierkunst, in Anspruch genommen [19]. Die Grundrichtung solcher Entwicklungstendenzen ist dezidiert 'poussinistisch', und weit über akademische und nationale Spezialdiskussionen hinaus beherrscht dieser Comment auch die im engeren Verständnis des Wortes *philosophischen Texte* des Aufklärungszeitalters. Aus Sicht des Künstlers, heißt es bei A. A. C. Lord SHAFTESBURY, sei es das «Law of Unity and Simplicity of Design, which constitutes the very Being of his Work» [20]. Folgerichtig beschließt Shaftesbury seinen Essay über das Urteil des Herkules mit einer Absage an den «Shew of Colours» [21]. Die im Einklang mit einer langen Tradition vorgetragene Kritik des leichtfertigen Vertrauens in die Wiedergabe von Sinneswahrnehmungen wird von I. KANT geteilt, der in seinen Bemerkungen zur Malerei gleichfalls die Z. privilegiert. In allen bildenden Künsten, sofern sie schöne Künste sind, sei «die Z. das Wesentliche, in welcher nicht, was in der Empfindung vergnügt, sondern bloß was durch seine Form gefällt, den Grund aller Anlage für den Geschmack ausmacht». Hingegen könnten die Farben den Gegenstand nicht schön machen, sondern würden selbst erst durch die schöne Form «veredelt» [22]. Dem folgt noch G. W. F. HEGEL, wenn er seine Bewunderung für den der Z. eigentümlichen Übergang des Geistes «in die Fertigkeit der Hand» ausdrückt, die «in augenblicklicher Produktion alles, was im Geiste des Künstlers liegt, hinstellt» [23]. Nachdem die Enzyklopädisten ihr philosophisch ambitioniertes Epochenwerk reich mit Illustrationen versehen und in diesem Zusammenhang den Einsatz der Z. als ökonomische Form gegenständlicher Darstellung gerechtfertigt und von aller Emphase befreit hatten, verliert nun mit Hegel die alte Kontroverse um das Primat der Z. endgültig ihre Brisanz. Statt dessen verhandelt die nun aufkommende Kunstgeschichte den überlieferten Themenbestand des Begriffs ‹Z.› unter dem Stichwort der Linearität oder, wie bei H. WÖLFFLIN, des «linearen Stils» oder der «linearen Kunst» [24]. Nachdem bereits J. RUSKIN die Linie ihrer größeren Bestimmtheit wegen der Farbe gegenübergestellt hatte [25], variiert A. RIEGL den alten Kontrast der künstlerischen Stilformen durch die Gegenbegrifflichkeit, «optisch-haptisch» bzw. «optisch-taktisch» [26]. Die Linie setzt, wie WÖLFFLIN erläutert, eine «fühlbare» Grenze, die sich – folgt man der Metaphorik – im Unterschied zur farbigen Fläche «ertasten» läßt. «Die Tastbarkeit der Modellierung entscheidet über die Einordnung einer Z. auf seiten der linearen Kunst, auch wenn die Schatten vollkommen unlinear, als ein bloßer Hauch auf dem Papier liegen» [27].

Während die Malerei von Delacroix noch einmal die Kritik herausfordert, die ihr den Einsatz «der Farbe um der Farbe willen» («la couleur pour la couleur») [28] zum Vorwurf macht, vollzieht sich mit Ausbreitung der künstlerischen Moderne ein «Prioritätenwechsel im Verhältnis zwischen Z. und Farbe» [29]. Im Verlauf dieser Entwicklung tritt die herkömmliche Idealisierung des «disegno» zurück. F. TH. VISCHER kann das Ideal bereits der Farbe vorbehalten und sogar die das Einzelding mittelbar aus dem übergegenständlichen Bildganzen entfaltende «indirekte ... Idealisierung» der koloristischen Gesamtentwicklung über die «direkte ... Idealisierung» der Z. stellen [30]. Einen Höhepunkt der nun rasch voranschreitenden Umwertung setzt CH. BAUDELAIRE, wenn er – die Kontroverse um das Oeuvre von Delacroix vor Augen – die Künste des Zeichners nun ihrerseits dem Spott aussetzt: «Un dessinateur et un coloriste manqué» [31]. Gewiß ist damit nicht das letzte Wort über die Z. gesprochen, und selbst Baudelaire äußert sich gelegentlich moderat [32]. Doch ist gerade die Aufforderung, die Z. «in ihrer eigenen Sprache zu verstehen», um «ihr in ihrem Eigensten, im rein Graphischen, gerecht zu werden» [33], schon diesseits jener überragenden Wertschätzung gesagt, die ihr bis weit ins 18. Jh. hinein entgegengebracht worden war. Einmal individualisiert und dem Werk eines Künstlers zugeordnet, ist die Z. nicht mehr der Inbegriff der Form, sondern – so E. DEGAS und mit ihm P. VALÉRY – «die Art und Weise, wie man die Form sieht» («Le dessin n'est pas la forme, il est la manière de voir la forme») [34].

Anmerkungen. [1] Vgl. E. S. FERGUSON: Engineering and the mind's eye (Cambridge, Mass. 1992) bes. Kap. 1. – [2] R. RAPIN: Les réflexions sur la poétique de ce temps et sur les ouvrages des poètes anciens et modernes 19 (1675), hg. E. T. DUBOIS (Genf 1970) 33. – [3] H. PFEIFFER/H. R. JAUSS/F. GAILLARD (Hg.): Art social und art industriel. Funktionen der Kunst im Zeitalter des Industrialismus (1987). – [4] C. H. TERNE: Form und Farbe. Ihre hohe Bedeutung für die Industrie (1839) 45. – [5] H. HIRDINA: Art. ‹Design›, in: K. BARCK/M. FONTIUS u.a. (Hg.): Ästhet. Grundbegriffe 2 (2001) 41-62, 55. – [6] W. BRAUN-FELDWEG: Normen und Formen industrieller Produktion (1954) 256. – [7] a.O. [5] 60ff. – [8] C. CENNINI: Il libro dell'arte o Trattato della pittura 4 [1437]; dtsch.: Das Buch von der Kunst oder Tractat der Malerei 4, hg. A. ILG, in: R. EITELBERGER VON EDELBERG (Hg.): Quellenschriften für Kunstgesch. und Kunsttechnik des MA und der Renaissance 1 (1871, ND 1970) 6. – [9] Tract. der Malerei 13, a.O. 10. – [10] M. WATELET: Art. ‹Dessein›, in: D. DIDEROT/J. LE R. D'ALEMBERT: Encycl. ou dict. raisonné des sciences, des arts et des métiers (Paris 1751-80, ND 1966) 4, 889-891, 889. – [11] Vgl. M. BAXANDALL: Painting and experience in 15th cent. Italy. A primer in the social history of pictorial style (Oxford 1972); dtsch.: Die Wirklichkeit der Bilder. Malerei und Erfahrung im Italien des 15. Jh. 3, 4 (1984) 184. – [12] L. GHIBERTI: I commentarii 1 (o.J.), hg. [u.d.T.: Lorenzo Ghibertis Denkwürdigkeiten] J. VON SCHLOSSER (1912) 5. – [13] LEONARDO DA VINCI: Libro di pittura 1 (o.J.); dtsch.: Das Buch von der Malerei 1, § 136, hg. H. LUDWIG, in: EITELBERGER VON EDELBERG (Hg.), a.O. [8] 15 (1882, ND 1970) 181. – [14] J. W. KOSCHATZKY: Die Kunst der Z. Technik, Geschichte, Meisterwerke (1977, [9]1999) 29ff. – [15] PLATON: Tim. 90 c. – [16] F. ZUCCARO: L'idea de' pittori, scultori e architetti 2 (Turin 1607) 58, in: Scritti d'arte, hg. D. HEIKAMP (1961) 278; vgl. E. PANOFSKY: Idea. Ein Beitrag zur Begriffsgesch. der älteren Kunsttheorie (1924, [2]1960) 47ff. – [17] H. TESTELIN: Conférences de l'Acad. royale de peinture et de sculpture [1641ff.], hg. H. JOUIN (Paris 1883) 197, zit. nach: M. IMDAHL: Farbe. Kunsttheoret. Reflexionen in Frankreich (1987) 41 (Anm. 53). – [18] R. DE PILES: Cours de peinture par principes (1708, ND Genf 1969) 128. – [19] DE PILES, a.O.; vgl. P. E. KNABE: Schlüsselbegriffe des kunsttheoret. Denkens in Frankreich von der Spätklassik bis zum Ende der Aufklärung (1972) 165-173, 167. – [20] A. A. C. Lord SHAFTESBURY: A notion of the historical draught or tablature of the judgment of Hercules (1712). Stand. ed., hg. W. BENDA u.a. I/5 (2001) 86. – [21] a.O. 136. – [22] I. KANT: KU B 42 (§ 14). – [23] G. W. F. HEGEL: Vorles. über die Ästhetik 3, 1 [1817/18ff.]. Jub.ausg., hg. H. GLOCKNER 14 (1928) 62. – [24] H. WÖLFFLIN: Kunstgeschichtl. Grundbegriffe. Das Problem der Stilentwicklung in der neueren Kunst (1915, [18]1991) 58f. – [25] J. RUSKIN: The elements of drawing § 152 (London 1843). – [26] Vgl. L. WIESING: Die Sichtbarkeit des Bildes. Geschichte und Perspektiven der formalen Ästhetik (1997) 57ff. – [27] WÖLFFLIN, a.O. [24] 59; vgl. E. H. GOMBRICH: Art and illusion (London [5]1977); dtsch. (1978) 31-38. – [28] A. CASSAGNE: La théorie de l'art pour l'art en France (Paris 1906f., ND Paris 1959) 101. – [29] IMDAHL, a.O. [17] 34. – [30] F. TH. VISCHER: Aesthetik oder Wiss. des Schönen §§ 657. 662. 674 (1846-57) 3, 225. 241. 275. – [31] CH. BAUDELAIRE: Salon de 1846, ch. 8. Oeuvr. compl., hg. C. PICHOIS (Paris 1976) 2, 458. – [32] ch. 3, a.O. 426. – [33] B. DEGENHART: Zur Graphologie der Handzeichnung. Die Strichbildung als stetige Erscheinung innerhalb der ital. Kunstreise. Kunstgeschichtl. Jb. Bibliotheca Hertziana 1 (1937) 223-343, 225. – [34] P. VALÉRY: Degas, danse, dessin (Paris 1938). Oeuvr., hg. J. HYTIER (Paris 1960) 2, 1224.

Literaturhinweise. P.-E. KNABE s. Anm. [19]. – W. KEMP: Disegno. Beiträge zur Geschichte des Begriffs zwischen 1547 und 1607. Marburger Jb. Kunstwiss. 19 (1974) 219-240. – M. IMDAHL s. Anm. [17]. – J. W. KOSCHATZKY s. Anm. [14]. Red.

Zeigen (griech. δείκνυμι; lat. indicare; engl. to show)

1. Die Bedeutung des Z., der Deixis und des Sich-Zeigenden für die Wahrnehmung, das Erkennen und die sprachliche Weltorientierung des Menschen wurde in der Philosophie früh gesehen und insbesondere in der Theorie der Zeichen (s.d.) reflektiert. Bereits ARISTOTELES analysiert ein die Substanzkategorie anzeigendes Demonstrativum τόδε τι («dies da») [1]. Die so anzeigende Rede ist mit Gesten des Hinweisens, des Z. auf einen Gegenstand verbunden. Bereits in der Sicht der Kategorienlehre und der Metaphysik ruht das sprachliche Welt- und Selbstverständnis des Menschen auch auf einem deiktischen Fundament, das auch die Stoiker ZENON und CHRYSIPP thematisieren [2]. Das jeweilige Verständnis der Deixis ist kontextabhängig. Die deiktischen Indikatoren (s.d.) ‹ich›, ‹hier›, ‹dort›, ‹heute›, ‹morgen› usw. spielen eine zentrale Rolle bei der sprachlichen Weltkonstitution. Auch die skotistische Logik behandelt darum die «Diesdaheit» (Haecceitas, s.d.) auf hervorgehobene Weise. Noch M. HEIDEGGER bezieht sich auf diese frühen Analysen der Funktion des Z. und zeigender Rede für al-

les Sagbare in seinen Untersuchungen zur skotistischen Logik und spricht von der «Diesigkeit» des Lebens [3]. Damit hebt er die kontextgebundene, sinnkonstitutive Unbestimmtheit (s.d.) der zeigenden Rede und des Z. im Sinne ihrer Opazität, ihrer Undurchsichtigkeit (s.d.), hervor. Dieses Moment bleibt auch für die spätere Reflexion des Verhältnisses von Sagen und Z. wesentlich.

G. W. F. HEGEL exponiert im Anfangskapitel der ‹Phänomenologie des Geistes› über «die sinnliche Gewißheit; oder das Diese und das Meynen» die zentrale Bedeutung des Z. und der deiktischen Indikatoren am Beispiel des «hier»: «Das Hier, das gemeynt wird, wäre der Punkt; er ist aber nicht, sondern, indem er als seyend aufgezeigt wird, zeigt sich das Aufzeigen nicht unmittelbares Wissen, sondern eine Bewegung, von dem gemeynten Hier aus durch viele Hier, in das allgemeine Hier, zu seyn, welches wie der Tag eine einfache Vielheit der Itzt, so eine einfache Vielheit der Hier ist» [4]. Hegel reflektiert bei der Analyse des Z. auf die Grenze des Sagens und des Sagbaren: «Es wird das Itzt gezeigt; dieses Itzt. Itzt; es hat schon aufgehört zu seyn, indem es gezeigt wird; das Itzt, das ist, ist ein anderes, als das gezeigte» [5]. Dabei tritt bereits die Differenz von Z. und Sagen hervor: «Wenn sie wirklich dieses Stück Papier, das sie meynen, sagen wollten ..., so ist diß unmöglich, weil das sinnliche Diese, das gemeynt wird, der Sprache, die dem Bewußtseyn, dem an sich allgemeinen, angehört, unerreichbar ist» [6]. Diese Differenz thematisiert auch S. KIERKEGAARD im Rahmen seiner Existenzdialektik: «Eine Rede verstehen ist eines, das Hinweisende darin verstehen ist ein anderes» [7]. Das Problem der Vermittlung existentieller, religiöser Wahrheit führt ihn über diese sprachbezogene Thematisierung der Deixis hinaus zur Konzeption der nur indirekt möglichen Mitteilung [8] einer solchen Wahrheit, die sich nur in der authentischen Lebenspraxis zeigen kann und die auch für Wittgenstein einflußreich wird. Die Zeichentheorie und Semiotik von CH. S. PEIRCE analysiert die fundamentale Funktion der Deixis und der Indikatoren für die Erkenntnis und die sprachliche Sinnkonstitution [9]. Die Unterscheidung eines «Zeigfeldes» von einem komplementären «Symbolfeld», die wechselseitig nicht aufeinander zurückführbar sind, wird bei K. BÜHLER ausgearbeitet [10]. Eine umfassende Analyse deiktischer Ausdrücke und ihrer Funktion für die Rationalitätskonstitution – insbesondere durch anaphorische Verkettung – bieten neuerdings die Analysen von R. BRANDOM [11].

2. Zentrale Bedeutung kommt dem Begriff des Z. (im Unterschied zum Sagen) in den Werken L. WITTGENSTEINS und M. HEIDEGGERS zu. WITTGENSTEIN bestimmt die Differenz zwischen Sagen und Z. sogar als das «Hauptproblem der Philosophie» [12]: «Was gezeigt werden kann, kann nicht gesagt werden» [13]. Er unterscheidet drei grundlegende Bedeutungsebenen dieser Differenz: a) Die Ebene des Satzes: Der sinnvolle – d.h. hier: assertorische – Satz vereint sagende und zeigende Funktionen: «Der Satz zeigt seinen Sinn. Der Satz zeigt, wie es sich verhält, wenn er wahr ist. Und er sagt, daß es sich so verhält» [14]. b) Die Ebene der logischen Form: Nach der Abbildtheorie des ‹Tractatus› ist Sprache und Welt (Wirklichkeit) die logische Form gemeinsam. Diese Gemeinsamkeit ist eine transzendentale Bedingung des Sagens im Sinne einer Weltbeschreibung durch Sätze. Sie kann aber selbst nicht gesagt werden: «Der Satz kann die gesamte Wirklichkeit darstellen, aber er kann nicht das darstellen, was er mit der Wirklichkeit gemein haben muß, um sie darstellen zu können – die logische Form» [15]. In diesem Sinn heißt es dann: «Der Satz zeigt die logische Form der Wirklichkeit» [16]. c) Die Ebene des Ethischen, Ästhetischen, Mystischen: Das sinnvoll Sagbare bleibt auf die Sätze der Naturwissenschaften beschränkt, also auf etwas, das unsere «Lebensprobleme ... gar nicht berührt» [17]; die Ethik aber läßt sich «nicht aussprechen», sie ist «transzendental», und «Ethik und Aesthetik sind Eins» [18]. Die Grenzen des Sagbaren sind ebenso die Grenzen des möglichen Erfragbaren. Alle Fragen nach dem Sinn der Welt, Fragen der Ethik und Ästhetik sind in dieser Hinsicht unsinnig. Doch verweisen sie auf existentielle Probleme, die wir fühlen und die sich zeigen: «Es gibt allerdings Unaussprechliches. Dies zeigt sich, es ist das Mystische» [19].

In seiner Spätphilosophie analysiert Wittgenstein Deiktika und hinweisende Definitionen in ihrer Kontextbezogenheit, ihrer pragmatischen Konstitution und ihrer Unbestimmtheit: «'Ich' benennt keine Person, 'hier' keinen Ort, 'dieses' ist kein Name» [20]. Wird das Z. falsch verstanden, so führt dies zu Vorstellungen einer metaphysischen Substanzontologie und eines Mentalismus: «Weil wir nicht eine körperliche Handlung angeben können, die wir das Z. auf die Form (im Gegensatz z.B. zur Farbe) nennen, so sagen wir, es entspreche diesen Worten eine geistige Tätigkeit. Wo unsere Sprache uns einen Körper vermuten läßt, und kein Körper ist, dort, möchten wir sagen, sei ein Geist» [21]. Die Uneindeutigkeit gehört zum Gebrauch deiktischer Zeichen. «Eine Regel steht da wie ein Wegweiser ... Zeigt er, in welche Richtung ich gehen soll ...?» [22]. «Wie kommt es, daß der Pfeil → zeigt? ... Der Pfeil zeigt nur in der Anwendung, die das Lebewesen von ihm macht. Dieses Z. ist nicht ein Hokuspokus, welches nur die Seele vollziehen kann» [23].

Wittgensteins Position hinsichtlich Metaphysik, Mystik und Religion bleibt dem ‹Tractatus› nahe: «Wie du das Wort 'Gott' verwendest, zeigt nicht, wen du meinst, sondern was du meinst» [24]. Wittgenstein ergänzt geradezu «die physikalische Welt voller Gegenstände durch eine 'deiktische' Gegenwelt»; wie im ‹Tractatus› entspricht «einer sagbaren Tatsachenwelt» «ein Pendant, das sich nur zeigen läßt bzw. zeigt» [25].

Diesem Verständnis ist die Funktion der «formalen Anzeige» bei HEIDEGGER verwandt. Bedeutung gewinnt sie für die systematische Bestimmung der philosophischen Methode als eines nichtobjektivierenden Sprechens. Weil die philosophischen Begriffe «bei dieser Anzeige zwar ihrem Wesen nach je in eine Konkretion des einzelnen Daseins im Menschen hineinzeigen, diese aber nie in ihrem Gehalt schon mitbringen, sind sie formal anzeigend» [26]. In ‹Sein und Zeit› wird das Z. im Kontext der Zeichenanalyse wichtig: «Zeichen sind ... zunächst selbst Zeuge, deren spezifischer Zeugcharakter im Z. besteht. ... Das Z. kann als eine 'Art' von Verweisen bestimmt werden» [27].

In seinen sprachphilosophischen Untersuchungen nennt der späte Heidegger «das Sprachwesen im Ganzen die Sage» und bestimmt deren Funktion: «Das Wesende der Sprache ist die Sage als die Zeige» [28]. Als grundlegend verfehlt kritisiert er das Verständnis von Zeichen als «Instrument für ein Bezeichnen». Dieses habe sich mit dem Aufkommen der Stoa gegen die ursprünglich gewonnene Erfahrung des «Zeichens aus dem Z.» durchgesetzt [29]. Die Funktion der Sprache bestehe hingegen darin, Phänomene aufzuweisen: «Die Sprache spricht, indem sie sagt, d.h. zeigt. ... Die Sprache spricht, indem sie als die Zeige, in alle Gegenden des Anwesens reichend, aus ihnen jeweils Anwesendes erscheinen und verscheinen läßt» [30]. Das «Sprachwesen» ist für Heidegger nicht sagbar. Die Differenz und der ursprüngliche Funktionszusammenhang von Sagen und Z. ist irreduzibel. «Die Sage ... läßt sich in keine Aussage einfangen. ... Die im Ereignis beruhende Sage ist als das Z. die eigenste Weise des Ereignens» [31]. Von dieser Erkenntnis geleitet und unter Rückgriff auf sein Konzept des Ge-stells wendet Heidegger sich kultur- und sprachtheoriekritisch gegen das Modell einer Ideal- oder Metasprache, nach der sich das Wesen der Sprache formal fassen und darstellen ließe. Dieser Vorstellung stellt er die «'natürliche Sprache'» gegenüber, die nur «negativ bestimmt, d.h. gegen die Möglichkeit oder Unmöglichkeit der Formalisierung abgesetzt» werden kann. Durch die «Formalisierung» aber, «die rechnerische Bestellbarkeit des Sagens», wird «schrittweise die 'natürliche Sprache'» preisgegeben [32]. Ein verfehltes Verständnis der Sprache und ihres zeigenden Sagens geht danach einher mit einem 'verfallenen' Verständnis des Seins und der Wahrheit.

Anmerkungen. [1] ARISTOTELES: Met. V, 8, 1017 b 25. – [2] Vgl. P. PACHET: La deixis selon Zenon et Chrysippe. Phronesis 20 (1975) 241-497. – [3] M. HEIDEGGER: Phänomenolog. Interpret. zu Aristoteles. Einf. in die phänomenolog. Forschung [WS 1921/22]. Ges.ausg. II/61 (1985) 88. – [4] G. W. F. HEGEL: Phänomenol. des Geistes (1807). Akad.-A. 9 (1980) 68. – [5] a.O. 67. – [6] 70. – [7] S. KIERKEGAARD: Der Begriff Angst (1844). Ges. Werke 11/12, hg. E. HIRSCH/H. GERDES (⁴1995) 148. – [8] Vgl. Art. ‹Mitteilung; Mitteilbarkeit; indirekte Mitteilung 2.›. Hist. Wb. Philos. 5 (1980) 1426ff. – [9] Vgl. CH. S. PEIRCE: Elements of logic [1903]. Coll. papers, hg. CH. HARTSHORNE/P. WEISS 2 (Cambridge/Mass. 1932, ND 1965); Zeitschr. Semiotik 1 (1999): Die Indexikalität der Erkenntnis; M. NIENTIED: Peirce, in: Kierkegaard und Wittgenstein (2003) 90-101; vgl. Art. ‹Zeichen II.›. – [10] K. BÜHLER: Sprachtheorie (1934, 1982) 119; vgl. Art. ‹Wo; Wann II.›. – [11] R. BRANDOM: Making it explicit. Reasoning, representing and discursive commitment (Cambridge, Mass. 1994) 305ff. 459ff.; dtsch.: Expressive Vernunft. Begründung, Repräsentation und diskursive Festlegung (2000) 441ff. 640ff. – [12] L. WITTGENSTEIN: Br. an B. Russell (19. 8. 1919), in: Br.wechsel, hg. B. MCGUINESS/G. H. VON WRIGHT (1980) 88. – [13] Tractatus logico-philos. (1921) 4.1212. – [14] a.O. 4.022. – [15] 4.12. – [16] 4.121. – [17] 6.52. – [18] 6.421. – [19] 6.522. – [20] Philos. Unters. I, § 410 (1953). Werkausg. 1-8 (1984) 1, 409. – [21] § 36, a.O. 258f. – [22] § 85, a.O. 288. – [23] § 454, a.O. 422. – [24] Bem. über die Philos. der Psychol. I, § 475 [1946-49], a.O. 7, 97. – [25] NIENTIED, a.O. [9] 132. – [26] M. HEIDEGGER: Die Grundbegriffe der Metaphysik. Welt – Endlichkeit – Einsamkeit § 70 [WS 1929/30]. Ges.ausg. II/29/30 (1983) 429; vgl. Art. ‹Verweisung; Verweisungszusammenhang›. Hist. Wb. Philos. 11 (2001) 1006f. – [27] Vgl. Sein und Zeit § 17 (1927) 77. Ges.ausg. I/2 (1977) 103. – [28] Der Weg zur Sprache (1959), in: Unterwegs zur Sprache (²1960) 239-268, bes. 253f. Ges.ausg. I/12 (1985) bes. 241-243. – [29] a.O. 245/233f. – [30] 255/243f. – [31] 266/254f. – [32] 263f./251-253.

Literaturhinweise. E. SCHAPER: Symposium on saying and showing in Heidegger and Wittgenstein. J. Brit. Soc. Phenomenology 3 (1972) 36-41. – P. GEACH: Saying and showing in Frege and Wittgenstein, in: J. HINTIKKA u.a. (Hg.): Essays on Wittgenstein in Honour of G. H. von Wright (Amsterdam 1976) 54-70. – P. BACHMAIER: Z.: Zentralbegriff im Werk Wittgensteins, in: E. LEINFELLNER u.a. (Hg.): Wittgenstein and his impact on contemp. thought. Proc. 2nd int. Wittgenstein Symposium (Wien ²1980) 245-247. – P. HOLMER: Wittgenstein: 'Saying' and 'showing'. Neue Zeitschr. syst. Theol. Relig.philos. 22 (1980) 222-235. – B. RICHARDS: Discourse and deixis. J. Semantics 1 (1982) 347-369. – A. W. MOORE: On saying and showing. Philosophy 62 (1987) 473-497. – W. GRAF: Sagen und Z. Betracht. zu einer Abbildtheorie der Sprache. Diss. Hannover (1990). – G. NUNBERG: Indexicality and deixis. Linguistics Philosophy 16 (1993) 1-43. – F. GLAUNER: Die 'Befreiung der Grammatik von der Logik'. Zur Bedeutung von Heideggers Begriff des 'Z.' für Wittgensteins Begriff der 'Gewißheit'. Allg. Zeitschr. Philos. 20 (1995) 59-68. – D. MERSCH: Wittgenstein über Sagen und Z., in: Metaphysik im postmetaphys. Zeitalter. Beiträge zum 22. Wittgenstein-Symp. (1999) 40-46. – G. ABEL: Sagen und Z., in: W. STEGMAIER (Hg.): Kultur der Zeichen. Zeichen und Interpretation 6 (2000) 61-98. – F. GMÜR: Ästhetik bei Wittgenstein. Über Sagen und Z. (2000). – H. WATZKA: Sagen und Z. Die Verschränkung von Metaphysik und Sprachkritik beim frühen und späten Wittgenstein (2000). – W. VOSSENKUHL: Sagen und Z. Wittgensteins 'Hauptproblem', in: W. VOSSENKUHL (Hg.): L. Wittgenstein: Tract. log.-philos. (2001) 35-63. – D. MERSCH: Was sich zeigt. Materialität, Präsenz, Ereignis (2002). – M. NIENTIED: Sagen und Z., in: M. NIENTIED s. Anm. [9] 79-133.

TH. RENTSCH/M. VOLLMANN

Zeit (griech. χρόνος; lat. tempus; engl. time; frz. temps)

I. *'Vorgriechische' Zeit (Alter Orient; Altägypten).* – Der abstrakte Begriff ‹Z.›, der begriffsgeschichtlich auf lateinisch ‹tempus› und griechisch χρόνος zurückgeht, ist eine Schöpfung der griechischen Philosophie und hat in den Sprachen und im Denken der vorgriechischen Welt, abgesehen vielleicht von Zurvan ('Zeit'), dem höchsten Gott der altpersischen Religion des Zervanismus, keine Entsprechung. Das Denken der vorgriechischen Welt bezieht sich mit vielen und wesentlich konkreteren Z.-Begriffen auf je spezifische Strukturen der Welt-, Lebens- und Handlungs-Z., wobei Räumliches und Zeitliches oft mit den gleichen Ausdrücken bezeichnet werden [1], und orientiert sich typischerweise so in der Z., daß ihm die Vergangenheit vor Augen, die Zukunft im Rücken liegt (im Akkadischen heißt 'Vergangenheit' ‹panu›, wörtlich 'Vorderseite, Gesicht', 'Zukunft' dagegen ‹warkitu›, wörtlich 'Rückseite'; im Ägyptischen wird das Vergangene als das 'vor', das Zukünftige als das 'hinter' einem liegende ausgedrückt [2]).

Viele Kulturen gehen davon aus, daß sich die im Rücken liegende Zukunft aus der vor Augen liegenden 'Vergangenheit=Gegenwart' erschließen läßt, und entwickeln entsprechende Hermeneutiken (der Divination), wofür Mesopotamien und China besonders elaborierte Beispiele bieten [3]. Auch in den Frühformen der biblischen Exegese (Qumran) geht es vor allem darum, die in den prophetischen Texten angekündigten «Zeichen der Z.» im gegenwärtigen Geschehen zu erkennen und auf das zukünftige Weltende zu beziehen (Apokalyptik) [4]. Divinationskulturen behandeln die Z. als einen dunklen Text, den es zu deuten gilt, wobei die Bedeutung entweder einem immanenten Vergeltungszusammenhang oder einem göttlichen Willen entspringt. Zwischen mantischer und philologischer Hermeneutik gibt es eine Fülle von Verbindungslinien.

Die *altägyptische Kultur* kennt keine Divination; dennoch gilt auch hier die Z. als in höchstem Maße bedeutungsgeladen. Die Bedeutung hängt aber nicht an den

Zeichen, die sich als Ausnahmen auf dem Hintergrund des Regelhaften abzeichnen, sondern an der Regelhaftigkeit der kosmischen bzw. natürlichen Prozesse (allen voran des «Sonnenlaufs» selbst), die gerade in ihrer zyklischen Wiederkehr als heilig erfahren werden. Die Ägypter behandelten die Welt weniger als einen wohlgeordneten Raum denn als einen heilvollen, aber vom Scheitern bedrohten Prozeß, der rituell in Gang gehalten werden muß [5]. Ähnliches gilt für die meisten archaischen Gesellschaften. Frühe Kalender sind Festkalender. Sie regulieren die rituelle Z. und dienen weniger der Messung als der Ordnung und Inganghaltung der Z. Riten sind Handlungen, die auf den als Prozeß gedachten Weltzusammenhang einwirken und daher meist ebenso zeitlich wie räumlich festgelegt sind. Häufig schlägt sich der Zusammenhang von heiliger Z. und heiligem Raum auch sprachlich nieder wie z.B. in der Verwandtschaft von ‹tempus› und ‹templum› [6].

Rituelle Z. ist zugleich linear und zyklisch. Als Handlungsablauf in ihren Phasen und Episoden ist sie lineare «Handlungszeit» [7], als Wiederkehr gleichförmiger Abläufe im rituellen Festkalender bildet sie die zyklische Z. der kosmischen und natürlichen Prozesse ab. Zum Wesen des Ritus (s.d.) gehört die Repetitivität. Rituelle Z. ist daher wiederkehrende, reversible Z. Für die wiederkehrende Z. hat das Ägyptische das Wort ‹Neheh› [8]. Die Neheh-Z. wiederholt sich im unendlichen Fließen oder Kreisen der Z.-Einheiten Stunde, Tag, Monat und Jahr. Die rituelle Z. ist semantisch besetzt, d.h. mythisch gedeutet; zur rituellen Handlung gehört außer ihrer Wiederholbarkeit auch ihre zumeist weit über den offenkundigen Handlungssinn hinausweisende Bedeutsamkeit. Ritus und Mythos gehören zusammen. Im Ritus wiederholt sich ein zeitlos gültiges Geschehen, das der Mythos als fundierende Erzählung, der Ritus als Handlung vergegenwärtigt. In Ägypten und Mesopotamien (und in vielen anderen archaischen Gesellschaften bis weit in die europäische Vormoderne) gab es «Hemerologien», d.h. immerwährende Kalender, die jedem Tag, oft sogar jeder Tageszeit ein mythisches Ereignis zuordneten und sie dadurch als heil- oder unheilvoll charakterisierten [9]. Die rituelle Z. bringt die soziale Z. der Gesellschaft und die kosmische Z. des Weltprozesses in Einklang, und der Vollzug der Riten dient der Integration von Mensch, Gesellschaft und Natur. Es ist dieser Einklang, der als solcher als heilig bzw. göttlich gilt. Erst in den monotheistischen Religionen löst sich diese Identität von kosmischer und heiliger Z. auf, und die Feste und Riten gewinnen einen religiösen Eigensinn; sie beziehen sich dann z.B. nicht mehr auf Wintersonnenwende, Erstlings- und Weizenernte, sondern auf die Geburt Christi, den Auszug aus Ägypten bzw. die Auferstehung Christi sowie die Offenbarung des Gesetzes bzw. die Ausgießung des Hl. Geistes. Mit dieser Ausdifferenzierung eines spezifisch religiösen Sinns der Z. (im Sinne einer Heilsgeschichte) geht eine Desakralisierung der natürlichen oder kosmischen Z. einher. Für AUGUSTINUS ist die heilige Z. der Heilsgeschichte (s.d.) linear, die profane Z. der heidnischen Geschichte dagegen zyklisch. Die Heilsgeschichte vollendet sich in der Spanne von 6000 Jahren in den drei großen, je 2000 Jahre währenden Geschichtsepochen «ante legem», «sub lege» und «sub gratia», und während die Christen im Rahmen dieser Zeitordnung geradewegs auf die Erlösung zulaufen, bewegen sich die Heiden im Kreise [10]. In den archaischen Gesellschaften gilt dagegen die genau umgekehrte Zuordnung der Gegensatzpaare 'zyklisch/linear' und 'sakral/profan'. Die zyklische Z. ist die heilige Z. der Riten, die lineare Z. ist dagegen profan [11]. Die archaische Welt lebt im «Mythos der ewigen Wiederkehr», in der zyklischen Z. ihrer Riten und Feste. M. ELIADE hatte den mythischen Z.-Begriff der archaischen Gesellschaften dem geschichtlichen Z.-Begriff der westlichen Welt gegenübergestellt [12]. Dieser kulturtypologische Dualismus, der zwischen zyklischen und linearen Kulturen unterschied [13], gilt heute als widerlegt [14]. Kulturelle Z. kennt immer beide Zeitformen, zyklische und lineare, reversible und irreversible Z., und verabsolutiert nie eine auf Kosten der anderen [15]. Jede Kultur entwickelt Formen und Institutionen der Zyklisierung wie auch der Linearisierung von Z. Die zyklisierenden Institutionen (= Riten) dienen der Erneuerung der Z. und des (individuellen wie sozialen) Lebens, die linearen Institutionen dagegen dienen dem sozialen und kulturellen Gedächtnis, auf das jede (individuelle wie kollektive) Identität angewiesen ist [16]. J. HUIZINGA definiert Geschichte als «Rechenschaft, die eine Gesellschaft sich [und anderen] ablegt über ihre Vergangenheit» [17]. Frühe Formen solcher Rechenschaftsablage sind etwa Genealogien und Königslisten [18]. Wie die zyklische Z. der Riten als «Erneuerungszeit» zum Begriff des Lebens in Beziehung steht, so die lineare Z. als «Gedächtniszeit» zu Tod und Unsterblichkeit [19]. Diese Beziehung geht in besonderer Klarheit aus dem anderen Begriff für Z. hervor, ‹Djet›, den die Ägypter in Gegenüberstellung zu ‹Neheh› entwickelt haben. ‹Neheh› ist Oberbegriff aller Z.-Einheiten und Inbegriff der zyklischen, unendlich kreisenden Z. und damit der Z. als Bewegung, ‹Djet› ist dagegen Z. als Dauer. ‹Neheh› ist die Z. der Ereignisse, ‹Djet› die Z. der Bestände [20]. Die Neheh-Z. wird dem Sonnengott Re als der Quelle des kosmischen Lebens zugeordnet, die Djet-Z. dem Totengott Osiris als dem Inbegriff der Unsterblichkeit. Diese wird als die unwandelbare Fortdauer einer im Leben vollendeten Form (der entsprechende Beiname des Osiris lautet ‹Wan-nafre›, 'der in Vollendung Fortdauernde') bestimmt. Auf dem Begriff der Djet-Z. beruht die Monumentalkultur der beschrifteten Denkmäler, die in Ägypten eine einmalig reiche Ausgestaltung gefunden hat. In den biographischen Inschriften legt hier der Einzelne «Rechenschaft für seine Vergangenheit ab», um sich vor dem Tribunal der Nachwelt und des «Totengerichts» als der unwandelbaren Fortdauer würdig zu erweisen.

Israel entwickelt im Rahmen seines frühen Monotheismus besondere Formen sowohl der Erneuerungs- als auch der Rechenschafts-Z. Zu ersterer gehört die Einführung des Sabbat, zu letzterer die Idee der Heilsgeschichte. Israel ist das «Volk des Sabbats» und das «Volk der Geschichte» und steht in beiden Punkten in einer besonderen Beziehung zur Z. Der Sabbat ist in seiner siebentägigen Wiederkehr und seiner streng regulierten Kontraststellung zum Alltagsleben vermutlich die elaborierteste Institution einer Z.-Zyklisierung, die die Geschichte kennt. Ebenso weit, aber in der genauen Gegenrichtung geht die Idee der Heilsgeschichte über alles hinaus, was die alte Geschichte an Formen von Z.-Linearisierung kennt. Das «deuteronomistische Geschichtswerk» ist das eindrucksvollste Beispiel von Geschichtsschreibung im Sinne einer Rechenschaft, die eine Gesellschaft sich (und Gott) von ihrer Vergangenheit ablegt [21]. Der Bogen spannt sich vom Auszug aus Ägypten bis zum babylonischen Exil. An die Stelle von Biographie und Totengericht in Ägypten treten in Israel Weltgeschichte und Weltgericht. Wie in Ägypten das individuelle Totengericht den Zeitraum des individuellen Lebens, so beleuchtet in Israel das Weltgericht die Weltzeit insgesamt. In beiden Fällen entsteht Geschichte aus der Verbindung von Z. und Gericht. Der Sinn, der die Z. zur Linie streckt, ist rechtlicher und moralischer Natur.

Diese im Abendland so wirkmächtige Idee der Weltgeschichte (s.d.) als Weltgericht (F. SCHILLER, G. W. F. HEGEL) ist ihrerseits vom *Zoroastrismus* beeinflußt. Der Name des höchsten Gottes, Zurvan, bedeutet 'Zeit', als unbegrenzte (Zurvan akarana) und als begrenzte oder Weltzeit, die auf 12 000 Jahre berechnet wird. Die Welt-Z. wird bestimmt vom Kampf des Guten (Ahuramazda) und des Bösen (Ahriman), dessen Dynamik die Geschichte füllt und mit dem Endsieg des Guten zu Ende bringt. Auch hier aber wird die lineare Form der Geschichts-Z. ausbalanciert durch die zyklische Form des Festkalenders. Ahuramazda hat die Welt im Laufe eines mythischen Jahres geschaffen, das die Menschen mit jedem religiösen Jahr rituell wiederholen, um so die Welt zu erneuern und in Gang zu halten [22].

Erst die griechische Philosophie entwickelt einen abstrakten Begriff von Z., der es ermöglicht, einerseits zwischen Z. und dem, was sich in ihr ereignet, und andererseits zwischen Z. und Ewigkeit zu unterscheiden. Dadurch verliert die Z. ihre qualitative Bestimmung (als Heils- oder Leidens-, Arbeits- oder Ruhezeit) sowie den Aspekt ihrer Erneuerungs- und Inganghaltungs-, Beschleunigungs- und Aufhaltungsbedürftigkeit. Das gilt aber nur für den philosophischen Begriff der Z.; in der kulturellen Konstruktion von Z. bleiben die konkreten und qualifizierten Z.-Begriffe lebendig. Der kulturwissenschaftliche Zugang zum Phänomen der Z. geht nicht von dem abstrakten philosophischen Begriff der Z. aus, sondern von der kulturellen Z. in der Vielfalt je spezifischer Zeiten und Zeitgestalten [23].

Anmerkungen. [1] Zur Ungetrenntheit von Z.- und Raumvorstellungen im mythischen Denken vgl. E. CASSIRER: Philos. der symbol. Formen 2: Das mythische Denken (1925, ^{2}1964) bes. 104-169. – [2] Vgl. auch: Art. ‹Zukunft; Vergangenheit›. – [3] J. P. VERNANT u.a.: Divination et rationalité (Paris 1974); J. BOTTÉRO: Symptomes, signes, écritures, a.O. 70-198; S. M. MAUL: Zukunftsbewältigung. Eine Unters. altoriental. Denkens anhand der babylon.-assyr. Löserituale (Namburbi). Baghdader Forsch. 18 (1994). – [4] M. FISHBANE: Biblical interpretation in anc. Israel (Oxford 1986). – [5] J. ASSMANN: Ägypten. Eine Sinngeschichte (1996). – [6] CASSIRER, a.O. [1] 132. – [7] G. DUX: Die Z. in der Geschichte (1989). – [8] Zur ägyptischen Begrifflichkeit der Z. vgl. J. ASSMANN: Z. und Ewigkeit im alten Ägypten. Ein Beitrag zur Geschichte der Ewigkeit (1975); Das Doppelgesicht der Z. im altägypt. Denken (1983), in: Stein und Z., Mensch und Gesellschaft im alten Ägypten (1991) 32-58. – [9] Zu den ägyptischen Beispielen vgl. CH. LEITZ: Tagewählerei. Das Buch h3t nhh ph.wy dt und verwandte Texte. Ägyptolog. Abh. 55 (1994). – [10] K. POMIAN: L'ordre du temps (Paris 1984, ND 1994). – [11] M. BLOCH: The past and the present in the present, in: Ritual, history and power. London School of Economics. Monographs soc. Anthropol. 58 (London 1989) 1-18. – [12] M. ELIADE: Le mythe de l'éternel retour (Paris 1947). – [13] Vgl. z.B. TH. BOMAN: Das hebräische Denken im Vergleich mit dem griechischen (^{6}1977). – [14] J. BARR: Biblical words for time (London 1962); vgl. A. MOMIGLIANO: Time in anc. historiography, in: History and the concept of time [Hist. and theory, Suppl. 6] (Middletown 1966) 1-23; H. CANCIK: Die Rechtfertigung Gottes durch den 'Fortschritt der Zeiten'. Zur Differenz jüd.-christl. und hellen.-röm. Z.- und Geschichtsvorstellungen, in: A. PEISL/A. MOHLER (Hg.): Die Z. (1983) 257-288. – [15] W. KAEMPFER: Z., in: CH. WULF (Hg.): Vom Menschen. Hb. hist. Anthropol. (1997) 179-197; Die Z. und die Uhren (1991); Z. des Menschen. Das Doppelspiel der Z. im Spektrum der menschl. Erfahrung (1994); vgl. R. WENDORFF: Z. und Kultur. Geschichte des Zeitbewußtseins in Europa (1980); J. BENDER/D. E. WELLBERY (Hg.): Chronotypes. The construction of time (Stanford 1991). – [16] Zur kulturellen Konstruktion von Z. vgl. bes. A. ASSMANN: Z. und Tradition. Kulturelle Strategien der Dauer (1999). – [17] J. HUIZINGA: A definition of the concept of history, in: Philos. and history. Essays pres. to E. Cassirer (Oxford 1936) 1-10. – [18] C. WILCKE: Die sumerische Königsliste und erzählte Vergangenheit, in: J. VON UNGERN-STERNBERG/H. REINAU (Hg.): Vergangenheit in mündl. Überlieferung. Coll. Rauricum 1 (1988) 113-140; vgl. C. WILCKE: Zum Geschichtsbewußtsein im alten Mesopotamien, in: H. MÜLLER-KARPE (Hg.): Archäologie und Geschichtsbewußtsein (1982) 31-52. – [19] Vgl. Art. ‹Unsterblichkeit I.›. Hist. Wb. Philos. 11 (2001) 275f. – [20] Zu diesem Gegensatz vgl. N. LUHMANN: Vertrauen. Ein Mechanismus der Reduktion sozialer Komplexität (^{2}1973). – [21] A. DE PURY/TH. RÖMER/J.-D. MACCHI: Israel constructs its history: Deuteronomistic historiography in recent research (Sheffield 2000). – [22] WENDORFF, a.O. [15] 22-25; vgl. C. COLPE: Die Z. in drei asiat. Hochkulturen, in: PEISL/MOHLER (Hg.), a.O. [14] 247-251. – [23] Vgl. bes. ASSMANN, a.O. [16]; BENDER/WELLBERY (Hg.), a.O. [15]; Art. ‹Zeit VIII. A.›.

J. ASSMANN

II. *Antike*. – A. *Griechenland (vor Platon)*. – 1. Unter ‹Z.› verstehen die frühen Griechen erst nur ansatzweise *die* Z. Ihre substantivischen Ausdrücke für temporale Verhältnisse bringen eigentümlich verfaßte *Zeiten* zur Sprache. Die mit dem Wort χρόνος bezeichnete Z., mit der noch am ehesten *die* Z. sich ankündigt, ist eingebunden in ein Ensemble von Z.-Ausdrücken, aus dem auch der ‹Tag› (ἦμαρ, später ἡμέρα), das ‹Leben› (αἰών), und der ‹günstige Augenblick› (καιρός) herausragen. Eine nicht geringe Rolle spielt zudem das mannigfach variierte Adverb ‹plötzlich› (ἐξαπίνης/ἐξαπίνας, αἶψα). Auch im je eigenen Bedeutungsgehalt der verschiedenen Z.-Ausdrücke treten auf dem Weg zu Platon substantielle Veränderungen ein. Bei den Dichtern, denen die frühen Griechen eher Weisheit zutrauten als den Philosophen, kommt schließlich der Überschuß hinzu, der gegenüber ihrer Z.-Auffassung in ihrer auf Substantive gar nicht angewiesenen Z.-Gestaltung liegt. Epos, Lyrik und Tragödie sind jeweils wesentlich durch Aspekte von Zeitlichkeit geprägt. Ist für das Epos eine lang sich hinziehende Z. formkonstitutiv, so für die Lyrik eine als persönliche oder geschichtliche Gegenwart erfahrene. Noch formprägender als die von ARISTOTELES herausgestellte Einheit in der Z. [1] ist für die Tragödie, daß tragisches Geschehen auf eine Katastrophe zutreibt, in der die Z. sich in einen alles entscheidenden Augenblick zusammenzieht. Zugleich geschieht eine – meistens vom Chor, manchmal auch von den Handelnden geleistete – Ausweitung des gegenwärtig Geschehenden auf längst vergangene und zugleich zukunftsschwangere Ereignisse.

In Anbetracht all dessen darf man nicht bei lexikalischen Befunden stehenbleiben. Trotzdem ist unabdingbar, von ihnen auszugehen. An ihnen lassen sich auch durchgehende Züge frühgriechischer Z.-Auffassung ablesen: a) eine Intention auf präsubjekive Realität; b) ein auch an älteren Kulturen des indoeuropäischen Raums beobachtbarer Rekurs auf Herrschaftserfahrungen, die ihr diese Realität verbürgen; c) ein Verzicht darauf, Z. von dem in ihr Befindlichen zu trennen; und d) ihr Verständnis als geschichtlicher.

2. Wenn auch nicht zutrifft, daß man beim Warten *die* Z. entdeckt habe [2], so erschließt sich den Helden der Homerischen Epen im Warten auf den Abschluß eines Geschehens doch immerhin die mit χρόνος gemeinte Z., die sich von anderen Zeiten als eine lang sich hinziehende unterscheidet. Sie empfängt ihre Erfahrungsqualität vornehmlich aus der Zukunft. Χρόνος ist die Z. einer Herrschaft, unter der wir zu leiden haben: Eine lang sich hinziehende Z. tendiert dazu, sich *zu* lang hinzuziehen.

Bei dem Lyriker SOLON zieht Chronos alles Interesse an temporalen Verhältnissen auf sich. Er ist nicht mehr bloß Medium, sondern Subjekt. Als Subjekt deckt er alle Wahrheit auf und erfüllt oder vollendet alles Ausstehende. Erfüllen und vollenden kann er nur, weil er ferner stetig fortschreitet. Zu seiner enthüllenden Funktion gehört aber auch, daß er die Wahrheit über alles Böse ans Licht bringt und Übeltäter gerechter Strafe [3] überantwortet. Nicht zuletzt dadurch erweist er sich schließlich als göttlich [4]. Im Zusammenspiel solcher Tätigkeiten wird Solons Lehre vom Zeitsubjekt zu einer Geschichtsphilosophie, die am Ende den Charakter einer Geschichtstheologie annimmt.

In der Schlußphase der eigentlich archaischen Epoche und im Übergang zur archaisierenden schlägt der gottgesandte Chronos zunächst, bei SIMONIDES, in eine Weltzeit um, die nur noch so herrscht, daß sie alles in der Welt zerreißt, und sodann, bei BAKCHYLIDES, in eine, die sich in Gottzeit und Weltzeit entzweit [5]. Die zu Beginn des 6. Jh. erfolgende Subjektsetzung von Chronos macht PINDAR in der eingeschränkten Weise mit, daß er durch sie die Gottzeit und nur sie auszeichnet. Zwischen ihr und der Weltzeit siedelt er eine an beiden teilnehmende an, die geschichtliche Z. Sie fällt mit in die Weltzeit, sofern sie irritiert oder in Schuld verstrickt, und berührt doch die Z. eines Gottes, der sich vorzugsweise geschichtlich offenbart. Dank dessen nimmt sie einen Weg, der umgekehrt verläuft zu der einer über Personen kommenden oder an sie herankommenden Weltzeit [6]. Fließt diese aus der Zukunft in die Vergangenheit, so die von einem Gott gesteuerte aus der Vergangenheit in die Zukunft. Sie schreitet fort [7]. Daß auch der Chronos Pindars sich in Gottzeit und Weltzeit entzweit, bekundet die Gegenläufigkeit seiner Bewegungen am augenfälligsten [8].

Bei den Tragikern deckt χρόνος auch die ganze Weite des Vergangenheitsraums mit ab. Vor allem aber übt ein allgewaltiger Chronos [9] nach wie vor seine Herrschaft über Menschen und Dinge aus. Ihm trauen die Tragiker sämtliche an ihn schon früher delegierten Funktionen zu. Auch sie sehen in ihm einen alles Enthüllenden, alles Vollendenden und Erfüllenden [10], alles Besiegenden [11] und alles außer den Göttern Zerstörenden [12]. In ihrer Sicht auf Chronos treiben die Tragiker die in der Lyrik verfolgten Tendenzen zu seiner Hypostasierung bis zur Apotheose [13].

3. Anders drängt Z. sich dem Epiker dort auf, wo er sie als ἦμαρ faßt. Auch ἦμαρ lenkt den Blick in ‹Ilias› und ‹Odyssee› unmittelbar nicht aufs Vergangene; der Ausdruck reflektiert Gegenwart. Er meint den jeweiligen Tag, wie er akut erlebt wird; einen, der selbst als vergangener ein für den Erlebenden gegenwärtig gewesener war, als zukünftiger ein Tag, der erlebnismäßig gegenwärtig sein wird. Die Herrschaft, die auch er ausübt, tut sich darin kund, daß wir unter seiner Unbeständigkeit leiden, weil wir als ihm ausgesetzte Wesen selber keinen Bestand haben.

War schon der Tag, den HOMER gegen die Länge chronischer Z. abhob, ein je gegenwärtiger, so verschärft ARCHILOCHOS mit dem Satz, wonach den Menschen jeweils entsprechend dem Tag zumute ist, den Zeus heraufführt [14], eine der ‹Odyssee› [15] entnommene Sentenz. Ungeachtet seiner Abhängigkeit von ihr läutet er mit dem Satz die lyrische Epoche ein. Er legt den Grund für die Z.-Form der ihm nachfolgenden Lyrik. Die eigentümliche Form zumindest frühlyrischer Dichtung basiert auf der Überzeugung, daß die Menschen in ihrem vorgegebenen Dasein gar nichts anderes seien als das, was der Tag aus ihnen macht. Wenn der mit Archilochos etwa gleichaltrige SEMONIDES die Menschen «Tageswesen» (ἐπήμεροι) nennt [16], so ruft er das nachhomerische «Kennwort für die menschliche Natur» [17] aus. Die Einsicht ins Ephemere des Menschengeschlechts, das noch für Euripides ein Geschlecht von Tageswesen ist, bleibt bei den Tragikern uneingeschränkt gültig [18]. Zwar wird der Tag seine beherrschende Stellung im Gang der lyrischen Epoche verlieren. Er bleibt aber bis zuletzt die fundierende Z.-Schicht. Bei den Tragikern gerät das Verständnis der Z. als Tag allerdings unter die Botmäßigkeit des durch seine Länge definierten, meßbar gewordenen Chronos. SOPHOKLES und EURIPIDES, die sich Chronos mythologisierend als Erzeuger unzähliger Tage und Nächte [19], als alten Vater der Tage [20] vorstellen, sprechen von einem chronologisch gemessenen Tag [21] oder von der langen Z. als Tausenden von Tagen [22]. Von daher ist verständlich, wieso SOPHOKLES für den Gedanken einer ewigen Wiederkehr des Gleichen empfänglich wurde [23]. Es sind die Tage, die unaufhörlich wiederkehren – an sich ein Abbild der Himmelsbewegungen, für uns aber eine Last [24].

4. Das Wort αἰών gehört wie καιρός zu den Ausdrücken, die ihren Zeitsinn erst im Laufe ihrer zu Platon hinführenden Geschichte nach außen wenden. Zwar ist seine Grundbedeutung von Anfang bis Ende 'Leben'. Aber HOMER verwendet es primär für die Kraft, die man zum Leben braucht [25]. Nur sekundär denkt er dabei an Lebenszeit, nämlich nur, sofern in ihr die Lebenskraft sich äußert. Je mehr Kraft ein Leben hat, desto länger die ihm beschiedene Z. Auf die Proportion von Kraft und Z. deutet, daß in αἰών das Temporaladverb ἀεί (bei Homer αἰεί, ‹immer›) steckt. Die Götter Homers sind immer lebende (αἰεὶ ἐόντες), weil sie eine unerschöpfliche Lebenskraft besitzen. In seinen Epen findet sich gleichwohl noch kein Ansatz zu Platons Ausweitung des Aionbegriffs ins Kosmische. Das Wort bezieht sich in ihnen durchweg auf ein Menschenleben. Insofern steht die mitgemeinte Lebenszeit zwischen der lang sich hinziehenden und der auf einen Tag eingeschränkten.

Vom Aion (s.d.) spricht Homer nur an wenigen Stellen [26], vom «Seienden, vormals Seienden und Seinwerdenden» (τά τ' ἐόντα τά τ' ἐσσόμενα πρό τ' ἐόντα) sogar nur ein einziges Mal, zur Kennzeichnung des vom Seher Kalchas Geschauten [27]. Gleichwohl ist die Synopse der drei Z.-Dimensionen begriffsgeschichtlich relevant. Zum einen kehrt sie bei vielen Späteren wieder, so bei HESIOD, SOLON, PARMENIDES, EMPEDOKLES und PLATON, unverändert oder mit Modifikationen, die den Wandel des Z.-Verständnisses widerspiegeln [28]. Von ANAXIMANDER aus geht noch M. HEIDEGGER auf sie zurück [29]. Zum andern und vor allem fängt sie im Medium der Sprache etwas von der Z. ein, welche die ‹Ilias› gestaltet, ohne sie substantivieren zu müssen, nämlich das Geschichtliche an ihr. Verbergen sich doch hinter dem Seienden die gegenwärtigen Kriegsereignisse, die Kalchas in eins mit dem vormals Seienden und dem Seinwerdenden vor sich zu bringen vermag, weil ihm als Seher beschieden ist, auf ihre Vorgeschichte zurück- und auf den weiteren Verlauf des Kriegs hinauszuschauen.

In der Wendung zum Guten, welche die ‹Achte Pythie› am Individuum, die ‹Vierte› am überindividuellen Gang der Dinge abliest, sieht PINDAR eine Wende der Z. selbst. Der Aion, das, was mit dem Göttlichen einbricht, ist auch das, worin es einbricht. Auch der Aion übersteigt individuelles Dasein, aber in zwei gegenläufigen Richtungen. Ins Blickfeld Pindars rückt auch die 'geschichtliche' Z.:

als die geradeaus leitende, die schon vor der Geburt jedes denkbaren Individuums gewirkt hat und noch nach dessen Tod wirken wird [30]. Ihr zur Seite tritt aber die eines postumen Lebens, das als ein über alle Wechselfälle Hinausgehobenes gegen das Gegenwärtige nicht nur in dessen je individueller, sondern auch in dessen überindividuell-geschichtlicher Form absticht [31].

Menschliche Ohnmacht, die Kehrseite der Macht chronischer Z., wird bei EURIPIDES zur Hauptbedeutung des Wortes αἰών. Die Lebenskraft, die HOMER darunter verstand, begegnet bei ihm als die schwache der Sterblichen, als die reduzierte eines umhergetriebenen, viel irrenden, unsteten Lebens [32].

5. Das Substantiv καιρός findet sich in den Epen HOMERS noch nicht. Die ‹Ilias› kennt allerdings schon ein verwandtes Wort (καίριον) für die Stelle, an der Lebewesen am verletzlichsten sind, oder für die sie bloßlegende Öffnung in der Rüstung eines Gegners [33]. Und die kriegstechnische Verwendung des Wortes führt auf dessen mutmaßlichen Ursprung zurück. Wahrscheinlich meinte καιρός anfangs dasselbe wie καῖρος, ein Terminus technicus der Webkunst (Öffnung, durch die zwischen gehobenen und gesenkten Kettfäden der Schußfaden einzufädeln ist) [34]. Homer verlegt das punktgenaue Herstellen der Weberin in das zielsichere Handeln des Kriegers. Generell zielt das Wort stets auf einen Punkt, spezifisch auf den entscheidenden, den, auf den es ankommt. Ein Kairos (s.d.) wäre nicht, was er ist, ohne den Umgang mit ihm. Bevor man von einem Kairos sprach, deckten andere Z.-Ausdrücke die temporale Seite der Sache ab. Zu ihnen gehört in der ‹Odyssee› ὥρη. Das ‹Ilias›-Wort für den Frühling, das im zweiten Epos sonst als Titel für Jahreszeiten überhaupt fungiert, meint darin dort, wo sein Kontext ein Lebensvollzug ist, Z. für oder zu etwas [35], genauso wie später καιρός. Und noch in der Frühphase der Lyrik, als der Kairos bereits Sprachgestalt annimmt, fungiert in bezug auf Z. χρόνος als sein Stellvertreter [36].

Mit der Anschauung des Punktes ist allerdings nicht nur Z. konnotiert. Sie zieht auch elementare Vorstellungen von Maß und Recht nach sich, auf die HESIOD zugeht, wenn er als erster unter den uns bekannten Autoren vom Kairos selbst spricht [37]. Und im Gedanken dieser Ordnung bleibt Z. mitgedacht. Die «Maße des Meeres» [38] sind die Gezeiten, die dem Umgang mit den Weltmeeren ihr Gesetz vorschreiben.

Auf PINDARS Weg vom Tag zum Kairos erlangen die stets in eine ihnen zuvorkommende Z. hineingestellten Menschen ihr gegenüber ein zunehmend größeres Stück relativer Autonomie. Der Tag lastet auf ihnen dermaßen, daß sie kaum mehr als ein Abdruck von ihm sind, und der Aion, der ja ebenfalls auf ihnen 'hängt', kommt selbst noch als liebliches Leben ohne ihr Zutun über sie. Chronos, als Medium nur hinzunehmen, lädt sie als Subjekt bereits zur Mitwirkung ein. Ein Kairos aber erfüllt sich erst in der Tat, die ihn ergreift. Man «folgt ihm als Diener und ist nicht sein Sklave» [39]. Außer dem Interesse am eigenen Tun und der Ausarbeitung einer darauf gegründeten Poetik ist das Neue an Pindars Überlegungen zum Kairos dessen endgültige Verzeitlichung. Der Kairos ist für ihn vor allem ein Zeitpunkt, der jeweils zu nutzende Augenblick. Auf die Flüchtigkeit des Augenblicks bezieht sich die dem Vergleich von Sklave und Diener vorausgehende Bemerkung, der Kairos habe ein kurzes Maß [40]. Gerade an historischen Situationen [41] erläutert Pindar das Grundsätzliche eines vom Kairos angeleiteten Lebens: daß es inmitten der sich verändernden und stets schwankenden Menschenwelt Halt findet nicht an einem Absoluten jenseits ihrer, sondern an etwas, das die Relativität mit ihr teilt und gleichwohl eine eigene Art von Absolutheit besitzt [42].

6. Frühgriechische Philosophie als 'vorsokratisch' zu etikettieren ist wie jede Rückübertragung eines Namens fragwürdig [43]. Noch fragwürdiger ist die vom Namen suggerierte Vorstellung, sie sei eine einheitliche Erscheinung. In bezug auf das Z.-Denken heben sich aus ihr mindestens vier Positionen heraus: Anaximander und, an ihn sich anschließend, Empedokles; Heraklit; der Eleatismus; die Atomistik und Sophistik des 5. Jh.

Beginnt Philosophie als ein Wissen, das Anspruch auf Begründung erhebt, mit ANAXIMANDER, so ist sie *Z.-Denken* von Anfang an. Den wichtigsten Anaximander-Text [44] kennzeichnet eine zeitphilosophisch motivierte Doppelbödigkeit – vorausgesetzt, er darf, wofür seine antike Rezeption gute Argumente liefert, in der von Simplikios überlieferten Form als authentisch gelten. Auf je andere Weise zeitlich verfaßt ist dem Text zufolge auf der Ursprungsebene das Grenzenlose (τὸ ἄπειρον), auf der des Entsprungenen das All der existierenden Dinge, die für ihre Ungerechtigkeit, das heißt: die Verdrängung der jeweils nicht existierenden, mit ihrem Untergang büßen müssen. Selbst wenn das sich anschließende «nach der Ordnung der Z.» (κατὰ τὴν τοῦ χρόνου τάξιν) ein späterer Zusatz sein sollte, stünde Anaximanders Intention einer Zeitlichkeit des Weltgeschehens außer Zweifel. Diese folgt aus der wechselseitigen Verdrängung. Im Falle der Echtheit des Textendes läge in der Doppelbödigkeit zugleich eine auf Platon vorausweisende Stufung von zwei Z.-Schichten, von Chronos und Aion. Als Aion nämlich begreift Anaximander nach dem Zeugnis Theophrasts das Grenzenlose in seiner unerschöpflichen Schaffenskraft [45]. Auch EMPEDOKLES weist dem Einen, aus dem alles hervorgeht, diese Z.-Form zu [46]. Die Welt aber legt er auf die chronische Z.-Form fest, die ihr das Gesetz eines unablässigen Herrschaftswechsels ihrer Elemente aufprägt: Die Elemente «herrschen abwechselnd gemäß dem Umlauf der Z.» [47].

HERAKLIT betrachtet Z. von einem Standpunkt aus, der sich von dem Anaximanders insbesondere dadurch unterscheidet, daß von ihm aus gesehen die Kluft zwischen Ursprung und Entsprungenem verschwindet. Der Dialektiker hebt das Entsprungene in den Ursprung auf. Sein ἓν πάντα [48] meint nicht nur und nicht primär ein Einssein von allem in der Welt, sondern in erster Linie ein Einbehaltensein von allem im schlechthin Einen. Was die durch diesen Gedanken freigesetzte, bis zu Hegel und Nietzsche reichende Tradition als ein Werden (s.d.) formalisiert, das kein Sein jenseits seiner zuläßt, ist in Heraklits eigener Bildsprache eine Einschmelzung des scheinbar Abgesonderten in das «allzeit lebendige Feuer» (πῦρ ἀείζωον) [49], das vom Gründenden ins Gegründete übergreift. Hiermit wird die Z. des Ursprungs zur umfassenden. Dementsprechend gibt es im Denken Heraklits keinen Chronos mehr. Dem Aion wird auch die Herrschaft über die Welt übertragen, nach einer unsicheren Überlieferung allerdings das Regiment eines Knaben, der sein Spiel mit ihr treibt – wie das Feuer, das sie verzehrt [50].

Dem emphatischen Z.-Denken Anaximanders und Heraklits widerspricht der Eleatismus. Nicht daß seine Vertreter – PARMENIDES, ZENON und MELISSOS – Z. aus dem Sein vertreiben würden [51]. Sie treiben dem vollkommenen, von keinem Nichtsein getrübten, scheinlosen Sein nur jegliches Werden und Vergehen aus, reinigen es zu einem «Unentstandenen» (ἀγένητον) und «Unvergänglichen» (ἀνώλεθρον) [52]. Indem der Eleatismus über eine Negation von Werden und Vergehen nicht hinausgeht, läßt er Z. gerade stehen, nämlich als unbegrenzte Dauer. Beredter wird Z.-Philosophie wieder in der Atomistik [53] und Sophistik [54], wenn auch herabgestimmt zu einer Z.-Kritik, die der Bewältigung alltäglichen Lebens dienen will. Damit kehrt 'vorsokratische' Philosophie am Ende zu einer existentiellen Z.-Reflexion zurück, wie sie von Anfang an Lyriker betrieben haben.

7. So tief auch die Anregungen gingen, die PLATON insbesondere von den Eleaten empfangen hat – sein Z.-Denken wurde noch tiefer von der Dichtung geprägt, am tiefsten von der Dichtung PINDARS. Dies gilt weniger für die Gedanken, die er über Aristoteles an die Nach-Antike weitergibt, als für die ihm und dem Platonismus eigentümlichen. Das Werk Pindars zeichnet sich nicht nur dadurch aus, daß es sämtliche archaischen Z.-Formen in sich versammelt. Es schmilzt sie vor allem in einen einheitlichen Gedankengang ein. Pindars Z.-Auffassung spiegelt darum auch die zu ihm hinführende Entwicklung wider. In Pindars Wendung zu einem Χρόνος ἰὼν πόρσω [55], einem fortschreitenden, mit der er auf den klassischen Z.-Begriff zuging, mag sich auch «das Vorgehende» (προιόν) ankündigen, das PLATON in der zweiten 'Hypothese' seines den Eleaten gewidmeten Dialogs [56] durchbuchstabiert. Aber gewiß ist, daß τὸ ἐξαίφνης, das Plötzlich(e), welches das Korrolar zu dieser Hypothese im Parmenides-Dialog dagegen absetzt [57], von der frühgriechischen Lyrik vorgebildet wurde. Mit der im ‹Parmenides› vorgenommenen Substantivierung geht allerdings eine Variation der archaischen Idee des Umschlags (s.d.) einher, dem Pindar nichts Göttliches entnimmt. Das Ruhende, heißt es da, kann nicht zum Bewegten, das Bewegte nicht zum Ruhenden werden, «ohne umzuschlagen» [58]. Da ist das Plötzliche «das Ortlose» [59], worin das erst Ruhende und dann Bewegte als Umschlagendes sich befindet. Es hat keinen Ort, weil es weder einer Gottzeit noch einer Weltzeit angehört. Es ist in gar keiner Z. [60]. Erst mit seinem Ausgriff auf Zeitlosigkeit (s.d.) überschreitet Platon die Grenze, über die das ihm vorangegangene Denken der Dichter ebensowenig hinauskommt [61] wie das der Philosophen. Ein letzter Punkt der Übereinkunft mit Platon zeigt sich in der Denkfigur, wonach Aion, nach welchem der Vater des Alls mit Chronos ein selbst aionisches Bild erschafft [62], das Leben des Gottes selber ist. Pindar spricht nicht nur seinerseits vom Aion. Er kennt auch ein von den Göttern herrührendes αἰῶνος εἴδωλον, ein Bild des Lebens [63].

Anmerkungen. [1] ARISTOTELES: Poet. 7f., 1450 b 21-1451 a 35. – [2] So die These von H. FRÄNKEL: Die Z.-Auffassung in der frühgriech. Lit., in: Wege und Formen frühgriech. Denkens (1955) 1-22, 1. – [3] Vgl. auch: Art. ‹Strafe I. 2.›. Hist. Wb. Philos. 10 (1998) 209. – [4] Vgl. SOLON: Frg. 6. 10. 13. 36, in: M. L. WEST (Hg.): Iambi et elegi graeci 2 (²1992) 144ff. 147-150. 161f. – [5] SIMONIDES: Frg. 75, in: E. DIEHL (Hg.): Anthol. lyrica graeca (²1925) 88; BAKCHYLIDES: Frg. 541, 5; 598, in: D. L. PAGE (Hg.): Poetae melici graeci (Oxford 1962) 281. 304 (in der Edition von PAGE noch als Simonides-Texte ediert). – [6] PINDAR: Olymp. 6, 97; Nem. 7, 67f. – [7] 2. Paian. 26f.; Olymp. 8, 28f. – [8] Olymp. 10, 7f. 51-55. – [9] SOPHOKLES: Oed. Col. 609: ὁ παγκρατὴς χρόνος. – [10] AISCHYLOS: Choeph. 963f.; EURIPIDES: Frg. 773, in: A. NAUCK (Hg.): Trag. graec. fragm. (²1889) 602ff. – [11] SOPHOKLES: Aiax 714. – [12] Oed. Col. 609. – [13] Vgl. EURIPIDES: Heracl. 900; Frg. 303. 594, in: NAUCK (Hg.), a.O. [10] 450. 549. – [14] ARCHILOCHOS: Frg. 131, in: WEST (Hg.), a.O. [4] 1 (²1989) 51. – [15] HOMER: Od. XVIII, 136f. – [16] SEMONIDES: Frg. 1, 3, in: WEST (Hg.), a.O. [4] 99. – [17] Vgl. H. FRÄNKEL: ΕΦΗΜΕΡΟΣ als Kennwort für die menschl. Natur, a.O. [2] 23-39. – [18] SOPHOKLES: Aiax 397-400; EURIPIDES: Orest. 376f. – [19] SOPHOKLES: Oed. Col. 617f. – [20] EURIPIDES: Supp. 787f. – [21] SOPHOKLES: Oed. tyr. 73: ἦμαρ ... ξυμμετρούμενον χρόνῳ. – [22] EURIPIDES: Phoen. 305. – [23] SOPHOKLES: El. 1364-66. – [24] Aiax 476f. – [25] E. BENVENISTE: Expressions indo-europ. de l'«éternité». Bull. Société Linguistique 38 (1937) 103-112. – [26] Vgl. bes. HOMER: Il. V, 685; XIX, 27; Od. V, 160f.; VII, 224; IX, 523f.; XVIII, 204. – [27] Il. I, 70. – [28] Vgl. G. PICHT: Die Epiphanie der ewigen Gegenwart, in: Beitr. zu Philos. und Wissenschaft. Festschr. W. Szilasi (1960) 201-244. – [29] M. HEIDEGGER: Der Spruch des Anaximander [1946]. Holzwege (1950) 296-343, 316-324. – [30] PINDAR: Nem. 2, 7f. – [31] Olymp. 2, 10. 66f. – [32] Vgl. EURIPIDES: Hipp. 1109f.; Herc. 671f.; Orest. 981. – [33] HOMER: Il. IV, 185; VIII, 84. – [34] R. B. ONIANS: The origins of European thought (Cambridge 1954) 345f. – [35] HOMER: Od. III, 334; XV, 394; XVII, 176. – [36] ALKAIOS: Frg. 119, 9, in: E. LOBEL/D. L. PAGE (Hg.): Poetarum lesbiorum fragm. (Oxford 1955) 170. – [37] HESIOD: Erga 694. – [38] a.O. 648. – [39] PINDAR: Pyth. 4, 287. – [40] a.O. 286. – [41] Vgl. Nem. 7, 58-60; 8, 4f. – [42] Olymp. 8, 28f. – [43] Vgl. Art. ‹Vorsokratisch; Vorsokratiker›. Hist. Wb. Philos. 11 (2001) 1222-1226. – [44] ANAXIMANDER: VS 12, B 1; A 9. – [45] A 10; vgl. PHILOLAOS: VS 44, B 21. – [46] EMPEDOKLES: VS 31, B 16; B 17, 1. – [47] B 17, 29; es hat viel für sich, mit CH. KAHN: Anaximander and the origins of Greek cosmology (New York 1960) schon in VS 12, B 1 τοῖς οὖσι Elemente zu sehen. – [48] HERAKLIT: VS 22, B 50. – [49] B 30; die Verbindung von 'lebendig' mit 'allzeit' scheint vom Aion-Gedanken angeleitet zu sein. – [50] B 52. – [51] M. THEUNISSEN: Die Zeitvergessenheit der Metaphysik. Zum Streit um Parmenides, Frg. 8, 5-6a, in: Negative Theologie der Z. (1991) 89-130. – [52] PARMENIDES: VS 28, B 8, 3. – [53] Vgl. DEMOKRIT: VS 68, B 183; B 297, 5f. – [54] Vgl. GORGIAS: VS 82, B 11; B 11a; ANTIPHON: VS 87, B 53a. – [55] PINDAR: Olymp. 10, 55. – [56] PLATON: Parm. 152 c 3. – [57] 156 d 3. – [58] 156 d. – [59] 156 d 1f.; vgl. Art. ‹Zwischen›. – [60] 156 e 1. – [61] Vgl. SIMONIDES: Frg. 531, in: PAGE (Hg.), a.O. [5] 276; PINDAR: Pyth. 9, 67f. – [62] PLATON: Tim. 37 d 5-7. – [63] PINDAR: Frg. 131 b, 2, in: B. SNELL/H. MAEHLER (Hg.): Pindari carmina cum fragm. 2 (⁷1984) 119.

Literaturhinweise. C. LACKEIT: Aion. Z. und Ewigkeit in Sprache und Relig. der Griechen (1916). – A.-J. FESTUGIÈRE: Le sens philos. du mot ΑΙΩΝ. Parola Passato 11 (1949) 172-189. – R. TH. OTTEN: Metron, meson, and kairos: A semasiolog. study. Diss. (Univ. of Michigan 1956). – J. DE ROMILLY: Time in Greek tragedy (Ithaca 1958). – S. ACCAME: La concezione del tempo nell'età omerica ed arcaica. Rivista Filologia 89 (1961) 359-394. – M. KERKHOFF: Zum ant. Begriff des Kairos. Zeitschr. philos. Forsch. 27 (1973) 256-274. – J. R. WILSON: KAIROS as «Due Measure». Glotta 58 (1980) 177-204. – K. M. DICKSON: Kairos and the anatomy of praxis in Pindar. Diss. phil. (State Univ. of New York 1982). – M. TRÉDÉ: Kairos, l'à-propos et l'occasion. Le mot et la notion, d'Homère à la fin du IVème s. avant J.-C. (Paris 1992). – A. RENGAKOS: Z. und Gleichzeitigkeit in den homer. Epen. Antike Abendland 41 (1995) 1-33. – M. THEUNISSEN: Pindar. Menschenlos und Wende der Z. (2000); Griech. Z.-Begriffe vor Platon. Arch. Begriffsgesch. 44 (2002) 7-23.

M. THEUNISSEN

B. *Platon bis Boethius*. – 1. Den Hintergrund für die im ‹Timaios› [1] entwickelte Konzeption der Z. (χρόνος) bildet der von PLATON neu gefaßte Begriff der Ewigkeit (αἰών). Im Unterschied zur frühgriechischen Chorlyrik und zur Vorsokratik, welche die Ewigkeit (s.d.) durchweg als eine unbegrenzte Dauer auffassen und den Charakter zeitlicher Sukzession dadurch gerade nicht tilgen, sondern ins Unendliche hinein verlängern, zeichnet Ewigkeit sich nach Platon dadurch aus, daß ihr eine zeitliche Abfolge prinzipiell abzusprechen und sie folglich als permanente Gegenwart ohne jedes 'Früher' oder 'Später' aufzufassen ist. Von dieser als signifikant zeitlos gedachten Ewigkeit, so die zentrale These des ‹Timaios›, stellt die Z. ein bloßes Abbild (εἰκών) dar. Artikuliert wird diese Behauptung bemerkenswerterweise im Kontext eines poetisch-kosmogonischen Entwurfs und im Duktus einer gleichnishaften Rede (εἰκὼς λόγος), die dem Abbildcharakter der Z. auf ihre Weise korrespondiert und so das Problem einer sprachlich adäquaten Fassung der Z. zu lösen versucht [2]: Der Kosmos (s.d.) ist das Werk eines göttlichen Demiurgen, der ihn als vernünftiges und unsterbliches Lebewesen schafft, indem er den Ort (χώρα) einer zwar bereits vorliegenden, aber noch der Formung und Bestimmung entbehrenden Materie nach dem Vor- und Urbild (παράδειγμα) des einen, vollkommenen und ewigen Lebewesens (ζῷον ἀίδιον) ausgestaltet. Anders als dieses Urbild und der Ort der Materie ist die Z. nicht schon vor dem Wirken des Demiurgen realisiert; vielmehr wird sie erst von diesem als ein der Zahl nach voranschreitendes (κατ' ἀριθμὸν ἰοῦσαν) Abbild der in bloßer Einheit verharrenden Ewigkeit erzeugt [3]. Angesichts der Kritik des ARISTOTELES [4], Platon habe das Immersein (ἀεί) der Z. nicht beachtet und sie entstehen lassen, ist festzuhalten, daß die zeitkonstituierende Handlung des Demiurgen nicht schon selbst zeitlich situiert sein kann und somit nicht im Sinne des Aristotelischen Werdens (s.d.) als ein zeitlicher Vorgang, sondern als zeitlos ontologischer Akt zu verstehen ist. Dementsprechend legt der Mythos – aristotelisch gesprochen – auch kein Gewicht auf ein zeitliches, sondern vielmehr auf ein ontologisches 'Früher'-'Später', nämlich auf die strukturelle Abhängigkeit der Z. von der Ewigkeit, ohne deren Urbildfunktion die Z. gar nicht konstituiert werden könnte. Hat die vom Demiurgen geschaffene Z. also keinen Anfang und aufgrund der Unvergänglichkeit des Kosmos auch kein Ende «in der Z.», so kann Platon sie zwar zu Recht als ewig (αἰώνιος) titulieren, doch ist mit diesem Begriff der Ewigkeit keine Negation zeitlicher Sukzession gemeint, sondern das unbegrenzte Andauern eben dieser Sukzession. Als die immerwährende Veränderung des Kosmos bleibt die nur in diesem Sinne ewige Z. von der zeitlos stagnierenden Ewigkeit des Urbilds streng zu unterscheiden.

Mit der Erschaffung der Z. verfolgt der Demiurg das besondere Ziel, den Kosmos seinem Urbild so weit anzugleichen, wie dies aufgrund seiner Abbildhaftigkeit überhaupt machbar ist. Damit ist die Z. kein Artefakt, das den übrigen Werken des Demiurgen nebenzuordnen wäre. Sie ist dasjenige Merkmal des Kosmos, das ihn zwar deutlich von dem durch die Ewigkeit bestimmten Urbild abhebt, zugleich aber auch geeignet erscheint, die Differenz zwischen Ab- und Urbild bestmöglich abzumildern, ohne daß damit jedoch der durch den Schaffensakt vorgegebene ontologische Mangel gänzlich wettgemacht werden könnte. Deutet man die zwischen Ewigkeit und Z. bestehende Urbild-Abbild-Relation als partielle Identität, so kann die Gemeinsamkeit in dem universalen Ganzheits- und Einheitscharakter gesehen werden, über den Z. und Ewigkeit gleichermaßen verfügen, und die entscheidende Differenz in der Prozessualität der Z., die sich deutlich von der Stagnation der Ewigkeit abhebt.

Die PLATON zugeschriebene Auffassung, die Z. sei den Planetenbewegungen des Himmels gleichzusetzen, ist dem ‹Timaios› nicht zu entnehmen. Vielmehr legt der Mythos dar, wie der Demiurg – zugleich mit der Erzeugung der Z. – die Bewegungen der Himmelskörper auf eine Weise ordnet, daß die Umlaufbahnen aufgrund ihrer Kontinuität und Periodizität die Zeitmessung ermöglichen [5]. Daher bezeichnet Platon die Planeten auch als die Werkzeuge der Z. (ὄργανα χρόνου) [6], was ihre spezifische Funktion für die Zeitmessung und die Notwendigkeit anzeigt, Planeten sowie Planetenbewegungen nicht mit der Z. zu identifizieren, da andernfalls die Differenz zwischen Messendem und Gemessenem verwischt würde.

Mit seiner terminologischen Abgrenzung des Z.-Begriffs gegenüber a) den als Teilen (μόροι) der Z. bezeichneten Einheiten der Zeitdauer wie Tag oder Monat und gegenüber b) den beiden sog. Formen (εἴδη) der Z., nämlich den Z.-Modi Vergangenheit und Zukunft (s.d.), führt Platon die frühen dichterischen Auffassungen zu einer semantischen Klärung dieses Begriffsfelds, die sich bis zu den heutigen Untersuchungen weiterverfolgen läßt [7].

Im ‹Parmenides› thematisiert Platon das Verhältnis zwischen Z. und Zeitlosigkeit (s.d.) vor dem Hintergrund der Frage, wie sich Veränderung überhaupt erklären läßt: Wenn zu jedem einzelnen Zeitpunkt entweder ein bestimmter Zustand p oder aber der gegenteilige Zustand $\neg p$ vorliegen muß, so wird schon die Denkbarkeit der Veränderung zum Problem. Denn auch für den Zeitpunkt des – die Veränderung bewirkenden – Umschlags (μεταβολή) von p in $\neg p$ gilt ja, daß hier entweder (noch) p oder aber (schon) $\neg p$ vorliegen muß, p und $\neg p$ aber nicht zugleich bestehen können. Angesichts dieser Schwierigkeit begreift Platon den Augenblick (ἐξαίφνης) als den signifikant zeitlosen Moment, zu dem sich ein Umschlag von p zu $\neg p$ allein vollziehen kann, da dieser Moment (im Unterschied zu allen jeweils inhaltlich zu qualifizierenden Zeitpunkten) weder durch p noch durch $\neg p$ ausgezeichnet ist. Mit der von Platon gleichermaßen als zeitlos gedachten Ewigkeit teilt das ἐξαίφνης damit die Negierung zeitlicher Sukzession, während es sich von ihr insofern unterscheidet, als es nicht als Urbild der Z. jenseits der Z. steht, sondern als etwas Zeitloses selbst in der Z. wirksam ist und – als ein Prinzip, das den Umschlag und damit jegliche Veränderung erst ermöglicht – gerade das Movens der Z. ausmacht [8].

Wie der ‹Timaios› spricht auch der ‹Politikos› über die Z. in der bildhaften Rede eines kosmologischen Mythos. Doch anders als im ‹Timaios› wird inhaltlich der Gedanke einer Pluralität zyklisch wiederkehrender Zeiten greifbar, die sich allerdings nacheinander in einer linear fortschreitenden Z. vollziehen und von dieser umfaßt werden: Aufgrund seiner Körperhaftigkeit ist der Kosmos – der wie im ‹Timaios› als ein vom Demiurgen erzeugtes, vernünftiges Lebewesen gedacht wird – der Veränderung, genauer: einer Drehbewegung (ἀνακύκλησις) unterworfen. Diese Drehbewegung des Kosmos wird zunächst von einem Gott in eine bestimmte Richtung gelenkt. Doch nach dem Vollzug zahlreicher Umläufe (περίοδοι) erfüllt sich das Maß der Z. (μέτρον χρόνου), die an ihr eigenes Ende gelangt, um einer neuen, durch andere Gesetzmäßigkeiten geprägten Zeitspanne Raum zu geben. Von nun an bestimmt nicht mehr länger eine göttliche Ursache die Drehung, sondern der Kosmos bewegt sich – der eigenen Natur folgend – so lange in die Gegenrichtung, bis sich schließlich auch diese Z. erfüllt und der Gott wieder eingreift, um die Drehung in die anfangs eingeschlagene Richtung zurückzuwenden. Da ein Ende solcher Umschläge nicht absehbar ist, trägt die linear ablaufende Z., in der sich die zyklisch wiederkehrenden Zeitspannen jeweils vollenden, den Charakter des Ewigen i.S. einer endlosen Dauer. Geht mit jedem Umschlag des Richtungssinns der vom Kosmos beschriebenen Drehbewegung eine Z. zu Ende, während eine neue beginnt, so besitzt dieser zyklische Charakter des Z.-Modells eine entscheidende Konsequenz für die philosophische Begriffsbestimmung, die insofern radikal historisiert wird, als sie stets in Rücksicht auf die aktuelle Drehrichtung, also auf die jeweils gegenwärtige Z. und die in ihr herrschenden Gesetzmäßigkeiten zu erfolgen hat [9].

2. ARISTOTELES geht in der Z.-Abhandlung der ‹Physik› [10] von der Frage aus, ob auch die Z. ein Naturprinzip und damit Ursache von Veränderung (κίνησις) ist. Dabei wendet er sich – vor dem Hintergrund der Feststellung, daß Z. und Veränderung stets nur zugleich wahrnehmbar sind – gegen die Behauptung, Z. und Veränderung träten bloß zufällig miteinander auf [11]. Für falsch hält er zwar auch die radikale Gegenthese, wonach Z. und Veränderung schlicht identisch seien, doch konzediert er, daß Z. jedenfalls nicht ohne Veränderung sein könne, und faßt sie in einem ersten Zugriff als «etwas an der Veränderung» (τῆς κινήσεώς τι) [12]. Damit setzt die Existenz der Z. bereits die Existenz der Veränderung als notwendige Bedingung voraus. Häufig als zirkulär kritisiert wurde die Definition, die Aristoteles von der Z. gibt: «Denn eben das ist Z.: die Zahl der Veränderung hinsichtlich des davor und danach» (τοῦτο γάρ ἐστιν ὁ χρόνος, ἀριθμὸς κινήσεως κατὰ τὸ πρότερον καὶ ὕστερον) [13]. Da Aristoteles hier mit «Zahl» (ἀριθμός) nicht dasjenige meint, womit wir zählen (ᾧ ἀριθμοῦμεν), sondern das Gezählte (ἀριθμούμενον) oder Zählbare (ἀριθμητόν), läßt sich die Z. nicht als eine Größe verstehen, mit der gezählt oder gemessen wird, sondern als eine bestimmte Menge von Veränderungsabschnitten, insofern diese Menge gezählt oder gemessen wird [14]. Damit aber setzt die Z. – neben der Veränderung – auch die Existenz der Seele in ihrer Funktion qua Zählvermögen als eine nicht hinreichende, aber notwendige Bedingung voraus: Ohne Seele gäbe es nämlich keine Z., sondern allenfalls die Veränderung, d.i. das Substrat der Z. Die – später von PLOTIN attackierte [15] – Abhängigkeit der Zeitkonstitution von der Seele kann gleichermaßen auf Potentialität und Aktualität des Zählaktes bezogen werden: Als Zählbares (ἀριθμητόν) ist die Z. von der Seele abhängig als von dem, was zählen kann. Und als Gezähltes (ἀριθμούμενον) ist die Z. von der Seele abhängig als von dem, was realiter zählt. Gleichwohl wäre es verfehlt, ARISTOTELES eine 'subjektive' Z.-Auffassung zuzuschreiben: Denn obgleich die Z. nicht ohne die Seele sein kann, so ist sie doch nicht allein aufgrund oder gar in der Seele. Da für die Zeitkonstitution vielmehr die Veränderung, also das von der Zählseele unabhängige Zeitsubstrat, grundlegend ist, stellt die Z. etwas an der Veränderung dar – nämlich das Gezählte bzw. Zählbare, wie es ohne ein Zählvermögen nicht existieren würde [16]. Mit seiner Lösung der Zeitkonstitution wendet sich Aristoteles nicht nur gegen die Antiphon zugeschriebene These, wonach die Z. ein bloßer Gedankeninhalt und Maßstab sei (ein νόημα bzw. μέτρον), sondern auch gegen eine von ihm selbst referierte skeptische Position, welche die Existenz der Z. mit dem Argument bestreitet, der eine Teil der Z. sei bereits vergangen und daher nicht mehr, während ihr anderer Teil noch bevorstehe und daher noch nicht sei.

Zentral für die Aristotelische Z.-Konzeption ist das Verhältnis von *Zeitdauer* und *Zeitpunkt*, die in ihrer Erkennbarkeit wie in ihrer Wirklichkeit voneinander abhängen: Jede Zeitdauer wird eingegrenzt von einem Anfangs- und einem Endpunkt. Diese sog. «Jetztpunkte» (τὰ νῦν) [17] sind als atomar und – da sie selbst eben keine zeitliche Dimension besitzen – nicht als Teile der Z. zu verstehen. Im Unterschied zum Kairos (s.d.), dem handlungstheoretisch bedeutsamen Begriff des günstigen Augenblicks, der für eine bestimmte inhaltlich qualifizierbare Gelegenheit steht, ist der formale Begriff des νῦν rein funktional bestimmt: Das νῦν dient zur Eingrenzung einer bestimmten Zeitdauer und vermittelt dabei in sich zwischen dem Vergangenen und dem Zukünftigen, so daß es zugleich als Unterteilungs- wie als Kontinuitätsprinzip der Z. fungiert [18]. Vor dem Hintergrund dieser Doppelfunktion des νῦν legt Aristoteles auch als erster die Betonung auf den *Kontinuumscharakter* der Z., den er von dem analogen Kontinuumscharakter der Veränderung und diesen wiederum von demjenigen der Größe herleitet [19]. Das Kontinuum wird dabei (in einer wiederum als zirkulär angreifbaren Definition) als etwas Ausgedehntes und in sich Zusammenhängendes (συνεχές) bestimmt, das sich immer weiter zerlegen läßt – und zwar nicht in Unteilbares, sondern in Teile, die selbst wiederum in Teilbares, also in Kontinua, teilbar sind.

Wie Platon im ‹Timaios›, so schreibt auch Aristoteles der Z. ein *Immersein* zu. Begründet wird diese These zum einen durch die Medialität des νῦν, dem als Anfangs- und Endpunkt jeder Zeitdauer sowohl eine Grenz- als auch eine Vermittlungsfunktion zukommt, so daß jedes νῦν nicht nur am Ende einer vergangenen, sondern auch am Anfang einer zukünftigen Zeitdauer steht, und zum anderen durch die Unmöglichkeit des Entstehens oder Vergehens [20] der Veränderung: Ohne Z. nämlich gäbe es kein «Früher» oder «Später» und kein «Vor» oder «Nach», so daß sich weder ein «vor der Z.» noch ein «nach der Z.» denken läßt [21]. Den letzten Garanten für das Immersein der Z. aber findet Aristoteles – vermittelt über die unaufhörliche Kreisbewegung des Himmels – schließlich in Gott, der als die selbst unveränderlich bleibende Ursache aller Veränderung fungiert und so der Z. ihr Substrat sichert. Zwar betrachtet Aristoteles die Z. nicht wie Platon als bloßes Abbild der Ewigkeit, doch sieht er sie gleichfalls in einer metaphysischen Instanz gegründet, die selbst gerade nicht zeitlich ist. Neben ihrem Immersein hebt Aristoteles auch die *Einheit* und *Ubiquität* der Z. hervor, die alle Veränderungen, alle Orte und Gegenstände umfaßt und als ein und dieselbe überall ist. Das von der Z. umfaßte und mit ihrer Hilfe zu messende Veränderbare bezeichnet Aristoteles dabei als dasjenige, was «in der Z.» ist, und grenzt es ab von demjenigen, was «nicht in der Z.», d.h., ewig und zeitlich nicht zu messen ist. Gegenüber der tradierten Vorstellung, wonach die Z. selbst handlungsmächtig und Ursache des Vergehens sei, stellt Aristoteles fest, daß es nicht die Z. selbst, sondern die sie stets begleitende Veränderung sei, die den Zerfall dessen bewirke, was «in der Z. ist».

Begnügt sich der ‹Timaios› damit zu betonen, daß die Zeitmessung die Kontinuität und Periodizität einer konstanten Meßgeschwindigkeit (also eine gleichförmige Form der Veränderung) voraussetzt, so konstatiert Aristoteles, daß sich nicht nur die Z. mittels der Veränderung, sondern auch die Veränderung – sowie der Stillstand (ἠρεμία) als das Ausbleiben der Veränderung – mittels der Z. messen läßt [22]. Damit wird das systematische Grundproblem der *Zeitmessung* ersichtlich: Für eine verläßliche Zeitmessung muß die Gleichförmigkeit einer geeigneten Veränderung, eine als Leitgröße dienende Standardbewegung, vorausgesetzt werden. Doch läßt sich die Frage, ob eine bestimmte Form der Veränderung gleichförmig ist und damit als Standardbewegung fungieren kann, nur klären, wenn bereits eine verläßliche Apparatur zur Zeitmessung zur Verfügung steht. Aristoteles entgeht diesem Problem lediglich durch die – letztlich auf seinen Gottesbegriff rekurrierende – Annahme, daß sich die Kreisbewegung des Himmels in einer ununterbrochen gleichbleibenden Geschwindigkeit vollziehe und somit – im Gegensatz zu den übrigen Formen der

Veränderung – zur Zeitmessung geeignet sei [23]. Während zur Messung der Z. also nur eine Form der Veränderung, nämlich die verläßliche sphärische Kreisbewegung, taugt, lassen sich umgekehrt mittels der Z. alle Formen der Veränderung (also Ortsbewegung, qualitative und quantitative Veränderung sowie Entstehen und Vergehen) messen.

3. Für die Z.-Konzeption der *Stoa* bildet die Z.-Abhandlung der Aristotelischen ‹Physik› zwar den Ausgangspunkt, doch wird die Z. von Zenon und Chrysipp nicht als die Zahl, sondern als das Intervall (διάστημα) der Veränderung definiert, das nicht von der Existenz eines seelischen Zählvermögens abhänge, sondern allein die stete Veränderung des immerwährenden Kosmos voraussetze [24]. Mit Blick auf ihren ontologischen Status rechnen die Stoiker die Z. zu dem Unkörperlichen und Nicht-Substanzhaften und gestehen allein der Gegenwart reale Existenz zu, während Vergangenheit und Zukunft nur subsistieren. Begreifen die Stoiker – wie Aristoteles – die Z. als Kontinuum und damit als etwas unendlich Ausgedehntes und Teilbares, so betonen sie dabei zwar ebenfalls die Unterteilungs- und Vermittlungsfunktion des Vergangenheit und Zukunft begrenzenden Jetztpunktes (νῦν), doch lassen sie – gegenüber der gleichsam mathematischen Fassung der Gegenwart als ausdehnungslosen Jetztpunktes – auch eine laxere, für den Alltag brauchbare Redeweise zu, nach der die Gegenwart andauere und sich aus einem Teil Vergangenheit und einem Teil Zukunft zusammensetze. Dieses Zugeständnis steht wohl im Zusammenhang mit der – von der Stoa erstmals systematisch dargelegten – grammatischen Tempuslehre, die das Präsens in Hinblick auf die durative Verbverwendung als ausgedehnt, dauerhaft und in sich Vergangenheit und Zukunft verbindend begreift [25].

In der neueren Stoa artikuliert Seneca eine Reihe von Fragen, denen insofern eine Scharnierfunktion zukommt, als sie einerseits auf die Z.-Konzeptionen der griechischen Antike zurückverweisen und andererseits in Augustins Z.-Konzeption aufgenommen werden [26]: Existiert die Z. und – falls ja – als etwas Selbständiges oder nur als etwas an der Veränderung? Existierte schon vor der Z. etwas ohne Z.? Nahm die Z. zugleich mit dem Weltall ihren Anfang oder gab es bereits eine Z. vor der Weltzeit? Die Klage über die Kürze der menschlichen Lebenszeit versucht Seneca in ‹De brevitate vitae› zwar mit dem Argument abzuweisen, die Menschen seien wegen ihrer notorischen Zeitverschwendung an ihrer Zeitknappheit selbst schuld, er setzt damit aber die prinzipielle Begrenztheit der menschlichen Lebenszeit gerade voraus.

4. Nach Epikur setzt die als immerseiende und unbegrenzte Veränderung begriffene Z. zwar die primäre und ebenfalls unbegrenzte Bewegung der Atome, nicht aber den Kosmos und die sekundäre, von der Atombewegung abgeleitete Veränderung der Dinge voraus. Ontologisch kommt der Z., die von Epikur unter Rückbezug auf den aristotelischen Z.-Begriff als eine messende Auffassung der Veränderung (φαντασία τις κινήσεως πάσης καταμετρητική) [27] definiert und als akzidentelle Eigenschaft der Veränderung (κίνησις) konzipiert wird, aufgrund des eigenen Akzidens-Charakters der Veränderung nur mehr der ontologische Status eines Akzidens von Akzidenzien (σύμπτωμα συμπτωμάτων) zu [28]. Auch Lukrez spricht der Z., wenn er sie im Unterschied zu den Atomen und dem Vakuum nicht zu den per-se-Entitäten zählt, eine eigenständige physikalisch-reale Existenz ab [29].

5. Die *pyrrhonische Skepsis* greift das von Aristoteles referierte Grundargument gegen die Existenz der Z. auf und entfaltet es in zahlreichen Variationen, die zwar den grundsätzlichen Zweifel vorausstellen, über die Z. lasse sich ohnehin nichts Sicheres sagen, dann aber in der eigenen Beweisführung supponieren, daß die Z. – sollte sie denn existieren – aus drei «Teilen» (nämlich Vergangenheit, Gegenwart und Zukunft) zusammengesetzt sein müsse und mit der Veränderung zusammenhänge. Vor diesem Hintergrund operieren die Einzelargumentationen jeweils mit dem Mittel der vollständigen Disjunktion, um im Detail darzulegen, daß man – ganz gleichgültig, ob man der Z. solche Attribute wie Körperlichkeit, Begrenztheit, Teilbarkeit, Vergänglichkeit und Entstandensein nun zu- oder abspricht – in jedem Fall in eine unlösbare Aporie gerate, was für die Nichtexistenz der Z. spreche. Auch wenn wir die Z. als «Phänomen» wahrnehmen mögen, so führt doch jedes begriffliche Nachdenken über die Z. in notwendige Widersprüche. Für spätere Z.-Konzeptionen, insbesondere für die Augustins, stellt die derart verschärfte Skepsis hinsichtlich der Existenz der Z. eine stete Herausforderung dar [30].

6. In der Nachfolge Platons betont Plotin, daß sich die Z. nur von der Ewigkeit her, nämlich als deren Abbild, begreifen lasse [31]. Plotin folgt Platon weiter, wenn er die Ewigkeit dabei nicht als unendlich lange Zeitdauer, sondern als zeitlose Gegenwart konzipiert; doch faßt er sie dann – im spezifischen Kontext seiner eigenen Hypostasenlehre – genauer als die im Einen (ἕν) gründende Seins- und Lebensweise des sich denkend bewegenden und dabei doch ganz bei sich selbst bleibenden Intellekts (νοῦς) [32]. Da der als ausdehnungslose Einheit gedachte Nus ohne zeitliche Dimension lebt und dem Einen weder Ewigkeit noch Z. zugesprochen werden kann, besitzt allein das Leben der aus dem Nus hervorgehenden Weltseele (s.d.) zeitliche Extension. Als Resultat der Verzeitlichung der aus dem Nus hervorgehenden und dabei Vergangenheit, Gegenwart und Zukunft gewinnenden Seele und als deren spezifische Seinsweise ist die Z. der Ewigkeit insofern ähnlich, als beide Existenz- und Lebensformen, und insofern unähnlich, als sie je unterschiedliche Existenz- und Lebensformen ausmachen: Wie die Seele Abbild des Nus ist, so ist die Z. als Leben der Seele das Abbild der Ewigkeit als des Lebens des Nus [33].

Entsteht die Z. – in einem zeitlos ontologischen Akt – zugleich mit der Seele und dem Kosmos, so steht sie zu beiden doch in unterschiedlichen Abhängigkeitsverhältnissen. Der gewichtigste Unterschied gegenüber der Aristotelischen Z.-Konzeption liegt darin, daß die Z. von Plotin als unabhängig von jeder Veränderung, insbesondere von der sphärischen Kreisbewegung, gedacht wird: Selbst der Stillstand der Himmelsbewegung würde nicht die Existenz der Z. aufheben. Da die Z. von der sphärischen Bewegung also nicht konstituiert, sondern bloß mitgeteilt wird, verliert sie die kosmologische (und letztlich theologische) Fundierung, die sie bei Aristoteles hatte, um statt dessen mit dem Leben der Seele identifiziert und damit gewissermaßen 'psychologisch', nämlich in der Weltseele, fundiert zu werden [34]. Die Z. setzt somit nicht – wie bei Aristoteles – die Existenz des Kosmos (und dessen Kreisbewegung), wohl aber die Existenz der Seele, und zwar als eine zugleich notwendige und hinreichende Bedingung, voraus: Wie die Z. dadurch entsteht, daß sich die Seele durch ihren Ausgang aus dem Nus selbst verzeitlicht, so würde in dem Fall, daß die Seele wieder in ihren Ursprung zurückkehrt und ihre eigene Verzeitlichung aufhebt, auch die Z. an ihr Ende gelangen

[35]. Obgleich die Z. allein die Existenz der Seele, nicht aber die des Kosmos voraussetzt, ist die Rede von einer «Entkosmologisierung» der Z. doch irreführend, da der Kosmos seinerseits in strikter Abhängigkeit von der Z., der Aufnahmeform aller Veränderung, gedacht wird. So wenig wie Aristoteles sollte man Plotin eine personale, immanente oder subjektive Z.-Auffassung zusprechen: Schließlich faßt er die Z. nicht als Vorstellung (d.h. als etwas «in der Seele») auf und konzipiert die Seele nicht als menschliche Einzelseele, sondern als die Weltseele, in der alle individuellen Seelen gründen, was nicht zuletzt die Einheit der Z. garantiert [36].

Die Aristotelische These von der Ubiquität der Z. übernimmt Plotin zwar, doch begründet er sie im Unterschied zu Aristoteles mit der Ubiquität der Seele. Explizit kritisiert wird die aristotelische These der Abhängigkeit der Z. von dem Zähl- und Meßvermögen der menschlichen Einzelseele: Die Größe der Z. bestehe ungeachtet der Frage, ob nun jemand diese Größe mißt oder nicht [37]. Ferner referiert und kritisiert Plotin alle Z.-Konzeptionen, welche die Z. als Veränderung (κίνησις), als das sich Verändernde (κινούμενον) oder als etwas an der Veränderung (κινήσεώς τι) deuten [38]. Interesse verdient hier vor allem sein Argument, daß die Z. nicht mit der Veränderung, die sich schneller oder langsamer vollziehen kann, identifiziert werden dürfe, weil der Ablauf der Z. selbst gar keinen Unterschied zwischen «schneller» und «langsamer» kenne.

7. Im ‹Corollarium de tempore› [39] geht SIMPLIKIOS aus von der Aristotelischen Definition der Z., die er allerdings nicht als «Zahl der Veränderung» wiedergibt, sondern als Maß des Physischen interpretiert, um sie sodann im spezifischen Kontext seiner neuplatonischen Hypostasenlehre auszulegen: Demnach setzt die zwar als Maß des Physischen dienende, mit dessen Veränderung aber zugleich selbst mitfortfließende Z. eine «erste Z.» (πρῶτος χρόνος) voraus, die unveränderlich bleibt und – wie in der Z.-Konzeption Plotins – auf die Seele, das Veränderungsprinzip des Physischen, bezogen ist. Nur aufgrund dieser zwischen dem Veränderlichen und dem Unveränderlichen situierten und selbst wiederum durch Nus und Eins vermittelten Z. des Psychischen kann die sukzessiv voranschreitende Z. des Physischen diesem seine Einheit, seinen Zusammenhalt und seine Ordnung vermitteln. Den Gedanken einer Z. höherer ontologischer Dignität, die der Z. des Physischen ihre eigene Einheit stiftet und zugrunde liegt, entlehnt Simplikios zwar der Konzeption seines Lehrers DAMASKIOS, doch lehnt er dessen weitere Ausführung ab, wonach eine solche Z. zugleich in ihrer Gesamtheit existiere und – wie die Ewigkeit, von der sie sich allerdings durch ihr Gewordensein unterscheide, – keine Sukzession kenne. Seine eigene Position entwickelt SIMPLIKIOS in seinem kritischen Aristoteles-Kommentar und unter Rückgriff auf zeittheoretische Überlegungen, die er u.a. PS.-ARCHYTAS, STRATON VON LAMPSAKOS, PLOTIN, PROKLOS und JAMBLICH zuschreibt.

8. Noch AUGUSTINS Frühschriften deuten die Z. unter Verwendung der entsprechenden platonisch-plotinischen Denkfigur als Abbild der Ewigkeit, ohne die Existenz der Z. zu problematisieren. So führt ‹De Genesi ad litteram› aus, daß Gott, der im Anklang an biblische Diktion als «Herrscher der Z.» tituliert wird, diese zugleich mit den Geschöpfen geschaffen habe [40]. Da die Z. keine menschliche Seele, wohl aber die Veränderung («motus») des Geschaffenen voraussetze, könne «vor» der Weltzeit keine Z. existieren. Eine Reflexion auf die als «Nunc stans» (s.d.) bestimmte Ewigkeit steht zwar auch am Anfang der – gleichfalls durch eine ‹Genesis›-Auslegung initiierten – Z.-Abhandlung im elften Buch der ‹Confessiones›, doch spielt das Urbild-Abbild-Verhältnis von Ewigkeit und Z. hier keine Rolle mehr, während die Skepsis hinsichtlich der Existenz der Z. nun berücksichtigt wird [41]. Augustin steht vor der Herausforderung, daß gemäß der christlichen Annahme einer Schöpfungs- und Heilsgeschichte die Z. zwar Anfang und Ende haben muß, daß beide jedoch – wie die Argumente der Skeptiker verdeutlichen – unmöglich «in der Z.» sein können. Vor diesem Problemhintergrund hält er fest, daß Gott die Z. zugleich mit der Welt erschaffen hat. Damit ist zum einen ausgeschlossen, daß es eine Z. vor der Weltzeit gegeben habe, so daß man kritisch anfragen könnte, was Gott denn vor dem Anfang der Welt getan habe und ob die Schöpfung der Welt nicht eine Änderung des doch als unwandelbar zu begreifenden göttlichen Willens bedeute. Zum anderen hält Augustinus so die These eines Anfangs der Z. aufrecht – mit der Präzisierung, daß dieser nicht «in der Z.» sein könne, sondern eine ontologische Abhängigkeit meine: Da Gott ewig, die Z. jedoch nicht mit ihm «gleichewig» ist, sondern von ihm geschaffen wurde, steht er in einem zeitlosen Sinne «vor» der Z. [42].

Wie die pyrrhonische Skepsis von der Z. als gut bekanntem Phänomen ausgeht, das als Thema begrifflicher Reflexion jedoch notwendig in Widersprüche führt, so stellt auch Augustin der unmittelbaren Vertrautheit und dem alltäglichen Umgang mit der Z. das Unwissen gegenüber, in das man gerät, wenn man eigens zu erklären hat, was («quid») denn nun die Z. eigentlich ist [43]. Wie die Z. für das Denken zum Problem wird, wird insbesondere mit Blick auf die Praxis der Zeitmessung und deren theoretische Voraussetzungen gezeigt: Im Anschluß an Aristoteles unterscheidet Augustin zwischen der *messenden* Z., die als Maß der sich in ihr vollziehenden Veränderung fungiert und mit dieser keineswegs gleichzusetzen ist, und der (wiederum durch die Veränderung) *gemessenen* Z. [44]. Doch damit man Z. überhaupt messen kann, muß sie als etwas Ausgedehntes und Gegenwärtiges existieren. Die für die Zeitmessung notwendige Präsupposition einer aktualen Zeitdauer bzw. eines gegenwärtigen Zeitraums läßt sich aber mit Hilfe jenes skeptischen Arguments problematisieren, wonach die Vergangenheit nicht mehr, die Zukunft noch nicht und die Gegenwart nur ein ausdehnungsloser Jetztpunkt ist. Um dieses Problem zu lösen, konstatiert Augustin, daß wir die Z. in der Seele messen und der für die Zeitmessung benötigte Zeitraum nie außerhalb, sondern allein innerhalb der menschlichen Seele zu finden ist. Er verdankt sich den spezifischen Leistungen der Seele («anima», «animus»), die sich durch die Akte der Erinnerung («memoria»), der Wahrnehmung («contuitus», «intuitus») und der Erwartung («expectatio») Vergangenes, Gegenwärtiges und Zukünftiges zugleich vergegenwärtigt und so die Z. als etwas Ausgedehntes und Gegenwärtiges konstituiert [45]. Vergangenheit, Zukunft und Gegenwart stellen also nicht – wie die pyrrhonische Skepsis stets voraussetzte – als das Vergangene, Zukünftige und Gegenwärtige die Teile der Z. dar. Vielmehr ist die Z. als die Vergegenwärtigung von Vergangenheit, Zukunft und Gegenwart durch die den Zeitraum in sich aufspannende Seele zu begreifen. Als Ausdehnung («distentio») der Seele ist die Z. nicht nur ein Produkt individueller psychischer Aktivität, sie hat auch ihren ‘ontologischen Ort’ allein in der sie konstituierenden Einzelseele. Außerhalb der Seele existiert keine Z., sondern nur die atomare Gegenwart der stets vorübergehenden Dinge («praetereuntia»), so daß sich als Konsequenz festhalten läßt, daß die Z. ohne menschliche Seele gar nicht existieren würde. Die naheliegende Frage, in welchem Zusammenhang die von einer Einzelseele konstituierte Z. zu der Z. steht, die von einer anderen Einzelseele konstituiert wird, klärt Augustin ebensowenig wie die Folgeprobleme, ob sich die Auffassung von Gott als dem Schöpfer und Herrn der Z. [46] mit der Zeitkonstitution durch die Einzelseele verträgt und wie sich die von einer Einzelseele konstituierte Z. zu dem gegenwärtigen Augenblick verhält, in dem sich die inkorporierte Seele selbst befindet.

9. Wird in der Prädestinationslehre Augustins all das, was sich im Ablauf der Z. ereignet, von Gott vorhergewußt und vorgeformt [47], so thematisiert BOETHIUS das Verhältnis von Ewigkeit und Zeitlichkeit angesichts des Problems, ob Gottes notwendiges Vorherwissen (s.d.) künftiger Ereignisse nicht die menschliche Handlungs- und Willensfreiheit unmöglich mache. Er versucht dieses Problem zu lösen, indem er die Ewigkeit Gottes nicht als Omnitemporalität [48], sondern als Atemporalität [49] begreift und von der Dauerhaftigkeit der Welt sowie der Zeitlichkeit des menschlichen Erkenntnisvermögens entschieden abgrenzt: Während der menschliche Geist – wie Boethius in sprachlichem Anklang an die pyrrhonische Skepsis konstatiert – die Vergangenheit nicht mehr und die Zukunft noch nicht besitze, ruhe der göttliche Geist als stets Gegenwärtiges in sich selbst und habe die unendliche Dauerhaftigkeit der sich sukzessive vollziehenden Z. als reine Gegenwart vor sich. Damit ist für ihn auch bereits das gegenwärtig, was sich in der Z. noch ereignen und dem menschlichen Geist erst später zugänglich sein wird. Da Gott also selbst keinen Ort in der Z. hat und ihm alles Zeitliche zugleich präsent ist, verfügt er zwar über ein umfassendes Wissen, jedoch nicht über das für die Möglichkeit menschlicher Freiheit problematische «Vorauswissen» [50].

Anmerkungen. [1] Vgl. bes. PLATON: Tim. 37 c-39 e. – [2] 29 b 3-d 3. – [3] 37 c 6-d 7; 38 b 6-c 1; 39 d 7-e 2. – [4] ARISTOTELES: Phys. VIII, 1, 251 b 17ff. – [5] PLATON: Tim. 38 b 6-39 e 2; vgl. Art. ‹Zeit VII.›. – [6] Tim. 41 e 5; 42 d 5. – [7] Zur Unterscheidung der sog. «A-Reihe» und «B-Reihe» bei J. M. E. MCTAGGART vgl. Art. ‹Zeit VI. 10.›. – [8] PLATON: Parm. 155 e 4-157 b 5. – [9] Pol. 268 d-277 a. – [10] ARISTOTELES: Phys. IV, 10-14. – [11] IV, 11, 219 a 3-10; 218 b 21. – [12] 10, 218 b 18; 11, 219 a 8-10; 219 b 2f. – [13] 11, 219 b 1f. – [14] 219 b 5-9. – [15] PLOTIN: Enn. III, 7 (45), 9, 78-84. – [16] Vgl. auch die Diskussionen der Peripatetiker STRATON VON LAMPSAKOS und BOETHOS VON SIDON zur Zeitkonstitution: SIMPLIKIOS: Coroll. de tempore, hg. H. DIELS. CAG 9 (1882) 773-800. – [17] Vgl. auch: Art. ‹Jetzt›. Hist. Wb. Philos. 4 (1976) 646-648. – [18] ARISTOTELES: Phys. IV, 11, 220 a 4-5; 13, 222 a 10-14. – [19] 12, 220 b 24-28. – [20] Vgl. Art. ‹Werden/Vergehen›. – [21] Met. XII, 6, 1071 b 6-10. – [22] Phys. IV, 12, 220 b 23f.; 221 b 7f. – [23] 14, 223 a 29-224 a 15. – [24] Vgl. A. A. LONG/D. N. SEDLEY (Hg.): The Hellenistic philosophers, Frg. 51 A-H (Cambridge 1987); dtsch. (2000) 362-365. – [25] PRISCIAN: Instit. VIII, 414, 24; vgl. Art. ‹Zukunft; Vergangenheit›. – [26] SENECA: Ep. mor. 88, 33. – [27] EPIKUR: Pap. Herculanensis 1413, in: A. BARIGAZZI: Il concetto del tempo nella fisica atomistica. Epicurea in mem. H. Bignone (Genua 1959) 38. – [28] Br. an Herodot §§ 72f.; Pap. Hercul., a.O. 29-59. – [29] LUKREZ: De rerum natura I, 459-463. – [30] SEXTUS EMP.: Pyrrhon. instit. III, 19, 136-150; Adv. math. X, 3, 169-247. – [31] PLOTIN: Enn. II, 8 (30), 1, 16-24; vgl. Art. ‹Vernunft; Verstand II. C. 3.›. Hist. Wb. Philos. 11 (2001) 760f. – [32] a.O. 3, 16-23. 36-38; 4, 37-43. – [33] 11. – [34] 12, 50-52. – [35] 13, 28-30. – [36] 13, 66-69. – [37] 9, 78-81. – [38] 7, 15-26. – [39] SIMPLIKIOS, a.O. [16]. – [40] AUGUSTINUS: De Gen. ad litt. V, 5, 12. – [41] Conf. XI, 14, 17. – [42] 13, 16. – [43] 14, 17. – [44] 26, 33. – [45] 20, 26. – [46] 13, 15f. – [47] Vgl. De Gen. ad litt. V, 23, 45f. – [48] Vgl. ARISTOTELES: Met. XII, 7, 1072 b 29f. – [49] Vgl. auch: Art. ‹Überzeitlich›. Hist. Wb. Philos. 11 (2001) 71-74. – [50] BOETHIUS: Consol. philos. V.

Literaturhinweise. – Allgemein: J. F. CALLAHAN: Four views of time in anc. philosophy (Cambridge, Mass. 1948). – C. RAU: Theories of time in anc. philosophy. Philos. Review 62 (1953) 514-525. – E. FINK: Zur ontolog. Frühgeschichte von Raum-Z.-Bewegung (Den Haag 1957). – W. KNEALE: Time and eternity in theology. Proc. Arist. Soc., NS 61 (1960/61) 87-108; Eternity and sempiternity, a.O. NS 69 (1968/69) 223-238. – J. E. SMITH: Time, times and the «right time»: Chronos and Kairos. The Monist 53 (1969) 1-13. – R. SORABJI: Time, creation and the continuum: theories in antiquity and the early MA (Ithaca 1984/London 1983). – M. THEUNISSEN s. Anm. [51 zu II. A.]. – H. POSER: Z. und Ewigkeit. Zeitkonzepte als Orientierungswissen, in: H. M. BAUMGARTNER (Hg.): Das Rätsel der Z. Philos. Analysen (²1996) 17-50. – W. MESCH: Reflektierte Gegenwart. Eine Studie über Z. und Ewigkeit bei Platon, Aristoteles, Plotin und Augustinus (2003). – *Platon und Aristoteles:* A. TORSTRICK: Über die Abh. des Aristoteles von der Z. – Phys. IV, 10ff. Philologus 26 (1867) 446-523. – A.-J. FESTUGIÈRE: Le temps et l'âme selon Aristote. Rev. Sci. philos. théolog. 23 (1934) 5-28. – M. DE TOLLENAERE: Aristotle's definition of time. Int. philos. Quart. 1 (1961) 453-467. – P. F. CONEN: Die Z.-Theorie des Aristoteles (1964). – W. VON LEYDEN: Time, number and eternity in Plato and Aristotle. Philos. Quart. 14 (1964) 35-52. – L. RUGGIU: Tempo, coscienza e essere nella filosofia di Aristotele. Saggio sulle origini del nichilismo (Brescia 1970). – E. BERTI: Una recente indagine sul rapporto tra essere e tempo in Aristotele. Rivista Filos. neoscolast. 63 (1971) 152-162. – G. BÖHME: Z. und Zahl. Studien zur Z.-Theorie bei Platon, Aristoteles, Leibniz und Kant (1974). – F. D. MILLER: Aristotle on the reality of time. Arch. Gesch. Philos. 56 (1974) 132-155. – G. E. L. OWEN: Plato and Parmenides on the timeless present, in: A. P. D. MOURELATOS (Hg.): The Pre-Socratics (Garden City, N.Y. 1974) 271-292. – J. ANNAS: Aristotle, number and time. Philos. Quart. 25 (1975) 97-113. – D. CORISH: Aristotle's attempted derivation of temporal order from that of movement and space. Phronesis 21 (1976) 241-251; Aristotle on temporal order: «now», «before» and «after». Isis 69 (1978) 68-74. – G. E. L. OWEN: Aristotle on time (1976), in: J. BARNES/M. SCHOFIELD/R. SORABJI (Hg.): Articles on Aristotle 3: Metaphysics (London 1979) 140-158. – R. BRAGUE: Du temps chez Platon et Aristote (Paris 1982). – V. GOLDSCHMIDT: Temps physique et temps tragique chez Aristote. Comm. sur le 4ème livre de la ‹Physique› (10-14) et sur la ‹Poétique› (Paris 1982). – E. RUDOLPH: Zum Verhältnis von Z. und erstem Beweger bei Aristoteles. Philos. naturalis 20 (1983) 98-107. – K. GLOY: Studien zur Platonischen Naturphilosophie im Timaios (1986). – E. RUDOLPH: Z. und Gott bei Aristoteles aus der Perspektive der protestant. Wirkungsgeschichte (1986). – E. RUDOLPH (Hg.): Z., Bewegung, Handlung. Studien zur Z.-Abh. des Aristoteles (1988). – J. P. DEVLIN: Aristotle's conception of time: a study of ‹Physics› IV, 10-14 (London 1993). – G. BÖHME: Idee und Kosmos. Platons Z.-Lehre. Eine Einf. in seine theoret. Philos. (1996). – A. G. VIGO: Z. und Praxis bei Aristoteles (1996). – A. NESCHKE-HENTSCHKE: Platons Timaios. Beiträge zu seiner Rezeptionsgeschichte (Löwen/Paris 2000). – R. ENSKAT: Wahrheit ohne Methode? Die unsokratische Lehre von der Z. in Platons ‹Timaios›, in: G. DAMSCHEN/R. ENSKAT/A. G. VIGO (Hg.): Platon und Aristoteles – sub ratione veritatis. Festschr. W. Wieland zum 70. Geb. (2003) 76-101. – *Epikureismus:* G. NECK: Das Problem der Z. im Epikureismus (1964). – *Neuplatonismus:* W. WIELAND: Die Ewigkeit der Welt. Der Streit zwischen Joannes Philoponus und Simplicius, in: Die Gegenwart der Griechen im neueren Denken, Festschr. H.-G. Gadamer zum 60. Geb. (1960) 291-316. – H. JONAS: Plotin über Ewigkeit und Z., in: Polit. Ordnung und menschl. Existenz. Festgabe E. Voegelin (1962) 295-319. – W. BEIERWALTES: Plotin. Über Ewigkeit und Z. (Enn. III 7) (1967, ⁴1995). – H. MEYER: Das Coroll. de tempore des Simplikios und die Aporien des Aristoteles zur Z. (1969). – A. SAMBURSKY: Der Begriff der Z. im späten Neuplatonismus, in: C. ZINTZEN (Hg.): Die Philos. des Neuplatonismus (1977) 475-495. – E. SONDEREGGER: Simplikios: Über die Z. Ein Komm. zum Coroll. de tempore (1982). – K. GLOY: Die Struktur der Z. in Plotins Z.-Analyse. Arch. Gesch. Philos. 71 (1989) 303-326. – *Augustinus:* E. LAMPEY: Das Z.-Problem nach den Bekenntnissen Augustins (1960). – O. LECHNER: Idee und Z. in der Met. Augustins (1964). – O. DUCHROW: Der sog. psycholog. Z.-Begriff Augustins im Verhältnis zur physikal. und geschichtl. Z. Zeitschr. Theol. Kirche 63 (1966) 267-288. – B. SCHMITT: Der Geist als Grund der Z. Die Z.-Auslegung des Aurelius Augustinus (1967). – H.-J. KAISER: Augustinus. Z. und Memoria (1969). – E. P. MEIJERING: Augustin über Schöpfung, Ewigkeit und Z. Das XI. Buch der Bekenntnisse (Leiden 1979). – J. WEIS: Die Z.-Ontologie des Kirchenlehrers Augustinus nach seinen Bekenntnissen. Augustinus Conf., XI. Buch, 14.-28. Kap. (1984). – E. A. SCHMIDT: Z. und Geschichte bei Augustin (1985). – E. RUDOLPH: Einheit und Differenz. Anm. zu Augustins Z.-Auffassung im XI. Buch der ‹Conf.›, in: K. GLOY/E. RUDOLPH (Hg.): Einheit als Grundfrage der Philos. (1985) 102-119. – W. SIMON: Z. und Z.-Bewußtsein nach den ‹Conf.› des Aurelius Augustinus. Wissenschaft Weisheit 49 (1986) 30-43. – G. J. P. O'DALY: Augustine's philos. of mind (Berkeley/Los Angeles 1987). – K. GLOY: Die Struktur der Augustinischen Z.-Theorie im XI. Buch der Conf. Philos. Jb. 95 (1988) 72-95. – G. HAEFFNER: Bem. zur augustin. Frage nach dem Wesen der Z. im XI. Buch der Conf. Theol. Philos. 63 (1988) 569-578. – R. JÜRGELEIT: Der Z.-Begriff und die Kohärenz des Zeitlichen bei Augustinus. Rev. Et. Augustin. 34 (1988) 209-229. – J. J. O'DONNELL: Augustine. Conf., vol. III: Comm. on book 8-13 (Oxford 1992). – K. FLASCH: Was ist Z.? Augustinus von Hippo, das XI. Buch der Conf. (1993). – *Boethius:* PH. L. QUINN: On the mereology of Boethian eternity. Int. J. Philos. Religion 32 (1992) 51-60.

H. WESTERMANN

C. *Altes und Neues Testament*. – 1. Das im AT üblicherweise für ‹Z.› gebrauchte Substantiv ‹ʿet› besitzt die Hauptbedeutung 'bestimmte(r) Zeit(punkt) von/für' [1]. Es hat einen engeren Bedeutungsumfang als das deutsche Wort ‹Z.› und bezeichnet weniger die Zeitdauer (hierfür gebraucht das AT vorzugsweise Wendungen mit dem Begriff ‹jāmîm› 'Tage', die in der griechischen Übersetzung der ‹Septuaginta› häufig durch Bildungen mit χρόνος wiedergegeben werden), sondern einen mehr oder weniger eng abgegrenzten Zeitabschnitt, der meist inhaltlich näher bestimmt ist. So spricht vor allem Koh. 3, 1ff. von der «Z. zum Gebären», «Z. zum Sterben», «Z. zum Niederreißen», «Z. zum Bauen» etc. [2]. In der ‹Septuaginta› wird ‹ʿet› meist mit καιρός (der für das Gelingen günstige Zeitpunkt) [3] oder auch mit ὥρα (Stunde) übersetzt. Allerdings betont gerade Koh. 3, daß es Gott ist, der die rechte Z. setzt und daß der Mensch daher nicht über sie verfügen kann [4]. Überhaupt stellt das AT die Vergänglichkeit (s.d.) des Irdischen heraus (vgl. Jes. 40, 6-8) [5]. Gleichzeitig ist jedoch auch im AT die menschliche Z. stark von Naturzyklen bestimmt, die von Gott gesetzt sind (vgl. u.a. Gen. 8, 22: «solange die Erde steht, soll nicht aufhören Saat und Ernte, Kälte und Hitze, Sommer und Winter, Tag und Nacht») [6].

2. Demgegenüber zeigt sich in der Endgestalt der alttestamentlichen Geschichtsdarstellungen, wie sie im Kanon der Hebräischen Bibel vorliegen (vor allem ‹Pentateuch›, Vordere Propheten, ‹Bücher der Chronik›), ein weitgehend *lineares* Verständnis von Z. und Geschichte. So spannt der ‹Pentateuch› eine direkte Zeitlinie von der Erschaffung der Welt (Gen. 1) bis zum Tod des Mose (Dtn. 34). Fortgesetzt wird diese Linie durch den Geschichtsbericht der Vorderen Propheten, der sie bis zur Z. des Babylonischen Exils weiterführt. Die umfassendste Zeitlinie findet sich schließlich in den ‹Chronikbüchern›: Sie reicht von Adam bis zur Befreiung aus dem Babylonischen Exil durch den Perserkönig Kyros. Die Darstellung zielgerichteter Zeit- und Geschichtsabläufe in diesen Werken hat dabei den Glauben an den israelitischen Gott als einzigen Herrn der Geschichte zur Voraussetzung, dessen Unheil und Heil ankündigendes Wort im geschichtlichen Zeitablauf zur Erfüllung kommt (vgl. u.a. 2. Chron. 36, 20f. einerseits und 2. Chron. 36, 22f. andererseits) [7]. Zu beachten ist jedoch, daß hier im Rahmen linearer Zeitabläufe auch mit einem sich zyklisch wiederholenden Eingreifen Gottes gerechnet werden kann (vgl. bes. in Richt. 2, 11-19) [8].

Diese Darstellungen eines linearen Geschichtsablaufs dienten angesichts der Erfahrung des Untergangs der Staaten «Israel» (722 v.Chr.) und «Juda» (587 v.Chr.) der Vergewisserung über einen sich über die Jahrhunderte durchhaltenden göttlichen Geschichtsplan mit seinem Volk. Dabei betont das AT den engen Bezug der geschichtlichen Vergangenheit auf das «Heute» (vgl. u.a. Dtn. 5, 1-3) [9].

Vorgegeben waren diesen linearen Geschichtsdarstellungen israelitische bzw. judäische Traditionen von zentralen Heilsereignissen, die wohl zunächst im Festkult lokaler Heiligtümer tradiert wurden [10] und erst im Zusammenhang der genannten Krisenerfahrungen gesamtisraelitische Bedeutung gewannen. Besonders zu nennen sind hier die göttliche Erwählung Israels durch den Exodus aus Ägypten und die göttliche Erwählung der Dynastie Davids zum «ewigen» Herrschergeschlecht in Jerusalem (2. Sam. 7, 13). Das für ‹Ewigkeit› (s.d.) gebrauchte hebräische Wort ‹ʿôlām› (in der Übersetzung der ‹Septuaginta› wird es mit αἰών wiedergegeben) steht dabei nicht im Gegensatz zur Z. [11], sondern bezeichnet vielmehr die «fernste Z.», und zwar sowohl im Blick auf die Vergangenheit als auch im Blick auf die Zukunft. Die Wendung «von/in Ewigkeit» bezieht sich daher auf eine «unabsehbare Dauer» [12].

3. Vorgegeben war diesen Geschichtsdarstellungen jedoch auch die Botschaft der *alttestamentlichen Schriftprophetie* (seit ca. 760 v.Chr.), die einerseits eine endgültige Beendigung der Z. Israels als Strafe für die Sünde des Volkes verkündete (vgl. bes. Am. 8, 1f.), andererseits aber auch mit einem jenseits dieses endgültigen Endes sich ereignenden neuen (eschatologischen) heilvollen Handeln Gottes gegenüber seinem Volk rechnet (vgl. bes. Jer. 31, 31-34). Für diese «eschatologische» Z. wird dabei ein «neuer Exodus» bzw. ein «neuer David» erwartet, bei denen es nicht mehr zu einem Scheitern Israels kommt (vgl. auch die Erwartung eines eschatologischen «Tages Jahwes» u.a. in Zeph. 1, 7-18) [13].

Diese schriftprophetische eschatologische Erwartung wird, wie ansatzweise schon bei ‹Deuterojesaja›, in der alttestamentlichen Apokalyptik (s.d.) von der Geschichte des Gottesvolkes auf die gesamte Weltgeschichte übertragen: Das gegenwärtige Zeitalter mit seinen unmenschlichen Weltreichen steht vor dem Ende. Gott wird in Kürze das neue Zeitalter eines himmlischen Reiches errichten, in der alle irdische Unvollkommenheit einschließlich des Todes (vgl. Dan. 12, 1-3) überwunden sein wird [14].

4. Prägende Bedeutung für das abendländische Geschichtsverständnis gewinnt auch die Auffassung des NT, daß die Offenbarung Gottes in Jesus Christus in der «zur Fülle gekommenen Zeit» (τὸ πλήρωμα τοῦ χρόνου) geschah (Gal. 4, 4; Eph. 1, 10). Das NT setzt das eschatologisch-apokalyptische Z.-Verständnis des AT (vgl. Mk. 10, 30: «kommendes Zeitalter»; Gal. 1, 4: «gegenwärtiges Zeitalter»; für ‹Zeitalter› steht αἰών) voraus, geht aber dadurch über es hinaus, daß es das Kommen von Jesus Christus bereits als den Beginn des neuen «eschatologischen» Zeitalters versteht. Dieses Z.-Verständnis geht auf die Botschaft Jesu selbst zurück: Nach Jesus ist die von ihm verkündete eschatologische «Gottesherrschaft»

(βασιλεία τοῦ θεοῦ) in seinem Auftreten bereits angebrochen (Lk. 17, 21). «Der Kairos ist erfüllt» und die Gottesherrschaft, obwohl sie erst naht, bereits «herbeigekommen» (Mk. 1, 15) [15]. In der Gegenwart nur in verborgener Gestalt präsent, wird sie erst in der Zukunft eindeutig erkennbar sein (vgl. die Wachstumsgleichnisse Jesu: Mk. 4, 1-9. 26-29. 30-32) [16]. An diesem Verständnis von der Gottesherrschaft als einer gleichzeitig schon gegenwärtigen und doch erst zukünftigen Wirklichkeit wird im Urchristentum auch nach dem Tod und der Auferstehung Jesu festgehalten: Das mit dem Kommen Jesu angebrochene neue Zeitalter ist nur im Glauben erkennbar (2. Kor. 5, 7: «Wir wandeln im Glauben und nicht im Schauen»), seine sichtbare Verwirklichung mit der Beseitigung von Leid und Tod wird sich erst bei der Wiederkunft Christi ereignen (vgl. 1. Thess. 4, 13-17; 1. Kor. 15, 20-28) [17]. Im Laufe der Geschichte des Urchristentums geht die «Naherwartung» der Wiederkunft Christi (vgl. u.a. Mk. 9, 1; 1. Kor. 7, 29) zurück und weicht der Annahme eines längeren Zeitraums zwischen dem ersten und zweiten Kommen Christi (vgl. bes. 2. Petr. 3, 8-10: «ein Tag (ἡμέρα) vor dem Herrn ist wie tausend Jahre und tausend Jahre wie ein Tag»). Die Verzögerung der Wiederkunft Christi wird dabei als Eröffnung von Z. zur «Buße» verstanden (vgl. 2. Petr. 3, 9) [18].

Gleichzeitig kommt es vor allem im ‹Johannes-Evangelium› zu einer starken Betonung des präsentischen Bezuges der Eschatologie: Es weist darauf hin, daß die für die Zukunft erwartete eschatologische «Stunde» (ὥρα) sich schon jetzt in der Begegnung mit Christus, dem fleischgewordenen Logos (Joh. 1, 14), ereignet (Joh. 4, 23; 5, 25 u.ö.) [19].

Anmerkungen. [1] E. JENNI: Art. ‹ᶜet›, in: Theolog. Handwb. zum AT 2 (1976) 370-385. – [2] Vgl. auch: Art. ‹Zeit I.› und ‹Zeit II. A.›. – [3] Vgl. Art. ‹καιρός›, in: G. KITTEL (Hg.): Theolog. Wb. zum NT 3 (1938) 456-463; Art. ‹Kairos›. Hist. Wb. Philos. 4 (1976) 668f.; auch: Art. ‹Zeit II. A.›. – [4] S. HERRMANN: Z. und Geschichte (1977) 95f.; vgl. auch: D. MATHIAS: Das Problem der Z. in weisheitlichen Texten des AT, in: D. VIEWEGER (Hg.): Von Gott reden. Festschr. S. Wagner (1995) 217-232. – [5] Vgl. H. W. WOLFF: Anthropologie des AT (1973) 136-140. – [6] Vgl. G. VON RAD: Theol. des AT 2 (⁴1965) 108-111. – [7] Vgl. O. KAISER: Der Gott des AT 1 (1993) 157-212. – [8] Vgl. VON RAD, a.O. [6] 1 (⁴1962) 340-342. – [9] Vgl. WOLFF, a.O. [5] 127-135. – [10] VON RAD, a.O. [6] 2, 111-121. – [11] C. H. RATSCHOW: Anm. zur theolog. Auffassung des Zeitproblems. Zeitschr. Theol. Kirche 51 (1954) 360-387, bes. 366-369. – [12] E. JENNI: Das Wort ‹ᶜôlām› im AT. Zeitschr. alttestamentl. Wiss. 64 (1952) 197-248; 65 (1953) 1-35. – [13] Vgl. VON RAD, a.O. [6] 2, 121-129. – [14] Vgl. R. G. KRATZ: Art. ‹Apokalyptik 2.›. RGG⁴ 1 (1998) 591f. – [15] E. JÜNGEL: Paulus und Jesus (⁴1972). – [16] Vgl. J. ROLOFF: Jesus (2000) 72-104; vgl. auch: Art. ‹Zukunft; Vergangenheit›. – [17] Vgl. T. HOLTZ: Art. ‹αἰών›, in: Exeg. Wb. zum NT 1 (1980) 105-111. – [18] Vgl. U. SCHNELLE: Einl. in das NT (³1998) 444. – [19] Vgl. H. GIESEN: Art. ‹ὥρα›, a.O. [17] 3 (1983) 1211-1214.

Literaturhinweise. W. G. KÜMMEL: Verheißung und Erfüllung. Unters. zur eschatolog. Verkündigung Jesu (1945, ³1956). – O. CULLMANN: Christus und die Z. Die urchristl. Z.- und Geschichtsauffassung (Zürich 1946, ³1962). – C. H. RATSCHOW s. Anm. [11]. – J. R. WILCH: Time and event (Leiden 1969). – J. BARR: Biblical words for time (London 1972). – A. LINDEMANN: Die Aufhebung der Z. (1975). – E. JENNI s. Anm. [1]. – D. MATHIAS s. Anm. [4]. – Art. ‹Zeit III. Biblisch-theologisch›. LThK³ 10 (2001) 1409-1411.

H.-CH. SCHMITT

III. *Mittelalter.* – A. *Mittelalterliche Scholastik; arabische Philosophie.* – 1. *Hochmittelalter.* – Die ersten hochmittelalterlichen Diskussionen über die Z. haben in der Regel keine streng philosophische Bedeutung, sondern betreffen eher die besondere Zeitlichkeit des prophetischen Wissens [1], die Beziehung zwischen dem ewigen Vorherwissen (s.d.) Gottes und dem zeitlichen Lauf der Ereignisse oder aber das Problem des «computus», d.h. die Berechnung der liturgischen Zeiten, vor allem des Zeitpunktes des Osterfestes [2]. Dem «computus» sind zwei Schriften von BEDA VENERABILIS gewidmet, ‹De temporibus› und ‹De temporum ratione›: In diesen findet sich der Hinweis auf eine möglicherweise atomistische Komposition der Z. (die Stunden unterteilen sich in Momente, die sich ihrerseits wieder in unteilbare Atome unterteilen) [3]; hiermit wird ein Problem aufgegriffen, das bereits ISIDOR VON SEVILLA gestreift hatte [4]. Das Thema des Gegensatzes von Unbeständigkeit und Hinfälligkeit der «conditio humana» und der Unwandelbarkeit und 'Unveränderlichkeit Gottes' (s.d.) charakterisiert den Brief von ALKUIN zu Z. und Ewigkeit [5]. Eine analoge Fragestellung findet sich in den sog. ‹Libri Carolini› wieder, in denen explizit die Augustinische Lehre wiederkehrt, die eine Beziehung zwischen den Teilen der Z. und den Potenzen der Seele herstellt («praeterita» – «recordatio»; «futura» – «exspectatio»; «praesentia» – «intuitus») [6]. Ausgehend von der Boethianischen Idee, derzufolge die Unterscheidung zwischen Z. und Ewigkeit sich parallel zu derjenigen zwischen Vorsehung (s.d.) und Schicksal (s.d.) aufgrund der perspektivischen Verschiedenheit von Gottes allesverstehendem Blick und dem beschränkten Verstand der Geschöpfe erklärt, liefert JOHANNES SCOTUS ERIUGENA einen philosophisch relevanten Beitrag. Er macht Raum und Z. zu den unverzichtbaren logisch-ontologischen Bedingungen, die dem in sich ewigen und unerkennbaren Wesen der Dinge verstatten, zu einer bestimmten Existenz in dieser Welt zu gelangen und damit erkennbar zu sein. Mit anderen Worten: Ohne Raum und Z. könnte kein erschaffenes Wesen in irgendeiner Weise existieren oder Gegenstand der Erkenntnis sein («sine his nulla essentia quae per generationem accepit esse ullo modo valet consistere vel cognosci») [7]. Raum und Z. stellen mithin in gewisser Weise die ursprünglichen Gesetze oder die Grenzen dar, die das Absolute sich selbst setzt, um sich als Natur zu manifestieren. Insofern die Z. erstanfängliche Bedingung der Schöpfung ist, geht sie in absoluter Hinsicht («tempus generale») – im logischen und ontologischen Verständnis – all dem voraus, was in ihr stattfindet, d.h. allen einzelnen zeitlichen Begebenheiten unserer Welt in ihrer partiellen und sukzessiven Dauer. In relativer Hinsicht stellt sie den festen Endpunkt dar, auf den diese Abfolge der zeitlichen Geschehnisse hinausläuft [8]. Dennoch bindet Eriugena die Z. nicht nur an Bewegung; an mindestens zwei Stellen im ‹Periphyseon› definiert er die Z. mit Hilfe von «motus» und «mora»: «Die Z. ist nämlich die gewisse und berechenbare Dimension von Dauer und Bewegung der veränderlichen Dinge» («Est enim tempus mutabilium rerum morae motusque certa rationabilisque dimensio») [9]; «Die Z. ist nämlich die gewisse und natürliche Dimension all dessen, was dauert oder sich bewegt» («Est enim tempus morarum vel motuum certa et naturalis dimensio») [10]. In beiden Passagen scheint «mora» (ein Terminus, der sich schon bei AUGUSTINUS findet [11]) im Gegensatz zu «motus» vorwiegend die Idee eines Ruhezustandes («quies») oder allgemeiner Dauer zu bezeichnen. Die Abhängigkeit der Z. von der Bewegung, wie es für die aristotelische Tradition typisch ist, wird dabei entschieden abgeschwächt: Z. stellt für JOHANNES SCOTUS ERIUGENA die gewisse Dimension von Verbleib oder Bewegung der veränderlichen Dinge dar. Schließlich findet sich im ‹Periphyseon› auch eine Unterscheidung zwischen «tempora aeterna» und «tempora saecularia» wieder [12], d.h. zwischen der ewig unbeweglichen und allumfassenden Dimension des göttlichen Prinzips sowie der Primordialursachen (s.d.) [13] und dem geordneten und stufenweisen Fortschreiten der Ursachen selbst in ihren sichtbaren und unsichtbaren Wirkungen.

Der Begriff «mora» taucht wieder auf im ‹Elementarium› des Lexikographen-Enzyklopäden PAPIAS, der unter dem Stichwort «tempus» festhält: «Die Z. ist dasselbe kurze oder lange Intervall von Dauer oder Bewegung der veränderlichen Dinge» («Tempus est mutabilium rerum morae vel motus ipsum intervallum breve vel longum») [14]. Im Unterschied zur Aristotelischen Formel scheint diese Definition, die gelegentlich von den scholastischen Denkern zitiert wird, mehr auf die Dauer als solche abzuzielen als auf die alleinige sukzessive Quantität der Bewegung. Die Verbreitung von ‹mora› ist noch für das 12. Jh. belegt. GILBERT VON POITIERS z.B. setzt die «mora temporis» der «mora aeternitatis» entgegen: Die Dauer der Z. steht derjenigen der Ewigkeit gegenüber. Erstere ist teilbar und meßbar (so sie von der Sammlung – «collectio» – und von der Gegenüberstellung – «collatio» – einzelner verschiedener Dauern herrührt), während letztere einheitlich, unteilbar und absolut ist [15]. Bezeichnend ist, wie sich die Stellung der Termini verkehrt hat: von «tempus» als «dimensio morae» zur «mora temporis». Ein verwandtes lexikalisches Bild findet sich im ‹Compendium Logicae Porretanum›, in dem auch eine Unterscheidung zwischen «tempus quantitas» und «tempus quando» («collatio morarum») getroffen wird. «Tempus quantitas» drückt die Dauer eines Dinges in einem bestimmten Zustand aus, oder besser gesagt, die Zeitspanne, in der eine bestimmte Eigenschaft in einem Subjekt andauert («mora qua tenetur proprietas in subiecto»). «Tempus quando» bezeichnet dagegen die Beziehung oder den Vergleich von verschiedenen Dauern; darauf beziehen sich alle Zeitadverbien, mit denen man auf eine vom Interrogativpronomen «quando» (wann?) eingeleitete Frage antworten kann [16]. Analog dazu definiert ALAIN DE LILLE, nachdem auch er in der ‹Summa ‘Quoniam homines’› die Z. in absolutem Sinn als «mora et motus mutabilium rerum» bestimmt hat (die beiden Termini bilden hier eine Art von Hendiadyoin), «tempus quando» als «Vergleich zweier Dinge gemäß den Dauern, die durch die Eigenschaften eben dieser Dinge ihnen beigegeben sind, oder eines Dinges mit sich selbst gemäß den übereinstimmenden Dauern verschiedener Eigenschaften desselben Dinges, die es begleiten» («collatio rei ad rem secundum moras proprietatibus earumdem rerum assistentes, vel unius rei ad seipsam secundum moras diversarum proprietatum eiusdem rei concomitantes») [17]. Die Dauer («mora») wird hier mehr auf die Eigenschaften («proprietates») einer Sache bezogen als auf die Sache selbst, während die Gegenüberstellung von verschiedenen Dauern auch in bezug auf verschiedene Zustände ein und derselben Sache stattfinden kann.

Die lateinischen Autoren konnten vor der integralen Übersetzung der Aristotelischen ‹Physik› über eine andere klassische Z.-Definition verfügen, die sich aus dem Platonischen ‹Timaios›, zugänglich in der Übersetzung von Chalcidius, entwickeln ließ. Die Idee der Z. als Bild der Ewigkeit («imago aeternitatis» oder «imago aevi») trifft man vor allem bei den Autoren der Schule von Chartres an: Sie soll bestätigen, daß die Ewigkeit der Zustand ist, in dem alle Dinge gleichzeitig gegenwärtig sind, und daß sie als solche allein Gott und der durch seine Weisheit repräsentierten archetypischen Welt zukommt, während die Z. die Abfolge in unserer sinnlichen Welt bestimmt. Zwischen Z. und Ewigkeit, so beobachtet z.B. BERNARDUS SILVESTRIS, besteht eine fast zirkuläre Beziehung, weil die Z. aus der Ewigkeit entspringt und in sie am Ende zurückkehrt, «ermüdet durch einen recht langen Weg» («longiore circulo fatigatum»), während die Ewigkeit sich gleichsam in der Z. zu erneuern scheint [18]. Das mimetische Verhältnis der Z. hinsichtlich der Ewigkeit dient also grundsätzlich dazu, die Art und Weise zu erklären, wie die ideale oder archetypische Welt die sinnliche bildet. Doch die ursprünglich platonische Anlage wird mit dem eriugenischen Erbe verschmolzen: Z. und Raum, die bei Eriugena die unabdingbaren ‘Dimensionen’ jedes erkennbaren und bestimmbaren Körpers darstellen, werden von WILHELM VON CONCHES als (akzidentelle) Ursachen der Dinge betrachtet und den vier traditionellen Aristotelischen Ursachen zur Seite gestellt. Wilhelm vertritt darüber hinaus die Idee, der zufolge die Z. in Wirklichkeit drei Definitionen zuläßt: eine allgemeine, eine umfassende und eine partikuläre. Die erste nimmt die Definition des Eriugena wörtlich auf (Dimension des Verbleibens und der Bewegung der veränderlichen Dinge); die zweite bezieht sich auf die gesamte Ausdehnung der Z. von der Erschaffung der Welt bis zu ihrem Ende; die dritte stammt in veränderter Form von Cicero und wird auf eine bestimmte Quantität von Z. angewandt, die mit einem entsprechenden Namen zu versehen ist (Tag, Nacht, Monat) [19].

2. *Der Einfluß der arabischen Philosophie.* – Das Eindringen der Aristotelischen Definition (die Z. ist «die Zahl der Veränderung hinsichtlich des davor und danach»; «numerus motus secundum prius et posterius») [20] in den Okzident ist in entscheidender Weise durch die arabischen Philosophen vermittelt, die allgemein, wenn auch mit unterschiedlichen Ansätzen, die zwiefältige Rolle des Augenblicks in Anschlag bringen. Dieser stellt einerseits, indem er Vergangenheit und Zukunft miteinander verbindet, die Kontinuität der zeitlichen Sukzession sicher und erlaubt andererseits, insofern er von der Seele festgesetzt ist, ein Vorher und ein Nachher zu unterscheiden, was eigentlich die Z. begründet. Diese Perspektive findet sich in gewisser Weise bereits im – in der lateinischen Übersetzung von GERHARD VON CREMONA erhaltenen – ‹Liber de quinque essentiis› von AL-KINDĪ ausgeführt. Das Wesen der Z. wird ausgehend vom Augenblick beschrieben, insofern dieser vom Denken betrachtet («instans meditatum»), d.h. vom Denken ‘aufgehalten’ wird [21].

IBN SĪNĀ (AVICENNA) hält ausdrücklich fest, daß die Funktion der Seele allein darin besteht, die reale Kontinuität der zeitlichen Abfolge zu brechen, indem sie in actu ein Vorher und ein Nachher bezeichnet. So kann sich Avicenna in der ‹Physik› von den radikaleren Formen des Subjektivismus abgrenzen, wenn er verneint, daß die Z. lediglich von den Potenzen der Seele produziert ist oder aus der einfachen Versammlung von verschiedenen Dauern in der Seele («aggregatio momentorum») resultiert [22]; gleichzeitig kann er aber in der ‹Metaphysik› des ‹Kitāb aš-Šifā’› wiederholen, daß jedwedes Verhältnis von Vorgängigkeit/Nachträglichkeit stets ein intelligibler Begriff («intentio intelligibilis») ist [23]. Die Rolle der Seele liegt darin, ein diskretes Element (d.h. die ‘Zahl’, auf die sich die Aristotelische Definition bezieht) in den kontinuierlichen Fluß der Sukzession einzuführen.

IBN RUŠD (AVERROES) entwickelt diesen Aspekt weiter, indem er die Aristotelische Argumentation radikalisiert: Wenn es keine Seele gibt, die in der Lage wäre zu 'zählen', kann es keine Zahl und demzufolge keine Z. geben [24]. Dennoch kann die Seele ihre 'zählende' Funktion nur in einem Subjekt ausüben, das darauf vorbereitet ist, die Zählhandlung aufzunehmen. Dieses potentiale äußere Subjekt stimmt mit der Bewegung überein. Somit bilden das Vorher und Nachher, insofern sie in der Bewegung potentiell gezählt sind, die Z. «in potentia», und, insofern sie tatsächlich von der Seele gezählt sind, bilden sie die Z. «in actu». Ohne die Seele existiert die Z. mithin nur in Potenz. Es läßt sich demnach sagen, daß die Z. eine materiale oder potentiale Komponente hat (die kontinuierliche Bewegung) und eine quasi formale oder aktuelle (die Zahl). In diesem Sinn ist die Z. für Averroes keine von der Bewegung unterschiedene Sache, sondern stimmt material mit dieser überein. Daher kann man hier von einem 'reduktionistischen' im Gegensatz zu einem 'realistischen' Ansatz sprechen. Averroes meint, daß die Z. im strengen Sinn das Vorkommen einer einzigen Bewegung ist, d.h. der Bewegung des ersten Himmels, so daß die Vervielfältigung der Zeiten gemäß der Zahl der Bewegungen vermieden wäre. Trotzdem sind wir auch dann in der Lage, die Z. wahrzunehmen, wenn wir die Himmelsbewegung nicht wahrnehmen; dies erklärt sich aufgrund der von Avicenna getroffenen Voraussetzung, daß alle untergeordneten Veränderungen ursächlich von der himmlischen abhängen. Es genügt also irgendeine Veränderung, oder – einfacher noch – es genügt, sich selbst als wandelbar schon in der eigenen Seele wahrzunehmen, um die Z. wahrzunehmen [25].

3. *Die Augustinus-Rezeption.* – AUGUSTINUS gehört zu den lateinischen Quellen, die zugunsten des aristotelisch-arabischen Modells vernachlässigt werden. In keinem anderen Punkt ist die «auctoritas» eines Kirchenvaters so bereitwillig den philosophischen Quellen geopfert worden wie in diesem. Die Augustinischen Entgegnungen zur außer-psychischen Realität der Z. könnten – so fürchten die Scholastiker – auf die Bewegung selbst ausgedehnt werden, womit die sinnliche Evidenz und die Möglichkeit jedweder objektiven Beschreibung der natürlichen Realität auf dem Spiel stünden. Derart betroffen formuliert HEINRICH VON GENT: «Salva ergo reverentia beati Augustini, non omnino negandum est tempus esse extra animam» [26]. Ähnliche Vorbehalte finden sich bei ROBERT GROSSETESTE [27], ROBERT KILWARDBY [28], ALBERTUS MAGNUS [29], PETRUS JOHANNIS OLIVI [30]. Augustinus habe – so HEINRICH VON GENT – die doppelte Natur der Z., nämlich kontinuierlich und diskret zu sein, nicht erkannt; er habe sich vielmehr nur auf den zweiten Aspekt (den von der Seele abhängigen) konzentriert und die reale Kontinuität von Vergangenheit und Zukunft, wie sie durch den Augenblick festgesetzt wird, übergangen. JAKOB VON VITERBO zufolge soll Augustinus nicht von «distentio animi», sondern von «distensio motus» gesprochen haben. Die «Ausdehnung» der Bewegung kann ihrerseits auf zweierlei Weise verstanden werden: der Erstreckung gemäß, in der sie stattfindet (dies ist der von Aristoteles hervorgehobene Aspekt), oder der Quantität gemäß, die ihr eigen ist, d.h. gemäß der eigenen Dauer. Allein in dem letzten Sinn stimmt für Jakob die «distensio motus» mit der Z. überein. Von diesem Gesichtspunkt her läßt sich sagen, daß ihre Teile nur in der Seele existieren, da sie nicht alle gleichzeitig in der äußeren Realität nebeneinander bestehen können [31].

DIETRICH VON FREIBERG entwirft die Funktion des Intellekts als «konstitutiv» für die bekannten Realitäten. Mit Ausnahme der einzelnen momentanen Veränderung («mutatum esse») habe nichts in der Bewegung statt und somit auch nicht in der Abfolge; deshalb – hier ist der Berührungspunkt mit Augustinus – existieren die Teile der Bewegung und der Z. nur in der Seele und von der Seele aus («in anima et ab anima») [32]. In der äußeren Realität existiert die Z. also nur potentialiter als «Zählbarkeit» oder Bereitschaft zur Zählung. Auch MEISTER ECKHART scheint eine ähnliche Position einzunehmen, wenn er betont, daß die Z. ihr Sein aus der Seele beziehe und dennoch eine Art der realen Kategorie der Quantität sei [33]. Der überwiegende Teil der Scholastiker gibt der averroistischen Position den Vorzug, weniger der Funktion der Seele wegen als aufgrund der unterschiedlichen Rolle, die der Bewegung zugeschrieben wird. Im einen wie im anderen Fall hängt die aktuelle Existenz der Z. von der Seele ab; während aber für Averroes die Z. in potentia außerhalb der Seele existiert und material mit der Bewegung übereinstimmt, gibt es bei Augustinus keine ausdrückliche Erwähnung dieses Zusammenhangs.

Ein Artikel zur außerseelischen Realität der Z. (und des «aevum») wird vom Pariser Bischof ETIENNE TEMPIER am 7. März 1277 verurteilt («Quod aevum et tempus nihil sunt in re, sed solum in apprehensione») [34]. Eine andere These – in den Implikationen ähnlich, in der Formulierung verschieden – wird wenige Tage später, am 18. März in Oxford von ROBERT KILWARDBY geächtet («quod tempus non est in predicamento quantitatis») [35]. Es läßt sich aber nicht leicht feststellen, welche Theorie die Zensoren im Visier haben [36].

4. *Die Averroes-Rezeption in der Scholastik.* – Das averroistische Modell, das allgemein in der zweiten Hälfte des 13. Jh. vorherrscht, findet seine wohl repräsentativste Ausführung in der Synthese, die HEINRICH VON GENT vorträgt. Die Realität der Z. wird einerseits der Gegebenheit der Bewegung, andererseits der Seele untergeordnet. Die Z. ist mithin «partim in re extra» und «partim in anima». Diese Polarität erklärt sich durch einen Rückgriff auf das Begriffspaar ‹Potenz›/‹Akt›: Unter ihrem formalen und aktuellen Aspekt ist die Z. die Abfolge selbst, insofern sie von der Seele gezählt wird, so wie diese die reale Kontinuität der Bewegung brechen kann, indem sie in actu ein Vorher und Nachher bezeichnet. Die Seele versieht die Z. also mit ihrer formalen Ergänzung, indem sie ein diskretes Element (die Zählung in actu) in das Kontinuum der Bewegung einführt. So ist die Z. vom materialen Gesichtspunkt her kontinuierlich, vom formalen Gesichtspunkt her diskret. Da am Ende aus der Zusammenstellung der beiden Aspekte eben dies sich ergibt, ist sie ihrer wahren Natur nach diskret und kontinuierlich [37].

Die Rezeption des averroistischen Modells ist allerdings keineswegs einheitlich. So gibt ALBERTUS MAGNUS der arabischen Interpretation der Z. den Vorzug: «Hier möchte ich in allem den Arabern folgen, weil ich glaube, daß deren Verständnis der Z. wahr ist» («hic per omnia Arabes sequi disposui, quia puto, quod intellectus eorum de tempore est verus») [38]. Er präzisiert aber, daß, damit die Zählung möglich wird, drei voneinander unterschiedene Elemente erforderlich sind: die gezählte Materie, die formale Zahl (d.h. die Zahl, die der Materie formal innewohnt) und schließlich die Seele, der es zukommt, in 'effizientem', nicht in formalem Sinn zu zählen. Auch in Abwesenheit der Seele existiert die Z. nicht nur «in potentia», sondern als immer schon durch Materie und Form konstituierte [39]: Nicht das Sein der Z. ist von der Seele abhängig, sondern deren Wahrnehmung [40].

THOMAS VON AQUIN stellt heraus, daß die Z. nicht Bewegung ist (diese nämlich kann schnell oder langsam sein, die Z. aber nicht); dennoch besteht sie nicht ohne die Bewegung, da wir die Z. nur dann wahrnehmen, wenn wir ein Vorher und Nachher in der Bewegung wahrnehmen. Andererseits hängt für Thomas wie schon für Averroes alles, was sich bewegt, in gewisser Weise von der ersten Bewegung ab: Wer immer eine irgendwie geartete Veränderung wahrnimmt, sei es auch nur in der eigenen Seele, nimmt indirekt die erste Bewegung wahr, die das authentische Subjekt der Z. darstellt und als Maß für alle anderen Zeitdauern dient [41]. So ist die Z. Maß der Ruhe allein «per accidens», d.h., insofern die Ruhe als ein Ausfall («privatio») der Bewegung betrachtet werden kann [42]. Die Realität der Z. gründet auf der des Augenblicks, was ontologisch darauf hinausläuft, daß die Z. in ihrem Fließen mit dem Beweglichen übereinstimmt. Zwischen Augenblick und Z. ergibt sich das gleiche Verhältnis, das zwischen Bewegtem und Bewegung besteht. Der Augenblick hat jedoch wie in der averroistischen Interpretation eine doppelte Funktion: Einerseits verleiht er der Z. Kontinuität, insofern er den gemeinsamen Terminus von Zukunft und Vergangenheit darstellt, andererseits teilt er die Z., insofern er separat als Ende der Vergangenheit und als Beginn der Zukunft angesehen wird. Unabhängig von der Seele existiert die Z. mithin nur im Augenblick; ihre vollständige Ausdehnung hingegen wird von der Seele aufgefaßt. Da der Augenblick dennoch, wie minimal auch immer, der Z. eine ontologische Begründung sichert, beschreibt Thomas die außerseelische Existenz der Z. selbst als 'unvollkommen' und nicht, wie Averroes es nahelegt, als rein potential.

Andere Autoren halten noch entschiedener Abstand von diesem Modell. Bei BONAVENTURA z.B. ist die Z. in der Potentialität der Materie im allgemeinen verwurzelt, nicht in der Bewegung als solcher. «Tempus» ist für Bonaventura ein vieldeutiger Begriff, der sich in vier verschiedenen Bedeutungen verstehen läßt: a) «communissime», als Maß jedweder erschaffenen Dauer; b) «communiter», als Maß jedweden Wandels vom Nicht-Sein zum Sein und von einem bestimmten Sein zu einem anderen; c) «proprie», als Maß einer jeden sukzessiven, kontinuierlichen oder diskontinuierlichen Veränderung; d) «magis proprie», als Maß der sukzessiven und kontinuierlichen Bewegung, reguliert nach der Himmelsbewegung der achten Sphäre. Dies ist die Ebene, auf der sich die Aristotelische Definition ansiedelt, doch ist es immer noch eine beschränkte Ebene («et sic consuevit accipi a Philosopho: sed ista est coarctata temporis acceptio») [43]. In der franziskanischen Tradition bringt PETRUS JOHANNIS OLIVI, wenn auch auf indirekte Weise, die Möglichkeit ins Spiel, die Z. nicht einfach auf die Bewegung zu beziehen wie in der aristotelischen Tradition, sondern auf die Existenz als solche [44]. Unter den Dominikanern entfernen sich DURANDUS DE S. PORCIANO und HERVAEUS NATALIS von dem Konzept, welches allein aus dem gegenwärtigen Augenblick in seiner verbindenden Rolle den ontologischen Grund für die Realität der Z. bezieht und aufgrund der Unterscheidung zwischen dem, was gleichzeitig in actu ist, und dem, was in sukzessiver Weise in actu ist, auch Vergangenheit und Zukunft als real und aktuell (aber eben in sukzessiver Weise) betrachtet [45].

Ein anderer grundsätzlicher Einwand gegen das von Heinrich von Gent wiederaufgenommene 'averroistische' Modell wird von THOMAS WYLTON und JOHANNES CANONICUS auf den Punkt gebracht: Es kann kein Seiendes existieren, das wirklich aus etwas in der Seele und etwas außerhalb der Seele Bestehendem zusammengesetzt ist [46]. Bei seinem Versuch, diesem Argument zu begegnen, muß der Averroist JOHANNES VON JANDUN zugeben, daß ‹Z.› ein zweideutiger Name ist, der sich auf zwei effektiv verschiedene Seiende bezieht, wovon eines gleichsam als Materie fungiert (der kontinuierliche Fluß der Z.), das andere gleichsam als Form (das von der Seele eingeführte diskrete und aktuelle Element), nicht aber im Sinn von effektiven wesentlichen Teilen ein und desselben Seienden [47].

Ein letzter Gesichtspunkt betrifft die Erklärung der Einheit der Z. Für RICHARD RUFUS und ROGER BACON besteht keine Notwendigkeit, auf die Einheitlichkeit der Himmelsbewegung Bezug zu nehmen; die Z. ist eine lineare und eindimensionale Größe. Wie mehrere Linien, die durch zwei gleiche Punkte gehen, sich überlagern und übereinstimmen, so überlagern sich auch alle verschiedenen, aber simultanen Zeiten, ohne einer realen Vielfalt stattzugeben [48]. Im allgemeinen wird vom Ausgang des 13. Jh. an (auch bewirkt durch den Urteilsspruch von 1277, der in signifikanter Weise den Kausalzusammenhang zwischen erster Bewegung und untergeordneten Bewegungen schwächt) der Himmelsbewegung bevorzugt ein rein noetischer und konventioneller Vorrang zugesprochen: Es gibt so viele Zeiten, wie es Bewegungen gibt, auch wenn die Himmelsbewegung als die einheitlichste und schnellste den anderen zum Maß dienen kann. Einige Denker wie GOTTFRIED VON FONTAINES führen diesbezüglich die Unterscheidung zwischen mehreren inneren Zeiten und einer äußeren Z. ein [49]. AEGIDIUS ROMANUS vertritt dagegen die Einheit der kosmischen Z., während er die sukzessive Dauer aller untergeordneten Bewegungen als «quando» bestimmt. In diesem Sinne läßt sich sagen, daß es eine einzige Z. gibt, daß aber mehrere «quando» existieren [50].

5. *Die Entwicklungen des 14. Jh.* – Vor allem im 14. Jh. erfährt die aristotelisch-averroistische Lehre grundlegende Veränderungen in verschiedenen Richtungen. JOHANNES DUNS SCOTUS scheint geneigt, mit allen Ansätzen eines wesentlichen Verhältnisses von Z. und Himmelsbewegung zu brechen [51]. Auch ohne diese könnten andere Bewegungen stattfinden, die ebenso eine sukzessive und mithin zeitliche Dauer haben (im äußersten Fall mag die Himmelsbewegung weiterhin nur mehr als imaginärer Parameter für ihre Messung fungieren) [52]. Die Skotisten tragen keine einheitliche Interpretation vor. JOHANNES VON BASSOLES scheint Scotus zu folgen [53], WILHELM VON ALNWICK hingegen legt eine originale Wiederaufbereitung der averroistisch-heinrichschen Lehre vor: Die Z. besteht material («materialiter») in der Kontinuität der Bewegung, formal («formaliter») aber in einem «respectus realis», d.h. in einer objektiven Beziehung zwischen der Bewegung und der Seele. In dieser Hinsicht gehört die Z. nicht nur in die Kategorie der Quantität, sondern auch in die Kategorie der Relation [54]. FRANZ VON MEYRONNES verwendet die gleiche Terminologie, jedoch in einem anderen Sinn: Die Z. ist ein «respectus realis», der von der Koexistenz einer zeitlichen Sache mit Gott («fluxus praesentialitatis rei temporalis ad Deum») herrührt [55].

Gegenüber der von der skotistischen Schule eingeschlagenen Richtung beschreitet WILHELM VON OCKHAM entsprechend seiner epistemologischen Voraussetzungen einen anderen Weg. Er betrachtet die Aristotelische Definition der Z. nicht als Bestimmung einer Sache, sondern eines Namens. «Tempus» bezeichnet nichts von der Bewegung Unterschiedenes, und die Bewegung ihrerseits bedeutet keine ontologische Realität, die verschieden wäre von der des Beweglichen [56]. ‹Z.› ist für Ockham ein konnotativer Terminus, der in recto die Bewegung in sich benennt, und in obliquo die Seele, die eine solche Bewegung mißt [57]. Diese Interpretation findet so auf ganz anderem Weg einen paradoxen Berührungspunkt mit der 'reduktionistischen' Haltung des Averroes, d.h. mit der Tendenz, die Z. auf die Bewegung zu reduzieren. Für die entgegengesetzte, 'realistische' Auffassung bietet WALTER BURLEY ein markantes Beispiel. Bemerkenswerterweise bezeichnet auch für ihn das Nomen ‹Z.› die sukzessive Quantität der Bewegung, durch die hindurch die Seele die sukzessive Quantität einer anderen Bewegung mißt; die Rolle der Seele ähnelt also der ihr von Ockham zugeteilten, während die Art zu verstehen, was gemessen wird, d.h. die außerseelische Komponente, sehr verschieden ist. Für Burley ist die Z. nicht die Bewegung, sondern eben die sukzessive Quantität der Bewegung, die von der Bewegung selbst real unterschieden ist [58]. JOHANNES BURIDAN scheint der Ansicht Ockhams zu sein, wenn er die Denotation des Terminus ‹Z.› auf die Bewegung und das Bewegliche (und genauer noch auf das erste Bewegliche) zurückführt. In bezug auf die Rolle der Seele hebt Buridan jedoch ausdrücklich hervor, daß schon die bloße Möglichkeit einer Messung von seiten der Seele ausreicht, die Z. zu konstituieren. Auch wenn kein Mensch existierte, es aber noch die erste Bewegung gäbe, bestünde die Z. weiter fort [59]. Die Idee einer rein potentiellen Zählung eröffnet auch hier den Zugang zur Hypothese von imaginären Zeiten: Vor der Schöpfung der Welt (und der Himmelsbewegung) ließe sich mit Bezug auf eine rein imaginäre koexistierende Bewegung z.B. sagen, daß ein Engel vor einem anderen erschaffen worden sei.

NIKOLAUS ORESME modifiziert dieses Szenarium im Lichte der Lehre von den «modi rerum». Für ihn ist die Z. weder eine dauernde noch eine sukzessive «res». Sie stimmt weder mit dem Beweglichen noch mit der Bewegung überein, ist mithin weder eine Substanz noch ein inhärentes Akzidenz. Sie zeigt hingegen die Dauer der Dinge («duratio rerum») an. Diese Dauer läßt sich nicht mit kategorematischen Termini indizieren, sondern allein durch Adverbien oder synkategorematische Termini, d.h. durch Termini, die die Bedingungen oder die Seinsweise («taliter se habere») einer Sache angeben [60]. Nur in ihrer uneigentlichen Bedeutung bezieht sich die Z. auf eine Bewegung (besonders auf die Bewegung der Sonne, die hier an die Stelle der Bewegung des ersten beweglichen Himmels tritt), wodurch andere Bewegungen gemessen werden können, und ist ontologisch identisch mit dem Beweglichen selbst [61].

Im 14. Jh. taucht die Idee auf, daß das Kontinuum und somit auch die Z. aus Unsichtbarem zusammengesetzt sein könnte. Einer derartigen Lösung scheinen HEINRICH VON HARCLAY, dessen Position uns dank der polemischen Rekonstruktion von WILHELM VON ALNWICK bekannt ist [62], NIKOLAUS VON AUTRECOURT [63] und GERHARD ODONIS zuzuneigen. Dieser hat Johannes Canonicus zufolge ausdrücklich behauptet, daß die Z. kein Akzidenz der Bewegung sei und vor der Schöpfung der Welt und der Himmelsbewegung existiert habe [64].

Um die Dauer des substantiellen Seins bzw. der Operationen der rein geistigen Kreaturen anzuzeigen, hat die Scholastik darüber hinaus seit der Mitte des 13. Jh. zwei originelle Begriffe ausgearbeitet – den des «aevum» und den des «tempus angelorum» (oder «discretum»). Diese beiden Formen von Dauer (die eine permanent und unveränderlich, die andere sukzessiv und diskret) sind weiterhin ab dem Ende des 13. Jh. dazu benutzt worden, die Dauer des substantiellen Seins auch der gewöhnlichen sublunaren Substanzen auszudrücken, unabhängig von deren Bewegungen und Operationen [65].

Anmerkungen. [1] Vgl. GREGOR DER GR.: Hom. in Hiezech. I, 11, hg. M. ADRIAEN. CCSL 142 (Turnhout 1971) 5f. – [2] Vgl. dazu: A. BORST: Computus: Z. und Zahl in der Geschichte Europas (1990); A. CORDOLIANI: Les traités de comput du haut Moyen Age. Bull. De Cange 18 (1942) 51-72. – [3] BEDA VENERABILIS: De temporum ratione 3, hg. CH. W. JONES. CCSL 123 B (Turnhout 1977) 276f.; vgl. auch: De temporibus 1, hg. CH. W. JONES. CCSL 123 C (Turnhout 1980). – [4] ISIDOR VON SEVILLA: Etymol. sive Orig. XIII, 2. MPL 82, 473. – [5] ALKUIN: Ep. 162. MPL 100, 419 B-422 C; vgl. auch: Art. ‹Vanitas mundi›. Hist. Wb. Philos. 11 (2001) 542-545. – [6] Libri Carolini sive Caroli Magni capitulare de imaginibus I, 1, hg. H. BASTGEN. MG Legum Sectio III, Concilia II, Suppl. (1924, ND 1979) 8; MPL 98, 1006 D-1007 A. – [7] JOH. SCOTUS ERIUG.: Periphys. I, hg. E. JEAUNEAU. CC Cont. Med. 161 (Turnhout 1996) 56; MPL 122, 481 C. – [8] a.O. 58/483 B-C. – [9] 90/507 A-B. – [10] V. CC Cont. Med. 165 (Turnhout 2003) 43f.; MPL 122, 890 A. – [11] AUGUSTINUS: De immort. animae 3, 3. MPL 32, 1023. – [12] JOH. SCOTUS ERIUG.: Periphys. II, hg. E. JEAUNEAU. CC Cont. Med. 162 (1997) 44: nicht vom Autor, ex margine: (app. ‹85›. ‹86›); vgl. auch: 262-265 (synopsis versionum); MPL 122, 558 C. – [13] a.O. 48/561 C-562 A. – [14] PAPIAS: Elementarium (Venedig 1496, ND Turin 1966) 347. – [15] GILBERT VON POITIERS: Expos. in Boecii librum primum De trinitate, in: N. M. HÄRING (Hg.): The comm. on Boethius by Gilbert of Poitiers (Toronto 1966) 129. – [16] [ANON.:] Compendium Logicae Porretanum, hg. S. EBBESEN/K. M. FREDBORG/L. O. NIELSEN. Cah. Instit. MA grec lat. 46 (1983) 45. – [17] ALAIN DE LILLE: Summa ‹Quoniam homines›, hg. P. GLORIEUX. Arch. Hist. doctr. litt. MA 20 (1953) 163. – [18] BERNARDUS SILVESTRIS: Cosmographia: Macrocosmus IV, 10, hg. P. DRONKE (Leiden 1978) 119. – [19] WILHELM VON CONCHES: Glosae sup. Platonem §§ 94-96, hg. E. JEAUNEAU (Paris 1965) 176-178 (zu Tim. 37 d-e). – [20] ARISTOTELES: Phys. IV, 11, 219 b 1-2; ARISTOTELES latinus: Physica – transl. vetus IV, 11, hg. F. BOSSIER/J. BRAMS (Leiden 1990) 175. – [21] AL-KINDĪ: Liber de quinque essentiis, in: Rasā'il al-Kindī al-falsafiya 1-2, hg. M. A. ABŪ RĪDA 2 (Kairo 1953) 35; vgl. dazu: J. JOLIVET: Al-Kindī, vues sur le temps. Arabic sciences and philosophy 3 (1993) 55-75. – [22] AVICENNA: Sufficientia II, 10 (Venedig 1508, ND 1961) 33^{r}a C. 33^{r}b D. – [23] Liber de philos. prima sive scientia divina [Metaphysica] III, 10, hg. S. VAN RIET (Löwen/Leiden 1977) 182f. – [24] AVERROES: Arist. de physico auditu [In Phys.] IV, 131 (Venedig 1562, ND 1962) 202^{r}b D-E. – [25] 109, a.O. 187^{r}a C. – [26] HEINRICH VON GENT: Quodl. III, q. 11 (Paris 1518) 64^r A, hg. U. R. JECK: Aristoteles contra Augustinum. Zur Frage nach dem Verhältnis von Z. und Seele bei den ant. Arist.kommentatoren, im arab. Aristotelismus und im 13. Jh. (Amsterdam/Philadelphia 1994) 469f. – [27] ROBERT GROSSETESTE: In Phys. IV, hg. R. C. DALES (Boulder, Col. 1963) 88. 95. – [28] ROBERT KILWARDBY: De tempore, hg. O. LEWRY (Oxford 1987) 8. – [29] ALBERT DER GR.: Phys. IV, tr. 3, c. 3. Op. omn. (ed. Colon.) 4/1, hg. P. HOSSFELD (1987) 264. – [30] PETRUS JOH. OLIVI: Quodl. I, q. 3, hg. S. DEFRAIA (Grottaferrata/Rom 2002) 11-14. – [31] JAKOB VON VITERBO: Quodl. III, q. 12, hg. E. YPMA (1973) 169. 172. – [32] DIETRICH VON FREIBERG: De natura et proprietate continuorum 3, hg. R. REHN. Op. omn. 3 (1983) 256f. – [33] MEISTER ECKHART: Quaest. Paris. I, n. 4. Lat. Werke (1936ff.) 5, 40f. – [34] Chartularium univ. Parisiensis I, n. 473, art. 200, hg. H. DENIFLE/E. CHÂTELAIN (Paris 1889-1897, ND Brüssel 1964) 554; R. HISSETTE: Enquête sur les 219 art. condamnés à Paris le 7 mars 1277 (Löwen/Paris 1977) art. 86, 152-154. – [35] n. 474, «In naturalibus», art. 9, a.O. 559. – [36] Vgl. dazu: K. FLASCH: Welche Z.-Theorie hat der Bischof von Paris 1277 verurteilt? in: F. NIEWÖHNER/L. STURLESE (Hg.): Averroismus im MA und in der Renaissance (Zürich 1994) 42-50; JECK, a.O. [26] 177-181. 329-338. – [37] HEINRICH VON GENT: Quodl. III, q. 11, a.O. [26] 64^{rv} C, 471f. – [38] ALBERT DER GR.: Phys. IV, tr. 3, c. 6, a.O. [29] 271. – [39] c. 16, a.O. 290. – [40] De quattuor coaequaevis (Summa de creaturis I), tr. 2, q. 5, art. 1. Op. omn. (ed. Par.) 34, hg. A. BORGNET (Paris 1895) 367 a. – [41] THOMAS AQU.: In Phys. IV, lect. 20, hg. P. MAGGIÒLO [textus Leon.] (Turin/Rom 1965) 298, n. 607f. – [42] ARISTOTELES latinus: Phys. IV, 12, a.O. [20] 182. – [43]

BONAVENTURA: In II Sent., dist. 2, p. 1, art. 2, q. 1. Op. omn. (Quaracchi 1885) 64f. – [44] PETRUS JOH. OLIVI: In II Sent., q. 10, hg. B. JANSEN (Quaracchi/Florenz 1922) 1, 188-196. – [45] DURANDUS VON SAINT-POURÇAIN: In II Sent., dist. 2, q. 4 (Venedig 1571) 133^{v}a; HERVAEUS NATALIS: In II Sent., dist. 2, q. 1, art. 3 (Paris 1647) 203 b A-B. – [46] THOMAS WYLTON (ANGLICUS): In Phys. IV, q. 30, in: C. TRIFOGLI: Il problema dello statuto ontologico del tempo nelle Quaest. sup. Physicam di Thomas Wylton e di Giovanni di Jandun. Documenti e studi sulla tradizione filos. mediev. 1 (1990) 522; JOH. MARBRES (CANONICUS): In Phys. IV, q. 5 (Venedig 1487) 55^{r}a. – [47] JOH. VON JANDUN: In Phys. IV, q. 27, in: TRIFOGLI: Il problema ..., a.O. 531f. – [48] RICHARD RUFUS: In Phys. IV, hg. R. WOOD (Oxford 2003) 181f.; ROGER BACON: In Phys. IV (Quaest. alterae), hg. F. DELORME/R. STEELE (Oxford 1933) 279f.; Communia naturalia III, c. 6, hg. R. STEELE (Oxford 1911) 158f. – [49] GOTTFRIED VON FONTAINES: Quodl. XV, q. 9, hg. O. LOTTIN (Löwen 1937) 48f. – [50] AEGIDIUS ROMANUS: De mensura angelorum, q. 2 (Venedig 1503, ND 1968) 39^{v}a. 40^{v}b-41^{r}a; In II Sent., dist. 2, q. 1, art. 2 (Venedig 1503, ND 1968) 109 b B; vgl. Art. ‹Wo; Wann›. – [51] JOH. DUNS SCOTUS wiederholt – mit ausdrücklichem Bezug auf die Z.-Problematik (In Met. V, q. 10) – beinahe wörtlich eine «quaestio» von WILHELM DE LA MARE: In II Sent., dist. 2, q. 1f., hg. H. KRAML (1995) 29-34. – [52] In II Sent. (Ordin.), dist. 2, n. 502. Op. omn. (ed. Vat.) 7 (Vatikanstadt 1973) 380f.; vgl. auch: In IV Sent., dist. 48, q. 2 (Lyon 1639, ND 1968) 312-321. – [53] JOH. VON BASSOLES: In IV Sent., dist. 48, q. un. (Paris 1516f.) 146^{r}a. – [54] WILHELM VON ALNWICK: Determinatio 17, art. 4, hg. T. NOONE, in: G. ALLINEY: Time and soul in 14th cent. theology. Three questions of William of Alnwick on the existence, the ontolog. status and the unity of time (Florenz 2002) 161-169. – [55] FRANZ VON MEYRONNES: In II Sent., dist. 14, q. 4 (Venedig 1520) 152^{r}a H. – [56] WILHELM VON OCKHAM: In Phys., q. 47. Op. philos. 6, hg. S. BROWN (St. Bonaventure, N.Y. 1984) 524; vgl. auch: q. 37. 39, a.O. 495. 500; Brevis summa libri Phys. IV, c. 6, a.O. 76. – [57] In Phys., q. 47, a.O. 525; vgl. Art. ‹Recte/oblique›. Hist. Wb. Philos. 8 (1992) 360-363. – [58] WALTER BURLEY: In Phys. IV (Venedig 1501, ND 1972) 133^{r}af. 147^{r}b. – [59] JOH. BURIDAN: In Phys. IV, q. 16 (Paris 1509, ND 1964) 82^{v}af. – [60] Vgl. Art. ‹Synkategorem; synkategorematisch›. Hist. Wb. Philos. 10 (1998) 787-799. – [61] NICOLAUS ORESME: In Phys. IV, q. 16-21, hg. S. KIRSCHNER (1997) 366-394; bes. q. 17, a.O. 373. – [62] Vgl. WILHELM VON ALNWICK: Quaest. de tempore, q. 1 [dritte Fass., Montpellier 1318-20], in: ALLINEY, a.O. [54] 121 (n. 37). 123 (n. 50); vgl. auch: Appendix B, a.O. 173f. – [63] NIKOLAUS VON AUTRECOURT: Exigit ordo, hg. J. R. O'DONNELL. Mediaeval Studies 1 (1939) bes. 206f. – [64] JOH. MARBRES (CANONICUS), a.O. [46] 56^{v}a. – [65] Vgl. P. PORRO: Un tempo per le cose. Il problema della durata dell'essere sostanziale nella recezione scolastica di Aristotele, in: L. RUGGIU (Hg.): Il tempo in questione. Paradigmi della temporalità nel pensiero occidentale (Mailand 1997) 142-154.

Literaturhinweise. – *Allgemein:* A. MANSION: La théorie aristot. du temps chez les péripatéticiens médiévaux. Rev. néoscolast. Philos. 36 (1934) 275-307. – A. MAIER: Das Z.-Problem, in: Metaphys. Hintergründe der spätscholast. Philos. (Rom 1955) 47-137. – U. R. JECK s. Anm. [26]. – P. PORRO: Forme e modelli di durata nel pensiero medievale. L'aevum, il tempo discreto, la categoria 'quando' (Löwen 1996). – G. ALLINEY/L. COVA (Hg.): Tempus, aevum, aeternitas. La concettualizzazione del tempo nel pensiero tardomedievale (Florenz 2000). – P. PORRO: Il vocabolario filos. mediev. del tempo e della durata, in: R. CAPASSO/P. PICCARI (Hg.): Il tempo nel medioevo (Rom 2000) 63-102. – P. PORRO (Hg.): The medieval concept of time. Studies on the scholastic debate and its reception in early modern philos. (Leiden 2001). – G. JARITZ/G. MORENO-RIANO: Time and eternity. The medieval discourse (Turnhout 2003). – *Hochmittelalter:* M. CRISTIANI: Lo spazio e il tempo nell'opera dell'Eriugena. Studi medievali, 3^{a} ser., 14 (1973) 39-136. – R. SORABJI: Time, creation and the continuum. Theories in antiquity and the early MA (London 1983) 116-120. – G. D'ONOFRIO: Boezio e l'essenza del tempo, in: L. RUGGIU (Hg.) s. Anm. [65] 119-129. – U. R. JECK: Z.-Konzeptionen im frühen MA. Von der lat. Spätantike bis zur karoling. Renaissance, in: T. EHLERT (Hg.): Z.-Konzeptionen, Zeiterfahrung, Zeitmessung. Stationen ihres Wandels vom MA bis zur Moderne (1997) 179-202. – M. CRISTIANI: Il tempo nell'alto medioevo, in: R. CAPASSO/P. PICCARI (Hg.): Il tempo nel medioevo (Rom 2000) 111-132. – J.-F. COURTINE: Les catég. dans le De div. naturae de Jean Scot Erigène: espace et temps, in: Les catég. de l'être (Paris 2003) 129-166. – *Der Einfluß der arab. Philosophie:* J. JOLIVET s. Anm. [21]. – C. TRIFOGLI: Averroes's doctrine of time and its reception in the scholastic debate, in: P. PORRO (Hg.): The medieval concept of time (Leiden 2001) 57-82. – *Scholastik:* A. GHISALBERTI: La nozione di tempo in S. Tommaso. Rivista Filos. neo-scolastica 59 (1967) 343-371. – A. M. HAAS: Meister Eckharts Auffassung von Z. und Ewigkeit. Freiburger Zeitschr. Philos. Theol. 27 (1980) 325-355. – M. MCCORD-ADAMS: William of Ockham (Notre Dame 1987) bes. 853-899. – N. LARGIER: Z., Zeitlichkeit, Ewigkeit. Ein Aufriss des Z.-Problems bei Dietrich von Freiberg und Meister Eckhart (Bern u.a. 1989). – T. SUAREZ-NANI: Tempo ed essere nell'autunno del Medioevo. Il De tempore di Nicola di Strasburgo e il dibattito sulla natura ed il senso del tempo agli inizi del XIV sec. (Amsterdam 1989). – C. TRIFOGLI: La dottr. del tempo in Egidio Romano. Documenti e studi sulla trad. filos. medievale 1 (1990) 247-276. – C. TRIFOGLI s. Anm. [46]. – K. FLASCH s. Anm. [36]. – E. W. DOLNIKOWSKI: Thomas Bradwardine. A view of time and a vision of eternity in 14th-cent. thought (Leiden 1995). – P. PORRO s. Anm. [65]. – A. GHISALBERTI: Ontologia e logica della temporalità da Tommaso d'Aquino a Guglielmo di Ockham, in: L. RUGGIU (Hg.): Filosofia del tempo (Mailand 1998) 72-85. – R. IMBACH/F. X. PUTALLAZ: Olivi et le temps, in: A. BOUREAU/S. PIRON (Hg.): Pierre de Jean Olivi (Paris 1999) 27-39. – G. ALLINEY: Il tempo come «respectus realis» nel primo scotismo: Francesco di Meyronnes. Arch. Hist. doctr. litt. MA 67 (2000) 237-267. – P. PORRO: Tempo e aevum in Enrico di Gand e Giovanni Duns Scoto, in: G. ALLINEY/L. COVA (Hg.): Tempus, aevum, aeternitas (Florenz 2000) 89-129. – C. TRIFOGLI: Oxford physics in the 13th cent. (ca. 1250-1270). Motion, infinity, place & time (Leiden 2000). – D.-J. DEKKER: Buridan's concept of time. Time, motion and soul in John Buridan's Questions on Aristotle's Physics, in: J. M. M. H. THIJSSEN/J. ZUPKO (Hg.): The metaphysics and natural philos. of John Buridan (Leiden 2001) 151-163. – G. ALLINEY s. Anm. [54].

P. PORRO

B. *Jüdische Philosophie*. – Im MA verbinden sich im jüdischen Denken über die Z. einerseits aristotelische und (neu-)platonische Elemente und andererseits religiöse und philosophische Gedanken, wobei einzelne systematische Entwürfe aufgestellt werden. Die religiöse Dringlichkeit des Themas ist eng mit der biblischen Schöpfungslehre (zeitliche Schöpfung aus dem Nichts) verbunden, die mit der aristotelischen Lehre vom ursprungslosen Kosmos im Widerspruch steht. Handelt es sich um die Aristotelische Definition der Z. als Zahl der Bewegung, die ihrerseits eine akzidentelle Eigenschaft der materiellen Körper ist, so gilt als höchste körperliche zeitbestimmende Bewegung die Bewegung der obersten himmlischen Sphäre, welche als «Natur» bzw. «Kosmos» verstanden wird. So definiert ISAAK ISRAELI (850-932/955?) die Z. als «eine Ausdehnung, die von der Bewegung der Sphären bestimmt wird» [1], die Ewigkeit dagegen als «eine Ausdehnung, die von keiner Bewegung bestimmt wird» [2].

Israelis Zeitgenosse SAADIA BEN JOSEPH AL FAJJUMI (882-942) versteht Z. ähnlich wie Israeli als Eigenschaft der Bewegung der Himmelssphäre [3]. Als einer der ersten jüdischen Philosophen benutzt er die Aristotelische Bestimmung der Z. als Zahl der Bewegung, um die Zeitlichkeit der Schöpfung zu beweisen. Himmel und Erde sind endliche Seiende, da der Raum des Kosmos begrenzt ist. Deshalb muß auch die Z. endlich sein, da unendliche Kraft einem endlichen Körper nicht innewohnen kann. Die Unendlichkeit (s.d.) der Welt kann nie als aktuelle Unendlichkeit, als Ewigkeit, gedacht werden. Jedes in der Welt existierende Ding verdankt sein eigenes Dasein einem früher existierenden Seienden. Die Reihenfolge der Seienden muß aber endlich sein, um überhaupt als

Zeitdauer gemessen werden zu können, und die Zeitdauer solcher endlichen räumlichen Reihenfolge muß dementsprechend auch endlich sein.

Nach MOSES MAIMONIDES (MOSHE BEN MAIMON, 1135/38?-1204) ist Z. Akzidens und eine notwendige Folge der Bewegung. Eine Bewegung kann außer der Z. nicht existieren, und Z. kann ohne Bewegung nicht gedacht werden. Das Unbewegliche nämlich «fällt überhaupt nicht in den Begriff der Z.» [4]. Ewigkeit ist ein Attribut Gottes, das (zusammen mit Unveränderlichkeit) die translunare Ontologie kennzeichnet. Weniger als bei anderen Denkern wird bei Maimonides deutlich, inwiefern er zwischen der Ewigkeit Gottes als der einzigen notwendigen Existenz und der Ewigkeit der getrennten Intellekte, Naturgesetze und aller translunaren Seienden unterscheidet.

GERSONIDES (LEWI BEN GERSON, 1288-1344) systematisiert die Überlegungen des Maimonides noch weiter. Da die Welt zeitlich bestimmt ist, muß gefragt werden, ob die Z. selbst ein eigenes Dasein hat. Eine begrenzte Weltzeit in einem unendlichen Zeitraum fordert notwendigerweise die Existenz mehrerer Welten nacheinander. Die Z. ist weder reine Potenz noch Aktualität, sondern ein mittleres Wesen, das parallel zum Aristotelischen Begriff der Bewegung definiert wird. Spricht Aristoteles von einer Ewigkeit der Welt, so darf man nur von potentieller Unendlichkeit reden, nie aber von einer aktuellen. Die Z. als aktuelle Dimension muß aber endlich (baʿl taḥlit) sein, weil sie die endliche Bewegung endlicher Dinge definiert [5].

Die Kritik von CHASDAI CRESCAS (ca. 1340-1410/11) am Aristotelischen Naturbegriff richtet sich u.a. gegen Maimonides' Darstellung des Aristotelismus. Z. ist nicht nur die Zahl der Bewegung, sondern auch das Maß der Ruhe und enthält als psychisches Phänomen (ba-nefeš) das Kontinuum (hitdabeḳ ut) der Bewegung und Ruhe in sich. Auch eine unbewegliche getrennte Substanz fällt unter die Z., sogar Gott selbst steht in Beziehung zur Z., und deswegen existiert die Z. vor allen geschaffenen Dingen. So stellt Crescas die absolute Z. neben den absoluten Raum. Die Z. umfaßt alle Bewegungen und Ruhen, der Raum alle Seienden. Für Gott gelten Z. und Raum als zwei allgemeine Bedingungen jedes Schöpfungsaktes. Nicht die menschliche Seele, sondern die Weltseele (s.d.) ist der primäre Träger aller Zeitdimensionen [6].

Crescas' Nachfolger JOSEF ALBO (ca. 1380-1444) führt diese Unterscheidung zwischen den verschiedenen Z.-Begriffen noch weiter [7], indem er Z. in absolute Ausdehnung, die ontologisch wie auch chronologisch vor und nach der sinnlichen Welt existiert, und in eine geordnete bzw. gezählte Z. unterteilt. Die erste ist die Z. Gottes im Sinne der absoluten zeitlichen Ausdehnung außerhalb der «Z.-Ordnung» (seder zmanim). Sie ist ewig, bewegungslos, ungeordnet und ungezählt, während die zweite als notwendige Folge der Weltentstehung zu verstehen ist und subjektiv nach der Bewegung der himmlischen Sphären gemessen wird. Philosophen wie Crescas und Albo haben auch B. SPINOZAS Z.-Begriff beeinflußt [8].

Überlegungen zum Problem der Z. gibt es auch im Bereich der jüdischen Astrologie und Mystik. ABRAHAM BAR CHIJJA (ca. 1065-1136) teilt alles Seiende gemäß der aristotelischen Dreiteilung in Form, Materie und Beraubung. Die Z., die nach Tagen, Monaten und Jahren bemessen wird, repräsentiert die Beraubung: ein formloses Wesen, das nicht sinnlich erkennbar ist, das von den Seienden und ihren Akzidenzien abhängig ist und nur im Intellekt existiert. Die Z. selbst hat keine Existenz, sondern fließt wie ein Strom, und deswegen kann sie nie Objekt sinnlicher Apperzeption sein. Alle Seienden, sogar Tag und Nacht bzw. Licht und Finsternis, sind in der Z., aber nicht mit der Z. identisch; «die Z. dauert (nimṣaḥ) mit ihnen und ist von ihnen nicht abgetrennt, und sie umfaßt sie von vorne und von hinten» [9]. Nichts existiert außerhalb der Z., nicht einmal die himmlischen Körper. Die Welt wurde als Wesen konzipiert, das zu einem bestimmten Zeitpunkt geschaffen wurde und deswegen auch ein zeitliches Ende hat. Die Berechnung dieses Eschaton geschieht mittels einer Mischung aus astrologischen Zeitberechnungen und Auslegungen biblischer Prophezeiungen.

ABRAHAM IBN EZRA (ABRAHAM JUDAEUS, 1089/92-1164/67) [10] definiert die Z. des menschlichen Schicksals als kreisförmige Z., die vom Zustand der Sterne beeinflußt wird. Als solche ist sie weder mit dem allgemeinen Begriff ‹Z.› noch mit der kreisförmigen Z. der himmlischen Körper identisch, sondern ist eine «historische Z.», die die menschliche Erfahrung reflektiert. Diese astrologische Z.-Auffassung ist zweigeteilt: Es gibt die universelle Geschichte als Zeitdimension, die vom Schicksal ganzer Völker und Nationen handelt, dann aber die konkrete Zeitdimension des einzelnen Menschen. Der Mensch ist dementsprechend Teil von zweierlei Stern- und Zeitkonstruktionen. Sein freier Wille und seine seelische Tätigkeit reichen aber über die zeitliche Dimension hinaus [11]. Der Schöpfungsbericht der ‹Genesis› beschreibt den Prozeß der Formgebung der sublunaren Welt, ohne Veränderung in bezug auf die translunaren Körper vorauszusetzen. Die Z. ist entstanden, als im Schöpfungsprozeß die Lichter der Himmelskörper auf der Erde gesehen wurden und es einen Menschen gab, der sie zu berechnen anfing. Eine absolute, ewige Zeitdauer gibt es nicht.

Anmerkungen. [1] ISAAK ISRAELI: Buch der Definitionen [Kitāb al-Ḥudūd] § 49. Op. omn. (Lyon 1515) fol. IIII^r; vgl. A. ALTMANN/S. M. STERN (Hg.): Isaac Israeli: A neoplatonic philosopher of the early 10th cent. (Westport, Conn. 1958) 75. – [2] § 50, a.O. fol. IIII^r. – [3] SAADIA BEN JOSEPH: Kitāb al-Amānāt wa-'l-I'tiqādāt I, 4, hg. S. LANDAUER (Leiden 1880); vgl. J. GUTTMANN: Die Religionsphilos. des Saadia (1882) 33-84. – [4] MOSES MAIMONIDES: Führer der Unschlüssigen [Dalālat al-Ḥā'irīn] 2, Einf., hg. S. MUNK (1931) 166, 17-20. – [5] LEWI BEN GERSON: Milchamot Hashem VI, 10f. (1866) 56-59. – [6] CHASDAI CRESCAS: Or Hashem I, ii, 11 (Ferrara 1555, ND Wien 1859) 19ff. – [7] JOSEF ALBO: Sefer ha-'Ikkarim. Book of principles II, 18, hg. I. HUSIK (Philadelphia 21946) 2, 108-115; vgl. W. Z. HARVEY: Albo's discussion of time. Jewish quarterly Review 70 (1980) 210-238. – [8] Vgl. Art. ‹Zeit V.›; H. A. WOLFSON: The philos. of Spinoza 1-2 (Cambridge, Mass. 1934, ND 1983) 1, 331-369; T. M. RUDAVSKY: Time matters: time, creation and cosmology in medieval jewish philos. (New York 2000) 149-173, insb. 168. – [9] ABRAHAM BAR CHIJJA: Sefer Megillat ha-Megalle 1, hg. A. POZNANSKI (1924) 5-13. – [10] Vgl. Y. T. LANGERMANN: Some astrolog. themes in the thought of Abraham Ibn Ezra, in: I. TWERSKY/J. M. HARRIS (Hg.): Rabbi Abraham Ibn Ezra: Studies in the writings of a 12th-cent. jewish polymath (Cambridge, Mass. 1993) 28-85; S. SELA: Astrology and biblical exegesis in Abraham Ibn Ezra's thought (Ramat-Gan 1999). – [11] Vgl. ABRAHAM IBN EZRA: The beginnings of wisdom [Reshit Chokhmah], hg. R. LEVY/P. CANTERA (Baltimore 1939); Jesod Mora' (1530); dtsch.: Grundlage der Gottesfurcht (1840) 75f.

Literaturhinweise. H. A. WOLFSON: Crescas' critique of Aristotle: Problems of Arist.'s Phys. in jewish and arabic philos. (Cambridge 1929) 93-98. 633-664; s. Anm. [8]. – M. IDEL: Some concepts of time and history in Kabbalah, in: E. CARLEBACH u.a. (Hg.): Jewish history and jewish memory (Hanover, Mass. 1998) 153-185. – T. M. RUDAVSKY s. Anm. [8].

Y. SCHWARTZ

C. *Islam.* – Die klassische arabische Lexikographie benutzt eine große Anzahl von Ausdrücken für ‹Z.› und übersetzt die griechischen Termini χρόνος mit ‹zamān›, αἰών mit ‹dahr›, καιρός mit ‹waqt› und διάστασις mit ‹mudda›. Die von der islamischen Philosophie benutzten Hauptbegriffe für Z. und Ewigkeit, ‹zamān› und ‹qidam›, kommen im ‹Koran› nicht vor.

Im Gegensatz zu vorislamischen, arabischen Vorstellungen der Z. als einer unvermeidlichen und verhängnisvollen Macht des Schicksals während eines ausschließlich diesseitigen Lebens, erklärt der ‹Koran› die Z. aus der Perspektive eines transzendenten Monotheismus und von der Auferstehung zum ewigen Leben nach dem Tod her. Gott, Allah, erschafft die Welt und alles, was sich in ihr befindet, durch seinen Befehl, der die Dinge ins Dasein ruft und den Bann des Schicksals zerschlägt. Vom ersten Augenblick seines Daseins bis zu seinem letzten Atemzug steht der Mensch unter dem Ratschluß Gottes. Es gibt keine unpersönliche Z., denn Gott selbst bestimmt das Schicksal jedes Menschen in jedem Augenblick seines Daseins. Selbst im Schlaf des Menschen ist Gott tätig, denn im Schlaf nimmt Allah die Seelen zu sich. Er beruft die Menschen ab, deren Frist des Entschlafens gekommen ist, während er die bewahrt und erneut entläßt, deren Todesfrist noch nicht eingetroffen ist [1]. Von dem Moment an, da Gott den Menschen ins Dasein ruft, bis zum Augenblick des Todes steht dieser unter dem Erlaß Gottes. Gott ist der Herr eines jeden Augenblicks. Die Z. ist Allah untertan. Was Allah bestimmt hat, geschieht [2].

Die islamische Überlieferung, ‹Ḥadīṯ› genannt, verwandelt den Nachdruck des ‹Korans› auf die göttliche Bestimmung eines jeden Augenblicks menschlichen Lebens in eine unbeugsame Lehre der Vorherbestimmung. Gleichzeitig versucht sie die vorislamische Auffassung der Z. als Bann des Schicksals dadurch in die islamische Glaubensvorstellung zu integrieren, daß sie Allah das Wort «Ich bin das Schicksal!» in den Mund legt und damit die unpersönliche Z. mit Gott in eins setzt. Wesentlich für die Auffassung der Z. im ‹Ḥadīṯ› ist der Gedanke, daß alle zeitlichen Vorkommnisse in einem himmlischen Buche aufgezeichnet seien und so dann auch tatsächlich geschehen würden. Der Begriff einer unpersönlichen, unvermeidlichen und verhängnisvollen Z. verbindet sich mit der Auffassung des ‹Korans› von Gottes persönlichem Ratschluß und Erlaß, der jeden Augenblick menschlichen Seins bestimmt [3].

Die *islamische Theologie* findet einen Weg, das stark am Augenblick haftende Denken des ‹Korans› und der islamischen Überlieferung in eine Theorie zu kleiden, die man als 'Atomismus' bezeichnen kann. Diese Theorie öffnet einen Weg, die Unveränderlichkeit der Wirklichkeit mit dem ständigen Wechsel der Formen in der Natur zu vereinbaren, indem man sich die Wirklichkeit als aus einfachen, unveränderlichen Teilchen zusammengesetzt vorstellt. Diese Teilchen, die Atome, zusammen mit ihren Eigenschaften, existieren jeweils nur für einen Augenblick. In jedem Augenblick formt Gott die Welt erneut, ohne dabei Zweitursachen als Gelegenheitsursachen wirksam werden zu lassen, wie dies im Occasionalismus (s.d.) angenommen wird. Jeder Moment in der Z. ist eine direkte Schöpfung eines dauernd schaffenden Gottes. In sich selbst ist die Wirklichkeit diskontinuierlich und unterbrochen, denn die Atome existieren ja nur für einen Augenblick. Die Welt erscheint uns jedoch kontinuierlich und ununterbrochen, weil Gott in seiner gnadenreichen Konsequenz sich in seinem Handeln stetig gegenüber der Welt verhält. Wenn er das einmal nicht tut, dann ergibt sich ein Wunder [4].

Die Theorie des Atomismus stimmt nicht nur mit der Auffassung eines Gottes überein, der dauernd und augenblickartig in der Welt der Schöpfung als deren einzige wahre Ursache tätig ist, sie erweist sich auch als nahe verwandt mit charakteristischen Merkmalen der arabischen Sprache. Diese besitzt weder echte Hauptverben für Sein und Werden, um den Fluß der Z. zum Ausdruck zu bringen, noch kennt sie die Zeitenfolge von Vergangenheit, Gegenwart und Zukunft.

Ganz anders als die Atomtheorie der islamischen Theologie vertritt die philosophisch-theologische Bewegung der ‹Dahrīya› eine stark materialistische Interpretation der islamischen Auffassung der Ewigkeit sowohl der Materie als auch der Z. Sie wählt das altarabische Wort für ‹Z.› im Sinne von ‹Schicksal› (dahr) als ihr Schlüsselwort und sieht den Ursprung der Z. in der unaufhörlichen Bewegung der himmlischen Sphären, einer Bewegung, deren Ursprung und Grenze identisch zu sein scheinen. Alles, was in der Welt geschieht, geschieht auf Grund der vollkommenen und ewigen Bewegung der Sphären. Weder gibt es Z. außerhalb dieser Bewegung, noch kann Z. vor ihrer Bewegung existiert haben [5]. Der Kernsatz der ‹Dahrīya›, daß die Z. anfanglos und die Materie ewig ist, wird von den beiden Richtungen der Gruppe verschieden gedeutet. Die eine vertritt die Ansicht, die Welt sei ewig, ohne Anfang und Ende, und verneint konsequent die Auferstehung nach dem Tode. Die andere vertritt die Ansicht, die Welt habe einen ewigen Ursprung, sei aber durch einen Schöpfungsakt Gottes in ihrer tatsächlichen Form erstellt worden. Die erste Richtung braucht keinen Gott, die zweite weist Gott einen untergeordneten Platz zu, der dem Dualismus Spielraum zu gewähren scheint. Letztlich setzt sich weder die eine noch die andere Richtung dieser Interpretation der Z. durch, da beide mit der Grundüberzeugung des monotheistischen Islam in Konflikt stehen, daß Gott am Anfang allein war und am Ende allein sein werde.

Anmerkungen. [1] Vgl. Koran, Sure 39, 42. – [2] Vgl. Sure 2, 117 et passim. – [3] A. J. WENSINCK: Concordance et indices de la tradition musulmane 1-8 (Leiden 1936-1988) 1, 50. 101; 2, 92. 155. – [4] J. VAN ESS: Theol. und Gesellschaft 1-6 (1991-97) 4, 450-477. – [5] U. RUDOLPH: Al-Maturidi und die sunnitische Theologie in Samarkand (Leiden 1997) 183-197.

Literaturhinweise. S. PINES: Beiträge zur islamischen Atomenlehre (1936). – E. BEHLER: Die Ewigkeit der Welt (1965). – R. SORABJI: Time, creation and the continuum (New York 1983). – J. VAN ESS s. Anm. [4]. – U. RUDOLPH s. Anm. [5]. – D. PERLER/ U. RUDOLPH: Occasionalismus (2000). – P. PORRO (Hg.): The medieval concept of time (Leiden 2001). G. BÖWERING

IV. *Humanismus und Renaissance.* – Charakter und Verlauf der Z.-Spekulation in Humanismus und Renaissance sind ablesbar an den Enzyklopädien, die nicht mehr über das Wesen der Z. belehren, sondern die aus der Antike überkommenen [1] oder auf eigener Erfahrung beruhenden [2] Ansichten über die Z. und die Vielzahl ihrer Bedeutungen darstellen. Erst R. GOCLENIUS versucht die verschiedenen Konzepte auf der Grundlage der aristotelisch-scholastischen Tradition zu systematisieren [3]. Er unterscheidet den eigentlichen Gebrauch des Begriffs für die endliche Dauer des geschaffenen Seins vom übertragenen Gebrauch, der auch die unendliche Dauer des ewigen Seins umfaßt, und differenziert bezüglich der Z. im eigentlichen Sinne zwischen einer 'inneren' Z., welche die Dauer der geschaffenen Dinge mit Einschluß des «aevums» der Engel meint, und einer 'äußeren' Z., welche das Maß der 'inneren' Z. ist. Ergänzt wird die Gliederung durch den grammatischen Z.-Begriff bei J. C. SCALIGER [4] und durch den auch in der Rhetorik verwendeten Gebrauch von ‹Z.› für καιρός, den richtigen Augenblick. Diese Systematisierung zeigt, daß neben der aristotelischen physikalischen Z., deren thomistische Erweiterung durch «aevum» (s.d.) und «aeternitas» weiter diskutiert wird, das augustinische Z.-Verständnis anscheinend keine Rolle spielt, dafür aber andere, nicht dem Diskurs der theoretischen Philosophie angehörende Bedeutungen an philosophischem Gewicht gewonnen haben.

1. *Aristoteliker.* – Quelle für das Z.-Verständnis sind wie im MA Kommentare, Quästionen und Summen zur ‹Physik› des Aristoteles [5]. Zentral ist das Bemühen, das physikalische Z.-Verständnis gegen übergeordnete metaphysische Ansprüche durchzusetzen. Dies gilt z.B. für die averroistisch ausgerichtete Naturphilosophie, deren Lehre von der 'Ewigkeit der Welt' (s.d.) und ihrer Bewegung auch die Grenzenlosigkeit der Z. impliziert. PAULUS VENETUS [6] löst das Problem, indem er die Z. objektiv als «Affektion der Bewegung» («passio motus») versteht, die als solche wie die Bewegung unbegrenzt ist, durch die zählende Seele aber begrenzt und zur Z. im Sinne der Aristotelischen Definition wird [7]. Die damit verbundene Subjektivierung der Z. macht der Jesuit F. TOLETUS rückgängig, der das Zählen dem göttlichen Intellekt überträgt [8]. Ein ähnliches Problem stellt sich der 'Zweiten Scholastik' des 16. Jh. mit Blick auf das metaphysische Z.-Verständnis des Thomismus, das dem Sein von Gott, Engeln und irdischer Welt gleichermaßen gerecht werden will. B. PERERIUS tastet zwar die «aeternitas» als Maß der Dauer Gottes nicht an [9], lehnt aber das «aevum» als Maß der spezifischen Dauer der Engel unter Berufung auf Ockham als funktionslos ab [10]. Der Engel bedürfe eines solchen Maßes nicht, und der Mensch könne sich seiner nicht bedienen, da er das «aevum» nur als Negation von Z. und Ewigkeit begreifen und in Analogie zur Z. messen könne [11]. Dies bedeutet allerdings nicht das Ende der ontologisierenden Tendenzen: Der ‹Kommentar von Coimbra› setzt eine Vielzahl mittlerer Seinsstufen an und läßt als deren Maß das «aevum» in ebenso vielen Formen wieder aufleben [12].

2. *Neuplatoniker.* – Mit der Rezeption des Neuplatonismus erhält in der Mitte des 15. Jh. der Stufenkosmos als neuer Bezugspunkt der Reflexion Gewicht. Er hatte zwar schon in der Scholastik dem Schluß von der Z. auf das Aevum der Engel und die Ewigkeit Gottes zugrunde gelegen, wird aber nun bei M. FICINO zur Basis des umgekehrten Schlusses von der göttlichen All-Einheit hinab zur körperlichen Vielheit [13], in welcher die Z. das Intervall jener Bewegung ist, in der die Seele geistig und körperlich die in Gott zugleich aktuellen Prinzipien im Nacheinander aktualisiert [14]. Diese Bewegung wird durch «cupiditas», das Streben der Seele, ihre gesamte Potentialität zu aktualisieren, verursacht [15], so daß die dadurch entstehende Z. der augustinischen, intentional begründeten Z. nahezurücken scheint. F. PATRIZI geht über Ficino hinaus. Zwar leitet auch er die Z. als spezifische Dauer – «duratio» oder «permanentia» [16] – der Körperwelt vom all-einen göttlichen Ursprung über die Stufen «sempiternitas», «aeternitas», «aevum» ab [17], aber im Gegensatz zu Ficino und der aristotelischen Tradition ist diese Z. nicht mehr an das Nacheinander der Bewegung gebunden und von der sie zählenden Seele abhängig, sondern besitzt eine eigene Substanz («res per se existens et suam hyparxim habens»). Sie ist wie ein Gefäß, das für Bewegung und Ruhe der Körper vorausgesetzt werden muß und sie umfaßt [18]. Den Anstoß für diese über Antike und Mittelalter hinausgehende Lehre hatte Patrizi von B. TELESIO erhalten, der in seiner «empirischen» Naturphilosophie [19] Aristoteles zwar das stets zu beobachtende gemeinsame Auftreten von Z. und Bewegung zugesteht [20], nicht aber den Schluß auf die ontologische Abhängigkeit der Z. von der Bewegung [21]. So wird bei ihm erstmals die Z. «wenn nicht zu einer vollen Substanz, so doch zu etwas Substanzähnlichem» [22], zum «Raum», innerhalb dessen sich die Bewegung vollzieht: «Tempus mora sit duratioque et spatium, ... in quo motus immutatioque fit omnis» [23].

3. *Humanistische Tradition.* – Primär der praktischen, nicht der theoretischen Philosophie verschrieben, nimmt der Humanist die Z. nicht als theoretisches Problem, sondern als Moment des menschlichen Handelns wahr. Er entdeckt die Geschichtlichkeit des Menschen in der Z., die seine Ratio aus Erinnerung der Vergangenheit, Aufmerksamkeit auf die Gegenwart und Erwartung der Zukunft (s.d.) entwirft [24]. Der Mensch erkennt in der Unbeständigkeit der Umwelt die Gefährdung seiner Existenz und die Chance seiner Selbstbehauptung [25]. Der Versuch, seine Zukunftshoffnungen gegen erstere zu verteidigen und seine Zukunftsängste durch letztere zu überwinden, findet seinen Ausdruck im Kampf der 'Virtus' gegen die 'Fortuna' [26]. So wird die Z. zum Schauplatz der Geschichte: Für N. MACHIAVELLI ist sie die übermächtige Bedrohung, und es ist die Sisyphus-Arbeit des Politikers, gegen sie den Zustand der jeweiligen Ordnung des Gemeinwesens, den «status», mit allen Mitteln zu verteidigen [27]; für L. B. ALBERTI ist die Z. die Gesamtheit der im Wechsel der Umstände gegebenen Möglichkeiten. Mit ihnen ökonomisch umzugehen, sich ihnen – im Sinne des griechischen Kairos (s.d.): «il tempo, cioè la stagione delle faccende» [28] – anzupassen und harmonisch in den Gang der Dinge einzufügen, ist die Kunst vollendeter Lebensführung. Für den Historiker schließlich ist die Z., neben dem Ort, Wesensbestimmung des historischen Ereignisses [29] und in ihrem Verlauf das unverzichtbare Gerüst der narrativen Ordnung [30].

Anmerkungen. [1] G. VALLA: De expetendis et fugiendis rebus (Venedig 1501) 20, 21f. – [2] G. CARDANO: De subtilitate XVIII (1551). Op. omn. 3, hg. C. SPON (Lyon 1662, ND 1967) 651 bf. – [3] R. GOCLENIUS: Art. ‹Tempus›, in: Lexicon philosophicum (Frankfurt a.M. 1613, ND 1964) 1121f. – [4] J. C. SCALIGER: De causis linguae latinae (Lyon 1540) 220-241; vgl. K. JENSEN: Rhetorical philosophy and philosophical grammar. J. C. Scaliger's theory of language (1990) 172-174. – [5] Vgl. CH. H. LOHR: Latin Aristotle commentaries II: Renaissance authors (Florenz 1988). – [6] P. VENETUS: Summa philosophiae naturalis I, 41 [1408] (Venedig 1503, ND 1974) 22^{v}a. – [7] 24, a.O. 13^{r}a; 25, a.O. 13^{v}a. – [8] F. TOLETUS: Comm. una cum quaest. in octo libros Arist. De physica auscultatione IV, q. 15 (Köln 1574). Op. omn. philos. (Köln 1615/16, ND 1985) 147^{v}a-b. – [9] B. PERERIUS: De communibus omnium rerum naturalium principiis et affectionibus libri XII, 10 (Rom 1562; Lyon 1588) 664-666. – [10] 15, a.O. 676. – [11] 16, a.O. 676-678. – [12] Comm. Conimbricenses: In octo libros Phys. Arist. IV, 14, q. 3 (Coimbra 1592, Lyon 1594, ND 1984) 109-111. – [13] M. FICINO: Theologia platonica IV, 2, 2 (Florenz 1474), in: Platonic theology, lat./engl. hg. J. HANKINS/M. J. B. ALLEN (Cambridge, Mass. 2001) 297f. – [14] 2, 5, a.O. 300-304. – [15] 2, 6, a.O. 304-306. – [16] F. PATRIZI: Nova de universis philosophia II: Panarchia XXI (Ferrara 1591) 43^{v}b 54f. – [17] a.O. 46(recte 44)^{r}a 47-b 53. – [18] 43^{v}b 2-30. – [19] B. TELESIO: De rerum natura iuxta propria principia I, 29 (Neapel 1586), lat./ital. hg. L. DE FRANCO (Cosenza 1965) 1, 220-227. – [20] a.O. 224, 3-7. – [21] 224, 7-34. – [22] 226, 2-5. 10-20; vgl. K. SCHUH-

MANN: Zur Entstehung des neuzeitl. Z.-Begriffs: Telesio, Patrizi, Gassendi. Philos. naturalis 25 (1988) 37-64, bes. 42. – [23] a.O. 226, 22. – [24] F. PETRARCA: De remediis utriusque fortunae I, Praef. (1366). Op. quae extant omnia (Basel 1554, ND 1965), lat./dtsch. hg. R. SCHOTTLAENDER (1988) 44-47; vgl. auch: Art. ‹Vergänglichkeit›. Hist. Wb. Philos. 11 (2001) 658-664. – [25] II, 93, a.O. 187ff. – [26] L. B. ALBERTI: Della famiglia, Prol. I (1438). Opere volgari 1, hg. C. GRAYSON (Bari 1960) 3-12. – [27] N. MACHIAVELLI: Il principe 25 (1513). Tutte le opere 1, hg. F. FLORA/C. CORDIÉ (Verona 1968) 78-81; vgl. E. KESSLER: Humanist. Denkelemente in der Politik der ital. Renaissance. Wolfenbütteler Renaissance-Mitteil. 7 (1983) 34-43. 85-92, bes. 88f. – [28] ALBERTI: Della fam. III: Liber oeconomicus, a.O. [26] 168-178, zit. 177. – [29] Vgl. ANNIUS VITERBENSIS: Etrusca simul et italica emendatissima chronographia (Rom 1498) 163. – [30] F. ROBORTELLO: De historica facultate disputatio VII (Florenz 1348, ND 1971) 23-25; F. PATRIZI: Della historia diece dialoghi VII (Venedig 1560, ND 1971) 41ᵛ 30-42ᵛ 22.

Literaturhinweise. R. J. QUINONES: The renaissance discovery of time (Cambridge, Mass. 1972). – J. LE GOFF: Time, work and cultures in the MA (Chicago/London 1980). – E. KESSLER s. Anm. [27]. – K. SCHUHMANN s. Anm. [22]. – K. LEIJENHORST: Hobbes and the Aristotelians (Utrecht 1998) 148-159. – P. PORRO (Hg.): The medieval concept of time. The scholastic debate and its reception in early modern philos. (Leiden 2001). – E. E. RYAN: Franciscus Patricius on time. New insights into an ancient question. Synthesis philosophica 16 (2001) 243-266.

E. KESSLER

V. *17. und 18. Jh.: von Gassendi bis Lambert.* – Die Versuche der neuzeitlichen Autoren, begrifflich zu erfassen, was das nicht nur im vorwissenschaftlichen Alltag, sondern auch in den zunehmend an Bedeutung gewinnenden Naturwissenschaften erfolgreich und scheinbar problemlos benutzte Nomen ‹Z.› besagt, knüpfen an die platonische, aber vor allem an die aristotelische Tradition an [1]. Nach ARISTOTELES ist die Z. eine Zahl der Veränderung des durch den Träger der Veränderung wahrnehmbar gemachten Vorher und Nachher [2]. Die Auseinandersetzung mit dieser Definition und ihren Derivaten beherrscht die Diskussionen um den Z.-Begriff bis hin zu G. W. LEIBNIZ und liegt letztlich auch noch I. KANTS Auffassung von der Z. zugrunde, nach der «die Zahl nichts anders, als die Einheit der Synthesis des Mannigfaltigen einer gleichartigen Anschauung überhaupt [ist], dadurch daß ich die Z. selbst in der Apprehension der Anschauung erzeuge» [3]. Den mit der Klärung des Z.-Begriffs befaßten Autoren bis zu Leibniz entgeht, daß dieser seit der Antike im Rahmen von Bewegungstheorien benutzte Begriff ein Objekt höherer Abstraktion ist als die von den Uhren angezeigte Z. Diese setzt die Existenz zählender Menschen voraus und ist damit ebenfalls nicht etwas einfach 'Ablesbares', sondern Produkt eines mentalen Handelns.

Dieser bei ARISTOTELES entfaltete [4] und in der Auseinandersetzung mit ihm auch kritisierte Z.-Begriff scheint P. GASSENDI, der damit an entsprechende Bedenken von B. Telesio anknüpft [5], unhaltbar. Er erklärt in seinem erst 1658 postum veröffentlichten ‹Syntagma philosophicum›, daß Raum und Z. zu dem gehören, dessen Existenz vollkommen unabhängig von allen Dingen aus der vom Menschen erfahrbaren Welt und vom menschlichen Denken sind [6]; die Grundzüge seiner Theorie der Z. hatte Gassendi schon 1644 in den ‹Animadversiones in decimum librum Diogenis Laertii› veröffentlicht. «Gleich ob der Intellekt denkt oder nicht denkt, der Ort verbleibt und die Z. verrinnt (Tempus procurrat)» [7]. Die Z. verrinnt immer gleich schnell, gleich ob in ihr etwas ist oder nicht, das in ihr dauert, ruht oder sich bewegt, und ob es sich schneller oder langsamer bewegt: «So kann die Z. durch keine Macht zum Stehen gebracht werden ..., sondern unaufhaltsam fortschreitend fließt sie unabänderlich immer fort. ... Wie es den Geschöpfen zukommt, hinsichtlich des Ortes lediglich irgendwo zu sein und hinsichtlich der Z. irgendwann, so kommt es dem Schöpfer zu, hinsichtlich des Ortes überall und hinsichtlich der Z. immerzu zu sein, und daher stehen ihm jene zwei ausgezeichneten Attribute zu, die Unendlichkeit, dank deren er an jedem Ort anwesend ist, und die Ewigkeit, dank deren er zu aller Z. verharrt» [8].

Gassendi löst sich von der platonischen Ontologie, nach der die (in der christlichen Tradition als Seinsweise Gottes aufgefaßte) Ewigkeit (Aion, s.d.) das Urbild der ontologisch als deren bloßes Abbild auf einem niedrigeren Rang stehenden Z. ist. Zum andern führt er den Begriff einer *universellen Z.* ein, die nicht nur alle Dinge der dem Menschen zugänglichen Welt, sondern darüber hinaus auch noch Gott zeitlich einzuordnen gestattet. Wie Gassendi zugesteht, «ist eine Änderung irgendwelcher Art [in der sinnlich erfahrbaren Welt] notwendig, damit der Fluß der Z. (Temporis fluxus) bemerkt wird»; «so wie der Ort mittels der Länge der Elle gemessen wird, so wird auch der Fluß der Z. mittels des Flusses der Uhr gemessen. Und da keine Bewegung allgemeiner und regelmäßiger und bekannter ist als die der Sonne, nehmen wir daher diese Art der Bewegung gewissermaßen für eine allgemeine Uhr, um den Fluß der Z. abzumessen. ... Wäre die Sonne doppelt so schnell, so wäre deshalb die Z. noch nicht doppelt so geschwind; sondern ein Intervall von zwei Tagen wäre nur gleich dem Intervall eines einzigen von der Art, wie sie derzeit verbracht werden» [9]. Gassendi zählt den Raum und die Z. ontologisch nicht zu den Substanzen, weil alle Substanzen und damit a fortiori deren Akzidenzien, sofern sie überhaupt bestehen, irgendwann und irgendwo bestehen. Somit setzt die Existenz der Substanzen samt ihrer Akzidenzien die Existenz des Raumes und der Z. voraus, ein Gedanke, der mutatis mutandis in Kants transzendentaler Ästhetik wiederkehrt.

Gassendis Begriff der Z. liegt die Vorstellung von einem der menschlichen Erfahrung nicht unmittelbar zugänglichen 'fließenden' Etwas zugrunde, das den Menschen nicht zu beeinflussen vermag und das er deshalb auch nicht direkt registrieren kann. Das ist auch die Vorstellung, die I. NEWTONS Begriff der «absoluten, wahren und mathematischen Z.» («Tempus Absolutum, verum & mathematicum») fundieren wird. Nach Newton ist die absolute Z. in sich und aufgrund ihrer Natur gleichförmig und fließt ohne jeden Bezug auf irgend etwas Äußeres; die relative, erscheinende und gewöhnliche Z. ist dagegen ein (entweder genaues oder ungenaues) sinnlich erfahrbares und äußeres Maß jeder Dauer (s.d.), das man gewöhnlich wie die Stunde, den Tag, den Monat und das Jahr statt der wahren Z. benutzt [10].

Über Gassendis Konzeption hinaus gelingt R. DESCARTES in seinen ‹Principia› ein erster Schritt hin zur begrifflichen Fixierung des Z.-Begriffs, der den empirisch fundierten neuzeitlichen Naturwissenschaften zugrunde liegt. Nach Descartes ist die Dauer («duratio») irgendeines Dinges nur der Zustand («modus»), unter dem der Mensch eine Sache vorstellt, insofern sie beharrt; und ähnlich sind die Ordnung und die Zahl nichts von den geordneten und abgezählten Dingen Verschiedenes, sondern nur Zustände, unter denen er sie betrachtet [11]. Aber die Attribute und Zustände in den Dingen selbst sind andere als die in unserem Denken. Sooft wir die Z. («tempus») von der Dauer im allgemeinen unterscheiden und sagen, die Z. sei die Zahl der Bewegung, ist das nur ein Zustand des Denkens («modus cogitandi»); denn wir nehmen in einer Bewegung keinen anderen Zustand dieser Art als in den unbewegten Dingen wahr. Um aber die Dauer aller Dinge zu messen, vergleichen wir jene mit der Dauer jener allergrößten und allergleichmäßigsten Bewegungen, die Jahre und Tage werden lassen; diese Dauer nennen wir ‹Z.›, und das fügt der Dauer im allgemeinen nichts weiter hinzu als einen Zustand des Denkens. So ist auch die Zahl, sooft wir sie nicht in irgendwelchen erschaffenen Dingen, sondern in abstracto oder im allgemeinen betrachten, nichts als ein Zustand des Denkens, ebenso wie auch alles andere, was wir als ‹Universale› bezeichnen [12]. Wie Gassendi vertritt Descartes die Ansicht, daß es eine transzendente Dauer überhaupt («duratio generaliter sumpta») gibt [13]; von dieser kann der Mensch seiner Ansicht nach ein im wesentlichen unverfälschtes Bild gewinnen.

Für B. Spinoza ist die Z. eine subjektive Weise des Vorstellens. Sie ist keine «affectio rerum, sed tantum merus modus cogitandi», ein «ens rationis» [14]. Das meßbare Nacheinander von Phasen der Dauer wird von der Imagination erfaßt. Der kontingenten stellt Spinoza nicht die absolute Dauer, sondern die Ewigkeit gegenüber. Diese wird nicht als absolute Z., sondern als *Zeitlosigkeit* definiert. Damit ist die Z. im Unterschied zur Ausdehnung kein Attribut Gottes, der «natura naturans» (s.d.). Die «natura naturata» hingegen hat eine relative zeitliche Dimension. «Insofern der Geist (mens) das gegenwärtige Dasein des Körpers begreift (concipit), insofern begreift er eine Dauer (duratio), die durch Z. bestimmt werden kann, und insofern nur hat er das Vermögen, die Dinge mit Beziehung auf die Z. zu begreifen» [15]. Die Z. als Maß der Dauer charakterisiert die kreatürliche Natur. Die Dichotomie zwischen Schöpfer und Geschöpfen als eine zwischen Ewigem und Zeitlichen hebt Spinozas Monismus auf.

Wenn Menschen die Augenblicke, in denen die Z. dahinfließt, erkennen oder gar messen wollen, nehmen sie nach Th. Hobbes irgendeine Bewegung zu Hilfe, etwa den Lauf der Sonne oder eine Maschine von der Art der Uhr; denn auf eine andere Art vermögen wir die Z. schlechterdings nicht wahrzunehmen [16]. Die Z. ist ein Bild der Bewegung («phantasma motus, quatenus in motu imaginamur prius et posterius, sive successionem») [17]. Hobbes teilt Gassendis und Descartes' Vorstellung von der Z. als einem der menschlichen Erfahrung nicht unmittelbar zugänglichen 'fließenden' Etwas, das der Mensch nicht direkt zu registrieren vermag. Anders als bei Gassendi erkennt der Mensch nach Hobbes das Früher oder Später nicht durch ein Betrachten von Prozessen, die in seiner Umwelt ablaufen, sondern durch ein Abzählen der Phasen an Phantasmata von Bewegungen wie dem Lauf der Sonne oder dem Vorrücken eines Uhrzeigers. Die dadurch erfaßte Z. bleibt weiter eine bloße Uhrzeit; aber diese Uhrzeit ist nicht mehr als ein Akzidens von immer nur ausschnitthaft und momentan existierenden Prozessen deutbar. Statt dessen gewinnt man sie durch ein Abzählen der Komponenten eines Ens rationis, die keinem ständigen Vergehen unterworfen sind. Damit ist das seit Aristoteles diskutierte Bedenken, daß die Z. bis auf einen «gegenwärtigen Moment» überhaupt nicht existiert, zumindest partiell ausgeräumt. Eine konsequente Fortsetzung der Überlegungen von Descartes und Hobbes führt zu der Einsicht, daß nicht erst die Z., sondern schon die Uhren, auf die man sich bezieht, wenn man die Welt um sich zeitlich ordnet, keine Gegenstände der unmittelbaren Wahrnehmung des Menschen, sondern dem Prozeß des Werdens und Vergehens der Dinge aus der Sinnenwelt nicht ausgesetzte «entia rationis» sind.

J. Locke betont, daß wir mit der Beobachtung der Umläufe der Sonne die Idee von einer bestimmten Länge der Dauer erworben haben, die wir in Gedanken, sooft wir wollen, aneinanderlegen und auf jede vergangene und zukünftige Dauer anwenden können [18]. Er geht über Hobbes hinaus, indem er versucht, die «ideas» der Dauer, der Z. und der Ewigkeit bis auf ihren Ursprung zurückzuverfolgen und auf diese Weise zu zeigen, daß sie aus den beiden Quellen unserer gesamten Erkenntnis stammen, nämlich der Sensation und der Reflexion [19]. Locke räumt ein, nicht zu wissen, «wie die Ideen unseres Geistes gebildet werden, aus welchem Material sie gemacht sind, woher sie ihr Licht haben und wie wir sie zur Erscheinung bringen» [20]. Damit ist er der erste Autor der Neuzeit, der bewußt jeden Rückgriff auf einen transzendenten Begriff von Z., an der die von den Menschen registrierbare Z. auf rätselhafte Weise teilhat, vermeiden will. In einem ersten Schritt erwirbt der Mensch die Idee der Dauer («duration») – wie bei Hobbes – durch die Reflexion auf die Kette von Ideen, die er entweder durch Sensation erworben hat [21] oder dadurch gewinnt, daß er von der Aufeinanderfolge der in seinem Geist vorüberziehenden Ideen Notiz nimmt [22]. Damit erweist sich der Mensch selber als Uhr, an der er den Ablauf der Z. registrieren kann. Wie Locke erwägt, dürfte die «constant and regular succession of ideas in a waking man» «the measure and standard of all other successions» sein [23], ein Gedanke, den Kant, transzendentalphilosophisch überformt, in seine Erkenntnistheorie einfügt. Im übrigen kommt Locke der Einsicht schon recht nahe, daß der auf diese Weise eingeführte Begriff der Dauer nur eine «Aufeinanderfolge» (in Beziehung auf die Relationen 'früher als', 'zugleich mit' und 'später als') festlegt [24], ohne daß der Z. damit auch schon eine Metrik aufgeprägt wäre. Der Lösung des Problems, sich ein Maß der allgemeinen Dauer zu verschaffen [25], steht entgegen, daß die Dauer «a constant fleeting succession» [26] ist, die nicht anhand der Idee von einem beständigen Maßstab wie der für die Ausmessung des Raumes benutzten Elle ausgemessen werden kann. Als geeignetes Zeitmaß kommt nur in Frage, was die Länge einer Dauer durch ständig wiederholte Perioden in offenbar gleiche Abschnitte teilt [27]. Indem der Mensch die Ideen von bestimmten Längen der Dauer, sooft er will, aneinanderfügt, bemerkt er, daß er diese Vervielfältigung auf jede vergangene oder zukünftige Dauer anwenden kann; damit hat er sich durch eine Extrapolation die Idee der Ewigkeit verschafft [28]. Wie Locke anmerkt, habe man die durch den Umlauf der Gestirne bestimmten Perioden zum Maß der Z. gemacht, dies sei aber nicht zwingend, weil «jedes konstante periodische Erscheinen von Ideen in anscheinend gleichen Abständen der Dauer, falls es beständig und allgemein zu beobachten gewesen wäre» [29], als Grundlage für eine Metrik der Z. dienen könnte. Die Gleichheit zweier aufeinanderfolgender Längen der Dauer läßt sich allerdings nie «beweisen, wie immer man sie messen möge» [30]. Seiner Ansicht nach haben wir für deren immer nur scheinbare Gleichheit kein anderes Maß als das durch die Kette der eigenen Ideen unserem Gedächtnis eingeprägte, das uns im Verein mit anderen wahrscheinlichen Gründen von jener Gleichförmigkeit überzeugt [31]. Im Rahmen der Überlegungen zur Metrisierung der Z. erklärt Locke unvermittelt, die Dauer selbst sei als ein Prozeß zu betrachten, der beständig, ebenmäßig und gleichförmig abläuft, ohne daß wir von einem der von uns auf sie angewandten (zeitlichen) Maßstäbe wissen könnten, ob sie ebenso beschaffen seien [32]. Damit fällt er in die traditionelle Vorstellung von der «absoluten Z.» als einer perfekten Uhr zurück, der eine Metrik aufgeprägt ist, die dem Menschen allerdings nicht zugänglich ist.

Für G. BERKELEY ist die Z. im Weiterdenken der aristotelischen Tradition nichts außer der Vorstellungsfolge in unserem Geist: «Time therefore being nothing, abstracted from the succession of ideas in our minds». Die Vorstellungsfolge konstituiert die Z. mit der Konsequenz «that the soul always thinks» [33]. Das Ziel seiner Untersuchung über Raum und Z. besteht für D. HUME darin, die klassischen Teilbarkeitsaporien als Scheinprobleme zu entlarven [34]. Die Vorstellung der Z. ist nicht von einem gesonderten Eindruck abgeleitet. Die Zeiterfahrung bildet sich dadurch aus, daß der Mensch nach und nach Folgen von veränderlichen Dingen registriert («successions of changeable objects»), die im übrigen lückenlos aufeinander folgen [35]. Mithin hat die Z. nach Hume ebenso wie die Ausdehnung und die Bewegung eine diskrete Struktur [36].

Nach G. W. LEIBNIZ sind ‹Z.› und ‹Raum› primär metaphysische Begriffe, analoge Relationen, die ebenso das schöpferische Denken Gottes, wie, anders gesehen, die sich in Freiheit konstituierenden singulären Possibilien (s.d.) bestimmen. Deren Realität entsteht erst mit dem Sein eben dieser Possibilien: Die Z. ist die Ordnung des Nacheinanders oder der Veränderungen dieser Possibilien, der Raum ihre Ordnung des Nebeneinanders. Ohne Seiendes, das in diesen interdependenten Ordnungen steht, sind Z. und Raum für Leibniz rein ideell. Zwei inkompatible Existenzen unterscheiden sich der Z. nach, wenn die eine der Natur nach früher ist als die andere [37]. Der Begriff der Z. involviert für Leibniz die ganze Folge der Dinge und den Willen Gottes [38]. Denn die Wurzel der Z. liegt in der ersten Ursache, die die Folge der Dinge virtuell in sich enthält. So ist, was real ist an Raum und Z., in Gott («in Deo omnia complectente») [39]. Das sei die Natur der Z., daß zu verschiedener Z. Kontradiktorisches von demselben ausgesagt werden kann [40]. Es sei ebenso absurd, die Z. – ein altes Problem – aus Momenten zusammengesetzt sein zu lassen wie die Linie aus Punkten [41]. Seine ersten, etwa 1686 in einer Fußnote formulierten Definitionen lauten knapp: «Raum ist die Ordnung der Koexistenz. Z. ist die Ordnung der Veränderungen» («Locus ordo coexistendi, Tempus ordo mutationum») [42]; dabei ist Ordnung «nichts anderes als eine unterscheidende Relation zwischen mehreren» («relatio plurium distinctiva») [43]. Wenig später definiert er die Z. als Ordnung des Existierens zwischen einzelnen Zuständen, die sich widersprechen («ordo existendi, inter ea singularia quae sibi contradicunt») [44], oder als Ordnung der inkonsistenten Possibilien («ordo possibilitatum inconsistentium») [45] und als Ordnung der Sukzessionen («ordo successionum») [46]. Leibniz hat diese verschieden lautenden, aber dasselbe meinenden Definitionen auf dem Boden seiner unveröffentlichten Metaphysik der möglichen Welten [47] entworfen; er beansprucht für sie gleichwohl allgemeine Geltung. Ohne diesen metaphysischen Hintergrund waren sie jedoch schwer zu akzeptieren, was sich deutlich in Leibniz' postum edierten Auseinandersetzung mit dem Newton-Vertrauten S. CLARKE erweist, in der er gegen die Annahme einer absoluten Z. und eines absoluten Raumes argumentiert [48].

Mit dem dritten Schreiben an Clarke wendet sich LEIBNIZ der Frage zu, wie die in den Naturwissenschaften benutzten Begriffe ‹Raum› und ‹Z.› empirisch begründet werden können. Dazu führt er zunächst im Sinne seiner seit 1685 zu diesem Problem angestellten Überlegungen aus, daß er den Raum ebenso wie die Z. für etwas Relatives («quelque chose de purement relatif») halte, den Raum «nämlich für eine Ordnung von nebeneinander stehenden [physikalischen] Körpern, [ganz] so wie die Z. eine Ordnung von aufeinanderfolgenden [Dingen und Ereignissen] ist» [49]. Demnach wäre die Z. als «ordre de successions» nichts anderes als eine 'Uhr im allgemeinen Sinne'. Schließlich kommt er zu der Einsicht, wie man von den empirisch vorfindbaren oder doch zumindest konstruierbaren materiellen Bezugssystemen und Uhren aus der Umwelt des Menschen durch einen Abstraktionsprozeß zum Raumbegriff der Physiker gelangt [50].

Im Hinblick auf die relational begriffene 'lagezeitliche' Ordnung der Z. weist Leibniz nur noch darauf hin, daß man dabei analog zu verfahren habe. Folgte man diesem Hinweis, hätte man dabei wie folgt vorzugehen [51]: Zunächst wird für die Menge der Zeigerstellungen an einer Menge von empirisch vorfindbaren 'Uhren im allgemeinen' die Relation 'zugleich sein' eingeführt. Die durch die Äquivalenzrelation 'zugleich sein' in der Menge aller Zeigerstellungen einer Menge von Uhren im allgemeinen induzierten Äquivalenzklassen sind Zeitpunkte. Damit die «Lagezeit» [52] ein lückenloses Kontinuum ist, geht man im Rahmen einer Grenzbetrachtung zu der Menge aller in der Praxis aufzeigbaren bzw. konstruierbaren Uhren im allgemeinen über. Das führt abschließend zu der Begriffsbestimmung: Die Lagezeit ist die Menge aller Zeitpunkte. Der skizzierte Abstraktionsprozeß induziert auf der Menge aller Zeitpunkte, die durch Zeigerstellungen von empirisch aufweisbaren Uhren repräsentiert werden, eine lineare Ordnung. Zum anderen ist die so definierte Lagezeit ein «ens rationis», das als solches samt aller seiner Elemente und Teilmengen keinem Werden und Vergehen unterworfen ist. Dagegen gehört zu ihr von sich aus keine Metrik von der Art, wie sie LOCKE für die «Dauer selbst» und NEWTON für die «absolute, wahre und mathematische Z.» unterstellt hatten. Eine solche Metrik muß der Z. vielmehr im Rahmen einer weiteren mentalen Handlung aufgeprägt werden, wobei man sich seit dem Aufkommen der Naturwissenschaften für eine Metrik entscheidet, die zu einfachen Naturgesetzen führt.

LEIBNIZ dürfte der Ansicht gewesen sein, daß sich der drohende Zirkel bei der Einführung des Z.-Begriffs der Naturwissenschaften auf der Grundlage seiner seit 1685 angestellten Überlegungen zu einer rein metaphysischen Fundierung des Z.-Begriffs vermeiden läßt. Danach wäre eine notwendige Bedingung dafür, daß zwei Ereignisse und somit insbesondere zwei Zeigerstellungen gleichzeitig sein können, daß sie in Gottes Schöpferplan einander nicht ausschließen. Die Frage, wann das der Fall ist, glaubt er im Rahmen seiner Lehre von der universellen Harmonie [53] beantworten zu können. Doch damit wäre die Lagezeit der Physiker kein rein empirisch fundierter Begriff mehr. Erst die Entdeckung der «Modalzeit» [54] durch J. M. E. MCTAGGART [55] hat gezeigt, daß man von den Ansätzen aus den Briefen von Leibniz an Clarke dadurch zu einer zirkelfreien Definition der Lagezeit übergehen kann, daß man das 'zugleich sein' von Zeigerstellungen nicht als ein 'lagezeitlich zugleich sein' definiert, sondern dadurch, daß sie nach dem Urteil eines (oder mehrerer miteinander korrespondierender) Beobachter als zugleich gegenwärtig erlebt werden. In diese Definition geht nur die modalzeitliche Relation 'gegenwärtig' und nicht die lagezeitliche Relation 'zugleich mit' ein.

Auf Leibniz zurück gehen auch die Definitionen der Z. von CH. WOLFF («ordo successivorum in serie continua» [56]) und A. G. BAUMGARTEN («ordo ... successivorum» [57]). WOLFF übernimmt zwar den Wortlaut der Leibnizschen Definition, trivialisiert aber deren Inhalt in Unkenntnis der von Leibniz geheimgehaltenen Papiere zur Metaphysik. Daher bleibt Leibniz' Lehre von Raum und Z. trotz Wolff und Baumgarten zunächst ohne Wirkungsgeschichte. Bezüglich der Psychologie der Z.-Vorstellung knüpft Wolff u.a. an Locke an: «Dadurch daß wir erkennen, daß etwas nach und nach entstehen kan, ingleichen, wenn wir darauf acht haben, daß unsere Gedancken auf einander folgen, erlangen wir einen Begrif von der Z.» als der «Ordnung dessen, was auf einander folget» [58]. Nach CH. A. CRUSIUS ist die Z. «dasjenige, darinnen wir die Succeßion der hintereinander folgenden Dinge denken». Sie ist ein «abstraktum der Existenz» [59]. Für die Existenz eines Objektes besitzen Raum und Z. grundlegende Bedeutung: «Raum und Z.» werden «in dem weitesten Verstande schon voraus gesetzet, und für bekannt angenommen, und es ist ein Theil von dem, was zur Möglichkeit einer Substanz erfordert wird» [60]. An Crusius schließt – mit großer Wirkung – J. H. LAMBERT an. Im Briefwechsel mit Kant nennt er die Z. eine «Conditio sine qua non» der Erkenntnis von Objekten: «Bisher habe ich der Z. und dem Raume noch nie alle Realität absprechen noch sie zu blossen Bildern und Schein machen können. ... Z. und Raum werden reeller Schein seyn» [61].

Anmerkungen. [1] Vgl. etwa: GOCLENIUS, a.O. [3 zu IV.]. – [2] Vgl. ARISTOTELES: Phys. IV, 11, 219 b 1ff. – [3] I. KANT: KrV A 142f./B 182. – [4] ARISTOTELES: Phys. IV, 14, 223 a 21ff. – [5] Vgl. SCHUHMANN, a.O. [22 zu IV.]. – [6] P. GASSENDI: Syntagma philos. II, 1 (1658). Op. omn. (Lyon 1658, ND 1964) 1, 179-184. – [7] a.O. 182 a. – [8] 224 b-225 a. – [9] II, 7, a.O. 225 b. – [10] I. NEWTON: Philos. naturalis principia math. I, Schol. zur Def. VIII (1687). Opera quae exstant omnia 2, hg. S. HORSLEY (London 1779-85) 6. – [11] R. DESCARTES: Principia philosophiae I, 55 (1644). Oeuvr., hg. CH. ADAM/P. TANNERY (Paris 1897-1913, 1964-91) 8, 26. – [12] 57f., a.O. 26f. – [13] 57, a.O. 27. – [14] B. SPINOZA: Cogitata metaphys. I, 4 (1663). Opera, hg. C. GEBHARDT (1923-87) 1, 244. – [15] Eth. V, prop. 29, dem. (1677), a.O. 2, 298, 16-19. – [16] TH. HOBBES: De corpore II, 7, 3 (1655). Op. philos., hg. W. MOLESWORTH (London 1839-45) 1, 83f. – [17] a.O. 83. – [18] J. LOCKE: An essay conc. human underst. II, 14, §§ 5. 27 (1690). The works (London 1823, ND 1963) 1, 176f. 188f. – [19] § 2, a.O. 174f.; vgl. Art. ‹Wahrnehmung III.›. – [20] § 13, a.O. 180. – [21] § 3, a.O. 175. – [22] §§ 4. 6. 16, a.O. 175f. 177. 180f. – [23] § 12, a.O. 179. – [24] § 5, a.O. 176f. – [25] § 17, a.O. 181. – [26] § 18, a.O. 182. – [27] a.O. – [28] § 27, a.O. 188f. – [29] § 19, a.O. 182. – [30] § 21, 184f. – [31] a.O. – [32] ebda. – [33] G. BERKELEY: A treat. conc. the principles of human knowledge 98 (1710). The works, hg. A. A. LUCE/T. E. JESSOP 2 (1949) 83; vgl. auch: a.O. (Anm. 2). – [34] D. HUME: A treat. of human nature II, 1, sect. 1 (1739/40). The philos. works, hg. TH. H. GREEN/TH. H. GROSE (London 1886, ND 1964) 1, 334. – [35] a.O. 338. – [36] 339. – [37] G. W. LEIBNIZ: Elementa characteristicae universalis [1679]. Akad.-A. VI/4 (1999) 182. – [38] De affectibus [April 1679], a.O. 1441, 11. – [39] Definitiones notionum metaphysicarum atque logicarum [1685], a.O. 629. – [40] Notationes generales [1683-85], a.O. 556, 19f. – [41] Divisio terminorum ... [1683-85], a.O. 562, 21f. – [42] Tabula notionum praeparanda [Juli 1685-März 1686], a.O. 632. – [43] Demonstratio contra atomos ... 8, 15 [1690]. Die philos. Schr., hg. C. I. GERHARDT (1875-90, ND 1978) 7, 290. – [44] Definitiones: Ens, Possibile, Existens [Juli 1687-Dez. 1696], a.O. [37] 868, 23. – [45] Br. an B. de Volder (Anf. 1703), a.O. [43] 2, 253. – [46] Br. an B. des Bosses (29. 5. 1716), a.O. 515. – [47] Vgl. Art. ‹Welt, mögliche›. – [48] Vgl. den von Juli 1715 bis zu seinem Tod geführten Br.wechsel mit S. Clarke: a.O. [43] 355-440, bes. 363. 378; vgl. Initia rerum math. metaphysica [April 1715]. Math. Schr., hg. C. I. GERHARDT (1849-63, ND 1971) 7, 17-29. – [49] 3. Schreiben an Clarke § 4 (25. 2. 1716), a.O. 363. – [50] 5. Schr. § 47 (18. 8. 1716), a.O. 400-402; vgl. H. SCHMITZ: System der Philos. III/1 (1967) 459-462. – [51] Details bei: P. LEISS: Die aristot. Lehre von der Z. Ihre Aporien und deren Auflösung (2004). – [52] Zur Unterscheidung von «Lage-» und «Modalzeit» vgl. H. SCHMITZ: Reine Modalzeit und modale Lagezeit, in: M. LAZARIN: Time and nothingness (Kyoto 1997) 193-208. – [53] Vgl. Art. ‹Harmonie, prästabilierte›. Hist. Wb. Philos. 3 (1974) 1001-1003. – [54] SCHMITZ, a.O. [52]. – [55] Vgl. Art. ‹Zeit VI. 10.›. – [56] CH. WOLFF: Philosophia prima, sive Ontologia § 572 (1720, ²1736). Ges. Werke II/3, hg. J. ECOLE (1962) 443, wo er als Quelle den 1717 gedruckten Brief von Leibniz an N. Remond vom 14. 3. 1714 angibt: LEIBNIZ, a.O. [43] 3, 612; vgl. J. CH. GOTTSCHED: Erste Gründe der ges. Weltweisheit 1, § 266 (Leipzig 1733/34, ⁷1762) 223; zur Thematisierung der Z. unter Aspekten praktischer Philos. vgl. auch: Art. ‹Zeit›, in: J. G. WALCH: Philos. Lex. 2 (⁴1775, ND 1968) 1686-1690. – [57] A. G. BAUMGARTEN: Metaphysica § 239 (Halle 1739) 71. – [58] CH. WOLFF: Vern. Ged. von Gott, der Welt und der Seele des Menschen [Dtsch. Metaphysik] I, §§ 94ff. (1720, 1751). Ges. Werke I/2, hg. CH. A. CORR (1983) 47ff., hier: 47. – [59] CH. A. CRUSIUS: Entwurf der nothwend. Vernunft-Wahrheiten § 54 (1745). Die philos. Hauptwerke 2, hg. G. TONELLI (1964) 88. – [60] § 59, a.O. 104. – [61] J. H. LAMBERT: 5. Br. an I. Kant (1770). Philos. Schr., hg. H. W. ARNDT 9 (1968) 360. 366.

Literaturhinweise. J. J. BAUMANN: Die Lehren von Raum, Z. und Mathematik in der neuern Philos. (1869-70). – S. ALEXANDER: Spinoza and time (London 1921); als Extrakt: Spinoza and time, in: S. P. KASHAP (Hg.): Studies in Spinoza (Berkeley 1972) 68-85. – W. GENT: Die Philos. des Raumes und der Z. (1926). – P. W. SHARKEY: Hume's theory of space and time (Ann Arbor, Mich. 1970). – G. BÖHME: Z. und Zahl (1974). – K. SCHUHMANN s. Anm. [22 zu IV.]. – N. GRIMALDI: Le temps chez Descartes. Rev. int. Philos. 50 (1996) 163-191. – Y. PRÉLORENTZOS: Temps, durée et éternité dans les ‹Principes de la philos. de Descartes› de Spinoza (Paris 1996). – L. FALKENSTEIN: Hume on manners of disposition and the ideas of space and time. Arch. Gesch. Philos. 79 (1997) 179-201. – CH. JAQUET: Sub specie aeternitatis: étude des concepts du temps, durée et éternité chez Spinoza (Paris 1997). – J. MEDINA: Le temps chez Hobbes. Les Et. philos. 2 (1997) 171-190. – K. LEIJENHORST s. [Lit. zu IV.]. – L. ROUX: Temps et identité chez Locke, in: L. ROUX (Hg.): Le char ailé du temps: temps, mémoire, histoire en Grande-Bretagne aux 17ᵉ et 18ᵉ s. (St. Etienne 2003) 211-218. – K. SCHUHMANN: The notion of time in Hobbes, a.O. 153-170. – P. LEISS s. Anm. [51].

H. HÜHN/H.-J. WASCHKIES

VI. *19. und 20. Jh.: von Kant bis zur Gegenwart.* – 1. Zentraler Bezugspunkt für die unterschiedlichen Z.-Begriffe der philosophischen Moderne ist die von I. KANT in der ‹Kritik der reinen Vernunft› exponierte Z.-Theorie. In ihr wird das formale Anordnungsschema physikalischer Entitäten, das von I. NEWTON im Sinn einer substantiellen Weltstruktur als «absolute, wirkliche und mathematische Z.» [1] ontologisch begriffen worden ist, unter Berücksichtigung der von Leibniz und Hume angemeldeten Zweifel transzendentalphilosophisch rekonzeptualisiert. Im Rekurs auf die Grundverfassung transzendentaler Subjektivität zeigt KANT, daß es sich bei der «ursprünglichen Vorstellung Z.» [2] weder um einen empirischen noch um einen diskursiven Begriff, sondern um eine «reine Form der sinnlichen Anschauung» [3] handelt. Diese liegt Kant zufolge den empirisch wahrnehmbaren Zeitbestimmungen als eine singuläre Vorstellung zugrunde, «die nur durch einen einzigen Gegenstand gegeben werden kann» [4].

Da die «innre Anschauung» [5] der Z. aber «keine Gestalt giebt» [6], bedarf es zu ihrer weiteren Beschreibung der «Analogien» [7]. Die Zeitfolge läßt sich als «eine ins Unendliche fortgehende Linie» [8] darstellen, «in welcher das Mannigfaltige eine Reihe ausmacht, die nur von einer Dimension ist» [9]. Der Unterschied zur räumlichen Linie besteht dabei darin, daß die Teile der Z. nicht zugleich, sondern nacheinander sind. In den ‹Analogien der Erfahrung› differenziert Kant die Struktur der Z. weiter aus: «Die drei modi der Z. sind Beharrlichkeit, Folge und Zugleichsein» [10]. Die Beharrlichkeit wird von Kant als Voraussetzung der Zeitverhältnisse von Folge und Zugleichsein begriffen, wobei das Nacheinander wiederum dem Zugleichsein vorausgeht, sofern die Gleichzeitigkeit von Erscheinungen nicht die Z. als ganze umspannt, sondern sich auf einen bestimmten Zeitpunkt in der Zeitreihe bezieht [11]. Die Auszeichnung der Beharrlichkeit als «Substratum der empirischen Vorstellung der Z.» [12] folgt aus der Annahme, daß der Wechsel die Z. selbst nicht trifft, sondern nur die Erscheinungen in der Z. Ohne diese Voraussetzung ergäbe sich Kant zufolge ein unendlicher Regreß: «Wollte man der Z. selbst eine Folge nach einander beilegen, so müßte man noch eine andere Z. denken, in welcher diese Folge möglich wäre» [13].

Mit Blick auf die drei Dimensionen der subjektiven Zeitwahrnehmung («vergangen», «gegenwärtig», «zukünftig») gilt das am Ende der ‹Analogien der Erfahrung› formulierte Gesetz, «daß alle empirischen Zeitbestimmungen unter Regeln der allgemeinen Zeitbestimmung stehen müssen» [14]. Kant hebt in der ‹Anthropologie› hervor, daß die subjektiven Z.-Dimensionen «sich ... auf die Association der Vorstellungen des vergangenen und künftigen Zustandes des Subjects mit dem gegenwärtigen» gründen, und «zur Verknüpfung der Wahrnehmungen in der Z.» dienen [15]. Dabei geht er davon aus, daß sich Vergangenheit und Zukunft auf Wahrnehmungen beziehen, die bereits in der Z. situiert sind. Die Vergangenheit wird als das definiert, «was nicht mehr ist» [16], und die Zukunft als das, «was noch nicht ist» [17].

2. In Auseinandersetzung mit der Kantischen Anschauungstheorie der Z. entwickelt G. W. F. Hegel eine begriffstheoretisch fundierte Z.-Konzeption: «Die Z. ist der Begriff selbst, der da ist» [18]. Wie bereits J. G. Fichte [19] und F. W. J. Schelling situiert Hegel Z. im Spannungsfeld von Endlichkeit und Unendlichkeit (s.d.). Analog zum Raum kommt dabei der Z. der «Charakter der Entgegensetzung» [20] zu, der für Hegels Begriff der Endlichkeit maßgebend ist. Dieser Entgegensetzungscharakter besteht jedoch nicht als «in die Ewigkeit verlängertes Daseyn» [21] fort. Statt dessen wird die als Entgegensetzung begriffene endliche Z. in der Unendlichkeit absoluter Bestimmungstätigkeit aufgehoben: «das wahre Aufheben der Z. ist zeitlose Gegenwart, d.i. Ewigkeit; und in dieser fällt ... das Bestehen absoluter Entgegensetzung weg» [22]. Innerhalb seiner Systementwicklung denkt Hegel die zeitlose Gegenwart als die Gegenwart des Begriffs selbst.

In der ‹Enzyklopädie› definiert Hegel die Naturzeit im Rahmen der Mechanik als die noch abstrakte «sich auf sich beziehende Negativität» [23]. Im Unterschied zur erfüllten Gegenwart des Begriffs, der sich zur Naturzeit als «Macht der Z.» [24] verhält, werden «Gegenwart, Zukunft und Vergangenheit» [25] der natürlichen Z. durch das «unmittelbare Verschwinden» [26] bestimmt. Im Kontext des subjektiven Geistes gewinnt die zuvor nur physikalisch gedachte Z. an Bestimmtheit. Sie tritt hier mit der Thematisierung der menschlichen Stimme (anthropologisch) als Ton und (psychologisch) als Wort und damit im Kontext von Sprache auf [27]. Diese Gedankenlinie setzt sich bis in die Philosophie des absoluten Geistes fort. In ihr wird die Aufhebung der Z. im Sinne wahrer Unendlichkeit sowohl als *ästhetisch-anschauliche Erfahrung* (Kunst) als auch in der *Form der Vorstellung* (Religion) und in der *Form des Begriffs* (Philosophie) thematisch.

Ein anderes Zeitverständnis findet sich in Hegels ursprünglich als «ersten Theil» [28] seines Systems geplanten ‹Phänomenologie des Geistes›. Z. figuriert hier nicht nur als Bestimmtheit des zeitlosen Begriffs, sondern als Bewußtseinsphänomen. Im Durchgang durch die verschiedenen Bewußtseinshorizonte entwickelt Hegel ein System von stufenweise konkreteren Z.-Begriffen. Dabei wird nicht die Z. im allgemeinen, sondern die jeweils durch eine spezifische intentionale Struktur bestimmte Zeitform thematisiert. Ausgehend vom einfachen Jetzt der sinnlichen Gewißheit und der Dauer von Veränderungen in der Wahrnehmung sowie der Koordination verschiedener Bewegungen in einer Z. entwickelt Hegel, vermittelt durch die Subjektivitätsproblematik und der darauf aufbauenden Vernunftkonzeption, ein qualitativ neues Z.-Konzept: das Konzept der *geschichtlichen Z.* [29]. Für diese ist die Struktur der Intersubjektivität als Horizont von individuellem Bewußtsein maßgebend. Geschichtlich gesehen werden nicht nur verschiedene Bewegungen in einer Z. situiert, sondern intersubjektiv bestimmte Entwicklungsstufen und deren Zeithorizonte miteinander koordiniert. Dieser Prozeß firmiert bei Hegel unter dem Terminus des Geistes (s.d.).

Auch Schelling entwickelt über Kant hinausweisende Z.-Konzeptionen. Nach seiner frühen, transzendentalidealistischen Konzeption der Z. als Unterscheidungsgrund zwischen dem absoluten und dem empirischen Ich [30] verbindet er in den ‹Weltalter›-Fragmenten die leitende Annahme einer prinzipiell zeitlosen Vernunft mit einer ursprünglichen Z. der Offenbarung. Aus der «im Ewigen verborgnen Z.» [31], die im Sinne des göttlichen Vater/Sohn-Verhältnisses gedeutet wird, leitet sich die Z. individueller Existenzen ab, die wesentlich nicht «in der Z.» [32] sind, sondern die «Z. in sich selbst» [33] haben: «Kein Ding entsteht in der Z., sondern in jedem Ding entsteht die Z. auf's Neue und unmittelbar aus der Ewigkeit» [34]. Die Z. der Individuen, die «Subjektivität der Z.» [35], gilt Schelling als eigentliche «Realität der Z.» [36]. Erst «durch Vergleichung und Messung verschiedner Zeiten entsteht» [37] die Vorstellung einer Zeitreihe als das «Scheinbild einer abstrakten Z.» [38]. – Anders als Hegel betont Schelling eine nicht begriffslogisch auflösbare Zeitlichkeit der Bewußtseinsprozesse. Im Kontext eines unvordenklichen Anfangs impliziert Bewußtseinskonstitution nicht nur, «ein Vergangenes zu setzen» [39]; im Rekurs auf das «älteste der Wesen» [40], das keine Setzung des Bewußtseins ist, entwickelt Schelling mit dem Gedanken der ‹Weltalter› in Abgrenzung von Hegel eine Geschichtszeit, die nicht durch eine Begriffslogik begründet und abgeschlossen werden kann.

3. Während Schelling den modernen Z.-Begriff christologisch zurückbindet, vollzieht A. Schopenhauer eine säkulare Existentialisierung. Zwar bestimmt er Z. zunächst kantisch als transzendentales Ordnungsprinzip der Erkenntnis [41]; doch systematisch gesehen hat der Z.-Begriff bei Schopenhauer vor allem die Aufgabe, den als metaphysischen Grund bestimmten «Willen» vor sich selbst zu verbergen. Z. wird als Strukturelement des «principium individuationis» [42] bestimmt und hat als konstitutives Element des «Schleiers der Maya» [43] die Struktur einer «Gegenwart ohne Ende» [44], in der sich

der selbstentzweite Wille blind und erinnerungslos in einen eindimensionalen Zeitstrahl ausspannt. Schopenhauer zufolge erfährt der Mensch Vergangenheit als «Reue» [45], Zukunft als «Sorge» [46] und Gegenwart als «Leiden» [47] oder «Langeweile» [48]. Eine Ausnahme stellt die ästhetische Kontemplation (s.d.) dar, in der das erkennende Subjekt temporär dem Zeitfluß enthoben und reines «Weltauge» [49] ist. Auswege aus der Zeitstruktur des Willens eröffnen sich dem Menschen in den unterschiedlichen Formen der moralischen und asketischen Selbstverneinung.

Bei F. Nietzsche vollzieht sich demgegenüber eine radikale Affirmierung der existentialisierten Z. Sein Ziel ist es, gegen die erdrückende Macht der Vergangenheit die Zukunft als bestimmende Z.-Dimension zu konzipieren, indem auch die Vergangenheit selbst als etwas Künftiges gedeutet wird. Der Wille ist aufgerufen, «alles 'Es war' umzuschaffen in ein 'So wollte ich es!'» [50]. Die Möglichkeit einer solchen Zukunft des sich selbst entwerfenden und schaffenden Subjekts denkt er in seinem Konzept der ewigen Wiederkunft (s.d.). Mit ihm thematisiert Nietzsche gegen Schopenhauer ein Zeitmodell, in dem Vergangenheit und Zukunft nicht von einer augenblickshaften Gegenwart abgeschnitten sind, sondern affirmativ einbegriffen werden. Im Gedanken der ewigen Wiederkunft sind die Z.-Dimensionen Vergangenheit und Zukunft Bedingungen einer die verfließende Z. überwindenden Gegenwartsvorstellung.

4. Im Zuge einer lebensphilosophisch fundierten Theorie des Bewußtseins entwickelt H. Bergson gegen Ende des 19. Jh. einen neuen und im 20. Jh. wirkungsmächtigen Z.-Begriff: den Begriff der «Dauer» («durée»). In Abhebung von Metaphysik und positiven Wissenschaften, aber auch in Abhebung von Kants Z.-Theorie unterscheidet Bergson zwischen «temps qualité» und «temps quantité» [51]. Seine Hauptkritik gilt der räumlich, d.h. als ein «milieu homogène» [52] verstandenen Z. Für Bergson ist die quantitative Z.-Auffassung, in der qualitative Veränderungen am Modell eines räumlichen Nebeneinanders begriffen werden, eine für Bewußtseinsprozesse inadäquate und erst aus dem fundamentalen Verständnis der «durée» abzuleitende Z.-Vorstellung. Z. im eigentlichen Sinn ergibt sich aus dem Begriff der Dauer: «La durée, ainsi rendue à sa pureté originelle, apparaîtra comme une multiplicité toute qualitative, une hétérogénéité absolue d'éléments qui viennent se fondre les uns dans les autres» [53]. Mit der «unité dynamique» der «durée concrète» [54] konzipiert Bergson eine Z.-Vorstellung, die nicht auf eine symbolisch (durch Zahlen) vermittelte noch auf eine in einer Ewigkeit gründende Z.-Konzeption reduziert werden kann. Entscheidendes Merkmal dieser nur durch «intuition» [55] erfahrbaren qualitativen Z. ist die mit ihr verbundene Vorstellung eines unvorhersehbaren «Neuen»: Die «Dauer» ist «ununterbrochenes Hervorquellen von Neuem» («jaillissement ininterrompu de nouveauté») [56].

Ausgehend von der «réalité vivante» [57] der Dauer entfaltet Bergson die einzelnen Z.-Dimensionen. Dabei wird die wahrgenommene Gegenwart als aktualisierte Vergangenheit verstanden. Gegen die bloß voluntativpraktisch bestimmte Gegenwart wird der Vergangenheit der Primat eingeräumt: «Nous ne percevons, pratiquement, que le passé, le présent pur étant l'insaisissable progrès du passé rongeant l'avenir» [58]. Dementsprechend ist für Bergson das Gedächtnis (s.d.) der maßgebende Bewußtseinsvorgang. Mit der Unterscheidung der «mémoire vraie» [59] von der automatisierten «habitude» [60] thematisiert er eine von der bloßen Aktualität gesonderte Vergangenheit als «essentiellement virtuel» [61]. Die alle Dimensionen durchgreifende Dauer begreift Bergson ontologisch als die «continuité de devenir qui est la réalité même» [62].

Die von Bergson intuitiv erschlossene Dauer wird bei E. Husserl Gegenstand phänomenologischer Analyse. Unter der Voraussetzung von «Urerlebnissen» [63] als Quellpunkt des Bewußtseins analysiert er den kontinuierlichen Erlebnisstrom (s.d.) des intentionalen Ich als einen durch «Retention» (s.d.) [64] und «Protention» (s.d.) [65] gedehnten und dabei seinerseits übergänglichen Jetztpunkt. Die für das 20. Jh. maßgebende Problematik, daß das Subjekt einerseits Z. konstituiert und andererseits auf einen ursprünglich verzeitlichten Erlebnisstrom bezogen ist, wird bei Husserl als Verhältnis von zeitigendem und verzeitlichtem intentionalem Ich explizit [66]. Damit ebnet die phänomenologische Analyse den Weg, den Husserl selbst einschlägt, nämlich das Z.-Problem in Richtung eines überzeitlichen transzendentalen Ego auszudeuten, und auch den Weg, das Z.-Problem in Richtung einer ursprünglichen Z. zu vertiefen.

5. Während der frühe L. Wittgenstein das Ich entzeitlicht bzw. zum logischen Raum der Welt ausweitet und Z. primär als objektive Z. thematisiert [67], denkt M. Heidegger Z. im Anschluß an S. Kierkegaard als «Zeitlichkeit» [68]. In Absetzung von Husserls transzendentalem Ego fundiert er seinen Z.-Begriff in der Seinsweise des menschlichen Daseins. Das Dasein ist für Heidegger «die Z. selbst, nicht in der Z.» [69]. Gegen den «vulgären Zeitbegriff» [70] und dessen Nivellierung der Z. zur Reihe von Jetztpunkten weist er fundamentalontologisch an der Grundstruktur des Daseins, der «Sorge» (s.d.), eine «ekstatische Verfassung der Zeitlichkeit» [71] auf. «Zukunft, Gewesenheit, Gegenwart» [72] sind gleichursprüngliche «Ekstasen» [73] der «ursprünglichen Z.» [74]. Die aus dem ekstatischen Charakter des Daseins heraus entwickelte Zeitlichkeit ist «kein Seiendes» [75], sondern «Zeitigung» [76]. Wegen der für den Daseinsbegriff besonderen Bedeutung der Möglichkeit kommt der Zukunft der Primat zu [77]. Damit setzt sich Heideggers frühe Z.-Konzeption von Husserls in einem Theorieprimat begründeten Vorrang der Gegenwart ab.

Der in ‹Sein und Z.› vorbereitete Gedanke der Lichtung (s.d.) [78] wird für Heideggers späteren Z.-Begriff leitend. Z. wird zunächst im Zusammenhang einer Seinsgeschichte (s.d.) als «unmeßbar» gedacht, da sie «erst das Offene für jegliches Maß eröffnet» [79]. In dem späten Aufsatz ‹Z. und Sein› entwickelt Heidegger diese eröffnende «eigentliche Z.» [80] von der Entzugsbewegung eines «Gebens» her: «Die Z. ist nicht. Es gibt die Z.» [81]. Diese Z. ist «vierdimensional». Dem «Offenen» des dreidimensionalen «Zeitraums» von «Ankunft, Gewesenheit und Gegenwart» zuvor denkt Heidegger eine Ursprungsdimension als die vierte Dimension: «das alles gebende Reichen» [82]. Das Verhältnis von Z. und Sein wird als «Ereignis» [83] gedacht. Der Ereignisbegriff führt das zeitgebende Entzugsgeschehen mit dem metaphysikkritischen Gedanken eines Seins als Sein zusammen. Heideggers Z.-Begriff ist damit zuletzt nicht mehr von einem vortheoretischen Dasein her, sondern auf einen nichtmetaphysischen Wahrheitsbegriff hin konzipiert.

6. Anknüpfend an Hegel und den frühen Heidegger entwickelt J.-P. Sartre aus Husserls phänomenologischem Ansatz heraus einen existenzphilosophischen Z.-Begriff. In Abgrenzung sowohl von einem «temps universel» [84] als auch einer bloß subjektiven Z., nach der Z.

eine bloße «illusion humaine» wäre [85], legt er eine ursprüngliche Zeitlichkeit als «l'intra-structure de l'être» frei [86]. Für die Zeitlichkeit als Seinsbezug ist das Verhältnis von «An-sich-Sein» («En-soi») [87] und «Für-sich-Sein» («Pour-soi») [88] maßgebend. Das Für-sich-Sein wird dabei konzipiert als «la néantisation de l'En-soi» [89]. Die Ordnung der Z., das «l'avant et l'après» [90], entspringt dabei dem spezifischen Seinsmodus des Für-sich, «l'être qui est avant lui-même» [91] bzw. «qui est soi-même hors de soi» [92]. Infolge der für das Für-sich spezifischen Negation des An-sich, der «néantisation» [93], denkt Sartre die Z.-Dimensionen Vergangenheit, Gegenwart und Zukunft ontologisch als «dimensions de la néantisation» [94], in denen das von sich selbst getrennte Für-sich die Dimensionen seiner Nichtung existieren macht («fait exister») [95]. Anders als bei Husserl hat keine Dimension eine ontologische Priorität. Dennoch akzentuiert Sartre – in Abhebung von Heideggers Primat der Zukunft – «l'ek-stase présente» [96] in ihrer Bedeutung als «le creux de non-être» [97]. Deren Bedeutung konkretisiert sich im Zuge der Analyse der «dynamique de la Temporalité» [98]: «le phénomène du devenir temporel» [99] wird fundiert in einer «nécessité pour l'être ... de se métamorphoser tout entier à la fois» [100], wie es an der «réalité humaine» [101] thematisch wird. Die Dynamik als «structure essentielle du pour-soi» [102] konzipiert Sartre ausgehend von einer prinzipiell verzeitlichten «spontanéité» [103] des Für-sich, in der jede Setzung mit einem Entzug verbunden ist und sich so zu einer «totalité de la temporalisation» ausweitet [104], die nie vollendet ist. Damit weist Sartre sowohl ein metaphysisches Ewigkeitskonzept zurück als auch die Vorstellung von einer Gegenwart im Sinne eines Augenblicks: «la temporalité, au contraire, se temporalise tout entière comme refus de l'instant» [105].

Ebenfalls dem phänomenologischen Ansatz folgend, untersucht M. Merleau-Ponty Z. in Richtung eines die ontologischen Oppositionen ermöglichenden und übergreifenden Geschehens. Dabei kritisiert er sowohl den metaphysischen Z.-Begriff als auch die naturwissenschaftliche Vorstellung einer objektiven Z. sowie die bewußtseinstheoretische und psychologische Vorstellung einer bloß subjektiven Z. Demgegenüber expliziert er eine «temporalité originaire» [106], die innerhalb seines Programms einer Überwindung der bewußtseinsphilosophischen Grenzen, der Polarisierungen in Subjekt und Objekt bzw. von Mensch und Welt, eine Schlüsselrolle einnimmt. Dem Z.-Begriff wird dabei eine gleichsam transzendentalphilosophische Funktion zugemessen: Mit ihm wird, ausgehend von einem leiblichen Subjekt, die Bedingung der Möglichkeit des Verhältnisses zwischen Subjekt und Welt expliziert. – Die wesentlichen Bestimmungen der Z. sind ihre Produktivität und nicht totalisierbare Offenheit: «Il est essentiel au temps de se faire et de n'être pas, de n'être jamais complètement constitué» [107]. Diese ursprünglich produktive Z., aus der alle Innerzeitlichkeit und das Verhältnis von Bewußtsein und Welt entspringt, kommt dabei nicht als ein Gegenstand des Wissens, sondern als «une dimension de notre être» [108] in den Blick. Sie wird in Anlehnung an Husserl als ein intentionales Geflecht beschrieben: «Le temps n'est pas une ligne, mais un réseau d'intentionnalités» [109]. Die einzelnen Z.-Dimensionen verschränken sich in einer Bewegung der Zeitigung («mouvement de temporalisation») [110] zu einer horizontartigen, offenen Unendlichkeit. Obwohl keine Dimension aus einer anderen abgeleitet werden kann, räumt Merleau-Ponty der Gegenwart, die sich wesentlich «transcende vers un avenir et un passé» [111], eine Vorrangstellung ein. In ihr koinzidieren prinzipiell Bewußtsein und Sein, so daß Selbstgegenwart nicht absolute Transparenz bedeutet. Selbstgegenwart heißt: «nous sommes présents au monde» [112]. Sartres Gedanken der Spontaneität zurückweisend, hebt Merleau-Ponty hervor, daß der Mensch nicht Urheber der Z., sondern ihr Entspringen ist: «le surgissement du temps» [113]. Sie eröffnet dem Menschen allererst die Möglichkeit zum bewußten Selbstverhältnis einerseits und den Zugang zur Welt andererseits. Z. ist «à la lettre le sens de notre vie, et, comme le monde, n'est accessible qu'à celui qui y est situé et qui en épouse la direction» [114].

7. Im Zuge einer an Marx anknüpfenden Geschichtstheorie entwickeln W. Benjamin, M. Horkheimer und Th. W. Adorno einen sozial- und geschichtsphilosophisch konturierten Z.-Begriff. Benjamin kritisiert die dem Historismus und dem Fortschrittsdenken zugrundeliegende Vorstellung einer «homogenen und leeren Z.» [115], der er «die von Jetztzeit erfüllte» Z. entgegensetzt. Mit seinem Begriff der «Jetztzeit» zielt Benjamin auf den «Begriff einer Gegenwart, die nicht Übergang ist, sondern in der die Z. einsteht und zum Stillstand gekommen ist» [116]. Dabei folgt er der jüdischen Vorstellung einer «messianischen» [117] Z., in der – anders als in der Vorstellung einer «homogenen und leeren Z.» – «jede Sekunde die kleine Pforte» war, «durch die der Messias treten konnte» [118]. Adorno kritisiert die mit «dem Primat des Allgemeinen in der Geschichtsphilosophie» verbundene «Dichotomie von Zeitlichem und Ewigem» [119]. Im Anschluß an Horkheimers Kritik am Z.-Begriff Bergsons [120] charakterisiert Adorno die Vorstellung einer 'absoluten Z.' [121] als eine «Entzeitlichung der Z.», die der «Reziprozität» von «Dynamik» und «Faktizität» nicht Rechnung trägt [122]. Anstelle der bloßen «Hypostasis des temps durée» [123] hält Adorno einerseits an der Dynamik der Z. gegen die «Verdinglichung» fest, betont aber andererseits die empirische Bedeutung des Zeitlichen, um so die unverdinglichte, ursprüngliche Z. nicht von den gesellschaftspolitischen Prozessen abzukoppeln: «Keine Dynamik ohne das, woran sie statthat» [124].

8. Innerhalb der phänomenologischen Tradition denkt demgegenüber E. Levinas die ursprüngliche Z. im Kontext einer Ethik. In Absetzung von Husserls transzendentalem Ego und Heideggers Dasein hebt er hervor, daß die für die Z. maßgebende Intervallstruktur zwischen Gegenwart und Zukunft nicht primär dem entwerfenden Subjekt, sondern wesentlich aus dem Verhältnis zum Anderen [125] entspringt: «Das Verhältnis zur Zukunft, das ist das eigentliche Verhältnis zum anderen» [126]. Damit fundiert Levinas die Z. in einem ethischen Verhältnis des «face-à-face avec autrui» [127], in dem er den eigentlichen Vollzug der Z. («l'accomplissement même du temps») [128] situiert. Die darin enthaltene Kritik an einem subjektzentrierten Gegenwartsbegriff beeinflußt auch die Z.-Theorien von J.-F. Lyotard [129] und J. Derrida.

Derridas Kritik eines am Primat der Gegenwart orientierten Z.-Begriffs [130] verbindet sich mit einer Dekonstruktion des Ursprungsdenkens, womit er sich auch von Heideggers spätem Z.-Denken absetzt. Mit dem Gedanken der «différance» [131] entfaltet Derrida eine Struktur der Nachträglichkeit («la trace») [132], die weder auf eine ursprüngliche Gegenwart (wie bei Husserl) bezogen ist noch selbst eine Ursprungsdimension (wie bei Heidegger) bzw. ein «événement» sein soll [133]. In Orientierung an textuellen Verweisungsstrukturen wird die Spur (s.d.) als ein «intervalle se constituant, se divisant dynamiquement» konzipiert [134], das den Z.-Raum aufspannt als «devenir-espace du temps ou devenir-temps de l'espace» [135]. Raum und Z. sind hier gleichursprünglich. Ausgehend von der Intervallstruktur der Spur, ist Gegenwart eine abgeleitete Z.-Dimension. Die Spur selbst ist «pas même un passé ou un futur comme présents modifiés» [136]. Vor diesem Hintergrund bestimmt Derrida seinen Z.-Begriff sowohl gegen die «mathématisation du temps» [137] als auch gegen eine der verzeitlichten Dynamik der Spur vorgeordnete Ursprungsdimension. Z. ist ein Effekt nicht-teleologischer differentieller Bewegung.

9. Demgegenüber entwickelt M. THEUNISSEN das Verständnis des Z.-Begriffs im Rahmen einer negativen Theologie der Z. Der für das antike und christliche Z.-Denken grundlegende Widerstreit von Chronos und Aion liegt seiner Ansicht nach auch der inneren Spannung noch zugrunde, die den modernen Z.-Begriff durchzieht: «wir können menschlich, das heißt: als Subjekte, nur so existieren, daß wir die lineare Zeitordnung, die für sich genommen ein bloßes Nacheinander ... ist, unaufhörlich in die Ordnung der Zeitdimensionen verwandeln» [138]. Der Vollzug dieser Synthese aber ist uns nur deshalb möglich, weil die subjektiv-dimensionierte Z. unseres individuellen Lebens auf die objektiv-dimensionierte Z. einer eschatologisch verstandenen Weltgeschichte verweist. Um dies zu plausibilisieren, greift Theunissen u.a. auf die Ergebnisse der modernen Chronopathologie zurück [139].

H.-G. GADAMER hatte in seinem Aufsatz ‹Über leere und erfüllte Z.› auf «Grenzerfahrungen» [140] verwiesen, die uns mit der Realität der Z. zugleich auch ihre «Negativität» [141] erfahrbar werden lassen. Im Unterschied zu Theunissen, dessen zeitphilosophischer Negativismus das Leiden an der entfremdenden Herrschaft der Z. zum Kernstück des Begriffs erklärt, entwickelt Gadamer ein organisches Zeitmodell. Leere und Fülle erscheinen darin nicht als Bestimmungen der vom Menschen entworfenen Z., sondern als temporale Qualitäten eines Mensch, Natur und Geschichte umfassenden Lebensprozesses. Dieser wird von Gadamer im Rückgriff auf Alkmaion, Platon, Plotin und Schelling als «eine Z. vor der Verzeitlichung» beschrieben [142], die «das wahre Sein von Z.» an Phänomenen des Epochenwandels und des lebensgeschichtlichen Übergangs erfahrbar werden läßt [143].

10. Parallel zu den genuin philosophischen Z.-Begriffen, die in der Tradition von Phänomenologie, Lebens- und Existenzphilosophie stehen, werden im 19. und 20. Jh. pragmatistische und analytische Z.-Konzepte entwickelt, welche die philosophischen Fragen enger mit den Ergebnissen der natur- und sozialwissenschaftlichen Z.-Forschung zu verbinden versuchen. Im Rückgriff auf E. R. CLAYS Konzept des «specious present» [144] beschreibt W. JAMES das Zeitfenster des menschlichen Bewußtseins aus psychologischer Perspektive als einen «saddle-back, with a certain breadth of its own» [145], der sich nur graduell und in einer experimentell erforschbaren Weise von den Zeitfenstern der Tiere und anderer Lebensformen unterscheidet. In seinem Aufsatz ‹Time and Individuality› greift J. DEWEY diesen Gedanken auf, wenn er im Rekurs auf die von ihm bereits in ‹Experience and Nature› verwendete Unterscheidung zwischen «temporal order» [146] und «temporal quality» [147] vorschlägt, die Zeitlichkeit der Natur am Leitfaden der biographischen Zeithorizonte zu beschreiben, die wir verwenden, wenn wir von den «temporal careers» [148] menschlicher Individuen sprechen.

Auch J. M. E. MCTAGGART bezieht sich in seinem Aufsatz ‹The Unreality of Time› auf James' Z.-Theorie. Aber im Unterschied zu James und Dewey hat seine Analyse des Z.-Begriffs ihr Zentrum in einer Untersuchung unserer Zeitsprache. McTaggart definiert ‹Z.› durch die beiden sprachlichen Reihen «Earlier than later than» («*B*-series») und «Past, Present, or Future» («*A*-series») [149]. Das Beweisziel seiner Analyse besteht darin zu zeigen, daß die *B*-Reihe die *A*-Reihe voraussetzt, weil Veränderung sich nur im Rekurs auf die Unterscheidungen der *A*-Reihe denken läßt. Da sich diese jedoch in einem Widerspruchsverhältnis zueinander befinden, das sich unendlich iteriert [150], kommt McTaggart zu dem Schluß, daß die Z. irreal sei.

Im Unterschied zu McTaggart analysiert der späte WITTGENSTEIN die zeitlichen Wörter, die wir in alltäglichen und in wissenschaftlichen Zeitsprachspielen verwenden, aus handlungstheoretischer Perspektive. Seiner Ansicht zufolge «ist es die Grammatik des Wortes 'Z.', die uns verwirrt» [151]. Aus diesem Grund entwickelt Wittgenstein eine therapeutische Strategie im Umgang mit dem Z.-Begriff. Um uns von der irreleitenden Frage 'Was ist Z.?' zu befreien, versucht er zu zeigen, wie es dazu kommt, daß die «unverstandene Verwendung des Wortes ... als Ausdruck eines seltsamen Vorgangs gedeutet» wird [152]. Dieser Vorgang wird mit dem «Bild eines ätherischen Flusses» [153] oder der Vorstellung von «einer innern Uhr» [154] assoziiert. Damit wir uns nicht länger von vergegenständlichenden Bildern dieser Art, in denen «Z. als seltsames Medium» [155] erscheint, verwirren lassen, plädiert Wittgenstein dafür, die konkreten Sprachspiele zu untersuchen, mit deren Hilfe wir lernen, zeitliche Wörter zu verwenden.

Exemplarisch führt er das im ‹Braunen Buch› anhand desjenigen «Gebiets unserer Sprache» vor Augen, «in welchem von Zukunft oder Vergangenheit die Rede ist» [156]. Dabei geht es Wittgenstein um die gebrauchstheoretische Untersuchung von «Ausdrücken, wie 'gestern', 'vor einem Jahr', 'in 5 Minuten', 'ehe ich dies tat', etc.» [157]. Auch die dritte Dimension der Z. – die Gegenwart – versucht er von «ihrem problematischen, beinahe geheimnisvollen, Aspekt» [158] zu befreien. Der grammatische Sachverhalt, daß wir das indexikalische Wort ‹jetzt› im Kontext von Zeitangaben verwenden, verleitet uns – Wittgenstein zufolge – dazu, es auf unangemessene Weise zu substantivieren. Die Analyse des Spracherwerbs zeigt, daß wir ‹jetzt› in handlungsorientierten Sprachspielen als «'Zeitzeichen'» [159] und nicht als «Name eines Zeitmomentes» [160] verwenden lernen.

In der neueren Diskussion hat u.a. P. JANICH auf Wittgensteins Untersuchungen zurückgegriffen und den Vorschlag gemacht, das Wort «Z. als Reflexionsterminus» [161] zu gebrauchen. Das Definitionsverfahren für den so verstandenen Z.-Begriff besteht dann darin, «das Substantiv 'Z.' über das Adjektiv 'zeitlich' festzulegen, das seinerseits zur Sortierung von Wörtern als metasprachlicher Prädikator verwendet wird» [162]. In seinen neueren Arbeiten thematisiert Janich neben dem duralen Aspekt, der im Zentrum seiner ‹Protophysik der Z.› steht [163], auch die «methodische Ordnung» [164], die zwischen modalen und ordinalen Z.-Aspekten besteht. Seiner Rekonstruktion zufolge resultiert die «Nicht-Abbildbarkeit der beiden Reihen aufeinander» [165] aus «der strikten logischen Disjunktion von situationsabhängiger und situationsunabhängiger Rede» [166].

Anmerkungen. [1] I. NEWTON: Math. Grundlagen der Naturphilos. (1687), hg. E. DELLIAN (1988) 44. – [2] I. KANT: KrV A 32/B 48. – [3] A 31/B 47. – [4] A 32/B 47. – [5] A 33/B 50. – [6] a.O. – [7] B 50. – [8] a.O. – [9] ebda. – [10] A 177/B 219; vgl. hierzu auch die Ausführungen von K. DÜSING: Objektive und subjektive Z. Unters. zu Kants Z.-Theorie und zu ihrer modernen krit. Rezeption. Kantstud. 71 (1980) 1-34, bes. 5ff. – [11] A 183/B 226. – [12] B 226. – [13] a.O. – [14] B 220. – [15] Anthropol. in pragmat. Hinsicht § 34 (1798). Akad.-A. 7, 182. – [16] a.O. – [17] ebda.; vgl. auch: Art. ‹Zukunft; Vergangenheit›. – [18] G. W. F. HEGEL: Phänomenol. des Geistes (1807). Akad.-A. 9, 429; zur nachkant. Philos. der Z. vgl. auch: Art. ‹Zeit›. EISLER[4] 3 (1930) 646-664, bes. 651ff. – [19] J. G. FICHTE: Grundlage der ges. Wiss.lehre (1794). Akad.-A. I/2, 359-361. – [20] G. W. F. HEGEL: Diff. des Fichte'schen und Schelling'schen Systems der Philos. (1801). Akad.-A. 4, 47. – [21] a.O. 46. – [22] 47. – [23] Enzykl. der philos. Wiss. § 258 (1830). Akad.-A. 20, 248. – [24] a.O. – [25] 249 (§ 259). – [26] a.O. – [27] G. WOHLFART: Der Augenblick. Z. und ästhet. Erfahrung bei Kant, Hegel, Nietzsche und Heidegger mit einem Exkurs zu Proust (1982) 77. – [28] HEGEL, a.O. [18] 1. – [29] Vgl. A. LUCKNER: Genealogie der Z. Zu Herkunft und Umfang eines Rätsels (1994). – [30] Vgl. F. W. J. SCHELLING: System des transsc. Idealismus (1800). Sämmtl. Werke, hg. K. F. A. SCHELLING (1856-61) I/3, 485. – [31] Die Weltalter. Fragmente. In den Urfassungen von 1811 und 1813, hg. M. SCHRÖTER (1979) 77. – [32] a.O. 78. – [33] a.O. – [34] 78f. – [35] 78. – [36] 79. – [37] a.O. – [38] ebda. – [39] Die Weltalter. Bruchstück, a.O. [30] I/8, 262; vgl. Art. ‹Unvordenkliche, das›. Hist. Wb. Philos. 11 (2001) 339-341. – [40] a.O. 199. – [41] A. SCHOPENHAUER: Die Welt als Wille und Vorst. I, 2, § 24 (1819, [3]1859). Sämtl. Werke, hg. A. HÜBSCHER 2 ([4]1988) 142ff. – [42] § 23, a.O. 134. – [43] 3, § 51, a.O. 299. – [44] 4, § 54, a.O. 331. – [45] § 55, a.O. 349. – [46] § 57, a.O. 368. – [47] § 56, a.O. 366. – [48] § 57, a.O. 369. – [49] 3, § 36, a.O. 219. – [50] F. NIETZSCHE: Also sprach Zarathustra II, Von der Erlösung (1883, 1886). Krit. Ges.ausg., hg. G. COLLI/M. MONTINARI (1967ff.) 6/1, 175. – [51] H. BERGSON: Essai sur les données immédiates de la conscience (Paris 1889, 1926) 57. Oeuvr., hg. A. ROBINET/H. GOUHIER (Paris [5]1991) 51. – [52] a.O. 69/61. – [53] a.O. 176/149. – [54] 184/156. – [55] La pensée et le mouvant (Paris 1934) 25. Oeuvr., a.O. [51] 1271; dtsch.: Denken und schöpferisches Werden ([3]2000) 42. – [56] a.O. 9/1259; dtsch. 28; vgl. Art. ‹Neu; das Neue›. Hist. Wb. Philos. 6 (1984) 725-731. – [57] Matière et mémoire (Paris 1896) 148. Oeuvr., a.O. [51] 277. – [58] a.O. 167/291. – [59] 168/292. – [60] a.O. – [61] 150/278. – [62] 154/281. – [63] E. HUSSERL: Ideen zu einer reinen Phänomenol. § 78 (1913) 149. Husserliana [Hua.] 3/1 (Den Haag 1976) 167. – [64] § 77, a.O. 145/163. – [65] a.O. – [66] Vgl. Die Krisis der europ. Wiss. § 50 (1936). Hua. 6 (1954) 175. – [67] Vgl. L. WITTGENSTEIN: Tract. log.-philos. (1921) 2.0251. – [68] M. HEIDEGGER: Sein und Z. § 65 (1927, [15]1984) 326 u.ö.; vgl. S. KIERKEGAARD: Der Begriff Angst (1844). Ges. Werke, hg. E. HIRSCH/H. GERDES 4 ([3]1993) 90f. – [69] Der Begriff der Z. Vortrag vor der Marburger Theologenschaft Juli 1924, hg. H. TIETJEN (1989) 19. – [70] Sein und Zeit, a.O. [68] 420 (§ 81). – [71] a.O. 408 (§ 79). – [72] 328 (§ 65). – [73] 329. – [74] a.O. – [75] 328. – [76] 329. – [77] a.O.; vgl. H. COHEN: Logik der reinen Erkenntnis (1902, [2]1914). Werke 6 (1977) 154f. – [78] Vgl. 351 (§ 69). – [79] Vom Wesen der Wahrheit (1943, [7]1986) 17, in: Wegmarken (1967) 85. Ges.ausg. I/9 (1976) 190. – [80] Z. und Sein [1962], in: Zur Sache des Denkens (1969, [3]1988) 16. – [81] a.O. – [82] 16ff. – [83] 20. – [84] J.-P. SARTRE: L'être et le néant (Paris 1943) 185; dtsch.: Das Sein und das Nichts (1991) 271. – [85] a.O. 178/260. – [86] 188/275. – [87] 185/270. – [88] a.O. – [89] 182/266. – [90] 182/265. – [91] a.O. – [92] ebda. – [93] 182/266. – [94] a.O. – [95] ebda. – [96] 188/275. – [97] a.O. – [98] ebda. – [99] 190/278. – [100] a.O. – [101] 190/277. – [102] 193/283. – [103] 194/285. – [104] 196/287. – [105] a.O. – [106] M. MERLEAU-PONTY: Phénoménol. de la perception (Paris 1945) 483. – [107] a.O. 474. – [108] 475. – [109] 477. – [110] 493. – [111] 481. – [112] 485. – [113] 489. – [114] 492. – [115] W. BENJAMIN: Über den Begriff der Geschichte, Nr. 14 (1942/1955). Ges. Schr., hg. R. TIEDEMANN/H. SCHWEPPENHÄUSER 1/2 (1991) 701. – [116] Nr. 16, a.O. 702. – [117] Nr. 17, a.O. 703. – [118] Anhang B, a.O. 704. – [119] TH. W. ADORNO: Negat. Dialektik (1966). Ges. Schr., hg. R. TIEDEMANN 6 ([4]1999) 324. – [120] M. HORKHEIMER: Zu Bergsons Metaphysik der Z. (1934). Ges. Schr., hg. A. SCHMIDT/G. SCHMID NOERR 3 (1988) 225-248. – [121] ADORNO, a.O. [119] 326. – [122] a.O. – [123] a.O. 327. – [124] 326. – [125] E. LEVINAS: Le temps et l'autre (Paris 1979); dtsch.: Die Z. und der Andere ([2]1989). – [126] a.O. 64/48. – [127] 69/51. – [128] a.O. – [129] Vgl. J.-F. LYOTARD: Le différend (1983) bes. 110-118. – [130] Vgl. J. DERRIDA: Marges de la philos. (Paris 1972) 31ff. – [131] a.O. 4. – [132] 13. – [133] 14. – [134] 13f. – [135] 14. – [136] 13. – [137] 70. – [138] M. THEUNISSEN: Z. des Lebens (1987), in: Negat. Theologie der Z. (1991) 299-317, 304; vgl. Pindar: Menschenlos und Wende der Z. (2000); Art. ‹Zeit II. A.›; Art. ‹Zukunft; Vergangenheit›. – [139] Vgl. Melanchol. Leiden unter der Herrschaft der Z. [1990], a.O. 218-281; Können wir in der Z. glücklich sein? [1984], a.O. 37-86 (mit Lit.). – [140] H.-G. GADAMER: Über leere und erfüllte Z. (1969), in: Kl. Schr. 3 (1972) 221-236, 225. Ges. Werke 4 (1987) 141. – [141] a.O. – [142] 231/147. – [143] 233/149. – [144] E. R. CLAY: The alternative: a study in psychology (London 1882) 167. – [145] W. JAMES: The perception of time. J. speculat. Philos. 20 (1886) 373-407, 378; dtsch.: Die Wahrnehmung der Z., in: W. CH. ZIMMERLI/M. SANDBOTHE (Hg.): Klassiker der modernen Z.-Philos. (1993) 31-66, 35. – [146] J. DEWEY: Experience and nature (1925). The later works 1925-1953, hg. J. A. BOYDSTON 1 (1981) 92; dtsch.: Erfahrung und Natur (1995) 117. – [147] a.O. – [148] Time and individuality (1940), a.O. [146] 14 (1988) 98-114, 107. – [149] J. M. E. MCTAGGART: The unreality of time. Mind 17 (1908) 457-474, 458; dtsch.: Die Irrealität der Z., in: ZIMMERLI/SANDBOTHE (Hg.), a.O. [145] 67-86, 67. – [150] Vgl. hierzu: M. DUMMETT: A defense of McTaggart's proof of the unreality of time. Philos. Review 69 (1960) 497-504; dtsch.: McTaggarts Beweis für die Irrealität der Z., in: ZIMMERLI/SANDBOTHE (Hg.), a.O. 120-126. – [151] Vgl. L. WITTGENSTEIN: The blue book [1933/34] (Oxford 1958); dtsch.: Schr. 5 (1970) 49. – [152] Philos. Unters. I, § 196 [1935-45]. Schr. 1 (1960) 380. – [153] The brown book [1934/35] (Oxford 1958); dtsch.: Eine Philosophische Betrachtung, Nr. 60. Schr. 5 (1970) 156. – [154] a.O. [152] 468 (§ 607). – [155] a.O. 380 (§ 196). – [156] a.O. [153] 151 (Nr. 53). – [157] a.O. – [158] 156 (Nr. 60). – [159] 157. – [160] a.O. – [161] P. JANICH: Die Konstitution der Z. durch Handeln und Reden. Kodikas/Code 19 (1996) 133-147, hier: 139. – [162] a.O. – [163] Die Protophysik der Z. Konstruktive Begründung und Geschichte der Zeitmessung (1980); Das Maß der Dinge. Protophysik von Raum, Z. und Materie (1997); vgl. auch: Art. ‹Protophysik 2.›. Hist. Wb. Philos. 7 (1989) 1538-1540; ‹Zeit VII.›. – [164] Vom Menschen in der Z. zur Z. im Menschen. Method. Abhängigkeiten temporaler Bestimmungen in Anthropologie und Naturphilos., in: R. LÖW/R. SCHENK (Hg.): Natur in der Krise. Philos. Essays zur Naturtheorie und Bioethik (1994) 199-215, 205. – [165] a.O. 209. – [166] 210.

Literaturhinweise. W. GENT: Die Raum-Z.-Philos. des 19. Jh. Hist., krit. und analyt. Unters. (1930). – P. BIERI: Z. und Zeiterfahrung. Exposition eines Problembereichs (1972). – G. WOHLFART s. Anm. [27]. – B. P. HELM: Time and reality in Amer. philos. (1985). – W. CH. ZIMMERLI/M. SANDBOTHE (Hg.) s. Anm. [145]. – A. LUCKNER s. Anm. [29]. – M. SANDBOTHE: Die Verzeitlichung der Z. Grundtendenzen der modernen Z.-Debatte in Philos. und Wiss. (1998). – E. ANGEHRN/CH. IBER/G. LOHMANN/R. POCAI (Hg.): Der Sinn der Z. (2002).

R. BEUTHAN/M. SANDBOTHE

VII. *Zeit in der Physik; Zeitmessung.* – Der Z.-Begriff der neuzeitlichen Physik, die in der Mechanik des 17. Jh. ihre erste Hochblüte erfährt, hat einen wirkmächtigen Vorgänger in der Z.-Theorie von ARISTOTELES. Für seine ‹Physik›, die eine Prinzipienlehre für das Erkennen des Veränderlichen ist, greift er die Ortsbewegung als den wichtigsten Typ von Veränderung heraus [1]. Seine Definitionen der Z. als «Zahl der Bewegung nach dem Früher oder Später» [2] bzw. als «Maß der Bewegung» [3] werden in der Diskussion der 'Zenonischen Paradoxien' verständlich. Am Vergleich zweier gleichzeitig ablaufender Bewegungen zeigen sich die Verhältnisse von Geschwindigkeiten, Wegen und Zeitdauern. Dieser von jeder Zeitmessung noch unabhängige Vergleich, in dem Achilles und die Schildkröte für die (relativ) schnellere bzw. langsamere Bewegung stehen, enthält die Bestimmung, daß ein Geschwindigkeitsverhältnis gleich ist dem Verhältnis der in derselben Z. zurückgelegten Wege. Dabei überträgt sich die Kontinuumsstruktur des Weges, definiert als «teilbar in immer wieder Teilbares» [4], auch auf die Zeitdauer. Damit ist die räumliche Parametrisierung der Z., wie sie für die neuzeitliche Physik charakteristisch ist, von Aristoteles geleistet. Tritt als Standardbewegung der ewige und gleichförmige Umschwung des Himmels (entsprechend der antiken Auffassung vom göttlichen Charakter der Himmelsphänomene) hinzu, so darf von einer auf der gesamten, vom Himmel umschlossenen Erde verfügbaren und eindeutigen Z.-Bestimmung für eine Wissenschaft von den natürlichen und künstlichen Bewegungen bei Aristoteles ausgegangen werden.

Diesem Stand der wissenschaftlich-philosophischen Begriffsbildung entspricht die *Technikgeschichte* der antiken Zeitmessung. Die altägyptische Zeitmessung mit Wasseruhren ging wohl von der Ununterscheidbarkeit wiederholter Auslaufvorgänge eines Gefäßes zur Feststellung gleicher Dauern aus, um damit in größeren Gefäßen Skalen (auf der Innenwand der Auslaufgefäße) zu eichen [5]. Die Einteilung des Lichttages, entsprechend den Mondphasen auf zwölf verschiedenen monatsbezogenen Skalen, ja selbst die Eichung von Sonnenuhren mit Hilfe von Wasseruhren zeigen, daß Z. primär nicht an natürlichen Bewegungen, etwa mit Hilfe astronomischer Beobachtungen, sondern an künstlicher Erzeugung von geeigneten Vorgängen meßbar gemacht wurde. Die Klepshydren (Wasserheber, Wasseruhren) von KTESIBIOS (1. Hälfte des 3. Jh. v.Chr.) und HERON VON ALEXANDRIEN (1. Jh. n.Chr.) dienten bereits dem Betrieb von Astrolabien und dürfen deshalb sekundär (im Sinne der Aristotelischen Definition) als geeicht am Himmelsumschwung gelten. Der (physikalische) Z.-Begriff war damit, modern gesprochen, an der technischen Simulation der Erddrehung orientiert.

Bei AUGUSTINUS kommt ein neues Problembewußtsein bezüglich des astronomisch gestützten Begriffs gemessener Z. hinzu: In der Diskussion der Frage, ob ein Tag ein Sonnenumlauf, dessen Dauer («mora») oder beides sei [6], wird die Unterscheidung von Bewegungsform und Maßeinheit sichtbar. Liefert, wieder modern ausgedrückt, die Erdrotation einen Standard für die Gleichförmigkeit einer Ortsbewegung, an der alle anderen Vorgänge zeitlich gemessen werden sollen, oder liefert sie nur eine natürliche Maßeinheit, oder dient sie beidem?

J. KEPLER greift in seinem dritten Gesetz der Planetenbewegungen, wonach sich die Quadrate der Umlaufzeiten zweier Planeten zueinander verhalten wie die Kuben der großen Halbachsen der Bahnellipsen, wieder auf den relationalen, von Maßeinheiten unabhängigen Z.-Begriff zurück. Im zweiten Keplerschen Gesetz (die Verbindung Sonne-Planet überstreicht in gleichen Zeiten gleiche Flächen) wird von nicht gleichzeitigen, aber gleich langen Dauern im Sinne eines undefinierten, naiven Begriffs der an der Erddrehung gemessenen Z. gesprochen. Zur astronomischen Messung kurzer Dauern dienten einfache Fadenpendel, deren Schwingungen gezählt wurden. Noch bei G. GALILEI herrscht die Meinung vor, daß die Pendelfrequenz unabhängig von der Schwingweite sei und damit in einem (freien) Schwingvorgang ein natürliches Maß für die Gleichheit von Zeitdauern gegeben sei.

Damit war zugleich die Geschichte der Räderuhr (seit etwa 1300) abgeschlossen, die sich an der Aufgabe orientiert hatte, die als konstant unterstellte, am Fixsternhimmel beobachtete Erddrehung mechanisch zu simulieren. Die dafür entwickelten Mechanismen (Drehwaage, Foliot, Kreuzschlag), die als Hemmung über Zahnräder den beschleunigten Fall des Antriebsgewichts zu einer Bewegung konstanter Geschwindigkeit abbremsen sollten, hatten keine Eigenfrequenz, sondern ergaben die Geschwindigkeit des Uhrenzeigers nur im Verhältnis zu einer variablen Antriebskraft. Erst Pendeluhren, deren Antrieb nur der Kompensation von Reibungsverlusten (und einer Anzeige zur Zählung der Pendelschwingungen) dienten, waren autonome, d.h. der Erddrehung gleichrangige Zeitmesser. Dadurch konnte Galilei 1636 den Vorschlag formulieren, mit Pendeluhren auf Schiffen die geographische Länge durch einen Vergleich der (durch die Uhr) mitgeführten Z. des Heimathafens mit der Ortszeit zu bestimmen [7]. Der physikalische Begriff der gemessenen Z. war damit auf das Wirken von Naturgesetzen zurückgeführt, ohne zwischen der (natürlichen) Erddrehung und der (künstlichen) Uhrenzeigerbewegung zu unterscheiden.

Durch CH. HUYGENS wurde die irrige Meinung Galileis über den Isochronismus der Pendelschwingung abgelöst und in der Konstruktion des Isochronenpendels (1673) zu einer auch für astronomische Zwecke tauglichen Uhr verwendet. Für diese behauptet Huygens, daß sie die Z. «nur richtig oder überhaupt nicht mißt» [8], was wiederum eine Anbindung der Zeitmessung an ein hypostasiertes Naturgesetz zeigt.

Maßgeblich für den Z.-Begriff der klassischen Physik war die allmähliche Ausbildung einer Trägheitsmechanik, beginnend mit der Auffassung GALILEIS von der Geschwindigkeitskonstanz der (reibungsfreien) Horizontalbewegung und führend bis zum ersten Bewegungsgesetz I. NEWTONS (Trägheitsgesetz) [9]. Danach konnte jede Inertialbewegung eine Messung des Verhältnisses zweier Zeitdauern als Verhältnis der zurückgelegten Wege leisten. Allerdings war das Problem ungelöst, ein geeignetes (inertiales) Bezugssystem ohne Zeitmessung herzustellen. Für die Mechanik als axiomatische Theorie wurde – neben der «relativen, scheinbaren und gewöhnlichen» («relativum, apparens, et vulgare») Z. der üblichen Messungen und Maßeinheiten – «die absolute, wahre und mathematische Z.» («tempus absolutum, verum, et mathematicum»), die «an sich ... gleichförmig» [10] sei, als Grundbegriff der Mechanik erforderlich.

Newton unterschied damit – in einer Analogie zur Unterscheidung von absolutem und relativem Raum, bei der ersterer wegen eines Trägheitsphänomens an Drehbewegungen (Eimerexperiment) für erforderlich gehalten wurde, während letzterer die Praxis der Längen- und Winkelmessung betraf – die absolute Z. von den relativen, durch Uhren gemessenen Zeiten. Modern kann die absolute Z. als universelle Parametrisierung für einen Bezug aller real beobachteten und gemessenen Vorgänge hinsichtlich ihrer Dauer gelten. Sie ist ein theoretisches Konstrukt zur Erzeugung einer Kohärenz des gesamten Naturgeschehens. Aus moderner Sicht entspricht die absolute Z. im Sinne Newtons der homogenen Z. eines räumlich allgegenwärtigen göttlichen Schöpfers, dessen anthropomorph gedachte Rolle für das Naturgeschehen denn auch in der Tradition gern mit unterschiedlichen Uhrengleichnissen gefaßt wurde.

G. W. LEIBNIZ kritisiert (im Briefwechsel mit S. CLARKE) mit der These, Z. sei als Ordnung des Aufeinanderfolgenden nur relational zu bestimmen, weil Verschiebungen in der absoluten Z. prinzipiell unerkennbar bleiben müßten, den absoluten Z.-Begriff Newtons [11].

Da in seiner analogen Bestimmung des relationalen Raumes als Ordnung des Koexistierenden implizit ein Gleichzeitigkeitsbegriff enthalten ist, kann bereits von der Bildung einer Raumzeit durch LEIBNIZ gesprochen werden, in der zeitliche für räumliche Bestimmungen konstitutiv sind.

Der Begriff einer an Trägheitsbewegungen meßbaren physikalischen Z. erfuhr eine neue Interpretation dadurch, daß I. KANT die Erdrotation als Standardbewegung zur Zeitmessung (und damit zur Kontrolle der Gangschwankungen von Uhren) durch das Argument entthronte, die Gezeitenreibung der auf die Küsten auflaufenden Flutwellen bewirke eine Abbremsung der Erde [12]. Die gravitative Wechselwirkung der Erde und ihrer Wassermassen mit Mond und Sonne weisen also die Erdrotation als gestörte Trägheitsbewegung aus. Damit war das Problem aufgeworfen, wie die Physik als messende Erfahrungswissenschaft dem Begriff der absoluten, Newtonschen Z. eine technische Realisierung durch geeignete Uhren geben könne, die nun nicht mehr an der Erddrehung geeicht werden konnten.

Zwei technische Entwicklungslinien mit Einfluß auf den Z.-Begriff der Physik lassen sich dabei von ihren Zwecken her unterscheiden: Zum einen mußten genau gehende Uhren für Navigationszwecke transportabel gemacht werden, zum anderen mußten für astronomische Messungen ortsfeste Uhren so ganggenau werden, daß sie als Realisierungen der theoretisch hypostasierten absoluten Z. der mechanischen Gesetze gelten durften. Der erste Verwendungszweck führte zur Suche nach Frequenznormalen, die im Unterschied zum Pendel auch gegenüber Beschleunigungen (Schwankungen eines Schiffes) unempfindlich waren. Durch Ersetzung des natürlichen Gravitationsfelds beim Pendel (und damit einem impliziten theoretischen Erdbezug) durch das 'Feld' der Spiralfeder einer Unruh wurden die ersten autonomen transportablen Uhren realisiert. In höchster technischer Präzision setzt diese Tradition der moderne Uhrenbau mit Schwingquarzen oder noch aufwendigeren Frequenznormalen (Atomuhren) fort. Letztere, als astronomische Pendeluhren, erreichten eine Meßgenauigkeit stationärer Zeitmessung, die erst in der Mitte des 20. Jh. durch elektronische Uhren übertroffen wurden. Die heutige stationäre 'Erzeugung' einer öffentlichen Standardzeit über sog. 'Atomuhren' wird in der Physik als optimierter Ausschluß von Störeinflüssen auf einen intramolekularen Schwingvorgang verstanden. Durch Einsatz allen einschlägigen physikalischen Wissens, das seinerseits auf Zeitmessung beruht, werden Gangschwankungen astronomischer Vorgänge meßbar. Lokale, gemessene Z. gilt als Gegenstand erfolgreicher empirischer Forschung.

Ein völlig neuer Aspekt des physikalischen Z.-Begriffs wird mit der Entwicklung der Thermodynamik (s.d.) im 19. Jh. Gegenstand der Betrachtung. Der zweite Hauptsatz wird als naturgesetzliche Auszeichnung einer Richtung des Naturgeschehens (Vergrößerung der Entropie) und damit als Richtung des Z.-Pfeils gedeutet [13]. Das Faktum, daß bestimmte Vorgänge wie das Vermischen unterschiedlich warmer Flüssigkeiten (im Gegensatz zur Entmischung) ausschließlich in einer Richtung beobachtet werden, bleibt selbst abhängig von einem vom Beobachter eingebrachten Unterschied von früher und später im Akt des handelnden Beobachtens. Im 20. Jh. wird die Perspektive der Z.-Richtung für lebende, sich selbst organisierende Systeme fern vom thermodynamischen Gleichgewicht als irreversibler Prozeß in die Betrachtung der Z.-Richtung einbezogen [14].

Einen Umbruch im Z.-Verständnis der Physik stellt zunächst die Spezielle Relativitätstheorie (s.d.) A. EINSTEINS dar [15]. Da die Grundgesetze der Elektrodynamik andere Transformationseigenschaften bei Vertauschung des (inertialen) Beobachters aufweisen als diejenigen der Mechanik, verschärft Einstein das Klassische Relativitätsprinzip um die Forderung, daß für jeden inertialen Beobachter die Vakuumlichtgeschwindigkeit denselben, von der Bewegung der Lichtquelle unabhängigen Wert *c* habe. Diese Vereinheitlichung der Physik in Mechanik und Elektrodynamik deutet Einstein als Operationalisierung der Gleichzeitigkeit räumlich entfernter Ereignisse [16]. An die Stelle einer absoluten Gleichzeitigkeit tritt die Synchronisation von Uhren relativ zueinander bewegter Beobachter mit Hilfe von Lichtsignalen. Gemessene Z. wird dadurch abhängig vom Weg des Beobachters und enthält die Naturkonstante *c*. In dieser Konzeption setzt sich die Auffassung fort, daß Z. an naturgesetzlich bestimmten Vorgängen abgenommen wird. Die Wegabhängigkeit der gemessenen Z. trägt den Begriff der Raumzeit, in der Z. keine eigene, von räumlichen Bestimmungen unabhängige Existenz mehr hat.

In der Allgemeinen Relativitätstheorie wird wegen der (lokalen) Ununterscheidbarkeit der Wirkungen von Beschleunigung und Gravitationsfeld die gemessene Z. auch abhängig von der Stärke der jeweils am Ort herrschenden Gravitation. Verknüpft mit dem kosmologischen Prinzip, daß (im großen gesehen) die Materieverteilung im Universum homogen und von der Blickrichtung des Beobachters unabhängig (isotrop) sei, folgt aus der Raumzeit der allgemeinen Relativitätstheorie für die kosmischen Standardmodelle positiver, flacher und negativer Krümmung eine anfängliche Raum-Z.-Singularität, die zur Hypothese des Urknalls führt [17]. Damit wird ein Anfang der Z. als Gegenstand der empirischen Physik angenommen, hinter den zurückgehend keine physikalischen Aussagen möglich sind. In der Elementarteilchenphysik wird Z. zu einer theoretischen Größe, die auch negative Werte (Z.-Umkehr) annehmen kann.

Wissenschaftstheoretisch wird (wohl zuerst) von M. SCHLICK erkannt, daß die Physik auf ein Auswahlprinzip für geeignete Vorgänge zur Zeitmessung angewiesen ist. Da eine empiristische Begründung der Wahl ebenso auf Zirkeldefinitionen hinausläuft wie die konventionalistische nach dem Kriterium der Einfachheit, wird in der methodischen Wissenschaftstheorie des Konstruktivismus von den gesetzten Zwecken der Nullpunkt- und Maßeinheiten-Invarianz der Zeitmessung her eine normative Bestimmung für die Ungestörtheit von (lokalen) Uhren im Rahmen der Protophysik (s.d.) vorgeschlagen [18]. Dadurch wird eine Unterscheidung der empirischen von den apriorischen Komponenten des physikalischen Z.-Begriffs gewonnen.

Anmerkungen. [1] Vgl. Art. ‹Wandel; Veränderung›. – [2] ARISTOTELES: Phys. IV, 11, 219 b 1f. – [3] 12, 221 a 25f. – [4] VI, 1, 231 b 15f. – [5] Zu Formen und Datierungsproblemen vgl. P. JANICH: Die Protophysik der Z. (1980) 295 (Anm. 205). – [6] AUGUSTINUS: Conf. XI, 23, 30. – [7] G. GALILEI: Agli stati generali delle provincie unite dei paesi bassi [15. August 1636]. Le opere, hg. A. FAVARO [ed. Naz.] (1890-1909, ND Florenz 1968) 16, 467. – [8] CH. HUYGENS: Horologium oscillatorium sive de motu pendulorum ad horologia aptato demonstrationes geometricae (Paris 1673); dtsch.: Die Pendeluhr, Horologium Oscillatorium, hg. A. HECKSCHER/A. VON ÖTTINGEN (1913); vgl. Art. ‹Trägheit II.›. Hist. Wb. Philos. 10 (1998) 1331-1334. – [9] I. NEWTON: Philosophiae naturalis principia mathematica (London 1687). – [10] Philos. nat. I, Schol. zur Def. VIII. Opera quae exstant omnia, hg. S. HORSLEY 2 (London 1779-85) 6. – [11] G.

W. LEIBNIZ: 5. Schreiben an S. Clarke § 105 (18. Aug. 1716). Philos. Schr., hg. C. I. GERHARDT 7 (1890, ND 1965) 415; vgl. Art. ‹Zeit V.›. – [12] I. KANT: Unters. der Frage, ob die Erde in ihrer Umdrehung um die Achse, wodurch sie die Abwechselung des Tages und der Nacht hervorbringt, einige Veränderung seit den ersten Zeiten ihres Ursprungs erlitten habe ... (1754). Akad.-A. 1, 183-191. – [13] H. REICHENBACH: The direction of time (Berkeley/Los Angeles 1954). – [14] I. PRIGOGINE: Vom Sein zum Werden. Z. und Komplexität in den Naturwiss. (1979) 240f. – [15] A. EINSTEIN: Zur Elektrodynamik bewegter Körper. Ann. Phys. 17 (1905) 891-921. – [16] Über die Spezielle und Allg. Relativitätstheorie (1917, [20]1965). – [17] Vgl. W. STEGMÜLLER: Probleme und Resultate der Wiss.theorie und analyt. Philos. 2: Theorie und Erfahrung (1970) 69-77. – [18] Vgl. JANICH, a.O. [5]. P. JANICH

VIII. *Gesellschaft; Kultur; Literatur.* – A. *Zeiterfahrung, Zeitnutzung, Zeitorganisation, subjektive Zeit und Zeitkultur.* – Die Z. gewinnt technisch und organisatorisch an Aufdringlichkeit unter pragmatischen Zwängen ihrer fortschreitend genaueren Vermessung [1]. In der neuzeitlichen Geschichte der Uhr [2] und ihrer Nutzung schlägt sich das nieder. Mit technisch emendierter Zeitmessung und Zeitnutzung sind stets auch sozial und kulturell neue Formen der Präsenz der Z. und des Umgangs mit Z. verbunden. Dafür stehen exemplarisch die Zeitkulturfolgen des Eisenbahnbaus [3]. Dieser erzwang betrieblich den Übergang von zuvor different gewesenen Ortszeiten zu einer Einheitszeit mit institutionell fixierten Regeln der Umrechnung jener in diese. Es bedurfte öffentlicher Bekanntgabe temporal fixierter Betriebsabläufe (Fahrpläne), damit diese für das Publikum nutzbar wurden. Modernisierungsabhängig etablierte sich somit ein technisch-soziales 'Netzwerk' von 'Zeitbestimmungen', und ihm entspricht eine «Persönlichkeitsstruktur mit einer sehr hohen Zeitsensibilität und Zeitdisziplin» [4]. Generalisiert bedeutet das: Mit der räumlichen Expansion und mit der wachsenden Dichte von Interaktionsmöglichkeiten wird die Z. als soziales «Medium der Handlungskoordination» [5] organisationsbedürftig. «Knowledge of the time must be combined with obedience – what social scientists like to call time discipline» [6]. Das erklärt die moderne soziale Omnipräsenz von Geräten der Zeitmessung einerseits und der Instrumentarien der Zeitplanung andererseits. Uhr und Kalender werden zu Massenartikeln. Sie eröffnen Möglichkeiten der Leistungssteigerung durch Beachtung von Zeitnutzungsimperativen. Das antike «Carpe diem» [7] avanciert zur Parole der Unternehmer-Philosophie [8].

Zeitnutzungsrationalität, wie sie M. WEBER als puritanisch geprägte Tugend-Bedingung der Kapital-Akkumulation beschrieb [9], bedeutet Äquivalenz von Z. und Geld und damit Produktivitätssteigerung, d.h. Anstieg der Produktmenge pro Zeiteinheit in Verbindung mit ihrerseits leistungssteigernden, zivilisationsevolutionär beschleunigend wirkenden kognitiven, technischen und organisatorischen Innovationen [10]. Das hat D. S. LANDES unter der mythenfortbildenden Überschrift ‹The unbound Prometheus› beschrieben [11]. «Das Rennen wird immer schneller» [12]. Damit verändert sich zeitkulturell die Gegenwart von Zukunft und Vergangenheit. «Erfahrungsraum» und «Erwartungshorizont» treten in der Konsequenz auffällig gewordener Dynamik gerichteter, d.h. nach 'früher' und 'später' unverwechselbarer Veränderungen auseinander [13]. Literaturgeschichtlich spiegelt sich das in der 'Verzeitlichung' der Utopie [14], die Bilder emendierter Gesellschaftszustände nicht mehr in die Tiefe unbekannter Räume, sondern an den Horizont der Zukunft projiziert. Spätestens seit der Mitte des 20. Jh. dominieren als Inhalt der Zukunftsprojektion Schreckenszustände [15]. Die Vergangenheit des irreversibel überholten Früheren, des fremd, ja unverständlich gewordenen Veralteten rückt kraft der evolutionsgeschwindigkeitssteigernden Wirkungen der Beschleunigung des Zivilisationsprozesses, die ihrerseits eine Konstante zu sein scheint [16], chronologisch der Gegenwart näher. Diese Gegenwart, d.h. die chronologische Extension der als einigermaßen konstant und daher als vertraut erfahrbaren Lebenswelt, schrumpft [17]. Dieser Vorgang wird für das historische Bewußtsein konstitutiv [18], und die reflexive Selbstidentifizierung gemäß der Einsicht «Je suis mon passé» [19] verläuft – individuell und kollektiv – über Formen der Vergangenheitsvergegenwärtigung, die von der Autobiographik über die Musealisierung oder den Denkmalschutz bis hin zum modernen Archivwesen und Erinnerungsstättenbau fremd gewordene Vergangenheiten aneignungs- und zuschreibungsfähig halten.

Komplementär zur Historisierung der Vergangenheiten verhält sich die modernitätsbedingt abnehmende Prognostizierbarkeit der Zukunft. Den wichtigsten Grund dieses Effekts hat K. R. POPPER benannt: Die prinzipielle Unvorhersehbarkeit zukünftigen Wissens [20], dessen dynamisierende, wirklichkeitsverändernde Wirkung in eins mit seiner technischen und organisatorischen Umsetzung sowie mit seiner wirtschaftlichen Nutzung zunimmt. Zugleich expandieren in komplexen Organisationen die planungsbedürftigen Wirkungszeiträume technisch instrumentierten Handelns. Im exemplarischen Extremfall bedeutet das: Nach der physikalischen Natur der Sache strahlen in Schutzpflichten auslösender Weise atomare Abfälle bei unterschiedlichen Halbwertszeiten über Tausende von Jahren hinweg; der Betrieb ihrer Endlagerstätten verlangt Anleitungen, für deren fortdauernde Lesbarkeit und Verständlichkeit bei gleichzeitig in Abhängigkeit von wachsender Kommunikationsdichte rascher als früher sich wandelnder Sprache linguistisch vorgesorgt werden muß. Entsprechende Expertenräte sind tätig [21]. Mit der Kontrollbedürftigkeit komplexer Prozesse, die durch fachwissenabhängiges Handeln ausgelöst werden, wächst so zugleich der Bedarf an fachwissenbasierter Fixierung von Nutzbarkeitsfristen und Überprüfungsterminen – von den Verfallsdaten konservierter Lebensmittel bis zu den periodisierten Betriebsgenehmigungen für technische Geräte, und deren Betriebsnormen sind temporal an vermessene physiologische und psychologische Reaktionsmöglichkeiten der «human subjects», die sie zu beachten haben, angepaßt. «The possibility of arranging events by number is a hallmark of an eotemporal Umwelt» [22], die in solchen Fällen mit einer modernen technischen und sozialen Umwelt zu synchronisieren ist. Sogar die Zeitordnungen gesetzlich institutionalisierter juridischer und politischer Abläufe werden wie nie zuvor über alte Gewohnheiten und Rechtsüblichkeiten hinaus nach Nutzen und Nachteil oder auch nach Grundrechtskompatibilität validiert, bestätigt oder geändert – Verjährungsfristen des Strafrechts und des Zivilrechts z.B. [23] oder auch Legislaturperioden [24] in Bemühungen, die Fälligkeit periodischer Neuermittlung des legitimitätsstiftenden Wählerwillens einerseits und wahlkampfentlasteter politischer Entscheidungsfindung andererseits in ein temporal optimiertes Verhältnis zu bringen.

Solche Zwänge der Zeitnutzung, der Zeitorganisation und der Synchronisierung von Prozessen heterogener Temporalstruktur sind mit Erfahrungen des Zeitdrucks, des Zeitmangels und des irreversiblen Verstreichens termingebundener Fälligkeiten verbunden. Das evoziert seit den Tagen des frühen Eisenbahnbaus eine Kulturkritik fortschrittsabhängig flüchtig gewordener Gegenwart im Kontrast zu Kulturen eines Lebens in der Fülle der Z., die es erlaube, die Vernunft des Handelns durch Kulturtechniken des Sichzeitlassens zu sichern und Lebensglück in zeitbedrängnisfreier Selbstbestimmung zu finden. Diese Kulturkritik moderner Zeitverfassung reicht gegenwärtig von Analysen «dromologischer Überforderung der Politik» [25] bis zur Diagnose fortschreitender Unlebbarkeit technologischer Prozesse, «mit denen eine im Westen geborene Zeitkultur» sich anschicke, «die ganze Erde zu umschlingen» [26]. Zustimmend wird demgegenüber der Ausspruch des Angehörigen einer noch nomadisch existierenden Ethnie zitiert, die Uhr sei eine «Mühle des Teufels». Sie messe eine «entqualifizierte Z.» [27] und beraube uns in ihrer fortschreitenden zivilisatorischen Dominanz der lebensweltlich qualifizierten Z. Das in solchen expressiven Kulturvergleichen wirkende Faszinosum ist die ungemessene Z., um die es sich schon bei H. Bergsons Z. der «reinen Dauer» handelte, die wir als schöpferische Freiheit erfahren, wenn das Subjekt ganz «sich dem Leben überläßt» [28]. Demgegenüber bekräftigt J. Piaget, daß schon in der Entwicklung des Individuums im Kindesalter Z.-Orientierungen und Z.-Begriffe, statt über Introspektion eines ursprünglichen Zeitbewußtseins, sich über Leistungen der Synchronisation von Ereignisabfolgen differenter Geschwindigkeiten und damit in der Kombination von Raum- und Z.-Erfahrungen bilden [29].

Als Herausforderung zu freier Selbstbestimmung erweist sich modernitätsspezifisch Z. als geldäquivalent abgeschöpfter Anteil von technisch und organisatorisch bewirkten Produktivitätszuwächsen im Arbeitsprozeß. Der mit Berufsarbeit verbrachte Lebenszeitanteil ist im Verlauf der Geschichte der Industriegesellschaft ungefähr um die Hälfte abgesunken [30], wozu auch der gleichzeitige Anstieg der Lebenserwartung beigetragen hat. Das erzwingt wie nie zuvor Leistungen temporaler Selbstorganisation moderner Lebensverbringung. Über die Empirie der Alltagskultur, in die sich das umsetzt, berichtet die Freizeitsoziologie [31]. «An der Einheit der Produktion» solle «der Freizeitler sich ausrichten», so beschreibt es die Kritische Theorie, und dafür sorge die «Kulturindustrie» [32]. Die tatsächlichen Formen realisierter temporaler individueller wie kollektiver Selbstorganisation in expandierenden Z.-Freiheitsräumen sind sehr differenziert [33] – von der Schattenwirtschaft [34] bis zum Massenansturm auf die Museen, in welchem sich die Mächtigkeit der Motive moderner Vergangenheitsvergegenwärtigung manifestiert [35], die zumal im Medium der Kunst zugleich die Illaminarität interferierender historischer Prozesse anschaulich macht, d.h. neben rasch veraltenden Avantgardismen [36] auch Alterungsresistenzen, die die Anwendbarkeit des Begriffs des Fortschritts begrenzen [37] und Geltungskonstanzen begründen, die als temporale Eigenschaft zum modernen Begriff des Klassischen gehören [38].

Die aus der philosophischen und literarischen Moralistik vertrauten Einsichten der Kunst lebensglückdienlichen Umgangs mit Z. gewinnen im Kontext der Fälligkeiten temporaler Selbstorganisation moderner Lebensverbringung neue Geltung. Im Kontrast zur 'objektiven' Z., in deren Medium wir mit Hilfe der Geräte der Zeitmessung und Zeitplanung – Uhr und Kalender – unsere Kommunikationen und Kooperationen mit sozial und räumlich entfernten Anderen zu koordinieren haben, sind die Abläufe der 'subjektiven' Z. selbstbestimmungsabhängig und zugleich altersabhängig variabel. Der interessanteste Aspekt der Sache ist dabei die Dehnung subjektiver Lebenszeit durch Transformation von leerer Z. in Fülle der Z. durch sinngewisse und zeitordnungskluge Nutzung der Z. Die so gelingende Zeitdehnung wird im Rückblick als Lebenszeitgewinn realisiert: Genutzte und überdies gegenwärtig kurzweilig verbrachte Z. erscheint hernach als lange Z., während die leere Z. mit ihrer in Langeweile sich dehnenden Gegenwart im Rückblick zur Schrumpfzeit wird [39]. Der literarische Dauererfolg großer neuzeitlicher Zeitverbringungsromane von I. Gontscharows ‹Oblomow› [40] bis zu Th. Manns ‹Zauberberg› [41] beruht auf der modernitätsabhängig wachsenden Aufdringlichkeit von Erfahrungen mit Abläufen gelingenden oder auch mißlingenden Umgangs mit subjektiver Lebenszeit. Die Häufigkeit künstlerischer Thematisierung der Z. entspricht dem [42].

H. Blumenberg hat vermutet, daß die in den Zeithorizonten moderner Kosmologie und Naturgeschichte [43] wie nie zuvor ins Extrem gesteigerte Diskrepanz zwischen den Dimensionen unserer «Lebenszeit» einerseits und der «Weltzeit» andererseits auch die Versuche des Menschen ins Extrem getrieben hätten, die Lebenszeit durch Füllung der Z. auszuweiten, und Adolf Hitler wird ihm zum Extremisten in der «Beispiellosigkeit des Entschlusses, Lebenszeit und Weltzeit zu synchronisieren» [44]. Soweit diese extreme Vermutung zutrifft, verstärkt sie ihrerseits die Wahrscheinlichkeit komplementärer Herausbildung lebbarer Formen der Verarbeitung der Unmöglichkeit, Weltzeit in die lebenszeitlichen Handlungssinnzusammenhänge anders als durch uneingeschränkt zustimmungsbereite Kenntnisnahme der Dimensionen der Weltzeit zu integrieren. Der Massenerfolg der Popularkosmologie S. Hawkings spricht für diese Wahrscheinlichkeit [45]: Die Erzählungen vom Anfang und Ende des Kosmos beunruhigen keineswegs, und die Könnerschaft eines hinfälligen Menschen zu solchen Erzählungen wird bewundert. Die lebenspraktische Verknüpfbarkeit dessen ergibt sich aus der kulturell stets präsenten Erfahrung, daß auch die Lebenszeit, die sich durch Handlungssinnfülle subjektiv tatsächlich weitet, im gelingenden Fall mit ihrem Ende, statt eigenen Handlungssinn zu erfüllen, als gewesenes Ereignis der Weltzeit zugehört. Dem entspricht die Alterslebenszeit, deren Ablauf sich subjektiv mit dem Schwund an Zwecken, die noch die temporale Qualität der Befristetheit und der Dringlichkeit hätten, beschleunigt [46], was in solcher Temporalität des Bevorstands des Endes den Kommentar verstattet, den H. Blumenberg als «letztes Wort» dem Zeitphilosophen M. Heidegger in den Mund gelegt hat: «kein Grund mehr zur Sorge» [47].

Anmerkungen. [1] Vgl. H. Walther: Das Atom in der Falle – eine neue Uhr (2000) 21. – [2] Vgl. O. Mayr: Uhrwerk und Waage. Autorität, Freiheit und techn. Systeme in der frühen Neuzeit (1987). – [3] R. Wendorff: Z. und Kultur. Geschichte des Zeitbewußtseins in Europa (²1980) 420f. – [4] N. Elias: Über die Z. Arbeiten zur Wissenssoziologie 2 (1984) XIII. – [5] H. Lübbe: Im Zug der Z. Verkürzter Aufenthalt in der Gegenwart (³2003) 315f. – [6] D. S. Landes: Revolution in time. Clocks and the making of the modern world (Cambridge, Mass./London 1983) 3. – [7] Horaz: Carm. I, 11. – [8] Nachweis bei: Lübbe, a.O. [5] 360. – [9] M. Weber: Die protestant. Ethik und der Geist des Kapitalismus (1904/05), in: Aufs. zur Relig.soziol. 1 (⁵1963) 17-206, 31. 54. 167ff. – [10] Zur Geschichte der temporalen Organisation industrialisierter Arbeit vgl. W. Fischer/J. Wietog: Hist. Erfahrungen über Optionen, in: G. Spur (Hg.): Optionen zukünftiger industrieller Produktionssysteme (1997) 467-550. –

[11] D. S. LANDES: The unbound Prometheus (Cambridge 1969); dtsch.: Der entfesselte Prometheus. Technolog. Wandel und industrielle Entwicklung in Europa von 1750 bis zur Gegenwart (1973) 478f. – [12] a.O. 495. – [13] R. KOSELLECK: 'Erfahrungsraum' und 'Erwartungshorizont' – zwei hist. Kategorien, in: G. PATZIG u.a. (Hg.): Logik, Ethik, Theorie der Geisteswiss. (1977) 191-208; vgl. auch: Art. ‹Zukunft; Vergangenheit›. – [14] Die Verzeitlichung der Utopie, in: Utopie-Forschung 3 (1982) 1-14. – [15] H. LÜBBE: Rückblick auf das Orwell-Jahr: die Schreckensutopien, in: H.-J. BRAUN (Hg.): Utopien – Die Möglichkeit des Unmöglichen (1987) 87-100. – [16] Vgl. K. J. NARR: Zeitmaße in der Urgeschichte (1978). – [17] H. LÜBBE: Z.-Erfahrungen. Sieben Begriffe zur Beschreibung moderner Zivilisationsdynamik. Akad. Wiss. Lit. Mainz (1996) 12f. – [18] Vgl. Geschichtsbegriff und Geschichtsinteresse. Analytik und Pragmatik der Historie (1977). – [19] J.-P. SARTRE: L'être et le néant (Paris 1943) 159. – [20] K. R. POPPER: Das Elend des Historizismus [engl. 1944/45] (^{2}1969) XI; vgl. Art. ‹Voraussage; Vorhersage; Prognose 4. d)›. Hist. Wb. Philos. 11 (2001) 1158f. – [21] R. POSNER: Mitteil. an die ferne Zukunft. Zeitschr. Semiotik 6, H. 3 (1984) 195-228. – [22] J. T. FRASER: Time as conflict. A scient. and humanist. study (1978) 39. – [23] Vgl. E. BENDA: Verjährung und Rechtsstaat (1965); H. OETKER: Die Verjährung. Strukturen eines allg. Rechtsinstituts (1994). – [24] G. SCHNEIDER: How far do governments look ahead? A comparat. analysis of the factors contributing to the variance in the time horizons of 40 states (1989). – [25] Vgl. P. VIRILIO: Vitesse et politique (Paris 1977). – [26] H. NOWOTNY: Eigenzeit. Entstehung und Strukturierung eines Zeitgefühls (1989) 10. – [27] So unter Berufung auf Berichte P. BOURDIEUS: K. LAERMANN: Alltags-Z. Bem. über die unauffälligste Form sozialen Zwangs. Kursbuch 41 (1975) 87-105, 90. – [28] H. BERGSON: Essai sur les données immédiates de la conscience (Paris 1889) 68; dtsch.: Z. und Freiheit. Eine Abh. über die unmittelbaren Bewußtseinstatsachen (1911) 78; vgl. Art. ‹Zeit VI.›. – [29] J. PIAGET: Le développement de la notion de temps chez l'enfant (Paris 1946). – [30] Exemplarisches Zahlenmaterial bei: F. HEGNER: Zur Entwicklung erwerbsgebundener und erwerbsfreier Z., in: J. HESSE/C. ZÖPEL (Hg.): Neuorganisation der Z. (1987) 33f. – [31] E. MARTIN/J.-J. MIDDEKE/F. ROMEISS-STRACKE: Freizeitverhalten [Märkte im Wandel 11] (1983). – [32] M. HORKHEIMER/TH. W. ADORNO: Dialektik der Aufklärung. Philos. Fragmente (1944, 1989) 132. 128f.; vgl. Art. ‹Zerstreuung II.›. – [33] E. K. SCHEUCH: Freizeit als Lebensinhalt? in: K. WEIGELT (Hg.): Die Tagesordnung Zukunft (1986) 31-36. – [34] J. HUBER: Die zwei Gesichter der Arbeit. Ungenützte Möglichkeiten der Dualwirtschaft (1984). – [35] K. HUDSON: Social history of museums. What visitors thought (London/Basingstoke 1975). – [36] H. TIETZE: Lebendige Kunstwissenschaft. Zur Krise der Kunst und der Kunstgeschichte (Wien 1925) 39. – [37] E. H. GOMBRICH: Kunst und Fortschritt. Wirkung und Wandlung einer Idee (1978). – [38] LÜBBE, a.O. [5] 107f. – [39] Zu Erfahrungen subjektiver Z. vgl. J. COHEN: The experience of time. Acta Psychologica 10 (1954) 207-219. – [40] W. REHM: Gontscharow und die lange Weile, in: Experimentum Medietatis. Studien zur Geistes- und Lit.gesch. des 19. Jh. (1947) 96-183. – [41] J. LINDSAY: Der Z.-Begriff im ‹Zauberberg›. Sinn und Form. Sonderh. Thomas Mann (1965) 144-156; vgl. Art. ‹Zeit VIII. B.›. – [42] M. BAUDSON: Z. Die vierte Dimension in der Kunst (1985). – [43] F. DYSON: Z. ohne Ende. Physik und Biologie in einem offenen Universum (1989). – [44] H. BLUMENBERG: Lebenszeit und Weltzeit (1986) 83. – [45] S. W. HAWKING: A brief history of time: From big bang to black holes (New York 1988). – [46] B. L. NEUGARTEN: Time, age and the life cycle. Amer. J. Psychiatry 136 (1979) 887-894. – [47] H. BLUMENBERG: Die Sorge geht über den Fluß (1987) 222.

Literaturhinweise. G. GURVITCH: The spectrum of social time (Dordrecht 1964). – U. LEHR: Attitudes to the future in old age. Human Development 10 (1967) 230-238. – G. KASAKOS: Zeitperspektive, Planungsverhalten und Sozialisation. Über int. Forschungsergebnisse (1971). – P. BIERI: Z. und Zeiterfahrung. Exposition eines Problembereichs (1972). – R. BRUNNER: Entscheidung unter Zeitdruck (1973). – N. LUHMANN: Weltzeit und Systemgeschichte. Über Beziehungen zwischen Zeithorizonten und sozialen Strukturen, in: P. C. LUDZ (Hg.): Soziologie und Sozialgeschichte. Aspekte und Probleme (Opladen 1973) 81-115. – E. BENZ: Akzeleration der Z. als geschichtl. und heilsgeschichtl. Problem (1977). – S. GIEDION: Die Herrschaft der Mechanisierung (1982). – E. PÖPPEL: Erlebte Z. und die Z. überhaupt: ein Versuch der Integration, in: A. PEISL/A. MOHLER (Hg.): Die Z. (1983) 369-382. – G. J. WHITROW: The natural philosophy of time (Oxford ^{2}1984) 48-122. – F. FÜRSTENBERG/J. MÖRTH (Hg.): Z. als Strukturelement von Lebenswelt und Gesellschaft (1986). – S. J. GOULD: Time's arrow, time's cycle (Cambridge, Mass./London 1987). – G. DUX: Anthropologie der Z., in: Die Z. in der Geschichte (1989) 36-65. – K. BACKHAUS/K. GRUNER: Epidemie des Zeitwettbewerbs, in: K. BACKHAUS/H. BONUS (Hg.): Die Beschleunigungsfalle oder der Triumph der Schildkröte (1994) 19-46. – K.-M. KODALLE (Hg.): Z.-Verschwendung (1999). – K. MAINZER: Z. von der Uhrzeit zur Computerzeit (^{3}1999) 115ff. – H. WEINRICH: Le temps, le pouls et les tempes (Paris 1999). – R. KOSELLECK: Zeitschichten. Studien zur Historik (2000).

H. LÜBBE

B. *Zeit in der Literatur.* – Der Literatur ist die Z. elementar im Medium der Sprache eingeschrieben, manchmal unauffällig, vielfach jedoch auffällig gemacht durch formale Übercharakterisierungen wie Rhythmus, Reim und andere poetisch-rhetorische Kunstmittel, die nicht nur der Ästhetik, sondern ursprünglich der Mnemotechnik dienen.

Die antike Epik ist diejenige literarische Gattung, in der sich die sprachlich-literarische Z. in der Form der Erzählzeit [1] zum ersten Mal von der wirklichen Z. freigemacht hat. So setzt HOMERS ‹Odyssee› in der Mitte der zu erzählenden Handlung ein, bei den Phäaken, wo dem Helden die Gelegenheit geboten wird, die Vorgeschichte dieser Episode seit dem Fall Trojas erzählend nachzuholen (Gesänge IX-XII). Danach schreitet die Erzählung weiter voran. Auch VERGIL geht mit seiner ‹Aeneis› 'in medias res'. Erst nach seiner Ankunft bei der gastfreundlichen Königin Dido in Karthago holt Aeneas die Vorgeschichte seiner Flucht von Troja erzählend nach. So wird dem ganzen Epos eine kunstvoll verschränkte Zeitordnung («ordo artificialis») unterlegt.

Der Rückgriff auf (Vor-)Vergangenes und der Vorgriff auf Zukünftiges sowie auch die Erzähltechniken der Dehnung, Raffung und Überspringung bleiben in der weiteren Geschichte der epischen Literatur Grundtechniken der literarischen Erzählkunst. Ihre äußerste Virtuosität erreichen sie in L. STERNES Roman ‹The Life and opinions of Tristram Shandy, gentleman› (1760-67), wo der Ich-Erzähler mit seinen verwirrenden Zeitsprüngen den Leser humoristisch narrt. Im Briefwechsel zwischen J. W. GOETHE und F. SCHILLER anläßlich des ‹Wilhelm Meister› wird die Freiheit des Erzählers gegenüber der wirklichen Z. zum 'klassischen' Bewußtsein gebracht. Schiller schreibt: «Die dramatische Handlung bewegt sich vor mir, um die epische bewege ich mich selbst ... Beweg ich mich um die Begebenheit, die mir nicht entlaufen kann, so kann ich einen ungleichen Schritt halten, ich kann nach meinem subjektiven Bedürfnis mich länger oder kürzer verweilen, kann Rückschritte machen oder Vorgriffe tun u.s.f.» [2].

Dem Drama wird diese Freiheit anfänglich nicht zugestanden. Nach den (mißverstandenen) 'Regeln' der Aristotelischen ‹Poetik› steht die «Einheit der Z.» [3] im Dienste der höher eingestuften Handlungseinheit und wird im strengsten Sinne dann verwirklicht, wenn das Spiel auf der Bühne (als «Mimesis») gerade so lange dauert wie die dargestellte Handlung in der Wirklichkeit. Wird nun etwa auf der Bühne ein Zeitsprung von 16 Jahren nötig wie in W. SHAKESPEARES ‹The Winter's Tale› (1610/11), so tritt die Z. («Time, as Chorus») persönlich auf, um diese 'Lizenz' zu rechtfertigen [4]. Die strenger in

Regeln denkenden Autoren des italienischen Cinquecento (L. CASTELVETRO, T. TASSO) und vor allem die Dramatiker der französischen Klassik (P. CORNEILLE, J. RACINE) lassen für eine Bühnenhandlung höchstens den Zeitraum eines Tages (= 24 Stunden) gelten, der jedoch listigerweise auf zwei Tageshälften von Mittag bis Mittag verteilt werden kann. Im «epischen Theater» des 20. Jh. (L. PIRANDELLO, B. BRECHT, P. CLAUDEL) greift dann auch das Drama nach der Zeitfreiheit der Epik. Andererseits gefällt es den Erzählern bisweilen, in ihren Werken eine neue Einheit der Z. anzustreben, so beispielsweise J. JOYCE in seinem Roman ‹Ulysses› (1922), dessen Handlungszeit auf 16 Stunden des 16. Juni 1904 zusammengedrängt ist und insofern mit der für den Roman erforderlichen Lesezeit ungefähr übereinstimmt.

In den verschiedenen Formen der Zeitpoetik spielt immer auch die Tatsache eine Rolle, daß einige Verbformen in der Grammatik der europäischen Sprachen als Zeitformen (χρόνοι, tempora, tenses) aufgefaßt und – bisweilen kurzschlüssig – zur zeitlichen Strukturierung von literarischen Werken genutzt werden. Diese Auffassung ist seit der Antike in der Schulpraxis fest verankert und kann dem allgemeinen Bildungsbesitz Europas zugerechnet werden.

In diesem formalen Rahmen stellt die europäische Literatur relevante Zeitverhältnisse auch gerne inhaltlich dar. Der literarische Kanon kennt die Gattungen der Stundenbücher, Tagebücher und Jahrbücher. Prägnant gefaßt, lauten die Titel etwa: ‹Der Tag› (‹Il Giorno›, 1763) bei dem Italiener G. PARINI, ‹Die Woche› (‹La Sepmaine ou création du monde›, 1578) bei dem Franzosen G. DU BARTAS und ‹Das geistliche Jahr› (postum 1851) bei A. VON DROSTE HÜLSHOFF. Auch die vier Jahreszeiten haben in der Literatur oft ihre Autoren gefunden, die ihnen bisweilen unerwartete Aspekte abgewinnen, so ‹Frühlings Erwachen› (Tragödie von F. WEDEKIND, 1891), ‹Der Nachsommer› (Roman von A. STIFTER, 1857), ‹Les feuilles d'automne› (Gedichtband von V. HUGO, 1831) und ‹Die Winterreise› (Gedichtzyklus von W. MÜLLER, vertont von F. SCHUBERT, 1827). Die Romantiker entdecken die Poesie der Nacht (NOVALIS: ‹Hymnen an die Nacht›, 1797), die Dekadenten des ausgehenden 19. Jh. den Weltschmerz (s.d.) (J.-K. HUYSMANS: ‹A rebours›, 1884), die Liedermacher des 20. Jh. das Konfliktpotential der Sonn- und Feiertage (F. VÉRAN/CH. AZNAVOUR: ‹Je hais les dimanches›). TH. MANN, der schon in seinen ‹Buddenbrooks› (1901) den Niedergang einer Lübecker Kaufmannsfamilie über drei Generationen hinweg dargestellt hat, versetzt die Handlung seines Romans ‹Der Zauberberg› (1924) in die ganz andersartige Zeitordnung einer Lungenheilstätte in den Schweizer Bergen. Sein Romanheld, Hans Castorp, der eigentlich nur zu einem dreiwöchigen Besuch anreist, wird eingesponnen in die «ausdehnungslose Gegenwart» dieser Krankenwelt, wo die im «Flachland» geltende Z. der Uhren aufgehoben ist [5]. Erst nach sieben Jahren ruft ihn der Ausbruch des Ersten Weltkriegs wie ein Donnerschlag in die wirkliche Z. zurück. Dieses Buch ist nach dem Willen von Th. Mann eine Zeitgeschichte seiner Epoche.

Als stärkste zeitliche Kategorie erweist sich in der Literatur die Lebenszeit des Menschen. Den gedanklichen Rahmen dafür gibt oft der 1. hippokratische Aphorismus ab: «Kurz ist das Leben, lang ist die Kunst». In GOETHES ‹Faust› wird diese Sentenz zweimal zitiert [6]. Beide Male ist Faust der Adressat. Er ist in den späteren Fassungen des Dramas ein etwa Sechzigjähriger, der daran zweifelt, in der knappen, ihm noch verbleibenden Lebenszeit mit der «langen» Kunst und Wissenschaft zu Rande zu kommen. So geht er mit Mephistopheles die Wette ein und verpfändet sein ewiges Seelenheil gegen das Versprechen eines ausgezeichneten Augenblicks (Kairos), dessen Erleben so überwältigend ist, daß er ihm um jeden Preis Dauer verleihen möchte. Als erstes läßt er sich in der «Hexenküche» durch einen Zaubertrank um dreißig Jahre verjüngen. Kein alternder Gelehrter, sondern ein junger Galan tritt forsch der vierzehnjährigen Margarete entgegen, deren Liebe ihn jedoch nicht der Melancholie der verstreichenden Z. zu entreißen vermag. Am Ende des Dramas ist Faust ein hundertjähriger Greis, den die Z. eingeholt hat und von dem nicht ganz gewiß ist, ob er in seinem Leben und Streben die von des Teufels Gunst erstrebte Lust des «höchsten Augenblicks» erfahren hat.

Eines der letzten Bücher, die der zweiundachtzigjährige Goethe noch gelesen hat, ist H. DE BALZACS Roman ‹La peau de chagrin› (1831), der eine Art Variation über Goethes Faust-Thema darstellt. Der Protagonist, Raphaël de Valentin, verfügt über einen «Talisman» aus Wildesel-Leder, dessen Zauber ihm alle Wünsche erfüllt unter der Bedingung, daß mit jedem erfüllten Wunsch das geheimnisvolle Stück Leder und mit ihm zugleich das Leben seines Besitzers schrumpft. Und nun eilt der junge Mann mit seinen zunächst maßlosen, bald aber immer zeitgeizigeren Wünschen durch das Leben, bis am Ende mit dem letzten erfüllten Wunsch das Wildesel-Fell und zugleich mit ihm die Lebensenergie des Helden verbraucht ist.

Ähnlich geheimnisvoll wirkt auf das Leben eines jungen Mannes der englischen Gesellschaft das Bildnis, das ihn in beneidenswerter Jugendschönheit darstellt (O. WILDE: ‹The Picture of Dorian Gray›, 1891). Im Maße wie sich nun der verwöhnte Gesellschaftsheld Dorian Gray seinen Lastern hingibt, nimmt zwar nicht er, wohl aber sein Bildnis die Spuren der Verderbtheit («the signs of sin») und Verlebtheit («the signs of age») an und altert an seiner Statt. Ein zeitraffendes Kapitel (Kap. 11) zeigt diese Wirkung in der Beschleunigung. Schließlich ist das Maß des falschen Lebens voll. Dorian Gray stürzt sich im Wahn auf sein Bildnis und ersticht – sich.

In erbaulicherer Beleuchtung erscheint demgegenüber die Lebenszeit des Menschen von der Geburt bis zum Tod in F. SCHILLERS semiotisch-didaktischem Gedicht ‹Das Lied von der Glocke› (1800). In den Versen dieses langen Gedichts parallelisiert der Autor den meisterlichen Guß einer Glocke mit der zeitlichen Abfolge glücklicher und trauriger Ereignisse, die das Schlagen dieser Glocke vom Kirchturm herab den Bürgern anzeigen wird.

Im Bunde mit der Z. stehen jedoch nur diejenigen, die sich an HORAZ' weltkluge Maxime halten: «Carpe diem quam minimum credula (!) postero» [7]. Einer jungen Schönheit wird hier, wie auch sonst oft in der Liebesdichtung, geraten, das Glück nicht aufzuschieben und das Liebeswerben der Männer ohne Zögern zu erhören (F. VILLON, P. DE RONSARD). Doch wehe jenen, die von der Z. als der «höchsten Gabe Gottes» (GOETHE: ‹Wilhelm Meisters Wanderjahre› [8]) einen eitlen oder sündhaften Gebrauch machen. Das ist schon das Lebensproblem des heiligen AUGUSTINUS (‹Confessiones›, 397/398). Auch F. PETRARCA weiß in seinen ‹Trionfi› (1374), daß die Z. zwar über alle Werte dieser Welt, auch über die Liebe, triumphiert, nicht jedoch über die Ewigkeit. Und der spanische Autor F. DE QUEVEDO erfindet für die Zwecke seiner satirischen Moralistik in Anlehnung an Lev. 25 jene einzigartige Stunde, an einem 20. Juni nachmittags von 4 bis 5 Uhr, da vor aller Augen in den verkehrten Verhältnissen der Menschen die volle Richtigkeit und Gerechtigkeit wiederhergestellt wird: ‹La Hora de todos y la Fortuna con seso› (‹Die Stunde von allen und das Glück mit Verstand›, 1650).

Einige Dichter, die zu den namhaftesten Autoren der Weltliteratur gehören, wagen es, mit der Lebenszeit zu rechnen. So DANTE ALIGHIERI, der sein großes Werk, ‹La Divina Commedia› (1306-21), mit dem Vers beginnt: «Nel mezzo del cammin di nostra vita» («Auf halber Strecke unsres Lebensweges»). Das ist prägnant zu verstehen als Anspielung auf Ps. 89, 10 (90, 10): «Das Leben des Menschen währt siebzig Jahre und, wenn es hochkommt, achtzig». Die Mitte des Lebens liegt demnach bei 35 Jahren. Genau dieses Alter hat der Florentiner Dante Alighieri (geb. 1265), als er nach der Zeitsymbolik seiner Dichtung seine einwöchige Jenseitsreise antritt, zu Ostern des Jubeljahres 1300, des ersten Heiligen Jahres der Kirchengeschichte.

In den weiteren Versen der ‹Göttlichen Komödie› ist Dante dann, mit Augustinus im Sinn, der große Dichter-Theologe geworden, der für seine Dichtung die Zeitlichkeit der jenseitigen Läuterung erfunden hat. Im Gegensatz zu den Ewigkeitsorten Hölle und Paradies ist bei ihm das Purgatorium ganz einer göttlichen Zeitrechnung unterworfen: «Il tempo è caro in questo regno» («Die Z. ist teuer in diesem Reich») [9]. Denn die «armen Seelen» büßen im Fegefeuer eine zeitlich begrenzte Strafe ab, die überdies durch die Fürbitten der Lebenden abgekürzt werden kann, bis schließlich auch ihnen der ewige Sonntag des Paradieses zuteil wird. Nachdem so das Rechnen in die christliche Transzendenz eingedrungen ist, wird es nie wieder daraus verschwinden.

Ganz anders verfaßt ist hingegen, ohne Rechenbrett und Ablaßkalkül, F. HÖLDERLINS ebenfalls auf Ps. 89 (90) beruhendes Gedicht ‹Hälfte des Lebens› mit den vielgerühmten Anfangsversen: «Mit gelben Birnen hänget / Und voll mit wilden Rosen / Das Land in den See» [10]. Eine tiefe Schwermut erfüllt hier den Dichter beim Übertritt in die zweite, die kalte Hälfte des Lebens. Unausgesprochen liegt die Doppelhälftigkeit des Lebens auch M. PROUSTS großem Romanwerk ‹A la recherche du temps perdu› (1913-27) zugrunde. Verborgen in abgrundtiefer Vergessenheit, ruht die ferne Z. der Kindheit und Jugend in der Seele des Dichters und kann nur in wenigen glückhaft-poetischen Momenten seines späteren Lebens durch die Gnade der unwillkürlich-assoziativen Erinnerung «wiedergefunden» und dem Leser in nuancenreicher Prosa mitgeteilt werden. Die prägnanten Phasen der Lebenszeit sind ferner bei V. WOOLF das Thema fast all ihrer Erzählungen, besonders in ihrem Roman ‹To the Lighthouse› (1927). Im Erzählmodus des «inneren Monologs» schildert die Autorin zunächst im Leben ihrer Romanpersonen einen bedeutungsvollen Tag im September, sodann das Strömen der Z., das Tag um Tag über sie hinweggeht (Kap. 2: «Time passes»), schließlich die «Expedition», dem lockenden Licht des Leuchtturms entgegen.

Fast immer ist die Z. knapp in der Literatur (I. BACHMANN: ‹Die gestundete Z.›, 1953). Darum lieben viele Dichter, auch in modernen Zeiten, das Emblem der Sanduhr, die das Verrinnen der Z. sinnfällig anzeigt: «y con la arena se nos va la vida» («und mit dem Sand vergeht uns das Leben») (J. L. BORGES: ‹El reloj de arena›, 1960 [11], ähnlich E. JÜNGER: ‹Das Sanduhrbuch›, 1954). Einige Utopisten versuchen den Ausbruch aus der engen Gegenwart in die Nicht-Zeit («Uchronie») einer äußersten Vergangenheit oder fernen Zukunft mit Hilfe einer «Zeitmaschine», die es erlaubt, mit der Z. als der vierten Dimension nach Belieben zu schalten (H. G. WELLS: ‹The Time Machine›, 1895). Andere, weniger phantastische Autoren setzen ihre Hoffnungen konkret auf die Eisenbahn. A. VON CHAMISSO dichtet: «Mein Dampfroß, Muster der Schnelligkeit, / Läßt hinter sich die laufende Z.» [12]. Mit den neuen technischen Verkehrsmitteln – das ist dem Briten Phileas Fogg eine Wette wert – ist eine Weltumrundung in sekundengenau berechneten 80 Tagen möglich (J. VERNE: ‹Le Tour du monde en quatre-vingts jours›, 1873). Doch kommen in E. ZOLAS Eisenbahn-Roman ‹La bête humaine› (1890) auch schon Befürchtungen vor den Gefahren der beschleunigten Z. auf. Weit von solchen Sorgen entfernt sind indes die Futuristen des beginnenden 20. Jh. (F. T. MARINETTI: ‹Futuristisches Manifest›, 1909), die als literarische 'Avantgarde' die Zukunft im Sturm und Rausch der Geschwindigkeit (Automobil, Flugzeug) erobern wollen. Dergleichen Hoffnungen sind allerdings der zeitgenössischen Literatur seit langem vergangen. Sie richtet ihre Erwartungen eher mit F. NIETZSCHE auf den «langsamen Pfeil der Schönheit» [13] und auf die von TH. MANN beschworene «sachliche Würde der Langsamkeit» [14]. In den Zusammenhang dieser «Entschleunigung» gehören auch die Romane ‹Die Entdeckung der Langsamkeit› (1983) von S. NADOLNY und ‹La lenteur› (1995) des französisch schreibenden tschechischen Autors M. KUNDERA.

Anmerkungen. [1] Zum lit.wiss. Begriff vgl. auch: H. WEINRICH: Tempus. Besprochene und erzählte Welt (⁶2001) 36ff. – [2] F. SCHILLER: Br. an J. W. Goethe (26. 12. 1797), in: J. W. GOETHE: Sämtl. Werke nach Epochen seines Schaffens [Münchner Ausg.] 1-20 (1985ff.) 8/1, 473. – [3] Vgl. ARISTOTELES: Poet. 5, 1449 b 12-16. – [4] W. SHAKESPEARE: The winter's tale IV, 1 (1610/11). – [5] TH. MANN: Der Zauberberg, Kap. 5 (1924). Ges. Werke 1-13 (1960) 3, 257f. – [6] J. W. GOETHE: Faust I, 558f. 1786f.; vgl. SENECA: De brevitate vitae I, 1. – [7] HORAZ: Oden 1, 11. – [8] J. W. GOETHE: Wilhelm Meisters Wanderjahre III, 11 (1829). Münch. Ausg., a.O. [2] 17, 633. – [9] DANTE: La Divina Commedia, Purg. XXIV, 91f. [1321]. – [10] F. HÖLDERLIN: Hälfte des Lebens [1803]. Sämtl. Werke. Stuttg. Ausg., hg. F. BEISSNER 8/1 (1951) 117. – [11] J. L. BORGES: El reloj de arena (1960). Obras compl. 9 (Buenos Aires 1960) 56. – [12] A. VON CHAMISSO: Das Dampfross (1831/32). Werke 1, hg. W. FEUDEL/CH. LAUFER (1982) 75. – [13] F. NIETZSCHE: Menschliches, Allzumenschliches I, 4, 149 (1878). Krit. Ges.ausg., hg. G. COLLI/M. MONTINARI (1967ff.) 4/2, 145. – [14] TH. MANN: Meerfahrt mit ‹Don Quijote› (1934), a.O. [5] 9, 427.

Literaturhinweise. G. MÜLLER: Die Bedeutung der Z. in der Erzählkunst (1947). – W. B. BERG: Der lit. Sonntag. Ein Beitrag zur Kritik der bürgerl. Ideologie (1976). – W. VOSSKAMP: Utopieforschung. Interdiszipl. Studien zur neuzeitl. Utopie (1982) 1-3. – G. GETTO: Tempo e spazio nella letteratura italiana (Florenz 1983). – F. RIGOTTI: Metaphors of time, in: Etcetera. A journal devoted to the role of symbols in human behavior 43 (1986) 157-168. – P. RICŒUR: Temps et récit 1-3 (Paris 1983-85); dtsch.: Z. und Erzählung 1-3 (1988-91). – M. HARDT (Hg.): Lit. Avantgarden (1989). – M. FRANK: Das Problem 'Z.' in der dtsch. Romantik (1990). – J. P. SCHWINDT: Das Motiv der Tagesspanne. Ein Beitrag zur Ästhetik der Zeitgestaltung im griech.-röm. Drama (1994). – K. A. GEISSLER: Vom Tempo der Welt (1999). – H. WEINRICH: Le temps, le pouls et les tempes. Leçon terminale au Coll. de France (Paris 1999); s. Anm. [1]; Knappe Zeit. Kunst und Kritik des befristeten Daseins (2004). H. WEINRICH

IX. *Zeitbegriffe außereuropäischer Kulturen: Indien, China und Japan.* – 1. *Indien.* – Das Sanskrit-Wort für Z., ‹kālá›, leitet sich ab aus der Wurzel ‹kal› mit der Bedeutung 'kalkulieren', 'aufzählen' und hat folgende Grundbedeutungen: a) '(rechte) Z.', 'Gelegenheit', 'Jahreszeit'; b) 'Stunde', 'Tageshälfte'; c) 'Zeitrechnung'; d) 'Weltordnung', 'Schicksal'; e) 'Endpunkt', 'Schluß'; f) 'Tod', 'Todesgott'.

Im ‹Arthava Veda› findet sich der Hymnus auf die Z.: «Mit sieben Rädern fährt dieser Kālá, sieben Naben hat er, das Unsterbliche ist seine Achse. Er bringt alle Dinge zur Erscheinung, Kālá fährt dahin als erster Gott. ... Der Kālá erzeugte jenen Himmel, der Kālá diese Erde. Im Kālá ist alles Gewordene und Zukünftige enthalten, vom Kālá ins Leben gerufen, entwickelt es sich» [1]. Hier erscheint die Z. als oberstes Prinzip der Erzeugung, ohne das kein Seiendes bestehen kann. Im vedischen Zusammenhang ist noch keine negative Konnotation damit verbunden.

In der ‹Bṛhadāraṇyaka-Upaniṣad› werden dem Brahman (s.d.) als dem Urprinzip zwei Erscheinungsformen zugesprochen: körperhaft und sterblich sowie körperlos und unsterblich. Auch der dem Brahman auf der Personebene entsprechende Ātman (s.d.) besitzt diese beiden Erscheinungsformen. In der ‹Maitrāyaṇa-Upaniṣad› wird dies auch auf den Aspekt der Z. übertragen: «Indeed, there are two forms of Brahman, the Time and the non-Time. Particularly, what was there before the sun, that is non-Time, the indivisible; and what began with the sun that is the Time, it is the divisible. But the apparent form of the divisible is the year and out of the year further, the beings are born; through the year also, after the beings have been born here, they grow up and into the year they again dissolve or disappear» [2]. Zeitliches und Zeitloses stehen hier nebeneinander, dennoch hebt sich das Zeitlose in den Upaniṣaden mehr und mehr als das eigentlich zu Realisierende ab, so daß eine Abwertung des Zeitlichen erfolgen kann.

Gemäß den Schulen des Nyāya (s.d.) und des Vaiśeṣika (s.d.) ist die Z. eine ewige, allgegenwärtige, reale Substanz, die alles hervorbringt, dabei aber selbst nicht sichtbar ist, da sie nur als Ursache in all ihren Wirkungen gegeben ist. «Weil [die Z.] in den dauernden [Substanzen] nicht vorhanden ist, und in den nicht-dauernden vorhanden ist, so [bezieht sich] der Name 'Z.' auf die Ursache [alles Entstandenen]» [3].

Zwei Wirklichkeiten kennt die Schule des Sāṃkhya (s.d.): Puruṣa (s.d.) ist als das absolute Wesen das unveränderliche, reine Bewußtsein und Prakṛti (s.d.) ist als Urmaterie der Bereich der konkreten Veränderungen. Z. wird nicht als eigenständig, sondern nur als zusammenhängend mit den Bewegungen der Urmaterie verstanden, wobei zwischen dem Internen und Externen unterschieden wird: «The external [functions] in present time. The internal [functions] in the three times [past, present and future]» [4]. Real ist jedoch nur der jeweils gegenwärtige Augenblick (kṣaṇa), der in der Sammlung zu betrachten ist: «Aus der Konzentration des Geistes auf den Augenblick und auf dessen Folgen entsteht das aus der Unterscheidung entstandene Wissen» [5].

Nach der Advaita-Vedānta-Schule gibt es nur eine Wirklichkeit – Brahman –, die nicht-dual und zeitlos ist. Alles andere und damit auch die Z. ist nur Erscheinung und damit zu überwinden: «Wer frei von Werk das Heiligtum des Selbst errungen hat, jenseits von Raum und Z., für den verschwindet jeder Gegensatz, der erkennt das All und hat Unsterblichkeit» [6].

Der Jainismus (s.d.) lehrt eine atomistische Sicht der Z. Die Z.-Atome (kālānu) sind absolut und real, aus ihnen setzen sich verschiedene Abläufe und Sequenzen zusammen.

2. *China*. – Das chinesische Zeichen für Z., ‹shi›, hat folgende Grundbedeutungen: a) 'die vier Jahreszeiten', 'die Einteilungen eines Tages in die zwölf Stunden', 'etwas, was den Verlauf der Z. strukturiert', 'Verlauf der Z.', 'zu jener Z.', 'Generation', 'Zeitalter', 'angemessene Z.', 'wichtiger und passender Zeitabschnitt', 'Verlauf eines Zeitalters', 'Gelegenheit'; b) 'zu der Z.', 'gerade in dem Augenblick', 'manchmal', 'zu einer Gelegenheit'; c) 'eine Gelegenheit abpassen'; d) 'dieses hier, ja'. Zusammenfassend kann gesagt werden, daß mit diesem Zeichen keine abstrakte und äußerlich gemessene Z. bezeichnet wird, sondern immer eine bestimmte, inhaltlich gefüllte, eine qualitativ strukturierte Z. Diese Auffassung entspricht dem 'zyklischen' bzw. 'Erneuerungs-'Aspekt der Z. in orientalischen Kulturen [7]. In dem Ritenklassiker ‹Zhouli› (3./4. Jh. v.Chr.) kommt dies paradigmatisch zum Ausdruck: «Für den Himmel gibt es eine bestimmte Z. [z.B. Jahreszeit], um wachsen [zu lassen] und eine bestimmte Z., um untergehen [zu lassen]. Für Gräser und Bäume gibt es eine bestimmte Z., um zu wachsen und eine bestimmte Z., um zu sterben». «Kein Philosoph [in China] stellt sich», wie M. GRANET expliziert, «die Z. als eine gleichförmige Dauer vor, die sich aus der Abfolge von gleichwertigen, sich in gleichförmiger Bewegung ablösenden Augenblicken ergibt. ... Allen erschien es hingegen sinnvoll, die Z. als einen Komplex von Jahreszeiten, Zeitabschnitten und Epochen ... aufzufassen. ... In derselben Weise ist die Zeitdauer nach verschieden gearteten Perioden differenziert, von denen jede die für einen bestimmten Zeitabschnitt oder eine bestimmte Jahreszeit kennzeichnenden Merkmale besitzt. ... Mit ‹shi› [‹Z.›] verbindet sich die Vorstellung des Anlasses, der Gelegenheit (welche für eine bestimmte Handlung günstig oder ungünstig ist)» [8]. In der klassischen chinesischen Philosophie hat sich daher kein abstrakter Begriff der Z. herausgebildet. Es geht im Ganzen vielmehr darum, in möglichst günstiger Weise die Z. qualitativ zu steigern, so daß alles zu seiner Z. geschehen kann. Das ‹Buch der Wandlungen› (‹I Ging›, s.d.) kann insgesamt als eine Anweisung gelesen werden, wie man den zeitlichen Wandel in rechter und treffender Weise vollzieht. Bei MENCIUS wird Konfuzius als der Weise bezeichnet, der die rechte Z. zu treffen vermag. Auch in LAOZIS ‹Daodejing› (Kap. 8) und bei ZHUANGZI geht es um das rechte Tun zur rechten Z. Dabei wird die Z. jedoch nie als etwas nur Negatives und Zerstörerisches gesehen, so daß hier ein grundsätzlicher Unterschied zur indischen Auffassung erkannt werden kann.

3. *Buddhismus*. – Die Zeitauffassung im Buddhismus (s.d.) entfaltet sich, ausgehend von Indien, über China nach Japan. Buddhistische Denker waren von Anfang an gegen andere indische Positionen darauf bedacht, jede substantialisierende Theorie der Z. zu vermeiden.

In den alten Schulen des Buddhismus wird eine Augenblickstheorie der Z. vertreten. Einschlägig ist die Kontroverse zwischen den Anhängern der Sarvāstivāda- und denen der Sautrāntika-Schule über die Interpretation des Augenblicks. Denn die sogenannte kṣaṇa-Lehre wird ab dem 5. Jh. textlich eigenständig behandelt – im ‹Abhidharmakośa› des VASUBANDHU und dem ‹Abhidharmasamuccaya› von ASAṆGA – und dann vor allem von XUANZANG (600-664) durch seine Übersetzungen in China bekannt gemacht [9]. Die Kontroverse bezieht sich auf die Frage, ob die Existenz eines Dharma (s.d.) nur «einige wenige 'Augenblicke' (kṣaṇa) währte, wie die Sarvāstivādins und Theravādins meinten, oder nur einen einzigen 'Moment' (kṣaṇa), was der Vorstellung der Sautrāntikas entsprach» [10].

Neben der Augenblickstheorie entwickelt sich noch früher eine andere Linie der Z.-Philosophie im Buddhismus, ausgehend von dem indischen Denker NĀGĀRJUNA (Indien, 2. Jh. n.Chr.). Um das prinzipielle Leiden zu überwinden, ist es notwendig, die Z. als solche zu überwinden. «Ja, für diejenigen Wesen, welche die vollkommene Daseinslösung erreicht haben, existiert Z. nicht mehr, da sie eben vollkommen erloschen sind» [11]. Anhand von logischen Schlüssen entwickelt Nāgārjuna den Gedanken, daß Z. im Sinne eines unabhängigen Eigenseins nicht existiert. Z. ist kein Seiendes im substantiellen Sinne, so daß sie von Anfang an nicht ist. Damit ist jede weitere Frage nach dem Eigensein der Z. zur Ruhe gebracht [12].

Mit der Übertragung dieser Gedanken nach China entwickelt sich eine Synthese aus indischer und chinesischer Zeitauffassung. SENG ZHAO (China, 383-414) entwickelt zwei unterschiedliche Begriffe des 'Jetzt'. Das eine ist das immerwährende Jetzt, das immer unbewegt ist und niemals vergehen kann. Das andere ist das jeweilige Jetzt als immer unterschiedenes. Realisiert der Mensch alles im immerwährenden Jetzt, so ist die Z. zur Ruhe gebracht, eine Daseinslösung erreicht [13].

FAZANG (China, 643-712) entwickelt ein zehnstufiges Z.-Modell, wobei er zunächst neun Zeiten (Vergangenheit der Vergangenheit, Gegenwart der Vergangenheit, Zukunft der Vergangenheit, Vergangenheit der Gegenwart, Gegenwart der Gegenwart, Zukunft der Gegenwart, Vergangenheit der Zukunft, Gegenwart der Zukunft und Zukunft der Zukunft) unterscheidet, die sich in der «zehnten Z.» als einem Gedankenaugenblick (yi nian) zusammenschließen. Die relationale Z.-Auffassung Fazangs muß zu den Höhepunkten buddhistischer Philosophie gezählt werden [14].

DŌGENS (Japan, 1200-1252) Phänomenologie der Z. kann als die Fortführung des Ansatzes von Fazang gelesen werden. In seinem Text ‹Uji› entwickelt er die Auffassung, daß alles, was ist, zugleich Z. ist im Sinn eines «ereignishaften Verlaufs» (kyōryaku). Für die Befreiung im Sinn des Buddhismus gilt es nach Dōgen nicht, die Z. als solche zu vernichten, sondern vielmehr in vollständiger Weise selber zur Z. zu werden, da die Z. die Z. selbst nicht vergehen läßt [15].

4. *Modernes Japan.* – Mit der Übernahme der westlichen Philosophie in Japan [16] entwickeln sich Ansätze zu einer Philosophie der Z., die aus der westlichen und östlichen Tradition schöpfen. Vor allem für die Denker der Kyōto-Schule ist das Phänomen der Z. von zentraler Bedeutung [17]. KITARŌ NISHIDA (1870-1945) entwickelt neben der Interpretation der Z. als «diskontinuierlicher Kontinuität» (hirenzoku no renzoku) im Sinne einer «Selbstbestimmung absoluter Gegenwart» (zettai genzai no jikogentei) am Ende seines Denkweges eine Eschatologie radikaler Alltäglichkeit [18]. Als Schüler von Nishida entfaltet KEIJI NISHITANI seine Gedanken vor dem Hintergrund des Zen-Buddhismus und in der Auseinandersetzung mit der westlichen Tradition. Für ihn ist vor allem das Phänomen 'Z. als Geschichte' vor dem Hintergrund des europäischen Nihilismus und der buddhistischen Erfahrung der Leere (śūnyatā, s.d.) von zentraler Bedeutung [19].

Anmerkungen. [1] J. MEHLIG (Hg.): Weisheit des alten Indien 1 (1987) 131. – [2] P. DEUSSEN: Sixty Upaniṣads of the Veda 1 (Delhi 1990) 357. – [3] Die Lehrsprüche der Vaiceshika-Philos. von Kanāda. Zeitschr. dtsch. morgenländ. Gesellschaft 21 (1867) 309-442, 353. – [4] G. J. LARSON: Classical Samkhya (Delhi ²1979) 266. – [5] MEHLIG (Hg.), a.O. [1] 546. – [6] H. VON GLASENAPP: Ind. Geisteswelt 1 (1986) 196; vgl. Art. ‹Veda; Vedanta 2.›. Hist. Wb. Philos. 11 (2001) 557f. – [7] Vgl. Art. ‹Zeit I.›. – [8] M. GRANET: Das chines. Denken. Inhalt – Form – Charakter [frz. 1934] (1985) 63ff. – [9] A. VON ROSPATT: The Buddhist doctrine of momentariness. A survey of the origins and early phase of this doctrine up to Vasubandhu (1995). – [10] E. CONZE: Buddhist. Denken. Drei Phasen buddhist. Philos. in Indien (1988) 188f. – [11] NYANAPONIKA (Hg.): Milindapañha. Ein hist. Gipfeltreffen im relig. Weltgespräch (1998) 76. – [12] Vgl. hierzu: B. WEBER-BROSAMER/D. M. BACK: Die Philos. der Leere. Nāgārjunas Mūlamadhyamaka-Kārikās. Übers. des buddhist. Basistextes mit kommentierender Einf. (1997) 70f. – [13] Vgl. R. ELBERFELD: Phänomenologie der Z. im Buddhismus. Methoden interkulturellen Philosophierens (2004). – [14] Vgl. M. OBERT: Sinndeutung und Zeitlichkeit. Zur Hermeneutik des Huayan-Buddhismus (2000). – [15] Vgl. ELBERFELD, a.O. [13]. – [16] JUNKO HAMADA: Jap. Philos. nach 1868 (Leiden 1994). – [17] RYOSUKE OHASHI (Hg.): Die Philos. der Kyoto-Schule. Texte und Einführungen (1990). – [18] KITARŌ NISHIDA: Logik des Ortes. Der Anfang der modernen Philos. in Japan, hg. R. ELBERFELD (1999) 270ff. – [19] KEIJI NISHITANI: Was ist Religion? (1982) 333ff. (Kap. ‹Leer und Geschichte›); vgl. Art. ‹Leere II.›. Hist. Wb. Philos. 5 (1980) 158f.

Literaturhinweise. – *Allgemein:* Philosophy East and West XXIV/2: Time and temporality (1974). – J. T. FRASER (Hg.): The voices of time (Amherst ²1981). – D. TIEMERSMA u.a. (Hg.): Time and temporality in intercultural perspective (Amsterdam 1996). – *Zu Indien:* A. N. BALSLEV: A study of time in Indian philos. (1983). – H. S. PRASAD: Time in Indian philos. (Delhi 1992). – *Zu China:* J. NEEDHAM: Der Z.-Begriff im Orient, in: Wissenschaftl. Universalismus (1977) 176-259. – CHUN-CHIEH HUANG/E. ZÜRCHER (Hg.): Time and space in Chinese culture (Leiden 1995). – *Zum Buddhismus:* R. K. HEINEMANN: Der Weg des Übens im ostasiat. Mahāyāna. Grundformen seiner Zeitrelation zum Übungsziel in der Entwicklung bis Dōgen (1979). – J. STAMBAUGH: Impermanence is Buddha-nature. Dōgen's understanding of temporality (Honolulu 1990). – H. S. PRASAD (Hg.): Essays on time in buddhism (Delhi 1991). – *Zu Japan:* GEN TANAKA: Das Zeitbewußtsein der Japaner im Altertum (1993). – F. COULMAS: Jap. Zeiten. Eine Ethnographie der Vergänglichkeit (2000).

R. ELBERFELD

Zeitalter, goldenes (griech. χρυσέη γενεή; lat. aetas aurea, saeculum aureum; engl. golden age; frz. siècle/âge d'or). Die Idee eines vergangenen heilen Z. [1] der Welt wird in den Mythen vieler Kulturen ausgebildet. Die vielfältigen, sich aus unterschiedlichen Quellen speisenden Vorstellungen des g.Z. spielen auch in der europäischen Dichtung und Philosophie eine bedeutende Rolle und gehen häufig mit Formen von Gegenwartskritik einher. Seit der Aufklärungszeit mehren sich die Stimmen einer grundsätzlichen Kritik an dem Mythologem.

HOMERS Darstellung von Libyen, Elysium, der Insel Syria und dem Leben der Phäaken [2] bildet modellhafte Züge des später sogenannten g.Z. aus. Bei HESIOD, dessen Mythos von den fünf Weltaltern spätere Deutungen der Geschichte im Sinne der Deszendenz (vom goldenen bis zum eisernen Z.) wirkungsvoll beeinflußt, wird das «goldene Geschlecht» unter der Herrschaft des Kronos ein ideales Gegenbild zur Recht- und Friedlosigkeit der eigenen Zeit [3]. EMPEDOKLES greift den Mythos auf [4], der im 4. Jh. v.Chr. im Kontext der Diskussion um die Kulturentstehung [5] auf die philosophische Anthropologie einzuwirken beginnt. PLATON deutet ihn in ethisch-politischem Sinne um: Das mühelose war «tausendmal glückseliger» als das gegenwärtige Leben, weil es von «Gott selbst» regiert wurde [6]. THEOPHRAST entwirft als Zwischenphase zwischen einem tierhaften Urzustand und dem Beginn moralischer Deszendenz eine rationalisierte goldene Zeit [7].

Nach POSEIDONIOS leben die Menschen im g.Z. im Zustand einer stoisch konzipierten Vollkommenheit, einer ersten geschichtlichen Blütezeit, in der die Weisen herrschen und technische Erfindungen machen. Die Lehre vom ständigen Fortschritt und die mythische Lehre vom Niedergang (s.d.) werden insofern miteinander verbunden, als zwar nach dem Ende des g.Z. die Erfindungen weiter vervollkommnet werden, Religion und Sitte jedoch verfallen [8]. Für SENECA wird das g.Z. durch die Schuld der Menschen beendet. Er sieht in ihm, anders als Poseidonios, nicht den vollkommenen Zustand, da die Menschen «nur aus Unkenntnis unschuldig waren» [9]. Das g.Z. als vollkommener Zustand sei die den Weisen jederzeit mögliche sittlich vollkommene Lebensweise.

In der römischen Tradition verbindet sich der Mythos vom g.Z. mit spezifisch römischen Geschichtsvorstellungen. VERGIL verknüpft die Vorstellungen vom g.Z. und von Arkadien (s.d.). In der ‹4. Ekloge› wird der Mythos vom g.Z. eschatologisch in die Zukunft verlagert; die Geburt eines Kindes wird sein Symbol [10]. In der ‹Aeneis› wird das g.Z. der Gerechtigkeit und des Friedens mit der gegenwärtigen Zeit des Kaisers Augustus gleichgesetzt [11], in den ‹Georgica› mit einer idealen Vergangenheit [12]. Der Begriff wird zum politischen Schlagwort. HORAZ, TIBULL, PROPERZ und OVID, auf dessen Darstellung von der Abfolge der vier Weltalter bis in das 20. Jh. hinein vielfach zurückgegriffen wird, entwerfen Bilder des g.Z. als Gegenentwurf zur Trauer und Resignation ihrer Gegenwart [13].

Im frühen Christentum und im Mittelalter wird die Vorstellung vom g.Z. durch die christliche Eschatologie (s.d.) und den Chiliasmus (s.d.) umgedeutet. Das g.Z. ist bei LAKTANZ die gerechte und friedensstiftende Zeit, in der die Menschen vor dem Abfall zum Götterglauben im Glauben an den einen Gott friedlich zusammenleben [14]. Auch in den Vorstellungen vom Tausendjährigen bzw. Dritten Reich [15] und in den Kaiser-Prophetien finden sich Motive des g.Z. Seit der Renaissance wird die arkadische Konzeption des g.Z. maßgebend für die europäische Dichtung. J. C. SCALIGER versteht die Hirtendichtung als die Urdichtung, die die Erinnerung an das g.Z. wachhält [16]. In der Idyllendichtung des 18. Jh. (J. CH. GOTTSCHED, CH. F. WEISSE, K. W. RAMLER, S. GESSNER) erscheint das g.Z. als Stand der Unschuld im Naturzustand (s.d.). Es existiert nach B. DE FONTENELLE und J. R. DE SEGRAIS jedoch «nur in der Imagination der Dichter» [17].

Vom 17. bis 19. Jh. wird die Idee des g.Z. im Kontext der Staats- und Geschichtsphilosophie bedeutsam. TH. HOBBES deutet das g.Z. als einen vom Naturzustand verschiedenen vorrationalen Zustand, in dem Frieden herrschte, weil die Regierenden die einfältigen Menschen durch Mythen dazu brachten, die höchste Staatsgewalt wie eine sichtbare Gottheit zu verehren. Die Wiederherstellung des g.Z. der absoluten Staatsgewalt wäre die Herstellung der guten Ordnung des Staates überhaupt [18]. Für J.-J. ROUSSEAU ist das g.Z. die im Kontrast zur Gegenwart gedachte Zeit der «barbarie» [19], aber auch der unbewußte glückliche Zustand der «beschränkten» Menschen: «l'heureuse vie de l'âge d'or» sei dem Menschengeschlecht stets ein fremder Zustand geblieben, entweder weil es ihn verkannt hat, als es ihn genießen konnte, oder weil es ihn verloren hatte, als es ihn hätte kennen können [20].

Im Chiliasmus des Pietismus, vor allem in F. CH. OETINGERS ‹Die güldene Zeit›, wird das g.Z. theologisch gedeutet [21]. Es wird in naher Zukunft erhofft als Aufhebung der durch den Sündenfall bedingten gestörten Ordnung. In dieser Zeit komme die Selbstoffenbarung Gottes zum Abschluß, so daß die vollkommene Gotteserkenntnis als Grundlage einer Zentralerkenntnis (s.d.) Kennzeichen dieser Zeit ist. Christus als Weltmonarch wird die utopisch ausgemalte, vollkommen republikanische Gesellschaftsordnung formen, die aus der Gleichheit aller Menschen vor Gott begründet wird und die die Verhältnisse des Paradieses wiederherstellt.

I. KANT kritisiert die Idee eines g.Z. Es sei ein «Schattenbild» der Dichter, ein Zustand des «in Faulheit verträumten ... Lebens», der aus dem «Überdruß», «den der denkende Mensch am civilisirten Leben fühlt», entstanden sei. Der Wunsch zur Rückkehr in jenen Zustand sei nichtig, weil kein Mensch in diesen vernunftlosen Zustand zurückkehren wolle [22]. Die Vorstellung vom g.Z. leite sich auch aus der Klage darüber her, «daß die Welt im Argen liege». Es sei der «Traum» eines vorgeschichtlichen [23], nicht durch Vernunft und Moral gekennzeichneten Zustands, aus dem durch «den Verfall ins Böse» der jetzige schlechte Zustand hervorging. Der Traum vom g.Z. gehöre jedoch von Anbeginn zur Geschichte [24]. Auch J. G. HERDER bezeichnet die Hoffnung «auf ein goldnes politisches Jahrhundert am Ende der Welt» als eine Hoffnung «gegen die Menschennatur und gegen die Erfahrung aller Geschichte» [25], deutet jedoch andererseits bestimmte Kulturhöhepunkte im Bild des g.Z. [26]. J. W. GOETHE und F. SCHILLER verwenden den Topos [27]. Nach F. W. J. SCHELLING läßt die Mythologie die Geschichte «mit dem Verlust des g.Z., oder mit dem Sündenfall ..., beginnen. In den Ideen der Philosophen endet die Geschichte mit dem Vernunftreich, d.h. mit dem g.Z. des Rechts» [28].

Scharfe Kritik an der Idee des g.Z. üben auch J. G. FICHTE und A. W. SCHLEGEL. FICHTE will «die in der Vorwelt häufig vorkommende Erscheinung, daß das, was wir werden sollen, geschildert wird als etwas, das wir schon gewesen sind, und daß das, was wir zu erreichen haben, vorgestellt wird als etwas Verlornes», anthropologisch ableiten [29]. Während die Frühromantik und insbesondere NOVALIS mit dem g.Z. universale Harmonievorstellungen verbinden [30] und die Spätromantik es zum Z. der unschuldigen, märchenerfüllten Kindheit verklärt, destruiert G. W. F. HEGEL die geschichts- und religionsphilosophische Idee des g.Z. grundsätzlich. Sie setze «einen Mangel der Entwicklung des Geistes voraus» [31]. Die Vollkommenheit dieses Unschuldszustands beruhe nicht auf Vernunft und Sittlichkeit, sondern auf der Einheit von Denken und Empfinden. Diese Einheitsvorstellung verkenne gänzlich die «Natur des Geistes» und «des Begriffes», sie sei eine oberflächliche Vorstellung der Wirklichkeit und der Wahrheit [32]. Nach Hegel verliert der Begriff des g.Z. an philosophischer Relevanz. Dort, wo er – in Absetzung vom Fortschrittsdenken [33] – auch nicht mehr einfach 'futurisiert' werden kann, wird er weithin zur bloßen Metapher für Formen glücklichen Lebens. Gleichwohl beerbt ihn noch das utopische Denken E. BLOCHS im Sinne einer «Ur-Intention» [34].

Anmerkungen. [1] Vgl. Art. ‹Weltalter; Zeitalter›; H.-J. MÄHL: Die Idee des g.Z. im Werk des Novalis (1965). – [2] Vgl. HOMER: Od. IV, 85ff. 563ff.; XV, 403ff.; VII, 103ff. 201ff. – [3] HESIOD: Erga 106ff. – [4] EMPEDOKLES: VS 31, B 128. 130. – [5] Vgl. E. R. DODDS: The ancient concept of progress, in: The ancient concept of progress ... (Oxford 1973) 1-25. – [6] PLATON: Polit. 271 eff.; vgl. Crat. 398 a; Resp. VIII, 546 e; Leg. IV, 713 df. – [7] THEOPHRASTUS: Frg. 584 A, in: Theophrastus of Eresus. Sources ... 2, hg. W. W. FORTENBAUGH u.a. (Leiden u.a. 1992) 405ff. – [8] Vgl. POSEIDONIOS: Frg. 284, hg. L. EDELSTEIN/I. G. KIDD 1 (Cambridge 1972) 248ff. – [9] SENECA: Ep. mor. 90, 46. – [10] VERGIL:

4. Ecl.; vgl. Oracula Sibyllina III, 741; Is. 9, 5f.; Dan. 2, 35ff. – [11] Aen. VI, 791ff. – [12] Georg. I, 121ff.; II, 458ff. – [13] Vgl. Horaz: Iamb. XVI, 42ff.; Ovid: Met. I, 89ff.; XV, 76ff. 113; Fasti II, 289ff.; IV, 395ff. – [14] Vgl. Laktanz: Div. inst. II, 12. CSEL 19, 155ff.; VII, 2, a.O. 585ff.; VII, 24, a.O. 685ff. – [15] Vgl. Art. ‹Reich, Drittes 1.›. Hist. Wb. Philos. 8 (1992) 496-499. – [16] J. C. Scaliger: Poetices libri septem (Genf 1586) 15f.; lat./dtsch. Neuausg., hg. L. Deitz/G. Vogt-Spira (1994ff.) 1, 94ff. – [17] J. R. de Segrais: Réfl. sur l'églogue. Oeuvr. 1 (Paris 1755) 163ff. – [18] Vgl. Th. Hobbes: Elementorum philosophiae sectio tertia: De cive (1642); engl.: Philos. rudiments conc. government and society, pref. The Engl. works, hg. W. Molesworth (London 1839-45, ND [2]1966) 2, XIII. – [19] Vgl. J.-J. Rousseau: Essai sur l'orig. des langues, ch. 9 (1782). Oeuvr. compl., hg. B. Gagnebin/M. Raymond (Paris 1959-95) 5, 396. – [20] Du contrat social (I[e] version) I, 2 [1758-60], a.O. 3, 283. – [21] F. Ch. Oetinger: Die güldne Zeit ... (1759). Sämmtl. Schr. 6, hg. K. Ch. E. Ehmann (1864) 3; vgl. E. Benz: J. A. Bengel und die Philos. des dtsch. Idealismus. Dtsch. Vjschr. Lit.wiss. 27 (1953) 528-554. – [22] I. Kant: Muthmaßlicher Anfang der Menschengeschichte (1786). Akad.-A. 8, 122. – [23] Vgl. auch: Art. ‹Vorgeschichte›. Hist. Wb. Philos. 11 (2001) 1186-1188. – [24] I. Kant: Die Relig. innerhalb der Grenzen der bloßen Vernunft, Erstes Stück (1793, [2]1794). Akad.-A. 6, 19. – [25] J. G. Herder: Ideen zur Philos. der Gesch. der Menschheit (1784). Sämmtl. Werke, hg. B. Suphan (1887) 13, 468. – [26] Vgl. Auch eine Philos. der Gesch. zur Bildung der Menschheit (1774), a.O. 5, 480f. 509f. – [27] Vgl. J. W. Goethe: Torquato Tasso II, 1, Verse 979ff. 998ff. (1790). Hamb. Ausg., hg. E. Trunz ([8]1977) 5, 100; F. Schiller: Ueber naive und sentimentalische Dichtung (1795/96). Nat.ausg. 20/1, hg. B. von Wiese (1962) 450; vgl. 416. – [28] F. W. J. Schelling: System des transsc. Idealismus (1800). Sämmtl. Werke, hg. K. F. A. Schelling (1856-61) I/3, 589. – [29] J. G. Fichte: Einige Vorles. über die Bestimmung des Gelehrten, 5. Vorles. (1794). Akad.-A. I/3 (1966) 65; vgl. Reden an die dtsch. Nation, 7. Rede (1808). Sämmtl. Werke, hg. I. H. Fichte (1845/46) 7, 368; A. W. Schlegel: Athenäums-Frg., Nr. 243 [1798], in: F. Schlegel: Krit. Ausg. I/2, hg. E. Behler (1967) 205f. – [30] Vgl. Novalis: Heinrich von Ofterdingen (1802). Schr., hg. P. Kluckhohn/R. Samuel 1 ([3]1977) 225; Mähl, a.O. [1] 253-423. – [31] G. W. F. Hegel: Vorles. über die Ästhetik 1 [1817/18ff.]. Jub.ausg., hg. H. Glockner (1927-40) 12, 349. – [32] Ein Hegelsches Fragment zur Philos. des Geistes, hg. F. Nicolin. Hegel-Studien 1 (1961) 45-47. – [33] Vgl. Art. ‹Fortschritt›. Hist. Wb. Philos. 2 (1972) 1032-1059; Art. ‹Weltlauf›. – [34] Vgl. E. Bloch: Das Prinzip Hoffnung 3, Kap. 55 (1954-59). Ges.ausg. 5 (1977) 1621; Art. ‹Utopie›. Hist. Wb. Philos. 11 (2001) 510-526.

Literaturhinweise. J. Petersen: Das g.Z. bei den dtsch. Romantikern, in: Die Ernte. Abh. zur Lit.wiss. F. Muncker zu seinem 70. Geb. (1926) 117-175. – A. Kurfess: Art. ‹Aetas aurea›. RAC 1 (1950) 144-150. – E. Benz s. Anm. [21]. – W. Veit: Studien zur Gesch. des Topos der Goldenen Zeit von der Antike bis zum 18. Jh. (1961). – F. Schalk: Das g.Z. als Epoche. Arch. Studium neueren Sprache Lit. 199 (1963) 85-98. – H.-J. Mähl s. Anm. [1] (mit Lit.). – B. Gatz: Weltalter, g.Z. und sinnverwandte Vorstellungen (1967). – H. Levin: The myth of the golden age in the renaissance (New York 1972). – M. Werner-Fädler: Das Arkadienbild und der Mythos der g.Z. in der frz. Lit. des 17. und 18. Jh. (Salzburg 1972). – P. A. Johnston: Vergil's agricultural golden age (Leiden 1980). – W. Stevenson: The myth of the golden age in Engl. romantic poetry (Salzburg 1981). – K. Kubusch: Aurea saecula: Mythos und Gesch. (1986). – R. Günther/R. Müller: Das g.Z.: Utopien der hellenist.-röm. Antike (1988). – G. Niccoli: Cupid, satyr and the golden age (New York 1989). – M. Keay: W. Wordsworth's golden age theories during the industrial revolution in England, 1750-1850 (Basingstoke 2001). – Art. ‹Zeitalter›, in: Der neue Pauly 12/2, hg. H. Cancik/H. Schneider (2002) 706-709.

R. Dölle-Oelmüller

Zeitgeist (engl. time-spirit). Die Rede vom Z. stellt das Denken unter den Aspekt seiner Gegenwartsbezüge. Es wundert deshalb nicht, daß, auf das Ganze der Bedeutungsgeschichte gesehen, leidenschaftslose Begriffsverwendungen die Ausnahme geblieben sind. Seit dem Ende des 18. Jh. herrschen Gebrauchsweisen vor, die entweder – wie in der gleichnamigen Ode F. Hölderlins aus dem Jahr 1800 [1] – *emphatisch* sind und verbunden mit einem Aufruf zur Tat; oder sie sind – wie bei J. W. Goethe – *polemisch* und attackieren Denkmuster geistiger Befangenheit. «Was ihr den Geist der Zeiten heißt», sagt Faust über die Historiker, «Das ist im Grund der Herren eigner Geist» [2]. Solche Spannungen des semantischen Feldes legen den Eindruck nahe: Der Z.-Begriff dient nicht nur dem Entwurf intellektueller Epochenidentitäten [3], er eignet sich auch selbst als Vokabel des Z.

Zu Beginn der Entwicklung überwiegt ein neutrales Verständnis des Begriffs. Seine Entstehung verdankt er dem frühneuzeitlichen Bemühen um die Identifikation und qualitative Bestimmung geschichtlicher Zeitabschnitte. Womöglich durch Wilhelm von Ockham und dessen Auszeichnung der «qualitas temporum» [4] angeregt, ist der «genius aetatis» bzw. der «genius animis et temporibus», der sich, wie J. Barclay erläutert, den Ansprüchen der Konvention entgegenzustellen pflegt [5]. Mit dieser Akzentsetzung rückt die Begriffsgenese in die Vorgeschichte des Historismus ein. Nicht mehr anhand des Umlaufs der Gestirne oder mittels der biologisch-naturalen Zählweise in «Generationen» [6] will Barclay die Zeitalter unterschieden wissen, sondern anhand der «varia ingenia» [7] jeweiliger Zeitgenossen. Dem schließt sich wenig später F. Bacon an. Der «Genius illius temporis» [8], den Bacons Fortschrittsgeschichte der Wissenschaften und Künste herausstellen möchte, führt zu der durchaus rhetorisch gemeinten Frage, inwieweit das Wissen der Alten den Ansprüchen der Gegenwart genügen könne oder, wie dann F. Ogier den Gedanken weiterführt, was im Blick auf die Bedürfnisse der Gegenwart aus den Beständen der Alten auszuwählen sei: «choisissant des anciens ce qui se peut accomoder à nostre temps et à l'humeur de nostre nation» [9]. Unter dem wachsenden Druck der 'Verzeitlichung' (s.d.) zum Konzept verdichtet, wird der hier geäußerte Gedanke der Auswahl einmal Eklektizismus (s.d.) heißen.

Die französischen Enzyklopädisten berufen sich auf Bacon, wenn sie die Gewichte durch die verstärkte Betonung des Gegenwartsbezuges weiter verschieben. Die Philosophie, «qui forme le goût dominant de notre siècle» [10], habe Fortschritte des Wissens erzielt, schreibt J. le R. d'Alembert im ‹Discours préliminaire› der ‹Encyclopédie›; ihr Gesamtumfang gleiche inzwischen den in den Zeiten der Ignoranz eingetretenen Verlust mehr als aus. Damit werden die Leistung und das Privileg nicht irgendeiner, sondern allein der Gegenwart des 18. Jh. gewürdigt. Die aufklärungstypische Verknüpfung von Zeitbezug und Universalitätsanspruch führt zu der nun schon paradox klingenden Forderung, daß das philosophische Wissen für längere Zeit zeitgemäß zu sein habe («être plus longtemps utile & nouveau») [11].

Auch der Z.-Begriff von J. G. Herder versteht sich als eine Bestimmung, die aus dem Vergleich der unmittelbaren Gegenwart mit älteren Epochen zu gewinnen ist. Die Gegenüberstellung soll jedoch nicht, wie bei den in die «Querelle des Anciens et des Modernes» [12] verstrickten Enzyklopädisten, den Nachweis der Überlegenheit führen, sondern die Einmaligkeit und Unverwechselbarkeit des Zeitalters hervorheben helfen. Ist diese gesichert, könne sich der «Geist der Zeit» auf neue Weise sowohl der Tradition als auch der Zukunft öffnen [13]. Indem Herders Z. in einem umfassenden Verständnis sowohl «Geist der Zeit» als auch «Geist unserer Zeit» [14] sein will, verkörpert er den völker- und epochenverbindenden «Genius der Humanität» [15]. Er ist in den Formen der Kultur zu finden, in den «herrschenden Meinungen, Sitten und Gewohnheiten» [16] eines Zeitalters. Herders Wort vom «bleiernen Druck des Z.» [17] deutet freilich auch erste, durch entsprechende Vorbehalte von G. Vico [18] und besonders durch das prominente Beispiel Rousseaus herausgeforderte Distanzierungstendenzen an, die den Z. vor allem der unmittelbaren Gegenwart problematisch erscheinen lassen. Die Umwertung erfolgt binnen weniger Jahre. Bereits F. Schiller sieht «den Geist der Zeit zwischen Verkehrtheit und Rohigkeit» schwanken und entziffert ihn angesichts der revolutionären «terreur» [19] als Figur des kulturellen Niedergangs. Es sei «bloß das Gleichgewicht des Schlimmen, was ihm zuweilen noch Grenzen setzt» [20].

Die bis in die unmittelbare Gegenwart hinein wirksame [21] Gabelung der bedeutungsgeschichtlichen Entwicklung ist damit vollzogen. Auf der einen Seite steht ein *kulturkritisches Begriffsverständnis*, das wiederum in zwei Varianten auftritt: Einmal in Gestalt der von E. B. Brandes [22] und E. M. Arndt [23] vertretenen Forderung, nach «den Orkanen und Vulkanen der Revolutionen» [24] den nunmehr konturlos gewordenen Z. mit erzieherischen und politischen Mitteln aktiv zu gestalten; zum anderen in Form der Skepsis gegenüber jenen meist bloß halbbewußten Überzeugungen, die das Denken einer Zeit festlegen und willkürlich beschränken. Kulturkritisch in diesem Sinne ist die vorherrschende Begriffsverwendung J. W. Goethes, der zwischen dem Anspruch auf Repräsentativität und der Warnung Schillers schwankt, der Künstler dürfe «dem Geist des Zeitalters» niemals ein «Zögling» oder «gar noch» ein «Günstling» sein [25]. Unverhohlene Geringschätzung spricht aus Goethes Bestimmung, Z. sei jenes Übergewicht bei der «Menge», das im Zeitalter des Parteienstreits die eine Seite über die andere gewinne [26]. Dieses polemische Begriffsverständnis, dem die Emphase eines Herder und Hölderlin fremd bleibt, findet über Th. Carlyle [27] seinen Weg zum «Z.» bzw. zum «Time-Spirit» M. Arnolds [28]. Und doch ist dies nicht Goethes letztes Wort. Nach Kenntnisnahme der Schrift von Brandes anerkennt er die Wechselbeziehung zwischen seinen eigenen autobiographischen Zeugnissen und jenen Journalen und «Tagesschriften», die als «Barometer des Z.» dem rückschauenden Beobachter vor Augen führen, «wie immer eine Folgezeit die vorhergehende zu verdrängen und aufzuheben suchte, anstatt ihr für Anregung, Mitteilung und Überlieferung zu danken» [29]. Einwilligung und Resignation halten sich die Waage, wenn Goethe schließlich als Lebenserfahrung resümiert, daß dem Z. «nicht zu widerstehen sei» [30].

Neben dem Begriffsgebrauch der Kulturkritik gewinnt um 1800 die *geschichtsphilosophische Verwendung* des Z.-Begriffs weiter an Kontur. G. W. F. Hegel unterstellt die Philosophie schlechthin dem Anspruch, «ihre Zeit in Gedanken» zu erfassen [31]. Allerdings versteht sich Hegel keineswegs als Philosoph des Z. Denn während «der Geist einer Zeit seine ganze Wirklichkeit und ihr Schicksal nach seinem Principe ausprägt» und auf diese Weise den «Gegenstand der philosophischen Weltgeschichte» bildet, ist es das Vorrecht der Philosophie, «Wissen des Substantiellen ihrer Zeit» [32] zu sein. Die Philosophie steht «über ihrer Zeit», wenn sie sich deren Geist «zum Gegenstande macht. Insofern sie im Geiste ihrer Zeit ist, ist er ihr bestimmter weltlicher Inhalt, zugleich ist sie aber als Wissen auch darüber hinaus, stellt ihn sich gegenüber; aber dieß ist nur formell, denn sie hat wahrhaft keinen anderen Inhalt» [33]. Mit dieser Verhältnisbestimmung entfaltet Hegel die Erkenntnis des Seins als eine Erkenntnis der Zeit. Nachdem das Denken die historische Folge der geistigen Entwicklungsschritte durchlaufen hat, erkennt es sich nun selbst als die soeben erreichte Stufe, «auf welche der Geist gelangt ist» [34].

Die Schüler Hegels und vor allem die Junghegelianer machen diese Verknüpfung von historischer Zeit und philosophischer Geistesgegenwart zur Grundlage ihres Selbstverständnisses. Die von Hegel noch gewahrte Distanz des philosophischen Denkens ist aufgegeben, wenn A. Ruge erklärt, die Wahrheit sei nun an die «Massen» übergegangen. Die Majorität sei «im Großen und Ganzen die Bestimmtheit des Z., die politische oder die historische Wahrheit» [35]. Ganz ähnlich und ebenfalls in der Sprache Hegels läßt sich M. Hess vernehmen, wenn er den gegenwärtigen «Welt- oder Zeitgeist» als den «Genius» preist, «der alle Macht im Staate verleiht» [36]. Neben den Hegelianern hat vor allem die Publizistik des Jungen Deutschland Anteil an der Wertschätzung des Konzepts. «Der Geist der Zeit, vor dem ihr zittert», gibt L. Börne an die Adresse der Kritik zurück, «ist nicht der Geist der lebenden Zeit, er ist das Gespenst der verstorbenen, der eurer verschreckten Einbildungskraft erscheint» [37]. Wie bei den Linkshegelianern ist das jungdeutsche Begriffsverständnis von einem Vertrauen in die Geschichte getragen, die im Z. zutage tritt [38]. Es entspricht diesen Erwartungen gegenüber der wohlbestimmten Grundrichtung der Zeitläufte, wenn H. Heine den Z.-Kritiker Schiller nur wenige Jahre nach dessen Tod als denjenigen preist, den «lebendig der Geist seiner Zeit» erfaßte, als er «für die großen Ideen der Revolution» geworben habe [39].

Das Bündnis von Zeit und Geist bleibt allerdings nicht unwidersprochen. Als Herausgeber der ‹Zeitschrift für Philosophie und philosophische Kritik› weist H. Ulrici 1847 die Ansprüche der politischen Parteien generell zurück, die, statt die Wissenschaft um ihrer selbst willen zu achten, ihr vorschreiben wollten, daß sie «mit dem s.g. Leben, d.i. mit den Tendenzen des Z., ganz und gar gemeinsame Sache» zu machen hätte [40]. Vorbehalte wie dieser gewinnen fortan in dem Maße an Gewicht, wie die vormalige Emphase der Geschichte an Überzeugungskraft verliert. So bezieht F. Nietzsche als Autor der ‹Unzeitgemässen Betrachtungen› [41] Stellung gegen den Geist des jungen Bismarck-Reichs. Seine vergleichsweise zurückhaltend vorgetragene Verachtung für die Einflüsterungen des «Z.», für die vor allem die «zweiten und dritten Begabungen» empfänglich seien [42], gewinnt deutlich an Schärfe bei F. Gundolf, der unter dem Eindruck des Ersten Weltkrieges der «Opfer des Zeitwahnsinns» gedenkt [43]. Während nun Th. Litt die Philosophie im Namen Hegels als diejenige «'Manifestation' des Z.» aktualisiert, «in der er sich selbst in einem sonst nicht erreichten Maße durchscheinend wird» [44], und in eine Diskussion über den Geist im «nationalsozialistischen Staate» eintreten möchte [45], entdeckt die Weimarer Kulturkritik als Hauptmerkmal des Z., daß er ohne Geist sei. K. Löwith repliziert ausdrücklich auf die Geschichtsphilosophie (s.d.) der Hegelschule, wenn er in seiner Exilschrift ‹Von Hegel zu Nietzsche› die Einnahme eines philosophischen «Standpunktes» fordert, «der das bloße Geschehen der Zeit überschreitet» [46]. Unter Anspielung auf das Humanitätskonzept Herders, das er für akut bedroht hält, erkennt auch K. JASPERS die «geistige Situation der Zeit» darin, daß den heutigen Menschen das Selbstsein und damit «das Menschsein als ein alles durchdringender Geist» abhanden gekommen sei; sie hielten sich an «Allerweltsgedanken und Schlagworte», an «Verkehrsmittel und Vergnügungen» [47].

Die Pikanterie solcher Kulturkritik liegt in der schon von GOETHE in seiner Resignationsformel erwogenen Konsequenz, daß der Widerstand gegen den Z. keineswegs garantiert, ihm nicht letztlich doch – und vielleicht sogar gerade damit – zu verfallen. In diesem Sinn hält denn auch TH. W. ADORNO die Furcht, «hinter dem Z. zurückzubleiben», für unbegründet. «Das arriviert Zeitgemäße und das dem Gehalt nach Fortgeschrittene» seien «nicht mehr eines» [48]. Derlei Einsichten nehmen dem Begriff seit Mitte des 20. Jh. die philosophische Brisanz. Der ambitionierte Versuch, im Anschluß vor allem an die philosophischen Konzepte Hegels und Diltheys eine wissenschaftliche Disziplin namens «Zeitgeistforschung» [49] einzuführen, findet schon nicht mehr den erhofften Widerhall. Statt auf die vermeintliche Homogenität des jeweiligen Z. stellt sich die historisch interessierte Forschung lieber auf die Kontingenz einander überlagernder und kreuzender Diskursebenen ein. Exemplarisch fordert M. FOUCAULT dazu auf, die Aufmerksamkeit nicht so sehr auf den Geist einer Zeit («l'esprit ou la science d'une époque» [50]) zu richten als auf die «configuration interdiscursive» [51]. Einen ähnlichen Orientierungswechsel erwägt H. BLUMENBERG, der indes den alten Begriff ‹Z.› beibehält. Die Umstellung des philosophischen Interesses von den Inhalten auf die Funktionsweisen motiviert demnach den Umriß einer neuformierten «Zeitgeistforschung», welche den diskurseigenen Voraussetzungen jener «großen unbeweisbaren Behauptungen» nachzugehen hätte, «die jeweils einen 'Z.' ausmachen» [52]. Aus einer wiedergewonnenen Position der Distanz heraus hätte sich das philosophische Unternehmen auf die im weitesten Sinne rhetorischen Konfigurationen der Genesis von Geltung zu konzentrieren: auf «die Gebärden und Gesten der Unterwerfung, die Rituale und Zeremonien der Bekundung von Unwiderstehlichkeit, die 'Pathosformeln' ihrer Konformitäten» [53].

Anmerkungen. [1] F. HÖLDERLIN: Der Z. (1800). Hist.-krit. Ausg. (Frankfurter Ausg.), hg. D. E. SATTLER 5 (1984) 566. – [2] J. W. GOETHE: Faust (1818). Werke. Hamb. Ausg., hg. E. TRUNZ 3 (⁹1972) 26; dazu: G. W. F. HEGEL: Vorles. über die Philos. der Geschichte, Erster Entwurf der Einl. [1822ff.]. Werke, hg. E. MOLDENHAUER/K. M. MICHEL 12 (1970) 551. – [3] Vgl. Art. ‹Epoche; Epochenbewußtsein›. Hist. Wb. Philos. 2 (1972) 596-599. – [4] Belege und Kommentar bei: J. MIETHKE: Zeitbezug und Gegenwartsbewußtsein in der polit. Theorie der ersten Hälfte des 14. Jh., in: A. ZIMMERMANN (Hg.): Antiqui und Moderni. Traditionsbewußtsein und Fortschrittsbewußtsein im späten MA (1974) 262-292, bes. 288f. – [5] J. BARCLAY: Euphormio (1604), zit. nach: E. HASSINGER: Empirisch-rationaler Historismus. Seine Ausbildung in der Lit. Westeuropas von Guiccardini bis Saint-Evremond (1978) 144; vgl. Art. ‹Sitten›, in: J. G. WALCH: Philos. Lex. (1726, ⁴1775) 914. – [6] Vgl. Art. ‹Generation›. Hist. Wb. Philos. 3 (1974) 274-277; neuerdings auch: W. ERHART: Generationen – zum Gebrauch eines alten Begriffes für die jüngste Geschichte der Lit.wiss. Zeitschr. Lit.wiss. Linguistik 120 (2000) 81-107. – [7] BARCLAY, zit. nach: HASSINGER, a.O. [5]. – [8] F. BACON: De dignitate et augmentis scientiarum II, 4 (1605/23). Works, hg. J. SPEDDING/R. L. ELLIS/D. D. HEATH (London 1858, ND 1963) 1, 504. – [9] F. OGIER: Tyr et Sidon, Vorrede (1608), zit. nach: HASSINGER, a.O. [5] 146. – [10] J. LE R. D'ALEMBERT: Discours prél. de l'Encycl. (1751), in: J. LE R. D'ALEMBERT/D. DIDEROT (Hg.): Encycl. ou Dict. raisonné des sci., des arts et des métiers (Paris 1751-80) 1, XXX. – [11] D. DIDEROT: Encyclopédie (1751). Oeuvr. compl., hg. J. LOUGH/J. PROUST (Paris 1976) 7, 174-262, hier: 185. – [12] Vgl. Art. ‹Antiqui/Moderni (Querelle des Anciens et des Modernes)›. Hist. Wb. Philos. 1 (1971) 410-414. – [13] J. G. HERDER: Briefe zu Beförderung der Humanität, 2. Samml., Br. 14-16 (1793-97). Sämmtl. Werke, hg. B. SUPHAN 17 (1881) 77-81. – [14] K. LÖWITH: Von Hegel zu Nietzsche (1939). Sämtl. Schr. 4 (1988) 257. – [15] HERDER, a.O. [13] 77 (Br. 14). 79 (Br. 15). – [16] a.O. 95 (Br. 21). – [17] Kritische Wälder. Drittes Wäldchen 6 (1769), a.O. 3 (1878) 424. – [18] G. VICO: De nostri temporis studiorum ratione (1708); Vom Wesen und Weg der geistigen Bildung, hg. W. F. OTTO (1963) 141. – [19] Vgl. Art. ‹Terror›. Hist. Wb. Philos. 10 (1998) 1020-1027. – [20] F. SCHILLER: Ueber die ästhet. Erziehung des Menschen in einer Reihe von Briefen, 5. Br. (1795). Nat.ausg. 20 (1962) 309-412, bes. 321. – [21] Vgl. G. STRAUSS/U. HASS/G. HARRAS: Brisante Wörter von Agitation bis Z. (1989) 728ff. – [22] E. B. BRANDES: Betrachtungen über den Z. in Deutschland in den letzten drei Decennien des vorigen Jahrhunderts (1808). – [23] E. M. ARNDT: Geist der Zeit 1-4 (1806-18). – [24] a.O. 1 (1806, ²1807) 55. – [25] SCHILLER, a.O. [20] 333 (9. Br.). – [26] J. W. GOETHE: Homer noch einmal (1827). Berliner Ausg. 18 (1984) 120f. – [27] TH. CARLYLE: Sartor Resartus (1833/34), hg. K. MCSWEENEY/P. SABOR (Oxford/New York 1987) 67; dtsch.: (1991) 121. – [28] Vgl. F. NEIMAN: The Zeitgeist of M. Arnold. Publ. modern Language Ass. 72 (1957) 977-996; R. H. SUPER: The time-spirit of M. Arnold (Ann Arbor 1970). – [29] J. W. GOETHE: Br. an F. B. von Buchholtz (14. Feb. 1814). Briefe. Hamb. Ausg., hg. K. R. MANDELKOW (³1988) 3, 257. – [30] Br. an F. K. von Stein (18. März 1819), a.O. 447; ähnlich: Wahlverwandtschaften II, 8 (1809), a.O. [2] 6, 417ff.; vgl. dazu auch: H. BLUMENBERG: Goethe zum Beispiel (1999) 199-203; vgl. 81ff. 216ff. – [31] G. W. F. HEGEL: Grundlinien der Philos. des Rechts, Vorrede (1820). Jub.ausg., hg. H. GLOCKNER (1927-40) 7, 35; vgl. auch: J. SIMON: Hegels Begriff der Philos. als 'ihre Zeit in Gedanken erfaßt' und das Problem einer vergleich. Philos. Allg. Zeitschr. Philos. 25 (2000) 3-17. – [32] Vorles. über die Geschichte der Philos. [1816ff.]. Jub.ausg., a.O. 17, 85; vgl. Art. ‹Weltgeist› und ‹Weltgeschichte›. – [33] a.O. 85f. – [34] Vorles. über die Philos. der Gesch. IV, 3, a.O. 11, 549. – [35] A. RUGE: Zur Kritik des gegenwärt. Staats- und Völkerrechts, in: Hallische Jahrbücher für dtsch. Wiss. und Kunst, Nr. 155 (29. Juni 1840) 1235f. – [36] M. HESS: Die europ. Triarchie (1841) 102. – [37] L. BÖRNE: Das Gespenst der Zeit (1821). Ges. Schr. 2 (1884) 232-238, bes. 237. – [38] a.O. 234. – [39] H. HEINE: Die romant. Schule (1833). Krit. Ausg., hg. H. WEIDMANN (1976) 45; vgl. W. WÜLFING: Schlagworte des Jungen Deutschland. Zeitschr. dtsch. Sprache 22 (1966) 154-178, bes. 166ff. – [40] H. ULRICI: Aphorismen zur philos. Verständigung über die Tendenzen unserer Zeit, in: Zeitschr. für Philos. und philos. Kritik 17 (1847, ND 1970) 25-37, bes. 27. – [41] Vgl. Art. ‹Unzeitgemäß›. Hist. Wb. Philos. 11 (2001) 348f. – [42] F. NIETZSCHE: Schopenhauer als Erzieher 6 (1874). Krit. Ges.ausg., hg. G. COLLI/M. MONTINARI 3/1 (1972) 399. – [43] F. GUNDOLF: George (1920) 20. – [44] TH. LITT: Philos. und Z. (²1935) 44. – [45] a.O. 59; vgl. 55. – [46] LÖWITH, a.O. [14] 4. – [47] K. JASPERS: Die geistige Situation der Zeit (1931, ⁹1999) 25; dazu: J. HABERMAS: Einl., in: Stichworte zur 'Geistigen Situation der Zeit' (1979) 1, 7-35. – [48] TH. W. ADORNO: Minima moralia. Refl. aus dem beschädigten Leben 141 (1951). Ges. Schr., hg. R. TIEDEMANN 4 (1998) 250. – [49] H.-J. SCHOEPS: Was ist und was will die Geistesgeschichte. Über Theorie und Praxis der Zeitgeistforschung (1959). – [50] M. FOUCAULT: L'archéologie du savoir (Paris 1969) 207; dtsch: Archäologie des Wissens (1969) 226. – [51] a.O.; ähnlich kritisch: R. KOSELLECK: Das 18. Jh. als Beginn der Neuzeit, in: R. HERZOG/R. KOSELLECK (Hg.): Epochenschwelle und Epochenbewußtsein. Poetik und Hermeneutik 12 (1987) 269-282, bes. 273. – [52] H. BLUMENBERG: Begriffe in Geschichten (1998) 250f. – [53] a.O. 248.

Literaturhinweise. K. LÖWITH s. Anm. [14]. – J. KAMERBEEK: Geschiedenis en problematiek van het begrip 'tijdgeest'. Forum der Letteren 5 (1964) 191-215. – E. HASSINGER s. Anm. [5] 139ff. – L. KEMPTER: Herder, Hölderlin und der Z. Zur Frühgesch. eines Begriffs. Hölderlin-Jb. 27 (1990/91) 51-76.

R. KONERSMANN

Zeitlogik (engl. temporal logic, tense logic). Zeitlogische Betrachtungen gehören seit Beginn der Philosophie zu den zentralen Fragestellungen. Problematisiert wurden dabei a) die Logik spezieller Zeitausdrücke, die modern als Quantoren (s.d.) verstanden werden, wie ‹immer›, ‹manchmal› usw., b) die Verzeitlichung solcher Modalitäten wie ‹wirklich›, ‹möglich› und ‹notwendig› sowie c) die Tempora verbi. Die englische Bezeichnung «temporal logic» umfaßt dabei allgemein die Repräsentation temporaler Information in einem logischen Rahmen, wohingegen die eher speziellere Bezeichnung «tense logic» auf den Schöpfer der modernen Z., A. N. PRIOR, zurückgeht. Letztere hat einen modallogischen Typ [1] und vor allem die Tempora verbi (c) im Blick.

Erste ausgearbeitete Überlegungen zu (a) und (b) finden sich bei den Stoikern und den Megarikern, die zwei einflußreiche Varianten einer quantifizierten Verzeitlichung von Modalitäten entwickeln: die Variante der Stoiker: 1. Wirklich ist, was jetzt im Augenblick wirklich realisiert ist. 2.1. Möglich ist, was zu einer jetzigen oder zukünftigen Zeit realisiert (d.h. wahr) ist. 3.1. Notwendig ist, was zu einer jeden zukünftigen Zeit realisiert ist. Demgegenüber favorisieren die Megariker eine Fassung, die beliebige Zeiten zuläßt: 2.2. Möglich ist, was zu irgendeiner (d.h. zu einer beliebigen) Zeit realisiert ist. 3.2. Notwendig ist, was zu jeder Zeit wirklich realisiert ist [2]. Die stoische Lehre von der Prädikation schließt eine Verzeitlichung der Interpretation von Propositionen ein [3].

Von besonderer Relevanz für die Herausbildung der modernen Z. sind die Überlegungen des Megarikers DIODOROS KRONOS, der zum einen eine temporale Deutung des Konditionals entwickelt und zum anderen insbesondere mit der zweiten These seines «Meisterarguments» («Aus etwas Möglichem folgt nichts Unmögliches») kontroverse aktuelle Diskussionen angeregt hat [4]. PRIOR betont später immer wieder die Selbstverständlichkeit, mit der die antiken Denker Sätze wie «Sokrates sitzt (jetzt)» als logisch vollständige Propositionen angesehen haben, ohne erst noch die explizite Spezifikation eines konkreten Zeitparameters zu verlangen [5].

Aristoteles steht den Auffassungen der Stoiker sehr nahe, folgt aber bei der Betrachtung alethischer Modalitäten [6] eher den Megarikern und fügt verzeitlichte, omnitemporale Modalitäten hinzu: Etwas ist vor dem Ereignis möglich, dann wirklich, danach notwendig. Mit seiner Betrachtung der Futura contingentia, vor allem dem berühmten Beispiel der «morgigen Seeschlacht» [7], regt er die Entwicklung sowohl der modernen mehrwertigen [8] als auch der temporalen Logiken an.

Diese exponierten Probleme der antiken Z. werden von den arabischen Logikern, unter denen AVICENNA besonders einflußreich ist [9], über das Mittelalter [10] bis in die scholastische Schulphilosophie aufgrund ihrer Relevanz für die Frage des göttlichen Vorherwissens (s.d.) sowie für das Problem der Determination und Willensfreiheit diskutiert und weiterentwickelt.

Aus moderner Sicht stellt die Unterscheidung in Zeitstellen der Bewertung und des Gebrauchs von Propositionen eine wichtige begriffliche Basis dar. Dies macht eine Unterscheidung in neutrale und aktuale Gegenwart notwendig.

Während der Herausbildung der modernen formalen Logik im 19. und 20. Jh. werden besonders von G. FREGE u.a. Sätze als per se zeitlos, das heißt als von Zeitstellen unabhängig angesehen [11]. Zeitliche Sätze ohne explizite bzw. nur indexikalische temporale Angaben werden nicht direkt wahrheitsfunktional bewertet, sondern in paraphrasierter Form in die Sprache der Prädikatenlogik übersetzt. N. RESCHER und A. URQUHART sprechen von «monströsen» Umformungen, da z.B. der einfache Satz «Sokrates sitzt (jetzt)» analysiert wird als «alle Momente, die mit dem gegenwärtigen identisch sind, sind (zeitlos) Momente, an denen Sokrates eine sitzende Haltung einnimmt» [12].

Ende der 1940er Jahre nimmt das Interesse an einer eigenständigen Z. wieder zu. Dies ist auf drei Hauptquellen zurückzuführen: Es erfolgt 1. ein erneutes Studium des historischen Logikmaterials durch B. MATES, I. M. BOCHEŃSKI und bes. W. und M. KNEALE sowie E. A. MOODY, 2. eine logisch-temporale Analyse grammatischer Tempora durch H. REICHENBACH [13] und 3. die Entwicklung eines Systems der Z. mit Blick auf wissenschaftstheoretische Untersuchungen durch den polnischen Logiker J. ŁOS [14].

Der entscheidende Durchbruch bei der Entwicklung der modernen Z. gelingt allerdings erst PRIOR in den 1950er Jahren. Er führt unter Respektierung von Tempus und Modus in den natürlichen Sprachen eine «tense logic» als eine Z. der Tempora verbi ein. Unmittelbar relevant für Prior sind dabei die Arbeiten von J. N. FINDLAY und B. MATES [15]. Der Neuhegelianer J. M. E. MCTAGGART hatte bereits zu Beginn des 20. Jh. die Unterscheidung von Zeitreihen in *A*-Reihen (Vergangenheit-Gegenwart-Zukunft) und *B*-Reihen (Früher- bzw. Spätersein) eingeführt, allerdings mit dem Ziel, die Zeit als etwas Unreales nachzuweisen [16]. PRIOR zeigt die Rückführbarkeit der *B*-Reihe auf die *A*-Reihe und behauptet die Nichtrückführbarkeit der *A*-Reihe auf die *B*-Reihe (nichtreduktionistische Variante). Danach kann also auf die Rede von Zeitstellen und ihrem Früher- bzw. Spätersein zugunsten der Sprechweise von Vergangen-, Gegenwärtig- und Zukünftigsein verzichtet werden. Die zeitlichen Beziehungen lassen sich allein mit den Tempora verbi erfassen. Prior hat allerdings – motiviert durch den Wunsch, aus Einfachheitsgründen den Begriff ‹Jetzt› in die Zeitlogik aufzunehmen – selbst im Sinne der *B*-Reihen mit der Unterscheidung von Gebrauchs- und Bewertungszeitstellen gearbeitet [17]. Die semantische Rede von Zeitstellen kann zweifacher Art sein: Die Erklärung der Rede von Zeitstellen bei der Charakterisierung der Zeitordnung erfolgt a) in der Metasprache bei der Definition des zeitlogischen Erfüllungsbegriffs (modelltheoretische Variante) oder b) als direkter Bestandteil der Objektsprache (universalistische Variante). Prior hat die Variante b) stets als primär angesehen [18]. Die Tempora verbi werden syntaktisch den Modaloperatoren analog als einstellige Operatoren eingeführt. Die Wahl der Symbole ‘*P*’ bzw. ‘*F*’ für die Operatoren ‘irgendwann in der Vergangenheit’ bzw. ‘irgendwann in der Zukunft’ leitet sich von den Anfangsbuchstaben der englischen Wörter ‹Past› bzw. ‹Future› ab. Die Symbole ‘*G*’ für ‘immer in der Zukunft’ bzw. ‘*H*’ für ‘immer in der Vergangenheit’ gelten als einfache alphabetische Weiterführung nach dem ‘*F*’ [19]. Dabei wird ‘Pp’ bzw. ‘$\neg H \neg p$’ gelesen als ‘es war der Fall, daß *p*’, ‘Fp’ bzw. ‘$\neg G \neg p$’ als ‘es wird der Fall sein, daß *p*’, ‘Hp’ bzw. ‘$\neg P \neg p$’ als ‘es war immer der Fall, daß *p*’, und ‘Gp’ bzw. ‘$\neg F \neg p$’ als ‘es wird immer der Fall sein, daß *p*’. Axiomatische Z.en erhalten wir als bimodale Logiken, wobei ‘*P*’ und ‘*F*’ bzw. ‘*H*’ und ‘*G*’ jeweils als undefinierte Grundoperatoren gewählt werden. Die *minimale* Z. K_t erhalten wir durch die Hinzufügung folgender Axiome und Schlußregeln zur klassischen Aussagenlogik:

(A1) $H(p \to q) \to (Hp \to Hq)$
(A2) $G(p \to q) \to (Gp \to Gq)$
(A3) $PGp \to p$
(A4) $FHp \to p$
(R1/2) Ist α ein Theorem, so auch $H\alpha$ / $G\alpha$.

Diese Logik ist *minimal* in dem Sinne, daß keinerlei Annahmen bezüglich einer speziellen Zeitstruktur gemacht werden. Bezogen auf die Semantik einer solchen Logik muß lediglich vorausgesetzt werden, daß 1. die Menge von Zeitstellen nicht leer ist und wir 2. über eine zweistellige Früher-Später-Relation verfügen. Die Axiome (A1) und (A2) bzw. die Regeln (R1) und (R2) entsprechen strukturell den üblichen Basischarakterisierungen der alethischen Modalität der Notwendigkeit. Die Brückenaxiome (A3) und (A4) stellen die Verbindung zwischen den Vergangenheits- und Zukunftsmodalitäten her. Die *verzweigte* Z. K_b erhalten wir durch folgende Hinzufügungen:

(A5) $Hp \to HHp$
(A6) $Gp \to GGp$
(A7) $[H(p \vee q) \wedge H(p \vee Hq) \wedge H(Hp \vee q)] \to (Hp \vee Hq)$.

Diese Logik ist vollständig mit Bezug auf transitive, rückwärts lineare Rahmen. Die *lineare* Z. K_l ergibt sich bei der Hinzunahme von

(A8) $PFp \to (Pp \vee p \vee Fp)$.

Spätere Diskussionen beziehen sich vor allem auf die (Nicht-)Indexikalität von ‹jetzt› [20], das Verhältnis von Determinismus und Linearität bzw. Indeterminismus/Zufall (s.d.) und Nichtlinearität der Zeit [21].

Innerhalb der formalen Logik dominiert derzeit die modelltheoretische Variante der Z., und wir finden zunehmend fruchtbare Anwendungen in der Informatik [22]. Eine höchst aktuelle und wiederum einige Grundideen von Prior aufgreifende Entwicklung nimmt die sog. STIT-Theorie, die auf N. Belnap zurückgeht. Basis ist eine Kombination von 'möglichen Welten' und Zeitstellen als Momente mit einer komplexen, sich verzweigenden Baumstruktur, die es erlaubt, sowohl den Begriff ‹Geschichte› als auch den der ‹Wahl durch einen Agenten› zu explizieren [23].

Anmerkungen. [1] Vgl. Art. ‹Modallogik I.›. Hist. Wb. Philos. 6 (1984) 16-23, bes. 20-22; Art. ‹Modallogik II.›, a.O. 23-41, bes. 24-32. – [2] Vgl. Art. ‹Notwendigkeit II.›, a.O. 951-971, 952; B. Mates: Stoic logic (Berkeley/Los Angeles 1953) 36-41; N. Rescher/A. Urquhart: Temporal logic (Wien/New York 1971); N. Rescher: Truth and necessity in temporal perspective, in: Essays in philos. analysis (Pittsburgh 1969). – [3] Vgl. Rescher/Urquhart, a.O.; E. Bréhier: La théorie des incorporels dans l'ancien stoïcisme (Paris ²1928). – [4] Mates, a.O. [2] 38f.; vgl. auch: Philos.gesch. und log. Analyse 2 (1999), Schwerpunkt zum Meisterargument von Diodoros Kronos; J. Vuillemin: Necessity or contingency. The master argument (Stanford, Calif. 1996). – [5] Vgl. z.B. A. N. Prior: Time and modality (Oxford 1957). – [6] Vgl. Art. ‹Modallogik I.›, a.O. [1] 16-19. – [7] Aristoteles: De int. 9, 19 a 28-32; vgl. Art. ‹Futurabilien›. Hist. Wb. Philos. 2 (1972) 1150; I. M. Bocheński: La logique de Théophraste (Fribourg 1947); D. Frede: Aristoteles und die Seeschlacht: das Problem der Contingentia Futura in De int. 9 (1970); The sea-battle reconsidered. Oxford Studies anc. Philos. 3 (1985) 31-87; R. Gaskin: The sea battle and the master argument: Aristotle and Diodorus Cronus on the metaphysics of the future (1995). – [8] Vgl. Art. ‹Logik, mehrwertige›. Hist. Wb. Philos. 5 (1980) 440-444. – [9] N. Rescher: Avicenna on the logic of 'Conditional' propositions, in: Studies in the hist. of Arabic logic (Pittsburgh 1963) 76-86; G. Smith: Avicenna and the possibles. New Scholasticism 17 (1943) 340-357. – [10] Zur Übersicht vgl. C. Normore: Future contingents, in: N. Kretzmann/A. Kenny/J. Pinborg (Hg.): The Cambridge history of later medieval philosophy (Cambridge 1982) 358-381; G. Jalbert: Nécessité et contingence chez saint Thomas d'Aquin et chez ses prédécesseurs (Ottawa 1961). – [11] Vgl. etwa: G. Frege: Der Gedanke (1918), in: Kl. Schr., hg. I. Angelelli (1967) 342-362, hier: 361. – [12] Rescher/Urquhart, a.O. [2]. – [13] H. Reichenbach: Elements of symbolic logic (New York 1947). – [14] J. Łos: Podstawy analizy metodologicznej kanonów milla. Annales Univ. Mariae Curie-Sklowska. Sect. F, 2 [1947] (1948) 269-301; vgl. Rez. H. Hiz, in: J. symb. Logic 16 (1951) 58f. – [15] J. N. Findlay: Time: A treatment of some puzzles. Australasian J. Psychol. Philos. 19 (1941) 216-235; Mates, a.O. [2]; vgl. auch: P. Øhrstrøm/P. Hasle: Temporal logic: From ancient ideas to artificial intelligence (Dordrecht u.a. 1995). – [16] J. M. E. McTaggart: The unreality of time. Mind 17 (1908) 457-474; The nature of existence 1 (Cambridge 1921); 2, postum hg. C. D. Broad (Cambridge 1927). – [17] Den Anlaß dazu boten vor allem Überlegungen von H. Kamp, die später veröffentlicht wurden als: Formal properties of 'now'. Theoria 37 (1971) 227-273; vgl. A. N. Prior: Now. Nous 2 (1968) 101-119; 'Now', corrected and condensed, a.O. 411f.; dtsch., in: B. Kienzle (Hg.): Zustand und Ereignis (1994) 124-147, bes. 130. 134-137. – [18] Ausführl. Begründung bei T. Müller: A. Priors Z. Eine problemorientierte Darst. Diss. Bonn (2001). – [19] A. N. Prior: Tense logic and the logic of earlier and later, in: Papers on time and tense (Oxford 1968) 116-134 (ch. 11), hier: 116f.; dtsch., in: Kienzle (Hg.), a.O. [17] 101-123, hier: 101f. – [20] Vgl. P. Tichý: The transiency of truth. Theoria 46 (1980) 165-182; dtsch., in: Kienzle (Hg.), a.O. 148-168; vgl. Art. ‹Wo; wann II.›. – [21] Vgl. Art. ‹Zweiwertigkeitsprinzip›. – [22] Vgl. z.B. L. Bolc/A. Szalas (Hg.): Time and logic: A computational approach (London 1995). – [23] N. Belnap/M. Perloff/M. Xu: Facing the future: Agents and choices in our indeterminist world (Oxford 2001); vgl. Art. ‹Welt, mögliche›.

Literaturhinweise. A. N. Prior: Three-valued logic and future contingents. Philos. Quarterly 3 (1953) 317-326. – A. Kenny: Action, emotion and will (London/Henley 1963). – A. N. Prior: Past, present and future (Oxford 1967). – A. N. Prior: Papers ... s. Anm. [19]. – G. H. von Wright: Determinismus, Wahrheit und Zeitlichkeit. Ein Beitrag zum Problem der zukünftigen kontingenten Wahrheiten. Studia leibn. 6 (1974) 161-178. – V. R. McKim/C. C. Davis: Temporal modalities and the future. Notre Dame J. formal Logic 17 (1976) 233-238. – A. N. Prior/K. Fine: Worlds, times and selves (London 1977). – J. P. Burgess: The unreal future. Theoria 44 (1978) 157-179. – S. Kuhn: The pragmatics of tense. Synthese 40 (1979) 231-263. – H. Nishimura: Is the semantics of branching structures adequate for chronological modal logics? J. philos. Logic 8 (1979) 469-475. – J. P. Burgess: Decidability for branching time. Studia logica 39 (1980) 203-218. – W. H. Newton-Smith: The structure of time (London u.a. 1980). – J. van Benthem: The logic of time (Dordrecht u.a. 1983, ²1991). – R. H. Thomason: Combinations of tense and modality, in: D. Gabbay/F. Guenthner (Hg.): Handbook of philos. logic 2: Extensions of class. logic (Dordrecht u.a. 1984) 135-165. – F. von Kutschera: Zwei modallog. Argumente für den Determinismus: Aristoteles und Diodor. Erkenntnis 24 (1986) 203-217. – A. Galton: Temporal logic and their applications (London 1987). – J. van Benthem: Temporal logic, in: D. M. Gabbay/C. J. Hogger/J. A. Robinson (Hg): Handbook of logic in artificial intelligence and logic programming 4 (Oxford 1994) 241-350. – B. Kienzle (Hg.) s. Anm. [17]. – L. Bolc/A. Szalas (Hg.) s. Anm. [22].

I. Max

Zeitlosigkeit (lat. intemporalitas; engl. timelessness; frz. atemporalité, intemporalité). Ausdrücke für ‹zeitlos› finden sich im Griechischen (ἄχρονος) wie im Lateinischen (‹intemporalis›) erst nachklassisch und überdies nur sporadisch belegt. Es handelt sich in beiden Sprachen um eine vox docta, die sowohl bei Medizinern (hier in der Bedeutung «ohne bestimmte Zeit» oder «unzeitig» [1]) als auch bei Philosophen und Theologen (hier vor allem zur Bezeichnung des Gegensatzes zwischen Nichtzeitlichem und dem unter zeitlicher Bestimmung Stehenden) anzutreffen ist. Insbesondere die Substantivbildung ‹Z.› ist ein ausgesprochenes Reflexionswort, das im Griechischen gar nicht, im Lateinischen sehr selten und neusprachlich nicht vor dem 18. Jh. nachweisbar ist. Philosophisch dominiert eine Verwendung in gnoseologischem Kontext: ‹Z.› bezeichnet primär den Modus und Status der reinen, von Zeitlichkeit prinzipiell nicht affizierten Vernunfterkenntnis, insbesondere den Status ewiger Wahrheiten [2].

1. Die ältesten Belege für ἄχρονος bietet Philon von Alexandria, dem die allegorische Schriftauslegung die Möglichkeit eröffnet, in den geschichtlichen Erzählungen der Bibel immer wieder die Spannung von Zeitlichem und Zeitlosem zu entdecken [3]. Im christlichen Bereich ist ‹Z.› seit Ignatius von Antiochien als Attribut Gottes belegt [4], taucht aber auch in verschiedenen dogmatischen Kontroversen in spezielleren Anwendungen auf: Ambrosius von Mailand etwa betont gegen die Arianer die Z. der Zeugung des Sohnes aus dem Vater [5], Arnobius der Jüngere gegen die Monophysiten, daß in der Inkarnation das göttliche Wort «seine Z. nicht preisgab, aber einen vollkommenen zeitlichen Menschen annahm» («non amittendo intemporalitatem suam, sed adsumendo temporalem hominem perfectum») [6]. Im philosophischen Bereich bietet das Stichwort ‹intemporalis› als erster Apuleius von Madaura, der damit die Lebensform des tugendhaften Weisen auszeichnet [7]. Wenn Alexander von Aphrodisias gelegentlich herausstellt, daß alles Sehen «zeitlos» (ἀχρόνως) geschieht, während das Hören «der Zeit bedarf» [8], dürfte er indirekt angesprochen haben, warum eine optische Metaphorik zum Ausdruck von Vernunfterkenntnis immer als besonders naheliegend erschien. Es ist Plotin, der dann den wichtigen Grundsatz aufstellt, daß «alle Vernunfterkenntnis zeitlos» (ἄχρονος πᾶσα νόησις) ist, da ihre (transzendenten) Gegenstände «ewig, nicht in der Zeit» sind [9]. Proklos betont, daß die Götter «das Innerzeitliche auf zeitlose Weise» (ἀχρόνως τὰ ἔγχρονα) erkennen, während die der Zeit unterworfenen niederen Wesen «das Zeitlose nur auf innerzeitliche Weise» (τὸ ἄχρονον ἐγχρόνως) aufnehmen können [10]. Noch Thomas von Aquin spricht in diesem Sinne davon, daß die Zeit für das göttliche Erkennen nur von seiten des erkannten Zeitlichen («ex parte intellectorum»), nicht aber von ihm selbst her («ex parte ipsius intellectus») in Betracht kommen könne, erkennt dieses Erkennen doch «das Zeitliche auf zeitlose Weise» («temporalia intemporaliter cognoscit») [11]. Ganz ähnlich heißt es auch bei Nikolaus von Kues, daß in Gott alles «Zeitliche auf zeitlose, weil auf ewige Weise» («temporalia intemporaliter quia aeterne») ist [12].

2. Die neuzeitliche rationale Theologie versteht, so etwa bei Ch. Wolff, in Anknüpfung an die Diskussionen um den Begriff der Ewigkeit (s.d.) insbesondere im Mittelalter das ewige Sein Gottes als ein Sein «ausser der Zeit», nicht etwa nur «in einer unendlichen Zeit» [13]. M. Mendelssohn gebraucht in einem entsprechenden Zusammenhang die Wendung von «einer Z., einer unwandelbaren Ewigkeit» Gottes, «die ihrem Wesen nach weder Anfang, noch Fortgang, noch Ende haben kann» [14]. In transzendentallogischem Sinne verwendet den Begriff ‹Z.› dann F. W. J. Schelling: Er nennt «Zeit überhaupt» das «Schema der gänzlichen Z.» [15] und charakterisiert das «Ich» als «zeitlosen Akt» [16]. J. G. Fichte versteht das «Erkennen» zunächst als ein «Ausdehnen des absolut Zeitlosen durch eine Zeit hindurch, die uns eben in diesem Ausdehnen entsteht» [17]; in seiner Spätphilosophie geht es dann auch darum, sich zum «Geburtsort der Zeit selbst, u. zur Anschauung der absoluten Z. in Gott, über die Zeit hinweg» [18], zu erheben. Nach G. W. F. Hegel schließlich ist es der logische Raum des «Wesens», des in die Reflexion hinein aufgehobenen Seins, der uns mit Z. konfrontiert, ist das Wesen als solches doch «das vergangene, aber zeitlos vergangene Seyn» [19].

Der überkommenen Frage nach dem Zeitlosen im Unterschied zum Zeitlichen will L. Feuerbach den Boden entziehen, wenn für ihn «Raum und Zeit die Existenzform alles Wesens» sind: «Eine zeitlose Empfindung, ein zeitloser Wille, ein zeitloser Gedanke, ein zeitloses Wesen sind Undinge. Wer keine Zeit überhaupt, hat auch keine Zeit, keinen Drang zum Wollen, zum Denken» [20]. Mit E. von Hartmann tritt insofern ein Novum ein, als Z. jetzt auf die Ebene des Unbewußten verlegt wird: Wenn «das Unbewußte jeden Denkproceß mit seinen Resultaten in einen Moment, d.h. in Nullzeit zusammenfaßt, so ist das Denken des Unbewußten zeitlos, obwohl noch in der Zeit, weil der Moment, in welchem gedacht wird, noch seine zeitliche Stelle in der übrigen Reihe der zeitlichen Erscheinungen hat» [21]. In psychoanalytischem Kontext konzipiert S. Freud eine «Z.» der «unbewußten Regungen» [22], während Neukantianer wie R. Reininger weiterhin von der «Z. des Icherlebnisses» sprechen [23], aber auch davon, daß «das Bewußtsein der Zeit ... selbst zeitlos» [24] sei. Wenigstens mittelbar stehen Theoreme wie diese in Zusammenhang mit der idealistischen, zu Beginn des 20. Jh. von J. M. E. McTaggart erneuerten These von der Unwirklichkeit der Zeit [25]. Auf vielfache Weise haben schließlich Denker des 20. Jh. von N. Hartmann bis J.-P. Sartre versucht, sich in Beziehung auf den «Urgegensatz von Zeitlichem und Zeitlosem» [26] neu zu orientieren [27].

Anmerkungen. [1] Vgl. Galen: De totius morbi temporibus 4. Op. omn., hg. K. G. Kühn 7 (1824) 448; Caelius Aurelianus: Celerum sive acutarum passionum I, 9, 64, hg. E. Drabkin (Chicago 1950) 42 u.ö. – [2] Vgl. Art. ‹Wahrheit, ewige›; Art. ‹Überzeitlich›. Hist. Wb. Philos. 11 (2001) 71-74. – [3] Philo Alex.: De fuga et inventione 167. Opera, hg. L. Cohn/P. Wendland (1896-1930) 3, 146; vgl. De migratione Abrahami 126, a.O. 2, 292; vgl. auch: De ebrietate 48, a.O. 2, 179; De fuga et inventione 169, a.O. 3, 147; De sacrificiis Abelis et Caini 69. 76, a.O. 1, 230. 233 u.ö. – [4] Ignatius Antioch.: Ad Polyc. 3, 2, in: K. Bihlmeyer (Hg.): Die apostolischen Väter 1 (^{2}1956) 111. – [5] Ambrosius: De fide IV, 9, 98, hg. O. Faller. CSEL 78 (1962) 191f. – [6] Arnobius d. J.: Conflictus Arnobii catholici cum Serapione 2, 21. CCSL 25A, hg. K.-D. Daur (Turnhout 1992) 145. – [7] Apuleius: De Platone et eius dogmate 2, 20. Opera quae supersunt 3, hg. C. Moreschini (1991) 132. – [8] Alexander Aphrod.: In Meteorologicorum, hg. M. Hayduck. CAG 3/2 (1899) 129, 3-5. – [9] Plotin: Enn. IV, 4 (28), 1, hg. P. Henry/H.-R. Schwyzer 2 (Paris/Brüssel 1959) 62; vgl. Art. ‹Zeit II. B.›. – [10] Proklos: Element. theologica 124, hg. E. R. Dodds (^{2}1963) 110. – [11] Thomas Aqu.: In IV libros sent. I, 38, q. 1, a. 3, ad 3. Op. omn., hg. R. Busa 1 (1980) 101. – [12] Nicolaus Cus.: Trialogus de possest, n. 71 (1460). Op. omn. 11, 2, hg. R. Steiger (1973) 83. – [13] Ch. Wolff: Vern. Ged. von Gott, der Welt und der Seele des Menschen ... [Dtsch. Met.] § 1075 (1720, ^{11}1751). Ges. Werke, hg. J. Ecole (1962ff.) I/2, 665; vgl. Natürl. Gottesgelahrtheit nach beweisender Lehrart abgefaßt § 1016 (1743). Ges. Werke I/23, 3, 268. – [14] M. Mendelssohn: Morgenstunden oder Vorlesungen über das Daseyn Gottes, 11. Vorles. (1785). Ges. Schr., hg. I. Elbogen/J. Guttmann/E. Mittwoch (1929ff.) 3/2, 93. – [15] F. W. J. Schelling: Vom Ich als Princip der Philos. oder das Unbedingte im menschl. Wissen § 16 (1795). Sämmtl. Werke, hg. K. F. A. Schelling (1856-61) I/1, 228. – [16] Philos. der Offenbarung I, 3. Vorles. (1841ff.), a.O. II/3, 51. – [17] J. G. Fichte: Antwortschreiben an Herrn Professor Reinhold (1801). Akad.-A. I/7, 300. – [18] Wiss.lehre (1810). Akad.-A. II/11, 351. – [19] G. W. F. Hegel: Wiss. der Logik I: Die objective Logik (1812/13). Akad.-A. 11, 241. – [20] L. Feuerbach: Vorläufige Thesen zur Reform der Philos. (1842). Sämtl. Werke, hg. W. Bolin/F. Jodl (1903-11, ND 1959-64) 2,

232f. – [21] E. von Hartmann: Philos. des Unbewußten 2 (1869, [12]1913) 3. – [22] S. Freud: Zur Dynamik der Übertragung (1912). Ges. Werke, hg. A. Freud u.a. (London 1940-87) 8, 374; vgl. Jenseits des Lustprinzips (1920), a.O. 13, 28; Neue Folge der Vorles. zur Einf. in die Psychoanalyse (1932), a.O. 15, 80 u.ö. – [23] R. Reininger: Aph. 251 (5. 5. 1918), in: Jugendschr. 1885-1895 und Aphorismen 1894-1948, hg. K. Nawratil (Wien 1974) 174; vgl. Aph. 276 (17. 8. 1918), a.O. 182. – [24] Aph. 10 (22. 4. 1894), a.O. 75. – [25] J. M. E. McTaggart: The unreality of time. Mind 17 (1908) 457-474; vgl. Art. ‹Zeit VI. 10.›. – [26] N. von Bubnoff: Zeitlichkeit und Z. (1911) 37. – [27] Vgl. etwa: N. Hartmann: Zur Grundlegung der Ontologie (1935) 316; Th. Litt: Denken und Sein (1948) 230. 232; J.-P. Sartre: L'être et le néant (Paris 1943) 188; Art. ‹Überzeitlich›, a.O. [2].

Literaturhinweise. N. von Bubnoff s. Anm. [26]. – H. Leisegang: Die Begriffe der Zeit und Ewigkeit im späteren Platonismus (1913). – N. Pike: God and timelessness (London 1970). – A. Portmann/R. Ritsema (Hg.): Zeit und Z. Eranos-Jb. 47 (1981). – P. Chauvel: L'intemporel (Paris 1995). – M. D. Robinson: Eternity and freedom. A crit. analysis of divine timelessness as a solution to the foreknowledge/free will debate (Lanham/New York/London 1995).

Th. S. Hoffmann

Zelle (engl. cell; frz. cellule). In dem weiten Bedeutungsspektrum von ‹Z.› hat der biologische Z.n-Begriff eine herausragende Stellung. Im Kontext von atomistischen Theorien organischer Materie beschreibt z.B. R. Hooke mit «pores» und deren Einteilung in «boxes» oder «cells» die «texture» des Korks [1]. Er spricht bereits die Kontrarietät aus, wie innerhalb der Pflanze der Stofftransport durch die «pores» mit der Struktur der «boxes» vereinbar sei. M. Malpighi und N. Grew [2] benutzen in ihren mikroanatomischen Werken für die als Z.n erkennbaren Gebilde die Begriffe «sacculus» und «utriculus» bzw. «bubble» oder später «bladder», «cell» und «pore». «Z.» wurde ausführlich von Botanikern [3] (F. J. F. Meyen, R. Brown, H. von Mohl, H. F. Link), in bezug auf tierische Gewebe dagegen vor 1840 nur selten verwendet [4]. Die Frage nach der mikrostrukturellen Unterscheidung vegetabiler und animalischer Materie war über diesen Zeitraum durchweg präsent [5], geschah aber erst ab 1839 auf überzeugend zelltheoretischer Basis.

Für Meyen ist die Pflanzen-Z. «ein von der vegetabilischen Membran vollkommen umschlossener Raum» [6]. Das idealisierte Zellschema aus Membran und homogenem Zellsaft soll sämtliche Funktionen dieses Mikro-Organs übernehmen, wie die Bildung innerer Zellstrukturen, die Zellteilung oder die Metamorphose zu anderen Elementarteilen (Spiralröhren und Milchsaftgefäße) [7]. Diese rein zelltheoretische Lehre erfährt eine Transformation, indem die «Organisation» der Pflanzen-Z. im Ausgang von einer feinstkörnigen Flüssigkeit nachvollzogen wird, in der sich zunächst ein «Kernchen» bildet, darum der Kern als «granulöse Coagulation», auf dem wiederum «ein feines durchsichtiges Bläschen» so «wie ein Uhrglas auf einer Uhr aufsitzt». Dieses dehnt sich aus zu einer Blase, deren Wandung von «Gallerte» ist, in welcher aber der Kern eingeschlossen bleibt [8]. Den 'Nucleus' in den tierischen Z.n [9] deutet auch Th. Schwann funktional, nachdem er gefunden hat, daß in jungen Geweben das Kernstadium der Zellbildung dominiert und erst in älteren die ausgebildete Z. Zusätzlich wird eine Präexistenz des optisch dichten 'Nucleolus' vor der des Nucleus sowie ein zirkumferentieller Abschluß der letzten Zellschicht durch eine Membran angenommen; der Ort der Zellentstehung wird nunmehr auf den Interzellularraum eingeschränkt [10]. Um diese in zeitlicher Abfolge arrangierten Beobachtungen nach Maßgabe einer wiederholt expansiven Sukzession der Gestalten zu einem Schalenmodell der Z. zu verbinden, werden die Diskontinuitäten durch atomistische Prozeduren nach dem Prinzip der Quasi-Kristallisation überbrückt [11]. Aufgrund dieses Gedankenexperiments aus einer molekularphysiologischen Tradition heraus kann Schwanns Konzept der Epigenesis (s.d.) wie ein semi-säkularer Tribut an die eng verwandte Konstruktion nach C. F. Wolff [12] verstanden werden. Nur in der Iteration der Schalenanordnung tauchen aus diesem Konzept noch Elemente der Präformation (s.d.) auf, und eine rigorose Urzeugung (s.d.) will es keineswegs vertreten. Da die Z. in diesen Prozessen bloß terminal auftritt, wird das regulative Prinzip puristischer Z.n-Lehren bereits unterwandert. Die Wirkung dieser Lehre dokumentiert sich nicht nur in würdigenden Aufnahmen (G. Valentin, J. E. Purkinje) oder frühen Bearbeitungen, sondern auch darin, daß selbst zeitlich entrückte Überlegungen gleichsam Rezensionsstil annehmen [13]. So heißt es z.B. noch ganz im Sinne Schwanns, daß die Z. ein «Bläschen» sei, «das aus einem Kern entsteht, einseitig und allseitig wächst, durch endogene Zellbildung sich vermehrt, in mannigfache Gewebe übergeht, und eine contractile, in Essigsäure lösliche Membran besitzt» [14].

Die Zellentstehung ist ein entscheidender Abschnitt der Zellontogenese; die endo- bzw. exogen punktuellen Ursprünge von Z.n [15] aber mußten durch das Prinzip einer Zellteilung substituiert werden [16]. Die Erkenntnis, daß diese durchweg als Einschnürung der Zellmembran in Verbindung mit einer Kernteilung nach dem Vorgang der Karyokinese abläuft [17], verdankt sich Serien von Arbeiten, wobei für Untersuchungen zum tierischen Reich das Schema von R. Remak (erst Kern-, dann Zell-Leib-Teilung) eine respektierte Orientierung schuf. R. Virchows Maxime, daß jede Z. sich von einer Z. im Ganzen («omnis cellula e cellula») ablöst [18], kann nur als programmatisches Bekenntnis zu dem darin ausgesprochenen Kontinuitätsprinzip der organischen Materie verstanden werden. Die Theorieentwürfe zur Dynamik der strukturell reichhaltigen und beeindruckenden Kernteilungsfiguren (ab 1875 z.B. von W. Hofmeister, O. Bütschli, O. Hertwig, E. van Beneden, W. Flemming, Th. Boveri, A. Strasburger oder A. Weismann) [19] sind – ebenso wie die daran anknüpfende Erforschung der zellularen Grundlagen der Vererbung (s.d.) – ein eigenes, bewegtes Kapitel der Biologiegeschichte [20]. Komplementär dazu verhalten sich die komplexen Problemfelder der Zellmetamorphose innerhalb des Organismus bzw. dessen Herkunft aus der befruchteten Einzel-Z. (bzw. Ei-Z.) und schließlich die Evolutionstheorie der Z.

In äußerster Abstraktion vertritt die zelltheoretische Schule die Meinung, daß Zellfunktionen durch einen möglichst minimalen Satz von strukturell markanten und systemisch untereinander verknüpften Teilen der Z. bedingt seien [21]. Diese Position wird zwar einerseits durch einfach erscheinende Befunde wie vielkernige oder kernlose oder auch vermeintlich membranlose Z.n erschüttert; andererseits jedoch erstarkt sie durch aufwendigere Belege während des Überganges zum 20. Jh., wenn z.B. experimentell entkernte Z.n ihre Lebenserscheinungen einbüßen [22]. Eine Herausforderung erfährt diese Schule ab den 1860er Jahren durch die Protoplasmalehren. Diesen ist die abstrakte Fassung gemäß, daß eine strukturlose Matrix der Z. der eigentliche Träger lebensunterhaltender Funktionen sei, daß also nach Abzug aller strukturellen Bestandteile von der Vorstellung der gegebenen Z. eine homogene Materie, das Protoplasma, verbleibe, welches aus sich heraus jene zuvor substrahierten Strukturen hervorzubringen vermöge [23]. Demgemäß wird z.B. die Z. definiert als ein «Klümpchen Protoplasma, in dessen Innerem ein Kern liegt. Der Kern sowohl als das Protoplasma sind Theilproducte der gleichen Bestandtheile einer anderen Z. ... Die Z. führt ein sozusagen in sich abgeschlossenes Leben, dessen Träger wiederum vorzugsweise das Protoplasma ist, obgleich auch dem Kern ... eine bedeutende ... Rolle zufällt. Das Protoplasma ist ... nach außen durch nichts weiter abgeschlossen [als durch die Nichtmischbarkeit; eine Membran fehlt] ... und ferner durch sein ... zentripetales Leben, durch die Eigenthümlichkeit, mit dem Kern ein Ganzes zu bilden, in einer gewissen Abhängigkeit von demselben zu stehen» [24]. E. Brücke, E. Haeckel, Th. Huxley sowie L. Beale verwerten diese Position für ihre eigenen Ansichten weiter, Kontrahenten sind etwa C. B. Reichert, V. Hensen und J. H. Stirling, Vermittler R. Remak oder A. de Bary. W. Hofmeister formuliert unter dem nachlassenden Eindruck solcher Theorien: «Wo immer Protoplasma in solchem Zustande [ohne 'feste Hülle'] vorkommt, da wird es früher oder später von einer elastischen permeablen Membran umschlossen. Das so entstandene zusammengesetzte Gebilde, die geschlossene Haut sammt Inhalt, führt den Namen Z.» [25].

Zwischen Protoplasma- und Zelltheorie bietet die atomistische Dimensionierung einen Ausweg zur Konjugation an, indem jenseits der Grenze mikroskopischer Auflösbarkeit das reine Protoplasma nicht mehr als homogene, sondern als fein strukturierte Lebensmaterie postuliert wird, die aus sich heraus die nächsthöhere Struktur, die sichtbare Zellstruktur, generieren würde. Von mannigfachen makromolekularen Konstrukten mit den unterschiedlichsten Benennungen wird in der Literatur der 1880er und 1890er Jahre gehandelt, z.B. von den «Pangenen» (H. de Vries) [26]. H. Lotze («elementare Molecüle») [27] oder H. Spencer («physiological units») sind dank ihrer Vertrautheit mit dem Zellkonzept fruchtbare Vordenker. Formal ist der Umgang mit diesen invisiblen «Mikromeren» [28] nicht verschieden von demjenigen in den Körnchen-Lehren des 18. Jh., die bis in die erste Hälfte des 19. Jh. mit den Bläschen-Lehren der organischen Materie konkurrierten. Ebenso besteht Äquivalenz zur Energiden-Lehre der 1890er Jahre [29]. Wenn mit dem Begriff der «Energide» die anatomisch-funktionelle Einheit vom Kern und von seiner «Wirksphäre» im protoplasmatischen Umfeld bezeichnet werden soll, so ist diese Forderung nicht verschieden von der postulierten Wechselwirkung zwischen einem Mikromer und seiner unmittelbar beeinflußten Protoplasma-Sphäre. In den viel späteren, sich physikochemisch gebenden Lehren erfährt selbst die Z. eine äquivalente Behandlung: «Physiologisch ist das Wesentliche einer Z., daß sie ein mehr oder weniger abgeschlossenes Phasensystem darstellt, einerseits umgeben von einer gemeinsamen Phasengrenze ... mit charakteristischen Grenzflächeneigenschaften (Permeabilität ...), andererseits ausgezeichnet durch relativ enge Wechselbeziehung der Binnenphasen untereinander – eine Beziehung, die sich speziell in der Möglichkeit einer allseitigen Erregungsausbreitung manifestiert. Ist auch die funktionelle Einheitlichkeit und Selbständigkeit einer Z. nicht unbeschränkt, so ist die Abhängigkeit der Anteile derselben Z. von den äußeren Momenten doch im wesentlichen eine gemeinsame» [30]. Dies sind zu Beginn des 20. Jh. deutliche Anzeichen, daß der Wechselwirkungsbegriff weiterhin als dienliches Regulativ bei zellphysiologischen Arbeiten eingesetzt wird. Er erfährt seine formale Bestätigung zunehmend in Theorien der Genom-Zellinteraktionen, wodurch den klassischen Zellbestandteilen als den Trägern von Zellfunktionen progredient die einstige Aufmerksamkeit entzogen wird.

Anmerkungen. [1] R. Hooke: Micrographia. Or some physiolog. descriptions of minute bodies made by magnifying glasses with observations and inquiries thereupon (London 1665) 112-121. – [2] M. Malpighi: Anatome plantarum. Cui subjungitur appendix, iteratas & auctas ejusdem authoris de ovo incubato observationes continens (London 1675) 1-17, Taf. 1-8; 28, Fig. 164; N. Grew: The anatomy of vegetables begun. With a general account of vegetation founded thereon (London 1672) 78f.; The anatomy of plants. With an idea of philos. history of plants ([London] 1682) 64. 180. 210, Taf. 82. – [3] Vgl. J. R. Baker: The cell-theory. A restatement, history and critique I. Quart. J. microscopical Science 89 (1948) 103-125; für die früheren Arbeiten vgl. auch: Ch. G. Ludwig: Instit. historico-physicae regni vegetabilis. In usum auditorum adornatae (1742) 138-145. 159; L. Ch. Treviranus: Vom inwendigen Bau der Gewächse und von der Saftbewegung in denselben (1806) IV. 1-17. – [4] Vgl. F. Gruithuisen: Organozoonomie §§ 209-217 (1811); J. Müller: Vergleichende Anatomie der Myxinoiden, der Cyclostomen mit durchbohrtem Gaumen (1835) 25. 74-77. 272, Taf. 9, Fig. 1a. – [5] Vgl. Baker, a.O. [3] 121-123; zeitlich unmittelbar vor der Lehre von 1838/39 erschienen z.B.: G. R. Treviranus: Neue Unters. über die organ. Elemente der thierischen Körper und deren Zusammensetzungen (1835) VI (Allgemeine Resultate); H. Dutrochet: Mém. pour servir à l'histoire anatom. et physiolog. des végétaux et des animaux (Paris 1837); F.-V. Raspail: Nouveau système de physiologie végét. et de botanique (Paris 1837). – [6] F. J. F. Meyen: Phytotomie (1830) 47. – [7] Neues System der Pflanzen-Physiologie 1 (1837) 8-11. 178-180. 209; 2 (1838) 343-348. 393; 3 (1839) 250. 333-335. 440-446. – [8] M. J. Schleiden: Beiträge zur Phytogenesis [Arch. für Anatomie, Physiologie und wiss. Medicin] (1838) 137-176, 142-146. – [9] Verwiesen wurde auf: R. Brown: Observations on the organs and mode of fecundation in Orchideae and Asclepiadeae (London 1831) 19-21; ND, in: Transact. of the Linnean Soc. of London 16 (1833) 685-742, 710-712. – [10] Th. Schwann: Mikroskopische Unters. über die Uebereinstimmung in der Struktur und dem Wachsthum der Thiere und Pflanzen (1839) 14ff. 37. 39. 44f. 194ff. 201-204. – [11] a.O. 207-209. 213. 229-257. – [12] C. F. Wolff: Von der eigenthüml. und wesentl. Kraft der vegetabilischen sowohl als auch der animalischen Substanz (St. Petersburg 1789) 63. – [13] E. Brücke: Die Elementarorganismen. Sber. Akad. Wiss. Wien, Math.-nat.wiss. Kl. II/44 (1861) 381-406; W. Waldeyer: Die neueren Ansichten über den Bau und das Wesen der Z. Dtsch. med. Wschr. 21 (1895) 703-706. 727-730. 764f. 776f. 800-803. 846-848. – [14] A. Kölliker: Die Lehre von der thierischen Z. und den einfacheren thierischen Formelementen, nach den neuesten Fortschritten dargest. Zeitschr. für wiss. Botanik 2 (1845) 46-102, 96. 101. – [15] Schleiden, a.O. [8] 167; Schwann, a.O. [10] 14-17. 201-204. – [16] Vgl. J. R. Baker: The cell-theory. A restatement, history and critique IV: The multiplication of cells. Quart. J. of microscopical Science 94 (1953) 407-440. – [17] The cell-theory ... V: The multiplication of nuclei, a.O. 96 (1955) 449-481. – [18] R. Virchow: Cellular-Pathologie. Arch. für patholog. Anatomie und Physiol. und für klin. Med. 8 (1855) 3-39, 23. – [19] Überblick bei: E. Strasburger: Die Ontogenie der Z. seit 1875. Progressus rei botanicae 1 (1907) 1-138. – [20] Vgl. Th. Cremer: Von der Z.n-Lehre zur Chromosomenlehre (1985). – [21] Schwann, a.O. [10] 41-44. – [22] Vgl. etwa: M. Verworn: Die physiolog. Bedeutung des Zellkerns. Arch. für die ges. Physiol. des Menschen und der Tiere 51 (1892) 1-119, 1-25. – [23] Vgl. etwa: M. Schultze: Ueber Muskelkörperchen und das, was man eine Z. zu nennen habe [Arch. für Anatomie, Physiol. und wiss. Medicin] (1861) 1-27, 9. – [24] a.O. 11f. – [25] W. Hofmeister: Die Lehre von der Pflanzen-Z., in: W. Hofmeister (Hg.): Hb. der physiolog. Botanik 1/1 (1867) 77. – [26] Vgl. Y. Delage: La structure du protoplasma et les théories sur l'hérédité et les grands problèmes de la biologie gén. (Paris 1895) 645-663. – [27] H. LOTZE: Allg. Physiologie des körperl. Lebens (1851) 313. – [28] Vgl. DELAGE, a.O. [26]. – [29] J. SACHS: Beiträge zur Z.n-Theorie. Weitere Betracht. zu Energiden und Z.n. Flora oder allg. botan. Ztg. 81 (1895) 405-434. – [30] A. VON TSCHERMAK: Allg. Physiologie 1 (1924) 412-419. 441-443.

Literaturhinweise. V. CAPPELLETTI: Entelechía. Saggi sulle dottrine biolog. del secolo decimonono (Florenz 1965). – W. BECHTEL: The evolution of our understanding of the cell. A study in the dynamics of scient. progress. Studies Hist. Philos. Science 15 (1984) 309-356. – A. TEULÓN: La teoría celular (Madrid 1986) Lit. – F. DUCHESNEAU: Genèse de la théorie cellulaire (Montreal 1987). – G. CANGUILHEM: La théorie cellulaire, in: G. CANGUILHEM (Hg.): La connaissance de la vie (Paris 1992) 43-80. – I. JAHN: Einf. und Erläut. zur Geschichte der Z.n-Lehre und der Z.n-Theorie, in: I. JAHN (Hg.): Klass. Schr. zur Z.n-Lehre (2003) 6-44. – G. MÜLLER-STRAHL: Physiolog. Theorien organischer Materie und deren Wechselwirkungen mit Naturwiss. und Philos. im 19. Jh., Habil.schrift Bochum (2003); Der biologische Zellbegriff. Verwendung und Bedeutung in Theorien organischer Materie. Arch. Begriffsgesch. 46 (2004) 109-136; Zell-Theorien organischer Materie. Ein Beitrag zu Bildung und Wandel einer Elementarlehre der Lebenswiss. (2004) Lit.

G. MÜLLER-STRAHL

Zen (Pali jhâna; Sanskrit dhyâna; chin. ch'an-na oder ch'an; sinojap. zenna oder zen; sinnverwandt, aber nicht identisch ist samâdhi; jap. sammai)

1. *Geschichte.* – ‹Dhyâna› kann je nach Zusammenhang ‹Denken› im Sinn von 'Reflexion', 'Spekulation', 'Konzentration', 'einen thematischen Gegenstand betrachtende Kontemplation' oder 'selbst- und weltvergessene Meditation' bedeuten. «Meditation im Hocksitz» heißt jap. ‹zazen›. Schon in den vorbuddhistischen Religionen Indiens finden wir verschiedene Arten von Meditation z.B. im Yoga (s.d.). SHÂKYAMUNI BUDDHA (5./4. Jh. v.Chr.) wurde in diese Meditationen eingeführt und konzentrierte sie auf eine. Im Buddhismus (s.d.) allgemein, bes. im Buddhismus Ostasiens – Mahâyâna (s.d.) mit Yogâcâra- und Mâdhyamika-Tradition – gehört Meditation («dhyâna») als 5. Weg zu den «6 Übungswegen» («sat pâramitâh», «ropparamitsu») eines «Kämpfers um Erleuchtung» («bodhisattva», «bosatsu») [1]. Shâkyamunis Einsicht in die «Vier edlen Wahrheiten (vom Leiden)» ist das Ergebnis seiner Meditation. Darum zählen ihn die chinesischen Pioniere des Zen (Mâdhyamika-Tradition) zu den Vätern des Zen und betonen die Notwendigkeit, in der seit Shâkyamuni überlieferten Meditationstradition zu bleiben. Die im 6. Jh. in China durch den legendenumwobenen Inder BODHIDHARMA entstandene selbständige Meditationsschule Ch'an-tsung (so genannt seit der T'ang-Zeit, 618-906) war eine Reformbewegung. Sie wollte weg von den vielen religiösen Praktiken (z.B. der chin. T'ien-t'ai-Schule), wieder zurück zur einen notwendigen Praxis: Ch'an.

2. *Wesen der Meditation im Zen.* – Die Meditation wird nicht als Weg des Hinaufsteigens zum übermenschlichen, überweltlichen Anderen (nicht wie die hinduistische Mystik der Vereinigung des Âtman [s.d.] mit Brahman [s.d.] und nicht wie das christlich-theologisch verstandene glaubensgehorsame Gebet zum transzendenten Schöpfer- und Erlösergott) gedeutet, sondern als Hinabsteigen ins Selbst, als Trans*des*zendenz, als Durchbruch durch das Alltagsselbst in das eigentliche Selbst, in das Buddha-Selbst oder letztlich: in das darin sich zeigende transpersonale Dharma-Selbst. ‹Dharma› (s.d.) meint die selber gestaltlose, alle Gestalten schaffende autopoietische Wirklichkeit als solche. Sie wird nicht als Hintergrundwelt von der Erscheinungswelt getrennt gedacht, sondern ist mit ihr identisch-nichtidentisch: ist das sich in Kontinuität der Diskontinuität je neu als Welt gestaltende Dharma-Selbst und in diesem Sinn Dharma-Welt. Sie wird «unabhängig von Sûtren und Kommentaren» («kyôge-betsuden furyû-monji»), «unmittelbar auf das Herz des Menschen verweisend» («jikishi-ninshin»), als «Sehen des ursprünglichen Wesens» («kenshô») bzw. als «Vollzug der Buddhaschaft» («jôbutsu») erfahren. DÔGEN KIGEN (1200-1253) erklärt in ‹Shôbôgenzô Genjô-Kôan› (‹Die Schatzkammer des wahren Dharma-Auges›): «Den Weg Buddhas zu erlernen bedeutet das Selbst zu erlernen. Das Selbst zu erlernen heißt das Selbst zu vergessen. Das Selbst zu vergessen bedeutet sich durch die zehntausend Dharmas bezeugen zu lassen (d.h. sich durch die vielfältigen Phänomene der Welt spiegeln zu lassen)».

Differenzen in der Deutung der Praxis bewirkten Spaltungen auch der Zen-Bewegung. Die chinesische Ch'an-Schule verehrt zwar 28 indische und 6 (5) chinesische Patriarchen: BODHIDHARMA (5./6. Jh.), HUI-K'O (5./6. Jh.), SENG-TS'AN (†606), TAO-HSIN (580-651), HUNG-JEN (602-675), HUI-NENG (638-713). Aber nach HUNG-JEN bilden sich 3 Schulen, die Nordschule (Betonung der graduellen Erleuchtung und des Studiums aller Mahâyâna-Schriften), die Südschule (Betonung der plötzlichen Erleuchtung unabhängig vom Schriftenstudium) und die mit ihr verwandte Szechwan-Schule. Daneben gibt es schon seit TAO-HSIN die vermittelnde Ochsenkopf-Schule (Studium ausgewählter Mahâyâna-Schriften). In der Nachfolge von HUI-NENG («6. Patriarch») spaltet sich die Südschule in 5 Überlieferungsgemeinschaften im Anschluß an seine 5 Hauptschüler. Die Traditionen der Schüler CH'ING-YÜAN HSING-SSU und NAN-YÜEH HUAI-JANG florierten in China am meisten.

In Japan sind zwar Formen von Meditation schon im 7. Jh. bekannt (Hossô-Mönch Dôshô, Yogâcâra-Tradition). Aber als selbständige Zweigschule in der Südschule wird die auf Ch'ing-yüan Hsing-ssu zurückgehende Zen-Schule erst durch DÔGEN KIGEN (1200-1253) in Japan bekannt gemacht (Sôtô-Zen). Die Tradition des Nan-yüeh Huai-jang kommt durch MYÔAN EISAI (1141-1215) nach Japan (Rinzai-Zen). In der gleichen Zeit führt SHINJI KAKUSHIN (1207-1298) die Fuke-Schule ein: Meditation mit Shakuhachi-Flöte. Die spätere Ôbaku-Schule wird durch den chinesischen Mönch YIN-YÜAN LUNG-CH'I (1592-1673) propagiert: Synkretismus von Zen und Amida-Buddhismus. DÔGEN steht in der Tradition des sog. Mokushô-Zen des HUNG-CHIH CH'ENG-CHÜEH (1091-1157), d.h. des «schweigenden Zen», der gegenstandslosen Sitz-Meditation, die hinsichtlich der Erleuchtung (Satori, s.d.) eine passivistische Tendenz hat. EISAI setzt die Kanna-Zen-Tradition des TAHUI TSUNG-KAO (1089-1163) fort, d.h. die eher aktionistische Tradition der auf den ersten Blick gegenständlichen Meditation mit Hilfe von paradoxen Meditationsaufgaben (vermittelt durch die sog. Kôan-Texte). Zum großen Reformator des neuzeitlichen Zen wird HAKUIN EKAKU (1685-1768, Rinzai-Zen).

3. *Wirkung des Zen-Buddhismus in Asien und in der westlichen Welt.* – Obgleich der öffentliche Einfluß des Zen mit dem des Buddhismus insgesamt in China spätestens seit dem 17. Jh. zurückgeht, ist sein kulturgestaltendes Wirken in Malerei, Kalligraphie, Lyrik, Philosophie dort unübersehbar. Erst recht hat Zen die traditionelle Kultur Japans in Religion, Kunst, Ständemoral und Erziehung (bes. des Samurai-Standes) mitgeformt. Japan ist seit dem Anfang des 20. Jh. (Renaissance des Buddhis-

mus) das Zentrum des Zen. Die Renaissance des Buddhismus vollzieht sich seit der Mitte des 19. Jh. in den einzelnen asiatischen Ländern mit je eigener zeitlicher Periodik und inhaltlicher Tendenz.

In *Japan* als dem Zentrum des Zen-Buddhismus (nach China und Korea) wurde sie einerseits von innerjapanischen Ursachen und andererseits von ausländischen Anstößen bewirkt. Zu den innerjapanischen Ursachen gehören die durch die Regierung des Kaisers Meiji (reg. 1868-1912) geforderte Verselbständigung und Bevorzugung des Shintô (s.d.) gegenüber dem Buddhismus, die Aufhebung der staatlichen Funktionen der buddhistischen Tempel, die dadurch erzwungene Rückbesinnung der buddhistischen Führungspersönlichkeiten auf die eigentlich religiöse Aufgabe des Buddhismus und die Neubildung betont spiritueller und missionarischer Bewegungen, von denen einige heute als vom Buddhismus inspirierte sog. 'Neureligionen' selbständig handeln [2]. Zu den westlichen Anstößen gehören der Zwang zur Anpassung an die hereindrängende, überlegen scheinende wissenschaftlich-technische, industrielle und bürgerliche Zivilisation, das herausfordernde Beispiel der globalen christlichen Mission (im Fall Japans bes. der protestantischen Mission) und die Rezeption der historisch-kritischen Forschungsmethoden der westlichen Buddhologen, wodurch der bisherige hermeneutische Umgang der japanischen buddhistischen Gelehrten und Gemeinden mit dem Kanon der Heiligen Schriften (bisher Bevorzugung des größtenteils jüngeren Kanons der Mahâyâna-Schriften in Sanskrit bzw. Chinesisch gegenüber dem älteren Hînayâna-Kanon in Pali [3]) in Frage gestellt wurde. Weltweit sichtbar wurde die Renaissance des japanischen Buddhismus nicht nur durch die beginnende buddhistische Missionstätigkeit auf dem asiatischen Kontinent, in Europa, in den USA, auf Hawaii und in Südamerika, sondern auch durch das Auftreten japanischer Buddhisten im ‹World's Parliament of Religions› 1893 in Chicago. Ihr Wortführer war der Zen-Mönch Shaku Sôen (1859-1919). Sein Übersetzer Suzuki Daisetsu Teitarô (1870-1966), der ab 1897 zehn Jahre als Übersetzer und Berater für den amerikanischen Verleger von Schriften östlicher Religionen Paul Carus (1852-1919) tätig war, wurde zum Mittler der japanischen und buddhistischen Kultur für den Westen und auch der westlichen und christlichen Kultur für Japan, wobei er allerdings auf beiden Seiten auch Mißverständnisse verursachte.

Auf seine vielen Schriften über Zen bzw. die japanische Kultur stützen sich in der ersten Hälfte des 20. Jh. die meisten westlichen Autoren – so in Deutschland R. Otto [4]. Suzuki hat die Form und den Inhalt der Rezeption des Zen im Westen vor allem durch seine ‹Essays in Zen-Buddhism› bestimmt [5]. Später verzweigte sich die Rezeption [6]. Von Japan geht auch der sog. 'Westliche Zen' in den USA und in Europa aus. Pioniere in Deutschland sind bes. E. Herrigel [7] und K. Graf Dürckheim [8] sowie für den sog. 'Christlichen Zen' der Jesuit H. Makibi Enomiya-Lasalle [9]. Es beginnen sich mit der buddhistischen Meditation bzw. dem Zen auseinanderzusetzen: die Psychologie (C. G. Jung und E. Fromm [10]), die Philosophie (bes. M. Heidegger [11]) und die Theologien (prot.: E. Brunner und P. Tillich, kath.: meditationskritisch F. Heiler, meditationsfreundlich H. Dumoulin [12]). Ihre Gesprächspartner sind nicht so sehr die Zen-Mönche als vielmehr die Mitglieder der sog. «Kyôto-Schule der japanischen Philosophie» [13]. Diese sich auf die Philosophie von Nishida Kitarô [14] berufende Schule, die in der Überlieferung des Mahâyâna-Buddhismus (bes. des Zen- und Amida-Buddhismus) steht, setzt sich in ihren ersten Generationen mit der gesamten westlichen Philosophie von Kant bis Husserl auseinander, bes. mit der Philosophie des Deutschen Idealismus vom «Subjekt bzw. Selbst» (bes. Nishitani Keji [15]), mit Heideggers ‹Sein und Zeit› (bes. Watsuji Testurô [16]) und dessen später Hermeneutik des «Seins» bzw. des «Ereignisses» (bes. Tsujimura Kôichi [17]), mit der christlichen mystischen bzw. negativen Theologie (Meister Eckhart: bes. Ueda Shizuteru [18]) sowie mit der Dialektischen Theologie S. Kierkegaards und K. Barths (bes. Tanabe Hajime [19]); später auch mit der phänomenologischen Philosophie der «Leiblichkeit» bzw. «Welthaftigkeit» (bes. Yuasa Yasuo [20]). Aber auch aus westlicher Sicht werden bei manchen westlichen Philosophen Analogien zum Zen gesehen, so bes. bei L. Wittgenstein [21] und bei der postmodernen Philosophie [22].

4. *Die philosophische Bedeutung des Zen.* – Nach der philosophischen Bedeutung des Zen kann aus folgenden Perspektiven gefragt werden: a) aus der Perspektive der Negation von Philosophie überhaupt: Selbst wenn der gewöhnliche Zen-Meister betont, Zen sei 'Praxis' und nicht 'Theorie' und die Zen-Erfahrung sei durch begriffliches Denken und Sprechen nicht bestimmbar, impliziert Zen doch eine These über die Wirklichkeit, nämlich die der prinzipiellen Unmöglichkeit ihres theoretischen Verstehens bzw. Erklärens aus (letzten) Gründen, d.h. also der Unmöglichkeit der Durchführung einer konsequent distanziert reflektierenden und rational argumentierenden Philosophie; b) aus der Perspektive von praktizierenden und propagierenden Zen-Philosophen wie z.B. Suzuki oder Hisamatsu Shin'ichi (1889-1980) [23], die zum Zweck der Mitteilung ihrer individuellen Zen-Erfahrung von der Bildersprache in die Begriffssprache übergehen und dabei sowohl philosophische Begriffe aus den ostasiatischen Traditionen (wie ‹Leere› [24], ‹Nichts›) gebrauchen als auch Begriffe der westlichen Traditionen (‹Absolutes›, ‹Subjekt› bzw. ‹Selbst›, ‹Selbstbewußtsein›, ‹Bewußtsein überhaupt› u.ä. [25]); außerdem sprechen sie von einer «eigenen Logik des Zen»: der «Weder-Noch-Logik» des Nâgârjuna (ca. 2./3. Jh.) oder Suzukis «Logik des Ist-Istnicht» [26] oder Nishidas «topischer Logik» [27]; c) aus der Perspektive derer, die die Zen-Erfahrung der Welt-Selbst-Erfahrung schlechthin zum notwendigen Ausgangspunkt von Philosophie im strengen methodischen Sinn machen – so einige Mitglieder der Kyôto-Schule wie z.B. Nishida, Nishitani, Tsujimura, Ueda, Masao Abe, zenkritisch dagegen Tanabe, Takeuchi Yoshinori [28]. Die Deutungen der Zen-Erfahrung in der Kyôto-Schule werden zwar nicht alle von den Zen-Meistern bestätigt, sie kommen aber dem Verstehenshorizont westlicher Leser am weitesten entgegen; d) Schließlich versuchen auch Philosophen und Theologen westlicher Prägung die Zen-Erfahrung, d.h. den (Stufen-)Weg der «Erleuchtung», mit Hilfe westlicher Begriffe zu spezifizieren, und zwar einerseits mit einer Tendenz zur Erklärung des Erleuchtungswegs als intuitive Theoria (z.B. als «überbegriffliches Schauen des Absoluten», «kosmisches Bewußtsein», «Selbst-Wesensschau» [29]) oder andererseits mit einer Tendenz zur Erklärung als absichtslose Praxis (z.B. als kreisende «reine Tätigkeit», «Handlung als Wandlung», «Weisheit und Befreiung» o.ä. [30]).

Die traditionellen philosophischen Fragestellungen, die sich mit Sein/Dasein/Existenzvollzug, Wahrnehmen/Erkennen, Tun/Handeln beschäftigen, werden durch die Zen-Erfahrung und ihre Theoretisierung eher vervielfältigt und verfeinert, während die sog. Zen-Philosophie die traditionelle westliche subjektivistische Geschichtsphilosophie, Handlungsphilosophie, Ethik oder die objektivistische Naturphilosophie, (Natur-)Wissenschaftsphilosophie, Technikphilosophie eher kritisiert. Diese Kritik richtet sich nicht nur gegen die Vorherrschaft der dualistischen gegenüber der monistischen Perspektive, sondern auch gegen die Priorität des Individualismus gegenüber dem Holismus. Ausgangspunkt einer Zen-Philosophie ist in jedem Fall die der Subjekt-Objekt-Spaltung (nicht unbedingt zeitlich, aber) sachlich vorausgehende «Erfahrung» der Ureinheit von Subjekt und Objekt – bei DÜRCKHEIM «Große Erfahrung», bei NISHIDA «Reine Erfahrung» oder «aktive (kreative) Anschauung», bei SUZUKI «true realizing» [31]. Die Religionsphilosophie, die auch das Phänomen des Zen reflektieren muß, wird gerade durch Zen in das Dilemma der Lösung ihrer selbstwidersprüchlichen Aufgabe getrieben. Einerseits behaupten die Zen-Meister, Zen sei keine anthropozentrisch verstandene Philosophie, andererseits sei Zen keine theozentrisch verstandene Religion. Zen sei weder Religion noch Philosophie, sondern das je neue im je Jetzt und je Hier autopoietische (autometamorphe!) Sichselbstumgestalten der vieleinheitlichen Wirklichkeit selbst, und zwar im Sinn des englischen «to realize» stets als «sich Verwirklichen ineins mit sich Wissen». Diese Selbstverwirklichung der Wirklichkeit vollzieht sich im «Feld der Leere», das durch die Vielen abwechselnd als «Feld der Nichtung» bzw. als «Feld der Ichtung» realisiert wird, aber nie auf eines dieser Felder reduziert werden kann [32].

Anmerkungen. [1] Vgl. Art. ‹Meditation II.›. Hist. Wb. Philos. 5 (1980) 965-967. – [2] Vgl. J. LAUBE (Hg.): Neureligionen. Stand ihrer Erforschung in Japan. Ein Hb. (1995) 210ff.; H. NAKAMURA: Der religionsgeschichtliche Hintergrund der Entwicklung Japans in der Neuzeit, in: C. VON BARLOEWEN/K. WEHRHAHN (Hg.): Japan und der Westen 1 (1986) 56-94; K. NISHITANI: Modernisierung und Tradition in Japan, a.O. 183-204. – [3] Vgl. H. DUMOULIN: Geschichte des Zen-Buddhismus 1-2 (1985/86) 2, 371-375; 2. erg. engl. Ausg.: Zen Buddhism. A history 1-2 (New York 1988/90); M. VON BRÜCK: Buddhismus und Christentum (1997) 210-214. – [4] R. OTTO: Zen – der lebendige Buddhismus in Japan (1925). – [5] D. T. SUZUKI: Essays in Zen-Buddhism 1-3 (London 1927-34); dtsch. (aus Bd. 3): Die Große Befreiung, Einf. in den Zen-Buddhismus (1978); Der westl. und der östl. Weg. Essays über christl. und buddhist. Mystik (1960); die jap. Ges.ausg. der Schriften Suzukis (Tokio 1968-71) umfaßt 30+2 Bde. – [6] H. HECKER: Lebensbilder dtsch. Buddhisten. Ein biobibliogr. Hb. I: Die Gründer (1990); H. DUMOULIN: Zen im 20. Jh. (1990); M. BAUMANN: Dtsch. Buddhisten (1995, 1999). – [7] E. HERRIGEL: Zen und die Kunst des Bogenschießens (1948, ND 2004). – [8] Vgl. K. Graf DÜRCKHEIM: Zen und Wir (1961, ND 1974). – [9] Vgl. H. MAKIBI ENOMIYA-LASALLE: Mein Weg zum Zen (1988). – [10] Zu C. G. Jung vgl. DUMOULIN, a.O. [3] (1990) 2, 111ff.; C. G. JUNG: Geleitwort, in: D. T. SUZUKI: Die große Befreiung (Zürich 1958, [8]1978) 9-38; vgl. auch: E. FROMM/D. T. SUZUKI/R. DE MARTINO: Zen Buddhism and psychoanalysis (New York 1960); dtsch. (1972). – [11] M. HEIDEGGER: Aus einem Gespräch von der Sprache [1953/54], in: Unterwegs zur Sprache (1959) 83-155. Ges.ausg. I/12 (1985) 79ff.; vgl. auch: K. ARIFUKU: Dtsch. Philosophie und Zen-Buddhismus (1999) 151-183; H. BUCHNER (Hg.): Japan und Heidegger (1989) 209ff.; H.-P. HEMPEL: Heidegger und Zen ([2]1992). – [12] Vgl. E. BRUNNER: Dogmatik I-III (Zürich 1946-60); Brunner lehrte 1953-56 in Japan; P. TILLICH: Systemat. Theologie I-III (1956-66); F. HEILER: Das Gebet (1918, [5]1923, ND 1969); H. DUMOULIN: Zen: Geschichte und Gestalt (Bern 1959); a.O. [3]. – [13] Vgl. DUMOULIN, a.O. [6]; R. ÔHASHI: Die Philos. der Kyôto-Schule. Texte und Einf. (1990) mit Bibl.; F. BURI: Der Buddha-Christus als der Herr des wahren Selbst (Bern 1982). – [14] Vgl. H. WALDENFELS: Absolutes Nichts. Zur Grundlegung des Dialogs zwischen Buddhismus und Christentum (1976). – [15] K. NISHITANI: Was ist Religion? (1982) 99-142. – [16] T. WATSUJI: Wind und Erde (1992) bes. Einl. – [17] Vgl. R. ÔHASHI: Die frühe Heidegger-Rezeption in Japan, in: BUCHNER (Hg.), a.O. [11] 23-37. – [18] S. UEDA: Die Gottesgeburt in der Seele und der Durchbruch zur Gottheit (1965) 145-169. – [19] H. TANABE: Philosophy as metanoetics (Berkeley u.a. 1986) 51-53. 259; vgl. auch: J. LAUBE: Dialektik der absoluten Vermittlung. Hajime Tanabes Religionsphilosophie als Beitrag zum 'Wettstreit der Liebe' zwischen Buddhismus und Christentum (1984). – [20] Vgl. K. YAMAGUCHI: Ki als leibhaftige Vernunft. Beiträge zur interkulturellen Phänomenologie der Leiblichkeit (1997) 21-25. – [21] D. Z. PHILIPPS: On wanting to compare Wittgenstein and Zen. Philosophy 52 (1977) 338-343; G. SIMARD: Essai de comparaison entre l'œuvre de L. Wittgenstein et le Zen (Montreal 1974). – [22] C. OLSEN: Zen and the art of postmodern philosophy. Two paths of liberation from the representational thinking (Albany, N.Y. 2000). – [23] S. HISAMATSU: Die Fülle des Nichts. Vom Wesen des Zen (1994). – [24] Vgl. Art. ‹Leere II.›. Hist. Wb. Philos. 5 (1980) 158f. – [25] Japanisch: kû, mu, zettaisha, jubun jikaku, ishiki-ippan; 'Bewußtsein überhaupt' vgl. HISAMATSU, a.O. [23] 52-54. – [26] Vgl. dazu: K. JASPERS: Lao-tse, Nagarjuna. Zwei asiat. Metaphysiker (1957) 63-97; E. FRAUWALLNER: Die Philos. des Buddhismus ([2]1958) 170-217. – [27] Vgl. R. ELBERFELD (Hg.): Kitarô Nishida: Logik des Ortes (1999) 227ff. – [28] TANABE, a.O. [19] 151-192. – [29] z.B. Enzyklopädie der Philos. [ital. 1992] (1992) 373 (Art. ‹Zen-Buddhismus›); HEMPEL, a.O. [11] 160ff.; PH. KAPLEAU: Die Drei Pfeiler des Zen ([3]1975) 265. – [30] Vgl. K. NAGASAWA: Das Ich im Dtsch. Idealismus und das Selbst im Zen-Buddhismus. Fichte und Dôgen (1987) 81f.; J. SCHLIETER: Ästhet. Handlungen. Ost und West, in: R. ELBERFELD/G. WOHLFART (Hg.): Komparative Ästhetik (2000) 334f.; vgl. W. JOHNSTON: Zen – ein Weg für Christen (1977) 112. – [31] Vgl. DÜRCKHEIM, a.O. [8] 67; vgl. K. NISHIDA: Studie über das Gute (1989) Kap. 1: 'reine Erfahrung': junsui keiken; SUZUKI, engl. Übers. von SHINRAN: The Kyôgyôshinshô (Tokio 1973) 175ff. – [32] Vgl. K. NISHITANI, a.O. [15] 201-263: Kap. 4: Die Position der sûnyatâ; vgl. auch: T. IZUTSU: Philos. des Zen-Buddhismus (1979) 46ff.

Literaturhinweise. E. BENZ: Zen in westl. Sicht. Zen-Buddhismus – Zen-Snobismus (1962). – M. HEINRICHS: Kath. Theologie und asiat. Denken (1963). – T. IZUTSU s. Anm. [32]. – T. P. KASULIS: Zen action, Zen person (Honolulu 1981). – M. BERGLER: Ein Abriß der Rezeptionsgesch. des Zen-Buddhismus in Deutschland. Zeitschr. Religions- Geistesgesch. 36 (1984) 39-52. – K. K. INADA: Guide to Buddhist philosophy. The Asian philosophies and religions resource guides (Boston, Mass. 1985) Bibl. – D. HENRICH (Hg.): All-Einheit. Wege eines Gedankens in Ost und West (1985) Bibl. – H. WALDENFELS/TH. IMMOS (Hg.): Fernöstl. Weisheit und christl. Glaube. Festschr. H. Dumoulin SJ (1985). – R. ÔHASHI s. Anm. [13]. – J. L. GARDNER: Zen-Buddhism: A classified bibliography of western language publications through 1990 (Salt Lake City 1991). – M. ABE: A study of Dôgen. His philosophy and religion, hg. S. HEINE (Albany 1992). – J. W. HEISIG/J. C. MARALDO (Hg.): Rude awakenings. Zen, the Kyôto school, and the question of nationalism (Honolulu 1995). – M. ABE/S. HEINE (Hg.): Zen and western thought 1: Buddhism and interfaith dialogue (Basingstoke 1995); 2: Zen and comparative studies (Basingstoke 1997). – V. ZOTZ: Geschichte der buddhist. Philos. (1996) Bibl. – M. VON BRÜCK s. Anm. [3] Bibl. – E. ROMMELUÈRE: Guide du Zen (Paris 1997). – K. ARIFUKU s. Anm. [11]. – J. OFFERMANNS: Der lange Weg des Zen-Buddhismus nach Deutschland: vom 16. Jh. bis Rudolf Otto (Stockholm 2002).

J. LAUBE

Zensur (lat. censura; engl. censorship; frz. censure)

I. – Die Verbreitung und Veröffentlichung des geschriebenen Wortes ist zwar in allen Kulturen seit ihren Anfängen von religiös, moralisch oder politisch motivierten Bewertungs- und Repressionspraktiken begleitet [1]; von philosophischer Seite hatte bereits PLATON eine rechtsförmige Kontrolle insbesondere für die Dichtkunst gefordert [2]. Der Ursprung des Z.-Begriffs liegt gleichwohl nicht in Athen, sondern in Rom. Das lateinische Wort ‹censura› ('Prüfung'; mittellat. 'Aufsicht', 'Tadel') bezeichnet zunächst in der römischen Republik das seit 443 v.Chr. bestehende Amt des Zensors, der sowohl für die steuerliche Bewertung der Bürger als auch für die sittenrichterliche Kontrolle der Senatoren und der Ritterschaft zuständig war [3]. Die «animadversio censoria» als gesellschaftlich folgenreicher moralischer Tadel prägt auch nach Abschaffung des Zensoramtes die Konnotation des Begriffs, der daher in späteren Gesetzestexten des römischen Rechts generell 'Strafe' und 'Strafgewalt' bedeutet [4]. Auf diesem Wege und in dieser Bedeutung gelangt ‹censura› in den christlich-theologischen und kirchenrechtlichen Sprachgebrauch: theologisch etwa als «censura divina» [5], kirchenrechtlich als Bezeichnung für die sog. Medizinalstrafen.

Während im Kampf gegen die Häresien (s.d.) der christlichen Spätantike und des Mittelalters das Verbot und gegebenenfalls die Vernichtung von Schriften die Verurteilung der Autoren und ihrer Lehren zumeist nur flankierend begleitet [6], wird nach Erfindung des Buchdrucks die möglichst frühzeitige Beurteilung von Druckerzeugnissen zu einer systematischen, jedoch in durchaus wechselnder Intensität wahrgenommenen Aufgabe kirchlicher, universitärer und staatlicher Instanzen. Die kirchliche «censura librorum», die sich zunächst vor allem gegen die Schriften der Reformatoren richtet, findet ihren Niederschlag seit 1559 im päpstlichen ‹Index librorum prohibitorum›, der erst 1966 seine Verbindlichkeit verliert [7]. Zu unterscheiden ist hier wie in aller Z.-Praxis zwischen Vorzensur («censura praevia») und Nachzensur bzw. nachträglichem Verbot («prohibitio») [8]. Auch die weltliche Z., die in Deutschland teils den Landesherren, teils kaiserlichen Behörden obliegt, ist zunächst religiös und gegenreformatorisch motiviert, bevor sie sich insgesamt auf den politischen und moralischen Bereich ausdehnt [9]. Ergänzt und z.T. ersetzt wird die staatliche Z. in einigen europäischen Staaten bereits im Vorfeld durch restriktive Lizenzierung des Buchwesens.

Die Entwicklung des Pressewesens und die Entstehung einer bürgerlichen Öffentlichkeit (s.d.) führt seit dem 17. Jh. zu einer grundsätzlicheren Problematisierung der Z. In England, wo die Vorzensur für Bücher 1695 abgeschafft wird, während die Theaterzensur bis ins 20. Jh. besteht, hatte J. Milton bereits 1644 die liberalen Argumente gegen die Z. systematisch formuliert: «Let her [sc. Truth] and Falshood grapple; who ever knew Truth put to the wors, in a free and open encounter. Her confuting is the best and surest suppressing» [10]. Die Geschichte der Z. in der Neuzeit ist indessen keineswegs diejenige einer linearen Durchsetzung liberaler Auffassungen von Meinungsfreiheit (s.d.). Vielmehr spiegelt sich in den Auseinandersetzungen um die Z. stets auch der Streit um die richtige Deutung des Freiheitsbegriffs; insbesondere stehen einer expansiven Auffassung von Meinungs- und Äußerungsfreiheit außer dem herrschaftlichen Interesse an Kommunikationskontrolle auch moralisch begründete Schutzansprüche der Einzelperson und der Gemeinschaft entgegen, deren mehr oder weniger ausgedehnte Sicherstellung gegebenenfalls als Aufgabe des Staates betrachtet wird. Auch die philosophischen Argumentationen entfalten sich in diesem Spannungsfeld.

G. W. Leibniz, der gegen die kirchliche Z. verlangt, «qu'on laisse aux Philosophes la liberté raisonnable, qui leur appartient» [11], hatte sich knapp zwanzig Jahre zuvor immerhin für eine konsequente staatliche Bücherzensur eingesetzt, und zwar mit der Begründung, «des Commissarii amt sey providere ne qvid Respublica per rem literariam detrimenti capiat, gehöret also vor denselben für allen dingen Censura librorum, damit nichts schädtliches spargirt werde» [12]. Ohne den Begriff ‹Z.› zu verwenden, bemerkt I. Kant, der aufgeklärte Monarch tue «selbst seiner Majestät Abbruch, wenn er ... die Schriften, wodurch seine Unterthanen ihre Einsichten ins Reine zu bringen suchen, seiner Regierungsaufsicht würdigt, sowohl wenn er dieses aus eigener höchsten Einsicht thut, wo er sich dem Vorwurfe aussetzt: Caesar non est supra Grammaticos, als auch und noch weit mehr, wenn er seine oberste Gewalt so weit erniedrigt, den geistlichen Despotism einiger Tyrannen in seinem Staate gegen seine übrigen Unterthanen zu unterstützen» [13]. J.-J. Rousseau hingegen kann die Z. positiv als institutionalisierten Ausdruck der «opinion publique» bestimmen; in diesem und nur in diesem Sinne könne sie nützlich sein, «pour conserver les mœurs», solange zugleich die Gesetzgebung die «volonté générale» (s.d.) adäquat zum Ausdruck bringe [14]. Daß die Z. damit einerseits als obrigkeitliches Herrschaftsinstrument verworfen, andererseits im Kontext der Volkssouveränität refunktionalisiert wird, unterstreicht die auch im Aufklärungszeitalter fortbestehende Ambivalenz.

In Deutschland plädiert W. von Humboldt für die Aufhebung der Z. und versucht dabei zugleich, für die strafrechtliche Verfolgung des «Missbrauchs der Pressfreiheit» rechtsstaatliche Modalitäten zu definieren [15]. Wenig später wird jedoch durch die Karlsbader Beschlüsse von 1819 ein flächendeckendes System intensiver Vorzensur eingeführt, das bis 1848 Bestand hat [16]. Die zeitgenössischen Begründungsdiskurse kulminieren in der Auffassung L. Hoffmanns: «Censur und Preßfreiheit sind nicht allein sinnverwandte Begriffe, sondern sind vielmehr ein und dasselbe» [17]. «Von dem Standpunkte der Idee aus versteht es sich von selbst», schreibt der junge K. Marx, «daß die Preßfreiheit eine ganz andere Berechtigung hat als die Z., indem sie selbst eine Gestalt der Idee, der Freiheit, ein positiv Gutes ist, während die Z. eine Gestalt der Unfreiheit, die Polemik einer Weltanschauung des Scheines gegen die Weltanschauung des Wesens, eine nur negative Natur ist». Die Z. habe «die Entwicklung des deutschen Geistes auf eine heillose, unverantwortliche Art beeinträchtigt» [18]. Wird hier die Freiheit des Geistes implizit bereits kollektivistisch begriffen, so steht J. S. Mill in seiner Verteidigung der Denk- und Redefreiheit ganz in der Tradition des englischen Liberalismus: «If all mankind minus one, were of one opinion, and only one person were of the contrary opinion, mankind would be no more justified in silencing that one person, than he, if he had the power, would be justified in silencing mankind» [19].

Im 20. Jh. begünstigt die weitgehende Abschaffung der Präventivzensur in den demokratischen Rechtsstaaten [20] die Ausweitung des Begriffs auf alle organisierten Formen der Kommunikationskontrolle. Zudem entfacht die Entstehung neuer Medien (Film, Rundfunk, Internet) jeweils neue Diskussionen über Legitimität und Reichweite administrativer oder juristischer Eingriffe, in denen die Spannung zwischen Artikulationsfreiheit und politischen oder moralischen Schutzansprüchen aktualisiert wird. Jüngere Debatten beziehen sich insbesondere auf den Umgang mit kulturellen Äußerungen rassistischen oder pornographischen Inhalts. Dabei wird mitunter ein Zusammenhang zwischen abstrakt aufgefaßter Redefreiheit und der Aufrechterhaltung bestehender

Herrschafts- und Ungleichheitsverhältnisse hergestellt. Die moderne Z.-Debatte ist insofern wesentlich eine Debatte über die adäquate Deutung des Terminus «free speech» [21].

Die Wirkungen von Z. auf Inhalt und Form kultureller Äußerungen sind verschiedentlich zum Gegenstand grundsätzlicher Thematisierung geworden, insbesondere in den Literaturwissenschaften. Dabei steht teils die bewußte Ausbildung esoterischer und hermetischer Schreibweisen, teils die unbewußte und generalisierte Internalisierung der Z. als Selbstzensur im Mittelpunkt des Interesses [22]. Zuletzt hat J. BUTLER unter Einbeziehung psychoanalytischer Deskriptionsansätze die implizite Z. als Modalität der Subjektkonstitution beschrieben [23].

Anmerkungen. [1] W. SPEYER: Büchervernichtung und Z. des Geistes bei Heiden, Juden und Christen (1981). – [2] Vgl. PLATON: Resp. III, 386 cff.; Leg. VII, 801 c-d. 817 b-d. – [3] Vgl. LIVIUS: Ab urbe cond. IV, 8, 1, 2; CICERO: De re publ. IV, 6; VALERIUS MAXIMUS: Fact. ac dict. memorab. II, 9; Art. ‹Censura›. RAC 2 (1954) 965-970 (mit weit. Nachw.); H. CANCIK: Z. und Gedächtnis. Zu Tacitus' 'Annales IV 32-36'. Der altsprachl. Unterricht 29 (1986) 16-35. – [4] Zahlreiche Nachweise: Art. ‹Censura›, a.O. 967f. – [5] Vgl. zum Terminus etwa: TERTULLIAN: Apol. 39, 4. CSEL 69, 92; CYPRIAN: Ep. 15, 3. CSEL 3/2, 515, 19; De lapsis 6. 19, a.O. 3/1, 241, 5; 252, 6. – [6] G. B. FLAHIFF: Ecclesiastical censorship of books in the 12th cent. Mediaeval Studies 4 (1942) 1-22. – [7] Vgl. Art. ‹Bücherzensur›. LThK² 2, 741-744. – [8] Vgl. kirchenrechtlich: Codex juris canonici III, tit. XXIII: De praevia censura librorum eorumque prohibitione, Can. 1384ff. – [9] U. EISENHARDT: Die kaiserl. Aufsicht über Buchdruck, Buchhandel und Presse im Hl. Röm. Reich Dtsch. Nation (1496-1806) (1970); H.-D. FISCHER (Hg.): Dtsch. Kommunikationskontrolle des 15. bis 20. Jh. (1982). – [10] J. MILTON: Areopagitica (1644). Compl. prose works, hg. E. SIRLUCK (New Haven/London 1953ff.) 2, 561. – [11] G. W. LEIBNIZ: Br. an Landgraf Ernst von Hessen-Rheinfels (29. 6./9. 7. 1688). Akad.-A. I/5 (1954, ND 1970) 186. – [12] Notanda das Bücherkommissariat betr. § 8 [Jan. 1670?]. Akad.-A. I/1 (1923, ND 1970) 50. – [13] I. KANT: Beantwortung der Frage: Was ist Aufklärung? (1784). Akad.-A. 8, 40; vgl. Die Relig. innerhalb der Grenzen der bloßen Vernunft, Vorrede zur 1. Aufl. (1793), a.O. 6, 8f. – [14] J.-J. ROUSSEAU: Du contrat social IV, 7 (1762). Oeuvr. compl., hg. B. GAGNEBIN/M. RAYMOND 3 (1964) 458f. – [15] W. VON HUMBOLDT: Ueber Pressfreiheit [1816]. Akad.-A. (1903-36, ND 1967/68) 12, 40-48. – [16] Vgl. Art. ‹Presse, Pressefreiheit, Zensur›, in: O. BRUNNER/W. CONZE/R. KOSELLECK (Hg.): Geschichtl. Grundbegriffe 4 (1978) 899-927. – [17] L. HOFFMANN: Censur und Preßfreiheit, hist.-philos. bearb. (1819) 261; vgl. G. W. F. HEGEL: Grundlinien der Philos. des Rechts § 319 (1821). Jub.ausg., hg. H. GLOCKNER 7 (1928) 427. – [18] K. MARX: Debatten über die Preßfreiheit (1842). MEW 1, 50. 36. – [19] J. S. MILL: On liberty, ch. 2 (1859). Coll. works, hg. J. M. ROBSON 18 (Toronto 1977) 229. – [20] Vgl. aber zur Vervollständigung: E. C. CHILDS (Hg.): Suspended license. Censorship and the visual arts (Seattle 1997); J. A. SMITH: War and press freedom (New York 1999); R. KNUTH: Libricide. The regime-sponsored destruction of books and libraries in the 20th cent. (Westport, Conn. 2003). – [21] C. A. MACKINNON: Only words, ch. 3 (Cambridge, Mass. 1993) 69-110; vgl. R. DWORKIN: Freedom's law (Cambridge, Mass. 1996) 214-243; A. W. NUNAMAKER/M. H. BEASLEY: Women, the first amendment, and pornography: an hist. perspective. Studies Communications 4 (1990) 101-118; L. GRUEN: Pornography and censorship, in: R. G. FREY (Hg.): A companion to applied ethics (Malden, Mass. 2003) 154-166. – [22] L. STRAUSS: Persecution and the art of writing (1941, Glencoe, Ill. 1952) 22-37; P. BROCKMEIER/G. R. KAISER (Hg.): Z. und Selbst-Z. in der Lit. (1996). – [23] J. BUTLER: Excitable speech, ch. 4 (New York 1997) 127-163; dtsch.: Haß spricht (1998) 181-230.

N. A. RICHTER

II. – In der *Psychoanalyse* ist ‹Z.› zu einem Terminus technicus geworden. S. FREUD faßt sie früh als eine – mit zahlreichen, dem sozialen und politischen Leben entlehnten Metaphern kommentierte – «endopsychische Abwehr» [1]. Der Begriffsgebrauch wird kryptomnestisch [2] auf die frühe Lektüre von L. BÖRNES Aufsatz ‹Die Kunst, in drei Tagen ein Originalschriftsteller zu werden› [3] zurückgeführt, der sowohl die freie Assoziation als auch die «Z. der Regierungen» thematisiert. In FREUDS Theorie des Konflikts zwischen verdrängten und verdrängenden Mächten [4] wird die Z. als dauernde, «keine dem Traumleben besondere», obwohl im Zusammenhang mit der Traumdeutung am überzeugendsten dargestellte «Einrichtung» [5] zur «Entstellung eines psychischen Aktes» [6] und als selektive Schranke nicht nur zwischen den Systemen Unbewußt und Vorbewußt, sondern auch zwischen Vorbewußt und Bewußt betrachtet, so daß «jedem Fortschritt zu einer höheren Stufe psychischer Organisation eine neue Z.» entspricht [7].

Freud erkennt in der Z. zwischen Unbewußtem und Vorbewußtem den «Wächter unserer geistigen Gesundheit» [8]. Sein Interesse gilt aber ihrer die Traumbildung ermöglichenden Herabsetzung im Schlafzustand [9]. Die Z. verhält sich «nur abwehrend, nicht schöpferisch gegen den Traum» [10] und erzwingt die Traumentstellung, die Freud für das «tiefste und schwierigste Problem des Traumlebens» hält [11]; bewerkstelligt wird diese aber von der «Traumarbeit» als jenem Prozeß, der die nie harmlosen latenten Gedanken mittels Verdichtung, Verschiebung [12] und Symbolisierung in den entstellenden manifesten Traum überführt [13], an dessen Unverständlichkeit frühere Traumtheorien in gewisser Weise gescheitert waren. Die zur Traumarbeit gegenläufige «Deutungs-» bzw. «Analysenarbeit» [14] als Rückübersetzung des manifesten Traums in die latenten Traumgedanken begegnet einem Widerstand als «Objektivierung der Traumzensur» [15]. Ein Versagen der nicht nur für die Traumentstellung, sondern auch die «Affekthemmung» [16] verantwortlichen Traumzensur führt zu Angstträumen, während Strafträume als Wunscherfüllungen der «kritisierenden, zensurierenden und strafenden Instanz im Seelenleben» [17] verstanden werden können.

Auf dem Wege zur Konzeption des erst 1923 begrifflich gefaßten, mit dem «Ich-Ideal» verbundenen Über-Ich (s.d.) [18] als «Rechtsnachfolger» [19] der Eltern und «Träger der Tradition» [20] erkennt Freud 1914 «im Ichideal und den dynamischen Äußerungen des Gewissens auch den Traumzensor» [21] und nimmt nur 1937 noch einmal die Analogie zwischen Textentstellung «als Werk einer tendenziösen Z.» und den Abwehrmechanismen des Ichs auf [22]. Aber die Z. als zentraler Topos der Traumtheorie und Über-Ich-Vorläufer hat seine Bedeutung an das Über-Ich abgetreten, dem als Funktionen das Gewissen als «moralische Z.» [23], die Selbstbeobachtung und die Idealbildung zugeschrieben werden. Ähnlich aber, wie sich die Z. gesellschaftlich und innerpsychisch lesen läßt, sieht Freud 1930 im Über-Ich den kulturellen «Entwicklungsprozeß der Menge» und den eigenen des Individuums «regelmäßig miteinander verklebt» [24] – ein Sachverhalt, der mit der Unentbehrlichkeit des Über-Ich-Konzepts in der nicht-klinischen Perspektive und seiner klinischen, bis zur Idiosynkrasie reichenden Unbeliebtheit korrespondiert [25].

Der zweite 'Zensor' zwischen Vorbewußtem und Bewußtsein hat in klinischer Hinsicht in jüngster Zeit A. und J. SANDLER beschäftigt, in deren Sicht «its fundamental orientation is towards avoidance of shame, embarrassment and humiliation» und dessen Widerstand behandlungstechnisch zu beachten Vorrang vor tiefen Interpretationen verdient – Gedanken, die mit ihrer Unterscheidung von Vergangenheitsunbewußtem als theoretischer Konstruktion und Gegenwartsunbewußtem mit eher direkt zugänglichen Inhalten eng zusammenhängen [26].

Erregte der Freudsche Terminus des «Traumzensors», obwohl nur als «Hilfsbegriff» gebraucht [27], in der Rezeptionsgeschichte immer wieder den Verdacht, ein Produkt psychoanalytischer Mythologie zu sein, so erfuhr der Begriff der Z. in der philosophischen Rezeption früh eine methodologische und anthropologische [28] wie eine bewußtseinsphilosophisch orientierte Kritik [29].

Anmerkungen. [1] S. FREUD: Die Traumdeutung (1900). Ges. Werke [GW], hg. A. FREUD u.a. (1940-87) 2/3, 314; vgl. Art. ‹Abwehrmechanismus›. Hist. Wb. Philos. 1 (1971) 67-70; zu der von Freud kommentierten zaristischen Pressezensur: Br. an W. Fliess (21. 12. 1897), in: Aus den Anfängen der Psychoanalyse 1887-1902 (1962) 255. – [2] Zur Vorgeschichte der analyt. Technik (1920). GW 12, 309-312. – [3] L. BÖRNE: Die Kunst, in drei Tagen ein Originalschriftsteller zu werden (1823). Werke 1, hg. H. BOCK (³1976) 132-135. – [4] Vgl. Art. ‹Verdrängung›. Hist. Wb. Philos. 11 (2001) 618-622. – [5] S. FREUD: Neue Folge der Vorles. zur Einf. in die Psychoanalyse (1933). GW 15, 15. – [6] Vgl. Traumdeutung, a.O. [1] 313f. 521ff.; Die Verdrängung (1915), a.O. 10, 252f. – [7] Das Unbewußte (1915). GW 10, 290. – [8] Traumdeutung, a.O. [1] 573. – [9] a.O. 531. – [10] 151. – [11] Meine Berührung mit Josef Popper-Lynkeus (1932). GW 16, 262. – [12] Vgl. Art. ‹Verschiebung; Verdichtung›. Hist. Wb. Philos. 11 (2001) 875-879. – [13] Vgl. Art. ‹Traum II.›, a.O. 10 (1998) 1465-1471. – [14] S. FREUD: Über den Traum (1901). GW 2/3, 654. – [15] Vorles. zur Einf. in die Psychoanalyse (1916-17). GW 11, 141; vgl. Art. ‹Widerstand III.›. – [16] Traumdeutung, a.O. [1] 471. – [17] a.O. [5] 28. – [18] Das Ich und das Es (1923). GW 13, 256-267. – [19] a.O. [5] 68. – [20] a.O. 73. – [21] Zur Einf. des Narzißmus (1914). GW 10, 165. – [22] Die endl. und die unendl. Analyse (1937). GW 16, 82. – [23] a.O. [18] 265. – [24] Das Unbehagen in der Kultur (1930). GW 14, 502. – [25] F.-W. EICKHOFF: Die Verführbarkeit des Über-Ichs durch den Verrat. DPV-Arbeitstagung Freiburg 2001 (unveröff.). – [26] J./A. SANDLER: The 'second censorship', the 'three box model' and some technical implications. Int. J. Psycho-Analysis 64 (1983) 413-425. – [27] Vgl. S. FREUD: Eine Schwierigkeit der Psychoanalyse (1917). GW 12, 9. – [28] Vgl. etwa: M. SCHELER: Über Scham und Schamgefühl [1913]. Ges. Werke 10 [Nachl. 1] (³1986) 114ff.; die von P. HÄBERLIN in Heidelberg betreute Diss. von B. HOFFET: Der Begriff der Z. (1920). – [29] Vgl. J.-P. SARTRE: L'être et le néant (Paris 1943) 88ff.; dtsch.: das Sein und das Nichts (1991) 128ff.

Literaturhinweise. R. WAELDER: Progress and revolution. A study of the issues of our age (New York 1967) 157-173. – H. DAHMER: Libido und Gesellschaft. Studien über Freud und die Freudsche Linke (1973) 231-252. – E. LENK: Die unbewußte Gesellschaft (1983).

F.-W. EICKHOFF

Zentralerkenntnis (lat. cognitio centralis; engl. central knowledge; frz. connaissance centrale) ist ein «Grundbegriff» der stark von der Theosophie beeinflußten «philosophia sacra» F. CH. OETINGERS [1] und bezeichnet, im Gegensatz sowohl zum Rationalismus der Leibniz-Wolffschen Schule als auch zur schwärmerischen Vision, eine unmittelbar-intuitive, lebendige und ganzheitliche Erkenntnis des innersten Wesens aller Dinge. In Anlehnung an ältere Vorbilder (biblische 'Weisheit', Ezechielvision, 'visio beatifica', 'geistige Sinne') und besonders an die mystisch-kognitiven Erlebnisse J. Böhmes und J. B. van Helmonts, meint Oetinger mit Z. vor allem den kognitiv vollkommenen Zustand Adams und der Wiedergeborenen («bis zur Auferstehung sind wir noch nicht im rechten Sehepunkt») [2]. Daraus folgt, daß die Z. als Gnadengabe dem heutigen, als «status embryonatus» bestimmten Stadium der «Ökonomie Gottes» nur bruchstückhaft und wenigen auserwählten Personen (Theresa von Bordeaux, Johannes van Ruysbroeck u. a.) geschenkt wird.

In ihrer mikrokosmischen Funktion stellt die von der Menschwerdung Christi wieder ermöglichte Z. ein vollkommenes Vermögen dar, deren Kenntnisse «unbetrüglich wahr» und «höchst passiv», unendlich und ganzheitlich, insbesondere aber transformatorisch-sinnlich sind. Dank der Aufhebung aller Trennung zwischen Subjekt und Objekt ist die Z. ein «Schmecken und Fühlen, das im Centrum und im Geist geschieht», und eine «Verwandlung der innersten Kräfte in das, was wir fühlen, wodurch die im Geist Stehenden das Wesen der Dinge nach dem Innersten auf einmal ohne Schlüsse sehen, schmecken, empfinden und über alle Vernunft erkennen. Das ist wahre Weisheit. Sapientia est, sapere res ut sunt» [3]. Mit Rekurs auf PAULUS (2. Kor. 3, 18) kann die Liebe mit der Z. in eins gesetzt werden: «Die Centralerkenntnis geschieht durch eine Vergestaltung, Ueberformung, Salbung und Verwandlung der Natur des Erkennenden in die Natur des Erkannten, und eben das geschieht in der Liebe auch» [4].

Wegen ihrer naiven Unterschätzung sowohl der Vernunft als auch der heilsgeschichtlichen Perfektibilität wird die Z. in späteren Schriften OETINGERS verworfen; fast alle ihre kognitiven Merkmale werden jetzt dem «sensus communis» und letztlich sogar der gewöhnlichen Empfindung zugeschrieben.

Im folgenden übt die Lehre von der Z. einen erheblichen Einfluß nicht nur auf die theosophischen Erlebnisse M. HAHNS aus, sondern auch, als «eine unmittelbare Vorwegnahme des idealistischen Wissenschaftsbegriffs» [5], wahrscheinlich auf entscheidende Begriffe wie «intellektuelle Anschauung» (J. G. FICHTE, F. W. J. SCHELLING, F. HÖLDERLIN) [6] und «anschauende Urteilskraft» (J. W. GOETHE). Die Konzeption einer Z. entspricht der Sehnsucht der Goethe-Zeit nach einer ontologischen und ethisch-anthropologischen Zentrierung, d.h. nach einer «Mitwissenschaft» (SCHELLING) [7], die dem ansteckenden neuzeitlichen und nihilistischen Relativismus einen letzten Widerstand leisten könne.

Anmerkungen. [1] F. CH. OETINGER: Anmerkungen über Central-Erkenntnis: 1. von der Central-Schau oder Erkenntniß, wie die Engel erkennen ... (1735). Sämmtl. Schr. II/5, hg. K. CH. E. EHMANN (1863) 285-298. – [2] Gedanken von den zwo Fähigkeiten zu empfinden und zu erkennen ... (1775) 31. – [3] a.O. [1] 288f. – [4] 292. – [5] E. BENZ: Schelling. Werden und Wirken seines Denkens (1955) 46; vgl. aber: R. PIEPMAIER: Aporien des Lebensbegriffs seit Oetinger (1978) 21f. – [6] Vgl. Art. ‹Anschauung, intellektuelle›. Hist. Wb. Philos. 1 (1971) 349-351. – [7] Vgl. F. W. J. SCHELLING: Die Weltalter, Bruchstück [1813]. Sämmtl. Werke, hg. K. F. A. SCHELLING (1856-61) I/8, 200.

Literaturhinweise. W.-A. HAUCK: Das Geheimnis des Lebens. Naturanschauung und Gottesauffassung F. Ch. Oetingers (1947) 48-63. – W. NIGG: Heimliche Weisheit (1959) 394-413. – J. TRAUTWEIN: Die Theosophie M. Hahns und ihre Quellen (1969) 54-125. – G. SPINDLER: Oetinger und die Erkenntnislehre der Schulphilos. des 18. Jh. Pietismus Neuzeit 10 (1984) 22-65. – M. WEYER-MENKHOFF: Christus, das Heil der Natur. Entstehung und Systematik der Theol. F. Ch. Oetingers (1990) 89-92. 239-256. – T. GRIFFERO: Oetinger e Schelling. Teosofia e realismo biblico alle origini dell'idealismo tedesco (Mailand 2000) 95-147.

T. GRIFFERO

Zentralmonade. Der Gebrauch des Terminus ‹Z.› («Monade centrale») geht auf G. W. LEIBNIZ zurück, kann sich aber lediglich auf eine Stelle stützen [1]. ‹Z.› meint das, was Leibniz, vornehmlich im Briefwechsel mit B. des Bosses [2], zur Lösung des Körperproblems als die dominante Monade, Seele oder Entelechie in lebenden Organismen einführt, als die Monade (s.d.), die einen zeitlichen Zusammenschluß von niederen Monaden als ihren organischen Körper, ihre «substantia composita», dominant repräsentiert. Diese Dominanz, nicht die unzerstörbare Monade selbst, hat die beschränkte Dauer des Organismus [3]. In ihm wiederum gibt es eine Hierarchie der Dominanz gemäß der Unendlichkeit an Graden von Vollkommenheit der untergeordneten Monaden [4]. Die dominierende Monade garantiert die Identität der sich in ständigem Fluß befindenden Organismen. Erneuert wurde dieser Gedanke von CH. RENOUVIER [5]. Die später vorgenommene Identifizierung der Z. mit Gott [6] entspricht nicht der Auffassung von Leibniz. Wäre Gott die Z., dann wäre er als die Weltseele (s.d.) anzusehen, was Leibniz entschieden ablehnt.

Anmerkungen. [1] G. W. LEIBNIZ: Principes de la nature et de la grâce fondés en raison § 3 [1714]. Philos. Schr., hg. C. I. GERHARDT 6 (1885, ND 1965) 599. – [2] Br. an B. des Bosses (1712, 1716), a.O. 2 (1879, ND 1965) 439. 451. 457. 481f. 486. 519. – [3] a.O. 486. – [4] Principes § 4, a.O. [1] 599. – [5] CH. RENOUVIER/L. PRAT: La nouv. monadologie § 30 (Paris 1899) 52. – [6] Vgl. z.B. B. BAUCH: Geschichte der Philos. 4 (1908, [3]1919) 121; K. LORENZ: Leibnizens Monadenlehre, in: C. F. VON WEIZSÄCKER/E. RUDOLPH (Hg.): Zeit und Logik bei Leibniz (1989) 11-31, 22.

H. SCHEPERS

Zentrifugalkraft/Zentripetalkraft (lat. vis centrifuga/centripeta). Das Begriffspaar ‹Z./Zentripetalkraft› bildet sich erst in der neuzeitlichen Himmelsmechanik aus und dient allgemein der Erklärung gekrümmter, vorzugsweise auf geschlossenen Bahnen (wie Kreisen oder Ellipsen) sich vollziehender Bewegungen durch Zerlegung derselben und ihrer verursachenden Kräfte [1] in zwei verschiedene Richtungen. Bereits von Vorsokratikern wie ANAXAGORAS überlieferte Überlegungen, wonach die kreisförmigen Bewegungen der Himmelskörper nicht einfach sind, sondern sich aus einem nach innen und einem nach außen gerichteten Anteil zusammensetzen [2], dürften auch ARISTOTELES beeinflußt haben [3], obwohl sie mit seiner Theorie der natürlichen Ortsbewegungen [4] nicht vereinbar erscheinen.

Mit Aristoteles' Vorstellung der Gestirnenbahnen [5], die dieser Theorie folgt, bricht erstmals J. KEPLER, indem er die Planeten als im Raum frei schwebend denkt. Die Planetenbewegung kommt durch das Zusammenwirken zweier Faktoren zustande: durch die allen Körpern eigene Trägheit als Widerstand gegen Bewegung und eine von der Sonne ausgehende Kraft. Die Trägheit variiert mit den Massen der Planeten, so daß ein Planet der Sonne langsamer als der andere folgt, keiner aber ganz die Geschwindigkeit der Sonnendrehbewegung erreicht [6]. Beeinflußt durch W. GILBERT, vergleicht KEPLER die Kraft der Sonne mit der eines Magneten, der auf die ebenfalls als Magneten vorgestellten Planeten wirkt [7]. Die Größe der von der Sonne ausgehenden magnetischen Kraft ist dem Abstand indirekt proportional, entsprechend die Geschwindigkeiten der Planeten. Daß die Kraft im Quadrat der Entfernung abnehmen könne, erwägt Kepler zwar, ohne sich jedoch zu dieser Ansicht durchringen zu können [8]. Die Frage, warum nicht durch die Rotation der Erde die Gegenstände von der Erdoberfläche fortgeschleudert werden, beantwortet er lediglich mit dem Verweis auf eine attrahierende Kraft, die sie an die Erde bindet [9]. Diesem Problem stellt sich G. GALILEI. Wie Aristoteles erklärt er zwar, daß kein natürlicher Körper den Trieb haben kann, sich in gerader Linie fortzubewegen; die natürliche Bewegung ist vielmehr die Kreisbewegung. Allerdings versucht er im ‹Dialogo› von 1632, ähnlich wie Platon, zu vermitteln: Die Körper können anfangs in einer geradlinigen Bewegung fortschreiten, die dann aber in die kreisförmige übergeht [10]. Aufgrund dieser Überlegung kann nach Galilei die Rotationsbewegung der Erde niemals bewirken, daß die Körper auf ihr ins Weltall fortgeschleudert werden. Wie schnell auch die Rotationsbewegung und wie gering auch die Schwereanziehung sei, stets überwiegt diese jene [11]. Galilei versucht auch, die Größe der Schleuderkraft («la causa della proiezione») im Verhältnis zur Geschwindigkeit eines rotierenden Rades zu bestimmen. Sie soll, wie er fälschlich annimmt, proportional zur Geschwindigkeit des rotierenden Rades wachsen [12]. Anhand einer rein geometrischen Veranschaulichung macht er deutlich, daß bei zwei Objekten, die sich auf konzentrischen Kreisen mit gleicher linearer Geschwindigkeit bewegen, die Rotation auf dem kleineren Kreis das Objekt eher fortzuschleudern vermag als auf dem größeren [13].

Im Unterschied zu Kepler und Galilei gelingt R. DESCARTES die Formulierung des sogenannten Trägheitsgesetzes [14]. Er analysiert auch die Bewegungstendenzen beim Herumschleudern eines Steines in einer Schlinge. Wenn man nur die eigene Bewegung des Steines berücksichtigt, strebt dieser danach, sich in Tangentialrichtung weiterzubewegen. Diese Bewegungstendenz («conatus») deutet Descartes als Resultante der Kreisbewegung und der radialen Fluchttendenz, d.h., diese wird als selbständige Tendenz vorausgesetzt. Die tangentiale Fortbewegung als zusammengesetzte zu begreifen widerspricht aber dem von ihm als Naturgesetz deklarierten Trägheitsgesetz. Descartes versucht ferner, das Streben vom Mittelpunkt («conatus recedendi a centro») quantitativ zu erfassen (direkt proportional der Rotationsgeschwindigkeit, beschleunigte Bewegung) [15]. Auf diese Einsichten greift er bei der Erklärung der Bewegung der Gestirne zurück, die von dem Wirbel der flüssigen Himmelsmaterie abhängig ist [16]. CH. HUYGENS führt dann erstmals den Terminus «vis centrifuga» bzw. «conatus centrifugus» ein und vergleicht die Z. mit der Schwerkraft («gravitas»). Er knüpft dabei an Überlegungen von Descartes (Beispiel der Steinschleuder) und von Galilei an [17]. Zu Beginn seines Manuskripts ‹De vi centrifuga› (1659), dessen Lehrsätze teilweise am Schluß des ‹Horologium oscillatorium› (1673), insgesamt aber erst postum 1703 veröffentlicht wurden, findet sich die schon von Galilei gemachte Beobachtung, daß bei zweien sich auf konzentrischen Kreisen mit gleicher linearer Geschwindigkeit bewegenden Körpern eine größere anziehende Kraft für den Körper auf dem kleineren Kreis aufgebracht werden muß [18]. Entscheidend ist jedoch Huygens' neue Einsicht, daß die durch die Kreisrotation erzeugte Z. mit dem Quadrat der Geschwindigkeit wächst, so daß für sie in heutiger Schreibweise gilt [19]:

$$\frac{mv^2}{r} \quad (m = \text{Masse},\ r = \text{Radius}).$$

Im Unterschied zu Descartes stellt die Z. für Huygens nicht eine von der Trägheitsbewegung gesonderte eigene Kraft dar, sondern vielmehr eine Reaktion der Trägheitsbewegung des Körpers auf die Zwangsbewegung im Kreise [20].

I. NEWTON behält zu Ehren von Huygens den Namen ‹Z.› bei, prägt aber den neuen Terminus ‹Zentripetalkraft› [21]. Diesen dürfte er erstmals im Manuskript ‹De motu› (1684) verwendet haben, indem er sich hier darüber klar wird, daß die Umlaufbewegungen nicht auf einem Kräftegleichgewicht beruhen, sondern durch eine Kraft verursacht werden, die auf ein Zentrum gerichtet ist und den Körper kontinuierlich von seiner geradlinigen Trägheitsbewegung ablenkt [22]. Vorher konzentriert er sich auf die quantitative Bestimmung der Z., die jedoch nicht unter diesem Namen, sondern als «conatus a centro» bzw. «endeavour from the centre» auftritt [23]. Unabhängig von Huygens findet er die richtige Formel für die Z. [24]. Den Neuansatz in ‹De motu› bereitet der Briefwechsel von 1679 mit R. HOOKE vor, der vorschlägt, die Planetenbewegung aus der Zusammensetzung der tangentialen Trägheitsbewegung und einer attrahierenden Kraft zum Zentrum hin zu erklären. Hooke gibt auch als Maß für die Abnahme der Anziehungskraft das $1/r^2$-Gesetz an [25]. Für eine kreisförmige Planetenbewegung hatte NEWTON diese Formel bereits vorher (ca. 1669) abgeleitet [26]. Nach 1679 geht es ihm darum, die unbeschränkte Anwendbarkeit dieses Gesetzes darzulegen und die Gravitation als eine allgemeine gegenseitige Anziehung der Körper nachzuweisen [27]. Dies erfordert eine Abkehr von dem durch Descartes' Begriff der Z. insinuierten und von J. A. BORELLI vertretenen Modell eines Gleichgewichts zwischen Z. und Gravitation, auf das Newton noch in seinem Antwortbrief an Hooke (1679) zurückgreift, und eine entschiedenere Übernahme des Trägheitsgesetzes von Descartes [28]. Obwohl der Terminus ‹Z.› in ‹De motu› – durch ‹Zentripetalkraft› ersetzt – nicht mehr verwendet wird [29], gebraucht Newton ihn («vis centrifuga») in den ‹Principia› weiterhin, um das Resultat der tangentialen Trägheitsbewegung eines Körpers, die diesen vom Zentrum wegführt, zu bezeichnen [30]. Die Zentripetalkraft («vis centripeta») wird ganz allgemein definiert; nicht nur die Schwerkraft, sondern auch der Magnetismus wird als solche bezeichnet [31]. G. W. LEIBNIZ akzeptiert 1689 das $1/r^2$-Gesetz, nicht aber Newtons Fernwirkungstheorie der Gravitation [32]. Zur Erklärung der Gravitation greift er auf Descartes' Wirbeltheorie (s.d.) zurück. Gravitation («solicitatio paracentrica gravitatis») und Z. («conatus centrifugus») werden als zwei entgegengesetzte Kräfte gedacht, die aus der vorausgesetzten Wirbelbewegung entstehen. Leibniz kann zwar das $1/r^2$-Gesetz und das zweite Keplersche Gesetz ableiten, hat jedoch Schwierigkeiten mit der Erklärung des dritten Gesetzes, die daraus entstehen, daß er die Z. als Resultat des Wirbels, nicht als Wirkung der Trägheitsbewegung versteht [33].

In der Mechanik des 18. Jh. findet die Diskussion um Z. und Zentripetalkraft weiter vor allem im Kontext der Newtonschen Theorie der Gravitation statt [34]. Innerhalb der idealistischen Naturphilosophie F. W. J. SCHELLINGS und G. W. F. HEGELS werden dann die Begriffe ‹Z.› und ‹Zentripetalkraft› vorwiegend in einem Fragen der Materiekonstitution betreffenden Kontext verwendet, der durch I. KANTS Weltentstehungshypothese (Wechselwirkung von Zurückstoßungs- und Anziehungskraft) vorbereitet wird [35]. SCHELLING entwickelt eine eigene Weltentstehungstheorie, der zufolge die Weltkörper ihre Entstehung der Explosion einer ursprünglichen Zentralmasse des Universums verdanken. Jedem Körper wird dadurch eine ihm eigentümliche Zentrifugalbewegung mitgeteilt, deren Ursache Schelling auf diese Weise – im Unterschied zu Newton und Kant – erstmals angeben zu können glaubt. Die Schwereanziehung stellt ein bestimmtes Verhältnis jener Grundkräfte dar, ist also nicht unter die allgemeine Anziehungskraft zu subsumieren; sie variiert, so daß verschiedene Schwerkräfte herrschen [36]. Offenbar in Analogie zur Himmelsmechanik spricht Schelling auch von einer «centrifugalen» bzw. «centripetalen» Richtung der Geschichtsentwicklung, wobei nach jener die «Ideen, die Geister ... von ihrem Centro abfallen [mußten], sich in der Natur, der allgemeinen Sphäre des Abfalls, in die Besonderheit einführen», um dann (der zweiten Richtung folgend) «nachher, als besondere, in die Indifferenz zurückkehren» zu können [37]. Wie Schelling unterscheidet auch HEGEL zwischen allgemeiner Attraktion und Schwere. Er richtet sich gegen die Verselbständigung der Grundkräfte Repulsion und Attraktion als Z. und Zentripetalkraft, d.h. gegen die isolierte Betrachtung von bloßen Momenten der Einheit, der Schwere [38]. Die tangentiale Fortbewegung bzw. Trägheitsbewegung des Körpers mißversteht er als Z. [39]. Diese Verwechslung ist im Zusammenhang mit seiner Ablehnung der allgemeinen Gültigkeit des Trägheitsgesetzes zu sehen [40]. Die wahre Erklärung der Planetenbewegung sieht er in der Selbstentfaltung des Begriffs der Schwere, wie sie für ihn in letztgültiger Weise von Kepler vorgenommen wurde, und nicht in der Aufspaltung in verschiedene Kräfte durch Newton [41]. SCHELLING schließt sich sehr bald (1802) Hegels spekulativer Betrachtung der Keplerschen Gesetze und Newton-Kritik an [42].

Neben andern Problemen führt die von Newton vorgenommene gleichzeitige Verwendung von ‹Z.› und ‹Zentripetalkraft› zu einer Problematisierung des Begriffs ‹Z.›, dem im 19. Jh. H. HERTZ einen prägnanten Ausdruck verleiht. Das dritte Newtonsche Gesetz (actio = reactio) verlangt, daß wir zu der von unserer Hand auf den Stein in der Steinschleuder ausgeübten Kraft eine Gegenkraft annehmen. Diese – die Z. – ist jedoch nur die radiale Komponente der tangentialen Trägheitsbewegung des Steins und entsteht erst in der Bewegung, während die Zentripetalkraft Ursache der Bewegung ist. Nach Hertz kann die Z. deshalb nur als uneigentliche Kraft bezeichnet werden [43]. E. MACH und andere kritisieren gegen Ende des 19. Jh. namentlich Newtons Argumentation, wonach das Auftreten einer Z. als empirischer Beleg für die Existenz eines absoluten Raums zu interpretieren sei: «Die mechanischen Grundsätze können ... wohl so gefaßt werden, daß auch für Relativdrehungen Zentrifugalkräfte sich ergeben» [44]. In der Relativitätstheorie (s.d.) und modernen Kosmologie (s.d.) findet diese Diskussion um den Status der Z. ihre Fortsetzung [45].

Anmerkungen. [1] Vgl. Art. ‹Kraft I.›. Hist. Wb. Philos. 4 (1976) 1177-1180. – [2] DIOG. LAERT.: Vitae II, 12. – [3] Vgl. ARISTOTELES: Phys. VII, 2, 244 a; Probl. mech. 849 a. – [4] Vgl. Phys. IV, 8, 215 a; V, 6, 230 b; VIII, 3, 254 a. – [5] Vgl. De caelo II, 7f., 289 aff. – [6] Vgl. J. KEPLER: Astronomia nova (1609). Ges. Werke 3 (1937) 241f.; Epitome astronomiae Copernicanae (1617-21), a.O. 7 (1953) 296f. – [7] a.O. 3, 245f.; a.O. 7, 300f. 333-337; W. GILBERT: De magnete (1600). – [8] Vgl. 7, 302. 305. – [9] Vgl. 98. – [10] G. GALILEI: Dialogo ... sopra i due massimi sistemi del mondo (1632). Opere, Ed. naz. 7 (Florenz 1965) 43f. 52f. 168. 201; dtsch.: Dialog über die beiden hauptsächlichsten Weltsysteme, übers. E. STRAUSS (1891, ND 1982) 20-22. 30. 148. 184. – [11] a.O. 221. 224. 228f./dtsch. 206. 209. 214f. – [12] 237f./dtsch. 224; vgl. dtsch. 531f. (Anm. 85); zu Huygens korrekter Auffassung vgl. unten [19]. – [13] 242f./dtsch. 229f. – [14] Vgl. R. DESCARTES: Principia philos. II, 37-39 (1644). Oeuvr., hg. CH. ADAM/

P. Tannery (Paris 1893-1913, 1964-74) 8/1, 62-65. – [15] Vgl. Le monde 13 [1630-33] (1664), a.O. 11, 84-86; Principia philos. III, 56-59, a.O. 8/1, 108-112; R. S. Westfall: Force in Newton's physics (London 1971) 80f.; W. Kutschmann: Die Newtonsche Kraft (1983) 68f. – [16] Vgl. Principia philos. III, 24. 30. 60ff., a.O. 8/1, 53. 56f. 112ff.; vgl. auch: Art. ‹Wirbeltheorie›. – [17] Vgl. Ch. Huygens: De vi centrifuga (1659). Oeuvr. compl., hg. Soc. Holl. des Sciences 16 (Den Haag 1929) 297. 328 (Anm.). 255ff. – [18] a.O. 306; Galilei, a.O. [10] 242f./dtsch. 229f.; vgl. auch: Huygens, a.O. 270f. (Prop. III). – [19] 275f. 303 (Prop. V, § 1); vgl. dagegen: Galilei, a.O. 237f./dtsch. 224. – [20] 259ff.; vgl. auch: Nachgel. Abh., hg. F. Hausdorff (1920) 37ff. 73. – [21] Vgl. I. B. Cohen: Introd. to Newton's 'Principia' (Cambridge 1971) 296; A. Koyré/I. B. Cohen: Newton & the Leibniz-Clarke correspondence. Arch. int. Hist. Sciences 15 (1962) 63-126, 122f. 69. – [22] J. Herivel: The background to Newton's 'Principia' (Oxford 1965) 257-303, 257; vgl. Westfall, a.O. [15] 432f. – [23] a.O. 55. – [24] 47f. 185. 190 (Anm. 7). 193ff.; D. T. Whiteside: Newtonian dynamics. Hist. Science 5 (1966) 104-117, 107; Kutschmann, a.O. [15] 82ff. – [25] R. Hooke: Br. an I. Newton (9. 12. 1679, 6. 1. 1680, 17. 1. 1680), in: I. Newton: The corresp. 2, hg. H. W. Turnbull (Cambridge 1960) 304-306. 309f. 312f.; vgl. Westfall, a.O. [15] 425ff. – [26] Vgl. Herivel, a.O. [22] 197. – [27] Vgl. I. B. Cohen: The Newtonian revolution (Cambridge ^{2}1983) 248ff. – [28] I. Newton: Br. an R. Hooke (13. 12. 1679), a.O. [25] 2, 307f.; Herivel, a.O. [22] 59; Whiteside, a.O. [24] 116 (Anm. 9); Kutschmann, a.O. [15] 95ff. – [29] Vgl. Herivel, a.O. 289 (Anm. 1). – [30] Vgl. Cohen, a.O. [27] 237; I. Newton: Philosophiae naturalis principia mathematica (1687, ^{3}1726), hg. A. Koyré/I. B. Cohen (Cambridge 1972); dtsch.: Die math. Prinzipien der Physik, hg. V. Schüller (1999) 683 (‹Zentrifugalkraft›). – [31] Vgl. Newton, a.O. 41-45/dtsch. 24-27. – [32] Vgl. G. W. Leibniz: Tentamen de motuum coelestium causis (1689). Math. Schr., hg. C. I. Gerhardt 6 (1860, ND 1962) 144-161; Illustratio tentaminis de motuum coelestium causis I [1705], a.O. 254-266, 255. – [33] Tentamen, a.O. 148ff. 154. 161; E. J. Aiton: The vortex theory of planetary motions (London 1972) 127ff.; H. Hecht: G. W. Leibniz (1992) 108-112. – [34] Vgl. Aiton, a.O. ch. 7-10. – [35] Vgl. I. Kant: Allg. Naturgeschichte und Theorie des Himmels (1755). Akad.-A. 1, 234f. 243f. 265f. 295ff.; vgl. auch: Art. ‹Repulsion/Attraktion›. Hist. Wb. Philos. 8 (1992) 884-891. – [36] Vgl. F. W. J. Schelling: Erster Entwurf eines Systems der Naturphilos. (1799). Akad.-A. 7, 154-157. 267-271. 314; W. Bonsiepen: Die Begründung einer Naturphilos. bei Kant, Schelling, Fries und Hegel (1997) 279-283. – [37] Philos. und Religion (1804). Sämmtl. Werke, hg. K. F. A. Schelling (1856-61) I/6, 57. – [38] Vgl. G. W. F. Hegel: Encykl. der philos. Wiss. im Grundrisse §§ 205. 211 (1817). Akad.-A. 13 (2000) 125. 128; Encycl. der philos. Wiss. im Grundrisse §§ 262. 269 (1830), a.O. 20 (1992) 255. 266. – [39] § 270, a.O. 272; Dissertatio philos. de orbitis planetarum (1801). Akad.-A. 5 (1998) 240f.; W. Neuser: Hegels Kritik an Newton, in: G. W. F. Hegel: Diss. philos. de orbitis planetarum, hg. W. Neuser (1986) 17-19. – [40] §§ 211. 216, a.O. [38] 13, 127f. 131f.; § 266, a.O. 20, 258f. – [41] Vgl. §§ 210-213, a.O. 13, 127-130; §§ 269-271, a.O. 20, 266-275; Bonsiepen, a.O. [36] 496ff. – [42] Vgl. F. W. J. Schelling: Fernere Darst. aus dem System der Philos. (1802). Sämmtl. Werke, a.O. [37] I/4, 436. 438f. 444ff. – [43] Vgl. H. Hertz: Die Prinzipien der Mechanik (1894, ND 1963) 6f.; hierzu auch: M. Jammer: Concepts of force. A study in the foundations of dynamics (Harvard 1957) 224-229. – [44] E. Mach: Die Mechanik, hist.-krit. dargest. (1883, ^{9}1933) 222-237, 226; vgl. 267-271; vgl. auch: Art. ‹Raum IV.›. Hist. Wb. Philos. 8 (1992) 98-108, 102f.; Art. ‹Trägheit II.›, a.O. 10 (1998) 1331-1334, 1333. – [45] J. B. Barbour: Absolute or relative motion? A study from a Machian point of view of the discovery and the structure of dynamical theories (Cambridge 1989); J. B. Barbour/H. Pfister (Hg.): Mach's principle: From Newton's bucket to quantum gravity (Boston u.a. 1995).

Literaturhinweise. Art. ‹Centralkraft› und ‹Centrifugalkraft›, in: J. S. T. Gehler: Physikal. Wb., neu bearb. H. W. Brandes u.a. 2 (1826) 75-78. – M. Jammer s. Anm. [43]. – F. Krafft: Dynamische und statische Betrachtungsweise in der antiken Mechanik (1970). – R. S. Westfall s. Anm. [15]. – E. J. Aiton s. Anm. [33]. – F. Krafft: Kepler's contributions to celestial physics, in: A./P. Beer (Hg.): Kepler. Four hundred years. Proc. of conferences held in hon. of Joh. Kepler (Oxford 1975) 567-572. – I. B. Cohen s. Anm. [27]. – W. Kutschmann s. Anm. [15]. – J. G. Yoder: Unrolling time. Ch. Huygens and the mathematization of nature (Cambridge 1988). – J. B. Barbour/H. Pfister (Hg.) s. Anm. [45]. – W. Bonsiepen s. Anm. [36].

W. Bonsiepen

Zentrum (κέντρον; lat. centrum; engl. centre, center; frz. centre). Im Kontext der Konzepte von ‹Kreis und Kugel› (s.d.) sowie ‹Sphäre› (s.d.) und deren Übernahme aus der Geometrie und Kosmologie in die Sprache der Philosophie [1] hat der Begriff ‹Z.› einen besonderen Stellenwert: 1) konnte das Vorstellungsbild vom Z. und der Peripherie mit einer *Gottesvorstellung* verknüpft und mit entsprechenden Gottesprädikaten gefüllt werden; 2) bildet ‹Z.› den festen Begriffsbestandteil zur Bezeichnung von Weltbildern und Weltsystemen. Die Ausdeutung der Kopernikanischen Wende (s.d.) und die Frage, ob ein Weltsystem geozentrisch (s.d.), heliozentrisch (s.d.) oder azentrisch ist, hat das menschliche Selbstverständnis über seine *Stellung im Kosmos* in ein neues Licht gerückt.

1. Euklid definiert den Kreis als «ebene Figur aus einer einzigen Linie, der Peripherie, bei welcher Geraden, die von einem einzigen Punkt innerhalb der Figur auf sie gefällt werden, alle gleich sind. Und dieser Punkt heißt Z.» [2]. Wie sein Kommentator Ch. Clavius hervorhebt, handelt es sich um eine Konstruktions-Anweisung, die dem bewegten Kreis einen ruhenden Punkt entgegensetzt [3]. Somit gehören Z./Kreis zu den Paradoxen jeder Bewegung, nämlich aus Ruhe und Veränderung zusammengesetzt zu sein. Peripherie, Radius und Z. als mathematischer funktionaler Zusammenhang eignen sich daher, Gegensätze wie Ruhe und Bewegung, Größtes und Kleinstes, Endliches und Unendliches zusammenzudenken, wie Platon [4], Aristoteles [5] und Plotin [6] es in bezug auf Weltkugel, Seele und Geist tun. In seinem Kommentar zu Euklids Definition von Kreis und Z. entfaltet Proklos die Möglichkeiten der Relationen von Umfang, Radius und Z., die er als Triade versteht, um dadurch Identität, Gleichheit, Differenz, Einheit, Vielheit, Mitte, Vermittlung, Potenz, Wirklichkeit im Hinblick auf eine «mystische Theologie» eines «triadischen Gottes» darstellen zu können [7].

Von hier aus entsteht ein geometrischer Symbolismus, der das Verhältnis von Gott und Welt mit dem Verhältnis von Kreis/Kugel und Z. beschreibt [8]. Zumeist wird Gott als Allzentrum verstanden (gelegentlich aber auch die Kreatur) [9] oder als Z. und Umfang zugleich [10]; die Inkommensurabilität von Mittelpunkt und Peripherie wird zumeist als Unendlichkeit der Peripherie (d.h. des Machtbereichs Gottes) und als Allgegenwart des Z. oder als dessen Verschwinden verbildlicht: «Deus est sphaera infinita cuius centrum est ubique, circumferentia nusquam» («Gott ist die unendliche Kugel, deren Z. überall und deren Peripherie nirgendwo ist») [11]. Das Bild der «unendlichen Sphäre» wird vielfach rezipiert und appliziert [12]. Bei Nikolaus von Kues ist die geschaffene Welt, deren Z. Gott ist, zwar nicht unendlich, hat aber auch keine physische Grenze; deshalb koinzidieren auch in der Welt Z. und Peripherie. Die Unerkennbarkeit der Welt erfordert die Negation eines Mittelpunkts: Die Erde kann nicht Z. der Welt sein [13]. In der Cusanischen Christologie ist Christus «Z. und Umkreis der vernunfthaften Natur» («centrum atque circumferentia intellectualis naturae») und «Z. und Leben aller rationalen Geister» («centrum omnium rationabilium spirituum») [14]. M. Ficino knüpft an Plotin an, indem er Gott als Z. von vier Ringen (Geist, Seele, Natur und sichtbare Welt) darstellt, wobei das Z. unteilbar ist und in teilbare Kreise ausstrahlt [15]. Wenn denn Gott als «circulus spiritalis» in der Welt wirkt, dann «in der Mitte der Dinge, wie der König mitten im Staat, wie das Herz im Körper, die Sonne inmitten der Planeten» («in rerum medio dominatur, tamquam rex in medio civitatis, cor ferme in medio corporis, sol in medio planetarum») [16]; die hermetische Formel läßt sich seither auch auf die ontologisch/kosmologische Mittelstellung des Menschen beziehen [17].

Nachdem N. Kopernikus aufgrund von astronomischen Überlegungen zu dem Postulat gekommen war, daß es keinen gemeinsamen Mittelpunkt für alle Himmelssphären geben und daher das Z. der Erde nicht auch das der Welt sein könne [18], verbindet G. Bruno die spiritualistische und metaphysische Auffassung von Z. mit einer kosmologischen Anwendung. Da Natur für ihn als Prinzip «a centro» die Materie formt und verendlicht [19], nimmt er die Kugel als Metapher für die Unendlichkeit der physischen Welt, in der «Zeus» das Z. ist [20]. Die Kugel unter der Bedingung von Unendlichkeit «est ubique centrum», die endliche Kugel wegen der unendlichen Teilbarkeit «est ubique circumferentia» [21]. Auch in der Mathematik gilt, daß die unendliche Gerade zugleich Kreis, Durchmesser und Z. ist [22]. Ausführlich diskutiert er die ps.-hermetische Formel: Gott ist «centrum ubique» [23], die er Xenophanes zuschreibt [24]. Er bezieht die Peripherie nicht allein auf die Wirkmacht Gottes, sondern auch auf den physischen Kosmos, der unendlich und überall Z. ist, weil jeder beliebige Punkt zum Z. erklärt werden kann [25].

Die spekulative Funktion der Z.-Metapher scheint damit ausgeschöpft zu sein, sie wird in der Folgezeit von der Denkform der Monade (s.d.) abgelöst [26]. Nach B. Pascal übersteigt die Metapher («caractère») vom Allzentrum das Vorstellungsvermögen und ist daher nicht operabel [27]. Im übrigen fungiert die Z.-Metapher als theologisch-metaphysische Absicherung empirischer und mathematischer Forschung, etwa in der «Centrosophia» A. Kirchers [28], oder als Begründung von Frömmigkeit wie bei J. A. Comenius, der allem, besonders dem Menschen, zwei Zentren zubilligt, Gott als Schöpfer und die je eigene Art und Natur [29]. Daß der Bildungsgang des Menschen «exzentrisch» verläuft, statuiert F. Hölderlin [30]. In der Dichtung [31] lebt die Metapher bis ins 20. Jh. fort, etwa bei O. zur Linde, der das «centrum ubique» mit «Immerwannszentrum» und «Allerwo'smittelort» wiedergibt [32].

2. Die *Stellung des Menschen* im Weltsystem erscheint seit der metaphorisch ausgedeuteten Kopernikanischen Wende marginalisiert. Obwohl die Kopernikanische Dezentralisierung des Menschen zunächst als problematische Aufwertung wahrgenommen wird [33], weil im ptolemäisch gedachten Kugelkosmos das Z. zugleich der unterste Ort ist, hat sich später die Einschätzung durchgesetzt, die von F. Nietzsche auf den Punkt gebracht wurde: «Seit Copernikus rollt der Mensch aus dem Centrum ins *x*» und ist «noch beliebiger, eckensteherischer und entbehrlicher» geworden [34]. Nicht nur für Theologen, die das polemische Schlagwort ‹anthropozentrisch› (s.d.) [35] prägten, steht der Mensch als Z. in Frage. Hatte J. von Uexküll den Menschen als Mitte seiner Umwelt (s.d.) dargestellt [36], so bestimmt H. Plessner die «Stufen des Organischen» durch zunehmend problematisch werdende «Zentralität» in bzw. gegenüber dem Umfeld, so daß für den Menschen «Exzentrizität» charakteristisch sei [37]. Zur gleichen Zeit unterscheidet M. Scheler das «Triebzentrum» des Tieres vom «Personzentrum» des Menschen und seines «weltexzentrisch gewordenen Seinskernes» [38].

Die Paradoxien des Begriffs ‹Z.› werden von J. Derrida noch einmal zur Darstellung und Kritik des Strukturalismus entfaltet: Dieser ist zunächst Frucht der Kritik des abendländischen Ethnozentrismus, die mit der Destruktion der Metaphysik einhergeht. Eine «Strukturalität der Struktur» zu suchen ist widersinnig, zeigt aber, daß das Strukturdenken sich deshalb vom Modell eines Z. als Organisationsprinzips verabschiedet, weil ein solches Zentrum (als «arché» oder «telos») zugleich innerhalb und außerhalb dessen sein müßte, was es zentriert: «Le centre n'est pas le centre» [39]. Somit liegt der Z.-Metapher die Präsenz zugrunde (z.B. als Gott), die wiederum nichts als ein «désir du centre» ist und somit dessen Abwesenheit enthüllt bzw. im Diskurs («discours») verschleiert. Der Strukturalismus ist ein Bruch dieser Metapher und zugleich zu deren Wiederholung verdammt («rupture»/«répétition») [40].

In der *Kunsttheorie* verwendet R. Arnheim ‹Z.› als Kräftefokus («focus of energy») und als Gleichgewicht zur Analyse von Werken der bildenden Kunst: Jedes Gebilde besteht aus «centric and eccentric systems», so daß es notwendig um ein «implicit center» organisiert ist, sei dies immanent oder im Betrachter: «any visual object constitutes a dynamic center because it is the locus of forces issuing from it and converging toward it» [41]. Dem entspricht, daß in der *Neurologie* das Paradigma eines Z. (für Teilleistungen des Gehirns) von dem des Netzes abgelöst worden ist [42].

Anmerkungen. [1] H. Blumenberg: Paradigmen zu einer Metaphorologie X. Arch. Begriffsgesch. 6 (1960) bes. 123-142; ND (1998) 167-193. – [2] Euklid: Elementa I, def. 15f., hg. I. L. Heiberg/E. S. Stamatis (1969) 1, 2. – [3] Ch. Clavius: Euclidis Elementorum lib. XV (Rom 1603) I, 47. – [4] Platon: Leg. X, 893 c 5-9; IV, 715 e 7-716 a 2; vgl. Parm. 145 a/b. – [5] Aristoteles: Phys. VIII, 9, 265 b 1-5. – [6] Plotin: Enn. II, 2 (14), 2f., 5f. 10. – [7] Proklos: In primum Eucl. Element. librum comm., def. 15f., hg. G. Friedlein (1873) 146-156, bes. 155f. – [8] Vgl. Art. ‹Kreis und Kugel 6.›. Hist. Wb. Philos. 4 (1976) 1219-1222. – [9] Alanus ab Insulis: Theologicae regulae 7. MPL 210, 627 D. – [10] Bonaventura: Itinerarium mentis in Deum V, 8. Opera 5 (Quaracchi 1891) 310; De mysterio trinitatis, q. 4, a. 1, concl., a.O. 81; Sent. dist. 37, p. 1, a. 1, q. 1, ad 3. Opera 1 (Quaracchi 1883) 639. – [11] [Anon.:] Liber viginti quattuor philosophorum, 2. Def., hg. F. Hudry (Turnhout 1997) 7; vgl. Def. 10. 18, a.O. 16. 25. – [12] Vgl. Art. ‹Sphäre II.›. Hist. Wb. Philos. 9 (1995) 1373-1379. – [13] Nicolaus Cus.: De docta ignor. II, 11, n. 156f. Akad.-A. 1 (1932) 99-101. – [14] III, 8, n. 232, a.O. 145; vgl. 1, n. 185; 5, n. 211; 7, n. 224, a.O. 120. 134. 140. – [15] M. Ficino: De amore II, 3. Opera (Basel 1576) 1324. – [16] Theologia platonica XVIII, 3, a.O. 403. – [17] T. Albertini: Der Mensch als metamorphische Weltmitte, in: P. R. Blum (Hg.): Sapientiam amemus. Humanismus und Aristotelismus in der Renaissance (1999) 89-108. – [18] N. Kopernikus: Erster Entwurf seines Weltsystems [Commentariolus] [ca. 1510], hg. F. Rossmann (1974) 10. – [19] G. Bruno: Libri physicorum explanati. Op. lat. conscr., hg. F. Fiorentino u.a. (Neapel/Florenz 1879-91) 3, 329. – [20] De la causa V. Dialoghi italiani, hg. G. Gentile/G. Aquilecchia (Florenz 1958) 321f. Oeuvr. compl. 3, hg. G. Aquilecchia (Paris 1996) 277. – [21] Articuli adv. mathematicos, Axiomata Sphaerae 4. Op. lat., a.O. [19] 1/3, 14f. – [22] a. 61, a.O. 35. – [23] De minimo I, 4, a.O. 1/3, a.O. 144-147. – [24] De immenso II, 9, a.O. 1/1, 291. – [25] De immenso IV, 4, a.O. 1/2, 30; Lampas triginta statuarum, a.O. 3, 38f.; Opere magiche, hg. M. Ciliberto u.a. (Mailand 2000) 1010; R. G. Mendoza: The acentric labyrinth (Shaftesbury 1995) 71ff. – [26] G. W. Leibniz: Principes de la nature et de la grâce fondés en raison § 3 [1714] (1718). Die philos. Schr., hg. C. I. Gerhardt 6 (1875-90, ND 1960f.) 6, 598f.; Extrait du Dict. de M. Bayle article Rorarius ... avec mes remarques [1702], a.O. 4, 533. 553f.; Reponse ... [1702], a.O. 564f.; H. MORE: Enchiridium metaphys. I, 2, 8 (1679). Op. omn. 2/1 (London 1679, ND 1966) 148; Psychathanasia III, 3, 12, in: The complete poems (Blackburn 1878, ND 1969) 77; «Monas infinita» schon bei BRUNO: Summa terminorum. Op. lat., a.O. [19] 1/4, 88f. – [27] B. PASCAL: Pensées, Nr. 72 [1669/70]. Oeuvr., hg. L. BRUNSCHVICG 12 (1904) 73. – [28] A. KIRCHER: Mundus subterraneus 1, lib. 1 (Amsterdam 1678); vgl. TH. LEINKAUF: Mundus combinatus (1993) 221-231. – [29] J. A. COMENIUS: Centrum securitatis [1633], hg. K. SCHALLER (1964) 58. – [30] Vgl. F. HÖLDERLIN: Fragment von Hyperion [1794]. Sämtl. Werke, hg. F. BEISSNER 3 (1957) 163. – [31] G. POULET: Les métamorphoses du cercle (Paris 1961). – [32] O. ZUR LINDE: Die Kugel (1909/1923), in: Prosa, Gedichte, Briefe (1974) 54. – [33] Vgl. S. MEIER-OESER: Präsenz des Vergessenen (1989) 335ff. (Anm. 435). – [34] F. NIETZSCHE: Nachgel. Frg., Herbst 1885-Herbst 1886 2[127]. Krit. Ges.ausg., hg. G. COLLI/M. MONTINARI (1967ff.) 8/1, 125. – [35] Vgl. Art. ‹Anthropozentrik›. LThK[3] 1 (1993) 741-743. – [36] J. VON UEXKÜLL: Umwelt und Innenwelt der Tiere (1921). – [37] H. PLESSNER: Die Stufen des Organischen und der Mensch (1928); vgl. Art. ‹Positionalität, exzentrische›. Hist. Wb. Philos. 7 (1989) 1105f. – [38] M. SCHELER: Die Stellung des Menschen im Kosmos [1928] (1947) 82. – [39] J. DERRIDA: La structure, le signe et le jeu dans le discours des sci. humaines, in: L'écriture et la différence (Paris 1967) 409-428, 410. – [40] a.O. 411. – [41] R. ARNHEIM: The power of the center (Berkeley 1988). – [42] M. SPITZER: Geist im Netz (1996).

P. R. BLUM

Zeremonie; Zeremonialwissenschaft (lat. caerimonia; spätlat. ceremonia; engl. ceremony; frz. cérémonie)

1. Eine Zeremonie [Z.] besteht aus einer Abfolge menschlicher Handlungen, die eine Ordnung symbolisch repräsentieren (Repräsentation) und sie gegenüber den Adressaten ästhetisieren. Konstitutiv für das Wesen der Z. ist die Vorstellung, daß Handlungen ihre Gültigkeit aus der Form gewinnen, in der sie vollzogen werden. Es handelt sich bei Z.n um ein universelles Phänomen, da kein komplexeres politisches oder religiöses Ordnungssystem ohne Selbstdarstellungen vorstellbar ist: Jede Normativität bedarf der sinnlichen Anschauung. Die Stilisierung von Herrschaft durch eine Z. beabsichtigt regelmäßig deren Stabilisierung.

Die Ordnung der Z.n beruht auf religiösem Gebot, säkularem Gesetz oder auf Sitte und Gewohnheit. Durch Zeremonialnormen können Sprache und Rhetorik, Gebärden, Körperbewegungen und Habitus, Kleidung und Insignien, Rangfolge, Gaben usw. geregelt werden, mithin jedes äußere Verhalten des Menschen, dem kommunikative Bedeutung zugeschrieben wird. Zum Hüter der Z.n wird oft eine bestimmte Person bestellt oder ein Amt geschaffen (z.B. Pontifices, Zeremoniar(ius), Herold, Zeremonienmeister).

Ein Rückgriff auf Z.n findet insbesondere dann statt, wenn a) der förmlichen sozialen Interaktion ein hoher Stellenwert beigemessen wird, weil Erwartungssicherheit abgebildet und Variation ausgeschlossen werden soll, wenn b) die Adressierung der Sinne als legitim angesehen wird, c) das Vertrauen auf die Wahrhaftigkeit des Sichtbaren hoch ist, d) eine Neigung zu hierarchisierenden Ordnungsvorstellungen besteht und e) dem Prozeduralen ein eigener symbolischer Wert beigemessen wird. Gleich welchen gesellschaftlichen Teilsystemen sie zuzuordnen sind, folgen Z.n Konjunkturen, die in Abhängigkeit von der jeweils vorherrschenden Anschauung über Z.n, Rituale, Kult(us) und Symbolen stehen. Zeremoniallehre als Theorie der Z.n entwickelt sich dabei oft als Zeremonialkritik. Die zeremonielle Praxis findet jedoch über weite Strecken ohne begleitenden Diskurs oder die flankierende Konstruktion gedanklicher Ordnungsgerüste statt. Die historisch bisher bedeutsamste Konjunktur brachte um 1700 in Deutschland eine eigene «Zeremonialwissenschaft» hervor, eine Verdichtung der theoretischen Diskussion über Z.n zu einer eigenen literarischen Gattung, die sich zwischen Staatswissenschaft und Moralphilosophie positionierte. Hier findet der Begriff ‹Z.› auch seine größte semantische Ausdehnung und eine umfassende philosophische Reflexion im Gefolge der Frühaufklärer CH. THOMASIUS und CH. WOLFF.

2. Das im Kern sakrale Verständnis von ‹Z.› schlägt sich hingegen in den ältesten bekannten antiken Fundstellen von ‹caerimonia› bei CICERO nieder, der den Begriff entweder mit Bezug auf Handlungen und Verhalten des religiösen Subjekts oder mit Bezug auf einen Zustand des Objekts der Religion, etwa im Sinne von Heiligkeit, benutzt [1]. Die Pluralform ‹caerimoniae› schwankt in ihrer Bedeutung zwischen 'Vorschriften' und 'Handlungen' und verweist damit auf den latent normativen Charakter von ‹Z.›. In der Folge verschiebt sich die Bedeutung zum menschlichen Verhalten hin, das dem Heiligen gewidmet ist. Auch das Christentum übernimmt den Begriff von der römischen Religion. Dabei entwickelt sich die Zeremoniallehre des Neuen Testaments parallel zu einer Zeremonialkritik an den älteren Lehren (Mtth. 15, 1-20). Vom sakral-religiösen Bereich breitet sich ‹caerimonia› auf Herrschaftsrepräsentationen aus, die sich in spätrömischer und frühbyzantinischer Zeit um zahlreiche politische Ereignisse figurieren. Die äußere und innere Ehrerbietung der Untertanen bildet sich in Gehorsamsgesten gegenüber dem vergöttlichten Kaiser ab (Kaiserzeremoniell); auch Amtstitel, Insignien und Umzüge dokumentieren öffentlich die Entstehung einer elaborierten Staatssymbolik. In der Spätantike wird diese Verpflichtung zunehmend kodifiziert. Erste überlieferte frühbyzantinische Zeremonialprotokolle stammen aus dem 5. Jh. Das im 10. Jh. entstandene Zeremonienbuch von KONSTANTIN VII. PORPHYROGENNETOS ‹De ceremoniis› gründet auf diesem Material früherer Jahrhunderte. Literarische Schilderungen der herrscherbezogenen Zeremonien dienen dem Herrscherlob.

Vom Hochmittelalter an kodifiziert auch die Kirche die päpstlichen Z.n auf der Basis der älteren «Ordines Romani». Aus Sammlungen, die die wichtigsten Z.n schildern, entstehen ab dem 14. Jh. die «C(a)eremonialia Romana», die in der Folge durch ein stetiges Anwachsen des Stoffes gekennzeichnet sind: Die Verschriftlichung der Z. (auch in Form von zeremoniellen Diarien der Zeremonienmeister) erfaßt zunehmend weitere liturgische Handlungen, es erfolgen Glossierungen durch eine eigene Gruppe, die «clerici ceremoniarum» [2]. Zugleich findet im Verlauf des Mittelalters zunehmend eine literarische Reflexion über Z.n statt. AUGUSTINUS beschreibt die liturgischen Symbolhandlungen Taufe und Eucharistie als sichtbare Zeichen des Göttlichen. Im 13. Jh. systematisiert THOMAS VON AQUIN diese Sakramententheologie, nach der ein Sakrament auch bei Unwürdigkeit des Spenders objektive Wirksamkeit kraft des vollzogenen Ritus entfaltet. Zugleich wächst die Kritik an der Veräußerlichung des Glaubens zu einem religiösen Antizeremonialismus aus [3]. Sie gipfelt in der Reformation und der Fundamentalkritik an den «päpstlichen Z.n» bei M. LUTHER, H. ZWINGLI und J. CALVIN [4]. Die Reformatoren sehen einen Trugschluß in der Annahme, die äußerliche Befolgung bestimmter Rituale führe zum Seelenheil. In ihrer Neuinterpretation der Z.n (etwa im ‹Augsburger Bekenntnis› von 1530) berufen sich die Reformatoren auf die Zeremoniallehre des Neuen Testaments. Auch als Reaktion auf deren Kritik verabschiedet das Konzil von Trient 1547 ein Dekret über die Sakramente, das sowohl die reformatorische Position zurückweist als auch einen systematischen Abschluß der augustinischen Sakramentenlehre bildet. Im Judentum wird gleichfalls kontrovers über die Normativität des «Zeremonialgesetzes» diskutiert [5].

Parallel zum Aufstieg des frühmodernen Staates gewinnen auch jene Z.n an Bedeutung, die die konstitutiven Elemente dieser Herrschaftsverdichtung inszenieren. Völkerrechtliches Gesandtschaftswesen, Kanzleizeremoniell, Hofzeremoniell, Untertanenhuldigungen usw. stoßen hinsichtlich ihrer staatstheoretischen und symbolischen Bedeutung auf ein gesteigertes literarisches Interesse. Während die katholischen Autoren visualisierte Repräsentationsformen und materielle Prachtentfaltung als Machtmittel befürworten, sind die protestantischen Autoren bei ihrer Legitimation von Z.n ambivalenter [6]. Skeptisch gegenüber der Adressierung der menschlichen Affekte (besonders der «admiratio») zu politischen Zwecken, werden Z.n mit der menschlichen Schwäche infolge des Sündenfalls sozialpsychologisch gerechtfertigt [7]. Als Adressaten der jeweiligen Z.n werden der Hofstaat, Mitregenten, Gesandte, Bedienstete und Untertanen diskutiert.

Die frühneuzeitliche Blüte von interagierenden Hofgesellschaften unterstützt überall in Europa das Entstehen von schriftlichen Aufzeichnungen über Z.n zu komparativen Zwecken und als Anleitungsliteratur. Im Hochbarock gelangt das Zeremonienwesen nicht nur zu seiner größten Ausweitung und politischen Bedeutung [8], sondern es findet im Gefolge der deutschen Frühaufklärung auch seine differenzierteste theoretische Durchdringung in Form einer «Zeremonialwissenschaft» [9]. Ch. Thomasius trennt innerhalb des Naturrechts Recht, Moral und Sitte («justum, honestum, decorum») als drei verschiedene Normativsysteme. Das Zeremonialwesen wird grundsätzlich als Frage des angemessenen Sozialverhaltens diskutiert und innerhalb der Sitte verortet, wobei ein starker Zug hin zur Verrechtlichung von zeremoniellen Elementen wie Rang, Titulaturen und Präzedenz im Sinne eines Zeremonialrechts besteht [10]. Ausgehend von empirisch ausgerichteten Kompilationen [11], entsteht bei dem Wolff-Schüler J. B. von Rohr um 1720 eine sich verwissenschaftlichende Lehre der Z.n [12]. Semantisch dehnt sich ‹Ceremonie› auf weite Teile auch privater Handlungen aller gesellschaftlichen Schichten aus, auf die ein ursprünglich höfisches Benimm-Ideal angewandt wird [13]. Im Verlauf der Hoch- und Spätaufklärung unterliegt dieses gesellschaftsethische Z.-Ideal dem Vorwurf der Verstellung [14]. Statt der Visualisierung von Hierarchien und der absolutistischen Verherrlichung des Regenten bevorzugt das spätaufklärerische Naturrechtsdenken Gleichheitsideale im sozialen und politischen Bereich. Visualisierung von Differenz und Hierarchie gerät in den Hintergrund zugunsten der Abbildung von Egalität (siehe die völkerrechtliche Umdeutung der diplomatischen Rangstufen nach 1800 [15]) und von Individualisierung.

Im 19. und 20. Jh. verengt sich der Z.-Begriff auf den staatlich-herrschaftlichen und den liturgischen Bereich; das Private scheidet semantisch aus und wird zur Frage der Etikette oder des 'Benimm'. In der Rechts- und Staatsphilosophie dominiert eine historisch argumentierende Zeremonialkritik, die das Zeremonienwesen der vorangegangenen Jahrhunderte als leer, funktionslos und destruktiv verwirft. Nur vereinzelt wird gegen den Zeitgeist die Bedeutung von «Zeremoniell und Prestige» für das öffentliche Leben einer Gesellschaft hervorgehoben und eine Überbetonung von Gesinnung und Moral moniert. So postuliert H. Plessner 1924, daß gerade die potentielle Vielfalt sozialer Konstellationen formelle Spielregeln und Schematismen erfordere, um nicht überkomplex zu werden. Als anthropologische Konstante gebe der Mensch maskiert und in Rollen seinen Individualitätsanspruch auf, um in der schützenden «Rüstung» des Zeremoniells zumindest in stellvertretender Weise öffentlich wahrgenommen zu werden [16].

Im herrschaftlich-politischen Bereich läßt die Positivierung des Rechts und seine rationale Analyse die Räume weiter schrumpfen, in denen Sinnenhaftigkeit sich ausleben kann und die Fortschreibung bloßer Gewohnheiten als legitim betrachtet wird. Staats- und völkerrechtliche Z.n bleiben die (in Demokratien) überwiegend intellektuell skeptisch bewerteten Refugien, etwa als diplomatisches Protokoll [17]. Aus psychoanalytischer Sicht [18] wiederum wird die Nähe von (religiösem) Zeremoniell zu neurotischen Zwangshandlungen [19] betont; als Schutzvorschriften dienen Z.n aber nach S. Freud auch der Angstbewältigung und der Wiedergutmachung eines übertretenen Tabuverbotes [20].

Nach 1968 erfolgt eine scharfe Kritik an Konformitätsdruck und gesellschaftlichem Anpassungszwang durch Takt und Sitte, die auch das Verständnis für die positiven Leistungen von Z.n beeinträchtigt und zu einem bereits im Vorfeld wenig bedauerten «Absterben des zeremoniellen Moments» führt [21]. Formalisierter Umgang wird als Bejahung gesellschaftlicher Ungleichheit angeprangert, der in direkter Tradition des feudal-aristokratischen Hofzeremoniells hierarchische Strukturen perpetuiere; er widerspreche den Idealen von Vernunft, Demokratie und Menschlichkeit [22]. Erst die Aufwertung in der Forschung seit den 1990er Jahren lenkt den Blick auf die Bedeutung und Funktionen von Z.n. Im Bereich der Theologie hingegen wird seit jeher ins Feld geführt, daß gerade durch die äußerliche Befolgung von Z.n eine innerliche ethische Erfüllung eintreten könne. Auch aus sozialphilosophischer Sicht ist zu betonen, daß bereits die äußerliche Anpassung durch Befolgung von Z.n einen Eigenwert besitzt. Denn indem sie die zwischenmenschlichen Beziehungen reibungslos gestaltet, stiftet sie Bindungen und kann zu einer gesamtgesellschaftlichen Befriedung beitragen.

Anmerkungen. [1] Vgl. K.-H. Roloff: Caerimonia. Glotta 32 (1953) 101-138; H. Wagenvoort: Art. ‹Caerimonia›. RAC 2 (1954) 820-822. – [2] B. Schimmelpfennig: Die Zeremonienbücher der röm. Kirche im MA (1973). – [3] D. Krochmalnik: Mendelssohns Begriff 'Zeremonialgesetz' und der europ. Antizeremonialismus. Eine begriffsgeschichtl. Unters., in: U. Kronauer/J. Garber (Hg.): Recht und Sprache in der dtsch. Aufklärung (2001) 128-160. – [4] Vgl. z.B. M. Luther: Von der Freiheit eines Christenmenschen (1520). Weim. Ausg. (1883ff.) I/7, 20-38, bes. 21. 27. – [5] Vgl. Krochmalnik, a.O. [3]. – [6] M. Vec: Zeremonialwissenschaft im Fürstenstaat (1998). – [7] Th. Rahn: Psychologie des Zeremoniells. Affekttheorie und -pragmatik in der Zeremoniellwissenschaft des 18. Jh., in: J. J. Berns/Th. Rahn (Hg.): Zeremoniell als höfische Ästhetik in Spätmittelalter und Früher Neuzeit (1995). – [8] B. Stollberg-Rilinger: Zeremoniell als polit. Verfahren, in: J. Kunisch (Hg.): Neue Studien zur frühneuzeitl. Reichsgeschichte (1997) 91-132. – [9] Vec, a.O. [6]. – [10] K. H. Horn: De iure proedriae seu praecedentiae ([2]1705); M. Vec: Jurist. Normen des Anstands. Zur Ausdifferenzierung und Konvergenz von Recht und Sitte bei Ch. Thomasius, in: R. Schulze (Hg.): Rechtssymbolik und Wertevermittlung (2004) 69-100; B. Stollberg-Rilinger: Rang vor Gericht. Zur Verrechtlichung sozialer Rangkonflikte in der frühen Neuzeit. Zeitschr. hist. Forschung 28 (2001) 385-418. – [11] J. C. LÜNIG: Theatrum ceremoniale historico-politicum (1719/20). – [12] J. B. VON ROHR: Einl. zur Ceremoniel-Wissenschafft der Privat-Personen (1728), hg. G. FRÜHSORGE (1990); Einl. zur Ceremoniel-Wissenschafft der grossen Herren (1733), hg. M. SCHLECHTE (1990). – [13] F. FRIESE: Der vornehmsten Künstler und Handwercker Ceremonial-Politica (1708-16); zur Wortgeschichte im Deutschen vgl. Art. ‹Zeremonie›. GRIMM 15 (1956) 669f.; Art. ‹Zeremoniell›, a.O. 670. – [14] M. BEETZ: Frühmoderne Höflichkeit. Komplimentierkunst und Gesellschaftsrituale im altdtsch. Sprachraum (1990); K. GERTEIS (Hg.): Zum Wandel von Zeremoniell und Gesellschaftsritualen in der Zeit der Aufklärung [Aufklärung 6, H. 2] (1992); vgl. Art. ‹Verstellung›. Hist. Wb. Philos. 11 (2001) 938-942. – [15] M. VEC: 'Technische' gegen 'symbolische' Verfahrensformen? Die Normierung und Ausdifferenzierung der Gesandtenränge nach der jurist. und polit. Lit. des 18. und 19. Jh., in: B. STOLLBERG-RILINGER (Hg.): Vormoderne polit. Verfahren (2001) 559-590. – [16] H. PLESSNER: Grenzen der Gemeinschaft (1924). Ges. Schr., hg. G. DUX u.a. (1980-85) 4, 79-94; vgl. Art. ‹Rolle II.›. Hist. Wb. Philos. 8 (1992) 1067-1070. – [17] J. HARTMANN: Staatszeremoniell ([3]2000). – [18] Vgl. S. FREUD: Zwangshandlungen und Religionsübungen (1907). Ges. Werke, hg. A. FREUD u.a. (London 1940-87) 7, 131. – [19] Vgl. Art. ‹Zwang II.›. – [20] S. FREUD: Totem und Tabu (1913), a.O. [18] 9, 38. – [21] TH. W. ADORNO: Minima Moralia, Nr. 16 (1951) 37. Ges. Schr., hg. R. TIEDEMANN (1970-86) 4, 39. – [22] D. KERBS u.a. (Hg.): Das Ende der Höflichkeit. Für eine Revision der Anstandserziehung (1970).

Literaturhinweise. M. MCCORMICK: Analyzing imperial ceremonies. Jb. österreich. Byzantinistik 35 (1985) 1-20. – J. J. BERNS/TH. RAHN (Hg.) s. Anm. [7]. – B. JAHN/TH. RAHN/C. SCHNITZER (Hg.): Zeremoniell in der Krise. Störung und Nostalgie (1998). – M. MCCORMICK u.a.: Art. ‹Zeremoniell›, in: Lex. des MA 9 (1998) 546-580. – H. WATANABE-O'KELLY/A. SIMON (Hg.): Festivals and ceremonies: a bibliogr. of works relating to court, civic and religious festivals in Europe 1500-1800 (London 2000). – Art. ‹Zeremoniell›, in: Der Neue Pauly, hg. H. CANCIK/H. SCHNEIDER 12/2 (2002) 768-776. – G. J. SCHENK: Zeremoniell und Politik. Herrschereinzüge im spätmittelalterl. Reich (2003).

M. VEC

Zerrissenheit (engl. distraction; frz. déchirement) ist ursprünglich die mit der Buße geforderte Reue und Zerknirschung des Herzens, d.h. die Bedingung für die *innere Umkehr* des Sünders. So wird im AT (Joel 2, 13) gefordert: διαρρήξατε τὰς καρδίας ὑμῶν; «scindite corda vestra»; «zureisset ewre Hertzen / und nicht ewre Kleider / und bekeret euch zu dem Herrn» [1]. Der in dieser Bedeutung noch im Pietismus anzutreffende Begriff [2] wird im 17., zunehmend aber im 18. Jh. auch für die weltliche Sphäre gebraucht [3]; mit ‹Z.› wird jetzt die Bedrängnis der Seele und der Zwiespalt des Subjekts, z.B. zwischen dem Anspruch des Herzens und der gegebenen Wirklichkeit, ausgedrückt. ‹Z.› wird damit zu einem der bevorzugten Termini der Empfindsamkeit und des ‹Sturm und Drang›. F. M. KLINGER bekennt: «Ich bin zerrissen in mir und kann die Fäden nicht wieder auffinden, das Leben anzuknüpfen» [4]. W. HEINSE steigert die Selbstzweifel des Subjekts zu der allgemeinen Frage: «Was ist der Mensch? ein Punkt, zersetzt und zerrissen vom Schicksal auf allen Seiten» [5].

J. W. GOETHE teilt in seinen frühen Werken diesen Sprachgebrauch [6]; später parodiert er die empfindsame Z. [7], weiß aber auch dann noch um sein «zerstreutes, ich will nicht sagen zerrissnes Wesen» [8]. Ihm und seinen Zeitgenossen dient der Begriff darüber hinaus zur Bestimmung der eigenen Zeit: Die Griechen waren noch nicht, wie die Modernen, «zerstückelt» und in ihrer «gesunden Menschenkraft» getrennt [9]. In der Antike, so F. SCHLEGEL, herrschte «Zusammenhang» und noch nicht «Zerstückelung» und «Verworrenheit»: «Trostlos steht die Lücke vor uns: der Mensch ist zerrissen, die Kunst und das Leben sind getrennt» [10]. Diese Zeitkritik kulminiert in F. HÖLDERLINS Klage über die Gegenwart; er sieht statt eines «heiligen Zusammenklangs in edleren Naturen» nur «tote Ordnung»: «Ich kann kein Volk mir denken, daß zerrißner wäre, wie die Deutschen» [11].

Die innere Z. des Subjekts ist vor allem ein Thema der Romantiker [12]. Als Befreiung von ihr erhofft man sich einen neuen «paradiesischen Zustand der Zukunft», in dem «alles Getrennte, Zerrissene» sich wieder treffen und «vereinigen müsse» [13], oder Gottes «heilendes Wort» gegen die «innerste unheilbare Z.» [14]. F. W. J. SCHELLING macht das moderne Prinzip der «Entzweiung» (s.d.), das mit Descartes begonnen und in der kritischen Philosophie seinen Höhepunkt erreicht habe, für die «Zerreißung der Idee» verantwortlich [15]. Es bedürfe einer neuen Philosophie als «Mittel der Heilung für die Z. unserer Zeit» [16]. Nachfolger Schellings sehen die Ursache für die Z. im Sündenfall und in deren Überwindung in einer neuen Versöhnung des Menschen mit Gott [17].

Für G. W. F. HEGEL ist Z. zunächst das Kennzeichen sowohl der aufklärerischen Vernunftreligion als auch der positiven Religion des Judentums [18]. Beide befriedigen nicht das Herz, sondern erniedrigen die Menschen «zu toten Maschinen» [19]. Christus dagegen wollte «den Menschen in seiner Ganzheit wieder herstellen», das «Zerrissensein des Gemüts» heilen und die «zerrissenen Wesen» in der Liebe vereinigen, auch wenn er, um das Reich Gottes zu errichten, die Bande zur alten Welt zerreißen mußte [20]. Da Religion aber nicht nur «Erhebung des endlichen Lebens zum unendlichen Leben», sondern auch Trennung beider ist, wäre die vollständige Vereinigung in der Religion nur bei «Völkern möglich, deren Leben so wenig als möglich zerrissen und zertrennt ist, d.h. bei glücklichen» [21]. Die ‹Differenz›-Schrift entwickelt in wirkmächtiger Weise einen Begriff von Philosophie mit dem Ziel, «gegen die Zerrüttung des Zeitalters den Menschen aus sich wiederherzustellen, und die Totalität, welche die Zeit zerrissen hat, zu erhalten» [22]. Die Romantik dagegen gefällt sich nach Hegel in der «Z. und inneren Dissonanz» [23]. Die ‹Phänomenologie des Geistes› behandelt die Z. in der Religion und vor allem in der «Welt der Bildung» [24]. In dieser wird die «absolute Sichselbstgleichheit in der absoluten Z.» dem Allgemeinen, d.h. dem Staat und Gesetz, entgegengestellt und so zum entfremdeten Bewußtsein. Diese «Z. des Bewußtseyns», das um seine Z. weiß, kann am Ende nur in «Hohngelächter über das Daseyn» ausbrechen. Es verkehrt alle sittlichen Begriffe, weil es die Mangelhaftigkeit der Welt erkennt und als «empörtes Selbstbewußtseyn ... seine eigne Z.» empfindet: «Das zerrissene Bewußtseyn aber ist das Bewußtseyn ... der absoluten Verkehrung» [25]. Die Aufgabe des Geistes ist es aber nicht, sich rein zu bewahren, sondern die einzelnen Stufen der Bildung zu durchlaufen, «die Z. auszuhalten» [26] und «in der absoluten Z. sich selbst» zu finden [27].

Die Junghegelianer bestimmen mit Hegel die Religion als «Z. des Innern und Entfremdung gegen sich selbst» [28]. Die Philosophie kann diesen Mangel aber nicht ausgleichen. Wenn sie, wie bei Hegel, als «in sich totale Philosophie» einer Welt der Z. gegenübertritt, so ist die Erscheinung ihrer Tätigkeit nach K. MARX «auch eine zerrissene», ist sie nur die «subjektive Form» der objektiven Z. der Welt [29]. Das religiöse Bewußtsein, d.h. die Entfremdung des Menschen von der Welt, geht auf die

«Selbstzerrissenheit» und das «Sichselbst-Widersprechen» der «weltlichen Grundlage» des religiösen Bewußtseins zurück [30]. Die Z. der Wirklichkeit besteht darin, daß das Privateigentum den Menschen mit sich selbst in Widerspruch setzt [31]. – Die Philosophie der Tat sucht die Auflösung der Widersprüche und der Z. der Wirklichkeit in einem versöhnten «socialen Leben» [32], in einer politisch-sozialen «Wiedergeburt und Weltversöhnung» [33] oder in einer «neuen gesellschaftlichen Synthese» nach dem Vorbild des Saint-Simonismus [34]. Die Philosophie kann sich aber nur dann mit der Welt versöhnen und die Z. überwinden, wenn sie ihre Abstraktheit aufgibt [35]. Für andere Autoren ist die Überwindung des «ungeheuern Risses» [36], der die Welt durchzieht, nur in der christlichen Kirche [37], in einer erneuerten Philosophie [38] oder in der restituierten Familie [39] denkbar.

Die geistige Situation des Vormärz wird aber noch mehr von den «Z.-Dichtern» [40] bestimmt, vor allem von H. HEINE. Ihm ist die eigene Z. [41] zugleich «ein Bild von der Z. der Denkweise unserer Zeit» [42], da diese in «kranken, zerrissenen, romantischen Gefühlen» befangen sei und sich nicht, wie noch die Goethes, «gesund, einheitlich und plastisch» zeigen könne [43]. Das Übel der «Welt-Z.» könnte aber durch eine pantheistische Vereinigung von Gott und Welt und die Rehabilitation des diesseitigen Glücks geheilt werden [44]. Kritikern, die ihm ein Kokettieren mit der eigenen Z. in der Art G. G. BYRONS [45] vorgeworfen hatten [46], hält HEINE entgegen: Man soll nicht über die Z. des Dichters klagen, da sein «Herz ... der Mittelpunkt der Welt» und diese «mitten entzwei gerissen ist», also durch ihn selbst «der große Weltriß» geht. «Nachahmung der Ganzheit», etwa der des Altertums oder Mittelalters, «ist eine Lüge» [47].

Viele Autoren verleihen dem Gefühl des «Weltschmerzes» (s.d.), der «modernen», «blasierten Z.» [48] oder der «Insichselbst-Z.» [49] literarischen Ausdruck [50]. Sie sehen das «zerrissene Prinzip unserer Zeit» im «Raffinement, Gemachten» [51], in der «Unzufriedenheit mit sich selbst» [52], in der Künstlichkeit und «Verfeinerung» des Lebens [53]. Nach K. GUTZKOW sucht die Z.-Literatur «ihre Befriedigung gerade in der unbefriedigten Sehnsucht» [54]. Spöttelnd bemerken schon zeitgenössische Kritiker, daß die Literaten der Z. ihren eigenen Seelenzustand zum Anlaß für eine «Pathologie der Zeitzustände» machen [55]. Deshalb verfallen sie auch nicht selten der Parodie und Satire [56].

Im weiteren 19. Jh. verliert der Begriff seine zeitdiagnostische Bedeutung. Erst in der Epoche der Weltkriege gewinnt er eine, wenn auch begrenzte, neue Aussagekraft. «O meine Zeit! So namenlos zerrissen», ruft die Dichtung des Expressionismus aus [57], und diese Diagnose wiederholt sich nach 1945 [58]. Während man die soziale Z. und Irrationalität durch die «Gemeinschaft freier Menschen» überwinden will [59], sieht sich das Ich des Einzelnen um so mehr dem «Schmerz und [der] Verwundbarkeit, [dem] Zerrissensein und [der] Zerspaltung» ausgesetzt; vor diesen dürfe man aber nicht in ein «kollektives Sein» flüchten [60]. A. CAMUS bestimmt das Absurde als «Auflehnung, Z. und Zwiespalt» («opposition, déchirement et divorce»), das nicht in eine Philosophie oder Theologie integrierbar ist [61].

Da wir, so K. JASPERS, kein geschlossenes Bild des Weltganzen erlangen können, ist gerade die «Einsicht in die Z. des Seins für mich, sofern ich Dasein und mögliche Existenz bin», der «Impuls ..., Selbstsein ... und Freiheit der Existenz» zu gewinnen [62]. Einige Autoren plädieren dafür, die Z., «Desintegration» und «Ohnmacht des scheiternden und zerbrechenden Willens» als Ingrediens des Menschen anzunehmen [63]; andere wollen dagegen Z. und Einheit dialektisch miteinander vermitteln, ohne die jeweilige «Unzulänglichkeit des eigenen Tuns» zu vergessen [64]. J. RITTER warnt vor der «inneren Z.» der Zeit, wenn «Herkunft» und «Zukunft» nicht miteinander versöhnt werden [65].

Anmerkungen. [1] Joel 2, 13 in der Übers. der ‹Septuaginta›, der ‹Vulgata› und in der Bibelübersetzung M. LUTHERS. – [2] F. A. LAMPE: Bündlein XXVI Gottseliger Gesänge (1726) 15; G. TERSTEEGEN: Geistl. Blumengärtlein inniger Seelen (1727, [13]1826) 574. – [3] z.B. A. GRYPHIUS: Catharina von Georgien V, 350 (1657). Ges.ausg., hg. M. SZYROCKI/H. POWELL 6 (1966) 219; S. VON LA ROCHE: Gesch. des Fräuleins von Sternheim (1771), hg. B. BECKER-CONTARINO (1983) 32. 56. 190. 222; L. HÖLTY: Aufmunterung zur Freude (1776). Sämtl. Werke, hg. W. MICHAEL (1914, ND 1969) 209; J. G. HERDER: Br.wechsel mit C. Flachsland 1-2, hg. H. SCHAUER (1926-28) 1, 77. 205; 2, 17. 95. 245. 292; J. MILLER: Sigwart 1-2 (1777) 1, 145; 2, 91; J. H. JUNG-STILLING: Lebensgesch. (1777-1817), hg. G. A. BENRATH (1976) 418. 458; J.-J. ROUSSEAU: Les confessions (1782-88). Oeuvr. compl., hg. B. GAGNEBIN/M. RAYMOND 1 (Paris 1959) 349. 582; K. PH. MORITZ: Anton Reiser (1785-90). Werke, hg. H. GÜNTHER (1981) 1, 150; F. H. JACOBI: Woldemar (1794). Werke (1812-27, ND 1968) 5, 309. 319. Anhang 22; Allwills Briefsammlung (1792), a.O. 1, 256; F. SCHILLER: Philos. Briefe (1786). Nat.ausg. 20 (1962) 120; JEAN PAUL: Hesperus (1795). Werke, hg. N. MILLER u.a. (1959-86) 1, 780; Titan IX, 47 (1800-03), a.O. 3 (1961) 228. – [4] F. M. KLINGER: Sturm und Drang II, 1 (1776). Werke, hg. J. GEERDTS (1964) 2, 114; vgl. V, 9, a.O. 156. – [5] W. HEINSE: Ardinghello (1787). Sämmtl. Werke, hg. C. SCHÜDDEKOPF 4 (1907) 88. – [6] J. W. GOETHE: Götz von Berlichingen V, 10 (1773). Hamb. Ausg. [HA] (1948-64) 4, 170; Stella III, 5; IV, 2. 4; V, 3. 4 (1776). HA 4, 330. 333. 336. 340. 343. 345; Die Leiden des jungen Werthers (1774). HA 6, 42. 59. 84. 97. 104; Die Wahlverwandtschaften I, 10 (1809). HA 6, 314; Wilhelm Meisters Lehrjahre VI (1794-96). HA 7, 387; Dichtung und Wahrheit III, 12 (1811-33). HA 9, 520. – [7] Der Triumph der Empfindsamkeit III, 2 (1778). Weim. Ausg. (1887-1912) I/17, 32. – [8] Br. an Ch. von Stein (Juli 1788). Weim. Ausg. IV/9, 3. – [9] Winckelmann und sein Jh. (1805). Weim. Ausg. I/46, 23. – [10] F. SCHLEGEL: Über die Grenzen des Schönen (1794). Krit. Ausg., hg. E. BEHLER u.a. [KA] (1958ff.) 1, 35-37; vgl. später: Philos. des Lebens (1828). KA 10, 103. 93. – [11] F. HÖLDERLIN: Hyperion II, 2 (1799). Stuttg. Ausg., hg. F. BEISSNER 3 (1957) 160f. – [12] F. SCHLEGEL: Über Goethes Meister (1798). KA 2, 145; W. H. WACKENRODER: Herzensergießungen eines kunstliebenden Klosterbruders (1797). Werke und Br. (1967) 22. 119. 129; H. VON KLEIST: Michael Kohlhaas (1810). Sämtl. Werke und Br., hg. H. SEMBDNER ([6]1977) 2, 99; C. BRENTANO: Br. an F. de La Motte Fouqué (1810/16). Sämtl. Werke und Br. 33 (2000) 181-187, bes. 183; E. T. A. HOFFMANN: Lebens-Ansichten des Katers Murr II, 3 (1819-21). Sämtl. Werke, hg. W. SEGEBRECHT/H. STEINECKE (1985-2001) 5, 256; Der goldne Topf (1814), a.O. 2/1, 253. 258. 321. – [13] A. MÜLLER: Einl. in die Betrachtung der griech. Bühne [1808], in: Krit., ästhet. und philos. Schr. (1967) 207; vgl. 212. – [14] J. GÖRRES: Über Grundlage, Gliederung und Zeitenfolge der Weltgesch., hg. M. A. STRODL (1880) 49; vgl. 45. – [15] F. W. J. SCHELLING: Vorles. über die Methode des akad. Studiums (1803). Sämmtl. Werke, hg. K. F. A. SCHELLING (1856-61) I/5, 273. – [16] Philos. der Offenbarung I, 1. Vorles. (1841/42), a.O. II/3, 11. – [17] I. P. V. TROXLER: Naturlehre des menschl. Erkennens oder Met. (1828, ND 1944) 219; Blicke in das Wesen des Menschen (1812) 8. 248-252; F. A. STAUDENMAIER: Pragmatismus der Geistesgaben (1835) 173f. – [18] G. W. F. HEGEL: Volksrelig. und Christentum (1793-95), in: Theolog. Jugendschr., hg. H. NOHL (1907) 14; vgl. 25. – [19] Die Positivität der christl. Relig. (1795/96), a.O. 148; vgl. Der Geist des Christentums und sein Schicksal (1793-95), a.O. 308. – [20] Der Geist des Christ., a.O. 266. 290. 326. 328f. 396. – [21] Systemfrg. (1800), a.O. 350. – [22] Differenz des Fichte'schen und Schelling'schen Systems der Philos. (1801). Akad.-A. 4 (1968) 81. – [23] Vorles. über die Ästhetik, hg. H. G. HOTHO (1835-38). Jub.ausg., hg.

H. Glockner (1927-40) 13, 198. – [24] Die Phän. des Geistes (1807). Akad.-A. 9 (1980) 287; vgl. Art. ‹Entfremdung›. Hist. Wb. Philos. 2 (1972) 509-525. – [25] a.O. 282f. 285f. – [26] Vgl. Jenaer Notizbuch, Nr. 65 [1803-06]. Akad.-A. 5 (1998) 501; M. Heidegger: Hegels Begriff der Erfahrung [1942/43], in: Holzwege (1950) 127. Ges.ausg. I/5 (1977) 138. – [27] Phän., a.O. [24] 27; vgl. H. Lauener: Die Sprache der Z. als Dasein des sich entfremdeten Geistes bei Hegel. Studia philos. 24 (1964) 162-175. – [28] B. Bauer: Leiden und Freuden des theol. Bewußtseins [1843], in: Feldzüge der reinen Kritik, hg. H.-M. Sass (1968) 153-174, zit. 156; Hegel's Lehre von der Relig. und Kunst ... (1842, ND 1967) 119-137. – [29] K. Marx: Vorarbeiten zur Doktordiss., H. 6 (1839). MEW, Erg.-Bd. 1, 214. – [30] Thesen über Feuerbach 4 [1845]. MEW 3, 534. – [31] Ökon.-philos. Manuskr. III (1844). MEW, Erg.-Bd. 1, 531. – [32] A. von Cieszkowski: Proleg. zur Historiosophie (1838, ND 1981) 110. – [33] M. Hess: Die europ. Triarchie (1841), in: Philos. und sozialist. Schr. 1837-1850, hg. A. Cornu/W. Mönke (1961) 96. – [34] Th. Oelckers: Die Bewegung des Socialismus und Communismus (1844) 29; vgl. Staat, Kirche, Gesellschaft (1845) 33. 36. – [35] M. Bakunin: Vorwort zu den Gymnasialreden Hegels (1838), in: Frühschr., hg. R. Beer (1968) 61-96, bes. 72. – [36] G. Büchner: Lenz (1839). Sämtl. Werke und Br., Hamb. Ausg. 1 (1967) 98. – [37] H. Steffens: Wie ich wieder Lutheraner wurde ... (1831) 153f.; vgl. Was ich erlebte 3 (1841) 114. – [38] L. Noack: Propädeutik der Philos. (1854) 17. – [39] W. H. Riehl: Die Familie (1855, ⁴1856) 270. – [40] K. Gutzkow: Die Selbsttaufe IV (1844). Ges. Werke (1872-76) 3, 99. – [41] H. Heine: Buch der Lieder (1827). Sämtl. Werke, hg. K. Briegleb [SW] (1976) 1, 68. 83; Br. an F. von Beughem (9. 11. 1820). Br., hg. F. Hirth 1 (1950) 21; Br. an Ch. Sethe (14. 4. 1822), a.O. 38. – [42] Reisebilder II: Die Nordsee 3 (1826). SW 2, 215. – [43] a.O. 221; vgl. 341; Die romant. Schule III (1835). SW 3, 447. – [44] Zur Gesch. der Relig. und Philos. in Deutschland II (1835). SW 3, 568f. – [45] Zur Anwendung von ‹Z.› auf Werk und Person Byrons vgl. K. Pichler: Denkwürdigkeiten 3 (1844) 79; A. Herzen: Mein Leben (1854-70, NA 1962-63) 2, 150f.; weitere Quellen bei: W. Ochsenbein: Die Aufnahme Lord Byrons in Deutschland und sein Einfluß auf den jungen Heine (1905, ND 1975) 86. 104. 121. – [46] W. Neumann: Rez. zu K. Ebert: Dichtungen (1828), in: Heine: SW 2, 868; vgl. 838. 291; später: F. Rohmer: An die moderne Belletristik und ihre Söhne (1836) 12f. – [47] H. Heine: Reisebilder III/2: Die Bäder von Lucca 4 (1829). SW 2, 405f.; kritisch zu Heine: G. Th. Fechner: Kleine Schr. (1875, ²1913) 254. – [48] So kritisch: J. von Eichendorff: Über die ethische und relig. Bedeutung der neueren romant. Poesie in Deutschland (1847). Werke, hg. W. Frühwald u.a. (1987-90) 6, 276. 278; Th. Mundt: Gesch. der Lit. der Gegenwart (1842) 361; F. von Gaudy: Der moderne Paris. Sämmtl. Werke, hg. A. Müller (1844) 8, 132. – [49] E. Ortlepp: Cölestin (1833) 17. – [50] A. von Ungern-Sternberg: Die Zerrissenen (1832); Eduard (1833); W. Alexis: Das Haus Düsterweg (1835); E. Willkomm: Die Europamüden (1838); vgl. F. Hirth: Der Zerrissene. Das lit. Echo 20 (1918) 693-701; G. Thrum: Der Typ des Zerrissenen (1931). – [51] K. Gutzkow: Wally die Zweiflerin (1835, ND 1965) 43. 77; vgl. N. Lenau: Die Albigenser (1842). Sämtl. Werke, hg. H. Engelhard (1959) 775. – [52] Pichler, a.O. [45] 163. – [53] Willkomm, a.O. [50] 1, 167. – [54] K. Gutzkow: Säkularbilder XI: Kunst und Lit. Ges. Werke (o.J. [1875]) 8, 421. – [55] Th. Mundt: Rez. von W. Alexis: Das Haus Düsterweg, in: Lit. Zodiacus 2 (1835, ND 1971) 76-79, zit. 77. – [56] G. Keller: Lied der Zerrissenen (1844). Sämtl. Werke und ausgew. Br., hg. C. Heselhaus (³1972) 3, 27f.; J. von Eichendorff: Ein Auswanderer (1844/59), a.O. [48] 1, 463f.; J. Nestroy: Der Zerrissene (1845). – [57] W. Klemm: Aufforderung, in: Ges. Verse (1917) 105. – [58] A. Döblin: Schicksalsreise (1949) 452; W. W. Schütz: Das Gesetz des Handelns. Z. und Einheit unserer Welt (1958). – [59] Vgl. M. Horkheimer: Tradit. und krit. Theorie [1937]. Ges. Schr. (1958ff.) 4, 162-216, zit. 191. – [60] N. Berdja'ew: Das Ich und die Welt der Objekte [russ. 1933] (1951) 117. 122. – [61] A. Camus: Le mythe de Sisyphe (1937), in: Essais, hg. R. Quilliot/L. Faucon (Paris 1965) 124; dtsch.: Der Mythos von Sisyphos (1959) 35; anders dagegen: P. Tillich: Systemat. Theol. (³1956-66) 3, 55. – [62] K. Jaspers: Philosophie (1931, 1956) 1, 80; 3, 160; vgl. 1, 64. 104ff. 276; 3, 2. 196. 217; Der philos. Glaube angesichts der Offenbarung (1962) 142f. 270-274. – [63] A. Metzger: Der Einzelne und der Einsame (1967) 44; vgl. Automation und Autonomie (1964) 50; J. Hersch: Die Ideologien und die Wirklichkeit (1957) 153f. – [64] W. Schulz: Philos. in der veränderten Welt (1972) 847-854. – [65] J. Ritter: Europäisierung als europ. Problem (1956), in: Met. und Politik (1969) 321-340, bes. 335.

Literaturhinweise. R. M. Meyer: Das Alter einiger Schlagworte. Neue Jb. klass. Altertum 5 (1900) 465-503, bes. 487; Vierhundert Schlagworte (1900) 44; dazu ergänzend: A. Gombert: Z. dtsch. Wortforsch. 2 (1901) 307-318, bes. 316f.; a.O. 3 (1902) 144-158, bes. 157; R. F. Arnold, a.O. 8 (1906/07) 1-28, bes. 25-27. – O. Ladendorf: Hist. Schlagwb. (1906) 349-351. – G. Thrum s. Anm. [50]. – F. Maurer/H. Rupp (Hg.): Dtsch. Wortgesch. 2 (³1974) 151.

U. Dierse

Zerstreuung (griech. σκέδασις, διάχυσις; lat. dispersio, dissipatio; engl. dispersion, dissipation, distraction; frz. dispersion, dissipation, diversion, divertissement)

I. – 1. Die komplexe Diskussion des Phänomens der Z. erfährt eine frühe semantische Prägung durch die platonisch-neuplatonische Mystik des Einen (s.d.) und der Einigung (s.d.): Von der Sammlung auf das Eine wird die Z. in das Viele abgehoben. Bereits Platon vertritt im Kontext seiner metaphysischen Bestimmung des Todes als einer Scheidung der Seele vom Leib und seines Verständnisses von Philosophie als eines Sterbenlernens (s.d.) die Auffassung, daß die Seele ihre wahre Bestimmung erreicht, wenn sie sich daran gewöhnt, sich vom Leib abzukehren, sich in sich selbst zu sammeln (αὐτὴν δὲ εἰς αὑτὴν συλλέγεσθαι), sich zusammenzuhalten (ἁθροίζεσθαι) und, soweit dies möglich ist, alleine in sich selbst zu wohnen (οἰκεῖν) [1]. Die Distanzierung vom Leib, seinen Sinnen und Sinnenfreuden, ermöglicht die Hinlenkung der Seele auf das Geistige. Für die Neuplatoniker ist das Eine als das höchste Prinzip allen Seins auch das Ziel der Seele. Die Einheit mit dem ursprünglich Einen wird als Zustand der Seele erstrebt und der Abfall (ἀπόστασις) aus der Einheit als Z. (σκεδάννυμι, σκέδασις) verstanden [2].

2. Ein Mensch, der sich nicht in die nach 'außen' gerichteten welthaften Bezüge zerstreut (σκεδάννυμι, διαχέω), kehrt, wie die griechischen und lateinischen Kirchenväter entwickeln, in sich zurück [3] und erhebt sich von selbst zum Gedanken an Gott [4]. Mit deutlich neuplatonischem Echo beschreibt Augustinus die Sammlung der Seele aus der Bewegung der Abkehr («aversio») von Gott: «ich sammle mich aus der Zerfahrenheit, in der ich Stück um Stück zerfiel, da ich, abgekehrt von dem Einen, von Dir, mich an eitles Vielerlei verlor» («colligens me a dispersione, in qua frustatim discissus sum, dum ab uno te aversus in multa evanui») [5]. Die Kontemplation (s.d.) Gottes entfaltet sich in einem Dreischritt: von der Rückkehr in sich selbst («redire ad se ipsum») über das «Wohnen bei sich selbst» («habitare secum») zu einem Über-sich-selbst-hinausgehoben-Werden («rapere super se») in Richtung auf Gott [6].

Der Gedankenkreis von ‹Sammlung› und ‹Z.› erfährt eine weite Verbreitung in der monastischen und mystischen Literatur. Die Abschweifung der Gedanken ins Unerlaubte gehört von Anfang an zum Symptomenkomplex der vieldiskutierten Acedia (s.d.) bzw. Trägheit (s.d.) des Herzens. Thomas von Aquin faßt sie terminologisch als «evagatio mentis circa illicita» [7]. Bei den Mystikern drücken die Wendungen 'das Herz' bzw. 'das Gemüt zerstreuen' die Unruhe und Ablenkung der Seele von der Gemeinschaft mit Gott aus [8]. Noch die Pietisten stellen der Z. die Zentralbegriffe der Sammlung und der Innigkeit (s.d.) entgegen [9].

3. Es ist B. PASCAL, der – in Aufnahme der theologischen Tradition – ‹Z.› zu einem *Grundbegriff* anthropologischen Philosophierens macht. In Radikalisierung der Augustinischen Anthropologie [10] beschreibt er das «divertissement» als eine moderne Lebensform permanenter Selbstflucht (s.d.) und Selbsttäuschung (s.d.). In Flucht *vor* dem Gewahren der äußeren und inneren Realität ihrer sterblichen Seinslage, dem «malheur naturel de notre condition faible et mortelle, et si misérable», fliehen die Menschen nach Pascal *in* die vielfältigen Formen der Z. Sie suchen, um sich von sich selbst abzulenken, den Lärm («bruit»), die Unruhe («trouble»), den Wirrwarr («tracas»), den Umtrieb («remuement»), den Tumult («tumulte»), die diversen Formen der Geschäftigkeit («agitation»), kurz: «une occupation violente et impétueuse, qui les détourne de penser à soi» [11]. Z. ist solchermaßen ein universales Phänomen. Alle Beschäftigungen können die Funktion der Z. übernehmen. Alle gesellschaftlichen Bereiche sind betroffen. Selbst der König, dem die Z. fehlt, ist nach Pascal «[plus] malheureux que le moindre de ses sujets, qui joue et qui se divertit» [12]. Das von dem lateinischen ‹divertere› (intransitiv: 'sich trennen', 'sich nach einer entgegengesetzten Richtung abwenden') abgeleitete ‹divertir› hat einen Doppelsinn: Als Gegenbegriff zu ‹ennuyer› meint es 'belustigen, vergnügen', im Sinne von ‹détourner› aber auch 'ablenken' bzw. reflexiv 'sich abwenden' [13].

Wähnen die Menschen, sie suchten eigentlich die Ruhe, so suchen sie in Wirklichkeit den Umtrieb um des Umtriebs willen. Wähnen sie, sich mittels der Z. glücklich zu machen, so folgen sie, was Pascal aufdecken will, nur der Sucht einer immer wieder neu aufzubauenden Selbstillusionierung. Diese soll schon das Aufkommen der Empfindung von Unerträglichkeit verhindern, die sich besonders in dem Gefühl der Langeweile (s.d.) aufdrängt, das den Menschen mit dem Nichts konfrontiert und so seine Existenz im ganzen erschließt. Pascal versteht die chronische Z. in theologischer Perspektive als ein – im Extremfall – lebenslanges Wegfliehen des Menschen von Gott. «La seule chose qui nous console de nos misères est le divertissement, et cependant c'est la plus grande de nos misères; car c'est cela qui nous empêche principalement de songer à nous, et qui nous fait perdre insensiblement. ... mais le divertissement nous amuse, et nous fait arriver insensiblement à la mort» [14]. Er will im Kontext seiner Apologie des Christentums demonstrieren, daß das Aufgeben einer solchen Lebensform der Z. nur durch Umkehr zum Glauben an Jesus Christus gelingt [15]. Es ist der Glaube, der die Selbstkonfrontation und damit Selbsterkenntnis des Menschen ermöglicht, indem er zur Selbstannahme befreit [16].

Hatte schon M. DE MONTAIGNE, mit dessen (Abschweifung als Methode proklamierenden) ‹Essais› Pascal sich auseinandersetzt, die «diversion» als eine nützliche Form des Trostes und als Mittel wider die Krankheiten der Seele empfohlen [17], so versucht VOLTAIRE in seiner einflußreichen Pascal-Kritik auch die Z. zu rehabilitieren: Die «dissipation» wirke als sicheres Heilmittel gegen den Schmerz [18]. Die Tendenz zu Betriebsamkeit und Vielgeschäftigkeit (s.d.), die Pascal als Selbstvergessenheit (s.d.) suchende Z. interpretiert, ist nach Voltaire vielmehr die notwendige Grundlage der Gesellschaft; sie komme «de la bonté de Dieu» und sei «plutôt l'instrument de notre bonheur» als «le ressentiment de notre misère» [19].

4. Im 18. Jh. ist die Zerstreutheit ein Element auch der Ästhetik des Komischen. «Le distrait», «der Zerstreute» [20], ist eine vielzitierte Figur, die von der Typenkomödie in die Comédie larmoyante wandert. Das deutsche ‹zerstreuen› gerät unter den Einfluß des französischen ‹distrait›, wobei sich die ursprünglich negative Bedeutung zum Teil verliert. Die empirische Psychologie des 18. Jh. bietet eine Fülle eingehender Deskriptionen der Aufmerksamkeit (s.d.), die deren Verhältnis zur Zerstreutheit thematisieren. «Aber ist es denn wahr», fragt G. E. LESSING, «daß die Z. ein Gebrechen der Seele ist, dem unsere besten Bemühungen nicht abhelfen können? Sollte sie wirklich mehr natürliche Verwahrlosung, als üble Angewohnheit sein? Ich kann es nicht glauben. Sind wir nicht Meister unserer Aufmerksamkeit?» [21]

Mit Rückgriff auf A. G. BAUMGARTEN [22] bestimmt I. KANT die der Sammlung des Gemüts («animi collectio») entgegengesetzte «Z. (distractio)» als «Zustand einer Abkehrung der Aufmerksamkeit ... von gewissen herrschenden Vorstellungen durch Vertheilung derselben auf andere, ungleichartige. Ist sie vorsetzlich, so heißt sie Dissipation; die unwillkürliche aber ist Abwesenheit (absentia) von sich selbst» [23]. Kant läßt keinen Zweifel daran, daß die «Diversion» der «unwillkürlich reproductiven Einbildungskraft ... ein nothwendiges, zum Theil auch künstliches Verfahren der Vorsorge für die Gesundheit» [24] ist. In pädagogischer Hinsicht exponiert er die Z. als «Feind aller Erziehung» [25]. In erkenntnistheoretischer Hinsicht bestimmt Kant das empirische Bewußtsein, das verschiedene Vorstellungen begleitet, als «an sich zerstreut» [26]. Diesen Gedanken wenden J. G. FICHTE [27] und G. W. F. HEGEL zeitdiagnostisch, indem sie «die eigenthümliche Unruhe und Z. unsers modernen Bewußtseyns» kritisieren [28]. Das Verhältnis von Aufmerksamkeit bzw. Konzentration und Zerstreutheit bildet – über die Psychoanalyse hinaus [29] – bis in die gegenwärtige Grundlagenforschung zum Thema der Aufmerksamkeit einen Untersuchungsgegenstand, ‹Zerstreutheit› hat aber seinen Rang als psychologischer Terminus technicus längst verloren [30].

5. Die von Pascal herausgearbeitete Grundkonstellation einer exzentrischen Z., die auf innerer Leere und Langeweile gründet und letztlich Verzweiflung (s.d.) abwehren will, wirkt prägend noch für die moderne Reflexion menschlichen Seins von der Willens-Philosophie A. SCHOPENHAUERS [31] bis zu M. HEIDEGGERS Existenzialontologie und Analytik der Stimmungen. Besonders über S. KIERKEGAARD wird Pascals Z.-Begriff an Theologen [32] wie Existenzphilosophen [33] des 20. Jh. vermittelt. Auch nach Kierkegaard ist «all die Geschäftigkeit im Leben ... doch eigentlich Z.» [34]. Geschäftigsein bedeutet, «geteilt und zerstreut sich mit dem zu beschäftigen, was einen Menschen geteilt und zerstreut macht» [35]. Als solche ist die zerstreuende Vielgeschäftigkeit der Gegensatz zum Ernst (s.d.), der den Menschen im Fokus verantwortlichen Selbstseins sich sammeln läßt [36]. Wie Pascal betont auch Kierkegaard, daß der Mensch in der Z. nicht nur nicht bei sich selbst, sondern zugleich «fort von seinem Verhältnis zu Gott» ist [37]. Es komme darauf an, den Blick von sich selbst abzuwenden und «auf Christus» zu heften. In einem solchen Sinne kann Kierkegaard das Christentum als «die einzig rettende Z.» bezeichnen [38].

HEIDEGGER transformiert den theologischen Ansatz Kierkegaards in die Philosophie einer «eigentlichen» Existenz. Diese holt sich entschlossen zusammen [39] aus der Z. in das «Man» [40] und damit auch aus dem «Unverweilen» und der «Aufenthaltslosigkeit» der Z. besorgenden Neugierde (s.d.) [41]. Gegen alle Ausweichbewegungen («esquive») vor den Realitäten menschlichen Lebens konzipiert der frühe A. CAMUS eine heroische Überwindung des Schicksals. In einer Welt, in der die Z. («dispersion») die Regel bilde, gelte es, «vivre la lucidité» [42].

6. Veränderungen in der Wahrnehmung des Menschen (wie sie sich etwa in Gestalt von Fragmentierung und Zersplitterung seit der Mitte des 19. Jh. abzeichnen [43]) führen auch zu einer Veränderung in der Rezeptionshaltung gegenüber Kunstwerken, die W. BENJAMIN «Z.» bzw. «Ablenkung» [44], TH. W. ADORNO auch «Dekonzentration» [45] nennt. S. KRACAUER bringt neue Medien wie etwa den Film mit dem «Kult der Z.» in Verbindung; sinnvoll erscheint ihm einzig die Z., die «den Zerfall entblößt» und so ein «Abbild des unbeherrschten Durcheinanders unserer Welt» gibt [46]. Die Z. als Folge einer gesellschaftlichen Beschleunigung des Lebens, einer Fragmentarisierung und Atomisierung der Existenz erscheint als Phänomen der Moderne und wird als deren Signatur erklärt.

In ideologiekritischer Perspektive deuten M. HORKHEIMER und TH. W. ADORNO die «Kulturindustrie» als «Amüsierbetrieb» [47], der Kunst und Z., eigentlich «unversöhnliche Elemente der Kultur» [48], in Dienst nimmt und als Unterhaltung organisiert. Es ist der sich reproduzierende «Druck heteronomen Lebens», der nach Adorno «die Konzentration eines starken Ichs, welche das nicht Schablonenhafte erheischt», verhindert [49]. Das geschwächte Ich bedürfe aber, «damit es nur um ein Winziges über das Gefängnis hinausschaue, das es selber ist, nicht der Z., sondern der äußersten Anspannung» [50].

7. Gegen die Vorstellung einer Einheit des Sinns von Begriffen und Zeichen wie auch gegen die Annahme, die Vielfalt des Sinns («sens») sei bloße Polysemie, setzt die französische Differenzphilosophie rhetorische Figuren und Wortspiele rund um die Z. («dissipation», «dispersion») [51]. Bei J. DERRIDA erlangt das Grundmotiv der «différance» eine konsequente Entfaltung im Gedanken der «dissémination», die im Text den Sinn dezentriert und zerstreut [52]. In Rückgriff auf L. WITTGENSTEINS Konzeption der Sprachspiele (s.d.) kehrt J.-F. LYOTARD die platonisch-neuplatonische Semantik des Begriffs der Z. um. Es sei vergeblich, der Sprache eine Einheit anzusinnen: «Cette dispersion est bonne en soi, et doit être respectée» [53].

Anmerkungen. [1] PLATON: Phaedo 67 c. 83 a; vgl. CICERO: Tusc. disp. I, 74f. – [2] Vgl. PLOTIN: Enn. VI, 9 (9), 3f.; PROCLUS: De decem dubit. 64. Procli Diad. tria opusc., hg. H. BOESE (1960) 104ff.; zum Begriffsfeld um σκεδάννυσθαι/σκέδασις: Enn. I, 5 (36), 7, 14ff.; VI, 9 (9), 5, 27f. – [3] Vgl. auch: Art. ‹Weltverachtung; Weltflucht›; Art. ‹Einkehr›. Hist. Wb. Philos. 2 (1972) 406f. – [4] Vgl. GREGOR VON NAZIANZ: Oratio 2 (apologetica) 6. MPG 35, 413 Bf.; BASILIUS VON CAES.: Ep. ad Gregorium Naz. 2, 2. MPG 32, bes. 228 Af.; Regulae fusius tractatae 6, 1. MPG 31, 925 A; GREGOR VON NYSSA: De virginitate VI, 1, 2. Sources chrét. 119 (Paris 1966) 344. 346. 348; AMBROSIUS: Ep. 49, 5. MPL 16, 1204; AUGUSTINUS: Sermo 330. MPL 38, 1457f. – [5] AUGUSTINUS: Conf. II, 1, 1; vgl. De trin. IV, 7, 11; PLOTIN: Enn. IV, 8 (6), 4, 11ff.; PORPHYRIUS: Ad Marc. 10. – [6] Vgl. GREGOR DER GROSSE: Dial. II, 3. Sources chrét. 260 (Paris 1979) 140ff.; Vita S. Benedicti. MPL 66, 127ff. – [7] THOMAS VON AQUIN: S. theol. II-II, 35, 4; vgl. schon: EVAGRIUS PONTICUS: De octo spiritibus malitiae 13. MPG 79, 1157 Dff.; Rer. monach. rationes 8. MPG 40, 1260 D. – [8] Vgl. H. SEUSE: Seuses Leben. Dtsch. Schr., hg. K. BIHLMEYER (1907) 170; MEISTER ECKHART: Expos. sup. Evang. sec. Joh. 1, 11, n. 114. Die lat. Werke 3, hg. H. ZIMMERMANN/L. STURLESE (1994) 99f.; zu M. LUTHERS Sprachgebrauch etwa: Wochenpredigt über Joh. 17, 1 (1528). Weim. Ausg. 28 (1903) 77. – [9] Vgl. auch: A. LANGEN: Der Wortschatz des dtsch. Pietismus (²1968) 109ff. 463. – [10] Vgl. auch: PH. SELLIER: Pascal et Saint Augustin (Paris 1970) 163ff. – [11] B. PASCAL: Pensées, Frg. 139 (1670). Oeuvr., hg. L. BRUNSCHVICG/P. BOUTROUX (Paris 1904-14) 13, 52ff., hier: 54. 59. – [12] Frg. 139, a.O. 55; vgl. J.-J. ROUSSEAU: Emile IV (1762). Oeuvr. compl., hg. B. GAGNEBIN/M. RAYMOND 4 (Paris 1969) 685f. – [13] Vgl. W. VON WARTBURG: Frz. etymolog. Wb. 3 (1934) 107. – [14] PASCAL: Pensées, Frg. 171, a.O. [11] 88. – [15] Vgl. Art. ‹Conversio; Umkehr›. Hist. Wb. Philos. 1 (1971) 1033-1036. – [16] Vgl. Art. ‹Selbsterkenntnis III.›, a.O. 9 (1995) 420-440, bes. 423ff. – [17] Vgl. M. DE MONTAIGNE: De la diversion. Essais III, 4 [1572-92]. Oeuvr. compl., hg. A. THIBAUDET/M. RAT (Paris 1962) 808-817; vgl. schon: HESIOD: Theog. 53-55. 98ff.; zur «Abschweifung» («vagabondant») als Formgestalt der ‹Essais› wie der menschlichen Subjektivität: H. FRIEDRICH: Montaigne (Bern ²1967) 312ff. – [18] VOLTAIRE: Lettres philos., 25. lettre, XXIV (1734). Ed. crit., hg. G. LANSON (Paris 1964) 2, 208. – [19] Vgl. a.O. 206; zur Bedeutung der Z. für ein wirklichkeitsangemessenes Denken vgl. D. HUME: Treat. of human nature I, 4, 7 (1739/40), hg. L. A. SELBY-BIGGE (ND Oxford 1958) 269. – [20] Vgl. J.-F. REGNARD: Le distrait (1697). – [21] G. E. LESSING: Hamburg. Dramaturgie, 28. Br. (1767). Sämmtl. Werke, hg. K. LACHMANN 7 (1854) 121. – [22] A. G. BAUMGARTEN: Metaphysica § 638 (⁷1779) 234. – [23] I. KANT: Anthropologie in pragmat. Hinsicht § 47 (1798, ²1800). Akad.-A. 7, 206; vgl. die Refl. Nr. 524-526. Akad.-A. 15, 227f.; Art. ‹Z.›, in: G. S. A. MELLIN: Encycl. Wb. der Krit. Philos. 6 (1804) 286-289; bei J. G. HERDER fungiert als Gegenbegriff zu ‹Zerstreutheit› auch ‹Besonnenheit›, vgl. Art. ‹Besonnenheit III.›. Hist. Wb. Philos. 1 (1971) 850. – [24] a.O. 207. – [25] Pädagogik (1803). Akad.-A. 9, 476. – [26] KrV B 133. – [27] Vgl. J. G. FICHTE: Sonnenklarer Bericht, 1. Lehrstunde (1801). Akad.-A. I/7 (1988) 198. – [28] G. W. F. HEGEL: Wiss. der Logik I, Vorrede zur zweyten Ausg. (1831). Akad.-A. 21 (1985) 18. – [29] Vgl. S. FREUD: Zur Psychopathologie des Alltagslebens (1904). Ges. Werke, hg. A. FREUD u.a. (London 1940-87) 4, 173. – [30] Vgl. auch: Art. ‹Vigilanz›. Hist. Wb. Philos. 11 (2001) 1056f. – [31] Vgl. A. SCHOPENHAUER: Die Welt als Wille und Vorst. I, 4, § 57 (1819, ³1859). Sämtl. Werke, hg. A. HÜBSCHER 2 (1949) 367f.; Foliant I, 43 (1821). Der handschr. Nachlaß 3: Berliner Ms. (1818-1830), hg. A. HÜBSCHER (1970) 90; Art. ‹Wille III. A.›; vgl. F. NIETZSCHE: Unzeitgem. Betracht. 3: Schopenhauer als Erzieher (1874). Krit. Ges.ausg., hg. G. COLLI/M. MONTINARI (1967ff.) 3/1, 369f.; Morgenröthe V, 549 (1887), a.O. 5/1, 323. – [32] Vgl. auch: K. BARTH: Die Kirchl. Dogmatik III/4, § 55 (1957) 636f. 640: «Flucht aus der Leere in die Leere». – [33] Vgl. G. MARCEL: L'homme problématique (Paris 1955); dtsch.: Der Mensch als Problem (1956) 131; K. JASPERS: Philos. 2: Existenzerhellung (1932, 1956) 333f. – [34] S. KIERKEGAARD: Papirer, hg. P. A. HEIBERG u.a. (Kopenhagen 1909-48) VIII, 1 A 63. – [35] Der Liebe Tun, Erste Folge (1847). Ges. Werke, hg. E. HIRSCH u.a. (1950-69) 19, 110. – [36] Vgl. zum Gegensatz von Z. und «tiefsinnendem Ernst» auch: J. G. FICHTE: Die Anweisung zum seligen Leben, 1. Vorles. (1806). Akad.-A. I/9, 64. – [37] S. KIERKEGAARD: Abschließende unwiss. Nachschr. 2 (1846), a.O. [35] 16/2, 200. – [38] Pap., a.O. [34] X³ A 655. – [39] Vgl. M. HEIDEGGER: Sein und Zeit § 75 (1927) 390f. Ges.ausg. I/2 (1977) 515f. – [40] § 27, a.O. 129/172. – [41] § 36, a.O. 172f./229. – [42] A. CAMUS: Carnets janvier 1942-mars 1951, mars 1942 (Paris 1964) 19; dtsch.: Tagebücher 1935-51 (1997) 208; vgl. Le mythe de Sisyphe (Paris 1942) 21. – [43] Vgl. auch: J. CRARY: Suspensions of perception (Cambridge, Mass. 1999). – [44] Vgl. W. BENJAMIN: Das Kunstwerk im Zeitalter seiner techn. Reproduzierbarkeit (1936). Ges. Schr., hg. R. TIEDEMANN/H. SCHWEPPENHÄUSER I/2 (1974) 463ff. – [45] TH. W. ADORNO: Über den Fetischcharakter in der Musik (1938). Ges. Schr., hg. R. TIEDEMANN (1970-86) 14, 37; vgl. Einl. in die Musiksoziologie 1 (1968), a.O. 14, 195. – [46] S. KRACAUER: Kult der Z. (1926), in: Das Ornament der Masse (1963) 311-317, hier: 316f. – [47] M. HORKHEIMER/TH. W. ADORNO: Dialektik der Aufklärung [1944], in: ADORNO: Ges. Schr., a.O. [45] 3, 158; vgl. später zur Kritik des Zeitalters der Unterhaltungsindustrie: N. POSTMAN: Amusing ourselves to death (New York 1985). – [48] a.O. 157f. – [49] TH. W. ADORNO: Ästhet. Theorie (1970), a.O. 7, 377; vgl. auch: Jargon der Eigentlichkeit (1964), a.O. 6, 460. – [50] a.O. 364. – [51] Vgl. G. DELEUZE: Différence et répétition (Paris 1968); Logique du sens (Paris 1969) 90f.: zur Z. und zum Sinn als 'Oberflächeneffekt'; J.

DERRIDA: La différance, in: Marges – de la philos. (Paris 1972) 1-29. – [52] Vgl. J. DERRIDA: La dissémination (Paris 1972). – [53] Vgl. J.-F. LYOTARD: Wittgenstein, 'après', in: Tombeau de l'intellectuel (Paris 1984) 49-66, 61; dtsch.: 'Nach' Wittgenstein, in: Grabmal des Intellektuellen (Graz 1985) 68-74, 70.

Literaturhinweise. H. LEFÈBVRE: Divertissement pascalien et aliénation humaine, in: Blaise Pascal: l'homme et l'œuvre (Paris 1956) 196-224. – F. MARTY: Art. ‹Divertissement›, in: Dict. de spirit. 3 (Paris 1957) 1364-1370. – R. VERNAY: Art. ‹Distractions›, a.O. 1347-1363. – D. C. POTTS: Pascal's contemporaries and 'Le Divertissement'. Modern Language Review 57 (1962) 31-40. – K. STENZEL: Pascals Theorie des Divertissement. Diss. München (1965). – M. ELLINGER: 'Habitare secum – Wohnen in sich selbst': Kontemplation bei Papst Gregor dem Großen im zweiten Buch der Dialoge. Erbe und Auftrag 78 (2002) 452-471.

H. HÜHN

II. *Physik* (Z. der Energie). – W. THOMSON (später Lord KELVIN) führt den Ausdruck ‹Dissipation› 1852 in einem knappen Artikel zur naturphilosophischen Interpretation des von ihm und R. CLAUSIUS formulierten und später als zweiter Hauptsatz der Thermodynamik (s.d.) benannten Axioms in die physikalische Terminologie ein. Aus der Unmöglichkeit, mechanische Arbeit durch Abkühlung eines materiellen Gegenstandes unter seine Umgebungstemperatur zu gewinnen, sei die Schlußfolgerung zu ziehen: «There is at present in the material world a universal tendency to the dissipation of mechanical energy» [1]. Die durch Abkühlung heißer Körper erzeugte mechanische Arbeit sei mit einem «absolute waste of mechanical energy available to man» verbunden [2]. Die negative Konnotation schon des physikalischen Begriffs bleibt auch in der Folgezeit bestimmend [3]. THOMSON beschränkt die Dissipationstendenz ausdrücklich auf die unbelebte Natur und die gewisseste Möglichkeit ihrer Aufhebung auf Gott, der allein mechanische Energie (s.d.) «can either call into existence or annihilate» [4].

An Thomsons Text schließt eine Debatte über vermeintliche kosmologische, weltanschauliche und ethische Konsequenzen des zweiten Hauptsatzes an [5]. H. VON HELMHOLTZ leitet 1854 aus Thomsons Axiom die nicht überprüfbare These vom sogenannten Wärmetod (s.d.) des Weltalls ab [6]. H. SPENCER bewertet die von ihm auch auf die belebte Materie ausgedehnte universelle Tendenz zum Ausgleich aller Temperaturunterschiede positiv, da auf sie die Fähigkeit der Individuen und Arten zurückgehe «of becoming adapted to new circumstances» [7]. Daß der physikalische Inhalt des zweiten Hauptsatzes «allgemein erschöpfend» allerdings nicht durch die «'Zerstreuung der Energie'», sondern «nur durch den Begriff der Entropie ausgedrückt werden» könne, hebt 1892 M. PLANCK hervor [8].

Nachdem der Ausdruck schon am Ende des 19. Jh. seine ehemalige Relevanz verloren hatte, hat die adjektivische Verwendung im Begriff der «dissipativen Strukturen» im letzten Viertel des 20. Jh. eine gewandelte Bedeutung erhalten, welche die in der von I. PRIGOGINE begründeten Theorie der Selbstorganisation (s.d.) fern vom Gleichgewichtszustand entstehende «ordered configurations» offener Systeme meint [9].

Anmerkungen. [1] W. THOMSON: On a universal tendency in nature to the dissipation of mechanical energy (1852), in: Math. and phys. papers 1 (Cambridge 1882) 511-514, 514. – [2] a.O. 511. – [3] S. G. BRUSH: The kind of motion we call heat (Amsterdam u.a. 1976) 562 (Anm. 1); vgl. mit unmittelbarem Bezug auf Thomson: E. MACH: Die Principien der Wärmelehre ([2]1900) 298; E. VON HARTMANN: Die Weltanschauung der modernen Physik (1902) 42. – [4] THOMSON, a.O. [1] 511. – [5] S. G. BRUSH: Science and culture in the 19th century. Graduate J. (Austin, Tex.) 7 (1967) 477-565; C. SMITH: The science of energy (London 1998) 126ff. – [6] H. VON HELMHOLTZ: Ueber die Wechselwirkung der Naturkräfte und die darauf bezüglichen neuesten Ermittelungen der Physik (1854), in: Vorträge und Reden 1 ([5]1903) 49-83, 67. – [7] H. SPENCER: First principles (London 1862, [6]1976) 463. – [8] M. PLANCK: Bem. über das Carnot-Clausius'sche Princip (1892). Annalen der Physik, NF 46 (1892) 162-166; vgl. Art. ‹Entropie›. Hist. Wb. Philos. 2 (1972) 540f. – [9] G. NICOLIS/I. PRIGOGINE: Self-organization in nonequilibrium systems (New York u.a. 1977) 60.

Literaturhinweise. D. S. L. CARDWELL: From Watt to Clausius (London 1971). – C. TRUESDELL: The tragicomical hist. of thermodynamics 1822-1854 (New York u.a. 1980). – C. SMITH s. Anm. [5].

G. SCHIEMANN

Zeug. Der Begriff ‹Z.› wird in der deutschsprachigen Philosophie zunächst nahe am Alltagsgebrauch verwendet. In seiner Kosmologie nennt I. KANT die Dinge das «rohe Z. der Materie» oder «der Natur» [1]. Er spricht aber auch im menschlich-alltagsrelevanten Sinne von Z.: «Endlich ist die Cultur der Leibeskräfte (die eigentliche Gymnastik) die Besorgung dessen, was das Z. (die Materie) am Menschen ausmacht, ohne welches die Zwecke des Menschen unausgeführt bleiben würden» [2]. Im Anschluß an G. W. F. HEGELS Auffassung, daß die «zweckmäßige Tätigkeit» den traditionellen Subjekt-Objekt-Dualismus überwunden habe [3], stehen für F. KAPP Werk wie Werkzeug derart «in innerster Verwandtschaft mit dem Menschen selbst, dass er in der Schöpfung seiner Hand ein Etwas von seinem eigenen Sein ... vor seine Augen gestellt erblickt». Kapp verwendet dafür erstmals den Terminus ‹Z.›: «Das sogenannte 'Z.' des Handwerkers, die Instrumente der Kunst, die Apparate der Wissenschaft ... gehören folgerichtig in die Kategorie der in Materie geformten Projection, die ... Organprojektion» [4].

In diesem Sinne wird der Terminus ‹Z.› auch von M. HEIDEGGER aufgegriffen. In der Absicht, die traditionelle Dingontologie zu destruieren und der Philosophie «ursprünglichere» Fundamente zu geben, versucht er einen phänomenologischen Aufweis des Seins des nächstbegegnenden Seienden – so, wie es im «gebrauchenden Umgang» [5] ohne theoriegeladene Verstellungen erlebt wird: «Wir nennen das im Besorgen begegnende Sein das Z.» [6]. Aus dieser «primärpragmatischen Betrachtungsweise» der «Zuhandenheit» (s.d.) [7] erscheint das Z. als eingebunden in praktische Vollzüge und menschengesetzte Zwecke: «Z. ist wesenhaft 'etwas, um zu ...'» [8].

Das Z. hat nach Heidegger meist die «Unauffälligkeit des zunächst Zuhandenen» [9]. Daher bedarf der Z.-Charakter allererst einer phänomenologischen Freilegung. ‹Z.› tritt stets in einem weiteren Sinnhorizont auf, in dem ein Z. auf ein anderes verweist: «Die verschiedenen Weisen des 'Um-zu' wie Dienlichkeit, ... Handlichkeit konstituieren eine Zeugganzheit. In der Struktur 'Um-zu' liegt eine Verweisung von etwas auf etwas» [10]. Durch eine Analogisierung des Z. zum Zeichen bereitet die Z.-Analyse den Zugang zur Analyse der «Weltlichkeit» vor [11].

Heidegger grenzt sich von einer theoretischen Betrachtungsweise ab: «Versuche ich, die Umwelt theoretisch zu erklären, dann fällt sie in sich zusammen» [12]. Er greift statt dessen auf die Erfassung der Praxis und der Pragmata bei Aristoteles zurück [13]. Dennoch fällt die Z.-Analyse eher instrumentell aus und verweist mehr auf die Sphäre des Herstellens, der Poiesis (s.d.) bzw. Techne: «Dieses Seiende, das Z., ist dem Vorstellen des Menschen in einer besonderen Weise nahe, weil es durch unser eigenes Erzeugen ins Sein gelangt» [14].

Ähnliche Beschreibungen des Werkzeuggebrauchs gibt es auch im Pragmatismus (s.d.) von J. DEWEY [15]. Die Orientierung am handwerklichen Werkzeuggebrauch thematisiert die modernen Formen der Arbeit und Arbeitsteilung sowie der industriellen Produktion allerdings nur rudimentär [16]. Der Schwerpunkt auf dem «Herstellen» läßt die Technikkritik in Heideggers Spätphilosophie als eine verdeckte Selbstkritik erscheinen. Später übernimmt W. SCHAPP Heideggers Z.-Analysen für seine Beschreibung des «Wozu-Dings» [17] und geht dabei ebenfalls paradigmatisch vom monologischen Werkzeuggebrauch aus [18].

Anmerkungen. [1] I. KANT: Träume eines Geistersehers (1766). Akad.-A. 2, 332; Der einzig mögliche Beweisgrund ... (1763), a.O. 124; vgl. Allg. Naturgesch. und Theorie des Himmels (1755). Akad.-A. 1, 318; Geschichte und Naturbeschreibung der merkwürdigsten Vorfälle ... (1756), a.O. 433. – [2] Met. der Sitten II: Tugendlehre § 19 (1797). Akad.- A. 6, 445. – [3] G. W. F. HEGEL: Logik für die Mittelklasse § 126 (1810/11). Werke, hg. E. MOLDENHAUER/K. M. MICHEL 4 (²1993) 201f.; vgl. K. MARX: Das Kapital (1867). MEW 23, 193. – [4] F. KAPP: Grundlinien einer Philos. der Technik (1877, ND 1979) 25ff.; vgl. Art. ‹Technik C.›. Hist. Wb. Philos. 10 (1998) 946. – [5] M. HEIDEGGER: Sein und Zeit [SuZ] § 15 (1927, ¹⁷1993) 67. 69. – [6] a.O. 68. – [7] R. SCHUBERT: Das Problem der Zuhandenheit in Heideggers ‹Sein und Zeit› (1995) 9. – [8] HEIDEGGER, a.O. [5] 68; vgl. § 69a, a.O. 352; vgl. Proleg. zur Gesch. des Zeitbegriffs [SS 1925]. Ges.ausg. II/20 (²1988) 259; Die Grundprobleme der Phänomenologie [SS 1927], a.O. II/24 (²1989) 440; vom 'Um-zu' sprechen auch: A. PFÄNDER: Phänomenologie des Wollens (1900) und A. SCHÜTZ: Der sinnhafte Aufbau der sozialen Welt (1960) 116. – [9] SuZ § 23, a.O. 107. – [10] § 15, a.O. 68; vgl. Art. ‹Verweisung; Verweisungszusammenhang›. Hist. Wb. Philos. 11 (2001) 1006f. – [11] §§ 16-18; vgl. Vom Wesen des Grundes (1929), in: Wegmarken (1967) 21-71, 51 (Anm. 55). Ges.ausg. I/9 (1976) 155; C. LAFONTE: Sprache und Welterschließung (1994) 53ff.; vgl. Art. ‹Welt III. 9.›. – [12] Zur Bestimmung der Philos. 1: Die Idee der Philos. und das Weltanschauungsproblem [1919]. Ges.ausg. II/56/57 (1987) 86. – [13] SuZ § 15, a.O. [5] 68; vgl. Platon: Sophistes [WS 1924/25]. Ges.ausg. II/19 (1992) 270; F. VOLPI: Heidegger e Aristotele (Padua 1984). – [14] Der Ursprung des Kunstwerks [1935], in: Holzwege (1950, ³1957) 7-68, 21. Ges.ausg. I/5 (1977) 17; vgl. SuZ § 15, a.O. 70; vgl. R. POCAI: Die Weltlichkeit der Welt und ihre abgedrängte Faktizität (§§ 14-18), in: TH. RENTSCH (Hg.): M. Heidegger: Sein und Zeit (2001) 51-67. – [15] J. DEWEY: Experience and nature (New York 1929); dtsch.: Der Mensch und sein Verhalten, in: Psychol. Grundfragen der Erziehung (1974) 39; zur Kritik am Modell des Handwerkers: J. HABERMAS: Der philos. Diskurs der Moderne (1985) 95ff. – [16] HEIDEGGER: SuZ § 15, a.O. [5] 71; § 26, a.O. 117; SCHUBERT, a.O. [7] 120ff. – [17] W. SCHAPP: In Geschichten verstrickt (³1985) 11ff. – [18] a.O. 20.

Literaturhinweise. M. OKRENT: Heideggers pragmatism. Understanding, being, and the critique of metaphysics (Ithaca 1988). – C. F. GETHMANN: Dasein: Erkennen und Handeln (1993). – M. SENA: The phenomenal basis of entities and the manifestation of being according to sections 15-17 of ‹Being and Time›. On the pragmatist misunderstanding. Heidegger Studies 11 (1995) 11-31. – CH. WOLZOGEN: Handeln, Sein und Transzendenz. Heidegger im Kontext pragmat. Denkens (1998). – R. POCAI s. Anm. [14].

CH. HENNING

Zeuge; Zeugnis (griech. μάρτυς, μαρτυρία, μαρτύριον; lat. testis, testimonium; engl. witness, testimony; frz. témoin, témoignage; ital. testimone, testimonianza)

I. – Die Begriffe ‹Zeuge› [Z.] und ‹Zeugnis› sind von alters her aus den Sphären des Rechts und der geoffenbarten Religion vertraut. Grundlegend ist die Unterscheidung zwischen dem göttlichen Zeugnis («testimonium divinum») (vgl. unten: II.) und dem menschlichen Zeugnis («testimonium humanum»).

1. *Recht; Rhetorik.* – In allen entwickelten Rechtskulturen spielen 1) Bezeugungen von rechtserheblichen Vorgängen (Rechtsgeschäften) durch eigens hinzugezogene Geschäftszeugen und 2) die mündlichen oder schriftlichen Aussagen sog. Zufallszeugen (Tat-/Erfahrungszeugen), die eine rechtserhebliche Tatsache wahrgenommen haben, eine unverzichtbare Rolle [1]. In der Geschichte des Prozeßrechts steigt die Bedeutung des Z., sobald – namentlich im Strafprozeß – die Klärung der materiellen Wahrheit gemäß Tatbestand (s.d.) zu den Voraussetzungen eines Urteils gehört und Beweismittel wie Eide oder Leumundszeugen außer Gebrauch kommen. Schon früh gehören Z.n neben dem Augenschein und Urkunden zu den im gerichtlichen Verfahren am häufigsten verwendeten Beweismitteln: «Testimoniorum usus frequens ac necessarius est» [2]. In der Rhetorik zählt man die Z.n-Aussagen zu den «kunstlosen» Überzeugungsmitteln (Pistis, s.d.) [3]. In der Argumentation in Gerichtsverfahren kommt dem Z.n-Beweis das Hauptgewicht zu. Ein Zeugnis in diesem formellen rechtlichen Sinne ist die mündliche oder schriftliche Aussage eines Z. über wahrgenommene rechtserhebliche Tatsachen zum Zwecke des rechtlichen Beweises. Dem Z. wird dabei, indem er formal als solcher eingesetzt wird, ein besonderer Status zuerkannt – in der Erwartung, daß er über die Autorität, Kompetenz und Aufrichtigkeit verfügt, Aussagen zu machen, die für die Entscheidung einer offenen oder strittigen Frage von Belang sind [4]. Hinsichtlich der Unmittelbarkeit der Zeugenschaft unterscheidet man den unmittelbaren Augenzeugen («testis oculatus», besser: «immediatus») von dem Z., der nur vom Hörensagen berichtet («testis auritus», besser: «mediatus»). Sprichwörtlich wird das suggestive Diktum von PLAUTUS, daß ein Augenzeuge mehr wert ist als zehn Z.n vom Hörensagen («Pluris est testis oculatus unus, quam auriti decem») [5]. In der germanischen Tradition kennt der Rechtsgang das Hörensagen («testes de auditu») gleichwohl noch über die Zeit der Rezeption des Römisch-Kanonischen Rechts hinaus. Erst der ‹Schwabenspiegel› (Ldr. 225) und die ‹Carolina›, das reichseinheitliche Strafgesetzbuch von 1532, fordern vom Z. ausdrücklich «wahres Wissen» [6] und schließen damit Zeugnisse vom Hörensagen aus.

Die sich historisch entwickelnden Rechtssysteme weisen neben der Art der Zeugenschaft Unterschiede u.a. in den folgenden Punkten auf, die für die Bewertung von Z.n-Aussagen und für die rechtliche Wirksamkeit des Z.n-Beweises von Belang waren: a) die Anforderungen an die Zahl der Z.n (z.B. Zweizeugenregel [7]), b) die Kriterien für die Fähigkeit, als Z. fungieren zu können (Zeugnisfähigkeit), c) die Kriterien für die Glaubwürdigkeit der Z.n und d) die Abgrenzung zwischen Z. und Sachverständigem. Auch die Formalien des Verfahrens (Einführung in den Prozeß, Vereidigung, Befragung, Protokollierung) weisen z.T. beträchtliche Unterschiede auf. Falschaussagen von Z.n («testimonium falsum») gelten schon früh als schwere Normverletzung [8] und sind entsprechend unter harte Strafe gestellt.

2. *Erkenntnistheorie.* – Die traditionelle westliche [9] Erkenntnistheorie hat sich mit der Erkenntnisquelle des Zeugnisses schwer getan. Auf der einen Seite war unübersehbar, daß endliche Wesen in zahllosen Angelegenheiten darauf angewiesen sind, von anderen zu lernen, indem sie glauben, was andere berichten. Auf der anderen Seite wurden zumeist Bedingungen für Wissen (s.d.) po-

stuliert (Beweisbarkeit; Gewißheit; Evidenz; Erkenntnis von etwas Allgemeinem, Notwendigem, Unveränderlichem), die es nicht erlaubten, das durch andere Erfahrene zum Wissen zu rechnen. Insgesamt lassen sich die folgenden Haltungen zum epistemischen Status des Zeugnisses anderer unterscheiden [10]: a) Eine erste Gruppe spricht dem, was wir durch das Zeugnis anderer erfahren, den Status des Wissens rundweg ab. Die Folge wäre ein weitreichender Skeptizismus, da wir dann sehr viel weniger wüßten, als wir normalerweise beanspruchen. b) Die Reduktionisten [11] oder Inferenzialisten [12] sind nur unter der Bedingung bereit, das Zeugnis anderer als (abgeleitete) Erkenntnisquelle anzuerkennen, daß es sich auf vermeintlich basalere Quellen (Wahrnehmung, induktives Schließen) zurückführen läßt. c) Die Vertreter der dritten Gruppe, die Anti-Reduktionisten, erkennen das Zeugnis anderer als eigenständige Erkenntnisquelle an, die denselben epistemischen Status besitzt wie etwa Wahrnehmung oder Erinnerung.

Schon bei PLATON wird dem Augenzeugen Wissen zugeschrieben, dem Richter, der sich darauf beruft, aber nur «wahre Meinung» [13]. ARISTOTELES betont zwar einerseits, daß, wer lernen will, (anderen) glauben und vertrauen muß (δεῖ γὰρ πιστεύειν τὸν μανθάνοντα) [14], führt aber andererseits einen folgenreichen Begriff des wissenschaftlichen Wissens ein, der es geradezu unmöglich macht, das durch andere Erfahrene zum Wissen zu rechnen [15]. Der durch Platon und Aristoteles geprägte Begriff der Episteme, bei dem es um ein mit Erklärung verbundenes und dadurch zu einem tieferen Verstehen führendes allgemeines und stabiles Wissen-warum geht, war einem 'Wissen' aus dem Zeugnis anderer schon deshalb nicht günstig, da letzteres typischerweise ein (fallibles) auf Einzelfakten bezogenes Wissen-daß ist.

Im christlichen *Mittelalter* stehen Untersuchungen zum Zeugnis anderer im Zusammenhang mit Fragen wie: Ist der Mensch auf den Glauben angewiesen? Wie verhält sich der Glaube (s.d.) zur Wissenschaft (s.d.) und zur Weisheit (s.d.)? – Während AUGUSTINUS in ‹De magistro› noch betont, daß zeichenhafte Vermittlung kein Wissen konstituiere [16], möchte er in späteren Werken nicht «verneinen, das zu wissen, was wir aus dem Zeugnis anderer (testimonium aliorum) gelernt haben; denn dann wissen wir nicht, daß es den Ozean gibt, und wissen nicht, daß es jene Länder und Städte gibt, von denen die bekannten Erzählungen berichten» [17]. Schon im gewöhnlichen Leben sind wir auf den Glauben angewiesen: Wir glauben Eltern, Lehrern, Freunden, weil es sich «ohne solchen Glauben gar nicht leben ließe» [18]. Dieser dem Menschen nötige und nützliche Glaube ist von der lasterhaften Leichtgläubigkeit («credulitas») [19] und von einem Meinen («opinio») [20], das sich bereits für ein Wissen hält, abzugrenzen. Ratsam ist es, sich an die Anweisungen derer zu halten, die wahrscheinlich weise sind [21].

Das spätere Mittelalter steht vor der Schwierigkeit, die Augustinischen Vorgaben mit dem durch die ausgeweitete Aristoteleskenntnis ins Zentrum rückenden strengen Begriff wissenschaftlichen Wissens der ‹Analytica posteriora› in Einklang zu bringen. Diese Problemkonstellation führt zu unterschiedlichen Lösungen. THOMAS VON AQUIN betont wie Augustinus, daß dem Menschengeschlecht der Glaube notwendig ist. WILHELM VON OCKHAM räumt dagegen nur widerwillig ein, daß es unter den vielfältigen Bedeutungen von «scientia» eine gibt, nach der wir durch den Glauben an das Zeugnis anderer wissen können, daß Rom eine große Stadt ist, macht aber deutlich, daß dies nicht die von ihm bevorzugte Bedeutung ist [22].

In der *Neuzeit* kristallisiert sich als systematischer Ort für die Thematisierung des Zeugnisses anderer der Schlußteil der Logik-Lehrbücher heraus, in dem Untersuchungen zur wissenschaftlichen Methode [23] und zu den Arten der Wahrscheinlichkeit (s.d.) [24] ihren Platz finden. Daneben erscheinen Monographien, Dissertationen und Disputationen ‹De testimonio›, ‹De fide historica› [25] und ‹De fide iuridica› [26]. Zu beachten ist der enge Zusammenhang mit der neuzeitlichen ‹Hermeneutica generalis›, die bei vielen Autoren «als eine Art Erkenntnistheorie der durch Bücher [allgemeiner: durch das Zeugnis anderer] vermittelten Erkenntnis» [27] abgehandelt wird. Die durch die Erfindung des Buchdruckes unübersehbar gewordene Erkenntnisquelle des Zeugnisses anderer war ja darauf angewiesen, nicht durch absichtliche oder unabsichtliche Fehlinterpretationen verdorben zu werden [28]. In vielen Logiken schließen die Untersuchungen zum Zeugnis anderer, zur Textkritik und zur Hermeneutik unmittelbar aneinander an [29]. Ein besonderer Kristallisationspunkt der theologischen und erkenntnistheoretischen Auseinandersetzungen ist die große Debatte über die Glaubwürdigkeit von Berichten über Wunder (s.d.), an der sich das gesamte gelehrte Europa beteiligt. Die jüngst geäußerte Meinung: «In the Continental tradition, the category of 'testimony' has not been central» [30] ist in jedem Fall irrig.

Zahlreiche Philosophen bemühen sich, Regeln für den richtigen Gebrauch des Zeugnisses, insbesondere für die Prüfung, Beurteilung und Schätzung der Glaubwürdigkeit, Wahrscheinlichkeit oder Wahrheit gegebener Zeugnisse, zu formulieren und in eine gewisse Ordnung zu bringen. A. G. BAUMGARTEN schlägt für die dazu erforderliche Kunst den Titel «martyriocritica» [31] vor, der sich aber nicht durchsetzt.

a) *Begriff des Zeugnisses und Arten desselben.* – Ausgangspunkt der Bestimmung des Zeugnisbegriffs ist in der Regel eine Betrachtung der menschlichen Erkenntnisquellen. Bei allen Unterschieden der Benennung und Gewichtung stehen dabei Vernunft und Erfahrung im Zentrum. Da wir nicht alles selbst erfahren können, sind wir auf fremde Erfahrung angewiesen. Vor diesem Hintergrund definiert etwa H. S. REIMARUS: «Ein Zeugniß ist der Bericht eines andern von seiner Erfahrung» [32]. In der Wolffschen Schule wird das Zeugnis unter dem von der «scientia» scharf abgesetzten Glauben («fides») abgehandelt [33]. G. F. MEIER entwickelt die folgende Definitionskette: «Aus anderer Leute Erfahrung werden wir, vermittelst des Glaubens, gewiss. Wer eine wirkliche Sache für wahr ausgibt, damit ein anderer sie auch für wahr halte, heisst ein Z. (testis), und seine Handlung ein Zeugniss (testimonium, testari). Glauben (credere) heisst, um eines Zeugnisses willen etwas annehmen. Der Glaube (fides, fides historica) ist der Beifall, den wir einer Sache um eines Zeugnisses willen geben» [34]. – Im Rahmen einer intentionalistischen Bedeutungskonzeption definiert B. BOLZANO das Zeugnis (für einen Satz *M*) als eine jede Handlung oder Veränderung, «die Jemand in der bestimmten Absicht verrichtet, damit wir, wenn wir nach unserer besten Einsicht verfahren, aus ihrer Wahrnehmung schließen, es sey sein Wille, daß wir den Satz *M* annehmen, weil auch er selbst ihn für wahr hält» [35]. Andere Autoren lassen auch unbeabsichtigte Bekundungen als Zeugnisse zu. Als wichtigste Einteilung der Z.n wird die althergebrachte in unmittelbare und mittelbare Z.n tradiert [36].

b) *Regeln.* – Während die meisten Autoren nach der Definition und Einteilung des Begriffs sogleich zu den Regeln der Beurteilung der Glaubwürdigkeit des Zeugnisses fortschreiten, weist Bolzano zu Recht darauf hin, daß bereits die Identifikation von Zeugnissen Schwierigkeiten aufwirft: «Sollen wir aber nicht manches, uns dargebotene Zeugniß ganz übersehen, oder auch umgekehrt etwas für ein Zeugniß ansehen, was es doch gar nicht ist: so wird eine eigene Anleitung zur Entdeckung vorhandener Zeugnisse nöthig» [37]. Im Rahmen dieser Anleitung formuliert Bolzano a) Regeln, die zu beachten sind, um ein von Gott abgelegtes Zeugnis, eine göttliche Offenbarung, zu erkennen, und b) Regeln, die zu beachten sind, um ein von einem endlichen Wesen abgelegtes Zeugnis zu erkennen.

Danach ist die Frage zu untersuchen, ob und unter welchen Bedingungen einem gegebenen Zeugnis Glauben beizumessen ist. Dabei ist zum einen auf die Geschicklichkeit oder Tüchtigkeit («dexteritas»), zum anderen auf die Aufrichtigkeit («sinceritas») des Z. zu sehen. Zur Tüchtigkeit gehören sowohl die relevante Sachkenntnis als auch Verständigkeit sowie eine zureichende Fähigkeit, sich sprachlich zu artikulieren. Ferner wird geraten, den Bericht des Z. von dessen Betrachtungen darüber sorgfältig zu unterscheiden, wie dies auch im Gericht üblich ist [38]. Was das Zeugnis selbst angeht, ist u.a. darauf zu achten, daß es weder sich selbst noch anderen anerkannten Wahrheiten widerspricht. Die Ansichten über die Präzisierbarkeit solcher Regeln zur Beurteilung von Zeugnissen gehen weit auseinander. Während viele mit J. Locke meinen, hierfür gebe es keine «precise Rules» [39] bzw. gar «keine Regeln» [40], haben sich andere in diesem Bereich mehr zugetraut. Mathematiker wie N. Bernoulli, P.-S. de Laplace und A. C. de Condorcet haben sich sogar an einer mathematischen Behandlung der Wahrscheinlichkeit von Zeugnisberichten versucht [41].

c) *Epistemischer Status.* – Auch die Hauptströmungen der neuzeitlichen Erkenntnistheorie, für die ein ausgeprägter Individualismus und eine weitgehende Ablehnung des Autoritätsarguments kennzeichnend sind, waren der Anerkennung des Zeugnisses anderer nicht günstig. R. Descartes' individualistisches Erkenntnisideal und seine Abwertung der «histoire» gegenüber der «science» [42] beeinflußten die rationalistischen Erkenntnistheorien bis hin zu Ch. Wolff. Immerhin räumt B. Spinoza ein: «Durch das Zeugnis weiß ich den Tag meiner Geburt, daß ich diese Eltern habe und ähnliche Dinge, an denen ich nie gezweifelt habe» («Ex auditu tantum scio meum natalem diem, & quod tales parentes habui, & similia; de quibus nunquam dubitavi») [43].

Für Th. Hobbes ist es «evident, that whatsoever we believe, upon no other reason, than what is drawn from authority of men only, and their writings; whether they be sent from God or not, is faith in men only» [44] und damit streng von 'science' zu unterscheiden. J. Locke, in dessen individualistischer Erkenntnistheorie das durch die Erfahrung anderer Vermittelte nicht den Rang des Wissens erreicht [45], muß sich von G. W. Leibniz daran erinnern lassen, daß bei einem so eingeschränkten Wissensbegriff fast die gesamte historische Erkenntnis («presque toute la connoissance historique») und manches andere herausfallen würde [46].

D. Hume beteuert zwar «that there is no species of reasoning more common, more useful, and even necessary to human life, than that which is derived from the testimony of men» [47]; doch drängen ihn seine erkenntnistheoretischen Grundannahmen zu einer reduktionistischen Auffassung: «our assurance in any argument of this kind is derived from no other principle than our observation of the veracity of human testimony, and of the usual conformity of facts to the reports of witnesses» [48]. Er betont: «The reason why we place any credit in witnesses and historians, is not derived from any connexion, which we perceive a priori, between testimony and reality, but because we are accustomed to find a conformity between them» [49].

Auf der anderen Seite mehren sich die Stimmen, die den hohen epistemischen und sozialen Wert des Zeugnisses anderer betonen. So steht für den Abbé Para du Phanjas fest, daß das menschliche Zeugnis «la base & le fondement & de la Société & de la Religion» bildet [50]. L. Euler erkennt neben der eigenen Erfahrung und den Vernunftschlüssen «den Bericht eines andern» als gleichberechtigte dritte Erkenntnisquelle an. Da jede der drei «Quellen unserer Erkenntnisse» irrtumsanfällig ist, kann dies «also kein Vorwurf» sein, «den man der dritten Quelle mehr, als den beyden übrigen machen dürfte» [51]. I. Kant unterstreicht, daß unsere Erkenntnismöglichkeiten äußerst beschränkt wären, wenn wir nicht aus der Erfahrung anderer lernen könnten: «wir würden keine größere Erkenntniße haben, als höchstens des Orts, wo wir leben, und der Zeit, in der wir leben» [52]. Die Rede von einem «historischen Glauben» hält Kant für unangemessen: «Der sogenannte historische Glaube kann daher eigentlich auch nicht Glaube genannt und dem Wissen entgegengesetzt werden, da er selbst ein Wissen sein kann. Das Fürwahrhalten auf ein Zeugniß ist weder dem Grade noch der Art nach vom Fürwahrhalten durch eigene Erfahrung unterschieden» [53].

Der erste entschiedene Anti-Reduktionist bezüglich des Zeugnisses anderer war Th. Reid. Er rechnet das Zeugnis anderer unter die «social operations of the mind» [54]. Der weise und wohltätige Schöpfer, der wollte, «that we should be social creatures, and that we should receive the greatest and most important part of our knowledge by the information of others» [55], hat uns zu diesem Zwecke zwei aufeinander abgestimmte Prinzipien eingepflanzt: das «principle of veracity» und das «principle of credulity». Letzteres ist eine Disposition «to confide in the veracity of others and to believe what they tell us» [56]; bei Kindern ist diese fast unbegrenzt, aber auch im späteren Leben behält sie eine beträchtliche Stärke. Ohne eine solche Disposition wäre kein Lehren und Lernen, ja nicht einmal eine gemeinsame Sprache möglich [57].

Nach Vorarbeiten von B. Russell [58], J. L. Austin [59], L. Wittgenstein [60] und H. H. Price [61] bahnt sich seit den 1970er und 1980er Jahren eine umfassende Neubewertung des Zeugnisses anderer an. Die gegenwärtige Debatte wurde vor allem durch Arbeiten von C. A. J. Coady [62], M. Welbourne [63] und E. Fricker [64] angestoßen. Die Streitpunkte zwischen reduktionistischen und anti-reduktionistischen Auffassungen des Zeugnisses anderer sind präziser herausgearbeitet worden [65]. An Überlegungen von Reid, Austin und D. Davidson [66] anknüpfend, hat Coady die Ansicht begründet, daß das Zeugnis anderer eine genuine Erkenntnisquelle ist, die einer Rückführung auf vermeintlich basalere Quellen weder fähig noch bedürftig ist. Die wichtigsten Argumente lauten: Das ins Auge gefaßte Projekt einer Reduktion auf eine zeugnisfreie Grundlage ist undurchführbar und näher besehen sogar inkohärent. Die im Zuge des frühen Faktenlernens und erst recht des Spracherwerbs gebildeten Meinungen werden erworben, bevor es eine zeugnisfreie Basis für einen induktiven Schluß auf die Verläßlichkeit der Lehrer geben könnte. Schon WITTGENSTEIN bemerkt: «Ein Kind lernt viel später, daß es glaubwürdige und unglaubwürdige Erzähler gibt, als es Fakten lernt, die ihm erzählt werden» [67]. Ohne ein gewisses Maß an Vertrauen auf das Zeugnis anderer wären zahlreiche epistemische und sprachliche Praktiken nicht möglich; eine gemeinsame Sprache hätte sich nicht herausbilden können.

Da epistemische Autonomie also nicht darin bestehen kann, alles aus individuellen Ressourcen zu wissen, besteht die Herausforderung gegenwärtig darin: «to construct a more realistic and more serviceable concept of autonomous thinking» [68].

Anmerkungen. [1] Grundlegend M. KASER: Art. ‹Testimonium›. RE 5 A (1934) 1021-1061; Das röm. Zivilprozeßrecht (1966) 87f. 281ff. 493ff. – [2] ARCADIUS [CHARISIUS]: Liber singularis de testibus (Dig. 22.5.1). – [3] Vgl. auch: J. KLEIN: Art. ‹Beweis, Beweismittel›, in: Hist. Wb. der Rhetorik 1 (1992) 1528-1548. – [4] Vgl. C. A. J. COADY: Testimony: A philos. study (Oxford 1992) 32ff. – [5] PLAUTUS: Truculentus II, 6, 8. – [6] Carolina, Art. 67, 65; vgl. M. G. FISCHER: Art. ‹Zeugen›, in: A. ERLER/E. KAUFMANN (Hg.): Handwb. zur Dtsch. Rechtsgesch. 5 (1998) 1684-1693. – [7] Dtn. (5. Mose) 17, 6; 19, 15; Num. (4. Mose) 35, 30; Mtth. 18, 16; Joh. 8, 17; 2. Kor. 13, 1; 1. Tim. 5, 19; PLATON: Gorg. 471 e-472 a; ARISTOTELES: Pol. II, 8, 1268 b 41-1269 a 3; PLUTARCH: Vitae, Cato min. 19. – [8] Vgl. schon: Exod. (2. Mose) 20, 16; Dtn. 5, 20; 19, 18-21. – [9] Vgl. aber die indische Erkenntnistheorie: P. BILIMORIA: Sabdapramana: Word and knowledge. A doctrine in Nyaya-Mimamsa philos. (Dordrecht 1988); Testimony in Indian philos., in: E. CRAIG (Hg.): Routledge encycl. of philos. (London/New York 1998) 9, 315-319; B. MATILAL/A. CHAKRABARTI (Hg.): Knowing from words: Western and Indian philos. analysis of understanding and testimony (Dordrecht 1994). – [10] Vgl. COADY, a.O. [4] 21-24. – [11] a.O. 22f.; dazu: E. FRICKER: Telling and trusting: Reductionism and anti-reductionism in the epistemology of testimony. Mind 104 (1995) 392-411. – [12] M. KUSCH/P. LIPTON: Testimony: a primer. Stud. Hist. Philos. Sci. 33 (2002) 209-217, hier: 213. – [13] PLATON: Theaet. 201 b-c; vgl. J. HARDY: Platons Theorie des Wissens im ‹Theaitet› (2001) 206-215. – [14] ARISTOTELES: Soph. el. I, 3, 165 b 3. – [15] Vgl. Art. ‹Wissen I. B.›. – [16] AUGUSTINUS: De magistro XI, 37. – [17] De trin. XV, 12, 21; vgl. Conf. VI, 5, 7; Retract. I, 13, 5; 14, 3. – [18] Conf., a.O.; vgl. De util. cred. XII, 26. – [19] De util. cred. IX, 22; Conf., a.O. – [20] De util. cred. XI, 25. – [21] De moribus ecclesiae Catholicae VII, 11. – [22] Vgl. Art. ‹Wissenschaft I.›; ‹Wissen II.›. – [23] Vgl. z.B. die Logik von Port-Royal: A. ARNAULD/P. NICOLE: La logique ou l'art de penser IV, ch. 12-15 (1662, [6]1685), hg. P. CLAIR/F. GIRBAL (Paris 1965) 335-351. – [24] A. RÜDIGER: De sensu veri et falsi (1709); J. G. WALCH: Philos. Lexicon ([4]1775, ND 1968) 2, 1461 (‹Wahrscheinlichkeit›). 1691f. (‹Zeugniß›); J. H. ZEDLER: Großes vollst. Univ.-Lex. 62 (1749) 264-298 (‹Zeugniß›). – [25] J. EISENHART: De fide historica comm. (Helmstedt 1679, [2]1702); dazu: M. VÖLKEL: 'Pyrrhonismus historicus' und 'fides historica'. Die Entwicklung der dtsch. hist. Methodologie unter dem Gesichtspunkt der hist. Skepsis (1987) 113-123; J. A. ERNESTI: De fide historica recte aestimanda (1746). – [26] N. VIGEL: De fide I[uris]c[ul]torum/Vom jurist. Glauben, ein deutsch und lateinisch Büchlein (Basel 1580); CH. THOMASIUS: De fide juridica (1699). – [27] L. GELDSETZER: Einl., in: J. M. CHLADENIUS: Einl. zur richtigen Auslegung vernünftiger Reden und Schriften (1742, ND 1969) IX. – [28] Vgl. O. R. SCHOLZ: Verstehen und Rationalität. Unters. zu den Grundlagen von Hermeneutik und Sprachphilos. (1999) 35-67. – [29] z.B. CH. A. CRUSIUS: Weg zur Gewißheit und Zuverläßigkeit der menschl. Erkenntniß II, 8: Von der hist. Wahrscheinlichkeit (1747) 1041-1079; II, 9: Von der Auslegung oder Interpretation, a.O. 1079-1132; H. S. REIMARUS: Vernunftlehre §§ 169ff. (1756) 280-300; § 173: Critische Regeln, a.O. 300-303; § 174: Regeln der Erklärungskunst, a.O. 303-318; Vernunftlehre §§ 239-258 ([3]1766) 251-278; B. BOLZANO: Wiss.lehre 3, §§ 387-390 (1830, [2]1930) 542-568. – [30] KUSCH/LIPTON, a.O. [12] 212. – [31] A. G. BAUMGARTEN: Acroasis logica § 378 (1761) 111. – [32] REIMARUS: Vern.lehre ([3]1766), a.O. [29] 252 (§ 239). – [33] Vgl. Art. ‹Glaube II.›. Hist. Wb. Philos. 3 (1974) 643-645. – [34] G. F. MEIER: Auszug aus der Vernunftlehre § 206 (1752). – [35] BOLZANO, a.O. [29] 203 (§ 306). 555 (§ 388); Lehrb. der Religionswiss. II, 2 (1834). – [36] Zu diesen und weiteren Einteilungen ausführlich: ZEDLER, a.O. [24] 42 (1744) 1430-1444: ‹Testimonium›; W. T. KRUG: Denklehre oder Logik (System der theoret. Philos. I) § 172 (1806) 689-696; W. ESSER: System der Logik § 153 ([2]1830); W. HAMILTON: Lectures on logic, hg. H. L. MANSEL/J. VEITCH (Edinburgh/London 1860) 175-178. – [37] BOLZANO, a.O. [29] 555 (§ 388). – [38] J. F. FRIES: System der Logik ([3]1837) 401-403. – [39] J. LOCKE: An essay conc. human underst. IV, 16, § 9 (1690). – [40] FRIES, a.O. [38] 400. – [41] Vgl. L. DASTON: Class. probability in the enlightenment (Princeton 1988) 306-342. – [42] R. DESCARTES: La recherche de la vérité par la lumière naturelle [1649-50?]. Oeuvr., hg. CH. ADAM/P. TANNERY 10 (Paris 1974) 502; Br. an C. van Hoghelande (8. Feb. 1640), a.O. 3 (1988) 722f.; Gespräch mit Burman, hg. H.-W. ARNDT (1982) 110. 164; CH. WOLFF: Philosophia rationalis sive Logica, Disc. prael., cap. I (1728). – [43] B. SPINOZA: Tract. de intellectus emendatione (1677). Opera, hg. C. GEBHARDT 2 (1924) 10. – [44] TH. HOBBES: Leviathan I, 7 (1651). Engl. works, hg. W. MOLESWORTH 3 (1839) 55. – [45] LOCKE, a.O. [39] I, 4, § 23; vgl. auch: IV, 2, § 14; 16, §§ 7-14. – [46] G. W. LEIBNIZ: Nouv. essais sur l'entendement humain IV, 2, § 14 [1703-05] (1765). Akad.-A. VI/6 (1962) 372. – [47] D. HUME: An enqu. conc. human underst. X, 1 (1777), hg. L. A. SELBY-BIGGE/P. H. NIDDITCH (Oxford 1975) 111. – [48] a.O. 111. – [49] 113; zu Humes Argumenten zu Wunderberichten vgl. Art. ‹Wunder›. – [50] Abbé PARA DU PHANJAS: Eléments de métaphysique sacrée et profane (Paris 1767) 66. – [51] L. EULER: Br. an eine dtsch. Prinzessin über verschiedene Gegenstände aus der Physik und Philos. II, 116. Br. (1769) 134. – [52] I. KANT: Logik BLOMBERG § 206. Akad.-A. 24/1, 245f. – [53] Logik JÄSCHE (1800). Akad.-A. 9, 69; vgl. Refl. 2765. Akad.-A. 16, 501; vgl. O. R. SCHOLZ: Autonomie angesichts epistemischer Abhängigkeit – Kant über das Zeugnis anderer, in: Akten des IX. Int. Kant-Kongr. (2001) 2, 829-839. – [54] TH. REID: An inqu. into the human mind on the principles of common sense (1764). Philos. works, hg. W. HAMILTON (Edinburgh [8]1895, ND 1967) 194. – [55] a.O. 196. – [56] a.O. – [57] 196f.; vgl. N. WOLTERSTORFF: Th. Reid and the story of epistemology (Cambridge 2001) 163-184. – [58] B. RUSSELL: Human knowledge: its scope and its limits (New York 1948) 190-195. – [59] J. L. AUSTIN: Other minds. Proc. Arist. Soc., Suppl. 20 (1946) 148-187. – [60] L. WITTGENSTEIN: Über Gewißheit §§ 143. 160f. 170. 172 u.ö. [1949-51] (1969). – [61] H. H. PRICE: Belief, lect. 5 (London 1969) 112-129. – [62] C. A. J. COADY: Testimony and observation. Amer. philos. Quart. 10 (1973) 149-155; a.O. [4]. – [63] M. WELBOURNE: The community of knowledge (Aberdeen 1986). – [64] E. FRICKER: The epistemology of testimony. Proc. Arist. Soc., Suppl. 61 (1987) 57-93. – [65] COADY, a.O. [4]; E. FRICKER: Against gullibility, in: B. MATILAL/A. CHAKRABARTI (Hg.), a.O. [9] 125-161; Telling and trusting, a.O. [11]. – [66] D. DAVIDSON: Inquiries into truth and interpretation (Oxford 1984); dazu: COADY, a.O. [4] 154-176. – [67] WITTGENSTEIN, a.O. [60] § 143. – [68] COADY, a.O. [4] 100; Testimony and intellectual autonomy. Stud. Hist. Philos. Sci. 33 (2002) 355-372; P. BAUMANN: Die Autonomie der Person (2000) 59-92; SCHOLZ, a.O. [53].

Literaturhinweise. M. SCHEELE: Wissen und Glaube in der Geschichtswiss.: Studien zum hist. Pyrrhonismus in Frankreich und Deutschland (1930). – E. CASTELLI (Hg.): La Testimonianza. Arch. Filosofia (1972). – A. SEIFERT: Cognitio historica. Die Geschichte als Namengeberin der frühneuzeitl. Empirie (1976). – M. VÖLKEL s. Anm. [25]. – C. A. J. COADY s. Anm. [4]. – B. MATILAL/A. CHAKRABARTI (Hg.) s. Anm. [9]. – F. F. SCHMITT (Hg.): Socializing epistemology. The social dimensions of knowledge (Lanham 1994). – O. R. SCHOLZ: Das Zeugnis anderer. Prolegomena zu einer sozialen Erkenntnistheorie, in: TH. GRUNDMANN (Hg.): Erkenntnistheorie. Positionen zwischen Tradition und Gegenwart (2001) 354-375. 391-394 (Bibl.). – Stud. Hist. Philos. Sci. 33 (2002).

O. R. SCHOLZ

II. *Theologie.* – Fest verwurzelt in der Sphäre des Rechts, haben die Begriffe ‹Z.› und ‹Zeugnis› im biblischen Sprachgebrauch [1] schon früh eine spezifisch theologische Bedeutung gewonnen: Im Prozeß, der zwischen Gott und Mensch um Gerechtigkeit und Wahrheit geführt wird, können sie auf beide Seiten angewandt werden. Was bei AUGUSTINUS zusammenfassend in dem Satz zum Ausdruck kommt, Gott habe Menschen als Z.n haben wollen, damit auch die Menschen Gott als Z. haben sollten («deus testes habere voluit homines, ut et homines habeant testem Deum» [2]), weist zurück auf das Verhältnis des Bundes, in dem der Mensch für Gott und Gott für den Menschen eintritt.

In sachlicher Einheit mit dem Begriff des Gesetzes [3] steht im AT der Begriff des Zeugnisses für verbindliche Manifestationen des Willens Gottes, die als Erinnerungsmale den Wandel der Zeit überdauern und durch Menschen vergegenwärtigt werden. Unter den gesetzlichen Bestimmungen finden sich bes. auch solche, die die Bedeutung von Z.n-Aussagen für Rechtsfindung und Urteilsspruch bestimmen (vgl. Dtn. 17, 6f.; 19, 15: Mindestzahl von zwei oder drei Z.n) und die Verpflichtung zur Wahrheit einschärfen (vgl. das in den ‹Dekalog› aufgenommene Verbot der Falschaussage: Ex. 20, 16; Dtn. 5, 20). Sind mit Wahrheit und Gerechtigkeit die Leitbegriffe genannt, die den Z.n-Dienst kritisch normieren, so verdeutlicht sich dessen Notwendigkeit in solchen Situationen, in denen ohne das Eintreten von Z.n die Wahrheit nicht festgestellt, somit die Gerechtigkeit nicht hergestellt werden kann. Hier liegt die Wurzel des im engeren Sinne theologischen Sprachgebrauchs, wie er sich in zwei Sprechakten ausprägt: einerseits in der Anrufung Gottes zum Z., der für das Recht des Menschen eintritt (vgl. Hiob 16, 19: «mein Z. im Himmel»), andererseits in der Beauftragung des Menschen, der vor der Welt Gottes Gerechtigkeit zu vertreten hat (vgl. bes. Jes. 43, 10-12; 55, 4).

Im NT ist dieses Verständnis aufgenommen: Die überlieferte Schrift bezeugt die Wahrheit der Offenbarung Gottes in Jesus Christus (Joh. 5, 39; vgl. auch die «Wolke der Z.n»: Hebr. 11; 12, 1), der seinerseits im Prozeß vor der Welt und ihren Repräsentanten die Wahrheit Gottes bezeugt (Joh. 18, 37; vgl. 1. Tim. 6, 13) und sich so als «der treue Z.» (Apk. 1, 5), ja als das Wort Gottes selbst erweist. Deutet der Begriff des Z. in seiner christologischen Verwendung auf die Einheit im Verhältnis von Vater und Sohn – der Z. ist identisch mit dem Wort Gottes, das er bezeugt –, so steht der menschliche Z.n-Dienst, wie er in exemplarischer Verdichtung von Johannes dem Täufer ausgeübt wird (vgl. Joh. 1, 6-8. 15. 19-34), unter dem Vorzeichen der Differenz: Die Verkündigung wird zum Hinweis auf den anderen, ungleich Mächtigeren, der in eigener Macht das Zeugnis wahr macht. Freilich gilt für die Apostel, die das kontingente, einmalige Geschehen von Kreuzigung und Auferstehung Jesu aller Welt bezeugen (Apg. 1, 8; 26, 16), daß sie in der Ausübung ihres Dienstes ihrem Herrn auch gleichgestaltet werden. Die Konsequenz, daß der Z. durch die Hingabe des eigenen Lebens und somit als Blutzeuge für die Wahrheit seiner Verkündigung eintritt, wird in den späteren Schriften des NT mehr und mehr deutlich (vgl. 1. Petr. 5, 1; Apk. 2, 13; 6, 9; 11, 7f.; 17, 6); sie liegt auf der Linie dessen, was den Propheten (vgl. Mtth. 5, 12; 23, 31) und den jüdischen Märtyrern (vgl. 2. Makk. 6f.) widerfahren ist und worauf Jesus seine Jünger (nach Mtth. 10, 16-42) selbst vorbereitet hat.

Zum Z. im engeren Sinne des Märtyrers [4] wird ein Christ dadurch, daß er das Bekenntnis zu Jesus Christus höher schätzt als das eigene Leben: Das Zeugnis des Wortes (Bekenntnis) vollendet sich durch das Zeugnis der Tat, dessen Beweiskraft über die Möglichkeiten einer rein 'logischen' Überführung hinausgeht. Gerade so vermögen die Märtyrer glaubwürdig zu machen, was sich der allgemeinen Erfahrung und Vernunft entzieht [5]. Der Tod, den sie auf sich nehmen, überwindet den als Sündenstrafe verhängten Tod [6]. Unter den Wahrheiten, die durch Reden und Leiden der Märtyrer und nicht zuletzt auch durch die mit ihrem Tod verknüpften Wunder bezeugt werden, bildet der durch sie bekräftigte Glaube an die Auferstehung Jesu von den Toten den «Hauptpunkt» [7].

Neben dem speziellen martyriologischen Sinn, der durch das aus dem Griechischen entlehnte Wort kenntlich gemacht wird, behalten die Äquivalente zu ‹Z.› und ‹Zeugnis› im Lateinischen und in anderen Sprachen eine weitere Bedeutung, die sie im theologischen Sprachgebrauch mit dem Begriff der Offenbarung verbindet. Daß der ewige Gott sich in der Zeit mitteilt und seine Geschöpfe zur Wahrheit führt, ist für AUGUSTINUS nicht anders denkbar, als daß zeitliche Geschehnisse zu Zeugnissen der Ewigkeit werden; «die gesamte Schöpfung sollte nämlich von jenem, durch den sie wurde, der selbst Geschöpf wurde, Zeugnis ablegen» («factum quippe creaturam per quem facta est omnis creatura, omnem creaturam testem habere oportebat») [8]. Dabei ist mit THOMAS VON AQUIN zwischen einem «naturaliter» erfolgenden Zeugnis aller Geschöpfe [9] und dem besonderen Wirken der heiligen Z.n, die «spiritualiter» für die Wahrheit eintreten, zu unterscheiden [10]. ‹Zeugnis› im letzteren Sinne ist durch «Partizipation» und «Ähnlichkeit» auf das «vollkommene Zeugnis» bezogen, das als das Wort bzw. Licht Gottes in Jesus Christus alle kreatürlichen Zeugnisse umfaßt, ohne doch diese in sich aufzuheben. Zwar könnte Gott auch unmittelbar, allein durch sich selbst die Menschen erleuchten, aber es gehört zur Ordnung seines Heilswirkens, daß «die göttliche Erkenntnis durch irgendwelche Menschen zu den Menschen gelangt» [11].

M. LUTHERS reformatorische Erkenntnis, die das als wirksame Zusage verstandene Evangelium in das Zentrum der Theologie rückt, hat auch seinen Gebrauch des Begriffs ‹Z.› sowie seine eigene Zeugenschaft nachhaltig geprägt. So wie er sich vor dem Reichstag in Worms 1521 auf «die Zeugnisse der Heiligen Schriften oder vernünftige Gründe» berufen hat [12], so ist in der reformatorischen Theologie grundsätzlich der Glaube als ein im Gewissen 'Überwunden-Sein', als ein durch die Worte der Heiligen Schrift 'Überzeugt-Sein' ausgelegt worden [13]. In der Bindung an das Wort Gottes als höchste richterliche Instanz erschließt sich eine Freiheit zur Kritik, die nicht nur die in der kirchlichen Tradition entstandenen Lehren, sondern auch die Vernunftgründe betrifft, wenn diese sich vom Zeugnis der Schrift ablösen oder sich ihm überordnen. Daß es «besser» sei, eine Sache «mit Zeugnissen aus Gottes Mund als mit allgemeinen Gründen zu beweisen» [14], bezeichnet eine reformatorische Grundeinsicht, die für das Theologieverständnis der Reformatoren nicht zuletzt auch im Streitgespräch mit anderen philosophischen und theologischen Konzeptionen maßgebend und formgebend geworden ist. Dabei ist negativ vorausgesetzt, daß jeder Mensch, sofern er als Sünder im Widerspruch zu Gott lebt, «ein falscher Z., Verräter, Lügner» ist [15], der die objektiv gegebenen Zeugnisse des Schöpfers in der Natur weder versteht noch anerkennt. Auf diesem Hintergrund erweist sich der Vorrang des biblischen Zeugnisses darin, daß in ihm Gott selbst zu Wort kommt und durch Wort und Sakramente den Menschen rechtfertigt. Nach PH. MELANCHTHON ist das Evangelium als «Zeugnis des Wohlwollens Gottes uns gegenüber» zu verstehen, dessen Kraft darin liegt, den Menschen im Glauben der Vergebung der Sünde gewiß werden zu lassen [16]. In der Verbindung «Zeichen und Zeugnisse» [17] wird durch den letztgenannten Begriff die göttliche Autorschaft sowie die Rechtswirksamkeit des Wortes Gottes hervorgehoben, kritisch gegenüber einer Signifikationshermeneutik, die sprachliche Zeichen lediglich als Abbild oder als Hinweis auf eine außersprachlich gegebene Wirklichkeit ansieht. Im Gegensatz zu den 'Schwärmern', die sich auf ein unmittelbares, bloß innerliches Wirken des Heiligen Geistes berufen, erkennt Luther, wie er beispielhaft am Zeugnis des Täufers Johannes verdeutlicht, im «äußerlichen» Predigtwort die notwendige Bedingung des Geistwirkens. Gerade so, dem Menschen von außen, in menschlicher Vermittlung begegnend, wirkt der Geist dann auch im Innersten des Herzens die Gewißheit des Glaubens, der sich ganz auf Gottes Wort verläßt. Von daher ist die insbesondere von J. Calvin ausgebildete, aber auch in der Lutherischen Dogmatik vertretene Lehre vom «inneren Zeugnis des Heiligen Geistes» («ab arcano testimonio spiritus») zu verstehen: «wie Gott selbst in seinem Wort der einzige vollgültige Z. von sich selber ist, so wird auch dies Wort nicht eher im Menschenherzen Glauben finden, als bis es vom inneren Zeugnis des Heiligen Geistes versiegelt worden ist» («quam interiore spiritus testimonio obsignetur») [18].

Im Horizont neuzeitlicher Philosophie und Wissenschaft hat sich der in der reformatorischen und altprotestantischen Theologie herausgestellte Zusammenhang von äußeren Schriftzeugnissen und innerer Glaubensüberzeugung weithin als brüchig erwiesen. Gemessen an den Erkenntnissen der Natur- und Geschichtswissenschaften, die darauf aus sind, die den biblischen Texten zugrundeliegende Wirklichkeit zu rekonstruieren, erscheint deren Zeugnis als anfechtbar und, gemessen an den sich in der allgemeinen Vernunft bezeugenden Wahrheiten, als allzu schwach bezeugt. Nach J.-J. Rousseau verstellen die in heiligen Schriften überlieferten «Zeugnisse von Menschen» («les témoignages des hommes») eher die Gotteserfahrung, als daß sie sie vermitteln könnten [19]. H. S. Reimarus behauptet grundsätzlich – auch in bezug auf Wunder (s.d.) –, «ein menschliches Zeugnis von einer göttlichen Offenbarung» sei so «vielem Zweifel und Widerspruche unterworfen», daß es unmöglich alle Menschen erreichen und überzeugen könne [20]. Als «Bericht eines andern von seiner Erfahrung» sei es nur glaubwürdig, wenn dieser «aufrichtig» sei und seine Darstellung mit dem «wirklich» Geschehenen übereinstimme; keinesfalls dürfe «die erzählte Sache sich selbst oder andern klar erkannten Wahrheiten» widersprechen [21]. Indem der Begriff des Zeugnisses den «zufälligen Geschichtswahrheiten» und einem ihnen entsprechenden bloß historischen Glauben zugeordnet wird [22], bildet sich im Gegenzug dazu der Begriff eines rein vernünftigen Glaubens aus, dessen als «moralische Gewißheit» verstandene Überzeugung [23] unabhängig ist von einer allein durch Z.n zu vermittelnden Geschichte. «Zeugnisse der Schrift» dienen hier nicht mehr als «historische Beweisgründe» zur Bestätigung der Wahrheit der christlichen Lehre; sie liefern lediglich «Beispiele der Anwendung der praktischen Vernunftprinzipien auf Facta der h. Geschichte, um ihre Wahrheit anschaulicher zu machen» [24].

Das problematische Verhältnis des christlichen Glaubens zur Geschichte, von der er nicht abzulösen ist, durch die er aber auch nicht im Sinne eines historischen Nachweises verifiziert werden kann, hat im 19. und 20. Jh. zu immer wieder neuen Lösungsversuchen geführt. Im Zuge seiner Bemühungen, die Frage nach der Wahrheit des Glaubens von der Ebene doktrinaler Behauptungen auf die Ebene des Existenzvollzugs zu übersetzen, bezieht sich S. Kierkegaard erneut auf die Nachfolgeforderung Jesu und auf dessen gegenüber Pilatus vertretenes Verständnis der Wahrheit als des Seins in der Wahrheit [25]. Die scharf herausgearbeitete Differenz zwischen bestehender «Christenheit» und ursprünglichem Christentum wird an der fehlenden Bereitschaft zum Martyrium festgemacht [26]. «Das Entscheidende, das diese Lehre zu etwas anderem als Lehre macht», liegt im Zeugnis von «Wahrheitszeugen, welche nicht ... von der Lehre lebten, sondern für die Lehre lebten und starben» [27].

In Aufnahme und in Kritik der historischen Forschung kommt dem Begriff ‹Zeugnis› insofern eine Schlüsselbedeutung zu, als er den Wirklichkeitsbezug und Wahrheitsgehalt der biblischen Überlieferung zu bedenken und zu überprüfen gibt. Paradigmatisch zeigt sich das in der christologischen Debatte, in der das apostolische Zeugnis auf das «Selbstzeugnis» Jesu zurückbezogen und von ihm her beurteilt wird [28]. Im Bemühen, einen Weg zwischen Historismus und Rationalismus zu finden, überschreitet die Theologie die «bloßen Berichte von den geschichtlichen Tatsachen» auf «das Zeugnis von ihrem übergeschichtlichen Werte» hin und behauptet damit zugleich ihre Bekenntnisbindung; denn «zu einem wirksamen Zeugnis wird die Aussage nur bei gläubiger Beteiligung an dem Gegenstande» [29].

Unter den Theologen des 20. Jh. dürfte kaum einer die Begriffe ‹Z.› und ‹Zeugnis› so stark gewichtet haben wie K. Barth. Als Interpretamente des im Menschenwort ergehenden Wortes Gottes bestimmen sie die Prolegomena ebenso wie die Christologie, Ekklesiologie und Ethik seiner ‹Kirchlichen Dogmatik›. Dabei steht die von Mathias Grünewald auf dem Isenheimer Altar dargestellte Figur des Täufers Johannes leitmotivisch im Hintergrund [30]: ‹Zeugnis› heißt hier «Hinweis hinweg von sich selbst» [31]. Nur wenn die Differenz zwischen Gott und Mensch gewahrt wird, kann es zu der im Wort Gottes vermittelten Einheit beider kommen. Das gilt für das geschriebene Wort Gottes, das als Zeugnis ganz «menschliche Aussage» und gerade so auch «mehr als ein Zeugnis», nämlich Offenbarung des Wortes Gottes ist [32]. Und es gilt für die Christologie, insofern Jesus Christus als der wahre Gott und der wahre Mensch zugleich «der wahrhaftige Z.» ist, der Gott und Mensch ins rechte Verhältnis treten läßt [33]. Schließlich ist im Glauben an das in Jesus Christus offenbare Wort Gottes das ganze Leben eines Christen als Z.n-Dienst in Wort und Tat zu bestimmen [34]. Daß es unter der Kategorie des Zeugnisses vor allem um das Gegenwärtigwerden des «in die Nachfolge rufenden Herrn» geht, hat neben Barth bes. auch D. Bonhoeffer betont [35].

Eine zentrale Stelle nimmt das «Zeugnis» («témoignage») in der Philosophie von E. Levinas ein [36]. Nach Levinas ist der Vollzug der Verantwortung für «die anderen Menschen» bzw. den «Anderen» eine vor allem Gesagten sich vollziehende «Sage», in deren «Zeugnis» die «Herrlichkeit des Unendlichen» aufscheint: «Il n'y a de témoignage – structure unique, exception à la règle de l'être, irréductible à la représentation – que l'Infini. ... C'est par la voix du témoin que la gloire de l'Infini se glorifie» [37].

Die Frage nach Gerechtigkeit und Wahrheit in der Geschichte, die dem biblischen Zeugnis zugrunde liegt, hat unter dem Eindruck der Shoah eine bedrängende Aktualität bekommen [38]. Zeugenschaft, wie sie angesichts der Opfer gefordert ist, weist über die historische Erinnerung hinaus auf das noch ausstehende Recht der Vergewaltigten. Auch wenn der Z. als 'Überlebender' die Tiefe des Leidens nicht ermessen kann und als Zeitgenosse immer auch in die zu erinnernde Geschichte verstrickt ist, kann sein Zeugnis doch den Prozeß um die Gerechtigkeit weiterführen. Insofern kommt ihm eine prophetische Dimension zu.

Anmerkungen. [1] Vgl. dazu: H. STRATHMANN: Art. ‹μάρτυς usw.›, in: Theol. Wb. zum NT, hg. G. KITTEL 4 (1942) 477-520; L. COENEN: Art. ‹Verkündigung/Zeugnis›, in: Theol. Begriffslex. zum NT, neubearb./hg. L. COENEN/K. HAACKER 2 (2000) 1751-1773. – [2] AUGUSTINUS: In ep. Ioannis tract. I, 2. MPL 35, 1979. – [3] Vgl. die parallelen Formulierungen in Ps. 19, 8; 78, 5. – [4] Vgl. H. VON CAMPENHAUSEN: Die Idee des Martyriums in der Alten Kirche (1936, 21964); TH. BAUMEISTER: Die Anfänge der Theologie des Martyriums (1980); ausgewählte Quellentexte in: Genese und Entfaltung der altkirchl. Theologie des Martyriums (1991); A. M. SCHWEMER: Prophet, Z. und Märtyrer. Zur Entstehung des Märtyrerbegriffs im frühen Christentum. Zeitschr. Theol. Kirche 96 (1999) 320-350. – [5] Vgl. schon in: 2. Makk. 7, 9. 28f.: die Bezeugung des Glaubens an die Schöpfung «aus dem Nichts» und an die Auferweckung der Toten. – [6] Vgl. AUGUSTINUS: De civ. Dei XIII, 4-7. CCSL 48, 387-390. – [7] XXII, 8-10, a.O. 815-828, hier: 828, 37. – [8] De trin. IV, 19 (25). CCSL 50, 193f. – [9] THOMAS VON AQUIN: Sup. evang. S. Ioannis lectura 1, 4 (zu Joh. 1, 6-8). Op. omn., hg. R. BUSA 6 (1980) 233f.; vgl. als biblische Bezugstexte: Apg. 14, 17; Röm. 1, 19f. – [10] a.O. 235. – [11] a.O., mit Verweis auf ORIGENES. – [12] M. LUTHER: Rede auf dem Reichstage zu Worms (1521). Weim. Ausg. [WA] 7 (1897) 838. – [13] Vgl. Art. ‹Überzeugen›. GRIMM 11/2 (1936) 674-679. – [14] H. ZWINGLI: De vera et falsa religione comm. (1525), (4) De homine. Corp. ref. 90 (1914) 657, 36. – [15] M. LUTHER: Pr. über das 2. Buch Mose, Kap. 20, 16 (1524-27). WA 16 (1899) 521, 24-26. – [16] PH. MELANCHTHON: Loci communes (1521), Quid evangelium. Corp. ref. 21 (1854) 140. – [17] Confessio Augustana (1530) Art. 13, in: Die Bekenntnisschr. der evang.-luth. Kirche (1930) 68, 6; vgl. MELANCHTHON: Loci. De signis, a.O. 208. – [18] J. CALVIN: Instit. christ. religionis I, 7, 4 (81559). Corp. ref. 30 (1864) 59. – [19] J.-J. ROUSSEAU: Emile ou de l'éducation: Profession de foi du vicaire savoyard IV (1762). Oeuvr. compl., hg. B. GAGNEBIN/M. RAYMOND 4 (Paris 1969) 616. – [20] H. S. REIMARUS: zit. nach: G. E. LESSING: Ein Mehreres aus den Papieren des Ungenannten, die Offenbarung betreffend. Zweites Fragment (1777). Werke, hg. H. G. GÖPFERT 7 (1976) 347. – [21] Vernunftlehre (1756, 31766), hg. F. LÖTZSCH (1979) 251-268. – [22] G. E. LESSING: Über den Beweis des Geistes und der Kraft (1777), a.O. [20] 8 (1979) 9-14. – [23] I. KANT: KrV B 557. – [24] Der Streit der Fakultäten (1798). Akad.-A. 7, 69. – [25] S. KIERKEGAARD: Einübung im Christentum (1850). Ges. Werke, hg. H. GERDES/E. HIRSCH 26 (1955) 191-224. – [26] Vgl. Zur Selbstprüfung der Gegenwart anbefohlen (1851); Urteilt selbst (1851/52), a.O. 27-29 (1953) 41-120. 121-241. – [27] a.O. 160; vgl. auch die Auseinandersetzung um den Begriff des «Wahrheitszeugen» in: Der Augenblick, a.O. 34 (1959). – [28] Vgl. W. F. GESS: Christi Person und Werk nach Christi Selbstzeugniß und den Zeugnissen der Apostel 1-3 (1870-87). – [29] M. KÄHLER: Die Wiss. der christl. Lehre (31905, ND 1966) 23f. – [30] Vgl. R. MARQUARD: K. Barth und der Isenheimer Altar (1995). – [31] K. BARTH: Die kirchl. Dogmatik I/1 (1932) 114. – [32] I/2 (1938) 523. – [33] Vgl. IV/3, 1 (1959) 437-439. – [34] Vgl. I/2, 488-499; zusammenfassend: Der Christ als Z. (1934). – [35] D. BONHOEFFER: Vortrag über Vergegenwärtigung neutestamentl. Texte (1935). Werke, hg. E. BETHGE u.a. 14 (1996) 399-421, bes. 411-419. – [36] Vgl. E. LEVINAS: Vérité du dévoilement et vérité du témoignage, in: E. CASTELLI (Hg.): Le témoignage (Paris 1972) 101-110; Dieu et la philosophie (Paris 1975); dtsch.: Gott und die Philos., in: Gott nennen, hg. B. CASPER (1981) 81-123, bes. 116-118; Dieu, la mort et le temps [1975/76] (Paris 1993); dtsch.: Gott, der Tod und die Zeit, hg. P. ENGELMANN (Wien 1996) bes. 206-218; Autrement qu'être ou au-delà de l'essence (Den Haag 1974) 174-194; dtsch.: Jenseits des Seins oder anders als Sein geschieht (1992) bes. 312-334; De Dieu qui vient à l'idée (Paris 1982); dtsch.: Wenn Gott ins Denken einfällt (1985) 146, Anm. 5; vgl. später auch: J.-F. LYOTARD: L'inhumain (Paris 1988); dtsch.: Das Inhumane (Wien 1989). – [37] Autrement, a.O. 186/dtsch. 321. – [38] Vgl. G. AGAMBEN: Quel che resta di Auschwitz. L'archivio e il testimone (Turin 1998); dtsch.: Was von Auschwitz bleibt. Das Archiv und der Z. (2003); U. BAER (Hg.): «Niemand zeugt für den Z.». Erinnerungskultur und hist. Verantwortung nach der Shoah (2000); Jb. Einstein-Forum 1999: Zeugnis und Zeugenschaft (2000).

Literaturhinweise. N. BROX: Z. und Märtyrer (1961). – E. CASTELLI (Hg.) s. Anm. [36]. – A. TRITES: The New Testament concept of witness (Cambridge 1977). – TH. BAUMEISTER s. Anm. [4]. – G. AGAMBEN s. Anm. [38]. – A. M. SCHWEMER s. Anm. [4]. – Art. ‹Z., Zeugnis, Zeugenschaft›. LThK3 10 (2001) 1440-1446.

J. VON LÜPKE

Zeugung. Für den nicht nur in der Medizin und Biologie, sondern auch in der Philosophie – seit den Vorsokratikern – thematisierten Vorgang der geschlechtlichen Fortpflanzung, also der Z., ist in den alten (zum Griech. vgl. unten; lat. generatio, genitura, [pro]creatio) und in den neueren Sprachen (engl. generation, procreation, begetting; frz. génération, procréation, engendrement) eine Vielzahl von Ausdrücken und wissenschaftlichen Termini gebräuchlich gewesen. Einige von ihnen werden auch in der weiten Bedeutung von ‹Hervorbringung› oder ‹Produktion› (s.d.) verwendet; γένεσις und ‹creatio› sind geläufige Entsprechungen zu ‹Schöpfung› (s.d.). Mit γένεσις kann aber auch ein nicht näher spezifiziertes Werden (s.d.) gemeint sein, prominent etwa im Titel von ARISTOTELES' Schrift ‹De generatione et corruptione› (Περὶ γενέσεως καὶ φθορᾶς). Hinzu kommt ein reicher metaphorischer Gebrauch, bes. in Metaphysik, Theologie und Ästhetik (vgl. unten: 2.).

1. Der biologisch-medizinische Z.-Begriff bezieht sich auf ein Phänomen, das lange nicht verstanden wurde [1] und aufgrund der späten Entdeckung der Ovarien [2], der Spermatozoen [3] und – erst im 19. Jh. – des weiblichen Ovums [4] teilweise bis weit in die Neuzeit nur in geringem Umfang der Beobachtung zugänglich war. Damit war Raum für eine Vielzahl spekulativer Hypothesen gegeben. Unklar war zunächst insbesondere die Funktion des 'Weiblichen' und 'Männlichen' [5] bei der Z. Abgesehen vom begrifflichen Kern (Hervorbringung eines Lebewesens durch geschlechtsverschiedene Eltern) ist die Bedeutung von ‹Z.› und der verwandten Termini in hohem Maße abhängig von den jeweiligen, oft stark divergierenden Hypothesen. Die *Begriffsgeschichte* von ‹Z.› ist daher kaum von der *Forschungsgeschichte* (bes. der Embryologie [6]) und von der Geschichte der Z.-Spekulationen zu trennen.

In der *Antike* ist das einschlägige Wortfeld vor allem im Griechischen umfangreich. Die beiden neben φύειν und φυτεύειν am häufigsten verwendeten Verben sind γεννᾶν (davon die Substantive γένεσις / γέννησις und γονή) und τίκτειν. Sie können die Aktivitäten *beider* Geschlechter im Reproduktionsprozeß bezeichnen [7], also das Zeugen des Männchens/des Mannes und das Gebären des Weibchens/der Frau [8]. Während diese Ausdrücke auch metaphorisch verwendet werden, sind die Termini παιδοποιεῖν/-σθαι; τεκνοποιεῖν/-σθαι ('Kindermachen') [9] für den biologischen Reproduktionsvorgang reserviert. Dabei stellt das dem Substantiv τέκνωσις [10] zugrundeliegende Verb einen Sonderfall dar, da es in einer nach dem jeweiligen Geschlecht differenzierten Weise gebildet wird: Die (grammatisch) aktive Form (τεκνοῦν) ist dem männlichen Part vorbehalten, während τεκνοῦσθαι (grammatisch med./pass.) das Gebären bezeichnet [11].

In Abkehr von der archaischen (sich vielfach mit außereuropäischen Ideen [12] berührenden) Vorstellungswelt [13], der selbst der Kausalzusammenhang von Koitus und Empfängnis nicht durchweg bekannt war [14], sind in der medizinischen und philosophischen Literatur seit dem 6. Jh. Hypothesen entwickelt worden, die das Phänomen der Z. aus den beobachtbaren (Sperma, Vaginalsekret, Menstruationsblut), aber auch hypothetisch angenommenen Faktoren (z.B. weiblicher Same) zu erklären versuchten. Die Klassifikation dieser Erklärungsansätze ist umstritten [15].

Das urtümliche Verständnis der Z. in Analogie zur Getreide-Aussaat, dem zufolge die Frau bei der Bildung des Embryos nicht aktiv mitwirkt, hat AISCHYLOS (ähnlich später EURIPIDES [16]) auf die Formel gebracht, daß «nicht die sogenannte Mutter die Erzeugerin (τοκεύς) des Kindes ist». Die Mutter «ist nur Amme/Nährerin (τροφός) des in ihr gesäten Keimes; derjenige, der es erzeugt (τίκτει), ist der Mann, der sie befruchtet» [17]. Dem entspricht die Ansicht des ANAXAGORAS, daß «der Same aus dem Mann entsteht, die Frau den Ort zur Verfügung stellt» [18]. Des von Aischylos gewählten Bildes – die Spermien werden «in die Gebärmütter wie in eine Saatfurche ausgestreut» [19] – bedient sich PLATON in seinen Spekulationen zum Akt der Z. im ‹Timaios›.

Die Vereinigung des männlichen und des (mit verschiedenen Sekreten identifizierten) weiblichen Samens steht im Mittelpunkt einer anderen, ebenfalls früh belegten Z.-Lehre. PARMENIDES beschreibt die Z. als einen 'agonalen' Vorgang, einen «Streit» («pugnare» [20]): Das Maß, in dem sich der männliche oder der weibliche Samen in der Mischung durchsetzt, erklärt die Ähnlichkeiten des Kindes mit den jeweiligen Elternteilen. EMPEDOKLES zufolge werden Teile des männlichen und weiblichen Samens «auseinandergerissen» und (wie ein σύμβολον, d.h. die zusammenpassenden Teile eines Ringes oder Astragals [21]) zu einem neuen Organismus zusammengesetzt [22]. Die im einzelnen teilweise disparaten Z.-Lehren des ‹Corpus Hippocraticum› [23] setzen voraus, daß sowohl «im Mann» – als auch in der Frau – «weiblicher und männlicher Samen» ist [24]. «Zur Z. (γένεσιν) kommt von allen Körperteilen des Mannes und der Frau der Samen (σπέρμα). Er fällt in die Gebärmutter und wird fest» [25]. Neben dieser sog. 'pangenetischen' Erklärung – der Samen kommt «aus dem ganzen Körper (ἀπὸ παντὸς σώματος)» [26] – ist aber auch die 'enkephalomyelogene' Theorie der Samenentstehung belegt, der zufolge der Samen aus Hirn und Mark entsteht. Die auch in anderen hippokratischen Schriften [27] vertretene Zwei-Samen-Theorie [28] wird ausführlich in der vielleicht von POLYBOS verfaßten Schrift ‹De genitura› (Περὶ γονῆς) [29] entfaltet.

ARISTOTELES setzt in seinen biologischen Schriften [30] zwei «Prinzipien der Z.» (γενέσεως ἀρχαί) an: das «Männchen und das Weibchen» [31]. Beide steuern aus einer Umgestaltung des Blutes [32] entstandenes Sperma bei. Während «das Weibchen als Materie» am Z.-Prozeß beteiligt ist, besitzt der männliche Part «das Prinzip der Bewegung» [33]. Daher kann Aristoteles in der ‹Physikvorlesung› allein im «Vater die Ursache (ἀρχή) des Kindes» [34] erblicken. Aufgrund ihres inferioren Anteils an der Z. ist die Frau strenggenommen «ein zur Z. nicht befähigter Mann (ἄρρεν ἄγονον)» [35].

Die stoische Z.-Lehre ist nicht mehr eindeutig zu rekonstruieren. ZENON VON KITION scheint die Existenz eines weiblichen Samens bestritten zu haben [36], während manche sie – freilich auch mit der Einschränkung, dieser sei unfruchtbar (ἄγονον) [37], – wohl angenommen haben [38]. Indirekt ist die von LUKREZ aufgegriffene [39] Zwei-Samen-Theorie auch für EPIKUR bezeugt [40]. GALEN entwickelt seine eklektische, in Abkehr von Aristoteles [41] konzipierte Z.-Lehre [42] sowohl unter Berücksichtigung neuerer anatomischer Entdeckungen (bes. der Ovarien durch HEROPHILOS [43]) als auch im Rückgriff auf ältere Hypothesen (bes. die Zwei-Samen-Theorie [44]): Die Z. besteht darin, daß der (kältere und feuchtere und deshalb unvollkommenere [45]) weibliche Samen sich mit dem männlichen Samen «mischt» (μίγνυται) [46].

In Biologie und Medizin des arabischen [47], jüdischen [48] und lateinischen Mittelalters [49] konnten die Z.-Lehren der Antike aufgenommen werden, da ihre wichtigsten Quellen (u.a. vermittelt durch die orientalische Medizin [50]) überliefert waren: erhebliche Teile des ‹Corpus Hippocraticum› [51] und die biologischen Schriften des ARISTOTELES [52] sowie das Werk GALENS [53]. Der an die Folgezeit weitergegebene Gegensatz des aristotelischen und des galenischen Standpunktes hinsichtlich des männlichen und weiblichen Z.-Beitrags [54] bleibt bis ins 18. Jh. ein zentrales Thema der Debatten [55].

Seit der frühen Neuzeit treten in der einschlägigen wissenschaftlichen Diskussion über das Phänomen der Fortpflanzung und den Z.-Vorgang spezifizierende Begriffe – ‹Präformation› (s.d.), ‹Epigenesis› (s.d.) oder ‹Urzeugung› (s.d.) – in den Vordergrund, die zu einer Verzweigung der bis dahin an das Wort ‹Z.› gebundenen Begriffsgeschichte führen.

2. Der vielfältige *metaphorische Gebrauch* von ‹Z.› entzieht sich einer umfassenden lexikographischen Darstellung. In der *Theologie* sind Trinitätslehre und Christologie die Hauptanwendungsfelder. Bereits in der Frühzeit der Dogmengeschichte wird im ‹Apostolischen Glaubensbekenntnis› versucht, das Verhältnis der zweiten zur ersten trinitarischen Person mit Hilfe des Z.-Begriffs (γεννηθείς [56]) zu präzisieren. Trotz anderslautender Bibelstellen – Gott «*schuf* (ἐποίησεν/fecit) Christus» [57] – wird diese Festlegung von den Vätern des ‹Konstantinopolitanischen Glaubensbekenntnisses› bekräftigt: Gottes Sohn ist vom Vater «gezeugt, nicht geschaffen» (γεννηθεὶς οὐ ποιηθείς/«genitus non factus») [58]. Im Streit mit den Arianern über die von diesen bestrittene Göttlichkeit Jesu Christi beruft sich AUGUSTINUS [59] (wie schon MARIUS VICTORINUS in seinem ‹Buch über die Z. des göttlichen Wortes› [60]) auf den begrifflichen Unterschied zwischen ‹Z.› (‹generatio›/‹gignere›) und ‹Schaffen› bzw. ‹Machen› (‹facere›), um den Gedanken der Konsubstantialität des Gottessohnes zu sichern und den Irrtum abzuwehren, dieser sei anderen Wesens als der Vater. In seinen ‹Sentenzen› bietet PETRUS LOMBARDUS [61] eine Präsentation der einschlägigen patristischen Positionen und Kontroversen, die der scholastischen Theologie ein gewaltiges Arbeitspensum vorgibt.

Auch in philosophischen Texten sind vielfältige metaphorische Verwendungen des Wortfelds (γεννᾶν und Ableitungen) seit der Antike belegt. Häufig und in systematisch zentralen Zusammenhängen tauchen Z.-Metaphern bei PLATON [62] auf: Der Eros ist ein Streben nach der «Z. im Schönen» (γέννησις ... ἐν τῷ καλῷ) [63]; der Demiurg «zeugte» (ἐγέννα) den Kosmos [64]. Allgegenwärtig sind Z.-Metaphern in der Geschichte der Ästhetik. Von Z., «geistiger Z.-Kraft» [65] usw. ist in mehr oder weniger sublimierter Form allenthalben die Rede [66]; so kann die «Erzeugung ... des geistigsten Products» [67] in bewußter Analogie zum Inseminationsakt beschrieben werden. Grundsätzlichen Widerspruch erfährt die Bevorzugung dieser Bildlichkeit von seiten G. W. F. HEGELS. Mit Blick auf kosmogonische Vorstellungen der Mythologie bemängelt er alle Vorstellungsweisen, in denen «die Hauptkategorie das Z. und Erzeugtwerden ist». Vollends sinnfällig werde die Unangemessenheit dieser im Kern sexuellen Metapher in der indischen Mythologie mit ihren «Darstellungen», in denen «die Schamlosigkeit aufs Äußerste getrieben ist und in ihrer Sinnlichkeit ins Unglaubliche geht». Hegels Rat, die «Vorstellung eines geistigen Schaffens» der «Veranschaulichung des natürlichen Zeugens» vorzuziehen [68], konnte nicht verhindern, daß die Z.-Metapher weiterhin verwendet wurde – dies gelegentlich in ihrerseits kreativer Abwandlung wie bei W. BENJAMIN, der den biologischen Bedeutungskern in origineller Weise ('Über-Z.' = Superfötation [69]) fruchtbar macht: «Für Männer. Überzeugen ist unfruchtbar» [70].

Anmerkungen. [1] R. K. H. KINNE: Oogenesis, spermatogenesis and reproduction (Basel 1991). – [2] Zu Herophilos vgl. GALEN: De semine 2, 1. Op. omn., hg. C. G. KÜHN (1821-33, ND 1964f.) 4, 597. – [3] F. J. COLE: Early theories of sexual generation (Oxford 1930). – [4] K. E. VON BAER: De ovi mammalium et hominis genesi (1827); vgl. F. B. CHURCHILL: The rise of class. descr. embryol., in: S. F. GILBERT (Hg.): A conceptual hist. of mod. embryol. (Baltimore 1994) 5ff. – [5] Vgl. Art. ‹Weiblich/männlich II. 2.›. – [6] Vgl. J. NEEDHAM: A hist. of embryol. (Cambridge 1959); T. J. HORDER/J. A. WITKOWSKI/C. C. WYLE (Hg.): A hist. of embryol. (Cambridge 1986); J. M. OPPENHEIMER: Essays in the hist. of embryol. and biol. (Cambridge, Mass. 1967). – [7] ARISTOTELES: De gen. anim. I, 2, 716 a 22. – [8] τίκτειν kann auch das Eierlegen von Vögeln und Reptilien bezeichnen; HERODOT: Hist. II, 68; ARISTOTELES: De gen. anim. I, 8, 718 b 15f. – [9] PLATON: Resp. V, 449 d; IV, 423 e; Leg. IX, 868 d; XII, 947 d; ARISTOTELES: Eth. Nic. VIII, 12, 1162 a 19; Hist. anim. IX, 1, 589 a 3; vgl. auch: Septuaginta, 1. Mos. 16, 2; 30, 3. – [10] ARISTOTELES: Hist. anim. X, 32, 618 a 26; De gen. anim. 716 a 26. – [11] VIII, 5, 585 a 34f. – [12] B. DOSSI: Samen, Seele, Blut. Die Z.-Theorien des alten Indien (1998); A. KUNZ: Die Vorst. von Z. und Schwangerschaft im antiken Israel. Zeitschr. alttest. Wiss. 111 (1999) 561-582. – [13] F. KUDLIEN: Zur Erforsch. archaisch-griech. 'Z.-Lehren'. Med.hist. Journal 16 (1981) 323-339; B. GLADIGOW: Zwei frühe Z.-Lehren? Rhein. Mus. 111 (1968) 357-374; R. B. ONIANS: The origins of European thought about the body, the mind, the soul (Cambridge ²1954). – [14] F. VON REITZENSTEIN: Der Kausalzusammenhang zwischen Geschlechtsverkehr und Empfängnis. Zeitschr. Ethnol. 41 (1909) 644-683; R. SPECHT: Innovation und Folgelast: Beispiele aus der neueren Philos.- und Wiss.gesch. (1972) 30ff. – [15] E. LESKY: Die Z.- und Vererbungslehren der Antike und ihre Nachwirkungen. Abh. Akad. Wiss. Lit. Mainz 19 (1950) 1224-1348; kritisch dazu: J. JOUANNA: La naiss. de la science de l'homme chez les médecins et les savants de l'époque d'Hippocrate, in: Tratados hipocráticos (Madrid 1992) 91-111; A. THIVEL: Die Z.-Lehren bei Hippokrates und den Vorsokratikern, in: R. WITTERN/P. PELLEGRIN (Hg.): Hippokrat. Medizin und ant. Philos. (1996) 3-13; A. COLES: Biomedical models of reproduct. in the 5th cent. BC and Aristotle's ‹Gen. of animals›. Phronesis 40 (1994) 48-88. – [16] EURIPIDES: Orest. 552ff. – [17] AISCHYLOS: Eum. 658ff.; dazu: J. DUMORTIER: Le vocab. médical d'Eschyle (Paris 1935). – [18] ARISTOTELES: De gen. anim. IV, 1, 763 b 30ff. – [19] PLATON: Tim. 91 d. – [20] PARMENIDES: VS 28, B 18; nur in der lat. Übers. des CAELIUS AURELIANUS überliefert. – [21] Vgl. Art. ‹Symbol I.›. Hist. Wb. Philos. 10 (1998) 710-723. – [22] EMPEDOKLES: VS 31, B 63; dazu: ARISTOTELES: De gen. anim. I, 18, 722 b 8ff.; V, 1, 764 a 37ff. – [23] HIPPOKRATES: Oeuvr. compl., hg. E. LITTRÉ (Paris 1851); WITTERN/PELLEGRIN (Hg.), a.O. [15]. – [24] De genitura 6, a.O. 7, 478; De natura pueri 12, a.O. 486; De morbis 4, 32, a.O. 542. – [25] De morbis 4, 32, a.O. 542. – [26] De genitura 3, a.O. 474. – [27] De morbo sacro 2, a.O. 6, 364; De aere aquis locis 14, a.O. 2, 58. – [28] W. GERLACH: Das Problem des 'weibl. Samens' in der ant. und mittelalt. Medizin. Sudhoffs Arch. 30 (1938) 177-193. – [29] HIPPOKRATES: De genitura, a.O. [23] 7, 470ff. – [30] Vgl. J. M. COOPER: Metaphysics in Aristotle's embryol. Proc. Cambridge philol. Soc. 214 (1988) 15-41; auch in: D. DEVEREUX/P. PELLEGRIN (Hg.): Biologie et métaph. chez Aristote (Paris 1990) 55-84; M. BOYLAN: The Galenic and Hippocratic challenges to Aristotle's conception theory. J. Hist. Biol. 17 (1984) 83-112; A. PREUS: Sci. and philos. in Aristotle's 'Gen. of animals'. J. Hist. Biol. 3 (1970) 1-5; Science and philos. in Aristotle's biol. works (1975) 52ff.; COLES, a.O. [15]. – [31] ARISTOTELES: De gen. anim. I, 2, 716 a 5ff. – [32] II, 2-4, 735 a 30ff. – [33] a.O. [31]. – [34] Phys. II, 3, 194 b 29f. – [35] De gen. anim. I, 20, 728 a 18. – [36] ZENON VON KITION: SVF 1, 129. – [37] SPHAIROS, a.O. 626. – [38] ZENON, a.O. 128. – [39] LUKREZ: De rerum nat. IV, 1209-1212. – [40] EPIKUR: Frg. 330 USENER; Andeutungen einer pangenet. Erklärung der Spermatogenese in einem Schol. zu EPIKUR: Ep. ad Herod. 66. – [41] A. PREUS: Galen's criticism of Aristotle's conception theory. J. Hist. Biol. 10 (1977) 65-85. – [42] GALEN: De usu partium 14, 6-11. Op. omn., a.O. [2] 4, 158-188; De semine, a.O. 4, 582ff.; D. NICKEL: Unters. zur Embryol. Galens (1989). – [43] Vgl. a.O. [2]. – [44] De semine, a.O. 512ff.; zum Rückgriff auf Hippokrates vgl. De semine 2, 1, a.O. 595, 13f. – [45] 1, 7, a.O. 536; De usu partium 10, 4, 6, a.O. 4, 164. – [46] a.O. – [47] U. WEISSER: Z., Vererbung und pränat. Entwickl. in der Med. des arab.-islam. MA (1983); J. BUMMEL: Z. und pränat. Entwicklung des Menschen nach Schriften mittelalterl. muslim. Religionsgelehrter (1999). – [48] S. S. KOTTEK: Embryol. in Talmudic and Midrashic lit. J. Hist. Biol. 14 (1981) 299-315. – [49] J. CADDEN: Meanings of sex difference in the MA (Cambridge 1993); G. KEIL: Art. ‹Zeugung›, in: Lex. des MA 9 (1999) 590-594. – [50] U. WEISSER: Die Harmonisierung der Z.-Theorien im islam. Kulturkreis und ihr Nachwirken im europ. MA, in: A. ZIMMERMANN (Hg.): Orient. Kultur und europ. MA (1985) 301-326. – [51] R. KIBRE: Hippocrates Latinus: repertorium of Hippocratic writings in the Latin MA (New York 1985). – [52] WILHELM VON MOERBEKE (Übers.): De generatione animalium, hg. H. J. DROSSAART LULOFS [Aristoteles Latinus XVII/2.5] (Brügge/Paris 1966). – [53] CADDEN, a.O. [49] 39-54. – [54] NEMESIUS VON EMESA: De natura hominis 24, hg. M. MORAN (1987) 85-87; übers. BURGUNDIO DE PISA, hg. G. VERBEKE/J. R. MONRO [Corpus lat. comment. in Arist. graec., suppl. 1] (Leiden 1975) 109. – [55] O. TEMKIN: Galenism. Rise and decline of a medical philos. (Ithaca 1973). – [56] H. DENZINGER/A. SCHÖNMETZER (Hg.): Enchir. symbol. ˚11 [†2] (³⁶1976) 21. – [57] Apg. 2, 36; Berufung hierauf bei dem Arianer CANDIDUS: Liber de generatione divina. MPL 8, 1019. – [58] DENZINGER/SCHÖNMETZER (Hg.), a.O. [56] 3: ˚150 (†86). – [59] AUGUSTINUS: C. sermonem Arianorum. MPL 42, 683-685; der ‹Sermo Arianorum›, a.O. 677-684; AUGUSTINUS: De trin. I, 4, 7. CCSL 50, 35f. – [60] MARIUS VICTORINUS: Liber de generatione divini verbi. MPL 8, 1019-1036; veranlaßt durch die Schr. des Arianers CANDIDUS: Lib. de gen. div., a.O. 1013-1020. – [61] PETRUS LOMBARDUS: Sent. 1, d. 4-7. Sententiae (Grottaferrata ³1971) 77-94. – [62] K. PHILIPP: Z. als Denkform ...: die stilist. und ontol. Bed. des Verbs γεννᾶν ... in Platons erhaltenen Werken (1980). – [63] PLATON: Symp. 206 e; G. W. MOST: Sechs Bem. zum plat. Eros, in: CH. BEGEMANN/D. E. WELLBERY (Hg.): Kunst, Z., Geburt. Theorien und Metaphern ästh. Produktion in der Neuzeit (2002) 37-49. – [64] Tim. 68 e 4; im kosmol. Kontext auch: ARISTOTELES: De caelo II, 1, 283 b 31; zur «Z.» der Zahlen vgl. PLOTIN: Enn. VI, 6 (34), 9. – [65] F. W. J. SCHELLING: Über das Verhältnis der bildenden Künste zu der Natur (1807). Ges. Werke, hg. M. SCHRÖTER, Erg.bd. 3 (1959) 424. – [66] BEGEMANN/WELLBERY (Hg.), a.O. [63]. – [67] W. VON HUMBOLDT: Über den Geschlechtsunterschied und dessen Einfluß auf die organ. Natur (1795). Ges. Schr., hg. A. LEITZMANN 1-17 (1903-36, ND 1967f.) 1, 318; vgl. H. MÜLLER-SIEVERS: Epigenesis. Naturphilos. im Sprachdenken W. von Humboldts (1993). – [68] G. W. F. HEGEL: Vorles. über die Ästh. 1 [1817/18ff.]. Jub.ausg., hg. H. GLOCKNER (1927-40) 12, 459-462. – [69] MEYERS Konv.-Lex. 17 (⁵1897) 27; W. PSCHYREMBEL: Klin. Wörterbuch (²⁵⁹2002) 1613 (Art. ‹Superfetatio›). – [70] W. BENJAMIN: Einbahnstraße (1928). Ges. Schr., hg. R. TIEDEMANN/H. SCHWEPPENHÄUSER (1972-89) 4/1, 87.

Literaturhinweise. E. LESKY s. Anm. [15]. – K. PHILIPP s. Anm. [62]. – F. KUDLIEN s. Anm. [13]. – A. THIVEL s. Anm. [15]. – B. DOSSI s. Anm. [12]. – A. KUNZ s. Anm. [12]. – CH. BEGEMANN/D. E. WELLBERY (Hg.) s. Anm. [63]. W. SCHRÖDER

Zimzum. Das hebräische Substantiv ‹Z.› heißt dem Wortsinn nach 'Zusammenziehung', 'Kontraktion', 'Rückziehen', 'Rückzug'. Zum Terminus technicus der Kabbala für die Selbstzusammenziehung Gottes vor und zum Zweck der Weltschöpfung wurde ‹Z.› im 16. Jh. durch die Lehren des jüdischen Mystikers I. LURIA, der in der Stadt Safed in Galiläa wirkte. Lurias Schüler CH. VITAL hat gegen Lurias Verbot die Lehre vom Z. in seinem 1573-1576 in Jerusalem geschriebenen Werk ‹Ez Chajim› (‹Baum des Lebens›) erstmals schriftlich fixiert [1]. Vital schildert, wie Gott – kabbalistisch: das Ensoph (s.d.) («das Unendliche») –, dessen unendliches Licht vor Schaffung der Welt allgegenwärtig ist und alles erfüllt, sich aufgrund eines Willensentschlusses aus seiner eigenen Mitte – von sich selbst in sich selbst – zurückzieht. Dieser gleichmäßige Rückzug (Z.) nach allen Seiten hinterläßt in der Mitte des Unendlichen einen leeren, licht- und gottlosen Raum, eine leere Mitte in Gott. An diesem runden, leeren Ort, der gleichwohl rundum von göttlichem Licht umgeben und begrenzt ist, ist das Ensoph nicht mehr anwesend. In diesen Raum hinein emaniert, schafft, formt und baut Gott dann durch sein unendliches Licht 10 Sphären (Sephirot, s.d.) und den Urmenschen (Adam Kadmon, s.d.) und schließlich, wie in Gen. 1f., die irdische Welt [2]. Schon bei Vital ist deutlich, daß der Z. nicht ein einmaliger Akt Gottes vor der Schöpfung von Raum und Zeit war, sondern daß der fortgesetzte Z., das permanente Bleiben Gottes in seiner Selbstverschränkung, notwendige Bedingung für die Erhaltung der Welt im Sinne der Creatio continua ist – denn anders würde das Vakuum, in das die Welt geschaffen ist, kollabieren.

Die ursprünglich esoterische und nur an Kabbalisten adressierte Lehre vom Z. fand seit 1587 in handschriftlichen Kopien weite Verbreitung in jüdischen Gemeinden ganz Europas. Andere Versionen der Lehre vom Z. wurden durch weitere Anhänger Lurias wie I. SARUG, M. JONA und J. IBN TABUL propagiert [3]. Mit dem Siegeszug der sog. Lurianischen Kabbala vor allem unter den Juden Osteuropas, wo der Sabbatianismus (s.d.) im 17. Jh. [4] und sogar der Chassidismus (s.d.) im 18. Jh. Elemente aus ihr übernahmen [5], wurde der Z. eines der prominentesten kabbalistischen Konzepte.

Der erste nicht-hebräische Text, in dem der Z. erscheint, ist die ‹Puerta del Cielo› des spanischen Kabbalisten A. C. HERRERA, der, kabbalistische (J. SARUG) mit neuplatonischen Elementen mischend [6], von «el metafórico zimzum o encogimiento» spricht [7]. Anders als Vital interpretiert er den Z. nicht naturalistisch als physikalischen Vorgang, sondern metaphorisch. Wegen der Begrenztheit der menschlichen Vernunft könne man lediglich in Bildern vom Tun Gottes vor Erschaffung der Welt sprechen [8].

Eingang in die Welt der christlichen Gelehrten Europas fand die Lehre vom Z. erst durch CH. KNORR VON ROSENROTH, dessen Werk vielen späteren Autoren Kenntnisse der Kabbala und des Z. in lateinischer Übersetzung vermittelte [9], z.B. auch der einflußreichen Philosophiegeschichte von J. J. BRUCKER [10], und so das meistzitierte Werk eines christlichen Kabbalisten im 17. und 18. Jh. wurde [11]. KNORR schöpft seine Darstellung des Z. aus Werken verschiedener Autoren der Lurianischen Kabbala, darunter aus VITALS ‹Ez Chajim› und aus HERRERA [12]. Er übersetzt ‹Z.› mit «contractio». Über ihn gelangt diese Lehre auch zu J. G. WACHTER, für den der Z. («Zusammenziehung») Teil der verderblichen Lehren der Kabbala ist, die von ihm für Spinozas «Pantheismus» und «Atheismus» verantwortlich gemacht wird [13]. Diese Ansicht wird von F. H. JACOBI geteilt, der eine Theorie von der «Contraktion» Gottes, des Sich-Zurückziehens, «um sich im Leben zu erhalten», von Lessing gehört haben will [14].

Ganz im Gegensatz zu Wachter formuliert F. CH. OETINGER: «Nulla enim neque manifestatio, neque creatio fieri potest sine attractione, quod Ebraeis est Zimzum» – der Z. ist notwendige Bedingung von Schöpfung und Offenbarung [15]. Aus Oetingers Werken und aus Jacobi kannte F. W. J. SCHELLING die Lehre vom Z. als «Contraktion» Gottes zwecks Erschaffung der Welt [16]. Die Reflexion dieser uranfänglichen «Contraktion» [17] prägt vor allem seine Weltalter-Spekulationen [18]. Dort hat der Z. Bedeutung sowohl für die Kosmogonie als auch für die Theogonie vom indifferenten Absoluten zum sich selbst offenbarenden Gott. Bei Schellings Zeitgenossen F. J. MOLITOR wird die Reflexion des Z. weiterentwickelt in eine Genese der christlichen Trinität, wo die Kontraktion des Vaters erst die Zeugung des Sohnes und das Hervorgehen des Heiligen Geistes ermöglicht [19].

Es sind diese christlichen Philosophen, durch die jüdische Denker des 20. Jh. wieder auf die Kabbala und die Lehre vom Z. aufmerksam gemacht werden: F. ROSENZWEIG entdeckt nach einer Lektüre von SCHELLINGS ‹Weltalter› deren Nähe zu Lurias «Verinnerung» Gottes [20]. G. SCHOLEM liest Knorr von Rosenroth und Molitor, bevor er die Werke der Lurianischen Kabbala im Original studiert [21]. In einer sehr kühnen Interpretation und geschichtsphilosophischen Aneignung des Z. deutet er das 20. Jh. als die Epoche eines letzten, totalen Z. («Selbstverschränkung») Gottes bis hin zur fast vollkommenen Verborgenheit von Offenbarung angesichts der Herrschaft von dialektischem Materialismus und Psychoanalyse in der entgötterten Welt [22].

Noch radikaler als Scholem hat H. JONAS den Z. für eine Theodizee nach Auschwitz in Anspruch genommen: Im Z., so Jonas' mythische Erzählung, habe Gott seine Allmacht irreversibel dadurch eingeschränkt, daß er die Welt geschaffen und ihr dann ihren Lauf gelassen hat. Aufgrund dieser freiwilligen Selbstentmächtigung Gottes durch den Z. und durch die damit einhergehende Ermächtigung der menschlichen Freiheit zum Bösen wurde Auschwitz möglich [23]. Unter Berufung auf die Forschungen Scholems deutet H. BLOOM den Z. primär als rhetorische Figur, als «radikale Metapher» und Trope der Begrenzung, wenngleich eine Deutung des Z. als religiöse Metapher für die Nicht-Verantwortlichkeit Gottes für das Böse in der Welt und das Leiden des Volkes Israel möglich bleibt [24].

Anmerkungen. [1] G. SCHOLEM: Art. ‹Luria, Isaac ben Salomon›, in: Encycl. Judaica (1971) 11, 572-578; Art. ‹Vital, Hayyim ben Joseph›, a.O. 16, 171-176. – [2] CH. VITAL: Sefer Ez Chajim (Warschau 1891) 22f. – [3] Vgl. G. SCHOLEM: Kabbalah (Jerusalem 1988) 128-135. – [4] Sabbatai Zwi (1992). – [5] Y. JACOBSON: From Lurianic Kabbalism to the Psychological Theosophy of Hasidism (hebr.) (Tel Aviv 1984). – [6] A. ALTMANN: Lurianic Kabbalah in a Platonic Key. Hebrew Union College Annual 53 (1982) 317-355. – [7] A. C. HERRERA: Puerta del cielo, hg. K. KRABBENHOFT (Madrid 1987) 144f. – [8] Zur weiteren Überlieferungsgeschichte vgl. G. SCHOLEM: A. C. Herrera – Leben, Werk und Wirkung, in: A. HERRERA: Das Buch ‹Scha'ar Ha-Schamajim› oder Pforte des Himmels (1974) 7-76. – [9] K. SA-

LECKER: Ch. Knorr von Rosenroth (1931) 1-14; CH. SCHULTE: Z. in der ‹Kabbala Denudata›. Morgenglantz 7 (1997) 127-140. – [10] J. J. BRUCKER: Hist. critica philosophiae 2 (1742) 985-1030, bes. 997f. – [11] E. BENZ: Die christl. Kabbala (Zürich 1958) bes. 18-25; vgl. Art. ‹Kabbala›. Hist. Wb. Philos. 4 (1976) 661-666, hier: 664. – [12] CH. KNORR VON ROSENROTH: Kabbala denudata 1/2, Anhang: Apparatus in librum Sohar seu Porta Coelorum (Sulzbach 1678). – [13] J. G. WACHTER: Der Spinozismus im Jüdenthumb (Amsterdam 1699) 84f. 92; ND, hg. W. SCHRÖDER (1994) 148f. 158. – [14] F. H. JACOBI: Ueber die Lehre des Spinoza (1785) 22. 33-35. Werke (1812-25, ND 1976) 4/1, 63. 74-79. – [15] F. CH. OETINGER: Theologia, ex idea vitae deducta (1765) 216, hg. K. OHLY (1979) 1, 151. – [16] E. BENZ: Schellings theolog. Geistesahnen (1955); CH. SCHULTE: Z. bei Schelling, in: E. GOODMAN-THAU u.a. (Hg.): Kabbala und Romantik (1994) 97-118; vgl. Art. ‹Kontraktion Gottes›. Hist. Wb. Philos. 4 (1976) 1064f. – [17] F. W. J. SCHELLING: Stuttgarter Privatvorles. [1810]. Sämmtl. Werke, hg. K. F. A. SCHELLING (1856-61) I/7, bes. 428-442. – [18] Die Weltalter [1811-15], a.O. I/8, 219-239. 324-337; Die Weltalter, hg. M. SCHRÖTER (1946) 181-184. 243-250; Weltalter-Fragmente, hg. K. GROTSCH [Schellingiana 13, 1-2] (2001) 1, 119. 175f.; 2, 28. 45. 47. 53. – [19] F. J. MOLITOR: Philos. der Gesch. oder über die Tradition 2 (1834) 148-163, 170-172. – [20] F. ROSENZWEIG: 'Urzelle' des Stern der Erlösung [1917], in: Kl. Schr. (1937) 357-372, zit. 360. – [21] G. SCHOLEM: Tagebücher (1995/2000) 1, 189. 404f. 408. – [22] Trauerrede auf Rosenzweig (1930), in: Devarim bego (Tel Aviv 1982) 414; dtsch., in: F. ROSENZWEIG: Der Stern der Erlösung (1988) 533. – [23] H. JONAS: Der Gottesbegriff nach Auschwitz (1987) 44-49. – [24] H. BLOOM: Kabbala (1989) 73. 77-81.

Literaturhinweise. J. VON KEMPSKI: Z. Die Schöpfung aus dem Nichts [1960]. Schr. (1992) 3, 21-43. – G. SCHOLEM: Die jüd. Mystik (1967) 267-314; Schöpfung aus Nichts und Selbstverschränkung Gottes, in: Über einige Grundbegriffe des Judentums (1970) 53-89. – CH. SCHULTE: Z. in European philos., in: Jewish studies in a new Europe (Kopenhagen 1998) 745-756.

CH. SCHULTE

Zirkel (griech. κύκλος; lat. circulus; engl. circle; frz. cercle). In der Philosophie ist ‹Z.› eine Bezeichnung für unterschiedliche, in der Regel zu vermeidende Arten der Rückbezüglichkeit. Die Vermeidung von Z.n wird als methodisches Prinzip für die Begründung von Aussagen, den Beweis von Theoremen, den Aufbau von Theorien und die Hierarchisierung von Disziplinen gefordert. In der Definitionslehre werden zirkuläre Begriffsbildungen für das Auftreten logischer, mengentheoretischer und semantischer Antinomien [1] verantwortlich gemacht. In den historischen und textinterpretierenden Wissenschaften entsteht der hermeneutische Z. [2] aus dem Problem, daß das Ganze nur aus seinen Teilen heraus verstanden werden kann, das Verständnis der Teile aber das des Ganzen bereits voraussetzt.

Die Bezeichnung ‹Z.› (κύκλος) wird schon bei ARISTOTELES im Zusammenhang mit der Zulässigkeit von syllogistischen Z.-Beweisen aus umkehrbaren Sätzen [3] und der Unmöglichkeit genereller Z.-Beweise [4] verwendet. ‹Diallele› (s.d.) ist ein späterer stoischer, zumeist für Z.-Definitionen verwendeter Terminus für dieselbe Struktur, ohne auf die evidente Bildlichkeit des Z. (Kreis) zurückzugreifen, die sich in der Folgezeit durchsetzt. In ihrer logischen Form fällt die Diallele mit dem «circulus vitiosus» (s.d.) bei Beweisen oder Definitionen zusammen. ‹Circulus vitiosus› (‹fehlerhafter Kreis›, engl. ‹vicious circle›, frz. ‹cercle vicieux›) bezeichnet etwa einen Beweis, bei dem die zu beweisende Aussage, eventuell verdeckt, für den Beweis vorausgesetzt wird. Von einer ‹petitio principii› (griech. ἀρχὴν αἰτεῖσθαι, ‹Beanspruchung des Beweisgrundes›, engl. ‹begging the question›) wird gesprochen, wenn bei der Begründung eines Satzes ein oder mehrere Sätze als Prämissen vorausgesetzt werden, dessen bzw. deren Begründung selbst auf den zu begründenden Satz zurückgreifen muß. Gehört zu diesen Prämissen bereits der zu begründende Satz oder ein ihm äquivalenter, liegt ein circulus vitiosus vor. Auch das 'Hysteron-Proteron' (s.d.), der Beweisfehler der Umkehrung, in dem das zu Beweisende in irgendeiner Form im Beweisgang verwendet wird, mit dem Späteren also das Frühere bewiesen werden soll, ist für Aristoteles eine petitio principii [5]; er unterscheidet fünf verschiedene Arten der petitio principii [6].

In der mathematischen Begriffsbildung werden zirkuläre Strukturen auch als ‹imprädikativ› bezeichnet. Imprädikativ ist eine Definition, in deren Definiens auf eine das Definiendum enthaltende Menge Bezug genommen wird, ohne daß die Elemente der Menge allerdings konstruktiv gegeben wären [7]. Imprädikative Aussageformen werden für die Entstehung von logischen und mengentheoretischen Antinomien verantwortlich gemacht. H. POINCARÉ erkannte ihre Zirkularität und forderte ihr Verbot [8]. B. RUSSELL erhob die Vermeidung solcher «vicious-circle fallacies» als «vicious-circle principle» zum Prinzip der von ihm geschaffenen Typentheorie (s.d.), in der gefordert ist, daß keine Gesamtheit Elemente enthalten dürfe, die mittels ihrer selbst definiert sind [9].

Eine zirkuläre Selbstreferenz (s.d.) liegt vor, wenn ein Ausdruck A einen Ausdruck B bezeichnet, von dem A ein referierender Teilausdruck ist. In ihrer negativen Form ('Dieser Satz ist falsch') führt sie auf semantische Antinomien [10]. In der mittelalterlichen Logik galten solche Sätze mit der Lügner-Paradoxie als Standardbeispiel der «insolubilia» (s.d.) («unlösbare Probleme») und damit als «sophismata» (s.d.).

In Begründungszusammenhängen würde die von B. PASCAL selbst als utopisch angesehene Forderung, «alle Begriffe zu definieren und alle Sätze zu beweisen» («à définir tous les termes et à prouver toutes les propositions») [11], wenn ein circulus vitiosus vermieden werden soll, auf einen 'infiniten Regreß' führen [12]. Die Setzung von Deduktionsanfängen, etwa durch Annahme keines Beweises fähiger, aber auch keines Beweises bedürftiger Axiome [13], versucht das Problem zu umgehen, gerät aber u.U. in Dogmatismusverdacht.

Die daher vom Kritischen Rationalismus geforderte Aufgabe des Begründungsdenkens wurde von H. ALBERT mit dem ‹Münchhausen-Trilemma› (s.d.) gerechtfertigt, wonach derjenige, der nach dem Prinzip des zureichenden Grundes [14] für alles eine Begründung verlangt, lediglich die Wahl hat zwischen einem infiniten Regreß, einem logischen Z. in der Deduktion und dem Abbruch des Verfahrens an einem bestimmten Punkt. Der logische Z. entsteht dadurch, daß im Begründungsverfahren auf Aussagen zurückgegriffen werden muß, die zuvor als begründungsbedürftig aufgetreten waren [15]. Das Trilemma ähnelt dem von K. R. POPPER sogenannten ‹Friesschen Trilemma› der Begründung «Dogmatismus – unendlicher Regreß – psychologistische Basis» [16]: Will man die Sätze der Wissenschaft nicht dogmatisch einführen, müssen sie begründet werden. Eine durchgehend logische Begründung führt auf einen unendlichen Regreß, denn Sätze können nur auf Sätze zurückgeführt werden, die selbst wieder der Begründung bedürfen. Es bleibt im Bereich philosophischer Erkenntnis für Fries nur die psychologisch-anthropologische 'Deduktion' von Grundsätzen auf Basis der Selbstbeobachtung [17].

Der Nachweis von Z.n ist ein wichtiges Mittel der Kritik. In der skeptischen Auseinandersetzung mit der aristotelischen Syllogistik [18] werden z.B. Schlüsse des Modus Barbara als zirkulär bezeichnet. Dort liege eine Diallele vor, weil dasjenige, das den fraglichen Gegenstand stützen soll, selbst der Bestätigung durch den fraglichen Gegenstand bedarf [19]. In einem Syllogismus der Form 'Alle Menschen sind Lebewesen, Sokrates ist ein Mensch, folglich ist Sokrates ein Lebewesen' wird der universal-affirmative Obersatz induktiv aus den Einzelfällen bestätigt. Gleichwohl wird aus dem Obersatz ein singulärer Satz deduktiv gefolgert, dessen Gültigkeit Bedingung für die Gültigkeit des Obersatzes ist. Dieser nur im Kontext der apodiktischen Syllogistik [20], wenn die Gültigkeit der Prämissen nicht hypothetisch gesetzt wird, sinnvolle Einwand dient als Argument für fehlende Kreativität syllogistischer und anderer deduktiver Schlüsse [21].

Anmerkungen. [1] Vgl. Art. ‹Antinomie II.›. Hist. Wb. Philos. 1 (1971) 397f. – [2] Art. ‹Zirkel, hermeneutischer›. – [3] ARISTOTELES: Anal. pr. II, 5, 57 b 19-58 a 11. – [4] Anal. post. I, 3, 72 b 17-39. – [5] Anal. pr. II, 16, 64 b 32. – [6] 64 b 29-65 a 37; Top. VI, 13, 162 b 31-163 a 14; vgl. auch: Anal. pr. I, 23, 40 b 30-33; 24, 41 b 10-20. – [7] Art. ‹Imprädikativität›. Hist. Wb. Philos. 4 (1976) 270-272; die Terminologie geht auf Russells «non-predicative» zurück, vgl. B. RUSSELL: On some difficulties in the theory of transfinite numbers and order types. Proc. London Math. Soc., Ser. 2, 4/1 (1906) 29-53. – [8] H. POINCARÉ: Les math. et la logique 3. Rev. Mét. Morale 14 (1906) 294-317. – [9] B. RUSSELL: Math. logic as based on the theory of types. Amer. J. Math. 30 (1908) 222-262; hier: 237; ND, in: J. VAN HEIJENOORT (Hg.): From Frege to Gödel (Cambridge, Mass. 1967) 152-182, hier: 163; vgl. B. RUSSELL/A. N. WHITEHEAD: Principia mathematica 1-3 (Cambridge 1910-13, [2]1925-27) 1, 36f. – [10] Art. ‹Antinomie II. 1.›. Hist. Wb. Philos. 1 (1971) 397f. – [11] B. PASCAL: De l'esprit géométrique I, 5 [1655]. Oeuvr. compl., hg. J. MESNARD 3 (Paris 1991) 393. – [12] Vgl. Art. ‹Regressus/progressus in infinitum›. Hist. Wb. Philos. 8 (1992) 487-489. – [13] Vgl. ARISTOTELES: Anal. post. I, 2, 71 b 20ff.; 10, 76 b 23f.; vgl. Art. ‹Axiom›. Hist. Wb. Philos. 1 (1971) 737-748, hier: 738. 741f. – [14] Art. ‹Principium rationis sufficientis›. Hist. Wb. Philos. 7 (1989) 1325-1336. – [15] H. ALBERT: Traktat über krit. Vernunft (1968, [5]1991) 15. – [16] K. R. POPPER: Logik der Forschung (Wien 1935, [7]1982) 60. – [17] Vgl. J. F. FRIES: Neue oder anthropolog. Kritik der Vernunft 1, § 70 (1807, [2]1828). Sämtl. Schr. 4 (1967) 336-344. – [18] SEXTUS EMP.: Pyrrhon. Instit. II, 196. – [19] I, 15. – [20] Vgl. Art. ‹Syllogismus; Syllogistik›. Hist. Wb. Philos. 10 (1998) 687-688. – [21] H. GOMPERZ: Kann die Deduktion zu 'neuen' Ergebnissen führen? Kantstudien 35 (1930) 467-479.

Literaturhinweise. CH. THIEL: Grundlagenkrise und Grundlagenstreit (1972) 130-157. – J. BARWISE/J. ETCHEMENDY: The liar. An essay on truth and circularity (Oxford 1987). – J. BROMAND: Philos. der semant. Paradoxien (2001).

V. PECKHAUS

Zirkel, hermeneutischer (engl. hermeneutic[al] circle; frz. cercle herméneutique). Der Ausdruck ‹h.Z.› wird in den historischen und textinterpretierenden Wissenschaften, in der Theorie der Geisteswissenschaften und in der philosophischen Hermeneutik verwendet. Je nach den zugrunde gelegten Konzeptionen der *Hermeneutik*, des *Verstehens* und des *Interpretierens* ergeben sich divergierende Auffassungen.

Für die Rede vom Zirkel (s.d.) sind Konzeptionen der Logik und Argumentationstheorie maßgeblich, wobei zirkuläre Strukturen in Definitionen, Schlüssen oder Beweisen als Defekte behandelt werden. Auch nicht-syllogistische, informelle Rede kennt zirkelartige Strukturen [1]. Die Logik bewertet Zirkel nicht durchgängig negativ («circulus utilis ac bonus, circulus necessarius») [2]. Da die Interpretationstheorie der Neuzeit bis zur Aufklärung als Teil der Logik oder in unmittelbarem Zusammenhang mit dieser betrieben wurde, werden zirkuläre Verhältnisse (etwa die Frage einer Petitio Principii beim Parallelstellenverfahren) thematisiert und in methodologischen Überlegungen behandelt, wenn auch der Neologismus ‹h.Z.› nicht auftritt [3].

In begriffsgeschichtlicher – nicht lexikographisch oder terminologiegeschichtlich eingeengter – Perspektive ist ein Zusammenhang des h.Z. mit Konzeptionen der antiken Rhetorik und Poetik gegeben. Beide Disziplinen leiten zu fachgerechter Herstellung von Texten an und erfassen spezifisches Produktionswissen, wobei verschiedenartige Aspekte der Zusammensetzung von Teilen zu einem Ganzen behandelt werden. Kennzeichnend hierfür ist seit PLATON die metaphorische Bestimmung der Rede als Lebewesen, dessen Glieder sich in angemessenen Proportionen zueinander befinden [4]. Auch ARISTOTELES gebraucht die Organismus-Metapher: Er verlangt eine stringente Zusammenfügung der einzelnen Teile zu einem Ganzen, so daß diese für das Ganze notwendig sind und ohne Beeinträchtigung des Ganzen nicht verändert werden können [5]. Bei CICERO wird der Gedanke der Notwendigkeit und Vollkommenheit/Schönheit der Zusammensetzung der Naturdinge [6] explizit auf die Rede und ihre Teile übertragen [7]. Die antike Rhetorik (QUINTILIAN) thematisiert das Verhältnis von Textteilen und Textganzem insbesondere im Rahmen der Lehre von der «dispositio»: Eine Rede muß so gegliedert sein, daß die Teile nicht nur aneinandergereiht sind, sondern zu einem «Körper» zusammenstimmen: «corpus sit, non membra» [8].

Teil-Ganzes-Relationen sind konstitutiv für die rhetorische Figur der Synekdoche [9] wie für die Operation der «intellectio», der Bildung eines Inbegriffs [10]. Bei der Synekdoche handelt es sich darum, daß ein Teil (z.B. 'Dach') an die Stelle des (nicht explizit genannten) Ganzen ('Haus') gesetzt wird («pars pro toto») und umgekehrt [11]. Auf der Ebene des einzelnen Lexems zeigt die Synekdoche aufgrund der Spannung von manifester und latenter Bedeutung eine strukturelle Parallele zu der als h.Z. bestimmten Bedeutungsstruktur von Texten. In der Schule der Alexandrinischen Philologen (Rabbi HILLEL und seine Schüler) werden sieben Regeln der Auslegung der jüdischen Heiligen Schriften ausgearbeitet, von denen die fünfte den Schluß von den Teilen auf den Sinn des Ganzen und umgekehrt vorschreibt [12].

Die Rhetoriken und (theologischen) Hermeneutiken der frühen Neuzeit übernehmen und transformieren wesentliche Bestimmungen des tradierten Begriffsapparats. Die kulturellen Veränderungen seit der Spätantike, insbesondere die Kanonisierung eines Korpus von (heiligen) Texten im jüdischen und christlichen Bereich, führen zu einer herausgehobenen Bedeutung der Textlektüre, zu einer partiellen Verlagerung des Interesses weg von der Textproduktion (Rhetorik) hin zu einer – insbesondere bei den Autoren der Reformation – zunehmenden Relevanz der (individuellen) Lektüre, der Exegese, des Kommentars, der Interpretation [13]. Dementsprechend betont PH. MELANCHTHON die Bedeutung eines klaren Überblicks über die Textstruktur, des Erfassens der wechselseitigen Abhängigkeiten der einzelnen Textteile und der Erkenntnis von Intention/Zweck (Skopus, s.d.) des Textes/Autors [14]. M. FLACIUS ILLYRICUS fordert den Interpreten auf, «sehr aufmerksam zu beobachten, wo sozusagen das Haupt, die Brust, die Hände, die Füße usw. (caput, pectus, manus, pedes, etc.) sind. Dabei also magst du genau erwägen, wie jener Körper beschaffen ist (quale illud corpus sit), wie er alle diese Glieder umfaßt und in welcher Weise so viele Glieder oder Teile diesen einen Körper gemeinsam erstellen, welches die Übereinstimmung, Harmonie oder das Verhältnis der einzelnen Glieder untereinander oder auch zu dem ganzen Körper und besonders zu dem Haupte sei (quomodo omnia ea membra complectatur: quave ratione, illa tot membra aut partes ad efficiendum hoc unum corpus, conveniant: quaenam sit, singulorum membrorum, vel inter sese, vel etiam cum toto corpore, ac praesertim cum capite ipso, convenientia, harmonia, ac proportio)» [15]. Mitunter werden derartige Ausführungen als erste Formulierungen der Zirkelstruktur des Verstehens bezeichnet [16].

Neben der logischen und rhetorischen Tradition sind Überlegungen für den h.Z. grundlegend, die seit der Mitte des 18. Jh. im Diskurs der Ästhetik das Verstehen als einen nicht (ausschließlich) rational-diskursiven Prozeß bestimmen. Das Kunstwerk wird nicht als Aggregat einzelner Teile, sondern explizit als eine begrifflich nicht bestimmbare, allein in der Betrachtung empfindbare Ganzheit charakterisiert. Die Frage, inwiefern Konzeptionen der Philosophie Kants (reflektierende Urteilskraft, Organismusbegriff) und des Deutschen Idealismus für den h.Z. bestimmend sind, ist in der Forschung nicht geklärt.

Ausführungen F. W. J. SCHELLINGS artikulieren eine für den h.Z. charakteristische Problematik der nicht mehr ausschließlich texttheoretisch bestimmten Teil-Ganzes-Beziehung: «Man müßte also ... Genie da voraussetzen, wo offenbar die Idee des Ganzen den einzelnen Theilen vorangegangen ist. Denn da die Idee des Ganzen doch nicht deutlich werden kann, als dadurch, daß sie in den einzelnen Theilen sich entwickelt, und doch hinwiederum die einzelnen Theile nur durch die Idee des Ganzen möglich sind, so scheint hier ein Widerspruch zu seyn, der nur durch einen Akt des Genies, d.h. durch ein unerwartetes Zusammentreffen der bewußtlosen mit der bewußten Thätigkeit, möglich ist» [17]. Damit zeichnet sich eine Transformation des texttheoretischen Zirkels zur erweiterten hermeneutischen Konzeption ab, in deren Verlauf zunehmend allgemeine Aspekte des Denkens, Erkennens und Verstehens thematisch werden. Schellings Schüler F. AST spricht von einem «Grundgesetz alles Verstehens und Erkennens ..., aus dem Einzelnen den Geist des Ganzen zu finden und durch das Ganze das Einzelne zu begreifen» [18]. Angesichts dieses zirkulären Sachverhalts bezieht Ast sich allgemein auf historisches Verstehen und nicht mehr auf den speziellen Fall des Textverstehens.

Auch F. D. E. SCHLEIERMACHER gebraucht den Ausdruck ‹h.Z.› noch nicht, bezeichnet aber Asts «hermeneutischen Grundsaz» als «unbestreitbar» [19] und unterscheidet jetzt verschiedene Ebenen der Teil-Ganzes-Relation: Der einzelne Autor ist zunächst Teil des ganzen «Sprachschazes» und der Geschichte seines «Zeitalters»; «innerhalb einer einzelnen Schrift kann das Einzelne nur aus dem Ganzen verstanden werden» und umgekehrt; dies ist nur scheinbar ein «Cirkel» [20]. Bei Schleiermacher wird deutlich, daß die Teil-Ganzes-Unterscheidung relativ und iterierbar ist. Etwas kann sowohl als Ganzes gegenüber untergeordneten Einheiten wie auch als Teil bezüglich übergeordneter Einheiten erscheinen: Text T_1 ist das Ganze relativ zu seinen Konstitutionselementen, den Textteilen $t_1 \dots t_n$. Text T_1 ist ein Teil relativ zu dem Gesamtwerk des Autors, zur literarischen Produktion einer Epoche, zu einem Kultursystem. In diesem Zusammenhang ist 1. zwischen textinternen Relationen und Kontext-Relationen sowie 2. Ganzheiten als konkreten Objekten (Textteile $t_1 \dots t_n$; Texte $T_1 \dots T_n$) vs. nicht strikt definierbaren Totalitäten (‘der Geist der Antike’, die [natürliche] Sprache S) zu unterscheiden.

A. BOECKH gebraucht den Terminus ‹h.Z.› in seinen Vorlesungen seit 1809 explizit [21] (diese Stelle gilt als *erstes* Vorkommen des Ausdrucks). Der h.Z. ist auflösbar, aber «nie vollständig» zu vermeiden [22]. Diese Ambiguität kennzeichnet den h.Z. und seine weitere Geschichte. Im geschichtlichen Verstehen sieht J. G. DROYSEN einen Zirkel: In diesem erkennen wir etwas nur durch sein Gewordensein; «aber wie es geworden ist, entnehmen wir nur ... daraus, daß wir verstehen, *wie* es ist». Dieser Zirkel ist eine «gleichsam stereoskopisch» verfahrende, d.h. «von zwei Seiten» ausgehende und «weiterführende» Betrachtung der untersuchten Sache [23]. W. DILTHEY ist der Auffassung, daß das Verständnis eines Textteils das Erfassen der Bedeutung des Gesamttexts voraussetzt und das Erfassen der Gesamttextbedeutung das Erfassen der Textteilbedeutungen verlangt. Dieser «Zirkel» stellt die «zentrale Schwierigkeit» oder eine «Aporie» der Textinterpretation dar [24]. Später erweitert Dilthey den Begriff des h.Z. zu einem allgemeinen «Zirkel des Erkennens» [25]. Dies wird u.a. von O. F. BOLLNOW aufgegriffen, der vom h.Z. als «Grundlage jeder Erkenntnis des menschlichen Lebens» spricht, da jedes «Lebensverständnis ... nur in einem grundsätzlich zirkelhaften Verfahren», aus sich selbst heraus *und* durch «Verarbeitung neuer Erfahrungen» entfaltet werde [26].

Prägend für die weitere Verwendung des Begriffs sind M. HEIDEGGER und H.-G. GADAMER geworden. HEIDEGGERS Konzeption eines «fundamentalontologischen» Verstehens expliziert einzelne Verstehensakte als Derivate eines unhintergehbaren («existenzialen») Verstehens [27]. Bereits das Sehen von etwas besitzt die Struktur der Interpretation («Als-Struktur») und jede Interpretation operiert in einer «Vor-Struktur» [28]. H.-G. GADAMER projiziert den Beginn der Geschichte des h.Z. in die antike *Rhetorik* zurück; von dort ist diese Regel «auf die Kunst des Verstehens übertragen worden. Es ist ein zirkelhaftes Verhältnis, das hier wie dort vorliegt» [29]. Gadamer bestimmt den h.Z. als Interdependenz von Textteilen und Gesamttext, wobei er betont, daß Antizipationen ebenso wie Präsuppositionen und Hypothesen korrigierbar sind. Aber er hält dennoch an einer prinzipiellen Unhintergehbarkeit (s.d.) des Verstehens fest. Weder Methodik noch Reflexion/Spekulation können Verstehen garantieren («Dialektik muß sich in Hermeneutik zurücknehmen» [30]). Verstehen vollzieht sich aufgrund eines «Vorgriffs der Vollkommenheit» [31], der Annahme einer nicht-manifesten Bedeutungseinheit des Gesamttextes. Die philosophische Hermeneutik präsentiert sich nicht als Theorie der Textinterpretation, sondern charakterisiert mittels des h.Z. ein universales Verstehen. Aufgrund der Zugehörigkeit zu einer Lebensform und ihrer Sprache bzw. des durch sie gegebenen Vorwissens und Vorverständnisses (s.d.) bleibt das Verstehen durch Momente bestimmt, die niemals vollständig aufzuklären sind. Diese Unhintergehbarkeit wird als Geschichtlichkeit in Form eines Prinzips der Wirkungsgeschichte (s.d.) herausgestellt [32].

In der an Gadamer anknüpfenden, kontroversen Diskussion wurde a) teils unter Berufung auf Heidegger und Gadamer der h.Z. ausdrücklich bejaht oder b) vorgeschlagen, den h.Z. durch Modelle hermeneutischer Spiralen zu ersetzen, welche der erkenntniserweiternden Leistung gelingender, methodengestützter Interpretationen

Rechnung tragen, oder c) von Kritikern gefordert, den Begriff ‹h.Z.› wegen seiner Unklarheiten und Inkonsistenzen aufzugeben [33].

Anmerkungen. [1] Art. ‹Diallele›. Hist. Wb. Philos. 2 (1972) 226; vgl. I. KANT: Logik JÄSCHE (1800). Akad.-A. 9, 50. – [2] Vgl. W. RISSE: Die Logik der Neuzeit (1964-70) 1, 329 (Anm. 165); 2, 310 (Anm. 112). – [3] M. BEETZ: Nachgeholte Hermeneutik. Zum Verhältnis von Interpretations- und Logiklehren in Barock und Aufklärung. Dtsch. Vjschr. Lit.wiss. Geistesgesch. 55 (1981) 591-628, hier: 628; vgl. H.-E. H. JAEGER: Studien zur Frühgesch. der Hermeneutik. Arch. Begriffsgesch. 18 (1974) 35-84. – [4] PLATON: Phaedr. 264 c. – [5] ARISTOTELES: Poet. 23, 1459 a 20; 8, 1451 a 33-35; vgl. PLATON: Phaedr. 268 d. – [6] CICERO: De oratore III, 45, 179. – [7] a.O. 46, 181. – [8] QUINTILIAN: Instit. orat. VII, 10, 16. – [9] a.O. VIII, 6, 19f.; vgl. F. CHICO-RICO: Art. ‹Intellectio›, in: G. UEDING (Hg.): Hist. Wb. der Rhet. 4 (1998) 448-451. – [10] ANON.: Rhetorica ad Herennium IV, 33, 44. – [11] CICERO, a.O. [6] 42, 168. – [12] Aboth des R. NATHAN, hg. S. SCHLECHTER (1887, ND 1979) A 37, schol. 110; Tosefta. Seder IV: Nezikin 3: Sanhedrin VII, 11, dtsch., hg. B. SOLOMONSEN (1976) 125f.; vgl. G. STEMBERGER: Einl. in Talmud und Midrasch (^{8}1992) 27-30; F. MAASS: Von den Ursprüngen der rabbin. Schriftauslegung. Z. Theol. Kirche 52 (1955) 129-161, bes. 139-141. – [13] Vgl. B. J. DIEBNER/V. FRITZ/O. MERK/J. W. ROGERSON: Art. ‹Bibelwiss.›, in: Theolog. Realenzykl. 6 (1980) 316-409; Art. ‹Midrasch›, a.O. 22 (1992) 734-744; G. STEMBERGER/D.-A. KOCH/E. MÜHLENBERG/U. H. J. KÖHLER/H. SCHRÖER: Art. ‹Schriftauslegung›, a.O. 30 (1999) 442-499; A. VAN DER KOOIJ/B. ALAND: Art. ‹Textgeschichte/Textkritik der Bibel›, a.O. 33 (2002) 148-168. – [14] PH. MELANCHTHON: Elementa rhetorices (1531). Opera, hg. C. G. BRETSCHNEIDER 13 (1846) 429; J. KNAPE: Ph. Melanchthons ‹Rhetorik› (1993); Melanchthon als Begründer der neueren Hermeneutik und theolog. Topik, in: G. WARTENBERG (Hg.): Werk und Rezeption Ph. Melanchthons in Univ. und Schule bis ins 18. Jh. (1999) 123-131; C. J. CLASSEN: Die Bedeutung der Rhetorik für Melanchthons Interpretation profaner und bibl. Texte. Nachr. Akad. Wiss. Göttingen, Philol.-hist. Kl. (1998) Nr. 5, 236-272 (mit Lit.), bes. 261. – [15] M. FLACIUS ILLYRICUS: Clavis scripturae sacrae (1567) 2, 17 (Nr. 11); lat.-dtsch. Auswahl: De ratione cognoscendi sacras literas, hg. L. GELDSETZER (1968) 92f.; vgl. L. DANNEBERG: Die Anatomie des Text-Körpers und Natur-Körpers [Säkularisierung in den Wiss. seit der Frühen Neuzeit 3] (2003) bes. 250ff. – [16] Vgl. S. J. BAUMGARTEN: Ausführl. Vortrag der bibl. Hermeneutik (1745, 1769) 78, zit. in: BEETZ, a.O. [3] 612: «Der richtige Verstand einer Rede muß theils in den Worten, theils in dem Endzweck derselben begründet seyn ... Die Untersuchung des Endzwecks aber setzt die Einsicht der Bedeutungen schon voraus»; vgl. a.O. 626. – [17] F. W. J. SCHELLING: System des transscend. Idealismus (1800). Sämmtl. Werke, hg. K. F. A. SCHELLING (1856-61) I/3, 623f. – [18] F. AST: Grundlinien der Grammatik, Hermeneutik und Kritik § 75 (1808) 178; auch in: H.-G. GADAMER/G. BOEHM (Hg.): Seminar: Philos. Hermeneutik (1976) 111-130, hier: 116f. – [19] F. D. E. SCHLEIERMACHER: Ueber den Begriff der Hermeneutik (1829), in: Hermeneutik, hg. H. KIMMERLE (^{2}1974) 123-156, hier: 141f. – [20] Hermeneutik [1819/28], a.O. 84-86; zu zirkulären Verhältnissen als Gegenstand der Dialektik vgl. W. DILTHEY: Leben Schleiermachers 2, hg. M. REDEKER. Ges. Schr. 14/1 (1966) 161. 166. 175. 222. – [21] A. BOECKH: Enzykl. und Methodol. der philol. Wiss. (1877, ^{2}1886, ND 1966) 102. – [22] §§ 18f., a.O. 84f. – [23] J. G. DROYSEN: Historik (1857), hg. P. LEYH 1 (1977) 162. – [24] W. DILTHEY: Die Entstehung der Hermeneutik (1900). Ges. Schr. 5 (^{6}1974) 330. 334; vgl. Der Aufbau der geschichtl. Welt in den Geisteswiss. (1910). Ges. Schr. 7 (^{2}1958) 162. 254 («Zirkel der Begriffsbildung»). 262. 265. – [25] System der Philos. in seinen Grundzügen (1899-1906). Ges. Schr. 20 (1990) 259. 262; vgl. F. KÜMMEL: Platon und Hegel zur ontolog. Begründung des Zirkels in der Erkenntnis (1968) bes. 1-16. – [26] O. F. BOLLNOW: W. Diltheys Stellung in der dtsch. Philos. (1976), in: Studien zur Hermeneutik 1 (1982) 78-203, hier: 199. – [27] M. HEIDEGGER: Sein und Zeit §§ 31-33 (1927, ^{9}1995) 142-160; vgl. G. MISCH: Der wesenhafte Zirkel des Verstehens gegenüber dem fehlerhaften Zirkel im Beweisverfahren, in: Der Aufbau der Logik auf dem Boden der Philos. des Lebens (1994) 478-483. – [28] HEIDEGGER, a.O. 149ff.; nach ‹Sein und Zeit› ist keine zentrale Rolle des Begriffs mehr festzustellen; eher beiläufige Erwähnung in: Unterwegs zur Sprache (1959) 120f.; M. HEIDEGGER/E. FINK: Heraklit. Seminar WS 1966/1967 (1970) 30f. – [29] H.-G. GADAMER: Vom Zirkel des Verstehens (1959). Ges. Werke [GW] (^{2}1993) 2, 57-65, hier: 57; dieser Text fast wörtlich bei veränderter Reihenfolge in: Wahrheit und Methode (1960). GW 1, 296-300. 302-305. 270f. 273; die These der Herkunft des h.Z. aus der antiken Rhetorik auch in: Rhetorik und Hermeneutik (1976). GW 2, 276-291, bes. 282f. 286f.; zur Kritik an dieser Herleitung vgl. L. DANNEBERG: Die Historiographie des h.Z. Z. Germanistik, NF 3 (1995) 611-624, hier: 611f. – [30] Die Idee der Hegelschen Logik (1971). GW 3, 86. – [31] Wahrheit und Methode (1960). GW 1, 299f. – [32] D. TEICHERT: Verstehen und Wirkungsgeschichte (2000); vgl. auch: Art. ‹Vorurteil I.›. Hist. Wb. Philos. 11 (2001) 1250-1263. – [33] TH. M. SEEBOHM: Über den sog. Zirkel in der Hermeneutik, in: Zur Kritik der hermeneut. Vernunft (1972) 21-43; H. GÖTTNER: Logik der Interpretation (1973); P. LORENZEN: Logik und Hermeneutik [1968], in: Konstruktive Wissenschaftstheorie (1974) 11-22; P. SZONDI: Einf. in die literar. Hermeneutik (1975) 12f.; W. STEGMÜLLER: Walther von der Vogelweides Lied von der Traumliebe und Quasar 3 C 273. Betrachtungen zum sog. Zirkel des Verstehens und zur sog. Theoriebeladenheit der Beobachtungen, in: Rationale Rekonstruktion von Wissenschaft in ihrem Wandel (1979) 27-86; K. STIERLE: Für eine Öffnung des h.Z. Poetica 17 (1985) 340-354; J. BOLTEN: Die hermeneut. Spirale, a.O. 355-371; E. STRÖKER: Über die mehrfache Bedeutung der Rede von Ganzen und Teilen – Bem. zum sog. h.Z., in: K. ACHAM/W. SCHULZE (Hg.): Teil und Ganzes. Zum Verhältnis von Einzel- und Gesamtanalyse in Geschichts- und Sozialwiss. (1990) 278-298; S. ROSEN: Squaring the hermeneutical circle. Review Metaphysics 44 (1991) 707-728; D. TEICHERT: Zirkel und Spirale, in: Erinnerung, Erfahrung, Erkenntnis. Unters. zum Wahrheitsbegriff der Hermeneutik Gadamers (1991) 154-158.

D. TEICHERT

Zitat (engl. quotation; frz. citation; ital. citazione)

I. – 1. *Antike.* – In der griechischen und lateinischen Sprache der Antike gibt es keine genauen Entsprechungen des deutschen Wortes ‹Z.›, das im 18. Jh. aus der frühneuzeitlichen lateinischen Gelehrtensprache ins Deutsche dringt [1]. Das Wort ‹citare› wird im antiken Latein vor allem als juristischer Terminus gebraucht: jemanden vorladen (vor Gericht), aufrufen (um die Anwesenheit festzustellen) [2], in seltenen Fällen jedoch auch: jemanden als Zeugen oder Gewährsmann namentlich anführen, nennen, sich auf jemanden oder einen Text berufen, eine Äußerung anführen [3]; letzteres kann auch durch ‹afferre›, ‹allegare›, ‹laudare›, ‹referre› usw. ausgedrückt werden [4]. Das Wort ‹quotare› (dazu die Substantive ‹quotatio›, ‹quota›), von dem sich englisch ‹quotation› herleitet, ist erst im Mittelalter für das Anführen einer Belegstelle mittels Buch-, Kapitel- oder Paragraphenziffer (lat. quot?, wie viele?) bezeugt [5]. In der antiken Rhetorik kommt der Bedeutung von ‹Z.› der Begriff χρεία [6], lat. ‹chria› [7], nahe, der im Unterschied zum Begriff des (anonymen) Sprichwortes eine Äußerung oder Handlung einer bestimmten historischen Person meint, die als Autoritätsstütze für eine Lehre oder Verhaltensnorm angeführt wird. Wenn es sich um bloße Z.e ohne Handlungsbeschreibung handelt, nennt etwa PRISCIANUS diese Formen von «chria» «redemäßig» («orationalis») [8]. Der Begriff ‹auctoritas› (griech. κρίσις, Urteil) kann in ähnlichem Sinne verwendet werden [9]: ein allgemeiner Weisheitsspruch, der vom Redner im Parteiinteresse mit der verhandelten Angelegenheit in Beziehung gesetzt wird; HERMOGENES nennt als Beispiel die Wendung: «Hesiod nämlich sagt: 'Vor die Vollendung haben die Götter den Schweiß gesetzt'» [10].

Das namentliche Zitieren aus anderen Autoren und die Kunst der versteckten Anspielung kennzeichnen vor allem in ihren verfeinerten und gelehrten Formen eine 'Bücherkultur', wie sie seit dem Hellenismus des 3. Jh. v.Chr. existiert [11]. Für beides bietet die griechische und lateinische Dichtung der Antike zahlreiche Beispiele in allen Varianten von der «imitatio» bis hin zur reinen Z.-Collage, dem «Cento» [12]. Doch ist wörtliches Zitieren auch zuvor wichtig, z.B. in mündlicher Überlieferung schon zu Zeiten Homers [13]. Im Kreise der Pythagoreer etwa galt die Berufung auf ein Wort des PYTHAGORAS als Letztbegründung. Die Formel dafür war in der Antike bereits sprichwörtlich: «Er selbst hat es gesagt» (αὐτὸς ἔφα, «ipse dixit») [14]. Ironisch gebrochen sind dagegen die in einem schlagfertigen Ausspruch kulminierenden Kyniker-Anekdoten, als deren Begründer METROKLES gilt [15]. Vielfach vermeiden antike Schriftsteller wörtliche Z.e um des einheitlichen Stils willen. PLATON jedoch zitiert infolge seines bewußten Umganges mit Geschichte in wissenschaftlich reflektierter Weise [16]. Im Wortlaut angeführte Autoren nennt er «Zeugen» (μάρτυρες [17]), häufig in der Absicht, sie zu kritisieren, manchmal auch um sie als Autoritäten heranzuziehen [18] und sich als «Schild vorzuhalten» [19]. Auch das Verfahren, eine philosophische Abhandlung mit einem markanten Z. effektvoll zu beginnen [20] oder krönend abzuschließen [21], findet sich im Altertum. Vor allem die Stoiker seit CHRYSIPPOS streuen gerne Dichter-Z.e in ihre Prosa ein [22], was aber laut CICEROS Kritik in manchen Fällen «wie diktiert» und «ohne Eleganz» geschieht [23]. Aus anderem Grunde, dem der Erhellung von Platon- und Aristoteles-Texten, zitiert die Kommentarliteratur der späteren Antike in reichem Maße aus mitunter entlegenen philosophischen Texten. SIMPLIKIOS etwa führt im 6. Jh. n.Chr. in seinen Aristoteles-Kommentaren zahlreiche wörtliche Z.e aus seither verlorenen Schriften der Vorsokratiker an, ohne daß ein feststehender Terminus für ‹Z.› zu erkennen ist [24].

Während hier die Z.e der wissenschaftlichen Präzision dienen, gibt es schon in der Antike Sammlungen von Z.en und Exzerpten, die dann aus zweiter Hand übernommen werden können. Solche Florilegien werden häufig nach und nach erweitert [25]. Die Anthologie des STOBAIOS (5. Jh. n.Chr.) schöpft z.B. aus etwa 500 Dichtern, Philosophen, Historikern, Rednern und Ärzten. Sogenannte Gnomologien, Sammlungen sentenzenhafter Z.e (γνῶμαι), sind häufig nur einem Autor entnommen oder von diesem von vornherein als Aphorismensammlung verfaßt. Die Κύριαι δόξαι (‹Ratae sententiae›, ‹Hauptlehrsätze›) EPIKURS z.B. sind wohl größtenteils von ihm selbst als eine Art Katechismus zum Auswendiglernen zusammengestellt worden, während das ‹Gnomologium Vaticanum› eher eine nachträgliche Z.en-Sammlung sein dürfte [26]. Sentenzen solcher Art eignen sich zum Gebrauch als Leitworte für meditative Betrachtung, als griffbereite Lebenshilfe und tägliche Seelennahrung [27]. Auch von PLATON und ARISTOTELES sind teils echte, teils fälschlich zugeschriebene Z.e in Sentenzensammlungen erhalten [28]. In byzantinischer Zeit und im lateinischen Mittelalter sind Florilegien und Gnomologien ein zentrales Medium der Überlieferung heidnisch-philosophischer wie christlicher Z.e [29].

Die Neigung Halbgebildeter, sich mit glänzenden Z.en zu schmücken, wird von SENECA getadelt: «Deshalb geben wir Knaben Sinnsprüche auswendig zu lernen und das, was die Griechen Chrien nennen, weil sie zu erfassen der kindliche Geist vermag, der mehr bis dahin nicht aufnimmt. Für einen Mann von sicherem Fortschreiten ist nach Blümchen zu haschen schimpflich ... 'Das hat Zenon gesagt'. Und was sagst Du? ... Sich zu erinnern bedeutet, einen dem Gedächtnis anvertrauten Sachverhalt zu bewahren: aber hingegen wissen heißt, alles sich zu eigen zu machen, nicht von einem Vorbild abhängig zu sein und so oft sich umzudrehen nach einem Lehrer» [30]. Im juristischen Bereich hingegen ist das exakte Zitieren unerläßlich, insbesondere um Präzedenzfälle und allgemein akzeptierte Rechtsauffassungen als Argument ins Feld zu führen; das erst durch den ‹Codex Justinianus› aufgehobene sogenannte Zitiergesetz von 426 n.Chr. erlaubt nur mehr, aus fünf römischen Juristen zu zitieren, und regelt, wie zu verfahren ist, wenn diese unterschiedliche Auffassungen vertreten [31].

2. *Frühes Christentum und Mittelalter.* – Vor allem späte Bücher des ‹Alten Testaments› zitieren aus der ‹Tora› als Autorität, eingeleitet etwa durch die Formel: «wie geschrieben steht» [32]. Im ‹Neuen Testament› wird vor allem das ‹Alte Testament› nach dem Schema messianischer Verheißung und christlicher Erfüllung zitiert, oft mit Quellenangabe; PAULUS beruft sich mehrfach auf Worte Christi, die Evangelien überliefern Z.e Jesu [33]. Durch das besondere Verständnis der Heiligen Schrift als Offenbarung wird die Bibel im Christentum zum ständig und wörtlich zitierten, autoritativen Buch schlechthin [34]. Viele Kirchenväter erwähnen oder zitieren auch Platon, Aristoteles oder Plotin [35], aber diese gelten im Gegensatz zur Bibel als kritisierbare Autoritäten, zumal angenommen wird, Platon schöpfe seine Weisheit aus dem manchmal mißverstandenen Mose [36]. KLEMENS VON ALEXANDRIEN reiht in seinen ‹Stromateis› (‹Teppiche›) Hunderte von Z.en aus der heidnischen, jüdischen und christlichen Literatur aneinander; in Auseinandersetzung mit Platons Schriftkritik geht es ihm darum, mündliche christliche Überlieferung in eine schriftliche und teils philosophische Form zu bringen [37], dabei bewußt manches verborgen zu lassen und den «Reichtum an ausgewählten Lesefrüchten» ähnlich den «würzigen Zutaten» zu verwenden, die man der Speise von Wettkämpfern beigebe, um ihre Lust zum Essen zu fördern [38]. Seit EUSEBIUS VON CAESAREA, in der Zeit nach dem Konzil von Nizäa 325, wird neben dem Schriftbeweis auch die Berufung auf die «Väter» der Kirche mit entsprechenden Z.en üblich [39]. Dogmatische Florilegien aus Texten der Kirchenväter und der Konzilien entstehen [40].

Während z.B. der ‹Liber sententiarum› des PROSPER VON AQUITANIEN (um 450) ausschließlich Z.e aus Augustinus enthält [41], stellt ISIDOR VON SEVILLA in seinen ‹Libri tres sententiarum› (612/615) in systematischer Ordnung Z.e aus Augustinus, Gregor dem Großen und anderen Kirchenvätern zusammen [42]. Er bereitet damit den Typus der mittelalterlichen Sentenzenliteratur vor, der im 12. Jh. erblüht und in den weitgehend aus Z.en und Paraphrasen (überwiegend von Kirchenvätertexten) bestehenden ‹Sententiae› des PETRUS LOMBARDUS (nach 1150) [43] seinen verbreitetsten Vertreter findet, der im mittelalterlichen Unterricht eine zentrale Rolle einnimmt und eine umfangreiche Kommentarliteratur auf sich zieht [44]. Der «ständige Rückgriff auf die auctores» [45] ist zweifellos ein bezeichnender Zug der Scholastik. Dieser Rückgriff vollzieht sich weit mehr anhand von Z.en-Sammlungen als entlang der vollständigen Texte. Eine Parallele (oder ein Vorbild) dazu bietet die Kirchenrechtsliteratur: GRATIAN stellt um 1140 in über 3800 Kapiteln seiner ‹Concordantia discordantium canonum› Z.e («auctoritates») aus kirchenrechtlichen Kanones, Kirchenvätertexten und päpstlichen Dekretalen zusammen, die dann als ‹Decretum Gratiani› den ersten Teil des ‹Corpus Iuris Canonici› bilden [46]. Auch in der theologischen Summenliteratur werden permanent Z.e als Zeugen aufgerufen [47]: «Ut dicit Augustinus», «unde dicitur apud Aristotelem» usw. So enthalten die ersten 12 ‹Quaestiones› der ‹Summa theologiae› des THOMAS VON AQUIN 160 Z.e (55 aus Aristoteles, 44 aus Augustinus, 25 aus Ps.-Dionysius Areopagita usw.). Das Wort ‹auctoritas›, ursprünglich die Eigenschaft, kraft deren ein Amtsträger, Schriftsteller oder Zeuge Beachtung oder Glauben verdient, wird zunehmend auf Texte bzw. auf Z.e daraus bezogen [48]. Die Verwendung von Z.en heidnischer Philosophen in theologischen Beweisführungen («philosophorum infidelium assertiones sicut et sanctorum patrum quasi in auctoritatem induximus» [49]) wird viel diskutiert. THOMAS VON AQUIN unterscheidet: Auf dem (überrationalen) Gebiet der Offenbarung gibt die Autorität des Wortes Gottes den Ausschlag. Auf den anderen Gebieten des Wissens dagegen ist das Autoritätsargument schwach, man zitiert Philosophen nicht ihrer Autorität wegen, sondern wegen der Vernunft des von ihnen Gesagten [50]. Der theologische Traditionsbeweis, der durch Z.-Ketten einen Konsens der Zeugen nachzuweisen sucht, existiert erst seit dem 16. Jh. Die Z.e der Scholastiker dagegen haben flexiblere Funktionen, können Zeugnis, Dokumentation, dialektischer Rückgriff, Illustration oder Denkanstoß sein. Seit etwa 1150 treten neben die authentischen Z.e der Väter die (oft anonymen) «dicta» oder «sententiae modernorum magistrorum», also derjenigen mittelalterlichen Denker, die kraft kanonischen Auftrags (oder, später, infolge Zugehörigkeit zur Körperschaft der Universität) zwar keine zwingende Autorität haben, wohl aber Beachtung verdienen [51].

3. *Humanismus und frühe Neuzeit.* – In bewußtem Gegensatz zu den Scholastikern möchten die Humanisten an die vorchristliche Antike anknüpfen und deren Stil nachahmen. F. PETRARCA empfiehlt, antike Z.e zu sammeln [52], erinnert aber an Senecas obengenannten Vorbehalt [53] und rät daher, den fremden Gedanken wirklich in Eigentum zu verwandeln [54] und wörtliche Z.e auf Fälle zu beschränken, in denen der antike Gedanke unübertrefflich formuliert ist [55]. Daß Z.e in ihrem neuen Kontext einen anderen Sinn als im Original annehmen können und dürfen, betont L. BRUNI [56]. ERASMUS VON ROTTERDAM kritisiert Ciceros Vers-Z.e als Stilbruch [57], macht unbeholfenes Prunken mit antiken Z.en lächerlich [58], sammelt jedoch selbst antike Z.e [59] und gibt ausführliche Anleitungen zum Zitieren, darunter eine Beispielliste mit 23 Formeln zum Bezeichnen eines Z., etwa: «'Ut Ciceroni placet'. 'Auctore Platone' (vel quia hoc sensit, vel quia suasit, vel quia narrat, nam trifariam utuntur hoc voce). 'Teste Varrone'. 'Si Terentio credimus'. 'Uti refertur apud Plinium'. 'Ut ait Protagoras Platonicus'. 'Ut apud Xenophontem Simonides dixit'. 'Epicuro teste, felicitas in voluptate sita est'» usw. [60].

M. DE MONTAIGNES ‹Essais› knüpfen in der Vielzahl und Verwendungsweise von Z.en an ein Charakteristikum bereits der antiken Vorformen dieser Gattung an, besonders an die ‹Moralia› Plutarchs in der französischen Übersetzung von Jacques Amyot und an Senecas Aufsätze [61]. Seine Termini für ‹Z.e› sind «emprunts» (Entlehnungen, Übernahmen aller Art: Exempel, Anekdoten, Gemeinplätze, Apophthegmen, wörtliche Z.e) und «allégations» (Anführungen eines Gedankens in Form eines wörtlichen Z. oder enger Paraphrase) [62]. Montaigne lehnt metaphysische Wahrheiten ab und beansprucht Freiheit des Denkens. Die imitatio von antiken Gedanken in seinen frühen Essais erscheint ihm später als Mangel an Originalität, er geht zu freierer Nachgestaltung über, sammelt aber bis zum Tode weiter Z.e zum Einstreuen in seine ‹Essais› [63] und ist sich der Spannung zwischen dem Sentenzen-Sammeln und seinem Anspruch auf Selbstdenken bewußt [64]. Den Verdacht, er verdanke seine Einfälle der Lektüre, weist er zurück: Erst nachträglich habe er die antiken Autoren befragt [65]. Er betont, daß nur die eigene, selbst erarbeitete Meinung «Wissen» ist [66], so daß er sich sogar gestattet, gelegentlich die Quelle seines Wissens zu vergessen [67], oder sich einen Spaß daraus macht, ein Z. so abzuändern, daß es seinem eigenen Gedanken entspricht, selbst auf das Risiko hin, eines Mißverständnisses der Quelle bezichtigt zu werden [68]. In jedem Falle ist die Wahrheit, nicht die Autorität maßgeblich: «Car la verité ne se juge point par authorité et tesmoignage d'autruy» [69]. Gleichwohl bauen menschliche Meinungen notwendig auf andere auf, so erheben sie sich Grad um Grad [70]. Wird der Kontrast zwischen einem großartigen Z. und den flachen Gedanken des Zitierenden bei Schriftstellern zu stark, entdeckt Montaigne unfreiwillige Komik: «Der Übergang in die Steilwand war derart jäh, daß ich bereits nach den ersten sechs Worten merkte, wie ich in eine andere Welt entrückt wurde. Erst von da aus sah ich jetzt, auf welch sumpfiger Talsohle ich mich bewegt hatte; sie lag so tief unter mir, daß ich mich nie mehr entschließen konnte, wieder hinabzusteigen» [71]. Lesen muß dazu dienen, das eigene Denken anzuregen, nicht das bloße Gedächtnis; das Speichern von Buchwissen und Z.en kann den Geist ersticken [72]. «Es macht einem mehr zu schaffen, die Interpretationen zu interpretieren, als die Sachen, und es gibt mehr Bücher über Bücher als über irgendeinen Gegenstand sonst. Wir tun nichts anderes, als uns gegenseitig zu glossieren» [73]. Montaigne fordert wache Urteilskraft und Empirie, statt «den Beispielen weit hergeholter Lehrmeinungen nachzulaufen», wie es oft geschehe: «ist der Grund nicht einfach der, daß wir mehr auf die Ehre des Zitierens denn die Wahrheitsfindung aus sind?» [74] Gleichwohl wird das Zitieren bei Montaigne zur hohen Kunst. Der Marquis DE MIRABEAU erkennt die ästhetische Bedeutung der Z.e bei Montaigne: «Citer mal, c'est à mourir; mais citer bien, c'est divin; Montaigne, c'est tout dire, doit une partie de ses beautés à ses citations» [75]. Die Z.-Montage ist dabei auch eine literarische Form von Skepsis, die die 'positive Aussage' verweigert [76].

Diesen Gedanken macht sich P. BAYLE in den ausufernden Fußnoten seines ‹Dictionnaire› zunutze. Z.e werden als Beweisstücke im Dienst einer kritischen Zeit- und Geschichtsanalyse benutzt und dabei so arrangiert, daß die pyrrhonische Gleichwertigkeit von Argumenten durch eine ausgewogene Verteilung der angeführten Argumente zum Ausdruck kommt [77]. Demgegenüber definiert die französische ‹Encyclopédie› in ihrem Artikel ‹Citation›: «c'est l'usage & l'application que l'on fait en parlant ou en écrivant, d'une pensée ou d'une expression employée ailleurs: le tout pour confirmer son raisonnement par une autorité respectable, ou pour répandre plus d'agrément dans son discours ou dans sa composition». Die Z.e müssen mit Urteilskraft angewendet werden: «Les citations doivent être employées avec jugement: elles indisposent quand elles ne sont qu'ostentation: elles sont blâmables quand elles sont fausses». Es wird empfohlen, die Herkunft von Z.en exakt anzugeben, um sie verifizierbar zu machen, und als unsachgemäß kritisiert wird die Mode von Juristen, in Plädoyers mit Z.en aus außerjuristischer Literatur um sich zu werfen [78].

J. G. HAMANN setzt als verehrender Leser Montaignes [79] dessen Z.-Gebrauch und Z.-Theorie fort. «Ich habe meistens alieno ingenio und meo iudicio geschrieben», sagt Hamann selbst [80], und für ihn gilt: «Seine ebentheuerliche Belesenheit und musivischer Witz ist aus lauter Locis communibus, Argumentationen, Speculationen, Kamelhaaren, Haderlumpen, Fransen und Fetzen des beschnittenen 'Leibnitzens, Rousseaus und Xenophons'» zusammengesetzt [81]. Dabei versteht er sich als «Philolog» [82] und mahnt z.B. J. G. Herder: «Laßen Sie sich doch dies ein für allemal eine Warnung seyn, nichts auf Credit zu citiren. Ich glaube keinem fremden Zeugniße, oder brauch es niemals, ohn es vorher berichtigt zu haben» [83]. Gleichzeitig scheut er sich nicht, Z.e aktualisierend abzuwandeln [84]. Der Grund liegt letztlich in seiner Sprachphilosophie. Hamann lehnt die Vorstellung ab, daß der Mensch jemals ohne vorgegebene Sinn-, Symbol- und Vorstellungssysteme denken könne. Denken ist Symbolgebrauch, «Vernunft ist Sprache» [85]. Das absichtliche Verdecken und Verdunkeln, das kryptische Zitieren soll gezielt auf die Gesamtheit der Z.-Vorlage verweisen, es soll die Vielschichtigkeit der Symbolebenen bewußt machen und zeigen, daß letztlich alles Sprechen ein Zitieren und jeder Text ein Cento aus Z.en sei. In die Exemplare seiner Drucke trägt Hamann noch handschriftliche Annotate ein, zumeist ihrerseits Z.e, die diesen Cento-Charakter auch optisch noch verdeutlichen [86] und «alle unterdrückte allegata u[nd] Citationen oder Anspielungen auf wirkl[iche] Stellen» offenbaren [87]. Hamanns Verständnis von Autorschaft nimmt wohl manche gegenwärtigen Theorien der Intertextualität vorweg [88]. Allerdings ist Hamanns Denken im Unterschied dazu theologisch begründet: «Gott ein Schriftsteller!» [89], «Gott hat sich geoffenbart den Menschen in der Natur und in seinem Wort» [90]. Darum quellen Wirklichkeit und Sprache von Bedeutung über, was in der Z.-Technik von Hamanns Schriften sinnfällig zum Ausdruck kommen soll. Die daraus erwachsende Dunkelheit seiner Texte – (Hamann klagt: «Ich versteh mich selbst nicht mehr» [91]) – wird allerdings schon von M. MENDELSSOHN als quälend empfunden: «Die Sinnen vergehen für Spleen und Langeweile, wo der Witz beständig Räthsel aufzulösen hat. ... Die feinsten Anspielungen sind nur Schnörkel des Styls, sie müssen wohl angebracht, und nicht gehäuft werden» [92].

4. *Moderne*. – Die Genie-Ästhetik des 18. Jh. steht dem Z. eher ablehnend gegenüber [93]. Der Künstler soll, dem jungen J. W. GOETHE zufolge, dem Schöpfergott gleichen und aus seiner ureigenen Empfindung heraus sein Werk gestalten: «Diese charakteristische Kunst ist nun die einzige wahre» [94]. Im Laufe des 19. Jh. wird aber das Illusorische eines solchen Selbstverständnisses durchschaut. R. W. EMERSON konstatiert 1859: «Our debt to tradition through reading and conversation is so massive ... that, in a large sense, one would say there is no pure originality. All minds quote. ... We quote not only books and proverbs, but arts, sciences, religion, customs and laws; nay, we quote temples and houses, tables and chairs by imitation» [95]; «all these we never made, we found them ready-made; we but quote them» [96]. Zwar gelte: «Quotation confesses inferiority» [97]. Doch geistig anderen verpflichtet zu sein muß zugleich in umgekehrter Richtung betrachtet werden: «Each man is a hero or an oracle to somebody» [98]. Zudem geht kreative Kraft mit rezeptiver einher, so sehr, daß ein Z. durch seinen neuen Kontext nobilitiert werden kann: «Original power is usually accompanied with assimilating power ... Genius borrows nobly. When Shakespeare is charged with debts to his authors, Landor replies: 'Yet he was more original than his originals'» [99]. Die ganze Sprache besteht aus Worten, die letztlich einmal jemand als erster geprägt hat und die seither zitiert werden [100]. Gleichwohl ist etwas Entscheidendes nicht Z.: «there remains the indefeasible persistency of the individual to be himself. ... The divine never quotes, but is, and creates. The profound apprehension of the Present is Genius, which makes the Past forgotten» [101].

Die Last der Geschichte wird in der Sprach- und Z.-Kritik von F. NIETZSCHE zentral. In einem hohl gewordenen Historismus beobachtet Nietzsche «das widrige Schauspiel einer blinden Sammelwuth, eines rastlosen Zusammenscharrens alles einmal Dagewesenen» [102]. «Die schlechtesten Leser sind die, welche wie plündernde Soldaten verfahren: sie nehmen sich Einiges, was sie brauchen können, heraus, beschmutzen und verwirren das Uebrige und lästern auf das Ganze» [103]. Ein schon von MONTAIGNE geäußerter Gedanke [104] gewinnt bei NIETZSCHE einen antihistoristischen Zug: «Die jungen Autoren wissen nicht, ... dass ein vorzügliches Citat ganze Seiten, ja das ganze Buch vernichten kann, indem es den Leser warnt und ihm zuzurufen scheint: 'Gieb Acht, ich bin der Edelstein und rings um mich ist Blei, bleiches, schmähliches Blei'. Jedes Wort, jeder Gedanke will nur in seiner Gesellschaft leben: das ist die Moral des gewählten Stils» [105]. Umgekehrt kann Nietzsche die bildungsbürgerliche Oberflächlichkeit eines D. F. Strauss durch das Zitieren und Kommentieren von «Stilproben» entlarven, die er als «Neue Belege für den Lumpen-Jargon der Jetztzeit» apostrophiert: «und schon mit diesem Augenblicke, in dem wir seine stilistischen Sünden in's schwarze Buch schreiben, beginnt die Dämmerung seines Ruhmes» [106].

Nietzsches Verfahren der Entlarvung durch Z.e wird von K. KRAUS in der ‹Fackel› zum Zwecke der Zeit- und Ideologiekritik perfektioniert. So druckt er 1916 aus einer Zeitung die rührselige Meldung ab, wonach ein Frontsoldat des Weltkrieges vom Gesang einer Nachtigall erfreut wurde. Kraus' einziger Kommentar dazu besteht in der Einrahmung des Z. durch zwei Shakespeare-Verse: «Es war die Nachtigall und nicht die Lerche» und «Sie sang des Nachts auf dem *Granat*baum dort» – die typographische Hervorhebung des Wortes «Granat» stammt von Kraus und demaskiert, obwohl der Granatapfel nichts mit Sprengkörpern zu tun hat, die falsche Idylle inmitten des Granatenhagels [107]. W. BENJAMIN zitiert dieses Beispiel als Inbegriff der «Leistung von Kraus ..., selbst die Zeitung zitierbar zu machen» [108], und deutet es mit einer idiosynkratischen, u.a. von Hamann angeregten Sprach- und Z.-Spekulation [109]: «Im rettenden und strafenden Z. erweist die Sprache sich als die Mater der Gerechtigkeit. Es ruft das Wort beim Namen auf, bricht es zerstörend aus dem Zusammenhang, eben damit aber ruft es dasselbe auch zurück an seinen Ursprung» [110]. Die Wahrheit, die das Shakespeare-Z. durch seinen neuen Kontext erst recht entfaltet, ist für Benjamin nicht Zufall, sondern theologisch begründet: «Vor der Sprache weisen sich beide Reiche – Ursprung so wie Zerstörung – im Z. aus. Und umgekehrt: nur wo sie sich durchdringen – im Z. – ist sie vollendet. Es spiegelt sich in ihm die Engelsprache, in welcher alle Worte, aus dem idyllischen Zusammenhang des Sinnes aufgestört, zu Motti in dem Buch der Schöpfung geworden sind» [111]. Benjamins eigene Arbeitsverfahren entsprechen dieser Sicht. Sein Buch über das deutsche Trauerspiel bereitet er durch Z.-Sammlungen vor: «ich verfüge allein über ca 600 Z.e, allerdings in bester Ordnung und Übersichtlichkeit» [112]; am Ende bestehe «das Geschriebene fast ganz aus Z.en ... Die tollste Mosaiktechnik, die man sich denken kann» [113]. Sind es hier vielfach glänzende Perlen, die er sammelt, so notiert er zu seinem ‹Passagenwerk›: «Methode dieser Arbeit: literarische Montage. Ich habe nichts zu sagen. Nur zu zeigen. Ich werde nichts Wertvolles entwenden und mir keine geistvollen Formulierungen aneignen. Aber die Lumpen, den Abfall: die will ich nicht inventarisieren sondern sie auf die einzig mögliche Weise zu ihrem Rechte kommen lassen: sie verwenden» [114]. Viele Ungereimtheiten und Widersprüche Benjamins [115] lassen vermuten, daß er schwerlich in der Lage gewesen wäre, eine von ihm als Desiderat bezeichnete «Theorie des kritischen Z.» [116] selber konsistent zu entwerfen. Jedenfalls nimmt der materialistische Geschichtsschreiber, «von der Verworrenheit, der Zerstreuung angerührt, in dem die Dinge sich in der Welt vorfinden» [117], laut Benjamin mit seiner Sammeltätigkeit im Kleinen vorweg, was der Jüngste Tag im Großen erbringen wird, wenn jeder Augenblick der Menschheit gerichtet und gerettet wird: «erst der erlösten Menschheit ist ihre Vergangenheit in jedem ihrer Momente zitierbar geworden. Jeder ihrer gelebten Augenblicke wird zu einer citation à l'ordre du jour – welcher Tag eben der jüngste ist» [118].

5. *Moderne Künste und Postmoderne.* – Auf Literatur, Musik, Architektur, Film und Popkultur des 20. Jh. läßt sich das Wort von W. Spies ausdehnen: «Es gibt wohl kaum einen Begriff, der die Bedingungen und Möglichkeiten der Kunst unseres Jahrhunderts universeller definiert als der der Collage» [119]. Z.e sind die Elemente, aus denen die Collage wesentlich besteht. Die Schwierigkeit, das Verhältnis von Moderne und Postmoderne zu bestimmen [120], spricht auch aus dem unterschiedlichen Z.-Gebrauch in den verschiedenen Künsten. Schon viele klassische Werke der Moderne wie ‹Finnegans Wake› von J. Joyce arbeiten in der Fülle von Z.en und dadurch hergestellten Schichten von Bedeutung und Durchkreuzung von Bedeutung mit charakteristischen Techniken der Postmoderne, wohingegen in der Architektur ein beträchtlicher Zuwachs und ein plurales Nebeneinander von Z.en der verschiedensten Bauepochen das hervorstechendste Merkmal des Wandels von der klassischen Moderne zur Postmoderne ist: Die Zeichensysteme der Moderne gelten nun als eindimensional, ungeschichtlich und rationalistisch [121]. Die Bedeutung von Zeichen wird im Bewußtsein der Postmoderne als illusorisch betrachtet, vom eindeutigen Sinn eines Textes wendet sich das Interesse dem «weißen Rauschen» des Textes zu, das lediglich «das obstinate Gemurmel einer Sprache» sei, «die von allein spricht, ohne sprechendes Subjekt und ohne Gesprächspartner» [122]. In Anspielung auf das biblische «Im Anfang» raunt J. Derrida: «Tout commence dans le pli de la citation» [123] und bietet in ‹Glas› ein raffiniertes Spiel von Z. und Selbst-Z. [124]. In derartigen Perspektiven sind Texte ebenso wie ihre Interpretationen Sammelsurien einer unendlichen Reihe von Z.en. Poststrukturalistische Interpretationen und postmoderne literarische Werke gleichen einander bis zur Ununterscheidbarkeit [125].

Ein Ausdruck dieses Prozesses der Abkehr vom Text als geschlossenem Ganzen ist in der Ästhetik die Prägung des Begriffs ‹Intertextualität› durch J. Kristeva 1967 [126]. Kristeva erweitert dabei die Beobachtungen M. M. Bachtins von der «Dialogizität» oder «Zweistimmigkeit», die im Roman möglich ist, weil hier verschiedene Personen reden können, die verschiedene gesellschaftliche Gruppen repräsentieren [127]. Bachtins konventionelle Unterscheidung zwischen Wirklichkeit und Text wird von Kristeva bewußt aufgegeben zugunsten eines entgrenzten, subjektlosen Textbegriffs, der jedes kulturelle System umfaßt. Für den Interpreten sei es entscheidend, einen Text als Mosaik von Z.en zu erkennen («tout texte se construit comme mosaïque de citations») und Wörter als Kreuzungen von Wörtern [128]. Die gegenwärtigen ästhetischen und literaturwissenschaftlichen Theorien des Z. bewegen sich überwiegend im Rahmen des teilweise seinerseits bis zur Unbrauchbarkeit generalisierten Begriffs der Intertextualität [129]. D. Oraić Tolić entwirft eine Theorie der «Zitathaftigkeit» («citatnost») als Grundlage von Literatur und Kunst überhaupt [130].

U. Eco setzt in dem Roman ‹Il nome della rosa› (1980) seine Einsichten als Linguist literarisch um und analysiert anschließend das eigene Vorgehen in einer ‹Postille›: «Jedes Buch wird aus anderen und über andere Bücher gemacht» [131]. Die Postmoderne, der dieses Verfahren zugehöre, sei keine zeitlich begrenzbare Strömung, sondern ein «Kunstwollen», das immer wieder als Reaktion auf Moderne entstehe: «Die Avantgarde zerstört, entstellt die Vergangenheit ... Die postmoderne Antwort auf die Moderne besteht in der Einsicht und Anerkennung, daß die Vergangenheit, nachdem sie nun einmal nicht zerstört werden kann, da ihre Zerstörung zum Schweigen führt, auf neue Weise ins Auge gefaßt werden muß: mit Ironie, ohne Unschuld» [132]. Möglich ist allerdings auch, daß das Z. in Popkultur und Postmoderne, anders als Eco meint, eine gut kaschierte Form des mühelosen Konsums ist: «Millionen glauben den Zusammenhang / von Schweiß und Gefühl und Ehrlichkeit. / In Wahrheit zählt die Kunst des Z.» [133]. «Die postmoderne Kultur liest Goethe nicht, aber sie zitiert ihn» [134].

Anmerkungen. [1] H. Schulz/O. Basler: Art. ‹Z./Zitieren›. Dtsch. Fremdwb. 6 (1983) 391-397 (das entsprechende Verb ‹zitieren› ist demnach schon bei M. Luther 1524 belegt); ‹citata› = «angeführte Stellen» (Partizip Perfekt Passiv Neutrum Plural von ‹citare›); ‹citare› z.B. bei J. Lipsius: Op. omn. 4 (Antwerpen 1637) Index, Autorennamen, z.B. «Appianus ... citatus»; zahlreiche der unspezifischen lat. und griech. Ausdrücke, mit denen antike Autoren Z.e einleiten (φησί, inquit usw.), nennt E. Howind: De ratione citandi in Ciceronis, Plutarchi, Senecae, Novi Testamenti scriptis obvia. Diss. Marburg (1921). – [2] Beispiele: Papinianus: Dig. 48.1.10; Livius: I, 47, 8. – [3] z.B. Cicero: De fin. bon. et mal. II, 6, 18; Livius: IV, 20, 8. – [4] Thes. linguae lat. 1, 1203. 1668f.; 3, 1201; 7, 1046. – [5] O. Weijers: Dict. et répert. au MA. Une étude de vocabulaire (Turnhout 1991) 116f. – [6] Hermogenes: Progymnasmata 3; Aphthonios: Progymnasmata 3; Theon: Progymnasmata 5; vgl. M. Fauser: Art. ‹Chrie›, in: Hist. Wb. der Rhetorik 2 (1994) 190-197. – [7] Quintilian: Instit. I, 9, 4; Seneca: Ep. IV, 33, 7; Isidorus: Etym. II, 11, 1. – [8] Priscianus: Praeexercitamina II, 8; vgl. H. Lausberg: Hb. der lit. Rhet. §§ 1117-1120 (³1990) 536-540. – [9] Quintilian: Instit. V, 11, 36; Hermogenes: Progymnasmata 3. – [10] Hermogenes, a.O.; vgl. Lausberg, a.O. [8] 234f. (§ 426). – [11] R. Pfeiffer: Gesch. der Klass. Philol. (²1978) 34. 132. – [12] E. Stemplinger: Das Plagiat in der griech. Lit. (1912); D. Gall: Zur Technik von Anspielung und Z. in der röm. Dichtung (1999); F. Kunzmann/ C. Hoch: Art. ‹Cento›, in: Hist. Wb. der Rhetorik 2 (1994) 148-157; zu MA und Neuzeit: F. Panzer: Vom mittelalterl. Zitieren (1950); H. Meyer: Das Z. in der Erzählkunst (²1967); Gesamtüberblick: H.-U. Simon: Art. ‹Z.›, in: Reallex. der dtsch. Lit.gesch. 4 (1984) 1049-1081. – [13] G. Danek: Epos und Z. Studien zu den Quellen der Odyssee (1998). – [14] Diog. Laert.:

Vita VIII, 46; Cicero: De natura deorum I, 5, 10; vgl. Kallimachos: Frg. 61 Pfeiffer. – [15] G. von Wartensleben: Begriff der griech. Chreia und Beiträge zur Gesch. ihrer Form (1901). – [16] K. Gaiser: Platon und die Gesch. (1961); J. Röttger: Das Zitat bei Platon. Diss. Tübingen (1960); M. von Albrecht: Art. ‹Z.›, in: Lex. der Alten Welt (1965) 3339. – [17] Platon: Lys. 215 c; Prot. 344 d; Resp. II, 364 c; 441 b; Leg. I, 630 a; vgl. Aristoteles: Met. II, 3, 995 a 8. – [18] Prot. 348 c. – [19] Lach. 201 b. – [20] Beispiel: Maximos von Tyros: Diss. 30, 1; das dort zitierte Wort des Pittakos, «schwer ist es, ein guter Mensch zu sein», war bereits von Simonides in einem Gedicht zitiert worden, das seinerseits von Platon: Prot. 339 c zitiert wird. – [21] Beispiel: Aristoteles: Met. XII, 10, 1076 a 4: zit. Homer: Ilias II, 204: «Nichts Gutes ist Vielherrschaft: Einer soll Herr sein». – [22] Diog. Laert.: Vitae VII, 180f. – [23] Cicero: Tusc. disp. II, 11, 26. – [24] N.-L. Cordero: Simplicius et l'école éléate, in: I. Hadot (Hg.): Simplicius (Paris 1987) 166-182. – [25] H. Chadwick: Art. ‹Florilegium›. RAC 7 (1969) 1131-1160; der Terminus ‹florilegium› kommt erst im 16. Jh. als Lehnübersetzung des griech. ἀνθολογία auf, vgl. K. Grubmüller: Art. ‹Florilegium›, in: Reallex. der dtsch. Lit.wiss. 1 (1997) 605-607. – [26] Vgl. M. Erler: Epikur, in: Grundriss der Gesch. der Philos., Die Philos. der Antike, hg. H. Flashar 4/1 (1994) 80-83. – [27] P. Rabbow: Seelenführung (1954) 215-222; P. Hadot: Exercices spirituels et philosophie ant. (Paris ^{3}1993); dtsch.: Philos. als Lebensform (2002). – [28] K.-H. Stanzel: Dicta Platonica. Diss. Würzburg (1987); D. M. Searby: Aristotle in the Greek gnomological trad. (Uppsala 1998). – [29] H.-M. Rochais/Ph. Delehaye/M. Richard: Art. ‹Florilèges›, in: Dict. de spiritualité 5 (1964) 435-512; G. Strohmaier: Das Gnomologium als Forschungsaufgabe, in: Ch.-F. Collatz (Hg.): Dissertatiunculae criticae (1998) 461-471. – [30] Seneca: Ep. IV, 33, 7f. – [31] Codex Theodosianus I, 4, 3. – [32] K. L. Spawn: «As it is written» and other citation formulae in the Old Testament (2002). – [33] H. Reventlow: Epochen der Bibelauslegung 1 (1990). – [34] P. R. Ackroyd u.a.: The Cambridge hist. of the Bible 1-3 (Cambridge 1963-70); Ch. Kannengiesser (Hg.): Bible de tous les temps 1-8 (Paris 1984-89); H. Reventlow: Epochen der Bibelauslegung 1-4 (1990-2001); Bibel-Z.e der Kirchenväter: Biblia patristica. Index des citations et allusions bibl. dans la litt. patrist. 1ff. (Paris 1975ff.). – [35] C. Fabricius: Griech. Kirchenväter über Platon. Vigiliae Christianae 42 (1988) 119-187; A. J. Festugière: L'idéal relig. des grecs et l'Evangile (Paris ^{2}1932) 221-263; D. T. Runia: Festugière revisited: Aristotle in the Greek Patres. Vigiliae Christianae 43 (1989) 1-34; H. Dehnhard: Das Problem der Abhängigkeit des Basilius von Plotin (1964); vgl. W. Krause: Die Stellung der frühchristl. Autoren zur heidn. Lit. (1958); Ch. Gnilka: Der Begriff des 'rechten Gebrauchs' (1984); H. Y. Gamble: Books and readers in the early church (New Haven/London 1995). – [36] D. Riding: The Attic Moses (Göteborg 1995). – [37] Vgl. dazu und zur strukturbildenden Rolle von Platon-Z.en in den Strom.: D. Wyrwa: Die christl. Platonaneignung in den Stromateis des Clemens von Alexandrien (1983). – [38] Clemens Alex.: Strom. I, 1, 15, 1; 16, 1. – [39] Th. Graumann: Die Kirche der Väter (2002); B. Studer: Schola Christiana (1998) 257-261. – [40] Th. Schermann: Die Gesch. der dogmat. Florilegien vom 5. bis zum 8. Jh. (1904). – [41] Prosper von Aquitanien: Liber sent. CCSL 68 A, 221-365. – [42] Isidor von Sevilla: Libri tres sent. MPL 83, 537-738. – [43] Petrus Lombardus: Sent. in IV libris dist. 1-2 (Grottaferrata ^{3}1971-83). – [44] Überblick mit Lit.: R. Imbach: Art. ‹Sentenzen›. LThK 9 (^{3}2000) 467-471; vgl. J. de Ghellinck: Le mouvement théolog. du 12ème s. (Brüssel/Paris ^{2}1948); vgl. P. Hadot: Art. ‹Philosophie VI. Literarische Formen der Philosophie›. Hist. Wb. Philos. 7 (1989) 848-858. – [45] M.-D. Chenu: Das Werk des Hl. Thomas von Aquin (^{2}1982) 138. – [46] Corpus Iuris Canonici 1: Decretum Magistri Gratiani, hg. E. Friedberg (1879); vgl. P. Erdö: Die Quellen des Kirchenrechts (2002) 105-114. – [47] Zum folgenden vgl. Chenu, a.O. [45] 138-174 (‹Die Dokumentationsverfahren›); Les genres litt. dans les sources théolog. et philos. médiév. (Louvain-la-Neuve 1982). – [48] Chenu, a.O. [45] 143-146. – [49] Petrus Abael.: Theologia scholarium II, 1. CCCM 13, 406. – [50] Thomas von Aquin: S. theol. I, 1, 8, ad 2; In librum Boethii de trin. II, 3, ad 8; vgl. M.-D. Chenu: Les 'philosophes' dans la philos. chrét. médiévale. Rev. Sci. philos. théolog. 26 (1937) 27-40. – [51] Chenu, a.O. [45] 148-152. – [52] F. Petrarca: De contemptu mundi (1343/58) 3; vgl. dazu und zum folgenden grundlegend: M. Metschies: Z. und Zitierkunst in Montaignes Essais (1966) 21-37. – [53] De rebus familiaribus IV, 15, 16f. – [54] a.O. I, 8, 2. – [55] I, 8, 12. – [56] L. Bruni: De interpret. recta, in: Humanistisch-philos. Schr., hg. H. Baron (1928) 81-96, 85. – [57] Erasmus von Rotterdam: Dialogus Ciceronianus (1528), hg. P. Mesnard. Op. omn. 1/2 (Amsterdam 1971) 623f. – [58] Moriae encomium id est stultitiae laus (1511), hg. C. H. Miller, a.O. 4/3 (1979) 74. – [59] Adagia, seit der Erstausgabe Paris 1500 erweitert, hg. M. L. van Poll-van der Lisdonk u.a., a.O. 2/1-6 (1981ff.); vgl. M. Mann Phillips: The ‹Adages› of Erasmus (Cambridge 1964); zur loci-Methode: Art. ‹Topik; Topos III.›. Hist. Wb. Philos. 10 (1998) 1279-1288, 1279f. – [60] De copia verborum ac rerum (1514), hg. B. I. Knott, a.O. 1/6 (1988) 132; vgl. R. J. Schoeck: 'In loco intertexantur'. Erasmus as master of intertextuality, in: H. F. Plett (Hg.): Intertextuality (1991) 181-191. – [61] M. de Montaigne: Essais I, 26 (1580/88). Oeuvr. compl., hg. A. Thibaudet/M. Rat (Paris 1962) 144; vgl. P. M. Schon: Vorformen des Essays in Antike und Humanismus (1954). – [62] Metschies, a.O [52] 52. – [63] a.O. 53-56. – [64] Montaigne: Ess. I, 25, a.O. [61] 135f. – [65] II, 17, a.O. 641f.; 18, a.O. 648f. – [66] I, 25, a.O. 136f. – [67] II, 17, a.O. 634f. – [68] III, 12, a.O. 1033f. – [69] II, 12, a.O. 487. – [70] III, 13, a.O. 1046. – [71] I, 26, a.O. 145f.; Übers. H. Stilett (1999). – [72] III, 3, a.O. 797; 13, a.O. 1059. – [73] 13, a.O. 1045. – [74] a.O. 1059. – [75] V. R. Marquis de Mirabeau: Br. an L. de C. Marquis de Vauvenargues (7. Sept. 1739), in: L. de C. de Vauvenargues: Oeuvr. posth. 2 (Paris 1857) 158. – [76] Zum Verhältnis von Z. und pyrrhon. Skepsis bei Montaigne und P. Bayle vgl. G. Gabriel: Zwischen Logik und Lit. (1991) 36-38. – [77] Vgl. P. Bayle: Dict. hist. et crit. 1-4 (Rotterdam 1697, Amsterdam ^{4}1730). – [78] D. Diderot/J. le R. d'Alembert (Hg.): Encycl., ou Dict. raisonné des sciences, des arts et des métiers (1751-72, ND Genf 1778) 8, 166-168, 166 (Art. ‹Citation›); es folgen Artikel über ‹Citation› in der Theologie (a.O. 168-170) und im Rechtswesen (a.O. 170-172). – [79] J. G. Hamann: Sämtl. Werke, hg. J. Nadler 6 (1957) 256 («Der Schlüssel»). – [80] Ein fliegender Brief II (1786), a.O. 3 (1951) 371. – [81] a.O. 363. – [82] V. Hoffmann: J. G. Hamanns Philologie (1972). – [83] J. G. Hamann: Br. an J. G. Herder (14. Aug. 1775). Br.wechsel 3 (1957) 204. – [84] Hoffmann, a.O. [82] 108f. – [85] J. G. Hamann: Br. an Herder (8. Aug. 1784). Br.wechsel 5 (1965) 177. – [86] R. Kany: Tiefblickende Augen, wunderliche Phantasien. Ein Hamann-Fund und seine Bedeutung. Jb. Dtsch. Schillerges. 45 (2001) 11-24. – [87] J. G. Hamann: Br. an Herder (24. Jan. 1780). Br.wechsel 4 (1959) 157. – [88] Vgl. dazu die Beiträge in: B. Gajek (Hg.): J. G. Hamann. Autor und Autorschaft (1996). – [89] J. G. Hamann: Ueber die Auslegung der hl. Schrift [1758?], in: Londoner Schr., hg. O. Bayer/B. Weissenborn (1993) 59. – [90] a.O. 66. – [91] Br. an J. G. Scheffner (11. Feb. 1785), a.O. [85] 358. – [92] M. Mendelssohn: Briefe, die neueste Litt. betr. 12 (1761). Jub.ausg. 5/1 (1991) 453. – [93] J. Schmidt: Die Gesch. des Genie-Gedankens in der dtsch. Lit., Philos. und Politik 1750-1945 1 (^{2}1988) 96-353. – [94] J. W. Goethe: Von dtsch. Baukunst (1772). Hamb. Ausg., hg. E. Trunz 12 (1998) 13. – [95] R. W. Emerson: Quotation and originality (1859), in: Letters and social aims (Boston/New York 1904) 175-204, 178f. – [96] a.O. 200. – [97] 188. – [98] 190. – [99] 190f. – [100] 193. – [101] 200f. – [102] F. Nietzsche: Vom Nutzen und Nachtheil der Historie für das Leben 3 (1874). Krit. Ges.ausg., hg. G. Colli/M. Montinari (1967ff.) 3/1, 264. – [103] Menschliches, Allzumenschliches II, Vermischte Meinungen 137 (1879), a.O. 4/3, 72. – [104] Montaigne, a.O. [71]. – [105] Nietzsche: Menschl., Allzumenschl. II, Wanderer 111 (1880), a.O. [102] 4/3, 238. – [106] Unzeitgem. Betracht. I: David Strauss der Bekenner und der Schriftsteller 12 (1873), a.O. 3/1, 224. – [107] K. Kraus (Hg.): Die Fackel, Nr. 431-436 (2. August 1916) 24; W. Shakespeare: Romeo and Juliet III, 5. – [108] W. Benjamin: Karl Kraus (1931). Ges. Schr. 2/1 (1977) 363. – [109] Über Sprache überhaupt und über die Sprache des Menschen (1916), a.O. 140-157; vgl. W. Menninghaus: W. Benjamins Theorie der Sprachmagie (1980). – [110] a.O. [108] 363. – [111] a.O. – [112] Br. an G. Scholem (5. 3. 1924). Ges. Schr. 1/3 (1974) 875. – [113] Br. an G. Scholem (22. 12. 1924), a.O. 881. – [114] Passagenwerk [1927-40], a.O. 5/1 (1982) 574. – [115] M. Voigts: Z., in: M. Opitz/E. Wizisla (Hg.): Benjamins Begriffe 2 (2000) 826-850, zeigt einige dieser Widersprüche, empfiehlt jedoch das «Aushalten ihrer Spannung» (839), womit jede Wissenschaft ruiniert wird. – [116] W. Benjamin: Die Aufgabe des Kritikers [1931]. Ges. Schr. 6 (1985) 171. – [117] a.O. [114] 279; vgl. R. Kany: Mnemosyne als Programm (1987) 233-239. – [118] Über den Begriff der Geschichte (1940). Ges. Schr. 1/2 (1974) 694. – [119] W. Spies: Max Ernst – Collagen. Inventar und Widerspruch (³1988) 11. – [120] A. Wellmer: Zur Dialektik von Moderne und Postmoderne (1985). – [121] Ch. Jencks: The language of post-modern architecture (London 1978, ⁵1987); dtsch. (1978, ³1988). – [122] M. Foucault: Hist. de la folie à l'âge class. (Paris 1961); dtsch.: Wahnsinn und Gesellschaft (¹²1996) 12. – [123] J. Derrida: La dissémination (Paris 1972) 351; vgl. Gen. 1, 1; Joh. 1, 1. – [124] Glas (Paris 1974); Marges de la philosophie (Paris 1972); dazu: C. Sartiliot: Citation and modernity. Derrida, Joyce, and Brecht (London 1993) 34-73. – [125] J. Culler: On deconstruction (Ithaca, N.Y. 1981). – [126] J. Kristeva: Bakhtine, le mot, le dialogue et le roman. Critique 23 (1967) 438-465; erneut in: Semeiotike. Rech. pour une sémanalyse (Paris 1969) 143-173, 146 u.ö. – [127] M. M. Bachtin: Das Wort im Roman [russ. 1934/35], in: Die Ästhetik des Wortes (1979) 154-300. – [128] Kristeva, a.O. [126] 145f.; vgl. U. Broich: Art. ‹Intertextualität›, in: Reallex. der dtsch. Lit.wiss. 2 (2000) 175-179. – [129] Bibliographie: U. J. Hebel: Intertextuality: Allusion and quotation (New York 1989). – [130] D. Oraić Tolić: Das Zitat in Lit. und Kunst [kroat. 1990] (1995). – [131] U. Eco: Postille a ‹Il nome della rosa› (Mailand 1983); dtsch.: Nachschrift zum ‹Namen der Rose› (1984) 55. – [132] a.O. 77f. – [133] 'Neue Deutsche Welle'-Gruppe «Fehlfarben»: Die Kunst des Z., in: Glut und Asche (1983). – [134] Oraić Tolić, a.O. [130] 324.

Literaturhinweise. M. Bernays: Zur Lehre von den Citaten und Noten, in: Schr. zur Kritik und Lit.gesch. 4 (1899) 253-347. – J. Röttger s. Anm. [16]. – O. F. Bollnow: Über den Gebrauch von Z.en, in: Maß und Vermessenheit des Menschen. Philos. Aufsätze (1962) 198-213. – W. Rehm: Späte Studien (1964) 7-96 («Jean Pauls vergnügtes Notenleben»); 215-248 («Kierkegaards Motti»). – M. Metschies s. Anm. [52]. – R. Buchbinder: Bibelzitate, Bibelanspielungen, Bibelparodien, theolog. Vergleiche und Analogien bei Marx und Engels (1976). – A. Compagnon: La seconde main ou le travail de la citation (Paris 1979). – P. H. Neumann: Das Eigene und das Fremde. Über die Wünschbarkeit einer Theorie des Zitierens. Akzente 27 (1980) 292-305. – M.-D. Chenu s. Anm. [45] 138-174. – H.-U. Simon s. Anm. [12]. – U. J. Hebel s. Anm. [129]. – R. Posner (Hg.): Zitat und Zitieren. Zeitschr. Semiotik 14, H. 1/2 (1992). – C. Sartiliot s. Anm. [124]. – F. Kuhne: Begriff und Z. bei Marx (1995). – A. Grafton: The footnote. A curious history (Cambridge, Mass. 1997); dtsch.: Die trag. Ursprünge der dtsch. Fußnote (1998). – K. Beekman/R. Grüttemeier (Hg.): Instrument Z. (Amsterdam 2000). – U. R. Helmstätter: Art. ‹Z.›, in: Reallex. der dtsch. Lit.wiss. 3 (2003) 896-899.

R. Kany

II. – Überlegungen zum Begriff ‹Z.› («quotation») in der *Analytischen Philosophie* beruhen im wesentlichen auf Arbeiten von G. Frege und A. Tarski. ‹Z.› steht im engen Zusammenhang mit den Begriffen ‹Anführung› und ‹Erwähnung› («mention») [1]. Bereits Frege weist darauf hin, daß «ein in Anführungszeichen stehendes Wortbild nicht in gewöhnlicher Bedeutung genommen werden» darf [2]. Dies «geschieht z.B., wenn man die Worte eines anderen in gerader Rede anführt. Die eigenen Worte bedeuten dann zunächst die Worte des anderen, und erst diese haben die gewöhnliche Bedeutung» [3]. Unklar bleibt bei Frege, ob er eine *Eigennamentheorie* vertritt [4], der zufolge der angeführte Ausdruck und die Anführungszeichen als unstrukturierter Name aufzufassen sind, der die Worte des anderen bezeichnet, oder ob er Anhänger der *Funktionstheorie* ist und somit die Anführungszeichen als namensbildende Funktoren betrachtet [5]. Nach anderer Auffassung [6] ist Frege dagegen Vertreter der *Identitätstheorie*, d.h., der angeführte Ausdruck bezeichnet sich selbst und die Anführungszeichen deuten nur den ungewohnten Gebrauch des Ausdrucks an.

Während bei Frege Ausgangspunkt seiner Überlegungen das Zitieren der Rede eines anderen ist, sind A. Tarski und W. V. O. Quine eher am Problem der Anführung im Bereich der Logik interessiert. In der englischsprachigen Literatur wird der Unterschied zwischen Anführen im allgemeinen und dem Sonderfall des Zitierens der Rede eines anderen zumeist nicht beachtet, da mit dem Ausdruck ‹quotation› beide Fälle bezeichnet werden und der Ausdruck ‹citation› kaum Anwendung findet.

Prägend für alle weiteren Überlegungen zur Anführung und somit zum Z. sind die Überlegungen Tarskis [7], der als erster den engen Zusammenhang zwischen dem Begriff der Wahrheit und dem Anführen aufzeigt [8]. Zudem ist seine Kritik an der Funktionstheorie ein Grund dafür, daß diese bis in die 1970er Jahre [9] von niemandem ernsthaft vertreten wurde. Schließlich gilt Tarski sowohl als Erfinder der Eigennamen- als auch der *Buchstabiertheorie*. Nach dieser Auffassung ist ein Anführungskomplex ein strukturell-deskriptiver Name, mit dessen Hilfe der zwischen den Anführungszeichen stehende Ausdruck bezeichnet wird [10]. Neben Tarski gilt Quine als wichtigster Vertreter der Eigennamentheorie [11]. Deren Stärke liegt darin, daß sie der Undurchsichtigkeit (s.d.) von zitierten Ausdrücken, d.h. der Nichtsubstituierbarkeit bedeutungsgleicher Ausdrücke salva veritate, gerecht wird. Gegen die Eigennamentheorie spricht, daß sie Anführungskomplexe als unstrukturierte Ausdrücke auffaßt und daher dem Umstand nicht gerecht wird, daß Anführungskomplexe ihr Denotat gewissermaßen enthalten [12]. *Demonstrativtheorien*, wie sie von W. Sellars [13] und D. Davidson [14] entwickelt wurden, betrachten die Anführungszeichen als Demonstrativa, die dazu dienen, auf den angeführten Ausdruck hinzuweisen. Der Vorteil der Demonstrativtheorie gegenüber ihren Vorgängerinnen ist, daß sie nicht nur für den engen Bereich der Logik konzipiert ist, sondern als allgemeine Theorie des Anführens und Zitierens. In der Gleichsetzung der Anführungszeichen mit Demonstrativa wird jedoch übersehen, daß bei Anführungskomplexen im Gegensatz zu Demonstrativa keine Unklarheit darüber besteht, worauf sie Bezug nehmen [15]. Diese Schwäche liegt bei Theorien nicht vor, denen zufolge bei angeführten Ausdrücken ein spezieller Anführungsgebrauch vorliegt [16] bzw. der angeführte Ausdruck innerhalb des Anführungskomplexes präsentiert wird [17]. Neben den genannten Theorien, die sich alleine auf das Zitieren in sprachlichen Symbolsystemen beschränken, untersuchen Theorien im Anschluß an N. Goodman [18], inwieweit Zitation im sprachanalytischen Sinne auch außerhalb der Sprache vorliegt [19].

Anmerkungen. [1] Vgl. Art. ‹Use/Mention›. Hist. Wb. Philos. 11 (2001) 496-498. – [2] G. Frege: Über Sinn und Bedeutung. Zeitschr. Philos. philos. Kritik, NF 100 (1892) 25-50; ND, in: Funktion, Begriff und Bedeutung, hg. G. Patzig (⁵1980) 40-65, hier: 43. – [3] a.O. – [4] Vgl. Art. ‹Eigenname›. Hist. Wb. Philos. 2 (1973) 333. – [5] T. Parsons: What do quotation marks name? Frege's theories of quotation and that-clauses. Philos. Studies 42 (1982) 315-328; J. Steinbrenner: Zeichen über Zeichen. Grundlagen einer Theorie der Metabezugnahme (2004) 125-130. – [6] C. Washington: The identity theory of quotation. J. Philosophy 89 (1992) 582-605. – [7] A. Tarski: Der Wahrheitsbegriff in den formalisierten Sprachen. Studia philos. Comm. Soc. Philos. Polon. 1 (Lemberg 1935) 261-405; ND, in: K. Berka/L. Kreiser (Hg.): Logik-Texte (³1983) 447-559. – [8] Vgl. Art. ‹Wahrheit VI. C.›. – [9] N. D. Belnap/D. L. Grover: Quantifying in and out of quotes, in: H. Leblanc (Hg.): Truth, syntax and modality (Oxford 1973) 101-110. – [10] Tarski, a.O. [7]. – [11] W. V. O. Quine: Mathematical logic (Cambridge, Mass. 1940,

[2]1961). – [12] P. SAKA: Quotation and the use-mention distinction. Mind 107 (1998) 113-135, bes. 114ff. – [13] W. SELLARS: Quotation marks, sentences, and propositions. Philos. phenomenolog. Res. 10 (1949/50) 515-525. – [14] D. DAVIDSON: Quotation, in: Inquiries into truth and interpretation (Oxford 1991) 79-92. – [15] M. HARTH: Anführung: ein nicht-sprachl. Mittel der Sprache (2002). – [16] WASHINGTON, a.O. [6]; SAKA, a.O. [12]. – [17] E. SCHLOSSBERGER: Quoting and mentioning. Philos. Studies 43 (1983) 329-336; HARTH, a.O. [15]; STEINBRENNER, a.O. [5]. – [18] N. GOODMAN: Ways of worldmaking, ch. 3 (Indianapolis 1978) 41-56. – [19] Vgl. C. ELGIN: With reference to reference (Indianapolis 1983); STEINBRENNER, a.O. [5] 207-216; vgl. zum Problem in der Musiktheorie: J. BICKNELL: The problem of reference in musical quotation: A phenomenolog. approach. J. Aesth. Art Criticism 59 (2001) 185-191.

J. STEINBRENNER

Zivil; **Zivilgesellschaft** (lat. civilis, societas civilis; engl. civil, civil society; frz. civil, société civile; ital. società civile). ‹Zivil› und seine fremdsprachlichen Äquivalente sind dem lateinischen Adjektiv ‹civilis› entlehnt [1], das im Sinne von 'den Bürger betreffend', 'bürgerlich' vornehmlich als Gegenbegriff zu ‹naturalis› (z.B. ‹ius civile› vs. ‹ius naturale›) begegnet [2]. Mit ‹civilis› wird das griechische πολιτικός wiedergegeben, wodurch der Begriff seine prinzipiell politische Akzentuierung erhält [3]. In der spätlateinischen Wortbedeutung kann er außerdem im Sinne von 'gesittet', 'gesellschaftlich', 'verfeinert', 'taktvoll' verwendet werden und steht dann in Opposition zu ‹wild›, ‹roh›, ‹barbarisch› oder ‹unmenschlich› [4]. Darüber hinaus dient ‹civilis› später – wie auch seine Entlehnungen – zur Abgrenzung des Bürgerlichen (und Privaten) als gesonderter Ordnungs- bzw. Rechtssphäre vom Bereich des Militärischen und Kirchlichen. In diesen verschiedenen Bedeutungen ist der Begriff Bestandteil zahlreicher Komposita.

1. *Zivile und bürgerliche Gesellschaft.* – Anders als im Englischen und Französischen, wo zwischen ‹civil society›/‹société civile› und ‹bourgeois society›/‹société bourgeoise› unterschieden wird, fallen im Deutschen beide Ausdrücke im Begriff ‹bürgerliche Gesellschaft› zusammen [5]. Mit diesem Terminus wird sowohl der in den naturrechtlichen Theorien beheimatete lateinische Begriff ‹societas civilis› in der Bedeutung von 'Staat' (s.d.) übersetzt als auch die 'unpolitische' zivile Sphäre von Privatpersonen bezeichnet, die ihre ökonomischen Interessen verfolgen. Ebenso wurde das lateinische ‹civis› im Deutschen stets mit ‹Bürger›, ‹civilis› mit ‹bürgerlich› wiedergegeben, wohingegen im Französischen zwischen ‹citoyen› und ‹bourgeois› differenziert wird [6]. Eine andere Bedeutung nimmt die Kategorie des Zivilen unter dem Einfluß der europäischen Hegemonialsprache des 18. Jh., des Französischen, in den Begriffen ‹civilisiren›, ‹Civismus› und ‹Civilisation› [7] an: Das stilbildende Prestige der französischen aristokratischen Lebensformen verdichtet sich in einem Zivilen, das als Takt (s.d.), Höflichkeit, Freundlichkeit usw. nur im geselligen Umgang zu erwerben ist und daher im Gegensatz zu den «umgangsformen nichtzivilisierter, barbarischer völker» steht [8], mit denen freilich auch die auf Distanz zu haltenden Ansprüche des Dritten Standes gemeint sind. Selten gewinnt das Zivile die Bedeutung eines Handelns, das die Regelung der öffentlichen Angelegenheiten nicht mehr den herrschenden Formen staatlich-rechtlicher Vergesellschaftung (s.d.) überläßt und in diesem Sinne «zivilen Ungehorsam» [9] oder «Zivilcourage» (s.d.), einen «Geist der Unterscheidung und des Bruchs» praktiziert [10]. Freilich sind diese terminologischen Verhältnisse Ausdruck einer politischen Konstellation: Die verlorene Revolution von 1848, nach der in Deutschland die Verbindungen zu den freiheitlichen Traditionen der Französischen Revolution unterbrochen waren, machte die Entfremdung des vor allem der Obrigkeit verpflichteten Staatsbürgers vom geschichtlichen Vorbild des Citoyen unwiderruflich. Es bedurfte wiederum einer geschichtlichen Zäsur, derjenigen von 1989, um dem Neologismus ‹Zivilgesellschaft› [Zg.] im Kontext aktueller politischer Debatten ein Heimatrecht im deutschen Sprachraum zu verschaffen.

ERASMUS VON ROTTERDAMS Schrift ‹De civilitate morum puerilium› (1530) gibt den Anstoß, das Zivile nicht mehr als ein fertiges «Besitztum», sondern als ein prozeßhaftes Geschehen zu fassen, das an eine Stufenfolge bestimmter «Affektlagen» und spezifischer «Peinlichkeitsstandards» gebunden ist [11]. Die Beantwortung der Frage, was sich gehört und was nicht, was als zivil eine normsetzende Kraft gewinnen kann, fällt in die Zuständigkeit der tonangebenden Gruppen, die die Grenzziehungen zur «société civile» vorgeben. So unterscheidet etwa der Abbé D'AUBIGNAC streng zwischen zwei Kategorien von Schauspielern, den «Mimes & Bâteleurs», die dem Vergnügen des «petit peuple» zugeordnet sind, und den «Comédiens ... capables de toute société civile» [12]. Der Begriff ‹civil› bezeichnet hier den kulturellen Aspekt in der Lebensweise jener Formation aus Geburtsadel und gehobenem Bürgertum, die in der festen Redewendung «la cour et la ville» Ausdruck findet [13]. Der Emanzipationsprozeß des Dritten Standes reduziert sich nicht auf die Freisetzung des 'bürgerlichen' Homo oeconomicus, sondern stellt sich dar als eine integrale Bewegung um eine «neue Zivilität» («civiltà»), um die Schaffung eines neuen «Typus des Menschen und Staatsbürgers» («cittadino») [14].

In der Aufklärung des 18. Jh. öffnet sich der Terminus der emanzipatorischen Idee der Weltbürgergesellschaft [15], in der die Menschen unter der Herrschaft des Rechts in Freiheit, Gleichheit und Brüderlichkeit zusammenleben, und wandelt sich somit von einem deskriptiven zu einem normativen Bewegungs- und Zielbegriff [16]. Insofern es auch A. FERGUSON in seinem ‹Essay on the History of Civil Society› (1767) um das Ideal politisch-moralischen Zusammenlebens geht, trifft die Übersetzung des Begriffs «civil society» mit «bürgerlicher Gesellschaft» nicht dessen Intention; denn es ist in der Tat fraglich, «ob und wie die aktiven Bürgertugenden einer 'civil society' mit dem Reichtum, dem Luxus, aber auch der notwendigen Gerechtigkeit einer 'commercial society' überhaupt vereinbar» [17] sind. Die «bürgerliche Gesellschaft» geht in der «civil society» nicht auf. Auch bei I. KANT läßt sich die «vollkommene bürgerliche Vereinigung in der Menschengattung», auf die die Weltgeschichte (s.d.) abzielt [18], nicht mit Verhältnissen in eins setzen, in denen der allein seinen Privatinteressen verpflichtete Bourgeois den Geschäften nachgeht; vielmehr geht es Kant um die Idee einer Gesellschaft mündiger Bürger, in die sich die Untertanen wandeln sollen. Zwar arbeitet auch Kant der sprachlichen Vereinnahmung des Zivilen durch das Bürgerliche vor, indem er ein Drittes zwischen dem «Zustand der Wilden» und dem einer «bürgerlichen Verfassung» [19] entsprechend der überkommenen naturrechtlichen Dichotomie von ‹naturalis/civilis› nicht kennt. Seine implizite Kritik an der absolutistischen Staatsform des Ancien régime [20] macht indes deutlich, daß Zg. und bürgerliche Gesellschaft der Sache nach nicht zusammenfallen.

Auch wenn K. Marx die von G. W. F. Hegel geprägte Terminologie von «Staat» und «bürgerlicher Gesellschaft» übernimmt, setzt er «bürgerliche» und «zivile» Gesellschaft doch nicht gleich. Wo man bei Hegel eine Tendenz beobachten kann, den «Bürger» im Sinne von «citoyen/citizen» mit dem «bourgeois» [21] bzw. Untertan (s.d.) des preußischen Staatswesens und die Zg. mit der unter seinen Augen sich herausbildenden bürgerlichen Gesellschaft zu identifizieren [22], unterscheidet Marx die beiden Begriffe analytisch. Er kann dadurch ihr Verhältnis zueinander als durch eine Subordination bestimmt fassen, die ihren Grund in den gesellschaftlichen Verhältnissen selbst hat. Die kritischen Schriften dieser Phase, vor allem die ‹Kritik der Hegelschen Rechtsphilosophie› und ‹Zur Judenfrage›, heben diese Unterscheidung ins Bewußtsein [23]. Die stereotype Übersetzung des Marxschen Begriffs «bürgerliche Gesellschaft» mit «civil society» (wie in der Ausgabe der ‹Collected Works of Marx and Engels› üblich) zeitigt eine simplifizierende Marx-Lektüre, die ihren Ausdruck etwa in der lapidaren Formulierung «the wellknown Marxian identification of civil and bourgeois society» findet [24]. Wo Marx englisch oder französisch schreibt, verwendet er «civil society» bzw. «société civile», wenn es um Gesellschaft im allgemeinen oder um historische Formen geht, die von ihrer in der Gegenwart dominant gewordenen bourgeoisen Form zu unterscheiden sind [25].

Die englische Übersetzung des ersten Kapitels des ‹18. Brumaire des Louis Bonaparte› veranlaßte F. Engels zur Bemerkung, daß man «bürgerliche Gesellschaft» in dem hier verwendeten Sinn keinesfalls mit «Middle Class Society» übersetzen kann, sondern entweder mit «Bourgeois Society» – soweit deren sozialer und politischer Herrschaftscharakter betont wird – oder mit «commercial» bzw. «industrial society», wenn die Produktionsweise im Vordergrund steht [26]. Beschäftigt mit der Kritik der bürgerlichen Gesellschaft und ihrer theoretischen Rechtfertigungen, bleibt die Ausarbeitung des Begriffs ‹Zg.› ein Desiderat. Indem Marx und Engels den französischen Ausdruck ‹Bourgeoisie› im Deutschen heimisch zu machen versuchen, halten sie zwar an der Differenz zum Zivilen implizit fest, lassen aber das Terrain, auf dem allein ein umfassenderes Verständnis des «inneren Staates des Bürgertums» hätte entwickelt werden können, unbearbeitet [27].

2. *Die Neuakzentuierung des Begriffs ‹Zg.› bei A. Gramsci.* – Der Begriff «società civile» gewinnt ein eigenes Gewicht erst bei A. Gramsci, der mit ihm die zentrale Erfahrung seiner Epoche reflektiert: die gescheiterten Revolutionsversuche im Westen nach dem Ersten Weltkrieg und den Aufstieg des faschistischen Regimes. Während in Rußland der «Bewegungskrieg» erfolgreich war, tauchte im Westen eine «robuste Struktur der Zg.» auf, eine «Kette von Festungen und Kasematten», die einen «Stellungskrieg» um die einzelnen Positionen verlangten [28]. Was hier in der Sprache der Weltkriegserfahrung zunächst als Revolutionshindernis erscheint, wird in der Folge als ein komplexer Prozeß der Hegemoniegewinnung konzeptualisiert, der die Zg. zugleich voraussetzt und entwickelt. Gramsci überführt die bis ins 18. Jh. übliche Ineinssetzung von «societas civilis» und «societas politica» in die Unterscheidung von «Zg.» und «politischer Gesellschaft», die nicht mehr – wie noch bei Hegel – in einem Verhältnis der Negation, sondern der Komplementarität stehen: «Staat = politische Gesellschaft + Zg., das heißt Hegemonie, gepanzert mit Zwang» [29]. Diese «integrale» [30] Auffassung des Staates steht gegen dessen Reduktion auf Regierung und Verwaltung, wie sie in der liberalen Auffassung vom «Nachtwächterstaat» zum Ausdruck kommt, mit der die Zg. als staatsfreie Sphäre ungehinderter Entfaltung der Marktkräfte reklamiert wird, und wie sie zugleich – mit negativem Vorzeichen – in der Auffassung vom Staat als einer «Maschine der Klassenherrschaft» präsent ist [31], die «zerschlagen» werden muß [32]. Nicht «der Staat» soll zerschlagen werden, sondern das Element «Staat-Zwang», indem sich «immer beträchtlichere Elemente von regulierter Gesellschaft (oder ethischem Staat oder Zg.) durchsetzen» [33].

Zwar fungiert ‹Zg.› in dieser Gleichsetzung mit «regulierter Gesellschaft» – dem Terminus, mit dem Gramsci die sozialistische Perspektive artikuliert – als positiver Begriff. Wichtiger und ungleich detaillierter entwickelt ist indes der analytische Gebrauch, mit dem die ‹Zg.› einerseits vom «Staat mit seiner Gesetzgebung», andererseits von der «ökonomischen Struktur» unterschieden wird [34]. Gramscis Begriffsgebrauch ist nicht normativ. Die Zg. ist nicht das Gute, das sich der schlechten Politik entgegensetzt. Sie ist auch kein Moment des «Überbaus» (s.d.) im Unterschied zur ökonomischen «Basis», wie des öfteren behauptet wurde [35]. Was Gramsci interessiert, ist der Funktionszusammenhang der Hegemoniebildung, für den erst die Unterscheidung von Ökonomischem, Zivilem und Politischem den Blick schärft: Die Zg. ist das Terrain, auf dem um eine neue «Zivilität» gerungen wird, auf dem die «subalternen Klassen ... sich selbst zur Kunst des Regierens erziehen» müssen [36]. Diese Perspektive des Sich-Hinaufarbeitens in die Strukturen der politischen Gesellschaft gibt dem Begriff des «integralen Staates» als Einheit von ziviler und politischer Gesellschaft seine Bedeutung: Wenn es stimmt, daß die Einheit der führenden Klassen, die ihre Führungsposition begründet, sich im Staat herstellt, d.h., «Ergebnis der organischen Beziehungen zwischen Staat oder politischer Gesellschaft und 'Zg.'» ist, dann gilt auch umgekehrt für die subalternen Klassen, daß sie ihre Einheit nur dann erringen werden, wenn sie «'Staat' werden können: ihre Geschichte ist deshalb verwoben in die der Zg.» [37].

3. *Aktuelle Diskussion.* – Der neuere Begriffsgebrauch wird zunächst von Dissidentenbewegungen in Mittel- und Osteuropa geprägt, wo ‹Zg.› (poln. ‹spolecze'nstwo obywatelskie›; ungar. ‹civil társadalom›) zum Schlüsselbegriff anti-diktatorischer Kritik wird [38]. In ihm kristallisiert sich die Erfahrung, daß jeder unabhängige Organisationsversuch in Opposition zur Staatspartei gerät und entweder marginalisiert oder unterdrückt wird. In diesem Kontext bezeichnet ‹Zg.› eine staatsfreie Sphäre unabhängiger Willens- und Genossenschaftsbildung.

Mit der Übernahme in den westlichen Sprachgebrauch erfährt der Begriff eine Reihe von Umakzentuierungen. Er interessiert nun als «Reflexionsbegriff der liberalen Demokratien» [39], sehen diese sich doch damit konfrontiert, als einzige Systemalternative zur zusammengebrochenen 'kommunistischen' Welt fungieren zu müssen. Als «regulative Idee der liberalen Demokratie» [40] nimmt er – im Gegensatz zu Gramscis Begriffsgebrauch – rasch eine positiv-normative Färbung an und ist wirksam sowohl als kritischer Begriff gegen die «korporative Abdichtung der öffentlichen Sphäre» [41] wie auch umgekehrt als Ausweis eines endlich gekommenen 'goldenen Zeitalters' der liberalen Demokratien [42], in denen gegenüber Eingriffen des Staates auf die Selbstregulierungskräfte des Marktes gesetzt und gesellschaftliche Selbstorganisation wie individuelle Eigenverantwortung realisiert werden könne.

Werden auf (neo)liberaler Seite Markt und Zg. gleichgesetzt, wobei der Citoyen vor allem als Konsument interessiert, so wird unter dem Titel ‹Zg.› andererseits ein Demokratisierungsanspruch formuliert, der in einem «bürgerschaftszentrierten Verständnis von Politik» [43] zum Ausdruck kommt. Dieses setzt auf öffentliche Diskussion und wird unter anderem von den Neuen Sozialen Bewegungen und den Nicht-Regierungs-Organisationen praktiziert. Hier dient das anti-etatistische Element des Begriffs, d.h. die Betonung der gesellschaftlichen Selbstorganisation, als Ressource, um die destruktiven Folgen jener nicht-kontrollierten Freisetzung von Selbstregulierungskräften zu kritisieren und zu begrenzen. Kommunitaristisch orientiert, versucht M. Walzer unter dem Titel «civil society» eine Neubestimmung des Verhältnisses von Staat, Markt und Gesellschaft: «Civil society ... requires many organizing strategies and a new form of state action. It requires a new sensitivity of what is local, specific, contingent» [44]. Bei diesen z.T. divergierenden Programmatiken überrascht es nicht, daß der Terminus auch unter den Vertretern einer liberalen Gesellschaftstheorie nicht unumstritten ist: R. Dahrendorf etwa zieht den Begriff der «Bürgergesellschaft» dem der «Zg.» vor, glaubt er doch in der neuen Redeweise vor allem eine «verschämte» Reaktion von «Intellektuellen» zu erkennen, die lieber «ziviler Ungehorsam» statt «bürgerlicher Ungehorsam» sagen, «worum es sich in Wahrheit handelt» [45].

Für J. Habermas ist der «Kern der Zg. ... ein Assoziationswesen, das problemlösende Diskurse zu Fragen allgemeinen Interesses im Rahmen veranstalteter Öffentlichkeiten institutionalisiert». So soll, gegen die Gefahren einer Verselbständigung des administrativen Machtkonzentrats, die Legitimität des professionalisierten administrativ-politischen Komplexes gesichert werden: Die «zivilgesellschaftlichen Akteure» sollen und müssen beratend Einfluß nehmen («deliberative Politik»), nicht entscheiden («dezisive Politik») [46]. Damit herrscht gegenwärtig eine Begriffsverwendung vor, welche die Zg. als die Sphäre des Kampfes um die Organisation von Gesellschaft mit einer selbst zivilen Instanz verwechselt. Der positive Wert, mit dem der Begriff in der demokratietheoretischen Debatte verwendet wird, ist Symptom der Deutungskämpfe, die um ihn geführt werden und mit denen sich widersprüchliche, wenn nicht gegensätzliche Konzepte aktueller Gesellschaftsgestaltung verbinden.

Anmerkungen. [1] Vgl. Art. ‹Zivil›. Grimm 15 (1956) 1724-1726. – [2] Vgl. Eintrag ‹civilis›, in: Ch. T. Lewis/Ch. Short: A latin dict. (Oxford 1879, ND 1980) 346. – [3] Vgl. J. Fisch: Art. ‹Zivilisation, Kultur›, in: O. Brunner/W. Conze/R. Koselleck (Hg.): Geschichtl. Grundbegriffe 7 (1992) 679-774, 689. – [4] Vgl. Art. ‹Wildheit; Grausamkeit; Rohheit›. – [5] Vgl. hierzu: Art. ‹Gesellschaft, bürgerliche›. Hist. Wb. Philos. 3 (1974) 466-473; es zeugt von einem Mangel an historischer Reflexion, wenn der Autor M. Riedel formuliert, der Begriff ‹bürgerliche Gesellschaft› sei von Aristoteles in die philosophische Terminologie eingeführt worden, a.O. 466. – [6] Vgl. Grimm, a.O. [1] 1724; Art. ‹Bürger; citoyen; bourgeois›. Hist. Wb. Philos. 1 (1971) 962-966. – [7] Vgl. Art. ‹Zivilisation›. – [8] Grimm, a.O. [1] 1724f. – [9] Vgl. Art. ‹Ungehorsam, ziviler›. Hist. Wb. Philos. 11 (2001) 162f. – [10] A. Gramsci: Gefängnishefte, H. 11, § 15, hg. W. F. Haug/K. Bochmann (1991-99) 1403. – [11] Vgl. N. Elias: Über den Prozeß der Zivilisation (1936, 1978) 73f. – [12] Abbé d'Aubignac: Projet pour le rétablissement du theatre françois, in: Pratique du theatre (1657), hg. H.-J. Neuschäfer (1971) 348f. – [13] Vgl. E. Auerbach: Das franz. Publikum des 17. Jh. (1933) 5. – [14] Gramsci: Gef.hefte, H. 8, § 130, a.O. [10] 1016. – [15] Vgl. Art. ‹Weltgesellschaft›. – [16] Vgl. J. Kocka: Zg. als hist. Problem und Versprechen, in: M. Hildermeier/J. Kocka/Ch. Conrad (Hg.): Europ. Zg. in Ost und West. Begriff, Geschichte, Chancen (2000) 13-39, 15. – [17] Einl., in: A. Ferguson: Versuch über die Geschichte der bürgerl. Gesellschaft, hg. Z. Batscha/H. Medick (1986) 13. – [18] I. Kant: Idee zu einer allg. Geschichte in weltbürgerl. Absicht (1784). Akad.-A. 8, 29. – [19] a.O. 25. – [20] 26. – [21] G. W. F. Hegel: Grundlinien der Philos. des Rechts § 190 (1820). Jub.ausg., hg. H. Glockner 7 (1928) 272. – [22] Vgl. La société civile bourgeoise, hg. J.-F. Lefèbvre (Paris 1975). – [23] Vgl. K. Marx: Zur Judenfrage (1844). MEW 1, 366. – [24] L. Cohen/A. Arato: Civil society and polit. theory (Cambridge, Mass. 1992) 97; vgl. J. Rehmann: «Abolition» of civil society? Remarks on a widespread misunderstanding in the interpretation of 'civil society', in: Socialism democracy 13 (1999) 1-18. – [25] Vgl. etwa: K. Marx: Br. an P. W. Annenkow (28. 12. 1846). MEW 27, 452; um Mißverständnissen vorzubeugen, fügten die Herausgeber den franz. Terminus ‹société civile› hinzu. – [26] F. Engels: Br. an K. Marx (23. 9. 1852). MEW 28, 139. – [27] Vgl. H. Bosch u.a.: Der innere Staat des Bürgertums. Studien zur Entstehung bürgerl. Hegemonie-Apparate im 17. und 18. Jh. (1986). – [28] Gramsci: Gef.hefte, H. 7, § 16, a.O. [10] 874. – [29] H. 6, § 88, a.O. 783. – [30] Vgl. etwa: § 155, a.O. 824. – [31] K. Marx: Der Bürgerkrieg in Frankreich (1871). MEW 17, 336. – [32] W. I. Lenin: Staat und Revolution (1918). Werke (1961ff.) 25, 427. – [33] Gramsci: Gef.hefte, H. 6, § 88, a.O. [10] 783. – [34] H. 10/II, § 15, a.O. 1267. – [35] Vgl. N. Bobbio: Gramsci e la concezione della società civile (1967, Mailand [2]1976); S. Kebir: Gramscis Zg. Alltag, Ökonomie, Kultur, Politik (1991) 52. – [36] Gramsci: Gef.hefte, H. 10/II, § 41, a.O. [10] 1325. – [37] H. 25, § 5, a.O. 2195. – [38] Vgl. hierzu: V. Havel/J. Keane (Hg.): The power of the powerless: Citizens against the state in central-eastern Europe (Armonk, N.J. 1985); B. Geremek: Die 'civil society' gegen den Kommunismus. Polens Botschaft, in: K. Michalski (Hg.): Europa und die Civil Society. Castelgandolfo-Gespräche 1989 (1991); R. L. Tokes (Hg.): Opposition in Eastern Europe (Baltimore 1979). – [39] A. Klein: Der Diskurs der Zg. Polit. Kontexte und demokratietheoret. Bezüge der neueren Begriffsverwendung (2001) 26. – [40] H. Dubiel: Ungewißheit und Politik (1994) 94. – [41] a.O. 96. – [42] Vgl. F. Fukuyama: The end of history (New York 1992); dtsch.: Das Ende der Geschichte (1992). – [43] Klein, a.O. [39] 30. – [44] M. Walzer: The concept of civil society (1991), in: M. Walzer (Hg.): Toward a global civil society (Providence/Oxford 1995) 7-27, 16. 27. – [45] R. Dahrendorf: Die Zukunft der Bürgergesellschaft, in: B. Guggenberger/K. Hansen (Hg.): Die Mitte. Vermessungen in Politik und Kultur (1993) 74-86, 76. – [46] J. Habermas: Faktizität und Geltung. Beiträge zur Diskurstheorie des Rechts und des demokrat. Rechtsstaats (1994) 399-467, bes. 443f. 399f. 450.

Literaturhinweise. L. Cohen/A. Arato s. Anm. [24]. – H. Dubiel s. Anm. [40]. – P. Jehle: Hegemonietheoret. Defizite der Zg.-Debatte. Zur Kritik an Kebir und der Habermasschule, in: Ethik und Staat: Zg. Argument 206, 36. Jg. (1994) 513-527. – V. Mund: 'Civil' versus 'civilized society'? Polit. Ordnungskonzeptionen schottischer Aufklärer im Vergleich, in: R. Koselleck/K. Schreiner (Hg.): Bürgerschaft. Rezeption und Innovation der Begrifflichkeit vom Hohen MA bis ins 19. Jh. (1994) 129-160. – J. Keane: Civil society. Old images, new visions (Cambridge 1998). – J. Rehmann s. Anm. [24]. – K. von Beyme: Zg. – Karriere und Leistung eines Modebegriffs, in: M. Hildermeier u.a. (Hg.), s. Anm. [16] 41-55. – J. Kocka s. Anm. [16]. – A. Klein s. Anm. [39]. – T. Votsos: Der Begriff der Zg. bei Antonio Gramsci (2001). – V. Heins: Das Andere der Zg. Zur Archäologie eines Begriffs (2002).

P. Jehle

Zivilcourage (griech. ἀνδρεία πολιτική; lat. fortitudo civilis) wurde als Wortzusammensetzung bei der Tugenddiskussion der Tapferkeit (s.d.) erforderlich, weil die Tapferkeit in der Gefahr steht, ausschließlich als Kampfestugend des Soldaten verstanden zu werden. Vor allem auch, seit die ergänzende Maßstäblichkeit des religiösen Märtyrermutes verblaßte, muß man den zivilen Bereich der Tapferkeit geltend machen. Das geschieht durch den Terminus ‹Z.› zwar außerordentlich spät, ist aber schon in der Tugenddiskussion der ‹Nikomachischen Ethik› des ARISTOTELES vorgebildet als «bürgerlicher Mut» (ἀνδρεία πολιτική): er «gleicht der Tapferkeit am meisten, weil er seinen Beweggrund in der Tugend hat, in dem Ehrgefühl nämlich, in dem Verlangen nach dem sittlich Schönen, der Ehre, und in der Furcht vor etwas sittlich Häßlichem, der Schande» [1]. Diese ἀνδρεία πολιτική heißt später – etwa in der lateinischen Übersetzung des Kommentars von AVERROES zur ‹Nikomachischen Ethik› – «fortitudo civilis» [2].

Dabei wird die spätere Diskussion um die Z. auch zur Nachfolgeform der Diskussion um die «Ehre», wo diese als «Prinzip» der «Monarchie» [3] durch das moderne Prinzip der «Gleichheit» weithin abgelöst wird und dabei mit dem Prinzip der «Freiheit» in Konflikt treten kann [4]. Dann entsteht in besonderem Maß die Notwendigkeit, den Mut zur Freiheit geltend zu machen. Dabei tritt die Vokabel ‹Z.› zunächst weder im französischen noch im deutschen Sprachraum auf. Das gilt gerade auch dort, wo das Problem der Sache nach behandelt wird: bei M. LUTHER [5] angesichts der Forderung, «man muß Gott mehr gehorchen als den Menschen» (Apg. 5, 19), und in I. KANTS Schrift ‹Was ist Aufklärung?› von 1784, die den «Öffentlichen Gebrauch der Vernunft» vom «privaten» (amtsbedingt eingeschränkten) unterscheidet und die Selbstaufklärung des Publikums auf dem Wege der Kritik durch den öffentlichen Vernunftgebrauch erwartet [6]: So läßt sich diese Schrift als Anleitung «einer Bürgerpflicht zur Z.» lesen [7].

Erstmalig ist – möglicherweise an einen schon mündlich vorhandenen Wortgebrauch anknüpfend – der Ausdruck ‹Z.› von O. VON BISMARCK gebraucht worden. Er berichtet im Sommer 1864 seinem Vertrauten R. von Keudell über seinen ersten parlamentarischen Auftritt vom 17. 5. 1847 und fügt hinzu: «Mut auf dem Schlachtfeld ist bei uns Gemeingut; aber sie werden nicht selten finden, daß es ganz achtbaren Leuten an Z. fehlt» [8]. Das plädiert – gegen die liberale Opposition gerichtet [9] – für Überzeugungsmut. Zunächst kommt es noch nicht zur Aufnahme des Begriffs; die erste Registrierung erfolgt erst 1926 durch G. BÜCHMANNS ‹Geflügelte Worte› [10]. Im ‹Dictionnaire de l'Académie française› von 1932 («courage civil») und im ‹Großen Herder› von 1935 und im ‹Brockhaus› von 1938 ist er verzeichnet. Nach dem Ersten Weltkrieg taucht ‹Z.› aber nur sporadisch auf: bei K. TUCHOLSKY [11], L. FEUCHTWANGER [12] und S. ZWEIG [13]. Erst nach dem Zweiten Weltkrieg ändert sich das: «Das Jahr 1945 ist die Zäsur» [14]. War es noch die Meinung von D. BONHOEFFER, daß es in Deutschland zu wenig [15], und von K. LÖWITH, daß es dort gar keine Z. gegeben habe [16], wird es – im Gegenzug zum Mangel an Z. insbesondere unter der Herrschaft des Nationalsozialismus [17] – nun zentral, Z. gerade zu verlangen.

Es entsteht jetzt eine Fülle von Titeln und Bemerkungen, die Z. zur wichtigen oder gar zentralen Tugend erklären. H. ULLMANN betont 1948: «Demokratie wird nur durch Z. möglich wie umgekehrt Z. nur in der Demokratie sich auswirken kann» [18]. M. PRIBILLA meint 1957: Es «muß die militärische Tapferkeit zurücktreten vor der sogenannten Z., nämlich dem charakterlichen Mut, die Wahrheit und das Recht auch nach oben oder gegen eine irregeleitete Menge mit Einsatz der eigenen Person geltend zu machen und zu verteidigen» [19]. Es kommt zu Reden – etwa durch J. F. KENNEDY [20] – und Aufrufen [21]. Z. wird verlangt im Alltag [22], im Öffentlichen Dienst [23], im Journalismus [24], beim «zivilcouragierten Soldaten» der Bundeswehr [25]. Es werden Preise verliehen für Z.: etwa seit 1964 der Theodor-Heuss-Preis. Und es wird zur Z. ermuntert [26] und angestiftet [27].

Im Zusammenhang mit der 1968er-Bewegung ist es zur Verbindung von Z. und «zivilem Ungehorsam» [28] gekommen. Ihn – also «Akte, die ihrer Form nach illegal sind, obwohl sie unter Berufung auf die gemeinsam anerkannten Legitimationsgrundlagen unserer demokratisch-rechtsstaatlichen Ordnung ausgeführt werden» – zu ertragen und zu akzeptieren, wird nach J. HABERMAS zum «Testfall für den demokratischen Rechtsstaat» [29]. Freilich kann das durch nachträglichen Ungehorsam – wenn der vormalige Nichtwiderstand gegen die Diktatur durch jetzigen Widerstand gegen die Nichtdiktatur nachgeholt werden soll – auch zur Infragestellung dieses demokratischen Rechtsstaats führen.

Dagegen wendet sich insbesondere R. SCHRÖDER in seinem Plädoyer für die Z., das die Vorgeschichte der Z., die «Z. in der Diktatur» und die «Z. im demokratischen Rechtsstaat» untersucht: Er kritisiert den «Aufstand der Aussteiger» und ihre «krampfhafte Suche nach dem letzten Tabu, das man noch brechen kann» [30]. «Es ist gar nicht immer, wohl nicht einmal zu meist der Staat, der zur Z. herausfordert. Manchmal ist es auch die Öffentliche Meinung» – zuweilen auch durch 'political correctness' – «oder eine bedenkliche Praxis der lieben Mitbürger, die Widerspruch verdient. ... Wir brauchen Z., mehr als wir haben, aber zuerst die unspektakuläre und eine, die sich vom Eigensinn deutlich unterscheidet. Also bitte: Erst überlegen, dann protestieren» [31]. In diesem Sinn macht auch O. MARQUARD die Z. geltend: Es «ist nicht jede x-beliebige Aufmüpfigkeit Z. Man braucht sie überhaupt nicht nur für das Nein, sondern auch und gerade für das Ja. Ich meine: Z. ist vor allem der Mut, zivil – also ein civis, ein polites, ein Bürger – zu sein; oder kurz gesagt: Z. ist der Mut zur Bürgerlichkeit» [32].

Anmerkungen. [1] ARISTOTELES: Eth. Nic. III, 11, 1116 a 16ff. – [2] Opera cum Averrois comm. (1562-74) 3, 41. – [3] CH. DE S. DE MONTESQUIEU: De l'esprit des lois III, 7 (1748). – [4] A. DE TOCQUEVILLE: De la démocratie en Amérique (1835/40). – [5] Interpretation nach: R. SCHRÖDER: Z., in: K. FINCKE/J. ZEHNE (Hg.): Zutrauen zur Theologie (2000) 474-487, hier: 478f. – [6] I. KANT: Beantwortung der Frage: Was ist Aufklärung? (1784). – [7] SCHRÖDER, a.O. [5] 475. – [8] R. VON KEUDELL: Fürst und Fürstin Bismarck. Erinnerungen aus den Jahren 1846 bis 1872 (1901) 8; vgl. E. VON DRYANDER: Erinnerungen aus meinem Leben (1922) 162. – [9] Vgl. E. MARCKS: Erinnerungen an Bismarck (1909) 407ff. – [10] G. BÜCHMANN: Geflügelte Worte. Der Zitatenschatz des dtsch. Volkes (27 1926). – [11] K. TUCHOLSKY: Rez. von E. Ludwigs «Juli 14» (1929). Ges. Werke, hg. M. GEROLD-TUCHOLSKY 3 (1961) 139-146, hier: 145. – [12] L. FEUCHTWANGER: Geschwister Oppermann (1932) 96f. – [13] S. ZWEIG: Welt von gestern (1942) 309f. – [14] F. ANDREWS: Z. Streifzüge durch die Geschichte eines Begriffes [ungedr. Mag.arb. Univ. Leipzig] (1995) 3. 53f. – [15] D. BONHOEFFER: Widerstand und Ergebung, hg. E. BETHGE (1954) 13. – [16] K. LÖWITH: Mein Leben in Deutschland vor und nach 1933 (1986) 74. – [17] B. GRUBER: Z. im Dritten Reich (2000). – [18] H. ULLMANN: Z. und Demokratie. Sonntagsblatt 1 (1948) 20. 14. – [19] M. PRIBILLA: Mut und Z. der Christen (3 1957) 57. – [20] J. F. KENNEDY: Profiles in courage (New York 1956); dtsch.: Z. (Wien 2 1960). – [21] M. Gräfin DÖNHOFF: Z. im Zeitalter der Polarisierung, in: H. HAMM-BRÜCHER (Hg.): Auftrag und Engagement der Mitte (1974). – [22] A. ROSUMEK: Tugenden im Vorhof. Über die Z. Caritas 53 (1952) 201f.; U. KUHL: Selbstsicherheit und prosoziales Handeln. Z. im Alltag (1986). – [23] A. WENZEL: Z. im Öffentl. Dienst (1965). – [24] E. ELITZ: Mangelnde Journalistenausbildung – fehlende Z., in: W. R. LANGENBUCHER (Hg.): Journalismus & Journalismus. Plädoyers für Recherche und Z. (1980). – [25] H. HERZ: Tapferkeit und Z., in: Streitkräfte intern

1 (1991). – [26] I. FETSCHER: Ermutigung zur Z., in: K. RAHNER/ B. WELTE (Hg.): Mut zur Tugend (1979) 94-103; E. EPPLER: Als Wahrheit verordnet wurde. Briefe an meine Enkelin (1994). – [27] K. SINGER: Z. wagen (1992). – [28] Vgl. Art. ‹Ungehorsam, ziviler›. Hist. Wb. Philos. 11 (2001) 162f. – [29] J. HABERMAS: Ziviler Ungehorsam – Testfall für den demokrat. Rechtsstaat. Wider den autoritären Legalismus in der Bundesrepublik, in: P. GLOTZ (Hg.): Ziviler Ungehorsam im Rechtsstaat (1983) 29-53, 33. – [30] SCHRÖDER, a.O. [5] 486. – [31] a.O. 486f. – [32] O. MARQUARD: Z. In memoriam Erwin Stein (1993), in: Skepsis und Zustimmung (1994) 123-131, 123.

Literaturhinweise. F. ANDREWS s. Anm. [14]. – R. SCHRÖDER s. Anm. [5].

O. MARQUARD

Zivilisation (engl. civilization; frz. civilisation). ‹Civilisation› ist ein französischer und englischer Neologismus aus der ersten Hälfte des 18. Jh., der im Deutschen als ‹Z.› erst um 1800 zögerlich aufgenommen wird [1]. Als moderner Bewegungsbegriff [2] mit universalhistorischem Bedeutungsumfang und einem anthropologisch fundierten geschichtsphilosophischen Bedeutungsinhalt taucht er häufig in diskursiver Verknüpfung mit anderen epochalen Leitbegriffen wie ‹Fortschritt› (s.d.), ‹Geschichte› (s.d.), ‹Aufklärung› (s.d.), ‹Menschheit› (s.d.) und ‹Bildung› (s.d.) auf. Ähnlich wie der nahezu synonyme spätaufklärerische Begriff ‹Kultur› (s.d.) im Deutschen indiziert ‹Z.› einen Paradigmenwechsel in der Gesellschafts- und Geschichtsauffassung: die Säkularisierung christlich-eschatologischer Temporalstrukturen zur Geschichtsphilosophie; die Destruktion des Leitbilds der annalistischen Chronologie, der Genealogie oder Dynastie durch die Orientierung auf bürgerliche Bewährungsfelder, auf die Fortschritte des menschlichen Geistes und der Sitten, der Wissenschaften und Künste, der ökonomischen Verhältnisse und Verhaltensweisen vom Naturzustand (s.d.) bis zur Gegenwart [3]. ‹Z.› hat wie seine Gegenbegriffe ‹Natur› (s.d.), ‹Barbarei› oder ‹Wildheit› [4] eine zeitliche und räumliche Dimension.

Der Begriff etabliert sich in einer neuartigen aufklärerischen Öffentlichkeit (s.d.), die auf «Publicität» setzt [5] und den Menschen als geselliges und kritisches Wesen bestimmt. Der universalhistorische Bedeutungsumfang und der zuschreibungsoffene Sinngehalt bedingen jedoch Binnendifferenzierungen und unterschiedliche programmatische Akzentuierungen. ‹Z.› kann einen Zustand und einen Prozeß meinen, ein Resultat und eine Handlung. Der Begriff verweist individuell-moralisch auf den Zustand des Einzelnen oder universal-historisch auf den Zustand einer Gesellschaft bzw. der Menschheit. Im Singular dient ‹Z.› häufig als Wertbegriff, der Kritik in zwei Richtungen freisetzt: Im Namen der eigentlichen, wahren und noch zu erreichenden Z. kann einerseits die schon bestehende Z. kritisiert werden; andererseits kann eine Gesellschaft im Zustand einer noch nicht existierenden Z. mit dem Verdikt der Barbarei oder der Verwilderung abgeurteilt werden. Im Plural kann ‹Z.› (relativistisch oder normativ, deskriptiv-neutral oder in bezug auf den übergeordneten Wertbegriff ‹Z.› im Singular) verschiedene Gesellschaften meinen. Als Wandlungskontinuum kontrastiert Z. diachron mit einem Anfangszustand und synchron mit gegenwärtigen ungleichen Entwicklungsstufen einzelner Völker, Gesellschaften und Nationen. Daraus ergibt sich die Frage nach den Stufen und Graden, Bedingungen, Triebfedern und Möglichkeiten der Z. Der Abstraktionsgrad macht ‹Z.› zu einem kontextvariablen Sinnträger. Der Begriff hat eine große interdiskursive Spannweite, die von der Alltagssprache über die Sprache der Publizistik und Politik bis zur Wissenschaftssprache reicht. Zudem ist er für nationale Imprägnierungen offen, für Indikatoren der jeweiligen Staatenbildung und des nationalen Selbstverständnisses. So weist der Begriff als «civilisation française» [6] oder als «American civilization» [7] ein stärker identitätsstiftendes Moment auf als in Großbritannien oder Deutschland.

Anmerkungen. [1] J. H. CAMPE registriert «Civilisation» als Fremdwort: Wb. zur Erklärung und Verdeutschung der unserer Sprache aufgedrungenen fremden Ausdrücke (1801) 192. – [2] Vgl. J. FISCH: Art. ‹Z.; Kultur›, in: O. BRUNNER/W. CONZE/R. KOSELLECK (Hg.): Geschichtl. Grundbegriffe 7 (1992) 679-774, 680; zum Terminus ‹Bewegungsbegriff› vgl. R. KOSELLECK: Vergangene Zukunft. Zur Semantik geschichtl. Zeiten (1979) 300-345. – [3] P. KONDYLIS: Die Aufklärung im Rahmen des neuzeitl. Rationalismus (1986) 421ff.; J. GARBER: Zum geschichtstheoret. Kulturbegriff der dtsch. Spätaufklärung, in: J. HELD (Hg.): Kultur zwischen Bürgertum und Volk (1983) 76-97. – [4] Vgl. Art. ‹Wildheit; Grausamkeit; Rohheit›. – [5] I. KANT: Zum ewigen Frieden (1795). Akad.-A. 8 (1923) 381. – [6] E. R. CURTIUS: Zur Geschichte der Z.-Idee in Frankreich, in: Philolog.-philos. Studien. Festschr. für E. Wechssler (1929) 20-26; M. JEISMANN: Das Vaterland der Feinde. Stud. zum nationalen Feindbegriff und Selbstverständnis in Deutschland und Frankreich 1792-1918 (1992). – [7] CH. A./M. R. BEARD: The rise of Amer. civilization 4: The Amer. spirit. A study of the idea of civilization in the United States (Gloucester, Mass. 1942).

1. *Vorgeschichte.* – Anders als die von lat. ‹colere› abgeleiteten Substantive ‹cultus› und ‹cultura› haben die Ableitungen von ‹civis› keine transitive Bedeutung. Es gibt im klassischen Latein kein Substantiv ‹civilisatio›, wohl aber das von ‹civis› ('Bürger') abgeleitete Adjektiv ‹civilis› sowie die Substantive ‹civitas› und ‹civilitas› [1]. Diese Ausdrücke beziehen sich auf Stadt und Bürgerschaft, können aber in der Spätantike, häufig in Verbindung mit ‹humanus›, auch auf ein zivilisiertes Leben und zivilisierte Sitten verweisen. Sie sind stets positiv besetzt und enthalten eine räumliche und politische Komponente, indem sie die Grenze gegenüber dem Wilden und Unzivilisierten markieren und vom Menschen als Gemeinschaftswesen ausgehen.

Beide Komponenten bleiben auch im Mittelalter präsent und erhalten erst in der frühen Neuzeit eine andere Signatur. ‹Civilitas› bezeichnet im Humanismus gutes Benehmen, Höflichkeit. ‹De civilitate morum puerilium› betitelt ERASMUS VON ROTTERDAM 1530 seine Schrift, die eine Art Höflichkeits- und Verhaltenslehre für Knaben bietet. Offensichtlich bildet hier «civitas» den Hintergrund und damit die unausgesprochene, wiewohl vorausgesetzte Vorstellung, daß Höflichkeit nur in einem wohlgeordneten Gemeinwesen, im städtischen oder höfischen Milieu möglich ist [2]. Als in der höfischen Welt des aufkommenden Absolutismus die humanistische Vorstellung eines vollkommenen Menschen unpolitisch wird und in den Dienst des Leitbilds vom vollkommenen Hofmann (‹cortegiano› oder später ‹honnête homme›, s.d.) tritt, schenkt man den Unterschieden des Rangs genaueste Beachtung. Die Markierung der sozialen Differenz zählt zu den Grundforderungen der neuen Höflichkeit, der ‹civilité›, wie es im Französischen, der Sprache des Hofes, heißt. Ein Wörterbuch der Epoche definiert «civilité» 1690 als «Manière honneste, douce et polie d'agir, de converser ensemble» [3]. Höflichkeit wird hoch bewertet und kann gerade deswegen im 18. Jh. mit zunehmender Kritik am «höfischen Verhalten» und im Namen einer neuen Gefühlskultur als Komplizin einer unglaubwürdigen, naturfernen Maskenhaftigkeit verdächtigt werden.

‹Civilité› erscheint als etwas Äußerliches, als Affektiertheit und Verstellung (s.d.), und wird im Französischen zunehmend durch ‹politesse› ersetzt [4]. Im Deutschen bleibt ‹zivilisiert› dem Verdacht der Äußerlichkeit ausgesetzt.

Mit den Entdeckungsreisen und den Berichten über außereuropäische Völker gerät die Vorstellung einer zivilisierten Lebensweise zum Wertungsmaßstab für die Wilden und Barbaren, die außerhalb der «civilitas» leben, sich ihr aber möglicherweise anschließen können. «Selbst der Volksstamm der Türken hat nach Ablegung der Barbarei die Zivilität erlernt» («Ipsa gens Turcarum exuta Barbarie civilitatem didicit»), heißt es bei J. KEPLER [5]. In diesen Kontexten bezeichnen ‹civitas› und ‹civilitas› Resultate und Zustände, nicht universalhistorische Prozesse. Voraussetzung für den Neologismus ‹Civilisation› als modernen Bewegungsbegriff sind transitive Wortformen, die sich nicht im Lateinischen, sondern in den Volkssprachen finden: mit ‹civiliser› im Französischen seit der zweiten Hälfte des 16. Jh. und mit dem englischen ‹to civilize› im 17. Jh. Im Deutschen ist für diese Zeit kein Verb belegt, wohl aber das Partizip in Verwendungen wie «civilisirte völcker» [6].

Anmerkungen. [1] Vgl. die entsprechenden Art. in: Thesaurus linguae lat. 3 (1912) 1219ff.; vgl. Art. ‹Zivil; Zivilgesellschaft›. – [2] N. ELIAS: Über den Prozeß der Z. 1 (1939, ²1969) 66ff.; vgl. auch: Art. ‹Urbanität›. Hist. Wb. Philos. 11 (2001) 351-354. – [3] Art. ‹Civilité›, in: A. FURETIÈRE: Dict. universel 1 (Den Haag/Rotterdam 1690, ND Genf 1970), zit. nach: H. HILGERS-SCHELL/H. PUST: Culture und Civilisation im Französ. bis zum Beginn des 20. Jh., in: Europ. Schlüsselwörter 3, hg. Sprachwiss. Colloquium Bonn (1967) 13; vgl. auch: R. CHARTIER: Art. ‹Civilité›, in: R. REICHHARDT/E. SCHMIDT (Hg.): Hb. polit.-sozialer Grundbegriffe in Frankreich 1680-1820 4 (1986) 7-50, 7ff. – [4] J. STAROBINSKI: Le mot civilisation (1983), in: Le remède dans le mal. Critique et légitimation de l'artifice à l'âge des lumières (Paris 1989) 11-59, 22ff.; dtsch.: Das Wort Z., in: Das Rettende in der Gefahr. Kunstgriffe der Aufklärung (1990) 9-64, 21ff. – [5] J. KEPLER: De stella nova, cap. 29 (1606). Ges. Werke, hg. M. KASPAR 1 (1938) 330. – [6] G. W. LEIBNIZ: Bedencken wegen der unglücklichen Retirade aus Ungarn (1683). Akad.-A. IV/2 (1963) 609.

2. *Die Etablierung des modernen Bewegungsbegriffs im Denken der Aufklärung.* – Der Bewegungsbegriff synthetisiert das, was vorher auf vielfältige und unterschiedliche Weise angesprochen wurde, er temporalisiert als Wandlungskontinuum die Resultate menschlicher Handlungen. Sein Abstraktionsgrad drängt zu geschichtsphilosophischen Reflexionen über die Steigerungsfähigkeit oder auch Unverfügbarkeit der Geschichte. Im Englischen ist ‹Civilisation› 1704/10 [1] und im Französischen 1721 in der Bedeutung «Umwandlung eines Strafprozesses in einen Zivilprozeß» [2] nachgewiesen. In das neue Substantiv geht die Tradition von ‹civis› bzw. ‹civilis› ein. Darüber hinaus bezeichnet es auch eine Tätigkeit bzw. einen Vorgang. So eignet sich der juristische Ausdruck für die spätere Bezeichnung eines modernen Bewegungsbegriffs. Dabei tritt neben die konstruierende Vernunft ein historisches Denken, das sich auf die Erfahrung und das Einzelne einläßt und sich von dem Anspruch einer klaren und deutlichen Begrifflichkeit befreit [3].

Unmittelbare Vordenker, die den Ausdruck ‹Z.› zwar nicht gebrauchen, die aber einzelne Bedeutungskomponenten des Begriffs wirkungsmächtig konzeptualisieren, sind VOLTAIRE und J.-J. ROUSSEAU. In VOLTAIRES ‹Essai sur les mœurs et l'esprit des nations› (1756) finden sich für die neue historische Denkform richtungweisende Ansätze. Nicht die Schicksale der großen Fürsten, nicht die großen Schlachten, sondern die Sitten, d.h. die Einheit der politischen, ökonomischen und kulturellen Leistungen eines Volkes oder einer Nation (s.d.), finden das Interesse der neuen synthetisierenden Geschichtsschreibung, die sich ‹Histoire de la civilisation› [4], ‹History of civilization› [5] oder ‹Kulturgeschichte› (s.d.) [6] nennt.

Mit dem Voranschreiten zu immer größerer Vollkommenheit werden indirekt auch gesellschaftliche Mißverhältnisse und die Nichtverfügbarkeit von Geschichte angesprochen. ROUSSEAU verbindet in diesem Sinne anthropologischen Optimismus und geschichtsphilosophische Verfallsannahmen. Im ersten ‹Discours› (1750) verneint er den Fortschritt der Wissenschaften und Künste, im zweiten (1755) entwirft er den Vergesellschaftungsprozeß als degenerative Entwicklung, die zu Selbstsucht, Eifersucht, Zwietracht und Despotie geführt habe [7]. Parallel dazu greift MIRABEAU D.Ä. den Neologismus auf und gebraucht ihn als modernen Bewegungsbegriff, der ein neues Verständnis von den Individuen, der Gesellschaft und der Geschichte ankündigt: «La religion est sans contredit le premier et le plus utile frein de l'humanité; c'est le premier ressort de la civilisation; elle nous prêche, et nous rapelle sans cesse la confraternité, adoucit notre cœur» [8]. Religion wird hier mit ethischer Akzentuierung als Triebfeder der Z. bestimmt. Dabei integriert Mirabeau ‹Z.› in eine geschichtsphilosophische Verlaufsannahme, in einen «cercle naturel de la barbarie à la décadence par civilisation et la richesse» [9]. Indes kritisiert auch er die «fausse civilisation» [10] und warnt vor der Vorstellung, «la civilisation de peuple» sei «l'adoucissement de ses mœurs, l'urbanité, la politesse». Er sieht in verfeinerten Gesellschaften eine «corruption de l'humanité» und verlangt von der Z. einen Beitrag zur Tugend [11]. Diese Kritik erinnert an Rousseau, doch geht es Mirabeau lediglich um Auswüchse, nicht um eine prinzipielle Kritik der Z. [12].

Im Zeichen des anthropologischen Selbsterhaltungstheorems versteht A. FERGUSON die Entwicklung der Gattung Mensch «from rudeness to civilization» als Entfaltung gesellschaftlicher Vernunft, Politik und Ökonomie [13]. Auch er reflektiert die Wertmaßstäbe der Z. und stellt die Überlegenheit der Gegenwart gegenüber der Antike heraus: «If our rule in measuring degrees of politeness and civilisation is to be taken from hence (chivalry), or from the advancement of commercial arts, we shall be found to have greatly excelled any of the celebrated nations of antiquity» [14]. Im Prozeß der Z. kommt dem Sozialen und Politischen, anthropologisch gestützt durch die These von der natürlichen Soziabilität der Menschen, eine zentrale Rolle zu: «Civilization ... both in the nature of the things, and derivation of the word, belongs rather to the effects of law and political establishment, on the forms of society, than to any state merely of lucrative possession or wealth» [15].

«Das Wort: Civilisation eines Volks ist schwer auszusprechen, zu denken aber und auszuüben noch schwerer» [16], so J. G. HERDER 1787. Im Deutschen ist ‹Kultur› als moderner Bewegungsbegriff geläufiger als ‹Z.›. Dies verweist zunächst auf sprachgeschichtliche, aber nicht auf semantische Differenzen [17]. Denn ähnlich wie ‹Z.› umfaßt der spätaufklärerische Kulturbegriff die individuelle und die gesellschaftliche Tätigkeit, die Resultate der Wissenschaften und der Ökonomie [18]. Die Erwartungen scheinen jedoch gedämpfter. Für Herder, der Voltaires Auffassung, Geschichte entwickle sich durch glückliche Zufälle, nicht gelten lassen will, der sich außerdem mit Rousseau gegen I. ISELINS [19] Fortschrittsoptimismus wendet und gleichzeitig gegen Rousseaus Szenario einer Verfallsgeschichte anschreibt, «rückt» die Kultur zwar auch fort, «sie wird aber damit nicht vollkommener» [20]. HERDER überträgt die Individualgeschichte auf die Universalgeschichte: Der Mensch ist als Mikrokosmos zur Gesellschaft geboren. Kultur (der Begriff wird oft synonym gebraucht mit ‹Bildung›, ‹Aufklärung› oder ‹Humanität›) dient dabei als Mittel der Vergesellschaftung (s.d.). Sie ist Resultat menschlicher Tätigkeit und gleichzeitig Vorbedingung menschlicher Betätigung. Ihr zentrales Element ist nach der Religion vor allem die Sprache, nicht mehr im traditionellen Sinne als Instrument der Vernunft, sondern, durchaus eigenständig, als «die große Gesellerin der Menschen» [21]. Die Norm der einen, universalen Entwicklung der Gattung tritt bei Herder zurück, wenn er jeder Kultur ihren Eigenwert beläßt. Die Völker entwickeln in verschiedenen Umwelten ihre, so die Herdersche Neuschöpfung, «Nationalkultur» [22]. Im Gegensatz etwa zu Condorcet entwirft HERDER kein zivilisatorisches Überlegenheitsmodell: «Unsre Europäische Cultur ... ist kein oder ein falscher Maasstab» [23]. Die Rückbindung an die Kultur schlechthin und die Gewißheit eines metaphysisch bestimmten Ganzen sollen das mögliche Dilemma eines relativistischen Nebeneinanders abgeschlossener Kulturen vermeiden [24].

Während der Aufklärung erhält der Begriff ‹Z.› ein semantisches Inventar von Bedeutungskomponenten und Sinnzuschreibungen, die von nun an in andere Verwendungsgeschichten eingehen und modifiziert werden. Zugleich überlebt der «aufklärerische» Wertbegriff ‹Z.› (getragen vom liberalen Evolutionarismus des 19. Jh.) das Ende der philosophischen Aufklärung [25]. Als individuelle und gesellschaftliche Aktivität, als Resultat und sinnhafter Prozeß bleibt Z., etwa bei F. GUIZOT [26], J. S. MILL [27] oder J. C. BLUNTSCHLI [28], auf den Fortschritt bezogen. Auch wenn der Preis der Z. durchaus benannt wird, so geschieht dies doch im Bewußtsein, daß mit der Zeit die Negativa verschwinden.

Anmerkungen. [1] Art. ‹Civilization›. Oxford Engl. dict. 2 (1933, ND 1961) 448. – [2] Vgl. Dict. de Trévoux 1 (²1721) 1841. – [3] E. CASSIRER: Die Philos. der Aufklärung (²1932) 1ff. – [4] F. GUIZOT: Hist. de la civilisation en Europe (Paris 1829). – [5] H. TH. BUCKLE: Hist. of civilization in England (London 1857). – [6] D. H. HEGEWISCH: Allg. Uebersicht über die dtsch. Kulturgeschichte bis zu Maximilian dem Ersten (1788); vgl. A. L. KROEBER/C. KLUCKHOHN: Culture. A crit. review of concepts and definitions (New York 1952) 20. – [7] J.-J. ROUSSEAU: Disc. sur les sciences et les arts 1 (1750). Oeuvr. compl., hg. B. GAGNEBIN/M. RAYMOND 3 (Paris 1964) 6ff.; Disc. sur l'origine et les fondemens de l'inégalité parmi les hommes (1755), a.O. 111ff. – [8] V. R. Marquis DE MIRABEAU: L'ami des hommes ou traité de la population 1, 1 (Avignon 1756, ND 1970) 136. – [9] a.O. 176. – [10] J. MORAS: Ursprung und Entwicklung des Begriffs Z. in Frankreich 1756-1830 (1930) 41. – [11] MIRABEAU: L'amy des femmes ou traité de la population [um 1768]. Ms. Arch. Nat. Paris, M. 780, Nr. 3, 3. – [12] Vgl. zu Mirabeau: C. ALBRECHT: Z. und Gesellschaft (1995) 175ff. – [13] A. FERGUSON: An essay on the hist. of civil society (1767), hg. D. FORBES (Edinburgh 1966) 1. – [14] a.O. 203. – [15] Principles of moral and polit. science 1 (Edinburgh 1792, ND 1975) 252. – [16] J. G. HERDER: Ideen zur Philos. der Geschichte der Menschheit (1787). Sämmtl. Werke, hg. B. SUPHAN 14 (1909, ND 1967) 33. – [17] G. BOLLENBECK: Bildung und Kultur. Glanz und Elend eines dtsch. Deutungsmusters (1994) 52ff. – [18] Vgl. dazu auf der breiten Quellengrundlage von 93 selbständigen Schriften zum Gegenstandsbereich 'Menschheitsgeschichte' und 'Culturgeschichte' für den Zeitraum 1750-1815: J. GARBER: Von der Menschheitsgeschichte zur Kulturgeschichte (1983) 79f. – [19] I. ISELIN: Über die Geschichte der Menschheit (Basel 1768). – [20] HERDER, a.O. [16] 205. – [21] Ideen zur Philos. der Gesch. der Menschheit (1772), a.O. [16] 13 (1891, ND 1967) 357. – [22] Auch eine Philos. der Geschichte zur Bildung der Menschheit (1774), a.O. 563. – [23] Br. zu Beförderung der Humanität (1797), a.O. [16] 18 (1883, ND 1967) 249. – [24] Vgl. F. MEINECKE: Die Entstehung des Historismus, hg. D. HINRICHS (1959) 397. 407. – [25] Vgl. G. BOLLENBECK: Die Abwendung des Bildungsbürgertums von der Aufklärung. Versuch einer Annäherung an die semant. Lage um 1880, in: W. KLEIN/W. NAUMANN-BEYER (Hg.): Nach der Aufklärung (1995) 151-162, 152f. – [26] GUIZOT, a.O. [4]. – [27] J. S. MILL: Essay on Coleridge (London 1840). – [28] J. C. BLUNTSCHLI: Art. ‹Civilisation›, in: J. C. BLUNTSCHLI/K. BRATER: Dtsch. Staatswb. 2 (1857) 510ff.

3. *Die funktionale Herabstufung der Z. im Zeichen des engen, spezifisch deutschen Kulturbegriffs.* – Vor allem in Deutschland erfährt der weite, mit ‹Z.› synonyme spätaufklärerische Kulturbegriff, kaum etabliert, eine entscheidende Abwertung. Besonders im Denken des Neuhumanismus wird ‹Kultur› extensional auf geistige Objektivation eingegrenzt, intensional bildungsphilosophisch konzeptualisiert und gegenüber der als notwendig eingeschätzten, aber lediglich «äußeren» Z. als höherwertig bestimmt. Der neue Wertbegriff ‹Kultur› indiziert einen programmatischen Attraktivitätsschwund des Begriffs ‹Z.›, dessen Bedeutung nun nicht mehr gegen seine Bezeichnung ausgespielt werden kann.

In diesem Zusammenhang ist I. KANT richtungweisend, indem er die Kultur gegenüber der Z. moralphilosophisch und geschichtsphilosophisch aufwertet – als Selbstdisziplinierung des Menschen und Vervollkommnung des Menschengeschlechts. Kant kritisiert «die hypochondrische (übellaunige) Schilderung, die Rousseau vom Menschengeschlecht macht» [1]. Dagegen bejaht er «eine gewisse Art der Civilisirung», insofern sie für «Manieren, Artigkeit und eine gewisse Klugheit» steht [2]. Weil er der Z. keine Steigerung im Moralisch-Sittlichen zutraut, bestimmt er als Ersatzabsolutum die «höchste Cultur». Kant geht von einer Diskrepanz aus: «Wir sind im hohen Grade durch Kunst und Wissenschaft cultivirt. Wir sind civilisirt bis zum Überlästigen zu allerlei gesellschaftlicher Artigkeit und Anständigkeit. Aber uns für schon moralisirt zu halten, daran fehlt noch sehr viel. Denn die Idee der Moralität gehört noch zur Cultur; der Gebrauch dieser Idee aber, welcher nur auf das Sittenähnliche in der Ehrliebe und der äußeren Anständigkeit hinausläuft, macht blos die Civilisirung aus. ... Alles Gute aber, das nicht auf moralisch-gute Gesinnung gepfropft ist, ist nichts als lauter Schein und schimmerndes Elend» [3]. Z. ist hier herabgestuft zur äußeren Seite des menschlichen Lebens, während die Kultur, als deren Medien Kunst und Wissenschaft erscheinen, deshalb höher bewertet wird, weil sie die Moralität und Gesinnung befördert.

Kant verzichtet auf eine metaphysische Begründung der Moralität und entwirft statt dessen ein theologiefreies Konzept von Vernunft als Fundament der Moralität. Deshalb muß der Mensch (negativ bestimmt, zur Perfektibilität verpflichtet und in einer Welt voller Übel lebend) als das Wesen gedacht werden, das sich in der Welt frei einen Endzweck setzen kann. Kultur meint zunächst ganz allgemein: «Die Hervorbringung der Tauglichkeit eines vernünftigen Wesens zu beliebigen Zwecken überhaupt (folglich in seiner Freiheit)» [4]. Ihr Telos ist die Moralität und Gesinnung des Individuums, die sich in der Realisierung des Sittengesetzes entfalten: «Alle Cultur fängt von dem Privatmanne an und breitet von daher sich aus» [5]. So unterscheidet Kant – entsprechend der Herabstufung der Z. gegenüber der K. – zwischen der Kultur der «Geschicklichkeit», die notwendig ist zur Erreichung von äußeren Zwecken, und einer Kultur «der Zucht», die den Willen vom «Despotism der Begierden» befreit [6].

F. SCHILLER forciert, in der Bezeichnung äußerst ungenau, die Herabstufung der Z., weil ihre «prosaischen Verhältnisse» dem Konzept einer «ästhetischen Erziehung» und Bildung entgegenstehen. Er spricht selten von «Civilisirung» [7] und gebraucht den Ausdruck ‹Kultur› in einem dreifachen Sinne: von 'Z.', von 'individueller Bildung' und von 'Medien der Bildung'. Mit Kant und gegen Rousseau wird der historische Prozeß als notwendig wie zugleich destruktiv anerkannt. Auch für Schiller ist der «Antagonism der Kräfte ... das große Instrument der Kultur» [8]. Und er versichert: «Allen Übeln der Kultur [sc. der Z.] mußt du mit freyer Resignation dich unterwerfen, mußt sie als Naturbedingungen des Einzig guten respektiren» [9]. In solchen Sätzen gerät Zeitkritik zur philosophisch fundierten Z.-Kritik und zur Kritik der selbstentfremdeten Existenz: Die «niederen Klassen» seien «verwildert», die «zivilisierten Klassen» «erschlafft», die Arbeitsteilung zerreiße die Totalität der «menschlichen Natur» und führe damit zu einer Disproportion zwischen der Entwicklung des Individuums und derjenigen der Gattung. Dies bündelt Schiller in einem abstrakten, abwertenden Begriff von Z., den er ‹Kultur› nennt: «Die Kultur selbst war es, welche der neuern Menschheit diese Wunde schlug» [10]. Während KANT die Diskrepanz zwischen Zivilisierung und Kultivierung auf die Gattung bezieht, verschiebt SCHILLER diese Diskrepanz in das «nachtheilige Verhältnis der Individuen bey allem Vortheil der Gattung» [11]. Sein Konzept der individuellen Totalität drängt dazu, den Identitätsverlust bildungsindividualistisch zu beheben: «Jeder individuelle Mensch ... trägt, der Anlage und Bestimmung nach, einen reinen idealischen Menschen in sich» [12]. Die zerrissene Identität soll durch die «ästhetische Kultur» [13] oder Kunst versöhnt werden – mit dem Ziel der Freiheit.

Durch W. VON HUMBOLDT erreicht die Herabstufung der Z. eine größere kommunikative Reichweite und institutionelle Stabilität, indem er die Leitidee der zweckfreien harmonischen Bildung propagiert und in die Programmatik eines neuen Universitätstyps einschreibt. Für ihn ist die «Civilisation ... die Vermenschlichung der Völker in ihren äusseren Einrichtungen und Gebräuchen und der darauf Bezug habenden inneren Gesinnung. Die Cultur fügt dieser Veredlung des gesellschaftlichen Zustandes Wissenschaft und Kunst hinzu. Wenn wir aber in unserer Sprache Bildung sagen, so meinen wir damit etwas zugleich Höheres und sehr Innerliches, nemlich die Sinnesart, die sich aus der Erkenntniss und dem Gefühle des gesammten geistigen und sittlichen Strebens harmonisch auf die Empfindung und den Charakter ergiesst» [14]. So wird ‹Z.› (und damit auch der spätaufklärerische Kulturbegriff) weiter abgewertet, hingegen ‹Kultur› im engen Sinne von Kunst und Wissenschaften aufgewertet. Dem folgt der Neuhumanist F. A. WOLF, wenn er die Nation «doch in allem, was über die heißhungrigen Forderungen der Civilisation hinausgeht, einer Menge von Vortheilen beraubt» sieht, «auf welchen allein die Vielseitigkeit und Tiefe einer Cultur beruht» [15]. Unter «Civilisation» wird hier «das bloß Nützliche und Bequeme» im Gegensatz zur «höheren eigentlichen Geistescultur» verstanden. Nur das kann dem emphatischen Bildungsbegriff als Medium genügen, was die Selbstvervollkommnung widerspruchsfrei zu ermöglichen verspricht [16]. Mit der Verknüpfung von Bildung und Kultur entsteht so im Neuhumanismus ein enger Kulturbegriff, der der Z. negativ zurechnet, was der Leitidee der zweckfreien und harmonischen individuellen Bildung widerspricht. Deshalb fordert E. A. EVERS gegen das praxisnahe Ausbildungsideal der Philanthropen «Kulturschulen» statt «Zivilisationsschulen» [17]. Auch über den engeren Kreis der Neuhumanisten hinaus wird die Kultur gegenüber der Z. aufgewertet – bis zur Antithese bei H. PESTALOZZI, der von «Zivilisationsverderben» spricht [18]. Für ihn ist Z. ein bloß sinnliches und mechanisches Element im Gegensatz zur Kultur: «Auch lenkt die Tendenz der Civilisation an sich durchaus nicht zur Veredlung unsers Geschlechts hin» [19].

S. T. COLERIDGE spricht von einem «contrast between cultivation and civilization», die er als notwendigen Prozeß anerkennt, aber deren «corrupting influence» sich auszubreiten droht, «where this civilization is not grounded in cultivation» [20]. Für M. ARNOLD ist «culture» als «the idea of perfection as an inward condition of the mind and spirit» angesichts der «mechanical and material civilisation» «a great help out of our present difficulties» [21]. Geprägt vom deutschen Idealismus, beharren beide auf der schöpferischen Autonomie der Persönlichkeit und setzen ebenfalls den negativen Folgen der Z. die engen Wertbegriffe «culture» und «cultivation» entgegen [22]. Aber ihnen fehlt eine dem deutschen Bildungsbürgertum vergleichbare Trägerschicht. In Deutschland wird das Deutungsmuster «Bildung» und «Kultur» dominant, während sich in England die Aufwertung der «culture» gegenüber der «Civilisation» nicht gegen die liberal-fortschrittlichen Konzepte der Utilitaristen um J. Bentham durchsetzen kann.

Aber auch in Deutschland können ‹Z.› und ‹Kultur› weiterhin synonym verwendet werden, auch wenn die Unterscheidung zwischen einer «den inneren Menschen bildenden Cultur» und einer «die äußere Lage der Menschheit fördernde Civilisation» [23] bedeutsam wird. Exemplarisch zeigt sich das Übergewicht des engen Kulturbegriffs bei J. BURCKHARDT. Selten spricht er von ‹Z.› antonymisch zu ‹Kultur› [24]. Seine Ablehnung der Staats- und Politikgeschichte artikuliert er zwar mit einem weiten Kulturbegriff: Zur Kultur gehört bei ihm alles, was zur «Förderung des materiellen Lebens» beiträgt [25]. Doch selbst Burckhardt grenzt den für sein antihistoristisches Programm zentralen Begriff wieder ein: Kultur ist «spontan», ein geistiger Überschuß jenseits des materiellen Tuns, ihre Manifestationen sind die Sprache, die Kunst, die Poesie [26].

Anmerkungen. [1] I. KANT: Anthropologie in pragmat. Hinsicht (1798). Akad.-A. 7 (1917) 326; vgl. M. HEINZ: Kulturtheorien der Aufklärung. Herder und Kant, in: R. OTTO (Hg.): Nationen und Kulturen. Zum 250. Geb. J. G. Herders (1994) 139-152. – [2] Pädagogik, hg. F. TH. RINK (1803). Akad.-A. 9, 450. – [3] Vgl. Collegentwurf, Nr. 1521. Akad.-A. 15, 885; Idee zu einer allg. Geschichte in weltbürgerl. Absicht (1784). Akad.-A. 8, 26f. – [4] KU B 391 (§ 83). – [5] a.O. [2] 449. – [6] KU B 393f. – [7] F. SCHILLER: Einfluß und Werth des Geschmacks [Frg. aus Schillers ästhet. Vorles. vom Winterhalbjahr 1792-1793]. Nat.ausg. 21 (1963) 68. – [8] Ueber die ästhet. Erziehung des Menschen in einer Reihe von Briefen 6 (1795), a.O. 20 (1962) 326. – [9] Über naive und sentiment. Dichtung (1795-1796), a.O. 428. – [10] a.O. 322. – [11] a.O. – [12] 316. – [13] Hier im Sinne von Bildung durch Kunst, vgl.: Über Bürgers Gedichte (1791), a.O. 22 (1958) 245. – [14] W. VON HUMBOLDT: Über die Verschiedenheiten des menschl. Sprachbaus und ihren Einfluß auf die geist. Entwicklung des Menschengeschlechts (1830-35). Akad.-A. 7/1 (1907) 30. – [15] F. A. WOLF: Darst. der Althertums-Wiss. nach Begriff, Umfang, Zweck und Werth (1807, ND 1986) 96. – [16] W. HILLEBRECHT (Hg.): Philanthropismus-Humanismus. Texte zur Schulreform (1968). – [17] E. A. EVERS: Die Kantonschule in

Aarau in ihrem gegenwärt. Streben (1809), in: E. BLOCHMANN (Hg.): Dokumente des Neuhumanismus 1 (1962) 8. – [18] H. PESTALOZZI: An die Unschuld, den Ernst und den Edelmuth meines Zeitalters und meines Vaterlandes (1815). Sämtl. Werke. Krit. Ausg. 24 a (Zürich 1977) 4. 34f. 81. 93. 122. 124. 127. 143. 169. 191. 208. – [19] a.O. 120. – [20] S. T. COLERIDGE: On the constitution of the church and state (1830). Coll. works, hg. K. COBURN/B. WINTER 10 (London 1976) 42f. – [21] M. ARNOLD: Culture and anarchy. An essay on polit. and social criticism (1869). Works 6 (London 1903) XI. – [22] R. WILLIAMS: Art. ‹Civilization›, in: Keywords. A vocab. of culture and society (Glasgow 1976) 48ff. – [23] G. G. GERVINUS: Einl. in die Geschichte des 19. Jh. (1852/53), hg. W. BOEHLICH (1967) 169. – [24] J. BURCKHARDT: Die Kultur der Renaissance (1860). Ges. Werke 3 (Basel 1955) 1. – [25] Über das Studium der Geschichte [1868-73]. Werke. Krit. Ges.ausg. 10, hg. P. GANZ (2000) 161. – [26] a.O. 180ff.

4. *Radikale Kritik am Zustand der Z. und neue Ersatzabsoluta.* – Die Herabstufung der Z. gegenüber der Kultur gründet in der Annahme, daß der falschen Z. nicht mehr die wahre oder richtige Z. gegenübergestellt werden kann. In der Z. selbst arbeitet etwas gegen die Z. Dabei kann durchaus noch (etwa bei SCHILLER [1], den Neuhumanisten [2] oder ARNOLD [3]) mit Fortschrittsannahmen operiert werden, die der Z. etwas zutrauen, sofern die «innere» Kultur als Korrektiv wirkt. Besonders in der «Ideengeschichte der sozialen Bewegung» [4] radikalisiert der ernüchterte Blick von den Übeln der gegenwärtigen bürgerlichen Gesellschaft zurück auf die Verheißungen der Aufklärungsepoche die Kritik an der Z. dermaßen, daß man bald auch der Kultur keine Korrektivfunktion mehr zutraut und die Z. lediglich als Durchgangsphase für zukunftverheißende Ersatzabsoluta bestimmt.

Besonders in den Frühschriften von K. MARX steht ‹Z.› für die «moderne Zeit» [5]. Seine dialektische Geschichtstheorie anerkennt die «Vorteile der modernen Z.» [6] und kritisiert zugleich den «Pesthauch der Z.» [7]. Marx bejaht in der Tradition des weiten aufklärerischen Kulturbegriffs (und dessen Koalition von Anthropologie und historischen Verlaufsannahmen) die Industrie (s.d.) als «das aufgeschlagene Buch der menschlichen Wesenskräfte» [8]. Und er verneint in der neuhumanistischen Tradition des 'ganzen Individuums' die Folgen der kapitalistischen Industrie, ohne einen bildungsindividualistischen Ausweg aus der Entfremdung (s.d.) gelten zu lassen. Diese bestimmt er als einen notwendigen Durchgangspunkt zur Herstellung materieller Bedingungen für die universelle Entwicklung des Individuums. In einer neuartigen Synthese von Ökonomie und Philosophie bejaht Marx den «Übergang aus der Barbarei in die Z.», insbesondere die «durch die Z. geschaffenen Produktionsinstrumente» [9], und kritisiert die Folgen der Z. für das Proletariat: «Der Schmutz, diese Versumpfung, Verfaulung des Menschen, der Gossenablauf ... der Z. wird ihm ein Lebenselement» [10]. ‹Z.› meint bei Marx die Zustände der bürgerlichen Klassengesellschaft als Durchgangsphase zu Sozialismus bzw. Kommunismus. Im Vergleich zur zentralen Kategorie ‹Kapital/Kapitalismus› kommt ‹Z.› bei Marx ein geringes theoretisches Potential zu [11].

Anmerkungen. [1] SCHILLER, a.O. [8 zu 3.] 328-330. – [2] W. VON HUMBOLDT: Ideen zu einem Versuch, die Gränzen der Wirksamkeit des Staates zu bestimmen (1792). Akad.-A. 1, 97-254. – [3] Deshalb lehnt Arnold ‹Z.› als Prozeßbegriff nicht ab, vgl. M. ARNOLD: Mixed essays, Pref. (1879) Vff., zit. nach: Oxford Engl. dict. 2 (1933) 448. – [4] W. HOFFMANN: Ideengeschichte der soz. Bewegung (1971) 8f. – [5] K. MARX: Zur Kritik der Hegelschen Rechtsphilos. (1843/1844). MEW 1 (1970) 382; ähnlich: F. ENGELS: Anti-Dühring. Dialektik der Natur (1876-1878). MEW 20 (1973) 129ff. – [6] Ökon.-philos. M. aus dem Jahre 1844. MEW EB 1 (1968) 528. – [7] a.O. 548. – [8] 542. – [9] K. MARX/F. ENGELS: Die dtsch. Ideologie (1845/1846). MEW 3 (1973) 50. 65. – [10] MARX, a.O. [6] 548. – [11] Vgl. aber: Art. ‹Zivil; Zivilgesellschaft›.

5. *Die bedrohliche Z. im kulturkritischen Denken.* – Gegen Ende des 19. Jh. werden in Deutschland mit den neuen Zumutungen des Industriekapitalismus und der Krise des liberalen Fortschrittsoptimismus ‹Kultur› und ‹Z.› immer schärfer einander entgegengesetzt. Der Begriff der Z. rückt in ein kulturkritisches Denken ein, bei dem ein emphatischer Begriff der Kultur das Krisenbewußtsein sensibilisiert. Was «von außen» der Kultur entgegensteht, das wird mit dem Verdikt 'Z.' abgewertet. Was «nach innen» als unliebsam abgelehnt wird, das wird als schädliche Auswirkung der Z. im kulturellen Leben ausgemacht. Funktional bleibt die Z. häufig durchaus noch anerkannt; werthierarchisch wird sie jedoch schroff abgelehnt. Sie wirkt in ihrem Selbstlauf bedrohlich und wird (gegen den liberalen oder sozialistischen Optimismus der Weltbemächtigung) vom Fortschritt abgekoppelt, während die Kultur einen elitären Akzent erhält und nicht mehr als Partizipationsangebot für alle konzipiert ist. Entscheidende Stichwortgeber hierfür sind Nietzsche und Spengler.

F. NIETZSCHE übernimmt A. SCHOPENHAUERS Vorstellung der Z. als Zustand «der Bändigung und Zähmung» [1] und bezieht dies bereits im Frühwerk auf seine zentrale Kategorie des Lebens (s.d.): «was wir jetzt Cultur, Bildung, Civilisation nennen, wird einmal vor dem untrüglichen Richter Dionysus erscheinen müssen» [2]. Die «Civilisation und Zähmung des Menschen» drückt «die Krankhaftigkeit im bisherigen Typus» aus [3]. Deshalb warnt NIETZSCHE: «Die Höhepunkte der Cultur und der Civilisation liegen auseinander, man soll sich über den Antagonismus dieser beiden Begriffe nicht irreführen lassen» [4]. Z. ist die Sache des Herdenmenschen, Kultur als Steigerung des Lebens hingegen die Aufgabe des heroischen Menschen. Während KANT davon ausgegangen war, daß sich «manches von der Kultur der höheren [Klasse] nach und nach auch verbreitet» [5], wird bei NIETZSCHE die «Sklaverei» als Bedingung jeder höheren Kultur der Ausnahmemenschen festgeschrieben [6]. Nietzsche, der oft als Gewährsmann für die Kultur-Z.-Antithese herhalten muß, verwirft die Z. allerdings nicht pauschal. Die Metapher der Pyramide illustriert seine Vorstellung von der «hohen Cultur»: «sie kann nur auf einem breiten Boden stehn, sie hat zuallererst eine stark und gesund consolidirte Mittelmässigkeit zur Voraussetzung». Dazu zähle Ackerbau, Handwerk, Handel und Wissenschaft [7].

Weitaus schroffer stellt O. SPENGLER ‹Kultur› und ‹Z.› gegeneinander. Für ihn bedeutet der «Untergang des Abendlandes ... nichts geringeres als das Problem der Z.» [8]. ‹Z.› ist bei ihm eine zentrale geschichtsphilosophische Kategorie bei der vergleichenden Analyse großer Menschheitskulturen. Kultur ist der Höhepunkt der Menschheitsentwicklung. Sie ist zweckfrei, eigengesetzlich wachsend, landschaftlich gebunden, getrieben von einer großen Idee. «Die Z. ist das unausweichliche Schicksal einer Kultur» [9]. Sie ist das Greisentum der historischen Entwicklung, «Dasein ohne innere Form. Weltstadtkunst als Gewohnheit, Luxus, Sport, Nervenreiz, schnellwechselnde Stilmoden» [10]. Ihre Macht wird repräsentiert durch das Geld [11], ihr Zentrum ist die Großstadt. In der Tonlage vergleichbar, verurteilen so unterschiedliche Autoren wie H. S. Chamberlain [12], D. Koigen [13], G. Lukács [14] oder die Mitglieder des George-Kreises [15] ebenfalls im Namen der Kultur die Z., und ihre stereotypisierten Merkmalszuweisungen dringen mit Langzeitfolgen [16] in das allgemeine (intellektuelle) Bewußtsein der Gebildeten ein: Die Z. ist das Geringerwertige, Äußerliche, Seelenlose, Mechanische, Nivellierende, Internationale, Gesellschaftliche, bloß Nützliche und Technische. Die Kultur hingegen wird hochgeschätzt als das Innerliche, Lebendige, Seelenvolle, Individuelle, Gemeinschaftliche, Nationale, Zweckfreie und Geistige. Die mentale Akzeptanz des Wert- und Identifikationsbegriffs für das deutsche Bildungsbürgertum zeigt sich in den «Ideen von 1914», in der propagandistischen Legitimation des Krieges als Kampf für die deutsche Kultur gegen die westliche Z. [17].

Anmerkungen. [1] A. Schopenhauer: Parerga und Paralipomena § 114 (1851). Sämtl. Werke, hg. A. Hübscher 6 (²1947) 225. – [2] F. Nietzsche: Die Geburt der Tragödie 19 (1872). Krit. Ges.ausg., hg. G. Colli/M. Montinari (1967ff.) 3/1, 124. – [3] Zur Genealogie der Moral 3, 13 (1887), a.O. 6/2, 384. – [4] Nachgel. Frg., Herbst 1887 bis März 1888 9[142], a.O. 8/2, 80. – [5] I. Kant: KU B 392f. (§ 83). – [6] F. Nietzsche: Nachgel. Frg., Sommer 1886 bis Frühjahr 1887 6[26], a.O. [2] 8/1, 250. – [7] Der Antichrist 57 (1888), a.O. 6/3, 242. – [8] O. Spengler: Der Untergang des Abendlandes. Umrisse einer Morphologie der Weltgeschichte (1923, 1990) 43. – [9] a.O. 43. – [10] ebda. 'Tafeln'. – [11] 48. – [12] H. S. Chamberlain: Die Grundlagen des 19. Jh. (1899) Volksausg. (1909) 68ff. – [13] D. Koigen: Ideen zur Philos. der Kultur (1910) 573. – [14] G. Lukács: Alte und neue Kultur (1919), in: Taktik und Ethik. Polit. Aufsätze I (1975) 133ff. – [15] S. Breuer: Ästhet. Fundamentalismus. S. George und der dtsch. Antimodernismus (1995) 191ff. – [16] G. M. Pflaum: Geschichte des Wortes ‹Z.› (1961) 313ff.; solche Merkmalszuweisungen finden sich noch in der Kritischen Theorie, so in der Gegenüberstellung von Z. und Kultur bei: H. Marcuse: Bem. zu einer Neubestimmung der Kultur (1965), in: Kultur und Gesellschaft 2 (1968) 150; M. Horkheimer: Die heutige Kunst als Spiegel des Untergangs [1957-67]. Ges. Schr., hg. G. Schmid Noerr 14 (1988) 349. – [17] Bollenbeck, a.O. [17 zu 2.] 272ff.; B. Besslich: Wege in den «Kulturkrieg». Z.-Kritik in Deutschland 1890-1914 (2000); K. Flasch: Die geistige Mobilmachung. Die dtsch. Intellektuellen und der erste Weltkrieg. Ein Versuch (2000); vgl. auch: Art. ‹Revolution, konservative›. Hist. Wb. Philos. 8 (1992) 978-988; Art. ‹Westen I.›.

6. *Das Einrücken des Begriffs in fachwissenschaftliche Diskurse.* – Als Bewegungsbegriff mit universalhistorischem Bedeutungsumfang kann ‹Z.› in die wissenschaftlichen Fächer (bes. in die Ethnologie/Kulturanthropologie und Historiographie) eingehen und das jeweilige Forschungsinteresse ausrichten. Dies ist in der Regel mit dem Versuch verbunden, das Pathos des Begriffs herabzustimmen und zu definieren, methodologisch auszuweisen und in eine sachorientierte Argumentation einzubetten.

Dem Selbstverständnis nach in der Tradition der Aufklärung stehend, begründet F. Tönnies die Differenz zwischen Kultur und Z. soziologisch. Für ihn ist die «gesamte Kultur in gesellschaftliche und staatliche Z. umgeschlagen» [1]. Er ordnet die Kultur als organisch gewachsene seinen Zentralbegriffen «Wesenwille» (s.d.) bzw. «Gemeinschaft» (s.d.), die Z. den Begriffen «Kürwille» bzw. «Gesellschaft» (s.d.) zu. Im gegenwärtigen Zustand der Z. verharren die Individuen demnach in einer «Isolation und verhüllten Feindseligkeit», in einem Kriegszustand, «in welchem Friede und Verkehr» durch die Konvention erhalten und durch den Staat geschützt werden [2]. Als Ziel bestimmt Tönnies einen genossenschaftlichen Sozialismus, der die Z. aufheben werde.

Z. drängt als Fortschrittsmodell zum Vergleich mit anderen Gesellschaften. Schon für G. Forster haben die «Schwarzen nur die erste Kindheitsstufe» erstiegen [3]. Solche Abstufungen prägen die entstehende Ethnologie bzw. Kulturanthropologie (s.d.) [4]. Worum es geht, zeigt der Titel von L. H. Morgans Grundlagenwerk ‹Ancient Society, or Researches on the line of human progress from Savagery through Barbarism to Civilization› (1878) [5]. Eine ähnliche Verlaufsannahme findet sich bei E. B. Tylor [6]. Wann die Z. einsetzt, wird von Autoren wie L. H. Morgan, G. Childe [7] oder A. Leroi-Gourhan [8] unterschiedlich beantwortet. Im relativistischen Plural kann man (ohne normative Zuschreibungen aufzugeben) nach den Gemeinsamkeiten und Grenzen der «Asiatic, Middle Eastern and European civilizations» fragen [9]. Auch in fachwissenschaftlichen Diskursen werden ‹Z.› und ‹Kultur› häufig synonym gebraucht. S. Freuds ‹Das Unbehagen in der Kultur› (1930) erscheint im Englischen unter dem Titel ‹Civilization and its discontents› [10], wobei die Präposition ‹in› im deutschen Titel zeigt, daß Freud noch in der Tradition der Aufklärung das Thema seiner Schrift – der Antagonismus zwischen dem Glücksanspruch des Individuums und den Zwängen der «Kultur» – in einem universellen Zusammenhang entfalten will. Der Gegensatz zur Kultur ist bei ihm nicht die Z., sondern die Natur [11]. Auch die meisten Ethnologen, heißt es in einem einschlägigen Lexikonartikel, würden «keinen wesentlichen oder ontologischen Unterschied zwischen Kultur und Z. machen» [12]. Genau besehen hat sich aber der Begriff ‹Kultur› gegenüber ‹Z.› durchgesetzt, weil er gerade in der angelsächsischen Tradition weniger unter dem Verdacht steht, «a form of ethnocentrism» zu sein [13]. Standardbeiträge wie der von M. Sahlins [14] oder von C. Geertz [15] favorisieren einen (definitorisch ausgewiesenen, theoretisch-systematisch eingebetteten) symbolischen bzw. semiotischen Kulturbegriff.

A. J. Toynbee knüpft an die universalhistorische, anthropologische und geschichtsphilosophische Tradition des Z.-Begriffs an. Mit ihm will er Geschichte als universalen Sinnzusammenhang von 21 eigenständigen, sich wechselseitig beeinflussenden Kulturkreisen («single civilizations») entwerfen. Eine stärkere normative Komponente im Sinne allgemeiner Höherentwicklung hat der Begriff als Abstraktum im Singular ohne Artikel [16], hingegen weist ‹Z.› im Plural eine stärker deskriptive Komponente auf. Wie Spengler verfährt Toynbee vergleichend-kulturmorphologisch. Während in Spenglers ‹Untergang des Abendlandes› Z. die stagnative Endphase der Kultur markiert, bejaht Toynbees ‹A Study of History› den «process of civilization», denn der führe von der «primitive society» fort. Es ist aufschlußreich, daß Toynbee in einem Zitat aus Spenglers Schrift ‹Kultur› mit ‹civilization› übersetzt [17], so daß sich bei ihm ‹culture› und ‹civilization› durchaus überschneiden können [18].

Demgegenüber entscheidet sich N. Elias für ‹Z.› und gegen ‹Kultur›. Er verwendet den Begriff ‹Z.› in drei unterschiedlichen, aufeinanderbezogenen Bedeutungen. In ‹Zur Soziogenese des Gegensatzes von 'Kultur' und 'Z.' in Deutschland› wird ‹Z.› zum Gegenstand einer Begriffsgeschichte als Sozialgeschichte [19]. Nach Elias bildet sich gegen Ende des 18. Jh. ein spezifisch deutscher, enger Kulturbegriff mit den Kernbereichen Kunst, Wissenschaft, Religion heraus. Hingegen umfasse der westeuropäische Z.-Begriff auch «äußere» Faktoren: wirtschaftliche, politische und das «zivilisierte» Verhalten in der Gesellschaft. Mit der Antithese Kultur/Z. polemisiere eine deutsche, politisch handlungsgehemmte mittelständische Intelligenzschicht «gegen die Gesittung der herrschenden, höfischen Oberschicht» [20].

Der heutige Forschungsstand erlaubt eine solche Rückdatierung nicht mehr. Aber das Resultat seiner begriffsgeschichtlichen Untersuchungen erleichtert es Elias, ‹Z.› vom Gegenstand einer Begriffsgeschichte zur universalhistorischen Analysekategorie zu transformieren. Was Soziologen und Psychologen, Historiker und Anthropologen gesondert untersuchen, bündelt «der Prozeß der Z.» in eine Geschichte des sozialen Wandels auf den korrelierenden Ebenen der Psycho- und Soziogenese. Zudem will Elias mit seinem «Entwurf zu einer Theorie der Z.» [21] die Zusammenhänge zwischen dem Wandel individueller Affektkontrollen und dem Wandel der sozialen «Figurationen» entwerfen. Demnach ist Z. weder vernünftig noch rational. Sie verläuft eigengesetzlich von den frühesten Zeiten abendländischer Geschichte bis zur Gegenwart in die Richtung ausgefeilterer Verhaltensformen. Der Prozeß der Z. ist in der historischen Analyse auf das 'Abendland' fokussiert. Innerhalb der Theorie der Z. sind aber auch andere Z.-Prozesse darstellbar, etwa die ostasiatischen [22].

Anmerkungen. [1] F. Tönnies: Gemeinschaft und Gesellschaft. Grundbegriffe der reinen Soziologie (1887, [8]1935, ND 1975) 219. – [2] a.O. 208ff. – [3] G. Forster: Noch etwas über die Menschenraßen (1786). Akad.-A. 8, 155. – [4] K. H. Kohl: Entzauberter Blick. Das Bild vom Guten Wilden und die Erfahrung der Z. (1983). – [5] So auch: F. Engels: Der Ursprung der Familie, des Privateigentums und des Staates (1884). MEW 21 (1973) 152ff. – [6] E. B. Tylor: Primitive culture (New York 1871). – [7] G. Childe: Man makes himself (London 1936). – [8] A. Leroi-Gourhan: Le geste et la parole 1: Technique et langage (Paris 1964). – [9] R. Redfield: Civilization, in: Human nature and the study of society. Coll. papers 1 (Chicago 1960) 406. – [10] S. Freud: Civilization and its discontents. Authorized transl. J. Riviere (New York 1930). – [11] Freud gebraucht deshalb den Ausdruck ‹Z.› selten; vgl. S. Guttman/S. M. Parish/J. Ruffing/Ph. H. Smith Jr. (Hg.): Konkordanz zu den Ges. Werken von S. Freud 6 (Waterloo 1995) 6362. – [12] Art. ‹Z.›, in: M. Panoff/M. Perrin (Hg.): Taschenwb. der Ethnologie, hg./übers. J. Stangl u.a. ([2]1982) 321. – [13] R. H. Winthrop: Civilization, in: Dict. of concepts in cultural anthropology (New York/Westport/London 1991) 34. – [14] M. Sahlins: Culture and practical reason (Chicago/London 1976); dtsch.: Kultur und prakt. Vernunft (1981); Sahlins spricht von «archaic civilizations», aber sein Zentralbegriff ist «culture». – [15] C. Geertz: Thick description: Toward an interpretative theory of culture, in: The interpretation of culture. Sel. essays (New York 1973). – [16] A. J. Toynbee: Civilization on trial (London/New York 1948): «Civilization» und «civilizations». – [17] A study of hist. (London/New York 1934-61) 1, 210; vgl. M. Karuth: Culture und Civilization – Studien zur Verwendung der Bezeichnungen in mod. Schriftzeugnissen aus dem engl. Sprachgebiet, in: Europ. Schlüsselwörter, a.O. [3 zu 1.] 229ff. – [18] Diese Überschneidungen führen in den dtsch. Übers. zu Benennungsunsicherheiten; vgl. Toynbee: Studie zur Weltgeschichte. Wachstum und Zerfall der Z.en, hg. F. W. Pich (1949); Der Gang der Weltgeschichte 1: Aufstieg und Verfall der Kulturen, übersetzt J. von Kempski ([5]1961). – [19] N. Elias: Über den Prozeß der Z. Soziogenet. und psychogenet. Unters. 1: Wandlungen des Verhaltens in den weltl. Oberschichten des Abendlandes (1939, [4]1977) 1ff. – [20] a.O. 9. – [21] Über den Prozeß ... 2: Wandlungen der Gesellschaft. Entwurf zur einer Theorie der Z. (1939, [5]1978) 312ff. – [22] a.O. 352.

7. *Ein politischer Kampfbegriff: normative Überschüsse und legitimatorische Funktion.* – In der politischen Verwendungsgeschichte erfährt der normative Gehalt des Begriffs ‹Z.› eine rhetorisch-polemische Simplifizierung und Popularisierung. Was ‹Z.› als Wertbegriff bedeutet (die Humanisierung des Menschen, die Pflege der Künste und Wissenschaften, die Fortschritte der Industrie und der Gesellschaft), erfüllt im Rahmen nationalistischer und kolonialistischer Diskurse Inklusions- und Exklusionsfunktionen, positive Selbstzuschreibungen und negative Fremdzuschreibungen.

In der Unterscheidung zwischen Zivilisierten, weniger Zivilisierten und Barbaren deutet sich ein Dualismus zwischen Menschheitspathos und Eroberungsabsicht an, der später in der legitimatorisch-kolonialen Verwendungsgeschichte eine große Rolle spielt. Über die mögliche Ausbildung von «young American savages» schreibt G. Berkeley 1722/23: «they may become the fittest missionaries for spreading religion, morality, and civil life» [1]. Mit Blick auf die Fortschritte, welche die Z. bisher gemacht hat, ist A. C. de Condorcet davon überzeugt, daß die «population européenne» in den Kolonialgebieten «les nations sauvages» zivilisieren wird [2]. Napoleons Proklamation bei der Einschiffung der Truppen zur «Expedition» nach Ägypten (22. 6. 1798) lautet: «Soldats! Vous allez entreprendre une conquête dont les effets sur la civilisation et le commerce du monde sont incalculables» [3]. Auch andere Länder, insbesondere England und die USA, berufen sich bei der Eroberung der Kolonien auf die Z. So begründet A. J. Beveridge 1898 potentielle Eroberungen mit der Überlegenheit der «American civilization» [4].

«Zivilisierte» Nationen können sich auch untereinander um die Vormachtstellung ihrer Z. streiten. Dieser Streit gehört in die Geschichte des modernen Nationalismus, der schon in seiner Frühphase mit abwertenden Fremdbildern operiert, um das eigene Selbstbild zu konturieren [5]. Nirgendwo erhält der Begriff eine solch mobilisierende Amalgamierung von nationaler Idee und universalistischem Pathos wie in Frankreich. ‹Civilisation› zählt noch nicht zu den Schlagwörtern der Revolution. Erst seit der napoleonischen Zeit geht von dem Begriff ein nationales Sendungsbewußtsein aus, das Paris als «la capitale de la civilisation» [6] und Frankreich als Hort der Z. bestimmt, während die Gegner, insbesondere Preußen, mit dem Verdacht der Barbarei überzogen werden. Aber auch in Deutschland dient die Berufung auf die Z. als legitimatorischer Ausweis für die eigene Politik. So sieht noch im Krieg von 1870/71 ein Großteil der deutschen Presse in der spezifisch deutschen Nationalität die «Garantie der allgemeinen Z.» [7]. 1914 führt Frankreich den Krieg gegen Deutschland im Namen der Z., während umgekehrt Deutschland seinen Krieg gegen Frankreich im Namen der Kultur führt [8]. In den ‹Betrachtungen eines Unpolitischen› faßt Th. Mann die propagandistische Antithese nochmals zusammen: Demnach kämpft Deutschland für «Kultur, Seele, Freiheit, Kunst» gegen «Z., Gesellschaft, Stimmrecht, Literatur» [9]. Beide Begriffe verlieren nach den Grausamkeiten des Ersten Weltkriegs an programmatischem Glanz. In Frankreich erleidet ‹civilisation› einen entscheidenden Prestigeverlust, in Deutschland schleift sich, obschon ‹Kultur› diskursiv präsent bleibt, die Opposition von ‹Kultur› und ‹Z.› ab. Die nationalsozialistische Sprachregelung versucht die Z. (in der Schrumpfvariante von ‹Technik und Planung› ohne die aufklärerische Humanität) sogar aufzuwerten [10].

Einen programmatischen Rest weist ‹Z.› bis heute auf. Er geht in die publizistische Rede von der «Zivilgesellschaft» [11] ebenso ein wie in die wissenschaftliche Debatte darüber, ob die Großverbrechen des 20. Jh. einen «Z.-Bruch» markieren oder im «Z.-Prozeß» selbst angelegt seien [12].

Anmerkungen. [1] G. BERKELEY: Br. an Sir J. Percival (4. März 1722/23). Works, hg. A. A. LUCE/T. E. JESSOP 8 (London 1956) 127. – [2] A. C. DE CONDORCET: Esquisse d'un tableau hist. des progrès de l'esprit humain (Paris 1794). Oeuvr., hg. A. C. DE CONDORCET-O'CONNOR/M. F. ARAGO 6 (Paris 1847, ND 1968) 239; vgl. G. BERENKASSA: Begriffe, Texte, Kontexte: der Terminus und die Idee der 'Civilisation' in der ‹Esquisse ...›, in: R. REICHARDT (Hg.): Aufklärung und hist. Semantik (1998) 189-201. – [3] Zit. nach: HILGERS-SCHELL/PUST, a.O. [3 zu 1.] 21. – [4] Zit. bei: BEARD, a.O. [7 zu Vorspann] 551. – [5] D. LANGEWIESCHE: Nation, Nationalismus und Nationalstaat in Deutschland und Europa (2000). – [6] V. HUGO: Actes et paroles 3: Depuis l'exil, 1870-1885 (Paris 1940) 35. – [7] Belege bei: JEISMANN, a.O. [6 zu Vorspann] 280ff. – [8] Belege bei: FLASCH, a.O. [17 zu 5.]; G. BOLLENBECK: 'Kultur' und 'civilisation' – eine dtsch.-frz. Geschichte, in: R. VIEHOFF/R. T. SEGERS (Hg.): Kultur. Identität. Europa (1999) 289-303. – [9] TH. MANN: Betracht. eines Unpolitischen (1918). Ges. Werke 12 (1960) 31. – [10] Vgl. A. ROSENBERG: Kultur und Technik (1935), in: Blut und Ehre 2: Gestaltung der Idee. Reden und Aufsätze, hg. T. VON TROTHA ([12]1942) 320; A. HITLER: Mein Kampf (1925/27, [170-171]1942) 1, 63. 282. 317; 2, 421. – [11] Vgl. Art. ‹Zivil; Zivilgesellschaft›. – [12] D. DINER (Hg.): Zivilisationsbruch. Denken nach Auschwitz (1988); vgl. zur Tagung 'Z.-Theorien und Destruktivitätsgeschichte des 20. Jh.': M. KUTSCHA/A. WÖLL: Es geht immer alles weiter. Mittelweg 36 (1994/1995) 8-13.

Literaturhinweise. L. FEBVRE/M. MAUSS/E. TONNELAT/A. NICOFORO/L. WEBER: Civilisation. Le mot et l'idée (Paris 1930). – J. MORAS: Ursprung und Entwicklung des Begriffs der Z. in Frankreich 1756-1830 (1930). – R. A. LOCHORE: Hist. of the idea of civilization in France 1830-1870 (1935). – A. L. KROEBER/C. KLUCKHOHN s. Anm. [6 zu 2.]. – E. BENEVISTE: Civilisation: contrib. à la hist. du mot, in: Eventail de l'hist. vivante. Hommage à L. Febvre (Paris 1953) 47-54. – G. M. PFLAUM s. Anm. [16 zu 5.]. – Europ. Schlüsselwörter s. Anm. [3 zu 1.]. – A. BANULS: Les mots ‹culture› et ‹civilisation› en français et allemand. Et. german. April-Juni (1969) 171-180. – P. BÉNÉTON: Hist. de mots: culture et civilisation (Paris 1975). – R. CHARTIER s. Anm. [3 zu 1.]. – L. FEBVRE: Das Gewissen des Historikers, hg. U. RAULFF (1988) 39-77. – J. STAROBINSKI s. Anm. [4 zu 1.]. – J. FISCH s. Anm. [2 zu Vorspann]. – G. BOLLENBECK s. Anm. [17 zu 2.] 31-92. – C. KNOBLOCH: Die Tücken der Z. Anm. zu einem Deutungsmuster. Mittelweg 36 (1995) 61-67. – F. RODI: Kultur und Z. Versuch einer Neubesinnung auf ein abgewertetes Begriffspaar, in: A. BARUZZI/A. TAKEICHI (Hg.): Ethos des Intellektuellen (1998) 90-105.

G. BOLLENBECK

Zivilreligion; Ziviltheologie (engl. civil religion, civil theology; frz. religion civile)

1. Für die alteuropäische Staatslehre gilt als unbezweifelbarer Grundsatz, daß in einem Staat nur *eine* Religion zugelassen werden kann. Andere Religionen können allenfalls 'geduldet' werden. Nur vereinzelt melden sich Stimmen, daß auch Atheisten toleriert werden können, ja daß diese sogar die besseren Staatsbürger sind [1]. Seit dem 17. Jh. sucht man aber auch nach Wegen, Religionsfreiheit mit der Verpflichtung auf eine staatliche Gemeinschaft zu verbinden. So argumentiert B. SPINOZA, daß der Staat den inneren Gottesdienst freizugeben habe, den äußeren Kultus aber bestimmen dürfe [2]. In einer aristokratischen Regierungsform soll die Landesreligion («religio patriae») Vorrang haben (die Patrizier müssen ihr angehören); diese «einfachste und allgemeinste» («simplicissima ... et maxime catholica») Religion soll die Untertanen davor bewahren, in Aberglauben zu verfallen. Besonderheiten der Religion sind aber freigestellt [3].

G. VICO bezeichnet mit «religione civile» die allen Menschen gemeinsame Religion in jenem Stadium der Entwicklung des Menschengeschlechts, das zwischen dem barbarischen Urzustand und dem Staat liegt. Die Z. ist zwar familien- und gesellschaftsfördernd, aber noch nicht die spätere Staatsreligion [4]. Eine Beeinflussung Rousseaus durch Vico ist nicht wahrscheinlich. Wohl aber schließt sich Rousseaus Begriff der Z. an die u.a. auch von Vico zurückgewiesene Behauptung von P. BAYLE an, ein Staat könne auch ohne Religion regiert werden. Damit bildet das Baylesche Paradox die «polemische Vorgabe» für das Aufkommen des Begriffs ‹Z.› [5]. – Bei J. L. MOSHEIM werden vereinzelt «religiones civiles», friedliche Religionen, von «religiones militares» unterschieden, die mit kriegerischen Mitteln verbreitet werden [6].

J.-J. ROUSSEAU führt ‹religion civile› in die philosophische Fachsprache ein. Die Dogmen der Z. sind die «sentimens de sociabilité, sans lesquels il est impossible d'être bon Citoyen ni subjet fidelle»; sie werden vom Souverän festgelegt. Es sind: der Glaube an die Existenz einer allmächtigen, weisen Gottheit und der Vorsehung, an das zukünftige Leben mit der Belohnung der Gerechten und der Bestrafung der Gottlosen und an die Heiligkeit des Gesellschaftsvertrags und der Gesetze. Hinzu kommt als negatives Dogma das Verbot der Intoleranz gegenüber allen Religionen, die «n'ont rien de contraire aux devoirs du Citoyen» [7]. Die positiven Dogmen entsprechen dem Glaubensbekenntnis des savoyardischen Vikars im ‹Emile› [8]. Gemäß dem Verbot der Intoleranz ist der Bürger in anderen Glaubensfragen, z.B. der Frage der Erbsünde oder der Trinität, frei [9]. Die «religion civile» als rein auf den Staat bezogenes Bekenntnis ist notwendig, da dem Staat mit einer «religion toute spirituelle» wie dem Christentum das notwendige Band («liaison») fehlt; das Christentum hat keine «rélation particulière avec le corps politique», es bindet nicht die Herzen der Bürger an den Staat, und dies widerspricht dem «esprit social» [10]. Mit der Idee der Z., die aus Elementen der natürlichen Religion [11] und der Staatsphilosophie der Aufklärung gebildet ist, will Rousseau aber nicht die alte Polis-Religion restituieren.

Bereits 1756 fordert Rousseau von Voltaire einen «Cathechisme du Citoyen», der die von jedermann zu befolgenden «maximes sociales» und die von allen zu meidenden «maximes fanatiques ... et séditieuses» enthalten soll [12]. Auch nach Rousseaus späteren Verteidigungsschriften läßt sich die Z. nur moralisch und (staats-)pädagogisch verstehen: Die faktischen Religionen sollen nicht auf ihre Wahrheit hin, sondern auf ihr Verhältnis zur Politik und Gesetzgebung hin geprüft werden [13].

Rousseaus Begriff ‹Z.› bleibt lange unbeachtet. Die politischen Katechismen in der Nachfolge der Französischen Revolution kennen ihn nicht, höchstens, wie A. COMTE, die «Religion de l'Humanité» [14]. Allerdings beobachtet A. DE TOCQUEVILLE, daß es in Amerika trotz aller Verschiedenheit der Religionen ein gemeinsames Bekenntnis zu einem «demokratischen und republikanischen Christentum» gebe, das mäßigend auf die Politik wirke [15]. Erst in der 2. Hälfte des 20. Jh. ist der Begriff durch den Religionssoziologen R. N. BELLAH, einen Schüler von T. PARSONS [16], aufgenommen worden. Nach BELLAH gibt es in Amerika ein aus der Tradition herrührendes und sich in öffentlichen Dokumentationen äußerndes «echtes Verständnis der universalen und transzendenten religiösen Wirklichkeit», ein Bewußtsein, daß diese «Nation einer höheren richterlichen Gewalt untersteht». Diese Z. kann zugleich Teil einer «neuen Welt-Z.» werden [17]. Sie erkennt Gottes «überpolitische Souveränität» an und weiß, daß aus dieser die «Nation erst ihre Rechtfertigung erhält». Mit der Erneuerung der «republikanischen Tugenden» zielt sie auf eine Ethik des Gemeinwohls [18]. Darin weiß sie sich der Tradition des biblischen Gottesbundes verpflichtet [19].

In Deutschland, wo man häufig an Bellah anknüpft, sieht N. LUHMANN die Z. in den Grundwerten; er fragt aber auch, wie diese formuliert werden können, damit sie für jedermann zugänglich sind [20]. H. LÜBBE bezeichnet dagegen nur diejenigen Symbole, Riten, Normen und freien Gewohnheiten als ‹Z.›, durch die das «politische System» einen «Sinnbezug zu prinzipiell nicht disponiblen Voraussetzungen seiner eigenen Existenz» erhält. Die Bürger erfahren dadurch das «Gemeinwesen ... als in letzter Instanz religiös legitimiert». Aber dies ist nicht ein Zeichen für dessen Sakralisierung, sondern für Liberalität [21], denn die Z. macht resistent gegen «totalitäre Ideologien» [22]. Die vielseitige Debatte, in der u.a. auch die ökonomische Theorie der Politik eine «civic [sic] religion» für notwendig hält [23] oder etwa die Symbole der Amerikanischen Revolution oder der Arbeiterbewegung als ‹Z.› bezeichnet werden [24], dauert gegenwärtig an [25].

2. Der eher selten gebrauchte Terminus ‹*Ziviltheologie*› ist die Übersetzung von «theologia civilis», mit dem der römische Gelehrte M. T. VARRO jenen Teil der drei Teile der Theologie («theologia tripartita» [26]) bezeichnet hatte, der von einem jeden Bürger und Priester öffentlich geübt und in Opferdiensten bekundet wird [27]. Für Varros Kritiker AUGUSTINUS ist diese «theologia civilis» aber durch «Meinungen und Bräuche» des Volkes, d.h. durch Aberglauben und Götzendienst, so verdorben, daß man durch sie nicht das ewige Leben erlangen kann. Außerdem ist er mit den Fabelerfindungen der Dichter («theologia mythica») vermischt und dadurch zersetzt [28]. Die «theologia civilis» ist aber nur bedingt ‹Ziviltheologie› oder ‹Staatstheologie› im neuzeitlichen Sinn zu nennen, weil die Antike gar keine Unterscheidung von Staat und Religion bzw. Theologie kannte.

Das hindert einige neuere Forscher nicht, den Begriff unter Bezugnahme auf Varro bzw. Augustinus als Interpretament neuzeitlicher Epochen zu verwenden. So überträgt ihn M. OAKESHOTT, ohne die Differenzen zu verkennen, auf die Zeit von Th. Hobbes, um die Probleme zu beschreiben, vor die sich dieser angesichts der religiösen Bürgerkriege gestellt sah [29]. E. VOEGELIN zieht die Linie über Hobbes hinaus bis in die Gegenwart: Während noch in der frühen Neuzeit das «Christentum faktisch als Ziviltheologie fungieren konnte» [30], ersetzen nach den konfessionellen Spaltungen die Totalitarismen der Moderne die Z. Dabei verlegt deren «Gnostizismus» [31] das christliche Eschaton mit verhängnisvollen Konsequenzen in die diesseitige Welt. Nationalsozialismus, Marxismus, aber auch Puritanismus u.a. müssen so «als die letzte Station auf der gnostischen Suche nach einer Ziviltheologie verstanden werden» [32].

Anmerkungen. [1] P. BAYLE: Pensées diverses ... à l'occasion de la comète § 172 (1680). Oeuvr. div. (Den Haag 1727-31, ND 1964-68) 3, 109f. – [2] B. SPINOZA: Tractatus theolog.-polit. XIX (1670). Opera, hg. C. GEBHARDT (1923-87) 3, 229. – [3] Tractatus polit. VIII, 46 (1677), a.O. 345; zum möglichen Einfluß auf Rousseau vgl. W. ECKSTEIN: Rousseau and Spinoza. J. Hist. Ideas 5 (1944) 259-291. – [4] G. VICO: Principj d'una scienza nuova §§ 10. 59. 269 (1725). Opere, hg. F. NICOLINI (Bari 1911-41) 3, 10. 47. 154 (nicht in [2]1730 und [3]1744); vgl. G. SCHLÜTER: 'Relig. civile' vor Rousseau: Vico. Arch. Begriffsgesch. 40 (1997/98) 105-122. – [5] SCHLÜTER, a.O. 117; VICO: Princ. § 476, a.O. 266. – [6] J. L. MOSHEIM: De rebus Christianorum ante Constantinum magnum comm. (1752) 9; vgl. E. FEIL: 'Religio civilis' bei Mosheim. Arch. Begriffsgesch. 43 (2001) 233f. – [7] J.-J. ROUSSEAU: Du contrat social IV, 8 (1762). Oeuvr. compl., hg. B. GAGNEBIN/M. RAYMOND (Paris 1959-95) 3, 468f. – [8] Emile ou de l'éducation IV (1762), a.O. 4, 580ff. – [9] Lettre à Ch. de Beaumont (1763), a.O. bes. 976ff. (976: statt «religion civile» «Religion humaine et sociale»). – [10] Du contrat soc. IV, 8, a.O. [7] 465. – [11] Vgl. Art. ‹Religion bzw. Theologie, natürliche bzw. vernünftige›. Hist. Wb. Philos. 8 (1992) 713-727. – [12] Br. an Voltaire (18. 8. 1756). Corresp. gén., hg. R. A. LEIGH 4 (Genf 1967) 37-81, zit. 49f. – [13] Br. an L. Usteri (18. 7. 1763), a.O. 17 (Genf 1972) 62-67; Lettres écrites de la montagne I (1764). Oeuvr., a.O. [7] 3, 703. – [14] Vgl. Art. ‹Katechese›. Hist. Wb. Philos. 4 (1976) 710-712. – [15] A. DE TOCQUEVILLE: De la démocratie en Amérique II, 9 (1835-40). Oeuvr. compl. (Paris 1952-77) 1, 301; dtsch.: (1976) 332. – [16] Vgl. T. PARSONS: Religion in modern pluralistic society. Review religious Res. 7 (1966) 125-146, 134f.: «civic [!] religion» als Zitat aus einem ungedr. Arbeitspapier von R. N. Bellah. – [17] R. N. BELLAH: Civil relig. in America. Daedalus 96 (1967) 1-21; dtsch., in: H. KLEGER/A. MÜLLER (Hg.): Relig. des Bürgers. Z. in Amerika und Europa (1986) 19-41, zit. 31. 37f. – [18] Beyond belief (New York 1970); dtsch., a.O. 42-63, zit. 50. 57. 60. – [19] The broken covenant. American civil relig. in time of trial (New York 1975). – [20] N. LUHMANN: Grundwerte als Z. Archivio Filosofia (1978) Nr. 2/3, 51-71; auch in: Soziol. Aufklärung 3 (1981) 293-308, bes. 304-306 und in: KLEGER/MÜLLER, a.O. [17] 175-194. – [21] H. LÜBBE: Staat und Z., in: N. ACHTERBERG/W. KRAWIETZ (Hg.): Legitimation des modernen Staates [= Arch. Rechts- Soz.philos., Beih. 15] (1981) 40-64, zit. 56f. 60; auch in: KLEGER/MÜLLER, a.O. 195-220. – [22] Relig. nach der Aufklärung (1986) 321, Anm. 60. – [23] G. BRENNAN/G. BUCHANAN: The reason of rules (Cambridge 1985) 150; dtsch.: Die Begründung von Regeln (1993) 197 (übers. mit «Zivil-Moral»). – [24] C. L. ALBANESE: Sons of the fathers. The civil relig. of the Amer. revolution (Philadelphia 1976); B. UNFRIED: Riten, Mythen und Symbole (1999). – [25] A. SHANKS: Civil society, civil relig. (Oxford 1995); M. HILDEBRANDT: Polit. Kultur und Z. (1996); R. SCHIEDER (Hg.): Relig.politik und Z. (2001). – [26] Vgl. Art. ‹Theologie, politische›. Hist. Wb. Philos. 10 (1998) 1105-1112, bes. 1106f.; G. KEHRER: Art. ‹Bürgerliche Religion/Civil Religion›, in: Hb. relig.wiss. Grundbegriffe 2 (1990) 176-180, 176. – [27] M. T. VARRO bei AUGUSTINUS: De civ. Dei IV, 27; VI, 5. – [28] AUGUSTINUS: De civ. Dei VI, 6. – [29] M. OAKESHOTT: Introd. to ‹Leviathan› [1946], in: Hobbes on civil association (Oxford 1975) 1-74, bes. 69f. – [30] E. VOEGELIN: The new science of politics (Chicago 1952); dtsch.: Die neue Wiss. der Politik (1959) 225; vgl. 238. 245. – [31] Vgl. Art. ‹Gnosis III.›. Hist. Wb. Philos. 3 (1974) 719f. – [32] VOEGELIN, a.O. [30] 238. 245.

Literaturhinweise. M. W. HUGHEY: Civil religion and moral order (Westport, Conn./London 1983). – H. KLEGER/A. MÜLLER: Bürgerrelig. und polit. Verpflichtung. Arch. Begriffsgesch. 29 (1985) 47-98. – R. SCHIEDER: Civil religion (1987). – F. DE BUTON: Relig. nat. et relig. civile chez Rousseau. Les Etudes philos. 3 (1993) 331-343. – W. VÖGELE: Z. in der Bundesrepublik Deutschland (1994). – R. WITHÖFT: Civil relig. und Pluralismus (1996). – G. SCHLÜTER s. Anm. [4].

H. KLEGER/Red.

Zorn (griech. θυμός, ὀργή, μῆνις; lat. ira; engl. anger, wrath, rage; frz. colère, rage, fureur)

I. – Das Griechische weist eine Vielzahl von Wörtern auf, die Formen und Grade von Z. bezeichnen: Unter diesen sind die wichtigsten: ‹Thymos› (s.d.), ὀργή (‹Z.›) und μῆνις (‹Groll›) [1], mit dessen Thematisierung die europäische Literatur anhebt und die ‹Ilias› ihr eigentliches Thema signalisiert [2]. Das lateinische ‹ira› [3] deckt als dehnbarer Begriff je nach Modifizierung durch Adjektive oder Kontext fast das gesamte griechische Spektrum ab. Die heutigen Nationalsprachen unterscheiden in der Regel mindestens zwischen verschiedenen Graden von Z. (engl. anger, wrath, rage; frz. colère, rage, fureur). Im Deutschen liegt bei dem Ausdruck ‹Groll› der Nachdruck auf der «anhaltenden, nicht nachlassenden» Erregung, während Z. «in der regel rasch entsteht und verläuft» [4].

1. Der Z. ist ein heftiger Affekt (s.d.), der sichtbare Auswirkungen auf Körper und Seele zeitigt und – wie die Angst (s.d.) – sich in unterschiedlichen Graden von der Gereiztheit bis zum Wahnsinn (s.d.) in alltäglichen Situationen und in Extremsituationen manifestiert. Die meist temporäre, mit einer Inkohärenz des Denkens einhergehende Gemütsverfassung drängt zu Handlungen – Rache, Strafaktionen, Gewaltanwendungen gegen Sachen und Lebewesen –, die dem zornigen Menschen Erleichterung und Befriedigung verschaffen (sollen) und zum Z. wesenhaft gehören. Auslöser bzw. Ursache des Z. ist eine reale oder imaginierte Kränkung oder Schädigung der eigenen Person, von Nahestehenden oder einer Gemeinschaft (Institution, religiöse Gruppe usw.). Z. wird vielfach im Verbund mit negativ (z.B. Haß) bzw. positiv konnotierten (z.B. Tapferkeit, s.d.) Haltungen gesehen. Eine Standarddefinition sieht Z. denn auch als Begierde, sich zu rächen [5]. Unterschieden wird zwischen einem unwillkürlichen reflexartigen Z. und einem Z., der nach einer willentlichen Bestätigung durch das Individuum eine rationale Komponente hat. Die kulturabhängige Einschätzung der Legitimität der im Z. begangenen Handlungen hat Rückwirkungen auf die ethische Bewertung des Affekts selbst, die von 'notwendig für die Selbsterhaltung' bis zu 'Maßlosigkeit und Inhumanität' oder 'Gotteserfülltheit' reicht. Der als Laster markierte übermäßige Z. und seine Auswirkungen werden früh als ein Faktor der Destabilisierung oder Zerstörung zwischenmenschlicher Beziehungen und damit als Bedrohung für das Gemeinwesen gesehen. In der Tat sind die Diskurse über den Z. solche der sozialen Z.-Kontrolle und zielen darauf ab, die Konsequenzen insbesondere der aus dem Z. resultierenden Taten durch gesellschaftliche Konventionen einzuschränken. Die Z.-Freiheit des Individuums ist seit der griechisch-römischen Antike Merkmal der Bildungsschicht, des Weisen bzw. Frommen und der politischen bzw. religiösen Klasse [6]. Die Unbeherrschtheit und Destruktivität im Z. führt umgekehrt auf das Thema der Bestialität menschlichen Verhaltens [7].

2. Aristoteles, der keine grundsätzliche Verurteilung der Affekte kennt, prägt die weitere Diskussion über den Z. nachhaltig. Er beschreibt in ‹De anima› den Z. als Körper und Seele in Mitleidenschaft ziehenden Affekt [8] und gibt zwei Definitionen, eine physiologische (Erwärmung des Bluts um das Herz herum) und eine dialektische, die er – mit großer Wirkmächtigkeit – in seiner ‹Rhetorik› weiter expliziert: Der Z. (ὀργή) wird hier begriffen als «ein mit Schmerz verbundenes Trachten nach dem, was uns als Rache für das erscheint, worin wir eine Kränkung unserer selbst oder eines der unsrigen erblicken durch jemanden, dem das Kränken nicht zukommt» [9]. Aristoteles zeigt auf, daß jeder Mensch natürlicherweise und legitim mit Z., dem Wunsch nach Vergeltung (τιμωρία), auf eine offensichtliche Kränkung (τοῦ ὀλιγωρεῖν μὴ προσήκοντος) reagiert, was einem ethischen Urteil gleichkommt. Begleitaffekte seien Lust (ἡδονή) in Erwartung des Rachevollzugs und Schmerz (λύπη) über nicht vollzogene Rache. Diese Reaktion sei in bestimmten Kontexten, z.B. im Krieg, notwendig [10], unter dem Vorbehalt, daß der Mensch dennoch prinzipiell auf einen ausgeglichenen mittleren Affektzustand hinarbeiten sollte [11]. In bezug auf Dauer und Grad des Z. seien Situationsangemessenheit, Verhältnismäßigkeit und Ziel zu bedenken.

3. In Auseinandersetzung mit Aristoteles finden die hellenistischen Philosophenschulen (bes. Stoa und Epikureismus) zu strikteren Positionen. Neben zahlreichen Diskussionen im Rahmen von Affektlehren, z.B. beim Stoiker Chrysipp in der Schrift ‹Über die Gefühle› und in den ‹Gesprächen in Tusculum› Ciceros, entstehen viele Monographien [12] zum Z., darunter die des Kynikers Bion von Borysthenes [13], des Stoikers Poseidonios [14], des Epikureers Philodem, des Seneca-Lehrers Sotion, schließlich Senecas einflußreiches Werk ‹De ira›. In all diesen Schriften tritt der therapeutische Ansatz der Z.-Bekämpfung – und mit ihm die Symptomatik des Z. – stark in den Vordergrund.

Die Stoiker bewerten alle affektiven Zustände als Einschränkungen des vollen Gebrauchs der Rationalität negativ [15] und zielen Apathie (s.d.) an. Die ausführlichste Behandlung des Z. als des schlimmsten und häßlichsten Affekts [16] bietet Senecas Traktat. Für ihn ist Z. ein ausschließlich dem Menschen eigenes Potential, weil er seine Konturen nur vor dem Hintergrund der «ratio» erhalte. Vernunftlose, im Z. rasende Tiere reagierten hingegen impulshaft, mechanisch. Der dem menschlichen Wesen entgegengesetzte Z. sei weder nützlich noch natürlich [17]. Wie Cicero widerspricht Seneca vehement der Auffassung des Aristoteles, daß man z.B. zur Kriegführung Z. brauche: Hierzu seien Tugend und Verstand ausreichend, denn es sei unmöglich, mittels eines Lasters Tugenden herzustellen [18]. Ein Weiser werde, so polemisiert Seneca gegen Theophrast, niemals zürnen, auch nicht, wenn ein Unwissender irre, sondern selbst affektlos ihm als Wegweiser dienen [19]. Da der Z. – einmal zugelassen – nicht mehr zu bremsen sei, müsse man ihn im Keim ersticken oder vollständig bändigen [20].

Die weniger radikale epikureische Affektlehre konstatiert die Abhängigkeit der Affekte von gängigen Wertvorstellungen. In Philodems Schrift ‹Über den Z.› wird diese Vorstellung in Auseinandersetzung mit dem gleichermaßen hochgeschätzten wie bekämpften Aristoteles konkret auf den Z. angewendet. Zentral ist die Unterscheidung zwischen leerem (ὀργὴ κενή) und natürlichem (ὀργὴ φυσική), also «bösem» und «gutem» Z. Philodem weist den Z. als leer zurück, der auf dem falschen Glauben beruhe; er akzeptiert aber den milden Z., der mit Ataraxia (s.d.) und Weisheit vereinbar sei [21]. Der Z., der das natürliche Maß übersteige, müsse sofort ausgeschaltet werden, da die Vernunft sonst die Kontrolle über den Affekt verliere. Dies aber sei in der Regel nur dem Weisen in vollem Umfang möglich [22]. Dieser wisse allein den natürlichen Z. angemessen anzuwenden. Philodem, der Erkenntnis als beste Therapie des Z. ansieht, entwirft eine Phänomenologie und Psychologie des Z. (unter Einschluß seiner Ursachen, seiner Begleiterscheinungen und Folgen) [23].

Die gemäßigte Position in der Tradition von Aristoteles und des Peripatos spiegelt sich in einem alltagspraktischen Ansatz [24] wider – repräsentiert in ethischen Texten des späteren Hellenismus und in literarischen Texten wie Vergils ‹Aeneis› –, der in Anlehnung auch an das jeweils gängige Wertsystem (bes. in Rom) nicht die 'Ausrottung' der Affekte, sondern deren Mäßigung (Metriopatheia) ins Zentrum stellt. Plutarchs einflußreiches Traktat bewegt sich in Sichtweite der philosophischen Diskurse; fern jeden Z. auf den Z. rät es etwa, mißliche Situationen zu meiden und «zornfreie» Tage einzulegen [25]. In eklektischer Verquickung philosophischer und medizinischer Lehrmeinungen entwirft der Arzt und Philosoph eine umfassende Therapie des Z. [26].

Anmerkungen. [1] Zum griech. Wortfeld: Ä. BÄUMER: Die Bestie Mensch. Senecas Aggressionstheorie, ihre philos. Vorstufen und ihre lit. Auswirkungen (1982) 25ff. 38-40; ferner: P. CONSIDINE: Some Homeric terms for anger. Acta Class. 9 (1966) 15-25. – [2] Vgl. HOMER: Ilias. Ges.komm. I, Fasz. 2, hg. J. LATACZ (2000) 11ff. – [3] Zu den Schwierigkeiten, die griech. Terminologie ins Lat. zu übersetzen: CICERO: Tusc. disput. III, 7-11, 23. – [4] Vgl. Art. ‹Groll›. GRIMM 4/I, 6 (1935) 433; Art. ‹Zorn›. GRIMM 16 (1954) 92. – [5] ARISTOTELES: De an. I, 1, 403 a 16-32; CICERO: Tusc. disput. IV, 19, 44; SENECA: De ira I, 3, 3; vgl. zur Unterscheidung von ‹Strafe› und ‹Rache›: Art. ‹Strafe I. A.›. Hist. Wb. Philos. 10 (1998) 208-216. – [6] Vgl. W. V. HARRIS: Restraining rage. The ideology of anger control in class. antiquity (Cambridge, Mass./London 2001) 131-336. – [7] Vgl. Art. ‹Wildheit; Grausamkeit; Rohheit›; BÄUMER, a.O. [1] 32ff. 104f.; R. HUBER: Senecas Schrift 'De ira'. Diss. München (1973) 21. – [8] ARISTOTELES: De an. 403 a 3ff. – [9] Rhet. II, 2, 1378 a 30-32; vgl. De an. 403 a 29-b 3. – [10] Eth. Nic. III, 10, 1116 b 23ff.; vgl. CICERO: Tusc. disput. IV, 37-47. – [11] IV, 5, 1125 b 35-1126 a. – [12] Liste bei HARRIS, a.O. [6] 127f. – [13] Bezeugt bei PHILODEM: De ira 2, col. I, 17, hg. G. INDELLI (Neapel 1988) 75. – [14] Vgl. GALEN: Plac. Hippocr. et Plat. V, 378. – [15] Vgl. CICERO: Tusc. disput. IV, 36, 77f.; HORAZ: Oden I, 16, 5-9 (Nähe des Z. zum Wahn). – [16] SENECA: De ira I, 1. – [17] 5ff. 17. – [18] 7ff. – [19] 14. – [20] 19. – [21] PHILODEM, a.O. [13] 100f. (col. 45f.). – [22] Vgl. BÄUMER, a.O. [1] 58. 70ff. – [23] PHILODEM, a.O. [13] 70-87 (col. 11-30). – [24] C. GILL: The emotions in Graeco-Roman philos., in: S. MORTON BRAUND/C. GILL (Hg.): The passions in Roman thought and lit. (Cambridge 1997) 5-15, 7f. – [25] PLUTARCH: De cohibenda ira 464 C. – [26] GALEN: De plac. Hipp. Corp. med. Graec. 5, 4, 1, 2, hg. PH. DE LACY (1978-80) bes. Buch IV und V; De propriorum animi cuiuslibet affectuum dignotione et curatione. Corp. med. Graec. 5, 4, 1, 1, hg. W. DE BOER (1937) passim.

Literaturhinweise. M. POHLENZ: Über Plutarchs Schrift περὶ ἀοργησίας. Hermes 31 (1896) 321-338. – P. RABBOW: Antike Schr. über Seelenheilung und Seelenleitung auf ihre Quellen untersucht I: Die Therapie des Z. (1914). – R. RENEHAN: Aristotle's def. of anger. Philologus 107 (1963) 61-74. – W. S. ANDERSON: Anger in Juvenal and Seneca (Berkeley/Los Angeles 1964) 149-173. – R. LAURENTI: Aristotele e il 'De ira' di Seneca. Studi philosophici 2 (1971) 61-91. – Ä. BÄUMER s. Anm. [1]. – P. MANULI: La passione nel De placitis Hippocratis et Platonis, in: P. MANULI/M. VEGETTI (Hg.): Le opere psicologiche di Galeno (Neapel 1988) 185-214. – J. ANNAS: Epicurean emotions. Greek, Roman and Byzant. Studies 30 (1989) 145-164. – F. BECCHI: La nozione di ΟΡΓΗ e di ΑΟΡΓΗΣΙΑ in Aristotele e Plutarcho. Prometheus 16 (1990) 65-87. – M. ERLER: Der Z. des Helden. Philodems 'De ira' und Vergils Konzept des Z. in der 'Aeneis'. Grazer Beiträge 18 (1992) 103-126. – J. HANKINSON: Actions and passions: Affection, emotion and moral self-management in Galen's philos. psychology, in: J. BRUNSCHWIG/M. C. NUSSBAUM: Passions and perceptions (Cambridge 1993) 184-222. – K. CAMERON (Hg.): The lit. portrayal of passion through the ages. An interdisciplinary view (Lewiston 1996). – L. MUELLNER: The anger of Achilles. Mênis in Greek epic (Ithaca/London 1996). – S. MORTON BRAUND/C. GILL (Hg.) s. Anm. [24]. – W. V. HARRIS s. Anm. [6]. – S. MORTON BRAUND/G. W. MOST: Ancient anger: perspectives from Homer to Galen (Cambridge 2003).

CH. WALDE

II. – Von den antiken Affektdiskursen gehört derjenige über den Z. zu den am genauesten ausgearbeiteten. Von seiner Differenziertheit profitiert die nachantike Diskussion bis in die Gegenwart. In ihr wird die Auseinandersetzung zwischen Peripatetikern und Stoikern um das rechte Verständnis des Z. weitergeführt. Was dessen Definition betrifft, so dominiert bis in das 20. Jh. hinein die 'psychologische' Bestimmung des ARISTOTELES: Das Phänomen des Z. wird im sozialen Kontext situiert und als Streben nach Vergeltung einer Kränkung interpretiert. Die leib-seelische Einheit des Pathos zu denken, wie von Aristoteles gefordert, bleibt eine zentrale Aufgabe [1].

Die antiken Autoren besonders der stoischen Tradition hatten den Z. als den 'schlimmsten' aller Affekte bezeichnet [2]. Sein destruktives Potential – individuell wie gesellschaftlich – bildet auch von der mittelalterlichen bis zur modernen Diskussion einen wichtigen Beweggrund, ihn zum Gegenstand eigener Reflexionen zu machen. Der Z. bleibt bis in das 18. Jh. Thema einer die Affekte regulieren und modellieren wollenden *Ethik* und *Pädagogik.* Die pädagogische Diskussion der Neuzeit, angestoßen u.a. von M. DE MONTAIGNE [3], arbeitet im engen Anschluß an die antiken Erörterungen die Fragwürdigkeit des Z. bei der Bestrafung und Erziehung heraus.

1. In der *moraltheologischen* Tradition wird der Z. zu einer Hauptsünde [4]. Schon die Weisheitsliteratur des ‹Alten Testaments› stellt die gefährlichen Folgen menschlichen Z. heraus (vgl. Prov. 15, 1; 16, 14; 19, 19; 27, 4; 29, 22; vgl. Lev. 19, 18). Der Jähzornige sei ein Narr [5], der Langmütige der wahre Weise (vgl. Prov. 14, 17. 29; 15, 18; 16, 32). Auch im ‹Neuen Testament› erhält der menschliche Z. eine fast durchweg negative Beurteilung. Dieser könne nicht, so die Bewertung des der Weisheitsliteratur nahestehenden ‹Jakobus-Briefes›, die Gerechtigkeit Gottes realisieren (Jak. 1, 20; vgl. Kol. 3, 8; Eph. 4, 31. 26; aber Röm. 10, 19; 2. Kor. 7, 11). Die Bergpredigt Jesu verurteilt den menschlichen Z. nicht nur (Mtth. 5, 21f.), sondern preist die Sanftmütigen (πραεῖς) selig (Mtth. 5, 5; vgl. 11, 29).

In den Lasterkatalogen (s.d.) von CASSIAN und GREGOR DEM GROSSEN fungiert der Z. als eine Wurzelsünde. In der Aufzählung der Laster folgt er bei CASSIAN der Habgier (s.d.), bei GREGOR dem Neid (s.d.) und geht bei beiden der Traurigkeit [6] voran [7]. BASILIUS VON CAESAREA sieht «Trug (δολερόν), Argwohn (ὕποπτον), Untreue (ἄπιστον), Bosheit (κακόηθες), Hinterlist (ἐπίβουλον), Ausgelassenheit (θρασύ) und den ganzen Schwarm solch böser Eigenschaften» als «Auswüchse dieses Lasters» an [8]. GREGOR DER GROSSE macht als «Sprößlinge» des Z. den Hader und Zank («rixae»), die Aufblähung des Geistes durch Rachegedanken («tumor mentis»), die Beschimpfungen («contumeliae»), das wüste Geschrei («clamor»), den Unmut («indignatio») und schließlich die Gotteslästerung («blasphemia») aus [9].

Im Rückgriff auf die antike Auseinandersetzung zwischen Stoikern und Peripatetikern [10] systematisiert THOMAS VON AQUIN die Diskussion [11]. Er teilt die «passiones» der Seele insgesamt in begehrende (konkupiszible) und zornmütige (iraszible) ein. Wie AUGUSTINUS («ira appetit vindictam»; «ira est libido ulciscendi» [12]) schließt THOMAS eng an die formale aristotelische Bestimmung des Z. an, wenn er ihn als «appetitus vindictae» faßt [13]. Der Z. («ira», «iracundia») habe als einziger Affekt keinen direkten Gegensatz («contrarium»), werde aber durch Sanftmut («mansuetudo») gemäßigt; er sei aus entgegengesetzten Leidenschaften zusammengesetzt und schließe so die Gegensätzlichkeit («contrarietas») in sich ein [14]. Der Haß («odium») sei Kennzeichen des langanhaltenden Z. («Ira enim, per diuturnitatem, causat odium») [15].

Mit Rücksicht auf das schon im AT entwickelte Theologoumenon vom 'Zorn Gottes' (s.d.) unterscheidet Thomas terminologisch, dabei auf Gregor zurückgehend, zwischen dem sündhaften («ira per vitium») und dem tugendhaften Z. («ira per zelum»). Der lateinische Ausdruck ‹zelus› wird erst spät dem Griechischen (ζῆλος) entlehnt, wo er, wie etwa im Sprachgebrauch GREGORS VON NAZIANZ, den sittlich berechtigten Z. bezeichnen kann [16]. Der tugendhafte ist nach THOMAS der von der Vernunft kontrollierte Z. («ira rationi subdita») [17].

2. In seiner wirkmächtigen, auf Selbstbeherrschung (s.d.) abzielenden *Affektenlehre* definiert R. DESCARTES den Z. («Colere») als «une espece de Haine ou d'aversion, que nous avons contre ceux qui ont fait quelque mal, ... particulierement à nous». Der Z. unterscheidet sich so vom Unwillen («indignation»), bei dem die mißbilligte Handlung uns nicht selbst zu betreffen braucht. Die Begierde, schädliche Dinge abzuwehren und sich zu rächen, ist nach Descartes die stärkste von allen Leidenschaften. Ihr entgegengesetzt ist die «reconnoissance» [18], die Dankbarkeit (s.d.). Zu unterscheiden sind zwei schon bei den Griechen voneinander abgehobene Formen des Z.: der eine, der schnell eintritt («qui est fort prompte»), sich stark und unmittelbar äußerlich darstellt, aber leicht zu beruhigen ist, und der andere, «qui ne paroist pas tant à l'abord, mais qui ronge davantage le coeur & qui a des effets plus dangereux» [19]. Obgleich der Z. im Sinne der Selbstbehauptung (s.d.) nützlich sein kann, muß man dessen Übermaß [20] mit größter Sorgfalt vermeiden: «pource que, troublant le jugement, ils font souvent commettre des fautes, dont on a par apres du repentir». Der Edelmut («Generosité») sei das beste Heilmittel gegen die Exzesse des Z. [21]. Damit ist – bei allen feinen Unterschieden im Detail – der Affekt des Z. bis zur Philosophie der Aufklärung in maßgeblicher Weise verortet [22].

B. SPINOZA definiert den Z. als Bestreben, dem, den wir hassen, Schlechtes zuzufügen: «Conatus malum inferendi ei, quem odimus, Ira vocatur» [23]. Auch Spinoza stimmt zu, daß er aus schweren Kränkungen zu entspringen pflege; der Haß («odium») sei die ihn antreibende Macht [24]. In stoischer Perspektive bewertet Spinoza den Z. als «Hindernis der wahren Erkenntnis» («verae cognitionis impedimentum»). Der geisteskräftige, von der Vernunft geleitete Mensch («ratione ducitur») hasse niemanden und zürne niemandem [25]. Er strebe vielmehr danach, den Z. anderer ihm gegenüber mit Liebe und Edelmut zu vergelten [26].

Die englische Moralphilosophie übersetzt ‹ira› mit ‹anger›. TH. HOBBES bestimmt den Z. als Fluchtbewegung mit Abwehrqualität, als «aversion from some imminent evil, but such as is joined with appetite of avoiding that evil by force». Er macht auf die impersonalen Momente des Z. aufmerksam, die in der aristotelischen Kategorisierung ausgeblendet werden [27]. Auf die peripatetische Semantik des Affekts rekurriert J. LOCKE: «Anger is uneasiness or discomposure of the mind upon the receipt of any injury, with a present purpose of revenge» [28]. Die Bedeutung von Güte und Wohlwollen (s.d.) explizierend, hebt D. HUME die Natürlichkeit von Z. und Haß hervor («passions inherent in our very frame and constitution») und markiert gleichzeitig den moralphilosophischen Grenzfall der Grausamkeit [29]: «Where these angry passions rise up to cruelty, they form the most detested of all vices» [30].

Für I. KANT ist der «Unwille» als «Haß (Rachgier)» eine «Leidenschaft», die die «Freiheit des Gemüths» aufhebt, als Z. ein momentaner «Affect», der sie hemmt [31]. In Kenntnis von A. G. BAUMGARTENS Definition [32] bestimmt er den Z. als «Schreck, der zugleich die Kräfte zum Widerstand gegen das Übel schnell rege macht» [33]. Die «Heftigkeit» des Affekts erschwere aber zugleich dessen Zweck, das «Übel abzuwehren». Solchermaßen gehört der Z. für Kant zu den «Impotentes animi motus» [34].

Die nachkantische Ethik verläßt den Rationalismus der klassischen Affektenlehre. «Der Z. läßt uns nicht mehr wissen was wir thun, noch weniger was wir sagen», betont A. SCHOPENHAUER, um zu demonstrieren, daß der dem Willen nachgeordnete Intellekt die Affekte nicht beherrschen kann [35]. Die aufdeckende Qualität gerade des nicht domestizierten Z. hebt F. NIETZSCHE hervor: Solcher Z. «schöpft die Seele aus und bringt selbst den Bodensatz an's Licht» [36].

3. Wie weit sich die *psychologische* Betrachtung der Affekte am Ende des 19. Jh. entwickelt hat, machen Autoren wie A. BAIN und W. WUNDT deutlich. Vor dem Hintergrund der biologischen Evolutionstheorie betrachtet BAIN die Emotion «anger» und thematisiert deren «mental working»: «First, there is a shock of pain, discomposing the system, and directing the energies into the channel of protective volition». Charakteristisch für die Reaktion sei der Impuls, «knowingly to inflict suffering upon another sentient being, and to derive a positive gratification from that». Deshalb sei der Z. «one grand spring of the disorders that trouble human life» [37]. WUNDT bestimmt die «Wut» als höchsten Grad des Z., die «Erbitterung» als «höchsten Grad des Aergers» [38]. Der Z. erscheint als ein höchst komplexes psychisches Gebilde, dessen «wechselnde Gefühlsform», «gemischte Ausdrucksform» und «intermittierende Verlaufsform» untersucht wird [39]. Letztere wird so skizziert: «Eine zornige Aufwallung z.B. beginnt mit einer plötzlichen Erschlaffung. Der Z. 'übermannt' den Menschen; dann erst gewinnt der Affect, indem die Spannung wächst, seinen sthenischen Charakter, um schließlich, wenn der Sturm ausgetobt hat, eine tiefe Erschöpfung zurückzulassen» [40].

4. Die moderne *Phänomenologie* macht den Z. als bestimmte Form der Welterfassung und Weltkonstitution des Bewußtseins zum Thema. An dem erzürnten Menschen werde sichtbar, so J.-P. SARTRE, «que l'émotion n'est pas une modification accidentelle d'un subjet», sondern «une altération totale du monde» [41]. Der Konflikt eines «Subjekts in Wut» («sujet en colère») zeige die funktionale Rolle der Emotion: «la colère n'est pas un instinct, ni une habitude, ni un calcul raisonné. Elle est une solution brusque d'un conflit, une façon de trancher le nœud gordien» [42]. O. F. BOLLNOW glaubt, daß der Unterschied von Wut und Z. sich auch in der «gesamten Gebärdensprache» zeige. Der Z. sei ein «deutlich gerichtetes Gefühl», zu dem immer «das Bewußtsein der Berechtigung und des Einklangs mit der objektiven sittlichen Ordnung» gehöre [43]. Ob der Z. ein moralisches Gefühl ist [44], bleibt aber bis in die Gegenwart umstritten. J. RAWLS etwa läßt Empörung («resentment») und Entrüstung («indignation») als moralische Weisen der Reaktion auf selbst bzw. von anderen erlittenes Unrecht gelten. Als moralische Gefühle unterscheiden diese sich aber von «anger» und «annoyance» trotz der vielen «behavioral similarities» [45].

In der *Psychoanalyse* finden die zornigen Affekte zwar große Beachtung, der Terminus ‹Z.› tritt aber ganz zurück [46] hinter die Begriffe ‹Aggression› (s.d.), ‹Frustration› (s.d.) und ‹Haß› («the core affect of severe psychopathological conditions, particularly severe personality disorders, perversions, and functional psychoses» [47]. Im Anschluß an sozialpsychologische Ansätze erforscht J. R. AVERILL das *sozial konstituierte* Syndrom des Z., verstanden als eine interpersonale «conflictive emotion, that ... on the sociocultural level, functions to uphold accepted standards of conduct» [48]. Bis in die neuere, weit ausdifferenzierte *Psychologie* wie *Philosophie der Emotionen* erfährt der Z. Aufmerksamkeit als ein exemplarischer Untersuchungsbereich [49]; er wäre zugleich, wie R. C.

SALOMON bemerkt hat, «an ideal test case for any emotional theory» [50].

Anmerkungen. [1] Vgl. ARISTOTELES: De anima I, 1, 403 a; G. W. F. HEGEL: Encycl. der philos. Wiss. § 401 (1830). Akad.-A. 20, 399f. – [2] Vgl. PHILODEM: De ira 27, 1; SENECA: De ira II, 12, 6; 36, 6; PLUTARCH: De cap. ex. 90 C. – [3] Vgl. M. DE MONTAIGNE: Ess. II, 31: De la colère (1580). Oeuvr. compl., hg. A. THIBAUDET/M. RAT (Paris 1962) 690-698; J.-J. ROUSSEAU: Emile I (1762). Oeuvr. compl., hg. B. GAGNEBIN/M. RAYMOND 4 (Paris 1969) 287. 327f.; I. KANT: Pädagogik (1803). Akad.-A. 9, 483. – [4] Vgl. auch: H.-D. NOBLE/M. VILLER: Art. ‹Colère›, in: Dict. de spiritualité 2 (Paris 1953) 1053-1077. – [5] Vgl. Art. ‹Torheit; Narrheit›. Hist. Wb. Philos. 10 (1998) 1292-1296. – [6] Vgl. Art. ‹Trauer; Trauerarbeit›, a.O. 1455-1460. – [7] Vgl. JOH. CASSIANUS: Conl. 5, 2. CSEL 13, 121; Instit. VIII. CSEL 17, 149-165; GREGOR DER GROSSE: Moral. XXXI, 45. MPL 76, 621 A; zur Ablehnung des Z. im Kontext christl. Lebensgemeinschaft vgl. auch: Regula Benedicti 4, 22f. CSEL 75, 13. – [8] BASILIUS VON CAESAREA: Homilia adv. iratos 7. MPG 31, 369 Df.; vgl. GREGOR VON NAZIANZ: Adv. iram. Carmen 1, 2, 25. MPG 37, 814ff. – [9] GREGOR DER GROSSE, a.O. [7] 621 B. – [10] Vgl. THOMAS VON AQUIN: Quaest. disp. de malo 12. Op. omn. 23 (1982) 233-245. – [11] Vgl. auch: Art. ‹Affekt I. 4.›. Hist. Wb. Philos. 1 (1971) 91-93. – [12] Vgl. AUGUSTINUS: Conf. II, 6; De civ. Dei XIV, 15; IX, 5. – [13] THOMAS VON AQUIN, a.O. [10] 235; vgl. S. theol. II-II, 158, 1, concl.; mit «appetitus ... punitionis» übersetzt WILHELM VON MOERBEKE die psychologische Definition der ‹Rhetorik› ins Lat.: ARISTOTELES lat. 31/1-2, hg. B. SCHNEIDER (Leiden 1978) 221. – [14] Vgl. S. theol. II-II, 158; I-II, 46-48, hier: 46, 1; zur «mansuetudo» vgl. auch: Art. ‹Milde›. Hist. Wb. Philos. 5 (1980) 1391-1393. – [15] Vgl. S. theol. I-II, 46, 3, ad 2; AUGUSTINUS: Ep. 211, 14. MPL 33, 964 A; Regula 10. MPL 32, 1383. – [16] Vgl. GREGOR VON NAZIANZ: Or. 14, 3. MPG 35, 861 A-B; M. OBERHAUS: Gregor von Nazianz: Gegen den Z. Einl. und Komm. (1991); JOH. CHRYSOSTOMOS: In Matth. homil. 16, 7. MPG 57, 247f.; vgl. 11, 20. MPG 56, 690 A; zur Entwicklung des Begriffs und zum terminolog. Zusammenhang von Götterzorn und berechtigtem menschlichem Z.: A. STUMPFF: Art. ‹ζῆλος›. Theolog. Wb. zum NT, hg. G. KITTEL 2 (1935) 879-890, bes. 879-882. – [17] THOMAS VON AQUIN: S. theol. II-II, 158, 1f. – [18] R. DESCARTES: Les passions de l'âme III, art. 199 (1649). Oeuvr. 11, hg. CH. ADAM/P. TANNERY (Paris 1986) 477. – [19] art. 201, a.O. 479. – [20] Vgl. Art. ‹Maß I.›. Hist. Wb. Philos. 5 (1980) 807-814. – [21] DESCARTES, a.O. [18] 481 (art. 203). – [22] Vgl. etwa: CH. THOMASIUS: Ausübung der Sittenlehre (1696, ND 1968) 51. 67; G. W. LEIBNIZ: Nouv. essais sur l'entendement humain II, 20, § 12 [1703-05]. Akad.-A. VI/6, 167f.; CH. WOLFF: Vern. Gedancken von Gott, der Welt und der Seele des Menschen [Dtsch. Met.] § 484 (1720, [11]1751). Ges. Werke, hg. J. ECOLE u.a. I/2 (1983) 294f.; Psychologia empirica §§ 862ff. (1732, 1738), a.O. II/5 (1968) 652ff.; J. G. WALCH: Art. ‹Z.›, in: Philos. Lex. 2 ([4]1775) 1695-1702; zur Beherrschung der «passions» vgl. auch: B. PASCAL: Pensées, frg. 502 (1670). Oeuvr., hg. L. BRUNSCHVICG (Paris 1904, ND 1965) 13, 401. – [23] B. SPINOZA: Ethica III, prop. 40, cor. 2, schol. (1677). Opera, hg. C. GEBHARDT (1925-87) 2, 172. – [24] Vgl. III, def. 36, a.O. 200. – [25] IV, prop. 73, schol., a.O. 265. – [26] IV, prop. 46, a.O. 245. – [27] TH. HOBBES: Elementorum philos. sectio prima: De corpore IV, 25 (1655). Op. philos., hg. W. MOLESWORTH (London 1839-45) 1, 334; Elements of philos. The first section, conc. body IV, 25. Engl. works, hg. W. MOLESWORTH 1 (London 1839) 410; vgl. The elements of law I, 9, 5 [1640], hg. F. TÖNNIES (London [2]1969) 38f. – [28] J. LOCKE: An essay conc. human understanding II, 20, § 12 (1690). Works 1 (London 1823, ND 1963) 234. – [29] Vgl. Art. ‹Wildheit; Grausamkeit; Rohheit›. – [30] D. HUME: A treat. of human nature III, 3 (1739/40). The philos. works, hg. TH. H. GREEN/TH. H. GROSE (London 1886, ND 1964) 2, 361. – [31] I. KANT: KpV A 121 (Anm.). – [32] Vgl. A. G. BAUMGARTEN: Metaphysica § 687 ([7]1779, ND 1963) 262: «terror ex iniuria est ira». – [33] I. KANT: Anthropol. in pragmat. Hinsicht § 76 (1798, [2]1800). Akad.-A. 7, 255. – [34] § 78, a.O. 260. – [35] A. SCHOPENHAUER: Die Welt als Wille und Vorst. II, 2, Kap. 19 (1819, [3]1859). Sämtl. Werke, hg. A. HÜBSCHER 3 (1949) 241; vgl. 253; Art. ‹Wille III. A.›. – [36] F. NIETZSCHE: Menschl., Allzumenschl. II, 54 (1878-80). Krit. Ges.ausg., hg. G. COLLI/M. MONTINARI 4/3 (1967) 39. – [37] A. BAIN: The emotions and the will, ch. 9 (London 1859, [3]1875) 172-191, hier: 176f. 190; vgl. CH. DARWIN: The expression of the emotions in man and animals, ch. 10 (London 1872, ND Chicago 1965) bes. 237-247. – [38] W. WUNDT: Vorles. über die Menschen- und Thierseele (1863-64) 2, 27. – [39] Grundriss der Psychol. § 13 (1896, [8]1907) 218. – [40] Grundzüge der physiolog. Psychol. 2 (1874, [3]1887) 406. – [41] J.-P. SARTRE: Esquisse d'une théorie des émotions (Paris 1939) 47. – [42] a.O. 22. – [43] O. F. BOLLNOW: Einfache Sittlichkeit (1947, [4]1968) 105-111, 107. 109; vgl. H. SCHMITZ: System der Philos. III/3 (1973) 24-34. 44-47. – [44] Zur Diskussion um den sittl. Z. im 19. Jh. vgl. auch: R. JHERING: Der Kampf ums Recht (Wien [4]1874) 53ff. – [45] J. RAWLS: The sense of justice (1963), in: Coll. papers, hg. S. FREEMAN (Cambridge, Mass./London 1999) 96-116, hier: 111. – [46] Vgl. aber im Kontext psychoanalyt. Selbstpsychologie: W. BONIME: Anger as a basis for a sense of self. J. Amer. Academy Psychoanalysis 4 (1976) 7-12. – [47] O. F. KERNBERG: Aggression in personality disorders (New Haven/London 1992) 21. – [48] J. R. AVERILL: Anger and aggression. An essay on emotion (New York 1982) VIIf. 317. – [49] Vgl. etwa zur *Psychologie* des Z.: S. S. TOMKINS: Affect, imagery, consciousness 3: The negative affects: Anger and fear (New York 1991); R. S. WYER/TH. K. SKULL (Hg.): Perspectives on anger and emotion (1993); ST. A. DIAMOND: Anger, madness and the daimonic: the psychological genesis of violence, evil and creativity (Albany, N.Y. 1996); E. A. LEMERISE/K. A. DODGE: The development of anger and hostile interactions, in: M. LEWIS/J. M. HAVILAND-JONES (Hg.): The handbook of emotions (New York 2000) 594-606; zur Untersuchung im Kontext der *Philosophie* der Emotionen: G. TAYLOR: Justifying the emotions. Mind 84 (1975) 390-402; P. S. GREENSPAN: Emotions and reasons (New York u.a. 1988) 48-55. 64ff. 159ff.; M. STOCKER: Valuing emotions, bes. ch. 10 (Cambridge 1996) 265-322. – [50] R. C. SALOMON: The passions. Emotions and the meaning of life (New York 1976, Indianapolis 1993) bes. 226-229, hier: 227.

Literaturhinweise. M. M. PETRITZ: The philos. of anger and the virtues, Diss. (Washington 1953). – J. SCHMIDT: Der Begriff des Z. in Hölderlins Spätwerk. Hölderlin-Jb. 15 (1967/68) 128-157. – J. BRIGGS: Never in anger (Cambridge, Mass. 1971). – G. KLEIBER: Le mot 'ire' en ancien français (11e-13e s.). Essai d'analyse sémantique (Paris 1978). – S. SCHIMMEL: Anger and its control in Graeco-Roman and modern psychology. Psychiatry 42 (1979) 320-337. – N. SCHEMAN: Anger and the politics of naming, in: S. MCCONNELL-GINET/R. BORKER/N. FURMAN (Hg.): Women and language in lit. and society (New York 1980) 174-187. – F. SCHALK: Über 'ira' im Romanischen, in: Romanica Europaea et Americana. Festschr. für Harri Meier, hg. H. D. BORK u.a. (1980) 516-526. – J. R. AVERILL s. Anm. [48]. – W. GAYLIN: The rage within: anger in modern life (New York 1984). – C. TAVRIS: Anger. The misunderstood emotion (New York 1989). – M. OBERHAUS s. Anm. [16]. – M. SWISHER: 'Z.' in Wolfram's 'Parzival'. Neuphilolog. Mitteil. 93 (1993) 393-410. – B. H. ROSENWEIN (Hg.): Anger's past. The social uses of an emotion in the MA (Ithaca/London 1998). – N. DENT: 'Anger is a short madness': Dealing with anger in Emile's education. J. Philos. Education 34 (2000) 313-325. – Z. KÖVECSES: The concept of anger: universal or culture specific? Psychopathology 33 (2000) 159-170. – D. QUINT: Letting oneself go: 'Of anger' and Montaigne's ethical reflections. Philos. Lit. 24 (2000) 126-137.

H. HÜHN

Zorn Gottes

Zorn Gottes (griech. ὀργὴ θεοῦ; lat. ira dei; engl. wrath of God; frz. colère divine)

1. *Altertum und Mittelalter.* – Götterzorn ist bei den Griechen eine mythologisch tief eingewurzelte Vorstellung, bezogen auf die Vergeltung, die eine verletzte Ordnung wiederherstellt. Dagegen richtet sich die philosophische Kritik, für die das Göttliche seinem wahren Wesen nach frei von Leiden und Leidenschaft ist. EPIKUR ordnet sowohl Zorn als auch Gnade der Schwäche zu und setzt sie dem Seligen und Unvergänglichen entgegen [1]. Differenzierter urteilt die Stoa. SENECA gewinnt aus der Rede von der göttlichen Vorsehung die Vorstellung eines

den Affekten nicht unterworfenen, aber verläßlichen und väterlichen «deus ... bonorum amantissimus» (eines «von Liebe zu den Guten gänzlich durchdrungenen Gottes») [2]. Anders verhält es sich mit dem Reden von Gott in der Bibel. Das AT kennt mit ‹’ap̱› (Zorn), ‹ḥemāh› (Erregung), ‹ḥārôn› (Glut), ‹ʿæḇrāh› (Ereiferung), ‹qæṣæp̱› (Erzürnen) und ‹zāʿam› (Grimm) eine Reihe von für den Z.G. verwendeten Wörtern. Dieser wird als Äußerung der Heiligkeit und Gerechtigkeit, aber auch der verletzten Liebe Gottes verstanden und kann den Einzelnen oder das Volk Israel, jedoch auch die weiteren Völker betreffen (z.B. Exod. 32, 10; Hiob 19, 11; Ps. 90, 7ff.; Klgl. 3, 43; Ez. 16, 38; Mi. 5, 14; Nah. 1, 2) [3]. Auch im NT ist vom Z.G. deutlich die Rede (z.B. Röm. 1, 18; 4, 15; 5, 9; 1. Thess. 5, 9). Es handelt sich um einen theologischen, nicht psychologischen Begriff. Er meint «das mit dem Wesen des hl. Gottes gegebene Nein zur Sünde, die ihrerseits vom Wesen her den furchtbaren Vollzug des menschlichen Neins zur Heiligkeit Gottes ausmacht» [4].

Im zweiten nachchristlichen Jahrhundert erklärt MARCION – in häretischer Überziehung des biblischen Paulinismus – den in Christus sich offenbarenden Gott für ausschließlich gütig und barmherzig und unterscheidet ihn radikal von dem gerechten und zürnenden Schöpfergott des AT [5]. Die altkirchliche und scholastische Theologie behält die biblische Aussage vom Z.G. zwar bei, gleicht dies aber mit der philosophischen Scheu vor der Rede vom Gotteszorn ab und entschärft die biblischen Wendungen als Metaphern oder Analogien. Ein Beispiel bietet AUGUSTINUS: «Deus secundum scripturas irascitur, nec tamen ulla passione turbatur. Hoc enim verbum vindictae usurpavit effectus, non illius turbulentus affectus» («Nach den Schriften zürnt Gott, wird jedoch nicht durch irgendeine Leidenschaft erregt. Denn das Wort ‹Zorn› ist hier gebraucht hinsichtlich der Wirkung einer Strafe, nicht in Beziehung auf den stürmischen Affekt») [6]. Eine entsprechende Auffassungslinie reicht über THOMAS VON AQUIN, der feststellt, «quod ira et hujusmodi attribuuntur Deo secundum similitudinem effectus» («daß Zorn und ähnliche Gemütsbewegungen Gott wegen der Ähnlichkeit der Wirkung zugeschrieben werden») [7], bis in die neueren römisch-katholischen Dogmatiken (die prominenteste Ausnahme ist H. U. VON BALTHASAR [8]).

LAKTANZ lehnt hingegen die philosophische Standardargumentation ab, wonach Gott affektlos sei, weil ein Affekt Schwäche impliziert [9]. Gott ist lebendig und allmächtig, hat also einen zielgerichteten Willen. Die Gottheit Gottes schließt Fürsorge und Vorsehung ein [10]. Die Fürsorge Gottes richtet sich auf einzelne menschliche Personen und wünscht sich («desiderat») gute und weise Menschen [11]. Da kontrastierende Affekte einer einheitlichen Lebensbewegung entspringen, kann man Gott nur entweder Gnade und Z. oder gar keine Affekte, also auch keine Gnade zusprechen. Wer die Guten liebt, muß notwendigerweise die Bösen hassen [12]. Die philosophische Alternative wäre der epikureische Gott, der sich um nichts kümmert [13]. Laktanz besteht so im Unterschied zur stoischen Ablehnung des Zorns als Rachegier auf dem gerechten, zielgerichteten und nicht selbstsüchtigen Z. [14].

2. *Reformation und frühe Neuzeit.* – M. LUTHER betont im Zuge der Auslegung von Röm. 1, 18ff. die lawinenartig sich ausbreitende Eigendynamik des Z.G. Weil Gott der Sünde ihren perversen Lauf läßt, liegt die Strafe in der Entehrung, die nicht etwa zur Sünde hinzukommt, sondern ihr bereits innewohnt und weitere Sünde provoziert. So entsteht ein Teufelskreis – und in der Tat sind die Menschen durch den zornigen Gott dem Teufel preisgegeben [15]. Diese gleichsam objektive Beschreibung kann von der Frage nach göttlichen Affekten absehen. Luther verknüpft sie mit dem theologischen Begriff ‹Gesetz›. Das Gesetz macht die Sünde offenbar. Diese Erkenntnis lehrt zweierlei: «corruptionem naturae et iram dei» («die Verderbnis der Natur und den Z.G.») [16]. Davon abzuheben ist der Z.G. als Relation Gottes zum Sünder. Da die Wurzelsünde («peccatum radicale») auch die guten Taten in schlechten Gebrauch nimmt, kann das Gesetz nur durch den Z.G. die Erkenntnis der Sünde wirken. Ansonsten führen gerade die natürlichen Gaben die menschliche Person in die Verstockung (s.d.), weil sie sich in der Konfrontation mit Gott in sich selbst verschließt [17]. Der Gegenbegriff zu ‹Gesetz› lautet ‹Evangelium›. Das Evangelium heilt die Wurzelsünde durch die Gabe («donum») der Gerechtigkeit. Auch diese Gerechtigkeit ist radikal, die Wurzel aller guten Werke. Entsprechend verändert ist die Relation Gottes zur menschlichen Person, denn nunmehr vollzieht sie sich als Gnade («gratia») oder Barmherzigkeit. Zorn und Gnade sind zwei streng zu unterscheidende Relationen Gottes zur Person: «gratia et ira non conveniunt» [18]. Damit ist das dynamisch-kreative Drama der menschlichen Person vor Gott umrissen: Der Z.G. trifft den Sünder und bringt ihn dazu, auf die eigenen Möglichkeiten zu pochen. Dadurch verstärkt sich die gottfeindliche Selbstbezogenheit. Die Verstockung ist demnach eine Wirkung des Zorns. Im Kontrast dazu gibt die Gnade ein fröhliches Gewissen, das im Vertrauen auf die Gnade Gottes dem Z. gänzlich entrissen ist [19].

Die Dialektik von Gesetz und Evangelium konfrontiert den Menschen zunächst mit dem unter dem Gegenteil verborgenen Gott. Diese Verborgenheit der Gegenwart Gottes unter dem Gegenteil – «sub contrario obiectu, sensu, experientia» – kann so zugespitzt werden, daß Gott seine ewige Güte und Barmherzigkeit unter dem Zorn verbirgt [20]. Der in einem anderen Sinne verborgene Gott – «Deus absconditus in maiestate» [21] – wirkt Leben und Tod und alles in allem und ist zunächst nicht zu verwechseln mit dem zornigen Gott. Es gibt aber eine Linie von einer Verborgenheit zur anderen, nämlich die zwischen beiden Aspekten vermittelnde Prädestination: Die Unfreiheit des menschlichen Willens als Kehrseite der göttlichen Allwirksamkeit wird von Luther phänomenologisch erfaßt auf der Ebene der Willensrichtungen, über die die Person eben nicht verfügt [22]. Gottes Allwirksamkeit durchgreift die Eigendynamik der menschlichen Sünde, die als innere Notwendigkeit den Menschen bestimmt – gerade da, wo er auf seiner Freiheit gegenüber Gott besteht. Dieser Mensch ist tatsächlich unfrei, und die fremde Macht, unter die er sich faktisch begibt, ist jene übersubjektive Macht, die als Teufel bezeichnet werden kann. Der Z.G. wird somit zur Vernichtung der Person als Verhängnis der menschlichen Selbstvernichtung.

Der Gegensatz von Zorn und Gnade wird bei J. CALVIN so formuliert, daß der Mensch Gott als Feind erfährt, vor dem Z.G. erschrickt und den ewigen Tod fürchtet, um daraufhin die Freundlichkeit Gottes in Christus zu ergreifen [23]. Calvin unterscheidet zwischen Züchtigungen und Strafen, damit auch zwischen zwei Arten des göttlichen Gerichts. Die Gottlosen trifft das Vergeltungsgericht, die Gläubigen erfahren hingegen das Züchtigungsgericht [24].

J. BÖHME verlegt den Zorn in die Tiefe des göttlichen Wesens und beschreibt ihn als onto-theologisches Prinzip. Gott zieht sich zunächst gleichsam zusammen. Aus dieser Kontraktion entsteht das Feuer. Die alltagssprachliche Rede von Affekten, die sich gleichsam materialisieren, wird zur metaphorischen Grundlage für das Reden von der innersten göttlichen Wirklichkeit. Der Z.G. als grimmiges Feuer ist Urgrund des Lebens und der Bewegung, sofern dieser Quell der Grimmigkeit mit dem Lichte Gottes angezündet und in Freude verwandelt wird [25]. In der Kontraktion wird ein immer stärkeres Feuer angefacht, bis die Materie sich im Schrecken entfaltet [26]. Wenn der Feuerblitz aufgeht, so erschrickt die Herbigkeit, davon aber erschrickt umgekehrt der Feuerblitz. Aus dem wechselseitigen Schrecken wird die Freude [27]. Charakteristisch für das zweite Prinzip ist demnach die Freude an den Gegensätzen, in der alle Kontraste mild und lieblich werden. Dieses zweite Prinzip ist das Herz Gottes, Licht und Liebe. Der Sohn versöhnt «den zornigen, grimmigen Vater» [28]. Das innerste Prinzip kann im strengen Sinne nicht ‹Gott› genannt werden «und ist doch der innerliche erste Quell, der in Gott dem Vater ist, nach welchem Er sich einen Zornigen, Eifrigen Gott nennet» [29]. Der Z.G. und der Vater sind also nicht durch Subtraktion zu unterscheiden, vielmehr tritt der Zorn hervor durch Fixierung. So kommt es zum Fall Luzifers, der das Liebe-Spiel der beiden ersten Prinzipien verachtet hat [30]. Demnach kann das Böse von Gott unterschieden und doch ein Dualismus vermieden werden.

3. *19. und 20. Jh.* – F. D. E. Schleiermacher lehnt die Rede vom Z.G. ab. Die Gottheit ist nur als reine Ursächlichkeit zur Sprache zu bringen und folglich über Zustände der Empfänglichkeit erhaben, also keineswegs reizbar, schon gar nicht durch Beleidigung. Allerdings beschreibt Schleiermacher bei der Behandlung der göttlichen Gerechtigkeit durchaus eine göttliche Ursächlichkeit, die in der gemeinsamen Sündhaftigkeit den Zusammenhang zwischen Übel und wirklicher Sünde im Sinne von Röm. 1, 18ff. herstellt [31]. In der Christologie lehnt Schleiermacher die Vorstellung ab, Christus habe den göttlichen Zorn über die Sünde empfunden. Er hätte dann ein Sündenbewußtsein haben müssen. Vor allem wäre dabei der Z.G. verselbständigt, eine Vorstellung, «welche von den rohesten menschlichen Zuständen her auf Gott übertragen ist» [32].

F. W. J. Schelling nennt in den ‹Stuttgarter Privatvorlesungen› den Z.G. die «contraktive Urkraft», die die Liebe Gottes am Zerfließen hindert: «dieser Zorn oder die Eigenkraft in Gott ist, was der Liebe Halt, Grund und Bestand gibt» [33]. In der ‹Philosophie der Offenbarung› ordnet Schelling den Z.G. der Entfremdung zu, die der Mensch kraft seiner schöpfungsgegebenen Freiheit dadurch in die Schöpfung hineingetragen hat, daß er «sich ... selbst an die Stelle von Gott ... gesetzt» hat [34]. Auch nach dieser Entfremdung wirkt der göttliche Wille fort, und zwar «ohne das Entfremdete darum zu wollen ..., aber als Unwille, oder, wie die Schrift dieß ausdrückt, als göttlicher Zorn» [35]. In seinem die Welt trotz der Sünde des Menschen erhaltenden «Unwillen» wirkt Gott nur mehr «die Substanz dieser Welt, nicht ihre Form, soweit sie eine außergöttliche ist» [36], und begegnet ihr «nicht mehr als Vater, als solcher ist er von ihr zurückgetreten, und ein Verhältniß zu ihm als Vater ist erst durch den Sohn wieder möglich» [37]. Die Wiederherstellung tritt dadurch ein, daß Christus als vermittelnde Potenz in die durch die Sünde bestehende Spannung «und soweit in die Opposition mit Gott» eingeht, damit «den Zorn Gottes auf sich» nimmt, «aus lauterer Liebe zu der Welt, die sie nicht verloren geben wollte, sich zum Mitschuldigen jenes Seyns» macht [38], «und so die wahre Versöhnung stiftend alles zu Gott zurückführt» [39].

A. Ritschl bestreitet die dialektische Verwicklung von Zorn und Gnade. Die elementaren Erfahrungen im AT beziehen sich auf plötzliche, unerwartete, erschreckende Lebensvernichtung in Verbindung mit einem konkreten Bundesbruch [40]. Es gibt demnach keine züchtigende Ausrichtung des Zorns (im Unterschied zu Laktanz oder zu Calvin), also auch keine Verbindung zwischen Liebe und Z.G. Der Zorn ist vielmehr ein Aspekt der göttlichen Heiligkeit als der absoluten Lebendigkeit und Machtfülle Gottes [41]. Ritschl betont, daß im NT für den Bereich des Glaubens nirgends eine signifikante Beziehung zwischen christlichen Erfahrungen und Z.G. zu konstatieren ist. Er betrachtet die Erlösung in Christus als «indifferent» gegen die eschatologische Konfrontation mit dem Z.G. [42]. Dem Gotteszorn verfallen lediglich alle, die der Gnade Gottes in Christus den Gehorsam verweigern. «Demgemäß fehlt auch im Neuen Testament jede Andeutung darüber, daß in der Begründung des Heiles durch Christus der Gnadenwille Gottes mit dem Zornwillen in Einer Beziehung zusammentreffe» [43]. Ungefähr zur gleichen Zeit wie Ritschl schreibt F. Nietzsche: «Die widernatürliche Castration eines Gottes zu einem Gotte bloss des Guten läge ... ausserhalb aller Wünschbarkeit. ... Was läge an einem Gotte, der nicht Zorn, Rache, Neid, Hohn, List, Gewaltthat kennte?» [44]

K. Barth behandelt den Z.G. als unverzichtbares Moment im Gewebe der göttlichen Eigenschaften, und zwar pointiert: der Eigenschaften der göttlichen Liebe [45]. Gott ist nicht abstraktes Heiliges, sondern der Heilige, nämlich in der Spannung von Heiligkeit und Gnade, Zorn und Liebe [46]. Das ist wichtig, weil im Unterschied zu einer abstrakten Idee der Liebe Gottes die eifersüchtige, also auch zornige Bewegung des göttlichen Lebens betont wird. Darin begegnet uns Gott. Barth 'verknotet' die liebevolle Zuwendung Gottes zu den Menschen noch dichter mit der Intensität des Gotteszornes als Luther: Zuwendung und Verborgenheit Gottes, Liebe und Feuer (man denke an J. Böhme) verstärken einander – ein dynamisches Ereignis, das auch menschliche Personen umgreift [47]. Unüberbietbar wird die Dialektik, wenn Barth die Barmherzigkeit Gottes christologisch zuspitzt, denn an diesem Punkt begegnet sie uns «als göttlicher Zornesakt, Gerichtsakt, Strafakt» [48]. Der Konflikt zwischen Gott und Mensch konzentriert sich derart in Jesus Christus, daß Gott gleichsam den Konflikt in die eigene Existenz, in das göttliche Leben hineinnimmt. Darin wird die göttliche Barmherzigkeit unüberbietbar konkret: «Nur Gott selbst konnte Gottes Zorn ertragen. ... Nur Gottes Barmherzigkeit konnte sich dieses Leiden so zu Herzen gehen lassen, daß sie es zu ihrem eigenen Leiden zu machen wußte» [49].

Anmerkungen. [1] Epikur: Ratae sent. 1. Opere, hg. G. Arrighetti (Turin 1973) 121. – [2] Seneca: De providentia II, 7; vgl. II, 6; V, 8. – [3] Vgl. Art. ‹ὀργή/Zorn›, in: Theolog. Begriffslex. zum NT, hg. L. Coenen/E. Beyreuther/H. Bietenhard 3 (^{3}1972) 1499-1503, hier: 1499f. – [4] H. Hübner: Art. ‹Z.G. 2.›, in: Evang. Kirchenlex. 4 (^{3}1996) 1396. – [5] Vgl. Tertullian: Adv. Marcionem I, 6; II, 16; III, 4. CSEL 47 (1906) 297, 21ff.; 356, 14ff.; 380, 17ff. – [6] Augustinus: De civ. Dei IX, 5. CSEL 40 (1899) 416, 11ff.; vgl. auch: Joh. Cassianus: De institutis coenobiorum VIII (De spiritu irae) 4. CSEL 17 (1888) 153, 7-154, 22; zustimmend noch in der luther. Orthodoxie: J. Gerhard: Loci theologici, loc. 2, c. 8, sect. 12, hg. F. Frank 1 (1885) 349. – [7] Thomas von Aquin: S. theol. I, 3, 2, ad 2; vgl. I, 19, 11 resp. – [8] H. U. von Balthasar: Theodramatik 3 (Einsiedeln 1980) 315ff. – [9] Laktanz: De ira Dei 2, 5; 4, 12. CSEL 27 (1893) 70, 4ff.; 73,

18ff. – [10] 4, 6, a.O. 72, 19ff. – [11] 17, 4, a.O. 110, 17ff. – [12] 4, 11f.; 5, 11, a.O. 73, 15ff.; 76, 5ff. – [13] 13, 20. 22; 17, 1, a.O. 103, 20ff.; 104, 1ff.; 110, 1ff. – [14] 17, 20, a.O. 114, 12ff. – [15] M. LUTHER: Vorles. über den Römerbr. (1515/16). Weim. Ausg. [WA] 56, 179-181. – [16] Rationis Latomianae ... Lutheriana Confutatio (1521). WA 8, 103, 39. – [17] a.O. 105, 13ff. – [18] 119, 18. – [19] 107, 13ff. – [20] De servo arbitrio (1525). WA 18, 633, 7ff.; vgl. Art. ‹Verborgenheit Gottes›. Hist. Wb. Philos. 11 (2001) 582-585. – [21] a.O. 685, 1ff., hier: 21. – [22] 634, 14ff. – [23] J. CALVIN: Christ. relig. instit. II, 16, 2 (1536, [8]1559). Corp. reform. 30, 368f. – [24] III, 20, 11, a.O. 634f. – [25] J. BÖHME: De tribus principiis, oder Beschreibung der Drey Principien Göttliches Wesens I, 2 (1619). Sämtl. Schr., hg. W.-E. PEUCKERT 2 (1960) 9. – [26] I, 12, a.O. 12; vgl. auch: II, 8, a.O. 16. – [27] IV, 53ff., a.O. 40f. – [28] 58, a.O. 42. – [29] 45, a.O. 39. – [30] 69, a.O. 45. – [31] F. D. E. SCHLEIERMACHER: Der christl. Glaube § 84, 1f. (1821/22, [2]1830), hg. M. REDEKER ([7]1960) 1, 449-454. – [32] § 104, 4, a.O. 2, 130. – [33] F. W. J. SCHELLING: Stuttg. Privatvorles. II (1809/10). Sämmtl. Werke, hg. K. F. A. SCHELLING [SW] I/7 (1860) 439. – [34] Philos. der Offenbarung II, 17. Vorles. (1841/42). SW II/3 (1858) 366. – [35] a.O. 372. – [36] a.O. – [37] 372f. – [38] III, 27. Vorles. SW II/4 (1858) 80. – [39] a.O. 78. – [40] A. RITSCHL: Die christl. Lehre von der Rechtfertigung und Versöhnung 2 (1874) 124ff. 136. – [41] a.O. 137. – [42] 150. – [43] 155. – [44] F. NIETZSCHE: Der Antichrist 16 (1888). Krit. Ges.ausg., hg. G. COLLI/M. MONTINARI 6/3 (1969) 180. – [45] K. BARTH: Die Kirchl. Dogmatik II/1 (Zürich [5]1975) 394ff. – [46] a.O. 406. – [47] 411f. – [48] 443. – [49] 450.

Literaturhinweise. M. POHLENZ: Vom Z.G. Eine Stud. über den Einfluß der griech. Philos. auf das alte Christentum (1909). – L. PINOMAA: Über den Z.G. in der Theol. Luthers (Helsinki 1938). – O. PROCKSCH/G. STÄHLIN u.a.: Art. ‹ὀργή κτλ›, in: Theol. Wb. zum NT 5 (1954) 382-448. – F. WEBER: Vom Z.G. Ein bibl.-theol. Versuch (1962). – W. SCHÜTTE: Die Ausscheidung der Lehre vom Z.G. in der Theol. Schleiermachers und Ritschls. Neue Zeitschr. systemat. Theol. 10 (1968) 387-397. – R. W. G. TASKER: The Biblical doctrine of the wrath of God (London [3]1970). – R. MIGGELBRINK: Der Z.G. Gesch. und Aktualität einer ungeliebten bibl. Tradition (2000).

E. MAURER

Züchtung (engl. breeding; frz. élevage). Das selbständige Substantiv ‹Z.› erscheint erst in der Neuzeit. Als ein Thema sind züchterische Interventionen jedoch schon früh belegt – so durch die Herdenteilung Jakobs im AT (1. Mose 30, 25-43) – und früh schon ist die Manipulation der menschlichen Fortpflanzung ihr eigentlich brisanter Fall. Bis heute charakteristisch für die Semantik der Z. ist das Pathos einer gewagten Willkürfreiheit der Manipulation bei gleichzeitigem Bewußtsein für eine dadurch verletzte Natur.

Eine Zuchtwahl unter Menschen sieht PLATON für das von Sokrates im Gespräch entworfene ideale Gemeinwesen vor. Der Gesetzgeber solle die besten Männer und Frauen «auswählen», damit sie in besitzloser Gemeinschaft «getrieben werden, sich miteinander zu vermischen» – durch eine zwar nicht geometrische, aber doch «erotische» Notwendigkeit [1]. Wie bei edlen Tieren solle, so Platon, die Entstehung des Nachwuchses nicht ohne Ordnung geschehen, es solle vielmehr «jeder Trefflichste der Trefflichsten am meisten beiwohnen, die Schlechtesten aber ebensolchen umgekehrt; und die Sprößlinge jener sollen aufgezogen werden, dieser aber nicht, wenn uns die Herde recht edel bleiben soll» [2]. Die Häufigkeit des Verkehrs regulieren die Oberen diskret zugunsten einer gleichbleibenden Größe der Polis. Elternschaftliche Zuordnung wird durch gesonderte, kollektive Aufzucht der Kinder der Tugendhaften vermieden. Alle anderen Kinder sowie die verstümmelt Geborenen «verbergen» die Kinderwärterinnen, «wie es sich ziemt, an einem unzugänglichen und unbekannten Ort» [3]. Zur Zeugung vorgesehen ist das körperlich kräftigste Alter. Andernfalls solle man sich bemühen, «Empfangenes, wenn sich dergleichen findet, nicht ans Licht zu bringen, sollte es aber nicht zu verhindern sein, dann es aussetzen, weil einem solchen keine Auferziehung gestattet wird» [4]. Platon betont die politische Notwendigkeit, das züchterische Arrangement vor den Betroffenen und auch vor der Öffentlichkeit geheimzuhalten. Nur so werde die Gemeinschaft, soweit möglich, ohne parteiliche Zwietracht bleiben [5].

Der platonische Maßnahmenkatalog ist eingebettet in das Modell einer Politik, deren Aufgabe mit dem Hüten einer Herde vergleichbar ist. Die Zuchtwahl in der Fortpflanzung bildet hiervon einen Teilaspekt. Was Platon in der ‹Politeia› als Fiktion präsentiert und im ‹Timaios› erwähnt [6], ist für das lykurgische Sparta als Praxis überliefert: öffentliche Aufzucht der Kinder und Aussetzung oder Tötung Schwacher und Mißgebildeter. Eine solche Politik ist, wie Politik generell, bei Platon wie in der gesamten griechischen Antike «Zucht», also Formung und Bildung in einem umgreifenden Sinn, Paideia (s.d.), die sowohl die körperlich ertüchtigende Erziehung als auch die Seelenlenkung bzw. Umlenkung der Seele [7] einschließt.

Die utopische Literatur der Neuzeit artikuliert erneut Z.-Programme. Im Bewußtsein der künstlichen Steuerung werden Maßnahmen gegen eine Fortpflanzung der Kranken und Schwachen vorgesehen. Die Formen der Zuchtwahl beschränken sich auf Ehevorschriften: Zugunsten einer langfristigen Stärkung der körperlich wie moralisch 'guten' Anteile unter den natürlichen Anlagen des Kollektivs wird der Kreis legitimer Geschlechtspartner begrenzt. In T. CAMPANELLAS ‹Sonnenstaat› heißt es, man müsse also «seine ganze und hauptsächliche Sorgfalt auf die Fortpflanzung verwenden und die natürlichen Eigenschaften müßten erwogen werden, nicht aber die trügerischen Mitgaben und Adelstitel» [8]. Den biopolitischen Sinn der Maßnahme zeigt die Umkehrung: Wo Nachkommenschaft nicht befürchtet werden muß – etwa im Verkehr mit unfruchtbaren, schwangeren oder alten Frauen – bleiben bei Campanella alle Vergnügungen berechtigt. In F. BACONS ‹New Atlantis› sind unter den Menschen Keuschheit und rigide Einehe geboten. Man manipuliert Tiere, «um dadurch soweit wie möglich auch Einblick in den menschlichen Körper zu gewinnen», und macht «Entdeckungen ... etwa über die Fortdauer des Lebens». Man handle dabei, läßt Bacon seinen Bürger von Neu-Atlantis betonen, «nicht aufs Geratewohl», sondern aufgrund von präzisem Wissen [9].

Tatsächlich vermehrt sich im modernen Zentralstaat mit der Rationalisierung der Politik durch gute «Policey» [10] das präzise Wissen über den Gesellschaftskörper – zunächst mit den im 18. und 19. Jh. gewonnenen neuen Instrumenten der Demographie bzw. der Sozialstatistik. Mathematisch darstellbar ist der Prozeß der «Bevölkerung», also ein quantitatives und – über den Umweg der Verringerung von bestimmten Sterblichkeitsgründen – auch qualitatives Populationswachstum. Regelrecht züchterische Auswahlentscheidungen kommen dabei zunächst nicht in Frage oder werden verworfen – teils weil (und sobald) die angewandten Mittel barbarisch erscheinen, teils aus Prinzip, wie bei I. KANT, dem zufolge kategorisch das Instrumentalisierungsverbot in bezug auf den Menschen zu gelten hat. Schon die bloße Möglichkeit einer physischen Verwandtschaft aller lebendigen Formen oder des gemeinsamen Ursprungs der Tiergattungen und der Gattung Mensch, merkt Kant einmal an, «könnte auf

Ideen führen, die aber so ungeheuer sind, daß die Vernunft davor zurückbebt» [11]. Einen Bruch für die polizeiwissenschaftliche Orientierung an der Wohlfahrt (s.d.) und am humanistischen Fortschrittsdenken der idealistischen Gesellschaftslehren bedeutet die Bevölkerungslehre von TH. R. MALTHUS. Aufgrund der statistischen Prognose einer globalen Verarmung durch ein freies, daher zwangsläufig zu starkes Bevölkerungswachstum fordert Malthus «efforts to improve man». Gemeint ist nicht direkt Z. eines höheren Typs, aber doch allgemein ein «improvement of breeding» durch drastische und selektive Begrenzung der Fortpflanzung und des Überlebens von Nachwuchs. Dank wissenschaftlicher Einsicht könne man sagen, «that man is always susceptible of improvement», wenngleich nie ganz: «there never has been, or will be, a period of his history, in which he can be said to have reached his possible acme of perfection» [12].

Mit dem Prinzip der Selektion (s.d.) verallgemeinert CH. DARWIN den Zuchtwahlgedanken. Die Natur ist allerdings eine unvergleichlich bessere Züchterin als der Mensch: «She can act on every internal organ, on every shade of constitutional difference, on the whole machinery of life» – und: «Man selects only for his own good: Nature only for that of the being she tends» [13]. Die Zwecke, die der «natural selection» innewohnen, sieht Darwin auf spezifische Weise limitiert. Sie beziehen sich erstens nur auf die jeweiligen Lebensumstände eines Lebewesens (mit der optimalen Anpassung als Selbstzweck), und sie kommen zweitens lediglich reaktiv zum Zuge: Es ist nicht die Variabilität als solche Teil des Selektionsmechanismus, sondern, ganz wie in der menschlich-agrikulturellen Z., «only the preservation of such variations as arise» [14], also die Bewahrung oder auch die gegebene «Chance» zum Überleben oder zur Existenz. Darwin ist bestrebt, die Z.-Vorstellung von voluntaristischen Anklängen zu befreien. «Natural selection» sei keine «active power or Deity»: Natur sei «only the aggregate action and product of many natural laws, and by laws the sequence of events as ascertained by us» [15]. Auch der Zellforscher A. WEISMANN hebt noch die Überlegenheit der «Naturzüchtung» gegenüber der nicht mehr durch die Natur kontrollierten «Panmixie» in der künstlichen Z. hervor. Anders als die letztere operiere die Z. der Natur «nur scheinbar mit den Qualitäten des fertigen Organismus, in Wahrheit aber mit den in der Keimzelle verborgenen Anlagen dieser Eigenschaften» [16]; die Naturselektion kontrolliert also auch das Verborgene, allein sie kennt und selektiert das Erbgut bereits in seiner Latenz.

Der bevölkerungs- und kulturtheoretisch orientierte Evolutionismus läßt diese Scheu schnell fallen. Der Vererbungswissenschaftler F. GALTON begründet die Eugenik als angewandte Wissenschaft. Wenn es leicht ist, lautet Galtons schlichtes Grundmotiv, «durch sorgsame Auslese eine beständige Hunde- und Pferderasse zu erhalten, die mit einer besonderen Schnelligkeit oder einer ähnlichen Fähigkeit ausgestattet ist, müßte es ebenso möglich sein, durch wohlausgewählte Ehen während einiger aufeinanderfolgender Generationen eine hochbegabte Menschenrasse hervorzubringen» [17]. Folglich: «Wenn wir die Durchschnittsnorm unserer Rasse nur um einen Grad erhöhen könnten, welche gewaltigen Veränderungen würden wir damit erreichen!» [18]

Unter dem dreifachen Eindruck von Malthusianismus (s.d.), Darwinismus und Eugenik trennen sich die beiden traditionell verflochtenen Bedeutungsfelder der Z.-Begrifflichkeit zum Ende des 19. Jh.: Die Zucht als bloßer Verhaltenszwang im Kontext von Aufzucht und strafender Erziehung des Individuums und die Z. als Maßnahme einer biologischen Zuchtwahl, deren eigentlicher Gegenstand die Vererbungsganzheit der Population oder Gattung darstellt, treten auseinander. Vor der Wende zum 20. Jh. ist der Sprachgebrauch noch mehrdeutig: ‹Zucht› und ‹biologische Z.› können – gewollt oder ungewollt – synonym gebraucht werden. So verwendet F. NIETZSCHE in später im biologischen Sinne gedeuteten Passagen ‹Z.› auch im Sinne von «jemandem etwas anerziehen» [19]. Nietzsche bezeichnet nicht nur Erzieher als «Zuchtmeister» und Schüler als «Züchtlinge» [20], sondern hält auch sein Grundmotiv von der «Erhöhung» des Menschen als Z. einer stärkeren Rasse in der Schwebe zwischen einer erzieherischen und einer physischen Intervention. Nietzsche reizt die polemischen Pointen der biologischen Wortwahl aus, wenn er etwa die Demokratisierung Europas «eine unfreiwillige Veranstaltung zur Z. von Tyrannen, – das Wort in jedem Sinne verstanden, auch im geistigsten», nennt [21]. Letztlich geht es nicht um die Biologie, sondern um eine radikale Umbildung der Moral: «Alle Moralen und Gesetze gehen darauf aus, Gewohnheiten anzupflanzen, d.h. für sehr viele Handlungen die Frage nach dem Warum? aufzuheben, so daß sie instinktiv gethan werden. ... Eine Rasse mit starken Instinkten züchten – das will eine Moral» [22]. Kein Schwanken zwischen Zucht und Z. zeigen diejenigen Z.-Ideen, die im Gefolge des zum Ende des 19. Jh. breitenwirksamen Sozialdarwinismus (s.d.) die sogenannte 'eugenische Bewegung' populärwissenschaftlich beflügeln. Bei seiner Vererbungsforschung habe Galton von Anfang an das Problem vor Augen gestanden: «Wie kann man eine menschliche Rasse züchten, die unseren Idealen am meisten entspricht?», pointiert der Philosoph O. NEURATH als deutscher Übersetzer von Galtons Schrift im Jahre 1910 [23]. Im deutschsprachigen Raum sind es u.a. die Schriften des Rassenhygienikers A. PLOETZ, der 1895 systematische Zeugungen, restriktive Ehevorschriften, ein «Ausmerzen der Neugeborenen» bei schwächlichen und mißratenen Kindern sowie im Kriegsfall die Verwendung von «schlechten Varianten» als «Kanonenfutter» fordert [24]. Monographien von Autoren wie J. B. HAYCRAFT, A. TILLE, G. VACHER DE LAPOUGE u.a. [25] erreichen über Europa hinweg Massenauflagen. «Spartanische Selection» befürwortet auch die populäre Spätschrift ‹Die Lebenswunder› des Biologen E. HAECKEL, der Darwins Theorie stets als «Selektionstheorie oder Züchtungslehre» bzw. «Zuchtwahllehre» bezeichnet hatte [26]. Zu ersten für die politische Umsetzung entworfenen Z.-Programmen kommt es 1900 mit einer Preisausschreibung zur Frage 'Was lernen wir aus der Descendenztheorie in Beziehung auf die innerpolitische Entwicklung und Gesetzgebung der Staaten?'. Der Preisträger W. SCHALLMAYER entwirft eine «Ethik des Rassedienstes», die als «Gattungsethik» jenseits der bloßen Lebensauslese die Fruchtbarkeitsauslese künstlich unterstützen soll [27]. Nirgends fehle es wirklich «an dem erforderlichen Züchtungsmaterial», um «durch geeignete Zuchtwahl» die Vereinigung positiver Anlagen «schließlich allgemein zu machen», stellt Schallmayer fest, allerdings «würde sich dieses Ziel durch unmittelbare positive Zuchtwahl rascher erreichen lassen als mit den Methoden, auf welche die Volkseugenik in Wirklichkeit angewiesen ist, nämlich vorwiegend nur mittelbare Beeinflussung der Fruchtbarkeitsverhältnisse» [28]. Die Z.-Begrifflichkeit der eugenischen Bewegung schwankt zwischen der Weiter- und Hochzucht der Rasse und der Z. einer neuen. «Mit der Eugenik oder Auslese in der

Menschenzucht können und wollen wir nicht eine Artneubildung bezwecken und behaupten nicht, alle Faktoren unserer Gehirnentwicklung zu beherrschen. Dagegen können wir mit ihrer Hilfe unbedingt schlechte Keime ausmerzen und gute, sogar immer bessere züchten», erklärt der Psychiater A. FOREL [29], während Ploetz offenbar mehr will, indem er Nietzsches Gedanken des Übermenschen (s.d.) bemüht: Der Weg gehe aufwärts «von der Art zu Überart» [30].

Was sich bei Nietzsche noch überlagert, die Bedeutungsfelder ‹Bildung/Erziehung› sowie ‹Fortpflanzung/Vererbung› im Wortfeld ‹Zucht› und ‹Z.›, bringt O. SPENGLER in eine direkte Entgegensetzung: «Das Wort für die rassemäßige Art von Erziehung ist Zucht, Z., im Unterschied von Bildung, die durch die Gleichheit des Gelernten oder Geglaubten Wachseinsgemeinschaften begründet» [31]. Spengler will weniger auf eine im modernen Sinne biologische als auf die aristokratisch-blutsmäßige Z. hinaus, «Zucht, Z. erstreckt sich aufs Blut» [32], zielend auf «in Vollendung» gezüchtete Stände: «Das ist etwas Großes und Einziges innerhalb der organischen Welt ... der einzige Punkt, wo der Mensch sich über die Mächte der Natur erhebt und selbst Schöpfer wird. Noch als Rasse ist er Schöpfung der Natur; da wird er gezüchtet; als Stand aber züchtet er sich selbst, ganz wie die edlen Tier- und Pflanzenrassen, mit denen er sich umgeben hat; und eben das ist im höchsten und letzten Sinne Kultur» – «Bildung kann die Zucht verfeinern, aber nicht ersetzen» [33].

Als Klassiker für die Euthanasie-Programmatik des Dritten Reichs gilt der von K. BINDING und A. HOCHE 1920 publizierte Traktat ‹Die Freigabe der Vernichtung lebensunwerten Lebens›, der nicht eugenisch, sondern malthusianisch argumentiert: mit durch Massen-Tötungen einzusparenden Kosten. Gleichwohl wird der Appell mit dem völkischen Denken verbunden und in den 1930er Jahren die Z. der «nordischen Leitrasse» zum Ziel. «Grundlegend für alle Zucht und Z. ist der sinnvolle Aufbau derselben nach dem Prinzip der Rangordnung (Hierarchie der Leistung), welches gewissermaßen das Motiv der Z. darstellt», heißt es etwa; «deren Methode bildet die Art und Weise der Ausmerze und Auslese im Natürlich-Körperlichen einerseits und der Erziehung und Bildung im Seelisch-Charakterlichen andererseits, beides in organischer Wechselwirkung und Ergänzung» [34]. Neben der Selektion durch Sterilisation und Tötung bilden die Projekte der gezielten Fortpflanzung das sexualreformerische Parallelstück. Schon zu Beginn des 20. Jh. propagiert W. HENTSCHEL eine rassezüchterische Landgemeinschaft «Mittgart», in der hundert Männer und tausend Frauen zum Zweck der Erzeugung germanischer Kinder zusammenleben sollen [35]. «Alle Wissenden müssten einen Zeugungs- und Züchtungsidealismus von rücksichts- und bedingungsloser Zielstrebigkeit als einzig zulässiges moralisches Prinzip proklamieren und in Taten umsetzen», beschwört CH. VON EHRENFELS das Zeitalter einer neuen Sexualethik; die Völker des Abendlandes seien «ungezüchtet, zusammengewürfelt, ausgemergelt» durch Jahrhunderte der kulturellen Überproduktion [36]. Im NS-Staat versteht sich die SS-Aktion «Lebensborn» als ein Schritt der Realisierung.

Nach dem Zweiten Weltkrieg reagiert die Eugenik zerknirscht, die deutschsprachige Philosophie betroffen. Die biologistische Rede von Z. wie auch die Z.-Begrifflichkeit des als Vordenker verdächtigen Nietzsche werden inkriminiert. Der Eugeniker O. VON VERSCHUER verspricht eine Entpolitisierung des Fachs, bleibt aber bei Empfehlungen wie: «für Hochbegabte» sei «die Gattenwahl mit einer besonderen Verantwortung verbunden» [37]. Der Begründer der philosophischen Anthropologie A. GEHLEN redigiert seine 1930 in der ersten Auflage von ‹Der Mensch› getroffene Aussage, die zunächst als innerliche Kräfte sich ausbildenden Antriebe würden damit «zugleich der Stellungnahme ausgesetzt und Material der Zucht, der Erziehung, Selbstzucht und Höherzüchtung des Menschen. Daß der Mensch sich selbst Aufgabe ist, geht bis zur Verantwortung für die Qualität der Physis»; Gehlen streicht: «und Höherzüchtung des Menschen» [38].

Im deutschsprachigen Raum rührt erst wieder die globale Debatte über die neuen Möglichkeiten der Genmanipulation an die heikle Frage nach einer möglichen Legitimität eines Zugriffs auf den humanen Genotyp. Die Z. des Menschen scheint als eine gleichsam unvermeidlich mitentstandene Option in der Gentechnologie enthalten – ohne daß nationalsozialistische oder rassistische Ideologien erkennbar dahinter stünden. ‹Z.› wird nun zum Drohwort der Gentechnik-Kritik, Synonym eines bevorstehenden technogenen Tabubruchs und seiner ethisch verwerflichen Konsequenzen.

Ganz anders präsentieren sich schon 1962 die umstrittenen Zukunftsentwürfe der Life-Science-Experten, die auf dem sogenannten Ciba-Symposium das Szenario einer «biologischen Revolution» entwerfen: «Welche Tendenzen können wir bei bewußter Evolutionssteuerung erwarten?», fragt der US-amerikanische Genetiker J. B. S. HALDANE, und die Antwort lautet: Die Z. «einer Elite» sei sinnvoll; beispielsweise sei es wünschenswert, «strahlungsresistente Typen zu züchten, sobald wir wissen, wie man es macht» [39]. «Ich glaube», so Haldane, «daß sich schon in zehntausend Jahren eine echte Aussicht abzeichnen wird, unsere Art in zwei oder mehr Zweige aufzuteilen, entweder durch Spezialisierung für ein Leben auf anderen Sternen oder durch Entwicklung verschiedener menschlicher Fähigkeiten» [40].

Die Reaktion der Philosophen auf solche Fortschrittseuphorie ist abweisend. Man wittert sozialistische Staatsplanung; mit dieser Stoßrichtung polemisiert K. R. POPPER, Platon sei mit «einer Art Metabiologie» «der erste Vertreter einer biologischen Rassentheorie der Sozialdynamik» gewesen [41]. Im Expertendiskurs selbst warnt man weniger vor politischer Gefahr als vor der Gefahr der Science Fiction. Das Wissen über die menschlichen Gene, so der Genetiker L. PENROSE, sei momentan noch so gering, «daß es anmaßend und dumm ist, positive Prinzipien für die menschliche Z. festzulegen» [42]. Tatsächlich ist es ab Ende der 1960er Jahre die Science-Fiction-Literatur, die das Thema der Z. philosophisch belebt. Zur «autoevolutiven Maschine», so der Schriftsteller S. LEM, werde das Gemeinwesen der Zukunft nicht nur durch spektakuläre chirurgische oder genetische Mittel, sondern auch durch die viel unauffälligere informationelle Steuerung der Evolution gelangen – etwa durch rechnergeleitete Zuchtwahl der passenden Genotypen im Großmaßstab: «Die Evolution ist eine milliardenjährige Zucht solcher mit konstruktiven Absichten gesammelten und überprüften Informationen. Ließe sich diese Aufgabe nicht derart generalisieren, daß man nach der evolutionären Methode jegliche Information züchtet? Jegliche Art von Wissen?» [43] Autoevolution habe aber Grenzen, eine nicht bloß rekonstruktive, sondern konstruktive «Prothetik» sei also zu denken, die den Menschen als synthetische Gattung genetisch radikal neu entwirft [44].

In den 1970er Jahren formiert sich international die

Kritik an den neuen Möglichkeiten der Gentechnologie – und zwar als anthropologisch eingebettete Wissenschafts- und Technikkritik. So betrachtet der Genetiker E. CHARGAFF schon die frühe DNA-Forschung als «den ersten Schritt zu einer Manipulation der menschlichen Erbanlagen» [45]. Für den Philosophen G. ANDERS ist mit der biologischen Revolution des Inneren die Schwelle zur Herstellung des nie Dagewesenen, die Schwelle zur «Vernichtung der Species qua Species» erreicht [46]. Neben solcher Kritik artikuliert sich die Sorge vor der Menschen-Z. als Forderung nach einer limitierenden Ethik. Vom Standpunkt eines Prinzips Verantwortung (s.d.) plädiert H. JONAS dafür, genetische Steuerungen nicht zu unterlassen, sondern von ihren Zielen her zu unterscheiden; eine bloß «negative» Eugenik, «schützende oder vorbeugende biologische Steuerung», sei vertretbar. Abzulehnen seien sowohl «positive» Eugenik, «planmäßige menschliche Zuchtwahl mit dem Ziel der Artverbesserung», als auch ein «futuristisches» freies Schöpfertum – Klonierung und neue Arten aus reiner Nützlichkeitserwägung. Im letzten Fall verliere «das Dasein der Menschheit um ihrer selbst willen ... seinen ontologischen Grund» [47].

Eine breit geführte Diskussion über Menschen-Z. provoziert 1999 der Text von P. SLOTERDIJK ‹Regeln für den Menschenpark›. Diskutiert wird die Frage, ob die Epoche einer Z. des Menschen bereits begonnen habe oder nicht. Es sei die Signatur des «anthropotechnischen Zeitalters», so Sloterdijk, «daß Menschen mehr und mehr auf die aktive oder subjektive Seite der Selektion geraten, auch ohne, daß sie sich willentlich in die Rolle des Selektors gedrängt haben müßten» [48]; daher werde es bald «eine Option für Unschuld sein, wenn Menschen sich explizit weigern, die Selektionsmacht auszuüben, die sie faktisch errungen haben» [49]. Weigerung sei unrealistisch, daher werde es in Zukunft «darauf ankommen, ... einen Codex der Anthropotechniken zu formulieren»; falscher Humanismus verdränge nur, daß «der Mensch für den Menschen die höhere Gewalt darstellt» [50].

Entlang der Scheidelinie zwischen einer lediglich «negativen» Eugenik, auf die etwa J. HABERMAS eine moderne «Gattungsethik» beschränken will [51], und einer «positiven» Eugenik, im deutschsprachigen Raum erstmals wieder durch G. H. FEY und C. F. GETHMANN gefordert [52], setzt sich als Auseinandersetzung ganz allgemein um die Möglichkeiten und Grenzen von «Biopolitik» die Kontroverse um die Z. fort [53].

In der anglo-amerikanischen Ethik fehlt es an einer Entsprechung zu der deutschsprachigen Reserve gegenüber dem Z.-Begriff. Reproduktives Klonen wird breit diskutiert, ebenso der «Metaman» – als genetische Mensch-Maschine-Kopplung. Folgte man dem Biologen G. STOCK, so wäre ein genetisches «Redesign» des Menschen unausweichlich [54].

Anmerkungen. [1] PLATON: Resp. V, 458 d. – [2] 459 d. – [3] 460 c. – [4] 461 c. – [5] 459 d. – [6] Vgl. Tim. 18 cf. – [7] 521 c. – [8] T. CAMPANELLA: Civitas solis (1623); dtsch.: Der Sonnenstaat, übers. K. J. HEINISCH, in: K. J. HEINISCH (Hg.): Der utopische Staat (1960) 111-169, 132. – [9] F. BACON: New Atlantis (1627); Nova Atlantis (1638); dtsch.: Neu-Atlantis, übers. K. J. HEINISCH, a.O. 171-215, 208. – [10] Vgl. Art. ‹Polizei›. Hist. Wb. Philos. 7 (1989) 1080-1083. – [11] I. KANT: Rec. von Herders Ideen zur Philos. der Gesch. der Menschheit, Theil 1 (1785). Akad.-A. 8, 54. – [12] TH. R. MALTHUS: Principle of population (1798). Works, hg. E. A. WRIGLEY/D. SOUDEN (London 1968) 1, 96. – [13] CH. DARWIN: The origin of species by means of natural selection or the preservation of favoured races in the struggle for life IV (1859, London 1995) 65. – [14] a.O. 63. – [15] a.O. – [16] A. WEISMANN: Über die Vererbung (1883), in: Aufsätze über Vererbung und verwandte biolog. Fragen (1892) 73-121, 119. – [17] F. GALTON: Hereditary genius (London 1869, [2]1892); dtsch.: Genie und Vererbung (1910) 1. – [18] a.O. 365. – [19] Vgl. F. NIETZSCHE: Jenseits von Gut und Böse 264. 251 (1886). Krit. Ges.ausg. [KGA], hg. G. COLLI/M. MONTINARI (1967ff.) 6/2, 229. 202; vgl. auch: Nachgel. Frg., Juni-Juli 1885 36[34]. KGA 7/3, 288. – [20] Vgl. Unzeitgem. Betrachtungen III: Schopenhauer als Erzieher 1 (1874). KGA 3/1, 337; Jenseits von Gut und Böse, a.O. [19]. – [21] Jenseits von Gut und Böse 242, a.O. 191. – [22] Nachgel. Frg., Sommer 1880 4[67]. KGA 5/1, 445; vgl. Nachgel. Frg., Sommer-Herbst 1884 26[376]. KGA 7/2, 248; vgl. Art. ‹Vornehm›. Hist. Wb. Philos. 11 (2001) 1194-1196. – [23] O. NEURATH: Einl., in: GALTON: Genie ..., a.O. [17] VI. – [24] Vgl. A. PLOETZ: Grundlinien einer Rassenhygiene (1895) 145. 147. – [25] J. B. HAYCRAFT: Darwinism and race progress (London/New York 1895); dtsch.: Natürl. Auslese und Rassenverbesserung (1895); A. TILLE: Darwin und Nietzsche. Ein Buch Entwicklungsethik (1895); G. VACHER DE LAPOUGE: Race et milieu social (Paris 1909); vgl. auch: Art. ‹Sozialdarwinismus›. Hist. Wb. Philos. 9 (1995) 1127-1129; Art. ‹Vererbung II.›, a.O. 11 (2001) 628-632. – [26] E. HAECKEL: Die Welträtsel (1899, [11]1919) 276. 280; zur Tötung von Unheilbaren und Geisteskranken sowie zur 'Spartanischen Selection': Die Lebenswunder (1904) 134ff.; ([2]1906) 51f. – [27] W. SCHALLMAYER: Vererbung und Auslese im Lebenslauf der Völker, eine staatswissenschaftl. Studie aufgrund der neueren Biologie (1903, [4]1920) 329f. – [28] a.O. 375; vgl. Über die drohende körperl. Entartung der Kulturmenschheit (1891). – [29] A. FOREL: Hygiene der Nerven und des Geistes im gesunden und kranken Zustande ([4]1913) 128. – [30] PLOETZ, a.O. [24] 1. – [31] O. SPENGLER: Der Untergang des Abendlandes. Umrisse einer Morphologie der Weltgeschichte (1919), hg. D. FELKEN (1972) 966. – [32] a.O. 979. – [33] 967. 1078. – [34] H. ENDRES: Rasse, Ehe, Zucht und Z. bei Nietzsche und heute (1938) 109. – [35] W. HENTSCHEL: Mittgart. Ein Weg zur Erneuerung der german. Rasse ([3]1911). – [36] CH. VON EHRENFELS: Sexualethik (1907) 1-97, 88. 90. – [37] O. VON VERSCHUER: Eugenik. Kommende Generationen aus Sicht der Genetik (1966) 22. 81. – [38] A. GEHLEN: Der Mensch. Seine Natur und seine Stellung in der Welt (1940, [3]1944). Ges.ausg., hg. K.-H. REHBERG 3/1-2 (1993) 408. 680. – [39] Vgl. J. B. S. HALDANE: Biolog. Möglichkeiten für die menschl. Rasse in den nächsten zehntausend Jahren, in: G. WOLSTENHOME (Hg.): Das umstrittene Experiment: Der Mensch. Elemente einer biolog. Revolution (1962) 367-391, 372. 387. 385. – [40] a.O. 389. – [41] K. R. POPPER: The open society and its enemies 1: The spell of Plato (1945); dtsch.: Die offene Gesellschaft und ihre Feinde 1: Der Zauber Platons (1957, [7]1992) 99. – [42] Vgl. L. PENROSE: The influence of the English trad. in human genetics, in: J. F. CROW/J. V. NEEL (Hg.): Proc. of the third int. congress of human genetics (Baltimore 1967) 13-23, 23. – [43] S. LEM: Summa technologiae (1969, 1976) 502ff. – [44] a.O. 586ff. – [45] E. CHARGAFF: Wenig Lärm um viel. Bem. zur genet. Bastelsucht, in: R. FLÖHL (Hg.): Genforschung – Fluch oder Segen? Interdisz. Stellungnahmen (1985) 312-327, 317. – [46] G. ANDERS: Die Antiquiertheit des Menschen 2 (1980, [4]1992) 24. – [47] H. JONAS: Laßt uns einen Menschen klonieren (1980), in: Technik, Medizin und Ethik (1987) 162-203, 199. – [48] P. SLOTERDIJK: Regeln für den Menschenpark. Ein Antwortschreiben zu Heideggers Brief über den Humanismus (1999) 44f. – [49] a.O. 43. – [50] 46. – [51] J. HABERMAS: Die Zukunft der menschl. Natur. Auf dem Weg zu einer liberalen Eugenik? (2001). – [52] G. H. FEY/C. F. GETHMANN: Wir dürfen die Evolution nicht dem Zufall überlassen. Der Mensch hat die Pflicht, sein genet. Schicksal mitzugestalten. Frankf. Allg. Ztg. (7. 3. 2001) 49. – [53] Vgl. V. GERHARDT: Der Mensch wird geboren. Kleine Apologie der Humanität (2001). – [54] G. STOCK: Metaman: The merging of humans and machines into a global superorganism (New York 1993); Redesigning humans: Our inevitable genetic future (Boston 2002).

Literaturhinweise. H. CONRAD-MARTIUS: Utopien der Menschenzüchtung. Der Sozialdarwinismus und seine Folgen (1955). – G. SCHANK: 'Rasse' und 'Z.' bei Nietzsche (2000). – P. GEHRING: Zwischen 'Menschenpark' und 'soft eugenics'. Zur Aktualität und zu den hermeneut. Verlegenheiten des Z.-Begriffs. Int. Jb. Hermeneutik 2 (2003) 81-112.

P. GEHRING

Zueignung (Oikeiosis) (griech. οἰκείωσις; lat. commendatio, conciliatio; engl. appropriation, familiarization; frz. appropriation). Der Begriff steht in der Philosophie der Stoa für eine biologische, psychologische und moralphilosophische Konzeption, nach der die Tendenz zur Selbsterhaltung (s.d.) den primären natürlichen Impuls jedes Lebewesens bildet. Speziell beim Menschen schließt sich als zweite Stufe eine rationale Selbstaffirmation sowie eine vernünftige Akzeptanz aller anderen Menschen an. Der Ausdruck οἰκείωσις ist eine Ableitung aus οἰκεῖος (eigen) bzw. οἰκειοῦν (sich aneignen). Wörtlich bezeichnet er den Umstand, daß sich ein Lebewesen mit sich selbst prozeßförmig bekannt macht und sich selbst in Besitz nimmt. Ciceros Übersetzung der medialen Verbform οἰκειοῦσθαι lautet «sich mit sich selbst versöhnen und vertraut machen» («ipsum sibi conciliari et commendari») [1]. Das begriffliche Gegenteil, die Selbstentfremdung, heißt in der antiken Diskussion ἀλλοίωσις oder ἀλλοτρίωσις: Jemand entfernt sich von sich selbst. Die Oikeiosis-Konzeption scheint (trotz gewisser aristotelischer Wurzeln) [2] eine theoretische Innovation der älteren Stoa, besonders des Chrysipp, darzustellen. Die wichtigsten Referenzstellen für die stoische Oikeiosis-Konzeption finden sich bei Cicero, Arius Didymus, Hierokles, Seneca sowie bei Diogenes Laertius [3].

Das mit ‹Z.› gemeinte selbstaffirmative Verhältnis wird zugleich deskriptiv als grundlegende Tatsache in der Biographie jedes Menschen sowie normativ als zentrale Lebensaufgabe verstanden. Die Stoiker erwidern auf Epikurs Meinung, schon der Säugling zeige das natürliche Ziel des Menschen, die Erlangung von Lust und Vermeidung von Unlust, daß dies in Wahrheit der Selbsterhaltung dient. Das Neugeborene optimiert nicht seine Lustbilanz, sondern erhält sich selbst am Leben ('Wiegenargument') [4], wie jedes Lebewesen unmittelbar bei seiner Geburt einen ersten Impuls (πρώτη ὁρμή) zur Selbsterhaltung aufweist [5]. Gemeint ist ein unmittelbares praktisches Selbstverhältnis, ein Verhältnis der Selbstsorge, welches auf das Ziel der Existenzerhaltung gerichtet sein soll. Überdies setzen die älteren Stoiker ein damit verbundenes Selbstwissen oder Selbstbewußtsein (s.d.) an; ferner unterstellen sie eine unmittelbare Selbst-Z. oder Selbstliebe (s.d.); und schließlich behaupten sie eine Art instinktives Orientierungswissen um Nützliches bzw. Schädliches sowie eine Reihe angeborener lebenserhaltender Fertigkeiten. Das natürliche Streben nach Selbsterhaltung impliziert für die Stoiker eine Fähigkeit zur Selbstwahrnehmung sowie ein affirmatives Selbstverhältnis («se diligere») [6]. Hinzu kommt die indirekte Affirmation notwendiger Güter. Um seine Existenz zu erhalten, muß ein Lebewesen existenzstabilisierende Güter erstreben und existenzgefährdende Übel meiden.

Die Impulse, welche sich auf die ersten Strebensgüter richten, werden von Cicero als «Grundgegebenheiten der Natur» («principia naturalia» oder «principia naturae») bezeichnet; er nennt drei Beispiele für Objekte der «principia naturalia», nämlich den Besitz unversehrter, gut entwickelter Körperglieder, wahrheitshaltige Akte des Begreifens oder Auffassens («comprehensiones vel perceptiones») und kognitive Kompetenzen oder Wissenschaften [7]. Als schätzenswert («aestimabile») gelte den Stoikern alles, was entweder selbst naturgemäß sei oder was etwas Naturgemäßes bewirke, als ablehnenswert («inaestimabile») das entsprechende Gegenteil [8]. Die erste Stufe normativ angemessenen Handelns («officium», καθῆκον) [9] liege folglich darin, daß man sich in einem naturgemäßen Zustand erhalte, die zweite darin, daß jemand generell Naturgemäßes wähle und Naturwidriges ablehne. Diesem zweiten Schritt, dem Erlangen der Wahlfähigkeit («selectio»), muß gemäß stoischer Auffassung ein Übergang von der Trieb- zur Vernunftorientierung vorausgegangen sein [10]. Es bilde sich auf der Basis dieser Wahlfähigkeit ein stabiler Habitus (Tugend) heraus, der zur Übereinstimmung mit der Natur führe, womit dann das definitive Strebensziel («vere bonum») erreicht sei. Die Wendung von den naturgemäßen Gütern zur «homologia» oder «convenientia», so heißt es erläuternd, komme dadurch zustande, daß jemand zum Erkenntnis- oder Begriffsvermögen gelange [11]. Er lerne erfassen, daß es sich bei der Übereinstimmung um das tatsächlich höchste und schlechterdings intrinsisch erstrebenswerte Gut handle, während von den zuvor verfolgten Primärgütern kein einziges intrinsisch wertvoll sei. Zwar könne man weiter behaupten, es sei angemessen, sie zu verfolgen; aber auch wenn sich das moralische Handeln («honesta actio») erst später ergebe, erweise es sich doch als eigentlich naturgemäßes Gut des Menschen [12].

Die moralphilosophische Pointe der Oikeiosis-Konzeption besteht darin, daß die zur Rationalität gelangte Person ihre praktische Autonomie als zentralen Gegenstand des Interesses entdeckt. Solange sie nur im Dienst der körperlichen Selbsterhaltung stand, galt sie lediglich als instrumentelles Gut, während nunmehr deutlich wird, daß das Prinzip ihres angemessenen und unangemessenen Gebrauchs in ihr selbst liegen muß und daß sie selbst das Ziel der Selbsterhaltung darstellt. Es handelt sich bei ihr deswegen um ein intrinsisches Gut. Auf diese Weise kommt es zu einer Selbstbejahung zweiter Stufe; sie richtet sich auf jemandes praktische Autonomie, nicht auf seine körperliche Fortdauer. Die Vernunft übernimmt die Funktion eines dem Trieb übergeordneten Sachverständigen (τεχνίτης) [13]. Der Betreffende erreicht damit den Status des Weisen; er erfüllt die altstoische Formel, man solle «in Übereinstimmung leben» oder «in Übereinstimmung mit der Natur leben» [14]. Das Glück des Weisen besteht in der von ihm erreichten Kongruenz mit seiner natürlichen Ausstattung und der Welteinrichtung.

Die stoische Oikeiosis-Konzeption ist aber keineswegs ausschließlich individualistisch zu verstehen. Vielmehr nehmen die Stoiker für Menschen einen naturalen Sozialimpuls («instinctus socialis») an, der sie in gestuften Sympathiegraden zuerst mit seiner Nachkommenschaft, dann mit seinen Verwandten, Freunden, Mitbürgern und seiner ethnischen Gruppe sowie schließlich mit der gesamten Menschheit verbinden soll (Kosmopolitismus) [15]. Kommt es im Laufe der biographischen Entwicklung zur Entdeckung der Vernunft, dann, so die älteren Stoiker, erweise sich diese Stufung von Sympathiegraden für die Mitmenschen als verfehlt. Während also das unvernünftige oder noch unzureichend vernünftige Lebewesen soziale Beziehungen um seiner Selbsterhaltung willen betreibt – man könnte von einem ich-bezogenen Altruismus sprechen –, erfaßt der vollständig vernünftige Mensch, daß jedermanns Selbsterhaltung aus Vernunftgründen zu bejahen ist. Daher wird der stoische Weise zum Kosmopoliten, der der Menschheit als Gemeinschaft aller Vernunftwesen einen Selbstzweckcharakter zuerkennt. Er privilegiert nicht länger bestimmte Sozialbeziehungen aus Gründen der Selbsterhaltung, sondern pflegt Freundschaften allein um ihrer selbst willen und wendet sich allen Menschen mit gleicher Anteilnahme zu, sogar «dem entferntesten Mysier» [16], wie es in einem mittelplatonischen Kommentar anschaulich heißt.

Andererseits wird die Beziehung von Menschen zur nicht-vernünftigen Natur nicht als moralisch gehaltvoll aufgefaßt [17]. Unter den Interpreten ist umstritten, ob man die stoische Z.-Konzeption hauptsächlich kosmologisch-theologisch oder ob man sie 'aristotelisch-kantisch' interpretieren soll. Für beide Seiten lassen sich gute Argumente vorbringen: Zum einen verteidigen die Stoiker die durchgehende Rationalität der Weltordnung mit Hilfe kosmologisch-theologischer Argumente und wählen dafür eine religiöse Terminologie [18]. Zum anderen erläutern sie sie aus der Innenperspektive des Akteurs [19].

In der mittleren Stoa wendet sich POSEIDONIOS partiell vom moralischen Intellektualismus der Z.-Konzeption ab; er kehrt zur platonisch-aristotelischen Seelenteilungslehre zurück mit der Konsequenz, daß er für die beiden unteren Seelenteile nicht mehr Selbsterhaltung, sondern Erfolg, Macht bzw. Lust als natürliche Ziele ansieht. Entsprechend verlangt er zu deren Erziehung eine Praxis der Gewöhnung, nicht allein ein intellektuelles Training [20]. Bei dem Mittelplatoniker PHILON VON ALEXANDRIEN finden sich zahlreiche Spuren der Oikeiosis-Konzeption, auch wenn er sie in ihrer stoischen Version ablehnt; einen positiven Gebrauch von οἰκείωσις macht er jedoch im Sinne der platonischen 'Angleichung an Gott' (s.d.), zu welcher er die Z. uminterpretiert [21]. In der peripatetischen Version einer Z.-Konzeption bei ARIUS DIDYMUS geht es um den von der älteren Stoa abweichenden Nachweis, daß auch äußere Güter zu den natürlich erstrebten Objekten gehören und daß die Tugend (s.d.) zwar das höchste, nicht aber das einzige Gut darstellt [22]. Für die kaiserzeitliche Stoa ist es kennzeichnend, daß nunmehr ein stärkerer Akzent auf die Autonomie des Innenlebens einer Person gesetzt wird als auf naturale und soziale Aspekte. Während die frühen Stoiker zu einem 'bottom-up-Modell' tendieren, das bei beobachtbaren naturalen Tatsachen ansetzt und von dort aus zum Begriff der Moral gelangt, ist beim spätantiken Stoiker EPIKTET die Tendenz erkennbar, Moral durch ein 'top-down-Modell' zu legitimieren, das die Göttlichkeit der Natureinrichtung in den Vordergrund rückt und nicht mehr zentral auf die Oikeiosis-Konzeption zurückgreift [23].

AUGUSTINUS rezipiert die Oikeiosis-Konzeption sowohl in ihrer stoischen Version als auch in der akademischen Version des Antiochos von Askalon und integriert sie in seine neuplatonische Ethik. Gemäß dieser Synthese muß jeder Akteur bestimmte notwendige Ziele anerkennen, wenn er zum abschließenden Glück einer Rückkehr zu Gott gelangen will. Ausnahmslos jeder wolle glücklich sein; das Glück sei mit dem menschlichen Willen so unmittelbar verknüpft, daß niemand es zu wollen bestreiten könne [24]. Augustinus verwendet dieses Argument beispielsweise in der anti-hedonistischen Form, niemand könne leben, um zu essen, vielmehr müsse man essen, um zu leben [25]. Ähnlich argumentiert Augustinus gegen Cacus, den mythischen Inbegriff des skrupellosen und asozialen Verbrechers; dieser ziele ebenso wie alle anderen Lebewesen auf das Glück des Friedens; denn er suche in seiner Räuberhöhle den ungestörten Genuß der geraubten Güter. Auch er, der scheinbar ganz nach unmoralischen Prinzipien lebt, bestätigt somit noch, daß ein einziges Ziel verbindlich ist und sich folglich auch die Mittel-Ziel-Relation nicht gänzlich umkehren läßt. Zwar kann jemand, so verallgemeinert Augustinus, unfriedliche Mittel gebrauchen, um einen für sich angenehmen Frieden zu erreichen, aber niemand kann den Unfrieden selbst zu seinem Strebensziel machen. Die Perversion der Moralität ist für Augustinus nur in zwei Hinsichten möglich: bei der inhaltlichen Bestimmung des Strebensziels und bei der Wahl der Mittel zu seiner Erlangung; ausgeschlossen ist dagegen eine verkehrte Zielwahl oder eine Umkehrung der Mittel-Ziel-Relation innerhalb der Strebensordnung. Niemand kann bestreiten, das Strebensziel des Glücks oder Friedens zu verfolgen und den Frieden dem Krieg vorzuziehen [26].

Die Moralphilosophie des THOMAS VON AQUIN beruht auf der Überzeugung, menschliches Handeln sei auf das Glück als letztes, umfassendes Ziel und auf verschiedene notwendige Unterziele gerichtet. Dabei spielen 'erste Prinzipien des Wollens' («prima principia») eine zentrale Rolle. Thomas behauptet, es gebe natürliche Neigungen («inclinationes naturales») und daher Grundsätze rationalen Handelns, die den ersten Prinzipien der theoretischen Vernunft analog seien. Die allgemeinste dieser Regeln, die Synderesis-Regel, besagt, daß man Gutes ausführen und verfolgen, Schlechtes dagegen meiden müsse («bonum est faciendum et prosequendum, et malum vitandum») [27]. Weitere Regeln lauten etwa, daß jedes vernünftige Lebewesen nicht nur eine bestimmte Zielstruktur und deren Voraussetzungen bejahen, sondern zudem der Herausbildung gewisser eigener Dispositionen (Tugenden) zustimmen muß [28] oder daß jeder, der irgend etwas will, nach Thomas zugleich auch sein eigenes Sein, sein Leben und sein Erkennen bejahen muß. Offenkundig greift Thomas damit die Oikeiosis-Konzeption auf [29].

Im Neustoizismus (s.d.) des 16. Jh. wird bei H. GROTIUS das Thema des gerechten Krieges mit einer Verteidigung der Naturrechtskonzeption verbunden. Grotius greift hierbei ausdrücklich auf Ciceros Wiedergabe der stoischen Oikeiosis-Konzeption zurück. Er argumentiert wie folgt: Jedes Lebewesen hat erste, natürliche Tendenzen. Es ist an seinem Eigeninteresse orientiert, denn erste Aufgabe eines jeden ist es, sich selbst im Naturzustand zu erhalten, die zweite Aufgabe, das Naturgemäße zu akzeptieren und das Naturwidrige zurückzuweisen. Jedes Lebewesen verteidigt sich gegen Gefahren für sein Leben und seine Gesundheit und verschafft sich lebenserhaltende Güter. Auf einer zweiten Ebene ergibt sich daraus eine Tendenz, der Vernunft im allgemeinen zu folgen, welche die erste Tendenz ersetzt. Aus diesem Grund ist die zweite Naturtendenz keineswegs anti-sozial; aus ihr ergibt sich die Einbeziehung aller anderen Vernunftwesen als Objekte des Wohlwollens [30].

Bei Bischof J. BUTLER finden sich deutliche Hinweise auf eine Rezeption und Übernahme der Oikeiosis-Konzeption. Butler gründet seine Moralphilosophie auf den Begriff der menschlichen Natur. Um diese angemessen zu beschreiben, vergleicht er sie mit der Zweckausrichtung einer Uhr: Ebenso wie die Uhr zur Zeitbestimmung diene, liege die Bestimmung des Menschen in der Entfaltung der Tugend. 'Der Natur zu folgen' soll nun nicht bedeuten, irgendwelchen natürlichen Neigungen nachzugeben, sondern dem Prinzip der Reflexion Folge zu leisten. Damit sind die Selbstliebe gemeint, die Glückssuche sowie die Ausrichtung auf das Wohl der eigenen Nachkommen und der eigenen sozialen Gruppe. Doch das wichtigste Ziel liege in der rationalen Selbstperfektionierung [31]. In der Tradition der Oikeiosis-Konzeption scheint auch J. LOCKES Theorie des legitimen Eigentumserwerbs zu stehen; Locke nimmt einen ursprünglichen freien Selbstbesitz jedes Menschen sowie eine Pflicht zur Selbsterhaltung an [32]. Äußere Güter spielen dabei die Rolle unentbehrlicher Hilfsmittel; die Aneignung («appropriation») äußerer Güter dient – für Locke wie für die Stoiker – der menschlichen Selbsterhaltung.

Offenkundig thematisiert I. Kant die stoische Oikeiosis-Konzeption, wenn er in der ‹Grundlegung zur Metaphysik der Sitten› das Problem einer «Misologie» [33], d.h. des Selbsthasses der Vernunft, aufgreift: Nach Kants Überlegung führt ein naturteleologisches Denken zu dem Urteil, die Vernunft sei ein dysfunktionaler Bestandteil der menschlichen Natur, solange man Glückseligkeit für das umfassende Ziel des Menschen erklärt. Denn Vernunft stehe der Tendenz zur instinktiven Triebbefriedigung wenigstens partiell im Weg. Nehme man hingegen «eine andere und viel würdigere Absicht» an, nämlich die Ausrichtung des Menschen am «guten Willen», d.h. an der Moralität, so erhalte das naturteleologische Denken einen überzeugenderen Sinn. Strittig ist, ob Kant mit dieser Argumentation den Stoikern folgt oder ihnen widerspricht [34].

Durch W. Diltheys Erinnerung an das stoische Erbe [35] wird auch die Oikeiosis-Konzeption wieder diskutiert [36]. In aktuellen moralphilosophischen Debatten gibt es gelegentlich Versuche, das Denken der Stoiker, darunter auch ihre Oikeiosis-Konzeption, systematisch fruchtbar zu machen [37].

Anmerkungen. [1] Cicero: De fin. bonorum et malorum II, 11, 35; III, 5, 16. – [2] Vgl. A. A. Long: Aristotle's legacy to stoic ethics. Bull. Instit. class. Studies 15 (1968) 72-85; G. Magnaldi: L' οἰκείωσις peripatetica in Ario Didimo e nel De fin. di Cicerone (Turin 1991). – [3] Cicero: De fin. III, 5f., 16-22; 19f., 62-68; Arius Didymus, bei Joh. Stobaeus: Ecl. II, 116, 21-128, 9; Hierokles: Ethische Elementarlehre, hg. H. von Arnim. Berl. klass. Texte 4 (1906); Seneca: Ep. 121; Diog. Laert.: Vitae VII, 85-88; vgl. SVF 3, 178-196; A. A. Long/D. N. Sedley (Hg.): The hellenistic philosophers, ch. 57 [LS] (Cambridge 1967); dtsch.: Kap. 57: Antrieb und Z. (2000) 413-421. – [4] Vgl. J. Brunschwig: The Cradle argument, in: M. Schofield/G. Striker (Hg.): The norms of nature (Cambridge 1986) 113-144. – [5] Vgl. Art. ‹Streben 2. b)›. Hist. Wb. Philos. 10 (1998) 272f. – [6] Cicero: De fin. III, 5, 16. – [7] 5, 17f. – [8] 6, 20. – [9] Vgl. Art. ‹Pflicht 1.›. Hist. Wb. Philos. 7 (1989) 405-407. – [10] Cicero: De fin. III, 6, 21. – [11] a.O. – [12] 6, 22. – [13] Chrysipp: SVF 3, 178, 19 (Diog. Laert.: Vitae VII, 85). – [14] Vgl. Art. ‹Übereinstimmung A. 4.›. Hist. Wb. Philos. 11 (2001) 17. – [15] SVF 3, 333. 340-348 u.ö.; LS 57 F und G; vgl. Art. ‹Kosmopolit; Kosmopolitismus 1.›. Hist. Wb. Philos. 4 (1976) 1155-1158. – [16] Anon. Komm. zu Platons Theaitet 5, 18-6, 31, hg. H. Diels/ W. Schubert (1905) 5f.; Übers.: LS 57 H. – [17] a.O. – [18] Vgl. z.B. SVF 1, 162; 3, 191; Cicero: De natura deorum II, 14, 37; Diog. Laert.: Vitae VII, 87; Epiktet: Diatriben I, 6, 19f. – [19] T. Engberg-Pedersen: The stoic theory of οἰκείωσις: Moral development and social interaction in early stoic philos. (Aarhus 1990). – [20] Poseidonius: Frg. 158. 160, hg. L. Edelstein/I. G. Kidd (Cambridge 1972) 1, 142f. – [21] Philo Alex.: De cherubim 11-20; vgl. C. Lévy: Ethique de l'immanence, éthique de transparence. Le problème de l'oikeiosis chez Philon, in: C. Lévy (Hg.): Philon d'Alexandrie et le langage de la philos. (Turnhout 1998) 153-164. – [22] H. von Arnim: Arius Didymus' Abriß der peripatet. Ethik (Wien 1926); W. W. Fortenbaugh (Hg.): On stoic and peripatetic ethics: The work of Arius Didymus (New Brunswick 1983). – [23] Vgl. A. A. Long: Epictetus, A stoic and socratic guide to life (Oxford 2002) 180-206. – [24] Augustinus: De trin. XIII, 3, 6. CCSL 50 A (Turnhout 1968) 387-389. – [25] De magistro 9, 26. CCSL 29 (Turnhout 1970) 185f. – [26] De civ. Dei XIX, 12. CCSL 48 (Turnhout 1955) 675-678. – [27] Thomas von Aquin: S. theol. I-II, 94, 6 c; vgl. I, 79, 12; De veritate 16, 1; zum Synderesis-Begriff vgl. W. Pannenberg: Anthropologie in theolog. Perspektive (1983) 286-303. – [28] I-II, 55, 1-3. – [29] I, 65, 3; zu den Quellen von Thomas und zu seiner Rezeption der Z.-Lehre vgl. Ch. Schröer: Praktische Vernunft bei Thomas von Aquin (1995) 119. – [30] H. Grotius: De iure belli ac pacis I, 2 (1625). – [31] J. Butler: Fifteen sermons I, 3. 9; XI, 3 (1726). Works, hg. W. E. Gladstone 1-3 (Oxford 1896) 2, 29f. 37f. 157f. – [32] J. Locke: Two treat. of government II, 2, § 6 (1689). The works 5 (1823, ND 1963) 341. – [33] I. Kant: Grundleg. zur Met. der Sitten (1785). Akad.-A. 4, 395f. – [34] a.O.; vgl. Art. ‹Wille, guter›; vgl. M. Forschner: Moralität und Glückseligkeit in Kants Reflexionen. Zeitschr. philos. Forsch. 42 (1988) 351-370. – [35] W. Dilthey: Die Autonomie des Denkens, der konstruktive Rationalismus und der pantheist. Monismus nach ihrem Zusammenhang im 17. Jh. (1893). Ges. Werke 2 (1914) 286. – [36] H. Blumenberg: Selbsterhaltung und Beharrung, in: H. Ebeling (Hg.): Subjektivität und Selbsterhaltung (1976) 144-207. – [37] L. C. Becker: A new stoicism (Princeton 1998); M. Forschner: Über das Handeln im Einklang mit der Natur: Grundlagen ethischer Verständigung (1998).

Literaturhinweise. S. G. Pembroke: Oikeiosis, in: A. A. Long (Hg.): Problems in stoicism (London 1971) 114-149. – G. Striker: The role of oikeiōsis in stoic ethics. Oxford Studies anc. Philos. 1 (1983) 145-167; ND, in: Essays on hellenistic epistemology and ethics (Cambridge/New York 1996) 281-297. – B. Inwood: Ethics and human action in early stoicism (Oxford 1985). – T. Engberg-Pedersen s. Anm. [19]; Stoic philos. and the concept of a person, in: Ch. Gill (Hg.): The person and the human mind: Issues in ancient and modern philos. (Oxford 1990) 109-135. – M. Forschner: Die stoische Ethik (1991, ²1995) bes. 142-159 (Kap. 9: ‹Oikeiosis›). – B. Inwood: L'oikeiosis sociale chez Epictète, in: K. A. Algra/P. W. van der Horst/D. T. Runia (Hg.): Polyhistor. Studies in the hist. and historiogr. of anc. philos. (Leiden 1996) 243-264. – A. A. Long: Stoic studies (Cambridge 1996). – J. Lukoschus: Gesetz und Glück. Unters. zum Naturalismus der stoischen Ethik (1999). – Ch.-U. Lee: Oikeiosis: stoische Ethik in naturphilos. Perspektive (2002). – R. Brandt: Selbstbewußtsein und Selbstsorge. Zur Tradition der οἰκείωσις in der Neuzeit. Arch. Gesch. Philos. 85 (2003) 179-197. – A. A. Long: Stoicism in the philos. tradition: Spinoza, Lipsius, Butler, in: J. Miller/B. Inwood (Hg.): Hellenistic and early modern philos. (Cambridge 2003) 7-29. – K. Algra: The mechanism of social appropriation and its role in hellenistic ethics. Oxford Studies anc. Philos. 25 (2003) 265-296.

Ch. Horn

Zufall (griech. τύχη, αὐτόματον; lat. casus, fortuna; engl. chance; frz. hasard, chance)

I. *Allgemeines; frühe Begriffsgeschichte.* – 1. *Überblick; Terminologie.* – ‹Z.› ist ein philosophischer Begriff, der von seinem ersten terminologischen Aufkommen an im Verdacht stand, 'leer' zu sein: «Z. ist offenbar ein Nichts, wenn man genau untersucht ...; er hat keine Substanz, ist eine bloße Bezeichnung» (οὐ φαίνεται οὐσίην ἔχον οὐδεμίην, ἀλλ' ἢ ὄνομα) [1]; ‹Z.› ist «a mere negative word, and means not any real power» [2]. Dabei wird ‹Z.› bis heute auch im wissenschaftlichen Sprachgebrauch oft unterschiedslos und verwirrend in völlig heterogenen Bedeutungen verwendet [3]. Thematisiert wird Z. in der Naturphilosophie, der Ethik, aber auch der Geschichtsphilosophie (s. unten: III.). In den Naturwissenschaften (s. unten: IV.) wird ein statistischer Begriff von Z. an das mathematische Konzept der Wahrscheinlichkeit (s.d.) gebunden. Eine reine Koinzidenz von nicht zusammenhängenden Ereignissen kann genauso als Z. ('reiner Z.') angesehen werden wie das glückliche Zusammentreffen von Ereignissen und die Absichtslosigkeit einer Handlung, die dennoch zu einem gewünschten Ziel kommt (z.B. bei Entdeckungen [4]). Von Anfang an wird Z. reflektiert in Konkurrenz zu Schicksal (s.d.), Vorsehung (s.d.) und im modernen Diskussionszusammenhang dann in seinem Verhältnis zur Naturgesetzlichkeit (s.d.). Dabei ist der Begriff in die Koordinaten von Ursachenerklärung eingebunden und besagt, daß es für ein Ereignis keine Ursachen gibt oder daß solche jetzt nicht oder prinzipiell nicht erkennbar sind. Deshalb steht der Begriff im Verdacht, nur die Unwissenheit einer adäquaten Erklärung verschleiern zu wollen: «Tous les sages conviennent, que le hazard n'est qu'une chose apparente, comme la fortune: c'est l'ignorance des causes qui le fait» [5]. Die These, daß es Z. nicht gibt, ist, so gesehen, weniger der Ausdruck eines deterministischen Weltbildes als eines genuin philosophischen Wissensanspruchs, möglichst vollständig Ursachen oder Erklärungsgründe für Phänomene und Ereignisse anzugeben. Ereignisse, die als ‹zufällig› bezeichnet werden, können in sich in ihren Ursachen durchaus bestimmt sein. Terminologische Vermischungen haben dazu beigetragen, daß die genauen Zusammenhänge von ‹Ursache›, ‹Ursachelosigkeit›, ‹Determinismus› und ‹Notwendigkeit› mit ‹Z.› oft nicht deutlich sind, sei es in historischen Texten selbst oder in ihren späteren Interpretationen.

Im breiten Spektrum dessen, was heute als ‹Z.› bezeichnet wird – vom beliebigen oder nur unvorhersagbaren Ereignis, von der statistischen Wahrscheinlichkeit bis zum unbeabsichtigten Resultat von Handlungen –, treffen wir in der Literatur der Antike und des lateinischen Mittelalters auf Termini, die bei präziser Übersetzung eher nicht mit ‹Z.› wiederzugeben sind; auf der anderen Seite haben die vielfach als Vorläuferausdrücke geltenden Begriffe ‹Tyche› und ‹Fortuna› eher die Bedeutungskomponente von ‹Schicksal› (s.d.), meinen also weniger den Z. als die notwendige oder glückliche ‘Fügung’ (so das Verb τυγχάνειν), für die im Deutschen ‹Glück› steht. ‹Zufälligkeit› hat sich seit den irreführenden Übersetzungen für ‹contingentia› im 18. Jh. [6] im deutschen Sprachgebrauch und vor allem durch I. Kant eingebürgert, ebenso die durch Kant eingeführte Unterscheidung zwischen einer «empirischen» und einer «intelligibelen» Zufälligkeit [7]. Wohl auch deshalb wird heute die Kontingenz (s.d.) als der Möglichkeitsbereich dessen, was sich ereignen kann, nicht eindeutig vom Z. als einem realisierten Ereignis unterschieden [8]. ‹Contingens› (griech. ἐνδεχόμενον) bezeichnete in der Tradition das, ‘was sich so oder auch anders’ verhalten kann und damit möglich, aber nicht notwendig ist. Wie ‹Möglichkeit› (s.d.) ist ‹Kontingenz› seit den Problemstellungen der antiken Modallogik – besonders angesichts der Probleme der «contingentia futura», der Sätze über zukünftige ungewisse Ereignisse wie die ‘morgige Seeschlacht’ und deren Wahrheitswert [9] – ein Gegenbegriff zu ‹Notwendigkeit› (s.d.).

Das Wort ‹Z.› gibt mit seiner anschaulichen Komponente des ‘Fallens’ das lat. ‹casus› (Verb: ‹cadere›) und griech. σύμπτωμα (von συμπίπτειν ‘zusammenfallen’ [10]) wieder, was die lat. Übersetzung ‹accidens› von συμβεβηκός aufgreift. Auch englisch und französisch ‹chance› läßt sich auf ‹cadere› zurückführen; durch die Engführung von ‹chance› mit dem glücklichen Z. (im Gegensatz zum Unglück: ‹accident›) bürgert sich in der Neuzeit im Französischen als neutraler Oberbegriff ‹hasard› ein, die aus dem Arabischen stammende Bezeichnung für ein Glücksspiel [11].

Je nachdem, in welchem Sinne von Z. gesprochen wird, ob von Tyche und Fortuna, von Kontingenz, Glück oder hasard, sind ganz unterschiedliche philosophische Probleme berührt. Kaum ein Begriffswort dürfte wegen der Parallelführungen seiner Bedeutungen und der Vermischung distinkter Termini so wenig ‘Geschichte’ – im Sinne einer nachvollziehbaren Abfolge von Begriffsprägungen, -erweiterungen, -modifikationen und -umdeutungen – aufzuweisen haben wie ‹Z.›. Der Versuch, hier *eine* Begriffsgeschichte als Bedeutungsentwicklung der Termini durchführen zu wollen, muß genauso scheitern wie eine vom deutschen Wort ‹Z.› ausgehende oder dort endende Geschichte der Wortverwendung. Die Rezeption bestimmter Theorien und Theoriebestandteile über den Z. in den Schultraditionen von Aristotelismus, Platonismus, Stoizismus und Epikureismus ist mit den Grundproblemen von Kausalität, Determinismus und Freiheit verknüpft und führt aus der Begriffsgeschichte sofort in die komplexe Problemgeschichte. Eine begriffsgeschichtliche Darstellung jedoch kann die synchronen und diachronen Differenzierungen festhalten und systematische Verwendungen des Z.-Begriffs an einzelnen historischen Stellen bis heute aufzeigen.

2. *Antike.* – ‹Tyche› – als Bezeichnung für ein unvorhergesehenes menschliches Widerfahrnis (s.d.) – durchzieht das literarische Schrifttum der Griechen [12], ist ein prägendes Moment für Tragödie und Komödie [13] und wird dort, wie auch in der Geschichtsschreibung [14], immer dann reflektiert, wenn menschliches Handeln in seinen Grenzen erfahren wird. In den frühen philosophischen Schriften spielt ‹Tyche› eine Rolle in der Kosmologie von Empedokles [15] bis Demokrit [16]; diese Theorien werden bei Platon und Aristoteles kritisch diskutiert [17].

Schon die frühen Mediziner des 5. Jh. v.Chr. hatten Interesse daran, als Erklärung bei bestimmten Krankheits- oder Heilungsprozessen Z. theoretisch auszuschalten und alles entweder auf die ärztliche Kunst (τέχνη) oder die ‘Natur’ zurückzuführen [18]. Aristoteles ist der erste, der in seiner ‹Physikvorlesung› die umfassende Begründungsfunktion von Z. konstatiert und ‘entlarvt’; seine genaue Analyse dessen, was es heißt, etwas geschehe aus Z., gibt für die Folgezeit die wesentlichen Koordinaten der Begriffsbestimmung vor [19]. Im Rahmen seiner Darlegung von vier allgemeinen Typen von Ursachen [20] kommt die Frage auf, ob nicht auch Z. als eigener Ursachentyp zu gelten hat. Für die Analyse dessen, was Z. ist, verwendet Aristoteles zwei Termini: τύχη und αὐτόματον (σκεπτέον καὶ τί ἑκάτερον, καὶ εἰ ταὐτὸν ἢ ἕτερον τό τε αὐτόματον καὶ ἡ τύχη) [21]. Da jeder dieser Termini, alleine aufgeführt, mit ‹Z.› (engl. ‹chance›) wiedergegeben werden kann, besteht die Schwierigkeit, durch eine präzise Übersetzung auch die Aristotelische Differenzierung deutlich zu machen: In deutschen Übersetzungen wird «bloße Fügung» (für τύχη) und «blinder Z.» (für αὐτόματον) eingesetzt [22], in den klassischen englischen Übersetzungen dagegen «chance» und «spontaneity» [23], obwohl vielleicht ‹chance› (für αὐτόματον) und ‹luck› (für τύχη) adäquater wäre [24], da αὐτόματον bei Aristoteles auch als allgemeiner Oberbegriff für τύχη fungiert [25].

Die Bedeutung von αὐτόματον als das, was ‘von sich aus’ ohne menschliche Einwirkung geschieht – im voraristotelischen Gebrauch fast synonym mit «naturwüchsig» (αὐτοφυής) –, hat erst im 4. Jh. v.Chr. die Bedeutungskomponente ‘zufällig’ angenommen, die dann durch die breite Verwendung bei Aristoteles geläufig wurde [26]. Während er τύχη auf die Z.-Ereignisse menschlichen Handelns beschränkt, charakterisiert Aristoteles mit αὐτόματον Naturprozesse, so in den naturphilosophischen Schriften besonders den Spezialfall der γένεσις αὐτόματον («generatio spontanea» oder «generatio aequivoca»), der Urzeugung (s.d.). Beiden Ausdrücken ist gemeinsam, daß die Charakterisierung von Ereignissen als ‘zufällig’ nur vor dem Hintergrund eines erreichten Resultats, eines Ziels oder Zweckes (s.d.) vorgenommen wird (ἄμφω ἐν τοῖς ἕνεκά τού ἐστιν) [27]: ‘zufällig’ trifft man den Schuldner auf dem Markt, der dann zurückzahlt; 'zufällig' trifft ein herabrollender Felsen einen Menschen. Es wird ein Ziel erreicht, auf das der Prozeß oder die Handlung nicht ausgerichtet war, sondern das sich – aufgrund anderer Ursachen und Ursachenketten 'parasitär' – 'einstellt' und 'fügt' (τυγχάνει), aber genauso das Ergebnis eines planenden Denkens oder eines Naturprozesses hätte sein können (ἐπεὶ δ' ἐστὶ τὸ αὐτόματον καὶ ἡ τύχη αἴτια ὧν ἂν ἢ νοῦς γένοιτο αἴτιος ἢ φύσις) [28]. Natur oder planende Vernunft gelten als Ursachen 'an sich' (καθ' αὑτό), das zufällige Ereignis tritt aufgrund zusätzlicher Ursachen ein, die für das Ereignis selbst nebensächlich, akzidentell sind. Es gibt nichts, wovon Z. 'an sich' die Ursache wäre, sondern nur Ereignisse, die aufgrund einer 'akzidentellen' Ursache eintreffen (ἔστιν αἴτιον ὡς συμβεβηκὸς ἡ τύχη) [29]. Als eine solche Ursache bezeichnet Aristoteles in der ‹Metaphysik› etwas, das nicht immer oder in den meisten Fällen ist (οὔτ' ἐξ ἀνάγκης οὔτε ὡς ἐπὶ τὸ πολύ) [30]. Als Z. kann man also nur ein Ereignis außerhalb von Gleichförmigkeit oder Regelmäßigkeit ansehen [31], und genau deshalb sind Z.-Ereignisse kein Gegenstand des Wissens (s.d.) und der Wissenschaft. Da es eine unüberschaubare Anzahl von zusätzlichen Ursachen gibt, erscheint der Z. dem Menschen als undurchschaubar (ἄδηλος), unbestimmt (ἀόριστος) und irrational (παράλογος) [32].

Von den drei Grundbestimmungen des Z. als akzidentelle Ursache eines von der Regel abweichenden, aber zweckmäßigen Geschehens (αἴτια κατὰ συμβεβηκὸς ἐν τοῖς ἐνδεχομένοις γίγνεσθαι μὴ ἁπλῶς μηδ' ὡς ἐπὶ τὸ πολύ, καὶ τούτων ὅσ' ἂν γένοιτο ἕνεκά του) [33] ist es vor allem die teleologische Signifikanz des Z.-Geschehens, die bei den Aristoteles-Kommentatoren Porphyrios und Simplikios für explikationsbedürftig gilt und kontrovers diskutiert wird [34].

Neben der Naturphilosophie, die durch die arabischen Übersetzungen und die mittelalterliche Rezeption der Aristotelischen ‹Physik› (s. unten: II.) auch in der Folgezeit thematisch die Reflexionen zu ‹Z.› bestimmt, sind die Rolle des Z. im menschlichen Handeln und die Problematik der Verantwortlichkeit des Menschen thematisch ebenso präsent. Aristoteles bestimmt auch hier den Rahmen für die ethische Diskussion, inwieweit Tyche für das Glück (s.d.) des Menschen, die Eudaimonia, eine Rolle spielt. Tyche wird hier im engeren Sinne der Eutychia genommen, d.h. des 'Glückhabens' ganz unabhängig von einem (tugendhaften) Handeln [35]. Die – im Deutschen äquivok zugespitzte – Frage 'Gehört Glück zum Glück?' (in anderen Sprachen vermieden durch die Distinktionen: fortuna/beatitudo; luck/happiness; chance/bonheur) ist für Aristoteles und seine Nachfolger von erheblicher moralischer Konsequenz für das Lebensziel einer Selbstgestaltung des vollkommenen Lebensglückes.

Scheinen bei Aristoteles die Analysen des naturphilosophisch und moralisch relevanten Z.-Begriffs deutlich getrennt, so entsteht durch das physikalisch-deterministische Weltbild der Stoa das Problem, wie dem freien Handeln und der Verantwortlichkeit ein Platz eingeräumt werden kann. Dieses Problem wird jedoch unter dem Begriff ‹Schicksal› (s.d.) abgehandelt [36] und in der Stoa-Rezeption bis weit in die Neuzeit hinein diskutiert. Kaum weniger wichtig in der neuzeitlichen Rezeption wird die Annahme einer 'zufälligen' Atomabweichung (παρέγκλισις, clinamen) bei Epikur, die die Denkmöglichkeit von Freiheit sichert [37].

Anmerkungen. [1] Hippokrates: De arte 6, hg. W. H. S. Jones 2 (London 1923) 198-200. – [2] D. Hume: An enqu. conc. human understand. VIII, part I (1748). The philos. works 4, hg. Th. H. Green/Th. H. Grose (London 1882, ND 1964) 78f. – [3] Vgl. z.B. B. Rensch: Drei heterogene Bedeutungen des Begriffs 'Zufall'. Philosophia naturalis 18 (1980) 198-208. – [4] In der Wissenschaftsforschung hat sich die engl. Bezeichnung ‹serendipity› dafür eingebürgert, vgl. Art. ‹Zweckmäßigkeit, sekundäre objektive›. – [5] G. W. Leibniz: Essais de théodicée III, § 303 (1710). Die philos. Schr., hg. C. I. Gerhardt (1875-90, ND 1960/61) 6, 297; vgl. auch: Demokrit: VS 68, B 119. – [6] A. G. Baumgarten: Metaphysik [lat. 1739], übers. G. F. Meier § 80 (1766). – [7] I. Kant: KrV B 289ff. 486. 488; K. Cramer: Kontingenz in Kants KrV, in: B. Tuschling (Hg.): Probl. der KrV (1984) 143-160. – [8] Vgl. R. Bubner: Die aristot. Lehre vom Z., in: G. von Graevenitz (Hg.): Kontingenz [Poetik und Hermeneutik 17] (1998) 3-21, 7: der Vorschlag: «Kontingenz heißt Zufälligkeit, und Z. ist grundlos fixierte Kontingenz». – [9] Vgl. Art. ‹Zeitlogik›; ‹Zweiwertigkeitsprinzip›. – [10] Vgl. Art. ‹Symptom›. Hist. Wb. Philos. 10 (1998) 762-768. – [11] Vgl. dazu: F. Mauthner: Wb. der Philos. 3 (1924) 497-515, hier: 500f. (Art. ‹Zufall›). – [12] Lit. dazu vgl. Art. ‹Schicksal›. Hist. Wb. Philos. 8 (1992) 1275. 1279f. – [13] G. Vogt-Spira: Dramaturgie des Z. Tyche und Handeln in der Komödie Menanders (1992). – [14] H. Herter: Thukydides und Demokrit über Tyche. Wiener Studien, NF 10 (1976) 106-128; zu Polybios und Demetrios von Phaleron vgl. E. Bayer: Demetrios Phalereus der Athener (1942) 164-174. – [15] Vgl. W. K. Guthrie: A hist. of greek philos. (Cambridge 1965) 2, 159-184. – [16] Vgl. dazu: P.-M. Morel: Démocrite et la recherche des causes (Langres 1996) 66-75. 266-291. – [17] Platon: Leg. 888 e-889 c; Aristoteles: Phys. II, 4, 196 a 10-b 7. – [18] A. Jori: Il caso, la fortuna e il loro rapporto con la malattia e la guarigione nel Corpus Hippocr., in: A. Thivel/A. Zucker (Hg.): Le normal et le pathologique. Actes du Xème coll. int. hippocrat. 1-2 (Nizza 2002) 1, 197-228; G. Micheli: Il concetto di automa nella cultura greca dalle origini al sec. IV A. C. Rivista Storia Filosofia 53 (1998) 421-462, hier: 435ff. – [19] Aristoteles: Phys. II, 4-6. – [20] Vgl. Art. ‹Ursache/Wirkung I.›. Hist. Wb. Philos. 11 (2003) 377-384. – [21] Aristoteles: Phys. II, 4, 196 b 7f. – [22] Physikvorlesung, übers. H. Wagner. Werke in dtsch. Übers., hg. E. Grumach 11 (1967); vgl. Physik. Vorles. über Natur, übers./hg. H. G. Zekl (1987): «Schicksalsfügung» und «Z.». – [23] Aristotle's Phys., hg. W. D. Ross (Oxford 1936); Compl. works of Aristotle, hg. J. Barnes (Princeton, N.J. 1982) 1, 332ff.; vgl. dagegen die Übers. von W. Charlton (Oxford 1970) 31: «luck and automatic»; W. Wieland: Die aristot. Physik (1962) 257ff. an Ross angelehnt: «Z. und das 'Vonselbst'». – [24] Aristoteles: Phys. II, 6, 197 b 1. – [25] Vgl. J. Dudley: The evolution of the concept of chance in the Physics and Ethics of Aristotle. A comm. on Phys. II, IV-VI (Nimwegen 1998) 22; vgl. 53. – [26] Micheli, a.O. [18]. – [27] Aristoteles: Phys. II, 5, 196 b 33. – [28] 6, 198 a 5f. – [29] 5, 197 a 14f. – [30] Met. V, 30, 1025 a 15. – [31] Phys. II, 5, 197 a 19f. – [32] 197 a 8-35. – [33] a 35. – [34] Zu Porphyrius und Simplicius vgl. J. G. Lennox: Aristotle on chance. Arch. Gesch. Philos. 66 (1984) 52-60. – [35] Aristoteles: Eth. Eud. VII, 2; vgl. dazu: Dudley, a.O. [25] 169ff.; zur Eth. Eud.: 208ff. – [36] Vgl. dazu jetzt: S. Bobzien: Determinism and freedom in Stoic philos. (Oxford 1998). – [37] Mißverständnisse der bisherigen Auslegung diskutiert: A. A. Long: Chance and natural law in epicureanism. Phronesis 22 (1977) 63-88; vgl. W. G. Englert: Epicurus on the swerve and voluntary action (Atlanta 1987).

Literaturhinweise. H. Weiss: Kausalität und Z. in der Philos. des Aristoteles (Basel 1942, ND 1967). – A. A. Long s. Anm. [37]. – J. G. Lennox s. Anm. [34]. – G. Verbeke: Happiness and chance in Aristotle, in: A. Gotthelf (Hg.): Aristotle on nature and living things. Pres. to D. M. Balme on his 70th birthday (Pittsburgh 1985) 247-258. – S. Everson: L'explication aristot. du hasard. Rev. Philos. anc. 1 (1988) 39-76. – L. Judson: Chance and 'always or for the most part' in Aristotle, in: L. Judson (Hg.): Aristotle's Phys. (Oxford 1991) 74-99. – D. Frede: Accidental causes in Aristotle. Synthese 92 (1992) 39-62; Necessity, chance, and 'what happens for the most part' in Aristotle's Poet., in: A. Oksenberg Rorty (Hg.): Essays on Aristotle's Poet. (Princeton, N.J. 1992) 197-219. – M. D. Boeri: Chance and teleology in Aristotle. Int. philos. Quart. 35 (1995) 87-96. – J. Dudley s. Anm. [25]. – G. Micheli s. Anm. [18]. – A. Jori s. Anm. [18].

M. Kranz

II. *Lateinische und arabische Philosophie.* – 1. *Begriff.* – Anomalien in der Natur, Unfälle und die Heterogonie der Zwecke im Rahmen menschlicher Praxis bilden den Erfahrungshintergrund, auf dem in der Scholastik und in der Jurisprudenz [1] von Z. die Rede ist. Der Begriff ‹Z.› ist dem Begriff ‹Kontingenz› (s.d.) subordiniert, ‹fortuna› wiederum dem allgemeineren ‹casus› («hoc nomen ‹casus› est in plus quam hoc nomen ‹fortuna›») [2]. ‹Z.› hat zwei Aspekte, je nachdem, ob damit auf eine Ursache oder auf einen Effekt Bezug genommen ist («aequivoce dicitur ‹casus› de causa et effectu») [3]. Im ersten Fall ist ein Typ von Wirkursache gemeint [4], obschon nur in dem Sinn, daß auch durch das Zusammentreffen mehrerer Ursachen etwas bewirkt wird («causa per accidens») [5]. Auch wenn der vorgesetzte Zweck erreicht und nur nebenbei noch etwas anderes bewirkt wird, ist letzteres dann Z. [6]. Im zweiten Fall ist ‹Zufälligkeit› gemeint, d.h. das Merkmal einer bestimmten Ereignisklasse («fortuiti eventus») [7], nicht das einer bestimmten Klasse von Prädikaten; zur Bezugnahme auf die für ein Subjekt unwesentlichen Prädikate hat die aristotelische Philosophie ‹akzidentell› («per accidens»). Die deutsche Terminologie verwischt das [8], denn im 17./18. Jh. wurde sowohl ‹accidens› [9] als auch ‹contingentia› [10] mit ‹Zufälligkeit› übersetzt.

2. *Status.* – Während im Aristotelismus der Zusammenhang dieser beiden Aspekte gewahrt bleibt und nur der Akzent wahlweise auf dem ersten [11] oder auf dem zweiten [12] liegt, reduziert PETRUS ABAELARDUS ‹Z.› auf die Zufälligkeit («videtur ipse effectus ... ‹casus› dici») [13] und begreift Z. dann als unvorhergesehenes Ereignis («casus est inopinatus eventus»). Z. wäre so eine Funktion des Nichtwissens («casus nomen ... semper ignorantiam denotat») [14]. Diese Position ist dem Mittelalter durch BOETHIUS als die des stoischen Determinismus geläufig [15]. Für die Stoiker ist der Z. irreal und fiktiv («casus nihil est, nisi opinio quaedam futilis, haud multum distans ab imagine somni, quicquid Aristoteles ... dicat ... In nobis igitur tantum, non rebus in ipsis est casus») [16], die Aristoteliker bestreiten das («fortuna non est ens prohibitum») [17]. Der Konflikt verlängert sich bis in die Jesuitenscholastik. In zwei Punkten stimmen Aristoteliker und Stoiker dank AUGUSTINS Vorgaben jedoch überein: Erstens wird jede Hypostasierung des Z. abgelehnt [18]. Die Göttin Fortuna bleibt ein Musterbeispiel heidnischer Idolatrie [19]. Den Z. vergöttert zu haben wird auch dem Lüstling Epikur nachgesagt [20]. Zweitens gilt die Zufälligkeit mit dem monotheistischen Begriff der Vorsehung (s.d.) für unvereinbar [21]. An ihre theologische Eliminierung werden allerdings unterschiedlich hohe Ansprüche gestellt. Während aristotelisch gewährleistet sein muß, daß nichts gegen Gottes Absicht geschieht (Vorherbestimmung), reicht es stoisch, daß für Gott nichts unvorhergesehen ist (Vorherwissen, s.d.) [22].

Weltimmanent hat ‹Zufälligkeit› mehrere mögliche Bedeutungen: Epistemisch ist sie die Unberechenbarkeit («penes intelligentiam nostram id ‹fortuitum eventum› [esse] dicitur, cuius causae non eam servant inter se ... congruentiam, ut eius eventi [sic!] praenotionem certamque scientiam inductio creare possit») [23]. Kausal interpretiert ist sie entweder a) der Umstand, daß ein gegebener Effekt blind hervorgebracht ist («alterum genus fortuitorum eventuum, eorum scilicet, qui suam penes causam vocantur ‹fortuiti›, eos complectitur eventus, qui ab suis causis cognitione praeditis, aut non provisi, aut certe non quaesiti prodiere») [24], was erklärtermaßen nicht ausschließt, daß dieser Effekt an sich sehr wohl determiniert ist («non dici ‹fortuita› ex eo, quia nullam habent causam determinatam secundum se et intrinsece, sed dici ‹fortuita› respectu nostri, quia ignoramus causam») [25], oder b) direkt die Indeterminiertheit dieses Effekts («natura non est causa sufficiens et completiva eventus fortuiti») [26]. Die Jesuitenscholastik ist sich über den aleatorischen Z. uneins. P. SFORZA PALLAVICINO, der Erfinder der aleatorischen Wahrscheinlichkeit, subsumiert ihn a) [27], L. MOLINA hingegen zumindest insofern b), als die Länge von Serien gleichförmiger Ereignisse im Würfelspiel kausal indeterminiert sei («in fortuitis eventibus, qui quod semel aut saepius hoc vel illo modo eveniant, non habent ex tanta vel tanta virtute causae ..., sed fortuito accidit») [28]. Die dahinterstehende Annahme eines Zufallsgenerators ist die stärkstmögliche Hypothese, in der scholastisch die Zufälligkeit von Ereignissen hat fundiert werden können.

3. *Kriterium.* – Von BOETHIUS hat der lateinische Aristotelismus die Koordination dreier Typen von Wirkursächlichkeit: Notwendigkeit, Willensfreiheit und Z. Als Indeterminismus richtet sich das gegen die Stoa, als Pluralismus gegen Epikur [29]. Die epikureische Hypothese, alle Ordnung beruhe auf Z., sei nicht absurd: «Es gibt keine Kombination von Dingen, die an und für sich und unter Absehung von Gottes Vorsehung nicht auf Z. beruhen könnte» («oriri a casu»). Sie wird aber im Hinblick auf das kognitive Bedürfnis abgelehnt, in dem unterschiedlich starken statistischen Zusammenhang zwischen gegebener Bedingung und eintretender Folge über ein empirisches Unterscheidungskriterium diverser Typen von Ursachen zu verfügen [30]. Beim Z. als Ursache ist dieser Zusammenhang im orthodoxen Aristotelismus ein extrem schwacher: Seltenheit [31]. Nicht absolute, aber relative Seltenheit stempelt einen Effekt zu einer Wirkung des Z. [32]. Daraus würde folgen, daß ein Ereignis, dem heute eine Wahrscheinlichkeit von z.B. 50% beigelegt würde, nicht auf Z. beruhen könnte. Unter welcher Bedingung Aussagen des Typs 'Es ist Z., daß *p*' wahr sind, ist allerdings schon seit den Arabern kontrovers.

In Frage gestellt wird das Kriterium Seltenheit von AVICENNA [33]. Die Scholastik definiert den Streitpunkt exakt: «Findet sich der Z. auch in der Klasse derjenigen Ereignisse, an deren Stelle auch genauso das Gegenteil hätte eintreten können, oder ausschließlich in der Klasse der selten eintretenden Ereignisse? Wegen der Autorität von Avicenna und Averroes, die in dieser Sache Gegner waren, ist das ein Problem» («utrum casus et fortuna reperiantur in contingentibus ad utrumlibet, vel solum in contingentibus raro») [34]. Für Avicenna überschneidet sich die Klasse der Z.-Ereignisse mit der Klasse der Willensakte, insofern diesen seit der griechischen Aristoteles-Kommentierung das Merkmal «contingens ad utrumlibet» (ἐπ' ἴσης ἐνδεχόμενον) zugeordnet ist [35]. Der lateinische Avicenna erläutert das auch mit derselben Formel, mit der BOETHIUS die Kontingenz der freien Willensakte charakterisiert hat [36]: Ein Effekt tritt unter der Voraussetzung ein, daß das Eintreten des Gegenteils «gleich möglich» («aeque possibile») gewesen wäre. Nach AVERROES, der die statistische Z.-Definition verteidigt, verwechselt AVICENNA jedoch die Zufälligkeit mit der Art von Effekten, welche dadurch zustande kommen, daß etwas, das an sich gegen die eine und die entgegengesetzte Bestimmung indifferent ist, mechanisch nach einer Seite determiniert wird. AVERROES und diejenigen Scholastiker, die seine Sprachregelung übernehmen (ALBERTUS MAGNUS, THOMAS VON AQUIN, F. SUÁREZ), disjungieren zwischen einem solchen passiven Vermögen

(Materie) und dem Z. als einer Wirkursache [37]. Passive Indifferenz, und Zufälligkeit des Effekts haben danach nichts miteinander zu tun, denn weder folgt der Effekt aus der Indifferenz, noch ist sein Eintreten eine von dieser nicht intendierte Wirkung [38].

Die Scholastik sieht hier einen echten Konflikt [39]. Von JOHANNES BURIDAN wird gegen den Averroismus des 13. Jh. Partei ergriffen: «Lieber halte ich es mit Avicenna und behaupte, daß der Z. sehr wohl in der Klasse derjenigen Ereignisse vorkommt, an deren Stelle auch genauso das Gegenteil hätte eintreten können» («quod casus et fortuna bene habent locum in contingentibus ad utrumlibet») [40]. Die Gewinnabsicht des Spielers, wird argumentiert, kann enttäuscht werden. Daß er verliert, wäre, aristotelisch interpretiert, Z. Trotzdem tritt dieser Fall ebensogut ein wie das Gegenteil [41]. Wegen der libertären Kritik daran, daß der Averroismus lediglich passive Indifferenz zuläßt [42], wandert die ursprünglich naturphilosophische Kontroverse in das Zentrum der scholastischen Handlungsmetaphysik. Der Paduaner Skotist A. TROMBETTA, ein erklärter Parteigänger Avicennas, scheut sich nicht, aus der aktiven Indifferenz des freien Willens zu schließen, bei «der Wirkursache, die mit Vernunft begabt ist», überschneide sich «das Z.-Ereignis mit der Klasse derjenigen Ereignisse, an deren Stelle wegen der Willensfreiheit auch genauso das Gegenteil hätte eintreten können» («si loquamur de agente cum ratione, sic effectus casualis aut fortuitus reperitur in contingentibus aequaliter ex parte potentiae activae») [43]. So gesehen wäre also der libertär interpretierte freie Wille der Prototyp eines Zufallsgenerators.

Anmerkungen. [1] Vgl. z.B. J. J. BENTZ: De casu fortuito (Straßburg 1651); C. ZIEGLER: De casu fortuito (Wittenberg 1666). – [2] JOH. BURIDANUS: Subtilissimae quaest. super octo Phys. libr. Arist. II, 9 (Paris 1509, ND 1964) 36^{r}b. – [3] R. BACON: Quaest. super libros VIII Phys. Arist. [ca. 1250], hg. R. STEELE. Opera hactenus ined., fasc. 13 (Oxford 1935) 116. – [4] ALBERTUS MAGN.: Physica II, 2, 12. Op. omn. 4/1 (1987) 118 b; JOH. BURIDANUS: In Phys. II, 10, a.O. [2] 36^{r}b-37^{r}a; F. SUÁREZ: Disp. metaphys. (1597) XIX, 12, 8. Op. omn. (Paris 1856-78) 25, 744 b. – [5] BOETHIUS: In Top. Ciceronis comm. MPL 64, 1153 B; ALBERTUS MAGN.: Phys. II, 2, 13, a.O. [4] 119 a/b; THOMAS VON AQUIN: In octo libros Phys. Arist. expos. II, 8, 8; II, 10, 11f.; JOH. BURIDANUS: Phys. II, 9, a.O. [2] 35^{v}b-36^{r}a; vgl. R. SPECHT: Über ‹occasio› und verwandte Begriffe vor Descartes. Arch. Begriffsgesch. 15 (1971) 215-255, bes. 220ff. – [6] JOH. DUNS SCOTUS: Quaest. super libros Met. VI, 2, 18. Op. philos. 4 (St. Bonaventure 1997) 43. – [7] BOETHIUS, a.O. [5] 1153 A; THOMAS VON AQUIN: S. c. gent. III, 92, 12; In Phys. II, 7, 9; Sent. libri Eth. I, 17, 5; HEINRICH VON GENT: Quodl. IV, 10 (Paris 1518, ND 1961) 226^{r}. – [8] Vgl. z.B. G. W. F. HEGEL: Vorles. über die Beweise vom Daseyn Gottes [1829]. Jub.ausg., hg. H. GLOCKNER 16 (1928) 435; M. WEBER: Krit. Studien auf dem Gebiet der kulturwiss. Logik (1906), in: Ges. Aufs. zur Wiss.lehre (1922, ^{3}1968) 215-290, hier: 219f. – [9] J. B. VAN HELMONT: Venatio scientiarum (Wie den Wissenschafften nachzujagen) § 58, in: Ortus Medicinae (Aufgang der Artzney-Kunst), übers. CH. KNORR VON ROSENROTH (Sulzbach 1683, ND 1971) 29 a; W. T. KRUG: Allg. Handwb. der philos. Wiss. (1832-38) 4, 626. – [10] BAUMGARTEN, a.O. [6 zu I.]. – [11] BACON, a.O. [3]; HEINRICH VON GENT, a.O. [7] 226^{r}; JOH. A S. THOMA: Cursus philos. thomisticus: Naturalis philosophiae I (1633, Turin 1948) 510 b. – [12] SUÁREZ: Disp. met. XIX, 12, 2, a.O. [4] 742 b (unter Bezug auf BOETHIUS: De consol. philos. V, 1. MPL 63, 832). – [13] PETRUS ABAEL.: Logica 'Ingredientibus', hg. B. GEYER. Beitr. Gesch. Philos. MA 21/3 (1927) 425. – [14] a.O. 426. – [15] BOETHIUS: In librum De int. ed. sec. MPL 64, 492 A. – [16] P. A. MANZOLLI (MARCELLUS PALINGENIUS): Zodiacus vitae 8, 127-129. 190f. (1538, Hamburg 1754) 181-183; zu diesem Lehrgedicht vgl. M. DEL PRA (Hg.): Storia della filosofia (Mailand 1976) 7, 233ff. – [17] N. BONETUS: Quattuor volumina, Metaphysica videlicet, naturalis philosophia, praedicamenta, necnon theologia naturalis [ca. 1340] (Venedig 1505) 55^{r}b. – [18] PETRUS ABAEL.: Sic et non. MPL 178, 1387f. (zit. wird u.a. AUGUSTINUS: LXXXIII quaest., q. 24. MPL 40, 117); THOMAS VON AQUIN: In Phys. II, 7, 9. – [19] G. J. VOSSIUS: De theologia gentili, et physiologia christiana, sive De origine ac progressu idololatriae IX, 31 (Amsterdam 1668) 2, 279f. – [20] JOHN OF SALISBURY: Entheticus de dogmate philosophorum. MPL 199, 977 D/978 A. – [21] THOMAS VON AQUIN: S. theol. I, 103, 7, ad 2. – [22] SUÁREZ: Disp. met. XIX, 12, 4, a.O. [4] 743 a; L. LESSIUS: De gratia efficaci 4, 9, in: Opuscula varia (Paris 1637) 462 a. – [23] P. SFORZA PALLAVICINO: Philosophiae moralis pars prima (1644, Köln 1646) 147; vgl. JOH. BURIDANUS: In Phys. II, 11, a.O. [2] 38^{r}a. – [24] a.O. 147f. – [25] F. ALBERTINUS: Corollaria, seu Quaest. theologicae, quae deducuntur ex principiis philosophicis complexis (1606, Lyon 1629) 289 a (gegen Molina). – [26] JOH. DUNS SCOTUS: Quodl. XXI, 13. Op. omn. (Lyon 1639, ND 1968) 12, 542f. – [27] SFORZA PALLAVICINO, a.O. [23] 148. – [28] L. DE MOLINA: Liberi arbitrii cum gratiae donis, divina praescientia, providentia etc. Concordia XIV, 13, 20, 11 (1588), hg. J. RABENECK (Oña/Madrid 1953) 126; vgl. Art. ‹Wahrscheinlichkeit III.›. – [29] BOETHIUS, a.O. [15] 491 C. 506 B. 513 B/C. – [30] P. SFORZA PALLAVICINO: Disputationum in Primam Secundae D. Thomae I (Lyon 1653) 193 a; vgl. Assertionum theologicarum libri V (Rom 1649) 1, 462. 465f. – [31] BOETHIUS, a.O. [5] 1152 C/D; ALBERTUS MAGN.: Phys. II, 2, 14, a.O. [4] 119 b; THOMAS VON AQUIN: In Arist. libros Peri Herm. expos. I, 13, 9; In Phys. II, 8, 2. – [32] JOH. DUNS SCOTUS: Lect. I, 2, 2, 219. Op. omn. (Vatikanstaat 1950ff.) 16, 193f.; JOH. DE IANDUNO: Super octo libros Arist. de Physico auditu subtilissimae quaest. II, 11 (Venedig 1551, ND 1969) 37^{v}b; JOH. BURIDANUS: In Phys. II, 11, a.O. [2] 38^{r}a/b; SUÁREZ: Disp. met. XIX, 12, 2, a.O. [4] 742 b. – [33] AVICENNA lat.: Liber I Naturalium, hg. S. VAN RIET (Löwen/Leiden 1992) 111ff. – [34] JOH. BURIDANUS: In Phys. II, 11, a.O. [2] 37^{r}a/b. – [35] AMMONIOS HERMEIU: De int. CAG 4/5, hg. A. BUSSE (1897) 143, 1ff.; THOMAS VON AQUIN, a.O. [31]; DURANDUS A S. PORCIANO: I Sent., d. 38, q. 3, n. 6 (Venedig 1571, ND 1964) 104^{r}a/b. – [36] BOETHIUS, a.O. [15] 498 A. 513 C. – [37] AVERROES: In Phys. II, text. 48, in: ARISTOTELES: Omnia quae extant opera cum Averrois Cordubensis comm. (Venedig 1562-74, ND 1962) 4, 66^{v}/67^{r}; ALBERTUS MAGN.: Phys. II, 2, 12, a.O. [4] 117 b/118 b; THOMAS VON AQUIN: In Phys. II, 8, 3; AEGIDIUS ROM.: Comm. in VIII libros Phys. Arist. (Venedig 1502, ND 1968) 38^{v}a; F. TOLETUS: Comm. una cum quaest. in VIII libros Aristotelis de Physica auscult. (1574, Köln 1615, ND 1985) 69^{r}b. – [38] SUÁREZ: Disp. met. XIX, 12, 8, a.O. [4] 744 a/b. – [39] PAULUS VENETUS: Expos. super octo libros Phys. Arist. necnon super commento Averrois, cum dubiis (Venedig 1499) L 4^{v}a. – [40] JOH. BURIDANUS: In Phys. II, 11, a.O. [2] 38^{r}a. – [41] a.O. 37^{r}a/b. 37^{v}b; MARSILIUS VON INGHEN: Quaest. super octo libros Phys. Arist. (Lyon 1518, ND 1964) 32^{r}a. – [42] Vgl. WILHELM VON OCKHAM: Expos. in libros Phys. Arist. Op. philos. (St. Bonaventure 1974ff.) 4, 319ff.; Quaest. in libros Phys. Arist. § 127, a.O. 6, 738-741. – [43] A. TROMBETA (TROMBETTA): Quaestio de divina praescientia futurorum contingentium, an: Opus in Met. Arist. (Venedig 1502) 98^{r}a.

Literaturhinweise. A. MAIER: Notwendigkeit, Kontingenz und Z., in: Die Vorläufer Galileis im 14. Jh. Studien zur Naturphilos. der Spätscholastik (Rom 1949) 219-250. – P. MICHAUD-QUANTIN: Notes sur le hasard et la chance, in: Et. sur le vocab. philos. du MA (Rom 1970) 73-84. – K. JACOBI: Kontingente Naturgeschehnisse. Studia Mediewistyczne 18/2 (1977) 3-70. – G. VERBEKE: Le hasard et la fortune. Réflexions d'Albert le Grand sur la doctrine d'Aristote. Rivista Filos. neo-scolastica 70 (1978) 29-48. – J. C. FRAKES: The ancient concept of casus and its early medieval interpretations. Vivarium 22 (1984) 1-34. – G. VERBEKE: Le hasard et la fortune, in: La Nature dans une perspective nouvelle, in: AVICENNA lat. s. Anm. [33] 37*-52*. – S. K. KNEBEL: Wille, Würfel und Wahrscheinlichkeit. Das System der moralischen Notwendigkeit in der Jesuitenscholastik (2000).

S. K. KNEBEL

III. *Neuzeit. Philosophie und Geschichte.* – Alle Problemzusammenhänge, in denen der Z. in den klassischen Schultraditionen diskutiert wird, bleiben in der Neuzeit präsent, und zwar weitgehend als solche der Kontingenz [1]. Die Kontingenz-Problematik im Rahmen der Reflexion auf Geschichtsprozesse gewinnt eine besondere Relevanz.

1. Spekulationen über den Z. in der Geschichte betreffen zunächst Ursprungsfragen. Ansichten wie die, es sei «man alone knowing and wise», der Rest des Universums handele aber gemäß «blind hap-hazard», bezeichnet J. LOCKE als «senselessly arrogant» [2]. J. O. DE LA METTRIE denkt die menschliche Existenz «au hazard» auf die Erde geworfen, «semblable à ces champignons» [3]. Die Naturgeschichte (s.d.) des 18. Jh. plädiert einerseits für Präformation (s.d.) anstelle jeden Z. [4], andererseits erklärt für P.-L. M. DE MAUPERTUIS der Z. die «combinaison fortuite des productions de la Nature»: «Le hazard» habe «une multitude innomerable d'individus» hervorgebracht. Heutige Arten seien «la petite partie de ce qu'un destin aveugle avoit produit» [5], die anderen seien ausgestorben. Für J.-J. ROUSSEAU bereiten «les différens hazards qui ont pu perfectionner la raison humaine, en déteriorant l'espéce, rendre un être méchant en le rendant sociable» [6], die Perfektibilität der Gesellschaft und des Menschen vor. Emphatisch gründet auch die Subjektgenese bei F. W. J. SCHELLING im «Urzufall» [7]: Z. wird «Ursprung aller Organisationen», denn «Natur soll sie nicht nothwendig hervorbringen», sondern «frey» handeln, um «Ideen von Zweckmäßigkeit aufregen» zu können [8]. Auch noch Ende des 19. Jh. vertritt CH. S. PEIRCE eine radikale Theorie des Z. in der Teleologie der Natur («tychism») [9].

2. Ob Z. den Geschichtsverlauf bestimmt, ist eine zweite Frage. Darüber zu spekulieren verwirft paradigmatisch FRIEDRICH DER GROSSE: «fortune et le hasard» seien nur «mots vides de sens», Kopfgeburten der Dichter, geschuldet der «profonde ignorance» einer Welt, die Wirkungen unbekannter Ursachen mit «noms vagues» bezeichnet [10]. Sowohl CH. L. DE MONTESQUIEUS Unterordnung des «hasard d'une bataille» unter «causes générales, soit morales, soit physiques» [11], als auch I. KANTS Verbindung von «Z. im Einzelnen» mit der «Regel im Ganzen» [12] vermeiden den schlichten Ausschluß von Z. Deutlich wird er von denjenigen verworfen, die Geschichte als vernünftigen Prozeß begreifen. Solche Rationalisierungen beginnen mit G. B. VICOS Bevorzugung des Geistes vor dem Z. («caso») [13] und erreichen in G. W. F. HEGELS Geschichtsphilosophie einen Höhepunkt: Z. ist unmittelbare Möglichkeit, somit nicht Wirklichkeit, vielmehr das «Begrifflose», «Gedankenlose» [14]. Allerdings geht es Hegel um göttliche, absolute Vernunft als «Endzweck der Welt» [15]. Wenn Geschichtsschreibung «von kleinlichen Interessen, Ränken, Handlungen der Soldaten, Privatsachen» berichte, sei dies «wohl historisch richtig», das «Hauptinteresse» aber nicht «klarer», sondern «verworren» [16]. Um «die Welt des Wollens nicht dem Z.» anheimzugeben, erstrebt die Philosophie, «das Zufällige zu entfernen» [17].

Mit der Unterscheidung von 'Wesen' und unbedeutenden 'Zufälligkeiten' wird auch nach Hegel operiert [18]. Für K. MARX und F. ENGELS wäre Weltgeschichte zwar «sehr mystischer Natur», «wenn 'Zufälligkeiten' keine Rolle spielten», die «Beschleunigung und Verzögerung» bedingen [19]. Über die «unendliche Menge von Zufälligkeiten» jedoch, «Dingen und Ereignissen, deren innerer Zusammenhang» unnachweisbar, «nicht vorhanden» und somit vernachlässigbar ist, setzt sich für den Marxismus «als Notwendiges die ökonomische Bewegung» durch [20]. Z. als «metaphysisches Realprincip» oder «Prinzip des Geschehens» lehnt W. WINDELBAND ab. Nur dort, «wo durch das menschliche Denken das Allgemeine und das Besondre aus einander gerissen werden», entstehe «das Phänomen der Zufälligkeit» [21]. Für W. DILTHEY sind es Verhältnisse wie «Z., Zusammengeratensein, Übereinandergeschichtetsein» [22], die im Bewußtsein ständig wirken und seelische Prozesse wie Reproduktion und Apperzeption sowie die durch sie gestifteten Gleichförmigkeiten mitbedingen.

Gegenpositionen zu Hegel werten im 19. Jh. den Z. als geschichtsphilosophische Einflußgröße. Ihre Pointe liegt darin, den Z. in die Reflexion auf die eigenen historisch-praktischen Chancen mit einzubinden – mit F. NIETZSCHE gesprochen: «Kein Sieger glaubt an den Z.» [23]. Bereits C. VON CLAUSEWITZ lehrt aber, daß es keine Tätigkeit gebe, die «mit dem Z. so beständig und so allgemein in Berührung stände, als der Krieg». Durch Z. erweitere der Krieg sein Wahrscheinlichkeitskalkül zum Spiel und lasse dem «Ungefähr» und «Glück» ihren Raum [24].

Die am Ende des 19. Jh. unter anderem durch den Evolutionismus provozierte Geschichtswissenschaft nimmt Abstand von dem vernunftgeleiteten Weltlauf (s.d.) und sieht die «Triebfeder» der Geschichte auch im Z. Schlüsse auf Einzelfälle aus einer «Entwickelungstendenz» seien nur «Vorurteile der Logik» [25]. Relevant wird der Begriff ‹Z.› bei E. TROELTSCH für das Stiften von «Sinntotalitäten» [26] oder auch bei TH. LESSING für den Akt der «Sinngebung»; mit ihm als Instrument kann der Historiker «aus einer Überfülle geballter und vielfacher Umstände einige wenige gestaltend-herausgreifen» und «'erklären'» [27]. Was als Z. und «Episode», was als Schicksal (s.d.) und «Epoche» gilt, hängt nach O. SPENGLER vom «innern Range des Menschen» ab [28]. Ende des 20. Jh. bleibt ‹Z.› eine historisch erklärende, perspektivierende Kategorie [29]. Dabei sieht sich die Geschichtswissenschaft einer neuen, aus «Technik» und dem «Zusammentreffen großer Prozesse» resultierenden «Zufallsproblematik» gegenüber [30].

Gegen historische Kontinuität und Sinn von Ereignisketten setzt für das 20. Jh. einflußreich F. NIETZSCHE die Punktualität des Z. als Kairos (s.d.), Glückswurf und Prinzip kosmologischer Spekulation [31]. Philosophie soll den Z. nicht rationalisieren, sie soll vielmehr die Dinge «auf den Füssen des Z. ... tanzen» lassen [32]. Schließt die Psychoanalyse den Z. als Erklärungsgrund seelischen Geschehens aus [33], so stilisiert J. LACAN die Tyche als «Begegnung mit dem Realen», das «jenseits des Automaton, der Wiederkehr, des Wiedererscheinens, des Insistierens der Zeichen» liege [34]. Mit Nietzsche wenden auch M. FOUCAULT und G. DELEUZE das Motiv des Spiels bloßer Zufälle gegen die Idee des historischen Ursprungs [35]. In N. LUHMANNS Systemtheorie (s.d.) verweist Z. zwar auf Sinn, aber auf Sinn in Form einer systemeigenen Semantik für Kontingenz, also letztlich auf das Sinnsysteme überfordernde Ereignis. Z. ist «die Fähigkeit eines Systems, Ereignisse zu benutzen, die nicht durch das System selbst ... produziert und koordiniert werden können». Kein soziales System kann, was es selbst als Zufälle wahrnimmt, vermeiden [36].

Anmerkungen. [1] Vgl. Art. ‹Kontingenz I. 5.›. Hist. Wb. Philos. 4 (1976) 1031-1034. – [2] J. LOCKE: An essay conc. human understand. IV, 10, § 6 (1690). Works 3 (London 1823, ND 1963) 57. – [3] J. O. DE LA METTRIE: L'homme machine (1747). Oeuvr. philos. 1 (Amsterdam 1764) 46. – [4] I. KANT: Von den verschiedenen Racen der Menschen (1775). Akad.-A. 2, 435. – [5] P. L. M. DE MAUPERTUIS: Essai de cosmologie (1750). Oeuvr. (Berlin 1758, Lyon 1768, ND 1965-74) 1, 11f. – [6] J.-J. ROUSSEAU: Disc. sur l'origine et les fondements de l'inégalité parmi les hommes 1 (1755). Oeuvr. compl., hg. B. GAGNEBIN/M. RAYMOND (Paris 1959-95) 3, 162. – [7] F. W. J. SCHELLING: Zur Gesch. der neueren Philos. (1827). Sämmtl. Werke, hg. K. F. A. SCHELLING (1856-61) I/10, 101. – [8] Von der Weltseele (1798), a.O. I/2, 567; Akad.-A. I/6 (2000) 254. – [9] Vgl. CH. S. PEIRCE: Design and chance (1883f.). Writings, hg. CH. J. W. KLOESEL 4 (Bloomington/Indianapolis 1989) 544-554, 550; The law of mind (1892). Coll. papers, hg. CH. HARTSHORNE/P. WEISS/A. W. BURKS (Cambridge, Mass. 1931-58) CP 6.102; vgl. Art. ‹Synechismus›. Hist. Wb. Philos. 10 (1998) 779ff.; vgl. Art. ‹Realismus II. 4.›, a.O. 8 (1992) 161f.; M. LIATSI: Der Begriff der Tyche in Arist.' Physik und die Tychismus-Theorie bei Peirce, in: J. ALTHOFF/B. HERZHOFF/G. WÖHRLE (Hg.): Antike Naturwissenschaft und ihre Rezeption 12 (2003) 137. – [10] FRÉDÉRIC II: L'antimachiavel (1740) 25. Oeuvr. philos., hg. J.-R. ARMOGATHE/D. BOUREL (Paris 1985) 118f.; Réfutation du prince de Machiavel 25 (1848), a.O. 280f. – [11] CH. L. DE MONTESQUIEU: Consid. sur les causes de la grandeur des Romains et de leur décadence 18 (1734). Oeuvr. compl., hg. E. LABOULAYE 2 (Paris 1876) 273. – [12] I. KANT: KrV B 807; vgl. Zum ewigen Frieden (1795). Akad.-A. 8, 361. – [13] G. B. VICO: La scienza nuova 1108 (1744). Opere 4/II, hg. F. NICOLINI (Bari 1928) 164. – [14] G. W. F. HEGEL: Enzykl. der philos. Wiss. §§ 455. 98 (1830). Akad.-A. 20 (1992) 449. 134. – [15] Vorles. über die Philos. der Weltgesch. 1 (1822/30), hg. G. LASSON (1944) 5. – [16] a.O. 261. – [17] 5. – [18] A. VON CIESZKOWSKI: Proleg. zur Historiosophie (1838), hg. R. BUBNER (1981) 10f.; W. DILTHEY: Das geschichtl. Bewußtsein und die Weltanschauungen. Ges. Schr. 8 (²1960) 40. – [19] K. MARX: Br. an L. Kugelmann (17. April 1871). MEW 33, 209; vgl. K. MARX/F. ENGELS: Dtsch. Ideologie I: Feuerbach [1845/46]. MEW 3, 71. 75. – [20] F. ENGELS: Br. an J. Bloch (21. Sept. 1890). MEW 37, 463. – [21] Vgl. W. WINDELBAND: Die Lehren vom Z. (1870) 68f. 78. – [22] W. DILTHEY: Der Aufbau der geschichtl. Welt in den Geisteswiss. (1910), a.O. [18] 7 (1927) 15. – [23] F. NIETZSCHE: Die fröhl. Wiss. III, 258 (1882). Krit. Ges.ausg., hg. G. COLLI/M. MONTINARI (1967ff.) 5/2, 195. – [24] C. VON CLAUSEWITZ: Vom Kriege (1832/34), hg. W. HAHLWEG (¹⁶1952) 20, 105; vgl. NOVALIS: Fragm. und Studien 1799-1800. Aufzeichnungen von Juni bis Dezember 1799, Nr. 141; Nachlese, Nr. 704. Schr., hg. P. KLUCKHOHN/R. SAMUEL 3 (²1968) 574. 692. – [25] L. M. HARTMANN: Über hist. Entwicklung (1905) 24f. – [26] E. TROELTSCH: Der Historismus und seine Probleme (1922). Ges. Schr. 3 (1922, ND 1961) 52. – [27] TH. LESSING: Gesch. als Sinngebung des Sinnlosen § 45 (1919, 1962) 207; TH. LITT: Gesch. und Leben (1917, ³1930) 10. – [28] O. SPENGLER: Der Untergang des Abendlandes 1 (1918, 1924) 179. – [29] E. H. CARR: What is history? (London 1961); dtsch. (1963) 96ff. – [30] CH. MEIER: Der Z. in Gesch. und Historie, in: G. EIFLER u.a. (Hg.): Z. (1995) 105-125, 124. – [31] F. NIETZSCHE: Jenseits von Gut und Böse 274 (1886), a.O. [23] 6/2, 238; Zur Genealogie der Moral (1887), a.O. 339; Also sprach Zarathustra (1883ff.), a.O. 6/1, 205. – [32] Zarathustra, a.O.; Nachgel. Fragm., Winter 1883/84 24[28], a.O. 7/1, 703; NOVALIS: Das allg. Brouillon, Nr. 730. 901 (1798f.), a.O. [24] 409. 441. – [33] Vgl. S. FREUD: Über Psychoanalyse (1910). Ges. Werke (1940-87) 8, 38; Zur Psychopathol. des Alltagslebens (1904), a.O. 4, 212. 286; vgl. Art. ‹Überdeterminierung›. Hist. Wb. Philos. 11 (2001) 7f. – [34] J. LACAN: Les quatre concepts fondamentaux de la psychanalyse (1964); dtsch.: Die vier Grundbegriffe der Psychoanalyse (1964), hg. N. HAAS/H.-J. METZGER (³1987) 58. 60; vgl. Art. ‹Realitätsprinzip›. Hist. Wb. Philos. 8 (1992) 211f. – [35] M. FOUCAULT: Nietzsche, la généalogie, l'histoire (1971), in: Dits et écrits 2 (1954-88), hg. D. DEFERT/F. EWALD (Paris 1994) 136-156; G. DELEUZE: Nietzsche et la philos. (Paris 1962) 30. – [36] N. LUHMANN: Soz. Systeme (1984, ⁷1999) 250f.; vgl. Art. ‹Kontingenz II.›. Hist. Wb. Philos. 4 (1976) 1034f.

Literaturhinweise. R. KOSELLECK: Der Z. als Motivationsrest in der Geschichtsschreibung (1968), in: Vergangene Zukunft (1989) 158-175. – D. HENRICH: Hegels Theorie über den Z., in: Hegel im Kontext (1971) 157-186. A. NIESSEN/A. HOFFMANN

IV. *Mathematik; Naturwissenschaft.* – 1. *Allgemeines.* – Gilt ‹Z.› zu Beginn der neuzeitlichen Naturwissenschaft noch als Synonym für ‹Regellosigkeit› und ‹Nichtwissen›, so erlangt der Z. seit dem 18. Jh. zunächst die Funktion eines pragmatischen, nomologisch handhabbaren Erkenntnismittels. In logisch bzw. mathematisch-naturwissenschaftlich schwer zugänglichen Situationen (z.B. Hochdimensionalität von Vielteilchensystemen) erlaubt es der instrumentelle Rekurs auf den Z., statistische Aussagen zu treffen und eingeschränkte Prognosen durchzuführen. Über die Methodologie hinaus ist der Z. als objektiver Naturcharakter partiell seit der Evolutionsbiologie im 19. Jh. und allgemein seit der Quantenphysik im 20. Jh. anerkannt. Bestrebungen einer intensionalen Definition finden sich in mathematischen Algorithmen-, Maschinen- und Berechenbarkeitstheorien des 20. Jh., in der Informationstheorie sowie neuerdings in physikalisch geprägten Chaostheorien.

2. *Zufallsverteilungen und mathematisch-numerische Nichtabkürzbarkeit.* – Mathematisch präzisiert wird der Z. zuerst in der klassischen Theorie der Wahrscheinlichkeit. Die Lehre, die die Exaktheit der mathematischen Beweisführung mit der Unsicherheit des Würfel- oder Münzwurfs verknüpft und diese antagonistisch erscheinenden Elemente miteinander versöhnt, «joignant la rigueur des démonstrations de la science à l'incertitude du hasard, et conciliant ces choses en apparence contraires», nenne man, so B. PASCAL, mit Recht «La Géometrie du hasard» [1]. Pascals Grundlegung weiterführend, berechnet man bis heute klassische Wahrscheinlichkeits- und Zufallsverteilungen mit dem auf JAK. BERNOULLI zurückgehenden sog. 'Gesetz der großen Zahlen', welches als physikalischer Prozeß paradigmatisch aus dem Werfen idealisierter Münzen und der daraus resultierenden Folge von 0 (Kopf) und 1 (Zahl) gewonnen wird [2].

Eine nicht auf Erzeugung, sondern auf Eliminierung zielende Methodologie des Z. entwickelt im 19. Jh. C. F. GAUSS in seinen Arbeiten zur Streuung von Meßwerten in der Himmelsmechanik [3]. Im Vordergrund stehen die «errores», die «irregulares seu fortuiti vocantur» [4], die «keinem Gesetze folgen, sondern ohne Ordnung in einer Beobachtung grösser, in einer andern kleiner ausfallen» [5] und etwa «aus der beschränkten Schärfe der Sinne», «keiner Regel folgenden Unvollkommenheiten der Instrumente und aus mancherlei regellos (wenigstens für uns) wirkenden Störungen durch äussere Umstände» herrühren [6]. Mittels der statistischen Methode der mittleren quadratischen Abweichung lassen sich Auswirkungen dieser «zufälligen Fehler» [7] minimieren, die seit dem 20. Jh. «zufällige Abweichungen» [8] genannt werden.

Zurückgehend auf Bernoullis 0-1-Folgen, bereitet R. VON MISES in seinen ‹Grundlagen der Wahrscheinlichkeitsrechnung› ein Z.-Verständnis im Sinne der Regellosigkeit von unendlichen Folgen («Kollektiv») vor, allerdings noch ohne in diesem Sinne den Z.-Begriff zu verwenden [9]. Nicht einzelne «zufällige Ereignisse» oder Folgen, sondern Gesamtheiten fokussiert A. KOLMOGOROFFS Axiomatisierung der Wahrscheinlichkeitstheorie [10]. Sie legt ein maßtheoretisches Fundament und ist Grundlage für eine spätere berechenbarkeitstheoretische Fassung von Z. vor dem Hintergrund der Algorithmentheorie. Ist eine unendliche 0-1-Folge nicht berechenbar, d.h., gibt es keine abkürzende Darstellung und weist sie demnach unendliche Berechenbarkeitskomplexität auf, so wird sie «zufällig» («random») genannt [11]. P. MARTIN-LÖFS Einwand folgend, daß es in jeder unendlichen 0-1-Folge unendlich viele Teilfolgen hoher Regelmäßigkeit gebe und die Berechenbarkeitskomplexität nicht unendlich ansteige – es nach Kolmogoroff folglich keine 'zufällige' Folge gebe –, werden fortan diejenigen unendlichen Folgen 'zufällig' genannt, die bestimmte universell-rekursive Z.-Tests bestehen und in diesem Sinne nicht berechenbar sind [12]. Aus Sicht der algorithmischen Informationstheorie (s.d.) kann die Zufälligkeit einer Folge allerdings im allgemeinen nicht bewiesen werden, weil trotz erfolgreicher Z.-Tests gesetzmäßige Generierungsmechanismen gefunden werden könnten [13]. So interessiert G. J. CHAITIN weniger die Genese von «randomness» im Sinne von «physical unpredictability» als vielmehr die Frage, ob «logical or structural randomness» oder hingegen «structure or pattern» vorliegt [14].

3. *Instabilität und physikalische Nichtprognostizierbarkeit.* – Ausgehend vom deterministischen Naturverständnis der Physik I. NEWTONS, wäre es nach P. S. DE LAPLACE ein Zeichen der Unwissenheit («l'expression de l'ignorance»), ließe man die Stabilität des Kosmos von «causes finales, ou du hasard» abhängen [15]. Laplaces «théorie des hasards» [16] verspricht «espérance mathématique» als «le produit de la somme espérée, par la probabilité de l'obtenir» [17]. Zwar schließt H. POINCARÉ an den Laplaceschen Kausaldeterminismus an, jedoch löst er das Z.-Verständnis von dem des Wissensdefizits: «petites différences dans les conditions initiales» könnten «très grandes dans les phénomènes finaux» werden. Eine Prognose sei so «impossible et nous avons le phénomène fortuit» [18]. Als Quelle 'zufälliger Erscheinungen' bestimmt er 'Instabilitäten' (z.B. ein auf die Spitze gestellter Kegel, das Wettergeschehen, das Planetensystem) [19].

Auf Instabilitäten wird in der seit den 1960er Jahren entwickelten Chaostheorie und Nichtlinearen Dynamik auch der Effekt sensitiver Abhängigkeit von Start- und Randbedingungen als zentrale Bedingung für 'deterministisches Chaos' zurückgeführt: Z. wird nicht eliminiert, sondern verwissenschaftlicht und mit einem deterministisch-nomologischen Kausalnexus zusammengeführt [20]. Populär ist dieser Z. unter Namen wie ‹Schmetterlingseffekt› oder ‹schwache Kausalität›. Als quantitatives Maß konnte u.a. der sog. 'Lyapunov-Exponent' etabliert werden [21]. Zufallsgenerierende Sensitivitäten in instabilen Systemen sind auch Kern von R. THOMS Katastrophentheorie [22]. In instabilen Systemen wird der Z. nicht mehr gegebenen Folgen als Eigenschaft zugeschrieben, sondern in den Mittelpunkt rücken die Erzeugung und der Prozeßcharakter.

4. *Zufällige Koinzidenz.* – Die Irregularität der von R. BROWN an Pollenkörnern unter dem Mikroskop beobachteten Bewegung [23], die seit dem späten 19. Jh. als Abbild einer zugrundeliegenden Molekularbewegung eines thermischen Prozesses gilt, drückt Zufälligkeit aus [24] und hat zur Redeweise eines «allgemeinen Zufallsprozesses» geführt. Eine mathematische Fundierung gelingt erst 1905 durch A. EINSTEIN [25]. Der jeweilige Stoß zweier molekularer Teilchen der Brownschen Bewegung gilt als 'zufällige Koinzidenz' zweier Kausalketten. Bedeutung gewinnt sie ferner im Zusammenhang mit dem aus der Thermodynamik (s.d.) stammenden Konzept der Entropie (s.d.) – zum einen bei der Berechnung von Zuständen in der statistischen Physik und zum anderen bei der Ermittlung des Informationsgehaltes einer Nachricht in der Informationstheorie. Die Entropie mißt, wie sie von L. BOLTZMANN inhaltlich, aber noch nicht begrifflich vorbereitet wird [26], «die Menge des Z.» im Sinne der Vieldeutigkeit bzw. Unordnung, «die in einem System vorliegt» [27]. Die statistische Betrachtungsweise wird notwendig aufgrund der praktischen Unmöglichkeit, Molekül- und Atombewegungen exakt, d.h. deterministisch, zu verfolgen. Die Koinzidenzen der Teilchenbahnen kollidierender Moleküle sind konstitutiv für thermodynamische Zustände und Bindeglied zwischen mikrophysikalischer Reversibilität und makrophysikalischer Irreversibilität – einschließlich der Anschlußfragen nach dem Zeitpfeil bzw. der Zeit. In der Informationstheorie nimmt der Z. zu, je größer die Klasse möglicher Nachrichten ist, insofern die Auswahl einer Nachricht «die in dieser Klasse vorliegende Willkür und Zufälligkeit» aufhebt [28]. Heute werden zufällige Koinzidenzen in methodischer Hinsicht beim Modellieren komplexer dynamischer Systeme verwendet. Stochastische Prozesse, die Familien von «Zufallsgrößen» [29] bilden, etwa die sog. 'Markoffschen Ketten' [30], machen Wahrscheinlichkeitsmaße für die Modellierung verwendbar, die sich während der zeitlichen Realisierung ändern. Allgemeine Modellgleichungen wie die Master-Gleichung und Modellierungsmethoden wie die 'Monte-Carlo-Methoden' und die 'Resampling-Verfahren' u.a. spezifizieren bzw. erweitern dies.

5. *Quantenphysikalische Ursachenlosigkeit.* – Vertieft wird der Z. in der Quantenmechanik (s.d.) im Sinne ontologischer Ursachenlosigkeit. Er ist nicht auf subjektives, defizitäres Wissen über an sich determinierte Naturprozesse zurückzuführen, sondern grundlegende Eigenschaft der mikrophysikalischen Natur. M. BORNS wahrscheinlichkeitstheoretische Interpretation der Grundgleichung der Quantenmechanik (Schrödinger-Gleichung), welche den Hintergrund für die 'Kopenhagener Deutung' (s.d.) bildet, stellt die raumzeitliche kausale Indeterminiertheit eines quantenphysikalischen Teilchens heraus [31]. Ebenso wie bei 'spontanen' Zerstrahlungsprozessen, etwa dem radioaktiven Zerfall, zeigt sich hier eine mikrophysikalische Zufälligkeit.

6. *Schöpferisch-evolutionsbiologischer Z.* – In der Biologie des 20. Jh. ist es der von CH. DARWIN noch eher ambivalent bewertete ungerichtete Z., «mere chance» [32], der als 'schöpferischer' Faktor im evolutionsbiologischen Verständnis die Hervorbringung neuer Varianten bezeichnet: «Mutation is largely governed by chance» [33]. Die 'Zufallshypothese', daß der «reine Z., nichts als der Z., die absolute, blinde Freiheit als Grundlage des wunderbaren Gebäudes der Evolution» zählt, bildet für J. MONOD die «zentrale Erkenntnis der modernen Biologie» [34]. Jenseits der Gesetzeslosigkeit wird das Z.-Verständnis molekularbiologisch bzw. -darwinistisch präzisiert, auch wenn Quelle und Reichweite uneinheitlich bewertet werden. Für F. M. WUKETITS hängen sowohl Mutation als auch genetische Rekombination vom Z. ab [35]. Die Genese von Mutationen wird «quasi von einem Zufallsgenerator produziert» [36] und läßt sich auf molekularer Ebene auch als Folge quantenphysikalischer Prozesse deuten. Rekombinationen besitzen demgegenüber nicht die ontologische Tiefe der Ursachenlosigkeit, sondern basieren auf nomologischen 'zufälligen Koinzidenzen'. In biologisch geprägten Theorien der Selbstorganisation (s.d.) und der Informationstheorie wird der Z. in Abgrenzung und Erweiterung der Mikrophysik über Instabilitäten allgemeiner nichtlinearer Prozesse interpretiert, in denen autokatalytische Verstärkungsmechanismen wirksam sind, um in biologisch relevante Größenordnungen zu gelangen [37].

7. *Kosmologie und zufällige Randbedingungen.* – Zufällig ist die heutige Existenz des Menschen, insofern nur wenige (aller möglichen) Randbedingungen nach den derzeitigen kosmologischen Modellen die Bedingungen für eine physikalische Entwicklung des Kosmos und für die biologische Entstehung des Lebens bereitstellen [38]. Diese Unwahrscheinlichkeit gleiche, so breitenwirksam

S. HAWKING, «monkeys hammering away on typewriters», insofern jene «very occasionally by pure chance ... will type out one of Shakespeare's sonnets» [39]. Das sog. 'anthropische Prinzip' zielt demgegenüber als Auswahlprinzip bzgl. der im Urknall realisierten Randbedingungen auf Eliminierung des Z. unter erklärungstheoretischem Rekurs auf die heutige kosmologische und biologische Existenz des Menschen [40]. In einer starken Form legt das anthropische Prinzip eine kontrovers diskutierte Teleonomie (s.d.) nahe. Insofern der Z. jeweils bedeutungsähnlich thematisiert wird, zeigt sich eine strukturwissenschaftliche Verbindung und partielle Einheit von Physik und Biologie im Rahmen evolutionärer Fragestellungen hinsichtlich möglicher Kontingenzen von Randbedingungen.

Diesseits kosmologischer und biologischer Zugänge bleiben zwei Quellen des Z. für ein naturwissenschaftlich-mathematisches Verständnis kennzeichnend: die quantenphysikalische Ursachenlosigkeit und die Instabilitäten dynamischer Systeme (Chaos, Selbstorganisation, Autokatalyse u.a.). Keiner dieser Z.-Typen ist auf den anderen reduzierbar; beide sind grundlegend für das derzeitige Naturverständnis.

Anmerkungen. [1] B. PASCAL: A la très illustre académie parisienne de science (1654). Oeuvr. compl., hg. J. CHEVALIER (Paris 1954) 1403. – [2] J. BERNOULLI: Ars conjectandi (1705, postum Basel 1713); dtsch.: Wahrscheinlichkeitsrechnung I-II (1899); T. FLIESSBACH: Statist. Physik (1993, [3]1999) 10; vgl. Art. ‹Wahrscheinlichkeit IV. A. 1.›. – [3] C. F. GAUSS: Theoria motus corporum coelestium in sectionibus conicis solem ambientium (1809). – [4] Theoria combinationis observationum erroribus minimis obnoxiae 1 (1821). Akad.-A. 4 (1873) 3. – [5] Anzeigen eigner Abh. ‹Theoria combinationis observationum erroribus minimis obnoxiae. Pars Prior› (1821), a.O. 96. – [6] a.O. 95. – [7] a.O. – [8] P. KURZWEIL: Das Vieweg Einheiten-Lex. (1999, [2]2000) 269. – [9] R. VON MISES: Grundlagen der Wahrscheinlichkeitsrechnung. Math. Zeitschr. 5 (1919) 52-99. – [10] Vgl. A. KOLMOGOROFF: Grundbegriffe der Wahrscheinlichkeitsrechnung (1933, ND 1973). – [11] Three approaches to the quantitative definition of information. Probl. Information Transmission 1 (1965) 1-7, 7; vgl. Art. ‹Algorithmus› und ‹Automatentheorien›. Hist. Wb. Philos. 1 (1971) 153-161. 697f. – [12] P. MARTIN-LÖF: The definition of random sequences. Information Control 9 (1966) 602-619. – [13] G. J. CHAITIN: Information-theoretic computational complexity. IEEE Trans. Inform. Theory 20 (1974) 10-15; vgl. Algorithmic information theory (Cambridge 1987). – [14] Exploring randomness (London 2001) 18. – [15] P. S. DE LAPLACE: Essai philos. sur les probabilités (Paris 1814) 2. – [16] a.O. 4. – [17] 19. – [18] H. POINCARÉ: Science et méthode (1908, Paris 1914) 68f. – [19] Vgl. Art. ‹Stabilität›. Hist. Wb. Philos. 10 (1998) 84-90, 87. – [20] Vgl. M. STÖCKLER: Art. ‹Chaos/chaotische Systeme›, in: H. J. SANDKÜHLER (Hg.): Enzyklopädie Philosophie 1-2 (1999) 1, 203f.; J. GUKENHEIMER/P. HOLMES: Nonlinear oscillations, dynamical systems, and bifurcations of vector fields (New York 1983). – [21] W. VOSS (Hg.): Taschenbuch der Statistik (2000) 359ff. – [22] R. THOM: Stabilité structurelle et morphogénèse (Reading, Mass. 1972). – [23] R. BROWN: Mikroskop. Beobachtungen über die im Pollen der Pflanzen enthaltenen Partikeln und über das allg. Vorkommen activer Molecüle in organ. und unorgan. Körpern. Ann. Physik Chemie 14 (1828) 294-313. – [24] Vgl. z.B. M. VON SMOLUCHOWSKI: Einige Beispiele Brownscher Molekularbewegung unter Einfluß äußerer Kräfte (1913), in: Abh. über die Brownsche Bewegung und verwandte Erscheinungen, hg. R. FÜRTH-PRAG (1923) 25-39, 30; I. PRIGOGINE: The end of certainty (1996, New York u.a. 1997) 42; FLIESSBACH, a.O. [2] 12. – [25] A. EINSTEIN: Über die von der molekularkinet. Theorie der Wärme geforderte Bewegung von in ruhenden Flüssigkeiten suspendierten Teilchen. Ann. Physik 17 (1905) 549-560; M. VON SMOLUCHOWSKI: Zur kinet. Theorie der Brownschen Molekularbewegung und der Suspensionen, a.O. 21 (1906) 756-780. – [26] L. BOLTZMANN: Vorles. über Gastheorie I, § 24 (1896) 190-204; Der zweite Hauptsatz der mechan. Wärmetheorie (gekürzt) (1886), in: Populäre Schr., hg. E. BRODA (1979) 26-46, 35ff. – [27] D. RUELLE: Z. und Chaos (1992, [2]1994) 140; J. MONOD: Le hasard et la nécessité (Paris 1970); dtsch.: Z. und Notwendigkeit (1971) 237. – [28] a.O. 183; C. F. VON WEIZSÄCKER: Zeit und Wissen (1992) 370f. – [29] KURZWEIL, a.O. [8] 271; Art. ‹Stochastischer Automat› und ‹stochastischer Prozeß›, in: P. H. MÜLLER (Hg.): Lex. der Stochastik ([3]1980) 259-269. – [30] A. MARKOFF: Ausdehnung der Sätze über die Grenzwerte der Wahrscheinlichkeitsrechnung auf eine Summe verketteter Größen (1908/12). – [31] Vgl. M. BORN: Natural philosophy of cause and chance (1949); Art. ‹Wahrscheinlichkeit IV. A.›; Art. ‹Wellenmechanik›; Art. ‹Wellentheorie/Teilchentheorie›; ferner: Art. ‹Unschärferelation; Unbestimmtheitsrelation›. Hist. Wb. Philos. 11 (2001) 261ff. – [32] CH. DARWIN: The origin of species, ch. IV (1859, London 1902) 135; Art. ‹Züchtung›. – [33] E. MAYR: Animal species and evolution (Cambridge, Mass. 1963) 203. – [34] MONOD, a.O. [27] 141; B.-O. KÜPPERS: Der Ursprung biolog. Information (1986) 95-109. – [35] F. M. WUKETITS: Evolution (2000) 58f. – [36] M. EIGEN/R. WINKLER (Hg.): Das Spiel (1975, 1978) 335; M. EIGEN: Das Urgen. Nova Acta Leopoldina, NF 52 (243) (1980) 5-40, 14f. – [37] M. EIGEN: Self-organization of matter and the evolution of biological macromolecules. Naturwiss. 58 (1971) 465-523, 465f. – [38] J. D. BARROW/J. SILK: The left hand of creation (New York 1983, rev. Oxford 1993). – [39] S. W. HAWKING: A brief hist. of time (London 1988) 123. – [40] B. CARTER: Large number coincidences and the anthropic principle in cosmology, in: M. S. LONGAIR (Hg.): Cosmolog. theories in confrontation with cosmolog. data (Dordrecht 1974) 291-298.

Literaturhinweise. M. VON SMOLUCHOWSKI: Über den Begriff des Z. und den Ursprung der Wahrscheinlichkeitsgesetze in der Physik. Die Naturwiss. 17 (1918) 253-263; ND, in: Die Entwicklung der Wahrscheinlichkeitstheorie von den Anfängen bis 1933. Einf. und Texte, hg. I. SCHNEIDER (1988) 79-98. – S. WOLFRAM: Origins of randomness in phys. systems. Phys. Review Lett. 55 (5) (1985) 449-452. – P. ERBRICH: Z. Eine naturwiss.-philos. Untersuchung (1988). – L. TARASSOW: Wie der Z. will? Vom Wesen der Wahrscheinlichkeit (1993). – H. BREIDER: Über Z. und Wahrscheinlichkeit. Sternschnuppen – schwarze Löcher – Seifenblasen (1995). – C. R. RAO: Was ist Z.? Statistik und Wahrheit (1995). – H. SCHEID: Z. Kausalität und Chaos in Alltag und Wissenschaft (1996). – D. DÜRR: Der Z. in der Phys. Nova Acta Leopoldina, NF 79 (308) (1999) 49-68. – A. VON HAESELER: Der Z. in der Biologie, a.O. 79-90. – G. J. CHAITIN a.O. [14].

J. C. SCHMIDT

Zuhandenheit/Vorhandenheit (engl. readiness-to-hand/presence-at-hand). Die «Fundamentalontologie» M. HEIDEGGERS unterscheidet zwei Gegebenheitsweisen äußerer Gegenstände. Die Kategorie ‹Z.› dient dabei als praxeologisch-verdinglichungskritischer Gegenbegriff zur Gegebenheitsweise theoretischer Gegenstände, die – und mit ihnen die «Welt» – nach Heidegger traditionell als «vorhanden» vorgestellt wurde [1]. Heidegger begreift die Seinsart der «Vorhandenheit» als abgeleitet von der primären Begegnisart der «Umweltdinge» im Alltag, der Z. [2]. Im Mittelpunkt der Z. steht der herstellend-tätige Umgang, in dem die Gegenstände nicht als Dinge, sondern als Zeug (s.d.) begegnen. «Die Seinsart von Zeug ... nennen wir die Z.» [3]. Sie hat den Charakter der «unauffälligen Vertrautheit» und bewegt sich stets in holistischen Kontexten, bezogen «nicht auf ein isoliert zuhandenes Zeug ..., sondern auf das Zeugganze» [4]. «Der besorgende Umgang kann überhaupt nur Zuhandenes umsichtig begegnen lassen, wenn er so etwas wie Bewandtnis, die es je mit etwas bei etwas hat, schon versteht» [5]. Der hantierende Gebrauch behandelt die Gegenstände nicht theoretisch, doch bildet dieser Umgang das Fundament ihrer möglichen Theoretisierung auch in der Wissenschaft. Das Erkennen «dringt erst über das im

Besorgen Zuhandene zur Freilegung des nur noch Vorhandenen vor» [6].

Wie der Pragmatismus (s.d.) begreift Heidegger die Thematisierung von zuhandenem Zeug als etwas Vorhandenes als Ergebnis einer Störung im praktischen Verlauf. Sie kann bestehen in einem «Auffallen», einer «Aufdringlichkeit» oder «Aufsässigkeit» eines Zuhandenen, welches unverwendbar, fehlend oder im Wege ist: «Das ratlose Davorstehen entdeckt als defizienter Modus eines Besorgens das Nur-noch-vorhandensein eines Zuhandenen» [7]. Allerdings besteht der «Umschlag» des ursprünglich Zuhandenen in Vorhandenes in der modernen Wissenschaft in mehr als nur dem «Verschwinden der Praxis» [8], nämlich in der bewußten «Thematisierung» eines Gegenstandes als eines vorhandenen. Diese gründet in einem bestimmten «vorgängigen Entwurf seiner Seinsverfassung» – nämlich im «mathematischen Entwurf der Natur» [9].

Damit nimmt Heidegger gegenüber der Tradition eine Umbewertung vor: Vorhandenheit wird erst möglich durch das störungsbedingte Abblenden des Verweisungszusammenhangs (s.d.), in dem das Zeug im Modus der Z. steht. Heidegger bezeichnet nicht mehr die distanziert betrachtete Vorhandenheit, sondern die in zweckgerichtete Vollzüge eingelassene Z. als das An-sich-Sein: «Z. ist die ontologisch-kategoriale Bestimmung von Seiendem, wie es 'an sich' ist» [10]. Dies ähnelt der praktizistischen Zurückweisung von Kants «Ding an sich» bei F. ENGELS und CH. S. PEIRCE [11], hier allerdings in einem vorsozialen Sinne: Die Vorordnung der praxis- bzw. technegebundenen Z. vor der Vorhandenheit aus der Perspektive eines vereinzelten, werkenden Subjekts führt in HEIDEGGERS Analyse letztlich zu einem subjektiven Weltbegriff. Wenn nämlich die «Welt als zuhandenes Zeugganzes» interpretiert wird, so gilt: «Welt ist 'subjektiv'» [12]. Das ist der «natürliche Weltbegriff», den die Analyse der Z. gesucht hat [13].

Ansätze der Gegenwart versuchen, unter Rückgriff auf Heideggers Begriff der Z. verdinglichende Tendenzen neuerer Wissenschaften durch den Aufweis ihrer praktischen Genese zu korrigieren [14]. Diese Variante der Positivismus- und Verdinglichungskritik wird weniger auf Grundlage einer Gesellschaftsanalyse, sondern vielmehr auf der Folie des phänomenologischen Zugangs zu einer reichhaltigeren Erlebnisweise der problematischen Gegenständlichkeiten durchgeführt. «Die Pflanzen des Botanikers sind nicht Blumen am Rain» [15]. So lassen sich naturalisierende und reduzierende wissenschaftliche Redeweisen nicht nur als abkünftig aufweisen, sondern auch kritisch korrigieren [16].

Anmerkungen. [1] M. HEIDEGGER: Platon: Sophistes [WS 1924/25]. Ges.ausg. II/19 (1992) 172; Proleg. zur Geschichte des Zeitbegriffs [SS 1925], a.O. II/20 (²1988) 232f.; Logik. Die Frage nach der Wahrheit [WS 1925/26], a.O. II/21 (²1995) 178; Die Grundbegriffe der antiken Philos. [SS 1926], a.O. II/22 (1993) 180; Sein und Zeit [SuZ] § 21 (1927, ¹⁷1993) 95f.; vgl. F. VOLPI: Der Status der Existentialen Analytik (§§ 9-13), in: TH. RENTSCH (Hg.): M. Heidegger: Sein und Zeit (2001) 29-50, 39. – [2] Proleg., a.O. 258. – [3] SuZ § 15, a.O. [1] 69. – [4] § 22, a.O. 104; § 69a, a.O. 353; vgl. Logik, a.O. [1] II/21, 156f.; Ontologie (Hermeneutik der Faktizität) [SS 1923]. Ges.ausg. II/63 (1988) 93f. – [5] SuZ § 69a, a.O. 353; vgl. Logik, a.O. [1]. – [6] SuZ § 15, a.O. 71. – [7] § 16, a.O. 73f.; auch: § 69a, a.O. 354f.; Proleg., a.O. [1] II/20, 293f.; vgl. R. SCHUBERT: Das Problem der Z. in Heideggers ‹Sein und Zeit› (1995) 51ff. 106ff.; ARISTOTELES: Met. I, 2, 982 b 12f.; W. DILTHEY: Beitrag zur Lösung der Frage vom Ursprung unseres Glaubens an die Realität der Außenwelt und seinem Recht (1890). Ges. Schr. 5 (⁸1990) 90-138. – [8] § 69b, a.O. 357. – [9] a.O. 362; vgl. E. HUSSERL: Die Krisis der europ. Wiss. §§ 9ff. (1936). Husserliana 6 (Den Haag 1954) 20ff. – [10] § 15, a.O. 71; vgl. a.O. 69; § 16, a.O. 75; § 69a, a.O. 354; Proleg., a.O. [1] II/20, 268; vgl. J. TZVARAS: Heideggers Unterscheidung zwischen Z. und Vorhandenheit. Philos. Jb. 96 (1989) 367-371. – [11] F. ENGELS: L. Feuerbach (1886). MEW 21, 276; CH. S. PEIRCE: Coll. papers 5.452; 5.525. – [12] HEIDEGGER: SuZ § 24, a.O. [1] 112; § 69c, a.O. 366; vgl. Die Grundprobleme der Phänomenologie [SS 1927]. Ges.ausg. II/24 (²1989) 239. – [13] SuZ § 11, a.O. 50ff.; § 18, a.O. 83ff.; vgl. E. KAPP: Grundlinien einer Philos. der Technik (1877, ND 1978) 24ff.; vgl. Art. ‹Lebenswelt›. Hist. Wb. Philos. 5 (1980) 151-157. – [14] H. DREYFUS: In-der-Welt-sein und Weltlichkeit: Heideggers Kritik des Cartesianismus (§§ 19-24), in: RENTSCH (Hg.), a.O. [1] 69-88, 69ff.; C. F. GETHMANN: Dasein: Erkennen und Handeln (1993). – [15] HEIDEGGER: SuZ § 15, a.O. [1] 70; vgl. § 69b, a.O. 361. – [16] Vgl. TH. REHBOCK: Goethe und die Rettung der Phänomene (1995); P. JANICH: Was ist Erkenntnis? (2000); vgl. Art. ‹Verdinglichung; Vergegenständlichung›. Hist. Wb. Philos. 11 (2001) 608-613.

Literaturhinweise. H. A. AMANN: Von der Vorhandenheit und Z. des Zeichenzeugs: Semiotik und Interpretation von (literarischen) Texten (1992). – J. TZVARAS s. Anm. [10]. – R. SCHUBERT s. Anm. [7].

CH. HENNING

Zukunft; **Vergangenheit** (engl. future/past; frz. avenir, futur/passé). Die uns geläufige temporale Bedeutung von ‹Z.› und ‹V.›, vollends die substantivische Rede von *der* V., Gegenwart (s.d.) und Z. zur Bezeichnung der Modi der Zeit scheint verhältnismäßig jungen Datums zu sein. Im deutschen Sprachraum ist das Wort ‹V.› für das zeitlich Zurückliegende wie als Terminus der Grammatik (als Übersetzung des lat. ‹praeteritum›) erst im 18. Jh. nachweisbar [1]. Ebenso ist der Begriff ‹Z.› als grammatischer Ausdruck für die Zeitform des Verbs erst gegen Ende des 18. Jh. aufgekommen. Lediglich das Adjektiv ‹zukünftig› bzw. ‹künftig› ist in seiner zeitlichen Bedeutung (lat. ‹futurus›) in älteren Quellen belegt [2]. Die Vermutung hat viel für sich, daß «erst das 'philosophische zeitalter', als der mensch aufhörte, die zeitlichkeit der ewigkeit gegenüberzustellen, und anfieng, sich selbst im ablauf des allgemeinen geschehens zu sehen, ... die uns so geläufige abstraction des begriffes der zukünftigen zeit allgemein vollzogen» hat [3].

1. Das philosophische Nachdenken über die Zeit vollzieht sich seit seinen Anfängen bei den Griechen in der Polarität von Zeit und Ewigkeit (s.d.). Dabei sind die temporalen Dimensionen durchaus im Blick. Denn die Ewigkeit wird von den Vorsokratikern als unbegrenzte Zeitdauer, nicht – wie bei PLATON – als Zeitlosigkeit (s.d.) begriffen [4].

In größter Allgemeinheit bringt die homerische sog. Ewigkeitsformel das antike Wissen zum Ausdruck, indem sie den Seher zum Zeugen dieser Zeitordnung macht: Er «hatte vor Augen das Seiende und das Zukünftige und das vormals Seiende» (τά τ'ἐσσόμενα πρό τ'ἐόντα) [5]. Die Formel läßt sich über HERAKLIT [6], EMPEDOKLES [7] und ANAXAGORAS [8] bis hin zu PLATON [9] verfolgen. Sie wird auf den Dichter und auf den Philosophen übertragen, jedoch bereits bei HESIOD [10] auf eine folgenreiche Weise transformiert: Was gegenwärtig ist, wird dem Zukünftigen und dem vormals Seienden nicht wie bei Homer gleichgeordnet, sondern diesem als das Immerseiende, Göttliche gegenübergestellt. Der ewigen Gegenwart des Seins, der Sphäre des Göttlichen, steht das Zukünftige und Vergangene, die Sphäre des Zeitlichen und Sterblichen, als Gegensatz gegenüber; was die Zeit 'ist', wird aus diesem Gegensatz begriffen. PLATON deutet die Zeit als ein «der Zahl nach voranschreitendes ewiges Abbild der im Einen verharrenden Ewigkeit (αἰών)» [11]. Sie ist ein nach Zahlenverhältnissen geordnetes Werden, ein Gehen oder Fließen. Zeit gibt es, weil es Veränderung gibt, wobei die nach Gesetzen der Zahl geregelten Bewegungen der Gestirne die erste Stelle einnehmen. Zwar kann Platon die temporalen sprachlichen Ausdrücke, das 'war', 'ist', 'wird sein', als Arten (εἴδη) der Zeit bezeichnen [12], doch dürfen sie nicht auf das Ewige übertragen werden. Sie bringen das Nicht-Sein des zeitlich Seienden zum Ausdruck. Die Zeitlichkeit der Welt des Werdens und Vergehens wird phänomenal erfaßt und begründet, spielt aber für die Konstitution der Zeit selbst paradoxerweise keine Rolle.

Ein ähnliches Bild ergibt sich aus der Zeitabhandlung des ARISTOTELES [13]. Die Zeit wird definitionsmäßig als Maß der kontinuierlichen Veränderung (κίνησις) im Blick auf das 'Davor' und 'Danach' bestimmt [14]. Sie ist 'etwas' an der Bewegung, dasjenige nämlich, was wir erkennen, wenn wir durch die Markierung von Jetzt-Punkten 'frühere' und 'spätere' Abschnitte abgrenzen und das, was dazwischen liegt, 'zählen'. Da die Bewegungsabschnitte lokale Differenzen markieren, scheint diese Definition das Zeitliche an der Zeit zum Verschwinden zu bringen; andererseits enthält das 'Früher' und 'Später' durchaus temporale Bestimmungen, denn die Zeit umfaßt das Zeitliche. Sie reicht über das einzelne Vergängliche hinaus und bemißt sein Sein, wobei jedoch das Maß aller Zeitbestimmungen wie bei Platon die ewige Kreisbewegung des obersten Himmels ist. Formell konstitutiv für die Zeit als Zahl ist schließlich die Tätigkeit der zählenden Seele. Ohne sie kann keine Zahl, also auch keine Zeit sein. Indessen vollzieht die Seele in den Erfahrungszeiten (früher/später) nur nach, was die Weltseele, die den Himmelskörper in Bewegung setzt, vorstrukturiert hat. Insofern ist für diese Zeitkonzeption nicht der Wechsel vom Vergangenen zum Zukünftigen von Bedeutung, sondern allein das, woran er sich vollzieht, die Veränderungen des Universums. Für die Bildung der Abstrakta ‹V.›, ‹Gegenwart› und ‹Z.› fehlt auch hier jeder Ansatzpunkt.

2. Die Herausbildung der Rede von *der* V., *der* Gegenwart und *der* Z., die AUGUSTINUS bereits selbstverständlich voraussetzt – «wir haben es als Kinder gelernt, und wir lehren es die Kinder, es gebe drei Zeiten, V., Gegenwart und Z.» («praeteritum, praesens et futurum») [15] –, ist eine Leistung der Stoa und ihrer systematisch aufgestellten Tempuslehre, über die wir durch spätere Grammatiker, STEPHANOS in den Scholien zu DIONYSIUS THRAX und PRISCIAN, einigermaßen genau unterrichtet sind. Nach aristotelischem Vorbild haben die Stoiker die Zeit mit der Bewegung verknüpft, unterscheiden sich aber in zwei wesentlichen Punkten von diesem Theorieentwurf: a) Den Ort der kosmischen Bewegung nimmt in ihrer Sprachlehre die menschliche Handlung ein. Damit sind der Ewigkeitshorizont und die mit ihm sich stellenden Probleme ausgeblendet: «Was den Dingen selbst widerfährt, die wir tun, das legen wir als Namen der Zeit selbst bei, indem wir als unvollendete V. (praeteritum imperfectum) die Zeit bezeichnen, in der etwas zu geschehen beginnt, aber noch nicht zum Abschluß gekommen ist» [16]. Dementsprechend wird die Zeit als «Ausdehnung der Bewegung» definiert. b) Das punktuelle aristotelische Jetzt, das Bewegungsabschnitte trennt, ohne selbst Zeit zu sein, tritt nun in ein Vergangenes und Künftiges auseinander: «Also pflegen wir dies Gegenwärtige Zeit zu nennen, weil es gleichsam in einem Punkt das verbindende Gelenk zwischen vergangener und künftiger Zeit ohne einen dazwischentretenden Einschnitt enthält» [17]. Von dieser unfaßbaren Gegenwart, die in sich selbst V. und Z. einschließt, geht die Stoa bei der Betrachtung der Tempora aus: Das Erlebnis, in dem sich die Zeit erfahrbar macht, ist zunächst die Dauer (παράτασις). Ein Einschnitt wird nur gespürt, wenn eine Handlung oder ein Vorgang zum Abschluß kommt. Zum Einteilungsprinzip der Tempora werden daher nicht die Zeitstufen V., Gegenwart und Z. gemacht, sondern die Aktionsarten: Die Zeiten gliedern sich in «bestimmte» (ὡρισμένοι) Tempora, die zum Ausdruck bringen, ob eine Handlung durativ (παρατατικός) oder abgeschlossen (συντελικός) ist, und in «unbestimmte» (ἀόριστοι) Tempora, bei denen das nicht der Fall ist. Auffallend ist die Sonderstellung des Futurum (μέλλων ἀόριστος), das aus der Reihe der Zeitstufen, die es mit V. und Gegenwart verbindet, herausfällt [18]. Es gehört nicht zu den Zeiten, deren «Bestimmtheit» theoretisch von ihrem Verhältnis zur Gegenwart abhängig gemacht wird. Diese Anomalie haben erst die Grammatiker, von Sprachform und -gebrauch ausgehend, 'korrigiert', indem sie die Dauer nun auch auf die Zeit (παράτασις τοῦ χρόνου) und nicht mehr nur auf die Handlung beziehen, die dauernde Handlung also als eine solche begreifen, die sich von der V. in die Gegenwart und von dieser in die Z. erstreckt. Dann aber muß sich die Aufmerksamkeit zwangsläufig darauf richten, wie nahe oder fern der Gegenwart jener Zeitpunkt liegt, in dem eine Handlung vollendet ist, und hiernach werden in der Grammatik die Zeitformen bestimmt. Wie für die Handlungen, so ist nun auch für die Tempora die Gegenwart der einzige Bezugspunkt.

3. Wenn man schon angesichts ihrer bedeutenden Wirkungsgeschichte von einem Einschnitt der Zeitkonzeption AUGUSTINS sprechen will, so betrifft er nicht die Herausarbeitung der Zeitmodi als solcher – hier kann Augustinus mühelos an die grammatische und rhetorische Tradition der Stoa anknüpfen –, sondern deren Begründung und Verortung [19]. Der Kontrast von Ewigkeit und Zeit, innerhalb dessen sich die Zeitmeditation von ‹Confessiones XI› vollzieht [20], wird zu einer kompromißlosen Entgegensetzung radikalisiert: Wenn das Sein ex definitione das Bleibende ist, kann das Zeitliche nur als nicht seiend gelten; es steht in einem rein negativen Verhältnis zum Ewigen. Die Zeit «strebt dem Nicht-Sein zu» («tendit ad non esse») [21]. Bestimmt sie die Grundstruktur der Welt, so erweist sie zugleich deren Endlichkeit und Hinfälligkeit, ihre Nichtigkeit und Erlösungsbedürftigkeit. Man hat das 11. Buch der ‹Confessiones› daher geradezu einen «eschatologischen Text» [22] genannt.

Augustinus fragt, in welcher Weise V. und Z. 'sind', wenn sie in sinnenfälliger Weise nicht sind. Die Antwort lautet: «Im strengen Sinne müßte man sagen: Es gibt drei Zeiten, die Gegenwart (praesens) von Vergangenem (memoria), die Gegenwart von Gegenwärtigem (contuitus) und die Gegenwart von Zukünftigem (expectatio). Denn diese drei sind in einem gewissen Sinne in der Seele, und anderswo finde ich sie nicht» [23]. Die Frage nach den Modi der Zeit hat sich gegenüber der Stoa verschoben; sie wird als Frage nach dem Ort ihrer Vergegenwärtigung gestellt. Im Gegensatz zur platonistischen These entdeckt Augustinus die Zeit als seiend in der «Ausdehnung» – «distentio» ist das Maß der Dauer einer Veränderung – der erinnernden und vorausschauenden Seele. Hier haben V. und Z. ihren 'ontologischen' Ort. Indessen täuscht das scheinbar ausgewogene Gleichgewicht der drei Zeitmodi. Sofern die Gegenwart als Einheit von Früher, Jetzt und Zukünftig gedacht wird, erhält sie einen deutlich markierten Vorrang. Auf einem wichtigen Traditionsstrang, der von Augustinus über THOMAS VON AQUIN bis hin zu E. HUSSERL nachweisbar ist, wird denn auch von V. und Z. «per respectum ad praesens» gesprochen [24]. Es ist jedoch, genau gesprochen, nicht die Gegenwart, sondern die Seele, welche die drei Dimensionen der Zeit in der Gegenwart vereinigt. Die Zeiten sind nur in ihr; «sie sind ihr Werk» [25], sind bewirkt durch das Tun des «animus». Durch die präzisierende Rückführung auf «memoria», «contuitus» und «expectatio» als Ursprünge der Zeitdimensionen verändert AUGUSTINUS die in der Spätantike verbreiteten Zeittheorien.

Die Z. spielt keine ausgezeichnete Rolle, sie wird schon gar nicht zum Wesen der Zeitlichkeit erklärt, ist vielmehr der Gegenwart und V. eindeutig nachgeordnet [26]. Das Ziel, auf das die Seele sich ausstreckt, ist nicht die Z., sondern die Ewigkeit, die jede denkbare Z. eher eliminiert. Denn wenn die Zeit dem Nicht-Sein zustrebt, so heißt das in theologisch-eschatologischer Perspektive: einem Zustand, der nicht im flüchtigen Wechsel der Gestalten aufgeht, in dem vielmehr alles Zeitliche und Kreatürliche endgültig erlöst ist. «Das Zeitliche tendiert zu seinem eigenen Aufgehobensein, und das heißt zu Gott» [27]. Augustinus kennt ein Ziel der Geschichte, das selbst nicht geschichtlich ist und den Sinn von Zeit an ihrem Ende enthüllen wird. Er gibt «die Befreiung vom Geschick der Zeit als den Sinn von Zeit zu verstehen» [28].

Über einen Begriff von Z. und V. als eigener voneinander getrennter Zeiträume verfügt Augustinus noch nicht. Unter «futurum» bzw. «praeteritum» versteht er das einzelne Ding oder Ereignis, nie den Zeitraum, in dem es seinen geschichtlichen 'Ort' haben könnte. Er spricht dem, was kommen wird, denselben Realitätsgehalt zu wie dem, was vergangen oder gegenwärtig ist; denn was in der Z. geschehen wird, ist im göttlichen Denken bereits präfiguriert. Es liegt in der Ewigkeit inhaltsgleich und fertig vor [29].

Bei BOETHIUS verbindet sich das Zeitproblem mit dem von Augustinus angestoßenen Thema der Prädestination (s.d.): Muß Gottes notwendiges Vorherwissen (s.d.) zukünftiger Ereignisse die menschliche Willensfreiheit nicht untergraben? [30] Von hier aus führt eine gerade Linie über die scholastische Präszienz-Theologie bis zur Scientia media (s.d.) und der von L. MOLINA [31] ausführlich traktierten Frage, ob Gott das «kontingent Zukünftige» («futura contingentia» bzw. «futurabilia») überhaupt wissen könne. Die Diskussion um die «futura contingentia» reicht von der Antike bis in die moderne Zeitlogik (s.d.). Seit dem 13. Jh. sind die die tradierten Begriffe der Z. und V. differenzierenden Termini ‹futuritio› und ‹praeteritio› bei den Scholastikern in Gebrauch. Nicht im Sinne des hier diskutierten Status «rei praeteritae», wohl aber als Nomen actionis kennt bereits AUGUSTINUS die «praeteritio» [32].

4. Die für das moderne Z.-Empfinden charakteristische Entdeckung der Z. als eines von der V. unterschiedenen Zeitraums [33], in den wir aus der Gegenwart kommend eintreten, ist die Folge einer fortschreitenden Historisierung der Welt. Diese setzt erst mit der beginnenden Aufklärung ein. Im Geschichtsbewußtsein der Neuzeit hat diese Z. einen grundsätzlich anderen Stellenwert als die V. Darin manifestiert sich am augenfälligsten die tiefe Zäsur gegenüber der Zeitauffassung von Augustinus. Die Z. ist nicht mehr 'Eigentum Gottes', sie wird in zunehmendem Maße ein Gegenstand menschlicher Vorsorge und Verantwortung. An der Bildungsgeschichte des Begriffs läßt sich diese neue Konzeption verdeutlichen. In der heute üblichen Bedeutung wird er im Deutschen seit der 2. Hälfte des 18. Jh. gebraucht. In älteren Quellen begegnet der Begriff, wenn überhaupt, dann im räumlichen Sinne der Ankunft (lat. ‹adventus›): «Ewre schriefft ... hab ich entpfangen, und mir nun lieb ist, das Gott meyne Zukunfft zu euch nicht gestattet hatt» [34]. Ebenso sind Ausdrücke wie ‹Zeitraum› (lat. ‹spatium›) oder ‹Augenblick› (lat. ‹momentum›) bis heute als räumliche Metaphern für eine fehlende zeitliche Begrifflichkeit kenntlich. Im deutschen Wort ‹Z.› haben sich in der frühen Neuzeit die im Lateinischen getrennten Begriffe ‹adventus› und ‹futurum› miteinander verschmolzen, die in anderen Sprachen ohne eine erkennbare semantische Differenz nebeneinander gebraucht werden. Von ‹adventus› leiten sich frz. ‹avenir›, span. ‹porvenir› oder ital. ‹avvenire› ab, das ‹futurum› hat sich in engl. ‹future›, frz. ‹futur› und ital. und span. ‹futuro› durchgesetzt.

Damit geht zugleich ein folgenreicher Wandel der Perspektive einher. Mit dem Begriff der Z. verbindet sich immer weniger die alte Erwartung, daß die künftigen Ereignisse «auf den in seiner Gegenwart ruhenden Betrachter zukommen» [35], sondern – begünstigt durch I. NEWTONS These von der «absoluten» Realität der Zeit – die Vorstellung, daß der Mensch umgekehrt aktiv auf sie zugeht, was der im 18. Jh. zentrale Begriff des Fortschritts (s.d.) prägnant zum Ausdruck bringt [36]. Neben die idiomatische Rede von der «Z. des Herrn» («adventus Domini») tritt die Rede von der Z. des Menschen. Erst damit ist die neuzeitliche «Idee der Z. als eines leeren zeitlichen Raums geboren» [37]. Die kommende Zeit läßt sich jetzt klar von der verflossenen Zeit unterscheiden. Der Ausdruck ‹Z.› löst sich von seinen religiösen Wurzeln, womit der Weg zur Entwicklung eines historischen Z.-Verständnisses freigelegt wird, das sich mit der 'diesseitigen' Z. des Menschen beschäftigt. Dem korrespondiert die begriffliche Trennung zwischen der göttlichen Vorsehung (s.d.; frz. prévision) und der menschlichen Voraussicht (s.d.; frz. prévoyance). An die Stelle des alten Grundsatzes, daß sich alles irdische Geschehen nur immer wiederholt, tritt um die Mitte des 18. Jh. das Axiom der Einmaligkeit alles geschichtlichen Geschehens, also «die Vorstellung von einem durchgehenden genetischen Zusammenhang allen Lebens» [38], die jedem Ereignis eine unverwechselbar eigene Zeitstelle zuweist. Anders als das Adjektiv ‹zukünftig› bezeichnet der Begriff ‹Z.› nunmehr das Ganze der zukünftigen Dinge, also nicht nur den Zeitraum, sondern auch die «in ihm möglichen oder wahrscheinlichen Veränderungen» [39].

5. Seinen literarischen Niederschlag findet dieser Wandel im Verständnis der Z. von einem theologischen Begriff der Hoffnung (s.d.) zu einem geschichtlichen Wissensbegriff in J. G. HERDERS Überzeugung, daß «eine Zeit kommen» werde, «da es eine Wissenschaft der Z. wie der V. giebt, da Kraft dieser Wissenschaft die edelsten Menschen so gut für die Nachwelt als für sich rechnen» [40]. «Die Z. ist eine Tochter der Gegenwart, wie diese der Vorzeit» [41]. G. E. LESSING sieht hinter dem Konzept innerweltlicher Z. einen Plan der Natur wirksam, der die Menschheit mit «unmerklichem Schritt» der «Zeit der Vollendung» entgegenführen wird [42]. I. KANT hat ihm – ungeachtet seiner Skepsis historischen Prognosen gegenüber – in seinen geschichtsphilosophischen Schriften eine feste Kontur und Begrifflichkeit gegeben [43]. Hier wird die Z. konsequent durch die Idee des Fortschritts interpretiert, den wir «durch unsere eigene vernünftige Veranstaltung» beschleunigen können [44].

Im Z.-Horizont, den die Französische Revolution eröffnet, vielerorts begrüßt als Bestätigung der von Kant gehegten Zuversicht, entwickelt G. W. F. HEGEL das neue Konzept der geschichtlichen Zeit [45]. Hegel versteht seine Epoche als «eine Zeit der Geburt und des Uebergangs zu einer neuen Periode» [46], die es zu begreifen, «in Gedanken» zu fassen gilt [47]. Um diese Aufgabe zu bewältigen, muß der Geist die Gegenwart als ein Resultat seiner ganzen V. und als einen Übergang in seine Z. wissen. So ist Hegels Philosophie auf der einen Seite Rückschau, in der für sie charakteristischen theologisch geprägten Perspektive ein Zurücksehen auf das Wissen, das sie sich durch die Aneignung des Christentums erworben hat, auf der anderen Seite Ausgriff auf das dieser Tradition eingeschriebene Ziel, das im Symbol des Reiches Gottes auch für die Welt zur «Wurzel wahrhaft allgemeinen Rechtes, der Verwirklichung der Freiheit», werden soll [48]. Ihr «Interesse» geht darauf, «das Princip des Christenthums ... zum Princip der Welt zu machen» [49], d.h., die geglaubte Gegenwart des göttlichen Reiches in die Z. des weltlichen Reiches zu übersetzen. Ihr Thema ist die subjektive Verwirklichung der durch Christus objektiv bezeugten Versöhnung im religiös-politischen Geschichtsprozeß. So verstanden, wird man die Z., zu der sich Hegels Denken in ein Verhältnis setzt, als ein Erbe der christlichen Eschatologie beschreiben dürfen, aus welcher der revolutionäre Sozialismus des 19. Jh. hervorgegangen ist.

Im Kontext seiner Lehre von den Weltaltern (s.d.) mit ihrer Theorie der Zeit bzw. der Zeiten der Offenbarung Gottes gibt F. W. J. SCHELLING eine Neuinterpretation auch der «Abmessungen» V., Gegenwart und Z. Im Kontext seines Erinnerungsdenkens stellt er heraus: «Wie wenige kennen eigentliche V.! Ohne kräftige, durch Scheidung von sich selbst entstandene, Gegenwart gibt es keine. Der Mensch, der sich seiner V. nicht entgegenzusetzen fähig ist, hat keine, oder vielmehr er kommt nie aus ihr heraus, lebt beständig in ihr» [50]. Für A. SCHOPENHAUER ist die «Gegenwart allein» «die Form allen Lebens». Ist alles Leben aber Leiden, so zeigt sich dies auch in der Erfahrung, die der Mensch mit den «Abschnitten» der Zeit macht: Die Gegenwart ist «allezeit ungenügend, die Z. aber ungewiß, die V. unwiederbringlich» [51].

6. Zu Beginn des 20. Jh. ist der Leitfaden für das Zeitproblem, vorbereitet besonders durch S. KIERKEGAARD, den Antipoden Hegels, nicht mehr die linear fortschreitende Geschichte, sondern die Frage des gelingenden Selbstseins in dieser Geschichte, also das Problem der Zeitlichkeit des menschlichen Daseins. Es wird von Kierkegaard in der Figur einer Doppelbewegung exponiert, in der sich der Mensch unendlich von sich selbst entfernen und aus dieser unendlichen Ferne auf seine Endlichkeit zurückkommen muß, denn er 'ist' eine Synthese aus Endlichkeit und Unendlichkeit, eine «Synthesis des Zeitlichen und des Ewigen» [52]. Im Ausgriff auf das Ganze seines ausstehenden Daseins und in der Rückkehr aus ihm realisiert er seine Zeitlichkeit, so daß nun das Zukünftige, «das Inkognito ..., in welchem das Ewige ... seinen Umgang mit der Zeit aufrecht erhalten will» [53], ein deutliches Übergewicht über die V. gewinnt. Diese Priorität der Z. steht indessen unter der Herrschaft der Gegenwart, sofern der Mensch erst im Vollzug der Synthesis, indem er im «Augenblick» V. und Z. «zusammenhält», ein Selbst wird. Die Z. ist hier nicht eigentlich ein Modus der linearen Zeit, sondern die Bedingung, die ihm die Möglichkeit zeitlicher Existenz eröffnet.

In den großen Entwürfen der ersten Jahrhunderthälfte setzt sich die Tendenz der 'Verinnerlichung' fort. H. BERGSON [54] hebt von der quantitativen Zeitauffassung der positiven Wissenschaften die Dauer («durée») als qualitative Zeit der Bewußtseinsprozesse ab und entfaltet aus deren erfahrbarer Realität («réalité vivante») die einzelnen Zeitdimensionen. Da das Gedächtnis der maßgebende Bewußtseinsvorgang ist, fällt alles Gewicht auf die V., während die Gegenwart lediglich der ungreifbare Übergang ist, der die V. an die Z. anschließt [55]. E. HUSSERL sucht den Ursprung der Zeit in der Gegenwart des Erlebnisstroms, dessen Wahrnehmung die Quelle alles Gegebenseins ist [56]. Faktisch leuchtet er dabei gleichfalls nur den V.-Horizont («Retention») dieses Bewußtseinsstroms aus, kaum jedoch dessen Z.-Horizont («Protention»). Z. kommt erst dort ins Spiel, wo sie ihren spezifischen Charakter der Offenheit bereits eingebüßt hat, im Kontext nicht mehr gegenwärtiger V., d.h. als Z.-Gerichtetheit derjenigen Wahrnehmung, welche die Wiedererinnerung repräsentiert [57].

Im Gegenzug gegen dieses Verständnis der Zeit orientiert sich M. HEIDEGGERS Theorie der «ursprünglichen Zeitlichkeit» des menschlichen Daseins an Kierkegaard, mit dem sie das Interesse am Vorrang der Z. teilt. Die Zeitmodi werden formal aus der «ekstatischen Verfassung der Zeitlichkeit» abgeleitet [58] und den Strukturmomenten der Sorge (s.d.), jener Grundverfassung des Daseins, zugeordnet: dem «Sich-vorweg»-sein wird die Z., dem «Schon-sein-in» die «Gewesenheit» (s.d.), dem «Sein-bei (innerweltlich begegnendem Seiendem)» die Gegenwart koordiniert [59]. Dabei ergibt sich die Auszeichnung der Z. aus dem Existenzvollzug der Sorge, dem zufolge das Dasein in seinen Tod als seine äußerste Möglichkeit vorläuft [60], auf das zurückkommt, was es schon ist, und erst aufgrund dieser Bewegung sich auf das jeweils Begegnende einzulassen vermag. Weil aber in solchem Vorlaufen das Dasein nur sich selber begegnet, wird die so begriffene Z. um ihre Offenheit gebracht. Sie wird zum Gegenteil ihrer selbst. M. THEUNISSEN diagnostiziert eine «Überwältigung der Z. durch die V. bzw. Gewesenheit» [61].

Innerhalb der phänomenologischen Tradition denkt E. LEVINAS die Zeit in einer nochmaligen Wendung gegen die von Husserl und Heidegger beschriebenen Verhältnisse [62]. Der Ursprung erfahrener Zeitlichkeit ist nicht das Vorlaufen zum Tode. Zeit läßt sich nicht als «Faktum eines isolierten und einsamen Subjekts» verständlich machen, sie muß vielmehr von der Ankunft nicht gegenwärtiger Ereignisse her begriffen werden. Sie ist «das Verhältnis des Subjektes zum anderen» [63], das, was wir nicht ergreifen können, sondern was uns «überfällt und sich unserer bemächtigt», und das erfahren wir elementar in der Konfrontation mit dem Tod. Insofern wird man auch hier von einer Priorität der Z. sprechen können: Das «Futurum («futur») des Todes bestimmt für uns die Z. («l'avenir»), die Z. in dem Maße, als sie nicht gegenwärtig ist» [64]. Analog spricht Levinas von der V. als einer Zeit, die «älter ist als jeder erinnerbare Ursprung» [65]. Damit unterläuft er den Zeithorizont des Bewußtseins, der sich im Fluß der Ereignisse verliert. V. und Z. sind hier keine Modi unserer Kalenderzeit, sie lassen sich nicht durch Erinnerung und Erwartung erschließen, sondern durchkreuzen die Ordnung des Chronos. Sie sind ethisch, in der aktuellen Verantwortung für den Anderen fundiert und gehören als solche jenem anderen, die bloße Intentionalität unseres Denkens transzendierenden Bewußtsein an, «das noch nicht zur Genüge geweckt ist» [66].

7. Das *theologische* Nachdenken über die Zeit begleitet seit Augustinus den Diskurs der Philosophie. Die Offenbarung Christi stellt für es den wichtigsten Einschnitt in der Geschichte der abendländischen Zeiterfahrung dar. Sie wird als das schöpferische Wort Gottes begriffen, in dem die Einheit von Ewigkeit und Zeit beschlossen liegt. Deshalb kann die Ewigkeit nicht als Negation der Zeit, sondern muß als Fülle des schöpferischen Lebens und somit als Öffnung für und als «Bereitschaft zur Zeit» begriffen werden [67]. F. Rosenzweig [68] und K. Barth [69] haben diesen in sich zeitlichen Charakter der Ewigkeit als Vor- und Nachzeitlichkeit Gottes zur Geltung gebracht. Im göttlichen Schöpfungsakt tritt die Zeit aus der Ewigkeit hervor und legt sich in Z., Gegenwart und V. – und zwar in dieser Sequenz! – auseinander.

Deshalb wird der biblische Gott in einer der neutestamentlichen Grußformeln prädiziert als der, «der da ist und der da war und der da kommt» [70]. Im dritten Glied dieser Formel wird der lineare Zeitbegriff durchbrochen. Das hat erhebliche Bedeutung für das Gottes- und Zeitverständnis: Gottes Z. manifestiert sich nicht darin, daß er sein wird, wie er war und ist, sondern daß er sich auf die Welt hin bewegt, zur Welt kommt. E. Bloch spricht von einem Gott «mit Futurum als Seinsbeschaffenheit» [71]. Diese Z. ist die Seinsweise Gottes in der Geschichte. Gottes Ewigkeit wird nicht als zeitlose Gleichzeitigkeit verstanden, sondern als die Macht seiner Z. über jede geschichtliche Zeit [72]. Als solche ist sie der Horizont der geschaffenen Welt. Sie steht uns nicht als ein Modus naturgeschichtlicher Kalenderzeit gegenüber, weder als Präteritum noch als Futurum. Sie kommt erneuernd auf uns zu; wir nehmen sie nur «von vorne» her wahr. Die Theologie muß daher methodisch mit dem Unterschied zweier, nicht aufeinander reduzierbarer Gestalten der Zeit rechnen. G. Picht hat sie als «phänomenale» und «transzendentale Zeit» beschrieben [73]. Der Zeit, die den Werdeprozeß der Welt und dessen immanente Entwicklung mißt und die demzufolge Z. nur als Resultat der V. kennt («futurum»), steht eine Zeit gegenüber, die jede meßbare Z. überholt, weil sie nicht aus den Bedingungen der bisherigen Geschichte, sondern von jenseits des heute absehbar Möglichen auf uns zukommt («adventus»). Diese als «adventus» kenntliche Z. hat J. Moltmann als «theologisches Paradigma der Transzendenz» herausgestellt [74]. Sie ist die Bedingung der Möglichkeit von Zeit überhaupt, sie muß als Quelle der Zeit verstanden werden. Sie bestimmt «die V. zur vergangenen Z. und die Gegenwart zur gegenwärtigen Z. und die zukünftige Zeit zur zukünftigen Z.» [75] und qualifiziert die geschichtliche Zeit somit als eine irreversible, zukunftsoffene Zeit.

Anders als es der Vorstellung homogener, linearer Zeit entspricht, werden nun auch auf der phänomenalen Ebene qualitative Differenzen zwischen V., Gegenwart und Z. sichtbar, die seit C. F. von Weizsäckers Arbeiten auch in die naturwissenschaftliche Theorie Eingang gefunden haben. Denn hier wird die Offenheit der Z. durch die Unsicherheit unserer Urteile über sie, also durch das Maß der Wahrscheinlichkeit ihres Eintretens repräsentiert: «Nur der zweite Hauptsatz [sc. der Thermodynamik] zeichnet in der Physik eine Zeitrichtung aus» [76]. Der Begriff der Wahrscheinlichkeit aber kann, ohne den Unterschied der V. und Z. zu benutzen, gar nicht sinnvoll verwendet werden. Das freilich hat zur Folge, daß die Modi der Zeit nicht auf einen Zeitstrahl eingetragen, sondern den Modalitäten des Seins zugeordnet werden: Das Vergangene ist der Raum des Faktischen, das Zukünftige das Feld des Möglichen und das Gegenwärtige das jeweils Wirkliche, d.h. die Weise des Erscheinens der Phänomene [77]. Damit ist die Asymmetrie der Zeitmodi bestätigt, die wir im Umgang mit V. und Z. selbstverständlich voraussetzen: Erinnerte V. ist etwas anderes als erwartete Z.

Der Versuch, diesen Unterscheidungen Rechnung zu tragen, führt zu einer weiteren Ausdifferenzierung der Tempora, die die besondere Art und Weise, in welcher die Zeit in unserer geschichtlichen Erfahrung in Erscheinung tritt, verständlich machen soll. A. M. K. Müller [78] hat sie im Anschluß an Augustinus in der Form einer Verschränkung der Zeitmodi dargestellt. Wir erfahren geschichtliche Zusammenhänge statt bloßer Momentaufnahmen, indem wir subjektive Zeiterfahrungen (also unseren eigenen 'Ort' im Zeitgefüge) zu objektiven Zeitereignissen in Beziehung setzen, also einmal vom Ort der Gegenwart, ein anderes Mal vom Ort der V. oder der antizipierten Z. auf gewesene oder künftige Ereignisse blicken. So unterscheiden wir von der 'V. in der Z.', etwa der Erbschaft, die wir kommenden Generationen hinterlassen, die 'Z. in der V.', etwa die uneingelösten Hoffnungen früherer Epochen. In diesem Sinne spricht R. Koselleck von «Erfahrungsraum» und «Erwartungshorizont» als Kategorien, die wir brauchen, um die Bedingungen möglicher Geschichtsereignisse zu umreißen. «Sie konstituieren eine zeitliche Differenz im Heute, indem sie V. und Z. auf ungleiche Weise ineinander verschränken» [79]. Dabei ist die Verschränkung selbst wie schon bei Augustinus der Ausdruck dafür, daß wir nicht wie Pflanzen oder Tiere lediglich in der Zeit «sind», sondern wissen, daß wir in ihr sind. Sie symbolisiert den Prozeß, der vom blinden Eingeschlossensein in die zeitlich verfaßte Welt zur reflexiven Möglichkeit bewußter Wahrnehmung führt.

Anmerkungen. [1] Vgl. zu den drei Stufen der V.: J. Ch. Gottsched: Vollständigere und neuerläuterte dtsch. Sprachkunst ... (1757) 297; zu Gottscheds Zeitbegriff: Erste Gründe der ges. Weltweisheit § 266 (^{4}1743) 223; zur Übersetzung der lat. Begrifflichkeit ins Deutsche: Notker der Deutsche: Boethius' Bearb. der ‹Categoriae› des Aristoteles II. Die Werke 5, hg. J. C. King (1972) 46, 17ff.; 50, 23ff. – [2] Art. ‹Zukunft›. Grimm 16 (1954) 485. – [3] a.O. 479. – [4] Vgl. Art. ‹Zeit II. A.›. – [5] Homer: Il. I, 70; zur Bedeutung der (mythischen) V. für die epische Dichtung vgl. A. Ford: Homer. The poetry of the past (Ithaca/London 1992). – [6] Heraklit: VS 22, B 30. – [7] Empedokles: VS 31, B 21. – [8] Anaxagoras: VS 59, B 12. – [9] Platon: Parm. 155 d 3. – [10] Hesiod: Theog. 32-34. – [11] Platon: Tim. 37 d 6. – [12] Tim. 37 e 4. – [13] Aristoteles: Phys. IV, 10, 217 b 30ff. – [14] 218 b 9-219 b 12. – [15] Augustinus: Conf. XI, 17, 22; zur Dreiteilung der Tempora vgl. auch: Proclus: In Plat. Parm. Op. ined., hg. V. Cousin (Paris 1864, ND 1962) 1236, 15-17; Simplicius: Coroll. de tempore. CAG 9, hg. H. Diehl (1882) 783, 28ff. – [16] Priscian: Instit. grammat. VIII, 8, § 39. Grammat. lat. 2 (1855, ND 1961) 406. – [17] 10, § 52, a.O. 414. – [18] Vgl. zum genauen Schema der Tempora wie zu möglichen semitischen Einflüssen: M. Pohlenz: Die Stoa (^{3}1964) 45f. – [19] Vgl. Art. ‹Zeit II. B.›. – [20] Vgl. zum Problemhintergrund: Plotin: Enn. III, 7 (45). – [21] Augustinus: Conf. XI, 14, 17; vgl. Art. ‹Vanitas mundi›. Hist. Wb. Philos. 11 (2001) 542-545; ‹Vergänglichkeit; Vergehen›, a.O. 658-664. – [22] E. Rudolph: Eschatologie und Zeit, in: Theologie – diesseits des Dogmas (1994) 50-62, 55. – [23] Augustinus: Conf. XI, 20, 26; vgl. auch: Art. ‹Erinnerung›. Hist. Wb. Philos. 2 (1972) 636-643; Nikolaus von Kues: De aequalitate 16. Opera 2 (Paris 1514, ND 1962) fol. 15^{r}-21^{r}. – [24] Thomas von Aquin: In I Periherm. lect. 5, n. 13. – [25] K. Flasch: Was ist Zeit? (1993) 20; vgl. Isidor von Sevilla: Sent. I, 6f. MPL 83, 547f. – [26] Vgl. E. A. Schmidt: Zeit und Geschichte bei Augustin. Sber. Heidelb. Akad. Wiss., Phil.-hist. Kl. (1985) 38. – [27] Rudolph, a.O. [22] 60. – [28] a.O. 61. – [29] Augustinus: De civ. Dei X, 12, 28. – [30] Boethius: De consol. philos. V; zur Bestimmung der «tempora» vgl. auch: In librum de interpret. edit. sec. MPL 64, 456 Bff. 418 Df. – [31] L. Molina: Liberi arbitrii cum gratiae donis ... Concordia (Lissabon 1588); vgl. Art. ‹Molinismus›. Hist. Wb. Philos. 6 (1984) 95f. – [32] Vgl. Augustinus: Conf. XI, 27, 35; Irenaeus von Lyon: Adv. haer. IV, 3, 1; zum scholastischen Gebrauch der Termini: Boethius Dacus: Modi significandi ..., q. 83 [1270/72]. Opera (Kopenhagen 1969) 198; Bonaventura: Comm. in Evang. Ioannis 1. Op. omn. (Quaracchi 1883-1902) 6, 247 b; Thomas von Aquin: I sent., d. 42, q. 2, a. 2, ad 3. Op. omn., hg. R. Busa 1 (1980) 111f.; Heinrich von Gent: Quodl. III, q. 11, Anh. 474, 13-17 (Paris 1518) 64^{v}C; zum Begriff ‹futuritio› vgl. auch den Eintrag in: Dict. of medieval Latin from Brit. sources 1 (Oxford 1997) 1042. – [33] L. Hölscher: Die Entdeckung der Z. (1999) 24. 26f. – [34] M. Luther: An den Rat zu Erfurt (1525). Weim. Ausg. 18 (1908) 539. – [35] Hölscher, a.O. [33] 38. – [36] Vgl. A. C. de Condorcet: Esquisse d'un tableau hist. des progrès de l'esprit humain (Paris 1795). – [37] Hölscher, a.O. [33] 39. – [38] a.O. 42. – [39] Art. ‹Zukunft›, in: J. Ch. Adelung: Versuch eines vollst. grammat.-krit. Wb. der hochdtsch. Mundart 5 (1786) 437. – [40] J. G. Herder: Vom Wissen und Nichtwissen der Z. (1797). Sämmtl. Werke, hg. B. Suphan (1877-1913, ND 1967f.) 16, 375; vgl. auch: Art. ‹Futurologie›. Hist. Wb. Philos. 2 (1972) 1150-1152. – [41] a.O. 372. – [42] G. E. Lessing: Die Erziehung des Menschengeschlechts §§ 91. 85 (1780). Sämtl. Schr., hg. K. Lachmann (1886-1924) 10, 324f. – [43] I. Kant: Idee zu einer allg. Gesch. in weltbürgerl. Absicht (1784). Akad.-A. 8, 15-31. – [44] a.O. 27. – [45] Vgl. Art. ‹Zeit VI. 2.›. – [46] G. W. F. Hegel: Phänomenol. des Geistes (1807). Akad.-A. 9, 14; vgl. auch: Art. ‹Übergangsperiode; Übergangszeit›. Hist. Wb. Philos. 11 (2001) 32-34. – [47] Grundlinien der Philos. des Rechts (1821). Jub.ausg., hg. H. Glockner (^{4}1961-68) 7, 35. – [48] Vorles. über die Philos. der Relig. III: Die absolute Religion (1827). Sämtl. Werke, hg. G. Lasson 14 (1929) 179. – [49] Vorles. über die Gesch. der Philos. 3 [1816/17ff.], a.O. [47] 19, 106. – [50] F. W. J. Schelling: Die Weltalter. Fragmente (1811), hg. M. Schröter (1946) 11. 13; vgl. System der Weltalter. Münchner Vorles. [1827/28] 4. Vorles., hg. S. Peetz (1990) 14ff. – [51] A. Schopenhauer: Die Welt als Wille und Vorst. I, 4, § 54 (1819-44, ^{3}1859). Sämtl. Werke, hg. A. Hübscher (1937-41) 2, 328; II, 4, Kap. 46, a.O. 3, 658. – [52] S. Kierkegaard: Der Begriff Angst (1844). Ges. Werke, hg. E. Hirsch/H. Gerdes 11/12 (1958) 86. – [53] a.O. 91. – [54] Vgl. Art. ‹Zeit VI. 4.›. – [55] H. Bergson: Matière et mémoire (1897) 144. – [56] E. Husserl: Vorles. zur Phänomenologie des inneren Zeitbewußtseins § 31 [1928]. Husserliana 10 (1966) 67f.; vgl. auch: Art. ‹Gegenwart, lebendige›. Hist. Wb. Philos. 3 (1974) 138-140; ‹Urimpression›, a.O. 11 (2001) 363f. – [57] § 14, a.O. 35ff.; vgl. auch: Art. ‹Retention›. Hist. Wb. Philos. 8 (1992) 931f.; ‹Protention›, a.O. 7 (1989) 1528f. – [58] M. Heidegger: Sein und Zeit § 79 (1927) 408; zur Z. als Charakter der Zeit vgl. auch: H. Cohen: Logik der reinen Erkenntnis (^{2}1919). Werke 6/1 (1977) 154f.; Art. ‹Antizipation›. Hist. Wb. Philos. 1 (1971) 419-425, hier: 422f. – [59] § 65, a.O. 327. – [60] § 52, a.O. 258f. – [61] M. Theunissen: Ὁ αἰτῶν λαμβάνει. Der Gebetsglaube Jesu und die Zeitlichkeit des Christseins (1976), in: Negat. Theol. der Zeit (1991) 321-377, 344; zur Ausdifferenzierung der menschlichen Z.-Bezüge vgl. Melancholisches Leiden an der Herrschaft der Zeit [1990], a.O. 218-281, bes. 236ff. – [62] Vgl. zu J.-P. Sartre und E. Levinas auch: Art. ‹Zeit VI. 6.›. – [63] E. Levinas: Le temps et l'autre (1979) 17; dtsch.: Die Zeit und der Andere (^{2}1989) 17. – [64] a.O. 64/48. 71/52. – [65] Autrement qu'être ou au-delà de l'essence (Paris 1978) 11; dtsch.: Jenseits des Seins oder anders als Sein geschieht (1992) 38. – [66] Gott und die Philosophie, in: B. Casper (Hg.): Gott nennen. Phänomenolog. Zugänge (1981) 81-123, 99. – [67] K. Barth: Die Kirchl. Dogmatik II/1 (^{4}1958) 689. – [68] F. Rosenzweig: Der Stern der Erlösung (1921). Ges. Schr. 2 (^{4}1976) 252ff. 278ff. – [69] Barth, a.O. [67] 685ff. – [70] Apk. 1, 4. – [71] E. Bloch: Das Prinzip Hoffnung 3. Ges.ausg. 5 (1959) 1458; zu Bloch vgl. auch: Art. ‹Bewußtsein, antizipierendes›. Hist. Wb. Philos. 1 (1971) 896f. – [72] W. Pannenberg: Der Gott der Hoffnung, in: S. Unseld (Hg.): E. Bloch zu Ehren (1965) 209-225. – [73] G. Picht: Die Zeit und die Modalitäten (1976), in: Hier und Jetzt: Philosophieren nach Auschwitz und Hiroshima 1 (1980) 362-374, hier: 373f. – [74] J. Moltmann: Z. als neues Paradigma der Transzendenz, in: Z. der Schöpfung (1977) 9-25. – [75] Das Kommen Gottes. Christl. Eschatologie (1995) 43. – [76] C. F. von Weizsäcker: Der zweite Hauptsatz und der Unterschied von V. und Z., in: Die Einheit der Natur (1971) 172-180, 177; vgl. Art. ‹Thermodynamik›. Hist. Wb. Philos. 10 (1998) 1166-1174; G. Böhme: Über die Zeitmodi (1966). – [77] Picht, a.O. [73] 371. – [78] A. M. K. Müller: Wende der Wahrnehmung (1978) 194ff. – [79] R. Koselleck: 'Erfahrungsraum' und 'Erwartungshorizont' – zwei hist. Kategorien, in: Vergangene Z. (1989) 349-375, 359; zur Verschränkung der zeitlichen Dimensionen vgl. schon: N. Luhmann: Weltzeit und Systemgeschichte. Kölner Zeitschr. Soziologie und Sozialpsychol., Sonderh. 16 (1972) 81-115.

Ch. Link

Zulassung (lat. permissio; engl. permission; frz. permission). ‹Z.› ist ein an biblische Redeweise (Hi. 1, 12; Ps. 81, 13; Röm. 1, 24. 26. 28) anknüpfender, seit der frühchristlichen Theologie gebräuchlicher Begriff für einen Aspekt des Verhaltens Gottes angesichts des Bösen, im besonderen der Sünde von Menschen und ihrer Folgen. Er gehört in die Problematik, die sich über die stoische Lehre von der Vorsehung (s.d.) hinaus aufbaute infolge der christlichen Prädikation des einen Gottes als allmächtig [1] und als gut: das Problem der Theodizee (s.d.) und die Lehre von der Prädestination (s.d.). Die seit Clemens von Alexandrien geläufige Auskunft, das Böse in der Welt sei die Folge der Sünde, und die Annahme des Origenes, Gott erlaube das Wirken böser Mächte, um die Menschen zu prüfen und zu läutern [2], berücksichtigen nicht das Übel, vor allem nicht die Sünde selbst. Gregor von Nyssa gibt dann zu, daß Gottes Vorsehung, wenn sie freie Menschen wollte, auch deren Sündenfall zugelassen hat [3]; sie erzwingt, so Augustin, die zukünftigen Ereignisse nicht und ordnet deren Z. dem Sieg Christi zu [4]. Die heilsgeschichtliche Integration der Z. hat in der mittelalterlichen Theologie ihre Grenze am Augustinischen Argument, daß die Z. nicht nur von Übeln, sondern auch von Sünde bzw. daß die Prädestination zur Verdammnis für eine vollkommene Welt notwendig sei [5].

Aufgrund ihrer Gnadentheologie bzw. ihrer Annahme des unfreien Willens verneinen die Reformatoren, daß die göttliche Weltregierung von menschlichen Zwischenursachen mitbestimmt sei («necessitas consequentiae», «Notwendigkeit der Folge»), was eine hinnehmende Z. der Sünde und des Unglaubens durch Gott und ein passives Vorherwissen (s.d.) ausschließt [6]. M. Luther antwortet auf die Frage, «warum ... Gott zugelassen» habe, «daß Adam gefallen ist» («cur permisit Adam ruere»): «Er ist Gott, dessen Wille weder eine Regel noch ein Maß hat, ... sondern dieser selber ist die Regel für alles» («Deus est, cuius voluntatis nulla est caussa nec ratio, ... sed ipsa est regula omnium») [7]. J. Calvin hebt eher die Einheitlichkeit des göttlichen Willens hervor und stellt fest, daß Gott in der Schrift «der Urheber von all dem genannt werde, von dem jene Kritiker wollen, daß es bloß unter seiner müßigen Z. geschieht» («Deum vocari eorum omnium autorem quae isti censores volunt otioso tantum eius permissu contingere») [8]. Der spätere Ph. Melanchthon begründet jedoch die «wahre und fromme Ansicht, ... Gott sei nicht die Ursache der Sünde» («vera et pia sententia, ... Deum non esse causam peccati»), mit dem Argument, Ursache der Sünde seien «der Wille des Teufels und der Wille des Menschen, welche sich frei von selber von Gott, der jene Abwendung nicht wollte und nicht billigte, abwandten» («Sunt autem causa peccati voluntas Diaboli et voluntas hominis, quae averterunt se libere sua sponte a Deo nec volente nec approbante illam aversionem») [9].

Die neuerliche Annahme freien Willens bzw. der Erwählung zum Heil «fide praevisa» («aufgrund vorhergesehenen Glaubens») im Luthertum, das Gott vom Verdacht der Urheberschaft des Übels und der Sünde entlasten will, führt den Begriff der Z. wieder in die Vorsehungslehre ein. Man übernimmt sogar die molinistische These der «scientia media» (s.d.) in die Gotteslehre [10]. Auch die calvinistischen Adressaten jenes Verdachts sprechen in der (infralapsarischen) Prädestinationslehre von Z., doch sehr betont von «permissio efficax» («wirksamer Zulassung») [11]. ‹Z.› meint nun allgemein die göttliche Weltregierung («gubernatio»), insofern diese auch demjenigen Handeln freier Geschöpfe, das von Gott weder gewollt noch gebilligt wird, die Erhaltung im Leben («conservatio») und die Mitwirkung an ihrem Verhalten («concursus») nicht entzieht, sondern auch dieses böse, geschöpfliche Freiheit mißbrauchende Handeln erlaubt. Dies ist jedoch stets mit anderen Modi der Weltregierung verbunden: der Verhinderung («impeditio»), der Lenkung («directio»), der Begrenzung («determinatio») des Bösen [12]. Die neuartige Theodizee von G. W. Leibniz fordert, das göttliche Regieren auf Erhalten und Mitwirken zurückzunehmen: Im 'Totaldekret' der bestmöglichen Welt dürfen Korrekturen niemals nötig werden. Die Z. von Übeln einschließlich des moralisch Bösen bezieht sich nun weder auf einen Zweck noch auf Mittel, sondern auf nicht mehr, aber auch nicht weniger als auf die Akzeptanz der Bedingungen der Realisierung der «bestmöglichen Welt» [13]. Im Bereich dieses (nicht-trinitarischen) Monotheismus, vollends im weltanschaulichen Theismus, der menschliche Autonomie und göttliche Kausalität verrechnet, ist von Z. nicht mehr die Rede. Vielmehr gilt von Gott angeblich zugelassenes 'sinnloses' Leiden seit Voltaire bis heute als der «Fels des Atheismus» (G. Büchner [14]).

Um die Mitte des 17. Jh. werden atheistische Positionen mit dem bis in die Gegenwart hinein wiederholten und ausgebauten Argument begründet, ein konkreter Theismus lasse sich nicht widerspruchsfrei denken [15]. Dabei wird bereits darauf abgehoben, daß die «Figur der Z. des Bösen durch Gott» eine Ausflucht sei, «die den Fundamentalsätzen ... des Theismus widerspricht», und daß sie «eine anthropomorphistische Gottesvorstellung» voraussetze [16]. Im 19. Jh. erklärt W. T. Krug, die «Z. des Bösen von Seiten Gottes» sei «eigentlich ein anthropomorphistischer Ausdruck» [17]. F. W. J. Schelling bezeichnet den Versuch «zur Rechtfertigung Gottes wegen der Z. des Uebels» sogar als «das Unwürdigste ..., was von Gott gedacht werden kann» [18]. Seinerseits bezieht Schelling sich «zur Erklärung des Bösen» auf die Verschiedenheit eines «Willens der Liebe» und eines «Willens des Grundes» in Gott selber, wobei «der Grund» wirken müsse, «damit die Liebe seyn könne». Nach Schelling ist «dieses Wirkenlassen des Grundes ... der einzig denkbare Begriff der Z., welcher in der gewöhnlichen Beziehung auf den Menschen völlig unstatthaft ist» [19]. Die neuscholastische, aber auch die neuere römisch-katholische Theologie verwendet den Z.-Begriff in ihrer Theodizee, da Gott das ontologisch und moralisch Defizitäre nicht verursacht und billigt [20]. Dagegen hält die evangelische Theologie, die wie K. Barth die ältere Vorsehungslehre christologisch erneuert, die Rede von Z. für die Äußerung eines eigentlich obsoleten «Angstkomplexes» [21], der Gottes Allmacht und menschliche Freiheit in Konkurrenz sieht; doch läßt Gott es zu, daß der Christusglaube sich von der Scheingeltung des Nichtigen noch bedroht fühlt [22]. In theistischer Perspektive gleicht die «Free Will Defense» göttliche und menschliche Kausalität wieder so aus, daß die Z. von Übeln und Bösem rational plausibel erscheint [23]. W. Pannenberg wendet dagegen den Z.-Begriff von Leibniz eschatologisch: Das Risiko, das Gott mit freien Geschöpfen einging und das die Z. von Übeln und Bösem bedingte, ist (wenn auch vorläufig und strittig) gerechtfertigt, weil Gott seiner eigenen zukünftigen Überwindung des Bösen und aller Übel schon in der Zeit, in Jesus Christus, zuvorgekommen ist [24]. Im Bemühen um einen «Gottesbegriff nach Auschwitz» spricht H. Jonas von einer Selbstbeschränkung Gottes hinsichtlich seiner Geschichtsmächtigkeit: «Im bloßen Zulassen menschlicher Freiheit liegt ein Verzicht der göttlichen Macht» [25].

Anmerkungen. [1] Vgl. Art. ‹Allmacht Gottes›. Hist. Wb. Philos. 1 (1971) 1053f. – [2] Clemens Alex.: Strom. I, 17, 82-84. GCS 52, 53, 14-55, 3; Origenes: De princ. III, 2, 7. GCS 22, 255, 14-16. – [3] Gregor von Nyssa: Or. catech. 8, 3. MPG 45, 37 B-D. – [4] Augustinus: Enchir. III/11. XXVI/100. CCSL 46, 53. 103; De civ. Dei XIV, 27. CCSL 48, 450f.; vgl. Synode von Valence (855), can. 3, in: H. Denzinger/P. Hünermann (Hg.): Enchir. symbol. (37 1991) 288f. (Nr. 628). – [5] Petrus Lombardus: Sent. I, 45, 6, hg. Coll. S. Bonaventurae 1/2 (Grottaferrata 3 1971) 310; Thomas von Aquin: S. theol. I, 2, 3; 19, 9, ad 3; 23, 5, ad 3. Op. omn., hg. R. Busa 2 (1980) 187f. 217. 233. – [6] Ph. Melanchthon: Loci (1521). Corp. reform. 21, 87-90. 114; Werke in Auswahl, hg. H. Engelland 2/1 (1952) 10-12. 40; Loci (1559), a.O. 643-652, bes. 647; Werke ..., a.O. 224-236, bes. 229f.; M. Luther: De servo arbitrio (1525). Weim. Ausg. [WA] 18, 616, 13-617, 22; 714, 38-722, 29; J. Calvin: Instit. relig. christ. I, 18, 3 (1559). Corp. reform. 30, 170f.; das Concil. Tridentinum (sess. VI, 1547) dogmatisiert den Begriff: Denzinger/Hünermann (Hg.), a.O. [4] 517 (Nr. 1556). – [7] Luther, a.O. 712, 29-32; vgl. auch: Vorles. über 1. Mose (1535-45). WA 42, 108, 33-109, 24. – [8] Calvin, a.O. [6] 170. – [9] Melanchthon, a.O. [6] 644; Werke ..., a.O. 225. – [10] a.O. 649f.; Formula Concordiae I, 25; XI, 4. 6 (1577), in: Die Bekenntnisschr. der evang.-luth. Kirche (9 1982) 776, 5f.; 817, 15ff. 37ff. – [11] Consensus Bremensis, Art. 5 (1595); Westminster Conf. V, 4; VI, 1 (1647), in: E. F. K. Müller (Hg.): Bekenntnisschr. der reform. Kirche (1903, ND 1987) 753-755. 555; weitere Nachweise bei: H. Heppe/E. Bizer (Hg.): Die Dogmatik der evang.-reform. Kirche (2 1958) 203f. 220-223. – [12] J. Gerhard: Loci theol. VI, §§ 64-85 (1610-25), hg. E. Preuss 2 (1864) 27-29; weitere Belege bei: H. Schmid: Die Dogmatik der evang.-luth. Kirche (9 1979) 120-134. – [13] G. W. Leibniz: Théodicée, Discours 32-35; II, 119; III, 336 (1710). Philos. Schr., hg. C. I. Gerhardt 6 (1885, ND 1965) 68-70. 169-172. 314. – [14] G. Büchner: Danton's Tod III, 1 (1835). Sämtl. Werke, hg. H. Poschmann 1 (1922) 58. – [15] Vgl. W. Schröder: Ursprünge des Atheismus (1998); J. L. Mackie: Omnipotence and evil. Mind 64 (1955) 200-212; The miracle of theism (Oxford 1982); dtsch. Das Wunder des Theismus (1985); vgl. auch: J. Bauke-Ruegg: Die Allmacht Gottes (1998), bes. 37-57. – [16] Vgl. Schröder, a.O. [15] 256f. – [17] W. T. Krug: Allg. Handwb. der philos. Wiss. 4 (2 1834) 630. – [18] F. W. J. Schelling: System der ges. Philosophie und der Naturphilos. insbes. (1804). Sämmtl. Werke, hg. K. F. A. Schelling I/6 (1860) 131-576, hier: 545. – [19] Philos. Unters. über das Wesen der menschl. Freiheit (1809), a.O. I/7 (1860) 331-416, hier: 375; vgl. auch: Philos. der Offenbarung (1841/42 bzw. 1844/45), 34. Vorles., a.O. II/4 (1858) 256-278, bes. 261f. – [20] Päpstl. Enzykl. ‹Libertas praestantissimum› (1888), in: Denzinger/Hünermann (Hg.), a.O. [4] 873 (Nr. 3251); F. Diekamp/K. Jüssen: Kath. Dogmatik 2 (11/12 1959) 36f.; W. Beinert (Hg.): Glaubenszugänge 1 (1995) 329-336. – [21] K. Barth: Kirchl. Dogmatik III/3 (1950) 166. – [22] Vgl. insgesamt: §§ 49f., a.O. 175ff. 422ff.; O. Weber: Grundlagen der Dogmatik 1 (1955) 485-493. 564-576. – [23] A. Plantinga: The nature of necessity (Oxford 1974) 164-195; R. Swinburne: The existence of god (Oxford 1979); dtsch.: Die Existenz Gottes (1987) 273-308; kritisch: J. L. Mackie: Das Wunder des Theismus, a.O. [15] bes. 239-281. – [24] W. Pannenberg: Systemat. Theol. 3 (1993) 679-694; vgl. 2 (1991) 75f. 192-201. – [25] H. Jonas: Der Gottesbegriff nach Auschwitz (1987) 43.

Literaturhinweise. R. SWINBURNE s. Anm. [23]. – G. NEUHAUS: Theodizee (1993). – R. BERNHARDT: Was heißt ‘Handeln Gottes’? (1999). – A. VON SCHELIHA: Der Glaube an die göttliche Vorsehung (1999). W. SPARN

Zuordnung; **Abbildung** (engl. coordination, correspondence, map/mapping; frz. correspondance, application). Z. als die Herstellung fester Beziehungen zwischen Dingen und (oder) Begriffen, Zeichen, Symbolen tritt bereits in elementarsten gedanklichen Operationen wie dem Zählen [1] auf. Gleichwohl kommt es zu einer allgemeinen terminologischen Verwendung von ‹Z.› bzw. ‹Abbildung› erst in den Grundlagendiskussionen der Mathematik des 19. Jh.; im Anschluß hieran findet der Begriff ‹Z.› auch in der Philosophie eine stärkere und spezifischere Verwendung.

1. a) Während Funktionen im mathematischen Sinne [2] bis ins frühe 19. Jh. durch Angabe geschlossener analytischer Ausdrücke oder zusammenhängender Graphen bestimmbar schienen und ihre Stetigkeit (s.d.) von daher als verbürgt galt, machten Gegenbeispiele diesen Zusammenhang problematisch und erzwangen eine logische Präzisierung des Funktionsbegriffs sowie seine Lösung von ‘anschaulichen’ Darstellbarkeitsforderungen [3]. P. G. L. DIRICHLET ist 1837 der erste, der Funktionen ganz unabhängig von ihrer Darstellbarkeit durch ein «gemeinsames Gesetz» oder einen kontinuierlichen Graphen im Sinne einer eindeutigen Beziehung jeder veränderlichen Größe eines Definitionsintervalls auf eine eindeutig bestimmte Größe eines Wertebereichs definiert («Entspricht nun jedem x ein einziges, endliches y ...») [4]. Umschreibt Dirichlet hier die durch eine Funktion hergestellte eindeutige Beziehung der Zahlen zweier Bereiche mit Hilfe des Begriffs ‘Entsprechung’ – N. LOBATSCHEWSKI spricht etwas früher im gleichen Kontext von einer eindeutigen ‘Auswahl’ [5], und B. BOLZANO verwendet in seinen Untersuchungen über unendliche Mengen für eineindeutige Beziehungen zwischen ihren Elementen den Ausdruck «Verbindung» [6] –, so findet sich später bei DIRICHLET hierfür der Terminus «Abbildung» [7], der allerdings auf R. DEDEKIND zurückgehen dürfte [8]. Er wird von vornherein als eine Verallgemeinerung des Funktionsbegriffs ausgewiesen und soll letztlich eine geistige Fähigkeit bezeichnen, «ohne welche ein Denken überhaupt nicht möglich» ist und auf dem «die gesammte Wissenschaft der Zahlen» beruht [9]. Dedekind macht dann diesen Begriff – neben ‹System› (d.h. der Menge, s.d.) – zum zweiten Grundbegriff seiner Mengenlehre: «Unter einer Abbildung φ eines Systems S wird ein Gesetz verstanden, nach welchem zu jedem bestimmten Element s von S ein bestimmtes Ding gehört, welches das Bild von s heißt und mit $\varphi(s)$ bezeichnet wird; wir sagen auch, daß $\varphi(s)$ dem Element s entspricht, daß $\varphi(s)$ durch die Abbildung φ aus s entsteht oder erzeugt wird, daß s durch die Abbildung φ in $\varphi(s)$ übergeht» [10]. Implizit wird von ihm eine Funktion als diejenige Abbildung aufgeführt, die *jedem* Element eines (Teil-)Systems $T \subset S$ ein Bild in $\varphi(T)$ zuweist [11]. Dedekind ist auch der erste, der eine Theorie der Abbildung in Angriff nimmt (Einführung und Untersuchung von identischen Abbildungen, von Abbildungskompositionen und von Abbildungseigenschaften wie «Ähnlichkeit» bzw. Injektivität [12]). G. CANTOR verwendet in seiner Grundlegung der Mengenlehre (s.d.) ‹Abbildung› – offenbar beeinflußt von Dedekind – erst spät, beiläufig und in einem speziellen Sinne, nämlich als Sonderfall einer umkehrbaren und ordnungserhaltenden Z. geordneter Mengen aufeinander [13]. Vom Begriff ‹Z.› dagegen macht Cantor frühen und allgemeinen Gebrauch und bezeichnet die dabei bevorzugte bijektive, heute gewöhnlich ‘eineindeutig’ bzw. ‘umkehrbar eindeutig’ genannte Z. zwischen den Elementen abzählbarer Mengen noch als «eindeutig» [14]. Eben diese Z. benutzt er in seinen späteren Untersuchungen über die Mächtigkeit kontinuierlicher Mannigfaltigkeiten zur Definition der Gleichmächtigkeit [15] und der Formulierung seiner Kontinuumshypothese [16].

b) Zu einer expliziten Zusammenführung von ‹Abbildung› und ‹Z.› und einer weiteren Verallgemeinerung kommt es dann innerhalb der Tradition der ‘Algebra der Logik’ (s.d.) durch die Ausbildung einer Logik der Relative. Im Anschluß an Ch. S. Peirce und unter direkter Bezugnahme auf die Untersuchungen Cantors und besonders Dedekinds nutzt E. SCHRÖDER diese Logik für eine Formalisierung der Grundbegriffe der Arithmetik und Mengenlehre [17]. Jedes «binäre Relativ» (bzw. jede zweistellige Relation [18]) als eine Menge geordneter Paare kann nach Schröder auch, wenn man Abbildung «im weitesten Sinne des Wortes» nimmt, als eine Abbildung bzw. – synonym gebraucht – «als eine ... Z.» aufgefaßt werden, womit insbesondere auch «mehrdeutige» Abbildungen bzw. Z.en eingeschlossen sind [19]. Dedekinds Begriff der Abbildung wird in Schröders neuer «Nomenklatur der Abbildungen» als «eindeutige Abbildung» (bzw. Z.) bezeichnet; eine solche eindeutige Abbildung, die *jedem* Element der Ausgangsmenge ein Element der Zielmenge zuordnet, bezeichnet er als «Funktion»; ist die Eindeutigkeit auch für die konverse Abbildung gegeben, spricht er von einer «auch umgekehrt eindeutigen Z.» [20].

c) Ungeachtet des von G. Frege gegen den Terminus ‹Z.› geltend gemachten Einwandes («Wenn mein Gedanke richtig ist, dass die Arithmetik ein Zweig der reinen Logik sei, so muß für ‘Zuordnung’ ein rein logischer Ausdruck gewählt werden. Ich nehme dafür ‘Beziehung’» [21]), setzen sich im Zuge der Rezeption der Theorie der Relationen [22] die Bezeichnungen ‹Abbildung› und ‹Z.› in der Mathematik des 20. Jh. rasch durch. Beide werden auch heute gewöhnlich synonym gebraucht, wobei die Verwendung von ‹Abbildung› dominiert [23]. Gewöhnlich werden Abbildungen mit zweistelligen bzw. binären Relationen zwischen zwei Mengen identifiziert [24]. Abweichend vom «exakten Sprachgebrauch», wonach eine Funktion als spezielle, nämlich eindeutige Abbildung aufzufassen ist [25], wird zuweilen auch die Funktion mit der Abbildung im weiteren Sinne identifiziert, wie die Rede von «mehrdeutigen Funktionen» belegt [26]. Umgekehrt wird die Abbildung heute wieder zunehmend in einem eingeschränkten Sinne als eine *eindeutige* Relation verstanden und mit der Funktion gleichgesetzt [27] – wohl auch, um eine Doppelung der Begriffe ‹Abbildung› (bzw. ‹Z.›) und ‹(zweistellige) Relation› für die gleiche Sache zu vermeiden. Eine zweistellige Relation, die die Elemente ein und derselben Menge einander zuordnet, wird als ‹Ordnung› (in bzw. auf dieser Menge) bezeichnet [28].

2. Ausgehend von der mathematischen Grundlagendiskussion findet ‹Z.› ab dem ausgehenden 19. Jh. breite Verwendung. Symptomatisch hierfür erscheint W. OSTWALDS emphatische, mit expliziter Bezugnahme auf die mathematische Begriffsbildung getroffene Feststellung: «Die ganze Methodik sämtlicher Wissenschaften beruht auf der mannigfaltigsten und vielseitigsten Verwendung des Zuordnungsverfahrens» [29]. Auch innerhalb der

Philosophie wird der Begriff von verschiedenen Richtungen aufgegriffen, wofür formal die ihm von der Mathematik verliehene Allgemeinheit, inhaltlich die Absicht, eine bestimmte Art der Bezugnahme von Begriffen bzw. Zeichen auf Erfahrung herauszustellen, maßgeblich sein dürften:

a) In der Tradition des Neukantianismus entwickelt H. von Helmholtz in seiner – bis auf das Jahr 1852 zurückverfolgbaren [30] – Zeichentheorie die Vorstellung, daß die Wahrnehmung uns ein «Zeichen», aber kein «Abbild» der äußeren Realität liefert, und zwar in dem Sinne, daß sie keine Ähnlichkeiten, sondern nur eindeutige Beziehungen zwischen äußerem Objekt und innerem Zeichen vermittelt. Dies impliziert, daß «das gleiche Object immer das gleiche Zeichen mit sich führt» [31], aber eben im allgemeinen nicht umgekehrt. Diese für die 'Bildtheorie' von H. Hertz und L. Wittgenstein einflußreich gewordene Vorstellung [32] wird u.a. von E. Cassirer mit Hilfe des Begriffs der Z. weiterentwickelt: Cassirer hält mit Helmholtz [33] dafür, daß die Z. der «Mannigfaltigkeit der Empfindungen» und der «Mannigfaltigkeit der wirklichen Gegenstände» so beschaffen ist, daß gesetzmäßige Verknüpfungen zwischen jenen auf diese nach dem Vorbild der mathematischen Isomorphie (s.d.) übertragen werden, und sieht darin eine «Bedingung der Begreiflichkeit der Phänomene» [34]. Wenn Cassirer bereits früh die Bedeutung des Relationsbegriffs und den «fundamentaleren Gedanken der 'Funktionalität'» [35] für die Philosophie betont, bezieht er sich zugleich auf die Entwicklung der Mengenlehre wie auch auf die Algebra der Logik [36], sucht aber von dorther auch die naturwissenschaftliche und letztlich alle Begriffsbildung an eine bestimmte «Form der Reihenbildung» [37] zu binden, wobei die «gedankliche Z.» zur begrifflichen Einheit führen soll [38]. Identität ist daher nicht als eine solche «substantialer Dinge» zu verstehen, sondern als «Identität funktionaler Ordnungen und Zuordnungen» [39]. Helmholtz' 'Isomorphie-Annahme' tritt bei Cassirer in Gestalt der transzendentalen Voraussetzung auf, daß ein allgemeines «Gesetz der Z.» für jede Reihung angegeben werden könne [40]. Daneben kommt der Begriff der Z. im Neukantianismus besonders akzentuiert auch in der Urteilslehre von B. Bauch zur Anwendung [41].

b) M. Schlick bezieht sich kritisch sowohl auf die neukantianische als auch die phänomenalistische Tradition [42], wenn er ‹Z.› zu einem zentralen Begriff seiner ‹Allgemeinen Erkenntnislehre› macht: Begriffe sind Zeichen [43], und das Bezeichnen ist «eine Z. ..., und nur das ist für die Erkenntnislehre wesentlich» [44]. Im Denken, so konstatiert er auch mit Berufung auf Dedekind, «gibt es ... gar keine andere 'Beziehung' als die Z.»; die einzige Denkbeziehung ist «die Z. oder Bezeichnung» [45]. Helmholtz' Forderung nach Konstanz der Zeichen formuliert Schlick als Forderung nach Eindeutigkeit der Z. [46]. Diese Eindeutigkeitsforderung überträgt sich als Wahrheitskriterium auch auf Urteile («ein Urteil, das einen Tatbestand eindeutig bezeichnet, heißt wahr» [47]) und führt Schlick zu der Schlußfolgerung: «Eindeutigkeit ist die einzige wesentliche Tugend einer Z., und da Wahrheit die einzige Tugend der Urteile ist, so muß die Wahrheit in der Eindeutigkeit der Bezeichnung bestehen, zu welcher das Urteil dienen soll» [48]. Schlicks Untersuchungen zum Begriff der Z. finden u.a. in den erkenntnistheoretischen Überlegungen A. Einsteins einen Nachklang [49]; über Einsteins sog. 'Lochbetrachtung' ('Hole argument') zur Allgemeinen Relativitätstheorie (s.d.) sind sie des weiteren auch wissenschaftlich wirksam geworden und haben auf die Ausbildung der formalen Semantik des logischen Empirismus gewirkt [50]. Einflußreich für den logischen Empirismus wurde auch seine Anbahnung des Begriffs ‹Zuordnungsdefinition› (s.d.).

Anmerkungen. [1] Vgl. Art. ‹Zahl; Zählen›. – [2] Vgl. Art. ‹Funktion I.›. Hist. Wb. Philos. 2 (1972) 1138-1140, bes. 1139. – [3] A. P. Youschkevitch: The concept of function up to the middle of the 19th cent. Arch. Hist. exact Sciences 16 (1976/77) 37-85; K. Th. Volkert: Die Krise der Anschauung. Eine Studie zu formalen und heurist. Verfahren in der Math. seit 1850 (1986) bes. 62-79. – [4] P. G. L. Dirichlet: Über die Darst. ganz willkürl. Functionen durch Sinus- und Cosinusreihen (1837). Werke 1, hg. L. Kronecker (1889) bes. 135f.; vgl. auch: H. Hankel: Unters. über die unendlich oft oscillirenden und unstetigen Functionen (1870). Mathemat. Annalen 20 (1882) 63-112, bes. 67f. – [5] N. Lobatschewsky: Über die Konvergenz trigonometr. Reihen [Russ.], in: Wiss. Studien der Univ. Kasan 2 (1834); zit. nach: Youschkevitch, a.O. [3] 77; Enzykl. der Elementarmath. 1 (1954) 70. – [6] B. Bolzano: Paradoxien des Unendlichen § 20 (1848), hg. F. Přihonský (1851) 28; vgl. § 13, a.O. 13f. – [7] P. G. L. Dirichlet: Vorles. über Zahlentheorie (1856/57), hg. R. Dedekind (1863, ^{3}1879) 469f. (Suppl. XI, § 163). – [8] R. Dedekind: Vorwort zu: Dirichlet: Vorles. ..., a.O. VII-VIII; vgl. auch: H.-G. Steiner: Aus der Geschichte des Funktionsbegriffs. Der Math.unterricht 15 (1969) 13-39, bes. 25 (Anm. 23); zum Abbildungsbegriff in der Funktionentheorie vgl. bereits: H. A. Schwarz: Ueber einige Abbildungsaufgaben. Journal für die reine und angewandte Math. 70 (1869) 105-120. – [9] Dirichlet, a.O. [7] 470 (Anm.). – [10] R. Dedekind: Was sind und was sollen die Zahlen? (1887, ^{10}1965), in: Was sind und was sollen die Zahlen? – Stetigkeit und Irrationale Zahlen § 2 (1965) 5; vgl. IIIf. (Vorwort). – [11] a.O. – [12] a.O. 5f.; §§ 3. 9, a.O. 7-13. 27-32; hierzu auch: J. Dieudonné: Abrégé d'hist. des math. 1700-1900 (Paris 1978); dtsch.: Geschichte der Math. 1700-1900 (1985) 399-401. – [13] G. Cantor: Beiträge zur Begründung der transfiniten Mengenlehre (1895/97), in: Ges. Abh. mathemat. und philos. Inhalts, hg. E. Zermelo (1932) 2-356, bes. 297. – [14] Über eine Eigenschaft des Inbegriffes aller reellen algebraischen Zahlen (1874), a.O. 115-118, hier: 115. – [15] Ein Beitrag zur Mannigfaltigkeitslehre, a.O. 119-133, hier: 119; Über unendl. lineare Punktmannigfaltigkeiten (1879-84), a.O. 139-251, bes. 141. – [16] Vgl. Art. ‹Kontinuum; Kontinuität IV.›. Hist. Wb. Philos. 4 (1976) 1057-1062, hier: 1062. – [17] Vgl. V. Peckhaus: Logik, Mathesis universalis und allg. Wissenschaft. Leibniz und die Wiederentdeckung der formalen Logik im 19. Jh. (1997) 272-283. – [18] Vgl. hierzu auch: Art. ‹Relation V.›. Hist. Wb. Philos. 8 (1992) 606-611. – [19] E. Schröder: Vorles. über die Algebra der Logik III, 1 (Leipzig 1895, ND New York 1966) 553. – [20] a.O. 568; zur Kritik der Schröderschen Terminologie in bezug auf Namen (Vorles. ... 1 (1890) 38-79) vgl. E. Husserl: [Rez.] Schröders Vorles. über die Algebra der Logik (Exakte Logik) I (1890). Gött. Gel. Anzeigen (1891) 243-278, bes. 250; zur Kritik dieser Kritik vgl. G. Frege: Ausführungen über Sinn und Bedeutung (1892-1895), in: Nachgel. Schr., hg. H. Hermes u.a. (^{2}1983) 128-136, bes. 134f. – [21] Vgl. G. Frege: Grundgesetze der Arithmetik. Begriffsgeschichtlich abgeleitet 1-2 (1893/1903, ND 1962), hg. Ch. Thiel (ND 1998) 1, 3. – [22] Vgl. Dieudonné, a.O. [12]. – [23] Vgl. J. Naase/H. L. Schmid (Hg.): Mathemat. Wb. 1-2 (1961) 1, 1 (Art. ‹Abbildung›); 2, 919 (Verweis ‹Z.›). – [24] a.O. 1, 486f. (Art. ‹Relation›). – [25] 1, 1. – [26] 1, 13; vgl. auch: a.O. 1, 1. – [27] Vgl. H. Meschkowski: Mathemat. Begriffswb. (1965) 13 (Art. ‹Abbildung›). 86 (Verweis ‹Funktion›); vgl. auch: H. Zieschang: Lineare Algebra und Geometrie (1997) 29 (Def. 2.1.18). – [28] Vgl. Art. ‹Ordnung IV.›. Hist. Wb. Philos. 6 (1984) 1303-1309. – [29] W. Ostwald: Grundriß der Naturphilos. (1908) 94; vgl. 88-91. – [30] Vgl. G. Schiemann: Wahrheitsgewißheitsverlust. H. von Helmholtz' Mechanismus im Anbruch der Moderne (1997) 238-246. – [31] Vgl. etwa: H. von Helmholtz: Die neueren Fortschritte in der Theorie des Sehens (1868), in: Vortr. und Reden 1 (^{5}1903) 265-365, bes. 322; Die Thatsachen in der Wahrnehmung (1878), a.O. 2, 213-247, bes. 222. – [32] Vgl. Art. ‹Bild, logisches›. Hist. Wb. Philos. 1 (1971) 920f.; vgl. hierzu auch: U. Majer: Hertz, Wittgenstein und der Wiener Kreis, in: H. J. Dahms (Hg.): Philos., Wiss., Aufklärung. Beitr. zur Gesch. und Wirkung des Wiener Kreises

(1985) 40-66, bes. 50f. – [33] Vgl. HELMHOLTZ: Thatsachen ..., a.O. [31] 222f. – [34] E. CASSIRER: Substanzbegriff und Funktionsbegriff (1910, ND 1994) 404f.; näher hierzu: T. A. RYCKMAN: Conditio sine qua non? Z. in the early epistemologies of Cassirer and Schlick. Synthese 88 (1991) 57-95, bes. 69f. – [35] Kant und die mod. Math. Kantstudien 12 (1907) 1-49, bes. 7. Ges. Werke, hg. B. RECKI 9 (2001) 37-82; vgl. Art. ‹Funktion II.›. Hist. Wb. Philos. 2 (1972) 1140f. – [36] a.O. 3-21. – [37] a.O. [34] 19. – [38] Vgl. a.O. 47. – [39] 431. – [40] 21; vgl. 220. 350f. 356f. – [41] B. BAUCH: Wahrheit, Wert und Wirklichkeit (1923) 138-153, bes. 144f. – [42] Vgl. E. MACH: Die Mechanik, hist.-krit. dargest. (1883, 91933, ND 1982) 458-461; J. PETZOLDT: Das Gesetz der Eindeutigkeit. Vjschr. wiss. Philos. 19 (1895) 146-203, hier: 168; Einf. in die Philos. der reinen Erfahrung 1 (1900) bes. 39. – [43] M. SCHLICK: Allg. Erkenntnislehre § 5 (1918) 18. – [44] a.O. 20. – [45] § 39, a.O. 326. – [46] § 10, a.O. 56; vgl. bereits: Das Wesen der Wahrheit nach der mod. Logik. Vjschr. wiss. Philos. Soziol. 34 (1910) 386-477, hier: 472; zu Schlicks Helmholtz-Rezeption vgl. M. FRIEDMAN: Helmholtz's Zeichentheorie and Schlick's Allg. Erk.theorie: Early logical empiricism and its 19th-cent. background. Philos. Topics 25 (1997) 19-50. – [47] a.O.; vgl. Das Wesen der Wahrheit, a.O. 466. – [48] 58. – [49] Vgl. etwa: A. EINSTEIN: Physik und Realität (1936), in: Aus meinen späten Jahren (1952, 21953, ND 1984) 63-106, bes. 64f. – [50] Vgl. D. HOWARD: Einstein and Eindeutigkeit: A neglected theme in the philos. background to general relativity, in: J. EISENSTAEDT/A. J. KOX (Hg.): Studies in the hist. of general relativity (Boston u.a. 1992) 154-243; Relativity, Eindeutigkeit, and monomorphism: R. Carnap and the development of the categoricity concept in formal semantics, in: R. N. GIERE/A. W. RICHARDSON (Hg.): Origins of log. empiricism (Minneapolis/London 1996) 115-164.

Literaturhinweise. E. BOUTROUX: Sur la notion de correspondance dans l'analyse math. Rev. Mét. Morale 12 (1904) 909-920. – P. HAUSMEISTER: Z. und Kausalität. Annalen Naturphilos. 6 (1907) 434-442. – T. A. RYCKMAN s. Anm. [34].

H. PULTE

Zuordnungsdefinition (engl. coordinative definition). Der Begriff ‹Z.› als Bezeichnung einer Definition, bei der ein Begriff einer formalen Theorie (oder allgemein eines Systems von Urteilen) seine Bestimmung durch Verweis auf einen empirischen Sachverhalt oder Vorgang findet, wird durch die moderne Axiomatik (s.d.), besonders in ihrer Ausformung durch D. HILBERT, vorbereitet und ist sachlich (wenn auch nicht wörtlich) erstmals 1918 bei M. SCHLICK nachweisbar: In seiner ‹Erkenntnislehre› deutet er Urteile als Zuordnungen von Zeichen zu Tatbeständen, die ihrerseits wiederum eine Zuordnung (s.d.) von Begriffen zu Gegenständen voraussetzen. Ist das einem Tatbestand zugeordnete Zeichen dadurch neu, daß in ihm ein bisher nicht gebrauchter Begriff auftritt, so handelt es sich bei der Zuordnung um eine Definition. Verwendet das Urteil dagegen ausschließlich bereits bei anderen Gelegenheiten gebrauchte Begriffe, «so ist es eben dadurch eine Erkenntnis». Urteile des letzten Typs sind wahr, wenn die Gesamtheit aller Zuordnungen eindeutig ist, d.h., wenn ein und dasselbe Zeichen niemals verschiedene Gegenstände bedeutet. Die nicht wahrheitsfähigen Definitionen vollziehen ihre Zuordnungen hingegen durch «willkürliche Festsetzung» [1].

Während die Bestimmung von Urteilswahrheit als Eindeutigkeit der Zuordnung 1923 von F. WEINHANDL weiter verfolgt wird [2], spielt die Z. bald darauf eine zentrale Rolle im Werk von H. REICHENBACH. Seine explizit an Schlick anknüpfende Konzeption von Zuordnung steht zunächst noch unter dem Einfluß des Neukantianismus [3]. Physikalische Erkenntnis wird als Zuordnung der nur durch Wahrnehmungen gegebenen wirklichen Dinge zu mathematischen Gleichungen aufgefaßt. Dabei wird die konstitutive Funktion dieser Zuordnungen betont, die erst zu einer definitorischen Bestimmung der Elemente des Wirklichen führen: Die «Zuordnungsprinzipien» stellen die allgemeinsten Bedingungen für die Möglichkeit eines solchen Zuordnungsprozesses dar.

Dieses Verständnis von Zuordnungen weicht bei Reichenbach zunehmend einer realistischen Konzeption, in der – nun auch wörtlich – von «Z.en» die Rede ist (auch «Realdefinitionen» oder «physikalische Definitionen»), welche Begriffen ein «Ding der Wirklichkeit», ein «Stück Realität» zuordnen [4]. Z.en sind nicht faktischer Natur, sondern konventionell, indem sie nicht die Wahrheit unserer Tatsachenbeschreibung betreffen, sondern lediglich praktische Gesichtspunkte wie deren Einfachheit. Reichenbach vertritt zunächst die Auffassung, daß es keine eindeutige Trennung faktischer und konventioneller Elemente in einer Beschreibung gebe, sondern daß es selbst wieder eine freie Entscheidung sei, an welcher Stelle man Festsetzungen vornehme und welche Elemente sich danach als faktisch bestimmt erweisen [5]. Dagegen scheint er später zu der Auffassung übergegangen zu sein, daß eine eindeutige Separierung konventioneller und faktischer Elemente möglich ist [6].

Das paradigmatische Einsatzgebiet von Z.en ist bei Reichenbach die Geometrie. Um aus der zunächst bloß mathematischen Theorie («reine Geometrie»), deren Begriffe implizit [7] definiert sind, eine empirische Theorie zu machen («physikalische Geometrie»), müssen ihre Grundbegriffe wirklichen Gegenständen definitorisch zugeordnet werden. Der einfachste Fall ist hier die physikalische Definition der Längeneinheit. Reichenbachs Verallgemeinerung des Wesens der Z. der Einheitslänge zu einer Bestimmung von Z.en schlechthin wird allerdings problematisch, wenn man das zentrale Problem seiner Philosophie des Raumes betrachtet: die Definition der Längengleichheit oder Kongruenz. Diese Z., die eine Festlegung über das Verhalten transportierter Maßstäbe macht, läßt sich nur schwerlich in der für eine Zuordnung typischen Form «'dieses Ding' da soll dem und dem Begriff entsprechen» schreiben [8]. Vielmehr sollte sie entgegen Reichenbachs Charakterisierung besser als konventionelle Festsetzung bestimmter definitorischer Elemente in der betreffenden Tatsachenbeschreibung verstanden werden, zumal er die Forderung nach dem Verschwinden sogenannter «universeller Kräfte» als alternative Formulierung der Z. der Kongruenz angibt [9]. In seinen späteren Werken geht Reichenbach dann auch dazu über, von Konventionen oder, allgemeiner, von Willensentscheidungen («volitional decisions») zu sprechen, wenn die – nicht durch die Forderung nach Wahrheit bestimmten – Elemente einer Theorie gemeint sind [10].

Neben W. DUBISLAV [11] greift vor allem R. CARNAP Reichenbachs Begriff der Z. auf, um das Verhältnis zwischen reiner und deskriptiver Syntax in Analogie zu dem Verhältnis zwischen reiner und physikalischer Geometrie zu erläutern [12]. Die Aufgabe der physikalischen Interpretation von Begriffen, die Reichenbach am Beispiel der Geometrie den Z.en zuweist, wird bei Carnap von den in einer semantischen Metasprache formulierten «Bezeichnungsregeln» («designation rules») übernommen, die allerdings die Designata der objektsprachlichen Ausdrücke lediglich durch eine Übersetzung in die bereits als interpretiert vorauszusetzende Metasprache bestimmen [13]. Der für die Z. charakteristische Griff aus der Sprache heraus auf ein außersprachliches «Realglied» tritt hier nicht auf. Nachdem das Programm der expliziten Definierbarkeit aller wissenschaftlichen Begriffe durch Beobachtungsbegriffe gescheitert war, erforderte das nachfolgende Zweisprachenmodell wissenschaftlicher Theorien [14] die Einführung von sogenannten Korrespondenzregeln oder -postulaten, die eine partielle Interpretation der theoretischen Sprache durch die Termini der Beobachtungssprache ermöglichen sollten [15]. W. STEGMÜLLER weist darauf hin, daß mit dieser Entwicklung Reichenbachs «Auffassung, daß alle in einem physikalischen System vorkommenden theoretischen Terme mit Beobachtbarem verknüpft werden müssen und daß diese Verknüpfung auch eine vollständige empirische Deutung zu liefern habe», nicht länger vertreten werden könne. Daher sei auch die Rede von «Z.en» nicht länger zweckmäßig und solle besser durch die Bezeichnung «Zuordnungsregeln» ersetzt werden [16].

Anmerkungen. [1] M. SCHLICK: Allg. Erkenntnislehre (1918) 55-63, bes. 55. 63; zum Bezug auf Hilbert vgl. a.O. 31-33 und zeitgleich: D. HILBERT: Axiomat. Denken. Mathemat. Annalen 78 (1918) 405-415, bes. 405f. – [2] F. WEINHANDL: Urteilsrichtigkeit und Urteilswahrheit (1923) 136-149. – [3] H. REICHENBACH: Relativitätstheorie und Erkenntnis apriori (1920). Ges. Werke, hg. A. KAMLAH/M. REICHENBACH 3 (1979) 224-250, bes. 233f.; 263-280. – [4] Axiomatik der relativist. Raum-Zeit-Lehre (1924), a.O. 17; vorbereitend hierzu: Bericht über eine Axiomatik der Einsteinschen Raum-Zeit-Lehre. Physikal. Zeitschr. 22 (1921) 683-687, bes. 683f.; vgl. auch: Ziele und Wege der physikal. Erkenntnis [1923], in: H. THIRRING (Hg.): Allg. Grundlagen der Physik [Hb. der Physik, hg. H. GEIGER/K. SCHEEL 4] (1929) 33f.; Philos. der Raum-Zeit-Lehre § 5 (1928). Ges. Werke 2 (1977) 31-37, bes. 31f.; Atom und Kosmos. Das physikal. Weltbild der Gegenwart (1930) 34-37. – [5] Ziele ..., a.O. 34. – [6] Philos. der Raum-Zeit-Lehre, a.O. [4] 54. – [7] Vgl. Art. ‹Definition II.›. Hist. Wb. Philos. 2 (1972) 35-42, hier: 38f. – [8] REICHENBACH: Ziele ..., a.O. [4] 33. – [9] Philos. der Raum-Zeit-Lehre, a.O. [4] 52-54. – [10] Experience and prediction (Chicago/London 1938) 9ff. – [11] Vgl. W. DUBISLAV: Die Definition (³1931) 106f. – [12] R. CARNAP: Die log. Syntax der Sprache (Wien 1934) 7. 68-73. – [13] Foundations of logic and math., in: Int. encycl. of unified science 1, No. 3 (Chicago 1939) 8-11; Meaning and necessity (Chicago 1947, ²1956) 4f. 170f. – [14] Vgl. Art. ‹Theorie II.›. Hist. Wb. Philos. 10 (1998) 1146-1154, hier: 1146f. – [15] R. CARNAP: The methodolog. character of theoret. concepts. Minnesota Studies Philos. Science 1 (1956) 38-76; Beobachtungssprache und theoret. Sprache. Dialectica 12 (1958) 236-248. – [16] W. STEGMÜLLER: Probleme und Resultate der Wiss.theorie und Analyt. Philos. 2 (1970) 293-374, bes. 310; kritisch zur ‹Z.› äußert sich zuvor bereits: A. PAP: Analyt. Erkenntnistheorie. Krit. Übersicht über die neueste Entwicklung in USA und England (1955) 133f.; vgl. STEGMÜLLER, a.O. 276-280.

Literaturhinweise. A. GRÜNBAUM: Geometry and chronometry in philos. perspective (Minneapolis 1968); Philos. problems of space and time (Dordrecht ²1973). – M. FRIEDMAN: Geometry, convention and the relativized a priori: Reichenbach, Schlick, and Carnap, in: W. C. SALMON/G. WOLTERS (Hg.): Logic, language and the structure of scient. theories. Proc. Carnap-Reichenbach Centennial Konstanz 1991 (Pittsburgh 1994) 21-34. – L. S. SHAPIRO: Coordinative definition and Reichenbach's semantic framework: a reassessment. Erkenntnis 41 (1994) 287-323. – C. KLEIN: Konventionalismus und Realismus (2000) 21-114; Coordination and convention in H. Reichenbach's philos. of space, in: F. STADLER (Hg.): The Vienna circle and logical empiricism. Vienna Circle Inst. Yearbook 10 (2003) 109-120.

C. KLEIN

Zurechnung (lat. imputatio; engl. imputation, attribution; frz. imputation). Die Imputation (s.d.) wird sowohl in der Moralphilosophie (Rechtsphilosophie) als auch in der Theologie (vgl. unten: II.) thematisiert. Mit ‹Z.› bezeichnet man das Urteil, durch das jemandem etwas «auf die Rechnung geschrieben» wird («in rationes referre») [1].

I. *Moralphilosophie; Rechtsphilosophie.* – J. G. DARJES unterscheidet 1754 zwischen «physischer Z.» («imputatio physica») und «moralischer Z.» («imputatio moralis»). Bei der ersteren geht es um den Kausalzusammenhang zwischen dem Dasein einer Person und dem Eintritt eines Ereignisses [2], bei der letzteren um die Frage, ob ein Ereignis auf den Willen einer Person bezogen werden kann [3]. Ähnlich unterscheidet CH. WOLFF schon 1738 [4]. Im Vordergrund der Geschichte der Z.-Lehre steht die «Z. in moralischer Bedeutung» (I. KANT) [5].

«Imputare» («zurechnen») wird schon in der Antike in einem neutralen Sinne gebraucht. PHAEDRUS (1. Jh.) spricht von «beneficium imputare» («eine Wohltat zurechnen») [6]; die ‹Digesten› sprechen von «culpa imputari» («Schuld wird zugerechnet») [7]. Bei THOMAS VON AQUIN heißt es: «imputari alicui malitiam vel bonitatem sui actus» («jemandem wird die Schlechtigkeit oder die Güte seiner Handlung zugerechnet») [8]. Ähnlich schreibt DURANDUS A S. PORCIANO: «aliquid imputatur nobis ad culpam vel meritum» («etwas wird uns zur Schuld oder zum Verdienst zugerechnet») [9]. Im 18. Jh. heißt es bei F. HUTCHESON: «Imputation is one of the voces mediae, tho' more commonly used in charging men with guilt» [10].

1672 rückt S. PUFENDORF den Begriff der «imputatio» in den Mittelpunkt der praktischen Philosophie [11]. Erst seitdem können einschlägige Überlegungen als «Z.-Lehre» bezeichnet werden. WOLFF kennzeichnet das Z.-Urteil ausdrücklich als ein «iudicium» («Urteil») [12]. Auch KANT spricht von «Urtheil» [13], DARJES von «declaratio» («Erklärung») [14]. Mit diesen Formulierungen wird der Standpunkt des Urteilers eingenommen. Demgegenüber will J. G. WALCH Z. als «eine moralische Eigenschaft» der beurteilten Person verstehen [15].

1673 bringt PUFENDORF eine erste Einteilung. Danach rechnen wir einem Menschen Handlungen («actiones humanae») dann zu, wenn wir meinen, daß er der Urheber der Handlungen ist, daß eine Pflicht zur Rechenschaftslegung über sie besteht und daß auf ihn die Wirkungen zurückfallen, die aus den Handlungen hervorgehen: «quod homo pro earum auctore recte possit haberi, ac ad reddendam de iisdem rationem adstringi, quodque in ipsum redundent effectus, qui ex istis proveniunt» [16]. CH. THOMASIUS greift einzelne dieser Merkmale auf: «Imputare est, aliquem declarare causam moralem, ad quam debeat applicari effectus moralis» («'Zurechnen' bedeutet, jemanden als moralische Ursache [einer Handlung] erklären, auf die der moralische Effekt [der Handlung] anzuwenden ist») [17]. Dagegen unterscheidet J. J. LEHMANN 1721 in seinem Kommentar zu Pufendorf drei verschiedene Stufen der Z.: erstens die Z. der Urheberschaft, zweitens die der Qualifikation der begangenen Handlung (gut, schlecht, indifferent), schließlich die Z. ihrer Folgen: «Imputatio prima praecedit secundam, & haec tertiam. Prima est, quando quis pro auctore alicuius actionis haberi potest. ... Secunda est, quando actio ab aliquo patrata ut bona, mala aut indifferens declaratur. ... Tertia ... definit consequentia illius actionis, quae sunt absolutio aut proemium aut poena, minimum satisfactio» [18].

Vor diesem Hintergrund bestimmen H. KÖHLER und J. G. HEINECCIUS Z. als «applicatio legis ad factum» («Anwendung des Gesetzes auf die Tat») [19]. «Lex» («Gesetz») ist der Name für das dabei als maßgeblich vorausgesetzte System von Verhaltensnormen. Demgegenüber unterscheidet WOLFF zwischen der Anwendung des Gesetzes auf die Tat und der Z. der Tat. Er schreibt einerseits: «Qui ... legem ad factum aliquod applicat, is de ejus convenientia vel disconvenientia cum lege judicat» («Wer das Gesetz auf eine Tat anwendet, urteilt darüber, ob die Tat mit dem Gesetz übereinstimmt oder nicht») [20]. Andererseits definiert Wolff die Z. als das Urteil, das den Handelnden zur freien Ursache der guten oder schlechten Handlungsfolgen erklärt: «Imputatio actionis, sive positivae, sive privativae, dicitur judicium, quo agens declaratur causa libera ejus, quod ex actione ipsius consequitur, boni malique vel sibi, vel aliis» [21]. Gleichzeitig arbeitet Wolff die Implikationsbeziehung heraus, die zwischen der Anwendung des Systems der Verhaltensregeln und der Z. eines Vorganges als Tat besteht: «Ex applicatione legis ad factum intelligitur, actionem esse talem, quae imputari possit» («Aus der Anwendung des Gesetzes auf eine Tat erhellt, daß die Handlung so beschaffen ist, daß sie zugerechnet werden kann»). Die Implikation ist die retrospektivische Entsprechung zu dem prospektivischen «'Sollen' impliziert 'Können'», das u.a. bei KANT eine Rolle spielt [22]. Deshalb kann WOLFF die Z.-Definition seiner Zeitgenossen kritisieren: «Apparet itaque actum imputationis definiri minime posse per applicationem legis ad facta» («Daher ist es offenbar nicht möglich, den Akt der Z. als Anwendung des Gesetzes auf die Taten zu bestimmen») [23]. KANTS Z.-Definition baut auf den von Wolff herausgearbeiteten Elementen auf: «Z. ... ist das Urtheil, wodurch jemand als Urheber (causa libera) einer Handlung, die alsdann That (factum) heißt und unter Gesetzen steht, angesehen wird» [24].

Wolffs Überlegungen führen bei G. ACHENWALL [25], A. G. BAUMGARTEN [26] und in KANTS Vorlesungen [27] zu der Zweiteilung von «imputatio facti» («Z. der Tat») und «imputatio legis» («Z. des Gesetzes»). Doch kommt J. G. DARJES schon 1740 zu der Dreiteilung von «imputatio facti», «applicatio legis ad factum» und «imputatio iuris» («Z. des Rechts»). Die «imputatio facti» bestimmt er als «declaratio, quod aliquis sit auctor facti» («Erklärung, jemand sei der Urheber der Tat»), die «imputatio iuris» als «iudicium de merito facti» («Urteil über das Verdienst der Tat») [28]. Die Terminologie ist an die Unterscheidung von «quaestio facti»/«quaestio iuris» [29] angelehnt. Bei Darjes ist die «applicatio legis ad factum» keine Stufe der Z. mehr wie noch bei Lehmann. Z. ist vielmehr allein, was der «applicatio legis ad factum vorangeht» (erste Stufe der Z.) und was ihr nachfolgt (zweite Stufe) [30].

Darjes setzt «meritum» noch mit «praemium vel poena» («Belohnung oder Strafe») gleich [31]. Indessen hatte PUFENDORF schon 1660 zwischen «meritum» und «demeritum» als jeweils dem «effectus materialis» einer über das Pflichtmaß hinausgehenden bzw. pflichtwidrigen Tat auf der einen und «Belohnung» und «Strafe» auf der anderen Seite unterschieden: «Effectus materialis actionis bonae proficuae, & quidem indebitae est Meritum; malae Demeritum; quorum illud pensatur per mercedem & praemium, hoc consequitur Poena ... Ex actione debita nullum est meritum» [32]. KANT betont 1797 denselben Unterschied: «Was jemand pflichtmäßig mehr thut, als wozu er nach dem Gesetze gezwungen werden kann, ist verdienstlich (meritum); was er nur gerade dem letzteren angemessen thut, ist Schuldigkeit (debitum); was er endlich weniger thut als die letztere fordert, ist moralische Verschuldung (demeritum). Der rechtliche Effekt einer Verschuldung ist die Strafe (poena); der einer verdienstlichen That Belohnung (praemium) ...; die Angemessenheit des Verfahrens zur Schuldigkeit hat gar keinen rechtlichen Effect» [33]. Danach ist zwischen dem «materialen» und dem «rechtlichen Effekt» einer über den Maßstab hinausgehenden oder pflichtwidrigen Handlung zu unterscheiden. Die Dreiteilung, die LEHMANN und DARJES vornehmen, berücksichtigt den rechtlichen Effekt einer Handlung, ohne auch ihren materialen Effekt zu berücksichtigen. Auf der Grundlage der Differenz von materialem und rechtlichem Effekt ist dagegen zwischen der «Z. zum Verdienst» und der «Z. zur Schuld» [34] auf der einen und der Zumessung von Belohnung bzw. Strafe auf der anderen Seite zu unterscheiden.

Im 19. Jh. wird Z. im Anschluß an K. GROLMAN [35] und P. J. A. FEUERBACH [36] zum Thema der Strafrechtslehre, doch gehen dabei die Differenzierungen verloren, die im 18. Jh. erreicht worden sind. Die heute übliche Definition der «Straftat» als einer «(delikts)tatbestandsmäßigen, rechtswidrigen und schuldhaften Handlung» [37] beruht auf den Unterscheidungen, die Pufendorf, Wolff, Darjes und Kant vorgenommen haben, ohne sie deutlich genug wiederzugeben. Im 20. Jh. knüpft u.a. H. KELSEN an die Z.-Lehre Kants an [38]. In jüngster Zeit wird das Thema ‹Z.› auch in der Strafrechtslehre wieder diskutiert [39].

Anmerkungen. [1] Vgl. CH. THOMASIUS: Fundamenta juris naturae et gentium I, 7, § 24 (1705, [4]1718, ND 1963) 192f. – [2] Vgl. dazu: Art. ‹Ursache/Wirkung IV.›. Hist. Wb. Philos. 11 (2001) 399-401. – [3] J. G. DARJES: Observat. iuris naturalis, socialis et gentium II, 42, § 17 (1754). – [4] CH. WOLFF: Philos. practica univ. I, § 642 (1738, ND 1971). Ges. Werke, hg. J. ECOLE II/10 (1971) 459f. – [5] I. KANT: Die Met. der Sitten, Einl. IV (1797). Akad.-A. 6, 227. – [6] PHAEDRUS: Liber fabularum I, 22, 8. – [7] Dig. 20.5.9; 49.16.14.1. – [8] THOMAS VON AQUIN: S. theol. I-II, 21, 2c. – [9] DURANDUS A S. PORCIANO: II Sent, d. 24, q. 5, n. 8 (ND 1964) 1, 173[r]. – [10] F. HUTCHESON: A system of moral philos. 1 (1755). Coll. works, hg. B. FABIAN 5 (1969) 228 (Anm.). – [11] S. PUFENDORF: De jure naturae et gentium I, 9 (1672). Ges. Werke 4/1, hg. F. BÖHLING (1998) 101-105. – [12] WOLFF, a.O. [4] 394-396 (§ 527). – [13] KANT, a.O. [5] 227. – [14] J. G. DARJES: Instit. iurisprudentiae univ., pars gen. V, § 213 (1740). – [15] J. G. WALCH: Philos. Lex. (1726) 3033; ([4]1775, ND 1968) 2, 1711 (Art. ‹Zurechnung›). – [16] S. PUFENDORF: De officio hominis et civis I, 1, § 17 (1673). Ges. Werke 2, hg. G. HARTUNG (1997) 16. – [17] THOMASIUS: Fund. I, 7, § 27, a.O. [1] 193. – [18] J. J. LEHMANN: Adnot. zu Pufendorf, De off. hominis et civis, N. zu I, 1, § 17 (1721). – [19] H. KÖHLER: Juris naturalis exercit. VII, § 381 (1738); J. G. HEINECCIUS: Elementa iuris naturae et gentium I, § 95 (1738). – [20] WOLFF, a.O. [4] 440f. (§ 598, Schol.). – [21] a.O. 394-396 (§ 527). – [22] 440 (§ 598); I. KANT: KrV A 807/B 835. – [23] a.O. 440f. (§ 598). – [24] KANT, a.O. [5]. – [25] J. S. PÜTTER/G. ACHENWALL: Elementa iuris naturae § 158 (1750), hg./übers. J. SCHRÖDER (1995); G. ACHENWALL: Proleg. iuris naturalis § 29 N ([3]1767). – [26] A. G. BAUMGARTEN: Initia philos. practicae primae § 125 (1760). – [27] KANT: Met. der Sitten, Vigilantius § 55 (WS 1793/94). Akad.-A. 27/2, 1, 561f. – [28] DARJES, a.O. [14] § 218. – [29] Vgl. Art. ‹Quaestio iuris/quaestio facti›. Hist. Wb. Philos. 7 (1989) 1739-1743. – [30] DARJES, a.O. [14] § 225, Schol. – [31] a.O. III, § 120. – [32] S. PUFENDORF: Elementa jurisprudentiae univ. I, Def. 19, § 2; Def. 20, § 1 (1660). Ges. Werke 3, hg. TH. BEHME (1999) 111. – [33] KANT, a.O. [5] 227f. – [34] K. GROLMAN: Grundsätze der Criminalrechtswiss. § 37 (1798, ND 1970). – [35] a.O. §§ 28-72. – [36] P. J. A. FEUERBACH: Revision der Grundsätze und Grundbegriffe des positiven peinlichen Rechts 1 (1799) 150ff. – [37] Etwa: H. WELZEL: Das dtsch. Strafrecht ([11]1969) 48; vgl. auch: Art. ‹Tatbestand (juristisch)›. Hist. Wb. Philos. 10 (1998) 902-908. – [38] H. KELSEN: Reine Rechtslehre (Wien [2]1960) 79ff. – [39] Nachweise bei: J. HRUSCHKA: Verhaltensregeln und Zurechnungsregeln. Rechtstheorie 22 (1991) 449-460 (Anm. 6).

Literaturhinweise. J. HRUSCHKA: Ordentl. und außerordentl. Z. bei Pufendorf. Zeitschr. ges. Strafrechtswiss. 96 (1984) 661-702; s. Anm. [39]; Z. und Notstand, in: J. SCHRÖDER (Hg.): Entwickl. der Methodenlehre in Rechtswiss. und Philos. vom 16. bis zum 18. Jh. (1998) 163-176.

J. HRUSCHKA

II. *Theologie.* – Die theologische Verwendung des Begriffs der Z. hat ihre Wurzel in der Paulinischen Rede von der Z. des Glaubens zur Gerechtigkeit: «Abraham hat Gott geglaubt, und das ist ihm zur Gerechtigkeit gerechnet worden» (vgl. Röm. 4, 3ff. mit Bezug auf Gen. 15, 6 und Ps. 32, 1f.) [1]. In der frühen griechischen Patristik wird an diesen rechtfertigungstheologischen Sprachgebrauch kaum angeknüpft. Demgegenüber spielt die Rede von der Z. bzw. Nichtzurechnung der Sünde in der Sündenlehre AUGUSTINS eine wichtige Rolle. Nach Augustinus bedeutet die Vergebung der Erbsünde bzw. Konkupiszenz in der Taufe, daß Gott die Sünde nicht zur ewigen Strafe zurechnet. Daneben kann er auch von einer Z. der Gerechtigkeit des zweiten Menschen (d.i. Christi) bei den Wiedergeborenen sprechen [2]. In der frühen und hochscholastischen Theologie des MA taucht der Begriff der Z. ebenfalls in der Sündenlehre, nicht aber in gnaden- bzw. rechtfertigungstheologischem Kontext auf. Eine Gnade, die als Akzeptation nur auf seiten Gottes verbliebe, ist für THOMAS VON AQUIN nicht denkbar [3]. In der Spätscholastik bezeichnet WILHELM VON OCKHAM vor dem Hintergrund der potentia-Dei-absoluta-Spekulation des JOHANNES DUNS SCOTUS mit dem Begriff der Z. – über die Sünden- und Rechtfertigungslehre hinausgehend – ein Prinzip göttlichen Handelns [4]. Der Stand des Menschen vor Gott wird durch ein Z.-Urteil Gottes bestimmt. Erlösung vollzieht sich demnach wesentlich in der Nichtzurechnung der Sünde.

Im Rahmen seiner Interpretation der ‹Psalmen› und der ‹Paulusbriefe› erkennt M. LUTHER dem Begriff der Z. zentrale Bedeutung für die Beschreibung der Rechtfertigung zu. Er versteht Rechtfertigung als forensischen Akt Gottes, der in der Z. des Glaubens zur Gerechtigkeit besteht und die Nichtzurechnung der Sünde und Z. der Gerechtigkeit Christi im Sinne des fröhlichen Wechsels zwischen Christus und dem Sünder beinhaltet [5]. Für Luther bringt die Vorstellung von der Z. der Gerechtigkeit zum einen die Alleinwirksamkeit Gottes in der Rechtfertigung zum Ausdruck. Zum anderen vermag sie der Differenz zwischen der dem Menschen zugesprochenen neuen Existenz in Christus und der davon abweichenden empirischen Selbstwahrnehmung des Gerechtfertigten Rechnung zu tragen, die Luther in der formelhaften Beschreibung des Christen als «Sünder und Gerechter zugleich» («simul iustus et peccator») thematisiert. Im ‹Galaterkommentar› von 1535 sieht er die spezifische Funktion der Z. Gottes darin, die Gerechtigkeit, die im Glauben anfängt, zu vervollkommnen [6]. Bedenkt man das soteriologische Interesse, welches Luther mit der Rede von der Z. verbindet, so erscheint die Auffassung, Luther habe sein imputatives Rechtfertigungsverständnis unter dem Eindruck der ockhamistischen Akzeptationstheorie und damit im Kontext der Gotteslehre entwickelt, wenig plausibel [7]. Belegbar ist auf jeden Fall, daß die Beschäftigung mit Augustins Sünden- und Gnadenlehre in Verbindung mit der Auslegung der entsprechenden biblischen Aussagen die wesentliche Voraussetzung für seine Lehre von der Z. darstellt [8].

PH. MELANCHTHON verbindet mit dem Begriff der Z. in seinem ‹Römerbriefkommentar› und in den späteren Ausgaben der theologischen ‹Loci› das Interesse, den forensischen Charakter der Rechtfertigung zu betonen und auf diese Weise sicherzustellen, daß die Gerechtigkeit des Menschen allein auf der im Urteil Gottes zugerechneten Gerechtigkeit des Verdienstes Christi beruht und in keiner Weise in einer Qualität des Menschen begründet ist [9]. In diesem Sinne dominiert beim späten Melanchthon die Rede von der Z. der Gerechtigkeit Christi gegenüber der Rede von der Z. des Glaubens zur Gerechtigkeit. Auf reformierter Seite formuliert J. CALVIN, daß die Rechtfertigung auf der Sündenvergebung und Z. der Gerechtigkeit Christi beruhe [10].

In Auseinandersetzung mit der Kritik von A. OSIANDER an Melanchthons Verständnis der Rechtfertigung unterzieht M. FLACIUS ILLYRICUS die rechtfertigungstheologische Rede von der Z. einer eingehenden Analyse. Dabei definiert er zunächst Z. allgemein als relationale Übertragung im Unterschied zu essentieller Transfusion [11]. Die Z., welche die Rechtfertigung des Menschen vor Gott konstituiert, versteht er entsprechend als mentalen Vorgang im Urteil Gottes. Er unterscheidet zwischen der Z. des Glaubens zur Gerechtigkeit als einer realen Z., bei der der Glaube als Ersatz für die verlorene Urstandsgerechtigkeit des Menschen zur Gerechtigkeit zugerechnet werde, und der Z. der Gerechtigkeit Christi als einer personalen Z., bei der etwas von einer Person auf eine andere übertragen werde [12]. Die Z. der Gerechtigkeit Christi wird dabei als Formalursache der Rechtfertigung und als Voraussetzung für die reale Z. des Glaubens zur Gerechtigkeit bestimmt. Dem entspricht es, wenn die ‹Konkordienformel› 1577 die Gerechtigkeit des Gehorsams Christi als Gegenstand des Z.-Urteils Gottes benennt und betont, der Glaube mache nur deshalb gerecht, weil er das Verdienst Christi ergreife [13]. Davon ausgehend, definiert die evangelische Dogmatik im konfessionellen Zeitalter Rechtfertigung als Nichtzurechnung der Sünde und Z. der Gerechtigkeit Christi [14] und bestimmt letztere wie schon Flacius als Formalursache der Rechtfertigung [15], während das Konzil von Trient die Auffassung, «die Menschen würden entweder allein durch die Anrechnung (sola imputatione) der Gerechtigkeit Christi oder allein durch die Vergebung der Sünden ohne die Gnade und Liebe gerechtfertigt», mit dem Anathema belegt und als Formalursache der Rechtfertigung die gerechtmachende Gerechtigkeit Gottes angibt [16].

In Auseinandersetzung mit der tridentinischen Kritik an der imputativen Rechtfertigungslehre und deren Aufnahme bei R. BELLARMIN betont J. GERHARD, daß der theologischen Auffassung von der Z. der Gerechtigkeit Christi Wahrheit zugrunde liege [17]. Weil der Glaube die von Christus gewährte Gerechtigkeit ergreife, spreche Gott uns wahrhaft gerecht, nicht aufgrund einer uns inhärierenden Gerechtigkeit, sondern aufgrund der uns zugerechneten und im Glauben ergriffenen Gerechtigkeit Christi.

Die als Voraussetzung der Rechtfertigungslehre fungierende Vorstellung, daß die Sündenschuld Adams dessen Nachkommen vor- und unabhängig von deren eigenen bösen Taten zugerechnet werde, und die Vorstellung von der Z. des satisfaktorischen Verdienstes Christi werden bereits im 16. Jh. von den Sozinianern [18], im 18. Jh. von den Neologen [19] und schließlich grundlegend von I. KANT [20] als unsittlich kritisiert.

F. D. E. SCHLEIERMACHER revidiert die auf Augustin zurückgehende Auffassung von der Vererbung der Sünde Adams als Voraussetzung für deren universale Z. als Schuld [21]. Ebenso verzichtet er auf die Aussage, daß die Rechtfertigung durch die Z. der Gerechtigkeit Christi konstituiert sei, und sieht sie statt dessen bezogen auf den «sich Bekehrenden», dem Gott «die Sünden vergibt und ihn als ein Kind Gottes anerkennt» [22]. A. RITSCHL lehnt sodann ein synthetisches Verständnis des Rechtfertigungsurteils im Sinne der Z. des Gehorsams Christi ausdrücklich als unbiblisch ab und plädiert für ein analytisches Verständnis der Rechtfertigung [23].

Im Zuge dieser Entwicklung tritt der Begriff der Z. in der evangelischen Dogmatik im 20. Jh. zurück. Zwar kann von der Z. der Sünde im Sinne der Verfehlung der geschöpflichen Bestimmung als Schuld gesprochen werden [24]. Doch wird die universale Sünden- und Schuldverfallenheit der Menschen nicht auf die Z. der Sündenschuld Adams zurückgeführt, sondern als Faktum behandelt, welches sich entweder nur von Christus her oder auch anhand des Gesetzes oder anthropologisch erschließen lasse. Entsprechend kann die konstitutive universale Bedeutung des forensischen Rechtfertigungsurteils Gottes für das Heil des Menschen im Sinne der Sündenvergebung um Christi willen geltend gemacht werden. Der Begriff der Z. erscheint dabei aber meist nur noch im Rahmen der Rekapitulation reformatorischer Theologie [25], während bei dem Versuch, das Geschehen der Rechtfertigung Gottes für die Gegenwart auszusagen, die Rede vom Freispruch bzw. von der Gerechtsprechung durch Gott vorgezogen wird [26]. E. JÜNGEL betont, das «gerechtsprechende Urteil, die sogenannte Imputation», sei «stets als das den Sünder aus sich selbst herausrufende und heraussetzende schöpferische Wort» zu verstehen, «das durch diese seine das menschliche Ich versetzende Kraft dieses auch wirklich gerecht macht und es seines Gerechtseins gewiß macht» [27]. W. PANNENBERG kritisiert dagegen unter Verweis auf die Paulinische Rechtfertigungslehre die Deutung der Rechtfertigung als imputatives Urteil und versteht Rechtfertigung als deklarative Gerechterklärung der Glaubenden durch Gott [28].

In der ökumenisch orientierten römisch-katholischen Theologie findet man heute ein breites Verständnis für das in der reformatorischen Theologie mit der Z.-Vorstellung verbundene Aussageinteresse, ohne daß die Z.-Vorstellung selbständig zur Explikation der Rechtfertigung herangezogen würde.

Anmerkungen. [1] Vgl. Art. ‹Imputation I.›. Hist. Wb. Philos. 4 (1976) 274f.; Art. ‹Rechtfertigung IV.›, a.O. 8 (1992) 259-265. – [2] Belege bei: J. GROSS: Entstehungsgesch. des Erbsündendogmas (1960) 330f. – [3] THOMAS VON AQUIN: S. theol. I-II, 110, 1; dazu: O. H. PESCH: Die Theol. der Rechtfertigung bei Martin Luther und Thomas von Aquin (1967) 632. – [4] WILHELM VON OCKHAM: Quodl. I, q. 20; III, q. 10. Op. theol. 9 (St. Bonaventure, N.Y. 1980) 103. 241f. – [5] M. LUTHER: Quaest. de viribus et voluntate hominis sine gratia disput. (1516). Weimarer Ausg. [WA] (1883ff.) 1, 149, 1; Disput. de iustificatione (1536). WA 39/I, 82ff.; In ep. S. Pauli ad Gal. comm. (1531/35). WA 40/I, 43, 24. 234f. 386, 9. 17; Enarr. Psalmi LI (1532). WA 40/II, 350, 25 u.ö. – [6] In ep. S. Pauli ad Gal. comm., a.O. 364, 25-28. – [7] Vgl. W. DETTLOFF: Die Lehre von der acceptatio divina bei Joh. Duns Scotus mit bes. Berücksichtigung der Rechtfertigungslehre (1954); Die Entwicklung der Akzeptations- und Verdienstlehre von Duns Scotus bis Luther (1963). – [8] O. H. PESCH: Hinführung zu Luther (1982) 314f.; M. KROEGER: Rechtfertigung und Gesetz (1968) 74-85. – [9] PH. MELANCHTHON: Comm. in ep. Pauli ad Rom. (1532). Werke in Auswahl, hg. R. STUPPERICH 5 (1965) 53, 14ff.; dazu: M. SEILS: Glaube (1996) 124-126; F. NÜSSEL: Allein aus Glauben (2000) 42-48. – [10] J. CALVIN: Instit. christ. relig. (1536, [8]1559) III, 11, 2. Corp. reform. 30 (1864) 533f. – [11] M. FLACIUS ILLYRICUS: De iusticia christiana (1563) 126. – [12] a.O. 126ff.; vgl. dazu: NÜSSEL, a.O. [9] 73ff. – [13] Konkordienformel (1577), Epit. III, 4; Solida declaratio III, 13f., in: Die Bekenntnisschr. der evang.-luther. Kirche (1930) 782, 30-39; 918, 17-30. – [14] Exemplarisch: J. A. QUENSTEDT: Theologia didactico-polemica III, cap. 8, sect. 1, Th. 14 (Wittenberg 1691) 2, 524; zur Entwicklung: NÜSSEL, a.O. [9] 120ff. – [15] B. MENTZER: Synopsis theologiae analytico ordine comprehensa. Thesen 134. 136 (1610); vgl. NÜSSEL, a.O. [9] 131 (Anm. 82). – [16] Decretum de iustificatione, Can. 11, cap. 7 (1547), in: A. SCHÖNMETZER/P. HÜNERMANN (Hg.): Enchir. symbol., Nr. 1561 ([37]1991) 1528-1531, hier: 1529. – [17] J. GERHARD: Loci theologici, Loc. 16, 202 (1610-21), hg. E. PREUSS 3 (1865) 480f. – [18] F. SOCINUS: Praelect. theologicae, cap. 4. 18 (Racov 1609) 10-14. 98-108. – [19] J. G. TÖLLNER: Theol. Unters. II/1 (1774) 105-159; dazu: G. WENZ: Gesch. der Versöhnungslehre in der evang. Theol. der Neuzeit 1 (1984) 179ff. – [20] I. KANT: Die Relig. innerhalb der Grenzen der bloßen Vernunft (1793). Akad.-A. 6, 115-124. – [21] F. D. E. SCHLEIERMACHER: Der christl. Glaube §§ 71f. (1821/22, [2]1830/31), hg. M. REDEKER ([7]1960) 1, 374-398. – [22] § 109, a.O. 2, 171-182. – [23] A. RITSCHL: Die christl. Lehre von der Rechtfertigung und Versöhnung 3 ([2]1883) 61ff. – [24] Vgl. hierzu: H. FISCHER: Der Schuldbegriff im Kontext heutiger theolog. Anthropologie, in: Hb. der christl. Ethik 3 (1963) 164-174. – [25] Vgl. z.B. W. ELERT: Der christl. Glaube ([6]1988) 477f.; E. JÜNGEL: Das Evangelium von der Rechtfertigung des Gottlosen (1998) 175. 178. 180. 188. – [26] Vgl. z.B. K. BARTH: Die kirchl. Dogmatik IV/1 (1953) 634ff.; P. ALTHAUS: Die christl. Wahrheit ([6]1962) 596-607; G. EBELING: Dogmatik des christl. Glaubens 3 ([3]1993) 222ff. – [27] JÜNGEL, a.O. [25] 188. – [28] W. PANNENBERG: Systemat. Theol. 3 (1993) 238-265.

Literaturhinweise. R. SEEBERG: Lehrb. der Dogmengesch. 3 ([5]1953) bes. 763-767. – H. E. WEBER: Reformation, Orthodoxie und Rationalismus I/1 (1937, [2]1966). – W. DETTLOFF s. Anm. [7]. – A. PETERS: Rechtfertigung ([2]1990). – F. NÜSSEL s. Anm. [9].

F. NÜSSEL

Zuschauer (griech. θεωρός, θεατής; lat. spectator; engl. spectator; frz. spectateur). Der Begriff ‹Zuschauen› überschneidet sich partiell mit sinnverwandten Bezeichnungen für ein bewußtes, aufmerksames Wahrnehmen wie ‹Betrachten› (s.d.), ‹Beobachten› [1] und ‹Bezeugen› [2]. Das Nomen ‹Z.› bezeichnet denjenigen, der einem Vorgang oder einer Handlung zusieht, wobei in theoretischer Hinsicht das Verhältnis von Unbeteiligtheit, Anteilnahme und reflexiver Distanzgewinnung bedeutsam wird. Bis in die Moderne hinein wird vielfach zurückgegriffen auf die Aristotelische Tragödientheorie und ihre den Z. einbeziehende Wirkungsästhetik [3] bzw. – wie H. BLUMENBERG gezeigt hat – auf die Modelle, die Lukrez und Horaz entfalten: LUKREZ prägt das Bild vom dramatischen Schiffbruch und dem am sicheren Meeresufer stehenden Z., um das ideale Verhältnis insbesondere des Philosophen zur Wirklichkeit zu veranschaulichen. Dieser habe das chaotisch-gefährliche Geschehen der Welt von einem festen Grund aus unaffiziert und ungerührt zu betrachten [4]. HORAZ modifiziert diese Haltung, wenn er einen Z. imaginiert, der dem Schiff rät, in den sicheren Hafen zurückzukehren [5]; indem er damit implizit die moralische und politische Verantwortung anspricht, die sich aus der Distanz ergibt [6], entwickelt er die Konzeption des besonnen eingreifenden Z. Beide Modelle der lateinischen Dichter dienen noch modernen Autoren dazu, um gleichermaßen Gelassenheit angesichts der Übel des Lebens zu fordern [7] wie mangelndes Distanzbewußtsein der beeinflußbaren Massen zu kritisieren [8], aber auch Tatenlosigkeit und Rückzug in bloße Reflexion zu verurteilen. Im Kontext der philosophischen Thematisierung des Z. ragen der erkenntnistheoretische (1.), der im weiteren Sinne moralphilosophische (2.), der geschichtsphilosophische (3.) und der ästhetische Diskussionszusammenhang (4.) hervor.

1. Wie der griechische Terminus θεωρός – ursprünglich in kultischer Bedeutung als Bezeichnung für den offiziellen Gesandten zu den Festspielen der Heiligtümer gebraucht – in enger Beziehung zur Theorie [9], d.h. zur kontemplativen Erkenntnishaltung überhaupt, gesehen wird, kann ‹Z.› allgemein für das *erkennende* Subjekt ste-

hen. Die lateinische Formel vom «Spectator caeli» (s.d.) bringt die spezifisch menschliche Bestimmung im Kosmos zum Ausdruck. Die Rede vom Z. im Sinne distanzierter Anteilnahme dient in der Aufklärung zur Charakterisierung des übergeordneten Standpunkts ebenso engagierter wie nüchterner und vorurteilsfreier Beurteilung. So ist auch der Titel der von J. ADDISON und R. STEELE gegründeten einflußreichen Zeitschrift ‹The Spectator› Programm: Ihre Beiträge zu Fragen des Geschmacks, der Kunst, Moral und Philosophie sind aus der Position des ebenso am öffentlichen Leben teilnehmenden Weltmannes wie des distanzierten Z. geschrieben [10]. Der Begriff des Z. kann aber auch die Standortgebundenheit menschlichen Erkennens betonen, wie in den Konzeptionen des Perspektivismus [11]. Er begegnet im Zusammenhang mit I. KANTS Charakterisierung seiner transzendentalphilosophischen Wende [12]. Im Kontext der idealistischen Philosophie gewinnen die Prozesse der Selbstwahrnehmung des Erkenntnissubjektes in seinem Tun (Sich-Zusehen bzw. -Zuschauen) zentrale Bedeutung [13]. A. SCHOPENHAUER verwendet den Begriff ‹Z.› nicht nur im Zusammenhang der Willensmetaphysik, sondern besonders zur Bezeichnung eines transzendentalphilosophisch neu interpretierten Subjekts der Erkenntnis [14]. Diese erkenntnistheoretische Kontextualisierung wirkt vor allem auf den frühen F. NIETZSCHE und seine ästhetische Metaphysik [15].

Insbesondere J. DEWEY kritisiert die traditionelle Epistemologie als eine 'Z.-Theorie', der zufolge das Erkennen nach dem Modell des Sehens als ein passiver, nichteingreifender Vorgang aufzufassen sei; demgegenüber versteht er Erkenntnis instrumental als ein Resultat menschlicher Interaktion mit Natur und Gesellschaft zum Zwecke theoretischer wie praktischer Orientierung: «If we see that knowing is not the act of an outside spectator but of a participator inside the natural and social scene, then the true object of knowledge resides in the consequences of directed action» [16].

Mit der «phänomenologischen Reduktion» [17] versucht E. HUSSERL nochmals, den Status des objektiven Z. in seiner umfassenden Geltung zu begründen. Die Erlebnisse und Willensakte sind Husserl zufolge vom reflektierenden Ich abzuziehen, um zum «reinen, uninteressierten Z. und theoretischen Betrachter» zu gelangen [18]. Wird die solcherart eingeklammerte Welt der Gemüts- und Urteilsbestimmungen in ihrer Einwirkung auf das reflektierte Ich erkannt, entsteht der «transzendentale Z.» als 'Medium' der Wesensschau (s.d.) [19].

2. In *moralphilosophischen* Kontexten – zentral in der britischen Moral-sense-Philosophie des 18. Jh. – ist der Gedanke der Zuschauerschaft konstitutiv für die Theorie moralischer Bewertung und Motivation [20]: Mit der Erfahrung, daß das eigene Handeln gesellschaftlich wahrgenommen und beurteilt wird, bildet sich die moralische Selbstreflexion des handelnden Subjekts. Seinen reifsten Ausdruck findet dieser Gedanke in A. SMITHS Theorem des idealen «impartial spectator» [21]; das Bild des unparteiischen Z. steht hier für den internalisierten 'Blick' der Allgemeinheit, der zur unbestechlichen Instanz moralischer Selbst- und Fremdbeurteilung wird. Das Verhältnis Akteur-Z. dient noch der gegenwärtigen Handlungstheorie zur Erklärung des Zusammenhangs von Intention und Handlungsvollzug, also des Handlungsverstehens [22]. Mit Rückgriff auf Kants Bestimmung der reflektierenden Urteilskraft (s.d.) entwickelt H. ARENDT eine Theorie *politischer* 'Urteilsaktivität', in der handelnde Teilnahme am politischen Leben und die 'abgerückte' Z.-Position idealerweise zusammengehen [23].

3. *Geschichtsphilosophischen* Rang erhält die Figur des Z. bei KANT: Nicht das Ereignis der Französischen Revolution ist für ihn ein «Geschichtszeichen», sondern «die Denkungsart der Z., welche sich bei diesem Spiele großer Umwandlungen öffentlich verräth». Indem er sie als «uneigennützige Theilnehmung» charakterisiert, entspricht er weitgehend der lukrezschen Auffassung vom distanzierten Z., widerspricht ihr aber darin, daß die Revolution keinen zeitgenössischen Z. im Sinne der Öffentlichkeit (s.d.) unbeteiligt lasse, «selbst mit Gefahr, diese Parteilichkeit könne ... nachtheilig werden». An ihrer gleichermaßen distanzierten wie affektiven Haltung beweist sich für Kant die fortschreitende «moralische Tendenz des Menschengeschlechts» [24]. Für J. G. HERDER können die deutschen Z. «der Französischen Revolution wie einem Schiffbruch auf offenem, fremdem Meer vom sichern Ufer herab zusehen», um – ganz im Sinne der Auffassung von Horaz – aktiv zu werden und Reformen durchzuführen [25].

4. Im Mittelpunkt der *ästhetischen* Diskurse steht bis in die Moderne hinein zum einen die vielgestaltige Auseinandersetzung mit der aristotelischen Auffassung der Affektbewegung des Z. [26], zum anderen die geforderte «interesselose» Einstellung des Z. als Bedingung angemessener ästhetischer Kritik [27]. Mit dem Aufkommen des Lichtspieltheaters und der Reflexion des Mediums Film wird die Wahrnehmungsfähigkeit des Z. und sein Verhältnis zum Akteur bzw. zur Aktion neu bestimmt [28]. Interaktionsprozesse und Perspektivenwechsel stehen im Mittelpunkt der Z.-Theorie der Medienwissenschaften [29]. Innerhalb der Kulturwissenschaften wird die Stellung des Z. bei einer Performance (s.d.) bedacht und Zuschauen als (aktiver) Wahrnehmungsvollzug thematisiert [30].

Anmerkungen. [1] Vgl. Art. ‹Observatio; Beobachtung›. Hist. Wb. Philos. 6 (1984) 1072-1081. – [2] Vgl. Art. ‹Zeuge; Zeugnis I.›. – [3] ARISTOTELES: Poet. 6, 1449 b 36ff.; vgl. Art. ‹Katharsis›. Hist. Wb. Philos. 4 (1976) 784-786; ‹Furcht und Mitleid›, a.O. 2 (1972) 1147-1149; auch: Art. ‹Theatrum mundi›, a.O. 10 (1998) 1051-1054; zu PLATONS Unterscheidung zwischen dem sachverständigen Z. und der affektiv-bewegten, ungebildeten Z.-Menge: Leg. II, 659 bf. – [4] LUKREZ: De rerum natura II, 1-4; vgl. hierzu: H. BLUMENBERG: Schiffbruch mit Z. Paradigma einer Daseinsmetapher (1979) 28ff. – [5] HORAZ: Oden I, 14, 2f. – [6] Vgl. BLUMENBERG, a.O. [4] 41f. – [7] Vgl. etwa: A. SCHOPENHAUER: Die Welt als Wille und Vorst. I, 1, § 16 (1819, [3]1859). Sämtl. Werke, hg. A. HÜBSCHER ([4]1988) 2, 101ff. – [8] Vgl. z.B. G. LE BON: Psychologie des foules (Paris 1895); dtsch.: Psychologie der Massen I, 2, § 2, hg. H. DINGELDEY (1968) 22ff. – [9] Vgl. Art. ‹Theorie I. A.›. Hist. Wb. Philos. 10 (1998) 1128-1130, 1128. – [10] J. ADDISON: The Spectator, Nr. 10 (März 1711), hg. P. SMITHERS (London/Melbourne u.a. 1970ff.) 1, 32; vgl. hierzu: J. MOEBUS: Der Allgemeine Zuschauer. Arch. Kulturgesch. 71 (1989) 129-175, 149. – [11] Vgl. Art. ‹Perspektive; Perspektivismus; perspektivisch›. Hist. Wb. Philos. 7 (1989) 363-377, bes. 366; Art. ‹Standpunkt; Gesichtspunkt›, a.O. 10 (1998) 103f. – [12] I. KANT: KrV B XVIf.; vgl. Art. ‹Kopernikanische Wende›. Hist. Wb. Philos. 4 (1976) 1094-1099. – [13] Vgl. etwa: J. G. FICHTE: Grundriss des Eigenthüml. der Wiss.-Lehre in Rüksicht auf das theoret. Vermögen § 3, 6 (1802). Akad.-A. I/3, 169; § 3, 7, a.O. 172 u.ö.; Versuch einer neuen Darst. der Wiss.lehre II (1797/98). Akad.-A. I/4, 245; Art. ‹Anschauung, intellektuelle›. Hist. Wb. Philos. 1 (1971) 349-351; D. BERTHOLD-BOND: Hegel on metaphilosophy and the 'philos. spectator'. Idealistic Studies 16 (1986) 205-217. – [14] SCHOPENHAUER: Die Welt ... I, 4, § 54, a.O. [7] 2, 324 u.ö.; zum Willen als Akteur und Z. seiner selbst vgl. II, 4, Kap. 41 (1844, [3]1859), a.O. 3, 572; I, 4, § 60, a.O. 2, 390. – [15] Vgl. F. NIETZSCHE: Die Geburt der Tragödie (1872, 1886).

Krit. Ges.ausg., hg. G. COLLI/M. MONTINARI 3/1 (1972) passim. – [16] J. DEWEY: The quest for certainty: A study of the relation of knowledge and action (1929). The later works, 1925-1953, hg. H. FURST SIMON 4 (Carbondale/Edwardsville 1984) 157; vgl. a.O. 232; vgl. CH. KULP: The end of epistemology. Dewey and his current allies on the spectator theory of knowledge (Westport/London 1992); Y. EZRAHI: Dewey's critique of democratic visual culture, in: D. M. LEVIN (Hg.): Sites of vision: The discursive construction of sight in the hist. of philos. (Cambridge, Mass. 1997) 315-336. – [17] Vgl. Art. ‹Reduktion, phänomenologische›. Hist. Wb. Philos. 8 (1992) 375f.; ‹Epoche II.›, a.O. 2 (1972) 595f. – [18] E. HUSSERL: Erste Philos. (1923/24). Husserliana 8 (Den Haag 1959) 107; vgl. 114f.; vgl. H. BLUMENBERG: Ein mögl. Selbstverständnis (1996) 102f. – [19] a.O. 177; vgl. Art. ‹Einstellung II.›. Hist. Wb. Philos. 2 (1972) 421f.; zur Fortführung des Husserlschen Z.-Konzepts bei E. FINK: M. SCHERBEL: Phänomenologie als absolute Wiss. Die systembildende Funktion des Z. in E. Finks VI. Cartesian. Meditation (Amsterdam 1999). – [20] Vgl. z.B. F. HUTCHESON: Illustrations upon the moral sense 1 (1728). Coll. works, hg. B. FABIAN (1971) 226 u.ö.; D. HUME: Enquiry conc. the principles of morals, App. 1 (1758), hg. L. A. SELBY-BIGGE/P. H. NIDDITCH (³1975) 289. – [21] A. SMITH: The theory of moral sentiments 3, 1 (1759). Works (Edinburgh 1811-12, ND 1963) 1, 189; vgl. Art. ‹Unparteilichkeit›. Hist. Wb. Philos. 11 (2001) 252-257. – [22] Vgl. z.B. L. W. BECK: The actor and the spectator (New Haven/London 1975); dtsch.: Akteur und Betrachter (1976). – [23] H. ARENDT: The life of the mind 1: Thinking 2, 11 (London 1971) 92-98; The life ... 2: Willing, App.: Judging (London 1978) 271; vgl. hierzu: P. BIRMINGHAM: H. Arendt: The activity of the spectator, in: LEVIN (Hg.), a.O. [16] 379-396; M. YAR: From actor to spectator. H. Arendt's 'two theories' of polit. judgment. Philosophy social Criticism 26 (2000) 1-27. – [24] I. KANT: Der Streit der Fakultäten 2, 6 (1798). Akad.-A. 7, 85; vgl. E. KALISCH: Spiele zu dritt. Die Figur des Z. im kulturellen Perspektivwechsel. Weimarer Beitr. 40 (1994) 531-542, 533f. – [25] Vgl. J. G. HERDER: Br. zu Beförderung der Humanität, 17. Br. (1793-97). Sämmtl. Werke, hg. B. SUPHAN (1877-1913) 18, 314ff.; vgl. H. PEITSCH: Jakobin. Metaphorik? Dtsch. Reisende als 'Z.' der Französ. Revolution. Lit. für Leser 4 (1990) 185-201, 188. – [26] Vgl. G. E. LESSING: Hamburg. Dramaturgie 78 (1769); zu B. BRECHTS Kritik an der passiven 'Einfühlung' des Z.: Kleines Organon für das Theater (1949). Schr. zum Theater, hg. W. HECHT 7 (1964) 25. 32. 35. 60; vgl. hierzu auch: Art. ‹Verfremdung›. Hist. Wb. Philos. 11 (2001) 653-658. – [27] Vgl. Art. ‹Distanz/Distanzlosigkeit, ästhetische›. Hist. Wb. Philos. 2 (1972) 267-269, 268; Art. ‹Wohlgefallen, interesseloses›. – [28] Vgl. etwa: W. BENJAMIN: Das Kunstwerk im Zeitalter seiner techn. Reproduzierbarkeit (1936). Ges. Schr., hg. R. TIEDEMANN/H. SCHWEPPENHÄUSER 1/2 (1974) 502f.; E. PANOFSKY: Style and medium in the motion pictures (1947), in: Three essays on style, hg. I. LAVIN (Cambridge, Mass./London 1995) 91-125. – [29] Vgl. E. KLAVER: Spectatorial theory in the age of media culture. New-Theatre-Quart. 44 (1995) 309-321. – [30] Vgl. E. FISCHER-LICHTE: Ästhet. Erfahrung. Das Semiotische und das Performative (2001) bes. 311ff.; Grenzgänge und Tauschhandel. Auf dem Wege zu einer performativen Kultur, in: U. WIRTH (Hg.): Performanz. Zwischen Sprachphilos. und Kulturwiss. (2002) 277-300.

Literaturhinweise. W. N. KREWANE: Der unbeteiligte Z. (1969). – H. BLUMENBERG s. Anm. [4]. – D. BERTHOLD-BOND s. Anm. [13]. – E. KALISCH s. Anm. [24]. – M. G. BENTON: The self-conscious spectator. Brit. J. Aesthetics 35 (1995) 361-373. – M. SCHERBEL s. Anm. [19].

H. HÜHN/A. VON DER LÜHE

Zustandsbeschreibung (engl. state[-]description) ist ein Terminus, mit dem eine beliebige Beschreibung logisch als vollständig und damit als abgeschlossen bezüglich eines objektsprachlichen Systems S (im folgenden S_1) charakterisiert werden kann. Die klassische moderne Formulierung geht auf R. CARNAP zurück: «A class of sentences in S_1 which contains for every atomic sentence either this sentence or its negation, but not both, and no other sentences, is called a state-description in S_1, because it obviously gives a complete description of a possible state of the universe of individuals with respect to all properties and relations expressed by predicates of the system» [1].

Z.en sollen, wie Carnap selbst vermerkt, das erfassen, worauf G. W. LEIBNIZ mit dem Begriff ‹mögliche Welt› [2] und L. WITTGENSTEIN mit ‹mögliche Sachverhalte› (engl. «possible states of affairs») zielte [3]. Einig sind sich alle drei Denker darin, daß eine solche Charakterisierung die Welt als Gesamtheit im Blick hat und Widerspruchsfreiheit (s.d.) zu fordern ist. Eine wichtige Spezifik besteht bei CARNAP aber darin, daß er die klassische Negation bei der Begriffsbestimmung verwendet, wohingegen WITTGENSTEIN mit einer Auflistung der Tatsachen durch wahre Elementarsätze, die negationsfrei sind, auszukommen glaubt [4].

CARNAPS Ziel besteht in einer zirkelfreien Explikation des Begriffs der «logischen Wahrheit» oder «L-Wahrheit». Dieser soll die präzise Entsprechung zu LEIBNIZ' Begriff der «notwendigen Wahrheit» und I. KANTS Begriff der «analytischen Wahrheit» darstellen [5]. Zunächst sind die semantischen Regeln anzugeben, bezogen auf die von jedem beliebigen Satz $\mathfrak{S}_i$ entschieden werden kann, ob er in der gegebenen Z. gilt oder nicht. Die Klasse derjenigen Z.en, in denen ein gegebener Satz $\mathfrak{S}_i$ gilt, wird Spielraum («range») von $\mathfrak{S}_i$ genannt [6]. Nach CARNAPS idealisierender Überzeugung gibt es genau eine Z., die den aktualen Zustand des Universums beschreibt. Diese Z. enthält alle wahren Sätze und die Negationen derjenigen Sätze, die falsch sind, also letztlich ausschließlich wahre Sätze. Dies ist dann die *wahre* Z. Ähnlich wie die an LEIBNIZ angelehnte Formulierung, daß eine notwendige Wahrheit eine solche ist, die in allen möglichen Welten gilt, soll ein Satz logisch wahr sein, wenn er in allen Z.en gilt. Allgemein können L-Begriffe definitorisch auf der Basis des Grundbegriffs Z. zirkelfrei, d.h. ohne Verwendung des Wahrheitsbegriffs, eingeführt werden: Ein Satz $\mathfrak{S}_i$ ist L-wahr (in S_1) $=_{df}$ $\mathfrak{S}_i$ gilt in jeder Z. (in S_1) [7]. CARNAP strebt danach, den Begriff der *logischen* Notwendigkeit [8] zu modellieren. Konsequenterweise kann es nur einen solchen Begriff geben, der schließlich mit dem durch das modallogische System $S5$ charakterisierten zusammenfällt [9]. Für dessen semantische Charakterisierung wird keine Zugänglichkeitsrelation (so S. KRIPKE später) zwischen Z.en benötigt.

Mit Hilfe von Z.en kann CARNAP auch den Fregeschen Begriff des «Sinns» [10] von Individuenausdrücken, Prädikaten bzw. Sätzen mittels des Begriffs der jeweiligen Intension präzise bestimmen. Die Intensionen sind bestimmte Funktionen zwischen Z.en einerseits und Individuen, Klassen von Individuen bzw. Wahrheitswerten andererseits. Allgemein haben zwei Ausdrücke genau dann die gleiche Intension, wenn sie L-äquivalent sind.

Im Zuge des Programms des logischen Empirismus mit seiner Betonung der Rolle der Beobachtungssprache (s.d.) und der rationalen Rekonstruktion der Wissenschaftssprache tendiert Carnap zu einer Auffassung von Z.en als in einem absoluten Sinne vollständigen Möglichkeiten. W. V. O. QUINES Kritik an diesem Programm zielt deshalb auch gerade auf die Z. als dessen Basisbegrifflichkeit. Eine Schwierigkeit besteht darin, daß CARNAP annimmt, daß die atomaren Sätze voneinander unabhängig sind. Sätze wie «John ist ein Junggeselle» und «John ist verheiratet» sind aber nicht voneinander unabhängig. Synonymiepaare wie «Junggeselle» und «unverheirateter Mann» müssen künstlich ausgeschlossen werden. Wir haben demgemäß keine generelle Lösung für das Problem der Analytizität [11].

Anmerkungen. [1] R. CARNAP: Meaning and necessity. A study in semantics and modal logic (Chicago/London 1947, [5]1967) 9; zu früheren Anwendungen dieser Methode mit Blick auf die Modallogik vgl.: Modalities and quantification. J. symbolic Logic 11 (1946) 33-64; bez. der induktiven Logik in: On inductive logic. Philosophy Science 12 (1945) 72-97. – [2] Vgl. Art. ‹Welt, mögliche›. – [3] Vgl. Art. ‹Sachverhalt›. Hist. Wb. Philos. 8 (1992) 1102-1113, hier: 1110f. – [4] L. WITTGENSTEIN: Tract. log.-philos. (1921) 1.11; 1.12; auch: 5.123. – [5] CARNAP: Meaning, a.O. [1] 8; vgl. Art. ‹Analytisch/synthetisch I.›. Hist. Wb. Philos. 1 (1971) 251-260, bes. 252f. 256. – [6] a.O. 9; vgl. Art. ‹Spielraum›. Hist. Wb. Philos. 9 (1998) 1390-1392, 1391. – [7] 10. – [8] Vgl. Art. ‹Notwendigkeit IIIf.›. Hist. Wb. Philos. 6 (1984) 971-986, bes. 973-975. 982f. – [9] Vgl. Art. ‹Modallogik›, a.O. 16-41, bes. 18. 24f. – [10] Vgl. Art. ‹Sinn/Bedeutung›, a.O. 9 (1995) 808-815. – [11] W. V. O. QUINE: Two dogmas of empiricism. Philos. Review 60 (1951) 20-43; dtsch., in: Von einem log. Standpunkt (1979) 27-50.

I. MAX

Zustimmung (griech. συγκατάθεσις; lat. assensus, assensio, consensus; engl. assent; frz. consentement)

I. *Antike; Mittelalter.* – ‹Z.› ist neben dem bedeutungsgleichen ‹Beifall› (s.d.) bzw. ‹Beipflichtung› [1] und dem bedeutungsverschiedenen Terminus ‹Übereinstimmung› (s.d.) eine der deutschen Übersetzungen der lateinischen Ausdrücke ‹assensus›, ‹assensio› bzw. ‹consensus›.

Der Begriff der Z. erlangt in seiner griechischen Form (συγκατάθεσις) erstmals in der Erkenntnistheorie der Stoa besondere Bedeutung und den Rang eines Terminus technicus. Nach ZENON VON KITION ist die Z. das mit den Sinnesdaten eng verknüpfte innere und deswegen freie Element der Erkenntnis [2]. Deswegen kann der Begriff der Z. gar nicht ohne die sinnliche Wahrnehmung bzw. die sinnlich bedingte Vorstellung gedacht werden [3]. Eigentlicher Gegenstand der Z. ist die «erfassende», d.h. die wahre Vorstellung (καταληπτικὴ φαντασία) [4]. Erfolgt sie gegenüber einer nicht erfassenden Vorstellung, also in der Form der Meinung, so wird sie «schwach» genannt [5]. In diesem Sinne sind der stoischen Lehre gemäß auch alle Affekte, wie die Begierde, der Zorn oder die Furcht, als Formen der Z. im Sinne des «Nachgebens» des ganzen führenden Seelenteils, des Hegemonikon (s.d.), anzusehen [6]. Wie CICERO bemerkt [7], der συγκατάθεσις ins Lateinische mit ‹adsensio› übertragen hat, sind die Stoiker offenbar davon ausgegangen, daß überhaupt keine Art der Erkenntnis, weder die Wahrnehmung (s.d.) noch die Erinnerung, noch die Begriffserkenntnis, noch das Wissen (s.d.) ohne die Z. sein kann. «Wer nämlich etwas erfaßt, der stimmt sofort zu» [8]. In diesem Sinne ist jede Meinung, jedes Urteil, jede Annahme und jeder Lernakt eine Form der Z. [9].

Was durch die Bestimmung der erkenntnistheoretischen Funktion der Z. in der frühen Stoa schon angedeutet war, wurde später im Sinne einer Freiheitstheorie weiter ausgeführt. Durch die Z. wird etwas in den Verfügungsbereich «unserer Macht» gebracht, denn Z. ist, was im eigentlichen Sinne in unserer Macht steht, bzw. was «bei uns» (ἐφ' ἡμῖν, «in nostra potestate») ist [10]. Deswegen sagt EPIKTET, daß niemand zur Z. gegenüber einem erscheinenden Wahren oder Falschen gezwungen werden kann, so daß etwas von Natur aus Freies im Menschen angenommen werden muß [11]. Gleichwohl scheint die Position der Stoiker in der Frage, ob auch die Tiere ein Organ der Z. haben, nicht eindeutig gewesen zu sein. Kritiker der Stoa wie PLUTARCH oder ALEXANDER VON APHRODISIAS sehen im Begriff der Z. im stoischen Sinne ein unzureichendes Kriterium für die Unterscheidung zwischen einer menschlichen Handlung und tierischem Verhalten. Deswegen ist nach Alexander von der tierischen Z., die eher im Sinne des «Nachgebens» eine automatische Reaktion auf die triebbedingten Präsentationen der Phantasia darstellt, die eigentlich rationale Z. zu unterscheiden, zu deren Entstehungsbedingungen – nach PLUTARCH – auch die von den Epikureern hinsichtlich ihrer Existenz bezweifelten Lekta, d.h. das durch die sinnlichen Laute Bezeichnete, das selbst unkörperlich ist, gehören [12]. Später unterscheidet JOHANNES PHILOPONOS in demselben Sinne zwischen zwei Formen der Z., der Gewöhnung als der allen Lebewesen zukommenden und der Überzeugung, die die Z. der rationalen Seele ausmacht [13].

In der kritischen Reaktion auf die Stoa steht der Begriff der Z. auch im Zentrum der *skeptisch-akademischen* Diskussion, ob und wie ein gutes Leben, ja jede Handlung, ohne die kognitive Z. möglich sei. Für die Skeptiker, die die Möglichkeit der Erkenntnis der wahren Vorstellungen leugnen, ergibt sich notwendig aus der stoischen Lehre, daß der Weise «zu nichts seine Z. gibt» («nulli igitur rei adsentietur») [14] und sich immer des Urteils enthält. Diese Enthaltung (Epoché, s.d.) aber ist die «Zurückhaltung der Z.» («adsensionis retentio») [15]. Karneades wird für die Herkulesarbeit gerühmt [16], «aus den Seelen dieses wilde, ungezähmte Monster, die Z., d.h. die Meinung und die Unbedachtsamkeit, vertrieben zu haben» («ex animis nostris adsensionem id est opinationem et temeritatem extraxisset»). Er unterscheidet zwischen der abzulehnenden Z. zu einer Vorstellung («adsentiri») und dem Billigen («adprobari») einer Vorstellung, der man aus praktischen Gründen folgt. Die gebilligten Vorstellungen sind nicht wahr, sondern «wahrscheinlich» [17].

Die stoische Lehre von der engen Verbindung der Vorstellung mit der Z. wird in der Philosophie der Spätantike einer eingehenden Kritik unterzogen. Nach ALEXANDER VON APHRODISIAS muß von der auch den unvernünftigen Tieren zukommenden Vorstellung die «Meinung» unterschieden werden, weil «wer eine Meinung über etwas hat, in jedem Fall ihm als einem Sachverhalt auch zustimmt» (ὁ γὰρ δοξάζων περί τινος πάντως καὶ συγκατατίθεται ὡς οὕτως ἔχοντι), «denn die Meinung über etwas ist die Z. zu jenem Sachverhalt» (ἡ γὰρ περί τινος δόξα συγκατάθεσις ἐκείνῳ ὡς ὄντως ἔχοντι). «Die Z. aber ist mit einem Glauben verbunden, denn die Meinung ist eine rationale Z., verbunden mit einem Urteil, nicht jede Vorstellung aber ist mit Glauben verbunden» (συγκατάθεσις μετὰ πίστεως. λογικὴ γὰρ συγκατάθεσις ἡ δόξα καὶ μετὰ κρίσεως, οὐ πᾶσα δὲ φαντασία μετὰ πίστεως) [18]. Auch hinsichtlich der Zenonischen These von der Freiheit (ἐφ' ἡμῖν) der Z. muß differenziert werden. Während die den einfachen Gegenständen (nur im Hinblick auf ihr Sein oder Nichtsein) geltende Z. nicht in unserer Verfügungsgewalt steht, ist die Z. zu dem, was getan werden soll oder nicht getan werden darf, das eigentlich Freie der Vernunft [19]. Auch in der Alexander durchaus folgenden schärferen Unterscheidung von Vorstellung und Meinung, die bei den späteren Aristoteleserklärern zu beobachten ist, steht der Begriff der Z. im Mittelpunkt. Die Vorstellung liegt «bei uns», die Meinung und damit die Z. nicht. Nach THEMISTIUS kann man so zwar sagen und sich vorstellen, daß (z.B.) der Mensch vierfüßig oder das Feuer nicht heiß ist, aber man kann es nicht wirklich meinen, d.h., ihm nicht wirklich zustimmen. Andererseits «müssen wir dem Satz, daß 2 × 2 vier ist, zustimmen, ob wir wollen oder nicht», weil wir «über das Meinen oder Annehmen und das innere Zustimmen oder Ablehnen nicht Herr sind» (τοῦ δὲ δοξάζειν ἢ ὑπολαμβάνειν, καὶ συγκατατίθεσθαι ἔνδον ἢ ἀνανεύειν οὐχ ἡμεῖς κύριοι) [20]. Nach JOHANNES PHILOPONOS, der mit Simplikios diese Begründung für die Unterscheidung zwischen Vorstellung und Meinung übernommen hat, kommt deswegen die Z. der Meinung «an sich» zu und macht ihr Wesen aus, während sie für die Vorstellung nur eine akzidentelle Bestimmung darstellt [21].

In der *christlichen Philosophie* hat der Begriff der Z. im Zusammenhang der (gegenüber der platonischen Lehrmeinung angestrengten) Rehabilitierung des Glaubensbegriffs einen hohen Stellenwert. Nach CLEMENS VON ALEXANDRIEN ist der Glaube die freiwillige, dem Beweis vorhergehende Z. zu einem festen Inhalt [22]. Wie BASILIUS näher ausführt, erfüllt die Z. des Glaubens in der (philosophischen) Theologie just jene Funktion, die in den anderen Wissenschaften wie der Mathematik oder der Medizin die fraglose Übernahme der ersten, unbewiesenen und unbeweisbaren Prinzipien darstellt [23]. Doch die Z. ist nicht nur in jenen Äußerungen enthalten, die dem wissenschaftlichen Urteil im strengen Sinne vorhergehen, sondern auch in der Enthaltung der Äußerung überhaupt. In diesem Sinne beruft sich GREGOR VON NAZIANZ auf das «Sprichwort», das wir auch in der deutschen Form kennen: «Wer schweigt, scheint zuzustimmen» (τὴν σιωπὴν συγκατάθεσιν εἶναι) [24]. Die Z. ist zudem das praktische Element des Denkens. Deswegen nennt sie EPHRAIM DER SYRER die «Hand des Denkens» (ἡ γὰρ χεῖρ τῆς διανοίας ἐστὶν ἡ συγκατάθεσις) [25]. AUGUSTINUS hat diesen Grundgedanken der griechischen Patristik durch seine berühmte Formulierung übersetzt, daß der Glaube nichts anderes als «das mit Z. verbundene Denken» sei («quamquam et ipsum credere nihil aliud est, quam cum assensione cogitare») [26].

Innerhalb der christlichen Philosophie erscheint der Begriff der Z. schließlich als das entscheidende Element in der Lehre von der Sünde (s.d.). Augustinus hält ihn als Leitbegriff der Schrift ‹De Secundino› den manichäischen Theoretikern der Naturen kritisch entgegen. Deutlicher als alle anderen betont er, daß zwar der verführerische Einfluß von etwas oder auch die Lust als solche Vorstufen der Sünde sind, das eigentlich Sündhafte der Sünde aber in der Z. zur Begierde besteht [27]. «Nicht nämlich durch das schlechte Sehnen selbst, sondern durch unsere Z. sündigen wir» («non enim in ipso desiderio pravo, sed in nostra consensione peccamus») [28]. Es ist nicht das Lustempfinden, sondern die Z., die den inneren Tod der Sünde verursacht [29]. Diese klassische Lehre Augustins von der Z. als der dritten Stufe der Sünde neben der «suggestio» und «delectatio» ist bis ins hohe Mittelalter tradiert worden [30].

Einen besonderen Stellenwert hat der Begriff der Z. in der Ethik PETER ABAELARDS. Während das Laster uns zum Sündigen, d.h. zur Z. gegenüber dem Ungeziemenden, geneigt macht, nennen wir diese Z. im eigentlichen Sinne ‹Sünde›, durch die die Seele sich verdammenswerte Schuld zuzieht. Eine Zuspitzung gegenüber der augustinischen Tradition liegt insofern vor, als Abaelard die Z. allein und nicht etwa auch die äußere Tat als das eigentlich konstitutive Element der Sünde ansieht [31]. Es ist genau diese These von der Reduzierung des Sündhaften auf die Z. allein, die auf dem Konzil von Sens verurteilt und auch in den anonymen ‹Capitula haeresum› sowie in der ‹Disputatio› des WILHELM VON ST. THIERRY kritisiert wurde [32].

In der Dominikanerschule wird der Unterschied zwischen der theoretischen und der praktischen Z. bewußt. Nach ROBERT KILWARDBY gehört die Z. gegenüber den selbstevidenten Prinzipien und den Konklusionen auf die kognitive Seite unseres Erkennens, während jede Art der willensmäßigen Hinwendung zu etwas eine praktische Z. impliziert, die zum affektiven Erkennen gehört [33].

Nach THOMAS VON AQUIN kann – seinem vorsichtigen Vorschlag zufolge, wenngleich auch ein synonymer Gebrauch möglich ist – zwischen Z. («assensus») und Übereinstimmung («consensus») unterschieden werden. Der Begriff der Z. weist demnach eine gewisse Distanz zu dem auf, dem zugestimmt wird, was auch in der Etymologie als «ad aliud sentire» zum Ausdruck kommt und dem Intellekt eigentlich zugeschrieben werden muß, während die Übereinstimmung («consensus») eine enge Verbindung im Sinne des «simul sentire» meint, die durch den Willen hergestellt wird [34]. Gegenüber den Stoikern betont Thomas, daß nicht jede Art der Z. in unserer Macht steht. Den ersten, selbstevidenten Prinzipien, ob sie in natürlichem oder übernatürlichem Licht gesehen werden, und den damit notwendig verbundenen Sätzen stimmt der Intellekt «notwendig» zu, so wie der Wille dem letzten Ziel [35]. Ebenso erscheint das Wissen («scientia») der Konklusionen, wenn der Gegenstand evident ist und mit Gewißheit wahrgenommen wird, als eine zwingende Z. Von der notwendigen Z. ist die freiwillige zu unterscheiden, die jedoch von den Affekten und Leidenschaften behindert werden kann. Sie erscheint in ihrer ungewissen Form, d.h. verbunden mit der Furcht, es könnte auch anders sein, als «Meinung» («opinio»), in ihrer «festen», d.h. mit Gewißheit verbundenen Form, obgleich der Gegenstand inevident ist, als «Glaube» («fides») [36].

Gegenüber den Dominikanern achten die Franziskaner mehr auf das Element der Z. in der praktischen Erkenntnis. In diesem Sinne kann PETRUS JOHANNIS OLIVI sagen, daß «nichts so in der Macht des freien Willens liegt und nichts so von ihm abhängt wie seine Z., sei sie aktueller oder habitueller Natur» («nihil autem ita est in potestate liberi arbitrii nec ita dependet ab eo sicut eius consensus, sive sit actualis sive habitualis») [37]. HEINRICH VON GENT hat diese Tendenz noch verstärkt, indem er den Charakter der Notwendigkeit der Z. in der intellektuellen Erkenntnis, und zwar nicht nur der ersten selbstevidenten Prinzipien, sondern auch jeglicher Art der Verbindung mit den Konklusionen, hervorgehoben hat [38]. Nach JOHANNES DUNS SCOTUS, der diesen Gedanken aufnimmt, unterscheiden sich die Z. des Intellekts und die Z. des Willens gerade im Hinblick auf den Charakter der Notwendigkeit. Denn mögen wir auch notwendig den Konklusionen aufgrund der Prinzipien zustimmen, so erfolgt doch niemals im Bereich des Praktischen eine notwendige Z. zu den Mitteln allein wegen des Zwecks. Wenn also in dieser Weise eine Ordnung des Guten parallel zur Ordnung des Wahren zu denken sein mag, so wird der Unterschied immer darin bestehen bleiben, daß die Z. im Intellekt durch die Evidenz des Objekts notwendig verursacht ist, während das Gute an einem Objekt niemals notwendig die Z. des Willens hervorruft, «sondern der Wille freiwillig einem jeden Guten» zustimmt («sed voluntas libere assentit cuilibet bono») [39].

Der Begriff der Z. tritt durch die Philosophie WILHELMS VON OCKHAM in eine neue Phase seiner Geschichte. Hier wird er zu einem Element der Satzerkenntnis spezifiziert. Dabei werden Motive aus der aristotelischen Logik aufgenommen, die besonders in der arabischen Logik detaillierter entfaltet worden waren.

Die islamischen Aristoteliker haben schon zwischen dem Bewußtseinsakt, durch den einzelne Wesenheiten erfaßt werden (tasawwur), und der Z. (tasdiq) als dem Urteilsakt des Intellekts unterschieden, durch den der Wahrheitswert einer Sache anerkannt wird [40]. In diesem Sinne unterscheidet Ockham ausdrücklich zwei Arten der Z., eine Tatsachen-Z., wie man sie nennen könnte, durch die «ich dem zustimme, daß etwas ist oder nicht ist» («assentio aliquid esse vel non esse»), und eine Satz-Z., in der ich einem Satz («propositio») wie 'Der Mensch ist ein Lebewesen' zustimme, indem ich von diesem sage, daß er wahr («vera») ist. Während in der Tatsachen-Z. die äußere Sache als einzelne erfaßt wird, ohne daß zugleich auch der Satz erfaßt würde, setzt die Satz-Z. notwendig das Erfassen des komplexen Gebildes des Satzes voraus [41]. Somit sind die «apprehensio» und der «assensus» als zwei Momente der Satzerkenntnis zu unterscheiden. Die «apprehensio» meint die Bildung und Wahrnehmung des Satzes als solchen, die Z. aber macht den Akt des Urteils aus, in dem ich den Inhalt für wahr oder falsch halte [42]. Um eine «evidente Z.» («evidenter assentire») handelt es sich dann, wenn die aktuelle Existenz des durch die Begriffe eines kontingenten Satzes Bezeichneten und damit die intuitive Erkenntnis desselben vorausgesetzt werden kann [43]. Aber der Intellekt kann auch ohne jede Evidenz einem Satz «mit Festigkeit und Gewißheit zustimmen» («firmiter et certitudinaliter assentire»), wenn er z.B. den Beweisgang für eine Konklusion im einzelnen vergessen hat, dieser aber mit so großer Gewißheit zustimmt, als ob er sie beweisen könnte [44]. Die Unterscheidung zwischen dem Erfassen des Komplexen und seiner Z. hat im Bereich der praktischen Erkenntnis eine Entsprechung. Während die anleitende Erkenntnis («notitia directiva»), die sagt, wie etwas gemacht werden soll, das Erfassen des praktischen Satzes ausmacht, stellt die auffordernde Erkenntnis («notitia dictativa»), die etwas befiehlt oder verbietet, die Z. bzw. die Verweigerung der Z. («dissensus») im Bereich der Praxis dar [45].

Die kritische Reaktion auf Ockhams Theorie widmet sich u.a. der Frage, was der eigentliche Gegenstand der Z. sei. Als einer der ersten Kritiker weist WALTER CHATTON darauf hin, daß der durch das Erfassen gebildete Satz zwar die Ursache der Z. genannt werden kann, aber deswegen nicht als der Gegenstand der Z. zu betrachten ist. Vielmehr ist dieser die durch den Satz repräsentierte Sache selbst [46]. Die kritische Betrachtung beider Thesen, sowohl Ockhams wie auch Chattons, führt schließlich zu jener berühmten, erstmals überhaupt von ADAM WODEHAM und GREGOR VON RIMINI formulierten, von HUGOLIN VON ORVIETO übernommenen Sachverhaltsontologie, nach der nicht der Satz, auch nicht die durch den Satz thematisierte äußere Sache, sondern das durch den Satz als ganzen Bezeichnete oder das «complexe significabile» (s.d.) der eigentliche Gegenstand der Z. sei [47]. GREGOR VON RIMINI, nach dem die Z. nichts anderes ist als das Wahrheitsurteil [48], hat darüber hinaus auf den Unterschied zwischen Z. und «Aussage» («enuntiatio») aufmerksam gemacht. Während jene Aussagen, die selbst als die Bilder bloß lautlicher Sätze die Dinge je verschieden bezeichnen wie die lautlichen Sätze auch, der formalen Bestimmung nach keine Erkenntnisse und deswegen auch keine Z.en sind, bleibt die Z. streng auf die Aussagen beschränkt, die das Urteil enthalten, daß es so ist oder nicht ist. Das sind neben dem Glauben und der Meinung besonders die Sätze des Geistes, die er a priori ohne irgendeine Hervorbringung und ohne eine bestimmte Sprache («nullius linguae») bildet [49]. Im Lichte einer solchen Z.-Lehre versteht man, daß HUGOLIN VON ORVIETO, der treue Schüler Gregors, Gott selbst, gerade wenn er als reinster Akt verstanden wird, die «Z. alles notwendig und kontingent Wahren» («cuiuslibet veri assensus ... scilicet necessarii necessario et contingenter veri contingenter») nennt [50]. MARSILIUS VON INGHEN, der mit ausdrücklicher Ablehnung der complexe-significabile-Theorie des Gregor von Rimini die alte Ockhamsche Lehre vom Satz als dem unmittelbaren Objekt der Z. wiederherstellt, hat unter den zustimmenden Satzerkenntnissen (die ja von den apprehensiven unterschieden werden müssen) solche ohne vorhergehenden Beweis und solche mit vorhergehendem Beweis unterschieden. In diesem Sinne wird vor jedem Beweis einer konkreten Sinneserfahrung (wie z.B. 'das, was ich hier berühre, ist warm') oder einem allgemeinen, mit Hilfe des Intellekts erstellten Sinnesurteil ('jedes Feuer ist heiß') oder evidenten Prinzipien ('jedes Ganze ist größer als seine Teile') oder schließlich, wie im Glauben, einer Autorität zugestimmt. Dem entsprechen vier Formen der Z. nach einem vorhergehenden Beweis, nämlich die Vermutung («suspicio»), die sich durch unsichere Zeichen lenken läßt, die Meinung («opinio»), die fürchtet, es könnte auch anders sein, die Wissenschaft («scientia»), die aus ersten, notwendigen Prinzipien das Wahre erschließt, und schließlich die Theologie, die dasselbe tut, aber aus im Glauben hingenommenen Prämissen [51].

Unter dem Einfluß verschiedener theologischer Fragestellungen Ockhams wird um die Mitte des 14. Jh. an der Universität Paris die Lehre von der zweifachen Z. oder Evidenz entwickelt. Nach JOHANNES VON MIRECOURT, dessen ‹Sentenzenkommentar› aus der Mitte der 1340er Jahre stammt, ist jede Art der Evidenz eine Z., wenngleich nicht umgekehrt. Die besondere Evidenz des ersten Prinzips, d.h. des Widerspruchsprinzips, ist jene, bei der «ohne jede Furcht» und aufgrund natürlicher Ursachen einem Tatbestand («sic esse») zugestimmt wird, ohne daß zugleich auch dem (kontradiktorischen) Gegenteil zugestimmt werden könnte. Auf diese Weise sind die Meinung und Vermutung sowie der Glaube und die Annahme des Wunders als andere Formen der Z. ausgeschlossen. Von dieser Z. des ersten Prinzips ist die sog. «natürliche Evidenz» («evidentia naturalis») zu unterscheiden, bei der einem Sachverhalt zugestimmt wird unter dem Vorbehalt, daß kein Wunder geschieht [52]. In ähnlicher Weise hat auch JOHANNES BURIDANUS die absolute Evidenz («evidentia absoluta») des Widerspruchsprinzips, durch die der Mensch «gezwungen» wird, einem Satz so zuzustimmen, daß er ihm nicht zugleich auch nicht zustimmen kann, von einer bedingten Evidenz («evidentia conditionata») unterschieden, die zur Z. zu einem Satz führt, vorbehaltlich des normalen Laufs der Natur und des Nichteingreifens der göttlichen Allmacht. Schließlich hat 30 Jahre später PIERRE D'AILLY die These von der doppelten Z. noch einmal wiederholt und sie dem Sinn, ja dem Buchstaben nach, wie Johannes von Mirecourt erläutert. Freilich hat er hinzugefügt, daß der «homo viator» nicht nur dem ersten Prinzip, sondern vielen anderen Wahrheiten im Sinne der absoluten Evidenz zustimmen kann, sogar vielen kontingenten Wahrheiten, wie z.B. derjenigen, daß er selbst ist, daß aber keine sinnliche Erkenntnis den Rang einer schlechthin evidenten Erkenntnis haben kann [53].

Der Begriff der Z. wird mit all seinen scholastischen Konnotationen auch in der Spanischen Scholastik breit aufgenommen. Für die Weiterentwicklung ist die Auseinandersetzung des F. SUÁREZ mit CAJETANS Z.-Begriff wichtig. Cajetan war von einem Unterschied zwischen Z. und Urteil ausgegangen. Die Z. sei bloß die Festlegung auf einen der Sätze im Falle eines Widerspruchs, während das Urteil die Bestimmung der Sache, wie sie ist und sein muß, darstelle. So drücke etwa der Glaube an die unbefleckte Empfängnis Marias eine Enthaltung des Urteils über den Sachverhalt, aber gleichwohl eine im Licht des Glaubens getroffene Selbstbestimmung zu dieser Wahrheit aus. SUÁREZ hat diese These kritisiert: «Ich aber kann keinen Unterschied zwischen Z. und Urteil erkennen» («Ego vero intelligere non valeo differentiam inter assensum et judicium»). Weder der hl. Thomas noch die sonstigen Theologen und Philosophen kennten einen Unterschied zwischen Z. und Urteil. Wenn der Begriff der Z. nicht willkürlich für jede Bestimmung des Intellekts mißbraucht werden soll, dann muß man nach Suárez bei der alten Wahrheit bleiben, daß «kein Akt des Intellekts eine Z. sein kann in bezug auf irgendeinen Gegenstand in irgendeiner Beziehung, ohne daß er formal und wesensmäßig ein Urteil ist, und umgekehrt» («non potest actus intellectus, circa aliquam materiam sub aliqua ratione esse assensus, quin formaliter et essentialiter sit judicium, et e converso») [54].

Anmerkungen. [1] Vgl. W. T. KRUG: Art. ‹Beifall›. Allg. Handwb. der philos. Wiss. (1832-38, ND 1969) 1, 308f. – [2] SVF 1, 61. – [3] SVF 2, 52. 974. – [4] Vgl. Art. ‹Katalepsis›. Hist. Wb. Philos. 4 (1976) 708-710; Art. ‹Phantasia I. 4.›, a.O. 7 (1989) 519-521; Art. ‹Wahrnehmung I.›. – [5] Vgl. SVF 3, 548; A. A. LONG/D. N. SEDLEY (Hg.): The hellenistic philosophers [LS] (Cambridge 1987); dtsch. (2000) 41 G; vgl. SEXTUS EMP.: Adv. math. 7, 151-157 (LS 41 C); CICERO: Tusc. disput. IV, 7, 15. – [6] SVF 3, 459. – [7] CICERO: Acad. II (Lucullus) 12, 38f. – [8] a.O.; vgl. PLUTARCH: Cicero 40, 2, hg. K. ZIEGLER (1964) 356f.; vgl. AULUS GELLIUS: Noctes Atticae XIX, 1, 16-20, hg. C. HOSIUS 2 (1903, ND 1967) 259, 20-260, 18. – [9] SVF 2, 992. – [10] CICERO: Acad. II (Luc.) 12, 38; SVF 2, 115. 974. 992. – [11] EPIKTET: Diss. III, 22, 42f., hg. H. SCHENKL (1965) 302, 2-4; vgl. auch: IV, 1, 69, a.O. 367, 5-8. – [12] SVF 2, 980f. 991; vgl. PLUTARCH: Adv. Colotem 1119 F-1120 A, hg. B. EINARSON/P. DE LACY (1967) 264; EPIKUR: frg. 259 (USENER); dazu: B. INWOOD: Ethics and human action in early stoicism (Oxford 1985) 75-91; vgl. Art. ‹Lekton›. Hist. Wb. Philos. 5 (1980) 229-231. – [13] JOH. PHILOPONOS: In de anima. CAG 15, hg. M. HAYDUCK (1897) 497, 7-13. – [14] CICERO: Acad. II (Luc.) 20, 66f. (LS 69 G). – [15] a.O. 19, 59; vgl. SEXTUS EMP.: Adv. math. VII, 155, hg. H. MUTSCHMANN (1914) 38. – [16] 33, 108 (LS 69 J). – [17] 33, 104 (LS 69 I); vgl. W. GÖRLER: Älterer Pyrrhonismus. Jüngere Akademie, § 49: Karneades, in: Grundriss der Gesch. der Philos., Philos. der Antike 4: Die hellenist. Philos. 2, hg. H. FLASHAR (1994) 869-873; vgl. auch: Art. ‹Wahrscheinlichkeit II.›. – [18] ALEXANDER VON APHROD.: De anima. CAG Suppl. 2/1, hg. I. BRUNS (1887) 67, 15-19. – [19] a.O. 73, 7-11. – [20] THEMISTIUS: In de anima. CAG 5/3, hg. R. HEINZE (1890) 88, 39-89, 7; vgl. auch: 90, 17-27. – [21] JOH. PHILOPONOS, a.O. [13] 489, 1f.; vgl. SIMPLIKIOS: In de anima. CAG 21, hg. M. HAYDUCK (1882) 212, 13-20. – [22] CLEMENS VON ALEX.: Strom. II, 6, 27, 4, hg. O. STÄHLIN/L. FRÜCHTEL (1960) 127f.; vgl. auch: ORIGENES: C. Celsum III, 39, hg. M. BORRET (1962) 92. – [23] BASILIUS: Hom. in Ps. 115. MPG 30, 105 A-B. – [24] GREGOR VON NAZIANZ: Or. 23, 6, hg. J. MOSSAY (1980) 293. – [25] EPHRAIM DER SYRER: Reprehensio sui ipsius et Confessio. Werke, hg. K. G. PHRANTZOLES 1 (Thessaloniki 1988, ND 1995) 330, 2-5; De paenitentia, a.O. 5 (1994) 88, 11. – [26] AUGUSTINUS: De praedest. sanctorum II, 5. MPL 44, 963; vgl. PETRUS LOMBARDUS: Sent. in IV libris dist. II, d. 26, c. 4, 4 (Grottaferrata 1971) 475, 18ff. – [27] Vgl. De sermone Domini in monte I, 12, 34f. CCSL 35, hg. A. MUTZENBECHER (Turnholt 1967) 36, 781f.; 38, 823f. – [28] Exp. quarundam propositionum ex ep. ad Rom. 12, 9. CSEL 84, hg. I. DIVJAK (Wien 1971) 8, 1-3. – [29] In Ioh. evang. tract. 49, 3. CCSL 36, hg. D. R. WILLEMS (Turnholt 1954) 421, 10f. – [30] Vgl. z.B. BEDA: Expos. in primum librum Mosis, c. 3. MPL 91, 214 B; Expos. in Evang. S. Matth. I, 5. MPL 92, 28 B; In ep. septem cath. I, 15. CCSL 121, hg. D. HURST (Turnholt 1983) 188, 192ff.; RHABANUS MAURUS: De clericorum institutione, c. 28. MPL 107, 312 C; Comm. in Gen. I, 15. MPL 107, 491 A-B; Comm. in Matth. I, 4. MPL 107, 781 B; (Ps.-)ANSELM VON CANTERBURY: Meditatio 1. MPL 158, 715 D; HUGO VON ST. VIKTOR: Adnotatiunculae in Joelem. MPL 175, 370 B; PETER ABAELARD: Sic et non, qu. 82, hg. B. BOYER/R. MCKEON (Chicago/London 1976) 298, 12f. – [31] PETER ABAELARD: Ethics, hg. D. E. LUSCOMBE (Oxford 1971, ND 1979) 4, 27ff.; 22, 32ff.; zur Unterscheidung von 'Intention' und Z.: a.O. 42 (Anm. 2). – [32] Vgl. Capitula haeresum Petri Abaelardi, c. 13, 1. CC Cont. Med. 12, hg. E. M. BUYTAERT (Turnholt 1969) 480, 249-254, und WILHELM VON ST. THIERRY: Disput. adv. Petrum Abaelardum, c. 12. MPL 180, 282 A-B. – [33] ROBERT KILWARDBY: Quaest. in librum tertium sent. 2: Tugendlehre, q. 1, hg. G. LEIBOLD (1985) 7, 149ff. – [34] THOMAS VON AQUIN: S. theol. I-II, 15, 1, ad 3; vgl. III sent. 23, 2, 2, ad 1; De malo 6, 1, ad 14; De veritate 14, 1, ad 3. – [35] I-II, 17, 6; I, 62, 8, ad 2; I, 82, 2. – [36] II-II, 1, 4; 2, 1; I-II, 77, 3, ad 3; II-II, 2, 9; und am ausführlichsten: De veritate 14, 1. – [37] PETRUS JOH. OLIVI: Quaest. in sec. libr. sent., q. 57, hg. B. JANSEN [Bibliotheca Franciscana Scholastica 5] (Quaracchi 1924) 377f. – [38] HEINRICH VON GENT: Quodl. I, q. 16, hg. R. MACKEN (Löwen/Leiden 1979) 108, 97ff. – [39] JOH. DUNS SCOTUS: Ord. I, d. 1, p. 2, q. 2, n. 147, hg. C. BALIĆ. Ed. Vat. 2 (Rom 1950) 98; vgl. Lectura I, d. 1, p. 2, q. 2, n. 111, hg. C. BALIĆ. Ed. Vat. 16 (1960) 97. – [40] Vgl. H. A. WOLFSON: The terms 'Tasawwur' and 'Tasdiq' in Arabic philos. and their Greek, Latin and Hebrew equivalents, in: I. TWERSKY/G. H. WILLIAMS (Hg.): Studies in the hist. and philos. of religion (Cambridge, Mass. 1973) 1, 478-492; D. L. BLACK: Art. ‹Logic in Islamic philosophy›, in: Routledge encycl. of philosophy, hg. E. CRAIG 5 (London/New York 1998) 706-713, hier: 708f. – [41] WILHELM VON OCKHAM: Quodl. IV, q. 16. Op. theol. 9, hg. J. C. WEY [OT] (St. Bonaventure, N.Y. 1980) 376f.; III, q. 8, a.O. 233ff.; vgl. V, q. 6, a.O. 500ff.; Quaest. in libr. tertium sent. (Reportatio), q. 2. OT 6, hg. F. E. KELLEY/G. I. ETZKORN (1982) 85. – [42] Scriptum in libr. primum sent. ordin., Prol., q. 1. OT 1, hg. G. GÁL/ST. BROWN (1967) 16ff. 19ff. 58ff.; zu den 'Ursachen' der Z. zu einem notwendigen oder kontingenten Satz vgl. Quaest. variae, q. 5. OT 8, hg. G. I. ETZKORN/F. E. KELLEY/J. C. WEY (1984) 170-173. – [43] Quaest. in libr. sec. sent. (Reportatio), q. 14. OT 5, hg. G. GÁL/R. WOOD (1981) 318f.; vgl. q. 12f., a.O. 258. – [44] Quaest. variae, q. 5, a.O. [42] 189. – [45] Report., q. 12, a.O. [41] 422f. – [46] WALTER CHATTON: Reportatio et lectura sup. sent.: Collatio ad librum prim. et Prologus, prol., q. 1, a. 1, 40-43, q. 4, a. 1, hg. J. C. WEY (Toronto 1989) 227. – [47] ADAM DE WODEHAM: Lectura sec. in libr. primum sent. I, d. 1, q. 1, § 8, 194, hg. R. WOOD/G. GÁL (St. Bonaventure, N.Y. 1990): «significabile per complexum»; GREGOR VON RIMINI: Lectura sup. prim. et sec. sent. prol., q. 1, hg. W. ECKERMANN/M. SCHULZE 1 (1981) 12, 6ff.; vgl. W. ECKERMANN: Der Physikkommentar Hugolins von Orvieto (1972) 50, 115ff. – [48] GREGOR VON RIMINI, a.O. 3. 9; vgl. 27, 22. – [49] a.O. 30, 23-32, 2. – [50] HUGOLINO DE URBE: Vetri comm. in quattuor libros sent. principium quartum, quaestio un., IV, a. 1, hg. W. ECKERMANN/V. MARCOLINO (1988) 145f. – [51] MARSILIUS VON INGHEN: Quaest. sup. quatuor libros sent. I, q. 2, hg. M. SANTOS NOYA (Leiden/Boston/Köln 2000) 69, 23-87, 30, hier: 69-71. – [52] Vgl. A. MAIER: Das Problem der Evidenz in der Philos. des 14. Jh. Scholastik 38 (1963) 183-225, hier: 213ff.; F. STEGMÜLLER: Die zwei Apologien des Jean de Mirecourt. Rech. Théol. anc. et médiév. 5 (1933) 40-78, hier: 66f. – [53] PETER VON AILLY: Quaest. sup. libr. sent. cum quibusdam ... (Straßburg 1490, ND 1968) I, q. 1 E-F. – [54] F. SUÁREZ: Comm. in I-II D. Thomae. De gratia II, 18, 13. Op. omn., hg. C. BERTON 7 (1857) 678f.

Literaturhinweise. A. GARDEIL: Art. ‹Consentement›, in: Dict. de théol. cath. 3/1 (Paris 1938) 1182-1186. – F. M. TYRRELL: The role of assent in judgement. A thomistic study (Washington 1948). – F.-A. CUNNINGHAM: The second operation and the assent vs. judgment in S. Thomas. New Scholasticism 31 (1957) 1-33. – R. BLOMME: La doctrine du péché dans les écoles théolog. de la première moitié du 12e s. (Löwen 1958). – A. MAIER s. Anm. [52]. – H. A. WOLFSON s. Anm. [40]. – J. BOLER: Ockham on evident cognition. Franciscan Studies 14 (1976) 85-98. – W. GÖRLER: Ἀσθενὴς συγκατάθεσις. Zur stoischen Erkenntnistheorie. Würzburger Jb. Altertumswiss., NF 3 (1977) 83-92. – E.-J. ASHWORTH: Theories of the proposition: some early 16th cent.

discussions. Franciscan Studies 38 (1978) 81-121. – G. B. KERFERD: The problem of synkatathesis and katalepsis, in: J. BRUNSCHWIG (Hg.): Les stoïciens et leur logique (Paris 1978) 251-272. – G. R. EVANS: Newman and Aquinas on Assent. J. theolog. Studies, NS 30 (1979) 202-211. – M. FREDE: The skeptic's two kinds of assent and the question of the possibility of knowledge (1984), in: Essays in ancient philosophy (Oxford 1987) 201-222. – B. INWOOD s. Anm. [12]. – A. BROADIE: Notion and object: Aspects of late medieval epistemology (New York 1989). – R. BETT: Carneades' distinction between assent and approval. Monist 73 (1990) 3-21. – J. M. VIENNE: Assent chez les platoniciens de Cambridge, in: M. BALDI (Hg.): Mind senior to the world. Stoicismo e origenismo nella filos. platonica del Seicento inglese (Mailand 1996) 55-74. – B. INWOOD/J. MANSFELD (Hg.): Assent and argument. Studies in Cicero's Academic books. Proc. 7th Symp. Hellenisticum (Leiden u.a. 1997). – K. IERODIAKONOU (Hg.): Topics in stoic philos. (Oxford 1999). – CH. GRELLARD: Le problème de l'assentiment chez Abélard. Arch. Hist. doctr. MA 70 (2003) 7-25.

TH. KOBUSCH

II. *Neuzeit.* – In der neuzeitlichen Philosophie hat der Begriff ‹Z.› seinen Ort in der Analyse epistemischer Begriffe wie bes. ‹Glaube› und ‹Überzeugung›. Als Gegenbegriff fungiert ‹Verwerfung›. Im Blick zu behalten sind die unterschiedlichen Traditionen von ‹Z.› in der engeren Bedeutung (lat. ‹assensus›, ‹assensio›) und ‹Übereinstimmung› (s.d.) in der Bedeutung von lat. ‹consensus›. Der Sprachgebrauch läßt es zu, daß man mit jemandem übereinstimmt, wenn man ihm zustimmt. Obwohl sich eine Z. nicht nur auf kognitive Gehalte, sondern auch auf Handlungen beziehen kann – man spricht dann häufig von ‹Billigung› [1] –, wird der Begriff vor allem in der Theorie des Urteils (s.d.) verwendet und von hier auch auf die Behauptung (s.d.) als die sprachliche Äußerung des Urteils übertragen. Die ursprüngliche Beschränkung auf sinnliche Wahrnehmungsurteile geht dabei verloren. CH. WOLFF identifiziert allgemein Zustimmen mit Urteilen: «Assentiri enim idem est ac judicare, propositionem esse veram» [2]. Mitunter wird Z. auch vom Urteilen ausdrücklich dadurch abgesetzt, daß sie sich nicht auf die Dinge selbst bezieht, sondern im Sinne einer sekundären Stellungnahme auf «Truths delivered in Words», wie J. LOCKE [3] sagt, also auf die vorausgegangene Behauptung eines anderen (vgl. unten: A. Reinach und E. Husserl). Unterschieden wird jeweils zwischen dem bloß vorgestellten Inhalt eines Urteils bzw. einer Behauptung und der Z. zu diesem Inhalt. So betont J. S. MILL: «All language recognises a difference ... between assent, and what is assented to» [4].

Verschiedene Konzeptionen der Z. ergeben sich dadurch, daß diese einerseits als (propositionaler) mentaler Zustand (oder als Disposition) im Sinne von ‹Glaube›, ‹Fürwahrhalten› (s.d.) oder ‹Wahrheitsgefühl› (s.d.), andererseits als mentaler Akt des Beifalls (s.d.) oder der Anerkennung der Geltung [5] verstanden wird. Im Lateinischen entspricht dem ungefähr die terminologische Differenz zwischen ‹assensus› und ‹assensio›. Die beiden Konzeptionen werden nicht immer hinreichend unterschieden. So findet sich etwa bei W. T. KRUG einerseits die neutrale Bestimmung: «Beifall ist logisch betrachtet [im Unterschied zum ästhetischen und moralischen Gebrauch] die Zustimmung zu einem Urtheile, das man für wahr hält» [6]. Andererseits wird der Zustand «Fürwahrhalten» mit dem Akt «Anerkennen der Gültigkeit eines gegebnen Urtheils» gleichgesetzt und der «Beifall (assensus)» selbst als «eine eigne Art des Wohlgefallens an wahren Urtheilen» – also gewissermaßen als ein Zustand der Anerkennung – beschrieben [7]. Gegen den Sprachgebrauch, den «assensus logicus» mit ‹Beifall› statt mit ‹Z.› zu übersetzen, wendet sich J. F. HERBART, der hierin eine Vermischung von Gefallens- und Erkenntnisurteil sieht [8].

Aufgrund der beiden unterschiedlichen Begriffe von Z. kommt es auch zu kontroversen Einschätzungen klassischer Positionen. So ist die Auffassung von R. DESCARTES, daß die im Urteil vollzogene Z. («assensio») auf einer freien Wahlentscheidung beruht [9], häufig als «doxastischer Voluntarismus» gedeutet worden, dem zufolge der Glaube letztlich dem Willen unterworfen sei [10]. Die Wahlentscheidung erstreckt sich bei Descartes jedoch nicht auf den naturwüchsigen Glauben, sondern auf den abschließenden Akt der Anerkennung (oder Verwerfung), dem eine aufmerksame Prüfung des fraglichen Inhalts vorauszugehen hat. Zum Urteilen («judicandum») gehöre zunächst der prüfende Verstand («intellectus») und sodann der Wille («voluntas»), um dem vorgestellten Inhalt die Z. zu erteilen («ut rei aliquo modo perceptae assensio praebatur») [11]. Descartes vertritt insofern lediglich einen Voluntarismus der verstandesmäßigen Aufmerksamkeit («attention voluntarism») [12]. Wahrscheinliche Vermutungen («probabiles conjecturae») beeinflussen auch für ihn die Tendenz der Z., die Erkenntnis aber, daß es bloß Vermutungen sind und nicht gewisse und unbezweifelbare Gründe, reichen – wenn es um Gewißheit geht – aus, die Z. in die entgegengesetzte Richtung zu treiben [13]. In dieser Situation fordert Descartes eine Urteilsenthaltung als Z.-Verweigerung, die erst aufgehoben wird, nachdem der Verstand eine klare und deutliche Erkenntnis erlangt hat, die vom Willen sodann gerechtfertigt als wahr anerkannt wird. In diesem Sinne hat die Verstandeserkenntnis stets der (im Urteil vollzogenen) Willensbestimmung vorherzugehen («perceptionem intellectus praecedere semper debere voluntatis determinationem») [14].

Wird die Z. als mentaler Zustand (oder als Disposition) verstanden, so liegt es nahe, für sie unterschiedliche Grade im Sinne größerer oder geringerer Sicherheit anzunehmen. So unterscheidet J. LOCKE, der «assent» gleichbedeutend mit «belief» und «opinion» gebraucht, «degrees of Assent from full Assurance and Confidence, quite down to Conjecture, Doubt, and Distrust» [15]. Diese Abstufung bildet die Voraussetzung für seine epistemische Norm, nach der sich die Stärke der Z. zu einer Aussage an den Wahrscheinlichkeitsgründen («grounds of Probability»), die (mehr oder weniger) für oder gegen eine Aussage sprechen, auszurichten hat [16]. Gegen den Skeptizismus macht Locke geltend, daß es nicht in unserer Macht stehe, unsere Z. angesichts offenbarer Wahrscheinlichkeit zu suspendieren, zumindest dann nicht, wenn es sich um lebenswichtige Fragen handelt: «The greater Probability ... will determine the Assent» [17]. Diese Auffassung hält sich in Modifikationen durch. Im deutschen Sprachraum wird dabei in der Kantischen Tradition zwischen Glauben (als subjektiver Gewißheit) und Meinen (als einem auf Wahrscheinlichkeit gegründeten Fürwahrhalten) unterschieden. Hierfür steht u.a. KRUG [18], der hervorhebt, daß es «verschiedne Grade der Ueberzeugung» geben müsse [19]. Gegen die Skeptiker wendet er ein, daß eine völlige Urteilsenthaltung nicht möglich sei. Auch wenn die äußere Z. nicht erzwungen werden könne (und dürfe), so bleibe die innerliche (unter gegebenen Umständen) doch unvermeidbar [20]. Demgemäß bestreitet Krug auch (gegen die Stoiker gewendet), daß die Z. (der Beifall) «etwas Willkürliches» sei.

Eine eigenständige Konzeption, die auf Kenntnisse der stoischen Auffassung zurückverweist, hat J. H. NEWMAN entwickelt [21]. Er bestimmt Z. «as the mental assertion of an intelligible proposition, as an act of the intellect direct, absolute, complete in itself, unconditional, arbitrary, yet not incompatible with an appeal to argument, and at least in many cases exercised unconsciously» [22]. Gegen Locke bestreitet Newman unter Hinweis auf den Aktcharakter der Z., daß diese Grade haben könne: «in teaching various degrees of assent, we tend to destroy assent, as an act of the mind, altogether» [23]. Die Graduierung der Z. würde insbesondere deren Unbedingtheit zunichte machen. Z. komme nämlich nicht durch explizites formales syllogistisches Schließen («inference») zustande, sondern durch ein implizites Folgern («implicit reasoning», s.d.), dessen Grundlage ein besonderer Folgerungssinn («illative sense», s.d.) ist, der – vergleichbar der Urteilskraft (s.d.) – nicht auf Regeln gebracht werden könne. Der Begriff der Z. rückt bei Newman ins Zentrum einer Glaubenslehre, die von einer Analogie zwischen alltäglicher und religiöser Ausbildung von Gewißheit ausgeht. Hierbei nimmt Newman Überlegungen L. WITTGENSTEINS vorweg, Glauben nicht als defizienten Modus des Wissens, sondern im Sinne eines unhintergehbaren existenztragenden Vertrauens zu verstehen, als eine unbeweisbare und gleichwohl unbezweifelbare Gewißheit [24]. Diese Charakterisierung entspricht NEWMANS emphatischer Auffassung der Z. Deutlich wird die Entsprechung auch an den verwendeten Beispielen: «We are all absolutely certain, beyond the possibility of doubt, that Great Britain is an island» [25].

Newmans Analysen liefern auch bereits Argumente für später ausgetragene Diskussionen. Wird die Z. als performativer Anerkennungsakt und nicht als Glaubenszustand oder -ereignis verstanden, so kann sie nicht mehr oder weniger, sondern nur insgesamt erfolgen oder nicht erfolgen. Allerdings kann sie selbst unterschiedliche Wahrscheinlichkeitsgrade zum Gegenstand haben, indem zugestimmt wird, daß ein bestimmter Sachverhalt wahrscheinlicher ist als ein anderer. Der akttheoretische Begriff der Z. ist gegen Ende des 19. Jh. wieder aufgegriffen und vor allem in der Urteilstheorie des werttheoretischen Neukantianismus zum Grundbegriff erhoben worden. Die Qualitäten des Urteils (Bejahung und Verneinung) werden als willentliche Akte der Anerkennung und Verwerfung (Billigung und Mißbilligung) bestimmt [26] und von H. RICKERT mit der Z. und Ablehnung identifiziert [27]. Historisch stellt insbesondere W. WINDELBAND die Beziehung zum Verständnis der Z. in der Stoa und bei Descartes her [28]. Das Problem des epistemischen Voluntarismus, wie die in der «Macht» der Evidenz begründete «Urtheilsnothwendigkeit» («ich kann nicht willkürlich bejahen oder verneinen» [29]) mit der Freiheit der Z. («Anerkennung») im Urteil vereinbar sei, wird von Rickert durch die Unterscheidung zwischen kausaler und epistemischer Notwendigkeit aufgelöst: «Die Nothwendigkeit, um die es sich beim Urtheilen handelt, ist nicht eine Nothwendigkeit des Müssens. Sie kann es nicht sein, denn wenn wir uns auch bestimmt fühlen von einer Macht, die von uns unabhängig ist, so besteht das Urtheil doch immer in einer Anerkennung, und anerkennen kann man nur einen Werth. Daher kann es sich beim Urtheilen niemals um einen naturgesetzlichen Zwang handeln, der die Bejahung hervorbringt. Die Urtheilsnothwendigkeit hat nichts mit causaler Nothwendigkeit zu thun» [30]. Während danach die Z. Sache einer begründeten Willensentscheidung ist, reduziert W. JAMES umgekehrt die Willensanstrengung («volitional effort») auf die Funktion, ein Gefühl der Zustimmung («feeling of consent») zu einer Sache herbeizuführen [31].

Ungeachtet seines voluntaristischen Ansatzes faßt auch WINDELBAND die Z. psychologisch als «Ueberzeugungsgefühl» angesichts von «Evidenz», so daß die Grenze zwischen mentalem Akt und mentalem Zustand verschwimmt. Deutlich wird dies zudem daran, daß für die «Beurtheilung» die Möglichkeit einer graduellen Abstufung behauptet wird, weil es Grade der Gewißheit für das Überzeugungsgefühl gibt [32]. Demgegenüber weist A. REINACH darauf hin, daß es zwar Grade von Überzeugungen, nicht aber von Behauptungen gebe: «Entweder wird etwas behauptet oder es wird nicht behauptet» [33]. Daher besteht er auf der kategorialen Differenz zwischen dem Zustand der «Überzeugung», der in der Zeit verläuft, und dem Akt des «Behauptens», dem «gleichsam punktuelles Sein» zukomme [34]. Die angesprochene Doppeldeutigkeit lastet Reinach dem Anerkennungsbegriff an, der «Zustimmungsanerkennung» und «urteilende Anerkennung» nicht unterscheide. Z. versteht er dabei ausschließlich im Sinne der positiven Stellungnahme zum Urteil eines anderen: «Wollen wir uns die hier vorliegende Äquivokation zunutze machen, so können wir sagen: die Zustimmungsanerkennung ist Anerkennung einer urteilenden Anerkennung» [35]. Ungeachtet ihrer eigenen terminologischen Engführung läßt sich Reinachs Klarstellung für die begriffsgeschichtliche Explikation der verschiedenen Z.-Begriffe nutzbar machen, insbesondere für den Nachweis der Selbständigkeit der akttheoretischen Auffassung. Eine solche hat E. HUSSERL vertreten, der «Z.» mit «Anerkennung» gleichsetzt. Bereits für ihn ist Z. primär auf das Urteil bezogen, «das ein anderer ausspricht» [36]. Letztlich bestehe sie aber darin, daß das Bezugsurteil erwägend «in Frage» gestellt und diese Erwägung sodann in der «Entscheidung» der Frage durch ein eigenes Urteil ihre «Erfüllung» (bzw. «Enttäuschung») findet. Erst so werde aus der «schlichten Übereinstimmung» die «wirkliche Z.» [37]. Auch TH. ZIEHEN identifiziert «Zustimmen» mit «Anerkennen», ordnet es aber dem (für ihn) «rein psychologischen Phänomen» des «Geltungsbewußtseins» zu, das mit der Gewißheit zusammenfalle. Die Unterscheidung zwischen mentalem Akt und mentalem Zustand geht dabei abermals verloren. Ziehen betont, daß das Geltungsbewußtsein «im Sinn einer psychologischen Z.» oft genug auch dem Irrtum zukomme [38].

Wesentliche Anstöße für die neuere analytische Diskussion zum Begriff des Glaubens («belief») hat H. H. PRICE mit seiner Ausarbeitung der Lockeschen Z.-Lehre geliefert [39]. Ausgehend von dem Gegensatz zwischen (traditioneller) «Occurrence Analysis» der Introspektionsmethode, die den Glauben als mentales Ereignis faßt, und (moderner) behavioristischer «Dispositional Analysis», spricht sich Price dafür aus, die erste in die zweite zu inkorporieren. Zwar sei die dispositionelle Auffassung des Glaubens vorzuziehen, die mentalen Ereignisse seien aber für die Analyse dieser komplexen und vielfältigen Disposition relevant, und diese Ereignisse beschreibt Price als Z.en («'assents' or 'assentings'») [40]. Für ihn enthält die Z. neben dem willentlichen Moment der Entscheidung, das keine Grade kennt, auch das gefühlsmäßige Moment der Überzeugung («sureness or confidence»), das alle Grade annehmen kann [41]. Daher kommen der Z. auch insgesamt Grade zu, die der Evidenz des Sachverhalts, dem die Z. gilt, zu entsprechen habe. Jedenfalls gelte dies für vernünftige («reasonable») Z.en [42]. Die Frage, ob es eine moralische Verpflichtung gibt, in seinen Z.en vernünftig zu sein, was Price verneint, ist Gegenstand der neueren «ethics of belief debate» [43], die ebenfalls in Descartes und Locke ihre Klassiker hat.

Anmerkungen. [1] Vgl. z.B. H. R. LOTZE: Mikrokosmus 1 (1856-64, [4]1884) 289. – [2] CH. WOLFF: Philosophia rat. sive Logica § 613 (1728, [3]1740). Ges. Werke, hg. J. ECOLE II/1, 2 (1983) 451. – [3] J. LOCKE: An essay conc. human understanding IV, 14, § 3 (1690), hg. P. H. NIDDITCH (Oxford 1975) 653. – [4] J. S. MILL: A system of logic, ratiocinative and inductive I, 5, § 1 (1843). Coll. works, hg. J. M. ROBSON 7 (1974) 87. – [5] Vgl. Art. ‹Anerkennungstheorie›. Hist. Wb. Philos. 1 (1971) 300f.; ‹Geltungstheorie›, a.O. 3 (1974) 237f. – [6] W. T. KRUG: Allg. Handwb. der philos. Wiss., nebst ihrer Lit. und Gesch. 1 ([2]1832-38) 308 (Art. ‹Beifall (assensus)›). – [7] Hb. der Philos. und der philos. Lit. 1, §§ 68f. (1820) 78. – [8] J. F. HERBART: Lehrbuch zur Einl. in die Philos., Anm. zu § 82 ([4]1837). Sämtl. Werke, hg. K. KEHRBACH/ O. FLÜGEL 4 (1891) 111. – [9] R. DESCARTES: Medit. de prima philos. IV, 11f. (1641). Oeuvr., hg. CH. ADAM/P. TANNERY [AT] (Paris 1897-1913, 1964-75) 7, 59f.; vgl. Art. ‹Urteil›. Hist. Wb. Philos. 11 (2001) 430-461, hier: 439f. – [10] So z.B. M. CLARKE: Doxastic voluntarism and forced belief. Philos. Studies 50 (1986) 39-51, hier: 39. 49 (Anm. 2). – [11] R. DESCARTES: Principia philos. I, 34 (1644). AT 8/1, 18. – [12] Vgl. M. DE ARAUJO: Scepticism, freedom and autonomy. A study of the moral foundations of Descartes' theory of knowledge (2003). – [13] DESCARTES: Med. IV, 11, a.O. [9] 59. – [14] 12, a.O. 60. – [15] LOCKE: Ess. IV, 15, §§ 2f., a.O. [3] 655. – [16] § 5, a.O. 656. – [17] 20, § 16, a.O. 718. – [18] KRUG, a.O. [7] 79ff. – [19] a.O. 79. – [20] a.O. [6]. – [21] J. H. NEWMAN: An essay in aid of a grammar of assent (1870, ND Westminster 1973); zu den historischen Verbindungen vgl. die dtsch. Ausg.: Entwurf einer Zustimmungslehre. Ausgew. Werke, hg. M. LAROS/W. BECKER (1961) 7, 384 (Anm. 91). – [22] An ess., a.O. 188. – [23] a.O. 174. – [24] Vgl. L. WITTGENSTEIN: Über Gewißheit [1949-51] (1969): Newman wird hier gleich in § 1 erwähnt; dazu: M. J. FERREIRA: Scepticism and reasonable doubt (Oxford 1986) 161; zu Wittgensteins Newman-Lektüre vgl. O. K. BOUWSMA: Wittgenstein: Conversations 1949-1951, in: F. A. FLOWERS (Hg.): Portraits of Wittgenstein 3 (Bristol/Sterling 1999) 3, 99-123, hier: 107. 109. – [25] NEWMAN: An ess., a.O. [21] 294. – [26] Vgl. Art. ‹Urteil II. 3.›. Hist. Wb. Philos. 11 (2001) 444-455, bes. 449f. – [27] H. RICKERT: Zwei Wege der Erkenntnistheorie. Kantstudien 14 (1909) 169-228, 182. – [28] W. WINDELBAND: Der Wille zur Wahrheit (1909) 20; Die Prinzipien der Logik, in: A. RUGE (Hg.): Encycl. der philos. Wiss. 1: Logik (1912) 1-60, hier: 8f. – [29] H. RICKERT: Der Gegenstand der Erkenntnis (1892) 61; vgl. Art. ‹Wahrheitswert›; Art. ‹Wert II.›. – [30] a.O. 62. – [31] W. JAMES: Psychology. Briefer Course (1892). Works 12 (Cambridge, Mass./London 1984) 388. – [32] W. WINDELBAND: Beitr. zur Lehre vom negativen Urtheil. Straßburger Abh. zur Philos., E. Zeller zu seinem 70. Geb. (1884, ND 1921) 167-195, hier: 186. – [33] A. REINACH: Zur Theorie des negativen Urteils, in: Münchener Philos. Abh., Th. Lipps zu seinem 60. Geb. (1911) 196-254. Sämtl. Werke, hg. K. SCHUMANN/B. SMITH 1 (1989) 95-140, hier: 99. – [34] a.O. 99f. – [35] 96. – [36] E. HUSSERL: Log. Unters. II/1 (1901, [2]1913) 447. Husserliana 19/1 (Den Haag 1984) 464. – [37] a.O. 449/466. – [38] TH. ZIEHEN: Lehrb. der Logik auf positivist. Grundlage mit Berücksichtigung der Geschichte der Logik (1920) 313f. – [39] H. H. PRICE: Belief. The Gifford lect. delivered at the Univ. of Aberdeen in 1960 (London/New York 1969). Coll. works 4 (Bristol 1996). – [40] a.O. 299. – [41] Some considerations about belief. Proc. Aristot. Soc. 35 (1934/35) 229-252; ND, in: A. PH. GRIFFITHS (Hg.): Knowledge and belief (Oxford 1967) 41-59, hier: 45. – [42] a.O. [39] 238. – [43] Vgl. G. MCCARTHY (Hg.): The ethics of belief debate (Atlanta 1986).

G. GABRIEL

Zuversicht (griech. θάρσος, θαρραλεότης, πεποίθησις, ἐπιπειθείη; lat. fiducia, confidentia; engl. confidence, assurance; frz. [ferme] confiance, assurance). Das Wort ‹Z.› leitet sich im Deutschen von ‹sehen› ab; der Begriff wird von der Wendung 'sich jemandes oder irgendwelches versehen' mitbestimmt und meint ursprünglich das, dessen man sich sowohl im positiven als auch im negativen Sinne 'voraussehend' oder erwartend 'versieht'. Im positiven Wortsinn wird ‹Z.› einerseits als allgemeine Zukunftserwartung und -hoffnung und andererseits – unter christlichem Einfluß – als Vertrauen auf Gott und auf das, was man gegenwärtig und zukünftig von ihm erhofft, verstanden [1]. ‹Z.› tritt aber nicht nur – besonders seit M. LUTHER – als *theologischer* Terminus hervor. In der neuzeitlichen *Affektenlehre* wird die Z. mit der Verzweiflung kontrastiert (vgl. unten: 4.). Als *epistemischer* Terminus wird ‹Z.› in der neuzeitlichen Erkenntnistheorie und Logik eingeführt (vgl. unten: 6.).

1. Ein dem deutschen Ausdruck ‹Z.› gänzlich entsprechendes Wort gibt es weder im Griechischen noch im Lateinischen. In der griechischen Antike sind Ausdrücke für ‹Unverzagtheit›, ‹Mut›, ‹Kühnheit› wie θάρσος und θαρραλεότης diejenigen, für die auch die Übersetzung mit ‹Z.› vorgeschlagen wird [2]. Sehr nahe kommt dem, was der deutsche Begriff ‹Z.› meint, die Passage eines Chorliedes im ‹Agamemnon› des AISCHYLOS. Der Chor fragt angesichts schicksalhaft herandrängenden Unheils, warum nicht «vertrauensvolle Z.» (θάρσος εὐπειθές) sich in seiner Seele niederzulassen vermöge [3].

ARISTOTELES definiert θάρσος, das «Gegenteil der Furcht», im philosophischen Diskurs über die Affekte als «mit Vorstellungen naher Rettung verbundene Hoffnung» (μετὰ φαντασίας ἡ ἐλπὶς σωτηρίων ὡς ἐγγὺς ὄντων) [4]. Die stoische Ethik führt – unter Rückgriff auf Platon – unter den der Tapferkeit (s.d.) zuzuordnenden Tugenden auch die θαρραλεότης auf [5], die von CICERO «fidentia», von SENECA «fiducia» genannt [6] und wiederum von CICERO mit dem Satz definiert wird: «Selbstvertrauen [feste Z., gewisser Mut] ist dasjenige, wodurch in bedeutenden und ehrenhaften Angelegenheiten der Geist großes Vertrauen in sich selbst mit gewisser Hoffnung verbunden hat» («animus in se fiduciae certa cum spe conlocavit») [7].

2. Wie in der Antike hat man es auch in der *Bibel* und in der *patristischen Literatur* mit einem Wortbereich zu tun, auf den sich ‹Z.› zwar sinnentsprechend anwenden läßt, der aber insgesamt im Raum von ‹Vertrauen› (s.d.) bis ‹Gewißheit› (s.d.) angesiedelt ist. Im AT gibt es mit dem Verbum ‹bṭḥ› ein festes Bezugswort für 'vertrauen, sich verlassen auf, zuversichtlich sein'. Das Wort wird in den ‹Psalmen›, jedoch auch in prophetischen und weisheitlichen Texten sowohl für das Empfinden persönlicher Sicherheit als auch insbesondere für das Z. gewährende Vertrauen auf Gott verwendet (vgl. Ps. 112, 7) [8]. Die griechische Übersetzung des AT überträgt hier vorzugsweise mit πέποιθα ('sich verlassen auf') und dem davon abgeleiteten Substantiv πεποίθησις ('Vertrauen, Z.'), während die lateinische Bibelübersetzung entweder von «fiducia» oder von «confidentia» spricht [9].

Z.-Aussagen im NT unter Verwendung von πέποιθα bzw. πεποίθησις [10] betreffen einerseits die Warnung vor Selbstvertrauen (Lk. 18, 9; 2. Kor. 1, 9; Phil. 3, 3f.) und sprechen andererseits vom Vertrauen in bezug auf Mitchristen (2. Kor. 1, 15; 2, 3; 8, 22; Gal. 5, 10; 2. Thess. 3, 4). Von Vertrauen oder Z. auf Gott ist nachdrücklich, aber seltener die Rede (2. Kor. 1, 9; 3, 4; Phil. 1, 6).

In der *Patristik* begegnen Wendungen mit πέποιθα oder πεποίθησις bzw. ‹confidentia› häufig, erreichen aber nicht die theologische Hoch- und Schulsprache, sondern verbleiben im eher kult- und predigtsprachlichen Bereich [11]. Deutlich tritt dabei hervor, daß zwischen ‹Glaube› (s.d.) im Sinne von ‹Vertrauen› und πεποίθησις bzw. ‹confidentia› im Sinne von ‹Z.› unterschieden wird.

In der griechischen Patristik kann es heißen, daß «die Z. zum Herrn den Glauben vermehrt» (ἡ εἰς τὸν κύριον πεποίθησις αὔξει τὴν πίστιν) [12], und in der lateinischen Patristik, es sei «wichtig, daß wir nicht nur Glauben haben, sondern diesen auch in Z. besitzen» («magnum ergo est non solum nos habere fiduciam, sed etiam habere eam in confidentia») [13]. Einer Definition kommt es nahe, wenn AMBROSIUS VON MAILAND die «confidentia» als Qualität der Hoffnung (s.d.) bestimmt: «Z. ist die Stärke ... unserer Hoffnung und gewissermaßen eine Ermächtigung des Hoffenden» («robur ... spei nostrae et quaedam sperantis auctoritas confidentia est») [14].

Das Bild ändert sich im *Mittelalter* kaum, das Begriffsfeld ist weiterhin nicht eindeutig abgesteckt. Bereits PASCHASIUS RADBERTUS sagt, wahre Hoffnung sei «nie ohne Z. des Erreichens» («numquam ... sine confidentia perveniendi») [15]. Im Hochmittelalter denkt ALBERTUS MAGNUS in Auseinandersetzung mit der Definition Ciceros [16] ausführlich über die Tugend der «fidentia» nach und geht dabei auch auf die «confidentia» ein [17]. Cicero habe von der «fidentia» gesagt, sie sei die Verbindung von Vertrauen («fiducia») mit gewisser Hoffnung («spes certa»). Albert stellt fest, «confidentia» sei dasselbe wie «fidentia», nur sei jene eben «zusammengefügt aus Vertrauen und Gewißheit» («congregatum ex fiducia et securitate») [18]. Er hebt nachdrücklich hervor, daß die hier angesprochene «Hoffnung» eine 'theologische Tugend' und als solche die «gewisse Erwartung künftiger Glückseligkeit» («certa expectatio futurae beatitudinis») sei [19]. THOMAS VON AQUIN zeichnet die «fiducia» als Hoffnung aus, die durch eine feste Meinung gestärkt ist («spes roborata») [20].

3. Das deutsche Wort ‹Z.› ist bereits bei den frühen althochdeutschen Bibelauslegern belegt und wird hier in nächster Nähe zu ‹Hoffnung› verwendet [21]. Seine eigentliche Prägung hat der Begriff jedoch in der *Reformation* durch M. LUTHERS Bibel-Übersetzung und Sprachgebrauch erfahren. Luther überträgt mit ‹Z.› in einer weit über die Vorlagen hinausgehenden Weise die ‹Vulgata›-Ausdrücke ‹fiducia›, ‹spes› und ‹confidentia›, im NT auch πεποιθῶς und πεποιθότας [22]. Von großer Wirkung ist es, daß Luther in der Aussage über den Glauben von Hebr. 11, 1 das griechische Wort ὑπόστασις (in der ‹Vulgata› ‹substantia›, eigentlich wohl 'Verwirklichung' [23]) mit ‹Z.› übersetzt: «Es ist aber der glawbe eyn gewisse zuuorsicht des, das zu hoffen ist, vnd richtet sich nach dem, das nicht scheynet» (so 1522; 1546 in transformierter Form: «... des, das man hoffet, vnd nicht zweiueln an dem, das man nicht sihet») [24]. In der Vorrede zum ‹Römerbrief› heißt es entsprechend: «Glawb ist eyn lebendige erwegene zuuersicht auff Gottis gnade, so gewis, das er tausent mal druber sturbe» [25]. Auch Luthers Predigt vom Glauben wiederholt ständig, daß Glaube Z. sei [26]. ‹Z.› hat im Deutschen von hierher seine inhaltliche Füllung erhalten.

Trotzdem ist ‹Z.› – zunächst auch nur als ‹confidentia› – kein Begriff der theologisch-dogmatischen oder philosophischen Fachsprache geworden. Das liegt im wesentlichen an der in der protestantischen Orthodoxie eintretenden Intellektualisierung des Glaubensbegriffes, denn «fides» bleibt hier als bestehend aus «notitia» (Kenntnisnahme), «assensus» (Zustimmung) und «fiducia» (Vertrauen) definiert [27].

4. Bezeichnet R. DESCARTES den der Verzweiflung entgegengesetzten starken Affekt der Hoffnung («si forte, qu'elle chasse entierement la Crainte») als «Securité ou Assurance» [28], so beschreibt B. SPINOZA in der Affektenlehre die «Securitas» als «Laetitia», «entsprungen aus der Idee einer zukünftigen oder vergangenen Sache, bei der die Ursache des Zweifelns geschwunden ist» [29]. In der ersten deutschen Übersetzung der ‹Ethica› überträgt J. L. SCHMIDT 1744: «Z. ist eine Freude, welche entstehet aus dem Begriffe einer zukünftigen oder vergangenen Sache, bey welcher die Ursache, daran zu zweifeln, weggeräumet ist» [30]. Diese Übersetzung geht als Definition von ‹Z.› in den entsprechenden Artikel des Zedlerschen ‹Universal-Lexicons› ein [31]. Wie komplex auch hier die Terminologie ist, macht A. G. BAUMGARTEN deutlich. Er bezeichnet den Affekt der Freude («Gaudium») aufgrund einer gewissen Zukunft als «fiducia» («Z.») [32].

5. In pointierter Weise taucht der *theologische* Begriff der Z. in dem Augenblick auf, in dem Denker des 18. und 19. Jh. die Glaubensbestimmtheit mit dem naturwissenschaftlichen Weltbild und dem von der Aufklärung geleiteten Welt- und Menschenverständnis in Beziehung zu setzen haben. J. G. HAMANN nennt 1759 das eigentliche Thema seiner ‹Sokratischen Denkwürdigkeiten› «Ungewißheit und Z.», das er allerdings in Anknüpfung an das analogische und ironische Verfahren des Sokrates unter dessen Rede von «Unwissenheit» und «Genie» versteckt habe [33]. Merkwürdig ist es, daß G. E. LESSING 1779 in der Ringparabel des ‹Nathan› von dem wahren Ring sagen läßt, er habe die «geheime Kraft» gehabt, «vor Gott und Menschen angenehm zu machen, wer in dieser Z. ihn trug» [34], womit er offenbar zum Ausdruck bringen will, daß wahre Religion der festen Überzeugung ihrer Anhänger bedürfe. 1819 behauptet F. H. JACOBI, Glaube sei «feste Z.», und dabei sei die «Z. zu dem, was wir nicht sehen, ... größer und gewaltiger, als die Z. zu dem, was wir sehen» [35]. Schon 1809 hatte F. W. J. SCHELLING geschrieben, Glaube sei nicht als defiziente Form des Wissens zu verstehen «im Sinn eines Fürwahrhaltens, ... dem zur Gewißheit etwas abgeht», «sondern in seiner ursprünglichen Bedeutung als Zutrauen, Z. auf das Göttliche, die alle Wahl ausschließt» [36]. Später betont er, Glaube sei nicht «eine gänzliche Negation alles Wissens», jedoch drücke er «die Z. in der Ueberzeugung, die Einstimmigkeit des Herzens mit der gewissen Erkenntniß aus» [37]. Kritisch erklärt L. FEUERBACH 1841 im ‹Wesen des Christentums›, Glaube sei «Wunderglaube» und also «nichts andres als die Z. zur Realität des Subjektiven im Gegensatz zu den Schranken, d.i. Gesetzen ... der natürlichen Vernunft» [38].

6. Im Rahmen der neuzeitlichen *erkenntnistheoretischen Untersuchungen* des Status von Vermutung (s.d.) und Urteil (s.d.) wird auch der Begriff der Z. terminologisch. J. LOCKE untersucht die Grade der Zustimmung (s.d.) «from full Assurance and Confidence, quite down to Conjecture, Doubt, and Distrust» [39]. «Confidence of being in the Right» könne kein «Argument of Truth» sein [40]. Im Rahmen der ‹Wissenschaftslehre› unterscheidet B. BOLZANO später die «Grade der Z.», die mit Urteilen verbunden sein können (vom «Dafürhalten» bzw. «Fürwahrhalten» [s.d.] über die «sittliche Z.» bzw. «Ueberzeugung» bis zur «vollkommenen Z.») [41]. Er hält den Grad der Z. eines Urteils für abhängig von dem Grad seiner Wahrscheinlichkeit, ist aber der Ansicht, daß zwischen beidem unterschieden werden solle [42]. Von Bedeutung sei auch eine Betrachtung der Z. hinsichtlich der Frage, «ob eine Zerstörung derselben in unserer Macht liege oder nicht» [43]. Es gebe auch Fälle, «wo die Z. des Glaubens jener des Wissens nicht nachstehet. So pflegt es mit unserm Glauben an Gott zu geschehen» [44].

7. Der Gebrauch des Begriffs in der ersten Hälfte des 20. Jh. zeigt auch dessen *geschichtsphilosophische* wie *ethisch-politische* Bedeutung. H. Cohen sieht in seinem Spätwerk den Christus des modernen Protestantismus als «Idealbild des menschlichen Individuums ... verklärt durch die Z. der Erlösung, die ihm von jenseits dieser Grenzen der Menschheit entgegenleuchtet» [45]. W. Benjamin bestimmt die Z. der Erlösung als revolutionäre. Im «Klassenkampf ... um die rohen und materiellen Dinge» seien die «feinen und spirituellen Dinge» zugegen, und zwar in Gestalt etwa von «Z.», «Mut» und «Humor» [46]. Die «erpresserische Z. des verängstigten Bewußtseins» deutet Th. W. Adorno als Versuch einer gesellschaftlichen «Umdeutung vollendeter Negativität ins Positive» [47].

Im 20. Jh. treten Wort und Begriff zwar im philosophischen und theologischen Sprachgebrauch zurück [48]. Jedoch wird ‹Z.› als Titel-Begriff mit steigender Häufigkeit verwendet [49]. Das aus dem Gottesbezug und der eschatologischen Hoffnung herausgelöste Säkularisat taucht gegenwärtig vor allem in Analysen der politischen oder wirtschaftlichen Lage auf: «Konjunktur: Die Z. wächst» [50].

Anmerkungen. [1] Vgl. Art. ‹Zuversicht›. Grimm 16 (1954) 879-882; Trübners Dtsch. Wb., hg. W. Mitzka 8 (1957) 518. – [2] Vgl. W. Pape: Griech.-dtsch. Wb. 1 (^{3}1880) 1187; Dtsch.-griech. Handwb., hg. M. Sengebusch (^{3}1905) 977; H. Menge/O. Güthling: Griech.-dtsch. und dtsch.-griech. Wb. 2 (1910) 936; H. G. Liddell/R. Scott: A Greek-Engl. lex. (Oxford ^{9}1940) 784f.; Art. ‹Verwegenheit; Kühnheit I.›. Hist. Wb. Philos. 11 (2001) 997-999. – [3] Aischylos: Agamemnon 982f.; vgl. auch: Pindar: Isthm. 8, 15 a. – [4] Aristoteles: Rhet. IV, 5, 1383 a 15ff. – [5] Vgl. SVF 3, 59-72, bes. 64 (Frg. 264). 66 (Frg. 269) sowie: L. J. Engels: Art. ‹Fiducia›. RAC 7 (1969) 839-877, hier: 847-850. – [6] Vgl. Engels, a.O. 847-849. – [7] Cicero: De inv. II, 54, 163; zur Übersetzung von ‹fidentia› vgl. K. E. Georges: Ausführl. lat.-dtsch. Handwb., hg. H. Georges 1 (^{8}1913) 2750. – [8] Vgl. E. Gerstenberger: Art. ‹bṭḥ vertrauen›, in: E. Jenni (Hg.): Theol. Handwb. zum AT 1 (1971) 300-305. – [9] Vgl. O. Becker: Art. ‹πείϑω›, in: L. Coenen/H. Haacker (Hg.): Theol. Begriffslex. zum NT 1 (1997) 781-786, hier: 782; Liddell/Scott, a.O. [2] 1353f. 1363; G. W. H. Lampe: A patristic Greek lex. (Oxford ^{12}1995) 1055. 1060; Thesaurus linguae lat. 4 (1906-09) 205f.; 6/1 (1912-26) 697-701. – [10] Vgl. A. Sand: Art. ‹πείϑω› und ‹πεποίϑησις›, in: H. Balz/G. Schneider (Hg.): Exeget. Wb. zum NT 3 (1983) 148-150. 166f. – [11] Vgl. Lampe, a.O. [9]; Mittellat. Wb., hg. von der Bayer. Akad. der Wiss. 2 (1999) 1314f. – [12] Clemens Alex.: Strom. V, 13, 85, 3. GCS 52, 382, 24. – [13] Hieronymus: Comm. in ep. ad Eph. II, c. 3, 12. MPL 26, 484 C-D. – [14] Ambrosius: Expos. ps. CXVIII, 15, 28. CSEL 62 (^{2}1999) 345, 1f. – [15] Paschasius Radbertus: De fide, spe et caritate II, c. 5, 3. MPL 120, 1449 C. – [16] Vgl. Cicero, a.O. [7]. – [17] Albertus Magnus: De bono, tr. 2, q. 11, a. 3. Op. omn. (ed. Colon.) 28 (1951) 101, 86-103, 39. – [18] a.O. 102, 70-73. – [19] 103, 7. – [20] Thomas von Aquin: S. theol. II-II, 129, 6, ad 2. ad 3. – [21] Vgl. Grimm, a.O. [1] 879f.; H. Götz: Zuversicht. Beitr. Gesch. dtsch. Sprache Lit. 79 (1957) 322-329. – [22] Sättigung der Bibelsprache mit ‹Z.› durch M. Luther im Vergleich zur ‹Vulgata›: fiducia–Z.: Hiob 8, 14; 31, 24; Ps. 22, 10; 71, 5; Apg. 28, 15 (griech. ϑάρσος); spes–Z.: Ps. 14, 6; 18, 19; 46, 2; 61, 4; 71, 7; 73, 28; 91, 2. 9; 94, 22; 142, 6; Jes. 14, 32 (1545); 20, 6; Jer. 17, 17; confidentia–Z.: Ps. 65, 6; Jer. 17, 7; Phil. 1, 6. 14 (griech. πεποιϑῶς, πεποιϑότας); außerdem: sub cuius confugisti alas–Z.: Ruth 2, 12; firmamentum meum–Z.: Ps. 18, 19; salus mea–Z.: Ps. 62, 8; substantia–Z.: 2. Kor. 9, 4; Hebr. 3, 14; 11, 1. – [23] Vgl. Art. ‹Hypostase›. Hist. Wb. Philos. 3 (1974) 1255-1259, bes. 1258f.; ‹Substanz; Substanz/Akzidens I.›, a.O. 10 (1998) 495-507; J. Hammerstaedt: Art. ‹Hypostasis (ὑπόστασις)›. RAC 16 (1994) 986-1035. – [24] Vgl. dazu auch: M. Luther: Randbem. zu den Sentenzen des Petrus Lombardus (1510/11). Weimarer Ausg. [WA] 9 (1893) 91, 13-33; Vorles. über den Hebräerbr. (1517/18), zu Hebr. 11, 1. WA 57/III (1939) 61, 8-62, 1. 226, 8-229, 5; Vorles. über den Galaterbrief (1519), zu Gal. 5, 22. WA 2, 595, 12-35; Bibelrevision 1539-1541 zu Hebr. 11, 1 (Randnotiz). WA Bibel 4 (1923) 409; vgl. A. Schlatter: Der Glaube im NT (^{5}1963) 520-536. 614-617; H. Dörrie: 'Hypostasis'. Wort- und Bedeutungsgeschichte (1955), in: Platonica minora (1976) 12-69, bes. 61-69; Zu Hebr. 11, 1. Zeitschr. neutestamentl. Wiss. 46 (1956) 196-202; E. Grässer: Der Glaube im Hebräerbr. (1964) 46-63. 99-102; O. Michel: Der Br. an die Hebräer (^{7}1975) 372-379; H.-F. Weiss: Der Br. an die Hebräer (1991) 559-571. – [25] M. Luther: Vorrede auf die Ep. S. Pauli an die Römer (1522). WA Bibel 7 (1931) 10, 16f. – [26] Vgl. M. Seils: Luthers Predigt vom Glauben in der Kirchenpostille, in: W. Beinert/K. Feiereis/H.-J. Röhrig (Hg.): Unterwegs zum einen Glauben. Festschr. L. Ullrich zum 65. Geb. (1997) 461-476. – [27] Vgl. H. Schmid: Die Dogmatik der evang.-luther. Kirche, hg. H. G. Pöhlmann (^{9}1979) 263-271. – [28] R. Descartes: Les passions de l'âme, art. 166 (1649). Oeuvr., hg. Ch. Adam/P. Tannery 11 (Paris 1986) 457. – [29] B. Spinoza: Ethica III, Affectuum def. 14 (1677). Opera, hg. C. Gebhardt 2 (1925) 194; vgl. auch: Art. ‹Sicherheit›. Hist. Wb. Philos. 9 (1995) 745-750. – [30] J. L. Schmidt (Übers.): B. V. S. Sittenlehre, widerleget von dem berühmten Weltweisen unserer Zeit Herrn Christian Wolf (1744) 311; zu späteren Übers. mit ‹Z.›: Ethik, übers. B. Auerbach (1841, ^{2}1871) 150; Ethik, übers. W. Bartuschat. Sämtl. Werke 2 (1999) 347. – [31] J. H. Zedler: Großes vollst. Univ.-Lex. 64 (1750) 933 (Art. ‹Z.›). – [32] A. G. Baumgarten: Metaphysica § 683 (1739, ^{7}1779) 261. – [33] J. G. Hamann: Sokrat. Denkwürdigkeiten (1759). Sämtl. Werke, hg. J. Nadler 2 (1950) 61, 10-14; Wolken. Ein Nachspiel Sokrat. Denkwürdigkeiten (1761), a.O. 98, 16-23; vgl. F. Blanke: J. G. Hamann. Sokrat. Denkwürdigkeiten (1959) 74-76. – [34] G. E. Lessing: Nathan der Weise III, 7, 399-401 (1779). – [35] F. H. Jacobi: Vorbericht (1819) zu: Über die Lehre des Spinoza in Br. an den Herrn Moses Mendelssohn (1785). Werke, hg. K. Hammacher/W. Jaeschke 1/1 (1998) 349, 9. 12-14; vgl. auch: Von den göttlichen Dingen und ihrer Offenbarung (1811), a.O. 3 (2000) 49, 32-50, 7; 60, 26f.; 125, 32-126, 11; Br. an Verschiedene (Br. 27. 12. 1796). Werke 3 (1816) 564. – [36] F. W. J. Schelling: Philos. Unters. über das Wesen der menschl. Freiheit (1809). Sämmtl. Werke, hg. K. F. A. Schelling I/7 (1860) 394; vorher bereits ebenso: System der ges. Philos. und der Naturphilos. (1804), a.O. I/6 (1860) 559. – [37] Br.wechsel mit Eschenmayer bezügl. der Abh. ‹Philos. Unters. über das Wesen der menschl. Freiheit› (1810/12), a.O. I/8 (1861) 185; ‹Z.› bei Schelling auch: a.O. I/7, 115; I/10, 183; II/4, 16. 87. – [38] L. Feuerbach: Das Wesen des Christentums (1841). Ges. Werke, hg. W. Schuffenhauer 5 (^{2}1984) 227; vgl. auch: 258f. – [39] J. Locke: An essay conc. human understanding IV, 15, § 2 (1690), hg. P. H. Nidditch (Oxford 1975) 655; vgl. IV, 16, § 7, a.O. 662; D. Hume: Enqu. conc. human understanding VI, 46 (1748, 1777), hg. P. H. Nidditch (Oxford ^{3}1975) 56f.; X, 1, 87, a.O. 110. – [40] IV, 19, § 12, a.O. 703; zur «over-confidence» als «presumption» vgl. IV, 14, § 2, a.O. 652. – [41] B. Bolzano: Wiss.lehre III, 2, § 293 (1837). Ges.ausg., hg. J. Berg I/13, 1 (1989) 126; 4, § 319, a.O. I/13, 2 (1990) 101-105. – [42] 4, § 318, a.O. I/13, 2, 90-101; vgl. A. Meinong: Über Möglichkeit und Wahrscheinlichkeit § 64 (1915). Ges.ausg., hg. R. Haller u.a. 6 (Wien 1972) bes. 548f.; Art. ‹Wahrscheinlichkeit IV. B. 6.›. – [43] § 321, a.O. 110-114, hier: 110. – [44] a.O. 111; zum Grund der Z. in der «Evidenz eines religiösen Glaubens» vgl. H. Lotze: Selbstanzeige des ersten Bandes des Mikrokosmus (1856), in: Kl. Schr. 3/1 (1891) 303-314, 312. – [45] H. Cohen: Der Begriff der Religion im System der Philos. (1915) 69. Werke 10 (1996) 67; vgl. Register: a.O. 163; W. Herrmann: Schr. zur Grundlegung der Theol., hg. P. Fischer-Appelt 1-2 (1966/67) 2, 380 (Register). – [46] W. Benjamin: Über den Begriff der Geschichte, 4. These (1942). Ges. Schr., hg. R. Tiedemann/H. Schweppenhäuser (1972-89) I/2, 694; zur revolutionären Z. vgl. auch das Gedicht ‹Z.› von K. Liebknecht aus dem Jahr 1918, in: Ausgew. Reden, Br. und Aufsätze (1952) 67f. – [47] Th. W. Adorno: Jargon der Eigentlichkeit (1964). Ges. Schr., hg. R. Tiedemann (1970-86) 6, 436. – [48] Zum theol. Gebrauch im 20. Jh. vgl. auch: K. Rahner: Geist über alles Leben (1960). Schr. zur Theol. 7 (1996) 195. – [49] Vgl. auch: G. H. Theunissen: Ärgernis und Z. Entscheidungen des Geistes im 20. Jh. (1947); M. J. Oakeshott: The politics of faith and the politics of scepticism, hg. T. Fuller (London 1996); dtsch.: Z. und Skepsis. Zwei Prinzipien neuzeitl. Politik

(2000); als Kriegspropaganda diente der Traktat von H. S. CHAMBERLAIN: Die Z. (1915) bes. 13f. – [50] Der Spiegel 57 (2003) 32 (4. 8. 2003), 60f. H. HÜHN/M. SEILS

Zwang (griech. βία; lat. coactio; engl. coercion, compulsion, constraint; frz. compulsion, contrainte)

I. *Theologie; Ethik/Recht; Pädagogik; Epistemologie.* – In der frühen Philosophie ist Z. als Notwendigkeit (Ananke, s.d.), vor allem als das zwingende Schicksal (s.d.) aufgefaßt worden. Anders argumentieren die Sophisten, wenn sie betonen, daß auch die Gesetze «viel gegen die Natur erzwingen» (ὁ δὲ νόμος ... πολλὰ παρὰ φύσιν βιάζεται) [1]. Im Blickpunkt der philosophischen Diskussion steht vornehmlich der äußere Z., der sich gegen die Freiheit (s.d.) des Menschen richtet. Z. wird darum meist mitthematisiert, wenn es um Determinismus und Freiheit des Willens geht.

ARISTOTELES definiert – maßgeblich für die Späteren – Z. als eine Art des unfreiwilligen menschlichen Tuns. «Wenn etwas von außen gegen den ihm innewohnenden Impuls bewegt oder angehalten wird, so sagen wir, das sei mit Z. geschehen» [2]. Z. gilt darum als Schuldausschließungsgrund [3], wobei allerdings zu unterscheiden ist zwischen dem Z., dessen Ursprung außerhalb des Handelnden liegt (z.B. vom Wind irgendwo hin getrieben zu werden), und dem psychologischen Z., der immer noch ein Moment von Freiwilligkeit enthält (z.B. aus 'Angst vor größerem Übel' in die schändliche Tat eines Tyrannen einzuwilligen) [4]. Die Frage, ob es nicht auch so etwas wie einen inneren, naturhaft wirkenden Z. gebe, führt mitten in die Problematik der sog. Willensschwäche (s.d.) und der psychischen Zwangsphänomene (s. unten: II.).

An der aristotelischen Grundbestimmung des Z. hat sich auch über die Jahrhunderte hinweg kaum etwas geändert [5]. Die Vertracktheit des Begriffs zeigt sich erst, als man unter den Auspizien der Analytischen Philosophie erneut zu fragen beginnt: a) nach den notwendigen und hinreichenden Bedingungen dafür, daß man überhaupt von Z. sprechen kann, b) nach der Rolle, die dabei Drohungen spielen – nicht jede Art von angedrohter Einschränkung des Handlungsfeldes kann schon als Ausübung von Z. gesehen werden [6], c) ob nicht auch Angebote («offers») einen Z. bedeuten können, z.B. gegenüber jenen, die sich schon in einer Notsituation befinden, und d) ob Z. und Freiheit sich nicht erst in dem Fall ausschließen, in dem eine Person aufgrund eines unwiderstehlichen Motivs handelt, von dem sie selber nicht bestimmt werden möchte [7].

Die Zusammenhänge, in denen Z. traditionellerweise thematisiert wird, betreffen die Frage der Legitimation von Z., so insbesondere im *theologischen*, *ethisch-rechtlichen*, *pädagogischen* und *epistemologischen* Diskurs. Der Unterschied von 'innerem' und 'äußerem Z.' und die damit verbundene Bestimmung von 'freiwillig' und 'unfreiwillig' gehen wie ein roter Faden durch alle diese Diskussionen hindurch. Äußerer Z. kann auch gesehen werden als Mittel zur Befreiung des vernünftigen Teils im Menschen von dem inneren Z. seiner sündhaften und unvernünftigen Natur. Z. ist dann Z. zur Vernunft, zur (positiven) Freiheit, zum eigenen Besseren [8].

1. *Z. im theologischen Diskurs.* – Das Schulbeispiel für den angeblich heilsamen Z. liefert der Gott des ‹Alten Testaments›, der nicht mit Liebe, sondern mit Furcht sein Volk regiert. An diesem Exempel jedenfalls orientiert sich AUGUSTINUS, wenn er in verschiedenen Kontexten den Einsatz von Z. zu legitimieren sucht: als Z. der Eltern, Lehrer und Erzieher gegenüber den zu Erziehenden [9], der religiösen Führer gegenüber ihrem Volk, der Kirche gegenüber den Gläubigen [10], des weltlichen Staats gegenüber seinen Bürgern [11].

Das Argument dient im Mittelalter der Kirche zur Legitimation der Zwangstaufe [12], der Zwangsbekehrung und des Glaubenszwangs. Wer am Ende wen und in welcher Hinsicht zwingen dürfe, bleibt denn auch die entscheidende Frage, die bereits im 13. Jh. – nicht zuletzt aufgrund der Aristoteles-Rezeption – erneut aufbricht. Die konsequenteste und in die Neuzeit führende Position vertritt MARSILIUS VON PADUA, für den es außerhalb der staatlichen Gemeinschaft keine legitime Zwangsausübung gibt: Keinem Bischof, auch dem römischen nicht, kommt Herrschaft (s.d.) oder zwingende Gerichtsbarkeit («coactivum iudicium») zu [13]. Die Prälaten haben sich vielmehr selber der zwingenden Gewalt («coactiva potestas») des weltlichen Gesetzes zu unterwerfen [14].

Marsilius nimmt mit seiner Absage an jeden Glaubenszwang die Haltung vorweg, die dann entschieden von M. LUTHER vertreten und zu einem Grundprinzip neuzeitlichen liberalen Denkens gegenüber jedem sogenannten «Gewissenszwang» [15] wird: «predigen wil ichs, sagen wil ichs, schreyben wil ichs. Aber zwingen, dringen mit der gewalt wil ich nyemants, dann der glaube wil willig, ungenötigt angezogen werden» [16]. Über seine Seele regiert jeder selbst, hier gibt es nur eine Autorität: Gott selbst [17]. Ein Christ wird auch ungezwungen das Gute tun. Soweit es um den Leib und die äußere Ordnung geht, ist aber der Z. des weltlichen Regiments unabdingbar: zum Schutz aller gegen die vielen, die nicht Christen sind und die sich und die anderen sonst zerreißen würden [18].

2. *Z. im ethisch-rechtlichen Diskurs.* – Die von Luther und vor allem von TH. HOBBES hervorgehobene Charakterisierung des Staats als 'Zwangsregime' löst die aristotelische Bestimmung des Staats als einer der sozialen Natur des Menschen entspringenden Institution ab, ohne allerdings das Motiv der Sozialität ganz zum Verschwinden zu bringen. Das Nebeneinander dieser beiden Motive zeigt sich in Form des die neuzeitliche *Naturrechtstradition* von H. GROTIUS bis I. KANT bestimmenden Dualismus zwischen den von uns freiwillig erbrachten Liebespflichten und den uns abgenötigten Zwangspflichten, zwischen den, wie es dann bei Kant heißt, vollkommenen und unvollkommenen Pflichten (s.d.). Die mit CH. THOMASIUS sich Bahn schaffende neue Rechtsauffassung läßt jedoch keinen Zweifel daran, welches Motiv den Vorrang haben muß: Der dem Fürsten zu Gebote stehende Z. des Gesetzes ist – wenn auch der Rat des Lehrers nicht hilft – die einzige Möglichkeit, die Törichten zur Einsicht zu bewegen [19]. Thomasius legt damit den Grund für die sog. 'Zwangstheorie des Rechts', die bis ins 20. Jh., bis hin zu H. KELSEN, die Rechtslehre beherrscht hat: Recht, im Unterschied zu Moral, ist der Inbegriff der äußeren, auf Furcht und Z. beruhenden Verpflichtung [20].

Für den Gebrauch des Wortes ‹Z.› nicht uninteressant ist allerdings, daß bei KANT die Grenze zwischen Moral und Recht nicht durch die Grenze zwischen Z. und Nichtzwang, sondern zwischen «Selbstzwang» und «äußerem Z.» bestimmt ist. Denn um Z. geht es nach Kant allemal, in jedem Begriff der Pflicht liege auch «der Begriff von einer Nöthigung (Z.) der freien Willkür durchs Gesetz». «Der moralische Imperativ verkündigt durch seinen kategorischen Ausspruch ... diesen Z.» gegenüber dem Menschen als einem «vernünftigen Naturwesen», das, wegen des Widerstandes seiner Neigungen, sich dazu zwingen muß, dem Gesetz zu gehorchen [21]. In der ‹Rechtslehre› dagegen, die es mit den formalen Bedingungen der äußeren Freiheit, d.h. der Vereinbarkeit der Freiheit des einen mit der Freiheit des anderen, zu tun hat, tritt an die Stelle des Selbstzwangs der gegenseitige äußere Z. Der Begriff des «stricten Rechts» muß darum, wie Kant schreibt, als die «Möglichkeit eines ... durchgängigen wechselseitigen Zwanges vorgestellt werden» [22]. «Ethisches» ist ihm «nicht beigemischt», und dies wohl insofern nicht, als der Zweck, aus dem heraus ich diesem Z. Folge leiste, ebensowenig wie irgendein anderer Zweck erzwungen werden kann [23], Ethisches aber immer eine Frage der Zwecke ist. Z. allein jedoch, dies ist für Kant ebenso wie zuvor schon für J.-J. Rousseau [24] unbestritten, schafft noch keine Rechtspflicht (s.d.).

Noch G. W. F. Hegel ist nicht allzu fern von Kant, wenn er von dem im Recht sich ausdrückenden Willen sagt, daß dieser, weil er «auch der absolute Wille eines Jeden ist», eine Seite habe, «nach welcher er kein Z. ist und der Würde des freien Wesens nicht widerspricht»; gezwungen werden könne nur, wer etwas wolle, «mit dem noch ein Anderes verbunden ist» [25]. Erst der Rechtspositivismus des 19. Jh. versucht, Recht allein auf das Faktum der Gewalt zurückzuführen [26].

Ein ungelöstes Problem jeder Theorie des Rechts ist nicht nur die – vom Anarchismus (s.d.) verneinte – Frage, ob Z. je legitim sein könne, sondern auch die Frage, ob sich das Recht nicht auf ein «ethisches Minimum» [27] beschränken müsse und mehr als nur jenen «kleinen Ausschnitt aus dem weiten Kreis der moralischen Vorschriften mit der Möglichkeit des Z.» ausstatten dürfe, die für das menschliche Zusammenleben unentbehrlich sind [28]. Wo die Grenze des Z. liegen soll, ist immer wieder umstritten, sowohl von paternalistischer Seite her, die auch Selbstschädigung (Drogenmißbrauch usw.) durch das Gesetz unterbunden sehen möchte, wie insbesondere von moralistischer Seite her [29], die mit gesetzlichem Z. sog. 'amoralisches' Verhalten (Bigamie, Prostitution, Homosexualität, Pornographie usw.) zu bekämpfen sucht [30].

3. *Z. im pädagogischen Diskurs.* – Kants Fassung des Verhältnisses von Recht und Moral hat insbesondere auch moralpädagogische Konsequenzen, die Kant in seiner ‹Pädagogik› thematisiert hat. Das zu Moralität und zum rechten Gebrauch der Freiheit noch nicht fähige Kind erlebt die notwendige Einschränkung seiner Freiheit zunächst als äußeren Z. Eines der «größten Probleme der Erziehung» ist darum, «wie man die Unterwerfung unter den gesetzlichen Zwang mit der Fähigkeit, sich seiner Freiheit zu bedienen, vereinigen könne. Denn Zwang ist nöthig! Wie cultivire ich die Freiheit bei dem Zwange?» [31] Hinter Kants Problematisierung einer auf Z. beruhenden Erziehung steht wohl die Erfahrung von Rousseaus ‹Emile› – der prominentesten, wenn auch nicht ersten Stimme gegen eine Pädagogik des Z. und der Strafe (s.d.): Z. führt nur dazu, daß Kinder sich für den Z. schadlos halten müssen [32] und sich nicht zu zeigen wagen, wie sie sind [33].

J. G. Fichte sieht im Gegensatz von Freiheit und Z. ein notwendiges dialektisches Verhältnis, das nach einer historischen Auflösung verlangt und Rechtssystem und Erziehungssystem aneinander bindet: Nur wer Macht hat und Einsicht in das Recht, darf andere zwingen; die Rechtmäßigkeit seines Z. kann er nur durch eine entsprechende Erziehung zur Einsicht in die Richtigkeit seines Tuns erweisen. Der anfängliche Z. steht nicht im Widerspruch zur geforderten Einsicht eines jeden, sondern ist vielmehr «die Bedingung zur Hervorbringung der Einsicht und zur Annahme der Zucht» [34].

Daß es in der Erziehung keinen Z. geben dürfe – denn nur «ohne jeden äußeren Z.» könnten sich im Kind die «ewigen Gesetze» entfalten, «auf denen alle Bildung und Kultur der Menschheit beruht» [35] –, ist das Standardargument aller Reformpädagogik und die Kennzeichnung der alten Schule als «Zwangs- und Strafschule» [36] gängiger Topos der Schulkritik. Auf der Gegenseite steht die durch N. Elias geschärfte zivilisationstheoretische These vom dem Prozeß der Zivilisation innewohnenden «gesellschaftlichen Z. zum Selbstzwang» [37], der auch Pädagogen an die Unabdingbarkeit oder gar Heilsamkeit von äußerem Z. glauben läßt [38]. Die pädagogischen Praktiker lösten das Problem, wie N. Luhmann zu sehen glaubt, am Ende immer durch Sukzession in der Zeit, d.h. durch die richtige Methode: «Wie weit man zwingen, drohen, zensieren müsse und wie weit man schon auf die Selbsttätigkeit der Heranwachsenden setzen könne, blieb damit der Situation und der Beobachtung der Situation durch den Lehrer überlassen» [39]. Die Frage sei ohnehin, grundsätzlich gesehen, ob man – nach S. Freud – überhaupt noch Freiheit und Z. unterscheiden müsse oder ob man sich nicht besser fragen solle, wie wir angesichts der determinierenden Vergangenheit für die Zukunft Alternativen sehen und uns zurechenbare Entscheidungen treffen könnten.

Nicht nur pädagogisch interessant sind die Praktiken des freiwilligen Sich-zwingen-Lassens nach dem Muster des sich den Sirenen aussetzenden Odysseus. Prototypisch dafür sind Rousseaus Bürger im ‹Contrat Social›, die sich mit ihrer Zustimmung zum Vertrag verpflichten, daß jeder, der der «volonté générale» (s.d.) den Gehorsam verweigert, von dem ganzen Körper dazu gezwungen werden soll («contraint par tout le corps»), was keine andere Bedeutung habe als die, «qu'on le forcera d'être libre» [40]. Prototypisch ist aber auch der «contrat pédagogique», mit dem Emile seinen Erzieher ermächtigt, ihn notfalls mit Z. gegen seine Leidenschaften zu schützen, wenn er sich von ihnen nicht befreien könne, und ihn auf diese Weise zu zwingen, «d'être mon propre maitre en n'obéïssant point à mes sens, mais à ma raison» [41]. Die Idee einer schon aus Klugheitsgründen erforderlichen Selbstbindung durch einen Zwangsvertrag findet Anwendung in verschiedensten Kontexten, von der Ökonomie [42] bis zur philosophischen Theorie der personalen Identität [43], und sie kann sich steigern bis zum Lobpreis des durch heilsamen äußeren Z. [44] und «volitionale Nötigung» erzeugten Autonomiegefühls [45].

4. *Z. im epistemologischen Diskurs.* – Die wohl älteste und augenfälligste Form des Sich-zwingen-Lassens hat sich nicht auf dem Gebiet des Wollens, sondern des Erkennens etabliert. Bekämpft zwar wird der auf Unterdrückung (s.d.) des Denkens abzielende Z., etwa durch rhetorische Manipulation unserer Affekte und Vorurteile. Als notwendig angesehen wird dagegen der Z. zur wissenschaftlichen Disziplinierung nach dem Beispiel der mathematischen Demonstration. Begriffe wie ‹Überreden, Überzeugen› (s.d.) oder ‹Indoktrination› versus ‹liberale Erziehung› [46] respektive ‹kritisches Denken› [47] sind unterschiedliche Weisen, diesen Gegensatz zu fassen. Die Hinführung zur Wahrheit mag zwar gewaltsam beginnen – die Bewohner in Platons Höhle werden «gezwungen» (ἀναγκάζοιτο), sich umzudrehen und gegen das Licht zu sehen [48]. Es braucht «Disciplin», wie Kant sagt, d.h. den «Z.», um «dem beständigen Hang von gewissen Regeln abzuweichen», auf Dauer entgegenzu-

wirken [49]. Aber dieser Z. ist ein das Denken befreiender Z.

«Zwangsloser Z.» ist die Formel, die sich spätestens seit ROUSSEAU für diesen «zur Überzeugungskraft sublimierten Z.» [50] anbietet: «une nécessité ... qui puisse entraîner sans violence et persuader sans convaincre» [51]. Von «zwangsloser Vernunft» spricht KANT [52]. Wer Überzeugung sucht, steht unter dem Z. zum argumentativen Z., d.h. zum zwanglosen Z. des zwingenden Arguments, den etwa K. JASPERS mit dem Begriff der «zwingenden Einsicht des Bewußtseins überhaupt» gekennzeichnet hat [53] oder den J. HABERMAS in seiner ‹Theorie des kommunikativen Handelns› – unter Berufung auf die «Erfahrung der zwanglos einigenden, konsensstiftenden Kraft argumentativer Rede» [54] – mit dem Begriff der «zwanglosen Intersubjektivität» zu fassen versucht [55]. Diesem konsensuellen Z. [56] kann sich der Einzelne nicht entziehen, es ist «zwar kein physischer, aber ein psychischer Z. des Geltungsbewußtseins», wie JASPERS es ausdrückt [57]. Unterschiedliches Gewicht allerdings messen die verschiedenen Autoren jenen Formen des Erkennens zu, die dort beginnen, «wo das Zwingende des Bewußtseins überhaupt aufhört» [58].

Für M. FOUCAULT kann jeder Diskurs überhaupt «als eine Gewalt, die wir den Dingen antun; jedenfalls als eine Praxis, die wir ihnen aufzwingen», verstanden werden [59]. Foucaults Kritiker (N. FRAZER, M. WALZER, J. HABERMAS, A. HONNETH u.a.) vermögen allerdings nicht zu sehen, welchen Sinn es haben kann, sich gegen diese Zwänge aufzulehnen, wenn doch jeder Diskurs wiederum nur Z. ist. Die Idee des Z. («imposition»), so argumentiert CH. TAYLOR, impliziert, daß – durch menschliches Handeln vermittelt – irgendwem irgendetwas aufgezwungen wird, unter Verletzung seiner «eigenen Wünsche, Interessen und Ziele» [60]. Von Z. bzw. Macht (s.d.) könne darum nur die Rede sein, wo es auch Wahrheit und mit ihr Freiheit gebe, im Sinne einer Befreiung von Z.

Anmerkungen. [1] PLATON: Prot. 337 d. – [2] ARISTOTELES: Eth. Eud. II, 8, 1224 b 7f. – [3] Vgl. Art. ‹Schuld›. Hist. Wb. Philos. 8 (1992) 1442-1472; Art. ‹Vorsatz›, a.O. 11 (2001) 1198-1200. – [4] ARISTOTELES: Eth. Nic. III, 1, 1110 a 1-9. – [5] W. T. KRUG: Allg. Handwb. der philos. Wiss. (²1832-38) 4, 636 (Art. ‹Zwang›). – [6] Vgl. etwa die Kritik von M. N. ROTHBARD: F. A. Hayek and the concept of coercion. Ordo 31 (1980) 43-50. – [7] Vgl. etwa: R. NOZICK: Coercion, in: P. LASLETT/W. G. RUNCIMAN/Q. SKINNER (Hg.): Philosophy, politics and society (Oxford 1972) 101-135; H. G. FRANKFURT: Coercion and moral responsibility, in: T. HONDERICH (Hg.): Essays on freedom of action (London/Boston 1973) 65-86. – [8] Vgl. zu dieser Problematik: I. BERLIN: Two concepts of liberty, in: Four essays on liberty (London/Oxford/New York 1969) 118-172, bes. 131ff. – [9] Vgl. AUGUSTINUS: De civ. Dei XXI, 14. – [10] Br. an die Donatisten, Nr. 105. CSEL 34/2, 595-610; dtsch., in: Des hl. Kirchenvaters Aurelius Augustinus ausgew. Briefe, übers. A. HOFFMANN (1917) 409f. – [11] Br. an Vincentium, Nr. 93. CSEL 34/2, 445-496, a.O. 338. – [12] Vgl. THOMAS VON AQUIN: S. theol. III, 68, 10. – [13] Vgl. MARSILIUS VON PADUA: Defensor pacis III, 1 (1324) [Ausg. C], hg. R. SCHOLZ (1933) 602. – [14] Vgl. a.O. II, 8, hg. R. SCHOLZ (1932) 221-231. – [15] J. LOCKE: Two treat. on government (1660), hg. PH. ABRAMS (Cambridge 1967) 117-175; vgl. aber auch schon: TH. HOBBES: Leviathan II, 2, 26 (1651). Engl. works, hg. W. MOLESWORTH (London 1839-45) 3, 273; vgl. I. KANT: Was heißt: Sich im Denken orientiren? (1786). Akad.-A. 8, 144f. – [16] M. LUTHER: Ein ander Sermon [Pr. Nr. 2] (1522). Weim. Ausg. [WA] 10/3, 18. – [17] Von weltlicher Oberkeit (1523). WA 11, 270f. – [18] a.O. 250. – [19] CH. THOMASIUS: Fundamenta juris naturae et gentium (1705); dtsch.: Grundlehren des Natur- und Völkerrechts VII, § 3 (ND 2003). – [20] G. ACHENWALL: Ius naturae § 51, Ziff. 2 (⁷1774); vgl. H.-L. SCHREIBER: Der Begriff der Rechtspflicht (1966) 30-33. – [21] I. KANT: Die Met. der Sitten, Tugendlehre (1797). Akad.-A. 6, 379. – [22] Rechtslehre, a.O. 232. – [23] Tugendlehre, a.O. 381. – [24] Vgl. J.-J. ROUSSEAU: Du contrat social I, 3 (1762). Oeuvr. compl., hg. B. GAGNEBIN/M. RAYMOND (Paris 1959-95) 3, 354. – [25] G. W. F. HEGEL: Philos. Propädeutik I, § 6, Erl. [1809/11]. Jub.ausg., hg. H. GLOCKNER (1927-40) 3, 57. – [26] Vgl. Art. ‹Rechtspflicht›. Hist. Wb. Philos. 8 (1992) 310-315. – [27] G. JELLINEK: Die sozialeth. Bedeutung von Recht, Unrecht und Strafe (Wien 1878, ²1908) 45. – [28] G. RADBRUCH: Einf. in die Rechtswiss. (1910, ⁹1952) 21; vgl. zu diesem Merkmal des Rechts bereits: THOMAS VON AQUIN: S. theol. I-II, 96, 2; vgl. dazu auch: G. DEL VECCHIO: Lehrb. der Rechtsphilos. (²1951) 384. – [29] Vgl. zu dieser Unterscheidung: H. L. A. HART: Law, liberty, and morality (Oxford 1963) 30ff. – [30] Vgl. etwa: P. DEVLIN: The enforcement of morals (London/Oxford/New York 1965); HART, a.O.; B. MITCHELL: Law, morality, and religion in a secular society (London/Oxford/New York 1970); vgl. J. FEINBERG: Social philosophy (Englewood Cliffs, N.J. 1973) 20-54; A. HÜGLI: Gibt es Grenzen des Rechts gegenüber der Moral? Studia philos., Suppl. 13 (1987) 105-139. – [31] I. KANT: Pädagogik, hg. F. TH. RINK (1803). Akad.-A. 9, 453. – [32] Vgl. J.-J. ROUSSEAU: Emile II (1762), a.O. [24] 4, 321f. – [33] a.O. 324. – [34] J. G. FICHTE: Die Staatslehre III [1813] (1820). Sämmtl. Werke, hg. I. H. FICHTE (1845-46) 4, 436-440, zit. 440. – [35] B. OTTO: Der Lehrgang der Zukunftsschule (²1912) 217. – [36] Vgl. etwa: Beiträge zur Psychol. des Unterrichts (1903) 295. – [37] N. ELIAS: Über den Prozeß der Zivilisation (1939, ²1969) 2, 312-341. – [38] Vgl. etwa: W. BREZINKA: Erziehung in einer wertunsicheren Gesellschaft (1986) 126. – [39] N. LUHMANN: Das Erziehungssystem und die Systeme seiner Umwelt, in: N. LUHMANN/K.-E. SCHORR (Hg.): Zwischen System und Umwelt (1996) 14-52, 51f. – [40] ROUSSEAU: Contrat soc. I, 7, a.O. [24] 364. – [41] Emile IV, a.O. [32] 651f. – [42] Vgl. etwa: T. C. SCHELLING: Self-command in practice, in policy, and in a theory of rational choice. Amer. econ. Review, Papers and Proc. 74/2 (1984) 1-11; G. KIRCHGÄSSER: Homo Oeconomicus (1991) 160. – [43] D. PARFIT: Reasons and persons (Oxford 1984) 321. – [44] S. KIERKEGAARD: Papirer, hg. P. H. HEIBERG/V. KUHR (Kopenhagen 1909ff.) X, 2 A 428, 305. – [45] H. G. FRANKFURT: Autonomie, Nötigung und Liebe, in: M. BETZLER/B. GUCKES (Hg.): Freiheit und Selbstbestimmung (2001) 166-183. – [46] Vgl. etwa: O. REBOUL: L'endoctrinement (Paris 1977) 194f.; dtsch.: Indoktrination. Wenn Denken unterdrückt wird (1979) 243f. – [47] Vgl. etwa: H. SIEGEL: Educating reason. Rationality, critical thinking and education (New York/London 1988). – [48] PLATON: Resp. VII, 515 c. – [49] I. KANT: KrV A 709/B 737. – [50] Vgl. J. HABERMAS: Faktizität und Geltung (1992) 41. – [51] ROUSSEAU: Contrat soc. II, 7, a.O. [24] 383. – [52] I. KANT: KrV A 746/B 774. – [53] K. JASPERS: Von der Wahrheit (1947) 605ff. – [54] J. HABERMAS: Theorie des kommunikativen Handelns (1981) 1, 28. – [55] Erläut. zur Diskursethik (1991) 98. – [56] Vgl. Art. ‹Übereinstimmung 6.›. Hist. Wb. Philos. 11 (2001) 24f. – [57] JASPERS, a.O. [53] 324. – [58] a.O. 607. – [59] M. FOUCAULT: L'ordre du discours (1971) 55; dtsch.: Die Ordnung des Diskurses, hg. W. LEPENIES/H. RITTER (1991) 34f. – [60] CH. TAYLOR: Foucault on freedom and truth. Philos. and the human sciences, in: Philos. papers 2 (Cambridge 1985) 152-184, 174f.; dtsch.: Foucault über Freiheit und Wahrheit, in: Negative Freiheit? Zur Kritik des neuzeitl. Individualismus (1988) 188-234, 220f.

A. HÜGLI

II. *Psychopathologie*. – 1. Seit dem 19. Jh. werden nicht nur der «soziale Z.» («contrainte sociale») [1] und weitere Formen des gesellschaftlichen Z. [2] in neuer Weise untersucht und terminologisch bestimmt, sondern auch der «psychische» oder «innere» [3], sich im Selbstverhältnis des Subjekts manifestierende Z. Dieser erscheint als ein durchaus ubiquitäres Phänomen. Alle psychischen Vorgänge können mit dem Charakter des Z. auftreten. In seiner *pathologischen* Gestalt läßt er das Subjekt eine elementare Erfahrung von Selbstbefremdung, innerer Entzweiung und Unfreiheit im Umgang mit sich selbst machen [4]: Die sich immer wieder unbewußt aufdrängenden und obsedierenden Gedanken, Gefühle, Befürchtungen, Impulse, Verhaltensweisen und Handlungsantriebe lassen sich nicht willentlich lenken und ausschalten. Die quälende Zwanghaftigkeit des Denkens wie des Handelns wird besonders in Gestalt stereotyper Wiederholungen und Ritualisierungen wahrgenommen. Bei dem Versuch, sich dem imperativen Drang der Wiederholungszwänge [5] zu widersetzen, tritt häufig unerträgliche Angst (s.d.) auf [6]. Die psychischen Funktionen, die die Wiederholungszwänge übernehmen, sind vielfältig und beschränken sich nicht auf *Angstabwehr* und *Modulation innerer Spannungen*.

2. Zwangsphänomene haben – von den Anfängen ihrer wissenschaftlichen Untersuchung bis heute – zu diversen Theoriebildungen und nosologischen Konzeptionen angeregt. Die Geschichte ihrer Erforschung ist «ein integrierender Theil der Geschichte der Psychiatrie überhaupt» [7]. Die Vielgestaltigkeit des psychischen Z. spiegelt sich auch terminologisch in der Vielheit der Begriffsbildungen. Die psychiatrische Lehre vom Z. nimmt ihren Ausgang von der Erfassung des *Zwangsdenkens*. Der psychische Z. wird terminologisch zunächst als eine Sonderform der Wahnideen verortet [8]. Die französische Psychiatrie thematisiert pathologische Zwangserscheinungen zunächst unter den Begriffen der «monomanie/folie raisonnante» [9], des «délire émotif» [10] und der «maladie du doute» bzw. «folie du doute (avec délire du toucher)» [11]. Später wird der Begriff der «obsession» benutzt, der erst in der zweiten Hälfte des 19. Jh. häufiger auftaucht und zu Beginn des 20. Jh. einschlägig geworden ist [12]. P. Janet, der die Zwangsphänomene auf die Konstitution der «psychasthénie» [13], d.h. einen krankhaften Mangel an psychischer Energie, zurückführt, unterscheidet bereits 32 Einzelformen.

Die deutsche Psychiatrie prägt in der zweiten Hälfte des 19. Jh. den Terminus ‹Zwangsvorstellung›, der in den europäischen Sprachen vielfältig übersetzt wird, etwa als «imperative idea» (D. H. Tuke) [14], «idée qui s'impose» (J. Séglas) oder «idea incoercibili» (A. Tamburini). Das Wort prägt R. von Krafft-Ebing [15]; die entscheidende Definition, die bis ins 20. Jh. hinein Gegenstand begrifflicher Auseinandersetzungen ist [16], gibt K. Westphal: «Unter Zwangsvorstellungen verstehe ich solche, welche, bei übrigens intacter Intelligenz und ohne durch einen Gefühls- oder affectartigen Zustand bedingt zu sein, gegen und wider den Willen des betreffenden Menschen in den Vordergrund des Bewusstseins treten, sich nicht verscheuchen lassen, den normalen Ablauf der Vorstellungen hindern und durchkreuzen, welche der Befallene stets als abnorm, ihm fremdartig anerkennt, und denen er mit seinem gesunden Bewusstsein gegenübersteht» [17]. Die Frage, ob die Zwangsvorstellung eine primäre 'Störung' des Denkens oder eine der Affekte anzeigt, bleibt aber umstritten. Grundlegende Klassifikationsversuche werden um 1900 unternommen. Die Trias von «Zwangserscheinungen der intellektuellen», der «emotionellen» und der «motorischen Sphäre» ist u.a. bereits bei L. Loewenfeld entwickelt [18].

Auch im 20. Jh. bleibt das Begriffsfeld komplex und uneinheitlich. Zur Übersetzung des Freudschen Kompositums ‹Zwangsneurose› (s. unten: 3.) bieten sich im Französischen sowohl ‹contrainte› wie ‹obsession› an, im Englischen ‹obsession› und ‹compulsion›. Die Wendungen ‹névrose obsessionnelle› bzw. ‹obsessional neurosis› setzen sich mit der Zeit durch. In der anglo-amerikanischen Literatur werden Zwangsgedanken heute zumeist als ‹obsessions›, Zwangshandlungen als ‹compulsions› geführt [19]. 1927 registriert der ‹Oxford English Dictionary› zum ersten Mal die Zusammenziehung ‹obsession-compulsion› als psychiatrischen Fachausdruck [20]. Der Begriff ‹Zwangsstörung› (‹obsessive compulsive disorder›) ersetzt heute vielfach ‹Zwangsneurose›. Der bis in die Gegenwart ebenfalls gebräuchliche Begriff ‹Anankasmus› wird im 19. Jh. geprägt [21].

3. Wie die Hysterie (s.d.) so gehört auch die «Zwangsneurose», die S. Freud als klinische Einheit, als «affection autonome et indépendante» expliziert [22], zu den Erkrankungen, auf deren Studium die psychoanalytische Theorie «aufbaut» [23]. Die Psychoanalyse wirft die Frage nach dem *Sinn* des Zwangssymptoms auf. Der frühe Freud begreift es als intrapsychischen *Trieb-Abwehr-Konflikt*, eine Konzeption, die mit Einführung der Strukturtheorie (Es/Ich/Über-Ich) weiter differenziert und nach Freud vielfältig reformuliert wird [24]. Freud zeigt, indem er an dem *Zwangssymptom* die psychischen Abwehrprozesse von starken Triebimpulsen sowohl aggressiver als auch libidinöser Natur studiert, den Zusammenhang von 'Denk-' und 'Affektstörung' auf. Für die zwangsneurotische Form der Abwehr sind die psychischen Mechanismen der Isolierung des Affekts von der ihn repräsentierenden (unerträglichen) Vorstellung [25], der Verschiebung (s.d.), der Reaktionsbildung (s.d.), des an die magische Beschwörung erinnernden Ungeschehen-machen-Wollens der inneren Impulse [26] sowie der Intellektualisierung und Rationalisierung (s.d.) kennzeichnend. Die psychogenetische und psychodynamische Betrachtungsweise der Zwangserscheinungen stellt heraus: «Wo immer neurotischer Z. im Psychischen auftritt, rührt er von der Verdrängung her» [27]. Im Blick auf die Ähnlichkeit religiöser Übungen und Glaubensrituale mit gewissen «'Zeremoniellen'» von Zwangskranken stellt Freud die provokative Frage, ob «die Religion als universelle Zwangsneurose» [28] zu bezeichnen ist [29]. Die strukturelle Verwandtschaft von Tabu (s.d.) und der auch als «'Tabukrankheit'» bezeichneten Zwangsneurose wird nach Freud im grundlegenden Phänomen der «Berührungsangst (délire de toucher)» sichtbar [30].

In Freuds Spätwerk erscheinen die Symptome der Zwangsneurose entweder als «Verbote, Vorsichtsmaßregeln, Bußen, also negativer Natur», oder im Gegenteil als «Ersatzbefriedigungen, sehr häufig in symbolischer Verkleidung» [31]. Sie seien ein «interessantes Objekt der analytischen Untersuchung», aber, wie Freud selbstkritisch hervorhebt, «noch immer als Problem unbezwungen» [32]: «Die Mannigfaltigkeit in den Erscheinungen der Zwangsneurose ist eine so großartige, daß es noch keiner Bemühung gelungen ist, eine zusammenhängende Synthese aller ihrer Varianten zu geben» [33]. Entsprechend hatte Freud beanstandet: «Die Psychiatrie gibt den verschiedenen Zwängen Namen, sagt sonst weiter nichts über sie. Dafür betont sie, daß die Träger solcher Symptome 'Degenerierte' sind» [34]. Das Leben des Einzelnen wie auch die Entwicklung der Kultur insgesamt sieht Freud, die Dialektik von innerem und äußerem Z. ausarbeitend, durch eine «Verinnerlichung äußeren Z.» charakterisiert [35]. Damit rücken die *sozialen* Faktoren der psychischen Zwangsphänomene in den Blick.

4. Die *lebensphilosophisch* und *anthropologisch orientierte Psychopathologie* erschließt die Zwangserscheinungen in Absetzung von der deskriptiv-symptomatologischen Psychiatrie im Kontext der menschlichen Seinsweise. Sie versucht die «Welt des Zwangskranken» aus der inneren Logik ihres «In-der-Welt-Seins» heraus phänomenologisch zu interpretieren [36]. E. Straus und V. E. Freiherr von Gebsattel begreifen die Zwangssym-

ptome als *Zwangshandlungen*, d.h. als Ersatzhandlungen für das wirkliche Handeln im Lebensvollzug, welches die als Grundstörung angenommene «vitale Hemmung» [37] verhindert [38]. Diese Werdenshemmung des Lebensvollzuges zeigt – in Aufnahme von Perspektivierungen E. MINKOWSKIS, der Störungen des Zeitbewußtseins bei seelischen Erkrankungen untersucht [39], – ein verwandeltes Zeiterleben, das durch das Vorherrschen der Vergangenheit über die Zukunft gekennzeichnet ist [40].

Auch das Denken wird im Rückgriff auf die Denkpsychologie (s.d.) TH. LIPPS' sowie auf P. JANET [41] als ein *Tun* verstanden. Als Zwangshandeln greift es aber nicht auf die Zukunft aus und kann so den Effekt, auf den es abzielt, nicht verwirklichen. Hatte schon Janet hervorgehoben, daß es dem Zwangskranken an der «terminaison» seiner Handlungen gebricht [42], so diagnostizieren STRAUS und GEBSATTEL ein fundamentales «Nichterledigenkönnen» bzw. «Nicht-Abschließen-Können», das Zwangsimpulse erzeugt. «Die anankastische Wiederholung» wird als «eine Reaktion auf die elementare Vollzugsstörung des Tuns» gedeutet. Sie dient, und das bedeutet eine Positivierung des Wiederholungszwangs, der «Auseinandersetzung des bewußten Ich mit dieser elementaren Störung» [43]. FREUD hatte die Aktivitätsentfaltung der Zwangshandlungen zunächst als «sekundäre Abwehr» von «Zwangsvorstellungen» und «Zwangsaffekten» gedeutet [44]. Erst Vertreter der Ich-Psychologie machten sie als Bewältigungsversuche traumatischer Erfahrungen sichtbar [45].

5. In enger Auseinandersetzung mit Freud bewegen sich die in der englischen und französischen Psychoanalyse entwickelten Überlegungen. In Anlehnung an Freud und K. ABRAHAM [46] vertritt M. KLEIN die Auffassung, daß zwanghafte Abwehrmechanismen speziell gegen sadistische Impulse gerichtet werden. «Zwangsmechanismen und Zwangssymptome» dienten im allgemeinen dazu, «die Angst frühester seelischer Entwicklungsstufen zu binden, sie umzuwandeln und abzuwehren; Zwangsneurosen sind also auf der Angst erster Gefahrensituationen aufgebaut» [47]. Das Vorhandensein übermäßig starker frühkindlicher Angstsituationen wie das Vorherrschen eines bedrohlichen Über-Ichs (s.d.) seien grundlegende Faktoren auch für das Entstehen von Psychosen. Bei Zwangsphänomenen im Zusammenhang mit Psychosen [48] spielt deren *autoprotektive* Funktion eine wichtige Rolle. Sie dienen dem Subjekt als Schutz besonders vor psychotischer Fragmentierung und Desintegration.

J. LACAN versteht die Zwangsneurose nicht als Symptomenkomplex, sondern als eine den Symptomen zugrundeliegende *Struktur*. Die Frage, die sie konstituiere, betreffe wesentlich die Zeitlichkeit und Kontiguität der Existenz. Die Antwort des an Schuldgefühlen leidenden Zwangsneurotikers sei fieberhafte Arbeit, um seine Existenz zu rechtfertigen [49].

6. Auch in lerntheoretischer Sicht wird der enge Zusammenhang von Angst und Z. herausgestellt. Zwangsphänomene werden als ritualisierte Verhaltensweisen verstanden. Laufen diese fehl, dann führen sie nicht zur Reduktion der Angst, sondern zu deren (negativer) Verstärkung. Mit Rückgriff auf die Ethologie können die Zwangsphänomene als Aktivierungen von Reaktionsmustern verdeutlicht werden, die stammesgeschichtlich einmal sinnvoll waren [50]. Neuere kognitive Ansätze stellen die Bedeutung von Unsicherheit und negativen Erwartungen heraus [51]. Biologisch fundierende Untersuchungen zur Pathogenese von Zwangserscheinungen in Gestalt von Psycho- und Neurobiologie [52] wie Neuropsychologie und -psychiatrie [53] haben in den letzten Jahren an Bedeutung gewonnen. Die Verbindung zur Hirnforschung stellte D. H. TUKE bereits Ende des 19. Jh. mit der Hypothese her, daß die Ursache von Zwangsstörungen in einer kortikalen Dysfunktion zu suchen sei [54]. Mit Blick auf die Erforschung der *bio-psycho-sozialen Zusammenhänge* ist die vergleichende Synopsis, Abhebung und Integration der Theorieansätze heute zu einer vordringlichen Aufgabe geworden.

Anmerkungen. [1] Vgl. E. DURKHEIM: Les règles de la méthode sociol. (Paris 1895, ^{7}1919) XIXff. 124ff.; dtsch.: Die Regeln der soziolog. Methode, hg. R. KÖNIG (1965) 97ff. 185ff.; vgl. auch: Art. ‹Konformismus (Konformität)/Nonkonformismus 2.›. Hist. Wb. Philos. 4 (1976) 956-958; Art. ‹Kontrolle, soziale›, a.O. 1068; neben der Durkheim-Schule vgl. zur Thematisierung des in der «Vergemeinschaftung» wirkenden physischen und psychischen Z. auch: M. WEBER: Ueber einige Kategorien der verstehenden Soziologie 6 (1913), in: Ges. Aufs. zur Wiss.lehre, hg. J. WINCKELMANN (^{3}1968) 427-474, 464. – [2] Zum «stummen Z. der ökonomischen Verhältnisse» vgl. K. MARX: Das Kapital 1 (1867). MEW 23, 765. – [3] Zur Entgegensetzung von physischem (äußerem) und psychischem (innerem) Z. im 18. Jh. vgl. auch: F. W. J. SCHELLING: Neue Deduktion des Naturrechts §§ 147ff. (1795). Sämmtl. Werke, hg. K. F. A. SCHELLING (1856-61) I/1, 276f. – [4] Vgl. auch K. JASPERS, der den Z. zu den «reflexiven Phänomenen» zählt: Allg. Psychopathologie (1913, ^{5}1948) 111f.; die Ich-Dystonizität der Zwangssymptome gilt nicht in gleicher Weise bei zwanghaften Persönlichkeitsstörungen und bei Zwangsstörungen im Rahmen von psychotischen Erkrankungen. – [5] Vgl. Art. ‹Wiederholung 3.›. – [6] Im DSM-III-R wird die «Obsessive-compulsive disorder (OCD)» als Angststörung klassifiziert; vgl. ICD-10. – [7] W. WARDA: Zur Gesch. und Kritik der sog. psychischen Zwangszustände. Arch. Psychiatrie 9 (1905) 239-585, 239. – [8] Vgl. Art. ‹Wahn›. – [9] Vgl. J. E. D. ESQUIROL: Des maladies mentales 1-2 (Paris 1839) 2, 63ff.; vgl. a.O. 1, 355ff.; J. FALRET: De la folie raisonnante ... Annales médico-psycholog. 32 (1866) 382-426. – [10] Vgl. B.-A. MOREL: Du délire émotif. Arch. gén. Médicine VI/7 (1866) 385-402. 530-551. 700-707. – [11] Vgl. H. LEGRAND DU SAULLE: La folie du doute (avec délire du toucher) (Paris 1875). – [12] Vgl. J. LUYS: Des obsessions patholog. dans leurs rapports avec l'activité automatique des éléments nerveux. L'encéphale 3 (1883); J. FALRET: Obsessions avec conscience (intellectuelles, émotives et instinctives). Progrès méd. (1889); zum Versuch, moderne kollektive Obsessionen zu beschreiben, vgl. etwa: M. JEISMANN (Hg.): Obsessionen: beherrschende Gedanken im wiss. Zeitalter (1995). – [13] Zur Bestimmung der Psychasthénie vgl. P. JANET: Les obsessions et la psychasthénie 1 (Paris 1903, ^{3}1919) 756; vgl. auch: N. HOFFMANN: Pierre Janet und die Verhaltenstherapie (1998). – [14] D. H. TUKE: Imperative ideas. Brain 17 (1894) 179-197. – [15] R. VON KRAFFT-EBING: Beitr. zur Erkennung ... krankhafter Gemüthszustände ... (1867) 18ff.; vgl. später: Lehrb. der Psychiatrie 3 (1888) 68. 523ff. – [16] Vgl. etwa: K. SCHNEIDER: Begriffl. Unters. über den Z. Allg. Zeitschr. Psychiatrie Grenzgebiete 112 (1939) 17-24. – [17] K. WESTPHAL: Ueber Zwangsvorstellungen. Berlin. klin. Wschr. 46 (1877) 669-689, 669; zum Phänomen von 'Grübel-' und 'Fragesucht' vgl. schon: W. GRIESINGER: Ueber einen wenig bekannten psychopathischen Zustand. Arch. Psychiatrie 1 (1868) 626-635. – [18] L. LOEWENFELD: Die psychischen Zwangserscheinungen (1904) 77. – [19] Vgl. zum terminolog. Problemzusammenhang etwa: J. SANDLER/A. HAZARI: The 'obsessional': on the psychological classification of obsessional character traits and symptoms. The Brit. J. medical Psychol. 33 (1960) 113-122, 113f. – [20] Vgl. Oxford English dict., Suppl. 3, hg. R. W. BURCHFIELD (Oxford 1982) 11. – [21] Vgl. J. DONATH: Zur Kenntniss des Anancasmus (psychische Zwangszustände). Arch. Psychiatrie Nervenkrankheiten 29 (1897) 211-224. – [22] S. FREUD: L'hérédité et l'étiologie des névroses (1896). Ges. Werke, hg. A. FREUD u.a. [GW] (London 1940-87) 1, 411; zur Auseinandersetzung Freuds mit Krafft-Ebing vgl. die Diskussion des ‹Autoreferats des Vortrags 'Mechanismus der Zwangsvorstellungen und Phobien'› (1895). GW Nachtr.bd., 357-359; zur zeitgenössischen Aufnahme des neuen Terminus ‹Zwangsneurose› vgl. erst: E. KRAEPELIN:

Psychiatrie 3 ([8]1915) 1823f. – [23] Vgl. Vorles. zur Einf. in die Psychoanalyse (1917). GW 11, 265. – [24] Zu schweren Pathologien des Über-Ichs vgl. auch: J. CREMERIUS: Übertragung und Gegenübertragung bei Patienten mit schwerer Über-Ich-Störung, in: Vom Handwerk des Psychoanalytikers 1 (1990) 135-153. – [25] S. FREUD: Die Abwehr-Neuropsychosen (1894). GW 1, 65f. – [26] Vgl. auch: Art. ‹Wiedergutmachung›. – [27] S. FREUD: Weitere Bem. über die Abwehr-Neuropsychosen 2 (1896). GW 1, 385ff., hier: 388; vgl. Bem. über einen Fall von Zwangsneurose (1909). GW 7, 379-463; Art. ‹Verdrängung›. Hist. Wb. Philos. 11 (2001) 618-622. – [28] Zwangshandlungen und Religionsübungen (1907). GW 7, 139. – [29] Vgl. aber: Die Zukunft einer Illusion (1927). GW 14, 367. – [30] Totem und Tabu (1913). GW 9, 35ff.; zum Problemzusammenhang von Zwangsneurose und «Allmacht der Gedanken» vgl. a.O. 106ff.; vgl. Hemmung, Symptom und Angst (1926). GW 14, 152. – [31] Hemmung ..., a.O. 141ff., hier: 142. – [32] a.O. 142. – [33] 149f. – [34] Vorles. zur Einf. in die Psychoanalyse (1916/17). GW 11, 267f.; vgl. 265ff. – [35] Die Zukunft einer Illusion (1927). GW 14, 332f.; Zeitgemäßes über Krieg und Tod (1915). GW 10, 333; vgl. die zivilisationstheoretische Entfaltung der Überlegung bei: ELIAS, a.O. [37 zu I.] 2, 312ff. – [36] V. E. VON GEBSATTEL: Die Welt des Zwangskranken (1938), in: Proleg. einer medizin. Anthropologie (1954) 74-128; E. STRAUS: Ein Beitrag zur Pathologie der Zwangserscheinungen (1938), in: Psychologie der menschl. Welt (1960) 187-223; On obsession (New York 1948); vgl. allgemein: T. PASSIE: Phänomenolog.-anthropolog. Psychiatrie und Psychol. (1995). – [37] Vgl. Art. ‹Hemmung, vitale›. Hist. Wb. Philos. 3 (1974) 1056f. – [38] Vgl. E. STRAUS: Das Zeiterlebnis in der endogenen Depression. Mschr. Psychiatrie Neurologie 68 (1928) 640-656, hier: 650f.; V. E. VON GEBSATTEL: Zeitbezogenes Zwangsdenken in der Melancholie (1928), a.O. [36] 1-18, 11. 16f. – [39] E. MINKOWSKI: Le temps vécu (Paris 1933). – [40] Zur zeitphilos. Vertiefung des Ansatzes vgl. M. THEUNISSEN: Melancholisches Leiden unter der Herrschaft der Zeit, in: Negative Theologie der Zeit (1991) 218-281, bes. 256ff. – [41] P. JANET: La pensée intérieure et ses troubles (Paris 1927). – [42] Zum Gefühl der «terminaison» vgl. auch: L'évolution de la mémoire et de la notion du temps (Paris 1928). – [43] GEBSATTEL, a.O. [36] 119f. – [44] S. FREUD: Weitere Bem., a.O. [27] 389f. – [45] Vgl. Art. ‹Wiederholung 3.›; S. REICHARD: Wiederholungszwang: Ein psychoanalyt. Konzept im Wandel (1997). – [46] K. ABRAHAM: Versuch einer Entwicklungsgeschichte der Libido (1924). Ges. Schr. 2, hg. J. CREMERIUS (1982) 36ff. – [47] M. KLEIN: Ein Beitr. zur Theorie der Lernhemmung (1931), in: Frühstadien des Ödipuskomplexes (1985) 73-88, 86; vgl. Art. ‹Zwanghafte Abwehrmechanismen›, in: R. HINSHELWOOD: Wb. der kleinian. Psychoanalyse (1993) 718-720; vgl. H. BELAND: Selbst-Bestimmung. Zum Mechanismus der krit. Einsetzung herrschender Bedeutungen (Strukturen). Jb. Psychoanalyse 47 (2003) 33-64. – [48] Zur Bedeutung prägenitaler Konflikte vgl. auch: D. MELTZER: The relation of anal masturbation to projective identification. Int. J. Psycho-Analysis 47 (1966) 335-342; zum frühen Z. vgl. S. BRUNNHUBER: Zur Psychopathologie, Psychodynamik und Differentialdiagnose des 'Frühen Anankasmus'. Psyche 55 (2001) 26-41. – [49] J. LACAN: Le séminaire, Livre 3: Les psychoses [1955-56], hg. J.-A. MILLER (Paris 1994) 196. 202; dtsch.: Das Seminar von J. Lacan, Buch 3: Die Psychosen (1997) 206. 212f.; vgl. zum Zeitverhalten des Zwangskranken: Fonction et champ de la parole et du langage en psychanalyse (1953), in: Ecrits (Paris 1966) 237-322, 314; P. WIDMER: Zur Struktur der Zwangsneurose. Riss. Zeitschr. Psychoanalyse 11 (1996) 63-79. – [50] Vgl. L. SÜLLWOLD: Die Rolle der Ethologie für das Verständnis patholog. Phänomene, in: L. SÜLLWOLD/J. HERRLICH/S. VOLK: Zwangskrankheiten. Psychobiologie, Verhaltenstherapie, Pharmakotherapie (1994) 9-30; vgl. H. S. REINECKER: Zwänge (Bern u.a. 1991); M. ZAUDIG/W. HAUKE/U. HEGERL: Die Zwangsstörung (2002). – [51] Vgl. P. M. SALKOVSKIS: Cognitive-behavioral approaches to the understanding of obsessional problems, in: R. M. RAPEE: Current controversies in the anxiety disorders (New York 1996) 103-133. – [52] Vgl. K. P. LESCH: Psychobiologie der Zwangskrankheit. Fortschritte Neurologie Psychiatrie 59 (1991) 404-412; S. VOLK: Neurobiolog. Grundlagen der Zwangsstörung, in: SÜLLWOLD/HERRLICH/VOLK, a.O. [50] ([2]2001) 98-103; F. HOHAGEN: ‹Zwangsstörungen›, in: M. BERGER (Hg.): Psychiatrie und Psychotherapie (2000) 619-640. – [53] Vgl. F. TALLIS: The neuropsychology of obsessive-compulsive disorder: A review and consideration of clinical implications. Brit. J. clinical Psychology 37 (1997) 3-20. – [54] Vgl. TUKE, a.O. [14] 192ff.

Literaturhinweise. W. WARDA s. Anm. [7]. – G. BENEDETTI: Psychodynamik der Zwangsneurose (1978). – P. KUTTER: Der Z. in Neurose und Gesellschaft, in: Die Psychol. des 20. Jh. 1: Tiefenpsychologie 1, hg. D. EICKE (1982) 648-668. – G. E. BERRIOS: Obsessional disorders during the 19th cent.: terminological and classificatory issues, in: W. F. BYNUM/R. PORTER/M. SHEPARD (Hg.): Anatomy of madness 1 (London 1985) 166-187; Obsessive-compulsive disorder: its conceptual history in France during the 19th cent. Comprehensive Psychiatry 30 (1989) 283-295. – H. QUINT: Die Zwangsneurose aus psychoanalyt. Sicht (1988). – H. LANG: Über den Sinn des Z.: Zur Integration psychoanalyt. und anthropolog. Gesichtspunkte, in: TH. ZU OETTINGEN-SPIELBERG/H. LANG (Hg.): Leibliche Bedingungen und personale Entfaltung der Wahrnehmung (1994) 145-159. – U. MAY-TOLZMANN: Die Zwangsneurose. Eine nosolog. Neuerung Freuds. Jb. Psychoanalyse 37 (1996) 129-176. – L. SÜLLWOLD/J. HERRLICH/S. VOLK s. Anm. [52].

H. HÜHN

Zweck; Ziel (τέλος, τὸ οὗ ἕνεκα, σκοπός; lat. finis, für ‹Ziel› auch: intentio, propositum, destinatum, meta; engl. aim, purpose, end; frz. but, fin; ital. scopo, mira, fine, obiettivo). Die Lemmata ‹Ziel› und ‹Zweck› [Z.] führen historisch wie systematisch auf ein philosophisches Großthema, das theoretische und praktische Philosophie gleichermaßen zentral betrifft, aber auch in die Ästhetik, die Hermeneutik, die Wissenschaftstheorie und andere philosophische Teil- oder Randdisziplinen hinein bis in die Gegenwart ausstrahlt. Bereits die Wortgeschichte der Leitbegriffe kann dabei auf unterschiedliche Akzentuierungen aufmerksam machen, die auch ideengeschichtliche Entsprechungen haben. Die Grundbedeutung von τέλος (zu τέλλομαι/τέλλω 'sich erfüllen', 'entstehen') ist 'Leistung' und 'Erfüllung' oder auch 'Erreichung' und 'Vollendung', enthält also eine durchaus normative Vollzugskomponente. Σκοπός hingegen (zu der Wurzel *σκεπ-) meint als Nomen agentis zunächst den 'Späher' oder 'Aufseher', dann auch (als «nomen rei actae») den Zielpunkt einer Ausschau, das ins Auge Gefaßte. Das lateinische ‹finis› (möglicherweise zu ‹figo› 'befestigen') ist dagegen zunächst von einer eher räumlichen Grenzmarkierung her gedacht, während als Übersetzungen zu σκοπός Ausdrücke wie «intentio» [1] oder «destinatio» [2] angegeben werden. Wieder anders verhält es sich im Deutschen, wo, ähnlich wie bei σκοπός, bei beiden Wörtern ein Aspekt der Intentionalität zum Zuge kommt: Das ahd. wie auch mhd. begegnende Wort ‹zil› «heißt sowohl die linie die von dem auge des schützen zu dem punkte gedacht wird, den er treffen will, als der punkt wo diese linie ein ende hat. in beiden bedeutungen wird es auch auf die zeit übertragen und bezeichnet daher eine frist, zeitraum, wie auch zeitpunkt, endpunkt der zeit» [3]. ‹Zwec›, ebenfalls bereits im Althochdeutschen begegnend, bedeutet dagegen zunächst einen 'Nagel' oder 'Pflock', darunter auch den in eine 'Zielscheibe' eingeschlagenen; von hier aus ergibt sich spätestens seit dem 15. Jh. eine Synonymie von ‹Z.› und ‹Ziel› [4]. Neusprachlich waren sodann das Begriffs- und Diskussionsfeld näher absteckende Bildungen wie ‹Zweckmäßigkeit›, ‹Finalität› und vor allem ‹Teleologie› (s.d.) erfolgreich (letzteres gebildet allerdings nicht unmittelbar zu τέλος, sondern zu τέλε[ι]ος 'vollkommen'). Vorzugsweise unter diesen Begriffen werden bis in die Gegenwart hinein die Probleme und Perspektiven eines Denkens von

Ziel und Z. thematisiert. In systematischer Hinsicht läßt sich dabei festhalten, daß das Denken in Zielen und Z.en philosophisch ein entscheidendes Medium für eine entdinglichende, auf Tätigkeit, Prozessualität und Reflexivität abstellende Weltauslegung gewesen ist und auch immer dann noch zu sein vermag, wenn Z.e selbst nicht dinglich angesetzt und positivistisch dingfest gemacht werden sollen.

1. *Antike.* – Explizit werden Z.e bzw. 'teleologisch' zu erschließende Sachverhalte in der Philosophie seit SOKRATES thematisiert, der außer bei PLATON [5] auch bei XENOPHON [6] als «Teleologe» gezeichnet ist. Gleichwohl hat die Reflexion auf ontologisch bzw. kosmologisch anzusetzende, wenn nicht sogar theologisch fundierte Z.-Ursachen ihre Vorgeschichte in der ionischen Naturphilosophie. Es geht dabei um eine Lehre von vorbestimmten, nicht überschreitbaren, sich im Insgesamt aller Dinge auch als deren Reflexion ineinander zeigenden Seinsmaßen (μέτρα), wie sie bereits bei ANAXIMANDER angelegt und bei HERAKLIT ausdrücklich gemacht ist: Während der Milesier eine geregelte Daseinsfolge alles Erscheinenden nach dem Gesetz der Notwendigkeit kennt [7], spricht der Ephesier noch einmal konkreter davon, daß alles, was ist, sein bestimmtes Sein nach Maßgesetzen aus dem einen Gesamtverhältnis (λόγος) empfängt, so daß das Gesetz der Welt gleichsam in einer «Ontologie der Wohlordnung» von Entstehen und Vergehen und einer über das große Ganze vermittelten Koexistenz der Gegensätze besteht. Was ist, erfüllt einen ihm zustehenden Seinsraum und 'ist' gerade insofern, aber es steht über diesen Raum auch mit dem Sinn des Ganzen in Beziehung: Es vollführt insofern seinen bestimmten «Z.» [8]. Die entsprechende Lehre von den Seinsverhältnissen wird im Ausgang der Vorsokratik von DIOGENES VON APOLLONIA mit der νοῦς-Philosophie des ANAXAGORAS verbunden, die ihrerseits kosmo-teleologische Aspekte aufweist. Der Geist ist schon bei Anaxagoras souveränes, tätiges Ordnungsprinzip des Universums [9]. Bei DIOGENES steht dann im Hintergrund der «aufs schönste angeordneten Dinge» eine umgreifende Intelligenz (νόησις), die ausdrücklich allem sein Seinsmaß zu- und seine Bestimmung mitteilt [10]. Der Grundgedanke dieser gleichsam «vorteleologischen Teleologie» ist, daß nichts aus dem Verhältnis, aus dem absoluten Seinsraum fällt, sondern alles in ihm seinen wohlbestimmten Ort, seine Grenzen, aber auch seinen bestimmten Seinssinn findet. In PLATONS ‹Phaidon› [11], mit dem das teleologische Denken im engeren Sinne beginnt, wird dann von Sokrates herausgearbeitet, daß erst die teleologische Frage nach dem Endzweck, dem Guten oder «Besten» (βέλτιστον), abschließende Antworten in der Ursachenforschung zu geben erlaubt. In der Perspektive des Z.-Gedankens erscheinen die Dinge eigentlich erst auf ihren Seinsgrund, ihr Selbst hin geöffnet, während eine «naturalistische» Betrachtung entlang den Stoffursachen, wie Sokrates sie auch bei ANAXAGORAS findet, eine vernunftgemäße Geordnetheit des Seienden (τὸ διακοσμεῖν) [12] und zugleich sein ursprüngliches Selbstsein nicht zu denken erlaubt. Auf der Ebene der Handlungsintentionalität ist dies besonders leicht zu verstehen, da Handlungen keine Kausalvorgänge sind, sondern immer einem Worum-willen gehorchen, in welchem der Handelnde für sich ein Gut erkennt, nach dem er strebt. Nach PLATON hat die Idee des Guten, auf welche die Z.-Perspektive auf diese Weise notwendig führt, dabei aber nicht etwa nur eine subjektive und praktische, sondern elementar eine objektive, für das Seiende als solches konstitutive Bedeutung. Im ‹Staat› wird sie als oberster Prinzipienbegriff (ἀρχὴ ἀνυπόθετος) jenseits der sinnlichen und auch intelligiblen Welt eingeführt und «Bestheit» (ἀρετή) insoweit als alles Sein bestimmende und auch verständlich machende Vermittlung angesetzt [13]. Im ‹Timaios› schließlich entwickelt Platon eine dem entsprechende 'teleologische' Kosmologie, die im einzelnen allerdings durchaus Z.-Widrigkeiten wie auch Naturnotwendigkeiten zuläßt: Beides indes gewinnt seine eigentliche Bedeutung nur erst im Kontrast gegen eine in sich zweckhafte, als Totalität intelligible Weltordnung, der Platon einen selbst guten demiurgischen Intellekt zuordnet, welcher «will, daß alles gut ist» [14]. Den Begriff σκοπός, der vor allem aus der Sprache der Bogenschützen stammt und schon bei HOMER oder PINDAR bildlich für das «Treffen des Richtigen» überhaupt [15] oder für das Sagen des «Treffenden» stehen kann [16], kann PLATON als erster ethisch für das «Lebensziel, auf welches man hinblicken muß» (σκοπὸς ..., πρὸς ὃν βλέποντα δεῖ ζῆν), verwenden [17]. Im Staat sollen die Philosophen herrschen, weil nur sie (wiederum in der Erkenntnis des Guten) «den einen Lebenszweck» (σκοπὸν ἐν τῷ βίῳ ... ἕνα) kennen und verfolgen, auf den hin man «alles tun» soll [18]. Systematisch ist seit Platon in jedem Fall klar, daß die Lehre von Ziel und Z. dem Problem von Einheit und Vielheit eingeschrieben ist und in praktischer Hinsicht eben die Kompetenz betrifft, das Viele auf das wahre Eine hin zu ordnen, während es in theoretischer Hinsicht immer um die Erkenntnis der idealen Selbsthaftigkeit und damit auch der mehr als kontingenten Einheit des Seienden geht.

ARISTOTELES, mit dessen Namen in der Folgezeit die Lehre von Ziel und Z. als universell gültiger Strukturprinzipien der Welt in besonderer Weise verbunden bleiben wird, hat die Lehre von den Z.en, für die nun ausdrücklich der τέλος-Begriff auftritt, als Strebensbestimmungen in der Ethik wie auch in der Naturforschung differenziert verankert. Allgemein ist τέλος definiert als «das letzte Worumwillen» (τὸ οὗ ἕνεκα ἔσχατον) [19]. Aristoteles kann dabei jedoch auch zwischen einem primären (οὗ ἕνεκα τινός, dem späteren «finis cuius» oder «finis internus») und einem sekundären, äußeren Z. (οὗ ἕνεκα τινί, «finis quo» oder «finis externus» [20]) unterscheiden [21]. Alle Kunst, alle Praxis und auch Erkenntnis strebt nach einem (jeweiligen) «Wozu» als ihrem Tätigkeits- und Vollendungsziel [22]. Das kann die Frage nach dem «vollkommenen Z.» (τέλος τέλειον) aufwerfen, die insbesondere dann entsteht, wenn, wie bei Handlungszielen leicht denkbar, verschiedene Z.e miteinander in Konkurrenz treten und damit die Frage nach einer Z.-Hierarchie provozieren [23]: Am Ende steht hier die Frage nach dem wahrhaft Selbstzwecklichen [24], die Aristoteles nicht mehr wie Platon mit dem Verweis auf die Idee des Guten, sondern auf das Glück einer auf nichts anderes mehr zeigenden Vernünftigkeit und vernünftigen Erkenntnis bzw. der bei sich seienden göttlichen Vernunft beantwortet. Aber auch für die unverkürzte Erfassung des Physischen ist die Frage nach dem Strukturmoment des «Worumwillen» (τὸ οὗ ἕνεκα) bzw. der Z.-Orientierung stets zu stellen: Die Natur flieht nach ARISTOTELES stets das Unbegrenzte und strebt vielmehr nach einem Endzweck (ἡ φύσις ἀεὶ ζητεῖ τέλος) [25]; ja, sie hat in bestimmten Grenzen Pflanzen und Tiere auf den Menschen und seinen Nutzen hingeordnet [26]. Aristoteles, der einen vierfach-komplementären Sinn von ‹Verursachung› kennt [27], vertritt damit zwar keine einsinnig teleologische Erklärung der Gesamtphänomenalität, wohl aber die Position, daß Naturprozesse, die in aller

Regel auf einen bestimmten Soll- und Endzustand und ein sich darin stabilisierendes Sein führen, eben immer auch als Realisierungen eines einheitlichen und sich durchsetzenden Sinnkontinuums verstanden werden müssen [28]: Der Mensch zeugt eben nicht das eine Mal einen Menschen, dann wieder etwas, das nicht seinesgleichen wäre; die Schwalbe baut nicht 'zufällig', d.h. ohne in ihr selbst liegenden Grund, ohne 'selbsthafte' Beziehung auf ihr Objekt, ein Nest, sondern sie tut es um der Selbsterhaltung ihrer selbst wie ihrer Art willen; Pflanzen treiben ihre Wurzeln nicht in die Luft, sondern regulär in den Boden und schützen ihre Frucht auf zweckmäßige Weise [29]. In all diesen Fällen auf den Z.-Aspekt zu verzichten, wäre ein ungerechtfertigter Reduktionismus. Der Z.-Aspekt, den Aristoteles nicht zuletzt im Sinne einer Analogie zwischen menschlicher Kunst (τέχνη) und Naturtätigkeit erschließen kann, bringt so die tätige (entelechiale) Verwirklichung eines selbsthaft, sich in seinen mannigfachen Erscheinungen nicht äußeren Seienden seiner wahren Bestimmtheit bzw. Wesensform (εἶδος) nach in den Blick. Er trägt entscheidend dazu bei, ein einheitliches Bestimmtsein zugleich als im Werden begriffen und ebenso das Werden nicht als unbestimmten Prozeß, sondern als von einem logischen Zentrum her bestimmtes denken zu können. Vom zwölften Buch der ‹Metaphysik› her läßt sich zudem in gewissen Grenzen eine gesamtkosmische Teleologie des Stagiriten ansetzen, auch wenn diese indirekter als diejenige Platons ausgelegt ist und vor allem auf einen planvoll schaffenden göttlichen Weltarchitekten verzichtet: Es ist die innere Tendenz des Einzelwesens auf die eigene Vervollkommnung, die es zugleich das vollkommenste Wesen 'lieben' und nachahmen läßt. Den Begriff σκοπός verwendet Aristoteles weitgehend in ethisch-normativem Sinne und insoweit synonym mit τέλος: so, wenn er die «Eudämonie und ihre Teile» das Ziel (σκοπός) nennt, das alle anstreben [30], oder wenn er davon spricht, daß die Tugend (s.d.) es ist, die uns das «rechte Ziel» (σκοπὸν ὀρθόν) verschafft [31]. Er kennt dabei jedoch auch weiterhin einen formalen, technischen Sinn von σκοπός, so vor allem bezüglich des topisch zu beachtenden Unterschieds des Ziels einer Unterredung, die des Lehrens und Lernens, des Streitens und der Untersuchung wegen geführt werden kann und dabei je ein anderes Ziel verfolgt [32]. Ebenso kann Aristoteles von einem «Erkenntnisziel» sprechen, das durch die wissenschaftliche Untersuchung erreicht werden soll [33].

Gegner einer Lehre von den Naturzwecken und vielmehr Vertreter eines 'Protomechanizismus' in der Naturerklärung sind – vor- und nachsokratisch – vor allem EMPEDOKLES [34], DEMOKRIT [35] und die Schule Epikurs gewesen. Während sich mit der Lehre von einer Entstehung der Tierarten aus «Zufall und Notwendigkeit» bei EMPEDOKLES bereits ARISTOTELES kritisch auseinandergesetzt hat [36] und für DEMOKRIT immerhin auch die Meinung bezeugt ist, daß alles (zumindest in ethischem Betracht) «*ein* Ziel» habe [37], ist der 'Antiteleologismus' auf atomistischer Grundlage im 'Garten' von EPIKUR ein Gemeingut [38]. Besonders wirksam werden die Polemiken des LUKREZ, der sich vor allem gegen eine «Nützlichkeitsteleologie» wendet [39], die davon ausgeht, daß das Auge geschaffen worden sei, um zu sehen, die Zunge, um zu sprechen. Lukrez hält dagegen, daß sich «nichts am Körper gebildet hat, damit wir es gebrauchen können, sondern das, was sich gebildet hat, schafft auch seinen Gebrauch» («nil ideo quoniam natumst in corpore ut uti / possemus, sed quod natumst id procreat usum») – es gibt mithin «keinen Weg, daß du glauben könntest, etwas könne um seiner Nützlichkeit willen geschaffen worden sein» («quare etiam atque etiam procul est ut credere possis / utilitatis ob officium potuisse creari») [40]. Der Epikureer VELLEIUS bestreitet bei CICERO in diesem Sinne, daß die Welt einen «Architekten und Baumeister» («opificem aedificatoremque») nach Art des Schöpfergottes in Platons ‹Timaios› habe oder daß sie selbst ein «mit Geist und Sinnen» begabtes Wesen sei [41]. Positionen wie diese sind bereits gegen die konkurrierende Auffassung der Stoa gerichtet, die von vornherein von einer göttlichen Sorge (πρόνοια) um die Welt und einem sie durchwaltenden, universellen Vernunftgesetz (λόγος) ausgeht, das im (weisen) Menschen seinen eigentlichen Zielpunkt findet. Entsprechend ist es die moralische Aufgabe des Menschen, sich die Übereinstimmung mit diesem Gesetz bzw. der wohleingerichteten Welt zur Pflicht zu machen. Stoische τέλος-Definitionen sind etwa die folgenden: «Z. ist dasjenige, um dessentwillen alles pflichtgemäß getan wird, das aber selbst um keines anderen willen getan wird» (τέλος ἐστὶν οὗ ἕνεκα πάντα πράττεται καθηκόντως, αὐτὸ δὲ πράττεται οὐδενὸς ἕνεκα) [42]; Z. ist ebenso das «Letzterstrebte» (τὸ ἔσχατον τῶν ὀρεκτῶν) [43], das «vollendet Gute» (τὸ τελικὸν ἀγαθόν) und mit dem (Lebens-)Ziel (σκοπός) identisch [44]. Die letztgenannte Bestimmung betreffend, ist freilich zu beachten, daß gerade für die Stoa seit CHRYSIPP die begriffliche Unterscheidung von τέλος und σκοπός bezeugt ist. Die Begriffe verhalten sich grundsätzlich zueinander wie ‹Reichsein› und ‹Reichtum›, ‹Glückseligsein› und ‹Glück›, so daß σκοπός das Zielobjekt, τέλος hingegen den Zustand abschließender Vereinigung (τυχεῖν) von strebendem Subjekt und äußerem Gut meint [45]. Eine weitere Unterscheidung hat hier HERILLOS eingeführt, der das Strebensziel der Nicht-Weisen im Unterschied zum τέλος des Weisen ὑποτελίς, also ein untergeordnetes Ziel nannte [46]. Das τέλος selbst zu erlangen, inkludiert dabei nach der altstoischen Auffassung eo ipso den Besitz der Glückseligkeit wie den der Tugend [47]. Inhaltlich bestimmen die wichtigsten 'Telos-Formeln' der Stoiker, das «übereinstimmend» bzw. «übereinstimmend mit der Natur leben» (ὁμολογουμένως [τῇ φύσει] ζῆν) [48], den Gleichklang von Tugend, Glück und Letztzwecklichkeit als nach innen und nach außen hin 'stimmiges' Dasein. Der Kosmos, in dem dieses Dasein seine Stelle hat, kennt zwar keine eigentlichen Z.-Ursachen, er stellt vielmehr eine unabsehbare, durchgängige und 'fatale' Verkettung von Wirkursachen dar [49], die jedoch gerade den einen großen Z. des Gesamtlebewesens der Welt zur Ausführung bringen [50]. Der Kosmos kann eben deshalb Ausgangspunkt für einen «teleologischen» Gottesbeweis sein [51] wie auch als durchgängig durch Zweckmäßigkeit und Nutzen bestimmt gelten: Selbst da, wo uns der Nutzen einer Welteinrichtung oder eines Wesens nicht sofort ersichtlich ist, wird er es auf die Dauer doch werden [52]. In diesem Zusammenhang begegnen dann auch Lehren von äußeren Zweckmäßigkeiten, die sehr weit getrieben sind; verwiesen sei nur etwa auf die Auffassung CHRYSIPPS, daß der Pfau zusammen mit der Pfauin um der Schönheit seines Schwanzes willen geschaffen worden sei oder daß noch Wanzen ihren guten Sinn hätten, nämlich den, uns zu wecken [53]. Immer aber haben die äußeren Ordnungen und Ereignisse, sogenannte Naturkatastrophen eingeschlossen, auch einen moralischen Nutzen: Sie leiten uns zum Glauben an die Götter an, ermahnen zur Tugend, strafen die Ungerechten und läutern den Weisen [54].

Eine andere 'Telos-Formel' wie die des Diogenes von Babylon lautet, der oberste Z. in der Lebensführung sei das «wohlbedachte Verfahren in Auswahl und Verwerfung der naturgemäßen Dinge» (εὐλογιστεῖν ἐν τῇ τῶν κατὰ φύσιν ἐκλογῇ καὶ ἀπεκλογῇ) [55]. Die Tendenz, die sich hier ausspricht, geht auf eine grundsätzliche Ablösung des sittlichen Z. von dem wirklichen Erreichen äußerer Güter und wird in diesem Sinne etwa von Antipater von Tarsos [56] sowie (in polemischer Wendung gegen diesen) zugespitzt von dem Akademiker Karneades [57] vertreten. Erst Panaitios stellt in seinem Gleichnis von dem einen Ziel, das verschiedene Schützen auf verschiedene Markierungen treffen können [58], den Begriff des τέλος als wirklicher Zielerreichung, nicht nur Zielintention wieder her. Das hindert freilich nicht, daß in anderen Schulen, so etwa in der platonischen, das τέλος in jedem Fall anders als bei den Stoikern angesetzt werden kann; insbesondere seine Bestimmung mit Hilfe der 'Angleichung an Gott' (s.d.) bei Eudoros von Alexandria ist für den weiteren Weg des Platonismus in dieser Frage weithin ausschlaggebend [59].

Von der Stoa beeinflußt, wiewohl insgesamt durchaus in peripatetischer Tradition stehend, ist die wirkungsgeschichtlich gewichtige (Kosmo-)Teleologie der ps.-aristotelischen Schrift ‹De mundo›. Der Autor begründet sein «Elogium mundi» mit der harmonischen Ordnung der Welt, ihrer Schönheit, Stärke und Unvergänglichkeit wie nicht zuletzt auch mit der Tatsache, daß noch die scheinbaren Unzweckmäßigkeiten in ihr einen höheren Sinn haben. Erdbeben dienen z.B. dazu, die in der Erde eingeschlossenen Pneumata durch die entstehenden Spalten entweichen zu lassen, große Regengüsse reinigen die Erde von allem Krankhaften, und Feuer und Eis halten einander zuletzt so die Waage, daß ein für den Menschen angenehmes Klima entsteht [60]. Daß die aristotelische Lehre vom «inneren» Z. bzw. der Z.-Ursächlichkeit zu einer nicht dinglichen, sondern energisch-funktionalen Betrachtung insbesondere der Verhältnisse im Organismus anleiten kann, wird vor allem in der medizinischen Literatur deutlich. Das gilt in besonderem Maße für Galen, der ausdrücklich die auf das Wohl des Ganzen gerichtete funktionelle Zweckmäßigkeit der Glieder des Organismus beschreiben will [61]. Im Sinne des Aristoteles will Galen die Körperorgane dabei primär nicht ihrer äußeren Beschaffenheit, sondern ihrer Tätigkeit und Funktionalität nach behandeln [62].

Etwa zeitgleich begegnen in der frühchristlichen Paränese und Apologetik naturteleologische Motive, in der Schöpfungstheologie, alttestamentliche Weisheitstradition [63] und philosophische Anleihen miteinander verbunden werden. Die wichtigste Schrift, die einen entsprechenden Ansatz vorbereitet, ist Philon von Alexandrias ‹De opificio mundi›, die bereits eine Kombination von mosaischer Schöpfungsgeschichte sowie neupythagoreischer, platonischer und stoischer Kosmologie gibt. Die 'Endursache' der Schöpfung ist hier die Güte Gottes, die sich freilich ebenso in einer durchgängigen Vorsehung (s.d.) Gottes in Beziehung auf die Welt manifestiert [64]. Bei den christlichen Schriftstellern lenkt vor einem ähnlichen Hintergrund Klemens von Rom zur Illustration des «uns von Anbeginn überlieferten Friedenszieles» (τῆς εἰρήνης σκοπόν) den Blick auf den Schöpfer und die Wohlordnung der Welt [65], und Minucius Felix entscheidet die Frage, ob der Mensch aus Elementen oder Atomen zusammengesetzt oder vielmehr ein von Gott geschaffenes, gestaltetes und gebildetes Wesen sei, aufgrund der durchgängig zweckmäßig-planvollen Ordnung der Welt eindeutig im Sinne der zweiten Möglichkeit [66]. Dergleichen Ausführungen folgen vielfach stoischen Vorgaben [67], auch späterhin führen die Kirchenväter gleichsam den Kampf der Stoiker gegen das Prinzip des Zufalls (s.d.) und der äußeren Komposition der Dinge, wie es die Atomisten vertreten, weiter: So Laktanz, wenn er gegen Epikur und Lukrez schreibt, daß Fische nicht etwa zufällig schwimmen und Menschen nicht zufällig denken, sondern von vornherein «jedes Lebewesen dem Z., zu dem es geschaffen ist, dienen muß» [68]. Nach Gesichtspunkten einer vollendeten Zweckmäßigkeit betrachtet Laktanz dabei auch in allen Einzelheiten das Wunderwerk des menschlichen Leibes [69]. Bei Basilius dem Grossen ist die Welt im ganzen deshalb schön, weil sie einem göttlichen Endzweck gehorcht und auch im einzelnen durchgängig diesem gemäß eingerichtet ist [70]; und bei Ambrosius, der das Lob der Schöpfung noch aus Anlaß des Wein- oder Feigenblattes anstimmen kann [71], begegnet noch einmal die im Kern wiederum stoische These, daß sich uns die wesentliche Nützlichkeit der Dinge erst im Laufe von Zeit und Erfahrung erschließen mag, daß sie aber gleichwohl von Anfang an, dem göttlichen Z. entsprechend, schon in den Dingen lag [72].

Bemerkenswert ist freilich auch, daß, ebenso wie im Neuplatonismus, auch bei herausragenden christlichen Autoren wie Augustinus die Bedeutung des Finalitätsgedankens ins zweite Glied zurücktreten kann, was unbeschadet der Tatsache gilt, daß Augustinus einen teleologischen Gottesbeweis kennt [73] und er im übrigen selbstverständlich eine Lehre von Gott als «summum bonum» und entsprechend auch als «finis boni nostri», als unserem äußersten Gut, vertritt: ein Gut, «dessentwegen das übrige anzustreben ist, es selbst aber nur um seiner selbst willen», wie freilich auch das «äußerste Übel» («finis mali») ein solches ist, «dessentwegen man das übrige zu meiden hat, es selbst aber um seiner selbst willen» [74]. Für die neuplatonische Einheitsmetaphysik erklärt sich dieses Phänomen des Zurücktretens der Z.-Lehre zwanglos daraus, daß hier der 'Endzweck' aller Dinge einzig ihre Rückkehr in Gott, also die absolute Einheit, nicht die Vermittlung von Einheit und Vielheit, für welche der Z. steht, sein kann. Für die christlichen Autoren liegt eine Erklärung wohl auch darin, daß der heilsgeschichtlich-apokalyptische Sinn von τέλος als Weltenende niemals ganz in Vergessenheit geriet, zugleich aber eine in Gestalt der Teleologie «kosmisierte Vorsehung und eschatologische Heilserwartung innere Widersprüche» sind und entsprechend eine «Verstärkung der Teleologie» mit dem «Schwund eschatologischer Vorstellungen» «wesentlich verknüpft» ist [75]. Jedenfalls erwächst der Teleologie im Ansatz mit den voluntaristisch-freiheitlichen Zügen der christlichen Lehre von der Stellung des Schöpfers zur Welt in bestimmtem Sinne ein Gegner, der sie von anderer Seite her in Frage zu stellen vermag, als es Atomismus und 'Protomechanizismus' getan hatten.

Anmerkungen. [1] So z.B. bei Augustinus: De civ. Dei XIX, 19. – [2] So bei Joh. Cassian: Collat. I, 2, 1; vgl. auch: R. Alpers-Gölz: Der Begriff ΣΚΟΠΟΣ in der Stoa und seine Vorgeschichte (1976) 131-135. – [3] G. F. Benecke/W. Müller: Mittelhochdtsch. Wb. (1854-61, ND 1986) 3, 881. – [4] F. Kluge: Etymol. Wb. der dtsch. Sprache ([22]1989) 819. – [5] z.B. Platon: Phileb. 28 d-31 a. – [6] Xenophon: Memorab. I, 4. – [7] Anaximander: VS 12, B 1. – [8] Vgl. bes. Heraklit: VS 22, B 30f. – [9] Anaxagoras: VS 59, B 12-14. – [10] Diogenes von Apollonia: VS 64, B 3. – [11] Platon: Phaedo 97 b-102 a. – [12] 98 c. – [13] Resp. VI, 510 b. – [14] Tim. 29 e-30 a. – [15] Vgl. Homer: Od. XI, 344f. – [16] Vgl. Pindar: Olymp. 2, 89ff.; Nem. 9, 53ff. – [17] Pla-

TON: Gorg. 507 d. – [18] Resp. VII, 519 c. – [19] ARISTOTELES: Met. V, 16, 1021 b 30. – [20] Vgl. J. MICRAELIUS: Lex. philos. (²1662, ND 1966) 512. – [21] ARISTOTELES: Met. XII, 7, 1072 b 1-3; Phys. II, 2, 194 a 35f.; De an. II, 4, 415 b 2f. u.ö.; vgl. K. GAISER: Das zweifache Telos bei Aristoteles, in: I. DÜRING (Hg.): Naturphilos. bei Arist. und Theophrast (1969) 97-113. – [22] Vgl. Eth. Nic. I, 1, 1094 a 1f. – [23] Magna mor. I, 2, 1184 a 13. – [24] Vgl. Art. ‹Selbstzweck›. Hist. Wb. Philos. 9 (1995) 560-564. – [25] ARISTOTELES: De gen. anim. I, 1, 715 b 15f. – [26] Pol. I, 8, 1256 b 15-22. – [27] Met. I, 3, 983 a 26-32; Phys. II, 3, 194 b 23-195 a 26; vgl. Art. ‹Ursache/Wirkung I.›. Hist. Wb. Philos. 11 (2001) 377-384, 378f. – [28] Phys. II, 7f. – [29] Vgl. II, 7, 197 a 26f.; 8, 198 a 26-30. – [30] Rhet. I, 5, 1360 b 4. – [31] Eth. Nic. VI, 13, 1144 a 8; der Ausdruck selbst ist bereits platonisch: vgl. Phileb. 60 a. – [32] Top. VIII, 5, 159 a 26f. – [33] Met. I, 2, 983 a 22. – [34] EMPEDOKLES: VS 31, B 35. 62. – [35] DEMOKRIT: VS 68, A 69; auch: B 167. – [36] ARISTOTELES: Phys. II, 8, 198 b 31; 199 b 5-35. – [37] DEMOKRIT: VS 68, A 166. – [38] EPIKUR: Br. an Pythokles 88. – [39] Vgl. R. EISLER: Der Zweck. Seine Bedeutung für Natur und Geist (1914) 3. – [40] LUKREZ: De rerum nat. IV, 834f. 856f. – [41] CICERO: De nat. deorum I, 18. – [42] CHRYSIPP: SVF 3, 2. – [43] SVF 3, 3. – [44] a.O. – [45] CLEANTHES: SVF 1, 554; CHRYSIPP: 3, 16. – [46] HERILLUS: SVF 1, 411. – [47] CHRYSIPP: SVF 3, 16; ZENO CIT.: SVF 1, 179. – [48] ZENO CIT.: SVF 1, 179; CLEANTHES: SVF 1, 552; CHRYSIPP: SVF 3, 5 u.ö.; vgl. Art. ‹Übereinstimmung›. Hist. Wb. Philos. 11 (2001) 14-27, 17. – [49] CHRYSIPP: SVF 2, 945. – [50] a.O. 633ff. – [51] 1011f. – [52] 1172. – [53] 1163; vgl. auch: SENECA: Nat. Quaest. V, 18, 1f.: Über den Nutzen der Winde. – [54] Vgl. CICERO: De nat. deorum II, 14; III, 16. – [55] DIOGENES BABYL.: SVF 3, 44. – [56] ANTIPATER TARENSIS: SVF 3, 57; PLUTARCH: Comm. not. 1071 B. – [57] Vgl. hier die ‹Carneadea divisio› bei CICERO: De fin. bon. et mal. V, 16ff.; außerdem: ALPERS-GÖLZ, a.O. [2] bes. 68-101. – [58] PANAITIOS bei JOH. STOBAEUS: Anthol. II, 63, 25-64, 12, in: A. A. LONG/D. N. SEDLEY: Die hellenist. Philosophen (2000) 473 (Frg. 63 G). – [59] Vgl. J. M. DILLON: Eudoros und die Anfänge des Mittelplatonismus, in: C. ZINTZEN (Hg.): Der Mittelplatonismus (1981) 4-32, bes. 12-14. – [60] PS.-ARISTOTELES: De mundo 5, 397 a 31-b 2. – [61] GALEN: De usu partium I, 8. Op. omn., hg. C. G. KÜHN 1-20 (1821-33, ND 1864/65) 3, 21, 4-10; 22, a.O. 81, 12-14; IV, 17, a.O. 328, 7-15 u.ö. – [62] Vgl. De dogm. Hipp. et Plat. I, 8, a.O. 5, 202, 3-203, 14. – [63] Vgl. z.B. Hiob 38f. – [64] PHILO ALEX.: De opif. mun. 171; auch: 76-134. – [65] CLEMENS ROM.: Ad Corinthos 19, 2-20, 12. Sources chrét. 167 (Paris 1971) 132. 134. 136. – [66] MINUCIUS FELIX: Octavius 17f. – [67] Zur Unterscheidung von σκοπός und τέλος vgl. ORIGENES: Comm. in Psalm. MPG 2, 1053 M. – [68] LAKTANZ: De opif. Dei VI, 11. – [69] a.O. V-XV. – [70] BASILIUS: Homil. in Hex. III, 10; vgl. I, 6; V, 3. – [71] AMBROSIUS: Hexaem. III, 14; vgl. 15-17. – [72] Hexaem. III, 16, 65. – [73] Für Belege vgl. Art. ‹Gottesbeweis II.›. Hist. Wb. Philos. 3 (1974) 820-830, 822f. (Anm. 1). – [74] AUGUSTINUS: De civ. Dei XIX, 1. – [75] H. BLUMENBERG: Art. ‹Teleologie›. RGG³ 6, 674-677, 675.

2. *Mittelalter*. – Zu den Autoren, die am Ausgang der Antike für die folgenden Jahrhunderte den «Endzweckgedanken» in wirkmächtiger Form festgehalten und weitertradiert haben, gehört in besonderem Maße BOETHIUS, der im dritten Buch der ‹Consolatio› auf den «rerum omnium finis», d.h. auf das, was universell erstrebt wird und darum ein «bonum» sein muß, zu sprechen kommt [1]. Dieses Ziel aller Dinge und «höchste Gut» («summum bonum», s.d.), von dem es in einer für das teleologische Denken insgesamt wichtigen Formel heißt, daß es «alle Dinge zugleich kraftvoll regiert und auf sanfte Weise in eine Ordnung bringt» («regit cuncta fortiter suaviterque disponit» [2]), ist Gott selbst, und es ist auf diese Weise einer teleologischen Wohlordnung auf Gott hin, daß sich die «Weltmaschine» («mundana machina») stabil und unversehrt («stabilis atque incorrupta») erhält [3]. Eine Kosmologie dieser Art tritt dabei in deutlichen Gegensatz zu neuplatonischen Konzeptionen, für die nicht so sehr eine immanente Selbsterhaltung als vielmehr die Transzendenz und 'Überwindung' der Welt von Bedeutung ist: ein Gedanke, wie er etwa bei JOHANNES SCOTUS ERIUGENA zum Ausdruck kommt, wenn er lehrt, daß, wie alle Bewegung ihren Ausgangspunkt auch zu ihrem Ziel («finis») hat, auch das «Ziel» der Welt die Rückkehr in ihren «Anfang» («principium») sein muß, «dem sie zustrebt, um in dem Wiedergefundenen zu ruhen, nicht damit ihre Bestandheit untergeht, sondern damit sie in ihre Gründe zurückkehrt, von denen sie ausgeht» [4]. Den aristotelischen Begriff der Z.-Ursache bringen dann vor allem die arabischen Autoren wieder ins Spiel. «Finis» (arab. ghbya) meint bei AVICENNA ganz allgemein «dasjenige, um dessentwillen etwas ist», wobei verschiedene Arten der Z.-Beziehung, die Zielangleichung («assimilatio finis») inbegriffen, möglich sind [5]. In diesem Sinne ist selbstverständlich auch eine Handlung («actio») ohne Z.-Ursache «causa finalis» (arab. ʿillat ghbya) nicht denkbar [6]. Avicenna unterscheidet weiterhin einen «wesentlichen» («finis per essentiam») von einem nur «notwendigen Z.» («finis necessarius»), der immer zu den «akzidentellen Z.en» («fines qui sunt per accidens») zählt, während der «wesentliche Z.» eine Ursache ist, die um ihrer selbst und nicht noch einmal um eines anderen Z. willen gesucht wird [7]. Ein Beispiel für einen «wesentlichen Z.» in der Natur ist etwa das dauerhafte Dasein («esse stabile») der natürlichen Substanzen wie Mensch oder Pferd [8]. Avicenna hält schließlich fest, daß die «Ursächlichkeit der Z.-Ursache die Ursache des Seins der anderen [Ursachen]» ist, dieses also «durch die Ursächlichkeit jener verursacht ist» («causalitas causae finalis est causa esse aliarum [sc. causarum]. Igitur esse aliarum causatum est a causalitate illius») [9]. Diese Auffassung bringt die grundsätzliche Priorität, weil Letztinstanzlichkeit der Finalursachen zur Geltung, weist aber auch eine entfernte Beziehung zur Lehre vom «ens primum» als «causa causarum» auf, wie sie der ‹Liber de causis› vertritt [10].

Auch wenn man im übrigen etwa in der Seinshierarchie, die ANSELM VON CANTERBURY im Aufstieg zur «per se et ex se» seienden «summa natura» Gottes im ‹Monologion› zeichnet, zumindest indirekt eine finale Ordnung ausmachen kann [11], setzt die eigentliche mittelalterliche 'Konjunktur' des Z.-Denkens erst im 13. Jh. ein. BONAVENTURA etwa teilt in der augustinisch-lombardischen Tradition der Unterscheidung zwischen ‹uti› und ‹frui› alle Dinge in 'Ziele', 'zum Ziel führende' und 'zum Ziel gelangende Wesen' (wie den Menschen) ein («omnis res, quae est natura aliqua, aut est finis; et sic est res, qua fruendum; aut deducens ad finem; et sic est res, quae utendum; aut ad finem perveniens; et sic est res, quae fruitur et utitur, ut homo» [12]). Aber er unterscheidet auch Gott als den «finis ultimus» und «universalis» vom geschaffenen Z. und Ziel («finis creatus») [13]. Von besonderer Bedeutung sind dann Autoren wie ALBERTUS MAGNUS und vor allem THOMAS VON AQUIN, die bereits die erneuerte Kenntnis des Aristotelischen Gesamtwerkes voraussetzen. ALBERT vertritt von seinen frühesten Schriften an die Lehre von Gott als «wesentlichem» und «höchstem Gut» und so als «letztem Z.» («finis ultimus») der gesamten Schöpfung, an dem zugleich deren Ordnung gemäß dem jeweiligen Partizipations- oder Seinsgrad hängt [14]. Alles Geschaffene enthält ihm zufolge eine Z.-Orientierung und damit auch ein Streben nach dem Z. («omne creatum est ordinatum ad finem; ergo omne creatum est in appetitu finis»); nur das Leere und Nichtige ist allen Z. beraubt («vanum autem est, quod est privatum fine») [15]. Das Letztziel besteht dabei in der Güte und Vollkommenheit der ersten Ursache, die gänzlich aktual und nichts außer sich habend, unbewegt und alles zu sich hinbewegend ist [16]. Parallel dazu unterscheidet Albert Ziel und Z., insofern in ihnen die «intentio moventis» zur Ruhe kommt, von einer 'darunter' gelegenen Z.-Bestimmung, welche der Zielpunkt eines bestimmten, auf jenen Z. hingeordneten Werkes («terminus cuiuscumque operis ad finem illum ordinatus») ist [17]. Eine Abweichung vom aristotelischen Modell liegt bei Albert in der Bestimmung des Letztziels für den Menschen in theologischer Perspektive vor, das jetzt ausdrücklich auch eine affektive Komponente umfaßt: «Letztes Ziel» («finis ultimus») ist die «affektive, beseligende Wahrheit» («veritas affectiva beatificans») [18]. Ontologisch aber kann das «an sich, sich selbst gemäße und allseits erstrebte Gute» («bonum per se et secundum se et quod ab omnibus expetitur») nach Albert nur in der Logik der «causa finalis» bestimmt werden, die allein den ganzen Kreislauf von Streben und Erfüllung umfaßt, in dem sich das als Z.-Tätigkeit dargestellte Gute auslegt: «finis autem est in exsecutione ultimum, licet in intentione sit primum» [19].

Thomas von Aquin entwickelt sodann die Lehrstücke um Z. und Ziel zu Zentralbegriffen seines gesamten philosophisch-theologischen Systems. Nach Thomas ist der Z. die erste aller Ursachen oder die «Ursache der Ursachen» («causa causarum»), weil es keinerlei Tätigkeit außer um eines Zieles willen gibt [20]. Das Thomasische Universum hat von diesem Dreh- und Angelpunkt aus einen streng teleologischen Aufbau, der bei den einfachen Elementen beginnt und im Menschen seinen Zielpunkt findet [21]. Der konkrete Z. einer jeden Sache ist dabei ihre Eigentätigkeit («operatio») oder das Resultat («operatum»), auf das diese Tätigkeit führt [22], wobei es zur 'Dialektik' des Z. gehört, daß er immer das Letzte in der Ausführung, aber das Erste der Intention nach ist [23]. Der Z. einigt auch die natürlichen Gattungen, da alles, was zu einer Gattung gehört, mit allem anderen, das zu ihr zählt, in dem gemeinsamen Gattungszweck übereinkommt. Wenn so bereits die Natur auf den einen Z. hinauswill («natura non tendit nisi ad unum»), so gilt dies um so mehr für den «rationalis appetitus», der immer auf den «ultimus finis» geht [24]. Daß es einen solchen letzten Z. und nicht nur eine unendliche Reihe von Z.en gibt, steht für Thomas schon aus dem Grund fest, daß andernfalls das Gute selbst als aktual einigendes Prinzip der Zweckmäßigkeit und Z.-Bewegung aufgehoben wäre [25]. Es ist der Z., unter dem alle Dinge erst ihr «Maß» («mensura») und ihr «Grundverhältnis» («ratio») zeigen [26]. Mit Aristoteles, aber beispielsweise auch Wilhelm von Auxerre unterscheidet Thomas den «finis cuius» als die Sache selbst, in welcher das Gute angetroffen wird, vom «finis quo», dem Gebrauch oder der Nutzbarmachung dieser Sache für einen Eigenzweck [27]. Sehr wichtig ist auch die Thomasische Bestimmung, daß in der Z.-Relation ‹Z.› und ‹Mittel› nicht unter denselben Gattungsbegriff fallen, das Mittel aber in einem «proportionalen» Verhältnis zum Z. stehen muß («unumquodque quod est propter finem, necesse est quod sit fini proportionatum») [28]. Auch darin, daß die Z.-Wirklichkeit in einer 'Proportionalität' des Seienden, nicht etwa in einem ontischen Seinszusammenhang besteht, kann man einen Ausdruck der These finden, daß «der Z. immer das Mittel überragt» («semper enim finis excellit id quod est ad finem») [29]: ein Sachverhalt, der zugleich darin gründet, daß schon das Gute auf «existentia et non existentia», auf potentiell und aktual Seiendes zugleich geht und in dieser Hinsicht das einfachhin Daseiende prinzipiell transzendiert [30]. Gerade der Mensch bezeugt in seinem Z.-Streben diese transzendierende Macht: Er hat sein letztes Ziel nicht im natürlichen Leben [31], sondern in der Gottesschau, der «vita aeterna» und «visio divinae essentiae» [32], mit der neben dem Naturzweck, den ein jedes Geschöpf gemäß seiner Naturanlage unmittelbar erreichen kann, ausdrücklich ein Z. über «Maß und Vermögen der geschaffenen Natur hinaus» («excedit proportionem naturae creatae et facultatem») aufgestellt ist [33]. Dabei hebt das letzte Ziel («finis ultimus») den eigentümlichen Z. («finis proprius») eines Geschöpfes freilich nicht auf. Vielmehr ist der Zusammenhang eines jeden Geschöpfes mit dem Endzweck gerade über dessen jeweiligen (Gattungs-)Z. vermittelt («nec potest esse debita relatio alicuiusque rei ad finem ultimum nisi mediante fine, qui suo generi debetur») [34]. Die Zusammenstimmung beider Z.-Aspekte führt zuletzt auf die göttliche Weltlenkung («gubernatio mundi»), in der Naturanlagen und Gnadenwirkungen einander nicht entgegengesetzt, sondern als Komplemente zugeordnet sind [35].

Freilich ist das teleologische Ordo-Denken des Aquinaten schon im Mittelalter nicht einfach Communis opinio. Der Einspruch gegen eine entsprechende 'Teleo-Theologie' findet sich im Rahmen einer modifizierten Aristoteles-Auslegung schon bei Johannes Duns Scotus, der in seinem ‹Metaphysik›-Kommentar die Z.-Ursache durchaus nahe am Aristotelischen Text und gemeinsam mit anderen mittelalterlichen Autoren mehr oder weniger 'sprachlogisch' einführt: «Auf die Frage 'Weswegen?' (propter quid), die auf eine Ursache geht, antworten wir mit der Angabe des Z. (per finem) und glauben, daß wir auf diese Weise eine Antwort gegeben und die Ursache dessen bezeichnet haben, nach dem gefragt wurde» [36]. Der Doctor subtilis unterscheidet sechs verschiedene Bedeutungen von ‹finis›: die Finalursache; den Z. oder die Bestimmung von etwas, das auf ein Ziel hingeordnet ist; das äußere Zielobjekt; das, was ein Streben zuletzt zur Ruhe bringt; die Wirkung einer Ursache; schließlich die Mittel, die auf eine Z.-Erreichung hingeordnet sind und insofern selbst erstrebt werden [37]. An anderer Stelle unterscheidet Duns Scotus den Z. als mentalen «Anfang» vom Z. als realisiertem «Ende» («finis est principium secundum esse in mente agentis, et est ultimum secundum quod est in materia») [38]. Nur nach ihrem intentionalen Sein, dem «esse in anima», geht die Z.-Ursache den anderen Ursachen voraus, ist sie auch die Seinsursache der anderen Ursachen und die Wissenschaft von ihr «Weisheit» («sapientia»), während sie als Z.-Handlung («finis, qui est operatio») gerade nicht ohne die anderen Ursachen gedacht werden kann und von ihnen abhängig ist [39]. Gelegentlich klingt schon bei Duns Scotus dabei an, daß Naturvorgänge nicht eigentlich einer eigenen Z.-Kategorie bedürfen, die dem Agens nichts mehr hinzutun kann, die mit der Wirkursache vielmehr in eine Art fällt und mit der Formursache numerisch identisch ist, wofür das Beispiel vom Feuer steht, bei dem kaum nach einer «Absicht» gefragt werden kann, wenn es einen Brand entzündet («quid enim est in intentione ignis, quando generat ignem?») [40].

Wilhelm von Ockham rechtfertigt zum einen die Z.-Ursache gegen den Vorwurf, sie leite etwas aus nichts ab, damit, daß auch etwas, das (noch) nicht ist, «geliebt und begehrt» werden kann [41]. Er unterstreicht aber auch, daß nicht zureichend deutlich bewiesen und erkannt werden kann, ob die mit Notwendigkeit erfolgenden Naturvorgänge der Z.-Ursache folgen [42], und daß überdies die Z.-Ursache nicht ohne Wirkursache gedacht werden kann, schon weil alles, was Ursache ist, eine Wirkung haben muß («omnis effectus est ab aliquo efficiente, igitur quandocumque finis est causa, tunc efficiens est causa») [43]. Im Zuge dieser und ähnlicher Problematisierungen zieht auch JOHANNES BURIDANUS die Hypostasierung einer Z.- neben der Form- und der Wirkursache in Zweifel [44], während DIETRICH VON FREIBERG erinnert, daß die Z.-Ursache ein Sein nicht wirklich begründen, sondern nur ein schon begründetes Sein «vervollkommnen» könne [45]. Dagegen ruft die Definition, die RAIMUNDUS LULLUS vom ‹Z.› bzw. ‹Ziel› gegeben hatte («finis est id in quo principium quiescit» – «Ziel ist dasjenige, worin das Prinzip zur Ruhe kommt») [46], noch einmal die neuplatonische Gleichung von Anfang und Ende in Erinnerung, wie sie sich auch bei MEISTER ECKHART findet, für den Ursprung und Ziel in Gott zuletzt deshalb untrennbar zusammenfallen («principium et finis semper coincidunt et sibi mutuo correspondent»), weil in ihm, anders als beim geschaffenen Wesen, Sein («esse») und Wesenheit («substantia») voneinander nicht trennbar sind [47]. NIKOLAUS VON KUES erklärt in ähnlichen Bahnen den Kreis zum Symbol der Ewigkeit, weil es in ihm «weder Anfang noch Ende gibt» [48], und Gott, der alles um seiner selbst willen wirkt, ist ihm «geistiger Ursprung sowohl als auch Ziel aller Dinge» («intellectuale ... principium pariter et finis omnium») [49]. Gott als unendliche Einheit ist das Ziel aller endlichen «Ausfaltungen» dieser Einheit [50], in ihm kommt alle Bewegung zur Ruhe [51]. Nicht ganz in dem gleichen Sinne, aber doch vergleichbar heißt es wenig später bei M. FICINO, daß Gott auf sich selbst als Ziel alles hinführt («Deus igitur ad seipsum tanquam finem ducit omnia»), was einen göttlichen Willen zu sich als Ziel seiner selbst und aller Dinge («Deus igitur vult seipsum. Vult, inquam, se tanquam finem sui ipsius, et omnium»), damit aber auch den Willen zur Schöpfung einschließt [52]. In bestimmtem Sinne kann von hier aus der Schritt zu einer Alleinheitsmetaphysik getan werden, wie G. BRUNO sie vorträgt, für den «die Erkenntnis», daß «am Ende alles eins ist, ... das Ziel und der Endpunkt aller Philosophien und Naturbetrachtungen ist» («onde al fine ... ogni cosa è uno; et il conoscere questa unità è il scopo e termine di tutte le filosofie e contemplazioni naturali») [53]. Bruno kennt im übrigen zwar auch die Z.-Ursache neben der Wirkursache als äußeres Moment im Entstehen der Dinge («che concorre alla produzzione delle cose esteriormente, et ha l'essere fuor de la composizione») [54]. Er spricht zudem davon, daß in der Natur nichts geschehe «ohne einen besten Z., der das Ganze nach der Gerechtigkeit ordnet» («ottimo fine che dispone il tutto secondo la guistizia») [55], entwickelt jedoch zuletzt den neuen Begriff von einem «unendlichen Ziel («un fine dove non è fine») der Intention, der Vollkommenheit, dem Wesen und jeder anderen Hinsicht nach» [56], dem immer auch die ethische Komponente der Selbsttranszendierung des endlichen Subjekts innewohnt.

Anmerkungen. [1] BOETHIUS: Philos. consol. III, 11, hg. K. BÜCHNER ([3]1977) 65. – [2] III, 12, a.O. 67. – [3] a.O. 66. – [4] JOH. SCOTUS ERIUGENA: De div. nat. V, 3. MPL 122 (1865) 867 C. – [5] AVICENNA: Liber de philos. prima VI, 4, hg. S. VAN RIET (1980) 325. – [6] VI, 5, a.O. 331. – [7] a.O. 333. – [8] 334. – [9] 337. – [10] ANON.: Liber de causis 17, hg. A. PATTIN (Löwen 1966) 86. – [11] Vgl. ANSELM VON CANTERBURY: Monolog. 1-7, bes. 4. – [12] BONAVENTURA: Comm. in quatuor libros Sent. I, d. I, dub. 6. Op. omn. 1 (Quaracchi 1882) 43. – [13] IV, d. 44, p. I, a. 1, q. II concl., a.O. 4 (1889) 917. – [14] Vgl. dazu: H. ANZULEWICZ: ‹Bonum› als Schlüsselbegriff bei Albertus Magnus, in: W. SENNER (Hg.): Albertus Magnus (2001) 113-140. – [15] ALBERTUS MAGNUS: De bono, tract. I, q. 1, a. 1. Op. omn., hg. B. GEYER u.a. (1951ff.) 28, 1. – [16] Vgl. Metaphysica III, tr. 3, c. 19, a.O. 16/1, 158. – [17] Metaphysica (1262/70) V, tr. 1, c. 3, a.O. 210. – [18] In I Sent., d. 1, a. 4, hg. A. BORGNET (1890-99) 25, 19. – [19] Summa I, tr. 6, q. 26, c. 1, a. 2, 1. Op. omn. 34/1, 174. – [20] THOMAS VON AQUIN: S. theol. I, 5, 4, ad 1. – [21] S. c. gent. III, 22. Ed. Leon. 14 (Rom 1926) 53; vgl. III, 97, a.O. 899. – [22] S. theol. I-II, 49, 3c. – [23] I-II, 1, 1, ad 1; 20, 1, ad 2 u.ö. – [24] 1, 5c. – [25] 1, 4c. – [26] II-II, 27, 6c. – [27] Vgl. I, 26, 3, ad 2; I-II, 1, 8c; 3, 1c u.ö.; WILHELM VON AUXERRE: Summa aurea III, tr. 5 (Paris 1496, ND 1964) fol. 138r. – [28] I-II, 96, 1c. – [29] II-II, 152, 5c. – [30] I, 5, 3c. – [31] I-II, 5, 5, ad 2; II-II, 23, 7c u.ö. – [32] I-II, 3, 8; 5, 5c. – [33] I, 23, 1c; vgl. S. c. gent. III, 19, a.O. [21] 43. – [34] In sent., d. 38, q. 1, a. 2. – [35] S. theol. I, 103; I-II, 5, 5, ad 2. – [36] JOH. DUNS SCOTUS: Expos. in XII libr. Met. Arist. V, c. 2, 9. Op. omn. (Paris 1891-95) 6, 7; vgl. ARISTOTELES: Met. IV, 2, 1013 a 34f. – [37] Quaest. in libr. primum Sent., prol., q. IV, 57-59, a.O. 8, 226f. – [38] Quaest. subtilissimae in Met. Arist. V, q. 1, schol. 1, a.O. 7, 192. – [39] schol. 2, a.O. 194. – [40] a.O. 195. – [41] WILHELM VON OCKHAM: Quodl. septem IV, q. 1, concl. 3. Op. theol. 9, hg. J. C. WEY (St. Bonaventure, N.Y. 1980) 294. – [42] q. 2, praemitt. 2, a.O. 302. – [43] Summula philos. naturalis II, c. 4. Op. philos. 6, hg. S. BROWN (St. Bonaventure, N.Y. 1984) 221. – [44] JOH. BURIDANUS: Quaest. super octo Phys. libr. Arist. II, 7 (Paris 1509, ND 1964) fol. 35r. – [45] DIETRICH VON FREIBERG: De int. II, 8. – [46] RAIMUNDUS LULLUS: Ars brevis VII. Opera (Straßburg 1651, ND 1996) 10. – [47] MEISTER ECKHART: In Exod., n. 85. Lat. Werke 2, hg. A. ZIMMERMANN/L. STURLESE (1992) 88. – [48] NIKOLAUS VON KUES: De ludo globi I, n. 16. Op. omn. 9 (1998) 18. – [49] De coniect. I, 1, n. 5, a.O. 3 (1973) 8. – [50] II, 14, n. 144, a.O. 144. – [51] De docta ignor. I, c. 23, n. 72f.; vgl. II, c. 13, n. 179. – [52] M. FICINO: Theologia Platonica de immortalitate animorum II, c. 11, hg. R. MARCEL 1 (Paris 1964) 112. – [53] G. BRUNO: De la causa, principio et uno IV, in: Dialoghi italiani: filosofi, hg. M. CILIBERTO (Mailand 2000) 269. – [54] II, a.O. 209f. – [55] De gli eroici furori I, 3, a.O. 817. – [56] a.O. 814.

3. *Neuzeit.* – Die klassischen Definitionen von ‹Ziel› und ‹Z.›, insbesondere die auf Aristoteles und Thomas von Aquin zurückgehenden Bestimmungen und Distinktionen, leben zunächst, wenn auch bisweilen modifiziert oder erweitert, in den Lehr- und Wörterbüchern der frühen Neuzeit fort, so etwa bei R. GOCLENIUS [1] oder J. A. SCHERZER [2], mit Einschränkungen auch noch bei E. CHAUVIN [3]. GOCLENIUS erinnert daran, daß TH. ZWINGER [4] in seinen Scholien zur ‹Nikomachischen Ethik› die Begriffe ‹Z.› (‹finis›) und ‹Ziel› (‹scopus›) unterschieden habe: Bei dem letzteren handle es sich um den inneren Vorsatz und die Wahl im Sinne der Prohairesis (s.d.), beim Z. hingegen um die erstrebte 'extramentale' Gegebenheit als solche, die auch verfehlt werden kann [5]. SCHERZER weist in seinem Kompendium darauf hin, daß sich der Metaphysiker mit Wirk-, Form- und Z.-Ursache befasse, während der Physiker noch die Stoffursache hinzunehme; ausschließlich die «causa formalis» hingegen thematisiere der Mathematiker [6]. Der Cartesianer CHAUVIN freilich beginnt seinen Artikel bereits mit einer Absage an den Gebrauch des Z.-Begriffs in der Physik, wo er «unfruchtbar» («sterilis») sei und von den Gelehrten entsprechend verworfen werde; in der Ethik dagegen, für die er selbst verschiedene Z.-Aspekte unterscheidet, sei er durchaus «von Nutzen» («utilis») [7]. Chauvins Artikel indiziert eine veränderte Diskussionslage: Die neue Naturphilosophie der italienischen Renaissance hatte die überkommene Kategorialität, darunter das Vier-Ursachen-Schema, abgeschüttelt. So bleibt in B. TELESIOS Naturphilosophie für die aristotelische Z.-Ursache zugunsten von Notwendigkeitsbeziehungen in der Natur kein Raum mehr, auch wenn das Weltganze weiterhin als erhabenes Zeugnis der göttlichen Weisheit gilt [8]. Parallel dazu entziehen empirisch orientierte Metaphysikkritiker wie F. BACON oder TH. HOBBES der Möglichkeit einer

Fundierung der Z.-Ursachen in einem göttlichen Intellekt den Boden – BACON, der große Verehrer Telesios [9], nennt summarisch die «Erforschung von Z.-Ursachen unfruchtbar («sterilis») und einer gottgeweihten Jungfrau gleich», «die nichts hervorbringt» [10]. HOBBES bestreitet, daß das Wesen oder die Form überhaupt «Ursache» im eigentlichen Sinne zu sein vermögen, während die Z.-Ursache zunächst nur für empfindende und mit einem Willen ausgestattete Wesen in Betracht komme; bei näherem Hinsehen allerdings könne auch sie in eine Wirkursächlichkeit übersetzt werden [11]. Gleichzeitig beschränkt G. GALILEI die Physik mit deren Mathematisierung methodisch weitgehend auf die Erforschung der Formursache und bestreitet die Legitimität von Z.-Gesichtspunkten in der Naturforschung auch ausdrücklich – er begründet dies etwa damit, daß es in höchstem Maße unangebracht wäre, das Wirken Gottes von einer Sorge für uns und unseren Nutzen her, es auf unser Fassungsvermögen statt auf Gottes eigenes Vermögen hin zu verstehen [12]. Schließlich geben der wiedererwachende Atomismus wie auch der Cartesianismus dem Mechanismus als physikalischer Leitkategorie Auftrieb. Ein ebenso eindrückliches wie wirkmächtiges «Finalitätsverbot» findet sich schon bei R. DESCARTES selbst, der wie folgt formuliert: Wir dürfen deshalb niemals mit dem Z. argumentieren («bene hoc est observandum nos nunquam debere argumentari a fine»), weil der Z. einer Sache nicht auch ihre Natur zu erkennen gibt («cognitio finis non inducit nos in cognitionem ipsius rei»). Darüber hinaus wissen wir nicht nur von den Z.en Gottes nichts («Dei fines nos latent»), sondern es ist auch ein Gottes ganz und gar unwürdiger Anthropomorphismus, wenn wir uns ihn in der Weise vorstellen, daß er sich «dies oder das vorsetzt und mit diesen oder jenen Mitteln danach strebt» («qui hoc et hoc sibi proponit, et eo his et his mediis tendit, quod certe Deo maxime indignum») [13]. Mit diesem Argument aus der Irrationabilität des Verhältnisses zwischen göttlicher und menschlicher Natur mustert Descartes bereits in den ‹Meditationen› die gesamte Klasse der Z.-Ursachen in der Naturerklärung aus («totum illud causarum genus, quod a fine peti solet, in rebus Physicis nullum usum habere existimo») [14]. Aber der Rekurs auf irgendeine Zweckmäßigkeit für den Menschen wäre in der Naturwissenschaft, wie Descartes in den ‹Principia philosophiae› ergänzt, auch deshalb «lächerlich und unangemessen», weil es in der Natur vieles gibt, wovon kein Mensch etwas weiß und das zu wissen auch keinen Nutzen stiftet [15].

Allerdings bedeuten die Erfolge des Mechanizismus, des Empirismus und der Metaphysikkritik nicht sogleich eine vollständige Verdrängung des Finalitätsgedankens aus der Physik. Bemerkenswert ist zum Beispiel, daß kein Geringerer als der Atomist P. GASSENDI das Z.-Denken in der Physik nicht einfach verwirft, sondern es sowohl als Vorgriff auf das kausalmechanisch einstweilen oder für immer Unerklärbare gelten läßt, wie auch als Hinweis auf die Weisheit Gottes empfiehlt. Gassendi hat seine diesbezügliche, gerade auch durch Erkenntnisskepsis motivierte Position bereits in seinen Einwänden gegen die vierte ‹Meditation› von Descartes vorgetragen [16], sie aber auch in seinem Hauptwerk, dem ‹Syntagma philosophicum›, zum Ausdruck gebracht: Zielstrebigkeiten sind in der Natur eindeutig zu beobachten, und zwar gerade auch dann, wenn durch ein Hindernis nur eine approximative Zielerreichung möglich ist («unumquodque naturale agens ad certum scopum ita contendit, ut illum semper assequatur aut, si quid, quod obstet, intervenerit, assequi saltem quam proxime potest») [17]. Das eigentliche Problem liegt so nicht in den Einzelfinalitäten, sondern in ihrer zweckmäßigen Zusammenstimmung zu einem geordneten Ganzen, die Gassendi auf Gott als den Urheber einer in der Natur liegenden Intelligenz zurückführt [18].

Ein weiterer prominenter Anwalt des Z.-Gedankens in der Physik ist I. NEWTON, der davon spricht, daß Gott «aus dem überaus weisen und besten Bau der Dinge wie auch aus den Finalursachen» («per sapientissimas et optimas rerum structuras et causas finales») erkannt werden könne. Es gehöre deshalb «zu den Aufgaben der Naturphilosophie, im Ausgang von den Phänomenen von Gott zu sprechen» [19]; Newton reiht sich so der Physikotheologie (s.d.) seiner Zeit ein. Ein weiterer Anwalt der Z.e ist dann G. BERKELEY, der für ein Studium der Z.e als eine der vornehmsten Aufgaben des Philosophen plädiert [20]. Das 'Forschungsprogramm' der Modernen geht freilich gleichwohl auf einen «cosmical mechanism», den R. BOYLE, selbst ein Gegner der Teleologie, einmal ein «great automaton» nennt und mit der Straßburger Uhr vergleicht [21]. Als einer der wichtigsten «Antifinalisten» überhaupt spricht in dieser Linie B. SPINOZA davon, daß alle Vorurteile, welche er in seiner ‹Ethik› anzeigen wolle, von dem einen abhingen, welches die Menschen gemeinhin voraussetzten, daß alle Naturdinge wie sie selbst nach einem Z. handelten («omnes res naturales, ut ipsos, propter finem agere») und daß überdies «auch Gott selbst alles zu einem gewissen Z. hinlenke» («ipsum Deum omnia ad certum aliquem finem dirigere»): Gott nämlich habe, so die irrige Meinung, «alles um des Menschen willen geschaffen, den Menschen aber, damit dieser ihn verehre» [22]. Tatsächlich jedoch sind teleologische Erklärungen, die gerne kausal nicht durchschaute Zusammenhänge substituieren und diese vielmehr aus dem Willen Gottes als ein «ignorantiae asylum» erschließen wollen, immer nur «Modi der Einbildungskraft»; sie zeigen so auch niemals die «Natur der Sache», sondern immer nur die «Verfassung der Einbildungskraft» («imaginationis constitutionem») [23]. Gott, der nach Spinoza selbst die «immanente, nicht jedoch vorübergehende Ursache aller Dinge ist» [24], würde zudem durch ein Z.-Handeln um seine Vollkommenheit gebracht («Dei perfectionem tollit»), setzt ein solches Handeln doch ein Streben nach etwas voraus, dessen der Strebende bedarf [25].

Eine besondere Bedeutung gerade als Gegenüber des Mechanizismus der Physik von Descartes und der Cartesianer kommt sodann G. W. LEIBNIZ zu. Leibniz anerkennt die mechanistischen Prinzipien für eine adäquate Beschreibung der Phänomenebene zwar schon sehr früh und behält diese Haltung auch bei, vertritt aber gleichzeitig immer wieder den Standpunkt, daß «die Wirkursachen von den Z.-Ursachen abhängen» («efficientes causae pendeant a finalibus») [26]. Sein Argument dafür lautet, daß die realen mechanischen Gesetze selbst eines zureichenden Grundes bedürfen, weswegen sie und nicht andere gelten, wie auch die Wirkkräfte nicht ohne einen Aspekt der «Wahrnehmung des Guten und des Schlechten» und die resultierende Gesamtordnung der Welt nicht ohne ein vorausgesetztes Konvenienz- bzw. Optimitätsprinzip verstanden werden kann [27]. Schon vorher hat Leibniz in diesem Sinne zu zeigen versucht, daß die Gesetze der Mechanik allein zu abstrakt sind, um die reale Bestimmtheit der Naturgegenstände z.B. in ihrer Gestalt, Quantität und Kohärenz einzuholen [28]. Die wirkliche Welt ist ohne den Ansatz bei Kraft und Tätigkeit, ohne dynamisch-reflexive Prinzipien, ohne Prinzipien der Selbstvermittlung, die immer solche der Finalität sind, nicht zu denken, und eben deshalb gilt, «que les causes finales sont les principales en physique et qu'il faut les chercher pour rendre raison des choses» [29]. Die Z.-Ursache hat entsprechend nicht nur einen ethischen und theologisch-religiösen Sinn, sie «dient auch in der Physik selbst dazu, verborgene Wahrheiten zu finden und aufzudecken» [30], nämlich insbesondere solche über den dynamischen, inneren Zusammenhang der Dinge. Da es bei Leibniz nichts gibt, das nicht Tätigkeit wäre [31], alle Tätigkeit aber Selbsttätigkeit ist und nicht durch äußere Bestimmung allein erklärt werden kann, ist in Wahrheit alle Wirklichkeit als innere Z.-Tätigkeit der beteiligten «Monaden» aufzufassen, die im Aspekt einer «prästabilierten Harmonie» zu sehen ist und in einer «weise» eingerichteten Kompossibilität der individuellen Z.e zusammenläuft. Leibniz macht mit diesen Überlegungen noch einmal darauf aufmerksam, daß die Z.-Kategorie immer eine Kategorie der Selbstheit und Selbstbestimmung ist, zugleich aber die Vielheit der Selbste zuläßt. Zumindest indirekt wird dies auch an Leibnizens Bestimmung des «Zweckes Gottes» deutlich, wenn es heißt: «Gottes zweck oder absehen ist eigne freude oder Liebe sein selbsten» [32].

Während der Spott, den VOLTAIRE, selbst durchaus ein Verfechter des teleologischen Gottesbeweises [33], über den «Optimismus» Leibnizscher Provenienz an prominenter Stelle ausgegossen hat [34], eher die popularphilosophisch-erbauliche Fortschreibung der Leibnizschen Wiederbelebung der Z.-Ursache in dogmatisch ansetzenden Lehren von einer äußeren Zweckmäßigkeit als deren fundamentalphilosophische Bedeutung trifft, ist in der Schulphilosophie des 18. Jh. der Leibnizsche Impuls nicht durchwegs in seiner Stärke erhalten geblieben. CH. WOLFF, der Schöpfer des Begriffs ‹Teleologie› [35], unterstreicht zunächst den Zusammenhang von Wirk- und Z.-Ursache: Denn zum einen ist «der Z. die Ursache der Tätigkeit der Wirkursache» («finis est causa actionis causae efficientis») [36], zum anderen ist der Z. seinerseits «die Wirkung der Wirkursache» («finis est effectus causae efficientis»), so daß beide einander als Ursachen bedingen («finis et causa efficiens sunt sibi mutuo causae») [37]. Der Z. muß allerdings «vorausschauen» und setzt somit «einen auf intelligente Weise Handelnden voraus» («finis praecognoscere debet, consequenter finis praesupponit agens intelligens») [38]. Spinoza hebt deshalb nach Wolff zugleich mit den Z.-Ursachen auch die Weisheit Gottes auf [39], wie denn die Atheisten zusammen mit dem Z. der Schöpfung überhaupt leugnen, daß die Welt um willen von etwas anderem ist [40]. Dagegen weiß die natürliche Theologie, daß Gott, der nichts ohne Z. will und tut («deus nihil vult facitque absque fine») [41], die Welt als beste aller möglichen [42] und um der Offenbarung seiner eigenen Herrlichkeit willen geschaffen hat («finis creationis est manifestatio gloriae divinae») [43]. In der Schulphilosophie lebt zunächst etwa der von Wolff herausgestrichene Gedanke fort, daß der Z. die übergeordnete Ursache der Tätigkeit der Wirkursache oder dasjenige ist, was diese zu erreichen strebt [44]. Der Wolffianer A. BÖHM z.B. betont dabei, daß der Z. in seinen Mitteln enthalten ist und daher auch nicht ohne sie intendiert werden kann («qui vult finem, velle debet media») [45]. G. B. BILFINGER meint, daß die Welt gerade als eine «Maschine», in der alles so zusammenhängt, daß eines des anderen Mittel und Resultat («medium et eventus») sei, eine göttliche Weisheit, ja den Gedanken beweise, daß «aller Gebrauch der natürlichen Dinge ein göttlicher Z. ist» («usus rerum naturalium esse fines divinos») [46]. In A. G. BAUMGARTENS ‹Metaphysik› erscheinen dann freilich Wirk- und Z.-Ursache nicht mehr auf gleicher Höhe, sondern jene dieser vorgeordnet. Der Z., den Baumgarten bemerkenswerterweise von dem her definiert, «was einem Handelnden als gut erscheint» («ipsum bonum agenti visum finis [est]») und dessen «Vorstellung» («repraesentatio») jetzt «Intention» («intentio») heißt, ist auf diese Weise das Prinzip sowohl des nützlichen Gebrauchs wie auch eines diesem entgegengesetzten Mißbrauchs («finis est principium usus vel abusus») [47]. Der «erste Z.» («finis primus»), dem dabei jeweils alle «Nebenzwecke» («cofines») untergeordnet sind, heißt bei Baumgarten dann auch der «letzte Z.» («finis ultimus») oder «Endzweck» («scopus») [48].

Wie auf anderen Gebieten, so stellt auch in der Lehre vom Z. die Transzendentalphilosophie I. KANTS mit ihrer Vorschaltung der Frage nach der epistemischen Einholbarkeit bestimmter Gegenständlichkeit eine Schwelle dar, hinter der die Problematik neu aufzurollen ist. In der KrV erscheinen die Begriffe ‹Z.› oder ‹Zweckmäßigkeit› nicht unter den reinen Verstandesbegriffen; zugleich jedoch heißt es zu Beginn der «transzendentalen Dialektik», Platon habe «mit Recht deutliche Beweise» dafür gefunden, daß «ein Gewächs, ein Tier, die regelmäßige Anordnung des Weltbaues (vermutlich also auch die ganze Naturordnung) ... nur nach Ideen möglich» sei [49]. An einer späteren Stelle kommt Kant überdies auf jene «ganz neuen Aussichten» zu sprechen, die sich «unserer auf das Feld der Erfahrung angewandten Vernunft» eröffnen, sobald sie daran geht, «die Dinge der Welt nach teleologischen Gesetzen zu verknüpfen, und dadurch zu der größten systematischen Einheit derselben zu gelangen» [50]. Bereits in der KrV kündigt sich an, daß Kant mit solchen Überlegungen von einer externen Erfahrung des Zweckmäßigen zu einer internen zweckmäßigen Strukturierung der (einen) Erfahrung lenkt. In der KU, die dem Thema zentral gewidmet ist, definiert Kant, durchaus in Erinnerung an die Leibnizsche Verbindung von Finalität und zureichendem Grund, den Z. allgemein als den «Begriff von einem Object, sofern er zugleich den Grund der Wirklichkeit dieses Objects enthält» [51]. An anderer Stelle wird «Z. der Gegenstand eines Begriffs, sofern dieser als die Ursache von jenem (der reale Grund seiner Möglichkeit) angesehen wird», genannt. Sofern also «der Gegenstand (die Form oder Existenz desselben) als Wirkung nur als durch einen Begriff von der letzteren möglich gedacht wird, da denkt man sich einen Z.» [52]. Dabei ist jedoch auf kritischem Boden die Annahme eines Naturzwecks «für die bestimmende Urtheilskraft», also in einem eigentlich objektiv-konstitutiven Sinne, «überschwenglich», soll doch auf diese Weise «Naturnothwendigkeit und doch zugleich eine Zufälligkeit der Form des Objects (in Beziehung auf bloße Gesetze der Natur)» gedacht werden [53]. Äußere Gegenständlichkeit, die niemals in einem äußeren Selbst zentriert, sondern raum-zeitlich aufgespannte Erscheinung ist, verdankt sich in ihrer Bestimmtheit der Gesetzgebung unseres Verstandes. Was immer in der Natur als zweckmäßig und insofern selbstbestimmt erscheint, erscheint so zwar der Form nach durchaus «a priori», aber doch nur «in der reflectirenden Urtheilskraft» [54], die unter Aspekten des für das Machen der Erfahrung selbst Zweckmäßigen vorgreifend Einheit in das Mannigfaltige des Gegebenen bringt. Ein solcher zuletzt eben nur erfahrungsregulativ legitimierter Ausgriff, es «mit einem subjectiven Princip, nämlich dem der Kunst, d.i. der Causalität nach Ideen, [zu] versuchen, um sie der Natur der Analogie nach unterzulegen», ist jedoch nur eine «Nothülfe», die «nicht berechtigt, eine besondere, von der Causalität nach bloß mechanischen Gesetzen der Natur selbst unterschiedene Wirkungsart in die Naturwissenschaft einzuführen» [55]. Nicht anders als das ästhetische Urteil nur auf «die Form der Zweckmäßigkeit eines Gegenstandes», nicht auf dessen «objectiven» Z. geht [56], leitet auch die «reflectirende Urtheilskraft» uns dazu an, «die besondern empirischen Gesetze in Ansehung dessen, was in ihnen durch jene [die allgemeinen] unbestimmt gelassen ist, nach einer solchen Einheit» zu betrachten, «als ob ... ein Verstand (wenngleich nicht der unsrige) sie zum Behuf unserer Erkenntnißvermögen, um ein System der Erfahrung nach besonderen Naturgesetzen möglich zu machen, gegeben hätte» [57]. Grundsätzlich anders ist es nach Kant indes mit den «Z.en der Freiheit» bewandt, verdanken sich diese doch einer Selbstgesetzgebung reiner praktischer Vernunft, die eo ipso nicht «empirisch bedingt» und auf eine Anknüpfung an äußere, gegebene, zuletzt immer opake Instanzen verwiesen ist: «Wenn also der Gebrauch des teleologischen Princips zu Erklärungen der Natur darum, weil es auf empirische Bedingungen eingeschränkt ist, den Urgrund der zweckmäßigen Verbindung niemals vollständig und für alle Z.e bestimmt gnug angeben kann: so muß man dieses dagegen von einer reinen Zweckslehre (welche keine andere als die der Freiheit sein kann) erwarten, deren Princip a priori die Beziehung einer Vernunft überhaupt auf das Ganze aller Z.e enthält und nur praktisch sein kann» [58]. Die praktische Definition des Z. lautet: «Z. ist ein Gegenstand der Willkür (eines vernünftigen Wesens), durch dessen Vorstellung diese zu einer Handlung diesen Gegenstand hervorzubringen bestimmt wird». Von größter Bedeutung ist hier, daß niemand je «einen Z. zu haben von anderen gezwungen werden», sondern ich «nur selbst mir etwas zum Z. machen» kann [59]. In dieser praktisch-freiheitlichen Perspektive zeigt sich als «Subject aller Z.e ... jedes vernünftige Wesen», und zwar «als Z. an sich selbst» [60], das es als Repräsentant der selbstzwecklichen «vernünftigen Natur» und «Menschheit» ist [61]. Dieses «vernünftige Wesen muß sich jederzeit als gesetzgebend in einem durch Freiheit des Willens möglichen 'Reich der Z.e' [s.d.] betrachten» [62]: Allein auf diese Weise kann der eigentliche Z. der Menschheit, ihre Selbstdarstellung als Vernunftpräsenz, verwirklicht werden.

Kants KU stößt dann in den Systemen des Deutschen Idealismus eine Renaissance der Teleologie und des Naturzweckgedankens an, die in der Sache teilweise weit über das von Kant selbst Beanspruchte hinausgeht. Am nächsten bei Kant bleibt J. G. FICHTE, bei dem von vornherein klar ist, daß der Z.-Begriff kein rein theoretischer ist, sondern stets die Transparenz der Dinge auf Freiheit hin und damit das menschliche Selbstverhältnis betrifft: «die Zweck*mäßigkeit* in der SinnenWelt» gibt es entsprechend «für den Menschen nur insofern und aus dem Grunde ..., weil er sich selbst Z.e setzen kann», dies aber kann er eben «dadurch, daß ihm durch seine Vernunft ein absoluter Endzweck (der der Sittlichkeit) aufgegeben ist» [63]. Fichte ist sich bewußt, daß dies nicht heißen kann, daß der Natur als solcher ein Vernunftzweck unterstellt werden darf; vielmehr trage ich «laut der W.L. auf die Natur den Begriff meiner selbst über, so weit ich es kann, ohne die Natur selbst zu vernichten, d.i. ohne sie zur Intelligenz ... zu machen» [64]. Wichtig ist in diesem Zusammenhang Fichtes Gedanke, daß der Natur schon deshalb «nicht das Vermögen zugestanden werden [kann], einen Z.-Begriff zu fassen», weil Natur, die stets nur auf Natur wirkt, damit auf ein «Objekt» ginge, das nicht Natur wäre, sondern über sie hinaus läge [65]. Gleichwohl erzwingt die Tatsache, daß sich das endliche Vernunftwesen immer schon über ein «zweckmäßig» organisiertes 'Stück Natur' (seinen Leib) individuiert und zugleich mit anderen Vernunftwesen ins Verhältnis gesetzt findet, eine Rekonstruktion des konkreten Selbstbewußtseins dieses Vernunftwesens, die auch den Begriff einer in sich reflektierten, 'objektiv-subjektiven', d.h. äußerlich zweckmäßigen, Naturgestalt (des «artikulierten Leibes») einschließt. Fichte leistet eine entsprechende Deduktion insbesondere in den Grundlegungsschriften zur praktischen Philosophie [66].

Weiter als Fichte geht F. W. J. SCHELLING, der im «menschlichen Geist» die entscheidende Instanz für Begriff und Realität einer «absoluten Zweckmäßigkeit» sieht («was absolut zweckmäßig ist, ist in sich selbst ganz und vollendet. Es trägt in sich selbst Ursprung und Endzweck seines Daseyns. Eben dieses aber ist der ursprüngliche Charakter des Geistes») [67]. Er vertritt zugleich die «Idee» bzw. «Maxime der reflectirenden Vernunft» von einer «absoluten Zweckmäßigkeit des Ganzen der Natur ..., die wir nicht willkührlich, sondern nothwendig denken. Wir fühlen uns gedrungen, alles einzelne auf eine solche Zweckmäßigkeit des Ganzen zu beziehen; wo wir etwas in der Natur finden, das zwecklos oder gar zweckwidrig zu seyn scheint, glauben wir den ganzen Zusammenhang der Dinge zerrissen und ruhen nicht eher, bis auch die scheinbare Z.-Widrigkeit in anderer Rücksicht zur Zweckmäßigkeit wird» [68]. Um freilich die Frage zu beantworten, mit welcher Berechtigung wir davon ausgehen, die «Zweckmäßigkeit der Naturproducte» läge «in ihnen selbst» und sei «objektiv und real» [69], und worin das gerade auch hier bewußt werdende «geheime Band, das unsern Geist mit der Natur verknüpft», geknüpft ist, bedarf es einer Theorie «der absoluten Identität des Geistes in uns und der Natur außer uns» [70]. Dabei ist freilich zu beachten, daß Schelling zumal auf dem Standpunkt der Identitätsphilosophie den Begriff der Zweckmäßigkeit insbesondere zum Verständnis des Organismus für nur bedingt geeignet hält: Während nämlich der Begriff einer «inneren Zweckmäßigkeit» fordert, daß «in jedem Theil eines Ganzen der Begriff des Ganzen liegt» (was «in jeder Maschine» der Fall ist), und der einer «äußeren» verlangt, daß «in dem Begriff eines Dings zugleich der Begriff anderer Dinge enthalten ist» (was «in jedem Werkzeug» gegeben ist), ist «im Organismus der Begriff des Ganzen zugleich der Begriff des Theils selbst, und in diesen übergegangen, mit ihm völlig identisch». Ja, es ist hier «der Begriff dem Objekt, dem Seyn, welchem er verbunden ist, nicht fremd, sondern ganz in es übergegangen» [71]. Es ist diese Identität von Sein und Begriff im Organischen, welche die Reflexionskategorie der Zweckmäßigkeit ungeeignet erscheinen und «das Widersinnige und für alle wahre Betrachtung Zerstörende der sogenannten teleologischen Erklärungsarten» bewußt werden läßt. Zweckmäßigkeit kommt hier nur als «eine ganz blinde, nothwendige ..., in der keine Zufälligkeit ist» [72], in Betracht: Wir verstehen den Organismus nicht über 'Modelle' der Zweckmäßigkeit oder der 'Selbstregulation', sondern nur in seinem naturphilosophischen Begriff als lebendige und sich selbst erschließende Totalität, als «Identität von Seyn und Thätigkeit» [73].

G. W. F. HEGEL schließlich hat dem Z.-Gedanken einen logischen Ort als Scharnier zwischen den Denkbestimmungen «Objektivität» und «Idee» eingeräumt. Generell ist der Z. in seinem Dasein als teleologische Beziehung «ein Schluß, worin dasselbe Ganze in subjektiver Form mit seiner objektiven Form, der Begriff mit seiner Realität durch die Vermittlung der zweckmäßigen Tätigkeit zusammengeschlossen wird oder der Begriff Grund einer durch ihn bestimmten Realität ist» [74]. Innerhalb der «Objectivität», der Darstellung des Begriffs als äußerer Totalität, steht der Z. für die reflexive Selbstbeziehung als tragenden Grund aller äußeren Gestaltung, die «Z.-Beziehung» ist insofern «die Wahrheit des Mechanismus», der die Dinge in eine reine Äußerlichkeit gegeneinander, aber auch sich selbst gegenüber auseinanderwirft [75]. Der «Z.» ist in dieser Bestimmung «der Begriff in freyer Existenz» [76], er ist «das concrete Allgemeine, das in ihm selbst das Moment der Besonderheit und Aeusserlichkeit hat, daher thätig, und der Trieb ist, sich von sich selbst abzustossen» [77]. Die Teleologie entfaltet entsprechend die Welt als eine Ordnung konkreten Selbstseins, in welcher je der «subjective Z.» durch die Herabsetzung des für ihn Äußeren zum «Mittel», damit aber auch zum Moment der eigenen Sphäre, realisierter Z., Aufhebung des unmittelbaren Selbstseinstriebes in eine objektive Gestalt zu sein versucht [78]. Was am einzelnen objektiven Z. jedoch noch ein «beschränkter Inhalt» in der «Form» der «unendlichen Selbstbestimmung des Begriffs» ist [79], läutert sich auf der Stufe der Idee zum Dasein und Selbstbewußtsein des «ausgeführten absoluten Z.», zum 'selbstzweckhaften' Sein von Leben, Erkennen und absoluter Subjektivität als einer «objectiven Welt, deren innerer Grund und wirkliches Bestehen der Begriff ist» [80]. Es ist deren rein transparente, aktuale Wirklichkeit, die sich nach Hegel zumal in den Instanzen des absoluten Geistes meldet, als das Schöne zunächst, das den «vollendet realisierten Begriff und Z.» [81] ins unmittelbare Dasein setzt, oder dadurch sodann, daß in der Religion «Gott als Z. in sich bestimmt ist und Z. hat» [82], was auch den Menschen dazu motiviert, daß «das allgemeine Gute ... sein Z. ist» [83]. Ist es in der Philosophie «das Ziel unserer Zeit», «das Absolute als Geist zu fassen» [84], so ist auf der Ebene des objektiven Geistes die Weltgeschichte nicht als ein bloßes «Sich-Entwickeln überhaupt», sondern als das «Hervorbringen eines Z. von bestimmtem Inhalte» anzusehen: Dieser «Z.» aber ist «der Geist, und zwar nach seinem Wesen, dem Begriff der Freiheit» [85], dem in den Kämpfen der Geschichte objektive Realität zu geben ist.

Hegels Z.-Lehre wird im 19. Jh. von Autoren wie K. Fischer [86] oder K. Rosenkranz [87] tradiert, aber auch selbständig modifiziert; wirksam wird sie dabei vor allem in der Geschichtsphilosophie [88]. Der Z.-Gedanke wird indes auch unabhängig von Hegel vertreten oder erneuert: so bereits bei A. Schopenhauer, der im Sinne seiner Willensmetaphysik in allem «Bilden», aller «äußern» wie «innern Teleologie der Natur» zwar nicht das Korrelat einer reellen Z.-Vorstellung, wohl aber die «für unsere Erkenntnißweise in Raum und Zeit auseinandergetretene Erscheinung der Einheit des mit sich selbst soweit übereinstimmenden einen Willens» erblickt [89]; so auch bei F. A. Trendelenburg, der mit Aristoteles hinter Kants regulativen zu einem konstitutiven Z.-Begriff zurücklenkt [90]; so dann bei H. R. Lotze, der davon spricht, daß eine «höhere Zweckmäßigkeit» des Organismus darin liegen muß, daß er «nicht bloss die durch die Combination seiner Massen prädestinirten Z.e verfolgt, sondern sich neue Z.e setzen kann, und dass er selbst im Stande ist, die zu deren Verwirklichung dienenden Mittel mit einem absolut neuen Anfange der mechanischen Bewegung herbei zu schaffen» [91].

Im Kontext der französischen Diskussionen um Spiritualismus und Materialismus gilt Entsprechendes für P. Janet, der die Finalursachen über das Bedürfnis des menschlichen Geistes einführt, nicht nur die «sinnenfälligen Phänomene», sondern auch die nicht in die Sinnen fallende «Ordnung der Phänomene» zu erklären («pour expliquer ce qui ne tombe pas sous les sens, à savoir l'ordre des phénomènes») [92]. Für das 19. Jh. bestimmend wird dennoch die Kritik an den Naturzwecken, wie sie dem Vormarsch des Ideals «positiver» oder «exakter» Wissenschaftlichkeit entspricht. F. Nietzsche etwa nimmt das bis auf die Antike rückführbare Beispiel vom Auge auf, das nicht um des Sehens willen entstanden sei, um festzuhalten, daß «ein einziges solches Beispiel» genüge, «und die 'Z.e' fallen uns wie Schuppen von den Augen!» [93]. So werden auch «von allen Handlungen ... wohl am wenigsten die nach Z.en verstanden, weil sie immer als die verständlichsten gegolten haben und für unser Bewusstsein das Alltäglichste sind» [94]. «Ursache des Handelns» ist nach Nietzsche vielmehr «ein Quantum von aufgestauter Kraft, welches darauf wartet, irgend wie, irgend wozu verbraucht zu werden», und «alle sogenannten 'Z.e'» sind als Auslöser eines «So-und-so-Handelns» dagegen «fast gleichgültig»: «das 'Ziel', der 'Z.'» ist entsprechend «oft genug nur ein beschönigender Vorwand, eine nachträgliche Selbstverblendung der Eitelkeit, die es nicht Wort haben will, dass das Schiff der Strömung folgt, in die es zufällig gerathen ist» [95]. Nietzsches Alternativdeutung sagt, daß «alle Z.e, alle Nützlichkeiten ... nur Anzeichen davon» sind, «dass ein Wille zur Macht über etwas weniger Mächtiges Herr geworden ist und ihm von sich aus den Sinn einer Funktion aufgeprägt hat» [96]. Wenn aber «die Wissenschaft» weiß, «daß der Glaube an Wille und Z.e eine Illusion sei» [97], stellt sich nur um so mehr die Frage, «wer» jetzt «das Ziel» «schafft», «das über der Menschheit stehen bleibt und auch über dem Einzelnen». An der Zeit ist nach Nietzsche jedenfalls «eine versuchende Moral», ist das «sich ein Ziel geben» [98].

Zur Breitenwirkung der Ablösung einer «providentiellen», metaphysisch verankerten Z.-Lehre trägt besonders die Evolutionstheorie Ch. Darwins bei, die es grundsätzlich zu gestatten scheint, mit dem Ausgang von einem rein wirkursächlich-mechanizistischen System dennoch eine Analyse funktionaler Strukturen und Zustände zu verbinden, die einen konstitutionellen «Zufall» mit einem auf das Ganze der Phänomene bezüglichen Sinn zu vereinigen erlaubt. Kritische Neubelebungen des Z.-Gedankens wie diejenige R. Eislers, der «in der Finalität ein ewiges Attribut des Wirklichen» sieht, ohne deshalb eines «Demiurgen» zu bedürfen, «der die Dinge zweckvoll hergestellt und angeordnet» hätte [99], schließt dies ebensowenig aus wie eine Wiederkehr des Vitalismus [100].

Dennoch treten im 20. Jh. Existenzial- und Funktionsanalyse, Kybernetik und Systemtheorie weithin die Nachfolge des alten Z.-Denkens an. Zumindest im weiteren Sinne in Kantischer Deszendenz steht dabei N. Hartmann, der den Verwicklungen und Fehlschlüssen der metaphysischen Teleologie durch eine geeignete «Kategorialanalyse» beizukommen versucht [101]. Neue Wege beschreitet M. Heidegger, bei dem ein daseinsbezogenes «Worumwillen» als Nachfolgebegriff des Z. existenzialhermeneutische Bedeutung gewinnt: «Im Worumwillen ist das existierende In-der-Welt-sein als solches erschlossen, welche Erschlossenheit Verstehen genannt wurde. Im Verstehen des Worumwillen ist die darin gründende Bedeutsamkeit miterschlossen ... Worumwillen und Bedeutsamkeit sind im Dasein erschlossen, besagt: Dasein ist Seiendes, dem es als In-der-Welt-sein um es selbst geht» [102].

Angestoßen vor allem durch M. WEBERS Konzept der Zweckrationalität (s.d.), untersuchen Handlungstheorie und Ethik auch die Problematik der rationalen Begründung von Z.en und Zwecksetzungen [103]. Mit der Geschichte des Z.-Denkens und der «Instrumentalisierung» des Handelns in Europa, das er durch den eigenen Begriff der «Systemrationalität» abzulösen versucht, setzt sich dann auch N. LUHMANN auseinander. Er stellt dabei ein mannigfaches Versagen des «Z./Mittel-Schemas» bei der Beschreibung von Handlungen wie auch der modernen gesellschaftlichen Wirklichkeit insgesamt fest: Z.e sind nach Luhmann als «wahrheitsunfähig» und «subjektiv» nicht mehr in der Lage, dem Reflexionsstand der Neuzeit gerecht zu werden [104]. Z.e seien «zu willkürlichen, allenfalls sozial vereinbarten Durchgangsstationen eines unendlichen Kausalprozesses» geworden [105]; dennoch bleibt auch bei Luhmann eine Spannung zwischen der «Unentbehrlichkeit des Z.-Begriffs und [der] Fragwürdigkeit seines theoretischen Status» [106] bestehen, was das Erfordernis einer Neudefinition einschließt: Nach Luhmann haben Z.e «eine mehrfach vermittelte Funktion für das Problem der Absorption von Komplexität und Veränderungen in der Systemumwelt ... Dadurch, daß sie Erwartung, nicht Ereignis sind und eine abstrahierend ausgewählte Wirkung, nicht eine konkrete Situation anvisieren, schaffen sie jenen Abstand zum konkreten Geschehen, der es ermöglicht, verschiedenartige Bedürfnisse auf einen Nenner zu bringen». Z.e sind in diesem Sinne «koordinierende Generalisierungen», unter denen es einem System möglich wird, das Problem des Bestands des Systems angesichts einer «komplexen und veränderlichen Umwelt» wenigstens teilweise «von außen nach innen» zu verlagern [107]. So freilich, wie auch in der Theorie der Wissenschaften, insbesondere der Biologie, die Reichweite teleologischer Erklärungen bislang noch immer umstritten ist [108], ist noch weniger abzusehen, daß die Frage nach Ziel und Z. bei aller Problematik ihrer Beantwortung grundsätzlich zum Verstummen gebracht und nicht vielmehr immer wieder synthetische Potentiale entfalten könnte [109].

Anmerkungen. [1] R. GOCLENIUS: Lex. philos. (1613, ND 1964) 583-585 (Art. ‹Finis›). – [2] J. A. SCHERZER: Vade mecum sive Manuale philos. (1675, ND 1996) 88f. – [3] E. CHAUVIN: Lex. philos. (Leeuwarden ^{2}1713, ND 1967) 246-248 (Art. ‹finis›). – [4] Vgl. ARISTOTELES: Ethica. Ex D. Lambini interpret. et cum scholiis Th. Zvingeri (Basel 1582). – [5] GOCLENIUS, a.O. [1] 583. – [6] SCHERZER, a.O. [2] 35. – [7] CHAUVIN, a.O. [3] 246f. – [8] Vgl. B. TELESIO: De rerum natura iuxta propria principia libri IX I, c. 9-10 (Neapel 1586, ND 1971) u.ö. – [9] F. BACON: De principiis atque originibus (1653). The works, hg. J. SPEDDING/R. L. ELLIS/ D. D. HEATH (London 1857-74) 3, 114. – [10] De augmentis scientiarum III, 5 (1623). The works 1, 571. – [11] TH. HOBBES: De corpore II, 10, 7 (1655). Op. lat., hg. W. MOLESWORTH 1 (London 1839, ND 1961) 117. – [12] G. GALILEI: Dialoghi sopra i due massimi sistemi del mondo III (1632). Opere, hg. G. SARAGAT (Florenz 1968) 7, 394-397. – [13] R. DESCARTES: Resp. ad quasdam difficultates ex medit. ejus (Gespräch mit Burman) IV (16. April 1648). Oeuvr., hg. CH. ADAM/P. TANNERY [AT] (Paris 1897-1912, 1964-75) 5, 158. – [14] Medit. de prima philos. IV, 6 (1641). AT 7, 55. – [15] Principia philos. III, 3 (1644). AT 8/1, 81. – [16] P. GASSENDI: Disquisitio metaphys., In Medit. quartam dubitatio prima (1644). Op. omn. (Lyon 1658, ND 1964) 3, 358 a 2-362 b 1. – [17] Syntagma philos. (1658), a.O. 1, 285 b 2. – [18] a.O. 286 a 1; vgl. 285 b 2; zum Zusammenhang vgl. W. DETEL: Scientia rerum natura occultarum (1978) 228-240. – [19] I. NEWTON: Philos. naturalis principia math. III (1687, ^{2}1713) Schol. gen. Opera quae exstant omnia, hg. S. HORSLEY (London 1779-1785, ND 1964) 3, 173. – [20] G. BERKELEY: A treat. conc. the principles of human knowledge I, 107 (1710). The works, hg. A. A. LUCE/T. E. JESSOP 2 (1949) 88. – [21] R. BOYLE: A free inquiry into the vulgarly received notion of nature (1686). The works (London 1772, ND 1965/66) 5, 163. – [22] B. SPINOZA: Ethica I, App. (1677). Opera, hg. C. GEBHARDT 2 (1925) 78. – [23] a.O. 81. 83. – [24] Prop. 18, a.O. 63. – [25] App., a.O. 80. – [26] G. W. LEIBNIZ: Br. an F. W. Bierling (12. 8. 1711). Philos. Schr., hg. C. I. GERHARDT (1875-90, ND 1960/61) 7, 501. – [27] Vgl. etwa: Antibarbarus physicus pro philosophia reali contra renovationes qualitatum scholasticarum et intelligentiarum chimaericarum [1706?], a.O. 344. – [28] Confessio naturae contra atheistas (1669), a.O. 4, 109; Akad.-A. VI/1 (1971) 492. – [29] 'Il y a deux sectes de naturalistes ...', a.O. 7, 335. – [30] De ipsa natura § 4 (1698), a.O. 4, 506. – [31] § 9, a.O. 509. – [32] Initia et specimina scientiae novae generalis [1678?], a.O. 7, 76; für «absehen» steht in der lat. Fassung «scopus», a.O. 74. – [33] Vgl. VOLTAIRE: Traité de métaphysique V, 2 (1734). The compl. works 14, hg. W. H. BARBER (1989). – [34] Candide ou l'optimisme (1759), a.O. 48, hg. R. POMEAU (1980). – [35] Vgl. CH. WOLFF: Philos. rationalis sive Logica III, § 85 (1728, ^{3}1740). Ges. Werke, hg. J. ECOLE [GW] II/1, 1 (1983) 38. – [36] Philos. prima sive Ontologia § 933 (^{2}1736). GW II/3 (^{2}1977) 679. – [37] § 935, a.O. – [38] § 936, a.O. 679f. – [39] Theol. naturalis II, § 712 (1737, ^{2}1741). GW II/8 (1980) 725. – [40] § 457, a.O. 422. – [41] § 295, a.O. 266; vgl. § 358, a.O. 322. – [42] § 361, a.O. 326. – [43] § 371, a.O. 331. – [44] Vgl. z.B. A. BÖHM: Metaphysica in usum auditorii sui ordine scient. conscr. § 318 (1767, ND 1998) 203. – [45] § 320, a.O. 204. – [46] G. B. BILFINGER: Dilucidat. philos. de Deo, anima humana, mundo, et generalibus rerum affectionibus § 444 (1725, ND 1982) 500. 498. – [47] A. G. BAUMGARTEN: Metaphysica § 341 (^{4}1757), in: I. KANT: Akad.-A. 17 (1924) 100. – [48] § 343, a.O. 101. – [49] I. KANT: KrV A 317f./KrV B 374. – [50] A 686f./B 714f. – [51] KU B XXVIII (Einl. IV). – [52] B 32 (§ 10). – [53] B 331 (§ 74). – [54] a.O. [51]. – [55] B 320f. (§ 72). – [56] B 34f. (§ 11). – [57] B XXVII (Einl. IV). – [58] Über den Gebrauch teleolog. Principien in der Philos. (1788). Akad.-A. 8, 182. – [59] Met. der Sitten. Tugendlehre, Einl. (1797). Akad.-A. 6, 381. – [60] Grundleg. zur Met. der Sitten (1785). Akad.-A. 4, 431. – [61] a.O. 429. – [62] 434. – [63] J. G. FICHTE: Schlußanmerkung der Herausgeber zu Ritters ‹Streit des Idealismus und Realismus in der Theologie› (1800). Akad.-A. I/6, 413. – [64] Wesen der Thiere. Akad.-A. II/5, 421. – [65] Grundlage des Naturrechts § 3 (1796). Akad.-A. I/3, 346. – [66] Vgl. bes.: §§ 5f., a.O. 361-383; System der Sittenlehre § 8 (1798). Akad.-A. I/5, 102-118. – [67] F. W. J. SCHELLING: Allg. Uebersicht der neuesten philos. Litt. [1797/98]. Akad.-A. I/4, 113. – [68] Ideen zu einer Philos. der Natur, Einl. (1797). Akad.-A. I/5, 106. – [69] a.O. 96. – [70] 107. – [71] System der ges. Philos. und der Naturphilos. insbes. § 191, Anm. (1804). Sämmtl. Werke, hg. K. F. A. SCHELLING I/6 (1860) 378. – [72] a.O. 378f. – [73] § 191, a.O. 377. – [74] G. W. F. HEGEL: Logik für die Mittelklasse § 126 (1810/11). Werke, hg. E. MOLDENHAUER/K. M. MICHEL (1969-79) 4, 201f. – [75] Wiss. der Logik II (1816). Akad.-A. 12 (1981) 155. – [76] a.O. – [77] 159. – [78] Vgl. 160-172. – [79] 169. – [80] 235. – [81] Vorles. über die Ästhetik I [1817/18ff.], a.O. [74] 13, 155. – [82] Vorles. über die Philos. der Relig. I [1821ff.], a.O. 17, 70. – [83] a.O. 72. – [84] Vorles. über die Gesch. der Philos. I [1816/17ff.], a.O. 18, 123. – [85] Vorles. über die Philos. der Gesch. [1822/23ff.], a.O. 12, 76. – [86] Vgl. K. FISCHER: Logik und Met. oder Wiss.lehre §§ 99-102 (1852), hg. H.-G. GADAMER (1998) 163-176. – [87] Vgl. K. ROSENKRANZ: Wiss. der log. Idee I (1858) 519-536. – [88] Vgl. Art. ‹Endzweck›. Hist. Wb. Philos. 2 (1972) 491f.; Art. ‹Weltlauf›. – [89] A. SCHOPENHAUER: Die Welt als Wille und Vorst. I, 2, § 28 (1819, ^{3}1859). Sämtl. Werke, hg. A. HÜBSCHER (^{4}1988) 2, 192; vgl. II, 2, Kap. 26 (1844, ^{3}1859), a.O. 3, 372-390. – [90] Vgl. F. A. TRENDELENBURG: Log. Unters. 2 (1840, ^{3}1870) 1-141. – [91] H. R. LOTZE: Art. ‹Leben. Lebenskraft›, in: R. WAGNER (Hg.): Handwb. der Physiol. 1 (1842), ND, in: Kl. Schr. 1 (1885) 189. – [92] P. JANET: Les causes finales (Paris 1876) 35. – [93] F. NIETZSCHE: Morgenröthe 2, 122 (1881, ^{2}1887). Krit. Ges.ausg., hg. G. COLLI/M. MONTINARI (1967ff.) 5/1, 113. – [94]

127, a.O. 115. – [95] Die fröhl. Wiss. 5, 360 (1882, [2]1887), a.O. 5/2, 289f. – [96] Zur Genealogie der Moral 2, 12 (1887), a.O. 6/2, 330. – [97] Nachgel. Frg., Winter 1883-1884 24[15], a.O. 7/1, 693. – [98] a.O. 695. – [99] EISLER, a.O. [39 zu 1.] 266. – [100] Vgl. Art. ‹Neovitalismus›. Hist. Wb. Philos. 6 (1984) 720-724. – [101] Vgl. N. HARTMANN: Teleolog. Denken (1951). – [102] M. HEIDEGGER: Sein und Zeit § 31 (1927, [12]1972) 143. – [103] Vgl. etwa: H. S. RICHARDSON: Practical reasoning about final ends (Cambridge 1994). – [104] Vgl. N. LUHMANN: Zweckbegriff und Systemrationalität. Über die Funktion von Zwecken in sozialen Systemen (1968) 4ff. – [105] a.O. 10. – [106] 114. – [107] 130f. – [108] Vgl. z.B. A. WOODFIELD: Teleology (Cambridge 1976); W. STEGMÜLLER: Probleme und Resultate der Wiss.theorie und Analyt. Philos. 1: Erklärung Begründung Kausalität ([2]1983) 756-768. – [109] Vgl. in diesem Sinne: R. SPAEMANN/R. LÖW: Die Frage Wozu? Gesch. und Wiederentdeckung des teleolog. Denkens ([2]1985).

Literaturhinweise. – *Allgemein:* E. ZELLER: Über teleolog. und mechanische Naturerklärung (1876). – P. N. COSSMANN: Elemente der empir. Teleologie (1899). – CH. VON SIGWART: Der Kampf um den Zweck, in: Kl. Schr. 2 ([2]1889) 24-67. – R. KRONER: Zweck und Gesetz in der Biologie (1913). – R. EISLER s. Anm. [39 zu 1.]. – P. CELESIA: La teleologia. Concetto e valore (Rom 1923); Saggi di filos. finalistica 1-2 (Rom 1925-27). – R. STÖLZLE: Die Finalität in der Natur (1925). – J. DE FINANCE: La finalité de l'être et le sens de l'univers, in: Mélanges Maréchal 1 (Brüssel/Paris 1950) 141-158. – H. BLUMENBERG: Kosmos und System. Studium Generale 10 (1957) 61-80. – M. GENTILE (Hg.): Causalità e finalità (Florenz 1959). – B. VON BRANDENSTEIN: Teleolog. Denken. Betracht. zu dem gleichnamigen Buche N. Hartmanns (1961). – H. VOIGT: Das Gesetz der Finalität (Amsterdam 1961). – C. MAZZANTINI: Art. ‹Teleologia›, in: Encicl. filos. 6 (Florenz [2]1967) 356-361. – H. BROCKARD: Art. ‹Zweck›, in: H. KRINGS/H.-M. BAUMGARTNER (Hg.): Hb. philos. Grundbegriffe 3 (1974) 1817-1828. – J. SIMON: Teleolog. Reflektieren und kausales Bestimmen. Zeitschr. philos. Forsch. 30 (1976) 369-387. – L. WRIGHT: Teleolog. explanations. An etiolog. analysis of goals and functions (Berkeley u.a. 1976). – H. POSER (Hg.): Formen teleolog. Denkens (1981). – R. BUBNER/K. CRAMER/R. WIEHL (Hg.): Teleologie. Neue Hefte Philos. 20 (1981). – E.-M. ENGELS: Die Teleologie des Lebendigen (1982). – R. SPAEMANN/R. LÖW s. Anm. [109 zu 3.]. – N. RESCHER (Hg.): Current issues in teleology (Lanham 1986). – E. HEINTEL: Naturzweck und Wesensbegriff, in: Ges. Abh. 2 (1988) 67-88. – M. ZUBIRÍA: Die Teleologie und die Krisis der Principien (1995). – J.-E. PLEINES: Philos. und Met. Teleolog. und spekulat. Denken in Geschichte und Gegenwart (1998). – P. T. GEACH: Contingency, cause, and end, in: TH. BUCHHEIM/R. SCHÖNBERGER/W. SCHWEIDLER (Hg.): Die Normativität des Wirklichen (2002) 190-201. – *Zu 1.:* T. M. FORSYTH: Aristotle's concept of God as final cause. Philosophy 22 (1947) 112-123. – D. M. BALME: Aristotle's use of teleolog. explanation (London 1965). – W. F. R. HARDIE: The final good in Aristotle's ethics. Philosophy 40 (1965) 277-295. – W. THEILER: Zur Geschichte des teleolog. Denkens bis auf Aristoteles ([2]1965). – A. A. LONG: Carneades and the Stoic τέλος. Phronesis 12 (1967) 59-90. – M. GIACON: La causalità del Motore immobile (Padua 1968). – K. GAISER s. Anm. [21 zu 1.]. – R. ALPERS-GÖLZ s. Anm. [2 zu 1.]. – W. KULLMANN: Die Teleologie in der aristot. Biologie (1979). – J. S. PURINGTON: Epicurus on the telos. Phronesis 38 (1993) 281-320. – W. BERNARD: 'Teleologie' und Naturphilos. bei Platon, in: H. J. WENDEL/W. BERNARD (Hg.): Antike Philos. und mod. Wiss. (1998) 1-29. – *Zu 2.:* TH. STEINBÜCHEL: Der Zweckgedanke in der Philos. des Thomas von Aquino (1912). – A. MAIER: Finalkausalität und Naturgesetz, in: Studien zur Naturphilos. der Spätscholastik 4 (1955) 271-335. – J. SANTELER: Der Endzweck des Menschen nach Thomas von Aquin. Zeitschr. kath. Theol. 87 (1965) 1-60. – D. J. M. BRADLEY: Aquinas on the twofold human good (Washington, D.C. 1997). – W. GORIS: Einheit als Prinzip und Zweck. Versuch über die Einheitsmetaphysik des 'opus tripartitum' Meister Eckharts (1997). – J.-P. TORRELL: 'Dieu conduit toutes choses vers leur fin'. Providence et gouvernement divin chez Thomas d'Aquin, in: J. A. AERTSEN/M. PICKAVÉ (Hg.): Ende und Vollendung. Eschatolog. Perspektiven im MA (2002) 561-594. – *Zu 3.:* A. STADLER: Kants Teleologie und ihre erkenntnistheoret. Bedeutung (1874). – E. J. DIJKSTERHUIS: Die Mechanisierung des Weltbildes (1956). – G. TONELLI: Von den verschiedenen Bedeutungen des Wortes Zweckmäßigkeit in der KU. Kantstudien 49 (1957/58) 154-166. – E. DE ANGELIS: La civiltà del finalismo nella cultura cartesiana (Florenz 1967). – H. P. BALMER: Freiheit statt Teleologie. Ein Grundgedanke von Nietzsche (1977). – R. K. MAURER: Hegel und das Ende der Geschichte ([2]1980). – T. LENOIR: The strategy of life. Teleology and mechanics in 19th-cent. German biology (Dordrecht 1982). – J. E. ATWELL: Ends and principles in Kant's moral thought (Dordrecht u.a. 1985). – R. LANGTHALER: Kants Ethik als 'System der Zwecke' (1991).

TH. S. HOFFMANN

Zweckmäßigkeit, sekundäre objektive. Der Terminus ‹s.o.Z.› ist eine wichtige Kategorie von A. GEHLENS Theorie der Institutionen (s.d.). Ihre Entwicklung muß im Zusammenhang mit der Unterscheidung von instrumentellem und «ideativem Bewußtsein» [1] gesehen werden. Letzteres weist sich in der Gründung von Institutionen aus, die «wesensmäßig in einer idée directrice, einer Führungsidee zentrieren» [2]. Unter dem Einfluß M. HAURIOUS [3] fragt GEHLEN nach den «tatsächlichen Konsequenzen, die aus einem wirklichen Gruppenverhalten folgen» [4]. Die hier einspringende ontologische Kategorie ist die der s.o.Z. Sie wird demonstriert am Beispiel des Totemismus, in welchem aus der Exogamieregel die Stabilisierung der Geschlechterbeziehungen, der Familie und letztlich auch der Kultur erfolgt. Die gesellschaftlichen Institutionen sind für Gehlen in ihrer Überdeterminiertheit (s.d.) zugleich «Mehr-als-Zweck-Institute» [5].

Kann man die s.o.Z. als objektiv hochwirksame, für Gesellschaften «funktionale», subjektiv aber ursprünglich nicht intendierte Verhaltenskonsequenz definieren, so bieten sich für den Begriff sowohl Rückbezüge an, z.B. auf G. W. F. HEGEL, der darauf insistiert, «daß in der unmittelbaren Handlung etwas Weiteres liegen kann, als in dem Willen und Bewußtseyn des Thäters» [6], wie auch Vorausgriffe: Den von H. WALPOLE geprägten und als «accidental sagacity» definierten Begriff der «serendipity» [7] sieht R. K. MERTON als fruchtbar für soziologisches Fragen an [8]. Als «discovery, by chance or sagacity, of valid results which were not sought for» [9], hat ‹serendipity› heute in der Wissenschaftsforschung einen Platz gefunden [10].

Anmerkungen. [1] Vgl. Art. ‹Bewußtsein, ideatives/instrumentelles›. Hist. Wb. Philos. 1 (1971) 898f. – [2] A. GEHLEN: Der Mensch. Seine Natur und seine Stellung in der Welt (1940). Ges.ausg., hg. K.-S. REHBERG [GA] 3/1 (1993) 467; vgl. auch: Urmensch und Spätkultur (1956, [4]1977) 206; Art. ‹Führungssystem›. Hist. Wb. Philos. 2 (1972) 1129f. – [3] M. HAURIOU: La théorie de l'institution et de la fondation. Essai de vitalisme social. Cah. Nouvelle Journée 4 (1925) 1-45; dtsch.: Die Theorie der Institution und zwei andere Aufsätze, hg. R. SCHNUR (1965). – [4] GEHLEN: Der Mensch, a.O. [2] 472. – [5] Vgl. Die Seele im technischen Zeitalter (1957). GA 6 (2004) 130. – [6] G. W. F. HEGEL: Vorles. über die Philos. der Geschichte [1822/23ff.]. Jub.ausg., hg. H. GLOCKNER (1927-40) 11, 57. – [7] H. WALPOLE: Br. an Sir Horace Mann (28. 1. 1754), in: Correspondence, hg. W. S. LEWIS 20 (New Haven/London 1960) 408. – [8] R. K. MERTON: Social theory and social structure (Glencoe [7]1963) 103ff. – [9] a.O. – [10] R. K. MERTON/E. BARBER: The travels and adventures of serendipity: a study in sociolog. semantics and the sociology of science (Princeton 2003); R. M. ROBERTS: Serendipity. Accidental discoveries in science (New York u.a. 1989).

W. LEPENIES

Zweckrationalität (engl. purposive rationality, instrumental rationality). Der Begriff des «zweckrationalen Handelns» ist ein Grundbegriff nicht nur der Handlungstheorie, die M. WEBER mit der Grundlegung seiner «verstehenden Soziologie» entwickelt; er ist ein Schlüsselbegriff auch seiner Theorie des abendländischen Rationalisierungsprozesses [1]. Die zweckrationale Handlungsorientierung untersucht Weber zudem als dominierendes Prinzip der gesellschaftlichen Modernisierungstendenzen seiner Zeit. Vor dem Hintergrund der neukantianischen Diskussion um die Begründung von Werten [2] und Zwecken (s.d.) rückt Weber mit dieser Begriffsprägung die subjektiven Momente der Handlungsorientierung in den Vordergrund. Das Kompositum ‹Z.› macht im 20. Jh. – über die Sozialwissenschaften hinaus – Karriere. Der Begriff verselbständigt sich in der Weber-Rezeption und wird, häufig in der Bedeutung einer reinen Mittel-Zweck-Rationalität («means-end-rationality»), zu einem Schlagwort zeitdiagnostischer Erörterungen. Das ursprünglich soziologische Deutungsmuster bleibt bis in die Gegenwart hinein Thema der philosophischen Rationalitätsdiskurse und ihrer Kritik der instrumentellen und funktionalistischen Vernunft.

1. «Jede denkende Besinnung auf die letzten Elemente sinnvollen menschlichen Handelns» ist nach Weber «zunächst gebunden an die Kategorien 'Zweck' und 'Mittel'» [3]. Mit Hilfe des Idealtypus (s.d.) des zweckrationalen Handelns sollen die Prozesse «sozialen Handelns» [4] in ihren Sinnbezügen verständlich und dadurch in ihrem Ablauf und in ihren Wirkungen auch «ursächlich erklärt» werden [5].

F. NIETZSCHE hatte die Gefahr rationalistischer Interpretation menschlichen Handelns herausgestellt: «Bei jedem noch so zweckbewußten Thun ist die Summe des Zufälligen Nicht-Zweckmäßigen Zweck-Unbewußten daran ganz überwiegend, gleich der unnütz ausgestrahlten Sonnen-Gluth: das was Sinn hätte, ist verschwindend klein» [6]. Als Abweichungen und «'Ablenkungen'» vom «konstruktiven Grenzfall» «absoluter Z.» will Weber auch die irrationalen Zusammenhänge empirischen Handelns erforschen und so «die Tragweite des Zweckirrationalen» abschätzen [7].

In terminologischer Absicht hebt Weber zunächst nur hervor, daß das «zweckrationale Sichverhalten» mit Bezug auf andere und das von ihnen erwartete Verhalten «ausschließlich orientiert» sei «an (subjektiv) als adäquat vorgestellten Mitteln für (subjektiv) eindeutig erfaßte Zwecke» [8]. Von der «objektiven Richtigkeitsrationalität» [9] wird die auf subjektiver Situationsvergegenwärtigung beruhende subjektive Z. abgehoben; diese realisiert sich in der Wahl der geeigneten Mittel (s.d.) für vorgegebene Zwecke, ist folglich eine Mittel-Zweck-Rationalität. Die Handlung selbst wird so als das – in der Perspektive des Handelnden – geeignetste Mittel zur Erreichung des vorgegebenen Zwecks gedeutet.

2. Die klassische Explikation Webers zeigt indes eine Fortentwicklung des Begriffs der Z.: «Zweckrational handelt, wer sein Handeln nach Zweck, Mittel und Nebenfolgen orientiert und dabei sowohl die Mittel gegen die Zwecke, wie die Zwecke gegen die Nebenfolgen, wie endlich auch die verschiedenen möglichen Zwecke gegeneinander rational abwägt: also jedenfalls weder affektuell (und insbesondere nicht emotional), noch traditional handelt» [10]. Die Rationalität des erfolgsorientierten Zweckhandelns manifestiert sich nun nicht nur in der Funktionalität der Mittel für die Zwecke. Erforderlich ist auch die Abwägung der Handlungszwecke selbst, damit aber auch die Abwägung zwischen konkurrierenden und konfligierenden Zwecksetzungen.

Die Handlungsentscheidung kann «wertrational», d.h. gesinnungsorientiert, erfolgen. Das «wertrational» orientierte Handeln ist nach Weber aber dadurch charakterisiert, daß der Handelnde «um so weniger auf die Folgen des Handelns reflektiert, je unbedingter allein dessen Eigenwert (reine Gesinnung, Schönheit, absolute Güte, absolute Pflichtmäßigkeit)» für ihn in Betracht kommt [11]. Die obersten Zwecksetzungen wie letzten Wertgesichtspunkte können nicht mehr zweckrational begründet oder rational gerechtfertigt werden [12]. Die Folge ist ein «Polytheismus» privater Zwecke und Werte und damit der gesellschaftliche Befund, daß «die verschiedenen Wertordnungen der Welt in unlöslichem Kampf untereinander» stehen [13].

3. Das zweckstrukturierte Tun untersucht bereits die Aristotelische Handlungstheorie [14]. Die daran anknüpfende neuzeitliche Lehre von der Klugheit (s.d.) des Handelns wie die ökonomische Theorietradition [15], an die Weber kritisch anschließt, thematisieren explizit das in der Orientierung am Eigennutz (s.d.) bzw. Eigeninteresse erfolgende Zweckhandeln. Z. wird in der Folgezeit, zugespitzt zur *Nutzenkalkulation* [16], auch das Leitprinzip der Handlungsalternativen formalisierenden Entscheidungstheorie (s.d.), Spieltheorie (s.d.) sowie Theorie der rationalen Wahl [17]. Im Rückgriff auf Webers Konzept der Z. entwickelt K. R. POPPER das Prinzip der Situationsanalyse, die mittels der «situational logic» historische und gesellschaftliche Ereignisse zu erklären beansprucht [18]. Die Integration der Handlungs- in eine Systemtheorie (s.d.) führt zur Konfrontation von Z. und sog. «Systemrationalität» [19] und damit auch zur Kritik des methodologischen Individualismus, mit dem Weber vom Handeln des Einzelsubjekts ausgeht.

4. Problematisch am Weberschen Handlungsmodell der Z. erscheint in *ethischer* und *gesellschaftstheoretischer* Perspektive nicht nur, daß die Möglichkeit einer rationalen Begründung letzter Zwecke bestritten und die Wertsetzungen prärationalen bzw. irrationalen Glaubensentscheidungen anvertraut werden [20]. Unbeantwortet bleibt auch die Frage nach dem Gesamtzweck bzw. Endzweck (s.d.) menschlicher Praxis. Mit den grundbegrifflichen Mitteln, die Webers Konzeption von Handlungsrationalität bereitstellt, ist das Problem, wie eine gesellschaftliche Verständigung (s.d.) über konfligierende Wertsetzungen wie über gemeinsam zu teilende Überzeugungen möglich sein soll, nicht zu lösen. Fragwürdig in ethischer Hinsicht erscheint aber auch die Willkürlichkeit rein subjektiver Zwecksetzungen. I. KANT hatte den Unterschied zwischen hypothetischen und kategorischen Imperativen [21] wie den zwischen Mitteln und Selbstzwecken (s.d.) in moralphilosophischer Absicht scharf herausgearbeitet. Die reine Z. folgt hypothetischen Imperativen, die Kant allein als solche der «Geschicklichkeit» ausweist: «Ob der Zweck vernünftig und gut sei, davon ist hier gar nicht die Frage, sondern nur was man thun müsse, um ihn zu erreichen» [22].

5. Die Problematik der Reduktion von Rationalität auf Z. ist ein Grundthema moderner Rationalitätskritik, das auch in der marxistischen Weber-Rezeption von G. LUKÁCS bis zu TH. W. ADORNO eine zentrale Rolle spielt. M. HORKHEIMER setzt Z. mit «subjektiver» bzw. «instrumenteller Vernunft» [23] gleich und hebt sie von der «objektiven Vernunft» ab. Er diagnostiziert die Depotenzierung der zwecksetzenden praktischen Vernunft [24]. «Für jeweils vorgegebene Ziele die Mittel zu finden» gelte heute

nicht allein als eigentliches Geschäft der Vernunft, «sondern als ihr eigentliches Wesen» [25]. Die gesellschaftliche Rationalisierung wird als Verdinglichung (s.d.) des Bewußtseins interpretiert. In geschichtlicher Perspektive kritisieren die Autoren der ‹Dialektik der Aufklärung› die gesellschaftliche Irrationalität, die durch die Verselbständigung der Mittel zu Zwecken entsteht: «die Inthronisierung des Mittels als Zweck» nehme «im späten Kapitalismus den Charakter des offenen Wahnsinns» an, sei aber schon «in der Urgeschichte der Subjektivität wahrnehmbar» [26].

In Kritik an den Grundlagen der Handlungs- wie der Gesellschaftstheorie Webers entwickelt J. Habermas die kategoriale Unterscheidung von zweckrationalem und kommunikativem Handeln. Habermas spricht von «kommunikativen Handlungen, wenn die Handlungspläne der beteiligten Aktoren nicht über egozentrische Erfolgskalküle, sondern über Aspekte der Verständigung koordiniert werden» [27].

Anmerkungen. [1] Vgl. Art. ‹Rationalität; Rationalisierung II. und III.›. Hist. Wb. Philos. 8 (1992) 56-66; Art. ‹Entzauberung›, a.O. 2 (1972) 564f.; Art. ‹Westen; Okzident›. – [2] Vgl. Art. ‹Wert II.›; zur Absetzung M. Webers von H. Rickert, der auf der absoluten Geltung an-sich-seiender Werte insistiert, vgl. auch: G. Oakes: Weber and Rickert. Concept formation in the cultural sciences (Cambridge, Mass. 1988). – [3] M. Weber: Die 'Objektivität' sozialwiss. und sozialpolit. Erkenntnis (1904), in: Ges. Aufs. zur Wiss.lehre, hg. J. Winckelmann (^{3}1968) 146-214, 149. – [4] Vgl. Art. ‹Handeln, soziales›. Hist. Wb. Philos. 3 (1974) 994-996; ‹Interaktion, soziale›, a.O. 4 (1976) 476; zum sozialen strategischen Handeln vgl. Art. ‹Strategie 2.›, a.O. 10 (1998) 263-266. – [5] M. Weber: Soziolog. Grundbegriffe § 1 (1921), a.O. [3] 541-581, 542; zur soziolog. Handlungstheorie vgl. auch: R. Münch: Theorie des Handelns: zur Rekonstruktion der Beiträge von Talcott Parsons, Emile Durkheim und Max Weber (1982). – [6] F. Nietzsche: Nachgel. Frg., Frühjahr 1884 25[127]. Krit. Ges.ausg., hg. G. Colli/M. Montinari (1967ff.) 7/2, 43. – [7] M. Weber: Wirtschaft und Gesellschaft §§ 1f. (1922, ^{5}1972) 2f. 13; vgl. § 9, a.O. 44f.; Ueber einige Kategorien der verstehenden Soziologie (1913), a.O. [3] 427-474, 430. – [8] Ueber einige Kat., a.O. 428; zur Untersuchung der gesellschaftlichen Mittel-Zweck-Teleologie vgl. auch: G. Simmel: Philos. des Geldes, Analyt. Teil, Kap. 3 (1900). Ges.ausg., hg. O. Rammstedt (1989ff.) 6, 254ff. – [9] a.O. 432ff. – [10] Wirtsch. und Ges. § 2, a.O. [7] 13; zur Übersetzung der Terminologie ins Engl.: The theory of social and economic organization § 2, hg. T. Parsons (New York/London ^{3}1966) 115ff. – [11] Zur komplexen Beziehung von wert- und zweckrationaler Orientierung wie zu ihrer Integration: § 2, a.O. 12f.; vgl. auch: Art. ‹Gesinnungsethik›. Hist. Wb. Philos. 3 (1974) 539f.; Art. ‹Verantwortungsethik›, a.O. 11 (2001) 575f.; J. Greve: Handlungserklärungen und die zwei Rationalitäten? Neuere Ansätze zur Integration von Wert- und Zweckrationalität in ein Handlungsmodell. Kölner Zeitschr. Soziologie Sozialpsychologie 55 (2003) 621-653. – [12] Vgl. auch: Art. ‹Werturteil; Werturteilsstreit I.›. – [13] M. Weber: Wiss. als Beruf (1919), a.O. [3] 582-613, 603ff.; vgl. Art. ‹Wert II.›. – [14] Vgl. Art. ‹Phronesis 3.›. Hist. Wb. Philos. 7 (1989) 934-936; Art. ‹Zweck; Ziel 1.›. – [15] Vgl. Art. ‹Rationalität; Rationalisierung II.›, a.O. 8 (1992) 56-62. – [16] Vgl. auch: Art. ‹Nutzen; Nützlichkeit III.›, a.O. 6 (1984) 1001-1008; Art. ‹Nutzen; Grenznutzen›, a.O. 1008-1011. – [17] Vgl. Art. ‹Wahl, rationale›; zum Problem der Entscheidungsfindung vgl. auch: J. Nida-Rümelin/W. Spohn (Hg.): Rationality, rules and structure (Dordrecht u.a. 2000). – [18] K. R. Popper: The open society and its enemies 2 (London 1945, ^{5}1962) 97. – [19] Vgl. N. Luhmann: Zweckbegriff und Systemrationalität. Über die Funktion von Zwecken in sozialen Systemen (1968). – [20] Vgl. etwa: H. S. Richardson: Practical reasoning about final ends (Cambridge 1994). – [21] Vgl. Art. ‹Imperative; Imperativ, kategorischer I.›. Hist. Wb. Philos. 4 (1976) 242-247. – [22] I. Kant: Grundleg. zur Met. der Sitten (1785, ^{2}1786). Akad.-A. 4, 415. – [23] Vgl. Art. ‹Vernunft, instrumentelle›. Hist. Wb. Philos. 11 (2001) 866f. – [24] M. Horkheimer: Eclipse of reason (1946); dtsch.: Zur Kritik der instrumentellen Vernunft (1967). Ges. Schr., hg. A. Schmidt/G. Schmid Noerr (1985ff.) 6, 33. – [25] Vorwort, a.O. 21. – [26] Th. W. Adorno/M. Horkheimer: Dialektik der Aufklärung [1939-44] (1947), a.O. 5, 78; zum Problemkreis der 'Verselbständigung der Mittel' vgl. auch: Art. ‹Heterogonie›. Hist. Wb. Philos. 3 (1974) 1112f.; J. Rohbeck: Technolog. Urteilskraft (1993) 122-166. – [27] J. Habermas: Theorie des kommunikativen Handelns 1 (1982) 385; vgl. schon: Arbeit und Interaktion (1967), in: Technik und Wiss. als 'Ideologie' (^{10}1979) 9-47; K.-O. Apel: Läßt sich ethische Vernunft von strategischer Z. unterscheiden? in: W. van Reijen/K.-O. Apel: Rationales Handeln und Gesellschaftstheorie (1984) 23-79.

Literaturhinweise. S. Kalberg: Max Weber's types of rationality. Cornerstones for the analysis of rationalization processes in history. Amer. J. Sociol. 85 (1980) 1145-1179. – W. Schluchter: Rationalismus der Weltbeherrschung. Studien zu Max Weber (1980). – M. Sprondel/C. Seyfarth (Hg.): Max Weber und die Rationalisierung sozialen Handelns (1981). – H. Schnädelbach (Hg.): Rationalität (1984). – G. Schöllgen: Handlungsfreiheit und Z. (1984). – E. Angehrn: Handlungserklärung und Rationalität. Zur Methodologie Max Webers. Zeitschr. philos. Forsch. 37 (1987) 341-362. – K.-M. Kodalle: Die Eroberung des Nutzlosen. Kritik des Wunschdenkens und der Z. im Anschluß an Kierkegaard (1988). – A. Honneth/H. Joas (Hg.): Kommunikatives Handeln (1991).

H. Hühn

Zweideutigkeit; Vieldeutigkeit (griech. ἀμφιβολία; ἀμφιβολογία; lat. ambiguitas, amphibologia, aequivocatio; engl. ambiguity, equivocation; frz. ambiguïté, amphibologie, équivoque)

I. – In der Antike wird Z. als Sonderfall sprachlicher Bezeichnung behandelt. Obwohl ἀμφιβολία sowie ‹ambiguitas› aufgrund ihrer Etymologie eher Z. bedeuten, umfassen diese Termini immer sprachliche Mehr- und Vieldeutigkeit im allgemeinen. Nachdem bereits Platon zwischen ein- und mehrdeutigen Wörtern differenziert und dabei vor dem Streitpotential der Vieldeutigkeit warnt [1], kommt Aristoteles wiederholt auf sie zu sprechen. So kritisiert er den Gebrauch zweideutiger Aussagen als Verstoß gegen die Sprachrichtigkeit [2] und setzt der Vieldeutigkeit die Klarheit (σαφήνεια) als Ideal entgegen, das zu verfehlen er vor allem Dichtern und Wahrsagern vorhält [3]. Diese ablehnende Haltung gegenüber sprachlicher Z. bleibt – mit deutlicher Differenz zu den Gepflogenheiten in der poetischen Praxis [4] – in den theoretischen Diskursen für die gesamte Antike verbindlich. Zu erklären ist sie vermutlich aus einem häufigen und bewußten Mißbrauch von Z.en durch Rhetoren und Sophisten, deren (Fehl-)Schlüsse Aristoteles eingehend erörtert [5].

Aristoteles unterscheidet zwischen der nur bei einzelnen Wörtern möglichen Homonymie (ὁμονυμία) [6] und der auf Wortverbindungen beschränkten Amphibolie (ἀμφιβολία) [7] und teilt beide jeweils in weitere Unterarten ein. Bei Aristoteles liegt damit der älteste Versuch einer systematischen Erfassung und Klassifikation des Phänomens sprachlicher Z. vor.

Das Ideal der Klarheit und Eindeutigkeit verdeckt freilich einen älteren, philosophisch-spekulativen Umgang mit Vieldeutigkeit: Insbesondere Heraklit versucht einen einheitlichen Grund für die verschiedenen Bedeutungen von Homonymen zu denken [8]. Schon in der Antike wird die Tendenz einer Desambiguierung der Sprache festgestellt und – so bei Plutarch – mit dem (philosophischen) Bedürfnis nach Klarheit und Vermittelbarkeit begründet [9]. Die differenzierteste Typologie von Vieldeutigkeiten gelingt wohl innerhalb der Stoa und insbesondere bei Chrysipp [10], dessen insgesamt achtzehn Bücher über ἀμφιβολία jedoch verloren sind. Lediglich bei Galen ist die stoische Unterscheidung von acht Formen der Vieldeutigkeit überliefert. Sie wird von ihm jedoch als unwissenschaftlich abgelehnt [11] und durch die auch in der modernen Sprachwissenschaft übliche Trennung zwischen semantischer und syntaktischer Vieldeutigkeit ersetzt [12], die sich bereits bei Quintilian findet [13]. Innerhalb der Stoa wird auch die These diskutiert, daß alle Wörter vieldeutig seien [14], was Augustinus wieder aufnimmt und im Rahmen seiner ausführlichen Erörterungen der Z. damit erklärt, daß die Bedeutung sich erst aus dem Zusammenhang der Wörter ergibt, die, für sich allein betrachtet, keine eindeutige Bedeutung besitzen [15]. Bei Augustinus wird Z. auch für die geschriebene Sprache behauptet [16] und in Verbindung mit der Bibel-Exegese erwähnt [17], für welche schon Origenes die Vorgaben der antiken Allegorese-Tradition zur Theorie des mehrfachen Schriftsinns systematisiert hatte [18]. Eine gewisse Sonderstellung nimmt in der Antike Cicero ein, der über die übliche Ablehnung der Vieldeutigkeit hinaus [19] deren Bedeutung für Witz und Ironie hervorhebt [20] und auch Träume als vieldeutig bezeichnet [21]. Als erster bezieht er damit Vieldeutigkeit auf ein nicht-sprachliches Phänomen.

Anmerkungen. [1] Platon: Phaedr. 263 a 2-c. – [2] Aristoteles: Rhet. III, 5, 1407 a 32-b 2. – [3] 1404 b 2; Poet. 22, 1458 a 18; 25, 1461 a 9ff. – [4] W. B. Stanford: Ambiguity in Greek lit. (Oxford 1939). – [5] Aristoteles: Soph. el. 4, 166 a 14ff.; vgl. Art. ‹Irrtum (Schlußfehler)›. Hist. Wb. Philos. 4 (1976) 606-614. – [6] Vgl. Art. ‹Homonym›. Hist. Wb. Philos. 3 (1974) 1181-1184. – [7] Vgl. Art. ‹Ambiguität; Amphibolie›, a.O. 1 (1971) 201-204. – [8] Heraklit: VS 22, B 48; B. Snell: Die Sprache Heraklits. Hermes 61 (1926) 353-381. – [9] Plutarch: De Pythiae oraculis 406 e. – [10] Vgl. Diogenes Laert.: Vitae VII, 193. – [11] Galen: De captionibus 4. FDS 633. – [12] De capt. 3. Op. omn., hg. C. G. Kühn (1827) 14, 591. – [13] Quintilian: Instit. or. VII, 9. – [14] Vgl. Aulus Gellius: Noct. Att. XI, 12. FDS 636. – [15] Augustinus: De dial. VIII, 15-IX, 15, hg. J. Pinborg (Dordrecht/Boston 1975) 106. 108. – [16] IX, 16, a.O. 108. 110. – [17] De doctr. christ. III, 1. CCSL 32 (1962) 77. – [18] Vgl. Art. ‹Schriftsinn, mehrfacher›. Hist. Wb. Philos. 8 (1992) 1431-1439. – [19] Cicero: De orat. III, 49. – [20] II, 254. – [21] De divin. I, 116.

Literaturhinweise. K. J. K. Hintikka: Aristotle and the ambiguity of ambiguity. Inquiry 2 (1959) 137-151; Different kinds of equivocation in Aristotle. J. Hist. Philos. 9 (1971) 368-372. – R. B. Edlow: The Stoics on ambiguity, a.O. 13 (1975) 423-435. – M. Kraus: Name und Sache (Amsterdam 1987) 114-120. – S. Ebbesen: Les grecs et l'ambiguïté, in: I. Rosier (Hg.): L'ambiguïté (Lille 1988) 15-32. – W. Ullrich: Grundrisse einer philos. Begr.gesch. von Ambiguität. Arch. Begr.gesch. 32 (1989) 121-169. – C. Atherton: The Stoics on ambiguity (Cambridge 1993).

W. Ullrich

II. – Anknüpfend an die Tradition der Allegorese und des Symbols [1], ist von einer Vieldeutigkeit der Dinge im MA in der Theorie der symbolischen Schriftauslegung die Rede, wo insbesondere von den Victorinern die Auffassung vertreten wird, daß im Zeichenkontext der Hl. Schrift «den Dingen eine weitaus vielfältigere Bedeutung innewohnt als den sprachlichen Ausdrücken» («est ... longe multiplicior significatio rerum quam vocum»), da sie, anders als diese, nicht nur «zwei oder drei Bedeutungen haben, sondern ebenso viele, wie sie Qualitäten besitzen» («voces non plus quam duas aut tres habent significationes. Res autem tot possunt habere significationes quot habent proprietates») [2]. Dies greift Thomas von Aquin auf, wenn er die Sinnvielfalt der Hl. Schrift gegen den Einwand verteidigt, eine solche führe zu Verwirrung, Täuschung und Aufhebung der argumentativen Stringenz («Multiplicitas ... sensuum in una scriptura parit confusionem, et deceptionem, et tollit arguendi firmitatem»). Er macht geltend, daß eine so konzipierte Vieldeutigkeit nicht als Äquivokation zu werten sei: «Eine Vieldeutigkeit der Sinne bewirkt keine Äquivokation, weil die Sinngehalte nicht deswegen vervielfacht werden, weil ein Wort vieles bezeichnet, sondern weil die durch Wörter bezeichneten Dinge selbst Zeichen für andere Dinge sein können» («multiplicitas horum sensuum non facit aequivocationem, ... quia ... sensus isti non multiplicantur propter hoc quod una vox multa significet, sed quia ipsae res significatae per voces, aliarum rerum possunt esse signa») [3].

Im logisch-grammatischen Kontext wird im MA die sprachliche Z. unter den Bezeichnungen ‹ambiguitas› und ‹amphibologia› [4] sowie insbesondere unter dem Terminus ‹aequivocatio› (für das griechische ‹Homonymie›) als dem Gegenbegriff zu ‹univocatio› [5] diskutiert. Ihren systematischen Ort hat die Behandlung der Äquivokation vor allem in der Kommentierung der Aristotelischen Kategorienschrift [6] sowie bei der Behandlung des Paralogismus [7], d.h. im Rahmen der Kommentierung der ‹Sophistischen Widerlegungen› [8] sowie allgemein in der Lehre von den «fallaciae» (Fehlschlüssen) [9]. Darüber hinaus ist sie Bestandteil der Grammatiktheorie [10], in deren Rahmen auch Roger Bacons umfangreiche Ausführungen zur Vieldeutigkeit sprachlicher Ausdrücke angesiedelt sind. Bacon charakterisiert die alltägliche Verwendung von Sprache als Prozeß einer fortwährenden – den Sprechern selbst zumeist nicht bewußten – Neueinsetzung (bzw. referentiellen Modifikation) aller Namen und erklärt auf dieser Grundlage die Äquivokation zu einem generellen Moment der Sprache [11].

Die Unterscheidung der Äquivokation in offenkundige («patens») und verborgene («latens»), wie sie sich z.B. bei Petrus Aureoli findet [12], verweist auf die im MA erörterte Frage (deren Diskussion weit in die Antike zurückreicht), inwiefern im Gattungsbegriff aufgrund seiner verschiedenartige Spezies umfassenden Allgemeinheit Äquivokationen «verborgen» sind [13]. Das damit thematisierte Problem des Verhältnisses von Vieldeutigkeit und Allgemeinheit, d.h. der Umstand, daß in gewisser Weise «jeder allgemeine Name ... seiner Natur und Bestimmung nach mehrdeutig ist» [14], ist noch in der neueren Sprachtheorie präsent [15]. – Um hier terminologisch differenzieren zu können, wird E. Schröder betonen, es sei «'mehrsinnig' nicht zu verwechseln mit 'mehrdeutig', 'doppelsinnig' wohl zu unterscheiden von 'zweideutig'» [16]. Während jeder «Gemeinname ... als ein vieldeutiger bezeichnet» werden kann, weswegen «der Gebrauch vieldeutiger Namen ... nicht nur legitim, sondern ... für die Zwecke des Gedankenausdrucks ... ganz unentbehrlich» sei [17], «besteht eine Hauptunvollkommenheit aller Wortsprachen ... in der Doppel- oder Mehrsinnigkeit fast aller ihrer Namen» [18]. – E. Husserl unterscheidet terminologisch anders, wenn er ‹Vieldeutigkeit› gerade den äquivoken Namen und ‹Vielwertigkeit›, verstanden als die «Fähigkeit, auf eine Vielheit von Gegenständen prädikativ bezogen zu werden», den universellen Namen zuordnet [19].

Die Auffassung, daß Z. nicht nur den Sonderfall kunstvoll inszenierter Täuschungen, wie etwa die sophistischen Fehlschlüsse, sondern die Sprache insgesamt betrifft, ist im MA und in der frühen Neuzeit weit verbreitet. Wilhelm von Ockham meint, daß «fast alle Wörter äquivok verwendet werden» [20]; auch Th. Hobbes betont: «all words, are subject to ambiguity; and therefore multiplication of words ... is multiplication of ambiguity» [21]. Eine solche Einschätzung impliziert eine grundsätzliche Sprachkritik (s.d.). So behauptet etwa G. B. VICO, der eine natürliche Aversion des Menschen gegen Z. konstatieren zu können meint («homines ... naturaliter homonymiam aversantur»), daß alle Irrtümer der Philosophie in sprachlicher Z. ihren Ursprung haben («Omnes in philosophia errores ab homonymis, vulgo aequivocis, nascuntur») [22]. In ähnlicher Weise moniert später im Rahmen der Sprachkritik des 19. Jh. [23] K. L. REINHOLD, daß «die Philosophie ... bis itzt keinen allgemeinen Sprachgebrauch [hat und kennt]» [24], und sieht in der daraus resultierenden «Vieldeutigkeit ihrer unentbehrlichsten und gebräuchlichsten Wörter ... das eigentliche Haupthindernis der Wissenschaftlichkeit der Philosophie» [25].

HOBBES meinte, sprachliche Vieldeutigkeit sei prinzipiell mittels Definition der verwendeten Ausdrücke zu beheben («definition ... takes away equivocation») [26], wobei er die definitorische Festlegung der Bedeutung und Ausschaltung von «ambiguity, and equivocation in reasoning» als die genuine Aufgabe einer «philosophia prima, on which all other philosophy ought to depend», betrachtet [27]. Die Einschätzung, daß eine Desambiguierung durch sprachliche Mittel selbst, wie Definition oder Kontextualisierung («Jedes konventionelle Zeichen ist als solches vieldeutig und bekommt eine eindeutige Bestimmung nur im Zusammenhang mit andern Zeichen, dem Verhalten des Zeichengebers und andern wesentlichen Umständen») [28], in einer wissenschaftlichen Ansprüchen genügenden Weise zu leisten ist, wird von den Vertretern eines Idealsprachenprogramms bestritten. So betrachtet G. FREGE die «Wortsprache» als «mangelhaft, wenn es sich darum handelt, das Denken vor Fehlern zu bewahren», und verfolgt daher mit seiner ‹Begriffsschrift› (s.d.) als einer logischen Universalsprache (s.d.) das Ideal «eines Ganzen von Zeichen, aus dem jede Vieldeutigkeit verbannt ist» [29].

Anmerkungen. [1] Vgl. Art. ‹Symbol I. 5.›. Hist. Wb. Philos. 10 (1998) 713-720. – [2] HUGO VON ST. VICTOR: Excerpt. II, 5. MPL 177, 205 D; vgl. F. OHLY: Vom geistigen Sinn des Wortes im MA (1977) 6. – [3] THOMAS VON AQUIN: S. theol. I, 1, 10; vgl. Art. ‹Schriftsinn, mehrfacher›. Hist. Wb. Philos. 8 (1992) 1431-1439. – [4] Vgl. Art. ‹Ambiguität; Amphibolie›, a.O. 1 (1971) 201-204. – [5] Vgl. Art. ‹äquivok›, a.O. 480; ‹Univozität; univok›, a.O. 11 (2001) 225-231. – [6] vgl. MARTINUS DE DACIA: Quaest. sup. libr. Praedic., q. 4-8. Opera, hg. H. ROOS (Kopenhagen 1961) 159-66. – [7] Vgl. Art. ‹Paralogismus 2.›. Hist. Wb. Philos. 7 (1989) 109f. – [8] Vgl. S. EBBESEN: Commentators and commentaries on Aristotle's Soph. el. A study of post-Aristot. ancient and medieval writings on fallacies (Leiden 1981). – [9] Vgl. J. PINBORG: Log. und Semantik im MA (1972) 66ff.; L. VALENTE: Fallaciae et théologie pendant la seconde moitié du 12e s., in: S. EBBESEN/R. L. FRIEDMAN (Hg.): Medieval analyses in language and cognition (Kopenhagen 1999) 208-236; vgl. Art. ‹Irrtum (Schlußfehler)›. Hist. Wb. Philos. 4 (1976) 606-614. – [10] Vgl. JOH. DACUS: Summa grammatica. Op., hg. A. OTTO I/1 (Kopenhagen 1955) 364-386. – [11] Vgl. R. BACON: De signis, hg. K. M. FREDBORG/L. NIELSEN/J. PINBORG. Traditio 34 (1978) 75-136, hier: 93-101; Compendium studii theol., hg. TH. S. MALONEY (Leiden 1988) 110-16; vgl. hierzu: J. PINBORG: Bezeichnung in der Log. des 13. Jh., in: A. ZIMMERMANN (Hg.): Der Begriff der repraesentatio im MA. Miscell. Mediaev. 8 (1971) 238-281, 245ff.; S. EBBESEN: Can equivocation be elimited? Studia Mediewistyczne 18 (1977) 103-124; TH. S. MALONEY: Roger Bacon on equivocation. Vivarium 22 (1984) 85-112. – [12] PETRUS AUREOLI: Scriptum in I Sent., d. 2, s. 9, n. 138, hg. E. M. BUYTAERT (Löwen 1956) 520. – [13] Vgl. S. K. KNEBEL: In genere latent aequivocationes (1989). – [14] E. HUSSERL: Zur Logik der Zeichen (1890). Husserliana 12 (Den Haag 1970) 342. – [15] Vgl. W. V. O. QUINE: Word and object (Cambridge 1960) 130. – [16] E. SCHRÖDER: Über das Zeichen (1890) 16; vgl. Vorles. über die Algebra der Log. (1890) 48ff. – [17] a.O. – [18] 15. – [19] E. HUSSERL: Log. Unters. II/1, 1, § 15 (1900, 21913) 53. Husserliana 19/1 (Den Haag 1984) 59. – [20] WILHELM VON OCKHAM: Summa log. I, 77. Op. philos. 1 (St. Bonaventure, N.Y. 1974) 237. – [21] TH. HOBBES: Leviathan II, 30 (1651). Engl. works, hg. W. MOLESWORTH 3 (London 1839) 336. – [22] G. B. VICO: De antiquissima Italorum sapientia (1710) I, 2. Opere, hg. F. NICOLINI (Bari 1914-1942) 1, 146. – [23] Vgl. H. J. CLOEREN (Hg.): Philos. als Sprachkritik im 19. Jh. 1 (1971); H. J. CLOEREN: Language and thought. German approaches to analytic philos. in the 18th and 19th cent. (1988). – [24] K. L. REINHOLD: Grundleg. einer Synonymik für den allg. Sprachgebrauch in den philos. Wiss. (1812) XII. – [25] a.O. 9. – [26] TH. HOBBES: Elements of philos. I, 6, a.O. [21] 1 (1839) 84. – [27] Lev. IV, 46, a.O. [21] 671. – [28] O. KÜLPE: Die Realisierung 3 (1923) 327. – [29] G. FREGE: Über die wissenschaftl. Berechtigung einer Begr.schrift. Zeitschr. Philos. philos. Kritik, NF 81 (1882) 48-56, bes. 52.

Literaturhinweise. I. ROSIER (Hg.): L'ambiguïté. Cinque études hist. (Lille 1988). – E. J. ASHWORTH: Equivocation and analogy in 14th-cent. logic, in: B. MOJSISCH/O. PLUTA (Hg.): Historia philos. Medii Aevi. Studien zur Gesch. der Philos. des MA (Amsterdam 1991) 1, 23-43; Analogy and equivocation in 13th-cent. logic. Mediaeval Studies 54 (1991) 94-135; Analogy, univocation, and equivocation in some early 14th-cent. authors, in: J. MARENBON (Hg.): Aristotle in Britain during the MA (Turnhout 1996) 233-247; Domingo de Soto (1494-1560) on analogy and equivocation, in: I. ANGELELLI/M. CEREZO (Hg.): Studies on the hist. of logic (1996) 117-132. – S. EBBESEN: Texts on equivocation. Cah. Inst. MA grec. lat. 67 (1997) 127-199; 68 (1998) 99-307.

S. MEIER-OESER

III. – Im 18. Jh. prägt sich die positiv bewertete Vieldeutigkeit als zentrale Kategorie der *Ästhetik* aus. Gemeint ist hier aber weniger Ambiguität als vielmehr eine Unbestimmtheit (s.d.) im Sinne einer konnotativen Bedeutungsfülle [1]. In gedanklicher Nähe zu A. G. BAUMGARTEN [2] fordert G. F. MEIER vom «ästhetischen Zeichen», daß es «nicht nur selbst viel in sich enthält, sondern auch viel bedeutet» [3]. Entsprechend verlangt J. G. SULZER von einer allegorischen Darstellung, «viel bedeutend» zu sein [4]. Die (konnotative) Vieldeutigkeit eines Kunstwerks erschließt sich jedoch nur dem aufmerksamen Betrachter und häufig auch bloß in wiederholter Rezeption. Nach G. E. LESSING [5] betont insbesondere I. KANT den Zusammenhang von ästhetischem Objekt und Rezeptionsakt. Jenes läßt der Einbildungskraft «freies Spiel» [6] und verkörpert eine «ästhetische Idee», «die viel zu denken veranlaßt» [7]. Vieldeutigkeit wird hier im Sinne einer Indeterminiertheit der Reflexion verstanden, so daß F. SCHILLER dem Kunstwerk das Vermögen zusprechen kann, den Rezipienten in einen Zustand «erfüllter Unendlichkeit» zu versetzen und damit Freiheit zu stiften [8]. U.a. bezeichnen F. SCHLEGEL [9] und NOVALIS [10] Dichtung als vieldeutig, was semantische Universalität und unendliche Auslegbarkeit postuliert. Die Vieldeutigkeit des Kunstwerks weist damit auch über die Intentionen des Künstlers hinaus [11]. In der Romantik wird das Vieldeutigkeits-Theorem nicht nur zunehmend toposhaft auf die Kunst angewendet, sondern gilt als ebenso relevant für die Deutung von Natur. Nachdem bereits für I. KANT Naturbetrachtung zu einem Gedankengang verführt, der «sich nie völlig entwickeln kann» [12], liebt es die Natur gemäß F. W. J. SCHELLING, «von dem Menschen auf die verschiedenste Weise erkannt zu werden» [13].

Auch F. NIETZSCHE spricht von der «unendlichen Ausdeutbarkeit der Welt» [14] bzw. von der «Vieldeutigkeit der Welt», die für ihn jedoch eine «Frage der Kraft» ist

[15] und damit eher der kreativen Potenz des Interpreten entspringt, als sich in einem Erkenntnisakt zu erschließen. Nietzsches Auflösung des Gegensatzes von 'erkennen' und 'schaffen' zugunsten des letzteren macht die ästhetisch-künstlerische Kategorie der Vieldeutigkeit universell anwendbar und läßt zugleich den traditionellen, philosophisch-wissenschaftlichen Wunsch nach Eindeutigkeit als verfehlt erscheinen. Dies ist auch Thema des Dialogs ‹Eupalinos› von P. VALÉRY: Hier wird Sokrates kritisiert, der die Vieldeutigkeit eines bei einem Spaziergang gefundenen Gegenstands («l'objet du monde le plus ambigu») nicht erträgt; vielmehr wird er gerade bei der Suche nach einer klaren Wesensbestimmung dieses Gegenstands zum (rationalen) Philosophen, der die Poesie der Welt ignoriert [16]. Bei M. HEIDEGGER wird die Mehrdeutigkeit zur Quelle jedes echten Denkens. Sie sei «das Element, worin das Denken sich bewegen muß, um ein strenges zu sein» [17]. Anstatt fester Bedeutungen gibt es für Heidegger das «Ereignis», d.h. ein fortgesetztes Geschehen eines Ent- und Verbergens von Bedeutendem, dessen temporaler Charakter und dessen Vielfalt am besten in der Dichtung und deren intensiv-vieldeutiger Sprache erfahren werden kann [18]. Umgekehrt erblickt Heidegger im Streben nach Desambiguierung nicht nur den «Tod der Sprache», sondern auch «die Vereisung und Verödung des Daseins» [19], womit er sich gegen Tendenzen innerhalb der analytischen Philosophie wendet, Vieldeutigkeit ähnlich wie in der Antike als Störung klarer Kommunikation abzulehnen [20]. Vielmehr wird ‹Vieldeutigkeit› bei Heidegger zum ontologischen Grundbegriff. Trotz der Nobilitierung der Vieldeutigkeit über die Kunst hinaus bleibt sie auch im 20. Jh. maßgeblich für die Beschreibung von Kunstwerken. Zahlreiche Autoren unterschiedlicher Herkunft erklären Vieldeutigkeit sogar normativ zum Kunstkriterium, z.B. U. ECO [21], W. EMPSON [22] oder TH. W. ADORNO [23].

Anmerkungen. [1] Vgl. Art. ‹Konnotation II./III.›. Hist. Wb. Philos. 4 (1976) 976f.; ‹Verworrenheit II.›, a.O. 11 (2001) 1017-1020. – [2] A. G. BAUMGARTEN: Aesthetica § 619 (1750-58). – [3] G. F. MEIER: Auszug aus den Anfangsgründen aller schönen Künste und Wiss. § 281 (1758). – [4] J. G. SULZER: Allg. Theorie der schönen Künste (1773-75) I, 56. – [5] G. E. LESSING: Laokoon III (1766). – [6] I. KANT: KU B 28. – [7] B 192f. – [8] F. SCHILLER: Über die ästhet. Erziehung des Menschen, 21. Br. Nat.ausg. 20 (1962) 377. – [9] F. SCHLEGEL: Über das Studium der griech. Poesie (1795/96). Krit. Ausg., hg. E. BEHLER I/1 (1979) 294. – [10] NOVALIS: Fragmente und Studien, Frg. 94 [1799-1800]. Schr., hg. P. KLUCKHOHN/R. SAMUEL 3 (1968) 569. – [11] Vgl. F. W. J. SCHELLING: System des transz. Idealismus (1800). Werke, hg. M. SCHRÖTER 2 (1927) 620. – [12] I. KANT: KU B 168. – [13] F. W. J. SCHELLING: Die vier edlen Metalle (1802), a.O. [11] Erg.bd. 1 (1956) 586. – [14] F. NIETZSCHE: Nachgel. Frg., Herbst 1885-Herbst 1886 2[117]. Krit. Ges.ausg., hg. G. COLLI/M. MONTINARI 8/1 (1974) 118. – [15] 2[128], a.O. 125. – [16] P. VALÉRY: Eupalinos (1923). Oeuvr. 2 (1960) 115; vgl. H. BLUMENBERG: Sokrates und das 'objet ambigu', in: F. WIEDEMANN (Hg.): Epimeleia (1964); W. ULLRICH: Der Garten der Wildnis (1996). – [17] M. HEIDEGGER: Was heißt Denken? (^{4}1984) 68. – [18] Unterwegs zur Sprache (^{8}1986) 74f. – [19] Nietzsche I (1961) 168f. – [20] Vgl. QUINE, a.O. [15 zu II.] 157f. – [21] U. ECO: Opera aperta (Mailand 1962); dtsch.: Das offene Kunstwerk (1973). – [22] W. EMPSON: Seven types of ambiguity (Cleveland 1963). – [23] TH. W. ADORNO: Ästhet. Theorie (1970) 140. 360.

Literaturhinweise. B. BRUNEMEIER: Vieldeutigkeit und Rätselhaftigkeit (Amsterdam 1983). – CH. BODE: Ästhetik der Ambiguität (1988).

W. ULLRICH

Zweifel (engl. doubt; frz. doute; ital. dubbio). Dem Begriff ‹Z.› und seinen aus lat. ‹dubium› bzw. ‹dubitatio› abgeleiteten Pendants in den neueren Sprachen entspricht in den alten Sprachen, besonders im Griechischen, ein umfangreiches Wortfeld, das den mentalen Zustand der Ungewißheit und den Akt des Infragestellens (Bezweifelns) bezeichnet. Die Ausdrücke der griechischen Alltagssprache wie ἀμφισβητεῖν [1], διστάζειν [2] und ἀμφιβάλλειν [3] werden seit PLATON (eine «Meinung» [δόξα] hat man, «wenn man auf derselben Behauptung beharrt und nicht mehr zweifelt [μὴ διστάζῃ]» [4]) und ARISTOTELES verwendet, bleiben jedoch in der philosophischen Terminologie insgesamt marginal. In der Rezeption der antiken Philosophie wird der Unterschied zwischen Z. und Aporie (s.d.), die kein mentaler Zustand oder Akt, sondern eine *Situation* der argumentativen 'Ausweglosigkeit' ist, häufig übersehen und durch die seit der Renaissance gängig werdende Wiedergabe von ἀπορία mit ‹dubitatio› verwischt [5].

Was die antike Skepsis (s.d.) angeht, ist der sprachliche Befund aufschlußreich: Wie bei SEXTUS EMPIRICUS, der nur beiläufig von ἀμφισβητούμενα («zweifelhaften Meinungen») spricht [6], sind die Ausdrücke für Z. auch sonst nur spärlich belegt. So ist es nicht der Akt des Zweifelns, der den Vertreter der pyrrhonischen Skepsis von den Dogmatikern unterscheidet, sondern die Epoché (s.d.), das 'Anhalten' bzw. 'Innehalten' aufgrund der 'gleichstarken argumentativen Absicherung' (Isosthenie) [7] einander widerstreitender Überzeugungen. Die Epoché dient dem therapeutischen Ziel der pyrrhonischen Skepsis, die Seelenruhe (Ataraxie, s.d.) herbeizuführen, also einen Zustand, der dem 'Hin- und Hergerissensein' des Z. geradezu entgegengesetzt ist. Der akademische Skeptiker KARNEADES zieht den Terminus «unwidersprochen» (ἀπερίσπαστος) dem ebenfalls möglichen – und bereits bei ARISTOTELES belegten [8] – Ausdruck ἀναμφισβήτητος («unbezweifelbar») vor, um einen bestimmten Grad der Wahrscheinlichkeit begrifflich zu fixieren [9]. Einen zentralen systematischen Stellenwert erlangt der Begriff des Z. erst, als in der Philosophie der Neuzeit das Problem der 'Realität der Außenwelt' (s.d.) [10] virulent wird.

Bedeutsam sind Phänomen und Begriff des Glaubenszweifels im NT. Die Antithese von Glaube (πίστις) und Z. (διστάζειν sowie das erst mit dem neutestamentlichen Griechisch aufkommende διακρίνεσθαι und διαλογισμός [11]) dient der Verdeutlichung der Haltung, mit der der Fromme die Gottesbotschaft aufnimmt, beispielhaft in Mtth. 14, 31: «O du Kleingläubiger, warum zweifelst du?» (εἰς τί ἐδίστασας; «quare dubitasti?», ‹Vulgata›). Das Vorbild des Gläubigen, der «alles ohne Murren und Z. tut» (χωρὶς ... διαλογισμῶν, Phil. 2, 14), ist Abraham, der «nicht durch Unglauben an der Verheißung Gottes zweifelte» (οὐ διεκρίθη τῇ ἀπιστίᾳ, Röm. 4, 20) [12].

Ein Ende der Randständigkeit, die die Stellung des Z.-Begriffs im philosophischen Vokabular der Antike charakterisiert, beginnt sich mit der Patristik abzuzeichnen. Nicht nur, daß der Glaubenszweifel [13] durch die biblischen Vorgaben zu einem zentralen Thema wird; auch in erkenntnistheoretischem Zusammenhang wird der Z. zum Gegenstand von Reflexionen, die gelegentlich Problemstellungen der neuzeitlichen Philosophie vorwegnehmen. So macht AUGUSTINUS gegen die akademische Skepsis das Argument der Selbstgewißheit des denkenden Bewußtseins geltend: Selbst wenn es zweifelt oder gar getäuscht wird, weiß es sich doch als zweifelnd oder getäuscht und insofern als jene denkende, unbezweifelbare Instanz, ohne die es den Vorgang des Getäuscht-

Werdens oder des Z.-Habens gar nicht gäbe («si dubitat, dubitare se intelligit ... si dubitat, cogitat; si dubitat scit se nescire ... Quisquis igitur alicunde dubitat, de his omnibus dubitare non debet: quae si non essent, de ulla re dubitare non posset») [14]. Später wird auf die Ähnlichkeit dieses Arguments mit dem Argument von Descartes hingewiesen werden [15]. – Wiederholt wird die Rolle des Z. im Erkenntnisprozeß («dubitationis commoda») [16] und sein Beitrag zur wissenschaftlichen Forschung («inquisitio») betont: «Durch den Z. gelangt man zur Forschung; durch die Forschung nähert man sich der Wahrheit» («per dubitationem venitur ad inquisitionem, per inquisitionem pertingitur ad veritatem») [17]. Regeln für den Umgang mit bezweifelbaren Sätzen («dubitatio») [18] entwickelt die mit der Einübung des logischen Folgerns befaßte Disziplin der Ars Obligatoria [19].

Vor dem Hintergrund der frühneuzeitlichen Wiederentdeckung und Weiterentwicklung der antiken [20] Skepsis (M. MONTAIGNE, P. CHARRON), aber auch spätmittelalterlicher Debatten [21] setzt R. DESCARTES [22] den radikalen und universalen Z. als Instrument in dem Bemühen ein, der Philosophie ein Fundament zu sichern, das dem Z. der Skeptiker zu widerstehen vermag («Scepticorum dubitationem ... everti») [23]. Im ‹Discours de la méthode› skizziert Descartes die dubitative Methode als Voraussetzung der Wahrheitsfindung auch auf dem Felde der Metaphysik [24]: alles das als vollkommen falsch anzusehen, was auch nur im geringsten zweifelhaft erscheinen könnte, um zu sehen, ob danach nicht etwas übrig bleibt, das völlig unbezweifelbar wäre. Schon hier wird der Z. radikalisiert: Es sollen auch alle Annahmen für falsch gehalten werden, die man zuvor für bewiesen gehalten hatte [25]. Universell wird der Z. dann durch das Argument des Traumes (s.d.): Descartes entschließt sich, so zu tun, als seien ausnahmslos alle Bewußtseinsinhalte nicht wahrer als Gaukelbilder unserer Träume [26]. Freilich eröffnet die Reflexion auf das zweifelnde, irrende, getäuschte Subjekt den Zugang zur ersten, unbezweifelbaren Wahrheit («le premier principe de la Philosophie»): Ich bemerke, daß, während ich denken will, alles sei falsch, ich notwendigerweise etwas sein muß, das dies denkt [27]. Das «ie pense, donc ie suis», die Existenz des Denkenden und die Festsetzung des substantiellen Charakters des Denkens [28], wird so zum unbezweifelbaren Ausgangspunkt aller weiteren metaphysischen Erwägungen. In den ‹Meditationes› nimmt Descartes eine Verschärfung der Methodologie des ‹Discours› vor und stellt systematisch alle Bereiche menschlicher Erkenntnis unter den Verdacht der Bezweifelbarkeit: die durch die Sinne vermittelte Erkenntnis [29] (noch einmal durch das Traum-Argument verdächtig gemacht [30]) ebenso wie die Physik, Astronomie und Medizin, die es mit der Betrachtung zusammengesetzter Dinge zu tun haben [31]. Lediglich die intelligiblen Wahrheiten der Arithmetik und der Geometrie scheinen dem Ansturm des Z. insofern zu trotzen, als sie nur von den allereinfachsten und allgemeinsten Gegenständen handeln («quae nonnisi de simplicissimis & maxime generalibus rebus tractant») und etwas von zweifelloser Gewißheit enthalten («aliquid certi atque indubitati continere»), ob ihre Gegenstände nun in Wirklichkeit existieren oder nicht («utrum eae sint in rerum natura necne») [32]. Um den Z. aufs Äußerste zu verschärfen, führt Descartes als heuristische Fiktion einen bösen Geist («genius malignus», s.d.) ein, der als höchst mächtig und verschlagen («summe potentem & callidum») [33] und in allem so täuschend vorgestellt wird, daß schlechterdings nichts mehr unbezweifelbar ist. Diesem aus methodischen Gründen übertriebenen Z. («hyperbolicae ... dubitationes») [34] hält allein das «Ego sum, ego existo» stand [35], das damit als unbezweifelbares Fundament aller weiteren Überlegung unerschütterlich feststeht. Der Ausdruck «methodischer Z.» stammt allerdings nicht von Descartes, sondern geht auf P.-S. RÉGIS zurück, der von einem «doute feint et de méthode» spricht [36].

Die zeitgenössischen Debatten um den cartesianischen Z. weisen – von Aneignung und Kritik bis hin zur entstellenden Transformation durch radikale Metaphysikkritiker [37] – eine Vielfalt von Reaktionen auf [38]. B. SPINOZA hat den universellen Z. («Dubitatio de omnibus») zunächst in seiner Rekonstruktion der cartesianischen Philosophie als heuristischen anerkannt, da er allein geeignet sei, den Geist von allen Vorurteilen zu befreien und so ein festes und unerschütterliches Fundament der Wissenschaften zu finden [39], ihn dann aber lediglich als eine der drei inadäquaten Kognitionsweisen («fictae», «falsae», «dubiae») eingestuft [40]. G. W. LEIBNIZ beurteilt den methodischen Z. überwiegend kritisch, da er angesichts ganz unbezweifelbarer Wahrheiten verfehlt sei. Die Sätze der Mathematik oder der Satz vom ausgeschlossenen Dritten (s.d.) könnten auch vor einem Beweis der Existenz Gottes («praecognito DEO») Geltung beanspruchen [41]. J. CLAUBERG entwickelt unter Einbeziehung der philosophischen Tradition eine umfassende Topik der Nützlichkeit des Z. in allen Wissenschaftsgebieten, die weit über seine enggefaßte Rolle im Cartesischen Diskurs hinausweist [42], und entfaltet den Z. ansatzweise zur konkreten Vorurteilskritik [43]. Unabhängig von diesen Debatten ist B. PASCAL zunächst fasziniert vom pyrrhonischen Z. Montaignes [44], den er im Sinne des Fideismus (s.d.) interpretiert [45]. I.-L. DE SACY verschafft ihm die Einsicht in die Gefahren des Z., der lähmend wirken und im Ethischen zum bloßen Usualismus [46] und überhaupt zum Atheismus führen könne [47]. So sei auch der fideistisch gefaßte Skeptizismus zu verabschieden zugunsten der höheren, alle Philosophie übersteigenden «verité de l'Evangile» [48]. Konsequent wollen die ‹Pensées› zeigen, daß der Mensch ohne Gott weder wissen noch nicht zu wissen wünschen, ja nicht einmal zweifeln könne («il ne peut ni savoir, ni ne désirer point de savoir. Il ne peut même douter») [49].

Der Aufklärung gibt CH. THOMASIUS einen wesentlichen Impuls [50], indem er im Rahmen seiner Kritik des Vorurteils (s.d.) [51] einen «eklektischen Z.» favorisiert, weil dieser das Aufsuchen des Wahren insofern befördere, als er Vorurteile von wahren Urteilen zu unterscheiden helfe («dubitatio ... Eclectica ... dubitat ... ut verum consequatur & certitudinem, ac ut praejudicia saltem erronea a rectis judiciis possit secernere») [52]. Um die «Vermeidung eines jeden Vorurteils» geht es auch dem Wolffianer F. CH. BAUMEISTER («Dubitare est ... suspendere judicium ... Patet hinc, dubitationem esse ad quovis praejudicium evitandum apprime esse utilem»). Empfohlen wird hier nicht der «skeptische und törichte Z.» («dubitatio sceptica et stolida»), sondern der «nüchterne Z.» («dubitatio sobria») [53], eine Unterscheidung, die H. S. REIMARUS noch verfeinert: Er unterscheidet «ungegründete» («an sich falsche») Z. von «unerheblichen» («aus Mangel an klarer und deutlicher Vorstellung»). Dagegen sind «vernünftige» («gegründete und erhebliche») Z. «gegen einen bloß wahrscheinlichen Satz ein ... Mittel der eingebildeten Gewißheit und den Irrthümern zu steuren, und das Gewisse vom Ungewissen, das Wahre vom Falschen zu unterscheiden» [54].

P. BAYLE vertritt im Anschluß an den Skeptizismus der antiken Pyrrhoneer («On les a nommez ... doutans» [55]) einen extremen Z. in Philosophie und Theologie. Indem er so durchweg allen positiven Religionen ein objektiv nachvollziehbares criterium veritatis abspricht und die Möglichkeit einer widerspruchsfreien Rationaltheologie bestreitet, kann er Toleranz einfordern und sich selbst zum Fideismus bekennen. Der Nachwelt, zumal dem 18. Jh., gilt er (bewundert oder geschmäht) einseitig als destruktiver Frühaufklärer, so M. MENDELSSOHN, der das Denken Bayles als «Z. des Vielschreibers» und «Gespenst seiner Foliobogen» bezeichnet [56]. Anders urteilt sein Briefpartner TH. ABBT, der den Geist Bayles anruft («du Feind der Systeme ... wo du auch ... deine Z. verbreitest») [57], um gegen überzogene rationaltheologische Ansprüche eine bescheiden fideistische Tugendlehre geltend zu machen [58]. Auch FRIEDRICH II. VON PREUSSEN empfiehlt den Bayleschen Z. als «bon sens» und hält dafür: «le doute est le commencement de la sagesse» [59]. Insgesamt überwiegt aber die negative Beurteilung Bayles im europäischen 18. Jh.: Er ist der Hauptprotagonist jener «Sekte, die an allem zweifelt» [60]. D. HUME, selbst ein aufmerksamer Leser Bayles, sieht im Rahmen seines Konzeptes eines «mitigated scepticism», der die «undistinguished doubts» eines «excessive scepticism» durch «common sense» und «reflection» korrigieren möchte, einen großen Nutzen des Z.: Er kann die «dogmatical reasoners» sensibel machen für die «strange infirmities of human understanding» und die «universal perplexity and confusion, which is inherent in human nature». Es gilt: «a small tincture of Pyrrhonism ... a degree of doubt, and caution, and modesty ... in all kinds of scrutiny and decision, ought for ever to accompany a just reasoner» [61].

Unterdessen macht sich auch ein eher anthropologisch-psychologisches Interesse am Z. geltend: So läßt E. PLATNER den Zustand des Z. «aus der Veränderlichkeit und Unstetigkeit» hervorgehen, «welche ... in einer Vorstellung, theils in Ansehung ihrer Stärke, theils in Ansehung des Grades ihrer Stärke, theils in Ansehung ihrer Beschaffenheit obwaltet» [62]. Auch E. B. DE CONDILLAC versucht eine psychologisch-deskriptive Annäherung an das Phänomen des Z., wenn er «doute», «incertitude», «irrésolution» und «indétermination» zu unterscheiden sucht [63]. I. KANT definiert den Z. als «Gegengrund oder ... Hinderniß des Fürwahrhaltens» und unterscheidet den «bloß subjektiv gültigen Gegengrund des Fürwahrhaltens» als «Scrupel» vom «Einwurf», der einen «objectiven Grund» gegen «ein für wahr gehaltenes Erkenntniß» insofern darstellt, als «Erkenntniß der Unzulänglichkeit der Gründe zum Fürwahrhalten» vorliegt. «In vielen Fällen können wir freilich nicht wissen: ob das Hinderniß des Fürwahrhaltens in uns nur subjective oder objective Gründe habe und also den Scrupel nicht heben durch Aufdeckung des Scheines, da wir unsere Erkenntnisse nicht immer mit dem Object, sondern oft nur unter einander vergleichen können. Es ist daher Bescheidenheit, seine Einwürfe nur als Z. vorzutragen» [64]. Die dubitative Methode sei dem «kritischen Verfahren sehr nützlich», indem dieses «die Quellen seiner Behauptungen oder Einwürfe untersucht, und die Gründe, worauf dieselben beruhen» [65].

Für G. W. F. HEGEL ist der antike Skeptizismus «zu unrecht als eine Lehre vom Z.» bezeichnet worden. Der Z. sei nämlich «nur die Ungewißheit, ... Unentschlossenheit, Unentschiedenheit» und sei «die Zweiheit des Menschen in sich». Dagegen zweifle der «alte Skeptizismus» nicht: «er beweist mit Sicherheit die Unwahrheit. ... sein Zweifeln ist ihm Gewißheit ... Es ist Ruhe, Festigkeit des Geistes in sich, – nicht mit einer Trauer» [66]. Entsprechend kann dem Z. in der ‹Phänomenologie des Geistes› sein transitorischer Platz in der «Bildung des Bewußtseyns selbst zur Wissenschafft» angewiesen werden [67]: Das natürliche Bewußtsein, das sich fälschlich bereits für «reales Wissen» hält, erfährt den Prozeß der «Realisirung des Begriffs» als den «Weg des Zweifels», «denn es verliert auf diesem Wege seine Wahrheit». Wenn aber «bewußte Einsicht in die Unwahrheit» der jeweiligen Momente des «erscheinenden Wissens» erlangt wird, so ist dies ein «sich vollbringender Skepticismus», der über sich hinausweist [68].

Das 19. Jh. scheint über eine bloß historisch-rekapitulierende Betrachtung des Z. oder aber über die bisher erreichte Sichtweise (auch mit neuen psychologischen Methoden) nicht hinausgekommen zu sein [69]. Eine Ausnahme bildet S. KIERKEGAARD insofern, als er die den Z. totalisierende Verzweiflung (s.d.) in seiner Philosophie durchgehend thematisiert, so daß sie zu einer der wichtigsten philosophischen Bezugsgrößen der Existenzphilosophie (s.d.) wird.

CH. S. PEIRCE, der an die «Belief-Doubt»-Theorie von A. BAIN [70] anknüpft [71], kritisiert den methodischen Z. von Descartes als bloß formal, als einen «Von-vornherein-Skeptizismus» («initial skepticism»). Er beruhe auf einer «bloßen Selbsttäuschung», die «alle jene Überzeugungen förmlich wiederentdeckt ..., die ... der Form nach aufgegeben» waren. So gilt für Peirce: «Let us not pretend to doubt in philosophy what we do not doubt in our hearts» [72].

E. HUSSERL macht sich das «Cartesianische Prinzip der absoluten Zweifellosigkeit» zu eigen, «mit dem jeder erdenkliche und selbst jeder de facto grundlose Z. ausgeschlossen sein sollte» [73], um so zu einer Reform der Philosophie zu einer universalen Wissenschaft aus absoluter Begründung zu gelangen. L. WITTGENSTEIN hält den Skeptizismus «für nicht unwiderleglich», sondern für «offenbar unsinnig, wenn er bezweifeln will, wo nicht gefragt werden kann». Z. könne nur dort «bestehen, wo eine Frage besteht; eine Frage nur, wo eine Antwort besteht, und diese nur, wo etwas gesagt werden kann» [74]. Bis ins Spätwerk [75] hinein bleibt der Z. und insbesondere seine Begründungsbedürftigkeit [76] Thema seines Philosophierens.

In der zeitgenössischen Skeptizismus-Diskussion [77] ist der Z., auch in seiner cartesianischen Zuspitzung [78], weiterhin Thema [79]. Strittig ist indessen, was in den älteren Reflexionen über den Z. generell vorausgesetzt wurde: daß der Z. zunächst einmal eine unmittelbar plausible Haltung ist. Während B. STROUD dem Cartesischen Außenwelt-Skeptizismus zubilligt, «immediately gripping» zu sein [80], weist M. WILLIAMS nach, daß Z. sich keineswegs 'natürlich' einstellen [81]. Namentlich der Z. an der Realität der Außenwelt ist gar nicht voraussetzungslos, frei von theoretischen Annahmen formulierbar; er stellt sich nur im Rahmen bestimmter, ihrerseits rechtfertigungsbedürftiger Annahmen der Philosophie des Geistes ein.

Anmerkungen. [1] ARISTOTELES: Eth. Nic. III, 5, 1113 b 17; davon das Subst. ἀμφισβήτησις: Pol. III, 13, 1283 b 3. – [2] PLATON: Soph. 235 a; Leg. X, 897 b; ARISTOTELES: Eth. Nic. III, 3, 1112 b 2; Met. XIV, 3, 1091 a 14; davon die Subst. διστασμός: PLUTARCH: Mor. 214f. (Apophth. Laconica); δίσταγμα: PHILODEM: Volumina rhet., hg. S. SUDHAUS 1 (1892) 111; διστασμός: THEOPHRAST: Met. 31. Op. omn., hg. F. WIMMER (Paris 1866, ND 1964)

446. – [3] ARISTOTELES: Eth. Eud. III, 5, 1243 a 12. 25. – [4] PLATON: Theaet. 190 a. – [5] PLATON: Meno 80 a. Omnia opera transl. M. FICINI (Basel 1546) 18; vgl. J. MICRAELIUS: Lex. philos. (Stettin [2]1662, ND 1966) 149. – [6] SEXTUS EMP.: Adv. math. XI, 231. – [7] Vgl. Art. ‹Pyrrhonismus I.›. Hist. Wb. Philos. 7 (1989) 1719-1721. – [8] ARISTOTELES: Pol. III, 13, 1283 b 5; VII, 14, 1332 b 22. – [9] SEXTUS EMP.: Adv. math. VII, 175ff.; Pyrrhon. instit. I, 227; vgl. Art. ‹Wahrscheinlichkeit II.›; MINUCIUS FELIX: Octavius 12, 3 verwendet «dubitatio» bzgl. der akad. Skepsis. – [10] Vgl. auch: Art. ‹Skandal der Philosophie›. Hist. Wb. Philos. 9 (1995) 938. – [11] Art. ‹διαλογισμός›, in: G. KITTEL (Hg.): Theol. Wb. zum NT 2 (1935) 96ff.; Art. ‹διακρίνω›, a.O. 3 (1938) 948ff. – [12] Vgl. auch: Mtth. 21, 21: «Wenn ihr den Glauben habt und nicht zweifelt» (μὴ διακριθῆτε); zum Gebrauch der genannten Ausdrücke in der Patristik vgl. HERMIAS: Mand. 9, 5; CLEMENS ALEX.: Strom. VII, 10. MPG 9, 477 D; ATHANASIUS: Inc. 31, 3. MPG 25, 149 C. – [13] Vgl. J. TYTZ/J. ALTENSTAIG: Lex. theologicum (1619, ND 1974) 260 B-261 A (s.v. ‹Dubitatio›); Art. ‹Glaubenszweifel›. LThK[3] 4 (1995) 733-734; Codex juris canonici (1989) Can. 751. – [14] AUGUSTINUS: De trin. X, 10, 14; vgl. De civ. Dei XI, 26. – [15] S. MENN: Descartes and Augustine (Cambridge/New York 1998). – [16] ROBERT VON MELUN: Sententiae, Cod. Brug. 191, fol. 1[r], zit. nach: M. GRABMANN: Gesch. der scholast. Methode (1909, ND 1957) 2, 343. – [17] PETER ABAEL.: Super praedic. Arist., in: Philos. Schr. Beitr. Gesch. Philos. MA 21/2 (1921) 223. – [18] WILHELM VON OCKHAM: Summa logicae III, tr. 3: De consequentiis, c. 44 (St. Bonaventure, N.Y. 1974) 742: «De quinta specie obligationis, quae dicitur dubitatio». – [19] Vgl. Art. ‹Obligatio; Ars obligatoria II.›. Hist. Wb. Philos. 6 (1984) 1068-1072. – [20] C. B. SCHMITT: The rediscovery of ancient skepticism in modern times, in: M. F. BURNYEAT (Hg.): The skeptical trad. (Berkeley/Los Angeles/London 1983) 225-251; G. PAGANINI (Hg.): The return of the sceptics from Hobbes and Descartes to Bayle (Dordrecht 2003); L. FLORIDI: Sextus Empiricus. The transmission and recovery of pyrrhonism (Oxford/New York 2002); J. R. MAIA NETO: Academic skepticism in early modern philosophy. J. Hist. Ideas 58 (1997) 199-220; R. H. POPKIN: The hist. of skepticism. From Savonarola to Bayle (Oxford/New York 2003); dazu: D. PERLER: Was there a 'Pyrrhonian crisis' in early modern philos.? Arch. Gesch. Philos. 86 (2004) 209-220. – [21] D. PERLER: Wie ist ein globaler Z. möglich? Zu den Voraussetzungen des frühneuzeitl. Außenwelt-Skeptizismus. Zeitschr. philos. Forsch. 57 (2003) 481-512. – [22] J. L. BERMÚDEZ: The originality of Cartesian skepticism: Did it have ancient or medieval antecedents? Hist. Philos. Quart. 17 (2000) 333-360. – [23] R. DESCARTES: Medit. de prima philos., obj. sept., quaestio tertia, notae (1642). Oeuvr., hg. CH. ADAM/P. TANNERY [AT] (Paris 1897-1913, 1964-74) 7, 550. – [24] Disc. de la méth. IV (1637). AT 6, 31. – [25] a.O. 32. – [26] a.O. – [27] ebda. – [28] 33. – [29] Medit. I (1641). AT 7, 18f. – [30] a.O. 19. – [31] 20. – [32] a.O. – [33] 22; vgl. Art. ‹Genius malignus›. Hist. Wb. Philos. 3 (1974) 309f.; C. PAGE: Demonic credulity and universalization of Cartesian doubt. Southern J. Philos. 27 (1989) 399-426; T. GREGORY: Dio ingannatore e genio maligno. Nota in margine alle 'Meditationes' di Descartes. Giorn. Crit. Filos. italiana 53 (1974) 477-516: zur möglichen Herkunft des Motivs aus CICERO: Luc. 47; vgl. G. GAWLICK: Die Funktion des Skeptizismus in der frühen Neuzeit. Arch. Gesch. Philos. 49 (1967) 86-97, hier: 94-97. – [34] Medit. VI, a.O. 89f. – [35] II, a.O. 25. – [36] P.-S. RÉGIS: Réponse au livre qui a pour titre P. Danielis Huetii ... Censura philos. Cartes. (Paris 1691) 5; F. BOUILLIER: Hist. de la philos. cartésienne (Paris [3]1886, ND Brüssel 1969) 1, 69 (Anm. 2). – [37] M. BENÍTEZ: Jean Meslier, le doute méthodique et le matérialisme, in: PAGANINI (Hg.), a.O. [20] 463-474; G. PAGANINI: Scepsi clandestina: i ‹Doutes des pyrrhoniens›, in: G. CANZIANI (Hg.): Filosofia e religione nella letteratura clandestina secoli XVII e XVIII (Mailand 1994) 83-122; W. SCHRÖDER: From doubt to rejection: The impact of ancient pyrrhonism on the emergence of early modern atheism, in: M. BENÍTEZ/G. PAGANINI/J. DYBIKOWSKI (Hg.): Scepticisme, clandestinité et libre pensée (Paris 2002) 67-77. – [38] Eine lexikograph. Zusammenfassung gibt E. CHAUVIN: Lex. philos. (Leeuwarden [2]1713, ND 1967) 197f. (Art. ‹Dubitatio›); zur Bedeutung der dubitativen Methode von Descartes für die Entwicklung der Logik der Zeit vgl. W. RISSE: Die Logik der Neuzeit 2 (1970) 36-39. 58f. 100-103. – [39] B. SPINOZA: Renati Des Cartes princ. philosophiae pars I & II, Proleg.; I, 1 (1663). Opera, hg. C. GEBHARDT (1925-87) 1, 141-143. – [40] Tract. de intellectus emendatione (1677), a.O. 2, 29f. – [41] G. W. LEIBNIZ: An G. Meier, Ad Swelingii responsionem Censurae Huetii oppositam [1691]. Die philos. Schr., hg. C. I. GERHARDT 4 (1880, ND 1965) 327; Cartesius veram analysin amisit [1683-85?]. Akad.-A. VI/4 B (1999) 1472; Y. BELAVAL: Leibniz critique de Descartes (Paris 1960) 59-62; E. DE OLASO: Leibniz y la duda metódica. Revista Filos. 14 (1964) 37-56; El significado de la duda esceptica. Revista lat.-amer. Filos. I, 1 (1975) 27-37; Leibniz and scepticism, in: R. H. POPKIN/CH. B. SCHMITT (Hg.): Scepticism from the renaiss. to the enlight. (1987) 133-167. – [42] J. CLAUBERG: Init. philos. sive dubitatio Cartes. ad Metaphysicam certitudinem viam aperiens (1655). Op. omn. philos. (Amsterdam 1691, ND 1968) 1, 1121-1216, bes. 1131-1140. – [43] W. SCHNEIDERS: Vernünftiger Z. und wahre Eklektik. Studia leibn. 17 (1985) 143-161, zit. 147. – [44] B. PASCAL: L'entretien de Pascal avec M. de Sacy, hg. A. GOUNELLE (Paris 1966) 5. – [45] a.O. 9. – [46] 13. – [47] 16. – [48] 14. – [49] Pensées, Nr. 389 (1670). Oeuvr., hg. L. BRUNSCHVICG/P. BOUTROUX (Paris 1904-14) 13, 297f. – [50] SCHNEIDERS, a.O. [43] 149 mit Nachweisen etwa bei J. A. FABRICIUS, G. F. MEIER, A. G. BAUMGARTEN u.a. – [51] CH. THOMASIUS: Introd. ad philosophiam aulicam, c. VI (1688). Ausgew. Werke, hg. W. SCHNEIDERS 1 (1993) 119-131. – [52] § 12, a.O. 123. – [53] F. CH. BAUMEISTER: Instit. philosophiae rationalis methodo Wolffii conscr. §§ 337-339 ([6]1742) 231f.; für die Kontrastierung eines 'vernünftigen Zweiflers' gegen die 'groben Pyrrhonisten' vgl. etwa: J. M. VON LOEN: Der Pyrrhonismus, in: Kl. Schrifften, hg. J. C. SCHNEIDER 3 (1751) 57-66. – [54] H. S. REIMARUS: Vernunftlehre II, 3, §§ 348f. ([3]1766, ND 1979) 415-419; zum Kontext vgl. W. SCHNEIDERS: Praktische Logik. Zur Vernunftlehre der Aufklärung im Hinblick auf Reimarus, in: W. WALTER/L. BORINSKI (Hg.): Logik im Zeitalter der Aufklärung. Studien zur ‹Vernunftlehre› von H. S. Reimarus (1980) 75-92; zum 'vernünftigen Z.' bes. 87f. – [55] P. BAYLE: Dict. hist. et crit. ([4]1730) 3, 731 (Art. ‹Pyrrhon›, Rem. A). – [56] M. MENDELSSOHN: Orakel, die Bestimmung des Menschen betreffend. Jub.ausg. 6/1 (1981) 19-25, hier: 21. – [57] TH. ABBT: Zweifel über die Bestimmung des Menschen, a.O. 9-18, hier: 10. – [58] Vgl. dazu: S. LORENZ: Skeptizismus und natürl. Religion. Th. Abbt und M. Mendelssohn in ihrer Debatte über J. J. Spaldings ‹Bestimmung des Menschen›, in: M. ALBRECHT/E. J. ENGEL/N. HINSKE (Hg.): M. Mendelssohn und die Kreise seiner Wirksamkeit (1994) 113-133. – [59] FRIEDRICH II. VON PREUSSEN: Extrait du Dict. hist. et crit. de Bayle (1765) II. Oeuvr. philos., hg. J.-R. ARMOGATHE/D. BOUREL (Paris 1985) 318f.; vgl. S. LORENZ: Friedrich der Große und der Bellerophon der Philos. Bem. zum 'roi philosophe' und P. Bayle, in: M. FONTIUS (Hg.): Friedrich II. und die europ. Aufklärung (1999) 73-85. – [60] J. H. S. FORMEY: Prüfung der Secte, die an allem zweifelt (1751) [dtsch. Übers. A. VON HALLERS von FORMEYS Auszug aus J.-P. DE CROUSAZ: Examen du pyrrhonisme ancien et moderne (Den Haag 1733)]. – [61] D. HUME: An enqu. conc. human understand. XII, 3, § 129 (1748). The works, hg. T. H. GREEN/T. H. GROSE 4 (1875, ND 1964) 132. – [62] E. PLATNER: Neue Anthropologie für Aerzte und Weltweise (1790) 1, 230. – [63] E. B. DE CONDILLAC: Dict. des synonymes. Oeuvr. philos. 3 (Paris 1951) 222. – [64] I. KANT: Logik JÄSCHE, Einl. X (1800). Akad.-A. 9, 83. – [65] a.O. 84; vgl. Art. ‹Methode, skeptische›. Hist. Wb. Philos. 5 (1980) 1371-1375. – [66] G. W. F. HEGEL: Vorles. über die Gesch. der Philos. [1816/17ff.]. Jub.ausg., hg. H. GLOCKNER 18 (1928) 542. – [67] Phän. des Geistes (1807). Akad.-A. 9 (1980) 56. – [68] a.O. – [69] EISLER[4] 3 (1930) 691f. (s.v. ‹Z.›). – [70] A. BAIN: The emotions and the will (London 1875) 505ff.; vgl. K.-O. APEL: Der Denkweg von Ch. S. Peirce (1975) 112f. – [71] CH. S. PEIRCE: The fixation of belief (1877). Coll. papers 5, hg. CH. HARTSHORNE/P. WEISS (Cambridge, Mass. 1934) 229f. (CP 5.369); dtsch.: Die Festlegung einer Überzeugung II, in: Schr. zum Pragmatismus und Pragmatizismus, hg. K.-O. APEL (1991) 149-172. – [72] Some consequences of four incapacities (1868), a.O. 156f. (CP 5.265); dtsch.: Einige Konsequenzen aus vier Unvermögen, a.O. 40-80, 40f. – [73] E. HUSSERL: Cartes. Meditationen I, § 6 (1931). Husserliana 1 (1950) 56. – [74] L. WITTGENSTEIN: Tractatus log.-philos. (1921) 6.51. – [75] Über Gewißheit §§ 219ff., hg. G. E. M. ANSCOMBE/G. H. VON WRIGHT (1970) 61ff.; S. C. A. FAY: Z. und Gewißheit beim späten Wittgenstein (1992). – [76] §§ 4.122, a.O. 9f. 40. – [77] Art. ‹Skepsis; Skeptizis-

mus II.›. Hist. Wb. Philos. 9 (1995) 967f. – [78] H. G. FRANKFURT: Demons, dreamers, and madmen. The defense of reason in Descartes's Meditations (Indianapolis/New York 1970); R. WEINTRAUB: The sceptic challenge (London/New York 1997) 55ff. – [79] M. WILLASCHEK: Wissen, Z., Kontext. Zeitschr. philos. Forsch. 54 (2000) 151-172; G. C. GODDU: Reasonable doubt. Argumentation 13 (1999) 243-258; A. BRUECKNER: Not wanting to know. Analysis 63 (2003) 250-256. – [80] B. STROUD: The significance of philos. scepticism (Oxford 1984) 39. – [81] M. WILLIAMS: Unnatural doubts. Epistemolog. realism and the basis of scepticism (Cambridge 1992); dazu: R. RORTY: Comm. on M. Williams' 'Unnatural doubts'. J. philos. Research 22 (1997) 1-10.

Literaturhinweise. R. LEFÈVRE: Le doute cartésien. Rev. Hist. Philos. 5 (1931) 1-23. – H. GOUHIER: Doute méthod. ou négation méthod. Et. philos. 9 (1954) 135-162. – K. MARC-WOGAU: Der Z. Descartes' und das cogito ergo sum. Theoria 20 (1954) 128-152. – E. DE OLASO s. Anm. [41]. – G. RODIS-LEWIS: Doute et certitude chez Descartes et Pascal. Europe 56 (1978) 5-14. – J. HENNIGSFELD: Z. und Überzeugung. Peirces Kritik an der Cartes. Z.-Argumentation. Perspectives Philos. 9 (1983) 235-252. – M. BRANDT BOLTON: Spinoza on cartesian doubt. Nous 19 (1985) 379-395. – W. SCHNEIDERS s. Anm. [43]. – M. J. FERREIRA: Scepticism and reasonable doubt. The Brit. naturalist trad. in Wilkins, Hume, Reid and Newman (Oxford 1986). – S. C. A. FAY s. Anm. [75]. – J. L. BERMÚDEZ s. Anm. [22]. – D. PERLER s. Anm. [21].

S. LORENZ/Red.

Zweinaturenlehre. Der Begriff ‹Z.› gehört zu den Lehraussagen über die Person Jesu Christi (Christologie, s.d.) in den meisten christlichen Kirchen. Dabei greift die Z. die neutestamentliche Überzeugung auf, daß Jesus von Nazareth einerseits «gleich wie ein anderer Mensch» (Phil. 2, 7) gewesen sei, ihm aber andererseits aufgrund des Eindrucks seiner singulären «Vollmacht» (ἐξουσία, z.B. Mtth. 7, 29; 28, 18; Mk. 1, 22. 27; Lk. 4, 32. 36) [1] und des Glaubens an seine Auferweckung gottheitliche Prädikationen etwa als «Kyrios» (z.B. Apg. 2, 36; 10, 36; Röm. 10, 9; 1. Kor. 12, 3; 2. Kor. 4, 5; Phil. 2, 11; Apk. 17, 14), «Christus» (z.B. Mtth. 16, 16; Lk. 2, 11; Apg. 17, 3) oder «Gottessohn» (z.B. Mtth. 14, 33; 27, 54; Mk. 1, 1; Joh. 11, 27; 1. Joh. 4, 15) zukämen. Hierauf bezogen, entwickelt sich in der Alten Kirche die Ansicht, Jesus Christus müsse als eine gottmenschliche Person in zwei Naturen, der göttlichen und der menschlichen, verstanden werden. Die entsprechende Lehre wird durch die Aussage des Konzils von Chalkedon im Jahre 451 festgeschrieben. Das Konzil betont, daß Christus «der Gottheit nach dem Vater wesensgleich (ὁμοούσιος) und der Menschheit nach» – mit Ausnahme der Sünde – «uns wesensgleich (ὁμοούσιον τὸν αὐτὸν ἡμῖν κατὰ τὴν ἀνθρωπότητα)» sei, wobei Christus «in zwei Naturen unvermischt, unveränderlich, ungetrennt und unteilbar (ἐν δύο φύσεσιν ἀσυγχύτως, ἀτρέπτως, ἀδιαιρέτως, ἀχωρίστως) erkannt wird» [2]. Der deutsche Zusammenfassungsbegriff ‹Z.› wird hierfür seit der zweiten Hälfte des 19. Jh. gebräuchlich, und zwar vorwiegend in der evangelischen Theologie, während die katholische Theologie den Begriff ‹hypostatische Union› bevorzugt [3].

A. *Lehrgrundlagen der Z.* – Die Grundlagen der mit ‹Z.› bezeichneten christologischen Auffassungen sind zwischen den Konzilien von Konstantinopel von 381 und 681 (2. und 6. ökumenisches Konzil) unter den damals bestimmenden ontologischen Gesamtsichten entwickelt worden. Sie führen in Auseinandersetzungen des 4. und 5. Jh. auf die Feststellungen des Konzils von Chalkedon hin und werden im Ergebnis von Streitigkeiten des 6. und 7. Jh. zu einem intensivierten Verständnis gebracht [4].

1. Die *Auseinandersetzungen des 4. und 5. Jh.* haben zwei Voraussetzungen: einmal die mit dem Konzil von Konstantinopel 381 zum Abschluß kommende insbesondere antiarianische Feststellung, der Sohn sei dem Vater «wesensgleich» (ὁμοούσιος) [5], zum anderen die im Ringen mit der Theologie des APOLLINARIS VON LAODICEA gewonnene und durch das Konzil von 451 bestätigte Überzeugung, in Jesus Christus habe der göttliche Logos nicht nur ein der Seele entbehrendes «Fleisch» (σάρξ) angenommen, zu dessen Seele er selber werde, sondern einen Menschen (ἄνθρωπος) «aus vernunftbegabter Seele und Leib» [6]. Im 5. Jh. drängt sich die Frage nach dem 'Wie' des Zugeordnetseins von Gottheit und Menschheit in Christus auf. Der Patriarch von Alexandria, KYRILL, ist der Ansicht, Christus konstituiere sich zwar «aus zwei Naturen», habe jedoch nach der Menschwerdung nur eine gottmenschliche Natur (μία φύσις) gehabt [7], während der Patriarch von Konstantinopel, NESTORIUS, die Auffassung vertritt, Christus habe als Menschgewordener «in zwei Naturen» (ἐν δύο φύσεσιν), der göttlichen und der menschlichen, existiert [8]. KYRILL fußt dabei auf dem in Alexandria immer vorhandenen soteriologischen Anliegen, daß nur dann, wenn Gott in Christus das Menschliche voll ergriffen habe, dieses von ihm auch geheilt werde, und tritt deshalb für die «eine Natur» ein. NESTORIUS sieht dadurch im Sinne antiochenischer Theologie in Frage gestellt, daß Christus mit Ausnahme der Sünde voller Mensch «wie wir» gewesen sei, und verteidigt deshalb gegen Kyrill die «zwei Naturen».

Während zunächst, besonders auf dem Konzil zu Ephesus 431 [9], das Kyrillische Anliegen sich durchzusetzen scheint, gewinnt man in der Folgezeit – auch unter dem Fortwirken nestorianischer Einflüsse – mehr und mehr die Einsicht, es müsse eine Klärung des christologischen Problems dadurch gewonnen werden, daß die Einheit in Christus auf der Ebene der gottmenschlichen 'Person' und die Unterschiedenheit in ihm auf der Ebene von zwei 'Naturen' gefunden werden [10]. Dies geschieht, beeinflußt besonders durch die Kappadozier BASILIUS und GREGOR VON NAZIANZ, indem man den trinitätstheologisch bereits im Gebrauch befindlichen Begriff der Hypostase (s.d.) im Sinne eines individuierenden Für-sich-Bestehens unter Gleichsetzung mit dem Begriff πρόσωπον auch in die Christologie einführt und durch ihn das Personsein (nicht gänzlich kongruent mit dem neuzeitlichen Begriff ‹Person› in Sinne von ‹Persönlichkeit› [11]) Christi bestimmt, während man zugleich unter dem Begriff φύσις die in dieser Hypostase geeint verwirklichten, jedoch als solche je unterschieden bleibenden 'Wesen' (οὐσίαι) des Göttlichen und des Menschlichen in Christus versteht [12]. Entsprechende Gedanken werden bereits auf einer Synode 448 durch FLAVIAN, einen Nachfolger des Nestorius in Konstantinopel, formuliert [13] und 449 durch einen Brief von Papst LEO I. an Flavian befördert [14]. Eigenartigerweise standen im lateinischen Westen vor allem durch TERTULLIAN und AUGUSTINUS vorbereitete Begriffe bereit, die sich in einer gewissen Kongruenz zu den im Osten erreichten Klärungen befanden [15]. Daher kann LEO schreiben: «Die Eigentümlichkeit beider Naturen blieb also unversehrt und vereinigte sich in einer Person; und so wurde die Niedrigkeit von der Hoheit, die Schwäche von der Kraft, die Sterblichkeit von der Ewigkeit angenommen» («Salva igitur proprietate utriusque naturae et in unam coeunte personam, suscepta est a majestate humilitas, a virtute infirmitas, ab aeternitate mortalitas»), wobei gilt, daß «jede der beiden Gestalten ('forma' unter Bezug auf Phil. 2, 6f. ‹Vulgata›) in Gemeinschaft mit der anderen wirkt, was ihr eigen ist» («agit enim utraque forma cum alterius communione quod proprium est») [16]. In der Einigungsformel von Chalkedon 451 schließen sich so westliche und östliche Christologie zur Z. zusammen.

2. Die dem Chalkedonense nachfolgenden *Streitigkeiten im 6. und 7. Jh.* entstehen dadurch, daß der kyrillisch bestimmte Monophysitismus (s.d.) die Formeln von 451 in seinem Sinne zu interpretieren sucht, während die Anhänger der chalkedonischen Einigungsformel diese – unter Aufnahme monophysitischer Anliegen – endgültig durchzusetzen sich bemühen. Das Ergebnis einschließlich der theologischen Intensivierungen, die dabei erreicht und weithin auf dem konstantinopolitanischen Konzil von 680/681 akzeptiert werden [17], läßt sich durch einige Aussagen in dem dogmatischen Werk Πηγὴ γνώσεως (‹Quelle der Erkenntnis›) des JOHANNES VON DAMASKUS erfassen und belegen [18]. Erstens antwortet Johannes auf die im 6. Jh. diskutierte Frage, ob es in Christus einen oder zwei Willen und Energien (ἐνεργείας, operationes) gegeben habe, mit der von dem Konzil 680/681 festgestellten Lehre, jede der in der gottmenschlichen Person geeinten Naturen habe einen eigenen Willen, wobei jedoch derjenige der menschlichen Natur gänzlich demjenigen der göttlichen Natur folge [19]. Zweitens schreibt der Damaszener die bereits von LEONTIOS VON JERUSALEM entwickelte Auffassung von der Enhypostasie der menschlichen Natur in der den Naturen gemeinsamen göttlich-menschlichen Hypostase fest, die besagt, daß die menschliche Natur Christi ihre hypostatische Verwirklichung nur in der hypostatischen Einheit der gottmenschlichen Person habe [20]. Drittens bestätigt JOHANNES die schon seit langem vorhandene Überzeugung, daß um der Einheit der gottmenschlichen Hypostase willen die jeweiligen Eigenschaften der beiden Naturen auch auf die gottmenschliche Person übertragen und von ihr ausgesagt werden können («communicatio idiomatum»), wobei nach Johannes auch eine Durchdringung der menschlichen Natur mit den Eigenschaften der göttlichen Natur stattfindet (Perichorese, s.d.) [21]. Die altlutherische Theologie war hierzu – im Unterschied zur altreformierten Theologie – der Ansicht, daß die «communicatio idiomatum» ein nicht nur verbal ermöglichter, sondern ein aufgrund der personalen Einheit wechselseitig zwischen den Naturen sich vollziehender realer Vorgang sei [22].

In den genannten drei Bereichen sind das alexandrinisch-kyrillische und das antiochenisch-nestorianische Anliegen so dicht wie irgend möglich zueinander geführt. Alle drei haben – neben den grundsätzlichen Fragen, die die antik-hellenistischen Voraussetzungen und Einbettungen der altkirchlichen Christologie aufwerfen – im Mittelalter und in der beginnenden Neuzeit zu weitergehenden und weitgreifenden Problemstellungen geführt [23], wobei sich jedoch erweist, daß die gedanklichen Konstellationen, die von der Patristik erarbeitet wurden, auch unter veränderten Verhältnissen konstitutive, zumindest aber heuristische Bedeutung behalten.

B. *Verwendung des Begriffs ‹Z.›.* – 1. Bereits im 16. Jh. sind anläßlich der Debatte um die lutherische Auffassung der mit der Z. im Zusammenhang stehenden «communicatio idiomatum» eine Reihe von Abhandlungen mit dem Titel ‹De duabus naturis in Christo› (‹Über die zwei Naturen Christi›) erschienen [24]. Nur vermuten kann man, daß die Bildung des deutschen Begriffs ‹Z.› durch die in der ersten Hälfte des 19. Jh. im deutschen Luthertum entstandene Diskussion um das Verständnis der Kenosis (Erniedrigung) Christi befördert worden ist [25]. In D. F. STRAUSS' ‹Christlicher Glaubenslehre› steht 1841 in einer Teilüberschrift die Wendung von der «Entwicklung der Lehre von den beiden Naturen in Christo» [26], während I. A. DORNER 1845 die «Lehre von den zwei Naturen» erwähnt [27]. Gebraucht wird um die Mitte des 19. Jh. auch mehrfach der Ausdruck des «Dogma vom Gottmenschen» [28]. Ein Zusammenfassungsbegriff ‹Z.› scheint sich noch nicht gebildet zu haben.

Der Begriff ‹Z.› dürfte mit hoher Wahrscheinlichkeit durch A. RITSCHL formuliert und in dessen Schule verbreitet worden sein. Zuerst läßt er sich – wiewohl das nicht die Erstverwendung sein mag – 1883 in der zweiten Auflage des dritten Bandes von Ritschls Werk ‹Die christliche Lehre von der Rechtfertigung und Versöhnung› finden, wenn dieser eher beiläufig im Zusammenhang mit Erörterungen über christologische Anschauungen des hl. Bernhard einmal von Gedanken «im Rahmen der Z.» spricht [29]. Bereits 1886 gebraucht der Ritschl-Anhänger A. VON HARNACK in seinem ‹Lehrbuch der Dogmengeschichte› den Begriff «Z.» relativ häufig (gelegentlich noch uneinheitlich als «Zwei-Naturen-Lehre» oder «Zwei-Naturenlehre») [30], wobei er inhaltlich durchaus von der «bedenklichen Zwei-Naturenlehre» sprechen kann [31]. Die Gewöhnung an die Verwendung des Begriffs ‹Z.› könnte durch die 1897 zuerst erschienene und häufig aufgelegte ‹Dogmatik› des Ritschlianers J. KAFTAN intensiviert worden sein, der einen Paragraphen seiner Christologie mit ‹Die Z.› überschreibt, den Begriff laufend verwendet und Z. definiert «als die Lehre, dass im Gottmenschen die göttliche und die menschliche Natur zur Einheit einer Person verbunden sind» [32].

2. Der Begriff ‹Z.› hat sich in der evangelischen Theologie dann nach und nach eingebürgert [33]. Er findet sich in fast allen evangelischen Dogmatiken des 20. Jh. im Zusammenhang mit den christologischen Ausführungen und wird hier, ohne eigenen spezifischen Begriffsgehalt, jeweils zur Bezeichnung eines Bezuges auf das altkirchliche Christusdogma und/oder die altprotestantische Christologie verwendet [34]. Inhaltlich bemühen sich sowohl die evangelische als auch die katholische Dogmatik darum, unter verändernden biblisch-exegetischen Erkenntnissen und unter neuzeitlichen Denkvoraussetzungen die ontotheologischen Kategorien der früheren Z. in geschichtlich-personale Kategorien zu transformieren, also von einem relational verstandenen singulären «Zusammensein von Gott und Mensch» [35] in Jesus Christus zu sprechen [36].

Anmerkungen. [1] Vgl. Art. ‹Vollmacht 2.›. Hist. Wb. Philos. 11 (2001) 1133. – [2] H. DENZINGER/P. HÜNERMANN (Hg.): Enchir. symbol. ([38]1999) 141-143 (Nr. 300-303), hier: 142f. (Nr. 301f.). – [3] Vgl. z.B. L. ULLRICH: Art. ‹Hypostatische Union›, in: W. BEINERT (Hg.): Lex. der kath. Dogmatik (1987) 267-282; P. HÜNERMANN: Art. ‹Hypostase, hypostatische Union›. LThK[3] 5 (1996) 371-377. – [4] Vgl. I. A. DORNER: Entwicklungsgesch. der Lehre von der Person Christi I/1-II/3 ([2]1845-56); A. GILG: Weg und Bedeutung der altkirchl. Christologie (1936, ND 1989); W. ELERT: Der Ausgang der altkirchl. Christologie (1957); J. LIÉBAERT: Christologie. Von den apostol. Vätern bis zum Konzil von Chalcedon (451), in: Hb. der Dogmengesch. 3/1a (1965); R. WILLIAMS: Art. ‹Jesus Christus II. Alte Kirche›, in: Theolog. Realenzykl. 16 (1987) 726-745; A. GRILLMEIER: Jesus der Christus im Glauben der Kirche I-II/4 (1979-1994); A. M. RITTER: Dogma und Lehre in der Alten Kirche, Kap. IV: Der christolog. Streit und das Dogma von Chalkedon (451), in: Hb. der Dogmen- und Theologiegesch. 1 ([2]1999) 222-283. – [5] DENZINGER/HÜNERMANN (Hg.), a.O. [2] 83-85 (Nr. 150), hier: 83. – [6] Rundschreiben der Synode zu Alexandria 362 [ATHANASIUS: Tomus ad Antiochenos, Kap. 7]. MPG 26, 804 A-805 A; Chalkedon, in: DENZINGER/HÜNERMANN (Hg.), a.O. 142 (Nr. 301); vgl. Art. ‹Logos II.›. Hist. Wb. Philos. 5 (1980) 499-502. – [7] KYRILL VON ALEXANDRIA: Anathematismen gegen Nestorius (430), in: DENZINGER/HÜNERMANN (Hg.), a.O. 125-128 (Nr. 252-263); zum Vorkommen der μία φύσις-Formel vgl. GRILLMEIER, a.O. [4] I, 674 (Anm. 2); zur geschichtlichen Herkommensproblematik vgl. A. HAHN: Bibl. der Symbole und Glaubensregeln der Alten Kirche ([3]1897) 266f. (§ 195), bes. 266 (Anm. 83). – [8] NESTORIUS VON KONSTANTINOPEL: Nestoriana, hg. F. LOOFS (1905) 174, 1-180, 20 [2. Br. des Nestorius an Kyrill [430], in: DENZINGER/HÜNERMANN (Hg.), a.O. 122-125 (Nr. 251 a-e)]; 197, 22-198, 7; 280, 1-281, 11; 330, 18-331, 8. – [9] DENZINGER/HÜNERMANN (Hg.), a.O. 121-129 (Nr. 250-266). – [10] Vgl. die Einigungsformel zwischen Kyrill von Alexandrien und den Bischöfen der Kirche von Antiochien (433), in: DENZINGER/HÜNERMANN (Hg.), a.O. 129f. (Nr. 271-273); Art. ‹Person I. 4.›. Hist. Wb. Philos. 7 (1989) 274-281; ‹Person II.›, a.O. 283-300. – [11] Vgl. dazu: ELERT, a.O. [4] 133-184. – [12] Vgl. J. HAMMERSTAEDT: Art. ‹Hypostasis (ὑπόστασις)›. RAC 16 (1994) 986-1035; HÜNERMANN, a.O. [3]; Art. ‹Substanz I. 7.›. Hist. Wb. Philos. 10 (1998) 502-504; ‹Trinität I. 2.›, a.O. 1493-1500, bes. 1496. – [13] FLAVIAN VON KONSTANTINOPEL: Glaubensbekenntnis (449), in: HAHN, a.O. [7] 320f. (§ 223). – [14] LEO I.: Br. ‹Lectis dilectionis tuae› an Flavian von Konstantinopel (sog. ‹Tomus Leonis›), in: DENZINGER/HÜNERMANN (Hg.), a.O. [2] 135-138 (Nr. 290-295). – [15] Vgl. TERTULLIAN: De carne Chr. 5, 1-8. CCSL 2, 880-882; Adv. Prax. 27, 8-15. CCSL 2, 1199f.; AUGUSTINUS: De trin. VII, 6, 11; XIII, 17, 22. CCSL 50, 261-265. 412f.; C. serm. Arian. 6-8. MPL 42, 687-689; In Joh. evang. tr. 99, 1. CCSL 36, 581-583; Serm. 294, 9. MPL 38, 1340f.; Ep. 137, 11. CSEL 44, 109-111. – [16] LEO I., a.O. [14] 136 (Nr. 293); 137 (Nr. 294). – [17] DENZINGER/HÜNERMANN (Hg.), a.O. [2] 255-259 (Nr. 550-559). – [18] JOHANNES VON DAMASKUS: Expos. fidei orth. MPG 94, 781-1227; B. KOTTER (Hg.): Die Schriften des Joh. von Damaskos 2 (1973). Patrist. Texte und Stud. 12. – [19] Expos. fidei III, 13-18, a.O. 1033-1077; KOTTER, a.O. 136-153; vgl. auch: Art. ‹Monotheletismus›. Hist. Wb. Philos. 6 (1984) 146f.; ‹Monergismus›, a.O. 131f. – [20] III, 7. 9, a.O. 1007-1011. 1015f.; KOTTER, a.O. 122-126. 128. – [21] 3f. 19, a.O. 987-995. 1077-1081; KOTTER, a.O. 111-118. 160-162. – [22] Vgl. dazu: Art. ‹Inkarnation›. Hist. Wb. Philos. 4 (1976) 368-382; ‹Ubiquität›, a.O. 11 (2001) 74-78, bes. 75f. – [23] Mittelalter: A. M. LANDGRAF: Dogmengesch. der Frühscholastik 2/1 (1953) 70-171; 2/2 (1954) 7-169; J. VON BACH: Die Dogmengesch. des MA vom christolog. Standpunkte aus 1-2 (Wien 1873-75); A. GRILLMEIER/H. BACHT (Hg.): Das Konzil von Chalkedon 2 (1954) 761-939; R. WILLIAMS: Art. ‹Jesus Christus III. Mittelalter›, in: Theolog. Realenzykl. 16 (1987) 745-759; Neuzeit: PH. KAISER: Die Gott-menschliche Einigung als Problem der spekulativen Theologie seit der Scholastik (1968); K.-H. ZUR MÜHLEN: Art. ‹Jesus Christus IV. Reformationszeit›. W. SPARN: ‹V. Vom Tridentinum bis zur Aufklärung›, in: Theolog. Realenzyklopäd. 16 (1987) 759-772; 17 (1988) 1-16; F. COURTH: Christologie. Von der Reformation bis ins 19. Jh., in: Hb. der Dogmengesch. 3/1d (2000). – [24] z.B. J. BRENZ: De personali unione duarum naturarum in Christo (1561); M. CHEMNITZ: De duabus naturis in Christo (1578). – [25] Vgl. Art. ‹Kenose›. Hist. Wb. Philos. 4 (1976) 813-815, bes. 814. – [26] D. F. STRAUSS: Die christl. Glaubenslehre 1-2 (1840/41) 1, 99. – [27] DORNER, a.O. [4] I/3 ([2]1845) 1071. – [28] z.B. K. VON HASE: Evang. Dogmatik ([4]1850) 210; CH. E. LUTHARDT: Kompendium der Dogmatik ([3]1868) 142. – [29] A. RITSCHL: Die christl. Lehre von der Rechtfertigung und Versöhnung 1-3 ([2]1882/83), hier: 3 ([2]1883) 385 (Cap. VI, 45); noch nicht in der 1. Aufl.: 1-3 (1870-74) 3 (1874). – [30] A. HARNACK: Lehrb. der Dogmengesch. 1-3 (1886-90), 1 ([2]1888) VIII. 138. 192f. 474. 549; 2 ([2]1888) 310. 389; 3 (1890) 575. 789 (Register). – [31] a.O. 2, 389; vgl. 3, 575. – [32] J. KAFTAN: Dogmatik ([1-2]1897) 384; vgl. auch: H. H. WENDT: System der Christl. Lehre (1907) 364f. 382; LUTHARDT, a.O. [28] ([11]1914) 210. – [33] Signifikant die theologischen Enzyklopädien: RE[1] Generalregisterband (1868): kein entsprechendes Stichwort; RE[2] 18 (1888) Generalregister: kein entsprechendes Stichwort; RE[3] Registerband 22 (1909) 481: ‹Zwei-Naturen-Lehre›; RGG[1] 5 (1913) 2243: ‹Z.›; RGG[2] Registerband (1932) 890: ‹Z.›; RGG[3] Registerband (1965): kein eigenes Stichwort. – [34] z.B. LUTHARDT, a.O. [32]; K. BARTH: Die kirchl. Dogmatik IV/1 (1953) 146; IV/2 (1955) 65. 71; E. BRUNNER: Dogmatik 2 ([2]1960) 379-386; P. TILLICH: Systemat. Theologie 2 (1958) 158; O. WEBER: Grundlagen der Dogmatik 1 (1959) 674 (Anm. 4); 2 (1962) 20. 131. 407; G. EBELING: Dogmatik des christl. Glaubens 2 (1979) 70. 81. 85f. 500; 3 (1979) 328; W. PANNENBERG: Systemat. Theologie 2 (1991) 426f. 429. 433 (Anm. 187). 450 (Anm. 22). – [35] EBELING, a.O. 43. – [36] Vgl. GRILLMEIER/BACHT (Hg.), a.O. [23] 3 (1954); C. H. RATSCHOW: Jesus Christus (1982); A. MCGRATH: The making of modern german christology (Oxford 1986); J. MACQUARRIE: Art. ‹Jesus Christus VI. Neuzeit›, in: Theolog. Realenzykl. 17 (1988) 16-42; ULLRICH, a.O. [3] 278-280; P. HÜNERMANN: Jesus Christus (1994) 342-400; U. KÜHN: Christologie (2003) 53-91. 306-315.

M. SEILS

Zweireichelehre (engl. two kingdoms doctrine). Der Begriff ‹Z.› bezieht sich auf M. LUTHERS Unterscheidung von «Reich Gottes» (s.d.) und «Reich der Welt». Als Begriff mit einem eher theologischen Bezugsbereich unterscheidet er sich von den philosophiegeschichtlich, insbesondere bei G. W. LEIBNIZ und I. KANT, verwendeten Reiche-Differenzierungen wie «regnum naturae/gratiae», «Reich der Natur/der Zwecke», «Reich des Bösen/Gottes» oder «Reich der Notwendigkeit/der Freiheit», auf die er jedoch zum Teil miteingewirkt hat [1]. Den Anlaß zur terminologischen Fixierung des theologischen Begriffs einer Z. gibt im Jahre 1922 K. BARTH [2], indem er in kritischer Auseinandersetzung mit der Anwendung der Lutherschen Reiche-Unterscheidung durch P. ALTHAUS in dessen Schrift ‹Religiöser Sozialismus› [3] eher beiläufig die Wendung «die Luthersche Lösung, die paradoxe Lehre von den zwei Reichen» gebraucht [4]. Schon vorher ist in Werken zur lutherischen Staatsethik von «zwei Lebenssphären» [5] oder der «Scheidung» der «beiden Sphären» [6] die Rede. Nach 1922 wird die Formulierung BARTHS – die zunächst nur zögernd aufgegriffen wird [7] – im Jahre 1938 zu einem festen begrifflichen Topos durch das Buch von H. DIEM mit dem Titel ‹Die Lehre Luthers von den zwei Reichen› [8]. Seither werden mit dem Begriff ‹Z.› die entsprechenden Aussagen Luthers und deren Systematisierungen im 20. Jh. bezeichnet, manchmal auch frühere damit zusammenhängende Lehrbildungen im Luthertum. Sie gelten als grundlegend für die reformatorisch-lutherische Auffassung vom Verhältnis beider «Reiche» sowie der in ihnen wirkenden «Regimente» und für die Verhältnisbestimmung von Kirche und Staat sowie – jedenfalls zumeist – auch für die lutherische politische Ethik und Sozialethik. Wiewohl eigenständig konzipiert [9], steht die Z. Luthers im Zusammenhang biblischer Aussagen und der Tradition gedanklicher Bemühungen des Gesamtchristentums.

1. Von den *biblischen Sachverhalten* her fußt die Z. *terminologisch* auf Jesu Verkündigung des Nahegekommenseins des «Reiches Gottes» (βασιλεία τοῦ Θεοῦ, «regnum Dei») (Mk. 1, 14f.; Mtth. 4, 17; Lk. 4, 43), das im NT als sowohl kommendes und schon gegenwärtiges «Reich» begriffen und in eine Unterscheidung von «dieser» und der «zukünftigen» Welt einbezogen wird (z.B. Eph. 1, 21). *Inhaltlich* ist sie vom NT her durch gewisse Aussagen über Bezüge zu den staatlichen Institutionen grundgelegt. So antwortet Jesus auf die Herausforderungsfrage, ob es recht sei, dem Kaiser Steuern zu zahlen, unter Verweis auf Bild und Aufschrift einer römischen Münze mit dem Satz: «So gebt dem Kaiser, was dem Kaiser gehört, und Gott, was Gott gehört» (Mk. 12, 13-17). Der Problemkreis wird von PAULUS im Brief an die Römer aufgegriffen, der die staatliche Gewalt (ἐξουσία) als von Gott eingesetzt und in dessen Dienst stehend be-

zeichnet und den Christen den «schuldigen Gehorsam» (ὑποτάσσω) anempfiehlt (Röm. 13, 1-7; vgl. auch 1. Petr. 2, 13-17). In einer Situation bereits vorhandenen Kaiserkultes und beginnender Christenverfolgung sieht der Seher der Johannesapokalypse das Römische Reich als «Tier aus dem Meer», dem es «erlaubt ist, mit den Heiligen zu kämpfen und sie zu besiegen» (Apk. 13, 7), wobei – in gleichsam 'passivem Widerstand' – «sich die Standhaftigkeit und die Glaubenstreue der Heiligen bewähren» muß (Apk. 13, 10) [10]. Durch die biblische Grundsituation einschließlich der mitprägenden eschatologischen Naherwartung ist dem Christentum eher die Differenzierung von Christengemeinde und weltlicher Herrschaftsform nahegelegt als die Usurpation weltlicher Macht.

2. Nach der Anerkennung des Christentums als *Staatsreligion* im Römischen Reich geht man im allgemeinen von einem aufeinander bezogenen Neben- oder Miteinander von Staat und Kirche aus, dessen konkrete Ausformung jedoch theoretisch und praktisch umstritten bleibt. Im östlich-byzantinischen Bereich entwickelt sich eine Theorie wechselseitiger Ergänzung als Συμφωνία (Einklang, Harmonie) von Staat und Kirche, die aber schon unter Kaiser JUSTINIAN die Gestalt des byzantinischen Cäsaropapismus annimmt [11]. Im westlich-lateinischen Bereich konzipiert AUGUSTINUS in ‹De civitate Dei› (‹Vom Gottesstaat›) in Abwehr von Vorwürfen des verbliebenen heidnischen Römertums anläßlich der Eroberung Roms 410 durch Alarich die These vom welt- und heilsgeschichtlichen Neben- und Gegeneinander der «civitas terrena» (auch «Diaboli») und der «civitas Dei». Es handelt sich um Persongemeinschaften («societates»), von denen die eine dem «amor sui» (Selbstliebe), die andere dem «amor Dei» (Gottesliebe) folgt [12]. Augustinus nennt sie auch «Staaten» [13], identifiziert sie jedoch nicht ohne weiteres mit dem Staat einerseits und der Kirche andererseits. Beide liegen bis zum Eschaton im Kampf miteinander, nach welchem nur die «civitas Dei» siegreich bestehen bleibt [14]. Für die Westkirche ist damit eine folgenreiche gedanklich-theoretische Differenzierung vollzogen, die Konsequenzen auch für das Staat-Kirche-Verhältnis in sich birgt. Sie wird in Abgrenzung vom oströmischen Cäsaropapismus 494 durch Papst GELASIUS I. in einem Schreiben an Kaiser Anastasius I. formuliert, in dem Gelasius feststellt, die Welt werde durch «zwei» («duo sunt»), nämlich «die geheiligte Autorität (auctoritas) der Bischöfe und die königliche Gewalt (potestas)» regiert. In Sachen des Heils seien die Könige den Priestern unterworfen («submitto»), während die Priester in der Erkenntnis, daß dem König «die Herrschaft auf Anordnung von oben übertragen wurde», dessen Gesetzen gehorchen («pareo») [15].

Die überaus sublim ausformulierte gelasianische Verhältnisbestimmung bleibt bis in das *Mittelalter* hinein der Westkirche in Erinnerung, und zwar auch deshalb, weil sie mit dem Brief des Gelasius in die Rechtssammlung GRATIANS aufgenommen wird [16]. Faktisch wird sie jedoch vielfach dadurch gebrochen, daß im immerwährenden Ringen zwischen Staat und Kirche Zeiten der Bemächtigung der Kirche durch den Staat und der Entmachtung des Staates durch die Kirche miteinander abwechseln, wobei jeweils auch Theorien dafür aufgestellt werden [17]. Auf gelasianischem Untergrund, aber unter dessen tatsächlicher Außerkraftsetzung wird im Zusammenhang mit dem sog. Investiturstreit des Hochmittelalters die «Zwei-Schwerter-Lehre» entwickelt [18], die 1302 in der Bulle ‹Unam sanctam› von BONIFATIUS VIII. ihre verbindliche Gestalt bekommt. Bei der Begründung der Theorie spielt die rätselhafte Bibelstelle Lk. 22, 38 eine Rolle, wo im Zusammenhang mit der Aussendung der Jünger durch Jesus diese zu ihm sagen: «Herr, hier sind zwei Schwerter», und Jesus daraufhin feststellt: «Es ist genug». Die Bulle ‹Unam sanctam› geht davon aus, daß die Kirche «ein Haupt, nicht zwei Häupter» habe, «nämlich Christus und den Stellvertreter Christi, Petrus, und den Nachfolger des Petrus», und daß in der Gewalt («potestas») der Kirche «zwei Schwerter sind, nämlich das geistliche und das zeitliche». Das «materielle», in der Hand der Könige und Soldaten befindliche Schwert sei «für die Kirche», das geistliche des Priesters «von der Kirche» zu handhaben, wobei die zeitliche Autorität («auctoritas») sich der geistlichen Gewalt («potestas») unterwerfe, da grundsätzlich «das Geistliche das Zeitliche» überrage [19]. Faktisch wird hier eine ekklesial-monistische Lehre festgeschrieben, die von aristotelischen Begründungszusammenhängen her auch bereits durch THOMAS VON AQUIN vertreten worden war [20]. Im Spätmittelalter tritt die Zwei-Schwerter-Lehre unter dem Aufkommen naturrechtlicher Staatstheorien und der Entstehung der National- und Territorialstaaten zurück. WILHELM VON OCKHAM lehrt, daß der «summus sacerdos Novi Testamenti ... in temporalibus regi fuit subiectus; ergo nec papa talem habet in temporalibus plenitudinem potestatis» (daß der «Hohepriester des NT ... in zeitlichen Dingen dem König untergeordnet war; also auch dem Papst eine solche Machtfülle in zeitlichen Dingen nicht zusteht») [21].

3. M. LUTHER hat sich durch eine Anfrage des bedeutenden Juristen der Zeit, J. VON SCHWARZENBERG, durch Probleme der Anwendung der Bergpredigtgebote Jesu, durch von altgläubigen Fürsten ausgehende Verbote des Besitzes der Lutherbibel sowie durch das allgemeine Erfordernis einer Klärung der Verhältnisse zwischen den geistlichen und den weltlichen Lebens- und Institutionsstrukturen zu denjenigen Aussagen herausgefordert gesehen, die heute als seine Z. gelten. Wiewohl vorher bereits angebahnt [22] und nachher vielfach angewendet und wohl auch modifiziert [23], finden sie sich zusammengefaßt in der Schrift ‹Von weltlicher Oberkeit, wie weit man ihr Gehorsam schuldig sei› aus dem Jahr 1523 [24]. Luther geht davon aus, daß «Adams Kinder und alle Menschen» in «zwei Teile» geteilt seien, das «Reich Gottes» und das «Reich der Welt». Das «Reich Gottes» (auch «Reich Christi») umfaßt «alle Rechtgläubigen in Christo und unter Christo». Zum «Reich der Welt» gehören «alle, die nicht Christen sind» [25], wobei Luther der Meinung ist, daß «die Welt und die Menge Unchristen» bleiben, «ob sie gleich alle getauft und Christen heißen» [26]. Die Glieder des «Reiches Gottes» leben aus dem Evangelium, befolgen die Anweisungen der Bergpredigt und bedürfen insoweit selber keiner staatlichen Ordnung [27]. Die Glieder des «Reiches der Welt» unterstehen dem natürlichen und dem mosaischen Gesetz (zusammengefaßt in der «Goldenen Regel», s.d.) und brauchen staatliche Ordnung und Machtausübung, damit die Welt um der hier vorherrschenden Sünde willen nicht im Chaos versinkt [28]. Angeordnet und gehandelt werden soll im «Weltreich» nach der Liebe im Sinne der «Goldenen Regel» und nach der Vernunft [29]. In beiden «Reichen» führt Gott sein «Regiment» [30], und zwar auch durch Beauftragte in ihren «Ämtern». Im «Reich Christi» geschieht dies durch das Predigtamt, im «Reich der Welt» durch die staatliche und häuslich-familiäre «Obrigkeit» [31]. Wiewohl Christen für sich und ihr Leben

grundsätzlich keine weltliche Obrigkeit brauchen, sind sie doch gehalten, aus Liebe und um des Nächsten willen an weltlichen Ämtern und Erfordernissen teilzunehmen, jedoch nicht aus Zwang, sondern aus christlicher «Freiheit» heraus [32]. Die Christen sollen, wenn es sie selber und ihre Sache betrifft, dem Unrecht nicht widerstehen, jedoch dann, wenn es sich um den Nächsten und das Seine handelt, sich «nach der Liebe» verhalten und dem Nächsten «kein Unrecht» geschehen lassen [33]. Es scheint, als habe Luther die schwierige Reiche-Terminologie später zurücktreten lassen und dann nur noch von den beiden «Regimenten» Gottes gesprochen [34]. Luther will die «Reiche» und die in ihnen wirkenden «Regimente» deutlich unterschieden haben, weshalb er allen Machtansprüchen der Kirche im «Reich der Welt» ebenso widerspricht wie jedem Machtübergriff des Staates in den geistlichen Bereich hinein [35]. Die Unterscheidung der «Reiche» meint jedoch keineswegs ihre Trennung, da beide «Reiche» letztlich Gottes «Reiche» sind und die «Regimente» in ihnen je auf ihre Weise der Bewahrung der Welt und der Erlösung des Menschen dienen.

Luthers Z. bewegt sich auf augustinischem Untergrund. Sie unterscheidet sich jedoch von derjenigen Augustins dadurch, daß Luthers «Weltreich» nicht eigentlich ein «regnum Diaboli» ist, wiewohl der Satan sich in ihm durchzusetzen sucht, daß beide Reiche aus göttlicher Anordnung stammen und daß in beiden Reichen Gott sein Regiment führt, weshalb sie näher als bei Augustinus zusammengehören, denn nach Luther ist «keins ... ohne das ander genug in der Welt» [36].

Luthers Lehre von den zwei Reichen und Regimenten geht zwar noch in die lutherischen Bekenntnisschriften ein [37], wird aber schon zu Luthers Zeiten dadurch überlagert und bald auch verdrängt, daß in den lutherischen Territorien in Ermangelung von Bischöfen das «Landesherrliche Kirchenregiment» der jeweiligen Territorialfürsten eingeführt wird [38]. Ihm fügt sich eine von Luther neben der Z. entwickelte Ständegliederung in Priesterstand, Ehestand und weltliche Obrigkeit («ecclesia, oeconomia, politia») problemlos ein [39]. Ein Reflex der Z. erhält sich darin, daß dem Landesfürsten nur das Recht «circa sacra» eingeräumt wird, während das Recht «in sacra» bei der Kirche verbleibt [40]. Gegen die Ansicht, es könne in einem Staat sowohl eine staatliche Souveränität als auch eine kirchliche Suprematie geben, und damit gegen den Versuch, eine «insignificant distinction of temporal, and ghostly» aufzurichten, wendet sich 1651 Th. Hobbes in seinem ‹Leviathan› [41]. Unter Bezug auf die damit von Hobbes vertretene «klare staatliche Antithese» sowohl «zum römisch-kirchlichen Entscheidungsmonopol» als auch zur «lutherischen Lehre von der Obrigkeit» (die Hobbes aber kaum gekannt haben kann) ist behauptet worden, diese Antithese sei «Ausdruck vollendeter Reformation» [42].

4. Erst gegen *Ende des 19. Jh.* taucht – nach mancherlei vorherigen Anklängen [43] – das wieder auf, was später als ‹Z.› Luthers bezeichnet wird. Dies geschieht in einem 1867 erschienenen Büchlein von Ch. E. Luthardt über Luthers Ethik [44]. Luthardt handelt davon bezeichnenderweise noch im Rahmen einer Ständelehre, stellt als deren Grundlage jedoch «die Unterscheidung zwischen dem Gottesreich und dem Weltreich» heraus [45]. Folgenreich ist, daß diese Unterscheidung sogleich als der «Satz von der Innerlichkeit des Christenthums im Unterschied von dem äußeren Leben in der Welt, wie es auf der Schöpfung beruht» [46], interpretiert und beides strikt unterschieden wird. Der Christ hat die Welt- und Rechtsordnung nicht zu modifizieren, vielmehr ist es die «christliche Gesinnung des im Glauben neu gewonnenen Herzens, welche der Christ in alles irdische Leben hineintragen soll» [47]. Diese Z. als Lehre vom Unterschied der Reiche prägt die lutherische Ethik bis hin zu P. Althaus [48]; sie scheint vom Neukantianismus und dem Eindruck einer naturgesetzlich geordneten Welt mitbestimmt worden zu sein [49]. G. Wünsch spricht daher 1921 vom «Zusammenbruch des Luthertums als Sozialgestaltung» [50], dessen Urheber er in Luther selber findet, weil dieser «die Gesamtheit alles Daseins ... in schroff dualistischer Teilung von Welt und Ueberwelt, Diesseits und Jenseits, Zeit und Ewigkeit» gesehen habe [51]. E. Troeltsch, dessen Lutherverständnis von Luthardt mitgeprägt ist [52], hebt die bereits bei Luther angelegte Spannung von Person- und Amtsmoral und die «Duplizität der Lebensstellung jedes Individuums» [53] hervor, die sich hier ergeben mußte.

5. Stimulans der *folgenden Entwicklung* ist einerseits die 1937 erschienene, dem nationalsozialistischen Reichs-Gedanken [54] zuarbeitende Luther-Interpretation des Historikers A. Deutelmoser [55], nach der Luther gemeint habe, die Kirche sei «das Werk der Innerlichkeit», der Staat jedoch «von sich aus und aus eigener Kraft göttlich» [56]. Andererseits handelt es sich um das Gegenüber des ‹Barmer Bekenntnisses› der ‹Bekennenden Kirche› und des ‹Ansbacher Ratschlags› lutherischer Theologen im Jahre 1934. Das ‹Bekenntnis› bestreitet, daß der Staat «die einzige und totale Ordnung menschlichen Lebens» sei oder die Kirche «zu einem Organ des Staates» werden dürfe [57]. Der ‹Ratschlag› sieht «den Führer als ‘frommen und getreuen Oberherrn’» und «in der nationalsozialistischen Staatsordnung ‘gut Regiment’» [58]. Dergleichen führt K. Barth 1939 zu der Aussage, das deutsche Volk leide «an dem Irrtum Martin Luthers hinsichtlich des Verhältnisses ... von weltlicher Ordnung und Macht, durch den sein natürliches Heidentum ... ideologisch verklärt, bestätigt und bestärkt worden ist» [59]. Die Z. habe das deutsche Luthertum zur Passivität im Verhalten zum Staat verführt. Barth entfaltet in der Folgezeit eine Lehre von der «Königsherrschaft Christi», nach der diese Herrschaft abbildhaft auch in den staatlichen Rechts- und Ordnungsverhältnissen zur Geltung zu bringen sei [60].

6. Seit der vor allem in der Abwehr Deutelmosers geschriebenen Abhandlung von H. Diem [61] erscheint bis in die *sechziger Jahre des 20. Jh.* hinein eine Fülle von Arbeiten, in denen man die Z. Luthers zu begründen, zu entfalten, zu verteidigen und zu kritisieren sucht [62]. Kaum strittig ist dabei, daß es sich um die grundlegende Orientierung des Luthertums zur politischen Ethik handelt [63]. Nicht strittig ist auch, daß Luther eine *Unterscheidung* von «Reich Christi» und «Reich der Welt» vornimmt und daß er dabei Übergriffen der Kirche einerseits und des Staates andererseits zu wehren beabsichtigt. Nicht strittig ist ebenfalls, daß Luther dabei aber keine dualistische *Trennung* der Reiche vornimmt, sondern in verschiedener Hinsicht ihre *Zusammengehörigkeit* betont. Nicht strittig ist schließlich, daß Luthers Z. sozialgeschichtlich überholte Elemente enthält, wobei man jedoch überwiegend der Ansicht ist, daß der allgemeine Orientierungscharakter der Z. dadurch nicht in Frage gestellt sei. Divergent sind die Auffassungen der Z. vor allem in der Beurteilung dessen, ob es sich eher um eine Reiche- oder eher um eine Regimenten-‘Lehre’ handelt, wobei allgemein zugestanden wird, daß Luther die Ter-

mini nicht deutlich unterscheidet. Ebenfalls wird zumeist angenommen, daß Luthers Reiche-Verständnis personal orientiert und zentriert ist. Das Verständnis als Reiche-Lehre hebt die dualistischen Momente mehr hervor, faßt den Christen stärker als von seiner Zugehörigkeit zum Reich Christi her und sieht infolgedessen die Z. als «Gewissensberatung» (H. Diem) oder als «Ortsbestimmung» an, die es dem Christen ermöglichen soll, «dem Gebote Jesu mitten in den vom Ende gezeichneten, aber noch von Gott erhaltenen Ordnungen dieses Daseins zu leben» [64]. Das Verständnis als Regimenten-Lehre betont, daß Gott in beiden Reichen die Welt zu deren Erhaltung und Erlösung regiert, daß der Christ beiden Reichen zugehört, daß er in ihnen auf jeweils entsprechende Weise zu handeln hat und daß die Z. daher «die rechte grundsätzliche Weisung für den Christen in der Welt» enthält [65].

7. Im *Jahre 1970* erscheint eine Abhandlung von U. Duchrow mit dem Titel ‹Christenheit und Weltverantwortung›, in der dieser entsprechend der allgemeinen zeitgeschichtlichen Problemlage der späten 1960er Jahre nachweisen will, daß die Z. Luthers zur «Weltverantwortung» anleite [66]. Nach Duchrows Rekonstruktion der Z. geht Gott mit beiden einander asymmetrisch-komplementären [67] Regimenten zur eschatologischen Durchsetzung seines Reiches gegen das Reich des Bösen vor. Die Regimente sind dabei sowohl personal als auch institutionell verstanden. In dieser Weise «bringt das Evangelium durch die Erneuerung der Menschen in ihrem Gottesverhältnis auch ihm gemäße Werke im zivilen Zusammenleben der Menschen hervor» [68], wobei «das Handeln nach der Bergpredigt als optimales politisches Verhalten zu charakterisieren» [69] ist. Duchrow leitet ab 1970 die Studienabteilung des ‹Lutherischen Weltbundes› und veranlaßt in dieser Eigenschaft eine umfassende, auf der eigenen Systematisierung der Z. beruhende kritische Aufarbeitung der geschichtlichen Auswirkungen einer ohne die Dimension der «Weltverantwortung» verstandenen lutherischen Z. [70]. Die wachsende Kritik an diesem Vorgehen [71] führt in Deutschland 1979 zu einer von der Theologischen Kommission der ‹Vereinigten Evangelisch-Lutherischen Kirche› verfaßten Thesenreihe mit dem Titel ‹Die beiden Regierweisen Gottes› [72]. Im Sinne der Akzentuierung der Z. als «Regimentenlehre» wird sowohl die «Verbindung» als auch die «Unterscheidung» der «weltlichen» und der «geistlichen Regierweise» Gottes herausgestellt, wobei es sich in beiden «Regierweisen» um die «Macht der liebenden Zuwendung Gottes» handelt, «die sich in der geistlichen Regierweise dem Glauben voll erschließt und so für die Mitwirkung des Menschen im Rahmen der weltlichen Regierweise als kritischer Maßstab zur Geltung gebracht werden kann» [73].

8. In der *Folgezeit* hat man sich vor allem um die geschichtlichen und zeitgeschichtlichen Verklammerungen und Bezüge der Z. gekümmert [74], aber auch versucht, die lutherische Z. mit der reformiert-barthianischen «Lehre von der Königsherrschaft Christi» in ausgleichende Beziehung zu setzen [75]. Eine lebhafte Auseinandersetzung über die Bedeutung der Z. für das Verhalten von Christen und Kirchen in einem sozialistischen Staat wurde zwischen 1950 und 1989 in den evangelischen Kirchen im Bereich der DDR geführt [76]. Im Zusammenhang einer weitergehenden, jedoch etwas zurücktretenden Diskussion wird die Z. heute als ein «je neu zu bestimmendes Medium ethischer Reflexion» beschrieben, «in dem der einzelne Christ seine Beziehungen zu Gott, zu den Mitmenschen und zu den Institutionen insbesondere der Politik bedenken kann» [77].

Anmerkungen. [1] Vgl. Art. ‹Reich der Freiheit/der Notwendigkeit›. Hist. Wb. Philos. 8 (1992) 502-505; ‹Reich der Gnade/der Natur›, a.O. 505-508; ‹Reich der Zwecke›, a.O. 508-510. – [2] K. Barth: Grundfragen der christl. Sozialethik. Auseinandersetzung mit P. Althaus, in: Das neue Werk 4 (1922) 461-472. – [3] P. Althaus: Relig. Sozialismus. Grundfragen der christl. Sozialethik (1921). – [4] Barth, a.O. [2] 464; bei E. Billing: Luthers lära om staten (Uppsala 1900) 198, bereits: «lära om 'de två regimenten'». – [5] Ch. E. Luthardt: Die Ethik Luthers in ihren Grundzügen (1867, ^{2}1875) 82. – [6] H. Jordan: Luthers Staatsauffassung (1917) 12. – [7] Vgl. dazu: K. Nowak: Zweireichelehre. Anm. zum Entstehungsprozeß einer umstrittenen Begriffsprägung und kontroversen Lehre. Zeitschr. Theol. Kirche 78 (1981) 105-127. – [8] H. Diem: Luthers Lehre von den zwei Reichen, untersucht von seinem Verständnis der Bergpredigt aus (1938); ND, in: G. Sauter (Hg.): Zur Zwei-Reiche-Lehre Luthers (1973) 1-173. – [9] Vgl. M. Luther: Ob Kriegsleute auch in seligem Stande sein können (1526). Weimarer Ausg. [WA] 19, 623-662, hier: 625, 15-17; Vom Kriege wider die Türken (1529). WA 30/II, 107-148, hier: 109, 24-110, 4. – [10] Vgl. dazu insges.: W. Schrage: Ethik des Neuen Testaments (1982) 93-99. 195-198. 227f. 276-280. – [11] Vgl. O. Treitinger: Die oström. Kaiser- und Reichsidee (^{2}1956); Art. ‹Cäsaropapismus›, in: Lex. des MA 2 (1983) 1366. – [12] Augustinus: De civ. Dei XIV, 1. – [13] XIV, 28. – [14] XV, 1. – [15] Gelasius I.: Br. ‹Formula vestrae pietatis› an Kaiser Anastasius I. (sog. ‹Duo quippe-Brief›), in: H. Denzinger/P. Hünermann (Hg.): Enchir. symbol., definitionum et declarationum (^{37}1991) Nr. 347. – [16] J. Gratian: Concordantia discordantium canonum, c. 10 D, XCVI, in: Corpus Iuris Can. I, hg. A. Friedberg (1879, ND 1995) 340f. – [17] Vgl. L. Knabe: Die gelasian. Zweigewaltentheorie bis zum Ende des Investiturstreits (1936); G. Kretschmar: Die zwei Imperien und die zwei Reiche, in: G. Kretschmar/B. Lohse (Hg.): Ecclesia und Res Publica (1961) 89-112. – [18] Vgl. W. Levison: Die mittelalterl. Lehre von den beiden Schwertern. Dtsch. Arch. Gesch. MA 9 (1951) 14-42; H. Hoffmann: Die beiden Schwerter im hohen MA, a.O. 20 (1964) 78-114; P. Mikat: Art. ‹Zweischwerterlehre›, in: A. Erler/E. Kaufmann/D. Werkmüller (Hg.): Handwb. zur dtsch. Rechtsgesch. 5 (1998) 1848-1859. – [19] Denzinger/Hünermann (Hg.), a.O. [15] Nr. 870-875, hier: Nr. 872f. – [20] Thomas von Aquin: De regimine principum I, 14f. Op. omn., hg. R. Busa 3 (1980) 599f. – [21] Wilhelm von Ockham: Breviloquium de principatu tyrannico II, 10. Op. pol. 4, hg. H. S. Offler (Oxford 1997) 129, 31. 34-36. – [22] Vgl. H.-J. Gänssler: Evangelium und weltl. Schwert. Hintergrund, Entstehungsgesch. und Anlaß von Luthers Scheidung zweier Reiche oder Regimente (1983) 5-104. – [23] Vgl. P. Althaus: Die Ethik M. Luthers (1965) 55-59. – [24] M. Luther: Von weltl. Oberkeit, wie weit man ihr Gehorsam schuldig sei (1523). WA 11, 245-281; außerdem bes.: Ob Kriegsleute ..., a.O. [9]; Das fünfte, sechste und siebente Kap. Matthei gepredigt und ausgelegt (1530-32). WA 32, 299-544. – [25] Von weltl. Oberkeit ..., a.O. 249, 24-27; 251, 1f. – [26] a.O. 251, 35-37. – [27] 249, 36-250, 9; 252, 24-29. – [28] 251, 1-21. – [29] 253, 17-254, 26; 256, 8-26; Eine Predigt, daß man Kinder zur Schulen halten solle (1530). WA 30/II, 517-588, hier: 562, 9-15; Auslegung des 101. Psalms (1534/35). WA 51, 200-264, hier: 242, 1-19. – [30] Zu den Begriffen ‹Reich› und ‹Regiment›: Althaus, a.O. [23] 55; W. Härle: Luthers Zwei-Regimenten-Lehre als Lehre vom Handeln Gottes. Marburger Jb. Theologie 1, hg. W. Härle/R. Preul (1987) 12-32, hier: 17f. – [31] Von weltl. Oberkeit ..., a.O. [24] 251, 15-18; Ob Kriegsleute ..., a.O. [9] 629, 17-30. – [32] a.O. 254, 27-258, 11. – [33] 255, 9-21. – [34] z.B. Ob Kriegsleute ..., a.O. [9] 629, 17-630, 2. – [35] Von weltl. Oberkeit ..., a.O. [24] 252, 12-23; 262, 3-263, 6; Matthäus 18-24 in Predigten ausgelegt (1537-40). WA 47, 232-627, hier: 284, 12f. – [36] a.O. 252, 14. – [37] Confessio Augustana, Art. XVI. XXVIII (1530), in: Die Bekenntnisschr. der evang.-luther. Kirche (1930) 70, 7-71, 26; 120, 1-121, 11. – [38] Vgl. K. Holl: Luther und das landesherrl. Kirchenregiment (1911), in: Ges. Aufsätze zur Kirchengesch. 1 ($^{4+5}$1927) 326-380. – [39] z.B. M. Luther: Ein Sermon von dem heiligen hochwürdigen Sakrament der Taufe (1519). WA 2, 734, 24-28; Vom Abendmahl Christi, Bekenntnis

(1528). WA 26, 504, 30-505, 10; vgl. W. ELERT: Morphologie des Luthertums 2 (1931, ND 1958) 49-65; W. MAURER: Luthers Lehre von den drei Hierarchien und ihr mittelalterl. Hintergrund (1970); R. SCHWARZ: Luthers Lehre von den drei Ständen und die drei Dimensionen der Ethik. Luther-Jb. 45 (1978) 15-34; Ecclesia, oeconomia, politia. Sozialgeschichtl. und fundamentalethische Aspekte der protestant. Drei-Stände-Theorie. Troeltsch-Studien 3, hg. H. RENZ/F.-W. GRAF (1984) 78-88. – [40] Vgl. M. HONECKER: Art. ‹Kirchenrecht II.›, in: Theolog. Realenzykl. 18 (1989) 724-749, hier: 728. – [41] TH. HOBBES: Leviathan II, 29 (1651). Engl. works, hg. W. MOLESWORTH 3 (London 1839, ND 1994) 316. – [42] C. SCHMITT: Die vollendete Reformation. Der Staat 4 (1965) 51-69, in: G. MASCHKE (Hg.): Der Leviathan in der Staatslehre des Th. Hobbes (²1995) 137-178, hier: 169; vgl. auch: D. BRAUN: Der sterbl. Gott oder Leviathan gegen Behemoth 1 (Zürich 1963); G. ZIMMERMANN: Die Auseinandersetzung Th. Hobbes' mit der reformator. Zwei-Reiche-Lehre. Zeitschr. Savigny-Stiftung Rechtsgesch., Kanonist. Abt. 82 (1996) 326-352. – [43] Vgl. U. DUCHROW/W. HUBER/L. REITH (Hg.): Umdeutungen der Z. im 19. Jh. (1975) 16-29. – [44] LUTHARDT, a.O. [5] 80-89. – [45] a.O. 80. – [46] 85. – [47] a.O. – [48] ALTHAUS, a.O. [3]. – [49] Vgl. W. HERRMANN: Die Religion im Verhältnis zum Welterkennen und zur Sittlichkeit (1879) 450f. – [50] G. WÜNSCH: Der Zusammenbruch des Luthertums als Sozialgestaltung (1921). – [51] a.O. 19. – [52] E. TROELTSCH: Die Soziallehren der christl. Kirchen und Gruppen (1912). Ges. Schr. 1 (1922, ND 1977) 475 (Anm. 216). – [53] a.O. 505. – [54] Art. ‹Reich, Drittes›. Hist. Wb. Philos. 8 (1992) 496-502. – [55] A. DEUTELMOSER: Luther. Staat und Glaube (1937); vgl. bes. vorher: F. HIELSCHER: Das Reich (1931); W. STAPEL: Der christl. Staatsmann. Eine Theologie des Nationalismus (1932). – [56] a.O. 201. 88. – [57] Theolog. Erklärung zur gegenwärt. Lage der Dtsch. Evang. Kirche (1934), in: Die Bekenntnisse und grundsätzlichen Äußerungen zur Kirchenfrage 2: Das Jahr 1934, hg. K. D. SCHMIDT (1935) 92-95, hier: 94. – [58] Der ‹Ansbacher Ratschlag› zu der Barmer ‹Theologischen Erklärung› (1934), in: Die Bekenntnisse, a.O. 102-104, hier: 103. – [59] K. BARTH: Ein Brief nach Frankreich (1939), in: Eine Schweizer Stimme 1938-1945 (Zürich 1945) 108-117, hier: 113. – [60] Rechtfertigung und Recht (Zürich 1938); Christengemeinde und Bürgergemeinde (Zürich 1946). – [61] DIEM, a.O. [8]. – [62] G. TÖRNVALL: Andligt och världsligt regemente hos Luther (Stockholm 1940); dtsch.: Geistl. und weltl. Regiment bei Luther (1947); F. LAU: Luthers Lehre von den beiden Reichen (1952); J. HECKEL: Lex charitatis. Eine jurist. Unters. über das Recht in der Theologie M. Luthers. Abh. Bayer. Akad. Wiss., Phil.-hist. Kl., NF 36 (1953); P. ALTHAUS: Luthers Lehre von den beiden Reichen im Feuer der Kritik. Luther-Jb. 24 (1957) 40-68; H. BORNKAMM: Luthers Lehre von den zwei Reichen im Zus. seiner Theologie. Arch. Reformationsgesch. 49 (1958) 26-49; W. JOEST: Das Verhältnis der Unterscheidung der beiden Regimente zu der Unterscheidung von Gesetz und Evangelium, in: W. KÜNNETH (Hg.): Dank an P. Althaus. Eine Festgabe zum 70. Geb. (1958) 79-97; G. EBELING: Die Notwendigkeit der Lehre von den zwei Reichen, in: Wort und Glaube 1 (1960) 407-428. – [63] Kritisch dazu: M. HONECKER: Hilfe zur Entschlüsselung. Welchen Sinn hat heute die Zweireichelehre? Luther. Mh. 16 (1977) 70-74; auch: HÄRLE, a.O. [30]. – [64] BORNKAMM, a.O. [62] 49. – [65] ALTHAUS, a.O. [62] 68. – [66] U. DUCHROW: Christenheit und Weltverantwortung. Traditionsgesch. und systemat. Struktur der Z. (1970). – [67] Zu «asymmetrisch-komplementär»: a.O. 175. 469 (Anm. 112). 520. 676. – [68] a.O. 490. – [69] 550. – [70] Vgl. U. DUCHROW/H. HOFFMANN (Hg.): Die Vorstellung von Zwei Reichen und Regimenten bis Luther (1972), hg. CH. WINDHORST (²1978); DUCHROW/HUBER/REITH (Hg.), a.O. [43]; U. DUCHROW/W. HUBER (Hg.): Die Ambivalenz der Z. in den luther. Kirchen des 20. Jh. (1976); U. DUCHROW (Hg.): Zwei Reiche und Regimente. Ideologie oder evang. Orientierung? (1977). – [71] z.B. M. HONECKER: Zur gegenwärtigen Interpretation der Z. Zeitschr. Kirchengesch. 89 (1978) 150-162. – [72] Die beiden Regierweisen Gottes. Thesen zur Lehre von den zwei Reichen oder zwei Regimenten, in: N. HASSELMANN (Hg.): Gottes Wirken in seiner Welt. Zur Diskussion um die Z. 1-2 (1980) 2, 162-172. – [73] a.O. 2, 172. – [74] Vgl. HONECKER, a.O. [63]; C. NIKOLAISEN: 'Anwendung' der Z. im Kirchenkampf – E. Hirsch und D. Bonhoeffer, in: HASSELMANN (Hg.), a.O. [72] 2, 15-51; M. HONECKER: Thesen zur Aporie der Z. Zeitschr. Theol. Kirche 78 (1981) 128-140; NOWAK, a.O. [7]; HÄRLE, a.O. [30]; M. SEILS: Z. Grundanliegen, Grundaussagen und Grundgedanken, in: G. FEIGE/U. KÜHN (Hg.): Wege der Kirchen im Umbruch der Gesellschaft (1998) 27-36. – [75] Vgl. G. FORCK: Die Königsherrschaft Jesu Christi bei Luther (1959, ²1988), darin: B. LOHSE: Zwei-Reiche-Lehre und Königsherrschaft Christi, a.O. 155-167; H.-W. SCHÜTTE: Zwei-Reiche-Lehre und Königsherrschaft Christi, in: A. HERTZ/W. KORFF/T. RENDTORFF/A. RINGELING (Hg.): Hb. der christl. Ethik 1 (1978) 339-353; J. ROGGE/H. ZEDDIES (Hg.): Kirchengemeinschaft und polit. Ethik. Ergebnis eines theolog. Gespräches zum Verhältnis von Zwei-Reiche-Lehre und Lehre von der Königsherrschaft Christi (1980); dazu und zu den Thesen von 1979: M. SEILS: Z. heute – Erträge einer neuen Diskussion, in: T. RENDTORFF (Hg.): Charisma und Institution (1985) 199-210. – [76] Vgl. M. SEILS: Z. in der Wende. Erfahrungen und Gedanken aus der ehemaligen DDR. Neue Zeitschr. systemat. Theol. Relig.philos. 35 (1993) 85-106. – [77] F.-W. GRAF: Art. ‹Z.›. LThK 10 (³2001) 1515-1519, hier: 1518.

Literaturhinweise. H. BORNKAMM s. Anm. [62]. – H. H. SCHREY (Hg.): Reich Gottes und Welt. Die Lehre Luthers von den zwei Reichen (1969) Lit. – U. DUCHROW s. Anm. [66]. – G. SAUTER (Hg.) s. Anm. [8] Lit. – R. OHLIG: Die Zwei-Reiche-Lehre Luthers in der Auslegung der dtsch. luther. Theologie der Gegenwart seit 1945 (1974). – N. HASSELMANN (Hg.) s. Anm. [72]. – F.-W. GRAF s. Anm. [77].

M. SEILS

Zweiwertigkeitsprinzip (engl. principle of bivalence)

1. Die klassische Aussagenlogik begreift eine Aussage als sprachliches Gebilde, das entweder «wahr oder ... falsch» ist [1]. Diesen «Grundsatz», der die «tiefste, jedoch schon im Altertum heftig umstrittene Grundlage» der Logik repräsentiere, nennt J. ŁUKASIEWICZ 1930 «Zweiwertigkeitssatz» [2]. Bereits 1920/21 grenzt Łukasiewicz die Zweiwertigkeit von der Dreiwertigkeit ab («logika dwuwartosciowa» – «logice trojwartosciowej»). Ermöglicht wird diese Ausdrucksweise durch G. FREGE, der in seiner funktionalen Darstellung der Logik «das Wahre» und «das Falsche» als die «beiden Wahrheitswerte» zugrunde legt [3]. Auf diese Terminologie greift ŁUKASIEWICZ zurück: Das Wahre und das Falsche sind exakt die «zwei Werte», mit denen die Aussagevariablen belegt werden [4]. Als englische Entsprechung des Ausdrucks ‹Zweiwertigkeitssatz› verwendet er 1951 die Formulierung «principle of bivalence» [5]. G. W. LEIBNIZ führt das Z. als «Prinzip des Widerspruchs» («principe de contradiction») [6].

2. Der Sache nach finden sich wichtige Elemente der Zweiwertigkeit bereits bei PLATON. Der «kürzesten Rede», bestehend aus einem Subjekt und einem Prädikat, kommt die Beschaffenheit zu, wahr oder falsch zu sein [7]. Der sich darauf beziehenden beiläufigen Äußerung von ARISTOTELES [8] folgt eine Einführung des Z. im Sinne der modernen Logik. Danach stellt nicht jede Rede eine Aussage dar, sondern nur diejenige, die entweder wahr oder falsch ist. Daher können Bitte [9], Befehl, Erzählung, Drohung, Frage und Antwort nicht als Aussagen angesehen werden [10].

Fundamental sind nach Aristoteles die kontradiktorischen Aussagen, die einem Subjekt a ein Prädikat G zu- oder absprechen, formallogisch: Ga und $\neg Ga$. Aristoteles nennt sie ‹Bejahung› und ‹Verneinung› [11]. Die Bejahung ist wahr, falls die Verneinung falsch ist und umgekehrt [12].

3. Das Z. schränkt Aristoteles auf Aussagen über vergangene und gegenwärtige Ereignisse ein; es kann sich nicht auf aussageförmige Formulierungen über zukünftige, zufällige Ereignisse beziehen – die sog. «contingen-

tia futura» [13]. Es ist kontrovers diskutiert worden, wie bei der Formulierung kontradiktorisch entgegengesetzter zukünftiger Ereignisse Wahrheit und Falschheit zuzuschreiben sind. Als Standard-Interpretation kristallisiert sich in der Antike eine auf SIMPLIKIOS, AMMONIUS und BOETHIUS zurückgehende Deutung heraus [14]. Danach hält die Einschränkung bei der Formulierung zukünftiger Ereignisse zwar daran fest, daß einer der beiden Teile der Entgegensetzung wahr oder falsch sein muß, jedoch kann im vorhinein keine weitere Festlegung erfolgen, vielmehr bleibt abzuwarten, welcher der beiden Gegensatzteile Realität erlangt haben wird [15]. In der ‹Metaphysik› betont ARISTOTELES einen engen Zusammenhang zwischen Zweiwertigkeit und dem 'Satz vom (ausgeschlossenen) Widerspruch' (s.d.).

Stärkstes Argument gegen eine deterministische Weltanschauung ist eine in diesem Kontext von Aristoteles – zu Recht – bestrittene modallogische Implikation, deren Antezedens den auf der Zweiwertigkeit basierenden 'Satz vom ausgeschlossenen Dritten' (s.d.), $p \vee \neg p$, umfaßt. In moderner Notation lautet diese (materiale) Implikation: $\Box(p \vee \neg p) \rightarrow (\Box p \vee \Box\neg p)$, wobei der Operator $\Box$ die umgangssprachliche Ausdrucksweise 'es ist notwendig, daß' symbolisiert. Aristoteles verwirft diese Implikation allerdings nicht aus formalen, sondern aus inhaltlichen Gründen: Wäre sie gültig, so müßte einer der Ausdrücke $\Box p$ oder $\Box\neg p$ immer wahr sein, da das Antezedens $\Box(p \vee \neg p)$ in der klassischen zweiwertigen Logik immer wahr ist [16]. Damit erhielte aber ein zufälliges Ereignis, z.B. eine zukünftige Seeschlacht, den Status der Notwendigkeit [17].

Das Z. ist durch die Zuspitzung der Probleme um die «contingentia futura», besonders durch CICEROS Referat [18], in der späteren Antike und im MA bis zu JOHANNES DUNS SCOTUS [19] durch die Themen 'Vorherwissen' (s.d.) und 'Notwendigkeit' (s.d.) [20] mit dem Problemkreis des Determinismus verknüpft.

4. Mit der Charakterisierung zukunftsbezogener Aussagen als «möglich, aber nicht notwendig» [21], geht ŁUKASIEWICZ auf die ‹Erste Analytik› des ARISTOTELES zurück, der dort nicht nur auf diese Weise die kontingente Aussage Kp definiert, sondern darüber hinaus die Äquivalenz der kontingenten Aussagen Kp und $K\neg p$ konstatiert [22].

ŁUKASIEWICZ ist es auch, der zwischen dem Z. und dem 'Satz vom ausgeschlossenen Dritten' differenziert [23]. Das Z. beinhaltet, daß eine Aussage p entweder wahr oder falsch ist, während das 'Prinzip vom ausgeschlossenen Dritten' besagt, daß die Aussage $p \vee \neg p$ immer wahr ist. Obwohl Łukasiewicz 1921 mit der «Voraussetzung,... daß eine Aussage entweder wahr oder falsch ist», sämtliche Sätze der klassischen Aussagenlogik mittels Wahrheitswertetafeln beweist, möchte er das Z. «überwinden» [24]. Diese Intention führt ihn auf mehrwertige Logiken [25]. Sie hielten in den letzten Jahrzehnten Einzug in die sogenannte «fuzzy logic», die sich mit unscharfen Aussagen beschäftigt [26].

Anmerkungen. [1] G. FREGE: Über Sinn und Bedeutung (1892), in: Funktion, Begriff und Bedeutung, hg. G. PATZIG (1969) 48. – [2] J. ŁUKASIEWICZ: Philos. Bem. zu mehrwertigen Systemen des Aussagenkalküls (1930), in: D. PEARCE/J. WOLENSKI (Hg.): Log. Rationalismus. Philos. Schr. der Lemberg-Warschauer Schule (1988) 108. – [3] G. FREGE: Funktion und Begriff (1891), a.O. [1] 34; vgl. Art. ‹Wahrheitswert›. – [4] ŁUKASIEWICZ, a.O. [2] 108. – [5] Aristotle's syllogistic from the standpoint of modern formal logic (Oxford 1951) 82. 205. – [6] G. W. LEIBNIZ: Nouv. essais sur l'entendement humain IV, 2, § 1 [1703-05] (1765). Akad.-A. VI/6 (1962) 362; vgl. Art. ‹Satz vom ausgeschlossenen Dritten›. Hist. Wb. Philos. 8 (1992) 1198-1202, hier: 1199; Art. ‹Satz vom (ausgeschlossenen) Widerspruch›, a.O. 1202-1206. – [7] PLATON: Soph. 261 c 6-263 d 5. – [8] ARISTOTELES: Cat. 5, 4 a 23-26. – [9] De int. 4, 17 a 2-7. – [10] Poet. 19, 1456 b 9ff.; Rhet. III, 16, 18. – [11] De int. 5, 17 a 8f.; vgl. Art. ‹Negation I.›. Hist. Wb. Philos. 6 (1984) 666-670; Art. ‹Qualität des Urteils›, a.O. 7 (1989) 1780-1782. – [12] De int. 6. – [13] 9, 18 a 28-33. b 5-16; vgl. Art. ‹Futurabilien›. Hist. Wb. Philos. 2 (1972) 1150; zu der modernen Diskussion vgl. Art. ‹Zeitlogik›. – [14] H. WEIDEMANN: Anm. zu De int. 9, in: ARISTOTELES: Peri Hermeneias. Werke in dtsch. Übers., hg. E. GRUMACH/H. FLASHAR 1/II (1994) 300-304. – [15] ARISTOTELES: De int. 9, 19 a 32-39. – [16] 19 a 28-32; vgl. K. J. SCHMIDT: Die modale Syllogistik des Aristoteles (2000). – [17] 18 b 23-24. – [18] CICERO: De fato 17; zusammenfassend zu den antiken Diskussionen vgl. J. VUILLEMIN: Necessity or contingency. The master argument (Stanford, Calif. 1996). – [19] J. R. SÖDER: Die Lehre von den 'futura contingentia' bei Joh. Duns Scotus (1999) 177. 187f. 208. – [20] Vgl. Art. ‹Notwendigkeit II.›. Hist. Wb. Philos. 6 (1984) 951-971. – [21] ŁUKASIEWICZ, a.O. [2] 108. – [22] ARISTOTELES: Anal. pr. I, 13, 32 a 18-20; vgl. H. WEIDEMANN: Zwei Strategien der Kritik an einem Argument für den kausalen Determinismus: Aristoteles und Łukasiewicz, in: G. DAMSCHEN/R. ENSKAT/A. G. VIGO (Hg.): Platon und Aristoteles – sub ratione veritatis. Festschr. W. Wieland zum 70. Geb. (2003) 76-101. – [23] ŁUKASIEWICZ, a.O. [5] 82. – [24] a.O. [2] 108. – [25] Vgl. Art. ‹Logik, mehrwertige›. Hist. Wb. Philos. 5 (1980) 440-444. – [26] Vgl. Art. ‹Vagheit; vage›, a.O. 11 (2001) 531-539, hier: 538. K. J. SCHMIDT

Zwillingsparadoxon; **Uhrenparadoxon** (engl. twin paradox, clock paradox). Schon in seinem ersten Aufsatz über die später sog. spezielle Relativitätstheorie von 1905 wies A. EINSTEIN auf eine «eigentümliche Konsequenz» seiner Transformationsgleichungen für den Wechsel zwischen relativ zueinander bewegten Bezugssystemen hin: Zwei in einem gemeinsamen Bezugssystem synchronisierte Uhren gehen nach Bewegung einer der beiden Uhren mit großer Geschwindigkeit v nahe der Lichtgeschwindigkeit c entlang einer geschlossenen Trajektorie nicht mehr synchron, sondern die bewegte Uhr geht um den Faktor $\frac{1}{2}\, v^2/c^2$ nach [1]. Der naheliegende und oft erhobene Einwand, daß in der Relativitätstheorie doch nur Relativbewegungen betrachtet werden [2], greift nicht, da das Relativitätsprinzip nur für den Vergleich zweier Inertialsysteme (s.d.) gilt; die Beschleunigung jedoch, die nur die eine Uhr bei Start, Umkehr und Wiederabbremsen erfährt, bricht diese Symmetrie [3]. Auch wenn die genauen Zeitverzögerungen insofern eigentlich nur aus der allgemeinen Relativitätstheorie Einsteins von 1915 abgeleitet werden können, gestattet doch auch die spezielle Relativitätstheorie eine Abschätzung, sofern die Beschleunigungsphasen gegenüber den Zeiten gleichförmig geradliniger Bewegung hinreichend klein sind [4]. Gegen diese dem Common-sense-paradox anmutende Konsequenz, daß für das bewegte System «die lange Zeit der Reise nur ein Augenblick [war], falls die Bewegung annähernd mit Lichtgeschwindigkeit erfolgte» [5], werden in der Folge vielfach Einwände erhoben, gegen die sich Einstein 1918 mit einem fiktiven Dialog zur Wehr setzt, in der das «Uhren-Paradoxon» des 'Kritikers' vom 'Relativisten' unter Rückgriff auf die allgemeine Relativitätstheorie zurückgewiesen wird [6].

Einstein selbst, aber auch P. LANGEVIN übertragen dieses vermeintliche 'Paradoxon' bereits 1911 auf Lebewesen: In einem Gedankenexperiment (s.d.) betrachtet Langevin zwei Beobachter, von denen einer auf der Erde verbleibt, während der andere in einer Rakete einen Rundflug mit Fast-Lichtgeschwindigkeit macht. Nach seiner Rückkehr ist er selbst nur um zwei Jahre gealtert, während auf der Erde 200 Jahre vergangen sind [7]. In diesem entscheidenden Schritt hin zum später dann sog. 'Z.' steckt freilich die Annahme, daß auch periodische Prozesse in lebenden Organismen, wie z.B. metabolische Zyklen oder die zirkadianische Rhythmik, lokale Zeitintervalle messen und somit Uhren gleichkommen. A. S. Eddington formuliert: «We are all of us clocks whose faces tell the passing years» [8]. Präzisionsexperimente seit den 1970er Jahren haben die relativistischen Effekte der Zeitdilatation z.B. mit Hilfe des Zeitvergleichs von Atomuhren in Flugzeugen mit solchen am Boden oder der verlängerten Zerfallsdauer schnell bewegter instabiler Teilchen im Rahmen ständig verbesserter Meßgenauigkeiten bestätigt [9].

Anmerkungen. [1] A. Einstein: Zur Elektrodynamik bewegter Körper. Annalen Physik 17 (1905) 891-921. Coll. papers 2, hg. J. Stachel (Princeton 1989) 275-310, 289; vgl. Art. ‹Relativitätstheorie›. Hist. Wb. Philos. 8 (1992) 622-631; Art. ‹Weltlinie›. – [2] Diesen Einwand erhebt z.B. H. Dingle: Relativity and space travel. Nature 177 (1956) 782-784; 178 (1956) 680f.; The 'Clock Paradox' of relativity, a.O. 179 (1957) 1242f.; The case against special relativity, a.O. 216 (1967) 119-122. – [3] Vgl. z.B. die Erwiderungen auf Dingle durch: W. McCrea: Nature 177 (1956) 784f.; 178 (1956) 681f.; Why the special theory of relativity is correct, a.O. 216 (1967) 122-124; vgl. Art. ‹Symmetrie II.›. Hist. Wb. Philos. 10 (1998) 749-751, 750. – [4] Näher: L. Marder: Time and the space-traveller (London 1971); dtsch.: Reisen durch die Raum-Zeit. Das Z. – Geschichte einer Kontroverse (1979). – [5] A. Einstein: Die Relativitätstheorie. Vjschr. Naturforschenden Ges. Zürich 56 (1911) 1-14. Coll. papers 3, hg. M. J. Klein u.a. (Princeton 1993) 425-438, 436. – [6] Dialog über Einwände gegen die Relativitätstheorie. Die Naturwissenschaften 6/48 (1918) 697-702, 700; vgl. 699. – [7] P. Langevin: L'évolution de l'espace et du temps. Scientia 10 (1911) 31-54, bes. 48-53 zum Rechenbeispiel; Einstein, a.O. [5] 436. – [8] A. S. Eddington: The nature of the physical world (Cambridge 1928) 135; vgl. auch: Marder, a.O. [4] Abschn. 3.2. – [9] Vgl. etwa: J. C. Hafele/R. E. Keating: Around-the-world atomic clocks: Predicted relativistic time gains. Science 177 (1972) 166-168; Around-the-world atomic clocks: Observed relativistic time gains, a.O. 168-179; C. C. Will: Theory and experiment in gravitational physics (Cambridge 1981).

Literaturhinweise. L. Marder s. Anm. [4]. – S. Goldberg: Understanding relativity. Origin and impact of a scient. revolution (Basel 1984). – K. Hentschel: Interpretationen und Fehlinterpretationen der spez. und allg. Relativitätstheorie durch Zeitgenossen A. Einsteins (Basel 1990).

K. Hentschel

Zwischen (griech. μεταξύ; lat. medium; engl. intermediate; frz. milieu). Die philosophische Verwendungsweise des Wortes knüpft an dessen normalsprachlichen Gebrauch an. Uns im Raum orientierend, sprechen wir von Körperlichem, das sich *zwischen* gleicherweise körperlichen Dingen befindet; einen Anhalt in der Zeit suchend, situieren wir Zustände oder Geschehnisse *zwischen* einem Vorher und einem Nachher; uns auf Normen ausrichtend, ordnen wir Gestalten *zwischen* einem Wert und einem Unwert ein. Etwas von der lebensweltlichen Mannigfaltigkeit dessen, was das Dazwischenliegende umschließt, scheint noch in der Verschiedenartigkeit der Kontexte durch, in denen Philosophie das Wort begrifflich artikuliert. Daß die Geschichte des Begriffs sich schwer auf einen Generalnenner bringen läßt, dazu trägt aber auch und noch mehr die Ambivalenz bei, die erst die philosophische Reflexion aufdeckt. Das Zwischen wirkt, als trete es hinter dem es Umschließenden zurück oder verschwinde gar dahinter; aus einer philosophischen Deutungsperspektive aber erscheint es als die Mitte, die das eigentlich Bedeutsame ist, weil sie die Extreme miteinander vermittelt. Einen zusätzlich diversifizierenden Effekt hat schließlich, daß das Wort, welches zur Kennzeichnung von Realien dient, die Philosophen dazu einlädt, sich seiner als Chiffre für formale oder spekulative Verhältnisse zu bedienen.

1. Zu höchster Abstraktion sublimiert den Begriff Platon, der die Ambivalenz am Ende als die der Sache selbst aufzuzeigen versucht. Doch geht er von elementaren Gegebenheiten aus. Am einfachsten verfaßt ist in seiner Sicht Körperliches, das sich trennend zwischen andere Körperteile schiebt. So bildet der Hals eines Menschen zwischen Kopf und Rumpf nur einen schmalen Verbindungssteg, weil er sie eigentlich nicht verbinden soll, sondern lediglich die Funktion hat, das Göttliche in der Seele vom Sterblichen getrennt zu halten [1]. Nicht so eindeutig ist ein Zwischen im Zeitverlauf. Zwischen Freude und Schmerz kann eine Zeit hingehen, die bloß eine Pause einlegt [2]. Sie kann aber auch so bedeutsam werden wie die, die Sokrates zwischen seiner Verurteilung und seiner Hinrichtung verbringt [3]. Sofern ihre Bedeutsamkeit freilich nicht aus ihr selbst erwächst, sondern davon abhängt, ob sie ihrerseits affektiv besetzt ist oder sinnvoll genutzt wird, ist ihr die Ambivalenz äußerlich.

In der Art des Zwischenseins liegt eine Ambivalenz. Ein Mittleres zwischen positiv und negativ zu Bewertendem kann entweder so zwischen beidem stehen, daß beides sich darin mischt, oder so, daß es weder das eine noch das andere an sich hat [4]. Die richtige Meinung (ὀρθὴ δόξα) liegt zwischen wirklicher Einsicht und Unwissenheit (μεταξὺ φρονήσεως καὶ ἀμαθίας) [5] und hat an beidem teil, da der bloß Meinende immerhin die Sache trifft, aber andererseits nicht weiß, warum er sie trifft. Auch die mathematischen Entitäten (μαθηματικά) sind bei Platon – nach einem Aristoteles-Referat – zwischen den Ideen und den Sinnendingen, weil sie mit den Ideen die Unbeweglichkeit und Ewigkeit, mit den Sinnendingen das Vielerlei gemeinsam haben [6]. Unter dem Mittleren, das beide Extreme negiert, läßt Platon offenbar noch keines zu, das gegen sie gleichgültig ist. Wohl aber kennt er solches, dem ungeachtet seines Abstands auch vom positiven Pol ein sogar ausgezeichneter Wert zukommt. Diotima sieht in dem zwischen Sterblichen und Unsterblichen vermittelnden Eros ein weder gutes noch schlechtes, weder schönes noch häßliches, weder göttliches noch menschliches Wesen, das gleichwohl seine eigene Bestimmtheit hat, die eines Dämons (s.d.) [7].

In spekulative Höhen führt Platon den Gedanken im ‹Parmenides›-Dialog, im Anschluß an die beiden gegenteiligen Hypothesen, das Eine sei nicht bzw. das Eine sei [8]. Vertraten Plotin und Proklos die Ansicht, daß er hier nach den beiden ersten Hypothesen eine dritte von besonderem Gewicht aufstelle, so neigt man heute zu der Auffassung, daß er der zweiten bloß ein Korrolar ohne eigenständige Bedeutung anfüge. Zunächst scheint es, als könne Platon den Widerspruch zwischen einem nicht seienden Einen und einem seienden Einen durch Berücksichtigung des Zeitfaktors auflösen: Das Eine hat am Sein einmal teil und dann wieder nicht teil. Eben durch die Einführung von Zeitpunkten, zu denen das Eine ins Sein tritt oder ins Nichtsein übergeht, handelt sich der Versuch einer Auflösung des Widerspruchs aber das Paradox eines Augenblicks ein, in welchem das Eine zu dem Dritten wird, das zwischen Sein und Nichtsein an sich keinen Platz hat. Das Paradox zeigt sich in allen Unterscheidungen, die als vollständige Disjunktionen gelten. Was etwa aus der Bewegung zur Ruhe kommt oder aus der

Ruhe in Bewegung gerät, kann ebensowenig etwas schon Bewegtes wie etwas schon Ruhendes sein und muß sich doch in einer eigenen Art von Bewegung befinden: der, in der Bewegung in Ruhe, Ruhe in Bewegung umschlägt. Das Zwischen ist das Medium dieser Umschlagsbewegung. Es ist das Ortlose (τὸ ἄτοπον), weil es nirgends zu Hause ist, weder im Vonwoher noch im Woraufhin des Umschlags. Dementsprechend enthüllt sich die Zeit, die ihm auf Anhieb zugesprochen wurde, als Nichtzeit. Auf die Zeit, die keine ist, verweist das künstlich substantivierte Adverb ‹das Plötzlich› (τὸ ἐξαίφνης). Es fungiert als Stellvertreter für jenes Medium, das selbst noch nicht in substantivierter Form auftritt, sondern nur in der einer Präposition, die dem Ortlosen paradox einen Ort anweist: Das Plötzlich hätte, wäre es zu lokalisieren, seinen Sitz «zwischen (μεταξύ) Bewegung und Ruhe».

2. Auch bei ARISTOTELES erstreckt sich die Gedankenfigur des Zwischen über alle Gebiete. Nur tritt an die Stelle der spekulativen Besinnung auf ein Paradox eine Logik des Gegensatzes, die alles Dunkle tilgt [9]. Daß es aber die später sogenannte ‹Metaphysik› ist, die dieser Logik die differenzierteste Fassung gibt, zeigt an: Beschrieben wird eine zugleich *onto*logische Struktur, die sich auf all jenen Gebieten durchsetzt. Dem entspricht die Weite des Aristotelischen Begriffs vom Gegensatz (s.d.). Das Entgegengesetzte (τὰ ἀντικείμενα) umfaßt außer dem eigentlichen, traditionell als 'konträr' bezeichneten Gegensatz (ἐναντίωσις oder ἐναντιότης) die Privation, die Relation und den Widerspruch (ἀντίφασις). Der traditionell als 'kontradiktorisch' bezeichnete Widerspruch ist durch das Zwischen insofern negativ definiert, als er es aufgrund des mit ihm gesetzten Entweder-Oder von Bejahung und Verneinung ausschließt (ἀντιφάσεως μὲν οὐκ ἔστι μεταξύ) [10]. Der eigentliche Gegensatz ist durch das Zwischen positiv definiert, jedenfalls in dem Sinne, daß er es an sich haben *kann* [11].

Die aristotelische Gegensatzlehre hält von ihrer platonischen Vorlage den Versuch fest, das Zwischen vom Umschlag her zu denken, der ihr zufolge nur dort vorkommt, wo es Entgegengesetztes gibt [12]. ‹Zwischen› wird das genannt, in das etwas, wenn es in seinen Gegenpol umschlägt, zunächst umschlagen muß [13]. Schwerer als dieses eher 'halbherzige' Bekenntnis zu PLATON, das ARISTOTELES nicht daran hindert, den Umschlag selbst seiner Sprengkraft zu berauben, wiegen zwei Abweichungen. Neu an Aristoteles' inhaltlichem Verständnis des Zwischen ist der gegensatztheoretisch geforderte Ausschluß einer aus den Extremen nicht ableitbaren Qualität. Aus der Identität der Gattung folgert er, daß das Zwischen immer aus den einander entgegengesetzten Seiten (ἐναντία) bestehen muß [14]. Während PLATON darauf verzichtete, von der Substantivierung des Adverbs ‹plötzlich› zu einer der Präposition ‹zwischen› fortzugehen, siedelt ARISTOTELES in dem von den Gegensatzseiten umschlossenen Raum immerhin «etwas dazwischen» (τι μεταξύ) oder «das Dazwischenliegende» (τὰ μεταξύ) an. Die Übersetzer nennen es substantivierend «das Mittlere» («medium»). Vom Mittleren (μέσον) spricht Aristoteles genaugenommen in diesem Kontext allerdings nur gelegentlich.

Unter den Wissenschaften, die Aristoteles gegen die Erste Wissenschaft, die Metaphysik, abgrenzt, befassen sich mit dem Zwischen insbesondere Psychologie, Poetik, Ethik und Politik. Sie unterscheiden sich durch die Art, wie sie das Zwischen zur Sprache bringen. Die einen Teil der Psychologie bildende Wahrnehmungstheorie operiert mit dem Zwischen in der genauen Bedeutung des Wortes: τὸ μεταξύ fungiert in ihr als Titel für sinnliche Medien. Sehen, Hören und Tasten sind ihr zufolge allesamt auf Medien angewiesen, das Tasten sogar derart, daß es nicht bloß durch Einwirkung eines Mediums, sondern in Einheit mit ihm (οὐχ ὑπὸ τοῦ μεταξὺ ἀλλ' ἅμα τῷ μεταξύ) zustande kommt. Aristoteles kann darum geradezu von «dem Zwischen des Tastsinns» (τὸ μεταξὺ τοῦ ἁπτικοῦ) sprechen [15]. Auf einem ganz anderen Felde, dem der Tragödientheorie, benutzt er die Figur eines streng verstandenen Zwischen zur Ortsbestimmung des Helden: Weder schlechthin tugendhaft noch völlig verdorben, ist er «der dazwischen», ὁ μεταξὺ τούτων [16]. Hingegen ist Aristoteles in politischen Dingen auf «das Mittlere» (μέσον) eingeschworen: Er propagiert den Staat, der auf dem Mittelstand basiert, und den mittleren Besitz [17]. Die Ethik aber verbindet die eine Begrifflichkeit mit der anderen. Einerseits bricht sie die Alternative von Gut und Schlecht durch «das Zwischen» (τὸ μεταξύ) auf [18]. Andererseits macht sie aus dem Mittleren die Mitte selbst, das ethische Ideal der Mesotes (s.d.) [19]. Die Politik geht von der in der Ethik entwickelten Theorie der Mitte und der mittleren Lebensform aus [20]. Ihr läßt sich freilich auch entnehmen, daß das Mittlere gegenüber dem Zwischen nichts schlechterdings anderes ist, sondern seine gedeutete Form, gedeutet von einem Maß (s.d.) her, an dem schon die voraristotelische Lehre von der Mitte orientiert war.

Der Weg, den das Verständnis des Zwischen im Übergang von der Antike zur Moderne nimmt, führt über einen Bedeutungswandel des Begriffs der Mitte (s.d.). Aristoteles erblickte in ihr das Höchste, das etwas oder jemand gemäß seiner Natur erreichen kann. Daß diese Sichtweise in der Folgezeit verlorengeht, deutet sich schon in den Konzeptionen der Adiaphora (s.d.) an, wo die Mitte das Gleichgültige ist.

3. Diese Entwicklung bildet den Hintergrund für die bei B. PASCAL sich vollziehende Loslösung des Begriffs von allen Konnotationen des Maßes und die durch sie veränderten Bedingungen, unter denen S. KIERKEGAARD zum Zwischen zurückkehrt. Als Mitte («milieu») zwischen dem Nichts und dem All («entre rien et tout») befindet sich der Mensch Pascals keineswegs im Gleichgewicht. Er treibt im Gegenteil «von einem Ende gegen das andere» [21]. Wenn PASCAL von ihm fordert, «sich in der Mitte zu halten» [22], so verlangt er ihm also nur den Mut ab, seine Unbehaustheit auf sich zu nehmen. Etwas von solcher Unbehaustheit geht in das Bild ein, das KIERKEGAARD, im Grunde einen frühgriechischen Gedanken aufnehmend [23], vom Sein des Menschen als Zwischensein entwirft. Zum Menschen gehört Interesse, weil er nicht in sich ruht. Er ist aber nicht bloß dann und wann an diesem oder jenem interessiert. Vielmehr *ist* er Interesse. Denn in seinem Fall bedeutet ‹Esse› Inter-esse (Dazwischen-sein) [24].

4. In altjüdischem Geist und in Distanz zur griechischen Antike gibt M. BUBER dem Zwischen einen neuen Eigensinn. Man könnte das von ihm entdeckte Zwischen das *dialogische* nennen. Buber beläßt es aber bei der Feststellung, die «Sphäre des Zwischen» sei «begrifflich noch unerfaßt» [25], und behebt das beklagte Defizit keineswegs. So ist das Zwischen in seinem Denken eigentlich nur als anvisiertes Ziel gegenwärtig. Selbst ‹Ich und Du›, seine am besten ausgearbeitete Schrift, berührt die «Sphäre zwischen den Wesen» erst am Schluß [26]. Auf dem Weg zu diesem Ziel ist sie vor allem durch negative Abgrenzungen beansprucht: vom Subjekt und seiner gegenständlich erfahrenen Welt, von allem, das je zwei

Partner als etwas Drittes zu überwölben beansprucht, von jeder um Sachen bemühten Verständigung. Zur positiven Bestimmung des Zwischen bleibt nur die Kategorie der Begegnung übrig. Ins Auge gefaßt als «Reich», verengt es sich zu dem «schmalen Grat, darauf Ich und Du sich begegnen» [27]. Vom Ziel her gesehen, gibt es aber den Gesichtspunkt ab, unter dem Lehrstücke älterer und zeitgenössischer Du-Philosophien ihren genuin Buberschen Sinn enthüllen. Die gegenseitige Konstitution, als die er die seit F. H. JACOBI gern beschworene Geburt des Ich aus dem Du (s.d.) durchschaut, wird bei BUBER zur Chiffre der Herkunft beider aus dem Zwischen, und diese, als uneingeschränkte undenkbar, kann vernünftigerweise nur meinen, daß Menschen, die schon je für sich Subjekte sind, in ihrer Begegnung zu Personen werden [28].

Noch entschiedener als Buber selbst schränkt E. LEVINAS das Zwischen auf die singuläre Begegnung ein. Davor schreckt BUBER einmal deswegen zurück, weil ihm eine universale Ontologie vorschwebt, die auch ein Ding als potentielles Du anerkennt, und zum andern mit Rücksicht darauf, daß er die Ontologie zu einer Theologie des Zwischen erweitern möchte. Als die «Mitte, in der die verlängerten Linien der Beziehungen sich schneiden» [29], ist nämlich Gott, das 'ewige' Du, für ihn der zentrale Ort, auf den alle Begegnungen hingeordnet sind [30]. Dies macht es ihm schwer, mit LEVINAS zu sagen: «Die Dimension des Zwischen ist ausschließlich dem Ich und dem Du jeder besonderen Begegnung zugänglich» [31].

5. Folgt man Levinas, so schlägt sich in Bubers Ontologie des Zwischen der Wandel des Seinsbegriffs nieder, von dem «die gesamte Ontologie unserer Tage» Zeugnis ablegt, die Ablösung eines gegenständlich gedachten Seins durch das Sein als «Ereignis» [32]. Levinas denkt vornehmlich an M. HEIDEGGER. Dieser operiert seinerseits mit dem Grundbegriff Bubers. Als Figur des Seinsdenkens ist das Zwischen zwar nicht so prominent wie der Differenzgedanke, den sie umschreibt. Aber entsprechend seiner frühen These «Als Sorge ist das Dasein das 'Zwischen'» [33] verhilft es dem späteren Heidegger zur Veranschaulichung dessen, was er «Da-sein» nennt, «das Wort verstanden im Sinne des ekstatischen Bereiches der Entbergung und Verbergung des Seins» [34]. Egal, ob es «Mensch und Ding» [35] oder «Welt und Ding» [36] auseinanderhält, stets steckt es den umschließenden Raum ab, in welchem Seiendes ins Offene tritt. In Abhebung von Heidegger bezeichnet der Begriff bei H. ARENDT den Bereich, der zwischen Menschen als Menschen liegt, in dem sich ihr Sprechen und Handeln bewegt [37].

Die untergründige Präsenz des Zwischen im Werk HEIDEGGERS markiert den Endpunkt einer Linie, auf der es streckenweise gänzlich im Untergrund blieb. Die Geschichte des Begriffs reicht weiter als die des Wortes. Gewissermaßen unterirdisch verläuft sie im Bereich des Denkens, das sich in seiner verbalisierten Gestalt als Transzendentalphilosophie gibt und doch bewußtlos nach Alternativen zu ihr sucht. Das zu sich selbst gekommene Seinsdenken Heideggers kann das Zwischen zu seiner Sache machen, weil es sich von der transzendental ansetzenden Tradition löst. Soweit demgegenüber sein frühes Konzept noch im Bann des Transzendentalismus stand, kam das Zwischen darin erst nur gelegentlich zu Wort. Es war aber im selben Maße transzendentalistisch, in dem es in die ihm von E. HUSSERL vorgezeichnete Bahn einschwenkte. Nun ruht die zur Theorie der Weltkonstitution aus der Subjektivität fortgebildete Phänomenologie Husserls, die den Transzendentalismus Kants vollenden sollte, in Wirklichkeit auf einem Fundament, das ein alternatives Potential birgt. So namenlos das Zwischen in ihr ist, so tief prägt es doch ihren Charakter. Husserl stößt darauf in der Form eines zwischen Subjekt und Objekt, Ich und Gegenstand sich ausbreitenden Reiches, in welchem die «Gegebenheitsweisen» des Gegenstands bestimmten Bewußtseinsweisen eines intentional erlebenden Ich entsprechen. HEIDEGGERS Entdeckung des Seins als Wahrheit im Sinne von Offenbarkeit ist dadurch vorbereitet worden.

Weniger anonym als bei Husserl war das Zwischen ausgerechnet bei I. KANT selbst, nämlich in seinem ‹Opus postumum›, in dem er zwar keinen Ausbruch aus seiner eigenen Transzendentalphilosophie anstrebt, aber sie kritisch reflektiert. Auf dem Wege von der Metaphysik der Natur zur Physik durchmißt er in den Jahren 1796 bis 1799 zwei Territorien, «dazwischen ein drittes liegt», ein «Zwischenraum», zu dessen Erkundung er dementsprechend «Mittelbegriffe» oder «Zwischenbegriffe» bilden muß, die, obwohl sie «Urbegriffe» sind, «weder ganz auf Prinzipien a priori noch auf empirischen» basieren [38]. Sie tauchen fern von aller Transzendentalphilosophie bei KIERKEGAARD wieder auf, als die «Zwischenbestimmungen» («mellembestemmelser») [39], die im Übergang (s.d.) von etwas zu etwas anderem nicht fehlen dürfen.

Anmerkungen. [1] PLATON: Tim. 69 d 6-e 3. – [2] Resp. IX, 583 c 5-8. – [3] Phaedo 58 c 4f. – [4] Gorg. 467 e 1-468 b 1. – [5] Symp. 202 a 8f. – [6] ARISTOTELES: Met. I, 6, 987 b 14-18; vgl. auch: Art. ‹Zahl; Zählen I.›. – [7] Vgl. PLATON: Symp. 202 a 2-204 b 5. – [8] Parm. 155 e 4-157 b 5. – [9] ARISTOTELES: Met. X, 4, 1055 a 38-1057 a 36; IV, 7, 1011 b 23f.; zum μεταξύ im Sinne des Mittelbegriffs, durch den zwei Begriffe syllogistisch verknüpft werden können, vgl. Anal. post. I, 19, 81 b 31ff. – [10] Met. X, 4, 1055 b 9; vgl. Anal. post. I, 2, 72 a 12. – [11] Vgl. Met. X, 4, 1055 b 23ff. – [12] XI, 12, 1069 a 2-4. – [13] X, 7, 1057 a 21f.; zur Aristot. Bestimmung des ἐξαίφνης vgl. Phys. IV, 13, 222 b 15. – [14] Phys. IV, 13, 222 a 18-20. – [15] De an. II, 11, 423 a 15-b 26. – [16] Poet. 13, 1453 a 7. – [17] Pol. IV, 11, 1295 b 1-35. – [18] Met. V, 23, 1023 a 6f. – [19] Eth. Nic. II, 5-9, 1106 a 13-1109 b 27; vgl. Art. ‹Tugend I.›. Hist. Wb. Philos. 10 (1998) 1532-1548. – [20] Pol. IV, 11, 1295 a 35-39. – [21] B. PASCAL: Pensées, Nr. 72. Oeuvr., hg. L. BRUNSCHVICG u.a. (Paris 1904-14, ND 1965) 12, 85. – [22] Vgl. Nr. 378, a.O. 13, 289. – [23] M. LEROY: METAΞY. Les Etudes class. 35 (1967) 321-331. – [24] S. KIERKEGAARD: Papirer [1831-55] 4, B 1, hg. P. A. HEIBERG/V. KUHR u.a. (Kopenhagen 1909-48) 148; vgl. 4, C 100, a.O. 4 (1912) 408. – [25] M. BUBER: Das Problem des Menschen (1948, 1954) 166. – [26] Ich und Du (1923), in: Die Schr. über das dialog. Prinzip (1954) 121. – [27] a.O. [25] 169. – [28] M. THEUNISSEN: Der Andere (1965, [2]1977) 243-277. 483-507; vgl. auch: Art. ‹Ich-Du-Verhältnis›. Hist. Wb. Philos. 4 (1976) 19-21. – [29] BUBER, a.O. [26] 101f. – [30] THEUNISSEN, a.O. [28] 330-346. – [31] E. LEVINAS: M. Buber und die Erkenntnistheorie, in: P. A. SCHILPP/M. FRIEDMAN (Hg.): M. Buber (1963) 124. – [32] a.O. 124f. – [33] M. HEIDEGGER: Sein und Zeit § 72 (1927) 374. Ges.ausg. I/2 (1977) 495. – [34] Die Zeit des Weltbildes (1938), in: Holzwege (1950) 69-104, 104. Ges.ausg. I/5 (1977) 113. – [35] Die Frage nach dem Ding (1962) 188. – [36] Die Sprache (1950), in: Unterwegs zur Sprache (1959) 7-33, 24f. Ges.ausg. I/12 (1985) 22. – [37] Vgl. H. ARENDT: Vita activa oder Vom tätigen Leben (1960, [2]1981) 172f.; Menschen in finsteren Zeiten (1989) 17. – [38] Vgl. I. KANT: Handschr. Nachl. 8, Opus post. 1. Akad.-A. 21 (1936) 309. 387. 402f. 486. 615; Handschr. Nachl. 9, Opus post. 2. Akad.-A. 22 (1938) 165. 167. 506. – [39] S. KIERKEGAARD: Begrebet Angest (1844). Samlede Værker, hg. A. B. DRACHMANN u.a. (Kopenhagen 1901-06) 4, 312 (Anm.); dtsch.: Der Begriff Angst (1890). Ges. Werke, hg. E. HIRSCH/H. GERDES (1950-69) 12/13, 38 (Anm.).

Literaturhinweise. E. HOFFMANN: Methexis und Metaxy bei Platon (1918), in: Drei Schr. zur griech. Philos. (1964). – M. THEUNISSEN s. Anm. [28]. – M. LEROY s. Anm. [23]. – B. CASPER: Das dialog. Denken. Eine Unters. der religionsphilos. Bedeutung F. Rosenzweigs, F. Ebners und M. Bubers (1967). – B. Waldenfels: Das Zwischenreich des Dialogs. Sozialphilos. Unters. im Anschluß an E. Husserl (1970). – J. Bloch: Die Aporie des Du. Probleme der Dialogik M. Bubers (1977). – Ch. L. Lutz: Zwischen Sein und Nichts. Der Begriff des 'Zwischen' im Werk von M. Heidegger, Diss. Bonn (1984).

M. Theunissen

Zynismus; **zynisch** (engl. cynicism, cynical; frz. cynisme, cynique). Der Begriff ‹Z.›, im Deutschen bis zum Beginn des 20. Jh. üblicherweise ‹Cynismus› geschrieben, kann drei Dinge bezeichnen: a) die Lehre der vom Sokratiker Antisthenes im späten 5. Jh. v.Chr. 'begründeten' und von Diogenes aus Sinope fortgeführten antiken 'Philosophenschule' der Kyniker [1], b) die entsprechende «denkungs- und handlungsweise» [2] und c) eine dem kynischen/zynischen Gedankengut bzw. Charakter entsprechende Art zu reden.

1. Für den antiken Kyniker «ist die Tugend eine Sache des Handelns und bedarf weder vieler Worte noch Kenntnisse». «Der Weise ist sich selbst genug» (αὐτάρκης); «der Tugend gemäß zu leben» und in staatlichen Dingen autark zu handeln ist ihm deshalb Ziel und Pflicht [3]. Dem positiven Bild des bedürfnislosen und unerschütterlichen kynischen Weisen steht schon in der Antike die Karikatur des ungepflegt-dreckigen, schamlosen und schmarotzerischen Bettelphilosophen gegenüber, für den religiöse und ethische Werte nichts gelten [4].

Im 17. und 18. Jh. ist dieses Negativbild geistiges Allgemeingut. Die ‹Encyclopédie› nennt im Artikel ‹Cynique›, der insgesamt die Vertreter und Lehrstücke des antiken Kynismus sachlich beschreibt, als die zwei Hauptgründe des Mißkredits, in den die «Sekte» (s.d.) im Laufe der Jahrhunderte gefallen war: daß einerseits alles, was sich in der Gesellschaft fand «de boufons, d'impudens, de mendians, de parasites, de gloutons, & de fainéans», sich frech «le nom de cyniques» beigelegt habe und daß andererseits diejenigen, die bisher die Opfer dieser «espece de philosophie» gewesen seien («Magistraten, Priester, Sophisten, Poeten, Redner»), die Gelegenheit ihrer Rache wahrgenommen und durch ihre undifferenzierten Invektiven bewirkt hätten, daß «le nom de cynique fut universellement abhorré» [5]. Diese einseitige Festlegung führt schon zu Beginn des 18. Jh. dazu, daß ‹cynique› aus dem ursprünglichen Kontext herausgelöst und nunmehr allgemein in der Bedeutung «impudent, obscène. Discours cynique, rimes/vers cyniques, c'est un cynique» auftreten kann [6]. Gegen die unter seinem Namen publizierten, gefälschten Briefe über die Staatsführung verwahrt sich Voltaire mit dem Hinweis, sie seien «d'un style dur, cynique, et plus insolent que vigoureux» [7], und J.-J. Rousseau beschreibt seinen 1752 durch die Kritik an seiner Lyoner Akademieschrift und durch persönliche Turbulenzen gedrückten Gemütszustand als «cynique et caustique par honte» [8].

Die Verwendung des Modeworts ist in der Folge in Frankreich ebenso beliebt wie unpräzis und findet gegen Ende des 18. Jh. allmählich auch Eingang in die deutsche Literatur [9]. Klar ist, was ein Zyniker ist, aber nicht wer: Für Friedrich II. von Preussen sind es die Enzyklopädisten, «eine Sekte sogenannter Philosophen, die sich in unseren Tagen gebildet hat. Mit der Schamlosigkeit der Zyniker verbinden sie die edle Dreistigkeit, alle Paradoxen, die ihnen in den Sinn kommen, zum besten zu geben» [10]. Dagegen hat A. von Knigge mit seiner «Kunst des Umgangs mit Menschen» den aufgeklärten Zeitgenossen im Blick und nicht den «groben Cyniker, der, nach seinem Hottentotten-Systeme, alle Regeln verachtet, welche Uebereinkunft und gegenseitige Gefälligkeit den Menschen im bürgerlichen Leben vorgeschrieben haben» [11].

2. Ein anderes, neues Verständnis des Begriffs deutet die Briefstelle an, in der G. E. Lessing anregt, Goethe möchte dem ‹Werther› «noch ein Kapitelchen» anfügen, «eine kleine kalte Schlußrede», «je cynischer je beßer!», damit «ein so warmes Produkt nicht mehr Unheil als Gutes» stiften möge [12]. Noch 1834 verspottet H. Heine F. Nicolais Versuch, der Empfehlung Lessings entsprechend, «die weichliche Schwärmerei» und «unfruchtbare Sentimentalität» des Romans durch «vernünftige Gesinnung» aufzuhellen: «Werther wird lächerlich, bleibt leben, heurathet Charlotte, kurz endet noch tragischer als im Goetheschen Original» [13]. Schon vor der Jahrhundertwende wird der weiterführende Gedanke, daß der Begriff nicht bloß die verabscheuungswürdige Denk- und Verhaltensweise einer philosophischen Species bezeichne, es sich beim Z. vielmehr um ein eigenes Vermögen besonderer intellektueller Kreativität handle, beim jungen F. Schlegel fruchtbar [14]. Polemik (s.d.) und Witz (s.d.), dessen «Tendenz ... cynisch, nämlich zur Vertilgung der Vorurtheile» ist [15], sind wesentliche, kreative Elemente des Z. [16]. Das «Wesen des Z.» besteht darin, «der Natur vor der Kunst, der Tugend vor der Schönheit und Wissenschaft den Vorzug zu geben» [17]. Lessings ‹Nathan› vereinigt «beim Lichte betrachtet zwei Hauptsachen», nämlich «Polemik gegen alle illiberale Theologie» und «Polemik gegen alle Unnatur, kindische Künstelei und ... Dummheit»; er gilt dem jungen Schlegel demnach als «ein dramatisiertes Elementarbuch des höheren Z.» [18].

Auf die massiven Anfeindungen, denen die Enzyklopädisten in Frankreich ausgesetzt sind, hat D. Diderot schon in den 1760er und 1770er Jahren mit seiner «Zweiten Satire» ‹Le Neveu de Rameau› reagiert. Das Werk bleibt aber im Original zunächst unpubliziert und entfaltet seine Wirkung erst mit J. W. Goethes Übersetzung von 1805. Gegen die «zynischen Märchen» («contes cyniques») [19] der Kreise um Ch. Palissot de Montenoy, der in seiner 1760 uraufgeführten Komödie ‹Les Philosophes› «nichts versäumte, seine Gegner im moralischen Sinne herabzusetzen», wendet Diderot alles auf, «was Genie und Haß, was Kunst und Galle vermögen» [20]. In diesem «Meisterwerk ..., das man», so Goethe, «immer mehr bewundert, je mehr man damit bekannt wird» [21], verfährt Diderot nach der These, die er in seiner Abhandlung über die dramatische Dichtkunst formuliert: «Il y a de la différence entre la plaisanterie de théâtre et la plaisanterie de société. ... Le cynisme si odieux, si incommode dans la société, est excellent sur la scène» [22].

Im Bewußtsein dieser poetologischen Bedeutung unternimmt Jean Paul einen 'Systematisierungsversuch'; er nennt «vier Zynismen», die die Methodologie der «äußeren Form», die «Vernunftlehre» [23], als poetische Formen «annimmt»: 1) den «in Betreff des Geschlechts» «rohen» Z., der sich nicht «sowohl gegen Sittlichkeit als gegen Geschmack und Zeit» richtet, 2) den «subtilen», «glatten nattergiftigen» Z. «der Franzosen, ... der schwarze Laster zu glänzenden Sünden ausmalt und ..., wie Kupfer ... bloß die Farbe des Grüns» annimmt, «das aber vergiftet», 3) den Z., «welcher bloß über natürliche, aber geschlechtlose Dinge natürlich spricht» (wie «z.B. Voltaire» über «den cû, derrière und das pisser»), und 4) seinen eigenen Z., der als komischer «jene Annäherung an die Zensur-Freiheiten ... verstatte, verlange, verziere, welche hier, wie natürlich, ... nicht fehlen konnte» [24]. Mit dem Ausdrucksmittel des Z. ist es der «ernsten Poesie» möglich, eigentliche Tabuthemen wie Sexualität, Geschlechtsteile und ihre Ausscheidungen sowie überhaupt Tierisch-Ekelhaftes zum Gegenstand ihrer dichterischen Darstellung zu machen. Aber im Gegensatz zum «lüsternen» Z., zur «unsittlichen Frechheit», die «am Ende ... den Zeug zerfrisset und dessen Träger ... vergiftet», ist der «poetische Z.», «der Z. des Witzes und Humors», etwas «ganz anderes und Erlaubteres», denn er «zersetzt ... die Gestalt zum bloßen Mittel und entzieht sie durch die Auflösung in bloße Verhältnisse gerade der Phantasie» [25]. Jean Paul ist sich seiner neuen Differenzierung bewußt, denn es stößt sich, wie er meint, «die Versunkenheit der Zeit ... ebensosehr am gefahrlosen komischen Z.», als sie sich «an giftvollen erotischen Ziergemälden» labt [26]. Gegenüber einem «persiflierenden Gedicht», das «alles Edle ... lachend, d.h. vernichtend behandelt», sind «ein Aristophanes, Rabelais, Swift ... so keusch als ein anatomisches Lehrbuch» [27]; «eine zynische Zunge» hält sich «oft bei den enthaltsamsten Menschen, z.B. bei unsern possenreißenden Vorfahren» auf [28]. Diese Entdeckung, «daß der Z. sich mit der Keuschheit» berühren kann, scheint auch G. FLAUBERT gemacht zu haben, wenn er 1866 an G. Sand schreibt: «Le sens du grotesque m'a retenu sur la pente des désordres. Je maintiens que le cynisme confine à la chasteté» [29].

Ästhetiken des 19. und des frühen 20. Jh. befassen sich in erster Linie mit dem Aspekt der Legitimierung der zynischen Form in der Literatur. Obwohl es sich beim «Cynismus» um eine gravierende «Anstandsverletzung», um den Ausdruck «moralischen Ekels» handelt, hat der Z. für F. TH. VISCHER «ein bedingtes Recht», wenn er nicht «ohne Grund und Grenzen» betrieben wird. Gegenüber dem «Cynismus der humoristischen Gattung», der sich eher «burschikos» gibt und als «Spaß zu verantworten» ist, hat der «Cynismus des ernsten Schlages» die Funktion, «dem Heuchler, dem Lügner Anstand die Larve abzureißen» [30]. Noch nach J. VOLKELT kann die Kunst «in den Dienst edler Willenszwecke widerästhetischer Art gestellt werden», sofern der Gewinn die «ästhetische Schädigung aufwiegt». Dies ist beim «Zynisch-Komischen» der Fall, das zwar «den ästhetischen Betrachter ins Sinnlich-Gemeine herabziehen will», seine «Berechtigung» aber dann beweist, wenn es nicht bloß «eine frivole Gemütsverfassung fühlbar macht», sondern «sich durch eine gewisse innere Nötigung» «um der großen, heiligen Sache willen» ergibt; dieser Z. ist durch die «tiefernste sittliche Haltung» des Autors «gerechtfertigt» [31]. Gegen diese Haltung hat schon der frühe F. NIETZSCHE polemisiert: «Bildungsphilister» (s.d.) wie F. Th. Vischer, die wähnen, «selber Musensohn und Kulturmensch zu sein», und die, durch «das Band einer stillschweigenden Convention» in ihrem Wahn bestätigt, sich von «einer Kunst, die selbst Ernst zu machen anfängt», abwenden, als ob sie «etwas Unzüchtiges» sähen, verkörpern nur die gegenwärtige «Periode der cynischen Philisterbekenntnisse» [32].

3. Ohne den Zyniker zu nennen, aber mit direkter Bezugnahme auf den Protagonisten von Diderots Satire beschreibt G. W. F. HEGEL in der ‹Phänomenologie des Geistes› die Lebensgestalt der «Verrüktheit» als «zerrissenes Bewußtseyn», das «Bewußtseyn ... der absoluten Verkehrung» ist. «Der Inhalt der Rede des Geistes von und über sich selbst ist also die Verkehrung aller Begriffe und Realitäten, der allgemeine Betrug seiner selbst und der andern, und die Schamlosigkeit, diesen Betrug zu sagen, ist ebendarum die größte Wahrheit.» «Dem ruhigen Bewußtseyn» mag «diese Rede als 'eine Faseley von Weisheit und Tollheit, als ein Gemische von ... so vollkommener Schändlichkeit, als gänzlicher Offenheit und Wahrheit'» erscheinen, diese «Entfremdung seiner» ist «die Selbsterhaltung» [33].

An der Auseinandersetzung über CH. D. GRABBES Tragödie ‹Gothland›, die «im Brutalen, Grauenhaften, Zynischen» alles überbietet und die Zeitgenossen zwischen Ekel und Bewunderung schwanken läßt [34], zeigt sich deutlich, wie sehr sich die beiden Z.-Begriffe, der Z. als kalkuliertes dichterisches Mittel und der Z. als dichterisches Selbstbewußtsein und Lebensgestalt, unterscheiden. L. TIECK konzediert Grabbe zwar, daß «es gewiß erlaubt sei», den «Selbstbetrug», der sich in der «Weichlichkeit», der «verhätschelnden Stimmung» und «schmachtenden Melankolie» gewisser Stücke manifestiere, «auch cynisch anzugreifen». Aber Grabbes «Cynismus», der sich «selbst als einzige und letzte Wahrheit» gebe und sich «im Entsetzen, Grauen und Cynischen» gefalle, zerstöre schließlich diesen Z. selbst. Dagegen ist für GRABBE die «Poesie ... der Spiegel der Natur». Einer weitergehenden Legitimation bedarf sie also nicht, da doch «ein Spiegel auch die ärgerlichste Erscheinung wiedergibt, ohne sich zu beflecken» [35]. Noch 1854 erinnert H. HEINE, Grabbes «Vorzüge» seien «verdunkelt durch eine Geschmacklosigkeit, einen Cynismus und eine Ausgelassenheit, die das Tollste und Abscheulichste überbietet, das je ein Gehirn zu Tage gefördert», was nicht auf «Krankheit, etwa Fieber oder Blödsinn, ... sondern eine geistige Intoxicazion des Genies» zurückzuführen sei [36].

Für den reifen NIETZSCHE bildet «etwas Cynismus vielleicht, etwas 'Tonne'» das Mittel, «den Pessimismus der Lebensmüdigkeit» zu überwinden und den Lohn des «Lebens», «unsre Aufgabe», wieder zurückzubekommen [37]. Diese «Sparsamkeit», die «Herabsetzung des Stoffverbrauchs», die er aus einer «Art Selbst-Erhaltungs-Instinkt» heraus übt, verschafft dem späten Nietzsche «erst die Freiheit des Geistes» und die Fähigkeit, «von der Kranken-Optik aus nach gesünderen Begriffen und Werthen» zu sehen und «Perspektiven umzustellen: weshalb für mich allein eine Umwerthung der Werthe überhaupt möglich war» [38]. Damit erreicht er «das Höchste, was auf Erden erreicht werden kann, den Cynismus» [39]: «Ich habe jetzt mit einem Cynismus, der welthistorisch werden wird, mich selbst erzählt: das Buch heißt ‹Ecce homo› ... Das Ganze ist das Vorspiel der Umwerthung aller Werthe, das Werk, das fertig vor mir liegt: ich schwöre Ihnen zu, daß wir in zwei Jahren die ganze Erde in Convulsionen haben werden» [40].

Auch nach S. FREUD erschüttert der «zynische Witz» durch die «Zynismen», die er verhüllt transportiert, «den Respekt vor Institutionen und Wahrheiten»; er ist nun aber «ein psychischer Machtfaktor»; seine «subjektiven Bedingungen» sind «häufig bei neurotischen Personen erfüllt» [41]. TH. REIK geht einen Schritt weiter; für ihn ist der «zynische Witz ... 'pathogen'». Da jedoch sein Lustgewinn in starkem Maße «aus dem Freiwerden von Hemmungsaufwand und psychischer Energie» «resultiert», besitzt er auch einen «psychotherapeutischen Wert», indem er «zu den gelungenen Abzugsquellen jener Regungen gehört, welche in ihrer Stauung zur Neurose und zu Wahnbildungen führen» [42].

4. Bereits im Sinne des modernen Gebrauchs von ‹Z.› erscheint für K. MARX in der «Herrschaft der totgeschlagnen Materie über die Menschen» «der schmutzige Eigen-

nutz ... in seiner zynischen Gestalt» [43]. Extreme Beispiele dieses Mißstandes, der darauf beruht, daß «Geld ... der gemeinsame Maßstab aller, auch der heterogensten Dinge» ist [44], sind für Marx die «cynisch» als «Eigenthumsrecht auf den Menschen» verstandene Sklaverei [45] und für F. ENGELS der «Z. einer Regierung, die nur zum Verkauf ihrer Landeskinder», zum Söldnergeschäft, «dazusein schien» [46]. Zwar hat die «aufgeklärte Nationalökonomie» das «Geld- und Merkantilsystem» überwunden; durch ihr Grundprinzip, das Prinzip der Arbeit, wahrt aber, wie MARX meint, auch sie nur den «Schein der Anerkennung des Menschen»; sie muß «bei weitrer Entwicklung diese Scheinheiligkeit abwerfen» und «in ihrem ganzen Z. hervortreten»; indem ihre Vertreter «immer und mit Bewußtsein» weitergehen «in der Entfremdung gegen den Menschen», wächst der «Z. der Nationalökonomie» [47]. Erst «unter Voraussetzung des Sozialismus» tritt «an die Stelle des nationalökonomischen Reichtums und Elendes der reiche Mensch und das reiche menschliche Bedürfnis», ist der «reiche Mensch ... der einer Totalität der menschlichen Lebensäußerung bedürftige Mensch. Der Mensch, in dem seine eigene Verwirklichung, als innere Notwendigkeit, als Not existiert» [48].

Die «entscheidende Gedankentendenz des Z.» ist – nach G. SIMMEL – «eine nivellierende»; der Zyniker «leugnet die eigentlichen Unterschiede der Dinge, weil sie ihm eben alle gleich wert- und sinnlos sind» [49], mehr noch: «sein Lebensgefühl ist erst adäquat ausgedrückt, wenn er die Niedrigkeit auch der höchsten Werte, den Illusionismus der Wertunterschiede theoretisch und praktisch erwiesen hat» [50]. Da das Geld zum «Wert der Werte» [51], «aus seiner Mittlerstellung zu der Bedeutung eines Absoluten» aufgestiegen ist [52], ist es besonders befähigt, «die höchsten wie die niedrigsten Werte gleichmäßig auf eine Wertform zu reduzieren». Die «Plätze ... des Börsenverkehrs, wo das Geld in Massen vorhanden ist», sind deshalb die eigentlichen «Pflanzstätten des Z.» [53], dessen Krankheit, die «Geldkultur», «ein ... Befangensein des Lebens in seinen Mitteln» bedeutet [54]. Simmels These, daß «der Begriff des Marktpreises für Werte, die ihrem Wesen nach jede Schätzung außer der an ihren eigenen Kategorien und Idealen ablehnen, ... die volle Objektivierung dessen» sei, «was der Z. im subjektiven Reflex» darstelle [55], kann TH. W. ADORNO, nachdem die «Fremdbestimmtheit» des Menschen weiter fortgeschritten ist, radikalisieren: Den Menschen, die sich selbst «zu Fetischen» geworden sind und an der «Totalität des Warencharakters» leiden, läßt «der zornige Z. ... immer noch mehr an Ehre widerfahren als weihevolle Beteuerungen, die Menschen hätten einen unverlierbaren Kern» [56].

5. In seiner Analyse der «gegenwärtigen Erscheinungsformen des Z.» unterscheidet K. HEINRICH drei Haupttypen: Als «existentialistischer Protest» ist der Z. der Versuch, «der Bedrohung durch Sinnlosigkeit erkennend standzuhalten». Insofern der Zyniker «um seiner Selbstbehauptung willen die Erkenntnis der Bedrohung als zynisch verwirft», resigniert er selbst vor dem «drohenden Sinnverlust»; dieser Z. ist der Versuch, sich durch «Resignation angesichts einer erkannten Bedrohung» selbst zu behaupten. Die – nach Heinrich – «für die gegenwärtige Situation kennzeichnende Form des Z.» verwirft schließlich selbst diese in der Resignation «enttäuschenden Formen der Selbstbehauptung» und ist nur mehr «Ausdruck einer stummen, wissenden Indifferenz» [57]. Dieser zeitgenössische Z. ist für I. FETSCHER «eine letzte, verzweifelte Weise des Lebens». «Der Zyniker begreift sich als den Mächtigen, der es nicht nötig hat, Rücksicht zu nehmen»; in seiner «zynischen Verachtung moralischer Normen» ist er aber weder gleichgültig, noch fehlt ihm der «Sinn für moralische Werte», muß er diese doch kennen, «um sie ... verachten und verletzen zu können» [58].

Ein ähnliches Fazit zeitigt die umfassendste «Z.-Analyse» der letzten Jahrzehnte, P. SLOTERDIJKS ‹Kritik der zynischen Vernunft›: Die «Interaktionen von nicht entspannbaren Subjektivismen, hochgerüsteten Zentren der Privatvernunft, waffenstarrenden Machtkonglomeraten und wissenschaftsgestützten Systemen der Hyperproduktion» beugen sich nicht «unter eine kommunikative Vernunft», sie wollen diese vielmehr «durch Kommunikationsvortäuschungen ihren Privatbedingungen unterwerfen». Kommunikationsmangel, Kommunikationsvortäuschung und Kommunikationsverweigerung sind geradezu die Kennzeichen des modernen Macht-Z., der Werte wie Liebe, Wahrheit, Authentizität seinem «Macht- und Profitwillen» unterordnet [59]. Die Beispiele aus der Romanliteratur [60], aus Theater [61], Kabaret [62] und Comics [63], aus Justiz [64] und (Wirtschafts-)Politik [65] sind zahllos; manche sind so deprimierend eindrücklich, daß auch die Rehabilitationsversuche des Z. [66] zynisch wirken. Immerhin hat schon VOLTAIRE in seinem ‹Candide› gezeigt, wie nahe sich Optimismus und Z. sind: «Qu'est-ce qu'optimisme? disait Cacambo. Hélas! dit Candide, c'est la rage de soutenir que tout est bien quand on est mal» [67].

6. Der Z.-Begriff, wie er sich seit dem 17. Jh. besonders in der deutschen Tradition allmählich von seinem antiken Ursprung entfernt und zunehmend selbständig entwickelt hat, ist in seinen Bedeutungen vielfältig und in seinem Gebrauch diffus. Faßt man ihn lexikonbündig, tritt unvermeidlich und schadenfroh der Wörterbuch-«Teufel» mit der zynischen [68] Bemerkung hervor, ein «dictionary» sei eben «a malevolent literary device for cramping the growth of a language and making it hard and inelastic». Genau diesem teuflischen Wörterbuch-Übel hat sich das ‹Historische Wörterbuch der Philosophie› immer programmatisch entgegengestemmt, und jedermann weiß und bezeugt deshalb zumindest: «This dictionary, however, is a most useful work» [69].

Anmerkungen. [1] Art. ‹Kynismus; kynisch›. Hist. Wb. Philos. 4 (1976) 1468-1470; zur Bezeichnung ‹Kyniker› vgl. K. DÖRING: Sokrates, die Sokratiker und die von ihnen begründeten Traditionen § 20: Antisthenes, Diogenes und die Kyniker der Zeit vor Christi Geburt, in: Grundr. der Gesch. der Philos., Die Philos. der Antike, hg. H. FLASHAR 2/1 (1998) 267f. – [2] Art. ‹Zyniker›, ‹Zynisch› und ‹Zynismus›. GRIMM 16 (1954) 1455f.; Art. ‹Zynismus›, in: Dtsch. Fremdwb. 6 (1983) 442-444; vgl. EISLER^4 1, 241; Art. ‹Cynisme›. LALANDE^{10} 201. – [3] DIOGENES LAERT.: Vitae VI, 11. 104; DÖRING, a.O. [1] 275f. – [4] Vgl. bes. die Abb. 135 und 138, in: K. SCHEFOLD: Die Bildnisse der ant. Dichter, Redner und Denker (^{2}1997) 248f. 252f. – [5] D. DIDEROT: Art. ‹Cynique›, in: D. DIDEROT/J. LE R. D'ALEMBERT (Hg.): Encycl. ou Dict. raisonné des sci., des arts et des métiers (Paris/Neuchâtel/Amsterdam 1751-80) 4, 595. – [6] Art. ‹Cynique›, in: Dict. de l'Acad. Franç. (Paris 1718, 1740, 1762); vgl. Art. ‹Indécent› («gaiété ... cynique») und ‹Priscillianité› («cynique impudent»), in: DIDEROT/D'ALEMBERT (Hg.), a.O. 8, 667f.; 13, 378-380; vgl. W. VON WARTBURG: Frz. etymolog. Wb. 2/2 (1946) 1612f. – [7] VOLTAIRE: Br. an E. N. Damilaville (19. Sept. 1766). Oeuvr. compl., hg. TH. BESTERMAN 114 (Corresp.) (Oxford 1973) 452; vgl. «un exemple ... plus que cynique», in: Dict. philos. (1764) Art. ‹Langues›. Oeuvr. compl. 53 (Kehl 1785) 158. – [8] J.-J. ROUSSEAU: Confessions VIII [ca. 1769] (1782-89). Oeuvr. compl., hg. B. GAGNEBIN/M. RAYMOND 1 (1959) 368. – [9] CH. F. GELLERT («ihre sitten sind etwas cynisch») vgl. GRIMM, a.O. [2] 1456; CH. M. WIELAND («unflätiger Cynismus») vgl. Dtsch. Fremdwb., a.O. [2] 442. – [10] FRIEDRICH II. VON PREUSSEN: Totengespräch zwischen Prinz Eugen, Lord Marlborough und Fürst Liechtenstein (1773). Die Werke, in dtsch. Übers., hg. G. B. VOLZ (1912-14) 5, 244f. – [11] A. VON KNIGGE: Über den Umgang mit Menschen (1788, [5]1796). Sämtl. Werke, hg. P. RAABE 10 (1992) 20f. – [12] G. E. LESSING: Br. an J. J. Eschenburg (26. Okt. 1774). Sämtl. Schr., hg. K. LACHMANN/F. MUNCKER 18 (1907) 115f. – [13] H. HEINE: Zur Gesch. der Relig. und Philos. in Deutschland 2 (1834). Sämtl. Schr., hg. M. WINDFUHR 8/1 (1980) 70; F. NICOLAI: Freuden des jungen Werthers (1775). – [14] F. SCHLEGEL: Philos. Fragmente, Erste Epoche II, Frg. 851 [1797]. Krit. Ausg. 18, hg. E. BEHLER (1963) 100. – [15] Zweyte Epoche II, Frg. 696 [1800f.], a.O. 378. – [16] Frg. 851. 854, a.O. [14]. – [17] Athenäums-Fragmente, Frg. 16 (1798). Krit. Ausg. 2, hg. H. EICHNER (1967) 167. – [18] Über Lessing [1797], a.O. 123f. – [19] J. W. GOETHE: Rameaus Neffe. Ein Dialog von Diderot (1805). Gedenkausg., hg. E. BEUTLER 15 (Zürich 1953) 978; am 24. Jan. 1805 schickt Goethe eine erste Fassung der Übersetzung an Schiller mit der Bitte «es aufmerksam durchzulesen», er selbst werde inzwischen vielleicht noch «einige zynische Stellen mildern», worauf F. SCHILLER antwortet: «Allenfalls könnte man sich bei den unanständigen Worten mit den Anfangsbuchstaben begnügen und dadurch dem Wohlstand seine Verbeugung machen ohne die Sache aufzuopfern», a.O. 20 ([2]1964) 984f.; D. DIDEROT: Le neveu de Rameau. Satire seconde [ca. 1761-74] (1823). Oeuvr. romanesques, hg. H. BÉNAC (Paris 1962) 446; zur abenteuerlichen Publikationsgeschichte, die selbst den Stoff einer Satire abgeben könnte, vgl. GOETHE: Nachträgliches zu Rameaus Neffe, a.O. 1063-1079, sowie: Ged.ausg. 14 ([2]1962) 848-851. – [20] Anmerkungen Goethes, a.O. 1060. – [21] a.O. 1057. – [22] D. DIDEROT: De la poésie dramatique 17 (1758). Oeuvr. compl., hg. H. DIECKMANN u.a. (Paris 1975ff.) 10, 392. – [23] JEAN PAUL: Vorschule der Ästhetik 3, I. Miserikordias-Vorles. für Stilistiker (1804). Sämtl. Werke, hg. N. MILLER I/5 ([6]1995) 363 (Anm.). – [24] Dr. Katzenbergers Badereise, Vorrede zum ersten und zweiten Bändchen der ersten Auflage (1809), a.O. I/6 ([4]1987) 82f. – [25] II. oder Jubilate-Vorles. über die neuen Poetiker, a.O. [23] 427f. – [26] Vorschule § 34, a.O. 138. – [27] a.O. [25] 428. – [28] Titan 3, 13. Jobelperiode (1801), a.O. [23] I/3 ([6]1999) 321. – [29] G. FLAUBERT: Br. an G. Sand (22. Sept. 1866). Oeuvr. compl. 14: Corresp. 1859-1871, hg. Soc. des études litt. franç. (Paris 1975) 294; dtsch.: Briefe, hg./übers. H. SCHEFFEL (1977) 495. – [30] F. TH. VISCHER: Mode und Cynismus. Beitr. zur Kenntniß unserer Culturformen und Sittenbegriffe (1879) Vorwort sowie 50. 88ff. – [31] J. VOLKELT: System der Ästhetik 2: Die ästhet. Grundgestalten (1910) 453ff., ([2]1925) 468ff. – [32] F. NIETZSCHE: Unzeitgem. Betrachtungen 1: David Strauss der Bekenner und der Schriftsteller 2 (1873). Krit. Ges.ausg., hg. G. COLLI/M. MONTINARI [KGA] (1967ff.) 3/1, 161ff. – [33] G. W. F. HEGEL: Phän. des Geistes (1807). Akad.-A. 9 (1980) 283f.; DIDEROT, a.O. [19] frz. 468/dtsch. 1000. – [34] CH. D. GRABBE: Herzog Theodor von Gothland [1818-22] (1827); Einl. des Hg., in: Werke, hg. A. FRANZ/P. ZAUNERT (1910) 1, 14. – [35] L. TIECK: Br. an Grabbe (6. Dez. 1822), mit den Anm. Grabbes, in: GRABBE, a.O. 23*. 372f. bzw. Werke und Br. Hist.-krit. Ges.ausg., hg. A. BERGMANN 1 (1960) 3f. – [36] H. HEINE: Memoiren, Fragment [1854/55] (1884), a.O. [13] 15, 67; vgl. L. MARCUSE: H. Heine. Melancholiker, Streiter in Marx, Epikureer (1969, 1990) 81ff.; P. ZIECH: Entlarven und Heucheln. Formen des Zynischen und ihre Wirkung im Werk H. Heines (1997). – [37] F. NIETZSCHE: Menschliches, Allzumenschliches II, Vorrede § 5 (1879/80, [2]1886). KGA 4/3, 9; vgl. Jenseits von Gut und Böse §§ 26. 270 (1886). KGA 6/2, 40. 236: «Narrheit» als «Maske für ein unseliges allzugewisses Wissen»; der Hinweis auf den «Cynismus Hamlets» [Werke (Großoktavausgabe) 7 (1921) 259] fehlt in KGA. – [38] Nachgel. Frg., Okt.-Nov. 1888 24[1] («Ecce homo») §§ 2. 10. KGA 8/3, 429f. 442f.; vgl. Art. ‹Umwertung aller Werte›. Hist. Wb. Philos. 11 (2001) 105-108. – [39] Ecce homo, Warum ich so gute Bücher schreibe § 3 [Ende 1888]. KGA 6/3, 300. – [40] Br. an G. Brandes (20. Nov. 1888). Br.wechsel, Krit. Ges.ausg., hg. G. COLLI/M. MONTINARI 3/5 (1984) 482 (Nr. 1151). – [41] S. FREUD: Der Witz und seine Beziehung zum Unbewussten (1905). Ges. Werke 6 (1940, [7]1987) 121. 149. 203. – [42] TH. REIK: Psychoanalyt. Bem. über den zyn. Witz. Imago 2 (1913) 573-588, 586f. – [43] K. MARX: Ökon.-philos. Ms. [1844]. MEW 40 (1985, [2]1990) 506f. – [44] K. MARX/F. ENGELS: Dtsch. Ideologie [1845/46]. MEW 3, 426. – [45] K. MARX: An Abraham Lincoln, Präsident der Vereinigten Staaten von Amerika, in: Der Sozial-Demokrat 3 (30. 12. 1864). MEGA I/20, 36. – [46] F. ENGELS: Über den Verfall des Feudalismus und das Aufkommen der Bourgeoisie [1884]. MEW 21, 399. – [47] a.O. [43] 530f. – [48] a.O. 544. – [49] G. SIMMEL: Hauptprobleme der Philos. (1910, [6]1927) 130. – [50] Philos. des Geldes (1900). Ges.ausg., hg. O. RAMMSTEDT 6 (1989) 333f. – [51] a.O. 317. – [52] 332. – [53] 334. – [54] 336f.; dazu vgl. E. FROMM: May man prevail? (New York 1961) 129; dtsch.: Es geht um den Menschen! (1981). Ges.ausg., hg. R. FUNK 5 (1981) 120; R. SPAEMANN: Moralische Grundbegriffe (1982, [4]1991) 103. – [55] 334. – [56] TH. W. ADORNO: Stichworte. Krit. Modelle 2: Freizeit [1969]. Ges. Schr., hg. R. TIEDEMANN (1970-86) 10/2, 649f. – [57] K. HEINRICH: Antike Kyniker und Z. in der Gegenwart, in: Parmenides und Jona. Vier Studien über das Verhältnis von Philosophie und Mythologie (1966) 129-160. 202-209 (Anm.), 146ff. – [58] I. FETSCHER: Reflexionen über den Z. als Krankheit unserer Zeit, in: A. SCHWAN: Denken im Schatten des Nihilismus. Festschr. für W. Weischedel zum 70. Geb. (1975) 334-345, 334f. – [59] P. SLOTERDIJK: Kritik der zyn. Vernunft (1983) 947f. – [60] Vgl. z.B. J. BARNES: Talking it over (London/New York 1991) 145f. 235; dtsch.: Darüber reden (1992) 144. 230; und die Fortsetzung: Love, etc. (London/New York 2000); dtsch.: Liebe usw. (2002); F. DÜRRENMATT: Das Versprechen (1958, 1985) 70. – [61] TH. BERNHARD: Heldenplatz, 2. Szene (1988): «die ganze Welt ist ein einziger Z.». – [62] Scheibenwischer, ARD 19. Nov. 2004: «Der Staat Israel entstand aus dem Z., – äh, pardon, Zionismus»; vgl. dazu: M. HORKHEIMER/TH. W. ADORNO: Dialektik der Aufklärung (1947, 1969), in: ADORNO: Ges. Schr., a.O. [56] 3, 211. – [63] Calvin & Hobbes z.B. (Dez. 1987) Nr. 23; (Juli 1988) Nr. 2. – [64] Urteil des Arbeitsgerichts Zürich (Okt. 2004): «Es grenzt an blanken Z., einem Arbeitnehmer eine Alkoholkrankheit vorzuwerfen und ihm zugleich einen Teil des Lohnes in Bier auszuzahlen». – [65] Vgl. N. CHOMSKY: Profit over people (New York 1999); dtsch. (2000, [9]2004) 132f. 136f.; Hegemony or survival (New York 2003); dtsch.: Hybris. Die endgültige Sicherung der globalen Vormachtstellung der USA (2003) 140. 190: «cynical pretense of 'free trade'»; M. MOORE: Dude, where's my country? (New York 2003); dtsch.: Volle Deckung, Mr. Bush (2003) 88f.: der Saddam/Osama-Whopper «a cynical, premeditated fabrication». – [66] Vgl. z.B. A. GLUCKSMANN: Cynisme et passion (Paris 1981); dtsch.: Vom Eros des Westens. Eine Philosophie, hg. H. KOHLENBERGER (1988) 23f. 52; K. W. ZIMMERMANN: Lob des Z. Eine Ehrenrettung. Die Weltwoche 72/1 (1. Jan. 2004) 50-53. – [67] VOLTAIRE: Candide ou l'optimisme, ch. 19 (1759). Oeuvr. compl., a.O. [7] 48, 196. – [68] A. BIERCE: The devil's dictionary [zuerst: The cynic's word book, 1906] (New York 1911). – [69] a.O., s.v. ‹Dictionary›.

Literaturhinweise. H. NIEHUES-PRÖBSTING: Der Kynismus des Diogenes und der Begriff des Z. (1979). – J. BOUVERESSE: Rationalité et cynisme (Paris 1985). – M.-O. GOULET-CAZÉ/R. GOULET (Hg.): Le cynisme ancien et ses prolongements (Paris 1991). – T. BEWES: Cynicism and postmodernity (London/New York 1997). – R. WEBER: Zyn. Handeln: Proleg. zu einer Pathologie der Moderne (1998).

W. TINNER

1. Text

Titel. In Doppel- und Mehrfachtiteln werden die Stichwörter, wenn sie Gegensätze bezeichnen, durch Schrägstrich, wenn sie einander ergänzen, durch Komma getrennt.

Die *Anfangsbuchstaben Ä, Ö, Ü* (nicht aber *Ae, Oe, Ue*) der Titelstichwörter werden alphabetisch wie *A, O, U* behandelt.

Abkürzungen. An Stelle des Titelstichworts tritt der Anfangsbuchstabe mit Punkt. Sonst sind im Text nur allgemein gebräuchliche Abkürzungen verwendet.

Auszeichnungen. Namen von Autoren, die Gegenstand eines Artikels sind, werden, wenn sie in einem Gedankenzusammenhang zum ersten Mal vorkommen, in KAPITÄLCHEN, die übrigen Hervorhebungen *kursiv* gesetzt. Namen der Verfasser von Untersuchungen zum Gegenstand des Artikels werden nicht ausgezeichnet.

Anführungszeichen und Klammern. In *einfachen* Anführungszeichen ‹...› stehen Begriffe (im Falle: der Begriff ‹Logik›, die Bedeutung von ‹Logik›, das Wort ‹Logik›) sowie Werktitel, Teil- und Kapitelüberschriften, in '...' stehen metasprachlich verwendete bzw. uneigentlich gebrauchte Ausdrücke. In *doppelten* Anführungszeichen «...» stehen Zitate (ausgenommen griechische).

In *eckige* Klammern [...] sind Einfügungen des Artikelautors in Zitate sowie Anmerkungsziffern gesetzt.

2. Anmerkungen und Literaturhinweise

Um den Text zu entlasten, sind die Belegstellen (mit Ausnahme der biblischen) in den Anmerkungen zusammengefaßt.

Beziehen sich mehrere aufeinanderfolgende Anmerkungen auf denselben Autor und/oder dasselbe Werk, wird der Verfassername bzw. der Werktitel nicht wiederholt.

Wenn sich eine spätere auf eine frühere, nicht unmittelbar vorhergehende Anmerkung bezieht, wird in der Regel die Nummer der früheren Anmerkung wiederholt:

[1] F. KLUGE: Etymol. Wb. dtsch. Sprache ([11]1963) 8. – ... [4] KLUGE, a.O. [1] 432.

Zitierweisen. Sie folgen dem für Epochen, Autoren und Werke üblichen wissenschaftlichen Gebrauch, doch werden Siglen, die nur dem Fachmann bekannt sind, mit wenigen Ausnahmen (vgl. Abkürzungsverzeichnis Nr. 1) vermieden oder von Fall zu Fall neu eingeführt:

[1] R. DESCARTES: Princ. philos. 3, 112. Œuvres, hg. CH. ADAM/P. TANNERY [= A/T] 8, 160. – [2] Vgl. Medit. 2. A/T 7, 32.

Zitiert wird nach der systematischen Gliederung der Werke und/oder nach Ausgaben bzw. Auflagen:

a) *Nach Gliederung:* [1] PLOTIN: Enn. II, 4, 15 = ‹Enneaden›, Buch 2, Kapitel 4, Abschnitt 15. – [2] THOMAS VON AQUIN: S. theol. I-II, 20, 2 = ‹Summa theologiae›, Pars I von Pars II, Quaestio 20, Articulus 2.

b) *Nach Ausgaben:* [1] PLATON: Phaed. 88 d 3-5 = ‹Phaedo›, S. 88, Abschn. d (Paginierung nach der Ausgabe von HENRICUS STEPHANUS, Paris 1578), Zeilen 3-5 (nach der Ausgabe von IOANNES BURNET, Oxford [1]1899-1906). – [2] I. KANT: Anthropologie (1798). Akad.-A. 7, 252, 3 = Gesammelte Schriften, hg. (Königl.) Preuß. Akad. Wiss. (ab Bd. 23 hg. Dtsch. Akad. Wiss. zu Berlin), Bd. 7, S. 252, Z. 3.

c) *Nach Auflagen:* [1] I. KANT: KrV A 42/B 59 = ‹Kritik der reinen Vernunft›, 1. Aufl. (1781), S. 42 = 2. Aufl. (1787), S. 59.

d) *Nach Gliederung und Ausgaben:* [1] ARISTOTELES: Met. II, 2, 994 a 1-11 = ‹Metaphysik›, Buch 2 (α), Kap. 2, S. 994, Sp. a, Z. 1-11 (nach Arist. graece ex rec. IMM. BEKKERI, Berlin 1831). – [2] JOHANNES DAMASCENUS: De fide orth. II, 12. MPG 94, 929ff. = ‹De fide orthodoxa›, Buch 2, Kap. 12 bei J. P. MIGNE (Hg.): Patrologiae cursus completus, Ser. 1: Ecclesia graeca, Bd. 94, Sp. 929ff.

Interpunktion. Nach Autorennamen steht ein Doppelpunkt, wenn eine bibliographische Angabe, ein Komma, wenn die vorverweisende Abkürzung a.O. folgt.

In *Stellenangaben* folgt die Zeichensetzung weitgehend altphilologischem Gebrauch:

Kommata trennen in Angaben nach Gliederung Buch von Kapitel und Kapitel von Abschnitt, in Belegstellen nach Ausgaben Band von Seite und Seite von Zeile (vgl. oben a) Anm. [1] und b) Anm. [2]).

Punkte bedeuten in Stellenangaben *und*; sie stehen z. B. zwischen Kapitel und Kapitel bzw. Seite und Seite:

[1] ARISTOTELES: Met. V, 19. 20 = Buch 5 (Δ), Kap. 19 und 20. – [2] I. KANT: Anthropol. (1798). Akad.-A. 7, 251. 265 = Bd. 7, S. 251 und 265.

Strichpunkte sind gesetzt, wenn auf eine untergeordnete Gliederungseinheit (Abschnitt, Artikel) eine übergeordnete (Buch, Teil, Kapitel) folgt:

THOMAS: S. theol. I, 14, 11; 44, 3; 55, 2 = Pars I, Quaestio 14, Art. 11; (Pars I) Quaestio 44, Art. 3; (Pars I) Quaestio 55, Art. 2

oder wenn die nächste Stellenangabe einem anderen Band bzw. Werk entnommen ist:

G. W. F. HEGEL: Phän. des Geistes (1807). Akad.-A. 9, hg. W. BONSIEPEN/R. HEEDE (1980) 109; Glauben und Wissen (1802), a.O. 4, hg. H. BUCHNER/O. PÖGGELER (1968) 381.

Literaturhinweise. Die Angaben sind normalerweise chronologisch, gelegentlich auch nach sachlichen Gesichtspunkten geordnet und entsprechen den üblichen Regeln. Der Erscheinungsort wird bei Drucken vor 1700 und bei fremdsprachigen Publikationen genannt.

Zeitschriften und andere Periodika werden nach dem von der UNESCO empfohlenen ‹Internationalen Code für die Abkürzung von Zeitschriftentiteln› zitiert (Abdruck in: World med. Periodicals, New York [3]1961, XIff.; vgl. dazu Abkürzungsverzeichnis Nr. 2). Wie auch bei mehrbändigen Werken steht in den Stellenangaben die Bandzahl vor, die Seitenzahl nach dem Erscheinungsjahr.

1. Siglen für Ausgaben, Buchtitel, Lexika und Sammelwerke

CAG	Commentaria in Aristotelem graeca. Consilio et auctoritate Academiae litterarum Regiae Borussicae 1-23 [51 Teile] (1882-1907, ND 1955ff.)
CCSL	Corpus christianorum. Series latina (Turnhout 1953ff.)
CSEL	Corpus scriptorum ecclesiasticorum latinorum, editum consilio et impensis Academiae litterarum Caesareae Vindobonensis 1-80 (Wien 1866ff.)
EISLER[4]	R. EISLER: Wörterbuch der philosophischen Begriffe 1-3 ([4]1927-1930)
FDS	Die Fragmente zur Dialektik der Stoiker. Neue Sammlung der Texte mit dtsch. Übers. und Kommentaren, hg. von K. HÜLSER 1-4 (1987/88); [Msch.schr.: Sonderforschungsbereich 99, Univ. Konstanz (1982)]
GCS	Die griechischen christlichen Schriftsteller der ersten [drei] Jahrhunderte, hg. Kommission für spätantike Religionsgeschichte der Dtsch. Akad. der Wiss.en zu Berlin (Leipzig/Berlin 1897ff.)
GRIMM	J. und W. GRIMM: Deutsches Wörterbuch 1-16 (1854-1960); Neuausg. 1-33 (1971, ND 1984). Die Bandzählung erfolgt nach der sechzehnbändigen Erstausgabe.
KpV	Kritik der praktischen Vernunft ([1]1788)
KrV	Kritik der reinen Vernunft ([1]1781 = A, [2]1787 = B)
KU	Kritik der Urteilskraft ([1]1790, [2]1793)
LALANDE[10]	A. LALANDE: Vocabulaire technique et critique de la philosophie (Paris [10]1968)
LThK[2]	Lexikon für Theologie und Kirche, hg. von J. HÖFER/K. RAHNER 1-10 ([2]1957-1965)
MEGA	MARX/ENGELS: Hist.-krit. Gesamt-A.; Werke, Schriften, Briefe; Abt. 1-3 (Frankfurt a.M./Berlin/Moskau 1927-1935), nicht vollständig erschienen
MEW	MARX/ENGELS: Werke 1-39 (Berlin-Ost 1956-1968)
MG	Monumenta Germaniae historica inde ab anno Christi 500 usque ad annum 1500. Auspiciis Societatis aperiendis fontibus rerum Germanicarum medii aevi (Hannover/Leipzig 1826-1913, ND Stuttgart/New York 1963/64)
MG AA	Auctores antiquissimi
MG Ep.	Epistolae
MG SS	Scriptores
MPG	J. P. MIGNE (Ed.): Patrologiae cursus completus, Series I: Ecclesia graeca 1-167 (mit lat. Übers.) (Paris 1857-1912)
MPL	J. P. MIGNE (Ed.): Patrologiae cursus completus, Series II: Ecclesia latina 1-221 (218-221 Indices) (Paris 1841-1864)
RAC	Reallexikon für Antike und Christentum, hg. TH. KLAUSER (Stuttgart 1941ff.)
RE	Paulys Real-Encyclopädie der classischen Altertumswissenschaft. Neubearb. hg. von G. WISSOWA, W. KROLL u.a. Reihe 1. 2 [nebst] Suppl. 1ff. (1894ff.)
RGG[3]	Religion in Geschichte und Gegenwart 1-6 ([3]1957-1962)
SVF	Stoicorum veterum fragmenta collegit IOANNES AB ARNIM 1-4 ([2]1921-1923)
VS	H. DIELS/W. KRANZ (Hg.): Die Fragmente der Vorsokratiker, griechisch und deutsch 1-3 ([13]1968)

2. **Periodika** (Beispiele)

Abh. preuß. Akad. Wiss.	Abhandlungen der (königl.) preußischen Akademie der Wissenschaften (Berlin)
Arch. Begriffsgesch.	Archiv für Begriffsgeschichte (Bonn)
Arch. Gesch. Philos.	Archiv für Geschichte der Philosophie (Berlin)
Bl. dtsch. Philos.	Blätter für deutsche Philosophie (Berlin 1927–1944)
Dtsch. Vjschr. Lit.wiss.	Deutsche Vierteljahrsschrift für Literaturwissenschaft und Geistesgeschichte (Stuttgart)
Dtsch. Z. Philos.	Deutsche Zeitschrift für Philosophie (Berlin)
German.-roman. Mschr.	Germanisch-romanische Monatsschrift (Heidelberg)
Gött. gel. Anz.	Göttinger Gelehrte Anzeigen
Hist. Z.	Historische Zeitschrift (München)
J. Hist. Ideas	Journal of the History of Ideas (Lancaster, Pa.)
J. symbol. Logic	Journal of Symbolic Logic (Providence, R. I.)
Kantstudien	Kantstudien (Berlin, NF Köln)
Mind	Mind (Edinburgh)
Philos. Rdsch.	Philosophische Rundschau (Tübingen)
Philos. Jb.	Philosophisches Jahrbuch (Freiburg i. Br.)
Proc. Amer. philos. Soc.	Proceedings of the American Philosophical Society (Philadelphia)
Rev. Mét. Morale	Revue de Métaphysique et de Morale (Paris)
Rev. philos. Louvain	Revue philosophique de Louvain
Rhein. Mus. Philol.	Rheinisches Museum für Philologie
Sber. heidelb. Akad. Wiss.	Sitzungsberichte der Heidelberger Akademie der Wissenschaften
Studia philos.	Studia philosophica. Jb. Schweiz. philos. Ges.
Z. philos. Forsch.	Zeitschrift für philosophische Forschung (Meisenheim/Glan)

3. Häufig verwendete Abkürzungen

A	KrV^1
A.	Ausgabe
a ǀ b ...	Seitenteiler
a.	articulus
a.O.	angegebenen Orts
Abh.	Abhandlung(en)
Abschn.	Abschnitt
Abt.	Abteilung
adv.	adversus
ahd.	althochdeutsch
Akad.	Akademie
Amer.	American
Anal.	Analyse, Analytica
Anm.	Anmerkung(en)
Anz.	Anzeiger
Aphor.	Aphorismus
Arch.	Archiv(es)
Art.	Artikel
Ass.	Association
AT	Altes Testament
B	KrV^2
Beih.	Beiheft
Ber.	Bericht
Bespr.	Besprechung
Bibl.	Bibliothek
Biol.	Biologie
Bl.	Blatt, Blätter
Br.	Brief(e)
Bull.	Bulletin
c.	caput, capitulum, contra
CAG	s. Siglen
cath.	catholique
CCSL	s. Siglen
ch.	chapitre, chapter
Chem.	Chemie
conc.	concerning
corp.	corpus
C. R.	Compte(s) rendu(s)
CSEL	s. Siglen
Dict.	Dictionnaire, Dictionary
disp.	disputatio
Diss.	Dissertatio(n)
dtsch.	deutsch
ebda.	ebenda
eccl.	ecclesiasticus
Ed.	Editio
Einf.	Einführung
Einl.	Einleitung
engl.	englisch
Ep.	Epistula
Erg.Bd.	Ergänzungsband
Eth.	Ethica
etymol.	etymologisch
evang.	evangelisch
FDS	s. Siglen
fol.	folio
Frg.	Fragment
frz.	französisch
G.	Giornale
gén.	général(e)
gent.	gentiles
Ges.	Gesellschaft
Gesch.	Geschichte
griech.	griechisch
Grimm	s. Siglen
H.	Heft
Hb.	Handbuch
hg.	herausgegeben
hist.	historisch
idg.	indogermanisch
Inst.	Institut, institutio
int.	international
Introd.	Introductio(n)
ital.	italienisch
J.	Journal
Jb.	Jahrbuch
Jg.	Jahrgang
Jh.	Jahrhundert
Kap.	Kapitel
kath.	katholisch
KpV	s. Siglen
krit.	kritisch
KrV	s. Siglen
KU	s. Siglen
Lalande	s. Siglen
lat.	lateinisch
Leg.	Leges = Nomoi
Lex.	Lexikon
lib.	liber
ling.	lingua
Lit.	Literatur
log.	logisch
LThK	s. Siglen
LXX	Septuaginta
MA	Mittelalter, Moyen Age
Math.	Mathematik
Med.	Medizin
Med(it.)	Meditationes
MEGA	s. Siglen
Met.	Metaphysik
MEW	s. Siglen
MG	s. Siglen
Mh.	Monatshefte
mhd.	mittelhochdeutsch
MPG	s. Siglen
MPL	s. Siglen
Ms.	Manuskript
Mschr.	Monatsschrift
Mus.	Museum
nat.	naturalis
ND	Nachdruck
NF	Neue Folge
nhd.	neuhochdeutsch
NT	Neues Testament
p.	pagina
Philol.	Philologie
Philos.	Philosophie
Phys.	Physik
post.	posteriora
pr.	priora
Pr.	Predigt
Proc.	Proceedings
Prol(eg.)	Prolegomena
Prooem.	Prooemium
prot.	protestantisch
Ps.	Psalm
Ps.-	Pseudo-
Psychol.	Psychologie
publ.	publiziert
q.	quaestio
Quart.	Quarterly
quodl.	quodlibetalis, quodlibetum
r	recto (fol. 2r = Blatt 2, Vorderseite)
Rdsch.	Rundschau
RE	s. Siglen
Red.	Redaktion
red.	redigiert
Reg.	Register
Relig.	Religion
Res.	Research
Resp.	Res publica = Politeia
Rev.	Revue
Rez.	Rezension
RGG	s. Siglen
roy.	royal(e)
russ.	russisch
S.	Summa
Sber.	Sitzungsbericht(e)
Sci.	Science(s)
Schr.	Schrift(en)
s.d.	siehe dort
Slg.	Sammlung(en)
Soc.	Société, Society
Soziol.	Soziologie
span.	spanisch
Stud.	Studie(n)
Suppl.	Supplement(um)
s.v.	sub voce (unter dem Stichwort)
SVF	s. Siglen
T.	Teil
Theol.	Theologie, Theologia
UB	Universitätsbibliothek
Übers.	Übersetzung
Univ.	Universität
v	verso (fol. 2v = Blatt 2, Rückseite)
Verh.	Verhandlungen
Vjschr.	Vierteljahresschrift
Vol.	Volumen
Vorles.	Vorlesung
VS	s. Siglen
Wb.	Wörterbuch
Wiss.	Wissenschaft(en)
Wschr.	Wochenschrift
Z.	Zeitschrift
Zool.	Zoologie
Ztg.	Zeitung

1. Symbole der Junktoren- und Quantorenlogik (Aussagen- und Prädikatenlogik)

(vgl. Art. ‹Aussagenlogik›, ‹Indefinit›, ‹Logik, dialogische›, ‹Prädikatenlogik›)

Zeichen	Gesprochen	Name
a) Kopulae		
ε	ist (hat)	(affirmative) Kopula
ε'	ist (hat) nicht	(negative) Kopula
b) Logische Junktoren		
$\neg$	nicht	Negator
$\wedge$	und	Konjunktor
$\vee$	oder (nicht ausschließend, lat. vel)	Adjunktor
$\rightarrow$	wenn ..., so (dann) ...	(Subjunktor) Implikator
$\leftrightarrow$	genau dann wenn ..., so (dann) ...	(Bisubjunktor) Biimplikator
c) Logische Quantoren		
$\bigwedge x$	für alle *x* gilt	Allquantor
$\bigwedge\!\!\!\bigwedge x$	für alle *x* gilt (wobei der Variabilitätsbereich von *x* indefinit ist)	indefiniter Allquantor
$\bigvee x$	es gibt mindestens ein *x*, für das gilt	Existenzquantor
$\bigvee\!\!\!\bigvee x$	es gibt mindestens ein *x*, für das gilt (wobei der Variabilitätsbereich von *x* indefinit ist)	indefiniter Existenzquantor
d) Folgerungssymbole		
$\prec$	impliziert (aus ... folgt ...)	Zeichen für den Folgerungsbegriff der dialogischen Logik
$\Vdash$	aus ... folgt ...	Zeichen für den semantischen Folgerungsbegriff

2. Regel- und Kalkülsymbole (vgl. Art. ‹Kalkül›)

Zeichen	Gesprochen
$\Rightarrow$	es ist erlaubt, von ... überzugehen zu ...
$\Leftrightarrow$	es ist erlaubt, von ... überzugehen zu ... und umgekehrt
$\vdash$	ist ableitbar
$=_{df}$, $\leftrightharpoons$, $:=$	nach Definition gleich

3. Relationssymbole

Zeichen	Gesprochen
$=$	gleich
$\neq$	nicht gleich
$\equiv$	identisch
$\not\equiv$	nicht identisch
$\sim$	äquivalent
$<$	kleiner
$\leqq$	kleiner oder gleich
$>$	größer
$\geqq$	größer oder gleich

4. Symbole der Modallogik (vgl. Art. ‹Modallogik›)

Zeichen	Gesprochen
$\Diamond$	es ist möglich, daß
$\Box$	es ist notwendig, daß
⥽	strikte Implikation

5. Symbole der Syllogistik

Zeichen	Gesprochen
S	Subjekt
P	Prädikat
a	affirmo universaliter (ich bejahe universell)
i	affirmo partialiter (ich bejahe partiell)
e	nego universaliter (ich verneine universell)
o	nego partialiter (ich verneine partiell)

6. Symbole der Mengenlehre (vgl. Art. ‹Mengenlehre›)

Zeichen	Gesprochen
$\emptyset$	leere Menge
$\in$	Element von
$\notin$	nicht Element von
$\subseteq$	enthalten in
$\cup$	vereinigt (Vereinigung von ... und ...)
$\cap$	geschnitten (Durchschnitt von ... und ...)

Das Signet des 1488 gegründeten Druck- und Verlagshauses Schwabe reicht zurück in die Anfänge der Buchdruckerkunst und stammt aus dem Umkreis von Hans Holbein. Es ist die Druckermarke der Petri; sie illustriert die Bibelstelle Jeremias 23,29: «Sind nicht meine Worte wie Feuer, spricht der Herr, wie ein Hammer, der den Felsen zerschmettert?» Unser Signet hat sich bis heute als treffendes Bild für die Macht des Wortes bewährt.

www.hwph.ch
hwph@schwabe.ch